Manual de
Direitos Difusos

ORGANIZADOR

Edilson Vitorelli

Manual de Direitos Difusos

2ª edição
revista, atualizada
e ampliada

2019

EDITORA *Jus*PODIVM
www.editorajuspodivm.com.br

EDITORA
*Jus*PODIVM
www.editorajuspodivm.com.br

Rua Mato Grosso, 164, Ed. Marfina, 1º Andar – Pituba, CEP: 41830-151 – Salvador – Bahia
Tel: (71) 3045.9051
• Contato: https://www.editorajuspodivm.com.br/sac

Diagramação: Marcelo S. Brandão (santibrando@gmail.com)

Capa: Ana Caquetti

M294 Manual de direitos difusos / organizador Edilson Vitorelli. – 2. ed. rev, atual. e ampl. – Salvador: Editora JusPodivm, 2019.
1.648 p.

Vários autores.
Bibliografia.
ISBN 978-85-442-2504-2.

1. Direito Difusos. 2. Direitos Fundamentais I. Vitorelli, Edilson. II. Título.

CDD 341.27

SOBRE OS AUTORES

ORGANIZADOR E AUTOR

Edilson Vitorelli

Procurador da República. Pós-doutor em Direito pela Universidade Federal da Bahia, com estudos no Max Planck Institute for Procedural Law (Luxemburgo). Doutor em Direito pela Universidade Federal do Paraná, mestre pela Universidade Federal de Minas Gerais. *Visiting scholar* na Stanford Law School e *visiting researcher* na Harvard Law School. Professor da Universidade Presbiteriana Mackenzie e da Escola Superior do Ministério Público da União.

COAUTORES

Alexandre Alberto de Azevedo Magalhães Júnior

Promotor de Justiça do Ministério Público do Estado de São Paulo, em exercício na Assessoria Jurídica do Procurador-Geral de Justiça. Ex-Assessor do Conselho Superior do Ministério Público do Estado de São Paulo. Especialista em Direito Penal pela Escola Superior do Ministério do Estado de São Paulo. Mestrando em Direito Processual pela Universidade de São Paulo (USP).

Alexandre Gaio

Graduado em Direito pela Universidade Federal do Paraná – UFPR. Especialista em Direito Público pela Universidade Federal do Paraná – UFPR. Mestre em Direito Econômico e Socioambiental pela Pontifícia Universidade Católica do Paraná – PUC/PR. Promotor de Justiça no Ministério Público do Estado do Paraná, atualmente em exercício no Centro de Apoio Operacional às Promotorias de Proteção ao Meio Ambiente, Habitação e Urbanismo (CAOPMAHU). Coordenador do Grupo de Atuação Especial na Defesa do Meio Ambiente, Habitação e Urbanismo (GAEMA) da Região Metropolitana de Curitiba.

Beatriz Lopes de Oliveira

Promotora de Justiça do Ministério Público do Estado de São Paulo. Mestre em Direito das Relações Sociais pela Pontifícia Universidade Católica de São Paulo. Especialista em Direitos Difusos e Coletivos pela Escola Superior do Ministério Público do Estado de São Paulo. Professora do curso de graduação em Direito da FMU – Faculdades Metropolitanas Unidas.

Felipe Braga Netto

Membro do Ministério Público Federal (Procurador da República). Doutor em Teoria do Estado e Direito Constitucional pela Pontifícia Universidade Católica do Rio de Janeiro. Mestre em Direito Civil pela Universidade Federal de Pernambuco. Procurador Regional Eleitoral de Minas Gerais (2010/2012). Professor de Direito Civil e Direito do Consumidor da Escola Superior Dom Helder Câmara – ESDHC (2003/2017). Professor de Teoria Geral do Direito, Direito Civil e Direito do Consumidor da PUC-MINAS, graduação e especialização (2002/2006). felipebraganetto.com.br

Geisa de Assis Rodrigues

Procuradora Regional da República. Mestre e Doutora pela UERJ. Pós doutora pelo Kings College. Professora licenciada da UFBA. Professora da Universidade Presbiteriana Mackenzie.

Gregório Assagra de Almeida

Pós-doutor pela Syracuse University, New York, Estados Unidos, quando foi *Visiting Scholar* e bolsista Capes em estágio sênior. Doutor em Direito pela Pontifícia Universidade Católica de São Paulo (2006). Promotor de Justiça. É assessor da Corregedoria-Geral do MPMG. É Membro Auxiliar da Corregedoria Nacional do Ministério Público.

Ivan Carneiro Castanheiro

Professor de Direito Constitucional, de Direito Urbanístico e de Direito Ambiental (Escola Superior do Ministério Público de São Paulo – ESMP; Universidade Paulista – UNIP; Universidade Metodista de Piracicaba – UNIMEP); autor de vários artigos ambientais e urbanísticos em Manuais editados pelo Ministério Público do Estado de São Paulo – MPSP; Mestre em Direito Difuso e Coletivo pela Pontifícia Universidade Católica de São Paulo (PUC/SP); 2º Promotor de Justiça de Americana (Habitação e Urbanismo, Consumidor e Meio Ambiente), atualmente em exercício no Grupo de Atuação Especial de Defesa do Meio Ambiente (GAEMA); Ex-Coordenador da Área de Habitação e Urbanismo, do Centro de Apoio Operacional (CAO) Cível e de Tutela Coletiva do MPSP.

Jadir Cirqueira de Souza

Promotor de Justiça em Minas Gerais. Mestre em em Direito do Estado e das Instituições Democráticas pela Universidade de Franca-SP. Professor da Faculdade Pitágoras, em Uberlândia-MG. Professor-convidado do Curso de Especialização da Universidade Federal de Uberlândia.

Pedro Abi-Eçab

Graduado em Direito pela Universidade de S. Paulo – USP. Mestre e Doutor em Direito pela Pontifícia Universidade Católica de S. Paulo – PUC/SP.

Promotor de Justiça no Ministério Público de Rondônia. Examinador do XXI Concurso de ingresso ao cargo de Promotor de Justiça do Ministério Público de Rondônia. Membro Auxiliar do Conselho Nacional do Ministério Público. Professor.

Rafael de Oliveira Costa

Professor Visitante na Universidade da Califórnia-Berkeley. Professor Visitante na Wayne State University. Doutor e Mestre em Direito pela Faculdade de Direito da UFMG. Promotor de Justiça no Estado de São Paulo.

Samuel Alvarenga

Doutorando em Direito pela Universidade Federal de Minas Gerais (UFMG). Mestre em Direitos Difusos pela Pontifícia Universidade Católica de São Paulo (PUC/SP). Promotor de Justiça do Ministério Público do Estado de Rondônia. Membro Auxiliar da Corregedoria Nacional do Ministério Público, ocupando a função de Coordenador Substituto de Inovação, Evolução Humana e Estágio Probatório.

Samuel Sales Fonteles

Promotor de Justiça em Goiás; Ex-Promotor de Justiça em Rondônia; Mestre em Direito Constitucional (Instituto Brasiliense de Direito Público - IDP - Brasília); Professor de Direito Constitucional.

Sérgio Luiz Pinel Dias

Bacharel em direito pela Universidade do Estado do Rio de Janeiro - UERJ. Mestre em direito e políticas públicas pela Universidade Federal do Estado do Rio de Janeiro - UNIRIO. Procurador Federal de 2003 a 2005. Procurador da República desde 2005. Integrante da coordenação do projeto Ministério Público pela Educação - MPEduc.

Zani Cajueiro Tobias de Souza

Procuradora da República. Ex-representante da 4ª Câmara de Coordenação e Revisão (responsável pela área de Meio Ambiente e Patrimônio Cultural) em Minas Gerais. Coordenadora do GT Patrimônio Cultural e Membro do GT Biodiversidade e do GT Mineração do MPF. Especialista em Direito Ambiental e Mestre em Ambiente Construído e Patrimônio Sustentável pela UFMG. Docente da Escola Superior do Ministério Público Federal.

APRESENTAÇÃO À 2ª EDIÇÃO

É com grande alegria e com grande senso de responsabilidade que apresento ao público a segunda edição deste *Manual de Direitos Difusos*. Ambos os sentimentos decorrem do fato de que a primeira edição se esgotou em pouco mais de três meses.

A segunda edição do *Manual* é, indubitavelmente, ainda melhor que a primeira. Todos os textos que dela já constavam foram revistos, ampliados e atualizados pelos seus respectivos autores. Além disso, acrescentamos três capítulos totalmente inéditos. Incluímos um texto de Gregório Assagra, Rafael Costa e Samuel Alvarenga, acerca da atuação do Ministério Público como função essencial à justiça, com foco na atuação do Ministério Público estadual, espelhando o capítulo de Geisa Rodrigues, que enfoca o Ministério Público Federal.

Inserimos um capítulo sobre a proteção do patrimônio histórico e cultural, matéria importante e pouco tratada, que ficou a cargo de Zani Cajueiro, Procuradora da República com vasta experiência prática no assunto.

Finalmente, foi introduzido um artigo sobre a atuação do Ministério Público em defesa das crianças e adolescentes, de autoria de Jadir Cirqueira, que é docente e atua profissionalmente na matéria.

Com esse novo sumário, a obra passa a ser composta de 12 capítulos, incluindo praticamente todos os temas de atuação do Ministério Público brasileiro, em sua importante missão de proteger a sociedade, assegurando a representação adequada de seus interesses e proporcionando soluções para os litígios coletivos em que ela se envolve.

Edilson Vitorelli

Campinas, verão de 2019.

APRESENTAÇÃO À 1ª EDIÇÃO

Este livro representa o desafio de entregar ao leitor interessado pela tutela coletiva uma obra 9 em 1. Para compreender essa proposta, é preciso contar uma pequena história.

Em 2015, a Lei da Ação Civil Pública completou trinta anos e, com ela, a efetiva existência de um processo destinado a assegurar direitos que interessam não apenas ao indivíduo, isoladamente considerado, mas à sociedade.

Não que esses direitos não existissem antes. A Constituição de 1934, por exemplo, já estabelecia a competência da União para legislar sobre as florestas (art. 5º, XIX, j e § 3º) e a Constituição de 1946, mais específica, afirmava ficarem "sob a proteção do Poder Público" as "obras, monumentos e documentos de valor histórico e artístico, bem como os monumentos naturais, as paisagens e os locais dotados de particular beleza" (art. 175). Mas isso são apenas antecedentes. Foi a partir da Lei 7.347/1985, que criou a ação civil pública, do reforço do papel do Ministério Público, pela Constituição de 1988 e do aporte conceitual do Código de Defesa do Consumidor, em 1990, que se cristalizou o núcleo do sistema brasileiro de tutela coletiva.

Dizer que esse sistema se construiu em torno do Ministério Público não é fazer um elogio institucional. É constatar um fato. Apesar da pluralidade de legitimados para a propositura das ações coletivas, é inegável, tanto do ponto de vista quantitativo, quanto do ponto de vista qualitativo, que o Ministério Público é o protagonista da propositura de ações coletivas no país.

Desde 1985, até o presente, a maior parte das ações coletivas e também aquelas de maior impacto, foram propostas pelo MP. Isso sem esquecer dos compromissos de ajustamento de conduta, recomendações e outros instrumentos extrajudiciais de tutela coletiva, cujo impacto é, não raro, maior que o das ações judiciais. Reitere-se: não se trata de um elogio, mas da constatação de que a missão constitucionalmente atribuída ao Ministério Público em 1988 vem sendo desempenhada. É claro que isso é um olhar sobre a floresta, não sobre cada árvore. Quando se analisam as ações, isoladamente consideradas, seguramente se encontram erros e acertos, vitórias e derrotas. Nada mais natural. Só quem faz, erra. Só quem participa do jogo, perde. Quando se considera o cenário geral, é possível afirmar que Ministério Público brasileiro não se omitiu de atuar na tutela coletiva, mesmo que possa ter atuado mal, em alguns casos.

Essa é a razão pela qual este livro reúne, como coautores, apenas membros do Ministério Público. Não se trata, de maneira alguma, de fazer algum tipo de "doutrina interna" ou de autoelogio. Pelo contrário. Se trata de reunir pessoas com experiência prática sobre aquilo que escrevem. Pessoas que atuam e estudam, há anos, e de modo sistemático, os instrumentos de tutela coletiva. E, para isso, o Ministério Público é um campo fértil.

Este livro começou a ser gestado em 2015, então sob a coordenação do colega e amigo Marcos Stéfani, do MPSP. Marcos foi o responsável por fazer os primeiros contatos e dar as linhas iniciais da ideia. Infelizmente, outros compromissos o impediram de continuar e coube a mim a organização final do livro.

A ideia da obra é reunir, em apenas um volume, os principais temas de direito material coletivo, agregados a uma reflexão sobre o processo de sua implementação. Em vez de buscar, adquirir e ler 9 livros diferentes, o leitor poderá encontrar os temas centrais da tutela coletiva brasileira reunidos. E, quando digo 9 livros, não se trata de força de expressão. As dimensões dos capítulos são equivalentes às de livros. Não há nada aqui do tipo "primeiras impressões", "breves notas" ou "reflexões iniciais", como tem sido do gosto dos juristas brasileiros, nos últimos anos. Todos os temas foram trabalhados com a perspectiva do aprofundamento e da reflexão crítica.

De modo geral, a obra tem como fio condutor a exposição dos direitos materiais coletivos e da forma como sua tutela pode ser efetivada. Assim, em relação aos direitos materiais coletivos, o leitor encontrará, inicialmente, um capítulo sobre os aspectos constitucionais da tutela coletiva, de autoria de Samuel Fonteles, membro do MP de Goiás e autor de livros na área. A tutela do consumidor está a cargo de Felipe Peixoto Braga Neto, procurador da República em Minas Gerais e autor de obras consagradas sobre o assunto. A tutela do patrimônio público é tratada por Alexandre Magalhães, do MPSP, que há anos desempenha atribuições profissionais e acadêmicas relacionadas ao combate à corrupção. A questão ambiental é trabalhada em texto de Pedro Ebi-Eçab do MP Rondônia, região que congrega alguns dos maiores patrimônios naturais do país e Alexandre Gaio, membro do MPSC, em exercício no Centro de Apoio Operacional Ambiental do Estado. Segue-se com o direito urbanístico e o direito à habitação, capítulo no qual Ivan Carneiro, do MPSP, um dos maiores especialistas do país sobre o assunto, incluiu as diversas alterações legislativas ocorridas em 2017. Já a caminho da conclusão, Sérgio Pinel, procurador da República atuante na coordenação do projeto MPEduc, fala sobre tutela do direito à educação, e Beatriz Lopes de Oliveira, do MPSP, trata dos direitos da pessoa idosa e com deficiência, assunto no qual também tem ampla experiência prática.

Dois capítulos com temáticas um pouco diferentes completam o livro. O capítulo 2, escrito por Geisa de Assis Rodrigues, procuradora regional da República, trata sobre a atuação do Ministério Público na tutela coletiva. A autora, além da atuação na matéria, se dedica, academicamente, ao estudo do Ministério Público, com vários livros publicados. Finalmente, o último capítulo, de minha autoria, propõe uma reflexão sobre o processo coletivo, suas potencialidades e limitações para implementar os direitos materiais que foram tratados nos capítulos anteriores.

Reunir 9 livros em 1 não foi fácil, sobretudo quando se considera a notoriedade dos autores envolvidos, que gentilmente aceitaram o convite para participar do esforço comum. Se a obra conseguir, contudo, despertar o interesse do leitor para temas tão relevantes, todo o esforço terá sido recompensado. Afinal, os indivíduos só existem na sociedade e a sociedade só existe para os indivíduos. Os direitos individuais só serão plenamente garantidos no contexto de políticas públicas e condutas privadas que prestigiem a proteção de nosso patrimônio jurídico comum.

Edilson Vitorelli

São João Del Rei, verão de 2018.

PREFÁCIO

O propósito da presente obra, que tenho a honra de prefaciar, foi plenamente alcançado!

Sob a coordenação do Professor Edilson Vitorelli, desenvolveu-se um amplo estudo do direito material coletivo e do processo voltado à sua implementação. Os temas são tratados por especialistas que dispensam apresentações, com inigualável clareza e profundidade. Os escritos são didáticos e revelam um impressionante domínio dos temas.

É fundamental ter plena consciência de que os direitos podem ser difusos, porém apresentam inegável caráter ubíquo! Por isso, a reunião, em apenas um volume, dos principais temas de direito material coletivo, será de enorme utilidade para os operadores do direito e trará luzes para o aprofundamento dos debates, propiciando consequente reflexão crítica.

O coordenador e os autores conseguiram, em um mundo líquido, conflituoso e complexo, elaborar um sólido compêndio, imprescindível aos estudantes e profissionais da academia e da práxis.

Cabe lembrar que o Professor Edilson Vitorelli já evidenciou a existência de litígios coletivos de difusão global, de difusão local e de difusão irradiada, em publicação que já se tornou clássica (*O devido processo legal coletivo*), escancarando o risco do trato inconstitucional e irresponsável dos conflitos coletivos.

Portanto, o presente livro também trará inegável contribuição para o aperfeiçoamento da resolução dos litígios coletivos, especialmente quando nossa Justiça é Multiportas.

A clareza e a profundidade das reflexões também se devem ao fato de ter sido produzida em um momento em que os seus autores já estão amadurecidos, pois já foram testados e aprovados com louvor nos bancos acadêmicos, na literatura jurídica, no magistério e no exercício de suas respectivas atribuições.

O presente livro perpassa por todos os grandes temas do direito material coletivo. Dos clássicos aos contemporâneos. Assim, presta uma valiosa contribuição para a própria tutela dos direitos transindividuais!

Afinal, a obra evidencia, com clareza, quais são os direitos transindividuais passíveis de tutela coletiva, em seus múltiplos aspectos, sem se esquecer do instrumento destinado à sua efetivação.

Por isso, passamos a ter um dos livros mais recomendados para os estudantes e profissionais do direito!

Prof. Marcos Stefani
Promotor de Justiça no Ministério Público de São Paulo
Doutor e mestre em Direitos Difusos pela PUC/SP

Março de 2018.

SUMÁRIO

1

TUTELA COLETIVA E DIREITOS FUNDAMENTAIS: UMA HERMENÊUTICA DE EQUILÍBRIO

Samuel Sales Fonteles[1]

[1] Promotor de Justiça em Goiás; Ex-Promotor de Justiça em Rondônia; Mestre em Direito Constitucional (Instituto Brasiliense de Direito Público – IDP – Brasília); Professor de Direito Constitucional.

como dever fundamental – **12**. Direitos Fundamentais Putativos: **12.1**. "Direito fundamental ao aborto": **12.1.1**. Da ilicitude do abortamento, mesmo sem o Código Penal; **12.1.2**. Da necessária criminalização do aborto à luz da vedação à proteção insuficiente (Untermassverbote); **12.1.3**. Direitos Reprodutivos versus Direito à Vida: o princípio da concordância prática e a preservação do núcleo essencial; **12.1.4**. O verdadeiro conteúdo dos direitos reprodutivos e o lema "meu corpo, minhas regras" (my body, my rules): **12.1.4.1**. Meu corpo, minhas regras: autonomia ou soberania?; **12.1.4.2**. Direitos Reprodutivos; **12.1.5**. Da gênese da vida: um conceito lógico-jurídico, e não jurídico-positivo; **12.1.6**. Aspectos processuais e de mérito; **12.2**. "Direito fundamental ao suicídio": **12.2.1**. Eutanásia; **12.2.2**. Ortotanásia; **12.3**. "Direito de mentir"; **12.4**. Direito ao esquecimento – **13**. Direitos fundamentais (dos) esquecidos: **13.1**. Direitos fundamentais da vítima e de seus familiares; **13.2**. Direitos fundamentais da sociedade: **13.2.1**. O que se entende por "cidadão de bem"? (Um componente ético como substrato teórico para membros do Ministério Público que atuam na curadoria da probidade administrativa e da segurança pública); **13.3**. Direito fundamental de repúdio à impunidade: **13.3.1**. Direito fundamental de repúdio à impunidade e o princípio da isonomia; **13.3.2**. Direito fundamental de repúdio à impunidade e o princípio da segurança pública; **13.3.3**. Direito fundamental de repúdio à impunidade e o princípio da segurança jurídica; **13.3.4**. Direito fundamental de repúdio à impunidade e o princípio da proporcionalidade; **13.3.5**. Direito fundamental de repúdio à impunidade em um tempo razoável: **13.3.5.1**. Abuso no direito de recorrer; **13.3.5.2**. O princípio da presunção de inocência: do HC 84078-7/MG ao HC 126.292/SP; **13.4**. O direito fundamental à segurança pública: **13.4.1**. O direito fundamental à ressocialização dos presos recuperáveis; **13.4.2**. O direito fundamental à neutralização da periculosidade dos irrecuperáveis; **13.5**. Direito fundamental ao contraditório no habeas corpus; **13.6**. Mandado de segurança criminal como garantia fundamental de índole difusa: **13.6.1**. Periculum in mora pro societate; **13.6.2**. O mandado de segurança está para a sociedade como o habeas corpus está para o indivíduo; **13.6.3**. O mandado de segurança criminal como ferramenta para assegurar a concessão ope judicis de efeito suspensivo recursal; **13.7**. Direito à dignidade dos agentes de segurança pública – **14**. Referências bibliográficas.

1. O PROBLEMA DA LEITURA PARCIAL E DETURPADA DOS DIREITOS FUNDAMENTAIS: QUANDO DIREITOS SÃO INVOCADOS PARA SATISFAZER INTERESSES CONTRATUAIS, GOVERNAMENTAIS, ESTATAIS OU PESSOAIS

João, nobre advogado, invoca argumentativamente direitos fundamentais em socorro do seu cliente, mas é duvidoso se o causídico está mesmo convicto da inocência daquele que o remunera. José, digno procurador, exara um parecer no sentido de que uma medida de governo, impopular, é reclamada pelo interesse público, mas talvez tenha ciência de que essa medida só atende ao interesse público secundário. Maria, combativa defensora pública, vale-se de inúmeros direitos fundamentais no patrocínio do seu assistido, porém, às vezes, as teses levantadas são fruto de uma primorosa estratégia de defesa, não exatamente das suas convicções técnicas.

O papel tudo aceita. Quem tem boca diz aquilo que lhe aprouver.

Os exemplos sobreditos possuem um traço em comum: em todos os casos narrados, os direitos fundamentais foram instrumentalizados como um álibi para a persuasão. De fato, nada mais persuasivo do que essa gama tão seleta de direitos, categoria que é capaz de emprestar ares de respeitabilidade ao mais inconsistente pleito jurídico.

Nas situações descritas, os direitos fundamentais foram invocados para satisfazer interesses contratuais (do cliente), governamentais (do governo), estatais (da fazenda pública) ou mesmo pessoais (do assistido). Não se ignora o fato de que há, sim, advogados convictos da defesa que sustentam, procuradores independentes nos pareceres que exaram e defensores que evitam trair a própria consciência. Porém, em comum, todos esses profissionais atuam, no exercício da atividade postulatória, *a serviço de uma parte processual*. São, por excelência, *processualmente parciais*. Por conseguinte, parece muito natural e até previsível que, com alguma frequência, esses protagonistas efetuem uma *leitura tendenciosa* dos direitos fundamentais.

O fenômeno descrito é explicado pela Psicologia Social norte-americana. Na lição de David. G. Meyers[2], a palavra "**papel**" designa "*um conjunto de normas que define como as pessoas em uma dada posição social devem se comportar*". Segundo ele, "*em uma nova carreira, como professor, soldado ou pessoas de negócios, representamos um papel que molda nossas atitudes*". É fácil visualizar isso no mundo jurídico que nos circunda. Alexandre de Moraes, à época Ministro da Justiça, muniu-se de um facão e empenhou-se em arrancar do solo plantações da herbácea *cannabis sativa*, em um contexto simbólico de guerra às drogas. Sua avaliação desfavorável ao vegetal e à narcotraficância seriam indicativos seguros do seu comportamento como Ministro do STF, em uma ação vocacionada a debater a constitucionalidade do crime de porte de drogas para consumo pessoal (art. 28, Lei n.º 11.343/06)? Sabe-se que Moraes desvencilhou-se do papel de Ministro da Justiça, reconhecendo-se atualmente como Ministro do STF. A simples alternância de cargos implica uma distinção do que tecnicamente podemos chamar de *papeis* (*role plays*). Ora, as ações esperadas de quem chefia o Ministério da Justiça são distintas das expectativas que recaem sobre um Juiz da mais alta Corte, porque ambos desempenham *papéis* diferentes.

Curiosamente, mesmo que os direitos fundamentais sejam inicialmente utilizados como um instrumento de retórica, aos poucos, o discurso se apodera de quem discursa. Noutras palavras, é possível que não haja exatamente uma sinceridade inicial, mas apenas um objetivo estratégico. À medida que os argumentos são manifestados, ao longo do tempo, eles exercem um poder persuasivo sobre quem os declara. Estudos desenvolvidos na área de Psicologia Social sugerem que, alterando-se primeiramente *o comportamento* do ser humano, é possível, em um momento posterior, influenciar sua visão de mundo. "*À medida que passaram a agir de maneira mais parecida, os norte-americanos passaram a pensar de maneira mais semelhante* (Greeley & Sheatsley, 1971; Taylor et al., 1978)"[3]. De modo a evitar conflitos interiores, todos os atores processuais, paulatinamente, absorvem seus discursos e acomodam essas ideias em um lugar chamado consciência. Na hermenêutica, **Hans-Georg Gadamer** já asseverava que "***A lente da subjetividade é um espelho deformante***"[4].

[2] MEYERS. David. G. *Psicologia Social*. 10ª Edição. Porto Alegre: AMGH, 2014. p. 120.

[3] MEYERS. David. G. *Psicologia Social*. 10ª Edição. Porto Alegre: AMGH, 2014. p. 124.

[4] GADAMER, Hans-Georg. *Verdade e método*: traços fundamentais de uma hermenêutica filosófica. Trad. Flávio Paulo Meurer. 3. ed. Petrópolis, RJ: Vozes, 1999. (Pensamento Humano), p. 416.

Se o uso de direitos fundamentais por atores processuais *parciais* reclama uma hermenêutica favorecedora do resultado que se busca, o mesmo não se pode dizer de quando esses direitos são invocados por uma parte *desinteressada* na lide, vale dizer, por sujeitos *imparciais*. O Juiz natural, devendo assim ser entendido aquele previamente competente e isento de suspeição ou impedimento, não deve ter interesse na condenação ou na absolvição de um réu, bem assim na procedência ou improcedência do pedido. O mesmo se diga no que atine ao Ministério Público, instituição que, quando parte no processo, opta livremente por demandar ou não demandar; quando *custos juris*, manifesta-se isenta de qualquer interesse, a não ser aquele perseguido pela sociedade.

Alguns poderiam objetar que também juízes e promotores (ou procuradores da república), como pessoas humanas que são, poderiam efetuar uma leitura parcial dos direitos fundamentais, principalmente em face de suas ***pré-compreensões***. É do nosso conhecimento que alguns juízes e membros do Ministério Público desvirtuam a sua atuação, para, em nome de direitos fundamentais, sacramentar suas vontades pessoais ou visões particulares de mundo. Alguns, inclusive, desonram seus cargos, pois utilizam os poderes conferidos pelo povo como uma ferramenta de vindita partidária. Nesse caso, tem-se um *contraexemplo*. Trabalharemos com a situação *ideal*, qual seja, a de membros da judicatura e do Ministério Público *isentos*, porque o Direito, como ciência deontológica, situa-se no domínio do *dever ser*. A premissa científica, pois, será de como as coisas *devem ser*. Em condições *normais* (entenda-se: *exemplares* e não "contra-exemplares"), tais membros devem ser imparciais, e suas pré-compreensões não podem contrariar o Direito fabricado democraticamente[5]. O mais cristão dos juízes deve proferir sentenças laicas, assegurando a antecipação terapêutica do parto, quando o feto é anencefálico, e reconhecendo a união civil entre pessoas do mesmo sexo[6]. Enquanto vigorar o Código Penal, a mais feminista das magistradas não deve hesitar em pronunciar uma jovem que realizou um abortamento, se realmente há elementos para que o caso seja submetido ao Sinédrio Popular. Mesmo com uma visão abolicionista singular, incumbe a qualquer Tribunal condenar um traficante de drogas pela mercancia criminosa, pelo menos, durante a vigência da Lei de Tóxicos. Enquanto não revogado o Estatuto do Desarmamento, é dever do promotor de justiça, ainda que possuidor da firme crença de que haveria um direito natural à posse de armas de fogo, denunciar um idoso que, há anos, possuía uma vetusta espingarda nos átrios da sua residência. Se os aludidos profissionais entenderem de trilhar o

5 No mesmo sentido aqui defendido, ou seja, o de que a pré-compreensão exerce alguma influência (inconsciente) no julgador (e aqui podemos acrescentar o membro do Ministério Público), mas que, apesar disso, subsiste o dever constitucional de imparcialidade, temos a lição de Daniel Sarmento e Cláudio Ferreira de Souza Neto, a saber: "[...] os preconceitos e visões particulares de mundo do intérprete sempre exercem alguma influência no processo de tomada de decisões. Daí não resulta, contudo, que a imparcialidade não possa ser sustentada como *ideia regulativa* e como *dever constitucional*, a ser perseguido pelos agentes e instituições, e fiscalizado pela crítica pública". (SARMENTO, Daniel e SOUZA NETO, Cláudio Pereira. Direito Constitucional. Teoria, História e Métodos de Trabalho. 2ª Edição. Belo Horizonte: Editora Fórum, 2014, p. 450). Perceba-se que o membro do Ministério Público, na sua atividade fim, à semelhança do Juiz, trabalha com processos decisórios. Os órgãos de execução do Ministério Público ***decidem*** se denunciam, se promovem o arquivamento do inquérito policial, se manifestam parecer favorável ao réu, se recorrem da decisão *etc*. Logo, é perfeitamente aplicável ao Ministério Público o raciocínio desenvolvido pelos professores da UERJ, com apoio na filosofia de John Rawls.

6 Em respeito aos efeitos vinculantes da ADPF 54 e da ADIn 4277. Independentemente de considerações acerca do acerto ou desacerto do entendimento sufragado pelo Supremo Tribunal Federal nos precedentes listados, cabe aos demais órgãos do Judiciário respeitar a autoridade dessas decisões.

caminho oposto, isto é, se optarem por denegar a expedição de alvará autorizador da antecipação terapêutica do parto, negar efeitos civis à união de pessoas do mesmo sexo, impronunciar (ou até mesmo absolver) a jovem que realizou o aborto, inocentar um narcotraficante ou promover o arquivamento do inquérito instaurado em face de um idoso que possuía artefatos bélicos, basta que declinem ***razões públicas*** na fundamentação do julgado ou da manifestação ministerial, isto é, que se eximam de fundamentar suas decisões em argumentos metafísicos, ideológicos, filosóficos, religiosos ou políticos. Devem, pois, aduzir argumentos *jurídicos*. Em apertada síntese, essa é a filosofia constitucional de **John Rawls**[7], professor da Universidade de Harvard, que, neste particular, contribuiu sobremodo para uma atuação isenta por parte daqueles sobre os ombros de quem recai o dever de imparcialidade.

Voltamos ao raciocínio inicial. Como se disse, os membros do órgão ministerial e da magistratura não são serventuários de um governo, de um contrato ou de qualquer pessoa que seja. Na precisa observação de Eugênio Pacelli, "*O Ministério Público não é órgão de acusação, mas órgão legitimado para acusação*"[8]. Ora, como atores imparciais, a hermenêutica constitucional levada a cabo por operadores do Direito, que provenham da judicatura e do Ministério Público, não pode ser descompensada, mas sim uma ***hermenêutica de equilíbrio***.

Parte da doutrina brasileira que cuida dos direitos fundamentais, não raro, tem realizado uma leitura distorcida dos institutos de Direito Constitucional, demasiadamente parcial, para só extrair deles aquilo que *interessa*. **Prospecta-se o bônus, mas descarta-se o ônus. Fala-se em direito fundamental, mas despreza-se o *dever fundamental*. Louvam-se garantias de um só, descurando-se das garantias dos demais, mesmo quando todos merecem guarida sob o pálio do documento constitucional.**

A obra sobre a qual o leitor se debruça tem a ousadia de efetuar (e propor) uma ***leitura de equilíbrio* dos direitos fundamentais**[9]. Para equilibrar a interpretação

---

7 RAWLS, John. O Liberalismo Político. 2ª Edição. Editora Ática, 1999, p. 262/298.

8 OLIVEIRA, Eugênio Pacelli de. Curso de Processo Penal. 6.ed. Belo Horizonte: Del Rey, 2006, p. 384.

9 A rigor, a *leitura de equilíbrio* deve ser aplicada não apenas aos direitos fundamentais, mas ao Direito como um todo. Trata-se de uma metodologia hermenêutica. Apenas para exemplificar, por ocasião da audiência pública para tratar da reforma do Código Penal – PL 236/2012, realizada no Senado Federal, o então senador e constitucionalista Pedro Taques, ex-membro do Ministério Público Federal, dirigindo-se ao eminente jurista Juarez Cirino, asseverou: **"[...] sem falarmos de um Direito Penal Mínimo, nem de um Direito Penal Máximo; sem falarmos de um Direito Penal do Inimigo, que nem Jakobs, ou de um Direito Penal do Amigo, mas de um *Direito Penal Cidadão* [...]"**. Veja-se que o raciocínio trilhado pelo então senador, embora aplicável às ciências criminais, corresponde ao mesmo proposto nesta obra: uma *leitura de equilíbrio dos direitos fundamentais*. Na mesma ocasião, dirigindo-se ao jurista Juarez Cirino, o promotor de justiça Rogério Sanches, membro do Ministério Público de São Paulo, ponderou: **"Em nenhum momento me intitulo como um punitivista atroz. Gosto de trabalhar com um Direito Penal mínimo, para aquilo que é mínimo; máximo, para aquilo que é máximo"**. Propondo um Direito Penal de Equilíbrio, mas com um sentido diverso daquele tratado linhas acima, tem-se a monografia de Rogério Greco, intitulada *Direito Penal do Equilíbrio – Uma Visão Minimalista do Direito Penal*. Nesse caso, o membro do Ministério Público de Minas Gerais utiliza a expressão Direito Penal do Equilíbrio como um sucedâneo de Direito Penal Mínimo, que, na visão do eminente penalista, seria o ponto médio entre o Direito Penal Máximo e o Abolicionismo Penal: **"O trabalho terá como ponto central o Direito Penal Mínimo, aqui denominado Direito Penal do Equilíbrio [...]. Poderá ser reconhecido como Direito Penal do Equilíbrio porque se colocará entre a tese do Direito Penal Máximo, refletido nos chamados movimentos de Lei e Ordem, bem como a tese abolicionista, capitaneada por Louk Hulsman"** (GRECO, Rogério. *Direito Penal do Equilíbrio – Uma Visão Minimalista do Direito Penal*. 7ª Edição. Rio de Janeiro: Editora Impetus, 2014. p. 2). Nota-se que Pedro Taques e Rogério Sanches trabalharam com intervalos mais restritos para indicar um ponto médio, isto é, o Direito Penal Mínimo e o Direito Penal Máximo. Diferentemente, Rogério Greco trabalhou com

de direitos fundamentais, algumas correções devem ser feitas na leitura tradicional, sobretudo:

a) o conteúdo extraído de um direito fundamental (a norma advinda do texto) deve colher também o **dever fundamental** que lhe é correlato, à luz da parêmia pela qual *ubi commoda, ibi incommoda*. Na Hermenêutica de Equilíbrio das Franquias Constitucionais, desloca-se o paradigma do Estado Democrático de Direito para um novo marco: o **Estado Democrático de Direitos *e Deveres*.**

b) em qualquer Estado Democrático, os direitos individuais devem ser protagonistas, mas os **direitos coletivos não podem ser relegados ao papel de coadjuvantes**. A liberdade ambulatorial (direito individual) é sagrada, mas o direito difuso, fundamental e social à segurança pública (direito coletivo) também o é. A propósito, ambos possuem envergadura constitucional.

c) a Hermenêutica de Equilíbrio exige uma **inclusão discursiva da vítima, dos seus familiares, do nascituro, dos agentes de segurança pública e da sociedade** na gramática dos direitos fundamentais. Lamentavelmente, estes têm sido *invisibilizados* pela comunidade jurídica. Não se pode irradiar direitos fundamentais para proteger apenas *parte* daqueles que o constituinte entendeu de abrigar. Todos os *receptores constitucionais da proteção* deverão ser contemplados: a humanidade, a sociedade, a coletividade e a pessoa[10]. Não se pode instrumentalizar direitos fundamentais, para colocá-los abusivamente a serviço do crime, do criminoso, da maioria, do governo, da fazenda pública, de um *lobby* ou de qualquer outro grupo desvirtuado daquele indicado pela Constituição. Noutro dizer, em princípio, direitos fundamentais devem ser franqueados a *todos*, pois a única seletividade juridicamente legítima é aquela efetuada pelo próprio constituinte. Disso se conclui que repugna ao Direito Constitucional a afirmação de que *direitos humanos são para humanos direitos*. Absolutamente. Por outro lado, uma leitura adequada não pode descurar dos direitos fundamentais (dos) esquecidos;

d) o instituto do **abuso de direito**, tão comumente propalado pelo Direito Civil, é perfeitamente **aplicável ao Direito Constitucional**. Basta lembrar que os direitos fundamentais não são absolutos e a maneira de exercê-los não pode ser abusiva, sob pena de configurar-se um ilícito denominado

intervalos mais distantes, ou seja, do Abolicionismo e do Direito Penal Máximo. Enquanto o Direito Penal Mínimo é tido como equilíbrio para Rogério Greco, cuida-se de um dos extremos para o raciocínio de Pedro Taques e Rogério Sanches. Bem se vê, apesar das diferenças, os membros do Ministério Público brasileiro, de maneira intuitiva, já trabalham com muita naturalidade a ideia de *leitura de equilíbrio do Direito*, inclusive pela imparcialidade que o cargo proporciona, pois, à semelhança da magistratura, permite uma compreensão dos fenômenos jurídicos com uma singular equidistância.

[10] Chamamos a atenção do leitor para a seguinte distinção: uma coisa é o *destinatário de um direito fundamental*, que é o seu sujeito passivo, vale dizer, a quem ele se opõe. Outra, que com ela não se confunde, é o destinatário *da proteção* de um direito fundamental, vale dizer, o seu sujeito ativo, seu titular. É intuitivo que a semelhança das expressões pode gerar equívocos e confusões para leitores desavisados. Optamos, por amor à didática, pela expressão "*receptores constitucionais da proteção*", como forma de designar quem ocupa a posição de sujeito ativo na relação jurídica jusfundamental. Quando falamos em receptor da proteção, portanto, o referencial é quem titulariza direitos fundamentais, isto é, quem for por eles protegido. Com essa medida, escapamos da dicotomia "destinatário do direito" *versus* "destinatário da proteção advinda desse direito".

abuso de direito. Este não está confinado nos domínios do Direito Civil, afinal, é possível abusar de direitos infraconstitucionais (*v.g.* abuso no direito do fornecedor de propagar seus produtos e serviços – propaganda abusiva) e também de direitos constitucionais (*v.g.* propriedade privada que não cumpre sua função social);

e) Como consequência do item anterior, uma Hermenêutica de Equilíbrio das Franquias Constitucionais deve acolher o "**topos**" pelo qual os **direitos fundamentais não podem ser maliciosamente invocados como um álibi para a prática de ilicitudes**, exatamente porque isso traduziria um **abuso de direito (fundamental).**

f) A Hermenêutica de Equilíbrio das Franquias Constitucionais reconhece a **função social da punição**. Punir quem de direito é um imperativo de Justiça.

g) Em uma leitura equilibrada, a dignidade humana como autonomia não exclui a **dignidade humana como heteronomia.** A primeira enfatiza a liberdade individual para efetuar escolhas existenciais, ao passo que a última realça a possibilidade de, em alguns casos, operar-se uma restrição dessa liberdade em nome de *valores substantivos compartilhados pela sociedade*.

Como parte desinteressada e imparcial que é, o dever do Ministério Público é efetuar uma *leitura de equilíbrio* dos direitos fundamentais, condição sem a qual não poderá atuar validamente na salvaguarda da dignidade humana. Ocorre que a adequada compreensão da tutela de direitos fundamentais pelo Ministério Público depende de premissas teóricas nem sempre devidamente alicerçadas pelo leitor. Por exemplo, de nada adianta afirmar que o *parquet* é legitimado para a veladura dos interesses sociais e individuais indisponíveis, se quem lê ignora o significado desses conceitos. Mais do que conhecer a anatomia e a fisiologia do Ministério Público brasileiro, com o seu respectivo arcabouço constitucional, a correta percepção de como e quando o órgão ministerial atuará validamente, na defesa da dignidade humana, depende, ainda, do domínio da *gramática dos direitos fundamentais.*

Forte nessas razões, este trabalho é inaugurado com uma análise das transformações sofridas pelo constitucionalismo contemporâneo. Em seguida, uma imersão na Teoria Geral dos Direitos Fundamentais será realizada, à luz de uma *leitura de equilíbrio*. Percebam que não se busca o propósito de realizar mais uma sistematização dos direitos fundamentais, pois isso já foi feito (a contento) pela doutrina. Atualmente, já existe farto material de consulta que bem sistematizou esses direitos, pelo que o desiderato desta obra é apresentar uma leitura diferenciada, oferecendo subsídios técnicos da Teoria Geral dos Direitos Fundamentais, de uma maneira instrumental, vale dizer, voltada para a atuação *prática* de um membro do Ministério Público, que necessariamente será chamado, em sua atuação funcional, a manipular direitos fundamentais. A manipulação ou o manuseio de direitos fundamentais, por ocasião da atividade ministerial, exige seriedade técnica e uma alfabetização mínima em Direito Constitucional. É esse mínimo que será fornecido ao leitor, que, após um estudo minucioso, estará credenciado não apenas a concretizar direitos, mas também a refutar a existência de direitos fantasiosamente invocados pelos atores *parciais* do processo. Em um momento posterior, abordaremos alguns *topoi* aplicáveis à leitura de equilíbrio das franquias constitucionais, encerrando a primeira parte da obra com um breve estudo dos deveres fundamentais. A segunda fase do trabalho é inaugurada com uma análise de direitos fundamentais putativos, isto é, direitos fundamentais fantasmas, que só existem no delírio de quem fantasiosamente os invoca. Ao final, coroamos o livro com um exame dos direitos fundamentais esquecidos e das pessoas esquecidas.

A obra empregará, dentre outros métodos, o *diálogo das fontes*, devendo ser entendido como um intercâmbio entre as plúrimas fontes legislativas. A Constituição Federal e os direitos fundamentais serão examinados em um diálogo com a legislação criminal, ambiental, urbanística, consumerista, do idoso, dos portadores de necessidades especiais, da criança e do adolescente, dentre outras. Desse modo, apresentado um instituto, um princípio ou uma teoria, a sua utilidade prática será imediatamente fornecida, sempre tendo como pano de fundo a contextualização com as atribuições do Ministério Público, órgão curador dessa gama de direitos tão caros à humanidade. Esperamos que, bem examinado este trabalho, o operador do Direito, notadamente o (futuro) membro do Ministério Público, se sinta mais seguro sobre quando e como lhe será legítimo atuar na zeladoria dos direitos fundamentais.

2. O FENÔMENO DA CONSTITUCIONALIZAÇÃO DO DIREITO

Em toda a história do Direito Constitucional, jamais a Constituição recebeu tanto protagonismo como nos dias atuais. Se, antes, o epicentro do ordenamento jurídico era o Código Civil, hoje, todos os ramos da árvore jurídica gravitam em torno da Constituição, de onde emana uma força irradiante, o que se pode denominar de **constitucionalização do Direito**.

Uma simples atenção ao Direito Comparado[11] comprova o que se afirmou linhas acima. O Código Civil de 1916 nasceu sob a égide da Constituição de1891, atravessando as Cartas de 1934, 1937, 1946, 1967, 1969 e alcançando a ordem constitucional de 1988. Como um documento legal permaneceu íntegro por tantas ordens constitucionais, seja em regimes democráticos, seja em regimes autoritários? Ora, sabendo-se que o Direito (infraconstitucional) não sofria a influência direta das Constituições, era indiferente ao Código Civil que uma nova ordem constitucional viesse a nascer. Certamente, operar-se-ia a recepção da maioria dos seus preceitos. O mesmo ocorreu com o Código Penal (1940), o Código de Processo Penal (1941), dentre inúmeros outros diplomas que sobreviveram quase incólumes às mudanças constitucionais mais abruptas.

Repita-se: isso acontecia porque a Constituição era tida como uma proclamação política, não como uma norma jurídica que veicula um *dever ser*, ou seja, não era vista como uma manifestação subordinante de vontade. Com a valorização das normas

11 É de bom alvitre esclarecer ao leitor que o Direito Comparado, como ciência, não se ocupa apenas do contraste entre ordenamentos nacionais e alienígenas. Também é objeto de investigação científica do Direito Comparado a análise de ordenamentos contemporâneos e pretéritos, comparando-os.

princípios, a ampliação dos temas tratados no texto constitucional e o acolhimento da premissa da força normativa da Constituição, operou-se a constitucionalização do Direito. A Constituição, a partir de então, se reveste da mesma aptidão para incidir no suporte fático que uma instrução normativa da Receita Federal. Dito de outra maneira, a Constituição deixa de ser vista como um protocolo de boas intenções para ser encarada como uma norma jurídica cogente.

Na lição de Daniel Sarmento e Cláudio Pereira de Souza Neto, o fenômeno da constitucionalização se bifurca em duas vertentes de compreensão, quais sejam a *constitucionalização-inclusão* e a *constitucionalização releitura*[12]. A chamada constitucionalização-inclusão consiste no "*tratamento pela Constituição de temas que antes eram disciplinados pela legislação ordinária ou mesmo ignorados*"[13], a exemplo da tutela constitucional do meio ambiente e do consumidor, algo até então inédito nas Constituições pretéritas. Essa inflação de assuntos no texto constitucional, marca das constituições analíticas, faz com que qualquer disciplina jurídica, ainda que dotada de autonomia científica, encontre um ponto de contato com a Constituição, cuja onipresença foi cunhada pela doutrina de **ubiquidade constitucional**. Por sua vez, a constitucionalização releitura traduz "*a impregnação de todo o ordenamento pelos valores constitucionais*". Nesse caso, os institutos, os conceitos, os princípios e as teorias de cada ramo do Direito sofrem uma releitura, para, à luz da Constituição, assumir um novo significado. Portanto, a Constituição, que era mera coadjuvante, assumiu um protagonismo sem precedentes. Na feliz expressão de Paulo Bonavides, "*Ontem, os Códigos; hoje, a Constituição*"[14].

Ora, a alma de uma Constituição é o seu catálogo de direitos fundamentais. Na essência, a elaboração de um texto constitucional objetiva a organização do Estado, dos Poderes, e a enunciação de direitos fundamentais. Sendo assim, se uma Constituição exerce a sua influência em todo o ordenamento, é porque os direitos nela plasmados influenciam os demais. Falar em ubiquidade constitucional necessariamente é falar em ubiquidade dos direitos fundamentais, que passam a irradiar seus efeitos para todo o sistema (dimensão objetiva), impondo uma maneira de compreender o Direito infraconstitucional. Todas as leis municipais, estaduais e federais se sujeitam a um controle de merecimento, por força do qual deverão ser interpretadas consoante os direitos fundamentais, isto é, submetem-se a uma **filtragem constitucional.**

---

12 Não se desconhece que outros juristas adotaram uma outra classificação para o fenômeno da constitucionalização do Direito. Uma das mais célebres é trazida por Louis Favoreu. O francês denomina *constitucionalização-elevação* aquela pela qual se opera um deslizamento de assuntos, até então confinados no compartimento infraconstitucional, para elevarem-se ao texto constitucional. Por sua vez, reputa *constitucionalização-transformação* aquela que impregna e transforma os demais ramos do Direito, para convertê-los em um Direito Constitucional Civil, Direito Constitucional Ambiental etc. O jurista menciona, ainda, a *constitucionalização juridicização*, que traduz o surgimento da força normativa da Constituição, o que é mais um pressuposto do que uma categoria autônoma desse fenômeno. A compilação pode ser encontrada na excelente monografia de Virgílio Afonso da Silva (*A Constitucionalização do Direito. Os Direitos Fundamentais nas Relações entre Particulares.* São Paulo: Malheiros, 2014. p. 46-48). Como veremos, na essência, a constitucionalização-elevação é exatamente aquilo que Daniel Sarmento cunhou de constitucionalização-inclusão. Por sua vez, a constitucionalização-transformação de Louis Favoreu, substancialmente, corresponde à constitucionalização releitura de Sarmento. Isto posto, advertimos o leitor de que abraçamos, ao longo deste trabalho, a terminologia do constitucionalista da UERJ.

13 Direito Constitucional. Teoria, História e Métodos de Trabalho. 2ª Ed. Belo Horizonte: Ed. Fórum, 2014. p. 44.

14 Frase proferida por ocasião da solenidade de recebimento da Medalha Teixeira de Freitas, no ano de 1998.

Advertimos que a constitucionalização do Direito é, dentre tantas outras, consequência do que alguns autores têm denominado de **neoconstitucionalismo**[15], movimento jusfilosófico que também propugna a ampliação da jurisdição constitucional e o fortalecimento dos direitos fundamentais.

O assunto examinado recebeu a contextualização da qual é digno.

É hora de demonstrar a importância *prática* desse substrato teórico, voltando-se para o tema objeto desta obra coletiva, que são os direitos fundamentais efetivados mediante atuação do Ministério Público. **De que modo a constitucionalização do Direito repercutiu nos direitos metaindividuais?** É o que passamos a enfrentar doravante.

2.1. A constitucionalização do Direito do Consumidor

O Direito do Consumidor recebeu assento constitucional nos arts. 5º, XXXII, e 170, V, além do art. 48 do ADCT (constitucionalização-inclusão). Nasce para o Estado o dever constitucional de promover a proteção do *consumidor*, seja pela criação de uma codificação protetiva, seja por meio de uma ordem econômica fundada nessa proteção. É oportuno trazer as palavras de uma das maiores estudiosas do assunto, a Professora Claudia Lima Marques, que realiza uma abordagem por ela denominada de "introdução sistemática do Direito do Consumidor, *a partir dos valores constitucionais*" (2009, p. 27):

> O direito do consumidor seria, assim, o conjunto de normas e princípios especiais que visam cumprir com este triplo mandamento constitucional: 1) de promover a defesa dos consumidores (art. 5º, XXXII, da Constituição Federal de 1988: "O Estado promoverá, na forma da lei, a defesa do consumidor"); 2) de observar e assegurar como princípio geral da atividade econômica, como princípio imperativo da ordem econômica constitucional, a necessária "defesa" do sujeito de direitos "consumidor" (art. 170 da Constituição Federal de 1988: "A ordem econômica, fundada na valorização do trabalho humano e na livre iniciativa, tem por fim assegurar a todos existência digna, conforme os ditames da justiça social, observados os seguintes princípios: [...] V – defesa do consumidor; [...]"; 3) de sistematizar e ordenar esta tutela especial infraconstitucionalmente através de um código (microcodificação), que reúna e organize as normas tutelares, de direito privado e público, com base na ideia de proteção do sujeito de direitos (e não da relação de consumo ou do mercado de consumo), um código de proteção e defesa "do consumidor" (art. 48 do Ato das Disposições Constitucionais Transitórias da Constituição Federal de 1988): "O Congresso Nacional, dentro de cento e vinte dias da promulgação da Constituição, elaborará código de defesa do consumidor").

No campo da constitucionalização-releitura, a dignidade humana tem dado lastro a uma jurisprudência sobremodo protetiva do elo mais fraco na relação consumerista,

---

[15] BARROSO, Luís Roberto. Neoconstitucionalismo e Constitucionalização do Direito. O Triunfo Tardio do Direito Constitucional no Brasil. *Revista Eletrônica sobre a Reforma do Estado*, Salvador, Instituto Brasileiro de Direito Público, nº 9, março/abril/maio, 2007, p. 11/12. Certamente, os maiores entusiastas do neoconstitucionalismo, no Brasil, são Luís Roberto Barroso e Ana Paula de Barcellos, ambos da UERJ. Muitos constitucionalistas têm questionado, com razão, o caráter científico da "doutrina do neoconstitucionalismo", a exemplo de Manoel Gonçalves Ferreira Filho. A despeito do registro acerca da abordagem neoconstitucionalista, o autor que vos escreve não se filia a esta corrente teórica. (FERREIRA FILHO, Manoel Gonçalves. *Notas sobre o Direito Constitucional Pós-Moderno, em Particular sobre Certo Neoconstitucionalismo à Brasileira*. Revista de Direito Administrativo, v. 250, 2009. p. 151/167).

mormente em se tratando de pessoas portadoras de deficiência. Nesse caso, tem-se duas vulnerabilidades, a justificar uma dupla proteção tutelar. À guisa de exemplos, figure-se um contrato de adesão celebrado entre uma poderosa instituição financeira e correntistas com deficiência visual. O Superior Tribunal de Justiça já determinou a obrigatoriedade de utilização do método braile nas contratações bancárias dessa natureza, de modo a permitir que esses usuários usufruam da liberdade de exercer os atos da vida civil[16], à luz do **direito fundamental *à adaptação razoável***. Ainda no âmbito das relações consumeristas, o Tribunal da Cidadania reconheceu a existência de dano moral a um correntista incapaz, em razão de saques indevidos em caixas eletrônicos da instituição financeira, mesmo sendo portador de uma demência não especificada. Pelo brilhantismo do julgado, inspirado claramente pelo fenômeno da constitucionalização releitura, convém transcrever trecho da ementa[17]:

> A atual Constituição Federal deu ao homem lugar de destaque entre suas previsões. Realçou seus direitos e fez deles o fio condutor de todos os ramos jurídicos. A dignidade humana pode ser considerada, assim, um direito constitucional subjetivo, essência de todos os direitos personalíssimos e o ataque àquele direito é o que se convencionou chamar dano moral. Portanto, dano moral é todo prejuízo que o sujeito de direito vem a sofrer por meio de violação a bem jurídico específico. É toda ofensa aos valores da pessoa humana, capaz de atingir os componentes da personalidade e do prestígio social. O dano moral não se revela na dor, no padecimento, que são, na verdade, sua consequência, seu resultado. O dano é fato que antecede os sentimentos de aflição e angústia experimentados pela vítima, não estando necessariamente vinculado a alguma reação psíquica da vítima. Em situações nas quais a vítima não é passível de detrimento anímico, como ocorre com doentes mentais, a configuração do dano moral é absoluta e perfeitamente possível, tendo em vista que, como ser humano, aquelas pessoas são igualmente detentoras de um conjunto de bens integrantes da personalidade.

O julgado transcrito revela com clareza a nova leitura a que se sujeita o Direito do Consumidor. Aliás, conforme veremos, ao reconhecer a possibilidade de dano moral experimentado por absolutamente incapazes, o STJ parece ter se inspirado na dignidade humana *kantiana*, entendida como valor intrínseco do ser humano e independente de qualquer capacidade de autodeterminação.

A constitucionalização do Direito do Consumidor também se vislumbra em direitos fundamentais mais específicos, que também emanam da cláusula geral dignidade humana, a exemplo do ***direito fundamental à alimentação adequada***, pouquíssimo explorado no âmbito do Direito Constitucional. O direito fundamental à alimentação adequada foi conceituado como o acesso universal

[16] Conforme decidido pela 3ª Turma, "Ainda que não houvesse, como de fato há, um sistema legal protetivo específico das pessoas portadoras de deficiência (Leis ns.4.169/62, 10.048/2000, 10.098/2000 e Decreto nº 6.949/2009), a obrigatoriedade da utilização do método braile nas contratações bancárias estabelecidas com pessoas com deficiência visual encontra lastro, para além da legislação consumerista *in totum* aplicável à espécie, no próprio princípio da Dignidade da Pessoa Humana. A Convenção Internacional sobre os Direitos das Pessoas com Deficiência impôs aos Estados signatários a obrigação de assegurar o exercício pleno e equitativo de todos os direitos humanos e liberdades fundamentais pelas pessoas portadoras de deficiência, conferindo-lhes tratamento materialmente igualitário (diferenciado na proporção de sua desigualdade) e, portanto, não discriminatório, acessibilidade física e de comunicação e informação, inclusão social, autonomia e independência (na medida do possível, naturalmente), e liberdade para fazer suas próprias escolhas, tudo a viabilizar a consecução do princípio maior da Dignidade da Pessoa Humana" (REsp 1315822/RJ – DJe 16/04/2015 – Marco Aurélio Bellizze).

[17] REsp 1245550/MG, DJe 16/04/2015.

[...] aos recursos e aos meios para produzir ou adquirir alimentos seguros e saudáveis que possibilitem uma alimentação de acordo com os hábitos e práticas alimentares de sua cultura, de sua região e de sua origem étnica"[18]. Embora o art. 6º da Constituição Federal aluda à alimentação como direito social, a fundamentalização do direito à alimentação adequada tem sido justificada pela dignidade humana. De toda sorte, a alimentação adequada foi explicitada como direito fundamental por uma norma infraconstitucional, qual seja, a Lei nº 11.346/06: "Art. 2º – A alimentação adequada é direito fundamental do ser humano, inerente à dignidade da pessoa humana e indispensável à realização dos direitos consagrados na Constituição Federal, devendo o poder público adotar as políticas e ações que se façam necessárias para promover e garantir a segurança alimentar e nutricional da população.

Aqui, mais do que o direito de não se sujeitar à fome, isto é, de ter provido o mínimo vital, a pretensão engloba o direito à *adequação* desses alimentos. A matéria diz respeito, pois, à *segurança alimentar.* O Superior Tribunal de Justiça tem reconhecido esse direito fundamental nas demandas consumeristas que envolvem aquisição de gêneros alimentícios contaminados por corpos estranhos, haja ou não ingestão por parte do consumidor[19].

Discussão relativa ao dever do fabricante de indenizar consumidor que adquire embalagem de pão de forma e encontra no interior de uma das fatias corpo estranho compatível com fio de espessura capilar. A aquisição de produto de gênero alimentício contendo em seu interior corpo estranho, expondo o consumidor ao risco concreto de lesão à sua saúde e segurança, ainda que não ocorra a ingestão completa de seu conteúdo, dá direito à compensação por dano moral, dada a ofensa ao ***direito fundamental à alimentação adequada***, corolário do princípio da dignidade da pessoa humana.

Fora dos domínios do Direito do Consumidor, o direito fundamental em apreço pode ser invocado pelo Ministério Público, no Direito Penitenciário, na qualidade de *órgão de execução da pena*, na fiscalização da qualidade da comida dos apenados.

2.2. A constitucionalização do Direito da Criança e do Adolescente

O fenômeno da constitucionalização também alcançou o **Direito da Criança e do Adolescente**, positivando normas protetivas nos artigos 227 a 229 da Constituição (constitucionalização-inclusão). O ramo do Direito Infanto-Juvenil sofreu sensíveis alterações a partir da influência dos direitos fundamentais, à semelhança do que vimos linhas acima. Inspirando-se na Declaração Internacional dos Direitos da Criança e do Adolescente (1959 – ONU)[20], a nova ordem constitucional consagrou

18 VALENTE, Flávio Luiz Schieck. *Do combate à fome à* segurança alimentar e nutricional: o direito à alimentação adequada. In: _______. Direito humano à alimentação: desafios e conquistas. São Paulo: Cortez, 2002. p. 37-70, p. 38.

19 REsp 1328916/RJ, julgado pela 3ª Turma, DJe 27/06/2014.

20 No ano seguinte à promulgação da Constituição, em reforço à doutrina da Proteção Integral, aprovou-se a Convenção Internacional dos Direitos da Criança (1989 – ONU). O ato internacional foi internalizado no Brasil pelo Decreto nº 99.910, de 21 de novembro de 1990. Apesar de não fazer alusão aos adolescentes no seu título, a Convenção considera como crianças as pessoas menores de 18 (dezoito) anos, salvo se a legislação nacional dispuser em sentido contrário, ou seja, também contempla aqueles que, no Brasil, são legalmente classificados como adolescentes.

a **Doutrina da Proteção Integral**[21] e sepultou a *Doutrina da Situação Irregular*. Por força da Proteção Integral, a criança e o adolescente, antes vistos como objeto de tutela do Estado, passam a ser tidos como titulares de direitos fundamentais, direitos estes qualificados como direitos subjetivos. Ou seja, nasce para a criança e para o adolescente uma *pretensão* de exigir judicialmente *prestações* do Poder Público que assegurem os direitos fundamentais que lhes foram reconhecidos, a exemplo da matrícula em uma escola próxima de onde moram, do transporte escolar, de próteses ortopédicas etc. Ademais, atribuis-lhes prioridade absoluta na formulação de políticas públicas. Esse foi o arcabouço normativo que originou a edição do Estatuto da Criança e do Adolescente (Lei nº 8.069/90), diploma que reproduziu a principiologia constitucional.

Ilustrando o fenômeno da constitucionalização releitura no âmbito do Direito da Criança e do Adolescente, a 1ª Seção do STJ, lastreada na dignidade humana, assegurou ao menor sob guarda judicial a pensão por morte, mesmo diante de norma previdenciária proibitiva[22]:

> Os direitos fundamentais da criança e do adolescente têm seu campo de incidência amparado pelo status de prioridade absoluta, requerendo, assim, uma hermenêutica própria comprometida com as regras protetivas estabelecidas na Constituição Federal e no Estatuto da Criança e do Adolescente. A Lei 8.069/90 representa política pública de proteção à criança e ao adolescente, verdadeiro cumprimento da ordem constitucional, haja vista o artigo 227 da Constituição Federal de 1988 dispor que é dever do Estado assegurar com absoluta prioridade à criança e ao adolescente o direito à vida, à saúde, à alimentação, à educação, ao lazer, à profissionalização, à cultura, à dignidade, ao respeito, à liberdade e à convivência familiar e comunitária, além de colocá-los a salvo de toda forma de negligência, discriminação, exploração, violência, crueldade e opressão. Não é dado ao intérprete atribuir à norma jurídica conteúdo que atente contra a dignidade da pessoa humana e, consequentemente, contra o princípio de proteção integral e preferencial a crianças e adolescentes, já que esses postulados são a base do Estado Democrático de Direito e devem orientar a interpretação de todo o ordenamento jurídico.

Trata-se de um julgado que explicita a eficácia irradiante dos direitos fundamentais, característica esta advinda da chamada dimensão objetiva desses direitos.

2.3. A constitucionalização do Direito Ambiental

O Direito Ambiental sofreu o influxo constitucional com a positivação da tutela do meio ambiente, no art. 225 (constitucionalização-inclusão), iniciativa esta que transformou a Constituição de 1988, em matéria ambiental, numa das mais avançadas do mundo. Nela estão sediados princípios como o do poluidor pagador, da vedação do retrocesso ambiental, dentre tantos outros. Não por outra razão, autores

---

21 Art. 227. É dever da família, da sociedade e do Estado assegurar à criança, ao adolescente e ao jovem, com absoluta prioridade, o direito à vida, à saúde, à alimentação, à educação, ao lazer, à profissionalização, à cultura, à dignidade, ao respeito, à liberdade e à convivência familiar e comunitária, além de colocá-los a salvo de toda forma de negligência, discriminação, exploração, violência, crueldade e opressão. (Redação dada pela Emenda Constitucional nº 65, de 2010). A propósito, o mesmo dispositivo é utilizado como fundamento para o princípio da prioridade absoluta.

22 RMS 36034/MT, DJe 15/04/2014.

como Tiago Fensterseifer e Ingo Wolfgang Sarlet aludem a um *esverdear do Direito Constitucional* ou a uma *Teoria Constitucional Ecológica*[23].

Seguindo os passos da constitucionalização do meio ambiente *natural*, a Constituição de 1988 não descurou do meio ambiente *artificial*, asseverando que a política de desenvolvimento urbano terá como objetivo o pleno desenvolvimento das *funções sociais da cidade* e a *garantia do bem-estar de seus habitantes* (art. 182). Ora, trata-se do ***direito fundamental à cidade***, advindo da ordem constitucional urbanística. Como lembra José Afonso da Silva, *"o traçado da cidade concorre para o equilíbrio psicológico de seus habitantes, visitantes e transeuntes"*[24].

Em uma perspectiva ainda mais larga, no âmbito do Direito Ambiental Urbanístico, o Superior Tribunal de Justiça entendeu que o Ministério Público tem legitimidade para postular, em ação civil pública, medidas protetivas para a ***segurança no trânsito***[25]. Os diplomas invocados foram o Código de Defesa do Consumidor e a Lei nº 6.938/81 (Política Nacional do Meio Ambiente), evidenciando a tendência de diálogo das fontes componentes do microssistema coletivo.

Infere-se que os direitos transindividuais, assim como todos os demais, sofreram o impacto do neoconstitucionalismo, movimento marcado pela constitucionalização do Direito e pelo *fortalecimento dos direitos fundamentais*. Todos os institutos, princípios e normas de direitos metaindividuais estão sendo relidos à luz da Magna Carta e dos seus respectivos direitos fundamentais.

3. UM CONCEITO (ANALÍTICO) DE DIREITOS FUNDAMENTAIS

A essa altura do raciocínio, em que já cuidamos do neoconstitucionalismo e da consequente constitucionalização do Direito, convém iniciar o estudo da gramática dos direitos fundamentais.

Quando direitos dotados de uma singular dignidade alojam-se explícita ou implicitamente nas entranhas de uma Constituição, para atribuir posições jurídicas a pessoas, individual ou coletivamente consideradas, eles são condecorados com o título de direitos fundamentais. Os direitos fundamentais são tradicionalmente oponíveis ao Estado, mas já se reconhece amplamente a oponibilidade perante outros particulares, de tal sorte que em nada contribui explicitar o sujeito passivo na definição proposta.

Do conceito acima podemos extrair alguns elementos, cuja análise é realizada nos tópicos seguintes.

[23] SARLET, Ingo Wolfgang e FEMSTERSEIFER, Tiago. Direito Constitucional Ambiental. Constituição, Direitos Fundamentais e Proteção do Ambiente. 2ª Edição. São Paulo: Revista dos Tribunais, 2012. p. 25/27. Ambos reconhecem o pioneirismo de José Afonso da Silva, quando nos brindou com a obra Direito Constitucional Ambiental, no ano de 1994.

[24] SILVA, José Afonso. *Direito Urbanístico Brasileiro*. 2ª Edição. São Paulo: Editora Malheiros, 1997. p. 276.

[25] STJ, REsp 725257/MG, 1ª Turma, DJ 14/05/2007. A ação coletiva visava à condenação de uma empresa à obrigação de não produzir poluição sonora e à condenação da sociedade e do Município à implantação de dispositivos de segurança em todas as passagens de nível. Requereu-se, ainda, a colocação de pessoal habilitado a operá-los, durante 24h, além da manutenção das instalações em condições de funcionamento e de segurança. Em inquérito civil instaurado pelo MP/MG, apurou-se a ocorrência de sinistros, inclusive com a morte de pessoas em face das precárias condições de segurança nessas passagens e da perturbação produzida pelo barulho acima do tolerado.

3.1. "...dotados de uma singular dignidade..."

Quase sempre, os direitos fundamentais serão aqueles essenciais a uma existência digna. Esse é o critério para que direitos sejam eleitos como fundamentais pelo constituinte, que utiliza como matéria-prima os direitos humanos e, para quem acredita na existência deles, os direitos naturais[26]. Essa é a razão pela qual uma enorme quantidade de direitos humanos também foi erigida como direitos fundamentais nas constituições do mundo, a exemplo da saúde, moradia, educação, vida, liberdade, igualdade *etc.*

Surge, então, uma dificuldade inicial. Sabendo-se que direitos fundamentais são aqueles dotados de uma singular dignidade e que, a seu turno, assim devem ser entendidos os direitos conexos com a dignidade humana, pergunta-se: **o que se entende por dignidade humana?** Como lembra Ingo Wolfgang Sarlet, em monografia dedicada ao estudo do tema, "*[...] já se afirmou até mesmo ser mais fácil desvendar e dizer o que a dignidade não é do que expressar o que ela é*" (2012, posição 699, *Kindle Edition*)[27]. De maneira realista, Luís Roberto Barroso chegou a afirmar que

> *[...] em termos práticos, a dignidade, como conceito jurídico, frequentemente funciona como um mero espelho, no qual cada um projeta seus próprios valores"* (2014, p. 9-10)[28]. Emerson Garcia, ressaltando a dificuldade de identificar o que está ou não abrangido pela dignidade humana, pondera que *"de um lado, corre-se o risco de ver como atentatórias à dignidade humana meras afrontas ao bom gosto e à moral comum. Do outro, a de não estender a sua proteção a valores efetivamente basilares à espécie humana. Aqui, retrai-se em excesso. Lá, amplia-se ao ponto de amesquinhar*[29].

---

26 - Embora seja incomum encontrá-los no Brasil, os adeptos da Escola do Direito Natural estão entre os mais respeitáveis estudiosos das ciências jurídicas. Juristas como John Finnis, da Universidade de Oxford, deixaram um precioso legado doutrinário. Aliás, a Suprema Corte dos Estados Unidos tem um *Justice* discípulo de Finnis, qual seja, Neil Gorsuch. Nas tragédias gregas de Sófocles, a exemplo de Antígona, já se vislumbrava uma importante alusão aos direitos naturais. A propósito, pergunta-se: se uma Constituição proibisse a legítima defesa, este direito não existiria? Se uma Constituição não assegurasse a dignidade humana, os seres humanos não seriam dignos? De fato, há realmente direitos atemporais, universais e que não carecem de positivação. O critério para defini-los, contudo, escapa aos propósitos desta obra. Para o leitor, é suficiente saber que esses direitos tão caros à humanidade são matéria-prima dos direitos fundamentais. Quando escritos, os direitos naturais podem usualmente ser localizados nas célebres Declarações de Direitos.

27 Na mesma obra, realçando a porosidade da dignidade humana, Ingo Wolfgang Sarlet arremata: "[...] se cuida de conceito de contornos vagos e imprecisos, caracterizado por sua ambiguidade e porosidade, assim como por sua natureza necessariamente polissêmica, muito embora tais atributos não possam ser exclusivamente atribuídos à dignidade humana". (2012, posição 68, *Kindle Edition*).

28 E continua o autor: "Não é por acaso, assim, que a dignidade, pelo mundo afora, tem sido invocada pelos lados em disputa, em matérias como aborto, eutanásia, suicídio assistido, uniões homoafetivas, *hate speech* (manifestações de ódio a grupos determinados, em razão de raça, religião, orientação sexual ou qualquer outro fator), clonagem, engenharia genética, cirurgias de mudança de sexo, prostituição, descriminalização das drogas, abate de aviões sequestrados, proteção contra a autoincriminação, pena de morte, prisão perpétua, uso de detector de mentiras, greve de fome e exigibilidade de direitos sociais." (p. 10).

29 Estas é a lição do membro do Ministério Público do Rio de Janeiro: "o mesmo não pode ser dito em relação à densificação do significado dessa expressão, que apresenta textura essencialmente aberta, exigindo do intérprete a resolução de uma série de conflitualidades intrínsecas, todas subjacentes ao processo de interpretação constitucional. Trata-se de expressão incorporada a não poucas ordens constitucionais, exigindo uma intensa participação do intérprete no delineamento do seu significado, o que decorre (1) da vagueza de sua base semântica, (2) de sua evidente polissemia; (3) dos diversos valores que podem ser satisfeitos com a integração do seu conteúdo (*v.g.*: igualdade, justiça social etc.); (4) dos distintos fins que podem ser alcançados sob os auspícios de sua observância (*v.g.*: preservação da liberdade, da vida etc.); e (5) do modo de operacionalizá-la (*v.g.*: não incursão na esfera jurídica individual, oferta dos direitos sociais imprescindíveis à garantia do mínimo existencial etc.) Essas características tornam o seu conteúdo tão volátil quanto importante, máxime quando

Inúmeros filósofos, teólogos e juristas se dedicaram a elucidar o significado da dignidade humana, dentre eles São Tomás de Aquino, Kant e Hegel. De toda sorte, sempre atento à objetividade que deve permear esta obra, vamos direto ao ponto: **tem prevalecido a corrente pela qual a dignidade humana assume o significado e os contornos defendidos por Kant.** Para um entendimento exato, nada melhor do que as palavras do próprio Kant, citado por Ingo Wolfgang Sarlet (2012, posição 547 – Kindle Edition):

> No reino dos fins tudo tem ou um preço ou uma dignidade. Quando uma coisa tem um preço, pode pôr-se em vez dela qualquer outra como equivalente; mas quando uma coisa está acima de todo o preço, e portanto, não permite equivalente, então tem ela dignidade. Esta apreciação dá, pois, a conhecer como dignidade o valor de uma tal disposição de espírito e põe-na infinitamente acima de todo o preço. Nunca ela poderia ser posta em cálculo ou confronto com qualquer coisa que tivesse um preço, sem de qualquer modo ferir sua santidade.

O raciocínio acima e a principiologia constitucional da dignidade humana podem ser explorados com muita pertinência em uma sustentação oral, no Plenário do Tribunal do Júri, mormente quando em julgamento um crime de homicídio qualificado pelo motivo fútil (art. 121, § 2º, II, CP). Suponhamos que a vítima tenha sido assassinada em razão de uma briga doméstica fundada na danificação de alguns poucos bens que guarnecem a residência do acusado. Ou seja, o réu matou o ofendido porque ele teria destruído parte dos objetos da sua casa durante uma acalorada discussão. Pergunta-se: podem os bens que guarnecem uma residência ser quantificados monetariamente? Sim, perfeitamente. Já a vida ceifada da vítima, jamais. Consoante a reflexão de Kant, a vida humana não tem preço, tendo, portanto, dignidade. Nota-se que, em uma balança moral, a vida humana assume uma importância infinitamente maior que os objetos eventualmente destruídos. Percebe-se que, estribando-se na filosofia de Kant acerca da dignidade humana, quase todos os motivos homicidas seriam considerados como fúteis, o que se dirá aqueles realmente revestidos de futilidade. Cabe ao membro do Ministério Público, diante da patente violação do direito fundamental à vida, convencer o corpo de jurados acerca da qualificadora do motivo fútil, e, neste particular, a filosofia de Kant afigura-se como um poderoso auxílio.

Para Kant, o ser humano não pode ser instrumentalizado, vale dizer, utilizado como um instrumento para a consecução de fins egoísticos ou nada edificantes[30]. A aplicação prática dessa máxima é usual na rotina de trabalho de um membro do Ministério Público. Imagine-se, por hipótese, que um Promotor de Justiça, com

---

lembramos a sua permeabilidade aos influxos recebidos do contexto ambiental. (GARCIA, Emerson. *Pessoas em Situação de Rua e Direitos Prestacionais*. Revista Brasileira de Direito Constitucional – RBDC nº 19 – jan./jun. 2012. p. 315).

30 De maneira muito similar ao entendimento de Kant, colhe-se a lição de Giorgio Del Vecchio, Professor Emérito da Universidade de Roma, para quem *"[...] a pessoa humana tem sempre em si qualquer coisa de sagrado, e não é lícito, consequentemente, tratá-la como um simples meio para alcançar um fim extrínseco a si mesma"* (VECCHIO, Giorgio Del. *A Luta Contra o Crime*. Edição Comemorativa da Revista do Ministério Público do Rio de Janeiro: 2015. p. 1419). Em uma sistematização diferente, Emerson Garcia aduz que "ao *ser* humano deve estar agregado o *estar* humano, surgindo, da convergência desses elementos, a noção mais ampla de dignidade humana, tão ao gosto de tantos quantos queiram enfatizar a necessidade de assegurar algo a alguém ou de evitar que algo lhe seja subtraído" (GARCIA, Emerson. *Pessoas em Situação de Rua e Direitos Prestacionais*. Revista Brasileira de Direito Constitucional – RBDC nº 19 – jan./jun. 2012. p. 312).

atuação na curadoria da Infância e da Juventude, seja oficiado pelo Conselho Tutelar, recebendo do órgão colegiado informações de que uma criança foi abrigada cautelarmente em uma entidade de acolhimento institucional. Como motivos para a providência de urgência, os conselheiros declinam que o menor foi encontrado em uma boca de fumo, aprisionado por narcotraficantes, que o receberam como garantia de uma dívida contraída pela sua própria genitora, dependente química. Até um neófito no estudo do Direito percebe que, no exemplo dado, um ser humano foi transformado em *penhor*, ou seja, convolaram uma pessoa em uma garantia real pignoratícia. A mãe coisificou o filho. Este foi tido como um meio, e não como um fim. Sua dignidade humana, insofismavelmente, foi aviltada, o que exige do membro do Ministério Público a imediata propositura de uma ação de destituição do poder familiar (art. 201, incisos III e VIII c/c arts. 22, 24 e 155, todos da Lei nº 8.069/90), além do oferecimento de denúncia criminal.

Como se vê, a adequada compreensão do *conteúdo jurídico da dignidade humana* tem uma enorme consequência prática. Numa compreensão kantista, que é majoritariamente adotada, a dignidade humana é imanente ao ser humano, ou seja, basta ser pessoa para titularizá-la. Ao contrário, para Hegel, que sustentou posição minoritária, a dignidade humana dependeria da verificação de algumas condições, sem as quais o ser humano não a portaria consigo. Logo, a prevalecer a compreensão kantiana, **toda pessoa humana tem uma dignidade intrínseca**, sendo irrelevante que seja capaz ou incapaz, dotada ou não de autodeterminação. Desse modo, um Promotor de Justiça influenciado pelas ideias de Hegel acerca da dignidade humana (corrente minoritária) é sobremodo *mais propenso* a ajuizar uma ação de internação compulsória de um dependente químico, pois falece grande parte de sua autodeterminação. Noutro giro, um Promotor inspirado na dignidade humana kantiana (corrente majoritária) certamente seria *mais reticente* em promover uma ação judicial de internação compulsória, forte na premissa de que todos são dotados de dignidade, independentemente da capacidade civil. O raciocínio pode ser empregado, ainda, no exemplo da (im)possibilidade de abatimento de um avião comercial, sequestrado por terroristas, quando dirigido a um alvo que implicaria a mortandade de centenas de pessoas. Numa concepção filosófica *utilitarista*, certamente optar-se-ia pelo abatimento da aeronave. À luz da dignidade humana, tal como delineada por Kant, a solução pode ser diametralmente oposta, eis que as vidas humanas no interior da aeronave estariam sendo coisificadas.

A toda evidência, **nada impede que um membro do Ministério Público, mesmo aquele de bases kantianas, acolha a premissa de que o princípio da dignidade humana justifica que a pessoa seja privada de parte da sua autodeterminação para ser protegida de si mesma**. É o que se percebe na obrigatoriedade do uso do cinto de segurança, na alimentação compulsória de grevistas de fome (desacordados e que corram risco de morte)[31], na transfusão de sangue em pacientes testemunhas de Jeová (quando inexistente alternativa viável para salvá-los) etc.

[31] O tema da alimentação compulsória de grevistas de fome também foi contemplado no Código de Ética Médica, que proíbe a imposição de alimentos a pacientes ***capazes*** (original sem destaques): *"É vedado ao Médico: Art. 26. Deixar de respeitar a vontade de qualquer pessoa,* ***considerada capaz física e mentalmente****, em greve de fome, ou alimentá-la compulsoriamente, devendo cientificá-la das prováveis complicações do jejum prolongado e,* ***na hipótese de risco iminente de morte, tratá-la****"*.

Até então, só abordamos o primeiro (e principal) significado de dignidade humana: a **dignidade humana como valor intrínseco (Kant)**. Ocorre que é possível trabalhar a dignidade humana em duas perspectivas diferentes:

a) Dignidade humana como autonomia;

b) Dignidade humana como heteronomia.

A dignidade humana como autonomia realça **a liberdade do indivíduo,** vale dizer, a sua **autonomia privada** para **escolhas existenciais.** Por exemplo, a decisão de convolar núpcias. Evidentemente, para o exercício responsável desse direito, exigem-se algumas condições mínimas, a exemplo do consentimento informado. A tendência é reconhecer esse direito a todos os seres humanos, pela só condição de ser humano. Noutras palavras, a dignidade humana é intrínseca e imanente a todas as pessoas físicas. Como lembra BARROSO, "*a contingência espaço-temporal e a contingência entre pessoas (como mais ou menos dignas) representam uma afronta para a dignidade, **sem prejuízo de certos temperamentos admitidos em razão do multiculturalismo***"[32]. Ilustrativamente, nas **comunidades ciganas**, o pai escolhe o noivo da própria filha, ainda na adolescência. A prática só poderia ser justificada se analisada pelo prisma do **multiculturalismo,** na medida em que priva um ser humano de efetuar suas escolhas existenciais (casamento), portanto, avilta a dignidade humana como autonomia.

Na jurisprudência das Cortes Constitucionais e de Direitos Humanos, é possível vislumbrar o uso da dignidade da pessoa humana como autonomia. Os precedentes listados ao diante são elencados por BARROSO[33]:

- Decisão proferida pela Corte Constitucional da Colômbia pela inconstitucionalidade da proibição da eutanásia - *Sentencia* C-239/97;
- Decisão proferida pela Corte Constitucional Norte-Americana pela legitimidade de casamento entre pessoas do mesmo sexo - *Lawrence v. Texas.* 539 U.S 558 - (2003).

Todavia, se a dignidade humana como autonomia é **necessária**, certamente não se afigura como **suficiente.** Isso porque louvar a autonomia privada, olvidando-se da coletividade, acarreta um **desequilíbrio na Hermenêutica das Franquias Constitucionais.** O titular da dignidade humana não vive em uma ilha. O chamado Estado Democrático de Direitos, por sua vez, não deixa de ser um Estado Democrático de Direitos *e Deveres*. Disso se conclui que **a dignidade humana como heteronomia é**

Em uma interpretação *a contrario sensu*, em se tratando de pessoas incapazes, física ou mentalmente, a norma autoriza a alimentação compulsória. Tome-se como exemplo uma jovem que padece de anorexia aguda. Trata-se de um transtorno alimentar que subtrai a higidez mental e coloca a paciente em risco de morte. Alimentá-la não avilta a sua dignidade humana, pelo contrário, privá-la de alimentos é que seria aviltante. Nota-se um distanciamento da noção kantiana de dignidade e uma aproximação da concepção hegeliana, além de uma flexibilização da liberdade de autodeterminação do paciente. Somente o caso concreto indicará se a incapacidade do paciente o coloca em uma situação de vulnerabilidade tal que justifique uma intervenção médica para salvar-lhe de si mesmo. A intervenção médica também foi autorizada para aqueles que correm risco de morte, afinal, nesse caso, trata-se de um estrito cumprimento do dever legal.

[32] BARROSO, Luís Roberto. *Um Outro País. Transformações no Direito, na Ética e na Agenda do Brasil.* Belo Horizonte: Fórum, 2018. p. 66.

[33] BARROSO, Luís Roberto. *Op. Cit.* p. 67-68.

importante para equilibrar e estabilizar as relações intersubjetivas, favorecendo a *paz social*. Como pontua BARROSO[34]:

> *"... a prevalência da dignidade como autonomia não pode ser ilimitada ou incondicional. Em primeiro lugar, porque o próprio pluralismo pressupõe, naturalmente, a convivência harmoniosa de projetos de vida divergentes, de direitos fundamentais que podem entrar em rota de colisão. Além disso,* ***escolhas individuais podem produzir impacto não apenas sobre as relações intersubjetivas, mas também sobre o corpo social e, em certos casos, sobre a humanidade como um todo.*** *Daí a necessidade de imposição de valores externos aos sujeitos. Da* ***dignidade como heteronomia****".* (original sem destaques)

Ora, em nome de valores substantivos compartilhados pela sociedade, é possível limitar a liberdade individual. Esta é a ideia de **dignidade como heteronomia, uma dimensão valiosa para a atuação funcional dos membros do Ministério Público.** Por exemplo, a Constituição Federal limita a autonomia individual, ao proibir a comercialização do próprio sangue (art. 199, § 4º). Trata-se de uma positivação constitucional da dignidade como heteronomia, proibição que presta obséquio a valores sociais civilizatórios, ou seja, restringe a liberdade do indivíduo para prestigiar *a sociedade*. Ora, **sendo o Ministério Público o curador da sociedade, promotores e procuradores são, por excelência, os agentes públicos que vindicam a concretização desta vertente da dignidade**. Como expressa Luís Roberto Barroso, "*a 'dignidade como heteronomia' traduz uma visão da dignidade ligada a valores compartilhados pela comunidade, antes das escolhas individuais. Nela se abrigam conceitos jurídicos indeterminados como bem comum, interesse público, moralidade ou busca do bem do próprio indivíduo*"[35].

É o que se vislumbra no contexto das drogas. **A drogadição é uma conduta que, conquanto aparentemente circunscrita à esfera individual, causa lesão à saúde pública.** Por esta razão, quando o ordenamento jurídico criminaliza o porte de drogas para consumo pessoal, a medida situa-se no contexto da dignidade humana como heteronomia.

Por fim, encerrando o tema da dignidade humana, é importante registrar que, como regra, tanto a Constituição como o Supremo Tribunal Federal têm preferido a dignidade como autonomia à dignidade como heteronomia. Ambas são acolhidas pelo texto constitucional e pelo Excelso Pretório, mas compreende-se que, em geral, deve-se prestigiar a dignidade como autonomia. Excepcionalmente, a solução de um dado *hard case* pode apontar para a dignidade como heteronomia, mas, neste caso, exige-se um ônus argumentativo maior[36]. Todo esse construto teórico é um campo fértil para ser visitado em pareceres exarados pelo Ministério Público.

Pois bem. Ilustrada a matéria em exame, sigamos em frente no estudo da Teoria dos Direitos Fundamentais.

A regra, então, é que exista um vínculo entre os direitos fundamentais e a dignidade humana, embora nada impeça a fundamentalização de um direito cuja

---

[34] BARROSO, Luís Roberto. *Op. Cit.* p. 68.

[35] BARROSO, Luís Roberto. *Op. Cit.* p. 68-69.

[36] BARROSO, Luís Roberto. *Op. Cit.* p. 75-76.

temática seja alheia ao ser humano. Tudo dependerá do texto constitucional e da opção do constituinte, que tem liberdade para elencar aquilo que achar por bem. A Constituição pode fundamentalizar direitos dispensáveis a uma existência digna, sem os quais seria perfeitamente possível viver, conviver ou sobreviver. Se o fizer, isso é suficiente para reconhecê-los como tal. O FGTS foi classificado como direito fundamental pela Constituição brasileira (art. 7º, III, CF/88), mas está longe de afigurar-se como um direito necessário a uma existência humana digna, afinal, servidores públicos estatutários não possuem esse direito, e nem por isso se diz que não são respeitados no que toca à dignidade humana. Inversamente, pode uma Constituição, a despeito da inegável conexão de um direito com a dignidade humana, silenciar quanto à sua proteção. Um bom exemplo é fornecido pela Constituição Espanhola de 1978, que simplesmente não consagrou o direito à saúde como fundamental, embora a ligação desse direito com a dignidade humana seja incontroversa[37].

Conclui-se que uma Constituição é livre para fabricar seu próprio catálogo de direitos fundamentais, mas é insofismável que a dignidade humana é a maior inspiração para a tomada dessa decisão. Repita-se: direitos fundamentais são dotados de uma singular dignidade, seja porque usualmente tutelam a dignidade humana, seja porque, a despeito de não tutelarem a essência da pessoa humana, simplesmente receberam essa condecoração (a rubrica de direitos fundamentais) da Constituição que os previu.

3.2. "...alojam-se explícita ou implicitamente nas entranhas de uma Constituição ou nas fontes autorizadas pelo constituinte..."

Em princípio, os direitos fundamentais estão sediados em uma Constituição. E não poderia ser de outra maneira. Conforme estudamos no item anterior, o conteúdo de um direito fundamental se reveste de uma dignidade singular, logo, uma gama tão preciosa de direitos jamais poderia sujeitar-se ao talante do legislador infraconstitucional, para proclamar somente aquilo que lhe aprouvesse. Absolutamente. Direitos como a vida, saúde, moradia, segurança, liberdade e igualdade são tão caros à civilização que o constituinte se apressa em assegurá-los. Disso resulta a conclusão de que **a lei infraconstitucional não cria direitos fundamentais**, somente podendo reproduzir ou explicitar aqueles já reconhecidos na Carta Magna. É a lição de Ingo Wolfgang Sarlet (2015, posição 1980, *Kindle Edition*):

> O fato é que à legislação ordinária – e esta parece a interpretação mais razoável – cumpre o papel de concretizar e regulamentar os direitos fundamentais positivados na Constituição, tornando-os (em se cuidando de normas de cunho programático, isto é, de eficácia limitada) diretamente aplicáveis. Também a tradição (sem qualquer exceção) do nosso direito constitucional aponta para uma exclusão da legislação infraconstitucional como fonte de direitos materialmente fundamentais, até mesmo pelo fato de nunca ter havido qualquer referência à lei nos dispositivos que consagraram a abertura de nosso catálogo de direitos, de tal sorte que nos posicionamos, em princípio, pela inadmissibilidade dessa espécie de direitos fundamentais em nossa ordem constitucional.

37 *A Eficácia dos Direitos Fundamentais. Uma Teoria Geral dos Direitos Fundamentais na Perspectiva Constitucional.* 12ª Ed. Porto Alegre: Livraria do Advogado, 2015. Posição 1730. *Kindle Edition.*

Com isso, já se conclui que **todo direito fundamental é de envergadura constitucional**. Se a lei enuncia esses direitos, como o Estatuto da Criança e do Adolescente, a Lei Maria da Penha e o Estatuto do Idoso[38], tal ocorre para regulamentá-los. Mais uma vez, nas palavras de Ingo Wolfgang Sarlet (2015, posições 1989 e 1998, *Kindle Edition*):

> Ainda no que diz com a controvérsia em torno da existência de "direitos fundamentais legais" e observadas as razões já colacionadas, também importa registrar que aquilo que para muitos pode ser considerado direito fundamental fundado na legislação infraconstitucional, em verdade nada mais é – em se cuidando, convém frisar, de direitos fundamentais – do que a explicitação mediante ato legislativo de direitos implícitos desde logo fundados na Constituição. Tal ocorre, por exemplo, com o direito fundamental (constitucional) aos alimentos, consoante, aliás, já reconhecido por alguma doutrina, onde, em última análise, está em causa um direito fundamental a prestações de caráter existencial, que – independentemente de previsão legal – já poderia ser deduzido do direito à vida com dignidade.

Assim, quando o Código Civil enuncia os direitos da personalidade (nome, privacidade, intimidade, imagem), estes não passam de uma projeção infraconstitucional da dignidade humana, isto é, de uma sombra de direitos já alocados na Constituição. Outro bom exemplo é o Novo Código de Processo Civil, que, no seu Capítulo I, cuida das chamadas *normas fundamentais do Processo Civil*[39]. É fácil perceber a influência dos direitos fundamentais ao contraditório, à ampla defesa, ao devido processo legal, à isonomia, à razoável duração do processo, dentre outros, na elaboração do Novo Código de Processo Civil. Não obstante, convém repetir: se algum dos artigos do Novo CPC albergou direitos fundamentais, isso se deu pela proteção *constitucionalmente* atribuída a esses direitos, não pela sua tipificação na referida lei processual. Fossem direitos fundamentais os direitos reconhecidos como normas fundamentais do Processo Civil, apenas no Novo CPC, nenhuma lei superveniente poderia vir a suprimi-los, o que é um despautério. O Código de Processo Civil é, inteiramente, revogável (inclusive no capítulo referente às ditas normas fundamentais), bastando que o Congresso Nacional entenda de elaborar outra codificação.

Já se sabe, então, que **os direitos fundamentais não estão sediados na legislação infraconstitucional**, devendo ser encontrados na Constituição. Essa, inclusive, é a distinção entre direitos humanos e direitos fundamentais: **enquanto os direitos humanos estão previstos em tratados internacionais, os direitos fundamentais são positivados no âmbito interno de um Estado Nacional, mais precisamente**

---

38 Apenas para ilustrar, a reprodução de direitos fundamentais é claramente efetuada no Estatuto do Idoso (Lei nº 10.741/2003), por exemplo, nos artigos 2º e 3º, *in verbis:* Art. 2º *O idoso goza de todos os direitos fundamentais inerentes à pessoa humana, sem prejuízo da proteção integral de que trata esta Lei, assegurando-se- lhe, por lei ou por outros meios, todas as oportunidades e facilidades, para preservação de sua saúde física e mental e seu aperfeiçoamento moral, intelectual, espiritual e social, em condições de liberdade e dignidade.* Art. 3º *É obrigação da família, da comunidade, da sociedade e do Poder Público assegurar ao idoso, com absoluta prioridade, a efetivação do direito à vida, à saúde, à alimentação, à educação, à cultura, ao esporte, ao lazer, ao trabalho, à cidadania, à liberdade, à dignidade, ao respeito e à convivência familiar e comunitária.* Vê-se que a norma explicita direitos já reconhecidos pela Magna Carta, implícita ou explicitamente.

39 Descortinando o Código, assevera o artigo inaugural: *Art. 1º O processo civil será ordenado, disciplinado e interpretado* ***conforme os valores e as normas fundamentais estabelecidos na Constituição*** *da República Federativa do Brasil, observando-se as disposições deste Código.* (destacamos).

no texto constitucional. De resto, descabe outra diferenciação. Ontologicamente, não há mais nada que os diferencie, pois ambos são vocacionados à proteção da pessoa humana. Isso permite melhor compreender a nova legislação processual civil.

O Novo Código de Processo Civil, certamente com apoio na EC nº 80/2014, *explicitou* que incumbe à Defensoria Pública a promoção dos direitos humanos (art. 185, *caput*)[40], mas, neste particular, não foi expresso quando tratou das atribuições do Ministério Público[41]. Ou seja, o Novo CPC não mencionou que cabe ao Ministério Público a promoção dos direitos humanos. Ora, e nem precisaria. Como vimos linhas acima, não há diferença ontológica entre direitos humanos e direitos fundamentais. Sendo assim, se cabe ao Ministério Público a veladura dos direitos fundamentais, necessariamente, por consectário lógico, incumbe-lhe a promoção dos direitos humanos, devendo-se entender por "promover" o ato de concretizar. Evidentemente, o esquecimento do Código não subtrai do Ministério Público a sua função de promoção dos direitos humanos, pois, em um Estado Democrático de Direito, instituição nenhuma carece de um salvo conduto para proteger a humanidade. A prova jurídica dessa proposição é fácil de ser demonstrada: na redação original da Constituição Federal, tal como promulgada em 05 de outubro de 1988, nada foi dito quanto à promoção de direitos humanos pela Defensoria Pública, o que somente foi explicitado pela EC 80/2014. Não obstante, é de elementar sabença que a Defensoria Pública, mesmo antes da EC 80/2014, já promovia os direitos humanos e sempre esteve, *ab initio*, constitucionalmente autorizada a fazê-lo. Afirmar que cabe à Defensoria Pública promover direitos humanos, portanto, não amputa das demais Instituições Essenciais à Justiça o dever de efetivar essa promoção. O silêncio do Novo CPC acaba sendo "corrigido" no seu art. 177, pelo qual *"O Ministério Público exercerá o direito de ação em conformidade com suas atribuições constitucionais"*.

Se é certo que os direitos humanos estão alojados em tratados internacionais e os direitos fundamentais estão abrigados nas Constituições, **a Constituição Federal de 1988 acaba mitigando a distinção entre direitos fundamentais e direitos humanos, na medida em que previu uma cláusula de abertura, no art. 5º, § 2º**[42] **(norma de *fattispecie* aberta), que confessa existirem direitos fundamentais também nos tratados internacionais.**

Interpretando a norma inclusiva do art. 5º, § 2º, CF/88, a doutrina internacionalista passou a sustentar a tese de que qualquer tratado internacional a respeito dos direitos humanos seria materialmente constitucional, devendo desfrutar da mesma posição hierárquica das normas constitucionais em geral[43]. Lamentavelmente, a corrente não vingou. O fundamento para ser repelida foi interessante: a prevalecer a

---

[40] *Art. 185. A Defensoria Pública exercerá a orientação jurídica, **a promoção dos direitos humanos** e a defesa dos direitos individuais e coletivos dos necessitados, em todos os graus, de forma integral e gratuita.* (destacamos)

[41] *Art. 176. O Ministério Público atuará na defesa da ordem jurídica, do regime democrático e dos interesses e direitos sociais e individuais indisponíveis.*

[42] *Art. 5º, § 2º. Os direitos e garantias expressos nesta Constituição não excluem outros decorrentes do regime e dos princípios por ela adotados, ou dos tratados internacionais em que a República Federativa do Brasil seja parte.*

[43] Nesse sentido e por todos, Valerio de Oliveira Mazzuoli, o que pode ser comprovado na sua monografia *"O Controle de Convencionalidade das Leis"*, publicada pela Revista dos Tribunais. Desse entendimento não destoam Cançado Trindade, Flávia Piovesan, Celso Lafer etc.

ideia de que tratados internacionais sobre direitos humanos, indiscriminadamente, seriam normas de envergadura constitucional, restaria frustrada a própria rigidez da Constituição. Ora, se o tratado é celebrado pelo Presidente da República e referendado pelo Congresso Nacional, por meio de um decreto legislativo aprovado por *maioria simples*, como poderia alterar a Constituição, ainda que sob o pretexto de fortalecer o rol de direitos fundamentais? Ter-se-ia uma norma aprovada com um *quorum* inferior (maioria simples), promovendo mudanças em norma cuja alteração demandaria um *quorum* superior (3/5), mesmo que tais mudanças venham para fortalecer a norma do topo hierárquico.

A EC 45/04 acrescentou o § 3º (e também o § 4º) ao artigo 5º da Constituição[44], que exige desses tratados a mesma solenidade prevista para a aprovação de emendas e que versem sobre direitos humanos. Prevaleceu na jurisprudência o entendimento de que, somente se atendida essa formalidade, o tratado será equiparado a uma norma constitucional, e, por conseguinte, os direitos humanos nele proclamados serão tidos como legítimos direitos fundamentais[45].

Para ser mais claro, contrariando a doutrina, o Supremo Tribunal Federal decidiu que a norma do art. 5º, § 2º, nunca foi suficiente para um tratado internacional de direitos humanos ter envergadura constitucional, possibilidade esta que só nasceu a partir do advento da EC 45/04, na forma do § 3º do art. 5º, isto é, para os atos internacionais de direitos humanos referendados pelo Congresso, por 3/5 dos parlamentares, em dois turnos e nas duas Casas.

Passam a existir, então, segundo a jurisprudência do Excelso Pretório, três possibilidades:

- tratados de direitos humanos referendados por 3/5, em dois turnos, nas duas Casas (*status* constitucional);
- tratados de direitos humanos referendados por maioria simples (*status* supralegal);
- tratados de assuntos outros (*status* de lei).

Consoante o entendimento atualmente majoritário na construção pretoriana (nem por isso imune a críticas), somente no primeiro tipo dos tratados descritos é possível vislumbrar direitos fundamentais. Hoje, somente três atos internacionais ganharam o *status* de norma constitucional: a Convenção Internacional sobre o Direito das Pessoas com Deficiência e o seu Protocolo Facultativo, assinados em 30 de março de 2007, bem como o Tratado de Marraqueche, assinado em 27 de junho de 2013. Este último, a propósito, promulgado durante a vigência de intervenção federal (Decreto de n.º 9.522/2018). **Surgem, desse modo, direitos fundamentais com assento internacional, a exemplo do *direito ao desenho universal* e do *direito à adaptação razoável*. Em se tratando de direitos fundamentais sediados no direito estrangeiro, o ordenamento permite ao Juiz exigir a prova do teor e da vigência da norma que agasalha esses direitos, ônus que recai sobre a parte que os invoca,**

[44] *Art. 5º, § 3º. Os tratados e convenções internacionais sobre direitos humanos que forem aprovados, em cada Casa do Congresso Nacional, em dois turnos, por três quintos dos votos dos respectivos membros, serão equivalentes às emendas constitucionais.*

[45] Dentre outros precedentes do STF, podemos mencionar o HC 87585, HC 94013 e o HC 95967.

na forma do art. 376 do Novo Código de Processo Civil[46]. Embora seja de todo recomendável que os magistrados conheçam com intimidade os direitos fundamentais reconhecidos no Brasil, a possibilidade de que tais direitos estejam apenas em atos internacionais permite ao Juiz instar a parte que os invoca, para que faça prova do conteúdo da norma que os alberga e mesmo de que ela está em vigor. A propósito, o assunto demonstra a constitucionalização do Direito dos Portadores de Necessidades Especiais. Trata-se de um campo fértil para a atuação do Ministério Público, a quem foi confiada, com protagonismo, a missão de velar por esse grupo de vulneráveis.

Infere-se que, no Brasil, não é inteiramente acertada a afirmativa de que qualquer direito fundamental está sediado em uma Constituição. O mais correto é sentenciar que os direitos fundamentais são encontrados na Constituição *e nas demais fontes por ela apontadas*. A Carta de 1988 indicou também os direitos que decorrem do regime democrático, dos princípios constitucionais e dos tratados. Melhor ainda, o mais adequado é afirmar que **os direitos fundamentais estão sediados no bloco de constitucionalidade, um bloco monolítico composto pela Constituição e pelos tratados a ela equivalentes**. Mais uma vez, ressaltamos a utilidade prática desse arcabouço teórico. Uma importantíssima consequência advinda dessas considerações é o fato de que, por exemplo, não se aplica o regime jurídico dos direitos fundamentais às normas do Pacto de *San José da Costa Rica* (Convenção Americana de Direitos Humanos). Esta é tida como uma norma supralegal, mas, embora não haja unanimidade a respeito, nada impede que, no futuro, o Pacto se sujeite a uma nova votação no Congresso Nacional, para que tenha a oportunidade de ser alçado à condição de norma constitucional. Ou seja, poderia operar-se a constitucionalização do Pacto de San José da Costa Rica, naquilo que não contrarie as cláusulas pétreas. O assunto desperta controvérsias, mas é a posição aqui defendida.

De maneira didática e resumida, adotando-se a sistematização proposta por Ingo Wolfgang Sarlet, podemos compreender os direitos fundamentais na ordem constitucional brasileira da maneira a seguir:

Direitos fundamentais escritos	Direitos fundamentais não escritos
Constituição (dentro e fora do catálogo)	Implícitos: subentendidos pelo texto
Tratados Internacionais	Decorrentes: regime e princípios

Seja como for, a verdade é que direitos fundamentais estarão localizados, sobretudo, em uma Constituição, que passa a ser vista como o *habitat* natural desses direitos humanitários. A Carta *outubrina* de 1988 entendeu de reservar-lhes um lugar próprio (Título II), sem, no entanto, confiná-los. O Título II compreende o gênero dos direitos fundamentais, cujas espécies foram espalhadas nos capítulos I (Direitos e deveres individuais e coletivos), II (direitos sociais), III (nacionalidade),

46 *Art. 376. A parte que alegar direito municipal, estadual, estrangeiro ou consuetudinário provar-lhe-á o teor e a vigência, se assim o juiz determinar.*

IV (políticos) e V (partidos políticos). Como se disse, não houve confinamento, eis que **os direitos fundamentais podem ser encontrados ao longo de todo o texto constitucional**, dentro ou fora do catálogo elencado no Título II. Exemplo disso foi o reconhecimento, pelo Supremo Tribunal Federal, de que o princípio da anterioridade tributária (art. 150, III, "c") afigura-se como um direito individual, logo, uma cláusula pétrea[47].

3.2.1. Fundamentalização formal e material de direitos

Tamanha a importância dos direitos fundamentais, seu reconhecimento é medida de rigor. Há um abismo entre o regime jurídico dos direitos em geral e aquele reservado aos direitos fundamentais, logo, não se pode confundi-los, sob pena de sonegar-lhes a autoridade jurídica da qual se revestem. Assim como um acórdão do Supremo Tribunal Federal não se confunde com uma sentença proferida por um Juiz de Direito, ainda que ambos sejam documentos merecedores de autoridade, um direito fundamental não pode ser confundido com um direito que não o é, mesmo que ambos sejam dignos de respeito. O regime aplicável aos direitos fundamentais inclui uma **hermenêutica constitucional própria**, notadamente em face dos princípios da máxima efetividade, da concordância prática, da proporcionalidade etc. Logo, há uma maneira particular de interpretá-los e compreendê-los. As **restrições** a direitos fundamentais também possuem uma metodologia própria, não sendo possível restringir o núcleo essencial desses direitos. Ademais, as **colisões** entre direitos fundamentais possuem um método particular para que sejam solucionadas. Outrossim, **nem sempre será possível abolir um direito fundamental**, por emenda à Constituição, porquanto alguns foram gravados em cláusulas de pedra.

Ora, ante tantas diferenças de regime jurídico (hermenêutica, restrições, colisões e uma eventual impossibilidade de supressão), não reconhecer a um direito fundamental a sua qualidade equivale a menosprezá-lo enquanto direito. Por outro lado, conferir a um direito ordinário, equivocadamente, o tratamento de um direito fundamental afigura-se como uma banalização, uma vulgarização da gama mais preciosa de direitos previstos no ordenamento. Nas duas hipóteses, a solução técnica encontrada pelo aplicador da lei estará errada, para mais ou para menos, vale dizer, aquém ou além da resposta jurídica que o caso submetido em juízo requer.

A identificação dos direitos fundamentais norteia-se basicamente por dois critérios: a fundamentalização formal e a fundamentalização material. Vejamo-los.

3.2.1.1. Fundamentalização formal

De uma maneira simples, à luz da fundamentalização formal, direito fundamental é tudo o que uma Constituição afirmar como tal. Se a Lei Maior de um dado Estado Nacional reconhece o direito à nudez como fundamental, assim o será. Trata-se do critério mais simples de ser estudado, porque não desperta maiores controvérsias. A fundamentalização formal de um direito presta obséquio à segurança jurídica e

[47] ADIn 939-7/DF.

consiste em alojá-lo nas entranhas de uma Constituição, que pode abrigá-lo em um catálogo próprio dessa gama de direitos ou mesmo fora desse rol.

3.2.1.2. Fundamentalização material

Curiosamente, conquanto prevaleça que a Carta de 1988 é do tipo formal, a doutrina especializada tem reconhecido que há direitos fundamentais apenas do ponto de vista material. Tais direitos não estão escritos na Magna Carta, mas desfrutam da mesma envergadura dos que foram nela positivados textualmente. Segundo Luiz Guilherme Marinoni, apoiado nas lições de Ingo Sarlet, "tais direitos seriam fundamentais porque repercutem sobre a estrutura básica do Estado e da sociedade, quando se diz que possuem uma fundamentalidade material"[48]. Nesse caso, somente uma meticulosa análise do conteúdo elucidaria se o direito é fundamental ou não, a depender da repercussão na estrutura básica do Estado e da sociedade.

O tema é árido porque nossa Constituição é do tipo formal, isto é, prevalece que apenas são normas constitucionais aquelas elaboradas por uma Assembleia Constituinte (ou oriundas de tratados internacionais aprovados com a mesma solenidade das emendas), sendo irrelevante o conteúdo dessas normas. Porém, repita-se: a própria Constituição de 1988, que é formal, valeu-se de uma norma de inclusão (art. 5º, § 2º) para admitir a fundamentalização *material* de direitos.

Se, por um lado, a existência de direitos fundamentais não formalizados fortalece o rol exemplificativo desses direitos, nasce o risco de invocação fantasiosa de posições jurídicas, prática essa que merece ser *coibida* pelo Ministério Público.

Cabe ao Ministério Público provar a inexistência do direito fundamental invocado ou incumbe à parte, que o alega, provar o teor e a vigência da norma que alberga esse direito? De início, cabe lembrar que *fatos* são provados; *direitos*, a rigor, são reconhecidos por um Juiz. Mesmo em se tratando de um direito municipal, estadual, estrangeiro ou consuetudinário, que, em tese, deveria ser objeto de prova, há um *fato* a ser comprovado por quem o alega: o teor e a vigência da norma que abriga esse direito. Provam-se o conteúdo da norma e que ela vige, ou seja, fatos objetivamente verificáveis. Provam-se, ainda, os fatos que fazem nascer o direito invocado. Teses jurídicas, ao contrário, não são objeto de provas, mas sim de arrazoados doutrinários, pareceres e repositórios de jurisprudência. Bem colocada a controvérsia, resta-nos examiná-la.

Sendo assim, temos duas situações distintas: direitos fundamentais escritos e direitos fundamentais não escritos. Os direitos fundamentais escritos na Constituição não carecem de qualquer prova do seu teor e da sua vigência, porquanto é dever do Juiz (bem) conhecê-los. Nesse caso, se a parte invoca um direito com apoio explícito no texto constitucional, incumbe, sim, ao Ministério Público demonstrar o (des) acerto da tese[49]. Quanto àqueles albergados por tratados internacionais (*v.g.* direito fundamental à adaptação razoável e direito fundamental ao desenho universal), já

[48] Teoria Geral do Processo, 6ª Edição, Revista dos Tribunais, p. 66-67.

[49] Por exemplo, elucidando que, embora a Constituição tenha reconhecido esse direito, em nenhum momento ele foi *fundamentalizado*. Ou ainda que, a despeito do direito encontrar previsão como um direito fundamental, não há subsunção dos

dissemos alhures que o teor e a vigência da convenção deverão ser objeto de prova por quem os invoca, na forma do art. 376, do NCPC, pelo qual "*A parte que alegar direito municipal, estadual, estrangeiro ou consuetudinário provar-lhe-á o teor e a vigência, se assim o juiz determinar*".

A situação requer maiores cuidados quando os direitos fundamentais invocados não estão escritos, seja porque implícitos, seja porque hauridos do regime e dos princípios (art. 5º, § 2º). Nesse caso específico, diante de uma norma jusfundamental não escrita, os direitos fundamentais nela plasmados em muito se assemelham aos *direitos constitucionais consuetudinários*[50]. Isto posto, com arrimo no art. 376 do CPC, o teor e a vigência da norma jusfundamental deverão ser objetivamente comprovados, à luz da melhor doutrina e, principalmente, da construção pretoriana. Somente a *praxis* é capaz de indicar um direito não escrito, portanto, invisível aos olhos de fração da comunidade jurídica. As fronteiras do *civil law* devem ser ultrapassadas por um raciocínio pautado no sistema do *common* law.

Portanto, conclui-se que, exceto quando o direito invocado encontrar apoio explícito no texto constitucional, o *ônus argumentativo*, usualmente, será de quem invoca direitos fundamentais. A propósito, há outras razões técnicas para isso. Primeiramente, porque, mesmo no campo da argumentação, a prova negativa, isto é, de que algo não existe, beira a *prova diabólica*. É possível provar que uma rosa azul existe, bastando que se lhe demonstre. Diversamente, será impossível provar que ela não existe, pois, por mais que todas as rosas já testemunhadas sejam de cores diversas, isso, em definitivo, não faz prova cabal de que não há uma rosa azul. Exigir do membro do Ministério Público a prova de que um direito fundamental não existe, na imensidão científica e jurisprudencial da atualidade, é um despautério.

O tema merece a atenção do Ministério Público como *fiscal da ordem jurídica*. Um fiscal zeloso não pode admitir que direitos fantasiosos sejam invocados, reconhecidos e até concretizados à revelia do ordenamento jurídico, como um estratagema para fazer valer a vontade pessoal de um dos atores processuais. Cabe aos órgãos de execução do Ministério Público um exame com serenidade, razoabilidade e, acima de tudo, atualização científica para que não sejam induzidos a erro pelas partes parciais da demanda.

3.2.2. A inflação de direitos fundamentais e a fiscalização a ser desempenhada pelo Ministério Público como fiscal da ordem jurídica

Urge, porque relevante, advertir que uma *inflação de direitos fundamentais*[51] está longe de representar uma situação desejável. Não se pode vulgarizar esses direitos tão caros à humanidade, prostituindo-os no leito da insegurança jurídica. A pretexto de que há direitos apenas *materialmente* fundamentais, muitos podem invocar a

fatos do caso concreto com a norma abstratamente prevista no arquétipo constitucional. A dúvida será dirimida pelo Juiz, à luz da melhor doutrina e da jurisprudência.

[50] Poucos são os costumes constitucionais brasileiros. Um deles é o chamado *voto de liderança*, prática usual nos átrios do Poder Legislativo, por ocasião do processo legiferante.

[51] FERREIRA FILHO, Manoel Gonçalves. *Direitos Humanos Fundamentais.* 14ª Edição. São Paulo: Saraiva, 2012. pp. 85/86.

existência de direitos fundamentais que jamais foram cogitados pelo constituinte, o que se dirá previstos por ele. Mais uma vez, lembramos que o papel tudo aceita. O membro do Ministério Público, ao contrário, carrega consigo o dever constitucional de repelir pretensões infundadas, de manifestar-se contrariamente à invocação fantasiosa de direitos e de recorrer das decisões de Juízes que foram induzidos a erro.

Em célebre monografia a respeito do tema, Manoel Gonçalves Ferreira Filho, em um tópico intitulado "Vulgarização dos Direitos", é incisivo (negritamos):

> **É preciso, todavia, ter consciência de que a multiplicação de "direitos fundamentais" vulgariza e desvaloriza a ideia.** Philip Alston chama atenção, em interessante artigo, para isso. Assinala a tendência da ONU e de outros corpos internacionais de proclamarem, a torto e a direito, direitos "fundamentais", sem critério objetivo algum. E registra novos direitos em vias de serem solenemente declarados fundamentais – **direito ao turismo, direito ao desarmamento** – afora já propostos – **direito ao sono, direito de não ser morto em guerra, direito de não ser sujeito a trabalho aborrecido, direito à coexistência com a natureza, direito de livremente experimentar modos de viver alternativos** etc.

No Brasil, não é diferente. Ao longo desta obra, teremos a oportunidade de analisar alguns direitos fundamentais de existência controversa, quais sejam, o "*direito fundamental ao aborto*", o "*direito fundamental ao suicídio*", o "*direito de mentir*" e o "*direito ao esquecimento*".

3.3. "...para atribuir posições jurídicas a pessoas, individual ou coletivamente consideradas..."

3.3.1. Sujeito ativo de direitos fundamentais

Somente pessoas podem invocar direitos fundamentais. Pelo menos, assim o é no Brasil e na maior parte do mundo. É certo que a Constituição do Equador (2008) previu **Direitos da Natureza** (***Pacha Mama***), mas essa tutela ambiental vanguardista não foi acolhida entre nós[52]. É um equívoco o pensamento de que todo direito fundamental é universal. A uma, porque um direito fundamental só é assegurado no âmbito de um Estado Nacional; a duas, porque, mesmo no âmbito geográfico desse Estado Nacional, determinados direitos são fruídos unicamente por uma dada *categoria* de pessoas. O estrangeiro não pode propor ação popular, o analfabeto não pode ser eleito (falta-lhe o *jus honorum*), as pessoas jurídicas não possuem honra subjetiva, as fazendas públicas não podem sofrer dano moral[53], dentre outras situações inconciliáveis[54]. Em boa verdade, os direitos fundamentais são

[52] SARLET, Ingo Wolfgang e FEMSTERSEIFER, Tiago. Direito Constitucional Ambiental. Constituição, Direitos Fundamentais e Proteção do Ambiente. 2ª Edição. São Paulo: Revista dos Tribunais, 2012. p. 28.

[53] REsp 1.258.389/PB, julgado em 17/12/2013.

[54] Um exemplo digno de ser lembrado é o posicionamento adotado pelo Pleno do Supremo Tribunal Federal, na ADIn 4650, que reputou inconstitucional o financiamento de campanhas eleitorais por pessoas jurídicas, proibindo doações advindas dos entes morais. O que interessa ao nosso estudo é a *ratio decidendi* do julgado: asseverou-se que o modelo de doações por pessoas jurídicas, tal como previsto na lei, seria inadequado ao regime democrático e inconciliável com a **cidadania**.

titularizados por pessoas físicas, nacionais ou estrangeiras, bem como pelas pessoas jurídicas, inclusive de direito público, desde que o direito em questão seja compatível com a natureza de quem os invoca.

Para seres humanos, o momento aquisitivo dos direitos fundamentais é a concepção. Com isso, é válido concluir que **o nascituro já é titular de direitos fundamentais**. É bem verdade que a aptidão genérica para adquirir direitos e contrair deveres é fruto da personalidade jurídica, atributo este que não se reconhece ao concebido e não nascido[55]. Entretanto, superando esse dogma, a jurisprudência tem admitido que o nascituro desfrute de direitos *existenciais*, negando-lhe aqueles de índole patrimonial. Assegura-lhe, por exemplo, o direito à vida e o direito à saúde, ambos de insofismável fundamentalização. Como consequência, tem ele (o nascituro) direito ao pré-natal e aos *alimentos gravídicos*. Cuida-se de uma nítida inspiração na **corrente concepcionista** do Direito Civil, que se contrapõe às correntes natalistas e da personalidade condicional. A esse respeito, o Superior Tribunal de Justiça, apoiado nos escritos de Nucci e Mirabete, proferiu um julgado de clareza meridiana, cujo trecho é colacionado a seguir[56]:

> Entre outros, registram-se como indicativos de que o direito brasileiro confere ao nascituro a condição de pessoa, titular de direitos: exegese sistemática dos arts. 1º, 2º,

Esta compreenderia o direito de sufrágio, bem assim o direito de participar diretamente nos rumos políticos do país, por meio de plebiscito, referendo e iniciativa popular. Em nenhuma dessas hipóteses seria possível a participação de pessoas jurídicas, pois não votam, não são votadas, tampouco podem participar como eleitoras na subscrição de um projeto de lei de iniciativa popular. Ora, não sendo extensível às pessoas jurídicas a noção de cidadania, o Excelso Pretório subtraiu dessas pessoas a possibilidade de efetuar doações em campanhas eleitorais. Noutro dizer, para o STF, não se estendem às pessoas jurídicas os direitos fundamentais provenientes da cidadania, dada a incompatibilidade com a sua natureza. O tema merece atenção de todos os membros do Ministério Público brasileiro, notadamente aqueles com atuação eleitoral, diante da possibilidade de fraudes praticadas a partir da simulação de doações por interposta pessoa, prática que deve ser inibida e coibida pelo *parquet*.

[55] Em parecer subscrito por Cláudio Lemos Fonteles e Antônio Fernando Barros e Silva de Souza, eminentes membros do Ministério Público Federal, no bojo da ADIn 3510-0/600, sustentou-se que a vida tinha início na *fecundação*, o que, para os pareceristas, deveria repelir a possibilidade de pesquisas com células tronco embrionárias. A premissa era o caráter *inviolável* do direito à vida, *inclusive para embriões*. No referido parecer, estabeleceu-se uma interessante distinção entre os referenciais do Código Civil e da Constituição Federal. Enquanto essa reputaria inviolável o direito à vida, desde a fecundação, aquele estabeleceria como marco o nascimento com vida, unicamente no que tange às *relações interpessoais* (contratos, sucessões etc.). Os referenciais distintos seriam, pois, conciliáveis. Estas as palavras dos membros do MPF: "Quando o direito civil, pelo *art. 4º* do Código, preceitua que "a personalidade civil do homem começa do nascimento com vida, mas a lei põe a salvo, desde a concepção, os direitos do nascituro", *com coerência estabelece que no plano das relações interpessoais* é necessário que haja o nascimento, com vida, para que a *bilateralidade*, inerente à interpessoalidade, possa acontecer. Agora, *situação claramente outra*, e advinda do significado constitucional da *inviolabilidade* do direito à vida, posta no *art. 5º, caput, é assentar que a vida humana é preservada, em sua existência, desde a fecundação. A reflexão constitucional, como não poderia deixar de ser,* põe-se em plano *diverso*, em plano *fundamental*, e vai responder pontuando o momento da existência da vida. A reflexão civilista, particularizada no aspecto das relações interpessoais, *não da existência do ser em si*, diz do nascimento com vida a que se desencadeiem aspectos negociais, familiares, sucessórios do nascido em relação a terceiros".

[56] REsp 1415727/SC, DJe 29/09/2014. Nesse importante julgado, o STJ teve a oportunidade de manifestar-se a respeito das teorias explicativas da personalidade jurídica, em uma nítida constitucionalização do Direito Civil: *As teorias mais restritivas dos direitos do nascituro – natalista e da personalidade condicional – fincam raízes na ordem jurídica superada pela Constituição Federal de 1988 e pelo Código Civil de 2002. O paradigma no qual foram edificadas transitava, essencialmente, dentro da órbita dos direitos patrimoniais. Porém, atualmente, isso não mais se sustenta. Reconhecem-se, corriqueiramente, amplos catálogos de direitos não patrimoniais ou de bens imateriais da pessoa – como a honra, o nome, imagem, integridade moral e psíquica, entre outros. Ademais, hoje, mesmo que se adote qualquer das outras duas teorias restritivas, há de se reconhecer a titularidade de direitos da personalidade ao nascituro, dos quais o direito à vida é o mais importante. Garantir ao nascituro expectativas de direitos, ou mesmo direitos condicionados ao nascimento, só faz sentido se lhe for garantido também o direito de nascer, o direito à vida, que é direito pressuposto a todos os demais.*

6º e 45, *caput*, do Código Civil; direito do nascituro de receber doação, herança e de ser curatelado (arts. 542, 1.779 e 1.798 do Código Civil); a especial proteção conferida à gestante, assegurando-se-lhe atendimento pré-natal (art. 8º do ECA, o qual, ao fim e ao cabo, visa a garantir o direito à vida e à saúde do nascituro); alimentos gravídicos, cuja titularidade é, na verdade, do nascituro e não da mãe (Lei nº 11.804/2008); no direito penal a condição de pessoa viva do nascituro – embora não nascida – é afirmada sem a menor cerimônia, pois o crime de aborto (arts. 124 a 127 do CP) sempre esteve alocado no título referente a "crimes contra a pessoa" e especificamente no capítulo "dos crimes contra a vida" – tutela da vida humana em formação, a chamada vida intrauterina (MIRABETE, Julio Fabbrini. Manual de direito penal, volume II. 25 ed. São Paulo: Atlas, 2007, p. 62-63; NUCCI, Guilherme de Souza. Manual de direito penal. 8 ed. São Paulo: Revista dos Tribunais, 2012, p. 658).

No caso acima, é bom que se diga, **o STJ reconheceu o direito à indenização do DPVAT em razão da "morte" de um nascituro** (REsp 1415727/SC). Ora, se entendeu que morreu, implicitamente, reconheceu que antes vivia. Operou-se, na linguagem do Tribunal, o *perecimento de uma vida intrauterina*. O tema é crucial para membros do Ministério Público, sobretudo diante do entendimento mais recente do STF de que o *parquet* tem legitimidade para defender beneficiários do DPVAT[57].

É possível que o nascituro não venha a nascer com vida. A propósito, segundo a doutrina, **o natimorto possui direito fundamental à imagem**. É o que preconiza o Enunciado 1 da I Jornada de Direito Civil: "*a proteção que o Código defere ao nascituro alcança o natimorto no que concerne aos direitos da personalidade, tais como nome, imagem e sepultura*". Ora, sabendo-se que os direitos da personalidade são projeções infraconstitucionais dos direitos fundamentais, ambos advindos do núcleo dignidade humana, infere-se que o verbete doutrinário acaba por reconhecer, implicitamente, direitos fundamentais ao natimorto.

Todavia, **a legislação brasileira, endossada pela jurisprudência do STF, relativizou sobremodo a proteção quando se trata de *concepção extrauterina* (embriões)**. Segundo dispõe a Lei nº 11.105/05, desde que para fins de pesquisa e terapia, é possível a utilização de células-tronco embrionárias. Estas são obtidas a partir da fertilização *in vitro* de embriões humanos inviáveis ou criogenizados há mais de três anos (art. 5º, I e II, Lei nº 11.105/05). Ou seja, embriões congelados em laboratório podem ser descartados, licitamente, por decisão do casal, porquanto jamais foram abrigados no útero. Disso resulta a conclusão de que, **a menos que implantados no ventre, não se tem reconhecido aos embriões a aptidão para a aquisição de direitos (fundamentais ou não).**

O Pleno do Supremo Tribunal Federal pronunciou-se pela constitucionalidade das disposições da Lei de Biossegurança, na ADIn 3510/DF, lastreando-se em um **constitucionalismo solidário**[58] e por considerar que o embrião não é pessoa humana. Confira-se parte da ementa do julgado (original sem destaques):

[57] RE 631.111/GO, Rel. Min. Teori Zavascki, julgado em 06 e 07/08/2014, sob a sistemática de Repercussão Geral. A decisão acabou tornando obsoleta a súmula 470 do STJ, cujo teor é diametralmente oposto.

[58] O tema assume relevo nesta obra porque, como é consabido, as pesquisas com células-tronco embrionárias são vocacionadas à descoberta de melhorias para **portadores de necessidades especiais**. Isso levou o Excelso Pretório a realizar uma ponderação entre a preservação dos embriões e o bem-estar de deficientes físicos, declarando que a primazia deveria ser dada aos últimos. Trata-se de tema dos mais caros para os membros do Ministério Público. Eis o que foi dito pelo Ministro Celso

O Magno Texto Federal não dispõe sobre o início da vida humana ou o preciso instante em que ela começa. Não faz de todo e qualquer estádio da vida humana um autonomizado bem jurídico, mas da vida que já é própria de uma concreta pessoa, porque nativiva (teoria "natalista", em contraposição às teorias "concepcionista" ou da "personalidade condicional"). E **quando se reporta a "direitos da pessoa humana" e até dos "direitos e garantias individuais" como cláusula pétrea está falando de direitos e garantias do indivíduo-pessoa**, que se faz destinatário dos direitos fundamentais "à vida, à liberdade, à igualdade, à segurança e à propriedade", entre outros direitos e garantias igualmente distinguidos com o timbre da fundamentalidade (como direito à saúde e ao planejamento familiar). Mutismo constitucional hermeneuticamente significante de transpasse de poder normativo para a legislação ordinária. A potencialidade de algo para se tornar pessoa humana já é meritória o bastante para acobertá-la, infraconstitucionalmente, contra tentativas levianas ou frívolas de obstar sua natural continuidade fisiológica. Mas as três realidades não se confundem: **o embrião é o embrião, o feto é o feto e a pessoa humana é a pessoa humana. Donde não existir pessoa humana embrionária, mas embrião de pessoa humana. O embrião referido na Lei de Biossegurança ("in vitro" apenas) não é uma vida a caminho de outra vida virginalmente nova, porquanto lhe faltam possibilidades de ganhar as primeiras terminações nervosas, sem as quais o ser humano não tem factibilidade como projeto de vida autônoma e irrepetível. O Direito infraconstitucional protege por modo variado cada etapa do desenvolvimento biológico do ser humano. Os momentos da vida humana anteriores ao nascimento devem ser objeto de proteção pelo direito comum. O embrião pré-implanto é um bem a ser protegido, mas não uma pessoa no sentido biográfico a que se refere a Constituição.**

É interessante notar que diversos outros aspectos merecem relevo quando da análise da possibilidade de descartar embriões humanos para pesquisas com células-tronco. O primeiro deles é o de que a Constituição Federal assegurou ser livre o planejamento familiar (art. 226, § 7º), motivo pelo qual não seria possível compelir um casal ao aproveitamento dos embriões geneticamente viáveis, impondo-lhes uma descendência. Ademais, também não se poderia afirmar que cada embrião teria direito a um respectivo útero, o que instrumentalizaria a mulher e atentaria contra os seus direitos reprodutivos. Por conseguinte, sem útero não há vida viável, pelo que se deduz a imensa dificuldade de reconhecer direitos ao embrião.

À luz das considerações tecidas, podemos afirmar que **o nascituro, a pessoa física nacional, a pessoa física estrangeira, a pessoa jurídica e as fazendas públicas podem ser titulares de direitos fundamentais, desde que se afigurem conciliáveis**

de Mello: *a pesquisa científica com células-tronco embrionárias, autorizada pela Lei nº 11.105/2005, objetiva o enfrentamento e cura de patologias e traumatismos que severamente limitam, atormentam, infelicitam, desesperam e não raras vezes degradam a vida de expressivo contingente populacional (ilustrativamente, atrofias espinhais progressivas, distrofias musculares, a esclerose múltipla e a lateral amiotrófica, as neuropatias e as doenças do neurônio motor). A escolha feita pela Lei de Biossegurança não significou um desprezo ou desapreço pelo embrião "in vitro", porém uma mais firme disposição para encurtar caminhos que possam levar à superação do infortúnio alheio. Isto no âmbito de um ordenamento constitucional que desde o seu preâmbulo qualifica "a liberdade, a segurança, o bem-estar, o desenvolvimento, a igualdade e a justiça" como valores supremos de uma sociedade mais que tudo "fraterna". O que já significa incorporar o advento do constitucionalismo fraternal às relações humanas, a traduzir verdadeira comunhão de vida ou vida social em clima de transbordante solidariedade em benefício da saúde e contra eventuais tramas do acaso e até dos golpes da própria natureza. Contexto de solidária, compassiva ou fraternal legalidade que, longe de traduzir desprezo ou desrespeito aos congelados embriões "in vitro", significa apreço e reverência a criaturas humanas que sofrem e se desesperam. Inexistência de ofensas ao direito à vida e da dignidade da pessoa humana, pois a pesquisa com células-tronco embrionárias (inviáveis biologicamente ou para os fins a que se destinam) significa a celebração solidária da vida e alento aos que se acham à margem do exercício concreto e inalienável dos direitos à felicidade e do viver com dignidade* (ADIn 3510/DF).

com a sua peculiar natureza. Esses são os chamados *receptores constitucionais da proteção* conferida pelos direitos fundamentais. Ocupam o lugar de **sujeito ativo** na relação jurídica.

Uma advertência merece ser feita. **Nem sempre será evidente ao intérprete quem é, exatamente, o *receptor constitucional da proteção* conferida por um direito fundamental.** Algumas normas constitucionais podem suscitar dúvidas quanto à pessoa que pretendem resguardar, a exemplo do art. 5º, LXVII, CF/88: "*não haverá prisão civil por dívida, salvo a do responsável pelo inadimplemento voluntário e inescusável de obrigação alimentícia e a do depositário infiel*". Por um lado, nota-se a proteção deferida ao *devedor*, cujo corpo (liberdade), como regra, não responderá pelos débitos contraídos. Noutra ponta, constata-se uma proteção conferida ao *credor* de alimentos e ao *depositante*, afinal, a prisão do devedor de alimentos e do depositário infiel não deixa de ser uma garantia de cumprimento do débito em favor do sujeito ativo da obrigação alimentícia e de quem efetuou o depósito da coisa.

Esse ponto assume um relevo especial, porque **a correta identificação do *receptor constitucional da proteção* conferida por direitos fundamentais é um dos pontos culminantes para o sucesso da *leitura de equilíbrio* desses direitos.** Errando-se quanto a quem foi selecionado pelo constituinte para fruir a proteção jusfundamental, nada mais poderá ser feito para corrigir esse equívoco, porquanto a lógica protetiva restará subvertida.

A falha mais comum do intérprete é hipervalorizar os direitos fundamentais reconhecidos a favor do preso, do investigado, do acusado e dos vulneráveis, olvidando-se da vítima, dos familiares da vítima, da sociedade, dos agentes de segurança pública e do nascituro. Assim como alguém decretou que, durante o dia, o sol não iluminaria todos os recantos do mundo, nossos *pais fundadores* estipularam que alguns direitos fundamentais não resplandeceriam em todos os indivíduos. Porém, após soberanamente efetuadas essas escolhas, não cabe ao sol escolher as pessoas para quem brilhará, bem como descabe ao intérprete discriminar os destinatários da proteção jurídica que emana de uma norma jusfundamental. **O réu é uma pessoa cuja dignidade deve ser respeitada, mas não é uma divindade a ser cultuada. Os direitos fundamentais são assegurados a todos os eleitos pelo constituinte: do terrorista ao pacifista; da maioria à minoria; da mulher gestante ao nascituro; do culpado ao inocente; do preso aos agentes de segurança pública; do criminoso à vítima.**

Quando o assunto é direitos fundamentais, há, pois, uma categoria de ***invisíveis***. A proteção excessiva às maiorias pode demandar do Supremo Tribunal Federal uma *leitura contramajoritária* dos direitos fundamentais, exatamente para assegurar o equilíbrio. Da mesma maneira, quando uma proteção desproporcional é conferida a minorias, deverá o Excelso Pretório fazer uso de uma *leitura contraminoritária* como forma de preservar a supremacia do interesse público em benefício da coletividade.

Os órgãos de execução do Ministério Público devem atuar com vigilância para assegurar que a sociedade seja contemplada por direitos fundamentais que foram constitucionalmente reconhecidos em seu favor. A importância do tema requer um tópico próprio, que será desenvolvido em outro momento deste trabalho.

3.3.2. *Sujeito passivo de direitos fundamentais*

Ocupa a posição de sujeito passivo, em uma relação jurídica jusfundamental, aquele que tem o *dever* de observar o direito fundamental. Enquanto sujeito ativo é o titular que invoca um direito fundamental, sujeito passivo é aquele *em face de quem se invoca* o aludido direito. No Brasil, o usual é que a sujeição passiva seja ocupada pelas pessoas de direito público (eficácia vertical). Contudo, veremos que também é possível opor direitos fundamentais aos particulares (eficácia horizontal). Em síntese: **a depender do caso concreto, os sujeitos passivos, também chamados de *destinatários* dos direitos fundamentais, serão as pessoas físicas ou jurídicas, de direito público ou de direito privado.** O tema será mais bem desenvolvido a seguir.

4. EFICÁCIA DOS DIREITOS FUNDAMENTAIS

Na sua origem clássica, o dever de respeito aos direitos fundamentais é endereçado ao Estado. Até o final do século XVIII, quando as revoluções burguesas fizeram eclodir o constitucionalismo ocidental, o Estado era absolutista. Em um Estado sem Constituição, não havia limites jurídicos ao poder político do soberano. Na célebre frase atribuída ao Rei Luís XIV, "*L'État c'est moi*" (O Estado sou eu). Outro lema que traduzia o espírito da época era "*Le roi ne peut mal faire*" (O Rei não pode fazer mal), para sacramentar a impossibilidade de responsabilidade civil do Estado. O surgimento das primeiras constituições escritas[59] representou um rompimento com o Antigo Regime, pois estipulou limites para a atuação do Poder Público. Os direitos fundamentais, então, nasceram para, à semelhança de um anteparo, salvaguardar o indivíduo do raio de atuação do Estado. Trata-se da chamada **eficácia vertical** dos direitos fundamentais, isto é, da oponibilidade perante o Estado Juiz, o Estado Legislador ou a Administração Pública. Em suma, **reputa-se eficácia vertical dos direitos fundamentais aquela travada entre o particular e uma pessoa de direito público.** Sem dúvidas, a mais usual e rotineira é a eficácia *de baixo para cima*, isto é, invocada por um particular *em face do Estado*. Não obstante, também se reconhece ao Estado, ainda que de maneira mais restrita, a invocação de algumas franquias constitucionais em face do particular, desde que compatíveis com a sua natureza, hipótese esta que representaria um movimento *de cima para baixo*. Por exemplo, o direito de propriedade é extensível às fazendas públicas, e não é dado ao particular usucapir os bens públicos, sendo irrelevante a invocação de eventual função social conferida às terras públicas. Por uma questão metodológica, de modo a distinguir claramente as duas situações, o primeiro caso será cunhado de **eficácia vertical *ascendente***, ao passo que o segundo será denominado de **eficácia vertical *descendente*.**

[59] É certo que os ingleses chamam para si a glória da paternidade das primeiras constituições escritas, por meio da menção dos pactos, dos forais e das cartas de franquia da Idade Média. Dentre esses documentos, desponta a Magna Carta do Rei João Sem Terra (1215). Sucede que tais atos não se pretendiam universais, pois somente amparavam a nobreza. Logo, tem prevalecido que, embora sejam considerados como embriões das constituições escritas, estas nasceram no final do Século XVIII, com as revoluções burguesas.

Ocorre que, hoje, também se reconhece a eficácia dos direitos fundamentais nas relações privadas, fenômeno denominado de **eficácia horizontal** (*drittwirkung*). Isso porque *o respeito* ao catálogo de direitos reconhecidos na Constituição não é endereçado somente ao Estado, mas também aos particulares, ainda que algumas adaptações devam ser feitas para viabilizar essa eficácia. De início, cumpre lembrar que essa possibilidade adveio da jurisprudência alemã, mais especificamente do **caso Lüth**. No *leading case*, o Sr. Lüth teve assegurado o seu direito constitucional à liberdade de expressão, podendo livremente conclamar pessoas a um boicote cinematográfico. A produtora buscou impedir o boicote judicialmente, de modo a evitar o dano financeiro proveniente do insucesso do filme, mas não logrou êxito. A Corte Alemã, ao garantir a liberdade de expressão do Sr. Lüth, asseverou que *a produtora também deveria se submeter a essa liberdade*. Isso representou uma inovação, na medida em que o dever de respeitar um direito constitucional (liberdade de expressão) estaria sendo endereçado não apenas ao Estado, mas sobretudo a um particular (produtora).

A Constituição de 1988, razoavelmente, admitiu a eficácia horizontal de direitos fundamentais, bastando lembrar a hipótese de um mandado de segurança impetrado contra ato de um particular. O Supremo Tribunal Federal, por sua vez, também abraçou a tese da eficácia horizontal[60]. Muitos nunca entenderam a controvérsia. O dilema era simples: de início, o direito constitucional à liberdade pressupõe o direito à *autonomia da vontade*. Ora, se, nas relações privadas, a regra é a autonomia da vontade das partes, como tolher essa liberdade mediante a estipulação cogente de

[60] Por exemplo, no julgamento do RE 201819/RJ (11.10.2005), ementado a seguir: SOCIEDADE CIVIL SEM FINS LUCRATIVOS. UNIÃO BRASILEIRA DE COMPOSITORES. EXCLUSÃO DE SÓCIO SEM GARANTIA DA AMPLA DEFESA E DO CONTRADITÓRIO. EFICÁCIA DOS DIREITOS FUNDAMENTAIS NAS RELAÇÕES PRIVADAS. RECURSO DESPROVIDO. I. EFICÁCIA DOS DIREITOS FUNDAMENTAIS NAS RELAÇÕES PRIVADAS. As violações a direitos fundamentais não ocorrem somente no âmbito das relações entre o cidadão e o Estado, mas igualmente nas relações travadas entre pessoas físicas e jurídicas de direito privado. Assim, os direitos fundamentais assegurados pela Constituição vinculam diretamente não apenas os poderes públicos, estando direcionados também à proteção dos particulares em face dos poderes privados. II. OS PRINCÍPIOS CONSTITUCIONAIS COMO LIMITES À AUTONOMIA PRIVADA DAS ASSOCIAÇÕES. A ordem jurídico-constitucional brasileira não conferiu a qualquer associação civil a possibilidade de agir à revelia dos princípios inscritos nas leis e, em especial, dos postulados que têm por fundamento direto o próprio texto da Constituição da República, notadamente em tema de proteção às liberdades e garantias fundamentais. O espaço de autonomia privada garantido pela Constituição às associações não está imune à incidência dos princípios constitucionais que asseguram o respeito aos direitos fundamentais de seus associados. A autonomia privada, que encontra claras limitações de ordem jurídica, não pode ser exercida em detrimento ou com desrespeito aos direitos e garantias de terceiros, especialmente aqueles positivados em sede constitucional, pois a autonomia da vontade não confere aos particulares, no domínio de sua incidência e atuação, o poder de transgredir ou de ignorar as restrições postas e definidas pela própria Constituição, cuja eficácia e força normativa também se impõem, aos particulares, no âmbito de suas relações privadas, em tema de liberdades fundamentais. III. SOCIEDADE CIVIL SEM FINS LUCRATIVOS. ENTIDADE QUE INTEGRA ESPAÇO PÚBLICO, AINDA QUE NÃO-ESTATAL. ATIVIDADE DE CARÁTER PÚBLICO. EXCLUSÃO DE SÓCIO SEM GARANTIA DO DEVIDO PROCESSO LEGAL. APLICAÇÃO DIRETA DOS DIREITOS FUNDAMENTAIS À AMPLA DEFESA E AO CONTRADITÓRIO. As associações privadas que exercem função predominante em determinado âmbito econômico e/ou social, mantendo seus associados em relações de dependência econômica e/ou social, integram o que se pode denominar de espaço público, ainda que não-estatal. A União Brasileira de Compositores – UBC, sociedade civil sem fins lucrativos, integra a estrutura do ECAD e, portanto, assume posição privilegiada para determinar a extensão do gozo e fruição dos direitos autorais de seus associados. A exclusão de sócio do quadro social da UBC, sem qualquer garantia de ampla defesa, do contraditório, ou do devido processo constitucional, onera consideravelmente o recorrido, o qual fica impossibilitado de perceber os direitos autorais relativos à execução de suas obras. A vedação das garantias constitucionais do devido processo legal acaba por restringir a própria liberdade de exercício profissional do sócio. O caráter público da atividade exercida pela sociedade e a dependência do vínculo associativo para o exercício profissional de seus sócios legitimam, no caso concreto, a aplicação direta dos direitos fundamentais concernentes ao devido processo legal, ao contraditório e à ampla defesa (art. 5º, LIV e LV, CF/88). IV. RECURSO EXTRAORDINÁRIO DESPROVIDO.

direitos fundamentais, mormente se estes são tradicionalmente oponíveis ao Estado? Simplificando as coisas, vejamos alguns exemplos:

- Estudantes de um conservatório de música decidem formar um grupo para executar peças do Maestro alemão Richard Wagner. Se estipularem que apenas violinistas homens participarão, assim o será. Diversamente, em se tratando de uma filarmônica do Estado de São Paulo, não é possível estabelecer restrição de gênero, face ao princípio da isonomia.
- Quando um homem decide construir sua casa, lugar que reconhecerá como seu lar e de sua família, é direito seu optar por colocar ou não uma rampa de acesso para cadeirantes. Noutro giro, fosse um prédio público (ou particular de utilização coletiva, como estádios de futebol), a construção da rampa seria uma obrigatoriedade.

Nota-se que, nas relações privadas, não é tão simples exigir a obediência a direitos fundamentais, afinal, por vezes, a **autonomia da vontade** prevalecerá. Nem sempre, contudo. A expulsão de um associado de uma associação, conquanto se trate de pessoa jurídica de direito privado, deve observar a ampla defesa e o contraditório, bem assim o devido processo legal, tal como previsto no estatuto. Da mesma maneira, o desligamento de pessoa filiada à partido político, que é pessoa de direito privado, também deve se cercar de todas as solenidades previstas na lei e no estatuto partidário. Sendo assim, não paira mais nenhuma dúvida: os direitos fundamentais são oponíveis em face do Poder Público (eficácia vertical) e também diante de particulares (eficácia horizontal).

Parte da doutrina tem reconhecido a existência de uma ***eficácia diagonal dos direitos fundamentais***, para designar relações jusfundamentais que, embora travadas entre particulares, são marcadas pela desigualdade de uma das partes, a exemplo da relação trabalhista entre patrão e empregado. Ante a vulnerabilidade deste perante aquele, tem-se uma relação entre particulares que não é exatamente horizontal, eis que não estão nivelados em pé de igualdade. Por sua vez, a despeito do vínculo de subordinação imanente às relações empregatícias, não se cuida, a toda evidência, de uma relação puramente vertical, tal como aquela estabelecida entre Poder Público e particulares. Na Física, a resultante entre vetores verticais e horizontais é exatamente diagonal, motivo pelo qual a terminologia eficácia diagonal é cientificamente coerente, na medida em que resulta de aspectos de uma eficácia vertical e de elementos de uma eficácia horizontal. A expressão nasceu na Espanha, a partir de uma decisão proferida pelo Tribunal Superior de Justiça da Comunidade Valenciana, na data de 25/09/2001[61]. A temática merece a atenção dos membros do Ministério Público do Trabalho.

[61] A partir dessa decisão, a nomenclatura foi proposta pela professora Pamela Prado, em dissertação de mestrado na Universidade do Chile, no ano de 2005, intitulada *Reparación del daño moral ocasionado por elempleador al trabajador, durante la vigencia del contrato de trabajo.* É o que se colhe da obra de Sergio Gamonal C. (*Cidadania na Empresa e Eficácia Diagonal dos Direitos Fundamentais.* São Paulo: LTr 2011, p. 28).

4.1. Eficácia horizontal dos direitos fundamentais no campo dos direitos metaindividuais

Contextualizada a matéria com o seu substrato teórico, mais uma vez, é hora de posicionar a discussão teórica para o contexto do Ministério Público e dos direitos transindividuais. De que modo se vislumbra, na prática, o tema da eficácia horizontal dos direitos fundamentais? Ora, a eficácia de direitos fundamentais nas relações privadas é abundante nos direitos metaindividuais e, sendo assim, não pode ser ignorada pelos membros do Ministério Público. É o que passaremos a demonstrar.

4.1.1. Eficácia horizontal dos direitos fundamentais no Direito do Consumidor

No âmbito do Direito do Consumidor, é fácil identificar a vinculação dos particulares aos direitos fundamentais, a exemplo da relação contratual entabulada entre um correntista e uma instituição financeira. Conforme já pacificado pelo STF, "*as instituições financeiras estão, todas elas, alcançadas pela incidência das normas veiculadas pelo Código de Defesa do Consumidor*".[62] A possibilidade de oposição do regramento consumerista aos bancos, *per si*, não seria prova da eficácia horizontal dos direitos fundamentais. Ocorre que, muito mais do que a mera sujeição ao Código de Defesa do Consumidor, em uma relação jurídica consumerista, as instituições financeiras devem pautar sua conduta ***na dignidade humana***. A partir de então, tem-se, efetivamente, uma eficácia nas relações privadas (*drittwirkung*).

Desse modo, para além da observância das regras do CDC, incumbe aos bancos proceder com o mais estrito respeito à dignidade (humana) dos seus clientes. Isso se traduz, ilustrativamente, no dever de evitar danos morais, de fornecer informação adequada acerca dos serviços comercializados, de respeito aos portadores de necessidades especiais, de promover a segurança mínima em favor dos consumidores de caixas eletrônicos, de disponibilizar cadeiras de rodas para correntistas idosos e deficientes físicos, de oferecer tratamento prioritário para gestantes etc.

4.1.2. Eficácia horizontal dos direitos fundamentais no direito das pessoas portadoras de deficiência

No domínio do Direito das Pessoas Portadoras de Deficiência, também se vislumbra uma eficácia horizontal de direitos fundamentais, quando se exige ***acessibilidade*** **na construção de prédios** ***privados de uso coletivo***[63]**, mediante a eliminação de barreiras arquitetônicas que dificultam o livre acesso de deficientes.** Por exemplo, rampas de acesso nas farmácias, adaptação de banheiros em escolas particulares, inserção de corrimãos em um cinema, piso tátil em clubes etc. A

---

62 ADIn 2591.

63 Eis o teor do art. 8º do Decreto n. º 5.296/2004: "Art. 8º. Para os fins de acessibilidade, considera-se: VII – edificações de uso coletivo: aquelas destinadas às atividades de natureza comercial, hoteleira, cultural, esportiva, financeira, turística, recreativa, social, religiosa, educacional, industrial e de saúde, inclusive as edificações de prestação de serviços de atividades da mesma natureza;".

propósito, a Constituição Federal foi sábia ao empregar a expressão "edifícios de uso público", que não se confunde com "edifícios públicos". Consoante o art. 227, § 2º, *"A lei disporá sobre normas de construção dos logradouros e dos* ***edifícios de uso público*** *e de fabricação de veículos de transporte coletivo, a fim de garantir acesso adequado às pessoas portadoras de deficiência."*. Tal norma versa sobre ***construção*** de prédios de uso público e deve ser complementada com o art. 244 das Disposições Constitucionais Gerais, que trata da ***adaptação*** desses prédios: *"A lei disporá sobre a adaptação dos logradouros, dos edifícios de uso público e dos veículos de transporte coletivo atualmente existentes, a fim de garantir acesso adequado às pessoas portadoras de deficiência, conforme o disposto no artigo 227, § 2º"*.

4.1.3. Eficácia horizontal dos direitos fundamentais no Direito Sanitário

No campo do Direito Sanitário, mais especificamente na seara da chamada *saúde suplementar*, não há mais dúvida de que as partes contratantes travam uma relação de índole consumerista. Nesse sentido, o STJ já pacificou que "Aplica-se o Código de Defesa do Consumidor aos contratos de plano de saúde" (Súmula 469). Isso traz consigo toda a principiologia protetiva do consumidor enquanto vulnerável, aplicando-lhe a dimensão objetiva e subjetiva da dignidade da pessoa humana. Sucede que, em se tratando de um plano *de saúde*, os direitos fundamentais à vida e à saúde também passam a ser de observância cogente por parte da operadora do plano, ou seja, exatamente a ideia de *drittwirkung*. Isso levou o Superior Tribunal de Justiça a firmar inúmeros precedentes lastreados na eficácia horizontal dos direitos fundamentais.

Com esteio na jurisprudência do STJ, foram consideradas abusivas, nos contratos de planos de saúde, as cláusulas que excluam da cobertura: o custeio para o fornecimento de prótese indispensável ao tratamento de saúde, em procedimento cirúrgico coberto pelo plano[64]; procedimento ou medicamento necessário para assegurar o tratamento de doenças previstas pelo referido plano[65]; o tratamento de AIDS ou demais doenças infectocontagiosas[66]; o fornecimento de medicamento para quimioterapia, quando a recusa se fundar no fato de que o fármaco será ministrado em ambiente domiciliar[67] etc.

5. DIREITO *VERSUS* GARANTIAS FUNDAMENTAIS

Parte da doutrina diferenciou os direitos fundamentais das garantias fundamentais. Os direitos fundamentais estariam abrigados em normas cuja redação é *declaratória* ou *enunciativa*, isto é, os direitos seriam proclamados. Diversamente, uma outra categoria de normas constitucionais se revestiria de uma índole *assecuratória*

---

64 AgRg no AREsp 158625/SP, 3ª Turma, 20/08/2013.

65 AgRg no AgRg no AREsp 090117/SP, 4ª Turma, 20/09/2013.

66 AgRg no REsp 1299069/SP, 3ª Turma, 04/03/2013.

67 AgRg no AREsp 292259/SP, 4ª Turma, 01/08/2013.

ou *instrumental*, porquanto suas previsões diriam respeito não exatamente a direitos, mas a institutos aptos a assegurá-los. Exemplificando, uma dada norma constitucional reconhece o direito fundamental de locomoção (art. 5º, XV, CF/88), enquanto uma outra norma o assegura por meio da garantia fundamental do *habeas corpus* (art. 5º, LXVIII, CF/88). Sem uma imersão aprofundada nas críticas tecidas a essa classificação[68], que, boa ou má, foi amplamente difundida, importa nesta obra **elucidar o que (verdadeiramente) se entende por *garantismo*.**

Inspirada nas garantias fundamentais, nasce para o Direito, a partir dos escritos de Luigi Ferrajoli, a doutrina do ***garantismo penal***. Trata-se de uma Escola que propugnou a leitura do Direito Penal a partir das garantias constitucionais, notadamente a dignidade da pessoa humana. A ideia, originalmente boa, foi desvirtuada para dar azo a um *garantismo penal à brasileira*. Isso porque a doutrina pátria, mais do que realçar os direitos e as garantias fundamentais, promoveu uma elevação para além do que chamaremos de *ponto ótimo*, ofuscando os *deveres* fundamentais e negligenciando os direitos *coletivos*. Por exemplo, o culto ao direito de ampla defesa promoveu uma hipertrofia, de modo que o dever de lealdade processual e o direito coletivo de repúdio à impunidade se tornaram raquíticos. Essa visão míope do garantismo, que hipertrofia as garantias, ignora os deveres fundamentais e os direitos coletivos, foi cunhada por Douglas Fischer de ***garantismo hiperbólico monocular***[69]:

> Têm-se encontrado muitas e reiteradas manifestações doutrinárias e jurisprudenciais com simples *referência* aos ditames do *"garantismo penal"*, sem que se compreenda, na essência, qual a extensão e os critérios de sua aplicação. Em muitas situações, ainda, há distorção dos reais pilares fundantes da doutrina de Luigi Ferrajoli (*quiçá* pela *compreensão não integral* dos seus postulados). Daí que falamos que se tem difundido um *garantismo penal unicamente monocular e hiperbólico*, evidenciando-se de forma isolada a necessidade de proteção *apenas* dos *direitos* dos cidadãos que se veem processados ou condenados.

É dever do hermeneuta *corrigir* essa distorção, por meio da compreensão de que o garantismo negativo deve ser aliado ao ***garantismo positivo***. Enquanto aquele se funda nas liberdades negativas, que impõem ao Estado um recuo a favor das garantias individuais, este pressupõe um ***dever de proteção dos indivíduos***. Somente conjugando-se o garantismo negativo e o garantismo positivo, ter-se-á o ponto de equilíbrio na leitura das garantias fundamentais, qual seja, o ***garantismo integral***. Com a clareza que lhe é peculiar, Lenio Streck, membro aposentado do Ministério Público do Rio Grande do Sul[70], arremata:

---

[68] Por exemplo, a objeção de que há normas que albergam simultaneamente direitos e garantias, bem como a crítica de que, a rigor, as garantias são direitos que tutelam direitos. Na doutrina brasileira, confira-se a crítica de Gilmar Ferreira Mendes e Paulo Gustavo Gonet Branco: *"Nem sempre, contudo, a fronteira entre uma e outra categoria se mostra límpida – o que, na realidade, não apresenta maior importância prática, uma vez que a nossa ordem constitucional confere tratamento unívoco aos direitos e garantias fundamentais".* (MENDES, Gilmar Ferreira. BRANCO, Paulo Gustavo Gonet. *Curso de Direito Constitucional*. 10ª Edição Comemorativa, São Paulo: Saraiva, 2015. p. 169).

[69] FISCHER, Douglas. *Não Há Direito Fundamental à Impunidade*. Revista do Ministério Público do RS, Porto Alegre, nº 63, maio 2009 – set. 2009, p. 12.

[70] STRECK, Lenio Luiz. *A dupla face do Princ. Proporcionalidade e o cabimento de Mandado de Segurança em matéria criminal: superando o ideário liberal-individualista-clássico. apud* A Tutela Cautelar no Processo Penal, POLASTRI, Marcellus, Ed. Atlas, 3ª ed. p. 171.

> [...] é ilusório pensar que a função do Direito, nesta quadra da história, fique restrita à proteção contra abusos estatais (aquilo que denominamos de garantismo negativo) [...]. Como se sabe, a Constituição determina – explícita ou implicitamente – que a proteção dos direitos fundamentais deve ser feita de duas formas: a uma, protege o cidadão frente ao Estado; a duas, através do Estado – e inclusive através do direito punitivo – uma vez que o cidadão também tem o direito de ver seus direitos fundamentais protegidos em face da violência de outros indivíduos.

Portanto, quando se trata de garantismo, as duas faces são igualmente importantes, porque se equilibram. Abrindo-se mão do garantismo negativo, tem-se a institucionalização do autoritarismo; abdicando-se do garantismo positivo, consagra-se a frouxidão da persecução penal. Somente o garantismo *integral* promove verdadeiramente os direitos fundamentais.

6. CARACTERÍSTICAS DOS DIREITOS FUNDAMENTAIS

Só faria sentido divorciar os direitos fundamentais dos demais direitos se neles houvesse um timbre essencial, isto é, uma marca distintiva que interferisse no *regime jurídico aplicável*. Já demonstramos que o reconhecimento de um direito fundamental pode trazer consequências na sua interpretação, colisão, restrição, hierarquia etc. Logo, trata-se de uma *categoria autônoma* de direitos, razão pela qual apresenta características próprias. Em nosso estudo, não merece relevo examinar todas elas, mormente se considerarmos que a doutrina é pródiga em apontá-las. Cuidaremos das características pertinentes ao raciocínio desenvolvido ao longo desta obra, quais sejam, a inalienabilidade, irrenunciabilidade, indisponibilidade e relatividade.

6.1. Inalienabilidade

Se a dignidade humana é um bem imaterial fora do comércio, todos os direitos que dela emanam estão subtraídos das relações comerciais. Isso justifica que, em geral, os direitos fundamentais não possam ser objeto de alienação gratuita ou onerosa, ou seja, não podem ser objeto de contrato de compra e venda, tampouco de doação. Essa premissa inspira o art. 199, § 4º, da CF/88, pelo qual *"A lei disporá sobre as condições e os requisitos que facilitem a remoção de órgãos, tecidos e substâncias humanas para fins de transplante, pesquisa e tratamento, bem como a coleta, processamento e transfusão de sangue e seus derivados,* ***sendo vedado todo tipo de comercialização****"* (negritamos).

É fácil intuir, filosoficamente, as razões pelas quais o ordenamento não autorizou a venda de órgãos, mesmo nas hipóteses em que não haja risco de morte ou de comprometimento das funções vitais. Se as partes pudessem ser vendidas, por que o todo também não poderia sê-lo? Quem vende, licitamente, *componentes* do todo, não poderia cometer ilícito se, bem-sucedido na empreitada comercial, conseguisse vender *integralmente* os elementos que compunham a totalidade. Em outra formulação: se me é lícito vender órgãos, em última análise, não haveria razão convincente para interditar a venda do próprio corpo humano, prática que nos remete à escravidão. Há outras razões, como o aviltamento da dignidade humana, na medida em que a mercancia do corpo coisifica uma pessoa. A se permitir a venda de órgãos, as leis de mercado, como a oferta e a demanda, passariam a contemplar pedaços do corpo humano, que seriam mais ou menos valiosos, a depender da escassez. Ademais, há um imperativo de segurança pública, porquanto crimes voltados à subtração de órgãos aumentariam exponencialmente diante de um mercado consumidor formal.

A doação de órgãos, tecidos e partes do corpo humano, diferentemente, afigura-se possível, mas desde que atendidos os requisitos legais. Nesse caso, não há exceção à regra doutrinária da inalienabilidade dos direitos fundamentais, porque somente se permite que sejam doados órgãos, tecidos e partes que não coloquem a vida humana em risco, não agridam a saúde do doador, não causem mutilação, tampouco deformação inaceitável[71].

O Ministério Público brasileiro deve investigar e coibir o **tráfico de órgãos, tecidos e partes do corpo humano**, levado a efeito por organizações criminosas especializadas nesse mercado negro de frações do organismo. Usualmente, o esquema criminoso tem como destinatários finais hospitais, clínicas particulares e redes de entidades de pesquisa. A extração ilegal de órgãos costuma ser realizada em pessoas supostamente não identificadas, exatamente por serem consideradas como *pacientes não reclamados*. Isso facilita o crime, porque tais pessoas, em vida, trilharam um caminho de solidão. A família, quando existente, não os reclamará, de modo que a extração dos órgãos certamente passará despercebida. Ciente dessa vulnerabilidade, o legislador estatuiu que "*[é] vedada a remoção post mortem de tecidos, órgãos ou partes do corpo* ***de pessoas não identificadas***" (art. 6º, Lei nº 9.434/97). É comum que os órgãos do Poder Público se omitam em diligenciar na localização de parentes das pessoas falecidas, *mesmo quando há documentação civil disponível*, de modo a facilitar a prática do delito. A prática nos remete à Antígona, tal como narrada na tragédia escrita por Sófocles.

Cabe ao Ministério Público requisitar informações que denotem o controle de entrada e saída dos corpos, identificação, relação de doadores e receptores e tudo quanto possa contribuir para desvendar o comércio criminoso dos componentes humanos. Com isso, o órgão ministerial elucidará, inclusive, o paradeiro de *pessoas supostamente desaparecidas*. A questão assume especial relevo também no campo da probidade administrativa, afinal, custear o sepultamento de pessoas com dinheiro público, quando isso seria feito por particulares, representa um indevido dano ao Erário (além de um dano experimentado pelos próprios familiares).

Esse panorama só reafirma **que os direitos fundamentais são *inalienáveis* e que o corpo humano não é propriedade privada**[72]**, nem mesmo do titular desse**

---

71 *Este o teor da Lei nº 9.434/1997: "Art. 9º É permitido à pessoa juridicamente capaz dispor gratuitamente de tecidos, órgãos e partes do próprio corpo vivo, para fins terapêuticos ou para transplantes em cônjuge ou parentes consanguíneos até o quarto grau, inclusive, na forma do § 4º deste artigo, ou em qualquer outra pessoa, mediante autorização judicial, dispensada esta em relação à medula óssea.* (Redação dada pela Lei nº 10.211, de 23.3.2001) [...] *§ 3º Só é permitida a doação referida neste artigo quando se tratar de órgãos duplos, de partes de órgãos, tecidos ou partes do corpo cuja retirada não impeça o organismo do doador de continuar vivendo sem risco para a sua integridade e não represente grave comprometimento de suas aptidões vitais e saúde mental e não cause mutilação ou deformação inaceitável, e corresponda a uma necessidade terapêutica comprovadamente indispensável à pessoa receptora".* Cuida-se de uma ponderação realizada pelo próprio legislador, que, entre a integridade física do doador e a indispensável necessidade terapêutica do receptor, preferiu esta àquela.

72 Nas palavras de Eliana Vendramini, membro do Ministério Público de São Paulo, "corpos não são propriedade privada". A Promotora de Justiça referia-se a uma investigação sobre tráficos de órgãos na USP. (*MP investiga denúncia de tráfico de*

corpo, aqui vistas como *topoi*. É evidente que, sendo o constituinte originário juridicamente ilimitado, não se sujeitará a qualquer premissa doutrinária ou dogma científico. Permite-se, pois, que uma Constituição excepcione a si mesma, inclusive, para prever a alienação de alguns direitos fundamentais. Trata-se de uma patente *exceção*, que não pode ser interpretada de outro modo que não seja *restritivamente*. É o caso dos direitos autorais, transmissíveis aos herdeiros pelo tempo que a lei fixar (art. 5º, XXVII, CF/88).

6.2. Irrenunciabilidade

Consoante a doutrina clássica de José Afonso da Silva, "*não se renunciam direitos fundamentais. Alguns deles podem até não ser exercidos, pode-se deixar de exercê-los, mas não se admite sejam renunciados*"[73]. No mesmo sentido, ao explicar a característica da irrenunciabilidade, Uadi Lammêgo Bulos assevera que os direitos fundamentais "*podem deixar de ser exercidos, mas nunca renunciados*"[74]. Essa é a posição dominante, embora deva ser vista com temperamentos. Mesmo que conheçamos uma certa revisão de literatura, para aceitar a renúncia pontual de alguns direitos fundamentais[75], o fato é que ainda subsiste, com razoável consenso, a convicção de que não se pode *abdicar*, em geral, dos direitos fundamentais.

De fato, alguns direitos fundamentais admitirão renúncia ou alienação, não porque esse fenômeno é uma característica das relações jurídicas jusfundamentais, mas simplesmente porque o constituinte, soberanamente, fundamentalizou direitos sem conexão direta com a dignidade humana. Essa inflação de direitos fundamentais acabou fazendo com que, a não se admitir a renúncia de um dado direito, agrida-se a autonomia da vontade. No entanto, repetimos: em se tratando de direitos fundamentais conexos com a dignidade humana, a irrenunciabilidade é patente. Não concordamos, por exemplo, com o eminente jurista George Marmelstein, quando sustenta que, se um rico empresário doa seus bens a uma instituição de caridade, estaria, com isto, *renunciando* ao seu direito de propriedade[76]. Em um trabalho com um perfil diferente dessa obra, tivemos a oportunidade de escrever a respeito, para compreender esse fenômeno como uma alienação do bem sobre o qual recai a propriedade, não uma renúncia ao direito de apropriar-se de bens apropriáveis[77]:

órgãos na USP Disponível em: [*http://www.bbc.com/portuguese/noticias/2014/06/140602_ministerio_publico_svo_usp_orgaos_rs]*.

[73] SILVA, José Afonso da. *Curso de Direito Constitucional Positivo*. 24ª Edição. São Paulo: Malheiros, 2015. p. 181.

[74] BULOS, Uadi Lammêgo. *Curso de Direito Constitucional*. 4ª Edição. São Paulo: Saraiva, 2009. p. 434.

[75] George Marmelstein admite a renúncia de direitos fundamentais, desde que o renunciante tenha condições de tomar uma decisão livre, dotada de discernimento adequado, que não agrida terceiros e dentro da proporcionalidade. O autor reconhece essa possibilidade, principalmente, em direitos não conexos com a dignidade humana (MARMELSTEIN, George. 5ª Edição. São Paulo: Atlas. *Curso de Direitos Fundamentais*. p. 431). Também acolhendo a possibilidade de renúncia a direitos fundamentais, encontramos o magistério de Virgílio Afonso da Silva (*A Constitucionalização do Direito – Os direitos fundamentais nas relações entre particulares*. São Paulo: Malheiros).

[76] MARMELSTEIN, George. 5ª Edição. São Paulo: Atlas. Curso de Direitos Fundamentais. p. 427.

[77] FONTELES, Samuel Sales. Direitos Fundamentais para concursos. 1ª Edição. Salvador: Juspodivm, 2014. p. 18. Em sentido contrário ao nosso são os estudos de Virgílio Afonso da Silva.

> De fato, o direito à propriedade é considerado direito fundamental. Por outro lado, em regra, um proprietário pode alienar livremente seus bens. Cumpre indagar: como é possível que o proprietário aliene seus bens, se o direito de propriedade, que é direito fundamental, é inalienável? [...] A propriedade, *per si*, pode ser vendida, mas jamais o proprietário poderá vender seu direito de tornar-se novamente proprietário de outros bens. Um exemplo elucidará a questão. Se um pescador está com fome e pesca alguns peixes no mar, a quem pertencem esses peixes? Ao pescador, que exerceu o seu direito de apropriar-se de uma *res nullius*. É perfeitamente possível que o pescador venda esses peixes, mas jamais poderá vender o seu direito de apropriar-se de novos peixes que venha a pescar no futuro. Portanto, o direito à propriedade é inalienável. A coisa sobre a qual recai a propriedade, em si mesma, pode ser alienada.

Do mesmo modo, George Marmelstein aponta a renúncia ao direito de herança como outra exceção à regra da irrenunciabilidade. Mais uma vez, à luz das considerações tecidas acima, efetuamos a distinção que se nos afigura pertinente: uma coisa é o *direito à sucessão aberta*, que, por excelência, é irrenunciável. Outra coisa, que não se confunde com a aptidão genérica para herdar, é o direito a uma herança *específica*. O herdeiro que renuncia à herança de seu pai, mediante instrumento público ou termo judicial, não abdicou da herança de seu avô. Daí se conclui que permanece íntegro o direito de herdar, a despeito da renúncia a uma dada herança. A propósito, nessa linha de compreensão, o Código Civil estatui que "o herdeiro, chamado, na mesma sucessão, a mais de um quinhão hereditário, sob títulos sucessórios diversos, pode livremente deliberar quanto aos quinhões que aceita e aos que renuncia" (art. 1.808, § 2º, CC/02).

Isto posto, concebemos os direitos fundamentais, em sua maioria e quando guardem um nexo com a dignidade humana, como irrenunciáveis. A nenhum ser humano é dado abdicar da sua condição de pessoa, razão pela qual, em princípio, não se pode despir dos direitos advindos dessa condição, vale dizer, desvencilhar-se da condição de *titular* de direitos fundamentais, ainda que se possa abrir mão da condição de *exercente* desses direitos.

6.3. Indisponibilidade

Uma vez demonstrado que direitos fundamentais são, por excelência, inalienáveis e indisponíveis, conclui-se que estão fora do âmbito de disposição de quem os titulariza. São, pois, indisponíveis. Ou seja, a característica da indisponibilidade emana da inalienabilidade e da irrenunciabilidade.

6.4. Relatividade

Os direitos fundamentais, como os demais direitos em geral, não podem ser compreendidos de maneira absoluta. É importante não confundir as coisas: **direito absoluto não é aquele que o ordenamento previu sem excepcionar**, a exemplo da regra que proíbe a extradição do brasileiro nato (art. 5º, LI, CF/88). Em nenhum momento, a Magna Carta excepcionou a vedação de extradição dos portadores de nacionalidade originária, mas isso não implica o caráter absoluto do direito de não ser extraditado. Nada impede que, *a posteriori*, em um dado caso concreto, diante do manifesto abuso por parte do súdito, venha a ser extraditado, em uma ponderação efetuada pelo Supremo Tribunal Federal. Ainda não ocorreu, mas um dia pode vir a ocorrer. Basta lembrar que, exceto no estado de defesa e no estado de sítio, a Constituição não previu exceções à inviolabilidade epistolar (art. 5º, XII, CF/88). Isso, contudo, não impediu o STF de reconhecer a legitimidade da quebra do sigilo de correspondência[78], quando este direito for abusivamente exercido para acobertar a prática de crimes. Da mesma maneira, a Constituição não admitiu o ingresso no domicílio, sem o consentimento de quem de direito, *durante a noite*, para cumprir ordem judicial (art. 5º, XI, CF/88). As exceções para o ingresso no período noturno são apenas o flagrante delito, o desastre e a prestação de socorro. Todavia, em se tratando de instalação de equipamentos de escuta ambiental ou captação acústica em escritórios de advocacia investigados por envolvimento com organizações criminosas, o STF admitiu que a diligência fosse efetuada, mediante ordem judicial, à noite[79]. Em tese, no futuro, o mesmo pode ocorrer com a regra que interdita a extradição do brasileiro nato, tudo a depender do caso concreto.

Logo, à vista do que foi mencionado, direitos absolutos são aqueles que não admitem qualquer flexibilização no caso concreto, e não aqueles cuja previsão silenciou quanto a exceções. Nesse sentido, é amplamente majoritário que não há direitos fundamentais absolutos.

7. COLISÕES DE DIREITOS FUNDAMENTAIS

Em uma Constituição analítica, que previu uma imensa gama de direitos fundamentais, é natural que eles entrem em tensão ou venham a colidir. Por exemplo, é comum o conflito entre o direito à cultura e o direito ao meio ambiente[80]; o direito à intimidade e a vedação à censura[81] etc. Que critério soluciona validamente o problema do choque de direitos fundamentais?

[78] STF, HC 7814-5/SP.

[79] STF, Inq. 2424.

[80] No julgamento da ADI 1856/RJ, em 26/05/201, assentou o Pleno do STF: **a promoção de briga de galos, além de caracterizar prática criminosa tipificada na legislação ambiental, configura conduta atentatória à Constituição da República, que veda a submissão de animais a atos de crueldade, cuja natureza perversa, à semelhança da "farra do boi" (RE 153.531/SC), não permite sejam eles qualificados como inocente manifestação cultural, de caráter meramente folclórico.** Precedentes. – A proteção jurídico-constitucional dispensada à fauna abrange tanto os animais silvestres quanto os domésticos ou domesticados, nesta classe incluídos os galos utilizados em rinhas, pois o texto da Lei Fundamental vedou, em cláusula genérica, qualquer forma de submissão de animais a atos de crueldade. – Essa especial tutela, que tem por fundamento legitimador a autoridade da Constituição da República, é motivada pela necessidade de impedir a ocorrência de situações de risco que ameacem ou que façam periclitar todas as formas de vida, não só a do gênero humano, mas, também, a própria vida animal, cuja integridade restaria comprometida, não fora a vedação constitucional, por práticas aviltantes, perversas e violentas contra os seres irracionais, como os galos de briga ("gallus-gallus"). Magistério da doutrina.

[81] Na ADIn 4815/DF, o Pleno do STF asseverou (destacamos): EMENTA: AÇÃO DIRETA DE INCONSTITUCIONALIDADE. ARTS. 20 E 21 DA LEI Nº 10.406/2002 (CÓDIGO CIVIL). PRELIMINAR DE ILEGITIMIDADE ATIVA REJEITADA. REQUISITOS LEGAIS OBSERVADOS. MÉRITO: **APARENTE CONFLITO ENTRE PRINCÍPIOS CONSTITUCIONAIS: LIBERDADE DE EXPRESSÃO, DE INFORMAÇÃO, ARTÍSTICA E CULTURAL, INDEPENDENTE DE CENSURA OU AUTORIZAÇÃO PRÉVIA (ART. 5º INCS. IV, IX, XIV; 220, §§ 1º E 2º) E INVIOLABILIDADE DA INTIMIDADE, VIDA PRIVADA, HONRA E IMAGEM DAS PESSOAS (ART. 5º, INC. X). ADOÇÃO DE CRITÉRIO DA PONDERAÇÃO PARA INTERPRETAÇÃO DE PRINCÍPIO CONSTITUCIONAL.** PROIBIÇÃO DE CENSURA (ESTATAL OU PARTICULAR). GARANTIA CONSTITUCIONAL DE INDENIZAÇÃO E DE DIREITO DE RESPOSTA. AÇÃO DIRETA JULGADA PROCEDENTE PARA DAR INTERPRETAÇÃO CONFORME A CONSTITUIÇÃO AOS ARTS. 20 E 21 DO CÓDIGO

Tem prevalecido na doutrina a concepção pela qual todas as normas constitucionais estão no mesmo patamar hierárquico (princípio da unidade), abriguem ou não direitos fundamentais, prevejam ou não cláusulas pétreas, constem ou não da redação original da Constituição. Sendo assim, os direitos constitucionais são igualmente importantes, pelo menos, no raciocínio apriorístico. Significa dizer que, *a priori*, em tese, abstratamente, não há como afirmar que um direito fundamental se sobrepõe a outro. Entretanto, no caso concreto, é possível, sim, que um deles venha a triunfar casuisticamente. Em uma colisão ou tensão de direitos fundamentais, o Judiciário afastará um deles e aplicará o outro, em um juízo de ponderação, à luz do **princípio da concordância prática**. A terminologia é das mais felizes, porque concórdia é o antônimo de discórdia. O operador do Direito deve fazer valer a concórdia, mas tal operação é realizada em concreto, ou seja, *na prática*. Desse modo, no escólio de Inocêncio Mártires Coelho[82], o princípio da concordância prática consiste "*numa recomendação para que o aplicador das normas constitucionais, em se deparando com situações de concorrência entre bens constitucionalmente protegidos, adote a solução que otimize a* ***realização de todos eles****, mas ao mesmo tempo* ***não acarrete a negação de nenhum***". A ideia que permeia o princípio da concordância prática, portanto, é a de que **o hermeneuta deve evitar um sacrifício completo dos direitos** no balanceamento por ele efetuado.

No Ministério Público, a colisão de direitos fundamentais mais frequente, no campo criminal, envolverá a liberdade ambulatorial e a segurança pública. Esse será o raciocínio subjacente à decretação de prisões preventivas, medidas cautelares diversas etc. Já na área cível, será comum e rotineiro que o direito fundamental à livre iniciativa entre em rota de colisão com o direito difuso ao meio ambiente ecologicamente equilibrado, com a ordem constitucional urbanística ou com os direitos do consumidor. Nesse contexto, reconhecendo a possibilidade de restringir a livre

---

CIVIL, SEM REDUÇÃO DE TEXTO. [...] 2. O objeto da presente ação restringe-se à interpretação dos arts. 20 e 21 do Código Civil relativas à divulgação de escritos, à transmissão da palavra, à produção, publicação, exposição ou utilização da imagem de pessoa biografada. 3. A Constituição do Brasil proíbe qualquer censura. O exercício do direito à liberdade de expressão não pode ser cerceado pelo Estado ou por particular. 4. O direito de informação, constitucionalmente garantido, contém a liberdade de informar, de se informar e de ser informado. O primeiro refere-se à formação da opinião pública, considerado cada qual dos cidadãos que pode receber livremente dados sobre assuntos de interesse da coletividade e sobre as pessoas cujas ações, público-estatais ou público-sociais, interferem em sua esfera do acervo do direito de saber, de aprender sobre temas relacionados a suas legítimas cogitações. 5. Biografia é história. A vida não se desenvolve apenas a partir da soleira da porta de casa. 6. Autorização prévia para biografia constitui censura prévia particular. O recolhimento de obras é censura judicial, a substituir a administrativa. O risco é próprio do viver. Erros corrigem-se segundo o direito, não se coartando liberdades conquistadas. A reparação de danos e o direito de resposta devem ser exercidos nos termos da lei. 7. A liberdade é constitucionalmente garantida, não se podendo anular por outra norma constitucional (inc. IV do art. 60), menos ainda por norma de hierarquia inferior (lei civil), ainda que sob o argumento de se estar a resguardar e proteger outro direito constitucionalmente assegurado, qual seja, o da inviolabilidade do direito à intimidade, à privacidade, à honra e à imagem. 8. **Para a coexistência das normas constitucionais dos incs. IV, IX e X do art. 5º, há de se acolher o balanceamento de direitos, conjugando-se o direito às liberdades com a inviolabilidade da intimidade, da privacidade, da honra e da imagem da pessoa biografada e daqueles que pretendem elaborar as biografias.** 9. Ação direta julgada procedente para dar interpretação conforme a Constituição aos arts. 20 e 21 do Código Civil, sem redução de texto, para, em consonância com os direitos fundamentais à liberdade de pensamento e de sua expressão, de criação artística, produção científica, declarar inexigível autorização de pessoa biografada relativamente a obras biográficas literárias ou audiovisuais, sendo também desnecessária autorização de pessoas retratadas como coadjuvantes (ou de seus familiares, em caso de pessoas falecidas ou ausentes).

[82] MENDES, Gilmar Ferreira. BRANCO, Paulo Gustavo Gonet. *Curso de Direito Constitucional*. 10ª Edição Comemorativa, São Paulo: Saraiva, 2015. p. 174.

iniciativa, como forma de prestigiar outros valores constitucionais, o STF editou a súmula 645, pela qual "é competente o município para fixar o horário de funcionamento de estabelecimento comercial". O verbete foi objeto daquilo que chamamos de "vincularização", rendendo ensejo à súmula vinculante 38, de idêntico teor.

8. RESTRIÇÕES A DIREITOS FUNDAMENTAIS: A TEORIA DOS LIMITES DOS LIMITES (SCHRANKEN-SCHRANKEN)

No passado, a doutrina clássica de José Afonso da Silva só admitia a restrição de direitos fundamentais abrigados em normas de eficácia contida e em normas de eficácia limitada, não sendo possível restringir direitos plasmados em normas de eficácia plena[83]. A premissa era a de que a Constituição não autorizaria o legislador infraconstitucional a restringir normas de eficácia plena, mas apenas a *regulamentá-las*. Ocorre que, ao regulamentar uma norma constitucional, de alguma maneira, seu alcance estará sendo delimitado, pelo que autores como Virgílio Afonso da Silva passaram a defender que todas as normas constitucionais, em maior ou menor grau, admitem restrição[84]. Trabalharemos com essa corrente, que é tida por majoritária nos dias atuais.

Adotada a premissa de que os direitos fundamentais podem ser objeto de restrição, independentemente da norma onde se alojem, surgem, basicamente, duas linhas de compreensão. A primeira é a **teoria interna**, pela qual as restrições a direitos fundamentais devem provir do próprio direito fundamental, tal como desenhado na norma constitucional. Nessa visão, não são legítimas restrições alheias ao direito, vale dizer, externas a ele. Exemplificando, quando a Constituição Federal aduz que "*todos podem reunir-se pacificamente, sem armas, em locais abertos ao público, independentemente de autorização, desde que não frustrem outra reunião anteriormente convocada para o mesmo local, sendo apenas exigido prévio aviso à autoridade competente*" (art. 5º, XVI, CF/88); à luz da teoria interna, as únicas restrições possíveis a esse direito de reunião são exatamente os **limites imanentes**, quais sejam: fins pacíficos, sem armas, em locais abertos, desde que não frustre outra reunião anterior, exigindo-se aviso.

A segunda concepção é a **teoria externa**, que prevaleceu amplamente no Brasil. A teoria externa admite restrições alheias ao direito fundamental que é restringido, oriundas de outras normas e da colisão de direitos fundamentais. Curiosamente, os adeptos da corrente externa justificam que, admitindo-se como possíveis as restrições a direitos fundamentais, estes são fortalecidos, e não enfraquecidos. Isso porque, de alguma maneira, as restrições sempre ocorreram, mesmo que a pretexto de apenas regulamentar a norma constitucional. Assim, quando consideramos toda regulamentação como restrição, podemos exigir um peso argumentativo maior, uma fundamentação do ato restritivo etc. Em suma: a franqueza do discurso permite

[83] SILVA, José Afonso da. Aplicabilidade das normas constitucionais. 8. ed. São Paulo: Malheiros, 2012. A monografia rendeu-lhe a titularidade da cátedra de Direito Constitucional na USP.

[84] SILVA, Virgílio Afonso da. Direitos Fundamentais – Conteúdo Essencial, Restrições e Eficácia. 2 ed. Malheiros, 2010. Por meio dessa monografia, o autor também conquistou a cátedra de Direito Constitucional na Faculdade de Direito do Largo São Francisco, refutando cientificamente o trabalho do seu pai. O certo é que a família Afonso da Silva deixou um precioso legado para o estudo do Direito Constitucional, do Direito Constitucional Ambiental, do Direito Constitucional Urbanístico e da Filosofia do Direito.

uma fiscalização das restrições levadas a efeito pelas regulamentações infraconstitucionais, para que não sejam feitas abusivamente. Surge, nesse panorama, a **Teoria dos Limites dos Limites** (*schranken-schranken*), cujo escopo é estabelecer limites às restrições de direitos fundamentais, de modo a evitar a anarquia restritiva. Por força da teoria dos limites dos limites, as restrições válidas a direitos fundamentais devem observância às condições articuladas a seguir:

a) o núcleo essencial do direito restringido não pode ser sacrificado;

b) a restrição deve ser clara, de modo a evitar a insegurança jurídica;

c) as restrições devem se revestir de generalidade e abstração, na medida em que não seria isonômico e impessoal restringir direitos fundamentais de maneira individual e concreta;

d) a restrição deverá sujeitar-se ao crivo da regra da proporcionalidade, cuja metodologia será analisada a seguir.

Em apertada síntese, medidas restritivas a direitos fundamentais só serão reputadas legítimas se preservarem o núcleo essencial do direito restringido, forem claras, genéricas, abstratas e proporcionais. Isto posto, pergunta-se: uma lei que, a pretexto de aperfeiçoar o sistema recursal processual penal, abula a possibilidade de interposição de embargos declaratórios consecutivos afigura-se constitucional? E se a medida impuser a execução provisória da pena, a partir da condenação por um órgão colegiado, tem-se por vulnerado o núcleo essencial da presunção de inocência? Uma medida provisória que, a pretexto de combater uma epidemia, autoriza o ingresso em propriedades privadas abandonadas, para que se promova a adequação sanitária do ambiente, conspurca a inviolabilidade domiciliar? Todas essas indagações envolvem o domínio da teoria dos limites dos limites, que permite aferir a constitucionalidade de restrições a direitos fundamentais.

9. METODOLOGIA PARA A APLICAÇÃO DA PROPORCIONALIDADE

Como se viu, o último passo da teoria dos limites dos limites consiste em aferir a *proporcionalidade* da medida que restringiu direitos fundamentais. Vejamo-lo.

Sabemos que juízes não são sufragados nas urnas. Isso diminui sobremodo a legitimidade de decisões judiciais sobre questões não deliberadas pelo parlamento, vale dizer, diante dos chamados **vácuos normativos**. Exatamente para inibir decisionismos, que poderiam dar origem a uma *juristocracia*, alguns constitucionalistas idealizaram uma maneira de justificar racionalmente as decisões sobre a proporcionalidade de atos do Poder Público que restrinjam direitos fundamentais. Entre nós, o método desenvolvido por Robert Alexy apresenta três etapas *prejudiciais*, na exata cronologia demonstrada:

- **Adequação:** o magistrado deverá perquirir se a medida do Poder Público é adequada para alcançar o fim colimado ou, pelo menos, incentivá-lo.
- **Necessidade:** o meio eleito deve ser o menos oneroso para o titular do direito sacrificado e com uma eficácia similar à eficácia das medidas alternativas. Dentre os meios eficazes, busca-se o menos invasivo.

- **Proporcionalidade em sentido estrito:** no sopesamento dos direitos em jogo, que envolverá um balanceamento do ônus do meio e do bônus do fim, a conclusão deve ser a de que a medida restritiva vale a pena. Afere-se, pois, a relação custo-benefício.

Trabalharemos com um exemplo muito citado: confinar todos os soropositivos em uma ilha é uma medida proporcional? Se fizermos uso da abordagem trifásica de Robert Alexy, esta seria uma medida *adequada* para erradicar o HIV na sociedade, porém, uma providência desumana como esta não é a menos gravosa para os titulares do direito restringido, pois há alternativas tão eficazes quanto ela e que não implicam esse doentio *apartheid* social[85]. Logo, o ato do Poder Público é inconstitucional, por ferir a proporcionalidade. O simples fato de um fim louvável ser alcançado (erradicação do HIV) não é suficiente para que uma medida se revista de conteúdo proporcional, porque repugna ao Direito Constitucional a concepção pela qual os fins justificam os meios.

9.1. As duas faces da proporcionalidade: proibição do excesso (*Übermassverbote*) e vedação à proteção insuficiente (*Untermassverbote*)

Até então, examinamos a proporcionalidade quando vocacionada à **proibição do excesso (*Übermassverbote*)**. Sucede que a doutrina vislumbra outra vertente da proporcionalidade, para concebê-la como uma ferramenta de **vedação à proteção insuficiente de direitos fundamentais (*Untermassverbote*)**. Ou seja, se é possível aferir a proporcionalidade de um ato do Poder Público quanto ao excesso, é igualmente possível aquilatar a proporcionalidade quanto à insuficiência, afinal, às vezes, o que distingue o remédio do veneno é a dose de cada qual. O Poder Público, na proteção de direitos fundamentais, pode ir além, mas também pode ficar aquém.

Trata-se de doutrina acolhida no âmbito do Supremo Tribunal Federal[86], a saber:

> Mandatos Constitucionais de Criminalização: A Constituição de 1988 contém um significativo elenco de normas que, em princípio, não outorgam direitos, mas que, antes, determinam a criminalização de condutas (CF, art. 5º, XLI, XLII, XLIII, XLIV; art. 7º, X; art. 227, § 4º). Em todas essas normas é possível identificar um mandato de criminalização expresso, tendo em vista os bens e valores envolvidos. **Os direitos fundamentais não podem ser considerados apenas como proibições de intervenção (*Eingriffsverbote*), expressando também um postulado de proteção (*Schutzgebote*). Pode-se dizer que os direitos fundamentais expressam não apenas uma proibição do excesso (*Übermassverbote*), como também podem ser traduzidos como proibições de proteção insuficiente ou imperativos de tutela (*Untermassverbote*).** Os mandatos constitucionais de criminalização, portanto, impõem ao legislador, para o seu devido cumprimento, o dever de observância do princípio da proporcionalidade como proibição de excesso e como proibição de proteção insuficiente.

[85] A propósito, a Lei nº 12.984/2014 define o crime de discriminação dos portadores do vírus da imunodeficiência humana (HIV) e doentes de Aids.

[86] STF, HC 104410/RS, 2ª Turma, Julgamento: 06/03/2012.

9.1.1. *A vedação à proteção insuficiente (Untermassverbote) e os mandados de criminalização*

Os **mandados de criminalização** são expedidos pela Constituição, com o desiderato de proteger suficientemente os direitos fundamentais pelas técnicas da inibição e da punição. Tais mandados são *ordens* endereçadas ao Poder Legiferante, para que os congressistas cumpram a missão constitucional de criminalizar condutas hostis a direitos fundamentais. Nesse caso, a desobediência ao mandado de criminalização traduz *inconstitucionalidade por omissão*. Isso porque, à luz do princípio da proporcionalidade, na sua dimensão da proibição da proteção insuficiente, não há espaço para o legislador aquilatar se é oportuno e se convém criminalizar, por exemplo, o racismo, os crimes hediondos, a tortura, o terrorismo e o tráfico de drogas. Aliás, só por isso já se percebe que, pelo menos enquanto vigente a atual ordem constitucional, o tráfico de drogas necessariamente deverá continuar criminalizado[87].

9.1.2. *A vedação à proteção insuficiente (Untermassverbote) e a necessidade de prisão preventiva*

No Ministério Público, o raciocínio acerca da metodologia do princípio da proporcionalidade será ferramenta rotineira por ocasião da análise das **medidas cautelares diversas da prisão**. Isso porque, diante de agentes indiscutivelmente periculosos, que representem um risco concreto à ordem pública, o magistrado deverá decretar a prisão preventiva, não sendo possível a fixação de medidas cautelares diversas da prisão, sob pena de ferir o princípio da proporcionalidade. Este exige, ainda, uma adequação à gravidade do delito praticado, às circunstâncias do fato e às condições pessoais do agente. Confira-se o teor do Código de Processo Penal (original sem destaques):

> *Art. 282. As medidas cautelares previstas neste Título deverão ser aplicadas observando-se a: (Redação dada pela Lei nº 12.403, de 2011).*
>
> *I – necessidade para aplicação da lei penal, para a investigação ou a instrução criminal e, nos casos expressamente previstos, para evitar a prática de infrações penais; (Incluído pela Lei nº 12.403, de 2011).*
>
> *II – **adequação da medida à gravidade do crime, circunstâncias do fato e condições pessoais do indiciado ou acusado.** (Incluído pela Lei nº 12.403, de 2011).*

A proteção assegurada ao direito fundamental à segurança pública não pode ser raquítica. Ante o direito difuso à integridade física e psíquica e diante do risco concretamente evidenciado pela liberdade de uma pessoa periculosa, a medida extrema da prisão preventiva é a única medida compatível com a gravidade do dilema, à luz da proporcionalidade na sua vertente da vedação à proteção insuficiente (*Untermassverbote*). Em casos como esses, o reconhecimento da liberdade provisória

[87] O que não significa que o usuário deva sê-lo, embora atualmente seja crime o ato de portar drogas para consumo pessoal (art. 28, Lei nº 11.343/06). A Constituição não exige a tipificação penal do utente de entorpecentes, mas impõe a criminalização do narcotráfico. Não estamos convencidos de que a solução é exatamente vantajosa para o país, considerando as agruras impostas por esta guerra, mas a opinião dos nossos antepassados há de ser juridicamente respeitada. Tecnicamente, uma emenda não pode abolir um mandado de criminalização topograficamente inserido no art. 5º.

demonstra-se inconstitucional, por afigurar-se como uma medida aquém do ponto ótimo protetivo.

Há dois mitos que precisam ser desmistificados. Nem toda prisão cautelar é vocacionada à tutela do processo ou do seu resultado útil. O ordenamento, acertadamente e em consonância com a Constituição Federal, previu uma hipótese de prisão preventiva destinada à proteção da sociedade. Como orientam Eugênio Pacelli e Douglas Fischer[88], a prisão preventiva pode ser decretada *"para fins externos à instrumentalidade, associada à proteção imediata, não do processo em curso, mas do conjunto de pessoas que se há de entender como sociedade. [...] A modalidade de prisão, para cumprimento desta última finalidade, seria a prisão para garantia da ordem pública"*, *"quando se tutelará, não o processo, mas o risco de novas lesões ou reiteração criminosa"*, extraídos da natureza e gravidade do crime cometido e da personalidade do agente.

Outra lenda que permeia o Direito é a de que acusados primários, portadores de bons antecedentes, com residência e emprego fixo são imunes à prisão preventiva, como se o ordenamento os blindasse da custódia cautelar. Todo criminoso já foi primário um dia. O mais temível dos delinquentes já portou bons antecedentes. O perigo não nasce da noite para o dia; por vezes, ele adormece em um sono letárgico, para manifestar com virulência em um momento inusitado. Ademais, psicopatas, em geral, têm (bons) empregos e um lugar para morar. O réu primário e de bons antecedentes, contratado por uma sólida empresa, morador de um bairro nobre de uma dada capital não está infenso à prisão preventiva, bastando que apavore a sociedade com a sua periculosidade, a exemplo do jovem universitário de medicina que se mune de uma metralhadora e promove uma chacina em um cinema. Em casos tais, a prisão é medida de rigor[89].

Em outras hipóteses, o agente criminoso já revelou, em sua biografia, a sua nocividade. No entanto, a última prisão efetuada justificou-se pela prática de um delito sem gravidade concretamente evidenciada. Mesmo nesses casos, o STJ tem entendido que se verifica o *periculum libertatis*, consubstanciado no oferecimento de risco à ordem pública[90]. Também nessa hipótese, a não decretação da prisão preventiva fere o princípio da proporcionalidade, na sua faceta da proibição da proteção insuficiente.

---

[88] OLIVEIRA, Eugênio Pacelli. FISCHER, Douglas. *Comentários ao Código de Processo Penal e sua Jurisprudência*, 4ª ed., São Paulo: Atlas, 2012.

[89] "Eventuais condições subjetivas favoráveis ao paciente, tais como primariedade, bons antecedentes, residência fixa e trabalho lícito, por si sós, não obstam a segregação cautelar, quando presentes os requisitos legais para a decretação da prisão preventiva". (STJ, HC 327848/SP, 5ª Turma, Dje 25/11/2015).

[90] "A gravidade abstrata do delito é elemento incapaz de justificar a prisão preventiva, **mas o histórico criminal do agente, a revelar fundado receio de reiteração delitiva, autoriza, por si só, o decreto de prisão preventiva como forma de garantir a ordem pública**, nos termos do art. 312 do Código de Processo Penal (HC nº 302.029/SP, Sebastião Reis Júnior, Sexta Turma, DJe 5/2/2015).". "Na hipótese, o decreto prisional se encontra devidamente fundamentado em dados concretos extraídos dos autos, notadamente pela **reiteração delitiva do recorrente, e em razão do histórico criminal do agente, porquanto 'já foi apreendido quando menor, também por fato análogo ao tráfico de drogas, sendo conhecido como traficante, e havendo diversas denúncias de que pratica a venda de drogas',** elementos indicativos do ***periculum libertatis*** **e aptos a evidenciar a real necessidade da prisão cautelar decretada em desfavor do recorrente para a garantia da ordem pública**". (STJ, RHC 63484/MG, 5ª Turma, DJe 16/11/2015).

Em suma: a concessão *graciosa* de medidas cautelares diversas da prisão e de liberdade provisória, diante de um criminoso contumaz e dotado de uma periculosidade singular, avilta o princípio da vedação à proteção insuficiente, porque não se protege, na medida constitucionalmente proporcional, o direito difuso à segurança pública. Evidentemente, devem estar presentes as demais exigências legais: *fumus comissi delicti* (prova da materialidade do crime e indícios suficientes de autoria) etc. O *periculum libertatis* já foi atendido porque delinquentes contumazes colocam em risco a ordem pública.

10. CONTRIBUTOS DO MÉTODO TÓPICO-PROBLEMÁTICO PARA UMA LEITURA DE EQUILÍBRIO DAS FRANQUIAS CONSTITUCIONAIS: TOPOI ESPECIAIS

Estamos convencidos de que o ordenamento jurídico não é um sistema lógico-dedutivo perfeito, porque ele apresenta falhas, lacunas e antinomias. Essa constatação empírica, aliada ao ocaso do positivismo no século XX, fez renascer o *pensamento tópico*. O responsável pelo renascimento foi **Theodor Viehweg**, que, no ano de 1953, publicou seu trabalho *Tópica e Jurisprudência*, hoje considerado um dos maiores expoentes do chamado método tópico-problemático.

Em linhas gerais, a Escola Tópico-Problemática propõe uma metodologia de protagonismo dos casos a serem solucionados, que são investigados exaustivamente, ofuscando-se, nesse raciocínio, o ordenamento e o próprio sistema jurídico como um todo. Esses são coadjuvantes na solução da controvérsia, porque não passam de pontos de vista, podendo ou não serem utilizados para a realização da justiça. Repita-se: o foco passa a ser o problema vertente e como efetivar a justiça na situação em análise. Para atingir esse fim, qualquer método pode vir a ser empregado, pelo que o método tópico-problemático pode ser considerado como uma ferramenta de verdadeira *anarquia metodológica*. Nele, o caminho a ser percorrido pelo intérprete é o inverso daquele preconizado pelo sistema lógico-dedutivo, ou seja, em vez de extrair das normas a solução para o caso, é o caso que indica a solução a ser vasculhada no arcabouço jurídico. Noutras palavras, busca-se a solução mais justa para, depois, procurar no ordenamento jurídico o apoio a essa solução. As palavras do Ministro Marco Aurélio, neste particular, são elucidativas[91]: "*Idealizo para o caso concreto a solução mais justa e posteriormente vou ao arcabouço normativo, vou à dogmática buscar o apoio. E como a interpretação é acima de tudo um ato de vontade, na maioria das vezes, encontro o indispensável apoio*".

Não vemos com bons olhos a declaração do Ministro, que se afigura como uma *confissão de decisionismo*. Parece claro que, a partir das suas palavras, os casos são decididos com base no seu sentimento íntimo de justiça, e o ordenamento não passa de um pretexto para legitimar aquilo que ele já havia decidido. Quem olha para as nuvens em busca de unicórnios, certamente, os enxergará. Lamentavelmente, o ordenamento jurídico, nos dias atuais, é como as nuvens no céu, cada qual enxerga

---

[91] Trecho do discurso proferido pelo Ministro no dia 17 de junho de 2010, durante uma solenidade para homenageá-lo pelos vinte anos no Supremo Tribunal Federal.

nele aquilo que lhe aprouver. Na prática, se o Eminente Ministro Marco Aurélio fosse Juiz na Austrália, no Japão, nos Estados Unidos ou na Jamaica, desde que o caso submetido fosse o mesmo, certamente a solução seria a mesma, afinal, sua visão particular do que é justo o acompanharia em todos esses países e, ao que tudo indica, como a "interpretação é um ato de vontade", encontraria o apoio indispensável para legitimar sua decisão.

Ante os argumentos tecidos e tantos outros, também não simpatizamos com o método tópico-problemático, que, por excelência, é antissistêmico e prefere o elemento volitivo ao elemento cognitivo. Como lembra o professor Paulo Bonavides[92], de tantas lições na Universidade Federal do Ceará, "*a invasão da Constituição formal pelos topoi e a conversão dos princípios constitucionais e das próprias bases da Constituição em pontos de vista à livre disposição do intérprete, de certo modo, enfraquece o caráter normativo dos sobreditos princípios, ou seja, a sua juridicidade*". **Não obstante, mesmo com os seus inconvenientes, entendemos que o método tópico-problemático é capaz de fornecer alguns contributos para uma leitura de equilíbrio das franquias constitucionais: os *topoi*.**

Na definição de Josef Esser, reputa-se ***topos*** um ponto retórico de partida para a argumentação do problema. Em uma flexão de número, alcança-se o plural de *topos*, que é *topoi*, a designar "*pontos de vista pragmáticos de justiça material*"[93]. Ou seja, explicando o conceito com nossas próprias palavras, os *topoi* são premissas argumentativas sobre as quais não pairam dúvidas razoáveis, isto é, assertivas em favor das quais há um relativo consenso, pelo menos, por parte de quem de direito. Aristóteles, por exemplo, concebia os *topoi* como "o que a todos, ou à grande maioria ou aos doutos se lhes afigurava verdadeiro"[94].

Na solução de um problema, valendo-se do método tópico-problemático, o *ponto de partida* do intérprete, portanto, é a compreensão prévia do problema a ser dirimido, tomando-se como *ponto de apoio* os *topoi*. Pergunta-se: que *topoi* podem prestar obséquio a uma leitura de equilíbrio dos direitos fundamentais? Ei-los.

No atual estado da arte do Direito Constitucional, **há razoável consenso acerca da relatividade dos direitos fundamentais, bem assim não podem tais direitos ser utilizados como um escudo protetivo para salvaguardar práticas ilícitas**. A esse respeito, Alexandre de Moraes[95] arremata:

> Os direitos humanos fundamentais, dentre eles os direitos e garantias individuais e coletivos consagrados no art. 5º da Constituição Federal, não podem ser utilizados como um verdadeiro escudo protetivo da prática de atividades ilícitas, tampouco como argumento para afastamento ou diminuição da responsabilidade civil ou penal por atos criminosos, sob pena de total consagração ao desrespeito a um verdadeiro Estado de Direito.

---

92 BONAVIDES, Paulo. *Curso de Direito Constitucional*. 16ª Edição. São Paulo: Malheiros, 2005. p. 495.

93 *Apud* BONAVIDES, *Paulo. Curso de Direito Constitucional*. 16ª Edição. São Paulo: Malheiros, 2005. p. 490.

94 BONAVIDES, *Paulo. Curso de Direito Constitucional*. 16ª Edição. São Paulo: Malheiros, 2005. p. 489.

95 MORAES, Alexandre de. *Direito Constitucional*. 15ª edição – São Paulo: Atlas, 2004, p. 62.

No mesmo sentido, o Eminente Ministro Celso de Mello[96]: "*[...] a cláusula tutelar da inviolabilidade do sigilo epistolar não pode constituir instrumento de salvaguarda de práticas ilícitas*". Sem destoar desse consenso, o Juiz Federal George Marmelstein[97] também aduz:

> [...] o que se conclui é que os direitos fundamentais não podem ser utilizados para fins ilícitos, até porque eles existem para promover o bem-estar e a dignidade do ser humano e não para acobertar a prática de maldades que possam ameaçar esses valores. Indo mais além, pode-se dizer que o exercício de direitos fundamentais não pode gerar uma situação de injustiça, nem pode servir de desculpa para a prática de atos moralmente injustificáveis ou para violar direitos de terceiros.

Um outro *topos*, ou seja, esquema de raciocínio amplamente aceito no estado da arte do Direito Constitucional brasileiro é a concepção pela qual **o corpo não é uma propriedade privada onde o seu titular exerce soberania**. Em boa verdade, o corpo é um espaço onde exercemos autoridade, mas não de forma soberana. O ordenamento jurídico constitucional não acolheu as ideias de Stuart Mill, para quem o indivíduo é soberano sobre o seu corpo e a sua mente[98]. Fôssemos soberanos, nenhuma lei ou decisão judicial poderia desafiar nossa autoridade sobre o próprio corpo, porém, sabemos que a realidade jurídica caminha em sentido diverso. Doa a quem doer, não se pode fazer consigo aquilo que nos apraz, a menos que se trate de um ordenamento diverso do brasileiro. Daí a impossibilidade de comercializar o próprio sangue ou de locar o próprio ventre (*barriga de aluguel*). É que **a dignidade humana limita a liberdade individual, inclusive, para proteger o ser humano de si mesmo**, afirmação esta que também é um *topos*.

Os demais *topoi* foram mencionados, de maneira contextualizada, ao longo da obra, como, por exemplo, o de que conceitos constitucionais não podem sofrer alteração semântica promovida pelo legislador infraconstitucional.

11. TEORIA DOS DEVERES FUNDAMENTAIS

A relutância doutrinária em verticalizar o estudo científico dos *deveres fundamentais*, como uma *categoria autônoma*, foi fruto dos momentos históricos vivenciados pelo Direito Constitucional. Na história do constitucionalismo, o nascedouro das constituições escritas teve como desiderato colocar limites jurídicos ao poder político do soberano, no final do século XVIII, para convolar Estados Absolutistas em Estados Liberais. Daí a importância de tamanho realce aos direitos dos nacionais, porque enaltecer seus deveres em nada contribuiria para frear o arbítrio estatal. Nessa quadra da história, o único dever constitucional de relevo era aquele endereçado ao Poder Público, e não aos cidadãos, porém a técnica legislativa para impor deveres ao Estado era justamente proclamar os direitos dos súditos.

---

96 HC 7814-5/SP.

97 MARMELSTEIN, George. 5ª Edição. São Paulo: Atlas. Curso de Direitos Fundamentais. p. 415/416.

98 Mill, Stuart. *Ensaio sobre a Liberdade*. São Paulo: Scala, 2006 (*apud MARMELSTEIN, George. 5ª Edição. São Paulo: Atlas. Curso de Direitos Fundamentais. p. 431*).

Por ocasião da promulgação da Constituição de 1988, o regime militar ainda era uma lembrança recente. Isso levou parte da doutrina constitucionalista a relegar o estudo dos deveres fundamentais, como forma de exorcizar o período autoritário vivenciado em um passado não muito distante, elevando os direitos fundamentais a um protagonismo sem precedentes. Os direitos sociais, de início, eram vistos como normas programáticas, cuja concretização poderia ser projetada para um futuro indefinido. Com o decorrer dos anos, os direitos fundamentais ganharam uma força tamanha que passaram a ser exigíveis até mesmo nas relações privadas. Além disso, os direitos sociais, até então vistos como de difícil configuração prática, receberam uma nova compreensão, qual seja, a de que originam *direitos subjetivos* e, portanto, são exigíveis. **Esses foram os dois marcos teóricos para a revitalização do estudo dos deveres fundamentais como categoria autônoma. Somente com a consagração dos direitos sociais, que colocaram o Poder Público na posição de devedor de um mínimo existencial, e da doutrina da eficácia horizontal dos direitos fundamentais, que trasladou deveres do Estado para os particulares, o estudo dos deveres fundamentais recebeu a importância da qual sempre foi digno**. Ou seja, simplificando as coisas, somente passou a ser útil estudar os deveres fundamentais quando eles se converteram em alguma *vantagem* a ser vindicada pelos particulares. Não havendo nenhuma comodidade a ser exigida, o estudo era seletivamente relegado ou mesmo cunhado com a pecha do autoritarismo.

Sucede que falar de deveres fundamentais é tão civilizatório quanto aludir aos direitos fundamentais. Aliás, parece oportunista louvar estes e amesquinhar aqueles. Se ignorar direitos revela um autoritarismo, relegar deveres traduz uma intolerável leniência. À luz da parêmia pela qual *ubi commoda, ibi incommoda*, aquele que colhe o que é cômodo deve suportar os incômodos. Quem extrai o *bônus* de uma norma, por uma questão de equilíbrio, há de prospectar o *ônus* dessa mesma norma. Não se pode louvar direitos e descurar dos deveres, porque, na advertência de Giorgio Del Vecchio, "[...] o Direito é, essencialmente, bilateral, de maneira que a excessiva indulgência com uma parte se traduz, necessariamente, em uma iniquidade com a outra"[99]. Disso resulta que o conteúdo extraído de um direito fundamental (a norma advinda do texto) deve colher também o *dever fundamental* que lhe é correlato.

O caráter humanitário dos deveres pode ser demonstrado, por exemplo, nos documentos internacionais, a exemplo da Declaração dos Direitos Humanos das Nações Unidas, que, em seu art. 29, estabelece (negritamos):

> **Toda pessoa tem deveres com a comunidade, posto que somente nela pode-se desenvolver livre e plenamente sua personalidade.** No exercício dos seus direitos e no desfrute de suas liberdades, todas as pessoas estarão sujeitas às limitações estabelecidas pela lei com a única finalidade de **assegurar o respeito dos direitos e liberdades dos demais, e de satisfazer as justas exigências da moral, da ordem pública e do bem-estar de uma ordem democrática.** Estes direitos e liberdades não podem, em nenhum caso, serem exercidos em oposição com os propósitos e princípios das Nações Unidas. Nada na presente declaração poderá ser interpretado no sentido de conferir

[99] VECCHIO, Giorgio Del. *A Luta Contra o Crime.* Edição Comemorativa da Revista do Ministério Público do Rio de Janeiro: 2015. p. 1421

direito algum ao Estado, a um grupo ou uma pessoa para empreender e desenvolver atividades ou realizar atos tendentes à supressão de qualquer dos direitos e liberdades proclamados nessa Declaração.

A Convenção Americana de Direitos Humanos, da mesma maneira, reconheceu a correlação dos direitos e deveres, prevendo, inclusive, um capítulo próprio para os *deveres das pessoas*[100]. Na doutrina constitucionalista italiana, Themistocle Martines[101] ensina que a Constituição da Itália previu uma série de prestações pontuais e de comportamentos qualificados cujo adimplemento, dada a sua imprescindibilidade e relevância, foi considerado como um *dever*. No art. 2º da Carta italiana, elencam-se os deveres inderrogáveis de solidariedade política, econômica e social. Com apoio nesse dispositivo e em outras normas constitucionais, o autor menciona o dever constitucional de fidelidade à República (*dovere di fedeltà alla Repubblica* – art. 54), como o dever de observância das leis, da Constituição e dos princípios do Estado Constitucional Republicano; o dever de defender a Pátria (*dovere di difendere la Patria* – art. 52), como o dever de resistência individual ou coletiva contra forças militares estrangeiras que ocupem o território italiano; o dever de prestar o serviço militar (*dovere di prestare servizio militare – 52, comma* II), considerado pressuposto para o dever de defender a pátria, desde que não prejudique o trabalho profissional do cidadão e o exercício dos seus direitos políticos; o dever de trabalho (*dovere del lavoro* – art. 4º, *comma* II), não apenas como advindo do direito ao emprego, mas como o dever de desempenhar uma atividade que concorra para o progresso material ou espiritual da sociedade; dever de recolher tributos (*dovere di prestazioni patrimoniali*), no sentido de que todos devem concorrer para o custeio das despesas públicas na conformidade da própria capacidade contributiva e na forma da lei; dever de voto (*dovere di voto* – art. 48, *comma* II), como um dever cívico dos nacionais.

A Constituição Federal de 1988, a seu turno, batizou o Capítulo I do Título II como "Dos Direitos ***e Deveres*** Individuais e Coletivos" (destacamos). Percebe-se que, mesmo em uma Carta de herança nitidamente liberal, os deveres não são esquecidos. Vários deveres fundamentais foram tipificados pela Carta Cidadã, dentre eles, o dever de votar (art. 14, § 1º, I); o serviço militar obrigatório (art. 143); o dever de defesa e preservação intergeracional do meio ambiente (art. 225)[102]; o dever de proteger as crianças, os adolescentes e os jovens (art. 227)[103]; o dever de solidariedade mútua

[100] Capítulo V – DEVERES DAS PESSOAS – Artigo 32 – Correlação entre deveres e direitos 1. Toda pessoa tem deveres para com a família, a comunidade e a humanidade. 2. Os direitos de cada pessoa são limitados pelos direitos dos demais, pela segurança de todos e pelas justas exigências do bem comum, em uma sociedade democrática.

[101] Martines, Temistocle. *Diritto Costituzionale*. 13ª edizione. Giuffrè Editore. 2013. p. 557/560.

[102] Art. 225. Todos têm direito ao meio ambiente ecologicamente equilibrado, bem de uso comum do povo e essencial à sadia qualidade de vida, **impondo-se** ao Poder Público e **à coletividade o dever de defendê-lo e preservá-lo** para as presentes e futuras gerações (negritamos).

[103] Art. 227. É dever da família, da sociedade e do Estado assegurar à criança, ao adolescente e ao jovem, com absoluta prioridade, o direito à vida, à saúde, à alimentação, à educação, ao lazer, à profissionalização, à cultura, à dignidade, ao respeito, à liberdade e à convivência familiar e comunitária, além de colocá-los a salvo de toda forma de negligência, discriminação, exploração, violência, crueldade e opressão. (Redação dada pela Emenda Constitucional nº 65, de 2010).

entre pais e filhos (art. 229)[104]; o dever de proteger as pessoas idosas (art. 230)[105]; o dever de responsabilidade para com a segurança pública (art. 144)[106], dentre outros tantos[107]. Aliás, outros dispositivos denotam com clareza a intenção do constituinte de que direitos e deveres caminhem juntos, sem que possam desgarrar-se uns dos outros. Por exemplo, no art. 24, XVI, o constituinte asseverou que *"Compete à união, Estados e DF legislar concorrentemente sobre, XVI – organização, garantias, direitos* ***e deveres*** *das polícias civis"* (destacamos). Por tudo quanto se viu, infere-se que, quando se fala em Estado Democrático de Direito, o que se quer verdadeiramente exprimir é Estado Democrático de Direitos e Deveres.

Porém, cabe fazer uma advertência: todo dever fundamental é um dever constitucional, mas a recíproca não é verdadeira. Há deveres que não foram constitucionalizados[108] e outros que, embora positivados em uma Constituição, não foram fundamentalizados por ela.

Em harmonia com o conceito de direitos fundamentais fornecido no início deste trabalho, é possível conceituar dever fundamental como ***o gravame de assegurar direitos dotados de uma singular dignidade, alojados explícita ou implicitamente nas entranhas de uma Constituição ou nas fontes autorizadas pelo constituinte, que atribuem posições jurídicas a pessoas, individual ou coletivamente consideradas***. Em síntese, reputa-se dever fundamental a imposição constitucional, que recai sobre o Poder Público, sobre a sociedade ou seus indivíduos, de respeito e reverência aos direitos fundamentais.

Por fim, enquanto a norma que alberga um direito fundamental possui uma feição declaratória ou enunciativa, a norma que abriga o dever fundamental é usualmente de índole mandamental. Feitos esses esclarecimentos mínimos acerca dos deveres, posto que uma análise mais detida escapa às finalidades deste estudo, é hora de examinar o que mais interessa: o **dever fundamental de lealdade processual**.

11.1. O dever de lealdade processual como dever fundamental

Assim como toda pessoa carrega uma sombra, todo direito traz consigo um dever que lhe é correlato. Como as duas faces de uma moeda, assim são direitos e

---

[104] Art. 229. Os pais têm o dever de assistir, criar e educar os filhos menores, e os filhos maiores têm o dever de ajudar e amparar os pais na velhice, carência ou enfermidade.

[105] Art. 230. A família, a sociedade e o Estado têm o dever de amparar as pessoas idosas, assegurando sua participação na comunidade, defendendo sua dignidade e bem-estar e garantindo-lhes o direito à vida.

[106] Art. 144. A segurança pública, dever do Estado, direito e responsabilidade de todos, é exercida para a preservação da ordem pública e da incolumidade das pessoas e do patrimônio, através dos seguintes órgãos:

[107] No art. 14, § 6º, o constituinte determinou que *"Para concorrerem a outros cargos, o Presidente da República, os Governadores de Estado e do Distrito Federal e os Prefeitos* ***devem*** *renunciar aos respectivos mandatos até seis meses antes do pleito"* (negritamos). O dever de desincompatibilização dos chefes do Executivo, ou seja, de que se desvencilhem de uma circunstância impeditiva das suas candidaturas, traduz um dever fundamental de respeito à impessoalidade, como garantia de que não se valerão do cargo eletivo ocupado para alcançar outro. A probidade administrativa é um direito fundamental difuso.

[108] Neste sentido, o jurista italiano Fausto Cuocolo: *"Ovviamente, i doveri giuridici di ogni soggetto sono numerosi e vari, anche a non voler accettare la tesi, per vero assai controversa, che diritti e doveri siano termini correlativi (v.: Romano). Ma non tutti i dovere pubblici hanno rilevanza constituzionale e sono disciplinati in Constituzione."* (CUOCOLO, Fausto. *Instituzioni di Diritto Pubblico. 7ª Edizione.* Giuffrè Editore: 1992.)

deveres. Se há direitos fundamentais titularizados pelas pessoas de direito público, a exemplo das *garantias processuais* (*v.g.* direito ao devido processo legal, ao contraditório, à ampla defesa etc.), é porque, necessariamente, há deveres fundamentais de respeito a essas garantias. Nesse panorama, o dever de lealdade processual afigura-se como um genuíno *dever fundamental*, implícito na Constituição. Extrai-lhe da cláusula geral do *devido processo legal*, de onde se originam os deveres das partes de procederem com boa-fé objetiva, vale dizer, com um *comportamento* leal. Cuida-se de um princípio **processual**, não de um princípio *processual civil*. Disso resulta sua aplicação no processo civil, trabalhista, eleitoral, administrativo e, principalmente, ***penal***.

O silêncio do Código de Processo Penal acerca da aplicação do princípio da lealdade processual nos processos criminais não subtrai das partes o dever de proceder com lealdade. Primeiro, porque o seu artigo 3º estatui que *"A lei processual penal admitirá interpretação extensiva e aplicação analógica, bem como o suplemento dos princípios gerais de direito"*. O Novo Código de Processo Civil, a seu turno, tratou do dever de lealdade no capítulo atinente às ***normas fundamentais*** do processo civil, asseverando, no art. 5º, que *"Aquele que de qualquer forma participa do processo deve comportar-se de acordo com a boa-fé"*. Ora, já foi dito que tais normas são verdadeiras *projeções infraconstitucionais dos direitos fundamentais*, como uma sombra de tais direitos. Percebe-se, pois, o caráter transcendental e principiológico de muitas dessas normas. Alinhando-se a Constituição Federal, o Código de Processo Penal (art. 3º) e o Novo Código de Processo Civil (art. 5º), tem-se a inafastável conclusão de que **todos os atores processuais, mesmo nos feitos criminais, devem proceder com lealdade e boa-fé, inclusive, o réu**. Pertinentes são as palavras de Américo Bedê Júnior e Gustavo Senna[109]:

> Ora, admitimos ser impossível uma única teoria geral de processo; todavia, a ética, o respeito à lealdade e a necessidade de enxergar valorativamente as formas processuais independem do objeto do processo e devem inspirar tanto o intérprete civil quanto o penal.

A ideia é ratificada pelo magistério de Fredie Didier[110], que, citado pelos autores mencionados, arremata: *"Na verdade, a boa-fé objetiva expandiu-se para **todos** os ramos do direito, **mesmo os não civis**."* (negritamos). Essa tem sido a compreensão extraída dos repositórios de jurisprudência do STJ, que, referindo-se a um processo criminal, assentou[111]:

> O processo, em sua atual fase de desenvolvimento, é reforçado por valores éticos, com especial atenção ao papel desempenhado pelas partes, cabendo-lhes, além da participação para construção do provimento da causa, cooperar para a efetivação, a

[109] JÚNIOR, Américo Bedê; SENNA, Gustavo. *Garantismo e (Des)lealdade Processual, in Garantismo Penal Integral*, 3ª Edição, Editora Atlas – *versão digital.*

[110] DIDIER, Fredie. *Multa coercitiva, boa-fé processual e supressio:* aplicação do duty to mitigate the loss no processo civil; WAMBIER, Teresa Arruda Alvim (Coord.). *Revista de processo*. São Paulo: Revista dos Tribunais, v. 171, p. 39, maio 2009. *apud* JÚNIOR, Américo Bedê; SENNA, Gustavo. Garantismo e (Des)lealdade Processual, *in Garantismo Penal Integral*, 3ª Edição, Editora Atlas – *versão digital.*

[111] REsp 1324760 / SP, 6ª Turma, 16.12.2014.

observância e o respeito à veracidade, à integralidade e à integridade do que se decidiu, conforme diretrizes do Estado Democrático de Direito.

[...]

O processo, sob a ótica de qualquer de seus escopos, não pode tolerar o abuso do direito ou qualquer outra forma de atuação que dê azo à litigância de má-fé. Logo, condutas contrárias à verdade, fraudulentas ou procrastinatórias conspurcam o objetivo publicístico e social do processo, a merecer uma resposta inibitória exemplar do Judiciário.

Cravada a premissa de que a lealdade processual (também) é dever do réu, mesmo nos processos criminais, pergunta-se: que consequência advirá da inobservância desse *dever fundamental*[112]? Depende da maneira como a lealdade processual foi quebrantada pelo réu. O STJ não admite a aplicação de multa por litigância de má-fé[113], seja pela ausência de parâmetros na fixação da multa, pois inexiste valor da causa, seja por argumentos outros, a exemplo da suposta prevalência do direito de defesa e até mesmo em razão da falta de previsão legal. Independentemente do acerto ou desacerto dessa concepção jurisprudencial, há outras maneiras possíveis de punir aquele que procede com deslealdade em um processo. Tudo dependerá do tipo de conduta praticada pelo réu. Por exemplo, se requereu a produção de provas infundadas, a consequência é o indeferimento. Se interpõe recursos procrastinatórios, para eternizar o processo e impedir o trânsito em julgado, a depender do grau de abuso, é possível não conhecer do recurso e, ainda, iniciar a execução da pena. Repetimos à exaustão: o instituto do abuso de direito, tão propalado pelo Direito Civil, é perfeitamente factível no Direito Constitucional, dado o seu caráter interdisciplinar.

---

112 Infelizmente, não faltam exemplos de artifícios ardilosos para promover chicana processual. Ante o perigo de esta obra ser lida por pessoas erradas, talvez nem devêssemos exemplificar como se pode faltar com a lealdade processual. Mesmo para aqueles que já fazem uso habitual de expedientes desonestos, sempre há algo não edificante para aprender. No entanto, por apego à didática, colhemos os exemplos colacionados por Américo Bedê Júnior e Gustavo Senna: "A propósito, podem ser lembrados, entre outros, os seguintes casos em que pode ser vislumbrada a violação ao princípio da lealdade processual: (1) prática de favorecimento real ou pessoal por parte do defensor visando ao encobrimento do fato imputado; (2) comportamentos objetivando a destruição de provas, inviabilizando a busca da verdade; (3) comportamentos que buscam o falseamento doloso de meios de prova (falso testemunho, falsa perícia, produção de documentos falsos); (4) retenção dolosa dos autos do processo, visando à prescrição; (5) pugnar pela prática de atos inúteis ou desnecessários à declaração ou defesa do direito; (6) provocação de incidentes (*v.g.* insanidade mental) manifestamente infundados; (7) pugnar pela intimação de testemunhas para que prestem depoimento, indicando-se maliciosamente o endereço errado, provocando o adiamento de audiências; (8) criação pelo advogado de falsas justificativas (*v.g.* atestados médicos falsos) que o impeçam de comparecer à audiência, visando ao seu adiamento; (9) interposição de recursos manifestamente improcedentes, com o intuito protelatório; (10) pedido de produção de provas sabidamente inúteis e impertinentes pelo defensor. (JÚNIOR, Américo Bedê; SENNA, Gustavo. Garantismo e (Des)lealdade Processual, *in Garantismo Penal Integral*, 3ª Edição, Editora Atlas – *versão digital*).

113 STJ, EDcl nos EDcl no AgRg no AREsp 261545/SP, 6ª Turma, DJe 09/04/2015. Segue a ementa do julgado (negritamos): PROCESSO PENAL. EMBARGOS DE DECLARAÇÃO EM EMBARGOS DE DECLARAÇÃO EM AGRAVO REGIMENTAL EM AGRAVO EM RECURSO ESPECIAL. OMISSÃO E CONTRADIÇÃO. INEXISTÊNCIA. 1. O pressuposto de admissibilidade dos embargos de declaração, nos termos do art. 619 do Código de Processo Penal, é a existência de ambiguidade, obscuridade, contradição ou omissão de algum ponto que deveria ser pronunciado no acórdão. 2. Depreende-se, na espécie, a não ocorrência do vício alegado, mas mera irresignação da parte embargante, que pretende obter o reexame da causa, o que é inviável em sede de embargos de declaração. 3. **A jurisprudência deste Tribunal está consolidada no sentido de que, embora na esfera penal não seja viável a fixação de multa por litigância de má-fé, é perfeitamente possível o reconhecimento do abuso de direito da parte, em razão da superveniência de inúmeros recursos contestando o não provimento do agravo em recurso especial, sem que se traga tese apta à reversão dos julgados proferidos, o que denota o nítido caráter protelatório e o intuito de impedir o trânsito em julgado da sentença condenatória.** Precedentes. 4. Embargos de declaração rejeitados.

12. DIREITOS FUNDAMENTAIS PUTATIVOS

Os direitos fundamentais foram gravados em um rol *numerus apertus*, e não *numerus clausus*. O reconhecimento *exemplificativo* de direito fundamentais, aliado à natureza delirante do ser humano, gerou uma invocação fantasiosa de direitos. Como lembra Daniel Sarmento,

> [...] nem todo desejo pode ser legitimamente convertido em direito fundamental. Praticamente todas as pessoas querem ser correspondidas em seus amores, e seriam provavelmente mais felizes e realizadas se isso lhes fosse assegurado. Nem por isso, se pode afirmar a existência de um direito fundamental à reciprocidade no amor[114].

Por vezes, o agente invoca direitos sabidamente inexistentes. Em casos mais delicados, o próprio agente supõe titularizar esses direitos, ignorando a realidade. Tudo não passa de uma alucinação jurídica. Entre a má-fé e o delírio, preferimos trabalhar com a boa-fé de quem invoca direitos inexistentes, razão pela qual classificaremos tais direitos como **direitos fundamentais putativos**. Ei-los.

12.1. "Direito fundamental ao aborto"

A liberdade de expressão científica já levou parte da doutrina a, por exemplo, sustentar a existência de um ***direito fundamental ao aborto***. Em boa verdade, não é de todo incorreta a afirmação de que existe um direito fundamental ao aborto. A rigor, ante o direito fundamental à liberdade (reprodutiva) e o direito fundamental à vida, é direito da gestante proceder ao abortamento quando for vitimada por um abuso sexual, bem assim quando sujeitar-se a um risco de morte. À luz da dignidade humana, o Supremo Tribunal Federal entendeu de acrescentar a possibilidade de *antecipação terapêutica do parto* nas hipóteses de anencefalia (ADPF 54), de modo que, somente nesses casos, seria lícito falar em um "direito fundamental ao aborto". À luz de uma *leitura de equilíbrio* dos direitos fundamentais, todos esses casos parecem denotar uma ponderação feita pelo legislador ou mesmo pelo Supremo Tribunal Federal, afigurando-se como *razoáveis*. De fato, a vida de uma mulher, que é um ser humano formado, será sempre superior à vida de um ser em fase de formação. Entre esta e aquela, a primazia há de ser conferida à vida extrauterina. Também parece *equilibrada* a hipótese de abortamento quando a mulher não optou pela fecundação, tampouco assumiu o risco de ser fecundada. Não se pode transformar a mulher, compulsoriamente, em uma hospedeira, para ser compelida a carregar no ventre uma pessoa (inocente) que descende do seu agressor e tem a aptidão de eternizar as lembranças de uma covardia vivenciada. No que toca à anencefalia, também existe risco à saúde da gestante, inclusive, de morte. Mesmo ausente esse risco, cuida-se de uma pessoa em formação e sem nenhuma perspectiva de existência, pelo que, mais uma vez, equilibra-se a hipótese do abortamento.

---

[114] SARMENTO, Daniel. *Liberdades Comunicativas e "Direito ao Esquecimento" na Ordem Constitucional Brasileira* (Parecer jurídico elaborado em 22 de janeiro de 2015, p. 5/6).

Porém, não é essa a extensão que pretende a doutrina a que se fez alusão. Por exemplo, Maria Berenice Dias defende um direito fundamental ao aborto, *indiscriminadamente*[115], *sem qualquer ressalva quanto ao período de gestação*. Não distinguindo o marco temporal para o exercício do pretenso direito ao aborto, parte da doutrina brasileira está defendendo, em tese, um sombrio direito individual de exterminar um feto *com até nove meses*, portanto, um ser na iminência de ser dado à luz. Cronologicamente, o pleito beira uma súplica pelo direito de homicídio, afinal, nas ciências criminais, as fronteiras entre o abortamento e o homicídio se resumem ao *início dos trabalhos de parto*. Antes de iniciados, tem-se o abortamento. Após iniciados, configura-se um homicídio. Disso se percebe a linha tênue entre esses crimes contra a vida, cujas fronteiras estão cada vez mais frágeis. No Direito Comparado, a Suprema Corte Norte Americana chegou a admitir o direito ao abortamento, no primeiro trimestre de gestação, no julgamento do Caso ***Roe vs. Wade***[116]. Entre nós, os debates são permeados pela lógica do tudo ou nada.

12.1.1. Da ilicitude do abortamento, mesmo sem o Código Penal

Como é público e notório, no Brasil, **a prática do abortamento é definida como crime. Não há direito fundamental à prática de crimes, pelo contrário, é direito fundamental da sociedade que crimes não sejam praticados**. A propósito, é isso que se extrai do direito fundamental à segurança pública. Por um consectário lógico, não há como sustentar o direito fundamental ao aborto, afinal, a ninguém é dado um salvo conduto para delinquir. A discussão poderia ser encerrada por aqui, não fosse a obstinação dos defensores desse insólito direito, que passaram a sustentar que a lei penal, que tipificou o abortamento, não foi recepcionada[117].

É preciso que fique claro que ninguém precisa do Código Penal para negar o suposto direito ao aborto. Uma simples leitura da Convenção Americana dos Direitos Humanos já coloca essa conduta no campo da ilicitude, ainda que não criminalizada. Nesse caso, independentemente de considerações acerca do juízo de recepção do Código Penal, ainda há um obstáculo insuperável que impede o reconhecimento de um *direito* ao aborto. **O Pacto de São José da Costa Rica é de clareza solar quando protege a vida *do nascituro*[118]. Logo, em um silogismo aristotélico, todos os que tivessem o direito de abortar teriam, por conseguinte, o direito de**

[115] Estas as palavras da autora (negritamos): "a Constituição (art. 226, § 7º), ao proclamar como bem maior a dignidade humana e garantir o direito à liberdade, subtraiu o aborto da esfera da antijuridicidade. No momento em que é admitido o planejamento familiar e proclamada a paternidade responsável, não é possível excluir qualquer método contraceptivo para manter a família dentro do limite pretendido. Assim, **frente à norma constitucional, que autoriza o planejamento familiar, somente se pode concluir que a prática do aborto restou excluída do rol dos ilícitos penais**. Mesmo que não se aceite a interrupção da gestação como meio de controlar a natalidade, inquestionável é que gestações involuntárias e indesejadas ocorrem e, somente se for respeitado o direito ao aborto, a decisão sobre o planejamento familiar se tornará efetivamente livre". DIAS, Maria Berenice, *Direito Fundamental ao Aborto*, disponível em *http://www.ibdfam.org.br*.

[116] Caso Roe *vs*. Wade, de 1973.

[117] "Em face da falta de recepção pelo novo sistema jurídico, perdeu o aborto seu caráter ilícito não só nas hipóteses em que é possível sua prática. A questão deixou de ser penal." (*idem*)

[118] Artigo 4º – Direito à vida. Toda pessoa tem o direito de que se respeite sua vida. Esse direito deve ser protegido pela lei e, em geral, **desde o momento da concepção**. Ninguém pode ser privado da vida arbitrariamente (negritamos).

violar a Convenção Americana de Direitos Humanos, e, como é cediço, não há (e nem pode haver) direitos cujo exercício implica infração a normas jurídicas. Desse modo, quando alguém brada ser possuidor do direito de exterminar uma vida intrauterina, o que essa pessoa pretende é, ao contrário dos seus pares, ter o direito de não sujeitar-se à força normativa do Pacto de São José da Costa Rica, documento que está longe de ser uma carta de exortação moral. O pretenso direito ao aborto não resiste a um *controle de convencionalidade* e nem a uma *filtragem convencional.* Direitos foram feitos para serem exercidos. O simples exercício desse direito transmudaria em violável aquilo que a Constituição Federal reputou como *inviolável.* E, verdade seja dita, neste particular, sequer uma emenda teria poderes para suprimir essa claríssima proteção.

12.1.2. Da necessária criminalização do aborto à luz da vedação à proteção insuficiente (Untermassverbote)

Discute-se se, a par da Constituição e da Convenção Americana de Direitos Humanos, a repulsa ao abortamento deveria ser objeto de *criminalização.* Isso porque, em tese, o ordenamento poderia repelir essa conduta com outros ramos do Direito ou medidas alternativas que inibissem a prática. Ingo Wolfgang Sarlet não considera como necessária a proteção do direito à vida intrauterina *por meio do Direito Penal*, desde que outros meios eficazes garantissem a redução dos casos de aborto e dos efeitos colaterais advindos do abortamento (*v.g. risco de morte da gestante*). Nem mesmo o Desembargador do Tribunal de Justiça do Rio Grande do Sul, que perfilha uma corrente francamente mais progressista, consegue vislumbrar como possível o "direito fundamental ao aborto"[119] (negritamos):

> [...] **entendemos ser difícil sustentar, no caso brasileiro, a existência de um direito fundamental ao aborto**, o que, por sua vez, não significa que a prática do aborto deva (necessariamente!) ser sancionada na esfera criminal.

Entendemos que a razão está com Paulo Gonet[120], para quem a criminalização das condutas que exterminam a vida é reclamada pela ordem constitucional. Segundo o constitucionalista, a gestante é um terceiro que não possui disposição sobre a vida do não nascido:

> A vida humana – como valor central do ordenamento jurídico e pressuposto existencial dos demais direitos fundamentais, além de base material do próprio conceito de dignidade humana – impõe **medidas radicais para a sua proteção**. Não havendo outro meio eficiente para protegê-la, a providência de *ultima ratio* da tipificação penal se torna inescapável. Não havendo outra forma de se atender com eficácia à exigência de proteção ao direito à vida, ordenada aos poderes públicos, deverá o legislador lançar mão dos instrumentos do direito penal. Assim, nos casos em que a vida se vê mais suscetível de ser agredida, não será de surpreender que, para defendê-la, o Estado se

[119] SARLET, Ingo Wolfgang MARINONI, Luiz Guilherme e MITIDIERO, Daniel. Curso de Direito Constitucional, 2015. 4ª Edição. São Paulo: Editora Saraiva. p. 413.

[120] MENDES, Gilmar Ferreira. COELHO, Inocêncio Mártires. BRANCO, Paulo Gustavo Gonet. *Curso de Direito Constitucional*, 5ª Edição. São Paulo: Saraiva, 2010. p. 448.

valha de medidas que atingem a liberdade de outros sujeitos de direitos fundamentais. **Justifica-se, então, que se incrimine o homicídio**, mesmo que o próprio legislador contemple circunstâncias que devem ser consideradas com vistas a modular a aplicação da lei penal. **Justifica-se, da mesma forma, que se incrimine o aborto, como medida indispensável para a proteção da vida humana intrauterina**. A incriminação da conduta não apenas se presta para reprimir o comportamento contrário ao valor central da vida para o ordenamento jurídico, como, igualmente, contribui para que se torne nítida a antijuridicidade do comportamento vedado. A inequívoca e grave rejeição do aborto pela legislação penal deixa claro que **terceiros não têm poder de disposição sobre o ainda não nascido.**

Merece relevo o fato de que ambos os constitucionalistas, favoráveis ou não à criminalização do abortamento, são unânimes em não reconhecer a existência do fantasioso direito fundamental ao aborto. Trata-se de um imperativo lógico: o Direito nem sempre é o que gostaríamos que ele fosse. O jurista deve curvar-se à realidade. Como militante, qualquer pessoa pode ser a favor de um direito ao aborto, mas, como operador do Direito, convém perceber a realidade das coisas: o ordenamento nunca acolheu esse direito.

12.1.3. Direitos Reprodutivos versus Direito à Vida: o princípio da concordância prática e a preservação do núcleo essencial

Um *desacordo moral razoável* demanda que ambas as partes sejam ouvidas, para que se pluralize o debate. Ocorre que, no tema do abortamento, uma das partes está naturalmente emudecida. Isso gera um desequilíbrio argumentativo, porque somente um lado tem voz para reclamar a titularidade de um pretenso direito, ecoando sua pretensão em todos os recantos da sociedade. Na melhor das hipóteses, terceiros saem em socorro dos direitos do nascituro e da mulher, mas a resistência legítima ao abortamento, por parte de quem mais teria interesse em (sobre)viver, não pode ser ouvida. Daí a importância de uma *inclusão discursiva*, efetuada nessa *leitura de equilíbrio dos direitos fundamentais.*

O dilema em torno do aborto envolve necessariamente uma restrição de direitos fundamentais, total ou parcial. Se assegurarmos a pretensão do nascituro, a mulher terá seus direitos reprodutivos restringidos parcialmente. Noutra ponta, se o fiel da balança pender para a pretensão da gestante, o feto sofrerá uma restrição total do direito à vida. Nota-se que, em um simples cotejo dos direitos em jogo, a se admitir o aborto, o direito à vida, que é condição para o desfrute dos demais, é aniquilado, ao passo que os direitos reprodutivos são apenas restringidos. O mais é eliminado, o menos é restringido. O desequilíbrio é manifesto. Trabalhando-se com uma ideia de que o direito à vida é um direito preferencial, o peso argumentativo para afastá-lo haveria de ser maior. No caso em apreço, a colisão demonstra que o abortamento atingiria de maneira irreversível o núcleo essencial do direito restringido, traduzindo um *sacrifício*.

Na Teoria Geral dos Direitos Fundamentais, colhemos o magistério de Inocêncio Mártires Coelho[121], para quem o princípio da concordância prática consiste "*numa*

[121] MENDES, Gilmar Ferreira. BRANCO, Paulo Gustavo Gonet. *Curso de Direito Constitucional*. 10ª Edição Comemorativa, São Paulo: Saraiva, 2015. p. 174.

recomendação para que o aplicador das normas constitucionais, em se deparando com situações de concorrência entre bens constitucionalmente protegidos, adote a solução que otimize a ***realização de todos eles****, mas ao mesmo tempo* ***não acarrete a negação de nenhum****"*. Como tivemos oportunidade de mencionar, a ideia basilar do princípio da concordância prática é a de que o hermeneuta deve **evitar o sacrifício integral dos direitos** em choque.

Explicando com precisão cirúrgica o caráter preferencial do direito à vida, bem como a impossibilidade de uma concordância prática no caso do aborto, porquanto o direito afastado restaria sacrificado por completo, trazemos as lições de Paulo Gonet[122] (negritamos):

> Ante a superioridade do valor da vida humana, a proibição do aborto, com a tutela penal, deve subsistir, mesmo que confrontada com outros interesses, acaso acolhidos por outros direitos fundamentais.
>
> Embora a gravidez também diga respeito à esfera íntima da mulher, o embrião humano forma um ser humano distinto da mãe, com direito à vida, carente de proteção eficaz pelos poderes públicos – não importando nem mesmo o grau de saúde ou o tempo de sobrevivência que se possa prognosticar para a criança por nascer. Daí a justificação da tutela penal, impeditiva de que o problema do aborto seja reconduzido a uma singela questão de autodeterminação da mãe – qualquer que seja o estágio de desenvolvimento da gravidez. [...]
>
> Bens juridicamente relevantes podem contrapor-se à continuidade da gravidez. A solução cabível haverá de ser, contudo, a inexorável preservação da vida humana, ante a sua posição no ápice dos valores protegidos pela ordem constitucional. Veja-se que a ponderação do direito à vida com valores outros não pode jamais alcançar um equilíbrio entre eles, mediante compensações proporcionais. Isso porque, **na equação dos valores contrapostos, se o fiel da balança apontar para o interesse que pretende superar a vida intrauterina o resultado é a morte do ser contra quem se efetua a ponderação. Perde-se tudo de um dos lados da equação. Um equilíbrio entre interesses é impossível de ser obtido.**

A ponderação feita por Ingo Sarlet[123] também conduz ao mesmíssimo resultado, qual seja pela relativização dos direitos reprodutivos:

> Mesmo para quem entende que existe um direito ao aborto, é preciso considerar que, **no plano da colisão da liberdade individual da mulher com outros direitos e/ou bens jurídico-constitucionais, notadamente a vida do nascituro, tal direito não se revela absoluto.**

Não se trata de uma coincidência. Que restrição deveria ser imposta? Tolerar temporariamente a existência de um convidado indesejado ou morrer? Morrer parece exponencialmente mais gravoso que o incômodo de *tolerar a existência* de outrem. Daí porque a ponderação legislativa foi a de manter o abortamento no campo da ilicitude. De nossa parte, com a devida vênia aos insignes constitucionalistas,

[122] MENDES, Gilmar Ferreira. BRANCO, Paulo Gustavo Gonet. *Curso de Direito Constitucional.* 10ª Edição Comemorativa, São Paulo: Saraiva, 2015. p. 449.

[123] SARLET, Ingo Wolfgang MARINONI, Luiz Guilherme e MITIDIERO, Daniel. Curso de Direito Constitucional, 2015. 4ª Edição. São Paulo: Editora Saraiva. p. 413.

entendemos que sequer há colisão de direitos fundamentais a exigir o emprego da ferramenta da concordância prática. **Na realidade, o abortamento está fora do âmbito de proteção dos direitos reprodutivos.**

Com apoio nas lições de Friedrich Müller, um pintor não tem o direito de pintar um quadro no cruzamento de vias movimentadas quando invoca o direito à liberdade artística. Um músico não pode realizar improvisações de trombone, à noite, sob o argumento de que tem direito à liberdade artística. Nesses casos, não há tensão de direitos fundamentais, mas sim ***condutas alheias ao suporte fático*** da norma jusfundamental. De maneira similar, o constitucionalista português José Carlos Vieira de Andrade explica que o direito à liberdade religiosa não contempla sacrifícios humanos; o direito de locomoção não ampara o andarilho que atravessa a rua em situação de nudez; a liberdade artística não abrange a morte de um ator no palco; e o direito ao casamento não dá supedâneo à poligamia. Acrescentamos, no extenso rol doutrinário, que **os direitos reprodutivos não compreendem o direito de abortar**. Em todas essas casuísticas[124], a doutrina constitucionalista sugere **que o direito invocado jamais existiu (daí chamarmos de direito fundamental putativo), pois a norma nunca o contemplou para ser exercido dessa maneira. São situações não abarcadas pelo âmbito de incidência, o que não se confunde com a clássica colisão de direitos fundamentais, cujo deslinde demanda a aplicação da regra da concordância prática.**

12.1.4. O verdadeiro conteúdo dos direitos reprodutivos e o lema "meu corpo, minhas regras" (my body, my rules)

O corpo do nascituro não se confunde com o corpo da mãe, embora esteja inserido nele. Se realmente se tratasse do mesmo corpo, o abortamento traduziria uma amputação. Parece claro que não é disso que se cuida. Daí Paulo Gonet asseverar que *"o nascituro é um ser humano. Trata-se, indisputavelmente, de um ser vivo, distinto da mãe que o gerou, pertencente à espécie biológica do homo sapiens"*[125]. O constitucionalista Alexandre de Moraes, por sua vez, colaciona a advertência do biólogo Botella Lluziá[126]:

> Conforme adverte o biólogo Botella Lluziá, o embrião ou feto representa um ser individualizado, com uma carga genética própria, que não se confunde nem com a do pai, nem com a da mãe, sendo inexato afirmar que a vida do embrião ou do feto está englobada pela vida da mãe.

Portanto, é verdade que a mulher tem direito sobre o *próprio* corpo, mas não sobre o corpo do nascituro, que se diferencia do dela e que só foi concebido por um convite. Tomemos um exemplo: o proprietário de uma casa, localizada em um

[124] Os exemplos de Friedrich Müller e de José Carlos Vieira de Andrade são colacionados por Virgílio Afonso da Silva em *O conteúdo essencial dos direitos fundamentais e a eficácia das normas constitucionais, Revista de Direito do Estado* 4, 2006, p. 33/34).

[125] MENDES, Gilmar Ferreira. COELHO, Inocêncio Mártires. BRANCO, Paulo Gustavo Gonet. *Curso de Direito Constitucional,* 5ª Edição. São Paulo: Saraiva, 2010. p. 445.

[126] MORAES, Alexandre de. *Direito Constitucional*. - 15ª edição - São Paulo: Atlas, 2004, p. 66.

local deserto, é livre para incendiá-la. A casa é dele e está à sua disposição para ser destruída. No entanto, se esse proprietário convida um amigo para morar no interior da casa, abrigando-o confortavelmente, não lhe é dado incendiar o imóvel enquanto essa pessoa estiver no recinto. Se o fizesse, repeliria mortalmente a mesma pessoa que convidou, revelando uma contradição irracional que o Direito cunhou de ***venire contra factum proprium***, isto é, um comportamento contraditório violador da boa-fé. Um ilícito, noutras palavras. Vê-se, com uma clareza meridiana, que convidar alguém para morar no útero e banir esse alguém das próprias entranhas equivale a um *abuso de direito* que transborda da ilicitude civil para alcançar a ilicitude criminal (aborto).

12.1.4.1. Meu corpo, minhas regras: autonomia ou soberania?

Ainda que o corpo do nascituro fosse idêntico ao corpo da gestante, o abortamento não seria lícito. **O corpo não é uma propriedade privada em que o seu titular exerce soberania**. Temos autoridade sobre nosso corpo, temos autonomia sobre ele, mas definitivamente não exercemos um poder *soberano*. O ordenamento jurídico é explícito em subtrair um poder absoluto das pessoas sobre o próprio corpo, por exemplo, quando estipula que *"É vedado à gestante dispor de tecidos, órgãos ou partes de seu corpo vivo, exceto quando se tratar de doação de tecido para ser utilizado em transplante de medula óssea e o ato não oferecer risco à sua saúde ou ao feto."* (art. 9º, § 7º). O dispositivo legal proíbe a gestante de dispor até mesmo de partes do ***seu*** corpo, revelando insofismavelmente que a cosmovisão de Stuart Mill não encontra guarida na ordem constitucional em vigor. O direito ao próprio corpo, assim como todos os outros, não é um direito absoluto, o que se comprova pela impossibilidade de comércio do próprio sangue[127] ou de locar o próprio ventre (*barriga de aluguel*). Em suma, para além da dignidade humana como autonomia, uma Hermenêutica de Equilíbrio deve prestigiar a dignidade humana como heteronomia.

Nas palavras da Promotora de Justiça Eliana Vendramini, membro do Ministério Público de São Paulo, referindo-se ao tráfico de órgãos, tecidos e partes do corpo humano, *"**corpos não são propriedade privada**"*[128]. Para alguns, o tema abortamento tem poder de devolver o Direito Constitucional para o final do século XVIII, quando a propriedade era tida como um direito absoluto, numa concepção individualista. Algumas pessoas olham para o próprio corpo com os mesmos olhos com que os barões olhavam para as suas terras, vale dizer, como se tivessem sobre elas um direito sagrado e sem qualquer função social. A gestante que pretende exterminar a vida alojada nas suas entranhas, a pretexto de exercer um direito absoluto sobre o próprio corpo, comporta-se como o proprietário que pretendia exercer o direito de propriedade até o infinito, erigindo espetos para furar os balões que sobrevoassem a coluna de espaço aéreo sobrejacente. Em suma, a ideia subjacente ao lema *my body, my rules* (meu corpo, minhas regras) remonta a um momento egoístico do constitucionalismo, que não acomodava nenhum solidarismo para com o outro.

---

[127] Art. 199, § 4º, CF/88 – A lei disporá sobre as condições e os requisitos que facilitem a remoção de órgãos, tecidos e substâncias humanas para fins de transplante, pesquisa e tratamento, bem como a coleta, processamento e transfusão de sangue e seus derivados, **sendo vedado todo tipo de comercialização** (negritamos).

[128] Disponível em: *http://www.bbc.com/portuguese/noticias/2014/06/140602_ministerio_publico_svo_usp_orgaos_rs*

Vive-se em um Estado Democrático de Direito (e Deveres), não em um Estado Liberal clássico. Quer se trate de homens ou de mulheres, ambos não podem fazer com o próprio corpo o que lhes aprouver.

12.1.4.2. Direitos Reprodutivos

É importante fixar o significado da expressão *direitos reprodutivos*. Qual o conteúdo e o alcance desses direitos? Os direitos reprodutivos são **direitos humanos** e possuem duas dimensões complementares, como duas faces de uma mesma moeda[129]:

a) **o livre exercício da sexualidade e da reprodução, abrangendo o controle sobre a fecundidade (dimensão negativa):** o Estado e a sociedade não devem interferir na liberdade sexual, no número de filhos, no intervalo entre os filhos etc.

b) **direito à saúde e à educação, ambos na área sexual e reprodutiva (dimensão positiva):** o Estado deve assegurar, por meio de políticas públicas, informações, meios e recursos para um desempenho qualitativo da sexualidade e da reprodução.

No campo da proteção internacional dos Direitos Humanos, somente a *Convenção sobre a Eliminação de Todas as Formas de Discriminação Contra as Mulheres* (1979) tratou do tema, no art. 12:

> § 1. Os Estados Membros adotarão todas as medidas apropriadas para eliminar a discriminação contra a mulher na esfera dos cuidados médicos, a fim de assegurar, em condições de igualdade entre homens e mulheres, o acesso a serviços médicos, inclusive referentes ao planejamento familiar.
>
> § 2. Sem prejuízo do disposto no parágrafo 1º, os Estados Membros garantirão à mulher assistência apropriada em relação à gravidez, ao parto e ao período posterior ao parto, proporcionando assistência gratuita quando assim for necessário, e lhe assegurarão uma nutrição adequada durante a gravidez e a lactação.

Juridicamente, é tudo o que se tem. Na tentativa de enriquecer o conteúdo dos direitos reprodutivos, duas declarações foram elaboradas: o Plano de Ação da Conferência sobre População e Desenvolvimento do Cairo, de 1994, e a Declaração e Plataforma de Ação de Pequim, de 1995, nenhuma delas com o *status* de tratado internacional, mas com um significado simbólico interpretativo.

Pois bem.

À luz do arcabouço normativo mencionado, é possível extrair um direito ao descarte da vida intrauterina? Estamos convencidos de que não. Em apreço aos seus direitos reprodutivos, a mulher tem à sua disposição uma gama diversificada de técnicas anticoncepcionais, dentre elas preservativos, pílulas, dispositivo intrauterino (DIU), coito interrompido, método *Ogino-Knaus,* e até processos químicos etc.[130].

[129] PIOVESAN, Flavia. *Direitos Reprodutivos como Direitos Humanos.* Disponível em: [http://siteantigo.mppe.mp.br/uploads/p1KdxlSyl758jG-2x2XOxQ/oQBSFV2tIXvW3yLQu7NdnQ/Artigo_-_Direitos_reprodutivos_como_direitos_humanos_-_Flv.doc].

[130] KRYMCHANTOWSKI, Abouch V. CALHAU, Lélio Braga. ANCILLOTTI, Roger. DOUGLAS, William. Coordenação de Rogério Greco. *Medicina Legal* à Luz do Direito Penal e do Direito Processual Penal. 11ª Edição. Rio de Janeiro: Impetus, 2013. p. 206.

Com um acervo tão rico à sua disposição, gratuitamente, como, aliás, é dever do Estado, não há chamar alguém à existência e, depois, contradizer-se, para expelir fatalmente o convidado (*venire contra factum proprium*).

Na sua dimensão negativa, os direitos reprodutivos sujeitam-se à preclusão lógica. No livre exercício da sua fecundidade, a mulher opta se deseja exercer ou não o seu direito de engravidar, no momento e na forma que lhe aprouver. Feita essa escolha, os direitos reprodutivos foram exercidos e se consumaram[131]. A partir de então, se o abortamento estivesse abrangido pela sua autodeterminação, a rubrica deveria ser direitos *destrutivos*, e não direitos *reprodutivos*. Como o próprio nome revela, os direitos reprodutivos estão ligados à ideia de reprodução, isto é, de multiplicar, de procriar, de gerar, de construir, não de eliminar, aniquilar ou destruir.

Um exemplo do raciocínio lógico pode ser extraído do processo penal. O Ministério Público tem o direito de recorrer. Uma vez interposto o recurso, não tem o direito de desistir dele. Nem por isso se diz que a impossibilidade de desistência fere o seu direito de recorrer. Semelhantemente, a mulher tem o direito de engravidar (direitos reprodutivos). Uma vez grávida, não tem o direito de desistir. Da mesma forma, isso não fere o seu direito de engravidar (direitos reprodutivos). O fato de o Ministério Público não ser detentor do direito de desistir dos recursos, voluntariamente interpostos, não prejudica em nada o seu direito de recorrer, tanto quanto a impossibilidade de a mulher desistir da gravidez, que espontaneamente providenciou, não interfere absolutamente no seu direito de engravidar (ou seja, nos seus direitos reprodutivos). Em suma: a proibição de eliminar a vida intrauterina não prejudica a liberdade de engravidar, isto é, de exercer seus direitos reprodutivos, posto que já fruiu do exercício desse direito em momento anterior.

12.1.5. Da gênese da vida: um conceito lógico-jurídico, e não jurídico-positivo

No Direito Constitucional brasileiro, não há uma simetria perfeita entre o início da vida e o seu fim. O fim do ser humano é indicado pela Lei nº 9.434/97 como a morte encefálica. Sendo assim, de maneira precipitada, muitos cometem o equívoco de efetuar uma leitura *a contrario sensu* da norma, para concluir que a gênese da vida é a formação do sistema nervoso central. Isso porque, se a morte é quando se tem por interrompida a atividade cerebral, não haveria vida antes de iniciada essa atividade. O primeiro erro técnico é que essa interpretação é inconvencional, ou seja, violadora da Convenção Americana de Direitos Humanos, de envergadura *supralegal*, que estipula ser a vida protegida em momento bem anterior: desde a concepção (art. 4º.1). Logo, não há como extrair um conceito legal, *a contrario sensu*, que conspurque norma hierarquicamente superior. Demais disso, o segundo erro consiste em interpretar a Constituição Federal a partir de conceitos trazidos por uma lei infraconstitucional. Uma

[131] Após a gravidez, só faz sentido falar em direitos reprodutivos na dimensão positiva, vale dizer, nas políticas públicas de assistência apropriada em relação à gravidez, ao parto e ao período posterior ao parto, proporcionando assistência gratuita quando assim for necessário, que lhe assegurarão uma nutrição adequada durante a gravidez e a lactação, na forma do art. 12, § 2º, da Convenção onusiana. Bem se vê, o espírito do referido Tratado de Direitos Humanos remete à vida (e não à morte), ao falar cronologicamente de gravidez, nutrição, parto e lactação. A lógica da convenção aludida é a vida digna da mãe e do filho.

das lições mais elementares da hermenêutica constitucional é aquela pela qual a lei não tem poderes para alterar conceitos estipulados na Carta Magna, porquanto equivaleria a uma reforma constitucional escamoteada, levada a efeito por (man)obra ilegítima do legislador. Este não pode alterar conceitos constitucionais. Pergunta-se: em 05 de outubro de 1988, por ocasião da promulgação da Constituição, ao positivar a inviolabilidade do direito à vida, a intenção do constituinte foi desabrigar fetos com o sistema nervoso em formação? É o que se alcançaria à luz do princípio da máxima efetividade das normas constitucionais? Tal exegese restritiva implicaria aplicar a Constituição conforme a lei, e não a lei consoante a Constituição. A se admitir que conceitos constitucionais sejam modificados por definições legais, o legislador receberia um cheque em branco para, arbitrariamente, alterar o significado de conceitos protegidos pelo constituinte, ao seu alvedrio. A questão que se nos apresenta é: o legislador poderia, ao seu talante, fixar a gênese da vida como a partir da concepção, da nidação, da formação do córtex cerebral ou do nascimento?[132] Os congressistas foram presenteados pela Constituição com essa liberdade? Essa anarquia conceitual investiria parlamentares de um poder desmedido, para além do bem e do mal. Bastaria que invertessem, por intermédio da lei, a definição do que é dia e do que é noite, para virar de ponta cabeça a inviolabilidade de domicílio constitucionalmente assegurada (art. 5º, XI, CF/88). Como se vê, um conceito legal não pode alterar o significado de palavras constitucionais para desvirtuá-las daquilo que semanticamente se espera, com mais razão não poderá fazê-lo uma ilação *a contrario sensu* da definição *infraconstitucional* de morte enfálica. A vida é um conceito lógico-jurídico, e não jurídico-positivo. Sua validade é delineada pela ciência, não pelo Direito. Definitivamente, a Lei nº 9.434/97 está muito aquém do necessário para fornecer com segurança quando se tem por vivo o ser humano[133].

Paulo Gonet é contundente[134]: "o direito à vida tem na fecundação o seu termo inicial e na morte o seu termo final.". Segundo o publicista, a lei infraconstitucional é inidônea para fixar arbitrariamente o momento inicial da vida. Ademais, para

---

[132] Na opinião médica de Genival Veloso de França, "*se a vida humana se inicia na fecundação, na nidação, na formação do córtex cerebral ou até após o nascimento, é mais uma questão de interesses apenas de princípios. A definição de início da vida humana não pode ter como explicação tão somente fundamentos técnicos ou estágios embriológicos, pois o ser humano tem um valor integral. Ele é detentor de uma dignidade própria e não se submete a critérios avaliativos dessa ou daquela ordem, senão ao seu próprio valor. Tem ele um patrimônio moral que aponta seu destino e determina sua dignidade. A defesa e a proteção da pessoa humana, na dimensão que se espera dos direitos humanos, exige, no mesmo sentido e nos mesmos valores, o reconhecimento de todos aqueles que se encontram em qualquer estágio de vida, inclusive no estado embrionário*". (FRANÇA, Genival Veloso de. *Medicina Legal*. 10ª Edição. Rio de Janeiro: GEN Guanabara Koogan, 2015. p. 321).

[133] No mesmo sentido aqui defendido, isto é, o de que a Constituição não pode ser lida a partir de leis infraconstitucionais que restrinjam arbitrariamente o momento da gênese da vida, confira-se a opinião abalizada de Paulo Gonet, em obra escrita, à época, com Gilmar Ferreira Mendes e Inocêncio Mártires Coelho (negritamos): "*Onde, pois, houver um ser humano, há aí um indivíduo com o direito de viver,* ***mesmo que o ordenamento jurídico não se dê ao trabalho de o proclamar explicitamente****. [...] Não se há de condicionar o direito à vida a que se atinja determinada fase de desenvolvimento orgânico do ser humano.* ***Tampouco cabe subordinar esse direito fundamental a opções do legislador infraconstitucional*** *sobre atribuição de personalidade jurídica para atos da vida civil.* ***O direito à vida não pode ter o seu núcleo essencial apequenado pelo legislador infraconstitucional – e é essa a consequência constitucionalmente inadequada que se produziria se se partisse para interpretar a Constituição segundo a legislação ordinária, máxime quando esta não se mostrar tão ampla como exige o integral respeito do direito à vida.*** *Havendo vida humana, não importa em que etapa de desenvolvimento* ***e não importa o que o legislador infraconstitucional dispõe sobre personalidade jurídica****, há o direito à vida.*". (MENDES, Gilmar Ferreira. COELHO, Inocêncio Mártires. BRANCO, Paulo Gustavo Gonet. *Curso de Direito Constitucional*, 5ª Edição. São Paulo: Saraiva, 2010. p. 444).

[134] MENDES, Gilmar Ferreira. COELHO, Inocêncio Mártires. BRANCO, Paulo Gustavo Gonet. *Curso de Direito Constitucional*, 5ª Edição. São Paulo: Saraiva, 2010. p. 446.

ele, avilta a dignidade humana e o princípio da isonomia sonegar dos nascituros o direito fundamental mais primevo. Igualmente reconhecendo a ilegitimidade da lei infraconstitucional para indicar, com precisão, a gênese da vida, o constitucionalista Alexandre de Moraes busca subsídios científicos na biologia, para compreender que este momento corresponde à nidação (negritamos)[135]:

> **O início da mais preciosa garantia individual deverá ser dado pelo biólogo,** cabendo ao jurista, tão-somente, dar-lhe o enquadramento legal, pois **do ponto de vista biológico a vida se inicia com a fecundação do óvulo pelo espermatozoide, resultando um ovo ou zigoto. Assim, a vida viável começa com a nidação,** quando se inicia a gravidez. [...] **A constituição**, é importante ressaltar, **protege a vida de forma geral, inclusive uterina.**

Não há paralelismo entre a vida e a morte, juridicamente. Entendemos que a gênese da vida tem início com a *nidação*.

Ao fim e ao cabo, urge lembrar que argumentos religiosos ou morais não podem ser utilizados para solucionar questões jurídicas, considerando a laicidade do Estado e o princípio das razões públicas. Por outro lado, é um erro crasso supor que somente pessoas religiosas e moralistas são contra o abortamento de seres humanos. Para ser politicamente desfavorável ao abortamento, basta ter apreço pela vida. Ateus podem ser contrários a essa prática.[136]

12.1.6. Aspectos processuais e de mérito

O tema em apreço é de domínio obrigatório por parte de membros do Ministério Público brasileiro, não apenas em razão das causas criminais, mas, sobretudo, das **causas cíveis enfrentadas no âmbito da jurisdição voluntária**[137], quando o *parquet* será instado a exarar um parecer acerca da possibilidade de expedição de um alvará[138]. Engana-se quem supõe que a decisão do STF, na ADPF 54, colocou uma

---

[135] MORAES, Alexandre de. Direito Constitucional. – 15ª edição – São Paulo: Atlas, 2004, p. 66.

[136] Embora não seja comum, o autor que vos escreve, durante os anos de faculdade, estudou com um jovem socialista, ateu, militante do ateísmo e do socialismo, que se posicionava publicamente contra o abortamento. Sem jamais invocar argumentos conservadores, seus debates eram permeados por um substancial apreço pela vida. Também conhecemos juristas mulheres, constitucionalistas, ativistas dos direitos humanos, que se colocam contra a prática do abortamento e a favor da sua criminalização. Segundo elas, ao repudiar o abortamento, seu repúdio constitui uma defesa do ser humano em formação, portanto, uma defesa humanitária e solidária. Em um Estado de Direito fundado no pluralismo político (art. 1º, V, CF/88), a sociedade deve ser mesmo plural.

[137] No Novo Código de Processo Civil, as autorizações de abortamento terapêutico continuam submetidas ao procedimento de jurisdição voluntária, em face da inexistência de previsão especial. Nesse sentido, MARINONI Luiz Guilherme; ARENHART, Sérgio Cruz; MITIDIERO, Daniel. Novo Curso de Processo Civil, Volume 2. São Paulo: Revista dos Tribunais, 2015. p. 141.

[138] Embora seja cada vez mais comum deparar-se com ações cujo objeto é a expedição de alvará para abortar, há respeitáveis posicionamentos em sentido contrário, em razão da *natureza jurídica* da norma penal (escusa absolutória). Esta é a opinião, por exemplo, da Promotora de Justiça Maria José Miranda Pereira: "Convém esclarecer que, juridicamente, o aborto diretamente provocado é crime. Ainda que ele seja praticado *sob o pretexto* de salvar a vida da gestante (art. 128, I, CP) ou para condenar à morte o filho de um autor de estupro (art. 128, II, CP), segue sendo ilícito. O que o Código Penal diz é tão-somente que, nesses dois casos, o aborto "*não se pune*". As causas de não-aplicação da pena ao autor de um crime recebem o nome de "escusas absolutórias". Elas não tornam o ato lícito, apenas excluem sua punição. Outros exemplos de escusas absolutórias: furto praticado pelo filho contra o pai (art. 181, CP), favorecimento pessoal de criminoso praticado por seu irmão (art. 348, § 2º, CP). Este assunto é explanado de maneira magistral por Walter Moraes em seu artigo O *problema da autorização judicial para o aborto (RJTJESP*, vol. 99, ano 20, março-abril 1986, p. 19-30). Ora, se o aborto (com ou sem

pá de cal nas ações que postulam a expedição de alvará judicial para a "interrupção terapêutica da gravidez". De fato, quando diante da **anencefalia** ou das hipóteses autorizadas pelo Código Penal (abortamento sentimental e terapêutico), falecerá à promovente *interesse de agir*, posto que, independentemente de autorização judicial, é direito subjetivo da gestante, desde que comprove inequivocamente sua condição, submeter-se ao procedimento médico. Sucede que o caso submetido em juízo pode trazer consigo, apesar da sua nitidez, uma ***recusa médica infundada***[139]. Noutra ponta, é possível que paire sobre ele uma ***fundada dúvida*** quanto ao risco de morte da gestante, quanto à existência do estupro ou mesmo quanto à anencefalia, **condição sem a qual não concorrerá a condição do interesse de agir**. Em outros casos, por vezes, a situação submetida em juízo versa sobre hipótese sobremodo *aproximada* da anencefalia, mas que com ela não se confunde. Figure-se, por exemplo, um feto que padece de **exencefalia**. Tratamos do tema em um trabalho elaborado para a Revista do Ministério Público do Rio Grande do Sul[140]:

> Durante a época em que o articulista que vos escreve foi Defensor Público, uma senhora grávida procurou orientação jurídica, apavorada e aos prantos, porque carregava no ventre um filho cujo cérebro se desenvolvia do lado de fora da calota craniana. O contato do cérebro com o líquido amniótico gerava uma atrofia cerebral, de modo que a criança morreria durante a gravidez ou poucas horas após o nascimento. A este quadro severo, os médicos convencionaram chamar de exencefalia. Ambos, marido e esposa, desejavam promover a antecipação terapêutica do parto, vale dizer, o abortamento do feto com má formação.
>
> O STF, na ADPF 54, admitiu que a anencefalia era mais uma exceção lícita ao crime do abortamento, para além daquelas previstas no Código Penal. Sabendo-se que a exencefalia não se confunde com a anencefalia, embora aquela possa conduzir a esta, pergunta-se: também os fetos exencefálicos podem ser abortados licitamente? A norma penal incriminadora acomodaria mais essa exceção implícita? O silêncio do legislador que elaborou o Código Penal não teria sido eloquente? Será mesmo que o elaborador da norma *dixit minus quam voluit*? A questão é dramática e sobremodo perigosa. A banalização das exceções pode conduzir ao abortamento eugênico, algo repudiado pelo princípio da dignidade humana.

Se a exencefalia apresenta semelhanças com a anencefalia, o mesmo não se pode dizer no que concerne à **microcefalia**. Nesse caso, há cérebro e vida extrauterina viável. Inúmeros outros casos distintos da anencefalia foram submetidos ao Judiciário, dentre

pena) é crime, não se pode pedir a um juiz a autorização para praticá-lo. Faria sentido um alvará judicial para um filho furtar algo do pai, ou para uma mãe ocultar seu filho delinqüente da polícia?" (PEREIRA, Maria José Miranda. *Aborto*. Consulex, Ano VIII, n.º 176, p. 37).

139 A **resolução 1989/2012, do Conselho Federal de Medicina, dispõe sobre o diagnóstico de anencefalia**, norma cuja leitura é imprescindível antes de qualquer manifestação ministerial sobre o tema. No seu artigo 2º, dispõe: "Art. 2º O diagnóstico de anencefalia é feito por exame ultrassonográfico realizado a partir da 12ª (décima segunda) semana de gestação e deve conter: I – duas fotografias, identificadas e datadas: uma com a face do feto em posição sagital; a outra, com a visualização do polo cefálico no corte transversal, demonstrando a ausência da calota craniana e de parênquima cerebral identificável; II – **laudo assinado por dois médicos**, capacitados para tal diagnóstico" (negritamos). É possível, por exemplo, que somente um médico da comarca concorde em assinar o diagnóstico. Em tese, também pode ocorrer de um médico subscrever o laudo em caráter particular, gerando a desconfiança e recusa do médico do SUS. Todas essas situações consubstanciam recusas a serem dirimidas na via judicial, portanto verifica-se o *interesse de agir*.

140 FONTELES, Samuel Sales. *O Dilema do Ministério Público diante da Derrotabilidade das Regras (defeasibility)*. Revista do Ministério Público do Rio Grande do Sul. Porto Alegre. Nº 79, jan./abr. 2016, p. 55/84.

eles, a síndrome de Edwards, holoprosencefalia, osteogênese imperfeita e até mesmo gêmeos xifópagos. O risco de abortamento eugênico é incalculável. Neste contexto, é absolutamente pertinente transcrever as palavras da Juíza da Corte Constitucional da Colômbia, Cristina Pardo, para quem "*a ideia de que um feto com anomalias é um fardo para os pais sofrerem é o resultado da discriminação social contra pessoas com deficiência, que não só ataca a dignidade das pessoas com deficiência, mas também ataca a Constituição e os seus princípios.*"[141].

Bem colocada a questão, **é hora de sistematizar o assunto:** não se pode dizer que há uma posição institucional do Ministério Público, de maneira definida, sobre o debate em torno do aborto, que resvala no que se tem convencionado chamar de *desacordo moral*. Vozes autorizadas se posicionaram pela proteção intransigente do direito à vida intrauterina, a exemplo de Cláudio Lemos Fonteles e Antonio Fernando Barros e Silva de Souza, membros que já ocuparam o cargo de Procurador-Geral da República. Este também é o caso da valorosa Promotora de Justiça Maria José Miranda Pereira (MPDFT). Diversamente, Deborah Macedo Duprat de Brito Pereira, também na condição de Procuradora-Geral da República, exarou parecer favorável ao abortamento de fetos anencéfalos, lastreada nos direitos reprodutivos da mulher[142]. Ainda que houvesse uma posição unânime no Ministério Público sobre esse tema tão controverso, à luz da independência funcional, os membros do *parquet* continuariam livres para uma manifestação conforme os ditames de suas consciências *jurídicas*. Todavia, essa liberdade não deve ser desvirtuada como um cheque em branco para que atuem ao arrepio da lei que juraram (fazer) cumprir.

Como fiel guardião da *ordem jurídica*, cabe ao *representante* do Ministério Público fazer valer **o ordenamento jurídico em vigor**, tal como democraticamente elaborado, não devendo aventurar-se na tentativa de corrigi-lo para adequá-lo ao seu sentimento pessoal ideológico[143]. Lembramos, pois, do **princípio das razões públicas** (John Rawls). Ou seja, mesmo que o promotor de justiça ou procurador da república carregue consigo a ideologia de que o aborto não deveria ser criminalizado, o fato é que o foi. Bem ou mal, doa a quem doer, no Brasil, em regra, o aborto é crime. Para autores como Ingo Sarlet, nada impediria a sua descriminalização, não obstante, a conduta atualmente está tipificada, realidade perante a qual todos devem se curvar. Logo, guardando-se fidelidade à lei, a regra é que, na jurisdição voluntária, o parecer ministerial seja desfavorável à pretensão de eliminar a vida intrauterina, seja pela *impossibilidade jurídica do pedido* (*v.g.* abortamentos eugênicos ou sociais), seja

---

141 Tradução livre. No original: "*...the idea that a foetus with abnormalities is a burden for the parents to suffer is the result of social discrimination against people with disabilities, which not only attacks the dignity of those with disabilities, but also attacks the Constitution and its principles*". Disponível em: [https://thebogotapost.com/2018/10/18/colombias-constitutional-court-rejects--time-limits-on-abortion/].

142 ADPF 54.

143 No passado, em um momento de autocontenção, o Superior Tribunal de Justiça já assinalou: "*3. A legislação penal e a própria Constituição Federal, como é sabido e consabido, tutelam a vida como bem maior a ser preservado. As hipóteses em que se admite atentar contra ela estão elencadas de modo restrito, inadmitindo-se interpretação extensiva, tampouco analogia in malam partem. Há de prevalecer, nesses casos, o princípio da reserva legal. 4. O Legislador eximiu-se de incluir no rol das hipóteses autorizativas do aborto, previstas no art. 128 do Código Penal, o caso descrito nos presentes autos. O máximo que podem fazer os defensores da conduta proposta é lamentar a omissão, mas nunca exigir do Magistrado, intérprete da Lei, que se lhe acrescente mais uma hipótese que fora excluída de forma propositada pelo Legislador*" (HC 32.159/RJ, j. em 22/03/2004).

porque, a despeito de amoldar-se às exceções legais, falece ao postulante o *interesse de agir* (afinal, como regra, as hipóteses autorizadas pelo ordenamento dispensam autorização judicial). Sobrevindo *fundada dúvida* quanto ao caso concreto ou, conquanto nítida, diante de *infundada recusa médica*, cabe ao Ministério Público aderir à pretensão deduzida, quando inequivocamente lastreada nas hipóteses do Código Penal ou na exata situação da ADPF 54 (não em hipóteses aproximadas, como é o caso da exencefalia[144]).

Cabe uma alerta: a depender do caso concreto, a recusa médica pode ser fundada na objeção de consciência, algo muito comum em nosocômios católicos. Nesse caso, não se pode compelir uma instituição hospitalar religiosa a vilipendiar seu credo institucional, devendo, pois, a ordem ser cumprida em uma instituição pública ou privada que aceite realizar o procedimento médico. A decisão da mulher é pessoal e de foro íntimo, não podendo ser estendida para terceiros que não comungam da sua cosmovisão. A laicidade do Estado impõe o respeito a todos os credos, devendo ser reputada como legítima essa abstenção hospitalar. Portanto, em apreço à didática e à clareza, repetimos: estará presente o interesse de agir diante de *fundada dúvida* quanto ao caso concreto ou, conquanto nítida, diante de *infundada recusa médica*, cabendo ao Ministério Público aderir à pretensão deduzida se inequivocamente lastreada nas hipóteses do Código Penal ou na exata situação da ADPF 54. Fora dessas hipóteses, o parecer ministerial favorável será *contra legem* e, portanto, desaconselhável (para não dizer juridicamente equivocado). Todo cuidado é pouco, porque, em alguns casos, não é dado ao membro do Ministério Público o direito *humano* de errar. Quando o assunto é aborto, não se admitem erros.

Quanto ao **juízo competente** para a expedição do alvará de interrupção da gravidez, a matéria dependerá da organização judiciária regional, mas o tecnicamente correto é que a competência seja da **vara criminal**[145], porque a questão posta em juízo necessariamente envolverá a análise de excludentes legais ou supralegais de ilicitude.

12.2. "Direito fundamental ao suicídio"

Contrariando os instintos humanos mais primitivos, viver e sobreviver, algumas pessoas tentam se tornar assassinas de si mesmas. O suicida é a vítima e seu algoz encarnados em um só corpo. A Organização Mundial da Saúde estima que 788.000

[144] Quando o autor que vos escreve atuava como Defensor Público, postulou judicialmente a expedição de alvará judicial para a realização de abortamento em caso de *exencefalia*. Por que, então, haveria de sustentar o contrário nesta obra? A resposta é simples. O Defensor Público patrocina, em juízo ou fora dele, *os interesses* dos economicamente desvalidos. É certo que pretensões manifestamente infundadas não obrigam um Defensor Público a postular, mormente em face da sua independência funcional, mas a regra é que envide todos os esforços técnicos para atender aos anseios do seu assistido, comportamento este que revela exatamente a sua qualidade na assistência jurídica. Cuida-se de uma atuação *eminentemente parcial*. Ao contrário, como já ressaltamos, o Ministério Público, à semelhança dos Juízes, deve atuar com *imparcialidade* na busca pela resposta fornecida pelo ordenamento jurídico. É essa distinção que justifica a posição ora sustentada nestes escritos, diametralmente oposta àquela levada a cabo nos saudosos anos vivenciados na Defensoria Pública. Também não vem ao caso explicitar, mas o autor que vos escreve é cristão e, como regra, pessoalmente contrário ao aborto. Nem por isso, absteve-se de ingressar com o pedido de expedição do alvará para a antecipação terapêutica do parto, afinal, repete-se à exaustão, em um Estado Laico, a atuação dos agentes públicos (e nisso incluímos os membros da Defensoria) deve ser marcada pela laicidade. Ideologias pessoais não devem influenciar atuações funcionais, como bem lembrado por John Rawls no seu princípio das razões públicas.

[145] Assim o é, por exemplo, no TJ/GO e no TJ/MS.

(setecentos e oitenta e oito mil) pessoas cometeram suicídio no ano de 2015[146]. Aproximadamente, é como se, a cada 40 (quarenta) segundos, uma pessoa cometesse suicídio em algum lugar do mundo. Os números revelam que *a morte é objeto de desejo* para milhares de pessoas no planeta. Ora, como é próprio do ser humano confundir seus desejos com direitos, nos dias atuais, alguns se julgam portadores do direito de eliminar-se. Mais do que isso, reputam ser esse "direito" de índole *fundamental*.

Obrigatório, parece óbvio que o suicídio não é e jamais será. Proibido já o foi, a exemplo da Inglaterra, que criminalizou esta conduta até o ano de 1961[147]. No entanto, seria o suicídio, atualmente, uma conduta *permitida*? Ou *impunível*? O direito à vida inclui o direito à morte?[148]

Uma fração de constitucionalistas sustenta que o suicídio seria um direito individual, pois a cada qual seria conferido o direito de exercitar seu livre-arbítrio. O equívoco desta concepção é tratar uma exceção como regra. Reputa-se suicídio a "deserção *voluntária* da própria vida", consoante se extrai do Manual de Medicina Legal de Delton Croce e Delton Croce Júnior[149]. Como é sabido e consabido, voluntariedade não se confunde com vontade livre. *Não há vontade livre* quando se está sujeito a um transtorno mental que deforma a realidade. Nesse caso, a decisão é manipulada pela doença, porque o ímpeto suicida é, na maioria das vezes[150], proveniente de uma enfermidade psíquica. Na imensa generalidade dos casos, o pretenso suicida padece de depressão, transtorno bipolar, alcoolismo, esquizofrenia, transtorno de personalidade ou se revela dependente químico. Essa tem sido a posição adotada pela Associação Brasileira de Psiquiatria (ABP)[151]:

> Os suicidas estão passando quase invariavelmente por uma doença mental que altera, de forma radical, a sua percepção da realidade e interfere em seu livre arbítrio. O tratamento eficaz da doença mental é o pilar mais importante da prevenção do suicídio. Após o tratamento da doença mental o desejo de se matar desaparece.

---

146 *The Bold New Fight to Eradicate Suicide*, The Guardian, 01.08.2017.

147 A propósito, é por isso (o fato de já ter sido crime) que até hoje ainda empregamos o verbo *cometer* para designar o comportamento daquele que atentou contra si (*The Bold New Fight to Eradicate Suicide*, The Guardian, 01.08.2017).

148 O saudoso jurista Pontes de Miranda já ensinava que não: "*Direito à vida sem direito à morte. Pensou-se que o direito à vida implicava direito à morte. O homem, se tem direito de viver, tem direito de morrer. A sociedade não teria interesse a pregar à vida que não na quer O suicídio seria saída voluntária do círculo social. O sofisma ressalta. A todo direito corresponde dever, mas dever de outrem; a toda pretensão corresponde obrigação, mas obrigação de outrem; a toda ação, ou toda exceção, a posição passiva de outrem. Se o sujeito passivo é total, o próprio titular está incluído, no que se possa evitar a confusão. Não há como se tirar do direito de viver o direito de morrer. Se houvesse tal direito, não se puniria a ajuda ao suicídio, nem se reputariam não contrários a direito os atos tendentes a se impedir o suicídio, nem se daria a algumas pessoas, e.g., a quem tem a guarda do incapaz, o dever de impedi-lo*". (MIRANDA, Pontes de. *Tratado de Direito Privado*, Campinas: Bookseller, 2000. p. 41/42).

149 CROCE, Delton. CROCE JÚNIOR, Delton. *Manual de Medicina Legal*. 8ª Edição. São Paulo: Saraiva, 2012. p. 454.

150 Estudos em populações gerais (N=15.629) indicam que, em um dado universo de suicidas, 35,8% apresentaram transtorno de humor; 22,4% padeciam de transtorno por uso de substância psicoativa; 10,6% eram esquizofrênicos; 11,6% sofriam de transtorno de personalidade; 6,1% vivenciavam transtornos de ansiedade; 3,6% foram diagnosticados com transtorno de ajustamento, 1% com transtorno orgânico mental e 0,3% possuíam outros transtornos psicóticos. (*Suicídio: informando para prevenir* – Associação Brasileira de Psiquiatria, Comissão de Estudos e Prevenção de Suicídio. Brasília: CFM/ABP, 2014. p. 17).

151 *Suicídio: informando para prevenir* – Associação Brasileira de Psiquiatria, Comissão de Estudos e Prevenção de Suicídio. Brasília: CFM/ABP, 2014. p. 13.

Em um profícuo estudo acerca do estado mental dos suicidas, Delton Croce e Delton Croce Júnior[152] nos apresentam a compreensão da Escola Psiquiátrica (negritamos):

> A escola psiquiátrica ou biológica entende que o indivíduo que atenta contra a própria vida não tem perfeita saúde mental, sendo o suicida alienado ou anormal psíquico, argumentando que, **se não há psicose aparente antes do ato, existe sempre um estado psicopático ao menos no momento em que o pratica**, posto que raramente se observa uma autodestruição em condições racionais e por motivos decididamente válidos. Seria, então, o suicídio precipitado por um *estado de depressão* que assume a forma de fantasias sádicas e produz a internalização de impulsos agressivos, que não conseguem se externalizar, representando o resultado morte o reflexo de uma interação entre certas contingências pessoais e sociais, *verbi gratia*, uma intensa tensão interior com pequena estimulação social ou vice-versa. Não se trata necessariamente de indivíduos sempre deprimidos, podendo ser apenas infelizes acometidos de uma reação psicogênica a dificuldades ambientais ou à situação negativa em que se encontram.

A se adotar a corrente sustentada pela Escola Psiquiátrica, cujas razões foram mencionadas, não haveria um espaço livre para a autodeterminação do pretenso suicida. A autonomia da vontade não poderia ser invocada validamente, porque a literatura médica indica que o elemento volitivo, na autoquíria, afigura-se prejudicado. Alguém poderia objetar que um percentual ínfimo de pretensos suicidas estaria em condições psíquicas de higidez, portanto, em posição apta a decidir livremente pela autodestruição. Ocorre que, conforme a posição da literatura especializada retrotranscrita, "*se não há psicose aparente antes do ato, existe sempre um estado psicopático ao menos no momento em que o pratica*". Sendo assim, mesmo que se obtivesse um laudo médico pericial que atestasse higidez mental, em um momento anterior, a vontade estaria despida de autonomia no momento exato de consumação do autocídio, porque, nesse instante crítico, haveria um estado psicopático. O raciocínio é similar aos crimes unisubsistentes, que não admitem tentativa, dada a impossibilidade de fracionar no tempo o *iter criminis*. Por fim, mesmo que não houvesse um quadro de anormalidade psíquica a prejudicar a autonomia da vontade, o que contraria frontalmente as evidências científicas, o direito à vida não admite renúncia, porquanto o ordenamento jurídico constitucional não previu um direito soberano ao próprio corpo, que não pode ser visto como propriedade privada.

Se o suicídio fosse realmente um direito, todos aqueles que o incentivassem não poderiam ser punidos, afinal, não se pode punir quem induz, instiga ou auxilia outrem a respeitar a ordem jurídica. Por outro lado, todos os que impedissem o suicida de prosseguir deveriam responder pelo crime de constrangimento ilegal. Só por isso já se percebe que o acolhimento de um direito fundamental ao suicídio inverte o sinal do ordenamento jurídico, para colocá-lo exatamente ao avesso do que é hoje. Acolher a existência de um direito fundamental ao suicídio, indiscriminadamente, convolaria bombeiros heroicos em criminosos. Lamentavelmente, há quem veja e compreenda o ordenamento virado de ponta cabeça. Longe de representar uma medida paternalista do Estado, a criminalização de quem participa em suicídio alheio traduz uma proteção jurídica endereçada a uma pessoa

[152] CROCE, Delton. CROCE JÚNIOR, Delton. *Manual de Medicina Legal*. 8ª Edição. São Paulo: Saraiva, 2012. p. 455.

mentalmente enferma e, portanto, vulnerável. O direito constitucional à liberdade e à autonomia da vontade não é absoluto e deve ser delimitado pelo Estado quando isso for necessário para proteger pessoas vulneráveis[153].

Um segundo argumento apresentado pelos defensores de um "direito ao suicídio" é o de que, não havendo um mal que transcenda a pessoa do próprio suicida, não seria juridicamente legítimo impedi-lo de eliminar-se. A esse respeito, a **Associação Brasileira de Psiquiatria** esclarece que "[...] cada suicídio tem um sério impacto na vida de pelo menos outras seis pessoas"[154]. Ademais, ainda que a conduta suicida fizesse nascer uma tragédia unicamente contra si, já examinamos detalhadamente que o ordenamento jurídico brasileiro não admite a soberania sobre o próprio corpo, mas sim uma autonomia constitucionalmente delimitada.

Um terceiro argumento apresentado pelos defensores desse insólito "direito" de destruir a própria essência é o de que seria inútil tentar impedir um suicida de levar a cabo suas pretensões, pois fatalmente a pessoa teria êxito em suicidar-se no futuro. Tal argumento é muito utilizado, inclusive, para justificar a recusa por parte de empreendedores e gestores públicos em construir barreiras arquitetônicas que dificultem ou impeçam o suicídio em lugares públicos. Na França, por exemplo, 339 (trezentos e trinta e nove) pessoas se jogaram da Torre Eiffel, em Paris, entre 1889 e 1965. Nos Estados Unidos, em aproximadamente 40 anos, a Ponte Golden Gate foi o cenário de 625 (seiscentos e vinte e cinco) suicídios. O famoso prédio Empire State, em 16 anos, foi palco de 16 suicídios[155]. **Que postura deve adotar o Ministério Público?** Trata-se de um campo fértil para a atuação do *parquet*, seja no Direito do Consumidor (*v.g* *shoppings*), seja no Direito Urbanístico (*v.g* torres em praças municipais) *etc.*

Figure-se que um dado monumento histórico municipal, de visitação pública e vocacionado à cultura, exerça uma mórbida atração em suicidas. Cercado de uma beleza cênica lúgubre, centenas de pessoas cometem suicídio neste bem público, atirando-se em um precipício. Ora, em se tratando de um bem público afetado ao turismo e componente do patrimônio histórico-cultural, convém ajuizar uma ação civil pública para compelir a fazenda municipal a construir barreiras de proteção. Em se tratando de estabelecimentos privados, mas franqueados ao público (*v.g* estádios, ginásios esportivos, arenas, *shoppings etc.*), a eficácia horizontal dos direitos fundamentais incide na espécie. É possível, pois, mover uma ação coletiva, de índole mandamental, que obrigue o empreendedor a construir barreiras arquitetônicas, sob pena de cominação de *astreintes*. Neste contexto, o frágil argumento do empreendedor ou do gestor público de que o suicida apenas alteraria o cenário para a sua tragédia é infirmado pela valiosa pesquisa científica desenvolvida por **Richard Seiden**. Segundo o Professor da Universidade da Califórnia (Berkeley), de um universo de 515 (quinhentos e quinze) pessoas que foram *impedidas* de cometer suicídio na Golden Gate, décadas depois,

[153] Por exemplo, crianças e adolescentes menores de 14 (catorze) anos não podem consentir validamente para a prática de atos sexuais. Tal vedação não representa um paternalismo, tampouco uma agressão à liberdade dessas pessoas, mas sim uma *proibição protetiva*.

[154] *Suicídio: informando para prevenir* – Associação Brasileira de Psiquiatria, Comissão de Estudos e Prevenção de Suicídio. Brasília: CFM/ABP, 2014. p. 15.

[155] SEIDEN, Richard H. *Where Are They Now? A Follow-up Study of Suicide Attempters from the Golden Gate Bridge*. Suicide and Life Threatening Behavior, Human Sciences Press, Vol. 8 (4), Winter 1978. p. 1-2.

94% estavam vivas ou haviam morrido em razão de uma causa natural[156]. Por todas essas razões, a colocação de barreiras para dissuadir suicidas é medida que não está ao alvedrio do lucro ou das conveniências orçamentárias do administrador.

Não há, pois, no ordenamento constitucional brasileiro, direito ao suicídio, mas sim atipicidade criminal quanto à conduta de quem atenta contra a própria vida. Logo, por consectário lógico, não se vê razões *jurídicas* para um membro do Ministério Público, curador da vida que é, promover o arquivamento de inquérito policial instaurado para apurar a participação em suicídio (art. 122, Código Penal). Da mesma maneira, e pelas mesmas razões, é de todo equivocado, como *custos juris* em ações cíveis vocacionadas à obtenção de provimento jurisdicional autorizador da eutanásia, exarar pareceres favoráveis com base no suposto consentimento de um paciente médico. Tecnicamente, em casos como esse, a morte pode ser um desejo, mas não um direito. É o que se detalha no item seguinte.

12.2.1. Eutanásia

Se a vida é indisponível ao seu titular, terceiros que venham a atentar contra ela, mesmo que com o consentimento da vítima, responderão criminalmente. Inexiste, pois, direito à **eutanásia**. Esta consiste na conduta comissiva do agente que, impelido por motivos altruísticos e de misericórdia, abrevia a vida de pessoa em estado terminal. Como regra, haverá subsunção da eutanásia no arquétipo abstratamente previsto no art. 121, § 1º, CP (homicídio privilegiado). A pretexto de promover uma morte suave, relativiza o direito à vida[157]. Esta é a opinião de Gilmar Mendes, Paulo Gonet e Inocêncio Mártires Coelho[158], a saber:

---

[156] Consoante a conclusão do pesquisador, "The major hypothesis under test, that Golden Gate Bridge attempters will surely and inexorably "just go someplace else," is clearly unsupported by the data. Instead, the findings confirm previous observations that suicidal behavior is crisis-oriented and acute in nature. Accordingly, the justification for prevention and intervention such as building a suicide prevention barrier is warranted and the prognosis for suicide attempters is, on balance, relatively hopeful." (SEIDEN, Richard H. *Where Are They Now? A Follow-up Study of Suicide Attempters from the Golden Gate Bridge*. Suicide and Life Threatening Behavior, Human Sciences Press, Vol. 8 (4), Winter 1978. p. 13).

[157] Como Promotor de Justiça, o autor que vos escreve já se deparou com um *hard case* que, de certa forma, nos remete à prática da ortotanásia. Esta consiste em uma morte misericordiosa, naturalmente ocorrida pela ausência de uma intervenção que apenas prolongaria o sofrimento da pessoa enferma, sem chance de êxito. Uma paciente idosa, sensivelmente debilitada por um câncer em estágio avançado de metástase, foi desenganada pelos médicos. O vaticínio era de que a paciente sobreviveria cerca de quatro dias, não havendo mais nada que pudesse reverter esse quadro. Supostamente, os médicos teriam liberado a paciente para passar os últimos instantes da sua vida ao lado dos filhos, na intimidade do seu lar, o que iria ao encontro da (e não de encontro à) vontade da própria pessoa enferma e dos familiares. Um dia antes de morrer, vizinhos tiveram notícia do acontecido e tentaram prestar socorro à idosa, de modo a levá-la para o mesmo Hospital de onde saiu. Os filhos, para assegurar o último desejo da mãe, colocaram um cadeado no portão da casa e se opuseram à tentativa de salvar a vida da senhora. Com a morte da idosa, o Delegado de Polícia ouviu as pessoas envolvidas, mas não instaurou o inquérito policial, limitando-se a comunicar o Ministério Público. Em tese, o caso dramático envolve a prática de um homicídio comissivo por omissão, na medida em que os médicos e os cuidadores, na posição de garantes, abstiveram-se do dever de socorrer a vítima. Por outro lado, a se considerar a anormalidade do caso extremado, questões como inexigibilidade de conduta diversa ou mesmo de erro de proibição (invencível) podem ser suscitadas como excludentes da culpabilidade, como lastro para o não oferecimento da denúncia, pela prática de homicídio privilegiado, em face dos familiares da vítima.

[158] MENDES, Gilmar Ferreira. BRANCO, Paulo Gustavo Gonet. *Curso de Direito Constitucional*. 10ª Edição Comemorativa, São Paulo: Saraiva, 2015. p. 447.

> Não sendo dado extrair do direito à vida um direito a não mais viver, os poderes públicos não podem consentir em práticas de eutanásia. [...] a eutanásia é incompatível com o direito à vida, mesmo que haja o consentimento do paciente. Incumbe ao Estado o dever de não apenas não praticar tais atos como também o de aparelhar o ordenamento jurídico para a sua repressão.

12.2.2. Ortotanásia

Diferentemente, na **ortotanásia**, opera-se uma *abstenção* por parte dos médicos, que desistem de prolongar artificialmente a vida de um paciente em estado terminal, mediante o seu consentimento, para que ele não se sujeite a um sofrimento desnecessário. O fim colimado é evitar uma morte lenta e dolorosa.

O Código de Ética Médica, no art. 41, parágrafo único, parece flertar com essa prática ou mesmo autorizá-la. Eis o teor da norma (original sem destaques):

> *Art. 41. Abreviar a vida do paciente, ainda que a pedido deste ou de seu representante legal. Parágrafo único. Nos casos de doença incurável e terminal, deve o médico oferecer todos os cuidados paliativos disponíveis sem empreender ações diagnósticas ou terapêuticas inúteis ou obstinadas, levando sempre em consideração a vontade expressa do paciente ou, na sua impossibilidade, a de seu representante legal.*

Ou seja, o que fica estabelecido na resolução é que o médico não tem o dever de praticar a **distanásia**, ou seja, de empreender ações terapêuticas inúteis que somente prolonguem o sofrimento de quem está na iminência da morte. É possível dizer que a distanásia é o comportamento diametralmente oposto à ortotanásia, em que o profissional se exime da chamada *obstinação terapêutica*[159]. O dispositivo é de constitucionalidade discutível, embora se reconheça que a dignidade humana, dada a sua porosidade, pode ser colocada a serviço da vida ou da morte.

Na célebre definição de Delton Croce e Delton Croce Júnior[160], o homicídio "*é a morte voluntária ou involuntária de alguém realizada por outrem*". Percebe-se que, no campo conceitual, a voluntariedade é irrelevante para a consumação do homicídio, exatamente porque não é dado a quem quer que seja abdicar da sua existência. Há uma proposição legislativa que, explicitamente, exclui a ortotanásia do âmbito de incidência do homicídio, atualmente na Câmara dos Deputados[161].

Os membros do Ministério Público como um todo, não apenas os que oficiam perante a Vara do Tribunal do Júri, são, por excelência, *curadores da vida*. A veladura do meio ambiente, a curadoria da saúde, as promotorias criminais, consumeristas, enfim, praticamente todos os órgãos ministeriais possuem uma conexão direta ou remota com o direito à vida, verdadeira condição de desfrute de todos os demais

[159] RAMOS, André de Carvalho. *Curso de Direitos Humanos*. 2ª Edição. São Paulo: Saraiva, 2015. p. 475. Nesta obra, o autor nos informa que, a partir de 2010, o Ministério Público Federal reviu seu posicionamento quanto à ortotanásia, para considerá-la *constitucional*, por meio da Procuradoria da República do Distrito Federal (Ação Civil Pública nº 2007.34.00.014809-3, Distrito Federal).

[160] CROCE, Delton. CROCE JÚNIOR, Delton. *Manual de Medicina Legal*. 8ª Edição. São Paulo: Saraiva, 2012. p. 453.

[161] RAMOS, André de Carvalho. *Curso de Direitos Humanos*. 2ª Edição. São Paulo: Saraiva, 2015. p. 475. Projeto de Lei nº 6715/2009.

direitos. Esta é a bússola que deverá nortear a manifestação do *parquet*, a menos que as peculiaridades do caso concreto envolvam um choque de princípios sobremodo dramático, que destoe do comum, a merecer uma solução diversa (*v.g* cisão de gêmeos xifópagos, Testemunhas de Jeová, maiores e capazes, que se recusam a receber transfusão de sangue *etc.*).

12.3. "Direito de mentir"

Que o réu, no processo penal, não é obrigado a apresentar provas contra si, disso ninguém duvida. A esse respeito, a Constituição não foi explícita, pois apenas asseverou que *"o preso será informado de seus direitos, entre os quais o de permanecer calado, sendo-lhe assegurada a assistência da família e de advogado"* (art. 5º. LXIII). A Convenção Americana de Direitos Humanos, a seu turno, preceitua: "Art. 8º [...] 2. Durante o processo, toda pessoa tem direito, em plena igualdade, às seguintes garantias mínimas: g) direito de não ser obrigada a depor contra si mesma, nem a confessar-se culpada". Nesse sentido, o Código de Processo Penal assegurou que "o silêncio, que não importará em confissão, não poderá ser interpretado em prejuízo da defesa" (art. 186, parágrafo único).

O arcabouço normativo constitucional, "supralegal" e infraconstitucional, a rigor, previu o direito de silenciar, mas a doutrina não hesitou em compreender o direito ao silêncio em sentido *lato*, para dele extrair o brocardo *nemo tenetur se detegere* ou *nemo tenetur se ipso acusare*. Trata-se de um acerto. De fato, a ninguém é dado incriminar-se, o que pode ser validamente deduzido do direito constitucional ao silêncio. As consequências práticas são diversas, mas, principalmente, o direito de abster-se de comportamentos ativos por ocasião da investigação e da instrução. Esquadrinhando os contornos desse direito, pontua o Ministro Celso de Mello[162]:

> ALCANCE E CONTEÚDO DA PRERROGATIVA CONSTITUCIONAL CONTRA A AUTOINCRIMINAÇÃO. – A recusa em responder ao interrogatório policial e/ou judicial e a falta de cooperação do indiciado ou do réu com as autoridades que o investigam ou que o processam traduzem comportamentos que são inteiramente legitimados pelo princípio constitucional que protege qualquer pessoa contra a autoincriminação, especialmente quando se tratar de pessoa exposta a atos de persecução penal. O Estado – que não tem o direito de tratar suspeitos, indiciados ou réus, como se culpados fossem, antes do trânsito em julgado de eventual sentença penal condenatória (RTJ 176/805-806) – também não pode constrangê-los a produzir provas contra si próprios (RTJ 141/512), em face da cláusula que lhes garante, constitucionalmente, a prerrogativa contra a autoincriminação. Aquele que sofre persecução penal instaurada pelo Estado tem, dentre outras prerrogativas básicas, (a) o direito de permanecer em silêncio, (b) o direito de não ser compelido a produzir elementos de incriminação contra si próprio nem de ser constrangido a apresentar provas que lhe comprometam a defesa e (c) o direito de se recusar a participar, ativa ou passivamente, de procedimentos probatórios que lhe possam afetar a esfera jurídica, tais como a reprodução simulada (reconstituição) do evento delituoso e o fornecimento de padrões gráficos ou de padrões vocais para efeito de perícia criminal (HC 96.219-MC/SP, Rel. Min. CELSO DE MELLO, v.g.). Precedentes. – A invocação da prerrogativa contra a autoincriminação, além de inteiramente oponível a qualquer autoridade ou agente do Estado, não legitima, por efeito de sua natureza

[162] STF, HC 99289.

> eminentemente constitucional, a adoção de medidas que afetem ou que restrinjam a esfera jurídica daquele contra quem se instaurou a "persecutio criminis" nem justifica, por igual motivo, a decretação de sua prisão cautelar. – O exercício do direito ao silêncio, que se revela insuscetível de qualquer censura policial e/ou judicial, não pode ser desrespeitado nem desconsiderado pelos órgãos e agentes da persecução penal, porque a prática concreta dessa prerrogativa constitucional – além de não importar em confissão – jamais poderá ser interpretada em prejuízo da defesa. Precedentes.

Até aqui, não vislumbramos nenhum problema. Abster-se não configura abuso, exatamente porque *"do nada, nada surge"*, salvo quando presente o dever jurídico de agir. Ora, como se viu, inexiste qualquer dever de proceder contra si mesmo, porquanto ninguém pode ser compelido a uma autofagia processual. Logo, "*do nada, nada pode surgir*". Situação que com esta não se confunde é a do suposto ***direito de mentir***. O tema não escapou à sagacidade de Eugênio Pacelli[163]:

> [...] nem sempre o aludido tema vem sendo tratado com a profundidade que a sua complexidade requer. O Superior Tribunal de Justiça chegou a determinar a suspensão de vários processos criminais, para o fim de ajustar sua jurisprudência, relativamente a um suposto *direito de mentir* de que seria titular o acusado. [...] Em linha de princípio, esclarece-se: tais decisões não nos parecem corretas, do mesmo modo que a equivocada afirmação – pronunciada em determinada época em certa instância do Poder Judiciário – da existência de um *direito de fuga!* Ora, evidentemente que há aqui manifesta incompreensão conceitual. Se houvesse mesmo um direito de fuga, os órgãos do poder público *deveriam respeitar o seu exercício pelo aprisionado, não opondo qualquer resistência ao ato* (de fuga). Absurdo evidente. O que se poderá alegar, com maior ou menor sucesso, a depender do caso concreto, [...] é a eventual *justificação da conduta* (excludente de ilicitude) ou *inexigibilidade de conduta diversa* (exclusão de culpabilidade). Jamais o exercício de qualquer direito subjetivo!

A falta de cuidado com o tratamento da matéria levou a algumas confusões, e, de nossa parte, arriscamos dois palpites para os equívocos. No Brasil, o campo da ilicitude se bifurca em duas áreas: a ilicitude penal e a ilicitude civil. É elementar que a não tipificação de uma conduta como crime não significa, necessariamente, a licitude automática dessa conduta. Furto de uso não é crime, mas não é lícito. O mundo da ilicitude penal é distinto do mundo da ilicitude civil, porque o Direito Penal é a *ultima ratio*. Para aumentar as chances de erro na análise da matéria, há normas jurídicas despidas de sanção, classificadas como *normas imperfeitas*. Ao contrário dos Estados Unidos, onde se tipificou o *crime de perjúrio*, o ordenamento brasileiro não criminalizou a conduta do acusado de mentir, bem assim não indicou uma sanção explícita correspondente. Indagamos: à luz das considerações sobreditas, a ausência de um tipo penal e de uma sanção, correlatos à conduta de mentir em juízo, *per si*, implica a inserção do comportamento mentiroso no campo da licitude *cível*? Estamos convencidos de que não.

Atipicidade penal não se confunde com licitude de uma conduta. O fato de o réu não prestar compromisso significa que não pode ser sujeito ativo do crime de falso testemunho, mas não que a sua conduta é permitida, fomentada ou mesmo tolerada

163 PACELLI, Eugênio. *Curso de Processo Penal*. 19ª Edição. São Paulo: Atlas, 2015. p. 42/43.

pelo ordenamento jurídico conglobadamente considerado[164]. Não há um *direito* de ludibriar o Juiz, o Ministério Público, a vítima e o Estado, em nome de um pretenso outro direito sagrado de defender-se. A nosso sentir, falece esse direito ao acusado, porque, ao exercê-lo em nome de um direito de autodefesa, estaria configurado o *abuso de direito* (fundamental). Repugna ao Direito Constitucional contemporâneo a máxima maquiavélica de que "*os fins justificam os meios*", afinal, em boa verdade, *os meios devem ser proporcionais aos fins*. O estado da arte do Direito Constitucional repele a manipulação de franquias constitucionais para o cometimento de ilícitos. Forte nessa premissa, que consideramos irrefutável, o Superior Tribunal de Justiça editou a súmula 522, pela qual "*a conduta de atribuir-se falsa identidade perante autoridade policial é típica, ainda que em situação de alegada autodefesa*".

Como demonstrar que o réu mendaz comete um ilícito civil? A tarefa não é das mais laboriosas. Primeiro, devemos partir da premissa de que a vítima tem o **direito à verdade**. Demais disso, é direito dela ser ressarcida pelos danos experimentados pelo delito, direito este cuja pretensão pode ser vindicada no bojo de uma ação civil *ex delicto*. Aliás, o interesse da vítima ou de seus familiares na verdade pode não se limitar à esfera econômica. André de Carvalho Ramos, membro do Ministério Público Federal, conceitua o direito à verdade, revelando sua dimensão individual e aplicabilidade em processos criminais[165] (negritamos):

> O ***direito à verdade*** consiste na exigência de toda informação de interesse público, bem como exigir o esclarecimento de situações inverídicas relacionadas a violações de direitos humanos. Tem **natureza individual e coletiva**, pois interessa a toda comunidade o esclarecimento das situações de desrespeito aos direitos humanos. Tem dupla finalidade: o conhecimento e também o reconhecimento das situações, **combatendo a mentira e a negação de eventos**, o que concretiza o direito à memória. [...]
>
> O direito à verdade é concretizado tanto na sua faceta histórica, mediante Comissões de Verdade [...], **quanto na sua faceta judicial (fruto das ações judiciais** – cíveis **e criminais – de punição dos agentes responsáveis).**

A partir dos ensinamentos do ilustre Procurador Regional da República, pergunta-se: como conciliar um direito à verdade, na sua faceta judicial, em processos

---

[164] Para uma visão conglobada do ordenamento jurídico, a favor da verdade e em desfavor da mentira, confira-se o primoroso trabalho de Vladimir Aras, membro do Ministério Público Federal, intitulado "*A Mentira do Réu e o art. 59 do CP*". Segundo o Procurador Regional da República (negritamos), "[...] ***a busca da verdade é a tônica do processo***. *No seu papel custos legis, função também exercida no processo penal, o Ministério Público pode 'requerer medidas ou diligências necessárias ao* ***descobrimento da verdade***' (CPC, art. 83, II). *Por sua vez,* ***na petição inicial***, *a parte autora tem de indicar as provas com que pretende demonstrar '****a verdade dos fatos*** *alegados'* (CPC, art. 282, VI). ***A testemunha promete dizer*** **a verdade**, *explicando sempre as razões de sua ciência ou as circunstâncias pelas quais se possa avaliar* ***sua credibilidade*** (CPP, art. 203). Se o Juiz verificar que a presença do réu poderá causar humilhação, temor ou sério constrangimento à testemunha ou ao ofendido de modo que prejudique **a verdade do depoimento**, poderá fazer a inquirição por videoconferência (CPP, art. 217). [...] compete ao juiz presidente do **Tribunal do Júri** 'determinar, de ofício ou a requerimento das partes ou de qualquer jurado, as diligências destinadas a sanar nulidade ou a suprir falta que prejudique **o esclarecimento da verdade**' (CPP, art. 497, XI). Portanto, **a verdade é, sim, um bem tutelável pelo ordenamento jurídico**, visto que prova e verdade são elementos interligados, compondo a mesma equação processual, em função da qual é razoável concluir que **há uma relação igualmente indissociável entre o ideal de justiça e a busca da verdade**. Exatamente por isso, **há várias formas de tutelar a verdade e sancionar a mentira verbal ou documental no processo criminal** (ARAS, Vladimir. *A Mentira do Réu e o art. 59 do CP. in Garantismo Penal Integral*, 3ª Edição, Editora Atlas – *versão digital*).

[165] RAMOS, André de Carvalho. *Curso de Direitos Humanos*. 2ª Edição. São Paulo: Saraiva, 2015. p. 632.

criminais, e um suposto direito à mentira por parte do réu?[166] Sejamos coerentes. Todas as vítimas têm o direito à verdade, não apenas aquelas que foram vitimadas por graves violações a direitos humanos. Do mesmo modo, todos os réus, não apenas os torturadores, têm o dever de falar a verdade, caso *optem pelo não exercício do direito ao silêncio*. Isso já é suficiente para demonstrar que, em sendo acolhida a versão fantasiosa do réu, haverá violação do direito da vítima à verdade, restando obstaculizado ou sobremodo minorado o direito ao ressarcimento dos danos oriundos do crime. É que pessoas no pleno gozo das faculdades mentais não mentiriam para se prejudicar, mas apenas para inocentar-se ou reduzir os efeitos danosos das infrações cometidas. Logo, violando o direito da vítima, tem-se um ilícito. Além disso, a sociedade tem o direito fundamental à punição de culpados e à absolvição de inocentes, isto é, **direito à justiça**. Não há como promover a justiça por meio de mentiras, pois o falseamento da verdade é capaz de confundir as figuras da vítima e do seu algoz. No que concerne à verdade no processo penal, convém lembrar o magistério de Gustavo Badaró[167]:

> A verdade processual traduz-se em um valor que legitima a atividade jurisdicional, **não se podendo considerar justa** uma sentença que não tenha sido precedida de um processo estruturado segundo regras que possibilitem uma correta verificação dos fatos. **Justiça e verdade são, portanto, noções complementares ao exercício do poder**. Se assim não fosse, seria melhor que o processo fosse decidido pela sorte, jogando-se dados.
>
> [...] mesmo aceitando-se a impossibilidade de se atingir um conhecimento absoluto ou uma verdade incontestável dos fatos, **não é possível abrir mão da busca da verdade, que é o único critério aceitável como premissa para uma decisão justa.** O Juiz deve procurar atingir o conhecimento verdadeiro dos fatos para, diante da certeza de sua ocorrência – ou inocorrência – **realizar a justiça** no caso concreto.
>
> [...] é hora de sepultar a velha e desgastada dicotomia entre verdade formal e verdade material.

No entanto, **retirar a verdade do trono em que reinava absoluta no processo penal não significa desterrá-la.** Se a verdade não é o centro do processo penal, não há como negar, por outro lado, a verdade exerce papel importante no processo. Não se trata de eliminá-la, mas de deslocá-la do lugar de centralidade, até então ocupado, para um ponto diverso, secundário. [...]

> A busca da verdade não é o fim último do processo penal, **mas o meio para a correta aplicação da lei penal**.

Como se vê, ainda que a verdade não seja o fim colimado pelo processo penal, não se pode descartá-la sem, a reboque, desprezar a *justiça*. Pode parecer óbvio

166 Curiosamente, André de Carvalho Ramos sustenta em sua obra que o réu tem o "direito de se defender com versões falsas" (RAMOS, André de Carvalho. *Curso de Direitos Humanos*. 2ª Edição. São Paulo: Saraiva, 2015. p. 575). Não concebemos como esse tal direito pode conviver em harmonia com o direito das vítimas à verdade. Repetimos à exaustão: atipicidade penal não é sinônimo de licitude da conduta. O réu que quebra o seu silêncio para mentir pratica um ilícito, não um crime. Torturadores de uma dada ditadura têm o direito de mentir, ou é direito das suas vítimas o descobrimento da verdade? Uma Comissão da Verdade busca coletar aquilo que é verídico. Como se presentear um criminoso com o direito de enganar uma nação? O problema, evidentemente, é conceitual.

167 BADARÓ, Gustavo. *Processo Penal*. 1ª Edição em *e-book, baseada na 3ª Edição impressa*. Revista dos Tribunais, 2015.

explicitar isso, mas dizer que o denunciado tem o direito de mentir é afirmar sua legitimidade para atentar contra a *justiça*. Se, em um Estado de Direito, não for ilícito impedir a realização da justiça, não se sabe mais o que poderia ser. Não parece, a todas as luzes, que alguém tenha esse direito, mormente quando lembramos que, em nenhum momento, a mentira é fomentada pelo ordenamento jurídico.

Ademais, ***o dever fundamental de lealdade processual é aplicável a todos os atores do processo, inclusive ao acusado*. Ora, quem viola um dever, por uma implicação lógica, conspurca um direito. Aquele que avilta um direito comete um ilícito. Por sua vez, direitos fundamentais não podem ser utilizados como um escudo protetivo para salvaguardar ilicitudes. Conclui-se, com relativa facilidade, que o malsinado "direito" de mentir traduz um rótulo para escamotear um ilícito.** Surge, então, o momento de apontar as *consequências* para essa ilicitude. Pois bem, vejamo-las.

É importante esclarecer, *a priori*, que não é toda e qualquer mentira que pode render ensejo à responsabilização do réu, mas somente as ditas mentiras *substanciais*[168]. Feita essa consignação inicial, a mentira substancial pode dar azo a uma série de consequências desfavoráveis ao mentiroso, elencadas articuladamente por Vladimir Aras:

> [...] não há dúvida de que esta [a mentira substancial] pode ser considerada, para os fins do art. 59 do CP, como uma das circunstâncias judiciais relacionadas à conduta ou à personalidade do réu. A mendacidade também pode ser considerada para negar a substituição de pena ao réu (CP, art. 44, III). De igual modo, o Ministério Público, ao avaliar os requisitos subjetivos do art. 89 da Lei nº 9.099/1995, pode deixar de propor a suspensão condicional do processo ao réu que se tenha revelado um mentiroso contumaz. Esses mesmos dados de personalidade e conduta podem ser tidos em conta pelo Juiz para negar o *sursis* (CP, art. 77, II).
>
> Outros prejuízos podem advir para o réu em função da mentira. Certo que nenhum membro do Ministério Público firmará acordo de colaboração criminal premiada com um acusado mendaz.

Acrescentamos às consequências acima que, a depender do grau e do dolo da inverdade, até mesmo um ato de **improbidade administrativa** pode vir a configurar-se. Figure-se, por exemplo, que um acusado *preso* indique uma testemunha chave para ser ouvida em juízo. O endereço, que é de dificílimo acesso, só pode ser indicado pelo próprio réu, única pessoa conhecedora dos caminhos labirínticos de uma região longínqua e inóspita situada no interior do Estado. Em vez de indeferir a produção da prova, o Juiz, por reputá-la imprescindível e com o receio de um cerceamento de defesa, defere a diligência. Ante o fundado risco de tudo não passar de um álibi para viabilizar um *plano de fuga*, o Estado mobiliza cerca de 02 (dois) agentes penitenciários e mais 05 (cinco) policiais militares do Batalhão de Operações Especiais, além do Oficial de Justiça que intimaria a suposta testemunha. Todos se dirigem a um local sombrio, pantanoso, onde um dos veículos, mesmo dispondo

168 O conceito de mentira substancial é esclarecido por Vladimir Aras: "*Não basta a negativa à pergunta do art. 187, § 2º, I, do CPP ("é verdadeira a acusação que lhe é feita?") para se ter uma mentira substancial. A mentira juridicamente relevante se dará apenas com as respostas dadas aos temas dos demais incisos do mesmo art. 187 do CPP*". (ARAS, Vladimir. *A Mentira do Réu e o art. 59 do CP*. in *Garantismo Penal Integral*, 3ª Edição, Editora Atlas – *versão digital*).

de tração nas quatro rodas, atola. Os agentes só conseguem se desvencilhar da lama quando cabos de aço são ligados ao segundo veículo. Durante o percurso, o grupo percebe que está sendo seguido por motoqueiros, que, de longe, observam tudo. Finalmente, encontram um humilde lavrador, alguém que poderia dar alguma pista do endereço da suposta testemunha. O agricultor, sem hesitar, informa que jamais conheceu alguém com o nome indicado pelo Oficial de Justiça. Em seguida, adverte que aquela região é infestada por criminosos, foragidos, que sua própria filha foi sequestrada por bandidos e transformada em uma escrava sexual, aproveitando para pedir socorro. Segundo ele, as poucas pessoas que moravam ali haviam sido subjugadas por um bando perigoso de pistoleiros, exatamente os mesmos que estavam seguindo os agentes públicos, nas motos. Toda a diligência, com riqueza de detalhes e fotografias dos incidentes, é certificada nos autos do processo pelo Oficial de Justiça. No estudo de caso em apreço, não temos dúvida alguma de que a testemunha arrolada jamais existiu e que o grupo de agentes públicos corria um enorme risco de morte. A diligência implicou a alocação de recursos públicos, a mobilização de recursos humanos e um tempo considerável para ser cumprida inutilmente. O dano ao Erário é inequívoco. O dolo é manifesto. Mais do que um acusado mendaz, tem-se um réu com *status* de ímprobo[169].

Ainda no que atine às consequências da mentira do réu no processo penal, convém mencionar que o Superior Tribunal de Justiça não tem aceitado a aplicação da multa por litigância de má-fé[170]. Embora não concordemos inteiramente com as premissas adotadas pelo Tribunal, não nos ocuparemos disso neste trabalho.

Ao fim e ao cabo, poderia ser apresentada a objeção de que o "direito de mentir" emanaria do direito ao silêncio, como uma decorrência lógica para não lançar uma suspeição sobre quem silenciou. Seria uma forma de assegurar, na prática, que o silêncio do acusado não fosse considerado em seu desfavor, afinal, transmitir-se-ia uma mensagem velada: *"eu até poderia mentir em minha defesa, se assim o desejasse, mas opto por silenciar"*. Consoante esse raciocínio, se subtraíssemos do acusado o "direito de mentir", seu silêncio poderia levantar a suspeita de que, somente por não lhe ocorrer qualquer versão factível para ser contada e ante o risco de ser prejudicado por uma história sem plausibilidade, preferiu silenciar. Logo, para quem apresenta esta objeção, não se assegurando o "direito de mentir", todos os que silenciarem seriam presumivelmente mentirosos emudecidos. Diante da impossibilidade de mentir (e somente por isso), calaram. Em síntese: a objeção seria a de que, sem o "direito de mentir", qualquer silêncio seria suspeito, razão pela qual silêncio e mentira seriam como gêmeos xifópagos, naturalmente incindíveis sem um enorme risco para cada qual. É fácil refutar essa corrente, pois ela parte de uma falsa premissa: mesmo sem o direito de mentir, nenhuma suspeita recairá sobre o réu, pois seu silêncio pode provir de razões de foro íntimo. Com precisão cirúrgica, Vladimir Aras[171] elucida:

---

169 Art. 10 da Lei de Improbidade Administrativa. A propósito, o exemplo fornecido é real e foi vivenciado no saudoso tempo em que este que vos fala ocupou o cargo de Defensor Público. A certidão do Oficial de Justiça, que dava conta de todos esses acontecidos, causou espécie e foi revisitada algumas vezes por outros Juízes que não acreditavam no perigo suscitado pela tentativa obstinada de intimação da testemunha.

170 STJ, EDcl nos EDcl no AgRg no AREsp 261545/SP, 6ª Turma, DJe 09/04/2015.

171 ARAS, Vladimir. *A Mentira do Réu e o art. 59 do CP. in Garantismo Penal Integral*, 3ª Edição, Editora Atlas – *versão digital.*

> [...] o direito ao silêncio é também um dos reflexos do direito à intimidade, o que é indicativo de que o silêncio do acusado pode estar motivado por outras razões que não a culpabilidade. Nem sempre o acusado silencia *porque é culpado*. Pode silenciar para proteger outrem ou para ocultar vergonha própria ou de terceiro, ainda que não criminosa. Pode silenciar porque não acredita no sistema de Justiça criminal. Enfim, sendo várias as motivações possíveis, não há como se extrair do silêncio consequência negativa alguma para o réu, seja no plano endoprocessual ou na esfera extraprocessual.

Portanto, sem que lhe socorra o "direito de mentir", o réu não estará encurralado, sem saída, compelido a dizer a verdade. Absolutamente. Basta que silencie e nenhum prejuízo advirá dessa abstenção constitucional. Infere-se que o direito ao silêncio não é prejudicado, em sua substância, quando se lhe retira um "direito à mentira", assim como a vida não é prejudicada quando não se embute nela um direito à própria morte. E não há nada de autoritário nisso, pelo contrário, é civilizado que assim o seja. No Direito Comparado, essa foi a conclusão alcançada pela Corte Norte Americana, no caso ***Nix vs. Whiteside*** (475 US 157). Em suma: a mentira não é *conditio sine qua non* para a ampla defesa, pelo contrário, afigura-se como um enorme obstáculo a quem pretende defender-se com credibilidade, "*afinal, qual Juiz dará crédito às palavras do réu se este 'tem' o direito de mentir*" (Recht auf Lüge)[172]?

12.4. Direito ao esquecimento

Ao contrário dos anteriores, o direito ao esquecimento não é um direito fundamental putativo, se considerado em si mesmo. A putatividade reside na amplitude que alguns buscam imprimir a esse direito, qual seja a de apagar os maus antecedentes. Antes de examinarmos essa questão, façamos um breve apanhado desse direito fundamental que, repita-se, existe.

O direito ao esquecimento originou-se de um *leading case* julgado pela Corte Constitucional Alemã, conhecido como **Caso *Lebach*.** Em um trabalho de nossa autoria[173], detalhamos o conteúdo do direito ao esquecimento, a saber:

> Reputa-se direito ao esquecimento a garantia de que os fatos desabonadores não devem ser perenizados como fantasmas que assombram aquele que os vivenciou, sob pena de eternizar-se o escárnio na memória coletiva e, com isso, inibir o progresso daquele a quem se atribui a desonra. Cuida-se, pois, do direito de não se penitenciar pelos erros mais remotos da vida, de seguir em frente, de buscar a felicidade sem olhar para trás. Em suma, de ver esquecidos equívocos, infelicidades, tragédias, humilhações, crimes, escândalos, vexames, constrangimentos ou simplesmente escolhas que, dadas as circunstâncias atuais, não mais seriam realizadas. O exercício do direito ao esquecimento afigura-se como a liberdade de transitar entre os mundos da popularidade e do anonimato, em uma via de mão dupla. É a oportunidade concedida pelo Direito para que as pessoas escolham seus projetos de vida, livres de um passado que as acorrentaria a uma estigmatizacão indesejada. À guisa de exemplos, é o direito que possui uma ex-prostituta de não ter sua história encenada por uma dramaturgia televisiva ou mesmo

[172] ARAS, Vladimir. *A Mentira do Réu e o art. 59 do CP. in Garantismo Penal Integral*, 3ª Edição, Editora Atlas - *versão digital.*

[173] FONTELES, Samuel Sales. *Direito ao Esquecimento, este Desconhecido.* Revista do Ministério Público do Estado de Goiás, nº 29, 2015, p. 64.

o direito que possui um ex-viciado em drogas de não ter suas agruras retratadas pelos veículos de mídia, ambos assegurados por meio de uma tutela judicial inibitória.

Quanto ao **fundamento legal e constitucional** para o direito ao esquecimento, sua extração é mais bem compreendida se operada de um raciocínio lógico *indutivo*, ou seja, trilhado da norma específica (infraconstitucional) para a norma geral (constitucional). Como ponto de partida, o art. 21 do Código Civil de 2002, pelo qual "a vida privada da pessoa natural é inviolável, e o juiz, a requerimento do interessado, adotará as providências necessárias para impedir ou fazer cessar ato contrário a esta norma". Como se sabe, o direito à privacidade, a um só tempo, recebeu proteção infraconstitucional e constitucional. Sendo assim, mais do que um direito da personalidade, o direito ao esquecimento traduz um **direito fundamental implícito nos direitos à privacidade, intimidade e honra**, assim previstos no art. 5º, X, da Constituição Federal. Não obstante, o ponto de chegada à interpretação que visa afirmar o direito ao esquecimento é a cláusula geral da dignidade humana (art. 1º, III, CF/88), destino este que fecha o raciocínio lógico indutivo[174].

No Superior Tribunal de Justiça, sua existência foi reconhecida[175]. O Supremo Tribunal Federal reconheceu a matéria como objeto de repercussão geral, mas ainda não se posicionou em definitivo[176]. Na data de 13/05/2014, o Tribunal de Justiça da União Europeia afirmou o direito ao esquecimento, no caso *Google Spain SL* e *Google Inc* v. *Agencia Española de Protección de Datos e Mario Costeja Gonzales* (C-131/12).

Na doutrina, o tema foi objeto de debate na **VI Jornada de Direito Civil**, ocasião em que foi aprovado o **Enunciado 531**: *"A tutela da dignidade da pessoa humana na sociedade da informação inclui o direito ao esquecimento"*. Como justificativa para o referido verbete, asseverou-se que *"Os danos provocados pelas novas tecnologias de informação vêm-se acumulando nos dias atuais.* ***O direito ao esquecimento tem sua origem histórica no campo das condenações criminais. Surge como parcela importante do direito do ex-detento à ressocialização****. Não atribui a ninguém o direito de apagar fatos ou reescrever a própria história, mas apenas assegura a possibilidade de discutir o uso que é dado aos fatos pretéritos, mais especificamente o modo e a finalidade com que são lembrados"* (negritamos). É esse enfoque que será dado neste trabalho, qual seja, **o direito ao esquecimento no campo criminal**[177].

---

174 Parte da doutrina não tem acolhido o direito ao esquecimento ou, se o admite, não lhe reconhece a extensão atribuída pelo Superior Tribunal de Justiça. É o caso, por exemplo, de Daniel Sarmento. Em um detalhado parecer, exarado para a consulente Globo Comunicação e Participações S/A, averbou: "O direito ao esquecimento, em primeiro lugar, não está consagrado em qualquer norma jurídica, constitucional ou infraconstitucional. Na extensão que lhe atribuiu o STJ, ele tampouco pode ser extraído da Constituição pela via interpretativa – seja da garantia da privacidade, do princípio da dignidade da pessoa humana ou de qualquer outra cláusula – pois é claramente incompatível com o nosso sistema constitucional [...]". (SARMENTO, Daniel. *Liberdades Comunicativas e "Direito ao Esquecimento" na ordem constitucional brasileira*, Parecer jurídico elaborado em 22/01/2015, p. 29). Na visão do eminente constitucionalista da UERJ, o direito ao esquecimento somente teria aplicação quando envolvesse dados despidos de interesse público, sobretudo quando no âmbito da informática.

175 REsp 1.335.153-RJ e REsp 1.334.097-RJ.

176 AgRE 833.248.

177 É de bom alvitre advertir que, no Brasil, o direito ao esquecimento encontrou um campo fértil na área cível, mas tem sido visto com reservas no âmbito criminal. Segundo o STJ: *"Recentes julgados desta Corte (REsp 1.334.097/RJ e REsp 1.335.153/RJ, publicados em 9/9/2013), relatados pelo Ministro Luis Felipe Salomão,* ***aplicáveis na órbita do direito civil*** *– máxime em aspectos relacionados ao conflito entre o direito à privacidade e ao esquecimento, de um lado, e o direito à informação, de*

O direito ao esquecimento compreende um direito à evolução, quando se pretende abandonar um passado de deméritos, mas também pode representar um direito à involução, se se pretende desvencilhar-se de uma vida de virtudes. Importa-nos a primeira faceta, qual seja, o direito à evolução. Noutras palavras, o direito a uma segunda chance.

A questão que se nos apresenta é: sabendo-se que, com arrimo no art. 64, I, do Código Penal, para efeito de reincidência, não prevalece a condenação anterior, se entre a data do cumprimento ou extinção da pena e a infração posterior tiver decorrido período de tempo superior a 5 (cinco) anos, **tal norma é extensível aos maus antecedentes?**

A lei parece de clareza solar, ao tratar apenas da reincidência. Na doutrina brasileira, Guilherme de Souza Nucci[178], Damásio de Jesus[179] e Cezar Roberto Bitencourt são unânimes em indicar que a reincidência desaparece, porém a condenação anterior subsiste para ser valorada como maus antecedentes. Nas palavras de Bitencourt[180]:

> Apesar de desaparecer a condição de reincidente, o agente não readquire a condição de primário, que é como um estado de virgem, que, violado, não se refaz. A reincidência é como o pecado original: desaparece, mas deixa sua mancha, servindo, por exemplo, como antecedente criminal (art. 59, *caput*).

A opinião retratada pauta-se na premissa, amplamente aceita, de que a reincidência norteia-se pelo princípio da temporariedade, enquanto os maus antecedentes são informados pelo princípio da perpetuidade. No âmbito do Superior Tribunal de Justiça, a matéria também está pacificada dessa maneira[181]. O Supremo Tribunal Federal, por sua vez, abandonou o consenso original, para se deixar tomar pela indecisão. Há precedentes que reconhecem a possibilidade de valoração das condenações anteriores como maus antecedentes[182] e julgados mais recentes, que, à luz do direito

outro – enfatizam que "...o reconhecimento do direito ao esquecimento dos condenados que cumpriram integralmente a pena e, sobretudo, dos que foram absolvidos em processo criminal, além de sinalizar uma evolução cultural da sociedade, confere concretude a um ordenamento jurídico que, entre a memória – que é a conexão do presente com o passado – e a esperança – que é o vínculo do futuro com o presente –, fez clara opção pela segunda. E é por essa ótica que o direito ao esquecimento revela sua maior nobreza, pois se afirma, na verdade, como um direito à esperança, em absoluta sintonia com a presunção legal e constitucional de regenerabilidade da pessoa humana". (Voto do Ministro Luís Felipe Salomão). ***Semelhante doutrina há de ser recebida com temperança no âmbito do Direito Penal,*** *mas reforça a necessidade de afastar a excessiva exacerbação da pena-base, operada pelo tribunal estadual ao realizar a primeira etapa da dosimetria da sanção imposta ao paciente, à vista das condenações transitadas em julgado pela prática de infrações patrimoniais.* (HC 256.210/SP, DJe 13/12/2013, 6ª Turma).

178 NUCCI, Guilherme de Souza. *Código Penal Comentado.* 10ª Ed. São Paulo: Revista dos Tribunais, 2010. p. 402/403.

179 JESUS, Damásio de. *Código Penal Anotado.* 20ª ed. São Paulo: Saraiva, 2010. p. 226.

180 BITENCOURT, Cezar Roberto. Código Penal Comentado. São Paulo: Saraiva, 2007. p. 238.

181 HC nº 172.565/SP, Rel. Ministra Maria Thereza de Assis Moura, 6T, DJe 24.4.2013; REsp nº 1.364.114/MG, Rel. Ministra Marilza Maynard, 5T, DJe 25.4.2013; AgRg AREsp nº 343.147/PR, Rel. Ministra Maria Thereza de Assis Moura, 6T, DJe 1.8.2013; AgRg AREsp nº 343.147/PR, Rel. Ministra Maria Thereza de Assis Moura, DJe 1.8.2013; HC nº 178.019/SP, Rel. Ministro Og Fernandes, DJe 14.3.2011

182 *"Embora o paciente não possa ser considerado reincidente, em razão do decurso do prazo de cinco anos previsto no art. 64, I, do Código Penal, a existência de condenações anteriores caracteriza maus antecedentes e demonstra a sua reprovável conduta social, o que permite a fixação da pena-base acima do mínimo legal".* (STF, RHC 106.814/MS, 08.02.2011, 1ª Turma, Rel. Min. Ricardo Lewandowski). No mesmo sentido: *"A questão de direito versada nestes autos diz respeito à possibilidade de a extinção dos efeitos da reincidência (art. 64, I, do Código Penal) eliminar os efeitos de maus antecedentes para fins de diminuição de pena, prevista no art. 33, § 4º, da Lei 11.343/07. 2. O § 4º do art. 33 da Lei 11.343/2006 trouxe uma causa especial de diminuição de*

ao esquecimento, não admitem o sistema da perpetuidade[183]. Essas as palavras do Eminente Ministro José Antonio Dias Toffoli:

> O homem não pode ser penalizado eternamente por deslizes em seu passado, pelos quais já tenha sido condenado e tenha cumprido a reprimenda que lhe foi imposta em regular processo penal. Faz ele jus ao denominado "direito ao esquecimento", não podendo perdurar indefinidamente os efeitos nefastos de uma condenação anterior, já regularmente extinta. Por isso, delimitou expressamente o legislador o prazo de cinco (5) anos para o desaparecimento dos efeitos da reincidência (CP, art. 64). Se essas condenações não mais se prestam para o efeito da reincidência, que é o mais, com muito maior razão não devem valer para os antecedentes criminais, que são o menos.

Primeiro, devemos perceber que há um **erro lógico** na argumentação, proposital ou acidental. Quem não tem força para erguer 30 kg (trinta quilogramas), com mais razão não o terá para soerguer 50 kg (cinquenta quilogramas). Nesse caso, quem não pode o menos, por uma implicação lógica, não pode o mais. No ordenamento jurídico constitucional, faria sentido lógico dizer que, se a condenação não se presta a gerar maus antecedentes, que são "o menos", o que se dirá ser valorada como reincidência, que é "o mais". Por exemplo, condenações por contravenções penais praticadas no exterior não induzem maus antecedentes e, por coerência, também não subtraem a primariedade. Por outro lado, é inválida a sugestão do Ministro: "Se essas condenações não mais se prestam para o efeito da reincidência, que é o mais, com muito maior razão não devem valer para os antecedentes criminais, que são o menos". Com a devida vênia, a sentença não tem validade lógica. Em termos coloquiais, a assertiva se assemelha a dizer: "não sendo possível erguer 50 kg (cinquenta quilogramas), que é o mais pesado, não será possível erguer 30 kg (trinta quilogramas), que é o menos pesado". Diferentemente do que asseverou o Eminente Ministro Antonio José, há, sim, condenações que somente configuram maus antecedentes, mas que não têm a força suficiente para gerar a reincidência. É o caso do édito condenatório por contravenção penal *praticada no Brasil*, algo tolo demais para fazer de alguém reincidente, mas significativo o suficiente para transformá-lo em portador de maus antecedentes. Quando arremessamos um corpo para o alto, o fato de não atingirmos a altura referente ao terceiro andar nos garante que não tenhamos atingido a altura atinente ao segundo? Esse é o raciocínio corrompido pelo membro do STF, preferimos crer, acidentalmente. Em suma: não atingir a reincidência não

pena de 1/6 (um sexto) a 2/3 (dois terços), concedida ao agente que cumpre os seguintes requisitos cumulativamente: ser primário, ter bons antecedentes, não se dedicar às atividades criminosas e nem integrar organização criminosa. 3. Não há que se falar em aplicação da causa especial de diminuição de pena, prevista no art. 33, § 4º, da Lei 11.343/2006, se o juízo de 1º grau reconheceu que o paciente registra maus antecedentes, fato este ainda confirmado em sede de recurso de apelação pelo Tribunal de Justiça do Estado de Mato Grosso do Sul. 4. Esta Corte tem orientação pacífica de que condenação criminal não considerada para efeito de reincidência – em razão de decurso de prazo previsto no artigo 64, I, do Código Penal – pode vir a sê-lo para efeito de maus antecedentes quando da análise das circunstâncias judiciais na dosimetria da pena [...]" (STF, HC 98.803/MS, 18.08.2009, 2ª Turma, Rel. Min. Ellen Gracie).

183 *"Registro de uma condenação anterior, por contravenção (dirigir sem habilitação), transitada em julgado em 28.6.1979. Decorridos mais de 5 anos desde a extinção da pena da condenação anterior (CP, art. 64, I), não é possível alargar a interpretação de modo a permitir o reconhecimento dos maus antecedentes. Aplicação do princípio da razoabilidade"* (STF, HC 110.191/RJ, 2ª Turma, 23.04.2013). No mesmo sentido e mais recentemente: *"Quando o paciente não pode ser considerado reincidente, diante do transcurso de lapso temporal superior a cinco anos, conforme previsto no art. 64, I, do Código Penal, a existência de condenações anteriores não caracteriza maus antecedentes."* (STF, HC 119.200/PR, 1ª Turma, 11.02.2014).

significa, a todas as luzes, que os maus antecedentes não se configuraram ou não se possam configurar[184].

Que o egresso tem o direito a uma nova chance, não temos a menor dúvida disso. É direito dele ter seus erros esquecidos, e é por isso que o ordenamento cuidou de estipular um período depurador para a reincidência, exatamente como um prêmio para os que domaram seu ímpeto, por mais de cinco anos da extinção da pena, mas vieram a cair novamente. Resgata-se, desse modo, a primariedade. Demais disso, esse mesmo ordenamento permitiu que, passados dois anos do cumprimento da pena ou da extinção da punibilidade, o agente tenha o direito à reabilitação. Isso já revela um conjunto de medidas a favor da ressocialização e da reinserção daquele que praticou delitos.

Por um imperativo de isonomia, o Direito deve tratar igualmente os iguais e desigualmente os desiguais. Aquele que conserva antecedentes criminais imaculados *não merece, em uma condenação,* ser tratado da mesma maneira que o agente cuja pena foi extinta há pouco mais de uma copa do mundo. A pena deve vestir a pessoa do condenado como uma roupa feita sob encomenda, isto é, na exata medida da sua periculosidade. **Há casos em que o condenado tem *dezenas* de condenações transitadas em julgado, da mesma espécie, todas já extintas há mais de cinco anos**[185]. Afirmar que dezenas de antecedentes são irrelevantes na dosimetria da pena é um desrespeito ao sangue, à liberdade e ao patrimônio das vítimas do sentenciado, que são tratadas como se jamais tivessem existido. Por óbvio, uma leitura de equilíbrio recomenda que, quanto mais remota seja a condenação pretérita, menos se eleve a reprimenda a título de maus antecedentes[186]. Quanto mais próxima, maior deve ser a elevação. O que não se admite é que a biografia de um criminoso seja olvidada em uma amnésia quinquenal, porque, às vezes, a história se repete (tanto que voltou a ser condenado).

Quem delinquiu novamente acende o alerta do ordenamento jurídico para a sua nocividade, não podendo ser apenado com uma sanção idêntica àquela aplicada ao indivíduo que erra de maneira inaugural. Fosse de outro modo, a cada cinco anos da extinção da pena ter-se-ia uma anistia criminal não prevista em lei, mas

---

[184] Felizmente, a questão está afeta ao Plenário, no julgamento do RE 593.818. Referindo-se ao dia do julgamento pelo Pleno, humildemente, ponderou o Ministro Antonio José: *"eu também lá posso me convencer do oposto".*

[185] Confira-se, a propósito, o HC 284.307/SP: *"Condenações anteriores com trânsito em julgado há mais de cinco anos não caracterizam a reincidência, mas podem ser consideradas como maus antecedentes. 3. Na hipótese, **a pena-base foi fixada acima do mínimo legal em decorrência de dez condenações anteriores com trânsito em julgado** e porque o paciente 'ao ser preso por este feito, estava em benefício pela Vara das Execuções Criminais', revelando seu comportamento 'total descaso pela vida em comunidade e ausência de qualquer aprendizagem pelos anos que passou encarcerado'.* [...] ***A ideia que subjaz ao chamado "direito ao esquecimento" não tem como implicar, diante das peculiaridades do caso concreto, a relativização dos registros penais do paciente**, pois o relevo imprimido ao conjunto de condenações foi proporcional, considerando o piso e o teto abstrato previsto para o tipo penal."*

[186] A proporcionalidade, neste particular, já foi adotada pelo STJ (negritamos): *"Sem perder de vista o entendimento jurisprudencial no sentido de que condenações prévias, com trânsito em julgado há mais de cinco anos, **apesar de não ensejarem reincidência, servem de alicerce para valoração negativa dos antecedentes, soa desarrazoado admitir que essas treze condenações, tão longínquas no tempo, aumentem a pena-base em três vezes.** [...] Conquanto relevante, para fins penais, a existência de tantas condenações impingidas ao paciente por crimes patrimoniais, não se lhes pode atribuir o desproporcional relevo dado na corte estadual, que aumentou, em três vezes, a sanção inicial no processo de individualização da reprimenda penal."* (STJ, HC 256.210/SP, Dje 13.12.2013, 6ª Turma).

supostamente implícita na ideia de direito ao esquecimento[187]. Afigura-se um risco à segurança jurídica, máxime em um sistema predominantemente de *civil law*, trocar a explicitude de uma lei escrita pela implicitude de um princípio não escrito.

A questão será pacificada no RE 593.818, cuja repercussão geral foi reconhecida. Esperamos que o Supremo Tribunal Federal demonstre apreço pelo Direito democraticamente fabricado. Julgamentos *contra legem* não podem ser vulgarizados.

13. DIREITOS FUNDAMENTAIS (DOS) ESQUECIDOS

Na dogmática constitucional, há direitos fundamentais esquecidos e direitos fundamentais *dos esquecidos*. Uma verdadeira cortina de fumaça tem obnubilado alguns direitos e algumas pessoas, cobrindo-lhes com o manto da invisibilidade. Que direitos são esses? Que pessoas são essas? A doutrina não se ocupa deles. Pouco se discorre, por exemplo, sobre o direito fundamental de repúdio à impunidade ou sobre o direito fundamental de ressocialização *da vítima*. Outrossim, há categorias de pessoas invisíveis ao Direito Constitucional, como se o mero fato de lembrá-las emprestasse um caráter punitivista ao discurso. Isso demanda do hermeneuta uma correção, por meio de uma ***inclusão discursiva***. Vítimas, seus familiares, a sociedade, os agentes de segurança pública e o nascituro devem ser incluídos no discurso das franquias constitucionais, de modo a equilibrar a leitura dos direitos fundamentais.

13.1. Direitos fundamentais da vítima e de seus familiares

Sem dúvidas, quando um crime é praticado, na maioria das vezes, o Estado falhou no seu dever de evitá-lo. Quando um delito não é elucidado, o Estado fracassou no seu dever de punir. Sucede que, não sendo onipresente, onisciente e onipotente, o Poder Público jamais disporá de recursos humanos e materiais para evitar todas as infrações penais, sobretudo porque uma fração considerável dessas infrações é praticada nos átrios de uma residência, em um momento privado ou mesmo em circunstâncias de intimidade. Seria excessivamente intromissivo que o Estado se fizesse presente em todas as ocasiões, vigiando seus nacionais para que não viessem a delinquir.

Todavia, se não é possível evitar todos os delitos, o Estado deve envidar todos os esforços no que atine à recuperação da *integridade psíquica e moral* das vítimas de crimes e de seus familiares. Esse objetivo é alcançado, usualmente: **a) por meio do descobrimento da verdade; b) pela punição do criminoso, *com a severidade suficiente e de maneira tempestiva;* c) pelo ressarcimento da vítima, que deverá ser desembolsado pelo delinquente; d) por outras medidas solidaristas que possam ser adotadas para amenizar o abalo sofrido**[188].

[187] A propósito, este foi o palpite do Eminente Ministro Dias Toffoli: "*... passaram-se cinco anos, ele está indene com a sociedade*" (HC 119.200/PR).

[188] Esta foi a percepção de Lauro Machado Nogueira e Vinícius Marçal Vieira, membros do Ministério Público de Goiás, para quem o Estado de Goiás deverá implementar uma rede protetiva e assistencial que implemente os direitos fundamentais das vítimas: "*Não bastasse sofrer com os processos de vitimização decorrentes da prática do delito, a vítima amarga a falta de*

É absolutamente pertinente colacionar os dizeres de Antonio García-Pablos de Molina e Luiz Flávio Gomes[189]:

> A vítima não reclama compaixão, senão respeito a seus direitos. O Estado "social" não pode ser insensível aos prejuízos que a vítima sofre como consequência do delito (vitimização primária) e como consequência da investigação e do processo (vitimização secundária). Nem tampouco à dor e humilhação da vítima que constata consternada o apoio social e reconhecimento público que, em alguns casos, recebe o condenado que retorna, como herói da prisão, a própria comunidade que ignora, despreza e marginaliza aquela (vitimização terciária). A efetiva "ressocialização" da vítima exige uma intervenção positiva dos particulares e dos poderes públicos, dirigida à satisfação solidária das necessidades e expectativas reais daquela.

A vítima dificilmente é vitimizada uma única vez. Quando uma mulher sofre um estupro, foi vitimada pelo maníaco que a violentou (*vitimização primária*), pelos transtornos advindos do processo judicial (*vitimização secundária*) e pelo companheiro que, covardemente, rompe o noivado em razão do incidente (*vitimização terciária*). Ora, se o Estado erigiu todo um aparato institucional para recuperar o agressor, que é algoz, com mais razão deverá envidar esforços para a ***ressocialização da vítima***.

A criminologia viveu três momentos distintos, no que concerne ao papel ocupado pela vítima do delito. O primeiro deles, cunhado de *idade de ouro*, foi marcado pelo protagonismo *das vítimas e seus familiares*, que detinham poderes para ditar a pena do agressor. Os abusos motivados pela vingança fizeram o Estado avocar para si o *jus puniendi*, concentrando o monopólio das punições e esquecendo por completo da parte ofendida, fase essa denominada de *neutralização da vítima*. Ambas revelavam desequilíbrios. Finalmente, a vítima volta a ser descoberta pelo sistema penal, mas numa perspectiva humanitária. Surge, então, a vitimologia, como um braço da criminologia.

Na corrente clássica da vitimologia, o Estado transferia para a vítima uma parcela de culpa pelo delito sofrido. Somente com a **corrente solidarista ou humanitária** passou-se a compreender que o trauma causado pela infração deveria ser compartilhado com o Estado, **resgatando-se os direitos e as garantias fundamentais da vítima**. Essa, portanto, é a fase da vitimologia buscada para a *leitura de equilíbrio dos direitos fundamentais*.

É dever do Estado, por exemplo, conduzir a persecução penal de maneira *humana e atenciosa*, com o escopo de elucidar a verdade. Segundo o Código de Processo Penal, com a redação que lhe foi dada pela Lei nº 11.690/2008, "se o juiz entender necessário, poderá encaminhar o ofendido para atendimento multidisciplinar, especialmente nas áreas psicossocial, de assistência jurídica e de saúde, a expensas do ofensor ou do Estado" (art. 201, § 5º). Ainda no que diz respeito à humanização do processo, em benefício da vítima e na proteção dos seus direitos fundamentais, o CPP

---

amparo do Estado. [...] No atual estágio de evolução da sociedade é inconcebível enxergar o ofendido como mero noticiante da infração penal ou como um reles ator de somenos importância no plano da persecução penal. As diversas outras consequências do crime, que geram para ele problemas de variadas ordens, reclamam consideração e cuidado pelo Estado. [...] Sem a criação de um programa voltado para esse mister, a vítima continuará digerindo sozinha a conduta predatória de que foi alvo". (As Vítimas e os Direitos Humanos, Jornal O Popular, publicado em 09.02.2016).

189 MOLINA, Antonio García-Pablos de. GOMES, Luiz Flávio. *Criminologia*. 8ª Edição. São Paulo: Editora Revista dos Tribunais, 2012. p. 100.

estatui que "o juiz tomará as providências necessárias à preservação da intimidade, vida privada, honra e imagem do ofendido, podendo, inclusive, determinar o segredo de justiça em relação aos dados, depoimentos e outras informações constantes dos autos a seu respeito para evitar sua exposição aos meios de comunicação" (art. 201, § 6º). Também é dever do Poder Público assegurar o deslinde do processo em um tempo *razoável*, proporcional à sua complexidade. É dever do Estado Juiz punir culpados e absolver inocentes. É dever dos órgãos de segurança pública aperfeiçoar seu trabalho, assim como é dever do órgão legiferante fazer leis protetivas *o suficiente*[190].

Neste particular, o Ministério Público assume uma importância singular: primeiro, como órgão constitucionalmente legitimado a investigar, estará credenciado a coletar os elementos referentes à verdade, que é um direito da vítima e dos seus familiares. Mesmo que não investigue, o controle externo efetuado sobre a qualidade do inquérito policial também é uma prerrogativa destinada a desvendar o delito. Segundo, porque o Ministério Público promove a responsabilização de quem de direito, como *dominus litis*, postulando uma punição tempestiva e proporcional. Terceiro, por meio do ajuizamento da ação civil *ex delicto*, possibilitando um **ressarcimento material e imaterial** em razão do dano experimentado pelo crime. Sendo impossível restituir o *status quo*, posto que a pessoa vitimada de um delito jamais será realocada para a sua integridade original, muitas vezes a indenização afigura-se como uma medida útil e até pedagógica[191]. Conclui-se que, no sistema jurídico brasileiro, o parquet foi constitucionalmente munido das ferramentas necessárias para promover os direitos fundamentais das vítimas e de seus familiares.

13.2. Direitos fundamentais da sociedade

Embora não se repita isso como deveria, a sociedade também é titular de direitos fundamentais. Nas poucas vezes em que essa afirmação é feita, a alusão é dirigida aos tradicionais direitos difusos, sobretudo o direito ao meio ambiente ecologicamente equilibrado (natural e artificial, o que inclui a ordem urbanística), à ordem econômica hígida, à saúde, à probidade administrativa e à segurança pública etc. Ocorre que há direitos fundamentais implícitos nesses direitos, cujo realce é medida de rigor.

Antes de avançarmos nessa análise, cumpre esclarecer que, quando nos referimos a direitos fundamentais *da sociedade*, não estamos nos referindo a direitos fundamentais do *cidadão de bem*. Os direitos da sociedade são direitos difusos, por excelência, não sendo possível identificar seus titulares, dada a imensa amplitude dessa categoria de direitos metaindividuais. Já dissemos que os direitos fundamentais devem ser, sempre que possível, universalizados. Não se concebe direitos apenas para cidadãos de bem, pelo menos, não em nossa *leitura de equilíbrio* dos direitos

[190] Não nos referimos apenas às leis elaboradas para atender mandados constitucionais de criminalização. Merece registro, por exemplo, a Lei Maria da Penha (Lei nº 11.340/06) e a Lei de Proteção a Vítimas e a Testemunhas (Lei nº 9.807/99). No âmbito da proteção onusiana aos direitos humanos das vítimas, merece ser ressaltada a Declaração dos Princípios Básicos de Justiça Relativos às Vítimas da Criminalidade e de Abuso de Poder, adotada pela Assembleia Geral das Nações Unidas na sua resolução 40/34, de 29 de novembro de 1985.

[191] Na prática, isso tem sido feito com frequência pela Corte Interamericana de Direitos Humanos. Ainda no plano internacional, a indenização devida à vítima foi colocada em relevo em documentos internacionais, a exemplo da Convenção Europeia relativa à Indenização de Vítimas de Infrações Violentas.

fundamentais, onde até o terrorista tem reconhecida a sua dignidade humana. Nesse ponto, por uma questão de clareza, é bom esclarecer que aderimos cientificamente à premissa sustentada pelo Supremo Tribunal Federal[192]:

> Nas democracias mesmo os criminosos são sujeitos de direitos. Não perdem essa qualidade, para se transformarem em objetos processuais. São pessoas, inseridas entre aquelas beneficiadas pela afirmação constitucional da sua dignidade (art. 1º, III, da Constituição do Brasil).

A *leitura de equilíbrio dos direitos fundamentais* reconhece a todos os infratores a sua condição de pessoa, seja no plano exoprocessual, seja no plano endoprocessual, pugnando pela aplicação do mesmo regime jurídico: a lei. Isso precisa ficar claro, porque há construções teóricas que partem de premissas distintas, a exemplo do Direito Penal de Günther Jakobs. Este, diferentemente do que defendemos nesta obra, trabalha com duas categorias: cidadãos e inimigos, aplicando-lhes um Direito específico para cada qual. Enquanto o delinquente cidadão seria digno de um Direito Penal, o inimigo seria merecedor de um Direito Penal do Inimigo, isto é, de uma guerra. Estas as palavras de Jakobs[193] (negritamos):

> [...] **quem inclui o inimigo no conceito de delinquente-cidadão não deve assombrar-se quando se misturam os conceitos "guerra" e "processo penal"**. De novo, em outra formulação, quem não quer privar o Direito Penal do cidadão de suas qualidades vinculadas à noção de Estado de Direito – controle das paixões; reação exclusivamente frente a atos exteriorizados, não frente a meros atos preparatórios; a respeito da personalidade do delinquente no processo penal etc. – deveria chamar de outra forma aquilo que *tem que* ser feito contra os terroristas, se não se quer sucumbir, isto é, deveria chamar Direito Penal do Inimigo, guerra contida.
>
> Portanto, **o Direito Penal conhece dois polos ou tendências em suas regulações. Por um lado, o tratamento com o cidadão**, esperando-se até que se exteriorize sua conduta para reagir, com o fim de confirmar a estrutura normativa da sociedade, **e por outro, o tratamento com o inimigo**, que é interceptado já no estado prévio, a quem se combate por sua periculosidade. [...]
>
> Portanto, **o Estado pode proceder de dois modos com os delinquentes: pode vê-los como pessoas que delinquem, pessoas que tenham cometido um erro, ou indivíduos que devem ser impedidos de destruir o ordenamento jurídico, mediante coação.** Ambas perspectivas têm, em determinados âmbitos, seu lugar legítimo, o que significa, ao mesmo tempo, que também possam ser usadas em um lugar equivocado. [...]
>
> **Quem não presta uma segurança cognitiva suficiente de um comportamento pessoal não só não pode esperar ser tratado ainda como pessoa, mas o Estado não *deve* tratá-lo, como pessoa, já que do contrário vulneraria o direito à segurança das demais pessoas.** Portanto, seria completamente errôneo demonizar aquilo que aqui se tem denominado Direito Penal do Inimigo. Com isso, não se pode resolver o problema de como tratar os **indivíduos que não permitem sua inclusão em uma constituição cidadã.**

Constata-se, a partir dos seus escritos, que Jakobs trabalha com infratores inimigos (*v.g.* terroristas), que, segundo ele, não devem ser considerados como *pessoas*, e

192 STF, HC 84078-7/MG, Pleno, 05/02/2009.

193 – JAKOBS, Gunther; MELIÁ, Manuel Cancio. *Direito Penal do Inimigo. Noções e Críticas.* 6ª Edição. Livraria do Advogado. *Kindle Edition.*

infratores que não são tidos como adversários do ordenamento jurídico. Diversamente, em nossa proposta doutrinária, compreendemos todos os infratores da sociedade como dignos de um tratamento jurídico-processual compatível com essa condição imanente aos seres humanos. Repita-se à exaustão: também o terrorista é titular de direitos fundamentais. Daí porque é questionável o teor do Decreto nº 5.158, de 27 de julho de 2004. O ato normativo federal obrigou as autoridades brasileiras à contenção de qualquer tipo de movimentação financeira em nome de Osama bin Laden, membros da organização Al-Qaeda ou do Talibã e do estabelecimento de procedimentos e exigências internas referentes à movimentação transfronteiriça de moeda. O fundamento foi dar cumprimento à Resolução nº 1.526 (2004), adotada pelo Conselho de Segurança das Nações Unidas, em 30 de janeiro de 2004. Noutras palavras, a pretexto de cumprir uma resolução do Conselho de Segurança da ONU, o Estado brasileiro, mediante *decreto*, determinou uma medida de constrição de bens. Como se sabe, a medida situa-se no âmbito da reserva de jurisdição, pelo que sua exequibilidade é constitucionalmente questionável. Já dissemos que, no Direito Constitucional, os fins não justificam os meios.

Portanto, **na *leitura de equilíbrio dos direitos fundamentais,* trabalhamos com cidadãos não infratores e cidadãos infratores. Ambos podem ser cidadãos de bem, a depender da postura que adotem diante de seus erros.**

13.2.1. *O que se entende por "cidadão de bem"? (Um componente ético como substrato teórico para membros do Ministério Público que atuam na curadoria da probidade administrativa e da segurança pública)*

No Direito Constitucional, a palavra "cidadão" tem sido desvirtuada para atuar como um título nobiliário conferido unicamente aos nacionais em pleno gozo dos direitos políticos, isto é, a todos aqueles que possuem título de eleitor. Atualmente, quem não ostenta esse documento não é visto como cidadão pelo Poder Público. Com isso, já se exclui, de antemão, todos os presos que cumprem pena em razão de condenação transitada em julgado. Os apenados, portanto, não têm o *status* de cidadãos, por uma infeliz decisão do constituinte originário. Tal opção não está a cavaleiro da crítica e o autor que vos escreve não se omitirá a esse respeito.

Principiaremos lembrando que, em um lapidar estudo monográfico a respeito da *democracia*, **Robert Dahl** averba que um processo democrático tem cinco critérios: a) participação efetiva; b) a igualdade de voto; c) o entendimento esclarecido; d) o controle do programa de planejamento e e) **a inclusão de adultos**. No que concerne à inclusão, o Professor da Universidade de Yale a concebe com plena. Segundo ele, "O corpo dos cidadãos num Estado democraticamente governado deve incluir todas as pessoas sujeitas às leis desse Estado, com exceção dos que estão de passagem e dos incapazes de cuidar de si mesmo"[194].

194 DAHL, Robert A. *Sobre a Democracia*. Brasília: Editora Universidade de Brasília, 2016, p. 92. Nesse contexto, é absolutamente pertinente o esclarecimento de Paulo Bonavides, quando arremata que, para autores mais rigorosos, "...não houve na Grécia democracia verdadeira, mas aristocracia democrática, o que evidentemente traduz um paradoxo". (BONAVIDES, Paulo. Ciência Política. 23ª Edição. São Paulo: Malheiros, 2016. p. 289).

Contrariando as expectativas de estudiosos como Robert Dahl, a Constituição de 1988 não incluiu todos os adultos capazes no processo democrático, pois sonegou a cidadania dos conscritos, mutilou a dos analfabetos (estes não possuem o *jus honorum* ou direito de serem eleitos) e denegou a cidadania dos presos em razão de decisão condenatória irrecorrível.

O mesmo Estado que reclama a ressocialização dos apenados amputa-lhes um direito cívico: o direito de sufrágio. Espera-se que os reeducandos saiam do ergástulo como cidadãos regenerados, mas, paradoxalmente, o constituinte retira-lhes provisoriamente a cidadania (art. 15, III, CF/88). Com isso, os presos segregados por um édito condenatório transitado em julgado simplesmente são esquecidos pelos mandatários do povo, pois não possuem capital eleitoral. Surge uma situação curiosa: os apenados são destinatários de políticas públicas, mas não podem eleger os responsáveis por essas políticas. Previsivelmente, o sistema prisional mergulhou em um **estado de coisas inconstitucional** (ADPF 347)[195].

Substancialmente, sonegar direitos políticos dos apenados consiste em uma ***estrangeirização***, isto é, em uma alienação do brasileiro condenado a uma pena criminal definitiva, enquanto durarem seus efeitos, posto que tratado como estrangeiro. Argumentos como a suposta dificuldade de instalação de urnas eletrônicas, hodiernamente, não mais convencem. Até mesmo as comunidades quilombolas mais longínquas são guarnecidas com urnas da Justiça Eleitoral, que por vezes são providenciadas pela via fluvial.

É de se admitir, não obstante, o risco de que os candidatos a um mandato eletivo passem a celebrar acordos velados com as lideranças das *organizações criminosas*, à semelhança do costume constitucional do *voto de liderança* praticado nos átrios do Parlamento. É dever do Estado coibir essa prática, mas ela não pode ser tida como um obstáculo para a universalização do direito de sufrágio.

Um paradoxo constitucional, portanto, exigir cidadania de quem não é reconhecido como cidadão. Nesse contexto, proclamar, no artigo 1º, o Estado Democrático, afigura-se como um didático exemplo de utilização **"simbólica"**, na acepção de **Marcelo Neves** (UnB), na medida em que o sentido latente ofusca o sentido manifesto de democracia[196]. Em suma: a Constituição Brasileira de 1988, ao utilizar 18 (dezoito) vezes derivações radicadas no prefixo *demos* e no sufixo *cracia*, pretende-se democrática, mas não o é.

Todavia, tecnicamente, não há espaço para cogitar a ocorrência de *mutação constitucional* (poder constituinte difuso) que permita o exercício do voto por parte dos presos definitivos, porquanto isso extravasaria a moldura da norma. Também não há espaço para o manejo do controle de constitucionalidade de normas constitucionais originárias, pois a doutrina de Otto Bachof não encontrou guarida no

[195] Subtraindo-se dos presos "definitivos" o direito de sufrágio, simplesmente essa categoria de pessoas deixa de ser priorizada nas políticas públicas idealizadas por alguns ocupantes de mandatos eletivos. Dizemos "alguns" porque seria injusto afirmar, indiscriminadamente, que todo aquele que cumpre um mandato só elabora políticas para quem o elege, embora as regras de experiência revelem que uma grande quantidade de parlamentares se comporta dessa maneira. Se existe uma injustiça com a qual não compactuamos, ela se chama "generalização". A boa-fé e a inocência das pessoas devem ser um ponto de partida nas análises jurídicas.

[196] NEVES, Marcelo. A Constitucionalização Simbólica, 3ª Edição. São Paulo: WMF Martins Fontes, 2011. p. 29-31.

Brasil[197]. Não podemos confundir nossos desejos com direitos, imaturidade já censurada neste trabalho. Se desejamos aprimorar nossas Instituições e atribuir direitos políticos aos presos definitivos, isso é tudo o que nos resta: emendar a Constituição! Aliás, o próprio Ulysses Guimarães reconheceu que "A Constituição certamente não é perfeita. Ela própria o confessa ao admitir a reforma"[198].

À vista dessas constatações, a expressão "cidadão" de bem talvez não fosse a ideal, principalmente pela leitura discriminatória e excludente efetuada pela doutrina constitucionalista atual, que só reconhece cidadania ao portador do título de eleitor. Talvez fosse melhor falar em ***pessoa de bem***, a menos que se alargue o conceito de cidadania. Assim, na *leitura de equilíbrio das franquias constitucionais*, preferimos perfilhar uma corrente mais moderna, pela qual **a definição de cidadania deve ser concebida em sentido amplo**. A nosso sentir, a latitude do conceito de cidadão sinaliza exatamente a maturidade da democracia vivenciada por um dado Estado Nacional.

Apresentando um conceito *lato* de cidadão, exatamente como proposto nestes escritos, Paulo Afonso de Leme Machado averba que *"não é nenhum excesso entender que todos os habitantes do País, brasileiros e estrangeiros (art. 5º, caput), estão legitimados a utilizar a ação popular ambiental."*[199] Nas pistas corretas do conceito de cidadania, o ambientalista arremata[200]:

> Vejo a cidadania como a ação participativa onde há interesse público ou interesse social. Ser cidadão é sair de sua vida meramente privada e interessar-se pela sociedade de que faz parte e ter direitos e deveres para nela influenciar e decidir.
>
> [...] ser cidadão já não é só ser eleitor ou poder ser eleito para cargos ou funções eletivos. É mais: é, entre outros direitos, poder integrar órgãos públicos como o Conselho da República (art. 89, VII) ou falar perante as Comissões do Congresso Nacional (art. 58, § 2º), onde não se exigirá a apresentação de título de eleitor para o exercício da cidadania.

Em reforço à concepção mais ampla de cidadania, os constitucionalistas lusos Canotilho e Vital Moreira[201] aduzem ser "igual à dignidade social de todos os cidadãos – que aliás não é mais do que um corolário da igual dignidade humana de todas as pessoas, cujo sentido imediato consiste na proclamação da idêntica validade cívica de todos os cidadãos, independente de sua inserção econômica, social, cultural e política, proibindo desde logo formas de tratamento ou de consideração social discriminatórias". Por fim, Celso Antonio Pacheco Fiorillo também não acolhe o antigo dogma pelo qual cidadão é somente quem está no pleno gozo dos direitos políticos:

---

[197] BACHOF, Otto. *Normas Constitucionais Inconstitucionais?* Coimbra: Aledina, 2008.

[198] Cuida-se do célebre discurso proferido por ocasião da promulgação da Carta Outubrina, disponível em http://www2.camara.leg.br/camaranoticias/radio/materias/CAMARA-EHISTORIA/339277-INTEGRA-DO-DISCURSO-PRESIDENTE-DA-ASSEMBLEIA--NACIONALCONSTITUINTE,--DR.-ULYSSES-GUIMARAES-(10-23).html, acessado em 25/06/2017.

[199] MACHADO, Paulo Afonso Leme. *Direito Ambiental Brasileiro*, 14ª Ed. São Paulo: Malheiros Editores, 2006. p. 126.

[200] *Idem*.

[201] *Constituição da República Portuguesa Anotada, apud* Celso Antonio Pacheco Fiorillo, Princípios...op. cit. p. 9.

> [...] entendemos o conceito de cidadão no plano do direito positivo brasileiro em vigor como a pessoa humana no gozo pleno de seus direitos constitucionais abarcados pelos fundamentos do art. 1º da Carta Magna (e particularmente pela soberania), ou seja, a cidadania diz respeito a atributo de todos os brasileiros e estrangeiros residentes no país (art. 5º), vinculado ao conceito de igual dignidade social, independentemente de sua inserção econômica, social, cultural e evidentemente política.[202]

Trata-se de uma abordagem nova, que se desvencilha do significado de cidadania pautada em um *critério formalista* para agarrar-se a um *critério substancial*. Migra-se de um *sistema documental* para um **sistema humanista**. Este é o marco teórico que se propõe nesta *leitura de equilíbrio dos direitos fundamentais.*

Bem explicado que o elemento "cidadão" da expressão "cidadão de bem" deve abarcar todas as pessoas que decidam exercer sua cidadania, enquanto seres humanos, resta-nos avaliar a expressão **"de bem"**.

Tanto quanto o bem e o mal, existem pessoas de bem e pessoas vocacionadas ao mal. Hitler foi vocacionado ao mal. Dalai Lama e Nelson Mandela dedicaram suas vidas à feitura do bem. Se o autoritário alemão nasceu perverso, como diria Thomas Hobbes, ou se veio a ser corrompido, como sustentaria Rousseau, não nos cabe aquilatar. Seriam ilações, e um membro do Ministério Público há de trabalhar com *fatos objetivamente verificáveis*. E é objetivamente verificável que Adolf Hitler teve uma existência tenebrosa. Por óbvio, pessoas ruins também praticam boas ações, e pessoas boas apresentam falhas de caráter, mas é certo que, mesmo nesses indivíduos, há uma natureza *predominante*. Há pessoas *preponderantemente* boas e outras *predominantemente* más.

O mal e o bem são relativos? Nos Direitos Humanos, a **Teoria da Margem da Apreciação**, pautada no relativismo cultural, tem sido repelida por parte da doutrina. Como repelir, então, a distinção entre aquilo que é bom e aquilo que é mau? Discernir o certo do errado é a aptidão mais *primeva* para bem conviver em sociedade. De fato, há zonas cinzentas, como em tudo na vida, mas pessoas saudáveis são capazes de *razoavelmente* discernir o bem do mal. Todo cuidado é pouco com alguém sem aptidão para distinguir comportamentos perversos de comportamentos bondosos. Maltratar animais é uma conduta que exterioriza perversidade. A compaixão por crianças e por idosos é um sentimento nobre e apreciável. Quem relativiza isso perdeu o contato com a realidade.

O fato é que, doa a quem doer, os cidadãos de bem existem. As favelas estão repletas deles. Na sua maioria, os moradores de *aglomerados subnormais*[203] são pessoas que não se esquivam do trabalho, por mais espinhoso que se lhes afigure. Uma parte minoritária é composta de pessoas que enveredaram para o mundo subterrâneo da criminalidade, mas também estes podem vir a se tornar cidadãos de bem, pois, enquanto estiverem vivos, poderão abandonar seus vícios para trilhar um caminho de retidão. Muitos cidadãos de bem são ex-presidiários, ex-traficantes, enfim, todos os

---

[202] FIORILLO, Celso Antonio Pacheco. *Princípios do Processo Ambiental*, São Paulo: Saraiva, 2004. p. 11.

[203] A expressão *aglomerados subnormais* é a maneira técnica de designar favelas, no âmbito do Direito Constitucional Urbanístico. Na doutrina, encontramos o termo na obra de Celso Antonio Pacheco Fiorillo, um dos maiores ambientalistas brasileiros (FIORILLO, Celso Antonio Pacheco. FERREIRA, Renata Marques. *Estatuto da Cidade Comentado*. 6ª Edição. São Paulo: Saraiva, 2014. p. 21).

heróis que deixaram para trás a vida sombria da criminalidade. Uma prostituta pode perfeitamente ser cidadã de bem, principalmente porque prostituir-se não é crime. Travestis podem ser cidadãos de bem, porquanto travestir-se com a indumentária do sexo oposto ao biológico não desqualifica o caráter do ser humano. Cidadão de bem é a pessoa que carrega consigo um bom caráter e que faz uso dele, optando por respeitar a lei, pelo menos, de forma *preponderante*.

A essa altura, cumpre indagar: quem não é cidadão de bem? Aquele que deliberadamente comete crimes, não em razão de um rompante de fraqueza ou deslize, mas porque fez da criminalidade seu meio de vida e já não se ressente pelos erros cometidos[204]. Tome-se como exemplo o lenão que prostitui crianças; o contumaz sonegador de impostos; o condutor que habitualmente guia seu veículo com os alvéolos pulmonares encharcados de álcool; o jovem universitário que assina a lista de frequência em nome do colega de sala; o traficante de drogas e o pistoleiro de aluguel. Por ora, estes não são cidadãos de bem, mas todas as manhãs recebem a oportunidade de migrar para o lado da lei. Ao contrário do que se diz, há, sim, no Brasil, pessoas que são sinceras na declaração do imposto de renda, que não sonegam impostos, que se locomovem de *táxi* após ingerir um *chopp*, que não fotocopiam obras bibliográficas, que não efetuam *downloads* ilícitos na *internet,* que se recusam a consumir DVDs piratas, que não matam, que não estupram, que não roubam, que não furam fila e que não cometem infrações de trânsito. Não há nada de anormal nisso, pelo contrário, esse é o *normal*. Pode não ser o *comum*, mas é o normal. Por óbvio, nem mesmo essas pessoas podem ser consideradas perfeitas, pois estão em constante processo de evolução e aperfeiçoamento, o que permite afirmar que são elas *preponderantemente* boas cidadãs. ***A leitura de equilíbrio das franquias constitucionais*** **é fiduciária do ser humano, que passa a ser visto como alguém capaz de caminhar do lado do bem.**

É por isso que **não tem lugar, no Direito Constitucional, o lema "le cocquiano" de que "bandido bom é bandido morto"**[205]. Em um tom mais coloquial, podemos afirmar categoricamente que "**Bandido bom" é aquele recuperável. Se for irrecuperável, é de bom alvitre que esteja segregado, porém vivo e com sua dignidade respeitada**. Todos têm direito a uma segunda chance. Um infrator pode tornar-se um cidadão de bem. E é pelos cidadãos de bem *de hoje* e pelos cidadãos de bem *de amanhã* que o Ministério Público luta todos os dias. Quando atua como

---

204 Certa feita, o Ministério Público ingressou com uma ação de improbidade administrativa porque um dado vereador havia feito uso de um veículo da Câmara Municipal para fins particulares. O ímprobo reconheceu seu erro, demonstrou arrependimento, ressarciu o Erário e foi alvo das demais consequências legais. Não se teve mais notícia de qualquer desvio no exercício da vereança, mas, após o ajuizamento da demanda, o parlamentar perdeu a capacidade de cumprimentar o autor que vos escreve com a cabeça erguida. O constrangimento é um sinal natural de pessoas íntegras. Acreditamos nos efeitos pedagógicos da referida ação de improbidade, bem assim na correção de rumos por parte do aludido vereador. É, pois, até que se prove o contrário, um cidadão de bem.

205 A ***Scuderie Le Cocq*** nasceu como uma reação ao homicídio do Detetive Milton Le Cocq. Este foi assassinado por Manoel Moreira, conhecido como "cara de cavalo", na década de 60. Sedento por vingança, um grupo clandestino de policiais deu início a uma caçada implacável, por meio de um Esquadrão da Morte, culminando no extermínio de criminosos, dentre eles, Manoel Moreira. Um dos maiores desafios do Ministério Público brasileiro, como órgão responsável pelo controle externo da atividade policial, é impedir a metástase de células le cocquianas nos órgãos de segurança pública brasileira. Sem dúvidas, além de uma fiscalização meticulosa da atividade policial, promover a punição tempestiva de criminosos é uma das maneiras de impedir o que a criminologia denomina de reações informais ao delito. Daí a existência de um direito fundamental de repúdio à impunidade. Voltamos ao tema no tópico pertinente.

órgão da execução penal, na veladura da dignidade no cumprimento da pena, o *parquet* está protegendo o cidadão de bem *do futuro*. Linchadores e justiceiros, no mundo físico ou virtual, são tão bandidos quanto os bandidos linchados. Não raro, é um pretexto para dar vazão à brutalidade aprisionada. Tudo não passa de uma oportunidade sádica para projetar uma perversidade represada.

Por fim, é do nosso conhecimento que a expressão "cidadão de bem" já foi usurpada pela ***Ku Klux Klan***, entidade supremacista que difundiu o ódio racial, em uma espécie de periódico denominado *The Good Citizen*. Cremos que uma entidade racista norte americana não tem legitimidade para amaldiçoar uma expressão terminológica, tornando-a *proscrita*. Seria muita deferência a esse grupo espúrio admitir que ele livremente *ressignificasse* expressões vernaculares, dotando-lhes de autoridade lexical e idiomática. Na realidade, a *Ku Klux Klan* escolheu a dedo a expressão que batizaria seus impressos publicitários, apoderando-se exatamente de uma expressão semântica edificante, para mimetizar seus interesses mais escusos. O uso da expressão pelo grupo não passou de um disfarce. Diferentemente do que sustentavam os supremacistas, entendemos que **até mesmo o apenado de bom comportamento no cárcere é um cidadão de bem. O de mau comportamento não o é, mas pode tornar-se.** De toda sorte, a bem da verdade, é dever do Ministério Público lutar pelo cumprimento digno da pena e pela recuperação de *ambos*, o bom e o mau cidadão.

Feitos os esclarecimentos pertinentes, passamos ao estudo de direitos fundamentais das vítimas, seus familiares e da sociedade (portanto, *também*, do cidadão de bem, mas não dele somente).

13.3. Direito fundamental de repúdio à impunidade

A punição de culpados e a absolvição de inocentes afigura-se como um direito individual e também como um direito difuso. É de interesse da vítima, de seus familiares e da sociedade que culpados sejam punidos e que inocentes sejam absolvidos, nisso se consubstanciando a ideia de justiça. Nos dias hodiernos, restou ultrapassado o discurso corroído de que direitos fundamentais não se prestam à punição de culpados, mas apenas à proteção dos acusados perante um Estado-Inimigo. Modernamente, já se concebe a punição de culpados como algo tão humanitário, civilizado e pedagógico quanto a absolvição de pessoas inocentes.

A Constituição Federal reconheceu de maneira inequívoca a importância da *punição* para a efetivação dos direitos fundamentais, quando estatuiu que "*a lei punirá qualquer discriminação atentatória dos direitos e liberdades fundamentais*" (art. 5º, XLI, CF/88) e que "*a lei punirá severamente o abuso, a violência e a exploração sexual da criança e do adolescente*" (art. 227, § 4º, CF/88)[206]. Essa tendência já influenciou,

[206] Existem outros **mandados constitucionais punitivos** ao longo do texto constitucional, não necessariamente criminais. Eis o texto constitucional: "*Art. 37. A administração pública direta e indireta de qualquer dos Poderes da União, dos Estados, do Distrito Federal e dos Municípios obedecerá aos princípios de legalidade, impessoalidade, moralidade, publicidade e eficiência e, também, ao seguinte: (Redação dada pela Emenda Constitucional nº 19, de 1998) [...] II – a investidura em cargo ou emprego público depende de aprovação prévia em concurso público de provas ou de provas e títulos, de acordo com a natureza e a complexidade do cargo ou emprego, na forma prevista em lei, ressalvadas as nomeações para cargo em comissão declarado em lei de livre nomeação e exoneração; (Redação dada pela Emenda Constitucional nº 19, de 1998) III – o prazo de validade do*

inclusive, os *Tratados Internacionais de Direitos Humanos*, conforme se vislumbra na própria rubrica da *Convenção Interamericana para Prevenir, **Punir** e Erradicar a Violência contra a Mulher* (negritamos). Nota-se a importância cada vez mais crescente da *punição* de quem de direito, como forma de assegurar a proteção internacional dos direitos humanos. Não havendo diferença substancial entre direitos humanos e direitos fundamentais, a fundamentalização do direito difuso de repúdio à impunidade é de clareza meridiana. Reconhecendo a importância da punição para uma hermenêutica constitucional adequada, sob pena de adotarmos uma interpretação extremista e que conduza à impunidade, George Marmelstein[207] esclarece (negritamos):

> [...] sacralizar as garantias criminais, como se fossem valores absolutos e exageradamente inflexíveis, significa abrir a porta para impunidade e, vale enfatizar, os **direitos fundamentais não compactuam com a impunidade**, já que **o Estado tem o dever de punir** qualquer violação a esses direitos. Portanto, jamais se deve imputar aos direitos fundamentais a culpa pela impunidade crônica que assola o país. A culpa, na verdade, não é dos direitos em si, mas das **interpretações extremistas** que são feitas, inclusive por alguns membros do Judiciário, que colocam as garantias processuais como valores intocáveis e inflexíveis, sem atentar para a ideia de proporcionalidade e para o **dever de combater a criminalidade**.

Na lição do Juiz Federal, a impunidade é proveniente da interpretação sobremodo complacente dada aos direitos fundamentais, não dessa gama tão importante de direitos. Daí porque insistimos em uma *interpretação de equilíbrio dos direitos fundamentais*, que não descure dos direitos coletivos, dos deveres fundamentais, da importância da punição e da inclusão discursiva de vítimas, seus familiares e da sociedade como titulares desses direitos. Nesse panorama, nasce, dessa maneira, o direito fundamental de repúdio à impunidade, tipificado preponderantemente no art. 5º, LIX, pelo qual: *"será admitida ação privada nos crimes de ação pública, **se esta não for intentada no prazo legal**"* (negritamos).

Duas ideias devem ser extraídas do dispositivo constitucional aludido: primeiro, que a denúncia *deve* ser intentada no prazo legal. Em princípio, cuida-se de uma obrigatoriedade, e não de uma faculdade. Segundo, que, diante de uma eventual indiferença do Ministério Público, a vítima ou seus familiares poderão perseguir, por si mesmos, a punição do criminoso. É que, não se admitindo o processo criminal judicialiforme, crimes só podem ser julgados mediante a propositura de uma ação penal por pessoa diversa do Juiz. ***Exatamente para assegurar a punição do infrator, o constituinte permitiu à própria vítima acusar, em juízo, seu algoz, desde que a inércia do Ministério Público tenha sinalizado para um risco de impunidade.*** Bem por isso, Eugênio Pacelli esclarece que a ação privada subsidiária da pública tem como objetivo tutelar os interesses da vítima, em face *"da própria exigência da*

concurso público será de até dois anos, prorrogável uma vez, por igual período;". A violação a esses preceitos, por expressa dicção constitucional, deverá render ensejo a uma **punição**. É o que está vazado no art. 37, § 2º, pelo qual *"A não observância do disposto nos incisos II e III implicará a nulidade do ato **e a punição** da autoridade responsável, nos termos da lei"* (negritamos).

207 MARMELSTEIN, George. 5ª Edição. São Paulo: Atlas. Curso de Direitos Fundamentais. p. 419/420.

resposta penal ao ilícito contra ela praticado"[208]. Ora, parece claro que exigir a reação penal a uma ilicitude traduz um repúdio à impunidade.

Lembramos que, antes de franquear à vítima e seus familiares o direito de mover a queixa subsidiária da pública, o ordenamento jurídico já se cercou de todos os cuidados para *repudiar a impunidade*. De início, em razão do princípio da obrigatoriedade da ação penal pública (art. 24, CPP), que impõe o oferecimento de denúncia quando um crime perseguido por ação penal pública se verificar. Como corolário desse dever, tem-se o princípio da indisponibilidade (art. 42, CPP), por força do qual não é dado ao *parquet* desistir da ação penal ajuizada. Também não lhe é dado o condão de desistir do recurso eventualmente interposto (art. 576, CPP), embora não seja obrigado a recorrer. Caso violado esse dever de denunciar, havendo desídia, pode configurar-se o crime de prevaricação. Noutra ponta, se o membro do Ministério Público, porque supostamente convencido da inviabilidade do oferecimento da denúncia, promover o arquivamento da investigação, o controle das razões expendidas pelo *dominus litis* será rigorosamente efetuado pelo Juiz, que, dissentindo, remeterá o feito para o Procurador Geral de Justiça[209]. No caso de morte do acusado, o magistrado não pode extinguir a punibilidade sem a respectiva certidão de óbito, devendo ouvir o Ministério Público antes de sentenciar pela extinção (art. 62, CPP), o que denota a importância das cautelas *para preservar a punibilidade de quem a merece*. Tudo leva a crer que o ordenamento jurídico conspira para a punição dos culpados por crimes de ação penal pública, pois disponibilizou uma constelação de regras destinadas a compelir o órgão ministerial a bem desempenhar o seu papel de oferecer a denúncia, quando o caso concreto assim o demandar. Se todos esses freios legislativos inibitórios falharem e, a despeito deles, o *parquet* quedar-se inerte, assegura-se à vítima, como *ultima ratio*, a medida extrema de credenciar-lhe para deflagrar a persecução penal, no exercício do direito fundamental de repudiar a impunidade. Entre um culpado impune e o incômodo de tolerar uma ação penal pública manejada por um particular, o ordenamento preferiu esta hipótese àquela.

13.3.1. Direito fundamental de repúdio à impunidade e o princípio da isonomia

É importante notar que o direito fundamental de repúdio à impunidade há de ser respeitado, inclusive, por razões de isonomia, afinal, se delinquir é uma conduta que aciona o gatilho de incidência da lei penal, a norma não pode discriminar validamente os seus infratores. Dito de outro modo, dada a generalidade da lei e o princípio da igualdade, não pode haver acepção de pessoas quando se trata de

[208] PACELLI, Eugênio. Curso de Processo Penal. 19ª Edição. São Paulo: Atlas, 2015. p. 164.

[209] Art. 28. Se o órgão do Ministério Público, ao invés de apresentar a denúncia, requerer o arquivamento do inquérito policial ou de quaisquer peças de informação, o juiz, no caso de considerar improcedentes as razões invocadas, fará remessa do inquérito ou peças de informação ao procurador-geral, e este oferecerá a denúncia, designará outro órgão do Ministério Público para oferecê-la, ou insistirá no pedido de arquivamento, ao qual só então estará o juiz obrigado a atender.

penalizar quem delinquiu: ricos, pobres, homens, mulheres, brancos e negros[210] são todos iguais perante a lei e como tal devem ser responsabilizados por seus crimes. Por mais óbvia que essa assertiva possa parecer, o Brasil ainda possui uma *cifra negra* e uma *cifra dourada* na luta contra a criminalidade, o que ameaça o direito fundamental em apreço.

Apenas para ilustrar o que foi dito linhas acima, vejamos uma situação prática que coloca em risco o direito difuso de repúdio à impunidade. Nos crimes contra a dignidade sexual, mais precisamente no estupro de vulnerável, nem sempre a punição do agente era perseguida pelos órgãos da persecução penal. Contudo, em face da nova legislação penal, não há mais espaço para a não responsabilização do agressor.

Figure-se que, nos rincões deste país, uma jovem, aos dezoito anos de idade e até então virgem, inicie sua vida sexual com um experiente adolescente que está prestes a completar catorze anos. Juridicamente, ela o estuprou[211]. É irrelevante a experiência sexual anterior da vítima, assim como descabe aquilatar se houve consentimento. Também é indiferente que ambos mantenham um relacionamento afetivo com o *animus* de constituir família e não assume relevo que a conduta praticada encontre eco na cultura da região onde cresceram. Portanto, a jovem responderá pelo crime hediondo perpetrado. Algumas considerações merecem ser feitas: no exemplo fornecido, tão comum em comarcas mais distantes, a agressora não possui o perfil criminológico de um maníaco sexual, mas isso, *per si*, não pode resvalar na sua impunidade. Sua condição de mulher, por óbvio, não a exime do dever de respeito à dignidade sexual dos vulneráveis. Adolescentes, meninos ou meninas, são igualmente dignos de proteção[212]. Outrossim, se apenas os abusos sexuais cometidos por homens fossem objeto de punição, o princípio da isonomia

---

210 Durante um julgamento no Tribunal do Júri, o autor que vos escreve enfrentou um habilidoso advogado que, para sensibilizar o corpo de jurados, dedicou longos minutos da sua sustentação em Plenário na defesa de que o réu não poderia ser condenado apenas por ser negro. A estratégia, que causou imensa surpresa, era fazer com que os jurados se sentissem preconceituosos, caso viessem a enxergar um assassino no banco dos réus. O famoso e experiente causídico, de forma teatral, simulou um rompante de indiscrição, para revelar que o próprio réu teria, reservadamente e alguns minutos antes do julgamento, lamentado ser negro, na firme crença de que a sua cor seria um fator decisivo para uma condenação no Sinédrio Popular. Devemos admitir que a história narrada foi comovente. Em resposta ao desabafo do acusado, o advogado teria assegurado que ele não seria injustiçado pela sua cor e que se sagraria vitorioso naquele julgamento. **De fato, reconhecemos que ninguém pode ser *condenado* criminalmente por ser negro. Porém, também é verdade que ninguém pode ser *absolvido* criminalmente por ser negro. Se a cor da pessoa humana não se presta a uma condenação, pelas mesmas razões, não pode servir como sustentáculo argumentativo para uma absolvição**. Voltando ao caso narrado, as provas dos autos evidenciaram o assassinato da vítima e a autoria do crime, pelo que o réu, apesar do discurso demagogo do seu advogado, acabou sendo condenado pelos jurados. Portanto, conforme dissemos no nosso estudo, a punição de pessoas culpadas é, antes de mais nada, um imperativo de isonomia, quer se trate de negros ou de brancos.

211 O Código Penal é de clareza solar: Art. 217-A. Ter conjunção carnal ou praticar outro ato libidinoso com menor de 14 (catorze) anos: Pena – reclusão, de 8 (oito) a 15 (quinze) anos.

212 A Convenção Internacional sobre os Direitos da Criança estatui: *"Artigo 19. 1. Os Estados Partes adotarão todas as medidas legislativas, administrativas, sociais e educacionais apropriadas para proteger a criança contra todas as formas de violência física ou mental, abuso ou tratamento negligente, maus tratos ou exploração, inclusive abuso sexual, enquanto a criança estiver sob a custódia dos pais, do representante legal ou de qualquer outra pessoa responsável por ela".* A Constituição Federal, por sua vez, preceitua: *"Art. 227. É dever da família, da sociedade e do Estado assegurar à criança, ao adolescente e ao jovem, com absoluta prioridade, o direito à vida, à saúde, à alimentação, à educação, ao lazer, à profissionalização, à cultura, à dignidade, ao respeito, à liberdade e à convivência familiar e comunitária, além de colocá-los a salvo de toda forma de negligência, discriminação, exploração, violência, crueldade e opressão. [...] § 4º – A lei punirá severamente o abuso, a violência e a exploração sexual da criança e do adolescente".*

e o direito fundamental de repúdio à impunidade restariam conspurcados. Na doutrina, é pertinente o magistério de Rogério Greco, que, citado pelo Eminente Ministro Rogério Schietti[213], preleciona:

> Hoje, com louvor, visando acabar, de uma vez por todas, com essa discussão, surge em nosso ordenamento jurídico penal, fruto da Lei nº 12.015, de 7 de agosto de 2009, o delito que se convencionou denominar de estupro de vulnerável, justamente para identificar a situação de vulnerabilidade que se encontra a vítima. Agora, não poderão os Tribunais entender de outra forma quando a vítima do ato sexual for alguém menor de 14 (quatorze) anos.
>
> [...]
>
> O tipo não está presumindo nada, ou seja, está tão somente proibindo que alguém tenha conjunção carnal ou pratique outro ato libidinoso com menor de 14 anos, bem como com aqueles mencionados no § 1º do art. 217-A do Código Penal.
>
> Como dissemos anteriormente, existe um critério objetivo para análise da figura típica, vale dizer, a idade da vítima. Se o agente tinha conhecimento de que a vítima era menor de 14 anos, mesmo que já prostituída, o fato poderá se amoldar ao tipo penal em estudo, que prevê o delito de estupro de vulnerável.
>
> [...]
>
> O núcleo ter, previsto pelo mencionado tipo penal, ao contrário do verbo constranger, não exige que a conduta seja cometida mediante violência ou grave ameaça. Basta, portanto, que o agente tenha, efetivamente, conjunção carnal, que poderá até mesmo ser consentida pela vítima, ou que com ela pratique outro ato libidinoso. Na verdade, esses comportamentos previstos pelo tipo penal podem ou não terem sido levados a efeito mediante o emprego de violência ou grave ameaça, característicos do constrangimento ilegal, ou praticados com o consentimento da vítima. Nessa última hipótese, a lei desconsidera o consentimento de alguém menor de 14 (catorze) anos, devendo o agente, que conhece a idade da vítima, responder pelo delito de estupro de vulnerável.
>
> (Curso de Direito Penal, v. III, Parte Especial, 9. ed. Niterói: Impetus, 2012, p. 532-534).

É interessante o argumento comumente invocado pela defesa acerca da prostituição da vítima. A vítima prostituída continua vitimada, até porque só prostituiu-se porque alguém, um dia, aventurou-se a tocá-la sexualmente. E é exatamente isso que o ordenamento deseja reprimir: que alguém toque libidinosamente na pessoa menor de 14 anos. É consabido que só existe menor prostituído em razão da demanda por prostituição infantil. Se todos se recusassem a satisfazer sua lascívia com menores, não haveria mercancia do corpo de crianças e adolescentes. À luz da vedação à proteção insuficiente de direitos fundamentais, a lei penal puniu a conduta com toda severidade, de modo a exercer influência sobre a lei econômica da oferta e da demanda.

A corrente adotada por Rogério Greco, pela qual não há que se perquirir acerca da vulnerabilidade de um menor de 14 anos, foi abraçada pela construção pretoriana

[213] A citação de Rogério Greco é encontrada no voto magistral da lavra do Eminente Ministro Rogerio Schietti, no REsp 1.480.881/PI. A propósito, enquanto o primeiro é membro do Ministério Público de Minas Gerais, o segundo adveio de uma brilhante carreira no Ministério Público do Distrito Federal e Territórios. Coincidentemente, o autor que vos escreve teve a honra de estudar com ambos os juristas durante um curso na *Università di Roma Tor Vergata*, na Itália. Na ocasião, um dos debates científicos era exatamente acerca dos delitos sexuais contra adolescentes e a ideia de vulnerabilidade.

do Superior Tribunal de Justiça[214], de modo que a controvérsia pode ser dada, por ora, como encerrada[215].

[214] Trata-se do REsp 1.480.881/PI, julgado pela 3ª Seção, na data de 26/08/2015. Como se vê, a matéria foi julgada pelo órgão responsável pela unificação do entendimento da 5ª e 6ª Turmas, logo, trata-se de um dos mais relevantes precedentes. Dada a sua importância, transcrevemos a ementa do julgado, a saber: "RECURSO ESPECIAL. PROCESSAMENTO SOB O RITO DO ART. 543-C DO CPC. RECURSO REPRESENTATIVO DA CONTROVÉRSIA. ESTUPRO DE VULNERÁVEL. VÍTIMA MENOR DE 14 ANOS. FATO POSTERIOR À VIGÊNCIA DA LEI 12.015/09. CONSENTIMENTO DA VÍTIMA. IRRELEVÂNCIA. ADEQUAÇÃO SOCIAL. REJEIÇÃO. PROTEÇÃO LEGAL E CONSTITUCIONAL DA CRIANÇA E DO ADOLESCENTE. RECURSO ESPECIAL PROVIDO. 1. A jurisprudência do Supremo Tribunal Federal e do Superior Tribunal de Justiça assentou o entendimento de que, sob a normativa anterior à Lei nº 12.015/09, era absoluta a presunção de violência no estupro e no atentado violento ao pudor (referida na antiga redação do art. 224, "a", do CPB), quando a vítima não fosse maior de 14 anos de idade, ainda que esta anuísse voluntariamente ao ato sexual (EREsp 762.044/SP, Rel. Min. Nilson Naves, Rel. para o acórdão Ministro Felix Fischer, 3ª Seção, DJe 14/4/2010).
2. No caso sob exame, já sob a vigência da mencionada lei, o recorrido manteve inúmeras relações sexuais com a ofendida, quando esta ainda era uma criança com 11 anos de idade, sendo certo, ainda, que mantinham um namoro, com troca de beijos e abraços, desde quando a ofendida contava 8 anos.
3. Os fundamentos empregados no acórdão impugnado para absolver o recorrido seguiram um padrão de comportamento tipicamente patriarcal e sexista, amiúde observado em processos por crimes dessa natureza, nos quais o julgamento recai inicialmente sobre a vítima da ação delitiva, para, somente a partir daí, julgar-se o réu. 4. A vítima foi etiquetada pelo "seu grau de discernimento", como segura e informada sobre os assuntos da sexualidade, que "nunca manteve relação sexual com o acusado sem a sua vontade". Justificou-se, enfim, a conduta do réu pelo "discernimento da vítima acerca dos fatos e o seu consentimento", não se atribuindo qualquer relevo, no acórdão vergastado, sobre o comportamento do réu, um homem de idade, então, superior a 25 anos e que iniciou o namoro – "beijos e abraços" – com a ofendida quando essa ainda era uma criança de 8 anos.
5. O exame da história das ideias penais – e, em particular, das opções de política criminal que deram ensejo às sucessivas normatizações do Direito Penal brasileiro – demonstra que não mais se tolera a provocada e precoce iniciação sexual de crianças e adolescentes por adultos que se valem da imaturidade da pessoa ainda em formação física e psíquica para satisfazer seus desejos sexuais.
6. De um Estado ausente e de um Direito Penal indiferente à proteção da dignidade sexual de crianças e adolescentes, evoluímos, paulatinamente, para uma Política Social e Criminal de redobrada preocupação com o saudável crescimento, físico, mental e emocional do componente infanto-juvenil de nossa população, preocupação que passou a ser, por comando do constituinte (art. 226 da C.R.), compartilhada entre o Estado, a sociedade e a família, com inúmeros reflexos na dogmática penal.
7. A modernidade, a evolução moral dos costumes sociais e o acesso à informação não podem ser vistos como fatores que se contrapõem à natural tendência civilizatória de proteger certos segmentos da população física, biológica, social ou psiquicamente fragilizados. No caso de crianças e adolescentes com idade inferior a 14 anos, o reconhecimento de que são pessoas ainda imaturas – em menor ou maior grau – legitima a proteção penal contra todo e qualquer tipo de iniciação sexual precoce a que sejam submetidas por um adulto, dados os riscos imprevisíveis sobre o desenvolvimento futuro de sua personalidade e a impossibilidade de dimensionar as cicatrizes físicas e psíquicas decorrentes de uma decisão que um adolescente ou uma criança de tenra idade ainda não é capaz de livremente tomar.
8. Não afasta a responsabilização penal de autores de crimes a aclamada aceitação social da conduta imputada ao réu por moradores de sua pequena cidade natal, ou mesmo pelos familiares da ofendida, sob pena de permitir-se a sujeição do poder punitivo estatal às regionalidades e diferenças socioculturais existentes em um país com dimensões continentais e de tornar írrita a proteção legal e constitucional outorgada a específicos segmentos da população.
9. Recurso especial provido, para restabelecer a sentença proferida nos autos da Ação Penal nº 0001476-20.2010.8.0043, em tramitação na Comarca de Buriti dos Lopes/PI, por considerar que o acórdão recorrido contrariou o art. 217-A do Código Penal, assentando-se, sob o rito do Recurso Especial Repetitivo (art. 543-C do CPC), a seguinte tese: Para a caracterização do crime de estupro de vulnerável previsto no art. 217-A, caput, do Código Penal, basta que o agente tenha conjunção carnal ou pratique qualquer ato libidinoso com pessoa menor de 14 anos. O consentimento da vítima, sua eventual experiência sexual anterior ou a existência de relacionamento amoroso entre o agente e a vítima não afastam a ocorrência do crime".
A propósito, no julgado transcrito, a Defensoria Pública da União sustentou a existência do princípio da adequação social, argumento prontamente repelido pelo STJ.

[215] Sem embargo do posicionamento do Tribunal da Cidadania, que nos parece correto, ainda assim, nos chamados *extreme cases*, consideramos possível a derrotabilidade da regra penal (*defeasibility*), à luz da denominada *exceção de Romeu e Julieta*. Não se trata do erro de proibição, defesa que ainda permite isentar o agente de pena, mas sim da superabilidade da norma penal. Foi o que defendemos no trabalho "*O Dilema do Ministério Público diante da Derrotabilidade das Regras (defeasibility)*", submetido à Revista *De Jure* (MP/MG), em 30/05/2015. Em boa verdade, o STJ encerrou o caso, mas parece ter deixado uma porta aberta. Ao longo do voto proferido pelo Eminente Ministro Rogerio Schietti, no REsp 1.480.881/PI, também encontramos uma hipótese que parece ser a de derrotabilidade, a saber: "*É de se admitir, no terreno do debate lateral, a possibilidade de que, em hipóteses muito excepcionais – como o do casal de namorados que mantêm, desde a infância e adolescência de ambos, relacionamento amoroso, resultando em convivência estável após o rapaz completar 18 anos – em*

13.3.2. Direito fundamental de repúdio à impunidade e o princípio da segurança pública

Parte da doutrina, embora sem fazer alusão expressa ao direito fundamental de repúdio à impunidade, tem sustentado que o *direito constitucional à segurança pública* implica a punição dos responsáveis pelos crimes cometidos. É o que se colhe das lições do Procurador Regional da República Douglas Fischer[216]:

> Em nossa compreensão (integral) dos postulados garantistas, o Estado deve levar em conta que, na aplicação dos direitos fundamentais (individuais e sociais), há a necessidade de garantir também ao cidadão a eficiência e segurança, evitando-se a impunidade. **O dever de garantir a segurança não está em apenas evitar condutas criminosas que atinjam direitos fundamentais de terceiros, mas também na devida apuração (com respeito aos direitos dos investigados ou processados) do ato ilícito, e, em sendo o caso, da punição do responsável. (negritamos)**

De fato, há uma relação estreita entre a impunidade e a segurança pública[217]. Para ser mais preciso, há um *nexo etiológico* entre não punir pessoas culpadas e o aumento generalizado no cometimento de crimes, tanto quanto o direito constitucional à saúde está umbilicalmente ligado ao direito à vida. Não há prêmio mais valioso para a pessoa honesta do que testemunhar o insucesso dos que trilharam caminhos tortuosos. Se o amigo do alheio logra êxito na sua empreitada, sagrando-se impune, seu comportamento reprovável se traveste de exemplo para os que temiam aventurar-se no submundo das iniquidades. A punição, neste particular, revela funções muito úteis: inibir que outras pessoas adiram ao comportamento do delinquente, porquanto foi punido exemplarmente, bem como subtrair do convívio social criminosos contumazes, recuperáveis ou não. Basta imaginar quantos crimes podem ser evitados quando efetuada a prisão de um *serial killer*, de um maníaco sexual ou de um prefeito que lidera uma associação criminosa especializada em crimes de licitação. Recuperem-se ou não, o fato de terem suas liberdades segregadas já é suficiente para evitar que, pelo menos enquanto estiverem presos, voltem a delinquir, como faziam, sem nenhum pudor, todos os dias (e à luz do dia).

13.3.3. Direito fundamental de repúdio à impunidade e o princípio da segurança jurídica

Já afirmamos que o direito de repúdio à impunidade é proveniente do direito difuso à punição de culpados e à absolvição de inocentes, ou seja, da materialização

que, a depender das peculiaridades do caso, o direito penal não encontra solução proporcional para responder a situações que tais".

216 FISCHER, Douglas. *Não há Direito Fundamental à Impunidade – Algumas considerações sobre a possibilidade das prorrogações das interceptações telefônicas.* Revista do Ministério Público do RS, Porto Alegre, nº 63, maio 2009 – set. 2009, p. 6. No trabalho citado, o autor referido optou por *negar* o direito fundamental à *impunidade*. Nesta obra, não só abraçamos a tese de Douglas Fischer de que não há direito fundamental à impunidade como *acrescentamos* que, existe, sim, um direito fundamental de repudiá-la.

217 Como lembra Rogério Greco, "...com a adoção de um Direito Penal equilibrado, será afastada a noção de impunidade, fator que induz e estimula a criminalidade". (GRECO, Rogério. *Direito Penal do Equilíbrio – Uma Visão Minimalista do Direito Penal.* 7ª Edição. Rio de Janeiro: Editora Impetus, 2014. p. 4).

da justiça. Punir e absolver quem de direito são consequências diretas da (boa) aplicação da lei, de modo que há uma ***legítima expectativa social*** de que o Direito seja posto em prática. Como lembra Giorgio Del Vecchio, de tantas lições na Universidade de Roma, *"É da natureza do Direito a sua oposição ao ilícito; quem viola a ordem jurídica, deve, segundo a mesma ordem, encontrar um obstáculo"*.[218]

As normas (regras), de maneira geral, podem ser expressas pela equação binária "Se A, então B" (*v.g.* Se João matar alguém, será apenado com reclusão de 6 a 20 anos – art. 121, *caput*, CP)[219]. Todo cuidado é pouco quando se trata de frustrar essa expectativa depositada no ordenamento jurídico democraticamente fabricado. Diante da ocorrência de um crime ("Se A"), as pessoas, em geral, leigas ou letradas nas ciências jurídicas, aguardam a punição do infrator tanto quanto um pretenso marido aguarda a noiva no altar. A própria sociedade se antecipa em calcular as possíveis consequências, na tentativa de prever o resultado e na certeza de uma responsabilização. Da mesma maneira, antes de delinquir, o agente poderá calcular as consequências da sua conduta, traçar um prognóstico do resultado e, *convicto de que será punido*, decidir se, apesar dessa certeza, violará a lei. Ora, a calculabilidade, previsibilidade e certeza são exatamente os atributos que conferem o timbre do Estado *de Direito*, cuja nota essencial é a *segurança jurídica*. É fácil constatar que o direito fundamental de repúdio à impunidade também pode ser extraído do direito fundamental à segurança jurídica.

Diversamente, a se admitir que um crime seja cometido e que, a despeito dessa violação, a consequência prevista na norma não incida no suporte fático, restará subvertida a equação binária "Se A, então B". Passaremos a trabalhar com a equação "Se A, talvez B", isto é, deixará de haver certeza quanto à punição. A semente da dúvida originará uma árvore cujos frutos são a incredulidade nas instituições, a insegurança no ordenamento, a impunidade e a criminalidade. É a ruína do princípio constitucional da segurança jurídica e a erosão do Estado de Direito. Por tudo o que se disse, a punição de ímprobos e criminosos deve ser termo, e não condição.

13.3.4. Direito fundamental de repúdio à impunidade e o princípio da proporcionalidade

Não basta punir culpados. Impõe-se uma punição *proporcional* ao desvalor da conduta. É ululante que a referida garantia atua em favor da pessoa punida, de modo a evitar excessos, mas também se garante o direito da sociedade e da vítima de que o infrator não será punido de maneira insuficiente (*Untermassverbote*). Nos dizeres

218 VECCHIO, Giorgio Del. *A Luta Contra o Crime.* Edição Comemorativa da Revista do Ministério Público do Rio de Janeiro: 2015. p. 1418.

219 Ou, no escólio de Julio Pinheiro Faro, regras possuem "[...] *uma estrutura sintático-condicional, dotada de um antecedente, (causa, hipótese, descritor) e de um consequente (efeito, resultado, prescritor): o primeiro descreve uma situação hipotética, o segundo prescreve o efeito esperado com a ocorrência da hipótese*". (FARO, Julio Pinheiro. *Deveres Fundamentais: uma Revisão de Literatura, in* CLÈVE, Clèmerson Merlin. FREIRE, Alexandre. *Direitos Fundamentais e Jurisdição Constitucional.* 2014. São Paulo: Revista dos Tribunais, p. 579). Conforme já ressaltamos em um estudo específico sobre a derrotabilidade das regras, a fórmula binária sobredita não costuma ser empregada nas normas princípios. Para uma compreensão mais pormenorizada da matéria: FONTELES, Samuel Sales. *O Dilema do Ministério Público diante da Derrotabilidade das Regras (defeasibility)*, submetido à Revista *De Jure* (MP/MG), em 30/05/2015.

de Georger Marmelstein[220], "[...] quanto mais importante for o bem jurídico violado, mais intensa deve ser a punição". Em suma: a vítima, seus familiares e a sociedade têm o direito fundamental à punição do infrator, **com severidade o suficiente**. A Constituição Federal, em alguns momentos, é expressa quanto ao rigor punitivo (negritamos): *"A lei punirá* ***severamente*** *o abuso, a violência e a exploração sexual da criança e do adolescente (art. 227, § 4º, CF/88)"*. Ante o mandamento constitucional punitivo e à luz do princípio da proporcionalidade, a lei que punir o abuso, a violência e a exploração sexual de menores necessariamente deverá ser severa. Cuida-se de um verdadeiro direito difuso à severidade punitiva, em momentos pontuais, sob pena de romper-se o equilíbrio.

Para se ter ideia da importância desse direito, no campo da proteção internacional dos direitos humanos, o Estatuto de Roma atribuiu ao Tribunal Penal Internacional competência para julgar pessoas que não foram punidas em seu Estado de origem ou que não o foram com o rigor mínimo que se esperava, ante a gravidade do delito praticado[221].

13.3.5. Direito fundamental de repúdio à impunidade em um tempo razoável

Quando discorremos sobre a expectativa social de punição dos culpados e absolvição dos inocentes, metaforicamente, aludimos que as "pessoas, em geral, leigas ou letradas nas ciências jurídicas, aguardam a punição do infrator tanto quanto um pretenso marido aguarda a noiva no altar". Isso porque, se há um sentimento que permeia a sociedade, quando se trata de justiça, certamente é o da *ansiedade*. Não obstante, a ânsia pela materialização do que é justo não autoriza julgamentos precoces e irresponsáveis. A ninguém é dado precipitar-se quando se trata de acusar um ser humano, com mais razão para condená-lo. Noutra ponta, cabe lembrar que a **punição de culpados e a absolvição de inocentes** são medidas que espelham o sentimento de justiça, razão pela qual **devem ser concretizadas dentro de um *prazo razoável***. Trata-se de um verdadeiro direito fundamental à apuração e punição de culpados *em um tempo adequado*. Corroborando e ilustrando essa assertiva, a Comissão Interamericana de Direitos Humanos considerou a República Federativa do Brasil como responsável pela "**dilação injustificada e tramitação negligente**" do caso de violência doméstica que lhe foi submetido, recomendando ao Estado Brasileiro que completasse "**rápida e efetivamente o processamento penal do responsável da agressão** e tentativa de homicídio em prejuízo da Senhora Maria da Penha Fernandes Maia". Outrossim, recomendou-se ao Estado Brasileiro "**simplificar** os procedimentos judiciais penais **a fim de que possa ser reduzido o tempo processual**, sem afetar os

---

220 MARMELSTEIN, George. 5ª Edição. São Paulo: Atlas. *Curso de Direitos Fundamentais*. p. 414.

221 Art. 20, 3. O Tribunal não poderá julgar uma pessoa que já tenha sido julgada por outro tribunal, por atos também punidos pelos artigos 6º, 7º ou 8º, a menos que o processo nesse outro tribunal: a) Tenha tido por objetivo subtrair o acusado à sua responsabilidade criminal por crimes da competência do Tribunal; ou b) Não tenha sido conduzido de forma independente ou imparcial, em conformidade com as garantias de um processo equitativo reconhecidas pelo direito internacional, **ou tenha sido conduzido de uma maneira que, no caso concreto, se revele incompatível com a intenção de submeter a pessoa à ação da justiça.**

direitos e garantias de devido processo"[222] (negritamos). Quando se trata de direitos humanos, direitos fundamentais e direito à justiça, a punição extemporânea é tão prejudicial quanto a punição sumária.

Ora, se a desídia do Estado em punir pessoas culpadas avilta os direitos humanos da vítima, é razoável concluir que também conspurca seus direitos fundamentais, afinal, não há diferença ontológica entre direitos humanos e fundamentais. Disso se percebe que existe, sim, um claro direito fundamental de repúdio à impunidade em um prazo razoável. Noutro dizer, a desídia do Estado em punir *tempestivamente* os criminosos viola o direito difuso de repúdio à impunidade, seja quando se trata de violência doméstica, seja quando diante da criminalidade econômica.

É importante ressaltar que **o direito à duração razoável do processo é um direito da vítima e de seus familiares, mas, a depender da natureza da causa, transcenderá as partes da demanda para atingir a amplitude de um interesse difuso. Nesse caso, cuida-se de uma vertente objetiva desse direito fundamental, que pode perfeitamente ser titularizado por uma coletividade**. De maneira emblemática, o art. 5º, LXXVIII, assevera que "***a todos****, no âmbito judicial e administrativo, são assegurados a razoável duração do processo e os meios que garantam a celeridade de sua tramitação*" (negritamos). A toda evidência, estamos diante de um direito que também assume uma índole coletiva. Não basta punir e absolver as pessoas certas; isso deve ser feito de maneira tempestiva.

Não se trata, absolutamente, de uma ânsia punitivista, mas da constatação empírica de que, se a Justiça tarda, ela já falhou (*v.g. leading case* Maria da Penha). Isso porque a condenação tardia envolve o risco de prescrição e, a seu turno, de impunidade. Há, pois, um tempo juridicamente razoável para cada processo, *a depender do número de réus, da complexidade do manancial probatório, da quantidade de fatos criminosos etc.* Repugna ao Direito Constitucional a existência de julgamentos meteóricos e precipitados, bem assim causas que se alastram para o infinito. O processo deve ter uma marcha e um deslinde condizentes com as suas peculiaridades, à luz do princípio da razoável duração do processo, tal como explicitado pela EC nº 45/04[223]. Há um *ponto ótimo* entre a duração processual e a ampla defesa, equilíbrio este que deve ser assegurado pelo Juiz. Segundo a jurisprudência da Corte Americana de Direitos Humanos, três são os critérios para aferir a duração razoável de um processo[224]: a) complexidade da causa; b) atividade das partes; c) comportamento do Juiz.

Excepcionando-se os processos do controle concentrado de constitucionalidade, *todo processo*[225] deve ser oxigenado pelo contraditório e pela ampla defesa, com os meios e recursos *a ela* inerentes. Surge um ponto nevrálgico no campo do Direito Constitucional: a equação entre o direito à ampla defesa, que pressupõe o direito ao aviamento das espécies recursais manejáveis, e o direito *difuso* à punição de culpados

[222] Relatório nº 54/01, Caso 12.051, 04 de abril de 2001.

[223] Dizemos *explicitado* porque o princípio sobredito sempre esteve implícito na cláusula geral do devido processo legal (*due process of law*).

[224] RAMOS, André de Carvalho. *Curso de Direitos Humanos*. 2ª Edição. São Paulo: Saraiva, 2015. p. 632.

[225] Mesmo nas execuções, alude-se a um contraditório *rarefeito*.

(ou absolvição de inocentes) em um tempo razoável. É exatamente no segundo critério que a *lealdade processual* pode ser aquilatada, por exemplo, na interposição de recursos protelatórios. É disso que passamos a nos ocupar a seguir.

13.3.5.1. Abuso no direito de recorrer

Conforme explanado na teoria geral dos direitos fundamentais, o instituto do *abuso de direito* é um mal que acomete todos os ramos da árvore jurídica, isto é, pode-se abusar de direitos constitucionais ou infraconstitucionais. Como qualquer outro direito, também o direito constitucional à ampla defesa (com os recursos intrínsecos a ela) pode ser exercido abusivamente. Na vida, dificilmente abusos são cometidos sem um pano de fundo legitimador, ou seja, um suposto propósito louvável é geralmente contemporâneo à abusividade.

A partir de quando estará configurado o abuso do direito de recorrer? No Direito, nem sempre se sabe exatamente o que uma coisa é, mas às vezes estamos certos do que ela *não é*. Explicando melhor, na ciência, ainda que se busque atingir uma certeza positiva, talvez as circunstâncias só permitam uma certeza negativa, alcançada por exclusão. Em outros casos, não sabemos quando um fenômeno se inicia, mas identificamos quando já se iniciou. Assim é o Direito, uma ciência deontológica repleta de zonas de penumbra. Na ADI 551-1/RJ, o Eminente Ministro Sepúlveda Pertence é desafiado a indicar, com precisão cirúrgica, *quando* uma multa se transmuda em confisco. Ante a dificuldade de precisar esse marco, o Ministro se vale de uma interessante argumentação trazida por Aliomar Baleeiro, a saber:

> [...] esse problema da vedação de tributos confiscatórios que a jurisprudência do Tribunal estende às multas gera, às vezes, uma certa dificuldade de identificação do ponto a partir de quando passa a ser confiscatório.
>
> Recorda-me, no caso, o célebre acórdão do Ministro Aliomar Baleeiro, o primeiro no qual o Tribunal declarou a inconstitucionalidade de um decreto-lei, por não se compreender no âmbito da segurança nacional. Dizia o notável Juiz desta Corte que ele não sabia o que era segurança nacional; certamente sabia o que não era: assim, batom de mulher ou, o que era o caso, locação comercial.
>
> Também não sei a que altura um tributo ou uma multa se torna confiscatório; mas uma multa de duas vezes o valor do tributo, por mero retardamento da sua satisfação, ou de cinco vezes, em caso de sonegação, certamente sei que é confiscatório e desproporcional".

Só há um recurso que pode lançar alguma luz quando o hermeneuta está diante de uma zona cinzenta: a *sensatez*. Uns dirão proporcionalidade, mas preferimos falar em sensatez. De tudo quanto se disse, convidamos o leitor a responder, *de maneira sensata*, se a interposição consecutiva de quatro embargos de declaração, em face da decisão proferida em sede de agravo regimental, este interposto contra a decisão prolatada em sede de agravo de instrumento, não configura abuso do direito de recorrer. Noutro dizer, estamos nos referindo a opor embargos de declaração, nos embargos de declaração, nos embargos de declaração, nos embargos de declaração, no agravo regimental, no agravo de instrumento. O exemplo é real e extraído da jurisprudência do STF[226]. Nesse julgamento, o Ministro Ayres Britto qualificou a conduta como um "***cinismo processual***". O expediente de opor embargos declaratórios sucessivos e *ad eternum* está longe do propósito de sanar uma dúvida, obscuridade, contradição ou ambiguidade por parte do jurisdicionado. A rigor, traduz uma *deslealdade processual*[227].

Em outra situação similar, o Supremo Tribunal Federal foi instado a julgar um agravo regimental, em agravo regimental, em agravo regimental, em recurso extraordinário com agravo[228]. Ou seja, mesmo sabendo-se que não se admite a interposição de agravo regimental para impugnar acórdão de Turma, pelo menos dois agravos regimentais sucessivos foram interpostos.

Ora, conforme se vislumbra nos casos narrados, a interposição abusiva de recursos evidencia o intuito de repisar questões já examinadas, de fazer a prescrição fulminar a pretensão punitiva ou impedir a produção de efeitos do édito condenatório. Em um tom coloquial, diríamos que o escopo do recorrente é fugir do trânsito em julgado como o diabo foge da cruz. Se considerarmos que, no âmbito da cooperação jurídica internacional, a repatriação de valores bloqueados no exterior, desviados por atos de corrupção, é usualmente condicionada ao trânsito em julgado das decisões, tem-se um risco real de simplesmente não recuperar a importância desviada.

Ante a inequívoca violação do dever fundamental de lealdade processual, que inclui o dever de não tumultuar o processo com recursos procrastinatórios, **deve haver uma consequência para o abuso do direito de recorrer**. Hoje, a depender do caso concreto, a sanção tem sido o não conhecimento do recurso, a certificação do trânsito em julgado e a imediata remessa do feito para o Juízo de origem, *antes mesmo da publicação do acórdão*. Tais consequências (ainda) não estão previstas em lei, mas fazem parte da jurisprudência pacífica do Supremo Tribunal Federal[229].

---

[226] AI 587285 AgR-ED-ED-ED-ED/RJ, 2ª Turma, 07.06.2011. Eis a ementa do julgado: QUARTOS EMBARGOS DE DECLARAÇÃO – DECISÃO MONOCRÁTICA DO RELATOR – CONHECIMENTO COMO RECURSO DE AGRAVO – CONFIGURAÇÃO, NA ESPÉCIE, DE INTUITO MANIFESTAMENTE PROCRASTINATÓRIO – INADMISSIBILIDADE – ABUSO DO DIREITO DE RECORRER – PRÉVIA IMPOSIÇÃO DE MULTA – FUNÇÃO INIBITÓRIA DESSA SANÇÃO PROCESSUAL – DEVOLUÇÃO IMEDIATA DOS AUTOS, INDEPENDENTEMENTE DA PUBLICAÇÃO DO ACÓRDÃO CONSUBSTANCIADOR DO PRESENTE JULGAMENTO – RECURSO DE AGRAVO IMPROVIDO. Curiosamente, a manobra foi levada a efeito para supostamente aclarar decisões da lavra do Eminente Ministro Celso de Mello, afamado pela clareza dos seus decisórios. Exatamente por isso, de maneira bem-humorada, a então Ministra Ellen Gracie ponderou: *"Eu admitiria, e por vezes acontece, quartos embargos de declaração em decisão da minha lavra, mas na de Vossa Excelência, que sempre é claríssimo na exposição, realmente, é uma manobra protelatória. [...] Em caso do Ministro Celso, realmente merece palmatória"*.

[227] Para combater a farra na oposição dos aclaratórios, o Ministério Público Federal idealizou um anteprojeto de lei com o fim de ***aperfeiçoamento do sistema recursal penal***, medida nº 4 do decálogo de medidas contra a corrupção. Ei-lo: *Art. 2º. Os arts. 620, 647, 652 e 664 do Código de Processo Penal passam a vigorar com as seguintes redações: "Art.620. [...] § 3º. A decisão em face da qual já foram opostos embargos de declaração não poderá ser objeto de novos embargos. § 4º. Quando os embargos de declaração forem manifestamente protelatórios, o Relator ou o Tribunal, declarando que o são, condenará o embargante a pagar multa de 10 (dez) a 100 (cem) salários-mínimos. § 5º. Caso sejam opostos novos embargos protelatórios no curso do mesmo processo, a multa será elevada em até 10 (dez) vezes, ficando condicionada a interposição de qualquer outro recurso ao depósito do valor respectivo." (NR)*

[228] ARE 798.339 AgR-AgR-AgR/DF.

[229] Dentre inúmeros precedentes, confira-se o AI 805685 AgR-ED-Edv-AgR/CE, julgado pelo Pleno. Apesar de serem consequências já adotadas pela jurisprudência, a positivação dessas medidas seria de bom alvitre e prestaria obséquio à segurança jurídica. Para combater a síndrome dos recursos manifestamente protelatórios, o Ministério Público Federal idealizou um anteprojeto de lei que será objeto de iniciativa popular. O desiderato é o ***aperfeiçoamento do sistema recursal penal***, medida nº 4 do decálogo de medidas contra a corrupção. Ei-lo: *"Art. 1º Acresça-se o art. 580-A ao Decreto-lei nº 3.689, de*

No Direito Comparado, não se tem notícia de Estados com 4 (quatro) graus de jurisdição. Se o próprio organograma *constitucional* do Judiciário brasileiro já favorece o prolongamento da vida útil de um processo, o que se dirá quando a legislação *infraconstitucional* é pródiga na previsão de recursos, circunstâncias que, quando conjugadas à deslealdade processual, afiguram-se como ***areia nas engrenagens***.

Demais disso, há normas jurídicas que mais se parecem fósseis legislativos. Tais normas precisam ser extirpadas do ordenamento, caso se busque o aprimoramento do sistema recursal e a efetivação do direito à razoável duração do processo na sua vertente objetiva. Um exemplo disso é o art. 600, § 4º do CPP, pelo qual "*Se o apelante declarar, na petição ou no termo, ao interpor a apelação, que deseja arrazoar na superior instância serão os autos remetidos ao tribunal ad quem onde será aberta vista às partes, observados os prazos legais, notificadas as partes pela publicação oficial*."[230] A redação da norma foi aprovada no ano de 1964. Trata-se de um dispositivo que promove um atraso injustificado no deslinde dos processos criminais, porque permite ao recorrente apresentar suas razões somente quando os autos subirem para o Tribunal e este o intimar, por meio de uma carta de ordem, a arrazoar o recurso já interposto. Na prática, o expediente confere ao processo uma sobrevida de meses. Sem dúvidas, o art. 600, § 4º é um fóssil que precisa ser expungido do ordenamento, se é que a EC nº 45/04 lhe deu as boas-vindas.

13.3.5.2. O princípio da presunção de inocência: do HC 84078-7/MG ao HC 126.292/SP

Dentre as várias razões para essa fuga implacável da coisa julgada, a principal delas era o entendimento jurisprudencial de que somente após o trânsito em julgado poderia ser iniciada a execução da pena; vale dizer, inexistindo razões para a decretação de uma prisão preventiva, somente após a formação da coisa julgada poderia o sentenciado ser posto no cárcere[231]. A partir dessa premissa, o réu condenado pelo Juiz singular, pelo Tribunal, pelo Superior Tribunal de Justiça e pelo Supremo Tribunal Federal só teria iniciada a execução da pena quando a última dessas condenações estivesse acobertada pelo manto da *res judicata*.

---

3 de outubro de 1941 – Código de Processo Penal, nos seguintes termos: Art. 580-A. Verificando o tribunal, de ofício ou a requerimento da parte, que o recurso é manifestamente protelatório ou abusivo o direito de recorrer, determinará que seja certificado o trânsito em julgado da decisão recorrida e o imediato retorno dos autos à origem. Parágrafo único. Não terá efeito suspensivo o recurso apresentado contra o julgamento previsto no caput. Art. 2º Aplica-se esta Lei ao Processo Civil. Art. 3º. Esta Lei entra em vigor na data de sua publicação."

[230] Quando o autor que vos escreve foi Defensor Público, inúmeras cartas de ordem, remetidas pelo Tribunal de Justiça, começaram a chegar repentinamente. Todas instavam a Defensoria a apresentar razões em apelações criminais interpostas, há meses, por um membro distinto da Instituição. Depois de algum tempo, em conversas bem-humoradas com outros colegas, descobrimos que o expediente processual do art. 600, § 4º, CPP, era usado como uma tática para que alguns defensores se esquivassem da quantidade de trabalho, deixando uma herança de trabalho para o seu sucessor na Comarca. Funcionava assim: o Defensor que estava prestes a ser removido se valia do art. 600, § 4º, pugnando para só apresentar razões quando instado pelo Tribunal de Justiça. Até isso ocorrer, vários meses se passavam. Em alguns casos, isso permitia ao membro da Defensoria ser promovido na carreira, deixando o dever de apresentar razões para o novato. Para alguns, era o expediente mais empregado quando a remoção se avizinhava.

[231] STF, HC 84078-7/MG, 05/02/2009.

O fundamento subjacente ao tardio recolhimento do sentenciado ao cárcere é o de que sua inocência deve perdurar até que sobrevenha um édito condenatório *definitivo.* Mesmo sabendo-se que a presunção constitucional (e convencional) de inocência é relativa (*juris tantum*), tal orientação jurisprudencial confere-lhe ares de presunção absoluta, para só relativizá-la diante de um pronunciamento na mais alta Corte. Trata-se de uma *ficção* que desprestigia as decisões proferidas pelo Judiciário[232], afinal, ressalvado o acórdão do Excelso Pretório, todos os órgãos judicantes proferem condenações inócuas, bastando ao condenado interpor recursos consecutivos.

Essa irracionalidade nem sempre prevaleceu nos repositórios de jurisprudência.

Assim como a hégira (fuga de Maomé de Meca para Medina) marca o início do Calendário Islâmico, o divisor de águas na construção pretoriana é o HC 84078-7/MG (05/02/2009), processado e julgado pelo Supremo Tribunal Federal. Antes desse insólito precedente, as condenações proferidas em segundo grau de jurisdição rendiam ensejo ao início do cumprimento da pena, porquanto os recursos especial e extraordinário não se revestem de efeito suspensivo. Aliás, é o que ainda dispõe o Código de Processo Penal, quando averba que *"o recurso extraordinário não tem efeito suspensivo, e uma vez arrazoados pelo recorrido os autos do traslado, os originais baixarão à primeira instância, para a execução da sentença"* (art. 637, CPP). Firme nessa compreensão, o STJ chegou a sumular a matéria, aduzindo que *"a interposição de recurso sem efeito suspensivo contra decisão condenatória não obsta a expedição de mandado de prisão."* (súmula 267). O sistema estava em harmonia, as decisões dos Tribunais tinham algum prestígio, a sensação de impunidade era amenizada e os recursos protelatórios não eram premiados com a liberdade. Desgraçadamente, no HC 84078-7/MG, ao arrepio da lei, de sua jurisprudência dominante e da Constituição Federal, o STF assentou que o início da execução da pena antes do trânsito em julgado da condenação feria o princípio da presunção de inocência. Essa compreensão simplesmente *retribuiu* o exercício *abusivo* do direito de recorrer com o *prolongamento da liberdade do recorrente, uma impertinente sanção premial.* Mas outras consequências advieram dessa posição irresponsável: milhares de presos, já condenados em segundo grau de jurisdição, foram colocados em liberdade pelo só fato de terem recursos pendentes nas instâncias superiores.

Uma das vozes que se levantaram corajosamente contra a absolutização da presunção de inocência foi a do saudoso Ministro Joaquim Barbosa, cujo voto, pela sua magnitude jurídica, transcrevemos parcialmente (destaques no original)[233]:

> [...] alinho-me à antiga corrente, que era majoritária nesta Corte, no sentido de entender como **viável a execução da pena privativa de liberdade depois de esgotadas as duas instâncias ordinárias de jurisdição.**

---

[232] Assim como, hoje, estão sem prestígio as decisões no Tribunal do Júri. Em tese, mesmo pronunciado e condenado no Sinédrio Popular a uma pena de 30 (trinta) anos de reclusão, o réu pode deixar o Fórum pela porta da frente, se é que não se oferecerá para sentar à mesa e almoçar com o corpo de jurados. Assim como muitos eleitores não compreendem o quociente eleitoral nas eleições proporcionais, método que elege candidatos desprezados nas urnas e impõe uma derrota aos sufragados por multidões, a manutenção da liberdade de criminosos hediondos, confessos, condenados pelo Júri apavora a sociedade com um espírito de impunidade.

[233] HC 84.078/MG. No seu voto, o Ministro Joaquim Barbosa revela que, dos 167 (cento e sessenta e sete) recursos extraordinários dos quais foi Relator, nos últimos dois anos anteriores ao julgamento em apreço, *substancialmente,* apenas 6 (seis) foram providos, o que corresponde a 4% (quatro por cento).

Considero que as decisões proferidas pelo juízo de primeiro e/ou segundo graus de jurisdição, **no sentido da condenação do réu**, como é o caso presente, **devem ser respeitadas e levadas a sério**, pois os órgãos judiciários prolatores de decisões de mérito são **presumidamente idôneos para o ofício que lhes compete exercer**.

Isto significa que não se deve fazer **letra morta** das decisões proferidas pelas instâncias ordinárias do Poder Judiciário. Do contrário, **melhor seria que todas as ações fossem processadas e julgadas diretamente pelo Supremo Tribunal Federal,** já que somente com uma decisão irrecorrível desta Corte se poderá dar credibilidade a uma decisão condenatória.

Considerando, assim, a **legitimidade das instâncias ordinárias para proferir decisões condenatórias dotadas de efetividade,** penso ser necessário que esta Corte permita sua **execução provisória**, sob pena de as tornarmos **despiciendas**.

É de se ter em conta que **a possibilidade de execução provisória do julgado vem da necessidade de dar efetividade ao processo**, evitando que se **frustre a condenação já exaustivamente determinada** nas instâncias ordinárias, em que a ação penal tramitou e foi submetida à análise **percuciente** pelos órgãos competentes para análise dos fatos.

Adotar a tese de que somente com o trânsito em julgado da condenação poderia haver execução penal **causará verdadeiro estado de impunidade** [...], especialmente para aquele sentenciado que disponha a seu favor de defensor **cujo fim precípuo seja utilizar-se do maior número possível e imaginável de recursos** (e nisto o ordenamento é rico), **de molde a estender eternamente o trânsito em julgado do provimento condenatório, situação que em não poucos casos acaba por impor o reconhecimento da prescrição da pretensão executória**, frustrando o direito fundamental à tutela jurisdicional efetiva, o respeito à vítima e também à própria atuação do trabalho do Poder Judiciário, que findaria por ser nula no fim das contas. [...]

Ora, o princípio do estado de inocência não é absoluto e incontrastável em nosso ordenamento jurídico; foi com base na sua ponderação que, por exemplo, esta Corte sempre entendeu e continua entendendo legítimos os institutos da prisão preventiva e da prisão temporária. [...]

Apesar do brilhantismo das suas colocações, o Ministro Joaquim Barbosa foi voto vencido, e a execução provisória da pena foi considerada como uma prática inconstitucional, de 2009 a 2016. Os recursos protelatórios se multiplicaram em progressão geométrica. Finalmente, em 17 de fevereiro de 2016, a situação voltou ao normal. **No HC 126292-SP, o STF esclarece que "*A execução provisória de acórdão penal condenatório proferido em julgamento de apelação, ainda que sujeito a recurso especial ou extraordinário, não compromete o princípio constitucional da presunção de inocência.*"**.

Algumas digressões são necessárias para a compreensão do julgado.

Em primeiro lugar, repugna ao Direito Constitucional a máxima de que "*os fins justificam os meios*". Já dissemos que os meios é que devem ser proporcionais aos fins. Logo, afigura-se tecnicamente equivocado o raciocínio *utilitarista* de que, para combater a impunidade, é possível ultrapassar dos limites semânticos do texto constitucional. Da mesma maneira, nunca concordamos com argumentos do tipo "A quem interessa suprimir os poderes investigativos do Ministério Público?". Não interessa a quem interessa. Só o Direito interessa. Argumentos desse tipo não são jurídicos. É possível justificar o poder investigatório do Ministério Público sem precisar recorrer a fórmulas maniqueístas, despidas de conteúdo jurídico. Uma resposta jurídica acertada independe de a quem ela possa interessar. Aliás, nem tudo o que é constitucional é vantajoso para o país, assim como nem tudo o que é inconstitucional é desvantajoso para a sociedade. Não cabe ao jurista procurar dar respostas vantajosas para a nação, mas sim elucidar aquilo que o sistema permite, obriga ou proíbe. Passemos, então, a uma digressão *técnica*.

Juridicamente, é possível explicar com muita tranquilidade a decisão do Supremo Tribunal Federal que, reestabelecendo a normalidade das coisas, voltou a admitir a execução provisória da pena.

Antes de qualquer coisa, é preciso indicar o conteúdo da presunção de inocência e as consequências extraídas desse comando constitucional. Filosoficamente, na vida, podemos adotar duas posturas: desconfiar de todos, até que conquistem nossa credibilidade; confiar em todas as pessoas, até que venham a nos decepcionar. O constituinte, de maneira inequívoca, elegeu a segunda delas como uma construção zetética do Estado brasileiro. A boa-fé se presume. Que consectários lógicos se pode extrair do princípio da presunção de inocência? Ei-los: **a) o ônus da prova incumbe à acusação; b) *in dubio pro reo*; c) o silêncio do réu não pode ser interpretado em seu desfavor; d) condenações pendentes não induzem reincidência; e) condenações pendentes não podem ser valoradas como maus antecedentes; f) o nome do sentenciado não é lançado no rol dos culpados, até que sobrevenha condenação irrecorrível**. Todas as consequências listadas emanam da presunção de inocência que milita em favor dos acusados, sendo conservadas, integralmente, do oferecimento da acusação ao trânsito em julgado do édito condenatório. A decisão do Supremo, no HC 126292-SP, não relativizou nenhuma delas.

A pergunta que se nos afigura é: **no Brasil, diante da presunção constitucional de inocência, o *status libertatis* é intangível?** Não é, nunca o foi e, enquanto vigorar a carta outubrina, jamais poderá sê-lo. **Ser presumivelmente inocente não significa impossibilidade de ser preso**. São coisas diferentes, e uma não implica a outra. Fosse dessa maneira, toda prisão em flagrante seria inconstitucional, afinal, o flagranteado é presumivelmente inocente. Toda prisão preventiva seria inconstitucional, na medida em que o custodiado também é presumivelmente inocente. Toda prisão temporária seria inconstitucional, pois o preso temporário é presumivelmente inocente. Ora, **em todas essas prisões, um ser humano presumivelmente inocente é enclausurado, sendo possível que isso ocorra antes de qualquer julgamento, de qualquer instrução e até mesmo em momento anterior à formalização de uma acusação. Só por isso já se percebe que, no ordenamento constitucional brasileiro, o presumivelmente inocente pode ser preso de maneiras muito mais precoces, o que se dirá quando já ajuizada a ação penal, exercida a ampla defesa, encerrada a fase instrutória, apreciada a causa por um Juiz, impugnada a decisão, proferido o acórdão por um colegiado de juízes mais experientes, tudo oxigenado pelo contraditório.**

Por uma questão de coerência lógica, aquele que se rebela contra a execução provisória da pena também não deve aceitar a prisão preventiva, custódia esta sobremodo mais precoce que aquela. Tomando de empréstimo os dizeres de Aury Lopes[234], "*A violência do processo penal é patente, **tendo sua face mais cruel***

[234] LOPES JR., Aury. *Introdução Crítica ao Processo Penal*. 3. ed. Rio de Janeiro: Lúmen Júris, 2005. p. 48.

nas prisões cautelares**, cujo conteúdo aflitivo em nada se diferencia (**é, inclusive, mais grave**) da prisão decorrente da sentença definitiva*" (destacamos). Ferrajoli, por exemplo, é coerente: para o jurista italiano, a prisão preventiva simplesmente não se compadece com a presunção de inocência. Não concordamos com Ferrajoli, mas admitimos que ele trilha um raciocínio coeso. Ora, por que o princípio da presunção de inocência admitiria a prisão de alguém com base em meros ***indícios de autoria (um dos componentes do *fumus comissi delicti*), antes do ajuizamento da ação penal, mas esse mesmo princípio não toleraria que a custódia fosse decretada após a angularização da relação processual por uma citação válida, a instauração de um processo devido, oxigenado pelo contraditório, enriquecido por uma defesa ampla e dialética, examinado por um Juiz natural e, ainda, revisado por outros magistrados? Alguns poderiam apresentar a objeção de que a prisão preventiva é diferente da prisão pena, não merecendo, pois, o mesmo raciocínio. Segundo essas pessoas, a prisão preventiva só se justificaria para atender a necessidades "maiores", por exemplo, assegurar a instrução penal ou a aplicação da lei penal.

A objeção não se sustenta.

Não há razão jurídica que legitime a prisão de alguém *sabidamente* inocente. Sejamos francos: se soubéssemos, de antemão, que um indivíduo era cabalmente inocente, jamais o prenderíamos, nem mesmo preventivamente. Se tivéssemos *certeza* de que uma pessoa não era culpada, não a prenderíamos sob pretexto algum. E por que, então, prendemos o presumivelmente inocente? Exatamente porque o *fumus comissi delicti* indica que há ***indícios*** suficientes de ser ele o autor da infração penal. Isso revela que o ordenamento brasileiro jogou uma aposta. Assumiu correr o risco de errar. Motivo nenhum justificaria que um inocente fosse preso, mesmo que para assegurar a instrução de um processo, pois este serve àquele. Processos são instaurados para pessoas, e não o contrário. Com isso, parece claro que, se alguém é preso preventivamente, mesmo presumivelmente inocente, é porque o próprio ordenamento assumiu correr o risco de esta presunção estar equivocada e, calculando os bônus e os ônus, autorizou a prisão precoce de um ser humano.

Infere-se, de maneira claríssima, que o estado de inocência nunca impediu a prisão daqueles em favor dos quais milita essa presunção, porque, repita-se à exaustão: a blindagem absoluta do *status libertatis* nunca foi um dos consectários lógicos do princípio da não culpabilidade.

A objeção de que seria impossível restituir o *status quo* a quem foi preso injustamente, na execução provisória da pena, também não subsiste. Como devolver a liberdade indevidamente subtraída do preso preventivo? Ora, um risco muito maior foi assumido pelo ordenamento na decretação das prisões preventivas, e nem por isso se deixa de manejá-las. Também nas preventivas é impossível devolver ao preso a liberdade segregada, mas o sistema efetua validamente esse sacrifício. Com mais razão, haverá de realizá-lo na execução provisória da pena, momento em que a prisão é sobremodo mais segura.

Como se vê, a todas as luzes, há um abismo entre ser presumivelmente inocente e a intocabilidade do *status libertatis*. Como nos lembra o Juiz Federal José

Giácomo Gimenes[235], a Constituição nunca averbou que *"Ninguém será* ***preso*** *até o trânsito em julgado da sentença penal condenatória"*. Numa concepção hermenêutica **originalista**, o dispositivo do art. 5º, LVII, da Constituição, por ocasião da sua promulgação, não significava inconstitucionalidade da execução provisória da pena, tanto que essa execução foi empregada até o ano de 2009. Um curto circuito levou a execução provisória a não ser utilizada de 2009 a 2016, voltando a operar naturalmente de 2016 em diante. Vê-se que, à luz de uma interpretação originalista da Constituição, o constituinte, quando previu a presunção de inocência, não repeliu a execução provisória da pena, pois a expedição da guia provisória era uma realidade, uma prática, um costume das Varas de Execução Penal em todo o país, dada a ausência de efeitos suspensivos nos recursos para os Tribunais Superiores, compreensão esta com ampla aceitação da jurisprudência e em perfeita sintonia com a legislação infraconstitucional. A prática era tida como inquestionável em 05 de outubro de 1988, e assim o foi até 2009, "apesar" da Constituição, motivo pelo qual o princípio da presunção de inocência não foi concebido, ***originalmente***, para repelir a execução provisória da pena. A maior prova disso está no **termo inicial da prescrição da pretensão executória**.

Como regra, o Estado não pode punir eternamente. Mesmo condenando-se o réu, há um tempo hábil para recolhê-lo ao cárcere, além do qual não será mais possível fazê-lo. Razões de segurança jurídica reclamam a prescrição da pretensão executória, que não pode estender-se para o infinito, angustiando os sentenciados como a espada de Dâmocles. Sabendo-se que a prescrição é um instituto vocacionado a punir a **inércia** do titular do direito a ser exercido, que busca cumprir sua pretensão de forma extemporânea, perguntamos: **quando se estreia o termo inicial da prescrição da pretensão executória?**

A resposta é importantíssima: a partir do trânsito em julgado ***para a acusação***. Ou seja, o cronômetro para o exercício da pretensão executória é iniciado a partir do momento em que o Ministério Público não mais recorre da decisão, que se torna, **para ele**, irrecorrível. Ora, o Direito não socorre os que dormem. Se o Estado é punido com a prescrição, porque não foi diligente em colocar no cárcere alguém que sentenciou, como impedir que esse mesmo Estado, tido como negligente, exerça sua pretensão executória? Noutro dizer: como punir alguém que não exerceu tempestivamente uma pretensão, se essa pessoa estava juridicamente proibida de exercê-la? Esse é o ponto nevrálgico. **O termo inicial da pretensão executória era o trânsito em julgado para o Ministério Público porque, na época em que redigido o dispositivo legal, já era possível promover a execução provisória da pena.** Com a adoção do insólito entendimento de que isso vulneraria o princípio da presunção de inocência, que foi absolutizado irracionalmente, a regra legal se tornou sem equidade, ilógica e irracional.

Por uma questão de honestidade intelectual, todos os que reputam a execução provisória da pena como um instituto não recepcionado também devem

---

235 GIMENES, José Giácomo. *Exigência de Culpa e Trânsito em Julgado para Prisão é uma Ilação.* CONJUR, 25 de fevereiro de 2016. Disponível em: [http://www.conjur.com.br/2016-fev-25/exigencia-culpa-transito-julgado-prisao-ilacao].

considerar que o art. 112, I, do Código Penal igualmente não recebeu as boas vindas da Constituição.

A verdade é que todo o sistema jurídico brasileiro estava em sintonia com a execução provisória da pena, seja o art. 112, I, do Código Penal, o art. 637 do Código de Processo Penal ou a súmula 267 do STJ. A propósito, este verbete foi editado posteriormente à Constituição de 1988, sem que, à época, as pessoas tenham lançado sobre o Superior Tribunal de Justiça a pecha de autoritarismo. O erro do **HC 84078-7/MG urgia ser corrigido. Felizmente, o HC 126.292/SP sepultou toda essa incongruência, para permitir, como sempre foi permitida, a execução provisória da pena.**

Alguns poderiam perguntar: de que adiantaria, então, o princípio da presunção de inocência, após a condenação em segundo grau, se aquele em favor de quem se presume já está preso? Ora, todos os desdobramentos da não culpabilidade, explicitados no início deste estudo, continuam aplicáveis nas demais instâncias. Continua a vigorar, mesmo no STF e no STJ, o princípio do favor rei (*in dubio pro reo*). Apenas para exemplificar, o STF já se decidiu que o empate na votação do *habeas corpus* resvala na proclamação do resultado mais favorável ao paciente[236]. Ademais, se o réu vier a delinquir, dentro do cárcere ou fora dele (*v.g.* durante as saídas do regime semiaberto, nos momentos das autorizações de saída), a condenação que justificou a execução provisória da pena não pode ser valorada como maus antecedentes e nem será ele considerado reincidente. De mais a mais, seu nome não será lançado no rol dos culpados. Só por isso já se percebe que há várias consequências advindas da presunção de inocência, apenas a impossibilidade de ser preso não é uma delas. Vê-se que todas as demais consequências se conservam por toda a peregrinação recursal, de modo que **não se feriu, com a decisão, o núcleo essencial** da presunção de inocência.

Outra restrição legítima à presunção de inocência foi o advento da Lei da Ficha Limpa, diploma que relativizou o princípio da presunção de inocência, para ser flexibilizado quando sobrevier condenação do pretenso candidato por órgão colegiado. Se não houve menoscabo ao núcleo essencial da não culpabilidade na Lei da Ficha Limpa, que amputa o *jus honorum* dos cidadãos, pelas mesmas razões, não existiria razão (plausível) para haver inconstitucionalidade na hipótese da execução provisória da pena. Nesta, o réu continua presumivelmente inocente, mas a força dessa presunção decresce gradativamente, até que o trânsito em julgado a dissipa por completo. Nada mais natural. De início, nem mesmo a condenação de um Juiz é capaz de relativizá-la. Exige-se, para subtrair um dos seus efeitos, uma condenação por um colegiado, composto de magistrados sobremodo mais experientes. Cumprida essa etapa, subsiste a presunção de inocência, desta feita, não tão irradiante quanto antes, na medida em que um dos seus efeitos já passa a ser relativizado, por meio da expedição da guia de execução provisória. Todos os demais permanecem íntegros.

A noite chega lentamente. O céu escurece aos poucos. Até isso acontecer, temos fases de transição entre a aurora e o crepúsculo. Assim é o afastamento da presunção de inocência: um processo lento, gradual, que só se perfectibiliza com o

236 1ª Turma, HC 94701 (05/08/2008).

trânsito em julgado, mas cujos sinais e sintomas já podem ser percebidos ao longo das sucessivas condenações.

13.4. O direito fundamental à segurança pública

Se o direito à vida é condição para o desfrute dos demais, o direito à saúde também o é. Não há vida sem saúde, porquanto a doença atenta contra a integridade física e psíquica, gerando a morte. Ocorre que não só as enfermidades colocam em risco a integridade humana, mas o próprio ser humano é capaz de fazê-lo. Há pessoas tão letais quanto as mais temíveis doenças. Por conseguinte, também é válido concluir que não há vida sem segurança pública. Logo, por um consectário lógico, se a vida é pressuposto para fruir os outros direitos fundamentais, o direito à segurança pública também o será. Nas palavras do jurista Giorgio Del Vecchio, em trabalho publicado no ano de 1965, "[...] não está resolvido o problema da defesa contra o crime: uma defesa da qual ninguém pode negar a humana necessidade"[237].

É lugar comum afirmar que o problema da segurança pública é solucionado com a educação. Não temos dúvida da enorme colaboração dada pelas oportunidades sociais, mas não há como assegurar às crianças o direito à instrução quando sequer conseguem chegar vivas às escolas. Não há como garantir uma aula proveitosa se traficantes invadem as salas de aula[238]. Não raro, a prática revela que, cronologicamente, a segurança precede a educação. Ademais, o argumento de que a educação elimina por completo a criminalidade, por si só, é preconceituoso e discriminatório, pois parte da ilusão de que todos os criminosos são analfabetos ou mal instruídos, quando se sabe que organizações criminosas contam com a colaboração de verdadeiros gênios do mal. Psicopatas também podem ser cientistas[239]. Logo, a concretização do direito constitucional à educação é *fundamental* na luta contra a criminalidade, mas, conquanto seja lamentável reconhecer a realidade, é insofismável que livros não recuperam pessoas irrecuperáveis.

A segurança pública também promove o direito à liberdade. Ninguém é livre com medo, porque a intranquilidade amputa a autodeterminação. Ilustrativamente, muitas mulheres não desfrutam do prazer de caminharem sozinhas, durante uma madrugada qualquer, para uma apreciação da lua e das estrelas. Se optam pelos

---

[237] VECCHIO, Giorgio Del. *A Luta Contra o Crime*. Edição Comemorativa da Revista do Ministério Público do Rio de Janeiro: 2015. p. 1417.

[238] A invasão de salas de aula por narcotraficantes é comum e rotineira, por exemplo, no Colégio Estadual Liceu da Messejana, na Comarca de Fortaleza/CE, conforme relatado pela coordenação da Escola e ratificado pelos alunos. A polícia é acionada para a retirada compulsória dos infratores, mas eles voltam a pular o muro e a intimidar a comunidade escolar, inclusive, endereçando ameaças a quem acionou o apoio de força policial. Trata-se de um caso revelador de que, por vezes, cronologicamente, o direito à segurança pública precede o direito à educação.

[239] *"Chamamos personalidades psicopáticas a certos indivíduos que, sem perturbação da inteligência, inobstante não tenham sofrido sinais de deterioração, nem de degeneração dos elementos integrantes da psique, exibem através de sua vida intensos transtornos dos instintos, da afetividade, do temperamento e do caráter, mercê de uma anormalidade mental definitivamente pré constituída, sem, contudo, assumir a forma de verdadeira enfermidade mental. São os oligofrênicos morais de Bleuler, os degenerados de Magnan, os semiloucos de Grasset, a estupidez moral de Baer, a loucura moral (moral insanity) dos ingleses, os fronteiriços etc., ou seja, 'todo aquele que apresenta uma instabilidade mental patológica, sem perda de suas funções intelectuais' (Székely)".* CROCE, Delton. CROCE JÚNIOR, Delton. *Manual de Medicina Legal*. 8ª Edição. São Paulo: Saraiva, 2012. p. 674. Como se vê, a degeneração do psicopata é de índole moral.

transportes coletivos, lançam a própria sorte no que concerne a abusos sexuais sofridos no interior dos veículos. O receio de uma violência sexual tolhe a liberdade de ir e vir, de mobilidade urbana, atingindo, em última análise, o direito fundamental à cidade. Mas não é só. A insegurança pública atenta contra o direito constitucional de propriedade, por exemplo, quando um humilde trabalhador tem sua motocicleta subtraída. Sem segurança, não existe livre-iniciativa, pois a liberdade de empresariar, na exploração da atividade econômica, é aviltada quando ordens provenientes do narcotráfico determinam o fechamento do comércio de uma dada região. É simples perceber que a segurança pública afigura-se como uma *conditio sine qua non* para o pleno gozo dos direitos fundamentais mais primevos, pois a insegurança aniquila uma gama essencial dos direitos inerentes à existência digna. Apenas para se ter ideia da situação apocalíptica que a ausência de segurança pública pode gerar, no que concerne aos direitos fundamentais, tomemos de empréstimo as informações trazidas por Danni Sales, Promotor de Justiça do Ministério Público de Goiás[240]:

> No Rio de Janeiro, no ano de 2002, o presídio de segurança máxima Bangu I foi palco de uma briga entre as facções rivais. O confronto acabou com a morte de importantes traficantes, como Ernaldo Pinto de Medeiros (o Uê). Revoltosos, criminosos extramuros, sob as ordens dos reclusos, iniciaram **verdadeiro ataque contra a sociedade. Pessoas foram queimadas vivas em ônibus públicos. Mais de oitocentos mil passageiros ficaram sem transporte. Parte do comércio da segunda maior capital do mundo fechou as portas. Policiais eram mortos à luz do dia, unidades policiais e do corpo de bombeiros eram atacadas.**

O breve relato, extraído de acontecimentos reais, fornece uma noção ainda distante do que pode acometer a sociedade quando despida de proteção. A insegurança pública é apenas o pórtico para um *estado de natureza*, que, como descreveria Hobbes, traduz um miserável estado onde só pertence a cada um o que este tomar e durante o tempo em que conseguir conservar.

Em apertada síntese, o direito fundamental à segurança pública pode ser conceituado como o direito difuso, oponível ao Estado e à sociedade, de que crimes não serão praticados, mas, se eventualmente o forem, haverá uma reação apta a inibi-los. A reação deve ser proporcional ao mal praticado e minimamente humanitária. Dizemos "minimamente" porque encarcerar uma pessoa viva, por si só, já representa uma situação aviltante e que contraria a natureza humana, mas **a própria dignidade humana pode justificar o encarceramento de um em benefício de todos**. Na leitura de equilíbrio dos direitos fundamentais, concebemos a prisão de pessoas perigosas, *não como algo a ser comemorado*, mas como um *sacrifício de direito* em prol da coletividade e à luz da dignidade humana. Eduardo Sens dos Santos, membro do Ministério Público de Santa Catarina, esclarece[241] (negritamos):

> [...] **não há disposição legal, constitucional, ou mesmo internacional que classifique o direito à liberdade como "direito máximo"**, como direito a ser buscado de

[240] SALES, Danni. *Regime Disciplinar Diferenciado: a Constitucionalidade da Execução de Pena do Inimigo.* Revista do Ministério Público do Estado de Goiás, nº 29. Goiânia: 2015. p. 112.

[241] SANTOS, Eduardo Sens dos. *O Ministério Público tem Direito ao Contraditório em habeas corpus.* Edição Comemorativa da Revista do Ministério Público do Rio de Janeiro: 2015. p. 595/596.

qualquer forma e sob qualquer pretexto. Nem mesmo nos mais recentes estudos jurídicos se observa tal espécie de classificação. **Se há algum direito**, algum interesse, **que atualmente se possa classificar de máximo**, de basilar, de estar no topo do sistema jurídico, **este direito é o da *dignidade humana***, mas não o direito à liberdade. E isto é de suma importância para esta tese, porque **a dignidade humana é alcançada de diversas formas e, não raras vezes, até mesmo pelo cerceamento da liberdade de quem pratica crimes. Para se viver em sociedade de modo digno é preciso coibir certas condutas, que, por exemplo, retiram a vida, a liberdade, a integridade física, o patrimônio, a honra dos seres humanos.**

Segundo o autor, em alguns casos concretos, a dignidade humana demandará a soltura de presos e, em outras hipóteses, reclamará a prisão. Essa característica maleável do princípio foi por ele cunhada de *proteiforme*, em alusão a Proteu, na mitologia, que tinha o dom de mudar de forma constante. Portanto, a decretação das prisões, inclusive as cautelares, é fruto de uma ponderação de direitos fundamentais. O Juiz deverá aquilatar se a liberdade deve se sobrepor à segurança pública, à luz da concordância prática. Esse tem sido o raciocínio trilhado pelo Superior Tribunal de Justiça[242], para quem

> [...] a limitação do direito ambulatorial do cidadão contrapõe dois direitos fundamentais constitucionalmente protegidos, quais sejam, o direito à segurança, do qual decorre o poder-dever de punir do Estado, e o direito à liberdade, ambos insculpidos no art. 5º, *caput*, da Carta Magna.

13.4.1. O direito fundamental à ressocialização dos presos recuperáveis

Nem todos os presos são ressocializáveis, mas, como não é possível identificar, aprioristicamente, quais são passíveis de recuperação, todos devem ser tratados como se o fossem. Assim como o médico deve envidar todos os esforços para salvar vidas, mesmo quando as chances parecem remotas, o Ministério Público não pode desistir do apenado. De maneira humanitária, a Constituição de 1988 não admite a pena de morte, exceto em caso de guerra (art. 5º, XLVII, "a"), repelindo, ainda, a prisão perpétua (art. 5º, XLVII, "b"). Logo, cedo ou tarde, todo apenado se transmuda em egresso. Uma vez introjetado na sociedade, nascerá para o sentenciado uma segunda oportunidade para seguir um caminho de retidão ou delinquir.

Percebe-se que, como corolário do direito fundamental à segurança pública, tem-se o ***direito fundamental à ressocialização dos presos recuperáveis***. Trata-se de um direito difuso, cujo credor é a sociedade e cujos devedores são o Estado (eficácia vertical) e a própria sociedade (eficácia horizontal). Se o Poder Público danifica o ser humano sob a sua custódia, é a sociedade que vai recebê-lo dias depois, motivo pelo qual é interesse social legítimo que a periculosidade dos presos recuperáveis seja eliminada ou sobremodo reduzida. Portanto, cuida-se de um direito fundamental não escrito, mas implícito. Como pontua Giorgio Del Vecchio, "[...] os vigentes sistemas carcerários não conduzem, de nenhum modo, à recuperação dos delinquentes. Em

[242] STJ, 5ª Turma, HC 330283/PR, DJe 10/12/2015.

verdade, ao contrário, na grande maioria dos casos, irritam o ânimo dos condenados, **suscitando neles um surdo rancor contra a sociedade.**"[243].

Exatamente para garantir a segurança pública, considerando que o egresso do sistema carcerário será, e é justo que o seja, acolhido no seio social, é direito fundamental da sociedade recebê-lo isento de periculosidade, quando isso se afigure possível. Porém, o dever do Estado de regenerar presos recuperáveis não exime a *responsabilidade* de todos, conforme reza o art. 144 da Constituição Federal[244]. Como preceitua a Lei nº 7.210/84 (Lei de Execução Penal), "o Estado deverá recorrer à cooperação da comunidade nas atividades de execução da pena e da medida de segurança" (art. 4º). Portanto, a própria sociedade deve colaborar na recuperação dos apenados regeneráveis, numa espécie de eficácia horizontal coletiva dos direitos fundamentais. Um dos instrumentos para a consecução desse fim, dentre tantos outros, é o Conselho da Comunidade, alçado à condição de órgão da execução penal (art. 61, VII)[245].

Algumas vozes se colocaram contra a pena de prisão, sob o argumento de que ela não está logrando êxito na ressocialização dos aprisionados. Lembramos que a função da pena não se esgota na ressocialização, embora o ideal seja que *também* ressocialize[246]. Apesar disso, lamentavelmente, no mundo do *ser*, reconhecemos o estado de coisas inconstitucional[247] do sistema carcerário brasileiro. As prisões, atualmente,

---

243 VECCHIO, Giorgio Del. *A Luta Contra o Crime*. Edição Comemorativa da Revista do Ministério Público do Rio de Janeiro: 2015. p. 1418.

244 Art. 144 – A segurança pública, dever do Estado, direito e responsabilidade de todos, é exercida para a preservação da ordem pública e da incolumidade das pessoas e do patrimônio, através dos seguintes órgãos: [...].

245 Segundo o art. 80 da LEP, a composição do Conselho da Comunidade será de, no mínimo, 1 (um) representante da associação comercial ou industrial, 1 (um) advogado, 1 (um) Defensor Público e 1 (um) assistente social. Pelas pessoas que o compõem, nota-se a participação da sociedade civil na desafiadora tarefa de ressocializar presos recuperáveis. O art. 81 elencou as atribuições do Conselho da Comunidade, quais sejam, visitar, pelos menos mensalmente, os estabelecimentos penais; entrevistar os presos; apresentar relatórios ao Juiz e ao Conselho Penitenciário e **diligenciar a obtenção de recursos materiais e humanos para melhor assistência ao preso ou internado**, em harmonia com a direção do estabelecimento. É exatamente nessa última atribuição que se vislumbra a maior utilidade do Conselho da Comunidade, que, em um gesto humanitário, realiza esforços para conseguir escovas de dente, uniformes, materiais de higiene, colchões etc.

246 Pedimos licença ao leitor para ilustrar com um breve estudo de caso. Certa feita, uma narcotraficante contumaz, que já cumpria pena em regime aberto, passou a recrutar crianças e adolescentes para a mercancia da droga. Diante dessas informações, o Conselho Tutelar foi instado a visitar a residência dessa senhora, local onde inúmeros menores foram flagrados fazendo uso de entorpecentes. A traficante não hesitou em dirigir ameaças concretas aos conselheiros tutelares e a expulsá-los (a propósito, crime previsto no art. 236 do Estatuto da Criança e do Adolescente). Também agrediu os pais que tentavam libertar seus filhos viciados desse obscuro cárcere privado. O Ministério Público ofereceu denúncia criminal e manifestou-se pela imediata regressão da apenada, comunicando os órgãos de segurança pública e adotando as providências de estilo. O pedido foi apresentado em uma segunda-feira. Na sexta-feira, a narcotraficante, que surpreendentemente ainda não havia sido presa, planejou a morte de um desafeto e o levou para uma cilada. Acompanhada de alguns capangas, tentou assassinar seu inimigo no interior de um veículo. Em legítima defesa, a vítima sacou uma arma e matou o motorista do carro, que capotou e gerou um terrível acidente automobilístico. Mesmo feridos, a traficante e seus capangas sobreviveram ao acidente e desferiram 22 (vinte e dois) golpes de faca no ofendido, sendo um deles na altura do olho. De maneira surpreendente, o homem esfaqueado sobreviveu aos terríveis ataques e seus agressores foram presos. A vítima jurou vingança. Pois bem. Qualquer um é capaz de perceber que, se tivesse sido efetuada a prisão da infratora na época em que postulada pelo Ministério Público, uma infinidade de acontecimentos trágicos teria sido evitados. Bem se vê, quer se regenere ou não, dezenas de crimes hediondos seriam evitados, e isso já é suficiente para justificar a custódia. Por óbvio, o Ministério Público não desistirá dela. Enquanto estiver viva, haverá tempo para corrigir seus rumos e tornar-se uma cidadã de bem.

247 Para um estudo percuciente sobre o instituto pretoriano e colombiano do estado de coisas inconstitucional, confira-se um trabalho de nossa autoria, intitulado "O Inconstitucional Estado de Coisas e o Risco de Canutização do Judiciário". O estudo foi apresentado no I Congresso Brasileiro de Direito Processual Constitucional. Submetido a uma seleção nacional

são criminogênicas e deixam marcas indeléveis nos apenados. O cárcere corrompe o ser humano, fazendo dele um produto do meio, como já vaticinava Rousseau. Para uma perspectiva crítica e realista acerca das dificuldades de ressocialização, oportunas são as palavras de Manoel Pedro Pimentel, citado por Renato Marcão:

> [...] ingressando no meio carcerário o sentenciado se adapta, paulatinamente, aos padrões da prisão. Seu aprendizado neste mundo novo e peculiar, é estimulado pela necessidade de se manter vivo e, se possível, ser aceito no grupo. Portanto, longe de estar sendo *ressocializado* para a vida livre, está, na verdade, sendo *socializado* para viver na prisão. É claro que o preso aprende rapidamente as regras disciplinares na prisão, pois está interessado em não sofrer punições. Assim, um observador desprevenido pode supor que um preso de bom comportamento é um homem regenerado, quando o que se dá é algo inteiramente diverso: trata-se apenas de um homem *prisonizado*". (Manoel Pedro Pimentel, *O crime e a pena na atualidade,* p. 158, citado por Renato Marcão, na sua obra Curso de Execução Penal, 10ª Edição, São Paulo: Editora Saraiva, 2012. p. 48)

Em apreço ao direito difuso à ressocialização dos presos recuperáveis, é dever do Ministério Público, na qualidade de órgão de execução da pena, fiscalizar a progressão de regime, analisar os incidentes da execução, acompanhar cuidadosamente o trabalho e os dias remidos[248], coibir a concessão graciosa de benefícios, zelar pelo direito fundamental à alimentação adequada[249], aquilatar as condições de salubridade das celas e zelar pelo respeito ao banho de sol[250]. Enfim, cabe ao *parquet* resguardar o direito fundamental à integridade física e moral dos presos (art. 5º, XLIX), como meio para a consecução de um fim: a ressocialização.

O Superior Tribunal de Justiça, em uma ousada decisão da lavra do Eminente Ministro Herman Benjamim, decidiu que **o Ministério Público tem legitimidade para ajuizar ação civil pública que vise à reforma ou à construção de uma unidade prisional**[251]. Sabemos que o membro do *parquet* não foi sufragado nas urnas, razão

de artigos acadêmicos, o trabalho foi premiado com o segundo lugar (categoria profissional). FONTELES, Samuel Sales; VASCONCELOS, Fabíola Farias. *O Inconstitucional Estado de Coisas e o Risco de Canutização do Judiciário.* Apresentado no I Congresso Brasileiro de Direito Processual Constitucional, Foz do Iguaçu, Out. 2015.

248 Não é raro que as unidades prisionais trabalhem com a ficção de que todos os apenados, por exemplo, confeccionam artesanatos. Além de ser inusitado que todos tenham sido presenteados com o dom de um artesão, habilidade que a natureza não conferiu a todos os indivíduos, não há controle rígido sobre a atividade. Na prática, muitos se eximem de trabalhar e chegam a falsificar as assinaturas de colegas de cela. Na Promotoria titularizada pelo autor que vos escreve, já se detectaram falsidades ideológicas nos documentos atinentes ao cumprimento das penas, devidamente comprovada por exame grafotécnico requerido pelo Ministério Público.

249 No âmbito da segurança alimentar, é preciso acompanhar de forma meticulosa a qualidade dos alimentos. Algumas unidades prisionais foram flagradas fornecendo alimentos com a validade expirada. Ademais, é comum e rotineiro que o apenado se queixe de aspectos relacionados à sua alimentação, dentre eles, a suposta falta de sal, a quantidade de arroz, a repetição do cardápio etc. Devemos lembrar que o reeducando está sob a custódia e responsabilidade do Estado, inclusive, sanitária. Em se tratando de um ser humano privado da sua liberdade, é natural que se submeta a uma dieta que não comprometa sua saúde. Considerando que o cárcere naturalmente conduz ao sedentarismo, comidas extravagantes podem afetar a integridade física do apenado, pelo que o cardápio deve ser rigorosamente elaborado por nutricionistas. A propósito, o membro do Ministério Público deve realizar visitas periódicas à cozinha do estabelecimentos penal, para coletar dados que subsidiem os relatórios enviados ao Conselho Nacional do Ministério Público.

250 O "banho de sol" é direito dos apenados, inclusive, nos dias de chuva.

251 STJ, 2ª Turma, REsp 1.389.952/MT, 03/06/2014. Conforme noticiado no informativo 543 do Tribunal, "Constatando-se inúmeras irregularidades em cadeia pública – superlotação, celas sem condições mínimas de salubridade para a permanência de presos, notadamente em razão de defeitos estruturais, de ausência de ventilação, de iluminação e de instalações sanitárias

pela qual, em princípio, não lhe cabe aquilatar o mérito administrativo de políticas públicas. À luz da Teoria das Escolhas Trágicas, sabendo-se que não há recursos financeiros para custear, a contento, todos os direitos fundamentais sociais, cabe ao administrador efetuar a escolha menor ruim. No entanto, em se tratando de unidades prisionais, a depender do grau de violação à dignidade humana, é possível, sim, provocar o Judiciário mediante uma ação coletiva, de modo a obter uma sentença que condene o Executivo a uma obrigação de fazer: *realizar previsão orçamentária* para reformar ou construir um novo presídio. No *leading case* julgado pelo STJ, assentou-se que não houve ofensa à separação dos poderes, porque, em caráter excepcional e desde que para concretizar direitos fundamentais, o controle judicial de políticas públicas pode ser exercido pelo Judiciário. A tripartição das Funções, que não é absoluta, não poderia ser tida como um obstáculo à efetivação de direitos. Outrossim, sendo a sentença de cunho mandamental consistente na imposição de uma obrigação de fazer, qual seja, realizar previsão orçamentária para a reforma ou construção de presídios, não há como sustentar ofensa ao Direito Financeiro (arts. 4º, 6º e 60 da Lei nº 4.320/1964). Ao fim e ao cabo, o princípio da reserva do possível foi considerado pelo STJ como mais bem acomodado na Alemanha que no Brasil, uma vez que o Estado alemão já assegurou o mínimo existencial. **O ônus argumentativo de impossibilidade financeira é da fazenda pública.** Não comprovada essa incapacidade, o Judiciário poderá, na visão do STJ, determinar a previsão orçamentária para reformar ou construir uma nova unidade prisional.

13.4.2. O direito fundamental à neutralização da periculosidade dos irrecuperáveis

Até então, cuidamos do direito da sociedade de ver ressocializado o criminoso que para ela retornará. Ocorre que, em casos extremos, simplesmente será impossível eliminar a periculosidade do agente. O estado da arte da medicina ainda não desvendou, de forma cabal, a cura para determinadas patologias psíquicas. Nas palavras do psiquiatra forense Guido Palomba, "é impossível curar um psicopata. O melhor é mantê-lo afastado da sociedade. O erro mais comum é condenar um criminoso com esse diagnóstico a penas corporais, como a detenção. O mais sensato é a medida de segurança, que permite tratamento e estabilização do quadro diagnosticado"[252]. Acrescentamos que a ciência não elucidou a cura de parafilias, como a pedofilia, e

adequadas, desrespeito à integridade física e moral dos detentos, havendo, inclusive, relato de que as visitas íntimas seriam realizadas dentro das próprias celas e em grupos, e que existiriam detentas acomodadas improvisadamente –, a alegação de ausência de previsão orçamentária não impede que seja julgada procedente ação civil pública que, entre outras medidas, objetive obrigar o Estado a adotar providências administrativas e respectiva previsão orçamentária para reformar a referida cadeia pública ou construir nova unidade, mormente quando não houver comprovação objetiva da incapacidade econômico-financeira da pessoa estatal".

[252] As declarações do psiquiatra forense diziam respeito a um ex-detento que havia cumprido pena por crimes sexuais cometidos contra duas crianças. Após ganhar a liberdade, o egresso assassinou seis jovens e ocultou os cadáveres. Tempos depois, confessou os crimes e indicou a localização dos corpos, sendo preso novamente. A matéria foi publicada no Portal G1, na data de 13/04/2010. O mesmo profissional, dessa vez referindo-se ao mais afamado *serial killer* brasileiro, Pedrinho Matador, supostamente autor de mais de 100 (cem) homicídios, arrematou: *"Ele nasceu assim, ele se desenvolveu assim e assim ele vai morrer. Infelizmente, não tem tratamento".* (entrevista concedida à Rede TV *News*).

nem da forma psicótica da esquizofrenia, fatores que elevam sobremodo a propensão para o delito[253].

Em casos tais, embora se lamente a subsistência da periculosidade, a subtração de pessoas nocivas do convívio social afigura-se como um imperioso sacrifício de direito. Trata-se não mais do desiderato de ressocializar, posto que, nesses casos específicos, a segregação não é apta a *eliminar* a periculosidade, mas objetiva-se *neutralizar* a nocividade.

Figure-se o seguinte estudo de caso. Um adulto cadeirante, sexualmente perverso, sujeitava-se aos cuidados da sua mãe, pessoa idosa. Certa feita, armou-se de uma faca e aguardou sua genitora aproximar-se. De maneira inacreditável, o deficiente conseguiu imobilizar sua mãe e estuprá-la, profanando o mesmo corpo que lhe deu vida. Tempos depois, ao ser visitado por uma assistente social, agarrou-lhe a mama, comprimindo com uma força desmedida, ao ponto de fazer nascer um nódulo no corpo da servidora pública. Psiquiatras indicaram um quadro de periculosidade perene, vitalício, que faz desse sujeito uma bomba relógio: a qualquer momento pode explodir seu ímpeto agressor[254]. O caso em análise demonstra que sua periculosidade não poderá ser eliminada, mas o direito difuso à segurança pública demanda, pelo menos, a *neutralização* desse perigo. Por óbvio, de maneira condizente com a sua dignidade.

A distinção entre corrigir a periculosidade ou, não sendo possível, neutralizá-la, parece ser compartilhada por Francisco de Assis Toledo[255] (negritamos):

> [...] por meio da cominação de penas, para o comportamento tipificado como ilícito penal, visa o legislador atingir o sentimento de temor (intimidação) ou o sentimento ético das pessoas, a fim de que seja evitada a conduta proibida (prevenção geral). Falhando essa ameaça, ou esse apelo, transforma-se a pena abstratamente cominada, com a sentença criminal, em realidade concreta, e passa, na fase de execução, a atuar sobre a pessoa do condenado, **ensejando sua possível emenda ou efetiva neutralização** (prevenção especial).
>
> Prevenção geral e especial são, pois, conceitos que se completam. E ainda que isto possa parecer incoerente, não exclui o necessário caráter retributivo da pena criminal no momento de sua aplicação, pois não se pode negar que pena cominada não é igual a pena concretizada, e que esta última é realmente pena da culpabilidade e mais tudo isto: verdadeira expiação, **meio de neutralização da atividade criminosa potencial** ou, ainda, ensejo para **recuperação, se possível,** do delinquente, possibilitando o seu retorno à convivência pacífica na comunidade dos homens livres.

Bem se vê, Francisco de Assis Toledo não trabalhava com o mito de que todos são recuperáveis. Em contexto similar, Del Vecchio demonstra a necessidade imperiosa

---

253 Que a pedofilia é uma parafilia que conduz o pedófilo a uma compulsão pela prática de crimes contra a dignidade sexual, até as pedras sabem. No que atine à esquizofrenia, parte da literatura médica posicionou-se pela pequena periculosidade dos esquizofrênicos. No entanto, estudos recentes indicaram uma **relação consistente entre a violência e a esquizofrenia**. Cerca de 1% da sociedade padece desse transtorno, enquanto, em um universo de apenados homicidas, 8 a 11% são esquizofrênicos. Trata-se, a toda evidência, do que os pesquisadores denominaram de **super-representação em populações criminosas violentas**. (KRYMCHANTOWSKI, Abouch V. CALHAU, Lélio Braga. ANCILLOTTI, Roger. DOUGLAS, William. Coordenação de Rogério Greco. *Medicina Legal* à Luz do Direito Penal e do Direito Processual Penal. 11ª Edição. Rio de Janeiro: Impetus, 2013. p. 165 e 171).

254 O exemplo é real.

255 TOLEDO, Francisco de Assis. *Princípios Básicos de Direito Penal*. 5ª edição, 17ª tiragem. São Paulo: Saraiva, 2012. p. 3.

de neutralizar a periculosidade de alguns indivíduos, sem, contudo, submetê-los a um sofrimento desnecessário[256]:

> [...] ninguém jamais o pôs em dúvida, que os indivíduos psiquicamente anormais, quando forem perigosos para si e para os outros, deverão ser mantidos em condições de não prejudicar, ainda que se tornem necessárias restrições mais ou menos rigorosas, à sua liberdade pessoal. Analogamente, deve admitir-se que todo aquele que, pela sua conduta, demonstra a vontade de cometer graves delitos, deverá ser impedido, com a medida de segurança aplicável. Mas **tais medidas**, como as restrições impostas aos loucos perigosos, **devem ter, unicamente, o escopo de tornar inócuos tais indivíduos, freando-lhes os aberrantes propósitos, e não, o fim de fazê-los sofrer.**

É hora de enfrentar um dos temas mais desafiadores da atualidade. **Se a periculosidade pode ser infinita e as sanções penais são finitas, como proceder diante do ser humano irrecuperável e extremamente nocivo à segurança pública?**

Como reza o art. 97, § 1º, do Código Penal, "*[a] internação, ou tratamento ambulatorial, será por tempo indeterminado, **perdurando enquanto não for averiguada, mediante perícia médica, a cessação de periculosidade***" (negritamos). Na literalidade do dispositivo, se o perigo representado pelo agente não se esgota, a medida de segurança aplicada também não haveria de se esgotar. Nesse sentido, o psiquiatra forense Guido Palomba, que, durante uma década, chefiou o antigo Manicômio Judiciário do Estado de São Paulo, sugere que *"a medida de segurança pode ser para a vida toda do criminoso. Por não haver cura para a psicopatia, ele não deixará a Casa de Custódia e Tratamento"*[257]. Sucede que, a despeito da clareza da lei e abalizada opinião do *expert*, a possibilidade de uma *medida de segurança vitalícia* não foi acolhida pela construção pretoriana do STF e do STJ. Não há consenso entre as aludidas Cortes quanto ao tempo máximo de duração da medida de segurança, mas ambas compreendem-na como finita. Enquanto o Supremo Tribunal Federal considera que as medidas de segurança não podem suplantar o prazo máximo de 30 (trinta) anos[258], o Superior Tribunal de Justiça, na Súmula 527, assentou que *"[o] tempo de duração da medida de segurança não deve ultrapassar o limite máximo da pena abstratamente cominada ao delito praticado"*. Em comum, ambos os Tribunais se posicionam pela incidência do art. 5º, XLVII, "b", que proíbe a aplicação de *penas* de caráter perpétuo, mesmo sabendo-se que a medida se segurança tem natureza jurídica de sanção penal, não de uma pena propriamente dita. Isso porque prepondera o caráter curativo, e não punitivo.

Posta a questão, voltamos a indagar: se a periculosidade pode ser infinita e se as medidas de segurança, consoante o entendimento do STF e do STJ, são finitas, o que poderá ser feito quando o termo final da medida se avizinha e a

---

[256] VECCHIO, Giorgio Del. *A Luta Contra o Crime*. Edição Comemorativa da Revista do Ministério Público do Rio de Janeiro: 2015. p. 1420.

[257] Matéria veiculada no Portal G1, na data de 13/04/2010.

[258] RHC 100383/AP: "A prescrição da medida de segurança deve ser calculada pelo máximo da pena cominada ao delito cometido pelo agente, ocorrendo o marco interruptivo do prazo pelo início do cumprimento daquela, **sendo certo que deve perdurar enquanto não haja cessado a periculosidade do agente, limitada, contudo, ao período máximo de 30 (trinta) anos, conforme a jurisprudência pacificada do STF**. Precedentes: HC 107.432/RS, Relator Min. Ricardo Lewandowski, Primeira Turma, Julgamento em 24/5/2011; HC 97.621/RS, Relator Min. Cezar Peluso, Julgamento em 2/6/2009".

nocividade subsiste? À luz do direito fundamental à neutralização da periculosidade, corolário do direito difuso à segurança pública, o Ministério Público poderá ajuizar uma **ação judicial de internação compulsória**, na forma da Lei nº 10.216/2001[259]. Trata-se de uma modalidade específica do gênero internação psiquiátrica, que só pode ser realizada à vista de um laudo médico circunstanciado, que caracterize os seus motivos, e desde que os recursos extra-hospitalares se mostrem insuficientes. O juiz levará em conta as condições de segurança do estabelecimento, quanto à salvaguarda do paciente, dos demais internados e funcionários. A internação se dará em uma instituição condigna e que *não poderá ser de caráter asilar*, porquanto asilos não asseguram uma **assistência integral**. Desse modo, o infrator migrará de uma pena ou medida de segurança para uma internação compulsória. O mesmo pode ocorrer com menores que estão prestes a concluir o triênio da medida de internação, mas que são avessos ao convívio social. Ou seja, o destino final é a internação compulsória, mas o ponto de partida pode ser uma pena, medida de segurança ou medida socioeducativa, havendo trânsito livre entre uma sanção penal (ou infracional) e uma internação psiquiátrica. Eis um importante julgado do Superior Tribunal de Justiça (negritamos)[260]:

> *HABEAS CORPUS*. PROCESSO CIVIL DE INTERDIÇÃO. INTERNAÇÃO JUDICIAL. ENFERMIDADE MENTAL. TRANSTORNO DE PERSONALIDADE ANTISSOCIAL (TPAS). LAUDO PERICIAL. INTERNAÇÃO RECOMENDADA.
>
> 1. É admitida, com fundamento na Lei 10.216/01, em processo de interdição, da competência do Juízo Cível, a determinação judicial da internação psiquiátrica compulsória do enfermo mental perigoso à convivência social, assim reconhecido por laudo técnico pericial, que conclui pela necessidade da internação. Legalidade da internação psiquiátrica compulsória. Observância da Lei Federal nº 10.216/01 e do Decreto Estadual nº 53.427/0.8, relativo à aludida internação em Unidade Experimental de Saúde.
>
> 2. **A anterior submissão a medida sócio-educativa restritiva da liberdade, devido ao cometimento de infração, correspondente à tipo penal, não obsta a determinação da internação psiquiátrica compulsória após o cumprimento da medida sócio-educativa. Homicídios cometidos com perversidade de agressão e afogamento em poça d'água contra duas crianças, uma menina de 8 anos e seu irmão, de 5 anos, para acobertar ataque sexual contra elas.**
>
> 3. **Laudos que apontam o paciente como portador de transtorno de personalidade antissocial – TPAS (dissocial – CID. F60.2): "Denota agressividade latente e manifesta, pouca capacidade para tolerar contrariedade e/ou frustrações, colocando suas necessidades e desejos imediatos pessoais acima das normas, regras e da coletividade, descaso aos valores éticos, morais, sociais ou valorização da vida humana, incapacidade de sentir e demonstrar culpa ou arrependimento. Características compatíveis com transtorno de personalidade sociopática aliada à limitação intelectual, podendo apresentar, a qualquer momento, reações anormais com consequências gravíssimas na mesma magnitude dos atos infracionais praticados, sendo indicado tratamento psiquiátrico e psicológico em medida de contenção".**
>
> 4. O presente julgamento, no âmbito da 3ª Turma, harmoniza a jurisprudência de ambas as Turmas da 2ª Seção desta Corte, na mesma orientação do HC 169.172-SP,

[259] Dispõe sobre a proteção e os direitos das pessoas portadoras de transtornos mentais e redireciona o modelo assistencial em saúde mental.

[260] HC 135271/SP, 3ª Turma, DJe 04/02/2014.

Rel. Min. LUIS FELIPE SALOMÃO, em caso de grande repercussão nacional, no sentido de que "a internação em qualquer de suas modalidades, só será iniciada quando os recursos extra-hospitalares se mostrarem insuficiente". Tal dispositivo contém ressalva em sua parte final, dispensando a aplicação dos recursos extra-hospitalares se houver demonstração efetiva da insuficiência de tais medidas. [...] A internação compulsória em sede de ação de interdição, como é o caso dos autos, não tem caráter penal, não devendo ser comparada à medida de segurança ou à medida socioeducativa a que esteve submetido no passado o paciente em face do cometimento de ato infracional análogo a homicídio e estupro. **Não se ambiciona nos presentes autos aplicar sanção ao ora paciente, seja na espécie de pena, seja na forma de medida de segurança".**

5. Legalidade da internação psiquiátrica compulsória. Determinação de reavaliação periódica.

6. Denegada a ordem de Habeas Corpus, com observação.

A solução apontada foi alvo de críticas, porque supostamente revigoraria o já revogado sistema do duplo binário, pelo qual o *semi-imputável* que cumpriu integralmente a pena, quando ainda portador de periculosidade, deveria sujeitar-se a uma medida de segurança. Hoje, o ordenamento adota o *sistema vicariante*, ou seja, necessitando o condenado (semi-imputável) de especial tratamento curativo, a pena privativa de liberdade pode ser *substituída* pela internação ou tratamento ambulatorial. Logo, se o sistema duplo binário permitia a cumulação de pena e medida de segurança, o sistema vicariante só admite a substituição de uma pela outra. Para refutar a crítica mencionada, basta lembrar a *natureza jurídica* da internação psiquiátrica compulsória: cuida-se de uma medida terapêutica, que não se confunde com a medida de segurança, esta aplicável a portadores de transtornos mentais em geral, *infratores ou não*. Logo, não sendo medida de segurança, não há que se falar em ofensa ao sistema vicariante. A esse respeito, convém transcrever um trecho do voto da lavra do Eminente Ministro Sidnei Beneti[261]:

> Tampouco se poderia admitir que a sua decretação representaria, por vias indiretas e ilícitas, o restabelecimento do sistema do Duplo Binário, já extinto no Direito Penal. Não se cuida aqui, repita-se da aplicação de uma medida de segurança imposta sem o cometimento prévio de um crime. Com efeito, no caso, não é necessário nem mesmo discutir a aplicabilidade de medida de segurança a menores infratores, porque, no caso, a internação imposta não é uma medida de segurança. Trata-se, simplesmente de uma ordem de internação expedida com fundamento no artigo 6º, parágrafo único, III, da Lei 10.216/01.

Conjugando-se a redação *original* dos arts. 1.767 e 1.777, ambos do Código Civil, **os deficientes mentais** seriam *recolhidos em estabelecimentos adequados*, quando não se adaptassem ao convívio doméstico. Com apoio nesses dispositivos (e em outros), o Ministério Público ajuizava uma ação de interdição cumulada com pedido de internação psiquiátrica compulsória. Desse modo, a pessoa periculosa e mentalmente enferma era contemplada pela expressão "deficiente mental", que abrangia, por exemplo, psicopatas[262]. Contudo, essas normas foram alteradas pelo

[261] HC 135271/SP, 3ª Turma, DJe 04/02/2014.

[262] A rigor, como lembram Delton Croce e Delton Croce Júnior, *"[...] a anomalia consubstanciada em personalidade psicopática não se inclui na categoria das doenças mentais, lato sensu, e, sim, numa modalidade de irregularidade psíquica, que se manifestou*

Novo Estatuto da Pessoa com Deficiência. Em um cotejo dos arts. 1.767 e 1.777 do Código Civil, com a redação dada pela Lei nº 13.146, de 2015, ***aqueles que, por causa transitória ou permanente, não puderem exprimir sua vontade***, receberão todo o apoio necessário para ter *preservado o direito à convivência familiar e comunitária*, ***sendo evitado*** o seu recolhimento em estabelecimento que os afaste desse convívio. Duas coisas devem ser percebidas: primeiro, se antes se dispunha que a inadaptação ao convívio doméstico resvalava em recolhimento no estabelecimento adequado, hoje se dispõe que o curatelado deve receber apoio para conservar seu convívio familiar e social, evitando-se a sua segregação. *Evitar* o recolhimento não equivale a proibi-lo, mas sim a dissuadi-lo. Segundo, atualmente, o art. 1.767 deixou de elencar os deficientes mentais no rol das pessoas que se sujeitam à curatela (art. 1.767, CC). As inovações legislativas, em um primeiro momento, podem suscitar dúvidas quanto à possibilidade de internação compulsória de deficientes mentais periculosos. Isso porque, se tal era postulado no bojo de uma ação de interdição, como postular a medida quando a nova redação do Código Civil exclui os deficientes mentais do rol de pessoas sujeitas à curatela? Pois bem. Nada impede que a internação compulsória seja postulada em uma ação autônoma, *principaliter*. Aliás, a medida de internação compulsória pode ser requerida, inclusive, em um processo criminal. Consoante o Eminente Ministro Sidnei Beneti[263]: *"a medida da internação psiquiátrica compulsória pode ser aplicada a qualquer pessoa cujas condições mentais a determinem"*. O art. 1.777 não é (e nunca foi) o único fundamento legal para vindicar a internação compulsória de um deficiente mental perigoso.

É certo que a Lei nº 13.146/2015, que instituiu o Estatuto da Pessoa com Deficiência, promoveu sensíveis alterações no Código Civil, mas estamos convencidos de que o referido diploma não obstaculiza, de maneira absoluta, as internações psiquiátricas compulsórias de portadores de transtornos mentais periculosos. A uma, porque permanece íntegra a Lei nº 10.216/2001, que prevê essas internações. Se a intenção do legislador fosse abolir por completo a internação compulsória, certamente derrogaria a norma que abriga esse instituto, mas não houve, neste particular, derrogação de qualquer dispositivo. A duas, porque uma lei infraconstitucional não pode deixar uma sociedade desguarnecida, proibindo peremptoriamente a internação de seres humanos que jamais estarão mentalmente hígidos para conviver em sociedade (*v.g. serial killer*), sob pena de inconstitucionalidade (violação ao princípio da vedação à proteção insuficiente – *Untermassverbote*).

Em última análise, em casos extremos, a internação compulsória atua na defesa da vida do próprio internado. Como se viu, o princípio da dignidade humana, por vezes, exige a proteção do indivíduo contra si mesmo. A sociedade já é, por natureza, perversa e justiceira. Se considerarmos que o ordenamento reconhece a todos

---

ao cometer o delito, despida de qualquer formação alucinatória ou delirante, capaz de gestar a psicose ou a neurose que torna o indivíduo inteiramente incapaz de entender o caráter ilícito do fato ou de determinar-se de acordo com esse entendimento. [...] Convém recordar que os psicopatas [...] estarão sujeitos à curatela (art. 1.767 do CC)". *CROCE, Delton. CROCE JÚNIOR, Delton. Manual de Medicina Legal.* 8ª Edição. São Paulo: Saraiva, 2012. p. 675. Como se vê, a edição da obra citada é datada do ano de 2012, quando da redação anterior do Código Civil. Na época, mesmo não se tratando exatamente de uma doença mental, os psicopatas eram interditados com base no art. 1.767 do CC/02 e, no bojo da ação judicial, requeria-se a internação psiquiátrica compulsória. Evidentemente, continua possível interná-los, pelas razões aduzidas acima.

263 HC 135271/SP, 3ª Turma, DJe 04/02/2014.

o direito à legítima defesa, bem assim os costumeiros excessos por parte de quem (inicialmente) age sob o pálio dessa excludente de ilicitude, não é difícil imaginar a sorte de uma pessoa periculosa e irrecuperável. A medida de internação, não raro, é a oportunidade de salvá-la de reações sociais criminosas. Por óbvio, incumbe ao Estado o dever de proteger todos os concidadãos, não sendo possível que, sob o *único* pretexto de proteger um ser humano, segregue a sua liberdade. Seria como transferir ao internado os incômodos pelo fracasso do Poder Público no seu dever de resguardar a integridade física e moral das pessoas. Porém, como se disse, os fundamentos para a internação compulsória de pessoas periculosas e irrecuperáveis são a periculosidade vitalícia e a irrecuperabilidade absoluta.

13.5. Direito fundamental ao contraditório no habeas corpus

Como vimos linhas acima, é a sociedade que acolhe o egresso. É o corpo social que recepciona o ser humano que proveio do ergástulo, absorvendo o resíduo de periculosidade que a pena não foi capaz de eliminar, se é que se afigurava possível erradicar sua nocividade. Mais uma vez, repetimos a advertência do jurista Giorgio Del Vecchio, quando afirma que "[...] os vigentes sistemas carcerários [...], na grande maioria dos casos, irritam o ânimo dos condenados, **suscitando neles um surdo rancor contra a sociedade.**"[264]. É, pois, a comunidade que receberá o impacto do retorno do preso, quer se trate de um apenado, quer se cuide de um preso preventivo ou mesmo de um preso em flagrante. É possível que a vítima seja indiferente à soltura de quem violou seu patrimônio, sua liberdade, sua dignidade sexual ou sua honra, mas também é natural que nutra interesse em saber quando seu agressor retornará ao seu convívio, seja para refugiar-se em um lugar distante, seja para cercar-se de maiores cautelas. Ciente de que isto interessaria às vítimas, o legislador assegurou que "o ofendido será comunicado dos atos processuais relativos ao ingresso e à saída do acusado da prisão, à designação de data para audiência e à sentença e respectivos acórdãos que a mantenham ou modifiquem" (art. 201, § 2º, CPP). Em suma, a sociedade tem legítimo interesse em manifestar-se acerca da soltura de quem quer que seja, afinal, se alguém é arrancado dela, talvez seja possuidor de uma personalidade avessa à vida social.

O procedimento do *habeas corpus* foi disciplinado pelo Código de Processo Penal em momento anterior a 05 de outubro de 1988, portanto, em uma época pré-constitucional. Em se tratando de *habeas corpus* julgado pelo juízo de primeiro grau (*v.g.* impetrado contra ato de Delegado), o Ministério Público não tem sido intimado para aduzir suas razões (des)favoráveis à pretensão do impetrante. Simplesmente, julga-se à revelia do Ministério Público e, por conseguinte, da sociedade. No rito do *habeas corpus* processado e julgado originariamente nos tribunais, a situação é menos ruim: não se contempla a intimação do membro do Ministério Público *de primeiro grau*, mas o órgão de execução que atua junto à Corte é instado a manifestar-se antes da prolação do acórdão. Ou seja, na prática, a eventual soltura do paciente é precedida apenas de um *parecer* exarado pelo membro do *parquet*

[264] VECCHIO, Giorgio Del. *A Luta Contra o Crime.* Edição Comemorativa da Revista do Ministério Público do Rio de Janeiro: 2015. p. 1418.

que atua perante o Tribunal, não de uma manifestação do promotor de justiça ou do procurador da república. É que, no silêncio do Código de Processo Penal, os regimentos internos dos Tribunais Superiores[265] apenas dispuseram que será ouvido o membro do Ministério Público que atua na Corte respectiva, após o que a decisão há de ser tomada pelo colegiado.

Um raciocínio mais apressado induz à falsa conclusão de que seria suficiente ouvir a opinião do procurador de justiça ou procurador regional da república, à luz dos princípios da unidade e da indivisibilidade do Ministério Público. Se essa premissa fosse válida, o membro que atua no primeiro grau também não deveria ser intimado para apresentar contrarrazões na apelação, no recurso em sentido estrito e no agravo em execução, afinal, em todos esses recursos haverá parecer de um procurador de justiça ou de um procurador regional da república. O que justificaria, então, a atuação conjunta de dois órgãos de execução do Ministério Público, em um mesmo processo? Simples: enquanto o promotor de justiça e o procurador da república manifestam-se na qualidade de *parte*, os membros que atuam perante o Tribunal desempenham suas funções como *custos juris*.

Ora, se a Constituição assegura o contraditório e a ampla defesa em todos os processos judiciais e administrativos[266], por que sonegar esse direito fundamental nos processos judiciais instaurados por *habeas corpus*? A natureza jurídica do *writ* é de ação judicial, logo, digna da incidência das franquias constitucionais oriundas do *due process of law*, dentre elas, o contraditório (material). Somente o constituinte originário é detentor de poderes para excepcionar a si mesmo, e não se tem notícia de que a Constituição tenha excepcionado a exigência do contraditório, notadamente no bojo de uma *garantia fundamental*. Onde o constituinte não excepcionou, não cabe ao hermeneuta excepcionar.

A questão não passou despercebida por Eduardo Sens dos Santos, segundo o qual há um prejuízo manifesto quando se ignora a voz dos promotores de justiça e dos procuradores da república, porque "*o conhecimento da causa é sempre mais profundo no primeiro grau*"[267]. Com extrema precisão, membro do Ministério Público de Santa Catarina exemplifica como o órgão judicante pode ser ***induzido a erro***:

> Sem acesso às informações completas do caso, sem contato direto com os envolvidos, enfim, distante dos fatos, o Ministério Público em segundo grau acaba falando sobre o que lhe é apresentado pela parte. E, no caso dos *habeas corpus*, opina à vista do que lhe é apresentado justamente por aquele contra quem litiga o Ministério Público: o acusado. O Ministério Público em segundo grau, assim, acaba tendo de se posicionar apenas diante da versão e documentos apresentados pela parte interessada em ver deferido o *habeas corpus*, situação evidentemente prejudicial ao próprio Ministério Público. [...]

[265] Desse modo, o Subprocurador da República manifesta-se no STJ (art. 202 do RISTJ) e o Procurador Geral da República exara um parecer no STF (art. 192, § 1º, RISTF). Os Tribunais de Justiça e os Tribunais Regionais Federais têm se espelhado nesse regramento regimental no que toca aos procuradores de justiça e procuradores regionais da república, respectivamente.

[266] *Art. 5º, LV – aos litigantes, em processo judicial ou administrativo, e aos acusados em geral são assegurados o contraditório e a ampla defesa, com os meios e recursos a ela inerentes.*

[267] SANTOS, Eduardo Sens dos. *O Ministério Público tem Direito ao Contraditório em habeas corpus.* Edição Comemorativa da Revista do Ministério Público do Rio de Janeiro: 2015. p. 594.

> Apenas para exemplificar, imagine-se o pedido de *habeas corpus* instruído com a denúncia e depoimentos do auto de prisão em flagrante, que peça a liberdade provisória do preso por furto qualificado. Omite o impetrante os documentos que atestam a reincidência. O Ministério Público em segundo grau não tem estes documentos – embora tenha condições de obtê-los. O Tribunal, como qualquer juiz, atuará de acordo com o princípio dispositivo e não diligenciará para buscar os documentos. Haverá grande probabilidade de concessão da ordem de soltura, já que, ao que "tudo" o que está no processo leva a crer, terá o preso direito à substituição da pena privativa de liberdade por restritiva de direitos e, portanto, não se justificaria a prisão cautelar. A reincidência, como se sabe, impede este direito[268].

Por fim, Eduardo Sens dos Santos ilustra a inexistência de *par conditio*, isto é, paridade de armas entre acusação e defesa, quando suprimida a oportunidade de manifestação do órgão ministerial *litigante* no processo:

> [...] ao passo que ocorre esta verdadeira e estanque divisão no trabalho do Ministério Público (que deveria ser indivisível), os advogados acompanham o caso desde a Delegacia de Polícia, até o Supremo Tribunal Federal, quando preciso. O *mesmo* advogado acompanha, melhor dizendo. Trabalha, assim, com todas as informações, em todos os momentos processuais, inclusive aquelas muitas, inúmeras informações, que não são registradas no processo. Desde uma pergunta não consignada no interrogatório por parentar inicialmente impertinência até mesmo uma expressão de rosto, um comportamento, tudo isso é perdido pela divisão do trabalho no Ministério Público e é, por outro lado, aproveitado pelos advogados[269].

O brilhante trabalho citado foi originalmente publicado no ano de 2011. Ante as inovações legislativas trazidas pela Lei nº 13.245/2016, que assegura a participação de advogados no interrogatório e nos depoimentos prestados nas investigações em geral, que podem inclusive apresentar razões e formular questionamentos, o raciocínio traçado se torna ainda mais consistente. Isso porque a disparidade entre as informações conhecidas pelos advogados e aquelas franqueadas aos membros do Ministério Público que atuam nos Tribunais é ainda mais acentuada. Somente o promotor de justiça ou o procurador da república, que compareceu à delegacia para acompanhar a coleta dos dados, estará em condições de rivalizar com o patrono do paciente, em uma ação de *habeas corpus*, porque ambos serão detentores da mesma intimidade sobre as nuances da causa posta em juízo.

No que tange à disparidade de armas, a questão se torna ainda mais evidente quando lembramos que, segundo a jurisprudência do STF, a ritualística do *habeas corpus* julgado nos tribunais admite a *sustentação oral em Plenário*[270].Quem fará uso da palavra para refutar com segurança e domínio da causa a documentação juntada pelos advogados? Some-se a isso o fato de que uma liminar pode ser concedida em *habeas corpus*, ***mesmo antes das informações prestadas pela autoridade coatora***. Ora, a lógica que permeia a concessão de liminares *inaudita altera parte* é a do **contraditório diferido**. Sucede que, no *habeas corpus*, uma vez devolvida a liberdade

268 Idem, p. 595.

269 Idem. p. 595.

270 Desde que não efetuada por estagiário (HC 118317, 22/10/2013).

do paciente, recapturá-lo pode ser tarefa tão árida quanto exigir de um pescador que obtenha o mesmo peixe que devolveu ao mar. O contraditório diferido, neste particular, seria inócuo. E não se argumente que os órgãos judicantes podem conceder *habeas corpus* de ofício, afinal, a possibilidade de conceder a ordem sem ser provocado pelas partes não se confunde com a aptidão para conceder a ordem *sem ouvir* as partes. A propósito, o Novo Código de Processo Civil explicitou essa racionalidade da ciência processual, no art. 10, averbando que "O juiz não pode decidir, em grau algum de jurisdição, com base em fundamento a respeito do qual não se tenha dado às partes oportunidade de se manifestar, **ainda que se trate de matéria sobre a qual deva decidir de ofício**" (negritamos). Mais uma vez lembramos que as normas *fundamentais* do processo civil, em grande parte, traduzem um transplante da dignidade humana para o processo, pelo que muitas delas são interdisciplinares.

Voltamos ao ponto inicial: é direito *fundamental* da sociedade, por meio do Ministério Público, contraditar a versão do impetrante, para acautelar-se contra solturas lenientes que não se compadeçam com o direito constitucional à segurança pública e com o princípio da vedação à proteção insuficiente de direitos fundamentais. Quando se trata de emudecer os órgãos ministeriais de execução que atuam no primeiro grau, fere-se o princípio da paridade de armas, que é corolário da isonomia.

13.6. Mandado de segurança criminal como garantia fundamental de índole difusa

Quando o fim colimado é evitar o perecimento de direitos, não se pode apostar todas as fichas no sistema recursal. É nesse vácuo que tem lugar o mandado de segurança, o que enaltece o artigo 5º, XXXV da Carta Outubrina.

13.6.1. Periculum in mora pro societate

Tecnicamente, todos os direitos fundamentais podem periclitar, tanto os individuais quanto os coletivos. Apesar disso, ainda é exótico ouvir falar em *periculum in mora pro societate*. Em uma *leitura de equilíbrio das franquias constitucionais*, direito individuais não podem ofuscar direitos coletivos, assim como direitos não devem eclipsar os deveres.

Figure-se o seguinte estudo de caso, colhido do percuciente trabalho elaborado por Hugo Siqueira de Souza[271]:

> Imagine-se a seguinte situação: certa pessoa é acusada de praticar crime hediondo de estupro (art. 213 do CP c.c. art. 1º, V, da Lei nº 8.072/90), mas é inocente. O magistrado, radical adepto da teoria do Direito Penal do Inimigo, recebe a denúncia e decreta a prisão preventiva do acusado (art. 312 do CPP), apesar de inexistirem, nos autos, provas de materialidade ou indícios de autoria delitiva. Na fundamentação, o juiz se limita a

[271] – SOUZA, Hugo Siqueira de. Do cabimento do mandado de segurança para atribuição de efeito suspensivo a recurso em sentido estrito interposto em face de denegação ou revogação de prisão cautelar. In: **Âmbito Jurídico**, Rio Grande, XVIII, nº 137, jun 2015. Disponível em: <http://www.ambito-juridico.com.br/site/index.php?n_link=revista_artigos_leitura&artigo_id=16073&revista_caderno=21>. Acesso em jan 2017.

tecer considerações vagas sobre necessidade de proteção da ordem pública em face da gravidade abstrata do tipo penal imputado.

Diante da teratológica decisão, que medida o advogado poderia tomar para a defesa do seu cliente?

A resposta é óbvia: nada mais eficaz que o *habeas corpus* (art. 5º, LXVIII, da CF/88), com pedido liminar, a fim requerer ao Tribunal *ad quem* que determine a imediata soltura do paciente. Trata-se de uma das mais famosas garantias constitucional do Estado de Direito.

Num esforço de imaginação, admita-se, agora, a hipótese oposta. Determinada pessoa, reincidente em vários crimes contra a dignidade sexual, foi denunciada por estupro de vulnerável (art. 217-A do CP c.c. art. 1º, VI, da Lei nº 8.072/90). O laudo do perito confirmou a ocorrência do fato, a vítima reconheceu o agressor e uma testemunha o avistou no local do crime, momentos antes da sua consumação, passando, então, a receber ameaças constantes. Diante das circunstâncias, fartamente comprovadas nos autos, restavam poucas dúvidas quanto ao cabimento da prisão provisória, requerida pela acusação.

O magistrado, porém, árduo defensor do abolicionismo penal, negou o pedido de prisão preventiva, em decisão embasada em larga doutrina pátria, alemã e francesa (com ênfases em Michel Foucault), defendendo, em síntese, que a prisão preventiva não foi recepcionada pela nova Constituição; que o réu é inimputável, pois sofreu de *déficit* de atenção durante a infância; que o tipo penal deveria ser extirpado do ordenamento jurídico, por representar influxo ideológico do puritanismo burguês, contrário à libertação sexual dos indivíduos, independentemente da idade.

E agora, que providência judicial poderá ser tomada pelo Ministério Público para reformar o absurdo *decisum*?

O caso narrado ilustra com clareza que o decurso do tempo pode sujeitar o direito fundamental e difuso à segurança pública a um dano irreparável ou de difícil reparação. Sucede que para todo direito há uma tutela processual *adequada*, vale dizer, com aptidão para resguardá-lo. Neste panorama, o *habeas corpus* está para a liberdade individual como o mandado de segurança criminal está para a segurança pública, ambos direitos fundamentais que, numa *hermenêutica de equilíbrio das franquias constitucionais*, possuem a mesma envergadura. É esta correlação que será demonstrada no tópico a seguir.

13.6.2. O mandado de segurança está para a sociedade como o habeas corpus está para o indivíduo

A doutrina brasileira não demorou a perceber que, assim como o indivíduo precisa de um remédio à altura da sua liberdade ambulatorial (*habeas corpus*), o Ministério Público deve igualmente dispor de um instrumento processual eficiente para evitar o perecimento dos direitos da sociedade (mandado de segurança criminal).

Rômulo de Andrade Moreira, membro do Ministério Público da Bahia, consigna que: "Normalmente, em qualquer ataque ao direito do réu, a via correta será o habeas corpus. Portanto, o Mandado de Segurança é mais utilizado pela acusação do que pela defesa, pois esta certamente terá um remédio mais apropriado (até porque o mandado de segurança é admitido por exclusão)"[272]. Trilhando esse mesmo racio-

[272] A Lei nº 12.016/09 e o Mandado de Segurança Criminal – transcrição de palestra proferida no I Encontro Baiano de Professores de Ciências Penais, na Universidade Federal da Bahia – UFBA, realizado no dia 06 de novembro de 2004, em Salvador/

cínio, a saudosa Professora Ada Pellegrini esclarece: "Embora qualquer das partes, assim como os legitimados aos recursos, o sejam à ação de segurança contra ato jurisdicional penal, o remédio será utilizado sobretudo pela acusação, porquanto a defesa terá a seu alcance, na maioria dos casos, o *habeas corpus*".[273] Também foi a percepção de Marco Antonio de Barros, para quem "... pode-se dizer que o mandado de segurança criminal é tão importante para o representante do Ministério Público quanto é o habeas corpus para a defesa do acusado".[274]

Ancorado na doutrina brasileira, para quem o *habeas corpus* está para a defesa como o mandado de segurança criminal está para a acusação, concluímos que não se pode *desequilibrar* esses polos. Pelo contrário, à luz da paridade de armas (*par conditio*), ambas devem contar com ferramentas equivalentes quanto à adequabilidade e eficiência. Esta isonomia também está sediada na Constituição Federal, portanto, é indisponível ao legislador infraconstitucional.

Não se pode perder de vista que a soltura precoce e indevida de pessoa portadora de periculosidade acentuada (*v.g serial killer*) resvala no aprisionamento dos demais cidadãos. Paradoxalmente, a liberdade de um dissipa a liberdade de uma multidão indeterminada de pessoas. É a liberdade ceifando a liberdade. Apavorados pela nocividade de quem foi solto ao arrepio da lei, muitos não hesitarão em se refugiar atrás dos muros, com cercas elétricas, arames farpados, câmeras de monitoramento e até escolta armada. Neste caso, ontologicamente, quem está preso? É por isso que, *mutatis mutandis*, o mandado de segurança criminal atua como verdadeiro *habeas corpus* da sociedade. Para comprovar empiricamente essa obviedade, tome-se como exemplo um caso prático enfrentado por este que vos escreve.

Uma senhora mantinha o saudável hábito de caminhar sozinha, durante a noite, como forma de exercitar-se. Este era o seu sagrado momento de exorcizar as agruras do trabalho, contemplar as estrelas, sentir um vento gelado no rosto e depois voltar para casa. Certa feita, em uma dessas caminhadas, a mulher percebeu que estava sendo seguida por um homem em uma moto. Preferindo a paz à paranoia, não deu importância e continuou a sua rotina de exercícios. Por enquanto, tudo estava sob controle. No dia seguinte, a senhora teve o dissabor de encontrar o tal homem. Desta vez, ele foi além. Proferiu uma gama das mais tórridas obscenidades, ofertou um convite indecoroso e se recusou a ir embora. Apavorada com a insistência de um estranho, ela ligou para o marido, que apareceu imediatamente. A presença do companheiro também não inibiu o agressor. Quando o casal retornava para casa, ambos puderam ver e ouvir uma moto acompanhando o veículo. Entraram em casa e o lobo se foi.

BA, trabalho este atualizado com o advento do novo diploma e disponível em: [*http://www.migalhas.com.br/dePeso/16,MI9 1059,101048A+lei+1201609+e+o+mandado+de+seguranca+em+materia+criminal*].

273 GRINOVER, Ada Pellegrini. *Recursos no Processo Penal: teoria geral dos recursos, recursos em espécie, ações de impugnação /* Antonio Magalhães Gomes Filho, Antonio Scarance Fernandes e Ada Pellegrini Grinover. – 2. Ed. rev. e atual., 4. Tir. – São Paulo: Editora Revista dos Tribunais, 2000, p. 401.

274 BARROS, Marco Antonio de. *Mandado de Segurança Criminal e "Habeas Corpus" sob a perspectiva do Ministério Público.* Funções institucionais do Ministério Público. Airton Buzzo Alves, Almir Gasquez Rufino e José Antonio Franco da Silva. São Paulo: Saraiva, 2001, p. 120.

Os dias se passaram e o homem passou a fazer visitas até mesmo no trabalho dela, a pretexto de que era um singelo cliente interessado em fazer compras. Como ele descobriu onde ela trabalhava? Não é difícil descobrir endereços em uma comarca do interior. Foi quando a senhora percebeu que esse não era um homem qualquer. Ela estava sendo perseguida por um *maníaco*. Aliás, logo chegaram notícias de que esse homem era um ex-presidiário. Um verdadeiro "Cabo do Medo", suspense protagonizado por Robert de Niro. Como era de se esperar, a (oni)presença apavorante desse sujeito alterou drasticamente a rotina da vítima. Primeiro, pedindo demissão. Segundo, interrompendo seus exercícios físicos. Ao fim e ao cabo, privando-se de sair de casa. Ela não era mais livre. Não sentia mais o vento frio no rosto, nem contemplava a beleza da noite. Junto com a liberdade, perdeu a saúde e o emprego. Enquanto ele pudesse ir e vir, ela estaria presa. A liberdade dele era o ergástulo dela. Em boa verdade, o lar desta moça se transformou em um cárcere. *Era preciso inverter essa equação, para, paradoxalmente, prendendo, libertar.*

Finalmente, por inúmeras outras razões, o Ministério Público representou pela prisão preventiva do criminoso, sacrificando a sua liberdade para resgatar outra liberdade. A medida devolveu à vítima o direito de ver novamente as estrelas do céu. **Não raro, a prisão liberta e a liberdade aprisiona.** Prender a pessoa certa não é exatamente um ato a ser comemorado, mas as circunstâncias podem fazer desta prisão um ato redentor.

Nota-se que a dignidade de uma mulher e a sua autodeterminação foram aniquiladas pela liberdade indevida de uma pessoa nociva e avessa ao convívio social. Somente a prisão do criminoso restauraria a tranquilidade desta senhora, devolvendo-lhe a liberdade. Em suma, *prender corretamente é um ato civilizatório.*

13.6.3. O mandado de segurança criminal como ferramenta para assegurar a concessão ope judicis de efeito suspensivo recursal

O mandado de segurança criminal não deve ser impetrado para que alguém seja preso, mas sim para que *continue preso*. A decisão judicial que determina a soltura de um indivíduo pode ser combatida, por exemplo, mediante recurso em sentido estrito ou agravo em execução. Na maioria das vezes, ambos serão destituídos de efeito suspensivo. Nasce, pois, a *periclitação do direito fundamental, difuso e social à segurança pública*, que não pode ser protegida a contento unicamente pelo sistema recursal em vigor. Sendo assim, qualquer iniciativa de retirar do mandado de segurança criminal a idoneidade para agregar efeito suspensivo *ope judicis* ao recurso aviado menoscaba o artigo 5º, XXXV da Magna Carta, na medida em que amputa o direito fundamental à tutela *(processualmente) adequada* dos direitos.

Renato Brasileiro de Lima, referindo-se à Lei do Mandado de Segurança, esclarece:

> A despeito da ausência de previsão legal de efeito suspensivo, parece-nos plenamente possível que o órgão ministerial possa se valer de mandado de segurança para atribuir tal efeito ao seu agravo em execução, impedindo, no exemplo citado, a transferência do preso para o regime semi-aberto. Afinal, segundo a Lei nº 12.016/09 (art. 5º, II), não se concederá mandado de segurança quando se tratar de decisão judicial da qual caiba recurso *com efeito suspensivo*. Ora, se se trata de recurso desprovido de efeito suspen-

sivo, não há por que se negar a possibilidade de interposição simultânea do mandado de segurança com o agravo em execução, a fim de se obter efeito suspensivo a este.[275]

Embora se refira ao agravo em execução, parece muito claro que as razões declinadas por Renato Brasileiro se prestam a justificar a atribuição de efeito suspensivo, mediante mandado de segurança, às demais espécies recursais. Gustavo Badaró, Professor da USP, também sustenta a possibilidade de obtenção do efeito suspensivo nos agravos em execução, seja pelo mandado de segurança (Ministério Público), seja pelo *habeas corpus* (defesa):

> O agravo em execução não tem efeito suspensivo (art. LEP, art. 197, parte final). Todavia, se a eficácia imediata da decisão puder causar dano irreparável, o condenado poderá ser valer de *habeas corpus* para obter efeito suspensivo à decisão (por exemplo, determina a regressão de regime) e o Ministério Público poderá utilizar o mandado de segurança (por exemplo, para suspender a eficácia de decisão que concede o livramento condicional)[276].

De fato, não apenas o mandado de segurança, mas também o *habeas corpus* tem idoneidade para postular efeito suspensivo a recurso não contemplado com essa característica. A atribuição *ope judicis* de efeito suspensivo, via *mandamus* (ou mesmo *habeas corpus*), a recursos para os quais a lei só previu o efeito devolutivo decorre do princípio constitucional da inafastabilidade da jurisdição (art. 5º, XXXV), cujo corolário é a tutela *adequada* dos direitos. Não se pode amputar a tutela mais adequada a um direito, retirando-lhe os instrumentos mais eficientes à sua concretização, sem que se deixe à disposição do titular um meio idôneo para resguardar a relação jurídica lesionada ou na iminência de sofrer uma lesão. Logo, com muita tranquilidade, inferimos que sonegar do mandado de segurança essa aptidão (obtenção de efeito suspensivo) contraria os ditames constitucionais. E, se alguém ainda duvida disso, basta substituir, no raciocínio, o "mandado de segurança" por "*habeas corpus*". Seria possível impedir a impetração de *habeas corpus* para buscar efeito suspensivo em recurso recebido meramente no efeito devolutivo? Parece evidente que não.

Ora, se uma pessoa humana não pode ser privada da tutela mais adequada ao seu direito, o que se dirá a sociedade, que é formada pelo conjunto de seres humanos. Em apreço à coerência jurídica, das duas uma: ou o mandado de segurança e o *habeas corpus* **não** são idôneos para agregar efeito suspensivo a recursos já interpostos ou *ambos os remédios* possuem esta aptidão. O tratamento há de ser *homogêneo*. Optamos pela solução em harmonia com a Carta Outubrina, qual seja, os dois *writs* devem ter seu espectro majorado pelo intérprete, sobretudo quando periclitarem direitos fundamentais coletivos, como é o caso do direito fundamental difuso à segurança pública. ***Não há hierarquia entre o direito fundamental à liberdade individual e o direito fundamental difuso à segurança pública***. Ambos são dignos, *no mínimo*, da mesma consideração. E, se um desses direitos houvesse de prevalecer aprioristicamente sobre o outro (algo que não se cogita quando se tem apreço pelo princípio da unidade da Constituição), sabemos perfeitamente qual seria.

---

275 LIMA, Renato Brasileiro de. Manual de Processo Penal, 2ª ed. Salvador: *juspodivm*, 2014, p. 1662/1663.

276 BADARÓ, Gustavo Henrique. *Processo Penal*. 3ª ed. São Paulo: Revista dos Tribunais, p. 899.

A despeito da clareza meridiana das conclusões a que chegamos acima, indiferente à melhor doutrina, a jurisprudência dos Tribunais não tem visto com bons olhos a concessão de efeito suspensivo aos recursos, mediante mandado de segurança criminal. Segundo o STJ, "A jurisprudência desta Corte Superior é pacífica no sentido de não ser cabível, em regra, a impetração de mandado de segurança com o intuito de conferir efeito suspensivo a recurso em sentido estrito interposto contra decisão concessiva de liberdade provisória" (STJ, RCD no HC 372760/SP, DJe 29/11/2016)[277]. Percebe-se neste julgado que o STJ não sepultou em definitivo a possibilidade de mandado de segurança criminal para postular efeito suspensivo *ope judicis* a recurso interposto. E nem poderia, conforme já expusemos exaustivamente linhas acima, quando fizemos alusão ao Direito (Processual) Constitucional em vigor. De mais a mais, muitos Tribunais de Justiça, mais próximos à realidade que são, têm admitido o expediente em apreço, em consonância com a doutrina.

Mais recentemente, o STJ foi além, para editar a súmula 604, pela qual "Mandado de segurança não se presta para atribuir efeito suspensivo a recurso criminal interposto pelo Ministério Público.". Se é certo que, em apreço ao *stare decisis* e à teoria dos precedentes, o verbete deve ser observado pelos órgãos judicantes, é bom que se diga que súmulas não vinculam os membros do Ministério Público *quando no desempenho da atividade-fim*. É possível suscitar a necessidade de *distinguishing* ou mesmo de um *overruling*, sobretudo à luz do direito fundamental à tutela processual adequada. Seja como for, excepcionalmente, o STJ permite que se obtenha o efeito suspensivo por meio de uma **medida cautelar inominada** (HC 351.114/SP).

13.7. Direito à dignidade dos agentes de segurança pública

O Brasil vivencia um delicado problema chamado **letalidade policial**. Há duas maneiras polarizadas de lidar com essa problemática. Suponhamos o seguinte exemplo: um dado agente de segurança pública fez uso da força, matando um infrator durante um confronto. O primeiro grupo dessa polarização congrega aqueles que, *mesmo sem se aprofundar no caso*, para perquirir se o uso da força foi moderado,

[277] Diversas outras decisões do STJ podem ser encontradas, a exemplo do HC 366592/RJ, DJe 08/11/2016: "HABEAS CORPUS. HOMICÍDIO QUALIFICADO. LIBERDADE PROVISÓRIA CONCEDIDA NA AUDIÊNCIA DE INTERROGATÓRIO. RECURSO EM SENTIDO ESTRITO RECEBIDO COM EFEITO DEVOLUTIVO. MANDADO DE SEGURANÇA IMPETRADO PARA ATRIBUIR EFEITO SUSPENSIVO AO RECURSO INTERPOSTO. INADMISSIBILIDADE. ORDEM CONCEDIDA. 1. Hipótese na qual o Tribunal a quo deferiu liminar em mandado de segurança para conferir efeito suspensivo a recurso em sentido estrito interposto contra a decisão que concedeu a liberdade provisória à paciente e ao corréu. 2. Nos termos da jurisprudência consolidada desta Corte Superior, é incabível a impetração de mandado de segurança pelo Ministério Público para atribuir efeito suspensivo a recurso em sentido estrito interposto pela acusação (Precedentes). 3. Ordem concedida para, ratificando a liminar, afastar o efeito suspensivo conferido ao recurso em sentido estrito, com extensão ao corréu, nos termos do art. 580 do CPP". Ratificando esse equivocado entendimento, confira-se o HC 359702/SP, DJe 30/09/2016, também do STJ: "No sistema recursal processual penal, a destinação de efeito suspensivo obedece a uma lógica que presta reverência aos direitos e garantias fundamentais, iluminada pelo devido processo legal. Nesse contexto, segundo a jurisprudência desta Corte, revela constrangimento ilegal o manejo de mandado de segurança para se restabelecer constrição em desfavor do indivíduo, na pendência de irresignação interposta, qual seja, recurso em sentido estrito". Por fim, o contundente trecho do HC 358413/SP, DJe 22/09/2016: "A jurisprudência do Superior Tribunal de Justiça é firme no sentido do descabimento de mandado de segurança para conferir efeito suspensivo a recurso em sentido estrito interposto a decisão que concede liberdade provisória, por ausência de amparo legal e por tal manejo refugir ao escopo precípuo da ação mandamental. Assim, o manejo do mandado de segurança como sucedâneo recursal, notadamente com o fito de obter medida não prevista em lei, revela-se de todo inviável, sendo, ademais, impossível falar em direito líquido e certo na ação mandamental quando a pretensão carece de amparo legal."

indispensável e proporcional, *de antemão*, celebrarão a morte do infrator, alicerçados na premissa de que o destino natural dos violadores da lei é a morte. Contudo, há um grupo com uma visão diametralmente oposta. Na mesma situação narrada, de maneira *apriorística*, alguns partirão da premissa de que o episódio traduz uma *execução sumária*, afinal, "nada mais autoritário e genocida que a polícia brasileira". No exemplo fornecido, as duas visões são inadequadas para um membro do Ministério Público que se pretenda equidistante, porque ambas são eminentemente *ideológicas*. **Na *hermenêutica de equilíbrio das franquias constitucionais*, como diria Aristóteles, a virtude está no meio**. O Ministério Público deverá posicionar-se favoravelmente ao *bom* policial, punindo os policiais ímprobos e criminosos.

Para alguns, a existência de parlamentares corruptos é suficiente para despertar uma incredulidade sobre todos os membros do Congresso Nacional. Em um raciocínio similar, consideram a presença de sacerdotes indecentes como uma autorização para desconfiar da lisura de quase todas as igrejas e crenças religiosas. No mesmo caminho, diante de partidos políticos violadores das regras de contabilidade, reputam que todas as legendas partidárias praticam aquilo que se convencionou chamar de *caixa dois*. Não causaria surpresa que, para pessoas compulsivas por generalização, a existência de policiais desonestos lançasse uma suspeição sobre toda a corporação policial.

A ingenuidade desse conceito precoce (preconceito) sobre todos os agentes de segurança pública é acreditar que uma instituição formada por milhares de seres humanos poderia ser integralmente infalível, mesmo quando o homem carrega consigo uma natureza errante. Nenhuma instituição composta por pessoas (este o conceito de corporação) estará absolutamente imune a desvios éticos, e isso inclui o Ministério Público. Onde estiver o homem, aí também haverá desvios.

O problema reside no fato de que desvios na Polícia possuem repercussões catastróficas, na medida em que as pessoas desviadas carregam fuzis. Fosse um desvio em um time de futebol, a conduta desonesta seria uma falta em campo. Em se tratando de um policial, o desvio assume proporções trágicas, como uma propina ou uma chacina, ou seja, um ato de improbidade administrativa (e de corrupção ativa) e um crime hediondo.

Todas as manhãs, policiais íntegros deixam seus lares para arriscar suas vidas pela sociedade. Na guerra contra a criminalidade, uma quantidade exorbitante de policiais é exterminada. No Rio de Janeiro, a cada 100.000 habitantes, tem-se uma média de 25 assassinatos. Quando se trata de policiais, o número se eleva para 131[278]. A acentuada mortandade de agentes de segurança pública, inclusive, deu azo a uma legislação protetiva (art. 121, § 2º, VII, Código Penal)[279].

Como em toda guerra, os sobreviventes quase nunca retornam incólumes. Alguns policiais são esquecidos em uma cadeira de rodas e outra parte acaba abandonando

[278] Fonte: Época – Vida de PM no Rio: desprezados, doentes e com medo. 04.02.2016.

[279] "Art. 121. Matar alguém: § 2º Se o homicídio é cometido: VII – contra autoridade ou agente descrito nos arts. 142 e 144 da Constituição Federal, integrantes do sistema prisional e da Força Nacional de Segurança Pública, no exercício da função ou em decorrência dela, ou contra seu cônjuge, companheiro ou parente consanguíneo até terceiro grau, em razão dessa condição: (Incluído pela Lei nº 13.142, de 2015) Pena – reclusão, de doze a trinta anos."

a profissão. Os que permanecem no quadro, não raro, adoecem[280]. Policiais que moram em grandes cidades precisam ocultar suas fardas para não serem aniquilados. Por fim, não há recursos orçamentários para aparelhar a contento os órgãos de segurança pública.

Pois bem.

Consoante o art. 129, VII, CF/88, incumbe ao Ministério Público realizar o **controle externo da atividade policial**, seja na **modalidade difusa**[281], seja na **modalidade concentrada**[282], a ser exercido sobre a polícia militar, civil, federal, rodoviária federal, ferroviária federal e até mesmo sobre a polícia legislativa. Cabe aos membros do órgão ministerial visitar as repartições policiais, analisar os inquéritos, coibir os excessos, enfim, toda sorte de providências que assegurem a boa prestação do serviço público de segurança pública.

Contudo, o fato de o Ministério Público atuar como ***órgão de controle*** das polícias não o impede de lutar pela dignidade dos policiais, que são igualmente seres humanos. São coisas absolutamente conciliáveis. Se até mesmo o infrator que cumpre pena deve ter sua dignidade velada pelo *parquet*, o que se dirá dos agentes de segurança pública. Não há hierarquia entre seres humanos.

Milhares de réus confessam seus crimes na Delegacia, ante o constrangimento de negar um delito que foi flagrado, mas negam despudoradamente a versão em juízo, sob o pretexto de que foram torturados por agentes públicos. Não somos ingênuos para ignorar que muitas torturas acontecem (e absolutamente todas elas devem ser objeto de punição), mas também não somos inocentes ao ponto de acreditarmos em *todos* os custodiados que narram um incidente de tortura. Havendo indícios plausíveis da ocorrência de tortura, deve o Ministério Público apurar o crime, proteger a vítima (se as circunstâncias recomendarem, diligenciando para a inclusão do ofendido em Programa de Proteção às Vítimas e Testemunhas) e promover a punição dos torturadores. Neste caso, o *parquet* deve guiar-se pelas diretrizes do **Protocololo de Istambul (ONU)**. Por outro lado, comprovada *cabalmente* a mentira do réu, no que atine à alegação de tortura sofrida na Delegacia ou nos átrios do Batalhão de Polícia Militar, é dever do Ministério Público promover a respectiva responsabilização por **denunciação caluniosa**.

Dois exemplos reais ilustram o tema. Em uma pequena comarca, guarnecida com um pequeno número de policiais, um indivíduo multireincidente foi preso em flagrante. Na Delegacia de Polícia, confessou a prática dos crimes. Em juízo, porém, *retratou-se*, alegando que foi torturado para confessar perante a autoridade policial. Indica, inclusive, o nome e as características físicas do policial civil que o teria torturado, fornecendo informações seguras quanto a uma tatuagem que o

[280] Cerca de 34% da população brasileira entre 40 a 60 anos tem pressão alta. Em se tratando de policiais, este número se eleva para 46%. Ademais, 75% dos policiais são sedentários e 70% têm sobrepeso ou são obesos. Fonte: Época – Vida de PM no Rio: desprezados, doentes e com medo. 04.02.2016.

[281] Por todos os membros do Ministério Público com atribuição criminal, quando do exame dos procedimentos que lhes forem atribuídos.

[282] Através de membros com atribuições específicas para o controle externo da atividade policial, conforme disciplinado no âmbito de cada Ministério Público.

individualiza dos demais agentes. O Ministério Público instaura um procedimento para apurar o crime, mas, já no início da investigação, descobre-se que o referido policial, na data do suposto crime, estava de férias em outro estado da federação. Os fatos são provados mediante documentação inequívoca, e a suposta vítima acaba reconhecendo que acusou um policial inocente para dar credibilidade à sua versão em juízo, sobretudo pela firme crença de que a alegação de tortura poderia render ensejo ao relaxamento da sua prisão.

Um segundo estudo de caso, igualmente extraído da prática forense, diz respeito a uma alegação de tortura durante uma Sessão Plenária do Tribunal do Júri. Um jovem havia sido brutalmente assassinado por um adolescente e alguns adultos. Na Delegacia de Polícia, o menor narrou com riqueza de detalhes a morfologia do crime, sua autoria e a maneira crudelíssima pela qual mataram a vítima e incendiaram o cadáver. A representação foi ajuizada pelo Promotor da Infância e da Juventude. Os réus maiores, entretanto, foram denunciados e pronunciados. Durante o Plenário do Júri, o aludido adolescente, já maior de idade, foi ouvido como testemunha e negou tudo aquilo que havia dito para a autoridade policial. Não satisfeito, afirmou, sem hesitar, que o próprio Delegado o havia torturado durante o seu depoimento, para que injustamente acusasse os demais réus. Segundo ele, todas as declarações foram manifestadas enquanto sofria graves violências físicas. O que o jovem não sabia era que o Delegado de Polícia havia filmado o ato de interrogatório, prevenindo-se de eventuais aleivosias. Na filmagem, o (à época) adolescente estava acompanhado de sua genitora, era indagado de maneira cordial (recebendo, inclusive, pronomes de tratamento) e respondia a tudo de modo sereno.

Impossível deixar de mencionar o célebre caso da cantora Gloria Trevi (Rcl 2040/DF), que, mesmo sem ter tido visitas íntimas, engravidou na prisão da Superintendência da Polícia Federal. A mexicana afirmou ter sido vítima de um estupro carcerário. Evidentemente, a informação lançou uma suspeita sobre 60 (sessenta) policiais federais, inclusive o Delegado Federal, que se dispuseram a realizar um exame de DNA para provar a própria inocência. Na prática, isso ocorreria com o descarte da placenta, após o parto. Nas palavras do Ministro Néri da Silveira, "caprichosamente", Gloria não autorizava o exame no seu material biológico. Sua placenta, entretanto, foi congelada. Em uma ponderação de direitos fundamentais, o Supremo Tribunal Federal entendeu de flexibilizar o direito à privacidade, autorizando, pois, o procedimento. O teste de DNA demonstrou que, ao contrário do que se pensava, nenhum dos agentes públicos era o pai da criança. Segundo documentos da Polícia Federal, o enigma teria sido decifrado pela versão de que a encarcerada havia engravidado para obstaculizar sua extradição. Para tanto, teria realizado uma inseminação manual, valendo-se do sêmen armazenado em uma caneta, seringa ou artefato similar. O ponto de contato com a Hermenêutica de Equilíbrio das Franquias Constitucionais reside na argumentação lapidar do Ministro Celso de Mello, para quem "*a garantia constitucional à intimidade não tem caráter absoluto, pois necessidades públicas podem restringir direitos individuais em benefício da comunidade,* ***com combate aos atos ilícitos ressaltados***". Se realmente mentiu, a artista desrespeitou não apenas as pessoas caluniadas (e seus familiares), mas também todas as mulheres vitimadas por este crime, cuja apuração baseia-se também na credibilidade da narrativa feita em Juízo. O incidente lembra aquilo que a criminologia denomina de **síndrome da mulher de Potifar**.

O Ministério Público não deve acostumar-se com a prática de excessos policiais, mas também não deve tolerar denunciações caluniosas contra esses policiais, por mais frequentes que essas condutas possam parecer. Cada uma delas merece ser punida, se o crime realmente se verificar no caso concreto. Um agente de segurança pública não tem um cheque em branco para delinquir. Ilustrativamente, há policiais useiros e vezeiros na adulteração da cena do crime, por exemplo, colocando uma arma de fogo clandestina nas mãos de um cadáver, configurando o delito de **fraude processual** (art. 347, CP). Execuções sumárias, torturas, desaparecimentos e abusos de autoridade são delitos que devem ser rigorosamente apurados, não apenas pela Corregedoria de Polícia, mas pelo *parquet*. Noutro giro, a honra de um policial tem o mesmo valor que qualquer outra: nem mais, nem menos.

Um histórico precedente no contexto da inclusão discursiva da honra de policiais, promovendo uma hermenêutica de equilíbrio das franquias constitucionais, pode ser extraído do constitucionalismo norte-americano. No caso **New York Times v. Sullivan (1964)**, policiais do Alabama ajuizaram uma ação indenizatória contra o *The New York Times*, pela narrativa jornalística equivocada sobre a conduta dos agentes públicos em relação a Martin Luther King. A Suprema Corte dos Estados Unidos decidiu que, como regra, a liberdade de expressão deveria prevalecer, exceto se provada a falsidade da publicação por má-fé ou negligência. Isso porque, havendo deliberada distorção dos fatos ou negligência em apurá-los, a responsabilidade civil estaria configurada.

Não é incomum que algumas pessoas se julguem superiores aos policiais, inclusive, intelectualmente. A obediência e a disciplina desses agentes públicos, predicados dignos de toda admiração, são confundidas com automatismo e submissão irracional. Ter humildade para cumprir ordens não significa ser portador de um baixo coeficiente intelectual. A humilhação sistemática dirigida a esses seres humanos, sobretudo por pessoas que tiveram uma vida acadêmica mais verticalizada, revela uma arrogância de espírito e exala o mau hálito da alma.

No Brasil do século XXI, muitos intelectuais parecem possessos pelo espírito de Henry Thoreau, um homem sensível quando se referia aos escravos, mas que perversamente desumanizava alguns agentes de segurança pública. Estas as palavras de Thoreau[283]:

> *A grande maioria dos homens serve ao Estado desse modo, não como homens propriamente, mas como máquinas, com seus corpos. São o **exército** permanente, as milícias, os **carcereiros**, os **policiais**, os membros da força civil etc. Na maioria dos casos não há um livre exercício, seja do discernimento ou do senso moral, eles simplesmente se colocam ao nível da árvore, da terra e das pedras. [...] **Tais homens não merecem respeito maior que um espantalho ou um monte de lama. O valor que possuem é o mesmo dos cavalos e dos cães.***

[283] THOREAU, Henry David. *A Desobediência Civil*. Porto Alegre: L&PM, 2016. p. 12-13.

Ora, se estivesse vivo nos dias de hoje e vivesse no Brasil, o pensamento de Thoreau certamente se voltaria contra os policiais militares, civis, federais, rodoviários, integrantes das Forças Armadas, guardas municipais, agentes penitenciários *etc.*

Lamentavelmente, alguns indivíduos reconhecem a dignidade humana de grupos vulneráveis ou de minorias, mas desumanizam pessoas que não integram essas frações sociais, a exemplo dos agentes de segurança pública. Compadecer-se com o mais fraco é quase instintivo. Condoer-se pelo mais forte, nem sempre. Um policial é tão humano quanto um escravo. Suas vidas são igualmente valiosas. Este foi o legado da filosofia de Kant, quando teorizou sobre a dignidade como valor intrínseco. Ambos foram feitos à imagem e semelhança de Deus, para quem acredita Nele. Apesar de tudo, Thoreau não conseguiu respeitar a dignidade humana de quem carregava armas. **A Hermenêutica de Equilíbrio das Franquias Constitucionais repudia a visão de mundo *à la Thoreau*.** Uma visão preconceituosa, porquanto só humaniza os mais fracos, mesmo assim, seletivamente. O espírito de Thoreau ainda habita no imaginário coletivo, sobretudo, de muitos acadêmicos brasileiros.

Não há hierarquia entre seres humanos. O promotor de Justiça não é superior à prostituta. O promotor de justiça não é superior ao morador de rua. Aliás, incumbe ao membro do Ministério Público *servir* estas pessoas. Trata-se da arte de servir sem ser subserviente. O verdadeiro promotor de justiça é capaz de tratar o faxineiro e o presidente da República, nas palavras de Dworkin, com "*o mesmo respeito e consideração*". Inclusive, e sobretudo, porque há uma estreita proximidade entre a atividade do promotor de justiça e do zelador de uma repartição: ambos zelam, cada qual à sua maneira, pela higidez do patrimônio público. Repita-se à exaustão: o promotor de justiça é um zelador dos direitos fundamentais.

Por tudo o que se disse, é imperioso ter em mente que, na dúvida, em princípio, o fiel da balança deve pender em favor do professor diante do aluno; em favor do agente penitenciário diante do preso; em favor dos pais perante seus filhos; em favor do conselheiro tutelar diante dos pais; em favor do (bom) policial em face dos criminosos. Trata-se de uma presunção honorífica *juris tantum*, jamais *jure et de jure*.

Esse é o dever do Ministério Público Brasileiro: empoderar essas pessoas, porque todas elas carregam consigo uma missão pedagógica.

14. REFERÊNCIAS BIBLIOGRÁFICAS

ALEXY, Robert. *Direitos Fundamentais no Estado Constitucional Democrático.* Revista da Faculdade de Direito UFRGS, vol. 16, 1999, tradução de Luís Afonso Heck. Citado por Gilmar Mendes.

ARAS, Vladimir. *A Mentira do Réu e o art. 59 do CP. in Garantismo Penal Integral*, 3ª Edição, Editora Atlas – *versão digital.*

ÁVILA, Humberto. *Teoria dos Princípios* – da definição à aplicação dos princípios jurídicos, 16ª Edição. São Paulo: Malheiros, 2015.

BADARÓ, Gustavo. *Processo Penal.* 1ª Edição em *e-book, baseada na 3ª Edição impressa.* Revista dos Tribunais, 2015.

BARROSO, Luís Roberto. *Neoconstitucionalismo e Constitucionalização do Direito. O Triunfo Tardio do Direito Constitucional no Brasil.* Revista Eletrônica sobre a Reforma do Estado, Salvador, Instituto Brasileiro de Direito Público, nº 9, março/abril/maio, 2007.

BARROSO, Luís Roberto. *Um Outro País. Transformações no Direito, na Ética e na Agenda do Brasil.* Belo Horizonte: Fórum, 2018.

BITENCOURT, Cezar Roberto. Código Penal Comentado. São Paulo: Saraiva, 2007.

BONAVIDES, Paulo. *Curso de Direito Constitucional.* 16ª Edição. São Paulo: Malheiros, 2005.

_______________. *Ciência Política.* 23ª Edição. São Paulo: Malheiros, 2016.

BACHOF, Otto. *Normas Constitucionais Inconstitucionais?* Coimbra: Aledina, 2008.

BEDÊ JÚNIOR, Américo; SENNA, Gustavo. *Garantismo e (Des)lealdade Processual, in Garantismo Penal Integral,* 3ª Edição, Editora Atlas - *versão digital.*

BULOS, Uadi Lammêgo. *Curso de Direito Constitucional.* 4ª Edição. São Paulo: Saraiva, 2009.

CROCE, Delton. CROCE JÚNIOR, Delton. *Manual de Medicina Legal.* 8ª Edição. São Paulo: Saraiva, 2012.

CUOCOLO, Fausto. *Instituzioni di Diritto Pubblico. 7ª Edizione.* Giuffrè Editore: 1992.

DAHL, Robert A. *Sobre a Democracia.* Brasília: Editora Universidade de Brasília, 2016.

DIAS, Maria Berenice, *Direito Fundamental ao Aborto,* disponível em *http://www.ibdfam.org.br.*

DIDIER, Fredie. *Multa coercitiva, boa-fé processual e supressio:* aplicação do duty to mitigate the loss no processo civil. WAMBIER, Teresa Arruda Alvim (Coord.). *Revista de processo.* São Paulo: Revista dos Tribunais, v. 171, p. 39, maio 2009. *apud* JÚNIOR, Américo Bedê; SENNA, Gustavo. Garantismo e (Des)lealdade Processual, *in Garantismo Penal Integral,* 3ª Edição, Editora Atlas - *versão digital.*

FARO, Julio Pinheiro. *Deveres Fundamentais: uma Revisão de Literatura, in* CLÈVE, Clèmerson Merlin.

FERREIRA FILHO, Manoel Gonçalves. *Direitos Humanos Fundamentais.* 14ª Edição. São Paulo: Saraiva, 2012.

FERREIRA FILHO, Manoel Gonçalves. *Notas sobre o Direito Constitucional Pós--Moderno, em Particular sobre Certo Neoconstitucionalismo à Brasileira.* Revista de Direito Administrativo, v. 250, 2009. p. 151/167.

FIORILLO, Celso Antonio Pacheco. FERREIRA, Renata Marques. *Estatuto da Cidade Comentado.* 6ª Edição. São Paulo: Saraiva, 2014.

FIORILLO, Celso Antonio Pacheco. *Princípios do Processo Ambiental,* São Paulo: Saraiva, 2004.

FISCHER, Douglas. *Não Há Direito Fundamental à Impunidade*. Revista do Ministério Público do RS, Porto Alegre, nº 63, maio 2009 – set. 2009.

FONTELES, Samuel Sales. *Direito ao Esquecimento, este Desconhecido*. Revista do Ministério Público do Estado de Goiás, nº 29, 2015.

FONTELES, Samuel Sales. *Direitos Fundamentais*. 2ª Edição. Salvador: Juspodivm, 2016.

FONTELES, Samuel Sales. *O Dilema do Ministério Público diante da Derrotabilidade das Regras (defeasibility)*. Revista do Ministério Público do Rio Grande do Sul. Porto Alegre. Nº 79, jan./abr. 2016, p. 55/84.

FONTELES, Samuel Sales; VASCONCELOS, Fabíola Farias. *O Inconstitucional Estado de Coisas e o Risco de Canutização do Judiciário*. Apresentado no I Congresso Brasileiro de Direito Processual Constitucional, Foz do Iguaçu, Out. 2015.

FRANÇA, Genival Veloso de. *Medicina Legal*. 10ª Edição. Rio de Janeiro: GEN Guanabara Koogan, 2015.

FREIRE, Alexandre. *Direitos Fundamentais e Jurisdição Constitucional*. 2014. São Paulo: Revista dos Tribunais.

GADAMER, Hans-Georg. *Verdade e método*: traços fundamentais de uma hermenêutica filosófica. Trad. Flávio Paulo Meurer. 3. ed. Petrópolis, RJ: Vozes, 1999. (Pensamento Humano)

GAMONAL, Sergio C. *Cidadania na Empresa e Eficácia Diagonal dos Direitos Fundamentais*. São Paulo: LTr, 2011.

GARCIA, Emerson. *Pessoas em Situação de Rua e Direitos Prestacionais*. Revista Brasileira de Direito Constitucional – RBDC nº 19 – jan./jun. 2012.

GIMENES, José Giácomo. *Exigência de Culpa e Trânsito em Julgado para Prisão é uma Ilação*. CONJUR, 25 de fevereiro de 2016. Disponível em: http://www.conjur.com.br/2016-fev-25/exigencia-culpa-transito-julgado-prisao-ilacao.

GRECO, Rogério. *Direito Penal do Equilíbrio – Uma Visão Minimalista do Direito Penal*. 7ª Edição. Rio de Janeiro: Editora Impetus, 2014.

JAKOBS, Gunther; MELIÁ, Manuel Cancio. *Direito Penal do Inimigo. Noções e Críticas*. 6ª Edição. Livraria do Advogado. *Kindle Edition*.

JESUS, Damásio de. *Código Penal Anotado*. 20ª ed. São Paulo: Saraiva, 2010.

KRYMCHANTOWSKI, Abouch V; CALHAU, Lélio Braga; ANCILLOTTI, Roger; DOUGLAS, William. Coordenação de Rogério Greco. *Medicina Legal* à Luz do Direito Penal e do Direito Processual Penal. 11ª Edição. Rio de Janeiro: Impetus, 2013.

LIMA, Renato Brasileiro de. Manual de Processo Penal, 2ª ed. Salvador: *juspodivm*, 2014.

LOPES JR., Aury. *Introdução Crítica ao Processo Penal*. 3. ed. Rio de Janeiro: Lúmen Júris, 2005.

MACHADO, Paulo Afonso Leme. *Direito Ambiental Brasileiro*, 14ª Ed. São Paulo: Malheiros Editores, 2006.

MARCÃO, Renato. Curso de Execução Penal, 10ª Edição, São Paulo: Editora Saraiva, 2012.

MARINONI, Luiz Guilherme. Teoria Geral do Processo, 6ª Edição, São Paulo: Revista dos Tribunais.

MARINONI, Luiz Guilherme; ARENHART, Sérgio Cruz; MITIDIERO, Daniel. Novo Curso de Processo Civil, Volume 2. São Paulo: Revista dos Tribunais, 2015.

MARMELSTEIN, George. Curso de Direitos Fundamentais. 5ª Edição. São Paulo: Atlas.

MARQUES, Claudia Lima. *Manual de Direito do Consumidor.* São Paulo: Revista dos Tribunais, 2009.

MARTINES, Temistocle. *Diritto Constituzionale.* 13ª edizione. Giuffrè Editore. 2013.

MAZZUOLI, Valerio de Oliveira. *O Controle de Convencionalidade das Leis.* Revista dos Tribunais.

MENDES, Gilmar Ferreira. BRANCO, Paulo Gustavo Gonet. *Curso de Direito Constitucional.* 10ª Edição Comemorativa, São Paulo: Saraiva, 2015.

MENDES, Gilmar Ferreira; COELHO, Inocêncio Mártires; BRANCO, Paulo Gustavo Gonet. *Curso de Direito Constitucional,* 5ª Edição. São Paulo: Saraiva, 2010.

MEYERS. David. G. *Psicologia Social.* 10ª Edição. Porto Alegre: AMGH, 2014.

MILL, Stuart. *Ensaio sobre a Liberdade.* São Paulo: Scala, 2006 *apud MARMELSTEIN, George. 5ª Edição. São Paulo: Atlas. Curso de Direitos Fundamentais.*

MIRABETE, Julio Fabbrini. Manual de direito penal, volume II. 25 ed. São Paulo: Atlas, 2007.

MIRANDA, Pontes de. *Tratado de Direito Privado*, Campinas: Bookseller, 2000.

MOLINA, Antonio García-Pablos de; GOMES, Luiz Flávio. *Criminologia.* 8ª Edição. São Paulo: Editora Revista dos Tribunais, 2012.

MORAES, Alexandre de. Direito Constitucional. - 15ª edição – São Paulo: Atlas, 2004.

NEVES, Marcelo. A Constitucionalização Simbólica, 3ª Edição. São Paulo: WMF Martins Fontes, 2011.

NOGUEIRA, Lauro Machado; VIEIRA, Vinícius Marçal. *As Vítimas e os Direitos Humanos*, Jornal O Popular, publicado em 09.02.2016.

NUCCI, Guilherme de Souza. *Código Penal Comentado.* 10ª Ed. São Paulo: Revista dos Tribunais, 2010.

NUCCI, Guilherme de Souza. Manual de direito penal. 8 ed. São Paulo: Revista dos Tribunais, 2012.

OLIVEIRA, Eugênio Pacelli de. *Curso de Processo Penal.* 19ª Edição. São Paulo: Atlas, 2015.

OLIVEIRA, Eugênio Pacelli de. Curso de Processo Penal. 6.ed. Belo Horizonte: Del Rey, 2006.

OLIVEIRA, Eugênio Pacelli; FISCHER, Douglas. *Comentários ao Código de Processo Penal e sua Jurisprudência*, 4ª ed., São Paulo: Atlas, 2012.

PACELLI, Eugênio. Curso de Processo Penal. 19ª Edição. São Paulo: Atlas, 2015.

PEREIRA, Maria José Miranda. *Aborto*. Consulex, Ano VIII, n.º 176.

PIOVESAN, Flavia. *Direitos Reprodutivos como Direitos Humanos*. Disponível em: http://siteantigo.mppe.mp.br/uploads/p1KdxISyI758jG-2x2XOxQ/oQBSFV2tIXvW3yL-Qu7NdnQ/Artigo_-_Direitos_reprodutivos_como_direitos_humanos_-_Flv.doc

RAMOS, André de Carvalho. *Curso de Direitos Humanos*. 2ª Edição. São Paulo: Saraiva, 2015.

RAWLS, John. O Liberalismo Político. 2ª Edição, Editora Ática, 1999.

SALES, Danni. *Regime Disciplinar Diferenciado: a Constitucionalidade da Execução de Pena do Inimigo*. Revista do Ministério Público do Estado de Goiás, nº 29. Goiânia: 2015.

SANTOS, Eduardo Sens dos. *O Ministério Público tem Direito ao Contraditório em habeas corpus*. Edição Comemorativa da Revista do Ministério Público do Rio de Janeiro: 2015.

SARLET, Ingo Wolfgang. *A Eficácia dos Direitos Fundamentais. Uma Teoria Geral dos Direitos Fundamentais na Perspectiva Constitucional*. 12ª Ed. Porto Alegre: Livraria do Advogado, 2015. *Kindle Edition*.

SARLET, Ingo Wolfgang. *Dignidade da Pessoa Humana e Direitos Fundamentais na Constituição Federal de 1988*. Porto Alegre: Livraria do Advogado, 2012. *Kindle Edition*.

SARLET, Ingo Wolfgang; FEMSTERSEIFER, Tiago. Direito Constitucional Ambiental. Constituição, Direitos Fundamentais e Proteção do Ambiente. 2ª Edição. São Paulo: Revista dos Tribunais, 2012.

SARLET, Ingo Wolfgang; MARINONI, Luiz Guilherme; MITIDIERO, Daniel. Curso de Direito Constitucional, 2015. 4ª Edição. São Paulo: Editora Saraiva.

SARMENTO, Daniel. *Liberdades Comunicativas e "Direito ao Esquecimento" na Ordem Constitucional Brasileira* (Parecer jurídico elaborado em 22 de janeiro de 2015).

SARMENTO, Daniel; SOUZA NETO, Cláudio Pereira de. *Direito Constitucional. Teoria, História e Métodos de Trabalho*. 2ª Ed. Belo Horizonte: Ed. Fórum, 2014.

SEIDEN, Richard H. *Where Are They Now? A Follow-up Study of Suicide Attempters from the Golden Gate Bridge*. Suicide and Life Threatening Behavior, Human Sciences Press, Vol. 8 (4), Winter 1978.

SILVA, José Afonso da. Aplicabilidade das normas constitucionais. 8. ed. São Paulo: Malheiros, 2012.

SILVA, José Afonso da. *Curso de Direito Constitucional Positivo*. 24ª Edição. São Paulo: Malheiros, 2015.

SILVA, José Afonso. *Direito Urbanístico Brasileiro*. 2ª Edição. São Paulo: Editora Malheiros, 1997.

SILVA, Virgílio Afonso da. *A Constitucionalização do Direito. Os Direitos Fundamentais nas Relações entre Particulares*. São Paulo: Malheiros, 2014.

SILVA, Virgílio Afonso da. Direitos Fundamentais - Conteúdo Essencial, Restrições e Eficácia. 2 ed. Malheiros, 2010.

SILVA, Virgílio Afonso da. *O conteúdo essencial dos direitos fundamentais e a eficácia das normas constitucionais, Revista de Direito do Estado* 4, 2006.

SOUZA, Hugo Siqueira de. Do cabimento do mandado de segurança para atribuição de efeito suspensivo a recurso em sentido estrito interposto em face de denegação ou revogação de prisão cautelar. In: **Âmbito Jurídico**, Rio Grande, XVIII, nº 137, jun 2015. Disponível em: <http://www.ambito-juridico.com.br/site/index.php?n_link=revista_artigos_leitura&artigo_id=16073&revista_caderno=21>. Acesso em jan 2017.

STRECK, Lenio Luiz. *A dupla face do Princ. Proporcionalidade e o cabimento de Mandado de Segurança em matéria criminal: superando o ideário liberal-individualista-clássico. apud* A Tutela Cautelar no Processo Penal, POLASTRI, Marcellus, Ed. Atlas, 3ª ed.

Suicídio: informando para prevenir - Associação Brasileira de Psiquiatria, Comissão de Estudos e Prevenção de Suicídio. Brasília: CFM/ABP, 2014.

THOREAU, Henry David. *A Desobediência Civil*. Porto Alegre: L&PM, 2016.

TOLEDO, Francisco de Assis. *Princípios Básicos de Direito Penal*. 5ª edição, 17ª tiragem. São Paulo: Saraiva, 2012.

VALENTE, Flávio Luiz Schieck. *Do combate à fome à* segurança alimentar e nutricional: o direito à alimentação adequada. In: ________. Direito humano à alimentação: desafios e conquistas. São Paulo: Cortez, 2002.

VECCHIO, Giorgio Del. *A Luta Contra o Crime*. Edição Comemorativa da Revista do Ministério Público do Rio de Janeiro: 2015.

VENDRAMINI, Eliana. *MP investiga denúncia de tráfico de órgãos na USP* Disponível em: *http://www.bbc.com/portuguese/noticias/2014/06/140602_ministerio_publico_svo_usp_orgaos_rs.*

2

MINISTÉRIO PÚBLICO COMO FUNÇÃO ESSENCIAL À JUSTIÇA NA TUTELA DOS DIREITOS OU INTERESSES COLETIVOS

Gregório Assagra de Almeida [1]
Rafael de Oliveira Costa [2]
Samuel Alvarenga [3]

[1] Pós-doutor pela Syracuse University, New York, Estados Unidos, quando foi Visiting Scholar e bolsista Capes em estágio sênior. Doutor em Direito pela Pontifícia Universidade Católica de São Paulo (2006). Mestre em Direito pela Pontifícia Universidade Católica de São Paulo e graduado em direito pela Universidade de Ribeirão Preto (1992). Foi Professor e foi coordenador do Curso de Mestrado em Proteção dos Direitos Fundamentais da Universidade de Itaúna. Promotor de Justiça do Ministério Público do Estado de Minas Gerais desde 1993. Foi Consultor institucional do Conselho Nacional de Procuradores-Gerais, membro jurista da Câmara de Desenvolvimento Científico da Escola Superior do Ministério Público da União. Foi Diretor e Coordenador Pedagógico do Centro de Estudos e Aperfeiçoamento Funcional do Ministério Público do Estado de Minas Gerais. Foi Jurista Consultor do Ministério da Justiça na elaboração do Anteprojeto da Nova Lei da Ação Civil Pública, que integrou o II Pacto Republicado de Estado, tendo sido convertido no PL. 5.139/2009. Membro do Conselho Editorial da Arraes Editores. É assessor da Corregedoria-Geral do MPMG. É Membro Auxiliar da Corregedoria Nacional do Ministério Público. Membro do Conselho Editorial e Organizador da Revista Jurídica da Corregedoria Nacional do Ministério Público. Foi Editor Responsável da Revista Jurídica do Ministério Público do Estado de Minas Gerais. Membro de Conselhos Editoriais de várias outras revistas do Brasil e do Exterior. Professor da Fundação Escola Superior do Ministério Público do Distrito Federal e Territórios. Tem experiência na área de Direito, com ênfase em Acesso à Justiça, Direitos Fundamentais, Direitos Coletivos, Direito Processual Coletivo, Direito Processual Civil, atuando principalmente nos seguintes temas: Ministério Público, Direitos Coletivos, Direito Processual Coletivo, Direito Processual Civil, Direito Constitucional e Teoria dos Direitos Fundamentais. Autor e Coautor de vários livros, com publicação no Brasil e no exterior. Foi Assessor de Projetos e Articulação Interinstitucional da Secretaria de Reforma do Judiciário do Ministério da Justiça e membro da Câmara Consultiva Temática de Política Regulatória do Ensino Jurídico do Ministério da Educação. Ganhador do 57º Prêmio Jabuti 2015 como organizador e coautor do livro Direitos Fundamentais das Pessoas em Situação de Rua, Publicado pela Editora D'Placido. Ganhador da Medalha Nacional Acesso à Justiça, conferida pelo Ministério da Justiça em 2014. Entre os Livros, destacam-se, entre outros: Direito Material Coletivo, Del Rey, 2008; Direito Processual Coletivo Brasileiro, Saraiva, 2003, Manual das Ações Constitucionais, Del Rey, 2007, Mandado de Segurança, Saraiva, 2011.

[2] Professor Visitante na Universidade da Califórnia-Berkeley. Professor Visitante na Wayne State University. Doutor e Mestre em Direito pela Faculdade de Direito da UFMG. Graduado em Direito pela Faculdade de Direito da UFMG (2007), em programa conjunto com a University of Wisconsin-Madison (EUA – 2005). Promotor de Justiça no Estado de São Paulo. Professor na Escola Superior do Ministério Público, na Universidade Anhanguera e em cursos preparatórios para concursos (MOVAME, Supremo Concursos e CP Iuris). Palestrante na Wayne State University (Detroit – EUA). Revisor e Membro do Corpo Editorial de inúmeros periódicos. Bolsista da Keast Lion Fund for International Scholars. Diretor Acadêmico da Associação Paulista do Ministério Público.

[3] Doutorando em Direito pela Universidade Federal de Minas Gerais (UFMG). Mestre em Direitos Difusos pela Pontifícia Universidade Católica de São Paulo (PUC/SP). Especialista em Processo pela Universidade do Sul de Santa Catarina (Unisul).

Sumário: Introdução – **1**. Direitos e garantias fundamentais como valores fundantes da Constituição e do estado e Núcleos essenciais do sistema jurídico: a importância das categorias do pensamento crítico e do acesso à justiça como método de pensamento para a atuação do Ministério Público na indução da transformação positiva da realidade social: **1.1**. Os direitos e as garantias constitucionais fundamentais na nova dicotomia constitucional consagrada na CR/1988; **1.2**. A importância da teoria crítica do direito e das categorias do pensamento crítico para a efetivação dos direitos fundamentais por intermédio de uma práxis de indução da transformação positiva da realidade social: **1.2.1**. Considerações sobre a Teoria Crítica do Direito.; **1.2.2**. O objeto da teoria crítica do direito.; **1.2.3**. A hermenêutica na teoria crítica do direito; **1.2.4**. As Categorias do Pensamento na Teoria Crítica do Direito; **1.2.5**. Um Novo Enfoque sobre o Acesso à Justiça à Luz da Teoria Crítica do Direito.; **1.2.6**. O acesso à justiça como método de pensamento; **1.2.7**. O Acesso à Justiça como Paradigma para os Modelos Explicativos dos Direitos e das Garantias Fundamentais Consagrados na CR/1988; **1.2.8**. O Acesso à Justiça como fundamento do raciocínio jurídico e como direito/garantia central em uma democracia; **1.2.9**. O conceito ampliado de acesso à justiça: sistema de resolução por adjudicação e sistema de resolução pelo diálogo/consenso; **1.2.10**. O conceito ampliado de acesso à justiça e os dois modelos de atuação do Ministério Público: jurisdicional e extrajurisdicional – **2**. O Ministério Público como garantia institucional constitucional fundamental de acesso à justiça – **3**. As Corregedorias como garantias fundamentais da própria garantia Ministério Público – **4**. O Ministério público como garantia constitucional na CR/1988: **4.1**. Uma nova dicotomia constitucionalizada dos direitos e deveres e sua importância para a aferição das atribuições do Ministério – **5**. Fatores para a ampliação da legitimação social das funções constitucionais do Ministério Público: **5.1**. Priorização da atuação preventiva; **5.2**. Exercício da função pedagógica da cidadania: um compromisso constitucional social do Ministério Público (arts. 1º, parágrafo único, 3º, 6º, 127, caput, e 205, da CR/1988); **5.3**. Realização periódica de audiências públicas: **5.3.1**. Fundamentação constitucional e infraconstitucional; **5.3.2.** Princípio democrático (artigo 1º da CR/1988); **5.3.3.** Princípio da publicidade ampla, irrestrita e popular (artigos 5º, LX, e 37, *caput*, ambos da CR/1988); **5.3.4.** Princípio do retorno ou da resposta à sociedade ou ao cidadão ou da prestação de contas das medidas e resultados (artigo 5º, XXXIV, a, da CR/1988); **5.3.5.** Princípio da periodicidade; **5.3.6.** Princípio da solenidade relativizada; **5.3.7**. Princípio da não-taxatividade em abstrato ou da não-limitação em abstrato do objeto da audiência pública; **5.3.8**. Princípio do prévio agendamento e da escolha adequada do dia, local e horário que facilite o acesso ao público diretamente interessado; **5.3.9**. Princípio da oralidade e da informalidade; **5.4**. Provocação articulada e sistematizada do controle jurisdicional (abstrato/concentrado e difuso/incidental) e extrajurisdicional da constitucionalidade; **5.5**. Ampliação e estruturação do modelo do Ministério Público com atuação extrajurisdicional; **5.6**. Atuação vinculada à especificação funcional da Instituição; **5.7**. Acompanhamento da tramitação processual e a fiscalização da execução dos provimentos jurisdicionais; **5.8.** Adequação da independência funcional do órgão do Ministério Público ao planejamento funcional estratégico da Instituição; **5.9**. Formação humanista, multidisciplinar e interdisciplinar dos membros e servidores do Ministério Público; **5.10**. Revisitação da atuação como órgão interveniente no processo civil com base na teoria dos direitos e garantias constitucionais fundamentais; **5.11**. Utilização dos projetos sociais institucionais como novos mecanismos de atuação da

---

Graduado pela Universidade de Itaúna (MG). Promotor de Justiça do Ministério Público do Estado de Rondônia. Membro Auxiliar da Corregedoria Nacional do Ministério Público, ocupando a função de Coordenador Substituto de Inovação, Evolução Humana e Estágio Probatório. Membro do Conselho Editorial da Revista Jurídica do Ministério Público do Estado de Rondônia. Membro do Conselho Editorial e Organizador da Revista Jurídica da Corregedoria Nacional do Ministério Público.

Instituição; **5.12**. Atuação sistematizada e articulada na defesa de direitos ou interesses individuais homogêneos; **5.13**. A necessidade de que os mecanismos de resolução consensual dos conflitos sejam consagrados na cultura e implementados na prática do Ministério Público; **5.14**. Do consenso no Processo Penal: o procedimento para celebração de acordos de delação premiada: **5.14.1**. Requisitos para apresentação da proposta de acordo; **5.14.2**. Como deve ser "procedimentalizada" a celebração do acordo?; **5.14.3**. Parâmetros para a propositura do acordo; **5.14.4**. Indispensabilidade da presença de advogado; **5.14.5**. Conflito de Atribuições na Celebração de Acordos de Delação Premiada Coletiva; **5.14.6**. Conteúdo mínimo do Acordo de Delação Premiada Coletiva; **5.14.7**. Parâmetros para a fixação da pena corporal do colaborador; **5.14.8**. Sanções diversas da pena corporal; **5.14.9**. Efeitos penais que devem necessariamente ser previstos no acordo; **5.14.10**. Efeitos cíveis passíveis de serem previstos no acordo; **5.14.11**. Efeitos passíveis de serem regulamentados pelo acordo em crimes perpetrados em benefício ou interesse de pessoa jurídica; **5.14.12**. Negócio jurídico processual sobre eventual recurso a ser interposto contra a sentença; **5.14.13**. Cláusula de preservação do acordo; **5.14.14**. Compartilhamento de provas; **5.14.15**. Arquivamento do Acordo; **5.14.16**. Celebração de acordo após o oferecimento de denúncia; **5.14.17**. Conclusão – **6**. Diretrizes normativas sobre o novo perfil de atuação do membro do ministério público na tutela coletiva: **6.1**. A Função Orientadora do Conselho Nacional do Ministério Público e da Corregedoria Nacional e a Unidade do Ministério Público como Instituição de Caráter Nacional; **6.2**. Recomendações como espécies de normas jurídicas de caráter orientativo; **6.3**. A Carta de Brasília e o compromisso de avaliar, orientar e fiscalizar o ministério público visando a efetividade social da sua atuação e a prevenção e a redução dos litígicos; **6.4.** Outras regulamentações normativas e propostas importantes para o papel constitucional do ministério público na prevenção e redução dos litígios e na tutela coletiva: **6.4.1**. A Recomendação CNMP nº 54, de 28 de março de 2017, que dispõe sobre a Política Nacional de Fomento à Atuação Resolutiva do Ministério Público brasileiro; **6.4.2**. Recomendação CNMP Nº 57, de 05 de julho de 2017, que dispõe sobre a atuação dos membros do Ministério Público nos Tribunais; **6.4.3**. Resolução CNMP Nº 179, de 26 de julho de 2017, que regulamenta o § 6º do artigo 5º da Lei nº 7.347/1985, disciplinando, no âmbito do Ministério Público, a tomada do compromisso de ajustamento de conduta; **6.4.4**. Resolução CNMP Nº 181, de 07 de agosto de 2017, com redação dada pela Resolução nº 183, 24 de janeiro de 2018, que dispõe sobre instauração e tramitação do procedimento investigatório criminal a cargo do Ministério Público; **6.4.5**. Recomendação CNMP nº 63, de 26 de janeiro de 2018, que dispõe sobre a necessidade de especialização de órgão do Ministério Público para a atuação nos conflitos coletivos agrários e fundiários; **6.4.6**. Recomendação de Caráter Geral CNMP-CN Nº 01, de 15 de março de 2018 (Recomendação de Maceió), que dispõe sobre o Estágio Probatório dos Membros do Ministério Público Brasileiro e estabelece outras diretrizes; **6.4.7**. A Proposta de Recomendação em tramitação no CNMP, que dispõe sobre a atuação do Ministério Público em Políticas Públicas Efetivadoras de Direitos Fundamentais e estabelece diretrizes para a realização ou o referendo de acordos; **6.4.8**. Normativa Estadual de destaque: Resolução Conjunta EMG/PGJ Nº 1, de 11 de setembro de 2015, que institui a Câmara de Prevenção e Resolução de Conflitos e dispõe sobre suas atribuições. A Resolução Conjunta EMG/PGJ Nº 1, de 11 de setembro de 2015, institui a Câmara de Prevenção e Resolução de Conflitos e dispõe sobre suas atribuições, visando a prevenção e a redução de litígios que envolvam o exercício das funções constitucionais pelo Ministério Público e o Estado de Minas Gerais.; **6.4.9**. A Recomendação Geral CN-CNMP nº 02, de 21 de junho de 2018 (aspectos gerais): **6.4.9.1**. Critérios finalísticos e formais para aferição da resolutividade da atuação; **6.4.9.2**. Da análise da gestão; **6.4.9.3**. Da avaliação da regularidade dos serviços; **6.4.9.4**. Da busca pela resolutividade (aspectos gerais); **6.4.9.5**. Dos testes de fatores para aferir se é caso de acordo ou se o acordo é adequado, justo e razoável; **6.4.9.6**. Da busca pela implementação de políticas públicas.; **6.4.9.7**. Do impacto social da atuação do Ministério Público; **6.4.10**. A Recomendação CNMP nº 52, de 28 de março de 2018, na qualidade de Norma Jurídica Orientativa da Política Nacional de Gestão de Pessoas para o Ministério Público brasileiro e sua importância para a evolução humana e a qualidade vida no trabalho dos Membros, Servidores e Estagiários do Ministério Público: **6.4.10.1**. Aspectos gerais; **6.4.10.2**. Conceitos e Definições da Política Nacional de Gestão de Pessoas para o Ministério Público Brasileiro.; **6.4.10.3**. Princípios da Política Nacional de Gestão de Pessoas para o Ministério Público Brasileiro – **7**. Algumas reflexões sobre a atuação do ministério público na tutela coletiva com ênfase especial para a atuação do ministério público estadual: **7.1**. Considerações iniciais sobre a tutela coletiva e o Ministério Público; **7.1.1**. A Constituição de 1988 e o Direito Coletivo; **7.1.2**. A tutela coletiva; **7.1.3**. O Direito Processual Coletivo como Novo Ramo do Direito Processual (Surgimento); **7.1.4**. Divisão e objeto material do direito processual coletivo; **7.1.5**. Conceito e natureza jurídica; **7.1.6**. A intensificação da importância dos princípios no Direito Processual Coletivo; **7.1.7**. Princípios processuais específicos do direito processual coletivo comum.; **7.1.8**. Outras diretrizes interpretativas do direito processual coletivo comum; **7.1.9**. Obstáculos relacionados à interpretação e à aplicação do direito processual coletivo comum; **7.1.10**. O Ministério Público na Tutela Coletiva; **7.1.11**. O Ministério Público no processo coletivo e a possibilidade de formação de litisconsórcio entre Ministérios Públicos da União e dos Estados; **7.2**. O Ministério Público Estadual na Tutela Coletiva (apontamentos e considerações reflexivas) – **8**. Conclusões – Referências.

INTRODUÇÃO

Este capítulo destina-se ao estudo do Ministério Público como função essencial à justiça na tutela dos direitos ou interesses coletivos amplamente considerados. Os autores partem da concepção no sentido de que o Ministério Público possui a natureza constitucional de garantia constitucional fundamental institucional (arts. 1º, 3º, Título II, Capítulo I e seguintes, artigos 127, *caput*, 128 e 129, todos da CR/1988), isso quando a Instituição é pensada à luz dos direitos e das garantias constitucionais fundamentais como valores fundantes da Constituição e do Estado Democrático de Direito e, também, como núcleos essenciais do sistema jurídico com força normativa em grau máximo[4].

Os autores também partem da concepção em torno de uma nova *summa divisio* constitucionalizada (direitos individuais e direitos coletivos, Título II, Capítulo I, da CR/1988)[5] como nova metódica indispensável para a compreensão das reais atribuições constitucionais do Ministério Público, de forma que incumbe à Instituição, como garantia permanente (cláusula pétrea) da sociedade e do cidadão, a defesa

4 Sobre o assunto: ALMEIDA, Gregório Assagra de. O Ministério Público no Neoconstituconalismo: perfil constitucional e alguns fatores de ampliação de sua legitimidade social. IN: FARIAS, Cristiano Chaves de; ALVES, Leonardo Barreto Moreira; ROSENVALD, Nelson (Orgs.). *Temas Atuais do Ministério Público*. 6. ed. totalmente reformulada. Salvador: Editora JusPodivm, 2016, p. 55-124.

5 ALMEIDA, Gregório Assagra de. *Direito material* coletivo — superação da *summa divisio* direito público e direito privado por uma nova *summa divisio* constitucionalizada. Belo Horizonte: Del Rey, 2008.

da ordem jurídica, do regime democrático e dos interesses sociais e individuais indisponíveis no plano da tutela (abstrata ou concreta) dos direitos ou interesses coletivos amplamente consideradores e no plano da tutela dos direitos ou interesses individuais indisponíveis.

Os autores sustentam, ainda, a importância do acesso à justiça como método de pensamento e da teoria crítica do direito para a compreensão adequada do papel constitucional do Ministério Público como Instituição Essencial à Justiça e, portanto, indispensável à realização dos Objetivos Fundamentais da República Federativa do Brasil (art. 3º CR/1988), decorrendo daí, por força da conceituação ampliada do sentido do acesso à justiça, dois modelos de atuação da Instituição: o modelo de atuação jurisdicional e o modelo de atuação extrajurisdicional. Traduz-se a expressão Instituição Permanente Essencial à Justiça como sendo Instituição superconstitucional (cláusula pétrea) essencial à realização do Estado de Justiça Material, da democracia substancial consagrada na CR/1988 (art. 1º e 3º), comprometida com a criação de uma sociedade justa, livre e solidária, com a erradicação da pobreza e a diminuição das desigualdades sociais. Portanto, o Ministério Público é Instituição Constitucional de Acesso à Justiça material da sociedade e do cidadão.

São estudados os fatores para a ampliação da legitimidade social do Ministério Público à luz do seu novo perfil constitucional[6], assim como as diretrizes normativas sobre esse novo perfil de atuação dos membros do Ministério Público na tutela coletiva jurisdicional ou extrajurisdicional, com destaque, entre outros documentos importantes, para a Carta de Brasília, na condição de acordo de resultados assumido em 2016 pela Corregedoria Nacional e pelas Corregedorias dos Ministérios Públicos da União e dos Estados.

No plano da tutela coletiva, os estudos partem da premissa constitucional no sentido de que os direitos ou interesses coletivos amplamente considerados são direitos fundamentais com aplicabilidade imediata e interpretação ampliativa (Título II, Capítulo I, art. 5º, §§ 1º e 2º, da CR/1988). É nesse diapasão que os autores defendem a ideia de que o Direito Processual Coletivo é um novo ramo do direito processual, com natureza de garantia constitucional instrumental social, pois possui objeto e método próprio, amparados na Constituição e, mais precisamente, na teoria dos direitos e das garantias constitucionais fundamentais [7]. Nesse contexto, os autores discorrem sobre os princípios e diretrizes interpretativas do Direito Processual Coletivo e a importância do Ministério Público como órgão agente e/ou interveniente nos processos coletivos.

É dentro deste campo de análises reflexivas que os autores discorrem ao final sobre a atuação do Ministério Público na tutela coletiva, com ênfase para a atuação do Ministério Público Estadual.

---

6 Sobre os fatores de ampliação da legitimidade social do Ministério Público, vide: ALMEIDA, Gregório Assagra de. *O Ministério Público no Neoconstituconalismo*, passim.

7 Sobre o tema: ALMEIDA, Gregório Assagra de. *Direito processual coletivo brasileiro:* um novo ramo do direito processual. São Paulo: Saraiva, 2003.

1. DIREITOS E GARANTIAS FUNDAMENTAIS COMO VALORES FUNDANTES DA CONSTITUIÇÃO E DO ESTADO E NÚCLEOS ESSENCIAIS DO SISTEMA JURÍDICO: a importância das categorias do pensamento crítico e do acesso à justiça como método de pensamento para a atuação do Ministério Público na indução da transformação positiva da realidade social

1.1. Os direitos e as garantias constitucionais fundamentais na nova dicotomia constitucional consagrada na CR/1988

Os direitos fundamentais são importantes conquistas da sociedade, constituindo-se em valores fundantes da Constituição e do Estado.

No plano da positivação constitucional, os direitos e as garantias constitucionais fundamentais formam um conjunto de princípios irradiantes do sistema jurídico, com força normativa em grau máximo e aplicabilidade imediata (artigo 5º, § 1º, da CR/1988)[8]. A teoria dos direitos fundamentais adotada no Brasil, apoiada no modelo de proteção individual e coletiva, é construída a partir de princípios como mandamentos de otimização do sistema. Isso impede interpretações restritivas pelo Executivo, pelo Legislativo ou pelo Judiciário, proibindo, inclusive, retrocesso das conquistas sociais consagradas constitucionalmente.

A Constituição Brasileira consagrou dois grandes modelos de direitos e de garantias fundamentais – o individual e o coletivo (Título II, Capítulo) –, que encontram amparo nos critérios justificadores da titularidade, dos mecanismos de acesso à justiça e das situações de lesão e de ameaças a direitos. Levando-se em orientação a cláusula aberta dos direitos e das garantias constitucionais fundamentais consagrada no artigo 5º, § 2, da Constituição da República Federativa do Brasil de 1988, os direitos fundamentais são todos os direitos, individuais ou coletivos, previstos expressa ou implicitamente pela ordem jurídica e que representam os valores maiores nas conquistas históricas dos indivíduos e das coletividades, os quais giram em torno de um núcleo fundante do próprio Estado Democrático de Direito, que é justamente o direito à vida e à sua existência com dignidade.

Nesse contexto, a *multifuncionalidade* dos direitos e das garantias constitucionais fundamentais[9] é caracterizada pela aplicabilidade imediata, interpretação ampliativa e

[8] LORENZETTI, Ricardo Luis. *Teoria da decisão judicial:* fundamentos do direito. Tradução por Bruno Miragem e notas e revisão da tradução por Cláudia Lima Marques. São Paulo: Revista dos Tribunais, 2009, p. 102.

[9] A título de exemplo, como efeito dessa multifuncionalidade dos direitos e das garantias constitucionais fundamentais, verifica-se que ação civil pública, que está no rol das atribuições constitucionais do Ministério Público, possui aplicabilidade imediata (artigo 5º, § 1º, da CR/88), não lhe sendo compatível interpretação restritiva. A ação civil pública também está inserida entre as cláusulas superconstitucionais e, assim, não poderá ser restringida ou eliminada da Constituição (Título II, Capítulo IV, arts. 127, *caput*, e 129, III, da CR/88). Ela possui prioridade na tramitação processual em razão da relevância social dos bens e valores jurídicos por ela tuteláveis e o seu objeto material, por se tratar de direito fundamental (Título II, Capítulo I, da CR/1988), no caso os direitos coletivos em geral, deverá receber interpretação aberta e flexível, o que tem plena incidência sobre a causa de pedir e o pedido nela formulado, em conformidade com o artigo 322, § 2º, do CPC. E mais: a máxima amplitude da tutela jurisdicional coletiva deve ser conferida à ação civil pública e às ações coletivas em geral, com a admissibilidade de formulação de todos os pedidos e causas de pedir, desde que compatíveis com o direito material coletivo a ser discutido, assegurado ou efetivado pela via jurisdicional. A máxima utilidade da tutela jurisdicional coletiva, com a possibilidade da sua transferência *in utilibus* para o plano individual, também tem incidência na coisa

proibição do retrocesso social, bem como pela adoção de mecanismos que garantam a tempestividade e a duração razoável da tutela jurídica[10]. Essa multifuncionalidade impõe à Instituição a adoção de novas técnicas de atuação, principalmente na tutela coletiva, como, por exemplo, a implementação de projetos sociais com o objetivo de contribuir, ao lado da sociedade, para a promoção da transformação positiva da realidade[11].

Ademais, levando-se em consideração a nova *summa divisio* constitucionalizada no Brasil (direito coletivo e direito individual, Título II, Capítulo I, da CR/1988) e, mais precisamente no que tange à atuação do Ministério Público, essa multifuncionalidade deverá ter incidência em relação a todos os direitos e garantias constitucionais de natureza coletiva, amplamente considerados, e em relação aos direitos e garantias constitucionais de natureza individual indisponível (Título II, Capítulo I e arts. 127, *caput* e 129, III, da CR/1988)[12].

Ressalta-se que as diretrizes interpretativas decorrentes da multifuncionalidade dos direitos e das garantias constitucionais fundamentais devem ser respeitadas no plano do estudo, da concretização e das reformas legislativas relacionados com a atuação constitucional do Ministério Público na defesa dos direitos fundamentais. Essa incidência deverá ocorrer tanto no Modelo do Ministério Público Resolutivo, que atua no plano extrajurisdicional, quanto no plano do Modelo do Ministério Público Demandista, que atua perante o Judiciário e que necessita ser revisitado à luz da teoria dos direitos e das garantias constitucionais fundamentais[13].

Não bastasse, a atuação do Ministério Público deve guiar-se pela tutela dos direitos e garantias fundamentais em seu aspecto objetivo, dispondo o artigo 31, da

---

julgada coletiva, favorável à sociedade, formada em decorrência do ajuizamento de uma ação civil pública. Além disso, a imprescritibilidade formal e substancial da ação civil pública é outra consequência da multifuncionalidade dos direitos e das garantias constitucionais fundamentais.

10 Não obstante as divergências existentes e outros países, a doutrina e a jurisprudência no Brasil caminham no sentido seguro da eficácia vertical e horizontal dos direitos fundamentais, conforme orientação consagrada na Constituição Federal de 1988. SARMENTO, Daniel: "No direito brasileiro, não há maiores dificuldades processuais para a aplicação dos direitos fundamentais às relações privadas, diante do exercício, por todos os juízes, da jurisdição constitucional. Não obstante, é importante destacar que, corroborando a tese da vinculação direta dos particulares aos direitos fundamentais, a doutrina e a jurisprudência admitem que entidades privadas figurem no pólo passivo de remédios constitucionais voltados para a tutela desses direitos, como o 'habeas corpus', o 'habeas data', a ação popular e a ação civil pública". SARMENTO, Daniel. *Direitos fundamentais e relações privadas*. Rio de Janeiro: Lumen Juris, 2004, p. 376.

11 Nesse sentido, com vista à utilização de projetos sociais como mecanismos de atuação do Ministério Público, foi pautado o belíssimo trabalho teórico, amparado em experiências concretas, desenvolvido pelo Promotor de Justiça, em seu mestrado, Paulo César Vicente Lima. O referido promotor de justiça coordenou vários projetos sociais junto à Bacia do Rio São Francisco, com excelentes resultados concretos, utilizando-os como mecanismo de atuação do Ministério Público, acabando por desenvolver sua pesquisa científica a partir dessas experiências concretas. LIMA, Paulo César Vicente. *O Ministério Público como instituição do desenvolvimento sustentável*: reflexões a partir de experiências na bacia do Rio São Francisco. 2010. Dissertação (Mestrado em Desenvolvimento Social). Universidade Estadual de Montes Claros, Montes Claros, 2010. Essas experiências foram fundamentais para a elaboração, no âmbito do Ministério Público do Estado de Minas Gerais, da Resolução Conjunta PGJ CGMP nº 3, 31 de Março de 2011, que Regulamenta, no âmbito do Ministério Público do Estado de Minas Gerais, os procedimentos para a instauração, promoção e implementação de projetos sociais – PROPS, e dá outras providências.

12 ALMEIDA, Gregório Assagra de. *Direito material coletivo*, p. 361-363.

13 Sobre esses dois modelos de Ministério Publico, consultar: GOULART, Marcelo Pedroso. *Ministério Público e democracia – teoria e práxis*. São Paulo: Editora de Direito, 1998, p. 96. No mesmo sentido: MACHADO, Antônio Alberto. Ministério Público: democracia e ensino jurídico. Belo Horizonte: Del Rey, 2000, p.119-123.

Recomendação Geral nº 02, da Corregedoria Geral do Ministério Público do Estado de Minas Gerais, de 24 de julho de 2017, 1º Edição, que:

> Artigo 31. O Ministério Público deverá alinhar a sua atuação para garantir, na sua condição de Instituição constitucional incumbida da defesa da ordem jurídica (artigo 127, *caput*, da CR/1988), a observância, nos processos autocompositivos extrajudiciais e nos processos judiciais, autocompositivos ou não, dos direitos e das garantias constitucionais fundamentais nos seus aspectos também objetivos, relativos à organização e à adequação procedimental.

Portanto, a multifuncionalidade dos direitos e das garantias constitucionais fundamentais é hoje o caminho necessário para a compreensão e a concretização dos objetivos fundamentais da República Federativa do Brasil, elencados expressamente no artigo 3º, da CR/1988, os quais, em síntese, formam o *princípio constitucional da transformação positiva da atuação social*, eixo que deverá guiar a condução de todas as Instituições de defesa dos direitos fundamentais, especialmente do Ministério Público, que é constitucionalmente fiscal da própria ordem jurídica (artigo 127, *caput*, da CR/1988).

1.2. A importância da teoria crítica do direito e das categorias do pensamento crítico para a efetivação dos direitos fundamentais por intermédio de uma práxis de indução da transformação positiva da realidade social

1.2.1. Considerações sobre a Teoria Crítica do Direito.

A teoria crítica do Direito é um movimento de pensamento aberto e composto por várias correntes teóricas que têm, como causa comum, a apresentação de uma concepção emancipadora em torno do Direito, de forma a desmistificar outras concepções teóricas que representem a manutenção de uma realidade socialmente injusta ou possam provocar retrocessos em relação às conquistas democráticas da sociedade ou possam impedir a evolução do processo democrático de mudanças sociais[14].

Ao escrever sobre as vertentes do pensamento crítico, Luiz Fernando Coelho sustenta que a teoria crítica do Direito não pretende ser inovadora. Sua finalidade é o redirecionamento e até mesmo a reunificação dos esforços e empreitadas que foram realizados em diferentes campos do conhecimento, os quais levam, de modo lento, mas seguro, ao núcleo do pensamento crítico: adesão ao real, descoberta da verdade pela recusa de negar, distorcer ou omitir a realidade. Essa ruptura com o senso comum teórico, levada a efeito pela dialética da participação, não representa um salto quantitativo do formalismo ao concretismo, do idealismo ao realismo, do metafísico ao histórico, mas o longo processo de construção teórica, composto de várias etapas importantes para a formação da teoria crítica do direito, sendo que as categorias com que ela trabalha foram constituídas no plano de um contexto interdisciplinar cujo ponto de convergência é uma visão crítica da sociedade. Afirma

[14] ALMEIDA, Gregório Assagra de. *Direito material coletivo*, p. 266.

Coelho que a seleção das vertentes da teoria crítica do Direito pode conduzir ao risco da omissão, mas as principais concepções que influenciaram a construção do pensamento jurídico crítico estariam situadas no campo da epistemologia, da semiologia, da sociologia e da psicanálise, sem excluir os antecedentes no campo da própria jusfilosofia[15].

A epistemologia crítica propôs-se a responder à necessidade de um novo paradigma, capaz de combater e ultrapassar os obstáculos relativos à objetividade das ciências sociais, de forma a contribuir para a solução dos grandes problemas da humanidade, muitos relacionados a uma "suposta" neutralidade científica. Assim, esclarece Luiz Fernando Coelho que a epistemologia passa a constituir a vertente do pensamento crítico em dois momentos. O primeiro, com o questionamento sobre a pretensão de verdade estabelecida no paradigma neopositivista[16]. O segundo, por intermédio da constatação de que o critério da objetividade simplesmente elidia os significados brotados da produção social, que não pudessem ser reduzidos ao plano de uma objetividade empírica ou analítica, mas não tinha o condão de destruí-la como verdade[17].

A constatação de que as interações sociais são envolvidas pela expressão comunicativa foi fundamental para o pensamento crítico. A dimensão comunicativa do existir humano passou a ser enfatizada pela filosofia contemporânea e, com isso, conferiu à linguagem e à comunicação social espaço privilegiado, causando uma revolução linguística. É o que muito bem ressalta Luiz Fernando Coelho, destacando que a dimensão pragmática do discurso científico produziu efeito na ciência do direito, proporcionando a fundamentação lógica e semiótica da nova hermenêutica das normas jurídicas, abrindo as portas para as concepções contemporâneas da nova retórica, tais como a de Perelmann, a tópica de Viheweg e a lógica do concreto. Com esta, inicia-se a teoria crítica do Direito [18].

A concepção psicanalítica de Sigmund Freud também contribuiu para a formação do pensamento crítico, especialmente em razão de ter ampliado os estudos

15 COELHO, Luiz Fernando. *Teoria crítica do direito*. 3. ed., rev., atual. e ampl. Belo Horizonte: Del Rey, 2003. Diz ainda o autor: "É ilusório pretender que as grandes realizações da humanidade sejam produto de súbita invenção, espécie de luz interior a iluminar a consciência e provocando com isso a descoberta da verdade. O acaso a que muitas vezes se atribuem as criações científicas somente o é na aparência, pois o simples fato de estar o cientista engajado num trabalho, que tem seu aspecto prático e o propriamente teórico, voltado para uma tentativa de descoberta ou para elaboração de algo desconhecido, já destrói o fator 'acaso', e os espíritos intuidores, que adquirem a capacidade de 'ver' fora dos estereótipos metodológicos, não são seres auto-suficientes e muito menos autocriados, mas produzidos por fatores genéticos, socioculturais e ambientais". *Op. cit.*, p. 53-55.

16 Conclui Luiz Fernando Coelho: "[...] se a verdade pode ser definida como a correspondência com os fatos, também os fatos podem ser definidos como a correspondência com a verdade, o que é o mesmo que asseverar que a realidade, tal como a concebemos, é construída pelo saber". *Teoria crítica do direito*, p. 64.

17 Afirma também Luiz Fernando Coelho: "A epistemologia crítica responde, portanto, no plano objetivo da sociedade como objeto de um saber, à proposta marxiana da undécima tese: 'Os filósofos não fizeram mais do que interpretar o mundo de forma diferente: trata-se, porém, de modificá-lo'. Só que essa modificação exige o engajamento teórico e prático do cientista, sua inserção consciente no seu próprio meio social, sua 'participação'. Muito mais do que a procura de um modelo metodológico ou científico, a pretensão do pensamento crítico é evitar o aprisionamento por quaisquer estereótipos e, assim, abandonar-se ao livre fluir da criatividade. Mais importante do que fazer ciência é conscientizar-se do papel criador e transformador do cientista, tanto na natureza quanto na sociedade. Mais importante do que o padrão metodológico é o projeto político, e mais importante do que a descrição do projeto é a sua realização". *Teoria crítica do Direito*, p. 63-64.

18 COELHO, Luiz Fernando. *Teoria crítica do Direito*, p. 71.

para explicar os fenômenos culturais[19]. Afirma Luiz Fernando Coelho que o pensamento jurídico dogmático tem resistência às concepções de Freud, tendo em vista que a psicanálise releva que a norma jurídica seria um produto da própria natureza humana e não o resultado de uma criação racional. Há, com isso, uma mudança de paradigma epistemológico quanto aos planos da autonomia e da racionalidade do Direito, os quais orientam o pensamento jurídico desde Platão e Sócrates[20].

A vertente fenomenológica, apesar de voltada para uma metafísica que a afasta da realidade, ajudou a ampliar os horizontes do pensamento crítico, seja em razão de ter aberto as portas para uma aproximação ao conceito de estrutura social, na sua condição de objeto que envolve o sujeito que a ela conhece, seja por ter influenciado a criação das categorias importantes do pensamento crítico, principalmente a conceituação de práxis[21].

Ademais, outras vertentes contribuíram para a construção do pensamento crítico, conforme destaca Luiz Fernando Coelho[22]. A sociologia da compreensão, especialmente por força do pensamento de Max Weber, ao estabelecer o conceito de tipo-ideal como conceito histórico-concreto, contribuiu para a ampliação de novos horizontes ao pensamento crítico[23].

A filosofia marxista desenvolveu as bases do neo-humanismo a partir da concepção que tem o ser humano como a manifestação do ser social. A criação do pensamento teórico crítico de dimensão social, formado sem preconceitos e dogmas, sofreu forte influência da filosofia marxista. O marxismo e a concepção teórica crítica dele decorrente, produziram dois resultados fundamentais para o desenvolvimento do pensamento crítico: a) a demonstração de que o mais relevante não é a teoria em si, mas o resultado por ela produzido; b) o esclarecimento, ligado à dialética da participação, na qual a sociedade não deve ser compreendida como um objeto no

---

19 Acrescenta Luiz Fernando Coelho: "No universo teórico que procura explicar as origens das instituições sociais, destaca Freud as observações antropológicas que levaram à crença de que a origem dos homens é marcada pelo convívio sob o que se convencionou denominar 'hordas', cada uma delas sob a dominação de um macho violento e ciumento, déspota absoluto e senhor de todas as fêmeas, dono da vida e da morte de seus filhos, vistos como rivais. Estes se revoltam, matam o pai e o devoram. Após o parricídio, arrependem-se, interiorizam o remorso, unem-se fraternalmente e renunciam à posse sobre as mulheres de seu pai. Esta é a origem da exogamia e da proibição do incesto, bem como o início da obediência às leis, a qual apenas a forma de expiar o complexo de culpa pela extinção do pai, uma forma de reconciliação com ele. A identificação é, pois, inicialmente explicada como consequência da expiação, o que, embora antropologicamente questionável à luz de estudos posteriores, vale como interpretação da metáfora. A organização social, as restrições morais e a religião estariam destarte relacionadas com a refeição totêmica, uma repetição e uma comemoração daquele ato horrendo: ao devorar o pai, o filho com ele se identifica e adquire parte de sua força". *Teoria crítica do Direito*, p. 72-73.

20 Afirma também Luiz Fernando Coelho: "[...] Freud caracteriza a funcionalidade do social, cria a perplexidade diante do direito e iguala os processos de representação". *Teoria crítica do Direito*, p. 78.

21 Nesse sentido, Luiz Fernando Coelho, o qual acrescenta: "Quanto à fenomenologia, dela já se tratou como havendo inspirado alguns conceitos incorporados à noção de categoria crítica como instrumento de um saber prospectivo e construtivo; entretanto, considerando que o caráter de imanência atribuído à dialética, como princípio inerente ao ser social, é outra noção que repercute no conceito de sociedade como estrutura total e dinâmica, a fenomenologia passa a ser vertente da crítica social, pois se trata de elaborações que receberam seus contornos mais nítidos através da fenomenologia". *Teoria crítica do Direito*, p. 88 e 95.

22 COELHO, Luiz Fernando. *Teoria crítica do Direito*, p. 87-110.

23 Ressalta Luiz Fernando Coelho: "É a partir da metodologia da compreensão, com a qual a sociologia se distancia das ciências naturais, que Weber estabelece seu conceito de tipo-ideal ('idealtypus'), entendido não como produto de conceituações generalizadoras, à maneira da tradicional sociologia durkheimiana, mas como 'conceito histórico-concreto', a partir da abstração de particularidades nos fenômenos que estuda". *Teoria crítica do Direito*, p. 99-100.

sentido positivista, mas como complexidade, totalidade que se auto institui como transdisciplinariedade objetiva[24].

A teoria crítica da sociedade, desenvolvida pela Escola de Frankfurt, especialmente por força dos estudos de Walter Benjamin, Max Horkheimer, Theodor Adorno, Hebert Marcuse e Jürgen Habermas, constitui-se também em uma das grandes vertentes de constituição do pensamento jurídico crítico. A referida escola de pensadores alemães procurou desenvolver estudos críticos em relação às repercussões sociais sobre o modo com que se concebe e manipula a ciência no âmbito da sociedade capitalista contemporânea[25].

Contudo, há na doutrina quem destaque alguns momentos na história de expressão do pensamento crítico, especialmente no âmbito da produção acadêmica. Nesse sentido, Luís Roberto Barroso afirma que, especialmente nas décadas de 70 e 80 do século XX, houve significativa manifestação, com produção na área acadêmica, do pensamento crítico, enfatizando a *Critique du Droit*, na França, o movimento *Critical Legal Studies*, nos Estados Unidos e, anteriormente, a Escola de Frankfurt, que lançou na Alemanha as bases para construção de uma teoria crítica[26]. Antonio Carlos Wolkmer também indica a origem filosófica contemporânea da teoria crítica do Direito na Escola de Frankfurt[27]. Todavia, Luís Alberto Warat e Albano Marcos Bastos Pêpe apontam que o pensamento crítico contemporâneo teve início nas Universidades francesas, na década de 70 do século XX[28].

[24] É o que ressalta Luiz Fernando Coelho, aduzindo também: "[...] dentro do contexto interdisciplinar que as inspirou, as categorias críticas têm no marxismo um ponto de convergência, um denominador comum que vai propiciar a criação de novos conceitos e a modificação de antigos com vistas aos projetos teórico e prático da crítica social. E assim, ele permeia os estudos sobre a sociedade, a ideologia, a alienação e a práxis, o que nos leva a estudar a filosofia marxista ao tratarmos desses temas, naqueles pontos que com ela mais diretamente se relacionam". *Teoria crítica do Direito*, p. 103-104.

[25] É o que esclarece Luiz Fernando Coelho, acrescentando: *"O núcleo de suas teses é o questionamento do axioma positivista da separação entre a ciência e ética e os desastrosos efeitos dessa separação num mundo de tecnologia moderna. Dentro desse espírito, propuseram-se estabelecer as articulações entre o conhecimento dos processos sociais e as investigações empírico--analíticas, com a racional organização do comportamento sociopolítico". Teoria crítica do Direito*, p. 105-106.

[26] Aduz Luís Roberto Barroso: "O pensamento crítico teve expressão na produção acadêmica de diversos países, notadamente nas décadas de 70 e 80. Na França, a *'Critique du Droit'*, influenciada por Althusser, procurou atribuir caráter científico ao Direito, mas uma ciência de base marxista, que seria a única ciência verdadeira. Nos Estados Unidos, os *'Critical Legal Studies'*, também sob influência marxista – embora menos explícita – difundiram os fundamentos de sua crença de que *'law is politics'*, convocando os operadores jurídicos a recompor a ordem legal e social com base em princípios humanísticos e comunitários. Anteriormente, na Alemanha, a denominada Escola de Frankfurt lançara algumas das bases da teoria crítica, questionando os postulados positivistas da separação entre ciência e ética, completando a elaboração de duas categorias nucleares – a ideologia e a práxis –, bem como identificando a existência de duas modalidades de razão: a instrumental e a crítica. A produção filosófica de pensadores como Horkheimer, Marcuse, Adorno e, mais recentemente, Jürgen Habermas, terá sido a principal influência pós-marxista da teoria crítica". BARROSO, Luís Roberto. Fundamentos teóricos e filosóficos do novo direito constitucional brasileiro: pós-modernidade, teoria crítica e pós-positivismo. In: BARROSO, Luís Roberto (Org.). *A nova interpretação constitucional: ponderação, direitos fundamentais e relações privadas*. Rio de Janeiro/São Paulo: Renovar, 2003, p. 15-16.

[27] Escreveu Antonio Carlos Wolkmer: "Os principais integrantes da Escola de Frankfurt (Max Horkeimer, Theodor Adorno, Herbert Marcuse, Jürgen Habermas) buscam distanciar-se do marxismo ortodoxo, mas sem deixar de compartilhar metodologicamente do ideário utópico, dialético, crítico, revolucionário e emancipador. Na verdade, a articulação de uma teoria crítica, como categoria e fundamento de legitimação, representada pela Escola de Frankfurt, encontra toda sua inspiração teórica na tradição nacionalista hegeliana, pelo subjetivismo psicanalítico freudiano e culminando na reinterpretação do materialismo histórico marxista". WOLKMER, Antonio Carlos. *Introdução ao pensamento jurídico crítico*. 4. ed. São Paulo: Saraiva, 2002. p. 5.

[28] Afirmam Luís Alberto Warat e Albano Marcos Bastos Pêpe: "O movimento começou nas universidades francesas, na década de 70. Um grupo considerável de professores marxistas, sentindo-se ameaçados em seus cargos acadêmicos, decidiram criar uma associação crítica do Direito e publicar uma revista chamada 'Procès'. No primeiro volume, datado de 1978 (publicado

Em síntese, a teoria crítica do Direito pretende questionar o pensamento jurídico tradicional em vários pontos de suas premissas básicas, tais como a neutralidade, completude, cientificidade e, com isso, destacar o caráter "ideológico" do Direito, buscando a sua equiparação à Política, dentro de um discurso que, estabelecido com base em uma prática libertária e transformadora, objetiva combater o uso do Direito como técnica e instrumento de manutenção da hegemonia da classe dominante[29]. Como escreve Michel Miaille, a teoria crítica do Direito permite não apenas o descobrimento das diferentes dimensões escondidas em relação a uma realidade que se encontra em movimento, mas abre, principalmente, os caminhos para uma nova dimensão: a da emancipação[30].

Em uma concepção crítica em torno da doutrina clássica sobre o humanismo abstrato, Joaquín Herrera Flores ressalta a importância de uma filosofia crítica em torno dos direitos humanos como produtos culturais, apontando como benefícios imediatos a movimentação de consciências e a denúncia do horror, da tortura, da discriminação, da indiferença diante do ser humano e da destruição ecológica[31].

1.2.2. O objeto da teoria crítica do direito.

A teoria crítica do Direito tem como principal objeto de suas críticas outras concepções teóricas tradicionais e, nesse contexto, ela procura integrar as seguintes funções: **a)** deontológica[32], palco da preocupação predominante do jusnaturalismo; **b)** ontológica[33], para onde se volta o positivismo jurídico; **c)** a fenomenológica[34], centro de preocupação do realismo jurídico[35]. Essa integração é feita de forma desmistifica-

pela editora Maspero) aparece o 'Manifesto para uma teoria crítica do Direito'. Esse trabalho coletivo pretendia questionar as idéias aceitas sobre o Direito em nossa sociedade, assim como ele é ensinado na universidade. Os mais conhecidos representantes dessa associação são Michel Miaille e Antonine Jeammaud. A associação logo se estendeu para a Bélgica, Alemanha, Portugal, Espanha, Inglaterra, tendo, na América Latina, seus principais ecos no México, Brasil, Venezuela e Argentina". WARAT, Luís Alberto; PÊPE, Albano Marcos Bastos. *Filosofia do direito*: uma introdução crítica. São Paulo: Moderna, 1996. p. 63-64.

29 Nesse sentido, escreve Luís Roberto Barroso: "Sob a designação genérica de teoria crítica do direito, abriga-se um conjunto de movimentos e de idéias que questionam o saber jurídico tradicional na maior parte de suas premissas: cientificidade, objetividade, neutralidade, estatalidade, completude. Funda-se na constatação de que o Direito não lida com fenômenos que se ordenem independentemente da atuação do sujeito, seja o legislador, o juiz ou jurista". *Fundamentos teóricos e filosóficos do novo direito constitucional brasileiro*, p. 13 et seq.

30 Afirma também Michel Miaille: "Porque, em definitivo, trata-se de saber porque é que dada regra jurídica, e não dada outra, rege dada sociedade, em dado momento. Se a ciência jurídica apenas nos pode dizer como essa regra funciona, ela encontra-se reduzida a uma tecnologia jurídica perfeitamente insatisfatória. Temos direito de exigir mais dessa ciência, ou melhor, de exigir coisa diversa de uma simples descrição de mecanismos". MIAILLE, Michel. *Introdução crítica do Direito*. 2. ed. Lisboa: Editorial Estampa, 1989, p. 23.

31 FLORES, Joaquín Herrera. *Los derechos humanos como produtos culturales*: crítica del humanismo abstracto. Madrid: Catarata, 2005. p. 119.

32 A conotação deontológica, como ensinam Luís Alberto Warat e Albano Marcos Bastos Pêpe, decorre da investigação que visa esclarecer os valores supremos em relação aos quais se vincula o direito e dessa função nasce a filosofia do direito como teoria da justiça. *Filosofia do direito* p. 40.

33 Esclarecem Luís Alberto Warat e Albano Marcos Bastos Pêpe, que a função *ontológica* estuda o ser e a natureza fundamental do direito, com a preocupação de responder à pergunta sobre sua essência. (*Filosofia do direito*: uma introdução crítica, p. 41).

34 Assinalam Luís Alberto Warat e Albano Marcos Bastos Pêpe que a função *fenomenológica* visa pensar o direito enquanto ação na realidade social. *Filosofia do direto*, p. 43.

35 Nesse sentido: WARAT, Luís Alberto; PÊPE, Albano Marcos Bastos. *Filosofia do direito*, p. 45.

dora e emancipadora, como próprio da natureza de um pensamento crítico que não se satisfaz com a mera descrição da realidade social ou com a simples interpretação fechada da norma e ou do sistema jurídico[36]. Portanto, não se trata de uma concepção teórica pronta e acabada em torno do Direito e do próprio fenômeno jurídico[37].

Escrevem Luís Alberto Warat e Albano Marcos Bastos Pêpe que: **a)** no plano deontológico, a teoria crítica do direito teria a justiça como uma instância específica da ideologia reinante e, nesta dimensão, visa demonstrar que os problemas de valoração jurídica são opiniões ou crenças de uma visão de mundo da classe dominante; **b)** no plano ontológico, a teoria crítica do direito combate a neutralidade gnoseológica do positivismo jurídico para demonstrar o íntimo relacionamento existente entre o saber jurídico e o poder e, ao mesmo tempo, destacar que, apesar das tentativas de controle epistemológico, o conhecimento jurídico está política e ideologicamente determinado; **c)** no plano fenomenológico, a teoria crítica do direito defende a possibilidade de uso emancipatório do Direito e renega uma sociologia do direito do tipo positivista, de modo a demonstrar os benefícios de uma abordagem dialética do processo histórico-social do Direito. Como defensores de uma postura crítica em relação ao Direito, Warat e Bastos Pêpe afirmaram que os filósofos do Direito têm o dever moral de denunciar os graus crescentes de uma injustiça cada vez mais tolerada pela indiferença dos seres homens absorvidos pelo consumo e as trivialidades do dia-a-dia das grandes cidades[38].

1.2.3. A hermenêutica na teoria crítica do direito

No plano da filosofia hermenêutica, a teoria crítica do Direito propõe a superação da dogmática jurídica clássica, em suas versões legalista, conceptualista e analítica[39]. Propõe, também, a superação da zetética[40], nas suas dimensões teleológica, sociológica,

---

[36] Nesse sentido, escreveu Michel Miaille: "Um pensamento crítico já não pode contentar-se em descrever dado acontecimento social, tal e qual ele se oferece à observação: ele não pode deixar de o reinserir na totalidade do passado e do futuro da sociedade que o produziu. Desenvolvido assim, em todas as suas dimensões, esse acontecimento perde o caráter chão, unidimensional, que a mera descrição lhe conferia: torna-se prenhe de todas as determinações que o produziram e de todas as transformações possíveis que podem afectá-lo". *Introdução crítica ao direito*, p. 23.

[37] Nesse sentido, Luís Alberto Warat e Albano Marcos Bastos Pêpe afirmam: "O que se chama de teoria crítica é tão-somente um conjunto de abalos e cumplicidades contra as teorias dominantes. Seu objetivo assemelha-se a uma guerra de guerrilhas, isto é, infinitas estratégias teóricas que visam minar os alicerces da fortaleza do dogmatismo jurídico. Um espaço teórico bastante fragmentado, nada monolítico e cheio de promessas. [...] Os discursos críticos do Direito, assim entendidos, estão desvinculados do positivismo jurídico, do jusnaturalismo e do realismo sociológico, fazendo deles objetos de sua crítica". Filosofia do direito: uma introdução crítica, p. 65.

[38] WARAT, Luís Alberto; PÊPE, Albano Marcos Bastos. *Filosofia do direito*, p. 46.

[39] Ensina Luiz Fernando Coelho: "Na dogmática legalista, o princípio jurídico dogmatizado é a 'lei'. A dogmática conceptualista procura preservar os conceitos gerais' subentendidos nas normas positivas de toda espécie e delas racionalmente inferidos. A dogmática analítica, por sua vez, identifica o princípio com a vontade do Estado e privilegia a racionalidade dos métodos hermenêuticos para discernimento do princípio jurídico aplicável, não abrindo espaço para a intuição ou quaisquer formas de sentimentalismo. Ocorre, assim, uma dogmatização do método, na medida em que os procedimentos decorrentes da ciência da lógica passam a catalisar a investigação científica no campo das ciências jurídicas, concentradas na análise do direito". COELHO, Luiz Fernando. *Aulas de introdução ao direito*. Barueri: São Paulo, Manole, 2004, p. 326-327.

[40] Explica Luiz Fernando Coelho: "A palavra 'zetética' vem do grego 'zetein' – indagar, pesquisar, perguntar – e, em oposição ao dogmatismo, identifica a busca da verdade mediante o questionamento constante, recusando as respostas prontas e acabadas". Acrescenta o autor: "Por interpretação, zetética é a atitude hermenêutica que preconiza a prevalência do conteúdo da lei sobre o significado aparente das palavras. Envolve, de modo geral, as correntes do pensamento hermenêutico que

axiológica, realista e culturalista[41]. Isso porque, para a teoria crítica, tanto na concepção dogmática[42], quanto na zetética[43], o direito continua sendo instrumento de dominação.

Com efeito, Antônio Alberto Machado aduz que a teoria crítica do Direito objetiva combater o mito da neutralidade do Direito, de modo a demonstrar que a interpretação e a aplicação da lei, realizadas de forma supostamente neutra e distante da realidade social, é uma manutenção servil dos interesses das classes superiores, consagrados na norma jurídica. Torna-se, assim, fundamental a estratégia que busca um pluralismo jurídico mais democrático, explorando as contradições, fissuras do ordenamento jurídico positivo[44].

Lenio Luiz Streck defende uma nova crítica do Direito. Essa nova concepção, diz ele, procura contrapor a experiência, a historicidade e a faticidade e representa um importante passo para a definição do pensamento jurídico como pensamento prático, como pensamento orientado à coisa mesma. A finalidade é contribuir para que o jurista se dê conta de que nas situações da vida existe similitude, porém não há identidade. Os traços caracterizadores da situação particular não podem ser desconsiderados por força do caráter abstrato da pauta geral[45]. A tarefa de uma nova crítica do Direito será a de estabelecer condições para o plano da reflexão jurídica,

---

colocam em primeiro plano o conteúdo social e ideológico do direito. Essas escolas não aceitam acriticamente o princípio jurídico e, algumas com maior intensidade, outras menos, subordinam a lei, o conceito e o método às situações reais e sempre cambiantes da vida social. A tese basilar da atitude zetética é que o direito não é imóvel, nem vazio, mas essencialmente mutável, devendo se adaptar às condições sempre renovadas da sociedade. O direito existe para solucionar problemas sociais concretos e não para manter dogmas, teorias e princípios abstratos, afastados da realidade da vida". COELHO, Luiz Fernando. Aulas de introdução ao direito, p. 333-334.

41 Explica, novamente, Luiz Fernando Coelho: "A zetética teleológica abrange a teleogia de Ihering e jurisprudência de interesses de Heck. A sociológica compreende a escola da livre investigação científica, a escola do direito livre e a escola norte-americana de jurisprudência sociológica. A axiológica reúne as correntes culturalistas, escolas que postulam a prevalência dos valores na experiência jurídica e sua realização nos atos decisórios. E a zetética realista orienta os trabalhos hermenêuticos levando em conta como o direito se apresenta na realidade histórica – como decisão, linguagem ou objeto cultural. Compreende três expressões do realismo jurídico: o psicológico, o lingüístico e o culturalista". *Aulas de introdução ao direito*, p. 334.

42 Afirma Luiz Fernando Coelho: "No que tange às escolas de orientação dogmática, a crítica revela que, deixando de considerar os aspectos éticos da ordem social e jurídica, garantida e legitimada pelo princípio jurídico, elas na verdade colocam o direito e a jurisprudência a serviço, não da paz, da ordem, da segurança, da liberdade e da justiça, mas das pessoas que se beneficiam de uma ordem social que deve ser mantida e a cujos interesses convém que permaneça inalterada. Isso se dá em detrimento das grandes massas de pessoas alijadas dos benefícios da cultura e da civilização, as quais têm interesse não na manutenção do 'status quo', mas em sua transformação no sentido de uma distribuição mais equânime dos bens, pelo menos daqueles considerados essenciais à sobrevivência e à dignidade". *Aulas de introdução ao direito*, p. 367.

43 Pondera Luiz Fernando Coelho: "Quanto à hermenêutica de orientação zetética, a crítica revela que suas diversas escolas, embora subordinem declaradamente o princípio dogmático a considerações sociopolíticas, acabam por reduzir-se a um dogmatismo encoberto. Em outras palavras, seus pressupostos são dogmáticos, pois nenhuma dessas escolas consegue desligar o direito da ideia de ordem vinculada à estatização da sociedade nem da noção idealista, anacrônica e evidentemente falsa do Estado como entidade situada acima da ordem social e neutralmente responsável por ela". *Aulas de introdução ao direito*, p. 367.

44 Acrescenta o autor: "O conhecimento crítico do direito supõe, naturalmente, um saber anti-dogmático em concreto diálogo com as determinantes sociais desse fenômeno. Portanto, o pensamento crítico parte da constatação de que o idealismo jurídico do universo teórico tradicional, limitado pelo conhecimento lógico-formal e meramente descritivo de normas e instituições, tal como positivadas pelo legislador racional, jamais responderá às necessidades empírico-dialéticas de um direito articulado com a base material da sociedade e concebido como instrumento de sua transformação". MACHADO, Antônio Alberto. *Ministério Público*, p. 67.

45 STRECK, Lenio Luiz. *Jurisdição constitucional e hermenêutica*: uma nova crítica do direito. 2. ed. Rio de Janeiro: Forense, 2004, p. 287-288.

permitindo a compreensão da crise do Direito e do Direito como crise, de modo a possibilitar a construção de fatores necessários para a sua superação[46].

1.2.4. As Categorias do Pensamento na Teoria Crítica do Direito

No plano epistemológico, a teoria crítica do Direito possui categorias próprias, as quais não constituem um a priori formal ou material e sim estruturas de pensamento que foram construídas para o fenômeno jurídico como seu objeto reflexivo. São, assim, categorias da teoria crítica: sociedade; ideologia; alienação; e práxis[47].

O Direito, assim, passa a ser compreendido em função da sociedade, da ideologia, da alienação e da práxis, diversamente da concepção positivista. Elas não são estudadas como objeto do Direito; este é que é estudado pelo ponto de vista da sociedade, da ideologia, da alienação e da práxis. A sociedade não é concebida como ordem e progresso, mas como movimento social[48]. A ideologia é compreendida como uma imagem manipulada que a sociedade tem sobre ela mesma[49]. A alienação é o próprio produto da ideologia dominante, configurando-se como situação de inconsciência da grande maioria dos integrantes da sociedade sobre o papel que nela desempenham, bem como sobre seus direitos fundamentais[50]. Por fim, a práxis, apresentada como a dimensão ética da teoria crítica do Direito, seria a união do saber com o fazer, visando, precipuamente, à transformação da realidade social[51].

46 Diz Lenio Luiz Streck: "[...] Esse processo implica a fusão de horizontes entre o novo (tornado visível 'como' novo – o Estado Democrático de Direito e seu perfil transformador) e o velho (compreendido 'como' velho, a partir do dar-se conta das crises de paradigmas antes delineadas). A crise ocorre exatamente nessa transição: o velho não morre, e o novo não nasce; o velho obnubila o novo, pois!". *Jurisdição constitucional e hermenêutica*, p. 873.

47 Assim, afirma Luiz Fernando Coelho: "São significantes que se reportam a seus referenciais semânticos – a sociedade, a ideologia, a alienação e a práxis –, mas que ao mesmo tempo constituem pontos de vista especiais, instrumentos para pensar o direito. Daí a denominação categorias do pensamento critico ou 'categorias críticas'". *Aulas de introdução ao direito*, p. 384.

48 Luiz Fernando Coelho: "A sociedade é vista não como ordem e progresso, mas como movimento social, ou seja, organização dos movimentos sociais de grupos marginalizados que tendem à ascensão social, em conflito com indivíduos e grupos que tendem à manutenção do '*status quo*'. *Aulas de introdução ao direito*, p. 384.

49 Luiz Fernando Coelho: "A ideologia é a imagem que a sociedade projeta dela mesma e dos indivíduos e agrupamentos que a integram, imagem geralmente inconsciente, manipulada por meio dos instrumentos de que dispõem os segmentos dominantes, no sentido de induzir comportamentos que atendam a seus interesses. Entre esses instrumentos, destacam-se a mídia, a educação e a indústria cultural". *Aulas de introdução ao direito*, p. 384.

50 Luiz Fernando Coelho: "A alienação é o produto da ideologia, e significa a inconsciência dos membros da coletividade acerca do papel que realmente desempenham na sociedade. Ou seja, existem atitudes, crenças e comportamentos induzidos pela ideologia e aceitos como legítimos, mas que ocultam e dissimulam a atuação verdadeira; por exemplo, o representante político que se diz defensor do povo, mas que na verdade defende interesses particulares, ou o advogado que se julga honesto defensor de seus clientes, mas que se vale da corrupção e da mentira, o industrial que se julga criador de empregos e riqueza do país, mas que contribui para a miséria de populações inteiras na medida em que polui os rios e se entrega a práticas oligopolistas, e o magistrado 'dogmático' que se declara defensor dos leis, em nome da certeza jurídica e da segurança jurídica, e ao mesmo tempo ignora as exigências da justiça material e os valores mais altos que pairam acima das leis, o juiz que se isola em sua solidão e não se mistura com o povo, em nome de falsa neutralidade ideológica". *Aulas de introdução ao direito*, p. 384-385.

51 Luiz Fernando Coelho: "Finalmente, a práxis é a união entre o saber e o fazer. Equivale à dimensão ética da teoria crítica e importa a irrenunciável tarefa de engajamento político do jurista na defesa dos direitos fundamentais do homem, como ser humano e como cidadão, e a utilização das expressões históricas do direito para construção e reconstrução da sociedade e do próprio direito como justiça". *Aulas de introdução ao direito*, p. 385.

Com efeito, a teoria crítica do Direito, por intermédio de uma visão libertadora e emancipadora, construtiva e prospectiva, propõe a revisão e a superação da hermenêutica jurídica tradicional.

Em relação ao que foi analisado, observa-se que a teoria crítica do Direito é uma concepção teórica aberta e flexível. Ela propõe uma visão teórica emancipadora, livre de preconceitos ou de barreiras artificiais da racionalidade, bem como uma práxis transformadora da realidade social. Teoria e práxis são compreendidas em conjunto. A dialética da participação é sua proposta metodológica, a qual exige uma interação interdisciplinar efetiva, que tenha o condão de abranger várias dimensões teóricas num compromisso não só de compreender e interpretar, mas principalmente compreender e interpretar para transformar a realidade[52].

A partir da teoria crítica do Direito como uma das diretrizes reflexivas propôs-se uma nova leitura constitucional, superadora de uma visão clássica em torno da *summa divisio* Direito Público e Direito Privado, que não corresponde ao Estado Democrático de Direito brasileiro e, por ainda prevalecer, tem impedido a transformação da realidade social[53].

Existem, entre outros, quatro grandes fundamentos que negam a *summa divisio* clássica. Primeiro, por ela partir de uma visão autoritária que impõe privilégios ao poder público, contrariamente aos direitos e interesses individuais e coletivos. Segundo porque a *summa divisio* clássica pressupõe, pelo menos em tese, a separação entre o Estado e a Sociedade, dualismo esse incompatível com a concepção de Estado Democrático de Direito, pois todo poder emana do povo e em seu nome deverá ser exercido (art. 1º, parágrafo único, da CF/88). Na verdade, o Estado Democrático de Direito é a dimensão organizacional da própria sociedade. Terceiro porque, em uma concepção crítica, de dimensão transformadora e na concepção do novo constitucionalismo, não basta o reconhecimento do Direito; torna-se fundamental também a sua proteção e efetivação concreta. Portanto, são imprescindíveis a compreensão e o enquadramento metodológico do Direito no plano de sua proteção e de sua efetivação, não sendo suficiente a natureza jurídica ou a qualidade de parte como parâmetros de enquadramento metodológico. Quarto porque, no caso precisamente do Brasil, a Constituição Federal consagrou expressamente uma nova *summa divisio* constitucionalizada e relativizada: Direito Coletivo e Direito Individual, inserindo-a no plano da teoria dos direitos e garantias constitucionais fundamentais (Título II, Capítulo I, da CF/88), que compõe o núcleo de uma Constituição democrática, como a brasileira, e, por isso, impõe as verdadeiras diretrizes para enquadramento metodológico dos modelos explicativos do sistema jurídico.

52 Nesse sentido, Luiz Fernando Coelho: "[...] a dialética da participação exige a elaboração de categorias que só ganham sentido enquanto instrumentos de uma realidade histórica concreta, a qual por sua vez também só ganha sentido quando assumida pelos agentes envolvidos, de modo consciente, na práxis transformadora: ou seja, as categorias elaboradas por essa dialética da transformação não são apenas intérpretes da realidade, mas indicadoras de uma estratégia política que catalisa o saber articulado com o fazer. São as categorias do pensamento crítico, ou 'categorias críticas'". *Teoria crítica do Direito*, p. 45-46.

53 "[...] o modelo da *summa divisio* clássica Direito Público e Direito Privado, que ganhou corpo no Estado Absolutista e se consagrou no Estado Liberal de Direito, é atualmente um dos principais obstáculos ao combate à pobreza e às desigualdades sociais". ALMEIDA, Gregório Assagra de. *Direito material coletivo*, p. 415.

Não é de admitir, portanto, qualquer concepção fechada que não faça da Constituição um constituir transformador da realidade social. Da mesma forma, não podem ser aceitas as concepções fechadas que têm o Direito como mera técnica ou como mera técnica de dominação. O Direito é instrumento de transformação com justiça da realidade social e como tal ele deve ser compreendido. O Direito é ciência e não mera técnica jurídica.

O Direito como mera técnica de manutenção do poder não tem, como muito bem enfatizou Rosa Maria de Andrade Nery, compromisso com o ser humano, nem com os seus valores, como aconteceu com o massacre humanitário provocado pelo nazismo alemão, onde havia técnica jurídica, mas não havia valores, nem a identificação do Direito como ciência[54].

1.2.5. Um Novo Enfoque sobre o Acesso à Justiça à Luz da Teoria Crítica do Direito.

O enfoque sobre o acesso à justiça como movimento de pensamento constitui atualmente um dos pontos centrais de transformação do próprio pensamento jurídico, que ficou por muito tempo atrelado a um positivismo neutralizante que só serviu para distanciar o Estado de seu mister, a democracia do seu verdadeiro sentido e a justiça da realidade social.

Não há como pensar no Direito, hoje, sem pensar no acesso a uma ordem jurídica adequada e justa. Direito sem efetividade não tem sentido. Da mesma forma, não há democracia sem acesso à justiça, que é o mais fundamental dos direitos, pois dele, como manifestaram Mauro Cappelletti e Bryant Garth[55], é que depende a viabilização dos demais direitos. Com efeito, a problemática do acesso à justiça é, atualmente, a pedra de toque de reestruturação da própria ciência do Direito.

O estudo do acesso à justiça pressupõe a compreensão dos problemas sociais. Não é mais aceitável o enfoque meramente dogmático-formalista. Cappelletti, um dos estudiosos mais autorizados a falar sobre a matéria, esclarece que o dogmatismo jurídico é uma forma degenerativa do positivismo jurídico, que conduziu a uma simplificação irrealística do próprio Direito ao seu aspecto normativo, deixando de lado outros valores não menos importantes, relacionados aos sujeitos, às instituições, aos procedimentos, aos deveres e responsabilidades das partes, dos juízes e dos próprios juristas[56].

---

[54] Acrescenta Rosa Maria de Andrade Nery: "A estrutura técnico-normativa do Estado nazista autorizava muitas das condutas hoje identificadas como repugnantes e aviltantes do homem e de sua dignidade. A estrutura técnico-normativa do nazismo era técnica, mas não científica". NERY, Rosa Maria de Andrade. *Noções preliminares de Direito Civil*. São Paulo: Revista dos Tribunais, 2002, p. 22-23.

[55] CAPPELLETTI, Mauro; GARTH, Bryant. *Acesso à justiça*. Tradução de Ellen Gracie Northfleet. Porto Alegre: Sérgio Antônio Fabris, 1988, p. 11-12.

[56] Concluiu Mauro Cappelletti: "Nesta impostação formalista e degenerativa do positivismo jurídico, a interpretação da norma não é outra senão aquela do 'resultado de um cálculo conceitual de estrutura dedutiva, fundado sobre uma idéia do ordenamento como sistema de normas fechado, completo e hierarquizado', com a 'doutrina do silogismo judicial segundo a qual também a decisão é o resultado objetivo de um cálculo dedutivo [...]. Não menos importante é o fato de que nesta impostação formalística, acaba por haver uma identificação do direito positivo com a justiça, ou seja, que é o mesmo, uma recusa de avaliar o direito positivo tendo como base os critérios de justiça, sociais, éticos, políticos, econômicos". CAPPELLETTI, Mauro. O acesso à justiça e a função do jurista em nossa época. *Revista de Processo*, São Paulo, n. 61, p. 144, 1991.

A atenção dos juristas, antes voltada para a ordem normativa, hoje somente tem sentido se também direcionada para a realidade social em que esta ordem normativa está inserida[57]; está voltada para a efetividade dos direitos, principalmente para os direitos constitucionais fundamentais.

Assinala Roberto Omar Berizonce que a transformação do pensamento jurídico passa, fundamentalmente, por duas vertentes: **a)** uma renovação metodológica, caracterizada pela utilização da investigação sociológica e análise histórico-comparativa dos estudos dos problemas e, sobremaneira, pelas propostas de soluções de política legislativa; **b)** a concepção do ordenamento jurídico como um verdadeiro instrumento de transformação social, visão esta superadora das tradicionais missões de proteção e sanção[58].

Novamente Cappelletti ressalta que o aspecto normativo do Direito não é renegado, mas visto como um dos elementos em relação aos quais devem ser observadas em primeiro plano as pessoas, as instituições e os processos, pois é por intermédio deles que o Direito vive, forma-se, desenvolve-se e impõe-se[59].

Cappelletti chega a propor, para substituir a concessão unidimensional, limitada à análise da norma, uma concessão tridimensional do Direito e da sua análise, que se constitui: **a)** na análise do problema da necessidade social que um determinado setor do direito deverá resolver; **b)** na análise da resposta ou solução prevista para a hipótese nos planos normativo, institucional e processual; c) na análise crítica dos resultados, dentro do plano social lato sensu (econômico, político etc.), que deverão ser produzidos, concretamente, no âmbito da sociedade[60].

Essa visão de acesso à justiça não representa apenas o acesso ao Judiciário, mas o acesso a todo meio legítimo de proteção e efetivação do Direito, tais como o Ministério Público, a Arbitragem, a Defensoria Pública etc. Até no plano jurisdicional, o direito de acesso à justiça não é só o direito de ingresso ou o direito à observância dos princípios constitucionais do processo, mas também o Direito constitucional fundamental de obtenção de um resultado adequado da prestação jurisdicional (art. 5º, XXXV, da CF). A decisão que se projeta para fora, atingindo

---

57 Nesse sentido: BERIZONCE, Roberto Omar. *Efectivo acceso a la justicia*: Prólogo de Mauro Cappelletti. La Prata: Librería Editora Platense, 1997. p. 11.

58 BERIZONCE, Roberto Omar. *Efectivo acceso a la justicia*, p. 11-12.

59 E acrescenta: "Em outras palavras, o direito é visto não como um sistema separado, autônomo, auto-suficiente, 'autopoiético', mas como parte integrante de um mais complexo ordenamento social, onde isto não se pode fazer artificialmente isolado da economia, da moral, da política: se afirma, assim, aquilo que foi chamada a Concessão 'Contextual' do direito. Para dar um exemplo, não há mais sentido estudar, ou conceber ou ensinar o direito processual exclusivamente em seus aspectos normativos: estes vão integrar, afirmo, na visão de alguns destes atores (partes, juiz, testemunhas *etc.*), das instituições e dos procedimentos examinados sob os aspectos sociais, éticos, culturais, econômicos, a 'acessibilidade', em suma, do fenômeno processual ao indivíduo, aos grupos, e à sociedade". CAPPELLETTI, Mauro. *O acesso à justiça e a função do jurista em nossa época*, p. 146.

60 "A análise do jurista torna-se, desta forma, extremamente mais complexa, mas também mais fascinante e infinitamente mais realística; essa não se limita mais a acertar, por exemplo, que para promover o início de um processo ou para levantar uma impugnação, se devam observar certos procedimentos formais, mais implica, em outras palavras, em uma análise do 'tempo', necessário para obter o resultado desejado, dos 'custos' a afrontar, das 'dificuldades' também psicológicas a superar, dos 'benefícios' obtidos, *etc.*" CAPPELLETTI, Mauro. *O acesso à justiça e a função do jurista em nossa época*, p. 146.

as pessoas, como resultado da prestação jurisdicional, deverá ser constitucionalmente adequada e justa[61].

1.2.6. O acesso à justiça como método de pensamento

A concepção democrática do Direito impõe a união entre teoria e práxis, entre teoria e resultado, entre Direito e sua efetividade material. Os modelos teóricos explicativos devem atentar para esse binômio: Direito-efetividade.

A própria ciência jurídica é atualmente concebida como uma ciência prática, voltada para casos concretos, e abrange as três dimensões da dogmática jurídica: a analítica, a empírica e a normativa. A conjugação dessas três dimensões revela o caráter integrativo e pluridimensional da ciência jurídica como ciência prática, que se desenvolve para a resolução de casos reais. Nesse sentido, Robert Alexy afirma que por mais abstratos que possam ser as teorias ou os enunciados da ciência jurídica, eles estão sempre ligados à solução de casos, mais precisamente à fundamentação de juízos jurídicos concretos do dever ser[62].

A velha hermenêutica, que tinha a interpretação não-valorativa da lei como a essência relativa à aplicação do Direito, é superada pela nova hermenêutica constitucional, cuja construção tem início após a Segunda Grande Guerra Mundial. Na nova hermenêutica, afirma Paulo Bonavides, concretizam-se preceitos constitucionais, de modo criativo, com a ponderação de valores, especialmente no plano dos direitos e garantias constitucionais fundamentais, em relação aos quais a aplicabilidade imediata e a eficácia irradiante vinculatória geral são uns dos seus traços característicos[63].

Por outro lado, o pensamento sistemático, construído e desenvolvido pelo positivismo legalista, tornou-se o principal responsável pela elaboração de modelos classificatórios ou de enquadramento teórico meramente abstratos, fechados, autossuficientes, dentro dos quais não havia preocupação com a efetividade dos direitos ou com a realidade social e concreta.

Atualmente, passa-se por um momento em que devem ser considerados também os problemas, as situações concretas e, fundamentalmente, o plano da proteção e da efetivação dos direitos, como condições legitimantes do próprio Direito. O período

61 A respeito da importância da justiça do caso concreto e sustentando a idéia do formalismo-valorativo com uma nova fase do direito processual, escreveu com precisão Carlos Alberto de Oliveira: "O fim último do processo já não é mais apenas a realização do direito material mas a concretização da justiça material, segundo as peculiaridades do caso. A lógica é argumentativa, problemática, da racionalidade prática. O juiz, mais do que ativo, deve ser cooperativo, como exigido por um modelo de democracia participativa e a nova lógica que informa a discussão judicial, idéias essas inseridas num novo conceito, o de cidadania processual". OLIVEIRA, Carlos Alberto Alvaro de. *Do formalismo no processo civil*: proposta de um formalismo-valorativo. 3. ed. rev. São Paulo: Saraiva, 2009, p. 3.

62 ALEXY, Robert. *Teoría de los derechos fundamentales*. Madrid: Centro de Estudios Constitucionales, 1993, p. 33.

63 Explica Paulo Bonavides: "[...] na Velha Hermenêutica 'interpretava-se' a lei, e a lei era tudo, e dela todo podia se retirado que coubesse na função elucidativa do intérprete, por uma operação lógica, a qual, todavia, nada acrescentava ao conteúdo da norma; em a Nova Hermenêutica, ao contrário, 'concretiza-se' o preceito constitucional, de tal sorte que concretizar é algo mais do que interpretar, é, em verdade, interpretar com acréscimo, com criatividade. Aqui ocorre e prevalece uma operação cognitiva de valores que se ponderam. Coloca-se o intérprete diante da consideração de princípios, que são as categorias por excelência do sistema constitucional". BONAVIDES, Paulo. *Curso de direito constitucional*. 18. ed. rev., ampl. e atual. São Paulo: Malheiros, 2006, p. 633.

atual é de transição, de mudança de paradigma e nele assume relevância extraordinária o pensamento problemático que vê o Direito também como problema. Theodor Viehweg foi um dos grandes responsáveis para o início da virada de paradigmática quando revisitou, com sua inserção no contexto da era atual, a tópica como técnica do pensamento que se orienta para o problema[64].

1.2.7. O Acesso à Justiça como Paradigma para os Modelos Explicativos dos Direitos e das Garantias Fundamentais Consagrados na CR/1988

Essas mudanças de paradigma encontram amparo na Constituição da República Federativa do Brasil de 1988, e exigem novos modelos explicativos de enquadramento metodológico que levem em conta o Direito não só em relação ao que ele é, mas como ele deve ser para transformar a realidade social, como compromisso central do Direito e do próprio Estado Democrático de Direito. É fundamental a consideração da teoria e da práxis, para que haja uma relação legítima e adequada de correspondência entre elas.

Na esteira desse raciocínio, defendeu-se um novo modelo explicativo, tomando em consideração duas das principais dimensões da nova concepção em torno do Direito no contexto do Estado Democrático: **a)** a dimensão da teoria dos direitos e garantias constitucionais fundamentais positivada no País, especialmente a diretriz constante no capítulo I do Título II da CR/1988, que consagra uma nova *summa divisio*; **b)** a dimensão da proteção e da efetivação dos direitos, de forma que a proteção ou será ao Direito Individual ou ao Direito Coletivo[65].

No plano do Direito processual, só existem dois tipos de processos: processo de tutela jurídica de direito individual e processo de tutela jurídica de direito coletivo. Em verdade, isso ocorre porque somente existem dois grandes blocos do Direito: Direito Individual e Direito Coletivo.

Ora, se as formas e os meios de proteção e de efetivação dos Direitos ou são coletivas ou são individuais, impõe-se um novo modelo de *summa divisio* superador do modelo clássico Direito Público e Direito Privado, o qual não leva em conta o plano da proteção ou da efetivação do Direito, mas outros valores que não são legítimos para um sistema constitucional democrático e servem apenas como bloqueio na construção de novos modelos que possibilitem ao Direito tornar-se realmente instrumento de transformação da realidade social.

Norberto Bobbio dizia que não adianta só reconhecer direitos ou declará-los formalmente. O mais importante atualmente é como efetivá-los, como garanti-los,

---

[64] Escreveu Theodor Viehweg: "Aristóteles introduziu em seu próprio trabalho filosófico o estilo mental dos sofistas e dos retóricos, sobretudo quando teve que tratar de uma minuciosa discussão de problemas. As investigações sobre as aporias no livro terceiro da Metafísica são um bom exemplo disso. Nasceu assim seu famoso método de trabalho aporético (1), que é exemplar para a filosofia moderna (24). O termo aporia designa precisamente uma questão que é estimulante e iniludível, designa a 'falta de um caminho', a situação problemática que não é possível eliminar, e que Boécio traduziu, talvez de modo frágil, pela palavra latina 'dubitario. (2). A tópica pretende fornecer indicações de como comportar-se em tais situações, a fim de não se ficar preso, sem saída. É portanto uma técnica do pensamento problemático". VIEHWEG, Theodor. *Tópica e jurisprudência*. Tradução de Tércio Sampaio Ferraz Jr. Brasília: Editora Universidade de Brasília, 1979, p. 33.

[65] ALMEIDA, Gregório Assagra de. *Direito material coletivo*, p. 280-287.

evitando-se que sejam violados continuamente[66]. Essa efetivação constitui a problemática do acesso à justiça, novo método de pensamento que confere à ciência jurídica uma nova dimensão conceitual e impõe uma revisão completa nos modelos clássicos de enquadramento conceitual e metodológico.

A Constituição da República Federativa do Brasil de 1988 demonstra preocupação quanto à proteção e efetivação dos direitos, ao consagrar o acesso amplo e irrestrito à justiça (art. 5º, XXX), ao conferir dignidade constitucional a um rol enorme de ações constitucionais, individuais e coletivas, especialmente coletivas (art. 5º, LXVIII, LXIX, LXX, LXXI, LXXII, LXIII, e art. 129, III, *etc.*) e também, ao determinar a aplicabilidade imediata dos direitos e garantias constitucionais fundamentais (art. 5º, § 1º).

A aplicabilidade imediata dos direitos e garantias constitucionais fundamentais é garantia constitucional fundamental e, portanto, cláusula pétrea, sendo-lhe incompatível interpretação restritiva. A aplicabilidade imediata tem incidência tanto em relação aos direitos e garantias constitucionais fundamentais individuais, quanto aos coletivos.

Considerou-se essas diretrizes na sistematização da nova summa divisio, bem como, para a fixação das regras e princípios de interpretação e aplicação do Direito Material Coletivo, em suas diversas dimensões[67].

A exigência de efetividade dos Direitos é diretriz que traça o espírito da CR/1988; sua incidência alcança todos os planos do exercício do poder. A própria exigência de eficiência da administração pública, na condição de princípio da administração pública (art. 37, *caput*, da CR/1988), decorre desta visão principiológica em torno da efetividade dos direitos.

A própria compreensão da Constituição somente tem sentido se for levado em consideração o plano da sua aplicação. Pela nova hermenêutica constitucional, fala-se em interpretação-concreção da Constituição como lei fundamental. Portanto, o verdadeiro sentido da Constituição prende-se à sua concretização[68].

A discussão atual em torno da proteção e da efetivação dos direitos, propondo a implantação de novas formas, novos meios de solução de conflitos, é realmente o ponto mais importante para fazer do Direito instrumento legítimo de transformação com justiça da realidade social. Não adianta somente a interpretação constitucional e a formulação de novas diretrizes teóricas. Os resultados concretos são essenciais e a explicitação de meios e canais, para o cumprimento

[66] Disse Norberto Bobbio: "Com efeito, o problema que temos diante de nós não é filosófico, mas jurídico e, num sentido mais amplo, político. Não se trata de saber quais e quantos são esses direitos, qual é sua natureza e seu fundamento, se são direitos naturais ou históricos, absolutos ou relativos, mas sim qual é o modo mais seguro para garanti-los, para impedir que, apesar das solenes declarações, eles sejam continuamente violados [...]". BOBBIO, Norberto. *A era dos direitos*. Tradução de Carlos Nelson Coutinho. Rio de Janeiro: Campus, 1992, p. 25.

[67] ALMEIDA, Gregório Assagra de. *Direito material coletivo*, p. 284-287.

[68] Nesse sentido, Lenio Luiz Streck: "A sociedade como realidade simbólica é indivisível das funções políticas e dos efeitos de poder das significações. Por isso, a interpretação da Constituição, isto é, o sentido (norma) do texto constitucional é – parafraseando Radbruch – 'o resultado do seu resultado', que decorre, afinal, desse complexo jogo de relações intersubjetivas e das dimenões simbólicas do poder, que 'cercam' desde sempre o intérprete". STRECK, Lenio Luiz. Ontem, os Códigos; Hoje, as constituições: O papel da Hermenêutica na Superação do Positivismo pelo Neoconstitucionalismo. In: Fernando Luiz Ximenes Rocha; Filomeno Moraes. (Coord.). *Direito Constitucional Contemporâneo*: homenagem ao Professor Paulo Bonavides. Belo Horizonte: Del Rey, 2005, p. 541.

dos compromissos assumidos no pacto constitucional, depende de uma visão crítica, como afirmou Konrad Hesse[69].

Por outro lado, a superação da discussão em torno dos pontos de tensão entre segurança jurídica e efetividade deve ser superada por uma pauta de análise que leve em conta, acima de tudo, a proteção e a efetivação dos direitos fundamentais[70], principalmente aqueles que compõem as necessidades humanas básicas[71].

É muito importante o estudo, a reforma e a concretização do Ministério Público diante dos seus novos desafios à luz dos núcleos centrais, que possuem força jurídica irradiante em grau máximo, consagrados na Constituição da República Federativa do Brasil de 1988, quais sejam: os direitos e as garantias constitucionais fundamentais como conquistas magnas e históricas da sociedade e do cidadão.

1.2.8. O Acesso à Justiça como fundamento do raciocínio jurídico e como direito/garantia central em uma democracia

A expressão "raciocínio jurídico" é complexa e reflete fenômeno que vem evoluindo com o passar dos tempos[72].

A concepção democrática de Direito está intimamente vinculada à união entre teoria e *práxis*, entre o abstrato e o concreto. Qualquer modelo teórico-explicativo do fenômeno jurídico deve, indispensavelmente, atentar para o binômio Direito-efetividade material.

A própria *ciência jurídica* é atualmente concebida como uma *ciência prática*, voltada para casos concretos, e abrange as três dimensões da dogmática jurídica: a *analítica*, a *empírica* e a *normativa*. A conjugação dessas três dimensões revela o caráter integrativo e pluridimensional da ciência jurídica como ciência prática, que se desenvolve para a resolução de casos reais. Nesse sentido, Robert Alexy afirma que,

69 "[...] o Direito Constitucional deve explicitar as condições sob as quais as normas constitucionais podem adquirir a maior eficácia possível, propiciando, assim, o desenvolvimento da dogmática e da interpretação constitucional. Portanto, compete ao Direito Constitucional realçar, despertar e preservar a vontade de Constituição (*Wille zur Verfassung*), que, indubitavelmente, constitui a maior garantia de sua força normativa. Essa orientação torna imperiosa a assunção de uma visão crítica pelo Direito Constitucional, pois nada seria mais perigoso do que permitir o surgimento de ilusões sobre questões fundamentais para a vida do Estado". HESSE, Konrad. *A força normativa da Constituição*. Tradução de Gilmar Ferreira Mendes. Porto Alegre: Sergio Antonio Fabris Editor, 1999, p. 27.

70 Para Carlos Alberto Alvaro de Oliveira, estamos agora um quarta fase do direito processual, a do formalismo-valorativo, onde o processo: "[...] é visto, para além da técnica, como fenômeno cultural, produto do homem e não da natureza . Nele os valores constitucionais, principalmente o da efetividade e o segurança, dão lugar a direitos humanos, com características de normas principais. A técnica passa segundo plano, como mero meio para atingir o valor". *Do formalismo no processo civil*, p. 3.

71 "Afirma-se, de antemão, que as necessidades humanas básicas diferem dos interesses e desejos. Enquanto as necessidades parecem referir-se aos constrangimentos à obtenção ou ao atingimento de objetivos ou fins específicos que são geralmente aceitos como naturais e/ou morais, os interesses e desejos dizem respeito à esfera precípua da volição. Portanto, justificam-se em razão de fins individuais, contrariamente às necessidades, que são generalizantes". GUSTIN, Miracy B. S. *Das necessidades humanas aos direitos*: ensaio de sociologia e filosofia do direito. 2. ed. rev., atual. e ampl. Belo Horizonte: Del Rey, 2009, p. 9).

72 No que concerne à classificação clássica das formas de raciocínio científico no Direito, sustentam Gustin e Dias que podemos dividi-las basicamente em quatro categorias: 1) indutivo; 2) dedutivo; 3) Hipotético-dedutivo – Desenvolvido principalmente na obra de Karl Popper, leva em consideração a existência de expectativas prévias, o que nos remete ao problema de conflitos com teorias já existentes. Para tanto, busca solucionar os conflitos entre as teorias através de testes da falseabilidade; 4) Dialético. GUSTIN, Miracy Barbosa de Sousa; DIAS, Maria Tereza Fonseca. *(Re)pensando a pesquisa jurídica*: teoria e prática. 2. ed. rev., ampl. e atual. Belo Horizonte: Del Rey, 2006, p. 72-77.

por mais abstratos que possam ser as teorias ou os enunciados da ciência jurídica, eles estão sempre ligados à solução de casos, mais precisamente à fundamentação de juízos jurídicos concretos do dever ser[73].

Se até então o *pensamento sistemático*, construído e desenvolvido pelo *positivismo legalista*, atuou como principal responsável pela elaboração de modelos classificatórios ou do "enquadramento teórico", fechados, autossuficientes, dentro dos quais não havia preocupação com a efetividade dos direitos ou com a realidade social e concreta, atualmente vivenciamos um momento em que devem ser considerados também os problemas, as situações concretas e, fundamentalmente, o plano da proteção e da efetivação dos direitos, como condições legitimantes do próprio Direito. O período atual é de transição, de mudança de paradigma e nele assume relevância extraordinária o *pensamento problemático* que vê o Direito também como problema. Theodor Viehweg foi um dos grandes responsáveis para o início da virada de paradigmática quando revisitou, com sua inserção no contexto da era atual, a tópica como técnica do pensamento que se orienta para o problema[74].

Não há como pensar no Direito, hoje, sem pensar no acesso a uma ordem jurídica adequada e justa. Direito sem efetividade não tem sentido. Da mesma forma, não há democracia sem acesso à justiça, que é o mais fundamental dos direitos, pois dele, como manifestaram Mauro Cappelletti e Bryant Garth[75], é que depende a viabilização dos demais direitos.

> [...] o direito ao acesso efetivo tem sido progressivamente reconhecido como sendo de importância capital entre os novos direitos individuais e sociais, uma vez que a titularidade de direitos é destituída de sentido, na ausência de mecanismos para sua reivindicação. O acesso à justiça pode, portanto, ser encarado como o requisito fundamental – o mais básico dos direitos humanos – de um sistema jurídico moderno e igualitário que pretenda garantir, e não apenas proclamar os direitos de todos[76].

Com efeito, a problemática do acesso à justiça é, atualmente, a pedra de toque de reestruturação da própria ciência do Direito. O enfoque sobre o acesso à justiça *como fundamento do raciocínio jurídico* constitui atualmente um dos pontos centrais de transformação do próprio pensamento jurídico, que ficou por muito tempo atrelado a um positivismo neutralizante que só serviu para distanciar o Estado de seu mister, a democracia do seu verdadeiro sentido e a justiça da realidade social.

[73] ALEXY, Robert. *Teoría de los derechos fundamentales*, p. 33.

[74] Escreveu Theodor Viehweg: "Aristóteles introduziu em seu próprio trabalho filosófico o estilo mental dos sofistas e dos retóricos, sobretudo quando teve que tratar de uma minuciosa discussão de problemas. As investigações sobre as aporias no livro terceiro da Metafísica são um bom exemplo disso. Nasceu assim seu famoso método de trabalho aporético, que é exemplar para a filosofia moderna. O termo aporia designa precisamente uma questão que é estimulante e iniludível, designa a 'falta de um caminho', a situação problemática que não é possível eliminar, e que Boécio traduziu, talvez de modo frágil, pela palavra latina 'dubitario'. A tópica pretende fornecer indicações de como comportar-se em tais situações, a fim de não se ficar preso, sem saída. É, portanto, uma técnica do pensamento problemático". *Tópica e jurisprudência*, p. 33.

[75] CAPPELLETTI, Mauro; GARTH, Bryant. *Acesso à justiça*. p. 11-12.

[76] CAPPELLETTI, Mauro; GARTH, Bryant. *Acesso à justiça*. p. 11-12.

1.2.9. O conceito ampliado de acesso à justiça: sistema de resolução por adjudicação e sistema de resolução pelo diálogo/consenso

A concepção sobre o acesso à justiça defendida nesta obra não reflete apenas o acesso ao Judiciário, mas o acesso a todo meio legítimo de proteção e efetivação do Direito, tais como ao Ministério Público, à Arbitragem, à Defensoria Pública, às Cortes Internacionais de direitos humanos, entre outros.

No plano jurisdicional, o direito de acesso à justiça não é só o direito de ingresso ou o direito à observância dos princípios constitucionais do processo, mas também o Direito constitucional fundamental de obtenção de um resultado adequado da prestação jurisdicional (artigo 5º, XXXV, da CR/1988). A decisão que se projeta para fora, atingindo as pessoas, como resultado da prestação jurisdicional, deverá ser constitucionalmente adequada e justa[77].

A Constituição da República Federativa do Brasil de 1988 consagrou dois sistemas internos de acesso à justiça: por adjudicação e por resolução consensual de conflitos.

O **sistema de acesso por adjudicação** se viabiliza, geralmente, pelo Judiciário, através de liminares, sentença e medidas executivas (artigo 5º, XXXV, da CR/1988).

O **sistema de resolução consensual de conflitos**, de outro modo, tem como base o Preâmbulo da Constituição, quando prevê que a República Federativa do Brasil é fundada na harmonia social e comprometida, na ordem interna e internacional, **com a solução pacífica das controvérsias**. Ademais, dispõe o artigo 4º, inciso VII, da CR/1988, que a República Federativa do Brasil será regida, nas relações internacionais, pela solução pacífica dos conflitos.

Houve, portanto, um grande erro no Brasil ao concentrar quase toda prática que envolve o acesso à justiça no sistema de resolução por adjudicação (artigo 5º, XXXV, da CR/1988). É essa, portanto, uma das razões de o Conselho Nacional de Justiça (CNJ) constatar, em suas pesquisas (destacando-se aqui o Justiça em Números), que no País há mais de 70 milhões de processos em tramitação[78].

Sem sombra de dúvida atualmente é forte a consciência no sentido de que é fundamental a mudança de cultura e de prática, de modo a priorizar a resolução consensual dos litígios. A Resolução do Conselho Nacional de Justiça (CNJ) nº 125/2010 é um divisor de águas ao dispor sobre a *Política Judiciária Nacional de tratamento adequado dos conflitos de interesses no âmbito do Poder Judiciário e dá outras providências.* No âmbito do Conselho Nacional do Ministério Público (CNMP), destaca-se a Resolução nº 118, de 1º de dezembro de 2014, que dispõe sobre a

[77] A respeito da importância da justiça do caso concreto e sustentando a ideia do formalismo-valorativo com uma nova fase do direito processual, escreveu com precisão Carlos Alberto de Oliveira: "O fim último do processo já não é mais apenas a realização do direito material, mas a concretização da justiça material, segundo as peculiaridades do caso. A lógica é argumentativa, problemática, da racionalidade prática. O juiz, mais do que ativo, deve ser cooperativo, como exigido por um modelo de democracia participativa e a nova lógica que informa a discussão judicial, ideias essas inseridas num novo conceito, o de cidadania processual". *Do formalismo no processo civil*, p. 3.

[78] ALMEIDA, Gregório Assagra de. *As Corregedorias, a Nacional e as Internas, no contexto do Ministério Público como Instituição de Acesso à Justiça.* Revista Jurídica da Corregedoria Nacional: O Papel Constitucional das Corregedorias do Ministério Público. Brasília: Conselho Nacional do Ministério Público, v. 1, 2016, p. 49-107.

Política Nacional de Incentivo à Autocomposição no âmbito do Ministério Público e dá outras providências.

O artigo 1º e seu parágrafo único da Resolução CNMP nº 118, de 1º de dezembro de 2014, prevê que a Política Nacional de Incentivo à Autocomposição no âmbito do Ministério Público tem como objetivo assegurar a promoção da justiça e a máxima efetividade dos direitos e interesses que envolvem a atuação da Instituição, de forma que incumbe ao Ministério Público brasileiro implementar e adotar mecanismos de autocomposição, como a negociação, a mediação, a conciliação, o processo restaurativo e as convenções processuais, bem assim prestar atendimento e orientação ao cidadão sobre tais mecanismos. Ademais, o parágrafo único do artigo 8º da Resolução CNMP nº 118, de 1º de dezembro de 2014, regulamenta a possibilidade de da negociação entre os próprios membros do Ministério Púbico ("A negociação é recomendada, ainda, para a solução de problemas referentes à formulação de convênios, redes de trabalho e parcerias entre entes públicos e privados, bem como entre os próprios membros do Ministério Público").

Em âmbito legislativo, devem ser destacados o Novo CPC (Lei Federal nº 13.105, de 16 de marco de 2015) e a Lei de Mediação e de Autocomposição dos conflitos no âmbito do Poder Público, aprovada recentemente pelo Congresso Nacional (Lei nº 13.140/2015).

O Código de Processo Civil (Lei Federal nº 13.105, de 16 de março de 2015) estabelece que "*O Estado promoverá, sempre que possível, a resolução consensual dos conflitos*" (artigo 3º, § 2º). No § 3º do mesmo artigo, há a previsão de que o rol das técnicas de resolução consensual dos conflitos é meramente exemplificativo (artigo 3º, § 3º, do CPC/2015 – "*A conciliação, a mediação e outros métodos de solução consensual de conflitos deverão ser estimulados por juízes, advogados, defensores públicos e membros do Ministério Público, inclusive no curso do processo judicial.*"). E mais: o CPC estabelece a necessidade de os entes públicos criarem, no âmbito administrativo, canais de resolução consensual (artigo 174 – "A União, os Estados, o Distrito Federal e os Municípios criarão câmaras de mediação e conciliação, com atribuições relacionadas à solução consensual de conflitos no âmbito administrativo, tais como: I – dirimir conflitos envolvendo órgãos e entidades da administração pública; II – avaliar a admissibilidade dos pedidos de resolução de conflitos, por meio de conciliação, no âmbito da administração pública; III – promover, quando couber, a celebração de termo de ajustamento de conduta").

Portanto, é evidente nos dias atuais a necessidade de aprimoramento dos trabalhos ministeriais visando à efetividade, eficiência e resolução negociada dos problemas e controvérsias afetos à área de atuação da Instituição.

1.2.10. O conceito ampliado de acesso à justiça e os dois modelos de atuação do Ministério Público: jurisdicional e extrajurisdicional

No novo perfil constitucional do Ministério Público brasileiro há dois modelos de atuação da Instituição. O primeiro é o modelo de atuação jurisdicional, que ainda prevalece. Nesse modelo, o Ministério Público atua perante o Judiciário, transferindo a essa função do poder a resolução de problemas sociais, o que de certa forma é desastroso, já que o Judiciário ainda responde muito mal às demandas que envolvam os direitos massificados[79].

De outro modo, há o modelo de Ministério Público com atuação extrajurisdicional, que se posiciona diretamente na qualidade de Instituição de intermediação e de pacificação da conflituosidade social.

Nesse contexto, tem sido conferida especial atenção nos últimos tempos à efetivação do modelo de atuação extrajurisdicional do Ministério Público, levando-se às últimas consequências o *princípio da autonomia funcional* com a atuação efetiva na tutela dos interesses ou direitos massificados[80]. Para tanto, é imprescindível que o órgão de execução do Ministério Público tenha consciência dos instrumentos e mecanismos de atuação que estão à sua disposição, tais como o inquérito civil, o termo de ajustamento de conduta, as recomendações e as audiências públicas, os projetos sociais institucionais, de sorte a fazer o seu uso efetivo e legítimo.[81]

A atuação extrajurisdicional da Instituição é fundamental para a proteção e efetivação dos direitos ou interesses fundamentais. A transferência para o Judiciário, por intermédio das ações coletivas, da solução dos conflitos, não tem sido tão eficaz, pois, em muitos casos, o Judiciário não tem atuado na forma e rigor esperados pela sociedade ou os juízes extinguem os feitos sem o necessário e imprescindível enfrentamento do mérito. Essa situação tem mudado, mas de forma muito lenta e não retilínea. Não se nega aqui a importância do Poder Judiciário no Estado Democrático de Direito; ao contrário, o que se constata e deve ser ressaltado é o seu despreparo para a apreciação das questões sociais fundamentais, especialmente no âmbito da tutela dos direitos coletivos.[82]

O Ministério Público com atuação extrajurisdicional, portanto, tem se apresentado como um canal fundamental para o acesso da sociedade, especialmente das suas partes mais carentes e dispersas, a uma *ordem jurídica realmente legítima e justa*. Os membros da Instituição devem encarar suas atribuições como verdadeiros *trabalhadores sociais*, cuja missão principal é o resgate da cidadania e a efetivação dos valores democráticos fundamentais[83].

---

[79] GOULART, Marcelo Pedroso. Ministério Público e democracia, p. 96. No mesmo sentido: MACHADO, Antônio Alberto. *Ministério Público*: democracia e ensino jurídico. Belo Horizonte: Del Rey, 2000, p.119-123.

[80] GOULART, Marcelo Pedroso. *Ministério Público e democracia*, p. 120-121.

[81] GOULART, Marcelo Pedroso. Ministério Público e democracia, p. 96. No mesmo sentido: MACHADO, Antônio Alberto. *Ministério Público*: democracia e ensino jurídico. Belo Horizonte: Del Rey, 2000, p.119-123.

[82] Marcelo Pedroso Goulart propõe que o Ministério Público deve: "[...] transformar-se em efetivo agente político, superando a perspectiva meramente processual da sua atuação; atuar integradamente e em rede, nos mais diversos níveis – local, regional, estatal, comunitário e global –, ocupando novos espaços e habilitando-se como negociador e formulador de políticas públicas; transnacionalizar sua atuação, buscando parceiros no mundo globalizado, pois a luta pela hegemonia (a guerra de posição) está sendo travada no âmbito da 'sociedade civil planetária'; buscar a solução judicial depois de esgotadas todas as possibilidades políticas e administrativas de resolução das questões que lhe são postas (ter o judiciário como espaço excepcional de atuação)". *Ministério Público e democracia*, p. 121-122.

[83] Mais uma vez colhem-se as lições de Marcelo Pedroso Goulart: "Do ângulo político, só poderemos entender o promotor de justiça como trabalhador social, vinculado à defesa da qualidade de vida das parcelas marginalizadas da sociedade, a partir do momento em que rompa as barreiras que historicamente o isolaram dos movimentos sociais, passando a articular sua ação com esses movimentos. Deve assumir o seu compromisso político, não apenas nos aspectos da retórica e das

2. O MINISTÉRIO PÚBLICO COMO GARANTIA INSTITUCIONAL CONSTITUCIONAL FUNDAMENTAL DE ACESSO À JUSTIÇA

A doutrina extrangeira geralmente não vê no Ministério Público um legítimo e seguro defensor dos interesses e direitos massificados, apontando como óbices a essa perspectiva a *falta de independência* e de *especialização da Instituição* e, como consequência, as *ingerências políticas espúrias.*

Todavia, o próprio Mauro Cappelletti, como crítico da outorga dessa espécie de atribuição, já ressaltou que esses obstáculos não se apresentam ao Ministério Público brasileiro, sobretudo depois que a sua independência foi assegurada pela Constituição de 1988[84].

O Ministério Público está inserido na Constituição da República Federativa do Brasil de 1988 no Título IV — *Da Organização dos Poderes* —, em seção própria (artigos 127/130, da CR), no capítulo *Das Funções Essenciais à Justiça.* Está, portanto, separado dos demais Poderes do Estado.

Ademais, o perfil constitucional do Ministério Público veio estabelecido pelo artigo 127, *caput*, da Constituição, que o define como "instituição permanente, essencial à função jurisdicional do Estado, incumbindo-lhe a defesa da ordem jurídica, do regime democrático e dos interesses sociais e individuais indisponíveis". É, portanto, Instituição permanente e, em assim sendo, cláusula pétrea.

Após o advento da Constituição de 1988, outras leis vieram no sentido de possibilitar a efetividade das tarefas constitucionais da Instituição, explicitando suas atribuições e legitimando-a expressamente para a atuação na tutela, especialmente, das pessoas portadoras de necessidades especiais (Lei 7.853/89), dos investidores no mercado de valores mobiliários (Lei 7.913/89), da criança e do adolescente (Lei 8.069/90), do consumidor (Lei 8.078/90), do patrimônio público (Lei 8.429/92 e Lei 8.625/93), da ordem econômica e da livre concorrência (Lei 8.884/94), do Idoso (Lei 10.741/03) etc.

A evolução histórica permite observar a *vocação democrática* do Ministério Público[85], o qual, hoje, com as novas atribuições que lhe foram reservadas pela Constituição, é Instituição de fundamental importância para a transformação da realidade social e efetivação do Estado Democrático de Direito.

Há quem sustente que o Ministério Público estaria atado ao Poder Legislativo, a este incumbindo a elaboração da lei e àquele a fiscalização do seu fiel cumprimento. Há quem defenda que a atividade do Ministério Público é eminentemente jurisdicional, razão pela qual estaria atrelado ao Poder Judiciário. E há quem afirme que a função do Ministério Público é administrativa, pois atua para promover a execução

elaborações doutrinárias, mas, sobretudo, na atuação prática, como intelectual orgânico". *Ministério Público e democracia*, p. 98.

84 CAPPELLETTI, Mauro. O acesso dos consumidores à justiça. IN: TEIXEIRA, Sálvio de Figueiredo (Coord.). *As garantias do cidadão na justiça.* São Paulo: Saraiva, 1989, p. 313.

85 Escreve ainda Antônio Alberto Machado: "[...] a instituição do Ministério Público parece ter uma espécie de vocação democrática, talvez inerente à sua ratio; ou até mesmo concluir-se que a existência dela só faz sentido numa democracia, sendo certo que a sua ausência ou tibieza, de outra parte, é sempre indício de regime autoritário". *Ministério Público*, p. 140.

das leis, estando atrelado ao Poder Executivo[86-87]. Acreditamos, de outro modo, que o Ministério Público é Instituição do Acesso à Justiça.

O enfoque sobre o acesso à justiça *como movimento de pensamento* constitui nos dias atuais um dos pontos centrais de transformação do próprio pensamento jurídico, que ficou por muito tempo atrelado a um positivismo neutralizante que só serviu para distanciar o Estado de seu mister, a democracia do seu verdadeiro sentido e a justiça da realidade social. Não há como pensar no Direito, hoje, sem pensar no acesso a uma ordem jurídica adequada e justa. Direito sem efetividade não tem sentido. Da mesma forma, não há democracia sem acesso à justiça, pois dele, como manifestaram Mauro Cappelletti e Bryant Garth[88], é que depende a viabilização dos demais direitos.

Com efeito, a problemática do acesso à justiça é, atualmente, a pedra de toque de reestruturação da própria ciência do Direito, pressupondo a compreensão dos problemas sociais. Não é mais aceitável o enfoque meramente dogmático-formalista. O dogmatismo jurídico é uma forma degenerativa do positivismo jurídico, que conduziu a uma simplificação irrealística do próprio Direito ao seu aspecto normativo, deixando de lado outros valores não menos importantes, relacionados aos sujeitos, às instituições, aos procedimentos, aos deveres e responsabilidades das partes, dos juízes e dos próprios juristas[89].

A atenção dos juristas, antes voltada para a ordem normativa, hoje somente tem sentido se também direcionada para a realidade social em que esta ordem normativa

86 Sobre a polêmica, consultar: MAZZILLI, Hugo Nigro. *Introdução ao Ministério Público*. São Paulo: Saraiva, 1997, p. 19-20.

87 Nenhuma dessas concepções encontra respaldo no Texto Constitucional de 1988 que, além de ampliar muito o campo de atribuição do Ministério Público, conferiu-lhe *autonomia administrativa, orçamentária e funcional* (artigo 127, § 2º, da CR/1988), situando-o em capítulo separado dos outros Poderes e trançando não apenas seus princípios institucionais (artigo 127, § 1º, da CR/1988), como ainda conferiu garantias funcionais aos seus órgãos de execução para o exercício independente do mister constitucional (artigo 128, § 5º, inciso I, alíneas "a", "b" e "c", da CR/1988). Há ainda o entendimento que desloca a Instituição da *sociedade política*, como órgão repressivo do Estado, para a *sociedade civil*, como legítimo e autêntico defensor da sociedade. Esse deslocamento se justificaria por três razões fundamentais. A primeira seria a *social*, que originou com a vocação do Ministério Público para a defesa da sociedade: ele assumiu paulatinamente um compromisso com a *sociedade* no transcorrer de sua evolução histórica. A segunda seria a *política*, que foi surgindo com a vocação da instituição para a defesa da *democracia* e das *instituições democráticas*. A terceira seria a *jurídica*, que se efetivou com a Constituição de 1988, que lhe concedeu autogestão administrativa, orçamentária e funcional e lhe conferiu várias atribuições para a defesa dos interesses primaciais da sociedade. Em verdade, o deslocamento do Ministério Público da *sociedade política* para a *sociedade civil* é muito mais *funcional* que *administrativo*, pois administrativamente o Ministério Público ainda permanece com estrutura de instituição estatal, com quadro de carreira, lei orgânica própria e vencimentos advindos do Estado, o que é fundamental para que ele tenha condições de exercer o seu papel constitucional em situação de igualdade com os Poderes estatais por ele fiscalizados. Escreve Marcelo Pedroso Goulart: "Integrando a sociedade civil, o Ministério Público, nos limites de suas atribuições, deve participar efetivamente do 'processo democrático', alinhando-se com os demais órgãos do movimento social comprometidos com a concretização dos direitos já previstos e a positivação de situações novas que permitam o resgate da cidadania para a maioria excluída desse processo, numa prática transformadora orientada no sentido da construção da nova ordem, da nova hegemonia, do 'projeto democrático'". Ministério Público e democracia, p. 96. No mesmo sentido, conferir: MACHADO, Antônio Alberto, *Ministério Público*, p. 141-142.

88 CAPPELLETTI, Mauro; GARTH, Bryant. *Acesso à justiça*. p. 11-12.

89 Concluiu Mauro Cappelletti: "Nesta impostação formalista e degenerativa do positivismo jurídico, a interpretação da norma não é outra senão aquela do 'resultado de um cálculo conceitual de estrutura dedutiva, fundado sobre uma ideia do ordenamento como sistema de normas fechado, completo e hierarquizado', com a 'doutrina do silogismo judicial segundo a qual também a decisão é o resultado objetivo de um cálculo dedutivo [...]. Não menos importante é o fato de que nesta impostação formalística, acaba por haver uma identificação do direito positivo com a justiça, ou seja, que é o mesmo, uma recusa de avaliar o direito positivo tendo como base os critérios de justiça, sociais, éticos, políticos, econômicos". *O acesso à justiça e a função do jurista em nossa época*, p. 144.).

está inserida[90], ou seja, que para a efetividade dos direitos, principalmente para os direitos constitucionais fundamentais[91]. O aspecto normativo do Direito não pode ser renegado, mas visto como um dos elementos em relação aos quais devem ser observadas em primeiro plano as pessoas e as instituições, pois é por intermédio delas que o Direito vive, forma-se, desenvolve-se e impõe-se[92-93].

Em sendo o acesso à justiça fundamento do raciocínio jurídico com conceito ampliado, no sentido de se constituir em importante direito-garantia fundamental de acesso a todo meio legítimo de proteção e de efetivação adequada dos direitos individuais e coletivos amplamente considerados, tem-se que o Ministério Público, em razão da sua função constitucional (arts. 127 e 129, da CR/1988), apresenta a natureza jurídica de Instituição do Acesso à Justiça, ao lado do Poder Judiciário e de outras Instituições que formam a garantia constitucional de acesso à justiça. A Constituição da República Federativa do Brasil de 1988, ao inserir o Ministério Público no Título IV, Capítulo IV – "Das Funções Essenciais à Justiça" –, confirma essa hipótese[94], especialmente porque o próprio Estado Democrático de Direito, rompendo com a concepção dualista (Sociedade x Estado) está dentro da Sociedade, como sua força organizativa em grau máximo e sua função de proteger e efetivar os direitos fundamentais individuais e coletivos, visando a transformação social[95].

---

90 Nesse sentido, BERIZONCE, Roberto Omar. *Efectivo acceso a la justicia: prólogo de Mauro Cappelletti*, p. 11.

91 Assinala Roberto Omar Berizonce que a transformação do pensamento jurídico passa, fundamentalmente, por duas vertentes: a) *uma renovação metodológica*, caracterizada pela utilização da investigação sociológica e análise histórico-comparativa dos estudos dos problemas e, sobremaneira, pelas propostas de soluções de política legislativa; b) a concepção do ordenamento jurídico como um verdadeiro *instrumento de transformação social*, visão esta superadora das tradicionais missões de proteção e sanção (*Efectivo acceso a la justicia: prólogo de Mauro Cappelletti*, p. 11-2).

92 Acrescenta Mauro Cappelletti: "Em outras palavras, o direito é visto não como um sistema separado, autônomo, auto-suficiente, 'autopoético', mas como parte integrante de um mais complexo ordenamento social, onde isto não se pode fazer artificialmente isolado da economia, da moral, da política: se afirma, assim, aquilo que foi chamada a Concessão 'Contextual' do direito. Para dar um exemplo, não há mais sentido estudar, ou conceber ou ensinar o direito processual exclusivamente em seus aspectos normativos: estes vão integrar, afirmo, na visão de alguns destes atores (partes, juiz, testemunhas etc.), das instituições e dos procedimentos examinados sob os aspectos sociais, éticos, culturais, econômicos, a 'acessibilidade', em suma, do fenômeno processual ao indivíduo, aos grupos, e à sociedade". Acesso à justiça e a *função do jurista em nossa época*, p. 146.

93 Nesse contexto, Cappelletti chega a propor, para substituir a *concessão unidimensional*, limitada à análise da norma, uma *concessão tridimensional do Direito e da sua análise*, que se constitui: a) na análise do *problema da necessidade social* que um determinado setor do direito deverá resolver; b) na análise da *resposta* ou *solução* prevista para a hipótese nos planos normativo, institucional e processual; c) na análise crítica dos *resultados*, dentro do plano social *lato sensu* (econômico, político etc.), que deverão ser produzidos, concretamente, no âmbito da sociedade: *"A análise do jurista torna-se, desta forma, extremamente mais complexa, mas também mais fascinante e infinitamente mais realística; essa não se limita mais a acertar, por exemplo, que para promover o início de um processo ou para levantar uma impugnação, se devam observar certos procedimentos formais, mais implica, em outras palavras, em uma análise do 'tempo', necessário para obter o resultado desejado, dos 'custos' a afrontar, das 'dificuldades' também psicológicas a superar, dos 'benefícios' obtidos, etc."* *Acesso à justiça e a função do jurista em nossa época*, p. 146.

94 ALMEIDA, Gregório Assagra de. *Direito material coletivo*, p. 183-193.

95 Por outro lado, apesar da forte influência, atualmente, das classificações doutrinárias bipartidas das normas jurídicas, em regras e princípios, sendo inúmeros os estudos sobre o tema envolvendo as concepções de Alexy e Dworkin, este texto parte da concepção, já defendida por seu autor, no sentido de que as normas jurídicas possuem três categorias: a) regras, que são normas direcionadas para casos concretos; b) princípios, que são mandamentos de otimização do sistema e, portanto, diretrizes generalizantes; c) garantias, que asseguram mecanismos de proteção dos direitos e das próprias garantias. Assim, as garantias compõem-se de duas dimensões. De um lado estão as garantias instrumentais, como são as ações constitucionais em geral. De outro, as garantias constitucionais fundamentais, que são as instituições de promoção do acesso à Justiça, destacando-se aqui o Ministério Público. Nesse sentido, a Constituição, além de estabelecer, expressamente (artigo 1º, parágrafo único), que todo poder emana do povo,

O Ministério Público como garantia constitucional fundamental de acesso à justiça da sociedade (o que abrange o indivíduo e a coletividade), possui importantes horizontes a serem explorados no plano da multifuncionalidade dos direitos e das garantias fundamentais e do papel constitucional da Instituição[96]. Mesmo antes da Constituição de 1988, o STF já tinha decidido que "A custódia da lei, deferida ao Ministério Público, não pode sofrer restrição na exegese da norma processual, coarctando-lhe o pleno desempenho do ofício"[97]. Com mais razão agora, em que o Ministério Público é uma garantia constitucional fundamental de acesso à Justiça da sociedade e do indivíduo, a interpretação das suas atribuições e mecanismos de atuação deverá ser ampliativa.

Nesse contexto e com base na cláusula constitucional aberta prevista no § 2º do artigo 5º da Constituição da República Federativa do Brasil de 1988, o rol dos direitos e das garantias constitucionais fundamentais que devem ser protegidos pelo Ministério Público, bem como dos mecanismos de atuação jurisdicional e extrajurisdicional, é meramente exemplificativo. A título de ilustração, em sua atuação jurisdicional, a Institução poderá utilizar-se de todas as ações, provas e medidas judiciais, mesmo que atípicas, mas desde que necessárias e adequadas para proteger e/ou efetivar direitos fundamentais, tal como sói ocorrer com as provas por estatísticas, por amostragem ou de diagnósticos sociais.

No plano extrajurisdicional, o Ministério Público poderá utilizar-se de mecanismos atípicos, mas jurídica e socialmente legítimos, tais como acordos para a pactuação com o poder público sobre a implementação de políticas públicas, projetos sociais e institucionais, reuniões coletivas, o direito de petição (artigo 5º, XXXIX, da CR/1988), dentre outros, mesmos que não previstos expressamente na Constituição ou na legislação infraconstitucional.

Não há dúvida, portanto, de que é inconstitucional medida ou decisão que imprima interpretação restritiva ao papel constitucional do Ministério Público, das suas atribuições e dos seus mecanismos de atuação jurisdicional ou extrajurisdicional na defesa dos direitos fundamentais (arts. 1º, 3º, 5º, XXXV, §2º, arts. 127 e 129, todos da CR/1988).[98]

---

que o exerce por seus representantes eleitos ou diretamente, nos termos da Constituição, consagra o princípio da transformação social ao fixar, entre os objetivos fundamentais da República Federativa do Brasil, a necessidade de criação de uma sociedade livre, justa, solidária, a erradicação da pobreza, a diminuição das desigualdades sociais (artigo 3º). Convém destacar as precisas considerações de Leonardo Barreto Moreira Alves e Márcio Soares Berclaz: "Desde a Constituição da República de 1988, ganhou o Ministério Público destaque não apenas como o titular da ação penal, mas também como defensor da sociedade, notadamente no âmbito dos direitos transindividuais (difusos, coletivos e individuais homogêneos), área também conhecida como atuação em tutela coletiva. Estas atividades finalísticas, sem dúvida, são as mais coerentes e harmônicas à compreensão da instituição do Ministério Público como órgão de extração constitucional representativo da sociedade civil no Estado Democrático de Direito encarregado de promover positivas alterações e transformações na realidade social". ALVES, Leonardo Barreto Moreira; BERCLAZ, Márcio Soares Berclaz. *Ministério Público em ação*: atuação prática jurisdicional e extrajurisdicional. Salvador: Editora Podivm, 2010, p. 33.

96 ALMEIDA, Gregório Assagra de. *As Corregedorias, a Nacional e as Internas, no contexto do Ministério Público como Instituição de Acesso à Justiça*, p. 49-107.

97 BRASIL. Supremo Tribunal Federal. RE 92656-9-RJ, Relator Ministro Néri da Silveira. Primeira Turma. Julgado em 3.12.1984. Divulgado, Lex-JSTF, 92/73.

98 ALMEIDA, Gregório Assagra de; DAHER, Lena Luciana Nunes; LOPES, Ludmila Reis Brito. *O Ministério Público como Garantia Constitucional Fundamental de Acesso à Justiça da Sociedade*: interpretação ampliativa dos seus mecanismos de atuação jurisdicional e extrajurisdicional. Tese aprovada no XXII Congresso Nacional do Ministério Público: "Três Décadas da Constituição Federal de 1988: Os Novos Desafios do Ministério Público", realizado em Belo Horizonte nos dias 27 a 29 de setembro de 2017.

3. AS CORREGEDORIAS COMO GARANTIAS FUNDAMENTAIS DA PRÓPRIA GARANTIA MINISTÉRIO PÚBLICO [99]

As normas jurídicas podem ser classificadas em três categorias: a) regras, que são normas direcionadas para casos concretos; b) princípios, que são mandamentos de otimização do sistema e, portanto, diretrizes generalizantes; e c) garantias, que asseguram mecanismos de proteção e dos direitos e das próprias garantais. As garantias compõem duas dimensões. De um lado, estão as garantias instrumentais, como são as ações constitucionais em geral. De outro, as garantias constitucionais fundamentais, que são as instituições de promoção do acesso à justiça, destacando-se aqui o papel das Corregedorias, visto que possuem a importante função de orientação e de fiscalização das atividades do Ministério Público.

Essa visão a respeito do Ministério Público e das Corregedorias, Nacional e Corregedorias internas da Instituição, aqui sustentada, com natureza de garantia constitucional fundamental de acesso à justiça da Sociedade (o que abrange o indivíduo e a coletividade, no contexto das atribuições constitucionais do Ministério Público, arts. 127 e 129 da CR/1988), está diretamente vinculada ao plano da multifuncionalidade dos direitos e das garantias constitucionais e do papel constitucional do Ministério Público.

Em verdade, de nada adiantaria a criação de uma Instituição de Acesso à Justiça se não houverem meios de controlar a atuação daqueles que estão a ela vinculados. Ao exercerem não apenas papel fiscalizatório, mas também de orientação, as Corregedorias assumem a condição de garantias fundamentais da própria garantia do Ministério Público, permitindo que a Instituição não venha a se perder na sua caminhada em direção à efetivação de direitos e garantias constitucionais fundamentais.

Como deve ser exercida essa fiscalização? Quais medidas de orientação são esperadas da Corregedoria? Qual o "perfil" de membro do Ministério Público é esperado pela sociedade e deve servir de paradigma de análise para a atuação correcional?

4. O MINISTÉRIO PÚBLICO COMO GARANTIA CONSTITUCIONAL NA CR/1988

4.1. Uma nova dicotomia constitucionalizada dos direitos e deveres e sua importância para a aferição das atribuições do Ministério

Para o novo constitucionalismo democrático, os direitos e as garantias constitucionais fundamentais contêm valores que devem irradiar todo o sistema jurídico, de forma a constituírem a sua essência e a base que vincula e orienta a atuação do legislador constitucional, do legislador infraconstitucional, do administrador, da função jurisdicional e até mesmo do particular. A partir dessas premissas, no contexto

[99] Conferir: ALMEIDA, Gregório Assagra de; AQUINO, Eduardo Pimentel de Vasconcelos. *As Corregedorias do Ministério Público como garantias fundamentais da garantia*: experiências internacionais e os desafios para a efetividade social da atuação do Ministério Público na defesa dos direitos fundamentais. Belo Horizonte: Editora D'Plácido, 2018. Coleção Direitos Fundamentais e acesso à justiça no estado constitucional de direito em crise, vol. 6. Coordenação: Gregório Assagra de Almeida.

do sistema jurídico brasileiro, a dicotomia Direito Público e Direito Privado não mais se sustenta.

Assim, no plano do acesso à justiça, jurisdicional e extrajurisdicional e, principalmente no âmbito da proteção dos direitos fundamentais, tem-se que a *summa divisio Direito Público* e *Direito Privado* não foi recepcionada como modelo adequado para orientar a tutela jurídica pela Constituição da República Federativa do Brasil de 1988. A *summa divisio* constitucionalizada no País é *Direito Coletivo* e *Direito Individual*. O texto constitucional de 1988 rompeu com a *summa divisio* clássica ao dispor, no Capítulo I do Título II — Dos Direitos e Garantias Fundamentais, sobre *os Direitos e Deveres Individuais e Coletivos*[100].

Apesar da autonomia metodológica e principiológica do Direito Coletivo brasileiro, não sustentamos a sua interpretação na condição de novo ramo do Direito, visto que não entendemos que o Direito Individual, que compõe a outra dimensão da *summa divisio* constitucionalizada no País, seja outro ramo do Direito. Na verdade, o Direito Coletivo e o Direito Individual formam a *summa divisio* consagrada na Constituição da República Federativa do Brasil de 1988. No Direito Coletivo existem ramos do Direito, tais como o Direito Ambiental, o Direito Coletivo do Trabalho, o Direito Processual Coletivo, o Direito Penal Coletivo e o próprio conjunto, em regra, do que é denominado de "Direito Público", que estaria dentro do Direito Coletivo, existindo, contudo, exceções. Da mesma forma, no Direito Individual há vários ramos do Direito, tais como o Direito Civil, o Direito Processual Civil, o Direito Individual do Trabalho, o Direito Empresarial *etc*.

O Estado Democrático de Direito, especialmente o brasileiro (artigo 1º da CR/88), está inserido na sociedade[101], regido pela Constituição, com a função de proteção e de efetivação tanto do Direito Coletivo quanto do Direito Individual. É um Estado, portanto, da coletividade e do indivíduo ao mesmo tempo[102]. Com isso, conclui-se que existem dimensões do que é denominado, pela concepção clássica, de "Direito Público" também no Direito Individual, como é o caso do Direito Processual Civil, de concepção individualista[103]. Em outras palavras, o Direito Coletivo e o Direito Individual formam dois grandes blocos do sistema jurídico brasileiro, integrados por vários ramos do Direito.

Entretanto, o Direito Constitucional está acima, no topo da nova *summa divisio* constitucionalizada. O Direito Constitucional representa o ponto de união e de disciplina da relação de interação entre esses dois grandes blocos. A Constituição, que

[100] ALMEIDA, Gregório Assagra de. *Direito material coletivo, passin.*

[101] No mesmo sentido, sustentando que o dualismo clássico (Estado e sociedade) não subsiste no Estado Democrático de Direito, Reinhold Zippelius: "A distinção entre Estado e sociedade provém de uma época histórica durante a qual a centralização do poder político na mão de um soberano absoluto e respectiva burocracia dava origem à novação de que o Estado constituía uma realidade autônoma em face à sociedade". ZIPPELIUS, Reinhold. *Teoria geral do Estado*. Tradução de António Cabral de Moncada. 2. ed. Lisboa: Fundação Calouste Culbbenkian, 1984, p. 158.

[102] Nesse sentido, Reinhold Zippelius: "[...] no processo de formação da vontade estadual cada indivíduo surge, perante os outros, na posição de igual e livre. Mas a orientação do Estado não tem de ser marcada pelo egoísmo dos interesses particulares que domina a vida social, mas em vez disso — deve-se concluir — pelo justo equilíbrio daqueles interesses". *Teoria geral do Estado*, p. 159.

[103] É inquestionável que a Constituição contém tanto normas de "Direito Público" quanto de "Direito Privado" e, assim, não é tecnicamente, nem metodologicamente adequado, o enquadramento do Direito Constitucional como um dos capítulos do Direito Público, conforme assim o faz a *summa divisio* clássica.

estrutura o objeto formal do Direito Constitucional, é composta tanto de normas, garantias e princípios de Direito Coletivo, quanto de normas, garantias e princípios de Direito Individual.

Ademais, a visão atual em torno do acesso à justiça e da efetividade dos direitos, atrelada ao plano da titularidade, confirma a nova *summa divisio* adotada na CR/1988. A titularidade e a proteção encontram-se relacionadas a direito individual ou a direito coletivo amplamente considerado[104].

Nesse contexto, o Ministério Público atua na defesa da Constituição e dos dois planos da nova *summa divisio*. Além de fiscal da Constituição, na sua condição Norma Fundamental da ordem jurídica, a Instituição atua na defesa de todos os direitos coletivos em geral, bem como na defesa dos direitos individuais indisponíveis (artigo 127, *caput*, e artigo 129, III, da CR/1988).

A partir da nova *summa divisio* constitucionalizada no Brasil, especialmente em razão da inserção dos direitos coletivos no plano dos direitos fundamentais (Título II, Capítulo I, da CR/1988), torna-se possível desenvolver e sedimentar um constitucionalismo brasileiro que sirva de modelo para outros países.[105]-[106]

5. FATORES PARA A AMPLIAÇÃO DA LEGITIMAÇÃO SOCIAL DAS FUNÇÕES CONSTITUCIONAIS DO MINISTÉRIO PÚBLICO [107]

O Ministério Público brasileiro passou a ser, a partir da Constituição de 1988, uma instituição de promoção e de indução da efetividade dos direitos fundamentais sociais, com atribuições constitucionais para atuar em todas as áreas relacionadas com a defesa da ordem jurídica, do regime democrático e dos interesses sociais e individuais indisponíveis. Essas diretrizes constitucionais demonstram a importância da preocupação com a legitimação social do Ministério Público enquanto Instituição.

O fato de os Membros não serem, nos termos do modelo constitucional brasileiro, escolhidos diretamente pelo povo, não impede, porém, que a Instituição tenha legitimação social. Primeiro, porque o acesso se dá após um disputado concurso de provas e títulos, exigido constitucionalmente; depois, porque a verdadeira legitimação social do Ministério Público advém da sua efetiva e eficiente atuação na defesa da ordem jurídica, do regime democrático e dos interesses sociais e individuais indisponíveis (artigo 127, *caput*, da CR/1988).

Não é, contudo, qualquer tipo de atuação que irá constituir-se em fator de ampliação da legitimação social do Ministério Público; é necessário compreender o verdadeiro perfil constitucional da Instituição e suas dimensões no novo constitucionalismo.

[104] ALMEIDA, Gregório Assagra de. *Direito material coletivo, passin.*

[105] ALMEIDA, Gregório Assagra de. *Direito material coletivo, passin.*

[106] Para um aprofundamento no tema da evolução do Estado de Direito, sugerimos a leitura de COSTA, Rafael de Oliveira. Estado Transicional de Direito. *Revista Direito e Práxis*, v. 8, p. 1, 2017.

[107] Sobre os fatores de ampliação da legitimidade social do Ministério Público, vide: ALMEIDA, Gregório Assagra de. *O Ministério Público no Neoconstituconalismo, passim.*

Partindo de uma nova leitura constitucional dos compromissos e desafios do Ministério Público brasileiro, apresentar-se-á, na sequência, alguns fatores constitucionais importantes para a ampliação da sua legitimidade social; outros existem, mas fizemos a escolha por aqueles mais relevantes nesta etapa de maturação e de construção do Ministério Público como Instituição constitucional.

Os fatores de ampliação da legitimação social são fundamentais para qualificar, substancialmente, o trabalho orientador e fiscalizador das Corregedorias, até porque possuem a natureza jurídica de garantias fundamentais da própria garantia constitucional fundamental de acesso à justiça, que é o Ministério Público como Instituição de caráter nacional, incumbindo-lhe a defesa jurisdicional e extrajurisdicional dos direitos e interesses individuais indisponíveis e dos direitos ou interesses coletivos, amplamente considerados (artigo 127 e 129, da CR/1988).

5.1. Priorização da atuação preventiva

O Ministério Público brasileiro já passou por alguns grandes momentos históricos.

O primeiro deles foi o seu reconhecimento como Instituição, o que aconteceu com o advento da República, durante o Governo Provisório, por força do trabalho do então Ministro Campos Salles.

O segundo decorreu da Lei Complementar Federal nº 40/81, a primeira Lei Orgânica Nacional do Ministério Público, assim considerada porque definiu um estatuto básico e uniforme para o Ministério Público nacional e dispôs sobre as suas principais atribuições, garantias e vedações.

Um terceiro grande momento ocorreu com o advento da Lei nº 7.347/85 (Lei da Ação Civil Pública), que conferiu legitimidade ao Ministério Público para a defesa jurisdicional e administrativa dos interesses e direitos difusos e coletivos, além de ter criado o inquérito civil, atribuindo-lhe a função promocional de transformação da realidade social.

Um quarto momento adveio com a da Constituição de 1.988, o mais significativo e transformador de todos, que permitiu a reconstrução da Instituição sob uma nova *summa divisio*[108].

Agora entendemos que resta a construção de um quinto grande momento histórico. Mas ele não ocorrerá do dia para a noite, nem se dará com simples alteração da lei ou da Constituição. Ele se dará com a mudança cultural no seio da Instituição e com a elaboração de técnicas e estudos que possam fazer com que o Ministério Público possa priorizar a mais significativa e importante tutela jurídica do Estado Democrático de Direito: a tutela preventiva.

A tutela jurídica preventiva é a mais genuína forma de proteção jurídica no contexto do Estado Democrático de Direito. Ela decorre do princípio da prevenção geral como diretriz, inserida no princípio democrático (artigo 1º, da CR/1988). Por intermédio da tutela jurídica preventiva poderá ser atacado, em uma das suas

[108] Sobre o tema, conferir: COSTA, Rafael de Oliveira. *Do Ministério Público como Superego da Sociedade*: design institucional e legitimidade na atuação judicial e extrajudicial. Sequência (Florianópolis) [*on-line*], n. 76, 2017..

dimensões, diretamente o ilícito, evitando-se a sua prática, continuidade ou repetição. Com isso, evita-se o dano, que é objeto da tutela jurídica repressiva, mais precisamente a ressarcitória.

Ocorre que muitos danos, especialmente os de dimensão social (aqueles que afetam o ambiente; a saúde do consumidor; a criança e o adolescente; o idoso; a saúde pública etc.), não são possíveis de reparação *in natura*. Portanto, só restaria nesses casos uma tutela repressiva do tipo compensatória ou do tipo punitiva, que é espécie de tutela jurídica apequenada, já que não responde ao direito, a uma tutela jurídica genuinamente adequada, na sua condição de garantia fundamental do Estado Democrático de Direito (artigos 1º, 3º e 5º, inciso XXXV, todos da CR/1988).

Ora, ao Ministério Público como Instituição responsável pela defesa do regime democrático, incumbe prioritariamente a defesa preventiva da sociedade, pois é essa, repita-se, a mais genuína forma de tutela jurídica no Estado Democrático de Direito.

Atualmente, a atuação da Instituição no país é predominantemente repressiva, que se dá em grande parte nos momentos patológicos da conflituosidade social. A prova disso é a atuação criminal, que por natureza é repressiva. De que adianta punir criminalmente sem compreender, por intermédio de estudos e de dados estatísticos, as causas dessa criminalidade? São justamente essas causas que devem ser atacadas com prioridade[109]. A exigência de políticas públicas específicas nesses casos é fundamental.

Além de combater repressivamente os atos de improbidade, é razoável priorizar a atuação para evitar que ocorram atos dessa natureza, especialmente os que geram danos ao Erário. Muitas vezes torna-se impossível a recuperação dos ativos desviados, o que resulta em enormes prejuízos para a sociedade. A priorização da atuação preventiva pelos Promotores de Justiça, Procuradores de Justiça e Procuradores da República é um caminho legítimo e eficaz para proteger o patrimônio público.

E mais: ao contrário de esperar a aplicação de lei inconstitucional com danos sociais, deve-se priorizar o controle da constitucionalidade para que seja evitada a aplicação da lei ou do ato normativo inconstitucional.

Essa mudança de paradigma é uma exigência do Estado Democrático de Direito brasileiro, na sua condição de Estado da Justiça material, de Estado da transformação da realidade social.

O Estado Democrático de Direito, delineado na CR/1988, diferentemente das outras formas de Estado, tem um compromisso nuclear: transformar a realidade social na busca da igualdade material quanto ao acesso efetivo a bens e outros valores. Essa transformação da realidade social com justiça também é compromisso do Ministério Público como defensor do regime democrático (artigo 1º e artigo 127, *caput*, ambos da CR/1988).

Portanto, o papel do Ministério Público na defesa dos interesses sociais deve ser exercido de forma efetiva em todas as suas esferas de atuação. Na área criminal,

---

[109] Sobre o tema, conferir: COSTA, Rafael de Oliveira. Do Futuro do Ministério Público: Efetividade de Políticas Públicas e Litígio Estratégico no Processo Coletivo. IN: BARBOSA, Renato Kim (Org.). *O Futuro do Ministério Público*. São Paulo: APMP, 2017, p. 08-20.

é imprescindível a sua inserção no seio social, para que venha a se inteirar das verdadeiras causas da criminalidade e concretizar políticas públicas específicas[110], além de atuar diretamente nas investigações das condutas criminosas que mais abalam a sociedade, de forma a combater com rigor e eficiência o crime organizado e permitir que o Direito Penal tenha eficácia social.

Na área coletiva, o Ministério Público deverá priorizar a atuação preventiva para evitar a violação dos direitos sociais, além de combater de modo articulado e eficiente as condutas danosas aos direitos massificados[111].

Na sua atuação extrajurisdicional, como grande intermediador e pacificador da conflituosidade social, o Ministério Público assume função social pedagógica, através da educação da coletividade para o exercício da cidadania e das organizações sociais. E isso a Instituição deve fazer pelas recomendações, pelas audiências públicas e também pelo termo de ajustamento de conduta. Ademais, diante das insuficiências do modelo até então adotado, vem ganhando força uma nova "fase", "geração", "onda" ou "dimensão" na atuação ministerial extrajurisdicional: a da busca pela efetividade das políticas públicas. Trata-se de verdadeira revolução provocada no exercício da atividade-fim, de modo a permitir o efetivo acompanhamento da tutela de direitos pela via das políticas públicas de interesse da sociedade.

A título de exemplo, o Ministério Público do Estado de São Paulo editou o Ato Normativo n° 934/15-PGJ-CPJ-CGMP, que disciplina o Procedimento Administrativo de Fiscalização e o Procedimento Administrativo de Acompanhamento. Em seu artigo 4°, o mencionado diploma dispõe que o Procedimento Administrativo de Acompanhamento é destinado a situações que não constituam objeto de procedimentos específicos, em especial o acompanhamento de políticas públicas, o acompanhamento legislativo e o acompanhamento de atividades dos organismos públicos de tutela de direitos e de políticas públicas.

Ressalte-se, por oportuno, que a forma mais legítima de realização do direito não vem da capacidade de decidir e de fazer imperar decisões, mas do diálogo, da interpretação negociada da norma jurídica. Mesmo para o Ministério Público demandista, a priorização da atuação preventiva é fundamental, principalmente quanto ao ajuizamento de ações civis públicas de tutela inibitória, evitando-se, assim, a prática do ilícito, sua continuidade ou repetição. Nesse contexto, primordial atenção deve ser conferida à adoção do que se convencionou chamar de "litígio estratégico". Os litígios estratégicos, conhecidos no Direito Norte-americano como *public interest litigation* ou *high impact litigation*, buscam realizar transformações sociais a partir da consolidação de precedentes sobre temas emblemáticos, os quais acabam por influenciar a implementação de políticas públicas[112]:

110 Sobre o tema, conferir: COSTA, Rafael de Oliveira. *Do Futuro do Ministério Público, passim.*

111 A respeito desse novo perfil constitucional do Ministério Público, escreve Gustavo Tepedino: "[...] o Ministério Público deixa de atuar simplesmente nos momentos patológicos, em que ocorre lesão a interesse público, sendo convocado a intervir de modo permanente, promovendo o projeto constitucional e a efetividade dos valores consagrados pelo ordenamento". TEPEDINO, Gustavo. *Temas de direito civil.* Rio de Janeiro: Renovar, 1999, p. 300.

112 "Quanto aos demais objetivos, mudanças legislativas e nas políticas públicas, é necessário que seja possível um diálogo entre a decisão judicial e o Poder Executivo, provocando-o a ter uma atenção especial em relação à temática na gestão de suas políticas públicas, e também com o Poder Legislativo, ordenando-o ou fomentando-o a editar/alterar leis que deem

> [...] o litígio estratégico busca por meio do uso do judiciário e de casos paradigmáticos, alcançar mudanças sociais. Os casos são escolhidos como ferramentas para transformação da jurisprudência dos tribunais e formação de precedentes, para provocar mudanças legislativas ou de políticas públicas[113].

Assim, busca-se uma combinação de técnicas jurídicas, políticas e sociais que abrangem desde a fase pré-processual até a prolação da sentença, no intuito de promover efetivas mudanças na esfera social[114].

Passemos à análise detalhada dos demais fatores de ampliação da legitimação social que embasam essas premissas.

5.2. Exercício da função pedagógica da cidadania: um compromisso constitucional social do Ministério Público (arts. 1º, parágrafo único, 3º, 6º, 127, caput, e 205, da CR/1988)

Um dos grandes problemas educacionais no Brasil, talvez um dos mais graves, decorre do fato de nosso ensino ser muito formal e distante do exercício efetivo da cidadania. O aluno, no ensino primário e secundário, é obrigado a estudar e aprender matemática, química e física, mas não aprende o mais importante para a sua convivência social: os direitos e deveres para o exercício da cidadania e convivência democrática. Ele sai do ensino médio sem saber quais são os seus direitos políticos, os seus principais direitos fundamentais, os seus direitos como trabalhador, como assegurado da previdência social, como consumidor etc. Ele nem sabe quais são as vias legítimas de acesso a esses direitos. Grande parte dos cidadãos brasileiros ainda pensa que o Promotor de Justiça está subordinado ao Juiz. Essa grande massa popular não conhece o Ministério Público e nem tem noção dos seus compromissos constitucionais e, assim, não consegue exercer a fiscalização legítima e necessária das instituições constitucionais.

O ensino no país contribui para a exclusão de um grande contingente popular do processo democrático e não cumpre os objetivos e princípios informadores da educação, estabelecidos no artigo 205, da CR/1988, especialmente o *pleno desenvolvimento da pessoa e o seu preparo para o exercício da cidadania*[115]. Até que haja a

aplicabilidade e concreção aos direitos discutidos em juízo. Grande exemplo dessa situação ocorre no caso do mandado de injunção (artigo 5º, inciso LXXI da CF/88 e Lei nº 13.300 de 2016) em que se busca a defesa de direitos subjetivos em face da omissão do legislador." VINCENZI, Brunela Vieira de; ALVES, Gustavo Silva; REZENDE, Priscilla Correa Gonçalves de. As ações coletivas como espécie de litígio estratégico: um diálogo com a luta social por reconhecimento de Axel Honneth. *Revista Jurídica Direito & Paz*, v. 34, p. 224, 2016.

113 CARDOSO, Evorah. Ciclo de vida do litígio estratégico no sistema interamericano de direitos humanos: dificuldades e oportunidades para atores não estatais. *Revista Electrónica del Instituto de Investigaciones "Ambrosio L. Gioja"*, Ano V, número especial, p. 365-366, 2011.

114 Sobre o assunto, consultar: COSTA, Rafael de Oliveira. Do Futuro do Ministério Público, passim; SILVA, Dicken William Lemes. Litígio Estratégico de Interesse Público e Ministério Público: Reflexões sobre a Natureza Instrumental da Independência Funcional. Revista do Ministério Público do Distrito Federal e Territórios, n. 7, 2013.

115 Estabelece o artigo 205 da CF: "A educação, direito de todos e dever do Estado e da família, será promovida e incentivada com a colaboração da sociedade, visando ao pleno desenvolvimento da pessoa, seu preparo para o exercício da cidadania e sua qualificação para o trabalho". Ao comentar o dispositivo, escreveu José Afonso da Silva: "[...] O artigo 205 prevê três objetivos básicos da educação: (a) pleno desenvolvimento da pessoa; b) preparo da pessoa para o exercício da cidadania;

reestruturação do ensino médio no Brasil, a Imprensa e as instituições de defesa social, como o Ministério Público, têm um compromisso, imposto constitucionalmente, de contribuírem para a divulgação dos direitos e deveres inerentes à cidadania, possibilitando que um maior número de cidadãos participem efetivamente do processo de democratização da sociedade brasileira e, com isso, não fiquem dispersos e sujeitos a manobras imorais e espúrias do poder político e econômico[116].

Esse compromisso com *a função pedagógica da cidadania*, além de fundamentar-se no parágrafo único do artigo 1º a Constituição, onde está estabelecido que *todo o poder emana do povo, que o exerce pelos seus representantes eleitos ou diretamente, nos termos dessa Constituição*, também é desmembramento do *princípio da solidariedade coletiva*, presente no artigo 3º, I, da CR/1988, constituindo-se, também, em *direito social fundamental* (arts. 6º e 205, ambos da CR/1988), fundado na própria *dignidade da pessoa humana* (artigo 1º, III, da CR/1988).

Assim, o exercício da função pedagógica da cidadania está enquadrado no âmbito do rol das matérias de *interesse social*, inserindo-se como um dos deveres constitucionais do Ministério Público, presente no artigo 127, *caput*, da CR/1988[117].

Além das cartilhas cidadãs, da divulgação e da transparência em relação às medidas e ações da Instituição, o mecanismo da audiência pública é um legítimo canal para que o Ministério Público, em pleno diálogo com a sociedade, possa exercer, efetivamente, essa função pedagógica da cidadania, ampliando a sua legitimação social. Passemos, então, à sua análise detalhada.

5.3. Realização periódica de audiências públicas

5.3.1. Fundamentação constitucional e infraconstitucional

O mecanismo da audiência pública é um forte canal de ampliação e de fortalecimento da legitimação social do Ministério Público, seja por permitir um diálogo mais direto com a sociedade, seja por permitir que a Instituição estabeleça seu programa de atuação funcional a partir das propostas e reclamações da própria sociedade.

A *audiência pública* encontra-se fundamentada no *princípio constitucional do exercício direto da soberania popular*, estabelecido no artigo 1º, parágrafo único, da

(c) qualificação da pessoa para o trabalho. Integram-se, nestes objetivos, valores antropológico-culturais, políticos e profissionais". *Comentário contextual à Constituição*. São Paulo: Malheiros Editores, 2005, p. 784-5.

116 Ao sustentar a necessidade de um pensamento complexo, escreveu Edgar Morin: "O conhecimento deve certamente utilizar a abstração, mas procurando construir por referência do contexto. A compreensão dos dados particulares necessita da ativação da inteligência geral e a mobilização dos conhecimentos de conjunto. Marcel Mauss dizia: 'É preciso recompor o todo'. Acrescen- temos: é preciso mobilizar o todo. Certamente, é impossível conhecer tudo do mundo, bem como apreender suas transformações multiformes Mas, por mais aleatória que seja, o conhecimento dos problemas-chave do mundo deve ser perseguido, sob pena da imbecibilidade cognitiva. Tanto mais que hoje o contexto de todo conhecimento político, econômico, antropológico, ecológico constitui o próprio mundo. É o problema universal para todo cidadão: como adquirir a possibilidade de articular e organizar as informações sobre o mundo. Mas para articulá-las e organizá-las é preciso uma reforma do pensamento". MORIN, Edgar. O pensamento complexo, um pensamento que pensa. IN: MORIN, Edgar; MOIGNE, Jean-Louis Le. *A inteligência da complexidade*. Tradução de Nirimar Maria Falci. São Paulo: Editora Peirópolis, 3. ed. 2000, p. 207-208. Sobre o tema, conferir ainda: COSTA, Rafael de Oliveira. Do Ministério Público como Superego da Sociedade, passim.

117 COSTA, Rafael de Oliveira. *Do Ministério Público como Superego da Sociedade, passim*.

CR/1988. Prevê o referido dispositivo constitucional que *todo o poder emana do povo, que o exerce pelos seus representantes eleitos ou diretamente, nos termos dessa Constituição.* Constitui-se, assim, mecanismo de exercício direto da soberania popular, pois o cidadão, por si, ou por seus entes sociais representativos, é convidado a apresentar propostas, reivindicar direitos, exigir a observância de deveres constitucionais e infraconstitucionais, bem como a tomar ciência de fatos ou medidas adotadas ou a serem adotadas pelas autoridades públicas.[118]

Com efeito, a audiência pública é desmembramento direto do *princípio democrático*, estatuído no artigo 1º, *caput*, da CR/1988, que tem a cidadania como um dos seus fundamentos (artigo 1º, I, da CR/1988)[119]-[120]. Trata-se, em verdade, de mecanismo constitucional por intermédio do qual as autoridades públicas e agentes públicos em geral abrem as portas do poder público à sociedade para facilitar o exercício direto e legítimo da cidadania popular, em suas várias dimensões, permitindo-se a apresentação de propostas, a apresentação de reclamações, a eliminação de dúvidas, a solicitação de providências, a fiscalização da atuação das instituições de defesa social, de forma a possibilitar e viabilizar a discussão em torno de temas socialmente relevantes.

O Ministério Público não só pode como deve realizar audiências públicas com a periodicidade necessária. Na condição de Instituição de defesa social e de promoção da transformação, com justiça, da realidade social (arts. 1º, 3º, 127 e 129, todos da CR/1988), deve permitir a participação direta da sociedade na elaboração dos seus Programas de Atuação Funcional, bem como esclarecer os cidadãos e seus entes representativos sobre as medidas adotadas pela Instituição, conduzindo o *princípio participativo*, desmembramento natural do *princípio democrático*, ao seu grau máximo de efetivação e concretização.

Não há um dispositivo expresso na Constituição que exija a realização de audiências públicas pelo Ministério Público[121]; contudo, há um conjunto de direitos, garantias e princípios constitucionais que impõem a ampliação e a facilitação do

[118] Sobre o exercício do poder diretamente pelo povo, aduz José Afonso da Silva: "O poder que o povo exerce diretamente. O princípio participativo caracteriza-se pela participação direta e pessoal da cidadania na formação dos atos do governo. As primeiras manifestações da democracia participativa consistiram nos institutos 'democracia semidireta', que combinam instituições de participação direta com instituições de participação indireta, tais como: a iniciativa popular, pela qual se admite que o povo apresente projetos de lei ao legislativo de lei ao Legislativo; o referendo popular, que se caracteriza no fato de que projetos de lei aprovados pelo Legislativo devem ser subjetivos à vontade popular; o plebiscito é também uma consulta popular, semelhante ao referendo; difere porque este ratifica (confirma) ou rejeita o projeto aprovado; o plebiscito autoriza a formulação da medida requerida [...]". *Comentário contextual à Constituição*, p. 40-41.

[119] Sustenta Geisa de Assis de Rodrigues: "A audiência pública é um importante instrumento do Estado democrático de Direito construído a partir da extensão do princípio da audiência individual [...]". RODRIGUES, Geisa de Assis. *Ação civil pública e termo de ajustamento de conduta*: teoria e prática. Rio de Janeiro: Forense, 2002, p. 94.

[120] Faz-se importante ressaltar que o *direito à democracia* é apontado por Paulo Bonavides, ao lado dos *direitos à informação e ao pluralismo*, como direito fundamental de *quarta dimensão* (*geração*), configurando-se como forma de democracia direta que marca o futuro da cidadania e a própria *liberdade de todos os povos*. Afirma Paulo Bonavides: "A democracia positivada enquanto direito de quarta geração há de ser, de necessidade, uma democracia direta. Materialmente possível graças aos avanços da tecnologia de comunicação, e legitimamente sustentável graças à informação correta e às aberturas pluralistas do sistema [...]". BONAVIDES, Paulo. *Curso de direito constitucional*. 11. ed. São Paulo: Malheiros Editores, 2001, p. 525-6).

[121] O artigo 58, § 2º, da CF/88, prevê a realização de audiências públicas pelas comissões do Congresso Nacional.

exercício direto da democracia pela participação popular, o que deve ser fomentado pelas instituições democráticas de defesa social, como é o caso do Ministério Público.

O fato de a audiência pública estar fundamentada no direito político de participação não significa que ela somente se dirige ao cidadão em seu sentido estrito. Os seus entes representativos, bem como outras pessoas jurídicas, também podem participar. É o que esclarece Hugo Nigro Mazzilli:

> Além do membro do Ministério Público, que a presidirá, dos funcionários desta instituição, que darão suporte e apoio ao primeiro, e das pessoas que forem nominalmente convidadas para o evento, ainda poderão participar da audiência, sem caráter taxativo: a) representantes de associações civis interessadas; b) as autoridades públicas interessadas ou que tenham competência para analisar a questão em exame; c) as entidades sindicais relacionadas com o objeto da audiência; d) as universidades ou faculdades, bem como entidades acadêmicas que tenham conhecimento técnicos sobre o tema em questão; e) especialistas, peritos e técnicos, que compareçam sob convite ou espontaneamente; f) qualquer pessoa que tenha interesse geral na questão objeto da audiência[122].

É o que também dispõe a Resolução PGJ nº 43/2006, do Ministério Público do Estado de Minas Gerais:

> Artigo 3º A audiência é aberta a todos os interessados, pessoas físicas, pessoas jurídicas e demais entidades, que deverão assinar lista de presença, sendo que a participação dar-se-á na condição de expositor ou de colaborador, os quais poderão apresentar informações ou propostas orais ou por escrito quanto aos temas a serem abordados.

No plano infraconstitucional, a realização de audiência pública pelo Ministério Público tem amparo em texto expresso de lei. É o que prevê o artigo 27, parágrafo único, IV, da Lei 8.625, de 12 de fevereiro de 1993 (Lei Orgânica Nacional do Ministério Público):

> Artigo 27 Cabe ao Ministério Público exercer a defesa dos direitos assegurados nas Constituições Federal e Estadual, sempre que se cuidar de garantir-lhe o respeito: [...] Parágrafo único. No exercício das atribuições a que se refere este artigo, cabe ao Ministério Público, entre outras providências: IV – promover audiências públicas e emitir relatórios, anual ou especiais, e recomendações dirigidas aos órgãos e entidades mencionadas no 'caput' deste artigo, requisitando ao destinatário sua divulgação adequada e imediata, assim como resposta por escrito.

A Lei Complementar Federal n. 75, de 20 de maio de 1993, que dispõe sobre a organização, as atribuições e o estatuto do Ministério Público da União, não tem previsão expressa sobre a realização de audiência pública pelo Ministério Público da União; porém, isso não impede que os Ministérios Públicos da União a realizem, conforme muito bem ponderou o Procurador Regional da República Alexandre Amaral Gavronski:

> Verdadeiro mecanismo de 'participação' [democracia participativa] do cidadão na tomada de decisões de interesse coletivo, decorrência natural do Estado Democrático

[122] MAZZILLI, Hugo Nigro. *Inquérito civil*. São Paulo: Saraiva, 1999, p. 330.

de Direito em que se constitui a República Federativa do Brasil (artigo 1º da CR/1988), a audiência pública não depende de lei ou regulamento para ter cabimento; esta só é necessária para fazê-la obrigatória. Por tal razão, assume pouca relevância a omissão da Lei Complementar n. 75/93 sobre o assunto, diferentemente da Lei Orgânica Nacional do Ministério Público, que inclui explicitamente dentre as funções da Instituição 'promover audiências públicas para, no exercício da defesa dos direitos assegurados na Constituição, garantir-lhes o respeito por parte dos poderes públicos, concessionários e permissionários de serviço público e entidades que exerçam função delegada (artigo 27, parágrafo único, IV, da Lei 8.625/93). Assim, tratando-se de colaboração da cidadania ao Ministério Público, cabe ao membro com atribuição para a matéria decidir se cabe ou não sua realização[123].

Devidamente assentada a audiência pública como mecanismo constitucional fundamental de participação democrática, decorrente do exercício direto da soberania pelo povo (artigo 1º, parágrafo único, da CF/88) e com previsão infraconstitucional, é preciso deixar claro que se sujeita a vários princípios orientadores. Alguns desses princípios merecem especial destaque. Vejamos:

5.3.2. *Princípio democrático (artigo 1º da CR/1988)*

O princípio democrático é o mais importante de todos os princípios; é a cláusula mãe das audiências públicas, por força do qual se impõe a fomentação da participação popular e, ao mesmo tempo, proíbem-se atitudes restritivas do acesso à audiência pública.

5.3.3. *Princípio da publicidade ampla, irrestrita e popular (artigos 5º, LX, e 37, caput, ambos da CR/1988)*

À audiência pública deve ser conferida a máxima publicidade, com sua divulgação por todos os meios legítimos, tais como editais e convites, com a utilização inclusive de todos os veículos de comunicação.

5.3.4. *Princípio do retorno ou da resposta à sociedade ou ao cidadão ou da prestação de contas das medidas e resultados (artigo 5º, XXXIV, a, da CR/1988)*

Por força desse princípio, as autoridades públicas devem prestar contas das medidas tomadas, bem como, em sendo possível, de seus resultados. Esse princípio é desmembramento do direito de petição, na sua condição de garantia constitucional fundamental.

5.3.5. *Princípio da periodicidade*

A audiência pública, como mecanismo constitucional de exercício direto da soberania popular (artigo 1º, parágrafo único, da CR/1988) e condição legitimadora

---

123 GAVRONSKI, Alexandre Amaral. *Tutela coletiva*: visão geral e atuação extrajudicial. Brasília: Escola Superior do Ministério Público da União, 2006, p. 90-91.

das instituições democráticas de defesa social, deve ser realizada com periodicidade, atendendo-se às peculiaridades dos interesses sociais de cada região do País.

5.3.6. Princípio da solenidade relativizada

A audiência pública deve ser presidida por uma ou por mais de uma autoridade e deve procurar observar, em prol da eficiência (artigo 37, *caput*, da CR/1988), um procedimento que lhe permita ter um início, um meio e um fim. Daí o seu caráter solene. Contudo, não se deve imprimir à audiência pública um caráter formal que venha constranger o cidadão e impedir ou dificultar o exercício direto de sua soberania.

5.3.7. Princípio da não-taxatividade em abstrato ou da não-limitação em abstrato do objeto da audiência pública

O rol dos direitos e garantias constitucionais é meramente exemplificativo (artigo 5º, § 2º, da CR/1988). Em relação ao Ministério Público, especialmente, incidem os princípios da não-limitação ou da não-taxatividade da defesa dos direitos ou interesses individuais indisponíveis e dos direitos ou interesses difusos e coletivos (arts. 127, *caput*, e artigo 129, III, ambos da CR/1988). Com base nisso e em outras diretrizes constitucionais, não é permitida a limitação em abstrato do objeto da audiência pública, a qual poderá ser designada para discutir questões relativas tanto a direitos individuais, quanto a direitos coletivos. Essa orientação não impede a designação de audiência extraordinária para discutir fatos ou temas determinados, tais como um dano ambiental, o funcionamento de um certo hospital, o plano de mobilidade social *etc.*

5.3.8. Princípio do prévio agendamento e da escolha adequada do dia, local e horário que facilite o acesso ao público diretamente interessado

A audiência pública deverá ser designada com uma relativa antecedência da data de sua realização. Com isso, facilita-se que os interessados agendem seus compromissos e compareçam ao evento público. A escolha do dia, local e horário tem que ser criteriosa para permitir e facilitar o acesso do público diretamente interessado, em maior número possível[124].

5.3.9. Princípio da oralidade e da informalidade

A audiência pública, não obstante seja ato complexo com relativa dose de solenidade decorrente da presença de uma ou mais autoridades que a presidem, é regida pelo princípio da oralidade e da informalidade, o que se impõe como forma de facilitar a ampla participação e o debate do público interessado – o que não significa

[124] Alexandre Amaral Gavronski demonstra, com muita precisão de raciocínio, a necessidade de expedição de convite ao público com a antecedência necessária e a escolha do local que facilite o acesso dos interessados. *Tutela coletiva*, p. 92.

que não deva ser realizado o registro formal dos atos da audiência[125], através da sua gravação e subsequente transcrição.

Por tudo que foi dito, existem múltiplas finalidades das audiências públicas, dentre as quais pode-se destacar o debate sobre fato determinado, a coleta de propostas ou reclamações, a divulgação de medidas/resultados e o exercício da função pedagógica da cidadania. Sobre o tema, Geisa de Assis Rodrigues ainda elucida serem funções da audiência pública:

> (...) a audiência pública tem as seguintes funções: a) permite ao administrado verificar objetivamente a razoabilidade da medida administrativa; b) é um mecanismo idôneo de formação de consenso da opinião pública a respeito da juridicidade e conveniência de uma atuação do Estado; c) garante a transparência dos procedimentos decisórios do Estado; d) é um elemento de democratização do exercício do poder; e) é um modo de participação cidadã na gestão da Coisa pública, concretizando os princípios políticos e constitucionais de democracia participativa; f) tem uma importante função preventiva, pois pode evitar os prejuízos causados por uma intervenção administrativa inadequada[126].

Ressalte-se que lei infraconstitucional, decisões judiciais ou medidas administrativas não podem limitar, em abstrato, o objeto da audiência pública, tendo em vista a fundamentação constitucional dos seus princípios orientadores.

E mais: poderão ser realizadas audiências públicas com periodicidade previamente determinada ou audiências públicas extraordinárias, voltadas para o debate de questões e fatos específicos.

Como mecanismo constitucional que é, a realização de audiência pública poderá se dar de ofício pelos órgãos das instituições democráticas de defesa social, bem como mediante provocação de interessado ou interessados. Em relação ao Ministério Público, a audiência pública poderá ser realizada também no curso ou ao final do inquérito civil ou de outro procedimento administrativo, assim como fora deles para, entre outras finalidades, colher elementos para a elaboração de programas de atuação funcional da Instituição, gerais, regionais ou locais ou para divulgação de medidas e resultados dos trabalhos institucionais.

Precisamente no âmbito da tutela coletiva, sustenta Alexandre Amaral Gavronski que:

> Como já referido, a tutela coletiva põe o membro do Ministério Público Federal frente a questões de grande interesse social, estranhas ao Direito e relacionadas a uma conflituosidade que, não raro, importa em difíceis opções, diante da necessária ponderação entre valores contrapostos e de grande significação para a sociedade. Para atuar nessas questões, a audiência pública é um excelente instrumento a nosso dispor se o objetivo for buscar informações gerais junto à comunidade envolvida sobre a violação a direitos coletivos que se apura (espécie de danos que vem causando, sua amplitude

125 A respeito da oralidade e informalidade da audiência pública, explica Geisa de Assis Rodrigues: "O que caracteriza a audiência pública é a existência do debate oral e informal, embora ordenado pelo órgão que a preside, sobre uma medida administrativa qualquer que tenha repercussão social. Na audiência púbica, ao mesmo tempo que se informa o ter e implicações da medida administrativa analisada, se consulta a opinião sobre o assunto, sem, contudo, haver a vinculação da vontade do administrador, posto que na audiência pública se tem voz mas não voto. Não se confunde com os atos de colegiados públicos nos quais só participa quem é formalmente autorizado". *Ação civil pública e termo de ajustamento de conduta*, p. 95.

126 RODRIGUES, Geisa de Assis. *Ação civil pública e termo de ajustamento de conduta*, p. 95.

> e decorrências), identificar a aspiração e as necessidades coletivas em dada questão, repartir com a comunidade interessada a responsabilidade quanto às decisões que se impõem ao membro do Ministério Público Federal (ajuizar ou não uma ação, firmar compromisso de ajustamento de conduta nos termos aceitos pelo infrator ou optar pela discussão judicial, por exemplo) ou mesmo buscar o entendimento entre contendores cuja controvérsia vem afetando a comunidade. Para esta última finalidade, todavia, às vezes uma reunião reservada é mais proveitosa, dependendo do número de pessoas que influenciam na decisão e do grau de belicosidade existente entre os cidadãos afetados e os responsáveis pela violação dos direitos coletivos[127].

Hugo Nigro Mazzilli, ao escrever sobre o objeto das audiências públicas, conclui:

> Já no que diz respeito às audiências públicas a cargo do Ministério Público, o objeto não é, naturalmente, o mesmo das audiências públicas de caráter político-governamental; as audiências públicas cometidas ao Ministério Público são apenas um mecanismo pelo qual o cidadão e as entidades civis (as entidades chamadas não governamentais) podem colaborar com o Ministério Público no exercício de suas finalidades institucionais, e, mais especialmente, participar de sua tarefa constitucional consistente no zelo do interesse público e na defesa de interesses metaindividuais (como o efetivo respeito dos Poderes Públicos aos direitos assegurados na Constituição, o adequado funcionamento dos serviços de relevância pública, o respeito ao patrimônio público, ao meio ambiente, aos direitos dos consumidores, aos direitos das crianças e adolescentes, à produção e programação das emissoras de rádio e televisão, etc.)[128].

Entre as inúmeras finalidades das audiências públicas[129], entendemos que especial destaque merece a função pedagógica da cidadania a ser exercida pelo Ministério Público perante os cidadãos e seus entes representativos. Por intermédio da audiência pública, os órgãos do Ministério Público podem dialogar com a sociedade, divulgando seus direitos e deveres, especialmente os constitucionais fundamentais, de forma a permitir a sua compreensão e ampliar o seu exercício pelo cidadão comum que não teve oportunidade de passar por uma instrução que siga os princípios informadores constantes do artigo 205, da CR/1988[130].

A promoção social está no núcleo do novo perfil constitucional do Ministério Público. A defesa do regime democrático e dos interesses sociais confirmam o compromisso do Ministério Público com a transformação, com justiça, da realidade social (artigo 127, *caput*, combinado com os artigos 1º e 3º, todos da CR/1988).

Entre os objetivos fundamentais da República Federativa do Brasil estão a criação de uma sociedade livre, justa, solidária, a erradicação da pobreza, a diminuição das desigualdades sociais. Tendo em vista que a República Federativa do

[127] GAVRONSKI, Alexandre Amaral. *Tutela coletiva*, p. 89-90.

[128] MAZZILLI, Hugo Nigro. *Inquérito civil*, p. 326-327.

[129] Afirma Hugo Nigro Mazzilli: "Por meio das audiências públicas, o Ministério Público não se submete a uma assembléia popular, nem nelas se votam opções ou linhas de ação para a instituição, e sim por meio delas intenta o Ministério Público obter informações, depoimentos e opiniões, sugestões, críticas e propostas, para haurir com mais legitimidade o fundamento de sua ação institucional". *Inquérito civil*, p. 327.

[130] ALMEIDA, Gregório Assagra de; SOARES JÚNIOR, Jarbas; GONÇALVES, Samuel Alvarenga. Audiência pública: um mecanismo constitucional de fortalecimento da legitimação social do Ministério Público. *MPMG Jurídico*, Publicação da Procuradoria-Geral de Justiça do Ministério Público do Estado de Minas Gerais, ano 1, n. 5, p. 13-14, abr./mai./jun. 2006.

Brasil constitui-se em Estado Democrático de Direito e que o Ministério Público é defensor do regime democrático, todos esses objetivos, elencados expressamente no artigo 3º, da CR/1988, também vinculam o Ministério Público[131].

Portanto, para a Instituição cumprir essa sua tarefa constitucional não mais se sustenta o modelo institucional antigo que ainda se arrasta pelo país. É preciso avançar com o planejamento funcional e nas estratégias de atuação. A atuação individual e intuitiva dos membros do Ministério Público deve ser superada por um novo modelo, em que o compromisso com a transformação social, o planejamento estratégico e a eficiência passem a ser condições naturais em todos os âmbitos da atuação institucional, jurisdicional ou extrajurisdicional[132]. A atuação repressiva, amparada geralmente nas espécies clássicas de prova (prova pericial, testemunhal etc.) deve ceder espaço para a atuação a partir das estatísticas e dos indicadores sociais[133]. Para tanto, é imprescindível que o Ministério Público, em todos as suas esferas, constitua núcleos de estudos e estatísticas de atuação funcional e realize parcerias importantes com centros de pesquisas, bem como com universidades, que possam fornecer-lhe elementos que deem condições adequadas para atacar, racionalmente, as causas geradoras das graves injustiças sociais[134].

131 Para Marcelo Pedroso Goulart: "Levar avante essa prática transformadora (práxis) é cumprir uma função política maior, que implica a substituição de uma dada ordem por outra ordem social, mais justa, na qual prevaleçam os valores universais da democracia. A realização prática dessa função política maior dá-se no 'movimento catártico' que promove a transição da sociedade, dos seus movimentos, das suas organizações e de suas instituições do 'momento corporativo' e particularista para o 'momento ético-político' de modificação do real". GOULART, Marcelo Pedroso. *Princípios institucionais do Ministério Público*: a necessária revisão conceitual da unidade institucional e da independência funcional. IN: Livro de Teses do XVII Congresso Nacional do Ministério Público: os novos desafios do Ministério Público. Salvador: CONAMP, 2007, p. 713. Todavia, adverte Goulart que o Ministério Público ainda não conseguiu superar muitas barreiras: a velha Instituição (pré-88) morreu; porém o novo Ministério Público (pós-88) ainda não se firmou: "No nível institucional, portanto, o Ministério Público ainda não superou, plenamente, o 'momento corporativo', fato que impõe a aceleração do 'movimento catártico interno'. Do contrário, a 'passividade' poderá tomar conta da Instituição, levando-a à 'impotência objetiva', ao não cumprimento da sua função política e dos objetivos que lhe foram postos pela Constituição. Esse tipo de 'comportamento passivo-impotente' poderá acarretar a perda de legitimidade (de sustentação social) e levar ao retrocesso na configuração formal-institucional do Ministério Público". Op. cit. p. 713-714.

132 COSTA, Rafael de Oliveira. *Do Futuro do Ministério Público, passim.*

133 A respeito do surgimento dos indicadores sociais e da sua importância para demonstrar que crescimento econômico não é evidência certa da melhoria das condições de vida das pessoas, escreve Paulo Martino Jannuzzi: "O aparecimento e o desenvolvimento dos indicadores sociais estão intrinsecamente ligados à consolidação das atividades de planejamento do setor público ao longo do século XX. Embora seja possível citar algumas contribuições importantes para a construção de um marco conceitual sobre os indicadores sociais nos anos 20 e 30, o desenvolvimento da área é recente, tendo ganhado corpo científico em meados dos anos 60 no bojo das tentativas de organização de sistemas mais abrangentes de acompanhamento das transformações sociais e aferição do impacto das políticas sociais nas sociedades desenvolvidas e subdesenvolvidas. Nesse período começaram a se avolumar evidências do descompasso entre crescimento econômico e melhoria das condições sociais da população em países do Terceiro Mundo. A despeito do crescimento do Produto Interno Bruto (PIB), persistiam altos os níveis de pobreza e acentuavam-se as desigualdades sociais em vários países. Crescimento econômico não era, pois, condição suficiente para garantir o desenvolvimento social [...]". JANNUZZI, Paulo Martino. *Indicadores sociais e as políticas públicas no Brasil*. Disponível em <http://com ciência.br/comc iencia/?section=8&edição=33&id=386>. Acesso em 03.06.2008.

134 Esclarece Paulo Martino Jannuzzi: "Diferentemente de outros países latino-americanos, no Brasil, as estatísticas sociais, econômicas e demográficas usadas para construção dos indicadores são produzidas, compiladas e disseminadas por diferentes agências, situadas em âmbito federal ou estadual. Através de uma rede capilarizada pelo território nacional, com delegacias estaduais e agências municipais, o Instituto Brasileiro de Geografia e Estatística (IBGE) cumpre seu papel de agente coordenador do Sistema de Produção e Disseminação de Estatísticas Públicas, como produtor de dados primários, compilador de informação proveniente de ministérios e como agente disseminador de estatísticas. As agências estaduais de estatísticas também compilam uma ampla variedade de dados administrativos produzidos pelas secretarias de Estado e, em alguns casos, também produzem dados primários provenientes de pesquisas amostrais. Alguns ministérios e secre-

Torna-se imperioso, também, que o Ministério Público acompanhe e fiscalize a elaboração e o cumprimento dos orçamentos públicos, garantindo a aplicação das verbas necessárias para atender aos ditames constitucionais inerentes ao Estado Democrático de Direito, especialmente os elencados no já referido artigo 3º e nos artigos 5º e 6º, todos da CR/1988. A atuação da Instituição, neste âmbito, poderá ser extrajurisdicional e jurisdicional. No plano extrajurisdicional, o Ministério Público deverá acompanhar a votação orçamentária, participando das propostas de inserção de políticas públicas específicas, socialmente necessárias, além da utilização dos mecanismos da recomendação e do TAC visando à realização de políticas públicas a serem contempladas nos orçamentos públicos. Poderá, ainda, realizar audiências públicas para colher reclamações e propostas objetivando o controle orçamentário. No plano jurisdicional, o Ministério Público poderá mover ações coletivas com pedidos de tutelas específicas, especialmente o de tutela inibitória, para garantir o cumprimento orçamentário adequado. Contudo, a falta de previsão orçamentária não poderá ser obstáculo à atuação do Ministério Público, especialmente no âmbito dos direitos coletivos, inseridos na Constituição da República como direitos fundamentais de aplicabilidade imediata (Título II, Capítulo, artigo 5º, § 1º). Nos casos de políticas públicas específicas e socialmente necessárias, o Ministério Público tem o dever constitucional, em razão do seu compromisso com os interesses sociais (artigo 127, *caput*, da CR/1988), de atuar para garantir a sua implementação tempestiva e adequada.

Nesse sentido:

> Falta de norma regulamentadora ou a alegação de ser norma programática não são obstáculos à aplicabilidade imediata e à vinculação geral dos direitos e garantias constitucionais fundamentais. A simples alegação de impossibilidade jurídica não é admitida como cláusula impeditiva da realização de direitos e garantias constitucionais fundamentais. A impossibilidade, que poderá servir como impedimento, é somente a real, amparada em elementos e circunstâncias fáticas, e mesmo assim deve ser sopesada concretamente[135].

O combate articulado e efetivo à sonegação fiscal, extrajurisdicional e jurisdicional, também é um caminho útil para garantir a ampliação das receitas do Estado e o cumprimento orçamentário. Sobre o tema, Jayme Weingartner Neto e Vinícius Diniz Vizzotto ponderam que:

> O Ministério Público tem papel importante na manutenção do Estado Democrático de Direito, conforme prevê a própria Constituição em seu artigo 127, caput. Nesta senda, uma das vertentes mais importantes para a concretização deste Estado Democrático de Direito é a utilização, de modo transparente, conforme os ditames da Boa Governança, do orçamento público (...). Destarte, o Ministério Público tem importante atuação no campo atinente ao Orçamento Público, uma vez que ele atua tanto (i) na questão da captação de receita (fiscalização da sonegação, firmatura de termos de compromisso

tarias estaduais também têm órgãos encarregados da produção ou organização de seus dados administrativos. Assim, o IBGE, agências estaduais de estatísticas e ministérios/secretarias integram, pois, o Sistema de Produção e Disseminação de Estatísticas Públicas no Brasil". Indicadores sociais e as políticas públicas no Brasil". *Op. cit.*

135 ALMEIDA, Gregório Assagra de. *Direito material coletivo*, p. 334.

de ajustamento de conduta para regularizar situações potencialmente ilícitas), bem como na (ii) indução da 'boa' despesa, seja em âmbito institucional interno ou junto a outros órgãos públicos, tanto na esfera do Executivo (indução de políticas públicas), do Legislativo (indução de processos legiferantes tendentes à promulgação de leis com temática específica) ou do Judiciário (utilização dos meios e instrumentos judiciais para concretizar disposições orçamentárias e legais)[136].

Portanto, não mais se sustenta a predominância de uma atuação repressiva condutora da continuidade das injustiças sociais. É importante combater, por exemplo, as reais causas geradoras da criminalidade, o que deverá ser feito a partir dos indicadores sociais e de diagnósticos sociais específicos, os quais necessitam ser realizados com periodicidade pela Instituição por intermédio de suas parcerias.[137] Só assim o Ministério Público conseguirá assumir e exercer, efetivamente, a sua mais nobre função constitucional: a promoção da justiça social[138].

5.4. Provocação articulada e sistematizada do controle jurisdicional (abstrato/concentrado e difuso/incidental) e extrajurisdicional da constitucionalidade

Na condição de guardião da ordem jurídica, assume papel de destaque a atuação do Ministério Público na proteção da Constituição, o que se dá tanto no controle concentrado e abstrato, quanto no controle difuso e incidental da constitucionalidade.

O vício da inconstitucionalidade é o mais grave no âmbito de uma ordem jurídica democrática que valoriza a Constituição como a base do sistema. É por intermédio do controle da constitucionalidade que se faz observar a supremacia e a rigidez constitucionais, impedindo que leis e atos normativos infraconstitucionais possam colocar em risco os valores primaciais da sociedade, já consagrados constitucionalmente. Daí a importância da priorização, do planejamento e da sistematização dessa atribuição constitucional pelo Ministério Público na sua função de guardião da ordem jurídica (artigo 127, *caput*, da CR/1988)[139]. Também é fundamental a atuação da Instituição no controle extrajurisdicional da constitucionalidade, que poderá ocorrer pela expedição de recomendação para provocar, perante o Poder Legiferante, o autocontrole da constitucionalidade, bem como por intermédio da tomada de Termo

---

[136] WEINGARNER NETO, Jaime; VIZZOTTO, Vinícius Diniz. Ministério Público, ética, boa governança e mercados: uma pauta de desenvolvimento no contexto do direito e da economia. IN: SARLET, Ingo Wolfgang; TIMM, Luciano Benetti (Orgs.). *Direitos fundamentais*: orçamento e 'reserva do possível'. Porto Alegre: Livraria do Advogado, 2008, p. 292-293.

[137] Cf. MORAES, Alexandre Rocha Almeida de. *Direito Penal Racional* – Propostas para a Construção de uma Teoria da Legislação e para uma Atuação Criminal Preventiva. 1ª. ed. Curitiba: Juruá, 2016.

[138] Nesse sentido, conclui Marcelo Pedroso Goulart: "De acordo com a vontade popular explicitada na Constituição da República, o Ministério Público deve constituir-se em um dos mais importantes 'agentes da vontade política transformadora', cabendo-lhe a tarefa de definir e participar de ações político-jurídicas modificadoras da realidade, objetivando a construção do projeto constitu- cional de democracia (a sociedade livre, justa e solidária, na qual o desenvolvimento sócio-econômico-cultural deve estar voltado para a erradicação da pobreza e da marginalização, para a redução das desigualdades sociais e regionais e para a promoção do bem de todos). Essa é a 'estratégia institucional'". *Princípios institucionais do Ministério Público*, p. 713).

[139] Nesse sentido, cabe destacar que foi criada, no âmbito do Ministério Público do Estado de Minas Gerais, a Coordenadoria de Controle da Constitucionalidade (Resolução PGJ-MG nº 75/2005), com as finalidades apresentadas acima.

de Ajustamento de Conduta, que é, também, um excelente mecanismo para viabilizar o controle extrajurisdicional da constitucionalidade das leis e atos normativos.

No plano da proteção em abstrato da constitucionalidade, a Constituição prevê expressamente um sistema de controle concentrado que é exercido pelo STF (artigo 102, I, "a", § 1º e § 2º, e artigo 103, ambos da CR/88), na sua condição de Corte Constitucional Nacional, ou pelos Tribunais de Justiça dos Estados ou do Distrito Federal, os quais funcionam como Cortes Constitucionais Regionais (artigo 125, § 2º, da CR/1988). Esse mecanismo processual de proteção em abstrato e concentrado contra a inconstitucionalidade das leis e atos normativos, exercido perante as Cortes Constitucionais, não exclui a existência de outras formas de controle, tais como os exercidos pelos próprios Poderes Legiferantes, por intermédio do autocontrole da constitucionalidade, ou pelo Chefe do Poder Executivo, neste caso por meio do exercício do poder do veto. O referido mecanismo não exclui, ainda, o controle difuso e incidental da constitucionalidade, que possui natureza de garantia constitucional fundamental (artigo 5º, XXXV, da CR/1988)[140].

Em verdade, em sendo possível, é até recomendável o autocontrole da constitucionalidade pelo próprio Poder Legiferante – seja por intermédio da revogação, seja por intermédio da alteração para adequação ao sistema constitucional da lei ou ato normativo apontado como inconstitucional. Com efeito, é mais razoável provocar, primeiramente, nas hipóteses em que as circunstâncias venham a comportar, a atuação do Poder elaborador da norma apontada como inconstitucional, deixando para depois, em caso de recusa do autocontrole da constitucionalidade pelo poder competente, a via do controle abstrato e concentrado da constitucionalidade perante a Corte Constitucional.

O Ministério Público é um dos principais legitimados ativos para controle abstrato e concentrado da constitucionalidade das leis e atos normativos perante as Cortes Constitucionais pátrias, consoante se extrai dos arts. 103, VI, e 129, IV, ambos da Constituição da República de 1988, e dos arts. 6º, I, II e III, da Lei Complementar Federal/93, 25, I, da Lei Federal n. 8.625/1993. Contudo, essa atribuição do Ministério Público não exclui a utilização de outros mecanismos pela Instituição, especialmente quando voltados para assegurar o respeito aos direitos assegurados constitucionalmente. Portanto, desrespeitados os direitos constitucionais, especialmente os de dimensão social, não há dúvida que é dever do Ministério Público promover as medidas necessárias à garantia desses direitos (artigo 129, III e IX, da Constituição da República de 1988).

Vale ressaltar que o controle extrajurisdicional pode ser exercido, por exemplo, através da celebração de TACs ou por meio da expedição de recomendações. O primeiro, verdadeiro negócio jurídico celebrado entre o Ministério Público e o violador de direitos coletivos, permite o controle a posteriori da constitucionalidade pela via incidental, não apenas impondo ao agente a adequação de sua conduta ao ordenamento jurídico vigente, mas também estabelecendo sanções para a hipótese de descumprimento.

[140] ALMEIDA, Gregório Assagra de. *Manual das Ações Constitucionais*. Belo Horizonte: Del Rey, 2007, p. 690-691.

De outro modo, um dos fortes mecanismos de atuação do Ministério Público que decorre da Constituição e está previsto expressamente no plano infraconstitucional é a *recomendação*, que poderá ser dirigida aos Poderes Públicos em geral e até mesmo aos particulares, a fim de que sejam respeitados os direitos assegurados constitucionalmente[141]. Nesse caso, o agente violador não celebra um acordo, mas é cientificado da conduta constitucionalmente adequada, para que realize determinada tarefa, supra uma omissão ou deixe de agir de determinado modo. Em verdade, o uso da recomendação serve não apenas para condicionar comportamentos jurídicos, influenciando na tomada de decisões - ou seja, exercendo um caráter psicologicamente conformador", mas também, quando não acatada, caracteriza a responsabilidade civil, administrativa e/ou criminal, em decorrência do desejo nítido de violar a Constituição.

Em suma, a utilização dos meios extrajurisdicionais de controle de constitucionalidade revelam aos cidadãos o zelo da Instituição pelos direitos e garantias fundamentais, voltada, em primeiro lugar, à orientação e à presunção de boa-fé, sem prejuízo da futura adoção de medidas de caráter repressivo.

5.5. Ampliação e estruturação do modelo do Ministério Público com atuação extrajurisdicional

O modelo tradicional de Ministério Público, de caráter demandista, vem sofrendo modificações. Em inúmeras situações, os membros do Ministério Público, com destaque para as comarcas do interior, estão sufocados de atribuições processuais em demandas judiciais.

Nessas hipóteses, a atuação resolutiva, no plano extrajurisdicional, acaba sendo prejudicada, impedindo a devida inserção social da Instituição. E o pior: o Poder Judiciário vive uma verdadeira crise de efetividade, o que acaba por recair também sobre o Ministério Público e, nesses casos, em dose muito pesada, principalmente em razão do interesse social que está quase sempre presente nas demandas judiciais que justificam a sua atuação.

A atuação extrajudicial por intermédio das recomendações, dos inquéritos civis, das audiências públicas, dos termos de ajustamento de conduta e de projetos sociais institucionais vem se tornando uma via necessária e eficaz para que o Ministério Público cumpra os seus compromissos constitucionais perante a sociedade e tenha ampliada a sua legitimidade social. Até mesmo essa primeira "fase" ou "dimensão" do perfil resolutivo já vem demonstrando sinas de esgotamento, uma vez que a mera solução extrajudicial de conflitos é insuficiente para a solução das complexas demandas apresentadas à instituição. O Ministério Público se vê cada vez mais impelido a buscar soluções não apenas repressivas e relacionas às partes envolvidas

141 Sobre o assunto: PARISE, Elaine Martins; ALMEIDA, Gregório Assagra; LUCIANO, Júlio César; ALMEIDA, Renato Franco de. O poder de recomendação do Ministério Público como instrumento útil para a provocação do autocontrole da constitucionalidade. *Boletim Informativo MPMG Jurídico*, Publicação da Procuradoria-Geral de Justiça do Ministério Público do Estado de Minas Gerais, ano 1, n. 001, p. 16-17, set. 2005. Também disponível em <https://www.mpmg.mp.br/conheca-o-mpmg/escola-institucional/publicacoes-tecnicas/revista-mpmg-juridico/revista-mpmg-juridico.htm>. Acesso em 19.01.2019. Ainda sobre o assunto, consultar: ALMEIDA, Gregório Assagra de. Manual das ações constitucionais, p. 770-773.

nos litígios coletivos, mas preventivas, abstratas e de amplo espectro social, através da implementação de políticas públicas. Trata-se da segunda "etapa" ou "dimensão" do perfil resolutivo:

> Ora, de que adianta o ajuizamento de inúmeras ações civis públicas e a celebração de termos de ajustamento de conduta visando o fornecimento de medicamentos e tratamentos médicos, quando a política pública de saúde é insuficiente? Como combater os danos ao meio ambiente sem que exista uma política geral e adequada de fiscalização? De que adianta a ordenação da paisagem urbana em determinada região do município, quando inúmeras regiões permanecem alijadas de quaisquer estruturas públicas? Diante das insuficiências do modelo até então adotado, vem ganhando força uma nova "fase", "geração", "onda" ou "dimensão" na atuação ministerial: a da busca pela efetividade das políticas públicas. Trata-se de verdadeira revolução provocada no exercício da atividade-fim, de modo a permitir o efetivo acompanhamento da tutela de direitos pela via das políticas públicas de interesse da sociedade. [...] Desse modo, pretende-se racionalizar o debate acerca da atuação do Ministério Público nessa segunda "dimensão" resolutiva, pois, ao invés de ser um defeito – do qual há de se livrar o Promotor de Justiça –, a busca pela efetividade de políticas públicas constitui-se em uma qualidade e atribuição essencial, que deve ser exercida sob determinadas balizas e que engrandece a instituição[142].

Assim, imprescindível a sistematização e a ampliação da atuação extrajurisdicional do Ministério Público. A mudança cultural interna para a compreensão do modelo de Ministério Público resolutivo faz-se necessária, especialmente com o preparo dos seus Membros e servidores para o diálogo e o consenso na resolução dos conflitos sociais, não apenas através dos instrumentos disponibilizados pela primeira dimensão, mas também pela atuação incisiva na fiscalização e garantia da implementação de políticas públicas.

5.6. Atuação vinculada à especificação funcional da Instituição

O novo modelo constitucional implantado pela CR/1988 para o Ministério Público vincula sua atuação e revela a real dimensão da sua especificação funcional.

O artigo 127, *caput,* da CR, é a cláusula-mãe e de toda e qualquer atribuição do Ministério Público, seja no plano da sua normatização em abstrato, seja no âmbito de sua aferição concreta. A cláusula aberta de encerramento das atribuições institucionais previstas no artigo 129, IX, da CR/1988, deve ser lida em perfeita sintonia com o artigo 127, da Constituição.

Com efeito, a base da especificação funcional do Ministério Público é a defesa da ordem jurídica, do regime democrático e a defesa dos interesses sociais e individuais indisponíveis. Qualquer espécie de atuação institucional deve estar atrelada a essas diretrizes constitucionais. As atribuições arroladas no artigo 129, da CR/1988, estão em perfeita correlação com o artigo 127, *caput*, da CR/1988.

Assim, lei infraconstitucional não poderá conferir ao Ministério Público atribuição que não esteja seguindo essas diretrizes principiológicas. Leis anteriores à Constituição de 1988, que se divorciarem do novo modelo constitucional,

---

142 COSTA, Rafael de Oliveira. *Do Futuro do Ministério Público, passim.*

não foram recepcionadas. Tudo isso decorre da força normativa e irradiante da Constituição.

Convém destacar que o membro do Ministério Público e a Instituição em si devem tomar o cuidado necessário para não desvirtuarem, em suas atuações estratégicas, essa especificação funcional estabelecida na Lei Fundamental. Por exemplo, os *problemas de caixa* do Governo e as dificuldades administrativas do Poder Público em geral não podem servir de parâmetro para justificar a não atuação do Ministério Público; caso contrário, a Instituição estaria desvirtuando a sua especificação funcional ao levar em conta, para justificar sua omissão, problemas que estão relacionados com a especificação funcional de outra Instituição – no caso, o Poder Executivo.

5.7. Acompanhamento da tramitação processual e a fiscalização da execução dos provimentos jurisdicionais

O Ministério Público precisa ingressar em uma nova fase, em que são fundamentais os resultados adequados e efetivos da sua atuação funcional. Em palestra proferida no Ministério Público do Estado de Minas Gerais, afirmou Marcelo Zenkner que não é suficiente que o membro da Instituição simplesmente ajuíze a ação e passe para o Poder Judiciário o problema. Torna-se cogente, como fator de ampliação da sua legitimação social, que ele também acompanhe efetivamente a tramitação processual e tome medidas para garantir o rápido e adequado andamento processual, bem como a execução dos provimentos jurisdicionais, especialmente no que tange aos processos coletivos, em razão dos seus impactos sociais[143]. Em tempos atuais, a leitura do direito não mais se sustenta no plano abstrato; o plano da concretização tornou-se fundamental[144].

Assim, é importante também que o membro da Instituição acompanhe toda a instrução e diligencie para a produção necessária das provas, de modo a alcançar o resultado adequado da prestação jurisdicional. Nos tribunais, é relevante o acompanhamento dos recursos e das ações de competência originária pelo órgão da Instituição, que deverá até mesmo fazer sustentação oral nas hipóteses cabíveis.

Passemos, assim, à análise da independência funcional.

5.8. Adequação da independência funcional do órgão do Ministério Público ao planejamento funcional estratégico da Instituição

O planejamento estratégico da atuação funcional vincula todos os órgãos do Ministério Público. Não pode o órgão de execução deixar de cumprir as estratégias de atuação funcional da Instituição, presentes nos seus planos e programas de atuação.

---

143 A palestra foi proferida na Procuradoria-Geral de Justiça do Ministério Público do Estado de Minas Gerais, em Belo Horizonte, no dia 22 de janeiro de 2008, às 14h, para o curso de formação dos novos Promotores de Justiça do XLVII Concurso, com o seguinte título: *Inquérito civil: técnicas de investigação em improbidade administrativa, formalização de TAC e de Recomendação.*

144 Vale a pena destacar a seguinte obra do autor: ZENKNER, Marcelo. *Ministério Público e efetividade do processo civil*. São Paulo: Revista dos Tribunais, 2006.

Assim, torna-se necessária uma releitura dos princípios institucionais do Ministério Público.

No âmbito do seu objetivo estratégico de promoção da transformação social, o Ministério Público deve definir políticas públicas e fixar metas prioritárias que orientem a atuação dos órgãos de execução e até mesmo da Administração Superior. Essas metas prioritárias devem ser seguidas pela Instituição e por seus membros como decorrência do *princípio da unidade* institucional. Com efeito, o *princípio da unidade* merece uma nova exegese, superadora das dimensões meramente administrativas que estavam presentes em sua concepção clássica, passando a orientar a própria atuação político-institucional do Ministério Público[145].

Do mesmo modo, o princípio da independência visa a garantir ao órgão da Instituição o exercício independente das suas atribuições funcionais, afastando a possibilidade de pressões externas e internas, devendo obediência apenas à sua consciência e ao ordenamento jurídico.[146] Trata-se de garantia da própria sociedade antes mesmo de ser uma garantia do membro do Ministério Público e que deve ser concretizada através da execução das metas prioritárias dos Planos e Programas de Atuação. Em verdade, como as metas são decorrência das funções institucionais do Ministério Público, vinculam a atuação de seus membros, de modo a conformar o próprio princípio da independência funcional[147-148].

5.9. Formação humanista, multidisciplinar e interdisciplinar dos membros e servidores do Ministério Público [149]

Para que haja a concretização do novo Ministério Público, constitucionalmente delineado, faz-se necessária uma mudança cultural de mentalidade atrelada aos valores éticos e humanos que compõem o núcleo do direito no pós-positivismo jurídico. A vida e sua existência com dignidade, em todos os seus planos, devem ser fatores de direcionamento da atuação institucional do Ministério Público. Conforme bem ressaltou Jorge Alberto de Oliveira Marum:

---

145 Nesse sentido, conceitua Marcelo Pedroso Goulart: "PRINCÍPIO DA UNIDADE — a atuação dos membros do Ministério Público deve estar voltada à consecução da estratégia institucional, qual seja: a promoção do projeto de democracia participativa, econômica e social delineado na Constituição da República". *Princípios institucionais do Ministério Público*, p. 714).

146 "[...] tornando-o imune a pressões externas (dos agentes dos poderes do Estado e dos agentes do poder econômico) e internas (dos órgãos da Administração Superior do Ministério Público). Por força desse princípio, consagrou-se o seguinte aforismo: o membro do Ministério Público só deve obediência à sua consciência e ao direito". GOULART, Marcelo Pedroso. *Princípios institucionais do Ministério Público*, p. 715.

147 GOULART, Marcelo Pedroso. *Princípios institucionais do Ministério Público*, p. 715-716.

148 Para uma análise, teórica e prática, muito interessante sobre a unidade e a independência no âmbito do Ministério Público, ressalta-se o livro: COURA, Alexandre de Castro; FONSECA, Bruno Gomes Borges. *Ministério Público Brasileiro*: entre unidade e independência. São Paulo: LTR, 2015.

149 ALMEIDA, Gregório Assagra de. Métodos de Ensino nas Faculdades de Direito dos Estados Unidos e a possibilidade de sua utilização nas Escolas do Ministério Público Brasileiro: reflexões a partir da experiência de pesquisa na Faculdade de Direito da Universidade de Syracuse. IN: CAMBI, Eduardo, ALMEIDA, Gregório Assagra de; MOREIRA, Jairo Cruz (Orgs.). *30 Anos da Constituição de 1988 e o Ministério Público*: avanços, retrocessos e os novos desafios. Belo Horizonte, Editora D'Plácido, 2018, p. 19-45.

> [...] democracia não significa apenas liberdade, requerendo também justiça social e busca da igualdade material, ou seja, condições de vida, saúde, moradia, educação e alimentação adequadas, o que se realiza mediante a garantia dos direitos sociais, econômicos e culturais. Daí a profunda ligação entre o regime democrático, que cabe ao Ministério Público defender, e os direitos humanos[150].

Os cursos de ingresso, de vitaliciamento, de promoção na careira e outros cursos que visem ao aperfeiçoamento funcional dos membros e servidores do Ministério Público devem ser tratados a partir de uma visão humanística fundada na solidariedade coletiva e no direito à diferença. Os próprios editais dos concursos públicos para ingresso na Instituição devem exigir o conhecimento sobre direitos humanos.

Por outro lado, a formação multidisciplinar e interdisciplinar é fundamental para que os membros e servidores do Ministério Público tenham uma visão holística da realidade social e das estratégias de atuação funcional da Instituição.

Ora, uma das características principais dos novos direitos, especialmente os de dimensão coletiva, é a sua extrema complexidade. O operador do direito tem dificuldade em compreender e interpretar adequadamente os direitos coletivos com fundamento nas diretrizes estabelecidas exclusivamente pela ordem jurídica. Esses direitos, em geral, exigem um grau de conhecimento que se baseie em outras áreas, tais como a engenharia, a biologia, agronomia, sociologia, economia, ciência política, geologia *etc.*

A interpretação fundada no diálogo multidisciplinar e interdisciplinar é o melhor caminho para a boa e adequada compreensão dos novos direitos de dimensão massificada. A tendência é no sentido de ampliação desse diálogo com outras áreas de conhecimento, caminho hoje imprescindível para a oxigenação e revigoramento do próprio Direito como instrumento de justiça e de transformação da realidade social.

A compreensão das diretrizes do novo constitucionalismo, com destaque para a nova *summa divisio* constitucionalizada no País[151], bem como a consciência crítica das verdadeiras causas geradoras dos problemas sociais, devem estar presentes nos cursos, seminários e eventos do Ministério Público.

Sustentando a necessidade de uma formação crítica e transdisciplinar do órgão do Ministério Público, podemos concluir, com Antônio Alberto Machado, que:

> Pensamos que a atuação dos órgãos de execução do Ministério Público brasileiro, sobretudo a partir da Constituição de 1988 e legislação subsequente, institucionalizando conflitos coletivos e operando instrumentais com caráter jurídico-político, 'na defesa da ordem jurídica, do regime democrático e dos interesses sociais', apesar de sua cultura formalista e unidimensional, está em condições de fazer do 'Promotor de Justiça' um operador do direito consciente de suas funções não só jurídicas, mas também políticas e sociais, pelo relacionamento transdisciplinar que doravante estará forçado a fazer entre

[150] MARUN, Jorge Alberto de Oliveira. *Ministério Público e direitos humanos*: um estudo sobre o papel do Ministério Público na defesa e na promoção dos direitos humanos. Campinas: Bookseller, 2006, p. 395.

[151] ALMEIDA, Gregório Assagra de. *Direito material coletivo, passim.*

a estrutura normativa do direito que aplica e as estruturas sociopolíticas que estão na gênese dos conflitos coletivos[152].

5.10. Revisitação da atuação como órgão interveniente no processo civil com base na teoria dos direitos e garantias constitucionais fundamentais

É fundamental a releitura e a reestruturação da atuação do Ministério Público no processo civil como órgão interveniente, com base na teoria dos direitos fundamentais, especialmente naquilo que se relaciona com o direito à vida e sua existência com dignidade, núcleo básico e irradiante do sistema constitucional (Título II da CR/1988). [153]

Devem ser destacadas também as hipóteses de interesse social, como as situações em que esteja presente, no processo civil, a necessidade de aferição da função social da propriedade, da função social do contrato e da função social da empresa. Nessas demandas, mesmo que sejam partes pessoas capazes (por exemplo, pessoas físicas ou empresas), também é necessária a participação do Ministério Público como órgão interveniente no processo civil, o que se dá por força de disposição constitucional que determina que a Instituição atue na defesa dos interesses sociais (artigo 127, *caput*, da CR/1988).

Nesse sentido, o CPC (Lei Federal nº 13.105, de 16 de março de 2015) reproduz o artigo 127, *caput*, da CR/1988 e, ainda, dispõe que o Ministério Público exercerá o direito de ação nos termos das suas atribuições constitucionais (arts. 176, 177, 178 e 19). [154]

Em suma, a essência da ordem jurídica, na visão constitucionalizada, é composta justamente pelos direitos e garantias constitucionais fundamentais, sendo indispensável a racionalização da atuação da Instituição, de modo que posso primar pela tutela dos interesses mais relevantes para a sociedade.

5.11. Utilização dos projetos sociais institucionais como novos mecanismos de atuação da Instituição

O rol dos instrumentos de atuação do Ministério Público não é exaustivo, o que também ocorre em relação às suas atribuições constitucionais, consoante se

[152] MACHADO, Antônio Alberto. *Ministério Público*, p. 194.

[153] Sobre a intervenção do Ministério Público no processo civil com base nas novas diretrizes constitucionais, destaca-se o excelente livro: MOREIRA, Jairo Cruz. *Intervenção do Ministério Público no Processo Civil à luz da Constituição*. Belo Horizonte: Del Rey, 2009.

[154] Novo CPC para o Brasil – Lei nº 13.105/2016: Artigo 176. *O Ministério Público atuará na defesa da ordem jurídica, do regime democrático e dos interesses e direitos sociais e individuais indisponíveis. Artigo 177. O Ministério Público exercerá o direito de ação em conformidade com suas atribuições constitucionais. Artigo 178. O Ministério Público será intimado para, no prazo de 30 (trinta) dias, intervir como fiscal da ordem jurídica nas hipóteses previstas em lei ou na Constituição Federal e nos processos que envolvam: I – interesse público ou social; II – interesse de incapaz; III – litígios coletivos pela posse de terra rural ou urbana. Parágrafo único. A participação da Fazenda Pública não configura, por si só, hipótese de intervenção do Ministério Público. Artigo 179. Nos casos de intervenção como fiscal da ordem jurídica, o Ministério Público: I – terá vista dos autos depois das partes, sendo intimado de todos os atos do processo; II – poderá produzir provas, requerer as medidas processuais pertinentes e recorrer.*

interpreta do artigo 129, IX, da CR/1988. Ademais, os direitos e garantias constitucionais fundamentais são consagrados tanto em dimensão formal quanto em dimensão material, nesse caso pela adoção da cláusula aberta prevista no § 2º do artigo 5º da CR/1988. Tudo isso impõe uma atuação criativa do Ministério Público, tanto no plano jurisdicional quanto no extrajurisdicional, sendo que neste a Instituição assume verdadeira função resolutiva.

Além do inquérito civil, da recomendação e do termo de ajustamento de conduta, que possuem amparo no texto constitucional e no infraconstitucional, outros mecanismos legítimos, fundamentados no interesse social, poderão ser utilizados pelo Ministério Público para a defesa da sociedade (artigo 1º, 3º, 127, *caput*, e artigo 129, II, III e IX, todos da CR/1988). Com base na multifuncionalidade dos direitos e das garantias constitucionais fundamentais, as técnicas de atuação devem ser flexibilizadas para atender as necessidades do direito material, como ocorre com a utilização de projetos sociais – legítimos mecanismos de atuação social pelo Ministério Público.

Os projetos sociais podem potencializar e qualificar a atuação social do Ministério Público, especialmente na promoção da transformação da realidade social de forma resolutiva e cooperativa (artigo 3º, artigo 127, *caput*, e artigo 129, todos da CR/1988).

A título de exemplo, Paulo César Vicente Lima coordenou vários projetos sociais junto à Bacia do Rio São Francisco, com excelentes resultados concretos, utilizando-os como mecanismo de atuação do Ministério Público[155].

Recentemente, foi elaborada a Carta das Famílias como resultado do I Simpósio do Direitos das Famílias, realizado pelo Ministério Público do Estado de Minas Gerais, onde consta a utilização de Projetos Sociais como um dos mecanismos de atuação na tutela coletiva no direito das famílias, conforte registra um dos seus enunciados:

> Enunciado 4. O órgão do Ministério Público com atribuição na área da tutela do Direito das Famílias poderá instaurar inquérito civil, expedir recomendações, tomar termo de ajustamento de conduta, coordenar projetos sociais e ajuizar ações coletivas, entre elas a ação civil pública (arts. 3º, 127, caput, 129, III, da CF/1988 e artigo 1º, IV, da Lei nº 7.347/1985). (aprovado por unanimidade).

Essa mesma orientação está presente no inciso XV do artigo 4º da Resolução PGJ nº 67, de 06 de outubro de 2010, que criou, no âmbito do Ministério Público do Estado de Minas Gerais, a Coordenadoria de Defesa dos Direitos das Famílias.

Convém registrar a Resolução Conjunta PGJ CGMP nº 3, 31 de Março de 2011, que Regulamenta, no âmbito do Ministério Público do Estado de Minas Gerais, os procedimentos para a instauração, promoção e implementação de projetos sociais – PROPS, e dá outras providências, que em seus arts. 1º, 2º e terceiro dispõe:

> Artigo 1º O Projeto Social objetiva, por meio de um conjunto integrado de atividades e da articulação interinstitucional, transformar uma parcela da realidade, reduzindo, eliminando ou solucionando um problema e/ou promovendo a tutela dos direitos ou interesses tuteláveis pelo Ministério Público, nos termos da Constituição da República Federativa do Brasil e da legislação aplicável. Parágrafo único. O membro do Ministério

[155] LIMA, Paulo César Vicente. *O Ministério Público como instituição do desenvolvimento sustentável, passim.*

> Público poderá atuar como coordenador do Projeto Social ou parceiro de instituição pública ou privada sem fins lucrativos e que tenha entre seus objetivos estatutários a promoção de direitos ou interesses difusos, coletivos, individuais homogêneos e individuais indisponíveis.
>
> Artigo 2º Os procedimentos de Projeto Social serão regidos, entre outros, pelos seguintes princípios: I – transformação social; II – publicidade ampla e irrestrita; III – participação social; IV – eficiência;
>
> V – cooperação; VI – utilidade social; VII – priorização da prevenção; VIII – reparação integral; IX – máxima coincidência entre o dano e sua reparação; X – máxima precisão dos objetivos e metas; XI – avaliação e monitoramento periódicos dos resultados; XII – flexibilização da técnica para atender as necessidades dos direitos ou interesses fundamentais.
>
> Artigo 3º Para ser instaurado, o procedimento de Projeto Social deverá atender os seguintes requisitos de admissibilidade: I – Identificação dos parceiros e coordenadores; II – Justificativa, destacando as razões que levaram à articulação ministerial para sua elaboração, tais como importância do problema ou da situação social que se quer transformar e os benefícios econômicos, sociais e ambientais almejados; III – Objetivo Geral, consistente na indicação do resultado final que o projeto visa atingir ou alcançar a longo prazo; IV – Objetivos específicos ou metas, que correspondem às ações e medidas que devem ser executadas dentro de determinado período de tempo; V – Metodologia, na qual se deve indicar como se pretende atingir os objetivos e como se iniciarão e serão coordenadas as atividades, assim como e quando haverá a participação e envolvimento do grupo social; VI – Cronograma, consistente na informação das épocas e prazos em que as atividades serão desenvolvidas; VII – Orçamento, no qual devem ser indicadas as despesas e as instituições responsáveis por seu pagamento, detalhando-se os custos; VIII – Acompanhamento, no qual se deve descrever como será feita a avaliação do projeto, citando-se e relacionando-se indicadores a serem utilizados e valendo-se, inclusive, de reuniões periódicas com os parceiros para monitoramento dos resultados e do processo de implementação. [156]

Em São Paulo, o Centro de Apoio Operacional tem promovido anualmente evento que visa ao compartilhamento de experiências dos órgãos de execução na implantação de projetos sociais.

No âmbito do Conselho Nacional do Ministério Público, convém destacar o excelente trabalho da Comissão de Defesa dos Direitos Fundamentais, que tem incentivado muito a atuação do Ministério Público por intermédio de projetos sociais nas suas diversas áreas de atuação institucional.

Destaca-se aqui também a Carta de Brasília, aprovada aos 22 de setembro de 2016 pela Corregedoria Nacional e pelas Corregedorias das Unidades e Ramos do Ministério Público, que traz previsão expressa de avaliação, orientação e fiscalização positivas nos casos de atuação por intermédio de Programas e Projetos de Atuação.

Merece registro também a Recomendação CNMP nº 54, de 28 de março de 2017, que *Dispõe sobre a Política Nacional de Fomento à Atuação Resolutiva do Ministério Público brasileiro.*

E, por fim, destaca-se a Recomendação de Caráter-Geral CNMP-CN, nº 02 de 21 de junho de 2018, que *Dispõe sobre parâmetros para a avaliação da resolutividade*

---

156 Destaca-se que a Resolução Conjunta PGJ-CGMP nº 2, de 11 de Julho de 2013, do Ministério Público do Estado de Minas Gerais, alterou e aperfeiçoou a Resolução Conjunta PGJ CGMP nº 3, 31 de Março de 2011.

e da qualidade da atuação dos Membros do Ministério Público e das Unidades do Ministério Público pelas Corregedorias-Gerais e estabelece outras diretrizes.

5.12. Atuação sistematizada e articulada na defesa de direitos ou interesses individuais homogêneos

A defesa pelo Ministério Público, no plano jurisdicional ou extrajurisdicional, dos direitos ou interesses individuais homogêneos, disponíveis ou não, configura situação clara de interesse social (arts. 127, caput, 129, III, da CR/1988 e artigo 81, parágrafo único, inciso III, do CDC), de forma que, para tanto, está legitimado constitucionalmente e infraconstitucionalmente o Ministério Público.

Na verdade, quando o Ministério Público atua na defesa desses direitos, a Instituição estará atuando para prevenir e reduzir conflito, pois esse modelo de atuação tem o condão de: a) combater a dispersão das vítimas e/ou afetados; b) diminuir a sobrecarga do Judiciário; c) evitar decisões conflitantes, o que geralmente ocorre quando do ajuizamento massivo de ações individuais perante juízes diversos e de regiões diferentes.

Sobre o tema, o Conselho Superior do Ministério Público do Estado de São Paulo editou a Súmula nº 07, dispondo que:

> O Ministério Público está legitimado à defesa de interesses ou direitos individuais homogêneos de consumidores ou de outros, entendidos como tais os de origem comum, nos termos do artigo 81, III, c/c o artigo 82, I, do CDC, aplicáveis estes últimos a toda e qualquer ação civil pública, nos termos do artigo 21 da Lei nº 7.347/85 (LACP), que tenham relevância social, podendo esta decorrer, exemplificativamente, da natureza do interesse ou direito pleiteado, da considerável dispersão de lesados, da condição dos lesados, da necessidade de garantia de acesso à Justiça, da conveniência de se evitar inúmeras ações individuais, e/ou de outros motivos relevantes.

Ressalte-se que a intervenção da Instituição está fundada na relevância social dos direitos individuais homogêneos, bem como na considerável dispersão ou condição dos lesados, da necessidade de garantia de acesso à Justiça e da conveniência de se evitar inúmeras ações individuais, como sói ocorrer, por exemplo, em contratos bancários, planos de saúde, TV por assinatura, serviços telefônicos, mensalidades escolares, entre outros.

Devidamente expostos os principais aspectos atinentes à tutela dos direitos individuais homogêneos, passemos à análise dos mecanismos de resolução consensual dos conflitos.

5.13. A necessidade de que os mecanismos de resolução consensual dos conflitos sejam consagrados na cultura e implementados na prática do Ministério Público

Há hoje no Brasil um movimento de mudança de paradigma que busca conferir atenção necessária aos mecanismos de resolução consensual de conflitos.

Na esteira dessa orientação, pode-se destacar, no Conselho Nacional de Justiça, a Resolução nº 125/2010, que dispõe sobre a Política Judiciária Nacional de tratamento adequado dos conflitos de interesses no âmbito do Poder Judiciário e dá outras providências; no Ministério da Justiça, via Secretaria de Reforma do Judiciário, a Escola Nacional de Mediação e Conciliação, criada pela Portaria do Ministro da Justiça nº 1.920/2012, e os manuais de resolução consensual publicados no âmbito da referida Escola [157]; pelo Conselho Nacional do Ministério Público, a Resolução nº 118 de 1º de dezembro de 2014, que dispõe sobre a Política Nacional de Incentivo à Autocomposição no âmbito do Ministério Público e dá outras providências.

Convém ressaltar a Estratégia Nacional de não Judicialização (ENAJUD), que foi instituída pela Portaria Interinstitucional nº 1.186, de 2 de julho de 2014, assinada conjuntamente pelo Ministro de Estado e da Justiça, Advogado-Geral da União, Ministro de Estado da Previdência Social e o Presidente do Conselho Nacional do Ministério Público. Consta do artigo 1º da Portaria Interistituicional nº 1.186, de 2 julho de 2014, que implantou a ENAJUD:

> Fica instituída a Estratégia Nacional de Não Judicialização – ENAJUD, com o objetivo de formalizar articulação interistitucional e multidisciplinar para desenvolver, consolidar e difundir os métodos autocompositivos de solução de conflitos, promover a prevenção e a redução dos litígios judicializados, contribuir para a ampliação do acesso à justiça e para a celeridade e a efetividade dos direitos e das garantias fundamentais.

Antes da ENAJUD já existia, no âmbito do Poder Judiciário, a Resolução do Conselho Nacional de Justiça, nº 125 de 29/11/2010, que: *Dispõe sobre a Política Judiciária Nacional de tratamento adequado dos conflitos de interesses no âmbito do Poder Judiciário e dá outras providências.* Essa Resolução do CNJ provocou verdadeira mudança de paradigma e funcionou como divisor de águas na Política Nacional de Resolução de Conflitos no Brasil.

Destaque muito especial deve ser conferido ao CPC (Lei Federal nº 13.105, de 16 de marco de 2015) e, principalmente, à Lei de Mediação e de Autocomposição dos conflitos no âmbito do Poder Público, aprovada pelo Congresso Nacional (Lei Federal nº 13.140, de 26 de junho de 2015).

O CPC representa muito bem essa mudança ao dispor que no § 2º do seu artigo 3º que "*O Estado promoverá, sempre que possível, a solução consensual dos conflitos*".

Consta, ainda, do § 3º do mesmo artigo 3º, que: "*A conciliação, a mediação e outros métodos de solução consensual de conflitos deverão ser estimulados por juízes, advogados, defensores públicos e membros do Ministério Público, inclusive no curso do processo judicial.*"

Há, assim, o dever do Estado, amplamente considerado, e das suas instituições em todas as esferas de governo de promover, sempre que possível, a resolução consensual dos litígios. Essa orientação vai muito além do Judiciário e abrange, como seria natural, o Ministério Público e outras Instituições do poder público federal, estadual, do Distrito Federal e Municipal, e veem detalhadas, principalmente no

[157] O trabalho da Secretária de Reforma do Judiciário do Ministério da Justiça, por intermédio do Secretário Flávio Crocce Caetano e sua equipe, tem sido primorosa e eficiente nesse sentido.

âmbito de causas submetidas ao Judiciário, por outros dispositivos do novo CPC, como sói acontecer com os artigos 165/175.

Por outro lado, a nova Lei de Mediação e de Autocomposição dos conflitos no Poder Público dispõe sobre a mediação entre particulares como meio de resolução de controvérsias e sobre a autocomposição de conflitos no âmbito da administração pública. Essa Lei também segue as mesmas orientações do CPC, mas vai além, dispondo sobre a mediação em questões de interesses em geral, em conflitos ou controvérsias jurisdicionais e extrajurisdicionais. Prevê, ainda, o uso de mecanismos autocompositivos quando pessoas jurídicas de direito público forem parte, com a previsão, inclusive, de mediação coletiva em seu artigo 33, parágrafo único:

> A advocacia Pública da União, dos Estados, do Distrito Federal e dos Municípios, onde houver, poderá instaurar, de ofício ou mediante provocação, procedimento de mediação coletiva de conflitos relacionados à prestação de serviços públicos.

Como observa-se essas orientações sobre a resolução consensual no âmbito do setor público abrangem a União, o Distrito Federal, os Estados e os Municípios, os quais poderão criar câmaras de prevenção e resolução administrativa de conflitos:

> Artigo 32, caput: A união, os Estados, o Distrito Federal e os Municípios poderão criar câmaras de prevenção e resolução administrativa de conflitos, no âmbito dos respectivos órgãos da Advocacia Pública, onde houver, com competência para: I – dirimir conflitos entre órgãos e entidades da administração pública; II – avaliar a admissibilidade dos pedidos de resolução de conflitos, por meio de composição, no caso de controvérsia entre particular e pessoa jurídica de direito público; III – promover, quando couber, a celebração de termo de ajustamento de conduta (...).

Relativamente ao Ministério Público, consta no artigo 3º, da Lei de Mediação e de Autocomposição no Poder Público, que:

> Pode ser objeto de mediação o conflito que verse sobre direitos disponíveis ou sobre direitos indisponíveis que admitam transação. § 1º A mediação pode versar sobre todo o conflito ou parte dele. § 2º O consenso das partes envolvendo direitos indisponíveis, mas transigíveis, deve ser homologado em juízo, exigida a oitiva do Ministério Público.

Essa mudança de paradigma já tem ocorrido há décadas em outros países. Os Estados Unidos são um grande exemplo, pois a grande maioria dos conflitos é resolvida por acordo, inclusive os judicializados[158].

No Brasil, em que o processo de mudança ainda é lento, a sociedade começa a tomar conhecimento de novas formas de solução de controvérsias e conflitos que

[158] Somente a título ilustrativo, convém destacar: FEDERAL JUDICIAL CENTER. NIEMIC, ROBERT J.; STIENSTRA, Donna; STIENSTRA, Donna. *Guide to judicial management of cases in ADR*. Disponível in: http://www.fjc.gov/library/fjc_catalog.nsf/autoframepage!openform&url=/library/fjc_catalog.nsf/DPublication!openform&parentunid=C3BBE28658E8B0BE85256CA30068D2D6. BLI: *Corporate Counsel's Guide to Alterative Dispute Resolution Techniques*. United States of America: West, 2011. MENKEL-MEADOW, Carrie; LOVE, Lela Porter; SCHNEIDER, Andrea Kupfer. *Mediation: practice*, Policy, and Ethcs. United States of America: Aspen Publishers, 2006. MENKEL-MEADOW, Carrie; LOVE, Lela Porter; SCHNEIDER, Andrea Kupfer. *Negotiation processes for problem solving*. United States of America: Aspen Publishers, 2006. NOLAN-HALY, Jacqueline M. *Alternative Dispute Resolution*. 4th Edition. United States of America: West, 2013. WRIGHT, Martin. *Justice for vicgtims and offenders: a restorative response to crime*. Second Edition. United States of American: Waterside Press Whinchester, 1996.

estimulam preponderantemente a pacificação dos conflitantes e, com isso, possibilitam a celebração de acordos em que todas as partes envolvidas preservam seus interesses, não havendo a dicotomia entre vencedor /vencido. Um mecanismo de acesso à justiça onde um sai vencedor e o outro perdedor não resolve, em sua essência, a controvérsia ou o conflito.

Ademais, convém ressaltar que a atividade substitutiva da jurisdição é subsidiária à da própria parte envolvida no litígio e, assim, não deve ser o principal método de resolução de conflitos ou de controvérsias, mas apenas um dentre os vários métodos disponíveis[159-160].

Não se pretende mitigar a importante função do Judiciário, que é uma legítima instituição de acesso à justiça[161]. O objetivo é ressaltar a importância dos novos mecanismos de resolução de conflitos que se mostram mais flexíveis às suscetibilidades das partes, que estimulam a criação de um ambiente de diálogo e que funcionam como fator de agregação social, preservando os relacionamentos entre as pessoas. Contrapõe-se a atuação cooperativa à competitiva; busca-se a postura colaborativa, no lugar do embate aguerrido; pretende-se, enfim, a realização do escopo social da justiça em seu sentido mais amplo, conferindo a relevância necessária aos mecanismos consensuais de resolução de conflitos e controvérsias[162-163].

A "cultura da sentença", que se materializa na busca preferencial pela solução adjudicada do conflito ou controvérsia, infelizmente ainda prevalece no Brasil. Isto apresenta inconvenientes, pois as partes abrem mão da decisão de questões que poderiam ser resolvidas por elas próprias, gerando frustração quando do recebimento da decisão.

De outro lado, o volume de processos em andamento aumentou e tem aumentado em progressão geométrica, contribuindo para o enorme volume de trabalho de Juízes e servidores do Judiciário e, consequentemente, a demora na prestação jurisdicional.

Os meios consensuais de solução de conflitos não são a única solução para a atual situação de crise do Judiciário, manifestada pelo congestionamento dos

159 DEMARCHI, Juliana; ROMANO, Michel Betenjane. O acesso à ordem jurídica justa: em busca do processo adequado. IN: SALLES, Carlos Alberto de (Coord.). *As grandes transformações do processo civil brasileiro*: Homenagem ao Professor Kazuo Watanabe. São Paulo: Quartier Latin, 2009, p. 589-598.

160 COMOGLIO, Luigi Paolo, FERRI, Corrado; TARUFFO, Michele. *Lezioni sul processo civile.* Bolonha: Il Molino, 1995, p. 151 et seq; LUISO, Francesco Paolo. Presente e futuro della conciliazione in Italia. IN: YARSHELL, Flávio Luiz; MORAES, Maurício Zanoide de (Orgs.). *Estudos em homenagem à professora Ada Pellegrini Grinover.* São Paulo: Editora DPJ, 2005, p. 576; WATANABE, Kazuo. Cultura da sentença e cultura da pacificação. IN: YARSHELL, Flávio Luiz; MORAES, Maurício Zanoide de (Orgs.). *Estudos em homenagem à professora Ada Pellegrini Grinover.* São Paulo: Editora DPJ, 2005, p. 684-690.

161 A respeito da natureza pública do processo e o valor social da adjudicação, consultar: FISS, Owen. Contra o acordo. IN: FISS, Owen. Coordenação da Tradução de Carlos Alberto de Salles; Tradução de Daniel Porto Godinho da Silva; Melina de Medeiros Rós. *Um novo processo civil*: estudos norte-americanos sobre jurisdição, constituição e sociedade. São Paulo: Ed. Revista dos Tribunais, 2004. p. 121-145. Sobre a consideração das formas alternativas de solução de conflitos como mecanismos para envolver particulares na atividade de solução de litígios, veja-se: MOREIRA, José Carlos Barbosa. Privatização do processo? IN: MOREIRA, José Carlos Barbosa. *Temas de direito processual*: sétima série. São Paulo, Saraiva, 2001, p. 7-18.

162 DEMARCHI, Juliana; ROMANO, Michel Betenjane. *O acesso à ordem jurídica justa*, op. cit.

163 DINAMARCO, Cândido Rangel. *Fundamentos do processo civil moderno.* São Paulo: Malheiros Editores, 2010, vol. 2, p. 836-837.

tribunais e pela demora na tramitação dos feitos[164]. O que é necessário é o despertar dos operadores do direito para as diversas possibilidades e mecanismos de solução de conflitos, superando-se dificuldades operacionais com a utilização de formas autocompositivas de solução de controvérsias, conflitos e problemas para a realização plena do acesso à ordem jurídica justa por meio de mecanismos autocompositivos.[165]

Como explica Carlos Eduardo de Vasconcelos, negociação, mediação e conciliação são apontados como meios ou métodos de resolução alternativa de disputas (ADRS - *Alternativa Dispute Resolutions*). Esses meios são também conhecidos como Meios Alternativos de Resolução de Controvérsias (MASCs), também denominados de Meios Extrajudiciais de Resolução de Controvérsias (MESCs). Ressalta o autor, contudo:

> o lugar de aplicação desses meios - ambiente judicial ou não - vem deixando de ocupar a centralidade, daí a tendência em designá-los como meios de Resolução Apropriada (ou Adequada) de Disputas (RAD)[166].

Há várias correntes e modelos no mundo sobre negociação e mediação[167].

A doutrina estrangeira geralmente destaca dois modelos de negociação. Na *negociação distributiva* as partes competem pela distribuição de um valor fixo. Nesse modelo, o que se questiona é qual das partes irá conseguir o maior valor. Portanto, como consta no guia de negociação da Harvard Business Essentials[168], a ganância de uma das partes se faz às expensas da outra. Já no modelo da *negociação integrativa*, as partes cooperam para alcançar o máximo benefício comum, de modo a integrar seus interesses a um acordo que cria ou obtém valores[169]. Nesse sentido, Paulo Valério Dal Pai Moraes e Márcia Amaral Corrêa de Moraes apontam como princípios da boa negociação: a) igualdade e diferença; b) confiança; c) equilíbrio; d) não resistência; e) vinculação ao atendimento do interesse[170].

Como o Ministério Público é representante adequado da sociedade na defesa dos seus direitos fundamentais, o modelo da negociação integrativa mais se aproxima

[164] JUSTIÇA EM NÚMEROS: indicadores estatísticos do Poder judiciário -Ano 2004. In: RELATÓRIO Anual 2005. Brasília: Conselho Nacional de Justiça, 2005.

[165] Conferir: ALMEIDA, Gregório Assagra de; BELTRAME, Martha Silva; ROMANO, Michel Betenjane. Novo perfil constitucional do Ministério Público - Negociação e Mediação e a postura resolutiva e protagonista do Ministério Público na resolução consensual das controvérsias, conflitos e problemas. IN: *Manual de negociação e de mediação para membros do Ministério Público*. Brasília: Ministério da Justiça, 2014, p. 95-144.

[166] VASCONCELOS, Carlos Eduardo de. *Mediação de conflitos e práticas restaurativas*. Editora Método: São Paulo, 2012, p. 41.

[167] Entre outras importantes obras, consultar: MENKEL-MEADOW, Carrie; LOVE, Lela Porter; SCHNEIDER, Andrea Kupfer. *Mediation: Practice, Policy, and Ethics*. United States of America: Aspen Publishers, 2006. MENKEL-MEADOW, Carrie; LOVE, Lela Porter; SCHNEIDER, Andrea Kupfer. *Negotiation processes for problem solving*. United States of America: Aspen Publishers, 2006. NOLAN-HALY, Jacqueline M. *Alternative Dispute Resolution*. 4th Edition. United States of America: West, 2013.

[168] ESSENTIALS, Harvard Business. *Negociación* – una guía para directivos ocupados (enfoques y conceptos para avanzar). Carlos Ganzinelli (traducción). Barcelona: Deusto, 2004, p. 2.

[169] Nesse sentido, NOLAN-HALY, Jacqueline M. *Alternative Dispute Resolution*. 4th Edition. United States of America: West, 2013, p. 17-22.

[170] MORAES, Paulo Valério Dal Pai; CORRÊA DE MORAES, Márcia Amaral. *A negociação ética para agentes públicos e advogados*. Belo Horizonte: Fórum, 2012, p. 89-126.

das suas atribuições como Instituição que deve zelar pela justiça, porém com os limites imposto pela defesa da Constituição e dos direitos fundamentais. Portanto, é importante que se construa um modelo de negociação próprio, o que a Instituição tem desenvolvido muito bem, com a atuação dos seus membros nos compromissos de ajustamento de conduta.

Por outro lado, em relação à mediação, observa-se que há também vários modelos. Convém destacar aqui alguns deles. Há o *modelo de Harvard*, que adota os métodos da negociação cooperativa, regida por quatro princípios informadores, bem delineados por John M. Haynes: a) a separação das pessoas do problema; b) a concentração nos interesses e não nas posições; b) a necessidade de inversão das opções de ganhos mútuos; e d) a insistência em critérios objetivos. Há o *modelo narrativo sistêmico*, desenvolvido por Sara Cobb, que aborda a mediação como sendo um processo de comunicação entre as partes e seu objetivo é contribuir para que os mediados transformem suas histórias, assim como a maneira de interpretar e de falar a respeito do conflito. As técnicas comunicacionais são fundamentais nesse modelo de mediação. Por outro lado, destaca-se o *modelo da mediação transformadora*, desenvolvido por Joseph Folger, em que o mediador deve se comportar para transformar as relações dos mediados, de modo a valorizá-los na condição de pessoas. Nesse modelo, o conflito é concebido como uma oportunidade de mudança e de transformação moral, o que traz a ideia de aumento do poder dos mediados (*empowerment*)[171-172].

De forma geral, determinado setor da doutrina aponta como princípios da mediação: a) voluntariedade; b) autoridade dos mediados; c) não-adversariedade; d) imparcialidade; e) consensualidade; f) confidencialidade; g) flexibilidade e informalidade[173].

Acredita-se que o Ministério Público, nos planos de sua atuação, poderá adotar técnicas combinadas desses modelos, adequando-as à realidade dos problemas. Existem situações em que deverá ser seguida a informalidade – como nos casos de mediação comunitária – e outros em que a mediação deverá ser um pouco mais formal – como nos casos de mediação familiar de relação de conflituosidade.

Em qualquer caso, a construção de modelos próprios para a atuação do Ministério Público nos processos autocompositivos, tendo em vista, especialmente, as suas funções de fiscal da ordem jurídica e de defensor do regime democrático (artigo 127 da CR/1988), deverá guiar-se pela teoria dos direitos fundamentais, levando-se em consideração vários fatores, com destaque para a inserção dos direitos coletivos[174], amplamente considerados, como direitos fundamentais, assim como para o princípio da transformação social, consagrado nos Objetivos Fundamentais da República Federativa do Brasil, bem delineado no artigo 3º, da Constituição.

---

171 Para uma análise bem didática e sistematizada desses modelos, SANTOS, Ricardo Goretti. Manual de mediação de conflitos. Rio de Janeiro: Lumen Juris, 2012, p. 160-168. Consutar também: NOLAN-HALY, Jacqueline M. *Alternative Dispute Resolution, passim.*

172 Conferir: MENKEL-MEADOW, Carrie; LOVE, Lela Porter; SCHNEIDER, Andrea Kupfer. *Mediation, passim.*

173 SANTOS, Ricardo Goretti. *Manual de mediação de conflitos.* Rio de Janeiro: Lumen Juris, 2012, p. 144-5.

174 Em relação à mediação de conflitos que envolvem direitos coletivos, convém destacar: SOUZA, Luciane Moessa. *Mediação de conflitos coletivos.* Belo Horizonte: Fórum, 2012.

Na esfera prática, o que se nota é que a atuação do Ministério Público tem se destacado principalmente porque a Instituição tem intensificado sua atuação resolutiva, de modo que atualmente são nítidos dois modelos de atuação institucional: o demandista e o resolutivo. O resolutivo, que se materializa pela atuação extrajurisdicional, utiliza-se predominantemente dos mecanismos consensuais de resolução de conflitos, principalmente da negociação e da mediação. Contudo, na atuação demandista, como órgão agente ou interveniente, a utilização das técnicas autocompositivas pelo Ministério Público, ainda tímida, tem sido importante para ampliar a eficácia da atuação.

Ressalta-se que a *negociação* é recomendada ao Ministério Público para as controvérsias ou conflitos em que a Instituição possa a atuar como parte na defesa de direitos e interesses da sociedade em razão de sua condição de representante adequada e legitimada coletiva universal (artigo 129, III, CR/1988). A *negociação* é recomendada, ainda, para a solução de problemas referentes à formulação de convênios, redes de trabalho e parcerias entre entes públicos e privados, bem como para a solução de conflitos entre os próprios membros do Ministério Público[175].

Já a *mediação* é recomendada para solucionar controvérsias ou conflitos que envolvam relações jurídicas nas quais é importante a direta e voluntária ação de ambas as partes divergentes. Contudo, nos casos de mediação comunitária e de mediação escolar que envolvam a atuação do Ministério Público, deve-se primar pela máxima informalidade possível[176].

Por outro lado, a *conciliação* é recomendada para controvérsias ou conflitos que envolvam direitos ou interesses nas áreas de atuação do Ministério Público como órgão interveniente e nas quais sejam necessárias intervenções propondo soluções para a resolução das controvérsias ou dos conflitos. A conciliação deve ser empreendida naquelas situações em que seja necessária a intervenção do membro do Ministério Público, servidor ou voluntário, regularmente capacitados para tal atividade, no sentido de propor soluções para a resolução de conflitos ou de controvérsias, sendo aplicáveis as mesmas normas atinentes à mediação. Aplica-se à conciliação o princípio da informalidade e, no que for cabível, os princípios e regras previstos para a negociação e a mediação[177].

---

[175] Nesse sentido dispõe a Resolução nº 118/2014 do CNMP: *Artigo 8º A negociação é recomendada para as controvérsias ou conflitos em que o Ministério Público possa atuar como parte na defesa de direitos e interesses da sociedade, em razão de sua condição de representante adequado e legitimado coletivo universal (artigo 129, III, da CR/1988); Parágrafo único. A negociação é recomendada, ainda, para a solução de problemas referentes à formulação de convênios, redes de trabalho e parcerias entre entes públicos e privados, bem como entre os próprios membros do Ministério Público.*

[176] No mesmo sentido dispõe a Resolução nº 118/2014 do CNMP: *Artigo 9º A mediação é recomendada para solucionar controvérsias ou conflitos que envolvam relações jurídicas nas quais é importante a direta e voluntária ação de ambas as partes divergentes. Parágrafo único. Recomenda-se que a mediação comunitária e a escolar que envolvam a atuação do Ministério Público sejam regidas pela máxima informalidade possível.*

[177] No mesmo sentido dispõe a Resolução nº 118/2014 do CNMP: *Artigo 11. A conciliação é recomendada para controvérsias ou conflitos que envolvam direitos ou interesses nas áreas de atuação do Ministério Público como órgão interveniente e nos quais sejam necessárias intervenções propondo soluções para a resolução das controvérsias ou dos conflitos. Artigo 12. A conciliação será empreendida naquelas situações em que seja necessária a intervenção do membro do Ministério Público, servidor ou voluntário, no sentido de propor soluções para a resolução de conflitos ou de controvérsias, sendo aplicáveis as mesmas normas atinentes à mediação.*

Há também a atuação do Ministério Público por intermédio de práticas restaurativas, que são recomendadas nas situações para as quais seja viável a busca da reparação dos efeitos da infração por intermédio da harmonização entre o(s) seu(s) autor(es) e a(s) vítima(s), com o objetivo de restaurar o convívio social e a efetiva pacificação dos relacionamentos. Convém destacar que práticas restaurativas, no âmbito do Ministério Público, são aquelas em que infrator, vítima e quaisquer outras pessoas ou setores, públicos ou privados, da comunidade afetada, com a ajuda de um facilitador, participam conjuntamente de encontros, visando à formulação de um plano restaurativo para a reparação ou minoração do dano, a reintegração do infrator e a harmonização social.

Assim, as práticas restaurativas deverão, sempre que possível, ser conduzidas por facilitador qualificado, assim entendido aquele para tanto certificado pela Escola Institucional ou Centro de Estudos e Aperfeiçoamento Funcional do Ministério Público, que seguirá as orientações da Escola Nacional de Mediação e Conciliação da Secretaria de Reforma do Judiciário do Ministério da Justiça[178].

Todos esses métodos, mecanismos ou meios de resolução consensual de controvérsias, conflitos e problemas podem e devem ser utilizados pelo Ministério Público para ampliar a sua legitimação social com a promoção da resolução consensual humanizada das causas submetidas a sua apreciação[179]. Nesse sentido, Jarbas Soares Júnior, na condição Conselheiro Nacional do Ministério Público e Presidente da Comissão de Defesa dos Direitos Fundamentais, já sustentou que:

> Como profissionais do Direito, aos membros do Ministério Público, aos quais se delegou a dignificante missão de defender a sociedade, cabe estarmos cientes de que somos, em essência, tratadores de conflitos. E, como tal, é nosso dever conhecer o Sistema de Tratamento Adequado de Conflitos, a fim de que possamos usar, no cotidiano de nossas ações, o método que seja mais eficiente para atender à necessária finalidade[180].

Do mesmo modo, manifestou-se Flávio Crocce Caetano na apresentação do Manual de Negociação e Mediação para Membros do Ministério Público, publicado pela Escola Nacional de Mediação e Conciliação (ENAM):

---

[178] No mesmo sentido dispõe a Resolução nº 118/2014 do CNMP: *Artigo 13. As práticas restaurativas são recomendadas nas situações para as quais seja viável a busca da reparação dos efeitos da infração por intermédio da harmonização entre o (s) seu (s) autor (es) e a (s) vítima (s), com o objetivo de restaurar o convívio social e a efetiva pacificação dos relacionamentos. Artigo 14. Nas práticas restaurativas desenvolvidas pelo Ministério Público, o infrator, a vítima e quaisquer outras pessoas ou setores, públicos ou privados, da comunidade afetada, com a ajuda de um facilitador, participam conjuntamente de encontros, visando à formulação de um plano restaurativo para a reparação ou minoração do dano, a reintegração do infrator e a harmonização social.*

[179] Observa-se que a Resolução nº 118 do CNMP ainda dispõe sobre convenções processuais: *Artigo 15. As convenções processuais são recomendadas toda vez que o procedimento deva ser adaptado ou flexibilizado para permitir a adequada e efetiva tutela jurisdicional aos interesses materiais subjacentes, bem assim para resguardar âmbito de proteção dos direitos fundamentais processuais. Artigo 16. Segundo a lei processual, poderá o membro do Ministério Público, em qualquer fase da investigação ou durante o processo, celebrar acordos visando constituir, modificar ou extinguir situações jurídicas processuais. Artigo 17. As convenções processuais devem ser celebradas de maneira dialogal e colaborativa, com o objetivo de restaurar o convívio social e a efetiva pacificação dos relacionamentos por intermédio da harmonização entre os envolvidos, podendo ser documentadas como cláusulas de termo de ajustamento de conduta.* Essas previsões, contudo, são orientações com incidência somente no âmbito do trabalho do Ministério Público quando houver hipótese de aplicabilidade dos dispositivos.

[180] SOARES JÚNIOR, Jarbas. Introdução. IN: *Manual de negociação e de mediação para membros do Ministério Público.* Brasília: Ministério da Justiça, 2014, p. 16.

> Em última instância, os métodos autocompositivos, por possibilitarem a célere e efetiva solução de contendas, são instrumentos de acesso à justiça e de difusão da cultura do diálogo e da paz, o que se alinha com a atuação institucional e competências constitucionais do Ministério Público brasileiro e corresponde aos objetivos da Escola Nacional de Mediação e Conciliação.[181]

Os membros e servidores do Ministério Público, tanto no modelo demandista, quanto no modelo resolutivo, devem estar preparados para a resolução humanizada das controvérsias, dos conflitos e dos problemas.

A negociação, a mediação, a conciliação e as práticas restaurativas são técnicas legítimas que fortalecem e ampliam a concepção do Ministério Público como instituição constitucional de acesso à justiça e garantia fundamental da sociedade.

Ademais, a resolução consensual nas Corregedorias decorre de imposição constitucional e exigência do direito nacional infraconstitucional. Primeiramente, dispõe o Preâmbulo e o artigo 4º, inciso VII, da Constituição da República Federativa do Brasil, que a República Federativa do Brasil é fundada na harmonia social e comprometida, na ordem interna e internacional, com a solução pacífica das controvérsias e, nas relações internacionais, pela solução pacífica dos conflitos.

Em sede infraconstitucional, a utilidade e a necessidade da resolução consensual no âmbito do Ministério Público brasileiro é reconhecida em norma jurídica aprovada pelo CNMP, conforme estabelece a Resolução CNMP nº 118, de 1º de dezembro de 2014, que *dispõe sobre a Política Nacional de Incentivo à Autocomposição no âmbito do Ministério Público e dá outras providências.* O artigo 1º e seu parágrafo único estabelecem que a Política Nacional de Incentivo à Autocomposição no âmbito do Ministério Público tem como objetivo assegurar a promoção da justiça e a máxima efetividade dos direitos e interesses que envolvem a atuação da Instituição, de forma que incumbe ao Ministério Público brasileiro implementar e adotar mecanismos de autocomposição, como a negociação, a mediação, a conciliação, o processo restaurativo e as convenções processuais, bem assim prestar atendimento e orientação ao cidadão sobre tais mecanismos. Não bastasse, consta expressamente do parágrafo único do artigo 8º da Resolução CNMP nº 118, de 1º de dezembro de 2014, que:

> A negociação é recomendada, ainda, para a solução de problemas referentes à formulação de convênios, redes de trabalho e parcerias entre entes públicos e privados, bem como entre os próprios membros do Ministério Público.

Diante dessas diretrizes, a Corregedoria-Geral do Ministério Público do Estado de Minas Gerais, considerando a necessidade de aprimoramento dos seus trabalhos visando a efetividade, a eficiência e a resolução, sempre que possível, negociada dos problemas, conflitos e controvérsias afetos à sua área de atuação orientadora e fiscalizadora, aprovou e disciplinou o Procedimento de Negociação, Mediação e de Conciliação e Procedimento de Acordos de Resultados no âmbito da atuação Corregedoria – primeiramente pelo Ato CGMP-MP nº 13/2016 e, na

181 CAETANO, Flávio Crocce. Apresentação. IN: *Manual de negociação e de mediação para membros do Ministério Público.* Brasília: Ministério da Justiça, 2014, p. 15.

sequência, no novo Regimento Interno da Corregedoria-Geral (artigo 203), aprovado pela Câmara de Procuradores de Justiça do Ministério Público do Estado de Minas Gerais aos 28 de setembro de 2018. Esses instrumentos são extremamente úteis para as Corregedorias, as quais devem buscar, na medida do que for cabível e possível, a resolução consensual dos conflitos, controvérsias e problemas entre membros ou servidores do Ministério Público ou tomar compromissos de acordos de resultados relacionados com problemas que dizem respeito, por exemplo, à má qualidade do trabalho ou ao atraso dos serviços afetos aos membros ou servidores da Instituição.

Mas o que é o acordo de resultados? Trata-se de verdadeiro negócio jurídico celebrado entre a Corregedoria e os Membros do Ministério Público quando, em decorrência de correição, constatar-se inadequação, ineficiência ou má qualidade dos serviços.

Atualmente, os Acordos de Resultado estão inseridos em importantes documentos de atuação institucional, merecendo destaque a Recomendação CNMP nº 57, de 5 de julho de 2017, que dispõe sobre a atuação dos membros do Ministério Público nos Tribunais, sendo que o seu artigo 23 prevê:

> Artigo 23. As unidades do Ministério Público e suas Corregedorias em conjunto com os órgãos colegiados locais, assim como a Corregedoria Nacional, realizarão estudos para avaliar a eficiência e a efetividade da atuação do Ministério Público junto aos Tribunais, criando inclusive sistemática de mapeamento e de registro dos resultados decorrentes da aplicação desta Recomendação. Parágrafo único. Para fins de implementação das diretrizes desta Recomendação, preservadas a independência funcional e a autonomia das unidades do Ministério Público, a Corregedoria Nacional, com o apoio das respectivas Corregedorias, adotará todas as medidas orientadoras cabíveis, inclusive a formalização de Acordos de Resultado junto às Administrações Superiores das unidades do Ministério Público.[182]

No mesmo sentido, a Recomendação de Caráter Geral CNMP-CN 02/2018 estabelece que a Equipe Correcional poderá adotar diversas medidas para a adequação da atuação do Membro do Ministério Público ao novo perfil desejado – sempre respeitado o princípio da independência funcional –, através da expedição de recomendações sem efeito vinculativo, determinações – nos casos de inobservância das normas legais e dos atos administrativos cogentes emanados da Corregedoria-Geral, de outros órgãos da Administração Superior ou do Conselho Nacional do Ministério Público –, elogios e/ou anotações na ficha funcional e, por fim, através do acordo de resultados (artigo 31, da Recomendação de Caráter Geral CNMP-CN 02/2018). Sobre este último, ainda dispõe que o acordo de resultados será regido pelos princípios da eficiência, adequação e razoabilidade e nele haverá, sempre que for compatível, a fixação de prazos e metas a serem alcançadas, sem prejuízo, em sendo o caso, da instauração de Reclamação Disciplinar ou de Processo Administrativo Disciplinar quando for constatada hipótese de falta funcional (artigo 31, da Recomendação de Caráter Geral CNMP-CN 02/2018).

182 Conferir CNMP: http://www.cnmp.mp.br/portal/images/Recomendacoes/Recomendação-057.pdf.

Vários outros documentos importantes, que serão analisados no capítulo seguinte, reforçam a necessidade de o Ministério Público priorizar a atuação resolutiva, os quais contribuem, significativamente, para a efetividade da atuação institucional na prevenção e redução dos litígios, sendo destacáveis: a Carta de Brasília, assinada no dia 22.09.2016 pela Corregedoria Nacional e pelas Corregedorias das Unidades e Ramos do Ministério Público brasileiro, durante o 7º Congresso de Gestão realizado em Brasília pelo Conselho Nacional do Ministério Público e o compromisso de avaliar, orientar e fiscalizar o ministério público visando a efetividade social da sua atuação e a prevenção e a redução dos litígios; a Recomendação CNMP nº 54, de 28 de março de 2017, que *Dispõe sobre a Política Nacional de Fomento à Atuação Resolutiva do Ministério Público brasileiro*; Recomendação CNMP Nº 57, de 05 de julho de 2017, que Dispõe sobre a atuação dos membros do Ministério Público nos Tribunais; a Resolução CNMP Nº 179, de 26 de julho de 2017, que *Regulamenta o § 6º do artigo 5º da Lei no 7.347/1985, disciplinando, no âmbito do Ministério Público, a tomada do compromisso de ajustamento de conduta;* a Resolução CNMP Nº 181, de 07 de agosto de 2017, com redação dada pela Resolução nº 183, 24 de janeiro de 2018, que *Dispõe sobre instauração e tramitação do procedimento investigatório criminal a cargo do Ministério Público;* a Recomendação CNMP nº 63, de 26 de janeiro de 2018, que *Dispõe sobre a necessidade de especialização de órgão dos Ministério Público para a atuação nos conflitos coletivos agrários e fundiários*; a Recomendação de Caráter Geral CNMP-CN Nº 01, de 15 de março de 2018 (Recomendação de Maceió), que *Dispõe sobre o Estágio Probatório dos Membros do Ministério Público Brasileiro e estabelece outras diretrizes;* a Resolução Conjunta do Estado de Minas Gerais e da Procuradoria-Geral de Justiça do Ministério Público do Estado de Minas Gerais (EMG/PGJ) nº 1, de 11 de setembro de 2015, que *Institui a Câmara de Prevenção e Resolução de Conflitos e dispõe sobre suas atribuições;* a Proposta de Recomendação em tramitação no CNMP, *que Dispõe sobre a atuação do Ministério Público em Políticas Públicas Efetivadoras de Direitos Fundamentais e estabelece diretrizes para a realização ou o referendo de acordos.*

5.14. Do consenso no Processo Penal: o procedimento para celebração de acordos de delação premiada[183]

A 2ª e 5ª Câmaras de Coordenação e Revisão do Ministério Público Federal editaram recentemente a Orientação Conjunta nº 01/2018, contendo inúmeras diretrizes relativas à celebração de acordos de delação premiada, com o intuito de uniformizar a atuação dos Membros e promover a solução consensual dos conflitos. Diante da importância do tema, passemos à análise das principais inovações trazidas pelo ato normativo.

A Orientação Conjunta nº 01/2018 dispõe expressamente que o acordo de colaboração premiada tem natureza de negócio jurídico processual e que tem como

[183] Conferir: ALMEIDA, Gregório Assagra de; COSTA, Rafael de Oliveira. O Ministério Público como Garantia Constitucional de Acesso à Justiça e os Novos Horizontes da Colaboração Premiada Coletiva. IN: CAMBI, Eduardo, ALMEIDA, Gregório Assagra de; MOREIRA, Jairo Cruz (Orgs.). *30 Anos da Constituição de 1988 e o Ministério Público: avanços, retrocessos e os novos desafios.* Belo Horizonte, Editora D'Plácido, 2018, p. 511-535.

finalidade servir de meio de obtenção de prova, pressupondo utilidade e interesse públicos.

Passa-se, assim, à análise detalhada do instituto, de modo a elucidar as suas principais contribuições para o novo perfil do Promotor de Justiça.

5.14.1. *Requisitos para apresentação da proposta de acordo*

No que concerne aos requisitos para a apresentação de proposta de colaboração premiada ao Ministério Público, a Orientação Conjunta nº 01/2018[184] estabelece que a proposta de colaboração premiada deve conter:

a) Procuração do interessado com poderes específicos para iniciar o procedimento de colaboração e suas tratativas, ou ser firmada pessoalmente pela parte que pretende a colaboração e seu advogado ou defensor público;
b) A descrição dos fatos delitivos;
c) A duração dos fatos e locais de ocorrência;
d) A identificação de todas as pessoas envolvidas;
e) Os meios de execução do crime;
f) O eventual produto ou proveito do crime;
g) As potenciais testemunhas dos fatos e outras provas de corroboração existentes em relação a cada fato e a cada pessoa;
h) A estimativa dos danos causados.

5.14.2. *Como deve ser "procedimentalizada" a celebração do acordo?*

Para a celebração do acordo, faz-se necessária a instauração de "Procedimento Administrativo de Delação Premiada" de caráter confidencial. Após o recebimento da proposta, o Membro do Ministério Público deverá tomar as seguintes medidas preliminares: A) Baixar "Termo de recebimento de proposta de colaboração premiada"; B) Em sendo o caso, indeferi-la sumariamente, com a devida justificativa, cientificando-se o interessado; C) Caso não haja indeferimento sumário, as partes deverão firmar "Termo de Confidencialidade" para o prosseguimento das tratativas.

O recebimento da proposta para formalização de acordo de colaboração demarca o início das negociações e constitui também o marco inicial de confidencialidade, configurando violação de sigilo e quebra da confiança e da boa-fé a divulgação de tais tratativas ou de documento que as formalize. O sigilo deve permanecer até o seu levantamento por decisão judicial ou nos termos do art. 7º, § 3º, da Lei 12.850/2013[185].

Instaurado o procedimento, a celebração do acordo deve seguir uma série de etapas, que podem ser assim sistematizadas[186]:

---

[184] Cf. Artigo 13, da Orientação Conjunta nº 01/2018.

[185] Cf. Artigo 4º, da Orientação Conjunta nº 01/2018.

[186] Cf. Orientação Conjunta nº 01/2018, observadas as devidas adaptações.

A) Em primeiro lugar, o Membro do Ministério Público deve bem esclarecer ao interessado e ao seu defensor em que consiste o instituto da colaboração premiada, o respectivo procedimento previsto em lei, os benefícios passíveis de serem aplicados, a necessidade de sigilo e outras informações pertinentes, de modo a viabilizar o consentimento livre e informado.

B) Em seguida, o Membro do Ministério Público deve analisar se os fatos apresentados pelo colaborador estão suficientemente corroborados por outros elementos probatórios, inclusive externos e em poder de terceiros, ou se serão passíveis de corroboração, tendo em vista as técnicas de investigação normalmente desenvolvidas, observando-se o disposto no art. 4º, § 16, da Lei 12.850/2013.

C) Em sendo o caso, é possível a realização de diligências investigatórias preliminares, visando corroborar as provas e informações apresentadas pelo colaborador, de modo a confirmar seu potencial. Nessa fase, pode-se, por cautela, promover-se o pré-acordo de colaboração premiada, indicado para o registro dos termos negociados.

D) Na sequência, deve-se passar ao estabelecimento dos fatos que serão objeto do acordo, à discussão de eventuais benefícios a serem concedidos ao colaborador e à suspensão de medidas específicas de litigância, evitando a propositura de demandas penais cautelares e assecuratórias, bem como medidas processuais cíveis admitidas pela legislação processual civil em vigor, inclusive as previstas na Lei de Improbidade Administrativa (Lei nº 8.429/1992).

E) Após, deve-se firmar o acordo de colaboração premiada, com a assinatura do colaborador e seu defensor, garantindo-se que o colaborador tenha ciência inequívoca, observando-se, ainda, o disposto no art. 4º, §§ 14 e 15, da Lei 12.850/2013, especialmente quanto à renúncia ao direito ao silêncio e ao compromisso de dizer a verdade.

F) Posteriormente, devem ser colhidos os depoimentos, sempre que possível com gravação audiovisual e redução a termo. A gravação audiovisual deve ser realizada separadamente em relação a cada termo de depoimento do colaborador, visando preservar o sigilo das demais investigações.

G) Por fim, o acordo deve ser submetido à homologação judicial.

5.14.3. *Parâmetros para a propositura do acordo*

Ao propor os benefícios, o Membro do Ministério Público deve considerar parâmetros objetivos, dentre os quais[187]:

a) A quantidade de fatos delitivos narrados pelo colaborador;

b) A oportunidade da colaboração (ou seja, o momento em que revelou os fatos desconhecidos à investigação);

[187] Cf. Artigo 18, da Orientação Conjunta nº 01/2018.

c) A natureza e credibilidade da descrição dos fatos narrados;
d) A culpabilidade do agente em relação ao fato;
e) Os antecedentes criminais;
f) A disposição do agente em cooperar com a investigação e persecução de outros fatos;
g) Os interesses da vítima;
h) O potencial probatório da colaboração e outras consequências em caso de condenação;
i) As provas apresentadas pelo colaborador e as linhas de investigação ampliadas;
j) A gravidade da ofensa e a importância do caso para se alcançar efetiva aplicação e observância das leis penais;
k) O valor da potencial declaração ou das provas a serem produzidas para a investigação ou para o processo;
l) A qualidade do material probatório apresentado e das declarações do colaborador;
m) A culpabilidade da pessoa em relação aos outros acusados;
n) A possibilidade de processar de maneira eficaz o acusado, sem a concessão do benefício de não exercício da ação penal; e
o) A reparação integral do dano, se for o caso.

5.14.4. *Indispensabilidade da presença de advogado*

Dúvida pode surgir acerca da indispensabilidade da presença de advogado para a celebração do acordo.

Seguindo a Orientação Conjunta nº 01/2018, nenhuma tratativa sobre colaboração premiada deve ser realizada sem a presença do advogado constituído ou Defensor Público[188].

Ademais, em caso de eventual conflito de interesses, ou de colaborador hipossuficiente, o órgão do Ministério Público deverá solicitar a presença de outro advogado ou a participação de Defensor Público[189].

5.14.5. *Conflito de Atribuições na Celebração de Acordos de Delação Premiada Coletiva*

Quando os fatos narrados envolverem a atribuição de outros Membros do Ministério Público, deve-se proceder da seguinte forma[190]:

A) O Membro oficiante deve convidar o(s) Membro(s) com atribuição concorrente para participar(em) das tratativas de formalização do acordo;

---

[188] Cf. Artigo 10, da Orientação Conjunta nº 01/2018.

[189] Cf. Artigo 10, da Orientação Conjunta nº 01/2018.

[190] Cf. Artigo 23, da Orientação Conjunta nº 01/2018.

B) O Membro oficiante deve firmar o acordo e submetê-lo, posteriormente à homologação, aos demais Membros naturais, que poderão aceitar e aderir aos respectivos termos, caso em que receberão todas as provas produzidas; ou

C) Encaminhar os autos ao Membro que tiver atribuição concorrente, a fim de que seja analisado o interesse na celebração do acordo de forma integral.

5.14.6. Conteúdo mínimo do Acordo de Delação Premiada Coletiva

O acordo de colaboração deve conter cláusulas que tratem, pelo menos, dos seguintes pontos[191]:

A) Base jurídica (Artigo 129, inciso I, da Constituição da República, nos artigos 13 a 15 da Lei n. 9.807/99, no art. 1°, § 5°, da Lei 9.613/98, no art. 26 da Convenção de Palermo, no art. 37 da Convenção de Mérida, artigos 3º, § 2º e § 3º, do Código de Processo Civil, e nos artigos 4° a 8° da Lei 12.850/2013);

B) Qualificação do colaborador;

C) Demonstração do interesse público: a) oportunidade do acordo; b) efetividade e utilidade do acordo: relativa à capacidade real de contribuição do colaborador para a investigação, por meio do fornecimento de elementos concretos que possam servir de prova; c) explicitação sobre quantos e quais são os fatos ilícitos e pessoas envolvidas que ainda não sejam de conhecimento do Ministério Público; d) indicação dos meios pelos quais se fará a respectiva prova.

D) Objeto do acordo: a) descrição genérica dos fatos que serão revelados e por quem, visando preservar o sigilo das investigações (a descrição específica deverá ser feita nos anexos individualizados); b) deve ser demonstrada a relevância das informações e provas; c) deve haver previsão sobre como se procederá em caso de revelação de novos fatos, depois de celebrado o acordo (possível aditamento do acordo, com previsão das consequências do aditamento).

E) Obrigações do colaborador: a) relativas às informações e provas relevantes (formas, prazos, locais etc); b) compromisso de cessar as condutas ilícitas; c) compromisso, durante toda a vigência do acordo de colaboração, sem qualquer reserva, com as investigações, portando-se sempre com honestidade, lealdade e boa-fé; d) falar a verdade, incondicionalmente, em todas as investigações (inclusive nos inquéritos policiais e civis, ações civis, procedimentos administrativos disciplinares e tributários), além de ações penais em que doravante venha a ser chamado a depor na condição de testemunha ou interrogado, nos termos do acordo; e) pagamento de valor relativo à antecipação de reparação de danos, ressalvada a prerrogativa de outros órgãos, instituições, entidades ou pessoas de buscarem o ressarcimento que entenderem lhes ser devido;

[191] Cf. Artigo 24, da Orientação Conjunta nº 01/2018.

f) pagamento de multa; g) prestar garantias do cumprimento da multa e da antecipação de reparação de danos; h) declarar que as informações prestadas são verdadeiras e precisas, sob pena de rescisão; i) declarar todos os bens que são de sua propriedade, ainda que em nome de terceiros, sob pena de conduta contrária ao dever de boa-fé e rescisão do acordo; j) obrigação de o colaborador adotar conduta processual compatível com a vontade de colaborar (vedação ao *venire contra factum proprium).*

F) Compromissos do Ministério Público: a) estipular benefícios penais ao colaborador; b) estabelecer a forma de cumprimento dos benefícios; c) defender perante terceiro a validade e eficácia de todos os termos e condições do acordo.

G) Adesão e compartilhamento de provas;

H) Cooperação com autoridade estrangeiras;

I) Renúncia ao exercício da garantia contra a autoincriminação e do direito ao silêncio;

J) Previsão de garantia real ou fidejussória;

K) Rescisão: hipóteses e consequências, inclusive com previsão de cláusula penal, correção monetária e juros;

L) Previsão sobre o juízo perante o qual será requerida a homologação;

M) Previsão da necessidade de sigilo até decisão judicial em contrário;

N) Declaração de aceitação pelo advogado e colaborador;

O) Efeitos civis do acordo.

5.14.7. Parâmetros para a fixação da pena corporal do colaborador

Seguindo a Orientação Conjunta nº 01/2018, a pena corporal deve ser dosada segundo as seguintes técnicas[192]:

I) *preferencialmente*, pelo estabelecimento de marcos punitivos máximos, a serem concretizados em apreciação judicial com os seguintes elementos sugeridos, segundo os indicativos legais: a) patamar máximo unificado de pena decorrente do somatório das sentenças condenatórias, o qual, ao ser atingido, levará à suspensão das demais ações e investigações em curso e seus respectivos prazos prescricionais; b) pena que será efetivamente cumprida pela parte em regimes a serem definidos no acordo; c) suspensão do cumprimento da diferença entre o máximo unificado da pena e a pena que será efetivamente cumprida, com possibilidade de retomada do cumprimento do máximo unificado da pena em caso de rescisão ou descumprimento do acordo; ou

II) pelo estabelecimento de patamares mínimos e máximos, a serem delimitados por ocasião da sentença, para cumprimento da pena.

192 Cf. Artigo 26, da Orientação Conjunta nº 01/2018.

5.14.8. *Sanções diversas da pena corporal*

Além da pena corporal, é possível transacionar sobre penas restritivas de direito, o regime inicial de cumprimento da pena, a progressão de regimes, a suspensão condicional da pena, a suspensão condicional do processo, a suspensão do prazo prescricional e a aplicação dos institutos da remissão e detração.

Além disso, o acordo de colaboração premiada pode também prever o valor da multa penal, o valor ou os bens objeto de perdimento e sua destinação, o valor mínimo da reparação do dano e sua destinação às vítimas dos delitos[193].

5.14.9. *Efeitos penais que devem necessariamente ser previstos no acordo*

O acordo de colaboração deve prever a perda do produto ou proveito da atividade criminosa e a forma de execução dos bens dados como garantia da indenização do dano e do pagamento da multa[194].

5.14.10. *Efeitos cíveis passíveis de serem previstos no acordo*

Os efeitos cíveis poderão consistir em: a) antecipação da reparação dos danos causados à vítima, ainda que parcial; b) compromisso de não propor ações civis públicas de reparação, da lei anticorrupção ou qualquer outra ação com pedido condenatório; c) compromisso de suspender o trâmite processual ou a execução das sentenças condenatórias obtidas em ações de improbidade administrativa, a partir do cumprimento e satisfação dos termos do acordo; e d) estipulação de cumprimento voluntário de penalidades previstas na lei de improbidade administrativa ou na lei anticorrupção[195].

5.14.11. *Efeitos passíveis de serem regulamentados pelo acordo em crimes perpetrados em benefício ou interesse de pessoa jurídica*

O acordo de colaboração premiada poderá prever obrigações acessórias, como a interdição de direitos, a adoção de técnicas de governança corporativa/*compliance*, a emissão de relatórios periódicos de atividades, o afastamento das atividades empresariais por período certo e a realização de auditorias externas aprovadas pelo Ministério Público[196].

5.14.12. *Negócio jurídico processual sobre eventual recurso a ser interposto contra a sentença*

É possível celebrar negócio jurídico processual relativo a eventual recurso, por meio do acordo, na parte que extrapolar os limites do avençado, como desdobramento do princípio do *nemo potest venire contra factum proprium*[197].

---

193 Cf. Artigo 27, da Orientação Conjunta nº 01/2018.

194 Cf. Artigo 31, da Orientação Conjunta nº 01/2018.

195 Cf. Artigo 35, da Orientação Conjunta nº 01/2018.

196 Cf. Artigo 32, da Orientação Conjunta nº 01/2018.

197 Cf. Artigo 33, da Orientação Conjunta nº 01/2018.

5.14.13. Cláusula de preservação do acordo

É possível, ainda, a celebração de cláusula com previsão de sanções ao colaborador que omitir informações pontuais, quanto a um elemento probatório ou a agentes diversos, sem que isso venha a implicar em rescisão do acordo[198].

5.14.14. Compartilhamento de provas

As provas decorrentes do acordo de colaboração premiada poderão ser compartilhadas com outros órgãos e autoridades públicas nacionais, para fins cíveis, fiscais e administrativos, e com autoridades públicas estrangeiras, inclusive para fins criminais, com a ressalva de que tais provas não poderão ser utilizadas contra os próprios colaboradores para produzir punições além daquelas pactuadas no acordo[199].

5.14.15. Arquivamento do Acordo

Na hipótese de serem frustradas as tratativas para celebração do acordo, o Membro do Ministério Público deve arquivar o procedimento na própria unidade ministerial, cuidando-se de garantir sua confidencialidade e a restituição dos elementos de convicção e prova ao interessado[200].

5.14.16. Celebração de acordo após o oferecimento de denúncia

Eventual acordo de colaboração firmado no curso do processo deve ser imediatamente juntado aos autos, em especial antes da audiência de instrução e julgamento.

Em sendo o caso, o Membro do Ministério Público deve considerar a aplicação do procedimento previsto no art. 384, do CPP (*mutatio libelli*), assegurando que os demais acusados possam produzir provas, nos termos do § 4º do referido artigo[201].

5.14.17. Conclusão

A partir da análise detalhada dos principais aspectos envolvendo a colaboração premiada, pode-se concluir que o instituto vem conferir respaldo à solução negociada no âmbito penal enquanto princípio constitucional detentor de densidade normativa que deve orientar todo o sistema criminal brasileiro, visto que encontra previsão no Preâmbulo da Constituição de 1.988, ao estabelecer que a sociedade busca a harmonia social. Ademais, nas suas relações internacionais, a República Federativa observará e priorizará a solução pacífica dos conflitos (art. 4°, inciso VII, da CR/1988). Trata-se, portanto, de compromisso firmado pelo legislador com a adoção prioritária de

---

198 Cf. Artigo 38, da Orientação Conjunta nº 01/2018.

199 Cf. Artigo 39, da Orientação Conjunta nº 01/2018.

200 Cf. Artigo 41, da Orientação Conjunta nº 01/2018.

201 Cf. Artigo 43, da Orientação Conjunta nº 01/2018.

vias consensuais de resolução de conflitos, inclusive no âmbito processual penal, relegando o sistema de acesso à justiça por adjudicação – de incumbência do Poder Judiciário, manifestado através de decisões judiciais, sentenças, acórdão e medidas executivas, na forma do artigo 5º, XXXV, da CR/1988 – para plano subsidiário, ou seja, para aquelas hipóteses em que não seja possível a solução dialogada, tutelando de forma máxima os bens jurídicos mais caros à sociedade[202].

Em suma, devidamente estabelecidos os principais fatores de ampliação da legitimação social, passemos à análise dos marcos legais que conferem sustentação ao novo perfil esperado dos Membros do Ministério Público.

6. DIRETRIZES NORMATIVAS SOBRE O NOVO PERFIL DE ATUAÇÃO DO MEMBRO DO MINISTÉRIO PÚBLICO NA TUTELA COLETIVA

6.1. A Função Orientadora do Conselho Nacional do Ministério Público e da Corregedoria Nacional e a Unidade do Ministério Público como Instituição de Caráter Nacional[203]

O Conselho Nacional do Ministério Público foi criado pela Emenda Constitucional nº 45/2004, na qualidade de órgão constitucional de controle externo do Ministério Público dos Estados e da União. Daí a sua natureza de órgão constitucional nacional. Já foi decidido pelo Plenário seu Plenário, que o CNMP não é órgão que deve ser inserido, no plano das suas atividades finalísticas, nas estruturas do governo federal[204].

Prevê o artigo 130-A, §2º, da CR/1988, que Compete ao Conselho Nacional do Ministério Público o controle da atuação administrativa e financeira do Ministério Público e do cumprimento dos deveres funcionais de seus membros, sendo de suas atribuições constitucionais, entre outras, a função de zelar pela autonomia funcional e administrativa do Ministério Público, podendo expedir atos regulamentares, no âmbito de sua competência, ou recomendar providências (artigo 130-A, §2º, inciso I, da CR/1988, inserido pela Emenda Constituci0nal 45/2004). Portanto, a competência para o CNMP expedir atos regulamentares e expedir recomendações de providências decorre de texto expresso da Constituição da República Federativa do Brasil.

Nesse contexto, incumbe ao Conselho Nacional do Ministério Público desenvolvimento de Programa de Atuação voltado para a consolidação e o fortalecimento do Ministério Público como uma instituição constitucional permanente, essencial à função jurisdicional do Estado e que tem o dever de defesa da ordem jurídica, do regime democrático e dos interesses sociais e individuais indisponíveis (art. 127,

202 ALMEIDA, Gregório Assagra de. *As Corregedorias, a Nacional e as Internas, no contexto do Ministério Público como Instituição de Acesso à Justiça*, p. 49-107.

203 Nesse sentido, conferir: ALMEIDA, Gregório Assagra de; MOLINA, Lincoln Pierazzo. Microsistema Nacional Orientativo da Gestão de Pessoas para o Ministério Público Brasileiro. IN: *Revista Jurídica da Corregedoria Nacional*: Atuação do Ministério Público Brasileiro na Área de Evolução Humana e Qualidade de Vida. Brasília: Corregedoria Nacional e Conselho Nacional do Ministério Público, v. 6, 2018, p. 152-164.

204 Conferir, nesse sentido, informações sobre decisão do CNMP: http://www.cnmp.mp.br/portal/noticias-cddf/9438-plenario--delibera-que-o-cnmp-possui-natureza-des-orgao-de-controle-constitucional. Consulta dia 20.09.2018 às 11h e 55min.

caput, da CR/1988). Está consagrado no artigo 127, caput, da CR/1988, portanto, o caráter nacional do Ministério Público, manifestado inclusive nos seus princípios institucionais (§1º do artigo 127, caput, da CR/1988). A própria unidade do Ministério Público, atualmente revisitada, representa a unidade de atuação planejada, sendo essa uma das diretrizes estruturantes da Carta de Brasília, aprovada pela Corregedoria Nacional e pelas Corregedorias do Ministério Público dos Estados e da União no VII Congresso de Gestão do CNMP, em Brasília, no dia 22 de setembro de 2016.

6.2. Recomendações como espécies de normas jurídicas de caráter orientativo[205]

Normas jurídicas são princípios, garantias e regras dirigidas aos comportamentos humanos nas suas relações sociais. Observa-se que grande parte das normas jurídicas possuem caráter cogente, sendo, portanto, de natureza imperativa; contudo, há normas jurídicas de caráter orientativo, tais como aquelas que estabelecem faculdades e não propriamente deveres. [206] São espécies de normas jurídicas de natureza orientadora as recomendações de caráter geral, especialmente quando decorrentes de atribuições e competências estabelecidas na Constituição ou na legislação infraconstitucional. É o caso das atribuições do Conselho Nacional do Ministério Público (art. 130-A, §2º, inciso I, da CR/1988) e do Conselho Nacional de Justiça (art. 103-B, §4º, inciso I, da CR/1988) e suas respectivas corregedorias.

6.3. A Carta de Brasília e o compromisso de avaliar, orientar e fiscalizar o ministério público visando a efetividade social da sua atuação e a prevenção e a redução dos litígicos[207]

A Carta de Brasília foi firmada e aprovada após amplos debates e discussões no procedimento de estudos e pesquisas instaurado pela Corregedoria Nacional (artigo 2º da Portaria CN nº 87, de 16 de maio de 2016), em sessão pública ocorrida no dia 22.09.2016, no 7º Congresso de Gestão do CNMP, ocasião em que a Corregedoria Nacional e as Corregedorias-Gerais dos Ministérios Públicos dos Estados e da União celebraram o acordo, contendo considerandos e diretrizes no sentido da Modernização do Controle da Atividade Extrajurisdicional pelas Corregedorias

[205] Nesse sentido, conferir: ALMEIDA, Gregório Assagra de; MOLINA, Lincoln Pierazzo. *Microsistema Nacional Orientativo da Gestão de Pessoas para o Ministério Público Brasileiro, passim.*

[206] Há autores, porém, que partem de uma concepção mais restrita de norma jurídica, limitando-a apontando como disposição de natureza imperativa. Nesse sentido: ARGERI, Saúl A.; GRAZIANI, Raquel C. E.. In Dicciionario de Ciencias Jurídicas Sociales. Argentina: La Ley, 2007, p. 474: *Norma Legal. Disposición de naturaleza imperativa, derivada de la soberanía del Estado, que dictada por autoridad competente va dirigida a la generalidad bajo forma de orden, permiso o prohibición y cuyo cumprimiento exige observancia pro quienes se encuentram compreendidos en ella.* Não é essa, contudo, a concepção adotada nesse trabalho, pois a realidade do fenômeno jurídico revela que há muitas normas jurídicas de caráter orientador. É o que acontece com as Recomendações expedidas por órgãos constitucionalmente competentes para atividades de caráter orientativo, como é o caso do CNJ e do CNMP e suas corregeorias.

[207] Conferir: ALMEIDA, Gregório Assagra de; AQUINO, Eduardo Pimentel de Vasconcelos. *As Corregedorias do Ministério Público como garantias fundamentais da garantia, passim.*

do Ministério Público, bem como o Fomento à Atuação Resolutiva do Ministério Público Brasileiro[208].

O diploma normativo fixa, em especial, diretrizes voltadas para as Corregedorias, a Nacional e as Corregedorias dos Ministérios Públicos da União e dos Estados, trazendo cláusulas-diretivas que deverão ser cumpridas para garantir a eficácia social da atuação do Ministério Público como instituição constitucional de acesso à justiça e comprometida com o princípio da transformação social (artigo 3º e arts. 127 e 129 da CR/1988) e alinhada à defesa efetiva dos direitos fundamentais, ressaltando-se aqui, a título ilustrativo, as seguintes: ***a)*** *Renovação dos métodos de avaliação, orientação e fiscalização da atividade-fim e das atividades administrativas pelas Corregedorias, para aferir a atuação resolutiva do Ministério Público e a sua relevância social;* ***b)*** *Avaliação, orientação e fiscalização do cumprimento do Planejamento Estratégico, do Plano Geral de Atuação e dos Programas de Atuação dos Órgãos de Execução e dos seus respectivos Projetos Executivos;* ***c)*** *Estabelecimento de orientações gerais e de critérios de avaliação, orientação e fiscalização com a priorização de demandas a partir do Planejamento Estratégico, do Plano Geral de Atuação e dos Programas de Atuação dos Órgãos de Execução e dos seus respectivos Projetos Executivos;* ***d)*** *Valorização do resultado da atuação das Corregedorias dos Ministérios Públicos, de modo a ultrapassar o controle meramente formal, quantitativo e temporal nas causas em que atuam o Ministério Público.*

Destaca-se a necessidade de superação da valorização meramente formal e taxativa pelas Corregedorias do Ministério Público da atuação extrajudicial e jurisdicional, geralmente amparada no controle quantitativo e temporal das causas em que atuam o Ministério Público.

O novo marco estabelece que as Corregedorias dos Ministérios Públicos devem se portar como garantias fundamentais de boas sinalizações nas suas atividades de avaliação, orientação e fiscalização quanto à atuação funcional da Instituição, alinhando, ainda, os dois modelos do sistema de acesso à justiça consagrados constitucionalmente no Brasil (o da resolução consensual dos conflitos e controvérsias, amparado no Preâmbulo e no artigo 4º, inciso VII, CR 1988, e o segundo, voltado para a tutela jurídica por adjudicação judicial, encontrando amparo no Artigo 5º, XXXV, da CR/1988). Assim, embora o objeto da Carta seja a modernização do controle da atividade extrajurisdicional pelas Corregedorias do Ministério Público, o documento também inova nas diretrizes voltadas para a atuação jurisdicional[209].

Observa-se que há basicamente duas partes. A primeira é composta dos Considerandos, sendo eles integrados por: 1 Considerações gerais de fundamentação

[208] CARTA DE BRASÍLIA: Corregedoria Nacional do Conselho Nacional do Ministério Público. Disponível em <http://www.cnmp.mp.br/ portal/todas-as-noticias/9713-congresso-de-gestao-do-mp-corregedorias-do-ministerio-publico-aprovam-a-carta-de-brasilia>. Acesso em 19.12.2016. Também ALMEIDA, Gregório Assagra de. *As Corregedorias, a Nacional e as Internas, no contexto do Ministério Público como Instituição de Acesso à Justiça*, p. 49-107.

[209] No plano da natureza jurídica, a Carta de Brasília e uma amplo e importante acordo de resultado. Consta do seu teor: *Após amplos debates e discussões no procedimento de estudos instaurado pela Corregedoria Nacional com fundamento no artigo 2º da Portaria CN no 087 de 16 de maio de 2016, em sessão pública ocorrida no dia 22.09.2016, no 7º Congresso de Gestão do CNMP, a Corregedoria Nacional e as Corregedorias- Gerais dos Estados e da União celebram o presente acordo, aprovando e assinando a carta com os considerandos e diretrizes abaixo no sentido da modernização do controle da atividade extrajurisdicional pelas Corregedorias do Ministério Público bem como o fomento à atuação resolutiva do MP Brasileiro.*

constitucional; 2 Considerações relativas ao papel constitucional do Ministério Público e das suas Corregedorias; 3 Considerações relativas aos dois modelos constitucionais do Ministério Público; 4 Considerações relativas aos problemas já constatados pelas Corregedorias. Já a segunda parte é integrada pelas Diretrizes, que podem ser classificadas em três categorias: 1) diretrizes estruturantes; 2) diretrizes referentes aos Membros do Ministério Público; e 3) diretrizes referentes às Corregedorias.

A título exemplificativo, pode-se destacar as seguintes diretrizes estruturantes:

a) Desenvolvimento de uma nova teoria do Ministério Público, embasada nos direitos e nas garantias constitucionais fundamentais, que possa produzir práticas institucionais que contribuam para a transformação da realidade social;
b) Concepção do Planejamento Estratégico como garantidor da Unidade do Ministério Público;
c) Implementação de indicadores aptos a mensurar o cumprimento das metas e a resolutividade das demandas combinadas com atuação pautada em diagnóstico prévio das carências e necessidades da sociedade;
d) Distribuição e redistribuição das atribuições, de modo a potencializar e a tornar mais efetivas as atividades extrajurisdicionais do Ministério Público;
e) Fomento à qualificação acadêmica voltada às áreas temáticas de interesse institucional e ao estabelecimento de mecanismos seguros para: 1) a democratização do acesso às qualificações e potencialização de expertises ao maior número possível de membros e servidores; 2) a garantia da difusão e da aplicação do conhecimento adquirido pelo membro nas áreas de atuação do Ministério Público;
f) Estabelecimento da prática institucional de atuação por meio de projetos executivos e projetos sociais, de maneira regulamentada e com monitoramento para verificar a sua efetividade;
g) Criação de canais institucionais que possibilitem o diálogo e a interação permanente com as organizações, movimentos sociais e com a comunidade científica;
h) Adoção de medidas para a superação da insuficiência da divisão da atuação do Ministério Público somente com arrimo na base territorial das comarcas ou das seções ou subseções judiciárias, considerando, para tanto, a necessidade premente de: 1) reequilíbrio da distribuição do número de unidades com atuações intervenientes judiciais em cotejo com as unidades voltadas às atividades investigativas e à defesa da tutela coletiva e do patrimônio público; 2) implementação de Promotorias ou Procuradorias Regionais, principalmente para atuar em ilícitos ou danos a direitos fundamentais de dimensão regional, estadual ou nacional, para que possam atuar no acompanhamento e na fiscalização da implementação de políticas públicas efetivadoras dos direitos fundamentais.

No que concerne às inúmeras diretrizes referentes aos membros do Ministério Público, especial atenção merecem as seguintes:

a) Adoção, pelos membros da Instituição de postura proativa que valorize e priorize atuações preventivas, com antecipação de situações de crise, exigindo-se, para tanto: ·clareza sobre o desenvolvimento das disputas que se travam na sociedade em torno dos objetos de intervenção do Ministério Público; capacidade de articulação política, sobretudo no que tange à formação de alianças e identificação dos campos conflituosos;

b) Adoção de postura resolutiva amparada no compromisso com ganhos de efetividade na atuação institucional, exigindo-se, para tanto: - clareza sobre o desenvolvimento das disputas que se travam na sociedade em torno dos objetos de intervenção do Ministério Público; - capacidade de articulação política, sobretudo no que tange à formação de alianças e identificação dos campos conflituosos; - autoridade para mediar demandas sociais (capacidade para o exercício de liderança a partir da força do melhor argumento em defesa da sociedade); - capacidade de diálogo e de consenso; - senso de oportunidade para o desencadeamento das intervenções que levem em consideração as situações de lesão ou de ameaças aos direitos fundamentais; - atuação atrelada à proteção e à efetivação dos direitos e das garantias fundamentais; - realização de pesquisas e investigações exaustivas sobre os fatos, em suas múltiplas dimensões e em sede procedimental, como base para a intervenção qualificada; - uso de mecanismos e instrumentos adequados às peculiaridades de cada situação que demande o exercício das atribuições constitucionais pelo Ministério Público; - escolha correta dos ambientes de negociação que facilitem a participação social e a construção da melhor decisão para a sociedade; construção de consenso emancipador que valorize os direitos e as garantias constitucionais fundamentais; - utilização racional do mecanismo da judicialização nos casos em que a via não seja obrigatória e indispensável, devendo o membro analisar se realmente a judicialização é o caminho mais adequado e eficiente para o caso; - atuação proativa do membro para garantia do andamento célere e da duração razoável dos feitos sob a responsabilidade de sua unidade ministerial e adoção das providências pertinentes ao alcance do precedente jurisdicional pretendido, inclusive mediante a interposição de recursos e a realização de defesas orais;

c) Priorização da atuação preventiva, de modo a atuar programaticamente para combater ilícitos que possam gerar situações de lesão ou de ameaça aos direitos fundamentais afetos à atuação do Ministério Público, priorizando, para tanto, medidas extrajurisdicionais e judiciais que sejam efetivas e eficientes para evitar essa prática;

d) Na hipótese de inevitabilidade do dano, atuar tempestiva e efetivamente, garantindo uma resposta imediata, com vistas a: 1) estancar a continuidade ou a repetição dos ilícitos; 2) remover os ilícitos e potencializar a dimensão da eficiência na reparação dos danos eventualmente ocorridos e; 3) reduzir dados indicativos de impunidade;

e) Utilização de mecanismos de resolução consensual, como a negociação, a mediação, a conciliação, as práticas restaurativas, as convenções processuais, os acordos de resultado, assim como outros métodos e mecanismos eficazes na resolução dos conflitos, controvérsias e problemas;

f) Realização periódica de audiências públicas para permitir ao cidadão o acesso ao Ministério Público para o exercício direto da soberania popular, nos termos do parágrafo único do artigo 1º da CR/1988, de modo a viabilizar a participação e a deliberação social sobre prioridades que devam ser objeto da atuação da Instituição, assim como para prestar contas do trabalho ao cidadão interessado;

i) Realização de atividades extrajudiciais não procedimentais de relevância social, tais como palestras, participação em reuniões e outras atividades que resultem em medidas de inserção social;

j) Coordenação e/ou participação em Projetos Sociais adequados às necessidades da respectiva comunidade e eficientes do ponto de vista de proteção e da efetivação de direitos fundamentais;

p) Esgotamento das alternativas de resolução extrajudicial dos conflitos, controvérsias e problemas, com o incremento da utilização dos instrumentos como a Recomendação, Termo de Ajustamento de Conduta, Projetos Sociais e adoção do arquivamento resolutivo sempre que essa medida for a mais adequada;

q) Priorizar a atuação em tutela coletiva, propondo ações individuais em situações absolutamente necessárias, sem prejuízo dos atendimentos individuais e encaminhamentos necessários;

r) Avaliar se a atuação individual não desestabilizará as políticas públicas sobre a matéria.

Por fim, em relação às diretrizes dirigidas à Corregedoria Nacional e às Corregedorias de cada um dos Ministérios Públicos para a avaliação, orientação e fiscalização das atividades extrajurisdicionais, pode-se destacar:

a) Estabelecimento de orientações gerais e de critérios de avaliação, orientação e fiscalização com a priorização de demandas a partir do Planejamento Estratégico, do Plano Geral de Atuação e dos Programas de Atuação dos Órgãos de Execução e dos seus respectivos Projetos Executivos;

b) Valorização do resultado da atuação das Corregedorias dos Ministérios Públicos, de modo a ultrapassar o controle meramente formal, quantitativo e temporal nas causas em que atuam o Ministério Público;

c) Maximização das atividades de avaliação e de orientação das Corregedorias como fomento às boas práticas e à efetividade da atuação dos órgãos do Ministério Público como agentes políticos;

d) Superação do critério de priorização da atuação judicial e da limitação da fiscalização ao cumprimento dos prazos procedimentais;

e) Avaliação da atividade-fim, considerando a totalidade dos mecanismos de atuação extrajudicial, inclusive com a realização de audiências públicas e a adoção de medidas de inserção social como palestras, reuniões e atuação por intermédio de Projetos Sociais;

f) Aferição da utilização eficiente de mecanismos de resolução consensual com a priorização dos mecanismos de resolução extrajurisdicional dos conflitos, controvérsias e problemas;

g) Avaliação da atuação dos membros e servidores do Ministério Público a partir da oitiva, em audiência pública ou não, dos cidadãos diretamente interessados ou da respectiva sociedade organizada;

h) Atuação das Corregedorias junto às Escolas Institucionais, para definição do conteúdo programático do curso de formação dos novos agentes políticos do Ministério Público, bem como dos temas de atualização profissional dos demais 14 membros, fomentando uma cultura institucional de valorização da atividade resolutiva;

i) Priorização da avaliação qualitativa dos procedimentos extrajudiciais em tramitação, considerando, entre outros, a natureza, a complexidade e o alcance social da matéria;

Além disso, a Carta também ressalta a participação em reuniões de interesse social relativas a temas afetos às atribuições constitucionais do Ministério Público; a participação em cursos, seminários, palestras ou em eventos institucionais ou não; a participação em grupos de trabalhos, em atividades de cooperação administrativa institucional; e a publicação de livros, artigos e outros textos de relevância social.

Inquestionavelmente, a Carta de Brasília, pelas diretrizes acima transcritas, é um importante instrumento para efetividade social da atuação do Ministério Público, principalmente visando a prevenção e a redução dos litígios relacionados ao âmbito de atuação institucional.

6.4. Outras regulamentações normativas e propostas importantes para o papel constitucional do ministério público na prevenção e redução dos litígios e na tutela coletiva

6.4.1. A Recomendação CNMP nº 54, de 28 de março de 2017, que dispõe sobre a Política Nacional de Fomento à Atuação Resolutiva do Ministério Público brasileiro

A Recomendação CNMP nº 54/2017 avançou muito em conceitos e diretrizes sobre a atuação resolutiva do Ministério Público. Logo em seu art. 1º, estabelece que:

> Sem prejuízo da respectiva autonomia administrativa, cada ramo do Ministério Público adotará medidas normativas e administrativas destinadas a estimular a atuação resolutiva dos respectivos membros e a cultura institucional orientada para a entrega à sociedade de resultados socialmente relevantes observando, dentre outros, os parâmetros desta recomendação.

A recomendação ainda estabeleceu o conceito de atuação resolutiva:

> Para os fins desta recomendação, entende-se por atuação resolutiva aquela por meio da qual o membro, no âmbito de suas atribuições, contribui decisivamente para preve-

> nir ou solucionar, de modo efetivo, o conflito, problema ou a controvérsia envolvendo a concretização de direitos ou interesses para cuja defesa e proteção é legitimado o Ministério Público, bem como para prevenir, inibir ou reparar adequadamente a lesão ou ameaça a esses direitos ou interesses e efetivar as sanções aplicadas judicialmente em face dos correspondentes ilícitos, assegurando-lhes a máxima efetividade possível por meio do uso regular dos instrumentos jurídicos que lhe são disponibilizados para a resolução extrajudicial ou judicial dessas situações.

Especial destaque merece o artigo 1°, § 2°, da Recomendação CNMP nº 54/2017, ao dispor que sempre que possível e observadas as peculiaridades do caso concreto, será priorizada a resolução extrajudicial do conflito, controvérsia ou situação de lesão ou ameaça, especialmente quando essa via se mostrar capaz de viabilizar uma solução mais célere, econômica, implementável e capaz de satisfazer adequadamente as legítimas expectativas dos titulares dos direitos envolvidos, contribuindo para diminuir a litigiosidade.

No que concerne à aferição da atuação resolutiva e à produção de resultados, a Recomendação fixou critérios específicos, dentre os quais pode-se destacar a adoção de indicadores de resolutividade; a consideração, sempre que possível e apropriado, de indicadores sociais da área de atuação do membro; a aferição de resultados quantificáveis relevantes relacionados à atuação institucional (ressarcimento de danos, recuperação de produto do crime e outros), inclusive por meio de especificação nos sistemas eletrônicos de atuação institucional; o acompanhamento da atuação institucional orientada por projetos relacionados aos objetivos estratégicos em procedimentos específicos (artigo 7°, da Recomendação CNMP nº 54/2017).

A partir dessas premissas, resta claro que a atuação resolutiva do Ministério Público, jurisdicional e extrajurisdicional, impõe que a Instituição desenvolva uma metodologia de trabalho para a prevenção e a redução dos litígios e, certamente, a Recomendação n° 54/2017 contribuirá muito para esses fins.

6.4.2. *Recomendação CNMP Nº 57, de 05 de julho de 2017, que dispõe sobre a atuação dos membros do Ministério Público nos Tribunais*

A Recomendaçào CNMP nº 57/2017 é direcionada para a atuação do Ministério Público nos Tribunais. Nesse âmbito, dois dispositivos podem contribuir especialmente para a efetividade do Ministério Público na prevenção e redução dos litígios.

O primeiro deles é o artigo 3°, ao dispor que, em decorrência do dever imposto ao Estado de priorizar a resolução consensual dos conflitos e controvérsias (artigo 3º, § 2º; artigo 174, do novo CPC/2015), recomenda-se a todas as unidades do Ministério Público a implantação de núcleos de negociação, de mediação e de conciliação no âmbito da estrutura institucional com atuação nos Tribunais.

No mesmo sentido, o artigo 22 estabelece ser fundamental a atuação proativa dos membros do Ministério Público que atuam junto aos Tribunais nas sessões de conciliação e/ou mediação nos procedimentos perante o respectivo Tribunal, seja na qualidade de parte, seja na qualidade de custos iuris (fiscal da ordem jurídica), inclusive provocando e participando ativamente da construção do acordo.

Percebe-se, assim, que as novas regras veem fomentar a busca pelo diálogo e pelo consenso não apenas na atuação em primeira instância, mas também no âmbito dos tribunais, de modo a buscar a uniformidade na atuação institucional, sempre voltada para a resolutividade.

6.4.3. Resolução CNMP Nº 179, de 26 de julho de 2017, que regulamenta o § 6º do artigo 5º da Lei nº 7.347/1985, disciplinando, no âmbito do Ministério Público, a tomada do compromisso de ajustamento de conduta

O Conselho Nacional do Ministério Público aprovou a Resolução nº 179, de 26 de julho de 2017, que regulamenta o § 6° do artigo 5° da Lei n° 7.347/1985, disciplinando, no âmbito do Ministério Público, a tomada do compromisso de ajustamento de conduta.

Apesar de existirem polêmicas sobre a competência do CNMP para disciplinar determinadas matérias constantes na citada resolução, não será objeto da presente obra uma análise detalhada do tema. No geral, quanto ao conteúdo da norma, tem-se que os principais pontos da regulamentação são positivos e existem avanços significativos em termos da disciplina do Compromisso de Ajustamento de Conduta.

O artigo 1º, *caput*, da Resolução CNMP nº 179/2017, dispõe que:

> O compromisso de ajustamento de conduta é instrumento de garantia dos direitos e interesses difusos e coletivos, individuais homogêneos e outros direitos de cuja defesa está incumbido o Ministério Público, com natureza de negócio jurídico que tem por finalidade a adequação da conduta às exigências legais e constitucionais, com eficácia de título executivo extrajudicial a partir da celebração.

Nota-se um avanço muito expressivo na nova regulamentação. O Compromisso de Ajustamento de Conduta é concebido como instrumento de garantia dos direitos e interesses difusos e coletivos, individuais homogêneos e outros direitos cuja defesa incumbe ao Ministério Público. Conceber esse importante instrumento como garantia de tutela de direitos significa inserir o TAC no rol das garantias fundamentais do cidadão, o que é amparado constitucionalmente pela cláusula aberta dos direitos e das garantias constitucionais fundamentais prevista no artigo 5º, § 2º, da CR/1988. Assim, fica claro que não cabe, em relação Compromisso de Ajustamento de Conduta, interpretação restritiva e, na condição de garantia fundamental, está protegido pelo princípio da proibição de retrocesso social.

Outra inovação importante é o rol dos direitos e interesses que poderão ser objeto de TAC. Trata-se de rol aberto ou meramente exemplificativo, abrangendo, assim, direitos ou interesses difusos, coletivos, individuais homogêneos e individuais indisponíveis, já que, também em relação a estes últimos, o Ministério Público está incumbido de tutelá-los.

A depender do ângulo da análise, o TAC possui natureza jurídica plúrima: é *garantia fundamental de acesso à justiça* para a tutela dos direitos ou interesses difusos, coletivos, individuais homogêneos e, no caso do Ministério Público, também na defesa dos direitos individuais indisponíveis; é *negócio jurídico* que deverá ser construído pelo diálogo e pelo consenso e não uma imposição arbitrária; possui a natureza jurídica, ainda, no plano do direito processual, de *título executivo extrajudicial*. De qualquer modo, a regulamentação deixa claro que o TAC é mecanismo que deve ser construído no âmbito de uma negociação legítima, não se tratando de uma imposição arbitrária por parte dos órgãos públicos legitimados para esse fim.

Estabelece, também, o § 1º do artigo 1º da Resolução CNMP nº 179/2017 que, por não ser o Ministério Público o titular do direito objeto do TAC, a Instituição não pode fazer concessões que impliquem renúncia aos direitos ou interesses difusos, coletivos e individuais homogêneos, cingindo-se a negociação à interpretação do direito para o caso concreto, à especificação das obrigações adequadas e necessárias, em especial o modo, tempo e lugar de cumprimento, bem como à mitigação, à compensação e à indenização dos danos que não possam ser recuperados.

A regulamentação em análise ainda contém um aspecto polêmico: a previsão de admissão de compromisso de ajustamento de conduta em relação às condutas configuradoras de ato de improbidade administrativa. Prevê o § 2º do artigo 1º:

> É cabível o compromisso de ajustamento de conduta nas hipóteses configuradoras de improbidade administrativa, sem prejuízo do ressarcimento ao erário e da aplicação de uma ou algumas das sanções previstas em lei, de acordo com a conduta ou o ato praticado.

Há muitas discussões sobre esse assunto atualmente. Há aqueles que defendem com toda ênfase o cabimento de TAC em atos de improbidade administrativa, sustentando, por exemplo, que hoje admite-se até acordos e, em certa medida, transações em matéria penal em casos complexos, relacionados a bens jurídicos penais difusos, como nos casos das colaborações premiadas (Lei Federal nº 12.850/2013 (arts. 4º/7º). Há os que negam essa *possibilidade* de forma ampla e irrestrita com base em proibição expressa na Lei nº 8.429/1992 (artigo 17, § 1º), sendo que, somente por intermédio de uma alteração legislativa, seria possível conciliação e/ou transação. Por fim, há aqueles que sustentam o cabimento de TAC em improbidade administrativa com restrições ou com a aplicação do princípio da insignificância, conforme prevê, neste caso, a Resolução 01/2017, do Conselho Superior do Ministério Público do Paraná.

Em relação aqueles que admitem a solução consensual, vários são os fundamentos utilizados para amparar o posicionamento adotado. Há quem apresente o argumento da possibilidade de conciliação em relação às condutas configuradoras de atos de improbidade administrativa com fundamento no § 4º do artigo 36 da Lei nº 13.140/2015 (Lei de Mediação), que tem a seguinte redação:

> nas hipóteses em que a matéria objeto do litígio esteja sendo discutida em ação de improbidade administrativa ou sobre ela haja decisão do Tribunal de Contas da União, a conciliação de que trata o caput dependerá da anuência expressa do juiz da causa ou do Ministro Relator.

O argumento é relativamente fraco, pois o texto faz referência às conciliações tratadas no *caput* do artigo 36, ou seja, quando a matéria cujo objeto de litígio está sendo discutida em ação de improbidade administrativa ou sobre ela haja decisão do Tribunal de Contas da União. Nesses casos, a conciliação prevista no artigo 36, *caput*, dependerá da anuência expressa do juiz da causa ou do Ministro Relator.

Há também argumento na defesa da possibilidade de conciliação e transação em improbidade administrativa com base no Artigo 3º, *caput* e § 2º, da Lei de Mediação (Lei Federal nº 13.140/2015). Prevê o *caput* do citado artigo que poderá ser objeto de mediação o conflito que verse sobre direitos disponíveis ou sobre direitos indisponíveis que admitam transação. Nesses casos de direitos indisponíveis, o § 2º do mesmo artigo estabelece que "o consenso das partes envolvendo direitos indisponíveis, mas transigíveis, deve ser homologado em juízo, exigida a oitiva do Ministério Público". Pretender extrair destas previsões a possibilidade de conciliação ou transação em improbidade administrativa é um argumento fraco, já que o dispositivo está voltado nitidamente para os direitos indisponíveis que admitem graus de transação.

Enfrentado a temática, Emerson Garcia já sustentou que o termo de ajustamento de conduta não se presta à consensualidade de colaboração ou de pura reprimenda, pois não é suficiente para afastar o ilícito e a sanção correlata e, ainda que o infrator venha a celebrá-lo, não ficará livre sanções propriamente ditas que restrinjam a sua esfera jurídica. O termo será um acordo integrativo, não substitutivo da sanção cominada. E mais:

> a) diversamente da omissão, há vedação expressa, já que, ontologicamente, a consensualidade pode ter a natureza jurídica de verdadeiro acordo (a exceção fica por conta da colaboração do autor do ilícito com as autoridades, com o posterior reconhecimento da utilidade das informações, pelo Poder Judiciário, daí decorrendo a obtenção de algum benefício), o que é vedado pelo artigo 17, § 1º, da Lei nº 8.429/1992; (b) os órgãos públicos agem com amparo no princípio da legalidade, o que significa dizer que não podem atuar contra ou à margem da lei; (e) o poder de disposição dos órgãos envolvidos na persecução dos ilícitos praticados consubstancia exceção à regra geral da obrigatoriedade, que se desprende do dever de agir nela previsto. A existência da vedação contida no artigo 17, § 1º, da Lei nº 8.429/1992 configura obstáculo de difícil superação. Afinal, a única forma de superá-lo seria reconhecer a presença de um conflito com outra norma do sistema, superior ou posterior, daí decorrendo a revogação dessa vedação. Ocorre que tal antinomia ou contradição normativa simplesmente não existe. E mesmo que a revogação tivesse ocorrido, ainda teríamos de superar a inexistência de qualquer balizamento procedimental para a aplicação das sanções[210].

Em abordagem ampla sobre a transação em relação a direitos indisponíveis, Elton Venturi[211] sustenta que a inegociabilidade dos direitos indisponíveis constitui premissa histórica no sistema de justiça brasileiro, construída a partir de uma política protecionista que enxerga na pura e simples retirada de qualquer poder de

---

[210] GARCIA, Emerson Garcia. *A consensualidade no direito sancionador brasileiro: potencial incidência no âmbito da Lei nº 8.429/1992.* Disponível em <https://www.conamp.org.br/pt/aconamp/diretoria/item/1745-a-consensualidade-no-direito-sancionador-brasileiro-potencial-incidencia-no-ambito-da-lei-n-8-429-1992.html>. Acesso em 21.01.2019.

[211] Venturi, Elton. *Transação de Direitos Indisponíveis? Revista de Processo,* São Paulo, vol. 251/2016, n. 391, jan. 2016.

deliberação a seu respeito por parte dos seus titulares a melhor forma de garanti-los. Em outras palavras, a indisponibilidade não pode implicar em presunção de inegociabilidade, porque:

A) A transação não importa necessariamente renúncia ou alienação dos direitos. Há diferentes modelos negociais que redundam, evidentemente, consequências distintas relativamente à cessão de direito material que caracteriza os processos de transação;

B) Ao contrário do que se poderia pensar, a titularidade dos direitos indisponíveis não é afastada – senão reafirmada – por conta do respeito à autonomia das vontades direcionadas à realização de eventuais transações sobre os mesmos;

C) Ainda que assim não fosse, não parece razoável que o Estado simplesmente restrinja ou impeça o pleno exercício das titularidades sobre os direitos indisponíveis – e, portanto, de eventualmente se negociá-los, sob abstratas presunções de que estaria tutelando toda a sociedade ou os seus titulares contra si mesmos, na medida da sua incapacidade de livre manifestação de vontades[212].

Conclui o autor que negociar os direitos, inclusive os indisponíveis, poderá ser a melhor ou a única opção para sua efetiva proteção[213].

O certo é que a possibilidade de celebração de Compromisso de Ajustamento de Conduta em condutas configuradoras de improbidade administrativa é assunto polêmico. Para essa admissibilidade, acredita-se que há alguns pontos que precisam ser enfrentados.

O primeiro deles refere-se à interpretação constitucional sobre as competências do CNMP, a teor do artigo 130-A, §2º, da CR/1988 (dispositivo inserido pela Emenda Constitucional nº 45/2004), para disciplinar e inovar no campo das atribuições do Ministério Público. Assim, estaria o CNMP autorizado constitucionalmente a regulamentar e inovar, mesmo contra texto literal de lei, no campo das atribuições do Ministério Público? Em caso positivo, o § 2º do artigo 1º da Resolução nº 179/2017 teria plena aplicabilidade.

O segundo caminho seria trabalhar com o diálogo entre as diversas fontes legislativas, de modo assumir os acordos e transações na área penal como nítida evolução do sistema, de modo a permitir também acordos em atos de improbidade administrativa. Esse caminho argumentativo é muito interessante, mas é necessário construir uma regulamentação sobre o modo de proceder no TAC que deixe claro que o acordo, diante do caso, será a melhor forma de tutelar os direitos fundamentais da sociedade relacionados com as violações decorrentes de improbidade administrativa.

Pelo que se interpreta dos §§ 1º e 2º do artigo 1º da Resolução CNMP nº 179/2017, o compromisso de ajustamento de conduta em relação à prática de improbidade administrativa somente será cabível se os agentes reconhecerem previamente

212 Venturi, Elton. *Transação de Direitos Indisponíveis?, op. cit.*

213 Venturi, Elton. *Transação de Direitos Indisponíveis?, op. cit.*

um "mínimo dos pedidos" que Ministério Público espera que seja acolhido pelo Judiciário caso não haja acordo.

Ademais, por força do artigo 13 da Resolução CNMP º 179/2017, cada unidade do Ministério Público deverá adequar seus atos normativos que tratem sobre o compromisso de ajustamento de conduta aos termos da citada Resolução, isso no prazo de cento e oitenta dias, a contar de sua entrada em vigor. Serão muitos os desafios das unidades do Ministério Público para a adequação dos seus atos normativos quanto aos acordos em condutas configuradoras de improbidade administrativa. As Escolas Institucionais do Ministério Público poderão contribuir para essas discussões, até porque o artigo 14, da Resolução CNMP nº 179/2017, estabelece que devem promover cursos de aperfeiçoamento sobre técnicas de negociação e mediação voltados para a qualificação de Membros e servidores com vistas ao aperfeiçoamento da teoria e prática do compromisso de ajustamento de conduta.

Devidamente expostos os principais aspectos envolvidos na temática, passemos à análise da Resolução nº 181/17, do CNMP.

6.4.4. *Resolução CNMP Nº 181, de 07 de agosto de 2017, com redação dada pela Resolução nº 183, 24 de janeiro de 2018, que dispõe sobre instauração e tramitação do procedimento investigatório criminal a cargo do Ministério Público*

A Resolução CNMP nº 181, de 07 de agosto de 2017, que foi alterada e aperfeiçoada pela Resolução nº 183, 24 de janeiro de 2018, disciplina a instauração e a tramitação do procedimento investigatório criminal a cargo do Ministério Público, bem como o polêmico acordo de não-persecução penal.

A busca pela eficiência e celeridade no sistema penal tem encontrado apoio na celebração de acordos, estabelecendo-se um sistema de prioridades responsável por levar a julgamento somente os casos mais graves. Nesse sentido, a Resolução nº 181/17, do Conselho Nacional de Justiça, passou a prever expressamente o "acordo de não-persecução penal". Contudo, no dia 24 de janeiro de 2018, a Resolução nº 183/18, do CNMP, alterou significativamente os termos da Resolução nº 181/17, do CNMP, disciplinando de forma inovadora os requisitos para aplicação do acordo.

Passemos, assim, à análise das principais inovações trazidas pela Resolução nº 183/18, do CNMP, visto ser de especial relevância para a resolutividade da atuação ministerial, conferindo efetividade aos princípios do consenso e do diálogo que devem reger o novo perfil do Membro do Ministério Público.

Em primeiro lugar, incumbe destacar que surgiram duas posições acerca da constitucionalidade da regulamentação do acordo por meio de resoluções do CNMP.

Uma primeira corrente doutrinária sustenta que as Resoluções nº 181/17 e 183/18, ambas do CNMP, são inconstitucionais, uma vez que a matéria deveria ter sido regulamentada por meio de lei em sentido formal, visto que inovam o ordenamento jurídico.

Existe, contudo, posição em sentido contrário, sustentando a constitucionalidade com base em dois argumentos principais: a) as resoluções têm natureza de atos normativos primários, razão pela qual podem conter comandos abstratos;[214] e b) o acordo de não-persecução não tem natureza penal ou processual penal, mas de política criminal, implementada por meio do titular da ação penal (o Ministério Público).

O debate ainda não foi pacificado, pendendo de julgamento no Supremo Tribunal Federal a ADI 5.790.

Em relação aos requisitos para a celebração do acordo, devem estar presentes **cumulativamente** os seguintes: a) pena mínima inferior a 04 (quatro) anos, consideradas as causas de aumento e diminuição aplicáveis ao caso concreto; b) o crime não tenha sido cometido com violência ou grave ameaça a pessoa; c) o investigado tenha confessado formal e circunstanciadamente a sua prática; e d) o delito não tenha sido cometido por militares e venha a afetar a hierarquia e a disciplina.

Quais as medidas passíveis de serem aplicadas ao acusado que celebrar o acordo de não-persecução penal? A Resolução nº 181/17, do CNMP, com a redação dada pela Resolução nº 183/18, do CNMP, dispõe expressamente em seu artigo 18, § 1º, que ao acusado poderão ser impostas **cumulativa ou alternativamente** as seguintes medidas: I – reparar o dano ou restituir a coisa à vítima, salvo impossibilidade de fazê-lo; II – renunciar voluntariamente a bens e direitos, indicados pelo Ministério Público como instrumentos, produto ou proveito do crime; III – prestar serviço à comunidade ou a entidades públicas por período correspondente à pena mínima cominada ao delito, diminuída de um a dois terços, em local a ser indicado pelo Ministério Público; IV – pagar prestação pecuniária, a ser estipulada nos termos do artigo 45 do Código Penal, a entidade pública ou de interesse social a ser indicada pelo Ministério Público, devendo a prestação ser destinada preferencialmente àquelas entidades que tenham como função proteger bens jurídicos iguais ou semelhantes aos aparentemente lesados pelo delito; V – cumprir outra condição estipulada pelo Ministério Público, desde que proporcional e compatível com a infração penal aparentemente praticada.

Existem limites circunstanciais e materiais à celebração do acordo de não-persecução penal? Sim. A Resolução nº 183/18 não admite a proposta de acordo de não-persecução nos seguintes casos: I – for cabível a transação penal, nos termos da lei; II – o dano causado for superior a vinte salários mínimos ou a exista parâmetro econômico diverso definido pelo respectivo órgão de revisão, nos termos da regulamentação local; III – o investigado incorra em alguma das hipóteses previstas no artigo 76, § 2º, da Lei nº 9.099/95; IV – o aguardo para o cumprimento do acordo possa acarretar a prescrição da pretensão punitiva estatal; V – o delito for hediondo ou equiparado e nos casos de incidência da Lei nº 11.340, de 7 de agosto de 2006; VI – a celebração do acordo não atender ao que seja necessário e suficiente para a reprovação e prevenção do crime.

No que concerne aos meios de registro e armazenamento do acordo, importa ressaltar que a confissão detalhada dos fatos e as tratativas do acordo serão registrados pelos meios ou recursos de gravação audiovisual, destinados a obter maior

---

214 BRASIL. Supremo Tribunal Federal. ADC nº 12 MC, Relator Ministro Carlos Britto. Tribunal Pleno. Julgamento em 16/02/2006.

fidelidade das informações (artigo 18, § 2°, da Resolução n° 181/17, do CNMP, com a redação dada pela Resolução n° 183/18, do CNMP).

É necessário que o acusado esteja acompanhado de defensor durante as tratativas e na celebração do acordo? Sim, o investigado deve estar sempre acompanhado de seu defensor nas tratativas e na celebração do acordo de não-persecução penal (artigo 18, § 2°, da Resolução n° 181/17, do CNMP, com a redação dada pela Resolução n° 183/18, do CNMP).

E mais: o acordo será formalizado nos autos com a qualificação completa do investigado e estipulará de modo claro as suas condições, eventuais valores a serem restituídos e as datas para cumprimento, e será firmado pelo membro do Ministério Público, pelo investigado e seu defensor (artigo 18, § 3°, da Resolução n° 181/17, do CNMP, com a redação dada pela Resolução n° 183/18, do CNMP). Realizado o acordo, a vítima deverá ser comunicada por qualquer meio idôneo.

É necessária a homologação judicial do acordo? Sim, incumbindo ao juiz verificar apenas se presentes os requisitos para a concessão do acordo e se as condições impostas pelo Ministério Público são adequadas e suficientes (artigo 18, § 5°, da Resolução n° 181/17, do CNMP, com a redação dada pela Resolução n° 183/18, do CNMP). Homologado o acordo pela Autoridade Judiciária, os autos serão devolvidos ao Ministério Público para sua implementação (artigo 18, § 5°, da Resolução n° 181/17, do CNMP, com a redação dada pela Resolução n° 183/18, do CNMP).

Na hipótese de a Autoridade Judiciária entender incabível a homologação do acordo, deverá fazer a remessa dos autos ao procurador-geral ou órgão superior interno responsável por sua apreciação, nos termos da legislação vigente, que poderá adotar as seguintes providências: I – oferecer denúncia ou designar outro membro para oferecê-la; II – complementar as investigações ou designar outro membro para complementá-la; III – reformular a proposta de acordo de não persecução, para apreciação do investigado; IV – manter o acordo de não persecução, que vinculará toda a Instituição.

Em que momento pode ser celebrado o acordo de não-persecução penal? O acordo de não-persecução penal pode ser celebrado a qualquer tempo até o oferecimento da denúncia, inclusive **em audiência de custódia** (artigo 18, § 7°, da Resolução n° 181/17, do CNMP, com a redação dada pela Resolução n° 183/18, do CNMP).

Ademais, o investigado, ao celebrar o acordo de não-persecução penal, fica obrigado ao cumprimento das seguintes condições: a) comunicar ao Ministério Público eventual mudança de endereço, número de telefone ou e-mail; b) comprovar mensalmente o cumprimento das condições, independentemente de notificação ou aviso prévio; e c) apresentar imediatamente e de forma documentada qualquer justificativa para o não cumprimento do acordo. Descumpridas quaisquer delas, o membro do Ministério Público deverá oferecer denúncia, podendo obstar a proposta de suspensão condicional do processo, em razão da ausência do requisito subjetivo para o oferecimento do benefício (artigo 18, § 10, da Resolução n° 181/17, do CNMP, com a redação dada pela Resolução n° 183/18, do CNMP).

Cumprido integralmente o acordo, o Ministério Público promoverá o arquivamento da investigação. A Resolução 183/18, do CNMP, não faz qualquer referência à extinção da punibilidade do agente, razão pela qual afigura-se possível exegese no sentido da possibilidade de desarquivamento do feito para ulterior adoção de eventuais medidas cabíveis.

Devidamente expostos os principais aspectos relativos ao acordo de não-persecução penal, passa-se à análise da recomendação acerca da especialização de órgãos do Ministério Público.

6.4.5. Recomendação CNMP nº 63, de 26 de janeiro de 2018, que dispõe sobre a necessidade de especialização de órgão do Ministério Público para a atuação nos conflitos coletivos agrários e fundiários

O artigo 1º, da Recomendação CNMP nº 63, de 26 de janeiro de 2018, estabelece que:

> Nas unidades do Ministério Público em que ainda não houverem sido criadas e/ou implementadas Procuradorias e Promotorias de Justiça especializadas em conflitos coletivos pela posse da terra rural e defesa da função social da propriedade (artigo 178, III, do NCPC) serão adotadas medidas para garantir a designação especial de membros do Ministério Público para a atuação nessa seara, cumulativamente, ou não, com outras atribuições afins.

Para fins de especialização das Promotorias e Procuradorias, a Recomendação CNMP nº 63/2018, traz a necessidade de observância de princípios e procedimentos em seu artigo 2º. Convém destacar a necessidade da atuação preventiva no sentido de garantir a paz no campo, com o fim de coibir atos de violência, valendo-se o Membro do Ministério Público, inclusive, da instauração dos procedimentos legais pertinentes e de outras medidas para assegurar os direitos humanos dos rurícolas acampados e/ou assentados e a implementação dos planos de desenvolvimento sustentável dos assentamentos (inciso II).

Ademais, a instituição deve priorizar a resolução consensual dos conflitos e controvérsias, com a adoção da mediação e de outras técnicas adequadas para a resolução negociada do litígio jurisdicional ou extrajurisdicional que envolve conflito ou controvérsia pela posse de terra (artigo 2º, inciso III, da Recomendação CNMP nº 63/2018).

Por fim, incumbe ao Membro do Ministério Público promover ações conjuntas com poderes, órgãos e instituições públicas, bem como com entidades da sociedade civil, no sentido da prevenção, mediação e resolução dos conflitos agrários e fundiários, assim como da criação de varas especializadas, nos termos do artigo 126 da Constituição Federal (artigo 2º, inciso VII, da Recomendação CNMP nº 63/2018).

Devidamente expostos os princípios fundamentais para a prevenção e a redução de litígios coletivos agrários e fundiários, passa-se à análise da recomendação que rege o estágio probatório, fundamental para a formação do novo perfil nos ingressantes na carreira.

6.4.6. Recomendação de Caráter Geral CNMP-CN Nº 01, de 15 de março de 2018 (Recomendação de Maceió), que dispõe sobre o Estágio Probatório dos Membros do Ministério Público Brasileiro e estabelece outras diretrizes

O Corregedor Nacional do Ministério Público expediu, no dia 15 de março de 2018, a Recomendação de Maceió/AL, que dispõe sobre o estágio probatório dos membros do Ministério Público brasileiro e estabelece outas disposições.

Partindo da premissa de que o Ministério Público é garantia constitucional fundamental de acesso à justiça (arts. 3º, 5ºo, § 2º, 127 e 129, todos da CR/1988), o artigo 1º, da Recomendação, arrolada vários princípios que devem ser observados para avaliar a confirmação na carreira de membros do Ministério Público em Estágio Probatório, podendo-se destacar, no que interessa à presente abordagem, a capacidade de resolução humanizada dos conflitos, controvérsias e problemas; a atuação adequada e eficiente em relação ao atendimento ao público e no que tange à sua inserção no ambiente jurídico; a inteligência emocional, aferida pela postura equilibrada que revele amor e respeito aos valores e compromissos institucionais do Ministério Público e à defesa dos direitos e das garantias constitucionais fundamentais do cidadão; a vocação para o exercício das funções, a ser aferida pelo comprometimento e pelas iniciativas do membro em estágio probatório que revelem amor em face das causas institucionais e do exercício das atribuições nas diversas áreas de atuação; e a disposição e iniciativas para atuar em rede e de forma integrada e cooperativa, tanto no âmbito do Ministério Público, quanto em relação a outros órgãos ou instituições de defesa de interesses sociais e/ou de interesses legítimos do Estado.

E mais: estabelece o artigo 3º, da Recomendação CNMP-CN, nº 01, de 15 de março de 2018, que para a formação, a avaliação, a orientação e a fiscalização humanizadas dos membros do Ministério Público brasileiro em estágio probatório deverão ser consideradas inúmeras diretrizes. Dentre elas, pode-se destacar o conhecimento das causas e deficiências sociais locais; a autoridade ética para mediar demandas sociais, aferida pela capacidade para o exercício de liderança a partir da força do melhor argumento, na democracia, em defesa da sociedade; a capacidade de diálogo e de consenso; a atuação preventiva, com postura resolutiva, amparada no compromisso com ganhos de efetividade na atuação institucional; as escolhas corretas dos ambientes de negociação que facilitem a participação social e a construção da melhor decisão para a sociedade; a contribuição para a participação da comunidade diretamente interessada; a utilização racional e adequada da judicialização; a atuação tempestiva e efetiva, com aptidão para evitar a prática e/ou imediatamente estancar a continuidade ou a repetição dos ilícitos, ou para removê-los, independentemente de ocorrência de dolo, culpa ou dano; a atuação para potencializar a dimensão da eficiência na reparação dos danos eventualmente ocorridos; a utilização de mecanismos de resolução consensual, como negociação, mediação, conciliação, práticas restaurativas, convenções processuais e acordos de resultado; a triagem adequada das comunicações da Ouvidoria e análise imediata de notícias de fato, de modo a evitar a instauração de procedimentos inviáveis e a implementar a pronta tramitação dos expedientes relevantes; e a atuação efetiva na tutela coletiva e na propositura de ações individuais em situações absolutamente necessárias, sem prejuízo dos atendimentos individuais e encaminhamentos devidos.

Essas novas diretrizes, analisadas de forma complementar, permitem traçar com precisão o novo perfil esperado dos ingressantes na carreira, deixando de lado a atuação descompromissada ou meramente processual, e atentando para a importante função de indução da transformação social que deve ser desempenhada pela Instituição[215].

6.4.7. A Proposta de Recomendação em tramitação no CNMP, que dispõe sobre a atuação do Ministério Público em Políticas Públicas Efetivadoras de Direitos Fundamentais e estabelece diretrizes para a realização ou o referendo de acordos

Tramita atualmente no Conselho Nacional do Ministério Público uma Proposta de Recomendação que fixa diretrizes extremamente importantes para a atuação do Ministério Público em Políticas Públicas Efetivadoras de Direitos Fundamentais e para a realização ou o referendo de acordos. Caso seja aprovada, essa Proposta poderá contribuir e aperfeiçoar muito a atuação do Ministério Público na prevenção e redução dos litígios.

De acordo com essa Proposta de Recomendação, na identificação das principais demandas sociais e políticas públicas prioritárias, os órgãos de execução do Ministério Público deverão passar a difundir informações e práticas que estimulem a criação e o fortalecimento de mecanismos e espaços de interação sistêmica entre a sociedade civil e o Poder Público (art. 1º).

Além disso, a Proposta de Recomendação incentiva a construção de redes de cooperação com organizações e associações, universidades e outras entidades e instituições, públicas e privadas, com a finalidade de formação de alianças, cooperação técnica e identificação dos campos conflituosos e dos seus reais problemas para estabelecer a melhor metodologia de atuação na defesa dos direitos fundamentais das pessoas e comunidades afetadas (art. 2º).

Com efeito, é a partir do conhecimento da realidade social e de seus problemas mais agudos que o Ministério Público terá condições de desempenhar, de forma legítima, a adequada defesa da sociedade.

Para a atuação do Ministério Público em políticas públicas destinadas à efetivação de direitos fundamentais, o art. 4º da aludida Proposta de Recomendação apresenta algumas diretrizes principiológicas para a condução dessa atuação especializada pelo Ministério Público.

Entre as diretrizes especificadas no seu art. 4º, por exemplo, o texto atenta para a necessidade de ser analisada a efetividade da política pública em conjunto com a sociedade civil e com as instituições de controle social; nessa seara, sempre que

[215] Sobre o assunto: ALMEIDA, Gregório Assagra de. Os Direitos e as Garantias Constitucionais Fundamentais na Formação e na Atuação dos Membros do Ministério Público em Estágio Probatório. *Revista Jurídica da Corregedoria Nacional:* Atuação das Corregedorias no Estágio Probatório dos Membros do Ministério Público Brasileiro: o Futuro do Ministério Público e o Ministério Público do Futuro. Brasília: Corregedoria Nacional e Conselho Nacional do Ministério Público, v. 5, 2018, p. 79-99.

possível e especialmente antes da propositura de medidas judiciais ou extrajudiciais, orienta-se no sentido de promover a realização de audiências públicas e/ou reuniões públicas com a participação da comunidade e/ou dos grupos vulneráveis afetados.

Não obstante, deve ser dada preferência à execução de políticas públicas de caráter geral, socialmente necessárias e devidamente identificadas a partir do planejamento estratégico da Instituição, ao invés de se postular em juízo em favor de pessoa determinada.

Outrossim, a adoção de medidas para que tal política pública seja contemplada no respectivo orçamento deve vir complementada pela indicação da fonte orçamentária e financeira do custeio ou, ao menos, a existência de recursos públicos disponíveis para a execução da medida exigida.

No que tange à fiscalização da implementação da política pública e do efetivo adimplemento das obrigações e deveres impostos pela decisão ou acordo, é possível o estabelecimento de metas quantitativas e qualitativas de cumprimento da prestação devida ao longo do tempo, sempre que possível por via acordada, assegurando-se e fomentando a participação de representantes dos diversos grupos envolvidos e interessados.

Necessário ainda considerar todas as possíveis repercussões sistêmicas na implementação das políticas públicas, seja pela via judicial ou no âmbito dos acordos firmados, inclusive concentrando-se a abordagem em uma única ação ou acordo coletivo.

Igualmente constou, como diretriz de atuação do Ministério Público em políticas públicas destinadas à efetivação de direitos fundamentais, a busca pela cooperação de órgãos técnicos especializados na política pública objeto da proteção (*v.g.*, universidades, conselhos, especialistas renomados), bem como a fixação, de forma clara e objetiva, da responsabilidade de cada agente público envolvido, ou do ente federado, de modo a facilitar eventual futura responsabilização pela omissão ou execução ineficiente.

O documento aborda ainda o chamado *Estado de Coisas Inconstitucional* e as formas especializadas de seu enfrentamento e remoção pelo Ministério Público, a partir de uma atuação planejada, prioritária e em parcerias com a sociedade e outros órgãos do Estado (art. 5º).

De acordo com o que ficou decidido pelo Supremo Tribunal Federal, no julgamento da ADPF nº 347 MC/DF, o *Estado de Coisas Inconstitucional* decorre quando "Presente quadro de violação massiva e persistente de direitos fundamentais, decorrente de falhas estruturais e falência de políticas públicas e cuja modificação depende de medidas abrangentes de natureza normativa, administrativa e orçamentária[...]"[216].

Assim, nos termos do art. 5º da aludida Proposta de Recomendação, essa atuação articulada do Ministério Público para o enfrentamento e remoção do *Estado de Coisas Inconstitucional* deverá ocorrer nos casos em que:

[216] BRASIL. Supremo Tribunal Federal. ADPF 347 MC/DF. Relator Ministro Marco Aurélio. Tribunal Pleno. Julgamento em 09.09.2015).

> I – é grave, permanente e generalizada a violação de direitos fundamentais, que afeta a um número amplo e indeterminado de pessoas, o que poderá ser caracterizado mesmo diante de uma proteção insuficiente;
>
> II – existe comprovada omissão reiterada de diversos e diferentes órgãos estatais no cumprimento de suas obrigações de proteção dos direitos fundamentais, que deixam de adotar as medidas legislativas, administrativas e orçamentárias necessárias para evitar e superar essa violação, em especial daquelas políticas públicas já aprovadas e não implementadas, consubstanciando uma falta estrutural das instâncias políticas e administrativas (isto é, não basta, para caracterizar o ECI, a omissão de apenas um órgão ou uma autoridade);
>
> III – há um número elevado e indeterminado de pessoas afetadas pela violação; e
>
> IV – existe a necessidade de que a solução seja construída pela atuação conjunta e coordenada de todos os órgãos envolvidos e responsáveis, de modo que a decisão ou acordo a ser alcançado deverá abranger não apenas um órgão ou autoridade, mas sim a uma pluralidade de órgãos e autoridades, visando à adoção de mudanças estruturais, tais como a implementação de políticas públicas, a alocação de recursos, a aprovação de proposta legislativa, *etc.*

A Proposta ainda traz a possibilidade da fixação de cronogramas temporais das medidas necessárias para a efetivação de políticas públicas de remoção do *Estado de Coisas Inconstitucional* quando a celebração de termo de ajustamento de conduta não se não se mostrar o mais adequado diante da complexidade e circunstâncias dos fatos.

O documento também sinaliza acerca da atuação colaborativa, articulada e integrada entre os vários órgãos do Ministério Público dos Estados e da União nos casos em que a complexidade e a repercussão social do evento abranger diversas áreas de atuação de mais de um órgão *parquetiano*, como forma de se assegurar a formulação ou a aceitação de proposta de acordos que contemplem a mais adequada proteção conjunta dos bens jurídicos envolvidos, nos âmbitos cível, criminal e administrativo. (arts. 6º e 13).

E nesse cenário, torna-se conveniente a construção de um consenso mínimo, a eleição da melhor metodologia de trabalho, a realização de diagnósticos prévios e a adoção de estratégias conjuntas que privilegiem a participação da comunidade afetada e de todos os interessados, sem embargo da utilização de outros mecanismos de atuação capazes de envolver a igual participação de de universidades e/ou outros centros de pesquisas (art. 7º).

Em seu art.10, o documento traz ainda três balizes de orientação no âmbito da condução de políticas públicas efetivadoras de direitos fundamentais pelo órgão do Ministério Público:

a) priorizar a resolução consensual dos conflitos pela via extrajurisdicional ou atuar para que haja o fomento da resolução consensual na pendência de processo judicial.
b) a compreensão do princípio constitucional da publicidade como a regra no âmbito das mediações coletivas, sendo a cláusula da confidencialidade apenas excepcional e limitada, em razão do interesse social relacionado com as matérias envolvidas.

c) nas mediações coletivas e nos acordos coletivos, a prevalência, sempre que possível do princípio da isonomia quanto à resolução do litígio ou da controvérsia e no tratamento aos interessados, assegurando-se que o resultado da composição seja replicado para outras situações similares, inclusive podendo as partes interessadas valerem-se de assessoria técnica e jurídica.

Contudo, o texto deixa claro que Membro do Ministério Público deve analisar se a priorização da atuação consensual, na seara extrajudicial, apresenta reais vantagens sobre a tutela por adjudicação judicial (liminar, sentença e/ou acórdão).

Assim, deve o órgão ministerial avaliar se, no caso concreto, a proposta de acordo demonstra ser a mais adequada, justa e razoável em relação à resolução por adjudicação. E, como forma de aferir a pertinência da atuação consensual, o texto, em seu art. 12 apresenta algumas balizes orientativas, entre outras:

> I – se na proposta não há discriminação entre membros do grupo ou da comunidade em situação similar;
>
> II – se está contemplada na proposta de acordo, sempre que possível, a dimensão dos direitos fundamentais envolvidos no litígio, na controvérsia ou no problema.
>
> III – se a proposta de acordo é produto de negociação com a participação de representantes adequados e legítimos;
>
> IV – se a proposta de acordo proporciona, em magnitude, a suficiente proteção e a garantia para os titulares dos direitos ou interesses difusos, coletivos, individuais homogêneos e/ou individuais puros, tais como aqueles pertencentes à sociedade em geral e ao Estado, à comunidade, ao grupo e respectivos membros afetados;
>
> V – se a proposta de acordo está racionalmente relacionada com o prejuízo alegado e sofrido e se nela estão inseridas as medidas preventivas, ressarcitórias e repressivas necessárias;
>
> VI – se a proposta de acordo considerou, quando possível, prognósticos sobre prováveis efeitos fáticos e jurídicos, a curto, médio e longo prazo.

Além disso, o texto recomenda a utiliza de testes de fatores e/ou indicadores de resultado igualmente para aferir a adequação, da justiça e da razoabilidade da resolução consensual como opção prevalente em relação à tutela por adjudicação judicial. Para tanto, devem ser levados em conta dos seguintes aspectos, de forma exemplificativa:

> I – os argumentos favoráveis e contrários à proposta;
>
> II – as questões de fato e de direito envolvidas no litígio;
>
> III – a probabilidade de procedência da pretensão coletiva caso fosse levada à adjudicação judicial;
>
> IV – a comparação entre o acordo proposto e o provável resultado de um julgamento judicial sobre o mérito da demanda, com ênfase na responsabilidade e nos danos;
>
> V – os riscos envolvidos no litígio, inclusive as dificuldades para se estabelecer judicialmente a responsabilidade e de se apurar os danos sofridos e os possíveis prejuízos a terceiros;
>
> VI – a ausência na proposta de colusão ou de qualquer espécie de fraude;
>
> VII – a complexidade, o custo e a provável duração do processo coletivo;

> VIII – o comportamento das partes envolvidas, o seu comprometimento e a sua capacidade para o cumprimento do que for acordado;
>
> IX- a possibilidade de o acordo abranger os diversos grupos atingidos e/ou afetados;
>
> X – a possibilidade de se trazer para a negociação representantes adequados dos grupos ou comunidades afetadas (art. 12, § 2º).

Por fim, entre as mais importantes disposições da dita Proposta de Recomendação que ora apresentamos, destaca-se, em seu art. 30, a observância potencializada ao princípio da função social da propriedade em relação aos conflitos urbanos e rurais, devendo os órgãos de execução do MP atentarem-se para as seguintes diretrizes, neste particular:

> I – a adoção de todas as medidas judiciais ou extrajudiciais necessárias para evitar ou minorar o uso da força e/ou da coerção estatal na solução do conflito, controvérsia ou problema;
>
> II – nos casos em que a reintegração de posse venha a constituir medida inevitável, os órgãos do Ministério Público devem adotar todos os esforços e medidas de atuação resolutiva no sentido de se evitar o uso da força no cumprimento de mandados judiciais.
>
> III – a realização de audiências públicas e de reuniões e a adoção de outras medidas que permitam a adequada manifestação dos envolvidos no conflito, controvérsia ou problema;
>
> IV – o desenvolvimento de ações conjuntas com poderes, órgãos e instituições públicas, bem como com entidades da sociedade civil, no sentido da prevenção, mediação e resolução dos conflitos urbanos e rurais.

6.4.8. *Normativa Estadual de destaque: Resolução Conjunta EMG/PGJ Nº 1, de 11 de setembro de 2015, que institui a Câmara de Prevenção e Resolução de Conflitos e dispõe sobre suas atribuições. A Resolução Conjunta EMG/PGJ Nº 1, de 11 de setembro de 2015, institui a Câmara de Prevenção e Resolução de Conflitos e dispõe sobre suas atribuições, visando a prevenção e a redução de litígios que envolvam o exercício das funções constitucionais pelo Ministério Público e o Estado de Minas Gerais.*

O artigo 1°, da Resolução, determina a criação da Câmara de Prevenção e Resolução de Conflitos, destinada ao tratamento consensual, nos limites da lei e na estrita defesa do interesse público, de conflitos judiciais e extrajudiciais entre o Estado de Minas Gerais, por si ou por meio de sua Administração direta ou indireta, e o Ministério Público do Estado de Minas Gerais.

Dentre as competências da Câmara, o artigo 2° dispõe que poderá implementar medidas, inclusive preventivas, que permitam a redução da litigiosidade e dos conflitos envolvendo o Poder Público, notadamente os de natureza coletiva; realizar reuniões para o conhecimento, a discussão e a implementação de medidas destinadas à prevenção e à resolução de litígios, a m de reduzir a judicialização em matérias de atribuição do Ministério Público; promover, quando couber, a celebração de termo de compromisso, nos limites da lei e na estrita defesa do interesse público primário, para a resolução de conflitos, judiciais ou extrajudiciais, entre o Estado de Minas Gerais, por si ou por meio de sua Administração direta ou indireta, e o Ministério Público do Estado de Minas Gerais; estimular o diálogo para a solução consensual de conflitos submetidos à apreciação do Poder Judiciário, elaborando-se o pertinente termo de acordo judicial.

Trata-se, portanto, de mais um importante passo no sentido de buscar a resolutividade na atuação ministerial, sempre em atenção à busca pelo diálogo e consenso.

6.4.9. A Recomendação Geral CN-CNMP nº 02, de 21 de junho de 2018 (aspectos gerais)

A Recomendação de Caráter Geral CNMP-CN 02/2018 foi editada pelo Corregedor Nacional do Ministério Público e dispõe sobre parâmetros para a avaliação da resolutividade e da qualidade da atuação dos Membros. Trata-se, em verdade, de carta que estabelece de forma geral o novo "perfil de atuação" esperado dos Membros do Ministério Público, atentando para necessidade de uniformidade na adoção de medidas pela Instituição e para a busca por efetivas mudanças sociais.

Conforme ressaltado anteriormente, a "atuação resolutiva" é aquela por meio da qual o Membro do Ministério Público contribui decisivamente para prevenir ou solucionar, de modo efetivo, o conflito, o problema ou a controvérsia, bem como para prevenir, inibir ou reparar adequadamente a lesão ou ameaça a direitos ou interesses e efetivar as sanções aplicadas judicialmente em face dos correspondentes ilícitos, assegurando-lhes a máxima efetividade possível por meio do uso regular dos instrumentos jurídicos disponibilizados através da Recomendação CNMP n.º 54, de 28 de março de 2017 (que dispõe sobre a Política Nacional de Fomento à Atuação Resolutiva do Ministério Público brasileiro).

Rompendo com o paradigma vigente, a recomendação veio estabelecer novos parâmetros para a avaliação e a fiscalização da qualidade de atuação dos Membros do Ministério Público não apenas sob o perfil demandista, mas também sob o resolutivo, ou seja, quando atua fora do Poder Judiciário, no plano extrajudicial. A avaliação deve ocorrer não apenas sob o aspecto quantitativo, mas também qualitativo. Em outras palavras, impõe-se ao Membro do Ministério Público não apenas que "atue muito", mas que atue com qualidade.

Na busca pela qualidade da resolutividade dos conflitos nos âmbitos criminal, cível, tutela coletiva e especializada, deve o Promotor e o Procurador considerar, dentre outros, inúmeros princípios e diretrizes (artigo 1°, da Recomendação de Caráter Geral CNMP-CN 02/2018), que podem ser classificados em três categorias: habilidades pessoais, perfil de atuação e forma de atuação.

A) Sob a égide das habilidades pessoais:

I – conhecimento das deficiências sociais e das causas locais;

II – capacidade de articulação;

III – autoridade ética para mediar demandas sociais, aferida pela capacidade para o exercício de liderança a partir da força do melhor argumento na defesa da sociedade e do regime democrático;

B) Sob a égide do perfil de atuação:

I – busca pelo diálogo e de construção do consenso;

II – realização precedente de pesquisas e investigações eficientes sobre os fatos, em suas múltiplas dimensões e em sede procedimental, como base para a atuação resolutiva e qualificada;

III – contribuição para a participação da comunidade diretamente interessada;

IV – atuação efetiva na tutela coletiva e na propositura de ações individuais em situações absolutamente necessárias, sem prejuízo dos atendimentos individuais e dos encaminhamentos devidos;

C) Sob a égide da forma de atuação (seja no âmbito processual, seja no extraprocessual):

I – atuação preventiva, amparada no compromisso com ganhos de efetividade na atuação institucional, voltada notadamente para evitar a prática, a continuidade e a repetição de ilícitos ou para promover a sua remoção;

II – utilização racional e adequada dos mecanismos de judicialização.

III – atuação voltada para a garantia do andamento célere e da duração razoável dos feitos sob a responsabilidade do Ministério Público, inclusive mediante a interposição de recursos e a realização de manifestações orais;

IV – atuação tempestiva e efetiva, com aptidão para evitar a prática e/ou imediatamente estancar a continuidade ou a repetição dos ilícitos, ou para removê-los, independentemente de ocorrência de dolo, culpa ou dano; e

V – atuação efetiva capaz de garantir a integral reparação dos danos nos seus múltiplos aspectos;

Ressalte-se, mais uma vez, que primordial atenção deve ser conferida à adoção do que se convencionou chamar de "litígio estratégico". Os litígios estratégicos, conhecidos no Direito Norte-americano como *public interest litigation* ou *high impact litigation*, buscam realizar transformações sociais a partir da consolidação de precedentes sobre temas emblemáticos, os quais acabam por influenciar a implementação de políticas públicas:[217]

> [...] o litígio estratégico busca por meio do uso do judiciário e de casos paradigmáticos, alcançar mudanças sociais. Os casos são escolhidos como ferramentas para transformação da jurisprudência dos tribunais e formação de precedentes, para provocar mudanças legislativas ou de políticas públicas.[218]

217 "Quanto aos demais objetivos, mudanças legislativas e nas políticas públicas, é necessário que seja possível um diálogo entre a decisão judicial e o Poder Executivo, provocando-o a ter uma atenção especial em relação à temática na gestão de suas políticas públicas, e também com o Poder Legislativo, ordenando-o ou fomentando-o a editar/alterar leis que deem aplicabilidade e concreção aos direitos discutidos em juízo. Grande exemplo dessa situação ocorre no caso do mandado de injunção (artigo 5º, inciso LXXI da CF/88 e Lei nº 13.300 de 2016) em que se busca a defesa de direitos subjetivos em face da omissão do legislador." VINCENZI, Brunela Vieira de; ALVES, Gustavo Silva; REZENDE, Priscilla Correa Gonçalves de. *As ações coletivas como espécie de litígio estratégico*, p. 224.

218 CARDOSO, Evorah. Ciclo de vida do litígio estratégico no sistema interamericano de direitos humanos, p. 365-366.

Assim, busca-se uma combinação de técnicas jurídicas, políticas e sociais que abrangem desde a fase pré-processual até a prolação da sentença, no intuito de promover efetivas mudanças na esfera social.[219]

> A nosso ver, o conceito de litígio estratégico a ser adotado pelo Promotor de Justiça/ Procurador da República deve envolver não apenas *"situações de usual negativa à ampliação no reconhecimento de um determinado direito a um grupo de pessoas combinadas a uma possível inércia do Poder Legislativo"*[220] em normatizar a matéria, utilizando-se o Poder Judiciário por meio de casos com potencial paradigmático, no intuito de: a) possibilitar a formação ou mudança de precedente junto às Cortes Supremas (STF e STJ); b) fomentar a discussão a respeito de mudanças legislativas; e c) provocar alteração nas políticas públicas[221]
>
> Mas também a uma atuação teleológica, voltada para a uniformidade na atuação ministerial (evitando que promotores adotem posições distintas em feitos coletivos similares), a celeridade na tramitação do feito, a "desburocratização" do andamento processual (*v.g.*, evitando a interposição de recursos que podem implicar na mudança de decisão secundária e de somenos importância) e a máxima efetividade na tutela do interesse da sociedade[222].

Devidamente expostas essas importantes premissas no campo da atuação judicial/extrajudicial, passemos à análise dos critérios finalísticos para a aferição da produtividade.

6.4.9.1. Critérios finalísticos e formais para aferição da resolutividade da atuação

Para avaliação da resolutividade da atuação dos Membros do Ministério Público, a recomendação estabelece, de forma inovadora, dois critérios (artigo 1°, § 1°, da Recomendação de Caráter Geral CNMP-CN 02/2018):

A) **Os impactos sociais da atuação:** devem ser considerados os impactos sociais diretos, indiretos e reflexos da atuação jurisdicional ou extrajurisdicional dos Membros do Ministério Público, tais como as mudanças de atitudes e de comportamentos, o aperfeiçoamento de estruturas de atendimento, a cessação ou a remoção de ilícitos e a reparação dos danos, sem desconsiderar, ainda, os efeitos sociais negativos diretos, indiretos ou reflexos nos casos de atuação inadequada ou de omissão de atuação (artigo 1°, §§ 2° e 3°, da Recomendação de Caráter Geral CNMP-CN 02/2018).

B) **A postura para a efetividade social da atuação.**

[219] Sobre o assunto, consultar: COSTA, Rafael de Oliveira. *Do Futuro do Ministério Público, passim*; SILVA, Dicken William Lemes. *Litígio Estratégico de Interesse Público e Ministério Público, passim.*

[220] VINCENZI, Brunela Vieira de; ALVES, Gustavo Silva; REZENDE, Priscilla Correa Gonçalves de. *As ações coletivas como espécie de litígio estratégico*, p. 223.

[221] VINCENZI, Brunela Vieira de; ALVES, Gustavo Silva; REZENDE, Priscilla Correa Gonçalves de. *As ações coletivas como espécie de litígio estratégico*, p. 223.

[222] Sobre o assunto, consultar: COSTA, Rafael de Oliveira. Do Futuro do Ministério Público, passim; SILVA, Dicken William Lemes. *Litígio Estratégico de Interesse Público e Ministério Público, passim.*

Além desses critérios finalísticos, também foram estabelecidos critérios formais de avaliação da atuação dos Membros do Ministério Público, tais como a residência na comarca ou no local em que oficia, a compatibilidade efetiva com eventual exercício do magistério, cooperações cumulativas envolvendo outros órgãos ou unidades, eventuais afastamentos das atividades, produtividade mensal, entre outros (artigo 2°, da Recomendação de Caráter Geral CNMP-CN 02/2018).

Contudo, a recomendação estabelece três critérios formais que merecem destaque. Em primeiro lugar, tem-se a adequação técnica, terminológica e fática das manifestações processuais e procedimentais, com nível argumentativo compatível com a complexidade do objeto da questão (artigo 2°, inciso IX, da Recomendação de Caráter Geral CNMP-CN 02/2018). Percebe-se, assim, que não se exige argumentação aprofundada ou "prolixa" pelo Membro do Ministério Público, mas que adote nível argumentativo compatível com a complexidade da questão. Assim, tratando-se de matérias simples e que encontram previsão expressa em lei, sem discussões aprofundadas em sede legislativa ou jurisprudencial, inexiste a necessidade de se promover densa incursão argumentativa sobre o tema.

Em segundo lugar, a recomendação dispõe acerca das experiências inovadoras ou destacadas pelo método empregado ou pelo resultado alcançado (artigo 2°, inciso XIV, da Recomendação de Caráter Geral CNMP-CN 02/2018). Trata-se, em verdade, de valorizar a atuação do Promotor ou do Procurador que se aproxima das mazelas sociais, sem ficar assentado em uma "torre de marfim", isolado dos conflitos, buscando promover verdadeira transformação social.

Por fim, o novo diploma valoriza o aperfeiçoamento funcional dos Membros do Ministério Público, não apenas através da participação em seminários, congressos, cursos de pós-graduação, cursos de aperfeiçoamento e capacitação, mas também por meio de publicações de livros ou artigos relacionados com as suas atividades institucionais (artigo 2°, parágrafo único, da Recomendação de Caráter Geral CNMP-CN 02/201 bn.'8).

6.4.9.2. Da análise da gestão

De modo a tornar efetiva e uniforme a atuação da Instituição, a recomendação dispõe também sobre a gestão administrativa e finalística das unidades do Ministério Público.

Em relação à primeira, dispõe sobre a necessidade de ser considerada a eficiência administrativa e a gestão dos recursos humanos, materiais e tecnológicos pelo Membros, o que abrange desde a promoção da humanização do ambiente e das relações de trabalho, a valorização social do trabalho, a isonomia e a equidade, perpassando pela inclusão, da acessibilidade, da integração e do caráter cooperativo, com respeito à diversidade, até alcançar o dimensionamento e distribuição da força de trabalho, com base nas competências dos seus integrantes, visando à racionalização e à eficácia dos recursos (artigo 3°, da Recomendação de Caráter Geral CNMP-CN 02/2018).

Nesse sentido, especial atenção deve ser dada à criação de plano de atuação alinhado ao planejamento estratégico ou estabelecido a partir de problemas relacionados com particularidades locais, de modo a buscar a uniformidade na atuação institucional e a efetiva adoção de medidas em conformidade com a realidade de cada região (artigo 4°, da Recomendação de Caráter Geral CNMP-CN 02/2018).

No que concerne à gestão finalística, será considerada a eficiência funcional da atuação do Membro, valorizando-se, dentre outros aspectos (artigo 5°, da Recomendação de Caráter Geral CNMP-CN 02/2018): 1) a adoção de postura proativa que valorize e priorize atuações preventivas, com antecipação de situações de crise; 2) a adoção de postura resolutiva amparada no compromisso com ganhos de efetividade na atuação Institucional; 3) na hipótese de inevitabilidade do dano, da atuação de forma a estancar a continuidade ou a repetição dos ilícitos e de removê-los, potencializando a dimensão da eficiência na reparação dos danos eventualmente ocorridos e a redução de indicativos de impunidade; 4) a utilização de mecanismos de resolução consensual, tais como a negociação, a mediação, a conciliação, as práticas restaurativas, as convenções processuais, os acordos de resultado, assim como outros métodos e mecanismos eficazes na resolução dos conflitos; 5) a realização periódica de audiências públicas para permitir ao cidadão o acesso à Instituição para o exercício direto da soberania popular, de modo a viabilizar a participação e a deliberação social sobre prioridades, assim como para prestar contas do trabalho ao cidadão interessado; 6) a realização de atividades extrajudiciais não procedimentais de relevância social, tais como palestras, participação em reuniões e outras atividades que resultem em medidas de inserção social; 7) a coordenação e/ou participação em Projetos Sociais ou práticas equivalentes, adequados às necessidades da respectiva comunidade e socialmente eficientes do ponto de vista de proteção e da efetivação de direitos fundamentais; 8) o esgotamento das alternativas de resolução extrajudicial dos conflitos, das controvérsias e dos problemas, com o incremento da utilização de instrumentos como a Recomendação, o Termo de Ajustamento de Conduta, os Projetos Sociais (ou práticas equivalentes) e com a adoção do arquivamento resolutivo sempre que essa medida for a mais adequada; 9) a priorização da atuação em tutela coletiva, propondo ações individuais em situações realmente necessárias, sem prejuízo dos atendimentos individuais e dos encaminhamentos cabíveis.

6.4.9.3. Da avaliação da regularidade dos serviços

A regularidade dos serviços será avaliada sob dois aspectos principais: a regularidade formal e a regularidade material. De modo geral, será levada em conta a correta utilização das Tabelas Unificadas do Ministério Público, o cumprimento dos prazos de conclusão e prorrogação previstos nos atos normativos específicos, a movimentação regular, a duração da investigação, a qualidade das manifestações e o resultado alcançado (artigo 10, da Recomendação de Caráter Geral CNMP-CN 02/2018).

No que concerne à qualidade formal e técnica na elaboração dos trabalhos será avaliada a clareza, a coesão e a coerência das peças, das manifestações, dos despachos, das promoções, das recomendações e/ou das sustentações realizadas, levando-se em conta sua adequação, objetividade, fundamentação fática e jurídica, além do uso correto da linguagem oficial (artigo 10, § 1°, da Recomendação de Caráter Geral

CNMP-CN 02/2018). Será analisado também se na citação de súmula, jurisprudência, Constituição ou leis em geral, ou na referência a conceitos jurídicos indeterminados, há correlação adequada com o caso em análise, evitando-se fundamentações meramente abstratas e sem correspondência com a matéria de fato e de direito em apreciação (artigo 10, § 2°, da Recomendação de Caráter Geral CNMP-CN 02/2018).

Ademais, será considerada a atualidade e a manutenção da regularidade dos serviços, sendo o serviço considerado regular em duas hipóteses: quando inexistir atrasos ou quanto o atraso for justificado (artigo 11, caput e § 1°, da Recomendação de Caráter Geral CNMP-CN 02/2018)[223]. De outro modo, o atraso será injustificado quando (artigo 11, § 5°, da Recomendação de Caráter Geral CNMP-CN 02/2018): I – o serviço que, não obstante formalmente regular, revele omissão ou negligência de atuação ou providências efetivas, assim consideradas aquelas desprovidas de acompanhamento de sua execução e movimentação, inclusive pelos serviços auxiliares demandados; II – a devolução de feitos, a exemplo de inquéritos policiais, procedimentos extrajudiciais e processos judiciais, à respectiva Secretaria do órgão competente, desprovidos de manifestação ou formalizada com mero pedido de reabertura de prazo, seja pela aproximação de férias, licenças ou pelo advento de remoções ou de promoções, seja pela iminente mudança de atribuições da unidade, ainda que se constate regularidade formal induzida artificialmente.

6.4.9.4. Da busca pela resolutividade (aspectos gerais)

Sempre que possível e observadas as peculiaridades do caso concreto, o Membro do Ministério Público deve priorizar a resolução extrajudicial do conflito, da controvérsia ou do problema que esteja causando lesão ou ameaça a direitos (artigo 13, caput, da Recomendação de Caráter Geral CNMP-CN 02/2018), avaliando se a resolução consensual apresenta vantagens sobre a tutela por adjudicação judicial (liminar e/ou sentença ou acórdão – artigo 13, § 1°, da Recomendação de Caráter Geral CNMP-CN 02/2018).

Para tanto, ao celebrar um acordo, deve, entre outros aspectos, evitar qualquer discriminação entre membros do grupo ou da comunidade em situação similar, promover a negociação com a participação de representantes adequados e legítimos,

[223] Para se considerar justificado o atraso, serão observados, à luz do princípio da razoabilidade, os seguintes parâmetros da unidade, entre outros (artigo 11, § 4°, da Recomendação de Caráter Geral CNMP-CN 02/2018): I – natureza do exercício da função (titularidade, cooperação etc.) do órgão de execução oficiante; II – tempo de exercício na unidade; III – ocorrência de afastamentos legais; IV – existência de afastamento total ou parcial da unidade para exercício de outras atividades ou funções; V – frequência e permanência da situação de atraso; VI – data e conclusões da última correição; VII – previsão, proximidade de correição ordinária; VIII – observância e assiduidade das comunicações de atraso; IX – observância das comunicações de assunção e desligamento; X – implementação da obrigatoriedade do respectivo sistema judicial eletrônico para a prática de atos processuais, nos termos do cronograma oficial; XI – situação administrativa e organizacional (inclusive quanto ao provimento dos serviços auxiliares); XII – regularidade das visitas e inspeções, com o preenchimento e envio dos respectivos formulários; XIII – dimensão e complexidade dos problemas em sua área geográfica de atuação, em relação às atribuições específicas do cargo; XIV – peculiaridades da divisão de atribuições nas comarcas, seções, subseções e ofícios com mais de uma Promotoria ou Procuradoria; XV – residência em localidade diversa da base territorial de atuação; XVI – comparação do volume de procedimentos instaurados com dados de outras unidades similares, com valorização do esforço acima da média detectado, buscando reduzir o acervo de procedimentos e cujo acúmulo não seja atribuível ao respectivo Membro. XVII – quantidade de suspeições ou impedimentos arguidos a evidenciar incompatibilidade para o exercício das atividades institucionais no local de lotação; XVIII – atuação em causas de alta complexidade.

realizar prognóstico sobre prováveis efeitos fáticos e jurídicos – a curto, médio e longo prazos –, considerar a probabilidade de procedência da pretensão coletiva caso fosse levada à adjudicação judicial e analisar o comportamento das partes envolvidas, o seu comprometimento e a sua capacidade para o cumprimento do que for acordado (artigo 13, da Recomendação de Caráter Geral CNMP-CN 02/2018).

Ademais, a celebração do acordo deve proporcionar a suficiente proteção e garantia para os titulares dos direitos ou interesses difusos, coletivos, individuais homogêneos e/ou individuais puros, tais como aqueles pertencentes à sociedade em geral e ao Estado, à comunidade, ao grupo e aos respectivos Membros afetados (artigo 13, inciso IV, da Recomendação de Caráter Geral CNMP-CN 02/2018).

Não bastasse, nas fases de celebração e execução dos acordos, deve o Membro do Ministério Público atentar para a duração razoável do processo, adotando as medias cabíveis para a agilização do procedimento em situações de urgência ou para o seu "alargamento" nos casos em que o exija a complexidade da matéria de fato e de direito (artigo 16, § 1°, da Recomendação de Caráter Geral CNMP-CN 02/2018).

Por fim, a recomendação inova ao dispor que o perfil desejado do Promotor ou do Procurador, enquanto agente de indução da transformação social, perpassa pela aproximação comunitária. Para tanto, o Membro deve se inteirar dos reais problemas sociais e conhecer a realidade social local, priorizando o diálogo com a população por meio do atendimento ao público, da interação com a sociedade civil organizada, da participação em audiências públicas e da realização de reuniões, encontros, fomento e apoio à articulação comunitária, parcerias com programas de extensão universitária, mediação entre poder público e sociedade civil, visitas técnicas de campo a locais em estado de vulnerabilidade social, conhecimento sobre redes de serviços, demandas sociais locais e regionais (artigo 18, da Recomendação de Caráter Geral CNMP-CN 02/2018).

Devidamente expostos os aspectos gerais da resolutividade na atuação, passa-se à análise de seus aspectos específicos, iniciando nossa abordagem com a implementação de políticas públicas.

6.4.9.5. Dos testes de fatores para aferir se é caso de acordo ou se o acordo é adequado, justo e razoável

Estabelece o artigo 13 da Recomendação de Caráter Geral CN-CNMP nº 02/2018 que sempre que for possível e desde que observadas as peculiaridades do caso concreto, a Equipe Correicional aferirá se foi priorizada a resolução extrajudicial do conflito, da controvérsia ou do problema que esteja causando lesão ou ameaça a direitos afetos às atribuições do Ministério Público, sendo hipótese de priorização da resolução extrajurisdicional sempre que essa via mostrar-se hábil para viabilizar uma solução mais célere, econômica, implementável e capaz de satisfazer adequadamente as legítimas expectativas dos titulares dos direitos envolvidos, contribuindo para diminuir a litigiosidade.

E mais: o § 1º do mesmo artigo 13 da citada Recomendação prevê que, para fins de aferição da priorizarão da resolução consensual dos conflitos, das controvérsias ou dos problemas, a Equipe Correicional verificará se o Membro ou a Unidade correicionada ou inspecionada do Ministério Público avaliaram, diante do caso concreto, se a resolução consensual apresentava vantagens sobre a tutela por adjudicação judicial (liminar e/ou sentença ou acórdão), por demonstrar ser a mais **adequada, justa e razoável**, sendo que o **§ 2º** do artigo 13 arrola testes de fatores ao estabelecer que:

> *Nas hipóteses de avaliação dos resultados da atuação na resolução consensual, a Equipe Correicional aferirá ainda:*
>
> **I** – se não há no acordo discriminação entre Membros do grupo ou da comunidade em situação similar;
>
> **II** – se ficou contemplado no acordo, sempre que possível, a dimensão dos direitos fundamentais envolvidos no litígio, na controvérsia ou no problema;
>
> **III** – se o acordo é produto de negociação com a participação de representantes adequados e legítimos;
>
> **IV** – se o acordo proporciona a suficiente proteção e a garantia para os titulares dos direitos ou interesses difusos, coletivos, individuais homogêneos e/ou individuais puros, tais como aqueles pertencentes à sociedade em geral e ao Estado, à comunidade, ao grupo e aos respectivos Membros afetados;
>
> **V** – se o acordo está racionalmente relacionado com o prejuízo alegado e sofrido e se nele estão inseridas as medidas preventivas, ressarcitórias e repressivas necessárias;
>
> **VI** – se no acordo foram considerados, quando possível, prognósticos sobre prováveis efeitos fáticos e jurídicos, a curto, médio e longo prazos;
>
> **VII** – se foram considerados os argumentos favoráveis e contrários à proposta de acordo;
>
> **VIII** – se foram analisadas as questões de fato e de direito envolvidas no litígio, na controvérsia ou no problema;
>
> **IX** – se foi considerada a probabilidade de procedência da pretensão coletiva caso fosse levada à adjudicação judicial;
>
> **X** – se houve prognósticos com a comparação entre o acordo proposto e o provável resultado de um julgamento judicial sobre o mérito da demanda, com ênfase na responsabilidade e nos danos;
>
> **XI** – se foram considerados, para a realização do acordo, os riscos envolvidos no litígio, inclusive as dificuldades para se estabelecer judicialmente a responsabilidade e para se apurarem os danos sofridos e os possíveis prejuízos a terceiros;
>
> **XII** – se foram adotadas medidas para garantir a ausência, na proposta de acordo, de colusão ou de qualquer espécie de fraude;
>
> **XIII** – se foram considerados a complexidade, o custo e a provável duração do processo coletivo;
>
> **XIV** – se foram analisados e considerados o comportamento das partes envolvidas, o seu comprometimento e a sua capacidade para o cumprimento do que for acordado;
>
> **XV** – se o acordo abrange os diversos grupos atingidos e/ou afetados;
>
> **XVI** – se houve diligência para trazer à negociação representantes adequados dos grupos ou das comunidades afetadas;
>
> **XVII** – se as cláusulas do acordo foram ou estão sendo efetivamente cumpridas e quais são os seus resultados sociais concretos;

XVIII – se a unidade ou o membro do Ministério Público correicionado e/ou inspecionado adotou e tem adotado todas as medidas para garantir o integral cumprimento do acordo. [224]

Nos casos em que o conflito, a controvérsia ou o problema venha a envolver a atuação de mais de um Órgão de Execução ou Unidade do Ministério Público, prevê o §3º do artigo 13 da Recomendação de Caráter Geral CN-CNMP nº 02/2018 que a Equipe Correicional deverá avaliar se houve ou está havendo atuação articulada e integrada para a formulação ou a aceitação da proposta ou do acordo que abranja a mais adequada proteção conjunta dos bens jurídicos envolvidos, nos âmbitos cível, criminal e administrativo.

6.4.9.6. Da busca pela implementação de políticas públicas.

No que concerne às políticas públicas, o novo "perfil" exige uma atuação voltada para a implementação daquelas socialmente necessárias e devidamente identificadas a partir do planejamento estratégico da Instituição, com a participação social e da comunidade ou dos grupos vulneráveis afetados, sem prejuízo da existência de programas e projetos de atuação que levem em conta questões específicas locais ou regionais (artigo 19, inciso VII, da Recomendação de Caráter Geral CNMP-CN 02/2018).

O Membro do Ministério Público deve primar, ainda, para que a política pública seja contemplada no orçamento e também para que seja efetivamente implementada pelos órgãos administrativos e/ou entes federados responsáveis (artigo 19, incisos II e III, da Recomendação de Caráter Geral CNMP-CN 02/2018).

Ademais, deve realizar audiências públicas e/ou reuniões públicas antes de propor medidas judiciais ou extrajudiciais, convocando preferencialmente representantes de grupos que possam ser atingidos pelas medidas, buscando, ainda, a cooperação de órgãos técnicos especializados na política pública objeto da proteção (v.g., universidades, conselhos, especialistas renomados), a fim de determinar as melhores providências a serem buscadas e alcançadas judicial ou extrajudicialmente (artigo 19, incisos IV e X, da Recomendação de Caráter Geral CNMP-CN 02/2018).[225]

---

[224] Essas diretrizes já estavam presentes na Recomendação de Caráter Geral CGMP-MPG nº 01/2017, 3º Edição (art. 3º). A respeito dos testes de fatores, ALMEIDA, Gregório Assagra de Almeida. *Processos Coletivos nos Estados Unidos*: Acordos Coletivos nas Class Actions e algumas perspectivas da experiência americana para o Brasil. Pesquisa de pós-doutoramento, em estágio sênior, com o apoio do Ministério Público do Estado de Minas Gerais, da Universidade de Itaúna e da CAPEs, realizada na Faculdade de Direito da Universidade de Syracuse, NY, USA, entre maio de 2014 até agosto de 2015, sob a supervisão dos Professores Antonio Gidi e Aviva Abramovisky.

[225] Importa ressaltar que a avaliação da qualidade da atuação resolutiva considerará os aspectos do esforço e da produtividade, considerando-se, dentre outros parâmetros (artigo 21, da Recomendação de Caráter Geral CNMP-CN 02/2018): "I – as reuniões realizadas, indicando a pauta, a duração, as conclusões e as providências adotadas; II – os Termos de Ajustamento de Conduta celebrados, observados os parâmetros do artigo 13, § 2º, desta Recomendação; III – os Acordos de Não Persecução Penal celebrados; IV – as Recomendações expedidas, indicando o cumprimento e as providências adotadas; V – as audiências públicas, indicando o resultado e as providências adotadas; VI – as audiências judiciais, indicando quantidade e se houve participação efetiva do Membro do Ministério Público, com apresentação de manifestação oral ou escrita; VII – as ações ajuizadas, indicando o resultado jurídico obtido e o percentual de recorribilidade; VIII – a quantidade de declarações de suspeição e de impedimentos, de modo a evidenciar incompatibilidade com o local de atividade; (...)XI – o número de procedimentos extrajudiciais instaurados e concluídos (taxa de obstrução); XII – a quantidade de arquivamentos não homologados pelo Órgão Superior; XIII – a quantidade de indeferimento ou arquivamento de Notícias de Fato; XIV – os

6.4.9.7. Do impacto social da atuação do Ministério Público

Enquanto agente de transformação social, o Membro do Ministério Público não pode desconsiderar os impactos sociais das medidas que adotar.

De modo a promover a máxima efetividade da atuação perante a sociedade, os impactos sociais serão mensurados pelas Corregedorias a partir de determinados critérios, podendo-se destacar não só a melhoria de indicadores sociais, mas também os resultados jurídicos úteis decorrentes da atuação – v.g., a adequação dos acordos pactuados, o efetivo cumprimento das respectivas cláusulas, o acolhimento parcial ou integral de recomendações expedidas, a coisa julgada resultante da decisão judicial, o efetivo cumprimento da respectiva decisão judicial, entre outros – e a efetiva transformação social – através da indução de políticas públicas, a demonstração de melhoria dos serviços públicos essenciais e contínuos, a diminuição da criminalidade ou da prática de atos infracionais, a diminuição da evasão escolar, a conscientização da sociedade local com a ampliação da participação social e a melhoria dos indicadores sociais em geral (artigo 23, da Recomendação de Caráter Geral CNMP-CN 02/2018).

6.4.10. A Recomendação CNMP nº 52, de 28 de março de 2018, na qualidade de Norma Jurídica Orientativa da Política Nacional de Gestão de Pessoas para o Ministério Público brasileiro e sua importância para a evolução humana e a qualidade vida no trabalho dos Membros, Servidores e Estagiários do Ministério Público [226]

6.4.10.1. Aspectos gerais[227]

As recomendações de caráter geral expedidas pelo Conselho Nacional do Ministério Público e pela Corregedoria Nacional do Ministério Público possuem, como já afirmado, a natureza de normas jurídicas orientativas, já que expedidas com

dias e os horários de atendimento ao público e a respectiva quantidade de atendimentos; XV – o volume de Inquéritos Policiais finalizados, arquivamentos ou oferecimento de denúncias, bem como lançamento de cotas que contribuam para a finalização das investigações; XVI – o exame do volume de casos de extinção da punibilidade pela prescrição; XVII – o percentual de arquivamentos de Inquéritos Civis, em tema de combate à improbidade administrativa, decorrentes da prescrição; XVIII – a periodicidade e a quantidade de audiências realizadas e o número de pessoas ouvidas; XIX – a adequação da eleição de temas a serem investigados diretamente pelo Ministério Público, via Procedimento Investigatório Criminal; XX – os direitos individuais indisponíveis investigados e defendidos via Procedimento Administrativo e as respectivas ações e medidas judiciais; XXI – a complexidade das Ações Civis e Penais propostas pelo Ministério Público; XXII – a iniciativa recursal contra decisões desfavoráveis ao Ministério Público ou em desacordo com a orientação Institucional; XXIII – a quantidade de audiências judiciais realizadas e o número de pessoas ouvidas; XXIV – o número de júris realizados, respectivos resultados e recursos eventualmente interpostos; XXV – o volume de pronunciamentos de mérito proferidos, comparando com a média de produção de unidades similares; XXVI – o poder de convencimento transmitido em alegações finais, razões e contrarrazões recursais; XXVII – o cumprimento dos prazos processuais e a adequação estrutural e argumentativa dos pronunciamentos incidentais e finais; XXVIII – as audiências de oitivas informais de apresentação de adolescentes infratores e a adoção das medidas próprias; XXIX – as propostas de transação penal; XXX – as iniciativas voltadas à atuação preventiva nas áreas criminal, cível, tutela coletiva e especializada;".

[226] Nesse sentido: ALMEIDA, Gregório Assagra de; MOLINA, Lincoln Pierazzo. *Microsistema Nacional Orientativo da Gestão de Pessoas para o Ministério Público Brasileiro, op cit.*

[227] Nesse sentido, ALMEIDA, Gregório Assagra de; MOLINA, Lincoln Pierazzo. **Microsistema Nacional Orientativo da Gestão de Pessoas para o Ministério Público Brasileiro.** In Revista da Corregedoria Nacional: Atuação do Ministério Público Bra-

base em atribuições conferidas constitucionalmente ao referido Órgão de Controle Externo do Ministério Público.

A Recomendação CNMP nº 52, de 28 de março de 2017, que Orienta a Política Nacional de Gestão de Pessoas para o Ministério Público brasileiro, criou, por intermédio de normas jurídicas gerais de natureza orientadora, o Microssistema Nacional Orientativo da Gestão de Pessoas para o Ministério Público brasileiro, que é uma importante e fundamental diretriz para o desenvolvimento de projetos e trabalhos para implementar um sistema que garanta a evolução humana e a qualidade de vida no trabalho do Ministério Público, de forma a beneficiar a saúde física, mental, emocional e espiritual dos Membros, Sevidores e Estagiários do Ministério Público.

Em razão da sua importância do tema e do conteúdo da Recomendação analisada neste artigo, a Recomendação CNMP nº 52/2017 já rende excelentes frutos, sendo destacáveis, entre outros: a) a Criação da Coordenadoria de Inovação, Evolução Humana e Estágio Probatório no âmbito da Corregedoria Nacional do Ministério Público, nos termos da Portaria CNMP-CN nº 165, de 04 de julho de 2018 (art. 23); b) a Gestão de Pessoas no Estágio Probatório de Membros do Ministério Público brasileiro, presente na Recomendação de Caráter Geral da CNMP-CN nº 01/2018; c) a gestão de pessoas na avaliação da Resolutividade das Atividades do Ministério Público, presente na Recomendação de Caráter Geral da CNMP-CN nº 02/2018; e, d) a Revista da Corregedoria Nacional do Ministério Público, que versa sobre a temática do estudo deste artigo e, portanto, reúne artigos e apresenta boas práticas sobre gestão de pessoas e evolução humana presentes na realidade do Ministério Público brasileiro[228].

A temática que envolve a evolução humana e a qualidade de vida no trabalho é impresdindível para que o Ministério Público, na condição de Instituição Constitucional de Acesso à Justiça, possa alcançar nível de excelência no plano da efetividade das suas atribuições constitucionais na defesa da sociedade e dos seus direitos fundamentais.

6.4.10.2. Conceitos e Definições da Política Nacional de Gestão de Pessoas para o Ministério Público Brasileiro[229]

Como se trata de um assunto relativamente novo em termos de conceituação e sistematização no ambiente do Ministério Público brasileiro, o CNMP teve o cuidado de fazer constar no Capítulo II da Recomendação CNMP nº 52, de 28 de março de 2017, os conceitos e as definições que envolvem as temáticas da Política de Gestão de Pessoas para o Ministério Público brasileiro. Muitos desses conceitos já estão bem desenvolvidos no ambiente empresarial e, também, no âmbito das administrações públicas que mais se modernizaram.

---

sileiro na Área de Evolução Humana e Qualidade de Vida. Brasília: Corregedoria Nacional e Conselho Nacional do Ministério Público, v. VI, 2018, p. 152-164.

[228] *Revista da Corregedoria Nacional:* Atuação do Ministério Público Brasileiro na Área de Evolução Humana e Qualidade de Vida. Brasília: Corregedoria Nacional e Conselho Nacional do Ministério Público, v. 6, 2018.

[229] Nesse sentido: ALMEIDA, Gregório Assagra de; MOLINA, Lincoln Pierazzo. *Microsistema Nacional Orientativo da Gestão de Pessoas para o Ministério Público Brasileiro, op cit.*

Verifica-se que entre os conceitos estabelecidos na Recomendação CNMP 52/2017 está o de gestão de pessoas, o de princípios, o de diretrizes e a própria conceituação do que seja a política nacional de gestão de pessoas. Consta, por isso, na Recomendação CNMP nº 52/2017 que, para os seus fins, serão considerados os conceitos e definições nela adotados no seu art. 3º.

Com isso, a ***gestão estratégica de pessoas*** é considerada como sendo o conjunto de políticas, métodos e práticas, que visam atender as necessidades mútuas entre as organizações e as pessoas, com vistas ao alcance dos objetivos estratégicos (art. 3º, inciso I, da Recomendação CNMP nº 52/2017).

A ***Política Nacional de Gestão de Pessoas*** seria o conjunto de princípios e diretrizes norteadores da gestão estratégica de pessoas, objetivando a integração dos processos de gestão aos objetivos do Mapa Estratégico Nacional (art. 3º, inciso II, da Recomendação CNMP nº 52/2017).

Os ***princípios*** são conceituados como sendo os valores e os pressupostos basilares que conferem validade, legitimidade e integração, norteando a compreensão e a interpretação da Política Nacional de Gestão de Pessoas (art. 3º, inciso III, da Recomendação CNMP nº 52/2017).

As ***diretrizes*** são estratégias de gestão, orientações e instruções que devem ser observadas no planejamento e execução da Política Nacional de Gestão de Pessoas no âmbito do Ministério Público brasileiro (art. 3º, inciso IV, da Recomendação CNMP nº 52/2017).

Os ***processos e subprocessos de gestão de pessoas*** são métodos e atividades realizadas de forma integrada e interdependente, que compõem a gestão estratégica de pessoas, para o alcance dos objetivos organizacionais (art. 3º, inciso V, da Recomendação CNMP nº 52/2017).

A ***competência*** é conceituada como sendo o conjunto de conhecimentos, habilidades e atitudes necessários ao desempenho das funções dos integrantes da Instituição, voltados para o alcance dos resultados organizacionais (art. 3º, inciso VI, da Recomendação CNMP nº 52/2017).

Os **integrantes** seriam os membros e servidores que compõem o Ministério Público brasileiro (art. 3º, inciso VII, da Recomendação CNMP nº 52/2017).

As ***Trilhas de aprendizagem*** são os caminhos alternativos e flexíveis para promover o aprendizado pessoal e profissional, com vistas ao desenvolvimento de competências direcionadas ao aprimoramento do desempenho atual e futuro (art. 3º, inciso VIII, da Recomendação CNMP nº 52/2017)

A ***gestão do conhecimento*** é o processo sistemático de criação e compartilhamento da informação institucional de forma consistente, confiável e democrática, a fim de promover a melhoria das rotinas e das deliberações administrativas, de ampliar a comunicação organizacional e de integrar as áreas meio e finalística (art. 3º, inciso IX, da Recomendação CNMP nº 52/2017).

A ***cultura orientada para resultados*** é apresentada como sendo o desenvolvimento de valores, crenças e atitudes orientadas à concretização da estratégia organizacional (art. 3º, inciso X, da Recomendação CNMP nº 52/2017).

A ***gestão da qualidade vida no trabalho*** é conceituada como sendo o conjunto dos programas e das ações articuladas em rede, em cada unidade, que busca o trabalho com bem-estar, saúde e sustentabilidade (art. 3º, inciso XI, da Recomendação CNMP nº 52/2017)

A ***dimensão espiritual*** é a compreensão acerca de si mesmo e das relações humanas, que favorece o aprimoramento das potencialidades do indivíduo e influencia a cultura da organização e o contexto em que ele está inserido (art. 3º, inciso XII, da Recomendação CNMP nº 52/2017).

A ***governança*** é o conjunto de mecanismos de liderança, estratégia e controle colocados em prática para avaliar, direcionar e monitorar a gestão, com vistas à condução de políticas públicas e à prestação de serviços de interesse da sociedade (art. 3º, inciso XIII, da Recomendação CNMP nº 52/2017).

Os ***instrumentos de monitoramento*** são mecanismos de acompanhamento contínuo utilizados no desenvolvimento e na aplicação da política em relação a seus objetivos e metas (art. 3º, inciso XIV, da Recomendação CNMP nº 52/2017).

Não há dúvida no sentido de que esses conceitos e definições, que são temáticas novas ao ambiente da formação para o exercício da função institucional no Ministério Público, contribuem muito a compreensão dos sentidos, das dimensões e para a implantação do Microssistema Nacional de Política de Gestão de Pessoas para o Ministério Público brasileiro que está consagrado na Recomendação CNMP nº 52, de 28 de março de 2017.

6.4.10.3. Princípios da Política Nacional de Gestão de Pessoas para o Ministério Público Brasileiro[230]

Após conceituar os ***princípios*** como sendo os valores e os pressupostos basilares que conferem validade, legitimidade e integração, norteando a compreensão e a interpretação da Política Nacional de Gestão de Pessoas (art. 3º, inciso III, da Recomendação CNMP nº 52/2017), a Recomendação em estudo arrola, isso em seu Capítulo III, os princípios que orientam a Política Nacional de Gestão de Pessoas do Ministério Público brasileiro.

São, portanto, princípios que orientam a a Política Nacional de Gestão de Pessoas do Ministério Público brasileiro:

O ***princípio do desenvolvimento contínuo do ser humano nos seus múltiplos aspectos***, o que deve ser efetivado por meio da valorização, do estímulo à aprendizagem e da orientação de resultados para sociedade (art. 4º, inciso I, da Recomendação CNMP nº 52/2017).

O ***princípio da promoção da humanização do ambiente e das relações de trabalho***, o que deverá se viabilizar por intermédio do fortalecimento dos princípios da dignidade da pessoa humana, valorização social do trabalho, isonomia e equidade (art. 4º, inciso II, da Recomendação CNMP nº 52/2017).

[230] Nesse sentido: ALMEIDA, Gregório Assagra de; MOLINA, Lincoln Pierazzo. *Microsistema Nacional Orientativo da Gestão de Pessoas para o Ministério Público Brasileiro, op cit.*

O ***princípio da promoção da qualidade de vida no trabalho***, o que deve ser efetivado em diversas dimensões, destacando-se, entre elas, a biológica, a psicológica, a social, a organizacional e a espiritual, com aprimoramento permanente das condições, processos e instrumentos de trabalho (art. 4º, inciso III, da Recomendação CNMP nº 52/2017).

O ***princípio do incentivo ao autoconhecimento, ao desenvolvimento integral do ser e de suas múltiplas necessidades***, o que deve ser implantado mediante a construção e o fortalecimento do significado do trabalho para o indivíduo e para a sociedade (art. 4º, inciso IV, da Recomendação CNMP nº 52/2017).

O ***princípio da promoção da inclusão, da acessibilidade, da integração e do caráter cooperativo nas relações de trabalho, com respeito à diversidade*** é outro princípio orientador da Política Nacional de Gestão de Pessoas para o Ministério Público brasileiro, destacando-se nesse princípio a importância da inclusão, da acessibilidade, da integração entre membros, servidores e estagiários, com atuação de maneira cooperativo e com o pleno respeito à diversidade (art. 4º, inciso V, da Recomendação CNMP nº 52/2017).

O ***princípio atuação impessoal, com ética, probidade e transparência na implementação da política de gestão de pessoas***, o qual impõe a adoção de práticas que permitam a mensuração e o acompanhamento eficaz, justo e transparente da própria gestão de pessoas (art. 4º, inciso VI, da Recomendação CNMP nº 52/2017).

O ***princípio da profissionalização da função e da gestão pública***, por intermédio do qual deve ser estimulada a gestão do desempenho com estabelecimento de critérios de meritocracia, desenvolvimento profissional e valorização da carreira (art. 4º, inciso VII, da Recomendação CNMP nº 52/2017).

O ***princípio da valorização da experiência, conhecimentos, habilidades e atitudes***, o que deverá ser afetido por meio da gestão do conhecimento e do desenvolvimento das competências dos integrantes da Instituição, orientada com a missão, visão e valores do Ministério Público brasileiro (art. 4º, inciso VIII, da Recomendação CNMP nº 52/2017).

O ***princípio do estímulo à criatividade e à inovação***, o qual deve ser implantado por intermédio do apoio às iniciativas de desenvolvimento de gestores e lideranças, de sustentabilidade e de efetividade das ações e práticas de gestão (art. 4º, inciso IX, da Recomendação CNMP nº 52/2017).

O ***princípio do comprometimento e da responsabilidade compartilhada dos gestores e demais integrantes da Instituição***, princípio esse fundamental para o cumprimento da Política Nacional de Gestão de Pessoas e para a construção de resultados organizacionais pautados pela eficiência, eficácia e efetividade (art. 4º, inciso X, da Recomendação CNMP nº 52/2017).

O princípio da ***isonomia, transparência e amplo acesso às informações dos atos de gestão de pessoas***, visando a melhoria da comunicação e o acompanhamento pela sociedade (art. 4º, inciso XI, da Recomendação CNMP nº 52/2017).

Nos termos do que já foi apontado quanto às finalidade, ressalta-se que que o rol dos ***princípios que orientam a Política Nacional de Gestão de Pessoas***

para o Ministério Público brasileiro é meramente exemplificativo, já que outros outros princípios podem ser extraídas da Constituição, do Sistema Nacional de Organização Legislativa dos Ramos e Unidades do Ministério Público brasileiro e de outras normativas produzidas pelo CNMP ou pela Corregedoria Nacional do Ministério Público, assim como das próprias finalidades, constantes no artigo 2º da Recomendação CNMP nº 52/2017, da Política Nacional de Gestão de Pessoas do Ministério Público brasileiro.

7. ALGUMAS REFLEXÕES SOBRE A ATUAÇÃO DO MINISTÉRIO PÚBLICO NA TUTELA COLETIVA COM ÊNFASE ESPECIAL PARA A ATUAÇÃO DO MINISTÉRIO PÚBLICO ESTADUAL

7.1. Considerações iniciais sobre a tutela coletiva e o Ministério Público

7.1.1. A Constituição de 1988 e o Direito Coletivo

A Constituição da República Federativa do Brasil, de 05 de outubro de 1988, foi a primeira Constituição do País em que o Direito Coletivo, amplamente considerado, foi inserido, ao lado dos direitos individuais, no plano da teoria dos direitos e garantias constitucionais fundamentais positivada no sistema jurídico pátrio. A inserção consta de texto expresso da Constituição, como um dos seus capítulos, o primeiro do Título II, sobre os *Direitos e Garantias Fundamentais* e, certamente, é o resultado da legítima atuação das forças sociais e políticas que contribuíram e pressionaram a Assembleia Nacional Constituinte, instalada no País em 1987[231].

Não há previsão nesse sentido nas Constituições de outros países, tais como a Constituição Norte-Americana de 1787 e suas respectivas Emendas, a Constituição italiana de 1947, a Constituição alemã de 1949, a Constituição francesa de 1958, a Constituição espanhola de 1978; a Constituição Argentina de 1994. Nem mesmo a proposta de uma *Constituição Europeia* insere o Direito Coletivo no plano das teorias dos direitos fundamentais. A Carta dos Direitos Fundamentais da União Europeia, proclamada em Nice, aos 07 de dezembro de 2002, igualmente não faz menção expressa ao Direito Coletivo como categoria dos direitos fundamentais.

A Constituição portuguesa de 1976, na Parte I, referente aos *Direitos e Deveres fundamentais*, Título I, dos *Princípios Gerais*, prevê, em seu art. 12: *1. Todos os cidadãos gozam dos direitos e estão sujeitos aos deveres consignados na Constituição. 2. As pessoas colectivas gozam dos direitos e estão sujeitos aos deveres compatíveis com*

---

[231] A respeito da importância das forças sociais e políticas na elaboração da CF/88, manifestou Gisele Cittadino: "[...] A Constituição Federal de 1988, elaborada através de um processo de participação no qual estiveram presentes as mais variadas forças, é reveladora de como o retorno ao direito pode significar uma valorização do espaço público da política". CITTADINO, Gisele *Pluralismo, Direito e justiça distributiva: elementos da filosofia constitucional contemporânea*. 2. ed. Rio de Janeiro: Lumen Juris, 2000, p. 234. Relatam Paulo Bonavides e Paes de Andrade: "Enfim, uma Constituinte, como nunca, aliás, houve em nossa história constitucional de várias repúblicas e um império, em que o povo esteve realmente perto dos mandatários da soberania e sem quaisquer obstáculos lhes trouxe o subsídio de sua colaboração e o préstimo de sua vontade. A presença da sociedade nunca faltou, portanto, nas diversas ocasiões em que ocorreram dramáticos conflitos de interesses, dos quais haveria de emergir afinal as regras básicas disciplinadoras de matéria a ser posta no texto da Constituição". BONAVIDES, Paulo; ANDRADE, Paes de. História constitucional do Brasil. 4. ed. Brasília: OAB Editora, 2002, p. 495-496.

a sua natureza[232]. A doutrina portuguesa não tem, contudo, realizado uma leitura ampliativa e construtiva da previsão do art. 12, 2, transcrito. Jorge Miranda, por exemplo, chega a afirmar que o fato de a Constituição portuguesa ter acrescentado direitos às pessoas coletivas não representa equiparação aos direitos individuais[233].

A Constituição da República Federativa do Brasil, de 1988, ao contrário, utiliza-se de termo mais adequado e amplo, colocando no mesmo patamar *Direitos Individuais e Direitos Coletivos* (Título II, Capítulo I). Ao invés de utilizar o termo pessoa, dimensão subjetiva dos direitos fundamentais, a Constituição brasileira vale-se do termo Direitos Coletivos no plural, de forma a abranger, em uma dimensão constitucional objetiva, todas as espécies de direitos ou interesses coletivos.

As assertivas acima não significam que não possa haver proteção do Direito Coletivo ante a Constituição de outros países. Sustenta-se, isso sim, que a Constituição brasileira atual inovou na proteção dos direitos e interesses massificados, conferindo-lhes dignidade constitucional própria para uma Nação democrática que tem como seus objetivos fundamentais a criação de uma sociedade justa, livre e solidária. Não há como transformar a realidade social, sem a eliminação das desigualdades e injustiças sociais, sem a proteção integral e efetiva dos direitos coletivos, amplamente considerados. A proteção predominantemente individualista é própria de um Estado Liberal de Direito, que se obriga a conviver com as injustiças e desigualdades sociais e permanece de mãos atadas.

José Afonso da Silva, ao comentar a inserção, no Brasil, do *Direito Coletivo* no plano da *teoria dos direitos e garantias constitucionais fundamentais*, declarou ter faltado explicitação adequada de quais seriam efetivamente esses direitos [234]. Todavia, entende-se que essa falta de explicitação, presente no Capítulo I, Título II, da CR/1988, ao invés de restringir, amplia a própria dimensão constitucional do Direito Coletivo. Trata-se de uma *cláusula constitucional aberta sobre o próprio Direito Coletivo*, como direito constitucional fundamental, com o condão de incorporar todas as dimensões constitucionais sobre direitos coletivos, previstas expressa ou implicitamente na CR/1988. Por isso, a previsão em questão está em perfeita sintonia com a *cláusula geral aberta* dos direitos e garantias constitucionais do § 2º

---

[232] Sobre as pessoas coletivas, aduz Manuel A. Domingues de Andrade: "[...] são organizações constituídas por um agrupamento de pessoas ou por um complexo patrimonial (massa de bens), tendo em vista a prossecução dum interesse comum determinado, e às quais a ordem jurídica atribui a qualidade de sujeitos de direito, isto é, reconhece como centros autônomos de relações jurídicas [...]". Acrescenta o jurista português: "[...] Pessoa colectiva é desde logo o próprio Estado (art. 37º). São pessoas colectivas os concelhos (Cód. Administrativo, art. 14ª), as freguesias (Cód. Adm., art. 196º, § único) e as províncias (Cód. Adm., art. 284º, § único), as Misericórdias (Cód. Adm., arts. 416º e 433º), as associações religiosas (Cód. Adm., arts. 416º e 449º), as sociedades comerciais (Cód. Com., art. 108º). E os exemplos poderiam multiplicar-se". ANDRADE, Manuel A. Domingues de. *Teoria geral da relação jurídica*: sujeitos e objecto. Coimbra: Livraria Almedina, 1992, v. I, p. 45-46.

[233] Afirma Jorge Miranda: "Não se trata de uma equiparação. Pelo contrário, trata-se de uma limitação: as pessoas colectivas só têm os direitos compatíveis com a sua natureza, ao passo que as pessoas singulares têm 'todos' os direitos, salvo os especifica- mente concedidos apenas a pessoas colectivas ou a instituições (v.g., o direito de antena) [...]". MIRANDA, Jorge. *Manual de direito constitucional*: Tomo IV - direitos fundamentais. 9. ed. Coimbra: Coimbra Editora, 2012, p. 219.

[234] Aduziu José Afonso da SIlva: "A rubrica do Capítulo I do Título II anuncia uma especial categoria dos direitos fundamentais: os coletivos, mas nada mais diz a seu respeito. Onde estão, nos incisos do art. 5º, esses direitos coletivos?". SILVA, José Afonso da. *Curso de direito constitucional positivo*. 26. ed. rev. e atual. São Paulo: Malheiros Editores, 2005, p. 195.

do art. 5º da CR/1988, tanto que o próprio José Afonso da Silva arrola inúmeras espécies de Direito Coletivo presentes ao longo do texto constitucional[235].

A aferição em abstrato e de forma genérica do Direito Coletivo não é uma técnica interpretativa perfeita. O mais adequado é procurar aferir se determinado direito é realmente de dimensão coletiva, levando-se em consideração o plano concreto da tutela jurídica, deduzida ou a ser deduzida[236].

O fato de o Direito Coletivo pertencer, no Brasil, à teoria dos direitos constitucionais fundamentais, impõe que se imprima à expressão uma leitura aberta e ampliativa, própria da interpretação dos direitos constitucionais fundamentais do pós-positivismo. Destarte, a cláusula constitucional *Direito Coletivo* (Título II, capítulo I, da CR/1988) abrange os direitos e interesses difusos, os direitos e interesses coletivos em sentido restrito e os direitos e interesses individuais homogêneos, integrando também, em um plano geral e abstrato, o conjunto de garantias, regras e princípios que compõem o Direito Coletivo positivado no País, bem como, e especialmente, a Constituição, cuja proteção, em abstrato e na forma concentrada, é uma exigência do constitucionalismo brasileiro e se legitima por um inquestionável *interesse coletivo objetivo legítimo.*

A partir dessa nova diretriz constitucional, concluiu-se que a *summa divisio* clássica, *Direito Público* e *Direito Privado*, não foi recepcionada pela Constituição da República Federativa do Brasil de 1988. Também, pelas mesmas razões, não foi acolhida a classificação tripartite sustentada por alguns doutrinadores, os quais sustentam a existência das seguintes dimensões do Direito: *Público, Privado e Transindividuais.* A nova *summa divisio* constitucionalizada no País é *Direito Individual* e *Direito Coletivo.* Trata-se de *summa divisio* constitucionalizada relativizada, pois no topo encontra-se o Direito Constitucional, representado pelo seu objeto formal: a Constituição, composta tanto de normas de Direito Individual, quanto de normas de Direito Coletivo[237].

O Capítulo I do Título II da CR/1988 explicita o fundamento da nova *summa divisio* ao fazer constar do texto constitucional, em cláusula expressa, as seguintes expressões: *Dos Direitos e dos Deveres Individuais e Coletivos.*

Além disso, cabe destacar a incompatibilidade do dualismo clássico, que separa Estado da Sociedade, com as concepções atuais em torno do Estado Democrático

---

[235] José Afonso da Silva: "Muitos desses ditos direitos coletivos sobrevivem ao longo do texto constitucional, caracterizados, na maior parte, como direitos sociais, como a liberdade de associação profissional e sindical (arts. 8º e 37, VI), o direito de greve (arts. 9º e 37, VII), o direito de participação de trabalhadores e empregadores (nos colegiados de órgãos públicos (art. 10), a representação de empregados junto aos empregadores (art. 11), o direito ao meio ambiente ecologicamente equilibrado (art. 225); ou caracterizados como instituto de democracia direta nos arts. 14, I, II e II, 27, § 4º, 29, XIII, e 61, § 2º; ou, ainda, como instituto de fiscalização financeira, no art. 31, § 3º. Apenas as liberdades de reunião e de associação (art. 5º, XVI a XX), o direito de entidades associativas de representar seus filiados (art. 5º, XXI) e os direitos de receber informações de interesse coletivo (art. 5º, XXXIII) e de petição (art. 5º, XXXIV, a) restaram subordinados à rublica dos direitos coletivos. Alguns deles não são propriamente direitos coletivos, mas 'direitos individuais de expressão coletiva', com as liberdades de reunião e de associação". *Curso de direito constitucional positivo*, p. 194.

[236] Nesse sentido: NERY JUNIOR, Nelson. *Princípios do processo civil na Constituição Federal.* 8. ed. São Paulo: Revista dos Tribunais, 2004, p. 159-160.

[237] ALMEIDA, Gregório Assagra de. *Direito material coletivo*, p. 22-57.

de Direito, compreendido como o Estado da justiça material e da transformação da realidade social e inserido na Sociedade.

Acrescenta-se, ainda, a necessidade de se estabelecer o enquadramento metodológico dos direitos, levando-se em conta os planos da titularidade e, especialmente, o plano da proteção e da efetivação do direito, para os quais se volta uma ciência jurídica de dimensão também prática.

Assim, a exploração metodológica da nova *summa divisio* faz-se necessária, para a devida compreensão da própria teoria dos direitos constitucionais fundamentais positivada na Constituição da República Federativa do Brasil, de 1988, que compõe o núcleo de uma Constituição democrática, como a brasileira, a partir da qual devem ser construídos os novos modelos explicativos. Os direitos fundamentais possuem eficácia irradiante de ordem jurídica e força vinculativa de todos os operadores jurídicos oficiais e não-oficiais.

A partir da nova *summa divisio* constitucionalizada, torna-se possível a construção de novos paradigmas da relação entre sociedade e Estado ou entre indivíduos e Estado. A nova abertura permite a reconstrução de novos princípios e diretrizes para a administração pública, impondo-se uma atuação vinculada ao atendimento dos direitos fundamentais, individuais ou coletivos. Muitos *privilégios* do Poder Público resultam de uma visão autoritária e distorcida do Estado e do seu papel na sociedade. A própria atuação descomprometida de determinados administradores, que banalizam muitos direitos fundamentais, individuais e coletivos, tem amparo em um direito público elaborado com base em parâmetros inconciliáveis com o paradigma do Estado Democrático de Direito. Supremacia do interesse público sobre o particular, insindicabilidade do mérito dos 'denominados atos administrativos discricionários', presunção de legitimidade dos atos administrativos, entre outras diretrizes que regem a atuação do Poder Público, precisam ser revisitados à luz da nova *summa divisio* constitucionalizada.

No plano do direito processual, verifica-se que a Constituição impõe uma verdadeira mudança de paradigma, pois não é razoável e adequado tutelar direitos coletivos fundamentais por intermédio de um direito processual voltado para a tutela de direitos individuais. É necessária a construção de um conjunto de princípios, garantias e regras processuais adequados às necessidades do direito material coletivo como direitos fundamentais, conforme será observado no próximo tópico.

Os objetivos fundamentais da República Federativa do Brasil, arrolados no art. 3º da CR/1988, dependem da devida compreensão da nova *summa divisio* constitucionalizada no Brasil. Todos os direitos fundamentais, individuais ou coletivos, possuem aplicabilidade imediata, nos termos do art. 5º, § 1º, da CR/1988. O *princípio da aplicabilidade imediata* não impede, porém, que seja aferida a impossível realização, muitas vezes provisória, do direito fundamental, quando houver impedimento real ou fático. Entretanto, é descabida a alegação de impedimento formal, ou meramente de teor jurídico, como barreira à realização dos direitos fundamentais, individuais ou coletivos. Afirmou-se anteriormente que o impedimento puramente jurídico não existe porque a Constituição é clara e contundente ao prever a aplicabilidade imediata dos direitos e garantias constitucionais fundamentais. Portanto, é insustentável, por exemplo, a tese de necessidade de reserva de orçamento como alegação formal impeditiva à imposição ao Estado de implementação de políticas públicas para cumprir as exigências do art. 3º da CR/1988.

Entende-se que, para provocar a devida expansão de todas as potencialidades da teoria dos direitos fundamentais, consagrada na CR/1988, torna-se imprescindível o estudo e a exploração metodológica da *summa divisio* Direito Coletivo e Direito Individual, constitucionalmente adotada.

Para o constitucionalismo democrático, os direitos e garantias constitucionais fundamentais contêm valores que devem irradiar todo o sistema jurídico, de forma a constituírem-se a sua essência e a base que vincula e orienta a atuação do legislador constitucional, do legislador infraconstitucional, do administrador, da função jurisdicional e até mesmo do particular, conclui-se que no contexto do sistema jurídico brasileiro a dicotomia Direito Público e Direito Privado não se sustenta. Outros argumentos de fundamentação, tanto constitucional quanto teórica, também dão embasamento às assertivas acima.

Apesar da autonomia metodológica e principiológica do Direito Material Coletivo brasileiro, não se sustenta que ele seja um novo ramo do Direito; como não se sustenta que o Direito Individual, que compõe a outra dimensão da *summa divisio* constitucionalizada no País, seja um outro ramo do Direito. Na verdade, o Direito Coletivo e o Direito Individual formam a *summa divisio* consagrada na Constituição da República Federativa do Brasil de 1988. No Direito Coletivo existem ramos do Direito, tais como o Direito do Ambiente, o Direito Coletivo do Trabalho, o Direito Processual Coletivo e o próprio conjunto, em regra, do que é denominado de "Direito Público", que estaria dentro do Direito Coletivo, existindo, contudo, exceções. Da mesma forma, no Direito Individual há vários ramos do Direito como o Direito Civil, o Direito Processual Civil, o Direito Individual do Trabalho, o Direito Comercial etc.

O Estado Democrático de Direito, na hipótese, especialmente o brasileiro (art. 1º da CR/1988), está inserido na Sociedade[238], regido pela Constituição, com função de proteção e de efetivação tanto do Direito Coletivo, quanto do Direito Individual. É um Estado, portanto, da coletividade e do indivíduo ao mesmo tempo[239]. Com isso, conclui-se que existem dimensões do que é denominado, pela concepção clássica, de "Direito Público", também dentro do Direito Individual, como é o caso do Direito Processual Civil, de concepção individualista[240].

[238] No mesmo sentido, sustentando que o dualismo clássico (Estado e sociedade) não subsiste no Estado Democrático de Direito, Reinhold Zippelius: "A distinção entre Estado e sociedade provém de uma época histórica durante a qual a centralização do poder político na mão de um soberano absoluto e respectiva burocracia dava origem à novação de que o Estado constituía uma realidade autónoma em face à sociedade". *Teoria geral do Estado*, p. 158.

[239] Reinhold Zippelius: "[...] no processo de formação da vontade estadual cada indivíduo surge, perante os outros, na posição de igual e livre. Mas a orientação do Estado não tem de ser marcada pelo egoísmo dos interesses particulares que domina a vida social, mas em vez disso — deve-se concluir — pelo justo equilíbrio daqueles interesses". *Teoria geral do Estado*, p. 159.

[240] Também é inquestionável que a Constituição contém tanto normas de "Direito Público", quanto de "Direito Privado" e, assim, não é tecnicamente, nem metodologicamente adequado, o enquadramento do Direito Constitucional como um dos capítulos do Direito Público, conforme assim o faz a *summa divisio* clássica.

O Direito Coletivo e o Direito Individual formam dois grandes blocos do sistema jurídico brasileiro, integrados por vários ramos do Direito. Entretanto não se insere o Direito Constitucional na *summa divisio* constitucionalizada. O Direito Constitucional, na sua essência substancial e principiológica, está acima e representa o ponto de união e de disciplina da relação de interação entre esses dois grandes blocos. A Constituição, que estrutura o objeto formal do Direito Constitucional, é composta tanto de normas, garantias e princípios de Direito Coletivo, quanto de normas, garantias e princípios de Direito Individual.

Ademais, existem outros argumentos de fundamentação teórica que dão embasamento às assertivas acima: em um Estado Democrático de Direito, como é o brasileiro (art. 1º da CR/1988), não é possível separar de forma estanque os direitos do próprio Estado, de um lado, e os Direitos Coletivos e os Individuais, de outro; o Estado Democrático existe porque a sociedade, democraticamente organizou-se e o constituiu. O Estado está inserido na sociedade que o constituiu e em seu nome e em sua defesa deve atuar. O que se chama de *Direito Público* compõe, na verdade, um dos capítulos do Direito Coletivo, mas também está presente no Direito Individual. A principiologia que rege o Direito Coletivo (princípio democrático, solidariedade coletiva, aplicabilidade imediata dos direitos coletivos fundamentais etc.) deve traçar a nova forma de atuação do Estado brasileiro e das suas instituições de defesa social.

Para essas conclusões, parte-se do pressuposto de que, para a identificação do Direito, não é suficiente a análise da natureza da norma jurídica ou da relação jurídica ou a sua utilidade. É determinante que também sejam analisados o plano da titularidade do Direito e a forma de sua proteção e efetivação material. Com base nesses dois últimos elementos, conclui-se que, ou a norma jurídica se destina à proteção ou efetivação de Direito ou Interesse Individual, ou a norma Jurídica visa a proteção ou efetivação Direito ou Interesse Coletivo. Estes dois tipos de normas compõem o sistema jurídico constitucional. Mesmo em relação à divisão das normas constitucionais em normas jurídicas constitucionais materiais e normas jurídicas constitucionais processuais, observa-se que ambas as categorias das referidas normas voltam-se para a proteção e efetivação, ora de Direito Individual, ora de Direito Coletivo[241]. Contudo, no plano abstrato, todas essas normas do direito positivo constitucional são de interesse coletivo (difuso) de toda a coletividade. É exatamente este interesse que apoia e justifica o controle abstrato e concentrado da constitucionalidade, interesse esse, denominado de *interesse coletivo objetivo legítimo*[242].

Todas essas diretrizes devem servir de parâmetro para o estudo, a aplicação e a reforma relacionados com a Ação Civil Pública, garantia constitucional fundamental de importância nuclear para a tutela jurisdicional dos direitos e interesses coletivos no Brasil. Nesse aspecto, a inserção dos direitos coletivos na teoria dos direitos fundamentais impõe uma releitura nas ações coletivas constitucionais, principalmente

241 ALMEIDA, Gregório Assagra de. *Direito material coletivo*, p. 13.

242 ALMEIDA, Gregório Assagra de. Direito processual coletivo brasileiro, p. 159-165. Antonio Gidi também já antevia um futuro florescimento do direito processual coletivo. em seu livro intitulado: *Coisa julgada e litispendência em ações coletivas*. São Paulo: Saraiva, 1996.

pela incidência das múltiplas funções exercidas por essa teoria no âmbito do sistema jurídico e da sua concretização.

A relação entre os direitos coletivos e os direitos individuais e suas respectivas garantias, como no caso da Ação Civil Pública, que é garantia dos direitos ou direitos coletivos, amplamente considerados, passa, necessariamente, pelo viés da nossa *summa divisio* constitucionalizada no País.

Os direitos e garantias constitucionais fundamentais compõem o núcleo de uma Constituição democrática e pluralista e possuem tanto *dimensão subjetiva*, a qual se liga às pessoas individuais ou coletivas titulares dos direitos, quanto *objetiva*, constituindo-se, nesse caso, parâmetro básico para a interpretação e concretização da própria ordem jurídica e da fixação dos parâmetros e valores do próprio Estado Democrático de Direito[243].

Nesse sentido, escreveu Konrad Hesse que as circunstâncias referentes à singularidade, à estrutura e à função dos direitos fundamentais garantem não só *direitos subjetivos* dos indivíduos, mas também revelam *princípios objetivos* básicos para o ordenamento jurídico constitucional e para o Estado Democrático de Direito. Essas circunstâncias dos direitos fundamentais revelam, portanto, os fundamentos do Estado Constitucional, por meio dos referidos direitos subjetivos e do respectivo ordenamento jurídico objetivamente considerado. O duplo caráter dos direitos fundamentais, o *subjetivo* e o *objetivo*, demonstram que os diferentes níveis de significação, respectivamente, condicionam-se, apoiam-se e complementam-se, de forma que os direitos fundamentais atuam legitimando, criando e mantendo o consenso. Eles garantem a liberdade individual, limitam o poder estatal e são imprescindíveis para os processos democráticos do Estado de Direito. Em síntese, os direitos fundamentais influem sobre todo o ordenamento jurídico em seu conjunto, satisfazendo uma parte decisiva da função de integração, organização e de direção jurídica da própria Constituição como Lei Fundamental[244].

Como principais diretrizes principiológicas e interpretativas, relativas aos direitos e garantias constitucionais fundamentais, decorrentes da dupla conjugação de caráter

[243] Nesse sentido, escreve Antonio Enrique. Pérez Luño que o horizonte do constitucionalismo atual dos direitos fundamentais desempenha dupla função: a) *no plano subjetivo*, eles seguem atuando como garantias das liberdades individuais, sendo que a esse papel clássico soma-se agora a defesa dos aspectos sociais e coletivos da subjetividade; b) *no plano objetivo*, eles assumem uma dimensão institucional a partir da qual seus conteúdos devem funcionar visando a consecução dos fins e valores proclamados constitucionalmente. LUÑO, Antonio Enrique. *Los derechos fundamentales*. Madrid: Tecnos, 2004, p. 25.

[244] HESSE, Konrad. Significado de los derechos fundamentales. IN: BENDA, Ernst; MAIHOFER, Werner; VOGEL, Hans-Jochen; HESSE, Konrad et al. (Orgs.). *Manual de derecho constitucional*. 2. ed. Madrid. Marcial Pons, 2001, p. 90. Em outra oportunidade, escreveu Konrad Hesse: "Nos direitos fun- damentais da Lei Fundamental unem-se, distintamente acentuadas e, muitas vezes, em passagens correntes, várias camadas de significado. Por outro lado, eles são 'direitos subjetivos', direitos do particular, e precisamente, não só nos direitos do homem e do cidadão no sentido restrito (por exemplo, arts. 3º, 4º, 5º, 8º e 9º, da Lei Fundamental), mas também lá onde eles, simultaneamente, garantem um instituto jurídico ou a liberdade de seu âmbito de vida (Por exemplo, arts. 6º, alínea 1, 14, alínea 1, e 5º, alínea 3, da Lei Fundamental). Por outro, eles são 'elementos fundamentais para a ordem objetiva' da coletividade. Isso é reconhecido para garantias, que não contêm, em primeiro lugar, direitos individuais, ou, que em absoluto, garantem direitos individuais, não obstante estão, porém, incorporados no catálogo de direitos fundamentais da Constituição (por exemplo, art. 7º, alínea 1, alínea 3, frase 1 e 2, alínea 5º, da Lei Fundamental). Vale também para aqueles direitos fundamentais que são organizados, em primeiro lugar, como direitos subjetivos". HESSE, Konrad. Elementos de Direito Constitucional da República Federal da Alemanha. Tradução de Luís Afonso Heck. Porto Alegre: Sergio Antonio Fabris Editor, 1998, p. 228-229.

subjetivo e *objetivo*, destacam-se, como exemplos, a imprescritibilidade, a aplicabilidade imediata; a imunidade em relação ao poder reformador constituinte derivado; a imunidade em relação ao legislador infraconstitucional; o caráter pétreo desses direitos[245]; a interpretação aberta e extensiva; a não-taxatividade ou não-limitação; a proteção integral *etc*[246].

7.1.2. A tutela coletiva

A tutela coletiva é um dos mais importantes horizontes do Direito para a reconstrução democrática do Brasil no que tange às relações estruturais da sociedade. Essa atuação especializada do Ministério Público vai muito mais além do cumprimento de seus misteres perante o sistema de Justiça e superam, por evidente, os limites estreitos do procedimento judicializado. O verdadeiro campo de batalha está fora dos autos, mediante um trabalho estratégico e articulado com os vários setores da sociedade civil, pela compreensão da função política da Instituição, com a definição de táticas de atuação conjugado ao senso de oportunidade para a mobilização de campanhas e ações jurídicas e políticas[247].

Destacam-se três grandes etapas das reformas legislativas do sistema brasileiro de tutela coletiva. Essas três grandes etapas de reformas normativas para a consagração da tutela coletiva no País foram: a Lei da Ação Civil Pública (1985), a Constituição Federal cidadã (1988) e o Código de Defesa do Consumidor (1990). Foi a conjugação desses três diplomas que tiveram a relevância de consagrar um autêntico sistema de proteção dos direitos transindividuais, ampliando o objeto jurídico da tutela coletiva, bem como dispondo sobre uma série de princípios, regras e garantias para a defesa da coletividade no ambiente judicial e extrajudicial[248-249].

Integram o microssistema de tutela coletiva brasileiro os seguintes diplomas: Lei 4.717/1965 (ação popular); Lei 7.347/1985 (ação civil pública); Lei 7.853/1989 (pessoas

245 MARTINS NETO, João dos Passos. *Direitos fundamentais*: conceito, função e tipos. São Paulo: Revista dos Tribunais, 2003, p. 79-96.

246 De acordo com Ingo Wolfgang Sarlet: "Consoante ficou devidamente comprovado no item anterior, a dupla perspectiva (objetiva e subjetiva) dos direitos fundamentais revela que estes exercem várias e diversificadas funções na ordem jurídica, o que deflui tanto das consequências atreladas à faceta jurídico-objetiva, quanto da circunstância de existir um leque de posições jurídico-subjetivas que, em princípio, integram a assim denominada perspectiva subjetiva. Além disso, há que levar em conta, neste contexto, o fato de que o Constituinte de 1988 foi diretamente influenciado, quando da formatação do catálogo dos direitos fundamentais, pelas diferentes teorias formuladas sobre estes, razão pela qual a doutrina sustenta a tese de uma multifuncionalidade dos direitos fundamentais, que de longe não se restringem à clássica função de direitos de defesa contra os poderes públicos (...)". SARLET, Ingo Wolfgang. *A eficácia dos direitos fundamentais*. 5. ed., rev., atual. e ampl. Porto Alegre: Livraria do Advogado, 2005, p. 170-171.

247 É o que ensina Marcelo Pedroso Goulart, aduzindo ainda que: "A articulação e a interação com os demais grupos sociais identificados com as lutas democráticas são essenciais para o sucesso das ações, como são essenciais, também, a argumentação jurídica consistente, o conhecimento multidisciplinar, a infraestrutura material e o nível de informações, suporte e dados técnicos". GOULART, Marcelo Pedroso. Elementos para uma teoria geral do Ministério Público. Belo Horizonte: Arraes Editores, 2013, p. 173-174.

248 ALMEIDA, Gregório Assagra de; ALMEIDA, Flávia Vigatti Coelho de. Direito processual coletivo e a proposta de reforma do sistema das ações coletivas no Código de Defesa do Consumidor no Brasil. IN: MACÊDO, Marcus Paulo Queiroz; MARTELETO FILHO, Wagner (Orgs.). *Temas Avançados do Ministério Público*. Salvador: JusPodivm, 2017, p. 440.

249 ALMEIDA, Gregório Assagra de; ALMEIDA, Flávia Vigatti Coelho de. *Direito processual coletivo e a proposta de reforma do sistema das ações coletivas no Código de Defesa do Consumidor no Brasil*, p. 437.

portadoras de deficiências); Lei 7.913/1989 (defesa dos investidores do mercado de valores mobiliários); Lei 8.069/1990 (estatuto da criança e do adolescente); Lei 8.078/1990 (código de defesa do consumidor); Lei 8.429/1992 (lei de improbidade administrativa); Lei 8.625/1993 (lei lrgânica do Ministério Público brasileiro); Lei 8.884/1994 (defesa da ordem econômica e da livre concorrência); Lei 9.870/99 (anuidades escolares); Lei 10.257/01 (defesa da ordem urbanística); Lei 10.741/2003 (estatuto do idoso); Lei 10.761/2003 (estatuto do torcedor); Lei 11.340/2006 (violência doméstica); Lei 12.016/2009 (mandado de segurança coletivo); Lei 12.846/2013 (lei anticorrupção); entre outros[250].

Assim, a tutela coletiva brasileira vem sendo sistematizada no País desde a previsão da ação popular, cuja microssistema ou subsistema tem sido construído a partir do regramento em vários diplomas legais, com peculiaridades próprias de um autêntico conjunto normativo especial e diferenciado.

Mais que isso: esse microssistema de tutela coletiva igualmente deve se relacionar com a Constituição da República Federativa do Brasil (fundamento de validade e legitimidade político-social), na formação do sistema nacional de tutela coletiva, cuja base e estrutura é predominantemente de natureza constitucional, aplicando-se ainda, de maneira subsidiária e condicionada, as disposições do Código de Processo Civil de 2015, que incidem na tutela coletiva quando houver compatibilidade formal e material, já que o conjunto de normas do CPC tem como base técnicas processual de tutela individual.

A partir daí, a tutela coletiva brasileira foi marcada por uma alta produção legislativa sobre o assunto, ora regulando aspectos procedimentais, oram dispondo diretamente sobre os próprios interesses ou direitos materiais coletivos *lato sensu.*

Ricardo de Barros Leonel afirma que o processo coletivo não é um novo processo civil, dissociado do regramento destinado à composição de litígio individuais; na verdade, para o autor, o processo coletivo um conjunto sistemático de normas, com peculiaridades própria, destinadas a fazer frente às adversidades inerentes à defesa dos interesses transindividuais em juízo, complementando-se subsidiariamente dos institutos e regras do processo civil clássico, de forma que o processo coletivo fornece meios de tutela adequados às particularidades das relações de cunho coletivo

250 Sobre o assunto, Jefferson Carús Guedes possui uma classificação interessante, ao que denominou direito processual social. O autor propõe uma nova forma de classificação dos ramos processuais não-penais, em três categorias: os Processos para defesa dos Interesses Públicos ou do Patrimônio Público (onde estariam presentes o direito processual constitucional, o direito processual eleitoral, direito processual ambiental, direito processual administrativo e o direito processual tributário); os Processo para defesa de interesses individuais privados (tendo por espécies o direito processual civil e o direito processual comercial) e o Processo para defesa de interesses individuais especiais, sendo este último identificado como direito processual social (o qual abrigaria os seguintes ramos: direito processual do trabalho, direito processual agrário, direito processual previdenciário e assistência social, direito processual do consumidor, direito processual da infância e juventude, direito processual dos idosos, direito processual acidentário e de portadores de deficiências). Segundo o autor: "Tal proposição decorre do exame da construção de leis especiais, principalmente a partir da década de 80, permitindo a formação de áreas especiais tal como o direito processual previdenciário e assistencial social; direito processual do consumidor; direito processual da infância e adolescência; direito processual dos idosos; direito processual acidentário e de portadores de deficiência. [...] O direito processual social surge como direito instrumental ao direito material social, ou à parte do direito processual que tem por fim fazer efetivo o direito material social (trabalhista, agrário, da seguridade, dos idosos, dos adolescentes, dos portadores de deficiência, dos consumidores) e, embora constituído ou identificado em época posterior, introduz e consolida as mesmas técnicas compensatórias, deixando de lado a proposição liberal de igualdade entre as partes (no processo). Constitui-se como o conjunto de regras gerais e regras especiais, assim como de princípios especiais e peculiares para que se alcance pelo processo o objeto do direito material social, sob a forma também protetiva e compensatória em favor da parte frágil da relação processual." GUEDES. Jefferson Carús. Direito processual social no Brasil: as primeiras linhas. *Revista de Processo*, São Paulo, v. 142, p. 137-167, dez. 2006.

da vida tuteladas. Com isso, as normas do processo coletivo formam um conjunto normativo que interage e se complementa, fornecendo a mais completa regulamentação paro o trato jurisdicional das questões transindividuais[251].

A *multifuncionalidade* dos direitos e garantias fundamentais adquire no direito processual coletivo em geral e nas ações coletivas em especial, um papel de destaque seja para impor a sua aplicabilidade imediata, seja para garantir a sua interpretação ampliativa, seja para impor a adoção de mecanismos que garantam a tempestividade da tutela coletiva[252].

7.1.3. O Direito Processual Coletivo como Novo Ramo do Direito Processual (Surgimento)

Em pesquisa realizada por um dos autores deste capítulo no mestrado entre 1996 e 2000, posteriormente publicada, sustentou-se que o *direito processual coletivo* devia ser concebido como *um novo ramo do direito processual*, pois já possui objeto e método próprios[253].

No caso do Brasil, o direito processual coletivo veio a surgir como novo ramo do direito processual com a Constituição da República Federativa do Brasil de 1988, que inseriu os direitos coletivos na teoria dos direitos fundamentais (Título II, Capítulo II) e conferiu dignidade constitucional à maioria das ações coletivas (art. 5º, LXIX, LXXIII, art. 14, §§ 10 e 11, art. 36, III, art. 102, I, "a", §§ 1º e 2º, art. 103, at. 114, §§ 2º e 3º, art. 129, III, todos da CR/1988), além de dispor sobre outras diretrizes processuais pertinentes.

Ada Pellegrini Grinover, Antônio Carlos de Araújo e Cintra e Cândido Rangel Dinamarco, juristas de renome, também passaram a sustentar, na clássica obra *Teoria geral do processo*, a partir da sua 21ª edição, que sendo caracterizado por princípios e institutos próprios, o *direito processual coletivo* pode ser separado, como disciplina processual autônoma, do direito processual individual[254].

---

[251] LEONEL, Ricardo de Barros. *Manual de Processo Coletivo*. 4. ed rev., ampl. e atual. São Paulo: Malheiros, 2017, p. 123-124.

[252] Não obstante as divergências existentes e outros países, a doutrina e a jurisprudência no Brasil caminham no sentido seguro da eficácia vertical e horizontal dos direitos fundamentais, conforme orientação consagrada na Constituição Federal de 1988. Para Daniel Sarmento: "No direito brasileiro, não há maiores dificuldades processuais para a aplicação dos direitos fundamentais às relações privadas, diante do exercício, por todos os juízes, da jurisdição constitucional. Não obstante, é importante destacar que, corroborando a tese da vinculação direta dos particulares aos direitos fundamentais, a doutrina e a jurisprudência admitem que entidades privadas figurem no pólo passivo de remédios constitucionais voltados para a tutela desses direitos, como o 'habeas corpus', o 'habeas data', a ação popular e a ação civil pública". *Direitos fundamentais e relações privadas*, p. 376.

[253] Foi escrito nesta pesquisa de mestrado, defendida em 2000, depois publicada (2003), que o direito processual coletivo brasileiro surgiu como novo ramo do direito processual com a CF/88, a qual implantou no País uma nova ordem jurídica, dinâmica, aberta e de proteção jurídica ampla e irrestrita a direitos individuais e coletivos, inseridos como direitos fundamentais (Título II, Capítulo I, da CF/88). Assim, o direito processual coletivo: "[...] é o ramo do direito processual que possui natureza de direito processual-constitucional-social, cujo conjunto de normas e princípios a ele pertinente visa disciplinar a ação coletiva, o processo coletivo, a jurisdição coletiva, a defesa no processo coletivo e a coisa julgada coletiva, de forma a tutela, no 'plano abstrato', a congruência do ordenamento jurídico em relação à Constituição e, no 'plano concreto', pretensões coletivas em sentido lato, decorrentes dos conflitos coletivos ocorridos no dia-a-dia da conflituosidade social". ALMEIDA, Gregório Assagra de. *Direito processual coletivo brasileiro*, p. 22.

[254] Concluem os renomados juristas: "Aplicam-se-lhe todos os 'princípios gerais' do direito processual (v. cap. IV), mas, além desses, tem ele princípios próprios ou, ao menos, em relação a ele os princípios gerais devem passar por uma releitura e revalorização.

O certo é que sistema pátrio é apontado, no contexto da tutela jurisdicional dos direitos massificados, como um dos mais avançados do mundo. É esta a visão atual que propõe a classificação das tutelas processuais de acordo com as tutelas materiais. Entre o direito material e o direito processual deve existir uma relação de correta e perfeita *interligação* ou de *integração* mútua. E mais: essa relação de integração e interligação deve ser direcionada com base nos direitos e garantias constitucionais fundamentais [255].

Ora, se vivemos em uma sociedade massificada, se o sistema jurídico brasileiro já consagra de forma ampla a tutela jurídica material massificada, torna-se imprescindível também a concepção de um direito processual massificado[256].

7.1.4. Divisão e objeto material do direito processual coletivo

O *direito processual coletivo* surge como um novo ramo do direito processual no Brasil com a Constituição da República Federativa do Brasil de 1988. É o que se extrai dos seguintes dispositivos constitucionais: art. 1º; art. 5º, XXXV; art. 129, III, e § 1º; art. 102, I, a, § 1º, art. 103, §§ 1º, 2º e 3º, entre outros.

O *direito processual coletivo brasileiro*, no plano do seu *objeto material*, divide-se em *especial* e *comum*. O *direito processual coletivo especial* se destina ao controle concentrado ou abstrato da constitucionalidade (ação direta com pedido declaratório de inconstitucionalidade por ação, ação direta com pedido declaratório de inconstitucionalidade por omissão, ação direta com pedido declaratório de constitucionalidade, arguição de descumprimento de preceito constitucional fundamental) e o seu objeto material é a tutela de *interesse coletivo objetivo legítimo. Especial* porque em sede de controle concentrado ou abstrato de constitucionalidade não há, pelo menos em tese, lide. O processo é do tipo objetivo. A tutela é de direito objetivo e é levada a efeito no plano abstrato e da confrontação da lei ou ato normativo impugnado em face da Constituição. Não há aqui a tutela de direitos subjetivos. A finalidade precípua do *direito processual coletivo especial* é a proteção, em abstrato, de forma potencializada, da Constituição, aqui englobando, especialmente, o Estado Democrático de Direito e os direitos e garantias constitucionais fundamentais.

Por outro lado, o *direito processual coletivo comum* se destina à resolução dos conflitos coletivos ou de dimensão coletiva ocorridos no plano da concretude. É o que se dá pela via da ação civil pública, do mandado de segurança coletivo, da ação popular etc. O objeto de tutela do *direito processual coletivo comum* são os direitos coletivos subjetivos (difusos, coletivos *stricto sensu* e individuais homogêneos). O

As- sim, por exemplo, a interpretação das normas sempre em benefício do grupo (quanto à legitimidade 'ad causam' e aos poderes do juiz etc.), a atenuação do princípio dispositivo e do princípio da estabilização da demanda, um novo conceito de indisponibilidade objeto e subjetiva, uma maior liberdade das formas". CINTRA, Antonio Carlos de Araújo; GRINOVER, Ada Pellegrini; DINAMARCO, Cândido Rangel. Teoria geral do processo. 21. ed. rev. e atual. São Paulo: Malheiros Editores, 2005, p. 133. Também, no mesmo sentido: GRINOVER, Ada Pelegrini. Direito processual coletivo. In LUCON, Paulo Henrique dos Santos (Coord.). *Tutela coletiva*: 20 anos de Lei da ação civil pública e do fundo de defesa de direitos difusos. 15 anos do código de defesa do consumidor. São Paulo: Atlas, 2006, p. 302-308.

255 MARINONI, Luiz Guilherme. *Técnica processual e tutela dos direitos*. São Paulo: Revista dos Tribunais, 2004, p. 27.

256 Para uma abordagem pontual e ampla sobre os principais institutos e categorias do direito processual coletivo: GOMES JÚNIOR, Luiz Manoel. *Curso de direito processual civil coletivo*. Rio de Janeiro: Forense, 2005.

direito processual coletivo comum é instrumento de efetivação concreta e de forma potencializada da Constituição e, especialmente, do Estado Democrático de Direito e dos direitos e garantias constitucionais fundamentais.

Neste contexto, a ação civil pública, a ação popular, o mandado de segurança coletivo etc., estão inseridos dentro do *direito processual coletivo comum.*

7.1.5. Conceito e natureza jurídica

O direito processual coletivo é o ramo do direito processual que possui natureza de *direito processual-constitucional-social,* cujo conjunto de normas e princípios a ele pertinente visa disciplinar a ação coletiva, o processo coletivo, a jurisdição coletiva, a defesa no processo coletivo e a coisa julgada coletiva, de forma a tutelar, no plano abstrato, a congruência do ordenamento jurídico em relação à Constituição e, no plano concreto, pretensões coletivas em sentido *lato* decorrentes dos conflitos coletivos ocorridos no dia-a-dia da conflituosidade social[257].

A *natureza jurídica* do direito processual coletivo, portanto, é de direito processual constitucional-social, de sorte que ele não nega a teoria geral do processo ou a unidade do direito processual, as quais estão fundamentadas no plano do direito constitucional processual[258]. O seu método não é só o técnico-jurídico, mas o *plurarista,* que é próprio da visão instrumentalista do direito processual, mas com leitura essencialmente constitucionalizada. Esse método pluralista é composto de vários elementos, tais como o sistemático-telológico, o político, econômico, histórico, ético e social, os quais formam um *megaelemento*: proteção potencializada da Constituição e do Estado Democrático de Direito e a transformação da realidade social com justiça.

7.1.6. A intensificação da importância dos princípios no Direito Processual Coletivo

Como nova disciplina jurídica, o *direito processual coletivo* ainda não é portador de um conjunto de normas processuais bem delineadas e sedimentadas. Tanto isso é verdade que há, em tempos atuais, forte movimento no plano do direito processual coletivo no sentido da sua codificação[259]. Ademais, no plano da eficácia a tutela jurídica no direito processual coletivo é potencializada, o que evidencia a grandeza da sua relevância jurídica, social e política.

Assim, os princípios assumem uma função nuclear extremamente intensificada no âmbito do direito processual coletivo, o que é reforçado em razão dos seguintes

[257] ALMEIDA, Gregório Assagra de. *Direito processual coletivo brasileiro,* p. 22.

[258] ALMEIDA, Gregório Assagra de. *Direito processual coletivo brasileiro,* p. 18-19.

[259] Sobre o movimento pela codificação, ALMEIDA, Gregório Assagra de Almeida. Codificação do direito processual coletivo brasileiro. Belo Horizonte: Del Rey, 2007. Também, em obra excelente: GIDI, Antonio. Rumo a um código de processo civil coletivo. Rio de Janeiro: Forense, 2008. Outro trabalho que merece consulta: GRINOVER, Ada Pelle- grini; MENDES, Aluisio Gonçalves de Castro; WATANABE, Kazuo (Coords). Direito processual coletivo e o anteprojeto de Código Brasileiro de Processo Coletivos. São Paulo: Revista dos Tribunais: 2007. Também não pode ser esquecida a grandeza da seguinte obra coletiva: GIDI, Antonio; MC-GREGOR, Eduardo Ferrer (Coords.). *La tutela de los derechos difusos, colectivos e individuales homogéneos*: hacia un código modelo para iberoamérica. México: Porrúa, 2003.

fatores: a) a sua natureza processual-constitucional-social; b) a sua importância jurídica, social e política; c) a potencialidade da sua tutela jurídica; d) a carência de um conjunto de normas processuais específicas bem sedimentadas[260]; e) a generalização, a relativização, a força normativa e superioridade vinculante e irradiante dos princípios sobre as simples regras jurídicas, conforme proposições contidas no novo constitucionalismo.

Em relação a esse último ítem, convém destacar que no neoconstitucionalismo, os princípios são diretrizes normativas gerais do sistema jurídico. São diretrizes relativas, já que um princípio deve conviver harmonicamente com outros princípios da mesma ordem jurídica. São valorativos, tendo em vista que são portadores de dimensões éticas e morais que dão amparo para a fundamentação das simples regras jurídicas. Os pontos de tensão entre eles devem ser solucionados na dimensão do peso, a partir da aplicação do princípio da proporcionalidade. Eles possuem força normativa e irradiante que vincula a interpretação e aplicação das simples regras jurídicas[261].

7.1.7. Princípios processuais específicos do direito processual coletivo comum.

Convém destacar que são vários os princípios específicos do *direito processual coletivo comum*, os quais não negam e nem inibem a aplicabilidade dos demais princípios constitucionais fundamentais do direito processual no campo do direito processual coletivo, mas ao contrário, eles confirmam a incidência desses princípios constitucionais neste novo ramo do direito processual[262]. Assim, apontaremos abaixo, de forma sucinta, alguns dos princípios específicos do *direito processual coletivo comum*[263]. Ressalta-se que todos esses são aplicáveis à Ação Civil Pública, até porque

[260] "Diante da carência legislativa em determinadas matérias ou da inflação legislativa em relação a outras, os princípios constitucionais expressos ou implícitos constituem, na visão do novo constitucionalismo, parâmetros sob os quais devem ser orientados o estudo, a reforma e a aplicação do direito no plano de uma ordem jurídica democrática". ALMEIDA, Gregório Assagra de. Execução coletiva em relação aos direitos difusos, coletivos e individuais homogêneos:algumas considerações reflexivas. IN: CIANCI, Mirna; QUARTIERI, Rita (Coords.). *Temas atuais da execução civil*: estudos em homenagem ao Professor Donaldo Armelin.. São Paulo: Saraiva, 2007, p. 324.

[261] Para uma análise do confrontamento entre duas das grandes concepções sobre princípios no neoconstitucionalismo, a de Dworkin e a da Alexy, conferir: PULIDO, Carlos Bernal: *El principio de proporcionalidade y los derechos fundamentales*. Madrid: Centro de Estudios Políticos y Constitucionales, 2003, p. 569-76.

[262] Estão arrolados no PL nº 5.139/2009 (conferir Substitutivo do Deputado Federal Antonio Carlos Biscaia, relator, constante no Parecer apresentado no dia 03.03.2010) como princípios da tutela coletiva: "*Art. 3.º A tutela coletiva rege-se, entre outros, pelos seguintes princípios: I – amplo acesso à justiça e participação social; II – duração razoável do processo, com prioridade no seu processamento em todas as instâncias; III – isonomia, economia processual, flexibilidade procedimental e máxima eficácia; IV – tutela coletiva adequada, com efetiva precaução, prevenção e reparação dos danos individuais e coletivos bem como punição pelo enriquecimento ilícito; V – motivação específica de todas as decisões judiciais, notadamente quanto aos conceitos indeterminados; VI – publicidade e divulgação ampla dos atos processuais que interessem à comunidade; VII – dever de colaboração de todos, inclusive pessoas jurídicas públicas e privadas, na produção das provas, no cumprimento das decisões judiciais e na efetividade da tutela coletiva; VIII – exigência permanente de boa-fé, lealdade e responsabilidade das partes, dos procuradores e de todos aqueles que de qualquer forma participem do processo; e IX – preferência de cumprimento da sentença* coletiva sobre o cumprimento da sentença de forma individual com fundamento em sentença coletiva".

[263] ALMEIDA, Gregório Assagra de. Direito processual coletivo brasileiro, p. 567-579. Em artigo intitulado Direito processual coletivo (op. cit.), Ada Pellegrini Grinover aponta os princípios e institutos fundamentais do direito processual coletivo, naquilo em que eles se diferenciam dos que regem o direito processual individual. Elton Venturi, em sua obra sobre o tema do processo coletivo, arrola como princípios da tutela jurisdicional coletiva: a) Princípio da inafastabilidade da tutela jurisdicional coletiva; b) princípio da tutela jurisdicional coletiva diferenciada; c) princípio do devido processo social; d)

são extraídos do sistema constitucional e infraconstitucional, no âmbito dos quais ela está inserida.

1. ***Princípio do interesse jurisdicional no conhecimento do mérito do processo coletivo:*** esse princípio, também conhecido como princípio da flexibilização da categoria da admissibilidade processual ou, dizer de alguns autores, princípio da primazia das questões de mérito sobre as questões processuais (4º, 139, inciso IX, 317, 338 e 339 do Novo CPC) decorre do fato de o Poder Judiciário, como órgão do Estado Democrático de Direito, ter o compromisso de transformador da realidade social e por ser o guardião dos direitos e garantias constitucionais sociais fundamentais (arts. 1º, 2º, 3º e 5º, XXXV, da CR/1988). Com base neste princípio, o Juiz deve flexibilizar os requisitos de admissibilidade processual para enfrentar o mérito do processo coletivo e legitimar a função social da jurisdição. O interesse no caso não é em decidir a favor de quaisquer das partes interessadas, mas o interesse em enfrentar o mérito das demandas coletivas. Com isso, não há qualquer risco ao princípio da imparcialidade como garantia constitucional.

No julgamento do REsp 1.177.453 – RS, o Ministro do STJ Mauro Campbell Marques aplicou esse princípio, de forma a permitir a flexibilização da categoria da admissibilidade processual ao admitir a correção da legitimidade ativa na ação civil pública sem extinção da demanda coletiva.

Consta do Enunciado 5 da Carta do Congresso de Tiradentes, assinada em 2016 pelo Poder Judiciário e pelo Ministério Público do Estado de Minas Gerais: ***Deverá ser priorizada a resolução de mérito com a flexibilização, sempre que possível, das questões referentes à formalidade dos atos processuais, a teor do art. 4º do Novo CPC.***

2. Princípio da máxima prioridade da tutela jurisdicional coletiva comum: o princípio em questão decorre do art. 5º, § 1º da CR/1988, que determina a aplicabilidade imediata das normas definidoras de direitos e garantias fundamentais, e tem fundamento também na regra interpretativa do sopesamento como subespécie do princípio da proporcionalidade. Assim, a supremacia do interesse social (presente sempre no processo coletivo) sobre o particular (que é próprio do processo individual) justifica esse princípio e demonstra a sua relevância no direito processual coletivo.

3. Princípio da presunção de legitimidade ad causam ativa pela afirmação de direito coletivo tutelável: por força de previsão da Constituição, como ocorre em relação ao Ministério Público (arts. 127, caput, e 129, incisos II e III), dentre outros legitimados (art. 129, § 1º da CR/1988), e da legislação infraconstitucional (arts. 82 do CDC e 5º da LACP), extrai-se que é suficiente a afirmação de direito ou interesse coletivo para presumir a legitimidade ativa provocativa; não há necessidade de se questionar a real titularidade do direito coletivo alegado para se concluir pela legitimidade.

4. Princípio da máxima amplitude da tutela jurisdicional coletiva comum: com base no princípio da máxima amplitude da tutela jurisdicional coletiva comum são admitidos todos os tipos de ações, procedimentos, provimentos, provas e medidas

princípio da absoluta instrumentalidade da tutela coletiva; e) princípio da interpretação pragmática. VENTURI, Elton. *Processo civil coletivo*. São Paulo: Malheiros Editores, 2007, p. 133-59.

necessárias e eficazes para a tutela dos direitos coletivos. Tem esse princípio previsão expressa na lei (art. 83 do CDC, em sua combinação com o art. 21 da LACP, que lhe confere hiper-eficácia na sua condição de *norma de superdireito processual coletivo comum*). Este princípio também está presente nos arts. 212 do ECA (Lei 8.069/90) e art. 82 do Estatuto do Idoso (Lei 10.741/2003).

No sentido da interpretação ampliativa e da máxima amplitude da tutela jurisdicional, decidiu o STJ: **REsp 625249 /PR RECURSO ESPECIAL2004/0001147-9 / Ministro LUIZ FUX (1122) / T1 - PRIMEIRA TURMA/ Data de Julgamento: 15/08/2006.** PROCESSO CIVIL. DIREITO AMBIENTAL. **AÇÃO CIVIL PÚBLICA PARA TUTELA DO MEIO AMBIENTE.** OBRIGAÇÕES DE FAZER, DE NÃO FAZER E DE PAGAR QUANTIA. POSSIBILIDADE DE CUMULAÇÃO DE PEDIDOS ART. 3º DA LEI 7.347/85. INTERPRETAÇÃO SISTEMÁTICA. ART. 225, § 3º, DA CF/88, ARTS. 2º E 4º DA LEI 6.938/81, ART. 25, IV, DA LEI 8.625/93 E ART. 83 DO CDC. PRINCÍPIOS DA PREVENÇÃO, DO POLUIDOR-PAGADOR E DA REPARAÇÃO INTEGRAL.

5. Princípio do máximo benefício da tutela jurisdicional coletiva comum: esse princípio decorre do próprio espírito do *direito processual coletivo comum*, visto que, por meio da tutela jurisdicional coletiva, busca-se revolver em um só processo um grande conflito social ou inúmeros conflitos interindividuais, evitando-se, neste caso, a proliferação de ações individuais e a ocorrência de situações conflitivas que possam gerar desequilíbrio e insegurança na sociedade, tanto que foi justamente esse o espírito do CDC ao disciplinar a coisa julgada coletiva (art. 103). Esse dispositivo do CDC deixa expresso a adoção desse princípio no seu § 3º, quando prevê a admissibilidade da transferência *in utilibus* da coisa julgada coletiva formada nas demandas de tutela dos direitos e interesses difusos e coletivos para o plano individual.

6. Princípio da máxima efetividade do processo coletivo: por força desse princípio deve ser alcançada a verdade processual em seu grau máximo de probabilidade sobre os fatos alegados na demanda coletiva. Assim, o juiz, para alcançá-la, deverá determinar de ofício a produção de todas as provas pertinentes, para que a tutela jurisdicional se esgote de forma legítima. O interesse social, sempre presente nas variadas formas de tutelas jurisdicionais coletivas, faz com que se esgotem, no processo coletivo, todos os meios de provas, no sentido de enfrentar o mérito, com a pacificação social com justiça.

Consta na Recomendação Geral CGMPMG nº 01/2017, 3ª Edição, Art. 6º, § 2º: *Os Membros do Ministério Público zelarão para que, na defesa dos direitos fundamentais afetos às suas áreas de atribuição, sejam concedidas e efetivadas todas as medidas indutivas, coercitivas, mandamentais ou subrogatórias necessárias para o cumprimento da ordem judicial, inclusive nas ações que tenham por objeto a prestação pecuniária (art. 139, inciso IV, do Novo CPC).*

7. Princípio da não-taxatividade da ação coletiva: qualquer direito ou interesse coletivo (arts.5º, inciso XXXV, e 129, inciso III, da CR/1988 e art. 1º, inciso IV, da LACP) poderá ser objeto de ação coletiva; não mais subsiste a regra da taxatividade, para efeitos de ajuizamento, por exemplo, de ação civil pública (art. 129, inciso III, da CR/1988), como ocorria no sistema anterior à atual Constituição e ao CDC.

8. Princípio da disponibilidade motivada e da proibição do abandono da ação coletiva: a desistência infundada ou o abandono da ação coletiva impõe controle por parte dos outros legitimados ativos e especialmente do Ministério Público (art. 5º, § 3º, da LACP), que deverá, quando infundada a desistência, assumir a titularidade da ação. Se a desistência for levada a efeito pelo Órgão do Ministério Público, o Juiz, dela discordando, poderá aplicar analogicamente o disposto no art. 28 do CPP, submetendo a desistência ou o abandono ao conhecimento e à apreciação do Chefe da respectiva Instituição do Ministério Público. Também o *abandono* não é admissível, de sorte que não é compatível com o direito processual coletivo a extinção do processo sem julgamento do mérito com base no art. 267, II ou III (contumácia bilateral ou unilateral, repsectivamente), do CPC, de sorte que não é compatível também a ocorrência de *perempção* em sede de demandas coletivas (art. 5º, § 3º, da 7.347/85 e art. 9º da Lei 4.717/65).

9. Princípio da obrigatoriedade da execução coletiva pelo Ministério Público: por imposição decorrente desse princípio, em caso de desídia dos outros legitimados ativos, o Ministério Público deverá promover a execução coletiva (art. 15 da LACP). Esse princípio inclusive tem previsão também na Lei da Ação Popular (LAP, Lei 4.717/65), que confere legitimidade ativa provocativa subsidiária ao Ministério Público para a execução coletiva; deve ele assim agir em caso de desídia do cidadão autor ou de outro legitimado ativo (art. 16 da Lei n. 4.717/65).

10. Princípio da legitimidade ativa concorrente ou pluralista: no direito processual coletivo a legitimidade ativa é, por imposição constitucional (arts. 129, § 1º, 125, § 2º e 103 da CR/1988), *concorrente* e *pluralista*. É o que está presente também nos arts. 5º da LACP e 82 do CDC. Assim, a legitimidade ativa no direito processual coletivo não deve ser interpretada de forma fechada ou restritiva, mas de forma aberta e flexível, em razão de decorrer de princípio constitucional. A mesma orientação também está presente no art. 103 CR/1988, em relação ao direito processual coletivo especial (controle abstrato e concentrado da constitucionalidade).

11. Princípio da interpretação aberta e flexível da causa de pedir e do pedido: por intermédio deste princípio, observa-se que a interpretação do pedido e da causa de pedir no direito processual coletivo é aberta e flexível. Tendo em vista que os direitos coletivos são, no Brasil, direitos fundamentais (Título II, Capítulo I , da CR/1998) e tendo em vista, ainda, que a Ação Civil Pública tutela direitos coletivos, a interpretação do pedido e da causa de pedido nela formulados deverá ser flexível, aberta e ampliativa, o que é próprio da multifucionalidade da teoria dos direitos e garantias fundamentais no sistema jurídico.

Assim, não é aplicável na Ação Civil Pública e nos processos coletivos em geral, a *estabilização da demanda* (*perpetuatio libelli*), prevista no CPC. Esta *estabilização da demanda* ocorre de forma relativa com a citação do demandado e de forma absoluta com a decisão de saneamento do processo. Contudo, tal estabilização da demanda está presente em um sistema processual fechado, voltado para os conflitos interindividuais, que é o CPC. Assim, também há incompatibilidade na sua aplicabilidade em sede de ação civil pública e de demandas coletivas em geral.

Nesse mesmo diapasão, é o que dispõe, na sua condição de trabalho doutrinário, o *Código Modelo de Processos Coletivos para a Ibero-América*, em seu art. 10: "Art. 10. Pedido e causa de pedir – Nas ações coletivas, o pedido e a causa de pedir serão interpretados extensivamente. § 1º Ouvidas as partes, o juiz permitirá a emenda da inicial para alterar ou ampliar o objeto da demanda ou a causa de pedir. § 2º O juiz permitirá a alteração do objeto do processo a qualquer tempo e em qualquer grau de jurisdição, desde que seja realizada de boa-fé, não represente prejuízo injustificado para a parte contrária e o contraditório seja preservado"[264].

É de se destacar que uma das regras de interpretação e de aplicação do direito processual coletivo é a da aplicabilidade subsidiária ou limitada do CPC nas demandas coletivas [265]. Tal aplicabilidade subsidiária depende de dupla compatibilidade: a *formal* (inexistência de norma especial em sentido contrário no sistema específico do *direito processual coletivo*) e a *material* ou *substancial* (a aplicabilidade subsidiária do CPC não poderá colocar em risco ou limitar a tutela de interesse social)[266].

A respeito da interpretação mais flexível do pedido, já decidiu o STJ: *A prescrição tutela interesse privado, podendo ser compreendida como mecanismo de segurança jurídica e estabilidade. O dano ambiental refere-se àquele que oferece grande risco a toda humanidade e à coletividade, que é a titular do bem ambiental que constitui direito difuso. Destacou a Min. Relatora que a reparação civil do dano ambiental assumiu grande amplitude no Brasil, com profundas implicações, na espécie, de responsabilidade do degradador do meio ambiente, inclusive imputando-lhe responsabilidade objetiva, fundada no simples risco ou no simples fato da atividade danosa, independentemente da culpa do agente causador do dano. O direito ao pedido de reparação de danos ambientais, dentro da logicidade hermenêutica, também está protegido pelo manto da imprescritibilidade, por se tratar de direito inerente à vida, fundamental e essencial à afirmação dos povos, independentemente de estar expresso ou não em texto legal. No conflito entre estabelecer um prazo prescricional em favor do causador do dano ambiental, a fim de lhe atribuir segurança jurídica e estabilidade com natureza eminentemente privada, e tutelar de forma mais benéfica bem jurídico coletivo, indisponível, fundamental, que antecede todos os demais direitos – pois sem ele não há vida, nem saúde, nem trabalho, nem lazer – o último prevalece, por óbvio, concluindo pela imprescritibilidade do direito à reparação do dano ambiental. Mesmo que o pedido seja genérico, havendo elementos suficientes nos autos, pode o magistrado determinar, desde já, o montante da reparação.* ***REsp 1.120.117-AC, Rel. Min. Eliana Calmon, julgado em 10/11/2009.***

---

264 Em uma dimensão um pouco mais restrita, prevê o Anteprojeto de Código Brasileiro de Processos Coletivos, 3ª versão, out./2005, coordenado pela Professora Ada Pellegrini Grinover: "Art. 4º Pedido e causa de pedir – Nas ações coletivas, a causa de pedir e o pedido serão interpretados extensivamente, em conformidade com o bem jurídico a ser protegido. Parágrafo único. A requerimento da parte interessada, até a prolação da sentença, o juiz permitirá a alteração do pedido ou da causa de pedir, desde que seja realizada de boa-fé, não represente prejuízo injustificado para a parte contrária e o contraditório seja preservado, mediante possibilidade de nova manifestação de quem figure no pólo passivo da demanda, no prazo de 5 (cinco) dias." Essa mesma orientação consta agora do art. 5º da última versão (dezembro de 2006) do anteprojeto USP.

265 ALMEIDA, Gregório Assagra de. *Direito processual coletivo brasileiro*, p. 583-584.

266 Consta do art. 67 do PL no 5.139/2009: "Art. 67. Aplica-se à ação civil pública e às demais ações coletivas previstas nesta Lei, subsidiariamente, a Lei n.º 5.869, de 11 de janeiro de 1973, naquilo em que não contrarie suas disposições e desde que seja compatível com o sistema de tutela coletiva".

Ressalta-se que consta do Enunciado 17 da Carta de Tiradentes (Aprovada pelo TJMPMG e pelo MPMG em Congresso realizado em Tiradente em 2016): *Nos termos do art. 322, § 2º, do Novo CPC, em caso de demanda que verse sobre direitos fundamentais relacionados à vida ou a sua existência com dignidade, a interpretação do pedido será extensiva e ampliativa.*

No mesmo sentido, a Recomendação Geral CGMPMG nº 01/2017 – 3ª EDIÇÃO: ***Art. 10.*** *Nos termos do art. 322, § 2º, do Novo CPC, em caso de demanda que verse sobre direitos fundamentais relacionados à vida ou a sua existência com dignidade, os Membros do Ministério Público zelarão para que a interpretação do pedido seja, sempre que possível, ampliativa em relação ao respectivo direito fundamental objeto da tutela.*

12 Princípio da priorização da tutela jurídica coletiva preventiva (arts. 1º, e 5º, XXXV, da CR/1988). Esse princípio decorre do princípio constitucional da prevenção geral e impõe ao Ministério Público e orienta os demais legitimados ativos coletivos, a atuação prioritária para evitar a prática, a continuidade ou a repetição do ilícito ou, ainda, para promover a sua remoção, isso independentemente da existência de dolo, culta ou de dano, nos termos do que consta expressamente no artigo 497, parágrafo único, do CPC/2015. Para tanto, torna-se fundamental a diferenciação de ilícito (ato omissivo ou comissivo contrário ao direito) de dano (consequência do ilícito). Portanto, a tutela coletiva inibitória e a tutela de remoção do ilícito devem ser priorizadas.

Nesse diapasão, observa-se que Consta da Recomendação Geral CGMPMG 01/2017, 3ª Edição: ***Art. 13.*** *Tendo em vista que a disciplina da tutela inibitória e da tutela de remoção do ilícito, previstas no parágrafo único do art. 497 do Novo CPC, é norma geral de eficácia transcendente, aplicável também aos procedimentos especiais previstos no citado Código ou em legislação extravagante, assim como no processo de execução e na fase de cumprimento de sentença, os Membros do Ministério Público atuarão para a devida carga de eficácia desse dispositivo.* ***Parágrafo único.*** *Os Membros do Ministério Público priorizarão, sempre que possível, a atuação preventiva, de modo a evitar a prática, a continuidade e a repetição do ilícito, assim como para promover remoção dos ilícitos, sendo irrelevante, para as referidas atuações, a teor do disposto no parágrafo único do art. 497 do Novo CPC, a demonstração da ocorrência de dano ou a existência de culpa ou dolo.*

7.1.8. Outras diretrizes interpretativas do direito processual coletivo comum[267]

a) ***A da completa e perfeita interação entre o CDC e a LACP.*** *O CDC e a LACP* se interagem formando um microssistema de normas gerais e básicas sobre o direito processual coletivo comum (art. 21 da LACP e art. 90 do CDC).

b) ***A da exigibilidade de compatibilidade necessária para a aplicação subsidiária do CPC no direito processual coletivo comum***, visto que a aplicação subsidiária do CPC no direito processual coletivo comum, conforme prevista no art. 90 do CDC e no art. 19 da LACP, somente é possível se não ferir

[267] ALMEIDA, Gregório Assagra de. *Direito processual coletivo brasileiro*, p. 580-585.

as disposições desses diplomas (*compatibilidade formal*) e nem impedir ou colocar em risco a devida efetividade da tutela jurisdicional coletiva (*compatibilidade substancial ou teleológica*).

Consta da Recomendação Geral CGMPMG 01/2017, 3ª Edição: *Art. 6º. Os Membros do Ministério Público zelarão para que a aplicabilidade do Novo CPC/2015 ao direito processual coletivo seja limitada e condicionada à presença de compatibilidade formal e material, evitando-se, com isso, que hipóteses de aplicabilidade de normas de tutela processual individual gerem prejuízos e/ou restrições à tutela de direitos ou interesses coletivos, amplamente considerados.*

Enunciado 9 da Carta de Tiradentes (assinada em 2016 como resultado do no Congresso Estadual realizado entre o Ministério Público e o Poder Judiciário do Estado de Minas Gerais): *A aplicabilidade do Novo CPC ao direito processual coletivo, a teor do disposto nos arts. 18 e 506 do referido Código e de outros dispositivos, continuará limitada e condicionada à presença de compatibilidade formal e material.*

> ***Também consta da Recomendação Geral CGMPMG 01/2017, 3ª Edição: Art. 7º.*** *A disciplina do pagamento das despesas dos atos processuais, prevista nos §§ 1º e 2º do art. 91 do Novo CPC, é incompatível, do ponto de vista formal e material, com o direito processual coletivo, diante da existência de norma especial sobre a matéria (art. 87 do CDC e art. 18 da LACP), de modo que os Membros do Ministério Público, quando requererem a produção de provas periciais, zelarão pela inaplicabilidade dos referidos dispositivos aos processos coletivos.*
>
> ***Art. 11.*** *Os Membros do Ministério Público zelarão para que a previsão de reconvenção em face do autor na qualidade de substituto processual, prevista no art. 343, § 5º, do Novo CPC, não se aplique aos processos coletivos, tendo em vista a sua incompatibilidade material com o sistema do direito processual coletivo e os riscos que poderão ser gerados ao tratamento adequado e à duração razoável do processo coletivo.*

c) ***A do CDC e da LACP como diplomas fixadores de normas de super direito processual coletivo comum.*** Esses diplomas formam um conjunto de regras processuais principiológicas e gerais que se aplicam, em regra, a todas as formas de tutelas jurisdicionais coletivas do direito processual coletivo comum (art. 21 da LACP), como a da disciplina tripartite da coisa julgada coletiva prevista no CDC (art. 103), a do conceito tripartite de direitos e interesses coletivos estabelecido pelo art. 81, parágrafo único, do CDC, a da não-taxatividade das hipóteses de admissibilidade de ação coletiva prevista no art. 1º, IV, da LACP; a da não existência de litispendência entre ações coletivas e individuais (art. 104).

d) ***A da aplicabilidade de todas as regras interpretativas principiológicas do direito constitucional ao direito processual coletivo.*** Essa regra decorre da própria *natureza de direito processual constitucional-social* deste novo ramo do direito processual; assim, lhes são aplicáveis as regras principiológicas da interpretação conforme a Constituição, da interpretação constitucional evolutiva, da aplicabilidade imediata das normas definidoras de direitos e garantias fundamentais, da máxima efetividade das normas constitucionais, além de outras diretrizes principiológicas, tais como as decorrentes da supremacia da Constituição e a da unidade constitucional.

7.1.9. Obstáculos relacionados à interpretação e à aplicação do direito processual coletivo comum[268]

São vários os obstáculos no plano da interpretação e da aplicação do *direito processual coletivo comum* e, portanto, que prejudicam a compreensão e aplicação do direito processual coletivo.

Assim, entre outros, seriam os fatores que dificultam a efetividade das variadas formas de tutela jurisdicional coletiva no Brasil: a) a resistência, muitas vezes infundada, à concepção coletiva do direito processual; b) a formação liberal-individualista do profissional do direito no Brasil; c) o apego às regras ortodoxas liberais individualistas constantes do CC e do CPC, que são diplomas legais elaborados para a resolução tão-somente de conflitos interindividuais; d) a questão do ensino jurídico e dos próprios currículos universitários, os quais, dentro de uma visão unidimensional de ensino do fenômeno jurídico, demonstram que a maioria das faculdades de direito no Brasil não estão cumprindo a sua verdadeira função social para a efetivação do Estado Democrático de Direito, pois ainda não preparam os seus bacharéis para o enfrentamento e a conscientização dos grandes conflitos sociais; e) a resistência à legitimidade ativa do Ministério Público para o ajuizamento de ações coletivas, presente em determinado setor da doutrina e principalmente da jurisprudência – essa resistência, na verdade, é inconstitucional, pois a legitimidade do Ministério Público para a defesa dos direitos e interesses coletivos é a mais ampla dentre os legitimados (art. 127, *caput*, e art. 129, II, III e IX, da CR/1988) essa que decorre, na maioria das vezes, de uma visão distorcida do papel do Ministério Público no cenário brasileiro atual); e) a tímida atuação, com exceção do Ministério Público, dos demais legitimados ativos no direito processual coletivo comum, os quais não são responsáveis pelo ajuizamento certamente nem de 10% (dez por cento) das ações coletivas já propostas no Brasil, o que demonstra a fragilidade da democracia participativa no País; f) a ilegítima e inconstitucional resistência oferecida, mediante a elaboração arbitrária de medidas provisórias pelo Poder Executivo da União, o qual, postando-se na contramão da história de evolução dos canais jurisdicionais de tutela dos direitos fundamentais da sociedade, elaborou inúmeras medidas provisórias para tentar dificultar a tutela dos interesses massificado como as que foram publicadas para restringir os efeitos da coisa julgada coletiva e dificultar o ajuizamento de ações coletivas pelas associações legitimadas em face dos órgãos e entidades públicos; g) a equivocada compreensão dos Tribunais quanto aos direitos coletivos, especialmente quando negam legitimidade ao Ministério Público sustentando que os direitos individuais homogêneos disponíveis não podem ser tutelados por essa instituição, quando na realidade é patente o interesse social na tutela coletiva desses direitos ou interesses coletivos; h) a falta de estrutura organizacional do Poder Judiciário, que ainda não se especializou para o enfrentamento dos conflitos massificados, bem como não disponibilizou estrutura de apoio técnico e material necessários; i) a interpretação restritiva que vem recebendo a ação civil pública por parte da jurisprudência e pela doutrina, hoje já minoritárias, que não têm aceitado o controle difuso (incidental) da constitucionalidade pela via da ação civil pública; j) decisões

[268] ALMEIDA, Gregório Assagra de. *Direito processual coletivo brasileiro*, p. 586-608.

judiciais e a postura do Governo Federal que têm procurado limitar o campo de aplicabilidade da ação civil pública, de forma a impedir que ela seja instrumento útil de tutela jurisdicional coletiva de questões tributárias, previdenciárias, etc., o que afronta o texto constitucional, que garante a tutela jurisdicional coletiva pela ação civil pública de forma irrestrita (art. 129, III e art. 5º, XXXV, da CR/1988); k) forte resistência do setor econômico e empresarial, que se sentem intimidados com as formas de tutela jurisdicional coletiva.

7.1.10. O Ministério Público na Tutela Coletiva

O Ministério Público brasileiro já passou por alguns grandes momentos históricos. O primeiro deles é o seu reconhecimento como Instituição, o que aconteceu com o advento da República, durante o Governo Provisório, por força do trabalho do então Ministro Campos Salles. O segundo pode ser indicado como sendo o decorrente da Lei Complementar Federal 40/81, que foi a primeira Lei Orgânica Nacional do Ministério Público, assim considerada porque definiu um estatuto básico e uniforme para o Ministério Público nacional e dispôs sobre as suas principais atribuições, garantias e vedações. Um terceiro grande momento ocorreu com o advento da Lei 7.347/85 (Lei da Ação Civil Pública), que conferiu legitimidade ao Ministério Público para a defesa jurisdicional e administrativa dos interesses e direitos difusos e coletivos, além de ter criado o inquérito civil. O Ministério Público começa a ter função promocional de transformação da realidade social. Um quarto momento pode ser apontado com o advento da CR/1988, o mais significativo e transformador de todos, conforme motivos já aduzidos anteriormente.

Agora resta a construção de um *quinto* grande momento histórico. Mas ele não ocorrerá do dia para a noite, nem se dará com simples alteração da lei ou da Constituição. Ele se dará com a mudança cultural no seio da Instituição e com a elaboração de técnicas e estudos que possam fazer com que o Ministério Público possa priorizar a mais significativa e importante tutela jurídica do Estado Democrático de Direito: a tutela preventiva.[269]-[270]. Essa atuação extrajurisdicional do Ministério Público é fundamental para a tutela coletiva e, principalmente, para a tutela preventiva.

A tutela jurídica preventiva é a mais genuína forma de proteção jurídica no contexto do Estado Democrático de Direito. Ela decorre do princípio da prevenção geral como diretriz, inserida no princípio democrático (art. 1º da CR/1988).

[269] ALMEIDA, Gregório Assagra de. *Manual das Ações Constitucionais*. Belo Horizonte: Del Rey, 2007, p. 94.

[270] Escrevendo com o objetivo de apontar os momentos de grandes transformação no Ministério Público, Marcelo Zenkner identificou três fases evolutivas do Ministério Público brasileiro contemporâneo: a primeira, com destaque para uma atuação criminal e uma discretíssima atuação como órgão interveniente na seara cível; depois, com a Constituição de 1988 e a sua consagração como uma das mais importantes Instituições de defesa do regime democrático e da sociedade, foi o seu poder de iniciativa e acionamento da máquina judiciária a marca desse período; por fim, décadas após a vigência da Carta Cidadã, em sua terceira fase evolutiva, o Ministério Público vem [ ] empregando cada vez mais de formas não judiciais de resolução de conflitos como instrumentos de acesso à justiça, diante da inarredável constatação de que via processual não vem dando a resposta que dela se esperava". ZENKNER, Marcelo. Ministério Público e Solução Extrajudicial de Conflitos. IN: RIBEIRO, Carlos Vinicius Alves. *Ministério Público*: reflexões sobre princípios e funções institucionais. São Paulo: Atlas, 2010, p. 322.

Por intermédio da tutela jurídica preventiva poderá ser atacado diretamente o ilícito, evitando-se a sua prática, continuidade ou repetição. Com isso, evita-se o dano, que é objeto da tutela jurídica repressiva, no caso a ressarcitória.

Ocorre que muitos danos, especialmente os de dimensão social (aqueles que afetam o ambiente; a saúde do consumidor; a criança e o adolescente; o idoso; a saúde pública, etc.), não são possíveis de reparação *in natura*. Portanto, só restaria nesses casos uma tutela repressiva do tipo compensatória ou do tipo punitiva, que é espécie de tutela jurídica apequenada, já que não responde ao direito a uma tutela jurídica genuinamente adequada, na sua condição de garantia fundamental do Estado Democrático de Direito (arts. 1º, 3º e 5º, XXXV, da CR/1988).

Ora, se ao Ministério Público como Instituição incumbe a defesa do regime democrático, a ele incumbe prioritariamente a defesa preventiva da sociedade, pois é essa, repita-se, a mais genuína forma de tutela jurídica no Estado Democrático de Direito.

Contudo, a atuação da Instituição no País ainda é predominantemente repressiva, que se dá em grande parte nos momentos patológicos da conflituosidade social. A prova disso é a atuação criminal, que por natureza é repressiva.

O que adianta punir criminalmente sem compreender, por intermédio de estudos e de dados estatísticos, as causas dessa criminalidade? São justamente essas causas que devem ser atacadas com prioridade. A exigência de políticas públicas específicas nesses casos é fundamental.

Além de combater repressivamente os atos de improbidade, é razoável priorizar a atuação para evitar que ocorram atos dessa natureza, especialmente os que geram danos ao erário. Muitas vezes torna-se impossível a recuperação dos ativos desviados, com enormes prejuízos ao erário. A priorização da atuação preventiva pelos Promotores de Justiça, Procuradores de Justiça e Procuradores da República será um caminho legítimo e eficaz para proteger o patrimônio público[271].

Em vez de se esperar a aplicação de lei inconstitucional com danos sociais, é mais recomendável que se priorize o controle da constitucionalidade para que seja evitada a aplicação da lei ou do ato normativo inconstitucional.

Essa mudança de paradigma é uma exigência do Estado Democrático de Direito brasileiro, na sua condição de Estado da Justiça Material, de Estado da Transformação da Realidade Social.

O Estado Democrático de Direito, diferentemente das outras formas de Estado, tem um compromisso nuclear: transformar a realidade social na busca da igualdade material quanto ao acesso efetivo a bens e outros valores. Essa transformação da realidade social com justiça também é compromisso do Ministério Público como defensor do regime democrático (art. 1º e art. 127, *caput*, ambos da CR/1988).

Portanto, o papel do Ministério Público *resolutivo* na defesa dos interesses sociais deve ser exercido de forma efetiva em todas as suas esferas de atuação. Na

271 ALMEIDA, Gregório Assagra de; PARISE, Elaine Martins. Ministério Público e a priorização da atuação preventiva: uma necessidade de mudança de paradigma como exigência do Estado Democrático de Direito. *Boletim Informativo MPMG Jurídico*, Publicação da Procuradoria-Geral de Justiça do Ministério Público do Estado de Minas Gerais, ano 1, n. 001, p. 13-16, set. 2005.

área *criminal*, é imprescindível a sua inserção no seio social, para que venha a se inteirar das verdadeiras causas da criminalidade e exija políticas públicas específicas do Poder Público, além de atuar diretamente nas investigações das condutas criminosas que mais abalam a sociedade, de forma a combater com rigor e eficiência o crime organizado e permitir que o Direito Penal tenha eficácia social.

Na área coletiva, o Ministério Público deverá priorizar a atuação *preventiva* para evitar a violação dos direitos sociais, além de combater de modo articulado e eficiente as condutas danosas aos direitos massificados.

Na sua atuação extrajurisdicional, como grande intermediador e pacificador da conflituosidade social, o Ministério Público assume função social pedagógica: com a educação da coletividade para o exercício da cidadania e das organizações sociais. E isso a Instituição poderá fazer pelas recomendações, pelas audiências públicas e também pelo termo de ajustamento de conduta.

É de se destacar que a forma mais legítima de realização do direito não vem da capacidade de decidir e de fazer imperar decisões, mas do diálogo, da interpretação negociada da norma jurídica.

Mesmo para o Ministério Público com atuação jurisdicional, a priorização da atuação preventiva é fundamental, no ajuizamento de ações civis públicas de tutela inibitória, evitando-se assim a prática do ilícito, sua continuidade ou repetição.

Em verdade, duas são as vertentes vanguardistas que desafiam uma nova postura do Ministério Público brasileiro: a primeira é a priorização da atuação preventiva; a segunda é viabilizar uma atuação pedagógica social no plano dos direitos da cidadania, contribuindo inclusive para ajudar a articular e a orientar as instituições de defesa social, especialmente as inseridas dentro da sociedade civil.

7.1.11. O Ministério Público no processo coletivo e a possibilidade de formação de litisconsórcio entre Ministérios Públicos da União e dos Estados

No plano do processo coletivo, com destaque para o instaurado com o ajuizamento de ação civil pública, o Ministério Público, na sua dimensão de Ministério Público com atuação demandista, caso não compareça como parte demandante, atuará obrigatoriamente no processo coletivo como fiscal da ordem jurídica e também como órgão assistencial no polo ativo do processo coletivo (§ 1º, do art. 5º, da Lei n. 7.347/85). Todavia, nesse caso ele não é mero fiscal da lei, mas guardião da sociedade e dos próprios direitos massificados (arts. 127, caput e 129, III, da CR/1988). Em razão disso, o Ministério Público atuará na ação civil pública, em não sendo o demandante, como parte adesiva ativa.

É de se observar que esteja o Ministério Público na condição de parte demandante ou esteja ele na condição de órgão interveniente, será sempre obrigatória a sua intimação pessoal e a sua efetiva intervenção, sob pena de nulidade do processo.

Também é de ser ressaltado que o fato de o Ministério Público ser o demandante da ação civil pública não obriga, em regra, a intervenção no processo da ação civil pública de um outro órgão do Ministério Público como fiscal da ordem jurídica [272]. Isso porque o fato de o Ministério Público ser o demandante não retira de seu órgão de execução que promoveu a ação a sua condição também de fiscal da ordem jurídica, isso em razão especialmente da sua independência funcional (§ 1º do art. 127 da CR/1988) e do compromisso da Instituição de defender sempre a ordem jurídica (art. 127, *caput*, da CR/1988), o que está incorporado no conceito constitucional do Ministério Público.

É interessante consignar que o STJ já firmou entendimento em sede de ação civil pública de que a *intimação pessoal* do Ministério Público deverá ser feita com a efetiva entrega dos autos do processo a essa Instituição, de forma que não seria exigível o comparecimento pessoal do órgão de execução do Ministério Público à secretária do Juízo, conforme nota-se da transcrição abaixo da decisão.

> Processual civil. Ação civil pública. Intimação do Ministério Público. Entrega dos autos. Inexigência de comparecimento pessoal. Art. 18, II, *h* da Lei Complementar 75/93. Art. 41, IV, da Lei 8.625/93. 1. Consoante determina o art. 18, inciso II, alínea 'h', da Lei Complementar 75/93 e o art. 41, inciso IV, da Lei 8.625/93, constitui prerrogativa do Ministério Público a intimação pessoal, por meio da entrega dos autos com vista. 2. A controvérsia, contudo, reside na amplitude conferida a tal privilégio: enquanto o Ministério Público federal entende que a disposição contida no art. 18, II, alínea 'h' da Lei Complementar 75/93 confere aos seus agentes o direito de exigir que o Poder Judiciário lhes remeta os autos para efeitos de intimação pessoal, a decisão optou pelo caminho oposto, afirmando que o 'Ministério Público não tem prerrogativa de exigir que o Juízo lhe entregue os autos', assim, ou comparece ao Juízo para ser intimado pessoalmente, ou autoriza funcionário da instituição a fazê-lo, retirando os autos em carga. 3. Empreendendo exegese escorreita sobre o tema o STJ tem assentado que 'A intimação é pessoal e, por óbvio, só assim o será nos autos (arts. 41, inciso IV, da LONMP e 18, inciso II, 'h' da LOMPU). E não é só. Compete ao Poder Judiciário a sua execução. A mera entrega de relações ou papelotes a funcionários daquela instituição não substitui – por comodismo administrativo – a legalmente necessária intimação (nos autos). Com a devida vênia, também o encaminhamento burocrático (v. 190/191), por si, não preenche os requisitos acima indicados, ressalvada a prova, aí, dê ciência inequívoca' (REsp. 305.925/SP, *DJ* de 06.05.2002). 4. Isto porque, o Código de Processo Civil (art. 236, § 2º), a Lei Orgânica Nacional do Ministério Público (Lei n. 8.625, de 12.2.93 – art. 41, IV), o Estatuto do Ministério Público da União (Lei Complementar n. 75, de 20.5.93 – art. 18, II, 'h') e a Lei Orgânica do Ministério Público estadual (Lei Complementar estadual n. 734, de 26.11.93 – art. 224, XI), dispõem de forma clara e inequívoca que a intimação do órgão do Ministério Público deve ser pessoal. 5. Consoante o que determina o art. 18, inciso II, alínea *h*, da Lei Complementar 75/93 e o art. 41, inciso IV, da Lei 8.625/93, constitui prerrogativa do Ministério Público a intimação pessoal, por meio da entrega dos autos com vista. 6. Recurso especial provido (REsp. 601.996/RS, 1ª T., Rel. Min. Luiz Fux, v.u., j. 20.05.2004, p. *DJU* 23.08.2004, p. 138).

Por força do § 5º do art. 5º da LACP, admitir-se-á *litisconsórcio facultativo* entre os Ministérios Públicos da União e dos Estados na defesa dos interesses e direitos tutelados pela via da ação civil pública. Essa espécie de litisconsórcio é questionada por parte da doutrina, conforme já tivemos a oportunidade de

[272] Nesse sentido: BRASIL. Superior Tribunal de Justiça. REsp. 156.291-SP. Relator Ministro Adhemar Maciel. Segunda Turma. Publicado em DJU de 01.02.1999, p. 149.

analisar a questão[273]. João Batista de Almeida[274] chega a sustentar que essa espécie de litisconsórcio seria inconstitucional porque contraria o sistema federativo, pois os Ministérios Públicos da União e os dos Estados têm sua atuação delimitada em simetria com as Justiças perante as quais eles exercem suas atribuições. Há entendimento ainda que sustenta que haveria superafetação na atuação simultânea de dois Ministérios Públicos na mesma causa. Seria, diz João Batista de Almeida "o litisconsórcio meu comigo mesmo"[275].

Não concordamos com os posicionamentos acima, pois entendemos que o art. 5º, § 5º, da LACP, disciplina espécie de *litisconsórcio facultativo especial* que se justifica pela necessidade de fortalecimento das formas de tutela dos direitos e interesses massificados, o que vai ao encontro do movimento contemporâneo pelo acesso à justiça, que tem como uma de suas principais diretrizes a priorização da busca da efetiva tutela dos direitos massificados. Assim, o Ministério Público estadual poderá ajuizar ação civil pública na Justiça Federal, em litisconsórcio com o Ministério Público Federal ou sozinho. O Ministério Público Federal também poderá da mesma forma ajuizar ação civil pública perante a Justiça Estadual.

E mais: conforme explica Hugo Nigro Mazzilli[276], a organização do Ministério Público hoje é diversa da organização dos órgãos jurisdicionais, até porque inúmeros órgãos do Ministério Público não atuam em juízo. Portanto, diz o referido jurista que não há que se falar em violação do sistema federativo no exercício de funções do Ministério Público Estadual perante a Justiça Federal ou do Ministério Público Federal perante a Justiça Estadual, até porque, caso fosse aceito esse entendimento, não poderia haver litisconsórcio entre os próprios Estados ou entre estes e a União na tutela, *v.g.*, do meio ambiente ou no debate sobre questão tributária de interesse comum. Conclui Mazzilli afirmando que é hipótese de autêntico litisconsórcio, seja apenas mera concorrência de atribuições entre Ministérios Públicos diversos, a grande vantagem que se vislumbra nela é a de viabilizar a colaboração mais eficaz entre Ministérios Públicos, colaboração essa que até então praticamente não existia.

Nelson Nery Junior e Rosa Maria de Andrade Nery admitem plenamente a formação do litisconsórcio em questão. Aduzem, contudo, que o § 5º do art. 5º da LACP não seria, em verdade, autêntico litisconsórcio, pois o Ministério Público é uno e indivisível (art. 127, § 1º, e 128 da CR/1988) e, assim, a hipótese seria de *representação* do Ministério Público e, por isso, por ser essa questão *interna corporis* do Ministério Público, não seria autorizado ao juiz decidir a seu respeito[277].

---

273 ALMEIDA, Gregório Assagra de. *Direito processual coletivo brasileiro*, p. 350-1.

274 ALMEIDA, João Batista de. *Aspectos controvertidos da ação civil pública*. São Paulo: Revista dos Tribunais, 2001, p. 103.

275 ALMEIDA, João Batista de. *Aspectos controvertidos da ação civil pública*, p. 103.

276 MAZZILLI, Hugo Nigro. *A defesa dos interesses difusos em juízo*. 18. ed. rev., ampl. e atual. São Paulo: Revista dos Tribunais, 2005, p. 303-304.

277 NERY JUNIOR, Nelson; NERY, Rosa Maria de Andrade. *Código de processo civil comentado e legislação extravagante*. 3. ed. rev., atual e ampl. São Paulo: Revista dos Tribunais, 2005 p. 1429.

O ECA (art. 210, § 1º, da Lei 8.069.90) e Estatuto do Idoso (art. 81, § 1º, da Lei 10.741.03) também admitem o litisconsórcio ativo facultativo entre Ministérios Públicos diversos.

7.2. O Ministério Público Estadual na Tutela Coletiva (apontamentos e considerações reflexivas)

O Ministério Público Estadual tem um papel importantíssimo na defesa das coletividades em nosso País. Inegavelmente, a maior parte dos procedimentos envolvendo a atuação, judicial e extrajudicial, na defesa dos direitos difusos e coletivos tramita e/ou tem início nos Ministérios Públicos dos Estados, seja em razão da maior capilaridade desse ramo do Ministério Público (até por seu maior número de Membros), seja em razão da competência jurisdicional prevista na CR/1988 para a Justiça Estadual (arts. 109 e 125 da CR/1988).

A publicação *Ministério Público: Um retrato*, de responsabilidade do Conselho Nacional do Ministério Público, fornece uma dimensão da atuação Institucional em todas as suas múltiplas áreas de atuação, dividindo-se por ramos e sub-ramos, cômputo nacional, por região e por unidades estaduais[278].

De acordo com a edição 2018 da citada publicação, foram 191.235 inquéritos civis e procedimentos preparatórios instaurados pelo MPE e MPDFT, ao lado de outros 217.716 feitos arquivados na seara extrajudicial, no ano de 2018. Foram 12.323 Termos de Ajustamento de Conduta celebrados. Entre os assuntos mais recorrentes dessa atuação extrajudicial, foram observados, em ordem decrescente: improbidade administrativa, meio ambiente, patrimônio público, criança e adolescente, saúde, consumidor, ordem urbanística, educação, pessoa idosa e outros assuntos[279].

Mas, o estudo do papel constitucional do Ministério Público Estadual na defesa das coletividades passa por uma necessária reflexão sobre o atual modelo de sociedade, complexa e mutável, que hoje verificamos.

O enfrentamento das questões complexas envolvendo a tutela das coletividades no âmbito estadual necessita urgentemente de uma releitura estratégica a fim de conseguirmos superar a forma desarticulada que hoje observamos em várias unidades do MPE.

A dificuldade de ofertar políticas públicas a todas as camadas da sociedade é hoje fato que faz assolar os tribunais com milhares de ações individuais ou, na melhor das hipóteses, de ações coletivas que não conseguem atacar o problema em sua raiz.[280]

[278] Disponível em <http://www.cnmp.mp.br/portal/images/Publicacoes/documentos/2018/MP_UM_RETRATO_2018_WEB.pdf>. Acesso em 25.11.2018.

[279] Disponível em <http://www.cnmp.mp.br/portal/images/Publicacoes/documentos/2018/MP_UM_RETRATO_2018_WEB.pdf>. Acesso em 25.11.2018.

[280] "E as estatísticas mostram que, apesar da plena operacionalidade do minissistema das ações coletivas e dos esforços dos que a elas são legitimados (principalmente Ministério e Defensoria Pública e, em menor medidas as associações), os processos coletivos ainda são subutilizados no Brasil, havendo grande preponderância de ações individuais em relação às coletivas". GRINOVER, Ada Pellegrini. *Ensaio sobre a processualidade*: fundamentos para uma nova teoria geral do processo. Brasília: Gazeta Jurídica, 2016, p. 57-58.

Some-se a isso a uma profunda crise na gestão processual das demandas coletivas, competição ou preferência no julgamento de feitos cíveis muito mais simples ou de complexidade muito mais reduzida, falta de órgãos jurisdicionais especializados na matéria, cultura social da atuação litigiosa e adversarial, falta de preparo acadêmico dos operadores de Direito para uma cultura da consensualidade, tudo isso é mais um dos obstáculos que tem sido observado na crise de eficiência da discussão judicializada dos direitos difusos e coletivos em nosso País[281].

Em muitos casos, observa-se que os legitimados coletivos ativos no ordenamento jurídico pátrio atuam em plena dissonância e ausência de estratégia compartilhada. Assim, é comum por vezes o ajuizamento de ações coletivas tanto pelo Ministério Público quanto por outros colegitimados com objeto similar ou mesmo colidente.

O processo coletivo que altera, impõe ou reestrutura políticas públicas não tem se mostrado a melhor ferramenta para permitir a fruição de direitos sociais. E a razão é simples: na experiência brasileira, o uso da via judicial coletiva acabou por desvirtuar o remédio.

No âmbito jurisdicional[282], a condução de processos estruturantes (de implantação de políticas públicas) é das tarefas mais especializadas e dos maiores desafios que hoje enfrenta a Magistratura brasileira. Assuntos relacionados a interesses difusos e coletivos normalmente possuem uma acentuada carga de complexidade informacional, estrutural, técnica e orgânica, que refoge por completo ao mero tecnicismo jurídico do dia a dia.[283]

Não se pode olvidar que toda a execução de uma política pública envolve, previamente, o planejamento e a elaboração de um programa político-governamental sobre aquelas ações que serão implantadas. Por tal motivo, parece-nos que a sindicabilidade dos atos administrativos não pode ser absoluta, ao ponto de promover uma indevida invasão no espectro da governabilidade do Poder Executivo.

Até porque, frise-se: inclusive a elaboração e a concretização de uma política pública deve respeitar uma série de postulados e uma infinidade de regramentos determinados pela própria Constituição Federal. Por isso, a determinação de qualquer política pública, em nível macro, é medida que deve passar por vários crivos e formas de controle (político, legal, técnico, social, institucional, financeiro, fiscal *etc*).

São válidas as ponderações de Sabrina Nasser de Carvalho:

---

[281] THIBAU, Tereza Cristina Sorice Baracho; REIS, Ludmila Costa. Meios autocompositivos de resolução de conflitos: reflexões sobre a adequação técnica em favor da efetividade. *Revista Opinião Jurídica*, Fortaleza, v. 14, p. 196, jul./dez. 2016.

[282] "A ineficácia dos modelos tradicionais de atuação da Jurisdição em conflitos coletivos tem levado à adoção de uma intervenção experimentalista, na qual, em lugar de regular de forma prescritiva as relações, o Poder Judiciário exerce papel de mediador do conflito, buscando a progressiva negociação das partes, em busca de soluções construídas e sujeitas a constante revisão. Os conflitos coletivos apresentam características que demandam específicas alterações quanto ao seu processo, no sentido de reduzir a tensão social existente e contribuir para a pacificação do conflito social subjacente. Entre tais alterações, destacam-se aperfeiçoamentos no âmbito (i) da instrução e ordenação do processo; (ii) do contraditório; (iii) da própria concepção de provimento jurisdicional; e (iv) da fase de execução". ARELLANO, Luis Felipe Vidal. Para além da reserva do possível: cognição conglobante e dialética on controle jurisdicional de políticas públicas. *Revista de Processo*, São Paulo, v. 266, p. 393-417, abr. 2017.

[283] VITORELLI, Edilson. *O devido processo legal coletivo: dos direitos aos litígios coletivos*. São Paulo: Revista dos Tribunais, 2016.

> Em primeiro lugar, a fase de elaboração de um programa governamental que veicule uma política pública deve respeitar regras pré-determinadas as quais funcionam como verdadeiro limite à liberdade da deliberação política do governante.
>
> No processo de construção de um programa governamental, não se pode olvidar os princípios e as regras jurídicas do direito administrativo, a exemplo daqueles que permeiam os serviços públicos, os procedimentos administrativos, a contratação dos funcionários ou serviços, formas de organização da administração indireta, dos contatos administrativos, licitações entre outros. Ou seja, há um regramento pré-determinado que decorre do Direito Administrativo e que serve de limite ao âmbito das decisões políticas e sobre o qual a esfera volitiva do governante não pode se sobrepor e jamais desconsiderar.[284]

Quais seriam os limites da atividade jurisdicional no tocante à determinação de implantação de políticas públicas? Qual o tipo de controle é permitido ao Judiciário realizar? Poderia uma ação civil pública determinar a realização de um grande projeto envolvendo serviços públicos da mais complexa execução, sem que o autor coletivo efetivamente indique os meios (orçamento, viabilidade técnica, pertinência social, legitimidade democrática *etc.*) e aponte os fins e os resultados esperados a partir de tal demanda?

Há forte entendimento doutrinário criticando a chamada política judicializada. Para Rui Martinho Rodrigues e outros, é fácil ao órgão judicante apontar fundamentos jurídicos para a implantação de uma política pública, mesmo que a intenção em tela esteja permeada de casuísmo e arbítrios por parte do magistrado e mesmo na conduta do membro do Ministério Público:

> A política judicializada é entendida como o procedimento pelo qual os tribunais e até juízes e órgãos do Ministério Público determinam políticas públicas previstas genericamente em atos do Poder Legislativo ou do Executivo. O clássico sistema de freios e contrapesos fica assim ameaçado, substituído pela simples obrigação, imposta à autoridade judicante, de fundamentar sua decisão. A obrigação aludida, de fundamentar a decisão, quando se apresente como cumprimento da normatividade escudada na representação política, não se constitui em garantia, porque é perfeitamente possível, a uma autoridade de habilidade mediana, fundamentar quase tudo o que enseja casuísmos e arbitrariedades.[285]

O problema do acionamento jurisdicional para a implantação de políticas públicas é porque, em regra, a atuação dos legitimados coletivos costuma ser meramente responsiva. Isso significa, por exemplo, que nem sempre o Ministério Público realiza um estudo pormenorizado (inclusive com o auxílio de especialistas) sobre as circunstâncias fáticas envolvendo a demanda que lhe é apresentada pela sociedade em gabinete.

Assim, quando várias pessoas buscam o órgão do Ministério Público Estadual, reclamando, por exemplo, do mau cheiro insuportável em determinado bairro, por conta da ausência de saneamento básico e esgotamento sanitário, de nada adiantará

---

[284] CARVALHO, Sabrina Nasser de. *Processos coletivos e políticas públicas*: mecanismos para a garantia de uma prestação jurisdicional democrática. São Paulo: Contracorrente, 2016, p. 79-80.

[285] RODRIGUES, Rui Martinho *et al. A (i)legitimidade das políticas públicas:* a República entre a igualdade e a especificidade. São Paulo: Malheiros, 2005, p. 36.

a mera constatação do problema indicado se, além disso, o Promotor de Justiça não buscar entender a questão urbanística e ambiental como um todo naquela cidade.

Uma atitude prematura, portanto, consistirá no ajuizamento de uma ação civil pública para reparar o citado dano ambiental localizado naquele bairro. Mas, e se em outros bairros houver o mesmo problema, será que a solução indicada naquela via judicial será mesmo a mais efetiva? E se houver outros problemas de igual importância, ainda que em áreas diferentes, como identificar qual a prioridade a ser enfrentada?

Em outros termos: quais critérios e sob quais diretrizes os legitimados coletivos devem atuar quando optarem pela judicialização de uma política pública em face do ente governamental? Quais os balizadores para se aferir a pertinência da escolha realizada? Como, portanto, concluir-se pelo acerto da ação judicial, do ponto de vista da real e efetiva transformação positiva da realidade social?

A avaliação global na escolha de uma política pública possui alguns parâmetros mínimos, geralmente não levados em conta pelos legitimados ativos. A ausência de dados, indicadores sociais e informações sobre os impactos positivos e negativos no momento de judicialização de determinada política pública é fator de empobrecimento do ideário pensado para a tutela coletiva, tornando aquém ou esmaecido o uso da ferramenta constitucionalmente concebida.

Sobre tais critérios e indicadores, escreveu Rui Martinho Rodrigues e outros:

> Quando se quiser avaliar políticas públicas, devem ser preliminarmente considerados: o inventário dos objetivos da política pública em comento – abordagem que pode começar pelo critério da ampliação da oferta do serviço público –, em termos quantitativos; o exame dos seus efeitos sobre o aprimoramento da qualidade dos serviços prestados aos usuários das instituições de interesse social; o estudo dos destinatários da ação afirmativa em análise e a sua condição de hipossuficientes; e a natureza dos benefícios que pretende oferecer, para que se observe a condição de mínimo existencial.
>
> [...]
>
> Continuando a análise, pode-se empreender o estudo da legitimidade da política pública com base nos seus objetivos. Nesta etapa devem ser contemplados: a razoabilidade e a equidade da política pública em exame; o critério da legitimidade jurídica, que guarda relação com o alcance e a efetividade da ação em estudo; o significado político-social da política pública em exame. Uma vez definido os objetivos, os destinatários, o alcance, a efetividade e o significado da ação pretendida, deve-se verificar se a discriminação supostamente positiva é compatível com os critérios anteriormente definidos. O critério da eticidade também deve ser considerado. É quando se examinam outros critérios, entre os quais a legitimidade política, a legitimidade jurídica e a eticidade da política pública que se pretende avaliar.[286]

Com efeito, não temos uma forma estratégica de atuação uniforme no âmbito de cada um dos Ministérios Públicos nos Estados e isso, em grande medida, propicia o

[286] RODRIGUES, Rui Martinho *et al. A (i)legitimidade das políticas públicas*, p. 48-49. E concluem os autores: "Vale repetir que toda política pública deve ter por finalidade a ampliação da oferta dos serviços públicos, em termos quantitativos; o aprimoramento da qualidade dos serviços prestados aos usuários das instituições de interesse social; os destinatários escolhidos pela política pública, que deve objetivar o favorecimento das parcelas mais sacrificadas da população, havidas por hipossuficientes; e a natureza dos benefícios oferecidos por uma política pública, considerando-se o imperativo do mínimo existencial e a superação das desigualdades sociais e regionais, hão de ser sopesados quando da avaliação, seja da sua eficácia, efetividade, natureza pública e até da sua constitucionalidade. *Op. cit.* p. 49.

surgimento de modelos diversos de enfrentamento das complexidades envolvendo a tutela coletiva. Como resultado, a visão individualmente personalizada de cada Promotor de Justiça ou Procurador de Justiça tende a desconstruir o sistema protetivo dos direitos constitucionais da sociedade.

Em outros termos: quando cada Membro do Ministério Público Estadual decide, à sua maneira, promover a tutela das coletividades no âmbito de sua atuação extrajudicial e judicial, ocorre uma fragmentação de toda uma rotina estratégia que deveria ser pensada quando se tem em mira assuntos que, a experiência hodierna já nos comprovou, não é apta de ser enfrentada mediante simples silogismos, atuações subjetivamente reducionistas e ou de maneira desarticulada, alheia visão global do problema.

Alexandre Coura e Bruno da Fonseca nos apresentam alguns bons exemplos desses múltiplos modelos teóricos de atuação do Ministério Público, bem como tecem suas críticas em relação a cada um deles[287].

De acordo com os autores, alguns modelos de atuação de membros *parquetianos* apresentam baixo rendimento em termos de resolutividade, bem como questionável eficiência em termos de uma positiva transformação da realidade social.

O Ministério Público Estadual é um dos mais próximos canais de defesa e interação de que dispõe a sociedade. Realidade que se faz ainda mais firmemente verificada nas várias comarcas do interior do Brasil, é junto ao Promotor de Justiça que a coletividade em geral direciona suas reclamações e apresenta as mais variadas denúncias de violação de direitos.

Por óbvio, muitas dessas reclamações e denúncias não possuem o substrato fático e o embasamento jurídico que legitime a atuação do Ministério Público Estadual, pelas mais variadas razões.

Entre essas razões, por exemplo, podemos citar reclamações que digam respeito exclusivamente a direitos patrimoniais individuais disponíveis das partes, sem qualquer tipo de conexão com interesses públicos ou sociais.

Contudo, nem por isso, o membro do Ministério Público deve deixar de ter atenção a esse tipo de demanda, eis que, eventualmente, a intensa repetição na apresentação desse assunto em uma Promotoria de Justiça pode configurar ou revelar uma outra situação de desrespeito coletivo a direitos.

Quando um cidadão, isoladamente considerado, pretende discutir o valor de determinada fatura de energia elétrica contra a concessionária local, tal fato, isoladamente, pode não significar o material fático suficiente para o a acionamento do órgão público pelo Ministério Público. Contudo, quando a mesma notícia é levada ao conhecimento do Promotor de Justiça repetidas vezes por diferentes cidadãos, com certeza é adequado que o membro ministerial investigue melhor aquelas reclamações, eis que, somadas, podem representar uma violação coletiva aos consumidores naquela cidade.

O Plenário do Supremo Tribunal Federal, em acórdão relatado pelo Ministro Teori Zavascki, já se manifestou sobre a atuação do Ministério Público na defesa de

287 COURA, Alexandre de Castro; FONSECA, Bruno Gomes Borges da. *Ministério Público brasileiro*, p. 56-103.

direitos individuais com dimensão ampliada, os quais, coletivamente considerados, revestiam-se de interesse social qualificado, legitimando sua tutela pelo *Parquet*.

> Ementa: CONSTITUCIONAL E PROCESSUAL CIVIL. AÇÃO CIVIL COLETIVA. DIREITOS TRANSINDIVIDUAIS (DIFUSOS E COLETIVOS) E DIREITOS INDIVIDUAIS HOMOGÊNEOS. DISTINÇÕES. LEGITIMAÇÃO DO MINISTÉRIO PÚBLICO. ARTS. 127 E 129, III, DA CF. LESÃO A DIREITOS INDIVIDUAIS DE DIMENSÃO AMPLIADA. COMPROMETIMENTO DE INTERESSES SOCIAIS QUALIFICADOS. SEGURO DPVAT. AFIRMAÇÃO DA LEGITIMIDADE ATIVA. 1. Os direitos difusos e coletivos são transindividuais, indivisíveis e sem titular determinado, sendo, por isso mesmo, tutelados em juízo invariavelmente em regime de substituição processual, por iniciativa dos órgãos e entidades indicados pelo sistema normativo, entre os quais o Ministério Público, que tem, nessa legitimação ativa, uma de suas relevantes funções institucionais (CF art. 129, III). 2. Já os direitos individuais homogêneos pertencem à categoria dos direitos subjetivos, são divisíveis, tem titular determinado ou determinável e em geral são de natureza disponível. Sua tutela jurisdicional pode se dar (a) por iniciativa do próprio titular, em regime processual comum, ou (b) pelo procedimento especial da ação civil coletiva, em regime de substituição processual, por iniciativa de qualquer dos órgãos ou entidades para tanto legitimados pelo sistema normativo. 3. Segundo o procedimento estabelecido nos artigos 91 a 100 da Lei 8.078/90, aplicável subsidiariamente aos direitos individuais homogêneos de um modo geral, a tutela coletiva desses direitos se dá em duas distintas fases: uma, a da ação coletiva propriamente dita, destinada a obter sentença genérica a respeito dos elementos que compõem o núcleo de homogeneidade dos direitos tutelados (an debeatur, quid debeatur e quis debeat); e outra, caso procedente o pedido na primeira fase, a da ação de cumprimento da sentença genérica, destinada (a) a complementar a atividade cognitiva mediante juízo específico sobre as situações individuais de cada um dos lesados (= a margem de heterogeneidade dos direitos homogêneos, que compreende o cui debeatur e o quantum debeatur), bem como (b) a efetivar os correspondentes atos executórios. 4. O art. 127 da Constituição Federal atribui ao Ministério Público, entre outras, a incumbência de defender "interesses sociais". Não se pode estabelecer sinonímia entre interesses sociais e interesses de entidades públicas, já que em relação a estes há vedação expressa de patrocínio pelos agentes ministeriais (CF, art. 129, IX). Também não se pode estabelecer sinonímia entre interesse social e interesse coletivo de particulares, ainda que decorrentes de lesão coletiva de direitos homogêneos. Direitos individuais disponíveis, ainda que homogêneos, estão, em princípio, excluídos do âmbito da tutela pelo Ministério Público (CF, art. 127). 5. No entanto, há certos interesses individuais que, quando visualizados em seu conjunto, em forma coletiva e impessoal, têm a força de transcender a esfera de interesses puramente particulares, passando a representar, mais que a soma de interesses dos respectivos titulares, verdadeiros interesses da comunidade. Nessa perspectiva, a lesão desses interesses individuais acaba não apenas atingindo a esfera jurídica dos titulares do direito individualmente considerados, mas também comprometendo bens, institutos ou valores jurídicos superiores, cuja preservação é cara a uma comunidade maior de pessoas. Em casos tais, a tutela jurisdicional desses direitos se reveste de interesse social qualificado, o que legitima a propositura da ação pelo Ministério Público com base no art. 127 da Constituição Federal. Mesmo nessa hipótese, todavia, a legitimação ativa do Ministério Público se limita à ação civil coletiva destinada a obter sentença genérica sobre o núcleo de homogeneidade dos direitos individuais homogêneos. 6. Cumpre ao Ministério Público, no exercício de suas funções institucionais, identificar situações em que a ofensa a direitos individuais homogêneos compromete também interesses sociais qualificados, sem prejuízo do posterior controle jurisdicional a respeito. Cabe ao Judiciário, com efeito, a palavra final sobre a adequada legitimação para a causa, sendo que, por se tratar de matéria de ordem pública, dela pode o juiz conhecer até mesmo de ofício (CPC, art. 267, VI e § 3.º, e art. 301, VIII e § 4.º). 7.

> Considerada a natureza e a finalidade do seguro obrigatório DPVAT – Danos Pessoais Causados por Veículos Automotores de Via Terrestre (Lei 6.194/74, alterada pela Lei 8.441/92, Lei 11.482/07 e Lei 11.945/09) -, há interesse social qualificado na tutela coletiva dos direitos individuais homogêneos dos seus titulares, alegadamente lesados de forma semelhante pela Seguradora no pagamento das correspondentes indenizações. A hipótese guarda semelhança com outros direitos individuais homogêneos em relação aos quais – e não obstante sua natureza de direitos divisíveis, disponíveis e com titular determinado ou determinável -, o Supremo Tribunal Federal considerou que sua tutela se revestia de interesse social qualificado, autorizando, por isso mesmo, a iniciativa do Ministério Público de, com base no art. 127 da Constituição, defendê-los em juízo mediante ação coletiva (RE 163.231/SP, AI 637.853 AgR/SP, AI 606.235 AgR/DF, RE 475.010 AgR/RS, RE 328.910 AgR/SP e RE 514.023 AgR/RJ). 8. Recurso extraordinário a que se dá provimento[288].

E essa violação de direitos, aparentemente individual, mas reiterada, dificilmente é apta de ser detectada na lógica da gestão de processos físicos. Por essa razão, outro desafio para o Ministério Público Estadual é preparar sua rede de Tecnologia da Informação para trabalhar com grandes bancos de dados e *business inteligence*.

Na verdade, o ideal é haver uma grande rede de compartilhamento de informações padronizadas entre todos os Ministérios Públicos, do Estado e da União, de modo a permitir ao membro *parquetiano* aplicar filtros e proceder a pesquisas elaboradas, com alto poder de detalhamento. A reiteração de ações envolvendo o mesmo assunto, contra o mesmo réu, em uma mesma região geográfica, com pedidos similares, *etc.*, em se trabalhando na lógica dos *big data*, sem dúvidas, o trabalho estratégico do Promotor de Justiça tornar-se-ia muito mais facilitado no campo da defesa das coletividades[289].

Além disso, o Membro do Ministério Público deve ser apto a conhecer pormenorizadamente o espaço territorial de sua atuação (os municípios e distritos que compõem sua comarca), além do corpo social, as autoridades, as associações e organismos públicos e privados que ali atuam. Essa interação social possibilita que o membro tenha maior facilidade de identificar certas essencialidades inerentes ao objeto da tutela coletiva em questão, e especialmente, permitir traçar uma melhor estratégia para o enfrentamento do problema.

Por isso, Alexandre Coura e Bruno Fonseca ressaltam a importância da atuação fora do gabinete do Membro do Ministério Público, interagindo seja com os demais

[288] BRASIL. Supremo Tribunal Federal. RE 631111. Tribunal Pleno. Relator Ministro Teori Zavascki. Julgado em 07/08/2014.

[289] "Suponha-se que uma grande montadora de automóveis passe a violar um direito previsto na legislação trabalhista, afetando milhares de funcionários, e os trabalhadores individualmente procurem a Justiça do Trabalho para fazer valer o seu direito. Na lógica cartorária dos processos físicos, o Estado não consegue detectar com eficiência que trata-se de uma violação sistêmica. Seriam necessários muitos processos com a mesma demanda e uma boa comunicação entre os atores oficiais do processo para que a situação de violação pudesse ser compreendida de forma ampliada. Na lógica do *big data*, sendo o algoritmo programado para detectar determinados padrões de comportamento nas petições eletrônicas, bastariam poucas ações para o sistema estatal gerar uma comunicação eletrônica não apenas a todos os magistrados trabalhistas competentes, mas também, por exemplo, aos Auditores Fiscais do Trabalho (Ministério do Trabalho e Emprego), ao Ministério Público do Trabalho (MPT) para apuração correspondente. Nesta hipótese, uma ação conjunta e integrada dos agentes públicos seria possível em pouquíssimo espaço temporal e poderia evitar com mais rapidez e eficiência a perpetuação da violação do direito". ORSINI, Adriana Goulart de Sena; LARA, Caio Augusto Souza. O fenômeno do big data e os pressupostos para uma nova onda de acesso material à Justiça. *Conpedi Law Review*, Costa Rica , v. 3, n. 1, p. 85-86, jan./jun. 2017.

colegas e setores na própria Promotoria de Justiça, e em especial com as entidades públicas, sociedade civil e pessoas na comarca[290].

A Recomendação de Caráter Geral nº 02/2018, da Corregedoria Nacional do Ministério Público, já estudada em tópicos anteriores, dispõe sobre sobre parâmetros para a avaliação da resolutividade e da qualidade da atuação dos Membros e das Unidades do Ministério Público pelas Corregedorias-Gerais.

Basicamente, trata-se de documento que orienta as Corregedorias-Gerais nas unidades do Ministério Público brasileiro no momento de identificar se o membro correcionado apresenta postura resolutiva no âmbito de sua atividade-fim.

Nesse sentido, um dos fatores que a citada Recomendação sugere seja observado diz justamente respeito a esse contato entre o Promotor de Justiça e a sociedade.

> Art. 18. Para aferir se o órgão correicionado tem se inteirado dos reais problemas sociais e se ele realmente conhece a realidade social local, a Equipe Correicional aferirá se o correicionado tem priorizado o diálogo com a população por meio do atendimento ao público, da interação com a sociedade civil organizada, da participação em audiências públicas e da realização delas, de reuniões, encontros, fomento e apoio à articulação comunitária, parcerias com programas de extensão universitária, mediação entre poder público e sociedade civil, visitas técnicas de campo a locais em estado de vulnerabilidade social, conhecimento sobre redes de serviços, demandas sociais locais e regionais.

Outrossim, a atuação desarticulada, sem estratégia e pautada exclusivamente no desejo particular de cada Promotor de Justiça é própria de um modelo teórico identificado por Alexandre Coura e Bruno da Fonseca como *Ministério Público pré-institucionalizado*, ou seja, de uma época em que o "[...] Ministério Público brasileiro P brasileiro, dos séculos XV a XIX, permaneceu, pelo menos no plano normativo, afastado da ideia de instituição e de unidade"[291].

E atuação coordenada significa, ainda, saber utilizar os recursos e instrumental à disposição para aferir o melhor resultado.

A falta de compreensão correta sobre o planejamento e efetivação de uma política pública acaba por contribuir no ajuizamento de ações açodadas por determinadas instituições. Por vezes, o resultado será o surgimento de uma ação coletiva fruto de convicção subjetivas do legitimado coletivo, mas afastada da racionalidade de uma gestão pública global que, em regra, tenta prestigiar todos os ângulos na entrega do bem comum.[292]

São situações de uma complexidade administrativa tão abrangente que, de fato, necessário se mostra o firmamento de novos polos de discussão dentro e para

---

[290] COURA, Alexandre de Castro; FONSECA, Bruno Gomes Borges da. *Ministério Público brasileiro*, p. 102.

[291] COURA, Alexandre de Castro; FONSECA, Bruno Gomes Borges da. *Ministério Público brasileiro*, p. 58. Ainda de acordo com os autores: "Macrolesões reclamam uma atuação articulada dos membros do Ministério Público e a ausência de organização institucional dificulta aquele suposto modelo de obter sucesso nesse cenário. Esse modo de agir *pré-institucionalizado* é inadequado par atuações sob a forma de forças-tarefas, de *mutirões* e outras estrategicamente elaboradas com objetivos pré-fixados. Enfim, incompatibiliza-se com as exigências sociais da modernidade. *Op. cit.*, p. 59.

[292] FREITAS, Juarez. *Discricionariedade administrativa e o direito fundamental à boa Administração Pública*. 2. ed. São Paulo: Malheiros Editores, 2009.

além do Direito, para passarmos a enxergar o real papel do processo coletivo como instrumento de efetivação dos interesses massificados.

Um dos temas que ganhou novo fôlego na atuação do Ministério Público na defesa das coletividades diz respeito à autocomposição em sede processual na tutela das coletividades, notadamente a partir da sinalização principiológica de um modelo sistêmico de solução consensual no CPC/2015 com base em múltiplas ferramentas devidamente positivadas no citado *Codex*[293], embora desde 2014 o Conselho Nacional do Ministério Público, por meio da sua Resolução 118/2014, já houvesse instituído a sua Politica Nacional de Incentivo à Autocomposição no âmbito do Ministério Público.

Por exemplo, entre outras disposições, previu o citado ato:

> Das Convenções Processuais
>
> Art. 15. As convenções processuais são recomendadas toda vez que o procedimento deva ser adaptado ou flexibilizado para permitir a adequada e efetiva tutela jurisdicional aos interesses materiais subjacentes, bem assim para resguardar âmbito de proteção dos direitos fundamentais processuais.
>
> Art. 16. Segundo a lei processual, poderá o membro do Ministério Público, em qualquer fase da investigação ou durante o processo, celebrar acordos visando constituir, modificar ou extinguir situações jurídicas processuais.
>
> Art. 17. As convenções processuais devem ser celebradas de maneira dialogal e colaborativa, com o objetivo de restaurar o convívio social e a efetiva pacificação dos relacionamentos por intermédio da harmonização entre os envolvidos, podendo ser documentadas como cláusulas de termo de ajustamento de conduta.

É de extrema importância ao Ministério Público Estadual conhecer as estratégias de atuação por meio de autocomposição, seja para permitir uma melhor fluência do próprio processo judicializado (convenções processuais), seja para permitir uma mais rápida restauração do direito material violado, por meio da celebração de acordos e ajustes diversos[294].

---

[293] Escreveu sobre o assunto Antonio do Passo Cabral: "Com efeito, o novo Código reforçou os mecanismos de autocomposição, incentivando as soluções cooperativas (art. 6º) e negociadas (art. 3º, §§ 2º e 3º); poistivou diversas disposições sobre conciliação e mediação nos tribunais (arts. 165 e 175); impôs ao juiz deveres de estímulo à autocomposição (art. 139, V); criou uma audiência de conciliação ou mediação (art. 334), posicionando os atos de defesa para um momento posterior (art. 335). O novel Código de Processo Civil não só manteve a disposição equivalente ao art. 158 do CPC de 1973, reproduzida no art. 200 (referente a uma cláusula geral de negociação processual), como também reproduziu acordos já previstos há décadas na legislação processual brasileira: eleição de foro (art. 63); suspensão convencional do processo (art. 313, II), convenção sobre distribuição do ônus da prova (art. 373, §§ 3º e 4º), dentre outras. Além disso, ampliou os negócios processuais típicos. P. ex., instituiu o calendário processual (art. 191), permitiu a redução convencionada de prazos peremptórios e ainda introduziu uma *cláusula geral* de convenções processuais (art. 190)". CABRAL, Antonio do Passo. As convenções processuais e o termo de ajustamento de conduta. IN: GODINHO, Robson Renault; COSTA, Susana Henriques da (coord.). *Ministério Público*. Salvador: JusPodivm, 2015, p. 202.

[294] "Desconstrói-se a noção de protagonismo único do órgão investido de jurisdição, na condução do processo judicial, oportunizando também às partes expressarem seus interesses. No caso das ações coletivas, em que as coletividades se apresentam como partes, os interesses se encontram sendo representados em juízo pelos entes intermediários, que passarão a ter a prerrogativa de ajustarem no sentido de modular o procedimento judicial, com vistas a viabilizar uma resolução mais célere e efetiva do conflito. [...] A inserção de convenções processuais, em instrumentos negociais extrajudiciais, por exemplo, pode minimizar discussões em juízo acerca das atribuições do ônus de prova, a partir do pré-ajustamento entre as partes, no sentido de se atribuir a cada uma a responsabilidade de provar os fatos cujo meio de prova lhe é de mais fácil acesso. De forma semelhante, a calendarização do processo é instrumento eficaz à redução do tempo médio de trâmite processual, na medida em que, estabelecendo prazos diferenciados às partes e ao juiz, e tornando desnecessárias as intimações, reduz os períodos em que o processo ficaria nas Secretarias. Tal fato ensejaria maior celeridade e acesso à justiça". THIBAU, Tereza

Tereza Cristina Sorice Baracho Thibau e Ludmila Costa Reis nos lembram que em sede de direitos transindividuais, nem sempre poderemos lançar mão da técnica autocompositiva de forma absoluta, transacionando ou renunciando, por exemplo, a determinados direitos fundamentais:

> Contudo, é preciso atentar para o fato de que nem todos os conflitos co- letivos são mediáveis. E isso se deve não apenas em virtude da impossibilidade de obtenção de consenso em relação a determinadas questões, mas, sobretudo, porque as técnicas autocompositivas não são aplicáveis ou suficientes em alguns casos. Por exemplo, questões que envolvem questionamentos de ordem constitucional sobre o que se pode ou não fazer, definição de conteúdo de direitos fundamentais ou valores morais, determinação se pessoas físicas ou jurídicas podem ou não agir de determinada forma que dependeria de autorização legal expressa ou ainda quando há grande disparidade de poder de negociação entre as partes representadas, sem que haja reais possibilidades de equalizá-lo. Com efeito, os processos decisórios dos poderes legislativo e judiciário revelam-se mais adequados em tais casos. Assim, vislumbra-se principalmente a possibilidade de utilização da mediação em conflitos coletivos nas hipóteses em que se discute alocação e distribuição de recursos ou ainda quando e como se executar obrigações de fazer[295].

Para Antonio do Passo Cabral, a indisponibilidade (em regra) dos direitos coletivos lato sensu em seu aspecto material, não impede que sejam celebrados acordos no tocante aos direitos processuais ou ao procedimento. Segundo o autor, inclusive com base no Enunciado 135 do Fórum Permanente dos Processualistas Civis, as "[ ] convenções, por exemplo, que alteram a forma de citação, ou os negócios que renunciam previamente a certos tipos de recurso ou meios de prova, não versam sobre o direito material, embora possam, é verdade, impactar a solução final do processo em relação a eles"[296].

Com efeito, a renúncia a meios de prova, por exemplo, em que pese referir-se a aspectos processuais da tutela coletiva e não ao próprio direito material em si, tem impacto direto e desdobramentos em outros institutos, como a própria formação da coisa julgada coletiva.

Em que pese não termos qualquer dúvida quanto à possibilidade de celebração de negócios processuais na tutela coletiva, o fato é que temos que compatibilizar o instrumento firmado à principiologia regente do direito processual coletivo brasileiro[297].

Cristina Sorice Baracho; VIANA, Thaís Costa Teixeira. Negócios jurídicos e a modulação do procedimento nas ações coletivas. *Revista de Processo, Jurisdição e Efetividade da Justiça*, Brasília, v. 3, n. 1 p. 87-88, jan./jun. 2017.

295 THIBAU, Tereza Cristina Sorice Baracho; REIS, Ludmila Costa. *Meios autocompositivos de resolução de conflitos*, p. 204.

296 E arremata: "Por esse motivo, a indisponibilidade sobre o direito material não leva necessariamente à indisponibilidade sobre as situações jurídicas processuais, até porque a convenção processual pode reforçar a proteção que o ordenamento jurídico atribui aos bens com algum grau de indisponibilidade". CABRAL, Antonio do Passo. *As convenções processuais e o termo de ajustamento de conduta*, p. 203.

297 Igual preocupação foi manifestada por Tereza Cristina Sorice Baracho Thibau e Thaís Costa Teixeira Viana: "No que concerne especificamente à possibilidade de celebração de negócios jurídicos processuais, com o intuito de se modular determinados aspectos do procedimento previsto em lei, sua aplicabilidade no âmbito de ações coletivas deve ser analisada de forma minuciosa, com o fim de se impedir que a concretização de determinadas alterações no processo – ainda que mediante a anuência das partes – prejudique o interesse das coletividades que estejam sendo discutidos. Da mesma forma, faz-se mister averiguar se os próprios limites impostos pela legislação processual civil à celebração de negócios jurídicos processuais inviabilizaria a sua aplicação no âmbito de ações coletivas". THIBAU, Tereza Cristina Sorice Baracho; VIANA, Thaís Costa Teixeira. *Negócios jurídicos e a modulação do procedimento nas ações coletivas*. p. 87-88.

Como abrir de mão da produção de determinada prova ou ainda consignar eventual proibição na utilização de determinada via procedimental, quando temos, em sentido opostos, princípios que nos informam, entre outros, a *máxima efetividade do processo coletivo*, segundo o qual deve ser alcançada a verdade processual em seu grau máximo e, para tanto, o juiz deverá determinar a produção de todas as provas pertinentes, para que a tutela jurisdicional se esgote de forma legítima, ou ainda a *máxima amplitude da tutela jurisdicional coletiva comum*, a admitir todos os tipos de ações, procedimentos, provimentos e medidas necessárias e eficazes para a tutela dos direitos massificados[298]?

Além disso, a atuação encontrada na tutela coletiva pelo Ministério Público Estadual envolve, por vezes, a necessidade de deter saberes de outras áreas do conhecimento humano e, mais especificamente, de fora da teoria do direito, por conta da complexidade dos fatos em geral debatidos em demandas dessa natureza. Por essa razão, um modelo de atuação meramente ligado ao positivismo jurídico igualmente parece tornar sem rendimento os esforços direcionados na defesa dos interesses transindividuais[299].

O sistema de justiça precisa evoluir e expandir-se de modo a receber os influxos teóricos de outros ramos do saber. E aqui referimo-nos não apenas às ciências das humanidades, mas em especial às novas possibilidades que o *cibermundo* tem possibilitado e caminhado como ferramenta de suporte para a aquisição e manutenção da cidadania notadamente às classes excluídas do contexto de empoderamento de direitos.

Contudo, Alexandre Coura e Bruno da Fonseca também advertem sobre os cuidados que recaem sobre o modelo teórico pós-positivista de Ministério Público, recheado de equívocos metodológicos na interpretação e aplicação alargada de princípios jurídicos e do postulado da dignidade da pessoa humana como metalinguagem[300].

Com razão, se a aplicação de um positivismo meramente legalista é insuficiente para dar plena solução aos intrincados problemas afetos aos problemas das coletividades, por outro lado, o uso desvirtuado das premissas do pós-positivismo igualmente pode tornar apequenada a tutela coletiva.

Nesse sentido:

> Na era do pós-positivismo, o reconhecimento da dimensão normativa principiológica do sistema jurídico, induvidosamente, acarretou uma série de benefícios no processo hermenêutico do direito. Todavia, por outro ângulo, alguns operadores do direito, de

---

298 ALMEIDA, Gregório Assagra de; ALMEIDA, Flávia Vigatti Coelho de. *Direito processual coletivo e a proposta de reforma do sistema das ações coletivas no Código de Defesa do Consumidor no Brasil*, p. 432-435.

299 "A problemática concepção unidisciplinar prejudica, por consequência, a possibilidade de transdiciplinaridade e o produtivo diálogo com outras ciências. A atuação pautada em única ciência afastaria, por exemplo, reflexões abertas ao pluralismo jurídico, ao multiculturalismo e, mesmo, a novas tecnologias. Em situações complexas, como lesões ao meio ambiente, à saúde de trabalhadores e dilemas familiares, o olhar monocular acabaria inviabilizando o êxito da ação do Ministério Público. [...] A atuação do Ministério Público, em uma sociedade complexa e globalizada, exige o conhecimento do Direito, mas também abertura a outras ciências, como a Sociologia, a Economia, a Psicologia, a Física, dentre outras, as quais desempenham papel fundamental na prevenção e no equacionamento de conflitos". COURA, Alexandre de Castro; FONSECA, Bruno Gomes Borges da. *Ministério Público brasileiro*, p. 73.

300 COURA, Alexandre de Castro; FONSECA, Bruno Gomes Borges da. *Ministério Público brasileiro*, p. 82.

forma metodologicamente equivocada, têm banalizado a concepção principiológica pós-positivista, bem como almejam a dignidade humana como *superprincípio* e de metalinguagem.

Em virtude desse entendimento superficial sobre o movimento pós-positivista, nos planos teórico e pragmático, iniciou-se o costume de tudo ser nomeado como princípio. A partir do senso comum dos operadores do direito, certos princípios são criados nos discursos jurisdicionais de aplicação normativa, sem conexão com o ordenamento jurídico em vigor e sem a legitimação decorrente do processo legislativo. Hoje temos princípios sobre e para tudo. Inclusive, não raras vezes, discute-se acerca do nome empregado do suposto princípio[301].

No âmbito da tutela coletiva, o Ministério Público Estadual deve estar vigilante quanto à invocação de fórmulas jurídicas ocas, sem qualquer tessitura ou densidade normativa. Com efeito, o uso desenfreado de máximas de experiências transvestidos impropriamente de princípios tem servido de mote para legitimar e em alguns casos deslegitimar a própria defesa da sociedade.

Outra faceta da atuação do Ministério Público dos Estados diz respeito à sua possibilidade de atuação inclusive com outras unidades de outros Ministérios Públicos Estaduais e até mesmo com outros ramos, como o MPF e o MPT.

A tutela coletiva, não raras vezes, tem a aptidão de atingir bens que inclusive tocam o território de outros países. Ao longo de toda a faixa de fronteira no Brasil, Estados como o Amazonas, Rondônia, Mato Grosso, Mato Grosso do Sul, Roraima, Rio Grande do Sul, Acre e outros, são suscetíveis de desenvolverem problemas sociais cuja solução por vezes deverá ser buscada a partir de cooperação internacional com outros países.

Por exemplo, demandas envolvendo a rede pública de saúde e de educação em tais Estados por conta do atendimento a estrangeiros no território brasileiro; danos ambientais relacionados a poluição transfronteiriça etc., tudo isso demanda uma atuação articulada tanto do Ministério Público Estadual quanto do Ministério Público Federal, especialmente quando se desejar articular estratégias de atuação verdadeiramente efetivas diante da complexidade apresentada[302].

Mais que isso: deve o Ministério Público saber lidar, racionalmente, com os instrumentos que estão à sua disposição, tais como ações civis públicas, audiências públicas, recomendações, termos de ajustamento de conduta, reuniões institucionais

---

301 COURA, Alexandre de Castro; FONSECA, Bruno Gomes Borges da. *Ministério Público brasileiro*, p. 85.

302 Segundo escreveu Hermes Zaneti Jr.: "O MP entendido como instituição de garantia deve avançar para a tutela não-monopolística dos direitos coletivos *lato sensu*, quer no âmbito processual civil, quer no âmbito penal, quer no âmbito nacional, quer no internacional, sendo imperativa sua expansão transfronteiriça para fazer frente aos ilícitos que atingem – no âmbito civil e penal – os direitos fundamentais de caráter não-territorial, necessidades de tutelas não mais apenas restritos aos limites do território nacional, mas por se tratarem de situações jurídicas complexas e permissões especiais de aproveitamento de tutela de natureza indivisíveis, extensíveis para além das fictícias linhas geopolíticas. A poluição transfronteiriça, as práticas comerciais e concorrenciais abusivas, no âmbito do direito do consumidor, para além das fronteiras nacional em razão da existência de mercados comuns e do comércio pela *internet*; a criminalidade transfronteiriça, especialmente ligada à corrupção política, as falências transfronteiriças, entre outros problemas da nossa sociedade contemporânea merecem atenção redobrada. O legislador, que justamente por essa razão estabeleceu normas de cooperação internacional no novo CPC, dá papel de destaque ao MP (art. 33, par. único). ZANETI JR., Hermes. Código de Processo Civil 2015: ruptura do paradoxo entre o Ministério Público da Legalidade e o Ministério Público Constitucional. IN: GODINHO, Robson Renault; COSTA, Susana Henriques da (coord.). *Ministério Público*. Salvador: JusPodivm, 2015, p. 49.

e, acima de tudo, promover um diálogo com a sociedade de forma aberta e sempre buscando amealhar o maior número possível de informações para conseguir traçar, junto com a sociedade, um atuar verdadeiramente indutor da transformação social.

E mesmo nessa atuação extrajudicial, sobretudo no âmbito estadual, há riscos de o Promotor de Justiça desenvolver um trabalho meramente formal, sem conseguir atingir os aspectos mais essenciais dos conflitos sociais à sua frente.

Eduardo Cambi traz uma interessante distinção entre o chamado Membro de Gabinete e o Membro de Fato na defesa dos interesses metaindividuais[303].

O Membro de Gabinete, de atuação passiva e meramente burocrática, seria aquele Promotor que não se preocupa com discussão positiva e com a busca dialogada da solução. Não tem interesse em manter um canal aberto com a sociedade, não desenvolve trabalho proativo e com planejamento estratégico, não promove escolhas prioritárias e sua relação com as entidades governamentais e com a sociedade civil é fria e distante, por intermédio da expedição de ofícios e recomendações impessoais, desprovidas de inserção na irregularidade existente ou porvir[304].

Já o Membro de Fato, este sabe utilizar os procedimentos extrajudiciais como um perfeito catalisador de soluções entre a sociedade e o Poder Público, atua em rede de cooperação na condição de um articulador e, levando em consideração a completude da situação posta em debate, busca a melhor solução negociada para os interesses em jogo. Realiza visitas regulares aos vários nichos da sociedade civil, e tem na sua atuação preventiva o grande destaque para evitar a lesão ou ameaça a direitos transindividuais. Realiza gestão de resultados, levando em consideração os impactos coletivos, em vez de soluções individualizadas. Por fim, utiliza a via judicial com extrema racionalidade, apenas quando esgotadas todas as possibilidades de resolução extrajudicial da questão, com amplo acervo probatório, facilitando inclusive o deferimento de tutelas antecipatórias diversas[305].

O Ministério Público Estadual deve ser dotado de um canal de comunicação pleno com a sociedade civil e igualmente com o Poder Público. A atuação em políticas públicas impor um agir coordenado e com ampla participação dos envolvidos e afetados.

Segundo Alexandre Coura e Bruno da Fonseca, o Ministério Público, na condição de macro-sujeito, tem que se preocupar com esse déficit de participação popular no processo de escolhas e planejamento no âmbito da indução de políticas públicas. Um agir individualizado do Promotor de Justiça torna as ações coletivas e os expedientes extrajudiciais de pouca valia. É salutar que o Membro ministerial conheça os pontos de vista dos potenciais afetados e promova a inserção especialmente dos hipervulneráveis no processo comparticipativo envolvendo a tutela coletiva[306].

303 CAMBI, Eduardo. Ministério Público Resolutivo: o modelo contemporâneo de atuação institucional. São Paulo, *Revista dos Tribunais*, vol. 982, p. 107-134, ago. 2017.

304 CAMBI, Eduardo. Ministério Público Resolutivo: o modelo contemporâneo de atuação institucional. São Paulo, *Revista dos Tribunais*, vol. 982, p. 107-134, ago. 2017.

305 CAMBI, Eduardo. Ministério Público Resolutivo: o modelo contemporâneo de atuação institucional. São Paulo, *Revista dos Tribunais*, vol. 982, p. 107-134, ago. 2017.

306 COURA, Alexandre de Castro; FONSECA, Bruno Gomes Borges da. *Ministério Público brasileiro*, p. 85.

Esse cenário é bastante perceptível especialmente diante do relacionamento institucional do Ministério Público Estadual com os Poder Executivo de municípios com menor poder financeiro. Ora, o controle de políticas públicas pelo Ministério Público não pode prescindir de uma análise realmente responsável e democrática. Não cabe ao Ministério Público, por assim dizer, assumir o papel precípuo ou protagonizar a definição das políticas públicas em um município; por isso, em seu papel fiscalizador, deve o Ministério Público fazê-lo de forma consciente e, acima de tudo, com respaldo nas reais demandas da coletividade atingida, objetivamente aferidas por meio de instrumentos de coleta de dados, prognósticos e indicadores sociais[307].

Isso quer significar que o Membro do Ministério Público, antes de mais nada, deve evitar tomar decisões de forma unilateral, sem o respaldo em estudos técnicos e compilação de informações que lhe forneçam segurança jurídica e uma visão ampliada tanto do problema quanto da solução indicada.

Em termos mais claros: a tutela coletiva promovida pelo Ministério Público no âmbito dos Estados deve ser aquela capaz de canalizar os anseios sociais, respeitar a efetiva capacidade administrativa do ente público e, acima de tudo, que represente a máxima efetividade dos direitos fundamentais presentes no texto constitucional.

E somente uma atuação dialógica e técnica do Promotor de Justiça será capaz de capturar todos esses elementos, sem que sua atividade-fim não represente um jogo de erros e acertos, um modelo de experimentalismo jurídico na defesa do corpo social[308].

Um alerta, contudo, mostra-se necessário: não convém ao *Ministério Público* que confunda sua atuação com a do gestor público, sob pena de, literalmente, a figura do fiscal mesclar-se à do fiscalizado. Por isso, o estreitamento institucional entre o Promotor de Justiça e os gestores públicos municipais e estaduais é importante para a construção de uma dialogicidade em prol da consolidação da democracia, mas não pode chegar ao ponto de o Ministério Público tornar-se um órgão consultivo do Poder Executivo, o que, além de encontrar expressa vedação no texto constitucional atual, representa notório retrocesso a um tempo em que o Ministério Público, de fato, não passa de um anexo do Poder Executivo[309].

Outro tema extremamente palpitante que envolve a tutela coletiva pelo Ministério Público Estadual diz respeito à produção probatória em processos coletivos.

---

307 SILVA, Alexandre Assunção e. *Ministério Público*: doutrina e regime jurídico. São Paulo: Edipro, 2013, p. 189.

308 Sobre o controle ministerial das políticas públicas, escreveu Alexandre Assunção e Silva: "Não lhe cabe, a princípio, escolher quais políticas públicas serão adotadas, uma vez que isso fica a critério dos Poderes Legislativo e Executivo. Entretanto, uma vez escolhida a direção a ser tomada, cabe-lhe verificar se estão sendo cumpridos os princípios constitucionais na realização de projetos, assim como sugerir alterações e correções, ou até ingressar com ações judiciais, para fazer respeitar o ordenamento jurídico nesse processo". SILVA, Alexandre Assunção e. Ministério Público, p. 185-186.

309 Tendo essas razões em conta, estamos certos de que, indubitavelmente, deve o Ministério Público colocar-se aberto e até mesmo fomentar este diálogo inter-institucional. Entretanto, há situações em que as orientações demandadas pelos gestores públicos ultrapassam a esfera da atuação resolutiva do Ministério Público e resvala para verdadeira consultoria municipal. [...] A confusão destes papeis e atribuições coloca em risco o delineamento constitucional que o texto de 1988 trouxe e que demarcou este novo paradigma para o Ministério Público". OLIVEIRA, Felipe Faria de. O Ministério Público resolutivo: a tensão entre a atuação preventiva e a autonomia institucional. IN: ALMEIDA, Gregório Assagra de; SOARES JÚNIOR, Jarbas (Coords.). *Teoria Geral do Ministério Público*. Belo Horizonte: Del Rey, 2013, p. 252-253.

A ciência do direito processual coletivo brasileiro não possui os mecanismos aptos para a produção racional das provas[310] necessárias envolvendo a discussão e a implantação de políticas públicas (causas complexas e processos estruturantes), seja na fase extrajudicial, seja no ambiente judicializado.

A despeito da previsão genérica da regra da distribuição dinâmica do ônus da prova presente no CPC/2015[311], a complexidade do julgamento de lides envolvendo interesses transindividuais é observada em múltiplos aspectos, tais como: a identificação do grupo atingido, a essencialidade do próprio interesse violado, a sua relação (e eventual conflito) com os demais direitos sociais, os meios de concretização da sentença proferida e a própria condução do processo coletivo em si.[312]

A situação da produção probatória envolvendo danos massificados torna-se ainda mais tormentosa quando deparamo-nos com eventos de natureza transnacionais, cuja repercussão em mais de um ordenamento jurídico faz incidir tratamento jurisdicional fragmentado em razão da ausência de tratamento legislativo uniforme, como por exemplo, a poluição hídrica praticada em áreas de fronteira entre dois países.[313]

Em regra, os legitimados ativos no processo coletivo brasileiro não possuem os meios, os recursos financeiros e o corpo técnico especializado para a produção da prova tida por necessária à defesa dos interesses postos em debate. São perícias de altíssimo custo e notória complexidade, muitas vezes suplantando a própria capacidade do contraditório firmado dentro da ordinariedade do processo judicializado ou do expediente extrajudicial.

A defesa dos direitos transindividuais, portanto, deve ser norteada desde o início por pressupostos objetivos e suficientemente claros no que tange à motivação e aos parâmetros utilizados pelo legitimado ativo no momento da eleição do objeto.

---

310 "A atuação repressiva, amparada geralmente nas espécies clássicas de prova (prova pericial, testemunhal etc.) deve ceder espaço para a atuação a partir das estatísticas e dos indicadores sociais. Para tanto, é imprescindível que o Ministério Público, em todas as suas esferas, constitua núcleos de estudos e estatísticas de atuação funcional e realize parcerias importantes com centros de estudos e pesquisas, bem como universidades que possam fornecer—lhe elementos que dêem a ele condições adequadas para atacar, racionalmente, as causas geradoras das graves injustiças sociais". ALMEIDA, Gregório Assagra de. Direitos fundamentais e os principais fatores de legitimação social do Ministério Público no neoconstitucionalismo. In: ALMEIDA, Gregório Assagra de; SOARES JÚNIOR, Jarbas (coord.) *Teoria Geral do Ministério Público*. Belo Horizonte: Del Rey, 2013, p. 60.

311 "De todo modo, independentemente das críticas que se possa realizar em relação à possibilidade de atribuição dinâmica do ônus da prova, o processo coletivo aparenta ser o ambiente mais propício para a aplicação desse novo instrumento processual, uma vez que é tradicionalmente nas demandas envolvendo interesses coletivos em que há maior diferença entre a situação das partes e também se verifica, concretamente, a possibilidade de o réu produzir mais facilmente as provas relacionadas aos fatos alegados na demanda". FERREIRA, Eduardo de Campos. A distribuição dinâmica do ônus da prova no Novo Código de Processo Civil e os processos coletivos. *Revista dos Tribunais*, São Paulo, v. 971, p. 261-279. set. 2016.

312 BAGGIO, Andreza Cristina Baggio. A proteção da confiança e a formação de redes contratuais como fundamentos da responsabilidade dos sites de compras coletivas perante o consumidor. *Revista de Direito do Consumidor*, São Paulo, v. 97, p. 271-299, jan./fev. 2015.

313 "El estado de la legislación en materia de procesos colectivos, de acuerdo a lo que surge de los relatos nacionales relevados, es muy disímil en los países de América. Mientras que ha tenido un avance significativo en algunos países (sin perjuicio de existir grandes diferencias entre ellos, tanto respecto al grado de ese avance como a las soluciones implementadas), en otros no existen previsiones legales respecto de los procesos colectivos". CAMPOS, Santiago Pereira; BARREIRO, Virginia; LABAT, Santiago. Los recaudos para aprobar um acuerdo, la cosa juzgada y la liquidación y ejecución de sentencia en los procesos colectivos/class actions en América. *Revista del Instituto Colombiano de Derecho Procesal*, Bogotá, n. 40, p. 263-323, 2014.

A mera intenção de induzir, estimular e concretizar de políticas públicas, ainda na fase extrajudicial, deve partir de um correto, atual e seguro levantamento das necessidades sociais, da plena identificação do grupo atingido, das consequências (negativas e positivas) e dos benefícios que o processo trará para a coletividade e, ainda de suma importância, da viabilidade do objeto buscado, ou seja, da real capacidade de o demandado se desincumbir de eventual ordem ou obrigação que vier a lhe ser dirigida.

Não mais se coaduna com a moderna teoria de resolução de conflitos a escolha aleatória pelo legitimado ativo de determinados direitos e interesses para serem defendidos em juízo. Sem um mínimo de informações precisas a respeito do objeto eleito, a tutela coletiva não passará de um indefinido jogo de erros e acertos, sem maiores rendimentos para a transformação positiva da realidade social.

Numa sociedade extremamente fluída, complexa e dinamicamente mutável, como identificar quais os interesses mais importantes e, mesmo dentro desse leque, que parcela desses interesses deve ser submetido à discussão judicial ou ainda ser levado à análise pelos meios alternativos à jurisdição?

Não adianta se postular, por exemplo, a implantação de vários programas sociais em benefício de várias classes de hipervulneráveis, se o legitimado coletivo não indicar com alguma racionalidade como o Estado irá implantar aquela ou esta política pública.

E mais: uma atuação adequada do legitimado coletivo deverá ser bastante esclarecedora inclusive para explicar as razões da escolha de determinada pretensão coletiva, quando notoriamente percebe-se a ausência de inúmeras outras carências sociais.

Desponta como imperiosa a criação de pressupostos objetivos para legitimidade na escolha das políticas públicas complexas pelo Ministério Público, identificando inclusive de que maneira o Promotor de Justiça pretenderá produzir a prova em juízo, tanta na fase cognitiva quanto no acompanhamento da execução da ordem judicial a fim de constatar se o dano coletivo foi devidamente reparado e os interesses litigados satisfatoriamente preservados ou restaurados.

Logo, o tema das políticas públicas ultrapassa a mera visão dogmática do Direito, da simples aplicação da lei; vai muito mais além, relacionando-se necessariamente com outros campos regentes da atividade administrativa e, imprescindivelmente, com a participação popular na tomada das decisões sobre qual política pública e em qual momento ela deverá ser exigida.

A discussão envolvendo políticas públicas e direitos sociais não mais pode prescindir de uma compilação de dados, estatísticas, indicadores sociais e informações técnicas sobre aquele assunto. Não nos parece legítimo o enfoque numa atuação meramente responsiva aos clamores de determinado grupo, mas sem a realização de um estudo mais aprofundado acerca dos efeitos da tutela coletiva daqueles interesses, seja para o grupo[314], seja no contexto dos demais interesses coletivos na suposta área de abrangência territorial dos efeitos de eventual decisão judicial.

[314] "A concretização de uma política pública envolve processos de natureza administrativa, orçamentária, legislativa etc., razão por que, como dito, as políticas públicas constituem um tema que ultrapassa a esfera do Direito, embora com ele estejam relacionadas. Deve-se frisar uma peculiaridade do complexo processo de implementação das políticas públicas como um

O Membro do Ministério Público necessita conceber mecanismos de diálogo e de representatividade dentro dos processos coletivos entre os grupos socialmente vulneráveis e as demais parcelas da população, notadamente ainda dentro da fase extrajudicial, inclusive para se aferir de aquele determinado grupo faz jus aos benefícios daquela tutela coletiva. Além disso, a implantação de políticas públicas complexas demanda a construção de um sofisticado programa de ações e estratégias por parte do Poder Público.

Noutra seara, muito tem sido debatido ultimamente sobre uma nova reorganização da espacialidade do Ministério Público, sobretudo no âmbito dos Estados, no tocante à tutela das coletividades.

É o que Marcelo Pedroso Goulart tem chamado de construção de novas espacialidades[315].

Com efeito, a divisão das atribuições constitucionais do Ministério Público a partir do referencial territorial das comarcas pode não mais se mostrar salutar quando se exige o enfartamento de questões coletivas a partir de pontos de vistas mais ampliados no plano da solução dos problemas inerentes aos direitos sociais.

Embora possa parecer contraditório, em alguns casos, é comum que o objeto da tutela das coletividades demande proposituras e estudos que transbordam os limites físicos e territoriais de uma comarca, sem que, necessariamente, os efeitos de eventual coisa julgada, mesmo que indiretamente, igualmente possam suplantar o perímetro geográfico de atuação do órgão *parquetiano*.

Um exemplo é capaz de esclarecer.

Uma ação civil pública proposta pelo Ministério Público Estadual numa determinada comarca isolada do interior tem por objeto compelir o Estado-membro a disponibilizar vagas de UTI no hospital regional daquela cidade.

Em um levantamento feito, notou-se que o atendimento mais especializado dos pacientes da região é feito mediante a remoção, em 100% dos casos, para o hospital central da capital do Estado.

Na prática, a implantação daquelas vagas de UTI no hospital da comarca dificilmente implicará no recebimento de pacientes vindos de outras comarcas e, bem por isso, não há sentido de se invocar a regra de fixação de competência daquela ação para o foro da capital do Estado.

Contudo, tal qual no exemplo aqui descrito, por mais que as vagas sejam destinadas ao atendimento de uma comunidade restrita, a implantação dessa obrigação inegavelmente tem reflexos administrativos em todo o planejamento estatal na área da

todo: a necessidade de abertura à participação popular, fundamental para a legitimidade da tomada de decisões políticas em um Estado Democrático de Direito. Tal participação pode ocorrer tanto de forma direta quanto indireta (CF/88, art. 1º, parágrafo único). A própria Constituição prevê uma série de mecanismos para que os interessados e beneficiários dos serviços que envolvem uma determinada política possam se manifestar, intervindo da determinação dos objetivos e escolhas de meios para a efetivação das políticas públicas a partir de suas necessidades concretas." DUARTE, Clarice Seixas. O ciclo das políticas públicas. In: SMANIO, Gianpaolo Poggio; BERTOLIN, Patrícia Tuma Martins (org.). *O Direito e as políticas públicas no Brasil*. São Paulo: Atlas, 2013, p. 23.

315 GOULART, Marcelo Pedroso. Ministério Público: por uma nova espacialidade. In: GOULART, Marcelo Pedroso; ESSADO, Tiago Cintra; CHOUKR, Fauzi Hassan; OLIVEIRA, William Terra de (org.). *Ministério Público*: pensamento crítico e práticas transformadoras. Belo Horizonte: D' Plácido, 2018, p. 27-43.

saúde. Ou seja, são os profissionais da saúde, equipamentos, treinamentos, insumos, *etc.* que necessariamente deverão ser destinados àquela comarca mas que, de uma forma ou outra, impactarão o restante da estrutura de saúde do Estado.

O que se sustenta aqui é que, em regra, a defesa da coletividade tem como corolário a formulação de pedidos envolvendo a implantação de políticas públicas e, nesse cenário, a implantação desses serviços num local invariavelmente acaba por ter relação com a programação do Poder Público.

Por essa razão, uma atuação isolada, desconectada e individualista de Promotorias de Justiça no âmbito do Ministério Público dos Estados tende a não mais apresentar um melhor resultado em termos de eficiência e respeito à programação estatal na efetivação de direitos sociais.

De acordo com Marcelo Pedroso Goulart, a organização das atribuições do Ministério Público em escala única, qual seja, em comarcas, é inadequada para o desenvolvimento da atuação institucional voltada para a tutela coletiva, indução e fiscalização de políticas públicas e ao combate ao crime organizado[316].

Entre os problemas já diagnosticados, oriundos da organização do Ministério Público sob a forma de comarcas, Marcelo Pedroso Goulart destaca, entre outros: o isolacionismo e a fragmentação institucional da atuação do membro, impedindo de enxergar as questões em sua totalidade e transformando cada agente numa espécie de instituição independente e autônoma[317].

Além disso, para Marcelo Pedroso Goulart, esse modelo de atuação cumulativa de atribuições representa uma acréscimo na taxa de transferência das soluções ao Judiciário, forma mais rápida de os Promotores de Justiça verem-se livres da pressão causada pelo grande volume de trabalho e dos sistemas internos de controle de feito que, em regra, executam diagnósticos meramente quantitativos[318].

Nesse cenário, foi importante a edição da Recomendação de Caráter Geral CNMP-CN nº 02, de 21/06/2018, também chamada de Recomendação de Aracaju, a qual dispõe sobre parâmetros para a avaliação da resolutividade e da qualidade da atuação dos Membros e das Unidades do Ministério Público pelas Corregedorias-Gerais.

De acordo com a mensagem enviada pela Corregedoria Nacional do Ministério Público, muito mais importante que a análise meramente formal dos números produzidos em uma Promotoria ou Procuradoria de Justiça, é imprescindível a "[...] avaliação, a orientação e a fiscalização qualitativas da resolutividade das atividades dos Membros e das Unidades do Ministério Público brasileiro nos planos extrajudicial e judicial, envolvendo a atuação criminal, cível, tutela coletiva e especializada, respeitadas as peculiaridades das funções e atribuições de cada Unidade Institucional" (art. 1º da Recomendação de Aracaju).

Segundo constou na Recomendação a definição de atuação resolutiva:

[316] GOULART, Marcelo Pedroso. *Ministério Público*, p. 32.

[317] GOULART, Marcelo Pedroso. *Ministério Público*, p. 32.

[318] GOULART, Marcelo Pedroso. *Ministério Público*, p. 33.

> Art. 12. Para os fins desta Recomendação, entende-se por atuação resolutiva aquela por meio da qual o Membro ou a Unidade do Ministério Público, no âmbito de suas atribuições, contribui decisivamente para prevenir ou solucionar, de modo efetivo, o conflito, o problema ou a controvérsia envolvendo a concretização de direitos ou interesses para cuja defesa e proteção é legitimado o Ministério Público, bem como para prevenir, inibir ou reparar adequadamente a lesão ou ameaça a esses direitos ou interesses e efetivar as sanções aplicadas judicialmente em face dos correspondentes ilícitos, assegurando-lhes a máxima efetividade possível por meio do uso regular dos instrumentos jurídicos que lhe são disponibilizados (Recomendação CNMP n.o 54, de 28 de março de 2017, que dispõe sobre a Política Nacional de Fomento à Atuação Resolutiva do Ministério Público brasileiro).

Nesse sentido, Alexandre Jésus de Queiroz Santiago sustenta que o modelo de Ministério Público Social ou Extrajudicial deve estar atrelado ao permeio territorial das demandas sociais, aos anseios da comunidade afetada, que em muitos casos não encontram simetria ao modelo de divisão da competência judiciária nos Estados. Ainda de acordo com o autor, muitas vezes os problemas difusos e coletivos ultrapassam as fronteiras de um município e de uma comarca, não sendo razoável condicionar as atribuições dos órgãos ministeriais a critérios utilizados no estabelecimento da atuação de outras instituições[319].

Como se percebe, espera-se do Ministério Público Estadual uma atuação muito mais voltada à cultura dos resultados e do consenso do que à clássica proposta do perfil formalista e litigioso, essa determinada basicamente por aspectos meramente quantitativos, sem a avaliação da efetiva transformação social promovida.

Assim, no âmbito da tutela coletiva, deve o Ministério Público ser capaz de se articular para uma função muito mais integradora, pacificadora e capaz de promover práticas verdadeiramente restaurativas no seio da sociedade.

8. CONCLUSÕES

1. Os direitos e as garantias constitucionais fundamentais são valores fundamentes da Constituição e do Estado em uma democracia e, ao mesmo tempo, são o centro irradiante, com carga de eficácia em grau máximo, do sistema jurídico, de modo que o Ministério Público, nesse contexto, assume a condição de garantia constitucional fundamental institucional de acesso à justiça.

2. Se o Ministério Público possui a natureza jurídica de garantia fundamental institucional de acesso à justiça, as Corregedorias do Ministério Público são garantias constitucionais fundamentais da sociedade voltadas para a orientação e a fiscalização

[319] SANTIAGO, Alexandre Jésus de Queiroz. Ministério Público eficaz: construção de novos paradigmas espaciais. In: GOULART, Marcelo Pedroso; ESSADO, Tiago Cintra; CHOUKR, Fauzi Hassan; OLIVEIRA, William Terra de (org.). *Ministério Público*: pensamento crítico e práticas transformadoras. Belo Horizonte: D' Plácido, 2018, p. 57. E arremata o autor: Questão relevante a saber é: deve o Ministério Público focar mais a judicialização de todas as demandas sociais e preparar-se apenas para o contencioso judicial ou buscar soluções efetivas para os problemas da sociedade, abrindo canais de diálogo mais abrangentes e ampliando sua base de informações, sua aderência à realidade social, atingindo maior grau de capilaridade, adaptabilidade, capacidade de interação e hospitalidade político-cidadã, características essenciais das organizações modernas diante de cenários cada vez mais novos e desafiadores. Tudo isso em prejuízo a um eventual controle judicial de políticas públicas, observados os critérios de distribuição de competência". *Op. cit*, p. 57.

do Ministério Público brasileiro. Nas suas atividades de orientação e na fiscalização, devem atuar qualitativamente e substancialmente para tornar mais efetivos os fatores de ampliação da legitimação social do Ministério Público.

3. Para tanto, torna-se premente a superação da valorização meramente formal e taxativa da atuação extrajudicial do Ministério Público, especialmente a priorização da avaliação judicial, a fiscalização somente do cumprimento dos prazos procedimentais, a burocratização do controle da atuação judicial, a atuação repressiva que gera desilusão institucional e a perda da criatividade por parte dos membros do Ministério Público.

4. Assim, é preciso que prevaleça a avaliação qualitativa pelas Corregedorias, com a aferição concreta da real repercussão social da atuação dos membros e servidores do Ministério Público.

5. Os fatores de ampliação da legitimação social do Ministério Público são diretrizes seguras para qualificar ainda mais o trabalho orientador e fiscalizador das Corregedorias da Instituição.

6. Considerando que os direitos e as garantias constitucionais fundamentais são valores fundantes da Constituição e do Estado em uma democracia e, ao mesmo tempo, o centro irradiante do sistema jurídico, com carga de eficácia em grau máximo, o Ministério Público, nesse contexto, possui a natureza jurídica de garantia fundamental institucional de acesso à Justiça. Com efeito, as Corregedorias do Ministério Público, a Nacional, que exerce o controle externo, e as Corregedorias de cada Ministério Público, que exercem o controle interno, são garantias constitucionais fundamentais da sociedade voltadas para a orientação e a fiscalização do Ministério Público brasileiro, de modo que devem atuar na orientação e na fiscalização para tornar mais efetivos os fatores de ampliação da legitimação social do Ministério Público.

7. Assim, são fatores de legitimação social das funções constitucionais do Ministério Público e que devem orientar as Corregedorias para tornar mais qualitativo e eficiente o trabalho de orientação e de fiscalização: 1. A priorização da atuação preventiva; 2. O exercício da função pedagógica da cidadania como um compromisso constitucional social do Ministério Público (arts. 1º, parágrafo único, 3º, 6º, 127, *caput*, e 205 da CR/1988); 3. A realização periódica de audiências públicas; 4. A provocação articulada e sistematizada do controle jurisdicional (abstrato/concentrado e difuso/incidental) e extrajurisdicional da constitucionalidade; 5. A ampliação e estruturação do modelo do Ministério Público resolutivo, através da necessidade de sistematização e maior investimento na atuação extrajurisdicional; 6. A atuação vinculada à especificação funcional da Instituição; 7. O acompanhamento da tramitação processual e a fiscalização da execução dos provimentos jurisdicionais; 8. A adequação da independência funcional do órgão do Ministério Público ao planejamento funcional estratégico da Instituição; 9. A formação humanista, multidisciplinar e interdisciplinar dos membros e servidores do Ministério Público; 10. A revisitação da atuação como órgão interveniente no processo civil com base na teoria dos direitos e garantias constitucionais fundamentais; 11. A utilização dos projetos sociais como novos mecanismos de atuação da Instituição; 12. Atuação sistematizada e articulada na defesa de direitos ou interesses individuais homogêneos, principalmente para combater a dispersão das vítimas e/ou afetados, diminuir a sobrecarga do Judiciário e para serem evitadas decisões conflitantes – o que geralmente ocorre quando do ajuizamento massivo de ações individuais perante juízes diversos e de regiões diferentes; 13. A necessidade de que os mecanismos de resolução consensual dos conflitos sejam consagrados na cultura e implementados na prática do Ministério Público, inclusive com a utilização da negociação, da mediação, da conciliação e dos acordos de resultados pelas próprias Corregedoriais do Ministério Público.

8. O membros e servidores do Ministério Público, tanto no modelo de atuação (jurisdicional) quanto no modelo de atuação extrajurisdicional, devem estar preparados para a resolução humanizada das controvérsias, dos conflitos e dos problemas.

9. A negociação, a mediação, a conciliação e as práticas restaurativas são técnicas legítimas que fortalecem e ampliam a concepção do Ministério Público como instituição constitucional de acesso à justiça e garantia fundamental da sociedade.

10. O Ministério Público é, portanto, uma garantia constitucional fundamental da sociedade e do indivíduo de acesso à justiça e, por isso, os princípios e as diretrizes interpretativas dos direitos e das garantias constitucionais fundamentais são parâmetros legítimos e seguros para a compreensão do Ministério Público, da sua natureza jurídica, das suas atribuições e, especialmente, dos seus mecanismos de atuação jurisdicional e extrajurisdicional.

11. À luz dos direitos e das garantias constitucionais fundamentais, principalmente com base na cláusula constitucional aberta prevista no § 2º do artigo 5º da Constituição da República Federativa do Brasil de 1988, o rol dos direitos e das garantias constitucionais fundamentais que devem ser protegidos e efetivados pelo Ministério Público é meramente exemplificativo.

12. Do mesmo modo, o rol dos mecanismos de atuação jurisdicional e extrajurisdicional do Ministério Público também é meramente exemplificativo.

13. Assim, o Ministério Público pode utilizar-se, jurisdicionalmente, de todas as ações, provas e medidas judiciais, mesmo que atípicas, desde que necessárias e concretamente adequadas para proteger e/ou efetivar direitos fundamentais. A Instituição poderá, por exemplo, utilizar-se de provas por estatísticas, por amostragem ou valer-se de diagnósticos sociais em suas demandas judiciais e, além disso, todos os tipos de pedidos e medidas judiciais podem ser utilizados pelos membros da Instituição no exercício das suas atribuições constitucionais.

14. O Ministério Público pode utilizar-se de mecanismos atípicos, mas jurídica e socialmente legítimos, tais como acordos para a pactuação com o poder público sobre a implementação de políticas públicas necessárias e socialmente relevantes; projetos sociais e institucionais; reuniões coletivas; o uso do direito de petição, nos termos do artigo 5º, XXXIX, alínea *b*, da CR/1988; podendo se valer também de outros mecanismos legítimos, mesmo que não previstos expressamente na Constituição ou na lei.

15. É inconstitucional lei ou medida que imponha interpretação restritiva ao papel constitucional do Ministério Público, das suas atribuições e dos seus mecanismos de atuação jurisdicional ou extrajurisdicional quanto à defesa dos direitos fundamentais (arts. 1.º, 3.º, 5.º, XXXV, § 2.º, arts. 127 e 129, todos da CR/1988);

16. Há documentos importantes no Brasil, os quais reforçam a necessidade de o Ministério Público priorizar a atuação resolutiva e, ainda, contribuem, significativamente, para a efetividade da atuação institucional na prevenção e redução dos litígios, sendo destacáveis, entre outros importantes documentos: a Carta de Brasília, assinada no dia 22.09.2016 pela Corregedoria Nacional e pelas Corregedorias das Unidades e Ramos do Ministério Público brasileiro, durante o 7º Congresso de Gestão realizado em Brasília pelo Conselho Nacional do Ministério Público e o compromisso de avaliar, orientar e fiscalizar o ministério público visando a efetividade social da sua atuação e a prevenção e a redução dos litígicos; a Recomendação CNMP CNMP nº 54, de 28 de março de 2017, que *Dispõe sobre a Política Nacional de Fomento à Atuação Resolutiva do Ministério Público brasileiro*; Recomendação CNMP Nº 57, de 05 de julho de 2017, que Dispõe sobre a atuação dos membros do Ministério Público nos Tribunais; a Resolução CNMP Nº 179, de 26 de julho de 2017, que *Regulamenta o § 6º do artigo 5º da Lei no 7.347/1985, disciplinando, no âmbito do Ministério Público, a tomada do compromisso de ajustamento de conduta;* a Resolução CNMP Nº 181, de 07 de agosto de 2017, com redação dada pela Resolução nº 183, 24 de janeiro de 2018, que *Dispõe sobre instauração e tramitação do procedimento investigatório criminal a cargo do Ministério Público;* a Recomendação CNMP nº 63, de 26 de janeiro de 2018, que *Dispõe sobre a necessidade de especialização de órgão dos Ministério Público para a atuação nos conflitos coletivos agrários e fundiários*; a Recomendação de Caráter Geral CNMP-CN Nº 01, de 15 de março de 2018 (Recomendação de Maceió), que *Dispõe sobre o Estágio Probatório dos Membros do Ministério Público Brasileiro e estabelece outras diretrizes;* a Resolução Conjunta do Estado de Minas Gerais e da Procuradoria-Geral de Justiça do Ministério Público do Estado de Minas Gerais (EMG/PGJ) nº 1, de 11 de setembro de 2015, que *Institui a Câmara de Prevenção e Resolução de Conflitos e dispõe sobre suas atribuições;* a Proposta de Recomendação em tramitação no CNMP, *que Dispõe sobre a atuação do Ministério Público em Políticas Públicas Efetivadoras de Direitos Fundamentais e estabelece diretrizes para a realização ou o referendo de acordos; A Recomendação de Caráter Geral CNMP-CN nº 02, de 21 de junho de 2018*, que *Dispõe sobre parâmetros para a avaliação da resolutividade e da qualidade da atuação dos Membros e das Unidades do Ministério Público pelas Corregedorias-Gerais e estabelece outras diretrizes.*

17. Ao exercer parcela da autoridade política do Estado e diante da função criadora das demandas coletivas, a atuação do Ministério Público vem provocando inúmeros impactos sociais, sendo necessário repensar o papel da Instituição, para que atue de modo a promover de modo mais eficiente a tutela dos direitos consagrados na Constituição e na legislação infraconstitucional.

18. Em suma, o Ministério Público do futuro, em grande medida, depende de um novo perfil a ser assumido pelos seus próprios integrantes, voltado para a atuação resolutiva, de modo a contribuir decisivamente para prevenir e solucionar, de modo efetivo, os conflitos, controvérsias e problemas.

19. O enfoque sobre o acesso à justiça como movimento de pensamento a partir da teoria crítica do direito constitui, atualmente, um dos pontos centrais de transformação do próprio pensamento jurídico, permitindo a análise do Direito, especialmente dos direitos fundamentais, no plano da sua efetivação, o que é fator imprescindível para a mudança da realidade social, especialmente para atender, no caso do Brasil, que ainda não passou por uma transformação social, as diretrizes fixadas no art. 3º da CF/88.

20. Nesse contexto, o acesso à justiça deve ser concebido e compreendido nos dois planos do Direito: o plano dos direitos individuais e o plano dos direitos coletivos, conforme exigência da teoria dos direitos e garantias fundamentais adotada na CF/88 (Título II, Capítulo I).

21. A Carta de Brasília é um um acordo de resultado muito importante para a efetividade social do Ministério Público consagrado na CR/1988, principalmente quando fixa diretrizes voltadas para as Corregedorias, a Nacional e as Corregedorias dos Ministérios Públicos da União e dos Estados, diretrizes essas consubstanciadoras de compromisso normativo por intermédio das cláusulas-diretivas que deverão ser cumpridas para garantir a eficácia social da atuação do Ministério Público como instituição constitucional de acesso à justiça e comprometida com o princípio da transformação social (art. 3º e arts. 127 e 129 da CR/1988).

22. Assim, superando a avaliação meramente quantitativa e formal, o Ministério Público e as suas Corregedorias precisam se preocupar com a qualidade da resoltividade do esforço e de produção e, também, em especial, com a resolutividade material, avaliando e atuando para garantir impactos sociais positivos quanto à proteção e à efetivação dos direitos e das garantias constitucionais fundamentais da socieadade e do cidadão.

23. No que concerne às políticas públicas, o novo perfil de atuação do Ministério Público exige uma atuação voltada para a implementação daquelas socialmente necessárias e devidamente identificadas a partir do planejamento estratégico da Instituição, com a participação social e da comunidade ou dos grupos vulneráveis afetados, sem prejuízo da existência de programas e projetos de atuação que levem em conta questões específicas locais ou regionais (artigo 19, inciso VII, da Recomendação de Caráter Geral CNMP-CN 02/2018).

24. O Membro do Ministério Público deve primar, ainda, para que a política pública seja contemplada no orçamento e também para que seja efetivamente implementada pelos órgãos administrativos e/ou entes federados responsáveis (artigo 19, incisos II e III, da Recomendação de Caráter Geral CNMP-CN 02/2018).

25. O Ministério Público deverá priorizar a resolução extrajudicial do conflito, da controvérsia ou do problema que esteja causando lesão ou ameaça a direitos afetos às atribuições constitucionais do Ministério Público, sendo hipótese de priorização da resolução extrajurisdicional sempre que essa via mostrar-se hábil para viabilizar uma solução mais célere, econômica, implementável e capaz de satisfazer adequadamente as legítimas expectativas dos titulares dos direitos envolvidos, contribuindo para diminuir a litigiosidade (artigo 13 da Recomendação de Caráter Geral CNMP-CN nº 02/2018), sendo que, em tais casos, o Membro ou a Unidade do Ministério Público devem aferir, diante do caso concreto, pela aplicabilidade de testes de fatores (§ 1º do mesmo artigo 13 Recomendação de Caráter Geral CNMP-CN nº 02/2018), se a resolução consensual apresentava vantagens sobre a tutela por adjudicação judicial (liminar e/ou sentença ou acórdão), por demonstrar ser a mais **adequada, justa e razoável.**

REFERÊNCIAS

ALEXY, Robert. **Teoría de los derechos fundamentales**. Madrid: Centro de Estudios Constitucionales, 1993.

_____. **El concepto y la validez del derecho.** Traducción de Jorge M. Seña. 2ª ed. Barcelona: Editorial Gedisa, S.A., 1997.

ALMEIDA, Gregório Assagra de. **Direito processual coletivo brasileiro** – um novo ramo do direito processual. São Paulo: Saraiva, 2003.

_____. **Codificação do direito processual coletivo brasileiro**. Belo Horizonte: Del Rey, 2007.

_____. Execução coletiva em relação aos direitos difusos, coletivos e individuais homogêneos:algumas considerações reflexivas. IN: CIANCI, Mirna; QUARTIERI, Rita (Coords.). **Temas atuais da execução civil:** estudos em homenagem ao Professor Donaldo Armelin. São Paulo: Saraiva, 2007, p. 324.

_____. **Manual das Ações Constitucionais**. Belo Horizonte: Del Rey, 2007.

_____. **Direito material coletivo** — superação da *summa divisio* direito público e direito privado por uma nova *summa divisio* constitucionalizada. Belo Horizonte: Del Rey, 2008.

_____. **O Ministério Público na Constituição da República Federativa do Brasil de 1988:** princípios, garantias, deveres e atribuições à luz do neoconstitucionalismo. Manual de atuação funcional do Ministério Público do Estado de Minas Gerais. 2. ed. rev. e ampl. Belo Horizonte: Procuradoria-Geral do Estado de Minas Gerais, 2010, p. 70.

_____. Direitos fundamentais e os principais fatores de legitimação social do Ministério Público no neoconstitucionalismo. IN: ALMEIDA, Gregório Assagra de; SOARES JÚNIOR, Jarbas (Coords.) **Teoria Geral do Ministério Público**. Belo Horizonte: Del Rey, 2013, p. 1-82.

_____. **Processos Coletivos nos Estados Unidos:** Acordos Coletivos nas *Class Actions* e algumas perspectivas da experiência americana para o Brasil. Pesquisa de pós-doutoramento, em estágio sênior, com o apoio do Ministério Público do Estado de Minas Gerais, da Universidade de Itaúna e da CAPEs, realizada na Faculdade de Direito da Universidade de Syracuse, NY, USA, entre maio de 2014 até agosto de 2015, sob a supervisão dos Professores Antonio Gidi e Aviva Abramovisky.

_____. O Ministério Público no Neoconstituconalismo: perfil constitucional e alguns fatores de ampliação de sua legitimidade social. IN: FARIAS, Cristiano Chaves de; ALVES, Leonardo Barreto Moreira; ROSENVALD, Nelson (Orgs.). **Temas Atuais do Ministério Público.** 6. ed. totalmente reformulada. Salvador: Editora JusPodivm, 2016, p. 55-124.

_____. **Os Direitos e as Garantias Constitucionais Fundamentais na Formação e na Atuação dos Membros do Ministério Público em Estágio Probatório.** Revista Jurídica da Corregedoria Nacional: Atuação das Corregedorias no Estágio Probatório dos Membros do Ministério Público Brasileiro: o Futuro do Ministério Público e o Ministério Público do Futuro. Brasília: Corregedoria Nacional e Conselho Nacional do Ministério Público, v. 5, 2018, p. 79-99.

_____. Métodos de Ensino nas Faculdades de Direito dos Estados Unidos e a possibilidade de sua utilização nas Escolas do Ministério Público Brasileiro: reflexões a partir da experiência de pesquisa na Faculdade de Direito da Universidade de Syracuse. IN: CAMBI, Eduardo, ALMEIDA, Gregório Assagra de; MOREIRA, Jairo Cruz (Orgs.). **30 Anos da Constituição de 1988 e o Ministério Público**: avanços, retrocessos e os novos desafios. Belo Horizonte, Editora D'Plácido, 2018, p. 19-45.

_____; ALMEIDA, Flávia Vigatti Coelho de. Direito processual coletivo e a proposta de reforma do sistema das ações coletivas no Código de Defesa do Consumidor no Brasil. IN: MACÊDO, Marcus Paulo Queiroz; MARTELETO FILHO, Wagner (Orgs.). **Temas Avançados do Ministério Público**. Salvador: JusPodivm, 2017, p. 415-467.

_____; AQUINO, Eduardo Pimentel de Vasconcelos. **As Corregedorias do Ministério Público como garantias fundamentais da garantia**: experiências internacionais e os desafios para a efetividade social da atuação do Ministério Público na defesa dos direitos fundamentais. Belo Horizonte: Editora D'Plácido, 2018. Coleção Direitos Fundamentais e acesso à justiça no estado constitucional de direito em crise, vol. 6. Coordenação: Gregório Assagra de Almeida.

_____; BELTRAME, Martha Silva; ROMANO, Michel Betenjane. Novo perfil constitucional do Ministério Público – Negociação e Mediação e a postura resolutiva e protagonista do Ministério Público na resolução consensual das controvérsias, conflitos e problemas. IN: **Manual de negociação e de mediação para membros do Ministério Público**. Brasília: Ministério da Justiça, 2014, p. 95-144.

_____; COSTA, Rafael de Oliveira. O Ministério Público como Garantia Constitucional de Acesso à Justiça e os Novos Horizontes da Colaboração Premiada Coletiva. IN: CAMBI, Eduardo, ALMEIDA, Gregório Assagra de; MOREIRA, Jairo Cruz (Orgs.). **30 Anos da Constituição de 1988 e o Ministério Público**: avanços, retrocessos e os novos desafios. Belo Horizonte, Editora D'Plácido, 2018, p. 511-535.

_____; DAHER, Lena Luciana Nunes; LOPES, Ludmila Reis Brito. **O Ministério Público como Garantia Constitucional Fundamental de Acesso à Justiça da Sociedade**: interpretação ampliativa dos seus mecanismos de atuação jurisdicional e extrajurisdicional. Tese aprovada no XXII Congresso Nacional do Ministério Público: "Três Décadas da Constituição Federal de 1988: Os Novos Desafios do Ministério Público", realizado em Belo Horizonte nos dias 27 a 29 de setembro de 2017.

_____; GOMES JUNIOR, Luiz Manoel. **Um novo Código de Processo Civil para o Brasil:** análise teórica e prática da proposta apresentada ao Senado Federal. 2ª tiragem rev. e atual. Rio de Janeiro: GZ Editora, 2010.

_____. **As Corregedorias, a Nacional e as Internas, no contexto do Ministério Público como Instituição de Acesso à Justiça**. Revista Jurídica da Corregedoria Nacional: O Papel Constitucional das Corregedorias do Ministério Público. Brasília: Conselho Nacional do Ministério Público, v. 1, 2016, p. 49-107.

_____; MOLINA, Lincoln Pierazzo. **Microsistema Nacional Orientativo da Gestão de Pessoas para o Ministério Público Brasileiro.** Revista Jurídica da Corregedoria Nacional: Atuação do Ministério Público Brasileiro na Área de Evolução Humana e Qualidade de Vida. Brasília: Corregedoria Nacional e Conselho Nacional do Ministério Público, v. 6, 2018, p. 152-164.

_____; PARISE, Elaine Martins. Ministério Público e a priorização da atuação preventiva: uma necessidade de mudança de paradigma como exigência do Estado Democrático de Direito. **Boletim Informativo MPMG Jurídico,** Publicação da Procuradoria-Geral de Justiça do Ministério Público do Estado de Minas Gerais. edição 001, setembro 2005, p. 13-16.

_____; _____; LUCIANO, Júlio César; ALMEIDA, Renato Franco de. O poder de recomendação do Ministério Público como instrumento útil para a provocação do autocontrole da constitucionalidade. **Boletim Informativo MPMG Jurídico**, Publicação da Procuradoria-Geral de Justiça do Ministério Público do Estado de Minas Gerais, ano 1, n. 001, p. 16-17, set. 2005.

_____; SOARES JÚNIOR, Jarbas; GONÇALVES, Samuel Alvarenga. Audiência pública: um mecanismo constitucional de fortalecimento da legitimação social do Ministério Público. **MPMG Jurídico**, Publicação da Procuradoria-Geral de Justiça do Ministério Público do Estado de Minas Gerais, ano 1, n. 5, p. 13-14, abr./mai./jun. 2006.

ALMEIDA, João Batista de. **Aspectos controvertidos da ação civil pública**. São Paulo: Revista dos Tribunais, 2001.

ALVES, Leonardo Barreto Moreira; BERCLAZ, Márcio Soares Berclaz. **Ministério Público em ação:** atuação prática jurisdicional e extrajurisdicional. Salvador: Editora Podivm, 2010.

ALVES, Leonardo Barreto Moreira. **A Lei Orgânica Nacional do Ministério Público** (Lei nº 8.625/1993). Manual de atuação funcional do Ministério Público do Estado de Minas Gerais. 2. ed. rev. e ampl. Belo Horizonte: Procuradoria-Geral do Estado de Minas Gerais, 2010, p. 46-50.

ANDRADE, Manuel A. Domingues de. **Teoria geral da relação jurídica**: sujeitos e objecto. Coimbra: Livraria Almedina, 1992, v. I.

ARELLANO, Luis Felipe Vidal. Para além da reserva do possível: cognição conglobante e dialética on controle jurisdicional de políticas públicas. **Revista de Processo**, São Paulo, v. 266, p. 393-417, abr. 2017.

BAGGIO, Andreza Cristina Baggio. A proteção da confiança e a formação de redes contratuais como fundamentos da responsabilidade dos sites de compras coletivas perante o consumidor. **Revista de Direito do Consumidor,** São Paulo, v. 97, p. 271-299, jan./fev. 2015.

BARRETTO, Vicente de Paulo (Coord.). **Dicionário de filosofia do direito.** Rio de Janeiro: Renovar, 2006.

BARROSO, Luís Roberto (org.). **A nova interpretação constitucional: ponderação, direitos fundamentais e relações privadas.** Renovar: Rio de Janeiro/São Paulo, 2003.

_____. Fundamentos teóricos e filosóficos do novo direito constitucional brasileiro: pós-modernidade, teoria crítica e pós-positivismo. IN: BARROSO, Luís Roberto. (Org.). **A nova interpretação constitucional:** ponderação, direitos fundamentais e relações privadas. Rio de Janeiro/São Paulo: Renovar, 2003.

_____. Neoconstitucionalismo, e constitucionalização do Direito (O triunfo tardio do direito constitucional no Brasil). IN: QUARESMA, Regina; OLIVEIRA, Maria Lúcia de Paula Oliveira; OLIVEIRA, Farlei Martins Riccio de (Orgs.). **Neoconstitucionalismo**. Rio de Janeiro: Forense, 2009, v. , p. 51-91.

_____. A proteção coletiva dos direitos na Brasil e alguns aspectos da class action norte-americana. **Doutrinas Essenciais de Processo Civil**, São Paulo, vol. 9, p. 585, out. 2011.

BERIZONCE, Roberto Omar. **Efectivo acceso a la justicia:** Prólogo de Mauro Cappelletti. La Prata: Librería Editora Platense, 1997.

BLI: **Corporate Counsel's Guide to Alterative Dispute Resolution Techniques.** United States of America: West, 2011.

BOBBIO, Norberto. **A era dos direitos**. Tradução de Carlos Nelson Coutinho. Rio de Janeiro: Campus, 1992.

BONAVIDES, Paulo. Os dois Ministérios Públicos do Brasil: o da Constituição e o do Governo. IN: MOURA JÚNIOR, Flávio Paixão *et al* (Coords.). **Ministério Público e a ordem social justa**. Belo Horizonte: Del Rey, 2003.

_____. **Curso de direito constitucional.** 18. ed., rev., ampl. e atual. São Paulo: Malheiros, 2006.

_____; ANDRADE, Paes de. **História constitucional do Brasil.** 4. ed. Brasília: OAB Editora, 2002.

BULOS, Uadi Lammêgo. **Constituição Federal anotada**. 4 ed., rev. e ampl. São Paulo: Saraiva,2002.

CABRAL, Antonio do Passo. As convenções processuais e o termo de ajustamento de conduta. IN: GODINHO, Robson Renault; COSTA, Susana Henriques da (coord.). **Ministério Público**. Salvador: JusPodivm, 2015, p. 193-210.

CAMBI, Eduardo. Ministério Público Resolutivo: o modelo contemporâneo de atuação institucional. São Paulo, **Revista dos Tribunais**, vol. 982, p. 107-134, ago. 2017.

CAMPOS, Santiago Pereira; BARREIRO, Virginia; LABAT, Santiago. Los recaudos para aprobar um acuerdo, la cosa juzgada y la liquidación y ejecución de sentencia en los procesos colectivos/class actions en América. **Revista del Instituto Colombiano de Derecho Procesal** , Bogotá, n. 40, p. 263-323, 2014.

CAETANO, Flávio Crocce. Apresentação. IN: **Manual de negociação e de mediação para membros do Ministério Público.** Brasília: Ministério da Justiça, 2014, p. 15.

CAPPELLETTI, Mauro. **Formações sociais e interesses coletivos diante da justiça civil.** Tradução de Nelson Renato Palaia Ribeiro Campos. *Revista de Processo*, São Paulo, n. 5, p. 128-159, 1977.

_____. O acesso dos consumidores à justiça. IN: TEIXEIRA, Sálvio de Figueiredo (Coord.). **As garantias do cidadão na justiça.** São Paulo: Saraiva, 1989, p. 309-326.

_____. O acesso à justiça e a função do jurista em nossa época. **Revista de Processo**, São Paulo, n. 61, p. 144-160, 1991.

_____; GARTH, Bryant. **Acesso à justiça.** Tradução de Ellen Gracie Northfleet. Porto Alegre: Sergio Antonio Fabris Editor, 1988.

CARBONEL, Miguel (Org.). **Neoconstitucionalismo(s).** Segunda edición. Madrid: Editorial Trotta, S.A., 2005.

CARVALHO, Sabrina Nasser de. **Processos coletivos e políticas públicas:** mecanismos para a garantia de uma prestação jurisdicional democrática. São Paulo: Contracorrente, 2016.

CAVALCANTI, Felipe Locke. Ministério Público, Instituição essencial à função jurisdicional do Estado. IN: SABELA, Walter Paulo; DAL POZZO, Antônio Araldo Ferraz; BURLE FILHO, José Emmanuel (Coords.). **Ministério Público:** vinte e cinco anos do novo perfil constitucional — Constituinte e CF/1988 (Memórias e História). A criação de uma identidade. São Paulo: Malheiros, 2013, p. 732.

CINTRA, Antonio Carlos de Araújo; GRINOVER, Ada Pellegrini; DINAMARCO, Cândido Rangel. **Teoria geral do processo**. 21. ed. rev. e atual. São Paulo: Malheiros Editores, 2005.

CITTADINO, Gisele Pluralismo, **Direito e justiça distributiva**: elementos da filosofia constitucional contemporânea. 2. ed. Rio de Janeiro: Lumen Juris, 2000.

COELHO, Luiz Fernando. **Teoria crítica do direito**. 3. ed., rev., atual. e ampl. Belo Horizonte: Del Rey, 2003.

COELHO, Luiz Fernando. **Aulas de introdução ao direito.** Barueri: São Paulo, Manole, 2004.

COMOGLIO, Luigi Paolo, FERRI, Corrado; TARUFFO, Michele. **Lezioni sul processo civile.** Bolonha: Il Molino, 1995.

COURA, Alexandre de Castro; FONSECA, Bruno Gomes Borges. **Ministério Público Brasileiro:** entre unidade e independência. São Paulo: LTR, 2015.

DEMARCHI, Juliana; ROMANO, Michel Betenjane. O acesso à ordem jurídica justa: em busca do processo adequado. IN: SALLES, Carlos Alberto de (Coord.). **As grandes transformações do processo civil brasileiro:** Homenagem ao Professor Kazuo Watanabe. São Paulo: Quartier Latin, 2009, p. 589-598.

DINAMARCO, Cândido Rangel. **Fundamentos do processo civil moderno**. São Paulo: Malheiros Editores, 2010, vol. 2.

DUARTE, Clarice Seixas. O ciclo das políticas públicas. IN: SMANIO, Gianpaolo Poggio; BERTOLIN, Patrícia Tuma Martins (Orgs.). **O Direito e as políticas públicas no Brasil.** São Paulo: Atlas, 2013.

FAVRETO, Rogério, GOMES JÚNIOR, Luiz MANOEL. Anotações sobre o projeto da nova lei da ação civil pública: principais alterações. **Revista de Processo**, ano 34, v. 176, p. 174-194, out. 2009.

FEDERAL JUDICIAL CENTER. NIEMIC, ROBERT J.; STIENSTRA, Donna; STIENSTRA, Donna. **Guide to judicial management of cases in ADR**. Disponível in: http://www.fjc.gov/library/fjc_catalog.nsf/autoframepage!openform&url=/library/fjc_catalog.nsf/DPublication!openform&parentunid=C3BBE28658E8B0BE85256CA30068D2D6.

FERREIRA, Eduardo de Campos. A distribuição dinâmica do ônus da prova no Novo Código de Processo Civil e os processos coletivos. **Revista dos Tribunais,** São Paulo, v. 971, p. 261-279. set. 2016.

FISS, Owen. Contra o acordo. IN: FISS, Owen. Coordenação da Tradução de Carlos Alberto de Salles; Tradução de Daniel Porto Godinho da Silva; Melina de Medeiros Rós. **Um novo processo civil:** estudos norte-americanos sobre jurisdição, constituição e sociedade. São Paulo: Ed. Revista dos Tribunais, 2004. p. 121-145.

FLORES, Joaquín Herrera. **Los derechos humanos como produtos culturales**: crítica del humanismo abstracto. Madrid: Catarata, 2005.

FREITAS, Juarez. **Discricionariedade administrativa e o direito fundamental à boa Administração Pública**. 2. ed. São Paulo: Malheiros Editores, 2009.

FUX, Luiz; NERY JUNIOR, Nelson, WAMBIER, Teresa Arruda (Coords.). ***P*rocesso e Constituição: estudos em homenagem ao Professor José Carlos Barbosa Moreira**. São Paulo: Revista dos Tribunais, 2006.

GARCIA, Emerson. **Ministério Público:** organização, atribuições e regime jurídico. 2. ed., rev. ampl. e atual. Rio de Janeiro: Editora Lumen Juris, 2005.

GAVRONSKI, Alexandre Amaral. **Tutela coletiva**: visão geral e atuação extrajudicial. Brasília: Escola Superior do Ministério Público da União, 2006.

GIDI, Antonio. **Coisa julgada e litispendência em ações coletivas**. São Paulo: Saraiva, 1996.

______. **Rumo a um código de processo civil coletivo**. Rio de Janeiro: Forense, 2008.

______; MC-GREGOR, Eduardo Ferrer (Coords.). **La tutela de los derechos difusos, colectivos e individuales homogéneos:** hacia un código modelo para iberoamérica. México: Porrúa, 2003.

GOMES JÚNIOR, Luiz Manoel. **Curso de direito processual civil coletivo**. Rio de Janeiro: Forense, 2005.

GOULART, Marcelo Pedroso. **Ministério Público e democracia:** teoria e práxis. São Paulo: Editora de Direito, 1998.

______. GOULART, Marcelo Pedroso. **Princípios institucionais do Ministério Público:** a necessária revisão conceitual da unidade institucional e da independência funcional. IN: Livro de Teses do XVII Congresso Nacional do Ministério Público: os novos desafios do Ministério Público. Salvador: CONAMP, 2007, p. 713-716.

______. **Elementos para uma teoria geral do Ministério Público.** Belo Horizonte: Arraes Editores, 2013.

______. Ministério Público: por uma nova espacialidade. In: GOULART, Marcelo Pedroso; ESSADO, Tiago Cintra; CHOUKR, Fauzi Hassan; OLIVEIRA, William Terra de (Orgs.). **Ministério Público:** pensamento crítico e práticas transformadoras. Belo Horizonte: D' Plácido, 2018, p. 27-43.

______; ESSADO, Tiago Cintra; CHOUKR, Fauzi Hassan; OLIVEIRA, William Terra de (Orgs.). **Ministério Público:** pensamento crítico e práticas transformadoras. Belo Horizonte: D' Plácido, 2018.

GRINOVER, Ada Pelegrini. Direito processual coletivo. IN: LUCON, Paulo Henrique dos Santos (Coord.). **Tutela coletiva:** 20 anos de Lei da ação civil pública e do fundo de defesa de direitos difusos. 15 anos do código de defesa do consumidor. São Paulo: Atlas, 2006, p. 279-391.

______. **Ensaio sobre a processualidade:** fundamentos para uma nova teoria geral do processo. Brasília: Gazeta Jurídica, 2016.

______; MENDES, Aluisio Gonçalves de Castro; WATANABE, Kazuo (Coords). **Direito processual coletivo e o anteprojeto de Código Brasileiro de Processo Coletivos.** São Paulo: Revista dos Tribunais, 2007.

______; WATANABE, Kazuo; LAGRASTA NETO, Caetano. **Mediação e gerenciamento do processo**: Revolução na Prestação Jurisdicional. São Paulo: Atlas, 2007.

GUEDES. Jefferson Carús. Direito processual social no Brasil: as primeiras linhas. **Revista de Processo**, São Paulo, v. 142, p. 137-167, dez. 2006.

GUSTIN, Miracy B. S. **Das necessidades humanas aos direitos**: ensaio de sociologia e filosofia do direito. 2. ed., rev., atual. e ampl. Belo Horizonte: Del Rey, 2009.

______; DIAS, Maria Tereza Fonseca. **(Re)pensando a pesquisa jurídica: teoria e prática.** 2. ed. rev., ampl. e atual. Belo Horizonte: Del Rey, 2006.

HÄBERLE, Peter. **Hermenêutica constitucional** — a sociedade aberta dos intérpretes da Constituição: contribuição para a interpretação pluralista e 'procedimental' da Constituição. Tradução de Gilmar Ferreira Mendes. Porto Alegre: Sergio Antonio Fabris Editor, 1997, reimpressão 2002.

HESSE, Konrad. **A força normativa da Constituição.** Tradução de Gilmar Ferreira Mendes. Porto Alegre: Sergio Antonio Fabris Editor, 1999.

_____. Significado de los derechos fundamentales. IN: BENDA, Ernst; MAIHOFER, Werner; VOGEL, Hans-Jochen; HESSE, Konrad et al. (Orgs.). **Manual de derecho constitucional.** 2. ed. Madrid. Marcial Pons, 2001.

_____. **Elementos de Direito Constitucional da República Federal da Alemanha**. Tradução de Luís Afonso Heck. Porto Alegre: Sergio Antonio Fabris Editor, 1998.

JANNUZZI, Paulo Martino. **Indicadores sociais e as políticas públicas no Brasil.** Disponível em <http://com ciência.br/comc iencia/?section=8&edição=33&id=386>. Acesso em 03.06.2008.

LEITE, George Salomão; SARLET, Ingo Wolfgang. **Direitos fundamentais e Estado Constitucional:** estudos em homenagem a J. J. Gomes Canotilho. São Paulo: Revista dos Tribunais, 2009.

LEONEL, Ricardo de Barros. **Manual de Processo Coletivo**. 4. ed rev., ampl. e atual. São Paulo: Malheiros, 2017

LIMA, Paulo César Vicente. **O Ministério Público como instituição do desenvolvimento sustentável: reflexões a partir de experiências na bacia do Rio São Francisco**. 2010. Dissertação (Mestrado em Desenvolvimento Social). Universidade Estadual de Montes Claros, Montes Claros, 2010.

LUISO, Francesco Paolo. Presente e futuro della conciliazione in Italia. IN: YARSHELL, Flávio Luiz; MORAES, Maurício Zanoide de (Orgs.). **Estudos em homenagem à professora Ada Pellegrini Grinover**. São Paulo: Editora DPJ, 2005, p. 576.

LUÑO, Antonio Enrique. **Los derechos fundamentales**. Madrid: Tecnos, 2004.

MACÊDO, Marcus Paulo Queiroz; MARTELETO FILHO, Wagner (Orgs.). **Temas Avançados do Ministério Público.** Salvador: JusPodivm, 2017

MACHADO, Antonio Alberto. **Ministério Público**: *democracia e ensino jurídico.* Belo Horizonte: Del Rey, 2000.

MARINONI, Luiz Guilherme. **Técnica processual e tutela dos direitos**. São Paulo: Revista dos Tribunais, 2004.

MARTINS NETO, João dos Passos. **Direitos fundamentais:** conceito, função e tipos. São Paulo: Revista dos Tribunais, 2003.

MARUM, Jorge Alberto de Oliveira. **Ministério Público e direitos humanos**: um estudo sobre o papel do Ministério Público na defesa e na promoção dos direitos humanos. Campinas: Bookseller, 2006.

MAZZILLI, Hugo Nigro. **Inquérito civil.** São Paulo: Saraiva, 1999.

_____. **Introdução ao Ministério Público.** 4ª ed., rev. e ampl. São Paulo: Saraiva, 2002.

_____. **A defesa dos interesses difusos em juízo**. 18. ed. rev., ampl. e atual. São Paulo: Revista dos Tribunais, 2005.

MENKEL-MEADOW, Carrie; LOVE, Lela Porter; SCHNEIDER, Andrea Kupfer. **Mediation**: Practice, Policy, and Ethics. United States of America: Aspen Publishers, 2006.

_____; _____; _____; **Negotiation processes for problem solving.** United States of America: Aspen Publishers, 2006.

MIAILLE, Michel. **Introdução crítica do Direito.** 2. ed. Lisboa: Editorial Estampa, 1989.

MILARÉ, Édis (Coord.). **Ação civil pública**: Lei 7.347/85 — 15 anos. São Paulo: RT, 2001.

MIRANDA, Jorge. **Manual de direito constitucional**: Tomo IV - direitos fundamentais. 9. ed. Coimbra: Coimbra Editora, 2012.

MORAES, Paulo Valério Dal Pai; CORRÊA DE MORAES, Márcia Amaral. **A negociação ética para agentes públicos e advogados.** Belo Horizonte: Fórum, 2012.

MORAES, Rodrigo Iennaco de. O Ministério Público como instituição essencial à função do Estado. IN: ALMEIDA, Gregório Assagra de; SOARES JÚNIOR, Jarbas (Coords.). **Teoria Geral do Ministério Público.** Belo Horizonte: Del Rey, 2013, p. 135-138.

MOREIRA, Jairo Cruz. **A intervenção do Ministério Público no processo civil à luz da Constituição.** Belo Horizonte: Del Rey, 2009.

MOREIRA, José Carlos Barbosa. Privatização do processo? IN: MOREIRA, José Carlos Barbosa. **Temas de direito processual:** sétima série. São Paulo, Saraiva, 2001, p. 7-18.

MORIN, Edgar. O pensamento complexo, um pensamento que pensa. IN: MORIN, Edgar; MOIGNE, Jean-Louis Le. **A inteligência da complexidade.** Tradução de Nirimar Maria Falci. São Paulo: Editora Fundação Peirópolis, 3. ed. 2000.

MOURA JÚNIOR, Flávio Paixão, ROCHA, João Carlos de Carvalho *et al* (Coords.). **Ministério Público e a ordem social justa**. Belo Horizonte: Del Rey, 2003.

NERY, Rosa Maria de Andrade. **Noções preliminares de Direito Civil**. São Paulo: Revista dos Tribunais, 2002.

NERY JUNIOR, Nelson. **Princípios do processo civil na Constituição Federal.** 8. ed. São Paulo: Revista dos Tribunais, 2004.

_____; NERY, Rosa Maria de Andrade. Código de processo civil comentado e legislação extravagante. 3. ed. rev., atual e ampl. São Paulo: Revista dos Tribunais, 2005 p. 1429.

_____; _____. **Constituição Federal comentada e legislação constitucional.** São Paulo: Revista dos Tribunais, 2006.

NOLAN-HALY, Jacqueline M. **Alternative Dispute Resolution**. 4th Edition. United States of America: West, 2013.

OLIVEIRA, Carlos Alberto Alvaro de. **Do formalismo no processo civil:** proposta de um formalismo-valorativo. 3. ed., rev. São Paulo: Saraiva, 2009.

OLIVEIRA, Felipe Faria de. O Ministério Público resolutivo: a tensão entre a atuação preventiva e a autonomia institucional. IN: ALMEIDA, Gregório Assagra de; SOARES JÚNIOR, Jarbas (Coords.). **Teoria Geral do Ministério Público**. Belo Horizonte: Del Rey, 2013, p. 237-256.

ORSINI, Adriana Goulart de Sena; LARA, Caio Augusto Souza. O fenômeno do *big data* e os pressupostos para uma nova onda de acesso material à Justiça. **Conpedi Law Review**, Costa Rica, v. 3, n. 1, p. 75-91, jan./jun. 2017.

PULIDO, Carlos Bernal: **El principio de proporcionalidade y los derechos fundamentales.** Madrid: Centro de Estudios Políticos y Constitucionales, 2003.

RITT, Eduardo. **O Ministério Público como instrumento de democracia e garantia constitucional.** Porto Alegre: Livraria Editora do Advogado, 2002.

ROCHA, Fernando Luiz Ximenes; MORAES, Filomeno (Coords.). **Direito constitucional contemporâneo:** *Estudos em Homenagem ao Professor Paulo Bonavides*. Belo Horizonte: Del Rey, 2005.

RODRIGUES, Geisa de Assis. **Ação civil pública e termo de ajustamento de conduta**: teoria e prática. Rio de Janeiro: Forense, 2002.

RODRIGUES, Rui Martinho *et al.* **A (i)legitimidade das políticas públicas:** a República entre a igualdade e a especificidade. São Paulo: Malheiros, 2005, p. 36.

SABELA, Walter Paulo; DAL POZZO, Antônio Araldo Ferraz; BURLE FILHO, José Emmanuel (Coords.). **Ministério Público**: vinte e cinco anos do novo perfil constitucional — Constituinte e CF/1988 (Memórias e História). A criação de uma identidade. São Paulo: Malheiros, 2013.

SANTIAGO, Alexandre Jésus de Queiroz. Ministério Público eficaz: construção de novos paradigmas espaciais. In: GOULART, Marcelo Pedroso; ESSADO, Tiago Cintra; CHOUKR, Fauzi Hassan; OLIVEIRA, William Terra de (org.). **Ministério Público**: pensamento crítico e práticas transformadoras. Belo Horizonte: D' Plácido, 2018, p. 45-71.

SANTOS, Ricardo Goretti. **Manual de mediação de conflitos**. Rio de Janeiro: Lumen Juris.

SARLET, Ingo Wolfgang. **A eficácia dos direitos fundamentais**. 5ª ed., rev., atual. e ampl. Porto Alegre: Livraria do Advogado, 2005.

_____; TIMM, Luciano Benetti (Orgs.). **Direitos fundamentais:** orçamento e 'reserva do possível'. Porto Alegre: Livraria do Advogado Editora, 2008.

SARMENTO, Daniel. **Direitos fundamentais e relações privadas.** Rio de Janeiro: Lumen Juris, 2004.

SILVA, Alexandre Assunção e. **Ministério Público**: doutrina e regime jurídico. São Paulo: Edipro, 2013.

SILVA, José Afonso da. **Comentário contextual à Constituição.** São Paulo: Malheiros Editores, 2005.

_____. **Curso de direito constitucional positivo.** 26. ed. rev. e atual. São Paulo: Malheiros Editores, 2005.

SOARES JÚNIOR, Jarbas. Introdução. IN: **Manual de negociação e de mediação para membros do Ministério Público**. Brasília: Ministério da Justiça, 2014, p. 16.

SOUZA, Luciane Moessa. **Mediação de conflitos coletivos.** Belo Horizonte: Fórum, 2012.

SOUTO, Cláudio. **O tempo do direito alternativo** — uma fundamentação substantiva. Porto Alegre: Livraria dos Advogados, 1997.

STRECK, Lenio Luiz. **Jurisdição constitucional e hermenêutica**: uma nova crítica do direito. 2. ed. Rio de Janeiro: Forense, 2004.

_____; ROCHA, Leonel Severo (Orgs.). **Constituição, sistemas sociais e hermenêutica.** Porto Alegre: Livraria do Advogado Editora, 2005.

TEPEDINO, Gustavo. **Temas de direito civil**. Rio de Janeiro: Renovar, 1999.

THIBAU, Tereza Cristina Sorice Baracho; REIS, Ludmila Costa. Meios autocompositivos de resolução de conflitos coletivos: reflexões sobre a adequação da técnica em favor da efetividade. **Revista Opinião Jurídica,** Fortaleza, v. 14, p. 195-209, jul./dez. 2016.

THIBAU, Tereza Cristina Sorice Baracho; VIANA, Thaís Costa Teixeira. Negócios jurídicos e a modulação do procedimento nas ações coletivas. **Revista de Processo, Jurisdição e Efetividade da Justiça,** Brasília, v. 3, n. 1 p. 75-96, jan./jun. 2017.

TOMELIN, Georghio. **O Estado jurislador**. Belo Horizonte: Fórum, 2018.

VASCONCELOS, Carlos Eduardo de. **Mediação de conflitos e práticas restaurativas.** Editora Método: São Paulo, 2012.

VENTURI, Elton. **Processo civil coletivo**. São Paulo: Malheiros Editores, 2007.

_____. Transação de Direitos Indisponíveis? **Revista de Processo**, São Paulo, vol. 251/2016, n. 391, jan. 2016.

VIEHWEG, Theodor. **Tópica e jurisprudência.** Tradução de Tércio Sampaio Ferraz Jr. Brasília: Editora Universidade de Brasília, 1979.

VIEIRA, Oscar Vilhena. **A Constituição e sua reserva de justiça**. São Paulo: Malheiros Editores, 1999.

VITORELLI, Edilson. **O devido processo legal coletivo**: dos direitos aos litígios coletivos. São Paulo: Revista dos Tribunais, 2016.

WARAT, Luís Alberto; PÊPE, Albano Marcos Bastos. **Filosofia do direito:** uma introdução crítica. São Paulo: Moderna, 1996.

WATANABE, Kazuo. Cultura da sentença e cultura da pacificação. IN: YARSHELL, Flávio Luiz; MORAES, Maurício Zanoide de (Orgs.). **Estudos em homenagem à professora Ada Pellegrini Grinover**. São Paulo: Editora DPJ, 2005, p. 684-690.

WEINGARNER NETO, Jaime; VIZZOTTO, Vinícius Diniz. Ministério Público, ética, boa governança e mercados: uma pauta de desenvolvimento no contexto do direito e da economia. IN: SARLET, Ingo Wolfgang; TIMM, Luciano Benetti (Orgs.). **Direitos fundamentais:** orçamento e 'reserva do possível'. Porto Alegre: Livraria do Advogado, 2008, p. 292-293.

WOLKMER, Antonio Carlos. **Introdução ao pensamento jurídico crítico.** 4. ed. São Paulo: Saraiva, 2002.

WRIGHT, Martin. **Justice for vicgtims and offenders:** *a restorative response to crime*. Second Edition. United States of American: Waterside Press Whinchester, 1996.

YARSHELL, Flávio Luiz; MORAES, Maurício Zanoide (Coords.). **Estudos em homenagem à professora Ada Pellegrini Grinover**. São Paulo: Editora DPJ, 2005.

ZANETI JR., Hermes. Código de Processo Civil 2015: ruptura do paradoxo entre o Ministério Público da Legalidade e o Ministério Público Constitucional. IN: GODINHO, Robson Renault; COSTA, Susana Henriques da (Coords.). **Ministério Público.** Salvador: JusPodivm, 2015, p. 43-60.

ZENKNER, Marcelo. **Ministério Público e efetividade do processo civil.** São Paulo: Revista dos Tribunais, 2006.

_____. Ministério Público e Solução Extrajudicial de Conflitos. IN: RIBEIRO, Carlos Vinicius Alves. **Ministério Público:** reflexões sobre princípios e funções institucionais. São Paulo: Atlas, 2010, p. 317-338.

ZIPPELIUS, Reinhold. **Teoria geral do Estado.** Tradução de António Cabral de Moncada. 2ª ed. Lisboa: Fundação Calouste Culbbenkian, 1984.

3

BREVES CONSIDERAÇÕES SOBRE O MINISTÉRIO PÚBLICO FEDERAL DO SÉCULO XXI: TRAJETÓRIA E DESAFIOS

Geisa de Assis Rodrigues[1]

Sumário: 1. Evolução do Ministério Público no sistema constitucional brasileiro até 1988 – **2**. O Ministério Público na Constituição de 1988 – **3**. O Ministério Público pós Constituição de 1988 – **4**. Desafios para o Ministério Público do século XXI – **5**. Referências bibliográficas.

1. EVOLUÇÃO DO MINISTÉRIO PÚBLICO NO SISTEMA CONSTITUCIONAL BRASILEIRO ATÉ 1988

A história do Ministério Público é marcada pela constante reinvenção de seus propósitos institucionais. Embora saibamos das cautelas necessárias para comparar instituições que surgiram no Estado moderno e as existentes na Antiguidade clássica, quando não havia propriamente as categorias jurídicas do Estado e do indivíduo, parte da doutrina costuma identificar como antecedentes remotos do Ministério Público os funcionários de destaque da organização administrativa de então, como os Magiaí egípcios, os éforos e thesmotetis gregos, os praetores fiscalis, e censores romanos[2], porque eram altos servidores públicos dedicados à fiscalização do cumprimento das normas jurídicas. Mas suas raízes mais próximas são comumente atribuídas aos "*procureurs du roi*", disciplinados na Ordenança de 25 de março de

[1] Procuradora Regional da República. Mestre e Doutora pela UERJ. Pós doutora pelo Kings College. Professora licenciada da UFBA. Professora da Universidade Presbiteriana Mackenzie.

[2] Segundo Mazzilli, a expressão "Ministério Público", no sentido genérico, referindo-se a todos os que desempenhavam funções públicas já se encontrava nos textos romanos clássicos; em sentido estrito, tratando-se da instituição hoje conhecida, o termo *ministère public* aparece em provimentos legislativos do século XVIII. MAZZILLI, Hugo Nigro. *Regime jurídico do Ministério Público*. São Paulo: Saraiva, 2000. Pg. 37/62.

1302, de Felipe IV, o Belo, que faziam a defesa dos interesses da realeza, os quais paulatinamente passaram a se identificar como o interesse de todos, a exemplo da persecução penal. Embora ativos na defesa de determinados interesses, deviam fazê-lo de forma impessoal, constituindo uma "magistratura de pé" que passou a ser identificada pelo tipo de piso em que ficava, o *Parquet*.

Traço inquestionável da instituição é sua vocação para o exercício de funções de interesse da coletividade. Assim, os câmbios institucionais do Ministério Público estão intimamente relacionados à constante reconfiguração do que é o interesse público e da melhor forma de atendê-lo.

O Ministério Público brasileiro obviamente descende do Ministério Público português, cuja disciplina nas Ordenações Filipinas (1603) inspirou a legislação dos primórdios da instituição brasileira. Nesta primeira fase colonial não havia um regramento do Ministério Público, mas apenas cargos vinculados ao exercício das funções de Ministério Público. Em 1609, com a criação do Tribunal da Relação da Bahia, surgiu o Procurador da Coroa e da Fazenda, que atuava também como promotor de justiça.

Como se sabe, não houve uma ruptura radical de valores e ideias do Brasil independente com a cultura jurídica do Brasil colonial. A Constituição de 1824 previa a atuação do Procurador da Coroa em casos criminais.[3] O Código de Processo Criminal do Império, de 1832, continha seção (artigos 36 a 38) destinada aos promotores, disciplinando os requisitos de nomeação e as atribuições[4]. Na reforma de 1841 passou-se a exigir a qualidade de "bacharel idôneo". A expressão "Ministério Público" aparece pela primeira vez no artigo 18 do Regimento das Relações do Império, de 02 de maio de 1847.

Tanto no Brasil-Colônia quanto no Brasil-Império[5] havia o Procurador-Geral e os promotores públicos, meros agentes do executivo sem garantias e sem independência.

Antes mesmo do advento da Constituição Federal de 1891 vários documentos jurídicos importantes prepararam o país para o novo arranjo institucional decorrente da criação dos Estados Unidos do Brasil. O decreto 848, de 11 de outubro de 1890, que organizou a Justiça Federal,[6] e o decreto 1030, de 14 de novembro de 1890, que

---

[3] Art. 48. No Juizo dos crimes, cuja accusação não pertence à Camara dos Deputados, accusará o Procurador da Corôa, e Soberania Nacional.

[4] Art. 36. Podem ser Promotores os que podem ser Jurados; entre estes serão preferidos os que forem instruidos nas Leis, e serão nomeados pelo Governo na Côrte, e pelo Presidente nas Provincias, por tempo de tres annos, sobre proposta triplice das Camaras Municipaes. Art. 37. Ao Promotor pertencem as attribuições seguintes: 1º Denunciar os crimes publicos, e policiaes, e accusar os delinquentes perante os Jurados, assim como os crimes de reduzir á escravidão pessoas livres, carcere privado, homicidio, ou a tentativa delle, ou ferimentos com as qualificações dos artigos 202, 203, 204 do Código Criminal (do Império); e roubos, calumnias, e injurias contra o Imperador, e membros da Familia Imperial, contra a Regencia, e cada um de seus membros, contra a Assembléa Geral, e contra cada uma das Camaras. 2º Solicitar a prisão, e punição dos criminosos, e promover a execução das sentenças, e mandados judiciaes. 3º Dar parte ás autoridades competentes das negligencias, omissões, e prevaricações dos empregados na administração da Justiça. Art. 38. No impedimento, ou falta do Promotor, os Juizes Municipaes nomearão quem sirva interinamente.

[5] Para maiores informações vide PINTO, Adriano Moura da Fonseca & MIRANDA, Sandra de Mello Carneiro. O Ministério Público no Império Confluências. Vol. 13, nº 01 – Niterói: PPGSD-UFF, novembro de 2012, páginas 96 a 116.

[6] Art. 21. O membro do Supremo Tribunal Federal, que for nomeado procurador geral da República, deixará de tomar parte nos julgamentos e decisões, e, uma vez nomeado, conservar-se-á vitaliciamente nesse cargo. Art. 22. Compete ao procurador geral da Republica: a) exercer a acção publica e promove-la até final em todas as causas da competencia do Supremo

disciplinou a Justiça do Distrito Federal, ao disporem sobre a Procuradoria Geral da República deram um perfil institucional ao órgão. Na primeira Constituição republicana, todavia, apenas há referência ao Procurador Geral da República[7], cabendo às normas estaduais disciplinar a atuação do Ministério Público nos Estados.[8] Na República velha o Ministério Público, assim como as demais instituições do Estado, estava capturado pelos interesses das oligarquias que dominavam a vida política do Brasil, desde a forma de ingresso em seus quadros[9] até o seu funcionamento, sem autonomia e dependente do Poder Executivo.

A Constituição de 1934 dedicou pela primeira vez uma Seção ao Ministério Público, a demonstrar como o constituinte pretendia valorizar a instituição[10]. Todavia, a Constituição de 1934 não teve eficácia normativa alguma em virtude da suspensão de sua aplicação em virtude de sucessivos períodos de estado de sítio decretados pelo

---

Tribunal;b) funccionar como representante da União, e em geral officiar e dizer de direito em todos os feitos submettidos á jurisdicção do Supremo Tribunal. Art. 22. Compete ao procurador geral da Republica: c) velar pela execução das leis, decretos e regulamentos, que devem ser applicados pelos juizes federaes; d) defender a jurisdicção do Supremo Tribunal e a dos mais juízes federaes; e) fornecer instrucções e conselhos aos procuradores seccionaes e resolver consultas destes, sobre materia concernente ao exercicio da justiça federal. Art. 23. Em cada secção de justiça federal haverá um procurador da Republica, nomeado pelo Presidente da Republica, por quatro annos, durante os quaes não poderá ser removido, salvo si o requerer. Art. 24. Compete ao procurador da Republica na secção: a) promover e exercitar a acção publica, funccionar e dizer de direito em todos os processos criminaes e causas que recaiam sob a jurisdicção da justiça federal; b) solicitar instrucções e conselhos do procurador geral da Republica, nos casos duvidosos. Art. 24. Compete ao procurador da Republica na secção: c) cumprir as ordens do Governo da Republica relativas ao exercicio das suas funcções, denunciar os delictos ou infracções da lei federal, em geral promover o bem dos direitos e interesses da união; d) promover a accusação e officiar nos processos criminaes sujeitos á jurisdicção federal até ao seu julgamento final, quer perante os juizes singulares, quer perante o Jury. Art. 25. Os procuradores seccionaes serão julgados nos crimes de responsabilidade pelos juizes das respectivas secções, com recurso para o Supremo Tribunal, no caso de condemnação. Art. 26. Nas faltas ou impedimentos temporarios dos procuradores seccionaes, o procurador geral da Republica nomeará quem os substitua.

7 Art 58 [...] § 2º – O Presidente da República designará, dentre os membros do Supremo Tribunal Federal, o Procurador-Geral da República, cujas atribuições se definirão em lei. Art 81 – [...] § 1º – A lei marcará os casos e a forma da revisão, que poderá ser requerida pelo sentenciado, por qualquer do povo, ou *ex officio* pelo Procurador-Geral da República.

8 A Constituição de 14 de julho de 1891 de São Paulo não fez referência ao Ministério Público, o que ocorreu apenas na lei estadual nº 18, de 21 de novembro de 1891, que organizou o Poder Judiciário do Estado, o qual em seu artigo 7º, colocava o Ministério Público como auxiliar das autoridades judiciárias através de um Procurador-Geral do Estado, um Promotor Público em cada Comarca, salvo na Capital, onde haveria dois, e Curadores gerais dos órfãos e ausentes e Promotores de resíduos, um em cada termo. Já a Constituição da Bahia de dois de julho de 1891, em seu artigo 88 previa que: "Fica instituído o Ministério Público representado por órgãos hierárquicos, de livre nomeação e vencimentos serão estabelecidos em lei. Para o provimento destes cargos serão preferidos os bacharéis ou doutires em direito."

9 A exemplo do que aconteceu com Monteiro Lobato. AZEVEDO, Carmen Lúcia. Camargos, Márcia. *Monteiro Lobato – Furacão na Botocúndia*. São Paulo, Editora Senac, 1997.

10 **SEÇÃO I *Do Ministério Público.*** Art 95 – O Ministério Público será organizado na União, no Distrito Federal e nos Territórios por lei federal, e, nos Estados, pelas leis locais. § 1º – O Chefe do Ministério Público Federal nos Juízos comuns é o Procurador-Geral da República, de nomeação do Presidente da República, com aprovação do Senado Federal, dentre cidadãos com os requisitos estabelecidos para os Ministros da Corte Suprema. Terá os mesmos vencimentos desses Ministros, sendo, porém, demissível *ad nutum*. § 2º – Os Chefes do Ministério Público no Distrito Federal e nos Território serão de livre nomeação do Presidente da República dentre juristas de notável saber e reputação ilibada, alistados eleitores e maiores de 30 anos, com os vencimentos dos Desembargadores. § 3º – Os membros do Ministério Público Federal que sirvam nos Juízos comuns, serão nomeados mediante concurso e só perderão os cargos, nos termos da lei, por sentença judiciária, ou processo administrativo, no qual lhes será assegurada ampla defesa. Art 96 – Quando a Corte Suprema declarar inconstitucional qualquer dispositivo de lei ou ato governamental, o Procurado Geral da República comunicará a decisão ao Senado Federal para os fins do art. 91, nº IV, e bem assim à autoridade legislativa ou executiva, de que tenha emanado a lei ou o ato. Art 97 – Os Chefes do Ministério Público na União e nos Estados não podem exercer qualquer outra função pública, salvo o magistério e os casos previstos na Constituição. A violação deste preceito importa a perda do cargo. Art 98 – O Ministério Público, nas Justiças Militar e Eleitoral, será organizado por leis especiais, e só terá na segunda, as incompatibilidades que estas prescrevem.

Governo de Getúlio Vargas[11], que praticamente perduraram até o momento em que reuniu forças para implantar o Estado Novo com seu novo aparato constitucional.

A Constituição de 1937 voltou a tratar do Ministério Público de maneira esparsa, pois apenas tratou de regras referentes ao Procurador Geral da República, ao quinto constitucional, à atribuição de cobrar as dívidas da Fazenda pública.[12]

No Código de Processo Penal de 1941 o Ministério Público passou a ter poder de requisição do inquérito policial e de diligências. Além disso, obteve a titularidade da ação penal pública (embora houvesse algumas exceções como o procedimento penal *ex officio*) e a tarefa de promover e fiscalizar a execução da lei.

A redemocratização do país tenta resgatar a evolução constitucional interrompida com a ditadura varguista e a Constituição de 1946 volta com um título específico para o Ministério Público, disciplinando o Ministério Público da União e dos Estados, com a estruturação de uma carreira com previsão de concursos públicos para ingresso e regras objetivas de promoção[13].

Mais uma vez o Brasil passa por um período de extrema instabilidade política com a ocorrência de um Golpe Militar em 1964 que ensejará mais uma reconstitucionalização do país.

O Ministério Público na Constituição de 1967 foi disciplinado em Seção do capítulo do Poder Judiciário[14]. Na emenda nº 01 de 1969 o Ministério Público foi

[11] Bastante interessante registro sobre esse período histórico no livro de Lira Neto. Getúlio. 1930-1945. Do governo provisório à ditadura do Estado Novo. São Paulo: Cia das Letras, 2013.

[12] Art. 99 – O Ministério Público Federal terá por Chefe o Procurador-Geral da República, que funcionará junto ao Supremo Tribunal Federal, e será de livre nomeação e demissão do Presidente da República, devendo recair a escolha em pessoa que reúna os requisitos exigidos para Ministro do Supremo Tribunal Federal. Art 105 – Na composição dos Tribunais superiores, um quinto dos lugares será preenchido por advogados ou membros do Ministério Público, de notório merecimento e reputação ilibada, organizando o Tribunal de Apelação uma lista tríplice. Art. 109, parágrafo único: "A lei regulará a competência e os recursos nas ações para a cobrança da dívida ativa da União podendo cometer ao Ministério Público dos Estados a função de representar em Juízo a Fazenda Federal. Competência do STF para julgar o Procurador Geral da República nos crimes comuns e de responsabilidade (art. 101, I, b). Oitiva do Procurador Geral da República no caso de preterimento do direito de precedência em precatório (art. 95, parágrafo único)

[13] Art 125 – A lei organizará o Ministério Público da União, junto a Justiça Comum, a Militar, a Eleitoral e a do Trabalho. Art 126 – O Ministério Público federal tem por Chefe o Procurador-Geral da República. O Procurador, nomeado pelo Presidente da República, depois de aprovada a escolha pelo Senado Federal, dentre cidadãos com os requisitos indicados no artigo 99, é demissível *ad nutum*. Parágrafo único – A União será representada em Juízo pelos Procuradores da República, podendo a lei cometer esse encargo, nas Comarcas do interior, ao Ministério Público local. Art 127 – Os membros do Ministério Público da União, do Distrito Federal e dos Territórios ingressarão nos cargos iniciais da carreira mediante concurso. Após dois anos de exercício, não poderão ser demitidos senão por sentença judiciária ou mediante processo administrativo em que se lhes faculte ampla defesa; nem removidos a não ser mediante representação motivada do Chefe do Ministério Público, com fundamento em conveniência do serviço. Art 128 – Nos Estados, a Ministério Público será também organizado em carreira, observados os preceitos do artigo anterior e mais o princípio de promoção de entrância a entrância"

[14] Art. 137 – A lei organizará o Ministério Público da União junto aos Juizes e Tribunais Federais. Art 138 – O Ministério Público Federal tem por Chefe o Procurador-Geral da República, o qual será nomeado pelo Presidente da República, depois de aprovada a escolha pelo Senado Federal, dentre cidadãos com os requisitos Indicados no art. 113, § 1º. § 1º – Os membros do Ministério Público da União, do Distrito Federal e dos Territórios ingressarão nos cargos iniciais de carreira, mediante concurso público de provas e títulos. Após dois anos de exercício, não poderão ser demitidos senão por sentença judiciária, ou em virtude de processo administrativo em que se lhes faculte ampla defesa; nem removidos, a não ser mediante representação do Procurador-Geral, com fundamento em conveniência do serviço. § 2º – A União será representada em Juízo pelos Procuradores da República, podendo a lei cometer esse encargo, nas Comarcas do interior, ao Ministério Público local. Art. 139 – O Ministério Público dos Estados será organizado em carreira, por lei estadual, observado o disposto no parágrafo primeiro do artigo anterior. Parágrafo único – Aplica-se aos membros do Ministério Público o disposto no art. 108, § 1º, e art. 136, § 4º.

enquadrado no capítulo do Poder Executivo[15]. Não podemos olvidar que neste período foram impostos os Atos Institucionais, que ilegitimamente tinham *status* superior à Constituição, o que tornava todas as instituições dependentes das deliberações da ditadura militar.

Neste período o Ministério Público foi um importante instrumento na repressão das liberdades[16], mas muitos de seus membros foram cassados por não compactuarem com o novo regime a exemplo de José Paulo Sepúlveda Pertence, então integrante do Ministério Público do Distrito Federal e Territórios, posteriormente Procurador Geral da República e Ministro do Supremo Tribunal Federal[17].

2. O MINISTÉRIO PÚBLICO NA CONSTITUIÇÃO DE 1988

Não se deve a uma mera casualidade o fato do mesmo texto constitucional que implementou o Estado democrático de Direito no Brasil ter sido responsável pela nova essência do Ministério Público. Na verdade, nos países que tiveram processos constituintes similares ao brasileiro também foram concebidas instituições destinadas primordialmente à defesa dos interesses da sociedade, especialmente em face de violações perpetradas pelo Poder Público[18], como o ombudsman ou o defensor do povo.

[15] Art. 94. A lei organizará o Ministério Público da União junto aos juízes e tribunais federais. Art. 95. O Ministério Público federal tem por chefe o Procurador-Geral da República, nomeado pelo Presidente da República, dentre cidadãos maiores de trinta e cinco anos, de notável saber jurídico e reputação ilibada. § 1º Os membros do Ministério Público da União, do Distrito Federal e dos Territórios ingressarão nos cargos iniciais de carreira, mediante concurso público de provas e títulos; após dois anos de exercício, não poderão ser demitidos senão por sentença judiciária ou em virtude de processo administrativo em que se lhes faculte ampla defesa, nem removidos a não ser mediante representação do Procurador-Geral, com fundamento em conveniência do serviço. § 2º Nas comarcas do interior, a União poderá ser representada pelo Ministério Público estadual. Art. 96. O Ministério Público dos Estados será organizado em carreira, por lei estadual, observado o disposto no § 1º do artigo anterior.

[16] Infelizmente raros foram os membros do Ministério Público que deixaram de aplicar a legislação de segurança nacional, como deixa bem claro a seguinte passagem do livro das decisões do general Peri Bevilaqua que teve uma bela participação em favor da liberdade no Superior Tribunal militar: A falta de justa causa para processar os 14 oficiais e sargento que teriam cometido o 'crime de fidelidade' ao governo João Goulart, e que não aderiram em boa velocidade à revolução que irrompera em Minas Gerais a 31 de março, se evidencia ante a fragilidade-para não dizer o ridículo-das acusações contidas na furiosa denúncia. Assim, salienta o informante, 'assistir palestras de Leonel Brizola', 'tomar parte em movimento de solidariedade política', 'pressionar o ex-presidente João Goulart a não renunciar', 'candidatar-se a cargos eletivos', 'ligar-se diretamente ao comandante do III Exército', 'frequentar certas livrarias', 'estudar publicações de caráter esquerdista', 'ir a jantares na Petrobras', 'professar ideias esquerdistas', 'colaborar com a Supra (Superintendência da Reforma agrária)' etc., quando muito, em alguns casos, poderia constituir infração disciplinar, mas jamais crime!"*Justiça Fardada. O general Peri Bevilaqua no STM (1965-1969).* Org. Renato Lemos. Rio de Janeiro: Bom texto, 2004. Pg. 51.

[17] Podemos citar, exemplificadamente como integrantes do Ministério Público do Estado de São Paulo que foram perseguidos na época da ditadura militar: Plínio de Arruda Sampaio, Darcy Paulillo dos Passos, Antônio Sérgio Pacheco Mercier e Chopin Tavares de Lima.

[18] A Constituição espanhola em seu artigo 54 prevê a figura do defensor do povo: "*Uma lei orgânica regulará a instituição do Defensor do Povo como alto – comissário das Cortes gerais, por estas designado para a defesa dos direitos compreendidos neste título e que, para esse efeito, poderá supervisionar a atividade da Administração, dando conta às Cortes Gerais.*" A Constituição portuguesa institui em seu artigo 23 a figura do Provedor de Justiça: "1. *Os cidadãos podem apresentar queixas por ações ou omissões dos poderes públicos ao Provedor de Justiça, que as apreciará sem poder decisório, dirigindo aos órgãos competentes as recomendações necessárias para prevenir e reparar injustiças. 2. A atividade do Provedor de Justiça é independente dos meios graciosos e contenciosos previstos na Constituição e nas leis. 3. O Provedor de Justiça é um órgão independente, sendo o seu titular designado pela Assembléia da República. 4. Os órgãos e agentes da Administração Pública cooperam com o Provedor de Justiça na realização de sua missão.* "

Surgido na Suécia há quase dois séculos[19], o ombudsman tem no controle da função administrativa do Estado seu campo de atuação originário. Nesta concepção primeva o ombudsman apenas atua na esfera não jurisdicional, e suas deliberações não vinculam o Poder Público, mas já conta com poderes de requisição de informações e oitiva de pessoas para que possa instruir suas investigações. Hoje, já se admite que suas decisões sejam imperativas, ou eventualmente que possa postular em juízo em favor do reclamante. O ombudsman com ou sem poder decisório vinculante exerce um importante papel na solução extrajudicial dos conflitos, atuando como mediador entre as partes, e contribuindo para a defesa dos direitos humanos[20]. A sua atuação mais intensa é na composição de litígios individuais, mas é comum que ao detectar a incidência social do conflito o ombudsman expeça recomendações de caráter mais genérico, ou proponha alterações legislativas que possam erradicar o conflito transindividual.

O anseio por essa estabilidade democrática com certeza motivou que muitos atores do último processo constituinte brasileiro defendessem a existência da criação de uma instituição nos moldes do ombudsman no cenário jurídico pátrio. Houve um dissenso entre os que consideravam necessária a concepção de uma nova instituição, com funções de defesa dos interesses da sociedade[21], e os que entendiam ser melhor reservar ao Ministério Público essas novas atribuições[22], o que acabou ocorrendo.

---

19 Constituição sueca de 1809 "*artigo 96. O Parlamento designará pelo menos dois cidadãos de reconhecida competência legal e marcante integridade para supervisionar, na condição de ombudsman do parlamento, de acordo com a s diretrizes por este estabelecidas, a observância das leis e regulamentos por todos os funcionários e empregados; e instaurar processos, perante os Tribunais próprios, contra os que, no exercício de suas funções públicas, praticarem ato ilícito mediante parcialidade ou favoritismo, ou de outra forma, ou se omitirem no cumprimento do dever. O ombudsman estará sujeito sob todos os aspectos às mesmas responsabilidades estabelecidas para os promotores públicos pela lei civil e penal, e pelas regras do processo judicial atinente a promotores. O parlamento designará o número necessário de substitutos do Ombusdsman, que deverão ter as mesmas qualificações dele.*" Pg. 35, LEITE, Celso Barroso. *Ombudsman. Corregedor administrativo. A instituição escandinava que o mundo vem adotando.* Rio de Janeiro: Zahar editores, 1975.

20 Para uma interessante análise sobre o tema vide REIF, Linda C. 2004. The ombudsman good governance and the international human rights system. Leiden/Boston: Martin Nighhoff publishers.

21 Nesse sentido TÁCITO, Caio. "Ombudsman – O defensor do povo". RDA, 171: 15/26, Jan./ Mar. 1988, OLIVEIRA FILHO, João de. "O ombudsman, instrumento de defesa dos direitos humanos nas democracias modernas". Revista dos Tribunais – 497 – Março de 1977. Também a Comissão de Notáveis que elaborou um anteprojeto de Constituição no seu artigo 56, defendia a instituição do "Defensor do Povo", a fim de "zelar pelo efetivo respeito dos poderes do Estado aos direitos assegurados nesta Constituição, apurando abusos e omissões de qualquer autoridade e indicando aos órgãos competentes as medidas necessárias à sua correção ou punição", o qual seria escolhido pela maioria absoluta dos deputados federais (ou estaduais nos Estados) e gozando das mesmas prerrogativas de parlamentares e vencimentos dos ministros do STF. Brasil, Diário Oficial de 26/09/1986, Suplemento Especial ao nº 185. Acessível no http://www.senado.gov.br/publicacoes/anais/constituinte/AfonsoArinos.pdf.

22 Com esse entendimento Diogo Figueiredo Moreira Neto, Direito da participação política legislativa. Administrativa e judicial. Fundamentos e técnicas constitucionais da democracia. Rio de Janeiro: Renovar, 1992. pg. 95: "*Não obstante a popularidade da instituição e o êxito que possa ter alcançado em outros países, entendemos que, entre nós, suas funções devem ser cometidas, com maior eficácia, ao Ministério Público. Este órgão, não só em razão de sua tradição e da presença difundida em todo o território nacional, abrangendo todos os níveis hierárquicos de provocação, soma a experiência profissional ao preparo funcional (concurso público) e a independência da ação à vocação de defesa do interesse indisponível, razões pelas quais entendemos supérflua, em nosso sistema de controle de poder, a instituição de um "ombudsman", ou que denominação assuma com competência paralela e repetitiva, se não competitiva com o Ministério Público.*" Também Fábio Konder Comparato que no projeto que elaborou de Constituição previa em seu artigo 186 o Ministério Público com atribuições de ombudsman. *Muda Brasil. Uma Constituição para o desenvolvimento democrático.* SP: Editora Brasiliense, 1987. Júlio Aurélio Vianna Lopes em importante trabalho sobre o Ministério Público relembra que: "*A corporação do Ministério Público se opôs à criação do "Defensor do povo", posição consignada em seu VI Congresso Nacional, argumentando que a instituição já cumpria esta função nas pequenas cidades do interior, devendo ser aperfeiçoada para as grandes cidades... A influência dos "Plenários Pró – Participação popular" foi evidente nas*

Para esses últimos as funções de defesa da cidadania seriam um aprofundamento natural da clássica vocação da instituição de defesa do ordenamento jurídico, uma verdadeira releitura do encargo de proteção dos fracos e da salvaguarda do bem público.[23] Todavia, o que restava evidente era a necessidade de superar a dependência da instituição em relação ao Poder Executivo[24] e romper com o seu histórico modo de atuar, ainda muito limitado pelas peias do individualismo e praticamente se resumindo a oficiar perante o juízo.

O Ministério Público que emerge da nova ordem constitucional é uma instituição diferente, com novas atribuições, com importantes garantias institucionais e pessoais, aliando a sua histórica tradição de postulação em juízo, seja no âmbito penal seja no âmbito cível na tutela de direitos transindividuais e individuais indisponíveis, com a possibilidade de uma ampla atuação de defesa extrajudicial da cidadania, e com os poderes de investigar e de utilizar outras medidas extrajudiciais para a defesa do patrimônio público e social.

Como toda a Constituição de 1988, os dispositivos constitucionais que disciplinam o Ministério Público resultaram de uma solução de compromisso entre as várias forças políticas representadas naquele momento histórico.[25] O Ministério

---

várias proposições de sua lavra que se converteram em relações constitucionais, devendo ser observado que foram os pioneiros na atribuição da função de zelador dos direitos dos cidadãos pelos Poderes Constituídos – dicção típica da proposta de "Defensor do Povo" (tal como se configurou no Projeto dos "notáveis") – ao Ministério Público. É importante salientar, ainda, que o ***Parquet*** *sempre constou de seus anteprojetos no tema "Participação popular", o qual era, explicitamente, um dos eixos que norteavam a discussão entre os participantes dos movimentos, ao lado de outros – 'Funções do Estado', 'Alicerces da Sociedade', e 'Condições da Vida'".* Rio de Janeiro: Lumen Juris, 2000. Pg. 111/113.

23 Como a pioneira opinião de Roberto Lyra: "*Assim, o Ministério Público evoluirá para um ministério social que assumirá a responsabilidade da tentativa da ordem jurídica em todo o mundo – a paz social pela justiça social, tarefa máxima da democracia na atual conjuntura da humanidade... Um ministério social promoverá a justiça social, curará dela e não só de uma justiça pública, estatal, oficial. A ordem jurídica será adaptada aos dramas contemporâneos.*" (pg. 57. *Visão social do direito.* Rio de Janeiro: Editora Rio, 1976.)

24 Cf. Fábio Konder Comparato: "*O necessário complemento de uma reforma do Judiciário consiste na reformulação das funções do Ministério Público. Este último tem sido, até hoje, um auxiliar do estado, quando deveria ser, exclusivamente, um defensor da sociedade civil. A distinção aqui se impõe vigorosamente: o Estado o corpo de seus procuradores, encarregados de representar judicialmente os seus interesses. Não pode ser esta a função do Ministério Público. Os seus membros devem atuar, como se repete nos manuais doutrinários e arrazoados forenses, no interesse da sociedade. Apenas deixa-se de tirar a necessária conclusão dessas premissas, qual seja, a autonomia do Ministério Público em relação ao Executivo.*" Segurança e democracia in *Direito, cidadania e participação.* São Paulo: T. A Queiroz, 1981. Pg. 223.

25 Cf. relata Ibsen Pinheiro que participou ativamente da elaboração do capítulo do Ministério Público na Constituição Federal: "*Não foi fácil chegar ao novo perfil da instituição. Eu sei porque estava na Constituinte e, designado pelo líder Mário Covas, coordenei a elaboração do texto dos artigos 127, 128 e 129 que compõem a base do Ministério Público na Constituição Federal, conduzindo, também, a pesada negociação que a precedeu, não apenas entre as lideranças políticas, mas muito mais com as corporações interessadas, especialmente as polícias civil e militar, a magistratura e a advocacia. Entre dois amores balançou o coração da Constituinte. Os da direita, conservadores queriam conservar, naturalmente. Defendiam o mesmo Ministério Público esboçado na França do século 14 e que se subia ao Parquet para representar, pelos procureurs du Roi, os interesses do monarca; até que Luiz XIV escancarou e, sendo ele o Estado, por assim dizer publicizou os promotores. Mas nada que fosse além da defesa do Estado, embora já embrionasse o conteúdo democrático do monopólio da ação penal pública. Particularmente dura (e surpreendente) foi a negociação com o Ministério Público! Seu segmento federal, hoje de longe o mais visível, opôs-se tenazmente às mudanças, engajando na luta sua associação representativa e todos os seus líderes, inclusive um prestigiado Procurador-Geral da República, tudo porque defendia encarniçadamente o poderzinho de representar judicialmente a União, o que às vezes o empurrava esquizofrenicamente para os dois lados do balcão, na ponta autora e na parte ré de um mesmo feito. Na esquerda havia também adversários da mudança, porque suas lideranças preferiam a solução ascética (e poética) do ombudsman escandinavo que, como se sabe, funciona muito bem... na Escandinávia. Por fim preponderou a proposta que vinha do Ministério Público dos Estados avalizada por uma experiência que há muito valorizava a independência funcional e principalmente a distinção entre o fiscal da lei e o procurador do Estado. São Paulo, Rio Grande do Sul, Minas Gerais, Paraná e Rio de Janeiro conduziram essa luta, com apoio de todas as estruturas estaduais. Logo, o perfil do Ministério Público que aí está não é casual, nem acidental,*

Público pós – 1988 é uma instituição permanente e autônoma em relação aos demais Poderes do Estado, com um papel relevantíssimo na defesa da ordem democrática e dos direitos da coletividade, regida pelos princípios da independência funcional, da unidade e da indivisibilidade, com autonomia administrativa e orçamentária. Seus membros gozam das prerrogativas da vitaliciedade, inamovibilidade e irredutibilidade de vencimentos. Foi vedado ao Ministério Público o exercício de qualquer atividade de consultoria judicial ou extrajudicial a pessoa jurídica de direito público, o que causou importante impacto no Ministério Público Federal que antes fazia a defesa da União.

O Ministério Público brasileiro atual é uma instituição bastante singular se comparada com os seus congêneres estrangeiros[26], destacando-se pelo seu novo rol de atribuições, sendo o titular exclusivo da ação penal pública, atuando em concorrência com outros colegitimados na defesa judicial dos direitos transindividuais na esfera cível e o exercendo suas funções de ombudsman, dentre outras funções constitucionais.

3. O MINISTÉRIO PÚBLICO PÓS CONSTITUIÇÃO DE 1988

A reinvenção do Ministério Público foi bem-sucedida pois sempre contou com a participação de vários de seus membros. Uma cultura institucional interna permitiu essa ampla renovação, que se iniciou formalmente antes mesmo da Constituição com o advento da Lei 7.347/85, que disciplinou a ação civil pública. Não por acaso Comissão Especial da Procuradoria Geral foi designada em 1985 para contribuir para o futuro desenho do Ministério Público da União[27] a ser debatido no processo constituinte de 1987.

---

mas produto de muita reflexão, muito entendimento, algumas concessões de partes a partes (dada a diferença no mecanismo de provimento do cargo de Procurador-Geral na União e nos estados, assim como a expressão "controle externo da atividade policial") e sobretudo muita clareza na ideia-força que moveu a proposta vitoriosa: desenhar uma instituição estatal que não fosse do governo, mas da sociedade, não mais apenas para a histórica função institucional de acusar, mas também a de defender "a ordem jurídica, o regime democrático e os interesses sociais e individuais indisponíveis" (art.127). Ou ainda, como reza o art. 129, "zelar pelo efetivo respeito dos Poderes Públicos e dos serviços de relevância pública aos direitos assegurados nesta Constituição, promovendo as medidas necessárias a sua garantia". "Ministério Público novo de guerra." Artigo publicado no Jornal Zero Hora de 6/9/2000.

26 Principalmente quanto às funções na área cível vide VESCOVI, Enrique. "Tareas del Ministerio Publico". Congreso Internacional de derecho procesal civil. Belgica, Gent, Agosto, 1977. Revista de Processo, São Paulo, v. 03, n 10, p. 149-173, Abr./Jun. 1978. Para uma visão de direito comparado sobre a aplicação do princípio da independência do Ministério Público vide Paulo Cézar Pinheiro Carneiro. *O Ministério Público no processo civil e penal. Promotor natural atribuição e conflito.* Rio de Janeiro: Forense, 1994. Pg. 29/249. Sobre uma breve resenha do Ministério Público italiano e norte-americano respectivamente. SZNICK, Valdir. O Ministério Público no direito italiano. *Revista dos Tribunais* 499 – Maio de 1977, pg. 276/278, e SIMON, John Anthony. Considerações sobre o Ministério Público norte-americano. *Revista dos Tribunais* 640 – Fevereiro de 1989 pp. 7-18. Sobre atuação crítica da atuação do Ministério Público vide CAPPELLETTI, Mauro & JOLOWICZ, J. A. *Le rôle du Ministère Public, de la prokouratoura et de l'attorney general dans le procedure civile. Public Interest parties and the active role of the judge in civil litigation.* Milão, Giuffrè e Nova York, Dobbes Ferry, 1979.

27 Compuseram a comissão o Subprocurador Aristides Junqueira Alvarenga, os procuradores da República José Antônio Leal Chaves, Anadyr de Mendonça Rodrigues, Álvaro Augusto Ribeiro Costa (então presidente da Associação Nacional dos Procuradores da República), o Procurador do Trabalho, João Pedro Ferraz dos Passos, o Procurador militar, Jorge Luiz Dodaro e o assessor do Gabinete Civil da Presidência da República, José Celso de Mello Filho e o director-geral do Departamento de Assuntos Legislativos do Ministério da Justiça, José Reinaldo Montenegro de Araújo.

Assentadas as bases do Ministério Público na constituição, foram necessárias as complementações legislativas para que as novas linhas institucionais ganhassem realidade e nitidez. Vale consignar a síntese do projeto de lei complementar do Ministério Público da União (PLC nº 69/89) tal qual apresentado na mensagem nº 002, de 31 de março de 1989, pelo então Procurador Geral da República José Paulo Sepúlveda Pertence:

> O projeto procura definir instrumentos de atuação do Ministério Público da União, compatíveis com a necessidade de atender aos princípios e funções institucionais explicitadas na Constituição Federal. Optou-se pela enumeração de determinados instrumentos, sem lhes esgotar as possibilidades de expansão, resguardadas pela menção genérica à promoção de ações de qualquer natureza, perante os órgãos judiciários federais. Consagram-se inquérito civil e a ação civil pública como instrumentos por excelência de atuação do Ministério Público da União, perante a jurisdição civil, adotando-se quanto a eles procedimentos semelhantes aos utilizados na jurisdição penal, especialmente no tocante da obtenção de elementos de convicção (notificação e condução coercitiva de testemunhas e requisição de informações). Entre as importantes inovações decorrentes da Constituição está o cometimento ao Ministério Público do controle externo da atividade policial, ao qual o projeto buscou dotar de mecanismos adequados para assegurar, de um lado, a indisponibilidade da persecução penal e, de outro, a prevenção ou a correção da ilegalidade ou do abuso de poder. Explicitando as funções institucionais do Ministério Público, contidas na Constituição Federal, o projeto realça uma delas que, por sua novidade e importância, exigiu abordagem peculiar e inédita: trata-se da defesa dos direitos constitucionais ante aos poderes públicos (englobados, aí, os prestadores de serviços de relevância pública). Recorde-se que, por ocasião dos trabalhos da Assembleia Nacional Constituinte, acirrados debates se travaram a respeito da instituição no País de figurante semelhante ao 'ombudsman' escandinavo, chegando-se à conclusão que tal papel, em nossa sociedade, podia e devia ser desempenhado pelo Ministério Público. A inovação radical que o projeto oferece se situa exatamente neste campo, criando a figura do Defensor dos Direitos do Cidadão, para desempenhar as atribuições contidas no inciso II do artigo 129 da Constituição. Cometendo tais atribuições a um integrante da carreira do Ministério Público Federal, escolhido em procedimento do qual participa órgão colegiado da instituição (o Conselho Superior), para exercer mandato de dois anos, a proposta visou cercar o responsável por tão relevante atribuição dos predicamentos e garantias indispensáveis ao bom desempenho do encargo, em benefício da sociedade. Ponto fundamental do projeto é o relativo às garantias dos membros do Ministério Público da União. A matéria revelou aspectos de grande complexidade, em especial, quando se cuidou de compatibilizar a inamovibilidade dos seus membros com os princípios da unidade e da indivisibilidade, aquela e estes consagrados pela Constituição, o que tornou inadequado, no particular, a utilização dos parâmetros das garantias da magistratura. O projeto pretende ter adotado solução que harmoniza a garantia e os princípios institucionais mencionados, estabelecendo a sede natural de cada um dos níveis das carreiras do Ministério Público da União, distribuindo-os, horizontalmente, em ofícios, mediante critérios objetivos fixados em lei, e disciplinando rigidamente as hipóteses de remoção ou substituição. A participação dos integrantes das carreiras do Ministério Público da União na gestão da instituição foi valorizada, mediante a repartição de competência tradicionalmente atribuída ao Procurador Geral da República com os órgãos colegiados, sobretudo os Conselhos Superiores e as Câmaras de Coordenação e Revisão. Entregamos agora o projeto à análise e à sensibilidade política do Congresso Nacional, esperamos ter oferecido o resultado de nossos melhores esforços para a construção de um novo Ministério Público, à altura da grandeza das tarefas que a Constituição lhe confiou.[28]

[28] Diário do Congresso Nacional, 19/02/1991. Pg. 236.

Após cinco anos de debate no Congresso Nacional a lei complementar 75/93 foi editada concretizando, na esfera do Ministério Público da União, os valores, regras e princípios constitucionais que passaram a reger tal ramo do Ministério Público. No mesmo período foi editada a Lei Orgânica Nacional do Ministério Público dos Estados, a lei 8625/93, definindo o estatuto jurídico básico do Ministério Público dos Estados.

A autonomia da instituição, tanto normativa quanto financeira, e a independência funcional de seus membros, permitiram que a instituição tivesse o dinamismo para ser a protagonista da defesa dos direitos transindividuais e a titular exclusiva da ação penal. Houve a expansão do número de integrantes do Ministério Público bem como das iniciativas judiciais e extrajudiciais ao seu encargo.

O direito brasileiro conta com um razoável sistema de defesa judicial dos direitos transindividuais, composto pelas seguintes ações: a) a precursora ação popular, que tem como objeto a defesa do patrimônio público, da moralidade administrativa e do meio ambiente, quando a lesão a esses macrobens[29]é realizada por atos administrativos ilegais; b) a ação civil pública, que tutela os direitos difusos e coletivos protegidos pelo ordenamento jurídico, englobando também a defesa do patrimônio público, da moralidade administrativa, do meio ambiente, não importando quem tenha sido responsável pela violação dos direitos; c) a ação coletiva, introduzida pelo Código de Defesa do Consumidor, que tutela os direitos individuais homogêneos, d) a ação de improbidade administrativa, cujo objeto é a aplicação de sanções especiais às pessoas naturais e jurídicas que tenham cometido um ato que enseje enriquecimento ilícito de seu agente, lesão ao Erário Público ou violação aos princípios reitores da atividade administrativa[30]; d) o mandado de segurança coletivo,[31] que tutela direito coletivo em face de ameaça ou de violação por ato de autoridade coatora; e) o mandado de injunção coletivo[32], interposto para suprir a ausência

29 José Rubens Morato Leite utiliza a noção de macrobem nesse sentido: *"Com efeito, desta forma, visualiza-se o meio ambiente como um macrobem, que além de incorpóreo e imaterial se configura como bem de uso comum do povo." Dano ambiental: do individual ao coletivo extrapatrimonial.* São Paulo: Revista dos Tribunais, 2000. pg. 86.

30 Lei 8.429, de 2 de Junho de 1992.

31 Artigo 5º, inciso LXX – o mandado de segurança coletivo pode ser impetrado por: a) partido político com representação no Congresso Nacional; b) organização sindical, entidade de classe ou associação legalmente constituída e em funcionamento há pelo menos um ano, em defesa dos interesses de seus membros ou associados. De se considerar o mandado de segurança coletivo como uma modalidade de mandado de segurança resultam os seguintes pressupostos, anotados por José Rogério Cruz e Tucci," *Class action e mandado de segurança coletivo.* São Paulo: Saraiva,1990: *"a) imprescindível afigura-se, de logo, que o direito subjetivo, de conotação coletiva, cuja tutela é invocada do órgão jurisdicional, seja líquido e certo; b) indispensável torna-se, ainda, que a lesão, ou a ameaça de lesão, a esse direito decorra de ilegalidade ou abuso de poder, e c) necessário é, enfim que a atuação ou omissão, a ser enfrentada pelo* ***mandamus****, seja de autoridade pública ou de agente de pessoa jurídica no exercício de atribuições do Poder Público (nada importando, por certo, sua categoria ou a natureza da função por qualquer delas exercida)."* Pg. 38/39. Esse também foi o entendimento da jurisprudência, logo após a edição da Constituição Federal: "MANDADO DE SEGURANÇA COLETIVO – Garantia constitucional não condicionada a lei complementar ou ordinária – Remédio utilizável desde logo como direito das entidades arroladas no inciso LXX do art. 5 da CF – Utilização das regras legais vigentes relativas ao mandado de segurança previstas na lei 1533/51, resolvidas em cada caso as situações não análogas que possam advir." (TJSP, MS 142.879-2, 12 C, j. 3-10-89 – el. Des. Carlos Ortiz, RT 648/88).

32 Artigo 5º, inciso LXXI – conceder-se – á mandado de injunção sempre que a falta de norma regulamentadora torne inviável o exercício dos direitos e liberdades constitucionais e das prerrogativas inerentes à nacionalidade, à soberania e à cidadania. Segundo Marcelo Figueiredo: *"Cremos que qualquer pessoa, física ou jurídica, privada ou pública, tem o direito à injunção. O argumento tem fundamento em interpretação sistemática. Notem que o mandado de injunção vem encartado no Título II, denominado dos direitos e garantias fundamentais, cujo Capítulo I tem a rubrica "Dos direitos e deveres individuais e coletivos." Portanto, o mandado de injunção pode ter como sujeitos ativos (impetrantes) a pessoa individualmente situada, o grupo, a*

inconstitucional de regulamentação de uma norma que cause gravame a direitos e liberdades constitucionais, ou a prerrogativas inerentes à nacionalidade, à soberania ou à cidadania de um grupo ou da coletividade.

Em todos esses casos o ordenamento jurídico reservou ao Ministério Público um importante papel, seja como possível autor, seja como ativo fiscal da lei com poderes de instruir e recorrer os processos judiciais de sua intervenção.

A atuação do **Parquet** na tutela judicial dos direitos transindividuais representou um grande avanço em relação à tradicional timidez do Ministério Público na esfera cível. Essa atribuição significou uma mudança qualitativa e quantitativa em sua atuação como parte nos litígios cíveis. Todavia, esse tipo de ofício ainda se encontra dentro do marco convencional do profissional de Direito, ou seja, a arena judicial. O que, todavia, vem importando numa silenciosa revolução no modo de agir do Ministério Público é o novel rol de funções realizadas fora do âmbito judicial, a maioria delas na condução do inquérito civil. Não que a Instituição não exercesse tradicionalmente algumas atividades extrajudiciais como, *v.g.* nas curadorias de fundações, ou até mesmo no atendimento individual. Ocorre que após a Constituição de 1988 as atividades extrajudiciais passaram a ter um caráter mais amplo, pois envolvem diversas matérias, como saúde, educação, meio ambiente, direito do consumidor e tantas outras, e sempre na perspectiva coletiva, o que apresenta novos desafios. Na interessante expressão do professor Caio Tácito, abriu-se ao Ministério Público a importante função da "Magistratura de persuasão".[33]

Como não poderia deixar de ser, também a tutela penal, primeiro campo de atuação institucional do Ministério Público, que cuida da promoção dos valores e bens mais caros à sociedade, não foi olvidada pelo constituinte e foi renovada no período pós 1988, com a exclusividade da ação penal e com o controle externo da atividade policial. O Ministério Público Federal acentuou a sua atuação nesta área não só no combate à criminalidade tradicional, mas sobretudo em relação ao crime organizado e à corrupção.

O fim do século XX foi fundamental para consolidação do novo desenho institucional, o exercício de novas atribuições na esfera cível e criminal do Ministério Público.

4. DESAFIOS PARA O MINISTÉRIO PÚBLICO DO SÉCULO XXI

Beira o truísmo afirmarmos que as aceleradas mudanças sociais do século XXI vêm impactando a moldura das instituições públicas, impondo-lhe novos desafios, que demandam revisão de práticas e metodologias. À evidência que os limites do

associação, o sindicato etc., enfim, todas as pessoas referidas no Capítulo I, pois o conjunto deve prevalecer sobre o individual. O segundo argumento a corroborar a impetração da injunção apta à tutela coletiva e difusa é encontrado nos arts. 129, III, 182 e e225. Como é e possível ao Ministério Público, por exemplo, "zelar pelo efetivo respeito dos Poderes Públicos e dos serviços de relevância pública aos direitos assegurados nesta Constituição, promovendo as medidas necessárias a sua garantia" – se lhe for negado o direito à injunção? Notem, para a promoção dos direitos a que alude na competência do Ministério Público, fatalmente se inserem os direitos individuais, coletivos e difusos, podendo ser tutelados através do mandado de injunção." (ps. 34 e 35. *O mandado de injunção e a inconstitucionalidade por omissão.* São Paulo: Revista dos Tribunais, 1991).

33 Expressão utilizada pelo professor Caio Tácito. Pg. 23 "Ombudsman –o defensor do povo". RDA, Rio de Janeiro n 171, p. 15-25, jan/mar-1988.

presente trabalho não nos permitirão esgotar o exame de todos os reptos que têm sido lançados ao Ministério Público nos anos mais recentes. Assim, destacamos os seguintes aspectos: a necessidade de sua maior democratização, com mais controle social e transparência; a relevância da maior eficiência institucional como resposta à sociedade, com definição de metas e prioridades, bem como o melhor aproveitamento operacional com a efetiva resolução de problemas e de conflitos que lhe são apresentados; e, por fim, a importante inventividade na concepção de modelos de atuação mais democráticos e eficientes, com a observância dos marcos legais.

Como instituição que vela pela ordem democrática, o agir do Ministério Público deve incorporar tal valor. Como é cediço, o que torna possível o Estado democrático de Direito é justamente a qualidade de abertura que a essência democrática lhe empresta. Porque "la democracia debe ser propuesta como objetivo constante y debe entenderse como proceso siempre abierto en el tiempo."[34] A democracia, na expressão de Miguel Reale[35], é um verdadeiro processo histórico incessante, sempre se admitindo uma maior democratização do que é democrático. Não é à toa que o Estado democrático de Direito é fundado em uma constitucionalização aberta, que define os princípios básicos, mas que permite que várias categorias possam ter uma moldura diferenciada ao longo do tempo.

Mesmo para Kelsen a gestão do interesse público não se restringia ao campo da elaboração das normas - democracia da legislação - mas deveria avançar ao campo da execução das opções normativas - democracia da execução[36]. Bobbio, apesar de partir de paradigmas não coincidentes com os kelsenianos, manifesta a mesma preocupação ao se pronunciar sobre a necessidade de avaliar o efetivo grau de democratização de um país investigando se todas as esferas públicas estão contaminadas pelo vírus da democracia.[37]

A complexidade da sociedade moderna confere aos técnicos da Administração Pública, que integram segundo Antonio D'Atena o circuito "não democrático" dos agentes públicos, porquanto não eleitos diretamente pela sociedade, ao menos em países como a Itália e o Brasil, uma extensa margem de poder no exercício das opções políticas estabelecidas pelo legislador[38], notadamente os que são considerados

---

[34] DIAZ, Elías. Estado de derecho y sociedad democrática. Madrid: Taurus, 1998. pg. 176.

[35] REALE, Miguel. *Pluralismo e liberdade*. 2 ed. Rio de Janeiro: Expressão e Cultura, 1998. Pg. 305.

[36] Cf. Kelsen, em estudo sobre a democracia já citado: "*Não se deve crer., como poderia parecer à primeira vista, que a democracia da execução seja apenas a conseqüência da democracia da legislação e que a idéia democrática seja tanto mais satisfeita quanto maior é a abrangência do processo da execução pela forma democrática da formação da vontade.*" KELSEN, Hans. *A democracia*. Tradução Vera Barkow, Jefferson Luiz Camargo, MARCELO Brandão Cipolla, Ivone Catilho Bernadetti. São Paulo: Martins Fontes, 1993.pg. 80

[37] Diz Bobbio textualmente: "**In altre parole, quando si vuol conoscere se ci sai stato uno sviluppo della democrazia in un dato paese si dovrebbe andare a vedere se sai aumentato non il numero di coloro che hanno il diritto di partecipare alle decisioni che li riguardano ma gli spazi in cui possono esercitare questo diritto**." BOBBIO, Norberto. *Il futuro della democrazia. Una defesa delle regole del gioco*. Torino: Eunaudi, 1984 Pg. 16 "Em outras palavras, quando se quer conhecer se um houve um desenvolvimento da democracia em um dado país se deveria observar se foi aumentado não o número de classes que têm o direito de participar da decisão que a elas se refere mas os espaços nos quais podem exercitar este direito." (tradução livre da autora).

[38] Antonio D'Atena, quanto a este grupo de agentes públicos, assevera: "*Il secondo circuito è sottratto alla logica democratico--rappresentativa. Nell'ambito di esso, la preposizione all'uficio non è il frutto di una decisione politica, ma l'effetto di mecanismi diversi, tra i quali fa spicco la regola del concorso: rivolta ad una selezione di tipo tecnico – attitudinale, possiamo rilevare che i*

agentes políticos como juízes e representantes do Ministério Público. Tanto maior será a responsividade[39] do Estado, ou seja a sua maior capacidade de responder aos anseios dos cidadãos, quanto mais transparente e suscetível ao controle social for tal segmento estatal.[40] À evidência que tais instituições técnico-políticas, tendo sua conformação determinada pelo legislador, em geral o constituinte, estão legitimadas para o exercício de suas funções. Todavia, este exercício deve ocorrer, e cada vez mais, sob o influxo do princípio jurídico da democracia.

Não por acaso, no debate sobre a reforma constitucional do sistema judicial ocorrido no início do século XXI no Brasil ficou evidente a necessidade de assegurar maior controle social sobre o Poder Judiciário e o Ministério Público.

Assim, a Emenda Constitucional nº 45 de 2004 criou o Conselho Nacional do Ministério Público, composto por integrantes do próprio Ministério Público, da magistratura, de advogados indicados pelo Conselho Federal da Ordem dos Advogados e de cidadãos indicados pela Câmara dos Deputados e pelo Senado Federal, competindo-lhe, nos termos do artigo 130 A: "o controle da atuação administrativa e financeira do Ministério Público e do cumprimento dos deveres funcionais de seus membros", devendo "zelar pela autonomia funcional e administrativa do Ministério Público, podendo expedir atos regulamentares, no âmbito de sua competência, ou recomendar providências; zelar pela observância do art. 37 e apreciar, de ofício ou mediante provocação, a legalidade dos atos administrativos praticados por membros ou órgãos do Ministério Público da União e dos Estados, podendo desconstituí-los, revê-los ou fixar prazo para que se adotem as providências necessárias ao exato cumprimento da lei, sem prejuízo da competência dos Tribunais de Contas; receber e conhecer das reclamações contra membros ou órgãos do Ministério Público da União ou dos Estados, inclusive contra seus serviços auxiliares, sem prejuízo da competência disciplinar e correicional da instituição, podendo avocar processos disciplinares em curso, determinar a remoção, a disponibilidade ou a aposentadoria com subsídios ou proventos proporcionais ao tempo de serviço e aplicar outras sanções

valori che presiedono al circuito 'non democratico' sono constituiti: a) dall'independenza o dall'imparzialitá dei titolari degli organi (così, rispettivamente, com riferimento agli organi giudiziari ed a quelli amministrativi,); b) dalla tecnicità nell'esercizio dei compiti loro affidati, la quale, nella Constituizione italiana, trova espressione nel principio del buon andamento dell'aministrazione." Il principio democratico nel sistemi dei principi costituzionali. In: Perspectivas constitucionais nos 20 anos da Constituição de 1976. Jorge Miranda(Org.). Coimbra: Coimbra Editora, 1996. pg. 450 "O segundo circuito é subtraído da regra lógico democrática – representativa. No seu âmbito, o ingresso no ofício não é fruto de uma decisão política, mas efeito de mecanismos diversos, dentro os quais se ressalta a regra do concurso: envolvida em uma seleção do tipo técnico – atitudinal, podemos relevar que os valores que presidem este circuito "não democrático" são constituídos: a) de independência ou de imparcialidade dos titulares dos órgãos(assim, respectivamente com referência aos órgãos jurisdicionais e os administrativos,); b) de tecnicidade no exercício das atribuições a eles atribuídas, as quais na Constituição italiana, encontra expressão no princípio do boa gestão da administração."(tradução livre da autora).

[39] Foi a teoria americana capitaneada por Robert Dahl que desenvolveu o conceito de responsividade estatal. Além de responsável perante os cidadãos deve o Estado democrático ser responsivo. Assim, a qualidade de dar respostas para os cidadãos pode ser conferida na medida em que uma dada ordem permita aos cidadãos formular suas preferências, expressar suas preferências a seus concidadãos e ao governo através da ação individual e da coletiva, de ter suas preferências igualmente consideradas na conduta do governo, ou seja, consideradas sem discriminação decorrente do conteúdo ou da fonte da preferência. *Poliarquia.* Participação e oposição. Tradução de Celso Mauro Paciornik. São Paulo: Editora da Universidade de São Paulo, 1997. Pg. 26.

[40] LUCAS, Randolph. *Democracia e participação.* Brasília: Editora Universidade de Brasília, 1985. *"uma sociedade se sentirá muito mais democrática se as ações levadas a cabo por funcionários públicos parecerem ter sido realizadas por inspiração da própria sociedade e em seu benefício, sendo consequentemente aceitas pelo povo, de alguma maneira, como de sua autoria".* Pg. 9.

administrativas, assegurada ampla defesa; rever, de ofício ou mediante provocação, os processos disciplinares de membros do Ministério Público da União ou dos Estados julgados há menos de um ano; elaborar relatório anual, propondo as providências que julgar necessárias sobre a situação do Ministério Público no País e as atividades do Conselho, o qual deve integrar a mensagem prevista no art. 84, XI."

O Conselho Nacional do Ministério Público tem atuado em várias frentes, contribuindo para a uniformização da atuação do Ministério Público ao editar resoluções sobre inquérito civil, audiências públicas, investigações criminais, controle externo da polícia, dentre outras, e estabelecendo parâmetros para a regulamentação de prerrogativas e direitos como a necessidade de residência na comarca, o exercício de magistério, a percepção de ajuda de custo, proteção pessoal para os membros do Ministério Público etc. Do mesmo modo, realiza o controle disciplinar da atividade do membro do Ministério Público, sendo de se notar, por exemplo, que no ano de 2015 26,8% dos 1593 processos distribuídos ao CNMP tratava de reclamação disciplinar[41].

É fundamental destacar que o Conselho Nacional do Ministério Público não tem atribuição constitucional de controlar a atividade-fim do Ministério Público, como já reconhecido pelo próprio Conselho[42]. Não pode cair, portanto, na tentação de substituir a atuação ministerial, como aliás também já decidiu o Supremo Tribunal Federal[43], cujo controle deve ser exercido pelos Órgãos institucionais internos legalmente concebidos para tanto e pelo Poder Judiciário, que pode no exercício do amplo *judicial review* brasileiro sindicar qualquer ato adotado pelo Ministério Público na esfera extrajudicial, sem contar obviamente com o exame das postulações judiciais do Ministério Público.

Um dos maiores resultados da instituição do Conselho Nacional do Ministério Público foi, sem dúvida, a maior transparência do Ministério Público e a apresentação de novos canais de comunicação da sociedade com a instituição. Por exemplo, hoje é possível conhecer a instituição e saber dados comezinhos como a quantidade de membros dessas instituições conforme a seguinte tabela[44]:

---

41 Vide Relatório anual sobre a situação do Ministério Público no país e as atividades do Conselho (art. 130-A Par. 2º, inciso V, da Constituição Federal, http://www.cnmp.gov.br/portal_2015/images/RELATÓRIO_ANUAL_DO_CNMP_VERSÃO_FINAL_Copy.pdf.

42 No enunciado nº 06 do CNMP que preconiza: "Os atos relativos à atividade fim do Ministério Público **são insuscetíveis de revisão ou desconstituição** pelo Conselho Nacional do Ministério Público. Os atos praticados em sede de inquérito civil público, procedimento preparatório ou procedimento administrativo investigatório dizem respeito à atividade finalística, não podendo ser revistos ou desconstituídos pelo Conselho Nacional do Ministério Público, pois, embora possuam natureza administrativa, não se confundem com aqueles referidos no art. 130-A, § 2º, inciso II, CF, os quais se referem à gestão administrativa e financeira da Instituição." DOU, Seção 1 de 18 de maio de 2009, pg. 5.

43 "Mandado de Segurança. Conselho Nacional do Ministério Público. Anulação de ato do Conselho Superior do Ministério Público do Estado do Espírito Santo em Termo de Ajustamento de Conduta. Atividade-fim do Ministério Público Estadual. Interferência na autonomia administrativa e na independência funcional do Conselho Superior do Ministério Público no Espírito Santo – CSMP/ES. Mandado de Segurança concedido". (MS 28028, Relator(a): Min. CÁRMEN LÚCIA, Segunda Turma, julgado em 30/10/2012, ACÓRDÃO ELETRÔNICO DJe-107 DIVULG 06-06-2013 PUBLIC 07-06-2013).

44 Tabela construída a partir de dados apresentados na publicação do Conselho Nacional do Ministério Público. Ministério Público: um retrato dados de 2016. Vol. VI, Brasília: CNMP, 2017.

Número de membros do Ministério Público de 1ª instância (todos os ramos) no ano de 2016	Número de membros do Ministério Público de 2ª instância(todos os ramos) no ano de 2016	Número de membros do Ministério Público de terceira instância(MPF e MPT) no ano de 2016
11156	1821	110

Na mesma linha, em 2007 o CNMP editou a Resolução nº 03 para estimular a criação de ouvidorias nos Ministério Público através da elaboração de projetos de lei. Posteriormente o entendimento evoluiu para a desnecessidade de uma legislação específica para a criação da Ouvidoria e foi determinada, pela Resolução nº. 64/2010, a implantação das Ouvidorias no âmbito do Ministério Público dos Estados, da União e do próprio Conselho Nacional do Ministério Público. Na esfera do Ministério Público Federal a Portaria PGR/MPF nº 519 de 30/08/2012 implementou a Ouvidoria. A Ouvidoria do MPF foi instalada em outubro de 2012, e no ano de 2016 recebeu 15816 manifestações, 98% encaminhadas através da internet, sendo 32,5% sobre solicitação de informações da atuação do órgão e 27,9% sobre reclamações de exercício de atribuições[45].

No mesmo sentido de garantir maior acesso do cidadão às informações de gestão e de atuação funcional do Ministério Público Federal, foram criadas as salas de atendimento ao cidadão em todas as unidades da instituição, nos termos da Portaria PGR/MPF nº 412/2013, estabelecidas para atender os ditames da lei nº 1.2527/2011, que regula o direito fundamental de acesso à informação, previsto no inciso XXXIII do artigo 5º de nossa Constituição. Há ainda o Portal da Transparência do Ministério Público Federal, ferramenta criada para atender a Resolução 86/2012 do CNMP, que permite o conhecimento das informações relacionadas à gestão administrativa como compras, contratos, licitações, despesas com pessoal, gastos com diárias, passagens e outros[46].

Também no portal da transparência já é possível o acesso à tramitação dos processos judiciais, extrajudiciais e inquéritos policiais no Ministério Público Federal, ressalvados os casos sigilosos, nos mesmos moldes como se dá na tramitação dos processos judiciais, que demandam o comparecimento pessoal das partes e advogados. Tal importante passo em direção à maior transparência institucional teve uma contribuição decisiva da adoção do Sistema Único, base integrada de dados institucionais do Ministério Público Federal, que gerencia documentos processos e procedimentos. O Sistema foi concebido em 2006, testado em 2007 com a verificação de provas de conceito da plataforma, e efetivamente implementado na primeira instância de 2009 a 2011, na segunda instância de 2012 a 2013, na Procuradoria Geral da República e

[45] Segundo soma dos dados da publicação "Ouvidoria em números", v. 4, ns. 1,2, 3 e 4, jan/mar, abr/jun, jul/set e out/dez. 2016, acessível no site http://www.mpf.mp.br/para-o-cidadao/ouvidoria/estatistica. Em 2017 houve redução do número de manifestações recebidas totalizando 7.558, mantendo-se a forma de encaminhamento. Dados obtidos no Relatório de atividades da Ouvidoria acessível em http://www.mpf.mp.br/para-o-cidadao/ouvidoria/relatorios/relatorios-anuais/relatorio--de-atividades-ouvidoria-do-mpf-2017.

[46] Tanto as salas de atendimento ao cidadão, quanto o portal transparência, podem ser acionados através do sítio eletrônico cidadao.mpf.mp.br.

nas Subprocuradorias Gerais em 2014 e na Procuradoria Geral Eleitoral em 2015. De certo que esse modelo operacional ainda demanda aprimoramento e uma mudança de cultura, pois as peças processuais e as anotações nos feitos precisam ser alimentados pelos gabinetes dos Procuradores. O diálogo dessa base institucional com o processo eletrônico também é fundamental para simplificar a atuação do membro do Ministério Público[47]. Por outro lado, o acesso à informação, embora de absoluta relevância, é apenas uma das facetas da democratização institucional, e a sociedade tem que poder compreender a eficácia da atuação institucional e de sua gestão administrativa, para, inclusive, avaliar se o modelo adotado com seus correspondentes investimentos públicos gera resultados favoráveis aos interesses dos cidadãos.

Por isso, de extrema relevância a dimensão da responsividade estatal, que no caso do Ministério Público tem sido retratada com a concepção do Ministério Público resolutivo[48]. Já se passou o tempo em que a mera quantidade de iniciativas institucionais podia satisfazer o interesse da sociedade, pois neste início de século há uma viva preocupação com os resultados. À evidência que o Ministério Público exerce uma função que em muitos casos depende de outros atores institucionais. O Poder Judiciário nem sempre admitirá os pleitos e demandas apresentados pela instituição; do mesmo modo o Poder Executivo poderá resistir a aceitar determinadas orientações ministeriais, assim como o Poder Legislativo nem sempre reagirá nos termos sugeridos pela instituição para alterar o cardápio de soluções normativas para ensejar a melhor resposta possível. Ademais, o adequado funcionamento de instituições como a Polícia Federal, o Tribunal de Contas da União, a Controladoria Geral da União, a Advocacia Geral da União e a Defensoria Pública da União, tem papel decisivo na qualidade do resultado da instituição ministerial. Todavia, ainda há uma grande margem para aprimoramento do exercício direto das funções do Ministério Público para gerar melhores resultados.

É imprescindível que haja um efetivo compromisso com a resolução dos problemas, e não com o mero exercício burocrático das funções ministeriais. Não é suficiente instaurar investigações civis ou criminais, intentar ações civis públicas ou penais, se manifestar em autos, sem que se acompanhe o resultado dessas iniciativas. Muitas características institucionais do Ministério Público Federal dificultam essa resolutividade, como por exemplo, as seguintes: a) a enorme quantidade e variedade de demandas que devem ser lidadas pela instituição, torna, em muitas oportunidades, o trabalho do membro do Ministério Público Federal um constante se desvencilhar de volume de feitos judiciais e extrajudiciais que versam sobre questões pouco significativas mas que na sistemática atual ainda geram a necessidade de algum tipo de dispendiosa e

[47] Podemos compreender a dimensão desse projeto institucional pelos índices apresentados pela Coordenadora atual da gestão do Sistema Único, a Subprocuradora Geral da República, Luiza Cristina Fonseca Frischeisen, em outubro de 2015, no IV Encontro Nacional de Coordenadores Jurídicos e de documentação do MPF, e no II Encontro Nacional de Assessores de planejamento e gestão estratégica do MPF: "são dois milhões de linhas de código, 1000 acessos simultâneos, 1200 usuários, 20 milhões de movimentações, 15 milhões de documentos, 5 milhões de autos judiciais e 2 milhões de autos extrajudiciais."

[48] Nesse mesmo sentido JATAHY, Carlos Roberto de Castro Jatahy. 20 anos de Constituição: o novo Ministério Público e suas perspectivas no Estado democrático de direito. Pg. 29-42, ALMEIDA, Gregório Assagra. O Ministério Público no neoconstitucionalismo e alguns fatores de ampliação de sua legitimação social. 43/95. In Temas Atuais do Ministério Público. Orgs. Cristiano Chaves de Farias, Leonardo Barreto Moreira Alves e Nelson Rosenvald. Salvador: Editora Juspodium, 2014. Gavrosnki, Alexandre e Mendonça, Andrey Borges de. Manual do Procurador da República. Salvador: Juspodium, 2015

infrutífera intervenção, e em muitos casos dificulta que o verdadeiramente relevante possa ser tratado da forma adequada; b) a rotatividade da atuação dos membros do Ministério Público Federal, que mudam de unidade e de área de atuação com uma certa frequência, sem que haja um eficiente instrumento institucional de "passagem de bastão", impõe um constante recomeçar, pois quem assume um novo ofício desconhece o tamanho de sua banca de trabalho, das demandas mais relevantes, do perfil da comunidade onde irá atuar e de outros elementos que permitiriam uma adequada sequência e consequência das medidas já iniciadas; c) a interpretação de que a independência funcional, importante princípio concebido para garantir que os membros do Ministério Público sejam infensos a indevidas pressões externas e internas, seja totalmente divorciada das finalidades institucionais[49], sem qualquer ponderação com o princípio da unidade institucional[50], deslegitimando o papel das diversas instâncias de supervisão e coordenação (Câmaras de Coordenação e Revisão, Procuradoria Federal dos Direitos do Cidadão, Conselho Superior do Ministério Público Federal) no sentido de, dentro de um democrático debate interno, estabelecerem linhas de atuação para erradicar, principalmente, atuações conflitantes de membros do Ministério Público, solução de continuidade de importantes iniciativas e entraves para a atuação coletiva de membros e forças-tarefas; d) a falta de plena integração da atuação das diversas instâncias, o que gera atuações desconexas, e modelos de atuação mais preocupados com arranjos internos do que com a eficácia do trabalho institucional; e e) a dificuldade dos controles correcionais estimularem e valorizarem a qualidade do trabalho ou o resultado, sem descuidarem dos aspectos mais objetivos da celeridade e quantidade[51].

O grande alento a esse quadro é que já há algum tempo esse diagnóstico é comungado por quase todos os integrantes da instituição e especialmente de seus últimos dirigentes, cabendo destacar a gestão do então Procurador Geral da República, Roberto Monteiro Gurgel, que capitaneou o início do processo de modernização do Ministério Público Federal. É consenso institucional que a fixação de metas e prioridades é fundamental para ensejar a efetiva contribuição do Ministério Público para a resolução dos problemas que lhe são apresentados. Para tanto o Ministério Público Federal realizou o seu primeiro planejamento estratégico, em participativo processo iniciado em 2010[52], de 2011 a 2020, utilizando a metodologia Balanced Scorecard[53].

49 Vide um interessante artigo sobre o tema JACOBINA, Paulo Vasconcelos. O planejamento estratégico e a independência funcional. Pensar MPF: a revista do Ministério Público Federal. V.1, (jul. 2013). Brasília: MPF/PGR, 2013. P. 127/136.

50 Também vale a pena ser lido BARBOZA, Márcia Noll. O princípio da unidade sob o enfoque gerencial: da eficácia simbólica à concretização institucional. V.1, (jul. 2013). Brasília: MPF/PGR, 2013.

51 Sobre o tema vide meu artigo Corregedorias e as atribuições constitucionais do Ministério Público: desafios e potenciais impactos. In Revista Jurídica da Corregedoria Nacional: volume I. Brasília: CNMP, 2016. Pg. 265/294.

52 "Todo o processo de modernização do MPF foi permeado pela gestão participativa. Por meio de reuniões, cursos, seminários e oficinas de trabalho, membros e servidores apontaram os principais desafios e problemas a serem enfrentados. Na etapa de diagnóstico, foram visitadas 43 unidades do MPF, sendo 33 unidades gestoras e 10 PRMs, dos mais variados perfis e realidades. [...] A etapa de mapeamento de processos, realizada em oito unidades, permitiu conhecer melhor as principais rotinas de trabalho em âmbito nacional, com o objetivo de colher informações destinadas a redesenhar os processos mapeados e aperfeiçoar o modelo de gestão do MPF. "pg. 31 Brasil. Planejamento estratégico 2011-2020: uma construção coletiva. Brasília: Secretaria geral do Ministério Público Federal, 2012.

53 Para maiores informações sobre a metodologia vide Kaplan, Robert S. Mapas estratégicos – Balanced scorecard: convertendo ativos inatingíveis em resultados tangíveis. Tradução de Afonso Celso da Cunha Serra. Rio de Janeiro: Elsevier, 2004.

A visão institucional resultante do planejamento estratégico foi: até 2020 ser reconhecida, nacional e internacionalmente, pela excelência na promoção da justiça, da cidadania e no combate ao crime e à corrupção. Sua **missão** é promover a realização da justiça, a bem da sociedade e em defesa do Estado democrático de direito através dos seguintes **valores**: autonomia institucional, do compromisso, transparência, ética, independência funcional, unidade, iniciativa e efetividade.

Elaborar um planejamento estratégico já em si seja uma grande conquista, pois exigiu um amplo debate interno sobre a própria instituição, o mais difícil é a incorporação dessa metodologia no cotidiano dos que são o Ministério Público Federal, pois se pressupõe a mudança de uma cultura, resultante do contributo dos mais diversos atores, que nem sempre partilham dos mesmos pressupostos institucionais. Muito tem se avançado na instância administrativa, com o aprimoramento das bases de dados com o já mencionado Sistema Único, a estruturação de órgãos como a Assessoria de Modernização e Gestão estratégica, outros importantes instrumentos como o FIPOL – ferramenta de inspeção de inquéritos policiais[54], a edição da lei de ofícios nº 13024/2014, etc.

Todavia ainda são muitas as dificuldades na gestão estratégica da atuação finalística, algumas já por nós assinaladas, as quais foram bem registradas por Lauro Pinto Cardoso Neto, Secretário Geral do Ministério Público Federal:

> Atualmente, na atuação finalística, vige predominantemente a distribuição de trabalho baseada em critérios de antiguidade na carreira e a organização dos ofícios com forte influência do princípio da independência funcional. Os ofícios dos Subprocuradores –Gerais da República, basicamente, seguem as designações de atuação junto aos órgãos colegiados dos tribunais superiores. As Procuradorias Regionais da República e Procuradorias da República organizam-se por ato próprio, segundo diretrizes e ulterior homologação do Conselho Superior do Ministério Público Federal – CSMPF, as quais não estabelecem, como regra, medidas de resultados. As instâncias não são integradas simetricamente entre si e aos órgãos de coordenação. Enquanto há múltiplas Câmaras, as unidades comumente organizam-se nas temáticas cível e criminal. Algumas unidades adotaram a atribuição plena para combate à corrupção. As expectativas nas atividades de coordenação, quando existem, em boa medida são frustradas pela falta de exclusividade na atuação do membro nas matérias que ensejaram a formação das Câmaras. A regra é a cumulatividade de atribuições temáticas. Quando é necessário algum acompanhamento dos feitos judiciais ou extrajudiciais por outro membro, as soluções personalíssimas têm sido a tônica. As regras de comparecimento a audiências e sessões de julgamento são demasiadamente heterogêneas e imprevisíveis, tornando dramáticas as expectativas de realização contínua, firme e eficaz de nossas iniciativas processuais. Não há clareza nos limites de nossas atribuições nos atos de sustentação oral ou nas manifestações recursais em diferentes classes de processos perante as diversas instâncias, independentemente da posição dos tribunais. O eterno debate entre as funções de custos legis e de parte permeia todos os níveis da carreira sem que haja uma posição institucional sobre o assunto. À míngua de seletividade das ações finalísticas e a aferição de resultados, muito embora todas as atividades sejam registradas, os órgãos superiores e de controle demonstram, por seus atos e instrumentos normativos, considerar igualmente relevantes os milhares de procedimentos investigatórios, deixando transparecer aos órgãos de execução que o cumprimento de suas obrigações se encerram com a estrita observância dos prazos processuais e procedimentais. A aferição da produtividade, como regra, relaciona-se

54 Laureada no Prêmio CNMP de 2015.

com a correta movimentação do feito e controle do acervo. Os resultados judiciais e de transformação social não são pensados como entregas à sociedade, instrumento de prestação de contas ou aprendizagem necessária à avaliação estratégica. As ações de coordenação privilegiam o como fazer em detrimento do que fazer em clara supremacia do princípio da independência funcional ao princípio da unidade. Essa situação bem demonstra qual esforço de mudança e de comunicação será necessário para implementar o planejamento estratégico na atuação finalística.[55]

Quando conseguimos mitigar essas adversidades com iniciativas inventivas temos resultados extremamente interessantes. Na brevidade necessária que este modesto artigo nos impõe, faremos referência a algumas iniciativas que estão em curso no Ministério Público Federal e que melhor podem responder aos reptos da sociedade brasileira neste século XXI: a) a reorganização da estrutura do Gabinete do Procurador-Geral da República; b) a descentralização da Procuradoria Federal dos Direitos do Cidadão, através dos Núcleos de Apoio Operacional nas Procuradorias Regionais; c) a atuação por projetos; e d) a ênfase no combate à corrupção, e e) certificação de ofícios. É inegável que o planejamento estratégico foi um importante fio condutor da energia necessária para a concretização dessas atuações.

O Procurador-Geral da República, como Chefe direto do Ministério Público Federal, além de Chefe do Ministério Público da União, tem o relevantíssimo papel de liderar a atuação estratégica de toda a instituição. O primeiro passo para a realização plena desse mister é o exercício das atribuições do próprio Procurador-Geral de uma forma estratégica. Era impossível que com uma equipe extremamente diminuta pudesse o Procurador-Geral atender suas múltiplas funções de líder administrativo, de Presidente do Conselho Nacional do Ministério Público, de exercente de atribuições judiciais nas ações de constitucionalidade, nas ações penais originárias, em recursos extraordinários, habeas corpus, reclamações e tantos outros feitos, perante o Supremo Tribunal Federal, Tribunal Superior Eleitoral e, eventualmente, Superior Tribunal de Justiça. O Procurador-Geral da República, Rodrigo Janot, pela primeira vez, à semelhança do que ocorre, de há muito, nos gabinetes dos Procuradores-Gerais de Justiça, criou uma estrutura de apoio que atualmente conta com seis Secretarias para apoiá-lo, a saber: Secretaria de Apoio Jurídico, Secretaria de Apoio à função eleitoral, Secretaria de relações institucionais, Secretaria de Cooperação internacional, Secretaria de pesquisa e análise e Secretaria de comunicação social. Essas Secretarias operam com a assessoria de diversos integrantes do Ministério Público, de modo a exercer com maior estratégia as funções de Procurador-Geral da República. Criou também um regimento interno para disciplinar a tramitação dos procedimentos extrajudiciais de atribuição do Procurador-Geral da República. A Procuradoria-Geral está bem mais transparente, sendo possível se conhecer pelo portal da transparência da instituição os feitos em tramitação do Gabinete do Procurador-Geral, e bem mais eficiente na realização de suas atribuições[56].

---

55 A implementação do planejamento estratégico na atuação finalística do Ministério Público Federal. p. 81/82. V.1, (jul. 2013). Brasília: MPF/PGR, 2013.

56 Para maiores informações sobre a fase inicial de reformulação do Gabinete do Procurador Geral da República, vide BRASIL. MINISTÉRIO PÚBLICO FEDERAL. Procuradoria Geral da República. Relatório executivo de resultados do Procurador-geral da República (PGR) setembro 2013/agosto 2014: diálogo, unidade, transparência, profissionalismo, efetividade. Coordenação

Reconhecendo a relevância da descentralização das funções de controle e de coordenação da atuação na área da cidadania, de acordo, inclusive, com as recomendações do planejamento estratégico da instituição, a Procuradoria Geral da República, na gestão de Roberto Monteiro Gurgel, a pedido do, então, Procurador Federal dos Direitos do Cidadão Aurélio Veiga Rios, editou a Portaria PGR/MPF nº 653, de 30 de outubro de 2012, que permitiu a delegação da revisão e da coordenação em matéria de cidadania pela Procuradoria Federal dos Direitos do Cidadão aos Núcleos de Apoio Operacional à Procuradoria Federal dos Direitos do Cidadão (NAOPs), nas Procuradorias Regionais da República.

A PFDC delegou aos NAOPs a revisão de todos os procedimentos, inquéritos civis, conflitos de atribuição de cada região, mantendo apenas o controle interno dos feitos da Bahia e de Minas Gerais, diante da dimensão da 1ª Região. Assim, nos casos de cidadania apurados pelos Procuradores da República nos Estados do Acre, Amapá, Amazonas, Pará, Rondônia, Roraima, Goiás, Distrito Federal, Mato Grosso, Tocantins o controle é do NAOP da 1ª Região, os casos do Espírito Santo e do Rio de Janeiro é do NAOP da 2ª Região, os casos do Mato Grosso do Sul e São Paulo é do NAOP da 3ª Região, os casos do Paraná, Santa Catarina e Rio Grande do Sul é do NAOP da 4ª Região e os casos de Alagoas, Sergipe, Pernambuco, Paraíba, Ceará, Maranhão, Piauí é do NAOP da 5ª Região. Conquanto tenha havido alguns questionamentos internos já superados, a descentralização ensejou uma maior celeridade da revisão institucional, aproximou os Órgãos de Revisão da cidadania aos Procuradores de primeira instância e liberou o Procurador Federal dos Direitos do Cidadão para o exercício de tarefas mais relevantes de coordenação.

Dentre os meios inventivos de atuação, talvez o mais inovador tenha sido a concepção de atuação através de projetos, formulados pelos integrantes da classe, contando com um pequeno orçamento, podendo ter um viés transversal, integrando membros de várias unidades e instâncias e a necessidade de estipulação de resultados esperados. Dentre os 228 projetos aprovados pela Assessoria de Modernização Gerenciamento e Gestão Estratégica, desde 2012, destacaremos o MPeduc, Ministério Público pela Educação Básica e o Ministério Público em Defesa da Escola Indígena, que de certa forma é uma decorrência do MPeduc.

O MPeduc, proposto na esfera interna do Ministério Público Federal por integrantes do Grupo de Trabalho de Educação da Procuradoria Federal dos Direitos do Cidadão, congrega as ações do Ministério Público Federal, Estadual, do Trabalho e do Ministério Público de Contas em defesa da educação básica brasileira. O ponto de partida é o diagnóstico das deficiências do sistema público de educação básica, e a necessidade de articular as iniciativas dos diversos ramos do Ministério Público na promoção do direito à educação e na fiscalização dos gestores públicos, a fim de ensejar resultados práticos em favor da qualidade do ensino público. Essa rede se traduz em uma plataforma eletrônica[57], na qual se apuram dados ministrados pelos dirigentes educacionais e que após avaliados, permitem uma atuação sugerida

de Lauro Pinto Cardoso Neto e Eduardo Pelella. Brasília: MPF, 2014. A atual Procuradora-Geral da República Raquel Dodge manteve, em linhas gerais, a estrutura do Gabinete da PGR.

[57] A plataforma está acessível no site [http://mpeduc.mp.br/mpeduc/www2/index].

com fases que vão da audiência pública, visitas às escolas, recomendações e ações civis, quando for o caso. Uma série de modelos é disponibilizada para facilitar a atuação dos órgãos de execução na ponta. O projeto pressupõe o acompanhamento das iniciativas, inclusive com o eventual impacto nos índices oficiais de qualidade de ensino. O controle social é estimulado, pois na própria plataforma os cidadãos podem identificar a quantas andam os trabalhos do Mpeduc em sua região. O MPeduc conta com uma extensa rede de instituições parceiras de diversos setores da sociedade como emissora de televisão, agência de publicidade, organização não governamentais da área de educação, e até Consulado estrangeiro.

O Ministério Público em Defesa da Escola Indígena foi proposto pelo Grupo de Trabalho de Educação Indígena, da 6ª Câmara de Coordenação e Revisão, em 2014, com um financiamento de R$ 70.000,00. O projeto ensejou a visita a 29 escolas indígenas do Amazonas, de Pernambuco e de Mato Grosso durante o ano de 2015, identificando a desigualdade dos padrões das escolas e a inconsistência dos dados públicos sobre a educação indígena. Também integrou o projeto a realização do Seminário Internacional Visões e desafios da educação intercultural no Brasil, realizado em agosto de 2015.[58] O projeto conta com a assessoria do professor doutor Gersen Luciano, o primeiro indígena doutor em educação. Foi expedida a recomendação nº 1/2015 ao Instituto Anísio Teixeira para aperfeiçoar o censo educacional (Educacenso), alterando a forma de preenchimento dos formulários, a forma de publicização dos dados e a necessária realização de um censo escolar.

A Lei Complementar 75/93 confere ao Conselho Superior do Ministério Público Federal poderes para regulamentar o funcionamento das Câmaras de Coordenação e Revisão, além de indicar parte de sua composição. No uso desse poder regulamentar o Conselho Superior editou várias resoluções disciplinando as Câmaras, estando em vigor atualmente a Resolução nº 20 de 6 de fevereiro de 1996, com a importante reformulação determinada pela Resolução nº 148 de 1º de abril de 2014. Atualmente a organização das Câmaras por matéria obedece a seguinte divisão: *1ª* Câmara – Direitos Sociais e At*os Administrativos em geral; 2ª* Câmara – Criminal; 3ª *a Câmara – Consumidor e Ordem Econômica; 4ª* Câmara – Meio Ambiente e Patrimônio Cultural; 5ª Câmara – Combate à Corrupção; 6ª Câmara – Populações Indígenas *e Comunidades Tradicionaise 7ª* Câmara – Controle Externo da Atividade Policial e Sistema Prisional.

Destaca-se nesta reformulação dos Órgãos de Supervisão da atuação do Ministério Público Federal a criação das Câmaras de Combate à Corrupção e a de Controle externo da atividade policial e sistema prisional, consentâneas com a visão institucional a ser alcançada com a implementação do planejamento estratégico, já referenciado, (*Até 2020, Ministério Público Federal quer ser reconhecido, nacional e internacionalmente, pela excelência na promoção da justiça, da cidadania e no combate ao crime e à corrupção)*, e com os anseios da sociedade quanto à atuação do

58 O programa do Congresso e suas conclusões podem ser conhecidos no site [http://6ccr.pgr.mpf.mp.br/institucional/projetos/mpf-em-defesa-da-escolaindigena1/eventos/?searchterm=Vis%C3%B5es%20e%20Desafios%20da%20Educa%C3%A7%C3%A3o%20Intercultural%20no%20Brasil].

Ministério Público Federal.[59] Há uma evidente mudança de paradigma de atuação institucional, pois se enfatiza a atuação do Ministério Público por bem jurídico, independentemente da utilização de instrumentos de natureza cível ou penal, a exemplo do que já vinha ocorrendo com a tutela do meio ambiente em algumas unidades do MPF. Importante registrar que tal iniciativa foi preconizada pelos integrantes da Procuradoria da República no Rio Grande do Norte, que conceberam o primeiro Núcleo de Combate à Corrupção, evitando a duplicidade de trabalho dos Procuradores da área civil, nas ações de improbidade e dos Procuradores da área criminal, nas ações penais, garantindo uma maior eficiência no combate à corrupção e permitindo, também, que uma mesma pessoa avalie todos os fatos para ensejar uma atuação coerente do Ministério Público.

Do mesmo modo, na constituição de forças tarefas os fatos estão sendo examinados sob a ótica criminal e de improbidade no enfrentamento de questões complexas, conjugando todos os atores relevantes no processo de investigação como a Polícia Federal, a Receita Federal, as Cortes de Contas e as Controladorias. Exemplo dessa nova faceta de atuação é a premiada[60] Força tarefa que atua na Operação Lava Jato, reputada a maior investigação de corrupção e lavagem de dinheiro que o Brasil já teve, com um volume estimado de valores desviados na casa de bilhões de reais, envolvendo agentes de grande expressão econômica e política no país. A Força tarefa congrega além dos Procuradores naturais de Curitiba e Brasília, colegas experientes de todo o país, de diversas instâncias, que, alguns de forma exclusiva, outros com redução de carga processual, vêm ajudando a reinventar a atuação do Ministério Público, não só o Federal, nessa modalidade de investigações. Segundo os dados divulgados pelo sítio eletrônico do Ministério Público destinado especificamente ao caso, o que já revela o quanto o uso das plataformas eletrônicas pode ser fundamental para prestação de contas e também como prospecção de novas denúncias, até o presente momento são 2476 procedimentos instaurados, 1072 busca e apreensões, 548 pedidos de cooperação internacional, 176 acordos de colaboração premiada, 11 acordos de leniência firmados, 1 termo de ajustamento de conduta, 82 ações penais contra 347 pessoas, sendo 46 já sentenciadas, 9 ações de improbidade administrativa, com pedido de ressarcimento no montante de 39,9 bilhões de reais, já recuperados 12,3 bilhões entre repatriação de valores e bloqueios de bens e 215 condenações[61].

Todas essas iniciativas têm em comum o compromisso de tornar plena a missão estratégica do Ministério Público Federal e a necessidade de uma atuação proativa

[59] "A nova composição das CCRs é fruto do anseio da sociedade e busca fortalecer o Estado Democrático de Direito, além de combater a sobreposição e não balanceamento nas atribuições das Câmaras. Em 2013, realizou-se uma pesquisa pelo Núcleo de Pesquisas da Universidade Federal Fluminense (DataUFF) que apontou o combate à corrupção como o principal enfrentamento a ser feito pelo MPF, com 70,7% de aprovação pelos entrevistados. Dessa forma, a 5ª CCR passou a atuar nas temáticas de corrupção, tanto na área cível como na criminal. Já a 7ª CCR dedica-se exclusivamente ao controle externo da atividade policial e sistema prisional, atendendo também aos anseios da sociedade". Relatório executivo de resultados do Procurador-Geral da República (PGR) setembro 2013/agosto 2014. Pg. 33. Disponível em [http://www.modernizacao.mpf.mp.br/publicacoes/Relatorio_Executivo_PGR_2013-2014_ONLINE_1.pdf].

[60] O Ministério Público Federal recebeu pela atuação na Lava Jato o prêmio annual da Global Investigation Review na categoria Órgão de persecução criminal ou membro do Ministério Público do ano em setembro de 2015. Para maiores informações vide [http://noticias.pgr.mpf.mp.br/noticias/noticias-do-site/copy_of_criminal/forca-tarefa-do-mpf-na-lava-jato-ganha-premio-internacional-de-investigacao].

[61] Dados do site da site http://lavajato.mpf.mp.br, acessados em 11 de novembro de 2018.

destemida e crítica de alguns dogmas absolutos que existem na instituição como a escolha natural do critério de antiguidade para a atribuição de encargos ministeriais e a dificuldade de se atribuir atuações exclusivas, ainda que temporárias, para tarefas de maior envergadura. Deve-se tentar cada vez mais uma atuação em sintonia com as prioridades já definidas pelos órgãos de coordenação, o aprofundamento do controle social da atuação do Ministério Público com a divulgação de resultados concretos e análise serena das críticas formuladas pela sociedade.

O grande desafio realmente é aprender com as medidas de inovação de modo a gerar a ampla infusão desses princípios em toda a instituição. Revela-se de extrema importância o papel da Escola Superior do Ministério Público da União para, por exemplo, identificar os acertos e desacertos de nossa atuação e pensar como os gabinetes podem em seu dia a dia terem uma atuação estratégica, identificando os grandes casos, definindo prioridades e conhecendo seus resultados. Também a Corregedoria Nacional do Ministério Público deve ousar em estimular essas novas inciativas, pensando em como estabelecer padrões e rotinas que criem uma ambiência favorável a uma atuação resolutiva.

Segundo o Glossário de Termos Técnicos da Organização Internacional do Trabalho a certificação de competências profissionais é: "o reconhecimento ou o atestado expedido por órgão credenciado, da competência do trabalhador nos conhecimentos, habilidades e atitudes, em determinadas funções profissionais, independentemente do fato de ter, ou não, cursado um sistema regular de formação ou ter adquirido a experiência na prática do trabalho. Caracteriza-se por ser voluntária, realizada por organismos especializados, ou por uma empresa, segundo enunciados padronizados e reconhecidos, assegurando imparcialidade e acessibilidade, facilitando a mobilidade laboral através da eliminação de barreiras de ingresso ao mercado de trabalho. Deve ser centrada no que o trabalhador deve saber fazer."[62] É uma tendência que já há algum tempo vem sendo adotada pelo mercado para gerar maior eficiência no exercício da prática laboral, e que vem sendo implementada dentro do Ministério Público Federal de modo a valorizar os ofícios que observem padrões específicos de diligência e eficiência, sendo anualmente revisada. A certificação identifica como temas sensíveis a taxa de congestionamento de processos judiciais e extrajudiciais e a adoção de boas práticas administrativas e finalísticas dos gabinetes.

A Secretaria Geral do Ministério Público Federal publicou o edital n. 62, de 20 de abril de 2018 estabelecendo as diretrizes para a certificação, e a Secretaria Geral editou a Instrução Normativa de 7 de maio de 2018, que aprova o conjunto de normas e procedimentos referentes ao processo Realizar certificação de ofícios. Segundo esses documentos os objetivos específicos da certificação no âmbito do Ministério Público Federal são: a) disseminar a cadeia de valor dos Ofícios; b) estabelecer e disseminar processos de trabalho padrões identificados e considerados como modelos de eficiência; c) fomentar a gestão do conhecimento na área finalística; d) promover a correta alimentação do Sistema Único, assegurando a qualidade do banco de dados da área finalística e a extração de informações confiáveis; e) favorecer a eficiência

[62] Glossário de termos técnicos, Brasília: OIT, MTE, FAT, 2002. Acessível em [http://www.ilo.org/wcmsp5/groups/public/---americas/---ro-lima/---ilo-brasilia/documents/publication/wcms_221528.pdf].

na atuação dos Ofícios, do processo correcional e do trabalho de coordenação das Câmaras de Coordenação e Revisão; f) promover a capacitação dos Membros e servidores nos principais sistemas de informação; g) promover a excelência da gestão dos Ofícios, de modo a garantir o alinhamento estratégico institucional.

Ter seu ofício certificado é uma opção do integrante do Ministério Público Federal, mas há estímulos como a possibilidade de correição ordinária virtual de seu ofício, inclusão nos assentamentos funcionais e pontuação específica em critérios de desempate em alguns processos internos. A certificação propicia uma reflexão constante sobre a sua atuação, enseja a capacitação dos servidores de apoio no manejo e uso de ferramentas que podem favorecer a atividade – fim e gera dados mais confiáveis da atuação ministerial para a sociedade.

Todas essas mudanças são difíceis e precisam ser empreendidas por muitos atores, incluindo as lideranças institucionais, os membros do Ministério Público de todas as instâncias e o corpo de servidores, além da própria sociedade, que deve exigir resultado e serenidade na atuação do Ministério Público. Boa parte desses atores vinha desempenhando outro papel, já tinha um texto decorado, e precisa sair de uma zona de conforto e de conhecimento, e isso obviamente não é fácil. Mas não é a primeira vez que o Ministério Público brasileiro se reinventa, ainda que tendo que enfrentar suas próprias tradições e cultura, e é preciso acreditar nessa utopia possível pois com certeza esse será o caminho da legitimidade social dessa instituição no Brasil do século XXI, um país que precisa de câmbios efetivos para se livrar do paradoxo de ser "o país da alegria de viver e do calvário cotidiano"[63].

5. REFERÊNCIAS BIBLIOGRÁFICAS

ALMEIDA, Gregório Assagra. O Ministério Público no neoconstitucionalismo e alguns fatores de ampliação de sua legitimação social. 43/95. In *Temas Atuais do Ministério Público*. Orgs. Cristiano Chaves de Farias, Leonardo Barreto Moreira Alves e Nelson Rosenvald. Salvador: Editora Juspodium, 2014.

AZEVEDO, Carmen Lúcia. CAMARGOS, Márcia. *Monteiro Lobato – Furacão na Botocúndia*. São Paulo, Editora Senac, 1997.

BARBOZA, Márcia Noll. O princípio da unidade sob o enfoque gerencial: da eficácia simbólica à concretização institucional. *Pensar MPF*, V.1, (jul. 2013). Brasília: MPF/PGR, 2013.

BRASIL, Diário Oficial de 26/09/1986, Suplemento Especial ao nº 185. Acessível no http://www.senado.gov.br/publicacoes/anais/constituinte/AfonsoArinos.pdf

BRASIL. Relatório anual sobre a situação do Ministério Público no país e as atividades do Conselho (art. 130-A Par. 2º, inciso V, da Constituição Federal, [http://www.cnmp.gov.br/portal_2015/images/RELATÓRIO_ANUAL_DO_CNMP_VERSÃO_FINAL_Copy.pdf].

[63] Parafraseando LAPOUGE, Gilles. Dicionário dos apaixonados pelo Brasil. Barueri: São Paulo, Manole, 2014.

BRASIL. "Ouvidoria em números", v. 4, nº 1, jan/mar. 2016, acessível no site [http://www.mpf.mp.br/para-o-cidadao/ouvidoria/estatística].

BRASIL. "Ouvidoria em números", v. 4, nº 2, abr/jun. 2016, acessível no site [http://www.mpf.mp.br/para-o-cidadao/ouvidoria/estatística].

BRASIL. "Ouvidoria em números", v. 4, nº 3, jul/set. 2016, acessível no site [http://www.mpf.mp.br/para-o-cidadao/ouvidoria/estatística].

BRASIL. "Ouvidoria em números", v. 4, nº 4, out/dez. 2015, acessível no site [http://www.mpf.mp.br/para-o-cidadao/ouvidoria/estatística].

BRASIL. CONSELHO NACIONAL DO MINISTÉRIO PÚBLICO. Ministério Público: um retrato dados de 2016. Vol. VI, Brasília: CNMP, 2017.

BRASIL. CONSELHO NACIONAL DO MINISTÉRIO PÚBLICO. Relatório anual sobre a situação do Ministério Público no país e as atividades do Conselho – (art. 130-A Par. 2º, inciso V, da Constituição Federal, [http://www.cnmp.gov.br/portal_2015/images/RELATÓRIO_ANUAL_DO_CNMP_VERSÃO_FINAL_Copy.pdf].

BRASIL. MINISTÉRIO PÚBLICO FEDERAL. Planejamento estratégico 2011-2020: uma construção coletiva. Brasília: Secretaria geral do Ministério Público Federal, 2012.

BRASIL. MINISTÉRIO PÚBLICO FEDERAL. Procuradoria Geral da República. Relatório executivo de resultados do Procurador-geral da República (PGR) setembro 2013/agosto 2014: diálogo, unidade, transparência, profissionalismo, efetividade. Coordenação de Lauro Pinto Cardoso Neto e Eduardo Pelella. Brasília: MPF, 2014.

Relatório executivo de resultados do Procurador-Geral da República (PGR) setembro 2013/agosto 2014. Pg. 33. Disponível em [http://www.modernizacao.mpf.mp.br/publicacoes/Relatorio_Executivo_PGR_2013-2014_ONLINE_1.pdf].

BRASIL. PROJETO DE LEI nº 69/89. Diário do Congresso Nacional, 19/02/1991.

BOBBIO, Norberto. *Il futuro della democrazia. Una defesa delle regole del gioco.* Torino: Eunaudi, 1984.

CAMARGOS, Márcia.AZEVEDO, Carmen Lúcia. *Monteiro Lobato – Furacão na Botocúndia.* São Paulo, Editora Senac, 1997.

CARNEIRO, Paulo Cézar Pinheiro. *O Ministério Público no processo civil e penal. Promotor natural atribuição e conflito.* Rio de Janeiro: Forense, 1994.

CAPPELLETTI, Mauro & JOLOWICZ, J. A. *Le rôle du Ministère Public, de la prokouratoura et de l'attorney general dans le procedure civile. Public Interest parties and the active role of the judge in civil litigation.* Milào, Giuffrè e Nova York, Dobbes Ferry, 1979.

CARDOSO NETO, Lauro Pinto. A implementação do planejamento estratégico na atuação finalística do Ministério Público Federal. O planejamento estratégico e a independência funcional. Pensar MPF: a revista do Ministério Público Federal. V.1, (jul. 2013). Brasília: MPF/PGR, 2013. p. 81/82. V.1, (jul. 2013).

COMPARATO, Fábio Konder. *Muda Brasil. Uma Constituição para o desenvolvimento democrático*. SP: Editora Brasiliense, 1987.

DAHL, Robert A. *Poliarquia. Participação e oposição.* Tradução de Celso Mauro Paciornik. São Paulo: Editora da Universidade de São Paulo, 1997.

D'ATENA, Antonio. Il principio democratico nel sistemi dei principi costituzionali. In: Perspectivas constitucionais nos 20 anos da Constituição de 1976. MIRANDA, Jorge (Org.). Coimbra: Coimbra Editora, 1996.

DIAZ, Elias. *Estado de derecho y sociedad democrática.* Madrid: Taurus, 1998.

FIGUEIREDO, Marcelo. *O mandado de injunção e a inconstitucionalidade por omissão.* São Paulo: Revista dos Tribunais, 1991

GAVRONSKI, Alexandre e MENDONÇA, Andrey Borges de. *Manual do Procurador da República.* Salvador: Juspodium, 2015

JACOBINA, Paulo Vasconcelos. O planejamento estratégico e a independência funcional. Pensar MPF: a revista do Ministério Público Federal. V.1, (jul. 2013). Brasília: MPF/PGR, 2013. P. 127/136

JATAHY, Carlos Roberto de Castro. 20 anos de Constituição: o novo Ministério Público e suas perspectivas no Estado democrático de direito. In *Temas Atuais do Ministério Público.* Orgs. Cristiano Chaves de Farias, Leonardo Barreto Moreira Alves e Nelson Rosenvald. Salvador: Editora Juspodium, 2014.

JOLOWICZ, J. A & CAPPELLETTI, Mauro. *Le rôle du Ministère Public, de la prokouratoura et de l'attorney general dans le procedure civile. Public Interest parties and the active role of the judge in civil litigation.* Milão, Giuffrè e Nova York, Dobbes Ferry, 1979.

KAPLAN, Robert S. Mapas estratégicos – Balanced scorecard: convertendo ativos inatingíveis em resultados tangíveis. Tradução de Afonso Celso da Cunha Serra. Rio de Janeiro: Elsevier, 2004.

KELSEN, Hans. *A democracia.* Tradução Vera Barkow, Jefferson Luiz Camargo, MARCELO Brandão Cipolla, Ivone Catilho Bernadetti. São Paulo: Martins Fontes, 1993.

LOPES, Júlio Aurélio Vianna. *Democracia e cidadania. O novo Ministério Público brasileiro.* Rio de Janeiro: Lumen Juiris, 2000.

LAPOUGE, Gilles. Dicionário dos apaixonados pelo Brasil. Barueri: São Paulo, Manole, 2014.

LEMOS, Renato. *Justiça Fardada. O general Peri Bevilaqua no STM (1965-1969).* Rio de Janeiro: Bom texto, 2004.

LEITE, Celso Barroso. *Ombudsman. Corregedor administrativo. A instituição escandinava que o mundo vem adotando.* Rio de Janeiro: Zahar editores, 1975.

LEITE, José Rubens Morato. *Dano ambiental: do individual ao coletivo extrapatrimonial.* São Paulo: Revista dos Tribunais, 2000.

LIRA NETO. *Getúlio. 1930-1945. Do governo provisório à ditadura do Estado Novo.* São Paulo: Cia das Letras, 2013.

LUCAS, Randolph. *Democracia e participação.* Brasília: Editora Universidade de Brasília, 1985.

LYRA, Roberto. *Visão social do direito.* Rio de Janeiro: Editora Rio, 1976.

MAZZILLI, Hugo Nigro. *Regime jurídico do Ministério Público.* São Paulo: Saraiva, 2000.

MENDONÇA, Andrey Borges de e GAVRONSKI, Alexandre. *Manual do Procurador da República.* Salvador: Juspodium, 2015

MOREIRA NETO, Diogo Figueiredo. *Direito da participação política legislativa. Administrativa e judicial. Fundamentos e técnicas constitucionais da democracia.* Rio de Janeiro: Renovar, 1992.

OLIVEIRA FILHO, João de. "O ombudsman, instrumento de defesa dos direitos humanos nas democracias modernas". Revista dos Tribunais – 497 – Março de 1977.

PINHEIRO, Ibsen. "Ministério Público novo de guerra". Artigo publicado no Jornal Zero Hora editado em Porto Alegre de 6/09/2000.

PINTO, Adriano Moura da Fonseca & MIRANDA, Sandra de Mello Carneiro. O Ministério Público no Império. *Confluências.* Vol. 13, nº 01 – Niterói: PPGSD--UFF, novembro de 2012.

REALE, Miguel. *Pluralismo e liberdade.* 2 ed. Rio de Janeiro: Expressão e Cultura, 1998.

REIF, Linda C. 2004. *The ombudsman good governance and the international human rights system.* Leiden/Boston: Martin Nighhoff Publishers.

RODRIGUES, Geisa de Assis. Corregedorias e as atribuições constitucionais do Ministério Público: desafios e potenciais impactos. In *Revista Jurídica da Corregedoria Nacional*: volume I. Brasília: CNMP, 2016. Pg. 265/294

SIMON, John Anthony. Considerações sobre o Ministério Público norte-americano. *Revista dos Tribunais* 640 – Fevereiro de 1989.

SZNICK, Valdir. O Ministério Público no direito italiano. *Revista dos Tribunais* 499 – Maio de 1977.

TÁCITO, Caio. "Ombudsman – O defensor do povo". *RDA*, 171: 15/26, Jan./ Mar. 1988.

TUCCI, José Rogério Cruz. *Class action e mandado de segurança coletivo.* São Paulo: Saraiva,1990.

VESCOVI, Enrique. "Tareas del Ministerio Publico". Congreso Internacional de derecho procesal civil. Belgica, Gent, Agosto, 1977. *Revista de Processo*, São Paulo, v. 03, n 10, p. 149-173, Abr./Jun. 1978.

4

A TUTELA DO CONSUMIDOR

Felipe Braga Netto[1]

[1] Membro do Ministério Público Federal (Procurador da República). Doutor em Teoria do Estado e Direito Constitucional pela Pontifícia Universidade Católica do Rio de Janeiro. Mestre em Direito Civil pela Universidade Federal de Pernambuco. Procurador Regional Eleitoral de Minas Gerais (2010/2012). Professor de Direito Civil e Direito do Consumidor da Escola Superior Dom Helder Câmara – ESDHC (2003/2017). Professor de Teoria Geral do Direito, Direito Civil e Direito do Consumidor da PUC-MINAS, graduação e especialização (2002/2006). felipebraganetto.com.br

INTRODUÇÃO: ENTRE A CONCEPÇÃO ESTRUTURAL E A CONCEPÇÃO FUNCIONAL – A UNIDADE HERMENÊUTICO-VALORATIVA DOS NOSSOS DIAS

Nossa formação cultural, romano-germânica, tradicionalmente está habituada a trabalhar com regras jurídicas, não com princípios. Isso, aos poucos, está mudando. Em sociedades plurais e complexas como a nossa só as regras não resolvem. Não por acaso, alguns autores alemães sustentam que o Estado Constitucional de Direito é um Estado de Ponderação (*Abwägungsstaat*). De especial relevância, nesse contexto, é a Constituição como um sistema aberto de princípios e regras. O sistema jurídico, assim, cada vez mais se põe como um sistema aberto de princípios normativos. Esses princípios, que estabelecem objetivos e fins, são articulados de modo dinâmico, não estático. Não há nem mesmo uma hierarquia prévia entre eles. Eles trabalham com uma lógica de ponderação, o que significa que apenas nos casos concretos, devidamente contextualizados, é que os princípios se expandem ou se retraem, à luz das especificidades das circunstâncias.

A solução dos casos difíceis (*hard cases*) ganhou, em nossos dias, uma complexidade inédita. A ponderação de princípios envolve, com frequência, valores igualmente valiosos e constitucionalmente protegidos. Sabemos, hoje, ademais, que o intérprete não é um ser absolutamente neutro, que interpreta o direito como se estivesse fora da Terra. Isso não existe. O intérprete traz sempre sua carga de valores, seus conceitos e suas reservas, e esse conjunto humano influi, em graus variados, na interpretação que será dada à norma. Também se aceita cada vez menos a ideia – muito forte no século XIX e em parte do século XX – de que a ordem jurídica traz soluções predefinidas para todos os problemas e que cabe ao intérprete, apenas, encontrá-las, mediante a subsunção (o intérprete, nessa visão, seria um ser neutro, cuja função, puramente técnica, seria dizer o direito aplicável ao caso concreto – a famosa "boca da lei", de Montesquieu). A interpretação jurídica, hoje, é algo bastante complexo que não pode ser reduzida a fórmulas esquemáticas. A construção de sentido da norma é algo dinâmico e nunca estático ou formal.

A experiência jurídica – durante boa parte do século passado – foi marcada por acentuado formalismo. Buscava-se uma excelência conceitual e um estrito encadeamento lógico entre os conceitos, categorias e institutos. Essa harmonia lógico-abstrata mostrava-se muito mais importante do que a realização das normas na dimensão social. Não que devamos abandonar, de todo, o formalismo na experiência jurídica – trata-se de dimensão que, no seu devido peso, desempenha funções importantes[2].

[2] Schauer escreve, com alguma ironia, formalismo é um adjetivo usado para descrever qualquer decisão judicial ou raciocínio jurídico do qual discordamos. Ver, a respeito, SCHAUER, Frederick. Formalism, *Yale Law Journal*, v. 97, march 1988, pp. 19-58. Schauer defende que há, sim, muito a ser dito em defesa do formalismo, isto é, da tomada de decisão com base em regras.

O direito do século XXI não evita dialogar com a ética[3]. A funcionalidade dos conceitos, categorias e institutos, combinada com a vedação ao abuso de direito, são alguns dos instrumentos que convidam a ética a participar mais ativamente da experiência jurídica[4]. Há, desse modo, uma vinculação ético-social destes direitos e ainda um recuo perante o formalismo do sistema de direito privado clássico do século XIX[5]. Se falamos, a todo momento, das complexidades das democracias constitucionais atuais, isso repercute mais intimamente na atividade hermenêutica. O intérprete do século XXI se distancia bastante do modelo dos séculos passados - talvez exageremos, retrospectivamente, o teor formalista do intérprete de meados do século XX, talvez não tenhamos tido, na verdade, modelos tão formalistas como hoje supomos. Seja como for, exige-se hoje uma pré-compreensão apropriada às especificidades dos dilemas atuais[6]. Sabemos, por certo, que o intérprete atual não é alguém neutro, ator asséptico e movido apenas por balizas técnicas. Admite-se, hoje - para o bem e para o mal - uma maior complexidade na atividade interpretativa, ainda que existam limites, não se devendo aceitar o voluntarismo.

O direito atual - consciente de que a divisão entre direito público e privado só prevalece para fins de compartimentalização operacional e didática - tem um olhar mais sensível para as diferenças socioculturais. Essas diferenças têm, e louvável que tenham, relevância jurídica para a solução dos conflitos. Isto é, não mais apenas a igualdade formal. Demos um passo a mais. Além dela, é relevante prestigiar as diferenças concretas para evitar situações constitucionalmente desconformes. Exige-se, por isso, do intérprete, uma postura de menos abstracionismo e mais equidade - no sentido aristotélico de justiça do caso concreto.

Percebemos, hoje, em muitos aspectos, a existência de uma fragmentação das fontes normativas[7]. Aliás, se vivemos, nos séculos passados, tempos de separação temática das fontes normativas - com monumentos legislativos do saber privado (os códigos civis) e, com o constitucionalismo, monumentos do direito público (as constituições), atualmente o prisma é diverso. Não que tais diplomas normativos tenham deixado de existir. Sabemos que não. Apenas não representam separações rígidas entre o plano do direito público e o plano do direito privado. O Código Civil, por exemplo, deixou de ser a Constituição do homem comum, segundo conhecida expressão. A Constituição tratou amplamente de matérias de direito privado,

---

3 Preferimos falar em ética a falar em moral. No sistema conceitual do direito privado, cremos que a ética se aproxima fortemente da boa-fé objetiva, com suas múltiplas funções e possibilidades. Já a moral é uma expressão mais pesada, lembrando o tempo em que se impunham padrões unidimensionais de comportamento, padrões que repeliam o pluralismo. A moral, no direito civil, em nossa opinião, aproxima-se do conceito de bons costumes.

4 Os estudos teoricamente mais refinados percebem, hoje, que a argumentação jurídica não opera através de demonstrações, mas apenas tenta, em graus variados, níveis de persuasão (Cf. MACCORMICK, Neil. *Rhetoric and the Rule of Law*. Oxford: Oxford University Press, 2005, p. 05).

5 WIEACKER, Franz. *História do Direito Privado moderno*. Trad. A M. Botelho Hespanha. Lisboa: Calouste Gulbenkian, 1967, p. 624. O autor menciona ainda uma relativização dos direitos pela sua função social, algo que pode ser observado na experiência jurídica brasileira, sobretudo pós-88.

6 São conhecidos, a respeito, os estudos de: GADAMER, Hans-Georg. *O problema da consciência histórica*. 3ª edição. Pierre Fruchon (org.). Rio de Janeiro: Getúlio Vargas, 1998, p. 70.

7 CAMPILONGO, Celso Fernandes. Teoria do Direito e Globalização Econômica. *O Direito na Sociedade Complexa*. São Paulo: Max Limonad, 2000, p. 142.

redefinindo muitos pontos. Os microssistemas legislativos, ademais, apresentam uma dimensão de inteligente pragmatismo que busca resolver aspectos da vida social sem atentar para as diferenças entre os ramos do direito[8].

Atualmente, a unidade hermenêutico-valorativa da ordem jurídica é buscada na Constituição da República. Esse processo dialoga de perto com a abertura do sistema jurídico por meio não só do reconhecimento da força normativa dos princípios constitucionais, mas também a partir da progressiva utilização, na experiência judicial contemporânea, de normas abertas, flexíveis, cláusulas gerais e de conteúdo semântico flexível, relativamente indeterminado. A abertura do sistema jurídico seria impensável sem os princípios[9]. A atribuição de força normativa aos princípios está conectada, inclusive historicamente, com a abertura do sistema jurídico. Há uma revalorização da equidade, no sentido aristotélico de justiça do caso concreto. Cada vez mais a ordem jurídica conta com normas abertas, normas que descrevem valores, fins a serem alcançados, objetivos a serem atingidos. Isso propicia um contato mais íntimo entre a dimensão normativa e a dimensão social. As mudanças desta dimensão (social) – que tem ocorrido em velocidade incrível, neste nosso século – repercutem naquela dimensão (normativa), sem que seja preciso, necessariamente, que haja alteração legislativa para que mudanças de sentido ocorram.

Isso tem interessantes reflexos na postura perante a lei. A norma legislada perde o caráter sacramental que possuía, e passa a ser enxergada criticamente. Houve uma redução da esfera de ação do legislador. Suas escolhas devem ser pautadas por referenciais sociais, e não só constitucionais. A escolha normativa não pode ser desproporcional, ou irrazoável. As possibilidades de escolha serão cada vez menos arbitrárias[10]. Embora o século vinte tenha dado excessiva atenção aos problemas formais da teoria jurídica, em detrimento de questões histórico-axiológicas relevantes[11], na virada do século tal panorama esboça transformar-se. Há um claro prestígio das noções substanciais, dos valores e princípios. Contudo, em fenômeno típico de fim de século, há uma desconfiança difusa nas teorias gerais, das explicações com amplas pretensões cognoscentes[12].

---

8 Já se percebeu, aliás, que o "o conhecimento do Direito, no plano empírico (incluindo-se aí a leitura direta das normas vigentes), não conduz, pelo menos como resultado imediato, à verificação do caráter 'público' ou 'privado' das regras e dos institutos" (SALDANHA, Nelson. *Estudos de Teoria do Direito*. Belo Horizonte: Del Rey, 1994, p. 51). Bobbio, a propósito, já chegara a conclusões semelhantes, ao constatar que a bipartição entre direito público e privado não teria razão para existir, se analisássemos apenas as fontes normativas (Cf. BOBBIO, Norberto. *Direito e Estado no Pensamento de Emanuel Kant*. Brasília: Editora Universidade de Brasília, 1997, p. 84).

9 Encontramos uma das primeiras análises acerca das funções dos princípios no direito privado em: ESSER, Josef. *Principio y norma en la elaboración jurisprudencial del derecho privado*. Trad. Eduardo Valenti Fiol. Barcelona: Bosch, 1961.

10 Weinberger menciona que atualmente, sob o influxo das ideias democráticas, poucos creem na sacralidade do direito ou veem na tradição uma justificação suficiente das instituições sociais. Estamos convencidos de que podemos modelar e remodelar o seu sistema político e que as disposições jurídicas e as instituições sociais devem ser examinadas criticamente e justificadas sobre a base de análises funcionais e valorativas (Ota Weinberger, Politica del diritto e istituzioni. *Il diritto come istituzione*, Neil MacComick e Ota Weinberger, Milano: Giuffrè, 1990, p. 287).

11 SALDANHA, Nelson. *Filosofia do Direito*. Rio de Janeiro: Renovar, 1998, p. 70.

12 Parece predominar, no panorama teórico, a recusa em pretender "fornecer respostas absolutas e ao perigo de criar teorias gerais e de querer sistematizar o que a todos parece contemporaneamente caótico e em profunda e constante modificação" (Cláudia Lima Marques, apresentação. LORENZETTI, Ricardo. *Fundamentos do Direito Privado*. São Paulo: Revista dos Tribunais, 1998, p. 33).

A questão é que esse novo pluralismo traz consigo, inexoravelmente, uma crise metodológica, porquanto as ferramentas tradicionais são inaptas para abordá-lo. Os aparatos teóricos forjados no direito clássico, excessivamente formal e pretensamente neutro, não satisfazem, pelo menos com exclusividade, as exigências da sociedade contemporânea. O direito moderno normatiza finalidades. Se antes os fins da norma escondiam-se atrás do binômio previsão/sanção, ou hipótese/consequência, hoje o direito explicita finalidades. Há uma progressiva noção da importância dos fins na sistemática jurídica. Isso diz profundamente com a interpretação. À medida que o legislador declara os fins que deseja implementados, o papel do intérprete sobreleva. Os meios de atingir os fins certamente variam. A própria noção dos fins é fluida, ainda que existam parâmetros.

À medida em que se ampliam as possibilidades hermenêuticas, abrindo janelas para sugestões de prática social, o direito ganha instrumento que potencializa o dinamismo. Ademais, semelhante técnica pode minimizar o fenômeno consistente em sacrificar o espírito da norma para preservar-lhe a letra. Se o ordenamento prescreve obediência aos fins, a dificuldade será, basicamente, identificá-los e atingir o que foi identificado. Essa regulação narrativa, onde valores são descritos, onde finalidades são externadas, pode funcionar como valioso instrumento de política legislativa, especialmente num momento histórico onde o Estado atua na vanguarda de políticas públicas, incentivando determinadas condutas e não apenas as reprimindo. Isso conduz, diretamente, ao chamado direito promocional. O direito deixou de ser aquele direito puramente sancionador, passando a ostentar, também, uma face positiva de induzimento às ações. A sanção negativa é, sob certo aspecto, uma regulação conservadora, pois postula um "não faça", ao passo que na sanção positiva há uma preocupação com a modificação do atual estado de coisas. É, portanto, uma forma proativa, que valoriza a mudança.

O curioso é que o incremento da atividade hermenêutica expande-se para uma seara antes votada exclusivamente à legislação. Com efeito, a tarefa de harmonizar o sistema sempre foi dos códigos, reunindo e ordenando a multiplicidade de leis existentes. Atualmente a harmonização das fontes normativas múltiplas e fragmentadas está afeta à atividade hermenêutica. Verifica-se atualmente um processo de reintegração do direito à política e à sociedade. As ordens jurídicas estão menos refratárias a sugestões não normativas, o que possibilita maior abertura às influências sociais[13]. Os esquemas normativistas clássicos, típicos do século dezenove, são cada vez menos satisfatórios para descrever, com razoável fidelidade, uma sociedade extremamente complexa.

A nova fase metodológica em curso traduz-se na superação dos formalismos, sejam quais forem seus matizes. As propostas teóricas com acento redutor, tão a gosto dos juristas, perdem espaço, porque o direito de hoje é caracteristicamente múltiplo, com feição multiforme e variada, sem lugar para visões parciais e setorizadas. O direito ambiental compartilha de boa parte dessas tendências. Trata-se de setor normativo e conceitual que sugere ou impõe uma visão menos individualista, menos centrada no sujeito e no seu patrimônio. Os ofensores, por vezes, também

[13] CAMPILONGO, Celso Fernandes. *Direito e Democracia*. São Paulo: Max Limonad, 1997, p. 60.

são difusos, nem sempre facilmente identificáveis. Aliás, o direito do século XXI se timbra, em boa medida, pelo pluralismo (pluralismo das concepções de mundo, dos sujeitos protegidos pelas normas, das próprias normas, oriundas de fontes diversas, dos interesses tutelados, e da própria filosofia, fundada no diálogo, na razão argumentativa).

Nesse contexto, as questões jurídicas que o século XXI é chamado a resolver refletem, em boa medida, a complexidade dos nossos dias. Não é fácil nem simples traçar modelos conceituais para sociedades plurais e complexas, marcadas pela extrema velocidade na transmissão das informações, que não aceitam as estruturas estáticas e formais que, em grande parte, timbraram os séculos passados.

São frequentes, atualmente, referências doutrinárias a conceitos como pós-modernidade e liquidez dos conceitos. Existem perspectivas teóricas que vislumbram que vivemos, em nossos dias, uma espécie de irresponsabilidade organizada. Haveria, nesse contexto, uma contradição entre o progressivo alargamento dos danos ambientais, em sociedades de risco, sem que haja, em contrapartida, uma responsabilização de indivíduos ou instituições (apesar da crescente regulação ambiental)[14]. A doutrina, em especial, alude com muita frequência à noção de risco e crise. Aliás, a própria origem do vocábulo crise é reveladora. Vem do grego ***krísis***, que significa, entre outros sentidos, a faculdade de distinguir. As épocas de crise servem, em grande medida, para redimensionamento de perspectivas. Por mais paradoxal que possa parecer, a ideia de crise, que deveria representar um momento de contraste com a normalidade habitual, tornou-se uma constante teórica, sobretudo após a Revolução Francesa.

A sociedade ocidental parece ter sido um mundo estável até mais ou menos o século dezenove, sendo hoje caracterizadamente instável. Isso tem reflexos diretos na "função" do direito, que se vê obrigado a assumir novas formas, para atender a necessidades distintas, que as mudanças sociais criam[15]. A lógica tradicional aristotélica dominou, durante séculos, o padrão mental dos estudiosos[16]. Essa lógica formal, baseada sobretudo na teoria do silogismo, perpassou toda a Idade Média sem sofrer modificação ou progresso importante. Kant, ainda na segunda metade do século dezoito, falava na lógica formal como uma ciência que já se completara dois mil anos atrás, o que dá bem a dimensão da estagnação, ou falta de dinamismo, da matéria[17].

Com convicções que se acreditavam perenes sendo revistas, há uma conscientização, realmente importante, de que os sistemas tradicionais, por mais assentados que estejam, não são eternos, nem livres de falhas. Ademais, o avanço científico não é meramente acumulativo, mas também se processa por intermédio de revoluções,

[14] Cf. BAUMAN, Zygmunt. *O mal-estar da pós-modernidade*. Trad. Mauro Gama e Cláudia Martinelli Gama. Rio de Janeiro: Jorge Zahar, 1998; BECK, Ulrich. *Sociedade de Risco – rumo a uma outra modernidade*. Trad. Sebastião Nascimento. 2ª ed. São Paulo: Ed. 34, 2011.

[15] SALDANHA, Nelson. *Filosofia do Direito*. Rio de Janeiro: Renovar, 1998, p. 54.

[16] Para Pontes de Miranda tal persistência foi extremamente perniciosa, retardou uma série de avanços científicos. Pontes via no aristotelismo uma física infantil, *"entismo"*.

[17] QUINE, W.O. *O sentido da nova lógica*. Curitiba: Ed. da UFPR, 1996, p. 16.

com a instalação de novos paradigmas no lugar dos existentes[18]. Nesse contexto parece simplório pretender que uma realidade hipercomplexa possa ser adequadamente descrita nos modelos conceituais que herdamos dos séculos passados. Eventuais tentativas de comprimir os fatos em esquemas teóricos estabelecidos redundam em prejuízo para a qualidade do conhecimento, que será, muito provavelmente, esquemático e superficial.

As construções de sentido das normas, portanto, resultam de uma complexa interação entre o intérprete e os demais atores sociais, com valores plurais e nem sempre homogêneos. Isso, porém, não significa – nem pode significar – um desprezo pela técnica. Trata-se apenas de reconhecer que a dimensão técnica, isoladamente, não explica nem responde muitos dos problemas do nosso século, é preciso ir além. Podemos dizer, de certo modo, que substituímos a lógica formal do passado por algo mais flexível (ganhou destaque a expressão "lógica do razoável", introduzida por Recásens Siches). Hoje lidamos frequentemente com modelos normativos como a dignidade, razoabilidade, proibição do excesso etc. Lembremos que o direito do século XXI dialoga continuamente com a ética.

A progressiva relevância das normas abertas é acompanhada por uma também maior relevância da atividade do intérprete. Não significa, por certo, que o intérprete possa sobrepor suas convicções pessoais àquelas da ordem jurídica. É preciso algum modo de controle, e esse se dará pela argumentação. Quanto mais aberta for a norma, maiores serão os deveres de densidade argumentativa do aplicador. O Código de Processo Civil de 2015, nesse sentido, dispõe, no art. 486, § 1º: "Não se considera fundamentada qualquer decisão judicial, seja ela interlocutória, sentença ou acórdão, que: II – empregar conceitos jurídicos indeterminados, sem explicar o motivo concreto de sua incidência no caso; III – invocar motivos que se prestariam a justificar qualquer outra decisão". De modo semelhante, no § 2º do mesmo artigo, prescreve: "No caso de colisão entre normas, o juiz deve justificar o objeto e os critérios gerais da ponderação efetuada, enunciando as razões que autorizam a interferência na norma afastada e as premissas fáticas que fundamentam a conclusão".

Num mundo cada vez mais plural e complexo, caracterizado pela velocidade na transmissão das informações, as normas jurídicas não podem – se querem preservar a efetividade – manter-se em guetos que não dialogam entre si, nem mesmo é adequado que haja rígida separação temática em certas áreas. Os microssistemas legisltivos, ademais, apresentam uma dimensão de inteligente pragmatismo que busca resolver aspectos da vida social sem atentar para as diferenças entre os ramos do direito[19]. A funcionalidade dos conceitos, categorias e institutos, combinada com a

[18] Cf. KUHN, Thomas s. *A estrutura das revoluções científicas*. Trad. Beatriz Vianna Boeira e Nelson Boeira. São Paulo: Ed. perspectiva, 1997, p. 77/78, 89, 125/126, 130.

[19] Já se percebeu, aliás, que o "o conhecimento do Direito, no plano empírico (incluindo-se aí a leitura direta das normas vigentes), não conduz, pelo menos como resultado imediato, à verificação do caráter 'público' ou 'privado' das regras e dos institutos" (SALDANHA, Nelson. *Estudos de Teoria do Direito*. Belo Horizonte: Del Rey, 1994, p. 51). Bobbio, a propósito, já chegara a conclusões semelhantes, ao constatar que a bipartição entre direito público e privado não teria razão para existir, se analisássemos apenas as fontes normativas (Cf. BOBBIO, Norberto. *Direito e Estado no Pensamento de Emanuel Kant*. Brasília: Editora Universidade de Brasília, 1997, p. 84). Percebemos, hoje, em muitos aspectos, a existência de uma fragmentação das fontes normativas. Cf. CAMPILONGO, Celso Fernandes. Teoria do Direito e Globalização Econômica. *O Direito na Sociedade Complexa*. São Paulo: Max Limonad, 2000, p. 142.

vedação ao abuso de direito, são alguns dos instrumentos que convidam a ética a participar mais ativamente da experiência jurídica[20]. O CDC, sabemos, traz muitas normas de direito processual civil, e essas normas são afetadas pela entrada em vigor do Código de Processo Civil de 2015. O CPC/2015, aliás, trata da figura do consumidor já em seus primeiros artigos, ao dispor: "Art. 22. Compete, ainda, à autoridade judiciária brasileira processar e julgar as ações: II – decorrentes de relações de consumo, quando o consumidor tiver domicílio ou residência no Brasil". Uma compra feita pela internet em site americano, por exemplo, poderá ser judicialmente questionada no Brasil (poderá haver, sabemos, problemas quanto à exequibilidade da decisão, questão ligada à efetividade do processo).

Estamos vivendo, atualmente, um processo histórico-cultural de renascimento da responsabilidade civil – tema de singular relevância nas relações de consumo. Argumenta-se aliás que, se o século XX foi devotado à reparação de danos, o presente será consagrado à prevenção[21]. Novas funções, novas percepções a respeito daquilo que configura um dano indenizável, novo olhar para os riscos. Já não discutimos o que deve prevalecer: a responsabilidade subjetiva ou objetiva. Sabemos que ambas convivem em nosso sistema jurídico, e é mesmo necessário que convivam. Não são excludentes. O importante, em qualquer uma delas, é que o intérprete perceba que deve orientar as soluções hermenêuticas à luz das opções valorativas básicas da Constituição. Não só isso: fundamental, de igual modo, é a distinção – não só teórica, mas ao enfrentar os casos concretos – entre interesses existenciais e interesses patrimoniais. Trata-se de vetor hermenêutico da mais alta relevância no direito de danos dos nossos dias.

Outra dimensão relevante da responsabilidade civil atual – não só no Brasil – é a questão da preocupação prioritária com a vítima dos danos. Na busca da realização da justiça substantiva e concreta, busca-se dar primazia à restauração do equilíbrio social rompido, conferindo proteção qualitativamente diferenciada à vítima. Trata-se de tendência transnacional, relativamente à responsabilidade civil[22]. Se antes olhávamos para a culpa (sem culpa não há indenização, diziam convictamente os juristas antigos), atualmente olhamos para o dano sofrido e buscamos soluções técnicas que não deixem a vítima desamparada[23].

---

20 Os estudos teoricamente mais refinados percebem, hoje, que a argumentação jurídica não opera através de demonstrações, mas apenas tenta, em graus variados, níveis de persuação (Cf. MACCORMICK, Neil. *Rhetoric and the Rule of Law*. Oxford: Oxford University Press, 2005, p. 05).

21 SEGUÍ, Adela M. Aspectos relevantes de la responsabilidad civil moderna. *Revista de Direito do Consumidor*. São Paulo: RT, nº 52, pp. 267-318, out./dez. 2004. Em matéria ambiental, a exigência cresce de ponto, diante da frequente irreversibilidade que caracterizam as lesões biodifusas. Lembremos, a propósito, que não se admite a teoria do fato consumado no direito ambiental.

22 Conferir, a propósito, TUNC, André. The twentieth century development and function of the law of torts in France. *The International and Comparative Law Quarterly*, v. 14, 1965. London: BIICL, pp. 1089-1103.

23 Nesse sentido: "A figura do ofensor, antes prioritária na responsabilidade civil, no sentido de identificar o *culpado* pelo dano, abre espaço à consideração da pessoa do ofendido, que deve ser indenizada por ter sofrido um dano injusto. Busca-se desta maneira novas formas de se possibilitar a efetiva reparação dos danos, seja através da adoção do princípio da solidariedade social como norte da responsabilidade civil, seja através da utilização de presunções, cada vez mais frequentes, no sentido de facilitar este ressarcimento" (MULHOLLAND, Caitlin Sampaio. *A responsabilidade civil por presunção de causalidade*. Rio de Janeiro: GZ, 2010, p. 5).

O conceito de risco, atualmente, é intensamente trabalhado pelo universo jurídico, sobretudo no direito de danos. Não só em relação aos danos de massa (***mass exposure torts***), mas em relação a muitos e variados danos o modelo conceitual e normativo de risco tem sido fartamente invocado, não só na academia, mas também na jurisprudência. Ademais, as sociedades, em seus ciclos históricos, revisitam, de tempos em tempos, seus conceitos de danos indenizáveis. Revisitam, igualmente, o conceito de risco – distinguindo aqueles aceitáveis daqueles que não são aceitáveis ou, quando menos, provocam o dever objetivo de indenizar, havendo dano a eles relacionado. Existem estudos que analisam a responsabilidade civil pelo "contato social". Surge, nesse contexto, a "responsabilidade social pelo simples perigo a que a sociedade é exposta, e as fontes geradoras das situações de risco, numa perspectiva solidária, têm o dever de suprimir o fator de risco do contexto social"[24]. Costuma-se dizer que vivemos, atualmente, numa sociedade de riscos. Não só os riscos crescem, como a percepção que temos deles mudam. É possível que riscos que não eram associados a determinada atividade, passem, com o andar dos anos, a ser. Mudam os conteúdos normativos do sistema, mudam os padrões de comportamentos aceitos como razoáveis, mudam as dimensões informativas que temos a respeito de algo. Tudo isso repercute na teoria do risco.

Há, ademais, conforme frisamos, uma progressiva preocupação com a *dimensão preventiva* da responsabilidade civil. Ou seja, já não nos satisfaria, no século XXI, instrumentos voltados *exclusivamente* para a tutela repressiva, isto é, para a tutela que apenas se preocupa com os danos já havidos. É fundamental que aceitemos o desafio teórico de pensar, teórica e pragmaticamente, fórmulas que fujam do padrão mental tradicional e aproximem a responsabilidade civil da sua função preventiva que busca evitar o dano, ou pelo menos a continuação de suas consequências gravosas. Seja através da *tutela inibitória* – objeto de relevantes estudos, no Brasil e na Itália –, seja através do *princípio da precaução*, é certo que cresce a preocupação com fórmulas que não se contentem com uma eficácia puramente repressiva, que aguarda, por assim dizer, que os danos ocorram e somente após isso tenta – sempre imperfeitamente – recompô-los.

A responsabilidade civil dos nossos dias exige uma estrutura analítica mais refinada. Exige-se um olhar menos setorizado e mais interdisciplinar. Uma visão mais integrada do ordenamento jurídico à sociedade, percebendo e aceitando as relações cada vez mais plurais e complexas. Nesse contexto, a responsabilidade civil assume novas funções[25]. Dentre as novas funções da responsabilidade civil destaca-se, de modo nobre, a função preventiva (aí compreendida a função precaucional). Não é só no direito ambiental que esse princípio projeta sua força, embora talvez seja mais visível nos seus domínios[26]. A responsabilidade civil assume, portanto,

[24] STEIGLEDER, Annelise Monteiro. *Responsabilidade civil ambiental*. Porto Alegre: Livraria do Advogado, 2011, p. 180.

[25] A referência teórica mais consistente, a propósito, é: ROSENVALD, Nelson. *As funções da responsabilidade civil*. São Paulo: Atlas, 2013.

[26] Já se percebeu que "o *caput* do art. 225 da Constituição Federal de 1988 institui um verdadeiro dever de incolumidade ambiental ao se preocupar com a qualidade de vida das gerações futuras, o que permite a *atualização* da responsabilidade civil, a fim de que exerça, a par de sua função reparatória tradicional, uma função inibitória, de molde a impor àqueles que exercem atividades utilizadoras de recursos naturais ou potencialmente poluidoras, a obrigação de internalizar os custos

progressivamente, uma dimensão preventiva, não só nas relações de consumo, mas também aqui, por suas notas transindividuais.

1. CONTEXTUALIZANDO O CDC

1.1. O CDC como um "microssistema legislativo"

O que é um "microssistema legislativo"? O CDC poderia ser assim considerado? São perguntas prévias para cujas respostas se impõem algumas breves explicações.

Por séculos, a disciplina jurídica foi monotemática. O que isso significa? Que havia um código para o direito civil, outro para o direito penal, outro para o direito processual civil, outro para o direito processual penal e assim sucessivamente. Não havia, ou pelo menos não deveria haver, numa mesma lei, matérias de ramos jurídicos distintos.

Os diplomas legais referidos continuam a existir, naturalmente. Porém, ao lado deles existem, de modo cada vez mais numeroso, leis que não obedecem a essa severa divisão temática. Leis que incluem, em um único diploma, várias disciplinas jurídicas – civil, penal, administrativo, processo civil, entre outras. São os chamados microssistemas legislativos.

Cada vez mais a experiência jurídica contemporânea utiliza tal técnica. Além do Código de Defesa do Consumidor – o mais óbvio exemplo, chamado neste livro de CDC, para efeitos de facilitação de leitura –, existem vários outros: o Estatuto da Criança e do Adolescente, o Estatuto do Idoso, a Lei das Locações, entre outros. As referidas leis trazem normas de variados ramos do direito. Não se importam com a divisão do direito em múltiplos ramos. Preocupam-se, sim, com a efetividade. E para atingir tal fim conglobam, em um mesmo diploma legal, normas de cores variadas.

A segunda questão é esta: o CDC é um microssistema jurídico? A resposta é a afirmativa, porém algumas considerações se impõem. É um microssistema porque reflete, e de modo inovador, essa tendência de legislar tendo em foco problemas – consumo, idosos, crianças, etc. – e não as velhas categorias do direito público e do direito privado. Porém, quando se fala em microssistema pode se dar a falsa ideia de algo isolado, estanque, sem nenhuma comunicação com o sistema jurídico integralmente considerado. Assim não é, nem poderia ser. Os microssistemas têm – como de resto qualquer outra norma – conexão direta com a Constituição da República, sendo inválidos se porventura a contrariem em algum ponto. Existem, assim, não como categoria à parte, mas integrados ao todo normativo cujo ápice se encontra nas normas da Constituição.

Convém frisar, antes de concluir este tópico, que os próximos itens – relativos à nossa contribuição nesta belíssima obra coletiva – reproduzem trechos do nosso *Manual de Direito do Consumidor à luz da jurisprudência do STJ* (Salvador, Juspodivm, 12ª edição, 2017), conforme acordado com os ilustres Coordenadores e com o Editor.

para prevenção e controle dos riscos gerados" (STEIGLEDER, Annelise Monteiro. *Responsabilidade civil ambiental.* Porto Alegre: Livraria do Advogado, 2011, p. 122).

1.2. O que são normas de "ordem pública e interesse social"?

O art. 1º do CDC estabelece: "O presente código estabelece normas de proteção e defesa do consumidor, de ordem pública e interesse social, nos termos dos arts. 5º, inciso XXXII, 170, inciso V, da Constituição Federal e art. 48 de suas Disposições Transitórias".

O que são normas de "ordem pública e interesse social"? Ou seja, pragmaticamente falando, o que isso quer dizer? A expressão significa que estamos diante de normas cogentes, isto é, normas que não toleram renúncia. Normas em relação às quais são inválidos eventuais contratos ou acordos que busquem afastar sua incidência. De igual modo, o juiz estaria autorizado a conhecer das normas do CDC de ofício, sem que seja necessária a provocação das partes, embora a questão não seja pacífica (em relação, por exemplo, aos contratos bancários, o STJ explicitamente veda o conhecimento de ofício, pelo magistrado, acerca da abusividade das cláusulas).

Assim ocorre com o consumidor, assim ocorre com o trabalhador. A lei os tem como hipossuficientes, como a parte mais fraca da relação, a parte que depende da proteção legal. E tal proteção legal de pouco ou nada valeria se tais normas pudessem ser objeto de renúncia. Bastaria que a parte economicamente mais forte, através de contratos de adesão (CDC, art. 54, adiante estudado), dispusesse unilateralmente prevendo condições que lhe são favoráveis, esvaziando assim as generosas normas do CDC.

No sentido do que dissemos, argumenta José Roberto de Castro Neves: "No primeiro capítulo desse livro, das disposições gerais, a lei oferece definições, inclusive da sua natureza. O art. 1º informa que ela é de ordem pública e tem interesse social. Com isso, a lei quis informar que seus dispositivos têm característica imperativa, ou seja, não admitem ser afastados pela disposição particular" (José Roberto de Castro Neves, "O Direito do Consumidor – de onde viemos e para onde vamos", RTDC vol. 26, abr/jun, 2006, p. 198).

O STJ frisou: "As normas de proteção e defesa do consumidor têm índole de 'ordem pública e interesse social'. São, portanto, indisponíveis e inafastáveis, pois resguardam valores básicos e fundamentais da ordem jurídica do Estado Social, daí a impossibilidade de o consumidor delas abrir mão 'ex ante' e no atacado" (STJ, REsp 586.316, Rel. Min. Herman Benjamin, 2 T., DJ 19/03/09). É firme a jurisprudência do STJ no sentido de que a abusividade das cláusulas contratuais de planos de saúde pode ser aferida à luz do Código de Defesa do Consumidor sem significar ofensa ao ato jurídico perfeito (STJ, AgRg no AREsp 206.506, Rel. Min. Boas Cueva, DJ 14/11/2014). É abusiva, nesse sentido, a cláusula contratual que exclui o transplante necessário ao tratamento de doença coberta pelo plano de saúde.

Vejamos um exemplo concreto. Digamos que um aluno de direito, estudante de universidade particular, sofre acidente no elevador da universidade. Daí decorrem graves danos físicos. O prazo para ingresso, nesta hipótese, da ação de indenização é de cinco anos, a teor do prescrito no art. 27 do CDC, adiante estudado (acidente de consumo ou fato do serviço). Pergunta-se: se, no ato da matrícula – portanto anteriormente ao acidente – o aluno houvesse assinado um contrato cujo teor rezava que, havendo dano, o prazo de reparação seria de três anos – tal como ocorrem nas relações civis, de acordo com o art. 206, § 3º, V, do Código Civil –, tal cláusula poderia ser considerada válida?

A resposta é negativa. Seja neste prosaico exemplo, seja em casos mais complexos, a renúncia, antecipada ou não, a direitos e garantias insertas no CDC há de ser tida como não-escrita, sob pena de esvaziar todo o conteúdo normativo de tão importante lei.

Cabe lembrar, para encerrar este tópico, que norma de ordem pública não é sinônimo de norma de direito público. Normas de ordem pública são normas cogentes, normas indisponíveis. Tanto podem estar no direito público como no direito privado. O CDC traz normas de direito público (penais, por exemplo) e normas de direito privado. É prudente, porém, frisar que essa distinção entre direito público e privado é puramente didática. Já há cerca de quinze anos escrevíamos que "a dicotomia direito público e privado, como modelo teórico, está claramente envelhecida".

Convém, ainda, uma última indagação, antes de encerrar este tópico. Afirmar que determinada norma é de ordem pública e de interesse social - como o CDC fez em seu art. 1º - significa que o magistrado poderá conhecê-la de ofício, isto é, sem provocação das partes? Acreditamos que sim. Acreditamos, mais, que isso está de acordo com a estrutura normativa e com as funções sociais do CDC. Toda a teleologia do CDC, de índole declaradamente protetiva do polo vulnerável da relação (consumidor), aponta para sua proteção através de normas cogentes, imperativas. Pode, por isso, o juiz, segundo cremos, conhecer de ofício das normas do CDC. Há, porém, na jurisprudência, uma exceção: os contratos bancários. Não enxergamos razões, constitucionais ou legais, para essa exceção, tão estranha ao espírito das relações de consumo. O STJ, contudo, estatuiu na Súmula 381: "Nos contratos bancários, é vedado ao julgador conhecer, de ofício, da abusividade das cláusulas". Cabe registrar, a propósito, que o CPC/2015 previu: "O juiz não pode decidir, em grau algum de jurisdição, com base em fundamento a respeito do qual não se tenha dado às partes oportunidade de se manifestar, ainda que se trate de matéria sobre a qual deva decidir de ofício".

1.3. Autonomia e heteronomia

Por muito tempo o direito privado, em especial o direito civil, foi sinônimo de autonomia da vontade, ou autonomia privada (*Privatautonomie; autonomia della volontà*). Por intermédio dela, os particulares autorregulavam seus próprios interesses, mediante contratos escritos ou verbais. Saleilles, em 1889, preconizava o princípio do respeito absoluto à liberdade das convenções. Naturalmente, tal autonomia reflete a filosofia, política ou econômica, de determinado período histórico, não podendo ser dele dissociada. Kant ponderou que a injustiça é possível quando determinamos regras para os outros, mas é impossível que haja injustiça quando estabelecemos regras para nós mesmos.

Atualmente, contudo, outros são os termos do problema. Está havendo, na sociedade contemporânea, um decréscimo da autonomia, buscando, justamente, proteger os mais fracos, os hipossuficientes. O Código Civil bem reflete essa tendência, ao dispor: "Art. 421. A liberdade de contratar será exercida em razão e nos limites da função social do contrato". Mais adiante, no art. 2.035, parágrafo único, sentencia: "Nenhuma convenção prevalecerá se contrariar preceitos de ordem pública, tais como os estabelecidos por este Código para assegurar a função social da propriedade e dos contratos".

Reduz-se, assim, a autonomia da vontade para proteger a parte mais fraca. De pouco ou nada adiantaria estabelecer normas em favor da parte mais fraca se tais normais pudessem ser contratualmente afastadas. A função social dos contratos, inserindo-se no conteúdo dos pactos, atenua valor do "*pacta sunt servanda*" (princípio da força obrigatória dos contratos, que reza que os contratos devem ser cumpridos a qualquer custo). Pontes de Miranda, com a antevisão que o distinguia, já no começo do século passado alertava: "Diante da liberdade de contratar, praticamente traduzível em liberdade, para os fortes, de impor sua vontade aos fracos". Em outras palavras, "quanto maior for a desigualdade, mais intensa será a proteção ao direito fundamental em jogo, e menor a tutela da autonomia privada" (Daniel Sarmento. *Direitos Fundamentais e Relações Privadas*. Rio de Janeiro: Lumen Juris, 2004, p. 303).

A renovação do direito atual – nele compreendido, naturalmente, o direito do consumidor – significa uma nova compreensão da autonomia da vontade. O conteúdo dos contratos, atualmente, não corresponde apenas à vontade das partes, presumível ou real. Ele é composto por padrões mínimos de razoabilidade, que remetem à boa-fé objetiva, ao equilíbrio material entre as prestações e à vedação ao abuso de direito.

Entre tantos acórdãos do STJ cuja citação seria possível, fiquemos com apenas com a Súmula que considera abusiva a cláusula – em contratos relativos a planos de saúde – que restringe o tempo de internação (Súmula 302): "É abusiva a cláusula contratual de plano de saúde que limita no tempo a internação hospitalar do segurado". Posteriormente se reafirmou a nulidade, de pleno direito, da cláusula, inserida em contratos de plano ou de seguro-saúde, que limite o tempo de cobertura para a internação (STJ, AgRg no REsp 535.447, Rel. Min. Fernando Gonçalves, 4ª T., DJ 01/03/10). Não é razoável que se restrinja o tratamento indispensável ao paciente, mesmo porque ele não tem controle sobre isso. Além do mais, direitos fundamentais não podem ser mutilados contratualmente. De modo semelhante, em contrato de plano de assistência à saúde, é abusiva a cláusula que preveja o indeferimento de quaisquer procedimentos médico-hospitalares quando solicitados por médicos não cooperados (STJ, REsp 1.330.919, Rel. Min. Luis Felipe Salomão, 4ª T, DJ 18/08/2016).

No direito contratual contemporâneo reconhece-se a existência de contratos relacionais, nos quais as cláusulas estabelecidas no instrumento não esgotam a gama de direitos e deveres das partes (STJ, REsp 1.073.595, Rel. Min. Nancy Andrighi, Segunda Seção, j. 24/02/10). Por exemplo, é abusiva, e ofende o princípio da boa-fé objetiva, a extinção unilateral do contrato de seguro, vigente por muitos anos (STJ, AgRg no Ag 1.362.420, Rel. Min. Villas Bôas Cueva, 3ª T., DJ 17/08/12). Da mesma forma, entende-se, por exemplo, que a retenção integral do salário de correntista – ainda que expressamente ajustada em contrato – com o propósito de saldar débito deste com a instituição bancária é inválida e enseja a compensação moral (STJ, AgRg no AREsp 159.654, Rel. Min. Sidnei Beneti, 3ª T., DJ 01/06/12; REsp 1.021.578).

Registre-se que, por outro lado, paralelamente à redução da autonomia, verifica-se um aumento da heteronomia. Autonomia, etimologicamente falando, vem do grego "nomos", que significa regra, aliado ao prefixo "auto", relativo a si próprio. É, portanto, o poder de dar regras para si mesmo. Já heteronomia é o poder de estabelecer regras para os outros. As leis são heterônomas.

Verifica-se, na sociedade atual, uma elevação da heteronomia, seja através das leis de ordem pública (heteronomia desejável e necessária), seja através do que poderíamos chamar de "heteronomia privada", que se traduz no poder dos grandes complexos econômicos de ditar o conteúdo dos contratos para os consumidores, que outra alternativa não tem senão aceitar o que lhes é imposto ou não consumir o produto. Vulgarmente falando, pegar ou largar. Os contratos de adesão, cuja disciplina veremos mais adiante, são uma técnica de que se valem as grandes empresas para impor aos consumidores o conteúdo contratual que lhes pareça mais conveniente. Tal heteronomia, ao contrário da anterior, pode conter aspectos negativos e ofensivos da equidade.

1.4. O CDC como uma "lei de função social"

Há autores, em especial os assim designados "consumeristas", que postulam ser o CDC uma "lei de função social". O que significaria a expressão? Que tal lei, mercê de sua conexão direta com a Constituição, não poderia sofrer derrogações ou ab-rogações provindas de outros diplomas legais em detrimento do consumidor, ainda que de idêntico grau hierárquico.

Formalmente falando, o CDC é uma lei ordinária. Portanto, de acordo com o critério cronológico (norma mais recente prevalece sobre norma mais antiga, desde que a mais recente seja de idêntico ou superior grau hierárquico), qualquer lei ordinária posterior ao CDC poderia alterar-lhe as disposições, ainda que em detrimento do consumidor.

Tal entendimento, contudo, sofre severas restrições da doutrina, não podendo ser tido como correto. Ou seja, embora o CDC seja uma lei ordinária, é uma "lei de função social", uma lei que concretiza, no plano da legislação infraconstitucional, o desejo, por assim dizer, da Constituição da República.

Por essa razão, uma lei ordinária, ou mesmo complementar, que objetivasse reduzir o "piso" de direitos consignados no CDC seria inconstitucional. A Constituição, como veremos no próximo tópico, elegeu o consumidor como figura privilegiada, para cuja proteção dirigiu a força das normas constitucionais.

Desta forma, por ser uma "lei de função social", uma lei que concretiza, no plano da legislação comum, a vontade da Constituição da República, o CDC não pode ser alterado para reduzir a proteção conferida ao consumidor, em desalinho com o que deseja a Constituição. Alerte-se que o Código Civil de 2002 (Lei nº 10.406, de 10/01/02) não revogou o CDC, devendo ocorrer um "diálogo das fontes", sempre buscando ampliar a proteção ao consumidor. O STJ reconheceu que "o mandamento constitucional de proteção do consumidor deve ser cumprido por todo o sistema jurídico, em diálogo de fontes, e não somente por intermédio do CDC" (STJ, REsp

1.009.591, Rel. Min. Nancy Andrighi, 3ª T, DJ 13/04/10). Instituição de ensino superior não pode recusar a matrícula de aluno aprovado em vestibular em razão de inadimplência em curso diverso anteriormente frequentado por ele na mesma instituição (STJ, REsp 1.583.798, Rel. Min. Herman Benjamin, DJ 07/10/2016).

Há, atualmente, no Congresso Nacional, projetos de lei que buscam atualizar o CDC (ver projetos no final do livro). São, inegavelmente, bons projetos, que ampliariam o grau de proteção do consumidor e atualizariam o CDC. O perigo, que sempre se põe, é que o Congresso, ao votar, desfigure os projetos, mutilando-os ou acrescentando normas que possam, eventualmente, prejudicar o consumidor. Se isso porventura ocorrer, veremos o que o Judiciário dirá a respeito do CDC como uma "lei de função social", conforme descrita neste tópico. Em outras palavras: são válidas, juridicamente falando, novas normas que reduzam direitos já consagrados ao consumidor? Poderíamos falar no CDC como uma "lei de função social". Dizendo ainda a mesma coisa com outros termos: existe, no Brasil, em relação ao consumidor, o princípio da proibição do retrocesso?

1.5. O fundamento constitucional do CDC

Dissemos, um pouco acima, que o CDC realiza o desejo da Constituição em proteger o consumidor. De fato, assim o é. Há três menções explícitas ao consumidor no corpo da Constituição. No art. 5º, no capítulo dos direitos e garantias fundamentais, o inciso XXXII estabelece: "o Estado promoverá, na forma da lei, a defesa do consumidor". O art. 170, relativo aos princípios gerais da atividade econômica, prescreve: "A ordem econômica, fundada na valorização do trabalho humano e na livre iniciativa, tem por fim assegurar a todos existência digna, conforme os ditames da justiça social", prescrevendo, a seguir, no inciso V, que seja observada a "defesa do consumidor". Há ainda o art. 48 das Disposições Constitucionais Transitórias, determinando ao Congresso Nacional a elaboração do CDC.

A jurisprudência reconheceu que a "intervenção do Estado na ordem econômica, fundada na livre iniciativa, deve observar os princípios do direito do consumidor, objeto de tutela constitucional fundamental especial (CF, arts. 170 e 5º, XXXII)" (STJ, REsp. 744.602, Rel. Min. Luiz Fux, DJ 15/03/07).

Além das menções explícitas, existem muitas normas na Constituição da República que importam fundamentalmente não só para as relações de consumo, como para todas as outras. A dignidade da pessoa humana, fundamento da República (CF/88, art. 1º, III), é norma que perpassa qualquer relação jurídica, modelando-lhe o conteúdo. Relevante, ainda no artigo primeiro da Constituição, é o valor social da livre iniciativa (art. 1º, IV). Decidiu, a propósito, o STJ: "À luz do Princípio da Dignidade da Pessoa Humana, valor erigido como um dos fundamentos da República, impõe-se a concessão dos medicamentos como instrumento de efetividade da regra constitucional que consagrada o direito à saúde" (STJ, REsp. 775.233, Rel. Min. Luiz Fux, 1ª T., p. 01/08/06).

Também de alta importância são os objetivos fundamentais da República, dentre os quais se coloca a igualdade substancial (CF, art. 3º, III) bem como a solidariedade

(CF, art. 3º, I). É preciso alertar ao leitor que ficou no passado, no museu das ideias, a concepção de que tais princípios não têm força normativa. Tais princípios são normas jurídicas, para cuja concretização, no entanto, se faz necessária a mediação judicial. A norma jurídica é um gênero com duas subespécies: a) regras, com estrutura fechada, prevendo causas e consequências e b) princípios, com estrutura aberta, prevendo, quase sempre, valores ou fins a serem atingidos.

Importante dizer que hoje se aceita, de modo crescente, a tese da aplicação direta dos direitos fundamentais às relações de direito privado. Assim, "que as normas constitucionais, e particularmente o rol dos direitos e garantias individuais, possuam direta eficácia nas relações de direito privado, parece pouco a pouco constituir um consenso para a melhor doutrina, animada sobretudo pelos debates doutrinários desenvolvidos na Alemanha, na Itália e em Portugal, nos últimos 30 anos [...]"(RTDC, editorial, vol.4. out/dez 2000)

O STF, a propósito, em julgado de sua segunda Turma, chancelou a tese da aplicação direta dos direitos fundamentais às relações privadas (Drittwirkung) – também chamada de eficácia horizontal dos direitos fundamentais – aplicando as garantias constitucionais do devido processo legal, contraditório e ampla defesa às associações privadas (STF, RE 201.819, Rel. Min. Ellen Gracie, Rel. para acórdão Min. Gilmar Mendes, j. 11/10/05). Cláudia Lima Marques pondera que hoje a grande metanarrativa do direito civil é "a solidariedade e a realização dos direitos humanos em pleno direito privado" (Contratos no Código de Defesa do Consumidor. São Paulo: RT, 2002, p. 416).

2. CARACTERÍSTICAS DO CDC

O CDC tem características que lhe conferem luz própria. Algumas delas, por terem sido absorvidas por outras leis posteriores, já não são exclusividade sua, porém, de todo modo, merecem menção.

2.1. Normas principiológicas

São frequentes, no CDC, as chamadas normas principiológicas, isto é, normas que veiculam valores, estabelecem fins a serem alcançados. Aliás, o direito atual se caracteriza por utilizar, cada vez mais, conceitos abertos (também chamados de conceitos jurídicos indeterminados) e normas com conteúdo semântico flexível.

Isto é, ao lado das regras jurídicas, que operam com causas e consequências, vinculadas por um nexo de imputação, os princípios, assim como os conceitos jurídicos indeterminados, possibilitam uma alteração do direito sem que o texto de lei tenha necessariamente que mudar. Possibilitam, portanto, uma maior adequação das normas às mudanças sociais, cada vez mais velozes.

Atualmente, as decisões judiciais operam, em múltiplos casos, com a lógica do razoável, fugindo da rigidez conceitual do passado: "A razoabilidade pode ser vista, portanto, como uma ponte que liga produtivamente as esferas – antes separadas – do direito e da moral, servindo de passaporte para o ingresso do pós-positivismo no terreno onde ele realmente se faz necessário: a prática jurídica" (Thomas da Rosa Bustamante, "A razoabilidade na dogmática jurídica contemporânea: em busca de um mapa semântico", RTDC, vol. 22, abr/jun 2005, p. 157).

Podemos apontar, entre múltiplos exemplos possíveis, que a Política Nacional das Relações de Consumo "tem por objetivo o atendimento das necessidades dos consumidores, o respeito à sua dignidade, saúde e segurança, a proteção de seus interesses econômicos, a melhoria da sua qualidade de vida, bem como transparência e harmonia das relações de consumo, atendidos os seguintes princípios: III – harmonização dos interesses dos participantes das relações de consumo e compatibilização da proteção do consumidor com a necessidade de desenvolvimento econômico e tecnológico, de modo a viabilizar os princípios nos quais se funda a ordem econômica (art. 170, da Constituição Federal), sempre com base na boa-fé e equilíbrio nas relações entre consumidores e fornecedores" (art. 4º, III).

O CDC é permeado por normas que estabelecem fins. Ultrapassa-se, com isso, a técnica de se legislar exclusivamente mediante o binômio "hipótese/sanção", ou "suporte fático/preceito", ou, mais simplesmente, "causa/consequência". Quando fins são definidos, a liberdade do intérprete é maior, diminuindo o formalismo e impondo o respeito a certos conteúdos normativos tidos como relevantes. Decidiu, a propósito, o STJ: "[...] a tutela jurisdicional para ser efetiva deve dar ao lesado resultado prático equivalente ao que obteria se a prestação fosse cumprida voluntariamente" (STJ, REsp. 836.913, Rel. Min. Luiz Fux, 1ª T., j. 08/05/07, DJ 31/05/07). Além disso, o rol de direitos básicos do consumidor – previsto no art. 6 do CDC – traduz rol exemplificativo, e não, por certo, taxativo ou excludente de outros direitos.

Atualmente, no entanto, sem abandonar as normas acima referidas, cresce a utilização, pelo direito, de normas descritivas de valores. Normas que não preveem relação de imputação com causas e efeitos; preveem apenas valores a serem protegidos. Gustavo Tepedino esclarece: "Na experiência brasileira, o Estatuto da Criança e do Adolescente, o Código de Defesa do Consumidor e o Estatuto da Cidade são bons exemplos de ampla utilização da técnica das cláusulas gerais e de conceitos jurídicos indeterminados associada a 'normas descritivas de valores'" (Gustavo Tepedino. Temas de Direito Civil. Tomo II. Rio de Janeiro: Renovar, 2006, p. 07). Paulo Lôbo, a propósito, sublinha que "o Código de Defesa do Consumidor é uma lei eminentemente principiológica, com vasta utilização não só dos princípios, mas de conceitos indeterminados" (Paulo Lôbo. *Direito Civil. Obrigações*. São Paulo: Saraiva, 2011, p. 76).

Essa regulação narrativa, onde valores são descritos, onde finalidades são externadas, pode funcionar como valioso instrumento de política legislativa, especialmente num momento histórico em que o Estado atua na vanguarda de políticas públicas, incentivando determinadas condutas e não apenas as reprimindo. Não só, aliás, do CDC. Trata-se atualmente de tendência que perpassa toda a ordem jurídica. O CPC/2015, nessa linha, estabelece: "As partes têm direito de obter em prazo razoável a solução integral do mérito, incluída a atividade satisfativa". Mais adiante prevê que ao juiz incumbe dilatar os prazos processuais e alterar a ordem de produção dos meios de prova, adequando-os às necessidades do conflito de modo a conferir maior efetividade à tutela do direito.

Nossa formação cultural, romano-germânica, tradicionalmente está habituada a trabalhar com regras jurídicas, não com princípios. Isso, aos poucos, está mudando. Em sociedades plurais e complexas como a nossa só as regras não resolvem. Não por acaso, alguns autores alemães sustentam que o Estado Constitucional de Direito é um Estado de Ponderação (*Abwägungsstaat*). De especial relevância, nesse contexto, é a Constituição como um sistema aberto de princípios e regras. O sistema jurídico, assim, cada vez mais se põe como um sistema aberto de princípios normativos. Esses princípios, que estabelecem objetivos e fins, são articulados de modo dinâmico, não estático. Não há nem mesmo uma hierarquia prévia entre eles. Eles trabalham com uma lógica de ponderação, o que significa que apenas nos casos concretos, devidamente contextualizados, é que os princípios se expandem ou se retraem, à luz das especificidades das circunstâncias.

A solução dos casos difíceis (*hard cases*) ganhou, em nossos dias, uma complexidade inédita. A ponderação de princípios envolve, com frequência, valores igualmente valiosos e constitucionalmente protegidos. Sabemos, hoje, ademais, que o intérprete não é um ser absolutamente neutro, que interpreta o direito como se estivesse fora da Terra. Isso não existe. O intérprete traz sempre sua carga de valores, seus conceitos e suas reservas, e esse conjunto humano influi, em graus variados, na interpretação que será dada à norma. Também se aceita cada vez menos a ideia – muito forte no século XIX e em parte do século XX – de que a ordem jurídica traz soluções predefinidas para todos os problemas e que cabe ao intérprete, apenas, encontrá-las, mediante a subsunção (o intérprete, nessa visão, seria um ser neutro, cuja função, puramente técnica, seria dizer o direito aplicável ao caso concreto – a famosa "boca da lei", de Montesquieu). A interpretação jurídica, hoje, é algo bastante complexo que não pode ser reduzida a fórmulas esquemáticas. A construção de sentido da norma é algo dinâmico e nunca estático ou formal.

As construções de sentido das normas, portanto, resultam de uma complexa interação entre o intérprete e os demais atores sociais, com valores plurais e nem sempre homogêneos. Isso, porém, não significa – nem pode significar – um desprezo pela técnica. Trata-se apenas de reconhecer que a dimensão técnica, isoladamente, não explica nem responde muitos dos problemas do nosso século, é preciso ir além. Podemos dizer, de certo modo, que substituímos a lógica formal do passado por algo mais flexível (ganhou destaque a expressão "lógica do razoável", introduzida por Recásens Siches). Hoje lidamos frequentemente com modelos normativos como a dignidade, razoabilidade, proibição do excesso etc.

A progressiva relevância das normas abertas é acompanhada por uma também maior relevância da atividade do intérprete. Não significa, por certo, que o intérprete possa sobrepor suas convicções pessoais àquelas da ordem jurídica. É preciso algum modo de controle, e esse se dará pela argumentação. Quanto mais aberta for a norma, maiores serão os deveres de densidade argumentativa do aplicador. O CPC/2015, nesse sentido, dispõe, em relevante norma: "Não se considera fundamentada qualquer decisão judicial, seja ela interlocutória, sentença ou acórdão, que: II – empregar conceitos jurídicos indeterminados, sem explicar o motivo concreto de sua incidência no caso; III – invocar motivos que se prestariam a justificar qualquer outra decisão". De modo semelhante prescreve: "No caso de colisão entre normas, o juiz deve justificar o objeto e os critérios gerais da ponderação efetuada, enunciando as razões que autorizam a interferência na norma afastada e as premissas fáticas que fundamentam a conclusão".

2.2. Vocação de expansão

O CDC apresenta a interessante característica de possuir categorias, conceitos e normas que tendem a se expandir para outros setores da experiência jurídica. Talvez isso tenha se dado porque, quando foi editado (em setembro de 1990) ainda estávamos sob a égide do Código Civil de 1916, que só veio a ser revogado mais de dez anos depois do início da vigência do CDC.

Era natural, portanto, que a jurisprudência, e mesmo a doutrina, sentindo falta de institutos mais atuais no velho código civil, voltassem sua atenção ao CDC, fértil em novidades promissoras. Houve, então, um fenômeno de resultados fecundos, consistente na utilização de normas e conceitos do CDC para resolver conflitos não propriamente de consumo.

Porém, como o Código Civil de 2002 consagrou boa parte das inovações do CDC, talvez hoje tal expansão se mostre menos importante. Por exemplo, a boa-fé objetiva – dever de agir com lealdade e cooperação, sem frustrar as legítimas expectativas da outra parte –, prevista, inicialmente, no CDC, foi adotada posteriormente pelo Código Civil, que a previu em três oportunidades: ("Art. 113. Os negócios jurídicos devem ser interpretados conforme a boa-fé e os usos do lugar de sua celebração". "Art. 187. Também comete ato ilícito o titular de um direito que, ao exercê-lo, excede manifestamente os limites impostos pelo seu fim econômico ou social, pela boa-fé ou pelos bons costumes". "Art. 422. Os contratantes são obrigados a guardar, assim na conclusão do contrato, como em sua execução, os princípios da probidade e da boa-fé").

O CDC, por assim dizer, atualizou a ordem jurídica brasileira, e não só no que se refere às relações de consumo, mas relativamente ao direito privado como um todo. Tentamos, neste livro, como o título já sugere, acompanhar o CDC à luz da jurisprudência do STJ. Trata-se, como se sabe, de corte de caráter nacional, destinada a firmar interpretação geral do direito federal para todo o país (STJ, AgRg no AREsp 175.663, Rel. Min. Sidnei Beneti, 3ª T., DJ 29/06/12). No Brasil, na interpretação e aplicação do CDC, conhecer a posição do STJ a respeito de cada um dos temas talvez seja a ótica mais importante. Não por acaso, como se verá ao longo do livro, praticamente todas as bancas de concursos públicos, sejam federais ou estaduais, exigem hoje o conhecimento da posição do STJ na interpretação do CDC.

Há outro aspecto que devemos frisar, antes de concluir este tópico. Se analisarmos as relações sociais no Brasil do século XXI, veremos, sem dificuldade, que o CDC é uma lei amplamente conhecida e aplicada. A verdade é que, com o CDC, os contratos praticamente deixaram de ser regidos pelo Código Civil. É uma afirmação forte, sabemos, mas verdadeira. O Código Civil, que antes centralizava, de modo exclusivo, as relações privadas, hoje ocupa um espaço normativo residual, acessório, menor. A imensa maioria das relações contratuais que os brasileiros participam, no século XXI, são relações de consumo (cartões de crédito, bancos, seguros, passagens aéreas, planos de saúde, escolas e faculdades privadas, shoppings, serviços em geral etc.). Aliás, o CPC/2015 – citado no item anterior – estabelece, a propósito, que "aquele que de qualquer forma participa do processo deve comportar-se de acordo com a boa-fé.

2.3. Diálogo das fontes

Característica do direito contemporâneo é o diálogo das fontes. Em que consiste? Em utilizar, para resolver os conflitos, normas variadas, que "dialogam" em busca do melhor resultado, do resultado mais justo, mais conforme à Constituição da República.

O CDC, a propósito, é explícito ao estabelecer esse diálogo: "Os direitos previstos neste código não excluem outros decorrentes de tratados ou convenções internacionais de que o Brasil seja signatário, da legislação interna ordinária, de regulamentos expedidos pelas autoridades administrativas competentes, bem como dos que derivem dos princípios gerais do direito, analogia, costumes e equidade" (CDC, art. 7º).

O STJ reconheceu essa característica do CDC – que temos apontado, há anos, em outras obras. Frisou-se que "o art. 7º da Lei nº 8.078/90 fixa o chamado diálogo das fontes, segundo o qual sempre que uma lei garantir algum direito para o consumidor, ela poderá se somar ao microssistema do CDC, incorporando-se na tutela especial e tendo a mesma preferência no trato da relação de consumo" (STJ, REsp 103.7759, Rel. Min. Nancy Andrighi, 3ª T., DJ 05/03/10). Não só a figura do consumidor – como sujeito de direito por excelência dos nossos dias – foi explicitamente contemplada no Código de Processo Civil de 2015, como o CDC, como diploma normativo, foi também igualmente mencionado (previu, por exemplo, que compete à autoridade judiciária brasileira processar e julgar as ações decorrente de relações de consumo, quando o consumidor tiver domicílio e residência no Brasil e previu ainda que incumbe ao juiz, quando se deparar com diversas demandas individuais repetitivas, oficiar o Ministério Público, a Defensoria Pública e, na medida do possível, outros legitimados a que se referem os arts. 5º da Lei nº 7.347/85 e 82 da Lei nº 8.078/90 – CDC – para, se for o caso, promover a ação coletiva respectiva). Nota-se, assim, cada vez mais, um fecundo diálogo das fontes, em busca de resultados socialmente mais satisfatórios.

A complexidade das relações negociais nos dias atuais impõe que assim seja. Normas nacionais e internacionais, contratuais e legais – uma infinidade de normas infraconstitucionais – todas hão de ser harmonizadas e ponderadas no caso concreto. Sempre, porém, tendo como norte as opções valorativas básicas da Constituição da República.

Escrevendo antes do advento do Código Civil de 2002, Antônio Junqueira de Azevedo ponderou: "Na impossibilidade de encontrar, no velho Código Civil, base para o desenvolvimento teórico do que há de mais apto para transformar o sistema fechado em sistema aberto – por exemplo, a referência expressa a cláusulas gerais, como a da boa-fé, e a dos princípios jurídicos, como o de exigência de igualdade real nos negócios jurídicos –, é no Código de Defesa do Consumidor que se pode encontrar um "ersatz" do Código Civil que não veio ou, no mínimo, um ponto de apoio para alavancar a atualização, eis que tudo que ocorre num microssistema, como o do consumidor, deve repercutir, depende do esforço do 'estamento jurídico', em todo o ordenamento" ("Responsabilidade pré-contratual no Código de Defesa do Consumidor: estudo comparativo com a responsabilidade pré-contratual no Direito Comum". Cadernos da Pós-Graduação da Faculdade de Direito da UERJ - Edição Extra "Seminário Brasilcon", Ano IV, nº 5, agosto 1998, p. 38).

Em relação às fontes legislativas, não existe mais "a" fonte; existe uma multiplicidade delas, sem que nenhuma ocupe uma posição de absoluta proeminência, excludente das demais. Além disso, ficou no passado a divisão rígida e inflexível entre direito público e direito privado. As influências recíprocas são muito fortes. Tudo, sob certo aspecto, interpenetra-se.

A respeito da pluralidade das fontes normativas, diagnosticou-se: "Pluralismo de fontes legislativas que regula o fato, pluralismo de sujeitos que protege, por vezes difusos, como o grupo de consumidores ou os que se beneficiam de proteção do meio ambiente, pluralidade de agentes ativos, como os fornecedores que organizam-se em cadeia, em relações extremamente despersonalizadas. Pluralismo na filosofia aceita, onde o diálogo é que legitima o consenso, onde os valores e princípios têm sempre uma dupla função, o '*double coding*' e onde os valores são muitas vezes antinômicos". (Claudia Lima Marques, apresentação, p. 35. Ricardo Luis Lorenzetti, Fundamentos do Direito Privado. São Paulo: RT, 1998).

Fundamental, nesse contexto, dialogar com os direitos fundamentais, como *sistema de valores que unificam a ordem jurídica* (a chamada *dimensão objetiva dos direitos fundamentais*, ou *eficácia irradiante*). Sabemos que os direitos fundamentais se colocam acima do legislador, limitam e condicionam a sua atividade. A teoria do risco - fortemente temperada pelo princípio da proporcionalidade - e a solidariedade social devem iluminar os debates contemporâneos. A responsabilidade civil deve ser chamada a dialogar com os direitos fundamentais (mas não só ela).

Convém registrar que os direitos fundamentais não são enxergados, apenas, atualmente, como direitos de defesa em face do Estado, como trincheiras para exigir abstenções estatais. Já estamos bem longe desses dias, quando os direitos fundamentais eram apenas isso. Há, hoje, uma dimensão ativa, no sentido de exigir que o Estado aja, eficaz e adequadamente, para proteger direitos fundamentais de violações de terceiros. Se na função ou dimensão passiva dos direitos fundamentais, exigíamos abstenções do Estado, na função ou dimensão ativa exigimos ações dele. Isto é, na dimensão negativa, o Estado deveria respeitar os direitos fundamentais, não os violando. Atualmente, na dimensão positiva, o Estado deve mais: dever proteger os direitos fundamentais de agressões provindas de terceiros.

2.4. Irrelevância dos aspectos formais

É nítida no CDC a preocupação com a efetividade de suas normas, jogando para um segundo plano discussões puramente formais. Também aqui o CDC vai ao encontro da tendência atual de privilegiar o fundo em detrimento da forma. A propósito, Franz Wieacker assinala as três características que, a seu juízo, apontam para uma evolução no sentido de um Estado Social: a) a relativização dos direitos privados pela sua função social; b) a vinculação ético-social destes direitos; c) o recuo perante o formalismo do sistema de direito privado clássico do século dezenove (*História do Direito Privado moderno.* Trad. A. M. Botelho Hespanha. Lisboa: Calouste Gulbenkian, p. 624).

Veremos adiante a figura do fornecedor de produtos ou serviços. "Art. 3º. Fornecedor é toda pessoa física ou jurídica, pública ou privada, nacional ou estrangeira, bem como os entes despersonalizados, que desenvolvem atividade de produção, montagem, criação, construção, transformação, importação, exportação, distribuição ou comercialização de produtos ou prestação de ser viços".

Digamos, porém, desde já, ser irrelevante a denominação ou a forma jurídica adotada. Em qualquer hipótese a responsabilidade persistirá. Assim vem entendendo a jurisprudência: "A operadora de serviços de assistência à saúde que presta serviços remunerados à população tem sua atividade regida pelo Código de Defesa do Consumidor, pouco importando o nome ou a natureza jurídica que adota" (STJ, REsp. 267.530, Rel. Min. Ruy Rosado de Aguiar, 4ª T., j. 14/12/00, p. DJ 12/03/01).

Em linha semelhante de ideias decidiu-se: "O STJ pela relevância de sua missão constitucional não pode deter-se em sutilezas de ordem formal que impeçam a apreciação das grandes teses jurídicas que estão a reclamar orientação pretoriana" (STJ, REsp. 4.987, Rel. Min. Sálvio de Figueiredo Teixeira, 4ª T., j. 04/06/91, p. DJ 28/10/91). Em outra ocasião ponderou o STJ que "se deve extrair da inicial o que possa haver de maior utilidade, relevando certos deslizes formais que sejam periféricos para a compreensão da controvérsia, pois o processo judicial moderno, como já lembrava Couture, não é uma missa jurídica, de liturgia intocável" (STJ, REsp. 140.097, Rel. Min. Cesar Asfor Rocha, 4ª T., p. 11/09/00).

A jurisprudência tem se mostrado atenta aos reclamos de efetividade. Com ênfase se proclamou: "A Constituição não é ornamental, não se resume a um museu de princípios, não é meramente um ideário; reclama efetividade real de suas normas. Destarte, na aplicação das normas constitucionais, a exegese deve partir dos princípios fundamentais para os princípios setoriais. E, sob esse ângulo, merece destaque o princípio fundante da República que destina especial proteção a dignidade da pessoa humana". Desse modo, "[...] a tutela jurisdicional para ser efetiva deve dar ao lesado resultado prático equivalente ao que obteria se a prestação fosse cumprida voluntariamente" (STJ, REsp. 836.913, Rel. Min. Luiz Fux, 1ª T., j. 08/05/07, DJ 31/05/07).

É inegável que os reclamos de efetividade permeiam todo o direito atual, com nítidos reflexos no direito processual. A tendência, portanto, é fazer prevalecer os elementos funcionais sobre os estruturais, tornando pouco relevantes as discussões puramente teóricas, sem grandes consequências práticas. É o que poderíamos chamar de pragmatismo inteligente do CDC.

3. PRINCÍPIOS DO CDC

Optamos por trazer, já no início deste livro, um elenco dos princípios extraídos do CDC. Isso talvez não seja comum em livros de direito do consumidor, mas acreditamos que tal exposição facilitará a compreensão do leitor sobre a sistemática de consumo, e o habilitará, em muitos pontos, a tirar as próprias conclusões, à luz dos princípios sumariamente expostos.

Naturalmente, além dos princípios específicos, às relações de consumo também são aplicáveis os princípios de alcance mais amplo, como o princípio da razoabilidade ou da proporcionalidade, que não apresenta restrição temática.

3.1. Vulnerabilidade do consumidor

A vulnerabilidade do consumidor fundamenta o sistema de consumo. É em razão dela que foi editado o CDC, que busca fazer retornar o equilíbrio a essa relação frequentemente desigual entre consumidor e fornecedor.

É importante, desde logo, distinguir vulnerabilidade de hipossuficiência. A hipossuficiência deve ser aferida pelo juiz no caso concreto e, se existente, poderá fundamentar a inversão do ônus da prova (CDC, art. 6º, VIII). É possível, por exemplo, que em demanda relativa a cobranças indevidas realizadas por operadora de telefonia celular, o juiz determine a inversão do ônus da prova tendo em vista a hipossuficiência do cliente (não é razoável exigir do consumidor a prova de que **não fez** determinadas ligações. É razoável, por outro lado, exigir da operadora semelhante prova).

Já a presunção de vulnerabilidade do consumidor é absoluta. Todo consumidor é vulnerável, por conceito legal. A vulnerabilidade não depende da condição econômica, ou de quaisquer contextos outros. A hipossuficiência, como dissemos, deve ser aferida no caso concreto (o juiz, para deferir a inversão do ônus da prova, poderá analisar a natureza do serviço prestado, o grau de instrução do consumidor, entre outras particularidades). A hipossuficiência diz respeito, nessa perspectiva, ao direito processual, ao passo que a vulnerabilidade diz respeito ao direito material. O STJ, nesse sentido, ao verificar que determinada relação era de consumo, determinou que "seu exame seja realizado dentro do microssistema protetivo instituído pelo CDC, observando-se a vulnerabilidade material e a hipossuficiência processual do consumidor (STJ, REsp 1.293.006, Rel. Min. Massami Uyeda, 3ª T., DJ 29/06/12). O STJ reconheceu que o ponto de partida do CDC é a afirmação do princípio da vulnerabilidade do consumidor, mecanismo que visa a garantir igualdade formal-material aos sujeitos da relação jurídica de consumo (STJ, REsp 1.324.712, Rel. Min. Luis Felipe Salomão, 4ª T., DJ 13/11/2013).

Assim, nem todo consumidor é hipossuficiente, embora todos sejam vulneráveis.

São múltiplas as menções à vulnerabilidade do consumidor no CDC. A Política Nacional das Relações de Consumo está fundada, inicialmente, no "reconhecimento da vulnerabilidade do consumidor no mercado de consumo" (art. 4º, I). Esclarece a doutrina: "Dentre os princípios expressamente elencados na lei de proteção, merece destaque o da vulnerabilidade, o qual ilumina o conceito de consumidor e assim define o âmbito de aplicação das normas do Código. A ideia de vulnerabilidade é o cerne do conceito de consumidor. No entanto, como visto, a noção não está expressa no conceito legal, contido no art. 2º do CDC, deixando o legislador à obra da doutrina e da jurisprudência a sua construção" (Heloísa Carpena, "Afinal, quem é consumidor? Campo de aplicação do CDC à luz do princípio da vulnerabilidade", *RTDC*, v. 19, jul/set 2004, p. 34).

É possível, dentro do CDC, traçar diferenças dentro da própria figura do consumidor, criando assim "padrões de diferenciação" buscando proteger os realmente vulneráveis. É o que pondera Teresa Negreiros: "É certo que as desigualdades entre os contratantes tendem a assumir uma dimensão coletiva, traduzindo-se em desigualdades entre categorias econômicas. No caso do consumidor, porém, esta categoria é por demais ampla numa sociedade caracterizada, precisamente, pela onipresença do consumo. Por outras palavras, não parece constitucionalmente consistente tratar todos os consumidores de forma igual. Afinal, isto representaria, sob o pretexto de uma maior justiça, um verdadeiro retrocesso da teoria contratual, um retorno à mística das categorias abstratas e redutoras. Hoje, ao contrário, avulta a importância da criação de 'padrões de diferenciação'" (Teresa Negreiros, *Teoria do Contrato. Novos paradigmas*. Rio de Janeiro: Renovar, 2002, p. 199).

Embora a vulnerabilidade seja absoluta (todo consumidor é vulnerável, segundo presunção legal), é possível analisar a existência ou não de vulnerabilidade para fins de determinar a aplicação do CDC. Ou seja, ausente a vulnerabilidade, pode ser que estejamos diante de uma relação empresarial, e não diante de uma relação de consumo. É a análise da vulnerabilidade que permite superar – como veremos adiante – a distinção entre as teorias maximalista e minimalista, protegendo os mais fracos naquelas relações desprovidas de paridade, buscando estabelecer o equilíbrio material entre as prestações.

No Brasil, a situação de vulnerabilidade da pessoa física (consumidora) é presumida, ao passo em que a vulnerabilidade da pessoa jurídica (consumidora) deverá ser demonstrada no caso concreto. Isso não colide com a afirmação que fizemos de que todos os consumidores são vulneráveis. Se a vulnerabilidade da pessoa jurídica não for demonstrada, pode ser que estejamos diante de uma relação empresarial, e não de consumo.

Veremos, também, mais adiante – ao analisarmos o conceito de destinatário final – que é a presença da vulnerabilidade que, em certos casos, diferencia a relação de consumo da relação empresarial. Com base nesses argumentos, o STJ – no final de 2010 e na linha de vários precedentes (REsp. 1.010.834, Rel. Min. Nancy Andrighi, 3ª T, DJ 13/10/10) – reconheceu que a aquisição de máquina de bordar por pessoa física (costureira), que utiliza o bem para sobrevivência própria e da família, demonstra sua vulnerabilidade econômica. Considerou-a, portanto, consumidora, anulando a cláusula de eleição de foro que dificultava seu acesso ao Judiciário.

3.2. Transparência

O dever de agir com transparência permeia o CDC. A Política Nacional das Relações de Consumo busca, dentre outros objetivos, assegurar a transparência nestas relações (art. 4º). Conduta transparente é conduta não ardilosa, conduta que não esconde, atrás do aparente, propósitos pouco louváveis. O CDC, prestigiando a boa-fé, exige transparência dos atores do consumo, impondo às partes o dever de lealdade recíproca, a ser concretizada antes, durante e depois da relação contratual. Cabe frisar, como veremos adiante, que "as cláusulas que implicarem limitação de direito do consumidor deverão ser redigidas com destaque, permitindo sua imediata e fácil compreensão" (CDC, art. 54, § 4º).

São inúmeros os desdobramentos concretos do princípio da transparência. Apenas para exemplificar, diga-se que o titular do cartão de crédito, independentemente do recebimento das faturas mensais, pode acionar judicialmente a administradora de cartão de crédito, objetivando receber a prestação de contas dos encargos que lhe são cobrados. (STJ, REsp. 457.055, Rel. Min. Jorge Scartezzini, 4ª T., j. 14/11/06, DJ 11/12/06).

Assim, se é informado ao consumidor, no momento da contratação, que a taxa de juros seria de 2,3% ao mês, é abusiva a conduta da instituição financeira que deixa em branco, no contrato escrito, a cláusula referente aos juros remuneratórios, cobrando-a em patamar muito superior ao acordado (4,07%). As peculiaridades do caso demonstram a má-fé, o que autoriza à repetição em dobro, nos termos do art. 42, parágrafo único, do CDC (STJ, AgRg no REsp 977.341, Rel. Min. Luis Felipe Salomão, 4ª T., DJ 28/10/11).

O STJ reconheceu que "o direito à informação, abrigado expressamente pelo art. 5º, XIV, da Constituição Federal, é uma das formas de expressão concreta do Princípio da Transparência, sendo também corolário do Princípio da Boa-fé Objetiva e do Princípio da Confiança, todos abraçados pelo CDC" (STJ, REsp 586.316, Rel. Min. Herman Benjamin, 2ª T., DJ 19/03/09). Nas relações de consumo, a obrigação de exibir a documentação comum às partes decorre de imposição do CDC, não se submetendo a exigência de prévio requerimento administrativo, sob pena de desrespeito à boa-fé objetiva (STJ, AgRg no REsp 1.280.173, Rel. Min. Paulo de Tarso, 3ª T, DJ 05/10/12).

A transparência veda, entre outras condutas, que o fornecedor se valha de cláusulas dúbias ou contraditórias para excluir direitos do consumidor. As seguradoras de veículos, por exemplo, reiteradamente tentavam se eximir do pagamento das indenizações alegando que os danos pessoais, previstos nos contratos, não compreenderiam os danos morais. A jurisprudência do STJ, porém, nunca aceitou tal tese. A matéria foi sumulada: "O contrato de seguro por danos pessoais compreende os danos morais, salvo cláusula expressa de exclusão". (STJ, Súmula 402). Além do mais, não podemos esquecer que "as cláusulas contratuais serão interpretadas de maneira mais favorável ao consumidor" (CDC, art. 47).

Conforme adiante veremos, é do credor, e não do devedor, o ônus da baixa da indicação do nome do consumidor em cadastro de proteção ao crédito, em virtude do que dispõe o CDC, art. 43, § 3º (STJ, AgRg no Ag 1.373.920, Rel. Min. Luis Felipe Salomão, 4ª T., DJ 28/05/12). Aliás, o próprio CDC, art. 73, tipifica como crime a não correção imediata de informações inexatas acerca de consumidores constantes em bancos de dados. Percebemos, portanto, em vários dispositivos, que a transparência tem importância singular no sistema de consumo.

Cabe ainda mencionar que a teoria da aparência tem sido crescentemente invocada em julgados relativos às relações de consumo. Ela, entre outras funções, faz com que os deveres de boa-fé, cooperação, transparência e informação alcancem todos os fornecedores, diretos ou indiretos, principais ou auxiliares, enfim todos aqueles que, aos olhos do consumidor, participem da cadeia de fornecimento (STJ, REsp 1.077.911, Rel. Min. Nancy Andrighi, 3ª T., DJ 14/10/11). Por exemplo, na contratação do seguro, o corretor age, aos olhos do consumidor, como se fosse a própria seguradora.

Talvez seja interessante, neste tópico relativo à transparência, dizer algo a respeito do chamado *credit scoring*. Trata-se, a rigor, de um cálculo de risco de crédito usado pelas empresas. Verificam, desse modo, os fornecedores, por meio de um mecanismo de pontuação, a probabilidade de inadimplência do consumidor. As empresas não precisam do consentimento prévio do consumidor para formar esse cadastro nem para acessá-lo. Estimava-se que cerca de 100 mil ações, na justiça brasileira, discutiam esse tema. O STJ, por sua Segunda Seção, entendeu válido o sistema *score* de crédito. O consumidor poderá, no entanto, segundo o STJ, solicitar os dados que foram usados para compor o cálculo de sua pontuação. Outrossim, é ilícito, obviamente, qualquer registro de dados discriminatórios. Os princípios da transparência, em seu grau máximo, e a tutela da privacidade é que devem orientar as soluções na matéria.

No sentido que mencionamos, o STJ esclareceu que "o sistema de *credit scoring* é um método desenvolvimento para avaliação do risco de concessão de crédito, a partir de modelos estatísticos, considerando diversas variáveis, com atribuição de uma pontuação ao consumidor avaliado (nota do risco de crédito)." (STJ, REsp 1.419.697, Segunda Seção, Rel. Min. Paulo de Tarso, DJ 17/11/2014). Trata-se, segundo o STJ, de prática comercial lícita. Porém, o desrespeito aos limites legais na utilização do sistema *credit scoring*, poderá configurar ilícito civil (abuso de direito, à luz do art. 187 do Código Civil), ensejando responsabilidade objetiva e solidária. Nesse caso, responderão o fornecedor do serviço, o responsável pelo banco de dados, a fonte e o consulente (art. 16 da Lei nº 12.414/2011) pela ocorrência de danos morais nas hipóteses de utilização de informações excessivas ou sensíveis (art. 3º, § 3º, I e II, da Lei nº 12.414/2011), bem como nos casos de comprovada recusa indevida de crédito pelo uso de dados incorretos ou desatualizados (STJ, REsp 1.419.697). Em suma, o *credit scoring* é uma prática lícita, segundo o STJ. Apenas eventuais abusos podem perfazer danos indenizáveis. A questão foi, posteriormente, sumulada, nos seguintes termos: "A utilização de escore de crédito, método estatístico de avaliação de risco que não constitui banco de dados, dispensa o consentimento do consumidor, que terá o direito de solicitar esclarecimentos sobre as informações pessoais valoradas e as fontes dos dados considerados no respectivo cálculo" (STJ, Súmula 550).

3.3. Informação

A informação é fundamental no sistema de consumo. O princípio da informação biparte-se em núcleo normativo dúplice: a) direito de ser informado e b) dever de informar. Na verdade, toda norma jurídica, ao incidir, cria relação jurídica em que se um dos polos da relação tem direitos subjetivos, no outro alguém terá os correlatos deveres. Informação falha ou defeituosa gera responsabilidade. A omissão de informação pode caracterizar publicidade enganosa. É dever do fornecedor fazer chegar ao consumidor, de forma simples e acessível, as informações relevantes relativas ao produto ou serviço. Desse modo, o "Código de Defesa do Consumidor assegura, expressamente, ao consumidor o direito à informação correta, clara e precisa do preço dos produtos, inclusive para os casos de pagamento via cartão de crédito" (STJ, REsp. 81.269, Rel. Min. Castro Filho, 2ª T, 25/06/01).

Posteriormente tal orientação foi reafirmada: "Não é razoável que se exclua do conceito de 'serviço adequado' o fornecimento de informações suficientes à satisfatória compreensão dos valores cobrados na conta telefônica. Consectário lógico da consagração do direito do consumidor à informação precisa, clara e detalhada é a impossibilidade de condicioná-lo à prestação de qualquer encargo. O fornecimento da fatura há de ser, portanto, gratuito" (STJ, REsp. 684.712, Rel. Min. José Delgado, 1ª T, DJ 23/11/06).

Estabelece o CDC que o consumidor tem direito "a informação adequada e clara sobre os diferentes produtos e serviços, com especificação correta de quantidade, características, composição, qualidade e preço, bem como sobre os riscos que apresentem" (CDC, art. 6º, III). Na mesma linha, o art. 8º – cuidando dos produtos e serviços colocados no mercado de consumo – obriga "os fornecedores, em qualquer hipótese, a dar as informações necessárias e adequadas a seu respeito". Por exemplo, a discriminação, na fatura de serviços telefônicos, das ligações além da franquia, quando solicitada pelo consumidor, é atualmente obrigatória (STJ, REsp 103.62.84, Rel. Min. Teori Zavascki, 1ª T., DJ 17/04/08). Sabemos que as publicidades enganosa e abusiva são ambas vedadas pelo CDC. É enganosa a publicidade televisiva que omite o preço e a forma de pagamento do produto, condicionando a obtenção dessas informações à realização de ligação telefônica tarifada (STJ, REsp 1.428.801, Rel. Min. Humberto Martins, DJ 13/11/2015).

A jurisprudência, concretizando o espírito do CDC, tem entendido que informação defeituosa faz surgir responsabilidade do fornecedor de produtos ou serviços: "Civil. 'Seguro de assistência médico-hospitalar. Plano de assistência integral (cobertura total), assim nominado no contrato. As expressões 'assistência integral' e 'cobertura total' são expressões que têm significado unívoco na compreensão comum, e não podem ser referidas num contrato de seguro, esvaziadas do seu conteúdo próprio, sem que isso afronte o princípio da boa-fé nos negócios" (STJ, REsp. 264.562, Rel. Min. Ari Pargendler, j. 12/06/01, p. DJ 13/08/01).

A propósito, o STJ sumulou que "aplica-se o Código de Defesa do Consumidor aos contratos de plano de saúde" (STJ, Súmula 469). Porém não se aplica o CDC ao contrato de plano de saúde administrado por entidade de autogestão, por inexistência de relação de consumo (STJ, REsp 1.684.207, Rel. Min. Herman Benjamim, 2ª T, DJ 10/10/2017). O STJ ressaltou que as entidades de autogestão não buscam o lucro e constituem sistemas fechados, já que os planos que administram não estão disponíveis no mercado consumidor (STJ, AgInt no REsp 1.563.986, Rel. Min. Villas Bôas Cueva, 3ª T, DJ 06/09/2017).

As operadoras de planos de saúde têm a obrigação de informar individualmente a seus segurados o descredenciamento de médicos e hospitais. É o que entende o STJ. Do contrário, teríamos a situação – infelizmente comum – de lamentável surpresa de quem, ao buscar atendimento de urgência, é informado de que o hospital não é mais conveniado. A relatora assentou: "No que tange especificamente às operadoras de plano de saúde, o STJ já decidiu estarem elas obrigadas ao cumprimento de uma boa-fé qualificada, ou seja, uma boa-fé que pressupõe os deveres de informação" (STJ, REsp 1.144.840, Rel. Min. Nancy Andrighi, 3ª T, 2012). O STJ já consignou, por mais de uma vez, que informação adequada é aquela "completa, gratuita e útil". O CDC, ademais, art. 46, estabelece que o contrato não obriga o consumidor se ele não tiver chance de tomar prévio conhecimento de seu conteúdo.

O dever de informar será mais severamente analisado quando disser respeito a produtos cujo uso possa pôr em risco a integridade física do consumidor. Dispõe, nesse sentido, o art. 9º do CDC: "O fornecedor de produtos e serviços potencialmente nocivos ou perigosos à saúde ou segurança deverá informar, de maneira ostensiva e adequada, a respeito da sua nocividade ou periculosidade, sem prejuízo da adoção de outras medidas cabíveis em cada caso concreto". Nesse contexto, empresa que comercializa e veicula publicidade de cerveja "sem álcool", com amplo destaque, não pode, em letras minúsculas, informar que a cerveja, na verdade, tem álcool, só que em quantidade menor que 0,5% (STJ, AgRg nos EDcl no AREsp 259.903, Rel. Min. Herman Benjamin, DJ 25/09/2014). Inexiste, porém, obrigação legal de se inserir nos rótulos dos vinhos informações acerca da quantidade de sódio ou de calorias presentes no produto (STJ, 1.605.498, Rel. Min. Villas Bôas Cueva, DJ 18/10/2016).

O STJ já decidiu que informação adequada, nos termos do art. 6º, III, do CDC, é aquela que se apresenta simultaneamente completa, gratuita e útil, vedada, neste último caso, a diluição da comunicação efetivamente relevante pelo uso de informações soltas, redundantes ou destituídas de qualquer serventia para o consumidor (STJ, REsp 586.316, Rel. Min. Herman Benjamin, 2ª T., DJ 19/03/09). Se ao fornecedor fosse dado esconder a informação útil (porém potencialmente contrária aos interesses comerciais do fornecedor) no meio de uma multidão de informações inúteis, esvaziado estaria o direito subjetivo do consumidor de ser informado com clareza e exatidão.

A jurisprudência precisou alguns pontos relevantes. A obrigação de informação (CDC, art. 31) é desdobrada em quatro categorias, ligadas entre si: a) informação-conteúdo (características intrínsecas do produto e serviço), b) informação-utilização (como se usa o produto ou serviço), c) informação-preço (custo, formas e condições de pagamento), e d) informação-advertência (riscos do produto ou serviço). O STJ, nessa linha, exige uma postura positiva do fornecedor no que se refere ao dever de informação. Isso significa que o dever de informar existe mesmo que o produto possa causar malefícios ainda que apenas a uma parcela minoritária da população – como, por exemplo, no dever de informar que o produto contém glúten (STJ, REsp 586.316, Rel. Min. Herman Benjamin, 2ª T., DJ 19/03/09).

O STJ, em 2017, decidiu que o fornecedor de alimentos deve complementar a informação-conteúdo "contém glúten" com a informação-advertência de que o glúten é prejudicial à saúde dos consumidores com doença celíaca. O STJ decidiu que "para que a informação seja correta, clara e precisa, torna-se necessária, portanto, a integração jurídica entre a Lei do Glúten (lei especial) e o Código de Defesa do Consumidor (lei geral), pois, em matéria de fornecimento de alimentos e medicamentos, ainda mais a consumidores hipervulneráveis, não se pode contentar com o *standard* mínimo e sim com o *standard* mais completo possível" (STJ, EREsp 1.515.895, Rel. Min. Humberto Martins, DJ 27/09/2017). Trata-se, cremos, de exagero (cremos altamente improvável que alguém, diagnosticado com a doença celíaca, ciente do diagnóstico – que seria o único caso em que o aviso teria importância – não saiba que a ingestão de glúten é prejudicial à saúde dos portadores de doença celíaca). Deixando claro nossa opinião: acreditamos que a informação-conteúdo "contém glúten" nas embalagens dos alimentos é, sem dúvida, extremamente relevante, mas não o acréscimo imposto pelo STJ em 2017. Cremos que, em certos temas importantes, o STJ tem retrocedido na proteção aos consumidores, e em outros (como esse, em nossa opinião) excede-se, infantilizando a figura do consumidor. Por exemplo, a propósito das letras minúsculas – tantas vezes usadas em variadas formas de publicidade – o STJ, em 2017, lamentavelmente decidiu que a previsão de tamanho mínimo de fonte em contratos de adesão estabelecido no art. 54, § 3º, do CDC não é aplicável ao contexto das ofertas publicitárias (STJ, REsp 1.602.678, 3ª T, DJ 31/05/2017).

As circunstâncias definirão, à luz das particularidades do caso, se houve falha no dever de bem informar. O médico que não esclarece devidamente acerca dos riscos da cirurgia responde pelos danos daí advindos: "Responsabilidade civil. Cirurgia para redução de mamas. Paciente obesa. [...]. Examinada a prova dos autos pelo Acórdão recorrido, com a indicação de que faltou o médico com o dever de informação sobre os riscos da cirurgia, ainda mais tratando-se de paciente obesa, com sua ausência durante o pós-operatório que teve complicações, aliada à falta de prova de ter a autora exercido atividade que teria causado problema e, ainda, inexistente prova da especialização do médico para a execução do tipo de cirurgia realizada, presente está a Súmula nº 07 da Corte, não havendo as alegadas violações aos artigos 131 e 458 do Código de Processo Civil" (STJ, REsp. 332.025, Rel. Min. Carlos Alberto Menezes Direito, 3ª. T., j. 28/05/02, p. DJ 05/08/02).

De igual modo "a ausência de informação sobre a existência de tampinhas com defeito de impressão, capaz de retirar o direito ao prêmio, configura-se como publicidade enganosa por omissão regida pelo Código de Defesa do Consumidor" (STJ, REsp. 327.257, Rel. Min. Nancy Andrighi, 3ª T., j. 22/06/04, p. dj 16/11/04). Do mesmo modo, a falta de acesso à informação suficiente e adequada sobre os créditos existentes no bilhete eletrônico utilizado pelo consumidor para o transporte público, notadamente quando essa informação foi garantida pelo fornecedor em propaganda por ele veiculada, viola o disposto nos arts. 6º, III e 30 do CDC (STJ, REsp 1.099.634, Rel. Min. Nancy Andrighi, 3ª T., DJ 15/10/12). A propósito do direito à informação, o STJ decidiu que o cancelamento de voos sem razões técnicas ou de segurança claras perfaz prática abusiva. Quando tais cancelamentos ocorrerem, o consumidor deverá ser informado por escrito e de modo justificado, havendo descumprimento do dever de informação quando isso não ocorrer (STJ, REsp 1.469.087, Rel. Min. Humberto Martins, DJ 17/11/2016).

O STJ consignou ser "abusivo o reajuste de plano de saúde pelo índice que melhor atende aos interesses do fornecedor, sem que se acorde ou se dê ao consumidor qualquer informação a respeito do critério adotado" (STJ, AgRg no Ag 10.873.91, 3ª T., Rel. Min. Sidnei Benetti, DJ 05/05/09).

No caso célebre do anticoncepcional Microvlar – conhecido como o "episódio das pílulas de farinha" – cartelas de comprimido sem o princípio ativo (placebos) foram utilizadas para testar as máquinas. Acontece, porém, que tais cartelas chegaram ao mercado de consumo. Consumidoras, portanto, engravidaram, embora estivessem tomando o anticoncepcional. A jurisprudência entendeu que o produto as colocou em risco e há "responsabilidade decorrente do desrespeito ao dever de informação" (STJ, REsp 866.636, Rel. Min. Nancy Andrighi, 3ª T, DJ 06/12/07).

Vemos, dessa forma, em inúmeras situações, que a informação – se parcial ou incompleta, frustrando o serviço prometido – responsabiliza civilmente o fornecedor. Citemos um exemplo. Passageira boliviana que comprou bilhete aéreo para conhecer a França e, lá chegando, teve seu ingresso negado por não possuir visto consular. A empresa de transporte aéreo não a alertou sobre a necessidade do visto. O STJ, julgando esse caso, frisou: "Além de claras e precisas, as informações prestadas pelo fornecedor devem conter as advertências necessárias para alertar o consumidor a respeito dos riscos que, eventualmente, podem frustrar a utilização do serviço contratado" (STJ, REsp 988.595, Rel. Min. Nancy Andrighi, 3ª T, DJ 09/12/09).

A empresa aérea foi condenada a pagar vinte mil reais por compensação moral, em razão da viagem frustrada. Lembremos ainda que de acordo com o § 2º do art. 20 do CDC, consideram-se impróprios aqueles serviços que se mostram inadequados para os fins que razoavelmente deles se esperam. A verificação daquilo que o consumidor pode razoavelmente esperar está intimamente ligada ao dever de informação, cuja positivação foi explicitada no inciso III do art. 6º do CDC. Em hipótese parecida, pelo menos em parte – cuja caracterização do dano nos parece mais clara que a anteriormente descrita –, o STJ condenou agência de turismo a indenizar consumidores em razão de não ter informado sobre a necessidade de visto internacional para uma *conexão de voo*. Houve, assim, segundo o STJ, defeito do serviço – na forma do art. 14 do CDC. Os passageiros vinham dos Estados Unidos para o Brasil, porém o voo fazia conexão no Canadá. Os passageiros precisavam, assim, de visto de trânsito – que não tinham nem foram informados sobre sua necessidade pela agência de turismo, onde compraram pessoalmente as passagens, inclusive com dicas de viagem e marcação dos assentos de voo (STJ, REsp 1.562.700, Rel. Min. Paulo de Tarso, 3ª T, DJ 15/12/2016). Trata-se, de fato, de exigência especial, peculiar, que deveria ter sido previamente informada aos consumidores.

Cabe registrar, que o CDC foi alterado, na parte que dispõe sobre os direitos básicos do consumidor (CDC, art. 6º, III). A nova redação é a seguinte: "São direitos básicos do consumidor: III – a informação adequada e clara sobre os diferentes produtos e serviços, com especificação correta de quantidade, características, composição, qualidade, tributos incidentes e preço, bem como sobre os riscos que apresentem". A única alteração, a rigor, foi a inclusão da expressão "tributos incidentes".

A lei que efetuou essa modificação – Lei nº 12.741, de dezembro de 2012 – dispõe no art. 1º: "Emitidos por ocasião da venda ao consumidor de mercadorias e serviços, em todo território nacional, deverá constar, dos documentos fiscais ou equivalentes, a informação do valor aproximado correspondente à totalidade dos tributos federais, estaduais e municipais, cuja incidência influi na formação dos respectivos preços de venda". Trata-se, não há dúvida, de poderosa ferramenta prática para concretizar o princípio da informação. Sobretudo num país como o Brasil, cuja carga tributária, desproporcionalmente alta, não encontra contrapartida nos serviços públicos prestados. O descumprimento dessa lei sujeitará o infrator às sanções administrativas previstas nos arts. 56 e seguintes do CDC.

Ainda de acordo com o princípio da informação, o STJ tem entendido que as instituições financeiras devem utilizar o sistema braille na confecção dos contratos bancários de adesão e todos os demais documentos fundamentais para a relação de consumo estabelecida com o indivíduo portador de deficiência visual. Assim, "deve-se, pois, propiciar ao consumidor nessas condições, não um tratamento privilegiado, mas sim diferenciado, na medida de sua desigualdade, a propiciar-lhes igualdade material de tratamento" (STJ, REsp. 1.315.822, Rel. Min. Marco Aurélio Bellizze, 3ª T, DJ 16/04/2015). Frisou-se ainda que a obrigatoriedade de confeccionar em braille os contratos bancários de adesão e todos os demais documentos fundamentais à relação de consumo, afigura-se medida razoável, impondo à instituição financeira encargo próprio de sua atividade, adequado e proporcional à finalidade perseguida, traduzido no direito de informação do consumidor.

3.4. Segurança

Ao fornecedor cabe assegurar que os produtos ou serviços postos no mercado de consumo sejam seguros, não causem danos, de qualquer espécie, aos consumidores. O CDC tem várias normas a respeito. O art. 6º, tratando dos direitos básicos do consumidor, estabelece a "proteção da vida, saúde e segurança contra os riscos provocados por práticas no fornecimento de produtos e serviços considerados perigosos ou nocivos". O art. 8º, a seu turno, consigna: "Os produtos e serviços colocados no mercado de consumo não acarretarão riscos à saúde ou segurança dos consumidores, exceto os considerados normais e previsíveis em decorrência de sua natureza e fruição, obrigando-se os fornecedores, em qualquer hipótese, a dar as informações necessárias e adequadas a seu respeito". A Lei n. 13.486/2017 inseriu o § 2º no art. 8º do CDC, dispondo que "o fornecedor deverá higienizar os equipamentos e utensílios utilizados no fornecimento de produtos ou serviços, ou colocados à disposição do consumidor, e informar, de maneira ostensiva e adequada, quando for o caso, sobre o risco de contaminação".

Em abril de 2012, um garoto, depois de cair de bicicleta, foi levado a um hospital em Belo Horizonte. Lá, ao se preparar para uma tomografia, ao invés de receber um anestésico para tomar, foi-lhe dado, por engano, um ácido via oral. Houve queimaduras de terceiro grau, na boca, na garganta e no esôfago. Em casos assim, o hospital responde objetivamente, isto é, sem culpa (discutiremos adiante a questão da culpa). Em casos semelhantes, aliás, a culpa é tão patente que mesmo que a responsabilidade fosse subjetiva o resultado seria o mesmo.

O art. 10 prescreve que o "fornecedor não poderá colocar no mercado de consumo produto ou serviço que sabe ou deveria saber apresentar alto grau de nocividade ou periculosidade à saúde ou segurança".

Se o dano ocorrer, a responsabilidade, dele advinda, será objetiva – conforme adiante veremos –, não necessitando da prova de culpa do fornecedor. O CDC, no art. 12, § 1º, esclarece em que hipótese podemos considerar determinado produto como sendo defeituoso: "O produto é defeituoso quando não oferece a segurança que dele legitimamente se espera, levando-se em consideração as circunstâncias relevantes, entre as quais: I – sua apresentação; II – o uso e os riscos que razoavelmente dele se esperam; III – a época em que foi colocado em circulação". Também não é defeituoso o produto em virtude da colocação de outro, de melhor qualidade, no mercado. Cuidaremos do tema, com detalhes, no tópico relativo à teoria dos riscos do desenvolvimento.

É fundamental frisar que o fornecedor de produtos ou serviços que, posteriormente à sua introdução no mercado de consumo, tiver conhecimento da periculosidade que apresentam deverá comunicar o fato imediatamente às autoridades competentes e aos consumidores, mediante anúncios publicitários (CDC, art. 10, § 1º). Os anúncios publicitários em questão devem ser veiculados na imprensa, rádio e televisão, às expensas do fornecedor do produto ou serviço (CDC, art. 10, § 2º). Cabe ainda lembrar ser dever da União, dos Estados, Distrito Federal e Municípios informar aos consumidores sempre que tiverem conhecimento da periculosidade de produtos ou serviços à saúde ou segurança deles (CDC, art. 10, § 3º). Importante observar que o art. 10, § 1º, não traz hipótese de excludente de responsabilidade civil do fornecedor. Isto é, ainda que ele comunique o fato (periculosidade do produto, posteriormente à colocação no mercado) às autoridades e aos consumidores mediante anúncios publicitários, ainda assim responderá pelos danos causados pelo produto ou serviço.

Percebe-se, portanto, que o CDC (art. 10, § 1º) prevê o chamado *recall* (chamamento). Os consumidores são convocados, através de anúncios publicados na imprensa, para comparecer perante o fornecedor, evitando acidentes de consumo. Digamos, por exemplo, que determinado modelo de veículo – como efetivamente ocorreu – apresenta, em seu porta-malas, um mecanismo cujo fechamento pode decepar os dedos dos usuários. Tão logo percebido o problema, é dever do fornecedor realizar o *recall*, convocando e alertando, o mais cedo possível, os consumidores. Se, por exemplo, em acidente de carro a baixíssima velocidade a abertura do *air bag* causa graves lesões no rosto do consumidor, haverá dever de indenizar, sendo certo que o dano fugiu daquilo que seriam as expectativas normais e legítimas em relação ao uso do produto (STJ, REsp 1.656.614, Rel. Min. Nancy Andrighi, 3ª T, DJ 02/06/2017).

Lembremos – a propósito dos serviços públicos – que os "usuários têm direito ao serviço público adequado, assim entendido aquele que satisfaz as condições de regularidade, continuidade, eficiência, segurança, atualidade, generalidade, cortesia na sua prestação e modicidade das tarifas (Lei 8.987/95, arts. 6º, § 1º, e 7º, I)." (STJ, REsp. 655.130, Rel. Min. Denise Arruda, 1ª T., j. 03/05/07, DJ 28/05/07). A presença, por exemplo, de animais nas rodovias, coloca em risco a segurança dos usuários, respondendo as concessionárias pelo defeito na prestação do serviço (serviço que lhes é outorgado pelo Poder Público). (STJ, REsp 687.799, Rel. Min. Aldir Passarinho Júnior, 4ª T., DJ 30/11/09). Motorista que fica paraplégico em razão de acidente em rodovia sob o regime de pedágio, causado por falha do serviço (tronco de madeira na pista), sofre dano moral, arbitrado em trezentos mil reais (STJ, AgRg no AREsp 25.260, Rel. Min. Sidnei Beneti, 3ª T., DJ 29/06/12).

Tão forte é a orientação da responsabilidade objetiva (que adiante veremos) nas relações de consumo que o fabricante de produtos responde mesmo nas situações em que a culpa foi exclusivamente de terceiro, se esse terceiro está inserido na cadeia de fornecimento, de modo amplo. Houve caso, por exemplo, em que produto alimentício destinado para bebês foi exposto em gôndola de supermercado com prazo de validade vencido. Bebês que foram alimentados com o produto sofreram gastroenterite aguda, com sérios riscos à saúde. O responsável pela colocação do produto com prazo de validade vencida não foi, por certo, o fabricante, mas o comerciante. Ainda assim, ambos (e não só o comerciante) respondem pelos danos, ante o vício de segurança. Desse modo, "o comerciante e o fabricante estão inseridos no âmbito da cadeia de produção e distribuição, razão pela qual não podem ser tidos como terceiros estranhos à relação de consumo. A eventual configuração da culpa do comerciante que coloca à venda produto com prazo de validade vencido não tem o condão de afastar o direito do consumidor de propor ação de reparação pelos danos resultantes da ingestão da mercadoria estragada em face do fabricante" (STJ, REsp 980.860, Rel. Min. Nancy Andrighi). Decidiu-se, posteriormente, que eventual configuração da culpa do comerciante (conservação imprópria de produto, por exemplo) não afasta o direito do consumidor de propor, contra o fabricante, ação indenizatória, pelos danos que sofreu com a ingestão da mercadoria estragada (STJ, AgRg no AREsp 265.586, Rel. Min. Bôas Cueva, DJ 25/09/2014).

A propósito do tema da segurança – entendida de modo amplo –, o STJ, em 2017, decidiu que o motorista embriagado que se envolver em acidente com morte pode ser excluído da cobertura do seguro. O voto frisou que "ainda que não haja intenção de agravar o risco por parte do segurado, há prática intencional de ato que leva despercebidamente ao mesmo resultado, uma vez que a conduta torna a realização do risco previsível. Comportar-se de maneira a agravar o risco, principalmente, quando o próprio contrato dispõe que tal comportamento importa na exclusão da cobertura, é violação manifesta ao princípio da boa-fé" (STJ, REsp 1.441.620, Rel. Min. Nancy Andrighi, 3ª T, j. 01/09/2017).

Convém lembrar que os seguros de responsabilidade estipulam o dever, por parte da seguradora, de garantir o pagamento a terceiros por danos causados pelo segurado. Nesse contexto, atualmente, a ingestão de álcool, seguida da condução de veículo, gera em desfavor do segurado uma presunção de agravamento do risco que pode dar causa à exclusão de cobertura de apólice de seguro. Nesses casos, também há um deslocamento para o segurado do ônus de comprovar que eventual dano não foi causado pelo estado de embriaguez. O art. 787 do Código Civil, segundo o STJ, deve ser interpretado em conjunto com o art. 768, que dispõe que o segurado perderá o direito à cobertura se agravar intencionalmente os riscos do contrato.

Há cerca de 20 anos alertávamos que a jurisprudência anterior – que garantia ao segurado o direito à indenização devida pela seguradora mesmo se o acidente tivesse sido provado por motorista bêbado – iria mudar, mais dia, menos dia. Era apenas uma questão de tempo.

Outro aspecto importante – também relativo ao contrato de seguro, mas sob outro enfoque – é que, segundo o STJ, o segurado que, devido às ameaças de morte feitas pelo criminoso a ele e à sua família, deixou de comunicar prontamente o roubo do seu veículo à seguradora não perde o direito à indenização securitária (art. 771 do CC). (STJ, REsp 1.546.178, Rel. Min. Villas Bôa, DJ 19/09/2016). Qualquer outra interpretação a respeito do tema, obviamente, fugiria da razoabilidade.

Em relação ao dano moral – e tambem em relação à segurança na prestação de serviços (e nas expectativas que os consumidores podem ter em relação a isso) –, cabe chamar atenção para certos aspectos que frequentemente não são observados. Julgando caso de furto de veículo ocorrido durante o estacionamento em via pública (estacionamento realizado pelo manobrista da empresa), o STJ decidiu: "O empresário assume o dever de custódia e vigilância dos veículos de seus clientes. Risco da atividade" (STJ, AgRg no REsp 74.422, Rel. Min. Sidnei Beneti, 3ª T, DJ 01/02/2012). A jurisprudência do STJ tem realizado, em relação aos serviços de manobristas (*valet parking*), a seguinte diferenciação: a) em caso de furto dos veículos estacionados pelos manobristas, a empresa responde civilmente (STJ, AgRg no REsp 74.422, acima citado); b) em caso de roubo, ainda que o veículo esteja sob a responsabilidade e guarda da empresa, ela não responderá. Entende-se, nesse segundo caso, que "no serviço de manobristas de rua (*valets*), as hipóteses de roubo constituem, em princípio, fato exclusivo de terceiro, não havendo prova da concorrência do fornecedor, mediante defeito na prestação do serviço, para o evento danoso". Continua o acórdão: "Reconhecimento pelo acórdão recorrido do rompimento do nexo causal pelo roubo praticado por terceiro, excluindo a responsabilidade civil do restaurante fornecedor do serviço do manobrista (art. 14, § 3º, II, do CDC)." (STJ, REsp 1.321.739, Rel. Min. Paulo de Tarso Sanseverino, 3ª T, DJ 10/09/2013). Não cremos que a distinção entre furto e roubo – categorias conceituais próprias do direito penal – possam ter relevância tão profunda em sede de responsabilidade civil. O correto, em ambos os casos, em nossa visão, seria responsabilizar a empresa, à luz do risco da atividade. Por que os riscos da atividade, no caso dos roubos nos shoppings, correm por conta da empresa, ao passo que os riscos da atividade, no caso das empresas de manobristas, correm por conta das vítimas? Há argumentos constitucionalmente consistentes para essa diferenciação? Convém sempre lembrar que o direito de danos dos nossos dias orienta-se fortemente no sentido da proteção prioritária da vítima do dano. Esperamos que a jurisprudência evolua para – em ambas as situações, roubo ou furto do veículo do consumidor em casos de *valets* – haja a responsabilização do prestador de serviços. Trata-se de risco da atividade.

3.5. Equilíbrio nas prestações

Trata-se de vetor fundamental, cuja inobservância pode levar à anulação, seja de um negócio jurídico, seja de cláusula ou cláusulas específicas. O art. 4º, III, alude ao "equilíbrio nas relações entre consumidores e fornecedores". Mais adiante o art. 51, § 1º, III, estatui que se presume exagerada a vontade que se mostra excessivamente onerosa para o consumidor, considerando-se a natureza de contrato, o interesse das partes e outras circunstâncias peculiares ao caso.

Serão inválidas as disposições que ponham em desequilíbrio a equivalência entre as partes. Se o contrato situa o consumidor em situação inferior, com nítidas desvantagens, tal contrato poderá ter sua validade judicialmente questionada, ou, em sendo possível, ter apenas a cláusula que fere o equilíbrio afastada.

A propósito da busca do equilíbrio, afirmou, há algum tempo, o STJ: "Se a economia globalizada não mais tem fronteiras rígidas e estimula e favorece a livre concorrência, imprescindível que as leis de proteção ao consumidor ganhem maior expressão em sua exegese, na busca do equilíbrio que deve reger as relações jurídicas, dimensionando-se, inclusive, o fator risco, inerente à competitividade do comércio e dos negócios mercantis, sobretudo quando em escala internacional, em que presentes empresas poderosas, multinacionais, com filiais em vários países, sem falar nas vendas hoje efetuadas pelo processo tecnológico da informática e no forte mercado consumidor que representa o nosso país" (STJ, REsp 63.981, Rel. Min. Sálvio de Figueiredo Teixeira, 4ª T., DJ 20/11/00).

Estabelece o CDC serem nulas de pleno direito (art. 51, IV) as cláusulas que estabeleçam obrigações iníquas, abusivas, que coloquem o consumidor em desvantagem exagerada, ou sejam incompatíveis com a boa-fé ou a equidade. A jurisprudência, a propósito, decidiu: "Não pode a estipulação contratual ofender o princípio da razoabilidade, e se o faz, comete abusividade vedada pelo art. 51, IV, do Código de Defesa do Consumidor. Anote-se que a regra protetiva, expressamente, refere-se a uma desvantagem exagerada do consumidor e, ainda, a obrigações incompatíveis com a boa-fé e a equidade" (STJ, REsp. 158.728, Rel. Min. Carlos Alberto Menezes Direito, 3ª T., j. 16/03/99, p. DJ 17/05/99).

A propósito, vale frisar que a cláusula penal inserta em contratos bilaterais, onerosos e comutativos deve se voltar aos contratantes indistintamente, ainda que redigida em favor de apenas uma das partes (STJ, REsp 1.119.740, Rel. Min. Massami Uyeda, 3ª T., DJ 13/10/11). Além disso, a cláusula penal não pode ultrapassar o conteúdo econômico da obrigação principal, cabendo ao magistrado, quando ela se tornar exorbitante, adequar o *quantum debeatur*, isto é, o valor devido a título de multa contratual. Decidiu-se, em sentido semelhante, ser abusiva a cláusula que estipula penalidade exclusivamente ao consumidor, para a hipótese de mora ou descumprimento contratual, não o fazendo em relação ao fornecedor em situações análogas (STJ, REsp 955.134, Rel. Min. Luis Felipe Salomão, 4ª T., DJ 29/08/12). Decidiu-se, em outro contexto, que nos contratos de cartão de crédito é abusiva a previsão de cláusula-mandato que permita à operadora emitir título cambial contra o usuário do cartão (STJ, REsp 1.084.640, Rel. Min. Marco Muzzi, DJ 29/09/2015). Embora o STJ já tenha entendido que caracteriza prática abusiva no mercado de consumo a diferenciação do preço do produto em função do pagamento ocorrer em dinheiro, cheque ou cartão de crédito (STJ, REsp. 1.479.039, Rel. Min. Humberto Martins, DJ 16/10/2015), a questão tem hoje outra solução. A Lei n. 13.455/2017 autoriza a cobrança de preços diferentes se o pagamento é feito em dinheiro ou em cartão de crédito/débito. A referida lei dispõe que "fica autorizada a diferenciação de preços de bens e serviços oferecidos ao público em função do prazo ou do instrumento de pagamento utilizado". A lei determina, porém, que o fornecedor deve informar, em local e formato visíveis ao consumidor, eventuais descontos oferecidos em função do prazo ou do instrumento utilizado (dinheiro ou cartão, por exemplo).

O princípio do equilíbrio material entre as prestações, ou princípio da equivalência, apresenta-se como um dos princípios fundamentais do atual direito contratual. Aplicável não apenas às relações de consumo, mas as relações contratuais em geral: "Talvez uma das maiores características do contrato, na atualidade, seja o crescimento do princípio da equivalência. Esse princípio preserva a equação e o justo equilíbrio contratual, seja para manter a proporcionalidade inicial dos direitos e obrigações, seja para corrigir os desequilíbrios supervenientes, pouco importando que as mudanças de circunstâncias pudessem ser previsíveis. O que interessa não é mais a exigência cega de cumprimento do contrato, da forma como foi assinado ou celebrado, mas se sua execução não acarreta vantagem desproporcional para uma das partes e onerosidade excessiva para outra, aferíveis objetivamente, segundo as regras da experiência ordinária" (Paulo Luiz Netto Lôbo, "*Transformações gerais do contrato*", RTDC, vol. 16, out/dez 2003, p. 111).

Há, naturalmente, uma relativização do "pacta sunt servanda", do princípio da força obrigatória dos contratos, em homenagem a um real equilíbrio material entre as prestações, considerados os princípios da boa-fé objetiva e da justiça contratual. Assim, a cláusula, em contrato de seguro-saúde, que restringe o transplante de órgãos é abusiva, acarretando desvantagem exagerada ao consumidor, que celebra o pacto justamente ante a imprevisibilidade da doença que poderá acometê-lo e para se precaver dos riscos daí decorrentes (STJ, REsp 105.3810, Rel. Min. Nancy Andrighi, 3ª T., DJ 15/03/10).

Sempre que houver maltrato ao equilíbrio material entre as prestações, as cláusulas abusivas poderão ser afastadas. Diga-se, por exemplo, que a jurisprudência se pacificou no sentido de ser abusiva a cláusula contratual que determina que a devolução dos valores, em caso de desistência na compra de imóvel, só se dará após o término das obras (STJ, AgRg no REsp 1.238.099, Rel. Min. Massami Uyeda, 3ª T, DJ 11/05/11). Há enriquecimento ilícito da incorporadora quando obriga o consumidor a esperar pelo término das obras para reaver o que pagou, pois a incorporadora poderá revender imediatamente o imóvel sem assegurar, ao mesmo tempo, a fruição pelo consumidor do dinheiro ali investido (STJ, REsp 633.793, Rel. Min. Nancy Andrighi, 3ª T, DJ 27/06/05). No mesmo sentido (STJ, AgRg no REsp 863.639, Rel. Min. Luis Felipe Salomão, 4ª T, DJ 15/08/11).

Decidiu-se ser abusiva a cláusula de plano de saúde que limita despesa com internação hospitalar (STJ, REsp 735.750, Rel. Min. Raul Araújo, 4ª T., DJ 16/02/12). Não é válida, portanto, a estipulação de limite monetário para cobertura de despesas hospitalares. Anteriormente já se havia decidido ser inválida a cláusula que limita o tempo de internação hospitalar (STJ, Súmula 302). O STJ, contudo, tem admitido (em julgados de 2017) – em casos de internação psiquiátrica que dure mais de 30 dias – a validade da cláusula de coparticipação (50% do valor das despesas para o plano, 50% para o consumidor). (STJ, REsp 1.635.626, Rel. Min. Nancy Andrighi, 3ª T, DJ 16/02/2017).

Cabe lembrar, nessa mesma trilha, que o CDC – no art. 6º, V – prevê como direito básico do consumidor "a modificação das cláusulas contratuais que estabeleçam prestações desproporcionais ou sua revisão em razão de fatos supervenientes que as tornem excessivamente onerosas". Temos aí a chamada teoria do rompimento da base objetiva do negócio, cuja formulação teórica postula a possibilidade da revisão das cláusulas contratuais quando a prestação se tornar excessivamente onerosa para o consumidor. Não é preciso, para a aplicação da referida teoria, que o evento seja imprevisível.

O princípio do equilíbrio material entre as prestações guarda relação com o princípio do enriquecimento sem causa (todos os princípios aqui elencados, aliás, em alguma medida, têm relação uns com os outros). O Código Civil prevê explicitamente o enriquecimento sem causa no art. 884: "Aquele que, sem justa causa, se enriquecer à custa de outrem, será obrigado a restituir o indevidamente auferido, feita a atualização dos valores monetários". O princípio geral que veda o enriquecimento sem causa irradia-se, na ordem jurídica brasileira, para vários institutos jurídicos (*Obrigações*. Michael César Silva. Rio de Janeiro: Lumen Juris, 2013, p. 157). Não é necessário que haja ilicitude para que o enriquecimento ilícito se configure: nesse sentido, ele pode ser entendido como um instituto subsidiário, que se satisfaz apenas com a diminuição patrimonial destituída de causa ou – visto o mesmo fenômeno pelo outro lado – como a obtenção de uma vantagem sem contraprestação. Faz surgir, para o lesado, uma pretensão de restituição, relativamente ao valor que fora indevidamente subtraído do seu patrimônio. Nós poderíamos, neste livro, incluí-lo como princípio autônomo, mas isso não tem relevância. O importante é que saibamos que ele existe na ordem jurídica brasileira e pode ser invocado, seja nas relações de consumo, seja – de modo mais amplo – nas relações civis em geral.

Ainda em relação ao princípio da equivalência, talvez seja importante registrar que o STJ, por maioria, alterando posição anterior, tem atualmente aceito que o aumento da idade do segurado implica a necessidade de maior assistência médica e, por isso, pode haver reajuste da mensalidade de plano ou seguro de saúde em razão da mudança de faixa etária do segurado, na forma da Lei nº 9.656/1998. Entende-se que essa norma não confronta o art. 15, § 3º, do Estatuto do Idoso (STJ, REsp 1.381.606, Rel. para acórdão Min. Otávio de Noronha, vencida Min. Nancy Andrighi, DJ 31/10/2014). Do mesmo modo, em outro julgado, decidiu-se ser válida a cláusula de reajuste por mudança de faixa etária. Argumentou-se, na ocasião, que "nos contratos de seguro de saúde, de trato sucessivo, os valores cobrados a título de prêmio ou mensalidade guardam relação de proporcionalidade com o grau de probabilidade de ocorrência do evento risco coberto. Maior o risco, maior o valor do prêmio" (STJ, REsp 646.677, Rel. Min. Raul Araújo, DJ 18/09/2014).

Nesse sentido, posteriormente, decidiu-se – em sede de julgamento de recurso repetitivo (Tema 952) – que: "O reajuste de mensalidade de plano de saúde individual ou familiar fundado na mudança de faixa etária do beneficiário é válido desde que (a) haja previsão contratual, (b) sejam observadas as normas expedidas pelos órgãos governamentais reguladores e (c) não sejam aplicados percentuais desarrazoados ou aleatórios que, concretamente e sem base atuarial idônea, onerem excessivamente o consumidor ou discriminem o idoso" (STJ, REsp 1.568.244, Rel. Min. Ricardo Villas Bôas Cueva, Segunda Seção, DJ 19/12/2016). O tribunal ponderou ainda que esses aumentos têm fundamento no mutualismo e na solidariedade intergeracional.

Outro aspecto que deve ser mencionado, aqui, é o seguinte: o STJ, no final de 2017, analisou a questão da validade de cláusula contratual de plano de saúde que limita a cobertura de tratamento psicoterápico a 12 sessões anuais. Acabou decidindo que a quantidade de consultas psicoterápicas que ultrapassar aquelas de custeio mínimo obrigatório – fixado pela Agência Nacional de Saúde, conforme o grau de severidade do transtorno mental – deverão ser suportadas tanto pelo plano de saúde como pelo consumidor (*regime de coparticipação*) (STJ, REsp 1.679.190, Rel. Villas Bôas Cueva, 3ª T, DJ 02/10/2017). É de se indagar se a solução encontrada foi a melhor, sabendo-se que os tratamentos em questão são, em regra, de longa duração.

3.6. Reparação integral

Trata-se de um princípio relativo à reparação dos danos causados. Se o consumidor sofre um dano, a reparação que lhe é devida deve ser a mais ampla possível, abrangendo, efetivamente, todos os danos causados. Na verdade, a teoria da responsabilidade civil, em todo o mundo, vem crescentemente se valendo deste princípio, fazendo ver que a vítima do dano é que deve ser considerada em linha de princípio, à frente de quaisquer outras ordens de consideração. O CDC, entre nós, acolheu tal tendência, prestigiando-a fortemente.

Dentre os direitos básicos do consumidor, consagrados no art. 6º, VI, está: "a efetiva prevenção e reparação de danos patrimoniais e morais, individuais, coletivos e difusos". Tal disposição quer significar que os danos devem ser reparados de forma efetiva, isto é, real e integral, de forma a ressarcir ou compensar o consumidor. Todos nós sabemos que sobretudo os grandes fornecedores de produtos ou serviços – planos de saúde, operadoras de telefonia, operadoras de TV por assinatura, seguradoras – buscam, por muitos modos, frustrar o princípio da reparação integral do consumidor. Tomemos uma situação concreta. As seguradoras de veículos, por exemplo, negavam-se a pagar a indenização, ocorrido o sinistro, se o veículo tivesse sido transferido sem a sua prévia comunicação, mesmo que a transferência não tivesse, em absoluto, agravado os riscos do seguro. A jurisprudência, no entanto, não aceitou essa recusa, e se posicionou de modo contrário. O STJ, através da Súmula 465, resumiu: "Ressalvada a hipótese de efetivo agravamento do risco, a seguradora não se exime do dever de indenizar em razão da transferência do veículo sem a sua prévia comunicação". Um outro exemplo possível, ainda em relação às seguradoras. As seguradoras, nos contratos de adesão que formulavam, costumavam inserir a expressão "danos pessoais". E, ocorrido o sinistro, negavam-se a pagar indenização relativa aos danos morais, argumentando que a expressão "danos pessoais" era restrita aos danos materiais. A matéria foi parar nos tribunais, e a jurisprudência decidiu que, salvo se houver exclusão contratual explícita, a expressão "danos pessoais" *compreende* os danos morais. A matéria foi sumulada nos seguintes termos: "O contrato de seguro por danos pessoais compreende os danos morais, salvo cláusula expressa de exclusão" (STJ, Súmula 402).

Fundamental, também, no inciso citado, é a menção à prevenção, sublinhando a importância, cada dia mais viva, de privilegiar a prevenção dos danos, e não, como tradicionalmente se fez, centrar foco exclusivamente na reparação do dano (tutela repressiva clássica, e não preventiva). O STJ, em outubro de 2014, decidiu que as empresas de plano de saúde são obrigadas a custear tratamento experimental para o câncer. Em determinado caso, um paciente, portador de câncer na língua, teve recomendado – como última alternativa para salvar sua vida – um tratamento com medicamentos ainda não aprovados no Brasil. O plano de saúde recusou. O STJ, no entanto, entendeu que o plano deveria arcar com o procedimento (STJ, AREsp 520.864).

O STJ reconheceu que "são direitos básicos do consumidor a proteção contra práticas abusivas no fornecimento de serviços e a efetiva prevenção/reparação de danos patrimoniais (CDC, art. 6º, IV e VI), sendo vedado ao fornecedor condicionar o fornecimento de serviço, sem justa causa, a limites quantitativos, exigir do consumidor vantagem manifestamente excessiva, bem como elevar sem justa causa o preço de serviços (CDC, art. 39, I, V e X)" (STJ, REsp. 655.130, Rel. Min. Denise Arruda, 1ª T., j. 03/05/07, DJ 28/05/07).

Progressivamente os julgados aludem ao princípio do enriquecimento sem causa para fundamentar as decisões. O Código Civil, expressamente, art. 884, previu o princípio: "Aquele que, sem justa causa, se enriquecer à custa de outrem, será obrigado a restituir o indevidamente auferido, feita a atualização dos valores monetários". Poderíamos, aqui, ou colocar o enriquecimento sem causa como princípio autônomo, ou estudá-lo conjuntamente com o princípio da reparação integral. São dois lados da mesma realidade: se, do lado do sujeito favorecido, deve haver devolução do que se recebeu sem causa, é porque, do outro lado, há direito à reparação integral (é preciso lembrar que ver-se privado de valores que deviam integrar determinado patrimônio é uma espécie de dano). A jurisprudência, mesmo nas relações de consumo, tem procurado evitar o enriquecimento sem causa, seja do fornecedor, seja do consumidor. Decidiu-se, por exemplo, que "a inversão do ônus da prova é instrumento para a obtenção do equilíbrio processual entre as partes, não tendo por fim causar indevida vantagem, a ponto de conduzir o consumidor ao enriquecimento sem causa, vedado pelo artigo 884 do Código Civil" (STJ, REsp 1.256.703, Rel. Min. Luis Felipe Salomão, 4ª T., DJ 06/09/2011).

São muitos os reflexos jurisprudenciais do princípio. Por exemplo, mesmo que a rescisão contratual tenha ocorrido por culpa do fornecedor (construtora), é devido o pagamento dos aluguéis, pelo consumidor, em virtude da ocupação do bem (STJ, REsp 955.134, Rel. Min. Luis Felipe Salomão, 4ª T., DJ 29/08/12). O STJ diz que, do contrário, teríamos enriquecimento sem causa do consumidor. Porém, nesses casos, embora o tribunal preveja o pagamento de compensação pela moradia no imóvel, os valores pagos pelos consumidores devem ser integralmente devolvidos, com juros e correção monetária (STJ, REsp 1.082.752, Rel. Min. Aldir Passarinho Junior, 4ª T, j. 16/06/09). Também relevante sublinhar, em relação à reparação integral, que quem recebe o que não devia deve restituir, sob pena de enriquecimento indevido, pouco importando a prova do erro no pagamento (STJ, AgRg no REsp 1.270.283, Rel. Min. Nancy Andrighi, 3ª T., DJ 20/08/12).

São múltiplas as consequências hermenêuticas do princípio da reparação integral (melhor diríamos princípio da indenização integral, porque falar em reparação, de certo modo, faz pensar em voltar à situação anterior ao dano, ao *status quo ante*, o que só é possível no dano material, não no dano moral. Seja como for, há variados julgados a respeito da matéria. Cabe lembrar, por exemplo, que a jurisprudência brasileira não aceita a chamada "indenização tarifada", que são limites preestabelecidos para a indenização (seja por lei, seja por contrato). Por exemplo, no transporte aéreo, alguns tratados internacionais dos quais o Brasil é signatário previram limites financeiros para as indenizações em caso de extravio de bagagem. A jurisprudência, porém, analisando a situação, entendia que prevalecia o CDC, que *não estabelece* limite para a indenização. Assim, "é firme a jurisprudência desta Corte no sentido de que, após a edição do Código de Defesa do Consumidor, não mais prevalece a tarifação prevista na Convenção de Varsóvia" (STJ, AgRg no REsp 262.687, Rel. Min. Fernando Gonçalves, 4ª T., DJ 22/02/10). Decidiu-se que as indenizações tarifadas previstas em convenções internacionais (Varsóvia, Haia e Montreal) não se aplicam ao pedido de danos morais, prevalecendo o CDC (STJ, AgRg no AREsp 83.338, Rel. Min. Carlos Ferreira, 4ª T., DJ 04/10/12). Aliás, o STJ tem entendido que não se aplica a indenização tarifada da Convenção de Varsóvia nem mesmo quando a relação jurídica não for de consumo (STJ, REsp 1.289.629, Rel. Min. Marco Bellizze, DJ 03/11/2015). Se houve, portanto, extravio de mercadoria em transporte aéreo, a indenização deve ocorrer sempre à luz do princípio da reparação integral, pelo menos esse era o pacífico entendimento jurisprudencial até 2016.

Porém, a partir de 2017, houve mudança de entendimento a respeito da questão. O STF alterou os rumos da controvérsia (CDC x Convenção de Varsóvia/Montreal), e, por maioria, ao julgar o RE 636.331, entendeu que os conflitos que envolvem *extravios de bagagem* e *atrasos de voos* devem ser resolvidos pelas convenções internacionais sobre a matéria que o Brasil ratificou. A tese destaca que "por força do artigo 178 da Constituição Federal, as normas e tratados internacionais limitadoras da responsabilidade das transportadoras aéreas de passageiros, especialmente as Convenções de Varsóvia e Montreal, têm prevalência em relação ao Código de Defesa do Consumidor". Voltaremos ao tema adiante.

Em relação à impossibilidade da fixação prévia de tarifas de indenização, temos outro exemplo possível na Lei de Imprensa, que fixou tarifas para a indenização. A jurisprudência nacional não aceitou essa tarifação. O STJ, em abril de 2004, aprovou o verbete de Súmula 281: "A indenização por dano moral não está sujeita à tarifação prevista na Lei de Imprensa". Cabe esclarecer, a propósito, que o STF, ao julgar a ADPF 130, decidiu que a Lei de Imprensa (Lei nº 5.250/67) é incompatível com a Constituição de 1988.

Havendo dano, portanto, a indenização deverá ser integral. São inválidas, nas relações de consumo, as tarifações prévias da indenização estabelecidas por contrato, ou até mesmo por lei. A única exceção – à luz do CDC – ocorre quando o consumidor for pessoa jurídica. Nesse caso – e é o único – a indenização poderá ser validamente limitada, conforme preceitua a parte final do art. 51, I: "Nas relações de consumo entre o fornecedor e o consumidor pessoa jurídica, a indenização poderá ser limitada, em situações justificáveis". Voltaremos ao assunto ao analisarmos as cláusulas abusivas.

Convém lembrar que o princípio da reparação integral poderá ser excepcionado se o consumidor contribuir, de algum modo, para o dano. Ou mesmo se foi o consumidor que deu causa ao desfazimento do contrato, por exemplo. O STJ, na Súmula 543, prevê uma situação que exemplifica bem a situação: "Na hipótese de resolução de contrato de promessa de compra e venda de imóvel submetido ao Código de Defesa do Consumidor, deve ocorrer a imediata restituição das parcelas pagas pelo promitente comprador - integralmente, em caso de culpa exclusiva do promitente vendedor/construtor, ou parcialmente, caso tenha sido o comprador quem deu causa ao desfazimento".

Cabe chamar atenção do leitor para um ponto - que passa, frequentemente, despercebido da doutrina e até mesmo da jurisprudência. Poderíamos inserir a questão no princípio da segurança, mas podemos fazê-lo também aqui (já mencionamos, antes, que os princípios dialogam entre si, não há - nem deve haver - uma separação absoluta, matemática, entre eles).

Certas situações de desequiparação talvez não estejam sendo sequer percebidas, embora cristalizadas na prática jurisprudencial brasileira. Há, na jurisprudência brasileira, uma *compreensão restrita acerca dos riscos*, pelo menos de certos riscos (*diante de certas vítimas, de certas situações*). Por exemplo, o que o STJ tem dito, até agora - esperamos que isso mude - é que os usuários de transporte público não têm direito à segurança, mas os usuários dos shoppings (e de seus estacionamentos) têm. No primeiro caso, o assalto não gera consequência jurídica alguma (sob o ângulo da responsabilidade civil - nem das empresas de transporte, nem do Estado). Já no segundo caso, o shopping responderá pelos danos (morais, materiais e estéticos). Há, sem dúvida, um desnível de proteção, escalas diferenciadas relativamente ao que podem esperar do direito de danos os usuários de transporte público e os usuários de shopping centers (lembremos, aliás, que ambos são consumidores, à luz do Código de Defesa do Consumidor).

Convém destacar a firme posição da jurisprudência atual no sentido de repudiar que as empresas de transporte público possam responder pelos danos sofridos pelos passageiros em assaltos. Já em relação aos shoppings, o entendimento é diverso: "Na esteira do entendimento mantido por esta Corte, a responsabilidade civil do shopping center no caso de danos causados à integridade física dos consumidores ou aos seus bens não pode ser afastada sob a alegação de caso fortuito ou força maior, pois a prestação de segurança devida por este tipo de estabelecimento é inerente à atividade comercial exercida por ele" (STJ, AgRg no REsp 1.487.443, 3ª T, Rel. Min. Moura Ribeiro, DJ 31/08/2016). De modo semelhante: "Nos termos da orientação jurisprudencial do Superior Tribunal de Justiça, o roubo à mão armada ocorrido nas dependências de estacionamento mantido por estabelecimento comercial não configura caso fortuito apto a afastar o dever de indenizar" (STJ, AgRg no AREsp 840.534, Rel. Min. Raul Araújo, 4ª T, DJ 13/04/2016). Já os assaltos em ônibus, quaisquer que sejam, não geram o dever de indenizar - nem das empresas de transporte, nem do Estado, segundo nossa pacífica jurisprudência. Essa e outras matérias – aliás, todo esse capítulo – estão expostas, de modo específico, **em nosso *Manual de Direito do Consumidor à luz da jurisprudência do STJ* (Salvador: Juspodivm, 2019, 14ª edição).**

3.7. Solidariedade

Respondemos civilmente, em princípio, por nossos atos ou omissões. Não respondemos por atos e omissões de outrem. Quem causa danos culposamente (Código Civil, art. 186), ou quem mesmo sem culpa se excede no exercício do direito (Código Civil, art. 187), ou quem desempenha atividade danosa de risco (Código Civil, art. 927, parágrafo único), é civilmente responsável pelas consequências dos seus atos. Ao contrário, porém, do que ocorre no direito penal, no direito privado – particularmente no que se refere à responsabilidade civil – é possível que tenhamos o dever de indenizar danos causados por outrem. É o que se denomina responsabilidade civil por fato ou ato de outrem, ou ainda responsabilidade civil por fato de terceiro ou responsabilidade indireta (há, como consequência, solidariedade em regra nesses casos, mas a solidariedade é um instituto mais amplo, que não se esgota na responsabilidade por ato de outrem). O fundamento dessa imposição se liga à constatação de que a responsabilidade civil seria de limitada efetividade, se em certos casos a legislação não impusesse o dever de indenizar à pessoa distinta daquela que causou o dano. Trata-se de técnica antiga. Quando alguém tem de reparar um ato causado por outrem (ou o dano causado por seu animal ou por sua coisa), bem se mostra que causalidade e responsabilidade são fatos distintos (PONTES DE MIRANDA, *Tratado de Direito Privado, Tomo 54*. Rio de Janeiro: Borsoi, 1972, p. 162). Nessas hipóteses respondem pelo dano não apenas quem a ele deu causa, mas também outras pessoas, relacionadas, de algum modo, com o ofensor.

Fiquemos num único exemplo, já que a matéria foge do campo temático deste livro. Os empregadores respondem civilmente pelos atos dos seus empregados. Os danos que os empregados causem "no exercício do trabalho que lhes competir, ou em razão dele", empenham a responsabilidade do empregador (Código Civil, art. 932, III). O Código Civil, aliás, menciona "empregados, serviçais ou prepostos". Os empregadores, no século XXI, são fundamentalmente pessoas jurídicas, tendo-se invertido a relação que havia no passado, quando os empregadores eram, em regra, pessoas naturais. Seja como for, em qualquer dos casos, a norma incide igualmente. A solidariedade tem sido imposta, na responsabilidade civil, em variadas situações temáticas, e não só nas relações de consumo. A Igreja Católica, por exemplo, responde solidária e objetivamente pelos atos praticados pelos seus padres, agindo enquanto tal. Responde, portanto, civilmente, pelos danos causados por padre pedófilo. Portanto, não só o sacerdote, mas também a Igreja, solidária e objetivamente, responde, conforme decidiu o STJ (REsp 1.393.699). Os empregadores – utilizada a expressão de modo amplo, não sendo necessário que haja vínculo formal de trabalho –, desse modo, como que garantem o ressarcimento dos danos resultantes das ações dos empregados, desde que praticadas nessa condição.

Vejamos, agora, mais especificamente, como a solidariedade opera nas relações de consumo.

A solidariedade diz respeito à responsabilidade relativamente aos danos causados aos consumidores, ou, de modo mais amplo, a necessidade de responder por quaisquer vícios ou fatos relativos ao produto ou serviço. Na venda de carros novos, através de concessionárias, são solidariamente responsáveis o fabricante e o comerciante que aliena o veículo (STJ, REsp 1.155.730, Rel. Min. Sidnei Beneti, 3ª T., DJ 09/09/11). A demanda, por isso, pode ser direcionada contra qualquer dos coobrigados.

Sendo solidária a responsabilidade dos fornecedores, isso significa que havendo mais de um causador, os danos deverão ser ressarcidos por todos, solidariamente, cabendo à vítima escolher contra quem promover a ação de reparação - se contra um, mais de um, ou contra todos. A cadeia de responsabilidade se estende a todos quantos tomaram parte na atividade de colocar o produto ou serviço no mercado de consumo. No sistema do CDC fica a critério do consumidor a escolha dos fornecedores solidários que irão integrar o polo passivo da ação. Poderá exercitar sua pretensão contra todos ou apenas contra alguns desses fornecedores, conforme preferir (STJ, REsp 1.077.911, Rel. Min. Nancy Andrighi, 3ª T., DJ 14/10/11).

Estatui o CDC, no parágrafo único do art. 7º: "Tendo mais de um autor a ofensa, todos responderão solidariamente pela reparação dos danos previstos nas normas de consumo". Mais adiante, o art. 25 estabelece, em seu parágrafo 1º: "Havendo mais de um responsável pela causação do dano, todos responderão solidariamente pela reparação prevista nesta e nas seções anteriores".

Em sentido semelhante dispõe o art. 18 que os "fornecedores de produtos de consumo duráveis ou não duráveis respondem solidariamente pelos vícios de qualidade ou quantidade que os tornem impróprios ou inadequados ao consumo [...]". O mesmo artigo, um pouco depois, responsabiliza o fornecedor pelas informações publicitárias, se houver contraste entre o produto ou serviço e os anúncios a eles relativos (O art. 19 tem idêntica disposição, relativa aos vícios de quantidade: "Os fornecedores respondem solidariamente pelos vícios de quantidade do produto..."). O art. 34, por sua vez, estabelece: "O fornecedor do produto ou serviço é solidariamente responsável pelos atos de seus prepostos ou representantes autônomos".

A jurisprudência já se deparou com situação curiosa: sinistro que ocorre após a assinatura da proposta de seguro e antes da emissão da apólice (houve falha na comunicação entre o corretor e a seguradora). Há, em situações assim, solidariedade entre os envolvidos (STJ, REsp 1.077.911, Rel. Min. Nancy Andrighi, 3ª T, DJ 14/10/11). Da mesma forma, se, após realizada vistoria prévia em veículo e emitido cheque para pagamento de parcela do prêmio, ocorre o sinistro (STJ, REsp 658.938, Rel. Min. Raul Araújo, 4ª T, DJ 20/08/12). Decidiu-se que "a seguradora de seguro de responsabilidade civil, na condição de fornecedora, e a oficina credenciada respondem solidariamente perante o consumidor por perdas e danos decorrentes de defeitos na prestação de serviços" (STJ, AgRg no AREsp 345.322, Rel. Min. Bôas Cueva, DJ 25/09/2014).

É importante notar que no direito brasileiro a solidariedade, em sede de reparação de danos, é a regra. Tanto para as relações de consumo como para as relações civis, em razão do art. 942 do Código Civil. Assim, "A agência de viagens responde pelo dano pessoal que decorreu do mau serviço do hotel contratado por ela para a hospedagem durante o pacote de turismo" (STJ, Resp. 287.849, Rel. Min. Ruy Rosado de Aguiar, 4ª T, DJ 13/08/01). Posteriormente se reafirmou que a agência que comercializa pacotes de viagens responde solidariamente, nos termos do art. 14 do CDC, pelos defeitos na prestação dos serviços que integram o pacote (STJ, REsp 888.751, Rel. Min. Raul Araújo, 4ª T., DJ 27/10/11). De igual modo, a franqueadora pode ser solidariamente responsabilizada por eventuais danos causados a consumidor por franqueada (STJ, REsp 1.426.578, Rel. Min. Marco Bellizze, DJ 22/09/2015).

De igual modo, se o consumidor, por exemplo, compra carro zero quilômetro, em concessionária credenciada, a montadora responde se a concessionária deixa de entregar o veículo comprado e totalmente pago pelo consumidor (STJ, REsp 1.309.981, Rel. Min. Luis Felipe Salomão, DJ 17/12/2013). O STJ frisou que a posição a posição jurídica da fornecedora de veículos automotores para revenda – montadora concedente – enquadra-se perfeitamente no que preceitua o art. 34 do CDC, segundo o qual o "fornecedor do produto ou serviço é solidariamente responsável pelos atos de seus prepostos ou representantes autônomos", norma que consagra a responsabilidade de qualquer dos integrantes da cadeia de fornecimento pelo descumprimento dos deveres de boa-fé, transparência, informação e confiança.

É possível, portanto, ao consumidor se valer da solidariedade para, efetivamente, ser indenizado do dano sofrido. A jurisprudência tem sido firme em afirmá-la. Assim, se é a cooperativa "quem oferece o plano de assistência médica remunerado, em que estabelece e faz a cobrança de acordo com tabelas próprias, traça as condições do atendimento e de cobertura, e dá ao associado um leque determinado de profissionais cooperativados ao qual pode recorrer em caso de doença, não é possível possa eximir-se de qualquer vinculação com a qualidade do serviço, como se fosse um alienígena. É ela fornecedora dos serviços, à luz do CDC, e o causador do dano é cooperado seu" (STJ, REsp. 309.760, Rel. Min. Aldir Passarinho Júnior, j. 09/11/01). Aliás, o STJ entendeu, em 2015, que a Unimed é responsável, solidariamente, por qualquer outra Unimed no Brasil. Há, nesse sentido, solidariedade, segundo o STJ, dentre as diversas cooperativas nos Estados. Cabe registrar que, formalmente, são cooperativas distintas, mas se valem de idêntica denominação e podem fazer crer ao consumidor que há unidade no atendimento e no serviço por elas prestados.

As empresas de planos de saúde respondem pelos danos causados por médicos e hospitais credenciados, conforme tem decidido o STJ: "Civil. Responsabilidade civil. Prestação de serviços médicos. Quem se compromete a prestar assistência médica por meio de profissionais que indica, é responsável pelos serviços que estes prestam" (STJ, REsp. 138.059, Rel. Min. Ari Pargendler, 3ª T., j. 13/03/01, p. DJ 11/06/01).

Do mesmo modo: "A prestadora de serviços de plano de saúde é responsável, concorrentemente, pela qualidade do atendimento oferecido ao contratante em hospitais e por médicos por ela credenciados, aos quais aquele teve de obrigatoriamente se socorrer sob pena de não fruir da cobertura respectiva" (STJ, REsp. 164.084, Rel. Min. Aldir Passarinho Júnior, 4ª. T., j. 17/02/00, p. DJ 17/04/00). A menos que os profissionais sejam escolhidos pelo próprio paciente, sem nenhuma indicação da empresa de saúde, e esta, depois, proceda ao reembolso do paciente. Nesta hipótese, e apenas nesta, a ação apenas poderia ser proposta contra o profissional causador do dano. Posteriormente o STJ reafirmou que se o próprio consumidor, ou familiar seu, escolhe os médicos - como ocorre, em regra, nos chamados seguros-saúde - não haverá responsabilidade da seguradora pela má prestação do serviço (STJ, REsp 866.371, Rel. Min. Raul Araújo, 4ª T., DJ 20/08/12). O consumidor apenas poderá responsabilizar o médico ou o hospital, mas não a empresa de seguros-saúde.

Pondera-se, a propósito, em doutrina: "No que tange à responsabilidade civil, consolida-se o entendimento, em doutrina, no sentido de considerar responsáveis solidariamente as empresas e cooperativas de medicina de grupo, pelos erros dos médicos delas dependentes ou a elas credenciados. Tal solução não se aplica às hipóteses de seguro-saúde e planos de livre escolha do médico - quando o médico faltoso não é credenciado pela empresa de saúde, sendo selecionado diretamente pelo segurado" (Gustavo Tepedino, "*A responsabilidade médica na experiência brasileira contemporânea*". Temas de Direito Civil, t. II. Rio de Janeiro: Renovar, 2006, p. 103).

A solidariedade poderá resultar das circunstâncias em que ocorreu o dano: "Civil. Ação de indenização. Erro médico. Responsabilidade solidária do cirurgião (culpa 'in eligendo') e do anestesista reconhecida pelo acórdão recorrido. Matéria de prova. Súm. 7/STJ. I - O médico chefe é quem se presume responsável, em princípio, pelos danos ocorridos em cirurgia, pois, no comando dos trabalhos, sob suas ordens é que executam-se os atos necessários ao bom desempenho da intervenção. II - Da avaliação fática resultou comprovada a responsabilidade solidária do cirurgião (quanto ao aspecto 'in eligendo') e do anestesista pelo dano causado. Insuscetível de revisão esta matéria a teor do enunciado na Súm. 7/STJ" (STJ, REsp. 53.104, Rel. Min. Waldemar Zveiter, 3ª T, DJ 16/06/97).

Questão polêmica diz respeito a eventuais erros médicos cometidos, por exemplo, em cirurgias. Se, digamos, o anestesista comete um erro, o cirurgião chefe da equipe médica responde solidariamente pelos danos? A tendência é se responder que não, reconhecendo-se certa autonomia no trabalho do anestesista, cujas funções específicas e decisões pessoais trariam responsabilidades próprias. Nesse sentido, à luz do STJ, se o dano ao paciente advém, comprovadamente, de ato praticado pelo anestesista, no exercício do seu mister, este responde individualmente pelo evento (STJ, EREsp 605.435, Rel. Min. Raul Araújo, Segunda Seção, DJ 28/11/12).

A exploração comercial da internet configura relação de consumo. Ao ser comunicado de que determinado texto ou imagem possui conteúdo ilícito, o provedor de internet deve agir de forma enérgica, retirando o material do ar imediatamente, sob pena de responder solidariamente com o autor direto do dano, em virtude da omissão praticada (STJ, REsp 1.186.616, Rel. Min. Nancy Andrighi, 3ª T., DJ 31/08/11).

Se há falha em sistema digital de mediação de negócios - Mercado Livre, por exemplo - haverá responsabilidade objetiva do prestador do serviço (STJ, REsp 1.107.024, Rel. Min. Isabel Gallotti, j. 01/12/11). Cabe lembrar que é vedada a estipulação pelo fornecedor de cláusula que exonere ou mesmo atenue a sua responsabilidade (CDC, art. 25). Em caso de anúncio falso publicado na internet, em site de classificados, com danos à honra, respondem solidariamente todos aqueles que participam da cadeia de consumo (no caso, a empresa de televisão proprietária do site, a empresa de propaganda responsável pela contratação do anúncio, e o portal que hospeda o site de conteúdo). Todos respondem sem culpa (STJ, REsp 997.993, Rel. Min. Luis Felipe Salomão, 4ª T., DJ 06/08/12).

Porém, na linha de vários precedentes, o STJ entende que o provedor de conteúdo de internet não responde objetivamente pelo conteúdo inserido pelo usuário, por não se tratar de risco inerente à sua atividade. Está obrigado, no entanto, a retirar imediatamente o conteúdo moralmente ofensivo, sob pena de responder solidariamente com o autor do dano (STJ, AgRg no REsp 1.309.891, Rel. Min. Sidnei Beneti, 3ª T., DJ 29/06/12). Em outras palavras, os provedores de conteúdo, ao oferecer um serviço que permite que os usuários expressem livremente sua opinião, não são obrigados a filtrar os dados e imagens neles inseridos (STJ, REsp 1.192.208, Rel. Min. Nancy Andrighi, 3ª T., DJ 02/08/12). Devem, porém, como dissemos, agir de modo imediato ao recebem comunicação a respeito de conteúdo ilícito ou ofensivo. A mesma orientação vale para e-mails (STJ, REsp 1.300.161, Rel. Min. Nancy Andrighi, 3ª T., DJ 26/06/12), blogs (STJ, REsp 1.192.208, Rel. Min. Nancy Andrighi, 3ª T., DJ 02/08/12), provedores de pesquisa (STJ, REsp 1.316.921, Rel. Min. Nancy Andrighi, 3ª T., DJ 29/06/11), entre outros serviços semelhantes.

A solidariedade, enfim, pode funcionar como mecanismo que possibilita, na prática, a reparação dos danos sofridos pelo consumidor. "Se empresas nacionais se beneficiam de marcas mundialmente conhecidas, incumbe-lhes responder também pelas deficiências dos produtos que anunciam e comercializam, não sendo razoável destinar-se ao consumidor as consequências negativas dos negócios envolvendo objetos defeituosos" (STJ, REsp 63.981, Rel. Min. Sálvio de Figueiredo Teixeira, 4ª T., DJ 20/11/00). Lembremos que de acordo com o art. 942 do Código Civil, quando a ofensa tiver mais de um autor, todos respondem solidariamente pela reparação. Se, por exemplo, o consumidor for vítima de roubo em estacionamento comercial vinculado a banco, haverá solidariedade entre o banco e a administradora do estacionamento (STJ, AgRg no AREsp 195.736, Rel. Min. Massami Uyeda, 3ª T., DJ 13/11/12).

Em relevante julgado, decidiu-se que na apuração do nexo de causalidade no âmbito da responsabilidade civil solidária não se discute percentagem, nem maior ou menor participação da conduta do agente na realização do dano, pois a ser diferente perderia o instituto exatamente a sua maior utilidade prática na facilitação do acesso à Justiça para as vítimas (STJ, REsp 1.236.863, Rel. Min. Herman Benjamin, 2ª T, DJ 27/02/2012). Aliás, é solidária a responsabilidade entre aqueles que veiculam publicidade enganosa e os que dela se aproveitam na comercialização de seu produto ou serviço (STJ, REsp 1.365.609, Rel. Min. Luis Felipe Salomão, 4ª T, DJ 25/05/2017).

Convém ainda mencionar, por seus reflexos no tocante à disciplina da solidariedade, a Súmula 537 do STJ: "Em ação de reparação de danos, a seguradora denunciada, se aceitar a denunciação ou contestar o pedido do autor, pode ser condenada, direta e solidariamente junto com o segurado, ao pagamento da indenização devida à vítima, nos limites contratados na apólice" (STJ, Súmula 537).

3.8. Interpretação mais favorável ao consumidor (interpretação contra o estipulante)

Dentre as disposições fundamentais do CDC está aquela que determina a interpretação mais favorável ao consumidor. Estatui o art. 47: "As cláusulas contratuais serão interpretadas de maneira mais favorável ao consumidor". O intérprete, diante de um contrato de consumo, deverá atribuir às suas cláusulas conexões de sentido que atendam, de modo equilibrado e efetivo, aos interesses do consumidor, parte vulnerável da relação.

Desse modo, "a jurisprudência do STJ se orienta no sentido de proporcionar ao consumidor o tratamento mais moderno e adequado [...]. A interpretação das cláusulas contratuais deve favorecer a extensão dos direitos do consumidor" (STJ, REsp 110.6789, Rel. Min. Nancy Andrighi, 3ª T., DJ 18/11/09). Neste sentido, em 2015, o STJ se manifestou: "Polêmica em torno da cobertura por plano de saúde do serviço de home care para paciente portador de doença pulmonar obstrutiva crônica. O serviço de home care (tratamento domiciliar) constitui desdobramento do tratamento hospitalar contratualmente previsto que não pode ser limitado pela operadora do plano de saúde. Na dúvida, a interpretação das cláusulas dos contratos de adesão deve ser feita de forma mais favorável ao consumidor. Inteligência do enunciado normativo do art. 47 do CDC. Doutrina e jurisprudência do STJ acerca do tema" (REsp 1.378.707, Rel. Min. Paulo de Tarso Sanseverino, DJ 15/06/2015).

Trata-se do mesmo princípio, visto por outro ângulo, que proclama a interpretação contra a parte mais forte, aquela que redigiu o conteúdo do pacto contratual, como ocorre nos contratos de adesão (art. 54).

A interpretação contra o estipulante está prevista também no Código Civil, relativamente aos contratos de adesão: "Art. 423. Quando houver no contrato de adesão cláusulas ambíguas ou contraditórias, dever-se-á adotar a interpretação mais favorável ao aderente". A interpretação contra o estipulante está prevista também no Código Civil, relativamente aos contratos de adesão: "Art. 423. Quando houver no contrato de adesão cláusulas ambíguas ou contraditórias, dever-se-á adotar a interpretação mais favorável ao aderente".

Se o fornecedor se vale de cláusula dúbia e mal redigida, a solução será interpretá-la contra quem a estipulou, ou seja, favoravelmente ao consumidor. Essa tem sido a solução jurisprudencial: "Direito civil. Contrato de seguro-saúde. Transplante. Cobertura do tratamento. Cláusula dúbia e mal redigida. Interpretação favorável ao consumidor. Art. 54, § 4º, CDC [...]. Cuidando-se de interpretação de contrato de assistência médico-hospitalar, sobre a cobertura ou não de determinado tratamento [...]. Acolhida a premissa de que a cláusula excludente seria dúbia e de duvidosa clareza, sua interpretação deve favorecer o segurado, nos termos do art. 54, § 4º, do Código de Defesa do Consumidor. Com efeito, nos contratos de adesão, as cláusulas limitativas ao direito do consumidor contratantes deverão ser redigidas com clareza e destaque, para que não fujam de sua percepção leiga" (STJ, REsp. 311.509, Rel. Min. Sálvio de Figueiredo Teixeira, j. 03/05/01, p. DJ 25/06/01). Decidiu-se, de modo semelhante, que em contrato de plano de saúde é abusiva a cláusula que preveja o indeferimento de quaisquer procedimentos médico-hospitalares quando solicitados por médicos não cooperados (STJ, REsp 1.330.919, Rel. Min. Luis Felipe Salomão, 4ª T, DJ 18/08/2016).

Se o contrato de plano de saúde prevê a cobertura de determinado tratamento, não podem ser excluídos os procedimentos imprescindíveis para o seu êxito (STJ, AgRg no AREsp 35.266, Rel. Min. Sidnei Beneti, 3 T., DJ 07/11/11). Havia, no caso, cláusula – reputada abusiva – que limitava as sessões de quimioterapia. Se a patologia (câncer) está coberta pelo plano, não é dado ao plano vedar esse ou aquele tratamento cientificamente indicado para a respectiva cura. Da mesma forma, a recusa do plano de saúde em cobrir o valor de *stents* usados em angioplastia, agravando aflição psicológica, dá ensejo a compensação moral (STJ, REsp 986.947, Rel. Min. Nancy Andrighi, 3ª T, DJ 26/03/08). No mesmo sentido (STJ, AgRg no AREsp 11.571, Rel. Min. Sidnei Beneti, 3ª T, DJ 10/11/11). É abusiva a cláusula que, em contratos de planos de saúde, nega a cobertura de próteses essenciais à cirurgia, ou tratamento hospitalar decorrente da intervenção cirúrgica (STJ, AgRg no REsp 1.201.998, Rel. Min. Paulo de Tarso, 3ª T., DM 20/08/12). Pouco importa se o material é ou não importado (STJ, REsp 1.046.355, Rel. Min. Massami Uyeda, DJ 05/08/08).

Se, em seguro de veículo, as cláusulas contratuais aludem a conceitos de direito penal (como furto e roubo), há de se considerar incluída, também, a figura da extorsão. Essas distinções conceituais rígidas escapam à compreensão do segurado, tido como homem médio (STJ, REsp 1.106.827, Rel. Min. Marco Buzzi, 4ª T, DJ 23/10/12). Em sentido semelhante, decidiu-se que a cláusula contratual que remete ao furto qualificado, no Código Penal, não pode ser usada como pretexto pela seguradora para negar cobertura em hipótese de furto simples (STJ, REsp 814.060, Rel. Min. Luis Felipe Salomão, 4ª T, j. 04/06/10). Ademais, conforme vimos, as cláusulas devem ser interpretadas de modo favorável ao consumidor (CDC, art. 47). São nulas as cláusulas que atenuem a responsabilidade do fornecedor (CDC, art. 51, I) ou desvirtuem direitos fundamentais inerentes à natureza do contrato (art. 51, § 1º, II). As cláusulas limitadoras de direitos do consumidor devem redigidas com destaque, permitindo sua imediata e fácil compreensão (CDC, art. 54, § 4º). A hipossuficiência pode se caracterizar em decorrência de informações imprecisas e pouco acessíveis, cuja delimitação exata depende de informações técnicas que são controvertidas (no caso da interpretação do furto qualificado) até na doutrina e na jurisprudência.

Cabe registrar que o art. 47 do CDC traduz princípio aplicável não apenas às cláusulas contratuais, mas às leis em geral. Havendo conflito entre elas, deve-se, em princípio, dar preferência àquela que melhor tutela a parte vulnerável da relação. Trata-se de hipótese frequente, eis que, com o advento do Código Civil de 2002, não são raros os casos de diálogos entre as duas importantes leis.

Não cabe, nos limites deste trabalho, cuidar de modo específico das cláusulas abusivas (já o fizemos em outra oportunidade). Cabe, no entanto, destacar aspectos jurisprudenciais relativos ao tema. O STJ, em 2017, decidiu várias questões relativas a cláusulas abusivas – sempre, no entanto, entendendo pela validade das cláusulas, isto é, sempre afirmando que as cláusulas em análise *não eram abusivas*. Não deixe de ser um sinal preocupante (o tema guarda relação com o princípio da interpretação mais favorável ao consumidor, isto é, o princípio que proclama que os contratos

– sobretudo de adesão – devem ser interpretados, em princípio, contra quem redigiu suas cláusulas). Daremos alguns exemplos nos próximos parágrafos.

Nos contratos de promessa de compra e venda de imóvel em construção, além do período previsto para o término do empreendimento, costuma haver cláusula de prorrogação excepcional do prazo de entrega do apartamento (ou mesmo para a conclusão da obra). Essa cláusula prevê um prazo que costuma variar entre 90 e 180 dias: trata-se da chamada *cláusula de tolerância*. O STJ decidiu que não é abusiva essa cláusula de tolerância, desde que a prorrogação não ultrapasse 180 dias do prazo inicial de entrega da obra. Nesse contexto, a cláusula de tolerância que prever prazo superior a 180 dias será considerada abusiva, devendo ser responsabilizado o incorporador pelos dias excedentes (STJ, REsp 1.582.318, Rel. Min. Ricardo Villas Bôas Cueva, 3ª T, DJ 21/09/2017).

O STJ considera válida a cláusula de fidelidade em contrato de telefonia. Há, geralmente, nesses casos, tarifas inferiores ou bônus aos consumidores (como por exemplo o oferecimento de celulares). O tribunal definiu que "a cláusual de fidelização em contrato de serviços de telecomunicação (como o serviço de TV a cabo) revela-se lícita" (STJ, REsp 1.362.804, Rel. Min. Luis Felipe Salomão, 4ª T, DJ 01/08/2017). A cobrança da multa de fidelidade pela prestadora de serviço de TV a cabo deve ser proporcional ao tempo faltante para o término da relação de fidelização (STJ, REsp 1.362.084, Rel. Min. Luis Felipe Salomão, 4ª T, DJ 01/08/2017). O STJ entendeu que a cláusula contratual que impõe ao comprador a responsabilidade pela desocupação do imóvel ocupado não é abusiva. Essa modalidade de cláusula é comum em contratos de compra e venda firmados pela Caixa Econômica Federal (STJ, REsp 1.509.933, Rel. Min. Villas Bôas Cueva, 3ª T, DJ 18/10/2016).

O STJ decidiu que não há abusividade na cláusula contratual que estabeleça o repasse dos custos administrativos da instituição financeira com as ligações telefônicas dirigidas ao consumidor inadimplente (STJ, REsp 1.361.699, Rel. Min. Villas Bôas Cueva, 3ª T, DJ 21/09/2017). Não é abusiva a exigência de indicação da CID (Classificação Internacional de Doenças), como condição de deferimento, nas requisições de exames e serviços oferecidos pelas prestadoras de plano de saúde, bem como para o pagamento de honorários médicos (STJ, REsp 1.509.055, Rel. Min. Sanseverino, 3ª T, DJ 25/8/2017).

O STJ tem entendido que "não é abusiva a cláusula de coparticipação expressamente contratada e informada ao consumidor, para a hipótese de internação superior a 30 (trinta) dias decorrentes de transtornos psiquiátricos, pois destinada à manutenção do equilíbrio entre as prestações e contraprestações que envolvem a gestão dos custos dos contratos de planos de saúde" (STJ, REsp 1.635.626, Rel. Min. Nancy Andrighi, 3ª T, DJ 16/02/2017). A propósito do campo de incidência do CDC, o STJ, em julgados mais recentes, tem afirmado com ênfase algo que não costumava ser destacado antes: que as normas do CDC só se aplicam subsidiariamente aos planos de saúde (destacando, para isso, a previsão do art. 35-G da Lei n. 9.656/1998). Diz-se ainda que deve haver prevalência, em caso de incompatibilidade de normas, à luz dos critérios da especialidade e da cronologia, da lei especial nova, em detrimento do CDC (STJ, REsp 1.632.752, Rel. Min. Villas Bôas Cueva, 3ª T, DJ 29/08/2017). Decidiu-se também, conforme já alertamos, que não se aplica o CDC ao contrato de plano de saúde administrado por entidade de autogestão, por inexistência de relação de consumo (STJ, REsp 1.684.207, Rel. Min. Herman Benjamim, 2ª T, DJ 10/10/2017). Grande parte dos usuários, hoje, no Brasil, são usuários desses planos de autogestão, o que aponta para uma perspectiva preocupante.

Outro julgado do STJ, em 2017 – embora não diga respeito à cláusula abusiva, e sim às letras minúsculas tantas vezes usadas em variadas formas de publicidade – infelizmente decidiu que a previsão de tamanho mínimo de fonte em contratos de adesão estabelecido no art. 54, § 3º, do CDC não é aplicável ao contexto das ofertas publicitárias (STJ, REsp 1.602.678, 3ª T, DJ 31/05/2017). Houve, portanto, em 2017, um número considerável de decisões que reduziram o espectro de proteção dos direitos do consumidor, sob o ângulo da atividade interpretativa.

3.9. Boa-fé objetiva

A boa-fé objetiva é talvez o mais importante princípio do direito contratual contemporâneo. Surgem, a cada dia, inovadores e bem articulados estudos e monografias a propósito dela. O que vem a ser a boa-fé objetiva? É o dever, imposto a quem quer que tome parte em relação negocial, de agir com lealdade e cooperação, abstendo-se de condutas que possam esvaziar as legítimas expectativas da outra parte. Daí decorrem múltiplos deveres anexos, deveres de conduta que impõem às partes, ainda na ausência de previsão legal ou contratual, o dever de agir lealmente.

Pondera Paulo Luiz Netto Lobo: "Além dos tipos legais expressos de cláusulas abusivas, o Código de Defesa do Consumidor fixou a boa-fé como cláusula geral de abertura, que permite ao aplicador ou intérprete o teste de compatibilidade das cláusulas ou condições gerais dos contratos de consumo. No inciso IV do art. 51, contudo, a boa-fé está associada ou alternada com a equidade ('...com a boa-fé ou a equidade')." (Deveres Gerais de Conduta nas Obrigações Civis, in *Questões Controvertidas no direito das obrigações e dos contratos*. São Paulo: Método, 2005, p. 80).

A boa-fé objetiva desdobra-se em múltiplos deveres, como, por exemplo, o dever de cuidado. Respondem objetiva e solidariamente pelos danos todos aqueles que, sem o devido cuidado, publicam, como classificados na internet, anúncio falso dando o nome de alguém como prestador de serviços sexuais de caráter homossexual, inclusive com o telefone de trabalho da vítima (STJ, REsp 997.993, Rel. Min. Luis Felipe Salomão, 4ª T., DJ 06/08/12). Há, no caso, má prestação do serviço, porquanto a publicidade de anúncios semelhantes deve ser cercada de prudência e zelo.

A jurisprudência tem desenvolvido, em inúmeros casos, o conteúdo do princípio. Veja-se, como exemplo: "A empresa que explora plano de saúde e recebe contribuições de associado sem submetê-lo a exame, não pode escusar-se ao pagamento da sua contraprestação, alegando omissão nas informações do segurado" (STJ, REsp. 229.078, Rel. Min. Ruy Rosado de Aguiar, j. 09/11/99). A boa-fé permeia muitos dos princípios aqui expostos, que são, às vezes, aspectos mais peculiares da boa-fé objetiva.

Em outra oportunidade o STJ frisou que a "operadora do plano de saúde está obrigada ao cumprimento de uma boa-fé qualificada, ou seja, uma boa-fé que pressupõe os deveres de informação, cooperação e cuidado com o consumidor/segurado"

(STJ, REsp 418.572, Rel. Min. Luis Felipe Salomão, 4ª T., DJ 30/03/09). A propósito das letras minúsculas – tantas vezes usadas em variadas formas de publicidade, questão que certamente dialoga com a boa-fé objetiva – o STJ, em 2017, lamentavelmente decidiu que a previsão de tamanho mínimo de fonte em contratos de adesão estabelecido no art. 54, § 3º, do CDC não é aplicável ao contexto das ofertas publicitárias (STJ, REsp 1.602.678, 3ª T, DJ 31/05/2017).

Por exemplo, da boa-fé objetiva surge o dever de cooperação. Em que consiste? No dever, imposto ao fornecedor de serviços, de cooperar para o bom termo da relação obrigacional, evitando práticas que importem abusos ou lesões a direitos ou às legítimas expectativas do consumidor. Assim tem apontado a jurisprudência: "O simples atraso no pagamento de uma das parcelas do prêmio não se equipara ao inadimplemento total da obrigação do segurado, e, assim, não confere à seguradora o direito de descumprir sua obrigação principal, que, no seguro-saúde, é indenizar pelos gastos despendidos com tratamento de saúde" (STJ, REsp. 293.722, Rel. Min. Nancy Andrighi, 3 T., j. 26/03/01, p. DJ 28/05/01).

A jurisprudência teve oportunidade de frisar: "Os princípios da boa-fé e da confiança protegem as expectativas do consumidor a respeito do contrato de consumo" (STJ, REsp. 590.336, Rel. Min. Nancy Andrighi, 3ª T., j. 07/12/04, p. DJ 21/02/05). O acórdão em questão tem a seguinte ementa: "Direito do consumidor. Contrato de seguro de vida inserido em contrato de plano de saúde. Falecimento da segurada. Recebimento da quantia acordada. Operadora do plano de saúde. Legitimidade passiva para a causa. Princípio da boa-fé objetiva. Quebra de confiança".

A jurisprudência frisou que a "orientação desta Corte é no sentido de que a cláusula contratual que permite a emissão da nota promissória em favor do banco caracteriza-se como abusiva, porque violadora do princípio da boa-fé, consagrado no artigo 51, inciso IV, do Código de Defesa do Consumidor" (STJ, AgRg no REsp 10 2.5 7.97, 3ª T., DJ 20/06/08).

De igual modo, louvando-se na boa-fé objetiva, a jurisprudência anotou: "A comissão de concessão de crédito, cobrada pela instituição financeira para fornecer crédito ao mutuário, incide apenas uma vez, no início do contrato. Qualquer outra cobrança do referido encargo é ilícita. A cobrança mensal do referido encargo viola preceitos de boa-fé objetiva, razão pela qual não deve ser admitida" (STJ, REsp 908.835, Rel. Min. Nancy Andrighi, 3ª T., DJ 20/06/08).

É fácil perceber, diante dos exemplos citados, que os negócios jurídicos de consumo, quaisquer que sejam, só existirão com validade se banhados pela boa-fé objetiva. Ruy Rosado de Aguiar explica: "A boa-fé se constitui numa fonte autônoma de deveres, independente da vontade, e por isso a extensão e o conteúdo da relação obrigacional já não se mede somente nela (vontade), e, sim, pelas circunstâncias ou fatos referentes ao contrato, permitindo-se construir objetivamente o regramento do negócio jurídico, com a admissão de um dinamismo que escapa ao controle das partes" (Ruy Rosado de Aguiar, Revista de Direito do Consumidor 14, p. 24).

Amparada na boa-fé objetiva, a jurisprudência tem sublinhado que "a suspensão do atendimento do plano de saúde em razão do simples atraso da prestação mensal, ainda que restabelecido o pagamento, com os respectivos acréscimos, configura-se, por si só, ato abusivo. Precedentes do STJ" (STJ, REsp 285.618, Rel. Min. Luiz Felipe Salomão, 4ª T., DJ 26/02/09). Cabe frisar que a boa-fé objetiva se aplica a todos os partícipes da relação obrigacional de consumo (STJ, REsp 1.063.343, Rel. Min. Otávio de Noronha, 2ª Seção, DJ 16/11/10).

Os princípios que regem as relações de consumo dialogam entre si, estão, naturalmente, interligados. Por exemplo: a boa-fé objetiva impõe o dever de informar bem e lealmente. Sem essas informações, a própria aferição do cumprimento ou não dos padrões desejáveis fica prejudicada. A jurisprudência está atenta a esse ponto. Assim, "para além de constituir direito básico do consumidor, a correta prestação de informações revela-se, ainda, consectário da lealdade inerente à boa-fé objetiva e constitui o ponto a partir do qual é possível determinar a perfeita coincidência entre o serviço oferecido e o efetivamente prestado" (STJ, REsp 988.595, Rel. Min. Nancy Andrighi, 3ª T., DJ 09/12/09).

Em relação às demandas propostas por fumantes contra a indústria de tabaco, não se tem reconhecido a existência, nas décadas anteriores à Constituição de 1988, do dever de informação, nem mesmo a partir de um ângulo principiológico. Argumenta-se que a boa-fé e seus deveres acessórios não possuem conteúdo *per se*, mas estão vinculados, de modo contextualizado, aos fatores históricos e culturais (STJ, 1.113.804, Rel. Min. Luis Felipe Salomão, 4ª T, DJ 24/06/10).

O STJ, através de sua Segunda Seção (que uniformiza a jurisprudência em direito privado), entende que em contratos de seguro de vida, cujo vínculo vem se renovando ao longo de anos, a pretensão da seguradora de modificar abruptamente as condições do seguro, não renovando o ajuste anterior, ofende os princípios da boa-fé objetiva, da cooperação, da confiança e da lealdade que devem orientar a interpretação das relações de consumo (STJ, AgRg nos EDcl no Ag 1.140.960, Rel. Min. Nancy Andrighi, 3ª T., DJ 29/08/11). As modificações contratuais, portanto, em casos assim, devem se dar de modo suave, gradual, mediante cronograma longo, ensejando-se a ciência prévia ao segurado.

3.10. Reparação objetiva

Hoje a legislação brasileira é farta em hipóteses de responsabilidade objetiva, como ocorre, por exemplo, na legislação ambiental, no transporte de pessoas (aéreo ou terrestre), nas relações entre bancos e clientes, nas relações entre construtoras e adquirentes de unidades residenciais, nas relações entre usuários e planos de saúde, entre muitas outras situações possíveis. Não só, aliás, nos microssistemas, mas no próprio Código Civil temos várias hipóteses de responsabilidade objetiva. No Brasil, por exemplo, à luz do Código Civil, a responsabilidade pelo ato de outrem é objetiva (Código Civil, art. 932 e 933).

A objetivação da responsabilidade civil é uma tendência observável a partir sobretudo de meados do século passado, sendo possível registrar movimentações nesse sentido ainda mais recuadas no tempo. Passamos da responsabilidade subjetiva, de índole clássica, descansando na sombra da culpa, para técnicas que, aos poucos, passaram a prescindir do elemento subjetivo. Da culpa fomos para a culpa presumida em muitos casos (foi o que aconteceu, legislativa e jurisprudencialmente, no século passado, em relação às estradas de ferro). Note-se que estamos, ainda aí, na seara da responsabilidade subjetiva, porquanto a passagem da responsabilidade subjetiva para a culpa presumida só altera o ônus probatório relativo à culpa. Na responsabilidade civil clássica, subjetiva, a vítima é que deverá provar a culpa do ofensor. O ônus da prova é dela. Já na culpa presumida, o ordenamento altera o ônus probatório, cabendo ao (suposto) ofensor provar que não agiu culposamente. Nos dois casos, entretanto, como se percebe, a discussão gira em torno da culpa. Em síntese esclarecedora, Lorenzetti lembra que "a responsabilidade civil baseada na imputação culposa se assemelha a um edifício dotado de portas difíceis de serem abertas: somente quem demonstre a culpa, pode obter a reparação" (Ricardo Luis Lorenzetti. *Fundamentos de Direito Privado*. São Paulo: RT, 1998, p. 96).

É possível, em termos históricos, conectar culturalmente a teoria do risco a autores franceses - especialmente Raymond Saleilles e Louis Josserand - que, no final do século XIX, percebendo a insuficiência da culpa para fazer frente a certos danos (particularmente aqueles derivados dos acidentes de trabalho, que ficavam sem reparação diante da necessidade de comprovação de culpa), passaram a fundamentar a responsabilidade civil não na culpa, mas no risco. A partir dessa ideia - pensada, como dissemos, no final do século XIX para situações específicas - difundiu-se a noção de responsabilidade objetiva para inúmeros outros casos. A responsabilidade fundada na teoria do risco, no Brasil, é objetiva, prescindindo do elemento culpa. Em outros países, como a Itália, foi adotada, a respeito do tema, a responsabilidade por culpa presumida, a teor da qual imputa-se a culpa ao causador do dano, ficando ele livre da reparação se conseguir provar que não foi culpado. Entre nós, em nosso sistema jurídico, ainda que tal prova se faça, haverá dever de indenizar, já que na responsabilidade objetiva a prova da ausência de culpa em nada modifica a situação do causador do dano.

A responsabilidade civil por danos causados a consumidor é objetiva. Isto é, independe do elemento culpa. Basta que a vítima prove o dano sofrido e o nexo causal. Estatui, nessa linha, o art. 14 do CDC: "O fornecedor de serviços responde, independentemente da existência de culpa, pela reparação dos danos causados aos consumidores por defeitos relativos à prestação dos serviços, bem como por informações insuficientes ou inadequadas sobre sua fruição e riscos".

Desse modo, como constatado pelo STJ, "verificada falha na prestação do serviço bancário (consistente na compensação de cheque de acordo com valor errado, grafado em algarismo em vez daquele gravado por extenso), a instituição financeira responde independentemente de culpa pelos danos decorrentes, cumprindo ao consumidor provar, tão-somente, o dano e o nexo de causalidade" (STJ, REsp 107.70.77, Rel. Min. Sidnei Beneti, 3ª T., DJ 06/05/09). Não é preciso, portanto, que a vítima prove a culpa do fornecedor para ser indenizada. Da mesma forma, as instituições bancárias respondem objetivamente pelos danos causados por fraudes ou delitos praticados por terceiros - como, por exemplo, abertura de conta-corrente ou recebimento de empréstimos mediante fraude ou utilização de documentos falsos (STJ, REsp 1.197.929, Rel. Min. Luis Felipe Salomão, Segunda Seção, DJ 12/09/11). Um outro exemplo possível nos é dado pela Súmula 479 do STJ: "As instituições financeiras respondem objetivamente pelos danos gerados por fortuito interno relativo a fraudes e delitos praticados por terceiros no âmbito de operações bancárias". Havendo, digamos, clonagem de cartão de crédito do consumidor, as instituições financeiras respondem civil e objetivamente pelos danos. De modo semelhante, o STJ entende que a fornecedora de cartão de crédito responde pelas compras realizadas com cartão furtado, ainda nos casos de comunicação tardia, o que não elide o dever de segurança a cargo do fornecedor em relação ao serviço prestado (STJ, EDcl no REsp 1.316.348, Rel. Min. Paulo de Tarso, DJ 26/09/2014). Responderá também, da mesma forma, a instituição financeira, se, por exemplo, um talonário de cheques é extraviado – com danos ao consumidor, como por exemplo ter seu nome incluído no cadastro de inadimplentes –, serviço este realizado por uma empresa terceirizada, contratada pelo banco.

A Súmula 479 do STJ, cremos, não vale apenas para as instituições financeiras (consideradas em sentido estrito). Vale para outras atividades, regidas por princípios e condutas semelhantes, como por exemplo os programas de milhagem das companhias aéreas. Digamos, por exemplo, que eu tenho 150 mil pontos no *Tudo Azul*, ou no *Smiles*, ou em qualquer outro. Digamos que esses pontos foram conseguidos (arduamente) com a transferência de pontos das compras feitas em cartões de crédito (embora a origem dos pontos seja irrelevante para o exemplo).

Consulto meu saldo hoje e, como ponderei, tenho 150 mil pontos. Na semana seguinte, ao realizar nova consulta, o saldo está zerado, sem que nada tenha sido usado por mim. Em situações assim, a responsabilidade da empresa responsável pelo programa de milhagem é evidente, mais do que óbvia, e elas responderão pelo risco do negócio, ainda que os danos provenham de terceiros, como hackers. Aplica-se, no caso, o mesmo raciocínio da Súmula 479 do STJ. Caberá ao consumidor apenas à alegação, verossímil e contextualizada, do que aconteceu, com a prova dos pontos que tinha. À empresa é que terá que provar que os consumidores os utilizou, caso essa prova não seja produzida, o risco pelo desaparecimento dos pontos de milhagem é do fornecedor de serviços. Trata-se apenas de um exemplo. Outros semelhantes podem ser pensados, e todos eles traduzirão a responsabilidade objetiva do século XXI (convém lembrar que a responsabilidade objetiva dos nossos dias não é apenas objetiva: é objetiva e proporcional. É fortemente influenciada pelos princípios da proporcionalidade e da solidariedade social. A solidariedade social, aliás, autoriza novas leituras do nexo causal, como temos estudado em outras obras).

O princípio da reparação objetiva, porém, não é absoluto. O art. 14, § 4º, positiva uma exceção: "A responsabilidade pessoal dos profissionais liberais será apurada mediante a verificação de culpa". Em relação às pessoas jurídicas, o CDC frisa que as sociedades coligadas só responderão com culpa (CDC, art. 28, § 4º). Voltaremos ao ponto no capítulo relativo à desconsideração da personalidade jurídica.

Verifica-se, nos julgados, firme aceitação desta linha de tendência: "Conforme jurisprudência desta Terceira Turma, as concessionárias de serviços rodoviários, nas suas relações com os usuários, estão subordinadas à legislação consumerista. Portanto, respondem, objetivamente, por qualquer defeito na prestação do serviço, pela manutenção da rodovia em todos os aspectos, respondendo, inclusive, pelos acidentes provocados pela presença de animais na pista" (STJ, REsp. 647.710, Rel. Min. Castro Filho, 3ª T, DJ 30/06/06).

O STF já teve oportunidade de reconhecer que a concessionária de serviço público é objetivamente responsável pelos seus atos (STF, AI 383.872, Rel. Min. Carlos Velloso, DJ 08/11/02). O mesmo STF, posteriormente, em criticável decisão, assentou: "A responsabilidade civil das pessoas jurídicas de direito privado prestadoras de serviço público é objetiva relativamente aos usuários do serviço, não se estendendo a pessoas outras que não ostentem a condição de usuário. Exegese do art. 37, § 6º, da C.F" (STF, RE 262.651, Rel. Min. Carlos Velloso, 2ª T., j. 16/11/04, p. DJ 06/05/05). Posteriormente, tal orientação, que sempre criticamos, foi revista pela Suprema Corte.

A culpa do fornecedor é, portanto, irrelevante. Já aludimos anteriormente ao célebre caso envolvendo o anticoncepcional Microvlar – conhecido como o "episódio das pílulas de farinha". Cartelas de comprimido sem o princípio ativo (placebos) foram utilizadas para testar as máquinas que embalavam os medicamentos. Acontece, porém, que tais cartelas chegaram ao mercado de consumo. Consumidoras, portanto, engravidaram, embora estivessem tomando o anticoncepcional.

Mesmo que não se saiba, até hoje, como as falsas pílulas chegaram ao mercado de consumo (supõe-se que houve furto por parte de funcionários da empresa), ainda assim o fornecedor não se exime de indenizar os consumidores. Consigna o STJ: "A responsabilidade da fornecedora não está condicionada à introdução consciente e voluntária do produto lesivo no mercado consumidor. Tal ideia fomentaria uma terrível discrepância entre o nível dos riscos assumidos pela empresa em sua atividade comercial e o padrão de cuidados que a fornecedora deve ser obrigada a manter". Enfatiza o tribunal: "Na hipótese, o objeto da lide é delimitar a responsabilidade da empresa quanto à falta de cuidados eficazes para garantir que, uma vez tendo produzido manufatura perigosa, tal produto fosse afastado das consumidoras" (STJ, REsp 866.636, Rel. Min. Nancy Andrighi, 3ª T., DJ 06/12/07).

Proclamou-se, de modo acertado, que "a responsabilidade do hospital é objetiva quanto à atividade de seu profissional plantonista (CDC, art. 14), de modo que dispensada demonstração da culpa do hospital relativamente a atos lesivos decorrentes de culpa do médico integrante de seu corpo clínico no atendimento" (STJ, REsp 696.284, Rel. Min. Sidnei Beneti, 3ª T, DJ 18/12/09).

Em caso tristemente célebre, ocorrido no circo Vostok, em Recife, uma criança de seis anos foi morta em decorrência do ataque de leão. O circo foi montado no estacionamento de um shopping. O shopping negou sua responsabilidade pelo dano. A jurisprudência, porém, corretamente, entendeu que o circo foi apenas mais um serviço que o condomínio do shopping colocou à disposição dos clientes, com o único objetivo de atrair potenciais consumidores e elevar os lucros (STJ, REsp 1.100.571, Rel. Min. Luis Felipe Salomão, 4ª T., DJ 18/08/11). Houve, portanto, acidente de consumo (CDC, art. 17), vício de qualidade na prestação do serviço (adiante estudado). É interessante anotar que, ainda que não se aplicasse o CDC ao caso, a solução seria a mesma, pois a situação atrai a responsabilidade objetiva prevista no Código Civil, relativa à teoria do risco (CC, art. 927, parágrafo único).

Houve dano resultante do exercício de atividade que, por sua natureza, representa risco para outrem. Responde-se, portanto, de qualquer modo, sem culpa pelo dano.

Convém mencionar que os Correios – a ECT – são responsáveis pelos danos sofridos por consumidor que foi assaltado no interior de agência dos Correios na qual é fornecido o serviço de banco postal (STJ, REsp 1.183.121, Rel. Min. Luis Felipe Salomão, DJ 07/04/2015).

3.11. Adimplemento substancial

Embora não explicitamente previsto no CDC, podemos inferir tal princípio da estrutura normativa do Código. De que se trata? Da teoria do adimplemento substancial *(substantial perfomance)*, cuja formulação repele a resolução do negócio se o adimplemento foi realizado de modo substancial, ou seja, se a parte inadimplida é mínima em relação ao todo. Se, digamos, o consumidor pagou dezenove – de um total de vinte prestações –, não seria razoável que a contraparte pretendesse extinguir o negócio em razão do inadimplemento da última. Mais conforme a boa-fé objetiva é cobrar, pelas vias ordinárias, a parcela inadimplida, ao invés de pretender ter de volta o bem alienado, ou se recusar a prestar o serviço contratado.

A jurisprudência tem aceito a referida teoria: "Seguro. Inadimplemento da segurada. Falta de pagamento da última prestação. Adimplemento substancial. Resolução. A companhia seguradora não pode dar por extinto o seguro, por falta de pagamento da última prestação do prêmio, por três razões: a) sempre recebeu as prestações em atraso, o que estava, aliás, previsto no contrato, sendo inadmissível que apenas rejeite a prestação quando ocorra o sinistro; b) a segurada cumpriu substancialmente com a sua obrigação, não sendo a sua falta suficiente para extinguir o contrato; c) a resolução do contrato deve ser requerida em juízo, quando será possível avaliar a importância do inadimplemento, suficiente para a extinção do negócio" (STJ, REsp. 76.362, Rel. Min. Ruy Rosado de Aguiar, j. 11/12/95).

Posteriormente, em outras ocasiões, a jurisprudência teve oportunidade de reafirmar a consagração da teoria. Em caso de contrato de arrendamento mercantil (*leasing*) para aquisição de veículo, tendo sido pagas quase todas as parcelas devidas, julgou-se – com base na teoria do adimplemento substancial, permeada pela boa-fé objetiva e pela função social do contrato – que não cabia, no caso, ação de reintegração de posse, o que se mostraria desproporcional diante do débito remanescente. O STJ frisou, nessa linha, que "a teoria do substancial adimplemento visa a impedir o uso desequilibrado do direito de resolução por parte do credor, preterindo desfazimentos desnecessários em prol da preservação da avença, com vistas à realização dos princípios da boa-fé e da função social do contrato" (STJ, REsp 1.051.270, Rel. Min. Luis Felipe Salomão 4ª T., DJ 05/09/11).

Observe-se que a dívida não paga permanece podendo ser cobrada – teríamos, do contrário, amplo campo para fraudes. Apenas se diz que o caminho cômodo usado pelas instituições financeiras, de tomar o bem de volta compulsoriamente, não se mostra adequado diante do montante que foi pago da dívida. Melhor é que o credor cobre, com meios menos gravosos e mais proporcionais. O STJ, posteriormente, reafirmou a adoção da teoria do adimplemento substancial, em ação que buscava a reintegração de posse de 135 carretas, objeto de contrato de *leasing*, após o pagamento de 30 das 36 parcelas ajustadas (STJ, REsp 1.200.105, Rel. Min. Paulo de Tarso Sanseverino, 3ª T., DJ 27/06/12).

Tem sido igualmente afirmado, nas vias jurisprudenciais, que é possível ao devedor discutir a ilegalidade das cláusulas contratuais na própria ação de busca e apreensão em que a financeira pretende retomar o bem adquirido. É o entendimento do STJ, por sua Segunda Seção (STJ, REsp. 267.758, j. 04/05/05). A Ministra Nancy Andrighi, em voto-vista, ponderou que seria pouco razoável reconhecer determinada nulidade num contrato garantido por alienação fiduciária e não declará-la apenas por considerar a busca e apreensão uma ação de natureza sumária.

Porém, posteriormente, em 2017, o STJ passou a entender – em posição que acreditamos equivocada – que a teoria do adimplemento substancial não se aplica aos contratos de alienação fiduciária (em clara modificação do entendimento anterior, que assim aceitava). Os argumentos para justificar a mudança de entendimento foram pouco consistentes, em nossa opinião. Traduzem interpretação de espantoso literalismo. São eles: a) o Decreto-Lei n. 911/1969 não traz qualquer restrição à busca e apreensão do bem (nem seria de se esperar que o fizesse, dizemos nós); b) seria incongruente inviabilizar a busca e apreensão do bem, "quando a lei especial de regência expressamente condiciona a possibilidade de o bem ficar com o devedor fiduciário ao pagamento da integralidade da dívida pendente" (STJ, REsp 1.622.555, Rel. p/ acórdão Marco Bellizze, Segunda Seção, DJ 16/03/2017). No mesmo julgado o STJ destacou que "a propriedade fiduciária, concebida pelo legislador justamente para conferir segurança jurídica às concessões de crédito, essencial ao desenvolvimento da economia nacional, resta comprometida pela aplicação deturpada da teoria do adimplemento substancial".

O julgado frisou ainda que "a aplicação da teoria do adimplemento substancial, para obstar a utilização da ação de busca e apreensão, nesse contexto, é um incentivo ao inadimplemento das últimas parcelas contratuais". Convém lembrar que na realidade brasileira – em que o desemprego atinge mais de 13 milhões de pessoas, em números de 2017 – a imensa maioria dos cidadãos não deixa de pagar certas parcelas das dívidas por dolo, mas, ao contrário, por absoluta falta capacidade financeira para fazê-lo.

3.12. "Venire contra factum proprium"

Também aqui não temos disposição explícita no CDC, embora não seja difícil entender acolhida tal teoria à luz dos princípios que orientam as relações de consumo.

Trata-se da proibição do comportamento abrupto, que viola a boa-fé objetiva, causando espanto e surpresa na outra parte. Embora seja mais frequente por parte do fornecedor, é possível, em tese, que o consumidor pratique a conduta desleal em questão, com o quê o princípio poderia ser invocado também pelo fornecedor. Cuida-se, em síntese, do dever de não agir em contradição com os próprios atos. A aplicação da teoria pode ocorrer em situações negociais variadas. Por exemplo, quando uma parte, intencionalmente ou não, faz crer à outra que determinada formalidade não é necessária, incorrendo em contradição com seus próprios atos quando, mais tarde, pretende amparar-se nesse defeito formal para não cumprir sua obrigação; quando, apesar da nulidade, uma parte considera válido o ato, dele se beneficiando, invocando a nulidade posteriormente por deixar de interessá-la" (Paulo Lôbo, *Obrigações*. São Paulo: Saraiva, 2011, p. 84/85).

Vejamos a hipótese mais frequente. Não pode o fornecedor, modificando as expectativas legitimamente estabelecidas, alterar padrão de comportamento de modo abrupto, causando surpresa e perplexidade. Trata-se de velho conhecido do direito civil, o instituto do "venire contra factum proprium nulli conceditur". A jurisprudência não tem tolerado práticas semelhantes à narrada: "Seguro-saúde. Cobertura. Cirrose provocada por vírus 'C'. Exclusão. Precedentes. Adquirida a doença muito tempo após a assinatura do contrato, desconhecida do autor, que, em outras oportunidades, obteve tratamento com reembolso, diante de situação semelhante, não há fundamento para a recusa da cobertura, ainda mais sendo de possível contaminação em decorrência de tratamento hospitalar, ocorrendo a internação diante de manifestação aguda, inesperada" (STJ, REsp. 255.065, Rel. Min. Carlos Alberto Menezes Direito, j. 05/04/01, p. DJ 04/06/01).

Em outro caso a violação de uma conduta reiterada anterior é ainda mais clara: "Acidente de trabalho. Seguro de vida em grupo. Tenossinovite. Doença preexistente. A seguradora que aceita o contrato e recebe durante anos as contribuições da beneficiária do seguro em grupo não pode recusar o pagamento da indenização, quando comprovada a invalidez, sob a alegação de que a tenossinovite já se manifestara anteriormente" (STJ, REsp. 258.805, Rel. Min. Ruy Rosado de Aguiar, 4ª. T., j. 21/09/00, p. DJ 18/08/01). É odiosa, e viola a boa-fé objetiva, a conduta de quem usufrui de certa irregularidade enquanto é por ela beneficiado, alegando-a, porém, quando ela deixa de fazê-lo.

Convém destacar que o STJ alterou sua jurisprudência que não permitia às empresas de seguro de saúde rescindir ou mesmo reajustar a mensalidade dos planos de saúde à luz da idade dos segurados (STJ, REsp 1.106.557, Rel. Min. Nancy Andrighi, 3ª T., DJ 21/10/10). Atualmente o STJ tem aceito que pode haver reajuste da mensalidade de plano ou seguro de saúde em razão da mudança de faixa etária do segurado, na forma da Lei nº 9.656/1998. Entende-se que essa norma não confronta o art. 15, § 3º, do Estatuto do Idoso (STJ, REsp 1.381.606, Rel. para acórdão Min. Otávio de Noronha, vencida Min. Nancy Andrighi, DJ 31/10/2014). Do mesmo modo, em outro julgado, decidiu-se ser válida a cláusula de reajuste por mudança de faixa etária. Argumentou-se, na ocasião, que "nos contratos de seguro de saúde, de trato sucessivo, os valores cobrados a título de prêmio ou mensalidade guardam relação de proporcionalidade com o grau de probabilidade de ocorrência do evento risco coberto. Maior o risco, maior o valor do prêmio" (STJ, REsp 646.677, Rel. Min. Raul Araújo, DJ 18/09/2014).

Acerca do *venire contra factum proprium*, a doutrina tem se dedicado ao tema. Anderson Schreiber tem por pressupostos do instituto versado: a) um "factum proprium", ou seja, uma conduta inicial; b) a legítima confiança de outrem na conservação do sentido objetivo desta conduta; c) um comportamento contraditório com este sentido objetivo; d) um dano, ou pelo menos um potencial dano a partir da contradição. *(A proibição de comportamento contraditório: a tutela da confiança e 'venire contra factum proprium'.* Rio de Janeiro: Renovar, 2005, p. 271).

3.13. Conservação do contrato

Esse princípio diz respeito à continuidade de um contrato em cujas cláusulas se verificam certas invalidades. O contrato continua válido? Ou a invalidade de uma cláusula contamina o conjunto?

O CDC estabelece que a nulidade de uma cláusula não contamina o contrato, desde que possível a integração e não decorra ônus excessivo para qualquer das partes. É o art. 51, § 2º: "A nulidade de uma cláusula contratual abusiva não invalida o contrato, exceto quando de sua ausência, apesar dos esforços de integração, decorrer ônus excessivo a qualquer das partes". De modo semelhante o Código Civil, art. 184, resolve a questão: "Respeitada a intenção das partes, a invalidade parcial de um negócio jurídico não o prejudicará na parte válida, se esta for separável; a invalidade da obrigação principal implica a das obrigações acessórias, mas a destas não induz a da obrigação principal".

Importante registrar que o pagamento com base em cláusula contratual posteriormente tida como nula não gera direito à devolução em dobro (STJ, 1.480.819, Rel. Min. Luis Felipe Salomão, 4ª T, DJ 26/08/2015). A ressalva é importante porque - conforme adiante estudaremos - o CDC, art. 42, parágrafo único, dispõe: "O consumidor cobrado em quantia indevida tem direito à repetição do indébito, por valor igual ao dobro do que pagou em excesso, acrescido de correção monetária e juros legais, salvo hipótese de engano justificável".

3.14. Modificação das prestações desproporcionais

Em rigor, trata-se de subprincípio do princípio da equivalência das prestações. Se as prestações devem ser materialmente equivalentes, daí decorre o direito subjetivo à modificação das prestações desproporcionais. Optamos por tratá-lo em um tópico à parte para facilitar sua assimilação pelo leitor.

O CDC, a propósito, tem regra específica sobre a matéria. Dentre os direitos básicos do consumidor está a "modificação das cláusulas contratuais que estabeleçam prestações desproporcionais ou sua revisão em razão de fatos supervenientes que as tornem excessivamente onerosas" (art. 6º, V). Pouco importa que a mudança das circunstâncias tenha sido ou não previsível. Assim, "aplicam-se às instituições financeiras as disposições do Código de Defesa do Consumidor, no que pertine à possibilidade de revisão dos contratos, conforme cada situação específica" (STJ, AgRg no REsp 921.669, Rel. Min. Aldir Passarinho Júnior, 4ª T, j. 03/05/07, DJ 04/06/07). Lembremos que para que haja revisão contratual com base no dispositivo normativo citado é necessário, conceitualmente, que estejamos diante de um contrato de execução continuada ou diferida. São, portanto, relações jurídicas que se prolongam no tempo.

Cabe esclarecer que para a aplicação do art. 6, V, do CDC ("a modificação das cláusulas contratuais que estabeleçam prestações desproporcionais ou sua revisão em razão de fatos supervenientes que as tornem excessivamente onerosas"), não é necessário o chamado dolo de aproveitamento. Isto é, ainda que o fornecedor não tenha agido de má-fé, a revisão do contrato é direito do consumidor, e como tal se põe. Outro ponto importante é o seguinte: o art. 6º, V, do CDC, disciplina, não uma obrigação, mas um direito do consumidor à modificação de cláusulas consideradas excessivamente onerosas ou desproporcionais. Assim, referida norma não pode ser invocada pela administradora de consórcios para justificar a imposição de modificação no contrato que gere maiores prejuízos ao consumidor (STJ, REsp 1.185.109, Rel. p/ acórdão Min. Nancy Andrighi, 3ª T., DJ 15/10/12).

O CDC, portanto, prevê, como direito do consumidor, a "modificação das cláusulas contratuais que estabeleçam prestações desproporcionais ou sua revisão em razão de fatos supervenientes que as tornem excessivamente onerosas" (CDC, art. 6º, V). Estaria prevista, aí, a bicentenária teoria da imprevisão, de origem francesa? A melhor interpretação da norma, em nosso juízo, tende a responder que não. A teoria da imprevisão – prevista, isto sim, no art. 478 do Código Civil – pressupõe, para que possa ser aplicada, que haja, no caso concreto, a imprevisibilidade e o caráter extraordinário do evento.

Tais requisitos, contudo, não são exigidos pelo CDC, nem pela teoria por ele adotada para tais casos, que vem a ser a teoria da base objetiva do negócio – divulgada, entre outros, pelo alemão Karl Larenz. A teoria da base objetiva do negócio, consagrada pelo CDC, exige apenas, como suporte para a revisão do contrato, que exista, efetivamente, um severo desequilíbrio entre as prestações no caso concreto. A teoria adotada pelo CDC, portanto, no art. 6º, VI, foi a teoria da base objetiva do negócio, que dispensa a prova da imprevisibilidade do evento para que haja a revisão das prestações desproporcionais.

No sentido (que sempre defendemos neste livro), o STJ, em 2015, decidiu: "A teoria da base objetiva ou da base do negócio jurídico tem sua aplicação restrita às relações jurídicas de consumo, não sendo aplicável às relações contratuais puramente civis" (STJ, REsp. 1.321.614, Rel. Min. Bôas Cueva, 3ª T, DJ 03/03/2015). A diferença fundamental entre as teorias está no fato de que a teoria da base objetiva não exige a imprevisibilidade do fato que determine a onerosidade excessiva para um dos contratantes (já a teoria da imprevisão, aplicável ao Código Civil, exige essa imprevisibilidade). O STJ, nesse contexto, esclareceu: "O requisito do fato não ser previsível nem extraordinário não é exigido para a teoria da base objetiva, mas tão somente a modificação nas circunstâncias indispensáveis que existiam no momento da celebração do negócio, ensejando onerosidade ou desproporção para uma das partes".

A jurisprudência nacional já teve oportunidade de analisar concretamente a questão: "Consoante o art. 6º, V, do Código de Defesa do Consumidor, sobrevindo, na execução do contrato, onerosidade excessiva para uma das partes, é possível a revisão da cláusula que gera o desajuste, a fim de recompor o equilíbrio da equação contratual".

Continuou: "No caso dos contratos de leasing atrelados à variação cambial, os arrendatários, pela própria conveniência e a despeito do risco inerente, escolheram a forma contratual que no momento da realização do negócio lhes garantia prestações mais baixas, posto que o custo financeiro dos empréstimos em dólar era bem menor do que os custos em reais. A súbita alteração na política cambial, condensada na maxidesvalorização do real, ocorrida em janeiro de 1999, entretanto, criou a circunstância da onerosidade excessiva, a justificar a revisão judicial da cláusula que a instituiu".

Finaliza-se argumentando: "Contendo o contrato opção entre outro indexador e a variação cambial e tendo sido consignado que os recursos a serem utilizados tinham sido captados no exterior, gerando para a arrendante a obrigação de pagamento em dólar, enseja-se a revisão da cláusula de variação cambial com base no art. 6º, V, do Código de Defesa do Consumidor, para permitir a distribuição, entre arrendantes e arrendatários, dos ônus da modificação súbita da política cambial com a significativa valorização do dólar americano" (STJ, REsp. 437.660, Rel. Min. Sálvio de Figueiredo Teixeira, 4ª T, DJ 05/05/03).

As cláusulas do contrato de consumo, nesse contexto, podem ser revistas em razão de fatos supervenientes que as tornem excessivamente desvantajosas para o consumidor. Exemplo eloquente foi analisado pela jurisprudência: "A perda de aparelho celular (vinculado a contrato de prestação de serviço de telefonia móvel pessoal com prazo mínimo de vigência), decorrente de caso fortuito ou força maior, ocasiona onerosidade excessiva para o consumidor, que, além de arcar com a perda do aparelho, pagará por um serviço que não poderá usufruir. Por outro lado, não há como negar que o prazo de carência fixado no contrato de prestação de serviços tem origem no fato de que a aquisição do aparelho é subsidiada pela operadora, de modo que a fidelização do cliente visa a garantir um mínimo de retorno do investimento feito".

Buscando minimizar as perdas de ambas as partes, decidiu-se: "Tal circunstância exige a compatibilização dos direitos, obrigações e interesses das partes contratantes à nova realidade surgida após a ocorrência de evento inesperado e imprevisível, para o qual nenhuma delas contribuiu, dando ensejo à revisão do contrato, abrindo-se duas alternativas, a critério da operadora: (i) dar em comodato um aparelho ao cliente, durante o restante do período de carência, a fim de possibilitar a continuidade na prestação do serviço e, por conseguinte, a manutenção do contrato; ou (ii) aceitar a resolução do contrato, mediante redução, pela metade, do valor da multa devida, naquele momento, pela rescisão" (STJ, REsp 108.7783, Rel. Min. Nancy Andrighi, 3ª T., DJ 10/12/09). Lembremos apenas, conforme já sublinhamos antes, que a teoria adotada pelo CDC – teoria da base objetiva do negócio – dispensa a prova da imprevisibilidade do evento para que haja a revisão das prestações desproporcionais.

3.15. Equidade

Naturalmente a equidade não é princípio exclusivo do sistema de consumo. Assume, no entanto, aqui, cores fortes. A necessidade do equilíbrio material entre as prestações, aliada à ampla utilização de cláusulas abertas e conceitos jurídicos indeterminados, faz com que a equidade seja particularmente valorizada no sistema de proteção ao consumidor.

Paulo Lobo, a propósito, argumenta: "O juízo de equidade conduz o juiz às proximidades do legislador, porém limitado à decidibilidade do conflito determinado, na busca do equilíbrio dos poderes privados. Apesar de trabalhar com critérios objetivos, com "standards" valorativos, a equidade é entendida no referido sentido aristotélico de justiça do caso concreto. O juiz deve partir de critérios definidos referenciáveis em abstrato, socialmente típicos, conformando-os à situação concreta, mas não os podendo substituir por juízos subjetivos de valor". (Deveres Gerais de Conduta nas Obrigações Civis, in Questões Controvertidas no direito das obrigações e dos contratos. São Paulo: Método, 2005, p. 87).

No capítulo relativo às cláusulas abusivas, o art. 51 estatui: "São nulas de pleno direito, entre outras, as cláusulas contratuais relativas ao fornecimento de produtos e serviços que: IV – estabeleçam obrigações consideradas iníquas, abusivas, que coloquem o consumidor em desvantagem exagerada, ou sejam incompatíveis com a boa-fé ou a equidade".

Basta, portanto, contrariar a equidade, para que determinada cláusula contratual seja considerada nula. Enormes, nessa trilha, são os poderes atribuídos ao intérprete, concretizando, na riqueza dos casos concretos, os valores do sistema. O STJ reconheceu a "imposição de um novo paradigma de boa-fé objetiva, equidade contratual e proibição da vantagem excessiva nos contratos de consumo (art. 51, IV)" (STJ, REsp. 437.607, Rel. Min. Hélio Quaglia Barbosa, 4ª T, DJ 04/06/07).

O art. 51, em seu § 1º, determina que se presume exagerada, entre outros casos, a vontade que: "I – ofende os princípios fundamentais do sistema jurídico a que pertence; II – restringe direitos ou obrigações fundamentais inerentes à natureza do contrato, de tal modo a ameaçar seu objeto ou equilíbrio contratual". Antes do § 1º, o art. 51 elenca, em rol exemplificativo, algumas situações que configuram cláusulas abusivas, como determinar a utilização compulsória de arbitragem; autorizar o fornecedor a cancelar unilateralmente o contrato, sem que igual direito seja conferido ao consumidor, entre outras situações. Vale lembrar que são nulas de pleno direito as cláusulas contratuais que infrinjam ou possibilitem a violação de normas ambientais (CDC, art. 51, XIV).

A jurisprudência, atenta ao espírito da lei, estabeleceu: "São nulas as cláusulas contratuais que impõem ao consumidor a responsabilidade absoluta por compras realizadas com cartão de crédito furtado até o momento (data e hora) da comunicação do furto. Tais avenças de adesão colocam o consumidor em desvantagem exagerada e militam contra a boa-fé e a equidade, pois as administradoras e os vendedores têm o dever de apurar a regularidade no uso dos cartões" (STJ, REsp. 348.343, Rel. Min. Humberto Gomes de Barros, 3ª T., p. 26/06/06).

Muito próxima à equidade está a razoabilidade. Se determinada cláusula contratual agride a razoabilidade, tal fundamento tem sido, à luz da jurisprudência, bastante para afastá-la, conforme se percebe do seguinte extrato: "O consumidor não é senhor do prazo de sua recuperação, que, como é curial, depende de muitos fatores, que nem mesmo os médicos são capazes de controlar. Se a enfermidade está coberta pelo seguro, não é possível, sob pena de grave abuso, impor ao segurado que se retire da unidade de tratamento intensivo, com risco severo de morte, porque está fora do limite temporal estabelecido em uma determinada cláusula. Não pode a estipulação contratual ofender o princípio da razoabilidade e se o faz, comete abusividade vedada pelo art. 51, IV, do Código de Defesa do Consumidor. Anote-se que a regra protetiva, expressamente, refere-se a uma desvantagem exagerada do consumidor e, ainda, a obrigações incompatíveis com a boa-fé e a equidade" (STJ, REsp. 158.728, Rel. Min. Carlos Alberto Menezes Direito, 3ª T., j. 16/03/99, p. DJ. 17/05/99). Posteriormente, tal entendimento foi sumulado: "É abusiva a cláusula contratual de plano de saúde que limita no tempo a internação hospitalar do segurado" (Súmula nº 302). O CPC/2015 – tal qual o anterior – estatui: "O juiz não se exime de decidir sob a alegação de lacuna ou obscuridade do ordenamento jurídico. Parágrafo único. O juiz só decidirá por equidade nos casos previstos em lei". Embora persista essa restrição normativa, parece certo que a equidade insinua-se, como técnica de decisão de conflitos específicos, como uma tendência contemporânea. Não, porém, de modo isolado, mas sempre com fundamentação normativa em princípios e regras.

O STJ entendeu que a cláusula contratual que impõe ao comprador a responsabilidade pela desocupação do imóvel ocupado não é abusiva. Essa modalidade de cláusula é comum em contratos de compra e venda firmados pela Caixa Econômica Federal. O Ministério Público Federal (MPF) entendeu que a cláusula seria abusiva e excessivamente onerosa (e, assim, através dela, o consumidor poderia estar sujeito a arcar com despesas como condomínio, água, luz, IPTU e outros ainda antes de assumir a posse do imóvel). O STJ, porém, enxergou de forma diversa, argumentando que a oferta desses imóveis se dá por preço consideravelmente inferior ao valor real, em razão da situação peculiar em que se encontram, seja em razão do estado do bem, seja porque estão ocupados. Ponderou o tribunal: "Não havendo omissão sobre o fato de o bem estar ocupado por terceiro, a cláusula não se afigura iníqua ou abusiva, não acarreta exagerada desvantagem para o adquirente nem cria situação de incompatibilidade com os postulados da boa-fé e da equidade a cláusula contratual que impõe ao adquirente o ônus pela desocupação do imóvel" (STJ, REsp 1.509.933, Rel. Min. Villas Bôas Cueva, 3ª T, DJ 18/10/2016).

3.16. Harmonia nas relações de consumo

O CDC deseja a harmonia nas relações de consumo. O reconhecimento da vulnerabilidade do consumidor, e sua consequente proteção, não pode, naturalmente, implicar em tratamento hostil ao fornecedor. O essencial é o correto equilíbrio da balança. Mesmo porque sem empresários eficientes, dotados de espírito de iniciativa, nenhum país progride. Seria leitura distorcida da Constituição supor que a livre iniciativa é um valor antinômico à Constituição. Ela é importantíssima e merece resguardo, devendo, contudo, agregar função social. Bem por isso, o CDC, ao estabelecer a Política Nacional das Relações de Consumo, diz que tal política terá por objetivo – dentre outros – assegurar a harmonia das relações de consumo.

Segundo o art. 4º do CDC, tal Política busca assegurar o atendimento das necessidades dos consumidores, o respeito à sua dignidade, saúde e segurança, a proteção de seus interesses econômicos, a melhoria da sua qualidade de vida, bem como a transparência e harmonia das relações de consumo. Cabe mencionar brevemente, neste contexto, as funções desempenhadas pelas agências reguladoras (telecomunicações, energia, transportes, aviação civil, petróleo, recursos hídricos etc.). As agências reguladoras são caracterizadas – melhor diríamos: *deveriam* ser caracterizadas – pela autonomia decisória e pelo apurado rigor técnico. Deveriam, enfim, estar alheias às conveniências e as indicações políticas. Para o que nos interessa neste livro, cabe dizer que as agências reguladoras têm competência legal para atuar na defesa e proteção dos consumidores (veja-se, por exemplo, em relação à Agência Nacional de Energia Elétrica, a Lei nº 9.427/1996, art. 3º, V). Já era assim em sua origem anglo-saxã. Regular tecnicamente a prestação dos serviços públicos compreende, também, portanto, proteger o consumidor.

A Política Nacional das Relações de Consumo está fundada em vários princípios, referidos em incisos e alíneas do art. 4º, todos reconhecendo a vulnerabilidade do consumidor, e tentando harmonizar os interesses dos participantes das relações de consumo e a compatibilização da proteção do consumidor com a necessidade de desenvolvimento econômico e tecnológico, de modo a viabilizar os princípios nos quais se funda a ordem econômica (CF, art. 170), sempre com base na boa-fé e equilíbrio nas relações entre consumidores e fornecedores (art. 4º, III).

A respeito deste equilíbrio que deve prevalecer, entendeu-se: "Constitui disposição leonina a cláusula de contrato de adesão que dispõe sobre a restituição, sem correção monetária, do valor financiado para a construção de rede de eletrificação rural. Ademais, a correção monetária não é um plus, mas mero fator de atualização do valor da moeda" (STJ, AgRg no Ag. 548.036, Rel. Min. Barros Monteiro, 4ª T., p. 27/03/06).

O STJ sublinhou que o CDC contempla a reciprocidade, a equidade e a moderação, devendo sempre ser buscada a harmonização dos interesses em conflito, mantendo-se a higidez das relações de consumo (STJ, REsp 1.256.703, Rel. Min. Luis Felipe Salomão, 4ª T, DJ 27/09/11). Reconheceu-se, no caso, a possibilidade de o hospital particular cobrar, posteriormente, dos pais, por atendimento de emergência realizado em paciente menor de idade que é levada às suas dependências pela Polícia Militar, em companhia do pai.

Os princípios da função social do contrato, boa-fé objetiva, equivalência material impõem que seja reconhecido o direito à retribuição pecuniária pelos serviços prestados (STJ, REsp 1.256.703, Rel. Min. Luis Felipe Salomão, 4ª T, DJ 27/09/11). Não cabe alegar que não houve orçamento prévio (CDC, art. 40, adiante estudado), pela própria especificidade do caso concreto. Haveria, assim, enriquecimento indevido (CC, art. 884) do consumidor, o que deixaria o hospital em situação de indevida desvantagem, porquanto, mercê da situação de emergência da paciente, a empresa particular e seus funcionários estariam sujeitos à responsabilização civil e criminal, caso se recusassem a prestar o imediato socorro médico. A repressão ao abuso do poder econômico deve sempre ocorrer, porém a moderação é postura que se espera do intérprete. Em outra ocasião o STJ frisou que a proteção da boa-fé nas relações de consumo não equivale a favorecer indiscriminadamente o consumidor, em detrimento de direitos igualmente outorgados ao fornecedor (STJ, REsp 1.120.113, Rel. Min. Nancy Andrighi, 3ª T., DJ 10/10/11).

A respeito da harmonia nas relações de consumo vale introduzir aqui uma polêmica que há algum tempo vem permeando a jurisprudência. Diz respeito à possibilidade de as empresas fornecedoras de energia elétrica interromperem o serviço, ante o inadimplemento do consumidor.

O art. 22 estabelece: "Os órgãos públicos, por si ou suas empresas, concessionárias, permissionárias ou sob qualquer outra forma de empreendimento, são obrigados a fornecer serviços adequados, eficientes, seguros e, quanto aos essenciais, contínuos". Poderia a empresa, diante do dever de continuidade dos serviços públicos, proceder ao corte, máxime se comprovado ser o consumidor pessoa humilde, sem condições para arcar com os custos da energia?

Os julgados, com boas razões, tendiam a negar a possibilidade do corte:

"Não resulta em se reconhecer como legítimo o ato administrativo praticado pela empresa concessionária fornecedora de energia e consistente na interrupção de seus serviços, em face de ausência de pagamento de fatura vencida. A energia é, na atualidade, um bem essencial à população, constituindo-se serviço público indispensável, subordinado ao princípio da continuidade de sua prestação, pelo que se torna impossível a sua interrupção".

Continua o relator: "O art. 22 do Código de Proteção e Defesa do Consumidor assevera que 'os órgãos públicos, por si ou suas empresas, concessionárias, permissionárias ou sob qualquer outra forma de empreendimento, são obrigados a fornecer serviços adequados, eficientes, seguros e, quanto aos essenciais, contínuos'. O seu parágrafo único expõe que, 'nos casos de descumprimento, total ou parcial, das obrigações referidas neste artigo, serão as pessoas jurídicas compelidas a cumpri-las e a reparar os danos causados na forma prevista neste código'. Já o art. 42 do mesmo diploma legal não permite, na cobrança de débitos, que o devedor seja exposto ao ridículo, nem que seja submetido a qualquer tipo de constrangimento ou ameaça. Tais dispositivos aplicam-se às empresas concessionárias de serviço público".

Segue argumentando: "Não há de se prestigiar atuação da Justiça privada no Brasil, especialmente quando exercida por credor econômica e financeiramente mais forte, em largas proporções, do que o devedor. Afrontaria, se fosse admitido, os princípios constitucionais da inocência presumida e da ampla defesa. O direito de o cidadão se utilizar dos serviços públicos essenciais para a sua vida em sociedade deve ser interpretado com vistas a beneficiar a quem deles se utiliza. Caracterização do *periculum in mora* e do *fumus boni iuri* para sustentar deferimento de liminar a fim de impedir suspensão de fornecimento de energia elétrica. Esse o entendimento deste Relator"

Tal entendimento, todavia, foi superado, e hoje prevalece a tese contrária. O próprio relator do julgado acima transcrito assim conclui seu voto:

"No entanto, embora tenha o posicionamento acima assinalado, rendo-me, ressalvando meu ponto de vista, à posição assumida pela ampla maioria da 1ª Seção deste Sodalício, pelo seu caráter uniformizador no trato das questões jurídicas no país, que vem decidindo que 'é lícito à concessionária interromper o fornecimento de energia elétrica, se, após aviso prévio, o consumidor de energia elétrica permanecer inadimplente no pagamento da respectiva conta (L. 8.987/95, Art. 6º, § 3º, II)".

Finaliza o relator: "Com a ressalva de meu ponto de vista, homenageio, em nome da segurança jurídica, o novo posicionamento do STJ" (STJ, REsp. 841.786, Rel. Min. José Delgado, 1ª T., p. 17/08/06).

Portanto, depois de muita oscilação, a jurisprudência do STJ se firmou no sentido da possibilidade, aceitando que a empresa, após avisar ao consumidor, realize o corte, face ao inadimplemento. Eis os julgados recentes:

"O artigo 22 da Lei 8.078/90 (Código de Defesa do Consumidor), dispõe que 'os órgãos públicos, por si ou suas empresas, concessionárias, permissionárias ou sob qualquer outra forma de empreendimento, são obrigados a fornecer serviços adequados, eficientes, seguros e, quanto aos essenciais, contínuos'. O princípio da continuidade do serviço público assegurado pelo art. 22 do Código de Defesa do Consumidor deve ser temperado ante a exegese do art. 6º, § 3º, II, da Lei nº 8.987/95, que prevê a possibilidade de interrupção do fornecimento de energia elétrica quando, após aviso, permanecer inadimplente o usuário, considerado o interesse da coletividade. Precedentes" (STJ, AgRg no Ag 768.854, Rel. Min. Castro Meira, 2ª T., p. 12/09/06).

"1. A Lei 8.987/95, que dispõe sobre regime de concessão e permissão da prestação de serviços públicos previsto no art. 175 da Constituição Federal, prevê, nos incisos I e II do § 3º do art. 6º, duas hipóteses em que é legítima sua interrupção, em situação de emergências ou após prévio aviso: a) por razões de ordem técnica ou de segurança das instalações; b) por inadimplemento do usuário, considerando o interesse da coletividade. 2. Tem-se, assim, que a continuidade do serviço público, assegurada pelo art. 22 do CDC, não constitui princípio absoluto, mas garantia limitada pelas disposições da Lei 8.987/95, que, em nome justamente da preservação da continuidade e da qualidade da prestação dos serviços ao conjunto dos usuários, permite, em hipóteses entre as quais o inadimplemento, a suspensão no seu fornecimento" (STJ, REsp. 657.770, Rel. Min. Teori Albino Zavascki, 1ª T., p. 17/08/06).

Os tribunais, pois, se colocaram no sentido de ser lícito à concessionária interromper o fornecimento de energia elétrica se, após prévio aviso, o consumidor permanece inadimplente no pagamento da respectiva conta (STJ, AgRg nos EDcl no REsp 107.80.96, 2ª T., Rel. Min. Humberto Martins, DJ 11/05/09).

A jurisprudência, porém, atenua o rigor do corte de energia elétrica e água em se tratando de serviços essenciais – escolas públicas e hospitais, por exemplo. Nessas hipóteses, a interrupção do serviço, colocando em perigo a população usuária, não pode ocorrer indiscriminadamente (STJ, REsp 943.850, Rel. Min. José Delgado, 1ª T., DJ 13/09/07). Há precedentes neste sentido. Assim, "mesmo quando o consumidor é órgão público, o corte do fornecimento de água está autorizado por lei sempre que resultar da falta injustificada de pagamento, e desde que não afete a prestação de serviços públicos essenciais, v.g., hospitais, postos de saúde, creches, escolas" (STJ, AgRg na SS 1.764, Rel. para acórdão Min. Ari Pargendler, Corte Especial, DJ 16/03/09).

A interrupção de prestação de energia elétrica, ainda que decorrente de inadimplemento, só é legítima se não afetar o direito à saúde e à integridade física do usuário (STJ, REsp 1.245.812, Rel. Min. Herman Benjamin, 2ª T., DJ 01/09/11). Com base nesses argumentos o tribunal entendeu inviável o corte no domicílio de pessoa portadora do vírus HIV, em razão da necessidade de refrigeração dos medicamentos.

É importante ressaltar que a jurisprudência só admite o corte da energia elétrica quando se trata de débitos relativos aos últimos meses de consumo. Em se tratando de débitos antigos, a fornecedora de energia elétrica deve se valer dos meios ordinários de cobrança: "É descabido o corte do fornecimento de energia elétrica nos casos em que se trata de cobrança de débitos antigos e consolidados, nos quais devem ser reivindicados pelas concessionárias por meio das vias ordinárias de cobrança, sob pena de se infringir o disposto no art. 42 do Código de Defesa do Consumidor" (STJ, AgRg no REsp 101.52.94, Rel. Min. Castro Meira, 2ª. T., DJ 19/08/08). É, portanto, ilegítimo o corte no fornecimento de serviços públicos essenciais quando a inadimplência do consumidor decorrer de débitos consolidados pelo tempo (STJ, AgRg no Ag 140.1587, Rel. Min. Herman Benjamin, 2ª T., DJ 17/10/11). Portanto, a cobrança de valores pretéritos deve ser feita pelos meios ordinários de cobrança, não pela suspensão do fornecimento.

Posteriormente, precisando os critérios que se impõem como necessários à validade do corte administrativo de fornecimento de energia elétrica, a jurisprudência afirmou de modo analítico: "Em síntese, para que o corte de energia elétrica por motivo de inadimplência seja considerado legítimo, a jurisprudência do STJ exige que: a) não acarrete lesão irreversível à integridade física do usuário; b) não exista discussão judicial da dívida; c) não decorra de débito irrisório; d) não derive de débitos pretéritos e, por fim, e) não tenha origem em dívida por suposta fraude no medidor de consumo de energia, apurada unilateralmente pela concessionária" (STJ, AgRg no RMS 19.748, Rel. Min. Herman Benjamin, 2ª T., DJ 11/12/09).

O corte também não pode ser realizado se os débitos inadimplidos se referem a usuário anterior do imóvel. Nesse sentido, o "STJ pacificou o entendimento de que é ilegítimo o corte de energia elétrica por débitos pretéritos de outro consumidor, devendo a companhia utilizar os meios ordinários de cobrança para reaver seu crédito" (STJ, AgRg no RMS 19.748, Rel. Min. Herman Benjamin, 2ª T., DJ 11/12/09).

Diga-se, por fim, que em qualquer caso "é ilegítimo o corte administrativo no fornecimento de energia elétrica sem aviso prévio ao consumidor inadimplente" (STJ, AgRg no Ag. 118.3443, Rel. Min. Herman Benjamin, 2ª T., DJ 11/12/09). O aviso prévio, portanto, sempre e necessariamente se impõe, como medida prévia antecedente ao corte. Posteriormente o STJ reafirmou que é ilegítimo o corte no fornecimento de serviços públicos essenciais quando: a) a inadimplência do consumidor decorrer de débitos pretéritos; b) o débito originar-se de suposta fraude no medidor de consumo de energia, apurada unilateralmente pela concessionária; c) inexistente aviso prévio ao consumidor inadimplente (REsp 1.285.426, Rel. Ministro Mauro Campbell Marques, 2ª T, DJ 13/12/2011. No mesmo sentido: AgRg no AREsp 211.514, Rel. Min. Herman Benjamin, 2ª T., DJ 05/11/12).

Segundo o STJ, tanto o débito de água como o de energia elétrica são de natureza pessoal, não se vinculando ao imóvel (STJ, REsp 890.572, Rel. Min. Herman Benjamin, DJ 13/04/10). Não são, portanto, obrigações que a doutrina denomina de *propter rem*, ou seja, obrigações que acompanham a coisa.

Em outro campo temático, o STJ decidiu que a concessionária não pode reter o veículo como forma de exigir o pagamento dos reparos realizados. A concessionária também não pode exercer o direito de retenção sob a alegação de ter realizado benfeitoria no veículo (STJ, REsp 1.628.385, Rel. Min. Villas Bôas Cueva, 3a T, DJ 29/08/2017).

3.17. Acesso à justiça

O CDC busca efetividade. Não deseja trazer belas consagrações retóricas de direitos com pouca ou nenhuma eficácia social. Para evitar tal armadilha, tão comum no discurso jurídico, o CDC buscou dotar o consumidor de instrumentos que permitam um real exercício dos direitos a ele assegurados. De modo enfático, certamente para evitar hermenêuticas restritivas, estabeleceu o CDC, no art. 83: "Para a defesa dos direitos e interesses protegidos por este código são admissíveis todas as espécies de ações capazes de propiciar sua adequada e efetiva tutela". Dentre os direitos básicos do consumidor, previstos no art. 6º, está a "facilitação da defesa de seus direitos" (art. 6º, VIII).

O consumidor pode, querendo, propor a ação em seu domicílio (CDC, art. 101, I). Isso, sem dúvida, facilita o acesso à justiça e concretiza a facilitação da defesa dos direitos do consumidor. Por exemplo, alguém sofre um dano durante as férias no Nordeste, em sofisticado hotel. A vítima pode voltar para casa e propor a ação pelo acidente de consumo (fato do serviço, adiante estudado), em seu domicílio. A vantagem é imensa. O mesmo se diga de alguém que fez cirurgia médica, em hospital ou clínica particular, em cidade ou estado distinto daquele que reside. Poderá, diante de um erro médico, propor a ação no próprio domicílio, e não no domicílio do médico. A norma do CDC que possibilita que o consumidor proponha a ação em seu domicílio foi construída em seu favor. Isso significa que não se trata de *obrigação* do consumidor de demandar em seu domicílio, podendo, caso prefira, optar por ajuizar a ação do domicílio do réu (STJ, AgRg no CC 129.294, Rel. Min. Bôas Cueva, DJ 01/10/2014). Não, porém, de modo abusivo e aleatório, isto é, prevalece o entendimento de que não cabe ao autor consumidor a escolha aleatória de foro que não seja nem o do seu domicílio, nem o do réu, nem o de eleição e nem o do local de cumprimento da obrigação. Em tais hipóteses, revela-se adequada a declinação, de ofício, para a comarca do domicílio do autor" (STJ, AgRg no AREsp 532.899, DJ 26/08/2014). Lembremos que em se tratando de relação de consumo a competência é de natureza absoluta, podendo ser declinada de ofício pelo magistrado em razão do princípio da facilitação de defesa do consumidor (art. 6º, VIII, do CDC) (STJ, AgRg no AREsp 541,491, DJ 01/09/2014).

Dentre os instrumentos previstos para a facilitação da defesa dos seus direitos está – dentre os mais importantes – a inversão do ônus da prova. Prevê o CDC, em sem art. 6º, VIII, como direito básico do consumidor: "a facilitação da defesa de seus direitos, inclusive com a inversão do ônus da prova, a seu favor, no processo civil, quando, a critério do juiz, for verossímil a alegação ou quando for ele hipossuficiente, segundo as regras ordinárias de experiências". Reconheceu, nessa linha, a jurisprudência: "Por outro lado, a inversão do ônus da prova constitui-se em mecanismo que, amplamente reconhecido pelo STJ, favorece ulteriormente ao paciente consumidor" (STJ, REsp. 81.101, Rel. Min. Waldemar Zveiter).

É importante esclarecer que a hipossuficiência a que faz menção o CDC nem sempre é econômica. Embora pouco frequente, não é impossível que o consumidor seja economicamente mais forte que o fornecedor, e ainda assim ser hipossuficiente. A hipossuficiência pode ser técnica, por exemplo (paciente submetido a cirurgia em clínica médica, ocasião em que ocorre um erro médico que o deixa cego). O consumidor, nesse caso, será hipossuficiente, não tendo o conhecimento técnico da especialidade médica, e a inversão do ônus da prova, por isso mesmo, poderá ter lugar.

Tal inversão, porém, não é automática, depende de circunstâncias concretas. A jurisprudência trilha, de modo firme, essa orientação (STJ, REsp 909.653, Rel. Min. Eliana Calmon, 2ª T, DJ 27/06/08). Cabe frisar, embora deflua do próprio texto legal, que os requisitos não são cumulativos. Isto é, sendo verossímil a alegação, **ou** quando o consumidor for hipossuficiente, poderá haver a inversão, a critério do juiz.

A jurisprudência tem aplicado a inversão do ônus da prova nos casos relacionados ao Sistema Financeiro de Habitação, desde que presentes os pressupostos do art. 6º, VIII, do CDC (STJ, REsp. 672.283, Rel. Min. Carlos Alberto Menezes Direito, 3ª T., j. 27/03/07, DJ 18/06/07). A inversão do ônus da prova não é automática, cabendo ao juiz apreciar os aspetos de verossimilhança do que foi alegado e a hipossuficiência do consumidor (STJ, AgRg no Ag 799.409, Rel. Min. Aldir Passarinho Júnior, 4ª T., j. 08/05/07, DJ 18/06/07). Porém, "a inversão do ônus da prova, deferida nos termos do art. 6º, VIII, do Código de Defesa do Consumidor, não significa transferir para a parte ré o ônus do pagamento dos honorários do perito, embora deva arcar com as consequências de sua não - produção" (STJ, REsp. 651.632. Rel. Min. Carlos Alberto Menezes Direito, 3ªT., j. 27/03/07, DJ 25/06/07).

Não há óbice a que seja invertido o ônus da prova em ação coletiva (STJ, REsp 951.785, Rel. Min. Luis Felipe Salomão, 4ª T., DJ 18/02/11; STJ, REsp 1.253.672, Rel. Min. Mauro Campbell Marques, 2ª T., DJ 08/09/11). A inversão, nesses casos, beneficia a coletividade consumidora - ainda que se cuide de ação civil pública ajuizada pelo Ministério Público. A defesa dos interesses e direitos dos consumidores e das vítimas deve ser sempre facilitada (CDC, art. 6º, VIII) e poderá ser exercida em juízo individualmente ou a título coletivo (CDC, art. 81).

Convém registrar que na responsabilidade pelo fato do produto ou do serviço (acidente de consumo, previsto no CDC, arts. 12 e 14), a inversão do ônus da prova decorre da lei (ope legis), não sendo necessário aplicar a regra geral da inversão do art. 6º, inciso VIII, do CDC (STJ, AgRg no REsp 1.085.123, Rel. Min. Marco Buzzi, 4ª T, DJ 23/08/2013). Assim, "o ônus da prova da inexistência de defeito na prestação dos serviços médicos é do hospital por imposição legal (inversão *ope legis*). Inteligência do art. 14, § 3º, I, do CDC" (STJ, REsp 1.331.628, Rel. Min. Paulo de Tarso, 3ª T, DJ 12/09/2013).

O STJ entende que a inversão do ônus da prova não implica impor à parte contrária a responsabilidade de arcar com os custos da perícia solicitada pelo consumidor, mas apenas estabelece que, do ponto de vista processual, o consumidor não tem o ônus de produzir essa prova (STJ, AgRg no REsp 104.29.19, Rel. Min. Humberto Martins, 2ª T., DJ 31/03/09). Se, porém, o fornecedor de produtos ou serviços não antecipar os honorários do perito (embora não esteja a tanto obrigado), presumir-se-ão verdadeiros os fatos afirmados pelo autor (STJ, REsp 466.604, Rel. Min. Ari Pargendler; REsp 433.208, Rel. Min. José Delgado). Convém esclarecer que diante da diversidade de entendimentos – isto é, saber se a inversão é regra de procedimento ou regra de julgamento – a questão foi levada à Segunda Seção do STJ (que uniformiza a jurisprudência em direito privado). Nesse contexto se decidiu que o momento para o magistrado decidir acerca da inversão do ônus da prova deve ser a fase de saneamento do processo (STJ, REsp 802.832, Rel. Min. Paulo de Tarso Sanseverino, Segunda Seção, DJ 21/09/11).

Posteriormente, a esse respeito, decidiu-se: "A jurisprudência desta Corte é no sentido de que a inversão do ônus da prova prevista no art. 6º, VIII, do CDC, é regra de instrução e não regra de julgamento, sendo que a decisão que a determinar deve – preferencialmente – ocorrer durante o saneamento do processo ou – quando proferida em momento posterior – garantir a parte a quem incumbia esse ônus a oportunidade de apresentar suas provas" (STJ, AgRg no REsp 1450473, Rel. Min. Campbell Marques, DJ 30/09/2014).

A propósito, não cabe, segundo o STJ, que o consumidor pretenda, através da interposição de recurso especial, a aplicação da inversão do ônus da prova, se isso foi negado nas instâncias inferiores. A situação oposta também é vedada (o fornecedor pretender afastar a inversão do ônus da prova que foi deferida nas instâncias ordinárias). Entende-se que "a inversão do ônus da prova fica a critério do juiz, conforme apreciação dos aspectos de verossimilhança da alegação do consumidor e de sua hipossuficiência, conceitos ligados ao conjunto fático-probatório dos autos" (STJ, AgRg no AREsp 486.549, Rel. Min. Marco Buzzi, DJ 17/11/2014). Por isso, repita-se, se as instâncias ordinárias definem que é (ou que não é) caso de inversão, o STJ não aceita rever a questão através de recurso especial, alegando o óbice da Súmula 07 (que veda o reexame de fatos).

Cabe, ainda, neste item, algo dizer sobre o ônus da prova.

São muitas e fortes as razões que apontam para uma renovada análise do ônus da prova – inclusive no que diz respeito ao nexo causal. José Carlos Barbosa Moreira, com o apuro técnico que o caracteriza, esclarece: "Vários consumidores de um remédio apresentavam, após certo período de tratamento, os mesmos indesejáveis efeitos colaterais. Um deles propõe ação indenizatória contra o fabricante, sem, entretanto, conseguir demonstrar, inequivocamente, a relação de causalidade entre a ingestão da droga e os danos à saúde; prova, contudo, que outros tantos consumidores do medicamento também passaram a apresentar idênticas reações (indício do nexo causal). O juiz raciocinará: 'se muitos consumidores desse remédio começaram a padecer dos mesmos males, depois de iniciado o tratamento, e como tal circunstância se acha provada nos autos (não somente alegada pelo autor), é muito provável que os efeitos colaterais encontrem sua causa, realmente, na administração do produto'. Em consequência desse juízo de verossimilhança, será invertido o ônus da prova, atribuindo-se ao réu, a partir do instante em que determinada a inversão, o encargo de demonstrar a inexistência do nexo causal" (BARBOSA MOREIRA, José Carlos. Notas sobre a inversão do ônus da prova em benefício do consumidor. *Repro* 86/32, abr./jun. 1997).

O CPC/2015, partilhando dessa visão, dispõe que o juiz dirigirá o processo, cabendo-lhe "dilatar os prazos processuais e alterar a ordem de produção dos meios de prova, adequando-os às necessidades do conflito de modo a conferir maior efetividade à tutela do direito". Convém citar, ainda, por sua conexão temática, as normas processuais relativas ao saneamento e à organização do processo: "Não ocorrendo qualquer das hipóteses deste Capítulo, deverá o juiz, em decisão de saneamento e de organização do processo: I – resolver as questões processuais pendentes, se houver; II – delimitar as questões de fato sobre as quais recairá a atividade probatória, especificando os meios de prova admitidos; III – definir a distribuição do ônus da prova, observado o art. 370; IV – delimitar as questões de direito relevantes para a decisão do mérito; V – designar, se necessário, audiência de instrução e julgamento. § 1º. Realizado o saneamento, as partes têm o direito de pedir esclarecimentos ou solicitar ajustes, no prazo comum de cinco dias, findo o qual a decisão se torna estável".

Há, portanto, atualmente, clara tendência no sentido de tornar menos rígida e mais flexível a distribuição do ônus probatório.

O CPC/2015 prevê a propósito: "O ônus da prova incumbe: I – ao autor, quanto ao fato constitutivo do seu direito; II – ao réu, quanto à existência de fato impeditivo, modificativo ou extintivo do direito do autor". A seguir dispõe, de modo relevante, no § 1º: "Nos casos previstos em lei ou diante de peculiaridades da causa, relacionadas à impossibilidade ou à excessiva dificuldade de cumprir o encargo nos termos do *caput* ou à maior facilidade de obtenção da prova do fato contrário, poderá o juiz atribuir o ônus da prova de modo diverso, desde que o faça por decisão fundamentada. Neste caso, o juiz deverá dar à parte a oportunidade de se desincumbir do ônus que lhe foi atribuído". O § 2º ressalta que a decisão prevista no § 1º não pode gerar situação em que a desincumbência do encargo pela parte seja impossível ou excessivamente difícil. A distribuição diversa do ônus da prova – prevê o § 3º – também pode ocorrer por convenção das partes, salvo quando: I – recair sobre direito indisponível da parte; II – tornar excessivamente difícil a uma parte o exercício do direito. A convenção de que trata o § 3º pode ser celebrada antes ou durante o processo. Lembremos ainda que caberá ao juiz, de ofício ou a requerimento da parte, determinar as provas necessárias ao julgamento do mérito.

Como as relações de consumo são impessoais e massificadas, o instrumental de defesa do consumidor há de ser, em boa medida, coletivo. Atento a este estado de coisas, ponderou a jurisprudência que "no que refere à defesa dos interesses do consumidor por meio de ações coletivas, a intenção do legislador pátrio foi ampliar o campo de legitimação ativa, conforme se depreende do art. 82 e incisos do CDC, bem assim do art. 5º, inciso XXXII, da Constituição Federal, ao dispor expressamente que incumbe ao Estado promover, na forma da lei, a defesa do consumidor"" (STJ, REsp. 181.580, Rel. Min. Castro Filho, 3ª T., j. 09/12/03, p. DJ 22/03/04). A propósito, o STJ decidiu ser dispensável o requisito temporal (pré-constituição há mais de um ano, CDC, art. 82, § 1º) para associação ajuizar ação civil pública quando o bem jurídico tutelado for a prestação de informações ao consumidor sobre a existência de glúten em alimentos (STJ, REsp 1.600.172, Rel. Min. Herman Benjamin, DJ 11/10/2016).

O art. 5º, tratando da execução da Política Nacional das Relações de Consumo, diz que esta contará, entre outros, com os seguintes instrumentos: I – manutenção de assistência jurídica, integral e gratuita para o consumidor carente; II – instituição de Promotorias de Justiça de Defesa do Consumidor, no âmbito do Ministério Público; III – criação de delegacias de polícia especializadas no atendimento de consumidores vítimas de infrações penais de consumo; IV – criação de Juizados Especiais de Pequenas Causas e Varas Especializadas para a solução de litígios de consumo; V – concessão de estímulos à criação e desenvolvimento das Associações de Defesa do Consumidor.

Ainda a propósito do tema, cabe algo falar a respeito da sub-rogação. Se, porventura, o consumidor que sofre um dano (carro incendiado por vício do produto, por exemplo), aciona a seguradora, recebendo a indenização correspondente, a seguradora que pagou poderá acionar o fabricante e, nesse caso, poderá se valer do CDC (tendo subrogado-se nos direitos e ações que cabiam ao consumidor). É nessa linha que caminha a jurisprudência: "Havendo pago a indenização securitária, a seguradora subroga-se nos direitos e ações que competiriam ao segurado contra o autor do dano, fabricante do produto defeituoso, nos limites do contrato de seguro, cabendo, no caso, a aplicação de todos os institutos previstos no CDC" (STJ, REsp 802.442, Rel. Min. Luis Felipe Salomão, 4ª T., DJ 22/02/10).

A propósito do acesso à justiça, vale lembrar que de acordo com a posição atual do STJ as decisões em ações civis públicas não têm sua eficácia territorial restrita à competência do órgão prolator (STJ, RE sp 1.243.887, Rel. Min. Luis Felipe Salomão, Corte Especial, DJ 12/12/11). Elas podem ter eficácia nacional, à luz da extensão do dano e da qualidade dos interesses metaindividuais postos em juízo. A execução individual da sentença coletiva também pode ocorrer no domicílio do beneficiário. Cabe registrar, desde logo, que obrigar os beneficiados pela sentença coletiva a liquidá-la e a executá-la no foro em que a ação coletiva foi julgada implicaria em inviabilizar a tutela dos direitos individuais (STJ, AgRg no CC 131.642, Rel. Min. Herman Benjamin, Primeira Seção, DJ 21/03/2014).

O CPC/2015 estabelece: "É admissível a denunciação da lide, promovida por qualquer das partes: II – àquele que estiver obrigado, por lei ou pelo contrato, a indenizar, em ação regressiva, o prejuízo do que for vencido no processo. Parágrafo único. O direito regressivo será exercido por ação autônoma quando a denunciação da lide for indeferida, deixar de ser promovida ou não for permitida".

Outro ponto relevante no que diz respeito ao acesso à justiça diz respeito à denunciação da lide. Em julgado importante por sua clareza, o STJ proclamou que a vedação à denunciação da lide prevista no art. 88 do CDC não se restringe à responsabilidade de comerciante por fato do produto (art. 13 do CDC), sendo aplicável também nas demais hipóteses de responsabilidade civil por acidentes de consumo (arts. 12 e 14 do CDC). (STJ, REsp 1.165.279, Rel. Min. Paulo de Tarso Sanseverino, 3ª T., DJ 28/05/12). Não é possível, portanto, em nenhum caso, nos processos que têm como objeto as relações de consumo, haver denunciação à lide (STJ, AgRg no AREsp 157.812, Rel. Min. Herman Benjamin, 2ª T., DJ 02/08/12). Não cabe denunciação da lide no CDC (STJ, AgRg no AREsp 195.165, Rel. Min. Sidnei Beneti, 3ª T., DJ 14/11/12). A jurisprudência do STJ tem, hoje, entendimento pacífico acerca do não cabimento da denunciação da lide nas relações regidas pelo CDC (STJ, AgRg no AREsp 546.098, DJ 02/09/2014).

Há outro aspecto relevante em relação à denunciação da lide que pede menção. Já destacamos que o STJ uniformizou entendimento de que a vedação à denunciação à lide, prevista no art. 88 do CDC, não se restringe à responsabilidade de comerciante por fato do produto (CDC, art. 13), sendo aplicável também às demais hipóteses de responsabilidade civil por acidentes de consumo. Busca-se, com isso, não retardar a tutela jurídica do consumidor, em suma. Se, porém, o fornecedor realiza a denunciação da lide sem que o consumidor se insurja contra ela, não pode o corréu denunciado (o outro fornecedor) invocar, em sua defesa, a tese de que não se aceita denunciação da lide nas relações de consumo. Trata-se de entendimento formulado para proteger o consumidor, e não os demais fornecedores (STJ, REsp 913.687, Rel. Min. Raul Araújo, 4ª T, DJ 04/11/2016).

O STJ reconheceu que a legislação brasileira não exige, em regra, condição especial para que a pessoa (física ou jurídica) e/ou o ente tenham legitimação passiva *ad causam* nas ações civis públicas, sendo suficiente a lesão ou a ameaça de lesão a direitos transindividuais (STJ, REsp 1.281.023, Rel. Min. Humberto Martins, DJ 11/11/2014). A ação coletiva permite que o pedido mediato seja formulado de maneira genérica (STJ, AgRg nos EDcl no REsp 1.408.382, Rel. Min. Herman Benjamin, DJ 27/11/2014). É o que entende o STJ, na linha de seus precedentes. Convém ainda mencionar que o STJ firmou posição no sentido de que há legitimidade do Ministério Público para promover ação civil pública ou coletiva para tutelar não apenas direitos difusos ou coletivos de consumidores, mas também seus direitos individuais homogêneos, inclusive quando se trata de prestação de serviços públicos (STJ, AgRg no AREsp 255.845, Rel. Min. Humberto Martins, 2ª T, DJ 10/08/2015). Assim, o Ministério Público tem legitimidade para ajuizar ação civil pública visando tutelar direitos dos consumidores relativos aos serviços públicos (STJ, AgRg no REsp 1.221.289, Rel. Min. Gurgel de Faria, 1ª T, DJ 16/08/2016). Na mesma linha interpretativa destacou-se que "o Ministério Público possui legitimidade ativa para promover a defesa dos direitos difusos ou coletivos do consumidor, e de seus interesses ou direitos individuais homogêneos, inclusive no que se refere à prestação de serviço público, haja vista a presunção da sua relevância para a coletividade" (STJ, 1.347.910, Rel. Min. Herman Benjamin, 2ª T, DJ 12/02/2016).

Cabe lembrar que de acordo com o entendimento atual do STF e STJ há legitimidade do Ministério Público para propor ação coletiva, *mesmo em se tratando de interesses individuais homogêneos disponíveis*. Naturalmente, precisa estar evidenciado o interesse social do bem jurídico tutelado (STJ, AgRg nos Edcl nos Edcl no REsp 1.499.300, Rel. Min. Herman Benjamin, 2ª T, DJ 29/06/2016). O STJ, há algum tempo, não aceitava a legitimidade do Ministério Público para propor ação civil pública em se tratando de direitos individuais homogêneos, se estívéssemos diante de direitos disponíveis. Isso, contudo, ao longo dos anos, alterou-se.

Hoje a posição atual é claramente oposta àquela do passado. Nesse contexto, na linha da jurisprudência do STF e STJ, o Ministério Público tem legitimidade ativa para propor ação civil pública e ação coletiva com o propósito de velar por direitos difusos e, também, individuais homogêneos dos consumidores, *ainda que disponíveis*

(STJ, AgRg no REsp 932.994, Rel. Min. Carlos Ferreira, 4ª T, DJ 22/09/2016). A jurisprudência das cortes superiores, portanto, proclama atualmente que o Ministério Público está legitimado a promover ação civil pública para a defesa de *direitos individuais homogêneos disponíveis*, quando constatada a relevância social objetiva do bem jurídico tutelado (STJ, AgRg no REsp 1.261.198, Rel. Min. Moura Ribeiro, 3ª T, DJ 01/09/2017). Há muitos outros acórdãos no mesmo sentido que poderiam ser citados. Todos, recentes, afirmam de modo categórico a legitimidade do Ministério Público na defesa de direitos individuais homogêneos, *ainda que disponíveis*. Voltaremos ao tema no último capítulo do livro.

4. RELAÇÃO JURÍDICA DE CONSUMO

Vimos, ainda que concisamente, os princípios que regem o CDC. Para a aplicação de tão generoso conjunto de normas, no entanto, se faz necessária a caracterização de uma relação jurídica de consumo. Em que hipótese teremos uma tal relação? Quando estiverem caracterizados, em polos opostos, um consumidor e um fornecedor, tendo como objeto produtos ou serviços.

Vejamos, para efeitos didáticos, três situações-tipo: a) relação entre consumidor e fornecedor (direito do consumidor): compra de um celular num shopping, ou utilização do serviço de uma lavanderia dentro desse mesmo shopping, para ficarmos em exemplos triviais; b) relação entre empresários (direito empresarial, que está, a partir do Código Civil de 2002, regido por este): uma rede de supermercados compra participação acionária no grupo concorrente; c) relações civis entre pessoas comuns (direito civil): vendo meu apartamento ao meu vizinho, ou o alugo para um conhecido.

Apenas, portanto, na primeira hipótese (a), teremos a incidência do CDC. As relações interempresariais (b), ou civis (c) não atraem, em princípio, as normas do CDC. Ressalve-se, contudo, como veremos a seguir, que no Brasil a pessoa jurídica pode ser consumidora.

4.1. Os sujeitos

Quem compõe a relação jurídica de consumo? Quem dela participa ativa ou passivamente? Digamos, desde já, que a relação de consumo tem sempre os mesmos sujeitos: de um lado, o fornecedor, e do outro, o consumidor. E tem como objeto, produtos ("Art. 3º, § 1º. Produto é qualquer bem, móvel ou imóvel, material ou imaterial) ou serviços ("Art. 3º, § 2º. Serviço é qualquer atividade fornecida no mercado de consumo, mediante remuneração, inclusive as de natureza bancária, financeira, de crédito e securitária, salvo as decorrentes das relações de caráter trabalhista). As definições do CDC – aqui como em outros pontos – foram propositadamente amplas, com a clara intenção de não deixar de fora nenhum produto ou serviço ofertado no mercado de consumo.

O § 2º do art. 3º alude à remuneração. É preciso, portanto, que o serviço seja remunerado. A correta interpretação da expressão, contudo, exige certa contextualização.

Nem sempre a remuneração é explícita, sendo, em muitos casos, latente ou existindo de modo oblíquo. É o caso dos planos de milhagem das companhias áreas, para ficarmos em singelo exemplo. São serviços, à luz do CDC, e como tal sujeitos à sua sistemática.

Cabe estudar, mais analiticamente, os sujeitos da relação jurídica de consumo.

4.2. Identificando o consumidor e o fornecedor

Para o correto manejo do CDC, dos seus princípios e normas, é fundamental, em caráter preliminar, identificar as partes que compõem essa relação. Toda relação de consumo, qualquer que seja, há de contar, em um dos polos, com um consumidor, tendo um fornecedor na outra ponta. Defini-los, portanto, é pressuposto de aplicação da sistemática de consumo, daí a extrema relevância desta análise preliminar.

O art. 2º do CDC conceitua consumidor nos seguintes termos: "Consumidor é toda pessoa física ou jurídica que adquire ou utiliza produto ou serviço como destinatário final". Temos, aqui, a figura do consumidor *standard* ou *stricto sensu*.

Percebe-se que a legislação brasileira, tendo optado por definir a figura do consumidor, limitou sua configuração àqueles que adquirem ou utilizam produtos ou serviços como destinatários finais. Não é consumidor, assim, quem adquire o produto como etapa na cadeia de produção, como a empresa que compra cola para inserir no processo produtivo dos calçados que fabrica. Não é fácil nem simples definir o que seja o destinatário final. Trataremos, mais adiante, em tópico próprio, do tema.

4.2.1. A quem se aplica o CDC? As definições jurisprudenciais brasileiras

Optamos, já no início deste capítulo, por mapear a jurisprudência nacional na definição - sempre dinâmica - das situações em relação às quais incide o CDC. Embora seja uma leitura um pouco mais difícil e truncada, cremos necessária essa menção, para melhor contextualizar o leitor.

Decidiu o STJ que é inaplicável o Código de Defesa do Consumidor às relações entre os condôminos e o condomínio quanto às despesas de manutenção deste (STJ, REsp. 650.791, Rel. Min. Castro Meira, 2ª T., p. 20/04/06). O STJ já decidiu que a relação entre a autarquia previdenciária (INSS) e seus beneficiários não é relação de consumo (STJ, REsp. 369.822, Rel. Min. Gilson Dipp, 5ª T., p. 22/04/03). Obviamente não se aplica o CDC às relações jurídicas tributárias (STJ, REsp. 673.374, Rel. Min. Denise Arruda, 1ª T., j. 12/06/07, DJ 29/06/07). É pacífico nos tribunais o entendimento de que o CDC não se aplica às relações de locação disciplinadas pela Lei nº 8.245/91 (STJ, AgRg no REsp. 510.689, Rel. Min. Maria Thereza de Assis Moura, 6ª T., j. 24/05/07, DJ 11/06/07). Posteriormente o STJ reafirmou que o CDC não se aplica a contratos de locação (STJ, AgRg no AREsp 111.983, Rel. Min. Villas Bôas Cueva, 3ª T., DJ 28/08/12). Embora, como dissemos antes, não se aplique aos contratos de locação, o CDC incide sobre contratos de administração imobiliária (STJ, REsp 509.304, Rel. Min. Villas Bôas Cueva, 3ª T., DJ 23/05/2013). Nesses contratos, o proprietário de um imóvel contrata imobiliária para administrar seus interesses, sendo destinatário final dos serviços prestados. Trata-se de contrato complexo, atípico, que congloba aspectos de diversas figuras contratuais típicas, como corretagem, agenciamento, administração e mandato. O contrato de administração imobiliária (ao qual se aplica o CDC) não se confunde com a locação imobiliária. Interessante, em relação às cooperativas, é que, equiparando-se a atividade da cooperativa àquelas típicas das instituições financeiras, é aplicável o CDC (STJ, AgRg no Ag 1.088.329, Rel. Min. Isabel Gallotti, 4ª T., DJ 19/06/12). O STJ proclamou que o CDC não se compatibiliza com os contratos de crédito educativo (STJ, REsp. 600.677, Rel. Min. João Otávio de Noronha, 2ª T., j. 17/04/07, DJ 31/05/07). Não se enquadra como relação de consumo a prestação de serviço entre empresas de porte, sem que haja hipossuficiência (STJ, REsp 1.038.645, Rel. Min. Sidnei Benetti, 3ª T, DJ 24/11/10).

Também na relação jurídica que se estabelece entre o representante comercial autônomo e a sociedade representada, sendo regulada por disciplina jurídica própria, não se aplicando o CDC (STJ, REsp 761.557, Rel. Min. Sidnei Beneti, 3ª T., DJ 03/12/09). O representante comercial, desse modo, realiza um contrato mercantil (o chamado contrato de colaboração), sendo remunerado através de comissões. Não se trata, de modo algum, de relação de consumo.

Não há relação de consumo quando várias pessoas se juntam, digamos, para construir um prédio – o chamado regime de administração ou preço de custo (STJ, REsp 860.064, Rel. Min. Raul Araújo, 4ª T., DJ 02/08/12). A relação jurídica se estabelece entre os condôminos e o condomínio. A relação jurídica, na espécie, é regida pela Lei de Condomínio e Incorporações Imobiliárias (Lei 4.591/64). Também o contrato de franquia, por sua natureza, não está sujeito ao CDC (STJ, REsp 632.958, Rel. Min. Passarinho Júnior, 4ª T., DJ 29/03/10).

O CDC não incide nas relações travadas entre estudante e programa de financiamento estudantil, por não configurar serviço bancário e se tratar de política governamental de fomento à educação (STJ, AgRg no ARE 7.877, Rel. Min. Castro Meira, 2ª T., DJ 03/11/11. No mesmo sentido REsp 1.155.684, Rel. Min. Benedito Gonçalves, Primeira Seção, DJ 18/05/10; REsp 1.031.694, Rel. Min. Eliana Calmon, 2ª T., DJ 29/05/09). Também não se aplica o CDC ao contrato de fornecimento de insumos agrícolas celebrado entre cooperativa e cooperado, por se tratar de ato cooperativo típico (STJ, AgRg no REsp 1.122.507, Rel. Min. Paulo de Tarso, 3ª T., DJ 13/08/12).

As empresas de *factoring* não são instituições financeiras, e a relação de consumo existe apenas no caso em que uma das partes pode ser considerada destinatária final do produto ou serviço. Na hipótese em que produto ou serviço são utilizados na cadeia produtiva, e não há considerável desproporção entre o porte econômico das partes contratantes, o adquirente não pode ser considerado consumidor e não se aplica o CDC (STJ, REsp 836.823, Rel. Min. Sidnei Beneti, 3ª T, DJ 23/08/10; REsp 938.979, Rel. Min. Luis Felipe Salomão 4ª T., DJ 29/06/12). Estudaremos mais adiante, ainda neste capítulo, a questão do destinatário final. Adiantemos, porém, que o CDC não incide – por não se caracterizar a figura do consumidor – nos casos de financiamentos bancários ou de aplicação financeira com o propósito de ampliar capital de giro (STJ, REsp 963.852, Rel. Min. Carlos Ferreira, DJ 06/10/2014). O capital obtido da instituição financeira, no caso, destina-se a fomentar a atividade industrial, comercial ou de serviços, incrementando os negócios e o lucro. O STJ, em 2017, decidiu que não se aplica o CDC ao contrato de transporte internacional de carga, isto é, não se aplica o CDC ao transporte de mercadorias vinculado a contrato de compra e venda de insumos (STJ, REsp 1.442.674, Rel. Min. Sanseverino, 3ª T, DJ 30/03/2017).

Por outro lado, há relação de consumo entre cliente e casa noturna (STJ, REsp. 695.000, Rel. Min. Carlos Alberto Menezes Direito, 3ª T., j. 03/04/07, DJ 21/05/07). Também "existe relação de consumo entre o condomínio de quem é cobrado indevidamente taxa de esgoto e a concessionária de serviço público" (STJ, REsp. 650.791, Rel. Min. Castro Meira, 2ª T., p. 20/04/06). De igual modo, os "contratos de promessa de compra e venda em que a incorporadora se obriga à construção de unidades imobiliárias, mediante financiamento, enseja relação de consumo sujeita ao Código de Defesa do Consumidor, porquanto a empresa enquadra-se no conceito de fornecedora de produto (imóvel) e prestadora de serviço (construção do imóvel nos moldes da incorporação imobiliária)." (STJ, REsp. 334.829, Rel. Min. Nancy Andrighi, 3ª T., p. DJU 04/02/02). O CDC também é aplicável ao condomínio de adquirentes de edifício em construção, nas hipóteses em que atua na defesa dos interesses dos seus condôminos frente a construtora ou incorporadora (STJ, REsp 1.560.728, Rel. Min. Sanseverino, 3ª T, DJ 28/10/2016). O STJ já definiu que se aplicam as regras do CDC aos contratos de financiamento vinculados ao Sistema Financeiro de Habitação (STJ, AgRg no Ag 914.453, Rel. Min. Nancy Andrighi, 3ª T., DJ 20/03/09). A propósito do Sistema Financeiro de Habitação, é importante saber que a Caixa Econômica Federal não pode compelir o mutuário a contratar seguro habitacional obrigatório, nem com ela (instituição financeira mutuante), nem mesmo com seguradora que ela indique. É a jurisprudência firme do STJ, consolidada na Súmula 473: "O mutuário do SFH não pode ser compelido a contratar o seguro habitacional obrigatório com a instituição financeira mutuante ou com a seguradora por ela indicada".

Embora seja tranquila a jurisprudência no sentido de que o CDC se aplica ao SFH (Sistema Financeiro de Habitação), há uma exceção: é no caso de o contrato ter sido firmado com cobertura do fundo de compensação de variações salariais – FCVS (STJ, AgRg nos EDcl no REsp 103.2061, Rel. Min. Herman Benjamin, 2ª T., DJ 09/03/10). O STJ entende que, nesse caso, a garantia ofertada pelo governo de quitar o saldo residual do contrato afasta a incidência do CDC. O STJ reafirmou que nos contratos do Sistema Financeiro de Habitação com cobertura do FCVS (Fundo de Compensação de Variações Salariais), não se aplica o CDC. Portanto, como o CDC não é aplicável ao contrato de mútuo habitacional, com vinculação ao FCVS, descabe a restituição em dobro do pagamento indevido (STJ, REsp 1.483.061, Rel. Min. Campbell Marques, DJ 10/11/2014).

A jurisprudência é tranquila no sentido de que o CDC se aplica aos contratos de arrendamento mercantil (STJ, REsp. 664.351, Rel. Min. Carlos Alberto Menezes Direito, 3ª T., j. 07/05/07, DJ 29/06/07). De igual modo, as entidades de previdência privada estão sujeitas ao CDC. Desse modo, a restituição, a ex-associado, das contribuições pessoais pagas, deve ser integral (STJ, AgRg no REsp 938.535, Rel. Min. Massami Uyeda, 3ª T., DJ 20/06/08). A questão foi sumulada: "O Código de Defesa do Consumidor é aplicável às entidades abertas de previdência complementar, não incidindo nos contratos previdenciários celebrados com entidades fechadas" (STJ, Súmula 563). Posteriormente o STJ esclareceu que a aplicação do CDC ocorre apenas em relação às entidades de previdência aberta, não em relação às fechadas. Já no contrato associativo de consórcio, há dois feixes de relações jurídicas que podem ser autonomamente considerados: a relação entre os consorciados e a administradora, regulada pelo CDC, e a relação dos consorciados entre si, que não é relação de consumo (STJ, REsp 1.185.109, Rel. p/ acórdão Min. Nancy Andrighi, 3ª T, DJ 15/10/12). Também foi sumulado, embora a questão seja um tanto óbvia, que "aplica-se o Código de Defesa do Consumidor aos contratos de plano de saúde". (STJ, Súmula 469). Porém não se aplica o CDC ao contrato de plano de saúde administrado por entidade de autogestão, por inexistência de relação de consumo (STJ, REsp 1.684.207, Rel. Min. Herman Benjamim, 2ª T, DJ 10/10/2017). O STJ ressaltou que as entidades de autogestão não buscam o lucro e constituem sistemas fechados, já que os planos que administram não estão disponíveis no mercado consumidor (STJ, AgInt no REsp 1.563.986, Rel. Min. Villas Bôas Cueva, 3ª T, DJ 06/09/2017).

Conforme frisamos, o STJ entendia que o CDC se aplica indistintamente às entidades abertas e fechadas de previdência complementar (AgRg no AREsp 541.491, DJ 01/09/2014). Posteriormente, no entanto, passou-se a entender que o CDC *não se aplica* às entidades fechadas de previdência privada (embora ambas, abertas e fechadas, exerçam atividade econômica, apenas as abertas operam em regime de mercado e podem auferir lucro das contribuições dos participantes). O STJ, nesse contexto, continua aplicando a Súmula 321 ("O CDC é aplicável à relação jurídica entre a entidade de previdência privada e seus participantes"), porém com a relevante ressalva que devemos entender, no texto da súmula, apenas as abertas, não as fechadas (STJ, REsp 1.536.786, Rel. Min. Luis Salomão, Segunda Seção, DJ 20/10/2015). Posteriormente, a Súmula 321 foi superada com o advento da Súmula 563 do STJ: "O Código de Defesa do Consumidor é aplicável às entidades abertas de previdência complementar, não incidindo nos contratos previdenciários celebrados com entidades fechadas".

O STJ teve oportunidade de proclamar que os "serviços de atendimento médico-hospitalar em hospital de emergência são sujeitos ao Código de Defesa do Consumidor" (STJ, REsp 696.284, Rel. Min. Sidnei Beneti, 3ª T, DJ 18/12/09). Do mesmo modo, aplica-se o CDC aos casos de erro médico, inclusive quanto ao prazo prescricional de cinco anos, que adiante estudaremos (STJ, EDcl no REsp 704.272, Rel. Min. Isabel Gallotti, 4ª T., DJ 15/08/12). As concessionárias de serviço rodoviários estão sujeitas ao CDC (STJ, REsp 687.799, Rel. Min. Aldir Passarinho Júnior, 4ª T., DJ 30/11/09). Também as cooperativas de crédito – que integram o sistema financeiro nacional – estão, dessa forma, sujeitas à incidência do CDC (STJ, AgRg no Ag 122.4838, Rel. Min. Nancy Andrighi, DJ 15/03/10). Conforme mencionamos, o CDC se aplica na hipótese de serviço público prestado por concessionária, tendo em vista que a relação jurídica tem natureza própria do direito privado e o pagamento é contraprestação feita sob a modalidade de tarifa, e não taxa (STJ, AgRg no Ag 1.398.696, Rel. Min. Castro Meira, 2ª T., DJ 10/11/11).

Do mesmo modo, aplica-se o CDC aos Correios. Os Correios são uma empresa pública e aos serviços que prestam aplica-se o CDC. No sentido que sempre defendemos posicionou-se a jurisprudência: "No caso, a contratação dos serviços postais oferecidos pelos Correios revela a existência de contrato de consumo, mesmo que tenha sido celebrado entre a mencionada empresa pública e um advogado, para fins de envio de suas petições ao Poder Judiciário" (STJ, REsp 1.210.732, Rel. Min. Luis Felipe Salomão, 4ª T., DJ 15/03/2013). As empresas públicas prestadoras de serviços públicos submetem-se ao regime de responsabilidade civil objetiva, previsto no art. 14 do CDC, de modo que a responsabilidade civil objetiva pelo risco administrativo, prevista no art. 37, § 6º, da CF/88, é confirmada e reforçada com a celebração de contrato de consumo, do qual emergem deveres próprios do microssistema de consumo. Convém lembrar, a propósito dos Correios, conforme já mencionamos, que a ECT é responsável pelos danos sofridos por consumidor que foi assaltado no interior de agência dos Correios na qual é fornecido o serviço de banco postal (STJ, REsp 1.183.121, Rel. Min. Luis Felipe Salomão, DJ 07/04/2015).

Entendia-se, anteriormente, que "a atividade notarial não é regida pelo CDC", vencidos alguns ministros (STJ, REsp 625.144, Rel. Min. Nancy Andrighi, 3ª T., DJ 29/05/06). O STJ, revendo o entendimento anterior acerca do tema, firmou posição no sentido de que "o Código de Defesa do consumidor aplica-se à atividade notarial" (STJ, REsp 1.163.652, Rel. Min. Herman Benjamin, 2ª T., DJ 01/07/10). Os serviços notariais e de registro são exercidos por delegação do poder público. Trata-se, portanto, de delegatários. Até aí, nenhum problema em aplicar o CDC. É também irrelevante o argumento dos cartórios não terem personalidade jurídica. O CDC, art. 3º, é explícito ao dispor que também os entes despersonalizados podem ser fornecedores. O único argumento sério, pensamos, contra a aplicação do CDC aos cartórios está na natureza jurídica de *taxa*, a propósito da remuneração dos serviços que prestam. Natureza tributária, portanto. Isso, de fato, dificulta teoricamente a aplicação do CDC aos cartórios, até se tivermos presente a jurisprudência do STJ – adiante estudada – que diferencia as situações: a) aplica-se o CDC aos serviços públicos prestados mediante tarifa ou preço público; b) não se aplica o CDC aos serviços prestados mediante taxas. A jurisprudência tradicional do STF entende que "as custas judiciais e os emolumentos concernentes aos serviços notariais e registrais possuem natureza tributária, qualificando-se como taxas remuneratórias de serviços públicos, sujeitando-se ao regime jurídico constitucional pertinente a essa especial modalidade de tributo vinculado" (STF, ADIn 1.378-5, Rel. Min. Celso de Mello, DJ 30/05/97).

A exploração comercial da internet configura relação de consumo. O fato do serviço prestado pelo provedor de internet ser gratuito não desvirtua a relação de consumo, pois o termo ("mediante remuneração"), contido no art. 3º, § 2º, do CDC, deve ser interpretado de forma ampla, de modo a incluir o ganho indireto do fornecedor (STJ, REsp 1.186.616, Rel. Min. Nancy Andrighi, 3ª T., DJ 31/08/11).

O STJ, em 2017, decidiu que o CDC é aplicável à relação entre a pessoa natural, que visa a atender necessidades próprias, e as sociedades que prestam de forma habitual e profissional o serviço de corretagem de valores e títulos mobiliários (STJ, REsp 1.599.535, Rel. Min. Nancy Andrighi, 3ª T, DJ 21/03/2017). Aplica-se, portanto, o CDC à corretagem de valores e títulos mobiliários (trata-se do mercado de ações). Nesse julgado o STJ frisou que o valor da operação comercial envolvida em determinado contrato é incapaz de retirar do cidadão a natureza de consumidor a ele conferida pelo CDC. Assim, o CDC é aplicável tanto ao comércio popular quanto ao consumo de alto padrão. Assim – argumentou o tribunal –, mesmo que haja um discernimento acima da média dos consumidores, não deixa de se encontrar o contratante de serviços de investimentos, em relação às empresas, em situação de vulnerabilidade referente à prestação de serviço contratada.

Já o fornecedor é definido no art. 3º em termos amplos, de forma a não deixar de fora quem, com sua atividade, disponibilize, no mercado de consumo, produtos ou serviços mediante paga. Estatui o art. 3º: "Fornecedor é toda pessoa física ou jurídica, pública ou privada, nacional ou estrangeira, bem como os entes despersonalizados, que desenvolvem atividades de produção, montagem, criação, construção, transformação, importação, exportação, distribuição ou comercialização de produtos ou prestação de serviços".

É fácil perceber que o conceito de fornecedor é propositadamente amplo, de modo a incluir qualquer pessoa, natural ou jurídica, até entes despersonalizados. Não é necessário, para que tenhamos a figura do fornecedor, que a pessoa jurídica estrangeira tenha sede instalada no Brasil. Mesmo que não a tenha, ela poderá ser considerada fornecedora. Importante dizer que, em se tratando de produto importado, o importador é considerado fornecedor presumido e pode ser responsabilizado objetivamente pelos danos. Dito de outro modo e talvez com mais clareza, podemos ter: a) o fabricante (que é o fornecedor real, por assim dizer); b) o importador e o comerciante (que são chamados de fornecedores presumidos e assim considerados).

Cabe sublinhar a importância, ainda que implícita, da habitualidade. Sem habitualidade no desempenho da atividade dificilmente teremos a figura do fornecedor. Não é fornecedor, por exemplo, o escritório de advocacia que, pretendendo remodelar o ambiente de trabalho, põe à venda os móveis antigos. Será, à evidência, uma relação civil de compra e venda. Diferente, no entanto, seria se os móveis fossem adquiridos em loja que os comercializa, porquanto a habitualidade, presente aqui, estaria ausente lá.

Outras leis podem ampliar o conceito de consumidor, ou apenas explicitar – embora não seja necessário – que determinada relação atrai a incidência do CDC. É o que fez a Lei nº 10.671/03 – que criou o Estatuto de Defesa do Torcedor –, consignando: "Para todos os efeitos legais, equiparam-se a fornecedor, nos termos da Lei nº 8.078, de 11 de setembro de 1990, a entidade responsável pela organização da competição, bem como a entidade de prática desportiva detentora do mando de jogo".

O STJ já decidiu que mesmo entidade sem fins lucrativos, de caráter beneficente e filantrópico, pode ser considerada fornecedora de serviços, à luz do CDC, se desempenha atividade no mercado de consumo mediante remuneração (STJ, AgRg no Ag 1.215.680, Rel. Min. Isabel Gallotti, 4ª T., DJ 03/10/12). No mesmo sentido, anteriormente, confira-se: REsp 469.911, Rel. Min. Passarinho Júnior, 4ª T., DJ 10/03/08).

4.2.2. Internet e relações de consumo no STJ

Muitas relações, que antes se davam no mundo físico, agora são predominantemente virtuais. Por exemplo, as relações entre clientes e bancos migraram, em boa parte, do mundo físico-convencional para o mundo digital. Os serviços, aliás, em geral, migraram fortemente para o mundo digital. Vivemos numa sociedade em que os bens físicos perdem muito da primazia que tiveram nos séculos passados. Há uma clara desmaterialização dos bens (a riqueza, que nos séculos passados esteve indissoluvelmente ligada à terra, hoje está no mercado acionário). Paralelamente, os serviços ganham intensa, e progressiva, relevância econômica. Nossas profissões surgem a cada dia – ligadas, por exemplo, à culinária, à moda e, sobretudo, ao mundo digital –, e muitas delas são financeiramente mais atrativas do que aquelas convencionais. Talvez não exageraríamos se disséssemos que muitos pais, hoje, não conseguem compreender bem o trabalho dos filhos (gerente de mídias sociais, por exemplo). Enfim, podemos dizer, em autêntico truísmo, que o mundo mudou, está mudando. A tecnologia reduz custos operacionais dos deslocamentos, interliga pessoas e comunidades, diminui o uso de papel e a necessidade de estocagem física de documentos. As gerações que cresceram e foram educadas longe do mundo digital não se sentem confortáveis com essa "fuga do papel", digamos assim (*paper less society*). Há, nessas pessoas, um apego, até emocional, ao papel, ao documento escrito (como se isso as deixassem mais seguras). Mas a desmaterialização é uma tendência irreversível, gostemos ou não.

Nesse contexto, conforme frisamos, nota-se uma progressiva desmaterialização dos bens. Não só a forma de aquisição é digital (pedimos, por exemplo, táxis e pizzas pela internet), como os próprios serviços se desmaterializam (pensemos, por exemplo, num *e-book*. Não há bem físico palpável, nos moldes do mundo físico-convencional). Precisamos cada vez menos dos arquivos físicos. A progressiva desmaterialização de processos judiciais, documentos, arquivos, é – mais do que uma tendência – uma realidade que se impõe. As duplicatas virtuais, por exemplo, são aceitas pela jurisprudência brasileira mais recente (STJ, AgRg no AREsp 3634, DJ 11/06/2013; EREsp 1.024.691, Segunda Seção, DJ 29/10/2012; AgRg no AREsp 121.263, DJ 04/12/2012). Os documentos passam a ter outros suportes que não o papel. Podemos levar, no bolso, num *pen drive*, informações correspondentes a muitas centenas de livros. E mesmo o *pen drive*, conquanto prático e fisicamente mínimo, ainda precisa de uma base física, por assim dizer. A tendência, porém, é que tenhamos nossos arquivos nas "nuvens", acessíveis de qualquer lugar em que estejamos.

Estamos diante de um novo ambiente dimensional, que é influenciado pelo ambiente físico tradicional, mas por certo não se confunde com ele. Com frequência ocorre o contrário: o mundo digital influencia fortemente o ambiente social físico tradicional. Não há, na verdade, como separar os dois ambientes atualmente, sendo indissoluvelmente ligados. Aliás, a internet não apenas reproduz, com extrema velocidade, os fatos que acontecem no mundo físico-convencional. Ela *cria* novos fatos. As empresas e os governos, em especial, estão sujeitos a manifestações digitais, com repúdio e ataques diante desse ou daquele modo de agir. Podemos citar, de modo breve, sem pretensão de exaustividade, algumas das características da internet: a) transnacionalidade por excelência; b) potencial de compartilhamento das informações inédito na história humana; c) velocidade das trocas de informações; d) conteúdo fortemente colaborativo. As três primeiras características são de intuitiva compreensão. A internet não conhece as barreiras que separam os países. Permite compartilhar informações de um modo que a humanidade antes desconhecia. E tudo isso ocorre com velocidade estonteante. São pontos que todos nós, de um modo ou de outro, conhecemos. A última característica é formar uma dimensão fundamentalmente colaborativa.

Usufruímos, hoje, da chamada "memória social", que é aquela acessada instantaneamente por meio da tecnologia. Segundo Clive Thompson, "as ferramentas tecnológicas não nos isolam, é o oposto. Temos nos tornado pensadores mais sociais. Temos mais oportunidades de dividir o que pensamos o tempo todo" (*Folha de São Paulo*, segunda-feira, 4/11/2013, F6). Enfim, trata-se, sem exagero, de um mundo novo. Um admirável mundo novo, com o qual estamos aprendendo a lidar – menos, ressalte-se, os que já nasceram ou cresceram nesse mundo novo, esses lidam com desconcertante naturalidade com o mundo digital que é, afinal de contas, o mundo dele (fala-se, a propósito, com propriedade, de *nativos digitais*. São aqueles que estão em contato com a internet desde que nasceram, ao contrário daqueles que tiveram que se adaptar a ela (PRENSKY, Marc. *Digital Natives, Digital Immigrants*. From on the horizon – NCB University Press, v. 9, nº 5, oct., 2001).

Altera-se, de modo inesperado e poderoso, não só o modo de difusão das informações, mas também sua produção. Não falamos, aqui, da produção editada e empresarialmente concebida, nem mesmo aquelas que operam no mundo digital (jornais digitais e provedores com conteúdo informativo). Falamos da produção de conteúdo e informação por parte dos cidadãos. Nitidamente, opera-se um deslocamento dos centros de produção de informação: não mais estruturas centralizadas e, de certo modo, autoritárias, mas cadeias de comunicação reciprocamente conectadas, que trocam dados numa velocidade incrível. O *twitter*, por exemplo, é bastante forte nesse sentido. Aliás, os membros do universo digital compartilham experiências, históricas, e tendem a resolver problemas de modo compartilhado. Gostemos ou não, essa é a realidade do século XXI na qual viveremos. Isso, porém, inegavelmente, traz riscos. Com eles também viveremos.

A internet – que surgiu como uma forma de interligação, de modo descentralizado, dos computadores militares americanos – passou a ser utilizada comercialmente nos Estados Unidos em 1987. Foi então que ganhou essa denominação, internet. No Brasil, a internet chegou em meados da década de noventa (em 1995, especificamente, é publicada uma norma do Ministério das Comunicações que marca esse início). A internet, sob o prisma técnico, é a conexão entre protocolos, conhecidos como IPs (*internet protocol*). Esse IP, uma espécie de endereço digital, permite que as investigações descubram (ou tentem descobrir) de onde partiram certas postagens na rede. Há, ainda, os nomes de domínio (*domain name system*), que são os endereços que digitamos para chegar aos sites, complementados pelas respectivas terminações (*top level domains*), que são os finais dos endereços, após o ponto (ou o último ponto, se houver mais de um:*.com,.gov,.jus*). Nós nos deslocamos pela internet usando navegadores (*browsers*). Não por acaso, usamos o verbo navegar.

Talvez nem possamos mais dizer que a internet é uma rede mundial de computadores. Os computadores, hoje, são só apenas mais um modo de conexão. Ninguém imaginava, há poucos anos – num capítulo que tratasse da responsabilidade civil digital – que o computador pudesse estar em plano secundário. É o que parece ocorrer atualmente. Celulares e *tablets* assumem funções que antes eram só dos computadores. Em 2013 – pela primeira vez no Brasil – o número de *tablets* vendidos superou o de computadores. Temos, atualmente, e cada vez mais, celulares, televisões, carros, casas e eletrodomésticos conectados à internet. Muitos de nós não podem sequer conceber a ideia de ficar dias – horas ou minutos, no caso dos mais ávidos – desconectados. Alguns, com evidente exagero, comparam o vício digital a certas drogas, como o crack.

A exploração comercial da internet configura fornecimento de serviços, à luz do CDC. O fato do serviço prestado pelo provedor ser gratuito não desvirtua a relação de consumo (STJ, REsp 1.186.616, Rel. Min. Nancy Andrighi, 3ª T., DJ 31/08/11). A expressão "mediante remuneração", contido no art. 3º, § 2º, do CDC, deve ser interpretada de forma ampla, de modo a incluir os ganhos indiretos.

O STJ entende que não é dever do provedor de conteúdo fiscalizar previamente o teor das informações postadas por cada usuário (não faz parte dos riscos inerentes ao negócio). Porém, ao ser comunicado de que determinado texto ou imagem possui conteúdo ilícito, é responsabilidade do provedor agir de modo enérgico, sob pena de responder solidariamente com o autor do dano, em virtude de sua omissão (STJ, REsp 1.186.616, Rel. Min. Nancy Andrighi, 3ª T., DJ 31/08/11). Deve, ainda, o provedor propiciar meios de coibir o anonimato, pelo menos através do número de protocolo (IP).

Os provedores de conteúdo, ao oferecer um serviço que permite que os usuários expressem livremente sua opinião, não são obrigados a filtrar os dados e imagens neles inseridos (STJ, REsp 1.192.208, Rel. Min. Nancy Andrighi, 3ª T., DJ 02/08/12). Devem, porém, como dissemos antes, agir de modo imediato ao recebem comunicação a respeito de conteúdo ilícito ou ofensivo. A mesma orientação vale para e-mails (STJ, REsp 1.300.161, Rel. Min. Nancy Andrighi, 3ª T., DJ 26/06/12), blogs (STJ, REsp 1.192.208, Rel. Min. Nancy Andrighi, 3ª T., DJ 02/08/12), provedores de pesquisa (STJ, REsp 1.316.921, Rel. Min. Nancy Andrighi, 3ª T., DJ 29/06/11), entre outros serviços semelhantes. Não se pode filtrar previamente mensagens em e-mails, blogs, pesquisas, redes sociais.

Em outra ocasião, decidiu-se que o provedor de internet – administrador de redes sociais – deve retirar informações difamantes a terceiros manifestadas por seus usuários, independentemente da indicação precisa, pelo ofendido, das páginas em que foram veiculadas as ofensas (URL's) (STJ, REsp 1.175.675, Rel. Min. Luis Felipe Salomão, 4ª T., j. 09/08/11). Porém o STJ, posteriormente, entendeu de modo diverso. Decidiu que na hipótese em que tenham sido publicadas, num blog, ofensas à honra de alguém, cabe ao ofendido que pleiteia judicialmente a identificação e rastreamento dos autores das referidas ofensas – e não ao provedor de hospedagem do blog – a indicação específica dos URL's das páginas onde se encontram as mensagens (STJ, REsp 1.274.971, Rel. Min. João Otávio de Noronha, 3ª T., DJ 26/03/2015). O STJ, em 2017, reafirmou essa última posição. Decidiu que a falta de informações precisas sobre o endereço eletrônico (URL) onde estão postadas ofensas na internet inviabiliza o cumprimento de decisão judicial para a retirada do conteúdo, ainda que seja fornecido o nome do ofensor ou mesmo o seu perfil na rede social (STJ, REsp 1.629.255, Rel. Min. Nancy Andrighi, 3a T, DJ 25/08/2017). A relatora citou precedentes do STJ segundo os quais é responsabilidade do ofendido fornecer as informações completas sobre o perfil de quem publicou o conteúdo, bem como quais mensagens devem ser excluídas e sua localização, sob pena de inviabilizar o cumprimento da ordem judicial, como ocorreu no caso analisado. Já o TJMG, no caso citado, havia entendido ser suficiente a informação do nome completo do ofensor para que o Facebook retirasse as mensagens do site.Se houver dano à honra, em decorrência de falta de cuidado em mensagem publicitária, todos os envolvidos respondem solidária e objetivamente (STJ, REsp 997.993, Rel. Min. Luis Felipe Salomão, 4ª T., DJ 06/08/12).

Estamos, ainda, na matéria, num período de sedimentação de jurisprudência, com decisões instáveis. Houve uma situação em que o STJ decidiu que no caso de ofensas a terceiros, postadas no campo destinado aos comentários, em portal de notícias da internet, a empresa responsável por este portal responde solidariamente pelos danos, se estes ocorreram anteriormente à entrada em vigor do marco civil da internet (Lei nº 12.965/2014). Convém frisar, no entanto, que doutrina e jurisprudência, em geral, manifestam-se pela ausência de responsabilidade dos provedores de conteúdo pelas mensagens postadas diretamente pelos usuários (STJ, REsp. 1.338, 214, 3ª T, DJ 02/12/2013). No caso mencionado, porém, o STJ argumentou ainda que a vítima, no caso, é um *bystander*, à luz do art. 17 do CDC. É possível invocar também a responsabilidade objetiva pelo risco, na forma do art. 927, parágrafo único, do Código Civil (STJ, REsp. 1.352.053, Rel. Min. Paulo de Tarso Sanseverino, DJ 30/03/2015).

Decidiu-se também o Google não é responsável pelos prejuízos decorrentes de violações de direito autoral praticadas por usuários de rede social. Dois são os argumentos principais do STJ: a) o provedor de internet não obteve lucro nem contribuiu decisivamente para o ilícito; b) os danos sofridos antecederam a notificação do provedor acerca do conteúdo ilícito (STJ, REsp 1.512, 647, Rel. Min. Luis Salomão, Segunda Seção, DJ 05/08/2015).

Cabe, a propósito, algo dizer, ainda que muito brevemente, sobre o Marco Civil da internet.

O chamado Marco Civil da internet – Lei nº 12.965/2014 – tem sido louvado como significativo avanço para nossas práticas digitais. Ele estabelece princípios, garantias, direitos e deveres para o uso da internet no Brasil. Reconhece, no art. 2º, que a disciplina do uso da internet tem como fundamento o respeito à liberdade de expressão, bem como os direitos humanos, o desenvolvimento da personalidade e o exercício da cidadania em meios digitais. São fundamentos ainda do uso da internet a pluralidade, a diversidade, a abertura e a colaboração, a livre iniciativa, a livre concorrência, a defesa do consumidor e a finalidade social da rede. Reconhece a lei, como não poderia deixar de ser, a escala mundial da internet.

Como lei dos nossos dias – dias formados por normas fundamentalmente (não exclusivamente) principiológicas – o Marco Civil segue essa tendência, e prevê que a disciplina da internet no Brasil se baseia na liberdade de expressão, comunicação e manifestação do pensamento, na linha das garantias constitucionais. A privacidade também é protegida, bem como os dados pessoais. Preserva-se e garante-se a neutralidade de rede (ponto de intensa discussão durante os debates legislativos). Protege-se ainda a natureza participativa da rede (não poderia, dizemos nós, ser diferente), e contempla-se a possibilidade de responsabilização dos agentes de acordo com suas atividades. Por certo, a previsão é puramente exemplificativa, e não exclui outros princípios, venham de fontes nacionais ou internacionais.

O Marco Civil tem por objetivo promover o direito de acesso à internet a todos (art. 4º). O acesso à internet é tido como essencial ao exercício da cidadania (art. 7º). Na interpretação da lei em questão deve-se levar em conta – além dos fundamentos, princípios e objetivos previstos – a natureza da internet, seus usos e costumes próprios, além de sua relevância na promoção, inclusive social e cultural, do ser humano (art. 6º).

Prevê-se, ainda, no art. 7º, dentre outros direitos, a inviolabilidade e sigilo do fluxo das comunicações pela internet (salvo por ordem judicial); a inviolabilidade e sigilo das comunicações privadas armazenadas (salvo por ordem judicial); e, no que pode interessar mais de perto à responsabilidade civil, prevê-se o não fornecimento a terceiros dos dados pessoais, inclusive registros de conexão, e de acesso a aplicações de internet, salvo mediante consentimento livre, expresso e informado ou nas hipóteses previstas em lei. Entre outros direitos assegurados no mesmo artigo está a aplicação das normas de proteção e defesa do consumidor nas relações de consumo realizadas na internet (XIII).

Importante, nesse contexto, lembrar que são nulas de pleno direito as cláusulas contratuais que, em contrato de adesão, não ofereçam como alternativa ao contratante a adoção do foro brasileiro para solução de controvérsias decorrentes de serviços prestados no Brasil (art. 8º, II), como também são nulas as cláusulas que impliquem ofensa à inviolabilidade e ao sigilo das comunicações privadas pela internet (art. 8º, I). Os artigos 10 a 16 do Marco Civil cuidam da proteção da guarda dos registros de conexão e de acesso (e também da proteção aos registros), e não nos interessam diretamente neste livro. O art. 17 prevê que "ressalvadas as hipóteses previstas nesta Lei, a opção por não guardar os registros de acesso a aplicações de internet não implica responsabilidade sobre danos decorrentes do uso desses serviços por terceiros".

A Seção III da Lei do Marco Civil trata da responsabilidade por danos decorrentes de conteúdo gerado por terceiros. O art. 18 estatui: "O provedor de conexão à internet não será responsabilizado civilmente por danos decorrentes de conteúdo gerado por terceiros". Lembremos que a exploração comercial da internet configura fornecimento de serviços, à luz do CDC. O fato do serviço prestado pelo provedor ser gratuito não desvirtua a relação de consumo (STJ, REsp 1.186.616, Rel. Min. Nancy Andrighi, 3ª T., DJ 31/08/11). A expressão "mediante remuneração", contido no art. 3º, § 2º, do CDC, deve ser interpretada de forma ampla, de modo a incluir os ganhos indiretos. Assim, mesmo quando não haja remuneração direta, há remuneração indireta. As vítimas dos danos, não importa quem sejam, são consumidores por equiparação (CDC, art. 17).

O art. 19 do Marco Civil estatui: "Com o intuito de assegurar a liberdade de expressão e impedir a censura, o provedor de aplicações de internet somente poderá ser responsabilizado civilmente por danos decorrentes de conteúdo gerado por terceiros se, após ordem judicial específica, não tomar as providências para, no âmbito e nos limites técnicos do seu serviço e dentro do prazo assinalado, tornar indisponível o conteúdo apontado como infringente, ressalvadas as disposições legais em contrário". Também aqui o conteúdo legal se harmoniza, de modo geral, com as decisões do STJ sobre o tema.

Assim, os provedores de conteúdo, ao oferecer um serviço que permite que os usuários expressem livremente sua opinião, não são obrigados a filtrar os dados e imagens neles inseridos (STJ, REsp 1.192.208, Rel. Min. Nancy Andrighi, 3ª T., DJ 02/08/12). Devem, porém, como dissemos antes, agir de modo imediato ao recebem comunicação a respeito de conteúdo ilícito ou ofensivo. Havendo mensagem ofensiva em rede social, por exemplo, o provedor, uma vez comunicado, tem o prazo de 24 horas para retirar preventivamente a página - supostamente ofensiva - do ar. Caso não o faça, responde solidariamente pelos danos. Depois da retirada, o provedor analisará se, de fato, há ofensa. Caso não haja, quem denunciou abusivamente poderá responder civilmente, se tiver havido dano.

Nesse contexto, "não se pode exigir do provedor de hospedagem de blogs a fiscalização antecipada de cada nova mensagem postada, não apenas pela impossibilidade técnica e prática de assim proceder, mas sobretudo pelo risco de tolhimento da liberdade de pensamento. Não se pode, sob o pretexto de dificultar a propagação de conteúdo ilícito ou ofensivo na web, reprimir o direito da coletividade à informação. Sopesados os direitos envolvidos e o risco potencial de violação de cada um deles, o fiel da balança deve pender para a garantia da liberdade de criação, expressão e informação, assegurada pelo art. 220 da CF/88, sobretudo considerando que a Internet representa, hoje, importante veículo de comunicação social de massa" (STJ, REsp 1.406.448, Rel. Min. Nancy Andrighi, 3ª T., DJ 21/10/2013).

O chamado provedor de aplicações de internet, como vimos, somente poderá ser responsabilizado civilmente por danos decorrentes de conteúdo gerado por terceiros se, após ordem judicial específica, não tomar as providências para, no âmbito e nos limites técnicos do seu serviço e dentro do prazo assinalado, tornar indisponível o conteúdo apontado como ofensivo. Há, no Marco Civil da internet, uma hipótese de responsabilidade civil subsidiária do provedor de aplicações. Ele será responsabilizado de modo subsidiário quando disponibilizar conteúdo gerado por terceiro e nessa disponibilização houver violação da intimidade - decorrente da divulgação, por exemplo, sem autorização de seus participantes, de imagens, de vídeos ou de outros materiais contendo cenas de nudez ou de atos sexuais de caráter privado. Porém, ainda nesse caso, apenas quando o provedor - na linha do que vinha sinalizando a jurisprudência brasileira - após o recebimento de notificação pelo participante ou seu representante legal, deixar de promover, de forma diligente, no âmbito e nos limites técnicos do seu serviço, a indisponibilização desse conteúdo (art. 21). Convém lembrar - embora pisando na lama da obviedade - que em se tratando do universo digital poucas horas equivalem a dias ou meses no universo físico-convencional (no que se refere à propagação das informações, muitas vezes ofensivas e falsas). Qualquer solução, portanto, legal ou jurisprudencial, que deixar de constatar essa realidade cairá em descrédito e se mostrará inefetiva.

Convém lembrar, a respeito do comércio eletrônico, que as fraudes são muitas. Em 2017 um casal foi condenado em razão de fraudes na internet que chegaram a 250 milhões de reais (através do site de vendas Pank). Os produtos comprados ou não eram entregues ou, quando eram, geralmente tratava-se de produtos "piratas".

O empresário – que foi preso enquanto tentava fugir do país – foi condenado em primeira instância a pagar R$ 4,8 milhões em indenização às vítimas citadas no processo e mais R$ 9,7 milhões por danos morais coletivos. Sob o prisma penal, o casal foi condenado a penas que superam os 37 anos de reclusão.

Cabe uma palavra jurisprudencial sobre o comércio eletrônico. Já observamos, no Capítulo III, que se há falha em sistema digital de mediação de negócios – Mercado Livre, por exemplo – haverá responsabilidade objetiva do prestador do serviço (STJ, REsp 1.107.024, Rel. Min. Isabel Gallotti, j. 01/12/11). Há, porém, outra situação possível, com solução diferente. Nas compras virtuais, o provedor de buscas de produtos que não realiza qualquer intermediação entre consumidor e vendedor não pode ser responsabilizado por qualquer vício da mercadoria ou inadimplemento contratual (STJ, REsp 1.444.008, Rel. Min. Nancy Andrighi, 3ª T, DJ 09/11/2016). Convém registrar, aqui, uma diferença relevante: a) uma coisa são os provedores de serviço que, além oferecerem o serviço de buscas de mercadorias, fornecem a estrutura virtual para a realização da compra (nesse caso, passam a fazer parte da cadeia de fornecimento, de modo solidário); b) outra situação, bem distinta, é aquela em que o prestador de busca de produtos se se limita a apresentar ao consumidor o resultado da busca, após o que o consumidor é direcionado ao site do vendedor do produto (não haverá, nessa situação, responsabilidade solidária do site que ofereceu os resultados da busca). Não há, nessa hipótese, ademais, cobrança de comissões sobre as operações realizadas, sendo a remuneração desses sites oriunda das publicidades veiculadas em suas páginas.

4.2.3. *Os profissionais liberais são fornecedores de serviços?*

Profissional liberal é aquele que exerce, com autonomia, sua tarefa, sem subordinação técnica a outrem. Define-se – além da habilitação técnica – pela independência à luz dos princípios que regem a sua atividade e pela habitualidade no exercício da sua profissão. O que não impede, porém, que haja vínculo de emprego.

Não é necessário que estejamos diante de profissão regulamentada. Serão, portanto, profissionais liberais, na forma do art. 14, § 4º, do CDC, mesmo aqueles cuja profissão não esteja legalmente regulamentada. O que importa é que o serviço seja prestado de modo, por assim dizer, personalizado, havendo um contato pessoal entre o fornecedor e o consumidor, sem a massificação que costuma caracterizar o fornecedor de serviços. Importante, nesse sentido, para caracterizar um profissional liberal, é lembrar da natureza *intuitu personae* dos serviços prestados (Cf. Fernando Noronha. *Direito das obrigações*. São Paulo: Saraiva, 2007, p. 402). É preciso, portanto, nesse contexto, que se trate de um serviço que contratamos em razão das qualidades peculiares e personalíssimas daquele profissional.

Para Paulo Lobo, nem mesmo a graduação universitária é necessária. Seria, assim, profissional liberal "*todo aquele que desenvolve atividade específica de serviços, com independência técnica, e com qualificação e habilitação determinadas pela lei ou pela divisão social do trabalho*". ("Responsabilidade Civil dos Profissionais Liberais e o ônus da prova". *Revista de Direito do Consumidor*. São Paulo, nº 26, p. 160).

Os profissionais liberais são fornecedores de serviços, sujeitos, portanto à disciplina do CDC. Porém, em relação a eles, o CDC trouxe disposição específica, afirmando que a "responsabilidade pessoal dos profissionais liberais será apurada mediante a verificação de culpa" (art. 14, § 4º).

Pode-se, no entanto, indagar: qual a vantagem de se aplicar o Código de Defesa do Consumidor, se a responsabilidade pessoal dos profissionais liberais, a teor do art. 14, § 4º, é subjetiva, fugindo à regra geral, nele consignada, da responsabilidade objetiva?

As vantagens, ainda assim, são imensas para o consumidor. É possível que ocorra, a critério do juiz, inversão do ônus da prova, se a alegação for verossímil ou quando o consumidor for hipossuficiente, a teor do art. 6º, VIII, do CDC (hipossuficiência não apenas econômica, mas sobretudo técnica).

O consumidor poderia propor a ação em seu domicílio (CDC, art. 101, I), e não no do profissional liberal que causou danos, circunstância que estaria concorde com a facilitação da defesa de seus direitos (CDC, art. 6º, VIII). De igual forma, aplicável o CDC, os deveres de bem informar, de modo claro e adequado, inclusive sobre os riscos da demanda (condenação em honorários advocatícios, por exemplo, no caso do advogado), são mais severos em face ao fornecedor, do que aqueles aplicáveis ao comum das relações civis. Os profissionais liberais, portanto, como qualquer fornecedor de serviços, respondem por informações insuficientes ou inadequadas (CDC, art. 14).

De igual modo, o "fato de se exigir comprovação da culpa para poder responsabilizar o profissional liberal pelos serviços prestados de forma inadequada, não é motivo suficiente para afastar a regra de prescrição estabelecida no artigo 27 da legislação consumerista, que é especial em relação às normas contidas no Código Civil" (STJ, REsp. 731.078, Rel. Min. Castro Filho, j. 13/12/05, p. DJ 13/02/06).

A propósito dos profissionais liberais o STJ afirmou: "Conforme precedentes firmados pelas turmas que compõem a Segunda Seção, é de se aplicar o Código de Defesa do Consumidor aos serviços prestados pelos profissionais liberais, com as ressalvas do § 4º do artigo 14" (STJ, REsp. 731.078, Rel. Min. Castro Filho, j. 13/12/05, p. DJ 13/02/06).

Os serviços prestados por advogados estão sujeitos ao CDC?

Digamos, inicialmente, que os serviços prestados por médicos, ainda que individualmente, configuram relação de consumo, razão pela qual, como consequência processual, a ação pode ser proposta no domicílio do autor (art. 101, I, CDC). Nesse sentido, decidiu o STJ: "Código de Defesa do Consumidor – Competência – Responsabilidade do fornecedor de serviços – Médico. A ação de responsabilidade por dano decorrente da prestação de serviço médico pode ser proposta no foro de domicílio do autor (art. 101, I, CDC), ainda que a responsabilidade do profissional liberal dependa da prova de sua culpa (art. 14, § 4, do CDC)." (STJ, REsp. 80.276, Rel. Min. Ruy Rosado de Aguiar, 4ª T., j. 12/02/96, p. DJ 25/03/96).

O STJ, estranhamente, excluiu os advogados do âmbito de incidência do CDC, frisando que "não há relação de consumo nos serviços prestados por advogados, seja por incidência de norma específica, no caso a Lei nº 8.906/94, seja por não ser atividade fornecida no mercado de consumo. As prerrogativas e obrigações impostas aos advogados – como, v.g., a necessidade de manter sua independência em qualquer circunstância e a vedação à captação de causas ou à utilização de agenciador (arts. 31/§ 1º e 34/III e IV, da Lei nº 8.906/94) – evidenciam natureza incompatível com a atividade de consumo" (STJ, REsp. 532.377, Rel. Min. César Asfor Rocha, 4ª T., j. 21/08/03, p. DJ 13/10/03). Posteriormente tal orientação foi reafirmada no REsp. 539.077, relatado pelo Ministro Aldir Passarinho Júnior, julgado em 26/04/05.

Isso significa dizer, por exemplo, que alguém, enganado por advogado malicioso – existem, infelizmente, em todas as profissões – terá que se deslocar até o domicílio do advogado para lá propor a ação, e não poderá invocar o art. 101, I, do CDC, que faculta a propositura da ação no domicílio do consumidor.

Não nos parece que haja diferenças ontológicas entre o serviço do médico e o do advogado, excluindo esse da posição de prestador de serviços. Legislação específica não é obstáculo para a incidência do CDC, e as prerrogativas legais, a que os advogados fazem jus, em nada se indispõem com o sistema de consumo, dentro do qual, por expressa dicção legal, a responsabilidade civil dos profissionais liberais é apurada mediante culpa (art. 14, § 4º, CDC).

Um dos argumentos apresentados pelo acórdão supra foi a "incidência de norma específica, no caso a Lei nº 8.906/94". Tal argumentação, todavia, não convence. O CDC operou um corte horizontal no sistema – valendo-nos de figura de linguagem já usada em doutrina – fazendo com que, qualquer que seja a disciplina originária, seja também disciplinada pelo CDC, no que perfizer relação de consumo. O STJ, muito corretamente, já reconheceu isso em mais de uma oportunidade: "O contrato de incorporação, no que tem de específico, é regido pela lei que lhe é própria (Lei nº 4.591/1964), mas sobre ele também incide o Código de Defesa do Consumidor, que introduziu no sistema civil princípios gerais que realçam a justiça contratual, a equivalência das prestações e o princípio da boa-fé objetiva" (STJ, REsp. 80.036, Rel. Min. Ruy Rosado de Aguiar, 4ª T.).

Trata-se, cabe repetir, de tendência criticável. Não há razão jurídica razoável para tão excepcional exclusão. O art. 14 do CDC, ao tratar da responsabilidade do fornecedor, estabelecendo sua responsabilidade, pelos serviços prestados, independentemente de culpa, estatui, no § 4º, uma exceção – a única no CDC – dizendo que a responsabilidade pessoal dos profissionais liberais será apurada mediante a verificação de culpa.

Extrai-se, dessa regra, a singela conclusão (que de resto decorre de todo o sistema do CDC): aos profissionais liberais se aplica o Código do Consumidor, porém, no que toca à sua responsabilidade pessoal, essa será apurada mediante culpa. Os profissionais liberais, pelos serviços que prestam aos seus clientes, dentro de sua área profissional, são fornecedores, fazendo surgir, inegavelmente, relação de consumo, como o Tribunal, em várias oportunidades, reconheceu.

Não há, cabe repetir, nenhuma razão, teleológica ou legal, para afastar a incidência do Código de Defesa do Consumidor. Nem a existência de legislação própria (Lei nº 8.906/94) autoriza, como argumentou o Tribunal, a exclusão, pois o Código de Defesa do Consumidor estabeleceu um corte horizontal no sistema, chamando a si todas as relações de consumo. Legislação própria, ademais, têm a maioria das relações de consumo, o que não serve para inibir a força normativa do CDC.

Em julgados mais recentes o STJ parece tender no sentido de superar a posição anterior, no sentido da não submissão dos advogados ao CDC. Ao julgar o REsp. 633.174, decidiu-se, em razão das peculiaridades do caso, não estar configurada a relação de consumo entre o cliente e o advogado, porém com o propósito de aplicar prazo prescricional maior, em favor do cliente (um cidadão procurou um advogado para ingressar com ação trabalhista, fornecendo-lhe todos os documentos necessários para tanto. Compareceu várias vezes ao escritório do advogado para que este propusesse a ação, o que nunca foi feito. À vista do ocorrido, o cliente ingressou com ação de danos morais e materiais contra o advogado. O advogado dizia que, por se tratar de relação de consumo, a pretensão do cliente já estava prescrita, fundado no art. 27 do CDC. O STJ entendeu se tratar, a rigor, de inadimplemento contratual, aplicando o prazo prescricional de vinte anos, previsto no Código Civil revogado).

Porém, como princípio geral, a relatora frisou que a relação entre advogado e cliente é relação de consumo (STJ, REsp. 633.174, Rel. Min. Nancy Andrighi, 3ª T, j.02/12/04, p. DJ 21/03/05). Ponderou-se em doutrina: "Dizer que o Estatuto da Ordem dos Advogados do Brasil revogou o CDC é, na verdade, uma afirmativa equivocada e mais um movimento de negação de defesa do princípio constitucional de tutela do consumidor que, infelizmente, encontrou eco em parte dos Ministros do Superior Tribunal de Justiça" ("O mercado de consumo e a prestação de serviços advocatícios", in RDC, nº 59, julho-setembro de 2006, RT, p. 23).

O STJ, contudo, firmou posição oposta, pacificando-se no sentido de não considerar possível invocar normas do CDC para regular contratos de prestação de serviços advocatícios. Desse modo, o CDC não se aplica à regulação de contratos de honorários advocatícios (STJ, REsp 1.123.422, Rel. Min. João Otávio de Noronha, 4ª T., DJ 15/08/11). O CDC não incide nos contratos de prestação de serviços advocatícios (STJ, AgRg no Ag 1.380.692, Rel. Min. Nancy Andrighi, 3ª T., DJ 30/05/11). Por não incidir o CDC nos contratos de prestação de serviços advocatícios, não se pode considerar abusiva a cláusula contratual que prevê honorários advocatícios em percentual superior ao usual. Prevalece o *pacta sunt servanda* (STJ, REsp 757.867, Rel. Min. Humberto Gomes de Barros, 3ª T., DJ 09/10/06). As relações contratuais entre clientes e advogados são regidas pelo Estatuto da OAB, aprovado pela Lei nº 8.906/94, a elas não se aplicando o CDC (STJ, REsp 539.077, Rel. Min. Aldir Passarinho Júnior, 4ª T., DJ 30/05/05). No mesmo sentido (STJ, REsp 1.134.889, Rel. Min. Mello Castro, 4ª T, DJ 08/04/10). Posteriormente decidiu-se que "conforme entendimento firmado no STJ, o CDC não se aplica à prestação de serviços de advocacia" (STJ, AgRg no AREsp 316.594, DJ 09/09/2014).

Embora não seja aplicável o CDC, são aplicáveis os princípios e regras que compõem o Código Civil, como a boa-fé objetiva (arts. 113, 187 e 422), a função social do contrato (art. 421 e 2.035, parágrafo único), a vedação da lesão (art. 157) e a proibição do abuso de direito (art. 187).

4.3. Teorias "maximalista" e "minimalista"

A partir do surgimento do CDC, e com o posterior aprofundamento das discussões, esboçou-se na doutrina – com reflexos jurisprudenciais – uma disputa entre maximalistas e minimalistas (finalistas). Os primeiros diziam que a aplicação do CDC deveria ser a mais ampla possível, incluindo as pessoas jurídicas e os empresários, que deveriam se beneficiar com a nova lei de consumo. Os segundos, também chamados de finalistas, diziam que a interpretação, para preservar o espírito do código, deveria proteger os efetivamente mais fracos, sob pena de banalizar o CDC e esvaziar o seu alcance. Esta segunda é considerada, digamos assim, a opção "politicamente correta", e conta com o apoio de considerável parcela dos chamados "consumeristas".

O STJ sublinhou que a "jurisprudência desta Corte sedimenta-se no sentido da adoção da teoria finalista ou subjetiva para fins de caracterização da pessoa jurídica como consumidora em eventual relação de consumo, devendo, portanto, ser destinatária final econômica do bem ou serviço adquirido" (STJ, CC 92.519, Rel. Min. Fernando Gonçalves, 2ª Seção, DJ 04/03/09). Posteriormente o STJ frisou, na linha de outros precedentes: "A jurisprudência desta Corte tem adotado o critério do destinatário final do produto ou serviço para a caracterização do consumidor" (STJ, REsp 956.695, Rel. Min. Sidnei Beneti, 3ª T, DJ 18/12/09).

Porém não cremos que a questão, posta em termos excludentes, dê conta da riqueza que a discussão envolve. Aliás, a jurisprudência, como veremos a seguir, tem tendido a ampliar o conceito de destinatário final, ampliando a disciplina do CDC para um sem-número de casos.

4.4. Compreendendo a expressão "destinatário final"

Dissemos acima não ser simples nem fácil definir o "destinatário final". Passados mais de vinte anos de vigência do CDC, ainda hoje a jurisprudência diverge acerca do real conteúdo da expressão.

A figura do consumidor está, de acordo com o CDC, vinculada à utilização do produto ou serviço na condição de destinatário final ("Consumidor é toda pessoa física ou jurídica que adquire ou utiliza produto ou serviço como destinatário final"). Não basta, portanto, adquirir, em termos econômicos, o produto ou serviço. É fundamental, para aplicação da sistemática de consumo, que tal aquisição se dê na qualidade de destinatário final.

O que vem a ser o destinatário final?

É a necessidade, legalmente imposta, de que a aquisição do produto ou a fruição do serviço não ocorra com fins profissionais. Se uma empresa adquire de outra madeira pré-fabricada para confeccionar cadeiras de escritório, que serão posteriormente vendidas, não teremos, aí, uma relação de consumo, e sim um contrato empresarial.

Em linha de princípio o CDC se aplica aos consumidores não profissionais, como tais entendidos aqueles que, ao adquirir o produto ou serviço, o fazem de modo alheio às finalidades profissionais, sem procurar, por meio da aquisição, aumentar seus lucros. Assim, a "aquisição de bens ou a utilização de serviços, por pessoa natural ou jurídica, com o escopo de implementar ou incrementar a sua atividade negocial, não se reputa como relação de consumo e, sim, como uma atividade de consumo intermediária" (STJ, REsp. 541.867, Rel. Min. Barros Monteiro, 2ª Seção, p. DJU 16/05/05).

Porém, não são absolutas tais restrições. A jurisprudência tem eventualmente flexibilizado a restrição acima referida, com vistas a preservar a teleologia do CDC. Se uma pequena empresa adquire um produto de um sólido grupo econômico, ainda que visando, com tal aquisição, lucro, nada impede que se reconheça, no caso concreto, a incidência do CDC, máxime se a compradora está atuando fora de seu campo ordinário de negócios.

Pondera, a respeito, a doutrina: "Além disso, o consumidor é aquele que adquire o produto ou recebe o serviço como destinatário final. Esse problema do limite de aplicação do Código do Consumidor – em decorrência da amplitude de interpretação dada a esse art. 2º – é tema ainda insepulto. Há, em suma, duas correntes que se digladiam: os finalistas, segundo os quais o consumidor seria apenas aquele que se aproveita dos produtos ou serviços para si, sua família ou em uso doméstico. Há, para essa corrente, uma leitura restritiva do conceito de destinatário final, referido na lei. Já os maximalistas creem que também são abrangidos pela proteção dada ao consumidor, aqueles que adquirem os produtos e os usam profissionalmente, desde que, claro, não seja para revenda" (José Roberto de Castro Neves, "O Direito do Consumidor – de onde viemos e para onde vamos", in RTDC, vol. 26, abr/jun, 2006, p. 200).

Assim, pondera o autor, o cabeleireiro que adquire um xampu e o usa no seu salão não será, para os finalistas, consumidor (não seria destinatário final, uma vez que usaria o produto nos seus clientes e cobraria por isso), sendo, no entanto, o mesmo cabeleireiro consumidor para os maximalistas. O mesmo se diga em relação a um advogado que adquire um software para o registro de seus clientes.

Assim, quem, sendo produtor de arroz, compra adubo químico para investir em sua atividade comercial (e não como destinatário final, para, por exemplo, alimentar sua família), não pode ser considerado consumidor, porquanto visa incrementar, com a aquisição, sua atividade negocial (STJ, REsp 101.6458, Rel. Min. Aldir Passarinho Júnior, 4ª. T., DJ 08/03/10). Do mesmo modo, a relação jurídica entre clínica de oncologia que compra equipamento para prestar serviços de tratamento ao câncer, e representante comercial que vende esses mesmos equipamentos, não é de consumo, dada a adoção da teoria finalista acerca da definição das relações de consumo (STJ, REsp 1.173.060, Rel. Min. Nancy Andrighi, 3ª T, DJ 25/10/12). Há, conforme já vimos, precedentes no STJ mitigando a teoria finalista em situações em que ocorra uma clara vulnerabilidade, o que não é o caso desta situação narrada.

É preciso, muitas vezes, analisar o caso concreto e suas circunstâncias. Sempre que estiver evidenciada a desigualdade material, a parte mais fraca deverá ser protegida, ainda que não seja o caso de aplicar o CDC. O Código Civil tem normas que possibilitam essa proteção, mormente se interpretado à luz da Constituição.

Porém, mesmo assim, a matéria apresenta dificuldades e sutilezas. Não é só a vulnerabilidade que pode ser relevante para caracterizar a pessoa jurídica como consumidora. Alguns julgados aceitam que, mesmo ausente a vulnerabilidade, a pessoa jurídica pode ser consumidora, se o produto por ela adquirido for utilizado não para integrar os serviços prestados ao cliente, mas como destinatária final. O problema, nesse contexto, ganha maior dimensão de complexidade, pois nem sempre é clara a linha de separação entre o que faz (e o que não faz) parte dos serviços prestados aos clientes, ou mesmo até que ponto os produtos adquiridos pela empresa não estão, também, conectados e integrados num todo maior teleologicamente vinculado ao lucro. Seja como for, decidiu-se, no sentido que relatamos neste parágrafo: "Controvérsia acerca da existência de relação de consumo na aquisição de aeronave por empresa administradora de imóveis. Produto adquirido para atender a uma necessidade própria da pessoa jurídica, não se incorporando ao serviço prestado aos clientes. Existência de relação de consumo, à luz da teoria finalista mitigada" (STJ, AgRg no REsp 1.321.083, Rel. Min. Paulo de Tarso Sanseverino, DJ 25/09/2014). Entendeu-se, no caso, que a empresa administradora de imóveis era destinatária final da aeronave (o que, analisado isoladamente, é verdadeiro). Perceba-se – à luz do julgado citado, se aceitarmos a solução por ele veiculada como correta (caberia indagar se a decisão não estaria flertando com a teoria maximalista) – que mesmo ausente a vulnerabilidade a pessoa jurídica pode, embora excepcionalmente, ser consumidora, se destinatária final do produto ou serviço.

Lembremos, para tornar a questão ainda mais difícil, que o STJ tem afirmado que o CDC não incide – por não se caracterizar a figura do consumidor – nos casos de financiamentos bancários ou de aplicação financeira com o propósito de ampliar capital de giro (STJ, REsp 963.852, Rel. Min. Carlos Ferreira, DJ 06/10/2014). O capital obtido da instituição financeira, no caso, destina-se a fomentar a atividade industrial, comercial ou de serviços, incrementando os negócios e o lucro. É de se indagar se o avião, também, não é só um instrumento para incrementar os negócios e o lucro. A matéria, dissemos, é difícil e delicada.

4.4.1. Ampliações jurisprudenciais do conceito do "destinatário final"

Dissemos acima que, eventualmente, a jurisprudência tem aplicado o CDC mesmo que o consumidor aja com fins profissionais. O STJ, ampliando o conceito de destinatário final, entendeu que a farmácia que celebra contrato de prestação de serviço com empresa de cartão de crédito – tendente a vender produtos farmacêuticos, para seus clientes, mediante cartão de crédito – e não recebe pagamento da empresa de cartão, é consumidora, podendo propor ação para reaver os prejuízos em seu domicílio (art. 101, I, CDC). A farmácia, no caso, segundo o STJ, é destinatária final do serviço de crédito.

Cabe transcrever a ementa da citada decisão: "Aquele que exerce empresa assume a condição de consumidor dos bens e serviços que adquire ou utiliza como destinatário final, isto é, quando o bem ou serviço, ainda que venha a compor o estabelecimento empresarial, não integre diretamente – por meio de transformação, montagem, beneficiamento ou revenda – o produto ou serviço que venha a ser ofertado a terceiros. O empresário ou sociedade empresária que tenha por atividade precípua a distribuição, no atacado ou varejo, de medicamentos, deve ser considerado destinatário final do serviço de pagamento por meio de cartão de crédito, porquanto esta atividade não integra, diretamente, o produto objeto de sua empresa" (STJ, REsp. 41.056, Rel. Min. Nancy Andrighi, Segunda Seção, DJ 20/09/04).

Como afirmamos acima, existem julgados que ampliam o conteúdo normativo da expressão "destinatário final". Essa, aliás, tem sido uma constante na jurisprudência do STJ: "A expressão 'destinatário final', constante da parte final do art. 2º do Código de Defesa do Consumidor, alcança o produtor agrícola que compra adubo para o preparo do plantio, à medida que o bem adquirido foi utilizado pelo profissional, encerrando-se a cadeia produtiva respectiva, não sendo objeto de transformação ou beneficiamento" (STJ, REsp. 208.793, Rel. Min. Carlos Alberto Menezes Direito, 3ª T., DJ 01/08/00). Em sentido semelhante decidiu o STJ: "O agricultor que adquire bem móvel com a finalidade de utilizá-lo em sua atividade produtiva, deve ser considerado destinatário final, para os fins do art. 2º do Código de Defesa do Consumidor" (STJ, REsp. 445.854, Rel. Min. Castro Meira, 3ª T., j. 02/12/03, p. DJ 19/12/03). Posteriormente decidiu o STJ: "Aplica-se o Código de Defesa do Consumidor aos contratos firmados entre instituições financeiras e agricultor, pessoa física, ainda que para viabilizar o seu trabalho como produtor rural" (STJ, AgRg nos EDl no REsp 866.389, Rel. Min. Sidnei Beneti, 3 T, DJ 01/07/08).

Mesmo que haja utilização do serviço, por parte da pessoa jurídica, com fins profissionais – como é o caso da empresa que comercializa pescados – poderá esta pessoa jurídica ser tida como consumidora relativamente ao poder público que lhe fornece água: "Há relação de consumo no fornecimento de água por entidade concessionária desse serviço público à empresa que comercializa com pescados. 2. A empresa utiliza o produto como consumidora final. 3. Conceituação de relação de consumo assentada pelo art. 2º do Código de Defesa do Consumidor. 4. Tarifas cobradas a mais. Devolução em dobro. Aplicação do art. 42, parágrafo único, do Código de Defesa do Consumidor" (STJ, REsp. 263.229, Rel. Min. José Delgado, 1ª T., j. 14/11/00, p. DJ 09/04/01).

Também seria consumidor e "insere-se no conceito de 'destinatário final' a empresa que se utiliza dos serviços prestados por outra, na hipótese em que se utilizou de tais serviços em benefício próprio, não os transformando para prosseguir na sua cadeia produtiva" (STJ, REsp. 488.274, Rel. Min. Nancy Andrighi, 3ª T., j. 22/05/03, p. DJ 23/06/03). No caso em questão, tratava-se de empresa produtora de alimentos que se utilizou dos serviços de software, manutenção e suporte de outra empresa para o controle interno de sua produção. O Tribunal entendeu que ela era destinatária final dos serviços, pois não estaria transformando o bem e o repassando aos consumidores, mas apenas o usando internamente, dentro da empresa.

Cabe resumir, com base na jurisprudência mais recente, o que dissemos. O STJ adota o critério finalista para definir a relação de consumo (também chamada teoria subjetiva – REsp 541.867). O consumidor, portanto, deve ser destinatário final do produto ou serviço. Dessa forma, não há relação de consumo quando se trata de produtor rural de grande porte e o maquinário objeto do contrato serviu para a colheita de milho e feijão em grande escala (STJ, REsp 826.827, Rel. Min. Sidnei Beneti, 3ª T., DJ 19/10/10). Já se frisou que o grande produtor rural é um empresário rural e, quando adquire sementes, insumos ou defensivos agrícolas para o implemento de sua atividade produtiva, não o faz como destinatário final, como acontece nos casos da agricultura de subsistência, em que a relação de consumo e a hipossuficiência ficam bem delineadas (STJ, REsp 914.384, Rel. Min. Massami Uyeda,

3ª T, DJ 01/10/10). O STJ costuma excepcionar, apenas, as hipóteses de agricultura de subsistência, a elas aplicando o CDC.

Em julgados mais recentes o STJ tem afirmado que no contrato de compra e venda de insumos agrícolas o produtor rural não pode ser considerado destinatário final, razão pela qual, nesses casos, não incide o CDC (STJ, AgRg no AREsp 86914, Rel. Min. Luis Felipe Salomão, 4ª T., DJ 28/06/12). Tratando-se de grande produtor rural e o contrato referindo-se, na sua origem, à compra de insumos agrícolas, não se aplica o CDC, pois não se trata de destinatário final (STJ, REsp 914.384, Rel. Min. Massami Uyeda, 3ª T., j. 02/09/10). Compra e venda de sementes de milho por produtor rural, destinadas ao plantio em sua propriedade para posterior colheita e comercialização, não espelham relação de consumo (STJ, REsp 1.132.642, Rel. p/ acórdão Min. Massami Uyeda, 3ª T., DJ 18/11/10). A jurisprudência, no caso, demonstra certa oscilação conceitual: certos julgados parecem exigir, para afastar a incidência do CDC, que se trate de grande produtor rural, outros se satisfazem com o fato de que o produto ou serviço foram usados em outra atividade produtiva, como a agricultura, o que afasta a condição de destinatário final.

Abranda-se, porém, em determinados casos, a teoria finalista (ou subjetiva), para aplicar o CDC a consumidores profissionais, desde que demonstrada a vulnerabilidade técnica, jurídica ou econômica. Aplica-se, assim, o CDC à relação entre o fabricante de máquinas e uma pessoa física que borda em prol da sobrevivência de sua família, estando evidenciada sua vulnerabilidade econômica (STJ, REsp 1.010.834, Rel. Min. Nancy Andrighi, 3ª T, DJ 13/10/10). Na mesma linha de ideias, a aquisição de veículo para utilização como táxi, por si só, não afasta a possibilidade de aplicação das normas protetivas do CDC (STJ, REsp 611.872, Rel. Min. Carlos Ferreira, 4ª T., DJ 23/10/12).

Cada vez mais a vulnerabilidade é usada, pela jurisprudência, para indicar se estamos diante de uma relação de consumo. Nesse sentido, "saber se o destinatário final de um produto ou serviço se enquadra no conceito de consumidor é compreender, além da sua destinação, se a relação jurídica estabelecida é marcada pela vulnerabilidade da pessoa física ou jurídica que adquire ou contrata produto ou serviço diante do seu fornecedor" (STJ, REsp 509.304, Rel. Min. Villas Bôas Cueva, 3ª T., DJ 23/05/2013). Nessa ordem de ideias, o proprietário que contrata imobiliária para administrar seu imóvel é destinatário final do serviço e, portanto, consumidor.

Tem-se, nesses casos, para descrever a tendência que apontamos neste tópico, usando-se a expressão "teoria finalista mitigada". Usa-se, também, para descrever o mesmo fenômeno, a expressão "teoria finalista aprofundada". Seja qual for a etiqueta semântica escolhida, algo é certo: observa-se, cada vez mais, nos casos concretos, os contextos de contratação. Valoriza-se também particularmente a presença, ou não, da vulnerabilidade. O STJ resumiu, de modo pedagógico, essa tendência: "A natureza da relação estabelecida entre as pessoas jurídicas - se de consumo ou puramente empresarial - não pode ser qualificada a partir de uma análise feita exclusivamente pelo prisma dos contratantes, à margem de qualquer reflexão sobre o contexto no qual se insere o contrato celebrado" (STJ, REsp 1.417.293, Rel. Min. Nancy Andrighi, DJ 02/09/2014).

4.5. A pessoa jurídica como consumidora

Já mencionamos que a pessoa jurídica pode ser consumidora. No Brasil - ao contrário de outros países, como a Alemanha, onde tal possibilidade inexiste - é possível que tenhamos um consumidor pessoa jurídica. O CDC, aliás, é explícito ("Consumidor é toda pessoa física ou jurídica que adquire ou utiliza produto ou serviço como destinatário final").

A jurisprudência, em várias oportunidades, reconhece a pessoa jurídica como consumidora. Assim, "tratando-se de contrato de adesão, sendo a ré microempresa, pertinente é a aplicação do art. 6º, VIII, do Código de Defesa do Consumidor, superando-se a cláusula de eleição de foro, com vistas à facilitação da defesa". (STJ, REsp. 468.148, Rel. Min. Carlos Alberto Menezes Direito, 3ª T., j. 02/09/03, p. DJ 28/10/03).

A jurisprudência, sabiamente, tem abrandado, em certos casos, a corrente finalista, desde que presente a vulnerabilidade: "A relação jurídica qualificada por ser 'de consumo' não se caracteriza pela presença de pessoa física ou jurídica em seus pólos, mas pela presença de uma parte vulnerável de um lado (consumidor), e de um fornecedor, de outro. Mesmo nas relações entre pessoas jurídicas, se da análise da hipótese concreta decorrer inegável vulnerabilidade entre a pessoa-jurídica consumidora e a fornecedora, deve-se aplicar o CDC na busca do equilíbrio entre as partes. Ao consagrar o critério finalista para interpretação do conceito de consumidor, a jurisprudência deste STJ também reconhece a necessidade de, em situações específicas, abrandar o rigor do critério subjetivo do conceito de consumidor, para admitir a aplicabilidade do CDC nas relações entre fornecedor e consumidores-empresários em que fique evidenciada a relação de consumo. São equiparáveis a consumidor todas as pessoas, determináveis ou não, expostas às práticas comerciais abusivas" (STJ, REsp. 476.428, Rel. Min. Nancy Andrighi, 3ª T., p. 09/05/05).

4.6. Consumidor pessoa física e consumidor pessoa jurídica: presunções

A vulnerabilidade, pressuposto de aplicação do CDC, é presumida relativamente à pessoa física, devendo ser demonstrada quando a pessoa jurídica pretende ser considerada consumidora. Essa, pelo menos, tem sido a trilha jurisprudencial em muitos casos.

O STJ já decidiu que "tratando-se de contrato firmado entre a instituição financeira e pessoa física, é de se concluir que o agravado agiu com vistas ao atendimento de uma necessidade própria, isto é, atuou como destinatário final. Aplicável, pois, o CDC" (STJ, AGA 296.516, Rel. Min. Nancy Andrighi, 3ª T., j. 07/12/00, p. DJ 05/02/01).

Diferente seria a situação caso o financiamento fosse concedido, não a pessoa física, mas a pessoa jurídica. Não haveria, nesse caso, presunção de que a pessoa jurídica atuaria, no caso, como destinatária final. Assim, "tratando-se de financiamento obtido por empresário, destinado precipuamente a incrementar a sua atividade negocial, não se podendo qualificá-lo, portanto, como destinatário final, inexistente é a pretendida relação de consumo. Inaplicação no caso do Código de Defesa do Consumidor" (STJ, REsp. 218.505, Rel. Min. Barros Monteiro, 4ª T., j. 16/09/99, p. DJ 14/02/00). De igual modo, "a aquisição de bens ou a utilização de serviços, por pessoa natural ou jurídica, com o escopo de implementar ou incrementar a sua atividade negocial, não se reputa com relação de consumo e, sim, como uma atividade de consumo intermediária" (STJ, REsp. 701.370, Rel. Min. Jorge Scartezzini, 4ª T., j. 16/08/05, p. DJ 05/09/05).

No Brasil, a "situação de vulnerabilidade do consumidor pessoa física é presumida pela lei, enquanto a da pessoa jurídica deve ser demonstrada e será aferida casuisticamente" (Heloísa Carpena, "Afinal, quem é consumidor? Campo de aplicação do CDC à luz do princípio da vulnerabilidade", RTDC, v. 19, jul/set 2004, p. 38). Nestes casos a hipossuficiência deverá ser provada nas instâncias ordinárias, e não no STJ: "A questão da hipossuficiência da empresa recorrente em momento algum foi considerada pelas instâncias ordinárias, não sendo lídimo cogitar-se a respeito nesta seara recurso, sob pena de indevida supressão de instância" (STJ, REsp. 701.370, Rel. Min. Jorge Scartezzini, 4ª T., j. 16/08/05, p. DJ 05/09/05).

Nesse contexto, o STJ admite, excepcionalmente, a incidência do CDC nos contratos celebrados entre pessoas jurídicas, quando evidente que uma delas, embora não seja tecnicamente a destinatária final do produto ou serviço, apresenta-se em situação de vulnerabilidade em relação à outra. Assim, em situações excepcionais, o STJ tem mitigado os rigores da teoria finalista para autorizar a incidência do CDC nas hipóteses em que o contratante (pessoa física ou jurídica), embora não seja propriamente destinatário final do produto ou serviço, apresenta-se em situação de vulnerabilidade ou submetido à prática abusiva (STJ, REsp 567.192, Rel. Min. Raul Araújo, DJ 29/10/2014).

4.7. Possibilidade de limitar a indenização: consumidor pessoa jurídica

Veremos mais adiante que o direito do consumidor não aceita as chamadas "cláusulas de não indenizar", ou "cláusulas de irresponsabilidade". Por intermédio dessas cláusulas contratuais o fornecedor de produtos ou serviços pretende excluir ou atenuar sua responsabilidade diante de danos ocorridos (ou a ocorrer) perante consumidores. Ainda que os contratos as tragam – e frequentemente trazem –, tais cláusulas consideram-se não escritas.

Só há, no sistema do CDC, uma hipótese na qual a limitação contratual da indenização é possível. É quando o consumidor for pessoa jurídica. Neste caso, em situações justificáveis, diz a lei, a indenização poderá ser limitada.

É o que preceitua o art. 51, I, segunda parte, do Código do Consumidor: "Nas relações de consumo entre o fornecedor e o consumidor-pessoa jurídica, a indenização poderá ser limitada, em situações justificáveis".

Assim, se duas pessoas jurídicas firmam contrato de consumo – uma como fornecedora e a outra como consumidora – poderá ser válida a limitação contratual da indenização, desde que as circunstâncias do caso concreto a tanto apontem.

4.8. Consumidor por equiparação

O CDC contempla a figura do consumidor por equiparação. É um mecanismo de extraordinários efeitos práticos, eis que oportuniza a ampliação da disciplina jurídica do CDC para casos que, sem esse mecanismo, ficariam de fora.

Temos, portanto, no art. 2º, a definição de consumidor ("É toda pessoa física ou jurídica que adquire ou utiliza o produto ou serviço como destinatário final"). Neste artigo o CDC traz o conceito padrão de consumidor, isto é, o consumidor *standard* ou *stricto sensu*. Além dele, temos o chamado consumidor por equiparação. Em que consiste?

Consiste, como a terminologia já permite perceber, na concessão da proteção privilegiada relativa ao consumidor a outras pessoas que não se enquadram na definição do artigo segundo.

O CDC foi generoso ao contemplar a figura, fazendo-o em três oportunidades. Vejamos, no próximo tópico, quais são elas.

4.8.1. As três hipóteses previstas do consumidor por equiparação (art. 2º, parágrafo único; art. 17; art. 29)

A primeira vem prevista no parágrafo único do art. 2º: "Equipara-se a consumidor a coletividade de pessoas, ainda que indetermináveis, que haja intervindo nas relações de consumo".

Assim, quem quer que intervenha, ainda que de modo indeterminado, nas relações de consumo, é equiparado ao consumidor, recebendo a proteção a este dispensada. Se um sujeito compra uma pasta de dentes que é usada por vários estudantes, moradores de uma mesma república, e tal pasta causa séria inflamação nas gengivas dos usuários, todos os que a usaram são consumidores, ainda que não hajam firmado contrato de consumo.

O STJ, a propósito, afirmou: "A jurisprudência deste Tribunal não faz distinção entre o consumidor que efetua compra e aquele que apenas vai ao local sem nada despender. Em ambos os casos, entende-se pelo cabimento da indenização em decorrência do furto do veículo" (STJ, REsp. 437.649, Rel. Min. Sálvio de Figueiredo Teixeira, 4ª T., DJ 24/02/03).

A segunda modalidade de consumidor por equiparação resulta do art. 17 do CDC: "Para os efeitos desta Seção, equiparam-se aos consumidores todas as vítimas do evento". A Seção em questão trata da responsabilidade pelo fato do produto ou serviço (acidente de consumo). Assim, a teor desse dispositivo, quem quer que tenha sofrido dano, em razão de produto ou serviço, poderá, no prazo de cinco anos (art. 27) contados do conhecimento do dano e de sua autoria, ingressar com ação postulando a reparação moral e material.

Se aeronave cai sobre casa, atingindo pessoas ou seus bens, haverá, em relação às vítimas, relação de consumo, de acordo com o art. 17 do CDC (STJ, REsp 540.235, Rel. Min. Castro Filho, 3ª T., DJ 06/03/06). Do mesmo modo, e posteriormente, o STJ expressamente consignou que as vítimas de acidentes aéreos localizadas em superfície são consumidores por equiparação (*bystanders*), devendo ser a elas estendidas as normas do Código de Defesa do Consumidor relativas a danos por fato do serviço (art. 17, CDC). (STJ, REsp 1.281.090, Rel. Min. Luis Felipe Salomão, 4ª T., DJ 15/03/12). Esse, aliás, foi o exemplo que demos, desde a primeira edição desta obra, a respeito do consumidor por equiparação.

O STJ reafirmou que "a jurisprudência desta Corte sedimenta-se no sentido da adoção da teoria finalista ou subjetiva para fins de caracterização da pessoa jurídica como consumidora em eventual relação de consumo, devendo, portanto, ser destinatária final econômica do bem ou serviço adquirido" (STJ, CC 92.519, Rel. Min. Fernando Gonçalves, 2ª Seção, DJ 04/03/09).

Assim, em "consonância com o art. 17 do Código de Defesa do Consumidor, equiparam-se aos consumidores todas as pessoas que, embora não tendo participado diretamente da relação de consumo, vêm a sofrer as consequências do evento danoso, dada a potencial gravidade que pode atingir o fato do produto ou do serviço, na modalidade vício de qualidade por insegurança" (STJ, REsp. 181.580, Rel. Min. Castro Filho, 3ª T., j. 09/12/03, p. DJ 22/03/04).

Se, digamos, uma placa de publicidade cai sobre o veículo da vítima - como aconteceu em caso julgado pelo STJ –, resultando em lesão corporal, cabem danos morais e materiais. No caso, o acórdão recorrido estabeleceu, como indenização, o valor de 10 salários mínimos. O STJ, no entanto, elevou o valor para R$50.000,00, argumentando o relator:

"Em primeiro lugar, pondero a gravidade da culpa da empresa que instala na via pública pesada placa de propaganda sem mínimos cuidados de segurança, embora advertidos os funcionários, pelo proprietário do local, sobre a necessidade da instalação de cabo de sustentação. Considero o fato de serem as demandadas empresas que seguidamente se utilizam desse tipo de publicidade, uma para ampliar suas vendas, a outra para o exercício da sua atividade, ambas com o dever profissional de conhecimento dos riscos e adoção de medidas protetivas da segurança de terceiros. Levo em conta os transtornos pelo próprio fato e os incômodos que naturalmente dele decorreram, a posição social da autora, profissional liberal (psicóloga), a condição econômica das empresas demandadas, que provavelmente continuarão se utilizando desse meio de publicidade e devem, por isso, sofrer a advertência da condenação a fim de que os atuais dez salários não sirvam de estímulo para que outras imprudências como esta continuem sendo praticadas de modo impune. Por tudo isso, estou em elevar a condenação para R$50.000,00, com o que não me afasto dos parâmetros normalmente adotados por este Turma" (STJ, REsp. 207.926, Rel. Min. Ruy Rosado de Aguiar, 4ª T., j. 01/06/99, p. DJ 08/03/00).

A vítima, no caso acima referido, psicóloga, nenhuma relação contratual firmou com a empresa detentora da placa, que pudesse ser considerada uma relação de consumo. No entanto, é, induvidosamente, consumidora por equiparação, a teor do art. 17 do CDC. Há muitas situações de possível aplicação do art. 17 do CDC. Em determinado caso, houve extorsão mediante sequestro e o valor do resgate foi depositado em conta corrente e sacado, pelos bandidos, sem que o banco observasse as necessárias cautelas. Por isso, o banco foi condenado a indenizar, não se aceitando, na hipótese, a excludente de fato exclusivo de terceiro (STJ, REsp 1.374.726, DJ 08/09/2014). Interessante, no caso, é que a vítima sequer era cliente do banco no qual foi feito o saque. Não havia, portanto, relação negocial alguma entre a vítima e o banco. Foi, ainda assim, apesar disso, considerada consumidora por equiparação.

A terceira previsão de consumidor por equiparação vem traduzida pelo art. 29 do CDC: "Para os fins deste Capítulo e do seguinte, equiparam-se aos consumidores todas as pessoas determináveis ou não, expostas às práticas nele previstas". O Capítulo V do CDC, cuja primeira Seção é aberta com o art. 29, traz seis seções (da oferta; da publicidade; das práticas abusivas; da cobrança de dívidas; dos bancos de dados e cadastros de consumidores; além das disposições gerais, que traz o art. 29). Assim, quem quer que seja exposto à publicidade abusiva, mesmo sem ter adquirido o produto ou usado o serviço, pode, amparado nesse artigo, reivindicar a proteção peculiar ao consumidor.

Tal dispositivo, a última espécie de consumidor equiparado, pode funcionar como eficiente instrumento para coibir o exercício abusivo do poder econômico, alargando, ainda mais, os contornos da figura jurídica do consumidor. Cláudia Lima Marques, a propósito, pondera: "De certa forma, o art. 29, agora valorizado, renova o sistema, legitimando a atuação de novos agentes econômicos em virtude do dado comum de vulnerabilidade, verdadeiro 'status' análogo ao de consumidor, renova, principalmente, ao instituir instrumentos mais ágeis e sanções mais rígidas do que as conhecidas no direito da concorrência, de parcos efeitos no Brasil" (*Comentários ao Código de Defesa do Consumidor*, Cláudia Lima Marques, Antônio Herman V. Benjamim e Bruno Miragem. São Paulo: RT, 2004, p. 399).

O STJ, a respeito, decidiu que "não viola o art. 29 do Código de Defesa do Consumidor o julgado que entende configurar serviço a atividade bancária relativa à conta-corrente e ao contrato de abertura de crédito, presente a regra do art. 3º do mesmo Código" (STJ, REsp.245.660, Rel. Min. Carlos Alberto Menezes Direito, 3ª T., j. 21/11/00, p. DJ 05/02/01).

Em linha de princípio, poderíamos ensaiar uma distinção entre as três figuras do consumidor por equiparação previstas no CDC. A primeira delas, prevista no art. 2º, teria aplicação genérica a qualquer relação de consumo. A segunda, consagrada no art. 17, guardaria relação com os artigos 12 a 14. A terceira, do art. 29, estaria limitada ao Capítulo V do CDC, isto é, às práticas comerciais. Tecnicamente falando, a distinção encontra respaldo nas normas do Código.

Porém – digamos como palavra de encerramento deste tópico – cremos que não há grande relevância prática em distinguir cada uma das três figuras do consumidor equiparado. Na verdade, essa tríplice previsão se deveu mais a fins políticos. Explicamos. É que o legislador do CDC, com seu pragmatismo inteligente, adotou a sagaz técnica de prever o mesmo direito ou categoria em mais de um artigo, alínea ou inciso. Buscava-se, com isso, evitar os efeitos perversos dos possíveis vetos presidenciais (o presidente da República de então era Fernando Collor). Se o presidente vetasse determinado artigo, alínea ou inciso – como efetivamente ocorreu –, o intérprete poderia chegar ao mesmo resultado com outra disposição semelhante não vetada. O astuto procedimento se revelou de bons resultados.

4.8.2. Os "bystanders": consumidores sem contrato de consumo

Percebe-se, a partir da categoria do consumidor por equiparação, que é possível que tenhamos consumidor sem que este tenha firmado contrato de consumo. O consumidor por equiparação será consumidor ainda que em nenhum contrato tenha tomado parte, e, até mesmo, nem utilizado o produto ou serviço!

Pensemos na seguinte hipótese: alguém, atropelado em virtude de falha no sistema de freios do veículo, embora nenhuma relação tenha (o atropelado) com a montadora, poderá acioná-la, em virtude do acidente de consumo havido. Embora o atropelado não tenha firmado contrato de consumo com a fabricante do veículo, ele é consumidor por equiparação, tendo sido vítima do evento – art. 17, CDC: "Para os efeitos desta Seção, equiparam-se aos consumidores todas as vítimas do evento". A Seção em questão diz respeito aos fatos do produto ou serviço, também chamados acidentes de consumo.

De igual modo, se pedestre é atingido pela queda de placa publicitária, como no caso acima referido, será consumidor por equiparação ("bystander"), fazendo jus à aplicação do CDC. A propósito, na hipótese da queda de placa de publicidade sobre veículo da vítima, causando-lhe danos materiais e morais, o STJ, considerando a "intensidade do dolo ou grau de culpa e a gravidade dos efeitos", fixou a indenização em R$50.000,00 (STJ, REsp. 207.926, Rel. Min. Ruy Rosado de Aguiar, 4ª T., j. 01/06/99, p. DJ 08/03/00).

Há relação de consumo na hipótese da aeronave que realiza transporte de malotes e cai sobre casa das vítimas, pois, segundo o art. 17 do CDC, são consumidores todas as vítimas do evento. Possível, portanto, em tese, a inversão do ônus da prova (STJ, REsp 540.235, Rel. Min. Castro Filho, 3ª T., DJ 06/03/06). Da mesma forma, quem tem cheque furtado usado para compra de produtos em joalheria, com a consequente inscrição de seu nome no SPC e protesto do título, é consumidor por equiparação, por ter sido vítima do evento de consumo (STJ, AgRg nos EDcl no REsp 1.192.871, Rel. Paulo de Tarso, 3ª T., DJ 26/09/12).

Na situação – por nós já referida quando tratamos dos princípios do CDC – de publicação na internet de anúncio falso, nos classificados de determinado jornal, dando o nome de alguém como prestador de serviços sexuais de caráter homossexual (STJ, REsp 997.993, Rel. Min. Luis Felipe Salomão, 4ª T., DJ 06/08/12). Há, no caso, má prestação do serviço, porquanto a publicidade de anúncios semelhantes deve ser cercada de prudência e zelo. Interessante é que a vítima, no caso, é consumidora por equiparação, pois ela não firmou nenhum contrato com os responsáveis pelo dano. O ofensor é que o fez. Há quem sustente que até mesmo o nascituro poderia ser consumidor por equiparação. Cita-se como exemplo o caso da *talidomida* (adiante estudado na teoria do risco do desenvolvimento), o medicamento que, embora ministrado à mãe, causa gravíssimos danos ao feto (Cf. Silmara Chinelato, *Tutela civil do nascituro*. São Paulo: Saraiva, 2000, p. 287-289)

4.9. Responsabilidade contratual e extracontratual: irrelevância no CDC

É muito conhecida a distinção entre responsabilidade contratual e responsabilidade extracontratual. Perguntamos: ela é relevante na sistemática do CDC? A resposta negativa se impõe.

Embora haja, residualmente, algumas distinções (juros de mora fluem a partir do evento danoso, em caso de responsabilidade extracontratual, de acordo com a

Súmula 54 do STJ), a tendência contemporânea é unificar as responsabilidades, sob princípios comuns. Nas relações de consumo não faz sentido dividir a responsabilidade em contratual e extracontratual. As vítimas do evento – uma geladeira, comprada por A, e que explodiu, causando danos a B – são consumidoras, embora não tenham firmado contrato de consumo. Os países tendem a caminhar no sentido da reparação integral, desconsiderando filigranas formais, tão caras ao passado jurídico.

Uma das grandes funções práticas, em termos de reparação civil, da distinção entre responsabilidade civil contratual e extracontratual, é que, na primeira, ao contrário da segunda, não é preciso provar, em regra, a culpa, bastando provar o inadimplemento, o que facilita sobremodo a situação da vítima. Nos contratos de transporte, por exemplo, o transportador, em virtude de cláusula de incolumidade, tem o dever de transportar o passageiro, em segurança, ao destino. Caso não o faça, responderá, sem culpa, pois houve inadimplemento do dever contratual.

Pois bem, mesmo essa regra, de inegável valia prática, vem sofrendo temperamentos, o que faz pensar se não seria o caso de abandonar o dualismo. Na responsabilidade civil dos médicos, por exemplo, apesar de contratual, não há presunção de culpa, sendo necessário que a vítima prove a negligência, a imperícia ou imprudência, e essa incumbência é, muitas vezes, autêntica prova diabólica. Arnoldo Wald pondera: "a doutrina moderna tende a unificar as duas responsabilidades e a própria jurisprudência brasileira, em matéria de transporte e de responsabilidade profissional, tem recorrido ora aos princípios da responsabilidade contratual, ora às normas da responsabilidade delitual" (*Curso de Direito Civil Brasileiro, Obrigações e Contratos*. São Paulo: RT, 1998, p. 139).

No direito do consumidor, portanto, nenhuma pertinência tem a dicotomia, porquanto o sistema de responsabilidade aqui estabelecido ignora o fundamento contratual ou extracontratual do dano, protegendo, de modo precípuo, a vítima. "A prática extinção da figura do terceiro, hoje incluído como consumidor 'stricto sensu' ou equiparado no CDC, e a imposição da solidariedade na cadeia de produção ou organização dos serviços têm como reflexo mais destacável a superação da 'suma divisio' entre a obrigação contratual e extracontratual. Esta é uma contribuição importante do CDC ao Direito Civil". (Cláudia Lima Marques, Contratos no Código de Defesa do Consumidor. São Paulo: RT, 2002, p. 346).

Não obstante esse panorama relativo às relações de consumo, o STJ, em 2018 – na sua função de uniformizar a aplicação da lei federal no Brasil –, firmou dois pontos relevantes em sede de responsabilidade civil: a) é adequada a distinção dos prazos prescricionais da pretensão de reparação civil advinda de responsabilidades contratual e extracontratual; b) é decenal o prazo prescricional aplicável às hipóteses de pretensão fundamentadas em inadimplemento contratual (STJ, EREsp 1.280.825, Rel. Min. Nancy Andrighi, Segunda Seção, DJe 02/08/2018).

O tribunal assentou que no direito privado brasileiro, a responsabilidade extracontratual é historicamente tratada de modo distinto da contratual, por um motivo muito simples: são fontes de obrigações muito diferentes, com fundamentos jurídicos diversos. Essa diferença fática e jurídica impõe o tratamento distinto do prazo prescricional, pois a violação a direito absoluto e o inadimplemento de um direito de crédito não se confundem nem na tradição jurídica pátria, nem na natureza das coisas. Com efeito, é possível encontrar muitas distinções de regime jurídico entre a responsabilidade contratual e a extracontratual, inclusive com relação: à capacidade das partes, quanto à prova do prejuízo; à avaliação da culpa entre os sujeitos envolvidos no dano; aos diferentes graus de culpa para a imputação do dever de indenizar; ao termo inicial para a fixação do ressarcimento; e, por fim, à possibilidade de prefixação do dano e de limitar ou excluir a responsabilidade, pois somente a responsabilidade contratual permite fixar, limitar ou mesmo excluir o dever de indenizar. Analisando as diferenças fáticas entre a responsabilidade contratual e a extracontratual, há uma sensível diferença quanto ao grau de proximidade entre as partes contratuais nas suas relações sociais. Na responsabilidade extracontratual, os sujeitos encontram-se no grau máximo de distanciamento. Em realidade, nessas circunstâncias, as partes entram em contato pelo mero fato de viverem em sociedade, sem qualquer negociação ou aproximação prévias. Porém, quando se trata de responsabilidade por inadimplemento contratual, há previamente uma relação entre as partes que se protrai no tempo, normalmente precedidas de aproximação e negociação, que ajustam exatamente o escopo do relacionamento entre elas. Essas relações não ocorrem por acaso, ou pelo mero "viver em sociedade", mas derivam de um negócio jurídico. Normalmente, há um mínimo de confiança entre as partes, e o dever de indenizar da responsabilidade contratual encontra seu fundamento na garantia da confiança legítima entre elas. Do ponto de vista pragmático, também se mostra adequada a distinção dos prazos. Em contratos mais duradouros, sempre é viável e mais provável que as partes se componham de alguma maneira, de forma a evitar longas e dispendiosas disputas judiciais, o que é improvável de ocorrer na responsabilidade extracontratual (STJ, EREsp 1.280.825, Rel. Min. Nancy Andrighi, Segunda Seção, DJe 02/08/2018).

4.9.1. Exceção: juros de mora

Dissemos, e é verdade, que a tendência é unificar os regimes de responsabilidade civil, superando a distinção entre a responsabilidade contratual e extracontratual. Isso é particularmente forte no sistema de consumo. Há, porém, um ponto na prática jurisprudencial em que a distinção continua relevante: os juros de mora.

4.9.1.1. Responsabilidade contratual

Na responsabilidade contratual, os juros moratórios devem incidir a partir da citação (STJ, REsp 437.614, Rel. Min. Hélio Quaglia Barbosa, 4ª T, DJ 05/02/07). Tratando-se de indenização por má prestação de serviços, a responsabilidade é contratual, incidindo os juros a partir da citação (STJ, REsp 538.829, Rel. Ministro Asfor Rocha, 4ª T, DJ 28/10/03). Os juros de mora, em casos de responsabilidade contratual, são contados a partir da citação, incidindo a correção monetária a partir da data do arbitramento do *quantum* indenizatório, conforme pacífica jurisprudência do STJ (STJ, REsp 876448, Rel. Min. Sidnei Beneti, 3ª T, DJ 21/09/10).

4.9.1.2. Responsabilidade extracontratual

Já em se tratando de responsabilidade extracontratual, o STJ entende que os juros de mora são devidos desde a ocorrência do evento danoso, e não a partir da citação. Este, aliás, é o conteúdo da Súmula 54/STJ (STJ, AgRg no REsp 1.226.945, Rel. Min. Humberto Martins, 2ª T, DJ 04/04/11). Está, desse modo, pacificado o entendimento de que para as hipóteses de condenação em ações de responsabilidade extracontratual os juros de mora incidem desde a data do evento danoso (STJ, EDcl no REsp 976.059, Rel. Min. Campbell Marques, 2ª T, DJ 05/08/10).

5. RESPONSABILIDADE CIVIL NAS RELAÇÕES DE CONSUMO

A responsabilidade civil assume particular relevância no sistema de consumo. Aliás, o advento do CDC – no início da década de noventa –, quando o Brasil ainda estava sob a égide do Código Civil de 1916, trouxe novos ventos ao direito privado, que passou a contar, por intermédio do CDC, com instrumentos novos e flexíveis, arejando a civilística clássica.

Estatui o art. 6º, VI como direito básico do consumidor: "a efetiva prevenção e reparação de danos patrimoniais e morais, individuais, coletivos e difusos". A indenização deve ser efetiva, ou seja, deve recompor, no maior grau possível, os danos experimentados.

A responsabilidade, na sistemática de consumo, é objetiva, prescindindo da culpa. Prescreve, nesse sentido, o art. 14 do CDC: "O fornecedor de serviços responde, independentemente da existência de culpa, pela reparação dos danos causados aos consumidores por defeitos relativos à prestação dos serviços, bem como por informações insuficientes ou inadequadas sobre sua fruição e riscos".

O art. 14, § 4º, do CDC consagra uma exceção à responsabilidade objetiva: "A responsabilidade pessoal dos profissionais liberais será apurada mediante a verificação de culpa". Médicos, advogados, psiquiatras – profissionais liberais, enfim – apenas respondem civilmente se lhes for provada a culpa.

Havendo mais de um causador, todos respondem. A responsabilidade, no sistema do CDC, é solidária. Aponta o CDC, no parágrafo único do art. 7º: "Tendo mais de um autor a ofensa, todos responderão solidariamente pela reparação dos danos previstos nas normas de consumo". Mais adiante, o art. 25 estabelece, em seu parágrafo 1º: "Havendo mais de um responsável pela causação do dano, todos responderão solidariamente pela reparação prevista nesta e nas seções anteriores".

A tendência atual caminha no sentido de prevenir os danos (tutela preventiva), e não apenas esperar que eles ocorram para indenizá-los (tutela repressiva). A prevenção dos danos, a propósito, é direito básico do consumidor (CDC, art. 6º, VI).

5.1. Vício do produto ou serviço e fato do produto ou serviço

Seguramente um dos mais relevantes temas do direito do consumidor é a responsabilidade pelo vício e pelo fato do produto ou serviço. Trata-se, em última análise, da responsabilidade civil nas relações de consumo, embora nem sempre a indenização se faça presente, podendo a correção do defeito ocorrer de outros modos.

A doutrina, falando sobre a responsabilidade por vício, pondera que houve "uma clara opção para enquadrar a matéria no âmbito da responsabilidade civil, da qual seria espécie, ao lado da responsabilidade por fato do produto" (Paulo Luiz Netto Lôbo, *Responsabilidade por vício do produto ou do serviço*. Brasília: Brasília Jurídica, 1996, p. 38/39).

Continua, mais adiante, Paulo Luiz Netto Lôbo: "As modernas legislações sobre direitos do consumidor tornaram praticamente indistintas as duas categorias (responsabilidade por vício ou responsabilidade por fato), com ênfase na segunda. Refletem o interessante fenômeno atual da interpenetração das fontes das obrigações negociais e extranegociais e, 'a fortiori', das responsabilidades contratual e aquiliana, com que se debruça a doutrina mundial. Contudo, como acertadamente fez o Código do Consumidor, a responsabilidade por vício merece um tratamento legal específico, dadas suas peculiaridades, como espécie do gênero responsabilidade do fornecedor, pelos produtos e serviços que lança no mercado" (Paulo Luiz Netto Lôbo, Responsabilidade por vício do produto ou do serviço. Brasília: Brasília Jurídica, 1996, p. 53).

Embora tanto no vício quanto no fato haja responsabilidade civil do fornecedor, ambos não se confundem no sistema brasileiro. No vício há um descompasso entre o produto ou serviço oferecido e as legítimas expectativas do consumidor (intrínseco, *in re ipsa*). Já no fato há um dano ao consumidor, atingindo-o em sua integridade física ou moral (extrínseco). Pode-se dizer, em extrema simplificação, que o vício atinge o produto, enquanto que o fato atinge a pessoa do consumidor (danos materiais ou morais).

Outra distinção possível seria frisar que o vício alude a problemas de inadequação, ao passo que o fato envolve defeitos de segurança. Nesse sentido apontou o STJ: "No sistema do CDC, a responsabilidade pela qualidade biparte-se na exigência de adequação e segurança, segundo o que razoavelmente se pode esperar dos produtos e serviços. Nesse contexto, fixa, de um lado, a responsabilidade pelo fato do produto ou do serviço, que compreende os defeitos de segurança; e de outro lado, a responsabilidade por vício do produto ou do serviço, que abrange os vícios por inadequação" (STJ, REsp 967.623, Rel. Min. Nancy Andrighi, 3ª. T., DJ 29/06/09).

Na doutrina, o vocábulo "defeito" é usado, muitas vezes, como sinônimo de fato do produto ou serviço, ou acidente de consumo. Assim: "No vício, há prejuízos meramente econômicos, que tornam os produtos e serviços tão somente impróprios, inadequados ou desvalorizados. Seu limite é a prestabilidade ou diminuição do seu valor. Afeta a qualidade ou quantidade. No defeito, ao contrário, há danos pessoais, físicos ou morais" (Rosana Grinberg, Fato do produto ou do serviço: acidente de consumo, RDC 35/150).

5.2. Vício do produto

O vício do produto está previsto no art. 18 do CDC: "Os fornecedores de produtos de consumo duráveis ou não duráveis respondem solidariamente pelos vícios de qualidade ou quantidade que os tornem impróprios ou inadequados ao consumo a que se destinam ou lhes diminuam o valor, assim como por aqueles decorrentes da disparidade, com as indicações constantes do recipiente, da embalagem, rotulagem ou mensagem publicitária, respeitadas as variações decorrentes de sua natureza, podendo o consumidor exigir a substituição das partes viciadas". Se o consumidor compra lâmpada em cuja embalagem vem a indicação de 200 watts, porém a lâmpada só tem verdadeiramente 100 watts, trata-se de vício do produto.

É vício de qualidade aquele que torna o produto impróprio ou inadequado ao seu uso. Também aquele que lhes diminua o valor. Um apartamento, por exemplo, adquirido na planta, cujo memorial descritivo indica que os pisos serão de mármore, configura exemplo de vício de inadequação por qualidade se, anos depois, o piso é de cerâmica ou qualquer outro material inferior ao descrito. Por tal erro o fornecedor responde, sendo irrelevante, na espécie, qualquer elemento subjetivo (conhecer ou ignorar o erro; ter sido voluntário ou doloso). A própria norma ressalta que a ignorância do fornecedor sobre os vícios de qualidade por inadequação dos produtos e serviços não o exime de responsabilidade (CDC, art. 23). Vale sempre lembrar que os fornecedores de produtos respondem solidariamente (inclusive o chamado comerciante) pelos vícios de qualidade e quantidade.

O aparecimento de pontos de ferrugem na lataria de veículo zero quilômetro configura vício do produto. Por ele responde não só o fabricante do veículo, mas também a concessionária que o vendeu (STJ, AgRg no REsp 1.124.566, Rel. Min. Aldir Passarinho Júnior, 4ª T, DJ 06/12/10). Posteriormente reafirmou-se a solidariedade, no vício do produto, entre a concessionária e o fabricante do veículo vendido com defeito (tratava-se de carro novo cujo ar-condicionado não funcionava – STJ, REsp 821.624, Rel. Min. Aldir Passarinho Júnior, 4ª T, DJ 04/11/10). No mesmo sentido, em julgado mais antigo, o STJ já tinha definido que no vício (CDC, art. 18) há responsabilidade solidária do fabricante e do fornecedor (STJ, REsp 554.876, Rel. Min. Menezes Direito, DJ 03/05/04). Posteriormente confirmou-se essa posição. Se o consumidor, por exemplo, compra carro zero quilômetro em concessionária credenciada, a montadora responde se a concessionária deixa de entregar o veículo comprado e totalmente pago pelo consumidor (STJ, REsp 1.309.981, Rel. Min. Luis Felipe Salomão, DJ 17/12/2013).

Portanto, no vício do produto, haverá responsabilidade solidária, inclusive do comerciante (concessionária, por exemplo, na venda de veículos). A solidariedade, contudo, não impede que, analisados os nexos causais, o Judiciário conclua pela responsabilização de um só dentre todos (STJ, REsp 821.624, Rel. Min. Aldir Passarinho Júnior, 4ª T, DJ 04/11/10). O comerciante só não responde solidariamente – segundo doutrina e jurisprudência majoritárias – pelo fato do produto ou serviço (acidente de consumo), que adiante veremos.

Conforme precedentes do STJ, se há pleito de substituição do veículo por outro da mesma espécie, é possível ao magistrado deferir, em vez da entrega de um carro novo, a indenização pela desvalorização do veículo, pois é providência que se mantém dentro dos limites postulados (STJ, REsp 870.440, Rel. Min. Luis Felipe Salomão, 4ª T., DJ 18/10/11).

A respeito do que configura vício, manifestou-se a doutrina: "Vício, pois, é todo aquele que impede ou reduz a realização da função ou do fim a que se destinam o produto ou o serviço, afetando a utilidade que o consumidor deles espera. Este desvio da função, desfavorável ao consumidor, segundo a previsão corrente ou convencional, define-se subjetiva e objetivamente" (Paulo Luiz Netto Lôbo, *Responsabilidade por vício do produto ou do serviço*. Brasília: Brasília Jurídica, 1996, p. 52).

Adiante analisaremos as opções que abrem para o consumidor em caso de vício do produto (CDC, art. 18, § 1º). Digamos, desde já, que ao consumidor é dado escolher entre: a) a substituição do produto; b) a restituição da quantia paga; c) o abatimento no preço. Além disso, se provar que sofreu prejuízo, poderá pleitear perdas e danos.

Cabe esclarecer que o consumidor pode fazer uso imediato das três possibilidades acima citadas, previstas no art. 18, § 1º, sempre que, em razão da extensão do vício, a substituição das partes viciadas puder comprometer a qualidade ou características do produto, diminuir-lhe o valor ou se tratar de produto essencial (CDC, art. 18, § 3º).

Nada impede que as responsabilidades por vício e fato coexistam. Digamos que alguém adquira um veículo zero, na concessionária. Pouco tempo depois, num cruzamento, os freios não funcionam. Há colisão com danos graves. Nessa situação, haverá, claramente, acidente de consumo (fato do produto, previsto no art. 12 do CDC). O consumidor e os terceiros atingidos (que são consumidores por equiparação) poderão pleitear indenizações por todos os danos sofridos (danos morais, estéticos, lucros cessantes, entre outros). A responsabilidade será objetiva. Na mesma situação, haverá responsabilidade por vício do produto. O consumidor poderá exigir a substituição do produto, na forma do art. 18, § 1º e § 3º, do CDC.

É importante perceber que o fato de estarmos diante de um vício do produto não exclui o direito à indenização por dano moral. Nesse sentido, muito corretamente, tem se posicionado a jurisprudência: "O regime previsto no art. 18 do CDC, entretanto, não afasta o direito do consumidor à reparação por danos morais, nas hipóteses em que o vício do produto ocasionar ao adquirente dor, vexame, sofrimento ou humilhação, capazes de ultrapassar a esfera do mero dissabor ou aborrecimento" (STJ, REsp. 324.629, Rel. Min. Nancy Andrighi, 3ª T., p. DJU 28/04/03).

A jurisprudência já teve oportunidade de reconhecer, por exemplo, que a venda de carro com ano de fabricação adulterado enseja danos morais: "Ação de indenização por danos materiais e morais. Venda de veículo. Ano de fabricação equivocado. Condenação em danos morais. [...]. A comercialização de veículo fabricado em 1999 como sendo do ano de 2000, caracteriza vício por inadequação, cuja falha na informação redundou na diminuição do valor do automóvel, o que atrai a responsabilidade solidária entre o fornecedor e o fabricante, expressa em lei (art. 18, caput, do CDC)." (STJ, REsp. 713.284, Rel. Min. Nancy Andrighi, 3ª T., j. 03/05/05).

O heterogêneo catálogo de fatos que a vida social apresenta sempre traz novos contornos, desafiando a rigidez das categorias jurídicas. Perfaz vício do produto, por exemplo, o carro comprado que traz incompatibilidade – não informada ao consumidor – com os combustíveis disponíveis nos postos de gasolina brasileiros. No caso, o automóvel, importado da Alemanha, não estava preparado para funcionar adequadamente com o tipo de diesel ofertado no Brasil (STJ, REsp 1.443.268, Rel. Min. Sidnei Beneti, DJ 08/09/2014). Em outro caso, houve vício na numeração do motor – ocorrido na fábrica, durante a montagem do carro – e, com isso, o proprietário do veículo ficou impossibilitado de aliená-lo. Quando acionada para saná-lo, a montadora nada fez. Reconhece-se, na hipótese, configurado o dano moral merecedor de compensação econômica (STJ, AgRg no REsp 1.463.897, DJ 22/09/2014). Em sentido semelhante, a jurisprudência do STJ aceita indenização por dano moral quando o consumidor de veículo zero quilômetro necessita retornar à concessionária por diversas vezes, para reparos.

5.3. Vício do serviço

O vício do serviço está contemplado no art. 20 do CDC: "O fornecedor de serviços responde pelos vícios de qualidade que os tornem impróprios ao consumo ou lhes diminuam o valor, assim como por aqueles decorrentes da disparidade com as indicações constantes da oferta ou mensagem publicitária [...]". Se o consumidor compra pacote turístico em hotel de frente ao mar, depois descobrindo que o hotel fica a longos quilômetros da praia, haverá vício do serviço.

Esclarece, a propósito, Tepedino: "Defeito é, portanto, uma ruptura entre a legítima expectativa do consumidor e a 'performance' do produto ou da prestação do serviço' (Gustavo Tepedino, "A responsabilidade médica na experiência brasileira contemporânea". *Temas de Direito Civil,* t. II. Rio de Janeiro: Renovar, 2006, p. 97). Embora o CDC não explicite – tal como fez em relação ao fato do produto ou serviço – a responsabilidade pelo vício é objetiva, independe do elemento culpa, sendo inadequada qualquer consideração a respeito da culpa no vício do produto ou serviço.

5.4. Fato do produto

O fato do produto está referido no art. 12 do CDC: "O fabricante, o produtor, o construtor, nacional ou estrangeiro, e o importador respondem, independentemente da existência de culpa, pela reparação dos danos causados aos consumidores por defeitos decorrentes de projeto, fabricação, construção, montagem, fórmulas, manipulação, apresentação ou acondicionamento de seus produtos, bem como por informações insuficientes ou inadequadas sobre sua utilização e riscos". Se o consumidor – fiquemos nos mesmos exemplos referidos acima – compra lâmpada que vem a explodir diante do seu rosto, causando danos materiais e estéticos, haverá um fato do produto. O fato do produto ou do serviço também é chamado de acidente de consumo. Assim, consumidor que fratura dente ao morder peça metálica dentro de alimento sofre, por óbvio, acidente de consumo (STJ, AgRg no REsp 1.220.998, Rel. Min. Paulo de Tarso, 3ª T., DJ 21/08/12). Ao fornecedor só resta provar as excludentes de responsabilidade civil, que estudaremos no próximo capítulo (CDC, art. 12, § 3º).

Veículo com defeito de fabricação que provoca acidente enseja danos morais. Em certo caso – julgado pelo STJ em 2007 – o sistema de freios do veículo deu causa à colisão da qual resultaram danos às vítimas. Posteriormente, a GM do Brasil realizou "recal" relativamente ao veículo em questão, justamente em virtude no defeito dos freios. A condenação por danos morais foi arbitrada em mil salários mínimos, além dos danos emergentes (danos materiais) (STJ, REsp 475.039, Rel. Min. Hélio Quaglia Barbosa, 4ª T., j. 27/02/07, DJ 19/03/07).

Percebe-se que a jurisprudência, muitas vezes, tem optado por categorizar o defeito como fato, e não como vício (os prazos, como veremos adiante, são bem mais generosos no fato do produto ou serviço). Dissemos, por exemplo, anteriormente, que um apartamento adquirido na planta, cujo memorial descritivo indica que os pisos serão de mármore, configura exemplo de vício de inadequação por qualidade, caso se verifique que o piso é de outro material inferior ao descrito. Porém, depois, em hipótese semelhante, o STJ entendeu que o aparecimento de grave vício em revestimento (pisos e azulejos), quando já se encontrava devidamente instalado na residência do consumidor, configura fato do produto, sendo, portanto, de cinco anos o prazo prescricional da ação reparatória (STJ, REsp 1.176.323, Rel. Min. Villas Bôas Cueva, DJ 16/03/2015). De todo modo, na hipótese julgada pelo STJ, a questão não era puramente estética, sendo o produto defeituoso, também, por defeito de segurança. Haveria, portanto, nesse caso – no mínimo – danos materiais relativos à troca do material já instalado e a contratação de mão-de-obra para tanto. O STJ, nesse julgado, reafirmou que o vício do produto restringe-se ao próprio produto e não aos danos que ele possa gerar ao consumidor.

Os produtos que, por seus defeitos, causarem danos, fazem surgir a responsabilidade civil do fornecedor, independentemente de culpa. A informação, insuficiente ou inadequada, acerca do produto, é defeito, e como tal gera o dever de reparar. Pondera-se em doutrina:

> Note-se que, diferentemente da responsabilidade civil consequente do fato do produto, em que a responsabilidade do comerciante é subsidiária, na responsabilidade por vício do produto a responsabilidade é solidária, ou seja, ao consumidor é atribuído escolher de quem pleitear os danos, se do comerciante partícipe mais próximo, ou se do fabricante ou figura correlata mais distante. O consumidor tem a faculdade de escolher qualquer um deles, separada ou conjuntamente, pelo total dos danos experimentados, não podendo o fornecedor acionado judicialmente denunciar à lide os demais fornecedores solidariamente responsáveis, por expressa vedação do CDC como veremos detalhadamente noutra parte desta obra. (Ronaldo Alves de Andrade, Curso de Direito do Consumidor. Barueri: Manole, 2006, p. 194/195). Veremos, mais adiante, a dita responsabilidade subsidiária do comerciante.

Em hipótese de mau funcionamento de aquecedor, causando incêndio na residência do consumidor, com danos materiais e morais, o STJ, à luz dos critérios habituais, reduziu a indenização por danos morais para 300 salários-mínimos, considerando exorbitante o valor fixado nas instâncias inferiores (1.324 salários-mínimos). (STJ, REsp. 687.839, Rel. Min. Barros Monteiro, 4ª T., j. 20/10/05, p. DJ 19/12/05). Esclarece-se em doutrina: "Quanto ao defeito, o CDC estabelece uma presunção 'iuris tantum' de sua existência, apresentando-se como primeiro pressuposto – não só ontológico, mas também lógico – da responsabilidade objetiva" (Gustavo Tepedino, "*A responsabilidade civil por acidentes de consumo na ótica civil*

– *constitucional*", Temas de Direito Civil. Rio de Janeiro: Renovar, 2001, p. 240). Assim, produto alimentício destinado especificamente para bebês exposto em gôndola de supermercado com prazo de validade vencido, o que coloca em risco a saúde de crianças com apenas três meses de vida – causando-lhes gastroenterite aguda – enseja responsabilização por fato do produto, ante a existência de vício de segurança, previsto no art. 12 do CDC.

O art. 931 do Código Civil prescreve: "Ressalvados outros casos previstos em leis especiais, os empresários individuais e as empresas respondem pelos danos causados pelos produtos postos em circulação". A doutrina, interpretando o dispositivo, pondera que tal artigo "é norma que deve ser entendida como aplicável não apenas ao consumidor, destinatário final do produto, já protegido pela responsabilidade objetiva do Código de Defesa do Consumidor, mas também a quaisquer vítimas dos danos derivados do produto, ainda que participantes da própria cadeia de fornecimento, como o transportador, o armazenador, o comerciante, etc." (Anderson Schreiber, "Arbitramento do Dano Moral no novo Código Civil", Direito, Estado e Sociedade, nº 20, Rio de Janeiro, jan/jun 2002).

O Enunciado nº 42 da Jornada de Direito Civil pontifica: "O art. 931 amplia o conceito de fato do produto existente no art. 12 do Código de Defesa do Consumidor, imputando responsabilidade civil à empresa e aos empresários individuais vinculados à circulação do produto".

Cabe lembrar que o CDC estatui que o produto não é considerado defeituoso pelo fato de outro de melhor qualidade ter sido colocado no mercado (CDC, art. 12, § 2º). Assim, se um novo computador, lançado no mercado, faz em poucos segundos tarefa que os modelos anteriores levavam minutos, isso não fará com que estes sejam considerados defeituosos.

5.5. Fato do serviço

O fato do serviço vem previsto no art. 14 do CDC: "O fornecedor de serviços responde, independentemente da existência de culpa, pela reparação dos danos causados aos consumidores por defeitos relativos à prestação dos serviços, bem como por informações insuficientes ou inadequadas sobre sua fruição e riscos".

Se o elevador do hotel despenca durante o uso, causando sérias lesões físicas ao consumidor, haverá um fato do serviço. Do mesmo modo há "responsabilidade do hotel, que não sinaliza convenientemente a profundidade da piscina, de acesso livre aos hóspedes. Art. 14 do CDC" (STJ, Resp. 287.849, Rel. Min. Ruy Rosado de Aguiar, 4ª T., j. 17/04/01, p. DJ 13/08/01).

Enquanto o art. 12 trata dos danos causados por produtos defeituosos, o art. 14, a seu turno, cuida dos danos causados por serviços defeituosos, pelos quais igualmente responde, sem culpa, o fornecedor.

Da mesma forma que previsto em relação aos produtos, também aqui, no que se refere aos serviços, a informação insuficiente, ou inadequada, é defeito, e como tal empenha responsabilidade, sem culpa, do fornecedor. Porém, o serviço não é considerado defeituoso pela adoção de novas técnicas (art. 14, § 2º).

Quaisquer lesados, por produtos (art. 12), ou serviços (art. 14), podem, no prazo de cinco anos (art. 27), pleitear a reparação dos danos materiais e morais, ainda que não sejam consumidores em sentido estrito (art. 17).

O STJ, a propósito, teve a oportunidade de decidir: "Responsabilidade civil. Ação de conhecimento sob o rito ordinário. Assalto à mão armada iniciado dentro de estacionamento coberto de hipermercado. Tentativa de estupro. Morte da vítima ocorrida fora do estabelecimento, em ato contínuo. Relação de consumo. Fato do serviço. Força maior. Hipermercado e shopping center. Prestação de segurança aos bens e à integridade física do consumidor. Atividade inerente ao negócio. Excludente afastada [...]".

Afirmou a relatora: "Por ser a prestação de segurança e o risco ínsitos à atividade dos hipermercados e shoppings centers, a responsabilidade civil desses por danos causados aos bens ou à integridade física do consumidor não admite a excludente de força maior derivada de assalto à mão armada ou qualquer outro meio irresistível de violência" (STJ, REsp. 419.059, Rel. Min. Nancy Andrighi, 3ª T., j. 19/10/04, p. DJ 29/11/04). De igual modo, é de responsabilidade da universidade particular (fornecedora de serviços), nos termos do artigo 14, § 1º do CDC, o disparo de arma de fogo dentro da instituição, que deixa aluna tetraplégica, configurando fato do serviço. Os danos morais, na espécie, foram fixados em quatrocentos mil reais. Os danos estéticos, em duzentos mil reais (STJ, REsp 876.448, Rel. Min. Sidnei Beneti, 3ª T, DJ 21/09/10).

A jurisprudência do STJ – seja à luz da responsabilidade subjetiva (Código Civil, art. 186), seja com base no Código de Defesa do Consumidor (art. 14) – reconhece o dever de indenizar em caso de acidente ocorrido em piscinas, em razão ou da negligência na segurança ou do descumprimento do dever de informação daquele que disponibiliza a área recreativa (STJ, 1.226.974, Rel. Min. Otávio de Noronha, DJ 30/09/2014).

5.6. Perigo intrínseco

Certos produtos trazem perigo intrínseco. Ou seja, é da natureza deles que assim o seja, não cabendo, por essa razão, postular reparação. "Assim é que, configurando exemplo elementar, o ferimento provocado no cozinheiro pela faca de que se utiliza não gera o dever de indenizar. O perigo – real ou recorrente – criado por tal produto não contraria expectativa alguma de segurança dos consumidores, sendo efeito natural e indispensável à sua função específica. Já os produtos químicos em geral, cosméticos ou farmacêuticos, exigem minuciosa advertência aos consumidores, que não podem prever, à evidência, o grau de danosidade que se associa ao manuseio e à utilização do produto" (Gustavo Tepedino, "*A responsabilidade civil por acidentes de consumo na ótica Civil-Constitucional*", Temas de Direito Civil. Rio de Janeiro: Renovar, 2004, 269/270). A jurisprudência, ao negar pleitos de fumantes contra a indústria de tabaco, tem afirmado eventualmente que o cigarro – assim como o álcool – classifica-se como produto de periculosidade inerente (ou intrínseco). Não é, assim, produto defeituoso, na forma do art. 12, § 1º, do CDC (STJ, 1.113.804, Rel. Min. Luis Felipe Salomão, 4ª T, DJ 24/06/10).

5.7. Prazo decadencial do vício

O prazo para reclamar relativamente aos vícios é decadencial, sendo de 30 dias para os produtos não duráveis e 90 dias para os duráveis. Porém tais prazos apenas se aplicam aos vícios aparentes ou de fácil constatação (art. 26). Em se tratando de vício oculto, o prazo decadencial se inicia apenas no instante em que ficar evidenciado o defeito. A reclamação formulada perante o fornecedor obsta a decadência. Estabelece o art. 18, § 1º: "Não sendo o vício sanado no prazo máximo de trinta dias, pode o consumidor exigir, alternativamente e à sua escolha: I – a substituição do produto por outro da mesma espécie, em perfeitas condições de uso; II – a restituição imediata da quantia paga, monetariamente atualizada, sem prejuízo de eventuais perdas e danos; III – o abatimento proporcional do preço".

Digamos que o consumidor compra um veículo novo, cujo ar-condicionado não funciona. Suponhamos que não existam garantias contratuais. O consumidor reclamará perante o fornecedor, que terá trinta dias para consertar, de modo adequado, o defeito. Não o fazendo, abrem-se para o consumidor, à sua escolha, três alternativas: a) exigir a substituição do carro por outro, em perfeitas condições de uso; b) exigir a devolução imediata e monetariamente atualizada da quantia paga; ou c) exigir o abatimento no preço, proporcional ao defeito.

Decidiu, a respeito, o STJ: "Comprado veículo novo com defeito de fábrica, é responsabilidade do fabricante entregar outro do mesmo modelo, a teor do art. 18, § 1º, do Código de Defesa do Consumidor" (STJ, REsp 195.659, Rel. Min. Menezes Direito, 3ª T., DJ 12/06/00). Assim, se foi "adquirido veículo novo com defeito não sanado no prazo de trinta dias, pode o consumidor exigir a restituição da quantia paga, acrescida de eventuais perdas e danos. Inteligência do art. 18 do Código de Defesa do Consumidor" (STJ, REsp 567.333, Rel. Min. Fernando Gonçalves, 4ª T., DJ 08/03/10).

Lembremos que o art. 18, § 3º estabelece: "O consumidor poderá fazer uso imediato das alternativas do § 1º deste artigo sempre que, em razão da extensão do vício, a substituição das partes viciadas puder comprometer a qualidade ou características do produto, diminuir-lhe o valor ou se tratar de produto essencial". O consumidor, esclarece este parágrafo, poderá desde logo – sem aguardar os trinta dias – exigir qualquer das alternativas acima expostas, sempre que a substituição das partes viciadas puder comprometer a qualidade ou características do produto, ou mesmo diminuir-lhe o valor, ou se tratar de produto essencial (imaginemos, para ficar no mesmo exemplo, a compra de um carro novo cujo motor precise ser trocado. Naturalmente o consumidor poderá exigir outro veículo, em perfeitas condições. Diga-se o mesmo se comprovado um grave defeito no sistema de freios, por exemplo).

A parte final do artigo fala em produto essencial (como hipótese que autorizaria, em caso de vício, a substituição imediata do produto, sem precisar aguardar que o fornecedor o conserte). O CDC não define o que entende por produto essencial. A essencialidade deve ser apreciada *in concreto*, caso a caso. O consumidor pode afirmar que o produto é, para ele, essencial, e pedir a inversão do ônus da prova (CDC, art. 6º, VIII). Um carro, por exemplo, pode ser essencial para muitos brasileiros, que dele dependem para trabalhar. Devemos ter, em princípio, a essencialidade como regra. O Departamento de Proteção de Defesa do Consumidor (DPDC) – órgão vinculado à Secretaria de Direito Econômico do Ministério da Justiça – emitiu, em 2010, uma Nota Técnica (nº 62/10) afirmando que aparelhos celulares são produtos essenciais, na medida em que se prestam a viabilizar o acesso ao serviço de telecomunicações SMP (serviço móvel pessoal), também essencial. Não se trata, porém, de comando normativo, apenas expressa o entendimento do órgão acerca do art.18, § 1º e § 3º, do CDC.

O art. 18, § 4º consigna: "Tendo o consumidor optado pela alternativa do inciso I do § 1º deste artigo, e não sendo possível a substituição do bem, poderá haver substituição por outro de espécie, marca ou modelo diversos, mediante complementação ou restituição de eventual diferença de preço, sem prejuízo do disposto nos incisos II e III do § 1º deste artigo".

Em relação ao prazo que o fornecedor dispõe para sanar o vício do produto, uma importante observação se impõe. O fornecedor tem, sabemos, 30 dias para sanar o vício. Esse prazo, no entanto, pode ser reduzido ou ampliado, não podendo ser inferior a sete nem superior a cento e oitenta dias. Nos contratos de adesão, tal cláusula deverá ser convencionada em separado, por meio de manifestação expressa do consumidor (CDC, art. 18, § 2º).

Ainda sobre esse prazo concedido pela lei para que o fornecedor sane o vício, não é possível – à luz da sistemática de consumo – interpretar a norma de modo que esse prazo de 30 dias se renove, incessantemente, para o fornecedor, a cada nova ordem de serviço nas assistências técnicas. Digamos que alguém comprou, numa concessionária, um carro novo, cujo ar condicionado insiste em não funcionar. O veículo já foi levado duas ou três vezes à concessionária, e o problema, depois de alguns dias, retorna. O prazo não é reaberto, para o fornecedor, a cada vez que o produto é levado a conserto. A ser assim, o fornecedor poderia manipular, sem fim, o prazo legal, com consertos superficiais. Desse modo, se o consumidor voltou, mais de uma vez, exigindo que o vício seja sanado, todos esses prazos se somam e não podem exceder 30 dias. Mesmo porque um produto recém-adquirido que permanece mais de 30 dias longe de quem comprou já frustra as legítimas expectativas do consumidor.

Posteriormente o STJ apontou: "Não é possível afirmar que o vício do produto tenha sido sanado no prazo de 30 dias, estabelecido pelo artigo 18, § 1º, caput, do CDC, se o automóvel, após retornar da oficina, reincidiu no mesmo problema, por diversas vezes. A necessidade de novos e sucessivos reparos é indicativo suficiente de que o veículo, embora substituídas as peças danificadas pela utilização do combustível impróprio, não foi posto em condições para o uso que dele razoavelmente se esperava" (STJ, REsp 1.443.268, Rel. Min. Sidnei Beneti, DJ 08/09/2014). Pode haver, em situações semelhantes, compensação econômica, se o consumidor precisa retornar à concessionária por diversas vezes, para intermináveis reparos.

5.8. Prazo prescricional do fato

Prescreve em cinco anos a pretensão para a reparação dos danos causados por fato do produto ou do serviço, a teor do prescrito no art. 27 do CDC. Tratamos do tema mais adiante, em tópico específico.

5.9. Responsabilidade objetiva do fornecedor

No que toca, especificamente, à responsabilidade civil, o Código do Consumidor adotou a responsabilidade objetiva do fornecedor. Pelos danos que cause no mercado de consumo, o fornecedor – cujo conceito é amplo o bastante para compreender todos que disponibilizam produtos ou serviços com habitualidade, mediante remuneração – responde, sem culpa, pelos danos sofridos pelos consumidores.

A única exceção é relativa aos profissionais liberais, que apenas respondem se lhes for apurada a culpa (art. 14, § 4º), cuja responsabilidade adiante examinaremos.

A responsabilidade civil do fornecedor, portanto, francamente objetiva, está inspirada na teoria do risco proveito, devendo, assim, quem aufere os bônus (lucros) da atividade, responder pelos ônus (danos) que elas venham causar a terceiros. Ou, de igual sorte, a teoria do risco criado, mercê da qual quem cria, por sua atividade, um risco (insere medicamente perigosos no mercado) deve responder pelos danos que dele decorram.

A prova do nexo causal, entretanto, é necessária. Se em parque de diversões um carrinho de montanha russa sai dos trilhos, causando graves lesões a consumidor, é evidente a responsabilidade do fornecedor, que deverá reparar os danos materiais e morais que do acidente advieram. Ressalte-se, no caso, que quaisquer pessoas atingidas pela queda do carrinho, ainda que nenhuma relação contratual tenham com o fornecedor de serviços de diversão, serão consideradas consumidoras, por força da equiparação estabelecida pelo art. 17 ("Para os efeitos desta Seção, equiparam-se aos consumidores todas as vítimas do evento").

Questão interessante, e pertinente a este tópico, diz respeito ao seguinte ponto: a responsabilidade objetiva dos hospitais depende da prova de culpa dos médicos? O problema pode ser assim resumido: a responsabilidade dos profissionais liberais é subjetiva. Estatui o art. 14, § 4º, do CDC: "A responsabilidade pessoal dos profissionais liberais será apurada mediante a verificação de culpa".

Por sua vez, estabelece o art. 951 do Código Civil: "O disposto nos arts. 948, 949 e 950 aplica-se ainda no caso de indenização devida por aquele que, no exercício de atividade profissional, por negligência, imprudência ou imperícia, causar a morte do paciente, agravar-lhe o mal, causar-lhe lesão, ou inabilitá-lo para o trabalho". Os artigos citados tratam da indenização no caso de morte, lesão à saúde, ou lesão que impeça ou diminua a capacidade para o trabalho.

Desse modo, na esteira do direito positivo, "[...] no caso de danos e sequelas porventura decorrentes da ação do médico, imprescindível se apresenta a demonstração de culpa profissional, sendo descabida presumi-la à guisa de responsabilidade objetiva" (STJ, REsp. 196.306, Rel. Min. Fernando Gonçalves, 4ª T., j. 03/08/04, p. DJ 16/08/04).

Porém a responsabilidade dos prestadores de serviço é objetiva, isto é, independe do elemento culpa. Estatui o art. 14 do CDC: "O fornecedor de serviços responde, independentemente da existência de culpa, pela reparação dos danos causados aos consumidores por defeitos relativos à prestação dos serviços, bem como por informações insuficientes ou inadequadas sobre sua fruição e riscos".

A questão é: um dano – erro médico, digamos – ocorrido em hospital gera para esse responsabilidade objetiva?

O STJ tem adotado posição restritiva, dizendo que a responsabilidade do hospital apenas existirá se for provada a culpa dos médicos: "A responsabilidade dos hospitais, no que tange à atuação técnico-profissional dos médicos que neles atuam ou a eles sejam ligados por convênio, é subjetiva, ou seja, dependente da comprovação de culpa dos prepostos, presumindo-se a dos preponentes". Continua o relator: "Em razão disso, não se pode dar guarida à tese do acórdão de arrimado nas provas colhidas, excluir, de modo expresso, a culpa dos médicos e, ao mesmo tempo, admitir a responsabilidade objetiva do hospital, para condená-lo a pagar indenização por morte de paciente" (STJ, REsp. 258.389, Rel. Min. Fernando Gonçalves, 4ª T., j. 16/06/05, p. DJ 22/08/05).

Neste mesmo acórdão o STJ ressalva que tal orientação não colide – a seu juízo – com o CDC: "O art. 14 do CDC, conforme a melhor doutrina, não conflita com essa conclusão, dado que a responsabilidade objetiva, nele prevista para o prestador de serviços, no presente caso, o hospital, circunscreve-se apenas aos serviços técnicos e exclusivamente relacionados com o estabelecimento empresarial propriamente dito, ou seja, aqueles que digam respeito à estadia do paciente (internação), instalações, equipamento, serviços auxiliares (enfermagem, exames, radiologia) etc. e não aos serviços técnico-profissionais dos médicos que ali atuam, permanecendo estes na relação subjetiva de preposição (culpa)" (STJ, REsp. 258.389, Rel. Min. Fernando Gonçalves, 4ª T., j. 16/06/05, p. DJ 22/08/05).

Neste sentido se põe Ruy Rosado de Aguiar, ao considerar imprescindível a "prova da culpa do servidor na prática do ato danoso. Isto é, o hospital não responde objetivamente, mesmo depois da vigência do Código de Defesa do Consumidor, quando se trata de indenizar dano produzido por médico integrante de seus quadros" (Responsabilidade civil do médico. Revista dos Tribunais, vol. 718, p. 41/42).

5.10. Ausência do defeito: prova a cargo do fornecedor

Não cabe ao consumidor a prova do defeito do produto ou serviço. O consumidor provará o dano sofrido, e o nexo causal entre o dano e o produto ou serviço. Cabe ao fornecedor, detentor dos meios técnicos da produção, provar a inexistência do defeito. É o que deflui das disposições normativas do CDC que preveem que o fornecedor só não será responsabilizado se provar que, embora haja colocado o produto no mercado, o defeito inexiste (art. 12, § 3º); ou que, tendo prestado o serviço, o defeito inexiste (art. 14, § 3º). A prova da ausência do defeito, portanto, segundo expressa dicção legal, fica a cargo do fornecedor.

Assim decidiu o STJ, citando o acórdão recorrido: "A bem da verdade, a responsabilidade objetiva do apelante, ao contrário do sustentado na r. sentença recorrida, não reside no artigo 12 da Lei nº 8.078/90, que rege a responsabilidade pelo fato do produto, mas no artigo 14 que rege a responsabilidade do fornecedor de serviços. Mas o resultado é o mesmo, cabendo, pois, ao fornecedor de serviços provar que o defeito inexiste (inciso I do par. 3º do art. 14)." (STJ, REsp. 232.380, Rel. Min. Cesar Asfor Rocha, 4ª. T., j. 15/05/03, p. DJ 04/08/03).

Se não houver defeito não haverá, naturalmente, responsabilidade do fornecedor. Assim, "inexistindo defeito, mesmo que haja caso fortuito ou força maior, não haverá responsabilização. Mas, não por causa do caso fortuito ou da força maior, mas pela inexistência do defeito, que opera quebra do nexo de causalidade necessário à responsabilização nos termos do art. 14" (Eduardo Arruda Alvim e Flávio Cheim Jorge. A responsabilidade civil no CDC e o transporte aéreo, RDC 19/139).

5.11. Comerciante: responsabilidade subsidiária?

O art. 13 do CDC estabelece a responsabilidade do comerciante. Está assim redigido: "O comerciante é igualmente responsável, nos termos do artigo anterior, quando: I - o fabricante, o construtor, o produtor ou o importador não puderem ser identificados; II - o produto for fornecido sem identificação clara do seu fabricante, produtor, construtor ou importador; III – não conservar adequadamente os produtos perecíveis". As hipóteses expressas nos incisos do art. 13 não são cumulativas, isto é, basta que ocorra uma delas para que a responsabilidade do comerciante se faça presente.

O artigo anterior, ao qual alude o art. 13, trata da responsabilidade pelo fato do produto (acidente de consumo). Portanto, o comerciante será responsável se evidenciada qualquer das três hipóteses acima delineadas: a) o fornecedor (fabricante, construtor, produtor ou importador) não puderem ser identificados; b) produtos anônimos; c) produtos perecíveis malconservados.

Digamos, para facilitar a compreensão, que: a) comerciante vende queijo cujo fornecedor não pode ser identificado. Tal queijo causa grave infecção intestinal em quem o consome; b) comerciante vende vinho sem rótulo, que vem a causar sério dano a consumidor; c) comerciante vende queijos, porém desliga, à noite, os mecanismos de refrigeração, danificando os produtos. Em todos os três casos o comerciante poderá ser diretamente responsabilizado pelos danos.

A doutrina, à vista do art. 13, costuma dizer que a responsabilidade do comerciante é subsidiária. Gustavo Tepedino, porém, alerta: "A responsabilidade do comerciante, entretanto, em princípio excluída, é condicionada à ocorrência de alguma das situações previstas pelo art. 13 do CDC: produto anônimo, mal identificado, ou produto perecível malconservado. Verificada qualquer dessas hipóteses, a responsabilidade do comerciante equipara-se à dos demais obrigados. Por esta razão, não se pode considerar subsidiária a responsabilidade do comerciante. O ponto de vista implicaria a obrigatoriedade de uma prévia execução dos obrigados principais, anteriormente à do comerciante, o que não corresponde à disciplina do Código. A responsabilidade do comerciante, a rigor, nos termos do art. 12, equipara-se à dos demais responsáveis, diferenciando-se, tão-somente, pelo fato de ser condicionada à ocorrência de uma daquelas situações acima mencionadas" (Gustavo Tepedino, "*A responsabilidade civil por acidentes de consumo na ótica Civil-Constitucional*", Temas de Direito Civil. Rio de Janeiro: Renovar, 2004, p. 245).

Interessante anotar que eventual configuração da culpa do comerciante (conservação imprópria de produto, por exemplo) não afasta o direito do consumidor de propor, contra o fabricante, ação indenizatória, pelos danos que sofreu com a ingestão da mercadoria estragada (STJ, AgRg no AREsp 265.586, Rel. Min. Bôas Cueva, DJ 25/09/2014). O STJ, anteriormente, já houvera decidido que "o comerciante e o fabricante estão inseridos no âmbito da cadeia de produção e distribuição, razão pela qual não podem ser tidos como terceiros estranhos à relação de consumo. A eventual configuração da culpa do comerciante que coloca à venda produto com prazo de validade vencido não tem o condão de afastar o direito do consumidor de propor ação de reparação pelos danos resultantes da ingestão da mercadoria estragada em face do fabricante" (STJ, REsp 980.860, Rel. Min. Nancy Andrighi).

Convém resumir a questão, que é objeto de questionamento frequente em concursos públicos. Assim, de acordo com a doutrina majoritária, a questão pode ser vista do seguinte modo. Em relação à responsabilidade do comerciante, é fundamental distinguir: a) vício do produto; b) fato do produto. No primeiro caso - vício do produto - a responsabilidade do comerciante é solidária, isto é, o comerciante responde juntamente com o fabricante. Já no segundo caso - fato do produto, também chamado de acidente de consumo - a responsabilidade do comerciante é subsidiária, não solidária.

A respeito do comerciante, o STJ - em decisão de acerto duvidoso - entendeu que o comerciante não tem o dever de receber e encaminhar o produto viciado à assistência técnica (STJ, REsp 1.411.136, DJ 10/03/2015). Entendeu-se que não seria razoável impor ao comerciante a obrigação de intermediar o relacionamento entre o seu cliente e o serviço de assistência técnica disponibilizado no mesmo município. Isto é, se a assistência técnica estiver situada em município diverso daquele do comerciante, haverá - segundo a decisão do STJ - dever do comerciante de receber e encaminhar o produto à assistência técnica. Se estiver a assistência técnica estiver situada no mesmo município do comerciante, não haverá esse dever (do comerciante receber e encaminhar o produto). Esse critério eleito - o município onde está situada a assistência técnica - não está na lei e, cremos, complica desnecessariamente a questão.

6. EXCLUDENTES DE RESPONSABILIDADE

6.1. Excludentes de responsabilidade: quais são aceitas no sistema de consumo?

Um dos temas mais polêmicos, na interpretação do CDC, diz respeito às excludentes de responsabilidade civil. São elas apenas aquelas estritamente estabelecidas pelo CDC? Ou há espaço para outras, harmônicas com o sistema geral de responsabilidade civil? Desde já digamos que não há unanimidade de vistas.

Estabelece o § 3º do art. 12 do Código do Consumidor - versando sobre o fato do produto: "O fabricante, o construtor, o produtor ou importador só não será responsabilizado quando provar: I - que não colocou o produto no mercado;

II – que, embora haja colocado o produto no mercado, o defeito inexiste; III – a culpa exclusiva do consumidor ou de terceiro".

Já o § 3º do art. 14 – relativo aos fatos do serviço – estabelece: "O fornecedor só não será responsabilidade quando provar: I – que, tendo prestado o serviço, o defeito inexiste; II – a culpa exclusiva do consumidor ou de terceiro".

De acordo com o sistema de responsabilidade civil instituído pelo CDC, o fornecedor de produtos e serviços responderá, independentemente de culpa, desde que o consumidor prove ter sofrido dano, e prove, ainda, o nexo causal entre o dano e a atividade do fornecedor.

Explica Tepedino: "Quanto ao defeito, o CDC estabelece uma presunção 'iuris tantum' de sua existência, apresentando-se como primeiro pressuposto – não só ontológico, mas também lógico – da responsabilidade objetiva" (Gustavo Tepedino, *"A responsabilidade civil por acidentes de consumo na ótica civil – constitucional"*, Temas de Direito Civil. Rio de Janeiro: Renovar, 2001, p. 240).

Cabe, nessa ordem de ideias, ao fornecedor provar as excludentes. Só não será responsabilizado se conseguir prová-las. É importante repetir que não é o consumidor que está obrigado a provar que o defeito existe. O ônus da prova é do fornecedor, a quem cabe provar a inexistência do defeito.

Digamos que compro um celular que vem a explodir, causando-me danos auditivos. Não precisarei, para ser indenizado, provar a existência do defeito, bastando apenas provar o dano e o nexo causal com a explosão do aparelho.

6.2. Caso fortuito ou força maior

Chama atenção a ausência do caso fortuito ou força maior dentre as excludentes de responsabilidade civil previstas no CDC. Isso significa que, na sistemática do CDC, tais excludentes não terão lugar?

Não há, aqui – digamos desde já – consensos. Há autores que negam, veementemente, a possibilidade do caso fortuito ou força maior serem tidos por excludentes. Outros ponderam que o caso fortuito ou a força maior apenas operam como excludentes após a colocação do produto no mercado. Os riscos relacionados à atividade do fornecedor devem ser por ele suportados, se interiores ao processo produtivo.

Outros ainda aceitam tais excludentes, argumentando, basicamente, que tais excludentes excluem o nexo causal, inexistindo qualquer possibilidade de se impor responsabilidade. Assim, se, digamos, um raio atinge o veículo, que se incendeia, não há como responsabilizar o fornecedor pelo evento – completamente alheio à sua atividade.

Argumenta Gustavo Tepedino: "Quanto à hipótese de caso fortuito ou força maior, embora o CDC não a inclua, expressamente, como excludente, deve ser considerada como tal, uma vez que a sua ocorrência é capaz de romper o nexo de causalidade entre o acidente e o dano, indispensável à conflagração de responsabilidade" (Gustavo Tepedino, *"A responsabilidade médica na experiência brasileira contemporânea"*. Temas de Direito Civil, t. II. Rio de Janeiro: Renovar, 2006, p. 110).

Em sentido semelhante decidiu o STJ, julgando caso em que chuva de granizo danificou carros que se encontravam em estacionamento particular: "O fato de o art. 14, § 3º, do Código de Defesa do Consumidor não se referir ao caso fortuito e à força maior, ao arrolar as causas de isenção de responsabilidade do fornecedor de serviços, não significa que, no sistema por ele instituído, não possam ser invocadas [...]. A inevitabilidade e não a imprevisibilidade é que efetivamente mais importa para caracterizar o fortuito. E aquela há de entender-se dentro de certa relatividade, tendo-se o acontecimento como inevitável em função do que seria razoável exigir-se" (STJ, REsp. 120.647, Rel. Min. Eduardo Ribeiro, 3ª T., j. 16/03/00, p. DJ 15/05/00). No mesmo sentido, inclusive com idêntica argumentação (STJ, REsp. 330.523, Rel. Min. Carlos Alberto Menezes Direito, 3ª T., j. 11/12/01, p. DJ 25/03/02).

Cabe ponderar, como dado de argumentação, que o Código de Trânsito, em seu art. 1º, § 3º, responsabilizou, objetivamente, por ação ou omissão, o Estado, por danos causados aos cidadãos em razão de programas, projetos e serviços que garantam o exercício do direito ao trânsito seguro. A doutrina, interpretando o dispositivo, entendeu que tal responsabilidade não abrange os danos provindos de caso fortuito ou força maior.

Pedimos licença ao leitor para transcrever o que escrevemos em outra oportunidade (*Manual da Responsabilidade Civil do Estado à luz da jurisprudência do STF, do STJ, e da Teoria dos Direitos Fundamentais*. 2ª edição. Salvador: Juspodivm, 2014). Na verdade, em sede de responsabilidade civil, apenas os casos concretos apontarão as respostas adequadas. É temerário afirmar, aprioristicamente, soluções definitivas neste ou naquele sentido (relativamente à configuração do caso fortuito ou força maior). Um *tsunami* que invade a cidade, destruindo imóveis e veículos, não empenhará responsabilidade civil do Estado, sendo exemplo de caso fortuito ou força maior. Porém, atualmente, cabendo ao Estado uma atuação mais ativa para proteger os cidadãos, é possível pensar, em determinados contextos, na responsabilização estatal. Digamos que a ciência permita, com razoável antecedência, saber da chegada dos *tsunamis*. Ainda assim, não houve avisos prévios e eficazes aos cidadãos. Em tese, a responsabilização seria possível. Caminhamos no sentido de um estreitamento progressivo das hipóteses de caso fortuito ou força maior, como excludentes de responsabilidade civil. O que antes podia ser considerado excludente, talvez hoje não possa. Na responsabilidade civil do Estado, isso se torna ainda mais forte, ainda mais nítido. Ademais, as excludentes de caso fortuito e força maior devem ser severamente filtradas na responsabilidade objetiva. O legislador, nesses casos, optou por proteger a vítima. Não quis deixar dano sem reparação. Imputou a certas pessoas, em decorrência de determinadas circunstâncias, a obrigação de reparar o dano ainda que não tenham agido culposamente. É uma tendência legislativa que traduz o rumo da matéria em todo o mundo.

6.2.1. Irrelevância da distinção

Durante séculos, em boa parte do mundo, tornou-se célebre o esforço dos juristas para distinguir o caso fortuito da força maior. Sem sucesso, porém. Cada autor propunha um critério, e a verdade é que não se chegou a uma distinção útil, valiosa, operativa. Por isso, fez bem o Código Civil ao equipará-las (CC, art. 393, parágrafo único). Não há, no direito brasileiro, relevância na distinção entre caso fortuito e força maior. Aguiar Dias, escrevendo em meados do século passado, já apontava "a inutilidade da distinção entre caso fortuito e força maior. As expressões são sinônimas" (José de Aguiar Dias. *Da Responsabilidade Civil*, t. II. Rio de Janeiro: Forense, 1954, p. 673). A doutrina tende a seguir-lhe os passos: "As expressões caso fortuito e força maior são equivalentes e não se reconhecem mais efeitos práticos na distinção entre ambas" (Guilherme Couto de Castro, *A responsabilidade civil objetiva no direito* brasileiro. Rio de Janeiro: Forense, 1997, p. 7). Antes de todos, com a genialidade que o distinguia, Pontes de Miranda já frisava não haver relevância, no direito brasileiro, na distinção entre caso fortuito e força maior, argumentando que qualquer tentativa de distinção entre tais excludentes seria atribuir conceitos sem base histórica ou segurança na doutrina (Pontes de Miranda. *Tratado de Direito Privado. Tomo XXIII*. Rio de Janeiro: Borsoi, 1971, p. 77).

6.2.2. Distinção relevante

Atualmente, ao invés de distinguir o caso fortuito da força maior, a doutrina – e a jurisprudência – contemporânea distingue o fortuito interno do fortuito externo. E essa distinção é, sim, relevante, porque no primeiro caso o dever de indenizar está mantido (fortuito interno), ao passo que no segundo (fortuito externo) o dever de indenizar fica afastado. Giordani pondera ser "importante ressaltar que a noção de fortuito externo e de fortuito interno é a que a doutrina moderna tem utilizado para diferenciar as noções de caso fortuito e de força maior" (*A responsabilidade objetiva genérica no Código Civil de* 2002. Rio de Janeiro: Lumen Juris, 2004, p. 61). Vejamos, a seguir, em tópicos distintos, cada uma das situações.

6.2.2.1. Fortuito interno

Se o dano sofrido pela vítima guarda relação com a atividade desenvolvida pelo ofensor, haverá fortuito interno. Pensemos num dos casos mais comuns na jurisprudência, que é o transporte de pessoas (que tem conexão com o direito do consumidor e com a responsabilidade civil do Estado, por se tratar de concessionárias de serviço público). A responsabilidade civil, no caso, é objetiva, seja em razão do art. 14 do CDC, seja em razão do art. 37, § 6º da Constituição.

Se o passageiro de ônibus (metrô ou avião, tanto faz) sofre um dano que guarda relação com o transporte, a empresa responde, ainda que, comprovadamente, a culpa do dano seja de terceiro. É o que estatui o Código Civil, no art. 735: "A responsabilidade contratual do transportador por acidente com o passageiro não é elidida por culpa de terceiro, contra o qual tem ação regressiva". Esse artigo, na verdade, apenas reproduz Súmula do Supremo Tribunal Federal: "A responsabilidade contratual do transportador, pelo acidente com passageiro, não é elidida por culpa de terceiro contra o qual tem ação regressiva" (STF, Súmula 187).

Assim, se o dano sofrido pelo passageiro decorrer de um acidente causado por outro veículo, ainda assim responderá a empresa de transporte. Digamos que um carro, de modo imprudente ou mesmo doloso, dá uma fechada brusca no ônibus de passageiros, que por causa disso cai de uma ponte. A responsabilidade civil por todos os danos morais, materiais e estéticos sofridos pelos passageiros será da empresa de transporte, ainda que possa, depois, em regresso, cobrar do motorista culpado o que pagou às vítimas.

É adequado, no exemplo acima, pensar na teoria do risco (CC, art. 927, parágrafo único). Quem usufrui, habitualmente, dos bônus de determinada atividade, deve responder pelos riscos que ela causar, ainda que sem culpa. O CDC, de igual modo, reputa defeituoso – e gerador de responsabilidade objetiva – o serviço que não fornece a segurança que o consumidor dele pode esperar (CDC, art. 14, 1º).

O fortuito interno aplica-se, também, a outras situações. Digamos que, durante viagem de ônibus, o motorista sofre um ataque cardíaco e o ônibus se desgoverna. Ou há o estouro de um dos pneus. Ou defeito nos freios. Em todos esses casos, o dano guarda relação com a atividade desenvolvida pela empresa, havendo, em consequência, responsabilidade civil por danos oriundos desses fatos, ainda que imprevisíveis (de nada valerá a empresa provar que os motoristas passam por exames preventivos periódicos, ou mesmo que todos os pneus e freios da frota de ônibus estão em excelentes condições de conservação. Ainda que prove esses fatos, a empresa responderá pelos danos). Tais acontecimentos fazem parte do chamado risco da atividade.

6.2.2.2. *Fortuito externo*

Se o dano não guarda relação com a atividade desenvolvida pelo ofensor, haverá um fortuito externo. O STJ já proclamou que "o transportador só responde pelos danos resultantes de fatos conexos com o serviço que presta" (STJ, Resp 468.900, Rel. Min. Ari Pargendler, DJ 31/03/03). No fortuito externo, o dever de indenizar fica afastado. Continuemos com o exemplo dos danos decorrentes de transporte público. O dano desconexo ao transporte não conduz à responsabilidade civil da empresa transportadora. A jurisprudência "tem admitido claramente que o fato de terceiro que exonera a responsabilidade é aquele que com o transporte não guarde conexidade" (STJ, REsp 469.867, Rel. Min. Menezes Direito, 3ª T, DJ 14/11/05).

Em outras obras, manifestamos nossa reserva quanto à posição da jurisprudência nacional que afasta a responsabilidade civil – seja das empresas de transporte, seja do Estado – em relação aos danos sofridos pelos passageiros em decorrência de assaltos. Seja como for, de acordo com a jurisprudência a hipótese exemplifica um caso fortuito externo, isto é, aquele que afasta o dever de indenizar. Grande parte dos casos de responsabilidade civil envolvendo transportes coletivos diz respeito a danos sofridos pelos passageiros em virtude de condutas de terceiros (assaltos, furtos ou outras violências). A questão é esta: havendo assalto que cause danos (materiais, morais ou estéticos) ao passageiro, a empresa de transporte estará obrigada a indenizá-lo? Conforme adiantamos, depois de alguma controvérsia inicial, há mais de uma década, a jurisprudência hoje entende firmemente que não.

São muitos os julgados que poderiam ser citados nesse sentido. Citemos apenas alguns: O STJ frisa: "A concessionária de serviço público não responde pelo roubo a mão armada ocorrido no interior do ônibus" (STJ, REsp 331.801, Rel. Min. Fernando Gonçalves, 4ª T., j. 05/04/10). Configura, assim, "causa excludente da responsabilidade da empresa transportadora o fato inteiramente estranho ao transporte em si, como é o assalto ocorrido no interior do coletivo" (STJ, REsp 435.865, Rel. Min. Barros Monteiro, Segunda Seção, DJ 12/05/03). Caberia indagar, nessas dramáticas situações, se não seria o caso de se responsabilizar civilmente o Estado pelos danos.

Esse, em todo caso, é o panorama jurisprudencial atual sobre a matéria. O fortuito interno (defeitos nos freios, estouro de pneus, problemas de saúde dos motoristas ou pilotos) não afasta o dever de indenizar da empresa de transporte. O fortuito externo (assaltos, por exemplo) afasta o dever de indenizar da empresa. É preciso perceber, desse modo, que não é todo dano sofrido durante o transporte que importará em responsabilidade da empresa.

Se, durante viagem de avião, marido e mulher discutem asperamente e ele a agride fisicamente, causando danos morais e estéticos, não há razoabilidade em responsabilizar o transportador pelo dano. Não existe relação causal entre o dano e o transporte. O transporte não foi a causa do dano. Não houve defeito ou vício imputável à empresa que guarde relação com o dano. Um bom (porém triste) exemplo aconteceu em 24/10/2013, em Poços de Caldas/MG. Uma garota, num parque de diversões, ao andar de montanha russa, faleceu em virtude de um acidente vascular cerebral. Descobriu-se, posteriormente, que ela tinha um aneurisma, desconhecido pela família. Não há, aí, segundo cremos, nexo causal entre o dano e a atividade da empresa de diversões. Nem há defeito na prestação de serviço.

Na verdade, o caso fortuito (externo) pode se assemelhar bastante ao fato de terceiro. No exemplo mencionado muitas vezes neste tópico, a empresa de transporte não responde porque houve fato de terceiro (assaltantes). Ou porque o assalto é considerado um caso fortuito (externo). O caso fortuito e o fato de terceiro podem, portanto, em certos casos, traduzir idêntica realidade, mudando apenas o ângulo de abordagem.

Apenas uma observação final, antes de concluir este tópico. Frisamos, anteriormente, que os assaltos nos transportes de pessoas (ônibus, por exemplo), configuram fortuito externo, isentando as empresas de transporte do dever de indenizar. Cabe alertar o leitor, no entanto, que em relação a determinadas atividades prevalece entendimento oposto. Em relação aos bancos, por exemplo. O assalto que ocorre em banco (ferindo, por exemplo, o cliente que estava na fila) é fortuito interno, responsabilizando a instituição financeira pelos danos. O mesmo se diga quando o cliente sofre danos em virtude de roubo ou furto de cofre que alugava em agência bancária. Assim, neste sentido, "o roubo ou furto perpetrado contra a instituição financeira, com repercussão negativa ao cofre locado ao consumidor, constitui risco assumido pelo fornecedor do serviço, haja vista compreender-se na própria atividade empresarial, configurando, assim, hipótese de fortuito interno" (STJ, REsp 1.250.997, Rel. Min. Marco Buzzi, DJ 14/02/2013). O mesmo vale para as fraudes praticadas por terceiros relacionadas às operações bancárias, como clonagem de cartões de crédito, por exemplo. Nesse sentido posiciona-se o STJ, através da Súmula 479: "As instituições financeiras respondem objetivamente pelos danos gerados por fortuito interno relativo a fraudes e delitos praticados por terceiros no âmbito de operações bancárias".

6.2.3. A análise dos riscos assumidos pelo fornecedor

É fundamental, na análise dos casos, verificar se o dano tem relação com o risco assumido pelo fornecedor de produtos ou serviços. Sendo positiva a resposta, há de lhe ser imputada a responsabilidade. O assalto a banco, por exemplo, não configura caso fortuito, apto a excluir sua responsabilidade pelos danos causados a consumidor: "Responsabilidade civil. Morte de menor. Assalto à agência bancária. Indenização. Dano moral. Quantum indenizatório. Razoabilidade. Despicienda a análise de eventual conduta culposa por parte da instituição financeira-recorrente, visto ser objetiva a sua responsabilidade em hipótese como a dos autos. Demais disso, em razão da previsibilidade, não configura o roubo evento de força maior, como pretendido" (STJ, REsp. 694.153, Rel. Min. Cesar Asfor Rocha, 4ª. T., j. 28/06/05, p. DJ 05/09/05).

A propósito, a instituição bancária responde objetivamente pelos furtos, roubos e latrocínios ocorridos nas dependências de estacionamento que oferecera aos veículos de seus clientes (STJ, REsp 1.045.775, Rel. Min. Massami Uyeda, 3ª T., DJ 04/08/09). A mesma responsabilidade ocorrerá, naturalmente, conforme dissemos, se houver assalto e morte de cliente dentro de agência bancária (STJ, REsp 694.153, Rel. Min. Cesar Asfor Rocha, 4ª T., DJ 05/09/05).

Também haverá responsabilidade civil se houver, por exemplo, assalto a mão armada em estacionamento de *shopping* (STJ, REsp 419.059, Rel. Min. Nancy Andrighi, 3ª T., DJ 29/11/04). A hipótese configura fato do serviço e não há, no caso, força maior. O STJ afirmou: "Por ser a prestação de segurança e o risco ínsitos à atividade dos hipermercados e *shopping centers*, a responsabilidade civil desses por danos causados aos bens ou à integridade física do consumidor não admite a excludente de força maior derivada de assalto à mão armada ou qualquer outro meio irresistível".

Conforme veremos adiante, o STJ tem afirmado, com rigor, que as empresas que exploram comercialmente estacionamentos respondem pelos danos que os veículos neles estacionados sofrerem. Tal posição se cristalizou na Súmula 130 do STJ: "A empresa responde, perante o cliente, pela reparação de dano ou furto de veículos ocorridos em seu estacionamento". A empresa responde inclusive por eventuais roubos a mão armada (STJ, REsp 230.180, Rel. Min. Barros Monteiro, 4ª T., DJ 25/03/02). O mesmo vale para estacionamento de hospital (REsp 73.243), de supermercado (REsp 61.184), de hotel (REsp 227.014) e até mesmo estacionamento disponibilizado por empregador (REsp 195.664). Mesmo se o estacionamento for gratuito, haverá responsabilidade (REsp 50.502; REsp 437.649). A excludente de força maior é descabida em casos assim, sendo o roubo algo absolutamente previsível (STJ, 303.776).

Vale lembrar que em determinados serviços o fornecedor se obriga, contratualmente, a assumir determinado resultado (SEDEX, ou SEDEX 10). Nesses casos, por óbvio, o resultado integra a prestação assumida, que se considera inadimplida se extrapolado o horário de entrega prometido. O Correio não se exime da responsabilidade, perante o usuário, se houver greve dos funcionários, pois se trata de caso fortuito interno, que não afasta o dever de indenizar (lembrando que se consideram não escritas as cláusulas desse teor, eventualmente apostas nos recibos entregues aos usuários). A jurisprudência já se posicionou em sentido semelhante, condenando civilmente os Correios – empresa pública a qual se aplica o CDC, em relação aos serviços postais que presta – em virtude do não cumprimento do prazo de entrega do SEDEX (STJ, REsp 1.210.732, Rel. Min. Luis Felipe Salomão, 4ª T., DJ 15/03/2013). Do mesmo modo, haverá, no serviço de entrega rápida, dano material se a entrega não se realiza no prazo contratado. Decidiu-se, nesse sentido, que "quando o fornecedor faz constar de oferta ou mensagem publicitária a notável pontualidade e eficiência de seus serviços de entrega, assume os eventuais riscos de sua atividade, inclusive o chamado risco aéreo, com cuja consequência não deve arcar o consumidor" (STJ, REsp 196.031, Rel. Min. Pádua Ribeiro).

6.3. Culpa exclusiva da vítima

A culpa exclusiva da vítima, rompendo o nexo causal, afasta qualquer obrigação de indenizar por parte do fornecedor de produtos e serviços. Se o dano adveio, exclusivamente, da conduta do consumidor, não haverá responsabilidade do fornecedor, porque não há responsabilidade civil sem nexo causal – necessária tanto na responsabilidade subjetiva como na objetiva.

Se o consumidor salta da escada rolante do shopping, vindo a se ferir gravemente, não há, naturalmente, como imputar tal responsabilidade a não ser a ele próprio.

A jurisprudência entendeu que passageiro de ônibus que come biscoito envenenado oferecido por outro passageiro, vindo a ser por este roubado, não faz jus à indenização por danos morais e materiais contra a empresa de transporte. O tribunal destacou tratar-se, na espécie, de fato de terceiro que não guarda relação com o transporte, havendo, ademais, culpa exclusiva da vítima (STJ, Rel. Min. Cesar Asfor Rocha, notícias em 14/06/07). Da mesma forma, cliente que dá a terceiro acesso à senha do cartão que movimenta a sua conta bancária não pode atribuir à instituição financeira a responsabilidade pelos saques subsequentes (STJ, AgRg no Ag 962.927, Rel. Min. Ari Pargendler, 3 T., DJ 22/08/08).

Posteriormente, e em contexto semelhante, o STJ decidiu que a sociedade empresária de transporte coletivo interestadual não deve ser responsabilizada pela partida do veículo, após parada obrigatória, sem a presença do viajante que, por sua culpa exclusiva, não compareceu para reembarque mesmo após a chamada dos passageiros, sobretudo quando houve o embarque tempestivo dos demais (STJ, REsp 1.354.369, Rel. Min. Luis Felipe Salomão, 4ª T, DJ 25/05/2015).

6.4. Fato exclusivo de terceiro

O CDC põe o fato exclusivo de terceiro como causa de exclusão da responsabilidade do fornecedor. Digamos que o consumidor ingere dose excessiva de medicamento e sofre danos em sua saúde. Porém tal ingestão indevida decorreu de equivocada prescrição médica. Não há, nesta hipótese, como pretender responsabilizar o fabricante do medicamento.

Todavia, é preciso cautela, para não isentar o fornecedor da responsabilidade por danos em relação aos quais ele assumiu o risco. Assim, decidiu, lucidamente, o

STJ que se o proprietário do veículo o deixou no pátio da concessionária para fins de revisão ou venda, tendo sido roubado por pessoa interessada em sua compra, tal fato – de terceiro – não afasta a responsabilidade da concessionária (STJ, REsp. 253.301, Rel. Min. Barros Monteiro, 4ª T., j. 21/09/04, p. DJ 13/12/04).

Em sentido semelhante, talvez como exemplo de que nem todo caso fortuito ou força maior enseja a exclusão da responsabilidade do fornecedor de serviços: "Se a aeronave é avariada pela sucção de grandes pássaros, impõe a cautela seja o maquinário revisto e os passageiros remanejados para voos alternativos em outras companhias. O atraso por si só decorrente desta operação impõe a responsabilização da empresa aérea, nos termos da atividade de risco que oferece" (STJ, REsp. 401.397, Rel. Min. Nancy Andrighi, 3ª T., j. 27/06/02, p. DJ 09/09/02).

É fundamental, portanto, analisar as circunstâncias em que se deu o dano. Em determinado caso, houve extorsão mediante sequestro e o valor do resgate foi depositado em conta corrente e sacado, pelos bandidos, sem que o banco observasse as necessárias cautelas. Por isso, o banco foi condenado a indenizar, não se aceitando, na hipótese, a excludente de fato exclusivo de terceiro (STJ, REsp 1.374.726, DJ 08/09/2014).

Essa, aliás, é uma tendência que se observa na matéria.

Com o crescente aumento dos usos e práticas digitais, crescem também, de modo correspondente, as fraudes e golpes. Os bancos investem progressivamente recursos tentando evitá-las, mas nem sempre conseguem. A linha hermenêutica, na matéria, é muito clara: qualquer que seja a fraude praticada por terceiro, o banco deverá indenizar o cliente prejudicado por ela, a menos que prove-lhe a culpa exclusiva. É inadmissível a invocação da excludente de fato de terceiro, na hipótese. Os riscos do negócio são de responsabilidade das instituições financeiras.

Aliás, não só na internet, como também quaisquer outras fraudes que lesem consumidores e estejam vinculados aos riscos relacionados de sua atividade. Aí se incluem, por exemplo, a compensação de cheques em valor superior àquele da emissão, mesmo nas hipóteses em que o título tenha sido objeto de sofisticada adulteração por terceiro. Conforme frisamos ao tratar dos fortuitos internos, a instituição bancária responde objetivamente pelos danos causados por fraudes ou delitos praticados por terceiros (STJ, REsp 1.093.440, Rel. Min. Luis Felipe Salomão, DJ 02/04/2013). Fraudes e delitos, assim, configuram fortuitos internos, participando dos riscos da própria atividade. Não excluem, em absoluto, a responsabilidade das instituições financeiras. Sempre que o dano guardar conexão com a atividade do banco, mesmo que mediata, a excludente relativa ao caso fortuito não poderá ser aceita, porquanto caracterizará hipótese de fortuito interno, e não externo. Assim, o roubo ou furto perpetrado contra a instituição financeira, com repercussão negativa ao cofre locado ao consumidor, constitui risco assumido pelo fornecedor do serviço, haja vista compreender-se na própria atividade empresarial, configurando, assim, hipótese de fortuito interno (STJ, REsp 1.250.997, Rel. Min. Marco Buzzi, 4ª T., DJ 14/02/2013).

A jurisprudência, aliás, tem se mostrado particularmente severa na análise da chamada culpa exclusiva de terceiro em outras matérias, como no direito ambiental. Decidiu-se, por exemplo, diante de acidente ambiental, pela "inviabilidade de alegação de culpa exclusiva de terceiro, ante a responsabilidade objetiva. A alegação de culpa exclusiva de terceiro pelo acidente em causa, como excludente de responsabilidade, deve ser afastada, ante a incidência da teoria do risco integral e da responsabilidade objetiva ínsita ao dano ambiental" (STJ, REsp 1.114.398, Rel. Min. Sidnei Beneti, Segunda Seção, DJ 16/02/12).

6.5. Culpa concorrente

A culpa concorrente – assim como o caso fortuito e a força maior – não estão previstas dentre as excludentes pelo CDC. O Código do Consumidor apenas prevê, como excludente de responsabilidade, a culpa "exclusiva" do consumidor ou terceiro (art. 12, § 3º, III). A culpa concorrente (também chamada recíproca) do consumidor, não serviria para reduzir, proporcionalmente às circunstâncias, a reparação?

O Código Civil prevê, de modo explícito, em seu art. 945, a compensação de culpas, ao estatuir que se "a vítima tiver concorrido culposamente para o evento danoso, a sua indenização será fixada tendo-se em conta a gravidade de sua culpa em confronto com a do autor do dano". Carlos Roberto Gonçalves explica que o CDC "somente admite a exclusão da responsabilidade do fornecedor em caso de culpa exclusiva do consumidor ou de terceiro (art. 14, § 3º). Contudo, essa situação modificou-se, porque o novo Código Civil determina expressamente, no art. 945, que o juiz leve em conta eventual culpa concorrente da vítima, reduzindo a indenização por esta pleiteada, em proporção da gravidade de sua culpa, confrontada com a do autor do dano" (Carlos Roberto Gonçalves, Responsabilidade Civil. São Paulo: Saraiva, 2003, p. 341).

A culpa, como sabemos, não participa da configuração da responsabilidade do fornecedor de produtos ou serviços. A questão, contudo, pode ser posta no plano do nexo causal. O consumidor, por exemplo, que visitando shopping center sofre queda, com fraturas, em razão de produto de limpeza que tornou o chão escorregadio, deverá ser indenizado pelos danos sofridos. Tal reparação, contudo, poderá ser abrandada se, digamos, o consumidor, de forma indevida, estava correndo dentro do shopping, o que facilitou a queda, embora não exclua a responsabilidade do estabelecimento.

A doutrina, raciocinando sobre as relações de consumo em relação aos médicos, pondera: "Se houver concorrência entre o comportamento do paciente-vítima ou de terceiro e o defeito na prestação do serviço hospitalar não há exclusão de responsabilidade (como a interpretação literal do dispositivo poderia sugerir) mas a sua mitigação, uma vez que o nexo causal persiste no que tange à parcela do dano efetivamente causado pelo defeito" (Gustavo Tepedino, "A responsabilidade médica na experiência brasileira contemporânea". Temas de Direito Civil, t. II. Rio de Janeiro: Renovar, 2006, p. 110).

O Superior Tribunal de Justiça tem admitido a culpa concorrente como causa de minoração do valor da reparação, proporcionalmente às circunstâncias: "A culpa concorrente da vítima permite a redução da condenação imposta ao fornecedor. Art. 12, § 2º, III, do CDC" (STJ, REsp 287.849). No caso concreto a fundamentação do acórdão está assim posta: "Ocorre que o autor usou do escorregador e 'deu um salto em direção à piscina', conforme narrou na inicial, batendo com a cabeça no piso e sofrendo as lesões descritas no laudo. Esse mau uso do equipamento – instalação que em si é perigosa, mas com periculosidade que não excede o que decorre da sua natureza, legitimamente esperada pelo usuário – concorreu causalmente para o resultado danoso". Posteriormente, essa tendência foi reafirmada no mesmo tribunal. A jurisprudência do STJ, portanto, tem aceito a culpa concorrente como fator de redução da indenização, proporcionalmente às circunstâncias, mesmo nas relações de consumo. Nesse sentido, "a responsabilidade concorrente é admissível, ainda que no caso de responsabilidade objetiva do fornecedor ou prestador, quando há responsabilidade subjetiva patente e irrecusável também do consumidor, não se exigindo, no caso, a exclusividade da culpa" (STJ, REsp 1.349.894, Rel. Min. Sidnei Beneti, 3ª T., DJ 11/04/2013). Observe-se, no entanto, que a tendência terminológica mais atual aponta para o uso da expressão fato da vítima, ao invés de culpa da vítima, deslocando a discussão para a questão da causalidade.

Conforme já dissemos, o princípio da reparação integral poderá ser excepcionado se o consumidor contribuir, de algum modo, para o dano. Ou mesmo se foi o consumidor que deu causa ao desfazimento do contrato, por exemplo. O STJ, na Súmula 543, prevê uma situação que exemplifica bem a situação: "Na hipótese de resolução de contrato de promessa de compra e venda de imóvel submetido ao Código de Defesa do Consumidor, deve ocorrer a imediata restituição das parcelas pagas pelo promitente comprador – integralmente, em caso de culpa exclusiva do promitente vendedor/construtor, ou parcialmente, caso tenha sido o comprador quem deu causa ao desfazimento".

6.6. Teoria do risco do desenvolvimento

Ponto altamente polêmico indaga se a teoria do risco do desenvolvimento configura excludente no sistema de consumo. Em que consiste tal teoria? Na aceitação, como excludente de responsabilidade do fornecedor de produtos, da circunstância de que o fornecedor não sabia, nem tinha razões para saber, da periculosidade do produto ao inseri-lo no mercado, que só veio a ser descoberta pelo avanço da ciência posterior à sua introdução. Cabe lembrar que o produto não é considerado defeituoso pelo fato de outro, de melhor qualidade, ter sido colocado no mercado (CDC, art. 12, § 2º).

A respeito da questão, o CDC estatui: "Art. 10. O fornecedor não poderá colocar no mercado de consumo produto ou serviço que sabe ou deveria saber apresentar alto grau de nocividade ou periculosidade à saúde ou segurança". O § 1º prevê: "O fornecedor de produtos e serviços que, posteriormente à sua introdução no mercado de consumo, tiver conhecimento da periculosidade que apresentem, deverá comunicar o fato imediatamente às autoridades competentes e aos consumidores, mediante anúncios publicitários". Ademais, a "época em que foi colocado em circulação" deve ser levada em consideração para se considerar, ou não, determinado produto defeituoso (art. 12, § 1º, III).

A impossibilidade do conhecimento da periculosidade, porém, deve ser absoluta, para qualquer fornecedor, e não subjetiva, apenas para um ou alguns. A União

Europeia, através da Diretiva 85/374, aceita o risco de desenvolvimento como excludente de responsabilidade, tendo os países europeus, como linha de tendência, adotado a referida excludente.

A questão, contudo, como dissemos, é altamente polêmica, havendo em doutrina autorizadas vozes contra a aceitação do risco de desenvolvimento como excludente. Pondera Marcelo Junqueira Calixto: "Dentre as hipóteses de exclusão de responsabilidade entendemos que não se inclui aquela fundada nos chamados riscos do desenvolvimento. Mas, para que possa ser afastada a controvérsia doutrinária acerca de tal tema, defendemos a atuação legislativa, que consagrará os riscos que serão efetivamente suportados pelos diversos partícipes da contemporânea sociedade de consumo" (Marcelo Junqueira Calixto, "O art. 931 do Código Civil de 2002 e os riscos do desenvolvimento", RTDC, vol. 21, jan/mar 2005, p. 93).

Percebemos, portanto, à luz do sumariamente exposto, que o tema é polêmico e comporta múltiplas visões distintas. Há autores que aceitam o risco do desenvolvimento como excludente (Gustavo Tepedino, Fábio Ulhoa Coelho, James Marins e, fundado na lei portuguesa, João Calvão da Silva). Há outros, de modo mais numeroso, que não aceitam essa excludente (Jean Calais-Auloy, Herman Benjamim, Marcelo Calixto, Zelmo Denari, Silmara Chinellato, entre outros). É certo que o "risco do desenvolvimento" – aceitemos ou não a categoria como excludente – está relacionado aos danos causados por produtos que, quando foram lançados no mercado, não podia-se cientificamente saber que eram perigosos, considerando-se o estado atual da ciência e da técnica. Importante frisar que essa incognoscibilidade é absoluta e não relativa. Em outras palavras, não é para esse ou aquele fornecedor, mas para todos.

O conceito de risco do desenvolvimento – a partir das acaloradas discussões ocorridas na União Europeia, quando da aprovação da Diretiva 85/374 – está ligado aos seguintes pontos: a) funda-se na responsabilidade civil objetiva; b) consagra o risco do desenvolvimento como causa excludente da responsabilidade civil; c) para ser admitida essa excludente, o produtor tem o ônus de provar que, no momento da colocação do produto no mercado, não era possível detectar a existência do defeito; d) a legislação interna de cada Estado-membro pode ou não incorporar a excludente do risco do desenvolvimento; e) o critério temporal para aferição do estado da ciência e da técnica ou estado da arte é o da colocação do produto no mercado e não o da verificação do dano.

Sabemos que o fornecedor não deve oferecer, no mercado de consumo, produto ou serviço sem que tenha mensurado seus riscos. O problema, no caso do risco do desenvolvimento, é que os riscos *não eram* mensuráveis. O cerne da polêmica é o seguinte: quem deve suportar o risco? O consumidor ou o fornecedor? Se não era possível saber, quando da colocação do produto no mercado, que ele era perigoso (isto é, a ciência da época *não permitia* essa descoberta), quem deve arcar com isso? Consumidor ou fornecedor? Ou mesmo o Estado? Pode-se argumentar, em favor da responsabilização do fornecedor, que foi ele quem tomou a iniciativa de colocar o produto no mercado. Ele, de certo modo, assumiu os riscos, e não o consumidor.

Quem defende que a excludente deve ser aceita (em outras palavras, deve excluir a responsabilidade civil do fornecedor), argumenta, por exemplo, que exigir o contrário seria obrigar o fornecedor ao impossível e que nas hipóteses de risco do desenvolvimento não há, na verdade, produto defeituoso, nos termos previstos pelo CDC.

Já quem sustenta que a excludente não deve ser aceita (e que o fornecedor responde mesmo que o produto, quando colocado no mercado, não tinha seu potencial danoso evidenciado pela ciência da época) pondera com veemência que "a evolução do direito do consumidor e da responsabilidade civil, que prestigiam a parte mais fraca da relação jurídica – o consumidor e o lesado –, repudia tal tese que, se aceita, representaria um grande retrocesso. A assunção do risco em suas diversas formas, avultando, na hipótese, o risco próprio da atividade, importa a responsabilidade do produtor" (Silmara Chinellato e Antônio Morato. O risco do desenvolvimento nas relações de consumo. *Responsabilidade Civil*. São Paulo: RT, 2009, p. 55)

Caso tristemente célebre, a propósito, foi o do medicamento *Talidomida* (*Contergan-Thalidomida*). Foi descoberto na Alemanha, em 1954, e usado inicialmente como sedativo. Por volta de 1958, já era comercializado em 146 países, inclusive no Brasil. Passou a ser usado por mulheres no início da gravidez, como forma de combater enjoos. Foi muito usado, sobretudo por não necessitar de receita médica. Somente depois – em 1961 – descobriu-se que a ingestão de um único comprimido nos três primeiros meses de gravidez causava gravíssimos casos de má-formação fetal (Focomelia). Já era tarde, porém. Só na Alemanha, contam-se quatro mil casos de pessoas portadoras de defeitos físicos vinculados ao remédio. No Brasil, foi aprovada a Lei nº 7.070/82, que previu a concessão, pela União, de pensão vitalícia – de acordo com o grau de deformidade – aos portadores da síndrome, e posteriormente, em 2004, a Lei nº 10.877 aumentou a pensão devida aos portadores. Recentemente, aliás, o tema voltou a ser debatido na Alemanha, por conta de uma série de televisão chamada "Apenas um comprimido". Embora formatada como uma peça de ficção, é claramente inspirada no episódio da *Talidomida*. Seus produtores, bem por isso, foram processados pelo laboratório Grünenthal, mas o Tribunal Constitucional Alemão autorizou a exibição da série.

6.7. Compreendendo a distinção entre excludentes de ilicitude e excludentes de responsabilidade civil

Há uma distinção que temos sempre adotado, em nossas obras, há alguns anos. Embora o tema não seja especificamente de direito do consumidor, cremos que a menção é importante, por sua estreita conexão com a matéria tratada neste capítulo. A questão diz respeito à distinção entre excludentes de ilicitude e excludentes de responsabilidade civil.

Convém sempre lembrar que as excludentes de ilicitude não se confundem com as excludentes de responsabilidade civil. As excludentes de responsabilidade civil (caso fortuito ou força maior, culpa exclusiva da vítima, por exemplo) afastam a responsabilidade civil, porque rompem o nexo causal. Já as excludentes de ilicitude nem sempre provocam esse resultado. As excludentes de ilicitude (legítima defesa, estado de necessidade, exercício regular de direito e estrito cumprimento de dever legal) excluem a contrariedade ao direito da conduta, a ilicitude do ato. Isso, porém, não significa que esteja excluído o dever de indenizar.

A ilicitude ou não do ato, por si só, não diz nada acerca da exclusão da obrigação de reparar. Tanto os lícitos, como os ilícitos, na ordem jurídica brasileira, podem dar ensejo à indenização. Naturalmente, o mais comum é que a responsabilidade civil surja como consequência de atos ilícitos, porém nada impede, em certos casos, que o legislador impute o dever de reparar como consequência de um ato lícito, à luz de certas especificidades, adiante comentadas.

Vejamos a questão a partir de exemplos que trouxemos em outra obra (*Manual da Responsabilidade civil do Estado à luz da jurisprudência do STF, do STJ e da Teoria dos Direitos Fundamentais*, 4ª edição, Editora Juspodivm, 2017). Quem pratica um ato em estado de necessidade pratica um ato lícito (Código Civil, art. 188, II). Estamos diante de uma excludente de ilicitude. Embora seja um ato lícito, dele decorre o dever de indenizar (Código Civil, arts. 929 e 930). Se, digamos, um policial, dirigindo uma viatura, para evitar atropelamento, faz manobra brusca e atropela alguém, ou colide com outro veículo, o ato será lícito, mas provocará dever de indenizar por parte do Estado. Trata-se de ato em estado de necessidade (STJ, REsp 124.527, Rel. Min. Aldir Passarinho, 4ª T, DJ 04/05/00). Há, porém, direito de regresso contra quem deu causa à situação perigosa. O estado de necessidade é um exemplo de um ato lícito que, segundo o Código Civil, provoca o dever de indenizar.

Quem pratica um ato em legítima defesa pratica um ato lícito (Código Civil, art. 188, I). O Código Civil explicitamente afastou a ilicitude do ato. Sob o prisma civil, haverá dever de indenizar, se alguém, agindo em legítima defesa, causou um dano a outrem? A resposta será: depende. Se o dano foi causado ao próprio agressor, não haverá dever de indenizar. Se, porém, a vítima, ao exercer a legítima defesa, atinge outra pessoa que não o agressor (*aberratio ictus*), haverá dever de reparar o dano (Código Civil, art. 930, parágrafo único). O STJ teve oportunidade de frisar que "eventual causa de justificação (legítima defesa) reconhecida em âmbito penal não é capaz de excluir responsabilidade civil do Estado pelos danos provocados" (STJ, REsp 1.266.517, Rel. Min. Campbell Marques, 2ª T., DJ 10/12/12).

São muitos os exemplos possíveis. Digamos que alguém, de noite, tem seu carro parado por policiais em *blitz*. Porém, ao reduzir a velocidade, o motorista percebe que se trata de falsa *blitz*, forjada por bandidos. Ele acelera, atropelando e matando um dos criminosos. Haverá dever de indenizar? A princípio não, desde que o ato, nas circunstâncias, se mostre proporcional ao perigo. Se, porém, na fuga, outra pessoa é atropelada, o motorista deverá indenizá-la. Em outras palavras, se, na legítima defesa, o próprio agressor sofre o dano, não haverá dever de indenizar. Já se um terceiro é atingido, esse dever de indenizar se apresenta (*aberratio ictus*).

Aguiar Dias, a propósito, comenta: "Não pode ser objeto de discussão a isenção do agente que pratica o fato danoso em legítima defesa. Mas essa isenção só vale, para ele, em relação à vítima que provocou a repulsa. O terceiro, não participante da provocação, tem pleno direito à reparação". (AGUIAR DIAS, José de. *Da Responsabilidade Civil.* Rio de Janeiro: Forense, 1954, p. 662). O STF, analisando o tema, consignou: "Ocorrendo ofensa à integridade física e morte do detento, é dever do Estado arcar com a indenização correspondente. Tal dever somente restaria afastado se a ação causadora do evento danoso tivesse ocorrido em legítima defesa própria (entenda-se: do agente policial) ou de terceiro (de outro preso) que, no momento, estaria sendo agredido ou na iminência de o ser, frise-se, pelo detento morto". Continua: "Mas mesmo encontrando-se nessa situação lícita (legítima defesa), se tivesse produzido, com sua ação, a morte de outrem não envolvido no fato (*aberratio ictus*), sua seria também a obrigação de indenizar, pois a ação, apesar de necessária, foi agressiva, atingindo quem não estava em posição de ataque". Diz, adiante, o STF, que para afastar a obrigação de reparar o Estado deveria demonstrar que o detento falecido estava, quando de sua morte, agredindo os policiais ou outro preso, e que esta prova não foi produzida, sendo o ônus probatório do Estado. (STF, AI 299.125/SP, Rel. Min. Celso de Mello).

Contextualizamos, acima, brevemente, o estado de necessidade e a legítima defesa. Resumindo o que dissemos: o estado de necessidade é um ato lícito que pode, em determinados casos, ensejar o dever de indenizar (Código Civil, art. 188, II; art. 929; art. 930). A legitima defesa, de igual modo, é um ato lícito que pode, em determinados casos, ensejar o dever de indenizar (Código Civil, art. 188, I; art. 930, parágrafo único), desde que o atingido pelo ato em legítima defesa tenha sido um terceiro (não o agressor). Temos, portanto, nos dois casos, excludentes de ilicitude (não necessariamente excludentes de responsabilidade civil). Demos, acima, exemplos envolvendo agentes públicos, mas a mesma linha de orientação se aplica aos danos causados entre particulares.

O mesmo ocorre em relação ao exercício regular de direito e estrito cumprimento de dever legal? São, segundo cremos, excludentes de ilicitude, não excludentes de responsabilidade civil. Em outras palavras, mesmo quando houver exercício regular de direito e estrito cumprimento do dever legal, tais atos, embora lícitos, podem dar ensejo ao dever de indenizar (no caso do estrito cumprimento de dever legal, o dever de indenizar é do Estado, não do agente público).

Convém aprofundar, ainda que brevemente, alguns pontos.

No Brasil, o exercício regular de direito é ato lícito. O STJ já teve oportunidade de afirmar: "Não há conduta ilícita quando o agente age no exercício regular de um direito" (STJ, REsp 303.396, Rel. Min. Barros Monteiro, 4ª T, 05/11/02). Por outro lado, o exercício irregular de direito é ato ilícito (Código Civil, art. 187). O exercício irregular de direito, ou abuso de direito, é um ato ilícito que não depende de culpa, configurando hipótese de responsabilidade objetiva. O Código Civil, art. 187, proclama: "Também comete ato ilícito o titular de um direito que, ao exercê-lo, excede manifestamente os limites impostos pelo seu fim econômico ou social, pela boa-fé ou pelos bons costumes". Antes do Código Civil de 2002, o Brasil não conhecia, em termos legislativos, a categoria do abuso de direito, pelo menos com a generalidade atual. Havia, é verdade, no Código Civil anterior, um dispositivo que dizia não serem ilícitos os atos praticados no exercício regular de direito (art. 160, I). Interpretando *a contrario sensu* essa norma, os juristas logicamente concluíam: é ilícito o exercício irregular de um direito.

Se o abuso de direito é ilícito, o exercício regular é lícito (Código Civil, art. 188, I). Trata-se de excludente de ilicitude. O que não significa, em absoluto, que estejamos diante de uma excludente de responsabilidade civil. Ainda se nota, aqui e ali, confusões a respeito do tema (entre excludentes de ilicitude e excludentes de responsabilidade civil). É comum encontrar-se na jurisprudência menções – equivocadas, segundo cremos, com o máximo respeito – ao exercício regular de direito como excludente de responsabilidade civil (STJ, REsp 863.370, DJ 23/10/08).

Mesmo ações lícitas podem fazer surgir dever de reparar. Em outras palavras: o exercício regular de direito não exclui necessariamente a responsabilidade civil. Um policial, em troca de tiros com assaltantes, pode eventualmente atingir um pedestre. Supondo que a ação do policial foi, no caso, razoável e proporcional (sabemos que muitas não são), o caso perfaz exercício regular de direito, ato lícito, embora ninguém ouse defender, ao que nos consta, que não se trata de dano indenizável (o Código Civil não menciona o chamado "estrito cumprimento de dever legal", mas a solução jurídica seria a mesma). O cidadão atingido – ou sua família, em caso de morte – fará jus à indenização pelos danos morais e materiais pertinentes. Em outras palavras: o exercício regular de direito não é excludente da responsabilidade civil do Estado.

Nos casos em que o abuso é evidente, deve ser afastada, por óbvio, a alegação de exercício regular de direito. Não só isso: o abuso deve ser levado em conta pelo julgador na quantificação dos danos. Magistrada, por exemplo, que declara, levianamente, que determinada testemunha é culpada de crime bárbaro, destruindo-lhe a carreira e a vida pessoal, deve responder pessoalmente pelos danos. O STJ, a propósito, frisou que "o ato danoso realizou-se sem que a magistrada observasse uma cautela mínima, porquanto acusou um cidadão sem qualquer respaldo para tal, agindo com culpa indiscutível" (STJ, REsp 299.833, Rel. Min. Castro Meira, 2ª T, DJ 15/12/06). No tristemente célebre caso da Escola Base, um delegado, irresponsavelmente, arruinou a vida de pessoas inocentes de modo irrersível. O STJ contextualizou o caso nos seguintes termos: "Responsabilidade civil do Estado. Dano moral. Ato praticado por delegado de polícia. Divulgação temerária da prática de abuso sexual contra alunos da escola de base. Notícia posteriormente desmentida". (STJ, REsp 351.779, Rel. Min. Eliana Calmon, 2ª T, DJ 09/02/04). A Ministra Eliana Calmon, ao julgar o caso, consignou que "o que levou as vítimas ao absurdo de serem repudiadas e quase linchadas pela população, perdendo não só a honra, mas o estabelecimento de ensino e o sossego de viver honesta e tranquilamente, não foi a veiculação jornalística provocada pela imprensa, e sim a irresponsável conduta do agente estatal".

Em relação a determinados agentes públicos, a responsabilidade civil, à luz do Código de Processo Civil de 2015, será sempre regressiva, por dicção expressa. O CPC prevê no art. 143: "O juiz responderá, civil e regressivamente, por perdas e danos quando: I – no exercício de suas funções, proceder com dolo ou fraude". Em relação ao Ministério Público, o novo CPC, art. 181, consignou: "O membro do Ministério Público será civil e regressivamente responsável quando agir com dolo ou fraude no exercício de suas funções". Percebe-se, em ambos os casos, que a responsabilização do agente público só se dará regressivamente, em virtude de dicção expressa de lei. O mesmo ocorrerá em relação aos membros da Advocacia Pública (CPC/2015, art. 184) e também em relação aos membros da Defensoria Pública (CPC/2015, art. 187).

Resumindo o que dissemos: o exercício regular de direito não é excludente da responsabilidade civil do Estado. Mesmo se a atividade foi regular e lícita, o dever de indenizar poderá se impor, se presente o nexo causal entre a ação e omissão estatal e o dano. Se, porém, a conduta estatal foi manifestamente abusiva (isto é, foi ilícita, irregular), o excesso deve ser levado em conta na quantificação dos danos.

O exercício regular de direito pode se confundir, em certos casos, com o estrito cumprimento do dever legal, mas o primeiro é conceitualmente mais vasto, não se limita aos agentes públicos. Já o estrito cumprimento de dever legal pressupõe agente público em sentido amplo. O que dissemos em relação ao exercício regular de direito também se aplica aqui. Estamos diante de uma excludente de ilicitude, não de uma excludente de responsabilidade civil. O ato do agente público, mesmo que lícito, pode dar causa à reparação civil. Helena Elias Dias esclarece que "há, sim, responsabilidade civil do Estado por comportamento lícito, porque a ilicitude não é requisito para a configuração do dever de indenizar" (PINTO, Helena Elias. *Responsabilidade civil do Estado por omissão.* Rio de Janeiro: Lumen Juris, 2008, p. 31). A doutrina, a propósito, é unânime no sentido da responsabilidade civil do Estado poder decorrer de atos lícitos.

O estrito cumprimento de dever legal é uma excludente de ilicitude, digamos assim, pouco simpática. É que ela é invocada, muitas vezes, para encobrir abusos – seja das forças armadas durante o período de exceção, seja da polícia de hoje. Obviamente, a excludente não se presta para encobertar esses detestáveis ilícitos. E mesmo nos casos em que haja, de fato, estrito cumprimento do dever legal, ainda assim pode se configurar o dever de indenizar por parte do Estado. Digamos que haja assalto a banco. Os assaltantes, na fuga, trocam tiros com a polícia. Um dos tiros do policial atinge morador de casa próxima. Haverá, segundo cremos, dever de indenizar, ainda que se possa pensar, com razoabilidade, que está presente o estrito cumprimento do dever legal (a responsabilidade civil, aí, seria apenas do Estado. Não haveria direito de regresso contra o agente público, a menos que ele tenha agido com culpa). O estrito cumprimento do dever legal, portanto, quando existente (e não forjado), é uma excludente de ilicitude, não necessariamente exclui a responsabilidade civil.

Seja como for, a atuação do agente público deve vir banhada de proporcionalidade e moderação.

5

A TUTELA DO PATRIMÔNIO PÚBLICO

Alexandre Alberto de Azevedo Magalhães Júnior[1]

---

[1] Promotor de Justiça do Ministério Público do Estado de São Paulo, em exercício na Assessoria Jurídica do Procurador-Geral de Justiça. Ex-Assessor do Conselho Superior do Ministério Público do Estado de São Paulo. Especialista em Direito Penal pela Escola Superior do Ministério do Estado de São Paulo. Mestrando em Direito Processual pela Universidade de São Paulo (USP).

6.1.10. Receber vantagem econômica para omitir ato de ofício, providência ou declaração; **6.1.11**. Incorporar bens, rendas, verbas ou valores públicos; **6.1.12**. Usar bens, rendas, verbas ou valores públicos; **6.2**. Lesão ao erário: **6.2.1**. Facilitar ou concorrer para a incorporação ao patrimônio particular de bens, rendas, verbas ou valores públicos; **6.2.2**. Permitir ou concorrer para que alguém utilize bens, rendas, verbas ou valores públicos; **6.2.3**. Doar bens públicos sem observar as formalidades legais; **6.2.4**. Permitir ou facilitar a alienação, permuta ou locação de bem público ou a prestação de serviço por parte de órgãos e entidades públicas, por preço inferior ao de mercado; **6.2.5**. Permitir ou facilitar a aquisição, permuta ou locação de bem ou serviço por preço superfaturado; **6.2.6**. Realizar operação financeira irregular ou aceitar garantia insuficiente ou inidônea; **6.2.7**. Conceder benefício administrativo ou fiscal irregular; **6.2.8**. Frustrar ou dispensar processo licitatório; **6.2.9**. Ordenar ou permitir a realização de despesas irregulares; **6.2.10**. Agir negligentemente na arrecadação de tributo ou renda ou na conservação do patrimônio público; **6.2.11**. Liberar verba pública ou influir para sua aplicação irregular; **6.2.12**. Permitir, facilitar ou concorrer para o enriquecimento ilícito de terceiro; **6.2.13**. Permitir a utilização de veículos, máquinas, equipamentos ou materiais públicos ou do trabalho de servidores; **6.2.14**. Celebrar indevidamente instrumento de prestação de serviços públicos por meio de gestão associada ou contrato de rateio de consórcio público; **6.2.15**. Lesão ao erário mediante irregularidades na celebração de parcerias com organizações da sociedade civil – Lei nº 13.019/14; **6.2.16**. Ato de improbidade administrativa mediante concessão ou aplicação indevida de benefício tributário ou financeiro:; **6.3**. Violação aos princípios da administração pública: **6.3.1**. Praticar qualquer ato visando fim proibido ou diverso daquele previsto na regra de competência; **6.3.2**. Retardar ou deixar de praticar ato de ofício; **6.3.3**. Revelar fato ou circunstância que deva permanecer em segredo; **6.3.4**. Negar publicidade de atos oficiais; **6.3.5**. Frustrar a licitude de concurso público; **6.3.6**. Deixar de prestar contas; **6.3.7**. Revelar ou permitir o conhecimento do teor de medida política ou econômica; **6.3.8**. Violação a princípios da administração pública na celebração de parcerias – Lei nº 13.019/14; **6.3.9**. Deixar de cumprir a Lei de Acessibilidade; **6.3.10**. Transferir recursos para prestação de serviços de saúde sem contrato, convênio ou instrumento congênere – **7**. Sanções: **7.1**. Perda de bens ou valores acrescidos ilicitamente ao patrimônio; **7.2**. Ressarcimento integral do dano; **7.3**. Perda da função pública; **7.4**. Suspensão dos direitos políticos; **7.5**. Multa civil; **7.6**. Proibição de contratar com o poder público ou receber incentivos fiscais ou creditícios, direta ou indiretamente; **7.7**. Aplicação das sanções na sentença; **7.8**. Subsunção da conduta em mais de uma modalidade de ato de improbidade administrativa; **7.9**. Pluralidade de atos de improbidade administrativa – **8**. PRESCRIÇÃO: **8.1**. Agentes públicos com vínculo temporário; **8.2**. Agentes públicos com vínculo permanente; **8.3**. Atos de improbidade administrativa em face das entidades referidas no parágrafo único, do artigo 1º; **8.4**. Imprescritibilidade do ressarcimento ao erário em razão de ato doloso de improbidade administrativa – **9**. Apuração do ato de improbidade administrativa: **9.1**. Inquérito civil; **9.1.1**. Dispensabilidade do inquérito civil; **9.1.2**. Da instauração; **9.1.3**. Dos poderes investigatórios: **9.1.3.1**. Pedido de auxílio direto – cooperação jurídica internacional; **9.1.4**. Informações e documentos sob sigilo; **9.1.5**. Acesso a dados sigilosos; **9.1.6**. Contraditório; **9.1.7**. Da publicidade e do sigilo; **9.1.8**. Valor probatório; **9.1.9**. Arquivamento; **9.1.10**. Do termo de compromisso de ajustamento de conduta; **9.1.11**. Recomendação na seara da improbidade administrativa – **10**. Processo judicial – especificidades da ação de improbidade administrativa: **10.1**. Considerações gerais – natureza civil; **10.2**. Tutela coletiva – ação civil pública; **10.3**. Legitimidade ativa: **10.3.1**. Pessoa jurídica interessada; **10.3.2**. Ministério Público; **10.4**. Legitimidade passiva: **10.4.1**. Litisconsórcio passivo; **10.4.2**. Posição da pessoa jurídica interessada; **10.5**. Aspectos relativos à competência: **10.5.1**. Foro por prerrogativa de função; **10.6**. Conexão, continência e litispendência; **10.7**. Tutela provisória na improbidade administrativa: **10.7.1**. Indisponibilidade de bens; **10.7.2**. Sequestro; **10.7.3**. Afastamento da função pública; **10.8**. Admissibilidade prévia da ação de improbidade administrativa: **10.8.1**. Petição inicial; **10.8.2**. Defesa preliminar – artigo 17, § 7º, da Lei nº 8.429/92; **10.9**. Transação ou conciliação nas ações de improbidade administrativa; **10.10**. Correlação entre pedido e sentença – tipificação e sanções diversas aplicadas pelo magistrado – **11**. Precedentes e A tutela do patrimônio público – **12**. Referências bibliográficas.

1. INTRODUÇÃO

O senso comum de que a administração pública brasileira está submersa em atos de corrupção há muito incomoda e clama pelo aprimoramento dos meios de controle, prevenção dos atos de improbidade administrativa e eficiência na repressão dos atos ilícitos lesivos ao erário e à moralidade administrativa.

Com a chegada da família real portuguesa, em 1808, seguiu-se o exercício de práticas duvidosas, que incluíam a distribuição de benesses, títulos, etc., para convencimento e obtenção do apoio da elite, prática desprovida de qualquer comprometimento com o bem coletivo, que permeou o desenvolvimento das instituições do país. A satisfação dos interesses da classe dominante e a manutenção deste comando por meio de pequenos agrados, aliado ao comportamento difuso tendente a contornar os regramentos legais, passaram a ter forte influência em nossa sociedade.

A evolução normativa, a partir da Constituição Federal de 1988, com a implementação de garantias e direitos fundamentais nela inseridos, ao lado do fortalecimento da democracia, aparentam não ter obtido êxito no arrefecimento da ânsia pela dilapidação e desvio de recursos públicos em prol de interesses particulares alheios à coletividade (vide "Mensalão" e "Lava Jato").

Nada obstante, o período pós-1988 ficou marcado, de forma definitiva, pela importância conferida à participação popular no controle da atividade estatal, bem como pela busca da transparência dos atos administrativos e da consolidação da independência de órgãos como o Ministério Público e Tribunal de Contas, fortalecimento das polícias investigativas, medidas essenciais para a concretização da tutela do patrimônio público e da defesa da moralidade administrativa.

Um dos maiores entraves no combate à corrupção, em nosso país, reside na dificuldade de percepção, por parte dos agentes estatais e também em menor grau por parte da própria população, do limite entre o público e o privado, entre o interesse da coletividade e do interesse particular, próprio ou alheio, alimentado não só por questões culturais e históricas, como, primordialmente, pela falta de informação e de acesso à educação e a outros direitos fundamentais.

Além do prejuízo monetário causado ao erário, tais práticas de corrupção acabam por emplacar o seu maior mal, que é justamente privar a população de aspectos básicos imprescindíveis para o desenvolvimento digno do ser humano, como a saúde, educação, trabalho e moradia, justamente pela escassez de recursos públicos, uma vez que desviados.

Neste contexto, a batalha contra a corrupção deve ser travada em diversas frentes. De suma importância é a efetivação das garantias e dos direitos fundamentais, a partir, por exemplo, do fornecimento adequado dos serviços públicos essenciais, como saúde, educação e segurança, de maneira a propiciar o adequado desenvolvimento físico e intelectual do ser humano, sem o qual a sociedade se perpetua como refém de práticas corruptivas, além de dificultar o exercício, ainda que mínimo, dos direitos da cidadania, desde o voto, até o controle da atividade estatal.

Em outra vertente, essencial no combate à corrupção é a ampliação da transparência e das formas de controle dos órgãos da administração pública, com fortalecimento das entidades responsáveis por este controle, como a Controladoria-Geral da União, Tribunal de Contas, Ministério Público, órgãos de controle interno, Polícia etc.

De forma paralela à efetivação dos direitos e garantias fundamentais e do aperfeiçoamento dos mecanismos de controle preventivo deve caminhar a repressão aos atos de corrupção. O arcabouço legislativo atual contempla diversos instrumentos aptos a este controle e à proteção à moralidade administrativa e ao patrimônio público, como a Lei nº 12.527/2011 (Lei de Acesso à Informação), a Lei nº 4.717/65 (Lei de Ação Popular), o Decreto-Lei nº 201/67 (crimes praticados por prefeitos), Código Penal (Crimes contra a Administração Pública) a Lei nº 8.666/93 (normas de licitações e contratos), a Lei nº 12.846/2013 (Lei Anticorrupção), dentre outras, além da Lei nº 8.429/92, objeto principal deste estudo.

1.1. Moralidade administrativa

A concepção do princípio da moralidade administrativa, como limite à atuação do agente estatal, tem semente nos estudos realizados por Maurice Hariou, embasado nas decisões do Conselho de Estado na França, o qual, a partir de recursos por excesso de poder, passou a fiscalizar não só a legalidade formal-objetiva do ato administrativo, como também o aspecto subjetivo, relativo à sua discricionariedade e correlação ao interesse público[2].

Hariou definiu a moralidade administrativa na 10ª edição do *Précis de Droi Administratif,* como o "conjunto de condutas tiradas da disciplina interior da Administração".[3] Nesta linha, configura princípio que possibilita a distinção entre "o bem e o mal, o legal e o ilegal, o justo e o injusto, o conveniente e o inconveniente, mas também entre o honesto e o desonesto".[4]

Desenvolveu-se, assim, o princípio da moralidade administrativa, calcado na teoria do desvio de poder, verdadeiro limite à atuação discricionária do agente público, a exigir conformação da intenção e conduta com o interesse público e o atingimento dos fins colimados pela atuação estatal.

Em nosso ordenamento jurídico, a moralidade administrativa ocupa patamar de princípio jurídico com "status" constitucional, previsto expressamente no artigo 37, "caput", da Constituição Federal, ao lado dos princípios da legalidade, impessoalidade, publicidade e eficiência.

A relevância dada ao citado princípio na atual Constituição Federal é confirmada pela ampliação do alcance da ação popular, elevando a moralidade administrativa a pressuposto autônomo para a referida ação, prescindindo da demonstração de lesividade.[5] A questão foi pacificada pelo STF no Tema de Repercussão Geral nº 836:

---

2 GARCIA, Emerson; ALVES, Rogério Pacheco. "Improbidade Administrativa". 9ª edição, São Paulo: Saraiva, 2017, p. 134/135.

3 'Moralidade Administrativa' – (RDA 25:454/457).

4 ZANELLA DE PIETRO, Maria Sylvia. 'Direito Administrativo'. São Paulo: Atlas, 2006, p. 92.

5 SALGADO FILHO, Nilo Spinola. Probidade Administrativa. *In* 'Manual de Direitos Difusos'. São Paulo: Verbatim, 2012, p. 573.

> [...] 1. O entendimento sufragado no acórdão recorrido de que, para o cabimento de ação popular, **é exigível a menção na exordial e a prova de prejuízo material aos cofres públicos, diverge do entendimento sufragado pelo Supremo Tribunal Federal.**
>
> 2. A decisão objurgada ofende o art. 5º, inciso LXXIII, da Constituição Federal, que tem como objetos a serem defendidos pelo cidadão, separadamente, qualquer ato lesivo ao patrimônio material público ou de entidade de que o Estado participe, ao patrimônio moral, ao cultural e ao histórico.
>
> 3. Agravo e recurso extraordinário providos.
>
> 4. Repercussão geral reconhecida com reafirmação da jurisprudência."[6]

De forma implícita, a moralidade administrativa também já se fazia presente em nosso ordenamento jurídico, na Lei nº 4.717/65 (Lei de Ação Popular), que autorizava a nulidade e invalidação do ato administrativo, em razão do desvio de finalidade.

Neste contexto, o princípio da moralidade é tomado como verdadeiro super princípio informador dos demais, não sendo autorizado reduzi-lo a integrante do princípio da legalidade.[7] A moralidade administrativa tem posição de destaque em relação aos demais princípios, na qualidade de pressuposto informativo dos demais (legalidade, impessoalidade, publicidade, razoabilidade, proporcionalidade, motivação).[8]

Ausente estará a moralidade administrativa, na lição de Diogo de Figueira Moreira Neto, se o ato for praticado com base em motivo inexistente (ausência da situação de fato ou de direito que determine ou autorize a prática de um ato), insuficiente (o valor dos motivos não denota a necessidade do ato), inadequado (falta de correspondência entre o que deveria motivar o ato - causa - e a natureza categorial de seu objeto - efeito), incompatível (ausência de adequação com o objeto do ato) e desproporcional (valoração irrazoável dos motivos, levando a um resultado incompatível com o interesse público específico a quem deveria visar o ato); identificando-se igual vício quando o objeto for impossível (o resultado jurídico visado não se compatibiliza com o ordenamento jurídico ou com a realidade física), desconforme (incompatibilidade lógica entre a escolha e o interesse público contido na regra da finalidade), ou ineficiente (grave comprometimento do interesse público pela desproporcionalidade entre custos e benefícios).[9]

Assim, o ato administrativo pode mostrar-se formalmente em ordem (legalidade estrita), mas praticado com a intenção de beneficiar terceiro ou o próprio agente público, afastando-se, assim, do interesse público. Ainda que formalmente em ordem, haverá violação à moralidade administrativa se a conduta do agente estatal "ofende a moral, os bons costumes, as regras de boa administração, os princípios de justiça e de equidade, a ideia comum de honestidade".[10]

O princípio da moralidade administrativa não se confunde, portanto, com o princípio da legalidade, pois enfatiza a intenção e fim da conduta do agente estatal,

---

6 STF, Pleno, ARE 824781/MT - Repercussão Geral, Rel. Min. Dias Toffoli, Dje 09/10/2015;

7 MARTINS JÚNIOR, Wallace Paiva. 'Probidade Administrativa'. São Paulo: Saraiva,2009, p. 31.

8 MARTINS JÚNIOR, Wallace Paiva. Op. cit., p. 54.

9 "Moralidade Administrativa" (RDA 190:11/14)

10 ZANELLA DE PIETRO, Maria Sylvia, Op. cit., p. 94.

podendo, assim, coexistir a legalidade e imoralidade do ato administrativa. A lei pode ser moral ou imoral, bem como o seu cumprimento poderá atender ou não à moralidade administrativa, de forma que, ao se deparar com determinada lei imoral, o seu cumprimento poderá ser recusado por ofensa ao citado princípio.[11]

Assim, a moralidade administrativa obrigatoriamente deve embasar toda conduta administrativa, legislativa e jurisdicional, vinculada ou discricionária, sob pena de nulidade do ato, a ser declarada administrativamente, inclusive de ofício (Súmulas 346 e 473 do STF)[12], ou judicialmente.

1.2. Moralidade administrativa e patrimônio público como direitos fundamentais

O combate à corrupção é tema presente em diversos tratados internacionais. O artigo 14 da Declaração dos Direitos do Homem e do Cidadão, de 1789, dispõe que "a sociedade tem o direito de pedir contas a todo agente público pela sua administração".

A Declaração Universal dos Direitos do Homem, de 1948, prevê que "todo homem tem o direito de tomar parte no governo de seu país, diretamente ou por intermédio de representantes livremente escolhidos [...] todo homem tem igual direito de acesso ao serviço público de seu país [...] a vontade do povo será a base da autoridade do governo; essa vontade será expressa em eleições periódicas e legítimas, por sufrágio universal, por voto secreto ou processo equivalente que assegure a liberdade de voto".

A Convenção Interamericana Contra a Corrupção, de 1996, aprovada pelo Decreto Legislativo nº 152, de 25 de junho de 2002 e promulgada no Brasil pelo Decreto nº 4.410, de 07 de outubro de 2002, reconheceu que "a corrupção solapa a legitimidade das instituições públicas e atenta contra a sociedade, a ordem moral e a justiça, bem como contra o desenvolvimento integral dos povos".

A Convenção das Nações Unidas Contra a Corrupção, de 31 de outubro de 2003, aprovada no Brasil pelo Decreto Legislativo nº 348, de 18 de maio de 2005, e promulgada pelo Decreto Presidencial nº 5.687, de 31 de janeiro de 2006.

Neste contexto, o patrimônio público e a moralidade administrativa, inseridos em diversos documentos internacionais de combate à corrupção, são erigidos a direitos humanos universalmente reconhecidos.

No âmbito interno, constata-se, em diversas passagens, a relevância conferida pela Constituição Federal ao patrimônio público e à moralidade administrativa, decorrente da natureza fundamental do direito tutelado: 1 – a adstrição da administração pública aos princípios insculpidos no artigo 37, "caput"; 2 – a previsão acerca da imprescritibilidade do ressarcimento ao erário (artigo 37, § 5º); 3 – a competência comum da

---

[11] MARTINS JÚNIOR, Wallace Paiva. Op. cit., p. 54/55.

[12] Súmula 346: "A administração pública pode declarar a nulidade dos seus próprios atos". Súmula 473: "A administração pode anular seus próprios atos quando eivados de vícios que os ternam ilegais, porque deles não se originam efeitos; ou revoga-los, por motivo de conveniência ou oportunidade, respeitados os direitos adquiridos, e ressalvada, em todos os casos, a apreciação judicial".

União, Estados, Distrito Federal e Município no zelo e conservação do patrimônio público (artigo 23, I); 4 – a legitimidade a qualquer cidadão para a propositura de ação popular, a fim de anular ato lesivo ao patrimônio e à moralidade administrativa, do que se extrai que a garantia fundamental prevista no artigo 5º, LXXIII, autoriza a conclusão de que o direito por ela tutelado é da mesma categorial (fundamental).[13]

Este desenho normativo constitucional, complementado pela legislação infraconstitucional - Lei nº 4.717/1965 (Lei de Ação Popular), Lei nº 8.429/1992 (Lei de Improbidade Administrativa), Lei nº 8.666/93 (Lei de Licitações e Contratos Administrativos), Lei nº 12.846/2013 (Lei Anticorrupção), Lei Complementar nº 135/2010 (Lei da Ficha Limpa), evidencia a importância conferida à tutela do patrimônio público e à moralidade administrativa e permite concluir que "a malversação do patrimônio público fere a concepção deontológica (dever-ser) de um direito fundamental e importa na desapropriação violenta e lesiva de uma coletividade."[14]

1.3. Conceito de improbidade administrativa

A expressão "probidade" significa integridade, retidão de caráter, honra, lealdade e honestidade. Segundo De Plácido e Silva:

> derivado do latim *improbitas* (má qualidade, imoralidade, malícia) juridicamente, liga-se ao sentido desonestidade, má fama, incorreção, má conduta, má índole, mau caráter. Desse modo, improbidade revela a qualidade do homem que não procede bem, por não ser honesto, que age indignamente, por não ter caráter, que não atua com decência, por ser amoral.[15]

O artigo 37, § 4º, da Constituição Federal, de forma expressa, abarcou a tutela da probidade administrativa, ao dispor que os "atos de improbidade administrativa importarão a suspensão dos direitos políticos, a perda da função pública, a indisponibilidade dos bens e o ressarcimento ao erário, na forma e gradação previstas em lei, sem prejuízo da ação penal cabível".

O referido princípio não encontra guarida apenas no artigo 37 da Constituição Federal, mas também no artigo 14, § 9º, segundo o qual lei "complementar estabelecerá outros casos de inelegibilidade e os prazos de sua cessação, a fim de proteger a probidade administrativa, a moralidade para exercício de mandato considerada vida pregressa do candidato, e a normalidade e legitimidade das eleições contra a influência do poder econômico ou o abuso do exercício de função, cargo ou emprego na administração direta ou indireta." Da mesma forma, o artigo 15, V, da CF, autoriza a suspensão de direitos políticos em casos de improbidade administrativa.

Na esfera político-administrativa, a tutela à probidade administrativa também se faz presente no artigo 85, V, da CF, que considera crime de responsabilidade atos do Presidente da República que atentem contra a probidade administrativa.

---

[13] MARTINS, Fernando Rodrigues. 'Controle do patrimônio público: comentários à Lei de improbidade administrativa'. São Paulo: Revista dos Tribunais, 2009, p. 59/60.

[14] MARTINS, Fernando Rodrigues. Op. cit., p. 64.

[15] SILVA, De Plácido e. 'Vocabulário jurídico'. Rio de Janeiro: Forense, 1984, vol. I, p. 431.

Para alguns doutrinadores, a probidade administrativa decorre do princípio da moralidade administrativa e, ao incorporar o dever de obediência a valores éticos pelos agentes públicos, a adoção de medidas preventivas por meio de controle interno e externo e, ainda, medidas repressivas, acaba por instrumentalizar, ou materializar o princípio da moralidade administrativa.

Paiva Martins ensina que o princípio da probidade administrativa seria:

> efetivamente, decorrência do princípio da moralidade administrativa e informado pelos mesmos valores que incidem neste. Mas adquire contorno próprio, por sua função instrumentalizadora da moralidade administrativa, desempenhando uma atuação sensível de garantia da eficácia (ainda que no sentido negativo, de proibição ou vedação) dos princípios da Administração Pública. Para o agente público, surge como ônus ou dever de boa administração, exigindo que os atos por ele praticados demonstrem sua habilitação moral guiada pelo senso ético no exercício de cargo, função ou emprego público[16].

De outro lado, há quem sustente que moralidade administrativa e probidade administrativa se equivalem e a Constituição Federal teria apontado a moralidade administrativa como princípio (artigo 37, "caput") e a improbidade administrativa como lesão a este princípio (artigo 37, § 4º).[17]

Partilhamos do entendimento de que a prática de ato de improbidade administrativa decorre da inobservância de variadas regras e princípios (legalidade, impessoalidade, eficiência, publicidade, etc.) aos quais devem estar circunscritos os atos do Poder Público (princípio da juridicidade), com a necessidade de se ponderar os valores violados, potencialidade lesiva em face dos interesses tutelados, sempre à luz do princípio da proporcionalidade.[18]

Assim, o conceito de probidade administrativa mostra-se mais amplo do que o de moralidade administrativa, conjugando outros princípios, como os da legalidade, impessoalidade, eficiência e a própria moralidade administrativa.

Há, ainda, a definição legal, de acordo com a Lei nº 8.429/92, segundo a qual o vício de improbidade administrativa poderia ser definido como qualquer conduta, omissiva ou comissiva, em detrimento de entidades públicas ou privadas que tenham recebido recursos públicos, que importem enriquecimento ilícito do agente público, dano ao erário ou violação aos princípios da administração pública (artigos 9º, 10 e 11), admitindo-se a modalidade culposa apenas em caso de lesão ao erário.

2. FONTES NORMATIVAS

2.1. Antecedentes constitucionais

A Constituição de 1824, em seu artigo 133, previa a possibilidade de responsabilização dos Ministros de Estado, por "peita, suborno ou concussão (inciso 2º),

[16] MARTINS JÚNIOR, Wallace Paiva. Op. cit., p. 114.

[17] CARVALHO FILHO, José dos Santos. 'Manual de Direito Administrativo'. Rio de Janeiro: Lumen Juris, 2010, p. 1166/1167.

[18] GARCIA, Emerson; ALVES, Rogério Pacheco. Op. cit., p. 108/118.

"abuso de poder" (inciso 3º), "falta de observância da lei" (inciso 4º) e "por qualquer dissipação dos bens públicos" (inciso 6º).

A Constituição de 1891, por sua vez, considerou crimes de responsabilidade, em seu artigo 54, § 6º, os atos do Presidente da República que atentassem contra a "probidade da administração, a guarda e emprego constitucional dos dinheiros públicos ou contra as leis orçamentárias votadas pelo Congresso".

Os servidores públicos também poderiam ser responsabilizados "pelos abusos e omissões que incorrerem no exercício de seus cargos, assim como pela indulgência ou negligência em não responsabilizarem effectivamente os seus subalternos" (art. 82).

A mesma Constituição de 1891 introduziu importante órgão para o controle da probidade administrativa, ao criar, em seu artigo 89, o Tribunal de Contas. Autorizava, também, o exercício do direito de petição aos Poderes Públicos, contra atos de abuso de autoridade (artigo 72, § 9º).

A Constituição de 1934, por sua vez, previu a prática de crime de responsabilidade pelo Presidente da República, bem como preservou o Tribunal de Contas inserido na Constituição de 1891. Determinou, ainda, que fosse cominado no Estatuto dos Funcionários Públicos a perda do cargo, por meio de processo judiciário, àquele que atuasse com abuso de autoridade em prol de partido político ou exercesse pressão partidária sobre seus subordinados (artigo 170, § 9º).

Autorizou, da mesma forma, o oferecimento de representação aos Poderes Públicos, para a denúncia de abuso de autoridade (artigo 113, item 10).

A Constituição de 1946 inovou em seu artigo 141, § 31, 2ª parte, ao estatuir que "a lei disporá sobre o sequestro e perdimento de bens, no caso de enriquecimento ilícito, por influência ou com abuso de cargo ou função pública, ou de emprego em entidade autárquica". Da mesma forma que as Constituições anteriores, autorizou o direito de petição, a fim de coibir abuso de autoridade (artigo 141, § 37).

A Constituição de 1967 também dispôs acerca dos crimes de responsabilidade do Presidente da República (artigo 84) e exercício do direito de representação (artigo 150, § 30). Atribuiu legitimidade a qualquer cidadão para propor ação popular, visando anular os atos lesivos ao patrimônio de entidades públicas. Repetiu, no artigo 150, que lei deveria dispor sobre perdimento de bens por danos causados ao erário ou no caso de enriquecimento ilícito no exercício de função pública, o que se concretizou, posteriormente, na Lei nº 3.164/67 (Lei Pitombo-Godói Ilha).

2.2. Antecedentes infraconstitucionais

Antes do ano de 1957 a tutela da moralidade administrativa estava adstrita ao Código Penal de 1940, sendo de relevo anotar que a prática de crime do qual resultasse em prejuízo para a fazenda pública ou enriquecimento ilícito do indiciado, poderia resultar em sequestro de bens, nos termos do Decreto-Lei nº 3.240, de 08 de maio de 1941.

A Lei nº 3.164, de 1º de junho de 1957, conhecida como "Lei Pitombo-Godói Ilha", regulamentou o artigo 141, § 31, da Constituição de 1946, e representou, na esfera cível, o início do combate aos atos contrários à moralidade administrativa.

Dispôs, em seu artigo 1º, acerca do sequestro e a perda de bens em favor da Fazenda Pública, adquiridos pelo servidor, por influência ou abuso de cargo ou função pública, ou de emprego em entidade autárquica, a pedido do Ministério Público ou de qualquer do povo.

Importante inovação introduzida, como forma preventiva de controle da moralidade administrativa, foi a criação de registro público obrigatório de valores e bens pertencentes ao patrimônio privado das pessoas que exerciam cargos ou funções públicas da União e entidades autárquicas, eletivos ou não (artigo 3º), não atingindo, assim, os funcionários de empresas públicas e de sociedades de economia mista.

Em 21 de dezembro de 1958 foi editada a Lei Federal nº 3.502/58, ou Lei "Bilac Pinto", a qual, em comparação à Lei 3.164/57, avançou ao estender o sequestro e perda de bens ao dirigente e empregado de autarquia, sociedade de economia mista, função instituída pelo Poder Público, empresa incorporada ao patrimônio público e de entidade que recebesse e aplicasse contribuições parafiscais (artigo 1º, § 1º e 2º).

Esclareceu, assim, o conceito da expressão "servidor público" como sujeito ativo de atos que importavam enriquecimento ilícito, além de ter elencado, de forma exemplificativa, os casos de enriquecimento ilícito (artigos 2º e 4º).

A ação civil visando o perdimento de bens poderia ser ajuizada pela entidade pública lesada (administração pública direta ou indireta, empresas incorporadas ao patrimônio do Estado e entidades privadas que recebiam e aplicavam contribuições parafiscais). O cidadão somente teria legitimidade ativa em caso de inércia da administração pública, passados 90 dias da apuração dos fatos (artigo 5º, § 2º), o que representou retrocesso face à legislação anterior, pois restringiu a legitimação popular. A legitimidade ativa do Ministério Público era garantida pela Lei nº 3.164/57, eis que não revogada expressamente.

A Lei nº 4.717/65 veio disciplinar a ação popular para a anulação ou a declaração de nulidade dos atos lesivos ao patrimônio público. Não estabeleceu sanções ao agente público, mas sim a obrigação de recomposição do patrimônio público lesado. A principal característica, porém, é a previsão de legitimidade de qualquer cidadão para a sua propositura.

O Ato Institucional 5/68, consentâneo ao período ditatorial, conferia ao Presidente da República a possibilidade de "suspender os direitos políticos de quaisquer cidadãos pelo prazo 10 anos e cassar mandatos eletivos federais, estaduais e municipais" (artigo 4º). O artigo 8º também previa que o Presidente da República poderia decretar "o confisco de bens de todos quantos tenham enriquecido, ilicitamente, no exercício de cargo ou função pública, inclusive de autarquias, empresas públicas, e sociedades de economia mista, sem prejuízo das sanções penais cabíveis".

O Decreto-lei 359, de 17 de dezembro de 1968, foi editado no escopo de regulamentar o Ato Institucional nº 5, instituindo a Comissão de Investigações no âmbito do Ministério da Justiça, com a incumbência de "promover investigações sumárias para o confisco de bens de todos quantos tenham enriquecido, ilicitamente, no exercício de cargo, função pública, da União, Estados, do Distrito Federal, dos Territórios ou dos Municípios".

O artigo 6º do Decreto-lei nº 359 elencou como enriquecimento ilícito "a aquisição de bens, dinheiros ou valores, por quem tenha exercido ou exerça cargo ou função pública da União, Estados, Distrito Federal, Territórios ou Municípios, assim como das respectivas autarquias, empresas públicas ou sociedades de economia mista, sem que, à época da aquisição, dispusesse de idoneidade financeira para fazê-lo, à vista da declaração de rendimentos apresentada para fins de pagamento de imposto de renda".

Tal disposição revolucionou o conceito de enriquecimento ilícito presente nas Leis nº 3.164/1957 e 3.502/1958, passando a abranger a evolução patrimonial desproporcional, prevista hoje no inciso VII, do artigo 9º, da Lei nº 8.429/92.

O Ato Complementar nº 42, de 27 de janeiro de 1969, alargou a incidência do confisco, o qual passou a atingir "bens de pessoa natural ou jurídica que, em relações de qualquer natureza, com a administração, da União, dos Estados, do Distrito Federal, dos Territórios e dos Municípios, autarquias, empresas públicas, sociedades de economia mista e fundações instituídas pelos poderes públicos, associações ou entidades beneficiadas com auxílios ou contribuições estabelecidos em lei, permissionárias ou concessionárias de serviços públicos, se haja enriquecido, ilicitamente, com bens, dinheiros ou valores, sem prejuízo das sanções penais cabíveis".

O Ato Institucional nº 14, de 05 de setembro de 1969, alterou o artigo 150, § 11, da Constituição de 1967, com a finalidade de remeter à disciplina legal as hipóteses de confisco, por danos causados ao erário e de enriquecimento ilícito no exercício de função pública. O referido Ato Institucional manteve a vigência dos atos institucionais, atos complementares, leis, decretos-leis, decretos e regulamentos que dispunham acerca da matéria.

A Emenda Constitucional nº 11/1978 alterou o artigo 153, § 11, da Constituição Federal, e afastou a possibilidade de confisco, subsistindo a sanção de perdimento de bens por danos causados ao Erário ou no caso de enriquecimento no exercício de função pública. A referida Emenda revogou os atos institucionais e complementares contrários, mas manteve o afastamento da avaliação judicial os seus efeitos.

2.3. Fontes normativas atuais

2.3.1. Fontes internacionais

A preocupação com o combate à corrupção também se faz presente nos organismos internacionais por meio de Convenções que têm o Brasil como signatário.

A primeira delas é a Convenção sobre o Combate à Corrupção de Funcionários Públicos Estrangeiros em Transações Comerciais Internacionais, confeccionada pela Organização para a Cooperação e Desenvolvimento Econômico (OCDE). Foi ratificada pelo Decreto Legislativo nº 125/2000 e promulgada pelo Decreto Presidencial nº 3.678/2000.

A segunda é a Convenção Interamericana contra a Corrupção, elaborada pela Organização dos Estados Americanos (OEA), ratificada pelo Decreto Legislativo nº 152/2002, com reserva para o art. XI, § 1º, inciso "C", e promulgada pelo Decreto Presidencial nº 4.410/2002.

Há, ainda, a Convenção das Nações Unidas contra a Corrupção (CNUCC), ratificada pelo Decreto Legislativo nº 348/2005 e promulgada pelo Decreto Presidencial nº 5.687/2006, também conhecida como "Convenção de Mérida", cidade mexicana na qual foi assinada em 09.12.2003.

2.3.2. Fontes constitucionais

A proteção à probidade administrativa encontra expressa menção no artigo 14, § 9º, da Constituição Federal, com remissão à Lei Complementar, para fixar "outros casos de inelegibilidade e os prazos de sua cessação, a fim de proteger a probidade administrativa, a moralidade para o exercício de mandato, considerada a vida pregressa do candidato, e a normalidade e legitimidade das eleições contra a influência do poder econômico ou o abuso do exercício de função, cargo ou emprego na administração direta ou indireta".

O art. 14, § 10, dispõe sobre o cabimento da ação de impugnação de mandato eletivo, em caso de corrupção no curso do procedimento eletivo. O artigo 15, V, autoriza a perda ou suspensão dos direitos políticos em caso de improbidade administrativa, nos termos do art. 37, § 4º, da CF/88. O artigo 85, V, por sua vez, define crime de responsabilidade os atos do Presidente da República que atentem contra a probidade na Administração.

O artigo 37, § 4º, prevê que os "atos de improbidade administrativa importarão a suspensão dos direitos políticos, a perda da função pública, a indisponibilidade dos bens e o ressarcimento ao erário, na forma e gradação previstas em lei, sem prejuízo da ação penal cabível". A Lei nº 8.429/92 regulamentou tal dispositivo constitucional.

2.3.3. Fontes infraconstitucionais

Além da Lei nº 8.429/92, promulgada para regulamentar o artigo 37, § 4º, da Constituição Federal, existem outras normas que também têm como escopo a proteção à probidade administrativa.

No âmbito **eleitoral**, o artigo 73, "caput", incisos I a VIII, § 7º, da Lei nº 9.504/97, elenca condutas vedadas aos agentes públicos, no período eleitoral, sob pena de configurar ato de improbidade administrativa, na forma do art. 11 da Lei nº 8.429/92. É válida a expressa menção à configuração de ato de improbidade administrativa, porém, caso inexistente, não haveria óbice à incidência da Lei nº 8.429/92, pois uma mesma conduta poderia ensejar ilícito eleitoral ou civil, clamando responsabilização em ambas esferas.

Aliás, com base neste mesmo raciocínio, não obstante ausência de menção expressa na lei eleitoral de que poderiam configurar ato de improbidade administrativa, é inegável que as condutas elencadas nos artigos 75 e 77 da Lei nº 9.504/97, que cuidam da vedação, no período eleitoral, de realização de shows artísticos pagos com recursos públicos e de comparecimento de candidatos em inaugurações de obras públicas, também podem configurar ato de improbidade administrativa, inclusive em modalidades mais gravosas (artigos 9º e 11 da LIA).

O artigo 52 da Lei nº 10.257/2001 (**Estatuto da Cidade**) aponta atos de improbidade administrativa que podem ser praticados, em especial, pelo Prefeito, o que não obsta a participação de outros agentes públicos ou de terceiros. Cita-se, como exemplo, deixar de proceder o adequado aproveitamento de imóvel desapropriado (inciso I), frustrar a publicidade e transparência administrativa do plano diretor (inciso VI), adquirir imóvel, por meio de preempção, de forma superfaturada (inciso VIII), etc.

O artigo 73 da Lei de Responsabilidade Fiscal expressamente indica que o seu descumprimento configurará ato de improbidade administrativa. O artigo 32, § 2º, da Lei de Acesso à Informação (Lei nº 12.527/11), por sua, aponta a prática das condutas ilícitas contidas no "caput" também podem configurar ato de improbidade administrativa.

A Lei nº 12.813/13, que dispõe "sobre o conflito de interesses no exercício de cargo ou emprego do Poder Executivo federal e impedimentos posteriores ao exercício do cargo ou emprego" prevê em seu artigo 12 que a prática de atos que possam ensejar conflito de interesses também possibilitará a responsabilização na forma de Lei nº 8.429/92.

3. CONTROLE DA IMPROBIDADE ADMINISTRATIVA

3.1. Controle preventivo

O controle preventivo da improbidade administrativa contrapõe-se ao controle repressivo e tem como objetivo evitar, desestimular, desencorajar e prevenir a prática de atos ilícitos. Informado pelo princípio da moralidade administrativa, acaba por dar efetividade ao princípio da eficiência.

3.1.1. Códigos de conduta

Dentre os sistemas de controle preventivo, os Códigos de Conduta, ou Códigos de Ética, concretizam em norma escrita os padrões éticos a serem observados pelos servidores públicos, mediante a previsão de vedações, deveres e, ainda, forma de exercício de direitos. Com esteio no princípio da moralidade administrativa, buscam materializar, de maneira explícita, um leque de comportamentos que garantam o respeito à honestidade, lealdade, boa-fé etc.

Representam verdadeiro guia a ser seguido pelos servidores públicos, e, ao mesmo tempo, aí o seu caráter preventivo, trazem de forma ínsita a informação de que o seu descumprimento poderá dar ensejo à responsabilização administrativa ou até mesmo judicial, na forma da Lei nº 8.429/92 (artigos 9º a 11).

Sua relevância está reconhecida na Convenção das Nações Unidas contra a Corrupção, que, em seu artigo 8º, estabelece o compromisso dos Estados signatários na edição de Códigos de Conduta.

O Decreto Federal nº 1.171/94 instituiu o Código de Ética Profissional do Servidor Público Civil do Poder Executivo Federal, o qual, conforme lição de Emerson Garcia, estabeleceu: a) o dever de preservar a honra e tradição no serviço público: b) a observância da ética e honestidade: c) a observância da moralidade administrativa, distinguindo-se o bem e o mal, com satisfação do interesse público; d) a publicidade dos atos administração como requisito de sua eficácia, decorrendo, de sua omissão, o comprometimento ético do bem comum; e) o dever de dizer a verdade; f) a cortesia e boa vontade no serviço; g) a preservação do patrimônio público; h) o atendimento adequado aos usuários do serviço público; i) a obediência hierárquica.[19]

Também no âmbito da União, em 12 de agosto de 2000 foi aprovado o "Código de Conduta da Alta Administração", destinado a Ministros e Secretários de Estado, titulares de cargos de natureza especial, secretários-executivos, secretários ou autoridades equivalentes ocupantes de cargo de grupo-direção e assessoramento superiores, presidentes e diretores de agências nacionais, autarquias, fundações públicas, empresas públicas e sociedades de economia mista, na forma do artigo 2º.

Fixa deveres éticos e morais, no escopo de motivar a confiança da população **(artigo 3º)**; estabelece medidas para evitar conflito de interesses nas atividades desenvolvidas pelos agentes públicos, inclusive de ordem patrimonial **(artigo 4º)**; fixa a obrigação de comunicar alterações patrimoniais relevantes **(artigo 5º)**; estabelece a obrigação de tornar pública participação societária superior a cinco por cento, do capital de sociedade de economia mista, instituição financeira ou de empresa que negocie com o poder público **(artigo 6º)**; impõe a proibição de recebimento de salário ou qualquer remuneração de fonte privada, incluindo transporte, hospedagem ou quaisquer favores, salvo em congressos ou seminários, nos quais o organizador não tenha interesse em decisão a ser tomada pela autoridade, devendo, em qualquer caso, tornar pública a remuneração recebida e despesas pagas **(artigo 7º)**; fixa a proibição do aceite de presentes, salvo de autoridades estrangeiras, nos casos protocolares em que houver reciprocidade **(artigo 9º)**; estabelece a obrigação de informar eventual conflito de interesses ou fato impeditivo da participação em decisão coletiva ou em órgão colegiado **(artigo 10)**; impõe a vedação de, após deixar o cargo, atuar o agente público em prol de pessoa física ou jurídica, em processo ou negócio no qual tenha atuado durante o exercício da função pública, bem como de prestar assessoria, valendo-se de informações obtidas seis meses antes de deixar o cargo **(artigo 14)**; estabelece a vedação ao exercício de atividade incompatível com o exercício do cargo anterior, pelo período mínimo de quatro meses a partir da exoneração **(artigo 15)**.

Destaca Wallace Paiva Martins Júnior que tais normas não foram fixadas por meio de lei em sentido formal, o que pode comprometer sua aplicação, dada a impropriedade de se limitar a esfera de direitos do agente público sem a existência de lei.[20]

Na esfera privada, os códigos de conduta a serem observados pelas pessoas jurídicas de direito privado ganharam considerável relevância após a edição da Lei nº 12.846/13, que, em seu artigo 7º, VIII, dispôs acerca da possibilidade de se levar em conta, na aplicação de sanções, "a existência de mecanismos e procedimentos internos de integridade, auditoria e incentivo à denúncia de irregularidades e a aplicação efetiva de códigos de ética e de conduta no âmbito da pessoa jurídica."

[19] GARCIA, Emerson; ALVES, Rogério Pacheco. Op. cit., p. 194/195.

[20] MARTINS JÚNIOR, Wallace Paiva. Op. cit., p. 128.

Rompe-se, assim, a ideia de que os códigos de ética e conduta, como prevenção à prática de atos de corrupção, teriam relevância apenas na órbita pública.

3.1.2. Conflito de interesses

Ainda sob o enfoque preventivo no controle da administração pública, no âmbito da União foi editada a Lei Federal nº 12.813, de 16 de maio de 2013, que dispõe "sobre o conflito de interesses no exercício de cargo ou emprego do Poder Executivo federal e impedimentos posteriores ao exercício do cargo ou emprego", com o objetivo de regular as "situações que configuram conflito de interesses envolvendo ocupantes de cargo ou emprego no âmbito do Poder Executivo federal, os requisitos e restrições a ocupantes de cargo ou emprego que tenham acesso a informações privilegiadas, os impedimentos posteriores ao exercício do cargo ou emprego e as competências para fiscalização, avaliação e prevenção de conflitos de interesses" (artigo 1º).

O artigo 3º, I, define conflito de interesses como "a situação gerada pelo confronto entre interesses públicos e privados, que possa comprometer o interesse coletivo ou influenciar, de maneira imprópria, o desempenho da função pública. O inciso II, do mesmo artigo 3º, define informação privilegiada como "a que diz respeito a assuntos sigilosos ou aquela relevante ao processo de decisão no âmbito do Poder Executivo federal que tenha repercussão econômica ou financeira e que não seja de amplo conhecimento público."

A citada lei impõe ao agente público o dever de agir "de modo a prevenir ou a impedir possível conflito de interesses e a resguardar informação privilegiada" (artigo 4º, "caput"), não se exigindo a verificação de lesão ao erário ou de enriquecimento ilícito pelo agente público ou por terceiro (§ 2º, do artigo 4º) para se caracterizar o conflito.

Configura conflito de interesses, **no exercício do cargo ou emprego**, as seguintes práticas previstas no artigo 5º: **I** – divulgar ou fazer uso de informação privilegiada, em proveito próprio ou de terceiro, obtida em razão das atividades exercidas; **II** – exercer atividade que implique a prestação de serviços ou a manutenção de relação de negócio com pessoa física ou jurídica que tenha interesse em decisão do agente público ou de colegiado do qual este participe; **III** – exercer, direta ou indiretamente, atividade que em razão da sua natureza seja incompatível com as atribuições do cargo ou emprego, considerando-se como tal, inclusive, a atividade desenvolvida em áreas ou matérias correlatas; **IV** – atuar, ainda que informalmente, como procurador, consultor, assessor ou intermediário de interesses privados nos órgãos ou entidades da administração pública direta ou indireta de qualquer dos Poderes da União, dos Estados, do Distrito Federal e dos Municípios; **V** – praticar ato em benefício de interesse de pessoa jurídica de que participe o agente público, seu cônjuge, companheiro ou parentes, consanguíneos ou afins, em linha reta ou colateral, até o terceiro grau, e que possa ser por ele beneficiada ou influir em seus atos de gestão; **VI** – receber presente de quem tenha interesse em decisão do agente público ou de colegiado do qual este participe fora dos limites e condições estabelecidos em regulamento; e **VII** – prestar serviços, ainda que eventuais, a empresa cuja atividade seja controlada, fiscalizada ou regulada pelo ente ao qual o agente público está vinculado.

As hipóteses de conflito de interesses **após o exercício do cargo ou emprego** estão arroladas no artigo 6º: **I** – a qualquer tempo, divulgar ou fazer uso de informação privilegiada obtida em razão das atividades exercidas; e **II** – no período de 6 (seis) meses, contado da data da dispensa, exoneração, destituição, demissão ou aposentadoria, salvo quando expressamente autorizado, conforme o caso, pela Comissão de Ética Pública ou pela Controladoria-Geral da União: **a)** prestar, direta ou indiretamente, qualquer tipo de serviço a pessoa física ou jurídica com quem tenha estabelecido relacionamento relevante em razão do exercício do cargo ou emprego; **b)** aceitar cargo de administrador ou conselheiro ou estabelecer vínculo profissional com pessoa física ou jurídica que desempenhe atividade relacionada à área de competência do cargo ou emprego ocupado; **c)** celebrar com órgãos ou entidades do Poder Executivo federal contratos de serviço, consultoria, assessoramento ou atividades similares, vinculados, ainda que indiretamente, ao órgão ou entidade em que tenha ocupado o cargo ou emprego; ou **d)** intervir, direta ou indiretamente, em favor de interesse privado perante órgão ou entidade em que haja ocupado cargo ou emprego ou com o qual tenha estabelecido relacionamento relevante em razão do exercício do cargo ou emprego.

Ao explicitar as condutas que podem configurar conflito de interesses e ensejar a responsabilização administrativa do agente público federal, a Lei nº 12.813/13 acaba, de maneira preventiva, estabelecendo padrões de conduta, vedação e deveres a estes agentes.

O artigo 12 da Lei nº 12.813/13 dispõe que a prática "dos atos previstos nos arts. 5º e 6º desta Lei incorre em improbidade administrativa, na forma do art. 11 da Lei nº 8.429, de 2 de junho de 1992, quando não caracterizada qualquer das condutas descritas nos arts. 9º e 10 daquela Lei".

A Lei nº 12.813/13, na esfera administrativa, não tem aplicação aos Estados, Distrito Federal e Municípios, em respeito ao pacto federativo e repartição constitucional de competência legislativa. Nada impede, todavia, sua incidência na esfera de responsabilização civil, pela prática de ato de improbidade administrativa, na forma do artigo 12 da citada lei, o qual expressamente equiparou os atos descritos nos artigos 5º e 6º aos ilícitos previstos no artigo 11 da Lei nº 8.429/92, dispondo, assim, sobre direito civil, na forma do artigo 22, I, da CF.

O citado artigo 12 nada mais cuidou do que explicitar o que seria conflito de interesses para a configuração de ato de improbidade que importe violação aos princípios da administração pública.

3.1.3. Incompatibilidades

As incompatibilidades constituem vedações anteriores, concomitantes ou posteriores (quarentena), ao acesso ou exercício de funções públicas, ou mesmo da prática de atos administrativos, realização de contratos com a administração pública, que visam resguardar a imparcialidade do agente público e evitar o beneficiamento próprio ou de particulares.

Além do caráter preventivo de proteção ao princípio da moralidade e impessoalidade, podem resguardar a eficiência administrativa, como, por exemplo, na vedação à acumulação de cargos públicos, hipóteses nas quais há presunção de que o exercício da dupla função seria em prejuízo da Administração Pública.

O artigo 54, I e II, e 55, I, da Constituição Federal[21], estabelecem incompatibilidade e impedimentos aos parlamentares desde a diplomação ou posse, no escopo de evitar eventuais interferências privadas escusas na atuação parlamentar.

Também o artigo 20 da Lei nº 9.784/1999 prevê a suspeição do servidor para atuar em procedimento administrativo caso tenha amizade íntima ou inimizade com algum dos interessados, ou quando cônjuges ou parentes estejam envolvidos. No mesmo sentido, o artigo 253 do Código de Processo Penal, artigo 135 do Código de Processo Civil de 1973 e 144 a 148 do Novo Código de Processo Civil estabelecem os casos de suspeição para juízes, membros do Ministério Público, serventuários da justiça etc.

Outro exemplo é o artigo 9º da Lei 8.666/93, que veda a participação direta ou indireta, do autor do projeto ou de servidor, em licitação ou execução de obra, serviço ou fornecimento de bens a eles necessários.

3.1.4. Nepotismo

A vedação ao nepotismo, também compreendida como uma das formas de incompatibilidade ao exercício de funções públicas, revela instrumento de suma relevância na concretização dos princípios da moralidade e impessoalidade, razão pela qual necessário estudo mais aprofundado do tema.

Do latim *"nepos"* ou *"nipotis"*, que têm o significado de neto e sobrinho, respectivamente, deriva a expressão "nepotismo", a qual designa favorecimento em prol dos seus familiares.

O artigo 14, § 7º, da Constituição Federal, revela o cuidado do constituinte com a questão do favorecimento, ao instituir que a inelegibilidade prevista no citado dispositivo se estende ao cônjuge e parentes, consanguíneos ou afins, até o segundo grau ou por adoção, do Chefe do Executivo ou de quem o tenha substituído nos seis meses anteriores ao pleito, salvo se já titular de mandato eletivo e candidato à reeleição.

O enfrentamento de questão, na prática, mostra-se mais comum no tema relacionado à nomeação a cargos em comissão, não obstante a mesma vedação,

---

21 Art. 54. Os Deputados e Senadores não poderão:
I - desde a expedição do diploma:
a) firmar ou manter contrato com pessoa jurídica de direito público, autarquia, empresa pública, sociedade de economia mista ou empresa concessionária de serviço público, salvo quando o contrato obedecer a cláusulas uniformes;
b) aceitar ou exercer cargo, função ou emprego remunerado, inclusive os de que sejam demissíveis "ad nutum", nas entidades constantes da alínea anterior;
II - desde a posse:
a) ser proprietários, controladores ou diretores de empresa que goze de favor decorrente de contrato com pessoa jurídica de direito público, ou nela exercer função remunerada;
b) ocupar cargo ou função de que sejam demissíveis "ad nutum", nas entidades referidas no inciso I, "a"; c) patrocinar causa em que seja interessada qualquer das entidades a que se refere o inciso I, "a";
d) ser titulares de mais de um cargo ou mandato público eletivo.
Art. 55. Perderá o mandato o Deputado ou Senador:
I - que infringir qualquer das proibições estabelecidas no artigo anterior;

embasada nos princípios da moralidade e impessoalidade, possa incidir em outros temas, como na contratação com ou sem licitação de empresas que tenham como sócios parentes de agentes públicos, ou, também, na celebração de convênios e contratos de gestão com entidades sem fins lucrativos, cujos dirigentes também tenham relação de parentesco com agentes públicos.

Nesta linha, vale destacar decisão do STF, em que reconheceu a constitucionalidade de Lei Municipal que vedou a contratação de parentes do Prefeito, Vice-Prefeito, Vereadores e ocupantes de cargos em comissão, mesmo por meio de licitação:

> [...] A Constituição Federal outorga à União a competência para editar normas gerais sobre licitação (art. 22, XXVII) e permite, portanto, que Estados e Municípios legislem para complementar as normas gerais e adaptá-las às suas realidades. O Supremo Tribunal Federal firmou orientação no sentido de que as normas locais sobre licitação devem observar o art. 37, XXI da Constituição, assegurando "a igualdade de condições de todos os concorrentes". Precedentes. Dentro da permissão constitucional para legislar sobre normas específicas em matéria de licitação, é de se louvar a iniciativa do Município de Brumadinho-MG de tratar, em sua Lei Orgânica, de tema dos mais relevantes em nossa pólis, que é a moralidade administrativa, princípio-guia de toda a atividade estatal, nos termos do art. 37, caput da Constituição Federal. A proibição de contratação com o Município dos parentes, afins ou consanguíneos, do prefeito, do vice-prefeito, dos vereadores e dos ocupantes de cargo em comissão ou função de confiança, bem como dos servidores e empregados públicos municipais, até seis meses após o fim do exercício das respectivas funções, é norma que evidentemente homenageia os princípios da impessoalidade e da moralidade administrativa, prevenindo eventuais lesões ao interesse público e ao patrimônio do Município, sem restringir a competição entre os licitantes.[22]

No que toca ao arcabouço legislativo afeto à nomeação de agentes públicos, importante destacar o artigo 117, VII, da Lei nº 8.112/1990 (Estatuto dos Servidores da União), o qual veda "manter sob sua chefia imediata, em cargo ou função de confiança, cônjuge, companheira ou parente até o segundo grau civil".

Também a Lei Federal nº 11.416/2006, que cuida do Regime Jurídico dos Servidores do Poder Judiciário da União, estabelece em seu artigo 6º a vedação à "nomeação ou designação, para os cargos em comissão e funções comissionadas, de cônjuge, companheiro, parente ou afim, em linha reta ou colateral, até o terceiro grau, inclusive, dos respectivos membros e juízes vinculados, salvo a de ocupante de cargo de provimento efetivo das Carreiras dos Quadros de Pessoal do Poder Judiciário, caso em que a vedação é restrita à nomeação ou designação para servir perante o magistrado determinante da incompatibilidade".

A vedação ao nepotismo ganhou destaque e força após o Supremo Tribunal Federal ter aprovado a Súmula Vinculante nº 13, em 21 de agosto de 2008, a qual dispõe que:

> a nomeação de cônjuge, companheiro ou parente em linha reta, colateral ou por afinidade, até o terceiro grau, inclusive, da autoridade nomeante ou de servidor da mesma pessoa jurídica investido em cargo de direção, chefia ou assessoramento, para o exercício de cargo em comissão ou de confiança ou, ainda, de função gratificada na administração pública direta e indireta em qualquer dos Poderes da União, dos Estados,

22 STF, 2ª Turma, RE nº 423.560/MG, Rel. Min. Joaquim Barbosa, Dje 16.06.2012;

do Distrito Federal e dos Municípios, compreendido o ajuste mediante designações recíprocas, viola a Constituição Federal.

É sabido que a nomeação para cargos em comissão requer a existência de relação de confiança entre a autoridade nomeante e o nomeado. Esta relação de confiança, de regra presente nas relações familiares, vem sendo utilizada de forma abusiva, como meio de propiciar o beneficiamento de parentes de agentes políticos e agentes públicos, com o desvirtuamento do instituto do comissionamento, mediante grave violação aos princípios da impessoalidade, moralidade e eficiência.

Salutar, portanto, o comando da Súmula Vinculante nº 13, a qual, ao vedar o nepotismo nas hipóteses nela previstas, de forma preventiva, acaba por resguardar os citados princípios constitucionais.

Além disso, em caso de afronta ao seu teor, viável será o manejo da Reclamação perante o STF, com o escopo de declarar a nulidade do ato administrativo que propiciou a nomeação de parente em desconformidade com a citada Súmula Vinculante.

De acordo com a Súmula Vinculante nº 13:

a) Não podem ser nomeados: **cônjuge, companheiro, ou parente em linha reta ou colateral, até o terceiro grau, inclusive;**

b) Relação de parentesco com: **autoridade nomeante, servidor da mesma pessoa jurídica ocupante de cargo em comissão, função de confiança ou gratificada;**

c) Nas seguintes entidades: **administração pública direta e indireta, da União, Estados, Distrito Federal e Municípios;**

A proibição abrange também, mas não só, o ajuste mediante designações recíprocas, como, por exemplo, na hipótese em que o Prefeito de determinado município venha a nomear em comissão o filho de um determinado Vereador, o qual, por sua vez, nomeie a esposa do citado Prefeito para cargo em comissão em seu gabinete na Câmara Municipal.

3.1.4.1. Nepotismo e a nomeação de agentes políticos

O Supremo Tribunal Federal acenou a hipóteses excepcionais a não incidência da Súmula Vinculante 13 em caso de nomeação de parentes para cargos que possuam o "status" de agente político, como Secretários de Governo. Neste sentido decidiu o STF:

> O atual Prefeito de Rio das Antas nomeou seu irmão, Selmir Bodanese, para o cargo de **Secretário Municipal** de Saúde. A jurisprudência deste Supremo Tribunal Federal vem se mantendo no sentido de inexistir contrariedade à Súmula Vinculante 13 em hipóteses nas quais se cuida de nomeação de parentes para cargos de natureza política. Em 19.5.2015, a Segunda Turma deste Supremo Tribunal Federal negou provimento ao agravo regimental interposto pelo Ministério Público de Santa Catarina em reclamação análoga à presente:
>
> Ementa: AGRAVO REGIMENTAL NA RECLAMAÇÃO. NOMEAÇÃO DE PARENTE PARA CARGO PÚBLICO DE NATUREZA POLÍTICA. DESRESPEITO À SÚMULA VINCULANTE 13. INOCORRÊN-

> CIA. PRECEDENTES. AGRAVO REGIMENTAL A QUE SE NEGA PROVIMENTO" (Reclamação nº 17.882-AgR/SC, Relator o Ministro Teori Zavascki, Segunda Turma, DJe 2.6.2015).[23]

O próprio STF, contudo, tem decidido que a liberdade de nomeação de parentes para cargos de natureza pública não é absoluta, exigindo-se um mínimo de razoabilidade comprovada pela **qualificação técnica** e **idoneidade moral** do nomeado.[24] Em decisão monocrática do Ministro Luiz Fux constou "que a nomeação de agente para exercício de cargo na administração pública, em qualquer nível, fundada apenas e tão somente no grau de parentesco com a autoridade nomeante, sem levar em conta a capacidade técnica para o seu desempenho de forma eficiente, além de violar o interesse público, mostra-se contrária ao princípio republicano [...] Nesse contexto, quanto aos cargos políticos, deve-se analisar, ainda, se o agente nomeado possui a qualificação técnica necessária ao seu desempenho e se não há nada que desabone sua conduta."[25]

A Corte Suprema não tem admitido Reclamação que tenha como objeto discutir a existência ou não de qualificação técnica do nomeado, sob o fundamento de que seria necessário exame de circunstâncias fáticas, tarefa vedada em sede de Reclamação Constitucional.[26]

Registre-se, por fim, a Repercussão Geral nº 1.000, reconhecida mas ainda não julgada no mérito, cujo objeto é a discussão "quanto à constitucionalidade de norma que prevê a possibilidade de nomeação de cônjuge, companheiro ou parente, em linha reta, colateral ou por afinidade, até o terceiro grau, inclusive da autoridade nomeante, para o exercício de cargo público."

3.1.5. Monitoramento da evolução patrimonial

O acompanhamento da evolução patrimonial do agente público e a respectiva verificação da licitude desta evolução constituem valorosos instrumentos de preservação da moralidade e ética na administração pública.

A Convenção Interamericana contra a Corrupção, subscrita pelo Brasil em 29 de março de 1996, promulgada pelo Decreto nº 4.410, de 07 de outubro de 2002, previu, de forma expressa, que os Estados Partes deveriam criar, manter e fortalecer sistemas "para a declaração de receitas, ativos e passivos por parte das pessoas que desempenhem funções públicas em determinados cargos estabelecidos em lei e, quando for o caso, para divulgação dessas declarações".

O artigo 13 da Lei nº 8.429/92 prevê que "a posse e o exercício de agente público ficam condicionados à apresentação de declaração de bens e valores que compõem o seu patrimônio privado, a fim de ser arquivada no Serviço de Pessoal competente".

---

23 STF, Reclamação nº 16.402/SC, Dec. Monocrática, Rel. Min. Carmen Lúcia, Dje 1.10.15;

24 STF, Reclamação nº 18.644/SP, Dec. Monocrática, Rel. Min. Roberto Barroso, Dje 29.10.14;

25 STF, Reclamação nº 17.102/SP, Dec. Monocrática, Rel. Min. Luiz Fux, Dje 15.02.2016;

26 STF, Reclamação 28449-AgRg/SP, 2ª Turma, Rel. Min. Gilmar Mendes, Dje. 06/04/2018

A declaração deverá ser a mais abrangente possível, incluindo os bens "imóveis, móveis, semoventes, dinheiro, títulos, ações, e qualquer outra espécie de bens e valores patrimoniais, localizado no País ou no exterior, e, quando for o caso, abrangerá os bens e valores patrimoniais do cônjuge ou companheiro, dos filhos e de outras pessoas que vivam sob a dependência econômica do declarante, excluídos apenas os objetos e utensílios de uso doméstico".

Deverá ser renovada anualmente e atualizada na data em que cessar a investidura (artigo 13, § 2º). Além disso, em caso de não apresentação ou de declaração falsa, poderá ensejar a demissão a bem do serviço público, sem prejuízo de outras sanções cabíveis (artigo 13, § 3º).

Caracteriza, portanto, em eficaz instrumento preventivo, na medida em que induz os agentes públicos a avaliarem melhor suas condutas antes de assumirem postura que possa ensejar violação aos princípios da Administração Pública.

Sob o prisma repressivo, também poderá viabilizar a responsabilização do agente público, caso constatado enriquecimento ilícito, em razão de evolução patrimonial incompatível, na forma do artigo 9º, inciso VII, da Lei nº 8.429/92.

A Lei Federal nº 8.730/1993 cuidou de forma específica do tema, estabelecendo a obrigatoriedade de declaração de bens e rendas para o exercício de cargos, empregos e funções nos Poderes Executivo, Legislativo e Judiciário.

Não obstante o inegável avanço no combate à corrupção que tais regras instrumentalizaram, a sua maior eficácia está diretamente relacionada à criação de mecanismos internos efetivos de verificação das informações prestadas pelos agentes públicos, evitando-se, assim, que estas declarações de bens se tornem apenas obrigação burocrática, sem qualquer proveito concreto.

3.1.6. *Compliance*

A Lei Federal nº 12.846/2013 (Lei Anticorrupção), que cuida da responsabilização administrativa e civil de pessoas jurídicas pela prática de atos contra a administração pública, nacional ou estrangeira, estabelece que, na aplicação das sanções em face de pessoas jurídicas envolvidas em práticas de corrupção, será levado em conta, nos termos do inciso VIII, do artigo 7º, "a existência de mecanismos e procedimentos internos de integridade, auditoria e incentivo à denúncia de irregularidades e a aplicação efetiva de códigos de ética e de conduta no âmbito da pessoa jurídica."

Os programas de "*compliance*" podem ser conceituados como "o conjunto de medidas adotadas por determinada empresa para garantir o cumprimento das exigências legais e regulamentares e implementar princípios de ética e integridade no ambiente negocial."[27]

No âmbito federal, a matéria está regulamentada no Decreto nº 8.420, de 18 de março de 2015. O artigo 41 define o programa de integridade como o "conjunto de mecanismos e procedimentos internos de integridade, auditoria e incentivo à

[27] MARINELA, Fernanda; RAMALHO, Tatiany; PAIVA, Fernando. 'Lei anticorrupção: Lei nº 12.846, de 1º de agosto de 2013'. São Paulo: Saraiva, 2015, p. 129.

denúncia de irregularidades e na aplicação efetiva de códigos de ética e de conduta, políticas e diretrizes com objetivo de detectar e sanar desvios, fraudes, irregularidades e atos ilícitos praticados contra a administração pública, nacional ou estrangeira."

O sucesso da implementação de programa de "*compliance*" exige o suporte da alta administração (Presidente, Diretoria, Conselho de Administração etc.), mediante a criação de Códigos de Conduta e Ética, mas, principalmente, o efetivo engajamento e adesão a estes preceitos, participação em treinamentos preventivos, bem como por meio do investimento na implementação destes programas de integridade. Neste sentido, ensina Bruno Carneiro Maeda que "a presença de líderes com histórico de violações é inconsistente com a mensagem de suporte e comprometimento da alta administração e princípios éticos de integridade".[28]

Podemos citar, ainda, a importância da prévia análise de risco dos setores mais expostos da pessoa jurídica para propiciar medidas preventivas; implementação de treinamentos e comunicação com seus agentes, a fim de orientar sua política e procedimentos; obtenção de prévia informação em relação a pessoas físicas e jurídicas em relação às quais realizará negócios (*due diligence);* canais internos de denúncia; apuração dos fatos.[29]

Não obstante possa se criticar a falta de indicação expressa na Lei nº 12.846/13 em relação ao benefício advindo da efetiva implementação dos programas de "*compliance*", inegável o seu caráter preventivo, com benefícios tanto para a administração pública, quanto para a pessoa jurídica, a qual poderá ter reduzida eventual sanção administrativa e, em nosso entendimento, até mesmo judicial.

3.2. Controle repressivo

O controle repressivo busca a efetiva responsabilização do agente ímprobo, com aplicação de sanções àqueles que se envolvam em atos de improbidade administrativa, e a sua efetivação poderá se dar na esfera dos três poderes estatais (executivo, legislativo e judiciário), inclusive por meio de controle interno administrativo no seio de cada poder.

3.2.1. Controle repressivo administrativo

A administração pública em sentido amplo, ou seja, não só o Executivo, mas também o Legislativo e Judiciário, podem e devem instaurar procedimentos administrativos disciplinares para apuração e aplicação de sanção aos seus agentes púbicos que tenham praticado ato de improbidade administrativa, inclusive para aplicação de sanção de perda de cargo, de acordo com as regras procedimentais estabelecidas

[28] MAEDA, Bruno Carneiro. Programas de Compliance Anticorrupção: importância e elementos essenciais. *In*: DEBBIO, Alessandra Del; MAEDA, Bruno Carneiro; AYRES, Carlos Henrique da Silva (Coord.). 'Temas de anticorrupção e compliance'. Rio de Janeiro: Elsevier, 2013, p. 185.

[29] AYRES, Carlos Henrique da Silva. 'Programas de Compliance no Âmbito da Lei 12.846/2013: Importância e Principais Elementos'. *In* 'Apontamentos à Lei Anticorrupção Empresarial (Lei nº 12.846/13)'. Ministério Público do Estado de São Paulo, Centro de Apoio Operacional Cível e de Tutela Coletiva, Patrimônio Público. São Paulo: MP-SP, 2015, p. 89/93.

nos respectivos estatutos funcionais, assegurada a ampla defesa e o contraditório, nos termos do artigo 41, § 1º, inciso II, da Constituição Federal.

O mesmo fato poderá ensejar a aplicação das sanções administrativas, bem como das sanções previstas na Lei nº 8.429/92, pois, não bastasse o conceito basilar da separação das instâncias administrativa e judicial, o artigo 12 da citada lei enfatizou que independentemente "das sanções penais, civis e administrativas previstas na legislação específica, está o responsável pelo ato de improbidade sujeito às seguintes cominações".

A relevância da apuração administrativa é reiterada nos artigos 14 a 16 da Lei nº 8.429/92, sendo intuitivo que os elementos angariados com base nesta investigação servirão tanto para o embasamento de eventual ação de improbidade administrativa, a ser ajuizada pelo Ministério Público ou pessoa jurídica de direito público lesada, quanto para a aplicação das sanções administrativas, estabelecidas no respectivo estatuto.

Ensina Emerson Garcia que:

> (...) embora seja evidente que as sanções previstas na Lei nº 8.429/92 somente podem ser aplicadas pelo Poder Judiciário, não há qualquer óbice a que os mesmos fatos deem origem a sanções distintas, em esfera diversa de responsabilização. A advertência é necessária para se evitar o equívoco de afirmar que a sanção de perda da função pública foi simplesmente proscrita dos regimes jurídicos funcionais [...]. Excluindo deturpações, que só contribuem para a sedimentação da improbidade administrativa, é fácil concluir que a aplicação dessa última norma somente alcança a esfera judicial de responsabilização, não a administrativa.[30]

O Superior Tribunal de Justiça apontou a possibilidade de demissão, no âmbito disciplinar, em razão da prática de ato de improbidade administrativa, sem prejuízo da incidência da Lei nº 8.429/92 na esfera judicial.[31]

Ainda na esfera do controle repressivo administrativo, não se pode deixar de mencionar a Lei nº 12.846/2013 (Lei Anticorrupção), que introduziu no ordenamento jurídico pátrio a responsabilização administrativa e civil de pessoas jurídicas pela prática de atos contra a administração pública, nacional ou estrangeira, elencados em seu artigo 5º.

A sanções administrativas estão elencadas no artigo 6º, consistentes em: **multa**, no valor de 0,1% (um décimo por cento) a 20% (vinte por cento) do faturamento bruto do último exercício anterior ao da instauração do processo administrativo, excluídos os tributos, a qual nunca será inferior à vantagem auferida, quando for possível sua estimação (inciso I); e **publicação extraordinária da decisão condenatória** (inciso II), que poderão ser aplicadas isolada ou cumulativamente.

3.2.2. Controle repressivo legislativo

O poder legislativo exerce dois tipos de controle sobre a administração pública. O primeiro é o **controle político**, o qual incide sobre a função administrativa e organização dos Poderes Executivo e Judiciário, como, por exemplo: convocação de Ministros de Estados para que prestem informações acerca de assuntos previamente

---

[30] GARCIA, Emerson; ALVES, Rogério Pacheco. Op. cit., p. 231/232.

[31] STJ, 1ª Seção, Mandado de Segurança nº 16.183-DF, Rel. Min. Ari Pargendler, Dje de 21.10.2013;

determinados (art. 50 da CF/88); o processo e julgamento do Presidente e Vice-Presidente da República em crimes de responsabilidade (art. 52 da CF/88); a aprovação da escolha de Magistrados, Ministros do TCU, Procurador-Geral da República, etc. (art. 52, inciso III, da CF/88). As Comissões Parlamentares de Inquérito também retratam o exercício do poder político, com a prerrogativa de exercer função investigatória própria das autoridades judiciais (art. 58, § 3º, da CF).

A segunda forma é o **controle financeiro,** que consiste no controle externo exercido pelo Poder Legislativo, por meio da fiscalização contábil, financeira, orçamentária, operacional e patrimonial, sobre os atos próprios e dos demais poderes, da administração pública direta e indireta, com o auxílio do Tribunal de Contas, com o escopo de verificar a legalidade, legitimidade, economicidade, aplicação de subvenções e renúncia de receitas, na forma do artigo 70 da Constituição Federal.[32]

O controle legislativo repressivo conta com o auxílio do **Tribunal de Contas.** Não obstante a função auxiliar que exerce ao Poder Legislativo, a Corte de Contas é órgão autônomo, inexistindo, assim, relação de hierarquia ou subordinação com o referido Poder.

Exerce tarefa eminentemente técnica, elencada no artigo 71 da Constituição Federal, como, por exemplo, emitir parecer prévio sobre as contas anuais prestadas pelo Chefe do Executivo (art. 71, I); julgar as contas dos demais gestores públicos (art. 71, II); apreciar, para fins de registro, a legalidade dos atos de admissão de pessoal (art. 71, III); realizar inspeções e auditorias; (art. 71, IV); aplicar multa proporcional ao dano causado, aos agentes que tiveram as contas rejeitadas (art. 71, VIII); sustar a execução de atos impugnados, caso não atendido (art. 71, X), dentre outras.

3.2.3. Controle repressivo jurisdicional

O controle repressivo jurisdicional da improbidade administrativa é realizado por meio da ação judicial prevista no artigo 17 da Lei nº 8.429/92, que será objeto de estudo mais adiante.

Importante destacar que, ao lado da ação de responsabilização pela prática de ato de improbidade administrativa, é possível que tais atos sejam, de forma indireta, objeto de repressão por meio de outros instrumentos. Dentre eles, podemos citar a ação popular prevista na Lei nº 4.717/1965; a repressão na esfera eleitoral, por meio de Ação de Impugnação ao Mandato Eletivo e Ação de Investigação Judicial Eleitoral, uma vez configurado o abuso de poder (uso da máquina administrativa); a representação em razão de práticas eleitorais que importem em condutas vedadas aos agentes públicos (artigo 73 da Lei nº 9504/97).

A Lei nº 12.843/2013 (Lei Anticorrupção), nos artigos 18 e seguintes, da mesma forma, autoriza a responsabilização judicial das pessoas jurídicas, em razão da prática das condutas descritas no artigo 5º da mesma lei. Das hipóteses elencadas em seus incisos, é possível que se admita o envolvimento de agentes públicos em algumas

[32] Art. 70 da CF: A fiscalização contábil, financeira, orçamentária, operacional e patrimonial da União e das entidades da administração direta e indireta, quanto à legalidade, legitimidade, economicidade, aplicação das subvenções e renúncia de receitas, será exercida pelo Congresso Nacional, mediante controle externo, e pelo sistema de controle interno de cada Poder.

práticas, o que ensejaria a responsabilização, também, na forma da Lei nº 8.429/92, como, por exemplo: I – prometer, oferecer ou dar, direta ou indiretamente, vantagem indevida a agente público, ou a terceira pessoa a ele relacionada; IV – no tocante a licitações e contratos: a) frustrar ou fraudar, mediante ajuste, combinação ou qualquer outro expediente, o caráter competitivo de procedimento licitatório público; b) impedir, perturbar ou fraudar a realização de qualquer ato de procedimento licitatório público; c) afastar ou procurar afastar licitante, por meio de fraude ou oferecimento de vantagem de qualquer tipo; d) fraudar licitação pública ou contrato dela decorrente; e) criar, de modo fraudulento ou irregular, pessoa jurídica para participar de licitação pública ou celebrar contrato administrativo; f) obter vantagem ou benefício indevido, de modo fraudulento, de modificações ou prorrogações de contratos celebrados com a administração pública, sem autorização em lei, no ato convocatório da licitação pública ou nos respectivos instrumentos contratuais; ou g) manipular ou fraudar o equilíbrio econômico-financeiro dos contratos celebrados com a administração pública; V – dificultar atividade de investigação ou fiscalização de órgãos, entidades ou agentes públicos, ou intervir em sua atuação, inclusive no âmbito das agências reguladoras e dos órgãos de fiscalização do sistema financeiro nacional.

Configuradas tais hipóteses, viável a propositura de ação para a aplicação das sanções elencadas no artigo 19 da Lei nº 12.846/2013 (perdimento de bens, suspensão ou interdição parcial das atividades, dissolução compulsória da pessoa jurídica, proibição de receber incentivos, subsídios, subvenções, doações ou empréstimos de órgãos ou entidades públicas e de instituições financeiras públicas ou controladas pelo poder público).

Anote-se, por fim, que a mesma conduta ímproba poderá ser objeto da respectiva ação penal, como, por exemplo, na hipótese de configurar os crimes de peculato (artigo 312 do Código Penal), concussão (artigo 316 do Código Penal), corrupção passiva (artigo 317 do Código Penal), dispensa indevida ou fraude à licitação (artigos 89 e 90 da Lei nº 8.666/93) e praticados por Prefeitos (Decreto-lei nº 201/67).

3.2.3.1. Ação popular

O artigo 5º, inciso LXXIII, da Constituição Federal dispõe que "qualquer cidadão será parte legítima para propor ação popular que vise a anular ato lesivo ao patrimônio público ou de entidade de que o Estado participe, à moralidade administrativa, ao meio ambiente e ao patrimônio histórico e cultural, ficando o autor, salvo comprovada má-fé, isento de custas judiciais e do ônus da sucumbência.".

A Constituição Federal de 1934, no inciso XXXVIII, do artigo 113, foi a primeira a conter previsão expressa acerca da ação popular, como remédio apto à anulação de atos lesivos ao patrimônio público da União, Estados ou Municípios. A Constituição Federal de 1937 (Estado Novo) não reiterou o instrumento processual, o qual foi reinserido na Constituição Federal de 1946, no inciso XXXVIII do artigo 141. Não obstante a ausência de lei regulamentadora, o referido remédio constitucional era utilizado, uma vez que se entendia autoaplicável as normas que o previam.[33]

[33] ZANELLA DE PIETRO, Maria Sylvia, Op. cit., p. 749/750.

A Constituição Federal de 1967, em seu artigo 150, § 31, dispôs que "qualquer cidadão será parte legítima para propor ação popular que visa a anular atos lesivos ao patrimônio das entidades públicas".

Percebe-se que até a promulgação da Constituição Federal de 1988 a ação popular era cabível, apenas, para a proteção do patrimônio público, excluídos o meio ambiente e ao patrimônio histórico e cultural. Além disso, a Constituição Federal de 1988 inclui expressa previsão de cabimento em caso de ato lesivo à moralidade administrativa.

No âmbito infraconstitucional, a ação popular está regulamentada na Lei Federal nº 4.717/65.

3.2.3.1.1. Cabimento

O artigo 5º, LXXIII, da Constituição Federal, escancara o amplo objeto tutelado pela ação popular, que inclui não só o patrimônio público como também a moralidade administrativa.

Neste contexto, indubitável que a violação à moralidade administrativa constitui elemento autônomo a ser tutelado pela ação popular, sem a exigência de concomitantemente lesão ao erário ou mesmo ilegalidade.[34] O entendimento acerca do caráter autônomo da violação à moralidade administrativa como pressuposto para a referida ação, prescindido da demonstração de lesividade, foi pacificado no STF, por meio do Tema nº 836 de Repercussão Geral:

> "[...]
>
> 1. O entendimento sufragado no acórdão recorrido de que, para o cabimento de ação popular, **é exigível a menção na exordial e a prova de prejuízo material aos cofres públicos, diverge do entendimento sufragado pelo Supremo Tribunal Federal.**
>
> 2. A decisão objurgada ofende o art. 5º, inciso LXXIII, da Constituição Federal, que tem como objetos a serem defendidos pelo cidadão, separadamente, qualquer ato lesivo ao patrimônio material público ou de entidade de que o Estado participe, ao patrimônio moral, ao cultural e ao histórico.
>
> 3. Agravo e recurso extraordinário providos.
>
> 4. Repercussão geral reconhecida com reafirmação da jurisprudência."[35]

A tutela do patrimônio público, de outro lado, abrange os bens pertencentes à administração pública direta e indireta, bem como de entidades que contem com a participação estatal. O conceito de patrimônio público abrange não só o aspecto financeiro, mas também aqueles de expressão econômica, estética, artística, cultural, ambiental, histórica e turística (artigo 1º, § 1º, da Lei nº 4.717/65, c.c o artigo 5º, LXXIII, da CF).

---

[34] Neste sentido: MANCUSO, Rodolfo de Camargo. 'Ação popular'. São Paulo: Revista dos Tribunais, 2003, p. 107. COSTA, Susana Henriques da. 'O processo Coletivo na Tutela do Patrimônio Público e da Moralidade Administrativa'. São Paulo: Quartier Latin, 2009, p. 146.

[35] STF, Pleno, ARE 824781/MT – Repercussão Geral, Rel. Min. Dias Toffoli, Dje 09/10/2015;

3.2.3.1.2. Legitimidade ativa

Legitimado ativo para a ação popular é o cidadão, nos termos do artigo 5º, LXXIII, da Constituição Federal, bem como do artigo 1º, da Lei nº 4.717/65. Segundo Zanella Di Pietro, é considerado cidadão:

> o brasileiro nato ou naturalizado, que está no gozo dos direitos políticos, ou seja, dos direitos de votar e ser votado. A rigor, basta a qualidade de eleitor, uma vez que o artigo 1º, § 3º, da Lei nº 4.717/65 exige que a prova da cidadania, para ingresso em juízo, seja feita com o título eleitoral, ou com documento que a ele corresponda.[36]

Cuida-se de legitimação extraordinária, "na qual a lei dá permissão para determinada pessoa requerer a tutela jurisdicional no interesse alheio, mesmo que não seja ela a titular do direito material cuja proteção se pleiteia."[37]

É possível o litisconsórcio ativo, o qual será facultativo, pois qualquer cidadão poderá se habilitar na qualidade de litisconsorte ou assistente do autor, nos termos do artigo 6º, § 5º, da Lei nº 4.717/65.

A pessoa jurídica não ostenta legitimidade para a propositura de ação popular, consoante verbete da Súmula 365 do STF.

Ao Ministério Público não se reconhece legitimidade ativa para, de forma inicial, ajuizar a ação popular, pois entendimento diverso extrapolaria os limites constitucionais e legais conferidos à matéria pelos artigos 5º, LXXIII, e 129, III, da CF, dos quais se extrai que a ação civil pública é o instrumento processual à disposição do *Parquet*, inclusive para a tutela da moralidade administrativa.

Anote-se, porém, que o Ministério Público poderá assumir o polo ativo da demanda, caso o autor popular desista do pleito ou dê motivo para a extinção do processo, sem apreciação do mérito, na forma do artigo 9º da Lei nº 4.717/65.

Caberá ao órgão do *Parquet* decidir se dará prosseguimento à ação popular ajuizada, pois não há como se exigir que o Ministério Público dê seguimento a uma demanda que considere desprovida de fundamentação fática e jurídica adequada. Neste contexto, a título de exemplo, poderá o representante do Ministério Público entender que as provas arroladas são frágeis e, assim, optar por não prosseguir com a ação popular e sim instaurar inquérito civil para melhor apuração dos fatos. Caso a opção seja por não dar continuidade ao feito, conveniente a indicação sucinta dos motivos que justificaram esta posição.

3.2.3.1.3. Legitimidade passiva

O artigo 6º da Lei nº 4.717/65 dispõe que a ação será proposta "contra as pessoas públicas ou privadas e as entidades referidas no art. 1º, contra as autoridades, funcionários ou administradores que houverem autorizado, aprovado, ratificado ou

[36] ZANELLA DE PIETRO, Maria Sylvia, Op. cit., p. 751.

[37] COSTA, Susana Henriques da. Op. cit., p. 203.

praticado o ato impugnado, ou que, por omissas, tiverem dado oportunidade à lesão, e contra os beneficiários diretos do mesmo."

São três, portanto, as categorias dos legitimados passivos: pessoas jurídicas de direito público ou privado de que emanou o ato, elencadas no artigo 1º da Lei nº 4.717/65; autoridades, funcionários ou administradores responsáveis pelo ato impugnado; os beneficiários direito do ato impugnado.

Importante registrar que a pessoa jurídica poderá assumir três posturas distintas: **contestar** o pedido; **abster-se de contestar**; **atuar no polo ativo**, ao lado do autor, na defesa do interesse público. A mesma sistemática é adotada nas ações de improbidade administrativa, de forma que a matéria será objeto de estudo mais aprofundado no item nº 10.4.2.

3.2.3.1.4. Pedido

O artigo 11 da Lei nº 4.717/65 determina que em caso de procedência do pedido a sentença deverá "decretar a invalidade do ato impugnado, condenará ao pagamento de perdas e danos os responsáveis pela sua prática e os beneficiários dele, ressalvada a ação regressiva contra os funcionários causadores de dano, quando incorrerem em culpa.". Assim, o ato impugnado será invalidado, com a consequente determinação de pagamento de perdas e danos.

Ocorre que a literalidade do citado dispositivo não tem o condão de limitar o objeto imediato da ação popular à tutelas de caráter desconstitutivo e condenatório, pois é necessário contextualizar tal previsão legal com os princípios insculpidos na Constituição Federal de 1988, concatenando a proteção do patrimônio público ou de entidade de que o Estado participe, a moralidade administrativa, o meio ambiente, e o patrimônio histórico e cultural, com o princípio do acesso à Justiça (artigo 5º, XXXV, da CF).[38] Daí decorre a possibilidade de se deduzir tutela específica, "por meio de provimentos executivos mandamentais ou executivos *lato sensu*.[39]

3.2.3.2. Responsabilização da pessoa jurídica – Lei nº 12.846/2013

A Lei Federal nº 12.846/2013 (Lei Anticorrupção) foi aprovada com o objetivo de cumprir compromissos assumidos pelo Brasil por meio de tratados e convenções internacionais, sobretudo o disposto na Convenção da OCDE – Organização de Cooperação e de Desenvolvimento Econômico – sobre o Combate da Corrupção de Funcionários Públicos Estrangeiros, introduzida pelo Decreto nº 3.678/2000, o qual dispõe em seu artigo 2º que "cada Parte deverá tomar todas as medidas necessárias ao estabelecimento das responsabilidades de pessoas jurídicas pela corrupção de funcionário público estrangeiro, de acordo com seus princípios".

Da mesma forma, a Convenção das Nações Unidas contra a Corrupção, promulgada pelo Decreto nº 5.687/2006, em seu artigo 26, preconiza que "cada Estado

---

[38] Neste sentido: LEONEL, Ricardo de Barros. 'Comentários à Lei de Ação Popular e à Lei de Ação Civil Pública'. COSTA, Susana Henrique da. (Coord.). São Paulo: Quartier Latin, 2006, p. 242.

[39] COSTA, Susana Henrique da. Op. cit., 154.

Parte adotará as medidas que sejam necessárias, em consonância com seus princípios jurídicos, a fim de estabelecer a responsabilidade de pessoas jurídicas por sua participação em delitos qualificados de acordo com a presente Convenção".

A Lei 12.846/13 reforça o sistema de combate à corrupção ao propiciar "a responsabilização objetiva administrativa e civil de pessoas jurídicas pela prática de atos contra a administração pública, nacional ou estrangeira" (artigo 1º, "caput"), com aplicação "às sociedades simples, personificadas ou não, independente da forma de organização ou modelo societário adotado, bem como a quaisquer fundações, associações de entidades ou pessoas, ou sociedades estrangeiras, que tenham sede, filial ou representação no território brasileiro, constituídas de fato ou de direito, ainda que temporariamente" (artigo 1º, parágrafo único).

A responsabilidade da pessoa jurídica "não exclui a responsabilidade individual de seus dirigentes ou administradores ou de qualquer pessoa natural, autora, coautora ou partícipe do ato ilícito" (artigo 3º, "caput"). Anote-se, porém, que a pessoa jurídica será responsabilizada independentemente da responsabilidade individual de seus agentes.

3.2.3.2.1. Responsabilidade objetiva

O artigo 2º da Lei nº 12.846/2013 dispõe que as "pessoas jurídicas serão responsabilizadas objetivamente, nos âmbitos administrativo e civil, pelos atos lesivos previstos nesta lei praticados em seu interesse ou benefício, exclusivo ou não."

A possibilidade de **responsabilização objetiva** da pessoa jurídica constitui uma das maiores inovações da lei estudada e se caracteriza pela desnecessidade de dolo ou culpa por parte do ente, bastando que o ato lesivo tenha sido praticado em seu interesse.

Dispõe o parágrafo único, do artigo 927, do Código Civil, que "haverá obrigação de reparar o dano, independentemente de culpa, nos casos especificados em lei, ou quando a atividade normalmente desenvolvida pelo autor do dano implicar, por sua natureza, riscos para os direitos de outrem".

A teoria do risco, assumido pela pessoa jurídica no exercício de sua atividade, embasa a incidência da responsabilidade objetiva. Nesta linha, o artigo 12 do Código de Defesa do Consumidor dispõe que o "fabricante, o produtor, o construtor, nacional ou estrangeiro, e o importador respondem, independentemente da existência de culpa, pela reparação dos danos causados aos consumidores por defeitos decorrentes de projeto, fabricação, construção, montagem, fórmulas, manipulação, apresentação ou acondicionamento de seus produtos, bem como por informações insuficientes ou inadequadas sobre sua utilização e riscos.", redação similar à do artigo 14 do CDC, que cuida da responsabilidade objetiva do fornecedor de serviços.

A responsabilização da pessoa jurídica, nos termos da Lei nº 12.846/13, depende de três elementos, conforme a lição de Vicente Greco Filho:

> ação ou omissão, de agente ou interposta pessoa da pessoa jurídica, a geração ou incremento de um risco não permitido, que se define como tal mediante o enqua-

dramento do ato numa das hipóteses do art. 5º, e que o ato seja no interesse ou em benefício da entidade, em caráter exclusivo, ou não.[40]

Deve ser considerada, ainda, a imposição legal da pessoa jurídica implementar sistemas efetivos de controle em relação à conduta de seus agentes, a fim de prevenir e evitar a prática de atos de corrupção ("compliance"). Dispõe o artigo 7º, VIII, que será levada em consideração na aplicação das sanções "a existência de mecanismos e procedimentos internos de integridade, auditoria e incentivo à denúncia de irregularidades e a aplicação efetiva de códigos de ética e de conduta no âmbito da pessoa jurídica".

Acerca deste dispositivo, Beatriz Lopes de Oliveira e Rita de Cássia Bérgamo afirmam que decorre:

> do artigo 2º da Lei nº 12.846/2013 (LAE) conclusão no sentido de que cabe às pessoas jurídicas instituírem sistemas de controle sobre a conduta de seus agentes (compliance), de sorte a evitar a prática de atos violadores da moral administrativa, uma vez que lhes será impossível isentarem-se de responsabilização civil e administrativa, alegando ausência de culpa *in vigilando*.[41]

3.2.3.2.2. Atos lesivos

Os atos lesivos que podem ser praticados pela pessoa jurídica estão arrolados no artigo 5º da Lei nº 12.846/13:

> Art. 5º. Constituem atos lesivos à administração pública, nacional ou estrangeira, para os fins desta Lei, todos aqueles praticados pelas pessoas jurídicas mencionadas no parágrafo único do art. 1º, que atentem contra o patrimônio público nacional ou estrangeiro, contra princípios da administração pública ou contra os compromissos internacionais assumidos pelo Brasil, assim definidos:
>
> I – prometer, oferecer ou dar, direta ou indiretamente, vantagem indevida a agente público, ou a terceira pessoa a ele relacionada;
>
> II – comprovadamente, financiar, custear, patrocinar ou de qualquer modo subvencionar a prática dos atos ilícitos previstos nesta Lei;
>
> III – comprovadamente, utilizar-se de interposta pessoa física ou jurídica para ocultar ou dissimular seus reais interesses ou a identidade dos beneficiários dos atos praticados;
>
> IV – no tocante a licitações e contratos:
>
> a) frustrar ou fraudar, mediante ajuste, combinação ou qualquer outro expediente, o caráter competitivo de procedimento licitatório público;
>
> b) impedir, perturbar ou fraudar a realização de qualquer ato de procedimento licitatório público;
>
> c) afastar ou procurar afastar licitante, por meio de fraude ou oferecimento de vantagem de qualquer tipo;

[40] GRECO FILHO, Vicente; RASSI, João Daniel. 'O combate à corrupção e comentários à Lei de Responsabilidade de Pessoas Jurídicas (Lei nº 12.846, de 1º de agosto de 2013)'. São Paulo: Saraiva, 2015, p. 141/142.

[41] BÉRGAMO, Rita de Cássia; OLIVEIRA, Beatriz Lopes de. 'Responsabilização e Atos lesivos à administração pública nacional ou estrangeira na lei nº 12.846/13'. *In* MINISTÉRIO PÚBLICO DO ESTADO DE SÃO PAULO. Centro de Apoio Operacional Cível e de Tutela Coletiva. Patrimônio Público. 'Apontamentos à Lei Anticorrupção Empresarial (Lei nº 12.846/13). São Paulo: MP-SP, 2015, p. 63.

d) fraudar licitação pública ou contrato dela decorrente;

e) criar, de modo fraudulento ou irregular, pessoa jurídica para participar de licitação pública ou celebrar contrato administrativo;

f) obter vantagem ou benefício indevido, de modo fraudulento, de modificações ou prorrogações de contratos celebrados com a administração pública, sem autorização em lei, no ato convocatório da licitação pública ou nos respectivos instrumentos contratuais; ou

g) manipular ou fraudar o equilíbrio econômico-financeiro dos contratos celebrados com a administração pública;

V – dificultar atividade de investigação ou fiscalização de órgãos, entidades ou agentes públicos, ou intervir em sua atuação, inclusive no âmbito das agências reguladoras e dos órgãos de fiscalização do sistema financeiro nacional.

São os atos lesivos à administração pública, nacional ou estrangeira, para os fins da lei, aqueles que atentem contra: 1 – **o patrimônio público nacional ou estrangeiro;** 2 – **princípios da administração pública** ou: 3 – **os compromissos internacionais assumidos pelo Brasil.**

O conceito de patrimônio público não se limita àqueles de natureza econômica ou financeira, devendo-se adotar o disposto no artigo 1º, § 1º, da Lei de Ação Popular, que considera patrimônio público "os bens e direitos de valor econômico, artístico, estético, histórico ou turístico".

Os princípios da administração pública são todos aqueles que regem a atividade administrativa, como a regra do concurso público, licitação, economicidade, dever de prestar contas, e não só aqueles previstos no "caput", do artigo 37 da CF (legalidade, moralidade, impessoalidade, publicidade e eficiência).

O respeito aos compromissos internacionais assumidos pelo Brasil também é considerado como bem jurídico tutelado pela Lei nº 12.846/2013, em vista da relevância dos acordos, tratados e convenções internacionais subscritas relativas ao combate à Corrupção.

Há quem sustente que, diferentemente do que ocorre em relação à Lei de Improbidade Administrativa, cujos artigos 9º, 10 e 11 apontam hipóteses exemplificativas, a condutas previstas nos incisos do artigo 5º da Lei nº 12.846/2013 seriam taxativas[42]. Entendemos, porém, que o artigo 5º não é taxativo. Na lição de Eduardo Cambi:

> mesmo que a técnica legislativa não tenha sido a melhor, pois, ao final do caput do artigo 5º o legislador se valeu da expressão "assim definidos", ao invés de "e notadamente", como nos artigos 9º, 10 e 11 da Lei 8.429/92, o artigo 5º da Lei Anticorrupção merece ser interpretado teleologicamente. Isto é, todo ato que atentar contra o patrimônio nacional ou estrangeiro, ou contra os princípios da Administração Pública, ou, ainda, contra os compromissos internacionais assumidos pelo Brasil deve ser considerado lesivo à Administração Pública, ainda que não tenha sido expressamente descrito no elenco do artigo 5º da Lei 12.846/2013.[43]

[42] Neste sentido. MARINELA, Fernanda; RAMALHO, Tatiany; PAIVA, Fernando. Op. cit., p. 84; GRECO FILHO, Vicente; RASSI, João Daniel. Op. cit., p. 152/153.

[43] CAMBI, Eduardo. "A atuação do Ministério Público no combate à corrupção na Lei nº 12.846/13", in Revista do CNMP, nº 04, ano 2014, p. 26. Disponível em http://www.cnmp.gov.br/portal/images/stories/Destaques/Publicacoes/Revista_CNMP_WE-B4e.pdf. Acesso em 29 de outubro de 2015. No mesmo sentido: OLIVEIRA, Beatriz Lopes de; BÉRGAMO, Rita de Cassia. 'Responsabilização e Atos lesivos à administração pública nacional ou estrangeira na lei nº 12.846/13', *In* 'Apontamentos à

A lesão é presumida, desde que configurada uma das hipóteses elencadas no artigo 5º. Não se pode confundir lesividade com prejuízo, ou perda patrimonial à administração pública, que nem sempre estará presente. A simples violação a princípios da administração ensejará a responsabilização. Anote-se, inclusive, que a efetiva obtenção de vantagem indevida e a consumação ou não da infração são circunstâncias que devem ser levadas em conta na fixação da reprimenda, nos termos do artigo 7º, II e III, da Lei nº 12.850/13.

3.2.3.2.3. Responsabilização judicial

Característica da responsabilização judicial da pessoa jurídica é a sua **independência em relação à responsabilidade administrativa**, na forma do artigo 18 da Lei nº 12.846/2013, até mesmo porque distintas as sanções previstas para a esfera administrativa (artigo 6º), daquelas relativas à esfera judicial (artigo 19). Poderão coexistir, portanto, a aplicação de sanções previstas nos artigos 6º e 19 da Lei Anticorrupção, salvo disposição diversa prevista expressamente no acordo de leniência.

A **legitimidade ativa** para a propositura de ação judicial em razão da prática de atos elencados no artigo 5º pertence à União, Estados, Distrito Federal e Municípios, por meio das respectivas Advocacias Públicas ou órgãos de representação judicial ou equivalentes, e ao Ministério Público (artigo 19).

Há clara restrição à legitimidade ativa das pessoas jurídicas de direito público, em relação ao previsto na Lei de Improbidade Administrativa, pois o citado artigo 19 apenas confere tal legitimidade à administração direta. Evidente que tal restrição implicará em maior dificuldade para a efetiva aplicação da lei em tela, deixando ao alvedrio dos órgãos de representação judicial da União, Estados, Distrito Federal e Municípios o ajuizamento ou não da ação prol da pessoa jurídica da administração indireta.[44]

Legitimado passivo é apenas a pessoa jurídica especificada no artigo 1º e seu parágrafo único, não se admitindo a inserção de pessoa física no polo passivo, salvo na hipótese de desconsideração da personalidade jurídica, em que "utilizada com abuso do direito para facilitar, encobrir ou dissimular a prática dos atos ilícitos previstos nesta Lei ou para provocar a confusão patrimonial, sendo estendidos todos os efeitos das sanções aplicadas à pessoa jurídica aos seus administradores e sócios com poderes de administração" (art. 14). Caso contrário, a responsabilização civil ou penal do agente (pessoa física) da pessoa jurídica deverá ser buscada na via adequada.

Vale frisar a posição de Daniel Amorim Assumpção Neves, o qual sustenta a necessidade de a pessoa jurídica de direito público ser intimada da existência da ação, podendo quedar-se inerte ou assumir um dos polos da demanda,[45] assim como ocorre na ação de improbidade administrativa e ação popular (vide item 10.4.2).

Lei Anticorrupção Empresarial (Lei nº 12.846/13) Ministério Público do Estado de São Paulo, Centro de Apoio Operacional e de Tutela Coletiva, Patrimônio Público. São Paulo: MP-SP, 2015, p. 66/67.

44 MARINELA, Fernanda; RAMALHO, Tatiany; PAIVA, Fernando. Op. cit., p. 208.

45 NEVES, Daniel Amorim Assumpção; OLIVEIRA, Rafael Carvalho Rezende. *Manual de improbidade administrativa: direito material e processual*. 6ªed. rev., atual. e ampl. Rio de Janeiro: Forense; São Paulo: Método, 2018, p. 165.

As sanções que podem ser aplicadas, de forma isolada ou cumulativa, são: I – perdimento de bens; II – suspensão ou interdição parcial das atividades; III – dissolução compulsória da pessoa jurídica; IV – proibição de receber incentivos, subsídios, subvenções, doações ou empréstimos de órgãos ou entidades públicas e de instituições financeiras públicas ou controladas pelo poder público, pelo prazo mínimo de 1 (um) e máximo de 5 (cinco) anos.

Em face da ausência de dispositivo expresso que fixe os critérios para a dosimetria da sanção, inclusive no tocante à aplicação cumulativa ou não, devem ser utilizados os parâmetros fixados no artigo 7º da Lei nº 12.846/13, acompanhados de adequada fundamentação judicial (artigo 93, IX, da CF).

A sanção mais grave é a de dissolução compulsória da pessoa jurídica, razão pela qual foram elencados requisitos específicos para que se admita sua aplicação: I – ter sido a pessoa jurídica utilizada de forma habitual para facilitar ou promover a prática de atos ilícitos ou; II – ter sido constituída para ocultar ou dissimular interesses ilícitos ou a identidade dos beneficiários dos atos ilícitos.

O Ministério Público, nos termos do artigo 20, possui espécie de legitimidade ativa concorrente sucessiva, na hipótese de inércia ou omissão da administração pública na aplicação das sanções administrativas. Assim, além das sanções elencadas no artigo 19, o *Parquet* poderá pleitear as sanções previstas no artigo 6º.

Possível, ainda, tutela provisória de indisponibilidade de bens direitos e valores para garantir a eficácia do provimento final, a ser pleiteada por todos os legitimados (Ministério Público, União, Estados, Distrito Federal e Municípios), nos termos do artigo 19, § 4º, da Lei nº 12.846/2013. Em relação à indisponibilidade de bens, a matéria é objeto de estudo mais aprofundado no item 9.6.1, valendo destacar a desnecessidade de prova da dilapidação dos bens[46], apenas a existência de indícios fundados da prática dos atos elencados no artigo 5º.

O artigo 21 da Lei nº 12.846/2013, ao dispor que a ação nela regulada seguirá o rito da Lei nº 7.347/85 (Lei de Ação Civil Pública), evidencia o caráter difuso do bem tutelado, podendo-se cogitar, consequentemente, da possibilidade de investigação dos fatos nela elencados por meio do **inquérito civil**, o qual será melhor estudado no item 8.1.

A **competência** será fixada com base no local do dano, nos termos do artigo 2º da Lei nº 7.347/85, o que, na sistemática da Lei nº 12.846/13 deverá coincidir do local no qual praticadas as condutas previstas no artigo 5º.

Caso o ato praticado seja lesivo à administração pública federal, a competência será da União, na forma do artigo 109, I, da CF. Fora desta hipótese, a competência será da Justiça Estadual, inclusive se a entidade lesada for uma sociedade de economia mista federal (Banco do Brasil, Petrobrás, etc). Neste sentido dispõe a Súmula 42 do STJ: "Compete a justiça comum estadual processar e julgar as causas cíveis em que é parte sociedade de economia mista e os crimes praticados em seu detrimento".

Na hipótese em que o ato lesivo envolver Estado ou Município brasileiro e nação estrangeira, ensina Silvio Marques que:

---

46 STJ, 1ª Seção, REsp nº 1366721/BA, Rel. Min. Napoleão Nunes Maia Filho, Dje 19.09.2014 – Recurso Repetitivo Tema 701;

> a competência para julgar o pedido é da Justiça Estadual, pois a ação civil pública por atos lesivos está fundada, agora, em lei ordinária nacional, não se aplicando o art. 109, III, da Constituição Federal, segundo o qual aos juízes federais compete processas e julgar "as causas fundadas em tratado ou contrato da União com Estado estrangeiro ou organismo internacional" [...] O mesmo ocorre, por exemplo, nos processo das ações civis por improbidade administrativa quando o recursos municipais ou estaduais são remetidos apara o exterior: a competência é da Justiça estadual, embora o Brasil tenha se comprometido por meio de tratados bilaterais e convenções multilaterais a combater a corrupção nas esferas penal e civil.[47]

A Lei nº 12.846/13 possui caráter **extraterritorial**, pois o artigo 28 autoriza sua aplicação "aos atos lesivos praticados por pessoa jurídica brasileira contra a administração pública estrangeira, ainda que cometidos no exterior".

Possível a **cumulação de pedidos** na petição inicial, de anulação de ato ilícito, condenação por perdas e danos (ressarcimento ao erário) e, até mesmo, de aplicação das sanções em razão da prática de ato de improbidade administrativa, devendo, neste último caso, ser observado o rito especial do artigo 17 da Lei nº 8.429/92.

3.2.3.2.4. Acordo de leniência

A Lei nº 12.846/2013, em seu artigo 16, admite a celebração de acordo de leniência entre a Administração Pública, de forma isolada ou em conjunto com o Ministério Público ou com a Advocacia Pública, e as pessoas jurídicas responsáveis pela prática dos atos lesivos, desde que, sucessivamente: **I** – colaborem efetivamente com as investigações e com o processo administrativo: **II** – dessa colaboração resulte a identificação dos demais envolvidos na infração, quando couber; **III** – dessa colaboração resulte a obtenção de informações e documentos que comprovem infração.

São requisitos cumulativos para a celebração do acordo de leniência: **I** – a pessoa jurídica seja a primeira a manifestar interesse em celebrar o acordo: **II** – cessação completa da prática ilícita por parte da pessoa jurídica desde a data da propositura do acordo; **III** – a pessoa jurídica admita sua participação no ilícito e coopere com as investigações e com o processo administrativo, comparecendo, sob suas expensas, sempre que solicitada, a todos os atos processuais, até seu encerramento; **III** – a pessoa jurídica se comprometa a implementar ou a melhorar os mecanismos internos de integridade, auditoria, incentivo às denúncias de irregularidades e à aplicação efetiva de código de ética e de conduta (artigo 16, § 1º, da Lei nº 12.846/13).

O benefício em prol da pessoa jurídica consistirá em: I – isenção das sanções previstas no inciso II do **caput** do art. 6º e no inciso IV do artigo 19; II – redução da multa prevista no inciso I do **caput** do art. 6º em até dois terços.

Importante registrar que a Medida Provisória nº 703/2015, que havia introduzido significativas alterações na Lei nº 12.846/13, perdeu validade por não ter sido apreciada pelo Congresso Nacional dentro do prazo legal.

---

47 MARQUES, Silvio. 'Harmonização entre a lei de improbidade administrativa e a lei anticorrupção empresarial'. *In* MINISTÉRIO PÚBLICO DO ESTADO DE SÃO PAULO. Centro de Apoio Operacional Cível e de Tutela Coletiva. Patrimônio Público. 'Apontamentos à Lei Anticorrupção Empresarial (Lei nº 12.846/13). São Paulo: MP-SP, 2015.

4. LEI FEDERAL Nº 8.429/92 – CONSTITUCIONALIDADE

A Lei nº 8.429/92 foi objeto de Ação Direta de Inconstitucionalidade (ADI nº 2.182), ajuizada pelo Partido Trabalhista Nacional (PTN), perante o STF, com base em suposto vício formal do processo legislativo, por inobservância do artigo 65 da Constituição Federal, segundo o qual o "projeto de lei aprovado por uma Casa será revisto pela outra, em um só turno de discussão e votação, e enviado à sanção ou promulgação, se a Casa revisora o aprovar, ou arquivado, se o rejeitar. Parágrafo único. Sendo o projeto emendado, voltará à Casa iniciadora".

O Supremo Tribunal Federal, no julgamento da ADI nº 2.182, por maioria de votos, afastou a inconstitucionalidade:

> Iniciado o projeto de lei na Câmara dos Deputados, cabia a esta o encaminhamento à sanção do Presidente da República depois de examinada a emenda apresentada pelo Senado da República, atuando como Casa revisora, não caracterizou novo projeto de lei a exigir uma segunda revisão.[48]

Não há, também, inconstitucionalidade material, no tocante às sanções de multa civil e proibição de contratar com o poder público ou de receber benefício ou incentivos fiscais, pois, ainda que não previstas no artigo 37, § 4º, da Constituição Federal, inexiste vedação ao legislador ordinário para que inclua outras sanções, já que o dispositivo constitucional tem caráter exemplificativo e não proíbe outras penalidades, constituindo-se no mínimo a ser observado pelo legislador ordinário.[49]

O Superior Tribunal de Justiça reconheceu que "o disposto no art. 12 da Lei nº 8.429/1992 se coaduna com a ordem constitucional vigente, mais precisamente com o art. 37, § 4º, da atual Constituição Federal, sendo cabível a aplicação de sanções outras que não as previstas no referido dispositivo constitucional".[50]

No mesmo sentido, o Supremo Tribunal Federou manteve penalidade de multa, com base no entendimento de que "as sanções civis impostas pelo artigo 12 da Lei nº 8.429/92 aos atos de improbidade administrativa estão em sintonia com os princípios constitucionais que regem a Administração Pública".[51]

Registre-se, por fim, que a Repercussão Geral n. 319, ainda não julgada no mérito, tem como objeto justamente o alcance "das sanções impostas pelo art. 37, § 4º, da Constituição Federal aos condenados por improbidade administrativa."

4.1. Lei nº 8.429/92 Competência Legislativa – Lei Nacional

A Lei nº 8.429/92 tem caráter nacional, ou seja, abrange a administração pública direta e indireta de todos os entes federativos, e não Lei Federal, de incidência apenas sobre a Administração Pública Federal. Cuida de direito processual civil e civil, cuja

---

48 STF, ADI 2.182/DF, Rel. Min. Marco Aurélio, Rel. p/ Min. Carmen Lúcia, Tribunal Pleno, Dje de 10.09.2010.

49 GARCIA, Emerson; ALVES, Rogério Pacheco. Op. cit. 618.

50 STJ, 1ª Turma, REsp 440.178-SP, Rel. Min. Francisco Falcão, v.u., Dje 16.08.2004.

51 STF, 2ª Turma, RE 598.588 AGRG/RJ, Rel. Min. Eros Grau, Dje 26.02.2010.

competência privativa é da União, na forma do artigo 22, I, da Constituição Federal. Até mesmo em relação à sanção de suspensão dos direitos políticos, de natureza eleitoral, o inciso XIII, do artigo 22, também aponta que se trata de matéria de competência privativa da União.

Ensina Emerson Garcia que:

> a normatização básica dos atos de improbidade está contida na Lei nº 8.429/1992, cujas sanções têm natureza eminentemente cível, isto sem olvidar os contornos eleitorais e de restrição da cidadania da sanção de suspensão dos direitos políticos, permitindo, igualmente, no art. 22, I e XIII, da Constituição, que dispõe sobre a competência privativa da União para legislar sobre direito eleitoral e sobre nacionalidade, cidadania e naturalização.[52]

Em relação às normas procedimentais, afetas à investigação de atos de improbidade administrativa, à União compete fixar as normas gerais, nos termos do artigo 24, IX, da CF/88, restando a competência concorrente dos demais entes federativos. Neste sentido pontua Wallace Paiva Martins Júnior:

> a competência é concorrente entre a União, Estados e Distrito Federal e Municípios, a teor dos arts. 24, XI, e 30, II, da Constituição Federal, franqueando à primeira o estabelecimento de normas gerais (art. 24, § 1º), podendo os demais legislar a respeito, desde que obedecidas as prescrições de ordem geral fixadas na legislação federal, como ocorreu no caso, pois tanto o art. 1º quanto o art. 14, *caput* e §§ 1º e 2º, da Lei Federal nº 8.429/92 têm feição de normas gerais. A competência legislativa para a investidura de agentes públicos em cargos, empregos ou funções públicas e exercício do cargo – como feito no art. 13 da Lei Federal nº 8.429/92 e depois na Lei Federal nº 8.730/93 – também é concorrente.[53]

Em síntese, a Lei nº 8.429/92 deve ser considerada Lei de caráter Nacional, salvo em relação àquelas normas procedimentais e de feição administrativa, cuja competência é concorrente, observadas as normas gerais estabelecidas pela União.

4.2. Vigência da Lei nº 8.429/92

O artigo 5º, inciso XXXVI, da Constituição Federal, prevê o princípio da irretroatividade das normas, embasado no princípio da segurança jurídica, em proteção ao direito adquirido, ao ato jurídico perfeito e à coisa julgada. Assim, a responsabilização com base na Lei nº 8.429/92, bem como a aplicação das sanções nela previstas, somente poderá se dar em relação aos fatos e condutas ocorridos após a sua vigência (03 de junho de 1992).

Os atos de improbidade administrativa praticados em data anterior à vigência da Lei nº 8.429/92 são passíveis de repressão na forma prevista na legislação anterior, ou seja, Leis nº 3.164/1957 e 3.502/1958.

Há, porém, o dever de reparar o dano causado ao erário, mesmo em relação às condutas anteriores à Lei de Improbidade Administrativa, com base no artigo 159 do Código Civil de 1916 e na Lei nº 4.717/65 (Lei de Ação Popular), observada a imprescritibilidade desta obrigação, a teor do artigo 37, § 5º, da Constituição Federal

52 GARCIA, Emerson; ALVES, Rogério Pacheco. Op. cit. 283.

53 MARTINS JÚNIOR, Wallace Paiva. Op. cit., p. 200/201.

de 1988, o que poderá ser objeto de melhor definição pelo STF ao término do julgamento da Repercussão Geral nº 897.

5. SUJEITOS DO ATO DE IMPROBIDADE ADMINISTRATIVA

5.1. Sujeito passivo - entidades protegidas

As entidades protegidas em face da eventual prática de ato de improbidade administrativa estão elencadas no artigo 1º da Lei 8.429/92, segundo o qual: "atos de improbidade praticados por qualquer agente público, servidor ou não, contra a administração direta, indireta ou fundacional de qualquer dos Poderes da União, dos Estados, do Distrito Federal, dos Municípios, de território, de empresas incorporadas ao patrimônio público ou de entidade para cuja criação ou custeio o erário haja concorrido, concorra com mais de cinquenta por cento do patrimônio ou receita anual, serão punidos na forma desta Lei."

O parágrafo único do artigo 1º amplia a proteção contida no "caput", ao dispor que "atos de improbidade praticados contra o patrimônio de entidade que receba subvenção, benefício ou incentivo, fiscal (isenções, imunidades tributárias, redução de alíquotas, remissão, anistia, estabelecimento de prazos especiais para o recolhimento de tributos) ou creditício (linhas especiais de créditos ou meios alternativos de financiamentos), de órgão público bem como daquelas para cuja criação ou custeio o erário haja concorrido ou concorra com menos de cinquenta por cento do patrimônio ou da receita anual, limitando-se, nestes casos, a sanção patrimonial à repercussão do ilícito sobre a contribuição dos cofres públicos".

Em face do contido no artigo 1º, parágrafo único, da Lei nº 8.429/92, podemos sintetizar as entidades protegidas da seguinte forma:

a) Administração Pública Direta (União, Estados, Distrito Federal e Municípios);

b) Administração Pública Indireta (autarquias, empresas públicas, sociedades de economia mista e fundações estatais de direito público e de direito privado);

c) Empresa incorporada ao patrimônio público ou de entidade em relação à qual o erário tenha concorrido ou concorra com mais de cinquenta por cento do patrimônio ou da receita anual;

d) Entidade que receba subvenção, benefício ou incentivo, fiscal ou creditício de órgão público;

e) entidades para cuja a criação ou custeio o erário haja concorrido ou concorra com menos de cinquenta por cento do patrimônio ou receita anual, limitada a sanção patrimonial, neste caso, à repercussão do ilícito sobre a contribuição dos cofres públicos.

Coerente a inserção das empresas públicas e sociedades de economia mista, não obstante ostentem personalidade jurídica de direito privado e desempenhem atividade econômica ou prestação de serviços, pois, sob alguns aspectos, também estão subordinadas ao regime jurídico de direito público, nos termos do inciso III, do artigo 173, da Constituição Federal.[54]

[54] Art. 173 [...] III – licitação e contratação de obras, serviços, compras e alienações, observados os princípios da administração pública.

A disposição contida na primeira parte do parágrafo único do art. 1º ("entidade que receba subvenção, benefício ou incentivo, fiscal (isenções, imunidades tributárias, redução de alíquotas, remissão, anistia, estabelecimento de prazos especiais para o recolhimento de tributos) ou creditício – linhas especiais de créditos ou meios alternativos de financiamentos – de órgão público") é dirigida àquelas entidades que não integram a administração pública direta ou indireta e, ainda, tenham recebido subvenção, benefício ou incentivo fiscal ou creditício.

Este benefício ou incentivo deve ter caráter individualizado e atrelado a determinado interesse público, e não genérico, como, por exemplo, os benefícios concedidos a empresas de pequeno porte e microempresas[55].

A disposição contida na parte final do parágrafo único, do art. 1º limita a sanção patrimonial à repercussão do ilícito sobre a contribuição dos cofres públicos. Tal previsão, contudo, não obsta a configuração de outras modalidades de ato de improbidade administrativa (arts. 9º e 11) em que não se verifique a ocorrência de perda patrimonial. Exige-se, apenas, estarem os atos de improbidade atrelados aos recursos públicos obtidos pela respectiva entidade[56], como, por exemplo, a ausência de prestação de contas em relação à aplicação destas verbas.

Ainda no tocante às entidades referidas na parte final do parágrafo único, do art. 1º, poderão ser aplicadas todas as demais sanções previstas no artigo 12, no que for cabível, já que a única limitação existente é relativa à sanção patrimonial (limitada à repercussão do ilícito sobre a contribuição dos cofres públicos).

Os **Consórcios Públicos**, regulamentados na Lei Federal nº 11.107/05, são constituídos e custeados por meio de recursos públicos advindos dos entes federativos que o formaram. Assim, independentemente da natureza de sua personalidade jurídica, de direito público ou privado (artigo 6º, I e II, da Lei nº 11.107/05), inegavelmente são considerados sujeitos passivos de ato de improbidade administrativa.

As **entidades do terceiro setor**, caracterizadas por não perseguirem fins lucrativos e por não integrarem a administração pública, também **podem estar sujeitas às disposições da Lei nº 8.429/92**, pois, em regra, são destinatárias de incentivos fornecidos pelo Estado. Enquadram-se nesta categoria os Serviços Sociais Autônomos (destinatários de contribuições sociais), as Organizações Sociais (OS) e as Organizações da Sociedade Civil de Interesse Público (OSCIP), sendo necessário, em relação às duas últimas, a existência de fomento público.

Da mesma forma, os **Conselhos de Fiscalização Profissional**, responsáveis pelo controle do desempenho de atividades profissionais relevantes, com poder de regulamentação e fiscalização, também são considerados sujeitos passivos de ato de improbidade administrativa. O STF, no julgamento da ADI nº 1717/DF, reconheceu a inconstitucionalidade do artigo 58, § 1º, 2º, 4º, 5º, 6º, 7º e 8º, da Lei nº 9.649/98, oportunidade na qual indicou a natureza de autarquia de regime especial destes conselhos de fiscalização profissional, inserindo-os na administração indireta da União.

---

55 GARCIA, Emerson; ALVES, Rogério Pacheco. Op. cit. 302.

56 DECOMAIN, Pedro Roberto. 'Improbidade administrativa'. São Paulo: Dialética, 2014, p. 35.

Ainda que assim não fosse, estas entidades seriam qualificadas como sujeitos passivos de ato de improbidade administrativa, a teor da parte final do artigo 1º, na medida em que custeadas por contribuições corporativas compulsórias que assumem feição tributária.

Aos **Sindicatos**, não obstante ostentem personalidade jurídica de direito privado, tradicionalmente se reconhecia a **possibilidade de se sujeitarem à Lei nº 8.429/92**, em razão do recebimento de contribuições sindicais que configurariam espécie de tributo. Ocorre que a alteração promovida pela Lei n. 13.467/2017, que implementou a Reforma Trabalhista, alterou os artigos 578 e 579 da CLT, de forma que a contribuição sindical deixou de ser obrigatória, passando a depender de autorização prévia de cada categoria. O afastamento desta obrigatoriedade poderá trazer dúvidas sobre a subsistência da natureza tributária da contribuição e, portanto, da manutenção das entidades autárquicas como sujeito passivo do ato de improbidade administrativa.[57]

A despeito da personalidade jurídica de direito privado dos **partidos políticos** (art. 44, V, do CC), os mesmos **podem ser abrangidos pela Lei nº 8.429/92**, pois beneficiados com recursos do Fundo Especial de Assistência Financeira aos Partidos Políticos (Fundo Partidário), de natureza pública. Assim, se um Partido Político empregar de forma ímproba os recursos públicos do Fundo Partidário, poderá incorrer em ato de improbidade administrativa, lembrando que a sanção patrimonial será limitada à repercussão do ilícito sobre a contribuição dos cofres públicos.

Anote-se, por fim, a impossibilidade de aplicação da Lei de Improbidade Administrativa às **concessionárias ou permissionárias** que prestam serviços públicos delegados, pois não integram a administração pública e o seu custeio não depende do recebimento de subvenção, benefício ou incentivo, mas sim da remuneração em razão do serviço público prestado, o que exclui tais entidades daquelas inseridas no artigo 1º, "caput", e parágrafo único, da Lei nº 8.429/92.

5.2. Sujeito ativo

Nos termos do artigo 2º é considerado agente público e, portanto, sujeito ativo, "todo aquele que exerce, ainda que transitoriamente ou sem remuneração, por eleição, nomeação, designação, contratação ou qualquer outra forma de investidura ou vínculo, mandato, cargo, emprego ou função nas entidades mencionadas no artigo anterior".

Evidente a intenção do legislador em dar máxima amplitude ao conceito de agente público, ao abranger aquele que exerce a função de forma transitória, bem como aquele que exerce função pública por qualquer forma de investidura ou vínculo, nas entidades apontadas no artigo 1º. Neste contexto, serão considerados sujeito ativo os agentes políticos, servidores públicos (estatutários, celetistas ou temporários), bem como os particulares em colaboração, como, por exemplo, os mesários que participam do processo eleitoral, jurados, etc. Conforme a lição de Wallace Paiva Martins Júnior:

> o conceito amplo do art. 2º, a lei atinge todo aquele que se vincule à Administração Pública, com ou sem remuneração, definitiva ou transitoriamente, abrangendo

57 NEVES, Daniel Amorim Assumpção; OLIVEIRA, Rafael Carvalho Rezende. *Manual de improbidade administrativa: direito material e processual*. 6ª ed. rev., atual. e ampl. Rio de Janeiro: Forense; São Paulo: Método, 2018, p. 42.

> servidores e funcionários públicos, civis e militares, agentes políticos, administrativos, honoríficos, delegados e credenciados, quer sejam pessoas físicas, quer jurídicas, ou seja, todo aquele que exerce função pública (mandato, cargo, emprego ou função pública), independentemente do modo de investidura (nomeação, designação, eleição, contratação, credenciamento, delegação de serviço público, convocação, requisição, parcerias e contrato de gestão, nos termos do art. 70, parágrafo único, da CF e das Lei Federais nº 9.637/98 e 9.790/99 etc.)[58].

Não se exige lapso mínimo para o exercício de atividade pública, podendo esta ser definitiva ou transitória. Também não é obrigatória a contraprestação por tais atividades, as quais podem, portanto, ser gratuitas ou remuneradas.

A Lei nº 8.429/92 atinge tanto o **agente público de direito**, ou seja, que possui vínculo formal com o Estado, quanto ao **agente público de fato**, sem vínculo formal. Os agentes de fato podem ser classificados como **putativos**, por acreditarem possuir vínculo formal com o Estado, como por exemplo, agentes públicos que desempenham função pública, sem a necessária aprovação em concurso público. Há, ainda, os agentes de fato **necessários**, os quais desenvolvem função pública em situações de calamidade ou emergência.

A **vitaliciedade** conferida a determinados agentes públicos, como Membros do Ministério Público, do Poder Judiciário e do Tribunal de Contas, não afasta a incidência das sanções previstas na Lei nº 8.429/92, nem mesmo a de perda de cargo, pois a referida garantia, oriunda de previsão constitucional, deve se compatibilizar com o mandamento contido no artigo 37, § 4º, da Constituição Federal, que não excepciona a perda de cargo em relação a nenhuma carreira ou agente político.

Tal solução, ademais, parece intuitiva e afinada ao princípio da moralidade, pois a vitaliciedade, para além de se constituir um benefício no interesse particular do agente público, tem como escopo resguardar o livre exercício daquelas funções públicas, não podendo, portanto, servir de escudo àquele que atua com desvio ou abuso de poder.

Questão que suscita grande discussão está relacionada **a incidência ou não da Lei nº 8.429/92 aos agentes políticos que contam com regime especial por crime de responsabilidade** (Parlamentares, Presidente da República, Prefeitos, Ministros de Estado etc.).

Primeira posição: a Lei nº 8.429/92 não se aplica aos agentes políticos submetidos à legislação especial que cuida de crimes de responsabilidade, prevista nos artigos 52, I, 85, V, e 102, I, *c*, da Constituição Federal, regulamentados pela Lei nº 1.079/1950, pelo Decreto-Lei nº 201/1967 e pela Lei 7.106/1963.

O Supremo Tribunal Federal, no julgamento da Reclamação nº 2138, no tocante à responsabilização de Ministro de Estado, adotou entendimento afastando a aplicação da Lei nº 8.429/92, por entender existir norma especial de responsabilização perante o STF, na forma do art. 102, I, *c*, da CF/88[59].

Anote-se, porém, que a referida decisão não possui efeito "*erga omnes*", não indicando, portanto, a posição consolidada do Supremo Tribunal Federal, inclusive

---

58 MARTINS JÚNIOR, Wallace Paiva. Op. cit., p. 299.

59 STF, Reclamação nº 2.138/DF, Rel. Min. Gilmar Mendes, Tribunal Pleno, DJe 18.04.2008.

por ter sido tomada por maioria de votos (6x5) e a composição atual da Corte ser consideravelmente diversa da que existia à época. Neste contexto, vale apontar que em data recente a Segunda Turma do STF entendeu ser possível a responsabilização de Deputado Estadual por ato de improbidade administrativa[60].

Segunda posição: os agentes políticos podem ser responsabilizados na forma da Lei nº 8.429/92, vedada, todavia, a aplicação das penas previstas para o regime dos crimes de responsabilidade, na forma da Lei nº 1.079/1950, do Decreto-Lei nº 201/67 e da Lei nº 7.106/1983.

Com base neste entendimento, as sanções de perda do cargo e inabilitação temporária para o exercício da função pública somente poderiam ser aplicadas por meio do processo de natureza político-administrativo, destinado à apuração dos crimes de responsabilidade. As demais sanções (multa civil, ressarcimento ao erário, etc.) poderiam ser aplicadas com base na Lei nº 8.429/92.[61]

Terceira posição: o entendimento mais adequado, ao nosso ver, é no sentido da coexistência dos regimes de responsabilização, com ampla e total aplicação das sanções previstas na Lei nº 8.429/92, inclusive de perda do cargo e inabilitação para o exercício de função pública. Cuida-se de instâncias diversas para a responsabilização do mesmo fato, sem que se possa falar em *bis in idem*. Assim, uma mesma conduta praticada por determinado agente político, além de configurar ato de improbidade administrativa, poderá ter reflexos em distintos diplomas legais, ensejando a responsabilização político-administrativa (crime de responsabilidade), penal (crime contra a administração pública), eleitoral e civil (improbidade administrativa). Na lição de Wallace Paiva Martins Junior:

> claro parece que, se o ordenamento jurídico nacional pretendesse reservar a punição da improbidade administrativa dos agentes políticos à esfera do regime jurídico da responsabilidade política, instituiria a cláusula de exceção expressamente e não conferiria a possibilidade de sua censura em diferentes instâncias, animadas por matizes e naturezas distintas, como feito nos arts. 14, § 9º, 15, V, 37, § 4º, e 85 da Constituição Federal, sem qualquer exceção – que, aliás, pecaria por falta de razoabilidade na adoção da discriminação em face do pilar da responsabilidade ampla que predica o regime republicano-constitucional na melhor tradição do direito brasileiro.[62]

Da leitura textual dos artigos 52, I e II, parágrafo único, e 102, I, *b* e *c*, da Constituição Federal, extrai-se que, por crime de responsabilidade, o agente político só poderá ser condenado à perda do cargo e à inabilitação temporária para o exercício da função pública. Não está escrito, portanto, que:

> só o crime de responsabilidade implicará a perda do cargo e a inabilitação para o exercício de função pública por oito anos. O local da colocação do advérbio, no caso, é absolutamente decisivo e revelador da vontade do legislador constitucional. Não está dito, por outro lado, que o agente político só responde por crime de responsabilidade.[63]

---

60 STF, ARE 806.293 ED/DF, Rel. Min. Cármen Lúcia, Segunda Turma, DJe 13.06.2014.

61 ZANELLA DE PIETRO, Maria Sylvia, Op. cit. 817.

62 MARTINS JÚNIOR, Wallace Paiva. Op. cit., p. 312/313.

63 GARCIA, Mônica Nicida. 'Agente político, crime de responsabilidade e ato de improbidade'. *Boletim dos Procuradores da República*, nº 56, p - 15-18, dez. 2002, ano V.

Registre-se, por fim, que o acolhimento da tese de inaplicabilidade da Lei nº 8.429/92 aos agentes políticos significaria, em última análise, a instituição de uma única instância (político-administrativa) para julgamento destes agentes, conferindo imunidade, inclusive, por crimes, já que as infrações penais também têm como sanção a perda do cargo e suspensão dos direitos políticos. Não parece ser este o melhor entendimento, sob pena do enfraquecimento do sistema judicial e administrativo de proteção da moralidade administrativa.

Acerca do tema o Superior Tribunal de Justiça consolidou o entendimento no sentido de que os agentes políticos devem se submeter, também, à Lei nº 8.429/92:

> [...]
>
> 3. Esta Corte Superior firmou entendimento de que há plena compatibilidade entre os regimes de responsabilização pela prática de crime de responsabilidade e por ato de improbidade administrativa, tendo em vista que não há norma constitucional que imunize os agentes políticos municipais de qualquer das sanções previstas no art. 37, § 4º, da CF, bem como resta sedimentada a compreensão de que as ações de improbidade devem ser processadas nas instâncias ordinárias, não havendo que se cogitar de prerrogativa de foro. Precedentes.
>
> 4. Agravo regimental a que se nega provimento.[64]

Por sua vez, em recente decisão da lavra do Ministro Celso de Mello, o Supremo Tribunal Federal, não obstante se tratasse de ex-governador, acenou expressamente pela possibilidade de convivência do duplo regime de responsabilização:

> [...] REGIME DE PLENA RESPONSABILIDADE DOS AGENTES ESTATAIS, INCLUSIVE DOS AGENTES POLÍTICOS, COMO EXPRESSÃO NECESSÁRIA DO PRIMADO DA IDEIA REPUBLICANA - O RESPEITO À MORALIDADE ADMINISTRATIVA COMO PRESSUPOSTO LEGITIMADOR DOS ATOS GOVERNAMENTAIS - PRETENSÃO QUE, SE ACOLHIDA, TRANSGREDIRIA O DOGMA REPUBLICANO DA RESPONSABILIZAÇÃO DOS AGENTES PÚBLICOS - DECISÃO QUE NEGOU SEGUIMENTO À AÇÃO CAUTELAR - INTERPOSIÇÃO DE RECURSO DE AGRAVO - PARECER DA PROCURADORIA-GERAL DA REPÚBLICA POR SEU IMPROVIMENTO - RECURSO DE AGRAVO A QUE SE NEGA PROVIMENTO.[65]

Importante registrar, ainda, que pende de julgamento no STF o ARE nº 683.235 RG/PA-Pará, no qual há reconhecida Repercussão Geral sob o tema 576, em relação à aplicação da Lei nº 8.429/92 a Prefeitos Municipais.

Os **advogados,** desde que exerçam funções nas entidades mencionadas no artigo 1º da Lei nº 8.429/92, ou seja, aqueles que integram os quadros da Administração Pública, são considerados sujeitos ativos dos atos de improbidade administrativa. Além desta hipótese, poderão figurar como terceiro beneficiado (artigo 3º), em caso de contratação de serviços advocatícios com dispensa indevida de licitação, por exemplo, caso evidenciado o elemento subjetivo necessário.

Os árbitros, por sua vez, não obstante a relevante função social que desempenham, exercem atividade privada, sem qualquer vínculo com as entidades apontadas

[64] STJ, AgRg no AREsp 461084 / SP, Rel. Min. Og Fernandes, Segunda Turma, Dje 14.11.2014. No mesmo sentido: STJ, REsp 1421942/PE, Rel. Min. Benedito Gonçalves, Primeira Turma, Dje 17.12.2015,

[65] STF, AC nº 3585 AgR/RS, Rel. Celso de Mello, Segunda Turma, DJe 28.10.2014.

no artigo 1º da Lei nº 8.429/92. Além disso, o art. 17 da Lei nº 9.307/96 equipara-os, apenas para fins penais, aos agentes públicos. Assim, não há como se sustentar a incidência de Lei nº 8.429/92 a árbitros,[66] salvo na hipótese de arbitragem envolvendo o poder público em que se verifique conluio entre agente público e árbitro objetivando causar prejuízo ao erário, como, por exemplo, a confecção dolosa, previamente acertada entre agente público e árbitro, de sentença arbitral que imponha pagamentos superfaturados, mediante o pagamento de vantagem indevida ao árbitro.

5.3. Terceiros

O artigo 3º da Lei nº 8.429/92 prevê sua aplicação "no que couber, àquele que, mesmo não sendo agente público, induza ou concorra para a prática do ato de improbidade ou dele se beneficie sob qualquer forma direta ou indireta".

A Lei de Improbidade Administrativa consumou significante avanço, se comparada à legislação anterior (arts. 1º e 3º da Lei 3.508/1958), a qual era aplicável apenas aos agentes públicos, sem previsão de sanções ou consequências ao particular que tivesse atuado como coautor ou partícipe.

A responsabilização do terceiro estranho à administração pública atende não só ao disposto no artigo 37, § 5º, da Constituição Federal, ao dispor que a "lei estabelecerá os prazos de prescrição para ilícitos praticados por qualquer agente, **servidor ou não**, que causem prejuízos ao erário, ressalvadas as respectivas ações de ressarcimento", como também à máxima efetividade ao princípio da moralidade administrativa, ampliando a proteção às entidades elencadas no artigo 1º.

O terceiro poderá **induzir (incitar ou incutir a ideia)** o agente público à prática do ato de improbidade administrativa, o que corresponde ao auxílio moral. Poderá, ainda, **concorrer** para o ato de improbidade administrativa, mediante efetivo auxílio material, que pode consistir na divisão de tarefas ou outras práticas materiais que facilitem seja alcançado o objetivo ilícito almejado.

Poderá figurar o terceiro, ainda, como **beneficiário** do produto ilícito. Nesta hipótese, imprescindível a demonstração do liame subjetivo entre o terceiro e o agente público, para a incidência da Lei nº 8.429/92, não se admitindo a responsabilidade objetiva. Comprovado apenas o beneficiamento ilícito, sem a presença do nexo subjetivo, restará a possibilidade propositura de ação de ressarcimento ao erário ou perdimento de bens acrescidos ilicitamente, se o caso.

Ademais, o terceiro poderá experimentar benefício direto ou indireto, admitindo-se, em ambas a hipóteses, a incidência do regime de responsabilização da Lei nº 8.429/92.

São considerados terceiros tanto as pessoas físicas quanto as **pessoas jurídicas.** De fato, o artigo 3º da Lei nº 8429/92 não restringe a incidência da Lei às pessoas naturais, abrangendo, assim, as pessoas jurídicas, que poderão participar diretamente ou serem beneficiárias dos atos ilícitos.

Evidenciado o desvio dos fins para os quais estabelecida a pessoa jurídica, em muitos casos será viável a desconsideração da personalidade jurídica, na forma do artigo 28 do

[66] GARCIA, Emerson; ALVES, Rogério Pacheco. Op. cit., p. 328/329.

Código de Defesa do Consumidor, observado o procedimento disposto nos artigos 133 a 137 do CPC de 2015, a fim de que seja atingido o patrimônio dos sócios, reais beneficiários e responsáveis pelos ilícitos praticados em detrimento da administração pública.

O Superior Tribunal de Justiça tem entendimento pacífico acerca da impossibilidade de figurar apenas o terceiro no polo passivo da ação de improbidade administrativa, sem que figure um agente público responsável pelo ato de improbidade administrativa.[67]

A expressão "no que couber", contida no artigo 3º da Lei de Improbidade Administrativa, esclarece que a sanção aplicada deverá considerar a qualidade do terceiro no momento da prolação da sentença.

Equivocado afirmar-se, genericamente, que a sanção de perda do cargo nunca seria aplicável ao terceiro particular. Caso no momento da sentença o particular estiver ocupando função pública, nada impedirá a aplicação da perda do cargo, pois satisfeita estará a condição "no que couber". Ademais, se a perda do cargo tem fundamento na presunção de que o agente público não teria idoneidade para ocupar a função, inexiste justificativa lógica para eximir o particular da incidência desta sanção, pois incidiu na mesma conduta ilícita que embasou referida sanção gravosa ao agente público.

5.4. Do sucessor do ímprobo

O artigo 8º da Lei nº 8.429/92 prevê que o sucessor "daquele que causar lesão ao patrimônio público ou se enriquecer ilicitamente está sujeito às cominações desta Lei até o limite do valor da herança".

O referido dispositivo atende ao artigo 5º, XLV, da Constituição Federal, o qual dispõe que "nenhuma pena passará da pessoa do condenado, podendo a obrigação de reparar o dano e a decretação do perdimento de bens ser, nos termos da lei, estendidas aos sucessores e contra eles executadas, até o limite do valor do patrimônio transferido".

Atingirá o sucessor do ímprobo apenas as sanções de caráter patrimonial, ou seja, o ressarcimento ao erário, a perda de bens e valores ilicitamente acrescidos ao patrimônio e a multa civil, limitadas às forças da herança. As sanções de perda do cargo, suspensão dos direitos políticos e proibição de contratar e receber benefícios ou incentivos fiscais ou creditícios estarão excluídas, por ostentarem caráter personalíssimo.

Há vertente doutrinária que defende a impossibilidade de transmissão da sanção de multa civil, em razão de sua natureza sancionatória e, portanto, de caráter personalíssimo, não podendo ser transmitida aos herdeiros do ímprobo, sob pena de ofensa ao artigo 5º, XLV, da Constituição Federal.[68]

Entendemos que a multa civil possui caráter patrimonial e não personalíssimo, razão pela qual por ela também devem responder os sucessores do ímprobo.[69] Ensina

[67] STJ, AgRg no AREsp 574500/PA, Segunda Turma, Rel. Min. Humberto Martins, Dje. 10.06.2015.

[68] Neste sentido: MARTINS JÚNIOR, Wallace Paiva. Op. cit., p. 325; FERRARESI, Eurico. 'Improbidade administrativa: Lei 8.429/1992 comentada'. São Paulo: Método, 2011, p. 70;

[69] GARCIA, Emerson; ALVES, Rogério Pacheco. Op. cit., p. 341/342.

José Antonio Lisboa Neiva que "a multa aqui tratada é uma sanção de natureza civil, sendo certo que:

> o inc. XLV do art. 5º da Constituição da República tem uma aplicabilidade direcionada ao campo penal, razão pela qual assume configuração de relação jurídica de cunho patrimonial passível de transmissibilidade aos sucessores, eis que não se poderia considerar obrigação patrimonial inerente à pessoa do falecido [...].[70]

O Superior Tribunal de Justiça assentou que as "sanções de natureza pecuniária prevista na Lei de Improbidade Administrativa, especificamente a multa civil e o ressarcimento ao erário, são transferidas aos herdeiros nos limites da herança, desde que se trate de conduta tipificada nos artigos 9º ou 10, nos termos do art. 8º da Lei 8.429/92 (REsp 951.389/SC, 1ª Seção, Rel. Min. Herman Benjamin, DJe de 4.5.2011)".[71]

Assim, conforme o entendimento firmado no STJ, apenas em relação às figuras dos artigos 9º (enriquecimento ilícito) e 10 (dano ao erário) é possível cogitar-se da habilitação dos herdeiros na respectiva ação de improbidade administrativa, em vista do comando contido no art. 8º da LIA, e estes responderão pelas sanções patrimoniais, ou seja, perdimento de bens, ressarcimento de dano e multa civil.

Por fim, anote-se que em caso de falecimento do ímprobo, eventual relação processual deverá contemplar no polo passivo todos os herdeiros ou o espólio.

6. ATOS DE IMPROBIDADE ADMINISTRATIVA EM ESPÉCIE

A Lei nº 8.429/92 elencou três espécies distintas de atos de improbidade administrativa, a saber, aqueles importem **enriquecimento ilícito** (art. 9º), **prejuízo ao erário** (art. 10) e **violação aos princípios da administração pública** (art. 11).

Identifica-se no "caput" dos citados artigos a utilização de conceitos jurídicos indeterminados, por meio dos quais podem se subsumir um sem número de condutas hipotéticas, passíveis de serem praticadas pelos agentes públicos.

Os incisos dos artigos 9º, 10 e 11 da Lei nº 8.429/92, por sua vez, arrolam situações concretas e específicas que podem configurar ato de improbidade administrativa, hipóteses estas que ostentam **natureza meramente exemplificativa**, o que se evidencia em razão da utilização da expressão **"notadamente"**, ao final da redação do "caput" de cada dispositivo.

Tais previsões contidas nos incisos dos artigos 9º, 10 e 11, além de se tratar de hipóteses verificadas com maior frequência, buscam, também, propiciar uma melhor compreensão dos conceitos indeterminados contidos no "caput" dos mesmos dispositivos[72].

---

70 NEIVA, José Antonio Lisbôa. 'Improbidade administrativa: legislação comentada artigo por artigo: doutrina, legislação e jurisprudência'. Niterói: Impetus, 2013, p. 87.

71 STJ, 2ª Turma, REsp nº 1407862/RO, Rel. Min. Mauro Campbell Marques, Dje 19/12/14;

72 GARCIA, Emerson; ALVES, Rogério Pacheco. Op. cit., p. 349.

6.1. Enriquecimento ilícito

O legislador considerou que a conduta do agente público, omissiva ou comissiva, que lhe importar enriquecimento ilícito, deve ser considerada a mais grave dentre aquelas previstas nos artigos 9º a 11 da Lei nº 8.429/92, pois, conforme se verifica no artigo 12 da mesma lei, tal modalidade de improbidade administrativa é a que possui sanções mais severas.

Os atos de improbidade administrativa que importam enriquecimento ilícito estão previstos no artigo 9º da Lei nº 8.429/92, da seguinte forma:

> Art. 9º. Constitui ato de improbidade administrativa importando enriquecimento ilícito auferir qualquer tipo de vantagem patrimonial indevida em razão do exercício de cargo, mandato, função, emprego ou atividade nas entidades mencionadas no art. 1º desta lei, e notadamente:
>
> I – receber, para si ou para outrem, dinheiro, bem móvel ou imóvel, ou qualquer outra vantagem econômica, direta ou indireta, a título de comissão, percentagem, gratificação ou presente de quem tenha interesse, direto ou indireto, que possa ser atingido ou amparado por ação ou omissão decorrente das atribuições do agente público;
>
> II – perceber vantagem econômica, direta ou indireta, para facilitar a aquisição, permuta ou locação de bem móvel ou imóvel, ou a contratação de serviços pelas entidades referidas no art. 1º por preço superior ao valor de mercado;
>
> III – perceber vantagem econômica, direta ou indireta, para facilitar a alienação, permuta ou locação de bem público ou o fornecimento de serviço por ente estatal por preço inferior ao valor de mercado;
>
> IV – utilizar, em obra ou serviço particular, veículos, máquinas, equipamentos ou material de qualquer natureza, de propriedade ou à disposição de qualquer das entidades mencionadas no art. 1º desta lei, bem como o trabalho de servidores públicos, empregados ou terceiros contratados por essas entidades;
>
> V – receber vantagem econômica de qualquer natureza, direta ou indireta, para tolerar a exploração ou a prática de jogos de azar, de lenocínio, de narcotráfico, de contrabando, de usura ou de qualquer outra atividade ilícita, ou aceitar promessa de tal vantagem;
>
> VI – receber vantagem econômica de qualquer natureza, direta ou indireta, para fazer declaração falsa sobre medição ou avaliação em obras públicas ou qualquer outro serviço, ou sobre quantidade, peso, medida, qualidade ou característica de mercadorias ou bens fornecidos a qualquer das entidades mencionadas no art. 1º desta lei;
>
> VII – adquirir, para si ou para outrem, no exercício de mandato, cargo, emprego ou função pública, bens de qualquer natureza cujo valor seja desproporcional à evolução do patrimônio ou à renda do agente público;
>
> VIII – aceitar emprego, comissão ou exercer atividade de consultoria ou assessoramento para pessoa física ou jurídica que tenha interesse suscetível de ser atingido ou amparado por ação ou omissão decorrente das atribuições do agente público, durante a atividade;
>
> IX – perceber vantagem econômica para intermediar a liberação ou aplicação de verba pública de qualquer natureza;
>
> X – receber vantagem econômica de qualquer natureza, direta ou indiretamente, para omitir ato de ofício, providência ou declaração a que esteja obrigado;
>
> XI – incorporar, por qualquer forma, ao seu patrimônio bens, rendas, verbas ou valores integrantes do acervo patrimonial das entidades mencionadas no art. 1º desta lei;
>
> XII – usar, em proveito próprio, bens, rendas, verbas ou valores integrantes do acervo patrimonial das entidades mencionadas no art. 1º desta lei.

São exigidos os seguintes requisitos: **a)** recebimento de vantagem patrimonial pelo agente público, direta ou indiretamente; **b)** cuidar-se de vantagem dissociada dos subsídios ou vencimentos do agente público; **c)** tratar-se de vantagem indevida; **d)** nexo de causalidade entre a vantagem indevida recebida e o exercício do cargo pelo agente; **e)** presença do elemento subjetivo, que no caso é somente o dolo genérico.

O enriquecimento ilícito não se confunde com o enriquecimento sem causa, pois, na lição de Francisco Moreira Bilac Pinto, este último "depende de: a) atribuição patrimonial válida; b) enriquecimento de uma das partes; c) empobrecimento da outra; d) correlação entre o enriquecimento e o empobrecimento; e) ausência de causa jurídica".[73]

Por sua vez, o enriquecimento ilícito não se verifica mediante atribuição patrimonial válida, pois pressupõe a ocorrência de um ato ilícito. Outra distinção que pode ser apontada é no tocante a quem será destinada a restituição do patrimônio indevidamente incorporado, pois no enriquecimento sem causa o titular será aquele que empobreceu, ao passo que no enriquecimento ilícito será a entidade pública lesada.

Ademais, não é necessário que o enriquecimento ilícito do agente público venha acompanhado de decréscimo patrimonial ao erário, não obstante em determinadas hipóteses tal situação possa ocorrer (art. 9º, II e III, da Lei nº 8.429/92).

A entrega de vantagem indevida ao agente público pode se dar em razão da prática de conduta ilícita por parte deste, como, por exemplo, para omitir ato de ofício (artigo 9º, X), como também para a prática de atos legais e atrelados à sua competência, servindo a vantagem, nesta hipótese, como incentivo ou prêmio, mas inegavelmente ilícita. Aliás, notável a evolução em relação à legislação anterior (Lei nº 3.502/58), pois nesta restaria caracterizado o enriquecimento ilícito mediante a obtenção de vantagem indevida para a prática ou abstenção de ato pelo agente público.

O art. 9º, "caput", da Lei nº 8.429/92 requer, para a configuração do enriquecimento ilícito, apenas a obtenção de vantagem ilícita em razão do exercício de função pública, sendo irrelevante a efetiva prática ou não de ato lícito ou ilícito. Confirma este entendimento a constatação de que, no inciso VII, do artigo 9º, que será melhor estudado adiante, restou tipificado o mero aumento patrimonial incompatível com a renda, sem qualquer menção à necessidade de comprovação da prática ou não de qualquer ato relacionado, ainda que o mesmo possa ter ocorrido.

Nesta ordem de ideias, ainda que o artigo 9º da Lei nº 8.429/92 não contenha a expressão "omissão", como ocorre nos demais dispositivos (arts. 10 e 11), indubitável que o enriquecimento ilícito poderá decorrer de conduta **comissiva** ou **omissiva.** Explica-se, a vantagem indevida poderá decorrer de conduta positiva do agente público, ou de omissão, como, por exemplo, na hipótese do agente público que deixa de realizar medições em obras públicas, visando garantir o cumprimento inadequado do contrato, tudo mediante recebimento de propina.

A vantagem patrimonial indevida poderá assumir caráter de prestação **positiva** ou **negativa.** Será positiva na hipótese que garantir aumento ou incremento ao patrimônio do agente, mediante aquisição de novos bens ou valores, além daqueles

[73] PINTO, Francisco Bilac Moreira. 'Enriquecimento Ilícito no exercício de cargos públicos'. Rio de Janeiro: Forense, 1960. p. 140;

que já possuía, com base na vantagem patrimonial indevida recebida. De outro lado, considerar-se-ão negativas aquelas prestações que impedirem diminuição ou decréscimo do patrimônio do agente público, mediante a assunção por terceiros, ou mesmo pela administração, de ônus que seriam daquele agente. Em síntese, o agente acaba por poupar recursos que se veria obrigado a despender com, por exemplo, alimentação, transporte, locação de móveis ou imóveis, hospedagem etc.

A prestação indevida também poderá ser **direta**, ou seja, auferida diretamente pelo agente público, ou **indireta**, hipótese na qual terceiras pessoas (testas de ferro, familiares, laranjas, etc.) receberam a vantagem ilícita, para transferir ao destinatário original em um momento futuro, o que costuma se dar por meio de negócios simulados, ou mesmo autorizar que o agente público usufrua tais bens. Importante ressaltar que, nestas hipóteses de prestação indireta, em que o ato de improbidade tenha correspondente na esfera criminal, como na corrupção passiva, o agente público e o terceiro poderão, em tese, responder também pelo crime de lavagem de dinheiro.

A percepção da vantagem indevida pode ser em momento posterior ao exercício da função pública, exigindo-se, como já mencionado, apenas que tal vantagem tenha nexo com a função exercida.

A configuração do ato de improbidade administrativa previsto no artigo 9º da Lei nº 8.429/92 exige que a conduta do agente público esteja revestida pelo dolo (elemento subjetivo), que implica vontade livre e consciente de obter vantagem ilícita, em razão do exercício do cargo, não se admitindo a culpa em sentido estrito, ou seja, negligência ou imperícia. O **dolo** exigido é o **genérico**, consistente na vontade de incidir em uma das figuras arroladas no "caput" ou nos incisos do artigo 9º, da Lei nº 8.429/92, sem que se exija eventual finalidade específica. Neste sentido:

> [...] 5. A prática do Ato de Improbidade Administrativa previsto nos arts. 9º, VII, e 11, da Lei 8.429/1992, **dispensa a prova do dolo específico, bastando o dolo genérico**, que, nos casos de variação patrimonial a descoberto resta evidenciado pela manifesta vontade do agente em realizar conduta contrária ao dever de legalidade, consubstanciada na falta de transparência da evolução patrimonial e da movimentação financeira, bem como que a conduta do servidor tida por ímproba não precisa estar, necessária e diretamente, vinculada com o exercício do cargo público. Precedentes: MS 12.660/DF, Rel. Ministra Marilza Maynard (Desembargadora convocada do TJ/SE), Terceira Seção do STJ, julgado em 13/08/2014, DJe 22/08/2014; AgRg no AREsp 768.394/MG, Rel. Ministro Mauro Campbell Marques, Segunda Turma do STJ, julgado em 05/11/2015, DJe 13/11/2015; AgRg no REsp 1400571/PR, Rel. Ministro Olindo Menezes (Desembargador convocado do TRF 1ª Região), Primeira Turma do STJ, julgado em 06/10/2015, DJe 13/10/2015.
>
> [...][74] g.n.

Importante frisar, ainda, que caso não consumado o recebimento da vantagem ilícita restará a possibilidade de responsabilização pelo art. 11 (violação a princípios da administração pública).

Os atos de improbidade administrativa que importem em enriquecimento ilícito podem ser **formais (artigo 9º, incisos I, II, II, V, VI, VII, VIII, IX e X)**, pois não exigem <u>a concretização da ação ou omissão do agente público</u>, de forma contrária aos interesses

[74] STJ, MS 21084/DF, Rel. Min. Mauro Campbell Marques, Primeira Seção, j. 26.10.2016;

da administração, ou **materiais (artigo 9º, incisos IV, XI e XII)**, que exigem do agente público concretize a ação ou omissão em prol do particular ou em seu benefício próprio. Em ambos os casos é imprescindível o recebimento da vantagem indevida.[75]

O "princípio da insignificância" não poderá eximir a responsabilização do agente público, ainda que a vantagem recebida seja de pequeno valor, pois não há como se definir insignificante a conduta que maltrate o princípio da moralidade administrativa.[76] Ademais, sempre restaria o artigo 11 da LIA, que tem aplicação residual caso se considere insignificante o enriquecimento ilícito ou o prejuízo ao erário. Neste sentido:

> [...] 9. A conduta ímproba não é apenas aquela que causa dano financeiro ao Erário. **Se assim fosse, a Lei da Improbidade Administrativa se resumiria ao art. 10, emparedados e esvaziados de sentido, por essa ótica, os arts. 9 e 11. Logo, sobretudo no campo dos princípios administrativos, não há como aplicar a lei com calculadora na mão, tudo expressando, ou querendo expressar, na forma de reais e centavos.**
>
> 10. A insatisfação dos eminentes julgadores do Tribunal de Justiça do Rio Grande do Sul com o resultado do juízo de dosimetria da sanção, efetuado pela sentença, levou-os, em momento inoportuno (isto é, após eles mesmos reconhecerem implicitamente a improbidade), a invalidar ou tornar sem efeito o próprio juízo de improbidade da conduta, um equívoco nos planos técnico, lógico e jurídico.
>
> 11. A Quinta Turma do STJ, em relação a crime de responsabilidade, já se pronunciou no sentido de que **"deve ser afastada a aplicação do princípio da insignificância, não obstante a pequena quantia desviada, diante da própria condição de Prefeito do réu, de quem se exige um comportamento adequado, isto é, dentro do que a sociedade considera correto, do ponto de vista ético e moral." (REsp 769317/AL, Rel. Ministro Gilson Dipp, Quinta Turma, DJ 27/3/2006). Ora, se é assim no campo penal, com maior razão no universo da Lei de Improbidade Administrativa, que tem caráter civil.** [...][77]

Aplica-se aqui o mesmo fundamento que inspirou a edição da Súmula 599 do STJ, que veda a aplicação do princípio da insignificância nos crimes contra a administração pública.

6.1.1. Receber dinheiro, bem móvel, imóvel ou vantagem econômica a título de comissão, percentagem ou gratificação

O **inciso I, do art. 9º**, define como improbidade administrativa a conduta de "receber, para si ou para outrem, dinheiro, bem móvel ou imóvel, ou qualquer outra vantagem econômica, direta ou indiretamente, a título de comissão, percentagem, gratificação ou presente de quem tenha interesse, direto ou indireto, que possa ser atingido ou amparado por ação ou omissão decorrente das atribuições do agente público".

Basta o mero recebimento da vantagem patrimonial, sendo desnecessária a exigência ou solicitação por parte do agente público. Da mesma forma, a atividade

---

[75] MARQUES, Silvio. 'Improbidade administrativa: ação civil e cooperação jurídica internacional'. São Paulo: Saraiva, 2010, p. 67.

[76] MARQUES, Silvio. 'Improbidade administrativa: ação civil e cooperação jurídica internacional'. São Paulo: Saraiva, 2010, p. 69.

[77] STJ, REsp 892.818/RS, 2ª Turma, Rel. Min. Herman Benjamin, j. 11.11.2008.

comissiva ou a omissão do agente público pode ser lícita ou ilícita, bastando a potencialidade de atingir a esfera de interesse do particular. A aferição do nexo entre esta potencial conduta e a vantagem ilícita, portanto, passará pela verificação das atribuições do agente público. Nada obsta, porém, que o percebimento de vantagem ilícita se dê em relação a atos para os quais tal agente não possua atribuição, hipótese na qual a conduta poderá ser tipificada no "caput", do art. 9º.

A dicção legal não autoriza equiparar a ato de improbidade administrativa aqueles brindes entregues de forma desinteressada por particulares, em época de festas, como "lembranças de Natal, Ano-Novo, Páscoa", como agendas, canetas, chaveiros etc.[78]

Cuida-se de ato de improbidade administrativa formal. Caso o ato do agente público já tenha se consumado ou exaurido, restará configurada a hipótese do "caput" do art. 9º, ao passo que, se a vantagem patrimonial visar a omissão da prática de ato de ofício, restará a conduta subsumida no inciso X, do mesmo dispositivo.

6.1.2. *Perceber vantagem econômica para facilitar a aquisição, permuta ou locação de bem ou a contratação de serviços por preço superfaturado*

O **inciso II, do art. 9º**, define como ato de improbidade administrativa "perceber vantagem econômica, direta ou indireta, para facilitar a aquisição, venda, permuta ou locação de bem móvel ou imóvel, ou a contratação de serviços, pelas entidades referidas no art. 1º, por preço superior ao valor de mercado".

Trata-se de hipótese na qual o agente público facilita a aquisição, venda, permuta ou locação de bens e serviços mediante superfaturamento. Caso o agente público efetivamente incorpore a vantagem patrimonial indevida, e, também, se concretize a contratação mediante valor superfaturado, além da figura do inciso II, do art. 9º, também restará configurada a figura do inciso V, do artigo 10, da Lei nº 8.429/92, uma vez que presente a lesão ao erário.

Não custa realçar que se não houver superfaturamento, mas, ainda assim, o agente perceber vantagem ilícita, poderá incidir a figura do artigo 9º, "caput", da Lei nº 8.429/92.

6.1.3. *Perceber vantagem econômica para facilitar a alienação, permuta ou locação de bem ou fornecimento de serviços por preço subfaturado*

O **inciso III, do artigo 9º**, considera ato de improbidade administrativa "receber vantagem econômica, direta ou indireta, para facilitar a alienação, permuta ou locação de bem público ou o fornecimento de serviço por ente estatal por preço inferior ao valor de mercado".

Trata de hipótese na qual existe a alienação, permuta ou locação de bens ou fornecimento de serviços públicos, por **valor inferior ao de mercado**, o que, inegavelmente impingirá prejuízo ao erário. Como na situação do inciso anterior, caso

78 SOUZA, Motauri Ciocchetti de. 'Interesses difusos em espécie'. São Paulo: Saraiva, 2000. p. 109.

se concretize o contrato por preço inferior ao valor de mercado, também haverá de improbidade administrativa, em razão de prejuízo ao erário (art. 10, V).

Pedro Roberto Decomain defende que, se "o agente público perceber vantagem econômica para consentir na prestação gratuita do serviço, também restará caracterizada essa hipótese" e, da mesma forma, "caso o agente receba vantagem econômica para permitir a doação de bem público a particular"[79].

6.1.4. Utilizar veículos, máquinas, equipamentos ou material de qualquer natureza ou o trabalho de servidores para fins particulares

O **inciso IV, do artigo 9º**, define como improbidade administrativa "utilizar, em obra ou serviço particular, veículos, máquinas, equipamentos ou material de qualquer natureza, de propriedade ou à disposição de qualquer das entidades mencionadas no art. 1º desta Lei, bem como o trabalho de servidores públicos, empregados ou terceiros contratados por essas entidades".

O referido dispositivo cuida de hipótese na qual a prestação é negativa, evitando a realização de despesas, pois a obra ou serviço particular é do próprio agente público. Caso o beneficiado fosse o particular, sem o recebimento de vantagem pelo agente público, incidiria o artigo 10, inciso XIII, da Lei nº 8.429/92.

O princípio da impessoalidade e a supremacia do interesse público devem dirigir a conduta do agente estatal, a fim de que seus atos e decisões busquem o bem comum e não o benefício próprio. Não se tolera, portanto, a utilização de viaturas e carros oficiais, em fins de semana ou fora do horário de serviço, para finalidade alheia ao serviço público, por exemplo. Não se pode admitir que servidores públicos realizam obras ou reformas na casa do Prefeito Municipal. Intolerável, ainda, que advogado público, remunerado exclusivamente pelo erário, atue na defesa de causas de interesse particular do agente público.

Nesta situação também haverá, impreterivelmente, prejuízo ao erário (artigo 10), consistente na utilização de máquinas, veículos, mão de obra etc., sem a contraprestação necessária que seria devida à administração pública.

6.1.5. Receber vantagem ou aceitar promessa de vantagem econômica para tolerar a exploração de jogos de azar, lenocínio, narcotráfico, contrabando, usura ou qualquer atividade ilícita

Nos termos do **inciso V do artigo 9º**, é considerado ato de improbidade administrativa "receber vantagem econômica de qualquer natureza, direta ou indireta, para tolerar a exploração ou a prática de jogos de azar, de lenocínio, de narcotráfico, de contrabando, de usura ou de qualquer outra atividade ilícita, ou aceitar promessa de tal vantagem".

Cuida-se de situação na qual o agente público, dentre suas atribuições, tem o dever de fiscalizar e/ou coibir a exploração ou a prática de jogos de azar, lenocínio, narcotráfico, contrabando, usura, ou de qualquer outra atividade ilícita e, mediante

---

[79] DECOMAIN, Pedro Roberto. Op. cit., p. 103.

recebimento de vantagem indevida ou aceite de promessa, omite a prática de atos administrativos ou de polícia, necessários para coibir tais práticas.

A tipificação da conduta de "aceitar promessa de tal vantagem" contida no inciso V do art. 9º é de constitucionalidade duvidosa. De fato, a sistemática adotada no artigo 9º da Lei nº 8.429/92 busca responsabilizar, de forma mais severa, aqueles agentes públicos que efetivamente experimentarem um enriquecimento ilícito, o que não se verifica com a mera aceitação da promessa. Neste contexto, a admissão do sancionamento mais severo, pela simples aceitação de promessa de vantagem, sem o efetivo incremento patrimonial indevido por parte do agente público, violaria os princípios da **razoabilidade** e da **isonomia.** Em nosso entender, o mero aceite da promessa, sem que se concretize o efetivo enriquecimento ilícito, admite apenas a tipificação no art. 11 da Lei nº 8.429/92 (violação a princípios da administração pública).

6.1.6. Receber vantagem econômica para fazer declaração falsa sobre medição ou avaliação em obras ou serviços públicos, ou sobre bens e serviços fornecidos

O **inciso VI do artigo 9º** considera improbidade administrativa "receber vantagem econômica de qualquer natureza, direta ou indireta, para fazer declaração falsa sobre medição ou avaliação em obras públicas ou qualquer outro serviço, ou sobre a quantidade, peso, medida, qualidade ou características de mercadorias ou bens fornecidos a qualquer das entidades mencionadas no art. 1º".

O dispositivo em tela cuida de hipótese na qual o agente público, mediante a prática de falsidade ideológica, atesta, de maneira prejudicial à administração pública, medições ou avaliações em obras ou serviços, bem como a quantidade, peso, medida ou qualidade afetos à bens e mercadorias, etc. Imprescindível que o agente público tenha a atribuição para a prática do ato, pois, do contrário, a conduta poderá ser tipificada no artigo 9º, "caput".

Além do enriquecimento ilícito, a declaração falsa ensejará, ainda, perda patrimonial ao erário público (art. 10 da Lei 8.429/92), caso se concretize o pagamento da despesa com base na citada declaração falsa.

Prática comum verificada no combate à corrupção são as fraudes em medições de obras públicas, relacionadas à quantidade e à qualidade de materiais empregados, o que implica em expediente duplamente corrosivo ao patrimônio público, pois, além do prejuízo verificado no próprio contrato fraudado, tem-se que o decréscimo de qualidade ou quantidade implicará, em regra, a necessidade de reforma ou manutenção antes do previsto inicialmente, possibilitando fraude similar neste segundo contrato, e assim por adiante, em um sistema que se retroalimenta.

6.1.7. Adquirir bens cujo valor seja desproporcional à evolução patrimonial ou à renda

O **inciso VII, do artigo 9º**, aponta como improbidade administrativa "adquirir, para si ou para outrem, no exercício de mandato, cargo, emprego ou função pública, bens de qualquer natureza cujo valor seja desproporcional à evolução do patrimônio ou à renda do agente público".

O maior questionamento que envolve o referido dispositivo é a necessidade ou não de se demonstrar que o indevido acréscimo patrimonial teria decorrido do exercício indevido da função pública. Conforme o entendimento de Marino Pazzaglini Filho, Márcio Fernando Elias Rosa e Waldo Fazzio Júnior:

> é imprescindível que a aquisição de valores incompatíveis com a receita do agente público tenha ocorrido em decorrência do subvertido exercício de cargo, mandato, função, emprego ou atividade na Administração Pública direta, indireta, fundacional ou nas entidades a que se refere o art. 1º da Lei Federal nº 8.429/92[80].

No mesmo sentido, defende Pedro Roberto Decomain:

> que se o agente prova a origem lícita dos recursos que propiciaram seu incremento patrimonial, está afastando a própria possibilidade da ocorrência de qualquer improbidade. Afinal, seu aumento patrimonial terá tido lugar não em contradição a seu patrimônio precedente e seus rendimentos, mas na conformidade deles. Parece viável concluir, então, de todo modo, que o enriquecimento deve ser conspirado apenas sintoma e que somente quando tenha origem espúria se pode cogitar de improbidade administrativa.[81]

Em sentido contrário se defende que a comprovação do aumento patrimonial do agente público, de forma desproporcional à renda obtida, bastaria para a demonstração do ato de improbidade administrativa previsto no inciso VII, do artigo 9º, presumindo-se que a vantagem teria sido obtida em razão do exercício da função pública. Wallace Paiva Martins Júnior pontua que:

> para o autor da ação, repita-se, basta a prova de que o agente público exercia alguma função pública e adquiriu bens ou valores incompatíveis e desproporcionais à evolução de seu patrimônio ou renda, constatação que é feita a partir das informações constantes das declarações de bens prestados por ele próprio, de informações patrimoniais ou rendimentos em seu nome existentes em instituições bancárias, serviços notariais e de registros públicos, repartições públicas etc., de modo que sempre caberá a ele provar a origem lícita dos recursos empregados na aquisição. É nessa exata medida que se dá a inversão do ônus da prova.[82]

Esta posição doutrinária, também encampada por Antônio Augusto Mello de Camargo Ferraz e Antônio Herman de Vasconcellos e Benjamin, em síntese, aponta para a desnecessidade do autor da ação comprovar a prática de atos ilícitos específicos, atrelados ao exercício da função do agente público, exigindo-se apenas a demonstração da evolução patrimonial incompatível com a renda. Com base na regra da inversão do ônus da prova, caberá ao agente público comprovar a licitude da evolução patrimonial.[83]

---

80 PAZZAGLINI FILHO, Marino; ROSA, Márcio Fernando Elias; FAZZIO JÚNIOR, Waldo. 'Improbidade Administrativa: Aspectos Jurídicos da Defesa do Patrimônio Público'. São Paulo: Atlas, 1999, p. 65.

81 DECOMAIN, Pedro Roberto. Op. cit., p. 111.

82 MARTINS JÚNIOR, Wallace Paiva. Op. cit., p. 239/240.

83 FERRAZ, Antônio Augusto Mello de Camargo; BENJAMIN, Antônio Herman de Vasconcelos e. 'A inversão do ônus da prova na lei de improbidade administrativa (Lei 8429/92). *In* 'Teses aprovadas no Congresso Nacional do Ministério Público, 1995-Belém. São Paulo: Associação Paulista do Ministério Público, 1995 (Série: Cadernos – Temas Institucionais) p. 37/38.

Terceira posição doutrinária, com a qual concordamos, também defendida por Emerson Garcia[84], aponta que ao autor compete o ônus de comprovar a hipótese descrita no inciso VII, do artigo 9º, ou seja, a aquisição de bens de valor desproporcional à renda do agente, ao passo que ao agente público competirá provar os fatos modificativos, impeditivos ou extintivos do direito do autor, consoante a regra normal de distribuição do ônus da prova, prevista no artigo 373, II, do CPC de 2015, não se tratando, portanto, de hipótese de inversão do ônus probante.

A conduta tipificada no inciso VII, do artigo 9º, possui **caráter residual** em relação às demais, vale dizer, deve incidir na hipótese em que não demonstrado o ilícito praticado pelo agente, mas comprovado o enriquecimento sem lastro na renda obtida, por ele declarada e devidamente acompanhada pela administração pública (artigo 13 da Lei nº 8.429/92 e Lei nº 8.730/93).

O art. IX da Convenção da Organização dos Estados Americanos contra a Corrupção, ratificada pelo Decreto-Legislativo nº 152, de 25 de junho de 2002, bem como o artigo 20 da Convenção das Nações Unidas contra a Corrupção, ratificada pelo Decreto-Legislativo nº 348, de 15 de maio de 2005, dispõem sobre a necessidade dos Estados Membros adotarem medidas para a tipificação do enriquecimento ilícito, verificado mediante o "incremento do patrimônio de um funcionário público com significativo excesso, em relação às suas rendas legítimas, durante o exercício de suas funções e que não possa ser razoavelmente justificado por ele".

Não obstante se exija, portanto, apenas a demonstração da hipótese do inciso VII, do artigo 9º, prudente que a constatação da evolução patrimonial incompatível com a renda reste apurada em procedimento administrativo investigatório prévio, a cargo do ente público respectivo, ou, ainda, do Ministério Público, por meio de Inquérito Civil, oportunizando-se, sempre que possível, a prévia manifestação do agente público investigado, a fim de que o mesmo, neste momento anterior à eventual ação judicial, tenha a oportunidade de apresentar as razões pelas quais experimentou tal evolução patrimonial, medida que poderá evitar a propositura de lide temerária.

Ademais, o acompanhamento da evolução patrimonial do agente público, consoante disposições do artigo 13 da Lei nº 8.429/92 e da Lei nº 8.730/93, deve ser efetivado de forma rigorosa. Na lição de Emerson Garcia, pode constituir:

> (...) indício veemente de enriquecimento ilícito e, ipso fato, de improbidade a dissonância existente entre a evolução patrimonial do agente e a contraprestação que lhe fora paga pelo Poder Público pelos serviços prestados. Em casos tais, será flagrante que o ímprobo auferiu vantagens indevidas em razão de sua condição de agente público, o que, por si só, infringe a moralidade administrativa.[85]

No que se refere à comprovação desta evolução patrimonial dissonante, pode ser feita pelo Ministério Público, no bojo do procedimento formal instaurado, ou, ainda, pela administração em procedimento administrativo respectivo. Neste sentido, ensina Silvio Marques:

84 GARCIA, Emerson; ALVES, Rogério Pacheco. Op. cit. p. 489/494.

85 GARCIA, Emerson; ALVES, Rogério Pacheco. Op. cit., p. 491.

a prova do nexo etiológico deve ser feita no âmbito do inquérito civil ou do procedimento administrativo, mediante as quebras de sigilo fiscal e bancário, análise das declarações de bens apresentadas anualmente por qualquer agente público, análise da evolução patrimonial pelas autoridades fazendárias e por peritos, acompanhamento das movimentações financeiras pelo COAF, oitiva de testemunhas e outras medidas.[86]

6.1.8. Aceitar emprego, comissão ou exercer atividade de consultoria ou assessoramento para pessoa que tenha interesse suscetível de ser atingido ou amparado pelo agente público

O **inciso VIII, do artigo 9º da Lei**, define como improbidade administrativa a conduta de "aceitar emprego, comissão ou exercer atividade de consultoria ou assessoramento para pessoa física ou jurídica que tenha interesse suscetível de ser atingido ou amparado por ação ou omissão decorrente das atribuições do agente público, durante a atividade".

O dispositivo em tela visa garantir a total neutralidade e impessoalidade do agente público, ao penalizar aquele que aceita atividade privada remunerada por pessoa física ou jurídica que possa vir a ser beneficiada em razão de determinada atuação afeta à atribuição daquele agente.

A redação do dispositivo não exige que se concretize a satisfação do interesse privado, bastando a mera potencialidade de que a ação ou omissão do agente em foco possa beneficiar o interesse particular. Caso o interesse privado venha a ser beneficiado, tal circunstância configurará exaurimento da conduta e, de acordo com a hipótese, além de ser levada em conta na fixação da sanção, como aponta o artigo 12, parágrafo único, da Lei nº 8.429/92, poderá ensejar a necessidade de reparação do dano causado ao erário.

A vinculação do agente público com o particular deverá ocorrer de forma concomitante ao exercício do cargo, emprego ou função. Caso se dê em período diverso, poderá a conduta ter tipificada no "caput", do art. 9º.

6.1.9. Perceber vantagem econômica para intermediar a liberação de verba pública

O **inciso IX, do art. 9º** define como improbidade administrativa "perceber vantagem econômica para intermediar a liberação ou aplicação de verba pública de qualquer natureza".

Este dispositivo busca combater a conduta de intermediação de liberação ou aplicação de verba pública de qualquer natureza, ou seja, auxílios, subvenções, subsídios, contratos, pagamentos, etc. O procedimento de liberação de recursos públicos e pagamentos está submetido a regulamentos objetivos, não se admitindo que se concretize por meio da intervenção de qualquer agente público ou mesmo que se insinue ao particular que a liberação se dará por influência de determinada pessoa.

[86] MARQUES, Silvio. Op. cit. 80/81.

O intermediador não pode ser o agente público com atribuição para autorizar a liberação do recurso ou do pagamento, pois se a vantagem foi destinada ao agente com esta atribuição, restará configurada a hipótese do inciso I, do art. 9º.

O ato de improbidade administrativa previsto no inciso IX, do art. 9º poderá se verificar mesmo se a verba liberada e pagamento efetuado sejam lícitos, decorrente, por exemplo, de regular procedimento licitatório, pois o que se visa coibir é a possibilidade e a insinuação de influência no procedimento de liberação e pagamento de verbas públicas.

6.1.10. Receber vantagem econômica para omitir ato de ofício, providência ou declaração

O **inciso X, do art. 9º**, aponta como ato de improbidade administrativa a conduta de "receber vantagem econômica de qualquer natureza, direta ou indiretamente, para omitir ato de ofício, providência ou declaração a que esteja obrigado".

Abrange a hipótese na qual o agente público, com atribuição legal para prática de determinado ato (fiscalização, providência, declaração, etc.), percebe vantagem econômica para se omitir em relação ao referido ato de ofício. Se a vantagem recebida estiver relacionada à uma ação e não a determinada omissão, a conduta incidirá no "caput", do art. 9º.

Na esfera penal, a conduta descrita no inciso X, do art. 9º poderá configurar o crime de concussão, na qual há a exigência da vantagem indevida, ou mesmo de corrupção passiva, em que há a conduta de solicitar ou receber a vantagem indevida.

6.1.11. Incorporar bens, rendas, verbas ou valores públicos

O **inciso XI, do art. 9º**, define como improbidade administrativa a conduta de "incorporar, por qualquer forma, ao seu patrimônio bens, rendas, verbas ou valores integrantes do acervo patrimonial das entidades mencionadas no art. 1º."

Pune-se qualquer forma de apropriação de bens, rendas, verbas ou valores públicos, independentemente de estar na posse ou guarda do agente público, pois o que se exige é a inversão da posse, ou seja, que o bem passe a integrar o patrimônio do agente, ainda que por meio de "testas de ferro" ou "laranjas".

Diferentemente do que sucede com o crime de peculato, previsto no art. 312 do Código Penal, que se consuma ainda que o bem pertença a particular, desde de que esteja sob a guarda ou administração pública, é imprescindível que o bem pertença à administração pública para a configuração da hipótese prevista no inciso XI, do art. 9º, dada a literalidade do dispositivo.

Distingue-se da hipótese descrita no inciso XII, do art. 9º, no qual não há a incorporação patrimonial, mas apenas o uso de bens, rendas, verbas ou valores públicos.

6.1.12. Usar bens, rendas, verbas ou valores públicos

O **inciso XII, do art. 9º**, considera ato de improbidade administrativa a conduta de "usar, em proveito próprio, bens, rendas, verbas ou valores integrantes do acervo patrimonial das entidades mencionadas em seu art. 1º."

Cuida de hipótese bem próxima à prevista no inciso IV, do art. 9º, mas não idêntica, pois neste o uso de bens públicos é destinado à obras e serviços particulares do agente público, ao passo que o inciso XII, do art. 9º possui maior abrangência, abarcando outras hipóteses de uso de bens públicos em proveito próprio que não aquelas delimitadas no inciso IV.

Por outro lado, se o agente se apropria de bens, rendas, verbas e valores pertencentes ao erário, a hipótese será aquela do inciso XI, do art. 9º, pois a conduta prevista no inciso XII é aquela na qual o agente apenas utiliza o bem público, sem a intenção de integrá-lo ao seu patrimônio.

Cuida-se de hipótese na qual, por se tratar de prestação negativa (o agente público deixa de gastar o que normalmente gastaria), o enriquecimento ilícito é presumido.[87]

6.2. Lesão ao erário

Os atos de improbidade administrativa que causam prejuízo ao erário estão elencados no art. 10 da Lei nº 8.429/92:

> Art. 10. Constitui ato de improbidade administrativa que causa lesão ao erário qualquer ação ou omissão, dolosa ou culposa, que enseje perda patrimonial, desvio, apropriação, malbaratamento ou dilapidação dos bens ou haveres das entidades referidas no art. 1º desta lei, e notadamente:
>
> I – facilitar ou concorrer por qualquer forma para a incorporação ao patrimônio particular, de pessoa física ou jurídica, de bens, rendas, verbas ou valores integrantes do acervo patrimonial das entidades mencionadas no art. 1º desta lei;
>
> II – permitir ou concorrer para que pessoa física ou jurídica privada utilize bens, rendas, verbas ou valores integrantes do acervo patrimonial das entidades mencionadas no art. 1º desta lei, sem a observância das formalidades legais ou regulamentares aplicáveis à espécie;
>
> III – doar à pessoa física ou jurídica bem como ao ente despersonalizado, ainda que de fins educativos ou assistências, bens, rendas, verbas ou valores do patrimônio de qualquer das entidades mencionadas no art. 1º desta lei, sem observância das formalidades legais e regulamentares aplicáveis à espécie;
>
> IV – permitir ou facilitar a alienação, permuta ou locação de bem integrante do patrimônio de qualquer das entidades referidas no art. 1º desta lei, ou ainda a prestação de serviço por parte delas, por preço inferior ao de mercado;
>
> V – permitir ou facilitar a aquisição, permuta ou locação de bem ou serviço por preço superior ao de mercado;
>
> VI – realizar operação financeira sem observância das normas legais e regulamentares ou aceitar garantia insuficiente ou inidônea;
>
> VII – conceder benefício administrativo ou fiscal sem a observância das formalidades legais ou regulamentares aplicáveis à espécie;
>
> VIII – frustrar a licitude de processo licitatório ou dispensá-lo indevidamente;
>
> IX – ordenar ou permitir a realização de despesas não autorizadas em lei ou regulamento;

[87] MARTINS JÚNIOR, Wallace Paiva. Op. cit., p. 247

X – agir negligentemente na arrecadação de tributo ou renda, bem como no que diz respeito à conservação do patrimônio público;

XI – liberar verba pública sem a estrita observância das normas pertinentes ou influir de qualquer forma para a sua aplicação irregular;

XII – permitir, facilitar ou concorrer para que terceiro se enriqueça ilicitamente;

XIII – permitir que se utilize, em obra ou serviço particular, veículos, máquinas, equipamentos ou material de qualquer natureza, de propriedade ou à disposição de qualquer das entidades mencionadas no art. 1º desta lei, bem como o trabalho de servidor público, empregados ou terceiros contratados por essas entidades.

XIV – celebrar contrato ou outro instrumento que tenha por objeto a prestação de serviços públicos por meio da gestão associada sem observar as formalidades previstas na lei

XV – celebrar contrato de rateio de consórcio público sem suficiente e prévia dotação orçamentária, ou sem observar as formalidades previstas na lei.

XVI a XXI – (Vide Lei nº 13.019, de 2014)

Cuida o "caput" do artigo 10 de qualquer ação ou omissão da qual decorra perda patrimonial, desvio, apropriação, malbaratamento ou dilapidação de bens pertencentes às entidades indicadas no artigo 1º.

A temática central é a lesão ao erário, sem a necessidade de concomitante enriquecimento ilícito por parte do agente público. Caso concorra o enriquecimento ilícito do agente público, em prejuízo às entidades elencadas no art. 1º, deverá incidir o art. 9º, em razão da maior especialidade, valendo realçar que, mesmo nesta hipótese, o ressarcimento ao erário será impositivo, não só porque expressamente previsto no art. 12, I, da Lei nº 8.429/92, mas por não se tratar de sanção propriamente dita e sim de reparação de danos.

Erário e patrimônio público não se confundem. O primeiro integra aqueles bens de valores econômico-financeiros, pertencentes à União, Estados, Distrito Federal, Municípios, entidades da administração indireta e demais entidades apontadas no art. 1º da Lei nº 8.429/92.

Patrimônio público, de forma mais abrangente, engloba o conjunto de bens e interesses de natureza moral, econômica, estética, artística, histórica, ambiental e turística pertencentes àquelas entidades apontadas no art. 1º.

Existem duas posições doutrinárias acerca da abrangência do art. 10 da Lei nº 8.429/92. **A primeira** defende que o prejuízo indicado no citado dispositivo deve ter caráter econômico, pois a expressão "erário" no art. 10, aponta a adoção, pelo legislador, do caráter financeiro.[88] **A segunda posição** doutrinária reputa que a expressão patrimônio público (artigos 5º, 7º, 8º, 16, 17, § 2º e 21, I, da Lei nº 8.429/92), abrangeria, de forma ampla, todos os bens do Poder Público, ainda que desprovidos de caráter econômico, como, por exemplo, lesão ao patrimônio histórico e cultural, ainda que não mensurados economicamente.[89]

---

[88] SOBRANE, Sérgio Turra. "Improbidade administrativa: aspectos materiais, dimensão difusa e coisa julgada'. São Paulo: Atlas, 2010, p. 52; MARTINS JÚNIOR, Wallace Paiva. Op. cit. 250/251.

[89] GARCIA, Emerson: ALVES, Rogério Pacheco. Op. cit. p. 382/384.

Entendemos mais afinada ao combate à improbidade administrativa a concepção que exige prejuízo de ordem econômica aos entes apontados no artigo 1º, da Lei nº 8.429/92, pois possibilita melhor conciliação entre a utilização das expressões "erário" e "patrimônio público". Ademais, este entendimento não impede a tutela do patrimônio histórico, cultural, ambiental, etc., desde que a conduta ilícita que tenha ensejado violação aos referidos bens repercuta, de alguma forma, em dispêndio de recursos financeiros pela administração pública, como, por exemplo, para a restauração, recomposição, etc., do bem difuso lesado.

Em relação ao elemento subjetivo, esta é a única modalidade de ato de improbidade administrativa que admite, de forma expressa, tanto o dolo quanto a **culpa.** O dolo exigido é o genérico, ou seja, a vontade de agir de forma contrário ao que determina o artigo 10 e seus incisos. Neste sentido:

> [...] O posicionamento firmado pela Primeira Seção é que se exige dolo, ainda que genérico, nas imputações fundadas nos arts. 9º e 11 da Lei 8.429/1992 (enriquecimento ilícito e violação a princípio), e ao menos culpa, nas hipóteses do art. 10 da mesma norma (lesão ao erário [...])"[90]

A conduta e atos administrativos dos agentes políticos devem ser cautelosas, a fim de resguardar o interesse público e evitar que o patrimônio público seja dilapidado. Não basta o prejuízo ao erário para que se possa responsabilizar o agente público, sendo imprescindível, no mínimo, a falta de observância dos princípios que regem a administração pública, que nada mais consiste do que a prova de culpa.

O Superior Tribunal de Justiça, por sua vez, firmou entendimento no sentido de que a culpa deverá ser grave para a configuração do ato de improbidade administrativa do art. 10 da Lei nº 8.429/92:

> [...] O STJ tem externado, pacificamente, que improbidade é ilegalidade tipificada e qualificada pelo elemento subjetivo da conduta do agente, sendo "indispensável para a caracterização de improbidade que a conduta do agente seja dolosa, para a tipificação das condutas descritas nos artigos 9º e 11 da Lei 8.429/92, ou pelo menos eivada de culpa grave, nas do artigo 10 (AIA nº 30/AM, Rel. Ministro Teori Albino Zavascki, Corte Especial, DJe 28/09/2011). Nessa linha, não se sustenta a condenação dos recorrentes, seja pelo art. 10, seja pelo art. 11, da Lei nº 8.429/1992. [...][91]

Acerca do elemento subjetivo, ensina Pedro Roberto Decomain:

> ação descuidada, marcada pelo desinteresse na preservação daquilo que pertence à Administração Pública, é que configura a improbidade. E esse pouco caso pela coisa pública insere-se também no terreno da desonestidade. Não com a marca do propósito de produzir desfalque patrimonial (como acontece em relação a outros incisos), mas pelo menos com a marca da incúria no exercício da função, produzindo com isso o dano que, houve o agente atuado como deveria, realizando o esforço que o cargo lhe impunha para a preservação do patrimônio público, não teria tido lugar.[92]

---

[90] STJ, 2ª Turma, REsp nº 1256232 / MG, Rel. Min. Eliana Calmon, Dje. 26.09.2013;

[91] STJ, 1ª Turma, REsp nº 1237583/SP, Rel. Min. Benedito Gonçalves, Dje. 02.09.2014;

[92] DECOMAIN, Pedro. Op. cit. p. 122.

É controvertida a necessidade da comprovação do efetivo prejuízo ao erário. Wallace Paiva Martins Júnior pontua que a "perda patrimonial para caracterizar a improbidade administrativa há de ser medida pela existência de um prejuízo patrimonial efetivo (salvo nas hipóteses descritas nos incisos do art. 10, em que o prejuízo é presumido)."[93]

O Superior Tribunal de Justiça firmou entendimento no sentido da necessidade, em regra, de comprovação do efetivo prejuízo ao erário, nas hipóteses do art. 10, "caput" e incisos, da Lei nº 8.429/92:

> [...] 1. **A configuração dos atos de improbidade administrativa previstos no art. 10 da Lei de Improbidade Administrativa (atos de Improbidade Administrativa que causam prejuízo ao erário), à luz da atual jurisprudência do STJ, exige a presença do efetivo dano ao erário (critério objetivo)** e, ao menos, culpa. Precedentes: AgRg no Ag1.386.249/RJ, Relator Ministro Benedito Gonçalves, Primeira Turma,DJe 13/4/2012; EREsp 479.812/SP, Relator Ministro Teori AlbinoZvascki, Primeira Seção, DJe 27/09/2010; e AgRg no AREsp 21.662/SP,Relator Ministro Napoleão Nunes Maia Filho, Primeira Turma, DJe15/2/2012. [...][94]

Apenas em casos relativos à fraude ou dispensa indevida de licitação, o STJ tem entendido presumido o dano ao erário:

> [...] 7. O STJ tem externado que, em casos como o ora analisado, "o prejuízo ao erário, na espécie (fracionamento de objeto licitado, com ilegalidade da dispensa de procedimento licitatório), que geraria a lesividade apta a ensejar a nulidade e o ressarcimento ao erário, é **in re ipsa,** na medida em que o Poder Público deixa de, por condutas de administradores, contratar a melhor proposta (no caso, em razão do fracionamento e consequente não-realização da **licitação,** houve verdadeiro direcionamento da contratação)" (REsp 1280321/MG,Rel. Ministro MAURO CAMPBELL MARQUES, SEGUNDA TURMA, julgado em 06/03/2012, DJe 09/03/2012).[95]

No mesmo sentido:

> [...] 5. No mais, é de se assentar que o prejuízo ao erário, na espécie (**fracionamento de objeto licitado, com ilegalidade da dispensa de procedimento licitatório**), que geraria a lesividade apta a ensejar a nulidade e o ressarcimento ao erário**, é in re ipsa**, na medida em que o Poder Público deixa de, por condutas de administradores, contratara melhor proposta (no caso, em razão do fracionamento e consequente não-realização da licitação, houve verdadeiro direcionamento da contratação).
>
> [...]
>
> 10. **Despicienda, pois, a necessidade de prova do efetivo prejuízo porque, constatado, ainda que por meio de inquérito civil, que houve indevido fracionamento de objeto e dispensa de licitação injustificada** (novamente: essas foram as conclusões da origem após análise dos autos), o prejuízo é inerente à conduta. [...].[96]

[93] MARTINS JÚNIOR, Wallace Paiva. Op. cit., p. 250.

[94] STJ, 1ª Turma, REsp nº 1206741, Rel. Min. Benedito Gonçalves, Dje 24.04.15:

[95] STJ, 2ª Turma, REsp nº 1376524/RJ, Rel. Min. Humberto Martins, Dje 09.09.2014;

[96] STJ, 2ª Turma, REsp nº 1280321/MG, Rel. Min. Mauro Campbell Marques, Dje 09.03.2012; No mesmo sentido: AgRg no REsp 1.499.706/SP, Rel. Min. Gurgel de Faria, 1ª Turma, j. 02.02.2017; AgInt no REsp 1.671.366/SP, Relator Ministro Mauro Campbell Marques, 2ª Turma, j. 28.11.2017.

Portanto, verifica-se que, em regra, o Superior Tribunal de Justiça tem exigido a prova efetiva do prejuízo ao erário, salvo nas hipóteses de fraude à licitação, fracionamento de objeto ou dispensa do certame, em que a Segunda Turma entende ser prescindível a prova do efetivo prejuízo.

6.2.1. *Facilitar ou concorrer para a incorporação ao patrimônio particular de bens, rendas, verbas ou valores públicos*

O **inciso I, do art. 10,** define como ato de improbidade administrativa "facilitar ou concorrer por qualquer forma para a incorporação ao patrimônio particular, de pessoa física ou jurídica, de bens, rendas, verbas ou valores integrantes do acervo patrimonial das entidades mencionadas no seu art. 1º".

Há uma ação ou omissão do agente público, o qual viabiliza a não observância dos preceitos legais para a transferência da titularidade do domínio dos bens, rendas, verbas ou valores que integram o patrimônio da administração pública, possibilitando, assim, a integração ao patrimônio do particular.

Trata-se de hipótese similar à prevista no art. 9º, inciso XI, distinguindo-se apenas em relação ao beneficiário do bem ou renda pública, que, no inciso I do artigo 10, não é o agente público, mas terceiro, pessoa física ou jurídica.

É evidente que não ocorrerá improbidade administrativa se a incorporação do bem ao patrimônio do particular se der na forma prevista em lei, como, por exemplo, na aquisição de bem imóvel desafetado, por meio de regular licitação.

6.2.2. *Permitir ou concorrer para que alguém utilize bens, rendas, verbas ou valores públicos*

O **inciso II, do artigo 10**, define como ato de improbidade administrativa a conduta de "permitir ou concorrer para que pessoa física ou jurídica privada utilize bens, rendas, verbas ou valores integrantes do acervo patrimonial das entidades mencionadas no art. 1º, sem a observância das formalidades legais ou regulamentares aplicáveis à espécie".

Tal hipótese se assemelha àquela prevista no art. 9º, inciso XII, residindo a distinção no tocante a quem aproveita o uso do bem público, pois no art. 9º é o agente público, ao passo que, no dispositivo em estudo, é o particular.

É evidente que os bens públicos devem ser utilizados em prol do bem comum, visando o benefício de toda a comunidade e não de alguns poucos. Existem hipóteses em que se admite ao particular o uso de determinado bem público, desde de que cumpridas as exigências legais, como no caso de concessão, cessão, empréstimos, etc. Caso o agente público permita ou concorra para que pessoa física ou jurídica de natureza privada se utilize de bens públicos, à margem dos requisitos legais necessários, restará configurado o ato de improbidade administrativa em tela.

6.2.3. *Doar bens públicos sem observar as formalidades legais*

O **inciso III, do artigo 10**, aponta como ato de improbidade administrativa a conduta de "doar à pessoa física ou jurídica bem como ao ente despersonalizado, ainda que de fins educativos e assistenciais, bens, rendas, verbas ou valores do patrimônio de qualquer das entidades mencionadas no art. 1º desta lei, sem observância das formalidades legais e regulamentares aplicáveis à espécie."

Cuida-se de dispositivo que visa coibir a doação (contrato em que determinada pessoa, por liberalidade, transfere bens ou direitos a outra pessoa) de bens públicos sem a observância das formalidades legais e regulamentares, como, por exemplo, a autorização legislativa, falta de prestação de contas por parte da entidade beneficiada, licitude do objeto, competência, forma, motivo, finalidade do ato administrativo.

Em relação à doação de bens públicos, o art. 17 da Lei nº 8.666/93 dispõe:

> Art. 17. A alienação de bens da Administração Pública, subordinada à existência de interesse público devidamente justificado, será precedida de avaliação e obedecerá às seguintes normas:
>
> I – quando imóveis, dependerá de autorização legislativa para órgãos da administração direta e entidades autárquicas e fundacionais, e, para todos, inclusive as entidades paraestatais, dependerá de avaliação prévia e de licitação na modalidade de concorrência, dispensada esta nos seguintes casos:
>
> [...]
>
> b) doação, permitida exclusivamente para outro órgão ou entidade da administração pública, de qualquer esfera de governo, ressalvado o disposto nas alíneas *f*, *h* e *i*;
>
> [...]
>
> f) alienação gratuita ou onerosa, aforamento, concessão de direito real de uso, locação ou permissão de uso de bens imóveis residenciais construídos, destinados ou efetivamente utilizados no âmbito de programas habitacionais ou de regularização fundiária de interesse social desenvolvidos por órgãos ou entidades da administração pública;
>
> [...]
>
> h) alienação gratuita ou onerosa, aforamento, concessão de direito real de uso, locação ou permissão de uso de bens imóveis de uso comercial de âmbito local com área de até 250 m² (duzentos e cinquenta metros quadrados) e inseridos no âmbito de programas de regularização fundiária de interesse social desenvolvidos por órgãos ou entidades da administração pública;
>
> i) alienação e concessão de direito real de uso, gratuita ou onerosa, de terras públicas rurais da União na Amazônia Legal onde incidam ocupações até o limite de 15 (quinze) módulos fiscais ou 1.500ha (mil e quinhentos hectares), para fins de regularização fundiária, atendidos os requisitos legais;
>
> II – quando móveis, dependerá de avaliação prévia e de licitação, dispensada esta nos seguintes casos:
>
> a) doação, permitida exclusivamente para fins e uso de interesse social, após avaliação de sua oportunidade e conveniência socioeconômica, relativamente à escolha de outra forma de alienação;

Verifica-se que a Lei nº 8.666/93, no tocante à alienação de bens públicos, exige como requisitos a presença do **interesse público** devidamente justificado, mediante **avaliação prévia**. Autoriza a doação de bens imóveis apenas para outro órgão ou entidade da administrativa pública, de qualquer esfera de governo, salvo nas hipóteses das alíneas *f*, *h* e *i*, que cuidam, em síntese, de hipóteses de regularização fundiária.

No bojo da ADI 927-3/RS, o Supremo Tribunal Federal concedeu liminar, a fim de estabelecer que a restrição contida no artigo 17 da Lei nº 8.666/92 tenha aplicação somente no âmbito federal:

> EMENTA: CONSTITUCIONAL. LICITAÇÃO. CONTRATAÇÃO ADMINISTRATIVA. Lei nº 8.666, de 21.06.93. I. – Interpretação conforme dada ao art. 17, I, "b" (doação de bem imóvel) e art. 17, II, "b" (permuta de bem móvel), para esclarecer que a vedação tem aplicação no âmbito da União Federal, apenas. Idêntico entendimento em relação ao art. 17, I, "c" e par. 1. do art. 17. Vencido o Relator, nesta parte. II. – Cautelar deferida, em parte.

No tocante à doação de bens móveis, a Lei nº 8.666/1993 não exige autorização legislativa, apenas prévia avaliação e demonstração do interesse público atendido com a transferência do bem ao particular ou a outra pessoa jurídica de direito público.

6.2.4. Permitir ou facilitar a alienação, permuta ou locação de bem público ou a prestação de serviço por parte de órgãos e entidades públicas, por preço inferior ao de mercado

O **inciso IV, do artigo 10**, define como ato de improbidade administrativa a conduta de "permitir ou facilitar a alienação, permuta ou locação de bem integrante do patrimônio de qualquer das entidades referidas no art. 1º desta lei, ou ainda a prestação de serviços por parte delas, por preço inferior ao de mercado".

Cuida-se de hipótese de lesão patrimonial consistente na alienação de bens públicos, locação ou prestação de serviços pelos entes públicos, **por valor subfaturado, ou seja, inferior ao valor de mercado**, no que reside o dano ao erário.

Caso o agente público receba vantagem ilícita, a hipótese será do artigo 9º, inciso III. Não se consumando a efetiva alienação, permuta, locação ou prestação do serviço por parte da pessoa jurídica, será possível a responsabilização na forma do art. 11 da Lei nº 8.429/92.

A alienação e locação de bem público a particular, na forma do artigo 17 da Lei nº 8666/93, exigem a prévia realização de procedimento licitatório, o qual propiciará a contratação da proposta mais vantajosa para a administração. Na hipótese de constatação de fraude ou direcionamento na licitação, a conduta também restará tipificada no inciso VIII, do artigo 10.

A redação do dispositivo estudado não deixa dúvida acerca da necessidade de comprovação de que o preço estipulado ao negócio foi inferior ao praticado pelo mercado, tarefa incumbida ao autor da ação de improbidade administrativa.

6.2.5. Permitir ou facilitar a aquisição, permuta ou locação de bem ou serviço por preço superfaturado

O **inciso V, do art. 10**, por sua vez, considera improbidade administrativa a conduta de "permitir ou facilitar a aquisição, permuta ou locação de bem ou serviço por preço superior ao de mercado".

Este dispositivo se assemelha ao inciso IV, do art. 10, residindo a diferença no sujeito que realiza a aquisição, permuta ou locação de bem, ou contratação o serviço.

No inciso IV é o terceiro, pessoa física ou jurídica, que adquire, permuta, loca ou contrata serviço da administração pública, ao passo que no inciso V, é uma das entidades referidas no art. 1º que contratam com particulares. Há, portanto, a aquisição de bem serviço pelo poder público, por valor superfaturado.

O valor do negócio deverá ser superior ao de mercado, ou seja, superfaturado, no que reside o dano ao erário, já que a administração pública terá despendido mais do que deveria pelo mesmo bem ou serviço. Na hipótese do inciso IV, do artigo 10, a administração pública receberá valor inferior ao de mercado.

Caso o superfaturamento se concretize em razão de fraude no procedimento licitatório respectivo, também incidirá a hipótese do inciso VIII, do artigo 10.

Diferencia-se, ainda, do inciso II, do art. 9º, no qual há o recebimento de vantagem indevida pelo agente público, para permitir ou facilitar tais espécies de alienações ou contração de serviços.

O superfaturamento nos contratos firmados pela administração pública é uma das maiores mazelas enfrentadas na tutela do patrimônio público, por corroer o orçamento que, bem aplicado, poderia propiciar maiores investimentos em saúde, educação e infraestrutura, necessárias para o adequado desenvolvimento social. Não bastasse, costuma constituir uma das formas utilizadas para o desvio de recursos voltados ao financiamento ilícito de campanhas eleitorais, possibilitando a manutenção de ciclo vicioso no escoamento dos recursos públicos.

É imprescindível, portanto, o aperfeiçoamento dos sistemas de controle interno e externo da administração, como forma a garantir a efetividade dos princípios da eficiência e da economicidade nos contratos firmados pela administração pública, para que não sejam superfaturados.

6.2.6. *Realizar operação financeira irregular ou aceitar garantia insuficiente ou inidônea*

O **inciso VI, do artigo 10**, define como ato de improbidade administrativa a conduta de "realizar operação financeira sem observância das normas legais e regulamentares ou aceitar garantia insuficiente ou inidônea".

O dispositivo cuida de duas hipóteses. A primeira é relacionada à realização de operações financeiras com dispensa das formalidades legais ou regulamentares, também prevista no artigo 4º, II, alínea *a*, da Lei nº 4.717/65, que busca responsabilizar o agente público que realizar operação financeira sem observar o que determina as normas relativas às instituições financeiras públicas, e na Lei nº 4.595/64 ou demais regulamentos do Banco Central e outras entidades. Também devem ser observados, por exemplo, os artigos 165 a 167 da Constituição Federal, a Lei Complementar nº 101/00 e a Lei nº 4.320/64, nas operações realizadas pelo Estado que envolvem obtenção de receita, realização de despesa, antecipação de crédito orçamentário etc.

A outra hipótese abordada no dispositivo em tela relaciona-se com a aceitação de garantia insuficiente ou inidônea na realização de operação financeira. Esta hipótese está também prevista no art. 4º, II, *b*, da Lei nº 4.717/65, mas de forma mais tímida, já que a Lei de Ação Popular se restringe às operações de penhor e hipoteca, ao passo que na Lei nº 8.429/92 estão abrangidas quaisquer espécies de garantias insuficientes ou inidôneas.

Insuficiência está relacionada ao valor do bem oferecido, contrastado com o montante da operação financeira, ou seja, o bem tem valor econômico inferior ao da dívida e seus acessórios. Inidoneidade remete à qualidade material ou jurídica da garantia oferecida, que se mostra inapta ou inútil para o fim a que se determina.

6.2.7. Conceder benefício administrativo ou fiscal irregular

O **inciso VII do art. 10** define como ato de improbidade administrativa a conduta de "conceder benefício administrativo ou fiscal sem a observância das formalidades legais ou regulamentares aplicáveis à espécie".

Incide o princípio da legalidade, já que somente a lei pode autorizar a concessão destes benefícios e indicar os requisitos necessários para sua implementação.

A primeira hipótese prevista consiste na concessão de benefícios administrativos sem a observância de formalidades legais ou regulamentares, como, por exemplo, a concessão de licença, gratificação, subvenção, etc., em hipóteses vedadas ou contrárias à legislação ou aos princípios constitucionais que regem a administração pública.

A segunda hipótese relaciona-se com o benefício fiscal concedido sem a observância das formalidades legais ou regulamentares, como, por exemplo, a isenção tributária, remissão, anistia, parcelamento tributário, em situações não admitidas ou contrárias aos regulamentos respectivos.

Os requisitos para a concessão de incentivos ou benefícios fiscais estão no artigo 14 da Lei Complementar nº 101/2000 (Lei de Responsabilidade Fiscal):

> Art. 14. A concessão ou ampliação de incentivo ou benefício de natureza tributária da qual decorra renúncia de receita deverá estar acompanhada de estimativa do impacto orçamentário-financeiro no exercício em que deva iniciar sua vigência e nos dois seguintes, atender ao disposto na lei de diretrizes orçamentárias e a pelo menos uma das seguintes condições
>
> I – demonstração pelo proponente de que a renúncia foi considerada na estimativa de receita da lei orçamentária, na forma do art. 12, e de que não afetará as metas de resultados fiscais previstas no anexo próprio da lei de diretrizes orçamentárias;
>
> II – estar acompanhada de medidas de compensação, no período mencionado no *caput*, por meio do aumento de receita, proveniente da elevação de alíquotas, ampliação da base de cálculo, majoração ou criação de tributo ou contribuição.

O parágrafo 1º do artigo 14 da citada lei define como renúncia tributária a "anistia, remissão, subsídio, crédito presumido, concessão de isenção em caráter não geral, alteração de alíquota ou modificação de base de cálculo que implique redução discriminada de tributos ou contribuições, e outros benefícios que correspondam a tratamento diferenciado".

6.2.8. Frustrar ou dispensar processo licitatório

O **inciso VIII do artigo 10** define como ato de improbidade administrativa "frustrar a licitude de processo licitatório ou dispensá-lo indevidamente".

O dispositivo aponta duas formas distintas aptas a configurar ato de improbidade administrativa; a) **frustrar** a licitude da licitação; b) ou **dispensá-la** indevidamente.

O artigo 37, XXI, da Constituição Federal dispõe que "ressalvados os casos especificados na legislação, as obras, serviços, compras e alienações serão contratados mediante processo de licitação pública que assegure igualdade de condições a todos os concorrentes, com cláusulas que estabeleçam obrigações de pagamento, mantidas as condições efetivas da proposta, nos termos da lei, o qual somente permitirá as exigências de qualificação técnica e econômica indispensáveis à garantia do cumprimento das obrigações."

Nos termos do art. 22, inciso XXVII, da Constituição Federal, compete à União legislar sobre normas gerais em matéria de licitações públicas. A Lei nº 8.666/93, portanto, foi editada em cumprimento ao determinado no art. 37, XXI, da CF, no âmbito da competência legislativa da União, para dispor sobre normas gerais acerca da matéria, as quais devem ser observadas pela União, Estados, Distrito Federal, Municípios, autarquias, empresas-públicas, sociedades de economia mista e fundações.

O artigo 3º da Lei nº 8.666/93 dispõe que a "licitação destina-se a garantir a observância do princípio constitucional da isonomia, a seleção da proposta mais vantajosa para a administração e a promoção do desenvolvimento nacional sustentável e será processada e julgada em estrita conformidade com os princípios básicos da legalidade, da impessoalidade, da moralidade, da igualdade, da publicidade, da probidade administrativa, da vinculação ao instrumento convocatório, do julgamento objetivo e dos que lhes são correlatos."

Trata-se de procedimento administrativo que tem como finalidade a seleção e contratação da proposta mais vantajosa à administração, em respeito ao princípio da isonomia, impessoalidade e eficiência.

A primeira parte do dispositivo estudado (art. 10, VIII), ao cuidar da conduta que venha a frustrar a licitude do procedimento licitatório, abarca qualquer ação ou omissão do agente público que implique em violação, desrespeito ou inobservância das formalidades e princípios que regem o procedimento licitatório, delineados no art. 3º ou demais dispositivos da Lei nº 8666/93. A título de exemplo, poderá frustrar a licitude da licitação:

1 – inobservância ao princípio da publicidade;

2 – inserção de cláusulas restritivas, que inviabilizem o caráter competitivo da licitação;

3 – adoção de modalidade menos competitiva, em desrespeito ao regramento legal;

4 – participação, direta ou indireta, de servidor ou dirigente do órgão responsável pela contratação (artigo 9º, III, da Lei nº 8666/93);

5 – admissão de propostas que não poderiam ser classificadas ou de licitantes que deveriam ser inabilitados;

6 – ausência de projeto básico.

Na segunda parte do dispositivo busca-se coibir a dispensa indevida de licitação. Não obstante a redação contida no inciso VIII, do art. 10, o mesmo abrange tanto a dispensa indevida de licitação (art. 24 da Lei nº 8666/93) como também a inexigibilidade de licitação (art. 25 da Lei nº 8666/93), eis que a expressão "dispensa" foi utilizada em sentido amplo, significando a não realização do procedimento licitatório, quando o mesmo seria obrigatório.

Não é raro verificar o manejo da dispensa e/ou inexigibilidade de licitação como forma de burlar à obrigatoriedade de se licitar, visando beneficiar determinado particular, mediante a simulação de situações emergenciais, invocação da notória especialização e singularidade do objeto em hipóteses indevidas, etc.

A contratação de escritórios de advocacia, por exemplo, pode tornar inexigível a licitação, na forma dos artigos 13, e 25, II, da Lei nº 8.666/93, desde de que devidamente comprovada a **notória especialização** do contratado e a **singularidade do objeto**. Todavia, sob o manto da inexigibilidade, tem se propagado a contratação de escritórios de advocacia para "defesa perante o Tribunal de Contas", "consultoria e defesa em processos judiciais trabalhistas, fiscais, cíveis e perante o Tribunal de Contas, o que, inegavelmente, evidenciam ausência da singularidade do objeto.

Da mesma forma, a notória especialização deve ser inequívoca, devidamente comprovada no respetivo procedimento administrativo de inexigibilidade, por meio de currículo do contratado, títulos, etc., ao ponto de evidenciar que não haveria outro profissional que pudesse prestar aquele serviço e, nem mesmo, a Procuradoria Jurídica do respectivo órgão teria condições de realizá-lo sem prejuízo ao interesse público e à eficiência administrativa.

Acerca do tema assim decidiu o STJ:

> [...] 1. A notória especialização jurídica, para legitimar a inexigibilidade de procedimento licitatório, é aquela de caráter absolutamente extraordinário e incontestável.
>
> 2. A especialidade do serviço técnico está associada à singularidade que veio a ser expressamente mencionada na Lei 8.666/1993. Ou seja, envolve serviço específico que reclame conhecimento peculiar do seu executor e ausência de outros profissionais capacitados no mercado, daí decorrendo a inviabilidade da competição.
>
> 3. O Tribunal de origem, com base nas provas colacionadas aos autos, asseverou que "é sabido que a contratação de advogado sem licitação somente se justifica quando em razão da alta complexidade do serviço a ser executado impõe-se a escolha de profissional de alto nível e de notória especialização. Não preenche os requisitos definidos na Lei 8.666/93 a contratação de escritório de advocacia para ajuizar e acompanhar ações trabalhistas" (fl. 79, e-STJ).
>
> [...].[97]

[97] STJ, 2ª Turma, AgRg no AREsp nº 585769/CE, Rel. Min. Herman Benjamin, Dje 11.02.2015.

O prejuízo ao erário, em caso de dispensa indevida ou frustração da licitude do procedimento licitatório, é presumido e consiste no valor do contrato firmado com base na licitação dispensada ou frustrada. Trata-se de dano *in re ipsa*, conforme entendimento da 1ª e 2ª Turma do Superior Tribunal de Justiça.[98]

A Lei de Ação Popular, em seu art. 4º, III, também reputa nula e presume a lesividade da contratação sem prévia licitação ou que tenha edital com cláusulas que dificultem a competição em torno do objeto licitado.

A fraude à licitação, ou a dispensa indevida do certame, implica a nulidade do respectivo procedimento licitatório e a obrigação de devolução do valor do contrato, nos termos do artigo 59, parágrafo único, da Lei nº 8.666/93:

> Art. 59. A declaração de nulidade do contrato administrativo opera retroativamente impedindo os efeitos jurídicos que ele, ordinariamente, deveria produzir, além de desconstituir os já produzidos.
>
> Parágrafo único. A nulidade não exonera a Administração do dever de indenizar o contratado pelo que este houver executado até a data em que ela for declarada e por outros prejuízos regularmente comprovados, contanto que não lhe seja imputável, promovendo-se a responsabilidade de quem lhe deu causa.

O contratado também deverá ressarcir integralmente o valor recebido em razão contrato, salvo se comprovado ter agido de boa-fé (parágrafo único, do artigo 59, da Lei nº 8.666/93).

6.2.9. *Ordenar ou permitir a realização de despesas irregulares*

O **inciso IX, do artigo 10**, define como ato de improbidade administrativa a conduta consistente em "ordenar ou permitir a realização de despesas não autorizadas em lei ou regulamento".

Cuida o dispositivo em tela das hipóteses em que o agente: 1) ordena ou permite a realização de despesas; e 2) tais despesas não estão autorizadas em lei ou regulamento.

A despesa pública deve ser contemplada nas peças orçamentárias (Plano Plurianual, Lei Orçamentária Anual, Lei de Diretrizes Orçamentárias), bem como estar acompanhada do respectivo empenho (art. 58 da Lei nº 4.320/1964) e liquidação da despesa (arts. 62 e 63 da Lei nº 4.320/1964), a fim de se perquirir sua regularidade e, posteriormente, autorizar-se o pagamento.

Também configurará a hipótese em comento a realização de despesa em desrespeito à Constituição Federal, na forma dos seus artigos 100 e 167, II, e à Lei Complementar nº 101/2000 (Lei de Responsabilidade Fiscal), ou com desvio da finalidade prevista na lei ou regulamento.

---

98 STJ, 2ª Turma, REsp nº 1376524/RJ, Rel. Min. Humberto Martins, Dje 09.09.2014; No mesmo sentido: AgRg no REsp 1.499.706/SP, Rel. Min. Gurgel de Faria, 1ª Turma, j. 02.02.2017; AgInt no REsp 1.671.366/SP, Relator Ministro Mauro Campbell Marques, 2ª Turma, j. 28.11.2017.

6.2.10. Agir negligentemente na arrecadação de tributo ou renda ou na conservação do patrimônio público

O **inciso X, do artigo 10**, define como ato de improbidade administrativa "agir negligentemente na arrecadação de tributo ou renda, bem como no que diz respeito à conservação do patrimônio público".

Destina-se àqueles agentes que têm como atribuição a arrecadação da receita pública e/ou de conservação do patrimônio público. A expressão "*agir negligentemente*" não autoriza a conclusão no sentido de que o dispositivo somente abrangeria a conduta culposa, pois deve ser compatibilizada com o previsto no "caput", que menciona ação ou omissão dolosa ou culposa, possibilitando, assim, a responsabilização, com base no inciso X, do agente público que intencionalmente, deixar de promover a arrecadação de tributo ou renda, ou de conservar o patrimônio público.[99]

A primeira parte do dispositivo visa responsabilizar o agente público que deixa de promover as medidas necessárias na arrecadação tributária ou de rendas, a permitir a evasão de recursos, como, por exemplo, a não cobrança de tributos, a ausência de propositura de ação visando o ressarcimento de prejuízo causado ao erário, falta de inscrição na dívida ativa, etc.

Em relação à segunda parte do inciso X, conforme a lição de Paiva Martins, destina-se:

> à conservação do patrimônio público, expandindo o raio de ação da lei na medida em que ultrapassa o aspecto das receitas públicas, incluindo bens, valores, interesses e direitos pertencentes às entidades administrativas e à sociedade (patrimônio cultural, histórico, arquitetônico, paisagístico) que devem ser conservados para evitar perecimento, perda, dilapidação ou dissipação.[100]

6.2.11. Liberar verba pública ou influir para sua aplicação irregular

O **inciso XI, do artigo 10**, define como ato de improbidade administrativa a conduta de "liberar verba pública sem a estrita observância das normas pertinentes ou influir de qualquer forma para a sua aplicação irregular".

A primeira parte abrange aquela prevista no inciso IX, do artigo 10 (ordenar ou permitir a realização de despesas não autorizadas em lei ou regulamento) e consiste na responsabilização do agente público que aplica ou emprega, de forma irregular, verba pública, no tocante à forma e finalidade, como, por exemplo, o pagamento sem o empenho e liquidação da despesa, nos termos dos artigos 58, 60 e 62 da Lei nº 4.320/64, ou concede subvenção social a entidade que não atende aos requisitos legais.

A segunda parte refere-se à conduta do agente que influi para a aplicação irregular da verba pública, ou seja, não tem atribuição para a sua aplicação, mas busca influenciar aquele que a tem.

---

[99] DECOMAIN, Pedro. Op. cit. p. 145.

[100] MARTINS JÚNIOR, Wallace Paiva. Op. cit. p. 274.

6.2.12. *Permitir, facilitar ou concorrer para o enriquecimento ilícito de terceiro*

O **inciso XII, do artigo 10**, considera ato de improbidade administrativa "permitir, facilitar ou concorrer para que terceiro se enriqueça ilicitamente".

Cuida-se de hipótese ampla que tipifica como improbidade administrativa qualquer conduta, comissiva ou omissiva, que possibilite o enriquecimento ilícito do particular, por meio do erário. Este enriquecimento ilícito deverá estar acompanhado do dano ao erário, pois, do contrário, não haveria razão para a inclusão desta hipótese no artigo 10. Caso também se verifique o enriquecimento ilícito do agente público, restará configurada a modalidade do art. 9º.

O enriquecimento ilícito poderá se dar em razão do recebimento indevido de recursos públicos, em razão da prestação de serviços, por exemplo, ou também em razão da utilização irregular de bens ou serviços públicos, hipótese em que o particular deixar de despender recursos próprios.

6.2.13. *Permitir a utilização de veículos, máquinas, equipamentos ou materiais públicos ou do trabalho de servidores*

O **inciso XIII, do artigo 10,** define como improbidade administrativa a conduta de "permitir que se utilize, em obra ou serviço particular, veículos, máquinas, equipamentos ou material de qualquer natureza, de propriedade ou à disposição de qualquer das entidades mencionadas no art. 1º desta Lei, bem como o trabalho do servidor público, empregados ou terceiros contratados por estas entidades".

Cuida de hipótese na qual o agente público permite o enriquecimento ilícito do particular, mediante o uso, em obra ou serviço particular, de veículos, máquinas, equipamentos, material de qualquer natureza e, também, do trabalho de servidores públicos. Anote-se que aqui o enriquecimento ilícito não é do agente público, mas do particular, de forma que se o primeiro obtiver vantagem ilícita, será a hipótese de incidência do artigo 9º.

A conduta descrita nesse dispositivo está, de certa forma, abrangida pelo inciso XII, do artigo 10, que cuida, de forma ampla, de todas as formas de enriquecimento ilícito do particular.

6.2.14. *Celebrar indevidamente instrumento de prestação de serviços públicos por meio de gestão associada ou contrato de rateio de consórcio público*

O **inciso XIV, do artigo 10**, define como ato de improbidade administrativa a conduta de "celebrar contrato ou outro instrumento que tenha por objeto a prestação de serviços públicos por meio da gestão associada sem observar as formalidades previstas na lei".

O **inciso XV, do artigo**, considera ato de improbidade administrativa "celebrar contrato de rateio de consórcio público sem suficiente e prévia dotação orçamentária, ou sem observar as formalidades previstas na lei".

Estes incisos foram inseridos pela Lei Federal nº 11.107/05, que regulamentou o consórcio público, espécie de cooperação associativa entre entes estatais, constituído por meio de associação pública ou pessoa jurídica de direito privado, para o alcance de objetivo comum.

O inciso XIV, do artigo 10, considera improbidade administrativa a celebração de gestão associada entre entes públicos para a prestação de serviços, sem que sejam observadas as formalidades exigidas, como, por exemplo, o disposto nos arts. 3º e 4º, da Lei nº 11.107/05:

> Art. 3º. O consórcio público será constituído por contrato cuja celebração dependerá da prévia subscrição de protocolo de intenções.
>
> Art. 4º. São cláusulas necessárias do protocolo de intenções as que estabeleçam:
>
> I – a denominação, a finalidade, o prazo de duração e a sede do consórcio;
>
> II – a identificação dos entes da Federação consorciados;
>
> III – a indicação da área de atuação do consórcio;
>
> IV – a previsão de que o consórcio público é associação pública ou pessoa jurídica de direito privado sem fins econômicos;
>
> V – os critérios para, em assuntos de interesse comum, autorizar o consórcio público a representar os entes da Federação consorciados perante outras esferas de governo;
>
> VI – as normas de convocação e funcionamento da assembleia geral, inclusive para a elaboração, aprovação e modificação dos estatutos do consórcio público;
>
> VII – a previsão de que a assembleia geral é a instância máxima do consórcio público e o número de votos para as suas deliberações;
>
> VIII – a forma de eleição e a duração do mandato do representante legal do consórcio público que, obrigatoriamente, deverá ser Chefe do Poder Executivo de ente da Federação consorciado;
>
> IX – o número, as formas de provimento e a remuneração dos empregados públicos, bem como os casos de contratação por tempo determinado para atender à necessidade temporária de excepcional interesse público;
>
> X – as condições para que o consórcio público celebre contrato de gestão ou termo de parceria;
>
> XI – a autorização para a gestão associada de serviços públicos, explicitando:
>
> a) as competências cujo exercício se transferiu ao consórcio público;
>
> b) os serviços públicos objeto da gestão associada e a área em que serão prestados;
>
> c) a autorização para licitar ou outorgar concessão, permissão ou autorização da prestação dos serviços;
>
> d) as condições a que deve obedecer ao contrato de programa, no caso de a gestão associada envolver também a prestação de serviços por órgão ou entidade de um dos entes da Federação consorciados;
>
> e) os critérios técnicos para cálculo do valor das tarifas e de outros preços públicos, bem como para seu reajuste ou revisão; e
>
> [...]

O inciso XV, do artigo 10, por sua vez, tipifica a celebração de contrato de rateio de consórcio público, sem que o ente participante tenha **suficiente e prévia dotação orçamentária ou sem observância das disposições legais**, como, por exemplo, a utilização de recursos obtidos por meio de contrato de rateio para cobrir despesas genéricas. O artigo 8º da Lei nº 11.107/2005 dispõe:

> Art. 8º. Os entes consorciados somente entregarão recursos ao consórcio público mediante contrato de rateio.
>
> § 1º. O contrato de rateio será formalizado em cada exercício financeiro e seu prazo de vigência não será superior ao das dotações que o suportam, com exceção dos contratos que tenham por objeto exclusivamente projetos consistentes em programas e ações contemplados em plano plurianual ou a gestão associada de serviços públicos custeados por tarifas ou outros preços públicos.
>
> § 2º. É vedada a aplicação dos recursos entregues por meio de contrato de rateio para o atendimento de despesas genéricas, inclusive transferências ou operações de crédito.
>
> § 3º. Os entes consorciados, isolados ou em conjunto, bem como o consórcio público, são partes legítimas para exigir o cumprimento das obrigações previstas no contrato de rateio.
>
> § 4º. Com o objetivo de permitir o atendimento dos dispositivos da Lei Complementar nº 101, de 4 de maio de 2000, o consórcio público deve fornecer as informações necessárias para que sejam consolidadas, nas contas dos entes consorciados, todas as despesas realizadas com os recursos entregues em virtude de contrato de rateio, de forma que possam ser contabilizadas nas contas de cada ente da Federação na conformidade dos elementos econômicos e das atividades ou projetos atendidos.
>
> § 5º. Poderá ser excluído do consórcio público, após prévia suspensão, o ente consorciado que não consignar, em sua lei orçamentária ou em créditos adicionais, as dotações suficientes para suportar as despesas assumidas por meio de contrato de rateio.

6.2.15. *Lesão ao erário mediante irregularidades na celebração de parcerias com organizações da sociedade civil – Lei nº 13.019/14*

A Lei Federal nº 13.019/2014 dispõe sobre "o regime jurídico das parcerias entre a administração pública e as organizações da sociedade civil, em regime de mútua cooperação, para a consecução de finalidades de interesse público e recíproco, mediante a execução de atividades ou de projetos previamente estabelecidos em planos de trabalho inseridos em termos de colaboração, em termos de fomento ou em acordos de cooperação; define diretrizes para a política de fomento, de colaboração e de cooperação com organizações da sociedade civil; e altera as Leis nos 8.429, de 2 de junho de 1992, e 9.790, de 23 de março de 1999."

Esta lei incluiu alguns incisos ao artigo 10 da Lei Federal nº 8.429/92, a fim de realçar a necessidade de responsabilização dos agentes públicos e particulares que, por meio de parcerias firmadas com organizações da sociedade civil, evidenciarem atuação ilícita, nos seguintes termos:

> Art. 77. O art. 10 da Lei nº 8.429, de 2 de junho de 1992, passa a vigorar com as seguintes alterações:
>
> Art. 10.

VIII – frustrar a licitude de processo licitatório ou de processo seletivo para celebração de parcerias com entidades sem fins lucrativos, ou dispensá-los indevidamente;

XVI – facilitar ou concorrer, por qualquer forma, para a incorporação, ao patrimônio particular de pessoa física ou jurídica, de bens, rendas, verbas ou valores públicos transferidos pela administração pública a entidades privadas mediante celebração de parcerias, sem a observância das formalidades legais ou regulamentares aplicáveis à espécie;

XVII – permitir ou concorrer para que pessoa física ou jurídica privada utilize bens, rendas, verbas ou valores públicos transferidos pela administração pública a entidade privada mediante celebração de parcerias, sem a observância das formalidades legais ou regulamentares aplicáveis à espécie;

XVIII – celebrar parcerias da administração pública com entidades privadas sem a observância das formalidades legais ou regulamentares aplicáveis à espécie;

XIX – agir negligentemente na celebração, fiscalização e análise das prestações de contas de parcerias firmadas pela administração pública com entidades privadas; (Redação dada pela Lei nº 13.204, de 2015)

XX – liberar recursos de parcerias firmadas pela administração pública com entidades privadas sem a estrita observância das normas pertinentes ou influir de qualquer forma para a sua aplicação irregular. (Redação dada pela Lei nº 13.204, de 2015)

XXI – liberar recursos de parcerias firmadas pela administração pública com entidades privadas sem a estrita observância das normas pertinentes ou influir de qualquer forma para a sua aplicação irregular". (NR)

Art. 78. O art. 11 da Lei nº 8.429, de 2 de junho de 1992, passa a vigorar acrescido do seguinte inciso VIII:

Art. 11.

VIII – descumprir as normas relativas à celebração, fiscalização e aprovação de contas de parcerias firmadas pela administração pública com entidades privadas.

Da leitura dos dispositivos inseridos no artigo 10, constata-se que retratam reiterações de disposições já previstas em outros incisos, mas que nestes novos destinam-se às condutas relacionadas às parcerias de que cuida a Lei nº 13.019/2014, exigindo-se, em regra, a inobservância das normas pertinentes à celebração da parceria e o prejuízo ao erário respectivo.

6.2.16. Ato de improbidade administrativa mediante concessão ou aplicação indevida de benefício tributário ou financeiro:

A Lei Complementar nº 157, de 29 de dezembro de 2016, a fim de coibir a guerra fiscal entre Municípios na cobrança do Imposto Sobre Serviços de Qualquer Natureza, regulamentou o artigo 156, § 3º, da Constituição Federal:

Art. 2º. A Lei Complementar nº 116, de 31 de julho de 2003, passa a vigorar acrescida do seguinte art. 8º-A: (Produção de efeito)

Art. 8º-A. A alíquota mínima do Imposto sobre Serviços de Qualquer Natureza é de 2% (dois por cento).

§ 1º. O imposto não será objeto de concessão de isenções, incentivos ou benefícios tributários ou financeiros, inclusive de redução de base de cálculo ou de crédito presumido ou outorgado, ou sob qualquer outra forma que resulte, direta ou indiretamente, em carga tributária menor que a decorrente da aplicação da alíquota mínima estabelecida no **caput**, exceto para os serviços a que se referem os subitens 7.02, 7.05 e 16.01 da lista anexa a esta Lei Complementar.

§ 2º. É nula a lei ou o ato do Município ou do Distrito Federal que não respeite as disposições relativas à alíquota mínima previstas neste artigo no caso de serviço prestado a tomador ou intermediário localizado em Município diverso daquele onde está localizado o prestador do serviço.

§ 3º. A nulidade a que se refere o § 2º deste artigo gera, para o prestador do serviço, perante o Município ou o Distrito Federal que não respeitar as disposições deste artigo, o direito à restituição do valor efetivamente pago do Imposto sobre Serviços de Qualquer Natureza calculado sob a égide da lei nula.

Art. 3º. A lista de serviços anexa à Lei Complementar nº 116, de 31 de julho de 2003, passa a vigorar com as alterações constantes do Anexo desta Lei Complementar.

Art. 4º. A Lei nº 8.429, de 2 de junho de 1992 (Lei de Improbidade Administrativa), passa a vigorar com as seguintes alterações: (Produção de efeito)

Seção II-A

Dos Atos de Improbidade Administrativa Decorrentes de Concessão ou Aplicação Indevida de Benefício Financeiro ou Tributário

Art. 10-A. Constitui ato de improbidade administrativa qualquer ação ou omissão para conceder, aplicar ou manter benefício financeiro ou tributário contrário ao que dispõem o **caput** e o § 1º do art. 8º-A da Lei Complementar nº 116, de 31 de julho de 2003.

Art. 12.

IV – na hipótese prevista no art. 10-A, perda da função pública, suspensão dos direitos políticos de 5 (cinco) a 8 (oito) anos e multa civil de até 3 (três) vezes o valor do benefício financeiro ou tributário concedido. (NR)

Art. 17

§ 13. Para os efeitos deste artigo, também se considera pessoa jurídica interessada o ente tributante que figurar no polo ativo da obrigação tributária de que tratam o § 4º do art. 3º e o art. 8º-A da Lei Complementar nº 116, de 31 de julho de 2003. (NR)

Deve se dar destaque ao artigo 8º-A na Lei Complementar nº 116, de 31 de julho de 2003, o qual estabeleceu a alíquota mínima de 2% para o ISS, bem como vedou a concessão de isenções, benefícios ou incentivos tributários, como forma a evitar a guerra fiscal entre municípios.

Foi alterada, também, a Lei de Improbidade Administrativa, mediante a inclusão do artigo 10-A, na Seção II-A, que tipificou a ação ou omissão que vise conceder, aplicar ou manter benefício tributário em descompasso ao supramencionado artigo 8ª-A, "caput", e § 1º, da Lei Complementar nº 116/2003.

Necessário destacar a inusitada técnica legislativa, que destoa daquela adotada na Lei nº 8429/92, no tocante a três aspectos; a localização do novo dispositivo (artigo 10-A); a não previsão de modalidade culposa, como há no artigo 10, "caput"; e a inclusão de sanção específica para esta modalidade de ato de improbidade administrativa (artigo 12, IV).

A inserção topológica do novo dispositivo dentro do artigo 10 da LIA parece indicar que se trata de ato de improbidade administrativa que importa prejuízo ao erário, não se compreendendo o motivo pelo qual não incluído como uma das hipóteses dos incisos do citado artigo 10, até mesmo porque a conduta do agente público de aplicar, conceder ou manter benefício fiscal de forma indevida, indubitavelmente, importará prejuízo ao erário.

Caso após a ação ou omissão do agente público não se consume o benefício fiscal, restaria configurada a hipótese do artigo 11 da LIA.

O elemento subjetivo, diferentemente do "caput" do artigo 10, exige o dolo genérico, pois na redação do art. 10-A não houve previsão expressa quanto à modalidade culposa. Deve-se, portanto, seguir o mesmo raciocínio aplicado aos artigos 9º e 11, os quais também exigem, no mínimo, o dolo genérico.

Não se vislumbra justificativa, também, para a previsão de sanção específica para esta modalidade, inserida no inciso IV, do artigo 12, consistente em "perda da função pública, suspensão dos direitos políticos de 5 (cinco) a 8 (oito) anos e multa civil de até 3 (três) vezes o valor do benefício financeiro ou tributário concedido".

A ausência de menção acerca do ressarcimento ao erário e do perdimento de bens, como será melhor explicitado no item relativo às sanções, não impede tais providências, pois, na realidade, não se tratam de penalidades (itens 7.1 e 7.2 infra).

Porém, não se compreende a razão para a exclusão de sanção dirigida ao particular, beneficiário do ato ímprobo, consistente na proibição de contratar com o poder público e de receber incentivos e benefícios fiscais ou creditícios.

Em síntese, a nova conduta de ato de improbidade administrativa, não obstante a necessária tutela do patrimônio público quanto às concessões de incentivos fiscais, mostra-se desajustada e em descompasso com as demais condutas e sanções previstas na Lei de Improbidade Administrativa.

Esta modalidade de ato de improbidade administrativa somente passou a ter aplicação a partir de 30 de dezembro de 2017, nos termos dos artigos 6º e 7º, § 1º, da Lei Complementar n. 157, de 29 de dezembro de 2016.

6.3. Violação aos princípios da administração pública

Quanto aos atos atentatórios aos princípios da administração pública, dispõe o artigo 11 da Lei nº 8.429/92:

> Art. 11. Constitui ato de improbidade administrativa que atenta contra os princípios da administração pública qualquer ação ou omissão que viole os deveres de honestidade, imparcialidade, legalidade, e lealdade às instituições, e notadamente:
>
> I – praticar ato visando fim proibido em lei ou regulamento ou diverso daquele previsto, na regra de competência;
>
> II – retardar ou deixar de praticar, indevidamente, ato de ofício;
>
> III – revelar fato ou circunstância de que tem ciência em razão das atribuições e que deva permanecer em segredo;
>
> IV – negar publicidade aos atos oficiais;
>
> V – frustrar a licitude de concurso público;
>
> VI – deixar de prestar contas quando esteja obrigado a fazê-lo;
>
> VII – revelar ou permitir que chegue ao conhecimento de terceiro, antes da respectiva divulgação oficial, teor de medida política ou econômica capaz de afetar o preço de mercadoria, bem ou serviço.

> VIII – descumprir as normas relativas à celebração, fiscalização e aprovação de contas de parcerias firmadas pela administração pública com entidades privadas.
>
> IX – deixar de cumprir a exigência de requisitos de acessibilidade previstos na legislação.
>
> X – transferir recurso a entidade privada, em razão da prestação de serviço na área da saúde, em a prévia celebração de contrato, convênio ou instrumento congênere, nos termos do parágrafo único, do art. 24, da Lei 8.080, de 19 de setembro de 1990.

Em relação aos princípios que devem reger a administração pública, o artigo 4º da Lei nº 8.429/92 dispõe:

> Art. 4º. Os agentes públicos de qualquer nível ou hierarquia são obrigados a velar pela estrita observância dos princípios de legalidade, impessoalidade, moralidade e publicidade no trato dos assuntos que lhe são afetos.

A necessidade de observância dos citados princípios decorre do artigo 37, "caput", da Constituição Federal:

> Art. 37. A administração pública direta e indireta de qualquer dos Poderes da União, dos Estados, do Distrito Federal e dos Municípios obedecerá aos princípios de legalidade, impessoalidade, moralidade, publicidade e eficiência e, também, ao seguinte:

Dos artigos 4º e 11 da Lei nº 8.429/92, e 37, "caput", da Constituição Federal, verifica-se que a violação aos princípios da legalidade, impessoalidade, moralidade, publicidade, eficiência, além dos deveres de honestidade, imparcialidade e lealdade às instituições, poderá configurar o ato de improbidade administrativa em enfoque, sem prejuízo, ainda, dos princípios da finalidade, razoabilidade, proporcionalidade, igualdade e boa-fé.[101]

O **princípio da legalidade** impõe limites à administração pública e a seus agentes, pois, se ao particular se autoriza fazer tudo o que não é vedado pela lei, a atividade administrativa somente admite aquilo que é expressamente autorizado pela lei. Tem, portanto, a característica de limitar a conduta dos governantes, ou mesmo evitar abusos, assumindo caráter essencial na tutela dos direitos individuais. Além de sua previsão no artigo 37, "caput", também contém menção expressa no artigo 5º, inciso II, da Constituição Federal, segundo o qual "ninguém será obrigado a fazer ou deixar de fazer alguma coisa senão em virtude de lei."

O **princípio da impessoalidade** impõe duas diretrizes a serem seguidas no âmbito da administração pública, uma em relação aos administrados e outra em relação à própria administração.

A primeira face deste princípio exige que os atos da administração e de seus agentes tenham como diretriz a finalidade pública, e não de prejudicar terceiros ou de beneficiar particulares ou beneficiar agentes públicos. A título de exemplo, vale destacar a obrigatoriedade de prévia aprovação em concurso público (artigo 37, II, da CF), o qual impede que o administrador público, a seu critério, escolha as pessoas que atuaram na administração pública.

[101] MARTINS JÚNIOR, Wallace Paiva. Op. cit. p. 279.

A outra face do mesmo princípio impõe a necessidade de se reconhecer que o responsável pelos atos da administração é o órgão ou entidade respectivos e não o funcionário ou o agente público que o praticou. Assentado neste princípio está o artigo 37, § 1º, da Constituição Federal, segundo o qual a publicidade dos atos estatais não poderá mencionar "nomes, símbolos ou imagens que caracterizem promoção pessoal de autoridades ou servidores públicos".

O **princípio da publicidade** está previsto no artigo 37, "caput", da Constituição Federal, mas também é concretizado no artigo 5º, XXXIII, segundo o qual "todos têm direito a receber dos órgãos públicos informações de seu interesse particular, ou de interesse coletivo ou geral, que serão prestadas no prazo da lei, sob pena de responsabilidade, ressalvadas aquelas cujo sigilo seja imprescindível à segurança da sociedade e do Estado".

O referido princípio impõe a ampla divulgação dos atos praticados pela administração pública, como condição de eficácia e para que produza efeitos internos e externos, salvo as hipóteses de sigilo previstas em lei. Ao propiciar o conhecimento de seus atos, a administração viabiliza a fiscalização pela sociedade e também pelos órgãos com atribuição para o seu controle (Ministério Público, Tribunal de Contas etc.).

Em cumprimento ao disposto nos artigos 5º, XXXIII, e 37, § 3º, II da Constituição Federal, foi editada Lei Federal nº 12.527/2011, a qual dispõe sobre os procedimentos a serem observados, no âmbito da União, Estados, Distrito Federal e Município, a fim de se garantir o acesso às informações públicas.

O **princípio da eficiência** impõe que toda a atividade administrativa seja executada de forma célere e econômica, sem se distanciar dos padrões de qualidades necessários, a fim de possibilitar o melhor resultado tanto para a administração, quanto para os administrados. Emerson Garcia leciona que:

> ineficiência ainda traz consigo a triste consequência de comprometer o crescimento socioeconômico de qualquer país, que se vê atravancado pela mediocridade dos recursos humanos disponíveis e pelo excesso de burocracia do aparato estatal, passando ao largo de qualquer referencial de boa gestão administrativa. Trata-se de campo fértil à proliferação da corrupção [...].[102]

A obrigatoriedade de prévia aprovação em concurso público para ingresso na administração pública (artigo 37, II, da CF) também concretiza este princípio, pois viabiliza a competição entre os candidatos e a contratação dos melhores e mais preparados. Reflexo deste princípio é também a necessidade de estágio probatório para se adquirir a estabilidade em cargo público (artigo 41, § 4º, da CF) e a avaliação periódica de desempenho como forma de perda do cargo público (artigo 41, § 2º, III, da CF).

O **princípio da moralidade administrativa** exige que a conduta dos agentes estatais seja marcada pela ética, honestidade e boa-fé. A ideia de imoralidade administrativa foi desenvolvida a partir da teoria do desvio de poder. A concepção do

[102] GARCIA, Emerson; ALVES, Rogério Pacheco. Op. cit. p. 115.

princípio da moralidade administrativa, como limite à atuação do agente estatal, tem semente nos estudos realizados por Maurice Hariou, embasado nas decisões do Conselho de Estado na França, o qual, a partir de recursos por excesso de poder, passou a fiscalizar não só a legalidade formal-objetiva do ato administrativo, como também o aspecto subjetivo, relativo à sua discricionariedade e correlação ao interesse público[103].

Hariou definiu a moralidade administrativa na 10ª edição do *Précis de Droi Administratif,* como o "conjunto de condutas tiradas da disciplina interior da Administração".[104] Nesta linha, configura princípio que possibilita a distinção entre "o bem e o mal, o legal e o ilegal, o justo e o injusto, o conveniente e o inconveniente, mas também entre o honesto e o desonesto".[105]

Os deveres de honestidade e lealdade às instituições inseridos no artigo 11 relacionam-se ao princípio da moralidade, ao passo que a imparcialidade se liga ao princípio da impessoalidade, de forma que, em síntese, os princípios da administração pública emanam daqueles insculpidos no "caput", do art. 37, da Constituição Federal.

No tocante ao dever de fidelidade/lealdade às instituições, Mário Masagão aponta que:

> é o mais importante dos deveres dos funcionários públicos, pois compreende todos os demais, e antecede o próprio exercício do cargo, pois nasce no momento em que o servidor presta compromisso [...] Pela fidelidade, o funcionário adere aos interesses superiores do Estado, e jamais se coloca em antagonismo com os fins e com o prestígio da administração [...] A fidelidade envolve também o respeito às instituições, e se opõe a atividades que procurem subverte-las. As instituições são representadas pela Constituição e demais leis[106]

Caracterizam-se as hipóteses descritas no artigo 11 pela inexistência de enriquecimento ilícito por parte do agente público, como também pela inocorrência de perda patrimonial às entidades elencadas no artigo 1º da Lei nº 8.429/92, possuindo, portanto, caráter residual.

Nada obsta, todavia, que o particular ou partícipe de ato de improbidade administrativa previsto no artigo 11 experimente enriquecimento ilícito.

Quanto ao elemento subjetivo há entendimento jurisprudencial que aponta para a necessidade de demonstração da má-fé ou desonestidade:

> [...]
>
> 3. A decisão atacada concluiu pela ausência de autoria da servidora na falsidade do atestado médico, tomando por fundamento a situação fática apresentada e as provas técnicas produzidas e colacionadas aos autos, inclusive as provas periciais.
>
> 4. **A Lei nº 8.429/92 visa a resguardar os princípios da administração pública sob o prisma do combate à corrupção, da imoralidade qualificada e da grave deso-**

[103] GARCIA, Emerson; ALVES, Rogério Pacheco. Op. cit. p. 134/138.

[104] BRANDÃO, Antônio José. 'Moralidade Administrativa' – (RDA25:454).

[105] ZANELLA DE PIETRO, Maria Sylvia, Op. cit., p. 92.

[106] MASAGÃO, Mário. 'Curso de Direito Administrativo'. São Paulo: Revista dos Tribunais, 1977, p. 218/219.

nestidade funcional, não se coadunando com a punição de meras irregularidades administrativas ou transgressões disciplinares, as quais possuem foro disciplinar adequado para processo e julgamento.

5. Recursos especiais conhecidos em parte e não providos."[107]

Não concordamos com tal posicionamento, pois o elemento subjetivo que se exige é o **dolo genérico**, ou seja, a vontade de realizar a conduta descrita no tipo, não admitida, apenas, a modalidade culposa, conforme entendimento pacífico do Superior Tribunal de Justiça:

[...]

2. Os atos de improbidade administrativa descritos no artigo 11 da Lei nº 8429/92, como visto, dependem da presença do dolo genérico, mas dispensam a demonstração da ocorrência de dano para a Administração Pública ou enriquecimento ilícito do agente.

3. Na hipótese dos autos, o Tribunal a quo, embora tenha consignado que era prescindível a demonstração de dolo ou culpa do agente, reconheceu expressamente ser "flagrante a inobservância da regra de provimento dos cargos públicos por meio de concurso público, conforme previsto na Carta Magna, deve ser reconhecida a ilegalidade na contratação", daí porque não há que se falar na inexistência do elemento doloso.

[...][108]

6.3.1. Praticar qualquer ato visando fim proibido ou diverso daquele previsto na regra de competência

O **inciso I, do artigo 11**, define como ato de improbidade administrativa a conduta de "praticar ato visando fim proibido em lei ou regulamento ou diverso daquele previsto, na regra de competência".

Cuida de vício do ato administrativo em razão do desvio de finalidade ou excesso de poder, que já encontrava previsão de nulidade no art. 2º, *e*, da Lei nº 4.717/65. O agente público atua dissociado do interesse público, ou extrapola o limite de sua competência. É admitido, portanto, aferir-se os atos administrativos vinculados e os discricionários.

Abrange a atuação estatal para a satisfação de interesses pessoais dos agentes públicos, de seu partido político, ou, ainda, a perseguição de terceiros e inimigos políticos. A conduta dos agentes estatais deve estar sempre pautada na defesa do interesse público e não no beneficiamento de interesses privados ou na perseguição de terceiros.

6.3.2. Retardar ou deixar de praticar ato de ofício

O **inciso II, do artigo 11**, define como improbidade administrativa a conduta de "retardar ou deixar de praticar, indevidamente, ato de ofício".

[107] STJ, 2ª Turma, REsp nº 1089911 / PE, Rel. Min. Castro Meira, Dje. 25.11.2009.

[108] STJ, 2ª Turma, AgRg no REsp 1500812 / SE, Rel. Min. Mauro Campbell Marques, Dje 28.05.2015. No mesmo sentido AgInt no AREsp 873914RN, Segunda Turma, Rel. Min. Francisco Falcão, Dje. 17.09.2018.

Cuida de conduta omissiva na qual se retarda ou não se pratica ato de ofício, de forma indevida, aproximando-se do crime de prevaricação, previsto no artigo 319 do Código Penal. Consubstancia falta de lealdade à instituição a qual serve o agente público, bem como distanciamento do princípio de legalidade, que, por vez, acarreta um dever de agir.

O elemento subjetivo é o dolo, de forma que, em caso de eventual desorganização da administração ou inaptidão do agente não haverá improbidade administrativa.[109]

6.3.3. Revelar fato ou circunstância que deva permanecer em segredo

O **inciso III, do artigo 11**, aponta como improbidade administrativa a conduta de "revelar fato ou circunstância de que tem ciência em razão das atribuições e que deva permanecer em segredo".

A atuação funcional, em determinadas situações, exige o dever do sigilo no tocante às informações contidas nos procedimentos administrativos e judiciais nos quais atuam, a fim de resguardar a intimidade e vida privada dos particulares, o sucesso de determinada atividade estatal, ou mesmo em prol da eficiência das investigações. O sigilo pode decorrer de mandamento legal, como no caso do sigilo bancário ou fiscal, ou mesmo por ordem ou determinação judicial ou do responsável pelo procedimento administrativo, quando conveniente às investigações.

O agente público que revela fato sigiloso atua de forma contrária à lealdade às instituições, além de violar o princípio da legalidade, demonstrando comprometimento aos interesses próprios ou de terceiro estranho à administração. Poderá, com tal comportamento, proporcionar vantagem econômica a particulares, prejudicar investigações, etc. Caso obtenha vantagem ilícita para revelar o sigilo, restará configurada a hipótese do art. 9º.

Eventual enriquecimento ilícito experimentado pelo particular não altera a tipificação para o artigo 9º, pois tal modalidade de ato de improbidade administrativa apenas se configura na hipótese de enriquecimento ilícito do agente público. O enriquecimento ilícito do particular, porém, autoriza o perdimento de bens acrescidos ilicitamente ao patrimônio, na forma do artigo 6º da Lei nº 8.429/92, segundo o qual "perderá o agente público ou **terceiro beneficiário** os bens ou valores acrescidos ao seu patrimônio".

6.3.4. Negar publicidade de atos oficiais

O **inciso IV, do artigo 11**, define como improbidade administrativa a conduta de "negar publicidade de atos oficiais".

A publicidade dos atos da administração é princípio constitucional estabelecido no artigo 37, "caput", da Constituição Federal, razão pela qual deve ser a regra, somente se admitindo sua restrição nas hipóteses em que o sigilo é obrigatório,

109 NEIVA, José Antonio Lisbôa. Op. cit. 175.

como, por exemplo, para a defesa da intimidade ou interesse social (art. 5º, LX, da CF) ou em prol da segurança da sociedade e do Estado (art. 5º, XXXIII, da CF).

É instrumento que permite o efetivo controle de legalidade e finalidade dos atos administrativos. Há, ainda, o aspecto preventivo, dado que o prévio conhecimento pelo agente público acerca da necessidade de sua observância, profilaticamente, o induz à observância das normas de competência e finalidade.

O princípio da publicidade "constitui uma das pedras fundamentais do Estado Democrático de Direito, que se norteia pela transparência (salvo os atos legalmente sigiloso) nas mais diversificadas áreas de atuação do Poder Público [...] A transparência elementar dessa regra é vetor da moralidade administrativa. Basta ver que a Constituição Federal incentiva a participação popular ao estabelecer que as contas municipais deverão ficar à disposição do provo por sessenta dias, anualmente, para eventual questionamento de qualquer contribuinte (art. 31, § 3º).[110]

Valoroso instrumento de garantia da transparência na administração pública, a Lei nº 12.527, de 18 de novembro de 2011, regula o acesso às informações (artigos 5º, inciso XXXIII, 37, § 3º, inciso II, e 216, § 2º, da CF), expressando a publicidade como regra e sigilo como exceção, a necessidade de divulgação de informações de interesse público e o fortalecimento do controle social da administração pública, na forma do seu artigo 3º:

> Art. 3º. Os procedimentos previstos nesta Lei destinam-se a assegurar o direito fundamental de acesso à informação e devem ser executados em conformidade com os princípios básicos da administração pública e com as seguintes diretrizes:
>
> I - observância da publicidade como preceito geral e do sigilo como exceção;
>
> II - divulgação de informações de interesse público, independentemente de solicitações;
>
> III - utilização de meios de comunicação viabilizados pela tecnologia da informação;
>
> IV - fomento ao desenvolvimento da cultura de transparência na administração pública;
>
> V - desenvolvimento do controle social da administração pública.

Configurará ato de improbidade administrativa, portanto, qualquer conduta dolosa (dolo genérico), no sentido de inviabilizar a publicidade de atos oficiais, como, por exemplo, a ausência de publicidade de edital de abertura de procedimento licitatório, ou o descumprimento das diretrizes estabelecidas na Lei nº 12.527/2011, inviabilizando o acesso a estas informações.

6.3.5. Frustrar a licitude de concurso público

O **inciso V, do artigo 11**, define como ato de improbidade administrativa a conduta de "frustrar a licitude de concurso público".

O inciso II, do art. 37, da CF, dispõe "a investidura em cargo ou emprego público depende de aprovação prévia em concurso público de provas ou de provas e títulos, de acordo com a natureza e a complexidade do cargo ou emprego, na forma

[110] MARTINS JÚNIOR, Wallace Paiva. Op. cit., p. 293.

prevista em lei, ressalvadas as nomeações para cargo em comissão declarado em lei de livre nomeação e exoneração".

Decorre, portanto, o caráter obrigatório do acesso aos cargos públicos por meio de prévia aprovação em concurso público, procedimento administrativo que, a um só tempo, dá plena aplicabilidade aos mais caros princípios da administração pública, pois preza pela **impessoalidade** na contratação de servidores, propicia a **igualdade** entre os candidatos e garante a **eficiência** da mão de obra. Além disso, por óbvio, o procedimento administrativo afeto a determinado concurso público deve atender, plenamente, ao princípio da **publicidade**.

Ensina Emerson Garcia:

> concurso público deve ser realizado de forma a concretizar os objetivos almejados com a sua previsão no texto constitucional, instituindo mecanismos de natureza objetiva que permitam a avaliação dos candidatos em conformidade com a atividade a ser desenvolvida, preservem a igualdade entre os interessados, observem o princípio da impessoalidade e garantam a efetiva consecução do interesse público com a escolha daqueles que apresentem melhor grau de preparação.[111]

Neste sentido, o dispositivo em comento visa garantir a legalidade do processo de seleção, sindicando a retidão de caráter do administrador público no tratamento da questão relativa à contratação de servidores públicos, configurando ato de improbidade administrativa qualquer conduta que acabe por frustrar, macular ou viciar a licitude do concurso público, como: **a)** o vazamento de questões de prova em prol de determinado candidato; **b)** a deficiente publicidade do certame no escopo de privilegiar apaniguados, acompanhada de exíguo prazo de inscrição; **c)** a existência de cláusulas discriminatórias dissociadas do interesse público e das atribuições do cargo; **d)** a eleição de critérios subjetivos de julgamento; **e)** a convocação em desrespeito à ordem de aprovação etc.

Necessário diferenciar, porém, a dispensa indevida de concurso público, quando o mesmo seria obrigatório (comissionamento indevido, por ex.), hipótese em que incidirá o "caput", do artigo 11.

6.3.6. Deixar de prestar contas

O **inciso VI, do artigo 11**, aponta como ato de improbidade administrativa "deixar de prestar contas quando esteja obrigado a fazê-lo".

A Constituição Federal, no parágrafo único, do artigo 70, fixa o dever de prestar contas de "qualquer pessoa física ou jurídica, pública ou privada, que utilize, arrecade, guarde, gerencie ou administre dinheiros, bens e valores públicos ou pelos quais a União responda, ou que, em nome desta, assuma obrigações de natureza pecuniária". A obrigatoriedade de se prestar contas também está expressa no artigo 82, § 2º, do Decreto-lei nº 200/1967, na Lei Federal nº 4.320/64 e no artigo 58 da Lei Complementar nº 101/2000 (Lei de Responsabilidade Fiscal).

[111] GARCIA, Emerson; ALVES, Rogério Pacheco. Op. cit., p. 537.

Pune-se, portanto, a conduta do agente público que, ciente da obrigação regulamentar de prestar contas em razão da **utilização, guarda, arrecadação, gerenciamento** e administração de valores públicos, opta por deixar de prestá-las.

Podemos apontar como exemplo a utilização de valores, mediante adiantamento de despesas para viagens, em que realizados gastos com alimentação, hospedagem e transporte. Imprescindível que, após o retorno da viagem, seja realizada a prestação de contas, com o fornecimento da comprovação da despesa realizada (notas fiscais, comprovantes de pedágio, etc) comprovação da justificativa da realização da viagem (visita ao Tribunal de Contas, por exemplo) e justificativa da despesa realizada naquele valor (respeito ao princípio da economicidade).

Anote-se, por fim, que segundo entendimento pacífico do STJ, o mero atraso na prestação de contas não configura ato de improbidade administrativa:

> [...]
>
> 1. Apesar da demora do ex-Prefeito Municipal em prestar contas ao Tribunal de Contas estadual, é incontroversa a ausência de dolo genérico ou prejuízo ao erário em razão do cumprimento da obrigação a destempo.
>
> 2. Nos termos da jurisprudência desta Corte Superior, para a configuração do ato de improbidade previsto no art. 11, inc. VI, da Lei nº 8.429/92, não basta o mero atraso na prestação de contas, sendo necessário demonstrar a má-fé ou o dolo genérico na prática de ato tipificado no aludido preceito normativo.
>
> 3. Agravo regimental a que se nega provimento.[112]

6.3.7. Revelar ou permitir o conhecimento do teor de medida política ou econômica

O **inciso VII, do artigo 11**, define como improbidade administrativa "revelar ou permitir que chegue ao conhecimento de terceiro, antes da respectiva divulgação oficial, teor de medida política ou econômica capaz de afetar o preço de mercadoria, bem ou serviço".

Cuida da hipótese em que o agente público revela ou permite, de forma intencional, qualquer medida de caráter político ou econômico, revestida de sigilo, com potencial para afetar o preço de mercadoria, bem ou serviço. A divulgação deve ser realizada antes de divulgação oficial da medida, de maneira informal e por qualquer meio (escrito, oral, eletrônico, etc.), por parte de agente público que tenha como atribuição a guarda deste sigilo. Assemelha-se à figura do artigo 11º, inciso III. Caso o agente público obtenha vantagem ilícita, a hipótese será do artigo 9º.

Eventual enriquecimento ilícito experimentado pelo particular não altera a tipificação para o artigo 9º, pois tal modalidade de ato de improbidade administrativa apenas se configura na hipótese de enriquecimento ilícito do agente público. O enriquecimento ilícito do particular, porém, autoriza o perdimento de bens acrescidos ilicitamente ao seu patrimônio, na forma do artigo 6º da Lei nº 8.429/92, segundo

[112] STJ, 2ª Turma, AgRg no REsp 1223106/RN, Rel. Min. Og Fernandes, Dje 20.11.2014;

o qual "perderá o agente público ou **terceiro beneficiário** os bens ou valores acrescidos ao seu patrimônio".

A inexistência de menção expressa no inciso III, do artigo 12, da Lei nº 8.429/92 acerca do perdimento de bens não é óbice à efetivação da medida. Isto porque a restituição de bens obtidos ilicitamente, em rigor, não tem caráter de sanção, mas apenas busca reconduzir o agente (público ou particular) à situação pretérita, anterior à conduta ilícita.[113] Não por outra razão que o artigo 8º da LIA autoriza a incidência da medida sobre o sucessor daquele que se enriqueceu ilicitamente.

Na hipótese de ato de improbidade do artigo 11, o perdimento de bens do particular fundamenta-se no artigo 6º e, especialmente, no artigo 3º, no sentido de que as "disposições desta lei são aplicáveis, no que couber, àquele que, mesmo não sendo agente público, induza ou concorra para a prática do ato de improbidade ou dele se beneficie sob qualquer forma direta ou indireta".

6.3.8. Violação a princípios da administração pública na celebração de parcerias – Lei nº 13.019/14

A Lei Federal nº 13.019/2014, que dispõe sobre "o regime jurídico das parcerias entre a administração pública e as organizações da sociedade civil, em regime de mútua cooperação, para a consecução de finalidades de interesse público e recíproco, mediante a execução de atividades ou de projetos previamente estabelecidos em planos de trabalho inseridos em termos de colaboração, em termos de fomento ou em acordos de cooperação; define diretrizes para a política de fomento, de colaboração e de cooperação com organizações da sociedade civil; e altera as Leis nos 8.429, de 2 de junho de 1992, e 9.790, de 23 de março de 1999.". Incluiu o inciso VIII, do artigo 11 da Lei Federal nº 8.429/92.

Objetivou-se a responsabilização dos agentes públicos e particulares que, por meio de parcerias firmadas com organizações da sociedade civil, atuem de forma ilícita, nos seguintes termos:

> Art. 78. O art. 11 da Lei nº 8.429, de 2 de junho de 1992, passa a vigorar acrescido do seguinte inciso VIII:
>
> Art. 11.
>
> VIII – descumprir as normas relativas à celebração, fiscalização e aprovação de contas de parcerias firmadas pela administração pública com entidades privadas. (NR)

Restará configurado o ato de improbidade administrativa na hipótese de descumprimento das normas relativas à **celebração, fiscalização e aprovação de contas das parcerias firmadas.**

O Capítulo II da Lei Federal nº 13.019/2014 estabeleceu as diretrizes para a **celebração** de parcerias. Em seu artigo 5º, "caput", estão enfatizados os fundamentos que devem reger tais ajustes, como "a gestão pública democrática, a participação social, o fortalecimento da sociedade civil e a transparência na aplicação dos

113 GARCIA, Emerson; ALVES, Rogério Pacheco. Op. cit., p. 644.

recursos públicos, devendo obedecer aos princípios da legalidade, da legitimidade, da impessoalidade, da moralidade, da publicidade, da economicidade, da eficiência e da eficácia, além dos demais princípios constitucionais aplicáveis".

Ainda em relação à **celebração**, os artigos 33 a 38 estabelecem requisitos e providências a serem observados pela sociedade civil interessada (artigo 33 e 34). Por exemplo, estatuto com previsão de objeto voltado para atividades de relevância pública e social, constituição de conselho fiscal ou equivalente, certidões de regularidade fiscal, dentre outras.

A administração pública, por sua vez, deverá observar as disposições do artigo 35, segundo o qual o termo de colaboração ou termo de fomento deve ser precedido de: a) chamamento público, nas hipóteses previstas na lei; b) expressa indicação de existência de prévia dotação orçamentária; c) demonstração de que os objetivos e finalidades institucionais e a capacidade técnica e operacional da organização da sociedade civil foram avaliados e são compatíveis com o objeto; d) aprovação do plano de trabalho; e) parecer de órgão técnico da administração; f) parecer jurídico acerca da possibilidade de celebração da parceria.

Quanto à **fiscalização**, os artigos 58 a 60 da citada lei fixam a obrigação da administração pública realizar monitoramento e avaliação acerca do cumprimento do objeto, nos seguintes termos:

> Art. 58. A administração pública promoverá o monitoramento e a avaliação do cumprimento do objeto da parceria. (Redação dada pela Lei nº 13.204, de 2015)
>
> § 1º. Para a implementação do disposto no **caput**, a administração pública poderá valer-se do apoio técnico de terceiros, delegar competência ou firmar parcerias com órgãos ou entidades que se situem próximos ao local de aplicação dos recursos. (Redação dada pela Lei nº 13.204, de 2015)
>
> § 2º. Nas parcerias com vigência superior a 1 (um) ano, a administração pública realizará, sempre que possível, pesquisa de satisfação com os beneficiários do plano de trabalho e utilizará os resultados como subsídio na avaliação da parceria celebrada e do cumprimento dos objetivos pactuados, bem como na reorientação e no ajuste das metas e atividades definidas.
>
> § 3º. Para a implementação do disposto no § 2º, a administração pública poderá valer-se do apoio técnico de terceiros, delegar competência ou firmar parcerias com órgãos ou entidades que se situem próximos ao local de aplicação dos recursos.
>
> Art. 59. A administração pública emitirá relatório técnico de monitoramento e avaliação de parceria celebrada mediante termo de colaboração ou termo de fomento e o submeterá à comissão de monitoramento e avaliação designada, que o homologará, independentemente da obrigatoriedade de apresentação da prestação de contas devida pela organização da sociedade civil. Redação dada pela Lei nº 13.204, de 2015)
>
> § 1º. O relatório técnico de monitoramento e avaliação da parceria, sem prejuízo de outros elementos, deverá conter: (Redação dada pela Lei nº 13.204, de 2015)
>
> I – descrição sumária das atividades e metas estabelecidas;
>
> II – análise das atividades realizadas, do cumprimento das metas e do impacto do benefício social obtido em razão da execução do objeto até o período, com base nos indicadores estabelecidos e aprovados no plano de trabalho;
>
> III – valores efetivamente transferidos pela administração pública; (Redação dada pela Lei nº 13.204, de 2015)

IV – (revogado); (Redação dada pela Lei nº 13.204, de 2015)

V – análise dos documentos comprobatórios das despesas apresentados pela organização da sociedade civil na prestação de contas, quando não for comprovado o alcance das metas e resultados estabelecidos no respectivo termo de colaboração ou de fomento; (Redação dada pela Lei nº 13.204, de 2015)

VI – análise de eventuais auditorias realizadas pelos controles interno e externo, no âmbito da fiscalização preventiva, bem como de suas conclusões e das medidas que tomaram em decorrência dessas auditorias. (Redação dada pela Lei nº 13.204, de 2015)

§ 2º. No caso de parcerias financiadas com recursos de fundos específicos, o monitoramento e a avaliação serão realizados pelos respectivos conselhos gestores, respeitadas as exigências desta Lei. (Incluído pela Lei nº 13.204, de 2015)

Art. 60. Sem prejuízo da fiscalização pela administração pública e pelos órgãos de controle, a execução da parceria será acompanhada e fiscalizada pelos conselhos de políticas públicas das áreas correspondentes de atuação existentes em cada esfera de governo. (Redação dada pela Lei nº 13.204, de 2015)

Parágrafo único. As parcerias de que trata esta Lei estarão também sujeitas aos mecanismos de controle social previstos na legislação."

A não observância das normas acima elencadas, bem como daquelas relativas à prestação de contas e **aprovação das contas**, previstas no Capítulo IV da Lei nº 13.019/2014, ensejarão a responsabilização pela prática de ato de improbidade administrativa, exigindo-se, apenas, a demonstração do dolo genérico, ou seja, da vontade livre e consciente de descumprir o inciso VIII, do artigo 11, da Lei nº 8.429/92.

6.3.9. Deixar de cumprir a Lei de Acessibilidade

A Lei Federal nº 13.146 de 06 de julho de 2015, que entrou em vigor em janeiro de 2016, inseriu o inciso IX, no artigo 11 da Lei nº 8.429/92, e definiu como ato de improbidade administrativa "deixar de cumprir a exigência de requisitos de acessibilidade previstos na legislação".

Exige-se a presença do elemento subjetivo, ou seja, do dolo genérico consistente na vontade livre e consciente de descumprir as previsões de acessibilidade inseridas na Lei nº 13.146/2015, Lei nº 10.098/2000, Lei nº 10.257/2001 e Lei nº 12.587/2012.

A Lei nº 13.146/2015 dispõe o seguinte:

Art. 53. A acessibilidade é direito que garante à pessoa com deficiência ou com mobilidade reduzida viver de forma independente e exercer seus direitos de cidadania e de participação social.

Art. 54. São sujeitas ao cumprimento das disposições desta Lei e de outras normas relativas à acessibilidade, sempre que houver interação com a matéria nela regulada:

I – a aprovação de projeto arquitetônico e urbanístico ou de comunicação e informação, a fabricação de veículos de transporte coletivo, a prestação do respectivo serviço e a execução de qualquer tipo de obra, quando tenham destinação pública ou coletiva;

II – a outorga ou a renovação de concessão, permissão, autorização ou habilitação de qualquer natureza;

III – a aprovação de financiamento de projeto com utilização de recursos públicos, por meio de renúncia ou de incentivo fiscal, contrato, convênio ou instrumento congênere; e

IV – a concessão de aval da União para obtenção de empréstimo e de financiamento internacionais por entes públicos ou privados.

Art. 55. A concepção e a implantação de projetos que tratem do meio físico, de transporte, de informação e comunicação, inclusive de sistemas e tecnologias da informação e comunicação, e de outros serviços, equipamentos e instalações abertos ao público, de uso público ou privado de uso coletivo, tanto na zona urbana como na rural, devem atender aos princípios do desenho universal, tendo como referência as normas de acessibilidade.

§ 1º. O desenho universal será sempre tomado como regra de caráter geral.

§ 2º. Nas hipóteses em que comprovadamente o desenho universal não possa ser empreendido, deve ser adotada adaptação razoável.

§ 3º. Caberá ao poder público promover a inclusão de conteúdos temáticos referentes ao desenho universal nas diretrizes curriculares da educação profissional e tecnológica e do ensino superior e na formação das carreiras de Estado.

§ 4º. Os programas, os projetos e as linhas de pesquisa a serem desenvolvidos com o apoio de organismos públicos de auxílio à pesquisa e de agências de fomento deverão incluir temas voltados para o desenho universal.

§ 5º. Desde a etapa de concepção, as políticas públicas deverão considerar a adoção do desenho universal.

Art. 56. A construção, a reforma, a ampliação ou a mudança de uso de edificações abertas ao público, de uso público ou privadas de uso coletivo deverão ser executadas de modo a serem acessíveis.

§ 1º. As entidades de fiscalização profissional das atividades de Engenharia, de Arquitetura e correlatas, ao anotarem a responsabilidade técnica de projetos, devem exigir a responsabilidade profissional declarada de atendimento às regras de acessibilidade previstas em legislação e em normas técnicas pertinentes.

§ 2º. Para a aprovação, o licenciamento ou a emissão de certificado de projeto executivo arquitetônico, urbanístico e de instalações e equipamentos temporários ou permanentes e para o licenciamento ou a emissão de certificado de conclusão de obra ou de serviço, deve ser atestado o atendimento às regras de acessibilidade.

§ 3º. O poder público, após certificar a acessibilidade de edificação ou de serviço, determinará a colocação, em espaços ou em locais de ampla visibilidade, do símbolo internacional de acesso, na forma prevista em legislação e em normas técnicas correlatas.

Art. 57. As edificações públicas e privadas de uso coletivo já existentes devem garantir acessibilidade à pessoa com deficiência em todas as suas dependências e serviços, tendo como referência as normas de acessibilidade vigentes.

Art. 58. O projeto e a construção de edificação de uso privado multifamiliar devem atender aos preceitos de acessibilidade, na forma regulamentar.

§ 1º. As construtoras e incorporadoras responsáveis pelo projeto e pela construção das edificações a que se refere o **caput** deste artigo devem assegurar percentual mínimo de suas unidades internamente acessíveis, na forma regulamentar.

§ 2º. É vedada a cobrança de valores adicionais para a aquisição de unidades internamente acessíveis a que se refere o § 1º deste artigo.

Art. 59. Em qualquer intervenção nas vias e nos espaços públicos, o poder público e as empresas concessionárias responsáveis pela execução das obras e dos serviços devem garantir, de forma segura, a fluidez do trânsito e a livre circulação e acessibilidade das pessoas, durante e após sua execução."

6.3.10. Transferir recursos para prestação de serviços de saúde sem contrato, convênio ou instrumento congênere

O inciso X, do art. 11, tipifica a conduta de "transferir recurso a entidade privada, em razão da prestação de serviço na área da saúde, em a prévia celebração de contrato, convênio ou instrumento congênere, nos termos do parágrafo único, do art. 24, da lei 8.080, de 19 de setembro de 1990."

O mencionado art. 24 da Lei n. 8.080/90 dispõe:

> Art. 24. Quando as suas disponibilidades forem insuficientes para garantir a cobertura assistencial à população de uma determinada área, o Sistema Único de Saúde (SUS) poderá recorrer aos serviços ofertados pela iniciativa privada.
>
> Parágrafo único. A participação complementar dos serviços privados será formalizada mediante contrato ou convênio, observadas, a respeito, as normas de direito público.

Busca-se garantir que a transferência de recursos públicos voltados à prestação de serviços de saúde, quando não puderem ser fornecidos pelo SUS, observe as normas de direito público atinentes, como a realização de licitação, a instauração de procedimentos de dispensa e de inexigibilidade, ou, ainda, o atendimento das disposições da Lei n. 13.019/14, com a formalização do ajuste mediante contrato, convênio ou instrumento congênere.

7. SANÇÕES

O § 4º, do art. 37 da Constituição Federal dispõe que os "atos de improbidade administrativa importarão a suspensão dos direitos políticos, a perda da função pública, a indisponibilidade dos bens e o ressarcimento ao erário, na forma e gradação previstas em lei, sem prejuízo da ação penal cabível".

A Constituição Federal previu, expressamente, a suspensão dos direitos políticos, o ressarcimento do dano ao erário e a perda da função, na forma e gradação previstas em lei, valendo ressaltar que a indisponibilidade de bens não é sanção, mas medida acautelatória. Ao regulamentar citado dispositivo constitucional, a Lei Federal nº 8.429/92 dispôs:

> Art. 5º. Ocorrendo lesão ao patrimônio público por ação ou omissão, dolosa ou culposa, do agente ou de terceiro, dar-se-á o integral ressarcimento do dano.
>
> Art. 6º. No caso de enriquecimento ilícito, perderá o agente público ou terceiro beneficiário os bens ou valores acrescidos ao seu patrimônio.
>
> [...]
>
> Art. 12. Independentemente das sanções penais, civis e administrativas previstas na legislação específica, está o responsável pelo ato de improbidade sujeito às seguintes cominações, que podem ser aplicadas isolada ou cumulativamente, de acordo com a gravidade do fato:
>
> I – na hipótese do art. 9º, perda dos bens ou valores acrescidos ilicitamente ao patrimônio, ressarcimento integral do dano, quando houver, perda da função pública, suspensão dos direitos políticos de oito a dez anos, pagamento de multa civil de até três vezes o valor do acréscimo patrimonial e proibição de contratar com o Poder Público ou

receber benefícios ou incentivos fiscais ou creditícios, direta ou indiretamente, ainda que por intermédio de pessoa jurídica da qual seja sócio majoritário, pelo prazo de dez anos;

II – na hipótese do art. 10, ressarcimento integral do dano, perda dos bens ou valores acrescidos ilicitamente ao patrimônio, se concorrer esta circunstância, perda da função pública, suspensão dos direitos políticos de cinco a oito anos, pagamento de multa civil de até duas vezes o valor do dano e proibição de contratar com o Poder Público ou receber benefícios ou incentivos fiscais ou creditícios, direta ou indiretamente, ainda que por intermédio de pessoa jurídica da qual seja sócio majoritário, pelo prazo de cinco anos;

III – na hipótese do art. 11, ressarcimento integral do dano, se houver, perda da função pública, suspensão dos direitos políticos de três a cinco anos, pagamento de multa civil de até cem vezes o valor da remuneração percebida pelo agente e proibição de contratar com o Poder Público ou receber benefícios ou incentivos fiscais ou creditícios, direta ou indiretamente, ainda que por intermédio de pessoa jurídica da qual seja sócio majoritário, pelo prazo de três anos.

Parágrafo único. Na fixação das penas previstas nesta lei o juiz levará em conta a extensão do dano causado, assim como o proveito patrimonial obtido pelo agente.

A Lei Federal nº 8.429/92 estabeleceu, portanto, as seguintes sanções:

a) perda de bens e valores acrescidos ilicitamente;

b) ressarcimento integral do dano;

c) perda da função pública;

d) suspensão dos direitos políticos;

e) multa civil;

f) proibição de contratar com o Poder Público;

g) proibição de receber benefícios ou incentivos fiscais ou creditícios.

O legislador ordinário não se limitou àquelas sanções elencadas no § 4º, do art. 37, da Constituição Federal. Não existe, porém, inconstitucionalidade das sanções excedentes, como a multa civil, a proibição de contratar ou receber benefícios ou incentivos e a perda dos bens acrescidos ilicitamente, pois prevalece o entendimento no sentido de que o texto constitucional estabeleceu rol exemplificativo e de observância mínima obrigatória, não exaurindo as penas cabíveis, competindo ao legislador ordinário a fixação de outras sanções e também a sua gradação.[114]

Ao enfrentar a matéria, o Supremo Tribunal Federal decidiu que as "sanções civis impostas pelo artigo 12 da Lei nº 8.429/92 aos atos de improbidade administrativa estão em sintonia com os princípios constitucionais que regem a Administração Pública. Agravos regimentais a que se nega provimento."[115]

Cumpre registrar, contudo, a existência do Tema nº 309 de Repercussão Geral perante o STF, ainda não julgado no mérito, que tem como objeto o alcance "das sanções impostas pelo art. 37, § 4º, da Constituição Federal aos condenados por improbidade administrativa".

[114] Neste sentido: NEIVA, José Antonio Lisbôa Neiva. Op. cit. p. 189/190; GARCIA, Emerson; ALVES, Rogério Pacheco. Op. cit., p. 582/583.

[115] STF, 2ª Turma, RE 598588, Rel. Min. Eros Grau, Dje. 25.02.2010.

Até o ano de 2009 havia a discussão acerca da cumulatividade ou não das sanções previstas no artigo 12 da LIA, declinando-se a jurisprudência pelo entendimento no sentido da inexistência de obrigação de cumulação.[116] Com a edição de Lei nº 12.120, de 15 de dezembro de 2009, tal discussão perdeu sentido, já que foi alterado o "caput", do art. 12, da Lei nº 8.429/92, o qual passou a estabelecer que as sanções "podem ser aplicadas isolada ou cumulativamente, de acordo com a gravidade do fato".

Caso constatado o enriquecimento ilícito ou prejuízo ao erário, a perda de bens ou valores acrescidos de forma ilícita e a obrigação de ressarcir o erário serão impositivos, sem margem de discricionariedade ao juiz para a sua fixação, a teor dos artigos 5º e 6º da Lei nº 8.429/92, devendo existir a conciliação com uma das demais sanções previstas no artigo 12. Neste sentido:

> [...]
>
> 3. As Turmas que compõem a Primeira Seção do Superior Tribunal de Justiça já se posicionaram no sentido de que, caracterizado o prejuízo ao erário, o ressarcimento não pode ser considerado propriamente uma sanção, senão uma consequência imediata e necessária do ato combatido, razão pela qual não se pode excluí-lo, a pretexto de cumprimento do paradigma da proporcionalidade das penas estampado no art. 12 da Lei nº 8.429/92. Precedentes.
>
> 4. Tendo em vista a natureza patrimonial da lesão provocada, entendo por bem manter a imposição do ressarcimento e acrescentar a condenação em multa civil na razão da metade do valor do dano, atualizado monetariamente.
>
> 5. Recurso especial parcialmente provido"[117]

7.1. Perda de bens ou valores acrescidos ilicitamente ao patrimônio

A perda de bens ou valores acrescidos de maneira ilícita ao patrimônio, de caráter reparatório e moralizador, está prevista tanto no § 4º, do art. 37, quanto na alínea "b", do inciso XLVI, do art. 5º da Constituição Federal, que dispõe:

> Art. 5º. [...]
>
> [...]
>
> XLVI – a lei regulará a individualização da pena e adotará, entre outras, as seguintes:
>
> [...]
>
> b) perda de bens;

Ensina Emerson Garcia que "em rigor técnico, a perda de bens ou valores não representará verdadeira sanção, pois buscará unicamente reconduzir o agente à situação anterior à prática do ilícito, mantendo imutável o seu patrimônio legítimo."[118] Por tal motivo, assim como o ressarcimento ao erário, deverá ser aplicada em conjunto com uma ou mais sanções distintas previstas no artigo 12 da LIA.

---

[116] STJ, 1ª Turma, REsp nº 825673/MG, Rel. Min. Francisco Falcão, Dj. 25.05.2006.

[117] STJ, 2ª Turma, REsp nº 1315528/SC, Rel. Min. Mauro Campbell Marques, Dje. 09.05.13.

[118] GARCIA, Emerson; ALVES, Rogério Pacheco. Op. cit., p. 608.

O enriquecimento ilícito do particular não se presta para configuração da modalidade de ato de improbidade administrativa previsto no art. 9º, o qual exige que tal fenômeno seja experimentado pelo agente público. Todavia, na hipótese em que, na qualidade de partícipe ou beneficiário (art. 3º), o particular experimentar enriquecimento ilícito, o mesmo será obrigado à perda destes valores acrescidos de forma ilícita, a teor do art. 6º, segundo o qual "perderá o agente público ou terceiro beneficiário os bens ou valores acrescidos ao seu patrimônio"[119], independentemente da modalidade de ato de improbidade administrativa (artigos 9º, 10 ou 11).

A inexistência de menção expressa no inciso III, do artigo 12 da Lei nº 8.429/92, acerca do perdimento de bens não é óbice à efetivação da medida. Isto porque o ressarcimento ao erário, como dito acima, não tem caráter de sanção, mas apenas busca reconduzir o agente (público ou particular) à situação pretérita, anterior à conduta ilícita. Tanto não é sanção que o artigo 8º da LIA autoriza a sucessão daquele que se enriqueceu ilicitamente.

O perdimento de bens do particular, na hipótese de ato de improbidade do artigo 11, encontra respaldo no artigo 6º e, especialmente, no artigo 3º dispõe que as "disposições desta lei são aplicáveis, no que couber, àquele que, mesmo não sendo agente público, induza ou concorra para a prática do ato de improbidade ou dele se beneficie sob qualquer forma direta ou indireta".

Caso o enriquecimento ilícito se consubstancie em bens fungíveis ou infungíveis, já consumidos ou que se deterioraram quando da prolação da sentença, a sanção incidirá sobre o patrimônio do responsável, em quantia proporcional e equivalente[120], sob pena de se esvaziar esta espécie de sanção, fomentando práticas de fraude à execução de sentença.

Na hipótese do enriquecimento ilícito se verificar em razão de prestação negativa, deverá ser estimado o valor economizado pelo agente (ex. utilização de mão obra pública e serviço particular), a fim de propiciar a restituição daquele valor que economizou e propiciou o acréscimo ilícito ao seu patrimônio.

A procedência da ação com a decretação da perda dos bens havidos ilicitamente, nos termos do artigo 18 da Lei nº 8.429/92, implicará a reversão dos bens em prol da pessoa jurídica de direito público prejudicada, ainda que nunca tenham integrado o seu patrimônio, excepcionando a regra do artigo 13 da Lei nº 7.347/1985.

7.2. Ressarcimento integral do dano

O dever de reparar dano causado a outrem, propiciando ao lesado o retorno à situação que se encontrava antes do ato ilícito praticado, configura princípio geral do direito e também se aplica àqueles atos lesivos praticados contra a administração pública. Não possui caráter de sanção propriamente dita, mas de recomposição de eventual perda patrimonial, razão pela qual não poderá ser aplicada isoladamente, mas sempre com uma ou mais sanções previstas no artigo 12 da LIA.

---

119 Neste sentido: MARTINS JÚNIOR, Wallace Paiva. Op. cit., p. 347/348 DECOMAIN, Pedro Roberto. Op. cit. 237.

120 GARCIA, Emerson; ALVES, Rogério Pacheco. Op. cit., p. 608.

Neste sentido, dispõe o artigo 5º da Lei nº 8.429/92:

> Art. 5º. Ocorrendo lesão ao patrimônio público por ação ou omissão, dolosa ou culposa, do agente ou de terceiro, dar-se-á o integral ressarcimento do dano.

Exige-se a presença dos seguintes requisitos: a) conduta (omissiva ou comissiva, dolosa ou culposa); b) resultado, consubstanciado no dano patrimonial ou moral; c) nexo causal entre a conduta e o resultado.

A Súmula 227 do STJ dispõe que "A pessoa jurídica pode sofrer dano moral". Este entendimento pode ser estendido às entidades elencadas no art. 1º da Lei nº 8.429/92, pois é inegável que determinadas condutas praticadas pelos agentes públicos podem acabar por abalar o conceito (imagem e reputação) que estas pessoas jurídicas ostentam perante a coletividade, organismos internacionais, investidores, etc. A possibilidade de se fixar indenização por dano moral à pessoa jurídica encontra respaldo no art. 5º, V e X, da Constituição Federal, que não diferencia pessoas humanas e pessoas jurídicas.

Todavia, não é todo e qualquer ato de improbidade que autorizará a responsabilização por **dano moral**, mas somente aquele que, em razão de sua gravidade e dimensão, acabam por afetar, ferir, macular a reputação do ente estatal.[121]

Questão controvertida é a necessidade ou não do contratado ressarcir as quantias recebidas em razão de cumprimento do contrato, caso comprovada a prática de ato de improbidade envolvendo procedimento licitatório, dispensa ou inexigibilidade de licitação.

A prática de ato de improbidade administrativa envolvendo contratos firmados pela administração acarretam a nulidade destes ajustes, em razão da não observância dos princípios contidos no "caput", do art. 37, da Constituição Federal. Como o ato nulo não produz efeitos, a nulidade do procedimento licitatório ou do contrato impõe o retorno à situação anterior, o que faz surgir a indagação acerca da obrigatoriedade ou não do contratado ressarcir ao erário os valores que, porventura, já tiver recebido, em razão do cumprimento da avença.

A resposta a esta indagação parte da verificação do *animus* deste particular, comportando soluções distintas se o contratado tiver obrado de ***má-fé*** ou ***boa-fé***. Caso atue de boa-fé, sem indícios de envolvimento na prática do ato de improbidade administrativa, não há como negar ao contratado o direito ao recebimento dos valores em razão do cumprimento do contrato. Por outro lado, o contratado de má-fé que, em conluio com o agente público, participou, auxiliou ou se beneficiou do ato ímprobo, é obrigado a restituir ao erário todos os valores que recebeu com base na avença. Esta é a dicção do artigo 59, parágrafo único, da Lei nº 8.666/93:

> Art. 59. A declaração de nulidade do contrato administrativo opera retroativamente impedindo os efeitos jurídicos que ele, ordinariamente, deveria produzir, além de desconstituir os já produzidos.
>
> Parágrafo único. A nulidade não exonera a Administração do dever de indenizar o contratado pelo que este houver executado até a data em que ela for declarada e por

121 GARCIA, Emerson; ALVES, Rogério Pacheco. Op. cit. 618/620.

outros prejuízos regularmente comprovados, **contanto que não lhe seja imputável, promovendo-se a responsabilidade de quem lhe deu causa.**

Não há que se falar em enriquecimento ilícito da administração, em caso de má-fé do contratado, pois o acolhimento deste princípio privilegiaria a conduta violadora da legalidade e moralidade, premiando aquele que, desde o início, agiu ilicitamente.

Conforme Sérgio Ferraz e Lúcia Valle Figueiredo:

> o STJ reconheceu que "indenização pelos serviços realizados pressupõe tenha o contratante agido de boa-fé, o que não ocorreu na hipótese. Os recorrentes não são terceiros de boa-fé, pois participaram do ato, beneficiando-se de sua irregularidade. O que deve ser preservado é o interesse de terceiros que de qualquer modo se vincularam ou contrataram com a Administração em razão do serviço prestado. 5. O dever da Administração Pública em indenizar o contratado só se verifica na hipótese em que este não tenha concorrido para os prejuízos provocados. O princípio da proibição do enriquecimento ilícito tem suas raízes na equidade e na moralidade, não podendo ser invocado por quem celebrou com a Administração violando o princípio da moralidade, agindo com comprovada má-fé" (1ª T., REsp nº 579.541-SP, rel. min. José Delgado, j. em 17/2/2004, DJU de 19/4/2004).[122]

Anote-se, porém, existir decisão do Superior Tribunal de Justiça que, ao afastar a incidência do princípio da vedação ao enriquecimento ilícito da administração, quando se tratar de contratado de má-fé, limitou o ressarcimento do dano ao lucro eventualmente obtido. Neste sentido:

> 12. Por força da incidência do art. 59, parágrafo único, da Lei 8.666/1993, o STJ sedimentou entendimento de que a invalidação do contrato garante ao contratado de boa-fé que iniciou a execução do contrato o dever de indenizar o que foi executado até a data em que a nulidade for declarada, desde que não lhe seja imputável o vício. **Já para o contratado de má-fé, como no presente caso, e à luz do princípio da vedação do enriquecimento sem causa, é assegurado apenas o retorno ao status quo, equivalente ao custo básico do produto ou serviço, sem nenhuma margem de lucro.** No mesmo sentido: REsp 1.153.337/AC, Rel. Ministro Castro Meira, Segunda Turma, DJe 24.5.2012.
>
> 12. Nesse contexto, considerando que foi assentada a má-fé pelo Tribunal de origem, merece parcial provimento o recurso para que a pena de ressarcimento ao Erário corresponda, até a declaração de nulidade, **ao que exceder o custo básico do serviço efetivamente prestado.**[...][123]

Em sentido contrário, em caso de fraude ou dispensa indevida de procedimento licitatório, o STJ tem decidido que prejuízo ao erário é presumido, com base no dano *in re ipsa*[124]. Asseverou o STJ a desnecessidade:

---

[122] FERRAZ, Sérgio; FIGUEIREDO, Lúcia Valle. 'Dispensa e inexigibilidade de licitação'. São Paulo: Malheiros, p. 107/108.

[123] STJ, 2ª Turma, REsp nº 1188289/SP, Rel. Min. Herman Benjamin, Dje de 13.12.2013;

[124] STJ, 2º Turma, REsp nº 1376524/RJ, Rel. Min. Humberto Martins, Dje 09.09.2014;; No mesmo sentido: AgRg no REsp 1.499.706/SP, Rel. Min. Gurgel de Faria, 1ª Turma, j. 02.02.2017; AgInt no REsp 1.671.366/SP, Relator Ministro Mauro Campbell Marques, 2ª Turma, j. 28.11.2017.

de prova do efetivo prejuízo porque, constatado, ainda que por meio de inquérito civil, que houve indevido fracionamento de objeto e dispensa de licitação injustificada (novamente: essas foram as conclusões da origem após análise dos autos), o prejuízo é inerente à conduta. Afinal, não haveria sentido no esforço de provocar o fracionamento para dispensar a licitação se fosse possível, desde sempre, mesmo sem ele, oferecer a melhor proposta, pois o peso da ilicitude da conduta, peso este que deve ser conhecido por quem se pretende administrador, faz concluir que os envolvidos iriam aderir à legalidade se esta fosse viável aos seus propósitos.[125]

7.3. Perda da função pública

A procedência da ação de responsabilização pela prática de ato de improbidade administrativa revela que o agente público, ou o particular que vier a ser investido em função pública, não reúnem os atributos morais e éticos considerados imprescindíveis para o trato com a coisa pública. Mais que adequada, portanto, a previsão da sanção de perda da função pública, por meio da qual se busca extirpar dos quadros da administração pública o ímprobo, visando impedir novas violações aos princípios contidos no "caput", do artigo 37, da Constituição Federal, ou mesmo prevenir prejuízo ao erário.

A compreensão do significado "perda da função pública" passa pelo conceito de agente público contido no artigo 2º da Lei nº 8.429/92, abrangendo, portanto, toda função exercida "ainda que transitoriamente ou sem remuneração, por eleição, nomeação, designação, contratação ou qualquer outra forma de investidura ou vínculo, mandato, cargo, emprego ou função nas entidades mencionadas no artigo anterior".

A perda da função, nos termos do artigo 20, somente se efetivará com o **trânsito em julgado da sentença** e abrangerá qualquer função pública exercida neste momento, ainda que distinta daquela na qual praticado o ato de improbidade administrativa. Irrelevante, assim, que a conduta ímproba tenha se verificado em ente municipal e a perda atinja função pública desempenhada em ente estadual ou federal, pois, do contrário, o comando legal estaria esvaziado em face de sucessivas mudanças de funções.[126] Neste sentido:

> [...]
>
> 3. "A sanção de perda da função pública visa a extirpar da Administração Pública aquele que exibiu inidoneidade (ou inabilitação) moral e desvio ético para o exercício da função pública, abrangendo qualquer atividade que o agente esteja exercendo ao tempo da condenação irrecorrível" (REsp 1.297.021/PR, Rel. Ministra Eliana Calmon, Segunda Turma, DJe 20.11.2013). No mesmo sentido: REsp 924.439/RJ, Rel. Ministra Eliana Calmon, Segunda Turma, DJe 19.8.2009 [...][127]

[125] STJ, 2º Turma, REsp nº 1280321/MG, Rel. Min. Mauro Campbell Marques, Dje 06.03.12.

[126] NEIVA, José Antonio Lisbôa Neiva. Op. cit. p. 192. No mesmo sentido: GARCIA, Emerson; ALVES, Rogério Pacheco. Op. cit. 642; FERRARESI, Eurico, Op. cit. 144; NEVES, Daniel Amorim Assumpção; OLIVEIRA, Rafael Carvalho Rezende. Op. cit. 241/242; ANDRADE, Adriano; MASSON, Cleber; ANDRADE, Landolfo. 'Interesses difusos e coletivos esquematizado'. São Paulo: Método, 2015, p. 761.

[127] STJ, 2ª Turma, RMS 32378/SP, Rel. Min. Humberto Martins, Dje 11.05.2015;

A perda da função, em regra, atinge o agente público e não o particular. Porém, caso o particular estiver investido em função pública no momento do trânsito em julgado da sentença, não se vislumbra óbice à incidência da sanção em tela. Assim como o agente público, presume-se que não reúne os atributos necessários para o exercício de função pública. Ora, se a perda da função pública atinge qualquer cargo ou função ocupado pelo agente, mesmo que distinto daquele no qual praticou o ilícito, não há razão lógica para que tal sanção não alcance o particular se, no cumprimento da sentença transitada em julgado, constatar-se o exercício de função pública, pois, nesta hipótese, a expressão "no que couber" (artigo 3º) tem emprego adequado.

Caso o agente público venha a se aposentar no trâmite da ação, cumpre indicar a posição de Emerson Garcia, contrário à conversão da perda do cargo em cassação da aposentadoria:

> a situação jurídica do agente inativo não é mera continuação da situação por ele ostentada quando em atividade. Nessa linha, é factível que a perda da função pública e cassação da aposentadoria são sanções ontologicamente diversas e que produzem efeitos distintos na esfera jurídica do indivíduo. Não podem, portanto, ser vistas como verso e reverso da mesma moeda. Na medida em que consubstanciam sanções distintas, somente poderão ser aplicadas quando previstas em lei.[128]

A Primeira Turma do STJ encampa a tese de impossibilidade de cassação da aposentadoria em razão de condenação pela prática de ato de improbidade administrativa, sob o fundamento de que a não previsão desta sanção no art. 12 da LIA impõe a necessidade de observância da legalidade estrita.[129]

Concordamos com Wallace Paiva Martins Júnior ao afirmar que "a improbidade praticada na atividade era causa que impunha a desvinculação compulsória, motivo pelo qual a sentença anula a aposentação e aplica-lhe a perda da função pública."[130] Este é o entendimento da Segunda Turma do Superior Tribunal de Justiça que reconhece a possibilidade de cassação da aposentadoria:

> [...] 4. A ausência de previsão expressa da pena de cassação de aposentadoria na Lei de Improbidade Administrativa não constitui óbice à sua aplicação na hipótese de servidor aposentado, condenado judicialmente pela prática de atos de improbidade administrativa.
>
> 5. Trata-se de consequência lógica da condenação à perda da função pública, pela conduta ímproba, infligir a cassação da aposentadoria ao servidor aposentado no curso da Ação de Improbidade."[131]

---

128 GARCIA, Emerson; ALVES, Rogério Pacheco. Op. cit. 702/703.

129 STJ, AgInt no REsp 1496346, Primeira Turma, Rel. Min. Sérgio Kukina, Dje. 09.08.2018.

130 MARTINS JÚNIOR, Wallace Paiva. Op. cit. 364. Neste sentido: SOBRANE, Sérgio Turra. Op. cit. p. 163; NEIVA, José Antonio Lisbôa Neiva. Op. cit. p. 192; FERRARESI, Eurico, Op. cit. 145.

131 STJ, AgRg no REsp 826.114/RJ, 2ª Turma, Rel. Min. Herman Benjamin, j. 25.05.2016. No mesmo sentido AgInt no REsp 1628455/ES, Segunda Turma, Rel. Min. Francisco Falcão, Dje. 06.03.2018.

7.4. Suspensão dos direitos políticos

Os direitos políticos conferem a qualidade de cidadão ao sujeito, abrangendo o direito de votar e ser votado, o direito de iniciativa de leis nos casos previstos na Lei Maior, o direito de ajuizar ação popular, o direito de criar e participar de partidos políticos, o direito de ocupar função pública, etc. A perda ou suspensão dos direitos políticos somente é autorizada nas hipóteses elencadas no artigo 15 da Constituição Federal.

O artigo 12 da Lei nº 8.429/92 estabeleceu períodos distintos para a suspensão dos direitos políticos; **de oito a dez anos** na hipótese de enriquecimento ilícito; **de cinco a oito anos** em caso de lesão ao erário; **de três a cinco anos** em caso de violação aos princípios da administração pública.

Tem a finalidade de afastar de qualquer função pública, por determinado período, o agente público ímprobo, somente aplicável com o trânsito em julgado da sentença de procedência da ação, nos termos do artigo 20 da Lei nº 8.429/92, devendo o magistrado, em sede de cumprimento da sentença que aplicou a sanção, comunicar o fato ao Juízo Eleitoral ou ao Tribunal Regional do domicílio eleitoral do condenado para que seja providenciado o cancelamento da inscrição eleitoral.

7.5. Multa civil

A multa civil consiste em sanção pecuniária aos agentes públicos e particulares condenados pela prática de ato de improbidade, atingindo unicamente o patrimônio destas pessoas. Ostenta caráter punitivo, além de evidenciar função de prevenção geral e prevenção especial, ao dissuadir práticas similares pelos já condenados, bem como por outros agentes públicos ou particulares.

O artigo 12 da Lei nº 8.429/92 fixa a multa de acordo com a natureza do ato de improbidade administrativa praticado: de até três vezes o valor do acréscimo patrimonial, na hipótese de enriquecimento ilícito; de até duas vezes o valor do dano, em caso de lesão ao erário; de até cem vezes o valor da remuneração do agente, na hipótese de violação aos princípios da administração pública.

Wallace Paiva Martins Júnior defende que a multa civil "representa uma sanção pecuniária contra o dano moral experimentado pela Administração Pública"[132]. No mesmo sentido, Juarez Freitas aponta que "a multa civil, potencialmente de elevada monta, reúne forças mais do que razoáveis para assumir o lugar deste ressarcimento por dano moral".[133]

A multa civil, porém, não pode se equiparar à reparação do dano moral, supostamente suportado pela pessoa jurídica, pois a gradação desta multa não se faz, em todas as modalidades, em equilíbrio ao dano causado[134]. Na lição de Sérgio Turra Sobrane, aceitar este entendimento significaria "em algumas situações, conceber a

[132] MARTINS JÚNIOR, Wallace Paiva. Op. cit. 371.

[133] FREITAS, Juarez. 'O controle dos atos administrativos e os princípios fundamentais'. São Paulo: Malheiros, 1997, p. 118.

[134] GARCIA, Emerson; ALVES, Rogério Pacheco. Op. cit. 711.

possibilidade de reparação incompleta desse dano, já que a multa poderá não ser suficiente para o desejável ressarcimento[135].

Não obstante a inexistência de previsão expressa na Lei nº 8.429/92 em relação à destinação da multa, entende-se que a pessoa jurídica afetada pela conduta ímproba deverá ser a destinatária destes valores, pois, ainda que o artigo 18 tenha mencionado apenas os valores relativos ao dano ao erário e ao enriquecimento ilícito, tem se entendido que o sujeito passivo sempre será o ente aglutinador de valores originários do ímprobo, seja de natureza indenizatória, seja punitiva.[136]

7.6. Proibição de contratar com o poder público ou receber incentivos fiscais ou creditícios, direta ou indiretamente

A atuação estatal, por meio de contratos ou atividades de fomento da indústria ou comércio devem ser direcionadas àquelas pessoas físicas e jurídicas em relação às quais não se possa questionar sua idoneidade para lidar com recursos públicos.

A proibição de contratar com o poder público, portanto, obsta que o condenado pela prática de ato de improbidade administrativa, agente público ou particular, perceba benefício oriundo de relação contratual com os órgãos elencados no art. 1º da LIA.

Prevalece o entendimento no sentido de que a expressão "Poder Público" não se restringe ao sujeito passivo do ato de improbidade, mas deve ser compreendida como toda a administração pública direta e indireta, de qualquer dos Poderes da União, Estados, Distrito Federal e Municípios[137], pois interpretação diversa configuraria deficiente proteção ao princípio da moralidade administrativa.

Com o devido respeito, não concordamos com recentes decisões do Superior Tribunal de Justiça que têm autorizado a modulação da proibição de contratar com o poder público, restringindo-a à esfera municipal, por exemplo.[138] Não se justifica despender tratamento distinto para se admitir a contratação com um ente federativo e proibir em relação a outro, pois o texto legal, ao utilizar a expressão "Poder Público", revela a intenção do legislador em impor a sanção de forma ampla, em todas as esferas. Ademais, as hipóteses nas quais admitida a graduação de sanção foram previstas de forma expressa, como no prazo para suspensão dos direitos políticos ou no valor da multa civil.

Em palavras singelas, a pessoa física ou jurídica que não tem idoneidade para contratar com o poder público, em razão da condenação pela prática de ato de improbidade administrativa, não o tem em relação a todos os entes federativos, de forma que a modulação da sanção, em nosso entendimento, não é compatível com a imperatividade do texto legal.

135 SOBRANE, Sérgio Turra. Op. cit. p. 160.

136 GARCIA, Emerson; ALVES, Rogério Pacheco. Op. cit. 711/712. No mesmo sentido: DECOMAIN, Pedro Roberto. Op. cit. 245. MARTINS JÚNIOR, Wallace Paiva. Op. cit 330.

137 MARTINS JÚNIOR, Wallace Paiva. Op. cit. p. 373.

138 Neste sentido: STJ, AgInt no REsp n. 1589661/SP, Rel. Min. Gurgel Faria, Primeira Turma, Dje. 24.03.2017.

O artigo 12 da Lei nº 8.429/92, ao cuidar da sanção em estudo, estabelece a proibição de contratar ou receber benefícios, "**direta ou indiretamente, ainda que por intermédio de pessoa jurídica da qual seja sócio majoritário**". Percebe-se a preocupação do legislador em evitar estratégias ardilosas que busquem evitar a sanção imposta.

Assim, a sanção não atinge apenas o ímprobo, mas também aquelas pessoas jurídicas em que atue como sócio majoritário. Na lição de Emerson Garcia:

> as pessoas, físicas ou jurídicas, que sejam interpostas entre ele e o benefício almejado. Na primeira hipótese, tem-se uma nítida variante da teoria da desconsideração da personalidade jurídica (*disregard of legal entity*), sendo afastada a existência independente desta e, "ex vi legis", presumida a utilização de sua personalidade para contornar a restrição que acomete o ímprobo[139].

Não há se falar, também, em inconstitucionalidade, por ofensa ao inciso XLV do art. 5º, da Constituição Federal, pois tal dispositivo tem aplicação restrita à esfera penal, não impedindo a adoção da teoria da desconsideração da personalidade jurídica (*disregard of entity*) na esfera cível, como forma de obstar a utilização da empresa, de que é sócio majoritário, para a obtenção, indiretamente, de contrato com a administração pública[140].

Tal sanção ostenta caráter preventivo e protetivo do patrimônio público, em relação aos futuros contratos estatais, bem como denota caráter de punição, consistente em penalidade pecuniária de ordem indireta.

Da mesma forma, o condenado pela prática de ato de improbidade administrativa não poderá receber benefícios ou incentivos fiscais ou creditícios. Sanção esta que também revela caráter de penalidade pecuniária indireta. Atinge tão somente aqueles benefícios ou incentivos com determinadas condições, ou seja, que exijam cumprimento de requisitos por parte dos beneficiários, ao passo que os benefícios ou incentivos não condicionados, ou genéricos, não onerosos, sem contrapartida por parte dos beneficiários, não são alcançados pela sanção em estudo.[141]

A Resolução nº 44, de 20 de novembro de 2007, do Conselho Nacional de Justiça, instituiu o "Cadastro Nacional de Condenados por Ato de Improbidade Administrativa – CNCIA", o qual deve ser alimentado por todos os tribunais do País, com informações acerca da qualificação do condenado, informações do processo e as sanções aplicadas. Cuida-se de instrumento de incomensurável utilidade, o qual, ao permitir que as diversas pessoas jurídicas de direito público do País tenham conhecimento das pessoas consideradas ímprobas, possibilita que as sanções previstas na Lei nº 8.429/92 não se tornem inócuas.

É premente a necessidade de que os entes públicos da União, Estados, Distrito Federal e Municípios, de forma sistemática, desenvolvam mecanismos que garantam a constante consulta ao referido cadastro, antes de se firmar contratos ou autorizar a concessão de benefícios fiscais ou creditícios.

139 GARCIA, Emerson; ALVES, Rogério Pacheco. Op. cit. p. 716.

140 NEIVA, José Antonio Lisbôa Neiva. Op. cit. p. 190.

141 SOBRANE, Sérgio Turra. Op. cit. p. 164.

Neste contexto, caberia aos Ministérios Públicos dos Estados e da União de forma preventiva, por meio de Recomendação ou Termo de Compromisso de Ajustamento de Conduta, exigir dos entes estatais por eles fiscalizados a prévia consulta formal ao referido Cadastro, ou, ainda, a celebração de Convênio com o Conselho Nacional de Justiça, para a obtenção contínua dos dados do referido cadastro, conforme previsão do artigo 6º da Resolução nº 44/07-CNJ.

7.7. Aplicação das sanções na sentença

Da leitura do "parágrafo único", do artigo 12 da Lei nº 8.429/92 verifica-se que a aplicação das sanções pela prática de ato de improbidade administrativa é tarefa carreada exclusivamente ao juiz, o qual "levará em conta a extensão do dano causado, assim como o proveito patrimonial obtido pelo agente".

O "caput" do artigo 12 dispõe que as sanções podem ser aplicadas "isolada ou cumulativamente, de acordo com a gravidade do fato". Em linhas gerais, portanto, três são os critérios estabelecidos pelo legislador: gravidade do fato, extensão do dano causado e proveito patrimonial obtido pelo agente.

À mingua de outros parâmetros e diante da necessidade de se estabelecer as sanções aplicáveis, cumulativas ou não, bem como quantificá-las dentro dos limites mínimo e máximo fixado pelo legislador, imprescindível que a matéria seja analisada à luz do critério da proporcionalidade. Ensina Nilo Spinola Salgado Filho:

> a norma constitucional que relaciona as sanções aplicáveis (37, § 4º, da CF) e a norma legal (art. 12, Lei Federal nº 8.429/92) devem ser interpretadas de modo a não afugentar a concordância prática nutrida pelo sistema constitucional e de modo respeitante ao critério da proporcionalidade, sem significar o aniquilamento da gravidade que a improbidade encerra e sem representar autêntico atentado ao sistema de garantias individuais.[142]

Assim decidiu o Superior Tribunal de Justiça:

> A revisão das sanções cominadas pela instância ordinária, em regra, é inviável, ante o óbice da já citada Súmula 7/STJ, salvo se verificada a inobservância aos limites estabelecidos no art. 12 da Lei 8.429/1992, ou se na leitura do acórdão recorrido transparecer falta de proporcionalidade e razoabilidade.[143]

São parâmetros para a fixação das sanções: **a)** a gravidade da conduta; **b)** o benefício obtido pelo agente público ou o benefício que procurava obter; **c)** a condição econômica do agente público; **d)** a atitude do agente público, que diante da investigação ou do curso da ação oponha embaraços ao controle interno ainda que sob seu comando; **e)** a dimensão social do dano; **f)** as condutas antecedentes do agente; **g)** a extensão dos danos (moral e patrimonial); **h)** a ilegitimidade das despesas.[144]

---

[142] SALGADO FILHO, Nilo Spinola. Op. cit. p. 638.

[143] STJ, 2ª Turma, REsp nº 1130318/SP, Rel. Min. Herman Benjamin, Dje 27/04/2011.

[144] SALGADO FILHO, Nilo Spinola. Op. cit. p. 638/639.

Dentro destes parâmetros, bem como observada a necessidade de fundamentação das decisões judiciais (art. 93, IX, da CF), o juiz deverá aplicar a sanção cabível, sem perder de vista a imperatividade da imposição de ressarcimento do dano ao erário e de perdimentos dos bens acrescidos ilicitamente (arts. 5º e 6º da Lei nº 8.429/92), em relação às quais não há discricionariedade.

No sistema da responsabilização pela prática de ato de improbidade administrativa, a conduta do agente público pode ser tipificada nas modalidades dos artigos 9º (enriquecimento ilícito), 10 (prejuízo ao erário) e 11(violação aos princípios da administração pública), com a aplicação das sanções correspondentes, nos incisos I, II e III, do artigo 12, respectivamente.

Na petição inicial destas ações de improbidade administrativa compete ao autor descrever os fatos e a conduta do agente público, que consubstanciam a causa de pedir. Por sua vez, compete ao Juiz a adequada subsunção destes fatos às hipóteses previstas nos artigos 9º, 10 e 11 da Lei 8429/92, e, principalmente, a aplicação da sanção adequada, de acordo com as diretrizes estabelecidas no artigo 12 da mesma lei.

Eventual indicação, pelo autor, da conduta ímproba praticada (artigos 9º, 10 ou 11), bem como da sanção aplicável ao caso concreto, não limita ou restringe, forma alguma, a apreciação do julgador, o qual, de acordo com as peculiaridades, pode dar enquadramento legal diverso, bem como estabelecer a reprimenda que entenda adequada, em patamar superior ou inferior ao indicado pelo autor, ou mesmo de natureza distinta. José Antônio Lisboa Neiva ensina:

> Estamos na verdade, diante de mais uma exceção ao princípio da congruência: havendo demanda, o juiz encontra-se autorizado a aplicar as cominações pertinentes em razão das circunstâncias fáticas expostas na causa de pedir, tendo em vista a imperatividade do comando constitucional e legislativo, fruto da indisponibilidade do direito submetido ao juízo.[145]

Emerson Garcia aponta que não se pode falar "em adstrição do órgão jurisdicional a uma possível delimitação do pedido, quer qualitativa, quer quantitativa, pois, tratando-se de direito eminentemente indisponível, não compete ao autor da demanda restringir as consequências dos atos de improbidade, restando-lhe, unicamente, deduzir a pretensão de que sejam aplicadas as sanções condizentes com a causa de pedir que declinara na inicial".[146]

A matéria foi enfrentada pelo STJ:

> [...] Não é inepta a petição inicial que deixa de apontar o dispositivo de lei, se da narração dos fatos decorrer logicamente o pedido. Da mesma forma, a aplicação de legislação diversa daquela utilizada pela parte para fundamentar seu pedido não implica julgamento extra petita. Aplicação dos brocardos jura novit curia e mihi factum dabo tibi ius. Precedente [...]"[147]

---

[145] NEIVA, José Antonio Lisbôa Neiva. Op. cit. p. 198.

[146] GARCIA, Emerson; ALVES, Rogério Pacheco. Op. cit. p. 730.

[147] STJ, 2ª Turma, REsp nº 794155, Rel. Min. Castro Meira, Dj 04.09.2006;

7.8. Subsunção da conduta em mais de uma modalidade de ato de improbidade administrativa

É possível que a conduta do agente público ou do terceiro venha configurar, a um só tempo, enriquecimento ilícito, dano ao erário e violação aos princípios da administração pública. Tal situação, todavia, não autoriza a aplicação cumulativa das sanções respectivas, previstas nos incisos I, II e III, do artigo 12 da Lei nº 8.429/92.

Por se tratar de uma única conduta, deve ser eleita a modalidade que melhor se adeque ao tipo legal, dentre aquelas previstas nos artigos 9º, 10 e 11, prevalecendo, em regra, aquela com punição mais severa. Emerson Garcia ensina:

> o princípio da consunção, que indica que uma conduta é meio necessário ou normal fase de preparação ou de execução de outra, de larga utilização em se tratando de conflito aparente de normas penais, deve ser necessariamente aplicado. A própria lei, ao descrever a tipologia dos atos de improbidade dos arts. 9º e 10 e cominar as respectivas sanções, já incluiu em si o desvalor da conduta prevista no art. 11, não permitindo a sua simultânea aplicação com as demais figuras. O sentido da lei traz em si essa carga valorativa.[148]

7.9. Pluralidade de atos de improbidade administrativa

Na hipótese em que se verificar pluralidade de condutas, em um mesmo processo, ou em processos distintos, não há dúvidas no sentido de que as sanções relativas ao ressarcimento do dano ao erário, perdimentos de bens acrescidos de forma ilícita e a multa civil deverão ser aplicadas para cada conduta e processo.

Quanto à aplicação de sanção de suspensão de direitos políticos, o Superior Tribunal de Justiça, na hipótese de multiplicidade de condenações, entendeu pela aplicação da regra do artigo 111 da LEP, com a detração de sanções.[149]

Em sentido diverso, quanto a sanções que importem em interdição de direitos (suspensão dos direitos políticos, proibição de contratar com o poder público etc), ensina Pedro Roberto Decomain:

> devem aplicadas isoladamente em face de cada ato de improbidade administrativa decidido na sentença, somando-se em seguida os prazos de interdição decorrentes de cada ato de improbidade isoladamente considerado. Do mesmo modo, a não se decidir desta maneira, pode restar não aplicada a algum dos atos de improbidade considerados no processo alguma dessas duas penas.[150]

8. PRESCRIÇÃO

O § 5º, do art. 37, da CF dispõe que a "lei estabelecerá os prazos de prescrição para ilícitos praticados por qualquer agente, servidor ou não, que causem prejuízos ao erário, ressalvadas as respectivas ações de ressarcimento."

148 1 GARCIA, Emerson; ALVES, Rogério Pacheco. Op. cit. p. 740.

149 STJ, 1ª Turma, ED no REsp nº 993.658/SC, rel. Min. Luiz Fux, Dje 23/03/10.

150 DECOMAIN, Pedro Roberto. Op. cit. 260.

O art. 23 da Lei nº 8.429/92 regulamentou o referido dispositivo constitucional:

> Art. 23. As ações destinadas a levar a efeitos as sanções previstas nesta lei podem ser propostas:
>
> I – até cinco anos após o término do exercício de mandato, de cargo em comissão ou de função de confiança;
>
> II – dentro do prazo prescricional previsto em lei específica para faltas disciplinares puníveis com demissão a bem do serviço público, nos casos de exercício de cargo efetivo ou emprego.
>
> III – até cinco anos da data da apresentação à administração pública da prestação de contas final pelas entidades referidas no parágrafo único do art. 1º desta Lei.

Percebe-se, assim, a existência de prazos prescricionais distintos para: **1)** agentes públicos ocupantes de mandato, cargo em comissão e função de confiança (vínculo temporário); **2)** agentes públicos no exercício de cargo efetivo ou emprego (vínculo permanente); **3)** atos de improbidade administrativa praticados por agentes que integram as entidades referidas no parágrafo único, do artigo 1º.

8.1. Agentes públicos com vínculo temporário

O artigo 23, I, da Lei nº 8.429/92, fixou em **cinco anos** o prazo prescricional para a aplicação das sanções por improbidade, em relação aos agentes públicos com vínculo temporário, a saber, ocupantes de mandatos eletivos, cargos em comissão e funções de confiança, dentre os quais devem ser incluídos os servidores contratados por prazo determinado, na forma do art. 37, IX, da CF[151]. O marco inicial da contagem do prazo prescricional é o término do vínculo com a administração pública, por meio daquela função na qual operado o ato ilícito.

Estas categorias de agentes públicos têm em comum o fato de não terem sido previamente aprovados em concurso público, a instabilidade e periodicidade de seus vínculos.

Na hipótese de reeleição para um novo mandato, o Superior Tribunal de Justiça fixou o entendimento no sentido de que **o prazo prescricional somente começa a fluir no término do segundo mandato**:

> **ADMINISTRATIVO. IMPROBIDADE ADMINISTRATIVA. PRESCRIÇÃO. ART. 23, I, DA LEI 8.429/1992. REELEIÇÃO. TERMO INICIAL ENCERRAMENTO DO SEGUNDO MANDATO. ATO ÍMPROBO. ELEMENTO SUBJETIVO CULPA CARACTERIZADA. PRECEDENTES. SÚMULA 83/STJ.**
>
> 1. A jurisprudência deste Superior Tribunal é assente em estabelecer **que o termo inicial do prazo prescricional da ação de improbidade administrativa, no caso de reeleição de prefeito, se aperfeiçoa após o término do segundo mandato.**
>
> [...][152]

151 MARTINS JÚNIOR, Wallace Paiva. Op. cit. 381/382.

152 STJ, 2ª Turma, AgRg no AREsp nº 161420/TO, Rel. Min. Humberto Marins, Dje 14/04/2014. No mesmo sentido: STJ, 2ª Turma, REsp nº 1.107.833/SP, Rel. Min. Mauro Campbell Marques, Dje 18.09.2009.

Registre-se, contudo, que a reeleição deve ser para o mesmo cargo eletivo, pois se o agente político se eleger para cargo distinto a prescrição começará a fluir a partir do término do mandato do primeiro cargo eletivo.

A mesma solução também deve ser aplicada ao caso de exercício sucessivo de cargos em comissão, no seio do mesmo ente administrativo, pois já decidiu o STJ que na "hipótese em que o agente se mantém em cargo comissionado por períodos sucessivos, o termo a quo da prescrição relativa a ato de improbidade administrativa é o momento do término do último exercício, quando da extinção do vínculo com a Administração."[153]

A fluência do prazo prescricional após o término do mandato ou extinção do vínculo visa impedir que o agente público, enquanto no exercício de sua função, possa influenciar ou dificultar as investigações do ato ímprobo por ele praticado. Assim, a prescrição somente pode ter início a partir do afastamento definitivo do agente, seja do mandato eletivo seja do cargo em comissão.

Em caso de "desincompatibilização" para disputa de outro mandato eletivo, o prazo prescricional terá início apenas se o **afastamento for definitivo**, como na hipótese em que o agente concorra para cargo político distinto daquele que ocupa (governador que disputará eleição para presidente da república, nos termos do art. 14, § 6º, da CF, por exemplo).

8.2. Agentes públicos com vínculo permanente

Em relação aos ocupantes de cargo efetivo ou emprego público, de vínculo permanente, a Lei Federal nº 8.429/92, em seu artigo 23, não estipulou prazo único a ser aplicado a estes agentes públicos, relegando a fixação do prazo prescricional àquele estipulado em lei específica de cada ente federativo, que cuide de punição em razão da prática de faltas disciplinares mediante a sanção de demissão a bem do serviço público.

Tal técnica legislativa merece críticas, pois autoriza a coexistência de distintos prazos prescricionais, causas de interrupção e suspensão, previstos nas leis específicas da União, Estados, Municípios e Distrito Federal, a incidir sobre a mesma hipótese de responsabilização civil.

Esta solução acarreta grande insegurança jurídica na intepretação das diversas formas de regulamentação da matéria. É questionável, também, à luz do princípio da isonomia e, também, em face do artigo 22, I, da CF, já que compete exclusivamente à União legislar sobre Direito Civil (prescrição). O ideal seria a opção por um prazo único, como previsto no inciso I, do artigo 23, conferindo tratamento uniforme acerca do tema em todo o território nacional.

A lei específica a que se refere o artigo 23, II, em regra, é aquela que institui o regime jurídico dos servidores daquele ente administrativo. No âmbito federal, a matéria está regulamentada no art. 142 e parágrafo da Lei nº 8.112/90:

[153] STJ, 2ª Turma, REsp nº 1179085, Rel. Min. Eliana Calmon, Dje 08/04/2010;

Art. 142. A ação disciplinar prescreverá:

I – em 5 (cinco) anos, quanto às infrações puníveis com demissão, cassação de aposentadoria ou disponibilidade e destituição de cargo em comissão;

II – em 2 (dois) anos, quanto à suspensão;

III – em 180 (cento e oitenta) dias, quanto à advertência.

§ 1º. O prazo de prescrição começa a correr da data em que o fato se tornou conhecido.

§ 2º. Os prazos de prescrição previstos na lei penal aplicam-se às infrações disciplinares capituladas também como crime.

§ 3º. A abertura de sindicância ou a instauração de processo disciplinar interrompe a prescrição, até a decisão final proferida por autoridade competente.

§ 4º. Interrompido o curso da prescrição, o prazo começará a correr a partir do dia em que cessar a interrupção."

Assim, o prazo prescricional para a aplicação de sanções em face dos servidores públicos da União, ocupantes de cargos efetivos, é de cinco anos, **a contar da data em que o fato se tornou conhecido**, salvo se configurar crime, hipótese em que os prazos de prescrição serão aqueles estabelecidos na legislação penal.

Na lição de Emerson Garcia:

> Inexistindo referência em relação à "demissão a bem do serviço público, deve ser aplicado o lapso prescricional relativo à demissão em geral, o que não redundará em qualquer prejuízo ao agente, pois quando se diz que a dissolução do vínculo ocorreu a bem do serviço público quer-se dizer que os fatos que a originaram eram de maior gravidade do que aqueles que ordinariamente justificam a aplicação de sanções dessa natureza.[154]

No caso de empregados de empresas públicas e sociedades de economia mista, em relação aos quais inexiste lei específica que regulamente o regime jurídico, em face do vácuo legislativo, mostra-se adequado o entendimento que advoga a incidência do prazo prescricional aplicado aos servidores estatutários do respectivo ente federativo.

Pontua Wallace Paiva Martins Júnior que:

> os empregados públicos – servidores das estatais (sociedades de economia mista e empresas públicas) prestadoras de serviços públicos, ou exploradoras de atividades econômicas –, regidos pelo regime celetista, não estão no raio de abrangência da Lei Federal nº 8.112/90. Não se lhes adianta a prescrição do art. 11 da CLT e do art. 7º, XXIX, da Constituição Federal, porque ali se trata da prescrição da pretensão do empregado contra o empregador, nem o art. 482 da CLT, que prescreve faltas, mas não indica a prescrição. Ora, para evitar arguição de imprescritibilidade, intolerável em face da segurança jurídica, considerando a extensão do art. 243 da Lei Federal nº 8.112/90 ao regime celetista nas hipóteses ali previstas, e o art. 37, I e II, § 3º, III, da Constituição Federal, a solução mais razoável é a atribuição do tratamento dispensado na Lei Federal nº 8.112/90 para a prescrição[155].

Em relação ao **terceiro, partícipe ou beneficiário,** o artigo 23 e seus incisos, da Lei nº 8.429/92 nada mencionam acerca do prazo prescricional a ser aplicado ao

[154] GARCIA, Emerson; ALVES, Rogério Pacheco. Op. cit. p. 759.

[155] MARTINS JÚNIOR, Wallace Paiva. Op. cit. 383/384.

particular que induza ou concorra com a prática do ato de improbidade administrativa. A referida omissão legislativa não autoriza concluir-se pela imprescritibilidade, mostrando-se adequado o entendimento segundo o qual o prazo prescricional deve ser o mesmo aplicável ao agente público. Neste sentido:

> (...) o terceiro jamais responderá pelo ato de improbidade de forma isolada, sendo imperativo que para o ilícito tenha concorrido um agente público, constata-se que a qualidade deste, por ser o elemento condicionante da própria tipologia legal, haverá de nortear, do mesmo modo, a identificação do lapso prescricional.[156]

O Superior Tribunal de Justiça firmou entendimento no sentido de que se aplica "aos particulares, réus em ação de improbidade, a mesma sistemática cabível aos agentes públicos, prevista no art. 23, I e II, da Lei 8.429/1992, para fins de fixação do termo inicial da prescrição. [...]"[157]

A citação válida é causa interruptiva da prescrição, a qual retroagirá à data da propositura da ação (artigo 240, "caput" e § 1º, do CPC). Eventual demora na citação, em razão da ineficiência do Judiciário, não autorizará o reconhecimento da prescrição (Súmula nº 106 do STJ). Da mesma forma, tendo em vista que com a propositura da ação civil pública começa a correr novamente, o prazo prescricional, somente será possível o reconhecimento da prescrição intercorrente em caso de inércia do autor da ação.[158]

A defesa preliminar prevista no artigo 17, § 7º, da Lei 8.429/92 não altera esta visão, persistindo o entendimento no sentido de que, recebida a inicial e citado o réu (artigo 17, § 9º), a interrupção retroagirá à data da propositura da ação.

Por fim, a prescrição poderá ser reconhecida de ofício pelo juiz, com julgamento liminar de improcedência do pedido, nos termos do § 1º, do artigo 332, do CPC de 2015.

8.3. Atos de improbidade administrativa em face das entidades referidas no parágrafo único, do artigo 1º

A Lei Federal nº 13.019/14 que cuidou do regime jurídico das parcerias entre a administração pública e as organizações da sociedade civil, com a redação que lhe foi dada pela Lei Federal nº 13.204/15, incluiu o inciso III ao artigo 23 da Lei nº 8.429/92, segundo o qual a ações por improbidade administrativa poderão ser propostas em "até cinco anos da data da apresentação à administração pública da prestação de contas final pelas entidades referidas no parágrafo único do art. 1º desta Lei".

Com base em tal dispositivo, nas hipóteses de ato de improbidade administrativa que tenham atingido as entidades referidas no parágrafo único, do artigo 1º, da Lei nº 8.429/92 e que, portanto, tenham como sujeito ativo os dirigentes ou colaboradores

[156] GARCIA, Emerson; ALVES, Rogério Pacheco. Op. cit. p. 767.

[157] STJ, 2ª Turma, AgRg no REsp nº 1159035/MG, Rel. Min. Eliana Calmon Dje 29/11/13.

[158] STJ, 4ª Turma, AgRg no REsp nº 1253510, Rel. Min. Maria Isabel Galloti, Dje 14/06/12.

destas entidades, o marco inicial da prescrição será a data para a apresentação de contas final à administração pública.

Anote-se, porém, que se o ato ilícito foi praticado em conluio com algum agente público previsto no "caput", do artigo 1º, a regra a ser seguida deverá ser uma daquelas prevista nos incisos I e II, do artigo 23, de acordo com a natureza do vínculo.

8.4. Imprescritibilidade do ressarcimento ao erário em razão de ato doloso de improbidade administrativa

Conforme dispõe o artigo 37, § 5º, da Constituição Federal a "lei estabelecerá os prazos de prescrição para ilícitos praticados por qualquer agente, servidor ou não, que causem prejuízos ao erário, ressalvadas as respectivas ações de ressarcimento".

Em face do texto constitucional percebe-se que as ações de ressarcimento ao erário são imprescritíveis, pois a remissão ao legislador infraconstitucional, para estabelecer prazos prescricionais, ressalva as ações de ressarcimento.

Maria Sylvia Zanella di Pietro ensina:

> a prescrição da ação de improbidade está disciplinada no artigo 23 [da Lei nº 8.429/92], que distingue duas hipóteses: pelo inciso I, a prescrição ocorre em cinco anos após o término do exercício do mandato, de cargo em comissão ou função de confiança; para os que exercem cargo efetivo ou emprego, o inciso II estabelece que a prescrição ocorre no mesmo prazo prescricional previsto em lei específica para faltas disciplinares puníveis com demissão a bem do serviço público. São, contudo, imprescritíveis, as ações de ressarcimento por danos causados por agente público, seja ele servidor ou não, conforme estabelecer o artigo 37, § 5º, da Constituição. Assim, ainda que para outros fins a ação de improbidade esteja prescrita, o mesmo não ocorrerá quanto ao ressarcimento dos danos.[159]

Wallace Paiva Martins Júnior defende que a imprescritibilidade do artigo 37, § 5º, da Constituição Federal abrange não só o dano material como também dano moral, o qual, por sua vez, inclui a perda dos valores acrescidos de forma ilícita e a multa civil.[160]

Em julgamento da Repercussão Geral sob o Tema 666, na qual se discutia "o alcance da imprescritibilidade da pretensão de ressarcimento ao erário prevista no artigo 37, § 5º, da Constituição Federal", o Colendo Supremo Tribunal Federal, em julgamento realizado no dia 03 de fevereiro de 2016, fixou tese no sentido de que é "prescritível a ação de reparação de danos à Fazenda Pública decorrente de ilícito civil".

Especificamente quanto ao ressarcimento ao erário em razão da prática de ato de improbidade administrativa, na repercussão geral sob o Tema nº 897, RE 852.475/SP, o STF fixou a seguinte tese: **"São imprescritíveis as ações de ressarcimento ao erário fundadas na prática de ato doloso tipificado na Lei de Improbidade Administrativa."**

159 ZANELLA DE PIETRO, Maria Sylvia, Op. cit., p. 912.

160 MARTINS JÚNIOR, Wallace Paiva. Op. cit, 384/385.

Em razão do entendimento firmado pelo Supremo Tribunal Federal a imprescritibilidade do ressarcimento ao erário ficou restrita aos atos dolosos de improbidade administrativa. Não foi ainda publicado o respectivo acórdão, mas cabe desde já destacar que o artigo 10 da LIA tipifica tanto a conduta dolosa quanto a conduta culposa, inexistindo, *prima facie*, justificativa lógica para se diferenciá-los no tocante à prescrição. Em outras palavras, a solução conferida ao ato doloso deveria ser a mesma aplicada ao culposo, pois inexiste na Constituição Federal parâmetro que autorize tal distinção.

Registre-se, por fim, que a tese fixada na Repercussão Geral nº 897 configurou mudança de entendimento pacífico daquela Corte em relação à imprescritibilidade do dano ao erário, mesmo em caso de conduta culposa. Assim, a despeito de ainda não ter havido a publicação da decisão pelo STF, adequado é que o referido entendimento venha a ser aplicado somente partir do referido julgamento e àquelas ações e recursos suspensos ou sobrestados, não se autorizando que tal mudança de tese jurídica venha a retroagir para ser aplicada às decisões judiciais transitadas em julgado, em sede de cumprimento de sentença, ou mesmo para embasar ação rescisória, sob pena de ofensa à segurança jurídica (§ 3º, do art. 927, do CPC/2015).

9. APURAÇÃO DO ATO DE IMPROBIDADE ADMINISTRATIVA

A apuração administrativa do ato de improbidade administrativa encontra previsão na Lei nº 8.429/92:

> Art. 14. Qualquer pessoa poderá representar à autoridade administrativa competente para que seja instaurada investigação destinada a apurar a prática de ato de improbidade.
>
> 1º. A representação, que será escrita ou reduzida a termo e assinada, conterá a qualificação do representante, as informações sobre o fato e sua autoria e a indicação das provas de que tenha conhecimento.
>
> § 2º. A autoridade administrativa rejeitará a representação, em despacho fundamentado, se esta não contiver as formalidades estabelecidas no § 1º deste artigo. A rejeição não impede a representação ao Ministério Público, nos termos do art. 22 desta lei.
>
> § 3º. Atendidos os requisitos da representação, a autoridade determinará a imediata apuração dos fatos que, em se tratando de servidores federais, será processada na forma prevista nos arts. 148 a 182 da Lei nº 8.112, de 11 de dezembro de 1990 e, em se tratando de servidor militar, de acordo com os respectivos regulamentos disciplinares.
>
> Art. 15. A comissão processante dará conhecimento ao Ministério Público e ao Tribunal ou Conselho de Contas da existência de procedimento administrativo para apurar a prática de ato de improbidade.
>
> Parágrafo único. O Ministério Público ou Tribunal ou Conselho de Contas poderá, a requerimento, designar representante para acompanhar o procedimento administrativo.

O "caput" do artigo 14 dispõe que qualquer pessoa poderá representar à autoridade administrativa competente para a apuração de eventual prática de ato de improbidade administrativa. Tal previsão decorre do direito de petição, previsto no art. 5º, XXXIV, da Constituição Federal, o qual assegura a todos, independentemente do pagamento de taxas, o "direito de petição aos Poderes Públicos em defesa de direitos ou contra a ilegalidade ou abuso de poder". O representante poderá ser tanto a pessoa física quanto a jurídica, com a exigência, neste caso, de que a representação venha subscrita por seus representantes legais.[161]

A representação poderá **escrita ou oral**, devendo, nesta última hipótese, ser reduzida a termo, exigindo o § 1º, do artigo 14, a **qualificação integral do representante**. Não obstante a referida exigência, prevalece o entendimento segundo o qual a **denúncia anônima poderá embasar a instauração** do citado procedimento administrativo.

Isto porque, muitas vezes o representante é servidor público subordinado do denunciado, de forma que exigência de identificação, não raro, inviabilizaria o seu oferecimento, pois o denunciante deixaria de formalizar a representação por medo de represálias. Não se pode desconsiderar, ainda, o temor que agente público ímprobo pode gerar na comunidade local, de forma que a exigência de identificação do representante obstaria qualquer espécie de denúncia pela população.

Não se ignora que a dispensa de identificação do denunciante poderá propiciar o denuncismo vazio e com fins políticos, além de inviabilizar a apuração do crime do artigo 19 da Lei nº 8.429/92. Para se evitar tal situação, deve-se exigir que a representação revista-se de um mínimo de embasamento fático, a evidenciar a verossimilhança das irregularidades noticiadas, para justificar a instauração de procedimento administrativo com base na denúncia anônima.

Na lição de Rogério Alves Pacheco, "desde que especificadas e idôneas à instauração de procedimento investigatório com vistas à apuração de fato razoavelmente determinado, as delações ou "denúncias" anônimas não afastam a autoridade, um milímetro sequer, de seu dever de investigar".[162]

Neste mesmo sentido, o artigo 2º, § 3º, da Resolução CNMP nº 23/07 autoriza a instauração de inquérito civil embasado em denúncia anônima, desde que a representação se mostre revestida de "informações sobre o fato e seu provável autor, bem como a qualificação mínima que permita sua identificação e localização".

O artigo 13, 2, da Convenção das Nações Unidas contra a Corrupção, ratificada por meio do Decreto Legislativo nº 348/05 e Decreto Presidencial nº 5.687/06, aponta que "Cada Estado Parte adotará medidas apropriadas para garantir que o público tenha conhecimento dos órgãos pertinentes de luta contra a corrupção mencionados na presente Convenção, e facilitará o acesso a tais órgãos, quando proceder, para a denúncia, **inclusive anônima**, de quaisquer incidentes que possam ser considerados constitutivos de um delito qualificado de acordo com a presente Convenção." (g.n)

No mesmo contexto, necessário ressaltar a dispensabilidade da existência de representação para a instauração do citado procedimento administrativo, o qual deverá ser iniciado de ofício pela autoridade administrativa competente, caso tome conhecimento de irregularidades praticadas por agentes públicos, com base no poder de autotutela da administração. Nesta ordem de ideias, se é autorizada a instauração de investigação de ofício, com muito mais razão se admite o seu início com base

[161] FERRARESI, Eurico. 'Improbidade Administrativa'. São Paulo: Método, 2011. p. 159.

[162] GARCIA, Emerson; ALVES, Rogério Pacheco. Op. cit. p. 840.

em denúncia anônima revestida de elementos mínimos aptos a ensejar a apuração dos fatos noticiados.

O mesmo § 1º, do artigo 14 exige que a representação aponte informações sobre o fato e sua autoria, além da indicação de provas "de que tenha conhecimento". Busca-se, assim, a indicação mais precisa possível da conduta ilícita e de seu autor, a fim de se evitar representações genéricas, que dificultariam ou inviabilizariam a adequada apuração dos fatos.

Em relação às provas acerca da conduta noticiada, não se exige que acompanhem a representação, mas apenas a indicação daquelas que o representante tenha conhecimento, uma vez que a investigação deverá ficar a cargo do órgão administrativo competente para a apuração do fato.

Nos termos do § 2º, do artigo 14, a representação será rejeitada, em despacho fundamentado, caso não se revista das formalidades legais exigidas no § 1º do mesmo dispositivo. Porém, antes de rejeitá-la, deve a autoridade administrativa, quando viável, solicitar a sua complementação por parte do representado, visando suprir eventuais falhas que obstariam a instauração do procedimento.

Pedro Roberto Decoiman pontua que "o cumprimento das exigências do parágrafo primeiro do artigo 14 também não deve obedecer a rigores extremos, sempre em homenagem ao interesse público que recomenda a apuração de fatos como os mencionados na Lei, ainda que posteriormente se verifique que não ocorreram".[163]

Uma vez instaurada a investigação administrativa, determina o artigo 14, § 3º, que o rito a ser seguido, em caso de servidores federais, será aquele previsto nos artigos 148 a 182 da Lei nº 8.112/1990. Por sua vez, regulamentos locais deverão reger a apuração da conduta de servidores estaduais ou municipais.

A necessidade de observância do **contraditório e ampla defesa** nestes procedimentos administrativos decorre de seu caráter punitivo, mediante a possibilidade de aplicação de sanções, inclusive de demissão do serviço público. Incide, portanto, o disposto no artigo 5º, LV, da Constituição Federal, segundo o qual "em processo judicial ou administrativo, e aos acusados em geral são assegurados o contraditório e ampla defesa, com os meios e recursos a ela inerentes". Situação distinta se verificará no inquérito civil, o qual não se exige o contraditório, como será abordado no momento oportuno.

A comissão processante deverá dar conhecimento da apuração ao Ministério Público e ao Tribunal de Contas, conforme previsão do art. 15, *caput*, da Lei nº 8.429/92, a fim de que tais instituições possam tomar as providências cabíveis ou mesmo acompanhem a investigação realizada pela Comissão.

Em relação ao Ministério Público, necessário apontar que a possibilidade de designar representante para acompanhar o procedimento, nos termos do parágrafo único, do artigo 15, deverá recair sobre aquele que detenha atribuição para a apuração do fato e propositura de ação civil pública, em respeito ao princípio do Promotor Natural.

[163] DECOMAIN, Pedro Roberto. Op. cit. 271.

A comunicação acerca da investigação ao Ministério Público e a possibilidade de seu efetivo acompanhamento por um membro do *Parquet* não obstam a possibilidade de instauração de inquérito civil para a apuração dos mesmos fatos, a fim de viabilizar a obtenção de elementos que possam embasar eventual ação de improbidade administrativa.

O procedimento administrativo instaurado com base no art. 14 da Lei nº 8.429/92 poderá dar ensejo não só à propositura de ação de improbidade administrativa, como também a aplicação das sanções administrativas previstas nos regulamentos disciplinares. Neste sentido:

> 1. À luz do disposto no art. 12 da Lei 8.429/90 e nos arts. 37, § 4º e 41 da CF/88, as sanções disciplinares previstas na Lei 8.112/90 são independentes em relação às penalidades previstas na LIA, daí porque não há necessidade de aguardar-se o trânsito em julgado da ação por improbidade administrativa para que seja editado o ato de demissão com base no art. 132, IV, do Estatuto do Servidor Público Federal. Precedente do STF: RMS 24.194/DF, Rel. Min. Luiz Fux, Primeira Turma, DJe 7/10/2011.[164]

A possibilidade de o Ministério Público requisitar a instauração de procedimento administrativo ou inquérito policial para a apuração dos ilícitos previstos na Lei nº 8.429/92, nos termos de seu artigo 22, não obsta que o membro do *Parquet* também opte por instaurar inquérito civil para a apuração dos mesmos fatos. Conforme lição de Wallace Paiva Martins Júnior:

> a prerrogativa instituída é mera faculdade conferida ao Ministério Público, pois a lei salienta que o órgão poderá requisitar. Assim, recebendo ou conhecendo notícia de improbidade administrativa, poderá optar pela solução que lhe for mais conveniente para a apuração do ato de improbidade administrativa e a promoção de futura ação civil pública. [...] Assim, ao lado de instaurar o inquérito civil sob sua presidência, ele poderá requisitar o inquérito policial (e não raro o ato de improbidade administrativa caracteriza também crime funcional) ou o procedimento administrativo para a própria entidade lesada, visando à colheita da prova até mesmo para compor o inquérito civil [...][165]

9.1. Inquérito civil

O inquérito civil é procedimento administrativo à disposição exclusiva do Ministério Público e se destina à obtenção de elementos de convicção que possam demonstrar eventual ameaça de lesão ou lesão a interesses difusos e coletivos tutelados pelo *Parquet*, a fim de angariar substratos que possam embasar a propositura de ação civil pública.[166] Não se pode desconsiderar, ainda, a relevante utilidade do inquérito civil como forma de propiciar a adoção de medidas extrajudiciais (Termo de Compromisso de Ajustamento de Conduta e Recomendação), que possibilitem a solução de conflitos de forma mais célere e eficiente.

Preciosa a lição de Ricardo de Barros Leonel:

164 STJ, 1ª Seção, MS 15848/DF, Rel. Min. Castro Meira, Dje 16.08.2013;

165 MARTINS JÚNIOR, Wallace Paiva. Op. cit., p. 477.

166 MAZZILI, Hugo Nigro. Op. cit. p. 53.

> a investigação funciona como instrumento potencialmente apto para a composição extrajudicial do conflito e obtenção da pacificação social, sem o decurso do tempo e o custo (em todos os sentidos) do processo, fator, aliás, que se agrava considerando a complexidade natural das demandas coletivas, destinadas, a priori, a perdurar por mais tempo e a gerar maiores dispêndios econômicos.[167]

A inexistência de previsão expressa na Lei nº 8.429/92 a autorizar a utilização do inquérito civil como instrumento hábil para a investigação de ato de improbidade administrativa não configura óbice à sua utilização pelo Ministério Público.

O art. 17, *caput*, da Lei nº 8.429/92 confere legitimidade ao Ministério Público para o ajuizamento de ação judicial que busque a aplicação das sanções previstas na mesma lei. Esta legitimidade decorre do perfil constitucional do Ministério Público, definido no artigo 127, *caput*, da CF, qualificado como "instituição permanente, essencial à função jurisdicional do Estado, incumbindo-lhe a defesa da ordem jurídica, do regime democrático e dos interesses sociais e individuais indisponíveis", e também no artigo 129, III, da CF, que elenca como função institucional "promover o inquérito civil e a ação civil pública, para a proteção do patrimônio público e social, do meio ambiente e de outros interesses difusos e coletivos".

No esteio constitucional, a Lei Federal nº 8.625/93 dispõe em seu artigo 26, IV, b, incumbir ao Ministério Público

> (...) promover o inquérito civil e a ação civil pública, na forma da lei; b) para a anulação ou declaração de nulidade de atos lesivos ao patrimônio público ou à moralidade administrativa, do Estado ou de Municípios, de suas administrações indiretas ou fundacionais ou de entidades privadas de que participem.

No mesmo sentido, o art. 6º, VII, b, da Lei Complementar nº 75/93, dispõe competir ao Ministério Público da União "promover o inquérito civil e a ação civil pública para: b) a proteção do patrimônio público e social, do meio ambiente, dos bens de valor artísticos, estético, histórico, turístico e paisagísticos."

Constitui o inquérito civil, portanto, o procedimento administrativo, com assento constitucional, destinado exclusivamente ao Ministério Público, apto para a investigação dos atos de improbidade administrativa.

A ausência de previsão deste instrumento na Lei nº 8.429/92, bem como o conteúdo do artigo 22 da mesma lei (possibilidade de requisição de instauração de inquérito policial ou procedimento administrativo), devem ser interpretados como uma forma "concebida pelo legislador apenas de modo a facilitar a apuração da improbidade, nunca para negar ao Ministério Público a possibilidade de instauração do inquérito. Conclusão contrária não se afinaria ao texto constitucional, além de soar ilógica na medida em que quem comete os fins (tutela judicial e extrajudicial da probidade administrativa) deve também prover os meios (possibilidade de instauração do inquérito).[168]

[167] LEONEL, Ricardo de Barros. 'Manual do processo coletivo'. São Paulo: Malheiros, 2017, p. 405.

[168] GARCIA, Emerson; ALVES, Rogério Pacheco. Op. cit. p. 828.

9.1.1. Dispensabilidade do inquérito civil

De início, necessário ressaltar a **dispensabilidade** da instauração do inquérito civil, em casos nos quais os elementos já carreados ao órgão do Ministério Público mostrarem-se suficientes para a propositura de ação civil pública, ou de ato de improbidade administrativa, como, por exemplo, sindicâncias administrativas, relatórios de fiscalização realizadas pelo Tribunal de Contas e, até mesmo, representações adequadamente instruídas.

Esta dispensabilidade do inquérito civil não implica, necessariamente, a obrigatoriedade de imediata propositura de ação civil pública. Ao contrário, à luz dos princípios que norteiam a atuação ministerial, o membro do Ministério Público deve sempre considerar o acionamento do Poder Judiciário como última alternativa. Caso em que verificar inviável a adoção de medidas extrajudiciais eficazes, como a expedição de recomendações ou tomada de compromisso de ajustamento de conduta, efetivados, via de regra, no bojo do inquérito civil.[169]

9.1.2. Da instauração

Detectada a necessidade de instauração do procedimento, alguns aspectos devem ser observados. A instauração do inquérito civil não deve se dar por mero deleite, ou conjecturas pessoais do membro do Ministério Público, mas sim calcada em fatos concretos, que evidenciem lesão ou ameaça aos interesses tutelados pelo Ministério Público e que justifiquem a utilização do procedimento (justa causa).[170] Inconcebível, assim, a instauração de procedimento genérico, a fim de sindicar toda a sorte de procedimentos administrativos ou atos administrativos do ente investigado, para, de forma eventual, apurar, de forma eventual, alguma irregularidade detectada.[171]

Uma vez verificada a necessidade do inquérito civil, de ofício ou após representação, o mesmo deverá ser instaurado por meio de portaria, devidamente motivada, ainda que sucintamente, a fim de evidenciar a necessidade do procedimento, com a identificação do objeto a ser apurado, seu autor e, também, a suposta violação ao ordenamento jurídico vigente.

9.1.3. Dos poderes investigatórios

Para a adequada instrução do inquérito civil, o Ministério Público conta com poderes de suma importância para a eficiência da investigação, como a requisição de informações, convocação de pessoas para prestar depoimentos, requisição de serviços técnicos de órgãos públicos, dentre outros. Neste sentido, dispõe o artigo 129, VI, da CF:

---

[169] MAGALHÃES JR, Alexandre Alberto de Azevedo; SANTOS, André Luiz dos. 'Instrumentos de atuação extrajudicial do Ministério Público'. *In* SABELLA, Walter Paulo; DAL POZZO, Antônio Araldo Ferraz; BURLE FILHO, José Emmanuel. (coords.) 'MINISTÉRIO PÚBLICO. Vinte e cinco anos do novo perfil constitucional'. Malheiros: São Paulo, 2013, p. 676.

[170] FERRARESI, Eurico. 'Inquérito Civil'. Rio de Janeiro: Forense, 2010, p. 5.

[171] LEONEL, Ricardo de Barros. Op. cit. p. 409.

> Art. 129. São funções institucionais do Ministério Público:
>
> [...]
>
> VI – expedir notificações nos procedimentos administrativos de sua competência, requisitando informações e documentos para instruí-los, na forma da lei complementar respectiva;

O artigo 26, I, da Lei 8.625/93 também regulamentou os poderes investigatórios do Ministério Público:

> Art. 26. No exercício de suas funções, o Ministério Público poderá:
>
> I – instaurar inquéritos civis e outras medidas e procedimentos administrativos pertinentes e, para instruí-los:
>
> a) expedir notificações para colher depoimento ou esclarecimentos e, em caso de não comparecimento injustificado, requisitar condução coercitiva, inclusive pela Polícia Civil ou Militar, ressalvadas as prerrogativas previstas em lei;
>
> b) requisitar informações, exames periciais e documentos de autoridades federais, estaduais e municipais, bem como dos órgãos e entidades da administração direta, indireta ou fundacional, de qualquer dos Poderes da União, dos Estados, do Distrito Federal e dos Municípios;
>
> c) promover inspeções e diligências investigatórias junto às autoridades, órgãos e entidades a que se refere a alínea anterior;
>
> II – requisitar informações e documentos a entidades privadas, para instruir procedimentos ou processo em que oficie;
>
> III – requisitar à autoridade competente a instauração de sindicância ou procedimento administrativo cabível;
>
> IV – requisitar diligências investigatórias e a instauração de inquérito policial e de inquérito policial militar, observado o disposto no art. 129, inciso VIII, da Constituição Federal, podendo acompanhá-los;
>
> V – praticar atos administrativos executórios, de caráter preparatório;
>
> [...]
>
> VII – sugerir ao Poder competente a edição de normas e a alteração da legislação em vigor, bem como a adoção de medidas propostas, destinadas à prevenção e controle da criminalidade.

A **notificação**, em regra, é empregada para a cientificação formal de determinada pessoa para que compareça perante o órgão do Ministério Público, com o escopo de prestar depoimento acerca de determinado fato ou situação, sob pena de, em caso não atendimento, ser conduzida coercitivamente pela polícia civil ou militar.

A **requisição** tem a finalidade de incitar determinada pessoa física ou jurídica, de direito público ou privado, a prestar informações ou mesmo fornecer documentos de interesse à investigação e o seu descumprimento poderá ensejar consequências ao destinatário.

O artigo 10 da LACP tipifica como crime "a recusa, o retardamento ou a omissão de dados técnicos indispensáveis à propositura da ação civil, quando requisitados pelo Ministério Público". Ao lado da responsabilização criminal, a recusa no fornecimento destas informações por parte de agentes público poderá, ainda, configurar ato de improbidade administrativa, previsto no artigo 11, caput e inciso II, da Lei nº 8.429/92, desde que evidenciado o dolo genérico como elemento subjetivo.

Sem prejuízo da responsabilização cível e/ou penal em razão da omissão e recusa no fornecimento de informações necessárias para o ajuizamento de ação civil pública, caso persista a necessidade de obtenção destas informações, documentos, perícias, etc, o órgão do Ministério Público poderá se valer de outras medidas judiciais cabíveis, como, por exemplo, a ação de busca e apreensão, ação de obrigação de fazer etc.

A previsão legal, inclusive nas Leis Orgânicas Estaduais, quanto aos poderes instrutórios do Ministério Público, não consubstancia rol taxativo, sendo autorizada a realização de qualquer diligência que se mostre necessária e adequada para a apuração do eventual ilícito, observados, evidentemente, os direitos e garantias fundamentais.

9.1.3.1. Pedido de auxílio direto – cooperação jurídica internacional

O ocultamento de recursos ilícitos desviados do erário não ocorre apenas nos limites territoriais do Brasil, mas também por meio de remessas de quantias e valores ao exterior, facilitada pelo fenômeno da globalização. O aumento e a gravidade das práticas transnacionais de lavagem de dinheiro passaram a exigir a implementação de eficiente cooperação internacional, no escopo de prevenir e reprimir estas práticas[172].

A cooperação jurídica internacional desenvolve-se por meio de carta rogatória, pedido de auxílio direto, homologação de sentença estrangeira, comunicação espontânea, extradição, transferência de processos penais e transferência de condenados, dentre outros.

O Novo Código de Processo Civil disciplinou a matéria, dividindo-a em normais gerais (artigos 26 e 27), auxílio direto (artigos 28 a 34), cartas rogatórias (artigos 35 e 36) e disposições comuns aplicáveis ao auxílio direto e às cartas rogatórias (artigos 37 a 41).

O artigo 26 do CPC 2015 estabelece que a cooperação jurídica internacional deverá observar: I – o respeito às garantias do devido processo legal no Estado requerente; II – a igualdade de tratamento entre nacionais e estrangeiros, residentes ou não no Brasil, em relação ao acesso à justiça e à tramitação dos processos, assegurando-se assistência judiciária aos necessitados; III – a publicidade processual, exceto nas hipóteses de sigilo previstas na legislação brasileira ou na do Estado requerente; IV – a existência de autoridade central para recepção e transmissão dos pedidos de cooperação; V – a espontaneidade na transmissão de informações a autoridades estrangeiras.

Por sua vez, o artigo 27 do CPC 2015, de forma exemplificativa, aponta os possíveis objetos da cooperação jurídica internacional: I – citação, intimação e notificação judicial e extrajudicial; II – colheita de provas e obtenção de informações; III – homologação e cumprimento de decisão; IV – concessão de medida judicial de urgência; V – assistência jurídica internacional; VI – qualquer outra medida judicial ou extrajudicial não proibida pela lei brasileira.

[172] MARQUES, Silvio. Op. cit. p. 234.

Diversos são os tratados internacionais que cuidam da matéria. A título de exemplo, podemos citar: a) Convenção dos Países da OCDE – Organização para a Cooperação e Desenvolvimento Econômico contra a Corrupção, inserida em nosso ordenamento por meio do Decreto nº 3.678/2000; b) Convenção de Palermo (Decreto nº 5.015/2004); c) Convenção de Mérida (Decreto nº 5.687/2006), dentro outros, além de tratados, convenções e acordos bilaterais firmados pelo Brasil.

A matéria é complexa e contemplaria estudo aprofundado sobre as diversas convenções, acordos e tratados multilaterais ou bilaterais, bem como acerca das diferentes formas de se desenvolver a cooperação jurídica internacional (carta rogatória, pedido de auxílio direto, homologação de sentença estrangeira, etc). Este, porém, não é o foco deste trabalho, razão pela qual o presente estudo será delimitado àqueles aspectos relacionados à investigação dos atos de improbidade administrativa.

A Convenção de Mérida, subscrita pelo Brasil em 09 de dezembro de 2003, em vigor por meio do Decreto Federal nº 5.687, de 31 de janeiro de 2006, além da Cooperação Internacional em matéria penal, também autoriza a cooperação em matéria cível e administrativa. Dispõe o artigo 43:

> 1. Os Estados Partes cooperarão em assuntos penais conforme o disposto nos Artigos 44 a 50 da presente Convenção. Quando proceda e estiver em consonância com seu ordenamento jurídico interno, os Estados Partes considerarão a possibilidade de prestar-se assistência nas investigações e procedimentos correspondentes a questões civis e administrativas relacionadas com a corrupção [...]

Cabível a cooperação se o fato, objeto da investigação no âmbito civil, qualificar-se, em sentido amplo, como corrupção.[173]

Neste contexto, de se destacar a possibilidade de utilização do *pedido de auxílio direto* no bojo do inquérito civil, com a finalidade de se obter informações e documentos aptos à tutela da probidade administrativa, na forma do artigo 48, item 2:

> 2. Os Estados Partes, com vistas a dar efeito à presente Convenção, considerarão a possibilidade de celebrar acordos ou tratados bilaterais ou multilaterais em matéria de cooperação direta entre os seus respectivos organismos encarregados de fazer cumprir a lei e, quando tais acordos ou tratados já existam, melhorá-los. Na falta de tais acordos ou tratados entre os Estados Partes interessados, os Estados Partes poderão considerar que a presente Convenção constitui a base para a cooperação recíproca em matéria de cumprimento da lei no que diz respeito aos delitos compreendidos na presente Convenção. Quando proceda, os Estados Partes aproveitarão plenamente os acordos e tratados, incluídas as organizações internacionais ou regionais, a fim de aumentar a cooperação entre os seus respectivos organismos encarregados de fazer cumprir a lei [...].

O artigo 28 do CPC 2015 estabelece que o pedido de auxílio direto terá cabimento "quando a medida não decorrer diretamente de decisão de autoridade jurisdicional estrangeira a ser submetida a juízo de delibação no Brasil". O objeto do auxílio direto está previsto no artigo 30 do CPC 2015, o qual não exclui outros objetos previstos em Tratados subscritos pelo Brasil, a saber: I – obtenção e prestação de informações sobre o ordenamento jurídico e sobre processos administrativos ou

[173] MARQUES, Silvio. Op. cit. p. 275.

jurisdicionais findos ou em curso; II – colheita de provas, salvo se a medida for adotada em processo, em curso no estrangeiro, de competência exclusiva de autoridade judiciária brasileira; III – qualquer outra medida judicial ou extrajudicial não proibida pela lei brasileira.

Na lição de Silvio Marques, o "pedido de auxílio direto civil ou penal se destina a acelerar a cooperação jurídica internacional, em substituição à carta rogatória, cuja execução sempre depende de autorização judicial."[174]

Assim, o pedido de auxílio direto expedido pelo Ministério Público será destinado ao Departamento de Recuperação de Ativos e Cooperação Internacional (DRCI), o qual encaminhará o pedido diretamente à autoridade central do país destinatário, a qual remeterá o pedido à autoridade responsável pelo cumprimento do pedido.

Especificamente em relação ao Estados Unidos da América, necessário destacar o Acordo de Assistência Legal Mútua em Matéria Penal (Mutual Legal Assistence Treaty – MLAT), firmado com o Brasil (Decreto nº 3.810/2001), o qual permite a expedição de *pedido de auxílio direto* não apenas em matéria penal, mas também em matéria civil.[175]

Duas observações relevantes. Em primeiro lugar, o *pedido de auxílio direto* somente será possível se o ato ilícito civil investigado no Brasil também puder ser considerado como algum dos crimes previstos nas Convenções ou tratados, como suborno ou corrupção (artigo 15) ou enriquecimento ilícito (artigo 20), inseridos na Convenção de Mérida, por exemplo. Nesse contexto, apenas as condutas elencadas no artigo 9º da LIA poderiam, em tese, ensejar esta espécie de Cooperação Internacional.

Em segundo plano, a inexistência de foro por prerrogativa de função na seara de responsabilização pela prática de ato de improbidade administrativa garante ao órgão do Ministério Público a atribuição para a realização das investigações e, portanto, para a expedição do *pedido de auxílio direito*. A necessária correspondência do ato ímprobo investigado com crimes de corrupção em sentido amplo não implica na conclusão de que a expedição do pedido de auxílio direito, com menção aos crimes correspondentes, se trataria de investigação de ilícito praticado por autoridade com foro privilegiado. Trata-se de investigação distinta, que tem como finalidade instruir investigação relativa à prática de ilícito civil (improbidade administrativa) e não penal.

O Superior Tribunal de Justiça, ao apreciar a validade de prova obtida por meio de *pedido de auxílio direto*, para instrução de inquérito civil que investigava a prática de ato de improbidade administrativa por parte de Conselheiro do Tribunal de Contas do Estado, decidiu pela inexistência de afronta à competência daquela Corte, pois se tratava de investigação de natureza civil, bem como indicou a possibilidade de expedição do pedido de auxílio direto pela autoridade administrativa e pelo Ministério Público.[176]

[174] MARQUES, Silvio. Op. cit. p. 256.

[175] MARQUES, Silvio. Op. cit. p. 257.

[176] STJ, Rcl 2.723, Corte Especial, Rel. Min. Laurita Vaz, Dje 06.04.2009;

9.1.4. Informações e documentos sob sigilo

O poder de requisição do Ministério Público, com esteio constitucional (artigo 129, VI), pode ser exercido também em relação àquelas informações acobertadas pelo sigilo, nos termos do art. 8º, § 2º, da Lei Complementar nº 75/93, aplicável de forma subsidiária aos Ministérios Públicos Estaduais.

É autorizado, portanto, o acesso a dados fiscais, documentos relativos à propriedade de bens móveis e imóveis etc., com a única exigência do resguardo deste sigilo por parte do representante do Ministério Público, sob pena de responsabilidade civil e criminal.

O mesmo artigo 8º, § 2º, da Lei Complementar nº 75/93, e o perfil constitucional do Ministério Público, podem embasar o entendimento segundo o qual não haveria necessidade de autorização judicial para o acesso a dados bancários, inclusive em razão da constatação de que a quebra do sigilo bancário não está prevista na Constituição Federal dentre aquelas hipóteses de reserva do Judiciário, diferentemente do que ocorre com a interceptação telefônica.

Ocorre que a Lei Complementar nº 105/2001, em seus artigos 3º, 4º, 5º e 6º, exige ordem judicial para acesso a dados bancários **apenas para as requisições do Poder Legislativo, dos órgãos fiscais e da Advocacia-Geral da União, excluindo o Ministério Público**. Entretanto, o Supremo Tribunal Federal e o Superior Tribunal de Justiça firmaram entendimento no sentido da necessidade de prévia autorização judicial, para que o *Parquet* possa ter acesso a estas informações, tanto bancárias quanto fiscais. Neste sentido:

> 1. RECURSO. Extraordinário. Inadmissibilidade. Instituições Financeiras. Sigilo bancário. Quebra. Requisição. Ilegitimidade do Ministério Público. Necessidade de autorização judicial. Jurisprudência assentada. Ausência de razões novas. Decisão mantida. Agravo regimental improvido. Nega-se provimento a agravo regimental tendente a impugnar, sem razões novas, decisão fundada em jurisprudência assente na Corte. 2. RECURSO. Agravo. Regimental. Jurisprudência assentada sobre a matéria. Caráter meramente abusivo. Litigância de má-fé. Imposição de multa. Aplicação do art. 557, § 2º, cc. arts. 14, II e III, e 17, VII, do CPC. Quando abusiva a interposição de agravo, manifestamente inadmissível ou infundado, deve o Tribunal condenar a agravante a pagar multa ao agravado."[177]"
>
> [...]
>
> O procedimento investigatório preliminar, a cargo do Ministério Público Federal, decorre de autorização legal e tem por objetivo reunir informações e elementos capazes de ensejar juízo prévio sob a ocorrência ou não de injusto penal. De natureza inquisitiva, não está submetido ao contraditório, que será exercido oportunamente, no curso de ação penal eventualmente instaurada. Os sigilos bancário e fiscal não constituem direito absoluto e devem ceder quando razões de interesse público, devidamente fundamentadas, demonstrarem a conveniência de sua quebra, mediante ordem judicial.
>
> Decisão judicial suficientemente motivada, proferida na vigência da Lei nº 10.174/01, de aplicação imediata, a partir de sua publicação. Recurso desprovido.[178]

[177] STF, 2ª Turma, RE 318136, Rel. Min. Cezar Peluso, Dj 06/10/2006

[178] STJ, 6ª Turma, RMS 15250/SC, Rel. Min. Paulo Medina, Dj 15/12/2003

Importante registrar, porém, que o STF decidiu ser possível requisição direta, pelo Ministério Público, de informações financeiras necessárias para a investigação de irregularidades nas quais existam recursos públicos envolvidos, pois:

> a ordem jurídica confere explicitamente poderes amplos de investigação ao Ministério Público – art. 129, incisos VI, VIII, da Constituição Federal, e art. 8º, incisos II e IV, e § 2º, da Lei Complementar nº 75/1993. 5. Não cabe ao Banco do Brasil negar, ao Ministério Público, informações sobre nomes de beneficiários de empréstimos concedidos pela instituição, com recursos subsidiados pelo erário federal, sob invocação do sigilo bancário, em se tratando de requisição de informações e documentos para instruir procedimento administrativo instaurado em defesa do patrimônio público. Princípio da publicidade, art. 37 da Constituição. 6. No caso concreto, os empréstimos concedidos eram verdadeiros financiamentos públicos, porquanto o Banco do Brasil os realizou na condição de executor da política creditícia e financeira do Governo Federal, que deliberou sobre sua concessão e ainda se comprometeu a proceder à equalização da taxa de juros, sob a forma de subvenção econômica ao setor produtivo, de acordo com a Lei nº 8.427/1992. 7. Mandado de segurança indeferido.[179]

O entendimento citado tem grande relevância nas investigações de ato de improbidade administrativa, em que, via de regra, o objeto da apuração recai sobre irregularidades na aplicação de recursos públicos. Rogério Pacheco Alves defende, inclusive, que tal precedente tem aplicabilidade às chamadas Organizações Sociais e às Organizações da Sociedade Civil de Interesse Público e a outras entidades privadas que recebam verbas públicas para o desempenho de atividades nas áreas da saúde, ensino, pesquisa, meio ambiente etc.[180]

A experiência cotidiana, porém, revela a constante recusa destas informações por parte das instituições financeiras, razão pela qual, com a finalidade de conferir maior celeridade e eficiência, o Ministério Público tem optado por obter a autorização judicial.[181]

9.1.5. Acesso a dados sigilosos

Em face do entendimento jurisprudencial dominante acima mencionado, no sentido de necessidade de prévia autorização judicial para a quebra do sigilo bancário e fiscal, cumpre estabelecer o instrumento processual adequado para se afastar o sigilo, ou seja, verificar se dedutível por meio de procedimento cautelar e, também, se incide o contraditório e a ampla defesa.

Em nosso entendimento, não se trata de medida cautelar necessária ao afastamento do risco de perecimento do direito ou dos elementos de prova, tampouco de meio necessário para se garantir a utilidade e eficácia do provimento jurisdicional.

Cuida-se, na realidade, de medida pré-processual de caráter investigativo, necessária para que o Ministério Público aquilate a viabilidade do direito de ação e a presença do interesse de agir, em face dos elementos de prova obtidos no inquérito

---

179 STF, Pleno, MS 21.729/DF, Rel. Min. Marco Aurélio, Rel. p/ ac. Min. Neri da Silveira, Dj 19.10.2001;

180 GARCIA, Emerson; ALVES, Rogério Pacheco. Op. cit., p. 865.

181 ANDRADE, Adriano; MASSON, Cleber; ANDRADE, Landolfo. Op. cit. 180.

civil. Tem, portanto, natureza administrativa, sem a necessidade de observância do contraditório.[182]

A desnecessidade do contraditório também é exaltada por Wallace Paiva Martins Júnior, para quem a legislação:

> não requer a existência de processo judicial em curso, jungido ao contraditório, bastando a simples autorização judicial à vista de elementos suficientes que justifiquem a interferência estatal na esfera da privacidade conectados à necessidade de apuração do ilícito. O pedido continua sendo judicialiforme, bastando, para a autorização judicial, a exposição de motivos razoáveis que demonstrem a necessidade da 'disclousure' à vista do interesse público, sem contraditório, sob pena de entravamento das investigações.[183]

Neste sentido decidiu o STJ:

> quebra do sigilo bancário encerra um procedimento administrativo investigatório de natureza inquisitiva, diverso da natureza do processo, o que afasta a alegação de violação dos Princípios do Devido Processo Legal, do Contraditório e da Ampla Defesa. [...] O sigilo bancário não é um direito absoluto, deparando-se ele com uma série de exceções previstas em lei ou impostas pela necessidade de defesa ou salvaguarda de interesses sociais mais relevantes. (Vide §§ 3º e 4º do art. 1º e art. 7º da Lei Complementar 105/2001).[184]

Portanto, a quebra do sigilo fiscal ou bancário pode ser deduzida por meio de pedido administrativo, perante o Poder Judiciário, em que desnecessário o contraditório. Caso venha a ser proposta ação por ato de improbidade administrativa, o contraditório e a ampla defesa poderão ser exercidos no momento oportuno (diferido), por meio da defesa preliminar do artigo 17, § 6, da Lei nº 8429/92, e contestação.

Em relação à interceptação telefônica, nos termos do artigo 5º, XII, da CF, é admitida "por ordem judicial, nas hipóteses e na forma que a lei estabelecer para fins de **investigação criminal ou instrução processual penal**", o que, em princípio, inviabilizaria sua utilização em sede de inquérito civil.

Nada impede que os elementos de prova coligidos por meio da interceptação telefônica, após devidamente autorizado em procedimento de investigação criminal, sejam compartilhados para a instrução de inquérito civil que visa apurar ato de improbidade administrativa. Neste sentido, decidiu o STJ que a "autorização de compartilhamento de prova obtida em ação penal para fins de instrução de inquérito

[182] GARCIA, Emerson; ALVES, Rogério Pacheco. Op. cit. p. 879.

[183] MARTINS JÚNIOR, Wallace Paiva. Op. cit. p. 495/496.

[184] STJ, 1ª Turma, RMS 15146/SC, Rel. Min. Luiz Fux, Dj 07/04/2003; No mesmo sentido, recente decisão do TJSP: IMPROBIDADE ADMINISTRAT1IVA INQUÉRITO CIVIL QUEBRA DE SIGILO BANCÁRIO, FINANCEIRO E FISCAL INDÍCIOS DE ILÍCITOS CIVIS POR SERVIDORES PÚBLICOS PERTINÊNCIA DA MEDIDA EM PROL DO INTERESSE PÚBLICO E CONTINUIDADE DO INQUÉRITO CIVIL DEFERIMENTO DO PLEITO QUANTO AOS SERVIDORES PÚBLICOS INDICADOS (PESSOAS FÍSICAS) E QUANTO ÀS EMPRESAS DE QUE SÃO SÓCIOS (MENCIONADAS NA PETIÇÃO INICIAL PELO MINISTÉRIO PÚBLICO E NAS RAZÕES DE AGRAVO DE INSTRUMENTO). INQUÉRITO CIVIL, QUE ANTE SUA NATUREZA PREPARATÓRIA, NÃO SE SUBMETE AO CRIVO DO CONTRADITÓRIO. DESNECESSIDADE DE APERFEIÇOAMENTO DA RELAÇÃO PROCESSUAL (CITAÇÃO) PARA CONCESSÃO DA MEDIDA. R. DECISÃO AGRAVADA REFORMADA. AGRAVO DE INSTRUMENTO PROVIDO (Agravo de Instrumento nº 2131548-95.2015.8.26.0000, Des. Rel. Flora Maria Nesi Tossi, julgado em 16/09/2015;

civil público que investiga os mesmos fatos não importa em ofensa a direito líquido e certo do investigado."[185]

9.1.6. Contraditório

Os incisos LIV e LV, do artigo 5º, da Constituição Federal, garantem que ninguém será privado da liberdade ou de seus bens sem o devido processo legal e, ainda, o contraditório e ampla defesa aos litigantes em processo judicial ou administrativo e aos acusados em geral.

Quanto ao inquérito civil, por se tratar de procedimento de investigação prévia para coleta de elementos que possam vir a instruir eventual medida judicial, ou, ainda, justificar a atuação preventiva do Ministério Público, não há que se falar em contraditório, inclusive em razão de sua natureza inquisitorial.

Distintamente do que se verifica em processos administrativos disciplinares, dos quais poderá decorrer a aplicação de sanções de cunho administrativo (demissão), ou mesmo a criação ou extinção de direitos, em que a ampla defesa e o contraditório devem ser observados, configura o inquérito civil procedimento administrativo de cunho investigatório que não terá como consequência direta a aplicação de sanção, a privação da liberdade ou de bens do investigado. Ensina Susana Henriques da Costa:

> o mesmo raciocínio do inquérito policial pode ser transposto para o inquérito civil. Nesse sentido, o inquérito civil não se trata propriamente de processo, mas de mero procedimento administrativo, que tem por fim somente formar o convencimento do promotor de justiça sobre a propositura, ou não, de ação civil pública. Tanto no procedimento penal quanto no procedimento civil não há a possibilidade de criação, modificação ou extinção de direitos ou, mesmo, de aplicação de qualquer sanção ao investigado, de forma que não incide no procedimento o mandamento constitucional previsto no art. 5º, LV, que impõe a observância do princípio do contraditório.[186]

O Colendo STF, ao enfrentar a matéria, decidiu que "as garantias constitucionais da ampla defesa e do contraditório não são aplicáveis na fase do inquérito civil, que tem natureza pré-processual, e somente se destina à colheita de informações para a propositura de ação civil pública."[187]

A prescindibilidade da observância do contraditório não obsta que se dê ciência da instauração do inquérito civil ao investigado, para manifestação e acompanhamento dos atos e diligências realizadas, providências estas que, na lição de Ricardo de Barros Leonel reforçarão "o valor intrínseco dos elementos de informação colhidos na fase pré-processual, que, por isso, terão maior credibilidade e "peso" como prova a ser avaliada pelo magistrado, dentro do seu livre convencimento motivado."[188]

---

185 STJ, 6ª Turma, AgRg no RMS 44825/MT, Rel. Min. Maria Thereza de Assis Moura, Dje 24/03/2014;

186 COSTA, Susana Henriques da. 'A influência do contraditório na valoração dos elementos de prova produzidos em inquérito'. *In* ZUFFELATO, Camilo; YARSHELL, Flávio Luiz (org.).'40 anos da teoria geral do processo no Brasil, Passado, presente e futuro'. São Paulo: Malheiros, 2013, p. 722/723.

187 STF, 1ª Turma, RE/ED 481.955-PR, Rel. Min. Carmen Lúcia, DJU 10.02.11;

188 LEONEL, Ricardo de Barros. Op. cit. p. 419.

Neste sentido, tanto a Resolução CNMP nº 23/2007, em seu artigo 6º, § 5º, quanto o Ato Normativo nº 484/06-CPJ, do Ministério Público do Estado de São Paulo, em seu artigo 74, determinam a oitiva do investigado, desde de que esta providência seja possível e não constitua óbice ao bom andamento das investigações.

9.1.7. Da publicidade e do sigilo

A publicidade dos atos da administração pública é princípio estabelecido no art. 37, *caput*, da Constituição Federal e abrange, portanto, as investigações lançadas pelo Ministério Público. Acerca do tema, os artigos 7º e 8º da Resolução 23/07-CNMP dispõem:

> Art. 7º. Aplica-se ao inquérito civil o princípio da publicidade dos atos, com exceção dos casos em que haja sigilo legal ou em que a publicidade possa acarretar prejuízo às investigações, casos em que a decretação do sigilo legal deverá ser motivada.
>
> § 1º. Nos requerimentos que objetivam a obtenção de certidões ou extração de cópia de documentos constantes nos autos sobre o inquérito civil, os interessados deverão fazer constar esclarecimentos relativos aos fins e razões do pedido, nos termos da Lei nº 9.051/95.
>
> § 2º. A publicidade consistirá:
>
> I – na divulgação oficial, com o exclusivo fim de conhecimento público mediante publicação de extratos na imprensa oficial;
>
> II – na divulgação em meios cibernéticos ou eletrônicos, dela devendo constar as portarias de instauração e extratos dos atos de conclusão;
>
> III – na expedição de certidão e na extração de cópias sobre os fatos investigados, mediante requerimento fundamentado e por deferimento do presidente do inquérito civil;
>
> IV – na prestação de informações ao público em geral, a critério do presidente do inquérito civil;
>
> [...]
>
> Art. 8º. Em cumprimento ao princípio da publicidade das investigações, o membro do Ministério Público poderá prestar informações, inclusive aos meios de comunicação social, a respeito das providências adotadas para apuração de fatos em tese ilícitos, abstendo-se, contudo de externar ou antecipar juízos de valor a respeito de apurações ainda não concluídas.

A obrigatoriedade de publicidade poderá ser mitigada, na forma do artigo 5º, XXXIII e LX, e do artigo 93, IX da CF, os quais autorizam o sigilo em defesa da intimidade ou em prol do interesse social/público. Nesta seara, no tocante aos documentos em relação aos quais a própria lei confere sigilo, como, por exemplo, os dados bancários, fiscais e telefônicos, o órgão do Ministério Público deverá vedar o acesso, sob pena de responsabilização administrativa, civil e criminal, na forma do artigo 8º, § 1º, da LC 75/93 e do artigo 26, § 2º, da Lei nº 8.625/93.

Da mesma forma, o sigilo das investigações poderá ser decretado em hipóteses nas quais a sua publicidade possa prejudicar o bom andamento das investigações, sendo imprescindível que a determinação do sigilo venha acompanhada da respectiva motivação. Neste sentido, o artigo 7º, §§ 4º e 5º, da Resolução nº 23/07-CNMP:

> Art. 7º. [...]
>
> [...]
>
> § 4º. A restrição à publicidade deverá ser decretada em decisão motivada, para fins do interesse público, e poderá ser, conforme o caso, limitada a determinadas pessoas, provas, informações, dados, períodos ou fases, cessando quando extinta a causa que a motivou.
>
> § 5º. Os documentos resguardados por sigilo legal deverão ser autuados em apenso.

Portanto, a regra é a publicidade do inquérito civil, a qual poderá ser excepcionada nas seguintes hipóteses: a) em defesa da intimidade; b) nas hipóteses de sigilo legal (dados bancários, fiscais, telefônicos etc.); c) em prol do interesse público, desde de que da publicidade possa advir prejuízo ao bom andamento das investigações, mediante decisão fundamentada.

Por fim, anote-se que, quanto maior o grau de publicidade e de possibilidade de acesso às informações contidas no inquérito civil, sobretudo pelo investigado, maior será a carga probante deste procedimento em juízo.

9.1.8. *Valor probatório*

Como já visto, o inquérito civil é relevante instrumento de investigação colocado à disposição do Ministério Público, com previsão constitucional e legal, palco para a colheita de elementos de prova que evidenciem lesão ou ameaça de lesão a bens e interesses da coletividade e, também, que possam configurar ato de improbidade administrativa e/ou lesão ao erário.

Não há, portanto, como se extirpar força probante advinda do inquérito civil, pois se trata de procedimento conduzido por agentes públicos, que se pautam, obrigatoriamente, pela observância dos princípios da legalidade e moralidade.[189]

O valor probatório carreado ao inquérito civil deverá ficar ao critério do magistrado, à vista do caso concreto. Ensina Susana Henriques Costa:

> o valor probatório do inquérito é variável segundo circunstâncias aferíveis pelo magistrado no caso concreto. Sua análise é livre, mas deve ser sempre racional e motivada. A maior ou menor incidência do princípio do contraditório no procedimento investigatório é um dos parâmetros racionais que o juiz deve lançar mão para a valoração da prova nele constante. Assim, quanto maior a participação do investigado, maior a eficácia probatória dos elementos coligidos no inquérito. Outros fatores, entretanto, também devem ser levados em conta, tais como a credibilidade dos documentos constantes do inquérito (por exemplo, certidões, escrituras públicas, etc.), a oficialidades dos subscritores dos seus laudos, tudo conforme a legislação processual vigente, a experiência do magistrado, e sem prescindir do necessário confronto com o restante do conjunto probatório dos autos.[190]

---

[189] COSTA, Susana Henriques da. 'A influência do contraditório na valoração dos elementos de prova produzidos em inquérito'. *In* ZUFFELATO, Camilo; YARSHELL, Flávio Luiz (org.)."40 anos da teoria geral do processo no Brasil, Passado, presente e futuro'. São Paulo: Malheiros, 2013, p. 730.

[190] COSTA, Susana Henriques da. 'A influência do contraditório na valoração dos elementos de prova produzidos em inquérito'. *In* ZUFFELATO, Camilo; YARSHELL, Flávio Luiz (org.)."40 anos da teoria geral do processo no Brasil, Passado, presente e futuro'. São Paulo: Malheiros, 2013, p. 732

O Colendo STJ firmou entendimento no sentido de que as provas produzidas no inquérito civil possuem valor relativo, devendo prevalecer em caso de inexistência de contraprova, produzida pelo réu à luz do contraditório e ampla defesa.[191]

9.1.9. *Arquivamento*

O arquivamento do inquérito civil deverá ocorrer se, realizadas as possíveis diligências, o órgão do Ministério Público, de maneira fundamentada, se convencer da inexistência de fundamento para a propositura de ação civil pública. A ausência de justa causa para a propositura de demanda coletiva poderá advir da constatação de inexistência de lesão ou ameaça de lesão ao interesse tutelado; não apuração do autor da lesão ou ameaça de lesão; reparação da lesão ou desaparecimento da ameaça, não se verificando medidas adicionais a serem tomadas; assinatura de termo de compromisso de ajustamento de conduta[192], conforme será explorado a seguir.

Dispõe o artigo 9º da LACP:

> Art. 9º. Se o órgão do Ministério Público, esgotadas todas as diligências, se convencer da inexistência de fundamento para a propositura da ação civil, promoverá o arquivamento dos autos do inquérito civil ou das peças informativas, fazendo-o fundamentadamente.
>
> § 1º. Os autos do inquérito civil ou das peças de informação arquivadas serão remetidos, sob pena de se incorrer em falta grave, no prazo de 3 (três) dias, ao Conselho Superior do Ministério Público.
>
> § 2º. Até que, em sessão do Conselho Superior do Ministério Público, seja homologada ou rejeitada a promoção de arquivamento, poderão as associações legitimadas apresentar razões escritas ou documentos, que serão juntados aos autos do inquérito ou anexados às peças de informação.
>
> § 3º. A promoção de arquivamento será submetida a exame e deliberação do Conselho Superior do Ministério Público, conforme dispuser o seu Regimento.
>
> § 4º. Deixando o Conselho Superior de homologar a promoção de arquivamento, designará, desde logo, outro órgão do Ministério Público para o ajuizamento da ação.

Os autos do inquérito civil, juntamente com a decisão de promoção de arquivamento, deverão ser remetidos ao Conselho Superior, no prazo de três dias, sob pena de falta grave.

Ao apreciar a promoção de arquivamento, o Conselho Superior do Ministério Público poderá: 1 – homologar a promoção de arquivamento; 2 – converter o julgamento em diligência para que sejam realizadas novas investigações; 3 – determinar o ajuizamento de ação civil pública, designando, para tanto, outro Promotor de Justiça, em atenção ao princípio da independência funcional.

A homologação do arquivamento pelo Conselho Superior não implica violação ao direito constitucional de ação ou ao princípio da indeclinabilidade da jurisdição, conforme ensina Ricardo de Barros Leonel:

---

[191] STJ, 2ª Turma, AgRg no AREsp, Rel. Min. Humberto Martins, Dje 03/02/2015;

[192] ANDRADE, Adriano; MASSON, Cleber; ANDRADE, Landolfo. Op. cit. p. 185.

> a) trata-se de simples procedimento administrativo de investigação, destinado à colheita de informações para deliberação quanto à adoção de providências em juízo; (b) a legitimação nesta matéria é concorrente e disjuntiva, e nada impede que o inquérito seja arquivado pelo Ministério Público enquanto outro legitimado propõe a ação; (c) não há movimentação da jurisdição, não havendo razão para a afirmação de que a revisão do arquivamento teria de ser deferida a órgão do Poder Judiciário, como no inquérito policial; (d) sendo função institucional do Parquet a instauração do inquérito como meio de investigação, não seria razoável a idealização de controle pelo Poder Judiciário quanto a seu arquivamento, contrariando o princípio da inércia da jurisdição.[193]

Anote-se, por fim, que o arquivamento do inquérito civil não obsta posterior desarquivamento, na forma do artigo 12 e seu parágrafo único, da Resolução nº 23/07-CNMP, respeitado o prazo de seis meses, caso surjam novas provas sobre o mesmo fato que justifiquem a continuidade das investigações.

Superado o prazo de seis meses, deverá ser instaurado novo inquérito civil, no qual poderão ser aproveitadas as provas já produzidas. Em qualquer hipótese, ao término das investigações, caso não ajuizada ação civil pública, novo arquivamento deverá ser promovido, submetendo-o ao Conselho Superior do Ministério Público ou Órgão de revisão adequado.

9.1.10. Do termo de compromisso de ajustamento de conduta

O compromisso de ajustamento de conduta, instrumento à disposição dos órgãos públicos colegitimados à propositura de ação civil pública em defesa dos interesses metaindividuais, possibilita obter do investigado a obrigação de se ajustar à lei, mediante prevenção, cessação da conduta lesiva e reparação do dano, antes da judicialização da matéria objeto do inquérito civil.

Não há concessões mútuas para solução de litígio, como na transação civil, pois cuida de compromisso exclusivo do potencial causador do dano, no escopo de se ajustar aos mandamentos da lei.

O órgão público que toma o compromisso não se obriga a qualquer conduta, a não ser, de forma implícita, a não ajuizar ação civil pública em relação aos fatos objeto do compromisso.[194] Cumpridos os requisitos legais, o compromisso de ajustamento de conduta assume natureza de título executivo extrajudicial, o qual, em caso de descumprimento, autorizará o ajuizamento de execução de obrigação de fazer ou não fazer, necessária à prevenção, cessação ou reparação do dano. Propicia meio de amplo acesso à justiça, pois viabiliza a solução de conflito sem a demora e o custo que caracterizam a via judicial.[195]

Não obstante a ausência de obrigatoriedade de prévia tentativa de se firmar o compromisso de ajustamento de conduta como condição e procedibilidade da ação civil pública[196], a eficiência administrativa (art. 37, *caput*, da CF), bem como as carac-

---

193 LEONEL, Ricardo de Barros. Op. cit. p. 426/427.

194 MAZZILI, Hugo Nigro. Op. cit., p. 295.

195 FERRARESI, Eurico. 'Inquérito civil'. Op. cit., 78.

196 STJ, 2ª Turma, REsp nº 1252869/DF, Rel. Min. Herman Benjamin, Dje 16.09.2013.

terísticas e benefícios da utilização do compromisso de ajustamento de conduta, como forma de acesso à justiça mediante solução negocial de conflitos, sem necessidade de provocação do Judiciário, recomendam a antecedente tentativa de seu manejo.[197]

Existe corrente doutrinária que, ao interpretar o disposto no artigo 9º, § 4º, da Lei Federal nº 7.347/85, entende não existir, no âmbito federal, a necessidade de prévia homologação pelo Conselho Superior do Ministério Público, para que o compromisso de ajustamento de conduta assuma eficácia de título executivo extrajudicial[198].

Nosso entendimento, porém, é no sentido de que a Lei de Ação Civil Pública, de forma tácita, admitiu a necessidade de homologação pelo Conselho Superior para que este se torne título executivo extrajudicial, em razão da falibilidade humana e da relevância dos bens indisponíveis tutelados. Anote-se que, uma vez firmado o ajuste, o mesmo já passa a ter eficácia, que ficará sob condição resolutiva, consistente na homologação pelo Conselho Superior, que caso venha a ocorrer, garantirá eficácia plena ao título executivo, ou, do contrário, cessará sua eficácia.[199]

Os acordos realizados após ajuizada ação civil pública não deverão ser submetidos ao Conselho Superior do Ministério Público, pois, neste caso, o seu controle já será exercido pelo Poder Judiciário. Neste sentido a Súmula nº 25 do Conselho Superior do Ministério Público do Estado de São Paulo.

É imprescindível que o compromisso de ajustamento de conduta contenha obrigação certa quanto à sua existência e determinada, quanto ao objeto[200]. Dada a indisponibilidade do interesse público tutelado, deve abarcar todas as medidas necessárias para reparação do bem tutelado ou para afastar o risco de lesão.[201]

Em caso de não cumprimento das obrigações ajustadas no compromisso, o órgão do Ministério Público não terá opção, deverá executá-lo, dada a indisponibilidade do interesse público tutelado.

A legitimidade para a execução judicial do compromisso de ajustamento é tanto de quem o tomou como também dos demais colegitimados ao ajuizamento de ação civil pública, na forma do artigo 5º da Lei nº 7.347/85. Da mesma forma, o indivíduo titular do interesse lesado também terá legitimidade para executar o compromisso de ajustamento, por meio de execução individual.[202]

---

197 MAGALHÃES JR, Alexandre Alberto de Azevedo; SANTOS, André Luiz dos. 'Instrumentos de atuação extrajudicial do Ministério Público'. *In* SABELLA, Walter Paulo; DAL POZZO, Antônio Araldo Ferraz; BURLE FILHO, José Emmanuel. (coords.) 'MINISTÉRIO PÚBLICO. Vinte e cinco anos do novo perfil constitucional.' Malheiros: São Paulo, 2013, p. 681.

198 NERY, Ana Luiza Barreto de Andrade Fernandes. 'Compromisso de ajustamento de conduta: teoria e análise de casos práticos'. São Paulo, Revista dos Tribunais, 2012, p. 263.

199 AKAOUI, Fernando Reverendo Vidal. 'Compromisso de ajustamento de conduta ambiental'. São Paulo: Revista dos Tribunais, 2012, p. 91-96.

200 Súmula nº 09 do CSMP de São Paulo: "Só será homologada a promoção de arquivamento de inquérito civil, em decorrência de compromisso de ajustamento, se deste constar que seu não cumprimento sujeitará o infrator a suportar a execução do título executivo extrajudicial ali formado, devendo a obrigação ser certa quanto à sua existência, e determinada, quanto ao seu objeto."

201 AKAOUI, Fernando Reverendo Vidal. Op. cit., 79.

202 LEONEL, Ricardo de Barros. Op. cit. p. 425.

A possibilidade ou não de acordo, transação ou termo de compromisso de ajustamento de conduta nas hipóteses de atos de improbidade administrativa será analisada no item 10.7.3 infra.

9.1.11. Recomendação na seara da improbidade administrativa

O Ministério Público tem a sua disposição a "recomendação", prevista no artigo 27, parágrafo único, inciso IV, da Lei nº 8.625/93 e no artigo 6º, inciso XX, da Lei Complementar nº 75/93. A título de exemplo, o artigo 5º do Ato nº 484/06-CPJ, do Ministério Público do Estado de São Paulo, define recomendação como "instrumento destinado à orientação de órgãos públicos ou privados, para que sejam cumpridas normas relativas a direitos e deveres assegurados ou decorrentes das Constituições Federal e Estadual e serviços de relevância pública e social".

A recomendação, em regra, é lançada após a colheita de elementos, por meio de inquérito civil ou procedimento preparatório de inquérito civil, que demonstrem a necessidade da medida, a qual, logicamente, antecederá eventual ação civil pública ou compromisso de ajustamento de conduta.

O parágrafo único do artigo 15 da Resolução nº 23/07 do CNMP dispõe que "O Ministério Público, nos autos do inquérito civil ou do procedimento preparatório, poderá expedir recomendações devidamente fundamentadas, visando à melhoria dos serviços públicos e de relevância pública, bem como aos demais interesses, direitos e bens cuja defesa lhe caiba promover. Parágrafo único. É vedada a expedição de recomendação como medida substitutiva ao compromisso de ajustamento de conduta ou à ação civil pública".

O órgão do Ministério Público deverá fundamentar a recomendação, inclusive para propiciar maior convencimento do investigado para que o mesmo adote as medidas sugeridas pelo *Parquet*. Exige-se do destinatário da recomendação a sua imediata e adequada divulgação, bem como resposta por escrito (art. 6º, XX, LC 75/93; art. 27, p.u., IV, Lei 8.625/93; art. 113, LCE 734/93), na qual informe e comprove as medidas tomadas para o seu cumprimento, ou a indicação dos motivos pelo não cumprimento. Atendida a recomendação o inquérito civil poderá ser arquivado, *sub censura* do Conselho Superior, salvo no tocante a eventuais condutas que configurem ato de improbidade administrativa.

Aliás, no campo da improbidade administrativa, dada a indisponibilidade do direito, em regra a recomendação não se mostra suficiente, podendo ser lançada apenas para regularização de determinada situação, mediante mudança de determinado comportamento administrativo. Não obstante a ausência de coercibilidade, a recomendação é apta à demarcação temporal de responsabilidade, pois "constitui em mora" o seu destinatário, como espécie de advertência de possível responsabilização posterior pela prática de ato de improbidade administrativa.[203]

[203] GARCIA, Emerson; PACHECO, Rogério Alves. Op. cit. p. 911.

10. PROCESSO JUDICIAL - ESPECIFICIDADES DA AÇÃO DE IMPROBIDADE ADMINISTRATIVA

10.1. Considerações gerais - natureza civil

Nos termos do artigo 17 da Lei nº 8.429/92, a "ação principal, que terá o rito ordinário, será proposta pelo Ministério Público ou pela pessoa jurídica interessada, dentro de trinta dias da efetivação da medida cautelar".

O referido dispositivo refere-se à ação de improbidade administrativa, a qual, conforme entendimento doutrinário pacífico[204], possui natureza cível e não criminal, tendo vista a redação do § 4º, do art. 37, da Constituição Federal, segundo o qual "os atos de improbidade administrativa importarão a suspensão dos direitos políticos, a perda da função, a indisponibilidade dos bens e o ressarcimento ao erário, na forma e gradação previstas em lei, sem prejuízo da ação penal cabível".

Ensina José Antonio Lisboa Neiva:

> a aludida ação não tem natureza penal, mas civil, sendo certo que o § 4º do art. 37 da Constituição de República, após mencionar as consequências decorrentes dos atos ímprobos, destaca expressamente: 'sem prejuízo da ação penal cabível'. Sendo assim, parece claro que o ressarcimento, a perda da função ou cargo e a indisponibilidade cautelar de bens, todos previstos no aludido dispositivo constitucional, são obtidos em ação civil.[205]

A ação de improbidade administrativa deverá seguir procedimento comum previsto no Novo Código de Processo Civil, além daquelas regras inseridas na Parte Geral do CPC de 2015, observadas as peculiaridades dos §§ 6º, 7º e 8º, do artigo 17, da Lei nº 8.429/92.

10.2. Tutela coletiva - ação civil pública

A proteção ao patrimônio público e à moralidade administrativa é espécie de direito que tem como titular a coletividade, além de possuir objeto indivisível e sujeitos beneficiados indeterminados, reunidos pela mesma situação de fato. É, portanto, direito difuso, nos termos do artigo 81, parágrafo único, I, do Código de Defesa do Consumidor, segundo o qual, "interesses ou direitos difusos, assim entendidos, para efeitos deste código, os transindividuais, de natureza indivisível, de que sejam titulares pessoas indeterminadas e ligadas por circunstâncias de fato".

Neste contexto, a ação de improbidade administrativa é entendida como espécie do gênero ação civil pública, conforme entendimento jurisprudencial consolidado[206]:

> 2. É cabível a propositura de ação civil pública que tenha como fundamento a prática de ato de improbidade administrativa, tendo em vista a natureza difusa do interesse

[204] DECOMAIN, Pedro Roberto. Op. cit. p. 228, FERRARESI, Eurico. Op. cit. 170.

[205] NEIVA, José Antonio Lisbôa Neiva. Op. cit. p. 228;

[206] STJ, 2ª Turma, REsp 507.142-MA, Rel. Min. João Otávio Noronha, j. 15.12.2005.

> tutelado. Também mostra-se lícita a cumulação de pedidos de natureza condenatória, declaratória e constitutiva nesta ação, porque sustentada nas disposições da Lei nº 8.429/92.
>
> 3. A cumulação de pedidos em ação civil pública calcada na Lei de Improbidade é adotada no ordenamento jurídico, nos termos assentados por esta Corte, verbis: 1. O Ministério Público é parte legítima para ajuizar ação civil pública que vise aplicar as sanções previstas na Lei de Improbidade Administrativa. 2. A ação civil pública é meio processual adequado para buscar a responsabilização do agente público nos termos da Lei de Improbidade Administrativa, sendo também possível a cumulação de pedidos. 3. O recurso especial interposto antes do julgamento dos embargos infringentes é intempestivo. 4. Em sede de recurso especial é inadmissível o reexame da matéria fática dos autos para identificar a existência ou não de situação emergencial que justifique a contratação de pessoal sem concurso público, com base no art. 24, IV, da Lei 8.666/93. 5. Recurso especial do Parquet não conhecido e recurso especial de Nei Eduardo Serra conhecido em parte e não provido. (REsp 944.295/SP, DJ 18.09.2007.
>
> 4. Precedentes: REsp 516.190/MA, DJ 26.03.2007; REsp 507.142/MA, DJ 13.03.2006.".

Em face da abstração do direito de ação e da ausência de relevância para o nome da demanda, já que inexiste a tipicidade para o direito de ação, a referida discussão tem apenas relevância quanto à inserção da ação de improbidade administrativa no microssistema de tutela coletiva. Importa, portanto, se foi descrita a prática de ato de improbidade administrativa e pedida sanção prevista na Lei nº 8.429/92, o que definirá qual diploma incidirá na hipótese, independentemente da denominação utilizada.[207]

Sem prejuízo, tratando-se a ação de improbidade administrativa de uma espécie de ação coletiva, também serão aplicáveis as regras relativas ao microssistema coletivo, inclusive aquelas previstas na Lei nº 7.347/1985, especialmente se não houver previsão específica na Lei nº 8.429/92, como em relação ao regime da coisa julgada, a possibilidade de utilização de inquérito civil pelo Ministério Público,[208] e, ainda, o reexame necessário previsto no artigo 19 da Lei de Ação Popular em caso de sentença de improcedência ou decisão terminativa.[209]

Conforme ensina Nilo Spinola Salgado Filho esse microssistema permite, a título de exemplo:

> a) que a ação civil de responsabilidade por improbidade administrativa julgada improcedente com fundamento na insuficiência probatória possa ser novamente intentada por qualquer legitimado com idêntico fundamento, valendo-se de nova prova (arts. 16 da Lei 7.347/85 e 18 da Lei 4.717/65); b) que ao autor seja concedido o benefício do art. 18 da Lei 7.347/85; c) a atribuição de efeito devolutivo aos recursos como regra (art. 14 da Lei 7.347/85). Não cabe a imposição de ônus de sucumbência ao Ministério Público, em ação de improbidade administrativa, cujo pedido foi improcedente, salvo comprovada má-fé.[210]

[207] COSTA, Susana Henriques da. Op. cit. p. 126/127.

[208] NEVES, Daniel Amorim Assumpção; OLIVEIRA, Rafael Carvalho Rezende. Op. cit. 133/136.

[209] O STJ firmou entendimento acerca do cabimento do reexame necessário em ação de improbidade administrativa: STJ, EREsp 1220667/MG, Primeira Seção, Rel. Min. Herman Benjamin, Dje. 30.06.2017.

[210] SALGADO FILHO, Nilo Spinola. Op. cit. p. 580.

10.3. Legitimidade ativa

Define o artigo 17, *caput*, da Lei nº 8.429/92, os legitimados ativos para o ajuizamento de ação de improbidade administrativa são apenas **a) a pessoa jurídica interessada e b) o Ministério Público.**

Não há como se alargar a legitimação ativa à outras entidades, como as associações e a Defensoria Pública, elencadas no artigo 5º da Lei nº 7.347/85, nem mesmo ao cidadão, legitimado para a ação popular, em vista do regramento específico e restritivo contido no artigo 17 da LIA.

10.3.1. Pessoa jurídica interessada

A expressão "pessoa jurídica interessada" abrange as pessoas jurídicas de direito público da administração direta (União, Estados, Municípios e Distrito Federal) e da administração indireta e fundacional, referidas no artigo 1º, "caput", da Lei nº 8.429/92, não possuindo legitimidade ativa "ad causam" as pessoas jurídicas referidas no parágrafo único do artigo 1º, pois a finalidade da lei é a proteção dos recursos públicos investidos e não do patrimônio particular da entidade, recaindo a legitimidade ativa sobre o Ministério Público, administração pública direta, indireta ou fundacional responsável pela incorporação, criação, custeio ou incentivo à entidade privada.[211]

Cumpre registrar, porém, a existência de entendimento contrário, em sentido ampliativo da legitimidade ativa, pois o termo "interessada" abarcaria as entidades referidas no parágrafo único, do artigo 1º, qualificadas como vítimas neste dispositivo.[212]

No tocante às pessoas jurídicas de direito público, a legitimidade ativa é adstrita àqueles atos de improbidade administrativa de que tenham sido vítimas, não se admitindo a propositura de ação de improbidade administrativa por parte da União, em relação a fatos que vitimaram um Estado ou Município, e vice-versa.

10.3.2. Ministério Público

O artigo 129, III, da Constituição Federal dispõe como função institucional do Ministério Público "promover o inquérito civil e a ação civil pública para a proteção do patrimônio público e social, do meio ambiente e de outros interesses difusos e coletivos".

Assim, a legitimidade ativa conferida ao Ministério Público no artigo 17, *caput*, da Lei nº 8.429/92, tem embasamento na Constituição Federal, razão pela qual inadmissível entendimento que sustente a inconstitucionalidade da legitimidade conferida ao Ministério Público para a tutela do patrimônio público, sob o fundamento de que tal missão seria de incumbência exclusiva da Fazenda Pública.

211 GARCIA, Emerson; ALVES, Rogério Pacheco. Op. cit., p. 944/945.

212 NEVES, Daniel Amorim Assumpção; OLIVEIRA, Rafael Carvalho Rezende. Op. cit. 136/137.

O inciso IX, do artigo 129, deve ser interpretado em conjunto com o inciso III do mesmo dispositivo, o qual, como visto, incumbe expressamente ao Ministério Público a defesa do patrimônio público. Afirma Ricardo de Barros Leonel:

> A propositura de ação civil pública em defesa do Erário ou do patrimônio público não se confunde com o exercício de representação judicial de entidade pública. Na representação processual o representante postula interesse alheio em nome próprio. Na demanda coletiva proposta pelo *Parquet* em defesa do patrimônio público, a instituição está tutelando em nome próprio interesse difuso do qual todos os integrantes da sociedade são titulares, de forma indivisível. É a tutela do interesse público primário, e não do interesse público secundário, este sim visto sob a ótica da Administração Pública [...][213]

A proibição de consultoria jurídica e representação judicial de entidades públicas deve ser contextualizada. Buscou-se afastar conflito existente na estrutura do Ministério Público Federal, que também exercia a representação judicial da União. Assim, a partir de 1988, a representação judicial da União ficou reservada à Advocacia-Geral da União, nos termos do artigo 139 da CF.

Ademais, por se tratarem de normas constitucionais originárias, a que concebe legitimação para a tutela do patrimônio público e a que veda a representação judicial e consultoria jurídica de entes públicos, deve-se solucionar o aparente impasse com esteio nos postulados da unidade da Constituição e harmonização de suas normas, sendo certo que a admissão de inconstitucionalidade da legitimação do Ministério Público contrariaria princípios básicos da hermenêutica constitucional.[214]

Portanto, não há como se afastar a legitimidade ativa do Ministério Público para tutela do patrimônio público, entendimento já pacificado por meio da Súmula nº 329 do STJ: "O Ministério Público tem legitimidade para propor ação civil pública em defesa do patrimônio público".

10.4. Legitimidade passiva

A legitimidade para figurar no polo passivo de ação de improbidade administrativa recai sobre todo aquele apto a ser considerado sujeito ativo do ato de improbidade administrativa, elencados nos artigos 2º e 3º da Lei nº 8.429/92.

Aponta o artigo 2º que agente público é "todo aquele que exerce, ainda que transitoriamente ou sem remuneração, por eleição, nomeação, designação, contratação ou qualquer outra forma de investidura ou vínculo, mandato, cargo, emprego ou função nas entidades mencionadas no artigo anterior".

Importa destacar o conceito amplo de agente público conferido na Lei nº 8.429/92, no escopo de garantir maior efetividade na tutela do patrimônio público e da moralidade administrativa.

O artigo 3º alarga a incidência da Lei nº 8.429/92, "no que couber, àquele que, mesmo não sendo agente público, induza ou concorra para a prática do ato de improbidade ou dele se beneficie sob qualquer forma direta ou indireta". A

[213] LEONEL, Ricardo de Barros. Op. cit. p 224/225.

[214] LEONEL, Ricardo de Barros. Op. cit. p 226.

responsabilização do terceiro, todavia, conforme pacífico entendimento jurisprudencial, exige a efetiva participação de, ao menos, um agente público, pois, do contrário, não restará configurado o ato de improbidade administrativa.

O Superior Tribunal de Justiça firmou o seguinte entendimento:

> os particulares não podem ser responsabilizados com base na LIA sem que figure no polo passivo um agente público responsável pelo ato questionado, o que não impede, contudo, o eventual ajuizamento de Ação Civil Pública comum para obter o ressarcimento do Erário" (REsp 896.044/PA, Rel. Min. Herman Benjamin, Segunda Turma, julgado em 16.9.2010, DJe 19.4.2011). Agravo regimental improvido.[215]

Anote-se, por fim, que as pessoas jurídicas também podem figurar no polo passivo da ação de improbidade administrativa, com a aplicação das sanções cabíveis, como a proibição de contratar com o poder público ou de receber benefícios ou incentivos fiscais, multa civil, condenação ao ressarcimento do dano e perdimento de bens, não se aplicando a perda da função pública ou a suspensão dos direitos políticos. Em qualquer caso, necessário será a demonstração do elemento subjetivo, a partir da conduta dos sócios ou representantes legais, na prática do ato ilícito[216], como, por exemplo, a fraude em procedimento licitatório.

Ensina Rafael Carvalho Rezende Oliveira:

> a) a norma não faz distinção expressa entre pessoas físicas e jurídicas, não justificando a restrição na sua interpretação; b) ainda que os verbos "induzir" e "concorrer" tenham relação com condutas de pessoas físicas, a norma considera terceiro aquele que se beneficie da improbidade sob qualquer forma direta ou indireta, o que é perfeitamente aplicável às pessoas jurídicas; c) as sanções de improbidade são aplicáveis "no que couber", aos terceiros, havendo compatibilidade entre várias sanções e as pessoas jurídicas, como ocorre, por exemplo, no ressarcimento ao erário; d) a pessoa jurídica, enquanto sujeito de direito, possui personalidade jurídica própria e não se confunde com os seus sócios, razão pela qual pode se beneficiar do ato de improbidade, independentemente do benefício de seus sócios; e) as pessoas jurídicas respondem civilmente pelos danos causados por seus prepostos e dirigentes, não havendo motivo para se afastar a responsabilidade no caso de improbidade administrativa.[217]

Nos termos do artigo 50 do Código Civil, é possível a desconsideração da personalidade jurídica, por meio de pedido expresso e fundamentado, a fim de se afastar a autonomia patrimonial da pessoa jurídica, nas hipóteses em que restar evidenciada a utilização do ente para a prática de atos ilícitos, de forma contrária à sua finalidade concebida no estatuto, como, por exemplo, para o desvio de recursos públicos por meio da pessoa jurídica, em benefício dos sócios e agentes públicos.

Registre-se, ademais, que os artigos 133 a 137 do CPC 2015 estabelecem as normas processuais a serem observadas para a instauração de incidente de desconsideração de personalidade jurídica.

---

[215] STJ, 2ª Turma, AgRg no AREsp nº 574500/PA, Rel. Min. Humberto Martins, Dje 10.06.2015;

[216] NEVES, Daniel Amorim Assumpção; OLIVEIRA, Rafael Carvalho Rezende. Op. cit. 143.

[217] NEVES, Daniel Amorim Assumpção; OLIVEIRA, Rafael Carvalho Rezende. Op. cit. 73/74.

10.4.1. Litisconsórcio passivo

O litisconsórcio passivo será verificado na hipótese em que existir mais de um sujeito ativo na prática do ato de improbidade administrativa, como, por exemplo, um agente público e um terceiro, dois agentes públicos, etc.

O litisconsórcio passivo necessário, nos termos do artigo 47 do Código de Processo Civil de 1973 e do artigo 114 do CPC 2015, restará configurado "por disposição de lei ou quando, pela natureza da relação jurídica controvertida, a eficácia da sentença depender da citação de todos que devam ser litisconsortes".

A doutrina diverge acerca da existência de litisconsórcio passivo necessário ou não na ação de improbidade administrativa. No sentido da configuração do litisconsórcio passivo necessário, Pedro Roberto Decomain sustenta que se "o ato houver sido praticado por dois ou mais agentes públicos, se houver contado com a colaboração de particulares, se tiver particulares como beneficiários diretos ou indiretos, a ação haverá que ser aforada contra todos."[218]

No mesmo sentido, Rogério Pacheco Alves afirma que o legislador buscou:

> a responsabilização de todos aqueles que tenham, de alguma forma, praticado ou concorrido à concretização da improbidade, sendo bastante amplo o campo de incidência da norma. A pluralidade de agentes e/ou terceiros que tenham de alguma forma concorrido ou se beneficiado da improbidade leva à ocorrência de litisconsórcio necessário no polo passivo, na forma do artigo 47 do CPC [...][219]

Posição doutrinária em sentido contrário defende que não há na Lei nº 8.429/92 imposição legal para a formação do litisconsórcio passivo necessário e inexiste relação jurídica incindível a exigir sua formação, configurando, portanto, litisconsórcio facultativo.

Neste sentido, Daniel Amorim Assumpção Neves ensina:

> Diferentemente do que ocorre com a ação popular (art. 6º da Lei nº 4.717/1965), na Lei nº 8.429/1992 não existe qualquer previsão expressa no sentido de que todos os sujeitos que participaram da prática do ato de improbidade administrativa componham obrigatoriamente o polo passivo da demanda. Por outro lado, não há uma relação jurídica de natureza incindível, que possa a priori e abstratamente exigir a formação do litisconsórcio no polo passivo. Trata-se, portanto, de litisconsórcio facultativo [...][220]

O Superior Tribunal de Justiça tem firme jurisprudência no sentido de que:

> nas Ações de Improbidade inexiste litisconsórcio necessário entre o agente público e os terceiros beneficiados com o ato ímprobo, por não estar presente nenhuma das hipóteses previstas no art. 47 do CPC (disposição legal ou relação jurídica unitária). Precedentes: AgRg no REsp 1.461.489/MG, Rel. Ministro Mauro Campbell Marques, Segunda

[218] DECOMAIN, Pedro Roberto. Op. cit. 288.

[219] GARCIA, Emerson; ALVES, Rogério Pacheco. Op. cit. 884.

[220] NEVES, Daniel Amorim Assumpção; OLIVEIRA, Rafael Carvalho Rezende. Op. cit. 160.

> Turma, DJe 19/12/2014; e EDcl no AgRg no REsp 1.314.061/SP, Rel. Ministro Humberto Martins, Segunda Turma, DJe 5/8/2013 [...].[221]

10.4.2. Posição da pessoa jurídica interessada

Dispõe o artigo 17, § 3º, da Lei nº 8.429/92, com a redação que lhe foi dada pela Lei nº 9.366/96, que na hipótese de a ação principal ter sido ajuizada pelo Ministério Público, incidirá o disposto no § 3º, do art. 6º, da Lei nº 4.717/65 (Lei de Ação Popular):

> *Art. 6º. [...]*
>
> § 3º. A pessoa jurídica de direito público ou de direito privado, cujo ato seja objeto de impugnação, poderá abster-se de contestar o pedido, ou poderá atuar ao lado do autor, desde que isso se afigure útil ao interesse público, a juízo do respectivo representante legal ou dirigente.

O referido dispositivo permite que a pessoa jurídica interessada assuma três posições[222]:

> **a)** integrar o polo ativo ao lado do Ministério Público, como espécie de litisconsórcio facultativo ativo;
>
> **b)** integrar o polo passivo da demanda, com a possibilidade de contestar o pedido, configurando litisconsórcio facultativo passivo;
>
> **c)** assumir postura inerte, abstendo-se de contestar o pedido ou assumir o polo ativo.

Acerca da postura a ser adotada pela pessoa jurídica interessada, ensina Rogério Pacheco Alves:

> muito embora caiba ao representante legal da pessoa jurídica de direito público deliberar sobre sua adesão, ou não, ao polo passivo, pode-se cogitar a hipótese de litigância de má-fé, nos termos e para os fins do arts. 16, 17 e 18 do Código de Processo Civil. Desta forma, se seu atuar for no sentido, v.g., de deduzir defesa contra texto expresso de lei ou fato incontroverso, de alterar a verdade dos fatos, de utilizar o processo para conseguir objetivos escusos, de opor-se injustificadamente ao andamento do processo ou de interpor recursos ou provocar incidentes manifestamente protelatórios, caberá ao magistrado aplicar as sanções previstas no art. 18 do Código de Processo Civil, sendo também plenamente viável a responsabilização do representante legal da pessoa lesada, no campo da improbidade administrativa, por violação ao art. 11 da Lei nº 8.429/92, restando clara a existência de dolo nos exemplos dados.[223]

A opção feita pela pessoa jurídica interessada deverá se pautar, portanto, em postura que atenda ao interesse público e se mostre afinada aos princípios que regem a administração pública, não se admitindo, assim, a defesa do agente público ímprobo, de forma indireta, quando evidente a prática de ato de improbidade administrativa, ou, ainda, a prática de atos processuais protelatórios, adoção de postura contrária

221 STJ, 2ª Turma, AgRg no REsp nº 1486066/RN, Rel. Min. Herman Benjamin, Dje 11.09.2015;

222 FERRARESI, Eurico. Op. cit. p. 196.

223 GARCIA, Emerson; ALVES, Rogério Pacheco. Op. cit. 897.

ao texto expresso da lei, alteração dos fatos, etc., sob pena de responsabilização do representante legal da pessoa jurídica.

A posição da pessoa jurídica interessada, assim como na ação popular, é "sui generis", caracterizada pela "mutabilidade do interesse público que impõe à Administração Pública a adoção de medidas muitas vezes contrapostas às anteriores."[224]

Opera-se a reversibilidade da posição do poder público nas ações coletivas, em geral, dada a imperatividade da defesa do interesse público.[225] Neste sentido, o Colendo Superior Tribunal de Justiça já decidiu que a pessoa jurídica interessada pode migrar, a qualquer tempo, do polo passivo para o polo ativo da ação popular, a fim de defender o interesse público.[226]

10.5. Aspectos relativos à competência

Nas ações de improbidade administrativa, em face da inexistência de regra própria acerca da competência, prevalece o entendimento no sentido de que devem ser adotadas as regras oriundas do microssistema de processo coletivo. Assim, a **competência do foro** será determinada pelo local em que ocorreu o dano, na forma do artigo 2º da Lei nº 7.347/1985.[227] O entendimento pacífico do STJ é de que a competência para julgamento de demanda coletiva deve ser a do local do dano.[228]

Questão controversa se coloca na definição da Competência da Justiça Federal ou da Justiça Estadual, em caso de repasse de verbas da União para Municípios, Estados e Distrito Federal, por meio de convênios.

Em um primeiro momento o Superior Tribunal de Justiça vinha entendendo que, após o repasse e incorporação da verba, eventual ação de improbidade administrativa relativa à indevida aplicação deste recurso seria competência da Justiça Estadual[229]. Este entendimento estava embasado na Súmula nº 209 do STJ: "Compete à Justiça Estadual processar e julgar prefeito por desvio de verba transferida e incorporada ao patrimônio municipal".

Em momento posterior o Superior Tribunal de Justiça passou a decidir no sentido de que a competência seria fixada com base nas pessoas que figurassem nos polos da ação. Haveria, assim, espécie de legitimidade ativa concorrente e disjuntiva entre a União e os demais entes federativos (Estados, Município e Distrito Federal), pois, em tese, todos teriam interesse em apurar as irregularidades e responsabilizar os envolvidos. Neste contexto, caso algum dos entes elencados no artigo 109, I, da

[224] SALGADO FILHO, Nilo Spinola. Op. cit. p. 611.

[225] LEONEL, Ricardo de Barros; 'Manual do processo coletivo'. São Paulo: Revista dos Tribunais, 2013, p. 319;

[226] STJ, 2ª Turma, REsp nº 1185928/SP, Rel. Min. Castro Meira, Dje 28/06/2010.

[227] ANDRADE, Adriano; MASSON, Cleber; ANDRADE, Landolfo. Op. cit. p. 789; NEVES, Daniel Amorim Assumpção; OLIVEIRA, Rafael Carvalho Rezende. Op. cit. p. 178/179.

[228] STJ, 2ª Turma, AgRg no REsp nº 1356217/SC, Rel. Min. Herman Benjamin, Dje 20.06.2014;

[229] STJ, 1ª Seção, AgRg no CC 107457/PA, Rel. Min. Herman Benjamin, Dje 18.06.2010;

Constituição Federal figurasse na ação, em qualquer condição (autor, réu, oponente ou assistente), a competência se deslocaria para a Justiça Federal.[230]

Destaque-se a seguinte decisão do STJ:

> [...] o Município tem interesse legítimo e próprio em ver cumpridos os termos do convênio por ele firmado, mesmo que a verba ainda não tivesse sido efetivamente incorporada a seu patrimônio. Sob esta perspectiva (que já foge um pouco da adotada pelas Súmulas nº 208 e 209 desta Corte Superior, mas é igualmente válida), também a União poderia ajuizar ação civil pública por improbidade administrativa, na medida em que lhe interessa saber se a parte a quem se vinculou na via do convênio adimpliu com seus requisitos (notadamente a destinação vinculada dos recursos).
>
> 6. Uma advertência: os verbetes sumulares invocados de início foram cunhados com base em demandas penais, notadamente no que tange à definição de competência para processamento de crimes contra o patrimônio, que, como se sabe, segundo a jurisprudência desta Corte Superior, requerem, sob a luz dos princípios da estrita proteção de bens jurídicos e da lesividade, prejuízo de natureza eminentemente econômica. Não é mesmo possível, pois, aqui, a incidência perfeita dessas súmulas, sem qualquer temperamento.
>
> 7. É que o interesse processual na ação civil pública por improbidade administrativa transcende a mera aferição do patrimônio econômico. Simples a visualização desta conclusão na espécie: o combate à proliferação do mosquito da dengue insere-se no contexto de uma política pública de saúde de espectro nacional, envolvendo medidas de cooperação entre os entes federados, razão pela qual não é e sustentável alegar que a União não tem interesse jurídico – da mesma forma que o é alegar que o Município envolvido também não o tem. Trata-se de legitimidade ativa disjuntiva.
>
> 8. **Sob um ou outro ângulo, tanto o Município como a União** são parte legítimas para propor ação civil pública como a presente. **O que é preciso guardar certa atenção, sem dúvidas, é para o fato de que, conforme se constate a presença de um, de outro ou de ambos, poderá se observar uma mudança de competência para processamento e julgamento do feito, com destaque para o que dispõe o art. 109, inc. I, da Constituição da República vigente**. [...]"[231]

Posteriormente o Superior Tribunal de Justiça acenou para a necessidade de exame das cláusulas do convênio e da natureza da verba transferida para se fixar a competência da Justiça Federal ou da Justiça Estadual, pois nem toda transferência implicaria a incorporação da verba ao Município.[232]

Atualmente, em vista do precedente firmado no Conflito de Competência n. 142.354-BA, o Superior Tribunal de Justiça fixou o entendimento no sentido de que a mera transferência e incorporação de recursos federais, sujeito à fiscalização do TCU, não implicaria deslocamento de competência para Justiça Federal, dependendo, no caso concreto, da presença de um dos entes elencados no artigo 109, I, da Constituição Federal.[233]

---

230 ANDRADE, Adriano; MASSON, Cleber; ANDRADE, Landolfo. Op. cit. p. 79.

231 STJ, 2ª turma, REsp 1070067, Rel. Min. Mauro Campbell Marques, Dje 04.10.2010; No mesmo sentido: STJ, 2ª Turma, REsp 1325491/BA, Rel. Min. Og Fernandes, Dje 25.06.2014;

232 STJ, 2ª Turma, REsp 1.391.212/PE, Rel.Min. Humberto Martins, Dje 09.09.14;

233 STJ, 1ª Seção, CC 142.354-BA, Rel. Min. Mauro Campbell Marques, Dje 30.09.2015.

Assim, quando há repasse da União para a complementação, tem prevalecido o entendimento de que a competência será fixada com base no ente que figura nos polos da ação, atraindo para a Justiça Federal nas hipóteses do artigo 109, I, da CF.[234] Neste sentido também decidiu o STF ao dirimir conflito de atribuições entre o Ministério Público Federal e o Ministério Público do Estado de São Paulo.[235]

No mesmo sentido, decidiu o STF que:

> a competência da Justiça Federal na esfera cível somente se verifica quando a União tiver legítimo interesse para atuar como autora, ré, assistente ou opoente, conforme disposto no art. 109, inciso I, da Constituição. A princípio, a União não teria legítimo interesse processual, pois, além de não lhe pertencerem os recursos desviados (diante da ausência de repasse de recursos federais a título de complementação), tampouco o ato de improbidade seria imputável a agente público federal.[236]

10.5.1. *Foro por prerrogativa de função*

O foro por prerrogativa de função é previsto na Constituição Federal e garante, a determinadas autoridades, que eventuais crimes por elas praticados sejam processados em foro especial, perante Tribunais. O Presidente da República, Vice-Presidente, Deputados Federais e Senadores e o Procurador-Geral da República respondem perante o Supremo Tribunal Federal, nos termos do artigo 102, I, b, da CF. Os Governadores, por exemplo, respondem perante o Superior Tribunal de Justiça, conforme preconiza o artigo 105, I, a, da CF, ao passo que os Prefeitos, perante o Tribunal de Justiça, nos termos do artigo 29, X, da CF.

A questão que se coloca é se o foro especial previsto na esfera penal se estenderia ou não às ações de improbidade administrativa. O Supremo Tribunal Federal, em um primeiro momento, decidiu que àquela corte competia o julgamento de seus Ministros, em razão da prática de ato de improbidade administrativa, com os seguintes fundamentos:

> EMENTA Questão de ordem. Ação civil pública. Ato de improbidade administrativa. Ministro do Supremo Tribunal Federal. Impossibilidade. Competência da Corte para processar e julgar seus membros apenas nas infrações penais comuns. 1. Compete ao Supremo Tribunal Federal julgar ação de improbidade contra seus membros. 2. Arquivamento da ação quanto ao Ministro da Suprema Corte e remessa dos autos ao Juízo de 1º grau de jurisdição no tocante aos demais.[237]

Em razão desta decisão do Supremo Tribunal Federal, o Superior Tribunal de Justiça, que até então não reconhecia a prerrogativa de foro em razão da função, alterou o seu entendimento e passou a reconhecer a competência dos Tribunais

---

[234] ANDRADE, Adriano; MASSON, Cleber; ANDRADE, Landolfo. Op. cit. p. 793/794.

[235] STF, Pleno, ACO nº 1156/SP, Rel. Min. Cézar Peluso, Dje 12.03.2010;

[236] STF, Pleno, ACO nº 1.109/SP, Rel. Min. Ellen Gracie, Rel. p/ acórdão Min. Luiz Fux, Dje 07.03.2012;

[237] STF, Pleno, Pet 3.211-0 QO, Rel. Min. Menezes Direito, Dj 27.06.2008;

Superiores e dos Tribunais de Justiça para julgamento de ação de improbidade, com pedido de perda de cargo, com base nos seguintes fundamentos.[238]

Porém, o Supremo Tribunal Federal, por meio do Tribunal Pleno, exarou entendimento distinto, pontuando a incompetência do Supremo Tribunal Federal para o julgamento de ação de improbidade administrativa em face de agente político com foro por prerrogativa de função para processamento de crime perante o STF. Neste sentido:

> EMENTA: AÇÃO CIVIL PÚBLICA. IMPROBIDADE ADMINISTRATIVA. FORO POR PRERROGATIVA DE FUNÇÃO. 1. A ação civil pública por ato de improbidade administrativa que tenha por réu parlamentar deve ser julgada em Primeira Instância. 2. Declaração de inconstitucionalidade do art. 84, § 2º, do CPP no julgamento da ADI 2797. 3. Mantida a decisão monocrática que declinou da competência. 4. Agravo Regimental a que se nega provimento.[239]

Esta mudança de entendimento foi acompanhada pelo Superior Tribunal de Justiça, o qual, em julgados recentes, tem afastado o foro por prerrogativa de função para as ações de improbidade administrativa:

> PROCESSUAL CIVIL E ADMINISTRATIVO. AÇÃO DE IMPROBIDADE ADMINISTRATIVA. PROCURADOR REGIONAL DA REPÚBLICA. PERDA DO CARGO. FORO POR PRERROGATIVA DE FUNÇÃO. INEXISTÊNCIA.
>
> 1. Cuida-se, na origem, de Ação de Improbidade Administrativa proposta pelo Ministério Público Federal contra o ora recorrente pela prática de ato ímprobo.
>
> 2. O Superior Tribunal de Justiça pacificou entendimento no sentido de que o foro por prerrogativa de função não se estende ao processamento das Ações de Improbidade Administrativa.
>
> 3. Agravo Regimental não provido.[240]

No mesmo sentido:

> [...].
>
> 1. A Corte Especial do Superior Tribunal de Justiça, para o fim de alinhar-se à jurisprudência do Supremo Tribunal Federal, alterou seu entendimento para afirmar que "a ação de improbidade administrativa deve ser processada e julgada nas instâncias ordinárias, ainda que proposta contra agente político que tenha foro privilegiado no âmbito penal e nos crimes de responsabilidade" (AgRg na Rcl 12.514/MT, Rel. Min. Ari Pargendler, DJe 26/09/2013). No mesmo sentido: AgRg na Pet 9.669/RJ, Rel. Min. Og Fernandes, Corte Especial, DJe 6/10/2014; AgRg no REsp 1.364.439/RJ, de minha relatoria, Primeira Turma, DJe 29/9/2014; AIA 45/AM, Rel. Min. Laurita Vaz, Corte Especial, DJe 19/3/2014.
>
> [...][241]

Percebe-se, portanto, que tanto o Supremo Tribunal Federal quanto o Superior Tribunal de Justiça têm afastado o foro por prerrogativa de função nas ações

238 STJ, Corte Especial, Rcl 8473/RJ, Rel. Min. Eliana Calmon, Dje 04.12.2012;

239 STF, Pleno, Ag. Rg. na Pet. 3067/MG, Rel. Min. Roberto Barroso, Dje 19.02.2015.

240 STJ, 2ª Turma, AgRg no AgRg no REsp nº 1389490/RJ, Rel. Min. Herman Benjamin, Dje 05.08.2015;

241 STJ, 1ª Turma, REsp 1489024, Rel. Min. Benedito Gonçalves, Dje 11.12.2014;

de improbidade administrativa, em face da impossibilidade de se estender o foro especial, inserido na Constituição Federal para as ações penais, pois se tratam de exceções e que, portanto, devem ser interpretadas restritivamente.

10.6. Conexão, continência e litispendência

Conexão, continência e litispendência têm como finalidade evitar a ocorrência de conflito lógico e prático de julgados, inexistindo regulamentação detalhada da matéria no ordenamento coletivo, razão pela qual as regras do Código de Processo Civil devem ser aplicadas com as adaptações necessárias.[242]

A conexão se verifica na hipótese em que há identidade de causa de pedir ou de pedido, nos termos do artigo 55, *caput*, do Código de Processo Civil. Na continência, por sua vez, entre duas ou mais ações há identidade de partes e causa de pedir, mas o pedido de uma, por ser mais amplo, abrange o da outra, conforme previsto no artigo 56, *caput*, do Código de Processo Civil. Na litispendência há identidade total entre demandas, com repetição de todos os elementos (partes, causa de pedir e pedido).

Verificada a conexão o § 1º do artigo 55 do CPC determina que as ações conexas serão reunidas para decisão em conjunto. Em caso de continência, se "a ação continente tiver sido proposta anteriormente, no processo relativo à ação contida será proferida sentença sem resolução de mérito, caso contrário, as ações serão necessariamente reunidas", conforme preceitua o artigo 57 do CPC/2015. Na litispendência a ação ajuizada posteriormente deverá ser extinta, nos termos do art. 485, V, do CPC/2015.

A identificação do autor na tutela coletiva, inclusive para a verificação de identidade de partes, "não leva em conta sua identidade física ou institucional, mas, sim, a identidade da respectiva condição jurídica. Ainda que não haja a mesma identidade física ou institucional, havendo a identidade de condição jurídica (posição de autor quanto a determinada relação jurídica de direito material deduzida em juízo) o elemento subjetivo – parte ativa – de duas demandas coletivas propostas por autores "distintos" será o mesmo."[243]

Nas ações de improbidade administrativa, em que a legitimidade ativa é restrita (Ministério Público e Pessoa Jurídica de Direito Público Lesada), mostra-se pouco provável a constatação de conexão,[244] continência ou litispendência.

Em caso de ação de improbidade administrativa e ação popular, contudo, é possível cogitar-se de conexão ou continência, a depender da maior, menor ou total identidade entre causa de pedir e/ou pedido, valendo destacar que a condição jurídica dos autores é a mesma, conforme acima exposto. A título de exemplo pode-se imaginar ação civil pública ajuizada pelo Ministério Público, em razão de contrato lesivo ao patrimônio público, com pedidos de nulidade do contrato, ressarcimento de danos ao erário e aplicação das sanções em razão da prática de ato de improbidade

---

[242] LEONEL, Ricardo de Barros. *Manual do processo coletivo.* Op. cit. p. 319.

[243] Idem. p. 286.

[244] NEVES, Daniel Amorim Assumpção; OLIVEIRA, Rafael Carvalho Rezende. Op. cit. p. 186.

administrativa. Também é ajuizada Ação Popular com base nas mesmas razões de fato e de direito, com pedido de ressarcimento de danos ao erário. Há, na hipótese, identidade de partes, de causa de pedir, e o pedido da ação civil pública é mais abrangente do que aquele deduzido na ação popular, configurando a continência. Conexão haveria se ambas as ações deduzissem as mesmas razões de fato e de direito, mas o pedido da ação civil pública fosse restrito à nulidade do contrato e à aplicação de sanções, ao passo que na ação popular o pedido fosse unicamente de reparação de danos.[245]

Registre-se, por fim, que em caso de identidade de demandas voltadas à tutela do patrimônio público em vista da repetição do pedido e da causa de pedir, mas com autores distintos, a hipótese poderá configurar litispendência ou coisa julgada (decida por sentença da qual não caiba mais recurso), conforme o caso, e a ação ajuizada posteriormente deverá ser extinta sem julgamento do mérito.[246]

10.7. Tutela provisória na improbidade administrativa

O artigo 37, § 4º, da Constituição Federal, de forma expressa, autoriza a indisponibilidade de bens, medida cautelar reiterada no artigo 7º da Lei nº 8.429/92. A Lei de Improbidade Administrativa também prevê o sequestro, em seu artigo 16, bem como o afastamento temporário do cargo, na forma do artigo 20, parágrafo único.

Além destas três providências provisórias expressamente inseridas na Lei nº 8.429/92 (**indisponibilidade de bens, sequestro e afastamento temporário do cargo**), não há dúvida acerca da admissibilidade nas ações de improbidade administrativa de qualquer outra tutela provisória prevista no Código de Processo Civil, desde que presentes os requisitos autorizadores, conforme o caso (*periculum in mora* e *fumus boni iuris*).[247]

Entendimento que venha a limitar o amplo manejo das tutelas de urgência não encontra respaldo no princípio da inafastabilidade da jurisdição (art. 5º, XXXV, da CF). Neste sentido a lição de Rogério Pacheco Alves:

> uma interpretação mais operosa e útil do referido princípio constitucional nos permite afirmar que a garantia de acesso ao judiciário não se satisfaz, apenas, com a possibilidade de uso do processo de conhecimento (cognição exauriente), exigindo, antes, a utilização de novas técnicas capazes de garantir, mesmo que reflexamente, a satisfação do bem da vida.[248]

O Novo Código de Processo Civil sistematizou e unificou a regulamentação das cautelares e deverá ser utilizado como parâmetro para o seu manejo, ainda que se tratem de tutelas provisórias inseridas na Lei nº 8.429/92.

No Livro V do Novo Código de Processo Civil está prevista a tutela provisória, que abrange todas as formas de providências cautelares e de antecipação da tutela,

[245] Idem. p. 323.

[246] Idem. p. 324.

[247] NEVES, Daniel Amorim Assumpção; OLIVEIRA, Rafael Carvalho Rezende. Op. cit. 245.

[248] GARCIA, Emerson; ALVES, Rogério Pacheco. Op. cit., p. 986/987.

vale dizer, conservativas e satisfativas. Dentre as tutelas provisórias, a primeira delas é a **tutela de urgência**, prevista no artigo 300 do Novo CPC, a qual será concedida sempre que "houver elementos que evidenciem a probabilidade do direito e o perigo de dano ou o risco ao resultado útil do processo".

A tutela de urgência, prevista nos artigos 300 a 310 do Novo CPC, poderá ter natureza **antecipatória** (satisfativa), similar à tutela antecipada prevista no artigo 273 do Código de Processo Civil de 1973, ou assumir natureza **cautelar**, visando a conservação de provas, pessoas, objetos, etc. Ambas as hipóteses se destinam a garantir o resultado útil do processo.

A referida tutela de urgência (tutela antecipada ou conservativa) poderá ser pleiteada em caráter **antecedente** ou **incidente** à ação principal (artigos 303 a 310 do Novo CPC). Em ambas as hipóteses, a tutela principal deverá ser deduzida nos mesmos autos, mediante os aditamentos que se mostrarem necessários.

No caso de tutela antecipada antecedente, o autor deverá aditar a inicial, com a complementação de seu pedido de tutela final e eventual juntada de documentos, no prazo de quinze dias, sob pena de extinção do processo sem julgamento de mérito (artigo 303, § 2º, do Novo CPC).

Caso se trate de tutela de urgência cautelar antecedente, o pedido principal deverá ser deduzido no prazo de 30 dias, pois, do contrário, a eficácia concedida cessará (artigo 308 e 309, I, do Novo CPC).

Além da tutela de urgência o Novo Código de Processo Civil, em seu artigo 311, regulamentou a **tutela de evidência**, a qual independente do perigo de dano ou de risco ao resultado útil do processo, e será concedida nas seguintes hipóteses: "I - ficar caracterizado o abuso do direito de defesa ou o manifesto propósito protelatório da parte; II - as alegações de fato puderem ser comprovadas apenas documentalmente e houver tese firmada em julgamento de casos repetitivos ou em súmula vinculante; III - se tratar de pedido reipersecutório fundado em prova documental adequada do contrato de depósito, caso em que será decretada a ordem de entrega do objeto custodiado, sob cominação de multa; IV - a petição inicial for instruída com prova documental suficiente dos fatos constitutivos do direito do autor, a que o réu não oponha prova capaz de gerar dúvida razoável".

10.7.1. Indisponibilidade de bens

O artigo 7º da Lei nº 8.429/92 dispõe:

> Art. 7º. Quando o ato de improbidade causar lesão ao patrimônio público ou ensejar enriquecimento ilícito, caberá a autoridade administrativa responsável pelo inquérito representar ao Ministério Público, para a indisponibilidade dos bens do indiciado.
>
> Parágrafo único. A indisponibilidade a que se refere o caput deste artigo recairá sobre bens que assegurem o integral ressarcimento do dano, ou sobre o acréscimo patrimonial resultante do enriquecimento ilícito.

Cuida-se de tutela provisória com esteio constitucional (art. 37, § 4º, da CF) que possibilita impedir que o sujeito ativo (agente público e terceiro, inclusive pessoa jurídica) de ato de improbidade administrativa que importem enriquecimento ilícito (artigo 6º) ou dano ao erário (art. 5º) possa dispor livremente de seus bens. Tem natureza satisfativa, pois visa garantir a eficácia do provimento final de ressarcimento ao erário ou perdimento de bens acrescidos ilicitamente.

Parte da doutrina defende a possibilidade da indisponibilidade de bens na modalidade do artigo 11 da LIA, pois nesta hipótese também poderia ocorrer prejuízo ao patrimônio público. Neste sentido, defende Wallace Paiva Martins Júnior:

> Leitura apressada da lei poderia conduzir à conclusão de que a providência teria cabimento apenas nas hipóteses de improbidade catalogadas nos arts. 9º. e 10. Todavia, a interpretação legal desautoriza essa conclusão, pois é competente a indisponibilidade quando o ato de improbidade administrativa causa lesão ao patrimônio público ou enseja enriquecimento ilícito, e sabido é que os atos do art. 11 também podem causar lesão patrimonial, muito embora esta não seja essencial para caracterizá-los.[249]

Entendemos, com o devido respeito, que caso advenha prejuízo ao erário restará configurada a modalidade do artigo 10 da LIA e não do artigo 11. Ainda assim a conduta tipificada no artigo 11 da LIA poderá ensejar a indisponibilidade de bens, a fim de garantir a execução de eventual multa civil aplicada.[250]

Neste sentido a lição de Daniel Amorim Assumpção Neves:

> o espírito da lei é garantir a eficácia da decisão de procedência na ação de improbidade administrativa e, se essa decisão contém um capítulo condenatório que fixa uma multa civil, não há qualquer sentido lógico ou jurídico em se excluir tal capítulo do âmbito garantidor da medida de indisponibilidade de bens. A exclusão, nesse caso, poderia contribuir com uma ineficácia parcial da ação de improbidade, o que certamente não era a vontade do legislador ao criar o dispositivo ora analisado.[251]

Ademais, podemos cogitar outra hipótese de incidência da indisponibilidade de bens. O enriquecimento ilícito que autoriza a indisponibilidade de bens pode ter sido experimentado pelo particular (art. 3º), o que não autorizaria a tipificação no artigo 9º, mas apenas nos artigos 10 e 11. Em tese, portanto, é possível a tipificação da conduta no artigo 11 da LIA, que tenha ensejado, ao mesmo tempo, o enriquecimento ilícito do particular, hipótese na qual será cabível o perdimento de bens acrescidos de forma ilícita, na forma do artigo 6º da LIA, autorizando, também, a indisponibilidade destes bens.

A autoridade administrativa responsável pela investigação poderá representar ao Ministério Público para a indisponibilidade de bens. Esta representação, porém, não é condição de procedibilidade para que o Ministério Público proponha o pedido de indisponibilidade de bens perante a autoridade judicial, o qual poderá ser deduzido com base em investigação própria realizada pelo *Parquet*, por meio de inquérito civil respectivo.

---

[249] MARTINS JÚNIOR, Wallace Paiva. Op. cit., p. 452; No mesmo sentido: MARQUES, Silvio Antonio. Op. cit., 177;

[250] STJ, 1ª Turma, AgRg no REsp nº 1260737/RJ, Rel. Min. Sérgio Kukina, Dje 25.11.2014;

[251] NEVES, Daniel Amorim Assumpção; OLIVEIRA, Rafael Carvalho Rezende. Op. cit., p. 278.

De outro lado, a representação da autoridade administrativa não vincula o representante do Ministério Público, o qual, com base nos elementos oferecidos, poderá entender não ser necessária a indisponibilidade de bens.

Anote-se que, em face da legitimidade ativa da pessoa jurídica de direito público para a ação principal, seria ilógico negar-lhe a mesma legitimidade ativa para deduzir o pedido de indisponibilidade de bens, pois se trata de cautelar necessária para a garantia da eficácia da ação principal.

Ensina Daniel Amorim Assumpção Neves:

> o pedido de indisponibilidade dos bens tem natureza cautelar e, como tal, se presta a garantir a efetividade do processo principal. Partindo desse pressuposto, terão legitimidade ativa para o pedido cautelar todos os sujeitos que são legitimados à propositura do processo principal, nos termos do art. 17, caput, da Lei de Improbidade Administrativa.[252]

Poderá ser deduzida em caráter antecedente ao pedido principal ou em caráter incidental, observando-se, em cada hipótese, as disposições respectivas contidas nos artigos 300 a 310 do Novo Código de Processo Civil.

Recairá sobre **bens adquiridos antes ou depois** da prática do ato de improbidade administrativa, pois seu escopo é garantir o cumprimento da sentença que condene ao ressarcimento ao erário e perdimento de bens acrescidos ilicitamente, **além do potencial valor da multa civil.** Nada impede, ainda, que a indisponibilidade recaia sobre bem de família, pois tal medida cautelar não induz expropriação do bem, conforme pacífico entendimento do Superior Tribunal de Justiça.[253]

A constrição deverá atingir parcela do patrimônio dos réus que se mostre **suficiente** para o cumprimento da sentença, e não sobre o patrimônio integral dos réus.

Neste sentido, decidiu o STJ:

> a decretação de indisponibilidade de bens (ainda que adquiridos anteriormente à prática do suposto ato de improbidade), incluído o bloqueio de ativos financeiros, deve incidir sobre quantos bens se façam necessários ao integral ressarcimento do dano, levando-se em conta, ainda, o potencial valor de multa civil. Precedentes. [...] A constrição não deve recair sobre o patrimônio total do réu, mas tão somente sobre parcela que se mostre suficiente para assegurar futura execução. Para além disso, afora as impenhorabilidades legais, a atuação judicial deve também resguardar, na extensão comprovada pelo interessado, pessoa física ou jurídica, o acesso a valores indispensáveis, respectivamente, à sua subsistência (mínimo existencial) ou à continuidade de suas atividades.[254]

O *fumus boni iuris* consiste na verossimilhança do direito, equivalente à existência de indícios fundados da prática do ato de improbidade administrativa. O *periculum in mora*, por sua vez, é presumido, justamente por se tratar de tutela de urgência com assento constitucional (art. 37, § 4º, da CF), ou seja, é **desnecessária a comprovação da dilapidação de bens.**

---

[252] NEVES, Daniel Amorim Assumpção; OLIVEIRA, Rafael Carvalho Rezende. Op. cit. 276.

[253] STJ, Segunda Turma, AgInt no REsp 1633282/SC, Rel. Min Francisco Falcão, Dje. 26.06.2017.

[254] STJ, 1ª Turma, REsp 1161049/PA, Rel. Min. Sérgio Kukina, Dje 29.09.14;

A matéria está pacificada no Superior Tribunal de Justiça, em face do julgamento do Recurso Repetitivo referente ao Tema nº 701:

> a medida cautelar em exame, própria das ações regidas pela Lei de Improbidade Administrativa, não está condicionada à comprovação de que o réu esteja dilapidando seu patrimônio, ou na iminência de fazê-lo, tendo em vista que o 'periculum in mora' encontra-se implícito no comando legal que rege, de forma peculiar, o sistema de cautelaridade na ação de improbidade administrativa, sendo possível ao juízo que preside a referida ação, fundamentadamente, decretar a indisponibilidade de bens do demandado, quando presentes fortes indícios da prática de atos de improbidade administrativa.[255]

Portanto, a indisponibilidade de bens, na forma do artigo 7º da LIA, não exige a demonstração do perigo na demora, o qual é presumido na hipótese em que existirem razoáveis indícios da prática de ato de improbidade administrativa, assemelhando-se à hipótese de tutela de evidência.

10.7.2. Sequestro

O sequestro está previsto no artigo 16 da LIA:

> Art. 16. Havendo fundados indícios de responsabilidade, a comissão representará ao Ministério Público ou à procuradoria do órgão para que requeira ao juízo competente a decretação do sequestro dos bens do agente ou terceiro que tenha enriquecido ilicitamente ou causado dano ao patrimônio público.
>
> § 1º. O pedido de sequestro será processado de acordo com o disposto nos arts. 822 e 825 do Código de Processo Civil.
>
> § 2º. Quando for o caso, o pedido incluirá a investigação, o exame e o bloqueio de bens, contas bancárias e aplicações financeiras mantidas pelo indiciado no exterior, nos termos da lei e dos tratados internacionais.

Assim como a indisponibilidade de bens, o sequestro consiste em tutela provisória destinada a garantir o integral ressarcimento do dano causado ao erário, bem como a restituição dos bens acrescidos de forma ilícita ao patrimônio do agente público ou particular, em razão da prática de ato de improbidade administrativa, demonstrando, portanto, natureza satisfativa.

A **legitimidade ativa,** assim como na indisponibilidade de bens, é tanto do Ministério Público quanto da pessoa jurídica lesada e pedido deverá recair sobre bens determinados e não genéricos, especificamente aqueles que consubstanciaram o enriquecimento ilícito e propiciaram o prejuízo ao erário causado, incorporando-se ao patrimônio do agente público ou do terceiro.

Ensina Pedro Roberto Decomain a conveniência de se "concluir pelo cabimento do sequestro, sempre que possa ser identificado especificamente algum bem que haja representado o enriquecimento ilícito do agente, caracterizador das situações de improbidade administrativa focadas pelo art. 9º da Lei nº 8.429/92."[256]

---

[255] STJ, 1ª Seção, REsp nº 1366721/BA, Rel. Min. Napoleão Nunes Maia Filho, Dje 19.09.2014 – Recurso Repetitivo Tema 701;

[256] DECOMAIN, Pedro Roberto. Op. cit. 329.

Cuida-se de tutela de urgência, pois necessária a demonstração do *fumus boni iuris* (fundados indícios da prática do ato de improbidade administrativa) e do *periculum in mora* (risco de dilapidação dos bens), podendo o pedido ser deduzido antes do pedido principal, em caráter antecedente, ou mesmo incidentalmente, observado o disposto nos artigos 300 a 310 do Novo Código de Processo Civil.

Em razão do nexo que exige para o sequestro, ou seja, tratar-se de bem adquirido com valores obtidos ilicitamente ou mediante prejuízo ao erário, **somente poderá incidir sobre bens adquiridos após a prática do ato de improbidade administrativa**, diferentemente do que se verifica com a indisponibilidade de bens.[257]

10.7.3. Afastamento da função pública

O artigo 20, parágrafo único, da LIA, dispõe que a "autoridade judicial ou administrativa competente poderá determinar o afastamento do agente público do exercício do cargo, emprego ou função, sem prejuízo da remuneração, quando a medida se fizer necessária à instrução processual".

Cuida-se de tutela provisória de urgência, com natureza conservativa, pois tem como finalidade **assegurar adequada instrução processual**, podendo ser manejada em caráter antecedente ou incidente, observado o disposto nos artigos 300 a 310 do Novo CPC. Na fase administrativa, o afastamento poderá ser determinado pela autoridade que conduz o respectivo procedimento administrativo.

Anote-se, porém, que o afastamento não poderá ser concedido como mera antecipação dos efeitos da tutela de perda da função pública, pois, como apontado, imprescindível a demonstração de que o afastamento provisório é necessário para a instrução processual.

Por se tratar de medida excepcional, o respectivo pedido deverá apontar as razões pelas quais a manutenção do agente público em seu cargo poderá afetar a instrução probatória, como, por exemplo, a pressão a servidores subordinados que servirão como testemunhas, ocultação de documentos etc.

O afastamento provisório da função deve perdurar por **prazo razoável**, necessário para se findar não só a instrução administrativa, como também a instrução probatória judicial.[258] Em vista de sua finalidade de garantir a instrução processual e fixada a premissa de que não deverá perdurar indeterminadamente, não há como se fixar prazo certo e determinado, mas apenas marco objetivo, qual seja, o término da instrução processual.[259] Não concordamos, assim, com precedente do STJ no qual se fixou prazo certo e determinado:

> AGRAVO REGIMENTAL. PEDIDO DE SUSPENSÃO DE LIMINAR. AFASTAMENTO CAUTELAR DE AGENTE POLÍTICO. DECISÃO QUE IDENTIFICOU RISCO À INSTRUÇÃO PROCESSUAL. INEXISTÊNCIA DE GRAVE LESÃO À ORDEM PÚBLICA.

257 ANDRADE, Adriano; MASSON, Cleber; ANDRADE, Landolfo. Op. cit., 785.

258 NEVES, Daniel Amorim Assumpção; OLIVEIRA, Rafael Carvalho Rezende. Op. cit. p. 301.

259 ANDRADE, Adriano; MASSON, Cleber; ANDRADE, Landolfo. Op. cit., 787.

I – A decisão que prorrogou o afastamento cautelar do agente político está fundamentada no risco da instrução processual. Inexistência de grave lesão à ordem pública.

II – A prorrogação não pode representar uma interferência indevida no mandato eletivo. Limitação dos efeitos da decisão pelo prazo de 180 dias contados da data em que prolatada (1º de outubro de 2014) ou até o término da instrução processual – o que ocorrer antes.

Agravo regimental desprovido.[260]

10.8 Admissibilidade prévia da ação de improbidade administrativa

10.8.1. Petição inicial

O artigo 17, § 6º, dispõe que a "ação será instruída com documentos ou justificação que contenham indícios suficientes da existência do ato de improbidade ou com razões fundamentadas da impossibilidade de apresentação de qualquer dessas provas, observada a legislação vigente, inclusive as disposições inscritas nos arts. 16 a 18 do Código de Processo Civil."

Percebe-se que tanto o Ministério Público quanto a Pessoa Jurídica Interessada deverão instruir a petição inicial com *"documentos ou justificação"* suficientes da existência do ato de improbidade administrativa, sem prejuízo da juntada de documentos essenciais à propositura da ação, na forma do artigo 320 do Novo CPC.

O citado artigo 17, § 6º, da LIA busca coibir a propositura de ações de improbidade administrativa temerárias, sem o mínimo lastro indiciário.

10.8.2. Defesa preliminar – artigo 17, § 7º, da Lei nº 8.429/92

O artigo 17, "caput", da LIA, aponta que a ação de improbidade administrativa deverá seguir o rito ordinário. Ocorre que a ação de improbidade administrativa é caracterizada por uma peculiaridade, consubstanciada na fase preliminar de admissibilidade, conforme preconiza o artigo 17, § 7º:

> *Art. 17. [...]*
>
> § 7º. Estando a inicial em devida forma, o juiz mandará autuá-la e ordenará a notificação do requerido, para oferecer manifestação por escrito, que poderá ser instruída com documentos e justificações, dentro do prazo de quinze dias.

O citado dispositivo estabeleceu espécie de contraditório preambular, antes do recebimento da inicial, o qual permite aos réus em ações de improbidade administrativa deduzirem defesa apta a demonstrar, de plano, a inviabilidade da ação. Esta fase preliminar se assemelha ao procedimento dos artigos 513 a 518 do Código de Processo Penal (crimes de responsabilidade de funcionários públicos), em que se exige defesa prévia antes do recebimento da denúncia ou queixa.

---

260 STJ, Corte Especial, Agravo Regimental na Suspensão de Liminar de Sentença nº 1957/PB, Rel. Min. Francisco Falcão, Dje 09.03.2015; Tese n. 6, Edição n. 40 de Jurisprudência em Teses do STJ: "O afastamento cautelar do agente público de seu cargo, previsto no parágrafo único do art. 20 da Lei n. 8.429/92, é medida excepcional que pode perdurar por até 180 dias."

O texto original da Lei nº 8.429/92 não previa a defesa preliminar mencionada, a qual foi inserida por meio da Medida Provisória nº 2.225-45, de 04 de setembro de 2001, como reação à melhora do sistema repressivo da improbidade administrativa, sob o fundamento de se evitar o cometimento de excessos.[261]

Trata-se de exigência legal em vigor, a qual, portanto, deve ser observada. Entende-se, todavia, não se justificar tal fase preliminar, a qual propicia benefício processual não isonômico aos agentes públicos em face dos réus em outras espécies de ação, além de impor sério entrave ao andamento processual das ações de improbidade administrativa, por meio de defesa que, em regra, será repetida na contestação, acabando, assim, por dificultar a tutela ao patrimônio público.[262]

Uma vez oferecida a defesa prévia, o juiz poderá rejeitar a petição inicial, de maneira fundamentada, caso convencido: a) da inexistência de improbidade administrativa (sentença definitiva com julgamento de mérito); b) da improcedência da ação (sentença definitiva com julgamento de mérito); c) da inadequação da via eleita (sentença definitiva sem julgamento de mérito).

Não obstante a inexistência de exigência de fundamentação para o recebimento da inicial no artigo 17, § 9º, da LIA, dúvida não há de que esta decisão, ao não acolher os fundamentos da defesa, deverá ser fundamentada, sob pena de nulidade, na forma do artigo 93, IX, da CF.

Caso o juiz decida pela rejeição da inicial, por se tratar de decisão terminativa, o recurso cabível será a apelação, ao passo que, caso o magistrado receba a petição inicial, o recurso adequado será o de agravo de instrumento, na forma do artigo 17, § 10, da LIA.

Anote-se, porém, que por se tratar de análise preliminar dos fundamentos contidos na petição, não há como se exigir prova cabal da prática de ato de improbidade administrativa. Neste sentido, o Superior Tribunal de Justiça firmou entendimento no sentido de que "existindo indícios de cometimento de atos de improbidade administrativa, a petição inicial deve ser recebida, fundamentadamente, pois, na fase inicial, prevista no art. 17, §§ 7º, 8º e 9º da Lei 8.429/92, vale o princípio 'in dubio pro societate', a fim de possibilitar o maior resguardo do interesse público."[263]

A inexistência de notificação prévia para o oferecimento da defesa preliminar do artigo 17, § 6º, da LIA importa nulidade relativa, ou seja, apenas ensejará a nulidade dos atos processuais seguintes se demonstrado o efetivo prejuízo, conforme entendimento pacífico do Superior Tribunal de Justiça.[264]

Não há dúvida de que a prévia instauração de inquérito civil pelo Ministério Público poderá, em regra, garantir uma melhor instrução da inicial e evitar a propositura

---

[261] SOBRANE, Sérgio Turra. Op. cit. p. 143;

[262] DECOMAIN, Pedro Roberto. Op. cit., 364.

[263] STJ, 2ª Turma, AgRg no AREsp nº 531550/RJ, Rel. Min. Assusete Magalhães, Dje 25.09.2015; Tese nº 5, edição n. 38, Jurisprudência em Teses do STJ: "A presença de indícios de cometimento de atos ímprobos autoriza o recebimento fundamentado da petição inicial, nos termos do art. 17, §§ 7º, 8º, e 9º, da Lei n. 8.429/92, devendo prevalecer, no juízo preliminar, o princípio *in dubio pro societate.*"

[264] STJ, 1ª Seção, EREsp nº 1008632/RS, Rel. Min. Mauro Campbell Marques, Dje 09.03.2015;

de lides temerárias. Todavia, devidamente registrada nossa posição acerca da inadequação da defesa preliminar como acima apontado, certo é que a exigência legal está em pleno vigor. Assim, eventual existência de inquérito civil a instruir a petição inicial não exime a necessidade da defesa preliminar, pois o referido procedimento administrativo, inquisitório, é destinado à formação da convicção do representante do Ministério Público, antes de eventual propositura de ação civil pública, ao passo que o artigo 17, § 7º, da LIA, pautado no contraditório, é dirigido ao Magistrado.

10.9. Transação ou conciliação nas ações de improbidade administrativa

O artigo 17, § 1º, da Lei nº 8.429/92 veda *"a transação, acordo ou conciliação nas ações de que trata o caput"* e expressa a opção do legislador, à época da edição da lei, em considerar **indisponível** o objeto em litígio (tutela do patrimônio público, moralidade administrativa).

O mesmo caráter indisponível embasaria a impossibilidade de renúncia ao direito material, como, por exemplo, o pedido pelo autor de não aplicação de algumas sanções ou sua redução, pois, nas ações de improbidade administrativa, a aplicação da pena e a sua fixação compete apenas magistrado, nos termos do artigo 12 da Lei nº 8.429/92.[265]

A vedação à transação ou conciliação judicial implicaria, portanto, a impossibilidade de celebração de compromisso de ajustamento de conduta, nas hipóteses em que bem delineada a prática do ato de improbidade administrativa.

Na lição de Wallace Paiva Martins Júnior:

> é forçoso reconhecer que, de lege ferenda, será útil e mais eficiente à repressão da improbidade administrativa a dotação de institutos que, mitigando o princípio da indisponibilidade, favoreçam autores, beneficiários, cúmplices ou partícipes de atos de improbidade administrativa que espontaneamente denunciem o fato, seus autores e beneficiários, possibilitando, assim, com a delação premiada, a redução das sanções ou mesmo instituindo uma válvula para a inacumulabilidade nessas hipóteses.[266]

A Medida Provisória nº 703, de 18 de dezembro de 2015, alterou a Lei Federal nº 12.846/2013 (Lei Anticorrupção) e revogou o § 1º, do artigo 17, da Lei Federal nº 8.429/92, afastando, em tese, a impossibilidade de conciliação ou transação nas ações de improbidade administrativa. Tal providência se mostrou aliada ao movimento de incentivo à conciliação e mediação evidenciados no Novo Código de Processo Civil e na Lei nº 13.140/2015, que dispõe "a mediação entre particulares como meio de solução de controvérsias e sobre a autocomposição de conflitos no âmbito da administração pública".

A citada Medida Provisória nº 703/2015 foi objeto de ADI nº 5466, ajuizada pelo Partido Popular Socialista, por ofensa ao artigo 62, § 1º, I, "b", da Constituição Federal. Porém, antes de seu julgamento pela Corte Suprema, o Congresso Nacional deixou de apreciar Medida Provisória dentro do prazo necessário para tramitação,

[265] LEONEL, Ricardo de Barros. Op. cit. p. 421 e 433/438.

[266] MARTINS JÚNIOR, Wallace Paiva. Op. cit., p. 416.

razão pela qual perdeu sua validade, retornando, assim, a redação original do § 1º, do artigo 17, da Lei nº 8.429/93.

Não obstante a perda de validade da citada medida provisória, passados mais de 20 anos da edição da Lei nº 8.429/92, é evidente o anacronismo do disposto no artigo 17, § 1º, da LIA com o atual panorama legislativo e social.

Neste contexto, deve-se destacar a existência de instrumentos como a colaboração premiada e o acordo de leniência contidos na Legislação Penal e Civil, os quais têm se demonstrado como efetivos instrumentos de colheita de prova e de combate às organizações criminosas voltadas à prática de atos de corrupção.

O art. 3º, inciso I, da Lei Federal nº 12.850/2013 instituiu a colaboração premiada, como um dos meios de obtenção de prova apto a ser empregado em qualquer fase da persecução penal, em casos de crimes praticados por organizações criminosas. O art. 4º. da Lei Federal nº 12.850/2013 prevê que o juiz, a requerimento das partes, poderá conceder o perdão judicial, reduzir em até 2/3 (dois terços) a pena privativa de liberdade ou substituí-la por restritiva de direitos daquele que tenha colaborado efetiva e voluntariamente com a investigação e com o processo criminal e a colaboração mostrar-se comprovadamente útil para:

a) identificação dos demais coautores e partícipes da organização criminosa e das infrações penais por eles praticadas;
b) revelação da estrutura hierárquica e da divisão de tarefas da organização criminosa;
c) prevenção de infrações penais decorrentes das atividades da organização criminosa;
d) recuperação total ou parcial do produto ou do proveito das infrações penais praticadas pela organização criminosa;
e) a localização de eventual vítima com a sua integridade física preservada.

A Lei Federal nº 8.072/90, que cuida dos crimes hediondos, já previa em seu artigo 8º, parágrafo único, que o "participante e o associado que denunciar à autoridade o bando ou quadrilha, possibilitando seu desmantelamento, terá a pena reduzida de um a dois terços".

A Lei Federal nº 8.137/90, que cuida dos crimes contra a Ordem Tributária, Econômica e contra as Relações de Consumo, e dá outras providências, também dispôs no artigo 16, parágrafo único, nos crimes cometidos em quadrilha ou coautoria, "o coautor ou partícipe que através de confissão espontânea revelar à autoridade policial ou judicial toda a trama delituosa terá a sua pena reduzida de um a dois terços".

A Lei Federal nº 9.807/99, que cuida das normas para a organização e a manutenção de programas especiais de proteção a vítimas e a testemunhas ameaçadas, institui o Programa Federal de Assistência a Vítimas e a Testemunhas Ameaçadas e dispõe sobre a proteção de acusados ou condenados que tenham voluntariamente prestado efetiva colaboração à investigação policial e ao processo criminal, autorizou que "o juiz, de ofício ou a requerimento das partes, conceder o perdão judicial e a consequente extinção da punibilidade ao acusado que, sendo primário, tenha colaborado efetiva e voluntaria mente com a investigação e o processo criminal, desde que dessa colaboração tenha resultado: I – a identificação dos demais coautores ou partícipes da ação criminosa; II – a localização da vítima com a sua integridade física preservada; III – a recuperação total ou parcial do produto do crime. Parágrafo único. A concessão do perdão judicial levará em conta a personalidade do beneficiado e a natureza, circunstâncias, gravidade e repercussão social do fato criminoso." (artigo 13).

Na mesma lei consta que o "indiciado ou acusado que colaborar voluntariamente com a investigação policial e o processo criminal na identificação dos demais coautores ou partícipes do crime, na localização da vítima com vida e na recuperação total ou parcial do produto do crime, no caso de condenação, terá pena reduzida de um a dois terços." (artigo 14)

A Lei Federal nº 9.613/98, com a redação que lhe foi dada pela Lei Federal nº 12.683/2012, que cuida dos crimes de "lavagem" ou ocultação de bens, direitos e valores, dispôs em seu artigo 1º, § 5º, que "a pena imposta poderá ser reduzida de um a dois terços e ser cumprida em regime aberto ou semiaberto, facultando-se ao juiz deixar de aplicá-la ou substituí-la, a qualquer tempo, por pena restritiva de direitos, se o autor, coautor ou partícipe colaborar espontaneamente com as autoridades, prestando esclarecimentos que conduzam à apuração das infrações penais, à identificação dos autores, coautores e partícipes, ou à localização dos bens, direitos ou valores objeto do crime".

O sistema adotado no campo do combate à improbidade administrativa, no qual vedado qualquer acordo ou transação, mostra-se, assim, em descompasso com os citados instrumentos previstos para o combate aos atos de corrupção praticados por organizações criminosas na esfera penal.

Não bastasse, a Lei Federal nº 12.846/2013, que cuida da responsabilização administrativa e civil de pessoas jurídicas pela prática de atos contra a administração pública, nacional ou estrangeira, e dá outras providências, dispõe em seu artigo 16 acerca da possibilidade de se firmar acordo de leniência com a pessoa jurídica investigada, por meio do qual possível a isenção de determinadas sanções administrativas e judiciais.

Neste contexto, determinada pessoa (agente público ou particular), envolvida em atos de corrupção, poderá obter a redução da pena privativa de liberdade ou até mesmo o perdão judicial se colaborar de forma efetiva para as investigações. Da mesma forma, a pessoa jurídica envolvida em atos de corrupção também poderá se valer do acordo de leniência, desde de que colabore com as investigações, nos termos do artigo 16 da Lei nº 12.846/13.

A Lei Federal nº 8.429/92 é, portanto, o único instrumento de combate à corrupção que não contempla qualquer forma de estímulo à colaboração premiada ou à consensualidade. A inexistência de instituto similar no âmbito da improbidade administrativa, portanto, pode configurar entrave à efetivação da colaboração premiada na esfera penal, já que o investigado poderá não aceitar subscrever o documento, com receio das consequências que poderá suportar em eventual ação de improbidade administrativa.

Deve-se destacar a ilógica diferença de tratamento da matéria nestes ramos do direito, pois se no Direito Penal, que é considerado a *ultima ratio*, admite-se o manejo destes instrumentos, não se mostra razoável sua proibição no âmbito da responsabilização civil. Acerca do tema destaca Antonio do Passo Cabral que:

> (...) a lei de improbidade administrativa, embora seja muito atual ainda hoje, foi elaborada no início da década de 1990, publicada em 1992. De lá para cá, houve uma imensa guinada no ordenamento jurídico em direção da consensualidade e convencionalidade, como vimos. Até mesmo a pretensão penal passou a ser em grande medida objeto de acordo. É verdade que um ato ilícito que leve à sanção de improbidade nem sempre repercutirá na esfera penal. Mas é muito comum que isso aconteça: normalmente, pelo fenômeno chamado aqui e ali de "incidência múltipla", uma mesmo conduta atrairá a incidência de normais penais, civis e administrativas, com uma intercomunicação dos respectivos regramentos processuais. Nesses casos, repita-se, frequentes no campo da improbidade administrativa, seria de fato curioso que a pretensão punitiva criminal pudesse ser transacionada, convencionada, mas a pretensão civil da improbidade não.[267]

Em posição favorável à negociação no âmbito da improbidade administrativa, vale destacar a visão de Fredie Didier Jr. e Hermes Zanetti Jr:

> a proibição de negociação prevista na Lei de Improbidade Administrativa era, na verdade, um reflexo da proibição no âmbito penal. Não havia sido admitida na improbidade em razão do princípio da obrigatoriedade para o MP e da visão que a tutela do interesse público era absolutamente indisponível, não admitia graus de tutela. Se agora é possível negociar as consequências penais, mesmo nas infrações graves, não haveria razão para não ser possível negociar as sanções civis de improbidade. Pode-se estabelecer a seguinte regra: a negociação na ação de improbidade administrativa é possível sempre que for possível a negociação no âmbito penal, em uma relação de proporção.[268]

Complementam os citados autores:

> a) admitem-se colaboração premiada e o acordo de leniência como negócios jurídicos atípicos no processo de improbidade administrativa (art. 190 do CPC c/c o art. 4º da Lei 12.850/2013 e com os arts. 16-17 da Lei nº 12.846/2013); b) admite-se negociação nos processos de improbidade administrativa, sempre que isso for possível, na respectiva ação penal, observados, sempre, por analogia, os limites de negociação ali previstos; c) admitem-se os acordos parciais, sendo considerados parcela incontroversa; d) admite-se a "colaboração premiada" em processos de improbidade administrativa, respeitados os limites e critérios da lei de regência.[269]

A questão é polêmica, dada a dificuldade em se contornar o óbice do § 1º do artigo 17 da Lei nº 8.429/92 e a exigência de que a celebração de convenção processual seja firmada em processo que verse sobre direito que admita autocomposição,

---

[267] CABRAL, Antonio do Passo. A resolução nº 118 do Conselho Nacional do Ministério Público e as convenções processuais. in CABRAL, Antonio do Passo; NOGUEIRA, Pedro Henrique Pedrosa (Coord.). Negócios processuais. Salvador: Jus Podivm, 2015, p. 682/683.

[268] DIDIER JR, Fredie; ZANETI JR., Hermes. "Justiça Multiportas e Tutela Constitucional Adequada: Autocomposição em Direitos Coletivos". In: ZANETI JR., Hermes; CABRAL, Trícia Navarro Xavier (coord). "Justiça Multiportas: mediação, conciliação, arbitragem e outros meios de solução adequada para conflitos". Salvador: Editora JusPodivm, 2016, p. 51.

[269] DIDIER JR, Fredie; ZANETI JR., Hermes. "Justiça Multiportas e Tutela Constitucional Adequada: Autocomposição em Direitos Coletivos". In: ZANETI JR., Hermes; CABRAL, Trícia Navarro Xavier (coord). "Justiça Multiportas: mediação, conciliação, arbitragem e outros meios de solução adequada para conflitos". Salvador: Editora JusPodivm, 2016, p. 52/53.

nos termos do art. 190 do CPC/2015, possibilidade afastada justamente pelo § 1º, do art. 17.

Nada obstante, o Conselho Nacional do Ministério Público, por meio da Resolução CNMP nº 179, de 26 de julho de 2017, ao regulamentar o termo de compromisso de ajustamento de conduta, expressamente autorizou a composição em relação aos atos de improbidade administrativa, nos seguintes termos:

> Art. 1º. O compromisso de ajustamento de conduta é instrumento de garantia dos direitos e interesses difusos e coletivos, individuais homogêneos e outros direitos de cuja defesa está incumbido o Ministério Público, com natureza de negócio jurídico que tem por finalidade a adequação da conduta às exigências legais e constitucionais, com eficácia de título executivo extrajudicial a partir da celebração.
>
> [...]
>
> § 2º. É cabível o compromisso de ajustamento de conduta nas hipóteses configuradoras de improbidade administrativa, sem prejuízo do ressarcimento ao erário e da aplicação de uma ou algumas das sanções previstas em lei, de acordo com a conduta ou o ato praticado.

Destaque-se que a matéria já foi objeto de regulamentação em unidades do Ministério Público, como, por exemplo, no Ministério Público do Estado de Minas Gerais (Resolução CSMP n. 3/2017) e no Ministério Público do Estado do Paraná (Resolução n. 01/2017), que dispuseram sobre termo de compromisso de ajustamento de conduta envolvendo atos de improbidade administrativa.

O ideal seria que se promovesse a alteração do § 1º, do artigo 17, da Lei nº 8.429/92, a fim de se afastar a vedação absoluta aos acordos em improbidade administrativa, mediante a observância de determinados parâmetros e requisitos uniformes. Ademais, a regulamentação da matéria em resoluções ou atos normativos esparsos nos diversos Ministérios Públicos Estaduais, para além da falta de uniformidade, poderá ter sua constitucionalidade questionada por dispor sobre matéria de competência legislativa exclusiva da União, nos termos do artigo 22, I, da Constituição Federal.

Em nosso entendimento o § 4º, do art. 36[270], da Lei n. 13.140/2015, não supre a necessária autorização legislativa, pois se trata de norma voltada à mediação e autocomposição no âmbito da administração pública, sem que tenha havido expressa revogação do § 1º, do art. 17, da Lei n. 8.429/92.

Ademais, o disposto no parágrafo quarto não pode ser interpretado separadamente do "caput" do art. 36, vale dizer, não se está autorizando composição em hipótese de ato de improbidade administrativa, mas apenas condicionando a composição entre órgãos ou entidades de direito público que integram a Administração Pública Federal à anuência expressa do juiz, nos casos em que a matéria objeto da

[270] Art. 36. No caso de **conflitos que envolvam controvérsia jurídica entre órgãos ou entidades de direito público que integram a administração pública federal**, a Advocacia-Geral da União deverá realizar composição extrajudicial do conflito, observados os procedimentos previstos em ato do Advogado-Geral da União. (...)§ 4º Nas hipóteses em que a matéria objeto do litígio esteja sendo discutida em ação de improbidade administrativa ou sobre ela haja decisão do Tribunal de Contas da União, a conciliação de que trata o caput dependerá da anuência expressa do juiz da causa ou do Ministro Relator. (grifo nosso)

composição resvale no objeto litigioso de ação de improbidade administrativa. Não se fala aqui em composição entre o agente ímprobo e a administração pública, mas sim entre órgãos ou entidades da administração pública. A previsão visa resguardar a tutela do patrimônio público nas hipóteses em que acordos extrajudiciais entre órgãos e entidades da administração pública possam, de alguma forma, ter reflexos em ações de improbidade administrativa, exigindo-se, nestes casos, a anuência expressa do juiz quanto ao referido *acordo extrajudicial.* O dispositivo nada menciona sobre a possibilidade de acordo quanto ao litígio judicializado.

Ainda que se entenda que o § 4, do art. 36, da Lei n. 13.140/15 poderia se referir à acordos em improbidade administrativa, o que não é o caso, como visto, o conflito aparente com o § 1º, do art. 17, da Lei n. 8.429/92 se resolveria pelo princípio da especialidade.

Registrada nossa opinião acerca da impossibilidade de utilização do artigo 36, § 4º, da Lei n. 13.140/15 como fundamento para celebração de acordos em improbidade administrativa, não podemos deixar de registrar que, com base em valoroso trabalho desenvolvido pela Promotoria de Justiça do Patrimônio Público e Social da Capital, do Ministério Público do Estado de São Paulo, diversos acordos firmados com base no citado dispositivo têm sido admitidos pelo Poder Judiciário, valendo destacar, por todos, acórdão proferido pela 4ª Câmara de Direito Público do Tribunal de Justiça do Estado de São Paulo, no Agravo de Instrumento n. 2216000-33.2018.8.26.0000, Rel. Des. Osvaldo Magalhães, j. 05.11.2018, no qual se chancelou o ajuste firmado pelo Ministério Público com suporte no mencionado art. 36, § 4º, da Lei n. 13.140/15.

Pois bem, a despeito da inegável utilidade na utilização no âmbito da improbidade administrativa de mecanismos previstos no âmbito criminal, como a colaboração premiada e acordos de leniência, além dos benefícios da abertura à consensualidade, e respeitados os entendimentos em sentido contrário, constata-se que, em vista da ausência de autorização legal expressa, registrada nossa opinião no sentido da impropriedade na utilização do artigo 36, § 4º, da Lei n. 13.140/15, ainda se mostra inviável a admissão de acordo acerca da aplicação das sanções pela prática de ato de improbidade administrativa.[271]

Reitere-se nosso posicionamento favorável à modernização da legislação a fim de contemplar tais mecanismos, mas o atual panorama legislativo traz demasiada insegurança jurídica, pois, para além da inexistência de autorização legal expressa, não há parâmetros mínimos, seguros e uniformes para se permitir tais acordos, como, por exemplo, no tocante à: a) legitimidade exclusiva do MP ou extensível à pessoa jurídica de direito público; b) participação obrigatória ou não do Ministério Público nos acordos firmados pelos colegitimados; c) parâmetros para fixação da sanção adequada; d) consequências do descumprimento; e) necessidade ou não de homologação judicial ou suficiência da ratificação pelo Conselho Superior do Ministério Público; f) previsão de suspensão ou interrupção do prazo prescricional.[272] Além destes aspectos, é possível que tais acordos não sejam homologados pelo Poder

---

[271] Neste sentido LEONEL, Ricardo de Barros. Op. cit. p. 433/438.

[272] GARCIA, Emerson; ALVES, Rogério Pacheco. Op. cit., p. 913.

Judiciário, em vista justamente do disposto no § 1º do art. 17, conforme recente entendimento exarado pelo STJ.[273]

Em resumo, a questão é controvertida e delicada, com respeitáveis entendimentos em ambos sentidos, mas, em nossa visão, necessária é a alteração do § 1º, do art. 17 da Lei n. 8.429/92, para a admissão expressa e fixação de parâmetros uniformes nos acordos em improbidade administrativa.

Tramita no Congresso Nacional o Projeto de Lei n. 10.887/2018, de autoria do Deputado Federal Roberto de Lucena, resultado de trabalho da comissão de juristas coordenada pelo Ministro Mauro Campbell, do Superior Tribunal de Justiça. A legislação projetada contempla: a legitimidade ativa exclusiva do Ministério Público para o ajuizamento da ação de improbidade e para a celebração de acordos (art. 17 e 17-A); exigência de ressarcimento ao erário, reversão de vantagem obtida de forma ilícita e, no mínimo, a sanção de multa (art. 17-A, I a III); necessidade de aprovação pelo órgão responsável pela homologação de arquivamentos no âmbito do Ministério Público (art. 17-A, § 4º) e, também, posterior homologação judicial (art. 17-A, § 5º).

10.10. Correlação entre pedido e sentença – tipificação e sanções diversas aplicadas pelo magistrado

O magistrado poderá dar enquadramento legal diverso daquele apontado na petição inicial (9º, 10 ou 11 da Lei nº 8.429/92), bem como estabelecer a reprimenda que entenda adequada, em patamar superior ou inferior ao indicado pelo autor, ou mesmo de natureza distinta. José Antonio Lisbôa Neiva aponta:

> Estamos, na verdade, diante de mais uma exceção ao princípio da congruência: havendo demanda, o juiz encontra-se autorizado a aplicar as cominações pertinentes em razão das circunstâncias fáticas expostas na causa de pedir, tendo em vista a imperatividade do comando constitucional e legislativo, fruto da indisponibilidade do direito submetido ao juízo.[274]

Emerson Garcia aponta que não se pode falar "em adstrição do órgão jurisdicional a uma possível delimitação do pedido, quer qualitativa, quer quantitativa, pois, tratando-se de direito eminentemente indisponível, não compete ao autor da demanda restringir as consequências dos atos de improbidade, restando-lhe, unicamente, deduzir a pretensão de que sejam aplicadas as sanções condizentes com a causa de pedir que declinara na inicial".[275]

Em linhas gerais, cabe ao autor narrar as razões de fato e de direito, mas caso se equivoque na tipificação legal, o magistrado poderá proceder à correção desta tipificação, pois não está vinculado ao fundamento jurídico invocado pelo autor. Consequência lógica da correção da tipificação legal, como, por exemplo, do art. 10

[273] Neste sentido recente decisão STJ, AgInt no REsp 1654462/MT, Primeira Turma, Rel. Min. Sérgio Kukina, Dje. 14.06.2018.

[274] NEIVA, José Antonio Lisbôa Neiva. Op. cit. p. 198.

[275] GARCIA, Emerson; ALVES, Rogério Pacheco. Op. cit. p. 730.

para o 9º da Lei n. 8.429/92, é a aplicação da sanção respectiva e distinta daquela pleiteada na inicial[276], o que não configura julgamento *extra petita*. A matéria foi enfrentada pelo STJ:

> [...] Não é inepta a petição inicial que deixa de apontar o dispositivo de lei, se da narração dos fatos decorrer logicamente o pedido. Da mesma forma, a aplicação de legislação diversa daquela utilizada pela parte para fundamentar seu pedido não implica julgamento extra petita. Aplicação dos brocardos jura novit curia e mihi factum dabo tibi ius. Precedente [...][277]

A cautela, diante da possibilidade de se conferir enquadramento legal distinto do contido na inicial, sequer cogitado pelo autor, recomendaria a observância do artigo 10 do CPC de 2015,[278] a fim de se evitar ofensa ao contraditório em razão da prolação de decisão surpresa.[279] Vale registrar o delineamento adotado pela 4ª Turma do STJ na aplicação do art. 10 do CPC/2015:

> [...] 2. O "fundamento" ao qual se refere o art. 10 do CPC/2015 é o fundamento jurídico – circunstância de fato qualificada pelo direito, em que se baseia a pretensão ou a defesa, ou que possa ter influência no julgamento, mesmo que superveniente ao ajuizamento da ação – não se confundindo com o fundamento legal (dispositivo de lei regente da matéria). **A aplicação do princípio da não surpresa não impõe, portanto, ao julgador que informe previamente às partes quais os dispositivos legais passíveis de aplicação para o exame da causa. O conhecimento geral da lei é presunção jure et de jure.**[280]

11. PRECEDENTES E A TUTELA DO PATRIMÔNIO PÚBLICO

O Código de Processo Civil de 2015, na esteira do que se verificou com a previsão de efeito vinculante à ação declaratória de constitucionalidade (EC 03/93), com a instituição da Súmula Vinculante (EC 45/04) e com a sistemática dos recursos repetitivos no CPC/73, intensificou a implementação de sistema de precedentes, pautado no princípio da segurança jurídica e na proteção de confiança, em vista da necessidade de estabilidade e previsibilidade para a concretização do Estado Democrático de Direito.[281]

Contemplou-se, por exemplo, as seguintes técnicas de aceleração processual; a tutela de evidência prevista no artigo 311, embasada em tese firmada pelos tribunais superiores no julgamento de demandas repetitivas, ou fundada em súmula vinculante; a improcedência liminar do pedido, nos termos do artigo 332, desde que,

[276] NEVES, Daniel Amorim Assumpção; OLIVEIRA, Rafael Carvalho Rezende. Op. cit. p. 206/211 e 214.

[277] STJ, 2ª Turma, REsp nº 794155, Rel. Min. Castro Meira, Dj 04.09.2006;

[278] "Art. 10. O juiz não pode decidir, em grau algum de jurisdição, com base em fundamento a respeito do qual não se tenha dado às partes oportunidade de se manifestar, ainda que se trate de matéria sobre a qual deva decidir de ofício."

[279] Neste sentido NEVES, Daniel Amorim Assumpção; OLIVEIRA, Rafael Carvalho Rezende. Op. cit. p. 210/211.

[280] STJ, 4ª Turma, EDcl no REsp nº 1.280.825/RJ, Rel. Min. Isabel Gallotti, j. 01.08.2017;

[281] MARINONI, Luiz Guilherme. *Precedentes obrigatórios*. São Paulo: Revista dos Tribunais, 2016, p. 96-97.

caso dispensada a fase instrutória, se constate que a pretensão do autor contraria enunciado de súmula do STF e STJ, julgamento em recursos repetitivos por estes Tribunais Superiores, julgamento em sede de incidente de resolução de demanda repetitiva, ou, por fim, súmula do Tribunal de Justiça acerca de direito local; nos termos do artigo 496, § 4º, ausência de remessa necessária caso a sentença estiver de acordo com súmulas ou acórdãos proferidos em julgamento de recursos repetitivos ou incidente de resolução demandas repetitivas; a dispensa de caução provisório no cumprimento de sentença, nos termos do artigo 521, IV.

O sistema de precedentes contempla, ainda, o cabimento de reclamação, nas hipóteses do artigo 988 do CPC/15, e, especialmente, o disposto no artigo 489, V e VI, § 1º, que consideram não fundamentada, respectivamente, a decisão judicial que "limitar a invocar precedente ou enunciado de súmula, sem identificar seus fundamentos determinantes nem demonstrar que o caso sob julgamento se ajusta àqueles fundamentos" e "deixar e seguir enunciado de súmula, jurisprudência ou precedente invocado pela partes, sem demonstrar a existência de distinção no caso em julgamento ou a superação do entendimento".

A vinculação aos precedentes, por sua vez, consta nos artigos 926[282] e 927[283] do Código de Processo Civil de 2015.

É indubitável que a tutela do patrimônio público é permeável ao sistema dos precedentes judiciais, que assumiram renovada relevância no CPC/2015. Em vista destes apontamentos, e sem prejuízo das decisões já indicadas ao longo desta obra, elencamos abaixo alguns dos principais precedentes do Tribunais Superiores relacionados à tutela do patrimônio público, de caráter processual ou material, dentre aqueles elencados no artigo 927 do CPC/2015, em especial Temas de Recursos Repetitivos, Súmulas do STJ, Súmulas Vinculantes e Temas de Repercussão Geral:

STJ – temas de recursos repetitivos

Tema 344: Dispensa da defesa prévia em ação de ressarcimento de danos ao erário por não se tratar de típica ação de improbidade administrativa.

Tema 510: (impossibilidade do) Adiantamento de Honorários periciais pelo Ministério Público em demanda coletiva.

---

282 Art. 926. Os tribunais devem uniformizar sua jurisprudência e mantê-la estável, íntegra e coerente. § 1º Na forma estabelecida e segundo os pressupostos fixados no regimento interno, os tribunais editarão enunciados de súmula correspondentes a sua jurisprudência dominante. § 2º Ao editar enunciados de súmula, os tribunais devem ater-se às circunstâncias fáticas dos precedentes que motivaram sua criação.

283 Art. 927. Os juízes e os tribunais observarão: I – as decisões do Supremo Tribunal Federal em controle concentrado de constitucionalidade; II – os enunciados de súmula vinculante; III – os acórdãos em incidente de assunção de competência ou de resolução de demandas repetitivas e em julgamento de recursos extraordinário e especial repetitivos; IV – os enunciados das súmulas do Supremo Tribunal Federal em matéria constitucional e do Superior Tribunal de Justiça em matéria infraconstitucional; V – a orientação do plenário ou do órgão especial aos quais estiverem vinculados. § 1º Os juízes e os tribunais observarão o disposto no art. 10 e no art. 489, § 1º, quando decidirem com fundamento neste artigo. § 2º A alteração de tese jurídica adotada em enunciado de súmula ou em julgamento de casos repetitivos poderá ser precedida de audiências públicas e da participação de pessoas, órgãos ou entidades que possam contribuir para a rediscussão da tese. § 3º Na hipótese de alteração de jurisprudência dominante do Supremo Tribunal Federal e dos tribunais superiores ou daquela oriunda de julgamento de casos repetitivos, pode haver modulação dos efeitos da alteração no interesse social e no da segurança jurídica. § 4º A modificação de enunciado de súmula, de jurisprudência pacificada ou de tese adotada em julgamento de casos repetitivos observará a necessidade de fundamentação adequada e específica, considerando os princípios da segurança jurídica, da proteção da confiança e da isonomia. § 5º Os tribunais darão publicidade a seus precedentes, organizando-os por questão jurídica decidida e divulgando-os, preferencialmente, na rede mundial de computadores.

Tema 701: Possibilidade de decretação de indisponibilidade de bens do promovido em ação civil pública por ato de improbidade administrativa não condicionada à comprovação da efetiva ou iminente dilapidação do patrimônio.

STJ – SÚMULAS

Súmula 150: Compete à Justiça Federal decidir sobre a existência de interesse jurídico que justifique a presença, no processo, da União, suas Autarquias ou Empresas Públicas.

Súmula 329: O Ministério Público tem legitimidade ativa para promover ação civil pública em defesa do patrimônio público.

Súmula 333: Cabe mandado de segurança contra ato praticado em licitação promovida por sociedade de economia mista ou empresa pública.

Súmula 378: Reconhecido o desvio de função, o servidor faz jus às diferenças salariais decorrentes.

Súmula 489: Reconhecida a continência, devem ser reunidas na Justiça Federal as ações civis públicas propostas nesta e na Justiça estadual.

Súmula 525: A Câmara Municipal não possui personalidade jurídica, apenas personalidade judiciária, somente podendo demandar em juízo para defender os seus direitos institucionais.

Súmula 601: Desde que devidamente motivada e com amparo em investigação ou sindicância, é permitida a instauração de processo administrativo disciplinar com base em denúncia anônima, em face do poder-dever de autotutela imposto à Administração.

STF – SÚMULAS VINCULANTES

Súmula Vinculante n. 13: A nomeação de cônjuge, companheiro ou parente em linha reta, colateral ou por afinidade, até o terceiro grau, inclusive, da autoridade nomeante ou de servidor da mesma pessoa jurídica investido em cargo de direção, chefia ou assessoramento, para o exercício de cargo em comissão ou de confiança ou, ainda, de função gratificada na administração pública direta e indireta em qualquer dos Poderes da União, dos Estados, do Distrito Federal e dos Municípios, compreendido o ajuste mediante designações recíprocas, viola a Constituição Federal.

Súmula Vinculante n. 43: É inconstitucional toda modalidade de provimento que propicie ao servidor investir-se, sem prévia aprovação em concurso público destinado ao seu provimento, em cargo que não integra a carreira na qual anteriormente investido.

Súmula Vinculante n. 44: Somente por lei se pode sujeitar a exame psicotécnico a habilitação de candidato a cargo público.

Súmula Vinculante n. 46: A definição dos crimes de responsabilidade e o estabelecimento das respectivas normas de processo e julgamento são da competência legislativa privativa da União.

STF – TEMAS DE REPERCUSSÃO GERAL

Tema n. 29: Leis que tratam dos casos de vedação a nepotismo não são de iniciativa exclusiva do Chefe do Poder Executivo.

Tema n. 66: A vedação ao nepotismo não exige a edição de lei formal para coibir a prática, dado que essa proibição decorre diretamente dos princípios contidos no art. 37, caput, da Constituição Federal.

Tema n. 138: Ao Estado é facultada a revogação de atos que repute ilegalmente praticados; porém, se de tais atos já tiverem decorrido efeitos concretos, seu desfazimento deve ser precedido de regular processo administrativo.

Tema n. 157: O parecer técnico elaborado pelo Tribunal de Contas tem natureza meramente opinativa, competindo exclusivamente à Câmara de Vereadores o julgamento das contas anuais do Chefe do Poder Executivo local, sendo incabível o julgamento ficto das contas por decurso de prazo.

Tema n. 161: O candidato aprovado em concurso público dentro do número de vagas previsto no edital possui direito subjetivo à nomeação.

Tema n. 257: Computam-se, para efeito de observância do teto remuneratório do art. 37, XI, da Constituição da República, também os valores percebidos anteriormente à vigência da Emenda Constitucional 41/2003 a título de vantagens pessoais pelo servidor público, dispensada a restituição dos valores recebidos em excesso e de boa-fé até o dia 18 de novembro de 2015.

Tema n. 282: A eficácia do inciso XI do artigo 37 da Constituição Federal, decorrente da redação da Emenda Constitucional nº 19/1998, condiciona-se à fixação do subsídio, mediante lei de iniciativa conjunta do Presidente da República, do Presidente do Supremo, do Presidente da Câmara e do Presidente do Senado, persistindo a vigência do texto primitivo da Carta, no que definido o teto por Poder, consideradas as esferas federal e estadual.

Tema n. 315: Não cabe, ao Poder Judiciário, que não tem função legislativa, aumentar vencimentos de servidores públicos sob o fundamento de isonomia.

Tema n. 376: É constitucional a regra inserida no edital de concurso público, denominada cláusula de barreira, com o intuito de selecionar apenas os candidatos mais bem classificados para prosseguir no certame.

Tema n. 377 e 384: Nos casos autorizados constitucionalmente de acumulação de cargos, empregos e funções, a incidência do art. 37, inciso XI, da Constituição Federal pressupõe consideração de cada um dos vínculos formalizados, afastada a observância do teto remuneratório quanto ao somatório dos ganhos do agente público. (A mesma tese foi fixada para o Tema 384)

Tema n. 454: A nomeação tardia de candidatos aprovados em concurso público, por meio de ato judicial, à qual atribuída eficácia retroativa, não gera direito às promoções ou progressões funcionais que alcançariam houvesse ocorrido, a tempo e modo, a nomeação.

Tema n. 476: Não é compatível com o regime constitucional de acesso aos cargos públicos a manutenção no cargo, sob fundamento de fato consumado, de candidato não aprovado que nele tomou posse em decorrência de execução provisória de medida liminar ou outro provimento judicial de natureza precária, supervenientemente revogado ou modificado.

Tema n. 483: É legítima a publicação, inclusive em sítio eletrônico mantido pela Administração Pública, dos nomes dos seus servidores e do valor dos correspondentes vencimentos e vantagens pecuniárias.

Tema n. 485: Não compete ao Poder Judiciário substituir a banca examinadora para reexaminar o conteúdo das questões e os critérios de correção utilizados, salvo ocorrência de ilegalidade ou de inconstitucionalidade.

Tema n. 531: A administração pública deve proceder ao desconto dos dias de paralisação decorrentes do exercício do direito de greve pelos servidores públicos, em virtude da suspensão do vínculo funcional que dela decorre, permitida a compensação em caso de acordo. O desconto será, contudo, incabível se ficar demonstrado que a greve foi provocada por conduta ilícita do Poder Público.

Tema n. 541: 1 – O exercício do direito de greve, sob qualquer forma ou modalidade, é vedado aos policiais civis e a todos os servidores públicos que atuem diretamente na área de segurança pública. 2 – É obrigatória a participação do Poder Público em mediação instaurada pelos órgãos classistas das carreiras de segurança pública, nos termos do art. 165 do CPC, para vocalização dos interesses da categoria

Tema n. 544: A justiça comum, federal ou estadual, é competente para julgar a abusividade de greve de servidores públicos celetistas da Administração pública direta, autarquias e fundações públicas.

Tema n. 561: O Ministério Público é parte legítima para o ajuizamento de ação coletiva que visa anular ato administrativo de aposentadoria que importe em lesão ao patrimônio público.

Tema n. 612: Nos termos do art. 37, IX, da Constituição Federal, para que se considere válida a contratação temporária de servidores públicos, é preciso que: a) os casos excepcionais estejam previstos em lei; b) o prazo de contratação seja predeterminado; c) a necessidade seja temporária; d) o interesse público seja excepcional; e) a contratação seja indispensável, sendo vedada para os serviços ordinários permanentes do Estado que estejam sob o espectro das contingências normais da Administração.

Tema n. 666: É prescritível a ação de reparação de danos à Fazenda Pública decorrente de ilícito civil.

Tema n. 671: Na hipótese de posse em cargo público determinada por decisão judicial, o servidor não faz jus a indenização, sob fundamento de que deveria ter sido investido em momento anterior, salvo situação de arbitrariedade flagrante.

Tema n. 768: Somente o ente público beneficiário possui legitimidade ativa para a propositura de ação executiva decorrente de condenação patrimonial imposta por Tribunais de Contas (CF, art. 71, § 3º).

Tema n. 784: O surgimento de novas vagas ou a abertura de novo concurso para o mesmo cargo, durante o prazo de validade do certame anterior, não gera automaticamente o direito à nomeação dos candidatos aprovados fora das vagas previstas no edital, ressalvadas as hipóteses de preterição arbitrária e imotivada por parte da administração, caracterizada por comportamento tácito ou expresso do Poder Público capaz de revelar a inequívoca necessidade de nomeação do aprovado durante o período de validade do certame, a ser demonstrada de forma cabal pelo candidato. Assim, o direito subjetivo à nomeação do candidato aprovado em concurso público exsurge nas seguintes hipóteses: I – Quando a aprovação ocorrer dentro do número de vagas dentro do edital; II – Quando houver preterição na nomeação por não observância da ordem de classificação; III – Quando surgirem novas vagas, ou for aberto novo concurso durante a validade do certame anterior, e ocorrer a preterição de candidatos de forma arbitrária e imotivada por parte da administração nos termos acima.

Tema n. 832: O parlamentar, na condição de cidadão, pode exercer plenamente seu direito fundamental de acesso a informações de interesse pessoal ou coletivo, nos termos do art. 5º, inciso XXXIII, da CF e das normas de regência desse direito.

Tema n. 836: Não é condição para o cabimento da ação popular a demonstração de prejuízo material aos cofres públicos, dado que o art. 5º, inciso LXXIII, da Constituição Federal estabelece que qualquer cidadão é parte legítima para propor ação popular e impugnar, ainda que separadamente, ato lesivo ao patrimônio material, moral, cultural ou histórico do Estado ou de entidade de que ele participe.

Tema n. 838: Editais de concurso público não podem estabelecer restrição a pessoas com tatuagem, salvo situações excepcionais em razão de conteúdo que viole valores constitucionais.

Tema n. 897: São imprescritíveis as ações de ressarcimento ao erário fundadas na prática de ato doloso tipificado na Lei de Improbidade Administrativa.

Tema n. 921: É vedada a cumulação tríplice de vencimentos e/ou proventos, ainda que a investidura nos cargos públicos tenha ocorrido anteriormente à EC 20/1998.

Tema n. 1010: a) A criação de cargos em comissão somente se justifica para o exercício de funções de direção, chefia e assessoramento, não se prestando ao desempenho de atividades burocráticas, técnicas ou operacionais;

b) tal criação deve pressupor a necessária relação de confiança entre a autoridade nomeante e o servidor nomeado; c) o número de cargos comissionados criados deve guardar proporcionalidade com a necessidade que eles visam suprir e com o número de servidores ocupantes de cargos efetivos no ente federativo que os criar; e d) as atribuições dos cargos em comissão devem estar descritas, de forma clara e objetiva, na própria lei que os instituir.

12. REFERÊNCIAS BIBLIOGRÁFICAS

AKAOUI, Fernando Reverendo Vidal. 'Compromisso de ajustamento de conduta ambiental'. São Paulo: Revista dos Tribunais, 2012.

ALMEIDA, Diogo Assumpção Rezende de. *Das convenções processuais no processo civil.* Universidade do Estado do Rio de Janeiro: Tese de doutorado, 2014 (publicou versão comercial: Contratualização do processo: das convenções processuais no processo civil. São Paulo. LTr, 2015).

ANDRADE, Adriano; MASSON, Cleber; ANDRADE, Landolfo. 'Interesses difusos e coletivos esquematizado'. São Paulo: Método, 2015.

AYRES, Carlos Henrique da Silva. 'Programas de Compliance no Âmbito da Lei 12.846/2013: Importância e Principais Elementos'. *In* 'Apontamentos à Lei Anticorrupção Empresarial (Lei nº 12.846/13)'. Ministério Público do Estado de São Paulo, Centro de Apoio Operacional Cível e de Tutela Coletiva, Patrimônio Público. São Paulo: MP-SP, 2015.

BANDEIRA DE MELLO, Celso Antônio. 'Curso de direito administrativo'. São Paulo: Malheiros, 2001.

BÉRGAMO, Rita de Cássia; OLIVEIRA, Beatriz Lopes de. 'Responsabilização e Atos lesivos à administração pública nacional ou estrangeira na lei nº 12.846/13'. *In* MINISTÉRIO PÚBLICO DO ESTADO DE SÃO PAULO. Centro de Apoio Operacional Cível e de Tutela Coletiva. Patrimônio Público. 'Apontamentos à Lei Anticorrupção Empresarial (Lei nº 12.846/13. São Paulo: MP-SP, 2015.

BRANDÃO, Antônio José. 'Moralidade Administrativa' –RDA v. 25. jul-set. 1951.

BONICIO, Marcelo José Magalhães. *Princípios do processo no Novo Código de Processo Civil.* São Paulo: Saraiva, 2016.

CABRAL, Antonio do Passo. A resolução nº 118 do Conselho Nacional do Ministério Público e as convenções processuais. In CABRAL, Antonio do Passo; NOGUEIRA, Pedro Henrique Pedrosa (Coord.). Negócios processuais. Salvador: Jus Podivm, 2015.

CABRAL, Antonio do Passo. *Convenções processuais.* Salvador: Ed. JusPodivm, 2016.

CABRAL, Antonio do Passo; NOGUEIRA, Pedro Henrique Pedrosa (Coord.). Negócios processuais. Salvador: Jus Podivm, 2015.

CAMBI, Eduardo. "A atuação do Ministério Público no combate à corrupção na Lei nº 12.846/13", in Revista do CNMP, nº 04, ano 2014, p. 26. Disponível em http://www.cnmp.gov.br/portal/images/stories/Destaques/Publicacoes/Revista_CNMP_WEB4e.pdf. Acesso em 29 de outubro de 2015.

CARVALHO FILHO, José dos Santos. 'Manual de Direito Administrativo'. Rio de Janeiro: Lumen Juris, 2010.

COSTA, Susana Henriques da. 'A influência do contraditório na valoração dos elementos de prova produzidos em inquérito'. *In* ZUFFELATO, Camilo; YARSHELL, Flávio Luiz (org.)."40 anos da teoria geral do processo no Brasil, Passado, presente e futuro'. São Paulo: Malheiros, 2013.

_________. (coord). Comentários à Lei de Ação Popular e à Lei de Ação Civil Pública'. São Paulo: Quartier Latin, 2006.

_________. 'O processo Coletivo na Tutela do Patrimônio Público e da Moralidade Administrativa'. São Paulo: Quartier Latin, 2009.

DECOMAIN, Pedro Roberto. 'Improbidade administrativa'. São Paulo: Dialética, 2014.

DEL DEBBIO, Alexandra; MAEDA, Bruno Carneiro; AYRES, Carlos Henrique da Silva (Coords.). 'Temas de anticorrupção e compliance'. Rio de Janeiro: Elsevier, 2013.

DESTEFENNI, Marcos. 'Manual de processo civil: individual e coletivo'. São Paulo: Saraiva, 2013.

DIDIER JR, Fredie. 'Curso de Direito Processual Civil'. Salvador: JusPodivm, 2013, vol. 1.

_________; Zaneti Jr, Hermes. 'Curso de Direito Processual Civil'. Salvador: JusPodivm, 2013, vol. 4.

FERRARESI, Eurico. 'Improbidade administrativa: Lei 8.429/1992 comentada'. São Paulo: Método, 2011.

_________. 'Inquérito Civil'. Rio de Janeiro: Forense, 2010.

FERRAZ, Sérgio; FIGUEIREDO, Lúcia Valle. 'Dispensa e inexigibilidade de licitação'. São Paulo: Malheiros, 2004;

FERRAZ, Antônio Augusto Mello de Camargo; BENJAMIN, Antônio Herman de Vasconcelos e. 'A inversão do ônus da prova na lei de improbidade administrativa (Lei 8429/92). *In* 'Teses aprovadas no Congresso Nacional do Ministério Público, 1995-Belém. São Paulo: Associação Paulista do Ministério Público, 1995 (Série: Cadernos – Temas Institucionais).

FREITAS, Juarez. 'O controle dos atos administrativos e os princípios fundamentais'. São Paulo: Malheiros, 1997.

GARCIA, Emerson; ALVES, Rogério Pacheco. "Improbidade Administrativa". 9ª edição. São Paulo: Saraiva, 2017.

GARCIA, Mônica Nicida. 'Agente político, crime de responsabilidade e ato de improbidade'. *Boletim dos Procuradores da República*, nº 56, p – 15-18, dez. 2002, ano V.

GRECO FILHO, Vicente; RASSI, João Daniel. 'O combate à corrupção e comentários à Lei de Responsabilidade de Pessoas Jurídicas (Lei nº 12.846, de 1º de agosto de 2013)'. São Paulo: Saraiva, 2015.

GRINOVER, Ada Pellegrini, O Regime Brasileiro das Interceptações Telefônicas. Revista Brasileira de Ciências Criminais, V.05, jan/mar, 1997.

JUSTEN FILHO, Marçal. 'Comentários à Lei de Licitações e Contratos Administrativos'. São Paulo: Dialética, 2005.

LEONEL, Ricardo de Barros. 'Comentários à Lei de Ação Popular e à Lei de Ação Civil Pública'. COSTA, Susana Henrique da. (Coord.). São Paulo: Quartier Latin, 2006.

_________. 'Manual do processo coletivo'. São Paulo: Revista dos Tribunais, 2013.

MAEDA, Bruno Carneiro. Programas de Compliance Anticorrupção: importância e elementos essenciais. *In*: DEBBIO, Alessandra Del; MAEDA, Bruno Carneiro; AYRES, Carlos Henrique da Silva (Coord.). 'Temas de anticorrupção e compliance'. Rio de Janeiro: Elsevier, 2013.

MAGALHÃES JR, Alexandre Alberto de Azevedo; SANTOS, André Luiz dos. 'Instrumentos de atuação extrajudicial do Ministério Público'. *In* SABELLA, Walter Paulo; DAL POZZO, Antônio Araldo Ferraz; BURLE FILHO, José Emmanuel. (coords.) 'MINISTÉRIO PÚBLICO. Vinte e cinco anos do novo perfil constitucional.' Malheiros: São Paulo, 2013.

MANCUSO, Rodolfo de Camargo. 'Ação popular'. São Paulo: Revista dos Tribunais, 2001.

MARINELA, Fernanda; RAMALHO, Tatiany; PAIVA, Fernando. 'Lei anticorrupção: Lei nº 12.846, de 1º de agosto de 2013'. São Paulo: Saraiva, 2015.

MARINONI, Luiz Guilherme. Precedentes obrigatórios. São Paulo: Revista dos Tribunais, 2016.

MARQUES, Silvio. 'Improbidade administrativa: ação civil e cooperação jurídica internacional'. São Paulo: Saraiva, 2010.

MARTINS, Fernando Rodrigues. 'Controle do patrimônio público: comentários à Lei de improbidade administrativa'. São Paulo: Revista dos Tribunais, 2009.

MARTINS JÚNIOR, Wallace Paiva. 'Probidade Administrativa'. São Paulo: Saraiva,2009.

_________. 'Transparência administrativa – publicidade, motivação e participação popular'. São Paulo: Saraiva, 2010.

MASAGÃO, Mário. *'Curso de Direito Administrativo'*. São Paulo: Revista dos Tribunais, 1977.

MAZZILI, Hugo Nigro. 'A defesa dos interesses difusos em juízo'. São Paulo: Saraiva, 2012.

_________. 'O inquérito civil'. São Paulo, Saraiva, 2000.

MEDINA OSÓRIO, Fábio. Teoria da improbidade administrativa: má gestão pública, corrupção e ineficiência. São Paulo, Revista dos Tribunais, 2007.

MEIRELLES, Hely Lopes. 'Direito administrativo brasileiro'. São Paulo: Malheiros, 1995.

MINISTÉRIO PÚBLICO DO ESTADO DE SÃO PAULO. Centro de Apoio Operacional Cível e de Tutela Coletiva. Patrimônio Público. 'Apontamentos à Lei Anticorrupção Empresarial (Lei nº 12.846/13. São Paulo: MP-SP, 2015.

MITIDIERO, Daniel. Colaboração no processo civil: pressupostos sociais, lógicos e éticos. 3ª ed., atual. e ampl. de acordo c om o novo código de processo civil. São Paulo: Revista dos Tribunais, 2015.

MORAES, Alexandre de. 'Direito Constitucional'. São Paulo: Atlas, 2002.

MOREIRA NETO, Diogo de Figueiredo. 'Moralidade Administrativa: do conceito à efetivação. RDA 190. Rio de Janeiro: Renovar, out/dez 1997.

NEIVA, José Antonio Lisbôa. 'Improbidade administrativa: legislação comentada artigo por artigo: doutrina, legislação e jurisprudência'. Niterói: Impetus, 2013.

NERY, Ana Luiza de Almeida. 'Compromisso de ajustamento de conduta: teoria e análises de casos práticos'. São Paulo: Revista dos Tribunais, 2010.

NEVES, Daniel Amorim Assumpção; OLIVEIRA, Rafael Carvalho Rezende. *Manual de improbidade administrativa: direito material e processual.* 6ªed. rev., atual. e ampl. Rio de Janeiro: Forense; São Paulo: Método, 2018.

NUNES JÚNIOR, Vidal Serrano (Coord.). 'Manual de direitos difusos'. São Paulo: Verbatim, 2012.

PAZZAGLINI FILHO, Marino. 'Lei de Improbidade Comentada'. São Paulo: Atlas, 2006.

________; ROSA, Márcio Fernando Elias; FAZZIO JÚNIOR, Waldo. 'Improbidade Administrativa: Aspectos Jurídicos da Defesa do Patrimônio Público'. São Paulo: Atlas, 1999.

PINTO, Francisco Bilac Moreira. 'Enriquecimento Ilícito no exercício de cargos públicos'. Rio de Janeiro: Forense, 1960.

SALGADO FILHO, Nilo Spinola. Probidade Administrativa. *In* NUNES JÚNIOR, Vidal Serrano (Coord.). 'Manual de direitos difusos'. São Paulo: Verbatim, 2012.

SABELLA, Walter Paulo; DAL POZZO, Antônio Araldo Ferraz; BURLE FILHO, José Emmanuel. (coords.) 'MINISTÉRIO PÚBLICO. Vinte e cinco anos do novo perfil constitucional.' Malheiros: São Paulo, 2013.

SILVA, De Plácido e. 'Vocabulário jurídico'. Rio de Janeiro: Forense, 1984, vol. I.

SOBRANE, Sérgio Turra. "Improbidade administrativa: aspectos materiais, dimensão difusa e coisa julgada'. São Paulo: Atlas, 2010.

SOUZA, Motauri Ciocchetti de. 'Interesses difusos em espécie'. São Paulo: Saraiva, 2000.

TÁCITO, Caio. 'A moralidade administrativa e a Nova Lei do Tribunal de Contas da União'. Revista de Direito Administrativo.' Rio de Janeiro: vol. 190: 45-53, out/dez. 1992

THEODORO JÚNIOR, Humberto; NUNES, Dierle José Coelho; BAHIA, Alexandre Melo Franco; PEDRON, Flávio Quinaud. 'Novo CPC – Fundamentos e Sistematização'. Rio de Janeiro: Forense, 2015.

ZANELLA DE PIETRO, Maria Sylvia. 'Direito Administrativo'. São Paulo: Atlas, 2006.

ZANETI JR., Hermes; CABRAL, Trícia Navarro Xavier (coord). "Justiça Multiportas: mediação, conciliação, arbitragem e outros meios de solução adequada para conflitos". Salvador: Editora JusPodivm, 2016.

6

TUTELA DO MEIO AMBIENTE

Pedro Abi-Eçab[1]
Alexandre Gaio[2]

[1] Graduado em Direito pela Universidade de S. Paulo – USP. Mestre e Doutor em Direito pela Pontifícia Universidade Católica de S. Paulo – PUC/SP. Promotor de Justiça no Ministério Público de Rondônia. Examinador do XXI Concurso de ingresso ao cargo de Promotor de Justiça do Ministério Público de Rondônia. Membro Auxiliar do Conselho Nacional do Ministério Público. Professor.

[2] Graduado em Direito pela Universidade Federal do Paraná – UFPR. Especialista em Direito Público pela Universidade Federal do Paraná – UFPR. Mestre em Direito Econômico e Socioambiental pela Pontifícia Universidade Católica do Paraná – PUC/PR. Promotor de Justiça no Ministério Público do Estado do Paraná, atualmente em exercício no Centro de Apoio Operacional às Promotorias de Proteção ao Meio Ambiente, Habitação e Urbanismo (CAOPMAHU) e também na função de Coordenador do Grupo de Atuação Especial das Promotorias de Proteção ao Meio Ambiente, Habitação e Urbanismo (GAEMA) da Região Metropolitana de Curitiba. Coordenador do Grupo de Atuação Especial na Defesa do Meio Ambiente, Habitação e Urbanismo (GAEMA) da Região Metropolitana de Curitiba

de Impactos Ambientais (AIA): funções, principais modalidades de estudos ambientais, características e traços diferenciadores.; **5.2.3**. Informações ambientais.; **5.2.4**. Zoneamento ambiental – **6**. Espaços territoriais especialmente protegidos; **6.1**. Conceito; **6.2**. O Sistema Nacional de Unidades de Conservação (SNUC); **6.2.1**. Elementos gerais: criação, modificação e extinção, zona de amortecimento, plano de manejo e compensação ambiental; **6.2.2**. Categorias de unidades; **6.2.3**. Reserva de Biosfera; **6.3**. A Proteção das Florestas e demais formas de Vegetação; **6.3.1**. Introdução; **6.3.2**. As Áreas de Preservação Permanente.; **6.3.3**. Reserva Legal; **6.3.4**. Mata Atlântica; **6.3.5**. Áreas Úmidas.; **6.4**. Terras indígenas: **6.4.1**. Terras indígenas e a Lei 12.651/2012: retrocesso socioambiental; **6.5**. Terras de remanescentes de quilombos – **7**. Fauna e direito animal: **7.1**. Introdução; **7.2**. A classificação dos Animais.; **7.3**. A proteção jurídica dos Animais.; **7.4**. Competências materiais dos entes federativos para a proteção dos animais; **7.5**. Das políticas públicas de controle populacional de cães e gatos.; **7.6**. A Lei Federal 10.519/2002 e a questão dos rodeios.; **7.7**. O abate de animais no âmbito dos cultos religiosos. – **8**. Responsabilidade ambiental: **8.1**. Responsabilidade Ambiental Civil; **8.2**. Responsabilidade Ambiental Penal: **8.2.1**. Introdução; **8.2.2**. Responsabilidade da pessoa jurídica e seus integrantes; **8.2.3**. Tipicidade e aplicação do princípio da insignificância; **8.2.4**. Penas aplicáveis e dosimetria; **8.2.5**. Direito Penal negociado: transação penal, suspensão condicional do processo e acordo de não-persecução penal; **8.2.6**. Confisco de produtos e instrumentos do crime; **8.2.7**. Crimes ambientais e organizações criminosas; **8.2.8**. Lavagem de dinheiro de crimes ambientais; **8.2.9**. Competência para julgamento de crimes ambientais; **8.3**. Responsabilidade Ambiental Administrativa – **9**. Improbidade administrativa ambiental – **10**. Inteligência e defesa do meio ambiente – **11**. Referências bibliográficas.

1. UMA BREVE TEORIA GERAL DO DIREITO AMBIENTAL

O estudo e a aplicação do Direito Ambiental superam o mero conhecimento dos textos legais que o compõem. É preciso o estudo dos abrangentes temas que compõem sua teoria geral, para que se tenha uma visão dos alicerces filosóficos, ecológicos, econômicos, sociais e políticos que ensejam o fenômeno jurídico.

Pretende-se, assim, com essas linhas gerais, trazer alguns conhecimentos imprescindíveis para, de um lado, compreender as especificidades dos problemas ambientais contemporâneos a serem solucionados e, de outro, evitar o que Samuel Fonteles chama de uma "leitura tendenciosa" dos direitos fundamentais[3]. Esta interpretação deturpada decorre daquilo que Hans-Georg Gadamer denominou pré-compreensão do operador (intérprete) do Direito[4], fenômeno até certo ponto inafastável na criação das normas jurídicas, mas que deve ser compreendido, identificado e racionalmente delimitado, de modo a mitigar deturpações fruto dos indesejáveis "pré-conceitos" do operador jurídico.

Nesse sentido, analisando o pensamento de Gadamer, Alysson Mascaro[5] afirma que compreender e interpretar textos jurídicos não é um expediente reservado apenas à ciência, mas pertence claramente ao todo da experiência do homem no mundo; é impossível que o intérprete proceda de modo afastado da sua condição existencial,

[3] Vide o tópico "1. O problema da leitura parcial e deturpada dos direitos fundamentais: quando direitos são invocados para satisfazer interesses contratuais, governamentais, estatais ou pessoais", no Capítulo 1 desta obra.

[4] SARMENTO, Daniel; SOUZA NETO, Cláudio Pereira de. **Direito Constitucional – Teoria, história e métodos de trabalho**. Belo Horizonte: Fórum, 2012, versão digital.

[5] **Filosofia do Direito**, 5ª ed. São Paulo: Atlas, 2016, versão digital.

pois a filosofia jurídica não se faz com um pensamento externo e independente em face do mundo.

Assim, a Teoria Geral do Direito Ambiental tem o condão tanto de evitar que o profissional do Direito se converta em rábula autômato, tampouco se deixe vergar ante o peso de injunções culturais ou políticas quando do exercício de seu mister, já que, muitas vezes, a aplicação do Direito Ambiental é fenômeno nitidamente contramajoritário, conforme se verá mais adiante (item 1.9).

1.1. Bem ambiental: conceito e características

Para a compreensão de uma ciência, é necessário primeiramente conhecer seu objeto. No caso da ciência jurídica ou de seus diversos ramos, o ponto de partida é a compreensão do bem jurídico tutelado, pois dele decorrem uma série de normas próprias do microssistema.

O Direito Ambiental é o ramo da ciência jurídica que tem por escopo a tutela do bem ambiental.

Analisemos, portanto, o referido bem jurídico.

O ordenamento brasileiro, em sintonia com o internacional, fixa o bem jurídico ambiental com o sendo o ambiente ecologicamente equilibrado (CR, art. 225, *caput*). Ou seja, não está a se proteger tão somente o "meio ambiente", eis que se agregam o advérbio "ecologicamente" e o adjetivo "equilibrado".

Para a compreensão desse conceito (ambiente ecologicamente equilibrado), o Direito Ambiental se socorre de outras ciências, sendo, aliás, um dos ramos da ciência jurídica menos refratários à contribuição de outras áreas do conhecimento.

Assim, com apoio na Ecologia, é possível sintetizar o meio ambiente como o conjunto de organismos vivos (componente biótico) e seu ambiente não-vivo (componente abiótico), inseparável e equilibradamente inter-relacionados e em permanente interação. Chama-se de *sistema ecológico* ou ***ecossistema*** qualquer unidade que abranja todos os organismos que funcionam em conjunto (a comunidade biótica) numa dada área, interagindo com o meio abiótico. O ecossistema é, assim, a unidade funcional básica na ecologia, pois inclui tanto os organismos vivos como o meio abiótico[6].

O meio ambiente é mais do que isso, é o **conjunto de ecossistemas**, isto é, "a interação do conjunto de elementos naturais, artificiais e culturais que propiciem o desenvolvimento equilibrado da vida em todas as suas formas"[7].

Atente-se que uma das mais importantes características dos ecossistemas é a de serem **cibernéticos**, ou seja, "ecossistemas são ricos em redes de informação, que compreendem redes de comunicação físicos e químicos que interligam todas as partes e governam ou regulam o sistema como um todo"[8].

6 ODUM, Eugene. **Ecologia.** Rio de Janeiro: Guanabara, 1988, p. 9.

7 José Afonso da Silva, **Direito Ambiental Constitucional,** 2002, p. 20.

8 Odum, op. cit., p. 29. Uma floresta não é apenas um conjunto de árvores: é um extraordinário conjunto de relações e informações contidos nos minerais, vegetais e animais, tudo em permanente e complexa e equilibrada interação.

Desse modo, *o meio ambiente é um conjunto de sistemas de incomensurável complexidade, eis que composto de todos os elementos vivos (bióticos) e não-vivos (abióticos) do planeta, bem como das interações (relações) que existem entre eles, tudo em permanente equilíbrio.*

Por esta razão não poderia ser mais acertada a definição adotada entre nós pela Lei de Política Nacional do Meio Ambiente (Lei 6.938/1981), que, no seu art. 3º, I, conceitua meio ambiente como "o conjunto de condições, leis, influências e interações de ordem física, química e biológica, que permite, abriga e rege a vida, em todas as suas formas".

Atento a esse conceito, há que se recordar a feliz lição de Antônio Herman Benjamin[9], segundo o qual meio ambiente deve ser considerado gênero (**macrobem**) que alberga inúmeros outros bens (**microbens**), em uma relação assemelhada à que se estabelece entre átomos e moléculas mais genéricos e menos genéricos, tais como "a atmosfera, as águas interiores, superficiais e subterrâneas, os estuários, o mar territorial, o solo, o subsolo, os elementos da biosfera, a fauna e a flora" (art. 3º, I e V, da Lei 6.938/1981).

Ainda segundo a teoria do macrobem, é possível dividir, exclusivamente para critérios didáticos (já que tudo se integra no meio ambiente natural globalmente considerado), outras dimensões do meio ambiente, como o meio ambiente **natural**, **artificial**, **cultural** e do **trabalho**, todos, por sua vez, podendo ser fracionados em outros microbens.

Exemplificando, o meio ambiente cultural seria um microbem, se visto em relação a biosfera (conjunto de ecossistemas que formam o macrobem ambiental), ou um macrobem, se visto em comparação com um de seus elementos (uma manifestação folclórica, um conjunto arquitetônico, usos tradicionais de uma etnia, etc.). Da mesma forma, a Mata Atlântica poderá ser tanto um microbem se considerada a biosfera como um macrobem se considerada em relação a floresta de determinada região do litoral da Bahia.

Em sentido semelhante, outra terminologia pertinente a ser registrada, para compreensão do caráter complexo e multifacetário do bem ambiental, é a adotada por Luiz Régis Prado[10], que distingue o meio ambiente como **bem jurídico *categorial***, ou seja, como objeto jurídico genérico e proteção, e como **bem jurídico *específico***, protegido por determinada norma, como, por exemplo, uma floresta.

No que tange à **dominialidade**, importante frisar que o bem ambiental diferencia-se do recurso natural que o compõe. Árvores, água e minério, por exemplo, ao mesmo tempo em que são recursos naturais de *natureza patrimonial* cuja propriedade é atribuída pela Constituição e legislação civil ou administrativa (conforme seja bem privado ou público), também compõem uma totalidade complexa que constitui o meio ambiente, este pertencente à coletividade presente e futura, nos termos do art. 225 da CR, com *perfil imaterial e não patrimonial*. Tem-se, dessa forma, o que se poderia chamar de *camadas de titularidade*, sobrepostas umas às outras, do individual ao transindividual.

---

9 **Dano Ambiental: prevenção, reparação e repressão.** São Paulo: Revista dos Tribunais, 1993, p. 60. No mesmo sentido: GRAU, Eros. **Proteção do meio ambiente (o caso do Parque do Povo).** In Revista dos Tribunais, v. 702, abr.1994, p. 259.

10 PRADO. Luiz Régis **Direito Penal do Ambiente**. 4ª ed., São Paulo: Revista dos Tribunais, 2012, p. 118.

A partir destas breves considerações, é possível apontar como principais características do bem jurídico ambiental, para fins da ciência jurídica:

a) *Magnitude*: o meio ambiente envolve não apenas todo o planeta Terra, como todo o universo, tudo o que é vivo e não vivo, não sendo possível traçar seus limites;

b) *Ubiquidade*: o meio ambiente, como visto, está em todo o lugar, nada há desprovido dele;

c) *Complexidade*: advém do fato de ser uma intrincada relação de todos os ecossistemas, os quais, por si só, já são sistemas complexos, integrados por milhões de seres vivos, todos conectados entre si;

d) *Imaterialidade*: embora alguns recursos naturais sejam parcialmente apropriáveis (árvores de uma determinada localidade, p. ex.) o meio ambiente equilibrado, em si, não é algo tangível;

e) *Fragilidade*: o equilíbrio ambiental é extremamente delicado, podendo ser afetado de inúmeras formas[11], e nem sempre sendo passível de reconstituição ao estado anterior;

f) *Escassez*: superada há muito a noção de que os recursos naturais seriam infinitos, a ciência comprova não apenas a finitude dos bens ambientais, mas sua escassez frente à ganância humana, notadamente diante do imperativo ético e jurídico segundo o qual o meio ambiente deve ser preservado para as futuras gerações;

g) *Essencialidade (ou indisponibilidade)*: tudo dele decorre, nada subsiste sem ele, daí emergindo a supremacia axiológica, notadamente quando em colisão (aparente) com outros interesses;

h) *Transindividualidade*: o ambiente é uma totalidade complexa que pertence não apenas a todos os habitantes do planeta como igualmente às futuras gerações, sendo impossível o seu fracionamento para atribuir a cada indivíduo o seu quinhão.

1.2. Antropocentrismo e biocentrismo (ou ecocentrismo)

Permeando todo o estudo do Direito Ambiental, notadamente diante dos conflitos de interesses a ele subjacentes, encontra-se a análise da dicotomia entre os paradigmas antropocêntrico e biocêntrico (ou ecocêntrico).

Em linhas gerais, pode-se dizer que o paradigma **antropocêntrico** se traduz na preservação do meio ambiente em razão de sua utilidade para a sociedade humana. Por outro lado, o paradigma **biocêntrico** coloca a vida em todas as suas formas em primeiro lugar, sendo o Homem apenas uma dentre as várias formas de vida (muitas inclusive anteriores a ele), não podendo se colocar acima das demais ou do próprio equilíbrio ambiental.

[11] Vide tópico 1.6 sobre a Teoria do Caos.

Segundo Antônio Herman Benjamin[12], a superação do paradigma antropocêntrico congrega inúmeras correntes holísticas. Para o **holismo** (e suas várias vertentes), seres vivos e ecossistemas merecem igual respeito, e só podem ser tratados conjuntamente. Uma destas vertentes, a **ecologia profunda** - de grande influência em todo o mundo e que tem em George Sessions um dos seus mais ativos advogados - foi originalmente proposta pelo filósofo norueguês Arne Naess, que atribuiu "valor intrínseco" à biodiversidade. Outra manifestação do pensamento holístico é o gaianismo. A Terra - **Gaia** - funcionando como se fora um enorme sistema "vivo" ou "superorganismo" na fórmula proposta pelo cientista britânico James Lovelock. A hipótese científica de Gaia "procura explicar a sobrevivência dos seres vivos na Terra por bilhões de anos tratando a vida e o meio ambiente global como duas partes de um mesmo sistema", sistema este que se autorregula e conserta, em bisca do equilíbrio.

O constituinte de 1988 não fez uma opção clara por alguma das correntes, como se observa nos parágrafos do art. 225, equilibrando-se o antropocentrismo com o biocentrismo (nos §§ 4º e 5º e nos incisos I, II, III e VII do § 1º), havendo a preocupação de harmonizar e integrar seres humanos e biota[13].

Embora distinção acima exposta aparente ser meramente acadêmica, seus reflexos podem ser observados cotidianamente nos embates entre diferentes setores da sociedade, em torno de questões como a aprovação de legislações mais protetivas ou permissivas diante do meio ambiente. Na prática, percebe-se que determinados setores colocam as necessidades humanas em primeiro lugar e estão menos dispostos a realizar sacrifícios de seus interesses (antropocentrismo), enquanto outros propõe um maior respeito com a Natureza e exigem maiores restrições à exploração de recursos naturais (biocentrismo). São exemplos as discussões ocorridas em torno do Código Florestal (Lei 12.671/2012), do uso de animais para experimentos científicos ou práticas culturais (vaquejada) e do controle de emissões de poluentes.

Como se percebe, o paradigma biocêntrico é aquele que melhor atende a uma ética mais profunda de respeito para com a natureza e o universo. Além disso, é a visão com maior capacidade de controlar a irrefreável cobiça humana, que dificilmente aceita limites à satisfação de seus interesses. Tem-se observado uma gradual adoção da visão biocêntrica pela sociedade, como se observa no exemplo do cuidado cada vez maior com animais e a preocupação com seu bem-estar, causando repulsa práticas como touradas, vaquejadas, rodeios, experimentos científicos pela indústria de cosméticos e similares.

Sob outro prisma, há que se registrar que considerável parte da doutrina considera que tal dicotomia deva ser superada, conforme Alexander Kiss, segundo o qual a querela obscurece a evolução para conceitos globais e de longo termo, os quais deveriam necessariamente conduzir ao reconhecimento das convergências com a proteção da saúde humana[14].

---

[12] **A natureza no direito brasileiro: coisa, sujeito ou nada disso**. 2009. Disponível em https://bdjur.stj.jus.br/jspui/bitstream/2011/26184/Natureza_Direito_Brasileiro.pdf, acesso em 31.7.2017.

[13] MACHADO, Paulo Affonso Leme. **Direito Ambiental Brasileiro**. 11ª ed. São Paulo: Malheiros, 2003, p. 153.

[14] Apud Paulo Affonso Leme Machado, ob. cit., p. 91.

1.3. Problemas ecológicos de primeira e de segunda geração

Segundo Canotilho[15], assim como se consolidou uma (não isenta de críticas) classificação entre gerações ou dimensões de direitos fundamentais, em Direito Ambiental sedimentou-se a distinção entre problemas ecológicos e ambientais de primeira geração e problemas ecológicos ambientais de segunda geração.

Os problemas ecológicos de **primeira geração** refletem nitidamente uma **visão antropocêntrica** (meio ambiente como utilidade para o homem), e, em vista disso, o ordenamento jurídico adotava o paradigma da prevenção e controle da poluição bem como de suas causas e efeitos, bem como uma noção subjetiva do direito ambiental como direito fundamental, insistindo na pessoa humana e na sua dignidade como a raiz indeclinável da moralidade ambiental antropocêntrica no sentido kantiano.

Na **segunda geração** de problema ambientais, tem-se a adoção de uma compreensão mais **holística**, ligada a defesa da qualidade dos componentes naturais (água, ar, luz, solo vivo e subsolo, flora e fauna), que, todavia, infelizmente ainda não conseguiu chegar a consolidar na sociedade e no ordenamento uma nova ética ambiental transcendente mais próxima da ecologia profunda, o que faria com que o homem colocasse o equilíbrio do planeta acima de suas necessidades econômicas e consumistas.

Dentre os principais problemas ecológicos de segunda geração, destacam-se os efeitos combinados dos vários fatores de poluição e das suas implicações globais e duradouras, como o efeito estufa, a destruição da camada de ozônio, as mudanças climáticas e a destruição da biodiversidade[16]. Essa combinação de fatores pode acabar por comprometer de forma irreversível os interesses das gerações futuras na manutenção da integridade dos componentes ambientais naturais, impondo de forma incontornável a necessidade de medidas por parte das gerações atuais a fim de proteger os interesses das gerações futuras.

1.4. Paradigma ambiental como metavalor ou protoprincípio constitucional

Independentemente da adoção do antropocentrismo ou do biocentrismo, o paradigma ambiental, por lidar diretamente com a sobrevivência da espécie humana, opera como um **metavalor** ou **protoprincípio**, no sentido de que é um **princípio organizativo de todos os demais**[17], isto é, impõe que todo o ordenamento jurídico observe a proteção ambiental[18].

De fato, sem **qualidade ambiental**, não há dignidade da pessoa humana (princípio da República, segundo o art. 1º, III, CR) nem direito à vida e à segurança (art. 5º, *caput*). Desse modo, vida fora de um ambiente ecologicamente equilibrado e sadio é

[15] CANOTILHO, J.J. Gomes *et al.* **Direito constitucional ambiental brasileiro**. 6ª ed., São Paulo: Saraiva, 2015, versão digital.

[16] O conceito de diversidade biológica ou biodiversidade é dado pelo art. 2º, III, da Lei 9.985/2000 e encontra-se adiante, em 6.2.1.

[17] LORENZETTI, Ricardo Luís. **Teoria geral do direito ambiental**, São Paulo: RT, 2010, p. 19.

[18] Vide 3.3, princípio da transversalidade ou da ubiquidade.

proscrita, pois o que o Estado brasileiro quer garantir ao indivíduo é uma vida digna. A CR também condiciona a atividade econômica ao respeito ao meio ambiente (art. 170, VI) que tem dentre um de seus fins assegurar a todos existência digna, conforme os ditames da justiça social, observados os princípios da função social da propriedade e de defesa do meio ambiente. Mais diretamente, o art. 225, *caput*, estabelece o direito de todos ao meio ambiente ecologicamente equilibrado, considerado bem **essencial** à sadia qualidade de vida, a ser preservado pelo Poder Público e pela coletividade para as presentes e futuras gerações.

Dessa forma, ao prever de forma inédita um direito "essencial" que pertence inclusive às futuras gerações, o texto constitucional desenganamente estabeleceu o meio ambiente equilibrado como **epicentro dos direitos humanos**[19], de modo a atribuir-lhe **hierarquia axiológica superior**, o que acarreta maior "peso" na solução de conflitos e *hard cases* envolvendo colisão com outros princípios constitucionais.

Isso porque, conquanto a análise de proporcionalidade em colisão de princípios não admita, como regra, a superioridade *prima facie* dos princípios em conflito, ou seja, rejeite uma relação *a priori* ou *ex ante* de preponderância, dado que a ponderação somente poderia ocorrer diante do caso concreto, não se pode negar, por outro lado, "a existência de mandamentos de otimização relativamente fortes, capazes de preceder aos demais em praticamente todas as situações de colisão, por exemplo, os princípios constitucionais da dignidade da pessoa humana, da proteção da ordem democrática e o direito à higidez do meio ambiente."[20].

1.5. Tragédia dos bens comuns

Tragédia dos comuns (*tragedy of the commons*) ou tragédia dos bens comuns é um conceito cunhado pelo ecologista Garret Hardin em 1968, segundo o qual os seres humanos, atuando racional e individualmente sobre bens de titularidade coletiva, visam satisfazer seus interesses pessoais, de modo a gerar esgotamento ou deterioração dos recursos[21].

Conforme Jared Diamond, indivíduos e sociedades facilmente caem na armadilha da sobre-exploração dos recursos naturais devido a problemas onipresentes como: 1º) os recursos, à primeira vista, parecem inesgotavelmente abundantes; 2º) os sinais do seu depauperamento inicial são mascarados por flutuações normais das reservas disponíveis durante anos ou décadas; 3º) é difícil levar as pessoas a concordar em pôr em prática restrições no usufruto de um recurso comum (por isso tragédia dos "comuns"); e 4º) a complexidade dos ecossistemas faz com que as consequências de quaisquer perturbações de origem humana se tornem virtualmente impossíveis de prever[22]. A isso se somam os problemas de determinadas sociedades como a brasileira, patrimonialista, individualista, e com corrupção alarmante.

19 FIORILLO, Celso Antônio Pacheco. **Curso de direito ambiental brasileiro**. 14ª ed. São Paulo: Saraiva, 2013, versão digital.

20 CRISTÓVAM, José Sérgio da Silva. Colisões entre princípios constitucionais – razoabilidade, proporcionalidade e argumentação jurídica. Curitiba: Juruá, 2006, p. 235.

21 HARDIN, Garret. **A tragédia dos comuns**. Tradução de José Roberto Bonifácio. Disponível em https://aprender.ead.unb.br/pluginfile.php/254123/mod_resource/content/0/A_TRAGEDIA_DOS_COMUNS_por_Garrett_Hardin.pdf. Acesso em 13.7.2017.

22 Colapso: Como as sociedades optam entre o fracasso e a sobrevivência. 5ª ed. Rio de Janeiro: Record, 2007, p. 3-10.

Para Ricardo Luís Lorenzetti[23] o fenômeno da tragédia dos comuns consiste na ausência de estímulos individuais para a tutela dos bens coletivos como o meio ambiente, acarretando uma superutilização derivada da falta de incentivos para cuidá-los: se ninguém é proprietário, não há quem se preocupe em cuidar do bem. Não havendo mecanismos de mercado para adjudicar os recursos entre interesses competitivos, ninguém terá interesse na proteção, incentivando o chamado **comportamento *free-rider***[24].

Pelo contrário, os indivíduos (e corporações) tendem a agir de modo a se apropriar (internalizar) dos bônus (recursos ambientais) e a devolver (externalizar) os ônus (poluição), conhecido fenômeno das **externalidades negativas.**[25]

Embora quase ninguém deseje conscientemente a degradação ambiental, quando se decide proteger o meio ambiente é necessário definir quem deve arcar com a responsabilidade, para isso fixando-se competências, atribuições, responsabilidades e mecanismos efetivos para o funcionamento desse sistema. Por esta razão, o Direito busca, em suas diversas áreas, institutos de dissuasão do *free-rider*, o que, no Direito Ambiental, reflete-se nos princípios do poluidor pagador e do usuário pagador (item 3.2).

1.6. Teoria do caos ("efeito borboleta") e princípio da incerteza

Segundo a **teoria do caos**, muitas vezes exemplificada pelo chamado "**efeito borboleta**", tudo no universo está interconectado e os vínculos de causa e efeitos se estabelecem em múltiplos níveis difíceis de discernir, de maneira que uma perturbação, muito fraca em princípio, é suficiente para impor progressivamente um ritmo novo macroscópico[26].

A teoria, proposta em 1963 pelo matemático estadunidense Edward Lorenz[27], ao analisar a complexa inter-relação entre os ecossistemas do planeta Terra, foi exemplificada na seguinte frase, de caráter simbólico: "o bater de asas de uma borboleta no Brasil pode desencadear um tornado no Texas". Em outras palavras, importante compreender que *pequenas alterações numa situação* trazem **efeitos incalculáveis**, inclusive em outras situações.

Embora distinta, deve ser aqui registrada a proposição de Heisenberg[28], o **princípio da incerteza**, segundo o qual não conhecemos do real senão o que nele

---

[23] **Teoria geral do direito ambiental**, São Paulo: RT, 2010, p. 35.

[24] Comportamento *free-rider* ("caroneiro"), que poderia ser traduzido por parasitismo, consiste na conduta de indivíduos ou agentes econômicos que tendem a utilizar-se dos bens (recursos naturais, no caso) na medida em que estes lhes estejam disponíveis gratuitamente (ou de forma subvalorizada). Quando, todavia, algum ônus lhe seja imposto, tendem a reduzir ou a eliminar o seu uso.

[25] Vide, infra, 3.2.

[26] LORENZETTI, Ricardo Luis. **Teoria geral do direito ambiental**, São Paulo: Revista dos Tribunais, 2010, p. 28.

[27] LORENZ, Edward N. **Predictability: Does the Flap of a Butterfly's Wings in Brazil Set Off a Tornado in Texas?** Conferência. 139ª Reunião da American Association for the Advancement of Science, Washington DC, 9.12.1972. Disponível em http://eaps4.mit.edu/research/Lorenz/Butterfly_1972.pdf. Acesso em 8.7.2017.

[28] Apud SANTOS, Boaventura de Sousa. **Um discurso sobre as ciências**. 5ª ed. São Paulo: Cortez, 2008, p. 43-45.

introduzimos, ou seja, que não conhecemos do real senão a nossa intervenção nele. A hipótese foi construída após a constatação de que não se poderia reduzir simultaneamente os erros da medição da velocidade e da posição das partículas, pois o que fosse feito para reduzir o erro de uma das medições aumentaria o erro da outra.

A utilidade de ambos os conceitos reside em romper o que o pensador Boaventura Sousa Santos chama de *ideia cartesiana de mundo*, na qual tudo poderia ser medido e explicado. Doravante, "sendo estruturalmente limitado o rigor do nosso conhecimento, só podemos aspirar a resultados aproximados e por isso as leis da física são tão-só probabilísticas" pois "a hipótese do determinismo mecanicista é inviabilizada uma vez que a totalidade do real não se reduz à soma das partes"[29]. Disso resulta que, na análise dos processos ecossistêmicos, percebem-se novas variáveis ainda não completamente esclarecidas pela ciência.

A partir desses pressupostos, o bem ambiental deve ser encarado em sua complexidade e fragilidade, podendo pequenas alterações causadas pelo ser humano conduzir a consequências catastróficas e muitas vezes irreversíveis. No âmbito do Direito Ambiental, o raciocínio tem enorme importância, justificando uma hermenêutica compatível com o bem tutelado (***in dubio pro natura***), e se refletindo nos princípios da precaução e prevenção, estudados mais adiante.

O efeito borboleta remete, ainda, ao conceito de **efeitos sinérgicos** no ambiente, tema de especial relevância para o estudo dos impactos ambientais das condutas humanas.

Os efeitos sinérgicos significam que o dano ambiental pode ser resultado de várias causas concorrentes, simultâneas ou sucessivas, dificilmente tendo uma única e linear fonte, levando à pulverização/dispersão da própria ideia de nexo de causalidade, com o dano podendo ser atribuído a uma multiplicidade de causas, fontes e comportamentos. Com efeito, há certas atividades que, tomadas solitariamente, são até incapazes de causar, per se, prejuízo ambiental, mas, em contato com outros fatores ou substâncias, esses agentes transformam-se, de imediato, em vilões, por um processo de reação em cadeia[30]. Pense-se no exemplo da poluição do ar e das águas, que acaba por ultrapassar fronteiras e atingir todo o globo, ou na alteração climática causada pelo desmatamento no aspecto local e global.

Essa conexão planetária causada pelos efeitos sinérgicos justifica, p. ex.:

- a responsabilidade civil objetiva consagrada na Lei nº 6.938/1981 (que não admite causas excludentes de responsabilização) na medida em que, muitas vezes, nesta seara é difícil atribuir-se a conduta danosa por meio da aferição individualizada da participação de cada agente envolvido.
- a Res. 1/1986 do CONAMA, ao estabelecer critérios básicos e diretrizes gerais para implementação da Avaliação de Impacto Ambiental, determina a que a análise dos impactos ambientais do projeto leve em conta, dentre vários aspectos, as *propriedades cumulativas e sinérgicas* dos impactos do empreendimento (art. 6º, II).

[29] Idem.

[30] BENJAMIN, Antônio Herman. **Responsabilidade civil pelo dano ambiental**. In Revista de Direito Ambiental. São Paulo, v. 9, p. 5 e ss., jan.-mar./1998.

1.7. Sociedade do risco

O sociólogo alemão Ulrich Beck[31] denominou **sociedade do risco** como sendo uma nova fase da modernidade, na qual a sociedade passaria a refletir sobre os problemas causados pelo grande progresso científico e tecnológico. Enquanto a *primeira modernidade* teria se caracterizado pela confiança e otimismo com os avanços da ciência e da consequente industrialização, típicos da virada do século XIX para o século XX, a *segunda modernidade* (modernidade reflexiva), os indivíduos passam a questionar a controlabilidade do desenvolvimento científico-tecnológico, percebendo a perda do controle dos riscos gerados, riscos estes que não conhecem fronteiras e podem ameaçar a vida humana no planeta.

O século XX se caracterizou por um desenvolvimento tecnológico em velocidade superior ao conhecimento das suas consequências e riscos advindos da tecnologia, resultando em um quadro de descontrole, não somente no que se refere à sua abrangência global, mas de sua reversibilidade. As ameaças à Natureza significam risco à propriedade, o capital, o emprego, o fundamento econômico de setores e regiões inteiras, a estrutura do estado-nação e dos mercados globais. Ao invés de felicidade e paz, a consequência é insegurança aos seres humanos, que vivem sob constante ameaça e, embora raramente o reconheçam, experimentam vulnerabilidade existencial decorrente da degradação ecológica[32]. As consequências das mudanças climáticas (ameaças à agricultura, escassez de água potável, elevação do nível dos oceanos, aumento de determinadas doenças, e poluição do ar e das águas) evidenciam a necessidade de o Direito incorporar a *gestão do risco* e seus custos e posturas, seja na esfera preventiva, seja na pedagógico-repressiva (responsabilidade civil, penal ou administrativa), antevendo situações de perigo e adotando medidas preventivas adequadas.

1.8. O período Antropoceno

Conforme ensinam Eduardo Viola e Larissa Basso[33], o Antropoceno, definido pela primeira vez no ano 2000 pelos cientistas Paul Crutzen e Eugene Stoermer, é uma nova época geológica e humana, caracterizada pelo protagonismo da humanidade como força transformadora do planeta.

O conceito foi traçado após a constatação das grandes mudanças iniciadas com a Revolução Industrial, e consequente aceleração demográfica, econômica e tecnológica ocorrida entre 1940 e 2000, consolidando-se nas últimas décadas, fins do século XX e início do século XXI. Deixa-se, assim, o período Holoceno, caracterizado pela estabilidade ambiental experimentada desde a última glaciação – terminada há

---

31 BECK, Ulrich. **La sociedad del riesgo global**. Madri: Siglo Veintiuno, 2002.

32 SARLET, Ingo Wolfgang; e FENSTERSEIFER, Tiago. **Direito Constitucional ambiental**. São Paulo: Revista dos Tribunais, 2011, p. 28.

33 VIOLA, Eduardo; BASSO, Larissa. **O sistema internacional no antropoceno**. In Revista Brasileira de Ciências Sociais, v. 31, nº 92, outubro/2016. Disponível em http://www.scielo.br/pdf/rbcsoc/v31n92/0102-6909-rbcsoc-3192012016.pdf. Acesso em 14.11.2018.

aproximadamente 11 mil anos – até o terceiro quarto do século XX, durante o qual a humanidade desenvolveu-se.

Eduardo Viola e Larissa Basso pontuam que "o Antropoceno é a nova e atual época geológica em que essa estabilidade está sendo progressivamente perdida por conta da atuação da humanidade, que se tornou o principal vetor de mudanças no sistema planetário". Essas mudanças resultaram na **ultrapassagem dos limites planetários**, isto é, "mudança do clima, integridade da biosfera, fluxos biogeoquímicos do nitrogênio e do fósforo, diminuição da camada de ozônio, acidificação dos oceanos, uso da água doce, uso dos solos, poluição agregada global por aerossóis e contaminação química", que se constituem em são "limites de resiliência do planeta: se ultrapassados, a estabilidade ambiental é perdida".

Em resumo, a nosso ver o Antropoceno é o período marcado pelas seguintes características:

1ª) o **ser humano** ampliou tanto a sua influência na biota que deixou de ser um dos seres da Natureza para ser o **protagonista incontrastável** e moldar o Planeta segundo sua vontade; e

2ª) o **equilíbrio ambiental foi quebrado** e os **limites de regeneração** do Planeta **foram ultrapassados.**

Com efeito, as evidências científicas e os fatos não deixam dúvidas de que é imperativo reformular, e com urgência, a atual concepção de desenvolvimento.

Assim sendo, no espectro do Direito, conclui-se ser gravíssima a violação ao direito fundamental das futuras gerações, que herdarão imenso passivo, possivelmente irremediável. Cumpre, destarte, a adoção de políticas públicas, alterações legais ou aplicação dos mecanismos que o ordenamento jurídico já dispõe (inclusive reinterpretando-se institutos) a fim de reduzir drástica e urgentemente o ritmo da degradação, para reconduzir a sociedade a patamares ambientalmente satisfatórios.

1.9. Direito Ambiental e dificuldade contramajoritária

Dificuldade contramajoritária, conceito oriundo do Direito Constitucional, significa o fato de juízes, apesar de não serem eleitos, poderem invalidar as decisões adotadas pelo legislador escolhido pelo povo, invocando, muitas vezes, normas constitucionais de caráter aberto, que são objeto de leituras divergentes na sociedade[34]. "Onde estaria o fundamento para o Judiciário sobrepor sua vontade à dos agentes eleitos dos outros Poderes?" – indaga Luís Roberto Barroso,[35] respondendo a seguir – na preservação de um dos grandes papéis de uma Constituição: "proteger valores e direitos fundamentais, mesmo que contra a vontade circunstancial de quem tem mais votos". Dentre os direitos fundamentais que envolvem o problema contramajoritário, destacam-se a defesa do meio ambiente e de minorias estigmatizadas.

[34] SARMENTO, Daniel; SOUZA NETO, Cláudio Pereira de. **Direito Constitucional – Teoria, história e métodos de trabalho.** Fórum, 2012, edição digital.

[35] **Curso de Direito Constitucional Contemporâneo**, 7ª edição, São Paulo: Saraiva, 2018, versão digital.

De fato, em inúmeras ocasiões, os interesses de parcela majoritária da sociedade (incluindo-se agentes políticos) vão diretamente contra a proteção de direitos fundamentais. Minorias estigmatizadas como presidiários, indígenas, afrodescendentes, transexuais, moradores de rua, soropositivos, por exemplo, não gozam de ampla representatividade política, nem de poder econômico, tampouco simpatia de muitos setores da sociedade, de modo que políticas públicas em favor desses grupos tendem a sofrer pesada oposição.

No caso do meio ambiente, a situação é ainda mais grave. Conquanto superficialmente ninguém se declare contra sua defesa (até porque poderia acarretar a própria extinção, eis que todos dele fazem parte), muitas vezes amplos espectros sociais atuam deliberadamente contra a sua proteção. Os exemplos são muitos. Embora a nível nacional todos defendam a preservação da Amazônia, a maioria das cidades e até mesmo dos estados que compõem aquela região tem população amplamente favorável ao desmatamento, pois o veem como "progresso", além de muitos consumidores de todas as regiões desejarem adquirir móveis de madeiras nobres ou carne bovina, ambos produzidos nas regiões desflorestadas. Populações de cidades costeiras do Brasil desejam praias limpas e belas para lazer da população e turismo, todavia, muitas vezes parcelas expressivas apoiam a instalação de terminais portuários que acarretam poluição de forma irreversível do litoral, tudo em prol de interesses econômicos. Populações rurais são a favor da caça de animais silvestres. A instalação de uma indústria ou mineração, embora possa degradar a médio e longo prazo o meio ambiente de uma cidade, poderá contar com amplo apoio popular e político se gerar empregos e circulação de riqueza, especialmente em um período de recessão ou estagnação econômica[36].

Como a política é espelho da sociedade, pertinente a lição de Juarez Freitas[37], segundo o qual no quadro brasileiro são quatros os principais vícios políticos que conspiram contra o respeito ao meio ambiente: o patrimonialismo, o tráfico de influência, o omissivismo (violação do dever de agir para proteger) e o mercenarismo (capitalismo predatório).

Tem-se, dessa forma, hipótese em que o Poder Judiciário, o Ministério Público e outros órgãos públicos serão chamados a atuar contra condutas que, embora gozem de apoio popular e político, são lesivas ao bem ambiental, o qual pertence a todos (e não apenas aos moradores da localidade) bem como às futuras gerações[38].

Outrossim, como bem recordam Sarmento e Souza Neto, "a democracia não equivale à mera prevalência da vontade das maiorias, mas corresponde a um ideal político mais complexo, que também envolve o respeito aos direitos fundamentais e a valores democráticos. Não fosse assim, poder-se-ia considerar democrático, por

[36] Bons exemplos são retratado nas obras cinematográficas "Terra Prometida" (*Promised Land*), 2012 dirigido por Gus Van Sant, e "A Terra Vermelha" (*La tierra roja*), 2017, dirigido por Diego Martinez Vignatti.

[37] FREITAS, Juarez. **Sustentabilidade: direito ao futuro.** 2ª ed., Belo Horizonte: Fórum, 2012.

[38] Por essa razão devem ser executados com prudência os procedimentos de audiências públicas para consulta a população local sobre empreendimentos potencialmente poluidores. Muitas vezes, a população, instigada ou não por agentes políticos e econômicos, manifesta o desejo de instalação dos referidos empreendimentos, mesmo que lesivos à Natureza.

exemplo, o governo nazista, que ascendeu ao poder pela via eleitoral, e governou na maior parte do tempo com o respaldo da maioria da população alemã."[39].

2. DIREITO INTERNACIONAL E SUA INFLUÊNCIA NO DIREITO AMBIENTAL

Consequência de uma sociedade globalizada, o peso das normas internacionais[40] na aplicação de ordenamento pátrio vem crescendo gradativamente. Não há ramo do Direito que não reclame seu estudo na atualidade. No Direito Ambiental, contudo, isso não é novidade, eis que se trata de disciplina de origem recente, impulsionada justamente pelos textos internacionais, portanto de feição marcadamente progressista e cosmopolita. Com efeito, a influência do Direito Internacional é muito mais perceptível no Direito Ambiental brasileiro do que na maioria dos ramos da ciência jurídica nacional.

Reflexo dessa crescente influência globalizante, notadamente na área de direitos fundamentais (onde o direito ao meio ambiente ecologicamente equilibrado se insere), é a evolução da jurisprudência do STF, que passou a atribuir **hierarquia supralegal**, embora infraconstitucional, aos tratados internacionais de direitos humanos que não tenham sido incorporados pela forma estabelecida pela EC nº 45 (art. 5º, § 3º, da CR). Pelo novo posicionamento[41], os tratados internacionais sobre direitos humanos prevalecem sobre a legislação interna, ressalvada apenas a própria Constituição[42]. Todavia, eles não integram o bloco de constitucionalidade, já que se situam em patamar hierárquico inferior ao da Constituição[43].

Além dos tratados internacionais a que o Brasil tenha aderido, que gozam de força vinculante eis que se tratam de normas incorporadas ao ordenamento pátrio, o Direito Internacional também exerce sua influência por meio de **normas de *soft law*** (direito flexível ou maleável), ou seja, documentos não vinculantes[44] elaborados por Estados ou órgãos supranacionais, e que gozam de força cada vez maior.

Ao peso crescente das normas internacionais, soma-se a de normas de ordenamentos estrangeiros, especialmente constituições. Fala-se, nesse sentido, em *pluralismo*

---

39 SARMENTO, Daniel; SOUZA NETO, Cláudio Pereira de. **Direito Constitucional – Teoria, história e métodos de trabalho**. Fórum, 2012, edição digital.

40 A doutrina assenta, em linhas gerais, serem as fontes de Direito Internacional as seguintes: a) tratados, b) costume internacional, c) princípios gerais de direito internacional, d) decisões dos tribunais internacionais, e) doutrina, f) decisões de organizações internacionais, g) atos unilaterais dos Estados, h) acordos executivos, g) obrigações *erga omnes*; i) *soft law* (MAZZUOLI, Valério de Oliveira. **Curso de direito internacional público**. 9ª ed. São Paulo: Editora Revista dos Tribunais, 2015, p. 130-183).

41 Ver, em especial: RE nº 466.343-1, rel. Min. Cezar Peluso, DJe, 5.6.2009, e HC nº 94.013/SP, rel. Min. Carlos Britto, j. 10.2.2009.

42 O status normativo supralegal dos tratados internacionais de direitos humanos subscritos pelo Brasil torna inaplicável a legislação infraconstitucional com ele conflitante, seja ela anterior ou posterior ao ato de adesão (STF. Plenário. RE 349703, rel. para o acórdão Min. Gilmar Mendes, DJ 5/6/2009).

43 SARMENTO, Daniel. **Direito Constitucional – Teoria, história e métodos de trabalho**. Fórum, 2012, versão digital.

44 Cuidam-se de "normas (arranjos, ajustes, declarações, diretrizes, programas de ação etc.) de Direito Internacional não obrigatórias e de diretivas que deixam aos seus destinatários uma margem de apreciação no que toca ao cumprimento de seu conteúdo [...]" (MAZZUOLI, Valério de Oliveira. Curso de direito internacional público. 9ª ed. São Paulo: Editora Revista dos Tribunais, 2015, p. 183-184).

constitucional, em *transconstitucionalismo* ou *constitucionalismo multinível*[45], para aludir à convivência, nem sempre isenta de tensões, entre as diversas esferas constitucionais com pretensões regulatórias incidentes sobre um mesmo território[46].

Não se trata de perda de soberania, pelo contrário. Como destaca Uadi Lammêgo Bulos[47], tem-se a superação "da vaidade, do provincianismo, da rebeldia, da discórdia e da mediocridade, comuns no mundo, abrindo-se espaço para o entendimento, a cooperação, a conversa e a criatividade" e, acrescente-se: efetividade, pois busca-se amparo em novas fontes de Direito para solução de problemas. Ademais, há certas áreas em que o poder do Estado é ineficaz para enfrentar determinados problemas, como o combate ao aquecimento global, devendo o fortalecimento de esferas normativas supranacionais ser festejado e não lamentado[48].

Desse modo, a fim de visualizar a importância prática do tema, citam-se os seguintes exemplos dos principais tratados subscritos pelo Brasil e que gozam de hierarquia supralegal em nosso ordenamento, sobrepondo-se a legislação ordinária e ensejando controle de convencionalidade em caso de inobservância:

Tratado	Incorporação
Convenção para a Proteção da Flora, da Fauna e das Belezas Cênicas Naturais dos Países da América (1949)	Decreto 58.054/1966
Convenção sobre Zonas Úmidas de Importância Internacional - habitat das Aves Aquáticas - Convenção de Ramsar (1971)	Decreto 1.905/1996
Convenção de Washington sobre o Comércio Internacional das Espécies da Flora e da Fauna Selvagens em Perigo de Extinção (CITES), de 1973	Decreto 76.623/1975
Convenção Internacional sobre Responsabilidade Civil em Danos Causados por Poluição por Óleo (1969)	Decreto 79.437/1977
Convenção das Nações Unidas sobre o Direito do Mar - Convenção de Montego Bay (1982)	Decreto 1.530/1995

45 Transconstitucionalismo ou constitucionalismo multinível "é o fenômeno pelo qual diversas ordens jurídicas de um mesmo Estado, ou de Estados diferentes, se entrelaçam para resolver problemas constitucionais [...] ordenamentos distintos se interagem e somam esforços conjuntos para resolverem casos complexos e difíceis." (BULOS, Uadi Lammêgo. **Curso de direito constitucional,** 8ª ed. São Paulo: Saraiva, 2014, p. 90-93).

46 "Não se trata de subserviência ou de renúncia à soberania, mas de abertura para a possibilidade de aprendizado mútuo, por meio de "fertilizações cruzadas" entre diferentes sistemas normativos. Afinal, como salientou Marcelo Neves no fecho da sua obra notável sobre o "transconstitucionalismo", o ponto cego, o outro pode ver. Em outras palavras, o diálogo constitucional entre diferentes esferas pode enriquecê-las, permitindo que as respectivas imperfeições e incompletudes sejam percebidas e eventualmente corrigidas (Sarmento e Souza Neto, op. cit.).

47 Idem, p. 90.

48 SARMENTO, Daniel; SOUZA NETO, Cláudio Pereira de. Op. cit.

Tratado	Incorporação
Convenção Internacional de Combate à Desertificação nos Países afetados por Seca Grave/Desertificação(1994)	Decreto 2.741/1998
Convenção de Viena sobre Responsabilidade Civil por Danos Nucleares (1963)	Decreto 911/1993
Convenção sobre Diversidade Biológica (CDB), adotada na cidade do Rio de Janeiro (1992)	Decreto 2.519/1998
Convenção-Quadro das Nações Unidas sobre Mudança do Clima, adotada pelas Nações Unidas, em Nova York (1992)	Decreto 2.652/1998
Protocolo de Quioto à Convenção-Quadro das ONU sobre Mudança do Clima, adotado em Quioto, Japão, em 1997	Decreto Legislativo 5.445/2005
Convenção 169 da Organização Internacional do Trabalho (OIT) sobre povos indígenas e tribais	Decreto 5.051/2004
Protocolo de Cartagena sobre Biossegurança da Convenção sobre Diversidade Biológica (2000)	Decreto 5.705/2006
10ª Conferência das Partes da Convenção sobre Diversidade Biológica (COP-10): fixou as "Metas de Aichi"[48]	
A Convenção-Quadro das Nações Unidas sobre a Mudança do Clima, também conhecida como UNFCCC (do original em inglês United Nations Framework Convention on Climate Change) ECO 92/Nova York 1992 – Protocolo de Quioto	Decreto 5445/2005 e Lei 12.187/2012
Acordo de Paris sob a Convenção-Quadro das Nações Unidas sobre Mudança do Clima	Decreto 9.073/20172

[49] Estabeleceu o Plano Estratégico de Biodiversidade 2011–2020, que inclui as Metas de Aichi, que não depende de ratificação, já que se refere apenas a uma decisão tomada no âmbito das Partes da Convenção, durante a 10ª Conferência das Partes da Convenção sobre Diversidade Biológica (CDB). O Brasil, sendo uma das partes contratantes da CDB, integra as Conferências das Partes e, consequentemente, participa de cada decisão tomada. Para conhecer todas as metas fixadas: http://www.mma.gov.br/estruturas/sbf2008_dcbio/_arquivos/metas_aichi_147.pdf.2 Por meio do qual o Brasil comprometeu-se a reduzir as emissões de gases de efeito estufa em 37% abaixo dos níveis de 2005, em 2025, com uma contribuição indicativa subsequente de reduzir as emissões de gases de efeito estufa em 43% abaixo dos níveis de 2005, em 2030. Para isso, o país se compromete a aumentar a participação de bioenergia sustentável na sua matriz energética para aproximadamente 18% até 2030, restaurar e reflorestar 12 milhões de hectares de florestas, bem como alcançar uma participação estimada de 45% de energias renováveis na composição da matriz energética em 2030. Brasil, Ministério do Meio Ambiente. Disponível em http://www.mma.gov.br/clima/convencao-das-nacoes-unidas/acordo-de-paris. Acesso em 11.7.2017.

Além destes tratados, há que se destacar duas das principais normas de *soft law* que atuam como vetor interpretativo na aplicação do Direito Ambiental:

a) Declaração sobre o Meio Ambiente Humano ("Declaração de Estocolmo") de 1972;

b) Conferência das Nações Unidas sobre o Meio Ambiente e Desenvolvimento (ECO-92 ou Rio-92).

Embora não gozem, a princípio, de força cogente, as normas de soft law são cada vez mais empregadas como fundamentação de decisões judiciais[50].

3. PRINCÍPIOS DO DIREITO AMBIENTAL

Segundo clássica definição de Celso Antônio Bandeira de Mello, princípios são "mandamento nuclear de um sistema, verdadeiro alicerce dele, disposição fundamental que se irradia sobre diferentes normas compondo-lhes o espírito e servindo de critério para a sua exata compreensão e inteligência exatamente por definir a lógica e a racionalidade do sistema normativo, no que lhe confere a tônica e lhe dá sentido harmônico"[51].

O estudo dos princípios é cada vez mais importante, notadamente no contexto do pós-positivismo, que, dentre suas várias características, destaca-se pelo reconhecimento da normatividade daqueles e de sua diferença qualitativa em relação às regras[52]. No quadro atual, os princípios têm a missão de auxiliarem a solução de casos difíceis (*hard cases*), tão corriqueiros na aplicação do Direito Ambiental, além de condicionarem a aplicação das regras.

3.1. Princípio da precaução e princípio da prevenção

Segundo o **princípio da precaução,** um dos mais basilares do Direito Ambiental, a falta de plena certeza científica não deve ser usada como razão para postergar medidas para evitar ou minimizar ameaças ao meio ambiente. Em outros termos,

---

[50] Apenas para ilustrar a aceitação da normatividade do *soft law*, os seguintes julgados já citaram a Declaração de Estocolmo de 1972 em sua fundamentação. Do STF: RE 586.224, rel. Luiz Fux, j. 05/03/2015; ADI 1.856, rel. Celso de Mello, j. 26/05/2011; ADI 3.540-1, rel. Celso de Mello, j. 01/09/2005; ADI 1.856, rel. Celso de Mello, j. 26/05/2011; AgRg no RE 796.347, rel. Celso de Mello, j. 24/03/2015; REsp 664.335, rel. Luiz Fux, j. 04/12/2014; MS 22.164-0, rel. Celso de Mello, j. 30/10/1995. Do STJ: REsp 237.690, rel. Paulo Medina, j. 12/03/2002; REsp 1.371.834, relª. Maria Isabel Gallotti, j. 05/11/2015; AgRg no Ag em REsp 117.202, rel. Antônio Carlos Ferreira, j. 05/11/2015; REsp 1.603.035, 1ª Turma, rel. Benedito Gonçalves, j. 7/3/2017. Do TST: AIRR 188-48.2013.5.18.0151, rel. Dora Maria da Costa, j. 28/10/2015. Do TRF da 1ª Região: ApCiv 2008.39.02.000581-3, rel. Antônio Souza Prudente, j. 15/06/2016; EDcl em ApCiv 2006.39.03.000711-8, rel. Selene Maria de Almeida, j. 13/08/2012. Do TJRS: Ap 195.088.265, rel. Roberto Expedito da Cunha Madrid, j. 29/08/1995; AgIn 70039799507, rel. Carlos Roberto Lofego Canibal, j. 27/04/2011; ApCiv 70043116870, rel. Rogério Gesta Leal, j. 15/12/2011. Do TJRJ: AgIn 0042803-76.2012.8.19.0000, rel. Luiz Felipe Miranda de Medeiros Francisco, j. 19/03/2013. Do TJMG: Ac 0499634-81.2011.8.13.0000, rel. Marcelo Rodrigues, j. 11/01/2012. Do TJSP: Ap 0004590-73.2012.8.26.0495, rel. Paulo Alcides, j. 19/09/2013; Ap 22146983-12.2015.8.26.0000, rel. Péricles Piza, j. 09/12/2015. Do TJSC: ReCrim 00.020968-6, rel. Solon d'Eça Neves, j. 13/03/2001. Do TJMG: ApCiv 000.295.312-3/00, rel. Wander Marotta, j. 10/02/2003. Do TJPB: ADI 888.2004.003654-4/001, rel. Jorge Ribeiro Nóbrega, j. 15/06/2005. Do RT da 2.ª Região: RO 0000988-73.2011.5.02.0254-4ª, relª. Maria Isabel Cueva Moraes, j. 03/09/2013.

[51] **Curso de Direito Administrativo.** 14ª ed., São Paulo: Malheiros, 2002, p. 545.

[52] BARROSO, Luís Roberto. **Curso de Direito Constitucional Contemporâneo.** 2ª ed., São Paulo: Saraiva, 2010.

não devem ser produzidas intervenções no meio ambiente antes de se ter a certeza de que estas não serão adversas ao equilíbrio ecológico.

Como ensina Paulo Affonso Leme Machado, "não é preciso que se tenha prova científica absoluta de que ocorrerá dano ambiental, bastando o risco de que o dano seja irreversível para que não se deixem para depois as medidas efetivas de proteção ao ambiente. Existindo dúvida sobre a possibilidade futura de dano ao homem e ao meio ambiente, solução deve ser favorável ao ambiente e não ao lucro imediato – por mais atraente que seja para as gerações presentes"[53].

Desse modo, em havendo incerteza científica quanto aos efeitos de determinada conduta humana sobre o meio ambiente, deve-se adotar a posição mais favorável ao meio ambiente e da saúde, ou seja, ***in dubio pro natura***[54], o que já é amplamente reconhecido pelo STJ[55].

O princípio é implicitamente previsto na CR-1988, quando estabelece a necessidade de estudo prévio de impacto ambiental para instalação de obra ou atividade potencialmente causadora de significativa degradação do meio ambiente (art. 225, § 4º, IV). Foi expressamente previsto na Convenção-Quadro sobre Mudança do Clima[56] (art. 3º, item 3), na Convenção sobre Diversidade Biológica[57] (preâmbulo), e na Lei de Biossegurança (Lei 11.105/2005, art. 1º).

O **princípio da prevenção**, por sua vez, determina a adoção de medidas para que sejam evitados impactos ou riscos cujas **consequências já são conhecidas pela ciência**. Aqui, diferentemente do princípio da precaução, já existe conhecimento científico sobre os impactos da atividade que será realizada, devendo-se evitar ou mitigar suas consequências.

Tanto a precaução como a prevenção têm o objetivo de evitar o dano ambiental, porém não se confundem, como bem diferencia José Rubens Morato Leite: "Comparando-se o princípio da precaução com o da atuação preventiva, observa-se que o segundo exige que os perigos comprovados sejam eliminados. Já o princípio da precaução determina que a ação para eliminar possíveis impactos danosos ao ambiente seja tomada antes de um nexo causal ter sido estabelecido com evidência científica absoluta"[58]. Com efeito, a prevenção visa evitar o **risco certo**, enquanto a precaução visa evitar o **risco potencial**.

---

[53] **Direito Ambiental Brasileiro**, p. 811.

[54] idem, p. 111.

[55] "Como corolário do princípio *in dubio pro natura*, justifica-se a inversão do ônus da prova, transferindo para o empreendedor da atividade potencialmente perigosa o ônus de demonstrar a segurança do empreendimento, a partir da interpretação do art. 6º, VIII, da Lei 8.078/1990 c/c o art. 21 da Lei 7.347/1985, conjugado ao Princípio Ambiental da Precaução (REsp 972.902/RS, Rel. Min. Eliana Calmon, 2ª Turma, DJe 14.9.2009), técnica que sujeita aquele que supostamente gerou o dano ambiental a comprovar" que não o causou ou que a substância lançada ao meio ambiente não lhe é potencialmente lesiva." (REsp 1.060.753/SP, Rel. Min. Eliana Calmon, Segunda Turma, DJe 14.12.2009). No mesmo sentido: AgRg no AgRg no AREsp 153797/SP, rel. Ministro Marco Buzzi, 4ª Turma, j. em 05/06/2014, DJe 16/06/2014.

[56] Internalizada pelo Decreto 2.652/1998.

[57] Internalizada pelo Decreto 2.519/1998.

[58] **Dano ambiental: do individual ao coletivo extrapatrimonial.** São Paulo: RT, 2000. p. 48.

No campo processual, insta destacar que precaução e prevenção influenciam sobremaneira na concessão de **tutela de urgência** (art. 12 da Lei 7.347/1985 c/c art. 300 do CPC), vez que dizem que a mera incerteza científica, ou o conhecimento da potencialidade do dano já serão suficientes para impor ao interessado o dever de provar que sua conduta não acarretará danos ao meio ambiente, estabelecendo-se uma presunção relativa de *in dubio pro natura*, cujo resultado prático é presunção de verossimilhança da alegação. Além disso, a necessidade de se evitar perpetuação ou a ocorrência dos danos, que geralmente são irreparáveis ou de difícil reparação, se reflete no perigo de demora.

3.2. Princípio do poluidor-pagador e princípio do usuário-pagador

Em suas atividades, as empresas são incentivadas pelo mecanismo da concorrência e pela busca de maximização dos lucros a escapar, tanto quanto possível, da assunção dos ônus associados às suas atividades, sendo esses ônus transferidos para outros agentes ou mesmo para a sociedade. Para isso, em linhas gerais, os bens ambientais de valor econômico são extraídos da Natureza (internalização dos lucros) para transformação e comércio, sendo os resíduos devolvidos ao ambiente, arcando a sociedade com os prejuízos (socialização dos custos).

A esse processo de socialização dos prejuízos dá-se o nome de **externalidades negativas**, pois as empresas internalizam os benefícios (água pura, minérios, madeira, p. ex.) e externalizam os malefícios (água, ar e solo poluídos, p. ex.).

O **princípio do poluidor-pagador** consagra a responsabilidade pelo dano ambiental, consistindo na internalização das externalidades negativas, ou seja, impor para às fontes poluidoras as obrigações de incorporar em seus processos produtivos os custos com prevenção, controle e reparação de impactos ambientais, impedindo a socialização destes riscos, "visa imputar ao poluidor os custos sociais da poluição por ele causada, prevenindo, ressarcindo e reprimindo os danos ocorridos, não apenas a bens e pessoas, mas também à própria natureza"[59].

Importante não entender o poluidor-pagador como uma mera precificação do dano ambiental ("pago, logo posso poluir"), mas sim em uma dimensão mais ampla, notadamente preventiva ("se poluir, terei de pagar, portanto vou prevenir").

A Lei de Política Nacional de Meio Ambiente (Lei 6.938/1981) acolheu o princípio ao prever, no art. 14, § 1º, que o poluidor obrigado, independentemente da existência de culpa, a indenizar ou reparar os danos causados ao meio ambiente e a terceiros, afetados por sua atividade.

O **princípio do usuário-pagador**, por sua vez, visa imputar ao empreendedor não o custo do dano ambiental, mas sim o *custo pelo uso dos bens ambientais*, já que a utilização uso gratuito dos recursos naturais representaria um enriquecimento ilegítimo do usuário[60]. Importante exemplo em nosso ordenamento é o previsto na

[59] BENJAMIM, Antônio Herman. **Dano ambiental: prevenção, reparação e repressão.** São Paulo: RT, 1993, p. 226.

[60] Paulo Affonso Leme Machado, ob. cit., p. 94. O festejado autor entende que "o princípio usuário-pagador contém também o princípio poluidor-pagador", posição da qual discordamos.

Lei da Política Nacional de Recursos Hídricos (Lei 9.433/1997), que prevê ser a água um recurso natural limitado, de domínio público e dotado de valor econômico (art. 1º), bem como fixando-se cobrança pelo seu uso, com indicação de seu real valor (art. 19, I). Tanto o STF[61] como o STJ[62] reconhecem a existência do referido princípio.

3.3. Princípio da transversalidade ou da ubiquidade

A ciência ambiental e o direito ambiental, não devem ser estudados isoladamente, mas incorporados às demais disciplinas (do Direito ou não), buscando-se uma intercomunicação entre estas (interdisciplinaridade). O resultado será que todos os ramos do saber e todas as atividades humanas devem incorporar a vertente ambiental, afinal, da preservação do ambiente depende a continuidade da vida na Terra.

A **transversalidade**, ensina Paulo de Bessa Antunes, reside no fato de que "mais do que um direito autônomo, o direito ambiental é uma concepção de aplicação da ordem jurídica que penetra, transversalmente, em todos os ramos do direito". É consequência da própria **ubiquidade** do bem ambiental, que está em todo o lugar, nada havendo desprovido dele, afirmando Edgar Morin que "o todo está no um e o um está no todo"[63].

Nesse sentido, Celso Fiorillo[64] ensina que o princípio da ubiquidade evidencia que o meio ambiente, localizado no **epicentro dos direitos humanos**, deve ser levado em consideração toda vez que uma política, atuação, legislação sobre qualquer tema, atividade, obra etc. tiver que ser criada e desenvolvida. Isso porque, na medida em que possui como ponto cardeal de tutela constitucional a vida e a qualidade de vida, tudo que se pretende fazer, criar ou desenvolver deve antes passar por uma consulta ambiental, enfim, para saber se há ou não a possibilidade de que o meio ambiente seja degradado.

As consequências da aplicação do referido princípio se verificam quando se adotam políticas públicas ambientais em ramos diversos do Direito. No Direito Tributário, a fixação de alíquotas maiores ou menores conforme o produto ou serviço seja mais ou menos impactante ao meio ambiente, ou segundo a utilização racional de imóveis urbanos e rurais.

Encontra-se previsto na Conferência das Nações Unidas sobre Meio Ambiente (Rio-92): "Para alcançar o desenvolvimento sustentável, a proteção ambiental constituirá parte integrante do processo de desenvolvimento e não pode ser considerada isoladamente deste." (Princípio 4). Entre nós, é positivado na Lei de Política Nacional de Educação Ambiental (Lei 9.795/1999, art. 4º, I e III), que prevê a consideração da dimensão ambiental nas diversas disciplinas do conhecimento.

61 ADI 3378, rel. Min. Carlos Britto, j. 09/04/2008, Pleno.

62 REsp 1255127, REsp 1328753 e REsp 1198727.

63 *Apud* VILLAS BOAS, Regina Vera. **Um olhar transverso e difuso aos direitos humanos de terceira dimensão – a solidariedade concretizando o dever de respeito à ecologia e efetivando o postulado da dignidade da condição humana.** In Revista de Direito Privado, v. 51, p. 11-34, Jul-Set/2012.

64 FIORILLO, Celso Antônio Pacheco**. Curso de direito ambiental brasileiro.** 14ª ed. São Paulo: Saraiva, 2013, versão digital.

3.4. Princípio da função ambiental

Existe função, segundo Celso Antônio Bandeira de Mello[65], quando "alguém está investido do dever de satisfazer dadas finalidades em prol do interesse de outrem", necessitando, para tanto, manejar os poderes requeridos para supri-las. Logo, tais poderes são instrumentais ao alcance das finalidades, de modo que quem os titulariza, maneja, na verdade, **deveres-poderes**, no interesse alheio, em outras palavras, exercendo uma **missão**.

Trata-se de importante elemento para compreender a superação da antiga dicotomia entre Direito Público e Direito Privado, e a consolidação dos direitos transindividuais, fruto de interesses que não são públicos e nem privados: os interesses sociais[66].

O instituto jurídico do *trust*, oriundo do *common law*, em muito se assemelha ao conceito de função. Verifica-se "quando uma pessoa tem direitos que deve exercer no interesse de outra ou para a realização de um objetivo especial dado", caso em que "diz-se que essa pessoa tem os direitos em *trust* para a outra pessoa ou para o objetivo em causa, sendo chamada de *trustee*."[67]. Segundo a função ambiental, a geração presente é ***trustee***, ou seja, uma espécie de administradora do patrimônio ambiental pertencente às gerações futuras, em consonância com o caput do art. 225 da CR[68]. Da mesma forma, todo aquele que, por exemplo, possui dominialidade sobre determinado recurso ambiental (floresta, água, solo, p. ex.) é, igualmente, um ***trustee***, já que tem sob sua responsabilidade a administração de algo que não lhe pertence exclusivamente.

Segundo Ricardo Luís Lorenzetti[69], função ambiental é um limite externo ao exercício de direitos subjetivos, que se expressa tanto por meio de proibições (obrigações de não fazer) como de mandados (obrigações de fazer) e surge com a superação da visão individualista e o reconhecimento pelo direito de bens coletivos e, mais especificamente, do bem ambiental, acarretando um redimensionamento do exercício dos demais direitos.

Seguindo esta linha, Antônio Herman Benjamin[70], define função ambiental como a "atividade finalisticamente dirigida à tutela do meio ambiente, caracterizando-se pela relevância global, homogeneidade de regime e manifestação através de um dever-poder". Segundo o consagrado jurista, como toda função jurídica, a ambiental tem os seguintes elementos principais: um sujeito titular, um sujeito beneficiário e um objeto. Porém, duas são as principais peculiaridades da função ambiental:

---

65 Curso de Direito Administrativo. 14ª ed., São Paulo: Malheiros, 2002, p. 32.

66 CAPPELLETTI, Mauro. **Formações sociais e interesses coletivos diante da Justiça Civil.** In Revista de Processo. São Paulo: Revista dos Tribunais, v. 5, p. 128-159, 1977, p. 132.

67 CHALHUB, Melhim Namem. **Trust: breves considerações sobre sua adaptação aos sistemas jurídicos de tradição romana.** In Revista dos Tribunais, v. 790, p. 79, Ago/2001.

68 Exemplo citado pelo Ministério Público Federal em ação civil pública em face de Norte Energia S/A (NESA). Disponível em http://www.prpa.mpf.gov.br/news/2011/BeloMonte_Remocao.pdf. Acesso em 17.2.2012.

69 **Teoria Geral de Direito Ambiental**, 2010, p. 51-52.

70 **Dano ambiental: prevenção, reparação e repressão**. São Paulo: RT, 1993, p. 28, 51 e 255-256.

1) não-exclusividade do seu exercício pelo Estado, eis que o art. 225, *caput*, da CR estabelece um direito (e um dever) difuso em favor de toda a coletividade;
2) a todos (à coletividade) estão imputados, além do dever de não poluir, os deveres de defender, de reparar e de preservar, o que importa duas prestações, uma negativa (não poluir), uma outra, positiva (a de impedir que outrem polua), de modo que não se trata de monopólio estatal exigir o cumprimento daquelas[71].

A Constituição de 1988 dispõe sobre a função social da propriedade (art. 5º, XXIII) e da ordem econômica (art. 170). Adotou o modo capitalista de produção, no qual a iniciativa privada é a base da produção de riquezas. Todavia, alterando radicalmente a tradição patrimonialista e egoística de nosso ordenamento, condicionou o direito de propriedade e a livre iniciativa da atividade econômica ao cumprimento da função social, conceito este integrado por uma **dimensão ambiental** (a função ambiental), dentre outras previstas no art. 170, *caput*: soberania nacional, livre concorrência, defesa do consumidor, redução das desigualdades regionais e sociais, busca do pleno emprego, tudo visando "assegurar a todos existência digna, conforme os ditames da justiça social".

A função ambiental, em suas várias dimensões, atua como **princípio conformador**, pois delineia uma nova concepção de propriedade e de atividade econômica. Nas palavras de André Carvalho Ramos, "a Constituição consagrou, expressamente, a relatividade do direito de propriedade, que não é mais absoluto e sagrado (como constava, por exemplo, da Declaração Francesa dos Direitos do Homem e do Cidadão, 1789, art. 17), devendo o proprietário cumprir a função social da propriedade. Assim, o direito de propriedade não é mais um direito liberal ou de abstenção tradicional, no qual seu titular pode exigir a ausência de turbação ao seu exercício; é um direito que exige do proprietário e do Estado conduta ativa (o cumprimento da função social) em prol dos interesses da comunidade [...] Dessa forma, para cumprir a função social da propriedade, o proprietário deve tanto respeitar limitações (dimensão negativa da função social da propriedade) quanto parâmetros de ação (dimensão positiva), agindo em prol do interesse público"[72].

Assim, sob este novo prisma, o direito de propriedade evoluiu do conceito clássico de direito típico de primeira dimensão (usar, gozar, fruir e não ser molestado) para adquirir uma faceta típica de direito de terceira dimensão: atender ao interesse coletivo.

A função social da propriedade[73] (e da empresa) rural é cumprida quando obedecidos, simultaneamente, aos seguintes requisitos: 1º) aproveitamento racional

---

[71] Para o cumprimento do dever de defender o ordenamento brasileiro prevê inúmeros instrumentos à disposição da sociedade, tais como a ação popular, a ação civil pública e o direito de petição aos Poderes Públicos.

[72] Op. cit., versão digital.

[73] A função ambiental condiciona não apenas a propriedade, mas igualmente a posse. Nesse sentido, o STJ consolidou jurisprudência no sentido de que a averbação da reserva legal seria condição para o reconhecimento da usucapião, bem como o registro de qualquer ato de transmissão, desmembramento ou retificação de área de imóvel rural (REsp 831.212-MG, Terceira Turma, DJe 22/9/2009; RMS 18.301-MG, Segunda Turma, DJ 3/10/2005) citados no REsp 1.356.207-SP, Rel. Min. Paulo de Tarso Sanseverino, julgado em 28/4/2015, DJe 7/5/2015, Informativo 561.

e adequado; 2º) utilização adequada dos recursos naturais disponíveis e preservação do meio ambiente; 3º) respeito à dignidade das relações de trabalho; e 4º) exploração que favoreça o bem-estar dos proprietários e dos trabalhadores (CR, art. 186), sob pena de, em descumprindo esses encargos, expor-se a desapropriação-sanção a que se refere o art. 184 da CR (regulamentado pela Lei 8.629/1993), sem prejuízo da responsabilização ambiental (CR, at. 225, § 3º).

Já no tocante à utilização adequada da propriedade urbana, o art. 182, § 2º, da CR/88, dispõe que esta cumpre a função social quando obedece às diretrizes fundamentais de ordenação da cidade fixadas no plano diretor, que é lei aprovada pela Câmara Municipal (ou Distrito Federal), instrumento básico da política de desenvolvimento e de expansão urbana (art. 182, § 1º)[74]. Caso o proprietário não promova o adequado aproveitamento da propriedade, estará submetido a, sucessivamente, parcelamento ou edificação compulsórios; imposto sobre a propriedade progressivo no tempo; e desapropriação (§ 4º).

3.5. Princípio da equidade ou solidariedade intergeracional

Este princípio parte da constatação da finitude dos recursos naturais e risco de exaurimento, ao mesmo tempo em que pugna por uma ética intergeracional.

O Princípio 5 da Declaração de Estocolmo sobre Meio Ambiente Humano (1972) diz: "os recursos não renováveis da Terra devem ser explorados de forma que se evite o perigo de seu futuro esgotamento e se assegure que toda a humanidade compartilhe os benefícios de sua utilização". Diz ainda o Princípio 2: "os recursos naturais devem ser preservados em benefício das gerações presentes e futuras, mediante cuidadoso planejamento e ordenação".

Esse posicionamento pressupõe, portanto, equilíbrio e fruição compartilhada entre as gerações, não podendo as gerações atuais usufruírem bens ambientais a ponto de deixar um legado de degradação às gerações futuras. Nesse sentido, Jorge Miranda, citando Peter Häberle, liga a dignidade da pessoa humana exatamente à solidariedade entre gerações[75], uma não sendo possível sem a outra.

A Comissão Mundial sobre Meio Ambiente e Desenvolvimento (Comissão Brundtland), em 1987, sublinhou a prevalência do aspecto temporal no corpo normativo de proteção ambiental, prevendo que a equidade intergeracional significa que a salvaguarda do meio ambiente deve ter em conta os interesses das gerações presentes e futuras (Princípio 2). Seguindo essa linha, a Declaração do Rio de Janeiro sobre Meio Ambiente e Desenvolvimento (1992) não deixou de enfatizar essa dimensão temporal, estabelecendo, no Princípio 3, que o direito ao desenvolvimento "deve ser exercido de modo a permitir que sejam atendidas equitativamente as necessidades de gerações presentes e futuras".

[74] O Código Civil prevê que "o direito de propriedade deve ser exercido em consonância com as suas finalidades econômicas e sociais e de modo que sejam preservados, de conformidade com o estabelecido em lei especial, a flora, a fauna, as belezas naturais, o equilíbrio ecológico e o patrimônio histórico e artístico, bem como evitada a poluição do ar e das águas" (art. 1.228, § 1º).

[75] **Manual de Direito Constitucional (Direitos Fundamentais)**, Tomo IV, 5ª ed., Coimbra: Coimbra Editora, 2014, p. 46.

A Declaração de Nova Délhi de Princípios de Direito Internacional Relativos ao Desenvolvimento Sustentável/2002 prevê o princípio da equidade e da erradicação da pobreza em seu item "2.1", ao afirmar: "O princípio da equidade é central para atingir-se o desenvolvimento sustentável. Refere-se tanto à equidade **inter**geracional (os direitos das futuras gerações de ter sua justa parte do patrimônio comum) como à equidade **intra**geracional (o direito de todos os pertencentes à geração atual de beneficiarem-se equitativamente do direito desta geração em utilizar os recursos naturais da Terra"[76].

No ordenamento brasileiro, o princípio da equitatividade intergeracional é extraído do *caput* do art. 225 da CR ("presentes e futuras gerações"), que confere novo conteúdo ao direito de igualdade contido no art. 5º, *caput*, o qual passa a ter também uma dimensão ambiental. Além disso, é expressamente previsto na Lei 11.428/2006, que regula o bioma Mata Atlântica (art. 6º, parágrafo único)[77].

3.6. Princípio do desenvolvimento sustentável

Trata-se de um dos princípios mais centrais e, ao mesmo tempo, mais polêmicos do Direito Ambiental. Segundo ele, *sustentável é o desenvolvimento que satisfaz as necessidades presentes, sem comprometer a capacidade das gerações futuras de suprir suas próprias necessidades*. Tal conceito foi cunhado em 1987, quando da publicação pela Organização das Nações Unidas (ONU) do relatório Nosso Futuro Comum, também conhecido como "Relatório Brundtland", em homenagem a primeira-ministra da Noruega, Gro Brundtland, que chefiou a comissão elaboradora do documento[78].

O conceito, embora muito adotado, é criticado por ser deveras genérico e não trazer limites claros ao uso dos recursos naturais. Seria também ingênuo (ou falacioso), ao procurar unir numa única locução dois elementos aparentemente inconciliáveis: capitalismo e preservação ambiental[79].

O respeito ao desenvolvimento sustentável conduz a uma situação de **sustentabilidade** (homeostase[80]), na qual o uso dos recursos naturais respeita os limites do planeta e os interesses das futuras gerações. Por essa razão, Juarez Freitas[81] liga a sustentabilidade ao **direito ao futuro**, atuando como princípio constitucional de caráter vinculante, que tem o condão de modificar o modo de conceber, interpretar e aplicar o sistema normativo. Tem-se, destarte, um *princípio multidimensional* de

---

76 MACHADO, Paulo Affonso Leme. **Direito Ambiental Brasileiro**. 11ª ed. São Paulo: Malheiros, 2003. p. 81.

77 A respeito: GAIO, Alexandre. **Lei da Mata Atlântica Comentada.** 2ª. Edição. São Paulo: Almedina, 2018.

78 O Relatório Brundtland reafirma uma visão crítica do modelo de desenvolvimento adotado pelos países industrializados e reproduzido pelas nações em desenvolvimento, ressaltando os riscos do uso excessivo dos recursos naturais sem considerar a capacidade de suporte dos ecossistemas. Em suma, o relatório conclui pela incompatibilidade entre desenvolvimento sustentável e os padrões de produção e consumo vigentes.

79 Ver, a respeito: MACHADO, Paulo Affonso Leme, ob. cit., p. 73-75; VIZEU, Fabio, et. al, "Por uma crítica ao conceito de desenvolvimento sustentável", disponível em http://bibliotecadigital.fgv.br/ojs/index.php/cadernosebape/article/view/5480, acesso em 6.7.2017.

80 Entendida como a capacidade biológica e institucional de promover o reequilíbrio dinâmico e propício ao bem-estar sustentável, com respeito aos processos ecossistêmicos da Terra.

81 FREITAS, Juarez. **Sustentabilidade: direito ao futuro**. 2ª ed., Belo Horizonte: Fórum, 2012.

caráter social, ético, ambiental, econômico e jurídico-político, ao mesmo tempo valor e princípio constitucional a regrar a esfera da atuação pública e privada, conectado com o "bem de todos" previsto na CR (art. 3º), que deve ser interpretado como o bem de todos intertemporalmente (presentes e futuras gerações).

Ainda para o referido autor, o norte interpretativo da sustentabilidade é a superação do paradigma da insaciabilidade patológica que ameaça a integridade dos direitos fundamentais, pois a ambição do desenvolvimento e o crescimento na área econômica é responsável pelas tomadas de decisões que transgridem e colocam em risco os direitos das gerações.

3.7. Princípio do decrescimento sustentável

Diante dos contornos imprecisos do conceito de desenvolvimento sustentável, de sua distorção por inúmeros agentes públicos e privados por meio de práticas de *greenwashing*[82], e da persistência alarmante da degradação ambiental no planeta - a ponto de especialistas concluírem que ultrapassamos o limite da capacidade de regeneração planetária[83] -, surgiu a necessidade de adoção de um conceito mais protetivo do meio ambiente e do ser humano, o *decrescimento sustentável*.

Para a compreensão do tema, necessário distinguir os conceitos de desenvolvimento e crescimento.

Com efeito, a noção de desenvolvimento até hoje encontra-se distorcida, eis que atrelada à ideia crescimento econômico, implicando em níveis crescentes de consumo, fruto de uma sociedade hedonista, onde o prazer imediato e o constante bem-estar material são razões de viver, onde a intolerância ao desconforto e a busca pela felicidade superam as noções de responsabilidade[84]. Nessa visão equivocada, *é preciso "ter para ser"* pois a posse implica em *status*. Consolida-se, na atualidade, o quadro generalizado de **hiperconsumo**, cujas consequências deletérias são conhecidas: superendividamento, distúrbios emocionais, aumento da violência, e, é claro, sobrecarga do meio ambiente, pois os recursos naturais do planeta não comportam a utilização exagerada a que estão submetidos.

Como bem salienta o filósofo francês Edgard Morin "é preciso abandonar a procura do sempre mais para uma procura do sempre melhor. O crescimento é um termo puramente quantitativo. E preciso saber quais os setores onde deve haver

---

[82] O *greenwashing* ("lavagem verde", numa alusão à lavagem de dinheiro, também conhecida como "branqueamento de capitais"), é o processo de mascaramento de práticas degradadoras do meio ambiente mediante uso de recursos retóricos e de propaganda, atribuindo-lhe características supostamente ecológicas. Por exemplo, o uso de expressões vagas e imprecisas como "amigo do meio ambiente", "produto verde", "não polui a camada de ozônio", "100% natural", "ecologicamente correto", escamoteiam os malefícios ambientais causados pelo produto, e visam angaria simpatia da sociedade, notadamente de consumidores, eleitores ou investidores. Conforme Leonardo de Medeiros Garcia, a prática configura publicidade enganosa (art. 37, § 1º, do CDC). In **Promoção do consumo sustentável através do princípio da informação ambiental ao consumidor**. Revista de Direito do Consumidor, São Paulo: RT, v. 104, p. 149-178, Mar-Abr/2016.

[83] Em sua obra **A vingança de Gaia**, James Lovelock destaca a **situação-limite** a que a Humanidade chegou, ou, talvez, até mesmo já tenha ultrapassado, em termos de mudança climática (SARLET, Ingo Wolfgang; e FENSTERSEIFER, Tiago. **Direito Constitucional ambiental**. São Paulo: Revista dos Tribunais, 2011, p. 29).

[84] SCHMIDT NETO, André Perin. Superendividamento do consumidor: conceito, pressupostos e classificação. In Revista de Direito do Consumidor, v. 71/2009, p. 9–33, Jul-Set/2009.

crescimento e onde, pelo contrário, é preciso o decrescimento. A política de civilização não deve ser hipnotizada pelo crescimento"[85].

Para outro pensador francês, Serge Latouche, o sistema capitalista gera uma sociedade autodestrutiva com uma economia cujo único fim é o crescimento pelo crescimento, este baseado na publicidade, no crédito e a obsolescência acelerada e programada dos produtos[86]. Como consequência, a sociedade não quer escutar relatórios aterradores, que a alertam estar ultrapassando os limites de nosso planeta. É necessário repensar o nosso estilo de vida (baseado na acumulação ilimitada) e atentar para a premente necessidade de construção de políticas públicas mais democráticas e participativas, no intuito de encarar a problemática socioambiental, pois a humanidade consome quase 30% acima da capacidade de regeneração da biosfera, e o nível de consumo, ao contrário do que argumentam as nações mais ricas, não é o superpovoamento, mas saber dividir os recursos de maneira equitativa e ética[87].

Latouche atenta que não se deve confundir o decrescimento com um crescimento negativo (o que geraria uma recessão sob o paradigma atual), mas sim adotar mudanças valorativas nas prioridades da sociedade, tais como integrar, nos custos dos produtos, os danos ambientais gerados pela atividade[88], relocalizar as atividades produtivas, restaurar a agricultura de pequena escala, transformar os ganhos de produtividade em redução do tempo de trabalho e criação de emprego, impulsionar a produção de bens relacionais, como a amizade[89], reduzir o desperdício de energia, taxar pesadamente as despesas com publicidade e decretar uma moratória sobre a inovação tecnocientífica, para fazer um balanço e uma reorientação das pesquisas, em função de novas aspirações[90].

Dessa forma, a nosso ver o conceito de decrescimento sustentável envolve a adoção de políticas públicas (tributárias, administrativas, trabalhistas, consumeristas e econômicas) visando, p.ex., a redução do consumo (tributação conforme essencialidade), redirecionamento do consumo (favorecimento a produtos locais ou com menor pegada ecológica), ampla informação ao consumidor (com relação ao impacto

[85] Apud MACHADO, Paulo Affonso Leme, op. cit., p. 935.

[86] Obsolescência programada, segundo o STJ, consiste na redução artificial da durabilidade de produtos e componentes, de modo a forçar sua recompra prematura, sendo adotada ilicitamente por muitas empresas. Além de contrariar a Política Nacional das Relações de Consumo, segundo o ministro relator, a prática gera grande impacto ambiental, violando, portanto, o princípio da sustentabilidade. Além disso, estimula o consumo de reposição e viola também o princípio da informação (REsp 984.106-SC, 4ª Turma, Rel. Min. Luís Felipe Salomão, julgado em 4/10/2012, noticiado no Informativo 506).

[87] LATOUCHE, Serge. **Pequeno tratado do decrescimento sereno**. São Paulo: Editora WMF, 2009.

[88] Os produtos devem incorporar em seu preço o valor da "pegada ambiental": gastos com água, transporte, impactos ambientais na extração dos recursos naturais, utilização de agrotóxicos etc.

[89] Bens relacionais, em que pesem divergências filosóficas a respeito, podem ser considerados como aqueles que satisfazem uma necessidade, porém não possuem valor de mercado e não são de fruição egoística, beneficiando mais de um indivíduo. No caso da amizade, juntamente com outros valores, integra uma *economia da comunhão*, em superação à *economia da competição* atualmente preponderante. Não se trata se abandonar o capitalismo, mas de orientá-lo sob um novo paradigma. Ver, a respeito: LEITÃO, Sérgio Proença; KURTZ, Renata Geórgia Motta. **Relacionamentos interpessoais e aprendizagem na economia de comunhão: o caso Femaq**. In Revista de Administração Pública. Rio de Janeiro: FGV. Disponível em http://bibliotecadigital.fgv.br/ojs/index.php/rap/article/view/6793, acesso em 7.7.2017.

[90] Apud ARANCIBIA, Felipe E. Rodríguez. **Decrescimento, a realização de uma utopia**. Revista Sociedade e Estado, Universidade de Brasília, v. 27, nº 1, Janeiro/Abril 2012.

socioambiental de produtos e serviços), racionalização logística e da mobilidade, incentivos fiscais a tecnologias ecológicas e sociais, e maior transparência na gestão pública e privada; tudo visando a recondução do modo de vida da Humanidade a patamares ambientalmente sustentáveis.

Pode ser observada a sua adoção, ainda que implicitamente, em tratados internacionais que obrigam os signatários a reduzirem as emissões de gases de efeito estufa (Acordo de Paris sob a Convenção-Quadro das Nações Unidas sobre Mudança do Clima, internalizado pelo Decreto 9.073/2017), e na Política Nacional de Resíduos Sólidos (Lei 12.305/2010), que prevê a redução do consumo de recursos naturais a um nível, no mínimo, equivalente à capacidade de sustentação estimada do planeta (art. 6º, V).

3.8. Princípio da integração e da cooperação entre os povos

O Direito Ambiental, mais do que qualquer outro ramo da ciência jurídica, reconhece que todos os habitantes do planeta devem estar integrados e cooperando pela manutenção da qualidade ecológica da Terra, de onde advirá a verdadeira qualidade de vida. As fronteiras artificiais criadas pelos homens são meras linhas imaginárias frente aos ecossistemas. Água, ar, animais, vírus, lixo, tudo está em permanente circulação, e somente a *sinergia* entre os humanos, em seus mais diferentes níveis (Estados, empresas, organizações da sociedade e indivíduos) poderá obter êxito na manutenção da qualidade de vida.

Os seres humanos e demais formas de vida são, em verdade, como **condôminos da Terra**, e precisam, por isso, viver em harmonia e respeitar-se.

A Declaração da ONU sobre Meio Ambiente e Desenvolvimento (Rio-92) menciona o princípio da cooperação em oito oportunidades (Princípios 5, 7, 9, 12, 18, 19, 24 e 27). Destaca-se o dever de cooperação para o desenvolvimento sustentável, erradicação da pobreza, redução das disparidades de padrões de vida, conservação, proteção e restauração da saúde e da integridade do ecossistema terrestre, intercâmbio de conhecimentos científicos e tecnológicos e aprimoramento do direito internacional do meio ambiente.

O termo "integração" é elemento essencial no desenvolvimento sustentável. *Integrar* é fazer interagir diversos fatores, num procedimento que não enfraquece a identidade de cada um dos fatores, mas possibilita a todos eles crescerem e fortalecerem-se reciprocamente[91]. *Cooperar*, por sua vez, é agir conjuntamente, e não separadamente e de forma antagônica[92].

Outrossim, a **solidariedade** é um valor-fonte para o Estado de Direito Ambiental ou Estado Constitucional Ecológico, e encontra-se previsto em nossa Constituição, que fixa o objetivo de construção de "uma sociedade livre, justa e solidária" (art. 3º, I). O princípio da cooperação e integração é princípio que rege a atuação da República Federativa do Brasil em suas relações internacionais (art. 4º, IX).

91 MACHADO, Paulo Affonso Leme, op. cit., p. 82.

92 Idem, p. 636.

A legislação infraconstitucional também já acolhe o princípio, ao prever "a cooperação entre as diferentes esferas do Poder Público, o setor empresarial e demais segmentos da sociedade" (art. 6º, VI, da Lei 12.305/2010).

3.9. Princípio da intervenção ou defesa compulsória

A Constituição da República determina de modo específico, no art. 225, *caput*, que o Poder Público e a sociedade têm o **dever de defender e preservar** o meio ambiente para as presentes e futuras gerações. No § 1º do mesmo artigo constam, ainda, inúmeros deveres ao Poder Público. Dessa forma, não há a opção de o Estado ou os particulares não agirem em prol do meio ambiente, pois nossa Lei Maior criou um dever de caráter fundamental.

Conforme ensina André Carvalho Ramos[93], os direitos humanos têm distintas maneiras de implementação, do ponto de vista subjetivo e objetivo. Do ponto de vista subjetivo, a realização dos direitos humanos pode ser da incumbência do Estado (*eficácia vertical*) ou de um particular (*eficácia horizontal*) ou de ambos. Do ponto de vista objetivo, a conduta exigida para o cumprimento dos direitos humanos pode ser *ativa* (*comissiva*, realizar determinada ação) ou *passiva* (*omissiva*, abster-se de realizar).

No caso do meio ambiente, percebe-se que há a combinação de todas as modalidades. Quanto aos sujeitos (aspecto subjetivo), o dever recai tanto sobre o Poder Público como sobre particulares. Sob o prisma objetivo, abrange tanto condutas omissivas quanto comissivas.

No caso dos entes públicos, estes **não possuem discricionariedade**, devendo exercer seu dever de proteção deste direito fundamental. A proteção desdobra-se em duas vertentes, uma de natureza *positiva* (atuar de forma comissiva na defesa do bem jurídico) e outra de natureza *negativa* (omitir-se de causar dano ao meio ambiente ou de prática retrocesso ambiental)[94].

Recorde-se, ainda, o *princípio da proporcionalidade* (princípio constitucional implícito), na modalidade ***vedação da proteção insuficiente***, segundo o qual ao Estado cabe proteger de forma adequada (leia-se: eficaz) o meio ambiente, de modo que interessam os **resultados efetivos** dessa proteção.

Tratando-se o meio ambiente de direito essencial, incluso no conceito de **mínimo existencial**, não existe óbice jurídico para que o Poder Público seja compelido a incluir no planejamento orçamentário a execução de políticas públicas, notadamente quando não houver comprovação objetiva da incapacidade econômico-financeira da pessoa estatal. Neste particular, não se pode invocar a teoria da reserva do possível como argumento para o Estado se escusar do cumprimento de suas obrigações prioritárias[95].

---

93 **Curso de Direitos Humanos**, São Paulo: saraiva, 2014, versão digital.

94 Idem.

95 Ver, a respeito, os seguinte arestos, que versam sobre a possibilidade de o poder estatal ser instado a implementar políticas públicas visando a concretização de direitos fundamentais integrantes do mínimo existencial: STJ. 2ª Turma. REsp 1.389.952-MT, Rel. Min. Herman Benjamin, julgado em 3/6/2014, noticiado no Informativo 543.

Com relação aos particulares, o dever de proteção atua como conformador de toda atividade privada, notadamente por meio da função socioambiental da propriedade e dos meios de produção (CR, art. 5º, XXIII, e art. 170, III e VI), devendo tanto abster-se de poluir como agir para obter a melhor eficiência ambiental possível.

3.10. Princípio da participação

Corolário do princípio democrático, o princípio da participação induz à integração da comunidade na definição, implantação e execução de políticas públicas ambientais. Decorre do dever constitucional da coletividade defender o meio ambiente (CR, art. 225, *caput*).

São exemplos de regras editadas com o fim de concretizar esse princípio: participação nos procedimentos de licenciamento ambiental de atividades efetiva ou potencialmente degradadoras[96], por meio de audiências públicas, participação de representantes de usuários e de organizações civis de recursos hídricos no Conselho Nacional de Recursos Hídricos e nos Comitês de Bacia Hidrográfica[97], e a cooperação de organizações não governamentais e pessoas físicas na gestão de unidades de conservação em Conselhos Consultivos e Deliberativos do Snuc[98], sem falar no direito genérico de petição aos Poderes Públicos (CR, art. 5º, XXXIV, "a"). Recorde-se, no plano processual, o direito de ação popular outorgado ao cidadão (CR, art. 5º, LXXIII), o direito de ação civil pública por associações (Lei 7.347/1985, art. 5º) e o direito de petição aos Poderes Públicos (CR, art. 5º, XXXIV, "a").

3.11. Princípio da informação

Não há como se falar em participação da sociedade se esta não possui acesso às informações necessárias. Desse modo, cada indivíduo deve ter acesso adequado a informações relativas ao meio ambiente de que disponham as autoridades, sejam públicas ou privadas.

Nesse sentido a Declaração do Rio de Janeiro/1992, no Princípio 10, afirma que, "no nível nacional, cada indivíduo deve ter acesso adequado a informações relativas ao meio ambiente de que disponham as autoridades públicas, inclusive informações sobre materiais e atividades perigosas em suas comunidades".

Por essa razão, além de a Constituição prever o direito à informação (art. 5º, XIV e III, e art. 37, § 3º, II), a Lei 6.938/1981 prevê como um dos objetivos da Política Nacional do Meio Ambiente a divulgação de dados e informações ambientais e à formação de uma consciência pública sobre o tema (art. 4º, V) e, para efetivar esse desiderato, serem instrumentos o sistema nacional de informações sobre o meio ambiente, SISNIMA (art. 9º, VII) e a garantia da prestação de informações relativas ao Meio Ambiente, obrigando-se o Poder Público a produzi-las, quando inexistentes

[96] Resoluções CONAMA 1/1986, 9/1987 e 237/1997.

[97] Lei 9.433/1997, artigos 1º, VI, 34 e 39.

[98] Lei 9.985/2000, art. 15, § 5º, art. 17, § 5º, art. 18, § 2º, art. 20, § 4º, art. 29, e art. 41, § 4º.

(art. 9º, XI)[99]. Posteriormente, a Lei 12.527/2011 (Lei de Acesso à Informação) fixou o dever dos órgãos, entidades públicas e privadas a eles vinculadas promover, independentemente de requerimentos, a divulgação em local de fácil acesso, no âmbito de suas competências, de informações de interesse coletivo ou geral por eles produzidas ou custodiadas (art. 8º).

Exemplos de efetivação do princípio da informação encontram-se na Lei 9.985/2000 (Snuc) quando prevê a obrigação de o Poder Público fornecer informações adequadas e inteligíveis à população local e a outras partes interessadas (art. 22, § 3º) e na Lei 12.305/2010 (Política Nacional de Resíduos Sólidos), no art. 6º, X, além de prever como instrumentos da referida política o Sistema Nacional de Informações sobre a Gestão dos Resíduos Sólidos (Sinir) e o Sistema Nacional de Informações em Saneamento Básico (Sinisa), conforme dispõe o art. 8º, XI e XII.

3.12. Princípio da correção na fonte

Tem origem no Direito Comunitário europeu a partir do Ato Único (1986), primeira grande revisão do Tratado de Roma (Tratado Constitutivo da Comunidade Europeia)[100]. Inicialmente chamado de princípio de *reparação na fonte*, foi corrigido nos tratados posteriores para princípio da *correção na fonte*, a fim de deixar claro o intuito de intervir *a priori* e não *a posteriori*.

Segundo Alexandra Aragão, o princípio determina quem deve, onde e quando se deve desenvolver ações de proteção do ambiente. Visa, portanto, pesquisar as causas da poluição para, sempre que possível, as eliminar ou pelo menos moderar, evitando que se repitam. Um exemplo de correção na fonte seria a interdição do funcionamento de um estabelecimento obsoleto e muito poluente enquanto não fosse modernizado com tecnologias menos degradadoras, ou, ainda, a proibição do "turismo de resíduos", isto é, a transferência de rejeitos dos países produtores geralmente para outros mais pobres[101], como no caso da vedação de importação de pneus usados julgado pelo STF[102]: ao invés de exigir que empreendedores brasileiros adotem medidas para proteger o meio ambiente da poluição causada pela importação de pneus usados, mais efetivo é impedir sua importação, pois corrige na fonte o problema.

3.13. Princípio do acesso equitativo aos recursos naturais

A Declaração de Estocolmo/1972 dispôs em seu Princípio 5 que "os recursos não renováveis do Globo devem ser explorados de tal modo que não haja risco de

[99] A Lei 10.650/2003 dispõe de forma detalhada sobre esse acesso à informação ambiental. O Decreto 6.514/2008, por sua vez, determinando que os órgãos ambientais integrantes do Sistema Nacional do Meio Ambiente – SISNAMA ficam obrigados a dar publicidade das sanções administrativas aplicadas, tanto por meio do SISNIMA como em seu próprio sítio na rede mundial de computadores (art. 149).

[100] "Artigo 130 R. A ação da Comunidade em matéria de ambiente fundamenta-se nos princípios da ação preventiva da **reparação prioritariamente na fonte** dos danos ao ambiente no princípio do poluidor-pagador." (destacou-se).

[101] Direito constitucional ambiental brasileiro. 6ª ed., São Paulo: Saraiva, 2015, versão digital.

[102] ADPF 101, rel. Min. Carmen Lúcia, j. 24/06/2009, Tribunal Pleno.

serem exauridos e que as vantagens extraídas de sua utilização sejam partilhadas a toda a humanidade".

No mesmo sentido, a Convenção da Diversidade Biológica (Decreto 2.519/1998), em seu art. 15.7 prevê que cada país deve adotar medidas legislativas, administrativas ou políticas para compartilhar de forma justa e equitativa os resultados da pesquisa e do desenvolvimento de recursos genéticos e os benefícios derivados de sua utilização comercial.

Em nível constitucional, o meio ambiente é bem de uso comum do povo das presentes e futuras gerações (CR, art. 225, *caput*), devendo assegurar o bem de todos de forma solidária (CR, art. 3º) consoante a dignidade humana (CR, art. 1º, III).

Assim sendo, referido princípio deve ser visualizado sob um duplo prisma: de um lado, o meio ambiente deve atender a toda a coletividade, evitando-se assim a formação de bolsões de **refugiados ou excluídos ambientais**[103] (*dimensão horizontal*)[104]; de outro, o meio ambiente deve ser preservado (e com qualidade) para as futuras gerações (*dimensão vertical*)[105]. Em outras palavras, deve-se evitar o esgotamento dos recursos, com a guarda desses bens para as gerações vindouras, bem como evitar a injusta distribuição dos mesmos (exclusão ambiental).

Por essa razão, reconhece-se a necessidade de estabelecer a proporcionalidade na utilização dos recursos naturais, devendo-se, quando a utilização não seja razoável ou necessária, negar o seu uso, mesmo que os bens não sejam atualmente escassos[106].

3.14. Princípio da vedação do retrocesso e princípio do progresso ecológico

A proibição do retrocesso, também chamada de efeito *cliquet*, *entrenchment* (entrincheiramento) ou princípio do não retorno da concretização, consiste na proibição da eliminação da concretização já alcançada na proteção de algum direito, admitindo-se somente aprimoramentos e acréscimos[107].

Encontra-se previsto no Pacto Internacional sobre Direitos Econômicos, Sociais e Culturais (PIDESC), subscrito pelo Brasil e promulgado pelo Decreto 591/1992, e prevê no art. 2º, item "1", que cada Estado Parte compromete-se a

[103] A temática dos excluídos ambientais é cada vez mais alarmante. Grupos vulneráveis são, muitas vezes, obrigados e viver em ambientes degradados, enquanto classes abastadas residem em locais agradáveis, usufruindo de áreas arborizadas, espaços de lazer (urbanos ou naturais), água tratada, etc. Como decorrência disso, surgem inúmeros problemas, dentre os quais fluxos crescentes de migrantes se deslocam pelo planeta fugindo da degradação socioambiental em suas terras de origens, como, por exemplo, o êxodo de áreas desertificadas, com solos contaminados e inférteis ou, como já se prevê, de áreas inundadas pela elevação do nível dos oceanos.

[104] A Lei 9.433/1997, por exemplo, diz, em seu art. 11: "O regime de outorga de direitos de uso de recursos hídricos tem como objetivos assegurar o controle quantitativo e qualitativo dos usos da água e o efetivo exercício dos *direitos de acesso à água*" (destacou-se).

[105] A Declaração do Rio de Janeiro sobre Meio Ambiente e Desenvolvimento (1992) não deixou de enfatizar essa dimensão temporal, estabelecendo, no Princípio 3, que o direito ao desenvolvimento "deve ser exercido de modo a permitir que sejam atendidas equitativamente as necessidades de gerações presentes e futuras".

[106] Paulo Affonso Leme Machado, ob. cit., p. 91.

[107] André de Carvalho Ramos. **Curso de Direitos Humanos**. São Paulo: Editora Saraiva, 2014, versão digital.

adotar medidas, tanto por esforço próprio como pela assistência e cooperação internacionais, principalmente nos planos econômico e técnico, até o máximo de seus recursos disponíveis, que visem a assegurar, ***progressivamente***, por todos os meios apropriados, o pleno exercício dos direitos reconhecidos no presente Pacto, incluindo, em particular, a adoção de medidas legislativas[108]. Ao se prever a aplicação progressiva de um direito fundamental (cláusula de progressividade ou o dever de progressiva realização), vedado está o retorno à situação anterior (retrocesso).

Referida norma decorre do princípio da proporcionalidade, dada a necessidade de as medidas legislativas e administrativas adotadas pelo Estado situarem-se entre a proibição de excesso e a proibição de insuficiência de proteção[109]. São inconstitucionais, portanto, quaisquer medidas legislativas ou administrativas que tenham por objeto suprimir mecanismos de proteção ambiental ou reduzir de modo ilegítimo (mediante violação da proporcionalidade ou do núcleo essencial dos direitos ao ambiente ecologicamente equilibrado) tais níveis de tutela do ambiente no âmbito do ordenamento jurídico brasileiro[110].

Conforme ensina Antônio Herman Benjamin:

> é seguro afirmar que a proteção de retrocesso, apesar de não se encontrar, com nome e sobrenome, consagrada na nossa Constituição, nem em normas infraconstitucionais, e não obstante sua relativa imprecisão – compreensível em institutos de formulação recente e ainda em pleno processo de consolidação –, transformou-se em princípio geral do Direito Ambiental, a ser invocado na avaliação da legitimidade de iniciativas legislativas destinadas a reduzir o patamar de tutela legal do meio ambiente, mormente naquilo que afete em particular (a) processos ecológicos essenciais, (b) ecossistemas frágeis ou à beira de colapso e (c) espécies ameaçadas de extinção[111].

Na ADI 5.447/DF (2016), o Ministro Luis Roberto Barroso, do STF, discorrendo sobre o princípio da precaução em seu voto, reproduziu a posição de Ingo Sarlet e Tiago Fensterseifer sobre o princípio da proibição de retrocesso ambiental:

> Assumindo como correta a tese de que a proibição de retrocesso não pode impedir qualquer tipo de restrição a direitos socioambientais, parte-se daqui da mesma diretriz que, de há muito, tem sido adotada no plano da doutrina especializada, notadamente a noção de que sobre qualquer medida que venha a provocar alguma diminuição nos níveis de proteção (efetividade) dos direitos socioambientais recai a suspeição de sua ilegitimidade jurídico constitucional, portanto, na gramática do Estado Constitucional,

108 Também o art. 26 da Convenção Americana sobre Direitos Humanos (CADH), complementado pelo Protocolo de São Salvador, prevê o "desenvolvimento progressivo" dos direitos econômicos, sociais e culturais.

109 STF, AI 598.212 ED, rel. min. Celso de Mello, j. 25-3-2014, 2ª T, DJE de 24-4-2014.

110 Ver, a respeito, o trabalho de Sarlet e Fensterseifer: **Breves considerações sobre os deveres de proteção do estado e a garantia da proibição de retrocesso em matéria ambiental**, Revista de Direito Ambiental, São Paulo: Revista dos Tribunais, v. 58, p. 41-85.

111 **O princípio da proibição de retrocesso ambiental.** Brasília-DF. Comissão de Meio Ambiente, Defesa do Consumidor e Fiscalização e Controle do Senado Federal. p. 62. Disponível em http://www2.senado.leg.br/bdsf/handle/id/242559, acesso em 5.7.2017.

de sua inconstitucionalidade, acionando assim um dever de submeter tais medidas a um rigoroso controle de constitucionalidade[112].

Um dos casos mais polêmicos a envolver a incidência da vedação do retrocesso é o do advento da Lei 12.651/2012 (Lei de Proteção da Vegetação, conhecida como Código Florestal), que reduziu sensivelmente o nível normativo de proteção do meio ambiente, ensejando o ajuizamento de três ações diretas de inconstitucionalidade pelo Procurador-Geral da República[113], julgadas parcialmente procedentes pelo STF (vide item 6.4.1).

Outro exemplo recente de retrocesso ambiental, nítido caso de reação legislativa por ativismo congressual, é a polêmica Emenda Constitucional nº 96, de 2017, que incluiu o § 7º ao art. 225 da CR, aprovada "a toque de caixa", e que não considera cruéis as práticas desportivas que utilizem animais, desde que sejam manifestações culturais, registradas como bem de natureza imaterial integrante do patrimônio cultural brasileiro, devendo ser regulamentadas por lei específica que assegure o bem-estar dos animais envolvidos. Tal alteração da Constituição foi realizada poucos meses após o Plenário do STF declarar inconstitucional lei estadual que regulamentava a atividade da "vaquejada"[114], por violação à proteção da fauna e a vedação aos maus-tratos (art. 225, § 1º, VII).

Como o meio ambiente é essencial à sadia qualidade de vida, inegável que integra o direito fundamental à vida (CR, art. 5º), configura, portanto, **cláusula pétrea** (item 4.1), nos moldes do art. 60, § 4º da Constituição, a eivar de **inconstitucionalidade** qualquer diminuição do nível de proteção ambiental.

Forçoso reconhecer que o ordenamento brasileiro vive, na atualidade, um quadro que a doutrina constitucionalista denomina de **efeito *backlash***, isto é, uma reação conservadora de parcela da sociedade ou das forças políticas (em geral, do Poder Legislativo) diante de decisões judiciais progressistas na implementação de normas de direitos fundamentais que, no passado, eram letra morta[115]. Em outras palavras, quando normas ambientais positivadas há décadas (caso do antigo Código Florestal de 1965 ou a Constituição de 1988, p. ex.), passaram a ser efetivamente aplicadas,

---

112 Direito constitucional ambiental: Constituição, direitos fundamentais e proteção do meio ambiente. 4ª ed. São Paulo: Revista dos Tribunais, 2014, p. 321.

113 ADI 4901, ADI 4902 e ADI 4903.

114 ADI 4983/CE, Rel. Min. Marco Aurélio, julgado em 06/10/2016 (Informativo 842).

115 George Marmelstein resume a lógica do efeito *backlash* ao ativismo judicial: "(1) Em uma matéria que divide a opinião pública, o Judiciário profere uma decisão liberal, assumindo uma posição de vanguarda na defesa dos direitos fundamentais. (2) Como a consciência social ainda não está bem consolidada, a decisão judicial é bombardeada com discursos conservadores inflamados, recheados de falácias com forte apelo emocional. (3) A crítica massiva e politicamente orquestrada à decisão judicial acarreta uma mudança na opinião pública, capaz de influenciar as escolhas eleitorais de grande parcela da população. (4) Com isso, os candidatos que aderem ao discurso conservador costumam conquistar maior espaço político, sendo, muitas vezes, campeões de votos. (5) Ao vencer as eleições e assumir o controle do poder político, o grupo conservador consegue aprovar leis e outras medidas que correspondam à sua visão de mundo. (6) Como o poder político também influencia a composição do Judiciário, já que os membros dos órgãos de cúpula são indicados politicamente, abre-se um espaço para mudança de entendimento dentro do próprio poder judicial. (7) Ao fim e ao cabo, pode haver um retrocesso jurídico capaz de criar uma situação normativa ainda pior do que a que havia antes da decisão judicial, prejudicando os grupos que, supostamente, seriam beneficiados com aquela decisão." (**Efeito Backlash da Jurisdição Constitucional: reações políticas à atuação judicial**. Disponível em: https://direitosfundamentais.net/2015/09/05/efeito-backlash-da-jurisdicao-constitucional--reacoes-politicas-a-atuacao-judicial/. Acesso em 9.11.2018).

surgiu reação de setores afetados e, consequentemente, do Legislativo, procurando desmantelar o arcabouço normativo.

Superada a análise dos retrocessos, indaga-se: seria suficiente, então, não retroceder com relação à proteção ambiental? Entendemos que não. Fala-se, assim, no **princípio do progresso ecológico.**

Com efeito, considerando a previsão do PIDESC e de outros diplomas internacionais de que a implementação dos direitos fundamentais deve ser progressiva, tem-se corretamente interpretado que não basta ao Estado e a sociedade cumprir a vedação do retrocesso ambiental. É necessário efetivamente **progredir**, ou seja, paulatinamente avançar, evoluir, na efetivação dos direitos, inclusive como decorrência do princípio da precaução. Dessa forma, Estado, cidadãos e empresas devem buscar gradualmente melhorar os níveis de proteção ambiental[116].

3.15. Princípio da responsabilidade comum, porém diferenciada

Este princípio foi introduzido na ordem internacional com a Convenção da Mudança do Clima, adotada em Nova York (1992), internalizada na ordem jurídica nacional pelo Decreto 2.652/1998. O art. 3º, "1" prevê que "as Partes devem proteger o sistema climático em benefício das gerações presentes e futuras da humanidade com base na equidade e em conformidade com suas responsabilidades comuns, mas diferenciadas e respectivas capacidades". Disposição assemelhada consta no art. 4º, "1".

Dessa forma, o custo excessivo na proteção ambiental deve ser ponderado de acordo com a realidade econômica de cada País[117]. Referida norma reflete claramente a adoção do princípio da igualdade material, tratando-se de maneira desigual os países, conforme suas diferenças.

A Lei 12.187/2009, que aprovou a Política Nacional de Mudança do Clima, previu em seu art. 3º "responsabilidades comuns, porém diferenciadas", todavia fazendo a curiosa ressalva: "no âmbito internacional". Apesar da redação inadequada, o art. 3º da CR-1988, que prevê os objetivos de reduzir as desigualdades sociais e regionais e de promover o bem de todos, alberga implicitamente a responsabilidade comum, mas diferenciada, seja entre pequenas e grandes empresas, seja entre entes mais ou menos desenvolvidas da Federação.

3.16. Princípio do protetor-recebedor

Trata-se de princípio que estimula sanções premiais, isto é, normas que conferem prêmios ao invés de punições para os que praticarem determinadas condutas. No caso, o estímulo se dá em favor do que adotarem condutas benéficas ao meio ambiente, os *serviços ambientais*.

[116] A União Europeia já adota o referido princípio, conforme Alexandra Aragão, tendo a chamada cláusula de progresso sido recomendada em 1975 por uma Resolução do Conselho da Comunidade Europeia. A recomendação, que visa adaptação ao progresso técnico das diretivas ou outras regulamentações comunitárias respeitantes a proteção e melhoria do meio ambiente, tem sido levada a sério pelas instituições (In CANOTILHO, J.J. Gomes et al. **Direito constitucional ambiental brasileiro**. 6ª ed., São Paulo: Saraiva, 2015, versão digital).

[117] Paulo Affonso Leme Machado, **Direito ambiental brasileiro**, p. 110.

A sanção premial (ou sanção positiva) assume um relevante papel: obter maior efetividade como técnica de encorajamento ao destinatário da norma, que deixa de ser perseguido pelo descumprimento de um dever de proteção e passa a ser convidado, mediante o recebimento de um incentivo ou prêmio, a cooperar nessa proteção, mudando radicalmente o paradigma da relação de autoridade entre o Estado e os destinatários de suas normas.

A Lei 9.393/1996, que dispõe sobre o Imposto sobre a Propriedade Territorial Rural (ITR), exclui do cálculo da área tributável do imóvel, as áreas de florestas plantadas ou nativas, de preservação permanente e de reserva legal, de servidão ambiental (art. 10, § 1º).

De forma a envolver ainda mais o cidadão na proteção do meio ambiente, o Programa Bolsa Floresta (PBF), política pública instituída pelo Estado do Amazonas em 2007, por intermédio da Lei 3.135, sobre Mudanças Climáticas, Conservação Ambiental e Desenvolvimento Sustentável do Amazonas, e da Lei Complementar 53, sobre o Sistema Estadual de Unidades de Conservação, cuja adesão é voluntária, oferece o pagamento por serviços ambientais em troca de: participação em oficinas, capacitação em mudanças climáticas e serviços ambientais; não abertura de novas áreas de roçado (desmate para agricultura) em áreas de florestas primárias, e o ingresso ou permanência dos filhos na escola.

O princípio passou a ser expressamente previsto no ordenamento nacional por meio da Política Nacional de Resíduos Sólidos, que o incluiu em seu rol de princípios (art. 6º, II, da Lei 12.305/2010). Implicitamente foi acolhido pela Lei 12.512/2011, que instituiu o Programa de Apoio à Conservação Ambiental, que prevê a transferência de recursos financeiros e prestação de serviços de assistência técnica a famílias em situação de extrema pobreza que desenvolvam atividades de conservação de recursos naturais no meio rural (art. 2º).

De forma mais abrangente, a Lei 12.651/2012 (Código Florestal), autoriza o Poder Executivo federal a instituir programa de apoio e incentivo à conservação do meio ambiente, bem como para adoção de tecnologias e boas práticas que conciliem a produtividade agropecuária e florestal, com redução dos impactos ambientais, mediante incentivos como retribuição, monetária ou não, às atividades de conservação e melhoria dos ecossistemas e que gerem serviços ambientais (art. 41).

4. MEIO AMBIENTE NA CONSTITUIÇÃO DA REPÚBLICA

4.1. O esverdeamento da Constituição e o Estado de Direito Ambiental ou Estado Constitucional Ecológico

A Constituição de 1988 é marca indelével do "esverdeamento" do ordenamento jurídico brasileiro, eis que as anteriores nada traziam especificamente sobre a proteção do ambiente natural[118]. Intensamente impregnada de ambientalismo explícito ou implícito ao longo de seu texto, seguiu a tendência adotada pelas Constituições

[118] SILVA, José Afonso da. **Direito Ambiental Constitucional.** 4ª ed. São Paulo: Malheiros, 2002, p. 46.

Portugal (1976) e Espanha (1978) e, na América Latina, por Equador e Peru (1979), Chile (1980), Honduras (1982), Panamá (1983), Guatemala (1985) e Nicarágua (1987), resultando em um "documento essencialmente ambientalista"[119].

A análise do texto constitucional descortina inúmeros dispositivos que, direta ou indiretamente[120], tem reflexos no meio ambiente.

Já no Preâmbulo, o constituinte afirma o desiderato de instituir um Estado Democrático, destinado a assegurar, dentre outros valores, os **direitos sociais**, a **segurança** e o **bem-estar**. Os **direitos sociais**, na linguagem dos tratados internacionais, incluem o que o ordenamento brasileiro denomina de direitos difusos e coletivos, onde se situa o direito ao meio ambiente. Já a **segurança** constitui-se em valor fundante do Estado de Direito e se opõe a perigo, o qual inequivocamente possui uma vertente ecológica: os riscos ambientais, problema cada vez acentuado na sociedade de risco[121]. O **bem-estar**, expressão que, aliás, aparece sete outras vezes ao longo do texto constitucional, inclusive se referindo a animais (art. 225, § 7º), não existe sem que se assegure ao indivíduo um meio ambiente saudável.

No art. 1º, III, assenta-se como um dos fundamentos da República a **dignidade da pessoa humana**, valor fundante que se irradia por todo o ordenamento e conectado diretamente ao direito à vida (art. 5º, *caput*), e que, por certo, não se concretiza num ambiente poluído. No art. 3º, dentre os objetivos fundamentais da República, estão o de construir uma sociedade livre, justa e solidária e promover o bem de todos. Ora, a solidariedade é justamente um dos valores mais caros ao Direito Ambiental, conforme ensinam Sarlet e Fensterseifer[122], para quem o direito humano e fundamental a um meio ambiente saudável e ecologicamente equilibrado é exemplo paradigmático de um direito-dever ou o que pode ser designado como **direito de solidariedade**.

No art. 4º é determinado que o Brasil se rege nas suas relações internacionais pelos princípios da prevalência dos direitos humanos (inciso II) e cooperação entre os povos para o progresso da humanidade (inciso IX), os quais remetem, respectivamente, aos princípios de Direito Ambiental da primazia e da integração entre os povos.

Ao fixar as competências legislativas e materiais dos entes federados[123], o constituinte propositalmente criou uma aparente sobreposição de poderes, pois outorgou competências ambientais a todos, porém o fez com o desiderato de melhor defender o bem jurídico ambiental, numa nítida manifestação de **federalismo cooperativo e fraternal**.

---

119 BULOS, Uadi Lammêgo. **Curso de direito constitucional**. 8ª ed. São Paulo: Saraiva, 2014, p. 1609.

120 Uadi Lammêgo Bulos aponta as seguintes regras implícitas de garantia do meio ambiente: arts. 20, III, V, VI, VII, IX, X; 21, XIX, XX, XXIII, XXIV, XXV; 22, IV, XII, XXVI; 23, III, IV; 24, II, VII; 26, I; 30, IX; 196 a 200 (op. cit., p. 1609).

121 Ver, a respeito, o tópico 1.7.

122 SARLET, Ingo Wolfgang; e FENSTERSEIFER, Tiago. **Direito Constitucional ambiental**. São Paulo: Revista dos Tribunais, 2011, p. 140.

123 Art. 23, III, IV, V, VI e VII. Art. 24, V, VI, VII e VIII.

Ao tratar da ordem econômica (art. 170), estabeleceu que esta tem por fim assegurar a todos existência digna, conforme os ditames da justiça social, observados os princípios, dentre os quais a função social (inciso III) e a defesa do meio ambiente (inciso VI). Ainda na seara da atividade econômica, condicionou a atividade garimpeira (altamente poluidora) à proteção do meio ambiente (art. 174, § 3º), e determinou que a lei que instituir contribuição de intervenção no domínio econômico relativa à importação ou comercialização de petróleo e seus derivados, gás natural e seus derivados e álcool combustível deverá ter os recursos arrecadados destinados ao financiamento de projetos ambientais relacionados a indústria do petróleo e do gás (art. 177, § 4º, I).

Avançou o constituinte na superação do caráter individualista da propriedade, condicionando o seu uso ao cumprimento da função social, que é composta, como já visto (item 3.4), por ampla dimensão ambiental, devendo a propriedade rural atender a requisitos como "aproveitamento racional e adequado" e "utilização adequada dos recursos naturais disponíveis e preservação do meio ambiente" (art. 186, I e II). No caso da propriedade urbana, condicionou aos requisitos traçados no plano diretor municipal (art. 182).

Previu expressamente o **meio ambiente do trabalho** no art. 200, VIII, competindo ao sistema único de saúde colaborar na sua proteção. Ao tratar da comunicação social, previu que esta não sofrerá qualquer censura, porém determinou que a propaganda não poderá ser nociva à saúde e ao meio ambiente (art. 220, § 3º, II).

Ao reconhecer o direito dos índios às suas terras, organização social, costumes, línguas, crenças e tradições, definiu seus espaços territoriais como aqueles "imprescindíveis à preservação dos recursos ambientais" (art. 231, § 1º), por um lado impedindo que sejam privados desses bens necessários à sobrevivência e, por outro, vedando o uso antiecológico.

Além de dispor detalhadamente sobre a proteção ao patrimônio cultural (artigos 215 e 216), dedicou um capítulo inteiro (o VI) especificamente ao meio ambiente, capítulo este composto pelo extenso art. 225, destacando o tema como um direito "essencial", que a todos incumbe defender, e que pertence inclusive às futuras gerações, prevendo, ao longo dos parágrafos, diversos instrumentos para sua efetividade.

Visando assegurar mecanismos de defesa desse direito fundamental e essencial, previu a qualquer cidadão ser parte legítima para propor ação popular que vise a anular ato lesivo ao patrimônio público ou de entidade de que o Estado participe, à moralidade administrativa, ao meio ambiente e ao patrimônio histórico e cultural, ficando o autor, salvo comprovada má-fé, isento de custas judiciais e do ônus da sucumbência (art. 5º, LXXIII). Além disso, outorgou expressamente ao Ministério Público a função institucional de promover o inquérito civil e a ação civil pública, para a proteção do patrimônio público e social, do meio ambiente e de outros interesses difusos e coletivos (art. 129, III).

Nesse particular, nota-se com clareza que o constituinte indisfarçavelmente elegeu dois bens jurídicos a serem defendidos prioritariamente pelo Ministério Público: o patrimônio público (leia-se: combate à corrupção) e o meio ambiente. Todos demais direitos metaindividuais foram contidos na cláusula genérica "outros interesses".

Ante a constatação de que o meio ambiente se encontra implícito ou explícito ao longo de todo o texto constitucional, é inegável o fenômeno do "esverdeamento da Constituição" e, por conseguinte, do direito brasileiro. Inaugura-se, destarte, entre nós, não apenas o direito ao **meio ambiente como cláusula pétrea**[124] (porque essencial ao direito à vida), como também o **Estado de Direito Ambiental**, uma instituição ainda em construção, que deve "se adequar à crise ecológica e à sociedade de risco, possuindo princípios fundantes e estruturantes, contornos e metas para tentar minimizar os efeitos dos impactos negativos no meio ambiente" mediante a "persecução de uma condição ambiental capaz de favorecer a harmonia entre os ecossistemas e, consequentemente, garantir a plena satisfação da dignidade para além do ser humano" e que se destaca-se por três pressupostos "a adoção de uma concepção integrada do meio ambiente; a institucionalização dos deveres fundamentais ambientais; e o agir integrativo da Administração[125].

Conforme ensina Carlos Ayres Brito:

> Efetivamente, se considerarmos a evolução histórica do Constitucionalismo, podemos facilmente ajuizar que ele foi liberal, inicialmente, e depois social. Chegando, nos dias presentes, à etapa fraternal da sua existência. Desde que entendamos por Constitucionalismo Fraternal esta fase em que as Constituições incorporam às franquias liberais e sociais de cada povo soberano a dimensão da Fraternidade; isto é, a dimensão das ações estatais afirmativas [...] o constitucionalismo fraternal alcança a dimensão da luta pela afirmação do valor do Desenvolvimento, do Meio Ambiente ecologicamente equilibrado, da Democracia e até de certos aspectos do urbanismo como direitos fundamentais. Tudo na perspectiva de se fazer da interação humana uma verdadeira comunidade; isto é, uma comunhão de vida, pela consciência de que, estando todos em um mesmo barco, não têm como escapar da mesma sorte ou destino histórico[126].

Com efeito, Canotilho ensina que o conceito de Estado de Direito Ambiental e Ecológico impõe que "o estado de direito hoje só é estado de direito se for um estado protetor do ambiente e garantidor do direito ao ambiente mas o estado ambiental e ecológico só será estado de direito que cumprir os deveres de juridicidade impostos a atuação dos poderes públicos"[127].

No entanto, os constantes revezes que mutilam as normas ambientais, notadamente nos últimos anos, tornam pertinente a advertência de Uadi Lammêgo Bulos:

> A pena do constituinte de 1988 vem cedendo ante a maldade dos corações gananciosos, que, no afã de querer sempre mais, não se contentando com o que já possuem, fazem da Constituição ambiental algo meramente simbólico, esquecido, relegado a último plano. Decerto, nesses anos de vigência da Constituição de 1 988, fatores psicossociais e econômicos têm dificultado a implementação de todas as suas normas, dispostas em enunciados genéricos, dependentes, na maioria, de providência legislativa posterior.

[124] SARLET, Ingo Wolfgang; e FENSTERSEIFER, Tiago. **Direito Constitucional ambiental**. São Paulo: Revista dos Tribunais, 2011, p. 148.

[125] LEITE, José Rubens Morato; BELCHIOR, Germana Parente Neiva. **Estado de Direito Ambiental: uma análise da recente jurisprudência ambiental do STJ sob o enfoque da hermenêutica jurídica**. In Revista de Direito Ambiental. São Paulo, v. 56, p. 55-92, Out-Dez/2009.

[126] BRITO, Carlos Ayres. **Teoria da Constituição.** 2ª ed. Rio de Janeiro: Forense, 2006, p. 216.

[127] **Direito constitucional ambiental brasileiro**. 6ª ed., São Paulo: Saraiva, 2015, versão digital.

Vivemos, então, um dilema. De um lado, não podemos desprezar o avanço da matéria ambiental na Carta de 1 988; de outro, não devemos fechar os olhos para certa anestesia social, provocada pela crença de que textos constitucionais tudo podem, quando, no Brasil, infelizmente, quase nada podem[128].

4.2. Competências ambientais

Como bem reconhece José Afonso da Silva, o sistema de repartição de competências entre as entidades da federação brasileira é bastante complexo[129], sendo a vasta jurisprudência do STF sobre o tema evidência clara do quão desafiadora é a arquitetura do federalismo cooperativo idealizado em 1988. Nele encontram-se dois tipos de competências ambientais: **competências legislativas** e **competências de materiais** (ou de implementação), distribuídos direta ou indiretamente a todos os entes federados.

A Constituição é explícita sobre quem pode legislar em matéria de proteção do ambiente: a União, os Estados e o Distrito Federal têm **competência legislativa concorrente** (art. 24) sobre:

- produção e consumo (inc. V);
- florestas, caça, pesca, fauna, conservação da natureza, defesa do solo e dos recursos naturais, proteção do meio ambiente e controle da poluição (inc. VI);
- proteção ao patrimônio histórico, cultural, artístico, turístico e paisagístico (VII);
- responsabilidade por dano ao meio ambiente, ao consumidor, a bens e direitos de valor artístico, estético, histórico, turístico e paisagístico (inc. VIII)[130];

Nessa linha, a Lei 6.938/1981 (LPNMA) dispõe que os Estados, na esfera de suas competências e nas áreas de sua jurisdição, elaborarão normas supletivas e complementares e padrões relacionados com o meio ambiente, observados os que forem estabelecidos pelo CONAMA (art. 6º, § 1º)[131].

Ainda com relação a competência legislativa, cabe aos **municípios**, por sua vez, legislarem sobre ordenamento do solo urbano (art. 182), **assuntos de interesse local** (art. 30, inc. I) e suplementar a legislação federal e a estadual no que couber (inc. II). Também a LPNMA vai nesse sentido ao prever que "os Municípios, observadas as normas e os padrões federais e estaduais, também poderão elaborar as normas mencionadas no parágrafo anterior" (art. 6º, § 2º).

Nesse particular, o STF decidiu[132] que a expressão **"interesse local" não significa interesse exclusivo do Município, mas preponderante**, e, com isso, manteve autos

[128] BULOS, Uadi Lammêgo. **Curso de direito constitucional.** 8ª ed. São Paulo: Saraiva, 2014, p. 1610.

[129] **Direito ambiental constitucional.** 4ª ed. São Paulo: Malheiros, 2002, p. 72.

[130] Pontua José Afonso da Silva que a competência concorrente para legislar sobre responsabilidade pelo dano ecológico é limitada em razão da competência privativa da União para legislar sobre direitos penal e civil (art. 22, I). Op. cit., p. 78.

[131] O STF decidiu que o Estado-membro pode legislar sobre controle de resíduos de embarcações, oleodutos e instalações costeiras sem que isso configure ofensa ao art. 22, I, da CR/88. No caso, entendeu que a Lei estadual 11.078/1999, de Santa Catarina, tem como objeto a tutela ao meio ambiente, sendo essa matéria de competência concorrente, nos termos do art. 24, VI e VIII, da CR. (Plenário. ADI 2030/SC, rel. Min. Gilmar Mendes, julgado em 9/8/2017, noticiado no Informativo 872.

[132] STF. Plenário. RE 194704/MG, rel. orig. Min. Carlos Velloso, red. p/ o ac. Min. Edson Fachin, julgado em 29/6/2017, noticiado no Informativo 870.

de infração municipais que aplicaram multas por poluição decorrente da emissão de fumaça por veículos automotores no perímetro urbano.

Em outro julgado relevante, visando balizar o exercício da competência legislativa municipal, o STF firmou entendimento de que o município é competente para legislar sobre o meio ambiente, com a União e o Estado-membro desde que, cumulativamente: 1º) **no limite do seu interesse local,** 2º) o faça **fundamentadamente,** e 3º) que esse regramento seja **harmônico com a disciplina estabelecida pelos demais entes** federados (CR, art. 24, VI, c/c o art. 30, I e II)[133].

Diante desta aparente sobreposição de competências[134], é necessário traçar critérios delineadores. Conforme Solange Teles da Silva[135], a possibilidade de legislar dos Estados, Distrito Federal e, mesmo dos Municípios existe, desde que observadas duas condições simultaneamente: 1º) tais normas devem estar em **conformidade com a norma geral (federal)**, e 2º) elas devem estabelecer padrões mais protetivos. Trata-se do critério da **preponderância da norma mais restritiva** em razão da proteção ambiental e da saúde humana, que traz coerência a interpretação dos tribunais superiores brasileiros e que se coaduna com os objetivos da federação e nos direitos fundamentais consagrados pelo Texto Constitucional, bem como nos compromissos internacionais assumidos pelo Brasil em matéria de direitos humanos.

Havendo choque entre normas federais e estaduais ou municipais, sendo suplementar a competência estadual/municipal, prevalecem as regras da União (exceto se dispuserem sobre questões locais), caracterizando invasão de competência e tornando o diploma legal inconstitucional, devendo o conflito de competência resolver se por meio de controle de constitucionalidade difuso ou concentrado[136].

Já no que tange às **competências materiais**, âmbito de exercício do poder de polícia, a Constituição (art. 23) atribuiu igualmente a todos os entes (União, Estados, Distrito Federal e Municípios) o poder-dever de proteger o meio ambiente e combater a poluição em qualquer de suas formas (inc. VI), preservar as florestas, a fauna e a flora (inc. VII), fiscalizar as concessões de direitos de pesquisa e exploração de recursos hídricos e minerais em seus territórios (inc. XI), bem como de proteger o patrimônio cultural (III e IV). Todavia, à União resta uma posição de supremacia no que tange a proteção ambiental, conforme bem atenta José Afonso da Silva[137], seja em virtude das

---

133 Pleno, RE 586224-SP, com repercussão geral reconhecida, Informativo 776. No mesmo sentido: 2ª Turma. ARE 748206 AgR/SC, rel Min. Celso de Mello, julgado em 14/3/2017, Informativo 857.

134 Veja-se um exemplo: embora a CR atribua à União a competência privativa para legislar sobre águas (art. 22, IV), estas são bens dos Estados (art. 26, I), motivo pelo qual o STJ decidiu ser possível que decreto e portaria estaduais disponham sobre a obrigatoriedade de conexão do usuário à rede pública de água, bem como sobre a vedação ao abastecimento por poço artesiano, ressalvada a hipótese de inexistência de rede pública de saneamento básico (REsp 1.306.093-RJ, Informativo 525).

135 **Competência legislativa em matéria ambiental: uma análise da evolução jurisprudencial no STJ e STF**. In Revista dos Tribunais. São Paulo, v. 945, p. 39-56, Jul/2014.

136 Trata-se por exemplo do chamado Código Ambiental do Estado de Santa Catarina (Lei estadual 14.675/2009), objeto de Ação Direta de Inconstitucionalidade ajuizada pelo procurador-geral da República, atualmente pendente de julgamento pelo STF (ADI 4252). Referido diploma invadiu a competência da União ao tratar de matéria disciplinada nas leis federais 4.771/65 (Código Florestal), 7.661/88 (Lei do Plano Nacional do Gerenciamento Costeiro), e 11.428/06 (Lei de Proteção à Mata Atlântica).

137 **Direito Ambiental Constitucional**, 4ª ed. São Paulo: Malheiros, 2002, p. 76.

competências previstas no art. 21, IX e XI, e art. 22, IV, seja porque a ela em coube a política geral do meio ambiente nos termos da Lei 6.938/1981 (art. 6º).

Visando fixar normas para a cooperação entre a União, os Estados, o Distrito Federal e os Municípios nas ações administrativas decorrentes do exercício da competência comum relativas à proteção do meio ambiente, foi editada a Lei Complementar 140/2011, a qual conseguiu atenuar (sem eliminar) a problemática dos conflitos de atribuição, embora tenha enfraquecido o sistema de licenciamento ambiental[138], notadamente por promover a descentralização para Estados e Municípios, sem a efetiva comprovação da estruturação, imparcialidade, independência e transparência de seus órgãos para tal atividade, sempre sujeita a intensas injunções político-econômicas regionais e locais[139].

É a competência constitucional concorrente para defesa do meio ambiente que soluciona os casos de inércia ou omissão do órgão ambiental com competência primária, hipótese em que incide poder de polícia supletivo, conforme entende o STJ:

> O IBAMA possui interesse jurídico e pode exercer poder de polícia administrativa ambiental dentro de área cuja competência para o licenciamento seja do Município ou do Estado.
>
> A atividade fiscalizatória das atividades nocivas ao meio ambiente concede ao IBAMA interesse jurídico suficiente para exercer seu poder de polícia administrativa, ainda que o bem esteja situado em área cuja competência para o licenciamento seja do Município ou do Estado.
>
> Nos termos da legislação federal de regência, a competência concorrente não inibe a atuação do IBAMA, ainda mais não tendo havido a interferência de órgão ambiental local[140].

Portanto, havendo omissão do órgão municipal ou estadual na fiscalização, mesmo que outorgante da licença ambiental, o IBAMA pode exercer o seu poder de polícia administrativa, porque não se pode confundir competência para licenciar com competência para fiscalizar[141].

5. POLÍTICA NACIONAL DO MEIO AMBIENTE E SISTEMA NACIONAL DO MEIO AMBIENTE

5.1. Política Nacional do Meio Ambiente (PNMA): diretrizes, objetivos, definições, princípios e instrumentos

A Lei 6.938/1981 instituiu a Política Nacional do Meio Ambiente (PNMA), com definições, objetivos, diretrizes, instrumentos e regras estruturantes para a proteção do meio ambiente e para um desenvolvimento sustentável. Trata-se de referência obrigatória para a tomada de decisões pelos particulares e pelo Poder Público em

138 LEUZINGER, Márcia Dieguez; CUREAU, Sandra. **Direito ambiental**. Rio de Janeiro: Elsevier, Campus, 2013, p. 76.

139 Os aspectos da LC 140/2011 serão tratados no tópico 5.2.1.

140 STJ. 2ª Turma. REsp 1560916/AL, Rel. Min. Francisco Falcão, julgado em 06/10/2016.

141 STJ. 1ª Turma. AgInt no REsp 1484933/CE, Rel. Min. Regina Helena Costa, julgado em 21/03/2017.

todas as suas esferas, inclusive das leis de conteúdo ambiental que a ela sucederam[142]. Conforme exalta Marina Silva, "assim como a Constituição de 1988, inovadora e ousada, ela é não só um marco, mas também um pilar indispensável à construção da questão ambiental no Brasil como algo da esfera do desenvolvimento e não apenas da defesa do ambiente natural"[143].

A PNMA, conforme previsto no art. 5º da lei, determina **diretrizes** para fundamentar as ações dos poderes públicos federal, estadual e municipal para a **preservação da qualidade ambiental e manutenção do equilíbrio ecológico**, assim como para **condicionar as atividades empresariais públicas e privadas**. O objetivo central da PNMA é a preservação, melhoria e recuperação da qualidade ambiental propícia à vida, visando assegurar, no País, condições ao desenvolvimento socioeconômico, aos interesses da segurança nacional e à proteção da dignidade da vida humana (art. 2º, *caput*), tendo como principais princípios orientadores a consideração do **meio ambiente como patrimônio público coletivo**, a racionalização, o planejamento e a fiscalização do uso dos recursos naturais, a proteção e recuperação de ecossistemas, o zoneamento das atividades potencial ou efetivamente poluidoras, o monitoramento da qualidade ambiental e a educação ambiental.

Dentre os **objetivos** específicos da PNMA (art. 4º) destacam-se ainda a "à imposição, ao poluidor e ao predador, da obrigação de recuperar e/ou indenizar os danos causados e, ao usuário, da contribuição pela utilização de recursos ambientais com fins econômicos"[144].

A Lei da PNMA também colacionou importantes **definições** de meio ambiente, degradação da qualidade ambiental, poluição, poluidor e recursos ambientais[145] que possuem aplicação de grande relevância na interpretação da legislação ambiental, assim como instituiu a Sistema Nacional do Meio Ambiente (**SISNAMA**), que é o conjunto dos órgãos e entidades públicos de proteção ao meio ambiente no âmbito da União, Estados e Municípios incumbidos da proteção e melhoria da qualidade ambiental, com a participação, ainda que restrita, de instituições não governamentais e da sociedade.

O SISNAMA é assim estruturado pelo art. 6º:

I. órgão superior: o **Conselho de Governo**, com a função de assessorar o Presidente da República na formulação da política nacional e nas diretrizes governamentais para o meio ambiente e os recursos ambientais;

II. órgão consultivo e deliberativo: o **Conselho Nacional do Meio Ambiente (CONAMA)**, com a finalidade de assessorar, estudar e propor ao Conselho de Governo, diretrizes de políticas governamentais para o meio ambiente e os recursos naturais e deliberar, no âmbito de sua competência, sobre normas

---

[142] A título de exemplo, a Lei nº 7.802/89 (Agrotóxicos), a Lei nº 9.606/98 (Crimes Ambientais), a Lei nº 9.433/97 (Recursos Hídricos), Lei nº 9.795/99 (Educação Ambiental) e Lei nº 9.985/2000 (Unidades de Conservação).

[143] SILVA, Marina. Prefácio. In: GAIO, Alexandre; ABI-EÇAB, Pedro (Org.). **Lei da Política Nacional do Meio Ambiente**: 30 anos. Campo Grande: Contemplar, 2012. p. 13.

[144] Art. 4º, inciso VII, da Lei nº 6.938.81.

[145] Art. 3º da Lei nº 6.938/81.

e padrões compatíveis com o meio ambiente ecologicamente equilibrado e essencial à sadia qualidade de vida[146];

III. órgão central: a Secretaria do Meio Ambiente da Presidência da República (atualmente, o Ministério do Meio Ambiente), com a finalidade de planejar, coordenar, supervisionar e controlar, como órgão federal, a política nacional e as diretrizes governamentais fixadas para o meio ambiente;

IV. órgãos executores: o Instituto Brasileiro do Meio Ambiente e dos Recursos Naturais Renováveis (**Ibama**)[147] e o Instituto Chico Mendes de Conservação da Biodiversidade - Instituto Chico Mendes (**ICMBio**)[148], com a finalidade de executar e fazer executar a política e as diretrizes governamentais fixadas para o meio ambiente, de acordo com as respectivas competências;

V. Órgãos Seccionais: os órgãos ou entidades estaduais responsáveis pela execução de programas, projetos e pelo controle e fiscalização de atividades capazes de provocar a degradação ambiental;

VI. Órgãos Locais: os órgãos ou entidades municipais, responsáveis pelo controle e fiscalização dessas atividades, nas suas respectivas jurisdições;

Veja-se que, atentando-se às particularidades regionais e locais, a Lei da Política Nacional do Meio Ambiente (LPNMA) conferiu aos Estados e Municípios a competência de elaboração de normas supletivas e complementares e padrões relacionados com o meio ambiente, observadas as regras constitucionais de competência e as normas estabelecidas pelo CONAMA[149].

Outro grande avanço trazido pela Lei nº 6.938/1981 foi a atribuição expressa de legitimidade ativa ao Ministério Público para as providências de responsabilização civil e criminal em razão de ilícitos e danos ambientais[150].

No entanto, entendemos que a maior conquista obtida pela LPNMA foi a previsão dos instrumentos da Política Nacional do Meio Ambiente no seu art. 9º, os quais são imprescindíveis, no espaço de gestão, para a preservação e recuperação da qualidade ambiental e a promoção de um desenvolvimento atrelado às condições sociais e ambientais. Dentre os principais instrumentos da Política Nacional do Meio Ambiente, podemos apontar o licenciamento ambiental, a avaliação dos impactos ambientais, o zoneamento ambiental, o estabelecimento de padrões de qualidade ambiental, a criação de espaços protegidos, o sistema nacional de informações ambientais e as penalidades disciplinares ou compensatórias ao não cumprimento das medidas necessárias à preservação ou correção da degradação ambiental.

[146] As competências do CONAMA encontram-se definidas de modo mais preciso no art. 8º. da Lei nº 6.938/81.

[147] Criado pela Lei 7.735/1989, é autarquia federal que tem por atribuição central o exercício do poder de polícia ambiental.

[148] Criado pela Lei 11.516/2007, é autarquia federal que tem por atribuições a proposição, implantação, gestão, proteção, fiscalização (poder de polícia) e monitoramento das unidades de conservação da natureza federais, bem como fomentar e executar programas de pesquisa, proteção, preservação e conservação da biodiversidade e de educação ambiental.

[149] Art. 6º, §§ 1º e 2º.

[150] Vide art. 14, § 1º, da Lei nº 6.938/81.

Priorizamos a abordagem dos instrumentos centrais do Licenciamento Ambiental, da Avaliação de Impactos ambientais, das Informações Ambientais e do Zoneamento Ambiental.

5.2. Instrumentos da Política Nacional do Meio Ambiente

5.2.1. Licenciamento Ambiental

5.2.1.1. Conceito

O licenciamento ambiental é um dos principais instrumentos da Lei da Política Nacional do Meio Ambiente – LPNMA (Lei nº 6.938/1981), previsto em seu art. 9º, inciso IV, cujo objetivo precípuo é agir preventivamente para a proteção do meio ambiente. Assim, a "construção, instalação, ampliação e funcionamento de estabelecimentos e atividades utilizadores de recursos ambientais, efetiva ou potencialmente poluidores ou capazes, sob qualquer forma, de causar degradação ambiental dependerão de prévio licenciamento ambiental"[151].

O licenciamento ambiental reflete o exercício do poder de polícia[152] do Poder Público em relação aos empreendimentos e atividades potencialmente poluidoras, com fundamento nos artigos 5º, XXIII, 170, VI, 182, 186 e 225 da Constituição da República, que tratam do condicionamento do direito de propriedade à sua função social, da livre iniciativa econômica à proteção ambiental, bem como do direito fundamental ao meio ambiente ecologicamente equilibrado.

Esse importante instrumento da Política Nacional do Meio Ambiente também sintetiza a aplicação da maioria dos princípios do direito ambiental. Assim, de modo resumido, dentre outros, aplica-se o princípio da **prevenção** para a identificação dos impactos conhecidos e fixação de condicionantes e medidas mitigadoras; o princípio da **precaução** para exigir maiores estudos sobre impactos e riscos não conhecidos e adoção de providências acautelatórias; o princípio do **poluidor-pagador**, para a exigência de medidas e tecnologias adequadas para prevenir degradações ambientais, além de medidas compensatórias; o princípio do **usuário-pagador**, para condicionar o pagamento por eventual uso de recursos ambientais; o princípio da **informação**, já que deve ser garantida a publicidade do processo de licenciamento ambiental e o livre acesso às informações ambientais; e o princípio do **desenvolvimento sustentável**, pois busca compatibilizar o crescimento econômico com a proteção ambiental.

De outro lado, o licenciamento ambiental ainda congrega e por vezes coordena, no seu processamento, a aplicação de vários outros instrumentos da Política Nacional do Meio Ambiente, tais como os padrões de qualidade ambiental, o zoneamento ambiental, a avaliação de impactos ambientais e as penalidades disciplinares ou

[151] Art. 10, *caput*, da Lei nº 6.938/81.

[152] O art. 78 do Código Tributário Nacional define poder de polícia como "atividade da administração pública que, limitando ou disciplinando direito, interêsse ou liberdade, regula a prática de ato ou abstenção de fato, em razão de intêresse público concernente à segurança, à higiene, à ordem, aos costumes, à disciplina da produção e do mercado, ao exercício de atividades econômicas dependentes de concessão ou autorização do Poder Público, à tranqüilidade pública ou ao respeito à propriedade e aos direitos individuais ou coletivos."

compensatórias ao não cumprimento das medidas necessárias à preservação ou correção da degradação ambiental[153].

5.2.1.2. *Procedimento*

A Resolução nº 237/1997 do CONAMA (Conselho Nacional do Meio Ambiente) regulamenta em âmbito nacional os principais aspectos de licenciamento ambiental, dentre os quais, no seu anexo, a relação de empreendimentos e atividades sujeitos ao licenciamento ambiental, sem prejuízo de outras atividades consideradas efetiva ou potencialmente poluidoras ou utilizadoras de recursos ambientais, assim como as modalidades de licenças ambientais (art. 8º) e as etapas básicas do seu procedimento (art. 10).

Em regra e de modo ordinário, as licenças ambientais são divididas em Licença Prévia, Licença de Instalação e Licença de Operação.

A **licença prévia** (LP) é definida pelo art. 8º, I, da Res. CONAMA 237/97 como aquela "concedida na fase preliminar do planejamento do empreendimento ou atividade aprovando sua localização e concepção, atestando a viabilidade ambiental e estabelecendo os requisitos básicos e condicionantes a serem atendidos nas próximas fases de sua implementação".

Trata-se da mais relevante licença ambiental, eis que atesta a viabilidade ambiental e locacional do empreendimento. Em outras palavras, é nessa fase entre o requerimento formulado pelo interessado e a concessão da Licença Prévia que o órgão público ambiental deve analisar, dentre outros importantes fatores, as hipóteses de eventual exigência de estudos ambientais, a existência e possível afetação de espaços protegidos, a compatibilidade do empreendimento ou atividade com o zoneamento e com o Plano Diretor municipal e, em especial, a adequação da pretensa implantação e funcionamento da atividade ou empreendimento com a legislação federal, estadual e municipal, notadamente no aspecto de proteção ao meio ambiente. O prazo de sua duração não pode ser superior a 5 anos (art. 18, I).

A **licença de instalação** (LI), por sua vez, é definida pelo art. 8º, II, da Res. CONAMA 237/97, como aquela que "autoriza a instalação do empreendimento ou atividade de acordo com as especificações constantes dos planos, programas e projetos aprovados, incluindo as medidas de controle ambiental e demais condicionantes, da qual constituem motivo determinante". É apenas a Licença de Instalação, portanto, que autoriza o início das obras de implantação da atividade ou empreendimento, de acordo com a relação de condicionantes fixadas pelo órgão público ambiental para evitar ou minimizar os seus impactos de instalação. O prazo de sua duração não pode ser superior a 6 anos (art. 18, II).

A **licença de operação** (LO) é definida pelo art. 8º, III, da Res. CONAMA 237/97, como aquela que "autoriza a operação da atividade ou empreendimento, após a verificação do efetivo cumprimento do que consta das licenças anteriores, com as medidas de controle ambiental e condicionantes determinados para a operação.". É

153 Art. 9º da Lei nº 6.938/81.

com essa licença ambiental que o interessado pode dar início ao funcionamento da sua atividade ou empreendimento. Possui prazo de 4 a 10 anos (art. 18, III).

O art. 10 da Res. CONAMA 237/97 indica as etapas básicas de um processo de licenciamento ambiental, que podem ser mais simplificadas ou complexas de acordo com a tipologia da atividade ou empreendimento:

I. Definição pelo órgão ambiental competente, com a participação do empreendedor, dos documentos, projetos e estudos ambientais, necessários ao início do processo de licenciamento correspondente à licença a ser requerida;

II. Requerimento da licença ambiental pelo empreendedor, acompanhado dos documentos, projetos e estudos ambientais pertinentes, dando-se a devida publicidade;

III. Análise pelo órgão ambiental competente, integrante do SISNAMA, dos documentos, projetos e estudos ambientais apresentados e a realização de vistorias técnicas, quando necessárias;

IV. Solicitação de esclarecimentos e complementações pelo órgão ambiental competente, integrante do SISNAMA, uma única vez, em decorrência da análise dos documentos, projetos e estudos ambientais apresentados, quando couber, podendo haver a reiteração da mesma solicitação caso os esclarecimentos e complementações não tenham sido satisfatórios;

V. Audiência pública, quando couber, de acordo com a regulamentação pertinente;

VI. Solicitação de esclarecimentos e complementações pelo órgão ambiental competente, decorrentes de audiências públicas, quando couber, podendo haver reiteração da solicitação quando os esclarecimentos e complementações não tenham sido satisfatórios;

VII. Emissão de parecer técnico conclusivo e, quando couber, parecer jurídico;

VIII. Deferimento ou indeferimento do pedido de licença, dando-se a devida publicidade.

De modo excepcional, a Res. CONAMA 237/97 (art. 12, § 1º) autoriza que os Conselhos Estaduais ou Municipais de Meio Ambiente estabeleçam e aprovem procedimentos simplificados para as atividades e empreendimentos de pequeno potencial de impacto ambiental, denominado de Licenciamento Ambiental Simplificado[154].

Independentemente da modalidade, entendemos que as licenças ambientais apenas podem ser concedidas pelo órgão público ambiental em favor do interessado em caráter precário, ou seja, a decisão administrativa de concessão ou não de licença ambiental envolve discricionariedade. Primeiro, porque a Lei nº 6.938/1981 (art. 10, § 1º) e a Resolução CONAMA nº 237/97 (art. 19) preveem a necessidade de renovação da licença, além da possibilidade de sua alteração ou revogação a qualquer momento pelo órgão público ambiental. Segundo, porque o licenciamento ambiental

[154] No âmbito do Estado do Paraná, por exemplo, a Resolução nº 72/2009 da CEMA/PR (Conselho Estadual do Meio Ambiente) estabelece as características dos empreendimentos passíveis de licenciamento ambiental simplificado.

está baseado nos princípios da prevenção e da precaução. Terceiro, porque a proteção do meio ambiente é um dever imposto ao Poder Público pela Constituição da República, razão pela qual o interesse público de preservar o meio ambiente e evitar a degradação ambiental deve prevalecer sobre o interesse econômico privado. Quarto, porque o art. 170, parágrafo único, da Constituição da República, assegura a todos o livre exercício de qualquer atividade econômica, independentemente de autorização dos órgãos públicos, salvo nos casos previstos em lei, ao passo que a licença ambiental é uma exigência legal para a implantação e funcionamento de empreendimentos ou atividades dotadas de potencial poluidor ou degradador ambiental[155].

O Tribunal de Justiça de São Paulo, ao enfrentar de modo mais completo a discussão sobre a natureza jurídica da licença ambiental, decidiu que:

> [...] o exame dessa lei revela que a licença em tela tem natureza jurídica de autorização, tanto que o § 1º, de seu art. 10, fala em pedido renovação de licença, indicando, assim, que se trata de autorização, pois se fosse juridicamente licença, seria ato definitivo, sem necessidades de renovação. A circunstância de não ser juridicamente licença e sim mera autorização, muda, radicalmente, o enfoque da questão, pois, como se sabe, a autorização é ato precário e não vinculado, sujeito, sempre, às alterações ditadas pelo interesse público [...] querer o contrário [...] é postular que o Judiciário confira à empresa um cheque em branco, permitindo-lhe que, com base em licenças concedidas anos atrás, cause toda e qualquer degradação ambiental.[156].

Assim, compartilhamos do entendimento sobre o tema de Paulo Affonso Leme Machado[157] e Vladimir Passos de Freitas[158], referendado por diversos julgados[159], e discordamos do posicionamento doutrinário que confere à licença ambiental o caráter de ato administrativo vinculado[160].

5.2.1.3. Competência

Sobre a competência (ou atribuição) administrativa para promover o licenciamento ambiental das atividades e empreendimentos potencialmente poluidores ou utilizadores de recursos ambientais, a Lei Complementar nº 140/2011 regulamentou os incisos III, VI, VII e o § único do art. 23 da Constituição da República para a cooperação da União, Estados e Municípios nas ações administrativas decorrentes da competência comum de proteção ambiental. Além da referida Lei Complementar definir que os empreendimentos ou atividades potencialmente poluidoras deverão se submeter a um licenciamento ambiental conduzido por um único ente federativo (art.

155 MACHADO, Paulo Affonso Leme. **Direito Ambiental Brasileiro.** 11ª ed. São Paulo: Malheiros, 2003, p. 258.

156 TJSP, 7ª c., AR de Ação Civil Pública 178.554-1-6, rel. Dês. Leite Cintra, j. 12.5.1993 (Revista de Direito Ambiental 1/200-203, janeiro-março de 1996).

157 MACHADO, Paulo Affonso Leme. **Direito Ambiental Brasileiro.** 11ª ed. São Paulo: Malheiros, 2003, p. 259.

158 FREITAS, Vladimir Passos de. **Direito Administrativo e Meio Ambiente.** 4ª. Ed. Curitiba: Editora Juruá, 2010. p. 113.

159 STJ – RMS 25.267 – 2.ª Turma – j. 19/5/2009 – v.u. – julgado por Eliana Calmon – DJe 9/6/2009; TRF 3ª. Região. AI 25103-SP, 6ª. Turma. Rel. Juiz Mairan Maia, DJU 12.07.2000; TRF 4ª. Região. AI 2007.04.00.004057-0/RD. Des. Luiz Carlos de Castro. Julgado em 29.05.2007.

160 Dentre eles Paulo de Bessa Antunes, Daniel Roberto Fink e Antônio Inagê de Oliveira.

13), sem prejuízo da possibilidade de manifestação de outros entes, também previu a competência para o licenciamento ambiental com suporte nos seguintes critérios:

a) Competência da **União** (por meio do Ibama[161]) – art. 7º, inciso XIV, da Lei Complementar nº 140/2011 – para atividades e empreendimentos localizados ou desenvolvidos conjuntamente no Brasil e em país limítrofe, no mar territorial, na plataforma continental ou na zona econômica exclusiva, em terras indígenas, em dois ou mais Estados da Federação ou em unidades de conservação instituídas pela União, exceto em Áreas de Proteção Ambiental (APA); para atividades de caráter militar, empreendimentos destinados a pesquisar, lavrar, produzir, beneficiar, transportar, armazenar e dispor material radioativo, em qualquer estágio, ou que utilizem energia nuclear em qualquer de suas formas e aplicações, ou ainda que "atendam tipologia estabelecida por ato do Poder Executivo, a partir de proposição da Comissão Tripartite Nacional, assegurada a participação de um membro do Conselho Nacional do Meio Ambiente (CONAMA), e considerados os critérios de porte, potencial poluidor e natureza da atividade ou empreendimento"[162].

b) Competência **estadual** (órgãos públicos ambientais estaduais ou distritais) – art. 8º, incisos XIV e XV, da Lei Complementar nº 140/2011 – para atividades ou empreendimentos que não se enquadrem nas hipóteses de competência da União e dos Municípios (competência residual), assim como aqueles localizados ou desenvolvidos em unidades de conservação instituídas pelo Estado, exceto em Áreas de Proteção Ambiental (APA).

c) Competência **municipal** (órgãos públicos ambientais municipais ou distritais) – art. 9º, inciso XIV, da Lei Complementar nº 140/2011 – para atividades ou empreendimentos que causem ou possam causar impacto ambiental de âmbito local, conforme tipologia definida pelos respectivos Conselhos Estaduais de Meio Ambiente, considerados os critérios de porte, potencial poluidor e natureza da atividade; ou localizados em unidades de conservação instituídas pelo Município, exceto em Áreas de Proteção Ambiental (APA).

Importante atentar para dois institutos presentes na LC 140/2011: **competência supletiva e competência subsidiária.**

A competência **supletiva** é aquela ocorre em **substituição** de um ente federativo pelo outro. Segundo prevê os artigos 14, § 3º, e 15 da LC 140/2011, a União atua supletivamente sobre os Estados e estes atuam supletivamente sobre os Municípios, alternativamente em três hipóteses: 1º) inexistir órgão ambiental capacitado, 2º) inexistir conselho de meio ambiente, ou 3º) superar os prazos de licenciamento

[161] O ICMBio, embora como já visto (5.1) seja juntamente com o Ibama órgão executor da política nacional de meio ambiente em nível federal, não executa licenciamento ambiental, nem mesmo dentro das unidades de conservação federais, cabendo tal mister ao Ibama. Ao ICMBio cabe emitir autorização (anuência) por solicitação do órgão ambiental licenciador, conforme dispõe a Resolução CONAMA 428/2010.

[162] O art. 7º, parágrafo único, estabelece uma à competência da União aos empreendimentos localizados no mar territorial, na zona econômica exclusiva ou na plataforma continental, na hipótese em for ao mesmo tempo localizado no mar territorial e na zona costeira, caso em que somente estariam dentro da competência da União se estivesse incluído na tipologia do poder executivo bem como provocação se desse pela Comissão Tripartite. O objetivo deste dispositivo, bastante questionável do ponto de vista técnico por sinal, é o de retirar da competência da União o licenciamento de empreendimentos portuários, privilegiando o interesse político-econômico dos Estados.

(6 ou 12 meses). Tem-se, nesses casos, verdadeira **avocação** do licenciamento ou autorização ambiental.

Já a competência **subsidiária** é prevista no art. 16 da LC 140/2011, e insere-se num contexto de cooperação interinstitucional, visto que se dá auxílio de um ente para outro, quando o ente competente originariamente não gozar dos meios técnicos necessários para o desempenho isolado do licenciamento. Sempre ocorre por solicitação do ente originariamente detentor da atribuição.

Ressalta-se que a Lei Complementar nº 140/2011 é expressa para que a definição de impacto ambiental de âmbito local deva ser conferida pelo respectivo Conselho Estadual de Meio Ambiente - CEMA[163] e, enquanto isto não ocorre, assim como enquanto não haja órgão ambiental capacitado e conselho de meio ambiente no âmbito do Município, persiste a competência supletiva do Estado para o licenciamento ambiental, nos termos do art. 15, inciso II, da LC 140/2011.

Embora a tendência da competência para o licenciamento ambiental seja a descentralização aos Municípios, tal não pode ser visto sem alguma dose de preocupação, já que na balança eleitoral, geração de empregos e crescimento econômico (o qual não se confunde com desenvolvimento) pesam muito mais do que desenvolvimento sustentável e conservação da biodiversidade, especialmente no plano estadual e municipal, tendência que se acentua gradativamente do centro para a periferia da federação[164].

Acrescente-se, ainda, que a LC 140/2011, em seu art. 5º, dispõe que um ente federativo poderá **delegar** a outro ente federativo, mediante convênio, a execução de suas atribuições, desde que o destinatário disponha de órgão ambiental capacitado a executar as atividades delegadas e conselho de meio ambiente. Veja-se que o § único do art. 5º considera como órgão ambiental capacitado para essa finalidade "aquele que possui técnicos próprios ou em consórcio, devidamente habilitados e em número compatível com a demanda das ações administrativas a serem delegadas"[165]. Ressalta-se o entendimento de que essa possível delegação se trata de ato discricionário do ente que pretende delegar[166].

---

163 Art. 18. Esta Lei Complementar aplica-se apenas aos processos de licenciamento e autorização ambiental iniciados a partir de sua vigência. § 1º Na hipótese de que trata a alínea "h" do inciso XIV do art. 7º, a aplicação desta Lei Complementar dar-se-á a partir da entrada em vigor do ato previsto no referido dispositivo. § 2º Na hipótese de que trata a alínea "a" do inciso XIV do art. 9º, a aplicação desta Lei Complementar dar-se-á a partir da edição da decisão do respectivo Conselho Estadual. § 3º Enquanto não forem estabelecidas as tipologias de que tratam os §§ 1º e 2º deste artigo, os processos de licenciamento e autorização ambiental serão conduzidos conforme a legislação em vigor.

164 ABI-EÇAB, Pedro. Descentralização e ineficácia do Sistema Nacional do Meio Ambiente. In: GAIO, Alexandre; ABI-EÇAB, Pedro (Org.). **Lei da Política Nacional do Meio Ambiente**: 30 anos. Campo Grande: Contemplar, 2012. p. 169.

165 Agiu mal o legislador nacional, pois o conceito de órgão capacitado trazido pela lei é deveras insuficiente, considerando tão somente a quantidade de servidores e sua "habilitação", omitindo-se quanto a parâmetros imprescindíveis tais como: a) modo de ingresso dos servidores (deve ser mediante concurso público); b) orçamento frente as peculiaridades regionais ou locais; c) estruturação e organização (sede física, viaturas, rede digital, portal na internet disponibilizando informações), d) existência de órgãos de controle (corregedoria e/ou ouvidoria, e) eficiência mínima (razoável duração dos procedimentos, p.ex., julgar autos de infração antes que prescrevam), dentre outros. Resta ao CONAMA ou aos estados regulamentar o tema e, havendo fundada dúvida sobre a real capacitação do órgão, deve o ente político "maior" exercer a competência supletiva, em respeito aos princípios da prevenção, intervenção obrigatória e vedação do retrocesso.

166 GAIO, Alexandre. **Lei da Mata Atlântica Comentada. 2ª. Edição.** São Paulo: Editora Almedina, 2018. p. 208.

5.2.1.4. Estrutura mínima para o órgão municipal exercer o licenciamento ambiental

Tendo em vista a previsão contida na Lei Complementar nº 140/2011 para a descentralização do licenciamento ambiental dos órgãos públicos ambientais estaduais aos municipais, é importante destacar que a assunção dessa função pelas municipalidades não se dá de modo automático, exigindo-se o preenchimento dos seguintes requisitos:

a) edição de ato normativo pelo Conselho Estadual do Meio Ambiente do respectivo Estado da Federação que fixe as tipologias de atividades e empreendimentos que causem ou possam causar impacto ambiental de âmbito local e que regule as condições mínimas para que os órgãos públicos ambientais municipais possam ser considerados capacitados;
b) estrutura mínima de recursos humanos e materiais e infraestrutura física;
c) existência de Conselho de Meio Ambiente e Fundo de Meio Ambiente implementados e em funcionamento;
d) existência de Sistema de Informações Ambientais;
e) suporte mínimo de legislação municipal, que trate dentre outros temas de licenciamento e fiscalização ambiental[167].

Questão central para se avaliar a viabilidade dos Municípios exercerem a função de licenciamento ambiental diz respeito à existência de recursos humanos mínimos. De fato, conforme abordado em outra oportunidade:

> No que tange aos recursos humanos, o órgão ambiental municipal deve possuir quadro de profissionais próprios para o exercício das funções administrativas, fiscalizatórias e de licenciamento ambiental, sendo indispensável a aplicação da regra do concurso público, sem prejuízo da eventual constituição de consórcio público entre Municípios. Não se pode olvidar ainda que o desempenho da função de licenciamento ambiental por órgão público ambiental municipal possui como pressuposto a existência de equipe mínima de servidores públicos que detenha qualificação técnica e atribuição legal para o levantamento e análise de todos os aspectos ambientais e socioambientais relacionados à atividade a ser licenciada[168].

Não se olvida que a Lei Complementar nº 140/2011 possibilita que os Municípios constituam consórcios públicos com o objetivo de compartilharem o trabalho de servidores técnicos habilitados ao licenciamento e fiscalização ambiental. Contudo, seja em relação aos recursos humanos, seja quanto aos demais requisitos, a sua não observância inviabiliza o exercício das atividades de licenciamento ambiental pelos órgãos públicos ambientais municipais e exige aplicação do artigo 15, inciso II,

[167] GAIO, Alexandre. A descentralização do licenciamento ambiental aos Municípios: estrutura mínima exigida para um órgão ambiental municipal ser considerado capacitado. *In:* DIZ, Jamile Bergamaschine Mata; GAIO, Daniel (Org.). **Desenvolvimento Sustentável na Contemporaneidade.** Belo Horizonte: Editora Arraes, 2019 (no prelo).

[168] GAIO, Alexandre. A descentralização do licenciamento ambiental aos Municípios: estrutura mínima exigida para um órgão ambiental municipal ser considerado capacitado. *In:* DIZ, Jamile Bergamaschine Mata; GAIO, Daniel (Org.). **Desenvolvimento Sustentável na Contemporaneidade.** Belo Horizonte: Editora Arraes, 2019 (no prelo).

da Lei Complementar nº 140/2011 para o fim de determinar que o órgão público ambiental estadual desempenhe a aludida função.

5.2.1.5. Controle e revisibilidade das licenças ambientais

Na medida em que o licenciamento ambiental é uma atividade da administração pública, o procedimento de licenciamento e as licenças podem se submeter ao controle interno do próprio órgão público ambiental, seja no exercício do seu poder de autotutela para revogar o ato que passou a contrariar interesse público, ou que indique o descumprimento das normas de proteção ambiental, ou ainda a alteração dos fundamentos que justificaram a sua concessão, seja para anular a licença ambiental concedida em afronta à legislação[169]. O disposto no art. 19 da Res. CONAMA 237/97 reflete bem essa revisibilidade das licenças pelo órgão público ambiental:

> Art. 19. O órgão ambiental competente, mediante decisão motivada, poderá modificar os condicionantes e as medidas de controle e adequação, suspender ou cancelar uma licença expedida, quando ocorrer:
>
> I – Violação ou inadequação de quaisquer condicionantes ou normas legais.
>
> II – Omissão ou falsa descrição de informações relevantes que subsidiaram a expedição da licença.
>
> III – superveniência de graves riscos ambientais e de saúde.

Sem prejuízo do controle interno, o licenciamento ambiental pode e deve se submeter a um controle externo exercido pela sociedade, por qualquer cidadão, além de qualquer ente legitimado para a propositura de ação civil pública, seja em razão de se tratar do regular controle de um ente da administração pública[170], seja em virtude da incumbência da sociedade para assegurar a efetividade do direito fundamental ao meio ambiente ecologicamente equilibrado. Nas palavras de Sarah Carneiro Araújo, "como atividade da Administração, o Licenciamento Ambiental deve obedecer aos princípios administrativos da legalidade, impessoalidade, eficiência, moralidade, publicidade, etc., ademais de outros princípios inerentes à seara ambiental (princípio do poluidor-pagador, da sustentabilidade, da prevenção e da precaução, da participação popular, etc.)[171]".

No âmbito desse controle, é de grande relevância a participação social e a intervenção das pessoas ou comunidades que podem ser impactadas pela pretensa

[169] Interessante lembrar o teor da Súmula nº 473 do Supremo Tribunal Federal: "A administração pode anular seus próprios atos, quando eivados de vícios que os tornam ilegais, porque deles não se originam direitos; ou revogá-los, por motivo de conveniência ou oportunidade, respeitados os direitos adquiridos, e ressalvada, em todos os casos, a apreciação judicial".

[170] Hely Lopes Meirelles leciona que: "A natureza da administração pública é a de um múnus público para quem a exerce, isto é, a de um encargo de defesa, conservação e aprimoramento dos bens, serviços e interesses da coletividade. [...] Daí o dever indeclinável de o administrador público agir segundo os preceitos do Direito e da moral administrativa, porque tais preceitos é que expressam a vontade do titular dos interesses administrativos – o povo – e condicionam os atos a serem praticados no desempenho do múnus público que lhe é confiado. [...] Os fins da administração pública resumem-se num único objetivo: o bem comum da coletividade administrada." (MEIRELLES, Hely Lopes. **Direito Administrativo Brasileiro.** 17ªed. São Paulo: Malheiros, p. 81-82).

[171] ARAÚJO, Sarah Carneiro. **Licenciamento Ambiental no Brasil:** Uma Análise Jurídica e Jurisprudencial. Rio de Janeiro: Lumen Juris, 2013, p. 86.

implantação de um empreendimento no processo de licenciamento ambiental, seja de modo direto, seja por meio da atuação de outros entes, dentre os quais o Ministério Público.

A correção e integral cumprimento e respeito pelas normas ambientais (legislação federal, estadual e municipal) é essencial ao licenciamento ambiental, tanto que a Lei 9.605/1998 prevê como crimes, em seus artigos 66 e 67, as condutas do funcionário público que atua no processo de licenciamento ambiental de fazer afirmação falsa ou enganosa, omitir a verdade, sonegar informações ou dados técnico-científicos, ou ainda, a concessão de licença, autorização ou permissão em desacordo com as normas ambientais. Sobre o tema, Paulo Affonso Leme Machado explica que "no art. 67 deve-se apurar o cumprimento das normas de qualquer hierarquia, e não só as legais e regulamentares. Por isso, os atos de Conselhos (resoluções, instruções emanadas da Comissão Técnica Nacional de Biossegurança, ou ato similares) têm incidência no procedimento autorizativo do Poder Público e, se não obedecidos pelo funcionário público, terão repercussão penal em sua conduta".[172]

Retornando à esfera extrapenal, compartilhamos do entendimento de Talden Farias e Odete Medauar de que os efeitos da anulação da licença ambiental retroagem ao tempo da edição do ato administrativo.[173]

O Ministério Público é historicamente a instituição que mais atua no Brasil, judicial e extrajudicialmente, na fiscalização de licenciamentos ambientais, na tutela preventiva de danos e ilícitos ambientais e na busca da reparação integral dos danos promovidos ao meio ambiente. De fato, diversos questionamentos sobre empreendimentos implantados com base em licenciamentos ambientais considerados ilegais foram judicializados pelo Ministério Público com o intuito de declarar a nulidade das licenças e de obter a reparação integral dos danos ambientais.

Cita-se, a título de exemplo, os seguintes julgados resultantes de questionamentos realizados pelo Ministério Público em relação a licenciamentos ambientais:

> DIREITO AMBIENTAL. RECURSOS ESPECIAIS. PROJETOS DE CARCINICULTURA EM MANGUEZAL. DANO AO MEIO AMBIENTE. RECUPERAÇÃO DA ÁREA. 1. O ente público, que concedeu licença para a exploração de atividade econômica em zona ambiental, sem as exigências legais, responde solidariamente com o infrator pelos danos produzidos. 2. Existência de dano ambiental comprovada. Obrigação de recomposição da área. 3. Inexistência de afronta ao devido processo legal. 4. Área de manguezal, considerada de proteção ambiental. Instalação, em seu meio, de atividades que, comprovadamente, afetam a estrutura tradicional da natureza. 5. Recursos especiais conhecidos e não-providos. (STJ. REsp 997.538–RN, rel. Min. José Delgado. Data do Julgamento: 03 de junho de 2008).

> SUPRESSÃO DE ÁREA DE PRESERVAÇÃO PERMANENTE FORA DAS HIPÓTESES RESTRITIVAMENTE TRAÇADAS NA LEGISLAÇÃO AMBIENTAL. INVIABILIDADE. AUSÊNCIA DE LICENÇA PRÉVIA VÁLIDA. NORMAS AMBIENTAIS. LIMITAÇÃO ADMINISTRATIVA. NÃO OCORRÊNCIA DE SUPRESSÃO DO DIREITO DE PROPRIEDADE. DEVER DE REPARAÇÃO DO

[172] MACHADO, Paulo Affonso Leme. **Direito Ambiental Brasileiro.** 11ª ed. São Paulo: Malheiros, 2003. p. 273-274.

[173] Conforme Talden Farias, Odete Medauar destaca que "os efeitos da anulação retroagem ao tempo da edição do ato administrativo, seja quando efetuado pela Administração Pública ou pelo Poder Judiciário, já que como a ilegalidade afeta o ato desde a sua origem é lógico que a declaração de nulidade deve atingi-lo e suprimi-lo a partir do momento em que entrou no mundo jurídico." (FARIAS, Talden. **Licenciamento Ambiental:** Aspectos Teóricos e Práticos. 3ª edição. Belo Horizonte: Fórum, 2011. p. 170).

AGENTE CAUSADOR DO DANO AMBIENTAL. PRESSUPOSTOS PRESENTES NO CASO EM CONCRETO. RECURSO ESPECIAL PROVIDO. 1. Na origem, trata-se de ação civil pública ambiental interposta pelo Ministério Público do Estado de Mato Grosso do Sul em face da parte ora recorrida cujo objeto é a ilegalidade da supressão da área de preservação permanente em face da construção de imóvel na margem do Rio Ivinhema/MS. [...] sendo a licença espécie de ato administrativo autorizativo submetido ao regime jurídico administrativo, a sua nulidade implica que dela não pode advir efeitos válidos e tampouco a consolidação de qualquer direito adquirido (desde que não ultrapassado o prazo previsto no art. 54 da Lei nº 9.784/99, caso o beneficiário esteja de boa-fé). Vale dizer, declarada a sua nulidade, a situação fática deve retornar ao estado *ex ante*, sem prejuízo de eventual reparação civil do lesado caso presentes os pressupostos necessários para tal. Essa circunstância se torna ainda mais acentuada tendo em vista o bem jurídico tutelado no caso em tela, que é o meio ambiente, e a obrigação assumida pelo Estado brasileiro, em diversos compromissos internacionais, de garantir o uso sustentável dos recursos naturais em favor das presentes e futuras gerações. [...] 10. Recurso especial provido, com a determinação de que sejam extraídas cópias dos presentes autos e a remessa delas ao Ministério Público do Estado do Mato Grosso do Sul para apuração de eventual prática de ato de improbidade administrativa ambiental[174].

No entanto, com o intuito de obter os resultados mais efetivos na defesa do direito fundamental ao meio ambiente ecologicamente equilibrado, entendemos que, na medida do possível, a fiscalização do Ministério Público deva ser operacionalizada de modo mais ostensivo na fase anterior à concessão de Licença Prévia pelo órgão público ambiental, uma vez que nessa fase ainda não há qualquer início de obra, assim como não houve decisão administrativa que ateste a viabilidade ambiental e locacional do empreendimento ou atividade.

É justamente nesse momento que se pode perquirir preventivamente sobre a eventual afetação indevida de espaços protegidos, sobre o indicativo de impactos ambientais e sociais e exigência de estudos e diagnósticos preliminares mais aprofundados, sobre a (in)compatibilidade do empreendimento frente ao Plano Diretor do Município, dentre outras verificações relevantes, assim como a possibilidade de obter a resposta a esses questionamentos ou o respeito à legislação ambiental por meio de uma atuação preventiva no âmbito extrajudicial.

O mesmo raciocínio aplica-se nas hipóteses em que o órgão público ambiental já concedeu em favor do interessado a Licença Prévia, embora de modo mitigado, eis que a eventual conclusão pela ilegalidade da referida Licença implica em dizer que o resultado positivo de uma atuação extrajudicial preventiva agora depende da alteração de posicionamento do órgão público ambiental.

Ressalta-se que, mesmo nos casos em que não se pretende discutir a viabilidade ambiental e locacional de um empreendimento ou atividade, mas que haja preocupação quanto aos impactos negativos de sua implantação e funcionamento, é plenamente possível e recomendável a atuação do Ministério Público, mesmo após a concessão de Licença de Instalação, por meio da expedição de Recomendações Administrativas ou da celebração de Termo de Ajustamento de Conduta, especialmente para garantir a eventual inserção ou cumprimento de condicionantes ambientais e medidas mitigadoras e compensatórias não observadas pelo órgão público ambiental.

174 STJ; REsp 1.362.456; 2ª Turma, rel. Min. Mauro Campbell Marques; DJE 28/06/2013; p. 623.

Logicamente que a ausência de solução consensual em qualquer dessas situações, ou ainda em hipóteses de maior gravidade ou em que haja desinteresse das demais partes envolvidas para a resolução extrajudicial dos conflitos ambientais, a judicialização passa a ser inevitável.

Retornando aos critérios de priorização da atuação do Ministério Público no controle do licenciamento ambiental, e considerando o significativo volume de processos de licenciamento ambiental em todos os municípios, entendemos que, sob a ótica da atuação preventiva, em cada comarca ou subseção judiciária é que o representante do Ministério Público deve avaliar no âmbito de sua estratégia de atuação preventiva, sem prejuízo daquelas situações em que já há reclamação ou representação formulada por cidadãos, comunidades ou outras instituições, quais os empreendimentos e atividades têm um potencial de maior impacto ambiental e socioambiental, a começar, dentre outros critérios e a título meramente exemplificativo, **pela sua pretensa localização** (bacia manancial de abastecimento público, área de remanescente de vegetação nativa, Área de Preservação Permanente, Reserva Florestal Legal, unidade de conservação ou seu entorno, dentre outros), **pela extensão, volume e impactos das obras necessárias à sua instalação** (aterro, terraplanagem, supressão de vegetação, retificação ou canalização de corpo hídrico, estrutura de apoio e serviços públicos para funcionários, ruídos, número de pessoas afetadas, tamanho das áreas afetadas, dentre outros); e **pelos impactos esperados em razão de sua operação** (emissões atmosféricas, odor, ruídos, segurança viária, riscos de vazamentos, contaminações, explosões, dentre outros).

Outro aspecto importante a ser fiscalizado é o combate ao fracionamento indevido de licenciamento ambiental em uma tergiversação dos impactos globais e sinérgicos das partes somadas. É o que costuma ocorrer quando empreendedores, com o fito de obter licenças ambientais sem estudos aprofundados que discutam a sua viabilidade ambiental e locacional, e sem a discussão adequada sobre medidas mitigatórias e compensatórias, fracionam em partes o empreendimento. É o caso hipotético de um único empreendedor que formula quinze pleitos de licenciamento ambiental para a implantação de quinze loteamentos justapostos na mesma gleba. Sobre o tema, Paulo Affonso Leme Machado defende o licenciamento ambiental sob uma ótica holística ao afirmar que:

> Fragmentar o licenciamento é subtrair-lhe a sua própria força. O estudo global de um projeto, evidentemente, deve conter o estudo de suas partes. Não se licencia máquina por máquina, unidade por unidade, separadamente em cada licenciamento ambiental inicial. É a razoabilidade, a proporcionalidade e a motivação aplicadas ao ato administrativo. Se o licenciamento for parcelado se perderá o sentido da real dimensão da obra ou projeto. Licenciar por partes pode representar uma metodologia ineficiente, imprecisa, desfiguradora da realidade, e até imoral: analisando-se o projeto em fatias isoladas, e não sua totalidade ambiental, social e econômica, podendo ficar ocultas as falhas e os danos potenciais, não se podendo saber se as soluções parciais propostas serão realmente aceitáveis.[175]

Ainda no âmbito da temática do licenciamento ambiental, é imperioso abordar a questão das melhores tecnologias disponíveis (MTD), defendido na condição de

[175] MACHADO, Paulo Affonso Leme. **Direito Ambiental Brasileiro.** 11ª ed. São Paulo: Malheiros, 2003. p. 270.

princípio do Direito Ambiental por Luciano Furtado Loubet para orientação das decisões administrativas e judiciais em que haja a afetação ou potencial afetação do bem jurídico ambiente, e que possui como substrato o art. 225 da Constituição da República e os próprios princípios da sustentabilidade, da prevenção, do poluidor-pagador e da indisponibilidade[176]. Loubet sintetiza as principais consequências da aplicação do princípio da obrigatoriedade do uso das melhores tecnologias disponíveis:

a) uma constante adaptação das atividades poluentes e degradadoras do meio ambiente ao progresso da técnica e da ciência, inclusive com possível revisão ou revogação da licença ambiental emitida.
b) limitação da discricionariedade administrativa para a emissão de licenças ambientais.
c) a possibilidade de revisão judicial das decisões administrativas que sejam tomadas fora deste âmbito.
d) obrigatoriedade de adoção de valores máximos de emissão (VLE ou limite máximo de emissão, LME, conforme previsto em Resoluções do CONAMA) com fundamento nestas tecnologias
e) necessidade de uma visão integrada da poluição, analisando-se o empreendimento como um todo, vedando-se a transferência de poluição entre meios.
f) adoção de tecnologias limpas em prejuízo àquelas com filosofia de "fim de tubo".
g) adoção deste conceito na prevenção e recuperação dos danos ambientais.
h) todos os setores que de alguma maneira causem poluição, degradação ou impacto ambiental - de forma a evitá-los, ou quando não possível, minimizá-los - estarão submetidos a esta obrigação.
i) necessidade de análise do processo produtivo para levar em conta um uso mais racional de matérias primas, água e energia[177].

5.2.2. *Avaliação de Impactos Ambientais (AIA): funções, principais modalidades de estudos ambientais, características e traços diferenciadores.*

A avaliação dos impactos ambientais (AIA) também é um dos principais instrumentos da Política Nacional do Meio Ambiente previsto no art. 9º, inciso III, da Lei nº 6.938/1981. Decorre primordialmente dos princípios da precaução e prevenção, e tem como finalidade evitar que um empreendimento ou atividade, justificáveis sob o prisma econômico, venham a se revelar prejudiciais ao meio ambiente, atuando antes de seu início, isto é, ainda na fase de planejamento, para prever e evitar danos, indicar alternativas para a implantação do projeto da forma mais favorável ao meio ambiente, e sugerir medidas mitigadoras e compensatórias.

176 LOUBET, Luciano Furtado. **Licenciamento Ambiental:** A Obrigatoriedade da Adoção das Melhores Técnicas Disponíveis (MTD). Belo Horizonte: Del Rey, 2014. p. 308-309.

177 LOUBET, Luciano Furtado. **Licenciamento Ambiental** [...] p. 309.

A AIA pode ser considerado o **gênero** do qual são espécies as diversas modalidades de estudos ambientais que devem ser exigidos pelo órgão público ambiental no âmbito do processo de licenciamento.

O art. 1º, III, da Resolução nº 237/1997 define estudos ambientais como todos e quaisquer estudos relativos aos aspectos ambientais relacionados à localização, instalação, operação e ampliação de uma atividade ou empreendimento, apresentado como subsídio para a análise da licença requerida, tais como: relatório ambiental, plano e projeto de controle ambiental, relatório ambiental preliminar, diagnóstico ambiental, plano de manejo, plano de recuperação de área degradada e análise preliminar de risco.

A título de exemplo, abordaremos as características de alguns destes estudos, com especial enfoque no EIA/RIMA (Estudo de Impacto Ambiental e Relatório de Impacto Ambiental).

O Relatório Ambiental Preliminar (RAP) é, como o próprio nome indica, um estudo ambiental realizado anteriormente à decisão administrativa que avaliará a concessão ou não de Licença Prévia e trata justamente da viabilidade ambiental e locacional de um empreendimento ou atividade causadora, potencial ou efetiva, de degradação ambiental, a partir da realização de um diagnóstico físico, biológico e socioeconômico do local, da caracterização do empreendimento e de um prognóstico dos impactos negativos e positivos de sua implantação. O conteúdo do RAP pode indicar a necessidade de aprofundamento dos estudos ambientais e a realização do EIA/RIMA (Estudo de Impacto Ambiental e Relatório de Impacto Ambiental) mesmo naquelas hipóteses não contempladas na legislação ambiental como obrigatória a realização deste.

É importante alertar para os riscos derivados da não exigência e não utilização do Relatório Ambiental Preliminar pelos órgãos públicos ambientais anteriormente à decisão administrativa de análise do requerimento de Licença Prévia, já que essa se basearia em documentos formais e análises superficiais, para somente depois, como condição ao início da implantação das obras de um determinado empreendimento, exigir-se algum tipo de estudo ambiental. Entendemos que se essa prática for efetivada representaria uma verdadeira inversão da lógica do sistema de licenciamento ambiental e de aplicação dos princípios do Direito Ambiental, já que a Licença Prévia é concedida sem uma verdadeira discussão sobre a viabilidade ambiental e locacional do empreendimento, inclusive sobre a eventual afetação de espaço ambiental protegido.

O PCA (Plano de Controle Ambiental) é um estudo ambiental apenas exigido pelo órgão público ambiental como condição para a emissão de Licença de Instalação, com o claro propósito de controlar e mitigar os impactos ambientais decorrentes da implantação do empreendimento. Em razão das suas características e do momento de sua exigência, ou seja, após a concessão de Licença Prévia, o PCA não possui o condão de trazer subsídios sobre a eventual viabilidade ambiental e locacional do empreendimento. Dentre exemplos de hipóteses de sua exigência pelos órgãos públicos ambientais, estão os Postos de Combustíveis e a exigência de Plano de Controle Ambiental direcionado aos projetos do sistema de tratamento dos efluentes líquidos, do sistema de tratamento de esgotos domésticos e do sistema de coleta e tratamento dos vapores de combustíveis[178], ou, ainda, para a ampliação e regularização de cemitérios já existentes[179].

Já no caso de instalação de obra ou atividade potencialmente causadora de significativa degradação ao meio ambiente, nos termos do art. 225, § 1º, inciso IV, a Constituição Federal impõe ao Poder Público, como forma de assegurar a efetividade do direito de todos ao meio ambiente ecologicamente equilibrado, a exigência, na forma da lei, de EIA (Estudo de Impacto Ambiental), a que se dará publicidade. Herman Benjamin e Milaré bem sintetizam a função do EIA:

> Por isso, é correto dizer que a tarefa principal do EIA é, exatamente limitar, no âmbito do licenciamento ambiental, este "resíduo de liberdade" da Administração Pública. A imposição legal de novos critérios apreciativos, por esse enfoque, nada mais é que uma forma moderna de controle da discricionariedade administrativa sob um pretexto recente: a proteção do meio ambiente. Além disso, procura-se, com sua adoção, "reverter arraigado e peculiar hábito de nosso povo de apenas correr atrás dos fatos, não se antecipando a eles – a tranca só é colocada na porta depois de arrombada!"[180].

A Resolução CONAMA nº 1/1986, em seu art. 1º, conceitua impacto ambiental como: qualquer alteração das propriedades físicas, químicas e biológicas do meio ambiente, causada por qualquer forma de matéria ou energia resultante das atividades humanas que, direta ou indiretamente, afetam: I – a saúde, a segurança e o bem-estar da população; II – as atividades sociais e econômicas; III – a biota; IV – as condições estéticas e sanitárias do meio ambiente; V – a qualidade dos recursos ambientais.

Já no seu art. 2º, a referida Resolução do CONAMA define, em rol meramente exemplificativo, as hipóteses em que a significância de tal impacto é presumida para fins de exigibilidade de EIA/RIMA:

> Artigo 2º – Dependerá de elaboração de estudo de impacto ambiental e respectivo relatório de impacto ambiental – RIMA, a serem submetidos à aprovação do órgão estadual competente, e do IBAMA em caráter supletivo, o licenciamento de atividades modificadoras do meio ambiente, tais como:
>
> I – Estradas de rodagem com duas ou mais faixas de rolamento;
>
> II – Ferrovias;
>
> III – Portos e terminais de minério, petróleo e produtos químicos;
>
> IV – Aeroportos, conforme definidos pelo inciso 1, artigo 48, do Decreto-Lei nº 32, de 18.11.66;
>
> V – Oleodutos, gasodutos, minerodutos, troncos coletores e emissários de esgotos sanitários;
>
> VI – Linhas de transmissão de energia elétrica, acima de 230KV;
>
> VII – Obras hidráulicas para exploração de recursos hídricos, tais como: barragem para fins hidrelétricos, acima de 10MW, de saneamento ou de irrigação, abertura de

[178] Vide Resolução nº 38/2009 SEMA/PR (Secretaria Estadual do Meio Ambiente do Paraná).

[179] Vide Resolução nº 16/2005 SEMA/PR (Secretaria Estadual do Meio Ambiente do Paraná).

[180] MILARÉ, Édis; BENJAMIN, Antônio Herman V. **Estudo prévio de impacto ambiental**: teoria prática e legislação. São Paulo: Revista dos Tribunais, 1993. p. 89-93.

canais para navegação, drenagem e irrigação, retificação de cursos d'água, abertura de barras e embocaduras, transposição de bacias, diques;

VIII – Extração de combustível fóssil (petróleo, xisto, carvão);

IX – Extração de minério, inclusive os da classe II, definidas no Código de Mineração;

X – Aterros sanitários, processamento e destino final de resíduos tóxicos ou perigosos;

XI – Usinas de geração de eletricidade, qualquer que seja a fonte de energia primária, acima de 10MW;

XII – Complexo e unidades industriais e agroindustriais (petroquímicos, siderúrgicos, cloroquímicos, destilarias de álcool, hulha, extração e cultivo de recursos hídricos);

XIII – Distritos industriais e zonas estritamente industriais – ZEI;

XIV – Exploração econômica de madeira ou de lenha, em áreas acima de 100 hectares ou menores, quando atingir áreas significativas em termos percentuais ou de importância do ponto de vista ambiental;

XV – Projetos urbanísticos, acima de 100ha. ou em áreas consideradas de relevante interesse ambiental a critério da SEMA e dos órgãos municipais e estaduais competentes;

XVI – Qualquer atividade que utilize carvão vegetal, em quantidade superior a dez toneladas por dia.

Trata-se de rol meramente exemplificativo, eis que, como bem observou José Afonso da Silva, "qualquer que seja a obra ou a atividade, pública ou particular, que possa apresentar riscos de degradação significativa do meio ambiente fica sujeita à sua prévia elaboração [...] porque a Constituição não admite limitação taxativa dos casos de estudo de impacto ambiental"[181].

Em relação às hipóteses elencadas no art. 2º da Resolução CONAMA nº 1/86, compartilhamos do entendimento da doutrina[182] e da jurisprudência[183] majoritária de que a exigência e realização do EIA/RIMA é obrigatória e, portanto, não há margem de discricionariedade para o órgão público ambiental deixar de exigi-lo. Aliás, Antônio Herman Benjamin salienta como regra a obrigatoriedade de elaboração de EIA/RIMA, ao afirmar que o "princípio da obrigatoriedade reza que o EIA não se encontra, essencialmente, no âmbito do poder discricionário da Administração. Ou

---

181 SILVA, José Afonso da. **Direito Ambiental Constitucional**. 4ª ed. São Paulo: Editora Malheiros, 2002. p. 289.

182 Podemos citar, dentre outros estudiosos que comungam deste entendimento, Antônio Herman Benjamin, Paulo Affonso Leme Machado, José Afonso da Silva, Luiz Guilherme Marinoni e Sarah Carneiro Araújo. Para ilustrar esse posicionamento, veja-se: "[...] Nessas duas zonas de certeza não se pode pensar em existência de discricionariedade, pois caso se dê o conceito "obra ou atividade potencialmente causadora de significativa degradação do meio ambiente", a administração terá o dever de exigir o estudo de impacto ambiental, enquanto que na outra hipótese esse dever inexistirá. [...] Assim, caso se dê o conceito "obra ou atividade potencialmente causadora de significativa degradação do meio ambiente", a administração deverá exigir o estudo de impacto ambiental. Se o órgão licenciador do meio ambiente dispensar o estudo de impacto ambiental perante obra ou atividade potencialmente causadora de significativa degradação do meio ambiente, esteja a obra ou a atividade contida ou não no rol do art. 2º da Resolução 1/86 do Conama, ocorrerá violação de legalidade. Frise-se, embora isso deva ser óbvio, que o estudo de impacto ambiental não pode ser substituído por qualquer outra pesquisa. Não importa saber se determinado colegiado tem, ou não, capacidade técnica para emitir um laudo sobre o assunto. A obrigatoriedade do estudo de impacto ambiental, embora também considere a capacidade técnica, não se funda apenas nisso. (MARINONI, Luiz Guilherme. **O Direito Ambiental e as ações inibitórias e de remoção do ilícito.** Disponível em: http://www.marinoni.adv.br/artigos.php. Acessado em 29/06/2015).

183 Dentre os exemplos: TRF 5ª R.; AGTR 89224; Proc. 2008.05.00.043893-6; AL; 2ª T.; Rel. Des. Fed. Barros Dias; DJETRF5 23/06/2010; TJCE. AG 0002067-08.2014.8.06.0000/50000. 4ª C.Cív. Relª Desª Maria Iracema Martin do Vale Holanda. DJCE 02/12/2014. p. 22; TJPR. ApCiv 0427255-7. 5ª C.Cív. Rel. Juiz Conv. Rogério Ribas; DJPR 25/09/2009. p. 167.

seja, a aprovação do EIA é pressuposto indeclinável para o licenciamento da atividade. A regra é a elaboração do EIA, a exceção sua dispensa[184]".

Mesmo nas hipóteses não expressamente previstas na Res. CONAMA 1/86 ou em outro ato normativo federal, estadual ou municipal, mas que o empreendimento ou atividade tenha significativo potencial degradador do meio ambiente, a apresentação do EIA/RIMA se torna obrigatória, não tendo o Poder Público, autorização constitucional para dispensá-lo. Veja-se, neste teor, o seguinte julgado do Supremo Tribunal Federal:

> Ação direta de inconstitucionalidade. Art. 182 § 3º, da Constituição do Estado de Santa Catarina. Estudo de impacto ambiental. Contrariedade ao art. 225, § 1º, IV, da Carta da República A norma impugnada, ao dispensar a elaboração de estudo prévio de impacto ambiental no caso de áreas de florestamento ou reflorestamento para fins empresariais, cria exceção incompatível com o disposto no mencionado inc. IV do § 1º do art. 225 da CF/1988. Ação julgada procedente, para declarar a inconstitucionalidade do dispositivo constitucional catarinense sob enfoque[185].

É o EIA/RIMA o instrumento legal próprio para a aferição da viabilidade socioambiental do empreendimento cujo potencial poluidor seja significativo. Trata-se de documento que possui conteúdo obrigatório, a teor do disposto nos artigos 5º e 6º da Res. CONAMA nº 1/86, para a avaliação completa de seus aspectos socioambientais, dentre eles, no mínimo[186]: o diagnóstico ambiental da área de influência do projeto, com a descrição e análise dos recursos ambientais e suas interações, considerando o meio físico, o meio biológico e os ecossistemas naturais (fauna e flora), o meio socioeconômico; a análise dos impactos ambientais do projeto e de suas alternativas locacionais e tecnológicas, confrontando-as com a hipótese de não execução do projeto (opção zero) através de identificação, previsão da magnitude e interpretação da importância dos prováveis impactos relevantes, discriminando os impactos positivos e negativos (benéficos e adversos), diretos e indiretos, imediatos e a médio e longo prazos, temporários e permanentes; seu grau de reversibilidade; suas propriedades cumulativas e sinérgicas; a distribuição dos ônus e benefícios sociais; a definição das medidas mitigadoras dos impactos negativos e a elaboração do programa de acompanhamento e monitoramento dos impactos.

Não se resume o EIA/RIMA à mera técnica formal de apreciação dos impactos ambientais de um determinado projeto, devendo por isso repercutir diretamente no conteúdo e qualidade da decisão administrativa final. É somente a sua exigência, com um conteúdo profundo e abrangente o bastante para permitir o perfeito conhecimento das condições socioambientais preexistentes ao empreendimento, das reais dimensões dos impactos que este pode causar e da eficácia das medidas preventivas e mitigadoras propostas, que ensejará ao órgão ambiental um quadro de informações

[184] BENJAMIN, Antônio Herman. Responsabilidade civil pelo dano ambiental. **Revista de Direito Ambiental**, vol. 9, São Paulo, 1998, p. 38-40.

[185] Supremo Tribunal Federal (STF). ADI 1.086-7/SC, Seção I, rel. Min. Ilmar Galvão, DJ 01.10.2001.

[186] O órgão público ambiental pode e deve estabelecer aspectos adicionais a serem contemplados no EIA/RIMA de acordo com a tipologia do empreendimento e as alternativas locacionais apresentadas, o que deve ocorrer a partir de um termo de referência com todas as exigências necessárias.

técnicas completas e precisas acerca de todas essas circunstâncias, somente a partir das quais lhe será possível concluir pela viabilidade ou inviabilidade ambiental do projeto e, portanto, por seu licenciamento, ou não.

Importante perceber que um dos objetivos principais do EIA/RIMA, no aspecto da alternativa locacional, é permitir ao órgão licenciador que analise e decida, com fundamentação e à vista dos dados apresentados, se o local apresentado para a pretensa instalação do empreendimento é adequado ou não tendo por parâmetro outros locais que eventualmente possam comportar as atividades, ou que por algum aspecto, apresente características semelhantes. O EIA/RIMA deve responder se não é possível instalar o empreendimento em outro local, sem maiores sacrifícios ambientais ou socioambientais, sem perder de vista o aspecto econômico do empreendimento (um dos aspectos do chamado desenvolvimento sustentável), sem descurar do indispensável confronto com a alternativa de não realização do empreendimento.

Ao lado da hipótese de não realização do empreendimento, a alternativa locacional permite à autoridade administrativa avaliar e contrastar o empreendimento com o não empreendimento, isto é, a não realização, ou com mais razão, a sua realização em local diverso do pretendido.

Logicamente que não há o cumprimento das exigências de apresentação e estudo das alternativas locacionais quando o empreendedor apresenta alternativas dentro do seu próprio imóvel. Ou seja, quando a normatização exige que o estudo avalie alternativas locacionais, o faz tendo por mote outras localidades que não alternativas de posicionamento das instalações dentro da área do próprio empreendedor. Conforme a 4ª Câmara de Coordenação e Revisão do Ministério Público Federal[187] "a indicação das alternativas locacionais e tecnológicas é fundamental, pois é pré-requisito para a definição dos ambientes a serem submetidos aos impactos, bem como dos processos construtivos e industriais, e, por conseguinte, dos recursos utilizados e dos rejeitos gerados pelo projeto".

Quanto às alternativas locacionais, Paulo Affonso Leme Machado ensina que não basta a sua simples apresentação, já que essas alternativas devem ter uma razoável viabilidade, ou seja, "seria falsear o espírito da lei se, para forçar a escolha de um projeto, se apresentassem opções manifestamente inexequíveis"[188].

O custeio de todas as despesas relacionadas à realização do EIA/RIMA é de responsabilidade do empreendedor[189] e a sua equipe multidisciplinar deve ser composta por profissionais legalmente habilitados, os quais são responsáveis pelas informações apresentadas[190].

Questão interessante sobre a equipe multidisciplinar que realiza o EIA/RIMA é a discussão sobre a necessidade de sua independência e imparcialidade em relação ao empreendedor que a contrata, especialmente após a revogação do art. 7º da Resolução CONAMA nº 1/86, que estabelecia que o EIA/RIMA deveria ser realizado

187 *In:* Deficiência em Estudos de Impacto Ambiental. ESMPU (Escola Superior do Ministério Público da União)

188 MACHADO, Paulo Affonso Leme. **Direito Ambiental Brasileiro**. 11ª ed. São Paulo: Malheiros, 2003. p. 218.

189 Art. 8º da Resolução CONAMA nº 01/86.

190 Art. 11 da Resolução CONAMA nº 237/97.

por equipe multidisciplinar habilitada, não dependente direta ou indiretamente do proponente do projeto.

Atualmente, sob um enfoque de análise estrito das Resoluções do CONAMA, não haveria proibição expressa de dependência direta ou indireta da referida equipe em relação ao empreendedor. No entanto, não se pode olvidar que a transferência da responsabilidade pelos estudos ambientais ao empreendedor apenas se dá em razão da insuficiência estrutural e de pessoal nos órgãos públicos ambientais, e que o EIA/RIMA se submete aos princípios constitucionais da Administração Pública. A título de exemplo, Antônio Herman Benjamin e Édis Milaré, em clássica obra sobre o assunto[191], abordam os princípios da moralidade ambiental, finalidade ambiental pública e supremacia do público sobre o privado no EIA/RIMA.

José Afonso da Silva aborda especificamente o tema e leciona que a equipe multidisciplinar responde tecnicamente pelo conteúdo do RIMA. Não pode ser formada por empregado ou subordinados do proponente do projeto, nem do órgão público competente para a avaliação do RIMA. Há de ter independência suficiente para não se deixar influenciar nem por um, nem por outro, pois deverá produzir um relatório que poderá ser a favor ou contra o projeto, com recomendação, se for o caso, de alternativas.[192]

De fato, entendemos que, sem prejuízo de normativa específica que exija expressamente a independência e imparcialidade de equipe multidisciplinar responsável pelo EIA/RIMA, o profissional habilitado que integra a aludida equipe e que foi contratado pelo empreendedor deve observar unicamente o interesse público, eis que atua em colaboração com a Administração Pública Ambiental e independência, imparcialidade e impessoalidade são exigências de base constitucional de caráter principiológico[193]. Apresenta-se um questionamento exemplificativo: qual independência, imparcialidade e impessoalidade que se espera de profissional que ao mesmo tempo integra equipe técnica de realização de um estudo ambiental e defende os interesses da empresa nos processos administrativos de licenciamento ou possui vínculo empregatício com o empreendedor?

Alguns Estados da Federação, tais como o Rio Grande do Sul[194] e o Paraná[195], preocuparam-se, ao nosso ver acertadamente, em prever expressamente a vedação

---

191 BENJAMIN, Antonio Herman; MILARÉ, Édis. **Estudo prévio de impacto ambiental**: teoria, prática e legislação. São Paulo: Editora Revista dos Tribunais, 1993.

192 SILVA, José Afonso da. **Direito Ambiental Constitucional**. 4ª ed. São Paulo: Malheiros, 2002, p. 290.

193 Artigos 37, *caput*, e 225, da Constituição da República.

194 O Estado do Rio Grande do Sul editou a Lei Estadual nº. 11.520 de 3 de agosto de 2000 denominada "Código Estadual do Meio Ambiente do Estado do Rio Grande do Sul", estabelecendo no seu art. 76, que "O Estudo Prévio de Impacto Ambiental (EIA) e o Relatório de Impacto Ambiental (RIMA) serão realizados por equipe multidisciplinar habilitada, cadastrada no órgão ambiental competente, não dependente direta ou indiretamente do proponente do projeto e que será responsável tecnicamente pelos resultados apresentados, não podendo assumir o compromisso de obter o licenciamento do empreendimento. § 1º – A empresa executora do EIA/RIMA não poderá prestar serviços ao empreendedor, simultaneamente, quer diretamente, ou por meio de subsidiária ou consorciada, quer como projetista ou executora de obras ou serviços relacionados ao mesmo empreendimento objeto do Estudo Prévio de Impacto Ambiental (EIA). § 2º – Não poderá integrar a equipe multidisciplinar executora do EIA/RIMA técnicos que prestem serviços, simultaneamente, ao empreendedor.".

195 No Estado do Paraná, a Resolução SEMA nº 26, de 10 de julho de 2013, determina que "as pessoas físicas e/ou jurídicas que participem, em qualquer momento e/ou etapa do EIA/RIMA, independentemente de sua capacitação técnica, não

da dependência direta ou indireta da equipe multidisciplinar do EIA/RIMA com o empreendedor.

Nessa linha de raciocínio, Paulo Affonso Leme Machado afirma que "os Estados brasileiros têm o direito de instituir normas legais que disciplinem a equipe multidisciplinar de forma mais exigente do que aquela contida na Resolução do CONAMA"[196].

Outro tema de discussão recorrente na seara do licenciamento ambiental decorre da defesa, por proponentes de empreendimentos, da desnecessidade de realização do EIA/RIMA, sob o argumento de que esta modalidade de estudo ambiental não teria diferenças significativas em relação a outros estudos, tais como o PCA (Plano de Controle Ambiental) e o RAP (Relatório Ambiental Preliminar), tese essa que por vezes é acolhida pelos órgãos públicos ambientais, a nosso ver indevidamente.

Embora seja desnecessário reiterar que a não exigência e realização de EIA/RIMA não consiste tão-somente em vício formal e que não se pode deixar de exigi-lo, especialmente quando previsto expressamente na legislação ambiental (ao menos sem questionar a própria validade desta legislação), entendemos a importância de demonstrar algumas das significativas diferenças entre o Plano de Controle Ambiental (PCA), Relatório Ambiental Preliminar (RAP) e o Estudo de Impacto Ambiental e e Relatório de Impacto Ambiental (EIA/RIMA). Dentre essas diferenças, podemos citar:

a) aprovação da localização e concepção do empreendimento e atestado de sua viabilidade ambiental.

O EIA/RIMA é exigido previamente ao pronunciamento do órgão público ambiental quanto ao pleito de licença prévia, com o intuito de analisar a tipologia, porte, localização e todos os impactos do empreendimento, e, de acordo com a Resolução do CONAMA nº 01/86, de contemplar *"todas as alternativas tecnológicas e de localização de projeto, confrontando-as com a hipótese de não execução do projeto"* (art. 5º, inciso I), e de apresentar *"a caracterização da qualidade ambiental futura da*

podem ter nenhum vínculo empregatício temporário ou permanente com o empreendedor cuja atividade seja objeto de tais estudos"(art. 6º) e ainda prevê que: "**Art. 3º** A equipe técnica multidisciplinar, com capacitação técnica compatível com as características do empreendimento / atividade, deve ter independência prevista em contrato celebrado com o empreendedor para elaboração do EIA/RIMA. **Art. 4º** Devido à importância, profundidade das análises e repercussões sobre a vida humana e aos recursos ambientais, a independência de manifestação da equipe técnica encarregada da elaboração do EIA/RIMA deve atender aos mesmos princípios aplicáveis à administração pública direta e indireta, dispostos no art. 37 da Constituição Federal de 1988: princípios de legalidade, impessoalidade, moralidade, publicidade e eficiência e, também, ao seguinte: I. Vedação à participação, como integrantes e/ou orientadores e/ou consultores permanentes e temporários, em Equipes Técnicas Multidisciplinares e/ou Empresas Privadas de Consultoria Técnica Ambiental, de Servidores Públicos da Esfera Federal, Estadual e Municipal, à exceção daqueles que integram o Quadro Próprio de Professores / Pesquisadores de Universidades Públicas. A proibição de acumular estende-se, também, a empregados e qualquer pessoa física que desempenhe funções, mesmo que comissionada, em autarquias, fundações, empresas públicas, sociedades de economia mista, suas subsidiárias, e sociedades controladas, direta ou indiretamente, pelo poder público; II. Não podem integrar / participar da elaboração de EIA/RIMA, profissionais técnicos que integram o quadro de Servidores / Empregados de Órgãos Públicos integrantes do SISNAMA, mesmo que estejam em licença prêmio, férias e/ou licença especial com ou sem remuneração; III. As pessoas jurídicas de direito público e as de direito privado integrante de Equipes Multidisciplinares responsáveis para elaboração de EIA/RIMA e/ou que, a qualquer tempo prestem serviços de consultoria técnica às Empresas de Consultoria contratadas para tal finalidade, responderão pelos danos que seus agentes, nessa qualidade, causarem a terceiros, assegurado o direito de regresso contra o responsável nos casos de dolo ou culpa".

[196] MACHADO, Paulo Affonso Leme. **Direito Ambiental Brasileiro.** 11ª ed. São Paulo: Editora Malheiros, 2003. p. 232.

área de influência, comparando as diferentes situações da adoção do projeto e suas alternativas, bem como com a hipótese de sua não realização." (art. 9º, inciso V).

O Relatório Ambiental Prévio (RAP), além de se apresentar superficial frente ao EIA/RIMA, em regra não tem contemplado estudos sobre alternativas locacionais e, muito menos, estudos comparativos com a hipótese de não realização do empreendimento.

Os estudos do Plano de Controle Ambiental (PCA), por sua vez, não possuem o condão de estabelecer a referida viabilidade locacional e ambiental do empreendimento, uma vez que apenas são exigidos pelo órgão ambiental como condição para a emissão da licença de instalação. Propõe-se o PCA, na condição de estudo posterior à licença prévia e simplificado, apenas para minimizar e mitigar os impactos ambientais da implantação do empreendimento.

b) composição das equipes multidisciplinares.

O EIA/RIMA deve ser elaborado por uma equipe técnica multi e interdisciplinar que se responsabilize pelos diversos assuntos referentes aos meios físico, biológico e socioeconômico da área onde será instalado o empreendimento[197].

Se no EIA/RIMA são exigidos, no mínimo, quatorze classes profissionais para a realização do estudo, no RAP (Relatório Ambiental Prévio) e no PCA (Plano de Controle Ambiental) tal exigência não alcança a sua metade, o que também demonstra o grau de simplificação e menor abrangência destes frente ao EIA/RIMA.

c) amplitude e profundidade dos estudos.

O EIA/RIMA, diferentemente do PCA, é dotado de uma exigência de avaliação exauriente do empreendimento e seus impactos, seja quanto à sua amplitude, seja em relação à sua profundidade. E esta avaliação exauriente deve ser realizada, segundo a Resolução CONAMA nº 01/86, de modo a contemplar todas as alternativas tecnológicas e de localização de projeto, confrontando-as com a hipótese de não execução do projeto, a definir os limites da área geográfica a ser direta ou indiretamente afetada pelos impactos, denominada área de influência do projeto, considerando, em todos os casos, a bacia hidrográfica na qual se localiza, e abordar o completo e aprofundado diagnóstico da área de influência do projeto, envolvendo o meio físico, o meio biológico, os ecossistemas naturais, o meio socioeconômico, a análise dos impactos

[197] A título de exemplo, no Estado do Paraná, a Portaria nº 38/2010 IAP (Instituto Ambiental do Paraná), define: "Artigo 12 – A Equipe Técnica responsável pela elaboração do EPIA / RIMA, dever ser composta por, no mínimo, Profissionais habilitados e qualificados para cada um dos fragmentos ambientais (meios físico, biótico e socioeconômico) a serem diagnosticados, prognosticados e avaliados, cabendo a Coordenação Técnica ao Profissional Técnico com formação inerente a natureza do empreendimento, comprovada sua habilitação junto ao Conselho de Classe respectivo e com a necessária Anotação de Responsabilidade Técnica ou documento equivalente. Parágrafo Primeiro – Para cada um dos fragmentos a serem avaliados, a composição mínima da Equipe Técnica será a seguinte, podendo um mesmo profissional poderá realizar os estudos de mais de um fragmento. I. Análise do meio sócio-econômico: a. Geógrafo; b. Sociólogo e/ou Antropólogo; c. Economista; d. Advogado; e. Arqueólogo; II. Análise do meio biótico: a. Biólogo; b. Engenheiro Florestal; c. Engenheiro Agrônomo; d. Engenheiro Químico; e. Engenheiro Ambiental; III. Análise do meio físico: a. Engenheiro Civil; b. Arquiteto; c. Advogado; d. Engenheiro Ambiental; e. Geógrafo; f. Geólogo; g. Engenheiro Agrônomo; h. Engenheiro Mecânico/Engenheiro Eletricista [...].

ambientais do projeto e de suas alternativas e, dentre várias outras condicionantes, a caracterização da qualidade ambiental futura da área de influência, comparando as diferentes situações da adoção do projeto e suas alternativas, bem como com a hipótese de sua não realização.

Veja-se que, ao lado da avaliação dos impactos positivos e negativos, deve ocorrer análise dos impactos diretos e indiretos; primários e secundários; imediatos, de médio e longo prazos; cíclicos, cumulativos e sinérgicos; locais e regionais; estratégicos, temporários e permanentes; reversíveis e irreversíveis.

É o que facilmente se percebe por meio da análise dos atos normativos existentes em cada Estado da Federação[198] que definem as matrizes de impactos ambientais e socioambientais de cada tipologia de empreendimentos/ atividades potencial ou efetivamente impactantes, assim como os seus respectivos termos de referência para a realização de EIA/RIMA, cuja finalidade é justamente servir de parâmetro para avaliação do grau dos impactos ambientais negativos e/ou positivos, que deverão ser considerados nos estudos e projetos ambientais que devem subsidiar as análises prévias, diagnósticos e prognósticos para os diversos meios analisados, elaborados nas etapas preliminares que antecedem eventual licenciamento ambiental. Também nesse aspecto, o RAP (Relatório Ambiental Prévio) e o PCA (Plano de Controle Ambiental) não contemplam grande parte das exigências de conteúdo do EIA/RIMA.

Não se pode olvidar que a partir do simples fato da legislação ambiental apontada diferenciar claramente o EIA/RIMA dos demais estudos e definir para a hipótese de realização de EIA/RIMA a necessidade de se seguir procedimentos, ritos, termos de referência e requisitos com evidente traço diferenciador, não se pode extrair qualquer outra conclusão senão a de que o EIA/RIMA é formal e substancialmente distinto do RAP e do PCA.

d) audiências públicas e efetiva participação da sociedade.

As audiências públicas representam um dos mais importantes instrumentos de participação popular e dos mais variados setores e instituições na discussão da viabilidade ambiental e socioambiental dos empreendimentos com potencial de significativo impacto. Nas audiências públicas, que se realizam sob a responsabilidade do órgão público ambiental, é apresentado o conteúdo do EIA/RIMA com o objetivo de esclarecer dúvidas e acolher críticas e sugestões sobre o pretenso empreendimento, o que pode gerar, inclusive, a necessidade de complementações dos estudos ou até a emissão de parecer final que conclua pela inviabilidade ambiental e/ou locacional do empreendimento.

A realização de audiências públicas se apresenta como corolário do direito à participação popular na escolha do conteúdo político ou administrativo das decisões do Poder Público (art. 1º, parágrafo único, CR/88) e, no âmbito da ordenação constitucional da proteção ao meio ambiente, a participação popular está ligada ao direito de informação ampla, expressamente prevista no art. 225, § 1º, inciso IV,

198 A título de exemplo a Portaria IAP nº 158/2009. Disponível em www.iap.pr.gov.br.

que consagra a obrigação do Poder Público de exigir estudos de impacto e dar-lhes publicidade.

Como leciona o Ministro do Superior Tribunal de Justiça Antônio Herman Benjamin, no âmbito da proteção constitucional ambiental, "faz-se uma clara opção por processos decisórios abertos, transparentes, bem-informados e democráticos, estruturados em torno de um devido processo ambiental (= due process ambiental)"[199].

A proteção constitucional ao meio ambiente engloba o objetivo da população antecipar-se adequadamente a agressões ambientais, situação somente possível por meio da obtenção de conhecimento sobre o pretenso empreendimento e materializada na adoção de medidas que permitam evitar ou mitigar atividades com potencial degradador, sejam eles previsíveis ou não. Assim, ao permitir o acompanhamento das atividades desenvolvidas pela Administração Pública[200], a publicidade assegura a transparência que deveria ser inerente a seus atos, além de impedir que o Estado atue de modo obscuro perante a sociedade.

A Declaração do Rio de Janeiro sobre Meio Ambiente e Desenvolvimento, oriunda da Conferência das Nações Unidas em 1992 traz a seguinte disposição:

> Princípio 10: O melhor modo de tratar as questões ambientais é assegurar a participação, no nível apropriado, de todos os cidadãos interessados. No plano nacional, toda pessoa deverá ter acesso adequado às informações relativas ao meio ambiente de que disponham as autoridades públicas, inclusive informações acerca de materiais e atividades perigosas em suas comunidades, bem como a oportunidade de participar dos processos decisórios. Os Estados irão facilitar e estimular a conscientização e a participação popular, colocando as informações à disposição de todos. Será proporcionado o acesso efetivo a mecanismos judiciais e administrativos, inclusive no que se refere à compensação e reparação de danos.

A Resolução CONAMA nº 9/1987 estatui um procedimento (rito) para a realização das audiências públicas, que não pode ser desrespeitado sob pena de inquiná-las de nulidade:

> Art. 2º. [...]
>
> § 1º. O Órgão de Meio Ambiente, a partir da data do recebimento do RIMA, fixará em edital e anunciará pela imprensa local a abertura do prazo que será no mínimo de 45 dias para solicitação de audiência pública.
>
> § 2º. No caso de haver solicitação de audiência pública e na hipótese do Órgão Estadual não realizá-la, a licença concedida não terá validade.
>
> § 3º. Após este prazo, a convocação será feita pelo Órgão Licenciador, através de correspondência registrada aos solicitantes e da divulgação em órgãos da imprensa local.
>
> § 4º. A audiência pública deverá ocorrer em local acessível aos interessados.
>
> § 5º. Em função da localização geográfica dos solicitantes, e da complexidade do tema, poderá haver mais de uma audiência pública sobre o mesmo projeto de respectivo Relatório de Impacto Ambiental – RIMA.

---

199 BENJAMIN. Antônio Herman Benjamin. O Meio Ambiente na Constituição Federal de 1988. Brasília: BDJUR, 2005.

200 Art. 37. A administração pública direta e indireta de qualquer dos Poderes da União, dos Estados, do Distrito Federal e dos Municípios obedecerá aos princípios de legalidade, impessoalidade, moralidade, publicidade e eficiência. (Constituição da República) (grifos nossos)

> Art. 3º. A audiência pública será dirigida pelo representante do Órgão licenciador que, após a exposição objetiva do projeto e do seu respectivo RIMA, abrirá as discussões com os interessados presentes.
>
> Art. 4º. Ao final de cada audiência pública será lavrara uma ata sucinta.
>
> Parágrafo único. Serão anexadas à ata, todos os documentos escritos e assinados que forem entregues ao presidente dos trabalhos durante a seção.
>
> Art. 5º. A ata da(s) audiência(s) pública(s) e seus anexos, servirão de base, juntamente com o RIMA, para a análise e parecer final do licenciador quanto à aprovação ou não do projeto.

As audiências públicas, que não tem caráter deliberatório, mas apenas consultivo, possuem um propósito consideravelmente mais amplo do que o cumprimento da exigência legal de publicidade do trâmite do processo de licenciamento e da divulgação das súmulas de pedido de Licença Prévia, especialmente sob o enfoque democrático. Como bem lembra Arsênio Oswaldo Sevá Filho[201]:

> Tais cidadãos e entidades veem nestes instrumentos, e na justeza e consistência de suas etapas [requerimento de licença com o EIA – Publicidade e consulta aos documentos completos – Audiência(s) Pública(s) – decisão colegiada em sessão plenária] uma chance de participação efetiva e uma ocasião propícia para manifestar dúvidas, desconfianças, ou repúdios a algum projeto; para exigir complementações e até modificações naquilo que foi projetado e apresentado pelos empreendedores.

Quando da apresentação do EIA/RIMA, o órgão público ambiental poderá promover audiência(s) pública(s) sempre que julgar necessário, no entanto, haverá obrigatoriedade de sua realização se houver solicitação de entidade civil, do Ministério Público ou por cinquenta ou mais cidadãos[202]. Essa é mais uma substancial diferença do EIA/RIMA em relação RAP (Relatório Ambiental Prévio e o PCA (Plano de Controle Ambiental).

e) ausência de versão dos estudos ambientais em linguagem acessível aos interessados da sociedade.

O Estudo de Impacto Ambiental e o respectivo Relatório de Impacto ao Meio Ambiente – EIA/RIMA são dois documentos distintos. No EIA é apresentado o detalhamento de todos os levantamentos técnicos e no RIMA é apresentada a conclusão do estudo, em linguagem acessível, para facilitar a análise por parte do público interessado.

O PCA e o RAP, por sua vez, além de não possibilitarem a ampla participação popular no licenciamento e a discussão sobre a viabilidade locacional e ambiental do pretenso empreendimento, também não viabilizam a sua integral compreensão pelos interessados, já que não existe qualquer exigência de disponibilização de versão com linguagem acessível à sociedade.

201 SEVÁ FILHO, Arsênio Oswaldo. Desfiguração do licenciamento ambiental de grandes investimentos. 2O Encontro nacional da ANPPAS – Associação Nacional de Pós graduação e Pesquisa em Ambiente e Sociedade, Indaiatuba, SP, maio de 2004.

202 Art. 2º da Resolução CONAMA nº 9/1987.

f) **compensação ambiental – destinação de 0,5% do valor total do empreendimento para a regularização fundiária de unidades de conservação de proteção integral.**

A simples exigência de RAP e PCA como condicionantes de Licença Prévia e de Licença de Instalação para o empreendimento e, portanto, a não realização do EIA/RIMA, importa na ausência de aplicação do art. 36 da Lei 9985/2000, que determina o pagamento de compensação ambiental de quantia pecuniária próxima a 0,5 % do valor total do empreendimento a ser investido prioritariamente no apoio de implantação e manutenção de unidade de conservação de proteção integral. Isto porque o referido dispositivo legal prevê o ônus da compensação a todo empreendimento a que se exija a realização de EIA/RIMA.

Uma constatação negativa da atuação de órgãos públicos ambientais, decorrente da própria análise das decisões judiciais e da jurisprudência, é de uma certa resistência para a exigência de EIA/RIMA, mesmo nos casos expressamente previstos na legislação ambiental e quando não há discricionariedade para a escolha de outro estudo ambiental, e de exigência de alguma modalidade mais simplificada de estudo ambiental. No entanto, a exigência de apresentação anterior de estudos com maior profundidade e abrangência possui o condão justamente de auxiliar o órgão público ambiental na fundamentação da concessão ou indeferimento das Licenças, em especial a Licença Prévia, que deve atestar a viabilidade ambiental e locacional do empreendimento ou atividade.

Esta prática pode gerar riscos ambientais, além da lesão aos princípios constitucionais da legalidade, prevenção, precaução e prevalência do interesse público na preservação do meio ambiente ecologicamente equilibrado. Na difícil tentativa de compreensão de tal afronta, Arsênio Oswaldo Sevá Filho explica que esses casos externam as "facilidades" buscadas pelos grandes empresários com a dispensa do EIA/RIMA:

> Em outros estados da Federação, mais facilidades ainda: os escritórios que elaboram tais estudos, agindo como despachantes do processo de licenciamento, obtiveram em alguns casos a dispensa da elaboração do EIA e foi outorgada a licença prévia de grandes fábricas, de um modo "mais expedito", e, como desejam os empresários, "menos burocrático". Muitas indústrias, principalmente quando fazem suas ampliações, e também outras obras impactantes, como as pedreiras e lavras de minérios, são licenciadas de outra forma, não fazem EIAs nem RAPs. Todas estas manobras e mais as outras aqui não mencionadas vêm se chocando contra a grande expectativa positiva de avanço, que havia e ainda há, por parte da população atingida ou ameaçada por obras, e por parte das entidades de defesa e de alguns estudiosos.[203]

[203] SEVÁ FILHO, Arsênio Oswaldo. Desfiguração do licenciamento ambiental de grandes investimentos. 2º Encontro nacional da ANPPAS – Associação Nacional de Pós-graduação e Pesquisa em Ambiente e Sociedade, Indaiatuba, SP, maio de 2004. Carlos Eduardo Ferreira Pinto também trata da impossibilidade de substituição EIA/RIMA por outros estudos ambientais mais simplificados: "Faz-se necessário destacar que o estudo de impacto ambiental, que tem seu conteúdo mínimo fixado na Resolução Conama nº 01/86, não pode ser substituído por 'outros estudos' menos abrangentes. Nestes casos, sem prejuízo das sanções aplicáveis, verificando-se tratar de empreendimento efetiva ou potencialmente causador de significativa degradação ambiental, o licenciamento também deve ser precedido de EIA". (PINTO, Carlos Eduardo Ferreira *et al.* **Atividades minerárias e proteção ao meio ambiente no Brasil.** *In:* Mineração e atuação do Ministério Público na América Latina.

Outro tema recorrente envolvendo o licenciamento ambiental e o EIA/RIMA é o das licitações da grandes obras públicas, isso porque o Poder Público é um dos maiores proponentes de grandes obras e empreendimentos de significativo impacto ambiental no Brasil (portos, aeroportos, ferrovias, usinas de geração de eletricidade, estradas de rodagem, aterros sanitários etc.), e tanto a legislação ambiental, quanto a lei das licitações, estatuem a obrigatoriedade de realização de estudo de impacto ambiental e relatório de impacto ambiental (EIA/RIMA) e da obtenção de Licença Prévia, acompanhada dos projetos básicos e projetos técnicos, não somente de modo prévio ao início das obras, mas também previamente à abertura de edital de licitação de contratação da empresa que as executará[204]. A preocupação com o tema se deve ao fato da possível omissão do Poder Público, nos procedimentos licitatórios de grandes obras públicas, quanto ao dever de previamente promover a avaliação dos impactos ambientais, transferindo indevidamente essa responsabilidade à empresa concorrente classificada no certame de licitação[205].

5.2.3. Informações ambientais.

A Lei nº 6.938/1981 instituiu como um dos objetivos da Política Nacional do Meio Ambiente a divulgação de dados e informações ambientais (art. 4º, V), além de definir como seus instrumentos (art. 9º, VII e XI), "o sistema nacional de informações sobre o meio ambiente" e "a garantia da prestação de informações relativas ao Meio Ambiente, obrigando-se o Poder Público a produzi-las, quando inexistentes".

Veja-se que a Constituição da República, em seu art. 37, *caput*, estabelece o dever da Administração Pública em fornecer e dar publicidade às informações solicitadas, com mais razão ainda para a proteção do meio ambiente ecologicamente equilibrado, com base nos princípios da precaução e da prevenção. De fato, a nossa

Org. Alex Fernandes Santiago e Luciano Furtado Loubet. Porto Alegre: Letra&Vida: *Red Latinoamericana de Ministério Público Ambiental*, 2012).

204 GAIO, Alexandre. As Licitações das Grandes Obras Públicas e o Estudo Prévio De Impacto Ambiental e Relatório de Impacto Ambiental. In: GAIO, Alexandre; ABI-EÇAB, Pedro (Org.). **Lei da Política Nacional do Meio Ambiente**: 30 anos. Campo Grande: Contemplar, 2012. p. 61-77.

205 Conforme já exposto em outra oportunidade: "[...] Por ocasião da elaboração do projeto básico da obra pública de significativo impacto ambiental, é indispensável que a administração formule o pleito de licenciamento ambiental ao órgão público competente e elabore o estudo de impacto ambiental e relatório de impacto ambiental. [...] A partir da concessão de Licença Prévia pelo órgão público ambiental competente, o Poder Público, nas hipóteses em que é o empreendedor, passa a ter condições para a aprovação do projeto básico da obra pública e para a abertura do procedimento licitatório. A anterioridade de obtenção da licença prévia é de rigor não apenas em virtude de imposição legal, mas também por uma razão lógica, pois de nada adiantaria garantir a aplicação posterior do instrumento constitucional e legal do estudo prévio de impacto ambiental e relatório de impacto ambiental sob o provável risco do órgão público ambiental competente decidir pela viabilidade de outra alternativa tecnológica e locacional ou, ainda, decidir pela total inviabilidade socioambiental de execução do projeto. [...] A exigência de realização do EPIA/RIMA e de obtenção do licenciamento ambiental depois da abertura da fase externa ou competitiva do procedimento licitatório (edital de licitação), além de ferir o princípio da legalidade, propicia outras importantes consequências negativas, especialmente a afronta aos princípios da razoabilidade, da proporcionalidade, da economicidade, da eficiência, da moralidade, da impessoalidade e da isonomia nos certames licitatórios". (GAIO, Alexandre. As Licitações das Grandes Obras Públicas e o Estudo Prévio De Impacto Ambiental e Relatório de Impacto Ambiental. In: GAIO, Alexandre; ABI-EÇAB, Pedro (Org.). **Lei da Política Nacional do Meio Ambiente**: 30 anos. Campo Grande: Contemplar, 2012. p. 65-70).

Carta Constitucional reconhece o direito à informação como um direito fundamental de quarta dimensão e que corrobora a normativa das Convenções Internacionais sobre o Meio Ambiente, estabelecendo em seu art. 5º, inciso XXXIII, que todos têm direito a receber dos órgãos públicos informações de interesse particular, ou de interesse coletivo ou geral, que serão prestadas no prazo da lei, sob pena de responsabilidade, ressalvadas aquelas cujo sigilo seja imprescindível à segurança da sociedade e do Estado.

Paulo Affonso Leme Machado destaca não somente a importância da informação ambiental, mas também a sua tempestividade[206], aduzindo que "a informação ambiental deve ser transmitida de forma a possibilitar tempo suficiente aos informados para analisarem a matéria e poderem agir diante da Administração Pública e do Poder Judiciário"[207].

Importante avanço nesse campo foi a edição da Lei nº 10.650/2003, que dispõe sobre o acesso público aos dados e informações existentes nos órgãos e entidades do SISNAMA (Sistema Nacional do Meio Ambiente) e concretiza o direito de acesso à informação ambiental, à luz de uma Administração Pública dialógica e na perspectiva de uma gestão democrática[208].

A Lei nº 10.650/2003 estabelece três principais formas de concretização ao acesso às informações ambientais.

A primeira forma se consubstancia na obrigação aos órgãos integrantes do SISNAMA (Sistema Nacional do Meio Ambiente) de permitirem o acesso público a quaisquer processos administrativos e documentos relacionados à matéria ambiental, inclusive com direito de vista (art. 2º, § 4º).

A segunda forma se refere ao dever dos órgãos integrantes do SISNAMA (Sistema Nacional do Meio Ambiente) a fornecerem todas[209] as informações ambientais solicitadas por qualquer cidadão (art. 2º, § 5º).

A terceira forma diz respeito à obrigação dos órgãos públicos ambientais em publicarem e divulgarem em Diário Oficial, assim como afixarem em locais de fácil acesso ao público, as seguintes informações ambientais (art. 4º): pedidos de licenciamento, sua renovação e a respectiva concessão; pedidos e licenças para supressão de vegetação; autos de infrações e respectivas penalidades impostas pelos órgãos

[206] Veja-se que transmissão da informação ambiental em tempo hábil atende ao princípio da razoável duração do processo, conforme art. 5º, inciso LXXVIII da Constituição: "a todos, no âmbito judicial e administrativo, são assegurados a razoável duração do processo e os meios que garantam a celeridade de sua tramitação".

[207] MACHADO, Paulo Affonso Leme. **Direito Ambiental Brasileiro.** 11ª ed. São Paulo: Editora Malheiros, 2003, p. 79.

[208] Independentemente do que dispõe a Lei nº 10.650/2003, a Lei nº 12.527/011 (Lei de Acesso à Informação), fazendo alusão aos Entes da Administração Direta e Indireta, dispõe em seu art. 7º, § 4º, que "A negativa de acesso às informações objeto de pedido formulado aos órgãos e entidades referidas no art. 1º, quando não fundamentada, sujeitará o responsável a medidas disciplinares, nos termos do art. 32 desta Lei.". A mesma lei prescreve, em seu art. 8º, § 2º, que "Para cumprimento do disposto no caput, os órgãos e entidades públicas deverão utilizar todos os meios e instrumentos legítimos de que dispuserem, sendo obrigatória a divulgação em sítios oficiais da rede mundial de computadores (internet)"; e, em relação ao pedido de acesso à informação: "Os órgãos e entidades do poder público devem viabilizar alternativa de encaminhamento de pedidos de acesso por meio de seus sítios oficiais na internet" (art. 10, § 2º).

[209] Ressalvando-se a obrigação de não utilizar as informações colhidas para fins comerciais, sob as penas da lei civil, penal, de direito autoral e de propriedade industrial, assim como de citar as fontes, caso, por qualquer meio, venha a divulgar os aludidos dados (art. 2º, § 1º).

ambientais; lavratura de termos de compromisso de ajustamento de conduta; reincidências em infrações ambientais; recursos interpostos em processo administrativo ambiental e respectivas decisões; e registro de apresentação de estudos de impacto ambiental e sua aprovação ou rejeição.

Vê-se, assim, que a publicidade dessas informações ambientais é indispensável tanto ao controle social da atuação do órgão público ambiental nos processos de licenciamento ambiental, quanto nos processos relativos à responsabilização administrativa por infrações ambientais. Uma das mais relevantes informações ambientais cuja publicidade raramente é constatada é a divulgação do pedido de licença para supressão de vegetação, o que, se devidamente respeitado o art. 4º da Lei nº 10.650/2003, viabilizaria um controle mais efetivo da legalidade dos desmatamentos autorizados. Ressalta-se, nesse contexto, a importância da atuação do Ministério Público para fiscalizar o fiel cumprimento da Lei nº 10.650/2003.

No que concerne ao Sistema Nacional de Informação do Meio Ambiente (SINIMA), este se encontra ainda em fase de construção, porém recebeu um impulso para a sua implementação a partir da Portaria nº 160/2009 do Ministério do Meio Ambiente, a qual instituiu a política de informação do referido Ministério com o propósito de construir e manter uma plataforma conceitual baseada na integração e compartilhamento de informações entre os diversos sistemas existentes no âmbito do Sistema Nacional do Meio Ambiente (SISNAMA). De acordo com a referida Portaria, o SINIMA possui três eixos estruturantes de atuação: o desenvolvimento de ferramentas de acesso à informação; a integração de bancos de dados e sistemas de informação, inclusive com a utilização de ferramentas de geoprocessamento e a composição de mapas interativos; e o fortalecimento do processo de produção, sistematização e análise de estatísticas e indicadores.

Vale ressaltar que a prestação das informações ambientais consiste indubitavelmente em uma obrigação de relevante interesse ambiental e, nessa medida, a conduta do servidor público do órgão público ambiental que deixa de atender pedido de informação ambiental ou não a presta em prazo razoável, pode se adequar ao tipo penal previsto no art. 68 da Lei nº 9.605/1998[210]. Nesse particular, compartilhamos do posicionamento de Paulo Affonso Leme Machado que, ao se referir ao aludido tipo penal, assinala:

> Pacífico é que os órgãos públicos – como pessoas jurídicas de direito público e as pessoas jurídicas de direito privado poderão ser autores do crime do art. 68 da Lei 9.605/1998 combinado com art. 3º da mesma Lei, quando não transmitirem a informação ambiental devidamente solicitada. O agente público competente para o fornecimento da informação que deixar de prestar a informação será enquadrado da mesma forma no art. 68 combinado com o art. 2º da Lei mencionada.[211]

---

[210] A tipificação de crimes previstos na Lei nº 9.605/98, que trata das sanções administrativas e penais derivadas de condutas e atividades lesivas ao meio ambiente, a qual dispõe em seu art. 68 que: "Deixar, aquele que tiver o dever legal ou contratual de fazê-lo, de cumprir obrigação de relevante interesse ambiental: Pena – detenção, de 1 (um) ano a 3 (três) anos, e multa. Parágrafo único. Se o crime é culposo, a pena é de 3 (três) meses a 1 (um) ano de detenção, sem prejuízo da multa".

[211] MACHADO, Paulo Affonso Leme. Princípios do Direito Ambiental e Tutela Penal. **Revista dos Tribunais,** São Paulo, vol. 894, p. 383 - 399, 2010.

5.2.4. Zoneamento ambiental

Conforme já exposto, a Lei nº 6.938/1981 previu o zoneamento ambiental como um dos instrumentos da Política Nacional do Meio Ambiente (art. **9º, II**).

Assim, paralelamente ao zoneamento urbano, ao zoneamento em unidades de conservação, ao zoneamento costeiro e ao zoneamento industrial, o instrumento do zoneamento ambiental estabelecido pela Lei nº 6.938/81 se propõe gerir e planejar, sob o ponto de vista ambiental, a adequada destinação de porções de determinado território ou região, assim como a fixação de diretrizes de políticas públicas para cumprir esse ordenamento. Conforme Patrícia Rossi Marcos, o zoneamento ambiental possibilita a intervenção do Estado no domínio econômico e procura organizar o espaço, regular os recursos naturais, incentivar condutas sustentáveis e viabilizar o uso ordenado do solo no território nacional[212].

O Decreto nº 4.297/2002 regulamentou o tema, e estabeleceu critérios para o Zoneamento Ecológico - Econômico (ZEE). No seu art. 2º, define o ZEE como "instrumento de organização do território a ser obrigatoriamente seguido na implantação de planos, obras e atividades públicas e privadas, estabelece medidas e padrões de proteção ambiental destinados a assegurar a qualidade ambiental, dos recursos hídricos e do solo e a conservação da biodiversidade, garantindo o desenvolvimento sustentável e a melhoria das condições de vida da população".

O ZEE deverá necessariamente levar em consideração a importância ecológica, especialmente da biodiversidade, e a fragilidade dos ecossistemas, de modo a buscar a sustentabilidade em favor das presentes e futuras gerações[213]. Também assume importância para disponibilizar um diagnóstico ambiental e socioambiental que pode servir de base para uma maior efetividade dos estudos ambientais nos processos de licenciamento ambiental, e para a tomada de decisões administrativas mais seguras pelos órgãos públicos ambientais.

Importante perceber que o zoneamento ambiental pressupõe, de modo central, a realização de estudos técnicos aprofundados sobre cada um dos espaços de um território, as suas características naturais, as suas funcionalidades e as suas vocações. Nas palavras de Solange Teles da Silva, "o zoneamento, em sentido abrangente, consiste em um instrumento que determina a repartição do território para regular o uso da propriedade do solo e dos recursos naturais. Ele representa a manifestação concreta do planejamento, quer dizer a concretização de um processo técnico voltado para a transformação da realidade tendo em vista o ordenamento territorial e o cumprimento da função social da propriedade"[214].

De outro lado, considerando a importância do ZEE e dos impactos diretos e indiretos das suas consequências na vida das pessoas que vivem em determinada

[212] MARCOS, Patrícia Rossi. A Influência do Princípio da Cooperação Internacional nas Conquistas e Metas para a Sustentabilidade do Setor Energético. **Revista Magister Direito Ambiental e Urbanístico**. nº 56. Porto Alegre: Magister, 2014. p. 17.

[213] Artigos 3º e 4º do Decreto nº 4.297/2002.

[214] SILVA, Solange Teles da. Zoneamento Ambiental, instrumento de Gestão Integrada do Meio Ambiente. In: (Coordenação de João Carlos de Carvalho Rocha, Tarcísio Humberto Parreiras Henrique Filho e Ubiratan Cazetta). **Política Nacional do Meio Ambiente:** 25 anos da Lei nº 6.938/81. Belo Horizonte: Editora Del Rey, 2007. p. 151-173.

região, é imprescindível a efetiva participação social democrática nos processos de sua elaboração, discussão e implementação. Atentando a isso, o art. 4º do Decreto nº 4.297/2002 determina que o processo de elaboração e implementação do ZEE deve contar, obrigatoriamente, com ampla participação democrática, "compartilhando suas ações e responsabilidades entre os diferentes níveis da administração pública e da sociedade civil".

E não é suficiente a participação social meramente formal. Esta deve ser ampla e qualificada, ou seja, a sociedade deve ser previamente informada de todos os estudos, diagnósticos, propostas, mapas, documentos e processos relacionados à proposta de ZEE. O art. 5º do citado Decreto torna expressa a necessidade de ampla participação informada da sociedade na elaboração do documento, ao prever que o ZEE "obedecerá aos princípios da função socioambiental da propriedade, da prevenção, da precaução, do poluidor-pagador, do usuário-pagador, da participação informada, do acesso equitativo e da integração".

Com base no dever constitucional de cooperação dos entes para a proteção ambiental, e com suporte no próprio Sistema Nacional do Meio Ambiente (SISNAMA), cabe a cada um dos Estados da Federação a incumbência de realizar o Zoneamento Ecológico e Econômico de âmbito estadual, em conformidade com os zoneamentos de âmbito nacional e regional. Importante lembrar que a Lei nº 12.651/2012 (novo Código Florestal) determina, no seu art. 13, § 2º, que "os Estados que não possuem seus Zoneamentos Ecológico-Econômicos – ZEEs segundo a metodologia unificada, estabelecida em norma federal, terão o prazo de 5 (cinco) anos, a partir da data da publicação desta Lei, para a sua elaboração e aprovação".

6. ESPAÇOS TERRITORIAIS ESPECIALMENTE PROTEGIDOS

6.1. Conceito

Na medida em que se percebeu a existência de uma crise que expõe a risco não somente a suficiência dos recursos naturais, mas a própria sobrevivência do planeta[215], os países, gradativamente, estabeleceram restrições legais para a proteção dos seus principais recursos e ecossistemas.

Um dos exemplos dessa preocupação foi a Convenção para a Proteção da Flora, da Fauna e das Belezas Cênicas Naturais dos Países da América, que prevê, dentre outras normas, a necessidade de os países adotarem medidas para evitar a

[215] Leonardo Boff explica que o problema da sobrevivência do planeta, atualmente, gira em torno de duas grandes crises conjunturais (econômica e alimentar) e duas grandes crises estruturais (energética e climática), que inviabilizam o projeto de capital e exploração ilimitada. Por outro lado, o referido filósofo sintetiza cinco eixos para uma direção de solução a esses problemas: "(1) um uso sustentável, responsável e solidário dos limitados recursos e serviços da natureza; (2) o valor de uso dos bens deve ter prioridade sobre seu valor de troca; (3) um controle democrático deve ser construído nas relações sociais, especialmente sobre os mercados e os capitais especulativos; (4) o ethos mínimo mundial deve nascer do intercâmbio multicultural, dando ênfase à ética do cuidado, da compaixão, da cooperação e da responsabilidade universal; (5) a espiritualidade, como expressão da singularidade humana e não como monopólio das religiões, deve ser incentivada como uma espécie de aura benfazeja que acompanha a trajetória humana, pois ancora o ser humano e a história numa dimensão para além do espaço e do tempo, conferindo sentido à nossa curta passagem por este pequeno planeta." (BOFF, Leonardo. **Os limites do capital são os limites da Terra**. Agência Carta Maior – Economia. São Paulo, 15 de janeiro de 2009).

extinção que ameace a uma espécie determinada[216]. Outro exemplo foi a Convenção de Washington sobre o Comércio Internacional das Espécies da Flora e da Fauna Selvagens em Perigo de Extinção (CITES), que regula e monitora o comércio internacional de plantas e animais com o propósito de impedir a extinção de espécies ameaçadas[217].

Merece grande destaque no âmbito internacional a Convenção sobre Diversidade Biológica - CDB, que previu o dever dos países em "recuperar e restaurar ecossistemas degradados e promover a recuperação de espécies ameaçadas por meio da elaboração e da implementação de planos e outras estratégias de gestão"[218].

No Brasil, o Código Florestal (Lei nº 4.771/65[219]), a Lei de Proteção da Fauna (Lei nº 5.197/67), assim como a instituição da Política Nacional do Meio Ambiente, por meio da Lei nº 6.938/81, foram os principais marcos que previram a obrigação de proteção de ecossistemas por meio da preservação de áreas representativas[220].

A partir da Constituição da República, essas áreas representativas de ecossistemas receberam expresso amparo constitucional no seu artigo 225, § 1º, III, que determinou ao Poder Público uma obrigação positiva, típica de um Estado Social[221], consistente na definição de espaços territoriais e seus componentes a serem especialmente protegidos em todas as unidades da Federação, com alteração e supressão permitidas somente através de lei, sendo vedada qualquer utilização que comprometa a integridade dos atributos que justifiquem sua proteção[222]. Deve-se destacar que esse comando constitucional é reforçado pela obrigação também incumbida ao Poder Público para defender e preservar o direito de todos ao meio ambiente ecologicamente equilibrado para as presentes e futuras gerações, preservar e restaurar os processos

216 A Convenção para a Proteção da Flora, da Fauna e das Belezas Cênicas Naturais dos Países da América foi ratificada no Brasil pelo Decreto Legislativo nº 3, de 1948, e promulgada pelo Decreto nº 58.054/1966.

217 A Convenção de Washington sobre o Comércio Internacional das Espécies da Flora e da Fauna Selvagens em Perigo de Extinção (CITES) foi ratificada pelo Brasil por meio do Decreto Lei nº 54/75 e promulgada pelo Decreto nº 76.623/1975.

218 A Convenção sobre Diversidade Biológica – CDB, por sua vez, foi ratificada pelo Brasil por meio do Decreto Legislativo nº 2/1994.

219 Revogado pela Lei nº 12.651/2012.

220 Art. 2º A Política Nacional do Meio Ambiente tem por objetivo a preservação, melhoria e recuperação da qualidade ambiental propícia à vida, visando assegurar, no País, condições ao desenvolvimento socioeconômico, aos interesses da segurança nacional e à proteção da dignidade da vida humana, atendidos os seguintes princípios: [...] I – ação governamental na manutenção do equilíbrio ecológico, considerando o meio ambiente como um patrimônio público a ser necessariamente assegurado e protegido, tendo em vista o uso coletivo; [...] IV – proteção dos ecossistemas, com a preservação de áreas representativas;". A Lei nº 7.804/89 estabeleceu nova redação ao artigo 9º, VI, da Lei nº 6.938/81 para prever como instrumento da Política Nacional do meio Ambiente a criação de espaços territoriais especialmente protegidos pelo Poder Público federal, estadual e municipal, tais como áreas de proteção ambiental, de relevante interesse ecológico e reservas extrativistas.

221 A Constituição Federal de 1988, nos dizeres de Antônio Herman Benjamin, inaugurou uma verdadeira ordem pública ambiental constitucionalizada, determinando a inversão do princípio civilístico/administrativo tradicional regente do Estado liberal, e fixando como parâmetro a ser adotado pela sociedade e pelo Estado, o dever genérico de defesa e preservação do meio ambiente, a observância dos princípios que estatuem a primariedade do meio ambiente e a exploração limitada da propriedade (BENJAMIN, Antônio Herman V. **Constitucionalização do Ambiente e Ecologização da Constituição Brasileira.** *Direito Constitucional Ambiental Brasileiro.* (Org.) José Joaquim Gomes Canotilho e José Rubens Morato Leite. São Paulo: Saraiva, 2007, p. 121-124).

222 Artigo 225, § 1º, inciso III, da Constituição da República.

ecológicos essenciais, preservar a diversidade e a integridade do patrimônio genético do País e proteger a fauna e a flora[223].

Não existe consenso doutrinário sobre o conceito e as modalidades de espaços especialmente protegidos, e tarefa que não é facilitada pelo legislador infraconstitucional, haja vista o cipoal de normas dispondo sobre tipos variados de espaços sob proteção ambiental, raras vezes com precisão terminológica.

Na definição de José Afonso da Silva, espaços territoriais especialmente protegidos são:

> áreas geográficas públicas ou privadas (porção de território nacional) dotadas de atributos ambientais que requeiram sua sujeição, pela lei, a um regime jurídico de interesse público que implique sua relativa imodificabilidade e sua utilização sustentada, tendo em vista a preservação e proteção da integridade de amostras de toda a diversidade de ecossistemas, a proteção do processo evolutivo das espécies, a preservação e proteção dos recursos naturais.[224]

Em sentido semelhante, a lição de Marcelo Dias Varella e Márcia Dieguez Leuzinger[225], para quem espaços territoriais especialmente protegidos são:

> qualquer área, criada pelo Poder Público, sobre a qual incida proteção jurídica específica, integral ou parcial, de seus atributos naturais, seja ela pública, seja privada. Os ETEP constituem, portanto, gênero que, por sua vez, subdividem-se em unidades de conservação, espaços de proteção específica e áreas protegidas. Unidades de conservação são apenas aquelas expressamente previstas pela Lei nº 9.985/00 (Lei do Snuc), sendo todos os demais espaços ambientais, como áreas de preservação permanente, áreas de reserva legal, jardins botânicos e zoológicos, hortos florestais, entre muitos outros, classificados como espaços de proteção específica. Atualmente, a partir da expedição do Decreto nº 5.758/06, que instituiu o Plano Nacional de Áreas Protegidas, foi criada uma terceira categoria de espaço ambiental, denominada "áreas protegidas", que abrange, parcialmente, as outras duas, na medida em que se compõe de unidades de conservação, terras indígenas e territórios quilombolas, estes dois últimos também integrantes dos chamados espaços de proteção específica.

Percebe-se, pela redação do dispositivo constitucional, que o constituinte originário propositadamente criou com o termo "espaço territorial especialmente protegido" um **conceito jurídico indeterminado**. Não definiu tal instituto nem enumerou suas espécies, e o fez acertadamente para, com isso, dar suporte constitucional a todo e qualquer tipo de área sujeita (afetada) a regime diferenciado de proteção ambiental, não importando o nome que se lhe atribua. Por esta razão, Leuzinger e Cureau explicam que "optou o constituinte originário por utilizar (...) a expressão mais ampla – espaço territorial especialmente protegido –, em vez de unidade de

[223] Artigo 225, *caput*, da Constituição da República.

[224] SILVA, José Afonso da. **Direito Ambiental Constitucional.** 4ª ed. São Paulo: Malheiros, 2002, p. 230.

[225] VARELLA, Marcelo Dias; LEUZINGER, Márcia Dieguez. "O meio ambiente na Constituição de 1988 – Sobrevôo por alguns temas vinte anos depois". In **Revista de Informação Legislativa**. Brasília: Senado Federal, v. 45, nº 179, p. 397-402, jul.-set., 2008.

conservação. Isso demonstra a clara intenção de conferir aos espaços ambientais instituídos pelo Poder Público o máximo de proteção[226].

Portanto, a noção constitucional de espaços territoriais especialmente protegidos, que unicamente para fins de simplificação da presente obra preferimos denominar espaços protegidos, consiste em **todo o espaço (terrestre, aéreo ou aquático), de qualquer dominialidade, submetido por lei a regime especial de proteção ambiental, independente da modalidade, intensidade ou denominação.** Abrange, dessa forma, não somente as Unidades de Conservação, mas também outras modalidades de proteção, como as Áreas de Preservação Permanente, a Reserva Florestal Legal, a Mata Atlântica, a Serra do Mar, o Pantanal Mato-Grossense, a Zona Costeira, as Terras Indígenas, os territórios quilombolas, as Áreas Úmidas e as Bacias Mananciais de Abastecimento Público[227].

6.2. O Sistema Nacional de Unidades de Conservação (SNUC)

6.2.1. Elementos gerais: criação, modificação e extinção, zona de amortecimento, plano de manejo e compensação ambiental

Conforme exposto anteriormente, a unidade de conservação (UC) é uma espécie do gênero espaço ambiental protegido, já que seu conceito se encaixa na noção deste último, entretanto, é mais restrito, denotando que toda unidade de conservação é um espaço territorialmente protegido, mas que este nem sempre é uma unidade de conservação.

A Lei nº 9.985/2000 instituiu o Sistema Nacional de Proteção de Unidades de Conservação da natureza (SNUC) e conceituou unidade de conservação como espaço territorial e seus recursos ambientais, legalmente instituído pelo Poder Público, com o objetivo de conservação e uso sustentável da biodiversidade ou da diversidade biológica. A Lei nº 9.985/2000 se submeteu a uma incompleta regulamentação pelo Decreto nº 4.340/2002.

No que tange às finalidades gerais das unidades de conservação, a própria Lei nº 9.985/2000 aponta que esses espaços territoriais possuem o papel de contribuir para a manutenção da diversidade biológica e dos recursos genéticos, para a preservação e a restauração da diversidade de ecossistemas naturais, e para a proteção das espécies ameaçadas de extinção (art. 4º). Relevante destacar que podem integrar os limites das unidades de conservação o subsolo e o espaço aéreo, sempre que influírem na estabilidade do ecossistema (art. 24).

O conceito de diversidade biológica ou biodiversidade é trazido pela Convenção sobre a Biodiversidade Biológica[228] (art. 2º), como "a variabilidade de organismos vivos de todas as origens, compreendendo, dentre outros, os ecossistemas terrestres, marinhos e outros ecossistemas aquáticos e os complexos ecológicos de que fazem

226 CUREAU, Sandra; LEUZINGER, Márcia Dieguez. **Direito Ambiental.** Rio de Janeiro: Elsevier, 2013. p. 97.

227 SANTILLI, Juliana. A Lei 9985/2000, que instituiu o sistema nacional de unidades de conservação da natureza (Snuc): uma abordagem socioambiental. **Revista de Direito ambiental.** nº 40. São Paulo: Revista dos Tribunais, 2005, p. 83.

228 A Convenção sobre a Biodiversidade Biológica foi internalizada em nosso ordenamento jurídico pelo Decreto nº 2.519/1998.

parte; compreendendo ainda a diversidade dentro de espécies, entre espécies e de ecossistemas.". Este conceito foi adotado pela Lei nº 9.985/2000 (art. 2º, III).

O caráter de espaços protegidos das unidades de conservação confere a estas, de acordo com a Constituição da República (art. 225, § 1º, III), a prerrogativa de que apenas por meio de lei se pode pretender reduções em área ou nível de proteção, ou ainda eventuais supressões. Daí se infere que a vontade do constituinte originário foi a de atribuir às unidades de conservação e às demais espécies de espaços protegidos importância ímpar na efetivação do direito ao meio ambiente ecologicamente equilibrado, assegurando que, uma vez criadas, permaneçam imodificáveis e, somente em caráter excepcional e através da edição de lei, possam sofrer eventuais alterações ou supressões[229].

As unidades de conservação dividem-se em unidades de **proteção integral** e unidades de **uso sustentável**.

As primeiras permitem somente o **uso indireto** (aquele que não envolve consumo, coleta, dano ou destruição) dos recursos naturais, já que objetivam a preservação da natureza, enquanto que as segundas visam "compatibilizar a conservação da natureza com o uso sustentável de parcela dos seus recursos naturais" (art. 7º, § 2º, da Lei do SNUC).

As unidades de conservação de proteção integral devem ser de domínio público, o que significa dizer que as propriedades de particulares existentes no interior de suas delimitações devem ser desapropriadas.

Já as unidades de conservação de uso sustentável podem tanto ser de domínio público como privado, ou até mesmo comportar dentro de sua área ambas as categorias de dominialidade. Nas categorias de unidades em que só for admitida a propriedade pública (floresta nacional e reserva extrativista, p. ex.), as terras privadas deverão ser desapropriadas.

A **criação** de unidades de conservação deve observar requisitos previstos nos artigos 22 e seguintes da Lei nº 9.985/2000, quais sejam a realização de estudos técnicos e de consulta pública à população local e partes interessadas, que envolvam a identificação, a localização, a dimensão e os limites da unidade. Apenas nos casos de criação de Estação Ecológica e Reserva Biológica, pode-se dispensar a aludida consulta pública (art. 22, § 4º), pois, nestes dois casos, a necessidade de preservação da natureza é tão intensa, que o critério técnico se sobrepõe a vontade popular. O processo de ampliação dos limites de uma unidade de conservação deve obedecer aos mesmos procedimentos de consulta pública e ser materializada por ato normativo do mesmo nível hierárquico que criou a unidade (art. 22, § 6º).

Antônio Herman Benjamin[230] acertadamente aponta a possibilidade de criação de unidade de conservação por meio de decisão judicial, como forma de suprir omissão do Poder Público, acrescentando-se a incidência do princípio da inafastabilidade da jurisdição (CR, art. 5º, XXXV).

---

229 GAIO, Alexandre; GAIO, Ana Paula Pina. Reserva Legal: sua supressão pelo instituto da compensação e confronto com o princípio da proibição do retrocesso do direito ambiental. **Revista Brasileira de Direito Ambiental**, v. 16, p. 213-246, 2008.

230 **O regime brasileiro das unidades de conservação**. In Revista de Direito Ambiental. São Paulo. v. 21, 2001, p. 47.

Ressalta-se que não há impeditivo de transformação parcial ou total de unidade de conservação de uso sustentável em unidade de conservação de proteção integral, desde que sejam obedecidos os referidos procedimentos de consulta pública e existência de instrumento normativo do mesmo nível hierárquico (art. 22, § 5º, da Lei do SNUC).

A redução ou supressão de unidade de conservação somente é permitida mediante lei em sentido estrito, em obediência ao disposto no art. 225, § 1º, III, da CR, não se admitindo por meio de medida provisória, conforme entendimento do STF[231].

A Lei nº 9.985/2000 ainda previu a possibilidade de constituição de **mosaico de unidades de conservação**, ainda que estas sejam de categorias diferentes, quando haja proximidade, justaposição ou sobreposição entre elas, realizando-se uma **gestão integrada** e participativa para potencializar os objetivos de conservação da biodiversidade e de desenvolvimento sustentável em contexto regional (art. 26).

De modo harmônico com a possibilidade de constituição de mosaico de unidades de conservação, a Lei do SNUC (art. 25) previu a possibilidade discricionária do órgão público ambiental de instituição de **corredores de biodiversidade** se houver a viabilidade de conexão entre unidades de conservação. Os corredores de biodiversidade são definidos pelo art. 2º, XIX, como "porções de ecossistemas naturais ou seminaturais, ligando unidades de conservação, que possibilitam entre elas o fluxo de genes e o movimento da biota, facilitando a dispersão de espécies e a recolonização de áreas degradadas, bem como a manutenção de populações que demandam para sua sobrevivência áreas com extensão maior do que aquela das unidades individuais".

Os corredores de biodiversidade são essenciais para combater a fragmentação dos remanescentes florestais, a criação de ilhas isoladas sem qualquer conexão entre si e a crescente pressão antrópica sobre estes espaços. Para Maria Lenise Silva Guedes *et al.*, "a expectativa é de que a extinção inercial possa levar à perda de 50% das espécies aí existentes, tendo como paradigma clássico a 'teoria de biogeografia de ilhas"[232]. André Lima explica a relação entre as consequências da fragmentação da Mata Atlântica e os corredores de biodiversidade:

> [...] o efeito de borda (ventos, queimadas, alta iluminação, introdução de espécies invasoras), que vai sufocando os fragmentos até a eliminação de boa parte de sua diversidade biológica; a degeneração genética das espécies de fauna e de flora em decorrência da interrupção do fluxo gênico (inexistência de corredores ecológicos); o desaparecimento da fauna responsável pela polinização de certas espécies da flora representativas do bioma (pela caça ou significativa redução do seu habitat pela conversão para outros usos do solo), com o consequente desaparecimento destas espécies florísticas[233].

Embora a Lei nº 9.985/2000 tenha estabelecido a possibilidade de instituição de corredores de biodiversidade por conveniência do órgão ambiental, entende-se, no âmbito de uma interpretação do seu art. 25 conforme a Constituição da República,

[231] Plenário. ADI 4717/DF, Rel. Min. Cármen Lúcia, julgado em 5/4/2018, noticiado no Informativo 896.

[232] GUEDES, Maria Lenise Silva *et al.* **Breve incursão sobre a biodiversidade da Mata Atlântica**, p. 40.

[233] LIMA, André. Tutela jurídica das espécies da flora ameaçadas de extinção na Mata Atlântica. In: ______ (Org.). **Aspectos jurídicos da proteção da Mata Atlântica**. São Paulo: Instituto Socioambiental, 2001. p. 76.

que há obrigação do órgão ambiental para essa instituição nas hipóteses de constatação de viabilidade de conexão entre unidades de conservação. Isso porque o 225 da Constituição da República determina ao Poder Público, para assegurar a efetividade do direito fundamental ao meio ambiente ecologicamente equilibrado, ações positivas (e não inércia) para a proteção da fauna e da flora e da integridade do patrimônio genético e para a preservação e restauração dos processos ecológicos essenciais.

Um dos aspectos mais relevantes das unidades de conservação é a existência da **zona de amortecimento**, que é a área de seus entornos "onde as atividades humanas estão sujeitas a normas e restrições específicas, com o propósito de minimizar os impactos negativos sobre a unidade" (art. 2º, XVIII, da Lei do SNUC). Impende frisar: não se trata de área da unidade de conservação, podendo se tratar de imóveis públicos ou privados, que estarão sujeitos a restrições em seu uso[234].

Todas as unidades de conservação devem estabelecer zona de amortecimento em seus atos de criação ou nos planos de manejo, com exceção da Área de Proteção Ambiental e da Reserva Particular de Patrimônio Natural (art. 25 da Lei do SNUC). Enquanto não estabelecido um raio de zona de amortecimento de modo específico para cada unidade de conservação, a Resolução CONAMA nº 428/2010[235]determina que, no raio de três quilômetros no entorno das unidades de conservação, salvo se distância superior for fixada no ato de criação da unidade de conservação ou em seu plano de manejo, ou ainda em legislação estadual/municipal, qualquer atividade sujeita a Estudo Prévio de Impacto Ambiental e Relatório de Impacto Ambiental, deverá ser obrigatoriamente licenciada pelo órgão ambiental competente, além da indispensável anuência do órgão gestor da unidade de conservação, o que encontra harmonia com o dever legal de proteção de biodiversidade e dos recursos naturais destas unidades.

A existência de zona de amortecimento nas unidades de conservação é essencial para combater o denominado "efeito de borda", que é o processo de degradação e diminuição da biodiversidade por meio do sufocamento dos limites da unidade a partir de poluição, queimadas, caça, ventos, iluminação excessiva, introdução e cultivo de espécies invasoras, dentre outras práticas danosas. Há alguns anos, apenas de modo exemplificativo, noticiou-se a necessidade do que se denominou "desinfecção biológica", que consiste no corte de árvores das espécies florestais exóticas chamadas de "Pinus" e Uva do Japão na unidade de conservação paranaense (Parque Estadual Vila Velha), que estavam tomando o lugar das espécies florestais nativas[236].

Outro aspecto central das unidades de conservação é o **plano de manejo**, que é definido como o "documento técnico mediante o qual, com fundamento nos

234 Em razão da afetação do imóvel a interesse do ente público gestor da UC, há consequências processuais no âmbito da competência. Nesse sentido o STJ entende que o MPF possui legitimidade para propor, na Justiça Federal, ação civil pública que vise à proteção de zona de amortecimento de parque nacional, ainda que a referida área não seja de domínio da União. (AgRg no REsp 1.373.302-CE, Informativo 526).

235 A referida Resolução revogou a Resolução CONAMA nº 13/90, que fixava uma zona de amortecimento de 10 quilômetros às unidades de conservação.

236 Espécies exóticas ameaçam biodiversidade no sul do país, diz engenheira florestal. (Disponível em: <http://ecoviagem.uol.com.br/fique-por-dentro/colunistas/animais/vininha-carvalho/especies-exoticas-ameacam-biodiversidade-no-sul-do-pais-diz-engenheira-florestal-960.asp>)

objetivos gerais de uma unidade de conservação, se estabelece o seu zoneamento e as normas que devem presidir o uso da área e o manejo dos recursos naturais, inclusive a implantação das estruturas físicas necessárias à gestão da unidade" (Artigo 2º, XVII, da Lei do SNUC).

É o plano de manejo que institui, dentre outros regramentos, a zona de amortecimento, os corredores ecológicos, normas e condições de visitação quando esta é permitida, zonas intangíveis (onde a vedação ao uso é praticamente total) e medidas para promover a integração da unidade de conservação à vida econômica e social das comunidades vizinhas[237]. No caso exclusivo das unidades de conservação de proteção integral, enquanto não houver a elaboração de plano de manejo, todas as atividades de obras desenvolvidas "devem se limitar àquelas destinadas a garantir a integridade dos recursos que a unidade objetiva proteger, assegurando-se às populações tradicionais porventura residentes na área as condições e os meios necessários para a satisfação de suas necessidades materiais, sociais e culturais".

Muito embora o plano de manejo possua caráter obrigatório e a Lei nº 9.985/2000 (artigo 27, § 3º) determine um prazo máximo de cinco anos para a sua elaboração a partir da data da criação da unidade, lamentavelmente tal determinação ainda não foi cumprida em um número significativo de unidades de conservação em todo o país[238].

A administração e gestão das unidades de conservação ficarão ao encargo do ICMBio (Instituto Chico Mendes de Conservação da Biodiversidade) se estas forem federais (sem prejuízo do poder de polícia supletivo do IBAMA[239]), assim como as unidades estaduais e municipais devem ficar ao encargo dos respectivos órgãos públicos ambientais estaduais e municipais. Ressalta-se, no entanto, a possibilidade de gestão compartilhada das unidades de conservação com organizações da sociedade civil de interesse público com objetivos afins aos da unidade, desde que obedecidos aos requisitos previstos nos artigos 22 a 24 do Decreto nº 4.340/2002.

Com a finalidade de dar efetividade ao instituto **da compensação ambiental**, foi editada a Lei nº 13.668/2018, que dispôs sobre a destinação e a aplicação dos recursos obtidos. Referido diploma alterou a Lei nº 11.516/2007 (Lei do ICMBio), acrescentando os artigos 14-A, 14-B e 14-C, por meio dos quais se previu, em linhas gerais, que:

- o ICMBio fica autorizado a selecionar instituição financeira oficial, dispensada a licitação, para criar e administrar fundo de natureza privada a ser integralizado com recursos oriundos da compensação ambiental, destinados às unidades de conservação federais;

[237] No caso das Reservas de Desenvolvimento Sustentável, das Áreas de Proteção Ambiental e, quando couber, das Florestas Nacionais e das Áreas de Relevante Interesse Ecológico, que são unidades de conservação de uso sustentável, deverá ser assegurada a ampla participação da população residente, conforme comando do artigo 27, § 2º, da Lei nº 9.9985/2000.

[238] A elaboração e revisão de planos de manejo de unidades de conservação federais foi objeto de recente e inovadora regulamentação, por meio da Instrução Normativa 7/2017 do ICMBio, que trouxe novas diretrizes e procedimentos para elaboração do referido documento, com foco na eficiência da gestão. Embora tal norma se aplique apenas às UC federais, provavelmente terá grande influência sobre a normatização dos demais entes federados.

[239] A Lei 11.516/2007, que criou o ICMBio, retirou do Ibama a tarefa da conservação ambiental (gestão das unidades de conservação federais e respectivo poder de polícia originário nessas áreas), todavia previu o exercício supletivo do poder de polícia ambiental por aquela autarquia, em apoio ao ICMBio.

- Esta instituição financeira será responsável pela execução, direta ou indireta, e pela gestão centralizada dos recursos de compensação ambiental destinados às unidades de conservação instituídas pela União e poderá, para a execução indireta, firmar contrato com instituições financeiras oficiais regionais;
- O depósito integral do valor fixado pelo órgão licenciador desonera o empreendedor das obrigações relacionadas à compensação ambiental;
- a instituição financeira oficial fica autorizada a promover as desapropriações dos imóveis privados indicados pelo ICMBio que estejam inseridos na unidade de conservação destinatária dos recursos da compensação;
- a autorização prevista para o ICMBio estende-se aos demais órgãos executores do SNUC, ou seja, órgãos estaduais e municipais, nas respectivas esferas de atuação (art. 6º, III, da Lei 9.985/2000);
- a compensação ambiental poderá, em virtude do interesse público, ser cumprida em unidades de conservação de posse e domínio públicos do grupo de Uso Sustentável, especialmente as localizadas na Amazônia Legal (art. 36, § 4º, da Lei 9.985/2000);
- poderão ser objeto de licitação, na modalidade concessão, serviços, áreas ou instalações de unidades de conservação federais para a exploração de atividades de visitação voltadas à educação ambiental, à preservação e conservação do meio ambiente, ao turismo ecológico e à recreação em contato com a natureza, precedidos ou não da execução de obras de infraestrutura;
- será dispensado o chamamento público para celebração de parcerias, nos termos da Lei 13.019/2014, com associações representativas das populações tradicionais beneficiárias de unidades de conservação para a exploração de atividades relacionadas ao uso público (p. ex., projetos de turismo);

6.2.2. *Categorias de unidades*

De acordo com a lei do SNUC, o grupo das unidades de conservação de proteção integral é composto pelas seguintes categorias de unidade de conservação: Estação Ecológica, Reserva Biológica, Parque Nacional, Monumento Natural e Refúgio de Vida Silvestre.

A **Estação Ecológica** (Esec), prevista no art. 9º da Lei do SNUC, é uma das espécies de unidades de conservação em áreas terrestres ou marinhas que mais propicia a preservação da diversidade biológica. Pressupõe a posse e domínio públicos e se propõe a preservar intocados os ecossistemas (com exceção de intervenções para preservar e restaurar a diversidade biológica) permitindo apenas a pesquisa científica, admitido um pequeno percentual de alteração do ambiente[240] e visitas de caráter exclusivamente educacional, previamente autorizadas pelo seu órgão ambiental gestor e previstas no plano de manejo[241].

---

[240] Caso a pesquisa científica tenha impacto sobre o ambiente maior do que aquele causado pela simples observação ou pela coleta controlada de componentes dos ecossistemas, será limitada a uma área correspondente a no máximo 3% da extensão total da unidade e até o limite de 1.500 hectares (art. 9º, § 4º, IV).

[241] Até o mês de janeiro de 2016, o Cadastro Nacional de Unidades de Conservação aponta a existência de 92 Estações Ecológicas no país, sendo uma municipal, 59 estaduais e 32 federais. São exemplos de Estações Ecológicas (ESEC): Estação

A **Reserva Biológica** (Rebio), prevista no art. 10 da Lei do SNUC, é em tudo semelhante à Estação Ecológica, uma vez que também pressupõe a posse e domínio públicos e se propõe a preservar intocada a biota[242], tendo como finalidades preservar e restaurar a diversidade biológica e os processos ecológicos naturais, além de autorizar visitas exclusivamente para fins educacionais. A única diferença prática em relação à Esec é a ausência do permissivo de alteração do ambiente para pesquisas científicas previsto no art. 9º, § 4º, IV. Aqui, ante a ausência dessa autorização, clara manifestação de silêncio eloquente do legislador, será possível a pesquisa (art. 10, § 3º) todavia sem alteração da biota.

O **Parque Nacional** (PN), por sua vez, é a unidade de conservação de proteção integral prevista no art. 11 da Lei do SNUC, que se propõe a preservar ecossistemas naturais de grande relevância ecológica e beleza cênica. Essa modalidade de unidade subentende a existência de visitação em parte de sua delimitação com o fim de promover a recreação em contato com a natureza e o turismo ecológico, sem prejuízo da realização de pesquisas científicas e de atividades de educação e interpretação ambiental, conforme prévia autorização e condicionamento estabelecido pelo órgão gestor do Parque[243].

O Parque Nacional deve ser de domínio público, e, portanto, as áreas particulares existentes em sua delimitação devem ser desapropriadas. Se esse tipo de unidade for criado pelo Estado ou pelo Município, essa unidade deverá ser chamada, respectivamente, de Parque Estadual e Parque Natural Municipal[244].

O **Monumental Natural** (Mona) é a categoria de unidade de conservação de proteção integral prevista no artigo 12 da Lei nº 9.985/2000 e possui como objetivo a preservação de sítios naturais raros, singulares ou de grande beleza cênica, tais como uma cachoeira, uma montanha com formações esculturais naturais específicas ou um cânion.

O Monumento Natural possui a singularidade de ser uma unidade de conservação de proteção integral que admite ser constituída por áreas particulares, "desde que seja possível compatibilizar os objetivos da unidade com a utilização da terra e dos recursos naturais do local pelos proprietários"[245]. No entanto, na hipótese de discordância do proprietário da área quanto às condições propostas pelo órgão gestor da unidade ou a constatação da incompatibilidade entre as atividades privadas e os objetivos protetivos do Monumento Natural, deve se processar a sua desapropriação[246]. O Monumento Natural está sujeito à visitação pública em condições estabelecidas pelo seu órgão gestor[247].

Ecológica Serra Geral do Tocantins, a Estação Ecológica de Corumbá, a Estação Ecológica de Carijós e a Estação Ecológica de Guaraguaçu.

[242] Biota é definida como "todos os organismos de todas as espécies viventes em uma área ou região, até o nível da biosfera [...]." (BOTKIN, D. B.; KELLER, E.A. **Ciência Ambiental**: Terra, um planeta vivo. 7ª ed. Tradução Francisco Vecchia; Luiz Cláudio de Queiroz Faria – Revisão Técnica Marcos José de Oliveira. Rio de Janeiro: LTC, 2011).

[243] Art. 11, *caput*, e § 3º, da Lei 9.985/2000.

[244] Artigo 11, § 4º, da Lei nº 9.985/2000.

[245] Artigo 12, § 1º, da Lei nº 9.985/2000.

[246] Artigo 12, § 2º, da Lei nº 9.985/2000.

[247] Até a data de 30 de janeiro de 2016, em consulta ao Cadastro Nacional das Unidades de Conservação, há 41 Monumentos Naturais em todo o país, dentre eles o Monumento Natural Federal dos Pontões Capixabas (Espírito Santo), Monumento Natural Estadual Cachoeira do Ferro Doido (Bahia) e o Monumento Natural Municipal da Pedra do Elefante (Petrópolis-RJ).

O **Refúgio da Vida Silvestre** (Revis), previsto no art. 13 da Lei do SNUC, busca "proteger ambientes naturais onde se asseguram condições para a existência ou reprodução de espécies ou comunidades da flora local e da fauna residente ou migratória"[248], tais como locais específicos de pouso de aves migratórias ou de reprodução de espécies.

Assim como o Monumento Natural, o Refúgio de Vida Silvestre é uma unidade de conservação de proteção integral que também admite ser constituída por áreas particulares, "desde que seja possível compatibilizar os objetivos da unidade com a utilização da terra e dos recursos naturais do local pelos proprietários"[249], impondo-se a desapropriação na hipótese de discordância do proprietário da área quanto às condições propostas pelo órgão gestor da unidade ou na hipótese da constatação da incompatibilidade entre as atividades privadas e os objetivos protetivos do Refúgio de Vida Silvestre[250]. Admitem visitação pública e pesquisa científica, sendo esta mediante prévia autorização do órgão gestor da unidade[251].

De outro lado, o grupo das **unidades de conservação de uso sustentável** abarca as seguintes categorias de unidades de conservação: Área de Proteção Ambiental, Área de Relevante Interesse Ecológico, Floresta Nacional, Reserva Extrativista, Reserva de Fauna, Reserva de Desenvolvimento Sustentável e Reserva Particular do Patrimônio Natural[252].

A Área de Proteção Ambiental (Apa) constitui quantitativamente (porém não qualitativamente, já que é a categoria de UC de menor nível de proteção) uma das principais modalidades de unidade de conservação de uso sustentável, ou seja, em que se objetiva a compatibilização da "conservação da natureza com o uso sustentável de parcela dos seus recursos naturais"[253], e podem ser criadas por ato do Poder Executivo da União, dos Estados ou dos Municípios, quando houver relevante interesse público "para a proteção ambiental, a fim de assegurar o bem-estar das populações humanas e conservar ou melhorar as condições ecológicas locais"[254].

É por definição uma extensão de terras públicas ou privadas, com um certo grau de ocupação humana, dotada de atributos abióticos, bióticos, estéticos ou culturais especialmente importantes para a qualidade de vida e o bem-estar das populações humanas, e tem como objetivos básicos proteger a diversidade biológica, disciplinar o processo de ocupação e assegurar a sustentabilidade do uso dos recursos naturais (art. 15 da Lei do SNUC).

---

248 Artigo 13, *caput*, da Lei nº 9.985/2000.

249 Artigo 13, § 1º, da Lei nº 9.985/2000.

250 Artigo 13, § 2º, da Lei nº 9.985/2000.

251 Com base no Cadastro Nacional de Unidades de Conservação, há atualmente 35 Refúgios de Vida Silvestre no país, a exemplo do Refúgio de Vida Silvestre Federal Ilha dos Lobos (Rio Grande do Sul), do Refúgio de Vida Silvestre Estadual Corixão da Mata Azul (Mato Grosso) e do Refúgio de Vida Silvestre Municipal da Ventania (Miracema-RJ).

252 Lei nº 9985/2000, art. 8º e 14.

253 Art. 7º, § 2º, da Lei nº 9985/2000.

254 Art. 8º, da Lei nº 6902/81.

A Apa pode ser instituída em áreas públicas ou privadas e não há necessidade de desapropriação, na medida em que se trata de verdadeira limitação administrativa que não inviabiliza o direito de propriedade. O ato de criação ou o seu plano de manejo devem estabelecer regras específicas para restringir obras ou atividades dotadas de significativo potencial degradador. A título de exemplo, a legislação que trata da Apa Estadual de Piraquara[255] proíbe, dentre outras atividades potencialmente poluidoras, a instalação de indústrias químicas e o uso de agrotóxicos. Já a Lei Municipal nº 3.271 de Estância Turística de Itu/SP proíbe a implantação de loteamentos e atividades e mineração na Apa de Itu – Fazenda Vassoural.

Sobre a constitucionalidade de Lei Municipal que restringe determinadas atividades em Apa, veja-se o seguinte acórdão a título exemplificativo:

> Ação direta de inconstitucionalidade. Área de preservação ambiental. Vedação de criação de aterro sanitário. Usurpação de iniciativa inocorrente.
>
> Não há na Constituição Estadual, tampouco por simetria, a criação de competência exclusiva ao Poder Executivo Municipal para a iniciativa de lei que objetive a vedação à criação de aterro sanitário em área de proteção ambiental. Mesmo que considerada a tese da inicial há a preponderância da defesa do meio ambiente sobre a simples declaração de vício formal. Ação direta de inconstitucionalidade improcedente. Unânime[256].

Importante destacar que a salvaguarda das Áreas de Proteção Ambiental também vem sendo afetada negativamente em decorrência das flexibilizações da legislação ambiental. Exemplo disso é a Lei nº 11.460/2007, que alterou a Lei do SNUC ao acrescentar o § 4º ao art. 27 desta lei e ao autorizar pesquisa e o cultivo de organismos geneticamente modificados em Áreas de Proteção Ambiental[257]. A referida alteração legislativa se apresenta a nosso aviso claramente incompatível com a função desse espaço ambiental protegido e, portando, inconstitucional, eis que nítido retrocesso ambiental. Conforme já exposto em outra oportunidade,

> se a Área de Proteção Ambiental tem como objetivo básico assegurar a sustentabilidade do uso dos recursos naturais e, especialmente, proteger a diversidade biológica, caminha em sentido diametralmente oposto o plantio de transgênicos, já que baseado em grandes extensões de monoculturas, com larga utilização de agrotóxicos e ininterrupta exploração do solo, devendo-se lembrar, também, de outros riscos à diversidade biológica, tais como a proliferação de pragas resistentes, a intoxicação ou eliminação de espécies nativas e a poluição genética. [...] A criação das unidades de conservação e a previsão de vedação de "qualquer utilização que comprometa a integridade dos atributos que justifiquem sua

[255] Decreto Estadual nº 6.706/2002 que aprova o Zoneamento Ecológico-Econômico da Área de Proteção Ambiental do Piraquara.

[256] TJRS, Adin nº 70022100416. Órgão Especial. Des. Relator. Guinther Spode. Julgamento em 03.11.2008.

[257] Art. 1º Ficam vedados a pesquisa e o cultivo de organismos geneticamente modificados nas terras indígenas e áreas de unidades de conservação, exceto nas Áreas de Proteção Ambiental. Art. 2º A Lei nº 9.985, de 18 de julho de 2000, passa a vigorar com as seguintes alterações: "Art. 27... § 4º O Plano de Manejo poderá dispor sobre as atividades de liberação planejada e cultivo de organismos geneticamente modificados nas Áreas de Proteção Ambiental e nas zonas de amortecimento das demais categorias de unidade de conservação, observadas as informações contidas na decisão técnica da Comissão Técnica Nacional de Biossegurança – CTNBio. "Art. 57-A. O Poder Executivo estabelecerá os limites para o plantio de organismos geneticamente modificados nas áreas que circundam as unidades de conservação até que seja fixada sua zona de amortecimento e aprovado o seu respectivo Plano de Manejo. Parágrafo único. O disposto no caput deste artigo não se aplica às Áreas de Proteção Ambiental e Reservas de Particulares do Patrimônio Nacional."

proteção", a partir de mandado expresso da Constituição Federal de 1988, estabeleceu uma parcela de conteúdo mínimo de tutela que não pode ser diminuído sob pena de caracterizar-se como retrocesso ao direito fundamental do meio ambiente. Permitir que se desvirtuem as funções e objetivos das unidades de conservação por meio da permissão de plantio e manejo de organismos geneticamente modificados na suas zonas de amortecimento e dentro dos seus limites (no caso da Área de Proteção Ambiental) acaba por ferir irremediavelmente os direitos dos cidadãos e das gerações futuras de terem o mínimo de preservação da biodiversidade e de um mínimo de garantia de qualidade de vida e de saúde decorrentes de um meio ambiente ecologicamente equilibrado[258].

Há atualmente 300 Áreas de Proteção Ambiental no Brasil, sendo 32 federais, 187 estaduais e 81 municipais[259].

A Área de Relevante Interesse Ecológico (Arie), prevista no artigo 16 da Lei nº 9.985/2000 e constituída de terras públicas ou privadas, geralmente sem ocupação humana e em locais de pequena extensão[260], mas dotada de características naturais extraordinárias ou de exemplares raros da biota regional. A Arie se propõe a "manter os ecossistemas naturais de importância regional ou local e regular o uso admissível dessas áreas, de modo a compatibilizá-lo com os objetivos de conservação da natureza"[261].

A Área de Relevante Interesse Ecológico se diferencia da Área de Proteção Ambiental em alguns aspectos, já que aquela possui extensão e grau de ocupação humana inferiores, ao mesmo tempo em que deve possuir características naturais extraordinárias ou exemplares raros da biota regional. De qualquer forma, é viável o uso e exploração controlada dos seus produtos naturais de acordo com a regulação do Plano de Manejo[262].

A **Floresta Nacional** (Flona) possui previsão no art. 17 da Lei do SNUC e exige o domínio público de suas terras, ou seja, os imóveis particulares devem ser submetidos a um processo de desapropriação. A Floresta Nacional pressupõe a existência de uma área com cobertura florestal composta predominantemente de espécies florestais nativas e tem como propósito central o uso múltiplo e sustentável dos recursos florestais e a pesquisa científica.

A visitação pública e as pesquisas nas Florestas Nacionais, Estaduais ou Municipais são permitidas e condicionadas ao disposto no plano de manejo[263].

---

258 GAIO, Alexandre. A invasão das unidades de conservação pelos organismos geneticamente modificados. In: GAIO, Alexandre; ALTHAUS, Ingrid Giachini; BERNARDO, Leandro Ferreira (Org.). **Direito ambiental em discussão**. São Paulo: Iglu, 2011. p. 103-126.

259 De acordo com o Cadastro Nacional de Unidades de Conservação em pesquisa realizada no mês de abril de 2016, A APA Federal Meandros do Araguaia, a APA Estadual de Guaraqueçaba (Estado do Paraná) e APA Municipal de Grumari (Rio de Janeiro-RJ) são exemplos desses espaços protegidos.

260 Geralmente em áreas com extensão inferior a 5.000 hectares.

261 Artigo 16, *caput*, da Lei nº 9.985/2000.

262 De acordo com o Cadastro Nacional de Unidades de Conservação, temos no Brasil 50 Áreas de Relevante Interesse Ecológico (16 federais, 25 estaduais e 9 municipais). A título de exemplo, citamos a Área de Relevante Interesse Ecológico Federal do Corobobo (Bahia), a Área de Relevante Interesse Ecológico Estadual do Guará (Estado de São Paulo) e a Área de Relevante Interesse Ecológico Municipal do Degredo (Linhares-ES).

263 De acordo com o Cadastro Nacional de Unidades de Conservação, o Brasil conta com 104 Florestas, sendo 65 Florestas Nacionais, a exemplo da Floresta Nacional de Três Barras (SC) e 39 Florestas Estaduais, a exemplo da Floresta Estadual de Iriri (Estado do Pará).

A Lei do SNUC prevê para essa modalidade de unidade de conservação a existência de um Conselho Consultivo "presidido pelo órgão responsável por sua administração e constituído por representantes de órgãos públicos, de organizações da sociedade civil e, quando for o caso, das populações tradicionais residentes"[264]. Como se percebe, é admissível que populações tradicionais vivam no interior de Floresta Nacional se já habitam nas suas terras por ocasião da criação da unidade de conservação[265].

O uso de recursos naturais nas Florestas Nacionais, notadamente exploração madeireira, autorizada pelo art. 17 da Lei do SNUC, foi regulamentada com a edição da Lei 11.284/2006, que dispõe sobre a gestão das florestas públicas para a produção sustentável[266].

A **Reserva Extrativista** (Resex), conforme previsto no art. 18 da Lei nº 9.985/2000, é uma área utilizada por populações extrativistas tradicionais[267][268], cuja subsistência baseia-se no extrativismo e, complementarmente, na agricultura de subsistência e na criação de animais de pequeno porte, e tem como objetivos básicos proteger os meios de vida e a cultura dessas populações, e assegurar o uso sustentável dos recursos naturais da unidade.

A Reserva Extrativista é de domínio público, o que gera o dever de desapropriação das terras particulares, mas o seu uso é concedido às populações extrativistas tradicionais por meio de um contrato de concessão de direito real de uso, sob as seguintes condições a serem seguidas por estas: a) obrigação de participarem da preservação, recuperação, defesa e manutenção da Reserva Extrativista; b) abstenção do uso de espécies localmente ameaçadas de extinção ou de práticas que danifiquem os seus habitats ou que impeçam a regeneração natural dos ecossistemas; c) respeito ao que prevê o plano de manejo da unidade de conservação. Ademais, são vedadas nas Reservas Extrativistas a caça de qualquer tipo e quaisquer atividades de mineração, ao passo que a exploração madeireira apenas pode ocorrer em pequena escala econômica e de modo sustentável, desde que autorizado pela gestão da unidade (art. 18, §§ 6º e 7º, da Lei do SNUC).

A gestão da Reserva Extrativista e a própria aprovação do plano de manejo é realizada por um Conselho Deliberativo presidido pelo órgão responsável por sua

---

264 Artigo 17, § 5º, da Lei nº 9.985/2000.

265 Artigo 17, § 2º, da Lei nº 9.985/2000.

266 Registre-se, a respeito, a crítica de Leuzinger e Cureau, para quem as Florestas Nacionais não têm cumprido os seus objetivos legais de uso múltiplo de remanescentes florestais baseado em pesquisa, pois vêm sendo instituídas como florestas de produção, com único objetivo de concessão a particulares de sua exploração comercial para a extração de recursos madeireiros (CUREAU, Sandra; LEUZINGER, Márcia Dieguez. **Direito Ambiental.** Elsevier, 2013, p. 105). A advertência das autoras, se não é procedente na Amazônia (onde há vastas áreas onde é recomendável a exploração), é acertada no restante do país, notadamente nos remanescentes de outros biomas (Mata Atlântica, p.ex.), praticamente aniquilados.

267 A Lei 9.985/2000 não definiu populações tradicionais, motivo pelo qual resta como critério limitador as atividades de subsistência descritas no art. 18, caput. O Decreto federal 6.040/2007, que institui a Política Nacional de Desenvolvimento Sustentável dos Povos e Comunidades Tradicionais, conceituou povos e comunidades tradicionais como sendo "grupos culturalmente diferenciados e que se reconhecem como tais, que possuem formas próprias de organização social, que ocupam e usam territórios e recursos naturais como condição para sua reprodução cultural, social, religiosa, ancestral e econômica, utilizando conhecimentos, inovações e práticas gerados e transmitidos pela tradição (art. 3º, I).

268 Tais como os pescadores artesanais, os seringueiros, os castanheiros e outros.

administração e composto por representantes das populações tradicionais que vivem na área, de órgãos públicos e da sociedade civil[269].

Tanto a visitação pública quanto a visitação científica da Reserva Extrativista[270] são permitidas, desde que previamente autorizadas de acordo com o plano de manejo da unidade e, no caso da visitação pública se houver compatibilidade com os interesses locais[271]. Infelizmente, o modelo idealizado para as reservas extrativistas, baseado no modo de vida sustentável das comunidades, vem apresentando sinais de deterioração, com crescente degradação ambiental nesses espaços, reclamando atenção por parte do Poder Público, a fim de garantir a vida digna das populações tradicionais bem como estancar os crescentes danos ambientais[272].

A **Reserva de Fauna**, prevista no art. 19 da Lei do SNUC, é uma área natural com populações animais de espécies nativas, terrestres ou aquáticas, residentes ou migratórias, adequadas para estudos técnico-científicos sobre o manejo econômico sustentável de recursos faunísticos. Tem posse e domínio públicos (§ 1º) e A visitação pública pode ser permitida, desde que compatível com o manejo da unidade (§ 2º), sendo proibido o exercício da caça de qualquer tipo (§ 3º), embora se admita a comercialização dos produtos e subprodutos resultantes das pesquisas (§ 4º).

O plano de manejo da Reserva da Fauna é que definirá a possibilidade de ocorrência de visitação pública e dos estudos técnico-científicos, respeitados os limites da Lei Federal nº 5.197/1967, que dispõe sobre a proteção da fauna e proíbe o exercício da caça amadorística ou profissional. Lembre-se a própria previsão da regra geral da Lei do SNUC de que a "realização de pesquisas científicas nas unidades de conservação, exceto Área de Proteção Ambiental e Reserva Particular do Patrimônio Natural, depende de aprovação prévia e está sujeita à fiscalização do órgão responsável por sua administração"[273].

Interessante observar que até a presente data não há registro da criação de qualquer Reserva da Fauna no Brasil[274], o que indica que a proteção da fauna silvestre tem sido promovida por meio da criação outras modalidades de unidades de conservação de caráter mais protetivo.

A **Reserva de Desenvolvimento Sustentável** (RDS) é uma área natural que abriga populações tradicionais, cuja existência baseia-se em sistemas sustentáveis de exploração dos recursos naturais, desenvolvidos ao longo de gerações e adaptados

---

269 Artigo 18, §§ 2º e 5º, da Lei 9.985/2000.

270 Há atualmente 90 Reservas Extrativistas no país de acordo com o Cadastro Nacional de Unidades de Conservação. São 62 Resex federais, a exemplo da Reserva Extrativista Maracanã, e 28 RESEX estaduais, a exemplo da Reserva Extrativista Jaci Paraná (Estado de Rondônia).

271 Artigo 18, §§ 3º e 4º, da Lei nº 9.985/2000.

272 Para aprofundamento sobre o tema: ABI-EÇAB, Pedro. **Exploração de recursos madeireiros em reservas extrativistas**. In: RASLAN, Alexandre (coord.) Direito Ambiental, 1ª ed., Campo Grande-MS: Universidade Federal do Mato Grosso do Sul, 2010, p. 181-202. Também publicado em Revista Jus Navigandi, ISSN 1518-4862, Teresina, ano 15, nº 2715, 7 dez. 2010. Disponível em: <https://jus.com.br/artigos/17977>. Acesso em: 23 jul. 2017.

273 Artigo 32, § 2º, da Lei 9.985/2000.

274 Consulta realizada na data de 24.07.2017 no Cadastro Nacional de Unidades de Conservação no sítio eletrônico do Ministério do Meio Ambiente.

às condições ecológicas locais, com papel fundamental na proteção da natureza e na manutenção da biodiversidade (art. 20 da Lei do SNUC). Procura ao mesmo tempo preservar a natureza e assegurar reprodução e a melhoria dos modos e da qualidade de vida das populações tradicionais (§ 1º).

Embora muito semelhante ao regime das reservas extrativistas, possui como diferença marcante o fato de a RDS ser de domínio público, mas admite áreas particulares em seus limites, que podem ou não ser desapropriadas (art. 20, § 2º), ao contrário da Resex, que é exclusivamente de domínio público, devendo imóveis particulares serem desapropriados (art. 18, § 1º). Afora essa diferença, que certamente torna mais prática para o Poder Público a criação de uma RDS, já que não necessita desapropriar áreas privadas, a profunda semelhança entre os dois regimes jurídicos é objeto de crítica doutrinária[275].

A Reserva de Desenvolvimento Sustentável será gerida por um Conselho Deliberativo, presidido pelo órgão responsável por sua administração e constituído por representantes de órgãos públicos, de organizações da sociedade civil e das populações tradicionais residentes na área (art. 20 § 4º).

É permitida e incentivada a visitação pública e a pesquisa científica, desde que compatível com os interesses locais e com o Plano de Manejo, bem como a exploração de componentes dos ecossistemas naturais em regime de manejo sustentável e a substituição da cobertura vegetal por espécies cultiváveis, desde que sujeitas ao zoneamento. O zoneamento constará do Plano de Manejo e definirá as zonas de proteção integral, de uso sustentável e de amortecimento e corredores ecológicos, e será aprovado pelo Conselho Deliberativo da unidade (§ 6º). Estabelece-se, por fim, importante princípio do equilíbrio dinâmico entre o tamanho da população e a conservação (§ 5º, III), o que objetiva evitar a sobrecarga do ecossistema pelo crescimento populacional.

A **Reserva Particular do Patrimônio Natural** (RPPN) é categoria bastante peculiar, por ser **privada** e gravada com **perpetuidade**, com o objetivo de conservar a natureza (art. 21 da Lei do SNUC). A RPPN é criada por solicitação do particular perante o órgão ambiental, que verificará a existência de interesse público e, se deferido, será averbado à margem da inscrição no Registro Público de Imóveis (§ 1º). Só se admitem nessa categoria as atividades de pesquisa científica e a visitação com objetivos turísticos, recreativos e educacionais (§ 2º)[276]. Em razão do disposto na Lei nº 9.393/1996, os imóveis que as constituem são isentos de imposto territorial rural, em nítido exemplo do princípio do protetor-recebedor.

Conforme Juliana Santilli, pode-se dizer que, embora topograficamente inserida no rol das unidades de conservação de uso sustentável, na prática a RPPN é uma UC de proteção integral, já que só é permitido o uso indireto de seus recursos naturais[277].

---

[275] Ver, por todos: RODRIGUES, José Eduardo Ramos. **Sistema Nacional de Unidades de Conservação**. São Paulo: Revista dos Tribunais, 2005, p. 182-183.

[276] A disciplina das RPPN é regulamenta pelo Decreto 5.746/2006.

[277] RIOS, Aurélio Virgílio Veiga *et al.* **O Direito e o desenvolvimento sustentável – Curso de Direito ambiental**. São Paulo: Peirópolis, Brasília: Instituto Internacional de Educação do Brasil, 2005, p. 177.

6.2.3. Reserva de Biosfera

Com relação à **Reserva de Biosfera**, figura prevista no art. 41 da Lei do SNUC, não se trata de unidade de conservação[278], o que se percebe pela localização topográfica, em capítulo diverso do diploma legal. Trata-se de um modelo de gestão integrada, participativa e sustentável dos recursos naturais, com os objetivos básicos de preservação da diversidade biológica, o desenvolvimento de atividades de pesquisa, o monitoramento ambiental, a educação ambiental, o desenvolvimento sustentável e a melhoria da qualidade de vida das populações. É constituída por áreas de domínio público ou privado (§ 2º).

Essa gestão territorial integrada (que se assemelha a um zoneamento) pode ser formado por um conjunto de unidades de conservação próximas e as suas zonas de amortecimento ou corredores, compondo um grande mosaico no qual as unidades e áreas protegidas necessariamente não são contíguas e são consideradas as áreas núcleo da grande "Reserva", que pode incluir também as propriedades particulares do entorno[279].

6.3. A Proteção das Florestas e demais formas de Vegetação

6.3.1. Introdução

No ano de 1934, editou-se o primeiro Código Florestal brasileiro por meio do Decreto nº 23.793, que determinou em seu artigo 1º que "as florestas existentes no território nacional, consideradas em conjunto, constituem bem de interesse comum a todos os habitantes do país, exercendo-se os direitos de propriedade com as limitações que as leis, em geral, e especialmente este Código, estabelecem". A expressão "bem de interesse comum a todos habitantes do País" já indicava à época a necessidade de se preocupar quanto à completa dilapidação dos recursos naturais[280].

O aludido Código de 1934 trouxe a gênese de dois dos mais importantes espaços protegidos, quais sejam as Áreas de Preservação Permanente e Reserva Florestal Legal. Isso porque criou a figura das "florestas protectoras" (artigo 4º) para o fim de evitar a erosão, conservar o regime das águas, fixar dunas e assegurar condições de salubridade pública, assim como determinou a obrigação de manutenção de vinte e cinco por cento de "terras cobertas de matas" (art. 23) pelos proprietários.

O Código Florestal de 1965 (Lei Federal nº 4.771/65) patentemente avançou na tutela da flora brasileira, já que equiparou em grau de importância, de modo expresso,

---

[278] Em sentido contrário, José Eduardo Ramos Rodrigues a classifica como UC. **Sistema Nacional de Unidades de Conservação**. São Paulo: Revista dos Tribunais, 2005, p. 188-190.

[279] Ao todo são 7 Reservas da Biosfera no país: Mata Atlântica, Cinturão Verde de São Paulo, Cerrado, Pantanal, Caatinga, Amazônia Central e Serra do Espinhaço. Disponível em http://www.mma.gov.br/biomas/caatinga/reserva-da-biosfera. Acesso em 24.7.2017.

[280] ARHENS, Sérgio. O novo código florestal brasileiro: conceitos jurídicos fundamentais. Trabalho Voluntário apresentado no VIII Congresso Florestal Brasileiro, 25 a 28-08-2003, São Paulo, SP. São Paulo: Sociedade Brasileira de Silvicultura; Brasília: Sociedade Brasileira de Engenheiros Florestais, 2003. *In:* http://www. buscalegis.ufsc.br/revistas/index.php/buscalegis/article/viewFile/26462/26025.

as florestas e as demais formas de vegetação[281] e manifestou o reconhecimento da utilidade destas às terras que revestem. De modo harmônico com essa disposição do artigo 1º, o referido diploma legal instituiu as Áreas de Preservação Permanente e as áreas de Reserva Legal, com a indicação de suas funções ambientais para a proteção das florestas e outras formas de vegetação, além dos recursos hídricos, do solo, da estabilidade geológica e da biodiversidade.

O Código Florestal de 1965, em virtude principalmente da pressão exercida pelos setores ligados ao agronegócio, foi revogado pela Lei nº 12.651/2012. A nova Lei, apesar de ter mantido a previsão das Áreas de Preservação Permanente e Reserva Legal, impôs múltiplos retrocessos na proteção ambiental, muitos deles questionados pela Procuradoria-Geral da República nas Ações Diretas de Inconstitucionalidade nº 4901, 4902 e 4903, a que se somou a ADI nº 4937 (ajuizada pelo Partido Socialismo e Liberdade – PSOL), todas com tramitação no Supremo Tribunal Federal desde o ano de 2013. Ressalta-se que, de modo paralelo às referidas Ações Diretas de Inconstitucionalidade, o Partido Progressista ajuizou a Ação Declaratória de Constitucionalidade n° 42, com o propósito de buscar a declaração da constitucionalidade da Lei nº 12.651/2012 em sua integralidade[282].

As quatro referidas Ações Diretas de Inconstitucionalidade e a doutrina apontam, dentre os retrocessos ambientais instituídos pela Lei nº 12.651/2012, a título exemplificativo:

1. novas hipóteses de intervenções em Áreas de Preservação Permanente na hipótese de utilidade pública e interesse social.
2. previsão normativa acerca das atividades de aquicultura em Área de Preservação Permanente;
3. intervenções em mangues e restingas (art. 8º, § 2º);
4. uso agrícola das várzeas (art. 4º, § 5º);
5. nascentes intermitentes e que não dão origem a cursos d'água (excluídas da definição de nascentes), como os olhos d'água que não são perenes não terão área de preservação permanente (art. 3º, VII e XVIII e art. 4º, IV);
6. extingue as Áreas de Preservação Permanente no entorno de reservatórios artificiais que não decorram de barramento de cursos d'água ou com superfície de até 1 hectare (art. 4º, § 1º e § 4º);
7. largura mínima de 100 metros nas áreas rurais foi reduzida para 30 metros e, nas áreas urbanas, de 30 metros para 15 metros além de estabelecer patamares máximos de 100 metros na áreas rurais e 30 metros nas áreas urbanas (art. 5º);

281 Valdir Sznick, ao comentar sobre as principais funções das florestas e vegetações, afirma que estas "atenuam a erosão das terras pelo fato de constituírem um verdadeiro 'manto protetor' a cobri-las, fato este que impede, em caso de chuva, que as águas carreguem, para os leitos dos rios, elementos minerais necessários à fertilidade do solo. Além disso, as florestas desempenham um fator de estabilização em virtude da proteção do solo pelas raízes e pelas folhas caídas, deslizamentos de terra e alteração da configuração das montanhas". (SZNICK, Valdir. **Direito Penal Ambiental**. Ícone Editora. São Paulo, 2001. p. 330).

282 http://www.stf.jus.br/portal/processo/verProcessoAndamento.asp. Acesso em 12/12/2016.

8. permite que qualquer atividade que esteja instalada em áreas com inclinação entre 25º e 45º, vedada apenas, "a conversão de novas áreas" (art. 11);
9. alteração do parâmetro para medição da mata ciliar, que era a partir do leito maior (ponto de maior cheia) e passou a ser do leito regular (art. 3º, XIX);
10. estende o tratamento diferenciado dado à agricultura familiar às propriedades ou posses rurais com até 4 (quatro) módulos ficais (art. 3º, parágrafo único);
11. permissão de novos desmatamentos sem que haja recuperação dos já realizados irregularmente até 22.7.2008 (§ 3º do art. 7º).
12. isenção de responsabilidade dos desmatamentos irregulares em Reserva Legal ocorridos antes de 22 de julho de 2008 (3º do art. 17);
13. imunidade à fiscalização e anistia de multas por infrações cometidas antes de 22 de julho de 2008, relativas à supressão irregular de vegetação em Áreas de Preservação Permanente, de Reserva Legal e de uso restrito (§ 4º e o § 5º do art. 59 e o art. 60);
14. consolidação de danos ambientais em Áreas de Preservação Permanente e Reserva Legal praticados até 22.7.2008 por dispensar recomposição (art. 61-A, 61-B, 61-C, 63 e 67);
15. admite plantio de até 50% de espécies exóticas em Áreas de Preservação Permanente (art. 61-A, § 13, IV);
16. inconstitucionalidade na criação da denominada Cota de Reserva Ambiental (art. 44), utilizada para compra de créditos para compensar áreas desmatadas.

Após o decurso de quase cinco anos, as referidas Ações Diretas de Inconstitucionalidade, juntamente com a Ação Declaratória de Constitucionalidade 42, foram finalmente julgadas pelo plenário do pretório excelso no dia 28 de fevereiro de 2018. Embora o referido julgamento ainda não tenha transitado em julgado em virtude da possibilidade de interposição de embargos declaratórios pelas partes, verificou-se que a maior parte dos dispositivos da Lei nº 12.651/2012 foi considerada constitucional pelo Supremo Tribunal Federal, o que representou uma efetiva diminuição dos patamares de proteção ambiental.

Segue a apresentação resumida e, portanto, não exauriente, dos principais temas da Lei nº 12.651/2012 que foram objeto de análise e julgamento pelo Supremo Tribunal Federal[283]:

[283] Plenário. ADC 42/DF, ADI 4901/DF, ADI 4902/DF, ADI 4903/DF e ADI 4937/DF, rel. Min. Luiz Fux, julgados em 28/2/2018, noticiado no Informativo 892.

Tema (discutido nas ADI 4901, 4902, 4903, 4937, e na ADC 42)	Dispositivos da Lei 12.651/2012 analisados	Síntese do resultado do julgamento pelo STF
Hipóteses de utilidade pública e interesse social para intervenção em APP	Art. 3º, VIII e IX	• Inconstitucional na parte que amplia as referidas hipóteses para gestão de resíduos e instalações para competições (declarada a inconstitucionalidade das expressões "gestão de resíduos" e "instalações necessárias à realização de competições esportivas estaduais, nacionais ou internacionais"); • Interpretação conforme para exigir comprovação de inexistência de alternativa técnica/locacional para intervenção em APP;
Extinção de APP	Art. 3º, XVII Art. 4º, III, IV, parágrafos 1º, 4º Art. 62	• Interpretação conforme para considerar como APP os olhos d'água e nascentes intermitentes; • Constitucional a extinção da APP para os entornos de reservatórios artificiais que não decorram de barramento ou represamento de cursos d'água naturais, assim como dos reservatórios naturais com superfície inferior a um hectare;
Redução da faixa de APP	Art. 3º, XIX Art. 5º	• Constitucional a redução da faixa de APP em razão da medição a partir do leito regular dos cursos d'água; • Constitucional a redução da faixa de APP em reservatórios artificiais para abastecimento e geração de energia elétrica (de 100 para 30 metros em área rural e de 30 para 15 metros em área urbana);
Cômputo da APP na Reserva Legal	Art. 15	• Constitucional o cômputo da APP no cálculo da Reserva Legal;

Tema (discutido nas ADI 4901, 4902, 4903, 4937, e na ADC 42)	Dispositivos da Lei 12.651/2012 analisados	Síntese do resultado do julgamento pelo STF
Consolidação de atividades em APP e em Reserva Legal	Arts. 61-A, 61-B e 61-C Art. 11	• Constitucional para permitir a recomposição apenas parcial das faixas de APP com intervenção até 22.07.2008 de acordo com o tamanho da propriedade; • Constitucional para consolidar atividades agrossilvipastoris já existentes até 22.07.2008 em APP de encostas com declividade entre 25° e 45°;
Consolidação de atividades em Reserva Legal	Art. 17, parágrafo 3° Art. 67 Art. 68	• Constitucional para apenas exigir a suspensão de atividades em Reserva Legal se o desmatamento irregular foi efetuado após 22.07.2008; • Constitucional para consolidação de atividades em Reserva Legal desmatada até 22.07.2008 para imóveis de até 4 módulos fiscais; • Constitucional para dispensar a recomposição ambiental em imóveis que respeitaram os percentuais de Reserva Legal previstos na legislação em vigor na época do desmatamento;
Suspensão/anistia de multas, da punibilidade e da prescrição	Art. 59, parágrafos 4° e 5° Art. 60	• Constitucional para suspender as multas e impedir a autuação quanto a desmatamentos de APP e Reserva Legal efetuados antes de 22.07.2008, se houve a adesão ao PRA e assinatura de termo de compromisso de recuperação ambiental; • Interpretação conforme para não incidir prescrição em relação aos desmatamentos efetuados até 22.07.2008 no decurso do cumprimento dos termos de compromisso de recuperação ambiental; • Constitucional para suspender a punibilidade dos crimes previstos nos artigos 38, 39 e 48 enquanto houver o cumprimento do termo de compromisso para regularização ambiental do imóvel;

Tema (discutido nas ADI 4901, 4902, 4903, 4937, e na ADC 42)	Dispositivos da Lei 12.651/2012 analisados	Síntese do resultado do julgamento pelo STF
Compensação da Reserva Legal	Art. 48, parágrafo 2º Art. 66, parágrafos 5º e 6º	• Constitucional para permitir a compensação por meio de doação de área no interior de Unidade de Conservação de proteção integral, ou por meio do cadastramento de outra área equivalente situada no mesmo bioma; • Interpretação conforme para compensação da Reserva Legal por meio da Cota de Reserva Ambiental (CRA) apenas com a utilização de áreas com identidade ecológica;
Aplicação do tratamento diferenciado da pequena propriedade ou posse rural familiar (art. 3º, V) às terras indígenas e terras de povos tradicionais	Art. 3º, parágrafo único	• Declarada apenas a inconstitucionalidade das expressões "demarcadas" e "tituladas", de modo que tais áreas poderão receber o tratamento diferenciado mesmo sem demarcação e titulação, já que a titulação nesses casos tem caráter declaratório (e não constitutivo).

6.3.2. As Áreas de Preservação Permanente.

A Lei nº 12.651/2012 estabeleceu modalidades legais e administrativas de Áreas de Preservação Permanente.

As primeiras, denominadas de APP legais, são previstas diretamente pela lei em seu artigo 4º e não dependem de ato emitido pelo Poder Público as declarando como Áreas de Preservação Permanente. São modalidades legais de Área de Preservação Permanente, as florestas e demais formas de vegetação natural situadas nas margens dos rios ou de qualquer curso d'água, ao redor das lagoas, lagos, reservatórios d'água naturais ou artificiais e nascentes, no topo de morros, montes, montanhas e serras, com inclinação média superior a 25º e altura maior que 100 metros; nas encostas ou partes destas com declividade superior a 45º; nas restingas, como fixadoras de dunas ou estabilizadoras de mangues; nas veredas; nas bordas dos tabuleiros ou chapadas e áreas com altitude superior a 1.800 metros (art. 4º).

As APP chamadas de administrativas são previstas no art. 6º da Lei 12.651/2012 e apenas assumem o *status* de preservação permanente quando declaradas de interesse social por ato do Chefe do Poder Executivo nas hipóteses de áreas cobertas com florestas ou outras formas de vegetação que tenha como propósito atender ao menos a uma das seguintes finalidades:

> I – conter a erosão do solo e mitigar riscos de enchentes e deslizamentos de terra e de rocha;
>
> II – proteger as restingas ou veredas;
>
> III – proteger várzeas;
>
> IV – abrigar exemplares da fauna ou da flora ameaçados de extinção;
>
> V – proteger sítios de excepcional beleza ou de valor científico, cultural ou histórico;
>
> VI – formar faixas de proteção ao longo de rodovias e ferrovias;
>
> VII – assegurar condições de bem-estar público;
>
> VIII – auxiliar a defesa do território nacional, a critério das autoridades militares.
>
> IX – proteger áreas úmidas, especialmente as de importância internacional.

Além de explicitar quais são as Áreas de Preservação Permanente, a Lei nº 12.651/2012 também as conceituou como as áreas protegidas nos termos dos artigos 4º e 6º, cobertas ou não por vegetação nativa, e referendou as suas funções ambientais já explicitadas no Código Florestal de 1965, quais sejam de preservar os recursos hídricos, a paisagem, a estabilidade geológica, a biodiversidade, o fluxo gênico de fauna e flora, proteger o solo e assegurar o bem-estar das populações humanas (art. 3º, II).

Desta definição já se extrai que as Áreas de Preservação Permanente apontadas nos artigos 4º e 6º da Lei nº 12.651/2012 existem independentemente da presença de cobertura vegetal, seja esta nativa ou exótica. Além disso, também se denota que as citadas funções ecológicas das Áreas de Preservação Permanente continuam presentes mesmo nas hipóteses em que não mais haja tal cobertura vegetal ou que essa se encontre em fase inicial de regeneração.

Por outro lado, a Lei nº 12.651/2012, em seus artigos 7º a 9º, estabelece o regime jurídico de proteção das Áreas de Preservação Permanente, prevendo a regra geral de proibição de supressão, exploração ou qualquer utilização desses espaços para atividade, obra ou empreendimento, o dever de sua proteção e manutenção da vegetação ou floresta e, em caso de inexistência destas, a sua recuperação.

O art. 8º da Lei nº 12.651/2012 prescreve hipóteses excepcionais de utilidade pública, interesse social e baixo impacto ambiental para intervenção nas Áreas de Preservação Permanente, que são definidas em *numerus clausus* no artigo 3º, VIII, IX e IX, da mesma lei, desde que devidamente caracterizados em procedimento administrativo no âmbito da tramitação do requerimento de licenciamento ambiental. Ressalta-se que apenas as hipóteses de utilidade pública poderão justificar a supressão da vegetação nativa protetora de nascentes, dunas e restingas (art. 8º, § 1º).

Os proprietários ou possuidores atuais de imóveis que não possuem Área de Preservação Permanente provida de vegetação ou floresta, ou a possuem de modo insuficiente, detêm a obrigação legal de restabelecer a sua flora, ainda que já tenham adquirido o imóvel rural nessas condições. Importante perceber que a Lei nº 12.651/2012, em seu artigo 7º, § 2º, declara expressamente que a referida obrigação legal é de natureza real, ou seja, *propter rem* e endereçada a todos, o que já era reconhecido de modo remansoso pela jurisprudência. Tal dever é corroborado por julgados do Superior Tribunal de Justiça, que reiteradamente decidiram que "as matas de preservação permanente, por serem insuscetíveis de exploração econômica, não são objeto de indenização em sede de ação desapropriatória"[284].

Diante da singular importância das funções ambientais das Áreas de Preservação Permanente, do expresso dever legal de sua proteção por meio da manutenção e/ou restauração da vegetação ou floresta que as devem cobrir e do comando constitucional que determina o dever de promover a restauração dos seus processos ecológicos essenciais e a vedação de qualquer utilização desse espaço territorial que comprometa a integridade dos atributos que justifiquem sua proteção, apresenta-se imperativo que o proprietário de um imóvel não possa tergiversar a obrigação legal de manter a floresta ou vegetação em sua Área de Preservação Permanente, ou de promover, ou ao menos permitir, a sua regeneração[285].

6.3.3. Reserva Legal

A Reserva Legal, também considerada um espaço territorial especialmente protegido, é definida pela Lei nº 12.651/2012, como a "área localizada no interior de uma propriedade ou posse rural, delimitada nos termos do art. 12, com a função de assegurar o uso econômico de modo sustentável dos recursos naturais do imóvel rural, auxiliar a conservação e a reabilitação dos processos ecológicos e promover a conservação da biodiversidade, bem como o abrigo e a proteção de fauna silvestre e da flora nativa"[286].

O artigo 12 da Lei nº 12.651/2012 promove a delimitação das áreas de Reserva Legal de acordo com a localização do imóvel rural no território brasileiro. Desta forma, na Amazônia Legal, as áreas de floresta devem manter o percentual mínimo de 80% de áreas cobertas com vegetação nativa, o qual passa a ser de 35% para as áreas de cerrado e de 20% para as áreas de campos gerais. Em todas as demais regiões do país, aplica-se o percentual mínimo de 20% de áreas cobertas por vegetação nativa.

---

[284] PROCESSUAL CIVIL E ADMINISTRATIVO. DESAPROPRIAÇÃO DIRETA. MATAS DE PRESERVAÇÃO PERMANENTE. COBERTURA VEGETAL. ÁREA DE RESERVA LEGAL. INDENIZAÇÃO. MP 2.027-40/2000. APLICABILIDADE. INTERESSE RECURSAL. AUSÊNCIA. 1. As matas de preservação permanente, por serem insuscetíveis de exploração econômica, não são objeto de indenização em sede de ação desapropriatória. Precedentes. [...] (REsp nº 403571/SP, 2ª Turma do STJ, Rel. Min. João Otávio de Noronha. j. 04.08.2005, unânime, DJ 29.08.2005).

[285] A nosso aviso, resta claro que a conduta daquele que destrói ou danifica essa floresta ou vegetação que cobre a área de preservação permanente se mostra equivalente à conduta daquele que impede ou dificulta a restauração ou reconstituição dessa mesma vegetação ou floresta nas hipóteses de ausência destas nas áreas de preservação permanente (utilização do referido espaço de modo contrário às normas de sua proteção), inclusive para fins de tratamento penal, pois não há razoabilidade, no âmbito de interpretação constitucional, entender que o tipo penal do artigo 38, *caput*, da Lei 9605/1998 objetiva tutelar tão somente os remanescentes de floresta ou vegetação ainda preservados dessas áreas, excluindo todas as demais áreas de preservação permanente que já se submeteram em algum tempo à processos de utilização, exploração ou degradação. Sobre o tema, vide GAIO, Alexandre. **O Tipo Penal do Artigo 38 da Lei nº 9605/98 e a Evolução da Tutela das Áreas de Preservação Permanente**. In: Jarbas Soares Júnior e Luciano José Alvarenga. (Org.). Direito Ambiental no STJ. 1ªed.Belo Horizonte: Del Rey, 2010. p. 1-352)

[286] Art. 3º, III, da Lei 12.651/2012.

Criou-se a Reserva Legal com o intuito de proteger uma quota mínima de cobertura de vegetação ou floresta nativa em cada propriedade e, por consequência, assegurar a sustentabilidade ambiental da propriedade de acordo com a sua função social e a preservação de um mínimo existencial de equilíbrio ecológico e de biodiversidade. Consoante explica Antônio Herman Benjamin, a Reserva Legal

> encontra, de um lado, como fundamento constitucional, a função socioambiental da propriedade, e do outro, como motor subjetivo preponderante, as gerações futuras; no plano ecológico (sua razão material), justifica-se pela proteção da biodiversidade [...] se não preservado esse mínimo ambiental constitucional, não confere ao administrado os benefícios da segurança decorrentes do ajustamento perfeito ao ordenamento maior, já que, por vício insanável, refuta o direito ao meio ambiente ecologicamente equilibrado[287].

O advento da Lei nº 12.651/2012 importou em significativo retrocesso ambiental e em frontal lesão ao direito fundamental ao meio ambiente ecologicamente equilibrado, inclusive no que concerne ao tratamento da Reserva Legal. Um dos exemplos desses retrocessos é o art. 67, que prevê a dispensa da recomposição integral da Reserva Legal em propriedades rurais com área de até quatro módulos fiscais, que no Estado do Paraná, a mero título ilustrativo, chega a proporção de aproximadamente oitenta e cinco por cento das propriedades[288]. Veja-se que a aplicação do referido dispositivo da Lei nº 12.651/2012 significaria aceitar a não recomposição de milhões de hectares de vegetação em Reserva Legal. Importante perceber, ainda, que o dispositivo legal em referência permite a instituição da Reserva Legal de 1% ou 0,5% da extensão da propriedade com remanescente florestal, o que não se distancia muito da situação de ausência absoluta de remanescente.

O regime jurídico de proteção da Reserva Legal é previsto nos artigos 17 a 24 da Lei nº 12.651/2012, o qual trata desde a obrigação de sua proteção até as formas permissíveis de utilização e exploração em forma de manejo. De fato, a Lei nº 12.651/2012 prevê expressamente na Reserva Legal a possibilidade de coleta de produtos florestais não madeireiros (art. 21), e o manejo florestal[289] da vegetação, seja com o propósito de consumo na propriedade, seja como o propósito comercial, conforme modalidades descritas no seu art. 20.

A utilização da Reserva Legal por meio da coleta de produtos florestais não madeireiros, tais como sementes, frutos, cipós e folhas é regulada pelo artigo 21 da Lei nº 12.651/2012, a qual estabelece o dever de observância aos "períodos de coleta e volumes fixados em regulamentos específicos", ao período de maturação dos frutos e sementes, e às "técnicas que não coloquem em risco a sobrevivência de indivíduos

---

287 BENJAMIN, Antônio Herman V. **Reflexões sobre a hipertrofia do direito de propriedade na tutela da reserva legal e das áreas de preservação permanente**. Revista de Direito Ambiental, nº 4. São Paulo: Revista dos Tribunais, 2001, p. 57-59.

288 Isso sem contar a não muito improvável prática de fraudes consistentes em, mediante elaboração de documentos ideologicamente falsos, simular o fracionamento de imóveis rurais em vários de até quatro módulos, muitas vezes utilizando-se de "testas de ferro", "laranjas" ou até "fantasmas".

289 "Manejo Florestal Sustentável é a administração da floresta para obtenção de benefícios econômicos, sociais e ambientais, respeitando-se os mecanismos de sustentação do ecossistema objeto do manejo e considerando-se, cumulativa ou alternativamente, a utilização de múltiplas espécies madeireiras, de múltiplos produtos e subprodutos não-madeireiros, bem como a utilização de outros bens e serviços florestais". Disponível em:<http://www.mma.gov.br/florestas/manejo-florestal-sustentável> Acesso em: 27.3.2017.

e da espécie coletada no caso de coleta de flores, folhas, cascas, óleos, resinas, cipós, bulbos, bambus e raízes".

O manejo florestal com propósito comercial pode inclusive incluir espécies exóticas (frutíferas, ornamentais ou industriais) de modo intercalado ou consorciado com espécies florestais nativas em até cinquenta por cento da área, na forma dos artigos 22, 54 e 66 da Lei nº 12.651/2012, o que reitera e amplia a possibilidade anteriormente prevista na Lei nº 4.771/1965 para a prática de exploração comercial sem a manutenção do mínimo de biodiversidade e para a descaracterização da essência da Reserva Legal. Em adição a isso, o manejo florestal eventual para consumo no imóvel sem propósito comercial, "independe de autorização dos órgãos competentes, devendo apenas ser declarados previamente ao órgão ambiental a motivação da exploração e o volume explorado, limitada a exploração anual a 20 (vinte) metros cúbicos" (art. 23).

Importante lembrar que, nos mesmos moldes das obrigações de manter e recuperar as Áreas de Preservação Permanente, os proprietários ou possuidores atuais de imóveis rurais que não possuem área de Reserva Legal ou a possuem de modo insuficiente, detêm a obrigação legal de restabelecer tais áreas, ainda que já tenham adquirido o imóvel rural nessas condições, já que se trata de obrigação *propter rem* e endereçada a todos[290].

Questão interessante é o tratamento da Reserva Legal em imóvel que foi incorporado ao perímetro urbano por Lei Municipal. De fato, entendemos que a Lei nº 12.651/2012 determinou em seu artigo 19 a continuidade da obrigação de manutenção da Reserva Legal quando da inclusão do imóvel no perímetro urbano:

> Art. 19. A inserção do imóvel rural em perímetro urbano definido mediante lei municipal não desobriga o proprietário ou posseiro da manutenção da área de Reserva Legal, que só será extinta concomitantemente ao registro do parcelamento do solo para fins urbanos aprovado segundo a legislação específica e consoante as diretrizes do plano diretor de que trata o § 1º do art. 182 da Constituição Federal.

A extinção mencionada no art. 19 da Lei nº 12.651/2012 deve ser compreendida como sua conversão para outra modalidade de espaço ambiental protegido, qual seja a Área Verde Urbana nos termos do art. 25, II, da referida lei: "Art. 25. O poder público municipal contará, para o estabelecimento de áreas verdes urbanas, com os seguintes instrumentos: [...] II – a transformação das Reservas Legais em áreas verdes nas expansões urbanas".

Na hipótese em referência, procede-se somente a alteração da denominação de Reserva Legal para Área Verde Urbana, contudo são mantidos os fundamentos que caracterizam um espaço ambiental protegido, agora com o traço especializante de

290 "[...] O novo adquirente do imóvel é parte legítima para figurar no polo passivo de ação por dano ambiental que visa o reflorestamento de área destinada à preservação ambiental. Não importa que o novo adquirente não tenha sido o responsável pelo desmatamento da propriedade. "Não há como se eximir a adquirente desta obrigação legal, indistintamente endereçada a todos membros de uma coletividade, por serem estes, em última análise, os beneficiários da regra, máxime ao se considerar a função social da propriedade". Jurisprudência deste STJ no sentido do acórdão rechaçado. 3. Recurso especial não provido." (Recurso Especial nº 843036/PR (2006/0085918-0), 1ª Turma do STJ, Rel. José Delgado. j. 17.10.2006, unânime, DJ 09.11.2006). No mesmo sentido: (Recurso Especial nº 263383/PR (2000/0059400-8), 2ª Turma do STJ, Rel. Min. João Otávio de Noronha. j. 16.06.2005, unânime, DJ 22.08.2005).

servir à função de garantir o desenvolvimento urbano e sustentável das cidades[291]. Veja-se que a Área Verde Urbana decorrente da conversão da Reserva Legal não deve ser confundida com os espaços mínimos exigidos pelo art. 4º da Lei nº 6.766/79 para o parcelamento do solo urbano.

Por fim, registre-se que o Lei nº 12.651/2012 inovou ao criar o Cadastro Ambiental Rural (CAR), no âmbito do Sistema Nacional de Informação sobre Meio Ambiente (SINIMA), registro público eletrônico de âmbito nacional, obrigatório para todos os imóveis rurais, com a finalidade de integrar as informações ambientais das propriedades e posses rurais, compondo base de dados para controle, monitoramento, planejamento ambiental e econômico e combate ao desmatamento (art. 29). O tema é regulamentado pelo Decreto nº 7.830/2012.

A averbação da Reserva Legal à margem da inscrição de matrícula do imóvel se tornou uma obrigação legal desde o ano de 1989, quando pela Lei Federal nº 7.803/89 foi acrescentado o § 2º ao artigo 16 da Lei Federal nº 4.771/1965.

A partir do advento da Lei nº 12.651/2012 e da criação do sistema do Cadastro Ambiental Rural em seu artigo 18, § 4º, dispôs-se que o "registro da Reserva Legal no CAR desobriga a averbação no Cartório de Registro de Imóveis, sendo que, no período entre a data da publicação desta Lei e o registro no CAR, o proprietário ou possuidor rural que desejar fazer a averbação terá direito à gratuidade deste ato".

A interpretação deste dispositivo legal é clara para definir que, enquanto não houver a inscrição do imóvel rural no Sistema Nacional de Cadastro Ambiental Rural, subsiste a obrigatoriedade da averbação de área de Reserva Legal no Cartório de Registro de Imóveis. A jurisprudência do Superior Tribunal de Justiça referenda esse entendimento, ao decidir que a "Lei 12.651/12, que revogou a Lei 4.771/65, não suprimiu a obrigação de averbação da Área de Reserva Legal no Registro de Imóveis, mas apenas possibilitou que o registro seja realizado, alternativamente, no Cadastro Ambiental Rural – CAR"[292].

Dessa forma, o proprietário ou possuidor que apresentar a declaração da Reserva Legal e da Área de Preservação Permanente perante o órgão público ambiental está sujeito a posterior confirmação da referida declaração pela autoridade ambiental competente (art. 14, § 1º, da Lei nº 12.651/2012).

É importante ressaltar, no entanto, que os Termos de Compromisso (ou Termos de Ajustamento de Conduta) referentes à proteção, manutenção e restauração de Reserva Legal celebrados pelos proprietários rurais sob a vigência da Lei Federal nº 4.771/65, e averbados na matrícula dos imóveis correspondentes, configuram ato jurídico perfeito[293], e, portanto, não podem ser revisados ou desaverbados ou ainda

[291] SOUTO, Luís Eduardo Couto de Oliveira. A perpetuidade da reserva legal em vista da expansão urbana dos municípios. In: Congresso Nacional do Ministério Público: O Ministério Público como fator de redução de conflitos e construção da paz social, 18, 2009, Porto Alegre. **Anais**... Porto Alegre: Magister, 2009. p. 43-44. Acesso em 21/03/2017.

[292] Superior Tribunal de Justiça – REsp 1.426.830/PR, Rel. Ministro HERMAN BENJAMIN, SEGUNDA TURMA, julgado em 25/10/2016, DJe 29/11/2016.

[293] O ato jurídico perfeito está descrito no §1º, do artigo 6º, da Lei de Introdução às Normas do Direito Brasileiro (Decreto-lei nº 4.657/1942) como o ato já consumado segundo a lei vigente ao tempo em que se efetuou.

atingidos por determinações legais posteriores, sob pena de afrontar o disposto no inciso XXXVI, do artigo 5.º, da Constituição da República.

Em outras palavras, independentemente da inscrição da Reserva Legal no Sistema do Cadastro Ambiental Rural previsto na Lei Federal 12.651/2012, há inviabilidade da revisão ou desaverbação dos Termos de Compromisso ou Termos de Ajustamento de Conduta firmados sob a égide da Lei Federal 4.771/65, tendo vista a afronta ao ato jurídico perfeito e ao direito adquirido ao meio ambiente ecologicamente equilibrado. Decorre daí o dever do órgão público ambiental em fiscalizar o cumprimento dos referidos títulos executivos extrajudiciais pelos responsáveis dos imóveis.

O Superior Tribunal de Justiça vem cristalizando sobre o tema o posicionamento de inaplicabilidade da norma legal superveniente em matéria ambiental, em razão da adoção do princípio *tempus regit actum*, além de utilizar como fundamento a necessidade de proteção ao ato jurídico perfeito, à coisa julgada, aos direitos ambientais adquiridos e aos patamares mais protetivos do meio ambiente, frente à pretensa aplicação aos processos em curso de normas ambientais supervenientes de caráter material[294]. De modo exemplificativo, confira-se a decisão emitida pelo Ministro Herman Benjamin:

> No que diz respeito à alegação de revogação da norma legal que estabelecia a obrigação objeto da irresignação recursal, registre-se que, em matéria ambiental, a adoção do princípio tempus regit actum impõe obediência a lei em vigor quando da ocorrência do fato. (...) A propósito: AMBIENTAL. PROCESSUAL CIVIL. OMISSÃO INEXISTENTE. INSTITUIÇÃO DE ÁREA DE RESERVA LEGAL. OBRIGAÇÃO PROPTER REM E EX LEGE. SÚMULA 83/STJ. APLICAÇÃ O DO ART. 68 DO NOVO CÓDIGO FLORESTAL. IMPOSSIBILIDADE. DESRESPEITO AOS PERCENTUAIS EXIGIDOS PARA A ÁREA DE RESERVA LEGAL. VERIFICAÇÃ O. IMPOSSIBILIDADE. SÚMULA 7/STJ. DEVER DE AVERBAÇÃ O DA RESERVA LEGAL. IMPOSIÇÃ O. PROVAS SUFICIENTES. DESNECESSIDADE DE REALIZAÇÃO DE PERÍCIA. CONJUNTO PROBATÓRIO. SÚMULA 7/STJ. PREJUDICADA A ANÁLISE DA DIVERGÊNCIA JURISPRUDENCIAL. AUSÊNCIA DE SIMILITUDE FÁTICA. (...) 4. A Segunda Turma desta Corte firmou a orientação de inaplicabilidade de norma ambiental superveniente de cunho material aos processos em curso, seja para proteger o ato jurídico perfeito, os direitos ambientais adquiridos e a coisa julgada, seja para evitar a redução do patamar de proteção de ecossistemas frágeis sem as necessárias compensações ambientais. (...) (AgRg no REsp 1367968/SP, Rel. Ministro HUMBERTO MARTINS, SEGUNDA TURMA, julgado em 17/12/2013, DJe 12/03/2014)[295].

O STJ também tem entendimento que condiciona a aquisição da propriedade por meio da usucapião ao efetivo registro do CAR, em claro acolhimento ao princípio da função ambiental da posse[296].

---

[294] GAIO, Alexandre. Os Termos de Ajustamento de Conduta para a proteção do meio ambiente como atos jurídicos perfeitos e a consolidação da jurisprudência do Superior Tribunal de Justiça. **Revista Jurídica do Ministério Público do Estado do Paraná**. Ano 4. nº 7, dezembro/2017. Curitiba. p. 29-48.

[295] Superior Tribunal de Justiça, AgInt no REsp 1.404.904 – MG, Rel. Ministro HERMAN BENJAMIN, Segunda Turma, julgado em 02/02/2017, DJe 03/03/2017.

[296] "O novo Código instituiu o Cadastro Ambiental Rural (CAR), que passou a concentrar as informações ambientais dos imóveis rurais, sendo dispensada a averbação da reserva legal no Registro de Imóveis (art. 18, § 4º). Assim, ante esse novo cenário normativo, como condição para o registro da sentença de usucapião no Cartório de Registro de Imóveis, é necessário o prévio registro da reserva legal no CAR. A nova lei não pretendeu reduzir a eficácia da norma ambiental, pretendeu tão somente alterar o órgão responsável pelo "registro" da reserva legal, que antes era o Cartório de Registro de Imóveis, e

> Para que a sentença declaratória de usucapião de imóvel rural sem matrícula seja registrada no Cartório de Registro de Imóveis, é necessário o prévio registro da reserva legal no Cadastro Ambiental Rural (CAR). De fato, o art. 16, § 8º, da Lei 4.771/1965 (Código Florestal revogado) previa que a área de reserva legal deveria ser averbada à margem da inscrição de matrícula do imóvel no registro de imóveis competente, sendo vedada a alteração de sua destinação, nos casos de transmissão a qualquer título, de desmembramento ou de retificação da área. No mesmo sentido, há previsão no art. 167 da Lei 6.015/1973 (Lei dos Registros Públicos). Nessa linha de raciocínio, seria o caso de impor a averbação da reserva legal como condição para o registro da sentença de usucapião. Contudo, a Lei 12.651/2012 (novo Código Florestal) deu tratamento diverso à matéria da reserva legal ambiental.

Insta destacar que o referido cadastramento não será considerado título para fins de reconhecimento do direito de propriedade ou posse (art. 29, § 2º).

6.3.4. Mata Atlântica

A Lei nº 11.428/2006 é a principal norma que dispõe sobre a utilização e proteção da vegetação nativa do bioma Mata Atlântica, revogando o Decreto nº 750/1993, que até então tratava sobre as hipóteses permissíveis e excepcionais de corte, exploração e supressão de sua vegetação primária ou secundária nos estágios avançado e médio de regeneração.

A importância de uma legislação de proteção específica do bioma Mata Atlântica se justifica por diversas razões. Mesmo com o histórico de destruição da Mata Atlântica a ferro e fogo e com toda a drástica diminuição de fauna e flora promovida em todos os ciclos econômicos por mais de quinhentos anos[297], o desmatamento e a perda da biodiversidade persistem em grandes escalas até os dias atuais e, ainda, sem nenhum indicativo de que a sanha das atividades econômicas e outras atividades degradadoras sejam restringidas ao menos para estancar a cessar a perda e diminuição gradativa dos remanescentes deste bioma.

No meio rural, o agronegócio, a pecuária extensiva, a silvicultura e a implantação de centrais de produção hidrelétricas vêm, de modo incessante, captando novas áreas para produção em substituição aos remanescentes da Mata Atlântica. Nas zonas urbanas, não há como se olvidar que a maior parte da população brasileira se encontra nas áreas de domínio da Mata Atlântica e que há forte pressão não somente para a expansão urbana, mas também a existência de diversos interesses econômicos (comerciais, industriais, imobiliários e turísticos) que pretendem a

agora passou a ser o órgão ambiental responsável pelo CAR. A propósito, verifica-se que a parte final do art. 16, § 8º, do Código revogado foi praticamente reproduzida no art. 18, caput, in fine, do novo Código Florestal, tendo havido apenas a supressão da hipótese de "retificação da área". A supressão da hipótese de "retificação de área" teve um propósito específico, de permitir, excepcionalmente, a mudança de localização da reserva legal. Desse modo, a omissão acerca da hipótese de "retificação de área" não atenuou a eficácia da norma em relação às outras hipóteses previstas na lei anterior e repetidas na lei nova" (3ª Turma, REsp 1.356.207-SP, Rel. Min. Paulo de Tarso Sanseverino, julgado em 28/4/2015, DJe 7/5/2015, Informativo 561).

297 DEAN, Warren. **A ferro e fogo**: a história da devastação da Mata Atlântica brasileira. Tradução de Cid Knipel Moreira. São Paulo: Companhia das Letras, 1996.

supressão de seus remanescentes de vegetação ainda preservados ou em fase de recuperação[298].

De fato, em levantamentos dos remanescentes de Mata Atlântica do Brasil realizado em conjunto pelo Instituto Nacional de Pesquisa Espaciais (INPE) e pela Fundação SOS Mata Atlântica, tendo como referência temporal os últimos anos, constatou-se que há uma impressionante continuidade do processo de desmatamento[299], nada obstante a indicação de praticamente inexistência de remanescentes em bom estado de conservação em alguns dos seus compartimentos.

De outro lado, embora o porcentual de áreas remanescentes de vegetação do bioma Mata Atlântica no Brasil seja mínimo (aproximadamente dez por cento da cobertura original), esse mínimo é imprescindível para a manutenção de significativa biodiversidade no planeta e para a vida e qualidade de vida da maior parte da população brasileira[300].

A Constituição da República, além de prescrever o dever genérico de defesa e preservação do meio ambiente[301] e a observância dos princípios que estatuem a primariedade do meio ambiente e a exploração limitada da propriedade[302], e de atribuir diversas obrigações positivas à sociedade e ao Poder Público[303], que envolvem a proteção do bioma Mata Atlântica, também atribuiu a esse bioma, no seu art. 225, § 4º, o *status* de "patrimônio nacional" e determinou que a sua utilização apenas pode ocorrer, na forma da lei, dentro de condições que assegurem a preservação do meio ambiente, inclusive quanto ao uso dos recursos naturais.

Dessa forma, após a vigência do Decreto nº 99.547/90 e do Decreto nº 750/1993, que trataram do tema pelo período de dezesseis anos, editou-se a Lei 11.428/2006, que dispõe sobre a utilização e proteção da vegetação nativa do bioma Mata Atlântica.

A Lei nº 11.428/2006 e a sua regulamentação por meio do Decreto nº 6.660/2008 definiram a área de abrangência do bioma Mata Atlântica, de modo a contemplar as seguintes configurações de formações florestais nativas e ecossistemas associados: "Floresta Ombrófila Densa; Floresta Ombrófila Mista, também denominada de Mata de Araucárias; Floresta Ombrófila Aberta; Floresta Estacional Semidecidual; Floresta Estacional Decidual; campos de altitude; áreas das formações pioneiras, conhecidas como manguezais, restingas, campos salinos e áreas aluviais; refúgios vegetacionais; áreas de tensão ecológica; brejos interioranos e encraves florestais, representados

[298] GAIO, Alexandre. **Lei da Mata Atlântica Comentada.** 2ª. Edição. São Paulo: Editora Almedina, 2018. p. 45-54.

[299] Conforme os referidos levantamentos, no período de 2011-2012 houve o desmatamento de 23.548 hectares; no período de 2012-2013 houve o desmatamento de 23.948 hectares; no período de 2013-2014 houve o desmatamento de 18.627 hectares; no período de 2014-2015 houve o desmatamento de 18.433 hectares; e no período de 2015-2016 houve o desmatamento de 29.075 hectares. (Fundação SOS MATA ATLÂNTICA; Instituto Nacional de Pesquisas Espaciais (INPE). **Atlas dos Remanescentes Florestais da Mata Atlântica**).

[300] Segundo estudo do IBGE, realizado em 2013, sobre o Mapa da Área de Aplicação da Lei Federal 11.428/2006, cerca de 140 milhões de pessoas vivem em 3.410 municípios, na delimitação da Mata Atlântica. (Disponível em: <www.ibge.gov.br>).

[301] Artigo 225, *caput*.

[302] Artigos 170, VI, 182, § 2º, e 186.

[303] Artigo 225, § 1º, I, II, III, IV e VII.

por disjunções de Floresta Ombrófila Densa, Floresta Ombrófila Aberta, Floresta Estacional Semidecidual e Floresta Estacional Decidual; áreas de estepe, savana e savana-estépica; e vegetação nativa das ilhas costeiras e oceânicas".

A área de abrangência do bioma Mata Atlântica corresponde a cerca de 13% do território nacional e se localiza predominantemente na costa leste, desde o Rio Grande do Sul até o Rio Grande do Norte, conforme podemos visualizar no seguinte mapa do IBGE:

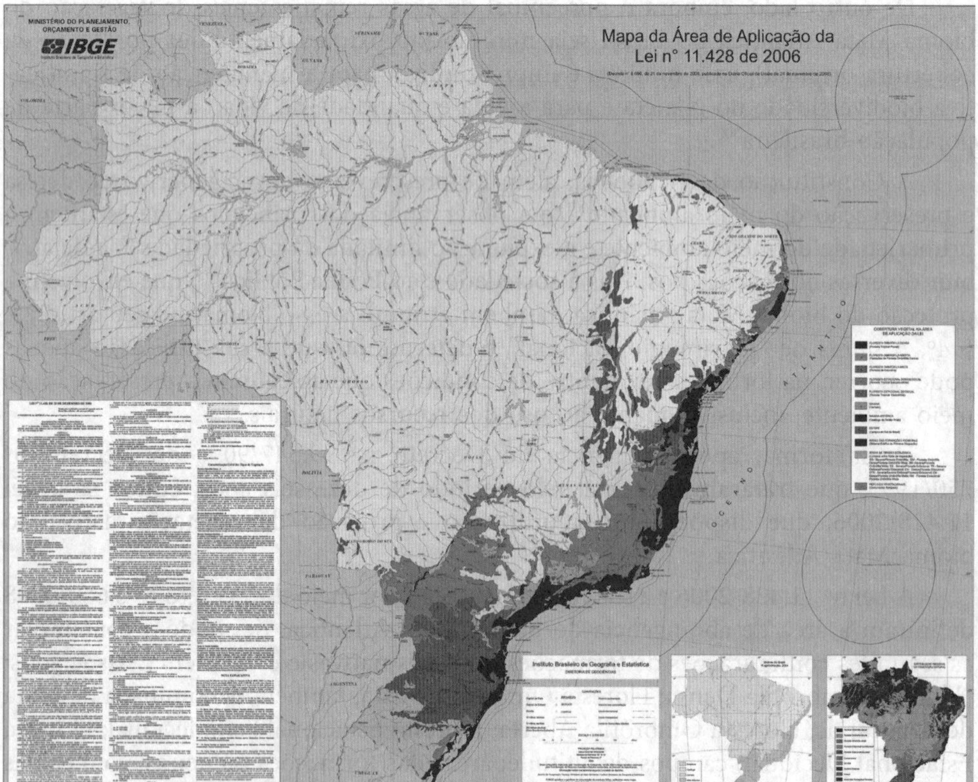

Mapa do Bioma Mata Atlântica do IBGE – 2008

Fonte: Disponível em: <http://www.funbio.org.br/Portals/0/Documentos/mapa_IBGE.pdf>.

Importante perceber que a Lei nº 11.428/2006 define de modo especial e diferenciado a conservação, a proteção, a regeneração e a utilização da área específica de abrangência do bioma Mata Atlântica em face, por exemplo, das disposições da Lei nº 12.651/2012. Desta forma, a aplicação das normas sobre Área de Preservação Permanente e Reserva Legal no âmbito do bioma Mata Atlântica possui (ou deve possuir) contornos próprios e distintos trazidos pela própria Lei nº 11.428/2006, e, portanto, dotados de critérios de proteção mais rígidos em virtude da notória diminuição dos patamares de proteção ambiental promovida pela Lei nº 12.651/2012[304].

Veja-se que a Lei nº 12.651/2012, embora posterior, não revogou[305] a Lei nº 11.428/2006, a qual é igualmente lei ordinária, e que esta é mais específica em relação àquela, inclusive com tipo penal próprio na Lei de Crimes Ambientais[306], o que justifica a aplicação do critério da especialidade. Em adição a isso, conforme já afirmado, a Lei nº 11.428/2006 atende a comando específico da Constituição da República (art. 225, § 4º, da Constituição da República) e o próprio art. 1º da Lei nº 11.428/2006 corrobora a sua especialidade e sua relação de complementariedade com a Lei nº 12.651/2012 (que revogou a Lei nº 4.771/65) ao estabelecer que "a conservação, a proteção, a regeneração e a utilização do Bioma Mata Atlântica, patrimônio nacional, observarão o que estabelece esta Lei, bem como a legislação ambiental vigente, em especial a Lei nº 4.771, de 15 de setembro de 1965" [307].

Sobre a necessária adoção das normas especializantes do bioma Mata Atlântica na ordem jurídica florestal, sempre sob o enfoque de respeito à Constituição da República, veja-se a Jurisprudência do Superior Tribunal de Justiça:

> A ordem jurídica florestal, no cotejo com a ordem jurídica ambiental, é tão só uma entre várias que no corpo desta se alojam, prisioneira aquela de inescapável vocação de unidade e coexistência harmônica com os microssistemas-irmãos elementares e temáticos (faunístico, hídrico, climático, de Unidades de Conservação, da Mata Atlântica), tudo em posição de subserviência aos domínios da norma constitucional e da nave-mãe legislativa ambiental – a Lei da Política Nacional do Meio Ambiente –, que a eles todos se sobrepõem e contra eles todos prevalecem. Dispensável, nesse diapasão, advertir que a possibilidade de conflito somente se coloca entre duas normas que se encontrem, hierarquicamente, em pé de igualdade[308].

A Lei nº 11.428/2006, editada com um formato analítico, colacionou definições, princípios e objetivos em relação ao regime jurídico do bioma Mata Atlântica, assim como dispôs sobre as hipóteses vedadas e permissíveis de exploração, corte e supressão de sua vegetação e adotou outras providências.

Dentre as definições mais importantes previstas no art. 3º da Lei nº 11.428/2006, destacam-se os conceitos e hipóteses de utilidade pública, interesse social, população tradicional e pequeno produtor rural.

Já no âmbito dos princípios e objetivos, percebe-se facilmente que o propósito da Lei nº 11.428/2006 é de conseguir, no mínimo, manter o estado de vida da Mata Atlântica atualmente existente às futuras gerações[309]. Essa conclusão é confirmada integralmente no primeiro objetivo estampado no art. 7º, I, qual seja o de que a

304 GAIO, Alexandre. **Lei da Mata Atlântica Comentada**. 2ª. Edição. São Paulo: Editora Almedina, 2018. p. 91-107.

305 Ao contrário, no seu artigo 81 alterou a redação do artigo 35 da Lei Federal 11.428/2006.

306 Artigo 38-A da Lei Federal 9.605/98.

307 GAIO, Alexandre. **Lei da Mata Atlântica Comentada**. (...) p. 91-107.

308 PET no REsp 1240122/PR, Rel. Ministro HERMAN BENJAMIN, SEGUNDA TURMA, julgado em 02/10/2012, DJe 19/12/2012.

309 GAIO, Alexandre. **Lei da Mata Atlântica Comentada**. (...) p. 153-161.

proteção e utilização da Mata Atlântica deve ser realizada do modo a garantir "a manutenção e a recuperação da biodiversidade, vegetação, fauna e regime hídrico do Bioma Mata Atlântica para as presentes e futuras gerações". Importante notar que o objetivo dessa lei não se restringe à manutenção da biodiversidade, vegetação, fauna e regime hídrico da Mata Atlântica, mas também à sua "recuperação", o que evidencia um dever de avanço e melhoria da condição ambiental desse bioma e não de retrocesso[310].

Em adição a isso, a Lei nº 11.428/2006 dispôs, em seus artigos 8º a 32, sobre o regime geral de proteção e utilização do bioma Mata Atlântica e as hipóteses vedadas e permissíveis de exploração, corte e supressão de sua vegetação, a partir de critérios baseados na classificação desta (vegetação primária, secundária e estágios), no modo de intervenção (supressão, corte e exploração eventual), na sua localização (zona rural ou urbana e outros espaços territoriais especialmente protegidos), no titular da pretensão (populações tradicionais, pequeno proprietário rural e outros), e na finalidade da intervenção (econômica, subsistência, prática preservacionista e outros).

As definições de vegetação primária, vegetação secundária e seus estágios de regeneração são previstas nos artigos 2º e 3º da Resolução CONAMA 10/1993[311]:

> Art. 2º. [...] I – Vegetação Primária – vegetação de máxima expressão local, com grande diversidade biológica, sendo os efeitos das ações antrópicas mínimos, a ponto de não afetar significativamente suas características originais de estrutura e de espécies.
>
> II – Vegetação Secundária ou em Regeneração – vegetação resultante dos processos naturais de sucessão, após supressão total ou parcial da vegetação primária por ações antrópicas ou causas naturais, podendo ocorrer árvores remanescentes da vegetação primária.
>
> Art. 3º. Os estágios de regeneração da vegetação secundária a que se refere o artigo 6º do Decreto nº 750/93, passam a ser assim definidos:
>
> I – Estágio Inicial: a) fisionomia herbáceo/arbustiva de porte baixo, com cobertura vegetal variando de fechada a aberta; b) espécies lenhosas com distribuição diamétrica de pequena amplitude; c) epífitas, se existentes, são representadas principalmente por líquenes, briófitas e pteridófitas, com baixa diversidade; d) trepadeiras, se presentes, são geralmente herbáceas; e) serapilheira, quando existente, forma uma camada fina pouco decomposta, contínua ou não; f) diversidade biológica variável com poucas espécies arbóreas ou arborescentes, podendo apresentar plântulas de espécies características de outros estágios; g) espécies pioneiras abundantes; h) ausência de subosque.
>
> II – Estágio Médio: a) fisionomia arbórea e/ou arbustiva, predominando sobre a herbácea, podendo constituir estratos diferenciados; b) cobertura arbórea, variando de aberta a fechada, com a ocorrência eventual de indivíduos emergentes; c) distribuição diamétrica apresentando amplitude moderada, com predomínio de pequenos diâmetros; d) epífitas aparecendo com maior número de indivíduos e espécies em relação ao estágio inicial, sendo mais abundantes na floresta ombrófila; e) trepadeiras, quando presentes são predominantemente lenhosas; f) serapilheira presente, variando de espessura de

[310] GAIO, Alexandre. **Lei da Mata Atlântica Comentada**. (...) p. 153-161.

[311] O CONAMA também editou Resoluções para detalhar os parâmetros da vegetação primária e secundária da Mata Atlântica em cada um dos Estados da Federação, já que cada um destes Estados possui peculiaridades. Em razão do disposto no artigo 4º, § 1º, da Lei nº 11.428/2006, o CONAMA, por meio da Resolução nº 388, de 23 de fevereiro de 2007, convalidou todas as citadas Resoluções que definem os aludidos conceitos e os parâmetros para a caracterização de vegetação primária e secundária, assim como os estágios de regeneração desta.

acordo com as estações do ano e a localização; g) diversidade biológica significativa; h) subosque presente.

III – Estágio Avançado: a) fisionomia arbórea, dominante sobre as demais, formando um dossel fechado e relativamente uniforme no porte, podendo apresentar árvores emergentes; b) espécies emergentes, ocorrendo com diferentes graus de intensidade; c) copas superiores, horizontalmente amplas; d) distribuição diamétrica de grande amplitude; e) epífitas, presentes em grande número de espécies e com grande abundância, principalmente na floresta ombrófila; f) trepadeiras, geralmente lenhosas, sendo mais abundantes e ricas em espécies na floresta estacional; g) serapilheira abundante; h) diversidade biológica muito grande devido à complexidade estrutural; i) estratos herbáceo, arbustivo e um notadamente arbóreo; j) florestas neste estágio podem apresentar fisionomia semelhante à vegetação primária; l) subosque normalmente menos expressivo do que no estágio médio; m) dependendo da formação florestal, pode haver espécies dominantes.

No tocante à qualquer análise de pretensão de corte, exploração ou supressão de vegetação do bioma Mata Atlântica, apresenta-se indispensável considerar, anteriormente à verificação de eventual adequação às regras constantes do regime jurídico especial da Lei nº 11.428/2006, a realização de preliminar confronto da aludida pretensão com o que dispõe os artigos 11, 12 e 14 da referida Lei, que são verdadeiros pressupostos para a análise dos demais requisitos legais[312].

Com efeito, o art. 11 apresenta algumas hipóteses gerais de proibição de corte ou supressão de Mata Atlântica com vegetação primária, ou secundária nos estágios médio ou avançado de regeneração:

Art. 11. O corte e a supressão de vegetação primária ou nos estágios avançado e médio de regeneração do Bioma Mata Atlântica ficam vedados quando:

I – a vegetação:

a) abrigar espécies da flora e da fauna silvestres ameaçadas de extinção, em território nacional ou em âmbito estadual, assim declaradas pela União ou pelos Estados, e a intervenção ou o parcelamento puserem em risco a sobrevivência dessas espécies;

b) exercer a função de proteção de mananciais ou de prevenção e controle de erosão;

c) formar corredores entre remanescentes de vegetação primária ou secundária em estágio avançado de regeneração;

d) proteger o entorno das unidades de conservação; ou

e) possuir excepcional valor paisagístico, reconhecido pelos órgãos executivos competentes do Sistema Nacional do Meio Ambiente – SISNAMA;

II – o proprietário ou posseiro não cumprir os dispositivos da legislação ambiental, em especial as exigências da Lei n.o 4.771, de 15 de setembro de 1965, no que respeita às Áreas de Preservação Permanente e à Reserva Legal.

Parágrafo único. Verificada a ocorrência do previsto na alínea a do inciso I deste artigo, os órgãos competentes do Poder Executivo adotarão as medidas necessárias para proteger as espécies da flora e da fauna silvestres ameaçadas de extinção caso existam fatores que o exijam, ou fomentarão e apoiarão as ações e os proprietários de áreas que estejam mantendo ou sustentando a sobrevivência dessas espécies.

Assim, frente à pretensão de corte ou supressão de Mata Atlântica com vegetação primária, ou secundária nos estágios médio ou avançado de regeneração, cabe

[312] GAIO, Alexandre. **Lei da Mata Atlântica Comentada.** (...) p. 162.

ao órgão público ambiental perquirir ao interessado sobre todas as hipóteses de incidência do art. 11, exigindo-se a realização dos estudos ambientais e inventários florestais pertinentes, assim como o confronto das informações do imóvel em referência com os bancos de dados e informações ambientais, e a realização de vistoria *in loco* para verificar se há correspondência com as vedações legais em comento[313].

O art. 12 da Lei nº 11.428/2006, por sua vez, estatui que "os novos empreendimentos que impliquem o corte ou a supressão de vegetação do Bioma Mata Atlântica deverão ser implantados preferencialmente em áreas já substancialmente alteradas ou degradadas". A exegese desse dispositivo legal de modo harmônico com os princípios e objetivos da lei e, em especial com a Constituição da República, é fundamental para a proteção e recuperação dos remanescentes do bioma Mata Atlântica e para a tutela do direito fundamental ao meio ambiente ecologicamente equilibrado[314].

Desta forma, na hipótese da pretensão de implantação de novo empreendimento que implique o corte ou a supressão de vegetação do bioma Mata Atlântica, o art. 12 impõe um dever inescusável tanto ao proponente do novo empreendimento, quanto ao órgão público ambiental. Ao primeiro, incumbe o categórico ônus de demonstrar a ausência de áreas já substancialmente alteradas ou degradadas, em especial áreas desprovidas de vegetação nativa, na região em que pretende implantar o seu empreendimento. Ao segundo, incumbe, no respectivo pleito de licenciamento ambiental, exigir do interessado, ao lado do atendimento dos demais requisitos e condicionantes legais, a demonstração de que não existem imóveis na região desprovidos de vegetação nativa ou com essa vegetação já substancialmente alterada ou degradada, sob pena de seu indeferimento, assim como analisar o levantamento apresentado pelo interessado sobre as áreas existentes na região e sobre as alternativas locacionais, considerar todas essas circunstâncias e motivar a sua decisão administrativa[315].

O terceiro pressuposto central para a análise das normas relativas ao regime jurídico especial da Mata Atlântica é o constante do art. 14 da Lei nº 11.428/2006, ao prever que a "supressão de vegetação primária e secundária no estágio avançado de regeneração somente poderá ser autorizada em caso de utilidade pública, sendo que a vegetação secundária em estágio médio de regeneração poderá ser suprimida nos casos de utilidade pública e interesse social, em todos os casos devidamente caracterizados e motivados em procedimento administrativo próprio, quando inexistir alternativa técnica e locacional ao empreendimento proposto, ressalvado o disposto no inciso I do art. 30 e nos §§ 1º e 2º do art. 31 desta Lei".

A ressalva existente no inciso I do art. 30 e nos §§ 1º e 2º do art. 31 da Lei nº 11.428/2006 se refere aos remanescentes de Mata Atlântica situados em áreas urbanas, o que indica o regime jurídico diferenciado aos remanescentes localizados em zonas rurais e urbanas. De qualquer forma, na hipótese do remanescente de vegetação primária ou secundária nos estágios avançado e médio de regeneração localizados em zona rural, há clara vedação de emissão de autorização florestal em face da pretensão

313 GAIO, Alexandre. **Lei da Mata Atlântica Comentada**. (...) p. 172-185.

314 GAIO, Alexandre. **Lei da Mata Atlântica Comentada**. (...) p. 185-195.

315 GAIO, Alexandre. **Lei da Mata Atlântica Comentada**. (...) p. 185-195.

de seu corte, supressão ou exploração, salvo se houver caracterização de utilidade pública (aos casos de vegetação primária ou secundária em estágio avançado de regeneração) ou de interesse social (aos casos de vegetação secundária em estágio médio de regeneração) em procedimento administrativo próprio que invariavelmente também aborde alternativas locacionais, até mesmo em razão da aplicação do artigo 12 da Lei nº 11.428/2006, e que tenha enfrentado e superado as hipóteses de vedação de corte ou supressão previstos no artigo 11 da mesma Lei Federal.

A nosso aviso, somente após enfrentados os pressupostos constantes dos artigos 11, 12 e 14 da Lei nº 11.428/2006 é possível a verificação de eventual adequação da pretensão de corte, supressão ou exploração de remanescente de vegetação do bioma Mata Atlântica às regras constantes do seu regime jurídico especial, constantes dos artigos 20 a 32 da mesma Lei, inclusive para fins de definição da porcentagem do imóvel que deve ser mantido com vegetação[316], e das medidas de compensação ambiental[317].

Outra importante previsão da Lei nº 11.428/2006 é a da possibilidade de beneficiamento dos municípios que tenham plano municipal de conservação e recuperação da Mata Atlântica aprovado pelo Conselho Municipal de Meio Ambiente com os recursos do Fundo de Restauração do Bioma Mata Atlântica[318].

O art. 43 do Decreto nº 6.660/2008 estabelece que os planos municipais de conservação e recuperação da Mata Atlântica devem ter um conteúdo mínimo que contemple diagnóstico e mapeamento dos remanescentes de vegetação nativa e das áreas prioritárias de conservação e recuperação da vegetação nativa, assim como a indicação das principais causas de degradação e diminuição dos remanescentes e das possíveis ações preventivas para combater essas causas.

Merece destaque ainda a inclusão pela Lei nº 11.428/2006 do tipo penal do art. 38-A na Lei de Crimes Ambientais (Lei nº 9.605/1998), ao prever como crime a conduta de "destruir ou danificar vegetação primária ou secundária, em estágio avançado ou médio de regeneração, do Bioma Mata Atlântica, ou utilizá-la com infringência das normas de proteção", com previsão de pena de detenção de 1 (um) a 3 (três) anos, ou multa, ou ambas as penas cumulativamente.

O aludido tipo penal é considerado norma penal em branco, vez que até a própria definição jurídica do bioma Mata Atlântica exige consulta à Lei nº 11.428/06. Da mesma forma, os conceitos de vegetação primária e secundária e as definições de estágio inicial, médio ou avançado de recuperação, são, em cumprimento ao disposto no art. 4º da Lei nº 11.428/06[319], fornecidos pelo CONAMA (Conselho Nacional do Meio Ambiente) para complementar a interpretação da legislação.

---

316 Artigos 30, I, 31, §§ 1º e § 2º, da Lei Federal 11.428/2006.

317 Artigo 17 da Lei Federal 11.428/2006.

318 Artigo 38 da Lei Federal 11.428/2006.

319 Art. 4º A definição de vegetação primária e de vegetação secundária nos estágios avançado, médio e inicial de regeneração do Bioma Mata Atlântica, nas hipóteses de vegetação nativa localizada, será de iniciativa do Conselho Nacional do Meio Ambiente.

Relevante esclarecer que o tipo penal do artigo 38-A da Lei nº 9.605/1998 se aplica aos casos em que há prova de que a vegetação danificada se encontrava em sua forma primária ou secundária em estágio médio ou avançado de regeneração, ao passo que nas hipóteses de vegetação secundária em estágio inicial de regeneração, entendemos que há adequação da conduta ao tipo penal previsto no art. 48[320].

6.3.5. Áreas Úmidas.

Outro importante espaço ambiental protegido nem sempre devidamente lembrado e observado é a Área Úmida. Estima-se que um total entre 8,3 e 10,2 milhões de km² da superfície da Terra são constituídos por esses ambientes. No Brasil, a estimativa é de que 20% do território nacional possa ser classificado como Áreas Úmidas, em sua maioria densamente florestadas. Tais ambientes, aqui, ocorrem em todos os biomas, apresentando profunda heterogeneidade (decorrente da grande extensão do país e de sua enorme variedade climática e vegetal).

A preocupação com a proteção dessas áreas já é antiga e chegou a ser materializada no ano de 1971 na cidade de Ramsar no Irã, na Convenção Sobre Zonas Úmidas de Importância Internacional Especialmente como Habitat de Aves Aquática, entrando em vigor quatro anos depois a partir da adesão de sete primeiros países. Pela Convenção de Ramsar, os países contratantes indicam os seus espaços de zonas úmidas mais importantes para submissão de uma Conferência das Partes (COP) realizada a cada três anos e para a definição das zonas úmidas de importância internacional[321].

A Convenção de Ramsar conceitua de modo amplo as Áreas Úmidas como "áreas de pântano, charco, turfa ou água, natural ou artificial, permanente ou temporária, com água estagnada ou corrente, doce, salobra ou salgada, incluindo áreas de água marítima com menos de seis metros de profundidade na maré baixa" (art. 1º).

O Brasil apenas aprovou a Convenção Ramsar no ano de 1992 por meio do Decreto Legislativo nº 33, ratificando-a no ano seguinte e promovendo sua promulgação pelo Decreto nº 1.905/1996, já com a designação inicial de oitos zonas úmidas consideradas Sítios Ramsar[322]. Trata-se, dessa forma, de diploma de hierarquia supralegal, conforme o entendimento doutrinário e do STF já expostos no item 2.

O Comitê Nacional das Zonas Úmidas – CNZU, órgão do Ministério do Meio Ambiente, buscando uma classificação adaptada à realidade brasileira, expediu a Recomendação CNZU nº 7, de 11 de junho de 2015, na qual recomenda aos órgãos, entidades e colegiados relacionados à formulação de políticas e legislação e

---

320 Sob esse mesmo entendimento a Jurisprudência: TJ-PR – APL: 11893813 PR 1189381-3 (Acórdão), Relator: Laertes Ferreira Gomes, Data de Julgamento: 09/10/2014, 2ª Câmara Criminal, Data de Publicação: DJ: 1482 23/01/2015; TJ-ES – APL: 00007329220098080025, rel. Sérgio Luiz Teixeira Gama, Data de Julgamento: 31/07/2013, 2ª Câmara Criminal, Data de Publicação: 12/08/2013).

321 GRANZIERA, Maria Luiza Machado. **Direito Ambiental**. Atlas. São Paulo: 2009. 421-422.

322 Os oitos Sítios Ramsar designados pelo Brasil foram Reserva de Desenvolvimento Sustentável Mamirauá (AM), Reserva Particular do Patrimônio Natural do SESC Pantanal (MT), Área de Proteção Ambiental da Baixada Maranhense (MA), Parque Nacional da Lagoa do Peixe (RS), Parque Nacional do Pantanal Mato-grossense (MT), Área de Proteção Ambiental das Reentrâncias Maranhenses (MA), Parque Nacional do Araguaia (TO) e Parque Estadual Marinho do Parcel do Manuel Luís (MA).

à conservação das Áreas Úmidas brasileiras a adoção da seguinte definição sobre Áreas Úmidas e sobre a identificação de sua extensão:

> Áreas Úmidas são ecossistemas na interface entre ambientes terrestres e aquáticos, continentais ou costeiros, naturais ou artificiais, permanente ou periodicamente inundados ou com solos encharcados. As águas podem ser doces, salobras ou salgadas, com comunidades de plantas e animais adaptados à sua dinâmica hídrica. [...] o limite da inundação rasa ou do encharcamento permanente ou periódico, ou no caso de áreas sujeitas aos pulsos de inundação, pelo limite da influência das inundações médias máximas, incluindo-se aí, se existentes, áreas permanentemente secas em seu interior, habitats vitais para a manutenção da integridade funcional e da biodiversidade das mesmas. Os limites externos são indicados pelo solo hidromórfico e/ou de espécies lenhosas adaptadas a solos periodicamente encharcados.

Posteriormente, a Lei nº 12.651/2012, em seu art. 3º, XXV, conceituou Áreas Úmidas como "pantanais e superfícies terrestres cobertas de forma periódica por águas, cobertas originalmente por florestas ou outras formas de vegetação adaptadas à inundação".

Uma das manifestações mais comuns da "Área Úmida" se refere à porção do terreno que inclui a ribanceira de um corpo hídrico, assim como a planície de sua inundação ou várzea e a vegetação que aí ocorre (mata ripária ou ciliar). O conjunto da área ripária, a mata e a vegetação associada, o piso florestal, e as interações com o meio é chamado comumente de "Ecossistema Ripário". Os "Ecossistemas Ripários", situados na interface entre a água e o solo, são abrigo de enorme variedade de espécies endêmicas de flora e fauna, e também, periodicamente, de espécies terrestres e de águas profundas, contribuindo, portanto, substancialmente para a biodiversidade ambiental.

É importante lembrar que as áreas ripárias fazem parte do equilíbrio no regime hidrológico dos rios. A várzea funciona como uma "esponja" que enxuga o excesso das águas pluviais dissipadores da energia hídrica em épocas de cheia, quanto para a proteção do solo contra erosões[323].

A área ripária desempenha sua função hidrológica através das seguintes formas principais:

- como tampão e filtro entre os terrenos mais altos e o ecossistema aquático, participa do controle do ciclo de nutrientes, através de ação tanto no escoamento superficial, quanto na absorção de nutrientes do escoamento subsuperficial pela vegetação ciliar;
- pela diminuição e filtragem do escoamento superficial impede ou dificulta o carreamento de sedimentos para o sistema aquático, contribuindo, desta forma, para a manutenção da qualidade da água;
- pela sua integração com a superfície da água, proporciona cobertura e alimentação para peixes e outros componentes da fauna aquática;
- pela mesma razão do item anterior, intercepta e absorve radiação solar, assim contribuindo para a estabilidade térmica dos pequenos cursos d'água;

[323] LIMA, W. P. **Função hidrológica da mata ciliar.** In: BARBOSA, L.M. Simpósio sobre mata ciliar. Campinas: Fundação Cargill, 1989. p. 25-42.

- a área funciona também como refúgio de fauna existindo em seu interior a presença de mamíferos como veados e outros animais de porte como capivaras, pacas etc.

Na mesma toada, o artigo publicado pelo Instituto Nacional de Ciência e Tecnologia em Áreas Úmidas[324] identifica dentre os principais serviços proporcionados por estes espaços: (i) estocagem periódica da água e a sua lenta devolução para os igarapés, córregos e rios conectados, reduzindo com isso as flutuações do nível da água e o perigo de enchentes e secas catastróficas; (ii) recarga dos aquíferos e do lençol freático; (iii) retenção de sedimentos; (iv) purificação da água; (v) fornecimento de água limpa; (vi) dessedentação de animais, silvestres e domésticos; (vii) regulagem do clima local; (viii) ecoturismo; (ix) manutenção da biodiversidade (as áreas úmidas abrigam uma enorme variedade de espécies endêmicas, mas, também, periodicamente, espécies terrestres e de águas profundas); (x) estocagem do carbono orgânico.

É sabido que as faixas marginais aos cursos hídricos são consideradas *ex lege* como Área de Preservação Permanente, o que frequentemente abrange as Áreas Úmidas relacionadas ao ecossistema ripário. Contudo, é importante observar que a proteção do ecossistema ripário por meio das Áreas de Proteção Permanente foi enfraquecida com a entrada em vigência da Lei nº 12.651/2012, que revogou o Código Florestal de 1965 (Lei nº 4.771/65).

Deveras, a referida Lei Federal estabeleceu novo parâmetro de medição das faixas marginais protegidas, reduzindo substancialmente a área protegida em face da proteção então existente sob a égide da revogada Lei nº 4.771/1965. Conforme se observa na tabela abaixo, no sistema antigo a faixa a ser preservada do corpo hídrico por força do art. 2º do Código Florestal era mensurada a partir do período de cheia do rio, ou seja, desde o seu nível mais alto. Atualmente, no entanto, a medição é realizada a partir da borda da calha do leito regular, o que reduz a área marginal protegida.

Código Florestal antigo (Lei 4.771/1965)	Lei Federal 12.651/2012
Art. 2º. Consideram-se de preservação permanente, pelo só efeito desta Lei, as florestas e demais formas de vegetação natural situadas: a) ao longo dos rios ou de qualquer curso d'água **desde o seu nível mais alto em faixa marginal** cuja largura mínima será: 1 – de 30 (trinta) metros para os cursos d'água de menos de 10 (dez) metros de largura;	Art. 4º. Considera-se Área de Preservação Permanente, em zonas rurais ou urbanas, para os efeitos desta Lei: I – as faixas marginais de qualquer curso d'água natural perene e intermitente, excluídos os efêmeros, **desde a borda da calha do leito regular,** em largura mínima de: a) 30 (trinta) metros, para os cursos d'água de menos de 10 (dez) metros de largura;

[324] JUNK, Wolfgang J. et al. **Definição e classificação das áreas úmidas (AUs) brasileiras: base científica para uma nova política de proteção e manejo sustentável**. Disponível em http://www.inau.org.br/classificacao_areas_umidas_completo.pdf. Acesso em 11/04/2016.

Código Florestal antigo (Lei 4.771/1965)	Lei Federal 12.651/2012
2 - de 50 (cinquenta) metros para os cursos d'água que tenham de 10 (dez) a 50 (cinquenta) metros de largura;	b) 50 (cinquenta) metros, para os cursos d'água que tenham de 10 (dez) a 50 (cinquenta) metros de largura;
3 - de 100 (cem) metros para os cursos d'água que tenham de 50 (cinquenta) a 200 (duzentos) metros de largura;	c) 100 (cem) metros, para os cursos d'água que tenham de 50 (cinquenta) a 200 (duzentos) metros de largura;
4 - de 200 (duzentos) metros para os cursos d'água que tenham de 200 (duzentos) a 600 (seiscentos) metros de largura;	d) 200 (duzentos) metros, para os cursos d'água que tenham de 200 (duzentos) a 600 (seiscentos) metros de largura;
5 - de 500 (quinhentos) metros para os cursos d'água que tenham largura superior a 600 (seiscentos) metros.	e) 500 (quinhentos) metros, para os cursos d'água que tenham largura superior a 600 (seiscentos) metros.

De outro lado, a possibilidade de proteção às áreas úmidas conferida pelo art. 6º, IX, da Lei nº 12.651/2012, que estabelece que esses espaços são considerados de preservação permanente quando declaradas de interesse por ato do Chefe do Poder Executivo, não nos parece suficiente para a sua proteção, já que depende de iniciativa do chefe do Poder Executivo para declará-las de interesse social, além da discussão sobre a necessidade de indenização dos proprietários.

Assim, enquanto não houver a instituição de instrumentos efetivos de proteção mais amplos das Áreas Úmidas por meio de atos normativos federais e que se apliquem a todo o território nacional, além da proteção insuficiente conferida pela Lei 12.651/2012 e da instituição de unidades de conservação, os Estados da Federação o Distrito Federal e os Municípios podem e devem assumir um certo protagonismo para a proteção desses espaços.

Neste particular, é importante notar que a Constituição da República, em seu art. 24, parágrafos 1º a 4º, prevê a competência concorrente dos Estados da Federação para legislar sobre conservação da natureza, defesa do solo e dos recursos naturais e proteção do meio ambiente e que, mesmo que haja o estabelecimento de normas gerais pela União, esta não exclui a competência suplementar dos Estados. Vladimir Passos de Freitas aborda a necessidade dos Estados da Federação em especificarem a legislação de acordo com as suas realidades, afirma que "os detalhes deverão ser objeto de legislação estadual, aí sim minuciosa e adequada à realidade de cada Estado da Federação. Não se pode olvidar a existência de grandes diferenças entre eles, decorrentes do tamanho, região, clima e grau de desenvolvimento"[325].

De fato, a própria Lei nº 6.938/1981 e o seu Decreto regulamentador (Decreto nº 99.274/1990) preveem expressamente a necessidade de elaboração de normas

[325] FREITAS, Vladimir Passos. **A Constituição Federal e a Efetividade das Normas Ambientais.** 3ª ed. São Paulo: Revista dos Tribunais, 2005, p. 58.

supletivas e complementares pelos Estados da Federação para a proteção ambiental em suas jurisdições.

Da mesma forma, não obsta que o Município estabeleça normas visando especificamente à preservação do meio ambiente local, em atendimento às peculiaridades do seu espaço físico e interesses, com fulcro no art. 30, inciso I, da Constituição da República. Com efeito, esta é a interpretação que melhor dá concretude à proteção ambiental estabelecida na Constituição, e, por consequência, maior efetividade ao direito fundamental ao meio ambiente ecologicamente equilibrado.

Sobre o tema, Consuelo Yoshida[326] explica que:

> os Estados, Distrito Federal e Municípios têm autonomia para, no exercício da competência legislativa suplementar, dispor de forma diversa da legislação federal ambiental observando-se o 'patamar mínimo nacional' de proteção ambiental por ela estabelecido. Neste sentido, as normas ambientais estaduais e municipais podem ser mais restritivas, e no caso devem prevalecer sobre a norma federal no âmbito do respectivo Estado e Município.

Relevante exemplo de proteção estadual das áreas úmidas é a Resolução Conjunta IBAMA/SEMA/IAP nº 5, de 28 de março de 2008, em vigência no Estado do Paraná, que define critérios para avaliação das Áreas Úmidas e seus entornos protetivos, normatiza sua conservação e estabelece condicionantes para o licenciamento das atividades nelas permissíveis.

Neste diploma normativo, Área Úmida é definida no art. 2º, inciso III, como "o segmento de paisagem constituído por solos hidromórficos", definição que permite maior precisão na identificação de tais ecossistemas. A caracterização da Área Úmida para fins de proteção da referida Resolução está relacionada, portanto, à presença de solo hidromórfico, conceituado como

> o solo que em condições naturais se encontra saturado por água, permanentemente ou em determinado período do ano, independente de sua drenagem atual e que, em virtude do processo de sua formação, apresenta, comumente, dentro de 50 (cinqüenta) centímetros a partir da superfície, cores acinzentadas, azuladas ou esverdeadas e/ou cores pretas resultantes do acúmulo de matéria orgânica.

Embora não se caracterizem, por si só, como áreas de preservação permanente, as Áreas Úmidas receberam tratamento jurídico equivalente, por força do art. 4º, parágrafo único, da Resolução Conjunta IBAMA/SEMA/IAP nº 005, de 28 de março de 2008, inclusive com a possibilidade excepcional de intervenção apenas nos casos de caracterização de atividade dotada de utilidade pública e interesse social e desde que demonstrada a inexistência de alternativas técnicas e locacionais[327].

326 YOSHIDA, Consuelo Yatsuda Moromizato. **Jurisdição e Competência em Matéria Ambiental**. In: MARQUES, José Roberto (Org.). Leituras Complementares de Direito Ambiental. Salvador: Juspodivm, 2008, p. 37.

327 Artigo 4º. Excepcionalmente, poderá ser admitida intervenção em áreas úmidas e em seus entornos protetivos, observada a normativa vigente e quando comprovada, através de estudos, a inexistência de alternativas técnicas e locacionais para a execução de obras, atividades ou empreendimentos de utilidade pública ou de interesse social, desde que não prejudique a função ecológica da área, a exceção de atividades de segurança nacional. Parágrafo Único – Nos casos das intervenções permissíveis, tais obras, atividades ou empreendimentos poderão ser licenciados pelo IAP, desde que o licenciamento ambiental obedeça às mesmas normas adotadas para as áreas de preservação permanente.

É importante destacar que a Resolução Conjunta IBAMA/SEMA/IAP nº 5, de 28 de março de 2008[328], estabelece a preservação das Áreas Úmidas (espaços com solo hidromórfico) independentemente da distância do leito do corpo hídrico, o que potencializa a efetividade da sua proteção em face da redução das faixas ciliares operada pela Lei 12.651/2012.

6.4. Terras indígenas

O regime jurídico constitucional das terras indígenas permite concluir que estas são também espaços territoriais especialmente protegidos, conforme prevê o art. 225, § 1º, III, da Constituição da República, porque submetidas a especial regime de utilização e proteção ambiental conforme se observa do art. 231.

Com efeito, o exame do art. 231 evidencia normas que dizem respeito não apenas ao patrimônio cultural e vida digna das populações indígenas, como também à conservação da Natureza nesses espaços, o que é materializado por meio de mandados de proteção do meio ambiente cultural e natural.

O **1º mandado protetivo** consiste em o Estado brasileiro expressamente reconhecer aos índios sua organização social, costumes, línguas, crenças e tradições (CR, art. 231, *caput*), vale dizer, a Constituição está protegendo tanto um bem cultural por si só (**patrimônio cultural indígena**) como os efeitos deste bem cultural para o ambiente natural, haja vista ser o modo tradicional de vida indígena menos impactante ao meio ambiente.

No **2º mandado protetivo**, quando é fixada a competência da União para "demarcar as terras indígenas" e "proteger e fazer respeitar todos os seus bens" (CR, art. 231, *caput, in fine*), tem-se um **dever de proteção** socioambiental, pois a expressão "todos os seus bens" refere-se a todos os seus componentes ambientais, sejam naturais ou culturais. Isto bem se amolda ao mandado contido com art. 225, § 1º, III, que prevê os espaços territoriais e seus componentes a serem especialmente protegidos, vedada qualquer utilização que comprometa a integridade dos atributos que justifiquem sua proteção.

No **3º mandado protetivo**, a Constituição, ao definir o que são terras tradicionalmente ocupadas pelos índios, previu serem aquelas habitadas em caráter permanente, as utilizadas para suas atividades produtivas, "as imprescindíveis à preservação dos recursos ambientais necessários a seu bem-estar" (CR, art. 231, § 1º). Comentando tal dispositivo, Patricky Araújo Ayala[329] argumenta que a definição constitucional para as terras indígenas não se justifica em relações de apropriação (*property rights*), sob uma perspectiva de apropriação individualizada e de satisfação de funções econômicas, mas na proteção de "tipos de uso culturalmente estabelecidos", que somente podem ser considerados de *forma coletiva*, cuja proteção interessa também

---

[328] Disponível em: http://www.iap.pr.gov.br/arquivos/File/Legislacao_ambiental/Legislacao_estadual/RESOLUCOES/RESOLUCAO_CONJUNTA_IBAMA_SEMA_IAP_005_2008.pdf. Acesso em: 13.07.2017.

[329] CANOTILHO, J.J. Gomes et al. **Direito constitucional ambiental brasileiro**. 6ª ed., São Paulo: Saraiva, 2015, versão digital. A norma constitucional, destarte, protege uma finalidade e espécies de usos definidos culturalmente, e sua incidência sobre todos os recursos hídricos, minerais, faunísticos e florestais nela existentes deve ser compreendida como obstáculo originário para a capacidade de intervenção do Poder Público e de todas as iniciativas privadas de sua exploração econômica, que restrinjam a possibilidade de usufruto exclusivo pelos próprios beneficiários (povos indígenas).

às futuras gerações. Essa circunstância é enfatizada pela condição de usufrutuários permanentes, atribuída coletivamente aos povos indígenas.

Como se vê, determina o parágrafo 1º do art. 231 da CR, que as terras indígenas são as imprescindíveis à **preservação dos recursos ambientais necessários a seu bem-estar**, ou seja, a Constituição atrelou o critério "utilizadas para suas atividades produtivas" à "preservação dos recursos ambientais necessários a seu bem-estar", de modo que não pode haver utilização sem preservação[330], e vice-versa, já que os recursos naturais também devem proporcionar "bem-estar" aos índios.

Há que se lembrar, ainda, que a expressão "preservação dos recursos ambientais necessários a seu bem-estar" deve ser interpretada em harmonia com o caráter eminentemente difuso da titularidade dos bens ambientais, o que exclui eventual interpretação segundo a qual, a fim de se obter "bem-estar", os indígenas poderiam dispor ilimitadamente do patrimônio ambiental do qual são usufrutuários, utilizando-o de modo predatório ou insustentável.

Assim, a busca do bem-estar, por qualquer comunidade humana, indígena ou não, não justifica a utilização dos recursos naturais de modo insustentável, o que constituiria violação frontal ao dever do Poder Público e da coletividade de defesa e preservação do meio ambiente para as presentes e futuras gerações, haja vista que se trata de bem de uso comum do povo (CR, art. 225, *caput*). Nesse sentido, a Constituição de 1988, pressupôs que o modo de vida tradicional indígena é ambientalmente sustentável[331], sabiamente condicionando o uso dos recursos ambientais segundo os usos, costumes e tradições (§ 1º do art. 231).

Por meio do **4º mandado protetivo,** fica estabelecido que as terras indígenas são as "necessárias à sua reprodução física e cultural, segundo seus usos, costumes e tradições" (CR, art. 231, § 1º, *in fine*). A partir disso, vinculam-se as terras indígenas ao cumprimento de função ambiental de **proteção ao ambiente cultural** e, por conseguinte, ao ambiente natural, pois, protegendo a reprodução física e cultural dos povos em questão, segundo usos, costumes e tradições, está se garantindo uma exploração de menor impacto ambiental. Ao contrário, se violada a reprodução cultural, com o abandono dos costumes e tradições em prol da adoção de práticas predatórias, prejudicada estará a proteção dos recursos naturais.

Consiste o **5º mandado protetivo** do fato de as terras indígenas serem de "posse permanente, e irremovíveis as comunidades que as habitam, salvo, *ad referendum* do Congresso Nacional, em caso de catástrofe ou epidemia que ponha em risco sua população, ou no interesse da soberania do País, após deliberação do Congresso Nacional, garantido, em qualquer hipótese, o retorno imediato logo que cesse o risco" (CR, art. 231, § 2º, 1ª parte, e § 5º). Ao tornar a **posse permanente** e assegurar a **irremovibilidade**, o constituinte assegurou que a proteção das terras indígenas não

330 Preservação, segundo definição dada pela Lei 9.985/2000 (art. 2º, V), significa o "conjunto de métodos, procedimentos e políticas que visem a proteção a longo prazo das espécies, habitats e ecossistemas, além da manutenção dos processos ecológicos, prevenindo a simplificação dos sistemas naturais".

331 GAZOTO, Luís Wanderley. "Terras Indígenas e proteção ao Meio Ambiente". In **Boletim dos Procuradores da República**. São Paulo, nº 74, p. 16-22, maio de 2007.

possui caráter transitório, mas permanente, o que impede medidas de retrocesso socioambiental como a remoção ou realocação destes povos.

O **6º mandado protetivo** decorre do **usufruto exclusivo** das terras indígenas pelos índios (CR, art. 231, § 2º, *in fine*). Com isso, o constituinte vedou a exploração dos recursos naturais por não-índios, o que por certo ameaçaria a proteção cultural e ambiental do povo e da Natureza. Na única hipótese em que excepcionou este usufruto exclusivo, no § 3º, caso do aproveitamento dos recursos hídricos e potenciais energéticos, pesquisa e lavra das riquezas minerais, a fim de garantir alguma proteção, exigiu **autorização do Congresso Nacional** e a **oitiva das comunidades** afetadas.

Por fim, o **7º mandado protetivo** diz respeito ao fato de as terras indígenas serem **inalienáveis e indisponíveis**, e os direitos sobre elas, **imprescritíveis**, sendo nulos e extintos, não produzindo efeitos jurídicos, os atos que tenham por objeto a ocupação, o domínio e a posse destas áreas, salvo, na forma da lei, quanto às benfeitorias derivadas da ocupação de boa-fé (CR, art. 231, §§ 4º e 6º). Com isso, o constituinte estabeleceu a **preponderância da afetação indígena sobre o domínio privado da terra** e dos recursos naturais, disso decorrendo evidentes reflexos ambientais, visto que o uso indígena é, em tese, menos impactante que o autorizado no regime jurídico da propriedade privada.

Além disso, a Convenção 169 da Organização Internacional do Trabalho (OIT), promulgada pelo Decreto 5.051/2004, que trata dos povos indígenas e tribais, e dotada de hierarquia **supralegal**, eis que se trata de diploma referente a direitos humanos, traz inúmeras referências à proteção do meio ambiente nas terras indígenas, reforçando o caráter de espaços especialmente protegidos[332].

Todos estes mandados expressos de proteção conjugam a defesa do ambiente natural e do ambiente cultural, unindo-os de forma indissociável. Assim, sobrevivência física e cultural indígena, bem como a preservação da Natureza devem caminhar lado a lado, pois, no dizer de Fernando Mathias Baptista, "são dois valores importantes para a sociedade [o Direito Ambiental e os direitos dos indígenas], e devem ser interpretados sob uma perspectiva não de conflito, mas de entendimento e agregação, para que seja possível construir um caminho para a sustentabilidade ambiental do país"[333].

Posteriormente, a edição do Decreto federal 5.758/2006, que instituiu o Plano Nacional de Áreas Protegidas, expressamente inseriu as terras indígenas na categoria denominada **áreas protegidas**, fixando extenso rol de metas e políticas públicas socioambientais para cumprimento do desiderato constitucional.

Insta salientar que, com relação à utilização dos recursos naturais em terras indígenas, não há ilicitude no uso destes se as atividades se observados dois requisitos:

1º) as atividades são realizadas pelas próprias comunidades indígenas[334]; e

332 Artigos 4º, item "1"; 7º, itens "3" e "4"; e 32.

333 In LIMA, André *et al.* **O Direito para o Brasil socioambiental**. Porto Alegre: Sérgio Antônio Fabris Editor, 2002, p. 183.

334 São ilícitas, por exemplo, as condutas de arrendamento rural de terras indígenas para não índios, venda de recursos florestais como madeira, e aluguel de áreas para garimpeiros.

2º) tais atividades se situam dentro dos limites da tradicionalidade, isto é, nos casos em que as atividades integram o modo de vida desses povos desde tempos imemoriais e foram passadas de geração a geração como conhecimento tradicional, e o destino das atividades é a subsistência[335].

6.4.1. *Terras indígenas e a Lei 12.651/2012: retrocesso socioambiental*

A Lei 12.651/2012 promoveu uma drástica alteração do regime de proteção das terras indígenas, reduzindo enormemente seu nível de proteção socioambiental, colocando em risco tanto o patrimônio sociocultural como ambiental desses espaços protegidos.

Com efeito, o antigo Código Florestal (Lei 4.771/1965) previa que as terras indígenas eram submetidas ao regime das áreas preservação permanentes art. 3º, "g", e § 2º[336].

Embora o regime jurídico das áreas de preservação permanente vede o uso de recursos naturais, o dispositivo acima sofria interpretação conforme a Constituição (art. 231, *caput,* e § 1º), de modo que tais recursos poderiam ser normalmente usados pelas comunidades indígenas "para suas atividades produtivas, as imprescindíveis à preservação dos recursos ambientais necessários a seu bem-estar e as necessárias à sua reprodução física e cultural, segundo seus usos, costumes e tradições". Caso não-índios causassem danos à área, estariam fazendo-o contra uma área de preservação permanente, sujeitos a sanções mais gravosas no âmbito penal (art. 38 da Lei 9.605/1998) e administrativo (art. 43 do Decreto 6.514/2008).

Com a Lei 12.651/2012, as terras indígenas deixaram de ser área de preservação permanente, passando a estar submetidas ao regime ambiental das propriedades rurais comuns, embora sejam de titularidade da União (CR, art. 20, XI). É o que se observa do art. 3º, o qual define como:

> V – pequena propriedade ou posse rural familiar: aquela explorada mediante o trabalho pessoal do agricultor familiar e empreendedor familiar rural, incluindo os assentamentos e projetos de reforma agrária, e que atenda ao disposto no art. 3º da Lei nº 11.326, de 24 de julho de 2006;
>
> [...]
>
> Parágrafo único. Para os fins desta Lei, estende-se o tratamento dispensado aos imóveis a que se refere o inciso V deste artigo às propriedades e posses rurais com até 4 (quatro) módulos fiscais que desenvolvam atividades agrossilvipastoris, bem como às terras indígenas demarcadas e às demais áreas tituladas de povos e comunidades tradicionais que façam uso coletivo do seu território.

Como se vê, sob este novo regime, as terras indígenas não são mais consideradas áreas de preservação permanente, igualando-se seu nível de proteção ao dos imóveis rurais da "pequena propriedade" ou "posse rural familiar".

[335] LIMA, André *et al.* **O Direito para o Brasil socioambiental**. Porto Alegre: Sérgio Antônio Fabris Editor, 2002, p. 184-185.

[336] Art. 3º Consideram-se, ainda, de, quando assim declaradas por ato do Poder Público, as florestas e demais formas de vegetação natural destinadas: [...] g) a manter o ambiente necessário à vida das populações silvícolas; [...] § 2º. As florestas que integram o Patrimônio Indígena ficam sujeitas ao regime de preservação permanente (letra g) pelo só efeito desta Lei.

Desse modo, nas terras indígenas passaria a ser observada tão somente a reserva florestal legal e a área de preservação permanente nos casos em que esta exista. A reserva legal, segundo o art. 12 do atual Código Florestal, tem os seguintes percentuais mínimos em relação à área do imóvel:

> I – localizado na Amazônia Legal:
>
> a) 80% (oitenta por cento), no imóvel situado em área de florestas;
>
> b) 35% (trinta e cinco por cento), no imóvel situado em área de cerrado;
>
> c) 20% (vinte por cento), no imóvel situado em área de campos gerais;
>
> II – localizado nas demais regiões do País: 20% (vinte por cento).
>
> [...]
>
> § 4º. Nos casos da alínea a do inciso I, o poder público poderá reduzir a Reserva Legal para até 50% (cinquenta por cento), para fins de recomposição, quando o Município tiver mais de 50% (cinquenta por cento) da área ocupada por unidades de conservação da natureza de domínio público e por terras indígenas homologadas.

Reforça a intenção do legislador em baixar o nível de proteção das terras indígenas o fato de o art. 3º-A do antigo Código Florestal, o qual previa que a exploração dos recursos florestais (leia-se: extração madeireira) em terras indígenas somente poderia ser realizada pelas comunidades indígenas (e não por não-índios) e em "regime de manejo florestal sustentável, para atender a sua subsistência", deixou de ser reproduzido no novo Código[337].

Observa-se, portanto, que o novo regramento, do dia para a noite, cerca de 12% do território nacional (percentual ocupado por terras indígenas) teve seu regime de uso abruptamente alterado, autorizando o desmate de vastas áreas. A título de exemplo, 20% das terras indígenas da Amazônia Legal poderiam ser desmatadas (já que a reserva legal é de 80% na região). No cerrado, bioma já bastante degradado, como a reserva legal prevista seria de apenas 35% (se na região amazônica), o resultado seria ainda mais deletério para a biodiversidade[338].

Além disso, as sanções para danos ao meio ambiente no regime de propriedades rurais comuns são sensivelmente mais leves. Ao invés do crime do art. 38 da Lei 9.605/1998 (pena de detenção, de um a três anos), aplica-se o art. 50 (detenção, de três meses a um ano); ao invés da infração administrativa do art. 43 do Decreto 6.514/2008 (multa de cinco a cinquenta mil reais por hectare ou fração), incide o art. 49 (multa de seis mil reis por hectare ou fração).

Como se vê, ocorreu um **duplo enfraquecimento do nível de proteção**: de um lado, as sanções para destruição da vegetação de propriedades comuns são mais brandas, de outro, o novo regime permite desmate de parcela considerável do

---

337 Ainda assim, entendemos que o silêncio do legislador não pode ser interpretado com autorização implícita para a exploração madeireira comercial em terras indígenas, porque contrária o dispositivo constitucional que condiciona o uso de recursos naturais nestes espaços "segundo seus usos, costumes e tradições", pois o modo tradicional de vida não comporta exploração empresarial, muito menos em se tratando de patrimônio da União.

338 Para citar um único exemplo, somente no caso da Terra Indígena Uru-Eu-Wau-Wau (Rondônia), que possui 1.867.120 hectares de extensão, cerca de 370 mil hectares poderiam ser desmatados. Um hectare equivale a cerca de dez mil metros quadrados, aproximadamente um campo de futebol. Para efeito de comparação, o município de Curitiba possui área de 43.217 hectares.

imóvel[339]. Todavia, conquanto quatro ações diretas de inconstitucionalidade tenham sido ajuizadas perante o STF com relação a Lei 12.651/2012, infelizmente tais disposições não foram objeto de questionamento[340].

De qualquer forma, persiste, a nosso ver, a inconstitucionalidade, por vedação do princípio do não retrocesso, da expressão "bem como às terras indígenas demarcadas", contida no parágrafo único do art. 3º da Lei 12.651/2012.

6.5. Terras de remanescentes de quilombos

A Constituição de 1988, fruto do momento inflexão da história nacional e atenta ao objetivo de solidariedade e justiça social (art. 3º), buscou resguardar os interesses e direitos de minorias profundamente estigmatizadas. Com relação as comunidades oriundas dos antigos quilombos, o constituinte originário positivou dois mecanismos de proteção: 1º) fez proteger o patrimônio cultural brasileiro, eis que se trata de importante grupo participante do processo civilizatório nacional, e 2º) assegurou a essas comunidades a propriedade coletiva de suas terras.

Para tanto, determinou, respectivamente, o tombamento de "todos os documentos e os sítios detentores de reminiscências históricas dos antigos quilombos" (art. 216, § 5º) e, no Ato das Disposições Constitucionais Transitórias, estabeleceu que "Aos remanescentes das comunidades dos quilombos que estejam ocupando suas terras é reconhecida a propriedade definitiva, devendo o Estado emitir-lhes os títulos respectivos." (art. 68).

Passemos a analisar os dois institutos:

O **tombamento** é a forma de intervenção na propriedade pela qual o Poder Público procura proteger o patrimônio cultural, impondo restrições e condicionamentos ao uso daquela, sem, no entanto, retirá-la de seu dono. Este não poderá utilizá-la a seu exclusivo critério e conforme seus próprios padrões, devendo subordinar-se às imposições emanadas pelo Poder Público, mas, em compensação, conservará a propriedade em sua esfera jurídica[341].

Já o **reconhecimento da propriedade das terras** consiste na declaração pelo Poder Público da propriedade **coletiva** da terra, emitindo-se título em nome da comunidade quilombola, a constar do registro de imóveis. O procedimento para identificação, reconhecimento, delimitação, demarcação e titulação das terras é regulamentado pelo Decreto federal 4.887/2003[342].

339 O poderoso *lobby* ruralista – e algumas das lideranças indígenas, reconheça-se – infelizmente festeja este tipo de inovação legislativa, havendo hoje inúmeras terras indígenas ilegalmente "arrendadas" por lideranças para fazendeiros, o que acarreta danos ao meio ambiente, à cultura tradicional indígena, à livre concorrência (pois os custos são reduzidos em comparação aos produtores rurais que trabalham na legalidade) tudo em detrimento da União (a quem as terras indígenas pertencem).

340 O apontado retrocesso em nada foi afastado ou atenuado com declaração de inconstitucionalidade, pelo STF (Plenário, ADC 42/DF, ADI 4901/DF, ADI 4902/DF, ADI 4903/DF e ADI 4937/DF, rel. Min. Luiz Fux, j. em 28/2/2018, Informativo 892), das expressões "demarcadas" e "tituladas", constantes do art. 3º, parágrafo único, da Lei 12.651/2012. Tais expressões apenas afastavam a incidência do regime diferenciado da pequena propriedade rural familiar às terras indígenas e de povos tradicionais que não estivessem respectivamente demarcadas ou tituladas.

341 CARVALHO FILHO, José dos Santos. **Manual de Direito Administrativo**. 31ª ed. São Paulo: Atlas, 2017, versão digital.

342 Tramita perante o STF a ADI 3239, ajuizada por partido político, na qual se questiona a constitucionalidade do referido decreto, por supostamente ter extrapolado a competência regulamentar do Presidente da República, invadindo a compe-

Para definição das terras quilombolas, o Decreto adota critérios semelhantes aos traçados pelo constituinte para identificação de terras indígenas (art. 231 da CR), considerando-se "remanescentes das comunidades dos quilombos os grupos étnico-raciais, segundo critérios de autoatribuição, com trajetória histórica própria, dotados de relações territoriais específicas, com presunção de ancestralidade negra relacionada com a resistência à opressão histórica sofrida" (art. 2º) e suas terras aquelas "ocupadas por remanescentes das comunidades dos quilombos as utilizadas para a garantia de sua reprodução física, social, econômica e cultural" (§ 2º)[343].

Apesar da ausência de consenso, a doutrina[344] se manifesta pela inclusão das terras quilombolas, juntamente com as terras indígenas, no rol dos **espaços territoriais especialmente protegidos**, posição que entendemos mais acertada, notadamente com a edição do Decreto federal 5.758/2006, que instituiu o Plano Nacional de Áreas Protegidas, expressamente incluindo os remanescentes de quilombos na categoria denominada "áreas protegidas", fixando extenso rol de metas e políticas públicas socioambientais para cumprimento do desiderato constitucional.

Tal medida atende as obrigações assumidas pelo Brasil no âmbito da Convenção sobre Diversidade Biológica[345], na qual se estabeleceu a necessidade de "respeitar, preservar e manter o conhecimento, inovações e práticas das comunidades locais e populações indígenas com estilo de vida tradicionais relevantes à conservação e à utilização sustentável da diversidade biológica, e incentivar sua mais ampla aplicação com a aprovação e a participação dos detentores desse conhecimento inovações e práticas; e encorajar a repartição equitativa dos benefícios oriundos da utilização desse conhecimento, inovações e práticas" (art. 8º, "j").

O Decreto constitui, assim, o primeiro diploma legal que reconhece expressamente as terras quilombolas como espaços protegidos (ainda que utilize o termo "áreas protegidas"), explicitando a função ambiental desses territórios e a importante contribuição de suas comunidades na conservação da natureza.

Outrossim, cabe registrar que o STF declarou a validade do Decreto 4.887/2003, ao julgar improcedente a Ação Direta de Inconstitucionalidade 3239[346]. A ação alegava a existência de diversas inconstitucionalidades no Decreto, em especial o critério de autoatribuição (autodefinição) nele fixado (art. 2º, *caput*, e § 1º) para identificar os remanescentes dos quilombos e a caracterização das terras a serem reconhecidas a essas comunidades (art. 2º, §§ 2º e 3º). O STF entendeu que o Decreto não invadiu esfera reservada à lei, e o objetivo da norma foi tão somente o de regular o

---

tência do Congresso Nacional. O relator Min. Cézar Peluzo votou pela procedência do pedido e a Min. Rosa Weber pela improcedência. Após pedido de vista do Min. Dias Toffoli, foi suspenso o julgamento.

343 Sobre o tema: VITORELLI, Edilson. **Estatuto da Igualdade Racial e Comunidades Quilombolas.** Salvador: Juspodivm, 2012.

344 Nesse sentido: VARELLA, Marcelo Dias; LEUZINGER, Márcia Dieguez. **O meio ambiente na Constituição de 1988 – Sobrevôo por alguns temas vinte anos depois**. In Revista de Informação Legislativa. Brasília: Senado Federal, v. 45, nº 179, p. 397-402, jul.-set., 2008; e SANTILLI, Juliana. **Socioambientalismo e novos direitos**. São Paulo: Peirópolis, 2005.

345 A Convenção sobre Diversidade Biológica, elaborada durante a Conferência das Nações Unidas sobre Meio Ambiente e Desenvolvimento, em 1992, foi promulgada pelo Decreto 2.519/1998.

346 STF. Plenário. ADI 3239/DF, rel. orig. Min. Cezar Peluso, rel. para o acórdão Min. Rosa Weber, julgado em 8/2/2018, noticiado no Informativo 890.

comportamento do Estado na implementação do comando constitucional previsto no art. 68 do ADCT, havendo, destarte, mero exercício do poder regulamentar da Administração, nos limites estabelecidos pelo art. 84, VI, da Constituição.

Além disso, o STF não acolheu a tese de que somente poderiam ser consideradas terras de quilombolas aquelas que estivessem sendo ocupadas por essas comunidades na data da promulgação da Constituição da República (5/10/1988). Em outras palavras, mesmo que na data da promulgação da CR a terra não mais estivesse sendo ocupada pelas comunidades quilombolas, é possível, em tese, que seja garantido o direito previsto no art. 68 do ADCT. Rejeitou-se, dessa forma, no caso dos remanescentes de quilombos, a aplicação da teoria do **marco temporal**, acolhida pela nossa Suprema Corte quando se trata do reconhecimento de terras indígenas[347].

7. FAUNA E DIREITO ANIMAL

7.1. Introdução

A importância da existência e efetividade do direito animal se origina da aplicação do princípio ético de igualdade dos seres humanos, do qual decorre o dever de tratamento digno aos animais não-humanos, até mesmo diante da constatação de que estes são capazes de sentir e de sofrer, capacidade essa denominada de senciência[348]. Daniele Tetü Rodrigues, em obra específica sobre o assunto, leciona que

> Os interesses dos Animais devem ser considerados a fim de fazer jus ao princípio da igual consideração de interesses, o qual deve ser defendido como um princípio moral básico e universal. O direito à igual consideração tem como atributo essencial a capacidade de sofrimento, que, estando esse adstrito à falta de uma justificativa de ordem moral, deve ser evitado. Assim, o sofrimento, o sentimento de dor ou de alegria dos Animais, deve ser comparado ao do homem, mesmo porque a dor sentida pelo Animal é tão má quanto a sentida pelo homem e o que as diferencia é apenas a quantidade de dor.[349]

Nessa perspectiva, entendemos que não basta fundamentar a proteção dos animais tão somente como reflexo do princípio da dignidade humana. Isso porque o parâmetro kantiano de dignidade antropocêntrica não fornece respostas suficientes ao direito dos animais, limitando a ética e o direito às relações humanas[350]. Há que se avançar para a sustentação do direito dos animais, conforme destacam Tiago Fensterseifer e Ingo Sarlet, na "dignidade da vida para além da humana" e que reconheça o valor intrínseco dos animais[351]. Para contrapor a lógica da existência dos animais

[347] STF. 2ª Turma. RMS 29542/DF, rel. Min. Cármen Lúcia, julgado em 30/9/2014, noticiado no Informativo 761.

[348] Especialmente em relação a mamíferos e aves.

[349] RODRIGUES, Danielle Tetü. **O Direito & os Animais:** uma abordagem ética, filosófica e normativa. Curitiba: Juruá, 2003. p. 45-46.

[350] FENSTERSEIFER, Tiago; SARLET, Ingo Wolfgang. Algumas notas sobre a dimensão ecológica da dignidade da pessoa humana e sobre a dignidade da vida em geral. **Revista de Direito Público**, v. 19, p. 01, 2008.

[351] Conforme Fensterseifer e Sarlet: "(...) Nussbaum alerta para o fato de que o reconhecimento da dignidade de determinadas existências não humanas implica uma questão básica de justiça, já que, na esteira do que foi afirmado por Aristóteles, há algo de admirável ou respeitável (wonderful; wonder-inspiring) em todas as formas complexas de vida animal. A autora,

como meros meios de satisfação dos desejos humanos ou como *res nullius*, Fensterseifer e Sarlet abordam os estudos de Peter Singer, autor da obra *Libertação Animal*, na qual se expõe a contrariedade à noção de igualdade sob a égide do *especismo*, conceito utilizado pelo autor para referir-se à tirania humana que busca favorecer uma determinada espécie em detrimento do interesse das outras, destacando que o conceito de "igualdade é uma ideia moral e não a afirmação de um fato"[352].

Veja-se que no julgamento do caso da vaquejada no Supremo Tribunal Federal, o Ministro Barroso pontuou que qualquer ser vivo com desenvolvimento neurológico e capacidade de desenvolver estados mentais pode sofrer, ressaltando que "a proteção dos animais contra a crueldade inscrita no capítulo constitucional dedicado ao meio ambiente atrai a incidência do denominado princípio da precaução"[353].

Ingo Wolfgang Sarlet, ao se referir sobre o tratamento conferido ao direitos dos animais pelo Supremo Tribunal Federal, afirma que essa Corte, "sem se posicionar sobre a atribuição de direitos aos animais ou outras formas de vida não humanas – reconhece a vida animal como um fim em si mesmo, de modo a superar o antropocentrismo (pelo menos na sua versão mais exacerbada) e o racionalismo de inspiração iluminista, admitindo uma dignidade (e, portanto, um valor intrínseco) também para a vida não humana"[354].

Oportuno destacar que, a despeito disso, não é incomum encontrar pontos de vista que conferem uma noção meramente patrimonial aos animais, conectados com uma conceituação jurídica de propriedade e que exclui qualquer consideração sobre o sofrimento ou a condição degradante imposta a tais seres.

São diversas e recorrentes as violações à dignidade dos animais. Dentre outras, podemos citar o abandono, maus-tratos e crueldade em relação aos animais considerados de companhia, especialmente cães e gatos; a submissão de animais à participação em espetáculos e competições, dentre eles circos e rodeios com a utilização de instrumentos lesivos, ou ainda a sangrentas lutas entre eles (rinhas de galos, canários, cães e outros); a utilização abusiva de animais para tração de veículos, ou ainda para a experimentação científica; e os maus-tratos e crueldades infligidos aos animais considerados de produção, principalmente aos porcos, aves e vacas no âmbito da produção de carne, ovos e leite.

Outra importante questão do direito animal diz respeito à necessidade da defesa dos animais silvestres enquanto integrantes de complexos sistemas de vida

de outra parte, rejeita a ideia de compaixão e humanidade no tratamento dos animais não humanos, defendendo uma ideia de justiça que transcenda tal perspectiva para reconhecer o valor intrínseco e a dignidade de animais não humanos. A ideia de dever moral de um tratamento não cruel dos animais deve buscar o seu fundamento não mais na dignidade humana ou na compaixão humana, mas sim na própria dignidade inerente às existências dos animais não humanos. Tal reflexão, na nossa compreensão, pode ser ampliada para a vida em termos gerais, não se limitando à esfera animal." (FENSTERSEIFER, Tiago; SARLET, Ingo Wolfgang. Algumas notas sobre a dimensão ecológica da dignidade da pessoa humana e sobre a dignidade da vida em geral...).

352 FENSTERSEIFER, Tiago; SARLET, Ingo Wolfgang. Algumas notas sobre a dimensão ecológica da dignidade da pessoa humana e sobre a dignidade da vida em geral. (...).

353 STF. ADI 4983 CE, Relator: Min. MARCO AURÉLIO, Data de Julgamento: 2.07.2013, Data de Publicação: 02.08.2013.

354 SARLET, Ingo Wolfgang. **Direito constitucional ambiental** [livro eletrônico] / Ingo Wolfgang Sarlet, Tiago Fensterseifer. – 3ª ed. – São Paulo: Editora Revista dos Tribunais, 2017.

em ecossistemas e, consequentemente, como partes constitutivas e indissociáveis da biodiversidade. De fato, os animais silvestres vêm sendo gradativamente extintos juntamente com a supressão de vegetação e degradação dos ambientes dos quais dependem[355], além da sua caça, do tráfico interno e internacional, e dos seus atropelamentos em rodovias não dotadas de licenciamentos ambientais que contemplem programas mínimos de proteção, em uma espiral de gradativa perda da biodiversidade.

Outro recorrente problema envolvendo os animais silvestres diz respeito à ausência de Centros de Triagem e Reabilitação de Animais Silvestres (CETAS/CRAS) suficientes para aqueles animais apreendidos ou encontrados e que devem ser encaminhados aos espaços previstos pelo artigo 25, § 1º, da Lei nº 9.605/98, para que haja o seu manejo adequado visando à recuperação e sua posterior reintrodução no habitat em que estava nativamente inserido.

7.2. A classificação dos Animais.

Os animais podem ser classificados quanto ao habitat em silvestres, exóticos e domésticos ou domesticados.

De acordo com o artigo 29, § 3º, da Lei nº 9.605/98, devem ser considerados como espécimes da fauna silvestre "todos aqueles pertencentes às espécies nativas, migratórias e quaisquer outras, aquáticas ou terrestres, que tenham todo ou parte de seu ciclo de vida ocorrendo dentro dos limites do território brasileiro, ou águas jurisdicionais brasileiras".

Já os animais exóticos são aqueles "pertencentes às espécies ou subespécies cuja distribuição geográfica não inclui o Território Brasileiro e as espécies ou subespécies introduzidas pelo homem, inclusive domésticas em estado asselvajado ou alçado"[356].

Os animais domésticos ou domesticados, por sua vez, são tidos como aqueles animais que, por meio de "processos tradicionais e sistematizados de manejo e/ou melhoramento zootécnico tornaram-se domésticas, apresentando características biológicas e comportamentais em estreita dependência do homem, podendo apresentar fenótipo variável, diferente da espécie silvestre que os originou"[357]. São exemplos de animais domésticos os cães e gatos, considerados de companhia, mas também os animais utilizados na produção agropecuária, tais como os bovinos, equinos, caprinos e ovinos[358].

---

355 Dentre eles o avanço do desmatamento para a ampliação das fronteiras do agronegócio ou a implantação de empreendimentos dotados de significativo impacto ambiental, tais como os empreendimentos minerários e os hidrelétricos. A título de exemplo, os estudos desenvolvidos pelo Centro Nacional de Pesquisa e Conservação de Mamíferos e Carnívoros (CENAP) no ano de 2013 demonstram que existem menos de duzentas e cinquenta dessas espécies animais adultas na área de abrangência da Mata Atlântica brasileira, o que importa em uma diminuição de cerca de oitenta por cento da sua população nos últimos quinze anos. (Revista Science, n. 342, de 22 de novembro de 2013. O artigo pode ser lido por assinantes da Science em: <www.sciencem ag.org/content/342/6161/930.1.full?sid=b8928fb9-37 60-4f2e-9188-23bc28d2dc2f., ou acessado por meio da not.cia emitida pelo Instituto Chico Mendes de Conserva..o da Biodiversidade em: http://www.icmbio.gov.br/portal/comunicacao/noticias/20-geral/4506-revista-science-destaca-risco-de-extincao-da-onca--pintada.html.>

356 Artigo 2º, inciso II, da Portaria IBAMA 93/98.

357 Artigo 2º, inciso III, da Portaria IBAMA 93/98.

358 A Instrução Normativa 56/2008 do Ministério de Estado da Agricultura, Pecuária e Abastecimento (MAPA) prevê em seu artigo 2º, incisos I e II, a definição de animal de produção como "todo aquele cuja finalidade da criação seja a obtenção

Há ainda a chamada fauna sinantrópica, que é definida pela Resolução nº 384/2015 do Conselho Federal de Biologia (CFBio) como a de "populações animais de espécies silvestres nativas ou exóticas, que utilizam recursos de áreas antrópica, de forma transitória em seu deslocamento como via de passagem ou local de descanso, ou permanente, utilizando-as como área de vida", a qual pode ser considerada nociva se causar transtornos significativos de ordem econômica, ambiental ou de saúde pública[359].

7.3. A proteção jurídica dos Animais.

A Constituição da República instituiu sólida proteção aos animais em diversos dos seus dispositivos. Desde a fixação de competência material comum da União, dos Estados, dos Municípios e Distrito Federal para a preservação da fauna[360], da atribuição de incumbência ao Poder Público para a preservação da diversidade e do patrimônio genético do País[361] e da proteção expressa à fauna, "vedadas, na forma da lei, as práticas que coloquem em risco sua função ecológica, provoquem a extinção de espécies ou submetam os animais a crueldade"[362], até a previsão de que as condutas e atividades consideradas lesivas à fauna "sujeitarão os infratores, pessoas físicas ou jurídicas, a sanções penais e administrativas, independentemente da obrigação de reparar os danos causados"[363].

Efetivamente, há situações de condutas lesivas aos direitos dos animais que podem configurar dano ambiental sujeito a medidas extrajudiciais ou judiciais para o desiderato de buscar a sua reparação integral, nos termos do artigo 225, § 3º, da Constituição da República, e do artigo 14, § 1º, da Lei nº 6.938/81, inclusive no âmbito dos danos morais coletivos. É o caso dos exemplos de precedentes jurisprudenciais que determinaram a condenação aos infratores para a indenização pelos

de carne, leite, ovos, lã, pele, couro e mel ou qualquer outro produto com finalidade comercial, e a definição de animal de interesse econômico como "todo aquele considerado animal de produção ou aqueles cuja finalidade seja esportiva e que gere divisas, renda e empregos, mesmo que sejam também considerados como animais de produção", assim como estabelece os procedimentos gerais de Recomendações de Boas Práticas de Bem-Estar para Animais de Produção e de Interesse Econômico.

359 A definição de fauna sinantrópica nociva pode ser visualizada na Instrução Normativa IBAMA 141/2006, a qual em seu artigo 4º, § 3º, dispõe que "a eliminação direta de indivíduos das espécies em questão deve ser efetuada somente quando tiverem sido esgotadas as medidas de manejo ambiental definidas no artigo 2º." Vale dizer, a eliminação de uma espécie exótica nociva será efetuada somente após a implementação de políticas públicas que garantam a eliminação ou alteração de recursos utilizados pela fauna sinantrópica. De outro lado, a própria Instrução Normativa 141/2006 do IBAMA regulamenta a forma como o abate será realizado, para o qual deverá existir um programa de âmbito nacional desenvolvido pelos órgãos federais da Saúde e da Agricultura ou órgãos a eles vinculados.

360 Artigo 23, inciso VII, da Constituição da República.

361 Art. 225, § 1º, inciso II, da Constituição da República.

362 Art. 225. Todos têm direito ao meio ambiente ecologicamente equilibrado, bem de uso comum do povo e essencial à sadia qualidade de vida, impondo-se ao Poder Público e à coletividade o dever de defendê-lo e preservá-lo para as presentes e futuras gerações. § 1º Para assegurar a efetividade desse direito, incumbe ao Poder Público: (...) VII – proteger a fauna e a flora, vedadas, na forma da lei, as práticas que coloquem em risco sua função ecológica, provoquem a extinção de espécies ou submetam os animais a crueldade (...) (grifo nosso).

363 Artigo 225, § 3º, da Constituição da República.

danos morais coletivos decorrentes da realização de rinhas de canários[364] e de morte de cão com requintes de crueldade[365].

Relevante ressaltar que a jurisprudência em geral, e o Supremo Tribunal Federal em especial, tem se posicionado claramente contra as práticas cruéis em face dos animais com base na aplicação do artigo 225, § 1º, inciso VII, da Constituição da República, a exemplo das decisões que julgaram inconstitucionais a Lei Estadual catarinense que autorizava a "farra do boi"[366], a Lei Estadual carioca que permitia as "rinhas de galo"[367] e a Lei Estadual cearense que autorizava a prática da vaquejada[368]. O Supremo Tribunal Federal, ao interpretar a tutela da fauna silvestre, doméstica ou domesticada prevista pelo dispositivo constitucional do art. 225, § 1º, VII, reconhece a necessidade de proteção da dignidade dos seres não humanos e consolida tal dispositivo constitucional como de eficácia plena.

Deve-se registrar que, posteriormente ao aludido julgamento procedente pelo Supremo Tribunal Federal da Ação Direta de Inconstitucionalidade da Lei Estadual

---

[364] "PROCESSUAL CIVIL E AMBIENTAL. AÇÃO CIVIL PÚBLICA. APREENSÃO DE PASSERIFORMES (CANÁRIOS DA TERRA) POR MAUS TRATOS (TRANSPORTE) E TRATAMENTO CRUEL (RINHAS). AGRAVO RETIDO. PEDIDO DE REALIZAÇÃO DE PERÍCIA EM JUÍZO PARA COMPROVAR AUSÊNCIA DE MAUS TRATOS CINCO ANOS APÓS O FATO. FOTOGRAFIAS E FILME FEITOS POR AUTORIDADES POLICIAIS NO MOMENTO DO FLAGRANTE. VISTORIA E DILIGÊNCIAS REALIZADAS PELO IBAMA POR ORDEM DO JUÍZO CRIMINAL. APELAÇÃO. 23 Apelação Cível Nº 70037156205, Vigésima Primeira Câmara Cível, Tribunal de Justiça do RS, Relator: Armínio José Abreu Lima da Rosa, Julgado em 11/08/2010. ESTADO DO RIO GRANDE DO SUL MINISTÉRIO PÚBLICO Promotoria de Justiça de Defesa do Meio Ambiente 38 MANUTENÇÃO EM CATIVEIRO DE 385 PÁSSAROS DA FAUNA SILVESTRE COM IRREGULARIDADE NO REGISTRO OU AUSÊNCIA DELE, COM FINALIDADE DE PROMOÇÃO DE RINHA DE PÁSSAROS. MAUS TRATOS NA MODALIDADE DE TRANSPORTE. ANIMAIS SILVESTRES SUBMETIDOS A TRATAMENTO CRUEL. FATOS PROVADOS. DEVER DE INDENIZAR. PARCIAL CONCESSÃO DE GRATUIDADE DE JUSTIÇA. (...) 17. APELAÇÃO. Demonstrado pelas provas documentais os maus tratos no transporte, tratamento cruel (rinha) e manutenção irregular dos 385 canários da terra dos réus apelantes emerge, ipso facto, o dever de indenizar. (...) 22. Não é qualquer dano a interesse difuso que configura dano moral coletivo, havendo necessidade que os fatos assumam aspectos de gravidade bastante para significar ofensa a um sentimento coletivo de decência e ofensa legítima valores de uma comunidade. (...) 24. A apreensão de centenas de passeriformes da fauna silvestre brasileira, a ocultação das aves em pequenas caixas sem ventilação e luz, a aquisição de uma chácara com o propósito de promover, às escondidas, lutas de canários da terra, provocando a morte de animais para divertimento dominical é atitude degradante que ofende o sentimento dos brasileiros na proteção aos animais" (AC n.º 2006.38.06.000012-5/MG; Rel. Des. Fed. Selene Maria de Almeida; DJF1 03/10/2012).

[365] AÇÃO CIVIL PÚBLICA. DANOS MORAIS COLETIVOS. ART. 1º, INC. I, LEI Nº 7.347/85. MORTE DE ANIMAL COM REQUINTES DE INAUDITA CRUELDADE: DESINTEGRAÇÃO DO CORPO DE CACHORRA E SEUS FETOS. COMOÇÃO SOCIAL DE ALCANCE INTERNACIONAL. AUTONOMIA DAS ESFERAS JURÍDICAS DO RESSARCIMENTO DO DANO CIVIL E DA REPRIMENDA PENAL, BEM COMO QUANTO ESTADO DO RIO GRANDE DO SUL MINISTÉRIO PÚBLICO Promotoria de Justiça de Defesa do Meio Ambiente 37 AQUELA MERAMENTE FÁTICA, ONDE SITUADA A REPULSA SOCIAL. As coletividades são passíveis de agressão a valores não-patrimoniais, nelas enfeixados, modo difuso, incluindo-se entre eles sentimento de respeito à vida dos seres próximos às criaturas humanas. Caso da "Cadela Preta", barbaramente morta, com desintegração de seu corpo e fetos, arrastada pelas ruas centrais de Pelotas, à vista de todos, por mera diversão de seus autores, gerando notória comoção social. Agressão a sentimentos indispensáveis às coletividades, sem os quais a própria vida em sociedade passa a ser impossível. RESPONSABILIDADES CRIMINAL E CIVIL. AUTONOMIA. REPULSA SOCIAL. Inconfundíveis as responsabilidades civil e criminal, cada uma tratando de determinada esfera de valores, o que leva a que a punição penal não afaste a reparação do dano civil. A repulsa social, não compreendida pelo réu, que se mudou de cidade e trancou estudos em faculdade local, evidencia a agressão causada à coletividade, no que, embora inconfundível com a primitiva "perda da paz", e a expulsão da comunidade, representou, na hipótese dos autos, a impossibilidade do convívio social como idealizado pelo apelado" (Apelação Cível Nº 70037156205, Vigésima Primeira Câmara Cível, Tribunal de Justiça do RS, Relator: Armínio José Abreu Lima da Rosa, Julgado em 11/08/2010).

[366] STF. RE 153531 SC, Relator: FRANCISCO REZEK, Data de Julgamento: 03.06.1997, Segunda Turma, Data de Publicação: DJ 13.03.1998.

[367] STF. ADI 1856 RJ, Relator: Min. CELSO DE MELLO, Data de Julgamento: 26.05.2011, Tribunal Pleno, Data de Publicação: 13.10.2011.

[368] STF. ADI 4983 CE, Relator: Min. MARCO AURÉLIO, Data de Julgamento: 2.07.2013, Data de Publicação: 02.08.2013.

cearense que autorizava a prática da vaquejada, o Congresso Nacional promulgou a emenda constitucional nº 96/2017, que adicionou o parágrafo 7º ao artigo 225 da Constituição da República, que dispôs não serem consideradas cruéis "as práticas desportivas que utilizem animais, desde que sejam manifestações culturais". Também essa emenda constitucional é objeto de Ação Direta de Inconstitucionalidade proposta pelo Fórum Nacional de Proteção e Defesa Animal e se encontra em trâmite no Supremo Tribunal Federal[369], sob os principais argumentos de que há afronta ao núcleo essencial de proteção da fauna previsto no artigo 225, § 1º, inciso VIII, e às cláusulas pétreas na forma do artigo 60, § 4º, inciso IV, ambos da Constituição da República.

No âmbito da proteção dos animais silvestres, é relevante registrar duas Convenções Internacionais em relação às quais o Brasil é signatário e que possuem status supralegal: a Convenção sobre o Comércio Internacional de Espécies da Flora e Fauna Selvagem em Perigo de Extinção[370], com o intuito de coibir o comércio internacional ilegal, e preservar as diversas espécies ameaçadas de extinção nos países que são endêmicas; e a Convenção sobre Diversidade Biológica[371], que declarou ser exigência essencial aos Países signatários "a conservação *in situ* dos ecossistemas e habitats naturais, e a manutenção e recuperação de populações viáveis de espécies no seu meio natural"[372], assim como "recuperar e restaurar ecossistemas degradados e promover a recuperação de espécies ameaçadas, mediante, entre outros meios, a elaboração e implementação de planos e outras estratégias de gestão"[373].

Na esfera infraconstitucional, um dos principais diplomas legais que atribui proteção aos animais é o Decreto nº 24.645/34, que embora conste como revogado no sítio eletrônico do planalto, entendemos que se encontra em pleno vigor. Isso porque o referido Decreto, que previu as hipóteses configuradoras de maus-tratos aos animais e suas penalidades, foi editado com força de Lei em um período de exceção no Governo Getúlio Vargas[374] e não foi revogado por nenhuma das Constituições posteriores. Ao contrário, a Constituição da República claramente recepcionou o seu conteúdo por meio de diversos dispositivos protetivos ora mencionados.

A nosso aviso, o Decreto nº 24.645/34 tem força de lei e, em razão disso, não poderia ter sido revogado pelo Decreto nº 11/91[375], o que implica em dizer que todos os seus dispositivos legais que não conflitam com a Lei nº 9.605/98 (Lei de Infrações Administrativas e Crimes Ambientais), continuam em vigência. A grande

---

369 ADI 5728. Disponível em: <stf.jus.br>

370 Assinada em Washington em 1973, e promulgada pelo Decreto nº 76.623, de 17/11/1975.

371 A referida Convenção foi assinada pelo Brasil durante a Conferência das Nações Unidas sobre Meio Ambiente e Desenvolvimento realizada na Cidade do Rio de Janeiro, no período de 5 a 14 de junho de 1992. O Decreto Legislativo n.o 2 de 03.02.1994 (Diário Oficial da União 04.02.1994) aprovou o texto da Convenção sobre Diversidade Biológica, e o Decreto n.o 2.519 de 16.03.1998 (Diário Oficial da União 17.03.1998) promulgou a aludida Convenção.

372 Preâmbulo da Convenção da Diversidade Biológica.

373 Artigo 8, alíneas "d" e "f", da Convenção da Diversidade Biológica.

374 De fato, o referido Decreto foi editado sob a vigência do Decreto Federal 19.398/30, o qual previa em seu artigo 1º que o Presidente da República assumiu as funções dos Poderes Executivo e Legislativo até a promulgação da nova Constituição.

375 Veja-se que, mesmo assim, o Decreto Federal 11/91 foi posteriormente revogado pelo Decreto Federal 761/93.

contribuição do Decreto nº 24.645/34 foi estabelecer um extenso rol de hipóteses não exaustivas de maus-tratos aos animais, tais como "manter animais em lugares anti-higiênicos ou que lhes impeçam a respiração, o movimento ou o descanso, ou os privem de ar ou luz", "obrigar animais a trabalhos excessívos ou superiores ás suas fôrças e a todo ato que resulte em sofrimento para deles obter esforços que, razoavelmente, não se lhes possam exigir senão com castigo", "abandonar animal doente, ferido, extenuado ou mutilado, bem coma deixar de ministrar-lhe tudo o que humanitariamente se lhe possa prover, inclusive assistência veterinária", ou ainda "não dar morte rápida, livre de sofrimentos prolongados, a todo animal cujo extermínio seja necessário, parar consumo ou não".

A Lei de Proteção à Fauna (Lei nº 5.197/67), apesar de avanços quanto à proibição da caça profissional (artigo 2º) e da previsão de infrações e penalidades (artigos 27 a 34), e nada obstante a interessante inserção de componentes de educação ambiental quanto à proteção à fauna nas escolas (artigo 35), ainda fez referência aos animais indevidamente como propriedade do Estado (artigo 1º), o que não se coaduna com o tratamento constitucional conferido aos animais.

Um dos principais diplomas legais que tutelam os direitos básicos dos animais é a Lei nº 9.605/98, que, ao dispor sobre as sanções penais e administrativas derivadas de condutas e atividades lesivas ao meio ambiente, possui uma seção própria para os crimes contra a fauna. De fato, há previsão na aludida seção de nove dispositivos que tratam de modo específico dos crimes contra a fauna, destacando-se os tipos penais previstos nos artigos 29, 32 e 34, da Lei nº 9.605/98, que descrevem como penalmente típicas as condutas relacionadas à caça, apanha, utilização e comercialização de animais silvestres sem a devida autorização, à prática de atos de abuso ou maus-tratos a animais silvestres, domésticos e exóticos, assim como a pesca proibida em razão do lugar ou do período do ano.

Deve-se ressaltar que o Decreto nº 6.514/2008, que atualmente regulamenta a Lei nº 9.605/98, também prevê, em subseção própria, diversas infrações administrativas contra a fauna e as penalidades correspondentes[376]. A título de exemplo, perseguir espécies da fauna silvestre constante de listas oficiais de fauna brasileira ameaçada de extinção possui previsão de penalidade de multa de cinco mil reais por espécie[377].

7.4. Competências materiais dos entes federativos para a proteção dos animais

A Lei Complementar nº 140/2011, com o fim de criar uma cooperação entre a União, os Estados, o Distrito Federal e os Municípios nas ações administrativas decorrentes do exercício da competência comum[378] à proteção da fauna, de modo a regulamentar o disposto no artigo 23, inciso VII, da Constituição da República, estabeleceu as atribuições legais de cada ente federado, tendo como um dos objetivos

376 Artigos 24 a 42.

377 Artigo 24, inciso II, do Decreto Federal 6.514/2008.

378 O artigo 23, parágrafo único, da Constituição da República, estatuiu o dever de se fixar normas para a cooperação entre a União e os Estados em decorrência da mencionada competência material comum através de leis complementares.

"harmonizar as políticas e ações administrativas para evitar a sobreposição de atuação entre os entes federativos, de forma a evitar conflitos de atribuições e garantir uma atuação administrativa eficiente"[379].

Dessa forma, atribuiu-se como ações administrativas da União a elaboração da relação de espécies da fauna ameaçadas de extinção no território nacional; a aprovação da liberação de exemplares de espécie exótica da fauna e da flora em ecossistemas naturais frágeis ou protegidos; o controle da apanha e da exportação de espécimes silvestres da fauna; e a proteção das espécies da fauna ameaçadas de extinção e da fauna migratória[380].

Aos Estados da Federação foram atribuídas ações administrativas para a elaboração da relação de espécies da fauna ameaçadas de extinção no respectivo território; o controle da apanha de espécimes da fauna silvestre, ovos e larvas destinadas à implantação de criadouros e à pesquisa científica; e a aprovação do funcionamento de criadouros da fauna silvestre[381].

Já aos Municípios se dirigiu, em síntese, a atribuição administrativa de "executar e fazer cumprir, em âmbito municipal, as Políticas Nacional e Estadual de Meio Ambiente e demais políticas nacionais e estaduais relacionadas à proteção do meio ambiente"[382].

Dentre outras atribuições, observa-se o dever dos Estados, no âmbito do respectivo território, por meio de laudos e de estudos técnicos científicos, incluírem, em suas listas de espécies da fauna ameaçadas de extinção, de espécies não inseridas na lista nacional em observância às particularidades da respectiva região, inclusive em relação às espécies endêmicas, ou seja, que somente existem em determinada região. Entende-se que os artigos 7º e 8º da Lei Complementar nº 140/2011 devem ser interpretados de forma que melhor concretize os comandos previstos nos artigos 23, incisos VI e VII, e 225, ambos da Constituição da República, no que tange à proteção ao meio ambiente e à fauna. Nessa toada, é nítido que Estados podem e, se for o caso devem, ampliar o rol nacional de espécies da fauna ameaçadas de extinção com o intuito de atribuir 'força normativa' e 'máxima efetividade' ao valor constitucional referente ao "meio ambiente ecologicamente equilibrado"[383].

Questão interessante relacionada aos reflexos das atribuições dos entes federados na competência jurisdicional para apreciação de crimes praticados contra animais

---

379 Artigo 3º, inciso III, da Lei Complementar Federal 140/2011.

380 Artigo 7º, incisos XVI, XVIII, XIX, XX e XXI, da Lei Complementar Federal 140/2011.

381 Artigo 8º, incisos XVII, XVIII e XIX, da Lei Complementar Federal 140/2011.

382 Artigo 9º, inciso I, da Lei Complementar Federal 140/2011.

383 A esse respeito, Bernardo Gonçalves Fernandes expõe que "(...) na força normativa da Constituição: que determina que, na solução dos problemas jurídico-constitucionais, deve-se dar prevalência aos argumentos que, levando em conta os pressupostos normativos da Constituição, contribuam ou conduzam a uma eficácia máxima. Necessariamente, isso implica uma primazia de soluções interpretativas que levem em conta a historicidade da estrutura constitucional e possibilitem sua 'atualização' normativa, ao mesmo tempo que garanta eficácia e permanência às suas normas. Na máxima efetividade: que orienta os aplicadores da Constituição no sentido de interpretarem as normas, a fim de que seja otimizada sua eficácia sem, contudo, alterar seu conteúdo. No caso de direitos fundamentais, representa um apelo para que densifiquem seus preceitos – naturalmente abertos e predispostos a interpretações expansivas. (...)" (FERNANDES, Bernardo Gonçalves. Curso de Direito Constitucional. 4ª edição. Salvador: Juspodivm. 2012. p. 201-202).

silvestres decorre do teor da recente decisão monocrática emitida pela Ministra Rosa Weber no bojo dos autos de *Habeas Corpus* nº 121681 no Supremo Tribunal Federal, que definiu que a competência para julgar causas envolvendo animais em extinção é da Justiça Federal, pois o animal envolvido no caso constava de lista de espécimes da fauna ameaçadas elaborada pelo IBAMA, que é uma autarquia federal[384].

No entanto, em nosso sentir, o fato de determinada espécie da fauna constar de lista de espécies ameaçadas de extinção formulada pelo IBAMA não deveria conduzir por si só ao raciocínio de fixação de competência na Justiça Federal para o processamento de crimes contra a fauna, a uma porque há de se distinguir o interesse geral e de toda a nação a respeito da proteção da sua fauna silvestre de qualquer interesse específico da União ou de ente a ela vinculado; a duas, porque tanto o IBAMA quanto os órgãos públicos ambientais estaduais possuem atribuições para a inserção de espécies da fauna em lista de extinção; a três, porque o Superior Tribunal de Justiça, após a edição da Lei nº 9.605/98 (Lei de Crimes Ambientais), cancelou a Súmula 91, que atribuía à Justiça Federal a competência para o julgamento de crimes cometidos contra a fauna; a quatro, porque, especialmente no que tange à fixação de competência da Justiça Federal para o processamento de crimes, nos termos do artigo 109, inciso IV, da Constituição da República, apresenta-se indispensável a demonstração de lesão direta a bens, serviços ou interesse da União ou de suas entidades autárquicas[385], o que não se verifica em casos de simples apanha de animal constante de lista de espécies da fauna ameaçadas de extinção elaborada pelo IBAMA[386].

7.5. Das políticas públicas de controle populacional de cães e gatos.

Um dos problemas mais graves e recorrentes de violações à dignidade dos animais decorre do abandono dos animais considerados de companhia, especialmente cães e gatos. A problemática dos referidos animais, que se tornam errantes e em situação de rua, agravam-se progressivamente em virtude da sua proliferação e da ausência de políticas públicas efetivas para o seu enfrentamento.

[384] Veja-se o teor da decisão: (...) Nessa linha, a competência da Justiça Federal para processamento do feito somente se justifica se demonstrado interesse direto e específico da União, de suas autarquias ou empresas públicas. Ora, in casu, o art. 53 da Lei 9.985/2000 outorgou ao IBAMA o dever de catalogar espécies ameaças de extinção em território nacional. A par disso, o art. 54 confere à União a faculdade de autorizar em caráter excepcional a captura de determinados espécimes em risco de extinção destinados a programas de criação em cativeiro ou formação de coleção específica. Entrevejo, pois, que o dever de catalogar as espécies ameaçadas de extinção no território nacional constitui interesse federal específico, decorrente da necessidade de proteger determinados animais em toda a extensão territorial brasileira. Como no caso em questão a denúncia reporta-se à Instrução Normativa nº 05/2004 IBAMA, não merece reparo a fixação da competência da Justiça Federal, com fulcro no art. 109 da Constituição. Sem razões para a concessão da ordem de habeas corpus (...)" (STF. HC 121681 RS- RIO GRANDE DO SUL 9957540-45.2014.1.00.0000, Relator: Min. ROSA WEBER, Data de Julgamento: 15.12.2017, Data de Publicação: 19.12.2017)

[385] A esse respeito, confira-se a título de exemplo os seguintes acórdãos emitidos pelo Superior Tribunal de Justiça: CC 141.395/RS, Rel. Ministro FELIX FISCHER, TERCEIRA SEÇÃO, julgado em 28/10/2015, DJe 11/11/2015; e CC 147.393/RO, Rel. Ministro REYNALDO SOARES DA FONSECA, TERCEIRA SEÇÃO, julgado em 14/09/2016, DJe 20/09/2016.

[386] De outro lado, é pacífico o entendimento do Supremo Tribunal Federal de que em casos envolvendo transnacionalidade de comércio ou transporte ilegal de animais em extinção, a competência para julgamento é da Justiça Federal, a exemplo do que foi decidido no ARE 737977 RG / SP – SÃO PAULO, julgado em maio de 2013 pelo Tribunal Pleno do STF.

Veja-se que a questão dos animais domésticos errantes deve também ser analisada sob a ótica da saúde pública[387] e da aplicação do artigo 196 da Constituição da República, uma vez que o descaso com os animais que habitam as ruas gera risco de transmissão de zoonoses. Dessa forma, há clara necessidade de interface entre as zoonoses monitoradas por programas nacionais de vigilância e controle do Ministério da Saúde e a implantação e execução das políticas públicas pelos Estados da Federação e Municípios em relação aos animais domésticos.

No âmbito dessas políticas públicas, salienta-se que a construção de locais destinados ao recolhimento massivo de animais errantes, os denominados "canis/gatis", apresenta-se em nosso sentir como medida subsidiária em face de outros programas destinados ao controle populacional de cães e gatos. A prioridade é a realização de programas de esterilização, vacinação, controle de comércio de animais, identificação e registro de todos os animais domésticos errantes e seu recolhimento apenas seletivo.

É essa a linha de atuação definida pela Lei nº 13.426/2017, que dispõe sobre a política de controle da natalidade de cães e gatos, e que estabelece que o programa de esterilização deve considerar o estudo das localidades ou regiões que apontem para a necessidade de atendimento prioritário ou emergencial, em face da superpopulação, ou quadro epidemiológico; o quantitativo de animais a serem esterilizados, por localidade, necessário à redução da taxa populacional em níveis satisfatórios, inclusive os não domiciliados; e o tratamento prioritário aos animais pertencentes ou localizados nas comunidades de baixa renda[388]. A aludida Lei Federal ainda determina a realização de campanhas educativas sobre a ética da posse responsável dos animais domésticos[389].

A mencionada linha de política pública se alinha com o que se dispôs no 8º Relatório do Comitê de Especialistas em Raiva da Organização Mundial da Saúde, segundo o qual as medidas preventivas que o Poder Público deve tomar para evitar situações de abandono serão regidas, principalmente, pelo desenvolvimento de campanhas educacionais voltadas ao fomento da guarda responsável[390].

Duas conclusões se extraem dessa lógica de atuação do Poder Público. A primeira é de que há vedação do extermínio de cães e gatos para fins de controle de sua população. A segunda é de que somente deverá haver o recolhimento de animais que estiverem sujeitos à situação de abusos e maus tratos, o que implicará no encaminhamento imediato para programas de adoção e, nos casos de contaminação

---

387 REEXAME NECESSÁRIO – AÇÃO CIVIL PÚBLICA – PROCEDÊNCIA – CONSTRUÇÃO E REFORMA DE ABRIGO PARA ANIMAIS ERRANTES – LEGISLAÇÃO CONSTITUCIONAL E MUNICIPAL – DESCUMPRIMENTO – LEGISLAÇÃO CONSTITUCIONAL E MUNICIPAL – DESCUMPRIMENTO – SENTENÇA MANTIDA EM SEDE DE REEXAME NECESSÁRIO. Evidenciada a omissão do Poder Público, no caso em espécie, não implementando políticas públicas de retirada de animais errantes das ruas do município, em desrespeito ao meio ambiente e em descumprimento à Constituição Federal e legislação municipal, outra solução não restava, senão a procedência dos pedidos.(TJPR – 4ª C.Cível – RN – 1519767-0 – Ivaiporã – Rel.: Regina Afonso Portes – Unânime – J. 16.08.2016)

388 Artigo 2º da Lei Federal 13.426/2017.

389 Artigo 3º da Lei Federal 13.426/2017.

390 Disponível em:<https://www.paho.org/bra/index.php?option=com_docman&view=document&layout=default&alias=500-o-controle-da-raiva-oitavo-relatorio-do-comite-especialistas-da-oms-0&category_slug=saude-publica-veterinaria-183&Itemid=965>

por doença grave ou incurável, quando então serão submetidos à avaliação para eventual eutanásia.

No que diz respeito à eutanásia, o Conselho Federal de Medicina Veterinária - CFMV, por meio da Resolução nº 714/2002, dispõe que esse método é indicado somente nos casos de indispensável necessidade de "eliminar a dor, o distresse ou o sofrimento dos animais, os quais não podem ser aliviados por meio de analgésicos, de sedativos ou de outros tratamentos, ou, ainda, quando o animal constituir ameaça à saúde pública ou animal", sendo obrigatória a participação de médico veterinário[391].

7.6. A Lei Federal 10.519/2002 e a questão dos rodeios.

A Lei nº 10.519/2002, que "dispõe sobre a promoção e a fiscalização da defesa sanitária animal quando da realização de rodeio e dá outras providências", define os rodeios de animais como "as atividades de montaria ou de cronometragem e as provas de laço, nas quais são avaliados a habilidade do atleta em dominar o animal com perícia e o desempenho do próprio animal"[392].

No que tange ao bem-estar animal, a aludida Lei Federal previu como obrigações das entidades promotoras de rodeios, dentre outras, a presença de "médico veterinário habilitado, responsável pela garantia da boa condição física e sanitária dos animais e pelo cumprimento das normas disciplinadoras, impedindo maus tratos e injúrias de qualquer ordem", e o "transporte dos animais em veículos apropriados e instalação de infraestrutura que garanta a integridade física deles durante sua chegada, acomodação e alimentação"[393], sem prejuízo da proibição de utilização de esporas com rosetas pontiagudas, aparelhos que provoquem choques elétricos ou quaisquer instrumentos ou apetrechos técnicos utilizados nas montarias que causem injúrias ou ferimentos[394]. Quanto às cordas de laço, a referida Lei Federal exige a presença de dispositivos para reduzir o impacto para o animal laçado, além do dever de dimensão adequada e material de lã natural para as cintas, cilhas e barrigueiras a serem usadas nos animais[395].

No entanto, apesar da Lei nº 10.519/2002 colacionar algumas limitações e restrições quanto aos instrumentos utilizados nos rodeios dos animais, entende-se que as referidas medidas possuem o condão apenas de minimizar o sofrimento e as injúrias aos animais, mas não de cessá-las. A esse respeito, Vânia Tuglio explica que

> [...] os animais utilizados nos rodeios, na sua maioria são mansos e precisam ser espicaçados e atormentados para demonstrar uma selvageria que não possuem, mas que na verdade é expressão de desespero e dor. Para falsear a realidade e demonstrar um espírito violento inexistente, os peões utilizam-se de vários artifícios que, atrelados

[391] Artigo 2º da Resolução 714/2012 do Conselho Federal de Medicina Veterinária – CFMV.

[392] Artigo 1º, § único, da Lei Federal 10.519/2002.

[393] Artigo 3º, incisos II e III, da Lei Federal 10.519/2002.

[394] Artigo 4º da Lei Federal 10.519/2002.

[395] Artigo 4º, §§ 1º e 3º, da Lei Federal 10.519/2002.

aos animais ou ao peão que os montam, ou não, causam dor e desconforto aos bichos, revelando cruel e intolerável insensibilidade humana[396].

Mesmo com a restrição de materiais utilizados para os rodeios, verifica-se que ainda há possibilidade de sofrimento animal, como é o caso do sedém, que é uma cinta amarrada na virilha do animal, das esporas rombudas (sem pontas), utilizadas nas pernas dos peões para golpear insistentemente o animal, ou da corda americana, acessório que é amarrado e retesado ao redor do corpo do animal, logo abaixo da axila, exercendo forte pressão[397]. Segundo esclarece Fernando Laerte Levai:

> [...] o que se vê em rodeios é um verdadeiro desrespeito à integridade física do animal, que é submetido a intenso sofrimento físico: É o que se vê nos rodeios e nas vaquejadas, em que provas de laço e de montaria submetem bovinos e equinos a verdadeiro tormento. Sob o efeito compressivo do sedém – seja ele uma cinta de couro, seja uma corda americana, independentemente do material pelo qual é confeccionado – touros e cavalos alteram seu comportamento habitual, pulando na arena para tentar se livrar daquilo que os oprime. A impressionante reação dos animais está associada à inflição de estímulos dolorosos em seus órgãos internos (genitália, sistema digestivo, nervos e glândulas vesiculares.

O sedém provoca, portanto, dor e sofrimento, sem necessariamente causar lesões na pele ou esterilidade no animal. Da mesma forma as esporas, utilizadas para estocar os animais durante a montaria, mediante seguidos golpes aplicados pelo peão no baixo-ventre e no pescoço do animal, implica em maus tratos. Quanto às provas de laço, típicas das vaquejadas, não raras vezes ocasionam deslocamento de vértebras, rupturas musculares e fratura de ossos dos animais perseguidos no brutal espetáculo de sadismo humano. Apesar dessas evidências, o Congresso Nacional aprovou, em favor daqueles que exploram esse tipo de empreendimento, duas leis que afrontam abertamente o dispositivo constitucional protetor de animais: uma que equiparou o peão de rodeio a atleta profissional, referindo-se às provas de laço, montarias e vaquejadas como 'práticas esportivas"

---

396 TUGLIO, Vânia. Espetáculos públicos e exibição de animais. **Revista Brasileira de Direito Animal**. Instituto de Abolicionismo Animal, ano 1, n. 1, p. 237. p. 231-247, jan./dez. 2006.

397 É de se observar ainda a transcrição parcial de relatório técnico elaborada por uma médica veterinária incluso no acórdão proferido também pelo Tribunal de Justiça do **Estado de São Paulo, Voto 21.070 no recurso de AP.c/REV 0137034-76.2007.8.26.0000:** "[] Não é demais acrescentar que, no relatório técnico, elaborado pela médica veterinária, RITA D CÁSSIA MARIA GARCIA, responsável pelo controle de zoonoses da Secretaria de Saúde de Taboão da Serra SP, que acompanhou o "Encontro de Cowboys de Cajamar", em 1999, foi observado o seguinte: [...] Os animais utilizados no rodeio fazem parte do grupo denominado 'animais domésticos', apresentando índole dócil. No entanto, na intenção de despertarem na plateia a ilusão de um comportamento selvagem, são estimulados de maneira dolorosa, seja através de golpes com as esporas, compressão da região da virilha e baixo ventre através do sedém (no caso dos bovinos compressão do pênis), compressão do nervo torácico lateral através da peiteira ou através do medo" [...] Caracterização de crueldade animal seja diante das lesões externas, seja diante do transtorno que os instrumentos utilizados (peiteira, sedém, esporas) causam; caracterização de crueldade animal pelos transtornos causados aos mesmos para mudança de seu comportamento natural sob estímulos dolorosos, sejam através de golpes com as esporas ou pela compressão da região da virilha e baixo ventre através do sedém (no caso dos bovinos compressão do pênis) ou pela compressão do nervo torácico lateral através da peiteira ou através do medo. O Sedém e peiteira são instrumentos utilizados em situações fora da rotina habitual do animal, com vista a provocar estímulos desencadeadores anormais; mesmo os animais que não apresentavam lesões externas e submetidos ao sedém e peiteira passaram por estímulos dolorosos que desencadearam a realça de corcovear, caracterizando crueldade; Animais sem o sedém e a peiteira não corcoveavam, portanto, esses instrumentos alteram o comportamento do animal, causando-lhes transtorno, incômodo, dor. Independente do sedém ser forrado de lã, é um aparelho que causa dor devido a compressão imposta no corpo do animal em região fragilizada da virilha. As esporas causam estímulo doloroso no animal, mesmo as esporas com pontas rombas. [...]"

(Lei 10.221/01); e, outra, a lei federal dos rodeios, permissiva do sedém macio e da espora romba (Lei 10.519/02), como se a crueldade pudesse ser desconstituída por mera disposição de lei.[398]

O reconhecimento da existência de indicativo de sofrimento animal nas práticas de rodeios tem oscilado na jurisprudência, tal como se exemplifica nos trechos dos seguintes acórdãos:

> "[...] Tampouco convence a alegação de que a festa de rodeio é apenas um esporte ou ainda uma tradição do homem do interior, como se isso justificasse a crueldade contra animais. As festas hoje realizadas em grandes arenas, com shows, anunciantes e forte esquema publicitário, nada têm de tradicional, no máximo constituem exemplo de um costume adotado por parcela da população – essa sim prática reiterada e difundida – de copiar e imitar estrangeirices, o country da cultura norte-americana. Sua proibição – no que tem de martirizante aos animais – não causará dano algum à cultura bandeirante ou nacional."[399]
>
> "[...] D. Magistrado a quo que, confirmando antecipação de tutela, julgou parcialmente procedentes os pedidos, a fim de condenar o requerido, promotor do evento, em se abster de usar quaisquer instrumentos capazes de causar sofrimento físico e psíquico aos animais utilizados nas provas dos três tambores, tais como sedém ou objetos pontiagudos ou cortantes ou causadores de lesões, peiteras, sinos, choques elétricos ou mecanismos e esporas de qualquer tipo, bem como outras práticas semelhantes que envolvam maus-tratos e crueldade a animais. Além disso, determinou à Municipalidade de Fartura a observância de tais comandos quando da concessão de alvarás para realização de eventos com animais. 2. Possibilidade de realização de atividades de diversão, cultura e de entretenimento com animais, porém, com proibição no uso de instrumentos capazes de causar sofrimento físico e psíquico aos animais utilizados nos eventos. Exegese do art. 225 da Constituição Federal . Mantença, in totum, da r. sentença. Recurso de apelação das requeridas desprovido; apela da parte autora desprovido na parte conhecida[400].
>
> "(...) INEXISTÊNCIA DE POTENCIAL OU EFETIVO MAUS TRATOS CONTRA ANIMAIS NA REALIZAÇÃO DE RODEIO. Ausente nos autos prova de irregularidade na organização e ou realização do 28º Rodeio do Município de Ibaté a eventualmente resultar em maus tratos e crueldade nos animais utilizados no evento. Rodeio que se caracteriza como atividade lícita e permitida pelo ordenamento jurídico. Impossibilidade de impor restrições à determinada prova ou modalidade reconhecida como manifestação cultural, nos termos da Lei Federal nº 13.364 /16 e Emenda Constitucional nº 96 /17, desde que observados as disposições apetrechos e adotados os equipamentos padronizados de forma prevista na legislação vigente de forma a evitar maus tratos e prejuízo aos animais, nos termos da Lei nº 10.519 /02 e Lei Estadual nº 10.359/99. 3. Sentença de parcial procedência reformada. Recursos providos[401].

[398] LEVAI, Laerte. Crueldade Consentida – Crítica a Razão Antropocêntrica. Revista Brasileira de Direito Animal. Salvador: Instituto de Abolicionismo Animal. Vol 1. n.1, jul./dez. 2006. p. 171-190.

[399] TJSP, Apelação Cível 9229895-64.2003.8.26.0000. Rel. Des. Renato Nalini. Julgamento em:10.11.2011.

[400] TJSP 10008527220168260187 SP 1000852-72.2016.8.26.0187. Relator: Nogueira Diefenthaler. 1ª Câmara Reservada ao Meio Ambiente. Data da publicação: 09/08/2018.

[401] TJSP. 00012408220158260233 SP 0001240-82.2015.8.26.0233. Relator: Marcelo Berthe. 1ª Câmara Reservada ao Meio Ambiente. Data da publicação: 03/08/2018.

De qualquer forma, é importante lembrar que o Supremo Tribunal Federal julgou inconstitucional a Lei Estadual cearense que autorizava a prática da vaquejada[402], com fundamento na vedação das práticas cruéis em face dos animais com base na aplicação do artigo 225, § 1º, inciso VII, da Constituição da República, e que a prática da vaquejada possui diversas semelhanças com os rodeios.

7.7. O abate de animais no âmbito dos cultos religiosos.

Tema de antigo debate e que merece abordagem diz respeito ao abate de animais no âmbito dos cultos religiosos frente a comuns alegações de que estariam relacionadas a maus-tratos ou crueldade contra os animais. Mesmo sob uma visão restrita[403] de suposta oposição entre a liberdade religiosa e a defesa dos animais, não há como se confundir o abate de animais com a imposição a estes de sofrimento, maus-tratos ou crueldade.

No Brasil, são as religiões de matrizes judaicas, muçulmanas e africanas que realizam o abate de animais domésticos (bovinos, caprinos e ovinos) no âmbito do exercício de culto e de liturgia e que os destinam ao consumo das respectivas comunidades.

Ocorre que os abates ritualísticos judaicos (Shechitá) e muçulmanos (Halal), ou ainda os abates ritualísticos das religiões afro-brasileiras, são todos realizados pelo método da degola, que acarreta morte instantânea e com o mínimo de dor ao animal. Nesse particular, o método utilizado para os referidos abates religiosos atende a exigência do Decreto nº 24.645/34 que, ao estabelecer o rol de hipóteses de maus-tratos aos animais, elencou como uma dessas hipóteses "não dar morte rápida, livre de sofrimentos prolongados, a todo animal cujo extermínio seja necessário, para consumo ou não"[404].

Sob outro vértice, não se pode olvidar que a Constituição da República assegura claramente a liberdade de culto e de liturgia em diversos dos seus dispositivos. De fato, em seu artigo 5º, incisos VI e VIII, a Carta Magna estatui que "é inviolável a liberdade de consciência e de crença, sendo assegurado o livre exercício dos cultos religiosos e garantida, na forma da lei, a proteção aos locais de culto e a suas liturgias", assim como que "ninguém será privado de direitos por motivo de crença religiosa ou de convicção filosófica ou política". No seu artigo 19, inciso I, a Constituição da República expressamente veda à União, Estados, Distrito Federal e Municípios qualquer ato de embaraço ao funcionamento de cultos religiosos. Já em seu artigo 215, a Lei Maior confere expressa proteção às manifestações culturais, especialmente das comunidades afro-brasileiras e das de outros grupos participantes do processo

[402] STF. ADI 4983 CE, Relator: Min. MARCO AURÉLIO, Data de Julgamento: 2.07.2013, Data de Publicação: 02.08.2013.

[403] Thiago de Azevedo Pinheiro Hoshino e Vera Karam de Chueiri explicam que "a formulação "direitos religiosos" x "direitos dos animais" não esgota o problema em questão. Primeiro porque ela ostenta uma falsa dicotomia, ou, no mínimo uma dicotomia enviesada, uma vez que é precisamente nos terreiros (das inúmeras denominações existentes), à semelhança de outras comunidades tradicionais, que se opera uma cosmovisão holística e integrada entre cultura e natureza. Em segundo lugar, porque, ao lado da importante garantia de exercício desembaraçado das crenças e cultos de matriz africana, estamos simultaneamente falando de assegurar os direitos à identidade, à diferença, à alimentação, ao patrimônio cultural e ao modo de vida desses povos tradicionais". (CHUEIRI, Vera Karam de; HOSHINO, Thiago de Azevedo Pinheiro. **Nos altares da autoridade: o STF entre compromisso e jurispatia.** Disponível em: https://www.jota.info/opiniao-e-analise/artigos/nos-altares-da-autoridade-o-stf-entre-compromisso-e-jurispatia-06082018).

[404] Artigo 3º, inciso VI, do Decreto Federal 24.645/34.

civilizatório nacional, e prescreve a valorização da diversidade étnica. E não poderia ser diferente, haja vista a pluralidade existente em um país como o Brasil.

O Órgão Especial do Tribunal de Justiça do Estado de São Paulo, no ano de 2017, teve a oportunidade de enfrentar o tema em razão de Ação Direta de Inconstitucionalidade nº 2232470 ajuizada em face de Lei Municipal que proibia o abate religioso de animais. A referida Ação foi julgada procedente para declarar a inconstitucionalidade da legislação municipal sob os seguintes fundamentos:

> [...] Colisão de normas constitucionais – Liberdade de consciência e de crença, sendo assegurado o livre exercício dos cultos religiosos, em oposição ao direito de preservação do meio ambiente ecologicamente equilibrado – Princípio da proporcionalidade – Técnica da ponderação – Prevalência da proteção ao livre exercício dos cultos religiosos, uma vez que a utilização de animais nessas circunstâncias não teria proporção suficiente para colocar em risco a existência equilibrada do meio ambiente [...].[405]

Veja-se que a liberdade religiosa protegida na Constituição da República compreende a opção de ter ou não uma religião; de cultuar individualmente uma religião sem se restringir a racionalidades estritas; de realizar a liturgia inclusive coletivamente; de ter um local para a prática do culto; e de não ser prejudicado pelo Estado em razão da sua opção[406], o que abrange o direito de realização do abate religioso de animais de acordo com a suas crenças. Registre-se, nessa toada, que Lei nº 7.347/85, ao disciplinar a Ação Civil Pública, também tutela expressamente, ao lado do meio ambiente, a honra e dignidade dos grupos religiosos (art. 1º, VII).

Em nosso sentir, além de não se poder presumir a existência da prática de maus-tratos ou crueldade a partir do abate religioso dos animais, abolir essa prática importaria em verdadeira imposição de extinção das mencionadas crenças e cultos religiosos, em afronta ao direito fundamental à liberdade de culto e de liturgia e à própria laicidade do Estado brasileiro.

Ademais, da mesma forma que não há proibição de abate de animais domésticos (bovinos, caprinos e ovinos) criados como animais de produção para a alimentação humana, também não há proibição para o abate religioso, que também servirá para alimentar os integrantes das comunidades religiosas. O que se veda é o tratamento dos animais com maus-tratos ou crueldade, nos termos do artigo 225, parágrafo 1º, inciso VII.

No âmbito do Recurso Extraordinário 494601 em trâmite no Supremo Tribunal Federal, o qual avalia a constitucionalidade de Lei Estadual do Rio Grande do Sul que registra a ausência de vedação para o abate de animais em cultos de religiões de matriz africana, anteriormente à suspensão do seu julgamento por pedido de vista, os Ministros Marco Aurélio e Edson Fachin[407] votaram pelo afastamento de qualquer alegação de inconstitucionalidade e pelo respeito ao livre exercício dos cultos religiosos em face da laicidade estatal[408].

---

[405] Disponível em: <tjsp.jus.br>.

[406] TAVARES, André Ramos. **Curso de direito constitucional**. 8ª edição, revisada e atualizada. São Paulo: Editora Saraiva, 2010, p. 630.

[407] Ao tempo da preparação desta edição, foram os dois únicos votos exteriorizados no julgamento pelo STF.

[408] Conforme notícia veiculada no sítio eletrônico do STF, na data de 09 de agosto de 2018, "(...) Para o ministro Marco Aurélio, não há inconstitucionalidade formal da norma, que está no campo de atuação legislativa do estado, uma vez que não dispõe

O Ministério Público também já se posicionou para a defesa da liberdade de culto e de liturgia no que concerne ao abate religioso de animais, o que se verifica seja do parecer emitido pela Procuradoria-Geral da República nos referidos autos de Recurso Extraordinário 494601 em trâmite no Supremo Tribunal Federal[409], seja por meio de aprovação de enunciado no Grupo Nacional de Direitos Humanos, que integra o Conselho Nacional de Procuradores-Gerais (Ministério Público dos Estados e da União), com o seguinte teor: "O abate de animais em rituais religiosos deve ser considerado no âmbito do igual direito à liberdade de culto e liturgia, da pluralidade religiosa e do patrimônio cultural, devendo o Ministério Público zelar para que o racismo religioso não restrinja os direitos das religiões afro-brasileiras"[410].

8. RESPONSABILIDADE AMBIENTAL

A ênfase do Direito Ambiental reside na prevenção do dano, conforme se depreende de sua principiologia. Isso decorre das próprias características do bem ambiental[411], que em síntese evidenciam a grande dificuldade (para não dizer impossibilidade) técnica e econômica de se reconstituir o estado anterior ao dano (*status quo ante*).

Não sendo possível evitar a ocorrência do dano, incide a responsabilidade ambiental, a qual se desenvolve em três esferas - civil, penal e administrativa - conforme determina a Constituição da República (art. 225, § 3º), inexistindo *bis in*

sobre matéria penal. Tampouco, segundo o ministro, a lei gaúcha apresenta ofensa à competência da União para editar normas gerais de proteção ao meio ambiente, já que não há lei federal sobre o sacrifício de animais com finalidade religiosa. "A omissão no exercício da atribuição de editar normas gerais sobre meio ambiente dá ao Estado liberdade para assentar regras versando a matéria, observado o parágrafo 3º do artigo 24 da Constituição Federal", afirmou. Quanto às alegadas inconstitucionalidades materiais, o relator entendeu não haver espaço para a supressão de rituais religiosos. "A laicidade do estado não permite o menosprezo ou a supressão de rituais religiosos, especialmente no tocante a religiões minoritárias ou revestidas de profundo sentido histórico e social, como ocorre com as de matriz africana", afirmou. Contudo, observou o ministro, não caberia à lei conferir tratamento privilegiado a essas religiões sem justificativa. "A proteção do exercício da liberdade religiosa deve ser linear, sob pena de ofensa ao princípio da isonomia". Outro ponto levantado pelo ministro foi a necessidade de "harmonizar a proteção da fauna com o fato de o homem ser carnívoro", uma vez que existem situações em que o abate surge constitucionalmente admissível, como no estado de necessidade para autodefesa ou alimentação. "O sacrifício de animais é aceitável se, afastados os maus-tratos no abate, a carne for direcionada ao consumo humano", assentou. O relator votou então pelo parcial provimento ao recurso extraordinário, conferindo à lei do Estado do Rio Grande do Sul interpretação conforme a Constituição Federal, para fixar a constitucionalidade do sacrifício de animais em ritos religiosos de qualquer natureza, vedada a prática de maus-tratos no ritual e condicionado o abate ao consumo da carne. (...) O ministro Edson Fachin votou no sentido de negar provimento ao recurso, mantendo o texto original da lei. Para ele, a menção específica às religiões de matriz africana na lei gaúcha não traz inconstitucionalidade, uma vez que a utilização de animais é de fato intrínseca a esses cultos, e a eles deve ser destinada uma proteção legal ainda mais forte, uma vez que são objeto de estigmatização e preconceito estrutural da sociedade. "Se é certo que a interpretação constitucional aqui fixada estende-se às demais religiões que também adotem práticas sacrificiais, não ofende a igualdade, ao contrário, vai a seu encontro, a designação de especial proteção a religiões de culturas que, historicamente, foram estigmatizadas", afirmou. O ministro também cita a Instrução Normativa nº 3/2000, do Ministério da Agricultura, relativo ao abate humanitário, na qual também se faculta o sacrifício para fins religiosos, o que, segundo o ministro, revela não ser plausível sustentar que a prática de rituais com animais implique prática cruel. A norma federal autoriza o sacrifício de acordo com preceitos religiosos desde que destinado ao consumo por comunidade religiosa ou ao comércio internacional, atendidos os métodos de contenção dos animais. (...)" Disponível em: http://www.stf.jus.br/portal/cms/verNoticiaDetalhe.asp?idConteudo=386401.

409 Vide notícia do Ministério Público Federal em: < http://www.mpf.mp.br/pgr/noticias-pgr/sacrificio-ritual-de-animais-em--cultos-de-religioes-de-matriz-africana-e-constitucional-defende-mpf>

410 Disponível em: https://www.cnpg.org.br/index.php/gndh/6627-enunciado.

411 Vide 1.1 e 1.2.

idem na aplicação concomitante. Tais esferas são autônomas, porém interdependentes, havendo hipóteses em que uma terá reflexos sobre a outra[412].

Conforme Ricardo Lorenzetti[413], os princípios tradicionais da responsabilidade civil e penal, construídos ao longo de séculos, não foram pensados para a tutela de bens coletivos, motivo pelo qual devem ser redesenhados, a fim de protege-los adequadamente nos planos material e processual. Para isso, necessário sempre se recorrer à principiologia própria do Direito Ambiental a fim de reinterpreta-los, não se admitindo o contrário. Em outras palavras, os institutos tradicionais de direito material e processual é que devem ser interpretando à luz dos institutos de Direito Ambiental , e não o contrário.

8.1. Responsabilidade Ambiental Civil

A responsabilidade ambiental na esfera civil encontra-se estabelecida na Lei 6.938/1981 (LPNMA), a qual prevê ser "o poluidor obrigado, independentemente da existência de culpa, a indenizar ou reparar os danos causados ao meio ambiente e a terceiros, afetados por sua atividade" (art. 14, § 1º).

Desse conceito legal extraem-se os elementos para a responsabilização nessa esfera: a) **dano (poluição)**, b) **poluidor**, e c) **nexo de causalidade** entre a conduta e o dano.

a) **Poluição** é "a degradação da qualidade ambiental resultante de atividades que direta ou indiretamente: *i)* prejudiquem a saúde, a segurança e o bem-estar da população; *ii)* criem condições adversas às atividades sociais e econômicas; *iii)* afetem desfavoravelmente a biota; *iv)* afetem as condições estéticas ou sanitárias do meio ambiente; ou *v)* lancem matérias ou energia em desacordo com os padrões ambientais estabelecidos" (art. 3º, III, da LPNMA). Como se vê, não é todo impacto ambiental que acarretará responsabilidade civil, mas somente aquele que ocorra de forma desconforme aos padrões de qualidade ambiental e de proteção ambiental.

O conceito de degradação ambiental é mais amplo que o de poluição, englobando-o. Assim, **toda poluição pode ser considerada degradação ambiental**, mas **nem toda degradação ambiental corresponde à poluição**. Quando a LPNMA fala em "atividades" que causam poluição, refere-se a atividades antrópicas, de modo que apenas o homem pode causar poluição, mas a degradação pode advir de fatores naturais (ex.: raio cai em floresta e causa incêndio).

b) **Poluidor** é a "pessoa física ou jurídica, de direito público ou privado, responsável, direta ou indiretamente, por atividade causadora de degradação ambiental" (art. 3º, IV). O conceito é propositalmente abrangente, de forma a viabilizar a responsabilização, que é **solidária**, conforme entende o STJ[414].

---

[412] Conquanto autônomas, casos haverá em que a decisão na esfera judicial (especialmente a penal) repercutirá sobre as esferas civil e administrativa. É o caso, por exemplo, da absolvição com fundamento no art. 386, I, do CPP. Por outro lado, mesmo sendo absolvido no juízo penal no caso do art. 386, incisos III, VI e VII, do CPP, p. ex., o infrator poderá receber sanções nos âmbitos civil e administrativo.

[413] **Teoria geral do direito ambiental**, São Paulo: Revista dos Tribunais, 2010, p. 101.

[414] "Os responsáveis pela degradação ambiental são co-obrigados solidários, formando-se, em regra, nas ações civis públicas ou coletivas litisconsórcio facultativo." (AgRg no AREsp 432409/RJ, rel. Min. Herman Benjamin, 2ª Turma, j. em 25/02/2014, DJE 19/03/2014).

Figura de interesse, ante a solidariedade entre todos, é a do *poluidor indireto*, isto é, toda aquela pessoa física ou jurídica que, de alguma forma, ainda que por omissão, concorre para o dano ambiental. São, por exemplo, as consultorias técnicas, os terceirizados, servidores ou órgãos públicos que falharam no dever de fiscalizar ou se corromperam, os fornecedores ou adquirentes que fomentaram a poluição fornecendo insumos ou adquirindo os serviços ou produtos gerados pela atividade do poluídos direto, bem como as instituições financiadoras.

A **responsabilidade ambiental do financiador** é tema de crescente importância, o que se percebe pelos trabalhos doutrinários dedicados ao tema e pela normatização recente. A Resolução 4.327/2014 do Banco Central do Brasil, dispõe sobre as diretrizes que devem ser observadas no estabelecimento e na implementação da Política de Responsabilidade Socioambiental (PRSA) pelas instituições financeiras e demais instituições autorizadas a funcionar pelo Banco Central. Além disso, o Normativo SARB nº 14, de 28 de agosto de 2014, do Sistema de Autorregulação Bancária da Federação Brasileira de Bancos (FEBRABAN) especifica com mais detalhes os critérios e mecanismos a serem observados na realização da avaliação e gestão dos riscos socioambientais dos projetos a serem financiados.

A Lei 6.938/1981 já previa que as entidades e órgãos de financiamento e incentivos governamentais condicionarão a aprovação de projetos habilitados a esses benefícios ao licenciamento, na forma desta Lei, e ao cumprimento das normas, dos critérios e dos padrões expedidos pelo CONAMA (art. 12). A Lei 11.105/2005 (Lei de Biossegurança) previu a corresponsabilidade do financiador (art. 2º, § 4º) que não exija a documentação pertinente do empreendedor. Não se esqueça também que a Constituição determina que o sistema financeiro nacional é estruturado de forma a promover o desenvolvimento equilibrado do país e a servir aos interesses da coletividade, em todas as partes que o compõem (art. 219), além da necessidade de a ordem econômica respeitar o meio ambiente (art. 170, VI).

A Resolução 4.327/2014 possui previsões interessantes, embora talvez não exaurientes, sobre a necessidade de as instituições financeiras implantarem sistema de gerenciamento do risco socioambiental (art. 6º),que deve considerar procedimentos que possibilitem identificar, avaliar, monitorar, mitigar o risco socioambiental presente nas atividades e operações da instituição, mantendo registro de dados pelo período mínimo de cinco anos (incluindo valores, tipo, localização e setor econômico objeto da operação), a avaliação prévia dos potenciais impactos socioambientais negativos de novas modalidades de produtos e serviços, mantendo a documentação à disposição do Banco Central. As instituições devem ainda manter estrutura de governança compatível com o seu porte, a natureza do seu negócio, a complexidade de serviços e produtos oferecidos, bem como com as atividades, processos e sistemas adotados, para assegurar o cumprimento das diretrizes e dos objetivos da política de responsabilidade socioambiental.

Isso tudo porque a concessão de financiamentos em geral para obras ou atividades efetivas ou potencialmente poluidores instaura nexo de causalidade entre a conduta da instituição financeira e voltando ambiental relacionado com o empreendimento financiado. Assim, a instituição financeira se insere no rol dos poluidores, no mínimo, indiretos e se submete ao regime de responsabilidade civil ambiental. O crédito detém a capacidade de regular o ritmo da atividade produtiva no aspecto quantitativo, o que afeta diretamente a pressão sobre os estoques de recursos naturais. De outra parte, a qualidade da produção também é influenciada pelo crédito ao possibilitar a adoção de novas tecnologias produtivas e de máximo aproveitamento dos insumos e resíduos, o que necessita de permanente investimento na busca da máxima eficiência[415]. Como bem adverte Paulo Afonso Leme Machado, a destinação do dinheiro não é, evidentemente, neutra ou destituída de coloração ética. Nem o dinheiro privado nem o dinheiro público podem financiar o crime, em qualquer de suas feições, e, portanto, não podem financiar a poluição e a degradação da natureza[416].

c) O **nexo de causalidade** é o vínculo que conecta o poluidor ao dano, e, no caso, é **simplesmente sua atividade**, sendo desnecessária comprovação de dolo, culpa ou ilicitude e inadmissíveis excludentes de responsabilidade.

Trata-se da **responsabilidade objetiva pelo risco integral**, conforme entendimento sufragado pelo STJ sob o rito dos recursos repetitivos: "aquele que explora a atividade econômica coloca-se na posição de garantidor da preservação ambiental, e os danos que digam respeito à atividade estarão sempre vinculados a ela. Por isso **descabe a invocação, pelo responsável pelo dano ambiental, de excludentes de responsabilidade civil**."[417]. Assim, plenamente possível haver responsabilização por poluição mesmo se a atividade possuía licenciamento ambiental, notadamente porque a responsabilidade não é sancionatória e sim reparatória.

Como decorrência disso, não se aplica em responsabilidade civil ambiental a famigerada **teoria do fato consumado**, conforme entendimento sumulado pelo STJ[418], tampouco o instituto da prescrição. Esta **imprescritibilidade** decorre do fato de não existirem direitos adquiridos de causar danos ambientais, isto é, **inexiste direito adquirido de poluir**[419], eis que se trata de direito constitucional fundamental essencial e intergeracional, imprescindível para o gozo dos demais direitos fundamentais. É a tese firmada pelo STJ: "não há direito adquirido a poluir ou degradar o meio ambiente"[420].

Outra decorrência da responsabilidade pelo risco integral consiste na obrigação de recuperação ambiental ser do titular da propriedade do imóvel, mesmo que este em nada tenha contribuído para a deflagração do dano, simplesmente em razão da

415 RASLAN, Alexandre. **Responsabilidade civil ambiental do financiador**. Porto Alegre: Livraria do Advogado, 2012.

416 MACHADO, Paulo Affonso Leme. **Direito Ambiental Brasileiro**. 21ª ed., São Paulo: Malheiros, 2013, p. 390.

417 REsp 1.354.536-SE, 2ª Seção, Rel. Min. Luís Felipe Salomão, julgado em 26/3/2014, noticiado no Informativo 538.

418 Súmula 613 do STJ: "Não se admite a aplicação da teoria do fato consumado em tema de Direito Ambiental".

419 Nesse sentindo o STJ decidiu: "Não gera dano moral a conduta do Ibama de,após alguns anos concedendo autorizações para desmatamento e queimada em determinado terreno com a finalidade de preparar o solo para atividade agrícola, deixar de fazê-lo ao constatar que o referido terreno integra área de preservação ambiental" (REsp 1.287.068-RR, Informativo 531).

420 REsp 1172553/PR, rel. Min. Arnaldo Esteves Lima, 1ª Turma, julgado em 27/05/2014, DJE 04/06/2014. No mesmo sentido: "Esta Corte tem entendimento no mesmo sentido de que, tratando-se de direito difuso — proteção ao meio ambiente —, a ação de reparação é imprescritível." (AgRg no REsp nº 1150479RS). No mesmo sentido: (AgRg no REsp 1.421.163-SP).

natureza *propter rem*[421] (própria da coisa), e que se vincula ao bem, acompanhando-o e transmitindo-se aos futuros adquirentes, que terão a obrigação (solidária com o transmitente) de reparar o dano. Forma-se, neste caso, **litisconsórcio passivo facultativo** entre os corresponsáveis[422], inclusive entre sucessivos adquirentes, podendo, a critério do autor da ação, serem chamados a integrar o polo passivo[423].

Trata-se de entendimento semelhante ao da **teoria do bolso profundo** (*Deep Pocket Doctrine*), oriunda do direito estadunidense, e que, em aperta síntese, atribui o dever de recuperar ou indenizar àquele que mais tiver condições financeiras para tal, havendo mais de um causador do dano ambiental. Entretanto, necessário destacar que a teoria não é explicitamente aceita por nossos tribunais, os quais se limitam a decidir pela desnecessidade de litisconsórcio obrigatório entre degradadores[424]. O entendimento foi consolidado na Súmula 629, segundo a qual quanto ao dano ambiental, é admitida a condenação do réu à obrigação de fazer ou à de não fazer cumulada com a de indenizar.

Atente-se, no que tange aos sujeitos passivos do dano, para a possibilidade de **dano ambiental reflexo individual** (os "terceiros afetados por sua atividade" mencionados no art. 14, § 1º, da LPNMA). Trata-se do **dano ambiental por ricochete**, pois atinge uma determinada pessoa, ainda que toda a sociedade seja vítima eis que está a se trata de um direito difuso. Nesta hipótese, o STJ não admite dano moral punitivo individual[425].

Acrescente-se que o STJ firmou entendimento admitindo a **condenação simultânea e cumulativa** das obrigações de fazer, de não fazer e de indenizar na reparação integral do meio ambiente[426].

[421] REsp 1240122/PR, rel. Ministro Herman Benjamin, 2ª Turma, j. em 28/06/2011, DJE 11/09/2012. Esse entendimento consolidado foi expressamente incorporação na Lei nº 12.651/2012 (art. 2º, § 2º).

[422] STJ: "No plano jurídico, o dano ambiental é marcado pela responsabilidade civil objetiva e solidária, que dá ensejo, no âmbito processual, a litisconsórcio facultativo entre os vários degradadores, diretos ou indiretos. Segundo a jurisprudência do STJ, no envilecimento do meio ambiente, a 'responsabilidade (objetiva) é solidária' (REsp 604.725/PR, Rel. Min. Castro Meira, 2ª Turma, DJ 22.8.2005, p. 202)." (REsp 843.978/SP Rel. Min. Herman Benjamin, j. 21.9.2010).

[423] STJ: "é admissível chamamento ao processo em ação civil pública ambiental ou em ação coletiva ambiental, desde que os chamados não venham a caracterizar formação litisconsorcial multitudinária, o que efetivamente comprometeria a rápida solução da lide". AREsp 1053656/RJ, Rel. Min. Benedito Gonçalves, DJ 04/09/2018.

[424] DESLIZAMENTOS EM ENCOSTAS HABITADAS. FORMAÇÃO DO POLO PASSIVO. INTEGRAÇÃO DE TODOS OS RESPONSÁVEIS PELA DEGRADAÇÃO. RESPONSABILIDADE SOLIDÁRIA. DESNECESSIDADE. 1. Hipótese em que a pretensão recursal apresentada pelo Município de Niterói se refere à inclusão do Estado do Rio de Janeiro no polo passivo da Ação Civil Pública que visa a reparação e prevenção de danos ambientais causados por deslizamentos de terras em encostas habitadas. 2. No dano ambiental e urbanístico, a regra geral é a do litisconsórcio facultativo. Segundo a jurisprudência do STJ, nesse campo a "responsabilidade (objetiva) é solidária" (REsp 604.725/PR, Rel. Ministro Castro Meira, Segunda Turma, DJ 22.8.2005, p. 202); logo, mesmo havendo "múltiplos agentes poluidores, não existe obrigatoriedade na formação do litisconsórcio", abrindo-se ao autor a possibilidade de "demandar de qualquer um deles, isoladamente ou em conjunto, pelo todo" (REsp 880.160/RJ, Rel. Ministro Mauro Campbell Marques, Segunda Turma, DJe 27.5.2010). No mesmo sentido: EDcl no REsp 843.978/SP, REsp 843.978/SP, REsp 1.358.112/SC. 3. Agravo Regimental não provido. (STJ, 2ª Turma, AgRg no AREsp: 432409 RJ 2013/0381169-0, Rel. Min. Herman Benjamin, julgamento 25/02/2014, publicação DJe 19/03/2014).

[425] Conferir o já citado REsp 1.354.536-SE (Informativo 538).

[426] REsp 1328753/MG, rel. Min. Herman Benjamin, 2ª Turma, j. 28/05/2013, DJE 03/02/2015.

No plano processual, a Corte Superior consolidou em súmula o entendimento de que "**a inversão do ônus da prova aplica-se às ações de degradação ambiental**"[427], o que se justifica menos em razão da hipossuficiência do autor[428] do que em virtude do caráter público e coletivo do bem jurídico tutelado e da incidência dos princípios da precaução, prevenção, poluidor-pagador, usuário-pagador e da função ambiental. Desse modo, compete a quem supostamente promoveu o dano ambiental comprovar que não o causou ou que a substância lançada ao meio ambiente não lhe é potencialmente lesiva[429]. Atente-se que a inversão é uma regra de instrução ou de procedimento e não regra de julgamento, devendo, assim, ser determinada pelo juiz, preferencialmente, na decisão de saneamento e de organização do processo (CPC, art. 357, III), ou em momento posterior, desde que se dê ao réu a oportunidade de se desincumbir do ônus que lhe foi atribuído (CPC, art. 373, § 1º e art. 10).

Outra nota distintiva da responsabilidade ambiental civil é a **desconsideração da pessoa jurídica**, conforme prevê a Lei 9.605/1998, "sempre que sua personalidade for obstáculo ao ressarcimento de prejuízos causados à qualidade do meio ambiente" (art. 4º), norma de caráter civil em plena harmonia com o microssistema de direitos difusos, conforme já previa a Lei 8.078/1990 (Código de Defesa do Consumidor) no art. 28 § 5º. Acolheu-se, assim, a **teoria menor** da desconsideração da personalidade jurídica, na qual não é necessária a demonstração de má fé por parte do infrator, sendo único requisito a demonstração da insolvência[430].

8.2. Responsabilidade Ambiental Penal

8.2.1. Introdução

A responsabilidade ambiental penal no Brasil decorre de mandato expresso de criminalização[431] (CR, art. 225, § 3º), o que evidencia a preocupação do constituinte originário com a tutela efetiva do bem jurídico ambiental, deflagrando revolucionária

---

[427] Súmula 618, julgamento em 24/10/2018, DJe 30/10/2018.

[428] A Turma entendeu que, nas ações civis ambientais, o caráter público e coletivo do bem jurídico tutelado – e não eventual hipossuficiência do autor da demanda em relação ao réu – conduz à conclusão de que alguns direitos do consumidor também devem ser estendidos ao autor daquelas ações, pois essas buscam resguardar (e muitas vezes reparar) o patrimônio público coletivo consubstanciado no meio ambiente. A essas regras, soma-se o princípio da precaução. Esse preceitua que o meio ambiente deve ter em seu favor o benefício da dúvida no caso de incerteza (por falta de provas cientificamente relevantes) sobre o nexo causal entre determinada atividade e um efeito ambiental nocivo. Assim, ao interpretar o art. 6º, VIII, da Lei n. 8.078/1990 c/c o art. 21 da Lei n. 7.347/1985, conjugado com o princípio da precaução, justifica-se a inversão do ônus da prova, transferindo para o empreendedor da atividade potencialmente lesiva o ônus de demonstrar a segurança do empreendimento. Precedente citado: REsp 1.049.822-RS, DJe 18/5/2009. REsp 972.902-RS, Rel. Min. Eliana Calmon, julgado em 25/8/2009.

[429] REsp 1237893/SP, relª. Min. Eliana Calmon, 2ª Turma, j. 24/09/2013, DJE 01/10/2013. No mesmo sentido: "[...] 2. Inversão do ônus da prova no âmbito de ação de indenização por dano ambiental. Acórdão estadual que, corroborando a decisão saneadora, considerou cabida a inversão do ônus probatório, ante a constatação da verossimilhança do direito alegado (tendo em vista a responsabilidade objetiva decorrente do risco da atividade econômica empreendida e a notoriedade do acidente ambiental), bem assim a hipossuficiência técnica e financeira da vítima/autor. Incidência da súmula 7/STJ. 3. Responsabilidade pelo adiantamento dos honorários do perito. Não é lícito obrigar a parte contra quem o ônus da prova foi invertido a custear os honorários do perito, porque lhe assiste a faculdade de não produzir a prova pericial e arcar com as consequências processuais da omissão. Precedentes." (AgRg no AgRg no Ag em REsp 153.797 – SP, rel. Min. Marco Buzzi).

[430] E que difere da chamada teoria maior, adotada pelo Código Civil (art. 50) e Lei 12.529/2011 – Sistema Brasileiro de Defesa da Concorrência (art. 34), na qual se exige, além da insolvência, a má-fé, caracterizada por atos como abuso de direito, excesso de poder, fraude, ato ilícito, desvio de finalidade ou confusão patrimonial.

[431] GONÇALVES, Luiz Carlos dos Santos. **Mandatos expressos de criminalização e a proteção dos direitos fundamentais na Constituição brasileira de 1988**. Belo Horizonte: Fórum, 2007.

mudança de paradigma, ao abandonar o vetusto dogma da irresponsabilidade penal da pessoa jurídica, cuja responsabilização é agora prevista expressamente no texto constitucional.

A **Lei 9.605/1998** disciplina a responsabilidade ambiental penal, destacando-se suas principais inovações:

1) a já mencionada responsabilização da pessoa jurídica;
2) utilização de normas penais em branco (homogêneas ou heterogêneas), complementadas por conceitos oriundos da legislação ambiental;
3) previsão de tipos penais abertos, tendência contemporânea em face da sociedade multifacetada[432];
4) finalidade preventiva (essência do Direito Ambiental), por meio da criminalização do risco e da probabilidade de dano, notadamente mediante a previsão de crimes formais ou de mera conduta, não se exigindo resultado naturalístico e tampouco perícia do dano[433];
5) forte intervenção do direito administrativo, tipificando-se penalmente o ilícito administrativo (aqui também se vê a ênfase na prevenção)[434];
5) fortalecimento da justiça penal negociada, pois quase todos os crimes possuem penas que possibilitam a transação penal ou a suspensão condicional do processo;
6) ênfase na reparação do dano (na transação, na suspensão condicional ou na sentença);
7) interdisciplinaridade[435], dada a natureza híbrida da Lei 9.605/1998 (contém normas penais, civis[436] e administrativas[437]); e
8) descapitalização do infrator e fortalecimento do efeito pedagógico, mediante perda dos instrumentos do crime, ainda que sejam coisas de posse ou fabricação lícitas (art. 25, § 4º).

8.2.2. Responsabilidade da pessoa jurídica e seus integrantes

Para a responsabilização da pessoa jurídica por crime contra o ambiente, é necessária a presença de **dois pressupostos cumulativos**, previstos nos art. 3º da Lei

[432] Por exemplo, o art. 50, ao mencionar "objeto de especial preservação": o conceito deverá ser buscado mediante análise global da legislação ambiental, a fim de verificar todas as hipóteses em que há algum nível proteção.

[433] Por exemplo, o "Art. 54. Causar poluição de qualquer natureza em níveis tais que resultem **ou possam resultar** em danos à saúde humana, ou que provoquem a mortandade de animais ou a destruição significativa da flora" (destacou-se), atentando--se que o STJ entende que tal delito possui natureza formal, sendo suficiente a **potencialidade de dano** à saúde humana para configuração da conduta delitiva, não se exigindo, portanto, a realização de perícia (3ª Seção, EREsp 1417279/SC, Rel. Min. Joel Ilan Paciornik, julgado em 11/04/2018, noticiado no Informativo 624.

[434] Exemplo: art. 60, que criminaliza o só fato de fazer funcionar empreendimento sem licença ambiental.

[435] A Lei 9.605/1998, como bem acentua Rafael Schwez Kurkowski, longe de conter apenas normas de natureza penal, "foi projetada para ser um diploma de responsabilização penal, administrativa e civil" dos responsáveis por danos ao meio ambiente. **Crime Ambiental - Lei 9.605/1998.** In CUNHA, Rogério Sanches; PINTO, Ronaldo Batista; SOUZA, Renee do Ó (Org.). **Leis penais especiais comentadas.** Salvador: Juspodivm, 2018, p. 1193-1315.

[436] Art. 4º da Lei 9.605/1998, que prevê a desconsideração da pessoa jurídica.

[437] Artigos 70 e seguintes, que preveem as infrações administrativas.

9.605/1998: 1º) que a infração penal seja cometida por decisão de seu representante legal ou contratual[438], ou de seu órgão colegiado; e 2º) que a infração penal seja cometida no interesse ou benefício da sua entidade[439].

Com relação a necessidade ou não de responsabilização conjunta entre pessoa jurídica e pessoa física, pondo fim a antiga divisão doutrinária, o STF[440] e o STJ[441] pacificaram o entendimento de que é possível a responsabilização penal da pessoa jurídica por delitos ambientais independentemente da responsabilização concomitante da pessoa física que agia em seu nome; dessa forma **rechaçou-se a teoria da dupla imputação.**

Quando do oferecimento da denúncia nos crimes de autoria coletiva (p. ex., incluindo pessoa jurídica e físicas), o STJ entende ser desnecessária a descrição minuciosa e individualizada da ação de cada acusado, bastando que o Ministério Público narre as condutas delituosas e a suposta autoria (vínculo entre o denunciado e o crime a ele imputado), com elementos suficientes para garantir o direito à ampla defesa e ao contraditório[442]. Por outro lado, o que não se admite, é a **denúncia genérica**, que não individualiza as condutas e inviabiliza a ampla defesa, ou na qual o réu seja acusado, por exemplo, pelo só fato de ser administrador da empresa, caso não reste comprovado no decorrer da ação penal a mínima relação de causa e efeito entre as imputações e a condição de dirigente da pessoa jurídica[443].

Outro tema objeto de divergência doutrinária diz respeito à responsabilização ambiental penal de **pessoas jurídicas de direito público**. Embora o legislador não tenha feito qualquer distinção, basta examinar o rol de sanções aplicáveis às pessoas

[438] No que tange ao primeiro requisito, há que se destacar a atuação muitas vezes de "donos de fato" da pessoa jurídica, notadamente quando esta é constituída tendo como donos de direito testas de ferro. Nesse caso, quem pratica a conduta, vale dizer, quem toma das decisões, é o "sócio oculto", que será responsabilizado, sem prejuízo da responsabilidade de outros que contribuírem para o crime, na medida de sua culpabilidade (Código Penal, art. 29).

[439] O interesse ou benefício da pessoa jurídica é todo e qualquer ato que implique em percepção de vantagem (pecuniária ou não) ou a perpetuação da atividade.

[440] 1ª Turma, RE 548181/PR, rel. Min. Rosa Weber, julgado em 6/8/2013 (Informativo 714).

[441] STJ. 6ª Turma. RMS 39.173-BA, Rel. Min. Reynaldo Soares da Fonseca, julgado em 6/8/2015 (Informativo 566)

[442] "A Turma reiterou que, nos crimes de autoria coletiva, é prescindível a descrição minuciosa e individualizada da ação de cada acusado, bastando a narrativa das condutas delituosas e da suposta autoria, com elementos suficientes para garantir o direito à ampla defesa e ao contraditório. Entretanto, consignou-se que, embora não seja indispensável a descrição pormenorizada da conduta de cada denunciado em tais delitos, não se pode conceber que o órgão acusatório deixe de estabelecer qualquer vínculo entre o denunciado e a empreitada criminosa a ele imputada. *In casu*, não foi demonstrada a mínima relação entre os atos praticados pelo paciente com os delitos que lhe foram imputados, isto é, o efetivo nexo de causalidade entre a conduta e os crimes pelos quais responde. Dessa forma, concluiu-se que a ausência absoluta de elementos individualizados que apontem a relação entre os fatos delituosos e a autoria ofende o princípio da ampla defesa, tornando, assim, inepta a denúncia. Dessarte, a Turma concedeu a ordem para reconhecer a inépcia da denúncia apenas em relação ao ora paciente, determinando o trancamento da ação penal em seu favor, sem prejuízo do oferecimento de nova peça acusatória contra ele, com observância do disposto no art. 41 do CPP. Precedentes citados do STF: HC 88.600-SP, DJ 9/3/2007; e HC 73.271-SP, DJ 4/10/1996; do STJ: HC 107.503-AP, DJe 9/2/2009, e HC 117.945-SE, DJe 17/11/2008." (5ª Turma, HC 214.861-SC, Rel. Min. Laurita Vaz, julgado em 28/2/2012, noticiado no Informativo 492).

[443] Com relação a crimes culposos cometidos no âmbito de pessoa jurídica, cabe recomendar a leitura do voto do Min. Celso de Mello em aresto que, embora não versasse sobre crime ambiental (analisava-se a prática de homicídio culposo), decidiu pela "inaplicabilidade da teoria do domínio do fato aos crimes culposos" (STF, HC 138.637/SP, rel. Min. Celso de Mello, Informativo 864).

jurídicas (artigos 21 e 22[444]) para se concluir com facilidade pela **impossibilidade de responsabilização penal** dos entes da administração pública. A pena de multa, a suspensão de atividades, a interdição temporária de estabelecimento, obra ou atividade implicaria em sancionar a própria coletividade; a prestação de serviços à comunidade constitui o próprio objeto dos órgãos públicos, e a proibição de contratar do ente com o Poder Público seria simplesmente impossível, inviabilizando a atividade estatal.

Outro instituto a ser analisado é o do **agente garantidor**, previsto no art. 2º da Lei 9.605/1998, prevendo que, quem, de qualquer forma, concorre para a prática de crimes ambientais, incide nas penas a estes cominadas, na medida da sua culpabilidade, bem como o diretor, o administrador, o membro de conselho e de órgão técnico, o auditor, o gerente, o preposto ou mandatário de pessoa jurídica, que, sabendo da conduta criminosa de outrem, deixar de impedir a sua prática, quando podia agir para evitá-la.

Trata-se de norma que amplia o espectro de imputação da omissão imprópria, ou seja, "o agente responde pelo resultado não por tê-lo causado, mas por não ter evitado sua ocorrência, estando juridicamente obrigado a fazê-lo"[445]. A norma do art. 2ª deve ser lida à luz do art. 225, *caput*, da CR e do princípio da defesa compulsória e da função ambiental: todo agente público e privado tem o dever de defender e preservar o meio ambiente. Assim, funcionários ou gestores de diferentes níveis de uma empresa, contadores, auditores, advogados, técnicos (engenheiros, biólogos, p.ex.), instituições financeiras que financiam atividades potencialmente poluidoras e seus prepostos, dentre outros, têm o dever agir com boa-fé objetiva e transparência, e, inclusive, se frustrados os mecanismos de controle interno, acionar os órgãos públicos de controle (Ministério Público, órgãos ambientais, sanitários, autoridade policial, conselhos profissionais, p. ex.)[446].

8.2.3. *Tipicidade e aplicação do princípio da insignificância*

A doutrina é francamente contrária à aplicabilidade do princípio da insignificância (causa supralegal de exclusão de tipicidade) em crimes ambientais, o que se justifica a partir da análise dos elementos da teoria geral do Direito Ambiental expostos nesta obra. Conforme já visto, o bem ambiental é de natureza complexa, eis que integrado por incontáveis relações físicas, químicas e biológicas, entrelaçadas em diversos ecossistemas que interagem entre si, sendo de se ressaltar que a ciência ainda está longe de desvendar os efeitos das ações humanas na biota. Some-se a isso o quadro generalizado de degradação ambiental vivenciado em todo o planeta, com visível perda na qualidade de vida dos seres humanos e das demais espécies.

444 Art. 21. As penas aplicáveis isolada, cumulativa ou alternativamente às pessoas jurídicas, de acordo com o disposto no art. 3º, são: I – multa; II – restritivas de direitos; III – prestação de serviços à comunidade. Art. 22. As penas restritivas de direitos da pessoa jurídica são: I – suspensão parcial ou total de atividades; II – interdição temporária de estabelecimento, obra ou atividade; III – proibição de contratar com o Poder Público, bem como dele obter subsídios, subvenções ou doações.

445 BITENCOURT, Cezar Roberto. **Tratado de direito penal: parte geral**, São Paulo: Saraiva, 2012, versão digital.

446 Veja-se, a respeito, julgado do STJ que manteve a condenação de agente garantidor (REsp 1.618.975 – 6ª Turma – j. 7/3/2017 – v.u. – rel. Min. Sebastião Reis Júnior – DJe 13/3/2017).

Nossos Tribunais superiores, contudo,[447] tem acolhido, em determinados casos, a tese da insignificância. Entretanto, é preciso que o intérprete evite a aplicação "mecânica" das ementas dos julgados, sem que se proceda à análise atenta das circunstâncias de fato ali tratadas, que podem, muitas vezes, ensejar o *distinguishing* (distinção).

O alerta é do próprio STJ, que, conquanto admita a incidência da insignificância em certos casos, ressalva:

> [...] A aplicação do princípio da insignificância nos crimes contra o meio ambiente, reconhecendo-se a atipicidade material do fato, é restrita aos casos onde a conduta do agente expressa pequena reprovabilidade e irrelevante periculosidade social. Afinal, o bem jurídico tutelado é a proteção ao meio ambiente, direito de natureza difusa assegurado pela Constituição Federal, que conferiu especial relevo à questão ambiental[448].
>
> [...] Não obstante seja possível a aplicação do princípio da insignificância aos tipos penais que tutelam a proteção do meio ambiente, a depender do grau de reprovabilidade, relevância da periculosidade social e ofensividade da conduta cometida pelo agente, tal aferição deve ser realizada com cautela, dada a fundamentalidade do direito ao meio ambiente ecologicamente equilibrado, inerente às presentes e futuras gerações (princípio da equidade intergeracional). [...] Em se tratando de crime ambiental, em que não se tutela o patrimônio, no sentido financeiro da palavra, mas o meio ambiente ecologicamente equilibrado, um dos direitos fundamentais da pessoa humana, para concluir no sentido da ausência de tipicidade material da conduta, tais requisitos devem se apresentar ainda mais latentes.[449]

Vê-se, portanto, que o operador do direito deve possuir uma compressão abrangente (holística), motivo pelo qual há que se recordar os elementos de teoria geral já expostos, para se concluir pela impossibilidade de mensurar o espectro danoso de determinadas condutas, a fim de considerá-las insignificantes.

Como já tivemos a oportunidade de dizer, a extração de uma tora de madeira não é apenas a extração de uma tora de madeira. Na verdade, o dano ambiental da retirada desta tora envolve muitas vezes a abertura de estradas (geralmente clandestinas, em razão da ausência de estudo de impacto ambiental) floresta adentro, a derrubada acidental ou não de árvores de menor valor comercial (uma tora, ao cair, arrasta consigo diversas outras que estão ao seu redor) que não serão exploradas. Ora, a derrubada destas árvores afugentará vários animais e inutilizará inúmeros ninhos de aves silvestres, que por sua vez integram cadeias alimentares e de polinização. Além disso, o cálculo do valor do dano ambiental deve incorporar a perda de carbono fixado nas árvores destruídas. Tudo isso sem falar no prejuízo à ordem econômica, já que o produto ilegal representa concorrência desleal em relação ao empreendedor que cumpre todos os requisitos legais, cujo custo final do seu produto será indiscutivelmente maior.

O operador do Direito, e notadamente os agentes públicos, devem ter isso em atenção, conforme reconhece Ney Bello Filho:

> O Judiciário necessita observar questões extremamente pontuais a partir de um olhar global, [...] [a] tendência do Judiciário é observar cada um destes casos isoladamente,

447 STF, Pleno, AP 439/SP, rel. Min. Marco Aurélio, julgamento: 12/06/2008. Quanto ao STJ, veja-se arestos adiante citados.

448 5ª Turma. RHC 35.122/RS, Rel. Min. Laurita Vaz, julgado em 26/11/2013.

449 STJ. 6ª Turma. HC 238.344/PA, Rel. Min. Sebastião Reis Júnior, julgado em 15/08/2013.

> sem conectá-los nem dar a eles a sua devida dimensão", olvidando que são apenas uma pequena parte do todo [...] razão pela qual se faz mister inverter o 'olhar do juiz' para que se perceba, em atos de agressão à natureza, não apenas a queima ilegal de combustível fóssil, ou a derrubada ilícita de um espécime da flora, mas sim a prática de uma atitude que contribua para a mudança global do clima no planeta.[450]

Em resumo, considerando a essencialidade constitucional do bem ambiental e a impossibilidade de mensurar a lesividade de uma conduta isoladamente, pois a interação de dois ou mais elementos provoca um efeito maior que a soma de seus efeitos, considerando a atuação isolada de cada um (efeitos cumulativos e sinérgicos), a aplicação do princípio da insignificância deve ser excepcional e cercada de cautelas.

8.2.4. Penas aplicáveis e dosimetria

A aplicação da pena dos crimes ambientais possui peculiaridades em relação à prevista no Código Penal. Na **primeira fase da dosimetria**, o art. 6º da Lei 9.605/1998 dispõe que, para imposição e gradação da penalidade, a autoridade competente observará: I – a **gravidade** do fato, tendo em vista os **motivos** da infração e suas **consequências para a saúde pública e para o meio ambiente**; II – os **antecedentes** do infrator **quanto ao cumprimento da legislação de interesse ambiental**; e III – a **situação econômica** do infrator, somente **no caso de multa**. Insta destacar que a disposição especial do art. 6º da Lei 9.605/1998 não exclui a regra geral contida no art. 59 do Código Penal, pelo contrário, é por ela complementada. Vale dizer: o art. 59 do CP é aplicável aos crimes ambientais em tudo aquilo que não conflitar com a norma especial.

Na **segunda fase** da dosagem, o mesmo raciocínio se aplica às atenuantes (art. 14) e agravantes (art. 15), de modo que os artigos 61, 62, 65 e 66 do Código Penal são aplicáveis subsidiariamente em tudo o que não conflitarem com os citados artigos da Lei 9.605/1998.

Na **terceira fase**, há causas de aumentos específicas, como nos artigos 29, §§ 4º e 5º; 32, § 2º; 53; 56, § 2º; 58; e 69-A; e causas de diminuição como as dos artigos 38, parágrafo único; 38-A, parágrafo único; e 40, § 3º.

As **penas restritivas de direitos** substituem as privativas de liberdade nas hipóteses do art. 7º e serão, para a pessoa física, as do art. 8º (exceto a suspensão parcial ou total de atividades, inciso III, porque inaplicável a pessoas físicas) e, para as pessoas jurídicas, as do art. 22.

A pena de **multa** é prevista no art. 18, e será calculada segundo os critérios do Código Penal; em se revelando ineficaz, ainda que aplicada no valor máximo, poderá ser aumentada até três vezes, tendo em vista o valor da vantagem econômica auferida. Segundo Vladimir e Gilberto Passos de Freitas[451], o dispositivo deve ser interpretado conjuntamente com os artigos 49, §§ 1º e 2º, e 60, § 1º, do CP, bem como com o art. 6º, III, da Lei 9.605/1998.

---

450 BELLO FILHO, Ney de Barros. **Direito ambiental das mudanças climáticas: novos paradigmas da atuação judicial**. In Revista de Direito Ambiental, São Paulo, v. 58, p. 274 e ss., abr.-jun./ 2010.

451 FREITAS, Vladimir Passos de; FREITAS, Gilberto Passos de. **Crimes contra a natureza**. São Paulo, Revista dos Tribunais, 2012.

No que tange a **destinação dos valores da prestação pecuniária e de serviços**, a Lei 9.605/1998 estabelece regras específicas que, infelizmente, vem sendo reiteradamente desobedecidas, como bem alerta a doutrina[452]. Isso porque a exegese restritiva dos artigos 9º, 12 e 23 determina:

> Art. 9º. A prestação de serviços à comunidade consiste na atribuição ao condenado de tarefas gratuitas junto a parques e jardins públicos e unidades de conservação, e, no caso de dano da coisa particular, pública ou tombada, na restauração desta, se possível.
>
> Art. 12. A prestação pecuniária consiste no pagamento em dinheiro à vítima ou à entidade pública ou privada com fim social, de importância, fixada pelo juiz, não inferior a um salário mínimo nem superior a trezentos e sessenta salários mínimos. O valor pago será deduzido do montante de eventual reparação civil a que for condenado o infrator.
>
> Art. 23. A prestação de serviços à comunidade pela pessoa jurídica consistirá em: I – custeio de programas e de projetos ambientais; II – execução de obras de recuperação de áreas degradadas; III – manutenção de espaços públicos; IV – contribuições a entidades ambientais ou culturais públicas.

Não raro, lamentavelmente, as prestações pecuniárias ou de serviço à comunidade se revestem de caráter nitidamente diverso, passando o infrator, inclusive o poluidor ambiental, da posição de recuperador do meio ambiente para a de provedor de bens de uso durável (cestas básicas, microcomputadores, impressoras etc.) ou doador de recursos financeiros destinados a entes públicos ou privados totalmente diversos, tais como instituições sociais de atendimento a vulneráveis (idosos, deficientes, crianças, presidiários) ou de órgãos públicos que não são ambientais. Certo que todos possuem suas mazelas, mas não se deve afrontar os princípios e regras de Direito Ambiental mediante desvio de finalidade na aplicação dos recursos.

Por outro lado, argumenta-se, muitas vezes, que na comarca ou seção judiciária não existe órgão ambiental o projeto social de cunho ambiental a receber os recursos. Nesse caso, deve se buscar destinados recursos para órgãos ou entidades que atuem no em torno, por exemplo na mesma hidrográfica ou em unidade de conservação da natureza próxima do local do dano, pois, como já visto, o meio ambiente e interconectado, não havendo divisões geográficas criadas artificialmente pelos homens para critérios de administração que o atinjam[453].

Com efeito, o Ministério Público (nos acordos) e o Judiciário (na sentença condenatória) devem escolher, dentre as entidades públicas ou privadas com fins sociais existentes na comarca ou seção judiciária, aquelas que exercem atividade de relevante interesse ambiental, a fim de que estas sejam beneficiadas, revertendo-se valores ou serviços direta ou indiretamente na proteção do bem jurídico tutelado

[452] RASLAN, Alexandre. **A prestação de desserviço à comunidade nos delitos ambientais**. In Revista Brasileira de Ciências Criminais, São Paulo, v. 12, nº 50, p. 297-310, set./out. 2004. Disponível em http://www.egov.ufsc.br/portal/sites/default/files/anexos/11678-11678-1-PB.htm. Acesso em 25.7.2017.

[453] A prática tem revelado experiências exitosas na destinação de recursos e/ou serviços, sempre precedidos de prévia articulação do Ministério Público com órgãos públicos ambientais ou organizações da sociedade civil com projetos específicos nessa área. Aquisição de terras particulares inseridas em unidades de conservação e doação ao órgão gestor (evitando assim longas e custosas desapropriações), construções de laboratórios de pesquisa, de viveiros de mudas para reflorestamento (em escolas ou até presídios, com nítida função social), doações de equipamentos a órgãos ambientais (conforme o potencial econômico do infrator, desde placas de sinalização até viaturas e drones), enfim, soluções que a proatividade do membro do MP poderá construir em diálogo com instituições atuantes na área.

pela Lei 9.605/98[454]. O juiz, por sua vez, deve encaminhar os valores decorrentes de prestação pecuniária aos fundos de meio ambiente (nacional, estadual ou municipal) e, na hipótese de sua impossibilidade, ou seja, em caso de inexistência do fundo, a entidade pública ou privada que tenha a defesa do meio ambiente como uma de suas atribuições[455], jamais a entidades de finalidade diversas. Nesse sentido, Cureau e Leuzinger: "não estaria em consonância com a norma uma pena restritiva de direitos determinando o condenado a entrega de sexta básica a instituição de caridade"[456].

Aliás, impende lembrar a única hipótese em que o perdimento é determinado pela lei em favor do Fundo Penitenciário Nacional é a do art. 24, que trata da extinção da pessoa jurídica condenada, de modo que, afora essa hipótese, todo e qualquer outro bem ou valor deve ser revertido para entes ou projetos que desenvolvam atividades em prol do meio ambiente.

Assim, entende-se que a Resolução nº 154/2012 do Conselho Nacional de Justiça[457], e qualquer regramento dele decorrente, a exemplo da normativas das Corregedorias de Tribunais, não podem se sobrepor aos citados comandos constitucionais e à legislação ambiental infraconstitucional, seja em virtude de afronta ao que estabelecem no que concerne ao direcionamento dos valores decorrentes de sanções judiciais ou outros institutos relacionados à responsabilização por infrações ou danos ambientais, seja em razão do próprio critério da hierarquia normativa, segundo o qual as normas previstas na Constituição Federal e Leis devem prevalecer sobre as normas previstas em Resolução e Instrução Normativa, ou, ainda, sob a ótica do critério da especialidade, segundo o qual as normas especiais, que tratam especificamente das prestações pecuniárias, sanções judiciais ou medidas compensatórias decorrentes de infrações e/ou danos ambientais, devem prevalecer sobre a atos normativos que tratam de modo geral as prestações pecuniárias relacionadas aos demais ilícitos penais que não guardem relação com a proteção do meio ambiente.

Por tais razões, acertadamente os Ministério Públicos estaduais[458] e o Ministério Público Federal[459], tem orientado aos seus membros para requerer a destinação

[454] STIFELMAN, Anelise Grehs. **Direcionamento dos Recursos Oriundos das Transações Penais em Crimes Ambientais**. Revista de Direito Ambiental. v. 32. 2003, p. 205-215.

[455] ADEDE Y CASTRO, João Marcos. **Crimes Ambientais: comentários à Lei nº 9.605/98.** Porto Alegre: Editora Sérgio Antônio Fabris, 2004. p. 49-50.

[456] LEUZINGER, Márcia Dieguez; CUREAU, Sandra. **Direito ambiental**. Rio de Janeiro: Elsevier, Campus, 2013, p. 321.

[457] Referida Resolução prevê genericamente a destinação de prestações pecuniárias a instituições públicas ou sociais, e, quando indica áreas de atuação limita-se ao "caráter essencial à segurança pública, educação e saúde" (art. 2º, *caput*) ou ainda "execução penal, assistência à ressocialização de apenados, assistência às vítimas de crimes e prevenção da criminalidade, incluídos os conselhos da comunidade" (art. 2º, § 1º). A Resolução não tem o poder de derrogar a Lei 9.605/1998, motivo pelo qual tem diminuta aplicação na área de penas alternativas decorrentes de crimes ambientais.

[458] Corregedoria-Geral do Ministério Público do Estado de Minas Gerais (art. 163 do Ato nº 1/2014), Manual prático da Promotoria de Justiça de Meio Ambiente. Vol. II. São Paulo: Imprensa Oficial do Estado de São Paulo: Ministério Público do Estado de São Paulo, 2005. p. 1283-1284; Manual Básico do Promotor de Justiça de Defesa do Meio Ambiente do Ministério Público do Estado de Goiás, (2004). Disponível em: <http://www.mpgo.mp.br/portal/system/resources/W1siZiIsIjIwMTMvMDQvMDUvMTRfMjZfMzhfNjY4X21hbnVhbF9iYXNpY29fZG9fcHJvbW90b3JfZGVfanVzdGljYV9kZV9kZWZlc2FfZG9fbWVpb19hbWJpZW50ZS5wZGYiXV0/manual_basico_do_promotor_de_justica_de_defesa_do_meio_ambiente.pdf.

[459] Orientação nº 6 da 2ª Câmara de Coordenação e Revisão, de 17 de março de 2014 para "requerer, em caso de crimes contra a fauna, que as multas pecuniárias a pena de prestação de serviço à comunidade sejam revertidas em favor de entidades relacionadas à proteção da fauna.".

de valores de prestações pecuniária a órgãos públicos ou entidades da sociedade relacionadas a projetos ambientais.

Indo mais além, o Ministério Público de Minas Gerais questionou perante o Conselho Nacional de Justiça o Provimento Conjunto nº 27/2013, do Tribunal de Justiça de Minas Gerais, que, ao tratar da regulamentação da forma de recolhimento e destinação de valores arrecadados com aplicação da pena de prestações pecuniárias, objeto de transações penais e sentenças condenatórias, não teria assegurado de forma clara que as prestações pecuniárias decorrentes de infrações ambientais tenham correspondente retorno para áreas relacionadas à proteção e fiscalização ao meio ambiente. Veja-se que o CNJ Justiça decidiu, por unanimidade, "assegurar que os valores decorrentes das transações penais ou sentenças condenatórias atinentes à tutela do meio ambiente tenham como destino o efetivo custeio de medidas protetivas e de valia ao meio ambiente"[460].

Outra peculiaridade da lei ambiental é ampliar a possibilidade de a **suspensão condicional da pena** (*sursis*) para condenação a pena privativa de liberdade de **até três anos** (art. 16) e não dois anos como no Código Penal (art. 77). Como bem destaca Rafael Kurkowski[461], o art. 16 tem escassa aplicação, já que só incide na hipótese em que não for cabível a substituição da pena privativa de liberdade por pena restritiva de direito (conforme art. 77, III, do CP) e, como a substituição por pena restritiva de direitos, cabível para condenação à pena privativa de liberdade inferior a quatro anos, tem na Lei 9.605/1998 (art. 7º) requisitos subjetivos mais facilitados ainda do que os exigidos pelo Código Penal, na prática elas se operará na quase totalidade das condenações por crimes ambientais, afastando, assim, o *sursis*.

Com relação a **pessoa jurídica**, cujas penas são previstas no art. 21, importante atentar para a pena acessória de **liquidação forçada**, verdadeira pena de morte da pessoa jurídica, nos casos em que esta for constituída ou utilizada, preponderantemente, com o fim de permitir, facilitar ou ocultar a prática de crimes ambientais (art. 24) sendo seu patrimônio considerado instrumento do crime e como tal perdido em favor do Fundo Penitenciário Nacional. Trata-se de hipótese mais corriqueira do que parece, observada, por exemplo, de empresas com reiteradas condenações penais ou administrativas, ou, ainda, os casos de pessoas jurídicas fantasmas ou constituídas em nome de testas de ferro, às vezes até com a finalidade de ocultar a prática de crimes. Tal norma encontra-se em plena sintonia com o art. 5º, XIX[462], e art. 170, VI, ambos da CR.

Cumpre atentar que, no âmbito **cautelar** penal é admissível a **suspensão das atividades da pessoa jurídica** que esteja colocando em risco o meio ambiente[463], notadamente com as alterações trazidas ao Código de Processo Penal, que hoje

[460] Vide Pedido de Providências nº 0002460 – 96.2014.2.00.0000, julgado na 190ª Sessão Ordinária, na data de 03 de junho de 2014, tendo como Relatora Deborah Ciocci.

[461] Ob. cit., p. 1216.

[462] "as associações só poderão ser compulsoriamente dissolvidas ou ter suas atividades suspensas por decisão judicial, exigindo-se, no primeiro caso, o trânsito em julgado".

[463] ABI-EÇAB, Pedro. **Suspensão cautelar das atividades da pessoa jurídica em razão de crimes ambientais**. In Revista de Direito Ambiental. v. 49, p. 217 – 227, 2008.

permite medida cautelar consistente em suspensão do exercício de atividade de natureza econômica ou financeira quando houver justo receio de sua utilização para a prática de infrações penais (art. 319, VI). Outra cautelar também aplicável à pessoa jurídica é a **fiança**, nas infrações que a admitem, para assegurar o comparecimento a atos do processo, evitar a obstrução do seu andamento ou em caso de resistência injustificada à ordem judicial (art. 319, VIII).

8.2.5. Direito Penal negociado: transação penal, suspensão condicional do processo e acordo de não-persecução penal

Na Lei 9.605/1998 praticamente todos os crimes comportam a incidência dos institutos da transação penal e da suspensão condicional do processo.

Aqui, todavia, há peculiaridades a serem destacadas, especialmente pelos princípios de Direito Ambiental como o poluidor-pagador, que exige a reparação do dano ambiental.

Na **transação**, o legislador optou por para condicioná-la "à **prévia** composição do dano ambiental" (art. 27). Portanto, conforme na Lei Ambiental, a reparação do dano, diferentemente do previsto no art. 74, parágrafo único, da Lei 9.099/1995, é pressuposto de admissibilidade da transação. Em outros termos: primeiro se formaliza a composição do dano ambiental - por termo de ajuste de conduta ou termo de compromisso administrativo junto ao órgão ambiental, por exemplo -, e depois se exerce o direito de transigir, quando as demais circunstâncias autorizarem. Enfim, se as partes não compuserem o dano ambiental, isto é, se não chegarem a um denominador comum sobre a forma, meios e condições de reparar o dano, não se poderá transigir quanto à sanção criminal[464].

Na **suspensão condicional do processo**, a sistemática é semelhante. Além das condições do art. 89 da Lei 9.099/1995, a declaração de extinção de punibilidade está condicionada a laudo de constatação de reparação do dano ambiental, ressalvada a impossibilidade[465] (art. 28, I, da Lei 9.605/1998).

Assim, para que haja a celebração do acordo de suspensão, ou já ocorreu prévia composição civil ou administrativa quanto à reparação do dano, ou esta deverá ocorrer na própria avença criminal. Decorrido o prazo da suspensão (dois a quatro anos, conforme o art. 89 da Lei 9.099/1995), se o laudo de constatação comprovar não ter sido completa a reparação, o prazo será prorrogado, até o período máximo previsto no art. 89, *caput*, da Lei 9.099/1995 (quatro anos), acrescido de mais um ano (ou seja, cinco anos), com a **suspensão do prazo da prescrição** (art. 28, II). Findo o prazo de prorrogação, proceder-se-á à lavratura de novo laudo de constatação de reparação do dano ambiental, podendo, conforme seu resultado, ser novamente prorrogado o período de suspensão, até o máximo previsto no inciso II do art. 28 (isto é, mais cinco anos).

---

464 BITENCOURT, Cezar Roberto. **Tratado de direito penal: parte geral**, São Paulo: Saraiva, 2012, versão digital.

465 Quando a impossibilidade de reparação do dano, consiste na insolvência do devedor (infrator), consubstanciada na total incapacidade de pagamento, isto é, à desproporção entre a capacidade econômico-financeira do devedor e o valor do dano a ser reparado.

Esgotado o prazo máximo de prorrogação (que poderá ser de, no máximo, 14 anos), a declaração de extinção de punibilidade dependerá de laudo de constatação que comprove ter o acusado tomado as providências necessárias à reparação integral do dano. Decorrido o prazo sem reparação, o benefício da suspensão é revogado e o processo retoma seu curso.

Outrossim, valem aqui também as observações formuladas no tópico anterior: tanto no caso de transação como de suspensão condicional do processo, as prestações pecuniárias, de serviço ou obrigações de fazer ou não-fazer devem possuir cunho ambiental, por incidência do art. 225, *caput,* e § 3º da CR e por analogia ao disposto nos artigos 9º à 12 da Lei 9.605/1998. Assim, devem ser destinadas a projetos ambientais, desempenhados por órgãos públicos ou organizações da sociedade civil idôneas.

Por fim, cabe analisar o recentíssimo instituto do **acordo de não-persecução penal**, introduzido pela Resolução 181/2017 do Conselho Nacional do Ministério Público.

Independentemente da polêmica doutrinária em razão do instrumento normativo utilizado para a introdução dessa inovação jurídica no ordenamento pátrio (resolução do CNMP), e não por meio de lei editada pela União (CR, art. 22, I), cabe, para os fins a que essa obra se propõe, analisar os aspectos práticos do instituto, o qual, por sinal, é bastante interessante.

A Resolução 181/2017 trata da instauração e tramitação do procedimento investigatório criminal a cargo do Ministério Público, e, no art. 18, possibilita a celebração do acordo de não-persecução penal, para os crimes que atendam aos requisitos ali previstos.

Trata-se de clara medida de despenalização, celebrada no âmbito extrajudicial, onde também ocorrerá a fiscalização de seu cumprimento. Ou seja, não há participação do Judiciário, nem para homologar a avença, nem para fiscalizar seu cumprimento.

São **requisitos cumulativos** para a propositura do acordo pelo Ministério Público ao investigado, previstos no art. 18, *caput*: 1) versar apenas sobre infrações penais que não envolvam violência ou grave ameaça à pessoa, 2) pena mínima inferior a quatro anos; 3) dano seja igual ou inferior a vinte salários-mínimos ou a parâmetro diverso definido pelo respectivo órgão de coordenação (art. 18, § 1º, II)[466], 4) que o investigado confesse formal e detalhadamente a prática do delito, indicando eventuais provas de seu cometimento, e 5) cumprimento das obrigações contidas no rol exemplificativo, que poderão ser fixadas de forma cumulativa ou não.

Na seara de crimes ambientais, algumas questões trazidas pela nova norma devem ser ponderadas.

A primeira delas diz respeito à exigência de que a infração penal perpetrada contra o meio ambiente não seja de menor potencial ofensivo, pois a Resolução 181

[466] Dessa forma, os Centros de Apoio Operacional, no âmbito dos Ministérios Públicos dos Estados (Lei 8.625/1993, art. 33), e as Câmaras de Coordenação e Revisão do Ministério Público Federal (LC 75/1993, art. 58) poderão fixar outros parâmetros. A nosso ver, trata-se de norma inconstitucional, por violação do direito de igualdade (CR, art. 5º, I) pois um investigado poderá ter direito ou não ao acordo caso cometa o crime e uma unidade federativa ou em outra, ou caso o crime seja da competência federal ou estadual.

vedou expressamente a possibilidade de acordo de não persecução penal quando for cabível a transação penal (art. 18, § 1º, I). Inúmeros dos delitos previstos na Lei 9.605/1998 restam, portanto, excluídas do âmbito do acordo.

A segunda ponderação é relativa à **valoração econômica do dano** ambiental – tema, aliás, bastante complexo –, pois, nos termos do art. 18, *caput,* da mencionada norma, o acordo de não persecução só é admitido no caso de o dano ser inferior a vinte salários mínimos. Assim sendo, é imprescindível que no bojo do procedimento investigatório criminal conduzido pelo Ministério Público exista laudo ou relatório técnico quantificando o dano ambiental, o que, aliás, é determinado pelo art. 19 da Lei 9.605/1998.

O terceiro registro que se mostra necessário é o de que no rol de obrigações a serem assumidas pelo investigado consta, em primeiro lugar, a exigência da **reparação do dano** (art. 18, *caput,* I), o que se encontra em perfeita sintonia com a finalidade reparatória do Direito Ambiental.

Uma quarta observação diz respeito à destinação dos serviços ou valores oriundos do acordo de não persecução, os quais, como já tivemos a oportunidade de sublinhar, devem ser destinados à órgão público ou entidade social de atuação na área ambiental. Nesse ponto, a Resolução 181, em sua redação original, fora extremamente feliz ao determinar que a prestação pecuniária terá como destino "preferencialmente àquelas entidades que tenham como função proteger bens jurídicos iguais ou semelhantes aos aparentemente lesados pelo delito" (art. 18, *caput,* IV).

O quinto aspecto de grande relevância é o da possibilidade de fixação da obrigação de o investigado "renunciar voluntariamente a bens e direitos, de modo a gerar resultados práticos equivalentes aos efeitos genéricos da condenação, nos termos e condições estabelecidos pelos artigos 91 e 92 do Código Penal" (art. 18, *caput,* II). Tal disposição encontra-se em perfeita harmonia com a previsão do art. 25, § 4º, da Lei 9.605/1998, analisado no próximo tópico (8.2.6).

Por fim, uma sexta observação é a de que, embora a resolução preveja a possibilidade do acordo de não persecução penal ser realizado em audiência de custódia (art. 18, § 7º), isso dificilmente ocorrerá no caso de prisão por crimes contra o meio ambiente, haja vista a dificuldade de, no exíguo prazo da realização da solenidade, se realizar a necessária valoração do dano ambiental.

8.2.6. Confisco de produtos e instrumentos do crime[467]

A Lei 9.605/1998 foi editada para cumprir mandamento constitucional expresso (CR, art. 225, § 3º) e tem por escopo reprimir mais duramente a prática de crimes contra o ambiente, privilegiando instrumentos que não impliquem em restrição da liberdade individual. Nesse sentido, diversamente do que estabelece o Código Penal (art. 91, II, "a"), determina (art. 25, *caput,* e § 4º) expressamente o perdimento dos

[467] Para aprofundamento: ABI-EÇAB. Pedro. **Destino dos instrumentos de crimes contra o ambiente.** In Revista do Ministério Público do Estado de Goiás, nº 22, jul-dez/2011. Disponível em http://www.mp.go.gov.br/revista/pdfs_1/Destino%20dos%20instrumentos%20de%20crimes%20contra%20º%20ªmbiente.pdf. Acesso em 12.7.2017.

instrumentos utilizados na prática de crimes nela definidos, assim como ocorre em outras leis (p. ex., Lei 11.343/2006, Lei Antidrogas).

Não bastasse a determinação expressa do perdimento, a lei dispõe (art. 25, *caput*) que, "verificada a infração, serão apreendidos seus produtos e instrumentos", o que, na acertada visão de Rafael Schwez Kurkowski[468] implica dizer que, desde a ocorrência fática, independentemente do final provimento jurisdicional ou administrativo, os instrumentos do crime permanecerão apreendidos. Tem-se, portanto, norma de caráter cautelar em total sintonia com o desiderato preventivo do Direito Ambiental.

Regulamentando a lei, o art. 134 do Decreto 6.514/2008, dispõe categoricamente que, após decisão que confirme o auto de infração, os instrumentos utilizados na prática de infração "não mais retornarão ao infrator" (*caput*), devendo, nos termos do inciso IV, ser destruídos, utilizados pela administração quando houver necessidade, doados ou vendidos, garantida a descaracterização (a fim de evitar novas infrações). Segundo o inciso V, a descaracterização não se aplica aos equipamentos, veículos ou embarcações previstas no art. 72, IV, da Lei 9.605/1998, os quais serão utilizados pela administração quando houver necessidade, doados ou vendidos.

Como se vê, enquanto a lei penal geral (CP, art. 91, II, "a") determina que somente determinados instrumentos do crime devem ser destruídos (quando forem objetos de porte, detenção ou fabricação ilícita), a lei ambiental penal não diferencia os instrumentos do crime ambiental, ou seja, não traz qualquer exceção à regra de perdimento, de modo que **qualquer instrumento** utilizado para a prática de crime contra o ambiente, **seja de origem uso ou posse lícitos ou não**, deverá ser utilizado pela administração, doado ou vendido. Tampouco exige-se que os instrumentos sejam habitualmente empregados na prática de crime, bastando uma única utilização e sua relação com o resultado (consumado ou tentado) da infração. Trata-se de evidente exemplo de preponderância da lei especial e posterior sobre a lei geral e anterior[469].

Ressalte-se, ainda, que o perdimento pode ser decretado pela autoridade judiciária ou pela autoridade administrativa, ou por ambas (cada uma em sua esfera de atuação), visto que autônomas. Em outras palavras, ressalvada a absolvição criminal do infrator com fundamento no art. 386, I ou IV, do CPP, ou pronunciamento judicial na esfera cível anulando o ato administrativo, o perdimento poderá ser normalmente decretado pela autoridade administrativa.

É possível, portanto, observar com clareza a intenção do legislador em agravar o sancionamento das condutas penalmente lesivas ao meio ambiente, através do perdimento do instrumento utilizado na prática do crime, o que inegavelmente

[468] Ob. cit., p. 1224.

[469] Outra não é a opinião de Carlos Ernani Constantino: "a Lei Ambiental, em seu art. 25, *caput*, não fez tal ressalva, mas ordenou, pura e simplesmente, a apreensão dos instrumentos da infração (penal ou administrativa), sem deixar consignada a restrição 'desde que (os instrumentos) consistam em coisas cujo fabrico, alienação, uso, porte ou detenção constitua fato ilícito'. Assim, mesmo que os *instrumenta* utilizados na infração (administrativa ou penal) sejam de fabrico, alienação, uso, porte ou detenção permitidos, deverão ser apreendidos e vendidos. [...] isso com base no princípio de que *lex specialis derogat generali*, isto é: a lei especial (Lei Ambiental) prepondera sobre a lei geral (CP) em sua aplicação. (CONSTANTINO, Carlos Ernani. **Delitos ecológicos**. 2ª ed. SãoPaulo: Atlas, 2002, p. 102).

possui **caráter pedagógico**, constituindo-se em moderno e interessante instrumento de repressão, pois não ataca a liberdade do agente, mas apenas seu patrimônio[470]-[471].

Em reforço às disposições do art. 25, § 4º, da Lei 9.605/1998, deve-se relembrar que o Código Penal, com as alterações previstas pela Lei nº 12.694/2012, passou a prever no art. 91, a perda de bens ou valores equivalentes ao produto ou proveito do crime quando estes não forem encontrados ou quando se localizarem no exterior (§ 1º); bem como autorizar que medidas assecuratórias possam abranger bens ou valores equivalentes do investigado ou acusado para posterior decretação de perda (§ 2º). Ou seja, quaisquer bens do infrator ambiental poderão ser objeto de **sequestro ou arresto**, e inclusive **alienação antecipada** (CPP, art. 144-A), importante medida de descapitalização do criminoso e de eficiência jurisdicional.

Deve-se registrar, infelizmente, a tibiez da jurisprudência diante do tema, notadamente pela equivocada a tendência jurisprudencial que tem negado plena aplicação ao art. 25, § 4º, da Lei 9.605/1998, impedindo, sob as mais diversas razões (muitas vezes aplicando-se o princípio da proporcionalidade sem critérios claros), o perdimento dos instrumentos de crimes contra o ambiente[472]. O temperamento da regra de perdimento do instrumento do crime com base no princípio da proporcionalidade necessita avaliar a magnitude dos interesses difusos constitucionais envolvidos, especialmente os do art. 225, *caput*, art. 5º, XXIII, e art. 170, VI[473], da Constituição da República, que preponderam sobre o direito individual de propriedade.

Contudo, importante atentar que o STJ decidiu, sob a sistemática de recurso repetitivo, pela **impossibilidade de liberação ou restituição administrativa de veículo utilizado na prática de infração ambiental**, mediante constituição de fiel depositário na pessoa do proprietário, nos casos ocorridos na vigência do Decreto 6.514/2008, ante as inovações contidas nos artigos 105 e ss. e 134 e ss.[474].

---

[470] Deve ser evitado (salvo em hipóteses excepcionais) que o bem apreendido permaneça em mãos do infrator (como depositário), pois isso frustra o caráter pedagógico da norma além de a experiência demonstrar serem grandes as chances de que este perpetue a prática ilícita ou mesmo oculte o bem, as consequências da lei. Apenas em casos isolados, quando a remoção do bem for extremamente difícil ou quando não houver estrutura suficiente para a mantença em depósito por terceira pessoa, pode se justificar a nomeação do infrator como depositário.

[471] Trata-se de temática que impõe ao Ministério Público zelar pelo efetivo cumprimento da norma que determina a apreensão e o perdimento, para isso adotando os procedimentos necessários na esfera judicial (peticionando ao juízo ou interpondo recursos, p. ex.) ou extrajudicial, através da emissão de recomendações e promoção de reuniões com os diversos atores envolvidos (órgãos ambientais, policiais e inclusive judiciários), a fim de uniformizar práticas e buscar a eficiência na atuação conjunta.

[472] Equivocadamente o STJ, por exemplo, já exigiu prova do "uso específico e exclusivo do veículo apreendido para a prática de atividades ilícitas, voltadas à agressão do meio ambiente" (2ª Turma, REsp 152638/RO, Rel. Min. Humberto Martins, julgado em 12/5/2015).

[473] Uma das razões da não desarticulação de esquemas criminosos consolidados na esfera ambiental reside no não perdimento dos instrumentos do crime, medida que implicaria em ônus ao infrator, tornando a prática da infração bem menos lucrativa, e, portanto, desinteressante. Repita-se: trata-se de exemplo clamoroso de concorrência desleal, haja vista que o infrator ambiental conseguirá, com a burla à lei, oferecer preços mais competitivos no mercado.

[474] "AMBIENTAL. RECURSO REPRESENTATIVO DA CONTROVÉRSIA. ART. 543-C DO CPC. PODER DE POLÍCIA. APREENSÃO DE VEÍCULO UTILIZADO NO CARREGAMENTO DE MADEIRA SEM AUTORIZAÇÃO. ART. 25, § 4º, DA LEI N. 9.605/98 VS. ART. 2º, § 6º, INC. VIII, DO DECRETO N. 3.179/99. LIBERAÇÃO CONDICIONADA AO PAGAMENTO DE MULTA. INVIABILIDADE. LIBERAÇÃO CONDICIONADA AO OFERECIMENTO DE DEFESA ADMINISTRATIVA. POSSIBILIDADE. CONSTITUIÇÃO DE FIEL DEPOSITÁRIO NA PESSOA DO PROPRIETÁRIO. (...) entendo que é caso de dar parcial provimento à pretensão recursal, permitindo a liberação do veículo (como determinada pelo acórdão recorrido), mas condicionada à instituição do depósito em nome do proprietário (com as premissas acima alinhadas). 17. **Enfatize-se, por fim, que toda esta sistemática é inaplicável aos casos**

Outrossim, no âmbito da Justiça Penal negociada, cabe atentar que o Pleno do STF[475] decidiu não ser possível impor à transação penal, prevista na Lei dos Juizados Especiais (Lei 9.099/1995), os efeitos próprios de sentença penal condenatória. Por outro lado, a Corte fixou o entendimento de que não há obstáculo para que sanções como o confisco de bens constem do termo de homologação da transação, desde que aceitas pelo beneficiário. Entretanto, as consequências geradas pela transação penal da Lei 9.099/1995 deverão ser unicamente as estipuladas nesse instrumento e os demais efeitos penais e civis decorrentes de condenação penal não poderão ser automaticamente aplicados. Dessa forma, a disposição prevista no art. 25, § 4º, da Lei 9.605/1988 pode constar da proposta de acordo de transação ou suspensão (na forma de doação de doação do bem como pena alternativa, p.ex.), porém não se admite seja determinada como efeito secundário sem que tenha sido aceita pelo infrator.

8.2.7. *Crimes ambientais e organizações criminosas*

A busca por efetividade recomenda que se adote visão abrangente (ou holística) do ilícito ambiental, na qual o membro do Judiciário, do Ministério Público, das Polícias ou outros operadores do direito analisam as implicações não apenas nas esferas civil, penal e administrativa, como também os ilícitos conexos existentes em cada uma dessas esferas.

Os crimes ambientais perpetrados pela macrocriminalidade fazem parte de um processo delitivo muito maior e mais complexo, que visa, em última análise, o enriquecimento ilícito, seja através de qual conduta for. O meio ambiente, sendo imensa fonte de riquezas e objeto de apropriação controlada pelo Poder Público, situa-se no âmbito de atuação de organizações criminosas.

Com efeito, o crime organizado situa-se no campo dos **crimes economicamente motivados** e, em sua ampla maioria, de prejuízo difuso (não atingem uma vítima específica) e, via de regra, essa modalidade de crime responde ao estímulo de mercados ilegais ou estritamente controlados[476]. Diante dessas duas características, inequívoca a conexão entre crimes ambientais e organizações criminosas.

A experiência mostra inúmeros exemplos de crimes ambientais perpetrados no âmbito do crime organizado, conectando empreendimentos de grande porte (construção de hidrelétricas, portos, rodovias, mineração, empreendimentos imobiliários, etc.) construídos com fraude em licenciamento ambiental, danos ao meio ambiente e corrupção de agentes públicos de diferentes níveis (do municipal ao federal), crimes licitatórios, crimes contra a ordem tributária, criação de empresas de fachada, dentre outros.

---

ocorridos já na vigência do Decreto n. 6.514/08, que deu tratamento jurídico diverso à matéria (arts. 105 e ss. e 134 e ss.)." (Tema 405, REsp 113396-BA, rel. Min. Mauro Campbell Marques, 1ª Seção, julgado em 25/04/2018, DJe 11/05/2018, destacou-se).

475 RE 795567, com repercussão geral reconhecida, j. 28.5.2015.

476 CEPIK, Marco; BORBA, Pedro. **Crime organizado, Estado e segurança internacional**. In. Contexto Internacional, v. 33, nº 2, julho/dezembro 2011, p. 377.

O enfrentamento do problema ambiental de forma estanque, nesses casos, revela-se de duvidosa eficácia. Recomendações não são atendidas, termos de ajustamento de condutas são recusados ou descumpridos, e ações civis públicas arrastam-se por anos, enquanto a qualidade de vida da sociedade decai de maneira cada vez mais visível.

Insta adotar, nesses casos, uma abordagem integrada na repressão a estes ilícitos: criminal, administrativa, defesa da probidade e ambiental. A investigação criminal viabiliza instrumentos e técnicas (Lei 12.850/2013) que a civil não dispõe, e que possuem o condão de, muitas vezes, penetrar o núcleo indevassável das organizações criminosas a fim de colher elementos de prova.

Apenas para citar um dos muitos exemplos, os Ministérios Públicos do Estado de Rondônia e Federal lutaram, por cerca de uma década, mediante um sem números de inquéritos civis e ações civis públicas, contra ilegalidades e danos socioambientais decorrentes do licenciamento e construção das usinas hidrelétricas do rio Madeira, Santo Antônio e Jirau. Todavia, foi o mais célebre caso criminal do país, a Operação "Lava Jato", anos depois, que trouxe à tona provas de como danos ambientais foram perpetrados pelos empreendedores para aumentar indevidamente os lucros com as obras, e como agentes públicos e políticos de diversas esferas foram corrompidos dentro de um "projeto" delitivo de âmbito regional e nacional[477].

A Lei 12.850/2013 define organização criminosa "a associação de 4 (quatro) ou mais pessoas estruturalmente ordenada e caracterizada pela divisão de tarefas, ainda que informalmente, com objetivo de obter, direta ou indiretamente, vantagem de qualquer natureza, mediante a prática de infrações penais cujas penas máximas sejam superiores a 4 (quatro) anos, ou que sejam de caráter transnacional" (art. 1º, § 1º).

Poder-se-ia, diante do requisito legal de que a penas máximas sejam superiores a 4 anos, questionar acerca de uma suposta impossibilidade de tipificação, pelo fato de os crimes previstos na Lei 9.605/1998 terem, em sua maioria, penas inferiores ou iguais a quatro anos de prisão. Ocorre que, como já dito, o *modus operandi* das organizações criminosas envolve a prática de uma série de delitos, e, invariavelmente, um ou mais terá pena compatível com o requisito da Lei 12.850/2013, como, por exemplo, a onipresente lavagem de dinheiro (art. 1º da Lei 9.6013/1998), corrupção ativa ou passiva (CP, artigos, 317 e 333) usurpação de matéria-prima pertencente à União (art. 2º da Lei 8.176/1991) e elaboração ou apresentação de relatório falso ou enganoso em licenciamento ambiental (art. 69-A da Lei 9.605/1998).

8.2.8. Lavagem de dinheiro de crimes ambientais

As alterações trazidas pela Lei 12.683/2012 à Lei de Lavagem de Dinheiro (Lei 9.613/1998) possuem impacto indelével para o combate a crimes ambientais. Isso

477 Outro exemplo relevante foi o esquema criminoso desmantelado pela Operação "à Deriva" do Ministério Público do Estado do Paraná, que colheu evidências de crimes de corrupção perpetrados por agentes da Administração dos Portos de Paranaguá e Antonina (Appa), prefeito do município de Antonina-PR, vereadores, secretários municipais, os quais pagariam ou receberiam propina para não adotar posturas de proteção ao meio ambiente e contrárias aos interesses da atividade portuária. Disponível em http://paranaportal.uol.com.br/cidades/corrupcao-em-antonina/. Acesso em 31.7.2017.

porque a Lei de Lavagem trazia, em sua redação original, um rol taxativo de crimes antecedentes aptos a caracterizar o chamado branqueamento de capitais, rol esse que, em 2012, deixou de existir. Desde então, qualquer infração penal (inclusive contravenções penais) é apta a configurar crime antecedente para fins de caracterização de lavagem.

Assim, desde 2012, é possível que crimes contra o meio ambiente configurem infração penal antecedente para fins de caracterização de crime de lavagem de dinheiro. Trata-se de prática mais comum do que se imagina, pois, os crimes ambientais, em sua grande maioria, possibilitam o enriquecimento ilícito do infrator, e estes capitais são passíveis de branqueamento.

Caça e comércio de ilegal de animais (art. 29 da Lei 9.605/1998), rinha de galo com pagamentos de entradas ou apostas (art. 32), pesca ilegal para fins comerciais (artigos 34 ou 35), dano a unidades de conservação visando apropriação de recursos naturais ou invasão de terra (art. 40), exploração ilegal de carvão (art. 45) ou madeira (art. 46), desmatamento de terras privadas (art. 50) ou públicas (art. 50-A) para fins de exploração econômica, comércio ou utilização ilegal de motosserra (art. 51), pesquisa, lavra ou extração ilegais de recursos minerais (art. 55) comercialização ilegal de produto ou substância tóxica (art. 56), funcionamento de empreendimento potencialmente poluidor sem licença ou autorização (art. 60) e emissão de parecer técnico fraudulento e licenciamento ambiental (art. 69-A) são apenas alguns exemplos de crimes ambientais ligados a enriquecimento ilícito.

Ao contrário do que muitos operadores do direito creem, não se exige, para caracterização do delito, vulto assustador de quantias envolvidas, tampouco complexidade de operações para se configurar o crime de lavagem de capitais. Se o infrator aufere recurso com o crime e o oculta, por exemplo depositando o valor em conta bancária de terceiro (testa de ferro que pode até mesmo ser um familiar) está realizado o tipo penal.

Com efeito, os verbos previstos no art. 1º, *caput*, e §§ 1º e 2º, da Lei 9.613/1998, abrangem um variado leque de condutas, e é importante atentar que, nos termos do art. 2º, II, o processo e julgamento dos crimes de lavagem independem do processo e julgamento das infrações penais antecedentes, ainda que praticados em outro país, cabendo ao juiz competente a decisão sobre a unidade de processo e julgamento. Em outras palavras, além de ser desnecessária a existência de processo ou condenação em relação ao crime ambiental antecedente (bastam indícios de sua prática) a lavagem e a infração antecedente podem ser julgadas em conjunto ou separadamente, conforme se revelar mais conveniente no caso concreto, cabendo ao juiz competente para o crime de lavagem decidir sobre a unidade ou separação dos processos.

A fim de fazer frente ao enfrentamento da macrocriminalidade, ou mesmo a efetividade no combate à criminalidade comum, urge um novo e atento olhar para os delitos que geram enriquecimento do agente, priorizando-se as medidas de descapitalização do infrator, meio mais eficaz de combater o acúmulo ilícito de bens e capitais, finalidade última da maioria dos crimes ambientais.

8.2.9. *Competência para julgamento de crimes ambientais*

Em regra, a competência para julgar crimes ambientais é da Justiça Estadual, isso em razão de a competência da Justiça Federal ser taxativa, verificando-se somente nas hipóteses previstas nos artigos 108 e 109 da Constituição da República. Dessa forma, não se amoldando a essas hipóteses, restará a competência residual estadual.

A competência será da **Justiça Federal** se o crime ambiental:

a) atentar contra bens, serviços ou interesses diretos e específicos da União ou de suas entidades autárquicas (não basta o interesse genérico);

b) for previsto tanto no direito interno quanto em tratado ou convenção internacional, no caso de execução iniciada no Brasil, mas o resultado tenha ou devesse ter ocorrido no estrangeiro, ou na hipótese inversa;

c) tiver sido cometido a bordo de navios (leia-se embarcações de grande porte) ou aeronaves;

d) houver sido praticado com grave violação de direitos humanos a ensejar incidente de deslocamento de competência;

e) guardar conexão ou continência com outro crime de competência federal, ressalvada a competência da Justiça Militar e da Justiça Eleitoral.

Além disso, há casos nos quais os Tribunais superiores entendem ser da competência da **Justiça Federal**:

a) Crime praticado em rio interestadual (bens da União conforme o art. 20, III, da CR), desde que possa causar reflexos em âmbito regional ou nacional[478];

b) Crime praticado em mar territorial e em terreno de marinha (bens da União nos termos do art. 20, VI e VII, da CR), independentemente de ter havido demarcação oficial do terreno de marinha[479];

c) Crime cometido no interior de unidade de conservação federal ou na zona amortecimento desta[480];

d) extração ilegal de recursos minerais (conduta que configura simultaneamente os crimes do art. 2º da Lei 8.176/1991 e art. 55 da Lei 9.605/1998, em concurso formal[481]), ainda que em propriedade particular, pois recursos minerais são bens da União (art. 20, IX, da CR)[482];

---

478 STJ, 3ª Seção, CC 145.420/AM, rel. Min. Reynaldo Soares da Fonseca, julgado em 10/08/2016; 6ª Turma. RMS 26.721/DF, Rel. Min. Maria Thereza de Assis Moura, julgado em 12/04/2012.

479 STJ, 5ª Turma. RHC 50.692/SC, rel. Min. Ribeiro Dantas, julgado em 05/04/2016.

480 STJ, 3ª Seção. CC 100.852/RS, Rel. Min. Jorge Mussi, julgado em 28/04/2010.

481 "Inexiste conflito aparente de normas entre os delitos previstos nos arts. 55 da Lei 9.605/98 e 2º da Lei nº 8.176/91, em razão da diversidade dos bens jurídicos tutelados, respectivamente, o meio ambiente e a preservação de bens e matérias-primas que integrem o patrimônio da União, admitindo-se, portanto, o concurso formal." (6ª Turma, AgRg no REsp 1205986/MG, rel. Min. Nefi Cordeiro, j. 20/08/2015).

482 STJ, 3ª Seção. CC 116.447/MT, Rel. Min. Maria Thereza de Assis Moura, julgado em 25/05/2011. Em sentido semelhante, todavia, entendendo que a extração de areia é crime de competência estadual a ser julgado na Justiça Federal por conexão ao delito do art. 2º da Lei 9.605/1998: "A denúncia relata a prática dos crimes previstos nos arts. 55 da Lei nº 9.605/98 e 2º da Lei nº 8.176/91, este de competência da Justiça Federal, aquele de competência da Justiça Estadual. A conexão entre

e) Tráfico internacional de animais silvestres, em extinção, exóticos ou protegidos por compromissos internacionais se iniciada a execução do crime no Brasil, o resultado tenha ou devesse ter ocorrido no estrangeiro, ou vice-versa[483], salientando-se que "a mera previsão do crime em tratado ou convenção internacional não atrai a competência da Justiça Federal, com base no art. 109, V, da CR, sendo imprescindível que a conduta tenha ao menos potencialidade para ultrapassar os limites territoriais"[484].

A seguir, enumera-se os casos mais frequentes de questionamentos acerca da competência, decididos como sendo de competência da **Justiça Estadual**:

a) Crimes contra a fauna (a Súmula 91, que previa competência federal, foi há muito cancelada);

b) O simples fato de o auto de infração ter sido lavrado pelo IBAMA não faz com que, obrigatoriamente, este crime seja julgado pela Justiça Federal, já que esse órgão ambiental atua supletivamente aos órgãos estaduais, vez que a atribuição para proteger o meio ambiente é comum[485];

c) crime praticado em parte de um rio interestadual, porém sem possibilidade de gerar reflexos regionais ou nacionais[486];

d) Crime praticado contra áreas classificadas como patrimônio nacional (Floresta Amazônica brasileira, a Mata Atlântica, a Serra do Mar, o Pantanal Mato-Grossense e a Zona Costeira, conforme art. 225, § 4º da CR) pois estas não são bens da União[487];

e) Crime ambiental ocorrido em programa "Minha Casa Minha Vida, nas hipóteses em que a Caixa Econômica Federal atue, tão somente, na qualidade de agente financiador da obra[488].

ambas as condutas impõe o processamento do feito perante a Justiça Federal, a teor do que preceitua a Súmula nº 122 do STJ." (STJ, RHC 50.160 – 6.ª Turma – j. 16/9/2014, rel. Min Sebastião Reis Júnior).

483 STF. Plenário. RE 835558-SP, Rel. Min. Luiz Fux, julgado em 09/02/2017 na sistemática de repercussão geral.

484 3ª Seção, CC 144072/PR, rel. Min. Reynaldo Soares da Fonseca, j. em 25/11/2015.

485 STJ, 3ª Seção, CC 113.345/RJ, rel. Min. Marco Aurélio Bellizze, j. em 22/8/2012; 3ª Seção, CC 97.372/SP, rel. Min. Celso Limongi (Des. Conv. do TJ/SP), j. em 24/3/2010.

486 "[...] 3. Assim sendo, para atrair a competência da Justiça Federal, o dano decorrente de pesca proibida em rio interestadual deveria gerar reflexos em âmbito regional ou nacional, afetando trecho do rio que se alongasse por mais de um Estado da Federação, como ocorreria se ficasse demonstrado que a atividade pesqueira ilegal teria o condão de repercutir negativamente sobre parte significativa da população de peixes ao longo do rio, por exemplo, impedindo ou prejudicando seu período de reprodução sazonal. 4. Situação em que os danos ambientais afetaram apenas a parte do rio próxima ao Município em que a infração foi verificada, visto que a denúncia informa que apenas dois espécimes, dentre os 85 kg (oitenta e cinco quilos) de peixes capturados, tinham tamanho inferior ao mínimo permitido e os apetrechos de pesca apresentavam irregularidades como falta de plaquetas de identificação, prejuízos que não chegam a atingir a esfera de interesses da União." (3ª Seção, CC 146.373/MG, rel. Min. Reynaldo Soares da Fonseca, j. em 11/05/2016).

487 STJ, 3ª Seção, CC 99.294/RO, rel. Min. Maria Thereza de Assis Moura, julgado em 12/08/2009.

488 O fato de a CEF atuar como financiadora da obra não tem o condão de atrair, por si só, a competência da Justiça Federal. Isto porque para sua responsabilização não basta que a entidade figure como financeira. É necessário que ela tenha atuado na elaboração do projeto ou na fiscalização da segurança e da higidez da obra. STJ. 3ª Seção. CC 139.197-RS, Rel. Min. Joel Ilan Paciornik, julgado em 25/10/2017, Noticiado no Informativo 615.

8.3. Responsabilidade Ambiental Administrativa

Como decorrência do princípio da intervenção obrigatória em defesa do meio ambiente (art. 225, *caput*, da CR), o Estado deve agir para proteger este bem jurídico. Tal disposição já existia em nosso ordenamento jurídico, embora em nível infraconstitucional: a Lei 6.938/1981 (LPNMA) determina como princípio a ação governamental para manutenção do equilíbrio ecológico (art. 2º, I).

Trata-se de manifestação do **poder de polícia**, poder-dever a cargo da Administração para defesa de bens jurídicos essenciais, consubstanciado no princípio da supremacia do interesse público, definido por José dos Santos Carvalho Filho como "a prerrogativa de direito público que, calcada na lei, autoriza a Administração Pública a restringir o uso e o gozo da liberdade e da propriedade em favor do interesse da coletividade."[489]

Importante destacar que a finalidade eminentemente preventiva e pedagógica da responsabilidade ambiental se manifesta na esfera administrativa, como se observa, por exemplo, pela previsão legal de infrações de perigo, isto é, da antecipação da ação fiscalizadora estatal para punir condutas consubstanciadas em mero descumprimento da norma, antes de ocorrer o dano ambiental. Isso ocorre em razão da já mencionada dificuldade (ou impossibilidade) de reparação do ambiente lesado bem como da magnitude da lesão à sociedade.

Dessa forma, assim como se observa nos crimes ambientais, para a configuração de grande parte das infrações administrativas ambientais é irrelevante a ocorrência de dano[490].

Por meio da responsabilidade administrativa, a Administração pública instaura o procedimento cabível e o impulsiona, de ofício, independente da vontade do interessado, ao final decidindo por si mesma. Ainda que a lei não o estabeleça nesse sentido, o dever da Administração é inerente à função de concluir os processos para a verificação da conduta a ser adotada, satisfazendo, assim, o interesse da coletividade, tudo em decorrência dos princípios da oficialidade e da supremacia do interesse público[491].

A **competência** para exercer este poder de polícia ambiental é de todos os entes federados, conforme já estudado nas Competências Ambientais (item 4.2), tanto para definir normas como para fiscalizar seu cumprimento e impor sanções. Assim sendo, há competência concorrente (CR, art. 24, VI, VII e VIII) entre União, Estados e Distrito Federal, cabendo à primeira editar normas gerais e, aos últimos, normas suplementares, ou exercer a competência legislativa plena, para atender a suas peculiaridades, em Inexistindo lei federal sobre normas gerais (§ 3º do art. 24). Aos Municípios, por sua vez, compete editar normas para atender assuntos de interesse local (CR, art. 30, I) e suplementar a legislação federal e a estadual no que couber (inciso II).

---

489 **Manual de Direito Administrativo**. 31ª ed. São Paulo: Atlas, 2017, versão digital.

490 Veja-se, por exemplo, as infrações do art. 55 (deixar de averbar a reserva legal), art. 63 (mineração sem licença ambiental) e art. 90 (atividade em desacordo com os objetivos de unidade de conservação), todos do Decreto 6.514/2008.

491 CARVALHO FILHO, José dos Santos**. Manual de Direito Administrativo**. 31ª ed. São Paulo: Atlas, 2017, versão digital.

Contudo, no que tange a atividades sujeitas a licenciamento ambiental, conforme já visto em tópico específico (item 5.2.1), a competência para fiscalizar e impor sanções é **prioritariamente** do órgão responsável pelo licenciamento, nos termos do art. 17, *caput*, da Lei Complementar 140/2011. Diz-se prioritariamente pois o parágrafo 3º do mesmo dispositivo legal prevê que não está impedido o exercício pelos entes federativos da atribuição comum de fiscalização da conformidade de empreendimentos e atividades efetiva ou potencialmente poluidores ou utilizadores de recursos naturais com a legislação ambiental em vigor, prevalecendo o auto de infração ambiental lavrado por órgão que detenha a atribuição de licenciamento.

Os **requisitos** da responsabilidade administrativa ambiental são:

a) Conduta;

b) tipicidade (adequação da conduta ao tipo previsto no ordenamento);

c) nexo de causalidade; e

d) elemento subjetivo (dolo ou culpa);

A verificação do elemento subjetivo para caracterização da infração ambiental, embora considerada desnecessária pela melhor doutrina[492], é exigida segundo entendimento atual do STJ[493], já que esta Corte entende ser a responsabilidade na esfera administrativa **subjetiva**, por se tratar de manifestação do Direito Sancionador, cujo escopo é o de punir e não o de reparar o dano, além de não existir previsão expressa de responsabilização objetiva na esfera administrativa, ao contrário da civil (art. 14, § 1º, da LPNMA).

Outra peculiaridade digna de registro é a possibilidade de **tipificação de infrações administrativas ambientais por meio de decreto** (o que é feito pelo Decreto 6.514/2008), não se exigindo lei ordinária. Isso porque o art. 70 da Lei nº 9.605/1998 prevê que "considera-se infração administrativa ambiental toda ação ou omissão que viole as regras jurídicas de uso, gozo, promoção, proteção e recuperação do meio ambiente". Tem-se, destarte, manifestação do fenômeno da **deslegalização**[494], mediante "norma infracional em branco" autorizando a autoridade ambiental a

---

492 "Assim, em regra, a conduta (comissiva ou omissiva) que se amolda ao tipo previsto na lei caracteriza a infração administrativa ambiental, independentemente de o agente querer, ou não, o fim ilícito ou de ter consciência dessa ilicitude. Essa inflexão quanto à exigência de elemento subjetivo (dolo ou culpa) é fundamental à caracterização da infração administrativa ambiental, em razão das finalidades básicas do direito administrativo sancionador, intimamente vinculadas ao poder de polícia administrativa, no terreno da regulação e da manutenção da ordem pública. Em suma, a violação da norma de conduta aperfeiçoa o ilícito administrativo ambiental, independentemente de elemento subjetivo." (DINO NETO, Nicolao. **Introdução ao estudo das infrações administrativas ambientais**. In Revista de Direito Ambiental. São Paulo, v. 62, p. 169 – 200, Abr-Jun/2011.

493 "[...] a aplicação de penalidades administrativas não obedece à lógica da responsabilidade objetiva da esfera cível (pela reparação dos danos causados), mas deve obedecer à sistemática da teoria da culpabilidade, ou seja, a conduta deve ser cometida pelo alegado transgressor, com demonstração de seu elemento subjetivo, e com demonstração do nexo causal ente conduta e dano". REsp 1.251.697, Rel. Min. Mauro Campbell, 2ª Turma, unânime, j.12/04/2012. No mesmo sentido: REsp 1.401.500 Rel. Min. Herman Benjamin, 2ª Turma, DJe 13/9/2016.

494 No "fenômeno da deslegalização, a competência para regular certas matérias se transfere da lei (ou ato análogo) para outras fontes normativas por autorização do próprio legislador: a normatização sai do domínio da lei (*domaine de la loi*) para o domínio de ato regulamentar (*domaine de l'ordonnance*). O fundamento não é difícil de conceber: incapaz de criar a regulamentação sobre algumas matérias de alta complexidade técnica, o próprio Legislativo delega ao órgão ou à pessoa administrativa a função específica de instituí-la, valendo-se dos especialistas e técnicos que melhor podem dispor sobre tais assuntos." (CARVALHO FILHO, op. cit.).

tipificar as condutas por meio de ato infralegal. Sobre o tema, o STJ[495] entendeu constitucionais as definições de infrações administrativas ambientais veiculadas por meio de decreto, por haver permissivo em lei formal.

Com efeito, atenta Herman Benjamin que a "Lei 9.605/1998, embora conhecida popular e imprecisamente por Lei dos Crimes contra o Meio Ambiente, a rigor trata, de maneira simultânea e em partes diferentes do seu texto, de infrações penais e infrações administrativas."[496]. No art. 72 do referido diploma, são previstas as sanções para os ilícitos administrativos:

> I - advertência;
>
> II - multa simples;
>
> III - multa diária;
>
> IV - apreensão (na verdade, perdimento) dos animais, produtos e subprodutos da fauna e flora, instrumentos, petrechos, equipamentos ou veículos de qualquer natureza utilizados na infração;
>
> V - destruição ou inutilização do produto;
>
> VI - suspensão de venda e fabricação do produto;
>
> VII - embargo de obra ou atividade;
>
> VIII - demolição de obra;
>
> IX - suspensão parcial ou total de atividades;
>
> X - (VETADO)
>
> XI - restritiva de direitos.

Conforme prevê o § 1º do mencionado artigo, se o infrator cometer, simultaneamente, duas ou mais infrações, ser-lhe-ão aplicadas, cumulativamente, destacando-se que a advertência poderá ser sempre aplicada cumulativamente (§ 2º). Em verdade, a penalidade de advertência tem lugar somente nas infrações de pequena intensidade[497].

Há a possibilidade de **conversão da sanção pecuniária em serviços** de preservação, melhoria e recuperação da qualidade do meio ambiente (art. 72, § 4º), a se materializar mediante termo de compromisso firmado perante o órgão ambiental competente, de acordo com o disposto nos artigos 139 a 148 do Decreto 6.514/2008.

---

495 "No campo das infrações administrativas, exige-se do legislador ordinário apenas que estabeleça as condutas genéricas (ou tipo genérico) consideradas ilegais, bem como o rol e limites das sanções previstas, deixando o detalhamento daquelas e destas para a regulamentação por meio de Decreto." (REsp 1075017/MG, rel. Min. Herman Benjamin, 2ª Turma, j. 25/08/2009, DJe 04/05/2011).

496 REsp 1075017/MG, rel. Min. Herman Benjamin, 2ª Turma, j. 25/08/2009, DJe 04/05/2011.

497 "Configurada infração ambiental grave, é possível a aplicação da pena de multa sem a necessidade de prévia imposição da pena de advertência (art. 72 da Lei 9.605/1998). De fato, na imposição de penalidade por infração ambiental, a gradação das penalidades é imposta pela própria Lei 9.605/1988, que obriga a autoridade competente a observar, primeiramente, a gravidade do fato e, posteriormente, os antecedentes do infrator e a sua situação econômica (arts. 6º da Lei 9.605/1998 e 4º do Decreto 6.514/2008). Esses são os critérios norteadores do tipo de penalidade a ser imposta. Feitas essas considerações, insta expor que a penalidade de advertência a que alude o art. 72, § 3º, I, da Lei 9.605/1998 tem aplicação tão somente nas infrações de menor potencial ofensivo, justamente porque ostenta caráter preventivo e pedagógico. Assim, na hipótese de infração de pequena intensidade, perfaz-se acertado o emprego de advertência e, caso não cessada e não sanada a violação, passa a ser cabível a aplicação de multa. Porém, no caso de transgressão grave, a aplicação de simples penalidade de advertência atentaria contra os princípios informadores do ato sancionador, quais sejam, a proporcionalidade e a razoabilidade." (STJ, REsp 1.318.051-RJ, Rel. Min. Benedito Gonçalves, julgado em 17/3/2015, DJe 12/5/2015, Informativo 561).

Tema tormentoso na prática é a **sobreposição** (e consequente **substituição**) de autuações por órgãos de diferentes entes políticos. Segundo o art. 76 da Lei 9.605/1998, "o pagamento de multa imposta pelos Estados, Municípios, Distrito Federal ou Territórios substitui a multa federal na mesma hipótese de incidência", respeitados os limites do Decreto 6.514/2008 (art. 12)[498]. A polêmica decorre de, muitas vezes, se observar autuações feitas às pressas por estados ou municípios (muito mais sujeitos a injunções político-econômicas), com sanções mais brandas, para evitar sanções eventualmente mais gravosas por parte de órgãos federais[499].

Outro tema de relevo na atualidade é o da **autoexecutoriedade das sanções aplicadas pela autoridade ambiental**, notadamente quando atingem o patrimônio do infrator, sendo os casos mais frequentes a demolição e a apreensão (perdimento) de instrumentos da infração.

A **demolição** pode ser realizada pela autoridade ambiental em duas hipóteses, segundo o Decreto 6.514/2008:

1) Como sanção, após o contraditório e ampla defesa (art. 19); e
2) excepcionalmente no ato da fiscalização, de edificação ou construção **não habitada** e **utilizada diretamente para a infração ambiental**, nos casos em que se constatar que a ausência da demolição importa em iminente risco de agravamento do dano ambiental ou de graves riscos à saúde, a demolição poderá ser feita pelo agente autuante, por quem este autorizar ou pelo próprio infrator e deverá ser devidamente descrita e documentada, inclusive com fotografias, desde que não seja em edificações residenciais (art. 112).

Todavia, embora prevista na Lei 9.605/1998 e acolhida pela doutrina[500], a autoexecutoriedade da sanção de demolição tem sido objeto de questionamentos na jurisprudência[501], em mais um lamentável exemplo de centralismo judiciário, postura que, além de desprestigiar a atuação da Administração pública, sobrecarrega desnecessariamente as pautas do Poder Judiciário . Lembre-se, por oportuno, que a prerrogativa de autoexecução não exclui o controle judicial dos atos administrativos (CR, art. 5º, XXXV), sendo plenamente possível que o infrator que se sentir lesado

---

498 "Art. 12. O pagamento de multa por infração ambiental imposta pelos Estados, Municípios, Distrito Federal ou Territórios substitui a aplicação de penalidade pecuniária pelo órgão federal, em decorrência do mesmo fato, **respeitados os limites estabelecidos neste Decreto**." (destacou-se).

499 O tema reclama fiscalização por parte do Ministério Público, podendo ensejar medias extrajudiciais ou judiciais visando aplicar as penalidades, se verificados indícios de que a ação administrativa violou princípios administrativos e ambientais como os da impessoalidade, proporcionalidade, supremacia do interesse público e poluidor-pagado, além de configurar ato de improbidade administrativa e crime.

500 "a Administração Ambiental pode suspender atividades, embargar e, até mesmo, demolir obras lesivas ao meio ambiente, sem necessidade de recorrer ao Judiciário." (DINO NETO, Nicolao. **Introdução ao estudo das infrações administrativas ambientais**. In Revista de Direito Ambiental, São Paulo, v. 62, p. 169 e ss., abr.-jun./2011).

501 Em virtude da jurisprudência vacilante, o próprio poder público acaba por ajuizar demandas requerendo autorização para executar a demolição: "A Turma deu provimento ao recurso, ao entender que, à luz do art. 72, VIII, da Lei nº 9.605/1998, não é dotada de autoexecutoriedade a demolição de obras já concluídas, mesmo como sanções administrativas de cunho ambiental." (REsp 789.640-PB, Rel. Min. Mauro Campbell Marques, julgado em 27/10/2009, Informativo 413). Ver também, a respeito: STJ, REsp 1.246.443, rel. Min. Mauro Campbell Marques, j. 23/8/2011, DJe 13/4/2012, com atenção ao voto-vista do ilustre Min. Herman Benjamin.

acione o Judiciário, ao invés de se obrigar o Poder Público a sempre fazê-lo para ver cumprir suas sanções.

A **prescrição** da pretensão da Administração Pública de promover a execução da multa por infração ambiental, conforme pacificado pelo STJ na Súmula de nº 467, dá-se em cinco anos, contados do **término** do processo administrativo[502].

O **procedimento de julgamento** das infrações é disciplinado pelo Decreto federal nº 6.514/2008, que é aplicável a todos os entes da federação. Em síntese, dá-se da seguinte forma:

1) Lavrado o auto de infração, será encaminhado à unidade administrativa responsável pela apuração da infração, oportunidade em que se fará a autuação processual no prazo máximo de 5 dias úteis, contados de seu recebimento, ressalvados os casos de força maior devidamente justificados (art. 98);
2) O autuado poderá, no prazo de 20 dias, contados da data da ciência da autuação, oferecer defesa contra o auto de infração (art. 113);
3) A autoridade julgadora poderá requisitar a produção de provas, bem como parecer técnico ou contradita do agente autuante, especificando o objeto a ser esclarecido. O parecer técnico deverá ser elaborado no máximo em dez dias (art. 119, § 1º) e a contradita[503] em cinco dias (§ 2º);
4) Encerrada a instrução, o autuado terá o direito de manifestar-se em alegações finais, no prazo máximo de dez dias (art. 122);
5) Oferecida ou não a defesa, a autoridade julgadora, no prazo de trinta dias, julgará o auto de infração, decidindo sobre a aplicação das penalidades (art. 124);
6) Julgado o auto de infração, o autuado será notificado por via postal para pagar a multa no prazo de cinco dias, a partir do recebimento da notificação, ou para apresentar recurso (art. 126);
7) Da decisão proferida pela autoridade julgadora caberá recurso no prazo de vinte dias (art. 127);
8) Interposto o recurso, a autoridade administrativa julgadora, se não reconsiderar no prazo de cinco dias, encaminhará à autoridade superior (§ 1º);
9) Da decisão proferida pela autoridade superior caberá recurso ao CONAMA, no prazo de vinte dias (art. 130).

Necessário analisar, ainda, a chamada **"anistia" das infrações administrativas** prevista pela Lei 12.651/2012 (Código Florestal). Referido diploma prevê hipótese de suspensão da punibilidade administrativa (art. 14, § 2º), estabelecendo que, assim

---

502 AgRg no AgRg no AREsp 596.376/PB, Rel. Min. Sérgio Kukina, 1ª Turma, julgado em 17/12/2015, DJe 5/2/2016; REsp 1.669.907/SP, Rel. Min. Herman Benjamin, 2ª Turma, julgado em 27/6/2017, DJe 30/6/2017; REsp 1.193.998/SP, Rel. Min. Og Fernandes, 2ª Turma, julgado em 23/6/2015, DJe 1/7/2015.

503 Entende-se por contradita, para efeito do Decreto 6514/2008, as informações e esclarecimentos prestados pelo agente autuante necessários à elucidação dos fatos que originaram o auto de infração, ou das razões alegadas pelo autuado, facultado ao agente opinar pelo acolhimento parcial ou total da defesa, tudo no prazo de cinco dias, contados a partir do recebimento do processo (§§ 2º e 3º do art. 119).

que protocolada a documentação exigida para análise da localização da área de reserva legal, ao proprietário ou possuidor rural não poderá ser imputada sanção administrativa, inclusive restrição a direitos, por qualquer órgão ambiental competente integrante do SISNAMA, em razão da não formalização da área de reserva legal. Prevê ainda o art. 59, § 5º, que, a partir da assinatura do termo de compromisso de regularização do imóvel, serão suspensas as sanções decorrentes das infrações cometidas antes de 22.6.2008, relativas à supressão irregular de vegetação em áreas de preservação permanente, de reserva legal e de uso restrito.

O STJ mitigou os efeitos da norma acima, entendendo que vale "a norma mais rigorosa vigente à época dos fatos, e não a contemporânea ao julgamento da causa, menos protetora da Natureza", ou seja, o "direito material aplicável à espécie é o então vigente à época dos fatos", motivo pelo qual os autos de infração anteriores à nova lei permanecem válidos e blindados com atos jurídicos perfeitos que são – apenas sua exigibilidade monetária fica suspensa na esfera administrativa, no aguardo cumprimento integral das obrigações estabelecidas no PRA[504] ou no TC."[505]. Assim, os parágrafos 4º e 5º do art. 59 não retroagem para atingir autos de infração e sentenças civis transitadas em julgado.

9. IMPROBIDADE ADMINISTRATIVA AMBIENTAL

A improbidade administrativa é tema de capítulo específico desta obra, e, assim sendo, não se pretende aqui o exame exaustivo dos institutos jurídicos relacionados ao tema, mas sim relacionar os temas especificamente conectados ao ilícito ambiental, no contexto de uma abordagem unificada desse fenômeno, conforme já dito.

Sob esse prisma, por tudo o que já foi analisado nesta obra, não é difícil concluir que as condutas lesivas ao meio ambiente, em muitos casos, possuem conexões dos agentes econômicos com a atuação de agentes públicos. Isso porque corrupção e interesse privado andam de mãos dadas, conforme ensinam Emerson Garcia e Rogério Pacheco Alves[506]:

[504] Programas de Regularização Ambiental de posses e propriedades rurais.

[505] "[...] 4. Ademais, como deixa claro o novo Código Florestal (art. 59), o legislador não anistiou geral e irrestritamente as infrações ou extinguiu a ilicitude de condutas anteriores a 22 de julho de 2008, de modo a implicar perda superveniente de interesse de agir. Ao contrário, a recuperação do meio ambiente degradado nas chamadas áreas rurais consolidadas continua de rigor, agora por meio de procedimento administrativo, no âmbito de Programa de Regularização Ambiental – PRA, após a inscrição do imóvel no Cadastro Ambiental Rural – CAR (§ 2º) e a assinatura de Termo de Compromisso (TC), valendo este como título extrajudicial (§ 3º). Apenas a partir daí "serão suspensas" as sanções aplicadas ou aplicáveis (§ 5º, grifo acrescentado). Com o cumprimento das obrigações previstas no PRA ou no TC, "as multas" (e só elas) "serão consideradas convertidas em serviços de preservação, melhoria e recuperação da qualidade do meio ambiente". 5. Ora, se os autos de infração e multas lavrados tivessem sido invalidados pelo novo Código ou houvesse sido decretada anistia geral e irrestrita das violações que lhe deram origem, configuraria patente contradição e ofensa à lógica jurídica a mesma lei referir-se a "suspensão" e "conversão" daquilo que não mais existiria: o legislador não suspende, nem converte o nada jurídico. Vale dizer, os autos de infração já constituídos permanecem válidos e blindados como atos jurídicos perfeitos que são – apenas a sua exigibilidade monetária fica suspensa na esfera administrativa, no aguardo do cumprimento integral das obrigações estabelecidas no PRA ou no TC. Tal basta para bem demonstrar que se mantém incólume o interesse de agir nas demandas judiciais em curso, não ocorrendo perda de objeto e extinção do processo sem resolução de mérito (CPC, art. 267, VI). 6. Pedido de reconsideração não conhecido." (2ª Turma – Pet. no REsp 1.240.122/PR, rel. Min. Relator: Herman Benjamin, j. 02/10/2012).

[506] GARCIA, Emerson; ALVES, Rogério Pacheco. **Improbidade administrativa**. 7ª ed. São Paulo: Saraiva, 2013, versão digital.

a corrupção, a partir da relação estabelecida entre corruptor e corrompido, busca minimizar os custos e maximizar as oportunidades. Nessa perspectiva, a corrupção se apresenta como um meio de degradação do interesse público em prol da satisfação do interesse privado. O agente público, apesar de exercer suas funções no âmbito de uma estrutura organizacional destinada à consecução do bem comum, desvia-se dos seus propósitos originais e passa a atuar em prol de um interesse privado bipolar, vale dizer, aquele que, a um só tempo, propicia uma vantagem indevida para si próprio e enseja um benefício para o particular que compactuou com a prática corrupta. A questão, acaso dissociada de balizamentos éticos, sendo analisada sob uma ótica meramente patrimonial, permitirá concluir que, em inúmeras oportunidades, o particular tenderá a aceitar a prática corrupta para a satisfação mais célere ou menos custosa de seu interesse privado, ainda que o interesse público termine por ser prejudicado.

O envolvimento de agentes públicos na prática de ilícitos atrai a incidência da Lei 8.429/1992 (Lei de Improbidade Administrativa), podendo configurar ato de improbidade administrativa, isto é, o ato perpetrado por agente público em sentido amplo, ou por particular em conjunto com agente público, que constitua uma das modalidades típicas previstas em lei, a saber:

a) acarrete enriquecimento ilícito do agente (art. 9º);
b) cause prejuízo ao erário (art. 10);
c) conceda ou aplique indevidamente benefício financeiro ou tributário (art. 10-A);
d) atente contra os princípios que devem nortear a Administração pública (art. 11); ou
e) caracterize atos ou omissões contrários à ordem urbanística prevista no Estatuto da Cidade (Lei 10.257/2001, art. 52).

Como ensina José dos Santos Carvalho Filho[507], nas três primeiras categorias o legislador optou por referir no *caput* dos dispositivos a conduta genérica configuradora da improbidade e nos diversos incisos as condutas específicas, que nada mais são do que situações jurídicas exemplificadoras da conduta genérica estabelecida no *caput,* de modo que as condutas específicas constituem relação meramente exemplificativa.

Importante atentar que não basta a mera comprovação da tipicidade para a responsabilização do infrator, o que exige especial cautela do Ministério Público, órgão investigador e processante por excelência quando se trata do assunto.

Com efeito, o primeiro aspecto a merecer atenção reside no fato de que na Lei de Improbidade, como de resto em todo Direito Sancionador, é prevista a **responsabilidade subjetiva**, o que impõe a necessidade de demonstração do elemento subjetivo (dolo ou culpa) no agir do infrator. Assim, não há que se falar em responsabilidade objetiva por ato de improbidade (como ocorre na reparação de danos ambientais, art. 14, § 1º, da Lei 6.938/1981), já que a própria Constituição da República (art. 37, § 4º) remete à lei ordinária o regramento desta responsabilização e a Lei 8.429/1992 condiciona a tipificação dos ilícitos a existência de dolo ou, em

[507] CARVALHO FILHO, José dos Santos. **Manual de Direito Administrativo.** 31ª ed. São Paulo: Atlas, 2017, versão digital.

alguns casos específicos, de culpa[508]. Assim, como resume Carvalho Filho[509], não se pode imputar conduta de improbidade a quem não tenha agido por mobilização dolosa ou culposa.

Embora com relação ao enriquecimento ilícito a doutrina entenda que o elemento subjetivo seja presumido (*in re ipsa*)[510], com relação as demais modalidades de improbidade o mesmo não ocorre, sendo imprescindível a demonstração do dolo[511] ou da culpa, esta somente nos atos que importem em lesão ao erário (art. 10), os únicos a admitir a modalidade culposa. Nesse sentido, o STJ exige a demonstração da **presença de má-fé** no atuar do agente público, pois o que a lei visa é "coibir a prática atos lesivos contra a Administração Pública perpetrados por administradores públicos desonestos, e não aqueles que tenham sido praticados por administradores inábeis, sem a comprovação de má-fé"[512].

Nesse particular, é de se registrar que, conforme pacífico o entendimento do STJ[513], "ilegalidade e a improbidade não são situações ou conceitos intercambiáveis, cada uma delas tendo a sua peculiar conformação estrita: a improbidade é uma ilegalidade qualificada pelo intuito malsão do agente, atuando com desonestidade, malícia, dolo ou culpa grave"[514].

A prova da má-fé, notadamente em se tratando dos chamados **ilícitos corporativos ou de gabinete**, assim designadas porque perpetradas no seio de esquemas de poder, no mais das vezes longe do olhar de testemunhas, exige atenção redobrada do órgão investigador aos detalhes do caso, se necessário rompendo os paradigmas da investigação reativa e cartorial, passando a atuar com maior proatividade com vistas à efetividade, seja cercando-se de conhecimentos de inteligência[515], seja adotando técnicas especiais de investigação (se necessário com o devido compartilhamento, nos termos do art. 372 do CPC, de prova produzida na esfera criminal), ou de diligências não antevistas (e, assim, não neutralizadas previamente) pelo investigado (busca e apreensão de documentos, diligências veladas de constatação, condução coercitiva,

---

508 HENRIQUES FILHO, Tarcísio. **A Lei de Improbidade Administrativa e a tutela do meio ambiente**. Boletim Científico ESMPU, Brasília, a. 10 – nº 36, p. 29-52 – Edição Especial 2011, p. 51.

509 CARVALHO FILHO, José dos Santos. **Manual de Direito Administrativo**. 31ª ed. São Paulo: Atlas, 2017, versão digital.

510 MARTINS JUNIOR, Wallace Paiva. **Enriquecimento ilícito de agentes públicos – evolução patrimonial desproporcional a renda ou patrimônio – Lei Federal 8.429/92**. In Revista dos Tribunais, São Paulo, v. 755, p. 94 – 112, Set/1998.

511 "O dolo que se exige para a configuração de improbidade administrativa é a simples vontade consciente de aderir à conduta, produzindo os resultados vedados pela norma jurídica – ou, ainda, a simples anuência aos resultados contrários ao Direito quando o agente público ou privado deveria saber que a conduta praticada a eles levaria –, sendo despiciendo perquirir acerca de finalidades específicas. (AgRg no REsp 1.539.929/MG, rel. Min. Mauro Campbell Marques, 2ª Turma, DJe 2/8/2016)." (REsp 1653638/SP, rel. Min. Herman Benjamin, 2ª Turma, j. 28/03/2017, DJe 18/04/2017).

512 Agravo de Instrumento nº 1.303.334-PR, rel. Min. Luiz Fux, DJe 14/06/2010.

513 AIA 30-AM, DJe 28/9/2011, AgRg no AREsp 8.937-MG, DJe 2/2/2012, e AgRg no AREsp 73.968-SP, j. em 2/10/2012. Nas palavras do min. Herman Benjamin, "eventual ilegalidade na formalização do ato é insuficiente para caracterizar a improbidade administrativa" se "não há imoralidade, desídia, desvio ético ou desonestidade na conduta" do agente público (REsp 1.129.277-RS, rel. Min. Herman Benjamin, julgado em 4/5/2010).

514 REsp 1.193.248-MG, rel. Min. Napoleão Nunes Maia Filho, julgado em 24/4/2014.

515 Vide, a respeito, o item 10, infra. O conhecimento de inteligência em regra não constitui prova e não integra os autos, tempo por finalidade nortear decisões estratégicas e táticas do órgão.

p.ex.), tudo obviamente segundo as circunstâncias fáticas e jurídicas do caso[516]. Nessa seara, vale mais uma vez registrar a importância de um olhar global, abrangente, sobre o fenômeno ilícito, abrangendo os prismas penal, ambiental, administrativo e da improbidade, impondo, dessa forma, a adoção de soluções múltiplas de estratégia investigativa, conforme as circunstâncias do caso concreto.

Tudo isso adquire especial relevância no combate a improbidade conexa a ilícitos ambientais, em que, geralmente, o integrante da administração pública ambiental age com uma relativa margem de discricionariedade, formalmente - frise-se - escorado em razões de interesse público e social (geração de empregos, desenvolvimento da economia etc.) aproveitando-se desses argumentos (nem sempre verídicos) para fundamentar a dilapidação do meio ambiente, geralmente em benefício de agentes econômicos ou políticos.

Importante instrumento a ensejar, conforme o caso, a caracterização da má-fé do agente público - e de eventuais coautores do setor privado - é a recomendação (Lei 8.625/1993, art. 27, parágrafo único, IV, e Lei Complementar 75/1993, art. 6º, XX) na qual o Ministério Público comunica investigados acerca da ilegalidade ou de iminência de ilegalidade no seu proceder, indicando qual a postura correta a ser seguida. Caso o investigado mantenha sua postura de lesão ou ameaça de lesão ao bem jurídico, pode-se eventualmente, junto com outras evidências, configurar prova do intento ilícito, sempre se recordando que recomendação não é ordem, tampouco requisição.

O **sujeito passivo** do ato de improbidade é a pessoa jurídica, de direito público ou privado, que sofre os efeitos deletérios do ato de improbidade administrativa, previstos no art. 1º, *caput* e parágrafo único, da Lei 8.429/1992. Em regra, será a pessoa jurídica de direito público a que está afetada a tutela do bem ambiental lesado com o ato, ou seja, a pessoa jurídica responsável pelo exercício do poder de polícia ambiental sobre o bem, não se descartando que mais de um ente possa ser lesado. Por exemplo, se agentes públicos estaduais usurpam atribuição federal e licenciam empreendimento potencialmente poluidor incorrendo em algum dos tipos dos artigos 9º, 10 ou 11 da Lei de Improbidade, lesadas serão a União (que exerce a tutela do bem ambiental e em cujo detrimento foi perpetrada a ação) e o estado membro (lesado no interesse da probidade da administração).

O **sujeito ativo** é a pessoa física ou jurídica que pratica o ato de improbidade administrativa, concorre de qualquer forma para a sua prática (partícipe), ou que dele se beneficia, seja agente público ou particular (artigos 2º e 3º).

Impende destacar que a redação do art. 3º estabelece como requisito, para a **responsabilização de particular**, que a conduta deste seja perpetrada **em concurso com um agente público**. Assim, para que o particular ("terceiro" na dicção do art. 3º) seja responsabilizado, indispensável que seja identificado algum agente público como autor da prática do ato de improbidade. Nesse sentido, o STJ decidiu não ser

---

516 Entendemos que, como em muitos outros casos de atuação do Ministério Público, a questão não reside na possibilidade de caracterização de improbidade administrativa em tese (ou seja, não reside no direito material), mas sim na prova, ou seja, nas evidências diretas ou indiretas a serem levantados ao longo da investigação para posterior confirmação em juízo.

possível a propositura de ação de improbidade somente contra o terceiro, sem que figurasse também um agente público no polo passivo da demanda[517].

O **objeto** da ação civil pública por ato de improbidade será a prática de uma conduta que se amolde a um dos tipos já mencionados, podendo incluir, ainda, pedido de reparação de danos sociais ou de dano moral coletivo[518], caso lesados outros bens difusos como os patrimônios moral, histórico, cultural e ambiental. A cumulação de pedidos de condenação em improbidade e de reconstituição ou reparação ambiental, se não é vedada *a priori*, deve ser examinada com atenção, tendo-se em vista a melhor gestão processual do caso, considerando-se a peculiaridade do rito da Lei 8.429/1992 (art. 17, § 7º, por exemplo) e a verificação empírica de que demandas com grande cumulação de pedidos de diferente natureza (ambiental e improbidade) e ampliação da quantidade de partes no polo passivo tendem a acarretar maio demora, quando não inocuidade dos processos.

No caso da ação que verse sobre a prática de ato lesivo ao erário (art. 10 da Lei 8.429/1992), importa destacar que, conquanto parte da doutrina estabeleça uma diferenciação[519] entre os conceitos de *erário* (conceito mais restrito e de nítida feição econômica, concernente aos recursos financeiros dos cofres públicos) e *patrimônio público* (mais amplo, abrangendo o erário e outros bens como, p. ex. culturais, ambientais e históricos), o STJ seguiu o entendimento perfilhado por José dos Santos Carvalho Filho[520], empregando as expressões como sinônimas, especialmente diante da redação do art. 21 da Lei 8.429/1992[521]. Assim, atos lesivos ao meio ambiente inserido em bens de titularidade de ente público ou sob tutela deste podem configurar dano ao patrimônio público, como no caso de poluição do mar territorial, de cursos d'água, de dano a florestas públicas, de contaminação do subsolo, dentre outros. Se tais condutas são perpetradas com a participação de agentes públicos e amoldam-se aos tipos previstos na Lei 8.429/1992, haverá a caracterização de ato

---

517 "**Nas Ações de Improbidade, inexiste litisconsórcio necessário entre o agente público e os terceiros beneficiados com o ato ímprobo**, por não estarem presentes nenhuma das hipóteses previstas no art. 47 do CPC (disposição legal ou relação jurídica unitária). Precedentes do STJ. 6. É certo que os terceiros que participem ou se beneficiem de improbidade administrativa estão sujeitos aos ditames da Lei 8.429/1992, nos termos do seu art. 3º, porém não há imposição legal de formação de litisconsórcio passivo necessário. 7. A conduta dos agentes públicos, que constitui o foco da LIA, pauta-se especificamente pelos seus deveres funcionais e independe da responsabilização da empresa que se beneficiou com a improbidade. 8. **Convém registrar que a recíproca não é verdadeira, tendo em vista que os particulares não podem ser responsabilizados com base na LIA sem que figure no polo passivo um agente público responsável pelo ato questionado, o que não impede, contudo, o eventual ajuizamento de Ação Civil Pública comum para obter o ressarcimento do Erário.** [...]" (2ª Turma, REsp 896044/PA, rel. Min. Herman Benjamin, julgado em 16/09/2010, destacou-se).

518 O STJ entende que "não há vedação legal ao entendimento que cabem danos morais em ações que discutam improbidade administrativa seja pela frustração trazida pelo ato ímprobo na comunidade, seja pelo desprestígio efetivo causado à entidade pública que dificulte a ação estatal" (REsp 960.926/MG, Rel. Ministro Castro Meira, Segunda Turma, DJe 1/4/2008). No mesmo sentido: REsp 1666454/RJ, rel. Min. Herman Benjamin 2ª Turma, j. 27/06/2017.

519 GARCIA, Emerson; ALVES, Rogério Pacheco. **Improbidade administrativa**. 7ª ed. São Paulo: Saraiva, 2013, versão digital.

520 "Numa interpretação sistemática da lei, deve considerar-se que o termo erário, constante da tipologia do art. 10, não foi usado em seu sentido estrito, ou sentido objetivo – o montante de recursos financeiros de uma pessoa pública (o tesouro). O sentido adotado foi o subjetivo, em ordem a indicar as pessoas jurídicas aludidas no art. 1º. Anote-se, ainda, que o sentido de patrimônio na expressão perda patrimonial tem ampla densidade, a mesma que provém da expressão patrimônio público. Vai, portanto, muito além do patrimônio econômico-financeiro." (**Manual de Direito Administrativo**. 31ª ed. São Paulo: Atlas, 2017, versão digital).

521 2ª Turma, REsp 1014161/SC, rel. Min. Mauro Campbell Marques, j. 17.8.2010, DJe 20/09/2010.

ímprobo, recordando-se que o STJ exige, para a condenação pelo ilícito do art. 10, a demonstração (leia-se: quantificação) de que ocorreu efetivo dano ao erário[522], o que deve ser feito, preferencialmente na fase pré-processual, seja como mecanismos de eficiência a agilidade, seja para oportunizar ao infrator a celebração de termo de ajuste de conduta.

Nesse sentido, o STJ[523], em *obter dictum*, reconheceu a existência em tese de improbidade administrativa ambiental ao analisar caso de edificação ilegal em área de preservação permanente que gozava de licença ambiental nula, porque concedida ao arrepio da lei. Em outro aresto, a Corte reconheceu expressamente ato de improbidade na modalidade do art. 11 da Lei 8.429/1992 por de omissão diante de dever ambiental, quando administrador público deixou de responder a ofícios enviados pelo Ministério Público, a fim de instruir inquérito civil com objetivo de propositura de ação civil pública para contenção de degradação ambiental[524].

Não havendo enriquecimento ilícito de agente e nem dano ao patrimônio público ambiental, resta analisar o art. 11 da Lei 8.429/1992, verdadeira "regra de reserva"[525] de frequente incidência, dado que, da norma contida no art. 225, *caput*, CR, na qual se impõe ao Poder Público dever de defender e preservar o meio ambiente para as presentes e futuras gerações, e dos desdobramentos contido no parágrafo 1º, extrai-se o princípio da obrigatoriedade da intervenção estatal (item 3.9), que positiva o dever de defesa do ambiente como princípio regente da atividade administrativa.

Conforme Alexandre Nardes, há de ser considerada gestão ímproba, pela violação de princípios administrativos (art. 11 da Lei nº 8.429/1992), não só aquela atuação que desrespeita os princípios gerais da Administração, mas também aquela que desatende diretamente outros princípios administrativos, igualmente plasmados na Constituição da República, cuja importância se iguala aos princípios reconhecidos pela clássica doutrina administrativista, caso do da intervenção em defesa do meio ambiente. A obrigação de defesa do ambiente equilibrado se impõe a todos os agentes públicos, e, muito mais, ao administrador ambiental, que tem por missão precípua atuar fiscalizando o atendimento à legislação pelos responsáveis por atividades e serviços potencialmente poluidores, bem como prevenindo, sancionando e promovendo a reparação de danos causados ao ambiente[526].

522 1ª Turma. AgRg no AREsp 18.317/MG, Rel. Min. Arnaldo Esteves Lima, julgado em 05/06/2014.

523 REsp 1.362.456, 2ª Turma, rel. Min. Mauro Campbell Marques, j. 20/6/2013, DJe 28/6/2013. Trata-se de recurso especial interposto pelo Ministério Público do Estado do Mato Grosso do Sul que foi provido, determinando-se fossem extraídas cópias dos autos e sua remessa ao *Parquet* "para apuração de eventual prática de ato de improbidade administrativa ambiental".

524 PROCESSUAL CIVIL. EMBARGOS DE DECLARAÇÃO. VÍCIOS INEXISTENTES. (PROCESSUAL CIVIL E ADMINISTRATIVO. OFENSA AO ART. 535 DO CPC (1973). INOCORRÊNCIA. IMPROBIDADE ADMINISTRATIVA AMBIENTAL. OITO OFÍCIOS ENVIADOS PELO MPF A FIM DE INSTRUIR INQUÉRITO CIVIL COM OBJETIVO DE PROPOSITURA DE AÇÃO CIVIL PÚBLICA PARA CONTENÇÃO DE DEGRADAÇÃO AMBIENTAL. SILÊNCIO INJUSTIFICADO PELA DEMORA DE TRÊS ANOS DA PARTE RECORRIDA. ELEMENTO SUBJETIVO DOLOSO. CARACTERIZAÇÃO. ART. 11 DA LEI Nº 8.429/92. INCIDÊNCIA. (EDcl no REsp 1116964/BA, Rel. Min. Mauro Campbell Marques, SEGUNDA TURMA, julgado em 02/08/2011, DJe 09/08/2011).

525 PAZZAGLINI FILHO, Marino, ROSA, Márcio Fernando Elias, FAZZIO JUNIOR, Waldo. **Improbidade administrativa: aspectos jurídicos da defesa do patrimônio público**. São Paulo: Atlas, 4ª ed., p. 124.

526 NARDES, Alexandre Melz. O dever de probidade administrativa ambiental e a aplicabilidade da Lei nº 8.429/1992. In DOBROWOLSKI, Samantha Chantal [et al.]. **Questões práticas sobre improbidade administrativa.** Brasília: ESMPU, 2011.

Nesse sentido, observa Hugo Nigro Mazzilli[527]:

> a Administração não pode invocar o princípio da discricionariedade e retardar ou até se negar a combater a poluição. Nem a um órgão público se pode admitir o jogo de um atribuir ao outro o dever de fiscalização. Todas as autoridades e todos os indivíduos são responsáveis pelo meio ambiente. Da parte da Administração, se ela surpreende uma violação ambiental ou dela tem conhecimento, exige-se a prática de ato administrativo de reação impositiva. Afinal, a defesa do meio ambiente interessa não só às atuais, como especialmente às futuras gerações.

De resto, a existência de sanções para a improbidade ambiental, ao lado das sanções penais e administrativas, de um lado, fortalece o aspecto preventivo da defesa do meio ambiente, inibindo condutas desonestas por parte de agentes públicos, e, de outro, reforça a necessidade de o administrador público observar o princípio da eficiência (art. 37, *caput*, da CR) pois, como bem destaca Marino Pazzaglini Filho[528] acerca do art. 225, *caput*:

> O dispositivo constitucional utiliza a expressão "assegurar a efetividade desse direito", o que realça, na área do meio ambiente, o princípio constitucional da eficiência (art. 37 da CF/88), que deve ser observado pela Administração Pública em geral e sempre nortear a conduta dos agentes públicos encarregados do controle ambiental.
>
> Portanto, na defesa e preservação do meio ambiente ecologicamente equilibrado para as presentes e futuras gerações, não basta aos organismos e aos agentes públicos comportamentos ativos e omissivos neutros, insuficientes para reparar, prevenir e precaver os danos ambientais. É mister que executem as tarefas de sua responsabilidade direcionadas sempre a reparação ou a proteção mais adequada, mais eficaz possível, do meio ambiente.

Por derradeiro, no que tange a **prescrição**, embora essa esteja submetida ao prazo de cinco anos aplicação das sanções por improbidade previstas no art. 12 da Lei 8.429/1992, é importante atentar que, tanto a pretensão de ressarcimento dos prejuízos causados dolosamente[529] ao Erário (art. 37, § 5º, da CR) como a de reparação ambiental são imprescritíveis (item 7.1).

10. INTELIGÊNCIA E DEFESA DO MEIO AMBIENTE

Inteligência, como bem reconhece o festejado Denílson Feitoza em obra cuja é leitura recomendada[530], é expressão polissêmica que ainda não foi objeto de uma definição que contenha todos os elementos essenciais de seu conceito. Assim, referido jurista aduz que o significado de inteligência depende do referencial, podendo esta ser

[527] MAZZILLI, Hugo Nigro. **A defesa dos interesses difusos em juízo: meio ambiente, consumidor, patrimônio cultural, patrimônio público e outros interesses.** 15ª ed. São Paulo: Saraiva, 2002, p. 130.

[528] PAZZAGLINI FILHO, Marino. **Princípios constitucionais e improbidade administrativa ambiental.** In Revista de Direito Ambiental. São Paulo. v. 17, p. 112 – 122, Jan-Mar/2000.

[529] O STF tese, em sede de repercussão geral, segundo a qual são imprescritíveis as ações de ressarcimento ao erário fundadas na prática de ato doloso tipificado na Lei de Improbidade Administrativa (Plenário, RE 852475/SP, Rel. orig. Min. Alexandre de Moraes, Rel. para acórdão Min. Edson Fachin, julgado em 08/08/2018).

[530] FEITOZA, Denílson. **Direito processual penal: teoria, crítica e práxis.** 8ª ed. Niterói: Impetus. 2011. Trata-se de um dos raros autores de manuais e cursos de Direito Processual Penal que analisa detidamente a atividade de inteligência e suas implicações na respectiva disciplina.

abordada: a) como *organização* (serviço de inteligência ou comunidade de serviços de inteligência); b) como *processo* ou *atividade* (executada pelo órgão de inteligência); c) como *produto* ou *conhecimento de inteligência* (o resultado registrado em seus documentos de inteligência; d) como *método* (o ciclo de produção do conhecimento).

A Lei 9.883/1999, que trata da atividade de inteligência em nível federal, regulamentada pelo Decreto 4.376/2002 define inteligência (em sentido estrito) como "a atividade que objetiva a obtenção, análise e disseminação de conhecimentos dentro e fora do território nacional sobre fatos e situações de imediata ou potencial influência sobre o processo decisório e a ação governamental e sobre a salvaguarda e a segurança da sociedade e do Estado" (art. 1º, § 2º) e contrainteligência como "a atividade que objetiva neutralizar a inteligência adversa" (art. 1º, § 3º). Em sentido amplo, inteligência abarca contrainteligência.

Impende destacar[531] que o resultado da inteligência não se destina a qualquer um, mas pressupõe que seu produto ou resultado (conhecimento de inteligência) é direcionado precipuamente a um tomador de decisão em posição estratégica. Assim, em apertada e despretensiosa síntese, podemos concluir que inteligência, em sentido amplo, é uma atividade-*meio que visa à obtenção de informações e sua análise para fins de produção conhecimento e auxílio a tomada de decisões estratégicas ou táticas da atividade-fim, bem como a proteção contra atividade de inteligência adversa.*

O fundamento constitucional da atividade de inteligência é primordialmente o princípio da eficiência (art. 37, *caput*, art. 74, II, e art. 144, § 7º, CR), notadamente nas vertentes da economicidade e efetividade.

No âmbito do Poder Executivo Federal, a Lei 9.883/1999 estrutura o Sistema Brasileiro de Inteligência (Sisbin) "responsável pelo processo de obtenção, análise e disseminação da informação necessária ao processo decisório do Poder Executivo, bem como pela salvaguarda da informação contra o acesso de pessoas ou órgãos não autorizados" (art. 2º, § 1º). O Decreto 8.793/2016 fixa a Política Nacional de Inteligência (PNI) no âmbito do Sistema Brasileiro de Inteligência.

Como a República é formada de poderes (Executivo, Judiciário e Legislativo) harmônicos e independentes entre si (CR, art. 2º), bem como por instituições permanentes e independentes como o Ministério Público (art. 127, *caput*, e § 1º), dotado de autonomia funcional e administrativa (§ 2º), bem como competência para estruturar e organizar seus serviços administrativos, outros órgãos que não os previstos na Lei 9.883/1999 também podem criar seus órgãos de inteligência. Nos Ministérios Públicos tal atividade é desempenhada, conforme o caso, por centros especializados, centros de apoio operacional, grupos de atuação especial e comissões técnicas, nos termos da Lei 8.625/1993 e da Lei Complementar 75/1993. O Grupo Nacional de Combate às Organizações Criminosas (GNCOC), vinculado ao Colégio Nacional de Procuradores-Gerais (CNPG) foi primeiro órgão de inteligência criado formalmente no Ministério Público brasileiro, e é integrado por representantes dos setores de inteligência e de combate ao crime organizado de cada um dos Ministérios Públicos do país.

531 FEITOZA, Denílson. Op. cit, p. 1030.

Importante destacar que a atividade de inteligência não se confunde com a atividade fim do órgão (criminal, cível etc.).

A **atividade ministerial de inteligência** é executada mediante *operações de inteligência*, numa atividade permanente e sistemática na qual os dados são obtidos, submetidos a um processo de *tratamento* (análise segundo critérios científicos de inteligência), tendo por objetivo gerar um produto chamado *conhecimento*, com a finalidade subsidiar a *tomada de decisões estratégicas ou táticas*.

Já a **atividade ministerial de investigação** é executada mediante *procedimentos persecutórios* (penais ou civis), segundo *critérios da legislação processual*, com a finalidade de produção de *prova*, tendo por finalidade *apuração de um ilícito* (penal ou civil). Desse modo, claro está que o produto da atividade de inteligência, em regra, não constitui prova, embora em certos casos, a distinção seja tormentosa[532].

Em que pese ausência de uma "cultura de inteligência" consolidada em alguns órgãos ambientais e mesmo do Ministério Público (isso sem mencionar a mistificação em torno desse importante ramo de atuação)[533], a atividade de inteligência desempenha papel fundamental em todas as suas áreas de atuação:

- obter informações, submetendo-as a criteriosa análise e com isso produzindo conhecimento, com a finalidade de amparar a tomada de decisões estratégicas ou táticas nos mais diferentes níveis, notadamente no combate a macrocriminalidade e defesa de interesses difusos;
- identificar fatos ou situações que possam resultar em ameaças, riscos ou oportunidades para a atuação do Ministério Público;
- subsidiar a Administração Superior com conhecimentos (diferente de simples estatísticas) sobre o aumento de ilícitos ambientais para realizar planejamento estratégico, incremento de recursos físicos e humanos nessa área de atuação;
- subsidiar os órgãos de execução com conhecimentos relativos a suas atribuições, por exemplo, aumento de ilícitos ambientais em determinada região, aprofundamento de informações preliminares recebidas;
- maior entrosamento com órgãos de fiscalização ou policiais;
- incremento de atuação proativa, ao invés de meramente reativa (ênfase na prevenção do ilícito ambiental);
- identificação de inconsistências em licenciamentos ambientais concedidos, seja em razão de falhas ou fraudes no órgão ambiental.

---

532 Vide, a respeito, a precisa distinção realizada por Denilson Feitoza entre a atividade de inteligência "clássica" ou "de Estado" (atividade de assessoramento do processo decisório das autoridades governamentais, de natureza consultiva) e a atividade de inteligência de "natureza executiva", mecanismo de apoio a atividade fim de órgãos como por exemplo as polícias, especialmente em investigações criminais complexas (op cit., p. 1034). Assim, órgãos policiais, ambientais, de controle (Tribunais de Contas e Controladorias), e o Ministério Público desenvolveriam inteligência tanto em nível estratégico (foco nas macroameaças) quanto em nível tático (foco no caso concreto).

533 A atividade de inteligência é desenvolvida, ainda que com outras denominações, em todos os grandes conglomerados econômicos, dos mais diferentes ramos de atuação. Pode-se afirmar, sem dúvidas, que não existe uma grande empresa (aí incluídos grandes escritórios de profissionais liberais como advocacia, consultorias ambientais, etc.) que atualmente não use de seus serviços.

Importante função a ser destacada é que um setor de inteligência estruturado e em funcionamento viabiliza enormemente o contato com setores de inteligência de outros órgãos, diante dos critérios de sigilo próprios da atividade. Esse compartilhamento de conhecimentos é fundamental na atuação sinérgica dos órgãos estatais notadamente frente a grandes conglomerados econômicos ou organizações criminosas. Como destaca Joanisval Gonçalves[534], diante do grau de complexidade e diversificação do crime organizado, a atividade de inteligência adquire grande importância não só para a **repressão**, mas, sobretudo, no que concerne à **prevenção** contra o desenvolvimento do crime organizado. De fato, a inteligência é útil para o planejamento de estratégias de ação das autoridades no contexto da segurança pública e fiscalização de ilícitos, devendo ser realizada de forma a reunir as inteligências governamental e policial, em escala federal e estadual[535].

No que tange a **contrainteligência**, sua importância advém do fato de que a permanência e a regularidade são elementos básicos de organizações criminosas e, para lográ-los, torna-se fundamental àquelas evitar a investigação e a perseguição por parte do Estado[536]. Assim, ao invés de optar pelo enfrentamento ostensivo, o crime organizado prefere unir-se a ele, mediante corrupção de agentes públicos, ou nele infiltra-se (física ou virtualmente), visando a subtração de informações ou a disseminação de informações falsas (desinformação), dentre outras ameaças que visa a contrainteligência neutralizar.

Não por acaso, a Política Nacional de Inteligência (Decreto 8.793/2016) inclui no rol de principais ameaças:

> 6.9. Criminalidade Organizada
>
> É ameaça a todos os Estados e merece atenção especial dos órgãos de Inteligência e de repressão nacionais e internacionais. A incidência desse fenômeno, notadamente em sua vertente transnacional, reforça a necessidade de aprofundar a cooperação. Apesar dos esforços individuais e coletivos das nações, não se projetam resultados que apontem para a redução desse flagelo global em curto e médio prazo.
>
> A atuação cada vez mais integrada nas vertentes preventiva (Inteligência) e reativa (Policial) mostra ser a forma mais efetiva de enfrentar esse fenômeno, inclusive no que diz respeito a subsidiar os procedimentos de identificação e interrupção dos fluxos financeiros que lhe dão sustentação. Atualmente, a grande maioria dos países desenvolve e aprofunda o intercâmbio de dados e conhecimentos entre os órgãos de Inteligência e de repressão em âmbito nacional e internacional.
>
> 6.10. Corrupção
>
> A corrupção é um fenômeno mundial capaz de produzir a erosão das instituições e o descrédito do Estado como agente a serviço do interesse nacional. Pode ter, nos polos ativo e passivo, agentes públicos e privados.

[534] GONÇALVES, Joanisval Brito. **A Atividade de Inteligência no Combate ao Crime Organizado: o Caso do Brasil**. Disponível em http://www2.senado.leg.br/bdsf/bitstream/handle/id/103/01.pdf?sequence=3. Acesso em 2.8.2017.

[535] Veja-se o exemplo exitoso dos órgãos de inteligência financeira, especialmente o Conselho de Controle de Atividades Financeiras (COAF), previsto na Lei 9.613/1998, no combate à lavagem de dinheiro e delitos correlatos como corrupção, sonegação, narcotráfico, dentre outros.

[536] CEPIK, Marco; BORBA, Pedro. **Crime organizado, Estado e segurança internacional**. In. Contexto Internacional, v. 33, nº 2, julho/dezembro 2011, p. 377.

> Cabe à Inteligência cooperar com os órgãos de controle e com os governantes na prevenção, identificação e combate à corrupção em suas diversas manifestações, inclusive quando advindas do campo externo, que colocam em risco o interesse público.

Na área ambiental do Ministério Público, tanto os Centros de Apoio Operacional como os órgãos de execução são detentores de informações e conhecimentos valiosos, os quais, todavia, nem sempre encontram-se devidamente estruturados segundo as diretrizes de análise e salvaguarda da inteligência, o que pode reduzir a eficácia, seja pela ineficiência da disseminação dos conhecimentos no Ministério Público e aos órgãos parceiros, seja por tornar tais dados altamente vulneráveis diante da atuação de inteligências adversas (escritórios especializados, grandes empresas, organizações criminosas etc.).

Assim, é de vital importância a *estruturação* física e humana de setores de inteligência ministeriais, a *capacitação permanente* de membros e servidores, e o estabelecimento de *procedimentos padronizados*, de modo que a inteligência contribua para maior efetividade e resolutividade da atividade fim do Ministério Público.

Com relação à estruturação da inteligência nos órgãos parceiros do Ministério Público, esta encontra-se em franca expansão nos órgãos ambientais, havendo de ser destacada a atuação do Ibama. O Decreto 8.973/2017, que dispõe sobre a estrutura regimental da autarquia, dispõe ser uma de suas missões "a geração, integração e disseminação sistemática de informações e conhecimentos relativos ao meio ambiente" (art. 2º, VI). Visando cumprir esse desiderato, o órgão editou a Portaria 24, de 16.8.2016, que aprova o Regulamento Interno de Fiscalização Ambiental (RIF), prevendo, dentre as diretrizes gerais para a fiscalização ambiental, "empregar a atividade de inteligência como elemento estratégico para a produção de conhecimento e a obtenção de resultados relevantes" (art. 7º, X). A Portaria prevê a Coordenação de Inteligência de Fiscalização (Coinf) como setor de inteligência, com as seguintes atribuições (art. 23): I – atuar como canal técnico de inteligência junto à representação nacional das instituições que compõem o Sistema Brasileiro de Inteligência (Sisbin); II – desenvolver e implementar a doutrina de inteligência; III – gerenciar os sistemas informatizados voltados à atividade de inteligência; IV – indicar servidores para atuação na atividade de inteligência; e V – indicar a participação de servidores em eventos de capacitação na área de inteligência.

A Portaria ainda define atividade de inteligência no âmbito do Ibama como "a atividade de inteligência tem como objetivo a produção de conhecimento, de natureza estratégica e operacional, para assessorar a decisão dos dirigentes na condução dos assuntos da fiscalização ambiental e para o combate às infrações ambientais" (art. 71) e contrainteligência como "proteção e a salvaguarda de conhecimentos sensíveis" (art. 75).

Trata-se de regulamentação exemplar, que vem sendo acompanhada de paulatina capacitação dos servidores do órgão, a servir como norte para órgãos ambientais estaduais e municipais, muitos ainda incipientes nessa seara.

11. REFERÊNCIAS BIBLIOGRÁFICAS

ABI-EÇAB. Pedro. **Suspensão cautelar das atividades da pessoa jurídica em razão de crimes ambientais**. In Revista de Direito Ambiental. São Paulo, v. 49, p. 217 - 227, 2008.

______. **Exploração de recursos madeireiros em reservas extrativistas**. In: RASLAN, Alexandre (coord.) Direito Ambiental, Campo Grande: Universidade Federal do Mato Grosso do Sul, 2010, p. 181-202.

______ **Destino dos instrumentos de crimes contra o ambiente**. In Revista do Ministério Público do Estado de Goiás, nº 22, jul-dez/2011. Disponível em http://www.mp.go.gov.br/revista/pdfs_1/Destino%20dos%20instrumentos%20de%20crimes%20contra%20º%20ªmbiente.pdf. Acesso em 12.7.2017.

ADEDE Y CASTRO, João Marcos. **Crimes Ambientais: comentários à Lei nº 9.605/98.** Porto Alegre: Editora Sérgio Antônio Fabris, 2004.

AKAOUI, Fernando Reverendo Vidal. **Compromisso de ajustamento de conduta ambiental**. São Paulo: Revista dos Tribunais, 2003.

______ O princípio constitucional da supremacia dos interesses e direitos difusos. In **Revista de Direito Privado**, São Paulo, nº 36, out.-dez. 2008, p. 141-160.

ALEXY, Robert. Direitos fundamentais no estado constitucional democrático, in **Revista de Direito Administrativo**, Rio de Janeiro, nº 217, jul./set. 1999ª, p. 55-66.

______. Colisão de direitos fundamentais e realização de direitos fundamentais no estado de direito democrático, in **Revista de Direito Administrativo**, Rio de Janeiro, nº 217, jul./set. 1999b, p. 67-79.

______. Direitos fundamentais, ponderação e racionalidade, in **Revista de Direito Privado**, São Paulo, v. 6 nº 24 out./dez. 2005, pp. 334-344.

ANTUNES, Paulo de Bessa. **Direito Ambiental**. 6ª ed., Rio de Janeiro: Lúmen Juris, 2002.

ARANCIBIA, Felipe E. Rodríguez. **Decrescimento, a realização de uma utopia**. Revista Sociedade e Estado, Universidade de Brasília, v. 27, nº 1, Janeiro/Abril 2012.

ARAÚJO, Sarah Carneiro. **Licenciamento Ambiental no Brasil:** Uma Análise Jurídica e Jurisprudencial. Rio de Janeiro: Lumen Juris, 2013.

ARHENS, Sérgio. **O novo código florestal brasileiro**: conceitos jurídicos fundamentais. Congresso Florestal Brasileiro, 2003, São Paulo, SP. São Paulo: Sociedade Brasileira de Silvicultura; Brasília: Sociedade Brasileira de Engenheiros Florestais, 2003. In: http://www.buscalegis.ufsc.br/revistas/index.php/buscalegis/article/viewFile/26462/26025.

BALTAZAR JR. José Paulo. **Crimes Federais**. 10ª ed. São Paulo: Saraiva, 2015, versão digital.

BARROSO, Luís Roberto. **Curso de Direito Constitucional Contemporâneo**, 7ª edição, São Paulo: Saraiva, 2018, versão digital.

BECK, Ulrich. **La sociedad del riesgo global**. Madri: Siglo Veintiuno, 2002.

BELLO FILHO, Ney de Barros. **Direito ambiental das mudanças climáticas: novos paradigmas da atuação judicial**. In Revista de Direito Ambiental, São Paulo, v. 58, p. 274 e ss., abr.-jun./ 2010.

BENJAMIN, Antônio Herman Vasconcelos *et al*. **Dano Ambiental: prevenção, reparação e repressão**. São Paulo: Revista dos Tribunais, 1993.

_____ **A proteção do meio ambiente nos países menos desenvolvidos: o caso da América latina**. In Revista de Direito Ambiental, São Paulo, v. 0, p. 83 e ss., jan./1996.

_____ **Reflexões sobre a hipertrofia do direito de propriedade na tutela de reserva legal e das áreas de preservação permanente**. In Revista Forense. Rio de Janeiro, v. 93, nº 340, p. 45-62, out./dez. 1997.

_____ **Responsabilidade civil pelo dano ambiental**. Revista de Direito Ambiental. São Paulo, v. 9, p. 5 e ss., jan.-mar./1998.

_____ **Introdução ao Direito ambiental brasileiro**. In Revista de Direito Ambiental. São Paulo, v. 14, p. 48 e ss., abr.-jun./1999.

_____ **O regime brasileiro de unidades de conservação**. In Revista de Direito Ambiental. São Paulo, vol. 21, p. 27 e ss., jan.-mar./2001.

_____ **O Meio Ambiente na Constituição Federal de 1988**, In Informativo Jurídico da Biblioteca Ministro Oscar Saraiva, Brasília, v. 19, nº 1, jan./jun. 2008.

_____**O Meio Ambiente na Constituição Federal de 1988.** Brasília: BDJUR, 2005.

_____ **A natureza no direito brasileiro: coisa, sujeito ou nada disso.** 2009. Disponível em https://bdjur.stj.jus.br/jspui/bitstream/2011/26184/Natureza_Direito_Brasileiro.pdf, acesso em 31.7.2017.

_____ **O princípio da proibição de retrocesso ambiental**. Brasília-DF. Comissão de Meio Ambiente, Defesa do Consumidor e Fiscalização e Controle do Senado Federal. p. 62. Disponível em http://www2.senado.leg.br/bdsf/handle/id/242559, acesso em 5.7.2017.

_____. **Direito Constitucional Ambiental Brasileiro.** (Org.) José Joaquim Gomes Canotilho e José Rubens Morato Leite. São Paulo: Saraiva, 2007, p. 57-135.

_____; MILARÉ, Édis. **Estudo prévio de impacto ambiental:** teoria prática e legislação. São Paulo: Revista dos Tribunais, 1993.

BITENCOURT, Cezar Roberto. **Tratado de direito penal: parte geral**, São Paulo: Saraiva, 2012, versão digital.

BOFF, Leonardo. **Os limites do capital são os limites da Terra.** Agência Carta Maior - Economia. São Paulo, 15 de janeiro de 2009. Disponível em: <www. cartamaior.com.br/templates. Acesso em: 21.02.2017.

BONAVIDES, Paulo. **Curso de Direito Constitucional**. 19ª ed., são Paulo: Malheiros, 2006.

BOTKIN, D. B.; KELLER, E.A. **Ciência Ambiental:** Terra, um planeta vivo. 7ª ed. Tradução Francisco Vecchia; Luiz Cláudio de Queiroz Faria - Revisão Técnica Marcos José de Oliveira. Rio de Janeiro: LTC, 2011.

BRASIL. Ministério Público da União. **Deficiências em Estudos de Impactos Ambientais:** síntese de uma experiência. Brasília: ESMPU, 2004.

BRITO, Carlos Ayres. **Teoria da Constituição**. 2ª ed. Rio de Janeiro: Forense, 2006.

BULOS, Uadi Lammêgo. **Curso de direito constitucional**. 8ª ed. São Paulo: Saraiva, 2014.

CANOTILHO, J.J. Gomes *et al.* **Direito constitucional ambiental brasileiro**. 6ª ed., São Paulo: Saraiva, 2015, versão digital.

CAPPELLETTI, Mauro. **Formações sociais e interesses coletivos diante da Justiça Civil**. In Revista de Processo. São Paulo: Revista dos Tribunais, v. 5, p. 128-159, 1977.

CAPRA, Fritjof. **A teia da vida**. São Paulo: Cultrix, 1996.

CARVALHO FILHO, José dos Santos. **Manual de Direito Administrativo**. 31ª ed. São Paulo: Atlas, 2017, versão digital.

CEPIK, Marco; BORBA, Pedro. **Crime organizado, Estado e segurança internacional**. In. Contexto Internacional, v. 33, nº 2, julho/dezembro 2011, p. 375-405.

CHALHUB, Melhim Namem. **Trust: breves considerações sobre sua adaptação aos sistemas jurídicos de tradição romana**. In Revista dos Tribunais, v. 790, p. 79-113, Ago/2l.

CHUEIRI, Vera Karam de; HOSHINO, Thiago de Azevedo Pinheiro. **Nos altares da autoridade: o STF entre compromisso e jurispatia.** Disponível em: https://www.jota.info/opiniao-e-analise/artigos/nos-altares-da-autoridade-o-stf-entre-compromisso-e-jurispatia-06082018. Acesso em 23.11.2018.

COMPARATO, Fábio Konder. **A afirmação Histórica dos Direitos Humanos**. 3ª. ed., São Paulo: Saraiva, 2003.

______ **Função social da propriedade dos bens de produção**. In Revista de Direito Mercantil, Industrial, Econômico e Financeiro, São Paulo, v. 63, p. 71-79, jul.-set./1986.

CONSTANTINO, Carlos Ernani. **Delitos ecológicos**. 2ª ed. São Paulo: Atlas, 2002

CRISTÓVAM, José Sérgio da Silva. **Colisões entre princípios constitucionais – razoabilidade, proporcionalidade e argumentação jurídica**. Curitiba: Juruá, 2006.

DEAN, Warren. **A ferro e fogo:** a história da devastação da Mata Atlântica brasileira. São Paulo: Companhia das Letras, 1996.

DERANI, Cristiane. **Direito Ambiental Econômico**. São Paulo: Max Limonad, 1997. p. 158.

______ Função ambiental da propriedade. In **Revista de Direitos Difusos**. São Paulo, v. 1, nº 3, p. 265-72, out. 2000.

______ **A propriedade na Constituição de 1988 e o conteúdo da 'função social'**. In Revista de Direito Ambiental, São Paulo, v. 27, jul.-set./2002, p. 58 e ss.

DIAMOND, Jared. **Armas, germes e aço**. 7ª ed. Rio de Janeiro: Record, 2005.

____. **Colapso: Como as sociedades optam entre o fracasso e a sobrevivência.** 5ª ed., Rio de Janeiro: Record, 2007.

DINO NETO, Nicolao. **Introdução ao estudo das infrações administrativas ambientais**. In Revista de Direito Ambiental, São Paulo, v. 62, p. 169 e ss., abr.-jun./2011.

DUGUIT, Leon. **Fundamentos do Direito**. São Paulo: Ícone Editora, 1996.

FARIAS, Talden. **Licenciamento Ambiental:** Aspectos Teóricos e Práticos. 3ª edição. Belo Horizonte: Fórum, 2011.

FEITOZA, Denílson. **Direito processual penal: teoria, crítica e práxis**. 8ª ed. Niterói: Impetus. 2011.

FENSTERSEIFER, Tiago; SARLET, Ingo Wolfgang. Algumas notas sobre a dimensão ecológica da dignidade da pessoa humana e sobre a dignidade da vida em geral. **Revista de Direito Público**, v. 19, 2008.

FERNANDES, Bernardo Gonçalves. **Curso de Direito Constitucional.** 4ª edição. Salvador: Juspodivm. 2012.

FERRAZ JUNIOR, Tercio. **Introdução ao Estudo do Direito**. 6ª ed., São Paulo: Atlas, 2008.

FIGUEIREDO, Guilherme José Purvin de. **A propriedade no direito ambiental**. Rio de Janeiro: Esplanada, 2004.

FIORILLO, Celso Antônio Pacheco. **Curso de direito ambiental brasileiro.** 14ª ed. São Paulo: Saraiva, 2013, versão digital.

FREITAS, Juarez. **Sustentabilidade: direito ao futuro**. 2ª ed., Belo Horizonte: Fórum, 2012.

FREITAS, Vladimir Passos de; FREITAS, Gilberto Passos de. **Crimes contra a natureza**. São Paulo, Revista dos Tribunais, 2012.

FREITAS, Vladimir Passos. **A Constituição Federal e a Efetividade das Normas Ambientais.** 3ª ed. São Paulo: Revista dos Tribunais, 2005.

______. **Direito Administrativo e Meio Ambiente**. 4ª. ed. Curitiba: Editora Juruá, 2010.

GAIO, Alexandre. O Tipo Penal do Artigo 38 da Lei nº 9605/98 e a Evolução da Tutela das Áreas de Preservação Permanente. In: Jarbas Soares Júnior e Luciano José Alvarenga. (Org.). **Direito Ambiental no STJ.** 1ªed.Belo Horizonte: Del Rey, 2010

______ "A invasão das unidades de conservação pelos organismos geneticamente modificados". In GAIO, Alexandre; ALTHAUS, Ingrid Giachini; BERNARDO, Leandro Ferreira (org.). **Direito Ambiental em discussão**. São Paulo: Iglu, 2011.

______ **Lei da Mata Atlântica Comentada.** 2ª. Edição. São Paulo: Almedina, 2018.

______. As Licitações das Grandes Obras Públicas e o Estudo Prévio De Impacto Ambiental e Relatório de Impacto Ambiental. In: GAIO, Alexandre; ABI-EÇAB, Pedro (Org.). **Lei da Política Nacional do Meio Ambiente:** 30 anos. Campo Grande: Contemplar, 2012. p. 61-77.

______. A descentralização do licenciamento ambiental aos Municípios: estrutura mínima exigida para um órgão ambiental municipal ser considerado capacitado. In: DIZ, Jamile Bergamaschine Mata; GAIO, Daniel (Org.). **Desenvolvimento Sustentável na Contemporaneidade**. Belo Horizonte: Editora Arraes, 2019 (no prelo).

______. Os Termos de Ajustamento de Conduta para a proteção do meio ambiente como atos jurídicos perfeitos e a consolidação da jurisprudência do Superior Tribunal de Justiça. **Revista Jurídica do Ministério Público do Estado do Paraná.** Ano 4. nº 7, dezembro/2017. Curitiba.

______; GAIO, Ana Paula Pina. **Reserva Legal: sua supressão pelo instituto da compensação e confronto com o princípio da proibição do retrocesso do direito ambiental.** Revista Brasileira de Direito Ambiental, v. 16, p. 213-246, 2008.

______; ABI-EÇAB, Pedro (Org.). **Lei da Política Nacional do Meio Ambiente**: 30 anos. Campo Grande: Contemplar, 2012

GARCIA, Emerson; ALVES, Rogério Pacheco. **Improbidade administrativa.** 7ª ed. São Paulo: Saraiva, 2013, versão digital.

GARCIA, Leonardo de Medeiros. **Promoção do consumo sustentável através do princípio da informação ambiental ao consumidor**. In Revista de Direito do Consumidor, São Paulo: RT, v. 104, p. 149-178, Mar-Abr/2016.

GAZOTO, Luís Wanderley. "Terras Indígenas e proteção ao Meio Ambiente". In **Boletim dos Procuradores da República**. São Paulo, nº 74, p. 16-22, maio de 2007.

GONÇALVES, Joanisval Brito. **A Atividade de Inteligência no Combate ao Crime Organizado: o Caso do Brasil**. Disponível em http://www2.senado.leg.br/bdsf/bitstream/handle/id/103/01.pdf?sequence=3. Acesso em 2.8.2017.

GONÇALVES, Luiz Carlos dos Santos. **Mandatos expressos de criminalização e a proteção dos direitos fundamentais na Constituição brasileira de 1988**. Belo Horizonte: Editora Fórum, 2007.

GRANZIERA, Maria Luiza Machado. **Direito Ambiental.** Atlas. São Paulo: 2009.

GUEDES, Maria Lenise Silva et al. Breve incursão sobre a biodiversidade da Mata Atlântica, In: FRANKE, Carlos Roberto; ROCHA, Pedro Luis Bernardo da; KLEIN, Wilfried; GOMES, Sérgio Luiz (Org.) **Mata Atlântica e biodiversidade.** Salvador: Edufba, 2005. p. 39-92.

GRAU, Eros Roberto. Proteção do meio ambiente (o caso do Parque do Povo). In **Revista dos Tribunais**. São Paulo: Revista dos Tribunais, ano 83, v. 702, abr.1994, p. 247-260.

______ **A ordem econômica na Constituição de 1988**. 14ª ed., São Paulo: Malheiros, 2010.

HÄBERLE, Peter. **Hermenêutica constitucional – a sociedade aberta dos intérpretes da Constituição: contribuição para a interpretação pluralista e "procedimental" da Constituição**. Porto Alegre: Sérgio Antônio Fabris Editor, 1997.

HARDIN, Garret. **A tragédia dos comuns**. Tradução de José Roberto Bonifácio. Disponível em https://aprender.ead.unb.br/pluginfile.php/254123/mod_resource/content/0/A_TRAGEDIA_DOS_COMUNS_por_Garrett_Hardin.pdf. Acesso em 13.7.2017.

HENRIQUES FILHO, Tarcísio. **A Lei de Improbidade Administrativa e a tutela do meio ambiente**. Boletim Científico ESMPU, Brasília, a. 10 – nº 36, p. 29-52 – Edição Especial 2011.

JUNK, Wolfgang J. et al. **Definição e classificação das áreas úmidas (AUs) brasileiras:** base científica para uma nova política de proteção e manejo sustentável. Disponível em http://www.inau.org.br/classificacao_areas_umidas_completo.pdf. Acesso em 11/04/2016.

KURKOWSKI, Rafael Schwez. **Crime Ambiental – Lei 9.605/1998.** In CUNHA, Rogério Sanches; PINTO, Ronaldo Batista; SOUZA, Renee do Ó (Org.). **Leis penais especiais comentadas.** Salvador: Juspodivm, 2018, p. 1193-1315.

LATOUCHE, Serge. **Pequeno tratado do decrescimento sereno**. São Paulo: Editora WMF, 2009.

LEITÃO, Sérgio Proença; KURTZ, Renata Geórgia Motta. **Relacionamentos interpessoais e aprendizagem na economia de comunhão: o caso Femaq**. In Revista de Administração Pública. Rio de Janeiro: FGV. Disponível em http://bibliotecadigital.fgv.br/ojs/index.php/rap/article/view/6793, acesso em 7.7.2017.

LEITE, José Rubens Morato. **Dano ambiental: do individual ao coletivo extrapatrimonial**. São Paulo: Revista dos Tribunais, 2000.

______; BELCHIOR, Germana Parente Neiva. **Estado de Direito Ambiental: uma análise da recente jurisprudência ambiental do STJ sob o enfoque da hermenêutica jurídica**. In Revista de Direito Ambiental. São Paulo, v. 56, p. 55-92, Out-Dez/2009.

LEUZINGER, Márcia Dieguez; CUREAU, Sandra. **Direito ambiental**. Rio de Janeiro: Elsevier, Campus, 2013.

______; VARELLA, Marcelo Dias. **O meio ambiente na Constituição de 1988 – Sobrevôo por alguns temas vinte anos depois**. In Revista de Informação Legislativa. Brasília: Senado Federal, v. 45, nº 179, p. 397-402, jul.-set., 2008.

LEVAI, Laerte. Crueldade Consentida – Crítica a Razão Antropocêntrica. **Revista Brasileira de Direito Animal.** Salvador: Instituto de Abolicionismo Animal. Vol 1. n.1, jul./dez. 2006. p. 171-190.

LIMA, André *et al.* **O Direito para o Brasil socioambiental**. Porto Alegre: Sérgio Antônio Fabris Editor, 2002.

LIMA, André. Tutela jurídica das espécies da flora ameaçadas de extinção na Mata Atlântica. In: _____ (Org.). **Aspectos jurídicos da proteção da Mata Atlântica.** São Paulo: Instituto Socioambiental, 2001. p. 75-88.

LIMA, W. P. **Função hidrológica da mata ciliar.** In: BARBOSA, L.M. Simpósio sobre mata ciliar. Campinas: Fundação Cargill, 1989. p. 25-42.

LORENZETTI, Ricardo Luis. **Fundamentos do Direito Privado**. São Paulo: Revista dos Tribunais, 1998.

______. **Teoria geral do direito ambiental**. São Paulo: Revista dos Tribunais, 2010.

LORENZ, Edward N. **Predictability: Does the Flap of a Butterfly's Wings in Brazil Set Off a Tornado in Texas?** Conferência. 139ª Reunião da American Association for the Advancement of Science, Washington DC, 9.12.1972. Disponível em http://eaps4.mit.edu/research/Lorenz/Butterfly_1972.pdf. Acesso em 8.7.2017.

LOUBET, Luciano Furtado. **Licenciamento Ambiental:** A Obrigatoriedade da Adoção das Melhores Técnicas Disponíveis (MTD). Belo Horizonte: Del Rey, 2014.

MACHADO, Paulo Affonso Leme. **Direito Ambiental Brasileiro**. 21ª ed., São Paulo: Malheiros, 2013.

______ Princípios do Direito Ambiental e Tutela Penal. **Revista dos Tribunais,** São Paulo, vol. 894, p. 383 – 399, 2010.

MARCOS, Patrícia Rossi. A Influência do Princípio da Cooperação Internacional nas Conquistas e Metas para a Sustentabilidade do Setor Energético. **Revista Magister Direito Ambiental e Urbanístico**. nº 56. Porto Alegre: Magister, 2014. p. 5-20.

MARINONI, Luiz Guilherme. **O Direito Ambiental e as ações inibitórias e de remoção do ilícito.** Disponível em: http://www.marinoni.adv.br/artigos.php. Acessado em 29/06/2015.

MARMELSTEIN, George. **Efeito Backlash da Jurisdição Constitucional: reações políticas à atuação judicial**. Disponível em: https://direitosfundamentais.net/2015/09/05/efeito-backlash-da-jurisdicao-constitucional-reacoes-politicas-a-atuacao-judicial/. Acesso em 9.11.2018.

MARTINS JUNIOR, Wallace Paiva. **Enriquecimento ilícito de agentes públicos – evolução patrimonial desproporcional a renda ou patrimônio – Lei Federal 8.429/92**. In Revista dos Tribunais, São Paulo, v. 755, p. 94 – 112, Set/1998.

MASCARO, Alysson Leandro. **Filosofia do Direito**, 5ª ed. São Paulo: Atlas, 2016, versão digital.

MAZZILLI, Hugo Nigro. **A defesa dos interesses difusos em juízo: meio ambiente, consumidor, patrimônio cultural, patrimônio público e outros interesses.** 15ª ed. São Paulo: Saraiva, 2002.

MAZZUOLI, Valério de Oliveira; "A proteção internacional dos direitos humanos e o direito internacional do meio ambiente". In **Revista de Direito Ambiental.** São Paulo, v. 34, p. 97 e ss., abr.-jun./2004.

______. **Curso de direito internacional público.** 9ª ed. São Paulo: Editora Revista dos Tribunais, 2015.

MEIRELLES, Hely Lopes. **Direito Administrativo Brasileiro.** 17ª ed. São Paulo: Malheiros, 1992.

MELLO, Celso Antônio Bandeira de. **Curso de Direito Administrativo.** 14ª ed., São Paulo: Malheiros, 2002.

MILARÉ, Édis. **Direito do Ambiente.** 8ª ed., São Paulo: Revista dos Tribunais, 2013.

MIRANDA, Jorge. **Manual de Direito Constitucional (Direitos Fundamentais)**, Tomo IV, 5ª ed., Coimbra: Coimbra Editora, 2014

NARDES, Alexandre Melz. O dever de probidade administrativa ambiental e a aplicabilidade da Lei nº 8.429/1992. In DOBROWOLSKI, Samantha Chantal [et al.]. **Questões práticas sobre improbidade administrativa.** Brasília: ESMPU, 2011, disponível em http://escola.mpu.mp.br/publicacoes/obras-avulsas/e-books/questoes-praticas-sobre-improbidade-administrativa, acesso em 1.9.2017.

ODUM, Eugene. **Ecologia**. Rio de Janeiro: Guanabara, 1988.

PAZZAGLINI FILHO, Marino. **Princípios constitucionais e improbidade administrativa ambiental**. In Revista de Direito Ambiental. São Paulo. v. 17, p. 112 – 122, Jan-Mar/2000.

______, ROSA, Márcio Fernando Elias, FAZZIO JUNIOR, Waldo. **Improbidade administrativa: aspectos jurídicos da defesa do patrimônio público**. São Paulo: Atlas, 4ª ed.

PINTO, Carlos Eduardo Ferreira et al. Atividades minerárias e proteção ao meio ambiente no Brasil. In: **Mineração e atuação do Ministério Público na América Latina**. Org. Alex Fernandes Santiago e Luciano Furtado Loubet. Porto Alegre: Letra &Vida: Red Latinoamericana de Ministério Público Ambiental, 2012.

PRADO, Luiz Régis. **Direito Penal do Ambiente**. 4ª ed., São Paulo: Revista dos Tribunais, 2012, p. 118.

RAMOS, André de Carvalho. **Processo Internacional de Direitos Humanos**. São Paulo: Editora Saraiva, 2012, versão digital.

______ **Curso de Direitos Humanos**. São Paulo: Editora Saraiva, 2014, versão digital.

RASLAN, Alexandre. **A prestação de desserviço à comunidade nos delitos ambientais.** In Revista Brasileira de Ciências Criminais, São Paulo, v. 12, nº 50, p. 297-310, set./out. 2004. Disponível em http://www.egov.ufsc.br/portal/sites/default/files/anexos/11678-11678-1-PB.htm. Acesso em 25.7.2017.

______. **Responsabilidade civil ambiental do financiador**. Porto Alegre: Livraria do Advogado, 2012.

RIOS, Aurélio Virgílio Veiga *et al.* **O Direito e o desenvolvimento sustentável – Curso de Direito ambiental.** São Paulo: Peirópolis, Brasília: Instituto Internacional de Educação do Brasil, 2005.

RODRIGUES, Danielle Tetü. **O Direito & os Animais: uma abordagem ética, filosófica e normativa.** Curitiba: Juruá, 2003.

RODRIGUES, José Eduardo Ramos. **Sistema Nacional de Unidades de Conservação.** São Paulo: Revista dos Tribunais, 2005.

SANTILLI, Juliana. **Socioambientalismo e novos direitos.** São Paulo: Peirópolis, 2005.

______. **A Lei 9985/2000, que instituiu o sistema nacional de unidades de conservação da natureza (Snuc): uma abordagem socioambiental.** In Revista de Direito Ambiental. nº 40. São Paulo: Revista dos Tribunais, 2005, p. 78-123.

SANTOS, Boaventura de Sousa. **Um discurso sobre as ciências**. 5ª ed. São Paulo: Cortez, 2008.

SARLET, Ingo Wolfgang; e FENSTERSEIFER, Tiago. **Direito Constitucional ambiental.** São Paulo: Revista dos Tribunais, 2011.

______ **Breves considerações sobre os deveres de proteção do estado e a garantia da proibição de retrocesso em matéria ambiental**, Revista de Direito Ambiental, São Paulo: Revista dos Tribunais, v. 58, p. 41-85, Abr-Jun/2010.

SARMENTO, Daniel; SOUZA NETO, Cláudio Pereira de. **Direito Constitucional – Teoria, história e métodos de trabalho**. Belo Horizonte: Fórum, 2012, versão digital.

SCHMIDT NETO, André Perin. **Superendividamento do consumidor: conceito, pressupostos e classificação.** In Revista de Direito do Consumidor, São Paulo, v. 71/2009, p. 9-33, Jul-Set/2009.

SEVÁ FILHO, Arsênio Oswaldo. **Desfiguração do licenciamento ambiental de grandes investimentos**. 2º Encontro nacional da ANPPAS – Associação Nacional de Pós graduação e Pesquisa em Ambiente e Sociedade, Indaiatuba, SP, maio de 2004.

SILVA, José Afonso da. **Direito Constitucional positivo.** 15ª ed. São Paulo: Malheiros, 1998.

______. **Direito ambiental constitucional**. 4ª ed. São Paulo: Malheiros, 2002.

SILVA, Marina. Prefácio. In: GAIO, Alexandre; ABI-EÇAB, Pedro (Org.). **Lei da Política Nacional do Meio Ambiente**: 30 anos. Campo Grande: Contemplar, 2012. p. 13-15.

SILVA, Solange Teles da. **Competência legislativa em matéria ambiental: uma análise da evolução jurisprudencial no STJ e STF**. In Revista dos Tribunais. São Paulo, v. 945, p. 39-56, Jul/2014.

______. Zoneamento Ambiental, instrumento de Gestão Integrada do Meio Ambiente. In: (Coordenação de João Carlos de Carvalho Rocha, Tarcísio Humberto Parreiras Henrique Filho e Ubiratan Cazetta). **Política Nacional do Meio Ambiente:** 25 anos da Lei nº 6.938/81. Belo Horizonte: Editora Del Rey, 2007, p. 151-173.

SOARES, Guido Fernando Silva. **Direito internacional do meio ambiente – Emergências, obrigações e responsabilidades.** 2ª ed. São Paulo: Atlas, 2003.

______. **A proteção internacional do meio ambiente**. Barueri: Manole, 2003.

SOUTO, Luís Eduardo Couto de Oliveira. **A perpetuidade da reserva legal em vista da expansão urbana dos municípios.** In: Congresso Nacional do Ministério Público: O Ministério Público como fator de redução de conflitos e construção da paz social, 18, 2009, Porto Alegre. Anais. Porto Alegre: Magister, 2009. p. 43-44. Acesso em 21/03/2017.

SZNICK, Valdir. **Direito Penal Ambiental.** Ícone Editora. São Paulo, 2001.

STEIGLEDER, Annelise Monteiro. **Responsabilidade civil ambiental – as dimensões do dano ambiental no direito brasileiro**. Porto Alegre: Livraria do Advogado, 2004.

STIFELMAN, Anelise Grehs. **Direcionamento dos Recursos Oriundos das Transações Penais em Crimes Ambientais**. Revista de Direito Ambiental. v. 32. 2003, p. 205-215.

TAVARES, André Ramos. **Curso de direito constitucional.** 8ª edição, revisada e atualizada. São Paulo: Editora Saraiva, 2010.

TUGLIO, Vânia. Espetáculos públicos e exibição de animais. **Revista Brasileira de Direito Animal.** Instituto de Abolicionismo Animal, ano 1, n. 1, p. 231-247, jan./dez. 2006.

VARELLA, Marcelo Dias; LEUZINGER, Márcia Dieguez. O meio ambiente na Constituição de 1988 – Sobrevôo por alguns temas vinte anos depois. **Revista de Informação Legislativa.** Brasília: Senado Federal, v. 45, nº 179, 2008, p. 397-402.

VILANOVA, Lourival. **As estruturas lógicas e o sistema de direito positivo**. São Paulo: Noeses, 2005.

VILLAS BÔAS, Regina Vera. **Um olhar transverso e difuso aos direitos humanos de terceira dimensão – a solidariedade concretizando o dever de respeito à ecologia e efetivando o postulado da dignidade da condição humana**. In Revista de Direito Privado, v. 51, p. 11-34, Jul-Set/2012.

VIOLA, Eduardo; BASSO, Larissa. **O sistema internacional no antropoceno**. In Revista Brasileira de Ciências Sociais, v. 31, n° 92, outubro/2016. Disponível em http://www.scielo.br/pdf/rbcsoc/v31n92/0102-6909-rbcsoc-3192012016.pdf. Acesso em 14.11.2018.

VITORELLI, Edilson. **Estatuto da Igualdade Racial e Comunidades Quilombolas**. Salvador: Juspodivm, 2012.

VIZEU, Fabio; MENEGHETTI, Francis Kanashiro; SEIFERT, Rene Eugenio. **Por uma crítica ao conceito de desenvolvimento sustentável**. Rio de Janeiro: FGV. Disponível em http://bibliotecadigital.fgv.br/ojs/index.php/cadernosebape/article/view/5480, acesso em 6.7.2017.

YOSHIDA, Consuelo Yatsuda Moromizato. Jurisdição e Competência em Matéria Ambiental. In: MARQUES, José Roberto (Org.). **Leituras Complementares de Direito Ambiental.** Salvador: Juspodivm, 2008, p. 29-56.

7

A PROTEÇÃO DO PATRIMÔNIO CULTURAL

Zani Cajueiro Tobias de Souza[1]

INTRODUÇÃO

A sociedade brasileira é formada por diversos grupos, que trouxeram seus peculiares modos de fazer e viver para o solo pátrio, onde uma nova amálgama de conhecimento foi produzida. Esse conjunto de bens, tangíveis ou intangíveis, que representam a cultura de um povo e de cuja preservação depende sua sensação de pertencimento é denominado "patrimônio cultural".

---

[1] Procuradora da República. Ex-representante da 4ª Câmara de Coordenação e Revisão (responsável pela área de Meio Ambiente e Patrimônio Cultural) em Minas Gerais. Coordenadora do GT Patrimônio Cultural e Membro do GT Biodiversidade e do GT Mineração do MPF. Especialista em Direito Ambiental e Mestre em Ambiente Construído e Patrimônio Sustentável pela UFMG. Docente da Escola Superior do Ministério Público Federal.

Em primeiro momento, a proteção vinculava-se à monumentalidade e excepcionalidade de tais bens, evoluindo até a atualidade, onde a importância para a escolha deriva da representatividade dos diversos grupos que formaram nosso corpo social. Além disso, em visão holística, a cultura passa a ser reconhecida como parte do meio ambiente, essencial à sadia qualidade de vida, pelo que a base principiológica do direito ambiental se aplica também nesse "recorte".

Sempre tendo a Constituição Federal como linha mestra, observa-se que nosso diploma maior classificou os objetos de proteção e elencou alguns deles, exemplificando os instrumentos protetivos. A partir desse atuar positivo do Estado, dessa escolha dentre tantas manifestações passíveis de serem classificadas como "cultura", as diversas searas protetivas – administrativa, cível e penal – se desdobram, formando o arcabouçou que nos permite proteger e desfrutar desses bens.

Por fim, há que se analisar os diversos perigos e quantificar os riscos aos quais estão submetidos esses elementos que representam nosso passado e garantem a memória das futuras gerações. Esses riscos, sobre os quais a ciência se debruça, mas dos quais não mais consegue diagnosticar com precisão todos os efeitos, derivam não raro, e de forma preocupante, da ação do homem. Essa ação do homem se potencializa quando da implantação de novos empreendimentos em áreas de ocorrência do patrimônio cultural, pelo que o correto diagnóstico dos impactos, a avaliação da viabilidade do empreendimento e a imposição de medidas de recuperação, mitigação ou compensação do dano se mostram essenciais para que a transgeracionalidade do direito ao patrimônio cultural seja, realmente, uma realidade.

1. EVOLUÇÃO DA PROTEÇÃO DO PATRIMÔNIO CULTURAL

O conceito de cultura encontra, em várias definições trazidas pela doutrina pátria ou estrangeira, vinculação ao *resultado da atividade humana*. Hodiernamente, a própria valoração de entes naturais para os quais o homem não contribuiu diretamente, ou exclusivamente como os sítios de valor paisagístico, ecológico ou paleontológico, são elementos do conceito, conforme artigo 216 da Constituição da República. Nessa linha, as observações trazidas por Marchesan (2007, p. 15):

> A expressão cultural é polissêmica. Martins, cientista político e estudioso da cultura popular, afirma tratar-se de um "conceito de extensão" miseravelmente vasta. A rigor, quer dizer tudo que não é exclusivamente natureza e passa a significar praticamente tudo num mundo como o de hoje penetrado por todas as partes pela ação criadora do trabalho humano.

A cultura é, então, tudo aquilo que é criado pelo homem. É também um conjunto de entes que, embora não seja fruto da criação humana (ex. as paisagens naturais), são valorados pelo homem como bens culturais (MARCHESAN, 2007, p. 17).

Por óbvio, a amplitude do conceito "cultura" impõe fazer um recorte sobre o qual recaia o ordenamento jurídico, através de instrumentos protetivos. Esses bens protegidos formam, então, o denominado "patrimônio cultural", conforme definição de Castillo:

"conjunto de elementos naturais ou culturais, materiais ou imateriais, herdados do passado ou criados no presente, no qual um determinado grupo de indivíduos reconhece sinais de sua identidade"[2]

A formação de tal patrimônio cultural é sectária, um movimento de escolha, de valoração.[3] Ao mesmo tempo em que se protege, permite-se a destruição de tantas outras manifestações culturais. Ainda, não há, na nomenclatura "patrimônio", qualquer conotação oriunda do direito romano, restando pouca importância à dicotomia "público" e "privado". Cria-se uma nova categoria de bens para além da divisão clássica, os bens de interesse público (SILVA, 2001). A materialidade do bem, tão arraigada no operador de direito, pode ser tão somente o *locus* ou o suporte material para manifestações imateriais, ligadas ao modo de ser, fazer e viver do ser humano, também elencados como passíveis de proteção pela Constituição da República. Afirma Souza Filho (1997, p. 11) que, "para compreender o meio ambiente é tão importante a montanha como a evocação mística que dela faça o povo."

Historicamente, de uma primeira fase em que se encontrava o conceito de patrimônio cultural vinculado totalmente à excepcionalidade do objeto passa a um segundo momento, em que se mostra importante como espelho de uma nação. É dizer que a valorização resta conectada ao objeto como portador de referência, na expressão do constituinte, à "identidade do povo".

Pode-se situar a primeira fase entre o século XVIII e a Constituição da República de 1988. Interessante pontuar que, naquele século, há registro da primeira manifestação de um integrante do governo preocupado com a preservação do patrimônio cultural, o que seria, então, inédito ato de intervenção estatal ambiental em tal seara.

Em 1742, o vice-rei D. André de Mel e Castro, conhecido como Conde de Galveias, externaliza, em carta ao governador de Pernambuco, sua preocupação com a conservação do Palácio das Duas Torres, obra monumental, construída por Maurício de Nassau em Recife. A pretensão, então, era destiná-la ao uso militar. Eis um trecho daquela missiva:

> Pelo que respeita aos Quartéis que se pretendem mudar para o Palácio das duas Torres, obra do Conde Maurício de Nassau, em que os Governadores fazem a sua assistência, me lastimo muito que haja de entregar ao uso violento e pouco cuidadoso dos soldados, que em pouco tempo reduzirão aquela fábrica a uma total dissolução, mas ainda me lastima mais que, com ela, se arruinará também a memória que mudamente estava recomendando à posteridade as ilustres e famosas ações que obraram os Portugueses na Restauração dessa Capitania.
>
> [...] será mais útil fabricar-se quartéis novos, do que bulir no Palácio das duas Torres, porque tenho por certo que, por mais que se trabalhe em atalhar as despesas, em bulir a obra, sempre ficará coberta de remendos (Disponível em: <www.portal.iphan.gov.br/portal/baixaFcdAnexo.do?id=53->. Acesso em 30.11.2018).

---

2 CASTILLO-RUIZ. Hacia una nueva definición de patrimonio histórico? *PH Boletín del Instituto Andaluz del Patrimonio Histórico*, Sevilla: IAPH, n.XVI, sept. 1996, p. 22.

3 Para aprofundamento no tema, sugere-se a leitura de DE LA TORRE, Marta; MYERS, David. *Assessing the values of cultural heritage*. Los Angeles: The Getty Conservation Institute, 2002.

Atravessando-se mais de um século, já sob o auspício do modernismo e em virtude do centenário da República, cria-se através do Decreto nº 15.596, de 2 de agosto de 1922 – que restou considerado por Marés como o primeiro ato legislado de proteção cultural em âmbito federal –, o Museu Histórico Nacional, fruto direto do trabalho de Gustavo Barroso, intelectual cearense.

O texto que concretizou a criação daquele museu é exíguo, mas denota a preocupação com a proteção do patrimônio cultural, conforme locução "culto do nosso passado", ideia considerada retrógrada pelos modernistas, desejosos de romper tais amarras e mostrar que o país se encontrava pronto para uma nova era de progresso:

> Considerando que será da maior conveniência para o estudo da Historia Pátria reunir os objetos a ela relativos que se encontram nos estabelecimentos oficiais e concentrá-los em um museu, que os conserve, classifique e exponha ao público, e, enriquecido com os obtidos por compra ou por doação ou legado, contribua, como escola de patriotismo, para o **culto do nosso passado**:
>
> Resolve, em vista da autorização expressa no art. 3º do decreto legislativo n. 4.492, de 18 de janeiro do corrente ano, criar o Museu Histórico Nacional, expedir para ele o regulamento que com este baixa, assignado pelo ministro de Estado da Justiça e Negócios Interiores, e organizar-lhe, *ad referendum* do Congresso, o quadro do pessoal (BRASIL. Decreto nº 15.596, de 02.08.1922) (grifou-se).

A preservação do patrimônio cultural restava, ainda, implícita até que a palavra "patrimônio" fosse utilizada no Decreto nº 22.929, de 12 de julho de 1933. Tal diploma erige a cidade de Ouro Preto a Monumento Nacional. A despeito de não trazer, em seu bojo, qualquer delimitação de como se daria a proteção em tela, sua importância não se limita ao reconhecimento do valor daquele sítio, mas também insere o que parece ser um embrião da necessária cooperação entre todos os entes federados, a qual se mostrou clara na Constituição de 1988. Note-se que o monumento nacional foi criado sem ônus para a União, dependendo da cooperação entre esta, o Estado, a municipalidade e as autoridades eclesiásticas:

> Art. 1º Fica erigida em Monumento Nacional a Cidade de Ouro Preto, sem ônus para a União Federal e dentro do que determina a legislação vigente.
>
> Art. 2º Os monumentos ligados à História Pátria, bem como as obras de arte, que constituem o patrimônio histórico e artístico da Cidade de Ouro Preto, ficam entregues à vigilância e guarda do Governo do Estado de Minas Gerais e da Municipalidade de Ouro Preto, dentro da orbita governamental de cada um.
>
> Art. 3º Os monumentos de arte religiosa, mediante acordos que forem firmados entre as autoridades eclesiásticas e o governo do Estado de Minas e a Municipalidade de Ouro Preto, poderão ser por estes mantidos em estado de conservação e assim incorporados ao patrimônio artístico e histórico do Monumento Nacional erigido pelo presente decreto (BRASIL. Decreto nº 22.929, de 12 de julho de 1933).

Frise-se, mais uma vez: a preservação do patrimônio cultural passava pelo recorte do quanto se mostrava grandioso, o que foi ratificado pela Constituição de 1934 em seus artigos 10 e 148. No mesmo ano, criava-se o primeiro órgão de proteção, em âmbito federal, do patrimônio cultural (OLIVEIRA, 2008, p. 34), a Inspetoria de Monumentos Nacionais – também capitaneada por Gustavo Barroso –, que replicou as iniciativas esparsas já existentes em Minas Gerais, Bahia e Pernambuco e debruçou-se primeiramente sobre a restauração de monumentos em Ouro Preto. Três anos depois, a Constituição de 1937, asseverava, em seu artigo 134:

> Os monumentos históricos, artísticos e naturais, assim como as paisagens ou locais particularmente dotados pela natureza, gozam de proteção e dos cuidados especiais da Nação, dos estados e dos Municípios. Os atentados contra eles cometidos serão equiparados aos cometidos contra o patrimônio nacional.

Como é cediço, a Constituição de 1937 foi publicada em regime de exceção. O Estado Novo, não raro, tem sido apontado como momento deslegitimador para que tenha entrado em vigor, ainda sob sua vigência, também o Decreto-lei 25/37, que criou o instituto do tombamento e institucionalizou o então SPHAN, hoje IPHAN. A importância de tal diploma faz surgir a necessidade de breve digressão neste estudo.

Parece falacioso afirmar que o decreto-lei em tela tenha sido pensado sob a batuta do autoritarismo. Adveio, na verdade, de profunda discussão entre os modernistas, capitaneada por Gustavo Capanema, então Ministro da Educação e Saúde Pública do Governo Vargas, e foi publicado com apenas vinte dias do golpe que dissolveu o parlamento. Afirma Dinnouti:

> O trabalho para promulgar uma lei federal mais forte começa em 1936, quando, o então ministro da Educação e Saúde Pública do Governo de Vargas, Gustavo Capanema, pede a Mário de Andrade que elaborasse um anteprojeto de proteção do patrimônio artístico nacional. É esse texto que vai servir de embasamento para o decreto-lei 25/37, que organiza "a proteção do patrimônio histórico e artístico nacional", promulgado em 30 de novembro de 1937. Até hoje é fonte estruturadora de jurisprudências na preservação ambiental, rural, urbana. Institui o ato legal para reconhecer, registrar, guardar e proteger aquilo que já não é de um, mas de todos. Com esse mecanismo legal criou-se o tombamento, registrando nos livros de tombo o patrimônio arqueológico, etnográfico e paisagístico; histórico; belas artes; e artes aplicadas. (Disponível em: <http://www.forumpatrimonio. com.br/print.php?articleID=110&modo=1>. Acesso em 30/11/2018).

A concretização do novo instrumental, criado pelo Decreto-lei 25/37, segue a linha modernista de afirmar uma identidade brasileira própria, dissociada da coroa portuguesa, mas ainda vinculada à monumentalidade. O recorte intrínseco à designação "patrimônio histórico e artístico" reafirma tal direção, conforme se depreende de seu artigo 1º.[4] A despeito da ementa do Decreto-Lei 25/37, que define o diploma legal como organizador da "proteção do patrimônio histórico e artístico nacional", na verdade, o único instrumento então regulamentado foi, frise-se, o tombamento, que é meramente uma das ferramentas, e não a única, passíveis de utilização para a concretização da intervenção estatal protetiva na seara cultural.

Especificamente quanto ao instrumento do tombamento, em virtude de sua importância, são feitas algumas observações. Aqui e acolá surgem assertivas de que, na forma como se encontra o Decreto-Lei 25/37, em seu artigo 1°, tal instrumento somente seria aplicável sobre "objetos" de excepcional valor e ligados a fatos memoráveis da história, o que acabaria por esvaziar, em muito, a utilização do tombamento. Não

---

4 Art. 1º Constitui o patrimônio histórico e artístico nacional o conjunto dos bens móveis e imóveis existentes no país e cuja conservação seja de interesse público, quer por sua vinculação a fatos memoráveis da história do Brasil, quer por seu excepcional valor arqueológico ou etnográfico, bibliográfico ou artístico.

parece, contudo, que seja essa a melhor interpretação. Com efeito, a atual Constituição da República não mais considera a excepcionalidade requisito para que seja determinado bem inserido no rol de patrimônio cultural, conforme dito alhures. Ao revés, a Carta Magna se preocupa com o valor de referência à identidade dos grupos formadores do povo brasileiro. Assim, ao invés de se propor uma hermenêutica que restrinja a amplitude do tombamento – conforme se encontrava na Constituição vigente, na ocasião da publicação do Decreto-Lei 25/37 – parece mais razoável realizar interpretação em conformidade com a Constituição atual. A reforçar tal entendimento, o próprio Decreto-lei supracitado também afirma que seu objeto de proteção é "o conjunto de bens móveis e imóveis existentes no país e cuja conservação seja de *interesse público*" (grifado), descabendo ao intérprete, frise-se, restringir tal campo. Justamente em razão das discussões sobre a constitucionalidade, ou não, do decreto-lei 25/37, foi proposta, em 2010, a ADPF 206 pelo MPF, ainda pendente de julgamento.[5]

Mais interessante, neste momento, é a discussão sobre a amplitude do Decreto-lei 25/37. Seria este uma norma geral da União, nos moldes do artigo 24, inciso VII, da Constituição da República, ou seria legislação específica de âmbito unicamente federal?

A Constituição de 1937, ao revés da atual, não possuía previsão de competência legislativa, concorrente ou exclusiva, em matéria ambiental. Simplesmente não tratava do tema sob tal ótica. Apenas, reforce-se, preocupava-se com a competência comum dos entes federativos para a proteção em questão, conforme artigo 134.

De uma análise mais profunda do Decreto-lei 25/37, verifica-se que o termo "nacional" por ele utilizado várias vezes refere-se ao patrimônio a ser protegido pelo então SPHAN, ou seja, aquele cuja gradação de importância, respeitadas as opiniões em contrário, levava a intervenção federal. Não era, evidentemente, uma norma geral a ser observada pelos demais entes federativos. Era uma norma sobre proteção do patrimônio *nacional* e não do patrimônio "brasileiro" (termo genérico utilizado pela Constituição atual). Isso implica em dizer que os demais entes federativos utilizam a lei federal por analogia – bastante questionável, por se tratar de norma a restringir direitos – e não por respeito a ela como uma norma geral. Os Estados têm, portanto, competência legislativa plena, neste momento, para legislar sobre a matéria. Assim, parece carregada de significado a ementa exposta acima, quanto ao âmbito nacional da proteção, ainda que esta seja um recorte do todo.

Retomando o caminhar constitucional, ressalta-se a importância da Constituição de 1946, na medida em que insere no rol de bens protegidos os documentos históricos. Retira, contudo, a criminalização de máculas ao patrimônio histórico e artístico como se fossem ao patrimônio nacional. Ainda, diferencia obras de monumentos, o que resta repetido em 1967.

A Constituição da República de 88 é considerada, então, um "ponto de inflexão" por abandonar o referencial da excepcionalidade que se encontrava nas outras constituições.

5 Na ADPF (Arguição de Descumprimento de Preceito Fundamental) 206, o MPF visou fosse reconhecida a aplicabilidade do decreto-lei 25/37 em conformidade com o novo conceito de patrimônio cultural introduzido pela Constituição de 1988, ou seja, que fosse possível o tombamento dos bens conforme sua importância para a preservação da identidade, ação e memória dos diferentes grupos formadores da sociedade brasileira, independente de excepcional valor estético, etc. O pleito ainda resta pendente de julgamento mas a jurisprudência consolidou-se exatamente no mesmo sentido.

Em percuciente observação, afirma Marés (1997, p. 48):

> A nova Constituição Brasileira, de 1988, foi muito mais profunda do que todas as outras e dispensou uma seção inteira aos bens culturais e à cultura. O texto dos constituintes de 1988 traz algumas novidades em relação à trajetória constitucional brasileira, que se resumem num conteúdo de valor cultural que busca a identidade nacional. Assim como na Espanha, o Brasil passou a reconhecer, proteger e enaltecer a diversidade cultural, os valores indígenas, afro-brasileiros e de outros grupos étnicos. O próprio conceito de patrimônio cultural do artigo 216 refere-se à identidade nacional. A cultura protegida é a praticada, criada e representativa das mais diversas camadas da população, o que, em termos sociológicos, é o povo. Nesta nova conceituação, a cultura brasileira passou a ser considerada com valores muito próximos aos idealizados por Mário de Andrade no começo do século. Poderíamos dizer que há no texto constitucional forte influência do movimento modernista, sessenta e seis anos depois.

É interessante notar como a Constituição de 1988, de forma consciente ou não, abeberou-se nas conclusões do trabalho da Comissão Franceschini – Comissão de inquérito sobre a proteção e valorização das coisas com interesse histórico, arqueológico, artístico e da paisagem, constituída na Itália pela Lei nº 310, de 26 de abril de 1964. Tal Comissão tinha a tarefa hercúlea de avaliar as condições dos bens culturais italianos e propor adequações na estrutura de proteção existente (MARCHESAN, 2007, p. 41), tendo-o feito através de "declarações". Dentre as 84 declarações por aquela geradas é de extremo valor a que segue:

> Pertencem ao patrimônio cultural da Nação todos os bens que tenham referência à história da civilização. Estão submetidos à lei os bens de interesse arqueológico, histórico, ambiental e paisagístico, arquivístico e bibliográfico, bem como qualquer outro bem que constitua testemunho material com valor de civilização.

O "valor de civilização", no direito pátrio, pode ser traduzido como referência aos diversos grupos formadores da identidade brasileira, "nossa" civilização, na forma do artigo 216 da Constituição da República. Assevera Castriota (2009, p. 85), acerca da novel concepção de patrimônio cultural, concebida no século XX:

> Também a noção de "patrimônio cultural" vai sofrer uma ampliação, graças, principalmente, à contribuição decisiva da Antropologia que, com sua perspectiva relativizadora, nele integra os aportes de grupos e segmentos sociais que se encontravam à margem da história e da cultura dominante. Nesses processos, a noção de cultural deixa de se relacionar exclusivamente com a chamada cultura erudita, passando a englobar também as manifestações populares e a moderna cultura de massa. Ao mesmo tempo, passa-se a considerar com atenção os elementos materiais, técnicos da cultura, rejeitando-se aquela contraposição idealista, longamente cultivada, entre *Zivilization* e *Kultur*. Ao lado dos bens móveis e imóveis, e daqueles de criação individual, componentes do acervo artístico, agora se considera também como parte do patrimônio cultural de um povo, como nos mostram, por exemplo, os escritos de Mário de Andrade e Aloísio Magalhães, uma outra espécie de bens, os utensílios, procedentes, sobretudo, do "fazer popular", "inseridos na dinâmica viva do cotidiano". Além disso, superando a visão retificada cultura como um "conjunto de coisas", tende-se cada vez mais a trabalhá-la como um processo, focalizando-se a questão – imaterial – da formação do significado.

Sob outra ótica, e apesar da evolução ora pontuada, deixou a Constituição da República de esclarecer a gradação da importância para a concretização da proteção, não se diferenciando o que é de âmbito nacional, estadual ou municipal.

Observa, de forma percuciente, Rabello (2009, p. 35-36):

> A Constituição Federal não é explícita quanto á especificação do grau de interesse. Ao dispor que cabe ao poder público a promoção e a proteção dos bens de interesse cultural, ela estabelece a concorrência da competência executiva. Esta competência concorrente deve ser compreendida a partir da sistemática que deflui de outros princípios constitucionais. Parece-nos evidente que, se determinado bem não tem importância para a Cultura Nacional, falece à União competência para agir na sua proteção por falta de interesse jurídico. Consequentemente, esta proteção poderá estar na órbita do interesse do Estado, ou do Município. Por outro lado, nada obsta que ocorra uma ação conjunta dos três entes políticos. Esta pode acontecer se determinado bem tiver importância tanto para a União, como para o Estado e o Município. Aí poderão agir todos os entes políticos, cada um por si, praticando os atos necessários à proteção do bem. O ato de proteção de qualquer deles não obsta o do outro ente político. Poderá haver dois ou mais atos de proteção – tantos quantos forem as competências correspondentes aos respectivos interesses jurídicos e nenhum deles, em princípio, eliminará os efeitos do outro. É bem verdade que se os efeitos de cada ação forem diversos, mas compatíveis, incidirão todas as restrições, de modo que, cumprindo a mais restritiva, se cumpra as demais. Entretanto, se as determinações de cada um dos entes políticos forem diversas e incompatíveis entre si, aplicar-se-á o princípio do maior interesse, prevalecendo as exigências do ente federal sobre o estadual e, desse último, sobre o municipal.

Não se pode concordar, contudo, com a parte final do pensamento da famosa jurista. Com efeito, o interesse predominante deverá, sempre, ser o de maior proteção à esfera ambiental, não havendo hierarquia entre os entes federativos e não se podendo pressupor que a mera abrangência territorial sirva como suporte para mitigar a importância de uma manifestação cultural para a localidade.

2. O PATRIMÔNIO CULTURAL COMO ELEMENTO DO MEIO AMBIENTE

Continuando na análise da Constituição de 1988, verifica-se que as matérias "meio ambiente" e "patrimônio cultural" foram tratadas em dispositivos distintos, ainda que inseridas no título da "Ordem Social". A posição do patrimônio cultural como elemento do meio ambiente, portanto, não parece – *ao menos em uma análise perfunctória* – ter restado clara, não sendo, também, uníssona em todo o mundo.

Na Itália, mais precisamente na década de 60, a Comissão Franceschini propôs interessante e abrangente definição para o conceito de bem cultural, pontuada na seção anterior. Ainda, definiu espécies de bens culturais, trazendo para tal rol as paisagens naturais ou transformadas pelo homem, os sítios arqueológicos, os assentamentos urbanos e outros, em proposta vanguardista que seria ratificada na Convenção da UNESCO, em Estocolmo, em 1972.

A legislação francesa, seja pela Constituição, seja pelas leis infraconstitucionais, não mencionava, até 2005, qualquer tutela ao meio ambiente (MARCHESAN, 2007,

p. 77). Todavia, em março de 2005, entrou em vigor a Carta Ambiental da França, a qual não aponta, especificamente, o patrimônio cultural como elemento do meio ambiente, mas trata da qualidade de vida, dos princípios da prevenção e precaução e da necessidade, inclusive, da "investigação e inovação" para a preservação.[6]

Já na Espanha, o influente ambientalista Mateo (2003) exclui aspectos culturais do conceito de meio ambiente, em uma visão restrita acerca deste. Bodelón (1981), contudo, defende a noção ampla, na qual os recursos naturais e o homem são formadores da natureza; e este, por vezes, a modifica, criando novas formas e estilos de vida (cultura). O tribunal constitucional espanhol possui julgados, inserindo a visão holística, cabendo ressaltar a Sentença 102/1995, que conceitua o meio ambiente como:

> *[...] el conjunto de circunstancias físicas, **culturales**, económicas y sociales que rodean a las personas ofreciéndoles un conjunto de posibilidades para hacer su vida [...]. Em una descomposición factorial analítica comprende una serie de elementos o agentes geológicos, climáticos, químicos, biológicos y sociales que rodean a los seres vivos y actúan sobre ellos para bien o para mal, condicionando su existencia, su identidad, su desarrollo y más de una vez su extinción, desaparición o consunción.[7] (grifado)*

No Brasil, é conhecida a definição de José Afonso da Silva (2008, p. 2) de meio ambiente: "[...] interação do conjunto de elementos naturais, artificiais e culturais que propiciem o desenvolvimento equilibrado da vida em todas as suas formas".

Em outros diplomas, infraconstitucionais, é cristalina a inserção do patrimônio cultural no meio ambiente. A Resolução CONAMA 347/2004, por exemplo, ao delimitar que aspectos histórico-culturais e socioeconômicos das cavidades subterrâneas são fatores para determinação de sua relevância pelo IBAMA. Na mesma linha, a genérica Resolução CONAMA 01/86:

> Art. 6º. O estudo de impacto ambiental desenvolverá, no mínimo, as seguintes atividades técnicas:
>
> I – Diagnóstico ambiental da área de influência do projeto completa descrição e análise dos recursos ambientais e suas interações, tal como existem, de modo a caracterizar a situação ambiental da área, antes da implantação do projeto, considerando:
>
> [...]
>
> c) o meio socioeconômico – o uso e ocupação do solo, os usos da água e a socioeconomia, destacando os sítios e monumentos arqueológicos, históricos e culturais da comunidade, as relações de dependência entre a sociedade local, os recursos ambientais e a potencial utilização futura desses recursos (grifou-se).

A jurisprudência pátria vem se posicionando pela inserção, conforme se depreende de julgado do E. STJ:

---

[6] Para aprofundamento, leia <http://www.assemblee-nationale.fr/english/8ab.asp#Charter>.

[7] "[...] o conjunto de circunstâncias físicas, questões culturais, econômicas e sociais que cercam as pessoas oferecendo-lhes um conjunto de possibilidades para tornar a sua vida [...]. Em decomposição fatorial analítica compreende uma série de elementos ou agentes geológicos, climáticos, biológicos, sociais que envolvem os seres vivos. Agindo sobre os mesmos para o bem ou mal, condicionando a sua existência, identidade e desenvolvimento e por mais de uma vez sua extinção, desaparecimento ou consumo." Para aprofundamento, indica-se a leitura do artigo "Tutela do Meio Ambiente na Espanha", de Marcelo Losso, publicado na revista Veredas do Direito – Direito Ambiental e Desenvolvimento Sustentável. v. 7, n. 13/14, 2010. p. 331/361. Escola Superior Dom Helder Câmara.

MEIO AMBIENTE. Patrimônio cultural. Destruição de dunas em sítios arqueológicos. Responsabilidade civil. Indenização. O autor da destruição de dunas que encobriam sítios arqueológicos deve indenizar pelos prejuízos causados ao meio ambiente, especificamente ao meio ambiente natural (dunas) e ao meio ambiente cultural (jazidas arqueológicas com cerâmica indígena da Fase Vieira). Recurso conhecido em parte e provido. RESP 199600767530 RESP – RECURSO ESPECIAL – 115599 (Disponível em: <http://www.legjur.com/jurisprudencia/eme/111.3571.6000.0700>. Acesso em: 30.11.2018)

Marchesan (2007, p. 89) também enfatiza a visão holística de meio ambiente, especificamente, quanto à posição do patrimônio cultural como um de seus elementos:

> Dos conceitos presentes na legislação, doutrina e jurisprudência alienígena e nacional, é possível inferir uma tendência de síntese em relação à ontologia do bem ambiental. O patrimônio natural é indissociável da cultura, pois nele se assenta parte de nossa memória. Historicamente, a forma como o homem moldou – e por vezes destruiu – a natureza é por si um vivo testemunho. Pinturas rupestres, monumentos naturais, paisagens constituem bens que revelam, na plenitude, a fusão entre cultura e natureza. A dimensão territorial alia-se à temporal para produzir um texto não escrito capaz de concretizar a transmissão cultural.
>
> Essa tendência emana da própria constituição do ser humano: como já dito, o homem é cultura e natureza e só realiza suas plenas potencialidades, quando há equilíbrio entre essas dimensões.

Pode-se afirmar, seguindo o viés constitucional, que a ligação entre o aporte trazido, e recepcionado, pela legislação infraconstitucional deriva da utilização do conceito de "qualidade de vida" pelo artigo 225 da Carta Magna. Tal conceito, expresso no relatório Bruntland[8], de 1987, e imbricado àquele de transgeracionalidade, envolve todos os aspectos do ambiente e não somente os naturalísticos.

A melhoria de qualidade ambiental e, consequentemente, de vida, como dito alhures, é parte do texto da lei de política nacional de meio ambiente,[9] recepcionada pela Constituição. Ainda, a Lei que instituiu o Sistema Nacional de Unidades de Conservação – Lei do SNUC – em seu artigo 4º, insere, claramente, a cultura na seara ambiental, *in verbis*:

> Art. 4º – O SNUC tem os seguintes objetivos:
>
> [...]
>
> VII – proteger as características relevantes de natureza geológica, geomorfológica, espeleológica, arqueológica, paleontológica e cultural (grifou-se).

[8] A Comissão Mundial sobre o Meio Ambiente e Desenvolvimento, da ONU, criada em 1983, avaliou os 10 anos de política munidal ambiental posteriores à Conferência de Estocolmo. Em 1987 foi publicado relatório intitulado "Our common future", trazendo resultados das avaliações e reflexões, principalmente, sobre a incompatibilidade entre as mudanças climáticas causadas pelo homem e sua capacidade de recuperar o meio ambiente. Pela primera vez foi definido, em um documento oficial, a locução "desenvolvimento sustentável", a saber, aquele que "satisfaz as necessidades presentes, sem comprometer a capacidade das gerações futuras de suprir suas próprias necessidades". O nome do relatório foi ofertado em homenagem a então presidente da Comissão, Gro Harlem Brundtlandt .

[9] "Art. 2º – A Política Nacional do Meio Ambiente tem por objetivo a preservação, melhoria e recuperação da qualidade ambiental propícia à vida, visando assegurar, no País, condições ao desenvolvimento socioeconômico, aos interesses da segurança nacional e à proteção da dignidade da vida humana, atendidos os seguintes princípios: [...]Art. 3º – Para os fins previstos nesta Lei, entende-se por: I – meio ambiente, o conjunto de condições, leis, influências e interações de ordem física, química e biológica, que permite, abriga e rege a vida em todas as suas formas; [...]" (BRASIL. Lei 9.985, de 18/05/2000, publicada em 19/05/2000).

Como consequência, toda a base principiológica de proteção ao meio ambiente é aplicável à proteção do patrimônio cultural, o que se mostrará de extrema importância para sua efetividade. Princípios como o da prevenção e da precaução, se mostram essenciais para proteção de bens de matriz finita, ou seja, bens irrecuperáveis e insubstituíveis.

3. PROTEÇÃO DO PATRIMÔNIO CULTURAL ATRAVÉS DE OUTROS DIPLOMAS: *SOFT LAW*, RECOMENDAÇÕES E CONVENÇÕES INTERNACIONAIS

A evolução do conceito de patrimônio cultural, deslocando-se sua centralidade da excepcionalidade para os elementos formadores de uma sociedade, advém de debates em paralelo, que são trazidos para o mundo jurídico, não raro como vetores interpretativos e "nortes" de atuação.

Multidisciplinar por essência, a proteção do meio ambiente exige do operador do direito um mínimo de conhecimento de diversas áreas, permitindo o transitar nas outras searas e lastreando o uso dos instrumentais jurídicos. Nessa linha, interessante entender o funcionamento das denominadas "cartas patrimoniais".

Arquitetos e outros profissionais que atuam na preservação do patrimônio cultural participam, ao redor do mundo, de Congressos e Conselhos nos quais se discutem os fundamentos da proteção e a forma de realizá-la. Em tais eventos são produzidas "cartas", ou seja, uma síntese do quanto debatido e definido como importante para a preservação do patrimônio cultural, valendo ressaltar, nesse momento, cinco delas.

1 – Cartas de Atenas - 1931 e 1933; a primeira foi um marco nos parâmetros para recuperação de bens culturais; a segunda teve como objeto a cidade funcional, sendo revisitada em 1988 e 2003, enfatizando o papel da participação do cidadão na tomada de decisões sobre as cidades;

2 – Carta de Veneza, 1964, que plasmou entendimentos importantíssimos, valendo mencionar alguns deles, a saber: a atividade de proteção ao patrimônio cultural, tais como a proteção não somente individual, mas também dos sítios; afastamento da monumentalidade como essencial para proteção; preservação dos monumentos visando sua utilidade à sociedade; restauração como excepcionalidade, dentre outros. Ainda, delimitou quatro funções básicas para o urbanismo: habitar, trabalhar, se divertir e circular.

De extrema importância o artigo 7° da Carta de Veneza, acerca do princípio da conservação in situ, *in verbis*:

> "Art.7 – Um monumento é inseparável da história de que é testemunho e do meio em que está inserido. A remoção do todo ou de parte do monumento não deve ser permitida, exceto quando tal seja exigido para a conservação desse monumento ou por razões de grande interesse nacional ou internacional, que determina a possibilidade de remoção, parcial ou total, de um monumento de seu local de origem apenas para fins de conservação ou de relevante interesse social.".

Não menos importante, seu artigo 9°, indicando os limites para a restauração:

Art. 9 – O restauro é uma operação altamente especializada que deve ter um carácter excepcional. Destina-se a preservar e a revelar os valores estéticos e históricos dos monumentos e baseia-se no respeito pelos materiais originais e por documentos autênticos. Não devem ser empreendidos restauros quando se está em presença de hipóteses visando reconstituições conjecturais. Nestes casos, qualquer acrescento ou complemento, que se reconheça indispensável, por razões estéticas ou técnicas, deverá harmonizar-se arquitectonicamente com o existente e deixar clara a sua contemporaneidade. O restauro deverá ser sempre precedido e acompanhado de um estudo arqueológico e histórico do monumento.

3 – Carta de Machu Picchu, 1977, revê a Carta de Atenas, acrescentando a necessidade de interação entre o meio ambiente construído e o natural, além de enfatizar a necessidade de moradias sociais e do custeio do transporte urbano por toda a sociedade, levando-se em conta no planejamento esse custo.

4 – Carta de Nova Delhi (ICOM-CC – 2008), que delimitou as seguintes definições, de extrema importância para a preservação do patrimônio cultural:

Conservação: todas as medidas e ações que tenham como objetivo a salvaguarda do patrimônio cultural tangível, assegurando sua acessibilidade a gerações presentes e futuras. A conservação compreende a conservação preventiva, a conservação curativa e a restauração. Todas essas medidas e ações deverão respeitar o significado e as propriedades físicas do bem cultural em questão;

Conservação preventiva: todas as medidas e ações que tenham como objetivo evitar ou minimizar a deterioração do material. São realizadas sobre o objeto isolado e seu "entorno", ou mais frequentemente sobre um conjunto de bens, independente de sua idade ou condição, sendo certo que tais medidas e ações não interferem nos materiais e estruturas dos bens nem mesmo modificam sua aparência;

Conservação curativa: todas as ações diretamente aplicadas em bens com o objetivo de parar a degradação ou reforçar estruturas. As ações são realizadas quando os bens se encontram em perigo, em virtude de fragilidade ou deterioração acelerada, podendo ser perdidos em tempo relativamente curto. Por vezes, alteram a aparência do objeto;

Restauração: todas as ações aplicadas de maneira direta a um bem individual e estável, que tenham como objetivo facilitar sua apreciação, compreensão e uso. São realizadas quando o bem houver perdido uma parte de seu significado ou função através de uma deterioração. Se baseiam no respeito ao material original e, na maioria dos casos, alteram a aparência do bem[10] (tradução livre) (grifou-se).

5 – A Carta de Burra (ICOMOS, 1980)[11], que também definiu conservação, sob outro olhar:

[...] os cuidados a serem dispensados a um bem para preservar-lhes as características que apresentem uma significação cultural. De acordo com as circunstâncias, a conservação implicará ou não a preservação ou restauração, além da manutenção; ela poderá compreender, ainda, obras mínimas de reconstrução ou adaptação que atendam às necessidades e exigências práticas. (tradução livre) (grifou-se).

A UNESCO também produziu "recomendações", sendo de especial interesse a Recomendação de Nairobi, que repisa a necessidade de preservação da visibilidade e

[10] Texto integral disponível em <http://www.icom-cc.org/54/document/icom-cc-resolucion-terminolo gia-espanol/?id=748)>.

[11] Disponível em: <http://5cidade.files.wordpress.com/2008/03/carta-de-burra.pdf>. Acesso em: 30.11.2018.

ambiência do bem.[12] Soares (pág. 29), comentando tal recomendação, elenca as "características essências para a concepção atual de patrimônio, que são: a) ser escolhido/destacado pelos órgãos públicos ou privados indicados para esta função pelo Estado onde o bem se encontra; b) ser o bem expressão e testemunho da criação humana ou da evolução da natureza; c) ser o bem referencial, ou seja, ter valor e interesse, real ou potencial, em um dos aspectos que se apresenta a cultura: histórico, artístico, científico ou técnico."

As cartas e recomendações não são vinculativas, o que não diminui sua importância, pois se tratam de vetores interpretativos. Mostram-se essenciais justamente por terem sido produzidas por *experts* na matéria, balizando a atuação em diversas searas, sejam elas jurídica, legislativa ou executiva. Ao revés, as convenções e tratados que foram internalizados no sistema normativo pátrio têm força coercitiva, valendo mencionar a Convenção para a Proteção do patrimônio Cultural e Natural Mundial, 17a reunião da UNESCO, 1972, ratificada cinco anos depois pelo decreto 80.978/77. A ratificação internalizou os mandamentos/princípios da convenção, que definem a proteção de bens importantes não somente para determinado país, mas também para toda a humanidade, criando o conceito de "Lista do Patrimônio Mundial" que, resumidamente, seria um conjunto de bens cujos valores transcendem o plano local e cuja conservação, respeitando-se a soberania dos países onde localizados, é encargo de toda a comunidade internacional, de forma cooperativa.

4. DOS VALORES A SEREM CONSIDERADOS PARA A PRESERVAÇÃO DO BEM CULTURAL

A atividade estatal administrativa de proteção de bens culturais, manifestação de uma das funções do poder estatal - o Executivo -, tem como lastro a axiologia dos bens culturais, formando o "patrimônio cultural". Ressalta Soares (2009, p. 42):

> Os valores de referência, segundo a doutrina mais abalizada, podem ser divididos em quatro grandes grupos – associativos, estéticos, econômicos e informativo-científicos – ou em três grandes categorias – valor de uso, valor de forma e valor de símbolo (grifou-se).

Segundo a autora, **o valor de uso** (valores econômicos e informativo-científicos) é aquele atribuído ao bem em razão do que este pode oferecer na satisfação de uma necessidade específica e contemporânea, seja ela individual ou coletiva. Tal valor pode ser apenas percebido pela geração atual, que não tem como acessá-lo ou usufruí-lo de modo satisfatório, seja pela ausência de elementos que permitam explorá-lo ou pela inexistência de tecnologia que atenda às especificidades do patrimônio cultural.

Ainda, o valor de uso pode ser tangível e intangível. O valor de uso tangível de um bem cultural desponta quando o bem possui características que permitem seja usufruído, atendendo a necessidades *concretas*, no plano individual ou coletivo.

---

12 Visibilidade e ambiência – a visibilidade, conceito mais restrito e que está vinculado a ser o bem protegido visualizável de diversos ângulos, teve na ambiência um apoio para o aumento da proteção. Com efeito, ambiência significa a real integração com a vizinhança, com o entorno do bem, que foi definido na Declaração de Xi'An (ICOMOS-2006) como "... o meio característico seja de natureza reduzida ou extensa, que forma parte de – ou contribui para – seu significado e caráter peculiar"

Por outro lado, o valor de uso intangível encontra-se vinculado ao conhecimento, à informação científica advinda do bem, como, por exemplo, o conhecimento decorrente do resgate e estudo de um sítio arqueológico.

No que tange ao valor de forma (valor estético), nos dizeres de Ballart e Tresserras (apud SOARES, 2009, p. 44) decorre da avaliação do bem pela "atração que desperta nos sentidos e em função do prazer estético e a emoção que proporciona, mas também em função de outros atributos difíceis de conceituar, tais como raridade, preciosidade, aparência exótica ou genial". É, portanto, apenas um dos valores a serem preservados.

O bem pode ter, também, o **valor de símbolo**, dependente do quanto é identificado pelo próprio imaginário popular e o quanto se vincula a uma determinada finalidade. Este valor parece ser o grande desafio na indicação de um novo uso. Depende, portanto, de uma opção coletiva, de efetiva participação popular nas decisões administrativas, evitando-se descaracterização do bem e seu esvaziamento, perdendo-se como um dos elementos de identidade daquela população. O que se propõe, portanto, é uma *destinação congruente aos valores estético e simbólico do bem.*

A "Carta Européia do Patrimônio Arquitetônico" (Amsterdã), de 1975, trazendo a nomenclatura de "conservação integrada", reforça a funcionalidade compatível do bem como valor a ser buscado:

> *A* conservação integrada é conseguida pela aplicação de técnicas sensatas de restauro e pela correta escolha de funções apropriadas. No curso da história, os centros das Cidades e de algumas aldeias têm sido deixados degradarem-se e transformaram-se em áreas com habitação em condições abaixo do aceitável. Esta degradação deve ser compreendida num espírito de justiça social e não deve provocar a partida dos habitantes mais pobres. Por essa razão, a conservação deve ser uma das primeiras considerações em todos os planejamentos urbanos e regionais.

A "Declaração de Amsterdã" [13] acolheu, calorosamente, a Carta Europeia em tela e ratificou a necessidade da conservação integrada e, por consequência, do estabelecimento de *funcionalidade compatível* do patrimônio edificado, ao afirmar que os poderes locais deveriam "atribuir às construções funções que, respeitando seu caráter, respondam às condições atuais de vida e garantam, assim, a sua sobrevivência."

Nesse ponto, e não pretendendo esgotar a abordagem dos princípios aplicáveis à preservação do patrimônio cultural, eis que imbricados com aqueles da proteção ambiental *lato sensu* – já explicitados em outro capítulo desta publicação -, fazem-se breves apontamentos sobre quatro deles, ressaltando as peculiaridades de aplicação a esta seara.

4.1. Princípio da Participação Popular

A valoração de determinada criação como "patrimônio cultural" depende de sua importância para determinado grupo social. Ensina Castriota (2009, p. 15):

> O fato é que as decisões sobre a conservação do patrimônio sempre lançaram mão, explícita ou implicitamente, de uma articulação de valores como ponto de referência:

[13] A "Declaração de Amsterdã" está disponível no endereço eletrônico <http://portal. iphan.gov.br/portal/baixaFcdAnexo.do?id=246>. Acesso em: 30.11.2018.

> em última instância vai ser a atribuição de valor pela comunidade ou pelos órgãos oficiais que leva à decisão de se conservar (ou não) um bem cultural. Assim, as políticas de preservação trabalham sempre com a dialética lembrar-esquecer: para se criar uma memória, privilegiam-se certos aspectos em detrimento de outros, iluminam-se certos aspectos da história, enquanto outros permanecem na obscuridade. Como sabemos, no campo da conservação do patrimônio, os valores vão ser sempre centrais para se decidir o que conservar – que bens materiais e imateriais representarão a nós e a nosso passado – bem como para determinar como conservar – que tipo de intervenção esses bens devem sofrer para serem transmitidos para as gerações futuras.

A Constituição da República, em seu artigo 225, delimita como dever do Estado, mas também de todo cidadão, a preservação do meio ambiente. Ainda, e logo em seu início – artigo 1º, inciso II –, estabelece como seu fundamento a cidadania. Preservar, por óbvio, é parte da cidadania. O senso comum aponta para uma definição simplificada de tal termo, como o espectro de direitos e deveres de uma pessoa na sociedade. Noutra ponta, Marshall (1967)[14] enfatizava, já na década de 60, a tridimensionalidade da cidadania, a saber, política, civil e social, tendo afirmado da importância desta última como meio, inclusive, de mitigar as desigualdades de classe, propiciando o bem estar social. Hodiernamente, diante da complexidade das relações sociais, bem observou Bignotto:[15]

> Nos dias atuais, o debate sobre cidadania tornou-se ainda mais agudo diante do desafio levantado pelas transformações sofridas pelas sociedades industriais. Em primeiro lugar, a associação entre cidadania e nação, que presidiu a vida política do Ocidente nos últimos séculos, é questionada pelo fato de que a constituição de comunidades transnacionais exige uma nova compreensão da relação do cidadão com o corpo político. O que, antes, era definido por fronteiras conquistadas por meio de longas lutas e guerras, agora, passa a se referir a blocos de países e a ordenamentos jurídicos muito mais amplos. Em segundo lugar, está o fato de que a migração intensa de populações culturalmente muito diversas, que passaram a habitar o mesmo território, fez nascer uma demanda por novos direitos, que podemos chamar de culturais e expõem a face complexa das sociedades multiculturais. Por fim, o progresso do individualismo e a apatia crescente que domina a vida das sociedades democráticas põem em questão um conceito que foi essencialmente político em sua origem e que se desenvolveu pela extensão progressiva de direitos à totalidade dos componentes do corpo político.

Além da fonte constitucional, a declaração do Rio sobre desenvolvimento e meio ambiente (1992) também explicita o princípio em tela:

> A melhor maneira de tratar as questões ambientais é assegurar a participação, no nível apropriado, de todos os cidadãos interessados. No nível nacional, cada indivíduo terá acesso adequado às informações relativas ao meio ambiente de que disponham as autoridades públicas, inclusive informações acerca de materiais e atividades perigosas em suas comunidades, bem como a oportunidade de participar dos processos decisórios. Os Estados irão facilitar e estimular a conscientização e a participação popular, colocando as informações à disposição de todos. Será proporcionado o acesso efetivo a mecanismos judiciais e administrativos, inclusive no que se refere à compensação e reparação de danos.

---

[14] http://jus.com.br/revista/texto/14512/sobre-o-conceito-de-cidadania-e-sua-aplica cao-ao-caso-brasileiro#ixzz2DYDBUdeh>.

[15] *Um conceito em evolução*, de Newton Bignotto, disponível em <https://www.ufmg.br/diver sa/8/artigo-umconceitoemevolucao.htm>. Acesso em: 16.01.2013.

Fato é que, na seara do patrimônio cultural, necessariamente, as intervenções têm de passar pelo cotejo dos diversos valores ínsitos ao bem protegido, sob pena de, não o fazendo, retirar-lhe a vida e a vinculação à população, esvaziando seus significados, seja aquele material ou imaterial.

Com efeito, o exercício da cidadania vincula-se à educação patrimonial, criando a consciência dos valores intrínsecos ao bem e dos aspectos positivos das limitações administrativas geradas pelos instrumentos protetivos, os quais são, de fato, necessários à preservação.

A Carta final do IV Encontro Nacional do Ministério Público na Defesa do Patrimônio Cultural, ocorrido em Ouro Preto, propugna, em seu princípio 17: "A educação patrimonial é um processo de alfabetização cultural, devendo ser exercida de forma permanente e sistemática centrada no patrimônio cultural."

Exemplo maior é a limitação ao direito de propriedade na qual pode se traduzir o tombamento – tanto por sua amplitude, como por recair em bens materiais/tangíveis, mitigando tal direito, ainda tão importante para o ser humano. Essa limitação resta muito melhor compreendida, e aceita, quando precedida da interlocução entre poder público e particular.

Na mesma linha, os licenciamentos ambientais de empreendimentos que afetarão determinada comunidade demandam o entendimento do que está por vir, a manifestação dos atingidos e, principalmente, a tomada de decisões, levando-se em consideração tais manifestações. Aliás, a atuação junto aos gestores públicos, seja nas opções de políticas públicas, seja especificamente nos licenciamentos, inclusive através de audiências públicas, culminando em iniciativas no campo legislativo e no exercício de sua legitimidade para utilização da tutela judicial, são claros exemplos da participação popular.[16]

Especificamente quanto às audiências públicas, imperioso asseverar que a utilização do instrumento somente se mostra como via real de concretização do princípio em questão, se a população se encontra devidamente informada e tem condições efetivas de participar. O TRF 4ª região mostrou-se sensível a tal ponto, no julgamento da Apelação em Recurso Extraordinário n. 200171010014971:

> PROCESSO CIVIL. DIREITO AMBIENTAL. AÇÃO CIVIL PÚBLICA. REEXAME NECESSÁRIO. PERDA DO OBJETO. HONORÁRIOS. 1. No que se refere à suposta perda de objeto, efetivamente tal não ocorreu, já que, como bem evidenciado, trata-se de dois aspectos, Complexo Mineiro e Complexo Industrial, e apenas com relação ao último é que o Grupo Paranapanema, em 19.03.2003, desistiu de sua implantação "na forma originalmente formulada pelo Reg. 2147. Resta a questão do Complexo Mineiro, e quiçá, um novo encaminhamento do outro projeto, assim, o objeto da demanda permanece íntegro, não havendo motivo para declarar-se perda do objeto. 2. Na questão de fundo, é de ser mantida a sentença, pois realizar audiência pública sem antes promover estudos determinaria uma consulta popular sem conhecimentos técnicos suficientes, a população sequer teria sido convenientemente informada sobre a discussão dos impactos que a região sofreria. É o princípio da informação e publicidade que precisa ser assegurado de forma correta e consistente. Participação desinformada equivale a participação nula. 3. Merece provimento o apelo apenas no que ser refere à condenação em honorários imposta ao IBAMA, pois não é o caso de lei de regência.

[16] *Princípios Fundamentais de Direito Ambiental*, de Álvaro Luiz Valery Mirra, disponível em <http://www.direitoambiental.adv.br/ambiental.qps/Ref/PAIA-6SRNQ8>. Acesso em: 10.12.2013.

A efetivação do princípio da participação popular é um espelho, portanto, do grau de cidadania alcançado pela sociedade, que pode corroborar na concretização dos direitos fundamentais, neles incluído a proteção ao patrimônio cultural.

4.2. Princípio da Cooperação

A Constituição da República estabelece, em seu artigo 23, a competência comum dos entes federativos para o trato da matéria meio ambiente. O parágrafo único do citado artigo indicou a necessidade, ora aparentemente suprida pela Lei Complementar 140/2011, de que tal cooperação fosse regulamentada.

O princípio da cooperação, não raro, é visualizado apenas como decorrência de tal dispositivo. Tal visão, *data venia*, parece ser superficial. Isso porque ele não se volta apenas para a intervenção estatal obrigatória dos entes federativos. Vai além da cooperação entre entes estatais, exigindo a participação popular que legitima as decisões do gestor público. Cooperação, na verdade, advém do estabelecido na Constituição da República, artigo 1º, inciso II, que enfatiza a cidadania como fundamento da nação brasileira. Além disso, não se limita ao âmbito de nossas fronteiras, extrapolando-as na necessária cooperação internacional, também prevista, desta feita, como princípio regente das relações internacionais, no mesmo diploma, artigo 4º, incisos, II, IX e parágrafo único.

Em matéria de patrimônio cultural tal princípio é de suma importância, pois a valoração do objeto protegido é concedida, justamente, por meio da participação do povo e da sua cooperação com o gestor público, inclusive quando participa dos Conselhos Consultivos das Instituições de proteção ao patrimônio cultural. Ademais, se a intervenção estatal obrigatória implica na proteção da qualidade de vida pelos entes federados e seus poderes, não menos correto é afirmar que há inúmeros bens integrantes do patrimônio cultural que são objeto de valoração em âmbito internacional – como no caso daqueles considerados patrimônio da humanidade pela UNESCO – cuja proteção aponta para a necessária cooperação não apenas internamente.

Demonstrando a vinculação da cooperação com a realidade do mundo globalizado, analisa Leite (2003, p. 51):

> O princípio da cooperação encontra-se claramente vinculado ao princípio da participação, ambos faces da mesma moeda. A cooperação necessita, para a sua consecução, do exercício da cidadania participativa e, mais que isso, da co-gestão dos diversos Estados na preservação da qualidade ambiental. Sabe-se que os problemas de degradações ambientais não se circunscrevem ao âmbito local, mas, ao contrário, exigem uma cooperação de Estados de forma intercomunitária, visando a uma gestão do patrimônio ambiental comum. Hoje ninguém mais ignora a existência das dimensões transfronteiriças das atividades degradadoras exercidas no âmbito das jurisdições nacionais e urge a necessidade de uma troca de informações e de outras formas de cooperação entre os Estados, em face da tutela do ambiente.

Se a Constituição da República deixou claro seu intuito de fomentar o diálogo e a cidadania, servindo como lastro de tal princípio, as Cartas Internacionais também espelharam o desiderato em tela.

A Carta de Atenas, ainda nos idos de 1931, mencionava a necessária "cooperação técnica e moral" para "favorecer a conservação dos monumentos de arte e de história".[17] Na mesma toada, a Carta de Nova Delhi menciona o princípio da participação popular, logo em seu segundo parágrafo; e, no terceiro, enfatiza a necessidade da "cooperação internacional" na proteção dos sítios arqueológicos.

Por fim, a Declaração de Estocolmo sobre o Meio Ambiente, de 1972, trilhou o mesmo caminho, conforme se depreende de seus princípios 24 e 25:

> Princípio 24
>
> Todos os países, grandes e pequenos, devem ocupar-se com espírito e cooperação e em pé de igualdade das questões internacionais relativas à proteção e melhoramento do meio ambiente. É indispensável cooperar para controlar, evitar, reduzir e eliminar eficazmente os efeitos prejudiciais que as atividades que se realizem em qualquer esfera possam ter para o meio ambiente, mediante acordos multilaterais ou bilaterais, ou por outros meios apropriados, respeitados a soberania e os interesses de todos os estados.
>
> Princípio 25
>
> Os Estados devem assegurar-se de que as organizações internacionais realizem um trabalho coordenado, eficaz e dinâmico na conservação e no melhoramento do meio ambiente (Disponível em: <http://www.mp.ba.gov.br/ atuacao/ceama/material/legislacoes/declaracao_estocolmo_meio_ambiente_humano_1972.pdf>).

4.3. Princípio da Funcionalidade Compatível

A funcionalidade compatível pode ser definida como a observância dos valores ínsitos ao bem na determinação de eventuais usos para o mesmo. O princípio é aplicável ao patrimônio cultural material, recorte específico do patrimônio cultural.

Meramente em virtude de opções do gestor, um bem poderá ser desvinculado de seu tradicional uso, destinando-se a outra finalidade. A funcionalidade compatível é, portanto, ultrapassar a preocupação com o tangível e pensar, também, no intangível que o acompanha, nos valores conferidos ao bem pelos diversos *stakeholders*, proporcionando, inclusive, eventual revitalização do objeto de proteção, ressignificando-o. A plena conservação e a revitalização somente serão alcançadas se a funcionalidade mantém vinculação com os valores conferidos ao objeto *pela população*. De pouco adianta restaurar a matéria, mas permitir a utilização da edificação, por exemplo, para atividades absolutamente distintas de qualquer vinculação à preservação do patrimônio cultural. Ou mesmo restaurá-lo e não ampliar tal ato à efetiva revitalização, quando necessário, como se o uso do bem não estivesse contido em qualquer discussão sobre o tema. Também pouco "valor" para a sociedade haverá na mera restauração de documentação, sem que seja dado acesso ao público para que conheça a informação nela contida.

Assim, a tríade da conservação do bem se apoia na observação não somente de sua estética e de sua história, mas também de seu uso (funcionalidade), em compatibilidade com seu valor.

---

[17] Disponível em: <http://portal.iphan.gov.br/portal/baixaFcdAnexo.do?id=233>.

Mas o que seria, objetivamente, tal compatibilidade? A Assembleia do ICOMOS, realizada em 1997, debruçou-se sobre o tema, sob a ótica do urbanismo, pontuando, em seu enunciado 12, que:

> Novas funções e atividades devem ser compatíveis com o caráter de área urbana ou centro histórico. A Adaptação dessas áreas à vida contemporânea requer cuidados na instalação ou melhoria dos serviços públicos.

Note-se que tal carta não vincula a destinação do bem à sua função anterior, mas sim a sua *real inserção no novo contexto da localidade em que se encontra.*[18]

A proteção estatal, ainda que recaia sobre bem tangível, deriva de valores atribuídos pelos sujeitos, valores estes vinculados não somente a aspectos arquitetônicos, como em alguns casos de tombamento, por exemplo – mas também a questões históricas e sociais, enfim, vinculadas à formação da identidade do povo. O imóvel resta impregnado, muitas vezes, do próprio uso, não podendo se desvincular totalmente de um mínimo necessário, como referencial àquele, sob pena de se propiciar, ao revés da revitalização, a "desvitalização". Tal verificação há que ser feita caso a caso, sendo eivada de forte subjetivismo.

4.4. Princípio da Intervenção Estatal Obrigatória

O individualismo torna míope a visão preservacionista. Ao afetar a esfera de interesses estritamente individuais, a preservação do bem comum resta relegada a segundo plano. É o caso, por exemplo, das modificações nas edificações tombadas, na utilização de verbas públicas para fins eleitoreiros ou mesmo de instalação de empreendimentos sem realização do correto diagnóstico das possíveis máculas ambientais.

A intervenção estatal obrigatória é muito semelhante à "*public trust doctrine*" americana, através da qual se reconhece a necessidade da atuação estatal para garantir bens, recursos e serviços ambientais que interessam, difusa e não individualmente, a toda a população.[19] O constituinte brasileiro foi sensível ao tema quando no artigo 227 da Constituição da República, incumbiu *à família, à sociedade e ao Estado zelar*

[18] Caso bastante interessante foi o da Praça da Liberdade. Tal conjunto arquitetônico foi construído como forma de contraposição ao poder da Igreja, restando como ponto focal o Palácio da Liberdade, em cuja circunvizinha foram erigidos diversos casarões com funções também típicas de poder (descentralização). Após décadas mantendo a mesma funcionalidade de quando edificado o conjunto, o Poder Executivo estadual optou pelo fomento ao crescimento do determinado "vetor norte", deslocando para esta parte da região metropolitana da Capital mineira um novo centro de poder, cujo projeto de edificação, inclusive, é do arquiteto Oscar Niemeyer.

A sociedade local restou dividida em tal episódio. Se houve quem aplaudisse a iniciativa, não raro foram os que a criticaram, sobretudo pelas modificações arquitetônicas nas edificações tombadas – em âmbito estadual –, além da modificação do uso. Sem adentrar no mérito da possibilidade, ou não, das modificações físicas dos imóveis (valores de forma), ou mesmo da incompatibilidade "física" do novo possível uso, de fato este era completamente distinto do anterior e dissociava-se de seu histórico. Para alguns, o esvaziamento de seu valor de símbolo era evidente. Para outros, havia necessidade de se conferir usos compatíveis ao conjunto, mas sem olvidar que as funcionalidades tecnológicas necessárias à manutenção do poder na área poderiam vir a descaracterizar ainda mais a Praça. Nessa toada, pareceu consoante com ideários de conservação a destinação que lhe foi dada, qual seja, a de circuito cultural, pois este não afetaria o valor que a sociedade conferia ao bem. Em contraponto a posição adotada pelo MPF, o interessantíssimo artigo intitulado "Circuito Cultural 'Praça da Liberdade' em MG – um desrespeito a um Monumento Nacional", publicado na revista Defender e disponível no endereço eletrônico <http://www.defender.org.br/uploads/Artigo1.pdf>. Acesso em 30.11.2018.

[19] https://www.lawteacher.net/free-law-essays/public-law/doctrine-of-public-trust.php.

por diversos elementos – inclusive, explicitamente, a cultura – os quais se mostram imprescindíveis para a sadia qualidade de vida.

Na mesma toada, o artigo 17 da Declaração de Estocolmo assim dispõe: "Deve ser confiada, às instituições nacionais competentes, a tarefa de planificar, administrar e controlar a utilização dos recursos ambientais dos Estados, com o fim de melhorar a qualidade do meio ambiente".

Primeiramente, então, é preciso definir o próprio Estado. Silva (2005, p. 216) afirma que o "Estado seria uma organização social, dotada de poder e com autoridade para determinar o comportamento de todo o grupo". O senso comum o vincula precipuamente ao Executivo, olvidando que aquele é formado por três poderes distintos, segundo a clássica visão de Montesquieu em seu "Espírito das Leis".

Interessante notar que Montesquieu, de origem nobre, lastreando seu pensamento em John Locke, afirmava a necessidade da divisão do poder estatal em três funções distintas (executiva, legislativa e judiciária). Cada um deles, através de suas funções precípuas, limitariam os outros "poderes", evitando um despotismo absoluto. Segundo Montesquieu, qualquer pessoa que tenha o poder tende a abusar dele, sendo certo que, em prol da organização da sociedade, um poder deve conter o outro.

A palavra Estado deve ser interpretada, portanto, à luz do dispositivo 17 da Carta de Estocolmo; vale dizer, as instituições nacionais competentes não são apenas os órgãos do Poder Executivo, sendo o Estado formado por este, pelo Legislativo e também pelo Judiciário, bem como pela descentralização do Poder Executivo. Assim, nenhum dos ditos três Poderes ou das três funções do Poder podem se furtar a exercer esse poder-dever de proteger o meio ambiente, o que será importante de se observar quando tratarmos da atuação legislativa e do judiciário na proteção ao patrimônio cultural.

Nota-se que o grande desafio na concretização da intervenção estatal obrigatória é fazer a atuação do Estado situar-se entre a *proibição do excesso* – quando o meio ambiente é alçado a dogma imodificável, ainda que sob o crivo da ponderação com outros princípios – e a *proibição da insuficiência* – quando a atuação estatal é meramente performática ou midiática, sem a profundidade desejada para alcançar a efetiva proteção do bem em questão.

5. BENS CULTURAIS EM ESPÉCIE

5.1. Dos Bens Imateriais

A Constituição Federal elencou, dos incisos I a V do artigo 216, diversos exemplos de bens passíveis de serem considerados como patrimônio cultural, iniciando pelos bens imateriais, como as formas de expressão e os modos de criar, fazer e viver, respectivamente incisos I e II.

Em 1972, ano que foi marco para a proteção ambiental em virtude da realização da primeira Conferência da ONU sobre meio ambiente – a Conferência de Estocolmo – também se realizou, desta feita em Paris, a Conferência Geral da UNESCO sobre a Salvaguarda do Patrimônio Mundial, Cultural e Natural, sem qualquer menção aos bens imateriais e vinculando a inserção na lista de Patrimônio da Humanidade à materialidade e monumentalidade do bem.

A proteção apenas de bens materiais não se mostrava suficiente para resguardar a história de uma nação e o sentimento de pertencimento de seu povo. Em 1989, a UNESCO reconhece, finalmente, a importância dos bens imateriais, através da edição da Recomendação sobre a Salvaguarda da Cultura Tradicional e Popular.

Em 2003 é publicada a Convenção para Salvaguarda do Patrimônio Cultural Imaterial, internalizada no ordenamento jurídico brasileiro através do decreto 5.753/2006, ratificando o quanto afirmado na recomendação mencionada ao dizer que o patrimônio imaterial é *"fonte de diversidade cultural e garantia de desenvolvimento sustentável"*.

Toda essa discussão em âmbito internacional refletiu-se no Brasil, tendo o Decreto 3.551/2000 regulamentado, em âmbito federal, o "registro" como principal instrumento protetivo dos bens imateriais. Exemplo interessante de registro de bem imaterial – instituto que será mais detalhado a frente -, e já tomando como base o valor de símbolo para a comunidade e sua forma de expressão – é o reconhecimento do controvertido funk carioca, pela lei estadual 5.543/2009, como patrimônio imaterial do Rio de Janeiro, espelhando o modo de viver da periferia e traduzindo um mecanismo de resistência de grupos excluídos. O direito de vivenciar o funk sai, portanto, da "clandestinidade", que já o levou à proibição de realização de seus bailes, também por lei, para a situação de objeto de proteção estatal.

O modo de fazer o queijo do Serro também foi objeto de reconhecimento de valor através de sua inserção no livro dos Saberes, em 7 de agosto de 2002.

Outro exemplo de bem imaterial sobre o qual têm se debruçado também os operadores de direito e governos é a proteção do patrimônio genético de nossa diversidade biológica e conhecimento tradicional a ele associado, conforme lei 13.123/2015. Registrados no livro dos Saberes, pode deter não apenas valor de símbolo mas também alto valor de uso, acirrando a conflituosidade entre comunidades vulneráveis e interesses da indústria farmacêutica, dentre outras. Nunca é demais lembrar o caso da "andiroba", cuja patente vinculada a vários usos foi registrada pela Rocher Yves Biolog Vegetale em diversos países, sendo certo que tal conhecimento tradicional pertencia aos indígenas da Amazônia no fabrico de remédios que vão da depressão ao tratamento da pneumonia. Note-se que este caso, como o do registro da marca "rapadura" nos EUA por empresa alemã – doce tipicamente brasileiro e vinculado ao período de desenvolvimento da cultura de cana de açúcar e escravidão no Brasil – transitam entre os modos de criar e fazer e as criações tecnológicas, previstas no inciso III, eis que tecnologia nada mais é que o estudo das técnicas e processos de produção.

5.2. Bens materiais

Seguindo no artigo 216, seus incisos III, IV e V tratam dos bens materiais ou tangíveis.

Souza Miranda (2006, pág. 63), comentando o inciso III, lembra a importantíssima criação do 14 Bis, por Santos Dumont, considerado em diversas partes do mundo como o "pai da aviação".

Continua o texto constitucional elencando, ainda, as obras, objetos, documentos, edificações e demais espaços destinados às manifestações artístico-culturais e os conjuntos urbanos e sítios de valor histórico, paisagístico, artístico, arqueológico, paleontológico, ecológico e científico.

Conjuntos urbanos são "segmentos do espaço urbano caracterizados por uma unidade morfológica de seu traçado e pela homogeneidade de seus prédios com caráter específico que lhe conferem uma ambiência especial." (Miranda, Marcos Paulo de Souza. Tutela do patrimônio cutural brasileiro – Belo Horizonte: Del Reu, 2006, pág.66).

Estudar a formação do espaço urbano é ampliar os horizontes, abandonando a proteção meramente individual dos bens excepcionais, e adentrar no entender as cidades, a cronologia e forma de ocupação dos espaços e os modos de fazer e viver que o acompanham. Isso permite, para além do reconhecimento, estabelecer políticas públicas que mantenham tais valores, a sensação de pertencimento e evitem o gencentrismo.

Sítio de valor histórico, por seu turno, pode ser definido como a localidade em que ocorreu fato memorável; de valor paisagístico aquele onde a paisagem natural guarde um dos valores ínsitos ao patrimônio cultural. O conceito contém aquele de paisagem cultural, neste caso exigindo a interação transformadora do homem com a natureza; de valor artístico, por fim, o que detém produtos de valor artístico, representativos de uma época, movimento, etc.

Manter a integridade da matéria que compõe o bem é essencial para que seja preservado seu significado, razão pela qual importantes as Cartas de Burra e Nova Dheli, já mencionadas. Nelas, as definições de conservação restam impregnadas pela preocupação com a significação cultural do bem. E tal significado decorre do conjunto de valores que lhe são ínsitos, conforme também Carta de Burra, *in verbis*: "[...] o termo significação cultural designará o valor estético, histórico, científico ou social de um bem para as gerações passadas, presentes ou futuras" (tradução livre).

Para além destes valores clássicos, há, atualmente, intensa preocupação com os denominados valores econômicos e políticos, que em muito influem na conservação do patrimônio cultural. Verifica-se, portanto, uma ampliação da visão da atividade de conservação, que deve se preocupar com o a conservação do material, mas também com o contexto de gestão e trabalhar, sempre, na perspectiva da manutenção da significância cultural, na linha do princípio da funcionalidade compatível.

A Assembleia do ICOMOS, o Conselho Internacional de Monumentos e Sítios, realizada em 1997, debruçou-se sobre o tema, sob a ótica do urbanismo, pontuando, em seu enunciado 12, que "Novas funções e atividades devem ser compatíveis com o caráter de área urbana ou centro histórico. A Adaptação dessas áreas à vida contemporânea requer cuidados na instalação ou melhoria dos serviços públicos."

A "Declaração de Amsterdã" ratificou a necessidade da "conservação integrada" e, por consequência, do estabelecimento de funcionalidade compatível do patrimônio edificado, ao afirmar que os poderes locais deveriam "atribuir às construções funções que, respeitando seu caráter, respondam **às condições atuais de vida e garantam, assim, a sua sobrevivência.**" (grifado)

5.2.1. Limites da restauração

Outro ponto a merecer especial atenção são os limites da restauração. Não se pode perder de vista que os bens materiais sofrem intervenções para sua conservação, mas, de forma bem mais preocupante, para sua restauração. Há muito são debatidos os limites dessa restauração, sendo certo que a Carta de Veneza, em seu artigo 9°, é vetor interpretativo para limitar, por exemplo, o quanto previsto no Decreto-lei 25/37, artigo 17, parte final:

Art. 17. As coisas tombadas não poderão, em caso nenhum ser destruídas, demolidas ou mutiladas, nem, ***sem prévia autorização especial do Serviço do Patrimônio Histórico e Artístico Nacional, ser reparadas, pintadas ou restauradas***, sob pena de multa de *cincoenta* por cento do dano causado. (grifado)

Na Idade Média, por exemplo, era bastante comum a recuperação de materiais, destruindo-se monumentos e utilizando-se em outras obras. Ao longo do tempo, contudo, a dicotomia artista-restaurador foi ganhando importância, ainda que muito se tenha discutido sobre os limites da atividade do segundo. Com efeito, o restauro estilístico, em que se estudava profundamente o bem protegido, sua técnica construtiva e materiais utilizados, mas se permita a restauração total ou mesmo intervenções absolutamente inovadoras, criando em cima da obra original, ganha importância com o francês Viollet Le-Duc. O restaurador precisava entender quais seriam os supostos desejos do artista original e realizar a obra em sua plenitude, contrapondo-se ao entendimento de John Ruskin.[20] Um exemplo clássico dessa forma de restauração foi a introdução das quimeras na catedral de Notre Dame, em tese complementando a obra e atingindo a plenitude em estilo gótico. Essa forma de restaurar, contudo, perdeu força e, conforme o pensamento de Cesare Brandi, a Carta de Veneza finalmente, em seu artigo 9.°, delimitou os parâmetros a serem utilizados nessa atividade, tais como o caráter excepcional, mínimo, harmônico, mas visível da intervenção e respeito aos materiais originais.[21]

Tais parâmetros mostram-se importantes para o operador do direito. Com efeito, se a conservação preventiva não se mostrou suficiente para a proteção do bem material, a intervenção restaurativa deve seguir o norte da Carta de Veneza, evitando-se a criação sem respeito ao artista original ou mesmo o "fake histórico".

20 Ruskin foi um teórico londrino da preservação dos monumentos que, dentre outros, publicou o livro "As sete lâmpadas da arquitetura", cujo capítulo sobre a "lâmpada da memória" tornou-se um clássico. Propunha a conservação dos imóveis, mas não sua restauração, pois esta seria a pior forma de destruição do significado do bem, eis que desrespeitaria a vontade do "artista" e a vida impregnada no imóvel. De forma diametralmente oposta, e conforme explicado alhures, posicionava-se o francês Eugène Emannuel Viollet-le-Duc.

21 Cesare Brandi foi um teórico italiano do denominado "restauro crítico". Foi diretor do Instituto Central de Restauração de Roma, o ICR, onde desenvolveu sua Teoria da Restauração, texto publicado inclusive em português. Propunha a possibilidade de restauração com intervenção mínima, respeitando a passagem da obra de arte no tempo e buscando sua unidade potencial. Para maior aprofundamento, artigo publicado na revista "Vitruvius", intitulado "A atualidade do pensamento de Cesare Brandi" - Claudia dos Reis e Cunha" - http://www.vitruvius.com.br/revistas/read/resenhasonline/03.032/3181 – acesso em 30.11.2018.

É o caso da destruição, por exemplo, do Hotel Pilão, em Ouro Preto, em virtude de incêndio ocorrido em 2003. Apenas a fachada foi reconstruída, a fim de que a visibilidade e ambiência do sítio histórico, principalmente de sua praça principal, não fosse afetada, mantendo-se sua harmonia, mas o interior, modificado, documenta o ocorrido, preservando-se uma das paredes originais e reportando-se ao dano através de diversos documentos. Assim, o pedido em uma ação civil pública, por exemplo, pode ser influenciado por esses limites trazidos pela *soft law*.

Observe-se, ainda em bens materiais, que o artigo 216 da Constituição da República, que elenca, *numerus clausus*, os bens integrantes do patrimônio cultural brasileiro, menciona expressamente os sítios arqueológicos e paleontológicos, merecedores de análise apartada.

5.2.2. Do patrimônio arqueológico

Importante entender o que seria o "patrimônio arqueológico". A Carta para Proteção e Gestão do Patrimônio Arqueológico, ICOMOS, mais conhecida como "Carta de Lausanne", de 1990, *o define como a* " porção do patrimônio material para a qual os métodos da arqueologia fornecem os conhecimentos primários. Engloba todos os vestígios da existência humana e interessa todos os lugares onde há indícios de atividades humanas não importando quais sejam elas, estruturais e vestígios abandonados de todo o tipo, na superfície ou sob as águas, assim como o material a eles associados."

Estudar os vestígios arqueológicos significa compreender como viveu uma sociedade que não existe mais. A proteção explícita em âmbito constitucional vem desde 1967, sob o termo "jazidas arqueológicas". Antes disso, contudo, a lei 3.924/61, regulamentou o direito fundamental delimitado no artigo 175 da Constituição de 1946, que mencionava os monumentos de valor histórico e artístico.

A lei 3.924/61 identifica o que seriam tais monumentos "arqueológicos ou pré-históricos" em seu artigo 2°. Ainda, destina ao IPHAN a tarefa de proteger tais bens, sendo a autarquia responsável por permitir, ou não, a escavação dos sítios arqueológicos. Como se sabe, os bens arqueológicos são *bens da União* – artigo 20, inciso X, da Constituição Federal -, bens de uso especial.

Ensina Soares que os bens arqueológicos são bens afetados a uma finalidade especial, eis que utilizados para a produção de informações de como era o modo de vida de nossos ancestrais. Assim, qualquer uso a ser conferido a um bem arqueológico fora dessa perspectiva deverá ser precedido de desafetação. (Soares, Inês Virgínia Prado. Direito ao (do) patrimônio cultural brasileiro. Belo Horizonte. Editora Forum, 2009. p. 256)

Proteger, esclareça-se, não significa apenas autorizar escavações. Seja para pesquisa científica, seja no curso de licenciamentos ambientais, ao se estudar um sítio arqueológico sua destruição, até mesmo completa, não raro acontece. São camadas de vestígios estratificadas revolvidas, dali se extraindo conhecimento, pelo que não retornam ao que era antes. Cabe a autarquia, portanto, exercer seu poder de polícia integralmente, não somente com a fiscalização de atividades, mas, principalmente, com a publicação de normas que estabeleçam sua metodologia de atuação e a adequação das atividades do particular na área. Não por outro motivo há diversas portarias sobre o tema, regulamentando, basicamente, o diagnóstico da área, delimitando a possibilidade de ocorrência, ou não, de patrimônio arqueológico. Ainda, a prospecção, ou seja, estudos mais aprofundados, inclusive com intervenção física no local (furos de sondagem) e, eventualmente, o resgate do material encontrado.

Após o resgate, o acervo deve ser estudado, a fim de que dele se extraia conhecimento e se permita à sociedade conhecer suas origens, preservando a história para presentes e futuras gerações. A extração de conhecimento desse material e sua manutenção posterior pode ser um grande dilema para um país onde o orçamento é bastante exíguo. A convenção sobre a Proteção do Patrimônio Cultural Subaquático (UNESCO, 2001) determina, pela regra 17 de seu anexo intitulado "Regras relativas a intervenções sobre o patrimônio cultural subaquático", que:

> Antes do início de qualquer intervenção, excepto em casos de urgência para proteger o património cultural subaquático, deve ser garantida uma base de financiamento adequada, suficiente para completar todas as fases do plano do projecto, incluindo a preservação, a documentação e a preservação do material arqueológico, assim como a preparação e a divulgação dos relatórios.

O Brasil, infelizmente, não é signatário desse diploma. Tal lapso, contudo, não possui o condão de afastar a aplicabilidade do princípio, inclusive de sua extrusão para outras searas que não a arqueológica, eis que se trata, na verdade, de um consectário do princípio do poluidor-pagador. E a portaria 230/2002 do IPHAN, deixou claro tal entendimento, ao afirmar a necessidade de pesquisa, programa de educação patrimonial e manutenção dos bens a cargo do empreendedor, o que foi ratificado e ampliado com a IN 01/2015, que a revogou.[22]

Assim, concorda-se com Soares (2009, p. 168-169) que, reconhecendo a aplicabilidade do princípio em solo brasileiro, afirma:

> Esse princípio também indica a responsabilidade do empreendedor pela base de estoque cultural que deve ser repassada para as futuras gerações. Por isso, essa obrigação não fica limitada às operações de salvamento, registro, resgate, entre outras, determinadas no curso do licenciamento ambiental, mas perdura na manutenção do espaço de exposição e fruição do bem cultural pela comunidade.

A proteção aos sítios arqueológicos se opera *ex vi lege*, não sendo necessário utilizar outro instrumento, como o tombamento por exemplo, para atingir tal objetivo. Aliás, o tombamento não se mostra um instrumento ideal para essa finalidade, pois não permite qualquer alteração no objeto tombado, o que, no caso do sítio arqueológico, inviabiliza seu estudo. O "registro da jazida" é o ato administrativo que individualiza o sítio, com a inserção no *Cadastro dos Monumentos Arqueológicos do Brasil*.

22 A Instrução Normativa 01/2015 é ato administrativo corolário do poder regulamentar da autarquia, lastreado tanto na LC 140/2011, que prevê a participação das diversas esferas de poder e "órgãos" de proteção no licenciamento ambiental, como na lei 3.924/61, específica sobre arqueologia. Estabelece procedimentos a serem adotados pelo IPHAN e por terceiros, introduzindo na seara cultural documentos que já se consolidaram na análise de empreendimentos com impacto ambiental no ambiente naturalístico, a saber, a caracterização do emprendimento, através de ficha própria (FCA), e a definição do termo de referência específico (TRE).

5.2.3. Do patrimônio paleontológico

A paleontologia é a ciência que estuda as formas de vida que existiram na terra, principalmente através de seus fósseis. O sítio paleontológico é a localidade onde são encontrados tais vestígios. Mostra-se de extrema importância, pois permite desvendar como se desenvolveu a natureza, as formas de ocupação humana, inclusive quanto aos trajetos de migração e ocupação feitos pelo mundo, as miscigenações raciais, além de aspectos da geologia e morfologia de determinada localidade.

Assim como os bens arqueológicos, os paleontológicos pertencem à União e são bens de interesse público. O valor ínsito ao bem, para caracterizá-lo como patrimônio cultural, é valor de uso, quantificável monetariamente ou importante em termos científicos, como nas informações sobre a história de grupos sociais não mais existentes. Na paleontologia e na arqueologia se encontram os dois vieses desse valor, não raro se observando a venda de artefatos arqueológicos ou de fósseis pela internet ou outros meios, o que configura o crime tipificado na Lei 8.176/91, artigo 2°, norma penal em branco.

> Art. 2° Constitui crime contra o patrimônio, na modalidade de usurpação, produzir bens ou explorar matéria-prima pertencentes à União, sem autorização legal ou em desacordo com as obrigações impostas pelo título autorizativo.
>
> Pena: detenção, de um a cinco anos e multa.
>
> § 1° Incorre na mesma pena aquele que, sem autorização legal, adquirir, transportar, industrializar, tiver consigo, consumir ou comercializar produtos ou matéria-prima, obtidos na forma prevista no caput deste artigo.

Ao revés do patrimônio arqueológico, a principal norma de proteção infralegal do patrimônio paleontológico destina ao DNPM, substituído pela Agência Nacional de Mineração através da Lei 13.575/2017, a tarefa de autorizar e fiscalizar a exploração de patrimônio fossilífero no país, eis que sua natureza jurídica seria de "recurso mineral". Na hipótese de coleta de material por estrangeiro, o controle passa ao Ministério da Ciência e Tecnologia, conforme decreto 98.830/90. Em virtude dessa particularidade, a proteção sob a ótica da preservação do patrimônio cultural encontra-se muito enfraquecida, ausente atuação do IPHAN. Note-se que são duas óticas de atuação concorrentes e não necessariamente conflitantes, pelo que não há que se falar em mácula aos princípios da especialidade e da economicidade.

6. DOS INSTRUMENTOS DE PROTEÇÃO DO PATRIMÔNIO CULTURAL

A proteção do patrimônio cultural é concretizada através do exercício das três funções do Poder Estatal: Executiva, com atuação administrativa, Judiciária, nas searas cível e penal, e Legislativa.

Em âmbito administrativo, há ferramentas enumeradas na própria Constituição Federal, em rol *numerus apertus*. Em âmbito cível, o cidadão, por si próprio ou através das mais diversas instituições, é chamado a cooperar nessa proteção, principalmente através da ação popular e da ação civil pública. Por fim, e não menos importante, a atuação em âmbito penal. Note-se que, de forma geral, as penas cominadas a delitos na seara do patrimônio cultural são pequenas, mas tanto a transação penal quanto a suspensão condicional do processo exigem a "reparação" do dano, sendo essencial conhecer os limites desse conceito.

6.1. Tutela no âmbito administrativo

Em âmbito administrativo, os instrumentos protetivos nominados pela Constituição, que conferiu abertura para que outros fossem criados, são o inventário, o registro, a vigilância e o tombamento. Cada instrumento detém suas particularidades e o ato administrativo final de reconhecimento de valor é precedido por procedimento administrativo. Importante salientar, ainda que atentos aos normativos específicos, que todos devem observar, em âmbito federal, o quanto determinado pela lei 9.784/99, que regula tais "processos, ressaltando-se a ampla instrução probatória e o dever de motivação clara de todas as decisões, bem como possibilidade de impugnação recursal.

6.1.1. Do registro

O decreto 3.551/2000, que cria o registro e o regulamenta, prevê a inscrição dos bens imateriais escolhidos como significativos em quatro livros, quais sejam, saberes, formas de expressão, celebração e lugares. Não há óbices a que sejam abertos outros livros caso não haja o enquadramento do bem nas discrições contidas para cada um, que se encontram no próprio decreto. O ato de registrar evidencia o valor do bem imaterial, figurando como ato protetivo quer seja porque permite o fomento à atividade, inclusive com utilização de incentivos específicos, como aqueles previstos na lei de incentivo à cultura, quer seja porque "constitui prova capaz de dar suporte a ações que visem impedir posterior utilização indevida dos conhecimentos e práticas envolvidos na manifestação cultural." (pág. 106, Souza Miranda)

O mesmo decreto cria, ainda, o programa nacional do patrimônio imaterial, PNPI, cujo objetivo é viabilizar, através de editais e projetos pertinentes, a identificação, reconhecimento, proteção e promoção do patrimônio imaterial, orientando-se pela busca da sustentabilidade e da capacitação das comunidades envolvidas.

A proposta de registro de determinado bem dá origem a procedimento administrativo próprio, que deve observar tanto a Lei 9.784/99 quanto a Resolução IPHAN 01/2006. Note-se que a resolução enfatiza a participação popular, que pode se operar desde a proposta inicial, passando por audiências e consultas públicas no curso da instrução, até desaguar em eventual manifestação da sociedade após finalizada a instrução técnica. Seguirá, finalmente, ao Conselho Consultivo da autarquia, formalmente tendo como seus membros representantes de diversos segmentos da sociedade, que avaliará o bem, declarando seu valor, finalizando o *iter* administrativo com a inserção da inscrição em algum dos livros mencionados.

"Salvaguardar um bem cultural de natureza imaterial é apoiar sua continuidade de modo sustentável, atuar para melhoria das condições sociais e materiais de transmissão e reprodução que possibilitam sua existência. O conhecimento gerado durante os processos de inventário e registro é o que permite identificar de modo bastante preciso as formas mais adequadas de salvaguarda. Essas formas podem variar da ajuda financeira a detentores de saberes específicos com vistas à sua transmissão, até, por exemplo, a organização comunitária ou a facilitação de acesso a matérias primas." (disponível em http://portal.iphan.gov.br/pagina/detalhes/684 – acesso em 30/11/2018)

É importante lembrar, sempre, que o registro tem como fundamento a importância do bem intangível, o que significa um desafio maior na preservação, até mesmo porque depende de práticas sociais cuja mutabilidade é natural. As mudanças que eventualmente ocorram, contudo, não podem atingir um ponto na qual reste descaracterizado o quanto protegido.

"Gostos, necessidades, modos de vida, valores e representações sempre evoluíram e continuarão a fazê-lo e, se uma comunidade abandona uma prática social, não há como se opor. O que pode ser feito, e o decreto atende a isto, é, por um lado, inventariar, estudar e conservar e, por outro, oferecer reconhecimento social aos detentores desse patrimônio (...), convidando-os a perpetuá-lo a transmiti-lo às novas gerações que, por sua vez, terão tomado consciência de seu valor." (LÉVI-STRAUSS, Laurent. Patrimônio imaterial e diversidade cultural: o novo decreto para a proteção dos bens imateriais. Revista Tempo Brasileiro, Rio de Janeiro, n.147, p. 23-27, out. 2001.).

Por outro lado, ainda que seu objeto principal seja o bem imaterial, não há óbice que recaia sobre bem material. Ao se registrar o local onde se realiza a manifestação cultural, a *ratio* da proteção é porque este serve como *locus* para a realização da manifestação intangível, como a Feira de Caruaru, por exemplo. Não se trata, portanto, de tombamento do local onde se realiza a manifestação – o que também poderia ocorrer – mas sim de proteção ao bem tangível, da estrutura, que a possibilita. Assim, o local pode sofrer modificações, mas desde que elas não impeçam a realização da manifestação intangível.

Noutra ponta, ao ser noticiado que o queijo do Serro, por exemplo, foi registrado pela autarquia de proteção, não se está a falar de uma peça de laticínio, mas sim do modo artesanal de fazer o queijo em questão. Na mesma linha, como forma de expressão, o toque dos sinos em Minas Gerais, que eram usados, inclusive, para informar acontecimentos sociais na cidade, como os falecimentos.

Em virtude da inerente mutabilidade do bem imaterial, em âmbito federal há previsão de revalidação do registro a cada dez anos. O dossiê feito no curso do procedimento administrativo é de extrema importância, pois nele há detalhes de como se realiza a manifestação cultural, possibilitando as ações estatais e da comunidade para que tal manifestação não se perca com o tempo e com os efeitos deletérios da globalização. Após dez anos, a autarquia de proteção ao patrimônio reanalisa o título conferido, verificando se o estado atual da manifestação preserva os valores que a erigiram a patrimônio cultural. Esse lapso temporal de dez anos é nomeado por Ballart Hernandez (apud Soares) como "tempo de decantação." Na hipótese de negativa da revalidação, o título é mantido, mas como registro de uma manifestação cultural que já existiu e que não mais se faz presente, na forma do artigo 7°, parágrafo único, da "lei" de regência.

A manifestação cultural registrada espelha a identidade de um grupo social. A própria Constituição Federal ofertou, nessa linha, especial proteção a dois grupos específicos, em seus artigos 68 da ADCT e 231. No primeiro, os quilombolas; no segundo os índios. Em ambos, a proteção às terras, patrimônio material, vincula-se ao patrimônio imaterial nelas ínsito, que são os modos de criar, fazer e viver, peculiares, dessas comunidades.

6.1.2. Do tombamento

O tombamento surgiu no ordenamento pátrio com o decreto-lei 25/37, que regulamenta a atuação do IPHAN, anteriormente SPHAN, sendo que, em âmbito federal, há quatro livros de tombo, a saber, Arqueológico, Etnográfico e Paisagístico, Histórico, Belas Artes e Artes Aplicadas. Figura, ainda, como um instrumento do Plano Nacional de Cultura, previsto no artigo 215, par. 3°, da Constituição Federal e regulamentado pela Lei 12.343/2010.

O tombamento restringe a utilização plena do objeto material, que deve ser conservado por seu proprietário e, apenas subsidiariamente, caso aquele não tenha condições financeiras, pelo Estado (artigo 19). Impede qualquer intervenção sem a autorização da Instituição ou órgão de proteção, que em âmbito federal é o IPHAN. O bem de propriedade privada adquire uma finalidade de interesse público. Trata-se de ato declaratório, pois apenas reconhece valor pré-existente, mas tem efeitos constitutivos em relação ao proprietário do bem e à comunidade como um todo, caracterizando-se, respeitadas as opiniões em contrário[23], como uma limitação administrativa *sui generis*, recaindo sobre bem individualmente considerado ou sobre um conjunto de bens, como os sítios urbanos. Ainda, os acessórios que se encontram inseridos no bem tombado, como no caso dos elementos de adorno e de culto das Igrejas, por exemplo, fazem parte do conjunto, verdadeiro "acessório que acompanha o principal", pelo que daqueles não podem se dissociar.

O tombamento pode ser classificado, quanto ao procedimento, em tombamento de ofício, voluntário ou compulsório. No tombamento de ofício, o bem a ser protegido é público, conforme artigo 5º do Decreto-lei 25/37. A doutrina pátria tem entendido que se o bem é de propriedade de ente federativo diverso do proponente, há que se realizar procedimento administrativo com contraditório, sob pena de macular o princípio federativo, não havendo hierarquia quanto aos entes federativos. No voluntário, regulamentado no artigo 7°, o proprietário é quem requer a proteção ou anui após a notificação. Por fim, e não menos importante, o tombamento compulsório se opera quando, notificado, o proprietário se recusa a anuir à inscrição do bem.

Na instrução do procedimento administrativo instaurado será produzido dossiê que traga os fundamentos para a proteção. Tal dossiê é de extrema importância, pois elencará detalhadamente os elementos que conferem valor de uso, de forma e/ou de símbolo ao bem. Note-se que, como ato administrativo, em tese os atos protetivos podem ser revogados ou anulados. A revogação se opera pela conveniência e oportunidade da administração, não se aplicando ao caso em virtude do princípio da proibição do retrocesso social. A anulação de ofício, contudo, se mostra possível, quer seja por não cumprimento de formalidade no curso do procedimento, causando prejuízo à parte, quer seja pelo dossiê não demonstrar os valores ínsitos ao bem.

Classifica-se, ainda, o tombamento, em provisório e definitivo. O provisório nasce com a notificação do proprietário, que a partir de tal ato não mais poderá modificar o bem sem a autorização do órgão competente. O tombamento definitivo, por seu turno, ocorre com a inscrição no livro tombo respectivo.

[23] Para Celso Antonio Bandeira de Mello e Lúcia Valle Figueiredo o tombamento configura uma servidão administrativa.

Os efeitos do tombamento, frise-se, são declaratórios, eis que reconhecem o valor do bem, mas também constitutivos, pois inserem o bem tombado no rol dos protegidos e, portanto, criam obrigações para o ente estatal, para o proprietário e, mais, *para a vizinhança do bem.* Com efeito, o entorno do bem também é protegido, ou seja, sua visibilidade e ambiência, conforme artigo 18 do mesmo diploma legal.

O decreto-lei 25/37 traz detalhadamente os efeitos do tombamento, cabendo ressaltar aqueles previstos em seu artigo 17:

"Art. 17. As coisas tombadas não poderão, em caso nenhum ser destruídas, demolidas ou mutiladas, nem, sem prévia autorização especial do Serviço do Patrimônio Histórico e Artístico Nacional, ser reparadas, pintadas ou *restauradas*, sob pena de multa de cincoenta por cento do dano causado." (grifado)

No que tange à "competência" para o ato, encontram-se legitimadas quaisquer das esferas de poder, isolada ou cumulativamente. Atuando sobre o mesmo bem.

A Constituição Federal dispõe, ainda no parágrafo 1 do artigo 216, que:

§ 1º O Poder Público, com a colaboração da comunidade, promoverá e protegerá o patrimônio cultural brasileiro, por meio de inventários, registros, vigilância, tombamento e desapropriação, e de outras formas de acautelamento e preservação.

A complexidade burocrática do tombamento e sua rigidez absoluta parecem indicá-lo a ser um instrumento utilizável com cautela quando, na verdade, o mesmo passou a ser a regra, não havendo regulamentação legal, por exemplo, para o inventário ou outros meios de preservação para os quais a Constituição da República foi absolutamente receptiva. Assim, restou ao alvedrio questionável – eis que limitador de outros direitos do cidadão – dos órgãos e instituições de proteção, através do uso de seu poder de polícia, estabelecer os parâmetros de utilização para tais instrumentos até que o legislador cumpra o seu papel.

6.1.3. Da vigilância

A vigilância significa o cuidado com o bem protegido, inerente ao poder de polícia estatal, fruto do princípio da intervenção estatal obrigatória, e se encontra prevista até mesmo dentro de outro instrumento protetivo, conforme artigo 20 do Decreto-lei 25/37.

6.1.4. Do inventário

O inventário traz ao operador do direito maior complexidade. Antecedido por pesquisa aprofundada, onde são caracterizados detalhadamente os bens inventariados, culmina em rol específico. O debate, e a insegurança jurídica, circundam os limites dos efeitos desse "inventário". Para alguns, ao concretizar apenas pesquisa e elenco de bens, não se estaria realizando a valoração *e escolha* que fundamentam a proteção. Assim, não haveria quaisquer efeitos limitadores da propriedade advindo do inventário, não raro chamando-se tais inventários de "inventários de conhecimento". Para outros, se a Constituição Federal previu o inventário como instrumento protetivo, a ausência de regulamentação não pode servir para limitar esse direito fundamental. A realização do inventário, por si só, já traria efeitos jurídicos.

Souza Miranda afirma que a inserção do bem no inventário traz a "submissão do bem inventariado ao regime jurídico específico dos bens culturais protegidos" e a "qualificação do bem inventariado como objeto material dos crimes previstos nos artigos 62 e 63 da Lei 9.605/98. (Miranda, Marcos Paulo de Souza. Tutela do patrimônio cultural brasileiro - Belo Horizonte: Del Reu, 2006. Pág. 104). Na mesma linha, Soares afirma que "como a Constituição indica as diretrizes no tratamento dos bens culturais, não há necessidade de que se estabeleçam, no plano infraconstitucional, as consequências do inventário para os proprietários de bem inventariado." (Soares, pág. 288).

Com a devida venia, o inventário é um instrumento informativo, reunindo dados sobre o bem estudado, possibilitando sua proteção não meramente por estar o bem elencado naquele rol, mas essencialmente a partir de um segundo atuar, comissivo, do Estado. Esse atuar comissivo poderá ser, aí sim, o reconhecimento do valor do bem, ainda em âmbito administrativo, acrescido da limitação do direito de propriedade no caso concreto, com uma gama de possibilidades advindas do exercício de poder de polícia estatal, ou mesmo a utilização dos estudos para pleitear, junto ao judiciário, a proteção dentro de determinados moldes (limites do pedido). Sempre interessante lembrar as características do poder de polícia, a limitar, inclusive, o direito de propriedade. Nessa linha, afirma Maria Sylvia Z. Di Pietro:

> (...) na atividade de polícia, a Administração apenas impede a prática, pelos particulares, de determinados atos contrários ao interesse público; ela impõe limites à conduta individual. [...] Há que se lembrar, porém, que alguns autores consideram como inseridas no poder de polícia as obrigações de fazer impostas ao proprietário, compelindo-o a usar o imóvel de acordo com sua função social. Nesse caso, não se pode falar que o objetivo do poder de polícia seja uma abstenção, uma atividade negativa."[24]

Nada impede, frise-se, que outros instrumentos protetivos sejam criados, deixando a Constituição Federal tal possibilidade aberta. Nessa linha, em 2009 o IPHAN criou, através da Portaria 127/2009 e no exercício de seu genérico poder de polícia, a "chancela da paisagem cultural".

6.1.5. *Outras formas não previstas na constituição – chancela da paisagem cultural e declaração de valor para preservação da memória ferroviária*

Como é cediço, a Constituição Federal deixou margem à inserção, no ordenamento pátrio, de outros instrumentos de proteção do patrimônio cultural. Um deles, a paisagem cultural foi definida como "porção peculiar do território nacional, representativa do processo de interação do homem com o meio natural, à qual a vida e a ciência humana imprimiram marcas ou atribuíram valores conforme portaria IPHAN 127/2009."

Ao revés do tombamento, onde o Estado limita a propriedade e impõe sanções à eventual mácula ao bem tombado, na chancela da paisagem cultural há um "pacto de gestão compartilhada" entre a Administração, entes públicos e privados. A interação homem-natureza é essencial e o dinamismo que não desconstitua os valores pelos

[24] DI PIETRO, Maria Sylvia Zanella. **Direito Administrativo.** 22 ed. São Paulo: Atlas, 2009, pág. 121.

quais a paisagem foi escolhida idem. No pacto em questão delimitam-se as ações de gerenciamento do espaço, os deveres de cada um dos envolvidos que possibilitem manter a paisagem em tela e seus valores para as presentes e futuras gerações. Como em outros procedimentos protetivos, inicia-se de ofício ou por representação ao "órgão" de proteção – no âmbito federal o IPHAN – e, após regular instrução do procedimento administrativo, o Conselho Consultivo se manifesta, encaminhando, em caso positivo, ao Ministro da Cultura.

O segundo deles foi a declaração de valor para a preservação da memória ferroviária. A lei 11.483/2007 determinou a recepção no patrimônio da autarquia e, por consequência, a administração dos bens móveis e imóveis de valor artístico, histórico e cultural, oriundos da extinta RFFSA, devendo zelar pela sua guarda e manutenção. Na hipótese do bem ainda ser utilizado em atividades ferroviárias, o IPHAN deverá garantir seu compartilhamento (artigo. 9°, par. 1°).

O instrumento foi regulamentado pela Portaria IPHAN n° 407/2010, que estabelece a inscrição em lista própria, denominada "Lista do Patrimônio Cultural Ferroviário".

7 – DO PODER DE POLÍCIA ESTATAL

O Estado, devidamente inserido o bem no rol do patrimônio cultural, exerce outro viés de seu poder de polícia administrativo e, na hipótese de não observância do regramento, caracteriza preliminarmente a infração. Ensina Guerra (2012, p. 138):

> A ideia do poder é tão antiga quanto o homem. A exemplo disso, Locke, Hobbes e Maquiavel o mencionaram em suas obras. Entretanto, como salienta Diogo de Figueiredo, embora sempre haja exercido fascínio, assombro e medo, o poder, considerado, junto com o amor, um dos mais velhos fenômenos das emoções humanas, somente no final do século XIX começou a ser estudado cientificamente.

Acrescenta Medauar (2003, p. 357):

> A noção de poder de polícia permite expressar a realidade de um poder da Administração de limitar, de modo direto, com base legal, liberdades fundamentais, em prol do bem comum. Essa realidade inquestionável é reconhecida pelos próprios autores que pregam a eliminação do conceito. Portanto, a noção de poder de polícia é a expressão teórica de um dos modos importantes de atuação administrativa, devendo ser mantida, sobretudo no ordenamento pátrio, em que vem mencionada na Constituição Federal (art. 145, II), na legislação (por exemplo: Código Tributário Nacional, art. 78), na doutrina e na jurisprudência.

A importância do poder de polícia em matéria ambiental é imensa. Isso porque ele é autoexecutável, vale dizer, independe de qualquer mandamento de outro poder para que seja cumprido. Desnecessário o ajuizamento de ação, assoberbando o Poder Judiciário, quando o próprio Poder Executivo, de forma descentralizada ou não, poderá atingir os mesmos objetivos *sponso proprio*. Tal característica confere à atuação da Administração Pública enorme celeridade, imprescindível para obstar ou paralisar determinadas máculas, ainda mais quando estamos tratando de bens de matriz finita.

Noutra ponta, seu exercício deverá cingir-se ao princípio da proibição do excesso trazido por Canotilho, sob pena de, assim não sendo, configurar-se abuso de poder.[25]

Há que se pontuar, ainda, dois outros atributos do poder de polícia: a discricionariedade e a coercibilidade. Aquela é a faculdade atribuída à Administração para, diante do caso concreto, segundo critérios de oportunidade e conveniência, escolher a melhor solução para o problema (DI PIETRO, 2011, p. 67); e esta, a capacidade do Estado de usar a força para fazer valer suas decisões. Mas que penalidades seriam aplicáveis em matéria de preservação do patrimônio cultural?

Podemos resumir as principais sanções em âmbito administrativo em quatro espécies: multa, embargo, apreensão e demolição.

A multa é uma sanção de caráter pecuniário. A grande discussão sobre o tema sempre se cingiu à exigência de dolo ou culpa para a imposição desta sanção. O Decreto 6.514/2000 menciona literalmente, em seu artigo 72, a necessidade de demonstração de "negligência" ou dolo. Assim, ao revés da responsabilidade civil em matéria ambiental, que é objetiva, a responsabilidade administrativa é derivada da culpa ou do dolo. O STJ firmou entendimento nesse sentido no RESP 1401500-PR, relator o Ministro Hermann Benjamim.[26]

Abstraindo da discussão mencionada, a mesma interpretação deve ser conferida às multas previstas especificamente nos diplomas normativos de proteção ao patrimônio cultural, objeto inserido na proteção do meio ambiente como um todo.

O embargo é obstáculo a fim de que determinada atividade seja paralisada em virtude de não haver autorização para sua realização ou que esta esteja em desconformidade com o quanto autorizado, como ocorre, por exemplo, em obras autorizadas pela autarquia de proteção e que são realizadas em desconformidade com os projetos.

A apreensão consiste em retirar da esfera de proteção de terceiro.

Por fim, e não menos importante, a demolição de obra, que poderá ser determinada pela Administração ao proprietário ou mesmo por ela executada diretamente. Em casos que tais, com a obra sendo realizada há, primeiramente, uma medida cautelar, como o embargo e, após o regular processo administrativo, aplicada a sanção mais grave.

Em âmbito federal, há três diplomas mais usados que trazem sanções específicas na seara administrativa. O decreto-lei 25/37, que regulamenta o tombamento, prevê desde a aplicação da multa até a destruição da obra, inclusive aquela feita na vizinhança da coisa tombada e que afete sua visibilidade e ambiência.

A apreensão (sequestro) de obras de artes e ofícios tradicionais produzidas até o fim do período monárquico, que saíram sem autorização do país, é prevista na lei 4.845/65.

Por fim, a lei 3.924/61, que trata da proteção da arqueologia, também estabelece sanções, quais sejam, multa e apreensão de objetos.

---

25 Não se pode olvidar que o exercício do poder de polícia em matéria de patrimônio cultural tem como objeto um direito fundamental pelo que essencial o equilíbrio na atuação estatal. Nessa linha, o Ministro Gilmar Mendes: "Os direitos fundamentais não podem ser considerados apenas como proibições de intervenção (Eingriffsverbote), expressando também um postulado de proteção (Schutzgebote). Pode-se dizer que os direitos fundamentais expressam não apenas uma proibição do excesso (Übermassverbote), como também podem ser traduzidos como proibições de proteção insuficiente ou imperativos de tutela (Untermassverbote)." (STF – Segunda Turma – HC 104410 – Rel. Min. Gilmar Mendes – DJe 27/03/2012).

26 https://www.conjur.com.br/2018-abr-01/ambiente-juridico-responsabilidade-subjetiva-multa-ambiental-simples.

Há que se recordar, contudo, que o patrimônio cultural passou a ser reconhecido como integrante do meio ambiente, sendo o direito de acesso e fruição ao mesmo inerente à sadia qualidade de vida. Todavia, a lei 6.938/81, que criou, em seu artigo 6°, o SISNAMA, não incluiu claramente os órgãos de proteção ao patrimônio cultural em tal sistema. Assim, ainda não há consenso sobre a possibilidade de utilizar o quanto previsto na Lei 9.605/98, artigo 70, par. 1° c/c artigo 72 como rol de sanções pelo descumprimento das determinações administrativas em matéria cultural. Note-se que o rol de sanções seria muito mais amplo, permitindo não somente uma atuação mais contundente quanto, também, mais efetiva, eis que a gama ampliada permitiria a gradação segundo a proporcionalidade e a razoabilidade.

Com efeito, o espectro de atuação das Instituições governamentais que protegem o patrimônio tornou-se muito mais largo após a Constituição da República, merecendo instrumentos compatíveis com o desafio.

Como dito alhures, o Decreto-Lei 25/37, ainda o mais utilizado na proteção do patrimônio cultural trata, única e exclusivamente, do processo de tombamento, sendo certo que as sanções administrativas e obrigações estabelecidas em seu bojo referem-se tão somente aos bens **expressamente** definidos pelo órgão governamental como de valor cultural, após procedimento administrativo instaurado para *esse fim específico* e somente para bens tangíveis.

Noutra ponta, igualmente ausentes estão os instrumentos próprios ao exercício de vigilância e fiscalização, especialmente quando se tem em conta a notória imprecisão do próprio Decreto-lei 25/37, no que se refere à definição das sanções administrativas, em caso de atividades lesivas ao patrimônio cultural. São requisitos para seu cálculo o valor do dano ou do objeto a ser retirado, de extrema subjetividade, a demandar, por certo e em inúmeras vezes, avaliações via perito ou mesmo propositura de ação judiciais (RODRIGUES; WALCACER. 2009).

Ora, a Lei dos Crimes Ambientais (n° 9.605/98) veio a suprir dita lacuna, na medida em que trouxe, em extenso rol de medidas acautelatórias (art. 72) – advertência, multa simples, multa diária, apreensão dos instrumentos, petrechos, equipamentos ou veículos de qualquer natureza utilizados na infração, suspensão de venda e fabricação do produto, embargo de obra ou atividade, demolição de obra, suspensão parcial ou total de atividades e outras penas restritivas de direitos – os elementos necessários e compatíveis ao exercício de salvaguarda ao patrimônio cultural, e, em especial, aos bens móveis que o compõem.

Noutra ponta, a referida lei ratificou, por diversas vezes, a inserção do patrimônio cultural como elemento a ser protegido pelo direito ambiental e, via de consequência, o IPHAN como órgão do SISNAMA. Há crimes específicos desta seara – artigo 62 a 65.

Ao comentar a "Lei de Crimes Ambientais", Flávio Dino de Castro e Costa *et al* (2001, p. 373-374) adverte que:

> A Lei n° 9.605/98 propõe-se não somente a melhor sistematizar tipos penais antes dispersos em variados diplomas legais e dar um tratamento mais rigoroso aos responsáveis pelas condutas criminosas que agridem o meio ambiente. Importante lacuna foi preenchida no que se refere aos ilícitos administrativos e à previsão de sanções a serem impostas pela Administração nestas hipóteses. Estas sanções são extremamente

> importantes para a preservação ambiental, na medida em que sem elas retira-se a eficácia do exercício do poder de polícia – fundamental para a prevenção e a imediata repressão aos infratores (grifou-se).

O mesmo se diga do Decreto nº 6.514/2008, que se propôs a regulamentar a aplicação das sanções administrativas previstas na Lei dos Crimes Ambientais, dedicando seção própria às infrações contra o ordenamento urbano e o patrimônio cultural. Cumpre destacar, neste ponto, a redação conferida a seus artigos 72, 73 e 74, *in verbis*:

> Art. 72. Destruir, inutilizar ou deteriorar:
>
> I – bem especialmente protegido em lei, ato administrativo ou decisão judicial;
>
> II – arquivo, registro, museu, biblioteca, pinacoteca, instalação científica ou similar protegido por lei, ato administrativo ou decisão judicial:
>
> Multa de R$ 10.000,00 (dez mil reais) a R$ 500.000 (quinhentos mil reais).
>
> Art. 73. Alterar o aspecto ou estrutura de edificação ou local especialmente protegido por lei, ato administrativo ou decisão judicial, em razão de seu valor paisagístico, ecológico, turístico, artístico, histórico, cultural, religioso, arqueológico, etnográfico ou monumental, sem autorização da autoridade competente ou em desacordo com a concedida:
>
> Multa de R$ 10.000,00 (dez mil reais) e R$ 200.000 (duzentos mil reais)
>
> Art. 74: Promover construção em solo não edificável, ou no seu entorno, assim considerao em razão de seu valor paisagístico, ecológico, artístico, turístico, histórico, cultural, religioso, arqueológico, etnográfico ou monumental, sem autorização da autoridade competente ou em desacordo com a concedida:
>
> Multa de R$ 10.000,00 (dez mil reais) e R$ 100.000 (cem mil reais).

Assim, e mais uma vez em interpretação sistemática, pode-se afirmar que o IPHAN integra o SISNAMA. Ora, se a autarquia foi criada para aquela proteção, não haveria outro legitimado para aplicação das sanções da Lei 9605/98, regulamentada pelo Decreto nº 6.514/2008. É justamente o IPHAN a "autoridade competente" indicada pela legislação.

Como é de se notar, a possibilidade de aplicação das referidas sanções disponibiliza ao IPHAN instrumental certamente mais qualificado e diversificado que aquele consagrado pelo vetusto Decreto 25/37. Não mais se afigura necessária a vinculação do bem cultural a ser tutelado ao regime de tombamento e nem se limitam as sanções ao embargo e multa. É dizer que o reconhecimento da disciplina normativa posta pela Lei dos Crimes Ambientais, como elemento afeto à proteção do patrimônio cultural, permite ao órgão federal realizar seu desiredato constitucional em toda a sua extensão.

Fala-se, portanto, em alargamento do espectro de atuação do IPHAN. A endossar tais proposições, o ensinamento da melhor doutrina que demonstra a amplitude da tarefa da autarquia:

> A Lei 9.605/98 não exige uma forma especial de proteção. A adjetivação utilizada – "especialmente" – é no sentido de que o bem tem proteção em razão de seu valor do patrimônio cultural, que o diferencia de outro bem, normalmente protegido como bem privado. Não é mais somente a coisa tombada a ser protegida (art. 165 do CP), mas quaisquer formas de "acautelamento e preservação" são admissíveis, como os atos administrativos instituidores de "inventários, registros, tombamento e desapropriação" (art. 216, § 1º, da CF), além das decisões tomadas por lei ou por sentença judicial (MACHADO, 2009, p. 992).

Desta forma, reconhecer o IPHAN como integrante do SISNAMA, bem como as demais Instituições ou Órgãos responsáveis pela tutela do patrimônio cultural, e possibilitar àquela autarquia o manejo da legislação em referência significa, em última instância, provê-la dos meios necessários ao pleno exercício de seu poder de polícia, nos moldes preconizados pelo art. 216, § 1°, o que contribuiria sobremaneira para a correta fiscalização dos bens culturais de nosso país. Trata-se, portanto, de importante mecanismo protetivo, em contraponto à lamentável conjuntura atual, na qual se constata a irrefreada dilapidação do acervo cultural brasileiro.

8. TUTELA NO ÂMBITO JUDICIAL CÍVEL

Diversamente do âmbito administrativo, a responsabilidade por eventual mácula ao bem protegido, na seara cível, é objetiva, conforme lei 6.938/81, artigo 14, par. 1°. Assim, é suficiente para a responsabilização a comprovação do dano e do nexo de causalidade, não se perquirindo sobre a culpa do agente.

Há dois instrumentos bastante utilizados: ação popular e ação civil pública.

8.1. Ação popular

Regulada pela Lei 4.717/65, a ação popular é instrumento pelo qual qualquer cidadão, ou seja, aquele que está no gozo de seus direitos políticos, pode impugnar ato administrativo lesivo ao "patrimônio público". É corolário do princípio da participação popular e do mandamento constitucional contido no artigo 216, par. 1°, verdadeiro poder-dever do cidadão.

O conceito "patrimônio público" não está diretamente vinculado ao caráter de propriedade, indo além e alcançando os bens cuja proteção interessa ao Estado.

A declaração de nulidade pode alcançar atos comissivos ou omissivos. Assim, o instrumento serve, também, para fazer valer o princípio da intervenção estatal obrigatória. É o caso, por exemplo, da autorização concedida pelo poder público para realização de obra que venha a macular o bem protegido.

Havendo probabilidade do ato lesivo e ilegal ser concretizado, surge a possibilidade da ação popular na forma preventiva. O interesse de agir surge com a lesão, ou ameaça de lesão, ao bem protegido. Nessa linha, José Afonso da Silva:

> *O que, em verdade, move o autor popular é o interesse da sociedade de ter uma administração honesta, no tocante ao patrimônio público.* **Toda vez que este, em tese, é tido como lesado, nasce o interesse de agir para o cidadão.** *Quanto a saber se efetivamente houve a lesão, é questão de mérito, dependente de provas a serem produzidas no desenvolvimento da relação jurídica processual.* **Basta que o autor popular afirme a lesão, para que o interesse, abstrato, de demandar em ação popular, se verifique, postulando a atividade jurisdicional para apreciar a afirmativa e sobre ela ditar a sentença favorável ou desfavorável.** *A existência, ou não de vício de lesividade do ato não interfere com o interesse de agir, no caso; trata-se de requisito específico da demanda, e não de qualquer de suas condições abstratas.* (José Afonso da SILVA. *Apud* Rodolfo de Camargo MANCUSO. *Ação Popular.* 7ª Edição. São Paulo: RT, 2011. P. 151)

A Constituição de 88 previu expressamente o uso da ação popular para "anular ato lesivo ao (...) patrimônio histórico e cultural", sendo seu manejo isento de custas judiciais ou ônus da sucumbência (art, 5°, inciso LXXIII).

8.2. Ação civil pública

Regulada pela Lei 7.347/85, a ação civil pública tem objeto mais amplo que a ação popular, buscando o cumprimento de obrigação de fazer, de não fazer, condenação em dinheiro ou mesmo declaração sobre determinada situação jurídica, isoladamente ou de forma cumulada. Seu rol de legitimados também é bastante extenso, conforme artigo 5°da lei de regência, trazendo o Ministério Público - que se não atua como parte deve figurar, sob pena de nulidade do feito, como fiscal da lei -, a Defensoria Pública, os entes federativos, autarquias, empresas públicas e sociedades de economia mista - desde que por interesses vinculados a sua atuação - e, finalmente, as associações - conforme requisitos do par. 4°. Abrange não somente os interesses difusos como os coletivos, além dos individuais homogêneos, por força do CDC, artigo 81, inciso III, c/c arts 83 e 117.

Uma interessante forma de utilização do instrumento como proteção do patrimônio cultural se opera na hipótese de inércia estatal no uso de instrumentos administrativos, como o tombamento. A tutela pleiteada, no caso, é declaratória do valor, cumulada com prestações estatais de fazer que, a fim e ao cabo, terão efeitos no mundo real muito semelhantes ao quanto poderia ter feito a Administração por iniciativa própria. Não se trata do judiciário "tombar", mas sim de proteger através deste Poder, que detém o dever de apreciar lesão ou ameaça de lesão a direito. Parece-nos possível também, ainda mais com o reforço trazido pela emenda constitucional 71/2012 e a Lei 12.343/2012, com ênfase no artigo 3°, inciso IV, que o pedido da ação civil pública seja a atuação estatal administrativa de inscrever no livro tombo, ou seja, de tombar, eis que cabe ao Estado "proteger e promover a diversidade cultural", raciocínio que seria aplicável aos demais instrumentos administrativos de proteção.

A ação civil pública pode trazer, em um de seus pedidos, ainda, aquele referente ao dano moral impingido à sociedade pela privação do acesso ao bem protegido por determinado tempo ou mesmo por sua mácula ou destruição. É o caso, por exemplo, do dano moral decorrente da perda de um bem tombado por ausência de conservação.[27]

9. TUTELA PENAL DO PATRIMÔNIO CULTURAL

A preservação do direito difuso ao patrimônio cultural, pela fragilidade de seus bens e irrecuperabilidade, não pode prescindir de todo o instrumental disponível no mundo jurídico. Nessa linha, surge um capítulo específico na lei de crimes

[27] Nessa linha, assentou a segunda turma do STJ no julgamento do REsp 1.180.078/MG, relator Ministro Herman Benjamin, DJe de 28/2/2012 – raciocínio que se aplica plenamente aos bens protegidos, ainda que de propriedade privada, erigidos a patrimônio cultural: "Acumulação de obrigação de fazer, não fazer e pagar não configura bis in idem, porquanto a indenização não é para o dano especificamente já reparado, mas para os seus efeitos remanescentes, reflexos ou transitórios, com destaque para a privação temporária da fruição do bem de uso comum do povo, até sua efetiva e completa recomposição, assim como o retorno ao patrimônio público dos benefícios econômicos ilegalmente auferidos."

ambientais – Lei 9.605/98 – intitulado "dos crimes contra o ordenamento urbano e o patrimônio cultural".

Como se sabe, a função do direito penal é de proteção da sociedade, englobando-se a prevenção, a repressão e, também, a reparação do dano. Esta última função ganha especial relevo no direito penal ambiental, estando todo o "processo penal" desse ramo voltado para a reparação.

Reparar não é somente retornar ao *status quo ante*, ainda mais quando se está a tratar de um ramo – *o direito ao patrimônio cultural* – no qual a matriz é finita. Reparar é gênero que engloba quatro espécies básicas, que podem surgir isoladamente ou, na maioria das vezes, de forma cumulada, a saber: restauração, recuperação, compensação e indenização. Ademais, o que se busca, sempre, é a reparação *integral* do bem, que significa não somente sua restauração mas também a indenização.

Restaurar significa o conjunto de intervenções em determinado bem a fim de que ele recupere seu suporte material e/ou valor parcialmente perdido. Restaurar implica em intervir o mínimo possível, de forma harmônica, mas identificável, sem criar um objeto *fake*.

Recuperar, por seu turno, ocorre quando não mais se mostra possível restaurar, ou seja, restituir ao *status quo ante* ou, na verdade, muito próximo dele. Na ciência da conservação, seria a "restauração integral". No âmbito do patrimônio cultural pode ser tido como uma exceção, pois na verdade o que se está propondo é a criação de novo bem que ressignifique o local ou a manifestação imaterial.[28]

Ausente a possibilidade de restauração e recuperação, passa-se à compensação pelo dano ambiental ocorrido. Compensar ambientalmente é equilibrar os efeitos deletérios de determinada conduta com a realização de outra atividade que agregue valor ao meio ambiente; no caso, especificamente ao meio ambiente cultural. Uma forma bastante utilizada de compensação ambiental ocorre na destruição completa de bem tombado, onde não se opta pela recuperação, eis que geraria um *fake* histórico, realizando-se a restauração em outro bem equivalente, preferencialmente no mesmo sítio urbano. Por fim, na impossibilidade da integralidade da reparação com as demais, cabe a indenização pecuniária também sendo possível para "compensar" a privação do uso por determinado tempo.

É nessa linha que Santiago ressalta a necessidade da *restitutio in integrum* no direito ambiental, que engloba o dano imediato, os danos interinos (perda da qualidade ambiental no intervalo entre o dano imediato e a recomposição), danos ambientais futuros certos e o dano moral ambiental. (Santiago, Alex Fernandes. Fundamentos de Direito Penal Ambiental. Del Rey, 2015. p. 358)

A lei de crimes ambientais – Lei 9.605/98 – dedica um capítulo aos crimes contra o ordenamento urbano e o patrimônio cultural, englobando os artigos 62 a 65, cujas penas propiciam a utilização da transação penal – artigos 64 e 65 – e da suspensão condicional do processo – artigo 62 e 63.

A prévia composição do dano ambiental, na dicção do artigo 27 do diploma em tela, é condição para que o Ministério Público apresente a proposta de transação. Não por outro motivo, e diante da complexidade dessa composição, que se traduz em

[28] Sobre o tema, o quanto ocorrido em Varsóvia, http://www.geographia.uff.br/index.php/geographia/article/view/606/370.

reparação integral do dano, é que o artigo 19, parágrafo único, prevê a possibilidade de utilização da perícia realizada no âmbito do inquérito civil público ou da ação civil pública ser utilizada em seara penal. Um outro fator que dificulta a recuperação integral é a quantificação do dano ambiental, quanto mais na área do patrimônio cultural, na qual a subjetividade inerente aos valores implícitos no bem é enorme.

Na hipótese de impossibilidade de prévia composição de dano ambiental, o mesmo artigo faz ressalva, observando que a transação poderá ser realizada. Essa *impossibilidade* deve levar em conta o conceito amplo de reparação apontado acima. Assim, a mera impossibilidade técnica de reparar não é causa, por si só, da não exigência de eventual compensação ou indenização. Por outro lado, insolvente o envolvido, aí sim, permite-se a transação penal, sem reparação.

No que tange à suspensão condicional do processo, aplica-se o artigo 28 da Lei 9.605/96, ou seja, a reparação do dano ao patrimônio cultural é condição para que se declare extinta a punibilidade do agente.

É interessante observar que em alguns casos, diante da complexidade do dano ou de sua reparação, não será possível a oferta imediata de transação. Na prática, contudo, não raro se verifica a oferta e sua não homologação até que a reparação ocorra. Observe-se que os delitos têm pena baixa e na transação penal não há oferta de denúncia, pelo que a prescrição não resta interrompida. Assim, mesmo que a pena seja, a princípio, um indicador para a transação, nada impede que, ausente a possibilidade de reparação, haja a denúncia e se oferte a suspensão condicional do processo, com tempo suficiente para que ocorra tal reparação, nos moldes do artigo 28. Ausente transação penal ou suspensão condicional do processo, eventual condenação também exige a reparação do dano, conforme artigo 20, sem prejuízo de sua cumulação com penas alternativas na hipótese de substituição em virtude da possibilidade legal (pena máxima menor que 4 anos para todos os delitos mencionados).

Algumas particularidades dos artigos 62 a 65 merecem ser mencionadas.

O artigo 62, em seu parágrafo único, possui previsão de crime culposo, ou seja, de conduta eivada de imperícia, imprudência ou negligência. Ainda, a conduta pode ser comissiva ou mesmo omissiva, como no caso em que o particular simplesmente deixa imóvel tombado, de sua propriedade, se deteriorar, sem tomar qualquer providência ou mesmo avisar o IPHAN, no caso de tombamento federal, para que atue.

Os artigos 63, 64 e 65 não possuem previsão de modalidade culposa, sendo seu sujeito punido apenas por conduta dolosa.

Interessante observar, comparando-se os artigos 63 e 64, que se a construção sem autorização for no entorno de bem protegido edificável, a pena será de 1 a 3 anos e multa. No entanto, se o bem protegido for não edificável, ou seja, uma praça de grande valor histórico, por exemplo, a pena será menor, de seis meses a um ano.

Por fim, o artigo 65, que traz em seu parágrafo único uma previsão que, em virtude do princípio da especialidade, deve ser aplicada mas mostra incoerência do legislador. Primeiro, o pichar coisa especialmente protegida por lei, ato judicial ou ato administrativo diverso do tombamento restou considerado mais grave do que pichar coisa tombada. Ainda, essa proteção "especial" à coisa tombada envolve apenas o tombamento que tenha por fundamento valor artístico, arqueológico ou histórico, mais uma vez tentando enfatizar a necessidade de tombar sítios arqueológicos quando a proteção aos mesmos é *ex vi lege.*

Por fim, e não menos importante, deve ser considerada a aplicação de todo o arcabouço do direito penal à proteção do patrimônio cultural, com especial atenção à hipótese de contrabando quando o bem integrante do patrimônio cultural é comercializado ilicitamente com o exterior, como nos casos das obras de arte e ofícios produzidos no País até o fim do Período Monarquico (Lei 8.485/65), livros e acervos documentais de obras brasileiras ou sobre o Brasil editadas nos séculos XVI a XIX (Lei 5.471/68), bens tombados (art. 14 do Decreto-lei 25/37), dentre outros. O Brasil é signatário da Convenção da Unidroit sobre bens culturais furtados ou ilicitamente exportados, que dispõe sobre regras de restituição de bens culturais a seus países de origem.

10. TUTELA NO ÂMBITO LEGISLATIVO

Como dito alhures, a intervenção estatal obrigatória encontra-se imbricada às tres funções do poder estatal, sendo uma delas a legislativa. Em âmbito de direito ambiental tal função tem limites no princípio da proibição do retrocesso social e, mais, alcança plenitude apenas quando observa a cláusula de progressividade prevista na Convenção Americana de Direitos Humanos, artigo 26, in verbis:

> Art. 26 – Desenvolvimento progressivo - Os Estados Partes comprometem-se a adotar providências, tanto no âmbito interno como mediante cooperação internacional, especialmente econômica e técnica, a fim de conseguir progressivamente a plena efetividade dos direitos que decorrem das normas econômicas, sociais e sobre educação, ciência e cultura, constantes da Carta da Organização dos Estados Americanos, reformada pelo Protocolo de Buenos Aires, na medida dos recursos Para além desse ponto, doutrina e jurisprudência vêm reconhecendo a possibilidade do legislativo, em leis de efeitos concretos, conferirem proteção ao patrimônio cultural, sendo os casos mais comuns aqueles de "tombamento". Na verdade - e considerando a utilização pouco técnica da nomenclatura, eis que tombamento é apenas o ato administrativo - não se trata propriamente desse instituto, mas de conferir proteção similar ou idêntica por outras vias, como ocorre na decisão judicial. Há, inclusive, respeito ao princípio da participação popular, eis que os integrantes do Legislativo representariam a vontade da população.

Recentemente, contudo, houve a propositura da ADI 005670, requerente o Governador do Amazonas, contra lei da Assembléia Legislativa que "tombava" algumas edificações estaduais. Sem adentrar na discussão sobre a possibilidade de ADI para normas de efeito concreto, e utilizando-se de entendimento do Ministro Gilmar Mendes na ACO 1.208/MS, o Parquet apresentou parecer afirmando que não havia mácula ao princípio da separação dos poderes, podendo o Legislativo debruçar-se sobre o tema. Acrescentou, contudo, que a lei guerreada configuraria mero "tombamento provisório" e declararia o valor do bem, somente tendo efeitos definitivos quando da atuação do Executivo. Com a devida venia, parece ter havido, ai sim, uma amálgama indevida do atuar legislativo com o atuar executivo por força de decisão judicial, na hipótese de acatamento dessa tese. O primeiro ato de proteção, que em âmbito Executivo seriam o dossiê e a notificação do particular, passariam a ser substituídos pela lei; ao depois, essa lei somente teria efeitos de proteção definitivos com um segundo atuar administrativo, qual seja, o tombamento definitivo. O uso atécnico da nomenclatura parece ter gerado atecnia ainda maior, inclusive mitigando a proteção do patrimônio cultural por reduzir os efeitos da função estatal legislativa, cuja utilização se mostra absolutamente legítima para proteção do patrimônio cultural.

11. GESTÃO DE RISCOS NO PATRIMÔNIO CULTURAL

Como é cediço, o patrimônio cultural é de matriz finita, pelo que sua perda é irrecuperável. Assim, há que se prevenir danos, mitigando-se os riscos a que são submetidos tais bens. Importante, nesse momento, diferenciar risco de perigo para melhor compreender o gerenciamento em questão. Precisas e simples as palavras de Wharton[29]: "Perigo são os tipos de acontecimentos que causam ou tem o potencial de causar algum tipo de dificuldade, lesão ou acidente". Risco é a probabilidade de um perigo causar dano".

A partir da Carta de Burra, publicada em 1980, a conservação de um bem passa a ter nova conotação. Conservar significaria não somente a manutenção do bem em seu *status quo* mas também a "desaceleração do processo pelo qual ele se degrada", levando-se em conta, conforme assevera Barboza, o macroambiente onde se encontra o bem. [30]

Há o surgimento de um novo conceito, o da "conservação preventiva", evitando-se a restauração que, se parcial, implica em intervenção, por terceiros, em uma obra peculiar, e se total, implica na produção de um "fake". Ensina Guichen, em seu texto "Conservação preventiva: uma profunda mudança de mentalidade":

> *A conservação preventiva é um velho conceito no mundo dos museus, mas só nos últimos 10 anos que ela começou a se tornar reconhecida e organizada. Ela requer uma mudança profunda de mentalidade. Onde ontem se viam objetos, hoje devem ser vistas coleções. Onde se viam depósitos devem ser vistos edifícios. Onde se pensava em dias, agora se deve pensar em anos. Onde se via uma pessoa, devem ser vistas equipes.* ***Onde se via uma despesa de curto prazo, se deve ver um investimento de longo prazo.*** *Onde se mostram ações cotidianas, devem ser vistos programas e prioridades.* ***A conservação preventiva significa assegurar a sobrevida das coleções.*** *(GUICHEN, 1995, p.2) (grifado)*

Ainda, já evoluindo da conservação preventiva, o gerenciamento de riscos vem sendo inserido no campo científico da preservação do patrimônio cultural. No uso das diversas ferramentas e métodos para a avaliação dos riscos levam-se em consideração não somente a edificação e acervo a serem protegidos como também a avaliação de seu entorno, além da preparação das equipes que integram o "acervo humano" para que possam se integrar ao quanto proposto, executando com excelência as tarefas consideradas necessárias pelo plano a ser desenvolvido. É pouco útil, por exemplo, implementar sistema de combate a incêndio com pesados extintores se os mesmos serão usados, não raramente, por pessoas que não estão habilitadas a movimentá-los com a destreza necessária em um momento de sinistro.

---

[29] http://www.ecobrasil.org.br/publique/cgi/cgilua.exe/sys/start.htm?infoid=365&sid= 63 Acesso em 30.11.2018.

[30] **Disponível em (http://www.bibliotecadigital.ufmg.br/dspace/bitstream/handle/1843/JSSS-8H8NC9/dissertacao_kleumanery.pdf?sequence=1).**

Exemplificando, um raio pode significar um perigo para determinado monumento, como uma escultura ao ar livre, como o Cristo Redentor, que já perdeu, por mais de uma vez, uma de suas falanges em virtude de tal descarga elétrica; para outros bens protegidos, contudo, como uma escultura, essa gradação pela possibilidade de ocorrência do dano advindo de raio mostra-se bem menor. Na mesma linha, o desenvolvimento e implantação de projeto de prevenção de incêndio e pânico é de extrema relevância em imóveis como o Hotel Pilão, destruído em 2003, visto um de seus maiores riscos, se não o maior, originar-se dos possíveis incêndios. Ainda, as mudanças climáticas têm se mostrado um risco crescente para o patrimônio cultural no mundo todo, como no caso da deterioração de monumentos em virtude de chuvas ácidas. Note-se que, na linha do quanto descrito por Beck, em seu "Sociedade de Risco", o perigo criado em determinada localidade pode afetar outra em local completamente distinto, em uma "globalização" das negatividades.

Aprofundando o conceito de riscos para além das ciências exatas e englobando as ciências sociais, assevera Brokerhof: "Risco é a possibilidade da perda de valores ínsitos ao objeto protegido", podendo ser classificado em raro, ocasional ou contínuo.[31]

Eventual perda ocorre nos *valores* ínsitos ao bem – e não necessariamente do bem em si –, como suporte material do valor. Exemplificando: determinada edificação, cujo valor arquitetônico se mantém preservado, mas o esvaziamento da localidade, sua marginalização, extermina o aquele de uso, impossibilitando sua funcionalidade, como é o caso do Pelourinho, na Bahia, e de diversas estações ferroviárias espalhadas pelo Brasil. Nesse ponto, parece residir a peculiaridade mais importante do gerenciamento de riscos na seara da preservação do patrimônio cultural: na observância dos diversos valores que não se subsumem apenas à preservação do suporte material que viabiliza ou mesmo que simboliza a proteção.

Para além de visar a preservação do bem em si, e dos valores a ele inerentes, há que se observar um ponto fundamental para o qual o planejamento em questão se mostra de extrema importância: **a melhor utilização das exíguas verbas públicas.** Com efeito, ao diagnosticar a que elementos deletérios o patrimônio cultural se encontra exposto (perigos) e qual a probabilidade de ocorrência desse perigo (riscos), o gestor poderá melhor aplicar seu orçamento, evitando gastos inúteis. ***O planejamento do dispêndio de recursos é otimizado*** e a aplicação do princípio da reserva do possível,[32] inclusive, passa a ser realmente criteriosa.

De forma geral, podem ser elencados dez agentes de deterioração, a saber, forças físicas, criminosos, fogo, água, pestes, poluentes, luz/UV, temperatura incorreta, umidade relativa incorreta e dissociação.

[31] [http://www.rijksdienstvoorhetcultureelerfgoed.nl/sites/default/files/documenten/downloads/2006_CMA_Next%20frontier.pdf].

[32] A ainda controvertida aplicação do princípio da reserva do possível em solo brasileiro se deve, não raro, a sua indiscriminada utilização pela Administração Pública. Dai a importância da quantificação dos riscos para que haja o efetivo estabelecimento de prioridades nos gastos, fundamentadamente, diante de um orçamento restrito. No dizer de Ingo Wolfgang Sarlet: "(...) resta abrangida na obrigação de todos os órgãos estatais e agentes políticos a tarefa de maximizar os recursos e minimizar os impactos da reserva do possível. Isso significa, em primeira linha, que se a reserva do possível há de ser encarada com ressalvas, também é certo que as limitações vinculadas à reserva do possível não são, em si mesmsas, necessariamente uma falácia. O que tem sido, de fato, falaciosa, é a forma pela qual muitas vezes a reserva do possível tem sido utilizada entre nós como argumento impeditivo da intervenção judicial e desculpa genérica para a omissão estatal no campo da efetivação dos direitos fundamentais, especialmente de cunho social (Sarlet, Ingo Wolfgang. Reserva do Possível, mínimo existencial e direito á saúde: algumas aproximações. 2. ed. Porto Alegre: Livraria do Advogado, 2013, p. 32.)

A flutuação excessiva de umidade, por exemplo, pode ser extremamente danosa a uma tela, assim como cupins de solo a documentos.

Debruçando-se sobre o tema, o ICOMOS – Conselho Internacional de Monumentos e Sítios – assim resumiu o que seria o gerenciamento de riscos:

Outrossim, **há norma internacional que traz os *standards* para que se produza o plano em tela, intitulada *Gestão de Riscos – Princípios e Diretrizes – ISO 31.000:2009***, a qual certamente deve servir como norte para a produção e implementação das medidas planejadas.

As "Considerações Finais" do Guia do ICCROM bem resumem o tema:

> A finalidade última da gestão de riscos é auxiliar os profissionais e instituições responsáveis por acervos museológicos a alcançar seus objetivos referentes ao uso e à preservação desses acervos de forma mais controlada e bem sucedida. Desta forma, é possível otimizar os benefícios deste patrimônio cultural à sociedade ao longo do tempo.
>
> Ao identificar, analisar e priorizar os riscos que ameaçam nossos acervos museológicos, estaremos mais bem preparados e instruídos para tomar decisões eficazes voltadas à salvaguarda e uso sustentável dos mesmos. Isto torna-se particularmente relevante naquelas situações em que os recursos disponíveis são limitados e temos que fazer escolhas e estabelecer prioridades para sua utilização.

O Getty Conservation Institute – instituição localizada em Los Angeles e que se destina à pesquisa e projetos na área da preservação do patrimônio cultural-, em documento de 2000,[33] delimita três perspectivas distintas e interdependentes para a análise da preservação do patrimônio: 1) a conservação física; 2) o contexto de gestão, que implicaria na disponibilização de recursos, públicos ou privados, na capacitação de corpo técnico, na intervenção no direito de propriedade etc.; e, finalmente, 3) significância cultural.

A primeira vertente – *conservação física* – traz à lembrança o necessário uso da melhor tecnologia, que possa tanto ser útil no diagnóstico dos perigos e riscos por ele gerado quanto na prevenção, mitigação e compensação do dano. É natural a deterioração do bem ao longo do tempo, sendo que seu envelhecimento é até mesmo considerado como agregador de valor, o de ancianidade, deitando-se a "pátina do tempo" (Ruskin) sobre o objeto de proteção.

A melhor tecnologia, então, destina-se a evitar, mitigar ou até mesmo compensar máculas ao patrimônio cultural, seja pelos fatores vistos diuturnamente, como vandalismo, raios, incêndios, chuvas, desastres naturais, ação predatória do homem, desgaste natural do material, etc, seja pelo licenciamento de empreendimentos com significativo impacto ambiental. Em todos esses casos, há um *gerenciamento do risco*.

A investigação do comportamento de materiais, as intervenções apropriadas e sua eficácia em longo prazo devem ser objeto da ciência da conservação, cuja definição se encontra na Carta de Olinda, documento publicado durante o I Simpósio de Técnicas Avançadas em Conservação de Bens Culturais, *in verbis*:

"A área de ciência e tecnologia voltada para a conservação de bens culturais que estuda a natureza material destes bens, desenvolvendo métodos de análise, datação e de avaliação de técnicas e processos de intervenção, possibilitando, portanto, materiais e métodos para o entendimento e o tratamento das degradações e suas manifestações, contribuindo ainda para estratégias de conservação preventiva de bens culturais."

A terceira vertente apontada pelo Instituto Getty mostra-se de extrema importância: analisar a "significância cultural" do bem. Aqui se descobre o porquê e para quem o objeto de proteção é conservado e a percepção sobre o impacto das intervenções. Trata-se, assim, do diagnóstico e conservação dos valores inerentes ao bem protegido.

Por último, mas não menos importante, a segunda vertente: o contexto de gestão. Especificamente quanto à gestão de riscos, traduz-se em uma forma de intervenção do Estado ou mesmo de atuação do particular, avaliando-se os riscos e delimitando-se as medidas de conservação cabíveis à espécie.

Resta evidente, portanto, que a garantia de preservação do patrimônio cultural material, ou mesmo do suporte material que possibilita a manifestação imaterial, vai além de estabelecer medidas de combate a incêndio – perigo mais presente no imaginário popular. Todavia, este perigo, em virtude, frise-se, de sua letalidade e da celeridade de sua propagação merece um capítulo à parte nesse contexto.

11.1. DA PREVENÇÃO DE INCÊNDIOS NO PATRIMÔNIO CULTURAL

Em 2 de setembro de 2018, o Museu Nacional, situado na Quinta da Boa Vista, no Rio de Janeiro, que detinha acervo de mais de 20 milhões de itens – dentre eles

[33] *Patrimônio Cultural, Conceitos, Políticas, Instrumentos*, de Castriota (2009).

o crânio de Luzia, fóssil humano mais antigo encontrado na América do Sul - foi consumido pelas chamas. O incêndio, um dos perigos possíveis ao acervo e à própria identificação, alastrou-se rapidamente, tanto pela existência de materiais de fácil combustão quanto pela inexistência de medidas preventivas e emergenciais.

Conforme publicado em reportagem produzida pela BBC[34], em dez anos o país assistiu a "pelo menos 8 grandes incêndios, consumindo edificações que guardavam acervo com valor artístico, histórico e científico.", a saber:

> 1 - em julho de 1978, um incêndio devastou o MAM do Rio de Janeiro, destruindo telas de artistas famosos, como Picasso;
>
> 2 - em 2008, foi a vez do Teatro Cultural Artística, em São Paulo;
>
> 3 - em 2010, o Instituto Butantan, tendo o curador da coleção de serpentes afirmado que *"É uma tragédia da proporção do incêndio da biblioteca de Alexandria."*;
>
> 4 - em 2013, o Memorial da América Latina, destruindo, dentre outras peças importantíssimas, uma tapeçaria de 800 metros quadrados de Tomie Ohtake;
>
> 5 - em 2013, o Museu de Ciências naturais da PUC de Minas Gerais, com grande prejuízo científico, eis que no segundo andar do prédio aconteciam três exposições distintas, uma delas sobre o paleontólogo dinamarquês Peter Lund;
>
> 6 - em 2014, o Centro Cultural Liceu de Artes e Ofícios, com a perda do molde em gesso da Pietá, de Michelangelo;
>
> 7 - em 2015, o Museu da Língua Portuguesa, destruindo totalmente *"um dos museus mais visitados do Brasil e da América do Sul, e o primeiro do mundo dedicado exclusivamente a um idioma."*;
>
> 8 - 2016, a Cinemateca Brasileira, com a perda de 270 títulos.

A cada sinistro ocorrido, a sociedade retoma a reflexão sobre o tema. Não foi diferente quando, em 27 de janeiro de 2013, um incêndio matou 242 pessoas na boate "Kiss", em Santa Maria, no Rio Grande do Sul. Quase quatro anos depois, foi publicada a Lei 13.425/2017, aumentando as exigências de segurança para estabelecimentos abertos ao público, como é o caso dos Museus. Um dos pontos da novel legislação vincula-se ao *princípio da publicidade*, facilitando, inclusive, a fiscalização da sociedade e dos órgãos públicos sobre as condições de funcionamento desses estabelecimentos.

Eis o artigo 10 do diploma legal mencionado:

> *Art. 10. O poder público municipal e o Corpo de Bombeiros Militar manterão disponíveis, na rede mundial de computadores, informações completas sobre todos os alvarás de licença ou autorização, ou documento equivalente, laudos ou documento similar concedidos a estabelecimentos, edificações e áreas de reunião de público, com atividades permanentes ou temporárias.*
>
> *§ 1º A obrigação estabelecida no caput deste artigo aplica-se também:*
>
> ***I - às informações referentes ao trâmite administrativo dos atos referidos no caput deste artigo;*** *e*
>
> ***II - ao resultado das vistorias, perícias e outros atos administrativos relacionados à prevenção e ao combate a incêndio e a desastres.***
>
> *§ 2º* ***Os estabelecimentos*** *de comércio e* ***de serviços que contarem com sítio eletrônico na rede mundial de computadores deverão disponibilizar na respectiva página, de forma destacada, os alvarás e outros documentos referidos no caput deste artigo.***

---

34 [https://www.bbc.com/portuguese/brasil-45348664].

Dois dias depois do incêndio no Museu Nacional, foi publicada a Portaria IPHAN 366/2018, resultado de trabalho que vinha sendo desenvolvido há algum tempo, e que visa, no pleno exercício do poder de polícia da autarquia, determinar diretrizes a serem observadas para projetos de prevenção e combate ao incêndio e pânico em bens edificados tombados. Tal portaria em muito se assimila a um termo de referência, como nos de licenciamento ambiental, indicando o que a autarquia espera do proprietário do bem, apontando as diretrizes para projeto de prevenção e combate ao incêndio e pânico. Assim, há maior segurança jurídica para o proprietário, mitigação de custos de eventuais empreendimentos bem como diminui-se eventuais conflituosidades entre as exigências do Corpo de Bombeiros e aquelas da autarquia federal.[35]

11.2. Do licenciamento ambiental como instrumento de gestão de risco

A Constituição brasileira afirma, em seu artigo 23, incisos III, IV e parágrafo único, que incumbe ao Estado proteger o patrimônio cultural e o meio ambiente, atuando os entes federativos de forma coordenada.

A avaliação da sustentabilidade de determinado empreendimento que poderá afetar bem cultural protegido é feita, basicamente, através de instrumentos previstos no artigo 9º da Lei de Política Nacional de Meio Ambiente.

A AIA (Avaliação de Impacto Ambiental) engloba as diversas modalidades de avaliação de impactos ambientais – inclusive as insertas no licenciamento. Assim, o termo abrange as avaliações setoriais e regionais, que podem ser utilizadas para a fixação de políticas públicas, a avaliação ambiental estratégica, até questões pontuais, como o EIA/RIMA (Estudo de Impacto Ambiental) ou RCA/PCA (Relatório de Controle Ambiental/Plano de Controle Ambiental) de determinado empreendimento no bojo de licenciamento ambiental específico.

O Brasil ainda é incipiente no uso das diversas vertentes da AIA, e a atuação do gestor público ainda encontra-se extremamente vinculada à avaliação dos impactos ambientais *pontuais*, dentro de um licenciamento ambiental. Assim, pode-se afirmar que o licenciamento ambiental é, antes de tudo, *um instrumento de intervenção e gestão à disposição do Estado* – e o instrumento certamente mais utilizado.

Talden Farias (2010, p.113) define o licenciamento ambiental pode ser definido como[...] processo administrativo complexo que tramita perante a instância administrativa responsável pela gestão ambiental (...) e que tem como objetivo assegurar a qualidade de vida da população por meio de um controle prévio e de um continuado acompanhamento das atividades humanas capazes de gerar impactos sobre o meio ambiente."

O licenciamento é, portanto, um **procedimento administrativo**. E, como procedimento, é composto de vários atos que culminam com o ato administrativo complexo intitulado "licença ambiental". Pode ser simplificado ou não. Naquele trifásico, a própria licença ambiental de operação – segundo o senso comum, aquela que permite o funcionamento do empreendimento – é o ápice do licenciamento. No curso deste há, na verdade, o desdobramento em três licenças distintas, cada qual

35 http://portal.iphan.gov.br/uploads/legislacao/portaria_n_3662018__incendios.pdf.

com um desiderato específico, sendo a licença seguinte consectário das demais, tudo em conformidade com a Resolução 237/97, do Conselho Nacional de Meio Ambiente.

O grande desafio do licenciamento ambiental, no recorte do patrimônio cultural especificamente, é a avaliação dos impactos ambientais em virtude da subjetividade dos valores contidos nos bens protegidos. Tal avaliação, então, mercê da multidisciplinaridade do licenciamento ambiental, poderá implicar utilização de equipe formada por sociólogos, antropólogos, assistentes sociais, historiadores, cientistas da conservação, engenheiros, geólogos etc. em diversas metodologias de avaliação que trariam suporte suficiente para as decisões do gestor público. Há que se lembrar da tríade, apontada pelo Getty Conservation Institute, para a conservação: ciência, gestão e significância cultural.

Analisando "Os impactos socioambientais e as medidas mitigadoras/ compensatórias no âmbito do licenciamento ambiental federal das atividades marítimas de exploração e produção de petróleo no Brasil", Mônica Serrão observa:

> Portanto, no contexto do licenciamento, um determinado grupo social (técnicos governamentais) aceita o risco ambiental em nome de outros grupos sociais que serão afetados pelo empreendimento, sem que se conheça em profundidade suas necessidades, sua percepção de risco e sem levar em conta seus medos e ansiedades sobre o que aquele empreendimento causará em suas vidas. Isso ocorre em nome de que e de quem? A quem essas decisões de Estado de fato beneficiam? A quem de fato o Estado está atendendo? Quem fica com o ônus, representado pelos impactos e riscos socioambientais, e quem fica com os benefícios, dessa distribuição que vem sendo estabelecida pelo Estado brasileiro? Nesse contexto, caracterizado por uma desigualdade "estrutural" entre os diferentes grupos sociais que compõem a sociedade brasileira, o Estado, na maioria das vezes, acaba por favorecer aos grupos econômicos, em nome de um modelo de desenvolvimento que prioriza o crescimento econômico, em prol das demais dimensões do desenvolvimento (social, ambiental, cultural, etc) (Disponível em: <http://www.uff.br/macaeimpacto/OFICINAMACAE/pdf/16_MonicaSerrao.pdf>. Acesso em 28 jul. 2012).

A dimensão cultural, a serem os impactos de empreendimentos avaliados no curso do licenciamento ambiental, prevenindo-os, implica em despir-se de preconceitos e entender a sociedade para a qual o bem cultural se mostra importante. E, mais uma vez se faz imprescindível frisar, o correto diagnóstico dos impactos é basilar para a fixação de adequadas medidas mitigatórias e compensatórias, para eventual negativa de implementação da atividade ou empreendimento ou mesmo para a escolha de alternativa locacional. Assim, as estruturas protetoras do patrimônio cultural, como o IPHAN em âmbito federal, devem participar do procedimento desde seu início, desde que haja o mínimo indicativo da existência de quaisquer dos bens escolhidos pelo Estado para preservação.

A toda evidência, o licenciamento ambiental insere-se muito além de mero instrumento de controle das atividades públicas e privadas, sendo meio para decisões razoáveis dentro de um contexto político. A participação das diversas esferas de poder e de diferentes atores, segundo as particularidades do bem potencialmente maculável, é imprescindível– e faz-se como consectário do artigo 23 da Constituição da República, concretizando o ideário do SISNAMA.

Com efeito, a almejada interlocução entre Município, Estado e União é o ponto nevrálgico do sistema em tela. É justamente no licenciamento ambiental que tal interlocução se verifica de forma mais evidente, prática e próxima da realidade do cidadão afetado pelo empreendimento. Para além disso, contudo, e considerando que o "órgão" licenciador único encontra-se vinculado ao meio ambiente *naturalístico*, os demais que atuam em outras searas, tais como, no recorte federal, ICMBio, IPHAN, Fundação Palmares e FUNAI, devem participar, sob pena de nulidade do procedimento, cada um conforme sua expertise.

A Resolução 237 do CONAMA e a Lei Complementar 140/2011 lastreiam a divisão de atribuições entre as três esferas, sendo certo que o quantitativo de licenciamentos, em âmbito federal, é infinitamente inferior ao número daqueles concretizados em âmbito estadual, até porque aqueles derivam de impactos regionais ou em toda a federação, o que se mostra mais raro.

O fato de o licenciamento tramitar em âmbito estadual ou municipal não afasta, necessariamente, o interesse da União. Como é cediço, o procedimento de licenciamento é o conjunto de atos que culminam nas licenças ambientais. Estas, por seu turno, ainda que sejam etapas que "caminham" para o resultado final – a operação do empreendimento –, na verdade são atos administrativos complexos, que exigem, na maioria dos casos, a participação de mais de uma esfera de poder. Assim, ainda que o licenciamento se desencadeie preponderantemente em âmbito estadual, a interferência federal, através de seus órgãos, é constante.

Ainda, a Resolução CONAMA 01/86, em seus artigos 5º e 6º, traz o conteúdo mínimo do Estudo de Impacto Ambiental, que será complementado a partir do termo de referência em patrimônio cultural do empreendimento, a ser produzido não por quem licencia, mas sim, em âmbito federal, pelo IPHAN, e nas searas estadual e municipal pelos órgãos respectivos. Nessa linha, a instrução normativa IPHAN 01/2015.

Há que se considerar, ainda, que o patrimônio cultural não é estático. As mudanças, objeto de considerável preocupação quando consequências naturais do curso do tempo e das modificações dos grupos sociais, são ainda mais preocupantes quando derivadas de abrupta ruptura do *modus vivendi* da população que valoriza determinado bem, como se verifica nos licenciamentos ambientais de grandes empreendimentos. Esta é uma das fontes da preocupação em relação à inserção do patrimônio cultural no licenciamento ambiental. Não se trata apenas de degradação *física* do patrimônio cultural, mas, também, de sua significação pela ruptura do tecido social.

A visualização de grandes perdas e máculas é especialmente significativa nas comunidades tradicionais, onde o especial modo de viver e fazer não raro é desrespeitado em nome do desenvolvimento. Todavia, de forma bem menos visível, mas não menos agressiva, determinado empreendimento poderá esgarçar a tal ponto o tecido social, que o patrimônio cultural restará em último plano para a preservação, seja pela sua não inserção na avaliação prévia da viabilidade do empreendimento, seja porque a própria população deixa de lhe dar o sopro da vida que é o valor, mercê das mudanças oriundas da pressão antrópica. Ainda, poderá ocorrer intensa degradação gerada pela poluição causada pelo empreendimento, em proporções bem mais significativas e espaço exíguo de tempo (instalação e operação do empreendimento).

Assim, o necessário uso da melhor tecnologia no licenciamento ambiental, aliado ao diagnóstico das máculas sociais geradas pelo empreendimento, são a ciência e a significância cultural andando juntas para uma perfeita gestão pública.

12. CONCLUSÃO

A tutela do direito difuso e fundamental ao patrimônio cultural implica em abordagem interdisciplinar, onde sociedade, comunidade científica e Estado dialoguem efetivamente. A complexidade do conviver humano, em uma sociedade voltada para o crescimento econômico, merece balizamentos, sendo o dever de preservação comum a todos. Esse é o sentido da Constituição Federal ao afirmar a necessidade - *e a responsabilidade* - do trabalho conjunto e cooperativo nessa parcela do meio ambiente. Assim, preservamos a memória e a sensação de pertencimento para as presentes e futuras gerações.

13. REFERENCIAS BIBLIOGRÁFICAS

ANTUNES, Paulo de Bessa. *Direito Ambiental.* Rio de Janeiro: Lumen Júris. 1996.

AQUINO, Rubens Santos Leão de e outros. *História das Sociedades - Das sociedades modernas às sociedades atuais.* 2. ed. Rio de Janeiro: Ao Livro Técnico.

ARAÚJO, Guilherme Maciel. Os valores do patrimônio cultural - uma contribuição teórica para as políticas de conservação Disponível em: <http://www. vitruvius. com.br/revistas/read/arquitextos/13.145/4387>.

ARAÚJO, Selene. Riscos e desigualdade social: a temática da Justiça Ambiental e sua construção no Brasil. Disponível em: <lhttp://www.moodle.ufba.br /file.php/8907/ Ambiente_Saude_Sustentabilidade/Selene_Herculano_Riscos_e_desigualdade_ social_a_tematica_da_Justica_Ambiental_e_sua_construcao_no_Brasil. pdf>.

BARCELLOS, Ana Paula de. Alguns parâmetros normativos para a ponderação constitucional. In: BARROSO, Luís Roberto (org.). *A nova interpretação constitucional.* 2. ed. rev. e atual. Rio de Janeiro: Renovar, 2006.

BIGNOTTO, Newton. Um conceito em evolução. *Revista da Universidade Federal de Minas Gerais,* ano 3, n. 8, out/2005.

CARVALHO FILHO, José dos Santos. *Manual de Direito Administrativo,* 5. ed. Rio de Janeiro: Lumen Juris, 1999.

CASTRIOTA, Leonardo Barci. *Patrimônio Cultural. Conceitos, Políticas e Instrumentos.* São Paulo: Annablume, 2009.

CHOAY, Françoise. *A Alegoria do Patrimônio.* São Paulo: UNESP, 2001.

CURY, Isabelle. *Cartas patrimoniais.* IPHAN. 1995.

FREITAS, Juarez. *Sustentabilidade - Direito ao Futuro.* Belo Horizonte: Fórum, 2011.

FIORILLO, Celso Antônio Pacheco. *Curso de Direito Ambiental Brasileiro.* 2. ed. São Paulo: Saraiva, 2001.

FERREIRA FILHO, Manoel Gonçalves. *Curso de Direito Constitucional.* 22. ed. São Paulo: Saraiva, 1995.

FUENTES BODELON, f. *Planteamientos prévios a toda formulacion de um Derecho Ambiental*, em DA, n. 180, 1981, pp. 113 e segs.

MACHADO, Paulo Affonso Leme. *Direito Ambiental Brasileiro*, 9. ed. São Paulo: Malheiros, 2001.

MARCHESAN, Ana Maria Moreira. *A Tutela do Patrimônio Cultural sob o Enfoque do Direito Ambiental*. Porto Alegre: Livraria do Advogado, 2007.

MATEO, Ramon Martíns. *Tratado de derecho ambiental*. v. 4. Madrid: Edisofer, 2003.

MAZZILI, Hugo Nigro. *A Defesa dos Interesses Difusos em Juízo*. 3. ed. São Paulo: Revista dos Tribunais, 1991.

MELLO, Celso Antônio Bandeira de. *Curso de Direito Administrativo*. 12. ed. São Paulo: Malheiros, 2000.

MIRANDA, Marcos Paulo de Souza. *Tutela do patrimônio cultural brasileiro*. Belo Horizonte: Del Rey, 2006.

MIRRA, Álvaro Luiz Valery. Princípios Fundamentais do Direito Ambiental. In: *Revista de Direito Ambiental*. n. 02, abr.-jun./1996.

MORAES, Alexandre de. Direito Constitucional. São Paulo: Atlas 2005.

OLIVEIRA, Lúcia Lippi. *Cultura é patrimônio: um guia*. Fundação Getúlio Vargas Editora, 2008.

RABELLO, Sônia. *O Estado na Preservação de Bens Culturais – Tombamento*. Rio de Janeiro: IPHAN, 2009.

RODRIGUES, José Eduardo Ramos. O patrimônio cultural nos documentos internacionais. In: *Direito Ambiental Internacional*. Org. Cristiane Derani e José Augusto Fontoura Costa. Santos: Universitária, 2001.

SILVA, José Afonso da. *Direito Ambiental Constitucional*. 2. ed. São Paulo: Malheiros, 1997.

SOARES, Inês Virgínia Prado. *Direito ao(do) Patrimônio Cultural Brasileiro*. Belo Horizonte: Fórum, 2009.

SOARES, Inês Virgínia Prado. *Proteção jurídica do patrimônio arqueológico no Brasil: fundamentos para efetividade da tutela em face de obras e atividades impactantes*. Erechim: Habilis, 2007.

WEDY, Gabriel, *O Princípio constitucional da precaução*, Editora Forum. 2011.

8

DIREITO URBANÍSTICO E DIREITO À MORADIA

Ivan Carneiro Castanheiro[1]

Sumário: 1. Direito urbanístico: aspectos gerais: **1.1**. Introdução; **1.2**. Urbanismo, urbanização e urbanificação: **1.2.1**. Autonomia científica do direito urbanístico?; **1.2.2**. Regime jurídico da Urbanificação; **1.2.3**. Instituições, institutos e procedimentos do direito urbanístico; **1.3**. Conceito, objeto, finalidade, importância e natureza jurídica do Direito Urbanístico; **1.4**. Direito Urbanístico como direito difuso e suas consequências práticas; **1.5**. Fatos e atos jurídicos urbanísticos; **1.6**. Problemas urbanísticos hodiernos – **1.7.** Direito urbanístico, direito constitucional: Relações com outros ramos do Direito – Legislação Federal, Estadual e Municipal: **1.7.1**. Competências dos entes federativos em matéria urbano-ambiental: Repartição Constitucional de competências legislativas e administrativas; **1.7.2**. Relações do Direito Urbanístico com outras disciplinas; **1.8.** Legislação aplicável ao direito urbanístico: visão geral: **1.8.1**. Rol legislativo federal aplicável ao Direito Urbanístico; **1.8.2**. Legislação Urbanística e Ambiental Estadual e Distrital; **1.8.3**. Legislação Urbanística Municipal: "Código de Posturas"?; **1.8.4**. Histórico legislativo sobre urbanismo e polêmica quanto à vigência do DL 58/37 e DL 271/67: **1.8.4.1**. Decreto-Lei 58/37; **1.8.4.2.** Decreto-Lei 271/67 – **2**. Direito fundamental à moradia e às cidades sustentáveis: Concretização por meio dos princípios do direito constitucional, urbanístico e ambiental; **2.1**. Papel dos princípios no Direito e sua aplicabilidade aos direitos sociais e ao direito urbanístico, em especial; **2.1.1**. Dignidade da pessoa humana e o direito à moradia em condições adequadas; **2.1.1.1**. Dignidade humana e economia de livre mercado (iniciativa privada) no contexto urbanístico; **2.2**. Alguns princípios do Direito Urbanístico; **2.3**. Função Social do Direito, função social da propriedade e IPTU Progressivo; **2.3.1**. Função social da propriedade urbana e das cidades – **3**. Política pública e política urbana: Áreas de Urbanificação Especial (patrimonialização do Direito de Construir) e Regiões Metropolitanas e Aglomerações Urbanas: **3.1**. A patrimonialização do direito de construir: direito de superfí-

[1] Professor de Direito Constitucional, de Direito Urbanístico e de Direito Ambiental (Escola Superior do Ministério Público de São Paulo – ESMP; Universidade Paulista – UNIP – "Campus" Limeira; Universidade Metodista de Piracicaba – UNIMEP – Profº. Convidado do curso de pós-graduação, Coordenado pelo Prof. Dr. Paulo Affonso Leme Machado); autor de vários artigos ambientais e urbanísticos em Manuais editados pelo Ministério Público do Estado de São Paulo – MPSP, além de outros artigos jurídicos na área de Direito Urbanístico; Mestre em Direito Difuso e Coletivo (Direito das Relações Sociais), pela Pontifícia Universidade Católica de São Paulo (PUC/SP); 2º Promotor de Justiça de Americana (Habitação e Urbanismo, Consumidor e Meio Ambiente, desde 2010), atualmente em exercício no Grupo de Atuação Especial de Defesa do Meio Ambiente (GAEMA), Núcleo PCJ-Piracicaba, do MPSP; Ex-Coordenador da Área de Habitação e Urbanismo, do Centro de Apoio Operacional (CAO) Cível e de Tutela Coletiva do MPSP.

cie, operações consorciadas, outorga onerosa do direito de construir, alteração de uso do solo e transferência do direito de construir: **3.1.1.** Direito de superfície; **3.1.2.** Direito de preempção; **3.1.3.** Operações urbanas consorciadas: **3.1.3.1.** Operações urbanas consorciadas interfederativas em regiões metropolitanas e aglomerações urbanas; **3.1.4.** Outorga onerosa do direito de construir ("solo criado" ou "solo virtual").; **3.1.5.** Alteração de uso do solo; **3.1.6.** Transferência do direito de construir; **3.2.** Regiões Metropolitanas, Aglomerações Urbanas e Microrregiões: **3.2.1.** Considerações gerais; **3.2.2.** Estatuto da Metrópole; **3.2.3.** Da governança interfederativa de regiões metropolitanas e de aglomerações urbanas: **3.2.3.1.** Dos instrumentos de desenvolvimento urbano integrado; **3.2.3.2.** Planos de Desenvolvimento nas regiões metropolitanas, aglomeração urbanas e microrregiões **– 3.2.3.3.** Necessidade de compatibilização entre ordenamento territorial de regiões metropolitanas, aglomerações urbanas e microrregionais com os Planos Diretores Municipais; **3.2.3.4.** Do apoio da União à governança interfederativa; **3.2.3.5.** Participação popular, Estatuto da Metrópole; **3.2.4.** Legislação estadual sobre regiões metropolitanas, aglomerações urbanas e microrregiões; **3.2.5.** Competências federativas urbano-ambiental em regiões metropolitanas e aglomerações urbanas: Estatuto da Metrópole e o STF; **3.2.6.** Anuência prévia dos Estados-membros na aprovação de parcelamentos urbanos: casos em que há a obrigatoriedade – parcelamento de solo em regiões metropolitanas e aglomerações urbanas – **4.** Estatuto da cidade: **4.1.** Introdução; **4.2.** Diretrizes e objetivos; **4.3.** Instrumentos tradicionais de intervenção e de limitação da propriedade urbana: **4.3.1.** Introdução; **4.3.2.** Restrições ou limitações administrativas à propriedade urbana; **4.3.3.** Desapropriação para fins urbanísticos – **5.** Plano diretor: **5.1.** Conceito, características e requisitos gerais:; **5.2.** Aspectos fundamentais do Plano Diretor; **5.3.** Objetivos, conteúdo e regras do plano diretor: **5.3.1.** Conteúdo do Plano Diretor em zonas sujeitas a deslizamentos de grande impacto, inundações bruscas ou processos geológicos ou hidrológicos correlatos; **5.4.** Zoneamento e Plano Diretor: **5.4.1.** Conceito de zoneamento urbano, finalidades e importância; **5.4.2.** Usos do solo e zonas de uso e a questão do "direito adquirido"; **5.4.3.** Categorias de uso; **5.4.4.** Regime jurídico do zoneamento; **5.4.5.** Alterações do Zoneamento e consequências; **5.4.6.** Caracterização do solo como rural ou urbano: requisitos, disciplina e consequências: **5.4.6.1.** Desmembramento de área rural para fins de loteamento destinado a fim residencial ou recreacional: Autorização do INCRA e Reserva Legal; **5.4.6.2.** Instrução Normativa INCRA nº 17-B – "Ranchos ou Chácaras de Recreio"; **5.5.** Plano Diretor e leis setoriais ou complementares: **5.5.1.** Tipologia dos planos diretores: autoaplicabilidade?; **5.6.** Natureza Jurídica do Plano Diretor: obrigatoriedade, vigência, suficiência, limites e alcance; **5.7.** Elaboração e aprovação do Plano Diretor: fases, requisitos e consequências de eventuais omissões; **5.8.** Participação popular na elaboração e revisão do Plano Diretor: Gestão democrática das cidades e improbidade administrativa em caso de descumprimento; **5.9.** Direito de Protocolo: iminência de alteração do Plano Diretor e pedido de aprovação de empreendimentos sob à égide da legislação vigente quando do ingresso do pedido junto ao órgão público competente. Direito adquirido (?); **5.10.** Execução do plano diretor e fiscalização – **6.** Lei nº 6.766/79 e a disciplina do parcelamento do solo urbano: requisitos para o loteamento e desmembramento (lotes e arruamentos), para equipamentos urbanos e comunitários: **6.1.** Objeto da Lei 6.766/79; **6.2.** Normas gerais da "Lei Lehmann" e competência complementar estadual, distrital e/ou municipal: **6.2.1.** Especificidades da competência do Município ou do Distrito Federal para aprovação dos parcelamentos ou desmembramento do solo urbano. Fixação das diretrizes e exceções; **6.3.** Conceitos e requisitos da Lei 6.766/79: Gleba e lotes, parcelamento (loteamento e desmembramento), arruamento, recuos, infraestrutura mínima (equipamentos urbanos e comunitários), remembramento: **6.3.1.** Conceito de Gleba e de lote; **6.3.2.** Conceito de loteamento, desmembramento, desdobro e remembramento; **6.3.3.** Loteamento ou desmembramento clandestino; **6.3.4.** Loteamentos ou desmembramentos irregulares; **6.3.5.** Sistema viário e acesso às vias públicas: **6.3.5.1.** O problema da rua particular e de uso particular da rua. Loteamento de acesso controlado; **6.3.6.** Tamanho do lote, coeficiente de aproveitamento, taxa de ocupação, recuos e outras restrições civis e/ou administrativas; **6.3.7.** Equipamentos urbanos e infraestrutura básica do loteamento ou desmembramento; **6.3.8.** Equipamentos comunitários: Áreas institucionais (espaços livres, áreas verdes, área de lazer e recreação): **6.3.8.1**. Áreas verdes e espaços livres; **6.3.8.2**. Áreas pública: (im)possibilidade de alteração (desafetação); **6.3.8.3**. Restrições urbanísticas convencionais: posterior alteração legislativa – Direito adquirido/princípio da proibição do retrocesso (?); **6.4**. Fases da implantação de um loteamento: Lei 6.766/79: **6.4.1**. Obtenção de certidão de diretrizes – requisitos para elaboração do projeto de loteamento ou desdobramento e prazo de validade; **6.4.2**. Projeto de loteamento ou desmembramento: Requisitos urbanísticos do parcelamento; **6.5**. Restrições e vedações ao parcelamento do solo urbano: hipóteses: **6.5.1**. Áreas de risco, alagadiças e sujeitas a inundações; **6.5.2**. Áreas aterradas com material nocivo à saúde pública; **6.5.3**. Áreas de preservação permanente (APP) e áreas de mananciais; **6.5.4**. Espaços não-edificáveis (Faixas "non aedificandi" ao longo de rios, estradas e dutos); **6.6**. Contratos no parcelamento de solo: **6.6.1**. Aspectos gerais dos contratos de loteamento e desmembramento; **6.6.2**. Instrumento de contrato e seu conteúdo mínimo (contrato padrão); **6.6.3**. Disciplina da mora do devedor (adquirente); **6.6.4**. Disciplina da mora do credor (parcelador/loteador); **6.7**. Registro público e parcelamento de solo: **6.7.1**. Aspectos gerais; **6.7.2**. Registro como condição prévia para a venda e demais efeitos; **6.7.3**. Registro do parcelamento de glebas situadas em mais de uma circunscrição imobiliária; **6.7.4**. Da transferência para o domínio público das áreas destinadas ao uso público; **6.7.5**. Cancelamento do loteamento: hipóteses; **6.7.6**. O papel do registrador imobiliário no registro de parcelamento de solo e suas consequências: **6.7.6.1**. Do procedimento de dúvida registrária quanto aos parcelamentos de solo – **7**. Outras formas de parcelamento do solo urbano: "loteamentos deitados", "loteamentos fechados", "Condomínio especial" e "condomínio de lotes": **7.1**. Razões e contexto da existência de outras modalidades de parcelamento de solo; **7.2**. Diferenças entre "condomínio", "loteamento fechado" e "condomínios de lotes"; **7.3**. (i)legalidade dos "loteamentos fechados" e/ou dos "condomínios de lotes" e a participação popular; **7.4**. Posterior fechamento de loteamento instituído como "aberto", loteamento de acesso controlado e instituição de "taxa" condominial: legalidade (?): **7.4.1**. Cobrança da taxa condominial e sua legalidade – **8**. Licenças e autorizações ambientais, urbanísticas e edilícias: Diferenças, disciplina, prazos de validade, formas de invalidação e estudos necessários (EIA e EIV): **8.1**. Considerações gerais sobre licenças ambientais e urbanísticas; **8.2**. Das autorizações e das licenças: Conceitos, distinções, alvarás e consequências jurídicas; **8.3**. Requisitos e disciplina das licenças; **8.3.1**. EIA ou EPIA – Estudo Prévio de Impacto Ambiental; **8.3.2**. EIV – Estudo de Impacto de Vizinhança: **8.3.2.1**. EIV e audiência pública: Exigibilidade (?); **8.3.3**. EIA e EIV: Semelhanças, diferenças e (im)possibilidade de exigência simultânea; **8.4**. Licenças e autorizações urbanísticas e edilícias: **8.4.1**. Espécies de licenças edilícias; **8.5**. Validade, caducidade, anulação, revogação ou suspensão das licenças – **9**. Regularização fundiária urbana (REURB): **9.1**. Conceito de regularização fundiária; **9.2**. Objetivos da Reurb; **9.3**. Características e consequências comuns aos loteamentos e desmembramentos clandestinos ou irregulares, no contexto da regularização fundiária urbana; **9.4**. Objeto da regularização fundiária; **9.5**. Sujeitos da Reurb; **9.6**. Rol normativo federal da Regularização Fundiária: do passado ao presente; **9.7**. Espécies de Reurb na Lei 13.465/17; **9.8**. Instrumentos e institutos utilizados na Reurb: **9.8.1**. Demarcação Urbanística; **9.8.2**. Legitimação fundiária; **9.8.3**. Legitimação de posse; **9.8.4**. ZEIS – Zonas Especiais de Interesse Social; **9.8.5**. Usucapião especial urbana; **9.8.6**. CDRU – Concessão de direito real de uso; **9.8.7**. CUEM – Concessão de uso especial para fins de moradia; **9.8.8.** Outros instrumentos legais e a regularização de condomínios; **9.9**. Princípios, diretrizes e aspectos gerais da Reurb – **10**. Procedimento administrativo da REURB: competências e atribuições, infraestrutura, projetos e registros; **10.1**. Competências e/ou atribuições dos Municípios e Distrito Federal na Reurb: instrumentos à disposição de tais entes federativos; **10.2**. Infraestrutura necessária para a Reurb e o Projeto de Regularização Fundiária; **10.3**. Do Projeto de Regularização Fundiária e da obrigação de sua elaboração e custeio das obras: **10.3.1**. Conteúdo vinculante do projeto de regularização fundiária?; **10.3.2**. Licenciamento e/ou aprovação da Reurb: Natureza jurídica; **10.3.3**. Conclusão da Reurb no âmbito Municipal; **10.3.4**. Do registro da regularização fundiária – **11**. Disciplina legal comum à REURB-S e REURB-E: **11.1**. Regularização em áreas públicas; **11.2**. Regularização fundiária em áreas de preservação permanente (APP): **11.2.1**. Natureza jurídica da APP; **11.2.2**. Retrocesso na proteção legal da APP em área urbana: do

1. DIREITO URBANÍSTICO: ASPECTOS GERAIS

1.1. Introdução

A evolução do Direito Urbanístico está intimamente ligada ao crescimento das cidades e a crescente complexidade da vida em sociedade, exigindo-se da ciência, em seus ramos multidisciplinares, e do Direito, novas e criativas formas de planejamento de atividades urbanísticas, para, simultaneamente, fazer face às novas demandas por espaço urbano, bem como manter e/ou recuperar a qualidade de vida, especialmente nas metrópoles, aglomerações urbanas e nas grandes cidades situadas fora desses eixos de desenvolvimento a serem conjuntamente planejadas e geridas.

Os desafios do Direito Urbanístico são facilmente perceptíveis quando se analisa o grande êxodo rural experimentado pelo Brasil nas últimas décadas, culminando com 84% da população vivendo nos grandes centros urbanos (160.879.708 habitantes), sendo que 22% ou 44,9 milhões concentram-se em apenas dezessete grandes cidades brasileiras.[2]

O quadro distribuição da população por tamanhos de municípios[3], a partir do qual se conclui quão desigual é a concentração urbana no país e facilmente se infere a *heterogeneidade das soluções* a serem enfrentadas pelo Direito Urbanístico, na ordenação do uso e ocupação do solo, via novos parcelamentos horizontais e verticais para fins de habitação, construções de novos estabelecimentos comerciais e industriais, bem como a forma de *compatibilizar essa distribuição espacial com a sustentabilidade urbano-ambiental*, passando pela regularização fundiária de uma infinidade de núcleos habitacionais de todas as espécies e origens.

Em acréscimo ao rápido panorama supracitado, de se consignar que no ranking dos Estados, os três mais populosos localizam-se na região Sudeste. No caso do Estado de São Paulo, com estimativa de 44,4 milhões de habitantes, concentram-se 21,7% da população total do país, enquanto o Estado de Roraima é o menos populoso, com 505,7 mil habitantes (0,2% da população). O Amapá conta com 766,7 mil habitantes (0,4% da população total) e o Acre com 803,5 mil habitantes (0,4% da população total). Como se vê, no caso do Acre sua população representa 69,03% da população de Campinas

2 IBGE divulga as estimativas populacionais dos municípios. Disponível <http://saladeimprensa.ibge.gov.br/noticias?view=noticia&id=1&busca=1&idnoticia=2972>. Acesso em 31 ago. 2015.

3 IBGE divulga as estimativas populacionais dos municípios em 2015. Disponível em <http://saladeimprensa.ibge.gov.br/noticias?view=noticia&id=1&busca=1&idnoticia=2972>. Acesso em 31 ago. 2015.

(1.164.098 habitantes)[4]. Esse quadro, mostra quão díspar é a distribuição populacional no país, e, consequentemente, quão diversas devem ser as soluções para os problemas enfrentados, diante das características socioambientais[5] de cada região, não havendo uma receita única, embora possam ser estabelecidos princípios e diretrizes gerais.

Outro dado preocupante, também recentemente divulgado pelo IBGE (Instituto Brasileiro de Geografia e Estatística), é que sobram imóveis vazios urbanos no Brasil, sendo que atualmente existem mais de 6 milhões deles e, da outra banda, um déficit habitacional da ordem de 5,43 milhões de domicílios.[6]

Esse rápido panorama acima traçado dá a ideia dos desafios ambientais e urbanísticos que Poder Público e sociedade têm pela frente. Por outro lado, de se ver que questões ambientais, não raras vezes, envolvendo a flora, em grande parte regulamentada com retrocessos no atual "*Código*" Florestal (Lei 12.651/12), a qual está em processo de degradação, com impactos nas cidades (inundações por ausência de mata ciliar e de adequada arborização urbana; aumentos das ilhas de calor, deslizamentos de terras etc....), provocando verdadeiras tragédias sociais e grave degradação ambiental. Em outras situações, o crescimento desequilibrado causa poluição atmosférica e/ou hídrica, gerada por resíduos sólidos e efluentes domésticos e industriais.

A respeito, escreveu Carlos Alberto Amin Filho:

> A vida comunitária, e cidades, que dia-a-dia se agigantam em tamanho, problemas e complexidade, denota uma crescente necessidade de planejamento urbano. A urbanização desordenada (fenômeno espontâneo) revela-se extremamente perniciosa, criadora de situações danosas de difícil, ou impossível, solucionamento.[7]

Portanto, a *política urbana relaciona-se com outras políticas*, tais como a Política de Meio Ambiente, a Política de Resíduos Sólidos, Política Habitacional, Política de Transportes Urbanos, Política de Mobilidade Urbana, Política de Saneamento Básico, Política de Recursos Hídricos, Política de Habitação de Interesse Social. Todas elas geralmente desenvolvidas em âmbito, nacional, estadual/distrital e/ou municipal. O planejamento adequado das cidades e as efetivas ações visando efetivar o que foi planejado não podem ignorar todos esses aspectos, sob pena de distorções e não atingimento dos objetivos de melhoria da qualidade de vida das pessoas e da proteção/promoção do meio ambiente natural e artificial, no que se convencionou chamar de desenvolvimento urbano-ambiental, tendo como principal instrumento o Plano Diretor, pelo qual as cidades devem cumprir com sua função social, nos termos do artigo 182, § 2º, da Constituição Federal.

---

4 IBGE divulga as estimativas populacionais dos municípios em 2015. Disponível em <http://saladeimprensa.ibge.gov.br/noticias?view=noticia&id=1&busca=1&idnoticia=2972>. Acesso em 31 ago. 2015.

5 Na expressão "socioambiental" estão abrangidos vários aspectos: social, ambiental, cultural, econômico, todos interligados. A respeito, confira-se <http://institutochicomendes.org.br/anuario/?page_id=1332>. Acesso em 28 jan. 2016.

6 VALENTE, Gabriela. O Globo, Rio de Janeiro. Disponível em <http://oglobodigital.oglobo.globo.com/epaper/showarticle.aspx?article=281d40ec40eb4e06ª803996e7cfa1fd2&key=ttTDlj43wUrn3VJMtYbkyg%3d%3d&...>. Acesso em 31 ago. 2015.

7 Zoneamento em São Paulo: o diagnóstico da desordem e uma proposta de encaminhamento. In: Temas de direito urbanístico. São Paulo: Ministério Público do Estado de São Paulo e Imprensa Oficial do Estado, 1999, p. 274.

Explica Gianpaolo Poggio Smanio, ao discorrer sobre o significado da expressão "*meio ambiente*", que ela "*É, de certa forma, uma expressão redundante, já que as palavras meio e ambiente podem ser empregadas como sinônimos. Entretanto, a expressão já consagrada na doutrina e legislação brasileira tem maior força para significar o que a linguagem deseja, ou seja, o conjunto de elementos naturais e culturais que formam o meio ambiente em que vivemos*". Na sequência, o autor ressalta que o meio ambiente possui três aspectos, ou seja, "*o meio ambiente natural, o meio ambiente artificial e o meio ambiente cultural*." Para ele, "*o meio ambiente natural é o que existe independentemente da influência do homem, como, por exemplo, a flora, a fauna, o solo, a água etc*.". Quanto ao "*meio ambiente artificial*" é o resultante da interação do homem com o meio ambiente natural". Aqui, citando José Afonso da Silva, observa tratar-se do espaço urbano construído, formado pelo conjunto de edificações (espaço urbano fechado) e dos equipamentos públicos (ruas, praças, áreas verdes, espaços livres em geral: espaço urbano aberto). Sobre o significado de *meio ambiente cultural*, anota que "*também é fruto da interação do homem com o meio ambiente natural, mas com um valor especial adquirido, integrado pelo patrimônio artístico, arqueológico, paisagístico, turístico e etc*.".[8]

Em suma, os conflitos ambientais passam um pouco despercebidos da maior parcela da população, pois a atinge somente de forma indireta e em longo prazo. Já nas questões urbanísticas qualquer disciplinamento ou mudanças de rumo atinge a praticamente todas as pessoas e de forma quase instantânea, gerando reações ou manifestações na medida em que interesses são contrariados. Por consequência, as intervenções no meio urbano geram maior resistência de algumas camadas sociais, por haver grandes impactos no cotidiano e modo de vida das pessoas. Portanto, haverá maior resistência da população e da classe política para se implementar um adequado planejamento, seguido das compatíveis *intervenções urbanísticas*, destinadas a atingir ao tão sonhado desenvolvimento econômico sustentável, também demandando maior investimento. Assim, as intervenções ambientais corretivas na zona urbana (urbanificação), visando à melhoria da qualidade de vida das pessoas, são mais custosas e difíceis de serem efetivadas do que no campo.

Com o crescimento populacional e o êxodo rural, foram sendo criadas regras para conter o desenvolvimento desordenado dos núcleos urbanos, surgindo a necessidade de aprimoramento do licenciamento ambiental e urbanístico nas cidades, especialmente as de grande porte e as metrópoles. Tais exigências, não cumpridas adequadamente pelo omisso e conivente aparato estatal, fez surgir o afastamento da população carente para as periferias, gerando as favelas, quase que a única forma de habitação da população de baixa renda nos grandes centros. Houve uma degradação da qualidade de vida e da preservação ambiental nesses locais. Passou a haver uma cidade oculta, disfarçada e dissimulada. Surgiu a violência criminal entre as camadas dominantes, que se insiste em esconder. São nas metrópoles que essas distorções surgem com maior intensidade, gerando conflitos e contradições.[9]

---

8 Tutela penal dos interesses difusos. São Paulo: Atlas, 2000, p. 46.

9 Nesse sentido, Maricato, Ermínia. Metrópole na periferia do capitalismo. São Paulo: Hucitec, 1996, p. 16, "apud" Silva, José Afonso da. Direito Urbanístico Brasileiro, p. 23.

1.2. Urbanismo, urbanização e urbanificação

Conforme anota José Afonso da Silva, com a edição da Carta de Atenas, no Congresso Internacional da Arquitetura Moderna, realizado na Grécia em 1933, documento que, segundo ele, sintetiza os princípios do urbanismo moderno, tem-se afirmado, como Antônio Bezerra Baltar, que:

> O urbanismo é uma ciência, uma técnica e uma arte ao mesmo tempo, cujo objetivo é a organização do espaço urbano visando ao bem-estar coletivo – através de uma legislação, de um planejamento e da execução de obras públicas que permitam o desempenho harmônico e progressivo das funções urbanas elementares: habitação, trabalho, recreação do corpo e do espírito, circulação do espaço urbano.[10]

No Brasil o centro urbano adquire a categoria de *cidade* quando seu território transforma-se em *município*. Assim, será um núcleo urbano qualificado, composto por um conjunto de sistemas político-administrativo, econômico e familiares simbólicos, com sede do governo municipal, qualquer que seja sua população, sendo essa a característica marcante.[11]

A *urbanização*, segundo explica o professor José Afonso da Silva, é um termo usado para designar o processo pelo qual a população urbana cresce numa proporção maior que a população rural, não se tratando de um simples crescimento da cidade, mas fenômeno de concentração urbana. É consenso de que o país será considerado *urbanizado* quando a população urbana for superior a 50% da população total.[12]

Na sociedade industrializada ocorreu o fenômeno da urbanização da humanidade, pelo qual os grandes aglomerados de fábricas e escritórios eram permeados por habitações espremidas e precárias.[13]

Como consequência da urbanização desordenada, surge uma gama de problemas, como deterioração do meio ambiente, desorganização social, restrições no número de habitações, desemprego, problemas sanitários e saneamento básico. Faz-se necessário uma mudança nesse cenário, modificando a utilização do solo, bem como a transformação da paisagem urbana. Essa intervenção do poder público, transformando o ambiente urbano em novas formas urbanas sustentáveis é o que se denomina de *Urbanificação*, processo para correção da urbanização, gerando a renovação urbana, ou seja, a reurbanização, ou a criação artificial de núcleos urbanos, como aconteceu em Brasília e na Grã-Bretanha. O termo *urbanificação* é de autoria de Gaston Bardet, utilizado para designar a aplicação dos princípios do urbanismo. Para o autor, a *urbanização é o mal, enquanto a Urbanificação é o remédio*.[14]

---

[10] Introdução ao planejamento urbano, Recife, 1947, p. 136, "apud" SILVA, José Afonso da. Direito Urbanístico Brasileiro, p. 30.

[11] Silva José Afonso da. Direito urbanístico brasileiro, p. 26.

[12] Direito urbanístico brasileiro, p. 26.

[13] Wilheim Jorge. Urbanismo do subdesenvolvimento, p. 26. Rio de Janeiro: Saga, 1.969, p. 24. "apud". Silva, José Afonso da. Direito Urbanístico Brasileiro, p. 26.

[14] L'Urbanisme. Paris: Press Universitaires de France (PUF), 1975, p. 5, nota 2,"apud", "apud". Silva, José Afonso da. Direito Urbanístico Brasileiro, p. 27.

Em complemento, o festejado José Afonso da Silva conclui que a *urbanização criou problemas urbanos, os quais precisam ser corrigidos pela urbanificação*, mediante a ordenação dos espaços habitáveis. Assim, surgiu o *urbanismo* como técnica e ciência. Pondera o autor que mesmo na antiguidade clássica, bem como no Brasil colonial, já havia calçamento de ruas, embelezamento de construções urbanas, arruamentos, quando começaram a surgir algumas normas urbanísticas, criando-se ruas e vias largas, limitando-se a altura de edifícios, estabelecendo-se praças amplas em relação aos prédios existentes. Na idade média isso resultou em redução da população urbana, num espírito antiurbanização.[15]

Pode-se dizer que *não se faz urbanismo particular*, sendo importante a cooperação das associações representativas no planejamento municipal (art. 29, XII, CF). Trata-se de uma *ciência multidisciplinar*, com exigência de *conhecimento científico, técnico e artístico* para fixar conceitos e alcançar seus fins. Sua atuação se dá mediante normas de ordem técnica de planejamento e construção, disciplinando, por exemplo, regras relativas a: a) utilização do solo; b) forma do traçado urbano; c) distribuição dos espaços livres; d) distribuição de áreas verdes; e) volume das edificações; f) articulação e a funcionalidade do sistema viário.

1.2.1. Autonomia científica do direito urbanístico?

Com José Afonso da Silva lembramos que o domínio científico de um determinado ramo do direito possui delineamento específico do conjunto de normas que definem suas instituições, gerando a formação de sub-ramos da ciência jurídica. Assim é com o Direito Civil (Teoria Geral, Direito de Família, Direito das Coisas, Direito das Obrigações e Direitos das Sucessões). Isso também ocorre no Direito Constitucional (Direito Constitucional Geral, Direito Constitucional particular e Direito Constitucional comparado). No Direito Tributário, temos o Direito Tributário material, o Direito Tributário formal e o Direito Tributário Constitucional, além do Direito Tributário Penal e Direito Tributário Internacional. No Direito Urbanístico, o qual ainda está se delineando, é muito cedo para definir seu domínio, havendo a tendência de sua formação, com as especificidades do objeto de suas normas, ou seja, disciplinar a atividade urbanística. No momento configuram-se dois grupos de normas, as disposições Gerais de Direito Urbanístico e o grupo das disposições especiais.[16]

O *Urbanismo* pode ser entendido como ciência ou técnica de ordenar os espaços habitáveis, visando o bem-estar geral.[17]

O *Direito Urbanístico, como já visto, não está codificado, discutindo-se até mesmo sua autonomia*. Seu arcabouço jurídico é composto de uma vasta gama de normas federais, estaduais e, principalmente, municipais, de natureza administrativa, civil, penal e comercial, as quais criam obrigações de fazer ao proprietário e/ou ao agente público, retirando o antigo caráter absoluto do direito de propriedade, que alguns insistem

---

15 Direito Urbanístico Brasileiro, p. 27.

16 Direito urbanístico brasileiro, p. 39.

17 COSTA, Regina Helena COSTA. Urbanismo e Meio Ambiente. Revista da Procuradoria Geral do Estado de São Paulo, dez/1994, p. 267.

em sustentar. Também tem por meta satisfazer ao bem comum. Nesse diapasão, o *interesse público se sobrepõe ao interesse privado, sendo irrenunciáveis, imprescritíveis e intransacionáveis as normas urbanísticas,* conforme nos ensina José Carlos de Freitas.[18]

É de se questionar se o direito urbanístico pode ser um ramo autônomo do direito ou se pertence a outro ramo da ciência jurídica. Há uma *tendência a considerá-lo como parte do direito administrativo, ainda que especial, relacionado com o poder de polícia,* a qual é rechaçada por José Afonso da Silva, para quem *atividade urbanística é função do poder público,* não podendo mais ser concebida como simples regra de atuação do poder de polícia, nem mero capítulo do direito administrativo.[19]

A conclusão é de que a *doutrina não se arrisca a conceber o Direito Urbanístico como autônomo, embora haja alguns autonomistas com essa convicção.* José Afonso da Silva considera não haver problemas nesta questão, se entendermos autonomia como independência. Pode se discutir qual ramo é ou não autônomo. Lembra que o direito é único e existem métodos e princípios independentes de outros conhecimentos, os quais também estudam a mesma matéria e não se pode dizer que qualquer que seja o ramo do direito possua uma autonomia jurídica, sendo lícito afirmar que possua uma autonomia didática ou autonomia científica.[20]

A *autonomia didática* é justificada na oportunidade de se circunscreverem os estudos ao grupo de normas, com particular homogeneidade quanto a seu objeto, ainda que sujeitas a princípios de outros ramos. A *autonomia científica* indica a necessidade de formação de princípios e institutos próprios, além daquelas necessidades típicas da autonomia didática. *Autonomia* significa autuação de normas próprias, dentro do círculo maior da ordem jurídica, constituindo-se autônomo em relação aos demais. Essa autonomia caracteriza-se sobre dois aspectos: autonomia dogmática, a qual ocorre quando certo ramo do direito baseia-se em princípios e conceitos próprios e a autonomia estrutural, porque aqueles princípios e conceitos dogmáticos vão inspirar a elaboração de institutos de figuras jurídicas diferentes das existentes em outros ramos do direito, as quais não utilizáveis por estes, como lembra Rubens Gomes de Souza.[21]

Para ilustrar a configuração de instituições próprias do direito urbanístico, as quais estão em formação, José Afonso da Silva lembra que no Brasil existe um conjunto de normas compreendendo normas gerais de competência legislativa da União (art. 24, I, § 1º, da CF), as quais atualmente se encontram no Estatuto da Cidade. Também existem normas suplementares em cada Estado (art. 24, I, § 2º, da CF), as quais seriam de pouca expressão. E as normas municipais, em caráter suplementar (art. 30, II e VIII e art. 182, da CF), em decorrência do Estatuto da Cidade, mas em consonância com este, que lhe conferiu unidade substancial.[22]

---

[18] **Dos interesses metaindividuais urbanísticos, "In": FREITAS, José Carlos de (Org.).** Temas de direito urbanístico. São Paulo: Ministério Público do Estado de São Paulo e Imprensa Oficial do Estado, 1.999, p. 286.

[19] Op. cit., p. 40-41.

[20] Op. cit., p. 42.

[21] Compêndio de legislação tributária, terceira edição, Rio de Janeiro: financeiras, 1960, p. 38, "apud" SILVA, José Afonso da. Direito Urbanístico Brasileiro, p. 42.

[22] Op. cit., p. 44.

As normas sintetizadas pelo Direito Urbanístico inserem-se no campo do direito público, sob qualquer aspecto, pois as relações estabelecidas tem sempre como titular uma pessoa jurídica de direito público, protegendo a interesses coletivos e impostos de maneira compulsória.[23]

A natureza do Direito Urbanístico também foi alvo de considerações de Victor Carvalho Pinto, ao abordar o ramo jurídico ao qual se subordina o plano diretor. Sustenta que este não precisa ser enquadrado nos conceitos tradicionais do direito constitucional e administrativo, uma vez que a Constituição reconheceu a existência do direito urbanístico como um ramo autônomo do direito (art. 24, I).

> Este fato tem dimensão não apenas teórica, mas prática, na medida em que, considerado como especialidade do direito administrativo, o direito urbanístico enquadrar-se-ia como uma dimensão do poder de polícia, cuja competência legislativa é exclusiva do próprio ente federativo competente para exercê-lo. Como ramo autônomo, o direito urbanístico apresenta princípios e institutos próprios, que não se confundem com os do direito administrativo.[24]

1.2.2. Regime jurídico da Urbanificação

Para José Afonso da Silva a *atividade urbanística é composta de vários momentos e objetos*, podendo ser descriminada da seguinte forma: a) planejamento urbanístico; b) ordenação do solo; c) ordenação urbanística de áreas de interesse especial; d) ordenação urbanística da atividade de edificações; e) instrumentos de intervenção urbanística. Também seria necessário *"examinar todos os projetos concretos de edificação, para verificar se se acham, ou não, em harmonia com um plano e com as regras de ordenação de uso e ocupação do solo. Trata-se da ordenação das edificações, ou ordenação urbanística da atividade edilícia"*.[25]

Quanto à *natureza da atividade urbanística*, entende o professor das arcadas que seu objetivo é ordenar os espaços habitáveis, consistindo numa atividade destinada à realização de um triplo objetivo: de *humanização, ordenação e harmonização dos ambientes* em que o homem vive: urbano e o rural.[26]

No direito urbanístico vigora o princípio da legalidade, por ser um ramo do direito público. Nesse contexto, importante observar o disposto no art. 43 do Estatuto da Cidade, no tocante à gestão democrática da cidade. Importante implantar mecanismos embasadores das instâncias decisórias, tais como audiência de consultas públicas, em nível municipal, estadual e nacional, bem como estimular projetos de lei de iniciativa popular, planos, programas e projetos de desenvolvimento urbano, oriundos das universidades ou instituições técnicas.

---

[23] SILVA, José Afonso da. Direito Urbanístico Brasileiro, p. 44.

[24] Regime jurídico do plano diretor, p. 421.

[25] Direito Urbanístico Brasileiro, p. 32.

[26] Op. cit., p. 34.

1.2.3. Instituições, institutos e procedimentos do direito urbanístico

Instituto jurídico é um conjunto de normas ordenadas e configuradas no contexto de um todo coerente, em torno de uma parte específica de um objeto de um ramo do direito.[27]

Mesmo estando o direito urbanístico em formação *já se delineia a existência de certas instituições e institutos que compõem sua estrutura*, como observa o professor José Afonso da Silva. Para ele o conjunto de normas configuradoras da ordenação jurídica dos espaços habitáveis dá origem a verdadeiras instituições de direito urbanístico, mencionando como exemplo: o planejamento urbanístico, por meio de planos urbanísticos; o parcelamento do solo urbano; o zoneamento do uso do solo; a ocupação do solo; reparcelamento do solo. Preceitua o ilustre mestre que em cada uma dessas instituições encontramos *institutos jurídicos-urbanísticos*, como o arruamento, o loteamento, o desmembramento, a outorga onerosa do direito de construir, as operações urbanas consorciadas, o direito de superfície, o direito de preempção, a transferência do direito de construir, a regularização fundiária, os índices urbanísticos (taxa de ocupação do solo, coeficiente de aproveitamento do solo, ou seja, gabaritos).[28]

Dentre os procedimentos do direito urbanístico podem ser citados o do planejamento urbano, o do zoneamento, o do arruamento e do loteamento. São os modos pelos quais se realizam, na prática, as restrições correspondentes.[29]

Álvaro Pessoa explica que no loteamento "*o terreno loteado perde sua individualidade objetiva* transformando-se em lotes que se individualizam como unidades autarquicamente bastantes *em si mesmas; inexiste o estado e a pluralidade de comunhão; cria-se um bairro, cujo equipamento urbano (inclusive as vias, estradas e caminhos, como públicos que passam a ser com o registro imobiliário) passa a participar do sistema viário local e do orbe municipal*".[30]

Roberto Barroso, ao estudar a transformação de partes da propriedade privada para o domínio público (art. 4º, Lei 6.766/79), anota a ocorrência do fenômeno do "*concurso voluntário*", instituto pelo qual "*o loteador propõe e a Administração do Município aceita a transferência à municipalidade do domínio e posse dos espaços destinados às vias e praças e aos espaços de uso comunitário integrantes do conjunto urbanístico cuja aprovação é proposta. Com o pedido de aprovação do loteamento, o particular dá início ao processo de formação do 'Concurso Voluntário'*". Durante esse fenômeno, as via passarão a fazer parte do sistema de circulação e integrarão o domínio público (ruas e praças), com implantação de equipamentos urbanos e

---

[27] SILVA, José Afonso da. Direito Urbanístico Brasileiro, p. 46.

[28] Direito Urbanístico Brasileiro, p. 46.

[29] Idem, p. 46.

[30] "O Loteamento e o Condomínio no Desenvolvimento Urbano Brasileiro", *in* Boletim Informativo do Departamento de Assistência Jurídica e Consultiva aos Municípios, da Secretaria da Justiça do Estado do Rio de Janeiro – nº 40, ano IV, dezembro/1978, "apud" FREITAS, JOSÉ CARLOS. Loteamentos fechados: O papel do Ministério Público. Disponível em <http://www.mpsp.mp.br/portal/page/portal/cao_urbanismo_e_meio_ambiente/Congressos_eventos/18_congresso_meio_ambiente/18_teses/tese_Dr_%20Freitas.doc>. Acesso em 05 set. 2015, p. 2.

comunitários (escola, posto de saúde etc.), bem como a espaços livres de uso público, de proteção ambiental ou de preservação paisagística.[31]

1.3. Conceito, objeto, finalidade, importância e natureza jurídica do Direito Urbanístico

Liana Portilho Mattos conceitua o Direito Urbanístico como sendo:

> O ramo do direito público que tem como objeto o ordenamento da propriedade urbana e a conformação desta a uma função social determinada por lei, no seio dos espaços habitáveis, de modo a propiciar o pleno desenvolvimento das funções sociais da cidade e a garantir o exercício do direito à cidade por todos os que nela habitam.[32]

Como em qualquer outro ramo do direito, no direito urbanístico existem normas reguladoras da atividade do poder público, como já dito alhures, as quais se destinam a ordenar espaços habitáveis, consistentes em estipular um conjunto de normas jurídicas que vão regular a atividade urbanística.

Com Hely Lopes Meirelles podemos dizer *"que o direito urbanístico como ciência, isto é, como conhecimento sistematizado das normas urbanísticas é o ramo do direito público destinado ao estudo e formulação dos princípios e normas que devem reger os espaços habitáveis, no seu conjunto cidade-campo"*[33].

O objeto do direito urbanístico objetivo é diverso do objeto do direito urbanístico enquanto ciência. A ciência não tem por objeto regular atividade alguma, não estabelecendo normas, nem regras, mas buscando conhecer e sistematizar as normas do Direito objetivo (conjunto de normas), tendo *"por objeto regular a atividade urbanística, disciplinar a ordenação do território"*.[34]

Lembra, com propriedade, Hely Lopes Meirelles que o Direito Urbanístico também incide sobre áreas rurais, nos campos da ecologia e da proteção ambiental, em todos os núcleos habitacionais, da cidade e do campo.[35]

As normas de direito urbanístico têm por objeto disciplinar o planejamento urbano, ou uso e ocupação do solo urbano, as áreas de interesse especial, tais como aquelas destinadas à execução das urbanificações e disciplinamentos dos bens urbanísticos naturais e culturais.

Por meio de normas criadas no âmbito do Direito Urbanístico, devem ser disciplinadas questões como altura e recuos das edificações e usos permitidos, contrariando interesse de especuladores imobiliários e de alguns proprietários menos conscientes,

---

31 O Município e o Parcelamento do Solo Urbano", R.D.A., vol. 194, pág. 58, "apud" Disponível em <http://www.mpsp.mp.br/portal/page/portal/cao_urbanismo_e_meio_ambiente/Congressos_eventos/18_congresso_meio_ambiente/18_teses/tese_Dr_%20Freitas.doc>. Acesso em 05 set. 2015.

32 MATTOS, Liana Portilho. Limitações Urbanísticas à Propriedade. In: FERNANDES, Edésio (Org). Direito Urbanístico e Política Urbana no Brasil. Belo Horizonte: Del Rey, 2001, p. 55.

33 Direito Municipal Brasileiro. 13ª ed. São Paulo: Malheiros, 2.003, p. 494.

34 SILVA, José Afonso da. Direito Urbanístico Brasileiro, p. 38.

35 Direito Municipal Brasileiro, p. 493.

os quais têm por fim tirar o máximo proveito econômico e utilitário dos imóveis, aproveitando ao extremo o potencial construtivo do solo urbano. Tal disciplinamento possui por objetivo garantir condições estéticas, segurança, salubridade e conforto para os citadinos, colocando em lados opostos o direito de propriedade e o direito coletivo a uma cidade planejada.[36]

O *Direito urbanístico contém normas de ordem pública, de interesse social* (vide artigo 1º, parágrafo único, do Estatuto da Cidade – Lei 10.257/00), cogentes e gerais (impessoais), contra ele não se podendo contrapor, em alguns casos, a alegação do direito adquirido (RT 670/72). São normas de coesão, as quais visam ordenar e transformar a realidade nos centros urbanos, prevenindo e resolvendo conflitos.

José Carlos de Freitas, tecendo considerações sobre as *finalidades e autonomia do Direito Urbanístico*, pontifica que:

> As limitações administrativas editadas para disciplinar o controle do uso, do parcelamento e da ocupação dos espaços habitáveis, que são objeto do Direito Urbanístico, visam à tutela dessas funções urbanísticas, mediante normas que se destinam a proporcionar, na cidade ideal, conjunta ou isoladamente, as condições de segurança, salubridade, funcionalidade e estética da urbe, de molde a manter o equilíbrio necessário.[37]

Dimensionar o alcance do termo *cidades* trata-se de uma tarefa delicada, envolvendo densidade demográfica específica, profissões urbanas como comércio e manufatura, com suficiente diversificação; economia urbana permanente, bem como relações específicas com as camadas urbanas, com produção, consumo e direitos próprios. Assim, conclui-se não ser suficiente um aglomerado de casas para se chegar ao conceito de cidades. Nem todo lugar urbano constitui uma cidade, pois esta exige uma organização geral da sociedade, um centro de consumo de massa, uma multiplicidade dialética de sistemas, projeção da sociedade sobre o local. Resumindo, o ilustre constitucionalista e urbanista José Afonso da Silva destaca três elementos formadores do conceito de cidades: a) concepção demográfica; b) concepção econômica; c) concepção de subsistemas.[38]

Novamente nos valendo das lições do sempre festejado José Afonso da Silva, cabe considerar o conceito de *direito urbanístico objetivo e do direito urbanístico como ciência*. No primeiro caso, trata-se de um conjunto de normas que tem por objetivo organizar os espaços habitáveis, de maneira a propiciar melhores condições de vida ao homem na comunidade. No segundo caso, busca-se o conhecimento sistematizado daquelas normas e princípios reguladores da atividade urbanística.[39]

O Direito Urbanístico é de natureza pública e opõe-se aos interesses privados, via de regra. O profissional técnico ou jurídico que atuar neste segmento do direito está invariavelmente ligado ao princípio da legalidade, tal qual previsto no art. 5º, II,

36 FREITAS, José Carlos de. Dos interesses metaindividuais urbanísticos. In: FREITAS, José Carlos de (Org.). Temas de direito urbanístico p. 283.

37 O Estatuto da Cidade e o equilíbrio do espaço urbano, In: Temas de direito urbanístico 3. São Paulo: Ministério Público do Estado de São Paulo e Imprensa Oficial do Estado, 2.001, p. 444.

38 Direito Urbanístico Brasileiro, p. 24.

39 Op. Cit., p. 37.

da Constituição Federal. Somente pode fazer o que a legislação, em sentido amplo, permite, ao contrário do particular que pode fazer tudo o que a lei não proíbe.

O *conflito de interesses urbanísticos*, como bem lembra José Afonso da Silva, pode ser resumido nas discussões sobre volume retificável do terreno. Há áreas que devem ser reservadas para espaços livres, impedindo uma exploração completa do solo superficial. A lei deverá regular e compor tais conflitos, mediante regras objetivas, intensificando-se no detalhamento na medida em que se intensificam os conflitos entre interesses públicos e privados. Novamente é de se lembrar de que ao gestor público só caberá agir segundo os ditamos legais. As linhas gerais desta regulamentação foram sistematizadas pelo Estatuto da Cidade, em 2001. Ali está a base jurídica comum do Direito Urbanístico, que por trazer normas gerais vinculam todos os entes federativos (União, Estados, Distrito Federal e Municípios), como será visto com mais vagar em capítulo próprio do presente trabalho. Como diz o douto José Afonso da Silva, é no Estatuto da Cidade que está a teoria jurídica denominada "*direito urbanístico*", em sua vertente objetiva.[40]

1.4. Direito Urbanístico como direito difuso e suas consequências práticas

Legalmente, os conceitos de interesses e direitos difusos e coletivos, bem como de interesses ou direitos individuais homogêneos constam do artigo 82 do Código de Defesa do Consumidor (Lei 8.078/90), "*in verbis*":

> I – interesses ou direitos difusos, assim entendidos, para efeitos deste código, os transindividuais, de natureza indivisível, de que sejam titulares pessoas indeterminadas e ligadas por circunstâncias de fato;
>
> II – interesses ou direitos coletivos, assim entendidos, para efeitos deste código, os transindividuais, de natureza indivisível de que seja titular grupo, categoria ou classe de pessoas ligadas entre si ou com a parte contrária por uma relação jurídica base;
>
> III – interesses ou direitos individuais homogêneos, assim entendidos os decorrentes de origem comum.

Como natureza marcante do *direito ou interesse difuso*, pode ser identificada a indeterminação do sujeito (como no caso do conjunto de habitantes de certa região), a indivisibilidade do objeto (insuscetibilidade de repartição das vantagens ou prejuízos de atividades urbanísticas entre pessoas ou grupos), como definições de dimensões e localizações de áreas verdes, larguras das vias públicas etc... Do ponto de vista do interesse ou *direito ou interesse coletivo*, pode-se mencionar a disputa de todos os moradores de um prédio ou condomínio, com a construtora e/ou incorporadora, quando se tratar de aspectos de infraestrutura interna ou descumprimento de normas edilícias, cuja correção alcançará todos indistintamente. No tocante ao *direito ou interesse individual homogêneo*, o que se tem em comum entre as várias pessoas é a origem do direito, mas que pode ser demandado individualmente. É o caso de um pleito de indenização por danos morais decorrentes de um loteamento mal executado (loteamento irregular), afetando os moradores, muitas vezes, de formas

[40] Op. cit., p. 35.

distintas quanto à intensidade e consequências, cuja compensação financeira por tais danos pode ser buscada individual ou coletivamente, ficando a execução para ser realizada individualmente quando proposta coletivamente a ação judicial.

O Estado, como regulador das atividades econômicas, deve buscar satisfazer aos interesses públicos constantes do ordenamento jurídico, que seja um *interesse público* geral e metafísico. Tal interesse público deve ser composto pelos:

> [...] interesses do próprio Estado; dos produtores de serviços; da coletividade em geral; das diversas categorias de consumidores (grandes consumidores industriais, consumidores domiciliares e consumidores virtuais que ainda não gozam dos serviços; dos interesses públicos setoriais e pontuais, por vezes em conflito entre si; os interesses difusos e coletivos, etc.[41]

Também para José Carlos de Freitas as funções sociais da cidade expressam *direitos difusos*, pois "*se dispersam pela coletividade, posto não ser possível afirmar, sempre, que só as pessoas individualmente consideradas são afetadas pelas atividades desenvolvidas na cidade. São proprietários, moradores, trabalhadores, comerciantes, turistas, migrantes, transeuntes, dentre outros, que utilizam um mesmo espaço territorial, a cidade, um bem de vida difuso*."[42]

Como exemplos de direito e interesses difusos nas questões abordadas pelo direito urbanístico, leciona o ilustre doutrinador e brilhante Procurador de Justiça do Ministério Público do Estado de São Paulo:

> Basta constatar, por exemplo, que as passeatas ou movimentos grevistas não perturbam somente o sossego dos moradores circunstantes ou a concentração dos que trabalham nos prédios situados ao longo da via pública, mas, igualmente, todos os que precisam circular por aquela artéria viária, porquanto essas manifestações interceptam ou dificultam o trânsito de veículos e pedestres. Da mesma forma, a ocupação desordenada e clandestina das áreas de proteção aos mananciais, que promove desmatamentos, assoreamentos e despejo de esgoto in natura nos reservatórios para consumo humano, também não se restringe ao prejuízo local, do bairro vizinho, mas afeta toda uma comunidade que se abastece do precioso líquido.[43]

1.5. Fatos e atos jurídicos urbanísticos

Os procedimentos urbanísticos constituem-se em uma sucessão ordenada de atos e atividades (fatos), cujo objetivo é sistematizar os espaços habitáveis, como os planos urbanísticos gerais, especiais ou setoriais. Eles ocorrem por meio de operações materiais, como no caso da operação urbana consorciada, concretizando-se os efeitos urbanísticos pretendidos. Trata-se de uma característica marcante das normas jurídicas. Dentre as funções urbanísticas, estas realizadas por meio de procedimentos e operações, há a produção de efeitos jurídicos. Tais efeitos não são atos isolados tipicamente do direito urbanístico, mas são atos administrativos que também possuem

---

41 ARAGÃO, Alexandre Santos de. O princípio da proporcionalidade no Direito Econômico, p. 214.

42 O Estatuto da Cidade e o equilíbrio do espaço urbano, p. 443.

43 FREITAS, José Carlos de. O Estatuto da Cidade e o equilíbrio do espaço urbano, p. 443-444.

efeitos urbanísticos. Podem ser citados como exemplo as aprovações, autorizações, intervenções e licenças urbanísticas.[44]

José Afonso da Silva classifica os atos administrativos urbanísticos em: a) *atos urbanísticos procedimentais*, aqueles que ordenam um procedimento urbanístico, como atos integrantes, por exemplo, de um plano de reorganização; b) *atos urbanísticos isolados*, ou seja, os que não se inserem um procedimento, como é o caso de um decreto, fixando as zonas de uso ou limites da zona urbana, segundo as leis, como os atos de aprovação de um plano de arruamento ou de loteamento, certificado de uso do solo, Alvará de licença para construir; "*habite-se*". Em seguida ressalva que no caso do alvará e do "*habite-se*" eles não são apenas atos urbanísticos, uma vez que se inserem no campo do direito de construir; c) *fatos urbanísticos operacionais*, os quais são aqueles que, num conjunto sucessivo, compõem as operações materiais de execução dos procedimentos urbanísticos, como os de execução de um plano de reurbanização; d) *fatos urbanísticos isolados*, como abertura de uma rua ou seu fechamento, seu alargamento, estreitamento, rebaixamento ou elevação, com interferência no nivelamento ou no alinhamento dos imóveis privados.[45]

Em seguida, resume José Afonso da Silva que uma classificação dos atos urbanísticos poderia se dar apenas duas categorias: a) *ato de atuação urbanística*, como são aqueles que integram um procedimento urbanístico e outros como o alinhamento, o nivelamento, a servidão de recuo, o tombamento (este com característica de procedimento); b) *atos de controle urbanístico*, como aqueles relativos à aprovação de urbanificações, emissão do certificado ou certidão de uso do solo, licença para urbanizar ou para construir, o termo de conclusão de obras.[46]

Também existem os atos bilaterais, formados pela vontade da administração urbanística e particulares, numa conjugação de esforços visando realizar atividades urbanísticas, em determinadas regiões. Lembra que a isso se dá o nome de " *Urbanismo consertado*", oriundo do sistema francês e espanhol, agora incorporado ao Estatuto da Cidade, como no caso da outorga onerosa do direito de construir (artigos 28 ao 31), das operações urbanas consorciadas (arts. 32 ao 34), da transferência do direito de construir (art. 35).[47]

1.6. Problemas urbanísticos hodiernos

De um modo geral, por longos anos, o Direito Urbanístico ressentiu-se da falta de sistematização, não acompanhando o intenso processo de urbanização, prejudicando consideravelmente a ordenação das cidades. Nesse sentido:

> Assim mesmo as leis vigentes sobre o desenvolvimento urbano tiveram impactos no processo de crescimento das cidades, tanto sob a ótica da inclusão quanto da exclusão,

---

[44] SILVA, José Afonso da. Direito Urbanístico Brasileiro, p. 46.

[45] Direito Urbanístico Brasileiro, p. 47.

[46] Op. Cit., 47.

[47] NALINI, José Renato. Perspectivas da regularização fundiária. In: NALINI, José Renato; LEVY, Wilson (Coords.). Regularização Fundiária 2ª ed. Rev. Atual. e Ampl. Rio de Janeiro: Forense, 2014, p. 47.

> uma vez que elas têm influência nas condições prevalecentes de acesso à terra e à habitação e de provisão de bens e serviços, no estabelecimento dos direitos e deveres urbanos dos cidadãos, na orientação da ação dos agentes que constroem e produzem a cidade, na definição da abrangência e intensidade da ação estatal na produção socioeconômica do espaço urbano, e na imposição de limites ao direito de propriedade privada. No processo brasileiro de expansão urbana, o qual segregou seriamente a população pobre na periferia, prevalecem os interesses privados de reprodução do capital imobiliário, que continuam a sustentar a sobrevivência da noção de direito de propriedade exclusivamente privada prevista no Código Civil. E a legislação urbanística, durante os 60 anos de sua existência, não foi instrumento qualificado para reconhecer e legitimar as formas múltiplas e diversificadas de ocupação da cidade, mantendo o paradigma da 'cidade ideal' que, traduzido em padrões urbanísticos, provoca o aumento do preço da terra e dificulta seu acesso para a população de baixa renda. A dimensão social desta legislação sempre foi marginal.[48]

Dentre os problemas comuns à urbanização não planejada ou mal executada, podem ser citados: a) colapso do sistema de transportes; b) congestionamento do trânsito; c) aumento de processos erosivos; d) assoreamentos dos rios; e) impermeabilização do solo; e) proliferação de habitações subnormais (com ou sem "*favelização*"); f) ocupação de áreas de proteção ambiental; g) precariedade do saneamento básico (fornecimento de água potável, tratamento de esgoto, coleta e destinação adequada dos resíduos sólidos, adequada prestação de serviços de limpeza pública e drenagem urbana); h) violência.[49]

Dessa impermeabilização excessiva do solo também resultam inundações, lixiviação (carreamento de resíduos de toda a ordem para o curso d´água, gerando encarecimento do tratamento, bem como queda na qualidade da água bruta e riscos para o abastecimento público após seu tratamento, caso não suficientemente eficiente para remoção de todos os contaminantes). A existência de áreas verdes em proporção insuficiente nos centros urbanos não combate adequadamente as denominadas ilhas de calor, além de não contribuírem para o lazer e combate ao estresse das pessoas.

A desordenada ocupação do solo urbano também resulta na falta de equipamentos urbanos e comunitários, na marginalização dos habitantes, com o incremento das desigualdades sociais e reflexos na segurança e saúde da população local e circunvizinha (violência física e sexual, comércio de drogas, até porque a inexistência ou desarticulação do sistema viário impedem ou dificultam a chegada de serviços públicos essenciais a esses núcleos habitacionais, que surgem na denominada cidade informal), tais como de segurança pública e saúde. Nela, o comércio informal toma o espaço de residências, com lojas e escritórios que geram grande afluxo de pessoas, resultando no adensamento do tráfego (cargas) e do trânsito (deslocamento de pessoas), com geração de ruídos, desembocando em prejuízos à qualidade de vida e bem-estar das pessoas.

---

[48] OSÓRIO, Letícia Marques. Parcelamento, urbanização e regularização do solo no Rio Grande do Sul, In: ALFONSIN, Betânia; FERNANDES, Edésio. A Lei e a Ilegalidade na Produção do Solo Urbano. Belo Horizonte: Del Rey, 2003, p. 96-97, "apud" HORN, Daniel Colombo Gentil. O parcelamento do solo urbano em questão: experiências alternativas ao esgotamento de um modelo e perspectivas na nova ordem jurídico-urbanística. Disponível em <http://www3.pucrs.br/pucrs/files/uni/poa/direito/graduacao/tcc/tcc2/trabalhos2008_2/daniel_colombo.pdf>. Acesso em 03 set. 215.

[49] FREITAS, José Carlos de. O Estatuto da Cidade e o equilíbrio do espaço urbano, In: **FREITAS, José Carlos de (Org.)**. Temas de direito urbanístico 3. São Paulo: Ministério Público do Estado de São Paulo e Imprensa Oficial do Estado, 2.001, p. 441-442.

Dentre as causas do adensamento periférico urbano, estão: "*a) ocupação de terras vazias por grupo de baixa renda; b) loteamentos irregulares e clandestinos comercializados ilegalmente; c) conjuntos habitacionais para hipossuficientes produzidas pelo poder público; cortiços e favelas, inclusive invasão de prédios ociosos.*"[50].

Outro problema muito comum tem sido as invasões de áreas públicas, em decorrência da incapacidade de a política habitacional suprir as demandas de moradia. Essas invasões em geral não são imediatamente combatidas pelo poder público municipal, que poderia utilizar-se de seu poder de polícia, o qual tem o atributo da autoexecutoriedade dos atos administrativos, prescindindo da atuação do Poder Judiciário para a reintegração de posse da área invadida.

Visando evitar desgastes políticos, em geral, os Prefeitos Municipais adiam as providências cabíveis para desfazimento da ocupação desordenada e com prejuízos ao meio ambiente, as quais poderiam ser tomadas de ofício e de maneira ágil, com base no poder de polícia administrativo. Quando acionam o Poder Judiciário, visando evitar o desgaste político de agir com base no atributo da autoexecutoriedade dos atos administrativos, a ocupação cresceu em proporções, dificultando a obtenção e/ou cumprimento de decisão liminar que eventualmente determine a desocupação da área (é frequente o indeferimento da decisão liminar por se entender haver consolidação da ocupação urbana e/ou riscos de conflitos com desalojamento e ferimento de pessoas, baseado no Direito Constitucional à moradia). Essas circunstâncias, como cediço, quase sempre perpetuam a ilegalidade, incentivando outras invasões e comprometendo o cumprimento das funções sociais das cidades.

Como prevenção a esses tipos de urbanização social, econômica e ambientalmente deletéria, há a necessidade de o poder público investir maciçamente na política habitacional, visando zerar o *déficit* de moradias e garantir qualidade de vida a essas pessoas social e economicamente marginalizadas, gerando maior grau de concretude ao princípio constitucional da dignidade da pessoa humana.

1.7. Direito urbanístico, direito constitucional: Relações com outros ramos do Direito – Legislação Federal, Estadual e Municipal

Neste tópico, abordaremos as interfaces do direito urbanístico principalmente com o direito constitucional, passando pelas interações com outros ramos do direito, como o civil, administrativo, tributário, econômico e penal.

1.7.1. Competências dos entes federativos em matéria urbano-ambiental: Repartição Constitucional de competências legislativas e administrativas

O Planejamento urbanístico, por envolver uma das partes mais sensíveis da dinâmica da vida moderna, mereceu na Constituição de 1988 atenção especial. Buscou-se traçar na Carta Magna as diretrizes gerais para disciplinamento normativo. Também foram alinhavadas ações no campo administrativo, tais como

50 NALINI, José Renato. Perspectivas da regularização fundiária, p. 4.

a necessidade de elaboração, pelos diversos entes federativos (União, Estados, Distrito Federal e Municípios), de planos, programas e atividades urbanísticas, numa postura vanguardista e acertada dos nobres parlamentares constituintes. Nesse diapasão, as seguintes competências legislativas relacionadas com o Direito Urbanístico, podem ser citadas:

> Art. 21. Compete à União:
>
> [...]
>
> XX – instituir diretrizes para o desenvolvimento urbano, inclusive habitação, saneamento básico e transportes urbanos;
>
> Art. 24. Compete à União, aos Estados e ao Distrito Federal legislar concorrentemente sobre:
>
> I – direito tributário, financeiro, penitenciário, econômico e urbanístico;
>
> [...]
>
> § 1º. No âmbito da legislação concorrente, a competência da União limitar-se-á a estabelecer normas gerais.
>
> § 2º. A competência da União para legislar sobre normas gerais não exclui a competência suplementar dos Estados.
>
> § 3º. Inexistindo lei federal sobre normas gerais, os Estados exercerão a competência legislativa plena, para atender a suas peculiaridades.
>
> § 4º. A superveniência de lei federal sobre normas gerais suspende a eficácia da lei estadual, no que lhe for contrário.

No tocante às competências administrativas, exemplificativamente, mencionamos:

> Art. 21. Compete à União:
>
> IX: elaborar e executar planos nacionais e regionais de ordenação do território e de desenvolvimento econômico e social;
>
> XX: instituir diretrizes para o desenvolvimento urbano, inclusive habitação, saneamento básico e transportes urbanos;
>
> IX promover programas de construção de moradias e a melhoria das condições habitacionais e de saneamento básico;
>
> XXI – estabelecer princípios e diretrizes para o sistema nacional de viação.
>
> Art. 23. É competência comum da União, dos Estados, do Distrito Federal e dos Municípios:
>
> III – proteger os documentos, as obras e outros bens de valor histórico, artístico e cultural, os monumentos, as paisagens naturais notáveis e os sítios arqueológicos;
>
> IV – impedir a evasão, a destruição e a descaracterização de obras de arte e de outros bens de valor histórico, artístico ou cultural;
>
> VI – proteger o meio ambiente e combater a poluição em qualquer de suas formas;
>
> VII – preservar as florestas, a fauna e a flora;
>
> IX – promover programas de construção de moradias e a melhoria das condições habitacionais e de saneamento básico;
>
> X – combater as causas da pobreza e os fatores de marginalização, promovendo a integração social dos setores desfavorecidos;
>
> XI – registrar, acompanhar e fiscalizar as concessões de direitos de pesquisa e exploração de recursos hídricos e minerais em seus territórios;

> XII – estabelecer e implantar política de educação para a segurança do trânsito.
>
> Art. 25. [...]
>
> § 3º. Os Estados poderão, mediante lei complementar, instituir regiões metropolitanas, aglomerações urbanas e microrregiões, constituídas por agrupamentos de municípios limítrofes, para integrar a organização, o planejamento e a execução de funções públicas de interesse comum.
>
> Art. 30. Compete aos Municípios:
>
> I – legislar sobre assuntos de interesse local;
>
> II – suplementar a legislação federal e a estadual no que couber;
>
> III – instituir e arrecadar os tributos de sua competência, bem como aplicar suas rendas, sem prejuízo da obrigatoriedade de prestar contas e publicar balancetes nos prazos fixados em lei;
>
> IV – criar, organizar e suprimir distritos, observada a legislação estadual;
>
> V – organizar e prestar, diretamente ou sob regime de concessão ou permissão, os serviços públicos de interesse local, incluído o de transporte coletivo, que tem caráter essencial;
>
> [...]
>
> VIII – promover, no que couber, adequado ordenamento territorial, mediante planejamento e controle do uso, do parcelamento e da ocupação do solo urbano;
>
> IX – promover a proteção do patrimônio histórico-cultural local, observada a legislação e a ação fiscalizadora federal e estadual.
>
> VIII: estabelecer princípios e diretrizes para o sistema nacional de viação.

No âmbito estadual, a Constituição do Estado de São Paulo, preceitua que:

> Art. 23. As leis complementares serão aprovadas pela maioria absoluta dos membros da Assembléia Legislativa, observados os demais termos da votação das leis ordinárias.
>
> Parágrafo único: Para os fins deste artigo, consideram-se complementares:
>
> [...]
>
> 13 – o Código de Saneamento Básico;
>
> 14 – o Código de Proteção ao Meio Ambiente;
>
> [...]
>
> 17 – a lei que institui regiões metropolitanas, aglomerações urbanas e microrregiões;
>
> 18 – a Lei que impuser requisitos para a criação, a incorporação, a fusão e o desmembramento de Municípios ou para a sua classificação como estância de qualquer natureza.

Anteriormente à atual Constituição, a competência na legislação florestal era exclusiva da União, reservando-se ao Município legislar sobre flora urbana. Entretanto, atualmente, é pacífica a competência municipal para legislar sobre flora como um todo, especificamente sobre legislação florestal, devendo o município seguir as normas gerais da União, podendo legislar caso constatado o interesse local, ainda que União e Estados permaneçam inertes.[51]

---

51 MACHADO, Paulo Affonso Leme. Direito ambiental brasileiro, p. 466.

1.7.2. Relações do Direito Urbanístico com outras disciplinas

Diante do processo de formação do direito urbanístico, ainda não é possível identificar todos os ramos do Direito com os quais este se relaciona.

No *direito constitucional*, encontramos íntima relação com o direito urbanístico, quer no tocante a planos diretores, a ordenação urbana, a função social da propriedade urbana, imposições constitucionalmente previstas aos municípios (arts. 30, VIII e 182), escrevendo normas sobre *competências legislativas urbanísticas* (art. 21, inciso IX, XX e XXI; 24, inciso I; e 30, incisos I e II, VIII e IX). Também existem *disposições relativas à proteção paisagística, artística e histórica* (30, IX, 215 e 216).

Ressalte-se a extrema importância de diversos elementos componentes do direito urbanístico encontrarem-se expressamente previstos na Constituição Federal, dando-lhe indiscutível sustentáculo jurídico para disciplinar as questões econômicas, sociais, ambientais e se alcançar uma efetiva sustentabilidade. Não se olvide, como pontua José Renato Martins que:

> Atualmente, pouca ou nenhuma resistência existe à concepção de que, no plano jurídico, a Constituição alcançou a dignidade de um estatuto supremo, catalisador dos valores reconhecidos pela comunidade e que se integram à ordem jurídica, posto que incorporados às normas constitucionais e posteriormente refletidos nas leis que dela derivam para lhe dar eficácia, com o propósito de conduzir o Estado e a sociedade na busca do bem comum.
>
> [...]
>
> Assim, a Constituição fornece e distribui as diretrizes superiores para a convivência social e a arquitetura de toda a estrutura normativa necessária à organização do respectivo Estado e, por isso, se apresenta sempre como uma espécie de conduto por onde fluem as diretrizes que atuarão na formulação, na conformação e na validade de todas as normas jurídicas. Revela-se, assim, o princípio da compatibilidade vertical das normas, resultante da supremacia da Constituição, enquanto lei superior de um ordenamento jurídico estatal.[52]

No tocante ao *direito administrativo*, o direito urbanístico traz instrumentos fundamentais para sua atuação, como os institutos da *desapropriação, da servidão, da organização de entidades executores de urbanismo.* Também há íntima relação com o *poder de polícia, concessões, autorizações, licenças e alvarás.* A relação é tão umbilical que, como dito alhures, há autores defendendo que o direito urbanístico integra o direito administrativo.[53]

A relação do direito urbanístico também ocorre com o *direito econômico*, pois ambos possuem o mesmo fundamento constitucional, ou seja, autorização para intervenção do poder público no domínio privado. Ambos se servem de instrumentos semelhantes, não raras vezes com técnicas idênticas, como é o caso do planejamento.[54]

---

[52] Controle de Constitucionalidade das Leis: uma Visão Geral. Disponível em <https://www.metodista.br/revistas/revistas-unimep/index.php/direito/article/download/669/232>. Acesso em 28 fev. 2016, p. 9-10.

[53] Conforme explica José Afonso da Silva. Direito urbanístico brasileiro, p. 48.

[54] SILVA, José Afonso da. Direitos urbanístico brasileiro, P. 48.

O ponto de contato do direito urbanístico com o *direito tributário* está no fato daquele estimular operações urbanísticas, no interesse da coletividade, tendo como instrumento o aumento da tributação em caso de pouca ou nenhuma utilização da propriedade para os fins sociais a que ela se destina. Não se podem olvidar as lições de José Afonso da Silva, lembrando que o constituinte incluiu na ordem econômica um capítulo sobre a política urbana. Também aqui há doutrinadores que defendem ser o direito urbanístico um ramo do direito econômico.[55]

O *direito civil* também tem muitos pontos de contato com direito urbanístico, tais como o *direito de vizinhança*, o *direito de construir, regulando o direito de propriedade*, que sofre inúmeras transformações diante das normas urbanísticas.[56]

Valendo-se das lições de Hely Lopes Meirelles, cabe consignar a *diferença entre o direito urbanístico e o direito de construir*, nos seguintes termos:

> Não se confunde o direito de construir, nem com direito de vizinhança, embora mantenham intimas conexões e seus preceitos muitas vezes se interpenetrem, sem qualquer colisão, visto que protegem interesses diversos e se embasam em fundamentos diferentes. Realmente, o direito de construir e o direito de vizinhança são de ordem privada e disciplinam uma construção e seus efeitos nas relações com terceiros, especialmente com os confinantes, enquanto o direito urbanístico ordena o espaço urbano e as áreas rurais que nele interfere, através de imposições de ordem pública, expressas em norma de uso e ocupação do solo urbano ou urbanizado, ou de proteção ambiental ou enuncia regras estruturais e funcionais de edificação urbana coletivamente considerada.[57]

Observa o então Procurador de Justiça do Ministério Público do Estado de São Paulo, hoje eminente Ministro do Egrégio Superior Tribunal de Justiça, Antonio Herman de Vasconcellos e Benjamin, ao tratar do regime jurídico infraconstitucional do dano ambiental, que a Lei Nacional de Política do Meio ambiente atribuiu ao poluidor responsabilidade de indenizar ou reparar os danos causados ao meio ambiente e a terceiros, afetados por sua atividade, independentemente da existência de culpa, conforme o disposto no artigo 14, § 1º, da Lei 6938/81. Acrescenta o culto Ministro *"Trata-se, pois, de responsabilidade civil objetiva, tanto no que se refere a prejuízos pessoais (patrimoniais e morais), chamados, na dicção da lei, de 'danos causados a terceiros', como na hipótese de dano ambiental puro ('dano causado ao meio ambiente')"*[58]. Eis aí, uma das diversas relações entre o meio ambiente artificial (urbanismo) com o Direito Ambiental, sendo que as outras serão expostas em diversos pontos do trabalho.

1.8 Legislação aplicável ao direito urbanístico: visão geral

É de ser frisada a proeminência do Município para disciplinar as questões urbanísticas, visto que se trata de assunto com alta incidência de interesse local

---

55 Op. cit., 48.

56 ibidem, 48-49.

57 Direito Municipal Brasileiro, p. 495.

58 Introdução ao Direito Ambiental brasileiro. In: FINK, Daniel Roberto. Manual Prático da Promotoria de Justiça do Meio Ambiente. São Paulo/SP: Imprensa Oficial, 2005, v.1, p. 76.

(art. 30, I, da CF), bem como a tal ente federativo foi incumbido pela nova ordem constitucional a promoção, no que couber, do adequado ordenamento territorial, mediante planejamento e controle do uso, do parcelamento e da ocupação do solo urbano (art. 30, VIII). Por outro lado, conforme artigo 30, inciso II, essa normatização não pode contrariar as diretrizes gerais estabelecidas pela União (art. 24, I e § 1º), as quais podem e devem ser complementadas pelos Estados-membros e Distrito Federal diante das peculiaridades e vicissitudes regionais (art. 24, §§ 2º ao 4º). Não se olvide que, no âmbito de seu território, o Distrito Federal possui iguais competências ou atribuições, por força do art. 32, § 1º, da Magna Carta.

Nesse diapasão, lembra José Afonso da Silva que:

> A competência municipal não é meramente suplementar de normas gerais federais ou de normas estaduais, pois não são criadas com fundamento no art. 30, II. Trata-se de competência própria que vem do texto constitucional.
>
> Em verdade, as normas urbanísticas municipais são as mais características, porque é nos Municípios que se manifesta a atividade urbanística na sua forma mais concreta e dinâmica. Por isso, as competências da União e dos Estados esbarram na competência própria que a Constituição reservou aos Municípios, embora estes tenham, por outro lado, que conformar sua atuação urbanística aos ditames, diretrizes e objetivos gerais do desenvolvimento urbano estabelecidos pela União e às regras genéricas de coordenação expedidas pelo Estado.[59]

1.8.1. Rol legislativo federal aplicável ao Direito Urbanístico

Dentre os instrumentos jurídicos aplicáveis às questões afetas ao urbanismo, conveniente citarmos alguns deles, visando dar uma visão panorâmica ao leitor, como um referencial intertemporal da regulamentação do tema, sem prejuízo de retomarmos os temas mais adiante em tópicos distintos, a exemplo do que também faremos no tocante à legislação estadual e municipal. Ei-lo, seguindo certo grau descendente de importância:

a) *Constituição Federal*: Como a norma máxima da República do Brasil, a qual todo o arcabouço normativo deve obediência, o constituinte não poderia deixar de traçar as *linhas mestras sobre tema tão relevante para todos os setores da sociedade*. Nesse diapasão, foram estabelecidas regras de: *competências legislativas e administrativas*; alguns instrumentos de *disciplinamento do uso adequado e social da propriedade urbana*, para que ela cumpra com sua *função social*; de *submissão da atividade econômica à dignidade humana, meio ambiente, interesse dos consumidores e justiça social*, além de diversos outros aspectos;

b) *Estatuto da Cidade (Lei 10.257/2000)*: Regulamenta os artigos 182 e 183 da Constituição Federal, bem como estabelece as diretrizes gerais da política urbana e dá outras providências, sendo considerado pela doutrina como um conjunto de normas gerais editadas no âmbito da competência concorrente da União (art. 24, I, da CF);

[59] Direito Urbanístico Brasileiro, p. 65.

c) *Lei 6.766/79*: Conhecida como "*Lei Lehmann*" *ou* Lei do Parcelamento do Solo (LPS), dispõe sobre o *Parcelamento do Solo Urbano* e dá outras providências, sendo a *lei básica* para ser seguida no retalhamento de glebas destinadas à produção de lotes para fins de moradia;

d) *Lei 9.785/99*: Alterou a Lei 6.766/79, deflagrando uma manifestação jurídica e política de alteração no modelo de parcelamento do solo urbano, ao considerar de interesse público e social os parcelamentos populares, vinculados a programas habitacionais de iniciativa dos Municípios. Também facilitou a regularização de tais assentamentos em benefício do direito à moradia das famílias de baixa renda, bem como introduziu "*uma flexibilidade dos índices urbanísticos, fortalecendo o papel dos Municípios e dando-lhes poderes para fixar as suas próprias diretrizes locais, atendendo, assim, aos preceitos postos pela Constituição Federal de 1988;*"[60]

e) *Lei 13.465/17 (Reurb):* Dispõe sobre a regularização fundiária rural e urbana, sobre a liquidação de créditos concedidos aos assentados da reforma agrária e sobre a regularização fundiária no âmbito da Amazônia Legal; institui mecanismos para aprimorar a eficiência dos procedimentos de alienação de imóveis da União; altera as Leis nos 8.629, de 25 de fevereiro de 1993, 13.001, de 20 de junho de 2014, 11.952, de 25 de junho de 2009, 13.340, de 28 de setembro de 2016, 8.666, de 21 de junho de 1993, 6.015, de 31 de dezembro de 1973, 12.512, de 14 de outubro de 2011, 10.406, de 10 de janeiro de 2002 (Código Civil), 13.105, de 16 de março de 2015 (Código de Processo Civil), 11.977, de 7 de julho de 2009, 9.514, de 20 de novembro de 1997, 11.124, de 16 de junho de 2005, 6.766, de 19 de dezembro de 1979, 10.257, de 10 de julho de 2001, 12.651, de 25 de maio de 2012, 13.240, de 30 de dezembro de 2015, 9.636, de 15 de maio de 1998, 8.036, de 11 de maio de 1990, 13.139, de 26 de junho de 2015, 11.483, de 31 de maio de 2007, e a 12.712, de 30 de agosto de 2012, a Medida Provisória nº 2.220, de 4 de setembro de 2001, e os Decretos-Leis nos 2.398, de 21 de dezembro de 1987, 1.876, de 15 de julho de 1981, 9.760, de 5 de setembro de 1946, e 3.365, de 21 de junho de 1941; revoga dispositivos da Lei Complementar nº 76, de 6 de julho de 1993, e da Lei nº 13.347, de 10 de outubro de 2016; e dá outras providências.

f) *Lei 12.651/12*: Instituiu o denominado "*Código*" *Florestal*, que dispõe, dentre outras providências, sobre a *proteção da vegetação nativa urbana e rural*; altera a Leis nos 6.938/81 (Lei de Política Nacional do Meio Ambiente), Lei 11.428, de 22 de dezembro de 2006 (Bioma Mata Atlântica, pela qual há *maiores restrições ao parcelamento de solo onde há vegetação nativa*); *revoga a Leis nº 4.771, de 15 de setembro de 1965 (antigo Código Florestal)* e a Lei 7.754, de 14 de abril de 1989 (proteção de florestas em nascentes de rios), bem como a Medida Provisória nº 2.166-67, de 24 de agosto de 2001 (a qual disciplinava a reserva legal, modificando o texto do antigo Código Florestal);

[60] HORN, Daniel Colombo Gentil. O parcelamento do solo urbano em questão: experiências alternativas ao esgotamento de um modelo e perspectivas na nova ordem jurídico-urbanística, p. 15.

g) *Lei 9.605/98*: Tal lei dispõe sobre as sanções penais e administrativas derivadas de condutas e atividades lesivas ao meio ambiente, especialmente: no tocante aos delitos decorrentes da degradação de vegetação situada em área de preservação permanente; dar causa à poluição de qualquer natureza, em níveis tais que resultem ou possam resultar em danos à saúde humana, ou que provoquem a mortandade de animais ou a destruição significativa da flora; licenciamento de obras ou atividades de forma irregular ou clandestinas, prevendo responsabilidades específicas para o empreendedor e para o servidor público etc.;

h) *Lei 13.089/2015*: Denominada de Estatuto da Metrópole, tal lei estabelece diretrizes gerais para o planejamento, gestão e execução das funções públicas de interesse comum em regiões metropolitanas, aglomerações urbanas instituídas pelos Estados, bem como estabelece normas gerais sobre o plano de desenvolvimento urbano integrado e outros instrumentos de governança interfederativa, bem como delineia critérios para o apoio da União às ações envolvendo governança interfederativa no campo do desenvolvimento urbano;

i) *Lei 6.015/73*: disciplina os Registros Públicos e, por consequência, o registro do parcelamento, das áreas institucionais, das matrículas dos lotes e da transmissão de domínio destes, dos registros de arruamentos e desafetações, bem como outros fatos relevantes para o direito urbanístico, levando-os, formalmente, ao conhecimento público;

j) *Lei 11.428/06*: Dispôs sobre a utilização e proteção da vegetação nativa do Bioma Mata Atlântica, pela qual há vedações ou maiores restrições ao parcelamento de solo, a depender do estado de regeneração da vegetação daquele bioma, com muitas espécies da flora e da fauna ameaçadas de extinção. Além das disposições de caráter geral sobre supressão de vegetação (arts. 8º, 11, 12, 14, 17, 20, 21, 22). Se tais remoções forem para fins de implantação de loteamento aplica-se o artigo 30[61], vedando a supressão de vegetação em estado primário e restringindo-a se a regeneração estiver em estágio avançado secundário. No caso de a regeneração da vegetação estar em estágio secundário médio de regeneração, as restrições serão menores (vide art. 31[62]);

[61] "Art. 30. É vedada a supressão de vegetação primária do Bioma Mata Atlântica, para fins de loteamento ou edificação, nas regiões metropolitanas e áreas urbanas consideradas como tal em lei específica, aplicando-se à supressão da vegetação secundária em estágio avançado de regeneração as seguintes restrições: I – nos perímetros urbanos aprovados até a data de início de vigência desta Lei, a supressão de vegetação secundária em estágio avançado de regeneração dependerá de prévia autorização do órgão estadual competente e somente será admitida, para fins de loteamento ou edificação, no caso de empreendimentos que garantam a preservação de vegetação nativa em estágio avançado de regeneração em no mínimo 50% (cinqüenta por cento) da área total coberta por esta vegetação, ressalvado o disposto nos arts. 11, 12 e 17 desta Lei e atendido o disposto no Plano Diretor do Município e demais normas urbanísticas e ambientais aplicáveis; II – nos perímetros urbanos aprovados após a data de início de vigência desta Lei, é vedada a supressão de vegetação secundária em estágio avançado de regeneração do Bioma Mata Atlântica para fins de loteamento ou edificação.

[62] Art. 31. Nas regiões metropolitanas e áreas urbanas, assim consideradas em lei, o parcelamento do solo para fins de loteamento ou qualquer edificação em área de vegetação secundária, em estágio médio de regeneração, do Bioma Mata Atlântica, devem obedecer ao disposto no Plano Diretor do Município e demais normas aplicáveis, e dependerão de prévia autorização do órgão estadual competente, ressalvado o disposto nos arts. 11, 12 e 17 desta Lei. § 1º. Nos perímetros urbanos aprovados até a data de início de vigência desta Lei, a supressão de vegetação secundária em estágio médio de regeneração somente será admitida, para fins de loteamento ou edificação, no caso de empreendimentos que garantam

l) *Medida Provisória 2.220/2001*: Conhecida como *Lei da Concessão de Uso Especial para fins de Moradia (CUEM)*, a qual regulamenta o artigo 183, § 1º da Constituição Federal, prevendo que a concessão de uso será conferida ao homem ou à mulher, ou a ambos, independentemente do estado civil;

m) *Lei 10.406/2002*: Código Civil, o qual, em temas relacionados com o direito urbanístico, *adequou a função social da propriedade aos ditames constitucionais*, estabelecendo regras para seu uso, no título III, nos *artigos 1.228 e seguintes (proteção ambiental)*, como no caso de *direito de construir (Direito de Vizinhança), usucapião, registro e transferência de título da propriedade, árvores limítrofes, paisagens, águas, servidões, direito de superfície, condomínios, uso e habitação da propriedade;*

n) *Lei 4.591/64*: Tal lei dispõe sobre o *condomínio em edificações e as incorporações imobiliárias*, meio pelo qual se institui e implanta os denominados *condomínios fechados ou deitados*, pela qual as comercializações de unidades habitacionais devem ser efetuadas já com as construções padronizadas e com as áreas comuns, conforme se verá em item próprio;

o) *Lei 4.504/64*: Denominada de *Estatuto da Terra*, a qual traz o conceito de *imóvel rural*, como sendo "*o prédio rústico, de área contínua qualquer que seja a sua localização que se destina à exploração extrativa agrícola, pecuária ou agro-industrial, quer através de planos públicos de valorização, quer através de iniciativa privada*" (art. 4º, I). Daí surge o entendimento de que qualquer outro tipo de utilização do solo será para fins urbanos, por inexistir um terceiro tipo de uso previsto na legislação, e sobre ele incidem as disposições da Lei nº 6.766/79;

p) *Lei 11.952/09:* dispõe sobre a regularização fundiária das ocupações incidentes em terras situadas em áreas da União, no âmbito da Amazônia Legal e dá outras providências;

q) *Decreto Lei nº 58/37*: "*Dispôs sobre o loteamento e a venda de terrenos para pagamento em prestações*";

r) *Decreto nº 3.079/38*: regulamentou o Decreto-Lei nº 58/37, dispondo sobre o loteamento e a venda de terrenos para pagamento em prestações;

s) *Decreto-Lei 271/67*: dispôs sobre loteamento urbano, responsabilidade do loteador e concessão de uso e espaço aéreo e dá outras providências.

1.8.2. Legislação Urbanística e Ambiental Estadual e Distrital

De forma concorrente com a União, a quem compete editar normas gerais, os Estados-membros e o Distrito Federal, nos termos do artigo 24, I, da Carta Magna, poderão editar normas sobre direito urbanístico, bem como sobre questões ambientais (art. 24, VI, VII, VIII) e de saúde (art. 24, XII, da CF), os quais poderão

a preservação de vegetação nativa em estágio médio de regeneração em no mínimo 30% (trinta por cento) da área total coberta por esta vegetação. § 2º. Nos perímetros urbanos delimitados após a data de início de vigência desta Lei, a supressão de vegetação secundária em estágio médio de regeneração fica condicionada à manutenção de vegetação em estágio médio de regeneração em no mínimo 50% (cinqüenta por cento) da área total coberta por esta vegetação.

suplementar a legislação federal, para adaptá-la à realidade regional, sem contrariar os princípios e diretrizes estabelecidos em normas federais (art. 24, § 2º), os quais, se inexistentes, poderão ser temporariamente supridas pelos Estados e Distrito Federal enquanto não editadas as normas gerais (art. 24, §§ 3º e 4º), constituindo-se nas denominadas *"normas supletivas"* neste último caso.

No caso do Estado de São Paulo, em particular, podem ser mencionadas dentre as normas da Constituição do Estado, como a maior parte das Constituições Estaduais, trazendo, de uma maneira geral, *dispositivos de observância obrigatória em regiões metropolitanas*, alguns outros requisitos para disciplinarem *questões regionais de meio ambiente natural, artificial e cultural, bem como de regularização fundiária*, visando dar um *padrão mínimo ao planejamento regional no uso e ocupação do solo*, com fulcro nos dispositivos constitucionais supracitados. No caso paulista, podem ser citados como exemplo os seguintes dispositivos: art. 34, art. 154, art. 155, parágrafo único, art. 180, art. 181, art. 180, VII, art. 183, art. 193, XVII, art. 208, art. 209, art. 215, art. 216 e art. 260, IV.

1.8.3. Legislação Urbanística Municipal: "Código de Posturas"?

Dentre as possíveis normas municipais que devem ser consideradas durante o processo de urbanização (deslocamento da zona rural para a urbana) e de urbanificação (regularização fática e jurídica das anomalias geradas pela urbanização desordenada) e, consequentemente, pelo direito urbanístico, estão os Planos Diretores Municipais e seus respectivos complementos (que serão tratados em capítulo próprio deste trabalho, como a Lei de Uso e Ocupação do Solo ou Lei de Ordenamento Territorial), muitas vezes denominados de Plano Diretor de Desenvolvimento, Plano Diretor de Desenvolvimento Integrado (PDDI)[63] ou nome similar; o Código de Obras do Município e o Código de Postura dos Municípios.

Com José Afonso da Silva é de se esclarecer que por regulamentos administrativos não há de se entender a regulamentação edilícia, esta efetuada por Decreto das Municipalidades. A evolução do municipalismo tornou obsoleta as chamadas *posturas* e deu lugar à formação de leis locais, pelos quais o legislativo municipal regulamenta a matéria de competência dos Municípios. As normas edilícias são subordinadas ao princípio da legalidade, devendo ser efetivada por meio de atos do poder legislativo, com a natureza jurídica de lei, havendo, contudo a possibilidade de desenvolvimento por decreto.[64]

Sobre o significado do *Código de Posturas*, pode ser resumido nas lições de Paulo Cézar de Souza, *"in verbis"*:

> Código de postura é um conjunto de leis (com regras e procedimentos) que impõe obrigatoriedade aos residentes de um município fazer ou desfazer o que a lei prescreve. O código, como o título sugere, confere legitimidade ao município para determinar 'posturas' obrigatórias aos residentes do município.

[63] Lei Municipal 4.676/08 (Americana/SP).

[64] Direito urbanístico brasileiro, p. 436.

> Em versões modernas o código de posturas se relaciona aos seguintes temas: equipamentos necessários em locais públicos [exemplo: adaptação para portadores de deficiência], regras para organização de eventos; disposições sobre higiene pública; meio ambiente; funcionamento das atividades industriais, comerciais e de serviços. Num sentido mais amplo podemos definir as posturas municipais como um instrumento que regula a utilização do espaço e do bem-estar público.
>
> O código de postura é uma lei que existe desde o período colonial, e seu objetivo sempre foi ordenar a complexa vida urbana. Entretanto, o crescimento acelerado das cidades impôs uma relativa perda de importância do código de postura. Com a edição posterior de leis urbanistas mais amplas e complementares (Código Sanitário, Códigos de Obras e Edificações) o código de postura readquiriu lentamente seu significado. A partir da Constituição de 1988, o município voltou a ter um papel de destaque dentro da estrutura política nacional. Muitas competências foram atribuídas a eles. Com isso cresceu significativamente a importância das posturas municipais.[65]

Ainda tecendo considerações sobre o alcance da expressão *"posturas"* e alcance do poder de polícia, bem como suas relações com o Direito Urbanístico, vale transcrever as seguintes lições:

> O interessante é que enquanto o poder de polícia, assim entendido como poder administrativo do Estado, evoluiu sobremaneira pelo desenvolvimento das cidades e a ampliação cada vez maior das atividades humanas, o código de posturas definhou, diante de codificações especiais de diversas normas específicas do poder de polícia.
>
> Neste teor, nada mais significa essa expressão genérica de "código de posturas", embora ainda utilizada pela maioria dos Municípios brasileiros. Em substituição, deveria existir, isso sim, um código geral de poder de polícia administrativa municipal, a consolidar numa só codificação todas as normas jurídicas correspondentes da administração municipal, a saber, entre outras:
>
> – Licença e funcionamento dos estabelecimentos comerciais, industriais, serviços e de outras atividades;
>
> – Controle e fiscalização do uso da área pública;
>
> – Controle e fiscalização do trânsito e do tráfego;
>
> – Licença de propaganda e publicidade nos logradouros públicos;
>
> – Licença e fiscalização de obras particulares;
>
> – Controle e fiscalização da saúde pública;
>
> – Controle e fiscalização do meio ambiente;
>
> – A fiscalização do patrimônio público, histórico e artístico.[66]

1.8.4. Histórico legislativo sobre urbanismo e polêmica quanto à vigência do DL 58/37 e DL 271/67

Ao longo do desenvolvimento da urbanização no Brasil, tivemos diversos diplomas legais, alguns ainda produzindo efeitos e outros não, em razão de terem sido

65 Código de Postura Municipal. Disponível em < http://www.diariodecuiaba.com.br/detalhe.php?cod=223583>. Acesso em 02 set. 2015.

66 TAUIL, Roberto. A importância da fiscalização de posturas municipais. Consultor Municipal. Niterói/RJ, Janeiro de 2010. Disponível em < http://www.consultormunicipal.adv.br/novo/fizmun/0040.pdf>. Acesso em 02.set.2015

revogados ou derrogados, ou mesmo não recepcionados pela nova ordem constitucional. Nesse contexto, segue um breve resumo dessas normas, as quais, por vezes, ainda recebem menção na doutrina e/ou jurisprudência, com alguma controvérsia quanto à aplicabilidade hodiernamente.

1.8.4.1. *Decreto-Lei 58/37*

O loteamento foi inicialmente disciplinado pelo DecretoLei 58, de 10 de dezembro de 1937, posteriormente revogado parcialmente pela Lei nº 6.766/79.

O loteamento *"caracteriza-se pela subdivisão da gleba em lotes destinados à edificação, com abertura de vias públicas de circulação, ou prolongamento, modificação ou ampliação das vias públicas existentes, bem como com a implantação de equipamentos comunitários públicos como praças, parques, play ground etc., todos transmudados em bens públicos de uso comum do povo mediante o registro do loteamento".*[67]

"A primeira norma jurídica a cuidar do parcelamento do solo foi o Decreto-Lei 58, de 1937, que regulava apenas o loteamento, espécie do instituto parcelamento do solo, tanto rural quanto urbano, sem sequer definir o seu conceito. Apenas eram reguladas as relações entre o loteador e os adquirentes de lotes, inexistindo previsões de sanções por ilegalidades."[68] A meta de tal Decreto-Lei era disciplinar a venda de terrenos e não, especificamente, tratar da questão do solo urbano. Como consequência, proliferou-se a comercialização de loteamentos clandestinos, com sérios prejuízos aos adquirentes e à ordenação das cidades.[69]

O Decreto nº 3.079, de 15 de setembro de 1938, regulamentou o Decreto-Lei nº 58/37, dispondo sobre o loteamento e a venda de terrenos para pagamento em prestações, de maneira a exigir prévio registro para a comercialização, bem como estabelecendo rol de documentos para a efetivação desse registro.

1.8.4.2 *Decreto-Lei 271/67*

O Decreto-Lei 271, de 28 de fevereiro de 1967, dispôs sobre loteamento urbano, responsabilidade do loteador e concessão de uso e espaço aéreo e dá outras providências. De maior relevância, podem ser mencionados dois dispositivos. O primeiro, no artigo 3º, equiparando loteamento à incorporação imobiliária.

> Art. 3º. Aplica-se aos loteamentos a Lei nº 4.591, de 16 de dezembro de 1964, equiparando-se o loteador ao incorporador, os compradores de lote aos condôminos e as obras de infra-estrutura à construção da edificação.

---

[67] ERPEN, Décio Antônio; PAIVA, João Pedro Lamana; MEZZARI, Mario Pazutti. Condomínio Horizontal de Lotes: Edificação de Livre Escolha do Condômino, p. 3. Disponível em <http://registrodeimoveis1zona.com.br/?p=242 - 05-09-15Condomínio>. Acesso em 05 set. 2015.

[68] HORN, Daniel Colombo Gentil. O parcelamento do solo urbano em questão: experiências alternativas ao esgotamento de um modelo e perspectivas na nova ordem jurídico-urbanística. Disponível em <http://www3.pucrs.br/pucrs/files/uni/poa/direito/graduacao/tcc/tcc2/trabalhos2008_2/daniel_colombo.pdf>. Acesso em 03 set. 215.

[69] MUKAI, Toshio. Direito urbano-ambiental brasileiro. São Paulo: Dialética, 2002, p. 117, "apud" HORN, Daniel Colombo Gentil. O parcelamento do solo urbano em questão: experiências alternativas ao esgotamento de um modelo e perspectivas na nova ordem jurídico-urbanística, p. 6.

> § 1º. O Poder Executivo, dentro de 180 dias regulamentará este decreto-lei, especialmente quanto à aplicação da Lei nº 4.591, de 16 de dezembro de 1964, aos loteamentos, fazendo inclusive as necessárias adaptações.
>
> § 2º. O loteamento poderá ser dividido em etapas discriminadas, a critério do loteador, cada uma das quais constituirá um condomínio que poderá ser dissolvido quando da aceitação do loteamento pela Prefeitura.

O segundo dispositivo, previsto no artigo 7º, com redação alterada pela Lei 11.471/2007, preceitua que:

> Art. 7º. É instituída a concessão de uso de terrenos públicos ou particulares remunerada ou gratuita, por tempo certo ou indeterminado, como direito real resolúvel, para fins específicos de regularização fundiária de interesse social, urbanização, industrialização, edificação, cultivo da terra, aproveitamento sustentável das várzeas, preservação das comunidades tradicionais e seus meios de subsistência ou outras modalidades de interesse social em áreas urbanas.

Sobre a importância do Decreto-Lei 271/67, com Daniel Colombo Gentil Horn, observamos que de 1.938 a 1.967 a única disciplina na área do parcelamento era a do Decreto-Lei 58/37, o qual tinha como foco a comercialização do lote, sem se preocupar com as questões urbanísticas propriamente ditas. Foi aí que:

> [...], em plena ditadura militar, foi editado o Decreto-Lei 271, que, apesar de ainda não atender aos problemas criados pelos fatores acima ditos, avançou em relação à legislação anterior, principalmente no âmbito da propriedade privada adotada pelo Código Civil. O Decreto-Lei 271 estabeleceu regras, tão-somente, sobre os parcelamentos do solo urbano, dispondo, principalmente, sobre a responsabilidade do loteador e definindo termos ainda não conceituados pelas legislações anteriores.
>
> Até o ano de 1979, o que se tinha em termos de legislação sobre o parcelamento do solo urbano, em nível federal, era praticamente isso. O restante ficava a cargo dos Municípios, que estabeleciam ou não restrições urbanísticas que entendessem cabíveis.[70]

A concessão de uso prevista no art. 7º do Decreto-Lei 271/67, aliadas às disposições do artigo 8º da Lei 4.591/64, possibilitando a venda de terreno ainda não construído pelo incorporador para sê-lo pelo adquirente ou cessionário, como explica João Pedro Lamana Paiva[71], vem fazendo surgir uma figura híbrida de loteamento fechado, a qual dependeria de aprovação por lei municipal, na opinião do autor.[72]

Conforme anotou João Pedro Lamana Paiva, com a promulgação da Lei 6.766/79, houve a revogação parcial do Decreto-Lei 271/67, o qual disciplinava os loteamentos convencionais, isto é, aqueles em que se constituíam ou se aproveitavam do sistema viário oficial da cidade (artigos 1º, 2º e 4º a 6º do Decreto 271/67). Os demais dispositivos continuariam em vigor, na opinião do autor. Voltaremos ao assunto quando

---

70 Op. cit., p. 6-7.

71 Condomínio horizontal de lotes. 6ª Reunião ordinária do CONURB, 9 abr. 2010, Porto Alegre – RS (Ministério Público do Estado do Rio Grande do Sul). Disponível em < https://www.google.com.br/url?sa=t&rct=j&q=&esrc=s&source=web&cd=2&ved=0CCMQFjABahUKEwic08nh6NvHAhWC1YAKHSrMDFw&url=http%3A%2F%2Fwww.mprs.mp.br%2Fareas%2Furbanistico%2Farquivos%2Fcond_hor.doc&usg=AFQjCNE6O2fVBDRNMhSma-yJ2vnqz6Am8g>, acesso em 03 set. 2015.

72 Voltaremos ao tema em tópico próprio.

formos tratar dos denominados *"condomínios especiais"* ou loteamentos fechados e à burla à lei.

2. DIREITO FUNDAMENTAL À MORADIA E ÀS CIDADES SUSTENTÁVEIS: CONCRETIZAÇÃO POR MEIO DOS PRINCÍPIOS DO DIREITO CONSTITUCIONAL, URBANÍSTICO E AMBIENTAL

Uma vez mais, conveniente mencionar que a esmagadora maioria da população brasileira vive nas cidades, em especial nos grandes centros, conforme exposto no presente trabalho. Nesse contexto, é nas cidades que irá ou não se concretizar o direito fundamental à moradia dos brasileiros e estrangeiros residentes no país, de maneira a se materializar, ou não, nesses espaços a dignidade da pessoa humana. Nesse sentido, confira-se:

> ... Com efeito, sem um lugar adequado para proteger a si próprio e a sua família contra intempéries, sem um lugar para gozar de sua intimidade e privacidade, enfim, de um espaço essencial para viver com um mínimo de saúde e bem-estar, certamente a pessoa não terá assegurada a sua dignidade, aliás, a depender das circunstâncias, por vezes não terá sequer assegurado o direito a própria existência física, e, portanto, o seu direito à vida. Não é por outra razão que o direito à moradia, também entre nós - e de modo incensurável - tem sido incluído até mesmo no elenco dos assim designados direitos de subsistência, como expressão mínima do próprio direito à vida. (SARLET, 2008, p.45)[73]

Na questão urbana, pensamos que a dignidade deve ser buscada por meio da luta incessante pela melhoria da qualidade de vida das pessoas, pelo seu bem-estar, pelo direito à moradia em condições adequadas, pela obtenção do saneamento básico de forma integral (com uma política de resíduos sólidos inclusiva, com reutilização e reaproveitamento, bem como destinação adequadas dos rejeitos; com melhoria da qualidade do ar e da água; sem enchentes; com espaços públicos limpos e bem conservados), ou seja, tornando-se as cidades resilientes[74]; sem poluição sonora além dos padrões máximos toleráveis pelo homem sem lhes afetar à saúde; com, acesso facilitado e próximo aos serviços públicos de saúde, educação, lazer e ao trabalho.

Celso Antonio Pacheco Fiorillo, ao falar do princípio da ubiquidade, ressalta que:

> O objeto da proteção do meio ambiente, localizado no epicentro dos direitos humanos, deve ser levado em consideração toda vez que uma política, atuação, legislação sobre qualquer tema, atividade, obra etc., tiver que ser criada e desenvolvida. Isso porque, na medida em que possui como ponto cardeal da tutela constitucional a vida e a qualidade de vida, tudo o que se pretende fazer, criar ou desenvolver deve antes passar por uma consulta ambiental, enfim, para saber se há ou não a possibilidade de que o meio ambiente seja degradado.[75]

---

73 SARLET, Ingo Wolfgang. Supremo Tribunal Federal, o direito à moradia e a discussão em torno da penhora do imóvel do fiador. In: FACHIN, Zulmar (coord.). 20 anos de Constituição cidadã. São Paulo: Método, 2008. P. 45.

74 A campanha "Construindo Cidades Resilientes" define "Cidade Resiliente" como sendo aquela que "tem capacidade de resistir, absorver e se recuperar de forma eficiente os efeitos de um desastre e, de maneira organizada, prevenir que vidas e bens sejam perdidos". Disponível em <http://www.mi.gov.br/web/guest/cidades-resilientes>. Acesso em 27 fev. 2015.

75 Curso de direito ambiental brasileiro. 10ª edição, revista e atualizada., São Paulo: Saraiva, 2009, p. 60.

Portanto, essa dignidade humana estará tanto quanto mais próxima na medida em que o urbanismo conseguir êxito na complexa e desafiadora tarefa de integrar os meios físicos, sociais e ambientais, em um espaço cada vez mais adensado, diante do inevitável processo de urbanização. Para alcançar tais objetivos, será preciso lançar mão de inúmeros instrumentos jurídicos, quer da área ambiental, quer da área urbanística propriamente dita, quer do direito administrativo, mas especialmente e, em caráter prioritário, das disposições constitucionais inovadoras trazidas pelo constituinte em 1988, desapegando-se dos vetustos instrumentos jurídicos, grande parte deles anteriores a Carta Magna, não recepcionado por esta ou inconstitucionais, respectivamente.

Conforme ressalta Consuelo Yatsuda Moromizato Yoshida que *"o direito ao meio ambiente ecologicamente equilibrado é um direito fundamental na medida em que é voltado a assegurar a vida e a dignidade da pessoa humana, preservando a saúde, a segurança, o sossego, o bem-estar da coletividade, e outros valores, sem os quais não se pode falar em vida humana digna"*.[76]

Nesse diapasão, caberá ao operador do direito considerar que mesmo as normas programáticas, aquelas pendentes de regulamentação pelo legislador ordinário, em relação às quais parte da doutrina entende tenham elas sido destinadas ao legislador e por isso não possuírem nenhuma aplicabilidade imediata, atribuir-lhes, sim, aplicabilidade imediata, ainda que em âmbito restrito, de maneira e entendê-las como impeditivas ao retrocesso ambiental e urbanístico, dessa forma evitando-se que nos distanciemos cada mais do ideal de uma sociedade justa, com redução de todo tipo de desigualdade, passando pelo universal acesso aos bens naturais, à moradia de qualidade, com infraestrutura suficiente e saneamento básico adequado[77]. Nesse contexto, deverá ser evitada qualquer interpretação jurídica que não tenha relação com a eliminação das desigualdades locais, regionais e/ou nacionais, com a eliminação da pobreza e com o bem-estar geral das presentes e futuras gerações.

Para atingir esses objetivos, será necessária uma leitura com viés democrático e progressista das diretrizes da Constituição Federal e do Estatuto da Cidade, visão essa plenamente amparada pelas disposições da ordem econômica na Carta Magna (em especial com o art. 170). Esta, reflete o espírito inovador do constituinte, o qual previu que a ordem econômica deverá assegurar a todos uma digna existência, com justiça social, lastreado nos princípios da função social da propriedade, na defesa do consumidor, na defesa do meio ambiente (de maneira a considerar os impactos de produtos e serviços na dinâmica das pessoas), com redução da desigualdade sociais e regionais.

Para quebrar esse histórico crescente de desigualdade social e econômica, é que os instrumentos urbanísticos poderão ser fundamentais aliados, na busca da

[76] Direitos fundamentais e meio ambiente. In: MIRANDA, Jorge; SILVA, Marco Antônio Marques da (Coords). Tratado luso-brasileiro da dignidade humana. 1ª ed. São Paulo: Quartier Latin, 2009, p. 1131.

[77] Nesse sentido, de se registrar a Proposta de Emenda Constitucional (PEC Nº 07/2016), em tramitação no Senado Federal, para alteração do art. 6º, visando incluir o acesso ao saneamento básico entre os direitos e garantias fundamentais dos cidadãos, cuja ementa é a seguinte: "Dá nova redação ao art. 6º da Constituição Federal, que trata dos direitos sociais, para introduzir o direito humano ao acesso à terra e à água como um dos direitos fundamentais".

concretização dos direitos humanos, dos quais não estão excluídos, obviamente, aqueles decorrentes das questões ambientais e urbanísticas, muito pelo contrário.

Fácil perceber, das exposições acima, que praticamente todas as atividades são desenvolvidas no ambiente urbano, sofrendo direta influência da forma como ordenadas essas atividades econômicas no solo urbano. Essas precisam der distribuídas com vista à justiça social, de maneira a satisfazer, com supremacia, o interesse coletivo, em detrimento dos quase sempre mesquinhos interesses da classe dominante, compostas de pessoas privilegiadas, em cargos de direção, quer na área privada, quer na pública. Portanto, será por meio do zoneamento, com respeito ao Plano Diretor, ao Estatuto da Cidade e a seus instrumentos, em especial o EIA (Estudo de Impacto Ambiental), o EIV (Estudo de Impacto de Vizinhança), a participação popular, que se poderá encontrar os parâmetros adequados para essas mudanças de paradigmas no desenvolvimento urbano brasileiro. Assim, poder-se-ão predominar mais as razões técnicas e o regramento jurídico objetivo e menos os escusos objetivos econômicos e/ou políticos dos dirigentes públicos e membros do Poder Legislativo. Na medida em que se obtiver êxito nesses objetivos, estar-se-á dando concretude aos Direitos Fundamentais, por meio da consecução das funções sociais da cidade, alinhavadas nos artigos 182 e 183 da Constituição Federal, complementadas pelos demais dispositivos aqui já mencionados.

Para o professor Celso Antônio Pacheco Fiorillo, é fácil constatar que o meio ambiente artificial recebe uma tutela mediata, por meio do art. 225 da Constituição Federal, de proteção geral ao meio ambiente e uma tutela imediata (artigos 182 e 183), os quais passam a dar tratamento jurídico aprofundado à matéria, relacionando diretamente as cidades ao meio ambiente, não sendo possível desvincular o conceito de direito à sadia qualidade de vida do direito à satisfação dos valores da dignidade da pessoa humana e da própria vida.[78]

Com muita felicidade, Celso Pacheco Fiorillo, comentando o meio ambiente artificial e os princípios relativos ao desenvolvimento das funções sociais da cidade, destaca que a plenitude vislumbrada na norma constitucional do artigo 182 estará efetivamente satisfeita quando houver efetivo respeito aos dispositivos dos direitos e garantias individuais e sociais, previstos nos artigos 5º e 6º da Constituição Federal. Isto é *"a função social da cidade é cumprida quando esta proporciona a seus habitantes o direito à vida, à segurança, a igualdade, a propriedade e a liberdade bem como quando garantir a todos um piso vital mínimo compreendido pelos direitos sociais à educação, à saúde, ao trabalho, à moradia, ao lazer, à segurança, à previdência social, à proteção à maternidade e à infância bem como assistência aos desamparados."*[79]

As diretrizes gerais (Capítulo I), os instrumentos da política urbana (capítulo II), Plano diretor (capítulo III) e a própria gestão democrática da cidade (capítulo IV), todos do Estatuto da Cidade, sempre devem se adequar ao direito ambiental

[78] Estudo prévio de impacto de vizinhança previsto no Estatuto da Cidade (Lei 10.257/01) e sua adequação ao Direito Ambiental constitucional brasileiro. In: DISSINGER, Marisa Rocha Teixeira. Temas de Direito Urbanístico 5. São Paulo: Imprensa Oficial do Estado: Ministério Público do Estado de São Paulo, 2007, p. 74.

[79] Estudo prévio de impacto de vizinhança previsto no Estatuto da Cidade (Lei 10.257/01) e sua adequação ao Direito Ambiental constitucional brasileiro, p. 74-75.

constitucional brasileiro. Eles terão de ser interpretados de acordo com direito positivo em vigor, quando estiverem em sintonia com os fundamentos constitucionais da dignidade da pessoa humana, adaptados à ordem jurídica do capitalismo (art. primeiro, incisos III e IV).[80]

Fernando Reverendo Vidal Akaoui lembra que o Superior Tribunal de Justiça, demonstrando coerência interna, tem firmado "*convencimento no sentido de que quando o ato administrativo tem reflexo na garantia de direitos fundamentais, não há como invocar a discricionariedade administrativa como fundamento da escusa, pois não está o administrador autorizado a lançar mão de critérios de conveniência e oportunidade na sua decisão, que está vinculada*". Menciona em apoio às observações o v. acórdão proferido no Recurso Especial 429570-GO, DE 11/11/2003, do qual foi relatora a eminente Ministra Eliana Calmon[81], cuja ementa tem o seguinte teor:

> ADMINISTRATIVO E PROCESSO CIVIL – AÇÃO CIVIL PÚBLICA – OBRAS DE RECUPERAÇÃO EM PROL DO MEIO AMBIENTE – ATO ADMINISTRATIVO DISCRICIONÁRIO.
>
> 1. Na atualidade, a Administração pública está submetida ao império da lei, inclusive quanto à conveniência e oportunidade do ato administrativo.
>
> 2. Comprovado tecnicamente ser imprescindível, para o meio ambiente, a realização de obras de recuperação do solo, tem o Ministério Público legitimidade para exigi-la.
>
> 3. O Poder Judiciário não mais se limita a examinar os aspectos extrínsecos da administração, pois pode analisar, ainda, as razões de conveniência e oportunidade, uma vez que essas razões devem observar critérios de moralidade e razoabilidade.
>
> 4. Outorga de tutela específica para que a Administração destine do orçamento verba própria para cumpri-la.
>
> 5. Recurso especial provido.

2.1. Papel dos princípios no Direito e sua aplicabilidade aos direitos sociais e ao direito urbanístico, em especial

Primeiramente, cabe-nos definir o que sejam princípios, preceitos e regras, bem como valorá-los dentro do ordenamento jurídico e de aplicá-lo ao Direito Urbanístico, de forma a apresentar uma solução para conflitos interpretativos reais ou aparentes. A solução geralmente não será definitiva, ante as divergências doutrinárias a respeito de um determinado tema ou situação. Como se verá durante a exposição, será mostrada a razão pela qual um mesmo caso pode ser decidido ou ter sugestão de decisão totalmente diverso por uma infinidade de julgadores e juristas do mais alto gabarito que possam ser chamados a apreciá-lo, sem que, "*a priori*", possa-se dizer, com firmeza e acerto, quem está apresentado a solução correta e quem não está.[82]

A problemática abordada no presente capítulo é uma das mais espinhosas do direito, gerando muitas controvérsias. Daí a importância em saber definir o que é regra, o que

---

80 Op. cit., p. 74-75.

81 O Superior Tribunal de Justiça e os atos decorrentes da Administração Ambiental. In: SOARES JÚNIOR, Jarbas; ALVARENGA, Luciano José (coords). Direito Ambiental do STJ. Belo Horizonte: Del Rey, 2010, p. 91.

82 CASTANHEIRO, Ivan Carneiro. Planos de saúde e dignidade da pessoa humana. Dissertação (Mestrado em Direito das Reações Sociais – Direito Difuso e Coletivo). Pontifícia Universidade Católica de São Paulo, ano 2005, fl. 39.

seja princípio e valor, bem como quais as consequências disso. Saber como harmonizá-los e como interpretá-los caso haja conflito real ou aparente de princípios gerais do direito ou valores constitucionais, com outras regras e princípios. Dessa conjugação ou harmonização de disposições normativas explicitas e/ou implícitas, contraditórias ou não, é que surgirão caminhos adequados para se buscar uma interpretação conforme a Constituição e aplicar o Direito segundo a finalidade social a qual se destina.[83]

Ainda é alta a incidência, na doutrina e jurisprudência brasileiras, quanto à tendência em distinguir entre princípios e normas, própria da metodologia jurídica tradicional. Entretanto, nos últimos anos alguns constitucionalistas têm conferido ao tema dos princípios uma nova eficácia, ao passar a considerar princípios e regras como duas espécies de normas, dando maior efetividade à aplicação dos princípios, os quais deixam de ser apenas critério interpretativo para ter força vinculante, quer ao legislador, quer ao aplicador do direito, à Administração Pública e aos indivíduos.

Consigna José Eduardo de Souza Pimentel que, atualmente, existe consenso no meio jurídico de que os princípios constitucionais são normas e, como tal, conformam a atuação estatal. O sistema constitucional é composto de regras e princípios. As regras são estabelecidas em termos precisos, conferindo segurança à aplicação do direito, embora não sejam suficientes para solucionar os conflitos de interesse de uma sociedade pluralista. Para tal, seria necessário que existissem à exaustão, objetivando abarcar *"o conjunto de problemas possíveis". Entretanto, os princípios são pensamentos diretores de um sistema normativo, formando orientações de caráter geral, "das quais se extrai a racionalidade intima das normas sistêmicas. Formam a base de uma Constituição, de uma lei ou de uma instituição jurídica."*[84]

Não se pode perder de vista que, no passado, os princípios serviam de fontes subsidiárias de interpretação, mas, hodiernamente, eles foram positivados, ocupando lugares de destaque nas Constituições, sendo reconhecidos como *"os mais elevados valores do consenso social. São o fundamento das Constituições e a chave de interpretação das normas que deles decorrem."*[85]

Para o culto Promotor de Justiça, a normatividade dos princípios é considerada sua característica mais importante.

> Regras e princípios são normas, portanto, e, como tais, formadas por expressões de mandamento, permissão e proibição. São, contudo, de diferentes espécies. Enquanto as regras valem ou não valem para determinadas situações práticas, conforme a numeração das hipóteses e cláusulas de exceção, os princípios se relacionam ao caso concreto em razão de seu valor.
>
> Disso decorre que não há regra mais importante que outra. No conflito de regras, declaram-se nulas as que não se aplicam ao caso em análise. Já no campo dos princípios, uns prevalecem sobre os outros em função do valor preponderante, isto é, do peso que possuem.[86]

---

83 Ibidem, fl. 39.

84 O princípio da dignidade da pessoa humana no processo penal. In: MIRANDA, Jorge; SILVA, Marco Antônio Marques (Coords.). Tratado luso-brasileiro da dignidade humana. São Paulo: Quartier Latin, 2008, p. 638.

85 Ibidem, p. 638.

86 ibidem, p. 638.

Ao se fazer uma interpretação conforme a Constituição, busca-se aproveitar a lei, muitas vezes recusando-se aquela interpretação que seria óbvia, pois ela esbarra na inconstitucionalidade. Por outro lado, tem que se efetuar uma interpretação razoável. O resultado da interpretação não pode ser a criação de uma norma por parte do intérprete, que se for membro do Poder Judiciário tem a função de aplicar o direito e não de legislar. A respeito, escreveu Celso Ribeiro Bastos que:

> Na verdade, esta interpretação conforme a Constituição vai além da escolha entre vários sentidos possíveis e normais de qualquer preceito, para distender-se até o limite da inconstitucionalidade. Aqui tenta-se encontrar, neste espaço, um sentido que, embora não o mais evidente, seja aquele sem o qual não há como ter-se a lei compatibilizada com a Constituição. É um problema delicado, este, porque, se levado além de um nível de razoabilidade, desemboca em uma função criadora por parte dos órgãos aplicadores, muito além daquela tida por aceitável e até mesmo desejável.[87]

Explica o saudoso Celso Ribeiro Bastos que a exemplo dos códigos, a Constituição também traz muitos preceitos, os quais não podem ser interpretados isoladamente, pois se interpenetram, extravasando um campo próprio para influenciar em outra norma. Finaliza afirmando que:

> Disto resulta uma interferência recíproca entre normas e princípios, que faz com que a vontade constitucional só seja extraível a partir de uma interpretação sistemática, o que por si só já exclui qualquer possibilidade de que a mera leitura de um artigo isolado esteja em condições de propiciar o desejo de desvendar aquela vontade.[88]

Sobre a preponderância dos princípios constitucionais no processo hermenêutico, conveniente transcrever a seguinte lição:

> Os princípios, como já indicado, ao mesmo tempo em que necessitam ser concretizados, o que vale dizer determinados em seu conteúdo, valem, por outro lado, como sinais a guiarem a utilização das diversas regras hermenêuticas. Em função disso, podemos dizer que há diferenças de ambição das normas constitucionais; são diversas normas que não podem pretender ter a mesma intensidade.[89]

Quanto às diferentes categorias de preceitos jurídicos, como já ressaltado, quando se fala em *norma*, que é o gênero, pode-se dividi-la em *"princípios"* e *"regras"*, que para a doutrina amplamente majoritária são as espécies.

As regras são de diferentes tipos, distinguindo-se as regras primárias das regras secundárias. Aquelas determinam que as pessoas façam ou se abstenham de fazer certas ações; estas asseguram às pessoas a possibilidade de criar, extinguir, modificar, julgar as regras primárias. As regras primárias são determinantes de ação ou omissão,

[87] Comentários à Constituição do Brasil, p. 351, "apud", CASTANHEIRO, Ivan Carneiro. Planos de saúde e dignidade da pessoa humana. Dissertação (Mestrado em Direito das Reações Sociais). Pontifícia Universidade Católica de São Paulo, ano 2005, fl. 39.

[88] Op. cit., p. 348.

[89] BASTOS, Celso Ribeiro. **Hermenêutica e Interpretação Constitucional**. 2ª ed., São Paulo: Celso Bastos Editor – Instituto Brasileiro de Direito Constitucional, 1999, p. 136.

enquanto as secundárias disciplinam a forma de criação, extinção, modificação e julgamento das regras primárias.[90]

As regras, ao contrário dos princípios, são aplicáveis na forma do tudo ou nada. Se ocorrem os fatos por ela estabelecidos a regra será válida e, em tal caso, deve-se aceitar a consequência que ela fornece; ou a regra será inválida e, nessa hipótese, não influi sobre a decisão. Num jogo de basquete, por exemplo, se um jogador comete três faltas, está fora do jogo, sendo essa uma das regras daquele esporte.[91]

Já os princípios estabelecem uma razão (fundamento) que impele o intérprete numa direção, mas que não reclamam uma decisão específica, única. "*Também não são eles considerados revogados por não ter aplicação no caso concreto em virtude de conflito com outro princípio, devido a importância e/ou peso que cada um tem, os quais são maiores que as regras.*"[92]

Os princípios, por serem vetores interpretativos, diretrizes explícitas ou implícitas que se extrai de uma lei ou do ordenamento jurídico como um todo, funcionam na base da ponderação de valores, segundo as peculiaridades do caso concreto. Podem ser harmonizados e relativizados quando houver conflitos reais ou aparentes entre eles, a fim de buscar a melhor interpretação possível de uma norma jurídica, segundo a Constituição e segundo aos fins a que a lei destina-se.[93]

Luiz Antonio Rizzatto Nunes, discorrendo sobre a importância dos princípios na interpretação "*conforme a Constituição*", com propriedade, ressalta que a interpretação:

> [...] busca apontar as opções valorativas básicas do Texto Máximo, os princípios tornam-se importantíssimos no trabalho do intérprete, não só porque são, de fato, superiores às normas, ainda que constitucionais, mas especialmente porque, ao contrário das normas, que se chocarem geram antinomias, eles são compatibilizáveis.[94]

Para solução das peculiaridades do caso, deve-se *buscar o conteúdo do princípio, de acordo com o momento histórico, realidade, valores e comportamentos vigentes na sociedade.* Da conjunção dessas variantes é que resultarão os princípios explícitos ou implícitos no ordenamento jurídico, que podem ser aplicados com alguma liberdade ou elasticidade, por terem maior grau de abstração do que de concreção (este típico das regras). Nesse sentido assinalam Thais Daí Ananias de Carvalho e Carolina Ananias Junqueira Ferraz:

> [...] os princípios constituem-se de compreensões ou construções sociais contemporâneas que, justamente em face dos novos paradigmas que se fazem necessários e se amoldam às reivindicações emergentes, não são rígidos, mas variam conforme variam os conceitos de justiça. Não estão, necessariamente, inseridos no ordenamento jurídico pelo simples motivo de derivarem, muitas vezes, de estruturas ligadas à socie-

[90] SANTOS, Fernando Ferreira dos. Princípio constitucional da dignidade da pessoa humana, p. 44.

[91] SANTOS, Fernando Ferreira dos. Princípio constitucional da dignidade da pessoa humana, p. 35.

[92] CASTANHEIRO, Ivan Carneiro. Planos de saúde e dignidade da pessoa humana. Dissertação (Mestrado em Direito das Reações Sociais). Pontifícia Universidade Católica de São Paulo, ano 2005, fl. 42.

[93] Op. cit., fl. 44.

[94] O princípio Constitucional da Dignidade da pessoa humana: Doutrina e Jurisprudência, p. 33.

> dade, como a moral, por exemplo, rejeitando a rigidez Kelseniana de positivação do ordenamento jurídico.
>
> Em outras palavras, os princípios representariam o 'lado humano' do direito'. Seriam os olhos atentos e vigilantes sobre uma realidade vivida, um caso concreto específico, com todas as suas filigranas e detalhes adjacentes. Ao aplicar uma regra fundamentado na cegueira positiva da lei, o juiz está distanciando da sociedade. A frase-chavão 'cada caso é um caso' merece total respeito.[95]

Fazendo um confronto entre os papéis desempenhados pelos princípios e regras, entende, com razão, Arianna Stagni Guimarães que:

> Apesar da grande importância dos princípios jurídicos não é possível admitir um sistema jurídico baseado exclusivamente neles, ou seja, carente de regras precisas, pois o caráter conflitante dos princípios acabaria gerando a insegurança jurídica. Por outro lado, um sistema jurídico pautado apenas nas regras impediria a ocorrência de conflitos entre os princípios, tão necessários para o equilíbrio dos interesses e valores presentes numa dada sociedade.
>
> Ao intérprete, cumpre o papel de selecionar e escolher, dentre os diversos princípios, aquele mais adequado ao interesse defendido, embora nem sempre isto seja alcançado, seja porque mais de uma solução parece adequada, seja porque nenhuma solução parece ser a melhor. Daí a importância dos princípios jurídicos que funcionam como valores que direcionam o intérprete na busca do melhor resultado.[96]

Como bem observa Maria Celeste Cordeiro dos Santos, é preciso respeito pelos valores éticos e sociais da pessoa e da família, os quais estão consagrados em diversos artigos da Constituição Federal Brasileira vigente, a saber:

> [...] desde o artigo 1º, inciso III que nos fala da dignidade humana como fundamento; da construção de uma sociedade livre, justa e solidária (artigo 3º, inciso I); de promoção do bem de todos sem discriminação de qualquer ordem (artigo 3º, inciso IV); de prevalência dos direitos humanos (artigo 4º, inciso II); da cooperação entre os povos para o progresso da humanidade (artigo 4º, inciso IX); do direito à vida (artigo 5º caput); da não submissão a tratamento desumano ou degradante (artigo 5º, inciso III); da inviolabilidade de consciência e crença (artigo 5º, inciso IV); da livre expressão da atividade científica (artigo 5º, inciso IX, que deve ser entendido juntamente com o artigo 221, VI); do sigilo profissional (artigo 5º, inciso XIV); da coibição do racismo (artigo 5º XLII); no Capítulo II; Dos Direito Sociais, do direito à saúde (artigo 6º, caput), da proteção à maternidade e a infância, da assistência aos desamparados (idem); do patrimônio genético e do meio ambiente (Título VIII, da Ordem Social, Cap. VI, artigo 225, II), entre outros.[97] (grifo nosso).

Celso Ribeiro Bastos esclarece, com propriedade, o fato de a doutrina em geral admitir que os princípios gerais de Direito *"têm uma precedência lógica relativamente às meras normas. É como se a Constituição fosse, inicialmente, nada mais do que um*

---

[95] Aborto eugênico: uma questão biojurídica. In: **SÁ**, Maria de Fátima Freire de (coord.). **Biodireito**. Belo Horizonte: Del Rey, 2002, p. 454-455.

[96] A Importância dos Princípios Jurídicos no Processo de Interpretação Constitucional, f. 149.

[97] O equilíbrio do pêndulo: a bioética e a lei: implicações médico-legais. São Paulo: Ícone: Editora, 1998, p. 18.

esqueleto formado duma dezena de princípios, ao que depois é juntada, a "carnação", consubstanciada nas meras regras ou normas não principiológicas."[98]

Os princípios gerais de Direito têm uma hierarquia superior à norma subsidiária, servindo de fundamento da ordem jurídica, atuando como orientador do trabalho interpretativo, bem como de fonte do direito em caso de insuficiência da lei ou do costume.[99]

Ainda com Celso Ribeiro Bastos, anota-se, que ***"os princípios gerais de Direito entram na Constituição só pelo caminho da interpretação****. São exatamente eles que permitem a evolução do Texto Constitucional. São eles que vão preencher a vaguidade de suas normas"*. Entretanto, os princípios gerais de Direito não podem contrariar a Constituição, nem ser chamados *"sem o respaldo no próprio texto, como algo que venha alterar a amplitude de uma norma, afastar a sua eficácia ou alterá-la". Assim "os princípios da justiça, da igualdade, da liberdade e da dignidade da pessoa humana".*[100]

Para Celso Ribeiro Bastos os princípios constitucionais não são regras de conduta, mas valores a nortear o legislador quando da edição de normas infraconstitucionais. As razões de seu entendimento foram as seguintes:

> Os princípios constitucionais, como já se disse, permeiam toda a Constituição, chocando-se, por vezes, uns com os outros, o que necessitará, evidentemente, da devida harmonização com a cedência parcial recíproca[101]. Mas esses princípios norteiam também o legislador ordinário, o Judiciário, e o próprio Executivo. São o ápice do sistema jurídico, e é natural que tudo que se lhes siga faça a devida vênia a essas manifestações principiológicas.
>
> É certo que os princípios constitucionais pagam o preço por essa função excepcionalmente elevada que desempenham. Eles são concretizados à medida que forem sendo editadas normas para sua efetivação. Não são, portanto, regras de conduta, mas valores que deverão servir de critérios para futuras normas. Alguns deles demandam mesmo que se propugnem por eles, uma vez que não são de fácil implementação pelas dificuldades econômicas, políticas e sociais com que possa enfrentar-se.[102] (grifos nossos).

Há divergência na doutrina sobre o conceito de valores constitucionais, havendo quem entenda que valores e princípios constitucionais são a mesma coisa. Partindo-se para o lado prático, a Constituição Federal elenca, exemplificativamente, valores nos artigos 1º a 3º. Nesse sentido, confira-se:

> A própria Constituição brasileira incorpora um extenso rol de valores, embora a eles se refira, em determinado momento, como fundamentos do Estado (art. 1º), em outra oportunidade, denominando-os objetivos fundamentais da República (art. 3º), além de contemplar inúmeros outros valores referidos difusamente[103].

---

[98] Hermenêutica e Interpretação Constitucional, p. 147-148.

[99] ibidem, p. 143.

[100] Op. cit., p. 145.

[101] Nos princípios gerais de Direito não há necessidade da cedência de algum deles, ainda que parcialmente.

[102] Hermenêutica e Interpretação Constitucional, p. 149.

[103] TAVARES, André Ramos. Tratado de Argüição de Preceito Fundamental. São Paulo: Saraiva, 2001, p. 128.

Como exemplo de *valores constitucionais relacionados com a área de habitação e urbanismo*, vale lembrar serem objetivos fundamentais da República Federativa do Brasil (art. 3º), construir uma sociedade livre, justa e solidária; garantindo o desenvolvimento nacional, erradicando a pobreza e a marginalização, de maneira a *promover o bem de todos. Evidente que não se alcançaram tais objetivos fundamentais sem garantir moradia digna, saúde, lazer e segurança às pessoas*, de forma a lhes dar dignidade humana. *Esses objetivos deverão estar contidos num processo de urbanificação e de regularização fundiária urbana, como princípios.*

Sobre a existência de valores implícitos na Constituição Federal, que devem ser identificados pelo intérprete, Celso Ribeiro Bastos preleciona que:

> embora estejam os valores, na maior parte dos casos, consignados expressamente nas normas constitucionais, muitos outros haverá que, não obstante a falta de declaração explícita, se revelam e se impõe a partir de um amplo conjunto de normas que os dão por pressupostos.[104]

Os princípios exprimem valores, sendo indispensáveis ao ordenamento jurídico. Devido a sua natureza axiológica inerente, são fundamentos de regras jurídicas, possuindo capacidade de *"'ligar' e cimentar objectivamente todo o sistema constitucional"*.[105]

Paulo de Barros Carvalho, relacionando princípios e valores, ensina:

> Sendo objeto do mundo da cultura, o direito e, mais particularmente, as normas jurídicas estão sempre impregnadas de valor. Esse componente axiológico, invariavelmente, presente na comunicação normativa, experimenta variações de intensidade de norma para norma, de tal sorte que existem preceitos fortemente carregados de valor e que, em função de seu papel simpático no conjunto, acabam exercendo significativa influência sobre grandes porções do ordenamento, informando o vetor de compreensão dos múltiplos segmentos.[106]

Para Adriana Stagni Guimarães, os valores são *"conceitos inerentes à humanidade, devidamente organizada em uma dada sociedade, e que, portanto, serve de balizamento, o parâmetro, para uma convivência mais harmoniosa e equilibrada."* Seriam eles a diferença entre o *"bem e o mal"*, o que seria permitido e o que seria proibido fazer, segundo o entendimento vigente numa sociedade.[107]

A respeito do significado jurídico dos valores constitucionais, vale transcrever um feliz resumo:

> Dizem respeito aos desejos de uma dada sociedade, em dado momento histórico. No Estado de Direito, vemos que os valores visam expressar os ideais democráticos e de justiça. Dessa forma, cumpre à Constituição Federal assegurar a sua própria observância, na medida em que os valores que encampa decorrem de um acordo, de um consenso,

[104] Hermenêutica e Interpretação Constitucional, p. 131.

[105] CANOTILHO, José Joaquim homens. **Direito constitucional**, 5ª ed., Coimbra: Almedina, 1991, p. 175.

[106] Curso de Direito Tributário, 10ª ed., São Paulo: Saraiva, 1998, p. 127.

[107] A importância dos princípios jurídicos no processo de interpretação constitucional. Dissertação (Mestrado em Direito). Pontifícia Universidade Católica de São Paulo, São Paulo,2001, f. 125-126.

> entre todos os integrantes da sociedade. Através dos valores, colocam se os objetivos e sentimentos de uma sociedade.[108]

Os valores estão presentes em todo o ordenamento jurídico, não somente nos princípios, podendo assumir o *"status"* de princípio na medida em que passem a exprimir valores mais abrangentes.[109]

Assim, como já se disse, quando se trata de uma regra, aplica-se uma ou outra, mas diante de princípios há a possibilidade de harmonização caso a caso, com utilização simultânea ou isolada de distintos princípios em casos análogos, dependendo das circunstâncias ou peculiaridade do caso concreto.

Como conclusão das considerações sobre os princípios, como forma de veiculação difusa dos valores sociais espraiados pela Constituição e pela vasta gama de normas infraconstitucionais, aqui inclusas as urbanísticas e ambientais, as quais tanta influência exercem no modo de viver e de se inter-relacionar com as pessoas residentes nas cidades e com as atividades econômicas, podemos afirmar, sem sombra de dúvidas, que os princípios da dignidade humana, do desenvolvimento econômico sustentável e da função social da propriedade, devem conformar toda interpretação do direito urbanístico.

Neste contexto, do direito urbanístico extrair-se-á os mandamentos e os fundamentos jurídicos para fazer prevalecer os interesses e direitos difusos e coletivos dos citadinos sobre os interesses individuais e, às vezes mesquinhos, de uma pequena parcela daqueles que insistem em tentar colocar a propriedade urbana e toda a infraestrutura que a envolve (equipamentos urbanos e comunitários) em prol de seus interesses pessoais. Deixando lotes e edificações situadas nos grandes centros urbanos ociosos ou semiociosos, como meros instrumentos de acumulação de reservas financeiras, sem se preocupar em reverter à sociedade a utilidade social que ela pode ter em relação a tais bens, como fonte geradora de renda e empregos.

Instrumentos jurídicos para travar esse bom combate no campo da objetividade e da justiça social, para que a propriedade urbana e as cidades cumpram com suas funções sociais que a Constituição incumbiu-lhe, o operador do direito, como esperamos estar demonstrando neste trabalho, possui-os. Restar-lhe-á lançar mão desses instrumentos com toda a força, a fim de efetivamente se aplicar a lei urbanística e ambiental aos fins sociais a que ela se destina, ou seja, para o bem-estar e promoção pessoal dos cidadãos residentes nas cidades, propiciando-lhe concretizar boa parcela do que se entende por *"Direitos Humanos"*.

Voltaremos ao assunto nos tópicos seguintes.

2.1.1. Dignidade da pessoa humana e o direito à moradia em condições adequadas

Como introdução ao presente tópico, pede-se vênia para transcrever ensinamentos de Vicente Greco Filho sobre o valor da pessoa humana, *"in verbis"*:

---

[108] GUIMARÃES, Adriana Stagni, op. cit., 104.

[109] Ibid, p. 127.

> O direito talvez cronologicamente coincida com o homem e a sociedade, mas não pode ser entendido senão em função da realização de valores, no centro dos quais se encontra o valor da pessoa humana. Aliás, toda ordem jurídica não teria sentido se não tivesse por fim ou conteúdo a realização desses valores. Logicamente, portanto, o valor da pessoa humana antecede o próprio direito positivo, condiciona-o e dá-lhe razão de existir.
>
> [...]
>
> Esse valor supremo é o valor da pessoa humana, em função do qual todo o direito gravita e que constitui sua própria razão de ser. *Mesmo os chamados direitos sociais existem para a proteção do homem como indivíduo, e, ainda que aparentemente em dado momento histórico, se abdiquem de prerrogativas individuais imediatas, o direito somente será justo se nessa abdicação se encontrar o propósito de preservação de bem jurídico-social mais amplo que venha a repercutir no homem como indivíduo.*
>
> [...]
>
> A restrição de direitos individuais, portanto, tem sentido e conteúdo quando a prevalência da vontade de um indivíduo pode representar a destruição ou perigo de destruição de outras vontades individuais legítimas.
>
> É certo que a concepção filosófica de determinada sociedade e, portanto, de determinado direito pode influir na maior ou menor dosagem de faculdades individuais, mesmo porque pode variar a própria concepção que se faça da pessoa humana, seu destino, suas necessidades, sua essência espiritual ou material etc.[110] (grifo nosso).

Os direitos sociais, parte integrante dos direitos da personalidade, englobam direito ao trabalho, seguridade social (saúde, previdência e assistência social), direito à educação e todos aqueles direitos previstos no que Pacto Internacional sobre Direitos Econômicos Sociais e Culturais de 1916 (artigo 11), o qual prevê que *"o direito de toda pessoa para um nível de vida adequado para si próprio e sua família inclusive a alimentação, vestimentas e moradias adequadas, assim como uma melhoria contínua das suas condições de vida"*.

A dignidade da pessoa humana ocupa e deve continuar a ocupar um lugar central no pensamento filosófico, político e jurídico, qualificando-a como valor fundamental da ordem jurídica, para expressivo número de ordens constitucionais, especialmente as que nutrem a pretensão de constituírem um Estado Democrático de Direito.

Para Fábio Konder Comparato a dignidade da pessoa humana, sendo fonte de valores, está acima da lei. Eis suas lições:

> A dignidade do ser humano, fonte e medida de todos os valores, está sempre acima da lei, vale dizer, de todo o direito positivo. Mas a expressão jurídica dessa dignidade se enriquece continuamente no curso da História.[111]

Não se pode admitir que o Estado crie direitos humanos, pois, se assim for, tem de ser admitida a possibilidade de ele também tirar, eliminando-se o caráter de normas universais, não havendo ética a justificar essa possibilidade.[112]

---

[110] Tutela Constitucional das Liberdades. São Paulo: Saraiva, 1989, p. 8-10.

[111] A afirmação histórica dos direitos humanos. 2ª ed. rev. e ampl., São Paulo: Saraiva, 2001, p. 30.

[112] ibid, p. 47.

O princípio do tratamento da pessoa como um fim em si gera não só o dever negativo de não prejudicar o semelhante, mas também o dever positivo de agir em prol da felicidade alheia, constituindo-se na *"melhor justificativa do reconhecimento, a par dos direitos e liberdades individuais, também dos direitos humanos à realização de políticas de conteúdo econômico e social, tal como enunciados nos artigos XXII a XXVIII da Declaração Universal dos Direitos Humanos"*.[113] Dentre essas políticas de promoção da dignidade humana, certamente estão as políticas habitacional, de meio ambiente, de resíduos sólidos, de recursos hídricos, de mobilidade urbana, com moradias adequadas para todos, acompanhada da devida implantação da infraestrutura no entorno, visando garantir bem-estar e qualidade de vida às pessoas residentes.

Não se pode olvidar, nesse diapasão, que a habitação constitui Direito Humano de primeira grandeza. Assim dispõe a Declaração Universal dos Direitos Humanos, de 1948, no seu art. XXI, *"in verbis"*:

> Artigo XXV
>
> 1. Todo homem tem direito a um padrão de vida capaz de assegurar, a si e à sua família, saúde e bem-estar, inclusive alimentação, vestuário, habitação, cuidados médicos e os serviços sociais indispensáveis, e direito à segurança em caso de desemprego, doença, invalidez, viuvez, velhice ou outros casos de perda dos meios de subsistência em circunstancias fora de seu controle.

Nesse sentido, considerando que na seara habitacional e urbanística estão ínsitas as questões econômicas e sociais, mas geralmente dentro de uma lógica do mercado imobiliário, consistente na ocupação de espaços privilegiados para venda às classes média e alta. Estes espaços costumam ter ótima localização, infraestrutura privilegiada e relevo adequado. Por outro lado, a população de baixa renda, em consequência dessa dinâmica com a vertente econômica da atividade imobiliária, acaba sendo empurrada para periferia, em localidades menos atrativas, com condições geológicas pouco vantajosas (em geral em áreas de riscos) e com restrições ambientais.[114]

Num enfoque mais humanista do Direito Urbanístico, o Capítulo 07, da Agenda 21, da conferência das Nações Unidas sobre meio ambiente e desenvolvimento, versando sobre assentamentos humanos, em 1992, tem como programas visando atender à dignidade humana na área ambiental e urbanista, quais sejam: a) oferecer a todos habitação adequada; b) aperfeiçoar o manejo dos assentamentos humanos; c) promover o planejamento e o manejo sustentáveis do uso da terra; d) promover a existência integrada de infraestrutura ambiental: água, saneamento, drenagem e manejo de resíduos sólidos; e) promover sistemas sustentáveis de energia e transporte nos assentamentos humanos; f) promover o planejamento e o manejo dos assentamentos humanos localizados em áreas sujeitas a desastres; g) promover atividades sustentáveis na indústria da construção; h) promover o desenvolvimento dos recursos humanos e da capacitação institucional e técnica para o avanço dos assentamentos humanos.

---

[113] COMPARATO, Fábio Konder. A afirmação histórica dos direitos humanos, p. 23.

[114] ROLNIK, Raquel. Regulação urbanística e exclusão social no Estado de São Paulo: mitos e verdades. Revista de Direito Imobiliário. São Paulo: RT, vol. 46, p. 126-133.

Já o artigo 76 da Agenda 21 estipula que *"Para garantir uma oferta de terras aproveitáveis, os Governos, em todos os níveis apropriados e de acordo com seus marcos legais, devem*:

> [...] (f) Fazer uso integral da infra-estrutura existente nas áreas urbanas, estimulando a melhor densidade de ocupação do solo disponível, de acordo com sua capacidade de absorção, ao mesmo tempo garantindo a provisão adequada de parques, áreas comuns e de recreação e porções de terras para jardinagem doméstica, quando for pertinente.

No mesmo sentido, no artigo 22 da Declaração Universal dos Direitos Humanos está previsto ser indispensável segurança social, satisfação dos direitos econômicos, sociais e culturais para garantia da dignidade do ser humano.

A Assembleia Geral das Nações Unidas, por meio da Resolução A/RES/41/128, de 4 de dezembro de 1986, entendeu ser o desenvolvimento *"um amplo processo, de natureza econômica, social, cultural e política"*, bem como manifestou preocupação com a *"existência de sérios obstáculos ao desenvolvimento e à completa realização dos seres humanos e dos povos, obstáculos esses constituídos, inter alia, pela denegação dos direitos civis, políticos, econômicos, sociais e culturais"*. Já pelo artigo 8º da mencionada resolução, os Estados devem providenciar as medidas necessárias para concretizar o desenvolvimento, bem como assegurar, em especial, *"a igualdade de oportunidades, para todos, no acesso aos recursos básicos, à educação, aos serviços de saúde, à alimentação, à habitação, ao emprego e a uma justa distribuição de renda."*[115]

No artigo 2º, alínea 3, da referida Resolução ficou estipulado: *"os Estados têm o direito e o dever de formular políticas apropriadas para o desenvolvimento nacional, com o objetivo de aumentar constantemente o bem-estar de toda a população e de todos os indivíduos, na base de sua participação ativa, livre e consciente no desenvolvimento e na justa distribuição dos benefícios dele resultantes"*.

Ora, se assim for, trata-se de uma obrigação assumida pelos Estados em promover o bem-estar de sua população, propiciando os meios necessários para a implantação de um eficiente sistema de habitação, meio ambiente e urbanificação, compatível com a dignidade da pessoa humana, quer seja ele executado pelos órgãos públicos, quer seja levado a cabo pela iniciativa privada, opção política que fica a critério de cada país, em virtude de sua soberania, desde que o faça.

Quanto à validade jurídica das declarações internacionais sobre direitos humanos, em virtude do surgimento de Constituições dos países com base nas mesmas, perderam o interesse de ser discutidas por esse prisma. Nesse sentido:

> Não cabe, aqui, discutir se as declarações de direitos pairam acima das leis e textos constitucionais ou se representam, apenas, um programa político de determinado momento de evolução legal. O fato é que têm força na medida em que os textos constitucionais erigiram seus ditames como princípios informadores e de validade de toda ordem jurídica nacional, e valem na medida em que essa mesma ordem jurídica está preparada para torná-las efetivas.[116]

---

115 COMPARATO, Fábio Konder. A afirmação histórica dos direitos humanos, p. 252.

116 GRECCO Filho, Vicente. Tutela Constitucional das Liberdades, p. 35.

O ordenamento jurídico brasileiro deve ser adotado tendo como núcleo essencial a dignidade da pessoa humana, cuja expressão não se esgota nos primeiros artigos da Constituição Federal (1º ao 5º), em virtude do disposto no artigo 5º, § 2º. Abrange os preceitos fundamentais, aqueles relacionados com a isonomia, liberdade, direitos sociais (aqui incluído o direito à habitação em ambiente de bem-estar econômico e cultural, dentre outros), bem como o meio ambiente e a atividade econômica desenvolvida com justiça social, respeito ao consumidor e aos valores ambientais (art. 170 da CF).

Fábio Konder Comparato, numa visão otimista que vale ser realçada, menciona a evolução da dignidade da pessoa humana ao longo do tempo, estendendo-se dos indivíduos aos grupos ou classes sociais, especialmente aos carentes (direitos econômicos, sociais e culturais), bem como aos povos (direito à existência, autodeterminação, democracia, ao desenvolvimento), chegando a dignidade, no século XX, à própria humanidade, conjuntamente considerada. Nesse diapasão, atualmente, a espécie humana prepara-se para assumir a *"posição do sujeito máximo da história"*. Realça o autor que não se deve ver na dignidade uma ilusão histórica, pois existe uma base firme de esperança para se assentar os esforços quanto a sua concretização definitiva, ou seja, o fortalecimento geral da consciência ética.[117]

Para se alcançar a dignidade humana na sua inteireza não se pode prescindir da solidariedade, quer no campo dos direitos sociais, quer no campo dos direitos econômicos. São instrumentos destinados à promoção dos direitos humanos a solidariedade técnica e a solidariedade ética.

Discursando sobre a abrangência do significado de *solidariedade*, explica Fábio Konder Comparato que ela se prende à ideia de *"responsabilidade de todos pelas carências ou necessidade de qualquer indivíduo ou grupo social"*, encontrando seu fundamento ético na ideia de justiça distributiva, entendida essa *"como a necessária compensação de bens e vantagens entre as classes sociais, com a socialização dos riscos normais da existência humana."*[118]

Voltando às modalidades de solidariedade, conveniente esclarecer que a *solidariedade técnica* revela-se pela padronização dos costumes e modos de vida, homogeneização universal das diversas formas de trabalho, produção e troca de bens, globalização dos transportes e dos meios de comunicação. Paralelamente, existe a *solidariedade ética*, calcada no respeito aos direitos humanos, como base para a construção de uma *cidadania mundial*, sem relações de dominação, quer individual ou coletiva.[119]

Pelo princípio da solidariedade surgem os direitos sociais, os quais são concretizados por políticas públicas com o objetivo de garantir proteção social aos fracos e pobres, que não dispõem de recursos próprios para viver dignamente.[120] Como exemplo desse tipo de política pública, podem ser mencionadas os programas habitacionais,

[117] A afirmação histórica dos direitos humanos, p. 403 e 411.

[118] A afirmação histórica dos direitos humanos, p. 42.

[119] Ibid, p. 31.

[120] Ibid, p. 52.

visando promover habitação de interesse social, como é o caso do *"Programa Minha Casa Minha Vida"* (PMCMV) do Governo Federal. Tal programa foi instituído pela Lei nº 11.977/09, a qual também regulamentou a Regularização Fundiária, como veremos oportunamente, nesse tópico objeto de nova disciplina pela Lei 13.465/17, como veremos em tópico próprio do presente trabalho.

Aliás, nessa mesma linha de referencial legislativo, vale ser mencionada a Lei nº 11.124/05, a qual dispõe sobre o Sistema Nacional de Habitação de Interesse Social - SNHIS e cria o Fundo Nacional de Habitação de Interesse Social - FNHIS.

A regularização fundiária tem dentre seus objetivos trazer dignidade humana às pessoas que vivem em núcleos habitacionais carentes de infraestrutura básica, como saneamento ambiental, transporte, acesso a serviços de saúde, educação e segurança, não raro pelas dificuldades de se levar tais serviços públicos essenciais às comunidades situadas em locais, não raro, praticamente inacessíveis.

A dignidade da pessoa humana, como núcleo essencial dos direitos fundamentais, ocupa posição de primazia na escala de valores e de normatividade do ordenamento jurídico brasileiro. Nesse sentido:

> A dignidade da pessoa humana, desde muito, deixou de ser exclusiva manifestação conceitual daquele direito natural metapositivo, cuja essência se buscava ora na razão divina, ora na razão humana, consoante professavam em suas lições de teologia e filosofia os pensadores dos períodos clássicos e medievo, para se converter, de último, numa proposição autônoma do mais subido teor axiológico, irremissivelmente presa à concretização constitucional dos direitos fundamentais. Toda a problemática do poder, toda a porfia de legitimação da autoridade e do Estado no caminho da redenção social há de passar, de necessidade, pelo exame do papel normativo do princípio da dignidade da pessoa humana. Sua densidade jurídica no sistema constitucional há de ser, portanto, máxima e se houver reconhecidamente em princípio supremo no trono da hierarquia das normas, esse princípio não deve ser outro senão aquele em que todos os ângulos éticos da personalidade se acham consubstanciados.[121]

Héctor Valverde Santana, em sua Dissertação de Mestrado na Pontifícia Universidade Católica de São Paulo, entende que a dignidade da pessoa humana, como princípio constitucional fundamental, é o mais importante da lei maior, sobrelevando a todos os demais princípios constitucionais, sendo que *"é fundamento primeiro de nosso ordenamento jurídico e tem dupla função: a – orienta toda a interpretação do direito positivo; b – serve como meio de integração de lacunas do ordenamento jurídico"* Continua o mencionado autor, com uma precisa lição:

> Levando em conta a proeminência do princípio da desigualdade da pessoa humana, não há que se falar em colisão deste com os demais princípios alinhados na Lei Maior. O princípio da dignidade da pessoa humana é absoluto e não relativo. Todos os demais princípios constitucionais têm que encontrar uma forma de harmonizarem-se com o princípio da dignidade da pessoa humana. Inadmissível qualquer tentativa de superá-lo.[122]

[121] BONAVIDES, Paulo. Prefácio ao livro "Dignidade da pessoa humana e direitos fundamentais na Constituição Federal de 1988", de SARLET, Ingo Wolfgang [sem nº de página].

[122] Prescrição e Decadência no Direito das Relações de Consumo, f. 37.

Só há efetivação da dignidade da pessoa humana se houver respeito pelos direitos sociais, dentre eles o da moradia digna, e ao meio ambiente. Nesse sentido, ensina Celso Antonio Pacheco Fiorillo:

> Para começar a respeitar a dignidade da pessoa humana tem-se de assegurar concretamente os direitos sociais previstos no art. 6º da Carta Magna, que por sua vez está atrelado ao caput do art. 225, normas essas que garantem como direitos sociais a educação, a saúde, o trabalho, o lazer, a segurança, a previdência social, a proteção à maternidade e à infância, a assistência aos desamparados, na forma da Constituição, assim como o direito ao meio ambiente ecologicamente equilibrado, essencial à sadia qualidade de vida.[123]

Outrora, escrevemos que não se pode refutar que numa sociedade em que haja mais riqueza é melhor que outra onde não haja tanta. Entretanto, se nessa sociedade supostamente avançada houver uma má distribuição de renda, dentre outros fatores conjunturais desfavoráveis, ela pode tornar-se pior do que aquela menos rica. Assim, a desconcentração de renda, a valorização do ser humano, com consideração e qualidade de vida, tende a privilegiar o coletivo e trazer ganhos gerais em todas as áreas, mas com maior percepção na questão relacionada à saúde, a qual, como visto, envolve integridade física, psíquica, meio ambiente equilibrado, de maneira a produzir bem-estar.[124] Igual raciocínio pode ser desenvolvido nas questões relacionadas com habitação e meio ambiente, as quais estão intrinsicamente ligadas, tanto que alguns sustentam pertencer o urbanismo ao meio ambiente artificial.

2.1.1.1. Dignidade humana e economia de livre mercado (iniciativa privada) no contexto urbanístico

O Estado é cada vez menos o inimigo dos direitos fundamentais, papel que vem sendo assumido pela iniciativa privada, numa economia perversa e não adequadamente regulada ou fiscalizada. Dessa forma:

> Há muito já se percebeu designadamente em face da pressão sócio-econômica exercida pelos assim denominados poderes sociais – que o Estado nunca foi (e cada vez menos o é) o único e maior inimigo das liberdades e dos direitos fundamentais em geral. Que tal dimensão assume particular relevância em tempos de globalização econômica, privatizações, incremento assustador dos níveis de exclusão e, para além disso, aumento do poder exercido pelas grandes corporações, internas e transnacionais (por vezes, o faturamento-patrimônio – e, portanto, poder econômico – maior que o de muitos Estados), embora não se constitua em objeto desta investigação não poderia passar despercebido e, portanto, merece ao menos esse breve registro.[125]

A Constituição de 1988 não previu expressamente a vinculação dos particulares aos direitos fundamentais, como aconteceu com a Constituição portuguesa de 1976

---

[123] O Direito de Antena em Face do Direito Ambiental no Brasil, 1.991, "In passim". Em tempo: Na época de tal obra ainda não havia sido editada a Emenda Constitucional 26/2000, prevendo o direito à moradia como direito social (art. 6º), depois ratificada pela Emenda Constitucional nº 64/2010.

[124] CASTANHEIRO, Ivan Carneiro. Planos de saúde e dignidade da pessoa humana, f. 90.

[125] SARLET, Ingo Wolfgang. Dignidade da pessoa humana e direitos fundamentais, p. 109-110.

(artigo 18/1) ou com a da Alemanha (art. 1º, III), assim como nas Constituições da Grécia e Espanha.[126]

Entretanto, nossa Carta Magna, como compromissória, reflete o persistente conflito entre público e privado, entre livre iniciativa e intervenção estatal, bem como entre interesses individuais e coletivos. Assim, as principais reformas constitucionais, a partir de 1988, foram na área econômica.[127]

O Estado não dá vazão às demandas sociais por adequada prestação de serviços públicos, como a regulação do mercado e fiscalização das atividades privadas, obrigação essa em decorrência dos direitos fundamentais e da ordem econômica, também positivada no artigo 22 do Código de Defesa do Consumidor. O argumento para essa omissão é a falta de recursos financeiros, embora eles sempre apareçam para outras ações de menor importância, mas de maior interesse econômico ou político das classes dominantes.[128]

Ingo Wolfgang Sarlet sustenta haver a necessidade de se proceder a uma delimitação dos direitos fundamentais sob a ótica do particular. Não se pode desconsiderar a existência de uma faceta material e processual da questão. A doutrina moderna, "*com inteira razão*", vem apontando esta dupla perspectiva, que possui conexão íntima e "*um nexo de intensa interdependência*", apesar de permitir enfoques com aspectos distintos. Sob o ângulo material, aborda-se a problemática da existência ou não vinculação dos sujeitos particulares aos direitos fundamentais, assim como a amplitude e o modo desta vinculação. Já sob a ótica processual cuida-se dos meios processuais destinados a tornar efetivos os direitos fundamentais nas relações interprivadas. Nesse contexto, ganha destaque "*o problema da possibilidade de o particular, via ação judicial, opor-se diretamente a eventual violação de seu direito fundamental por parte de outro particular.*"[129]

Depois de tecer considerações sobre os Direitos Fundamentais, abordando as duas espécies: direitos prestacionais e direito de ação, bem como ponderar que os direitos fundamentais possuem um conteúdo mínimo, sobre o qual não deve haver retrocesso, com aplicação dos direitos tradicionais (de defesa), ressalta Walter Claudius Rothenburg que os direitos sociais (os direitos fundamentais em geral), podem se apresentar como autênticos direitos subjetivos, razão pela qual a teoria da "*reserva do possível*", caracterizada pela inexistência de meios (impossibilidade material) de realizar um direito fundamental, não se presume mas deve ser demonstrada. Ressalta que as "*prestações que viabilizem direitos fundamentais e principalmente a atuação do Estado são requeridas, o mais das vezes, por aqueles que se encontram em situação de maior fragilidade (pessoas com deficiência, doentes, crianças, idosos, presidiários, pobres etc.). A distinção entre direito de defesa e os direitos prestacionais pende a ocultar esse contexto de desigualdade social.*" Ressalta que os direitos sociais (prestacionais frente

[126] Ibidem, p. 65.

[127] ARAGÃO, Alexandre Santos de. O princípio da proporcionalidade no Direito Econômico, p. 201.

[128] CASTANHEIRO, Ivan Carneiro. Planos de saúde e dignidade da pessoa humana, f. 92.

[129] Direitos fundamentais e direito privado: algumas considerações em torno da vinculação dos particulares aos direitos fundamentais, p. 56-57.

aos direitos de defesa), parece hierarquizar de forma superior estes últimos, de forma indevida, pois deve haver uma concepção unitária dos direitos fundamentais.[130]

Lembra Walter Claudius Rothenburg que a Constituição brasileira relaciona os direitos sociais, mas em caráter exemplificativo, não havendo taxatividade de direitos fundamentais, inclusive os sociais, que podem ser encontrados no artigo 6º da Constituição Federal (educação, saúde, alimentação, trabalho, moradia, lazer, segurança, previdência social, a proteção à maternidade e a infância, assistência aos desamparados). Na sequência, acrescenta: *"também aqui a ordem de apresentação dos direitos sociais não há de significar precedência"*, mas é sintomático que o constituinte tenha se lembrado por primeiro da educação.[131]

O Estado é devedor de *"postura ativa"* na proteção integral e global dos direitos fundamentais, deixando de ocupar a posição de inimigo dos brasileiros e estrangeiros residentes no país. Assim, um crescente e significativo rol de doutrinadores, ainda que sob críticas de doutrinadores franceses, espanhóis e italianos, reconduzem o desenvolvimento da noção de vinculação dos particulares aos direitos fundamentais. Nesse sentido:

> [...] ao reconhecimento de sua dimensão jurídico-objetiva, de acordo com a qual os direitos fundamentais exprimem determinados valores que o Estado não apenas deve respeitar, mas também promover e proteger, valores estes que, de outra parte, alcançam uma irradiação por todo o ordenamento jurídico – público e privado – razão pela qual de há muito os direitos fundamentais deixaram de poder ser conceituados como sendo direitos subjetivos públicos, isto é, de direitos oponíveis pelos seus titulares (particulares) apenas em relação ao Estado.[132]

Entendemos não ser lícito se fazer uma distinção precisa ou estanque entre direito público e direito privado, como ocorria no direito romano, posteriormente no alemão, com o BGB, onde se estabeleceu os pilares do direito privado, já, muitas vezes, com a aplicação extensiva aos direitos públicos. A complexidade das questões jurídicas atuais, das instituições encarregadas de com elas lidarem, frente ao interesse individual, social e ao estatal, torna muito difícil e de pouca conveniência para o sistema jurídico como um todo a separação de tais ramos da ciência jurídica.[133] Assim, difícil localizar um interesse exclusivamente privado, que tenha convívio autônomo ao interesse público. Nesse diapasão, surgem os interesses e direitos difusos, coletivos ou individuais homogêneos (artigo 81, parágrafo único, do CDC), tornando ainda mais difícil ou mesmo impossível a diferenciação entre em direito público e direito privado.

Não é lícito ao direito privado, em especial ao direito civil, constituir-se numa espécie de antítese ao direito público, onde particulares fiquem alheios às ingerências

[130] Direitos fundamentais. In: Tavares, André Ramos; Francisco, José Carlos (Coord). Rio de Janeiro: Forense, São Paulo: Método, 2014, p. 87-89

[131] Op. cit., p. 86.

[132] SARLET, Ingo Wolfgang. Direitos fundamentais e direito privado: algumas considerações em torno da vinculação dos particulares aos direitos fundamentais, p. 64.

[133] Nesse sentido Leonardo de Andrade Mattietto. A tutela da personalidade humana nas relações de consumo, p. 24.

estatais, com ampla liberdade e autonomia, uma vez que a atividade estatal contemporânea não pode ficar cegamente subordinada aos indivíduos, devendo ser pautada pela ação com base em valores constitucionais de respeito à dignidade da pessoa humana, nos termos do artigo 1º, inciso III, da Constituição Federal, pois do contrário estar-se-ia colocando o direito privado numa *"dimensão rígida, apolítica e a-histórica"*.[134]

Como é facilmente perceptível, o conceito de serviço público, tradicionalmente, o mais significativo mecanismo de regulação social, passa por grandes desafios. Com propriedade, Alexandre Santos de Aragão expõe o seguinte dilema:

> se mantido o seu conceito tradicional de atividade exclusiva da esfera pública, cujo mero exercício poderia ser delegado a particulares, terá a sua esfera bastante reduzida; se ampliado o seu conceito para todas atividades, ainda que não exclusivas do Estado, em que este exerça uma regulação ordenadora, o serviço público alcançará uma amplitude tal que dispersará o seu conceito, abrangendo realidades bastante díspares.[135]

É nesse contexto que se enquadra a necessidade, a nosso ver, de submeter os particulares ao princípio da dignidade da pessoa humana. Do contrário haveria uma grande falha no ordenamento jurídico, fazendo com que não houvesse uma unidade na vida em sociedade e no sistema do Direito. Aliás, no significado de *"sistema"* está ínsita a existência de uma estruturação tal que para todas as circunstâncias ou problemáticas deve haver a previsão ou um caminho para se buscar uma solução. Essa saída no caso de conflitos, em tese, de preponderância privada deve estar regulada pelo direito, de maneira a não ferir o princípio da isonomia e nem ferir princípios básicos da vida em sociedade, com dignidade e respeito aos valores éticos, ambientais, urbanísticos, dentre outros.

Aliás, nesse diapasão, não se pode olvidar que a atividade econômica está constitucionalmente fundada na valorização do trabalho humano e na livre iniciativa, tendo por fim *assegurar a todos existência digna*, conforme os *ditames da justiça social*, com observância, dentre outros, com os seguintes princípios atinentes ao tema em estudo, tal como previstos no artigo 170 da Carta Magna: a) propriedade privada; b) *função social da propriedade*; c) livre concorrência; d) *defesa do consumidor*[136]; e) *defesa do meio ambiente*, inclusive mediante *tratamento diferenciado conforme o impacto ambiental dos produtos e serviços* e de seus processos de elaboração e prestação; e) *redução das desigualdades regionais e sociais.*

Para concluir esse tormentoso tema da submissão do particular às normas protetoras dos direitos fundamentais e dos direitos de personalidade, especialmente a dignidade da pessoa humana, cuja controvérsia persiste na atualidade, não se pode, *a priori*, fechar questão de uma maneira peremptória. No caso concreto, deverão

---

134 MATTIETTO, Leonardo de Andrade. A tutela da personalidade humana nas relações de consumo, p. 26-27.

135 O princípio da proporcionalidade no Direito Econômico, p. 220.

136 Não se pode olvidar que o adquirente de uma unidade habitacional também é um consumidor, por adquirir um produto de um fornecedor, segundo conceitos extraídos dos artigos 2º e 3º, § 1º da Lei 8.078/90 (Código de Defesa do Consumidor), inclusive porque destinatários de serviços públicos de saneamento básico (água, esgotamento sanitário, resíduos sólidos, drenagem urbana e limpeza pública – art. 3º, I, da Lei 11.445/07), nos termos do art. 22 do CDC.

ser buscadas formas de se estabelecer contornos para a solução dos conflitos, não raro existentes entre os operadores do mercado imobiliário (empreendedores, corretores etc.), os consumidores (adquirentes) de lotes destinados às construções de moradias por pessoas residentes no Brasil, sejam elas brasileiras ou estrangeiras, visto que igualmente detentoras de dignidade humana (art. 5º, *"caput"*, da CF) e com os usuários de serviços públicos e moradores das cidades. Estes coletivamente considerados, detentores de interesses difusos por excelência, posto que se tratam de direitos e interesses indivisíveis e de titularidade indeterminadas (art. 81, do Código de Defesa do Consumidor).

Nesse contexto, é comum não haver convergências nessa relação tripartite e indissociável, visto que o empreendedor visa o maior lucro e o menor investimento possível; o adquirente, por sua vez, pretende comprar o lote pelo menor custo e para tanto não faz questão de algumas obras ou benfeitorias de cunho ambiental ou de urbanificação, enquanto aos demais moradores da cidade o ideal é que a cidade seja planejada e executada para ser sustentável e resiliente do ponto de vista urbano-ambiental.

Sem a pretensão de esgotar o assunto ou superar as divergências, mas procurando lançar luzes ou diretrizes à luz das considerações sobre Direitos Humanos, disposições constitucionais e infraconstitucionais, valemo-nos de considerações que fizermos em outro trabalho, a saber:

> As normas de direitos fundamentais não são homogêneas, possuindo diversos graus de eficácia e gerando efeitos diferenciados. Assim, apesar de haver parcial procedência dos argumentos dos defensores de uma eficácia indireta dos direitos fundamentais em relação aos particulares, especialmente se enfocado o fato de se tratar de relações entre titulares de direitos fundamentais, deve ser reconhecida uma eficácia direta desses direitos, portanto, de uma vinculação dos particulares de feições absolutas. Portanto, inviável defender a existência de soluções uniformes, pois o manejo correto da eficácia direta nas relações entre particulares e a intensidade da vinculação destes aos direitos fundamentais terá como parâmetro as especificidades do caso concreto, sendo insuficientes, para além disso, os modelos tradicionais adotados no âmbito da doutrina e da jurisprudência. A estrutura normativa possui natureza altamente principiológica, exigindo ponderação entre conflitos ou tensões de direitos fundamentais.[137]

2.2. Alguns princípios do Direito Urbanístico

Além dos princípios de maior envergadura para a urbanificação, os quais serão discriminados em tópicos específicos e com mais detalhes abaixo, também podem ser genericamente citados os seguintes:

a) princípio de que *Urbanismo é uma função pública*, fornecendo ao Direito Urbanístico a característica de instrumento normativo, por meio do qual o poder público atua no domínio privado e no meio social, regulando a realidade do interesse coletivo, sem prejuízo da aplicação do princípio da legalidade;

[137] CASTANHEIRO, Ivan Carneiro. Planos de saúde e dignidade da pessoa humana, f. 97.

b) Princípio da conformação da propriedade urbana, pelas normas de ordenação urbanística, tratando-se de princípio conexo ao anterior;

c) Princípio da *coesão dinâmica das normas urbanísticas*, cuja eficácia baseia-se principalmente no conjunto normativo (procedimento), antes que em normas isoladas;

d) Princípio da *afetação das mais valias ao custo da urbanificação*: os proprietários de terreno devem satisfazer aos gastos da urbanificação, nos limites dos benefícios auferidos, como compensação pela melhoria das condições de edificabilidade derivada para seus lotes;

e) Princípio da justa *distribuição dos benefícios e ônus* derivados da atuação urbanística.[138]

Por se tratar de uma disciplina em formação, como já visto, os princípios do Direito urbanístico ainda não se consolidaram. Entretanto, podem ser esboçado de uma maneira expressiva, no direito comparado, especialmente no direito espanhol, configurando-se como normas-sínteses com características de princípios tendentes a inspirar o direito urbanístico em geral, como lembra o professor José Afonso da Silva.[139]

2.3. Função Social do Direito, função social da propriedade e IPTU Progressivo

As constituições brasileiras, bem como o Código Civil de 1916 (Lei 3.071), deram um tratamento privatista à propriedade, como fonte de acumulação de riqueza, não se preocupando com sua função de geração de renda e de empregos, concorrendo para a ocupação irregular do solo urbano. Esse panorama somente começa a mudar com a Constituição de 1934.

A função social da propriedade, como de resto a função Social do Direito, encontra fundamento na Carta Magna, conforme se observa do Art. 5º, XXIII (previsão da propriedade em geral cumprir com sua função social); do *Art. 156, § 1º, II (IPTU Progressivo de acordo com a localização e uso do imóvel)*; do art. 170, II (a atividade econômica deve assegurar a todos uma existência digna, segundo ditames da justiça social); do Art. 182, *"caput"* (diretrizes da política urbana, visando alcançar as funções sociais da cidade e a garantia do bem - estar de seus habitantes) e do art. 182,§ 2º (forma de cumprimento da função social quando atender às exigências fundamentais de ordenação da cidade expressas no plano diretor).

Quando a propriedade, rural ou urbana, não cumprir com sua função social, haverá a possibilidade de desapropriação (arts. 182, § 4º, III e 185 da CF, respectivamente), com pagamento de justa indenização em alguns casos (art. 182, § 3º, da CF), visto que se houver plantação de psicotrópicos ficará a área sujeita à expropriação, com destinação do imóvel à reforma agrária ou programas de habitação popular, sem direito à indenização (art. 243 da CF).

---

[138] SILVA, José Afonso da. Direito Urbanístico Brasileiro, p. 45.

[139] Direito urbanístico brasileiro, p. 44.

O poder público municipal, mediante lei específica, desde que se trate de área incluída no plano diretor, poderá exigir, conforme as diretrizes da legislação federal (Estatuto da Cidade), do proprietário do solo urbano não edificado, subutilizado ou não utilizado que promova seu adequado aproveitamento. A penalidade para o descumprimento da obrigação será progressiva, primeiro sendo fixado o parcelamento ou edificação compulsórios, mas caso o proprietário não atenda ao ditame municipal ser-lhe-á aplicada a majoração progressiva da alíquota do Imposto Predial e Territorial Urbano (IPTU), conforme dimensionado na legislação municipal. Por fim, caso tais medidas não sejam suficientes para que o imóvel urbano volte a cumprir com sua função social, passando a ter um aproveitamento adequado, a sanção será a desapropriação mediante pagamento com títulos da dívida pública, com prazo de resgate de até dez anos (art. 182, § 4º, da Carta Magna).

Caso os municípios brasileiros empenhem-se em efetivamente cumprir com as disposições constitucionais que visam combater os vazios urbanos em muito contribuirão para sanar problemas urbanísticos crônicos, em especial aqueles relativos à falta de mobilidade urbana nos grandes centros. Assim, os prédios antigos nas regiões centrais das cidades poderão ser ocupados, evitando-se o deslocamento diário de um grande número de trabalhadores das periferias até o centro para fins de trabalho ou outras finalidades. Essa diminuição de percurso da moradia ao trabalho, além de propiciar maior tempo para o lazer, também estressará menos as pessoas e influenciará na sua saúde e bem-estar. Simultaneamente, contribuirá com o meio ambiente, via diminuição de ruídos e de emissões de gás carbônico emitido pelos meios de transporte utilizados. De quebra também reduzirá o custo de vida, diante do menor gasto com transportes. Esse tipo de política pública contribui para o tão propalado desenvolvimento sustentável, gerando integração das dimensões econômica, social e ambiental das cidades.

Questões simples como essa readequação do uso dos espaços urbanos vazios, contribuirá para superação ou enfrentamento o déficit habitacional, contribuindo para a concretização dos direitos sociais do art. 6º da Constituição Federal, trazendo um pouco mais de dignidade às pessoas. Nesse sentido, vale lembrar a observação que fizemos no início deste trabalho, de que levantamento recente do IBGE demonstrou haver 6 milhões de espaços vazios e 5,43 milhões de domicílios faltantes para abrigar a população residente no Brasil. Eis o tamanho do desafio imposto ao poder público e à sociedade, o qual não será resolvido em breve e desafiará os operadores do Direito e promotores de políticas públicas em geral a cumprirem as determinações constitucionais e infraconstitucionais em matéria urbanística, dentre elas o disposto no artigo 182, § 4º da Constituição Federal.[140]

Tais políticas terão sucesso na medida em que governos, iniciativa privada e sociedade compreenderem a necessidade de efetivamente se unirem para concretizar a função social da cidade tal como concebida em nossa lei maior, agindo com balizamento ético e exercendo a atividade econômica do parcelamento do solo e

[140] Para a Secretária Nacional de Habitação do Ministério das Cidades, Inês Magalhães, o ideal seria a aprovação de IPTU progressivo para imóveis vazios, mas os efeitos disso só seriam sentidos em seis ou sete anos (VALENTE, Gabriela. O Globo, Rio de Janeiro. Disponível em <http://oglobodigital.oglobo.globo.com/epaper/showarticle.aspx?article=281d40ec40eb4e06-ª803996e7cfa1fd2&key=ttTDlj43wUrn3VJMtYbkyg%3d%3d&...>. Acesso em 31 ago. 2015.).

edificações com pleno respeito aos princípios da ordem econômica, especialmente o da dignidade humana, função social da propriedade, defesa do consumidor e do meio ambiente (art. 170).

2.3.1. *Função social da propriedade urbana e das cidades*

O Direito Urbanístico, via de regra, regula questões de intensa litigiosidade, como aquelas relacionadas com a ordenação do solo, o qual se trata de interesse de massa, que contraria interesses de investidores e especuladores imobiliários, limitando-se o rol de usos permitidos da propriedade urbana, em prol do interesse da coletividade.

Nesse sentido, é de se anotar que as normas de recuos mínimos entre as edificações, ao passo em que limita o uso do terreno ou lote urbano, propiciam saúde, bem-estar e segurança aos moradores. Permitem aeração, insolação, iluminação natural, dificultam a propagação de fogo, em caso de incêndios e a propagação de doenças, aspectos que se constituem em uso racional e adequado da propriedade urbana, contribuindo para o cumprimento das funções sociais da cidade, constitucionalmente prevista (art. 182).

Alexandre de Moraes ressalta o marco que a Constituição de 1988 representou para o direito de propriedade:

> Dessa forma, a Constituição Federal adotou a moderna concepção de direito de propriedade, pois, ao mesmo tempo em que o consagrou como direito fundamental, deixou de caracterizá-lo como incondicional e absoluto.
>
> A referência constitucional à função social como elemento estrutural da definição do direito à propriedade privada e da limitação legal de seu conteúdo demonstra a substituição de uma concepção abstrata de âmbito meramente subjetivo de livre domínio e disposição da propriedade por uma concepção social de propriedade privada, reforçada pela existência de um conjunto de obrigações para com os interesses da coletividade, visando também à finalidade ou utilidade social que cada categoria de bens objeto de domínio deve cumprir.[141]

Comentando a política urbana na Constituição Federal, Carlos Alberto Dabus Maluf, ao abordar a função social da propriedade urbana, com perspicácia ressalta:

> ... Hoje, a ninguém é dado ignorar, a propriedade perdeu já suas mais fortes características antigas, e que, ante o desenvolvimento das novas correntes de pensamento político e social, inspirada nas ideias solidária escrita suas mais fortes características antigas, e que, ante o desenvolvimento das novas correntes de pensamento político e social, inspirada nas ideias solidarísticas na época, vai sendo paulatinamente substituída a sua concepção clássica por uma concepção dinâmica, mais humana e de maior e mais denso conteúdo social.[142]

Para que a cidade venha efetivamente cumprir com sua função social, fundamental que haja uma mudança geral de postura, com desburocratização de procedimentos,

[141] Constituição do Brasil interpretada e legislação constitucional. 9ª edição. São Paulo: Atlas, 2013, p. 212.

[142] In: BONAVIDES, Paulo; MIRANDA, Jorge; AGRA, Walber de Moura. Comentários à Constituição Federal de 1998. Rio de Janeiro: Forense. 2009, p. 2031.

com simplificação das normas urbanísticas e com regularização fundiária simplificada, mas com foco nos princípios urbanísticos e ambientais, não se tornando uma simples *regularização de papel*.

Esse conjunto de fatores melhorarão a compreensão e aceitação dos princípios e regras urbanísticas por parte de todos os atores urbanos (empreendedor, consumidor/usuário e gestores públicos, associações de classe, organizações sociais e organizações não governamentais que atuam nas diversas faces do urbanismo), facilitando a atuação do poder de polícia municipal, sendo essa simplificação uma diretriz da política urbana (art. 2º, XV, Estatuto da Cidade). Teria de haver simplificação da legislação de parcelamento e de uso e ocupação do solo, das normas edilícias, de maneira a permitir a redução dos custos em todo o processo de produção das unidades habitacionais, iniciando-se pelo planejamento, elaboração e execução de projetos, comercialização dos lotes e vendas das unidades.

Sobre a importância da simplificação da legislação, como forma de contribuição para a concretização da função social da propriedade urbana, por meio do exercício do poder de polícia e do voluntarismo do cidadão no cumprimento de normas que lhe são inteligíveis, para se alcançar o objetivo das cidades autossustentáveis, vale transcrever as seguintes considerações:

> Como se sabe, sob o aspecto do Direito, código é um texto jurídico que reúne de maneira sistemática o conjunto das disposições legislativas aplicáveis ao ramo do direito em questão. Assim, o trabalho de unificar em uma só codificação todas as normas municipais relativas ao poder de polícia não só facilitaria a leitura e análise dos interessados como, também, evitaria o conflito de normas que, por incrível que pareça, ocorre em diversas leis municipais. Um exemplo é o caso das condições extremamente excepcionais em que se permite à fiscalização ingressar ou invadir uma residência sem a anuência prévia do morador, assunto que se confunde nas leis especiais (código de obras, lei do meio ambiente, lei da vigilância sanitária etc.).[143]

Essa mudança de paradigma, também poderia trazer redução no custo final da unidade habitacional, tendo como consequência um aumento da oferta dos lotes e de unidades habitacionais, em razão de maximizar os produtos decorrentes dos investimentos imobiliários, com redução do histórico déficit habitacional, resgatando-se uma dívida social com a camada mais carente da sociedade, hoje sem teto ou vivendo sob condições degradantes em quase todos os aspectos.

Para atendimento da função social da propriedade, seja urbana ou rural, ela terá de ser explorada de uma forma a utilizar racionalmente os recursos naturais, preservando-se o meio ambiente (art. 5º, inciso XXIII, c/c art. 186, III, da CF e art. 1.228, § 1º do Código Civil[144]). Nesse sentido, anote-se que nesta matéria *"as limitações de proteção ambiental, sob os aspectos de controle de poluição e de*

[143] TAUIL, Roberto. A importância da fiscalização de posturas municipais. Consultor Municipal. Niterói/RJ, Janeiro de 2010. Disponível em < http://www.consultormunicipal.adv.br/novo/fizmun/0040.pdf>. Acesso em 02.set.2015.

[144] "Art. 1.228 do NCC. O proprietário tem a faculdade de usar, gozar e dispor da coisa, e o direito de reavê-la do poder de quem quer que injustamente a possua ou detenha. § 1º. O direito de propriedade deve ser exercido em consonância com as suas finalidades econômicas e sociais e de modo que sejam preservados, de conformidade com o estabelecido em lei especial, a flora, a fauna, as belezas naturais, o equilíbrio ecológico e o patrimônio histórico e artístico, bem como evitada a poluição do ar e das águas."

preservação dos recursos naturais, objetivam assegurar a sobrevivência da vida humana em condições ideais de alimentação, saúde e bem-estar, e elas devem ser exigidas a qualquer custo, sob pena de comprometimento irreversível das condições da vida das gerações futuras".[145]

Frise-se que no sistema instituído nas mencionadas legislações está impregnada a ideia de que o parcelamento do solo, por se assentar na exploração do domínio, deve subordinar-se à sua função social da propriedade, bem-estar das pessoas e, consequentemente, com a qualidade de vida, não podendo ser aceito parcelamento de solo que a pretexto de trazer habitação à população gerem apenas lucro aos empreendedores e degradação ambiental.

Comentando a noção de propriedade que anima a atual Constituição, José Afonso da Silva salienta que *"o constituinte desejou inserir, na estrutura mesma da concepção e do conceito de propriedade, um elemento de transformação positiva que a ponha ao serviço do desenvolvimento social (...), de tal sorte que a propriedade não se concebe senão como função social"*[146] (grifo nosso)

Em harmonia com o princípio da função social da propriedade (que constitui o fundamento da atribuição, do reconhecimento e da garantia da propriedade), a supremacia geral que o Estado exerce em seu território sobre as pessoas, bens e atividades habilita-o a múltiplas modalidades de intervenção, como as que se contêm no *poder de polícia.* Deste derivam aquelas *limitações de ordem pública para o uso das faculdades inerentes ao domínio e para o exercício das atividades econômicas*, que se condicionam, portanto, à satisfação das necessidades vitais da coletividade.[147]

Como ensina José Carlos de Freitas: *"É tarefa dos urbanistas, administradores públicos e legisladores tutelar e conciliar as funções sociais da cidade em favor do bem-estar social"*[148]

O direito de propriedade não está regulamentado ou restrito apenas ao capítulo da ordem econômica e da política urbana na Constituição Federal, mas também naquele relativo a direitos e deveres individuais e coletivos (art. 5º, incisos XXII e XXIII). Portanto, a função social da propriedade constitui-se em um Direito Coletivo, correspondente ao dever individual do proprietário de dar um destino útil à propriedade, visando atender à sociedade. Trata-se de um dever coletivo de respeitar o uso do bem pelo seu titular[149], que se constitui em *"cláusula pétrea"*, vale dizer, não pode nem mesmo ser retirada por emenda constitucional (art. 60, § 4º, inciso IV). Eis aí a necessidade da conformação do direito de propriedade urbana ao direito urbanístico.

---

[145] Decisões Administrativas da Corregedoria Geral da Justiça de São Paulo, RT, 1989, nº 66, p. 111.

[146] Curso de Direito Constitucional Positivo, p. 272.

[147] SILVA, José Afonso Da Silva. Curso de Direito Constitucional Positivo, p. 272-273; MEIRELES, Hely Lopes. Direito Administrativo Brasileiro, 17ª ed., Malheiros Editores, 1992, p. 117-119 e 537-540.

[148] O Estatuto da Cidade e o equilíbrio do espaço urbano, p. 444.

[149] PINTO, Victor Carvalho. Direito urbanístico: plano diretor e direito de propriedade, p. 215.

3. POLÍTICA PÚBLICA E POLÍTICA URBANA: ÁREAS DE URBANIFICAÇÃO ESPECIAL (PATRIMONIALIZAÇÃO DO DIREITO DE CONSTRUIR) E REGIÕES METROPOLITANAS E AGLOMERAÇÕES URBANAS

O Estatuto da Cidade não tem sido cumprido com a efetividade esperada, nesse sentido, vale fazer menção a uma publicação do IBGE, denominada *"Perfil dos municípios brasileiros 2009"*[150], a qual traz estarrecedores dados sobre a utilização dos instrumentos de uso e parcelamento do solo, bem como de planos diretores, planos de uso e ocupação do solo e zoneamento ambiental. Nesse contexto, em 2009 havia: a) 42,83% dos municípios brasileiros que tinham lei de parcelamento do solo; b) 37,6% possuía lei de zoneamento ou equivalente; c) 10,6% apresentavam operação urbana consorciada, não havendo informação sobre o tipo de consórcio existente; d) O plano diretor havia sido elaborado em apenas 41,6% dos municípios, sendo que 29,7% dos municípios atendiam à nova legislação e em 14,8% estavam sendo revistos os planos diretores; em 21,6% o plano diretor estava em processo de elaboração. Portanto, em 2009, 36,7% dos municípios ainda estavam sem um instrumento legal de gestão territorial.[151]

3.1. A patrimonialização do direito de construir: direito de superfície, operações consorciadas, outorga onerosa do direito de construir, alteração de uso do solo e transferência do direito de construir

Nesse tópico, serão abordados instrumentos ou institutos jurídicos de fundamental importância na gestão das cidades, de maneira a viabilizar a conformação da propriedade urbana à função social, bem como aos princípios da ordem econômica, conciliando interesses privados dos proprietários com os interesses difusos da sociedade em obter áreas para fins de proteção ambiental, instalação de equipamentos públicos e comunitário, enfim tornar realidade a urbanificação.

Se bem aplicados tais instrumentos, o Município terá um poderoso instrumento para efetivar o cumprimento das funções sociais da cidade, com sustentabilidade e resiliência urbana, sem precisar aportar altas quantias de seu orçamento para tão nobres e indispensáveis finalidades.

3.1.1. Direito de superfície

O instrumento está assim disciplinado no Estatuto da Cidade:

> Art. 21. O proprietário urbano poderá conceder a outrem o direito de superfície do seu terreno, por tempo determinado ou indeterminado, mediante escritura pública registrada no cartório de registro de imóveis.

[150] Rio de Janeiro: IBGE, 2010, 428 p. "apud" TOMÉ, Maria Vitória Ferrari et al.. A política brasileira de resíduos sólidos: os desafios da teoria e na prática, p. 15.

[151] TOMÉ, Maria Vitória Ferrari et al.. A política brasileira de resíduos sólidos: os desafios da teoria e na prática. In: SILVA, Solange Teles; CUREAL, Sandra; LEUZINGER, Marcia Dieguez. Resíduos. São Paulo: Editora Fiuza, 2013 (Coleção direito e desenvolvimento sustentável; v. 3), p. 15.

§ 1º. O direito de superfície abrange o direito de utilizar o solo, o subsolo ou o espaço aéreo relativo ao terreno, na forma estabelecida no contrato respectivo, atendida a legislação urbanística.

§ 2º. A concessão do direito de superfície poderá ser gratuita ou onerosa.

§ 3º. O superficiário responderá integralmente pelos encargos e tributos que incidirem sobre a propriedade superficiária, arcando, ainda, proporcionalmente à sua parcela de ocupação efetiva, com os encargos e tributos sobre a área objeto da concessão do direito de superfície, salvo disposição em contrário do contrato respectivo.

§ 4º. O direito de superfície pode ser transferido a terceiros, obedecidos os termos do contrato respectivo.

§ 5º. Por morte do superficiário, os seus direitos transmitem-se a seus herdeiros.

Art. 22. Em caso de alienação do terreno, ou do direito de superfície, o superficiário e o proprietário, respectivamente, terão direito de preferência, em igualdade de condições à oferta de terceiros.

Art. 23. Extingue-se o direito de superfície:

I – pelo advento do termo;

II – pelo descumprimento das obrigações contratuais assumidas pelo superficiário.

Art. 24. Extinto o direito de superfície, o proprietário recuperará o pleno domínio do terreno, bem como das acessões e benfeitorias introduzidas no imóvel, independentemente de indenização, se as partes não houverem estipulado o contrário no respectivo contrato.

§ 1º. Antes do termo final do contrato, extinguir-se-á o direito de superfície se o superficiário der ao terreno destinação diversa daquela para a qual for concedida.

§ 2º. A extinção do direito de superfície será averbada no cartório de registro de imóveis.

Conforme explica Maria Helena Diniz, o direito de superfície trata-se de direito real relativo à concessão onerosa ou gratuita, por tempo certo ou indeterminado, de uso da superfície em terrenos públicos ou particulares, para fins de urbanização, industrialização, edificação, cultivo de terras ou outra utilização de interesse social. É o direito real pelo qual o proprietário concede a outrem, por tempo determinado ou não, gratuita ou onerosamente, o direito de construir ou plantar em seu terreno, mediante escritura pública devidamente inscrita no registro imobiliário.[152]

Conforme a configuração básica do instituto, previsto no art. 21 do estatuto, *"direito de superfície é aquele pelo qual o proprietário concede a outrem, por tempo determinado ou indeterminado o direito de utilizar a superfície do seu imóvel na forma pactuada no respectivo contrato"*.[153]

Entretanto, para Celso Antonio Pacheco Fiorillo,

> [...] o Estatuto da Cidade entendeu por bem estabelecer o direito de superfície como instrumento de política urbana, a saber, instituto jurídico-político destinado a ordenar não só a propriedade urbana como o pleno desenvolvimento das funções sociais da cidade (art. 4º, inciso V, "l", do Estatuto da Cidade), consagrando juridicamente a ideia do

[152] Dicionário jurídico, vol. 2, D-1, p. 1591), "apud" FIORILLO, Celso Antônio Pacheco. Estatuto da Cidade comentado: Lei 10.257/2001 – Lei do Meio Ambiente Artificial. 4ª ed. Rev. Atual. Ampl. de acordo com a nova lei de regularização fundiária de assentamentos urbanos – Lei 11.977/2009, São Paulo: RT, 2010, p. 147.

[153] CARVALHO FILHO, José dos Santos. Comentários ao Estatuto da Cidade. São Paulo: Atlas, 2013, p. 197.

denominado *solo criado* e permitindo, em síntese, a transferência, gratuita ou onerosa, o direito de construir sem abranger o direito à propriedade urbana.[154]

Para o professor Celso A. P. Fiorillo o instrumento do direito de superfície irá *"adequar a propriedade urbana aos princípios adaptados ao meio ambiente artificial, fixando importante inovação jurídica"*.[155]

O direito de superfície foi regulamentado no artigo 1.369 do Código Civil de 2002, possibilitando a concessão do direito de construir ou de plantar, por tempo determinado, mediante escritura pública registrada no registro de imóveis. Entretanto, tal dispositivo, no parágrafo único, não autoriza obra no subsolo, salvo se inerente ao objeto da concessão.

O Código Civil trouxe o direito de superfície como sendo direito real, resgatando tradição jurídica de natureza sociológica, para exigência dos fins sociais da propriedade. *"Esse instituto surgiu da necessidade prática de se permitirem edificações sobre bens públicos, permanecendo sob o poder do Estado. Podia esse direito ser temporário ou perpétuo. O Código Civil só permite sua constituição por tempo determinado tal como dispõe o artigo 1.369, 'caput'"*.[156]

Para Carlos Alberto Dabus Maluf e Adriana Caldas do Rego Freitas Dabus Maluf, não há antinomia entre o Código Civil e o Estatuto da Cidade, pois o primeiro complementa o entendimento do segundo, enquanto o segundo aborda-o no âmbito urbanístico. Ademais, o Estatuto da Cidade é uma lei especial, continuando a viger naquilo que não for contrária às disposições do Código Civil. O direito de superfície tem por objeto o terreno, sendo instrumento da política urbana, mas suas disposições não abrangem apenas área não edificada, incluindo tudo aquilo que estiver edificado no subsolo. Por consequência, o superficiário pode usar, fluir e dispor de uma edificação já existente, além da terra nua.[157]

O direito de superfície não se confunde com o arrendamento, locação ou parceria, pois estes são direitos das obrigações, enquanto o direito de superfície é direito real, tanto que instituído mediante escritura pública, a ser inserida no registro imobiliário. Entendem Carlos Alberto Dabus Maluf e Adriana Caldas do Rego Freitas Dabus Maluf ser possível a usucapião, caso preenchidos os requisitos específicos, mas arrolam o magistério de José Guilherme Braga Teixeira[158], em sentido contrário quanto à usucapião extraordinária, admitindo a possibilidade na usucapião extraordinária.

Haverá preferência do proprietário na alienação do direito de superfície em relação ao superficiário e vice-versa, conforme preconiza o art. 22 do Estatuto.

[154] Estatuto da Cidade comentado, p. 147-148.

[155] Estatuto da Cidade comentado, p. 148-149.

[156] MALUF Carlos Alberto Dabus; MALUF; Adriana Caldas do Rego Freitas Dabus. Comentários ao Estatuto da Cidade: Lei 10.257, de 10 de julho de 2001. São Paulo: Editora Atlas, 2011, p. 99

[157] Op. cit., p. 100-101.

[158] Comentários ao Código Civil Brasileiro. Rio de Janeiro: Forense, 2004, volume XII, P. 276, "apud" Comentários ao Estatuto da Cidade, p. 100-101.

A concessão do terreno não se restringe ao solo, abrangendo tudo o que estiver edificado sobre o terreno.[159]

O acordo entre as partes para uso do solo e do subsolo, bem como do espaço aéreo, fica submisso à legislação urbanística, nos termos de licença da autoridade administrativa, a qual observará as condições e vedações previstas em lei, para a expedição de alvará.[160]

3.1.2. Direito de preempção

O instrumento está assim disciplinado no Estatuto da Cidade:

> Art. 25. O direito de preempção confere ao Poder Público municipal preferência para aquisição de imóvel urbano objeto de alienação onerosa entre particulares.
>
> § 1º. Lei municipal, baseada no plano diretor, delimitará as áreas em que incidirá o direito de preempção e fixará prazo de vigência, não superior a cinco anos, renovável a partir de um ano após o decurso do prazo inicial de vigência.
>
> § 2º. O direito de preempção fica assegurado durante o prazo de vigência fixado na forma do § 1º, independentemente do número de alienações referentes ao mesmo imóvel.
>
> Art. 26. O direito de preempção será exercido sempre que o Poder Público necessitar de áreas para:
>
> I – regularização fundiária;
>
> II – execução de programas e projetos habitacionais de interesse social;
>
> III – constituição de reserva fundiária;
>
> IV – ordenamento e direcionamento da expansão urbana;
>
> V – implantação de equipamentos urbanos e comunitários;
>
> VI – criação de espaços públicos de lazer e áreas verdes;
>
> VII – criação de unidades de conservação ou proteção de outras áreas de interesse ambiental;
>
> VIII – proteção de áreas de interesse histórico, cultural ou paisagístico;
>
> IX – (VETADO)
>
> Parágrafo único. A lei municipal prevista no § 1º do art. 25 desta Lei deverá enquadrar cada área em que incidirá o direito de preempção em uma ou mais das finalidades enumeradas por este artigo.
>
> Art. 27. O proprietário deverá notificar sua intenção de alienar o imóvel, para que o Município, no prazo máximo de trinta dias, manifeste por escrito seu interesse em comprá-lo.
>
> § 1º. À notificação mencionada no caput será anexada proposta de compra assinada por terceiro interessado na aquisição do imóvel, da qual constarão preço, condições de pagamento e prazo de validade.
>
> § 2º. O Município fará publicar, em órgão oficial e em pelo menos um jornal local ou regional de grande circulação, edital de aviso da notificação recebida nos termos do caput e da intenção de aquisição do imóvel nas condições da proposta apresentada.
>
> § 3º. Transcorrido o prazo mencionado no caput sem manifestação, fica o proprietário autorizado a realizar a alienação para terceiros, nas condições da proposta apresentada.

---

159 CARVALHO FILHO, José dos Santos. Comentários ao Estatuto da Cidade, p. 197.

160 CARVALHO FILHO, José dos Santos. Comentários ao Estatuto da Cidade, p. 203.

§ 4º. Concretizada a venda a terceiro, o proprietário fica obrigado a apresentar ao Município, no prazo de trinta dias, cópia do instrumento público de alienação do imóvel.

§ 5º. A alienação processada em condições diversas da proposta apresentada é nula de pleno direito.

§ 6º. Ocorrida a hipótese prevista no § 5º o Município poderá adquirir o imóvel pelo valor da base de cálculo do IPTU ou pelo valor indicado na proposta apresentada, se este for inferior àquele.

Trata-se de precedência outorgada ao poder público municipal, visando adquirir imóvel urbano, objeto de alienação onerosa (transferência estipulando vantagens e obrigações recíprocas entre os contratantes) entre particulares. A regra em comento autoriza a preferência ao poder público municipal na aquisição do imóvel urbano, nos termos previstos no art. 25 a 27 da Lei 10.257/00. É um instrumento importante no ordenamento do pleno desenvolvimento das funções sociais da cidade e da propriedade urbana. Busca garantir cidades sustentáveis, para quando o poder público necessitar de áreas visando atender às diretrizes gerais do artigo 2º do Estatuto da Cidade, *bem como para atendimento das hipóteses elencadas no art. 26, incisos I a VIII.*[161]

Pelo direito de preempção, o proprietário da área tem o dever de dar ciência ao poder público, por meio de notificação, de sua intenção em alienar onerosamente o imóvel, para que o Município, no prazo de 30 dias, manifeste por escrito seu eventual interesse em comprá-lo.[162]

Afirma, com propriedade, Celso Antonio Pacheco Fiorillo, que as diretrizes estabelecidas na proposta de compra do imóvel vinculam o particular, seja em face do município, que poderá adquirir o imóvel pelo preço indicado, obedecendo às condições de pagamento e prazo de validade, seja em face de alienação para terceiros, quando deverá ser rigorosamente obedecida a proposta de compra encaminhada ao município junto com a notícia de intenção de venda.[163]. Caso a alienação ocorra em bases diversas daquelas constantes da proposta apresentada, a venda será nula de pleno direito, conforme previsto no art. 27, parágrafo único, da Lei 10.257/00.

O instrumento do direito de preempção possibilita ao poder público melhor administrar os espaços habitáveis, sendo uma nova modalidade de direito de preempção com fim urbanístico, por ser direcionado a regulamentar espaços habitáveis e equipamentos urbanos em geral.[164]

Em havendo interesse do Município em adquirir imóveis em determinada região, essa intenção deverá estar prevista em lei específica, com prazo para os próximos cinco anos, o que gerará o direito de preempção, ou seja, a preferência na aquisição de qualquer imóvel que venha a ser vendido naquela área. Vencido o prazo da lei, ela poderá ser renovada, mas somente após um ano do esgotamento da vigência da

---

161 FIORILLO, Celso Antônio Pacheco. Estatuto da Cidade comentado: Lei 10.257/2001 – Lei do Meio Ambiente Artificial, p. 150.

162 FIORILLO, Celso Antônio Pacheco. Estatuto da Cidade comentado: Lei 10.257/2001 – Lei do Meio Ambiente Artificial, p. 151.

163 Estatuto da Cidade comentado: Lei 10.257/2001 – Lei do Meio Ambiente Artificial, p. 151.

164 MALUF Carlos Alberto Dabus; MALUF; Adriana Caldas do Rego Freitas Dabus. Comentários ao Estatuto da Cidade: Lei 10.257, de 10 de julho de 2001. São Paulo: Editora Atlas, 2011, p. 107-108.

primeira lei. Portanto, será a lei municipal, baseada no plano de uso do solo, que definirá as áreas onde o direito poderá ser exercido, o prazo de vigência da faculdade, que no total não poderá exceder 10 anos.[165]

O direito de preempção constitui-se em uma nova modalidade de instrumento, com finalidade urbanística, por ser destinado *"à regularização fundiária, a execução de programas e projetos habitacionais de interesse social; à constituição de reservas fundiárias, ao ordenamento e direcionamento da expansão urbana; à expansão dos equipamentos urbanos; à criação de espaços públicos de lazer e áreas verdes; à criação de unidades de preservação ambiental; à proteção de áreas de interesse histórico, cultural e paisagístico a serem preservados"*.[166]

Entende Adriana Caldas do Rego Freitas Dabus Maluf que o direito de preempção pode ser definido como *"uma limitação urbanística ao direito de propriedade, pois recai sobre a faculdade de disposição do proprietário, limitando-se o aspecto absoluto de seus direitos, tendo em vista a higidez do espaço habitável, da assunção da função social da cidade e da busca do estabelecimento da cidade sustentável"*.[167]

Não se vislumbra inconstitucionalidade no direito de preempção, nada obstante limite o direito de propriedade, pois esta deverá atender a sua função social, conforme art. 5º, inciso XXIII, e artigo 182, § 2º da Carta Magna, sendo cabível a *"carga de incidência de limitações administrativas"*, tal qual ocorre com os institutos urbanísticos (gabarito em edificações, áreas *"non aedificandi"*, zoneamento). Assim não há qualquer ofensa ao direito de propriedade, a qual não está imune contra instrumentos urbanísticos de interesse público.[168]

3.1.3. Operações urbanas consorciadas

O instrumento está assim disciplinado no Estatuto da Cidade:

> Art. 32. Lei municipal específica, baseada no plano diretor, poderá delimitar área para aplicação de operações consorciadas.
>
> § 1º. Considera-se operação urbana consorciada o conjunto de intervenções e medidas coordenadas pelo Poder Público municipal, com a participação dos proprietários, moradores, usuários permanentes e investidores privados, com o objetivo de alcançar em uma área transformações urbanísticas estruturais, melhorias sociais e a valorização ambiental.
>
> § 2º. Poderão ser previstas nas operações urbanas consorciadas, entre outras medidas:
>
> I – a modificação de índices e características de parcelamento, uso e ocupação do solo e subsolo, bem como alterações das normas edilícias, considerado o impacto ambiental delas decorrente;

[165] MALUF Carlos Alberto Dabus; MALUF; Adriana Caldas do Rego Freitas Dabus. Comentários ao Estatuto da Cidade: Lei 10.257, de 10 de julho de 2001, p. 108.

[166] MALUF Carlos Alberto Dabus; MALUF; Adriana Caldas do Rego Freitas Dabus. Comentários ao Estatuto da Cidade, p. 109.

[167] Maluf, Adriana Caldas do Rego Freitas Dabus. Limitações urbana ao direito de propriedade. São Paulo: atlas, 2010, P. 69, "apud" MALUF Carlos Alberto Dabus; MALUF; Adriana Caldas do Rego Freitas Dabus. Comentários ao Estatuto da Cidade, p. 110.

[168] CARVALHO FILHO, José dos Santos. Comentários ao Estatuto da Cidade. São Paulo: Atlas, 2013, p. 218.

II – a regularização de construções, reformas ou ampliações executadas em desacordo com a legislação vigente.

III – a concessão de incentivos a operações urbanas que utilizam tecnologias visando a redução de impactos ambientais, e que comprovem a utilização, nas construções e uso de edificações urbanas, de tecnologias que reduzam os impactos ambientais e economizem recursos naturais, especificadas as modalidades de design e de obras a serem contempladas. (Incluído pela Lei nº 12.836, de 2013)

Art. 33. Da lei específica que aprovar a operação urbana consorciada constará o plano de operação urbana consorciada, contendo, no mínimo:

I – definição da área a ser atingida;

II – programa básico de ocupação da área;

III – programa de atendimento econômico e social para a população diretamente afetada pela operação;

IV – finalidades da operação;

V – estudo prévio de impacto de vizinhança;

VI – contrapartida a ser exigida dos proprietários, usuários permanentes e investidores privados em função da utilização dos benefícios previstos nos incisos I, II e III do § 2º do art. 32 desta Lei; (Redação dada pela Lei nº 12.836, de 2013)

VII – forma de controle da operação, obrigatoriamente compartilhado com representação da sociedade civil;

VIII – natureza dos incentivos a serem concedidos aos proprietários, usuários permanentes e investidores privados, uma vez atendido o disposto no inciso III do § 2º do art. 32 desta Lei. (Incluído pela Lei nº 12.836, de 2013)

§ 1º. Os recursos obtidos pelo Poder Público municipal na forma do inciso VI deste artigo serão aplicados exclusivamente na própria operação urbana consorciada.

§ 2º. A partir da aprovação da lei específica de que trata o caput, são nulas as licenças e autorizações a cargo do Poder Público municipal expedidas em desacordo com o plano de operação urbana consorciada.

Art. 34. A lei específica que aprovar a operação urbana consorciada poderá prever a emissão pelo Município de quantidade determinada de certificados de potencial adicional de construção, que serão alienados em leilão ou utilizados diretamente no pagamento das obras necessárias à própria operação.

§ 1º. Os certificados de potencial adicional de construção serão livremente negociados, mas conversíveis em direito de construir unicamente na área objeto da operação.

§ 2º. Apresentado pedido de licença para construir, o certificado de potencial adicional será utilizado no pagamento da área de construção que supere os padrões estabelecidos pela legislação de uso e ocupação do solo, até o limite fixado pela lei específica que aprovar a operação urbana consorciada.

Art. 34-A. Nas regiões metropolitanas ou nas aglomerações urbanas instituídas por lei complementar estadual, poderão ser realizadas operações urbanas consorciadas interfederativas, aprovadas por leis estaduais específicas. (Incluído pela Lei nº 13.089, de 2015)

Parágrafo único. As disposições dos arts. 32 a 34 desta Lei aplicam-se às operações urbanas consorciadas interfederativas previstas no caput deste artigo, no que couber. (Incluído pela Lei nº 13.089, de 2015)

O objetivo das operações consorciadas é alcançar transformações urbanísticas e estruturais, melhorias sociais, assim como valorização ambiental.[169]

---

[169] FIORILLO, Celso Antônio Pacheco. Estatuto da Cidade comentado: Lei 10.257/2001 – Lei do Meio Ambiente Artificial, p. 155.

Para Raquel Rolnik, as operações consorciadas

> são definições específicas para uma certa área da cidade que se quer transformar, que preveem um uso e uma ocupação distintos das regras gerais incidentes sobre a cidade e que podem ser implantadas com participação dos proprietários, moradores, usuários e investidores privados. O Estatuto da Cidade admite a possibilidade de que essas operações ocorram; entretanto, exige que cada lei municipal que aprovar uma operação como esta deve ser incluído obrigatoriamente o programa e projetos básicos para a área, o programa de atendimento econômico e social para a população diretamente afetada pela operação e o estudo de impacto de vizinhança. Com essas medidas se procura evitar que as operações serão somente 'liberações' de índices construtivos para atender a interesses particulares, ou simplesmente operações de valorização que impliquem expulsão de atividades e moradores de menor renda.[170]

Os recursos decorrentes das operações urbanas consorciadas que forem arrecadados pelo poder público deverão ser aplicados na própria operação consorciada, consoante o disposto no art. 32, § 2º, incisos I e II, e no art. 33, inciso VI da Lei 10.257/00.

As operações urbanas consorciadas, como instrumento de política urbana, desenvolvem-se à luz do regime de parceria, em modelos que tem inspirado diversas formas de atuação administrativa. A parceria caracteriza-se pela cooperação mútua entre a administração e administrados, objetivando interesses da coletividade, nela retratados e não os interesses das partes envolvidas. A finalidade pública produzirá resultados que beneficiarão a todos, inclusive empresário e poder público.[171]

A parceria também poderá ocorrer com organizações sociais e organizações de interesse público, em cooperação com poder público, voltado para atividades de educação, saúde, assistência social, proteção ambiental pesquisas e outros do gênero. São as entidades do terceiro setor que agem em cooperação com o setor público.[172]

As operações consorciadas não se limitam à ação isolada ou única. Pelo contrário, compõem-se de um conjunto de intervenções e medidas, a serem executados por vários participantes. Quando se tratar de medida interventiva, a ação caberá à Administração Pública.[173]

De forma criativa, o Estatuto da Cidade instituiu os denominados CPAC (Certificados de Potencial Adicional de Construção), que serão emitidos pelo Município. A respeito, comenta Celso Antonio Pacheco Fiorillo: *"trata-se o certificado de securitização visando financiar as obras necessárias as operações urbanas consorciadas (art. 34 do Estatuto da Cidade), que poderão ser livremente negociadas, mas necessariamente conversíveis em direito de construir unicamente na área objeto da operação (§ 1º do artigo 34) e utilizados no pagamento da área de construção que supere os padrões estabelecidos pela legislação de uso e ocupação do solo, até o limite fixado pela lei específica que aprovar a operação Urbana consorciada (§ 2º do art. 34.)"*. Em

---

170 Jornal do Brasil, 15 jul. 2001, p. 8, "apud" FIORILLO, Celso Antônio Pacheco. Estatuto da Cidade comentado, p. 155-156.

171 CARVALHO FILHO, José dos Santos. Comentários ao Estatuto da Cidade, p. 274-275.

172 Ibidem, p. 275.

173 Ibidem, p. 276.

seguida, conclui o professor da FMU, que *"os CEPACs configuram-se instrumentos vinculados à ordem econômica, na forma prevista no art. 170, VI, da Constituição, em razão de sua nítida função ambiental."*.[174]

3.1.3.1. Operações urbanas consorciadas interfederativas em regiões metropolitanas e aglomerações urbanas

Um dos instrumentos do Estatuto da Cidade, possível de ser utilizado, com bons resultados na melhoria da qualidade de vida e bem-estar dos moradores, no âmbito das regiões metropolitanas e aglomerações urbanas, mas que demandará uma boa dose de vontade política e competência administrativa para viabilizar as diversas formas de articulações entre os entes federativos, especialmente entre Municípios e Estados, por meio da governança interfederativa prevista no art. 8º da Lei 13.089/2015 (instância executiva e instância colegiada deliberativa) são as operações urbanas consorciadas interfederativas, instrumento que passou a ser previsto no artigo 34-A do Estatuto da Cidade, com a redação que lhe deu o recente Estatuto da Metrópole: Ei-lo:

> Art. 34-A. Nas regiões metropolitanas ou nas aglomerações urbanas instituídas por lei complementar estadual, poderão ser realizadas operações urbanas consorciadas interfederativas, aprovadas por leis estaduais específicas. (Incluído pela Lei nº 13.089, de 2015)
>
> Parágrafo único. As disposições dos arts. 32 a 34 desta Lei aplicam-se às operações urbanas consorciadas interfederativas previstas no caput deste artigo, no que couber. (Incluído pela Lei nº 13.089, de 2015)

Assim, por meio das denominadas *"operações urbanas consorciadas interfederativas"*, poderão ocorrer *transformações urbanísticas estruturais, melhorias sociais e a valorização ambiental* em áreas a serem delimitadas por leis complementares estaduais específicas. Poderão ser implementadas uma ou mais das medidas elencadas no art. 32, § 2º da Lei 10.257/00, a saber:

> I – a modificação de índices e características de parcelamento, uso e ocupação do solo e subsolo, bem como alterações das normas edilícias, considerado o impacto ambiental delas decorrente;
>
> II – a regularização de construções, reformas ou ampliações executadas em desacordo com a legislação vigente.
>
> III – a concessão de incentivos a operações urbanas que utilizam tecnologias visando a redução de impactos ambientais, e que comprovem a utilização, nas construções e uso de edificações urbanas, de tecnologias que reduzam os impactos ambientais e economizem recursos naturais, especificadas as modalidades de design e de obras a serem contempladas. (Incluído pela Lei nº 12.836, de 2013)

3.1.4. Outorga onerosa do direito de construir ("solo criado" ou "solo virtual").

O instrumento está assim disciplinado no Estatuto da Cidade:

---

[174] Estatuto da Cidade comentado: Lei 10.257/2001 – Lei do Meio Ambiente Artificial, p. 157.

> Art. 28. O plano diretor poderá fixar áreas nas quais o direito de construir poderá ser exercido acima do coeficiente de aproveitamento básico adotado, mediante contrapartida a ser prestada pelo beneficiário.
>
> § 1º. Para os efeitos desta Lei, coeficiente de aproveitamento é a relação entre a área edificável e a área do terreno.
>
> § 2º. O plano diretor poderá fixar coeficiente de aproveitamento básico único para toda a zona urbana ou diferenciado para áreas específicas dentro da zona urbana.
>
> § 3º. O plano diretor definirá os limites máximos a serem atingidos pelos coeficientes de aproveitamento, considerando a proporcionalidade entre a infra-estrutura existente e o aumento de densidade esperado em cada área.
>
> [...]
>
> Art. 30. Lei municipal específica estabelecerá as condições a serem observadas para a outorga onerosa do direito de construir e de alteração de uso, determinando:
>
> I – a fórmula de cálculo para a cobrança;
>
> II – os casos passíveis de isenção do pagamento da outorga;
>
> III – a contrapartida do beneficiário.
>
> Art. 31. Os recursos auferidos com a adoção da outorga onerosa do direito de construir e de alteração de uso serão aplicados com as finalidades previstas nos incisos I a IX do art. 26 desta Lei.

Para Adriana Caldas do Rego Freitas Dabus Maluf:

> O Estatuto da Cidade, Lei nº 10.257/2001, dispõe nos artigos 28 e 35 sobre os instrumentos da política urbana, onde enquadra-se o direito de construir. O coeficiente de aproveitamento dos terrenos, relação entre a área edificada e a área do terreno, é variável em função das determinações da legislação de uso ocupação do solo, dependendo da definição da densidade estabelecida para as diversas zonas da cidade, com isso o conteúdo econômico dos terrenos urbanos edificáveis variam em razão do volume possível de construção. A princípio, esse coeficiente de aproveitamento é 1 (um), a lei de zoneamento indicará a zonas onde poder-se-á edificar acima deste (solo criado), devendo essa diferença ser adquirida do poder público.[175]

Conforme Juan Carlos Cassagne, a autorização para construir está vinculada ao crescimento urbanístico e aos valores da sociedade quer proteger, como o meio ambiente, memória local, estilo arquitetônico, altura dos edifícios, segurança, uso do solo, destino dos imóveis e sua ocupação, com vistas a observar a função social da propriedade urbana.[176]

Ao permitir alteração do coeficiente de aproveitamento básico, de maneira diferenciada para as áreas específicas, a legislação propiciou uma discricionariedade ao poder público, permitindo-lhe definir o grau de adensamento de cada área.[177]

Entretanto, o adensamento terá limitação, qual seja, a proporcionalidade com a infraestrutura existente (art. 28, § 3º), de maneira a preservar a sustentabilidade

175 Limitações urbanas ao direito de propriedade, p. 157.

176 A autorização para construir o poder revogatório da administração. Revista de Direito Administrativo, Rio de Janeiro, vol. 135, p. 10, janeiro/março 1979, "apud" MALUF Carlos Alberto Dabus; MALUF; Adriana Caldas do Rego Freitas Dabus. Comentários ao Estatuto da Cidade, p. 111.

177 MALUF Carlos Alberto Dabus; MALUF; Adriana Caldas do Rego Freitas Dabus. Comentários ao Estatuto da Cidade, p. 111.

da cidade ou região em que for implantada a outorga onerosa do direito de construir. Nesse diapasão, nem todas as zonas do município serão passíveis de receber a outorga onerosa do direito de construir.

A construção acima do coeficiente de aproveitamento exige reequilíbrio urbano quanto às áreas públicas.

> Estas deverão conter novos equipamentos públicos, como ruas, praças, as áreas verdes, local para instalação de equipamentos de serviços públicos etc. Além do mais, urge analisar, em cada caso, se a infraestrutura urbana existente comportaria construções de maior envergadura, já que sérios gravames, usualmente irremediáveis, tem resultado dessa desproporção, provocando prejuízo para as comunidades locais e para os usuários da região.[178]

As contrapartidas dos empreendedores deverão ser objeto de cálculos, cujos critérios devem estar previstos na lei municipal, bem como os eventuais casos de isenção.

Entende Celso Antonio Pacheco Fiorillo que o instituto da outorga onerosa

> trata-se, uma vez mais, de desenvolver a justa distribuição dos benefícios e ônus decorrentes do processo de urbanização, o planejamento do desenvolvimento das cidades, da distribuição espacial da população e das atividades econômicas do município e do território sob sua influência, de modo a evitar e corrigir as distorções do crescimento urbano e seus efeitos negativos sobre o meio ambiente, diretrizes fundamentais orientadas pelo Estatuto da Cidade (art. 2º, inciso IV e IX).[179]

A respeito das vantagens do solo criado, assim se manifestam Carlos Alberto Dabus Maluf e Adriana Caldas do Rego Freitas Dabus Maluf:

> A outorga onerosa do direito de construir, também conhecida como solo criado, consiste na possibilidade de um poder público municipal autorizar a construção sobre a área acima do limite de aproveitamento básico determinado para aquela zona urbana, mediante uma contrapartida do proprietário interessado. O objetivo desse instrumento é, separando a propriedade dos terrenos urbanos do direito de edificação, aumentar a capacidade do poder público de interferir sobre as questões imobiliárias.[180]

A outorga onerosa tem a característica de um instrumento de planejamento urbano e ambiental, em razão da destinação dos recursos obtidos com as contrapartidas (valores pagos para construir acima do permitido normalmente), em *"habitação popular, ordenamento da expansão urbana, implantação de equipamentos urbanos, criação de áreas verdes e proteção do patrimônio cultural"*. Outro destino dessas contrapartidas pode ser a criação de unidades de conservação ou proteção de áreas de interesse ambiental, bem como áreas de interesse histórico. Os benefícios ambientais obtidos com a outorga onerosa do direito de construir são idênticos aqueles do direito de preempção.[181]

---

178 CARVALHO FILHO, José dos Santos. Comentários ao Estatuto da Cidade, p. 254.

179 Estatuto da Cidade comentado: Lei 10.257/2001 – Lei do Meio Ambiente Artificial, p. 156.

180 Comentários ao Estatuto da Cidade: Lei 10.257, de 10 de julho de 2001, p. 112.

181 MALUF Carlos Alberto Dabus; MALUF; Adriana Caldas do Rego Freitas Dabus. Comentários ao Estatuto da Cidade: Lei 10.257, de 10 de julho de 2001, p. 113.

Discorrendo sobre *"solo criado"*, ressalta José dos Santos Carvalho Filho que: *"Do ponto de vista técnico-jurídico, solo criado (ou, para alguns 'solo virtual') é o instituto jurídico em si, que pode ser, ou não, adotado em determinado ordenamento jurídico, ao passo que a outorga onerosa do direito de construir é o ato administrativo que resulta do acolhimento do instituto; Outorga onerosa é o efeito jurídico da existência do solo criado no ordenamento"*[182] Ainda sobre o assunto, o festejado administrativista ressalta que *" basicamente, a figura do solo criado é intrínseca aos instrumentos de ocupação e o uso do solo, previstos em normas urbanísticas, representando efetivamente uma restrição ao direito de construir, já que, em certas situações, o titular do direito terá que fornecer uma contraprestação especial para construir além determinado limite"*.[183]

A contrapartida corresponde ao benefício oferecido pelo interessado na construção acima dos limites urbanísticos normais, devendo estar prevista na Lei municipal que a regular. Ela pode ser em espécie, ou doações de área, prestação de serviços públicos, compensação pecuniária. Entretanto, não será possível a outorga onerosa sem a contrapartida ser fornecida pelo beneficiário, pois haveria composição em evidente favorecimento do particular, com desvio de finalidade e violação aos princípios da impessoalidade da moralidade administrativa.[184]

3.1.5. Alteração de uso do solo

O instrumento está assim disciplinado no Estatuto da Cidade:

> Art. 29. O plano diretor poderá fixar áreas nas quais poderá ser permitida alteração de uso do solo, mediante contrapartida a ser prestada pelo beneficiário.

No art. 29, o Estatuto da Cidade disciplinou a alteração do uso do solo, instituto situado na mesma sessão em que a está a outorga onerosa do direito de construir.

A alteração do uso do solo é um instrumento da política urbana consistente na faculdade concedida à Administração consentir com a modificação do uso do solo em determinada área, desde que definida no plano diretor a finalidade dos usos do solo. Haverá necessidade de redobrada cautela e técnica ao disciplinar as hipóteses e locais propícios para que essa alteração ocorra. Se houver algum abuso na utilização deste instituto poderá se tornar inócua grande parte da legislação de uso e ocupação do solo, introduzindo-se um verdadeiro caos na ordem urbanística, desnaturando o zoneamento da cidade, conforme observa Toshio Mukai.[185]

Observa José dos Santos Carvalho Filho que para autorizar a alteração do uso do solo, haverá necessidade de edição de lei municipal, a qual deve definir, com

[182] Comentários ao Estatuto da Cidade, p. 250.

[183] Op. cit., p. 251.

[184] CARVALHO FILHO, José dos Santos. Comentários ao Estatuto da Cidade, p. 258-259.

[185] Estatuto da Cidade. Saraiva, 2001, p. 48, "apud" CARVALHO FILHO, José dos Santos. Comentários ao Estatuto da Cidade, p. 263.

precisão, as condições a serem observadas para a permissão, conforme previsto no artigo 30 do Estatuto da Cidade.[186]

A natureza jurídica da alteração do uso do solo, para José dos Santos Carvalho Filho, é a da licença, comparando-a à outorga onerosa do direito de construir.[187]

As contrapartidas não podem cingir-se ao pagamento de taxas pela outorga, mas também se constituir de outros bens e direitos, desde que adequados aos objetivos urbanísticos previstos pelo legislador federal.[188]

O desvio de finalidade na alteração do uso do solo, dando-se destinação indevida às contrapartidas, poderá caracterizar ato de improbidade administrativa, conforme art. 52, inciso IV, do Estatuto, ou mesmo outro ato de improbidade administrativa, previsto na Lei 8.429/92. As contrapartidas estão previstas no art. 26, incisos I a IX do Estatuto.

3.1.6. Transferência do direito de construir

O instrumento está assim disciplinado no Estatuto da Cidade:

> Art. 35. Lei municipal, baseada no plano diretor, poderá autorizar o proprietário de imóvel urbano, privado ou público, a exercer em outro local, ou alienar, mediante escritura pública, o direito de construir previsto no plano diretor ou em legislação urbanística dele decorrente, quando o referido imóvel for considerado necessário para fins de:
>
> I – implantação de equipamentos urbanos e comunitários;
>
> II – preservação, quando o imóvel for considerado de interesse histórico, ambiental, paisagístico, social ou cultural;
>
> III – servir a programas de regularização fundiária, urbanização de áreas ocupadas por população de baixa renda e habitação de interesse social.
>
> § 1º. A mesma faculdade poderá ser concedida ao proprietário que doar ao Poder Público seu imóvel, ou parte dele, para os fins previstos nos incisos I a III do *caput*.
>
> § 2º. A lei municipal referida no caput estabelecerá as condições relativas à aplicação da transferência do direito de construir.

Acentua Celso Antonio Pacheco Fiorillo que o instituto da transferência do direito de construir propicia aos proprietários de imóveis urbanos, sejam eles público ou privados, exercerem em outro local, ou mesmo alienar, por meio de escritura pública, o direito de construir previsto no plano diretor ou em legislação dele decorrentes, conforme art. 35 da Lei 10.257/00. Como condição, o referido imóvel deve ser considerado necessário para fins de: I) implantação de equipamentos urbanos e comunitários; II) preservação quando imóvel for considerado de interesse histórico, ambiental paisagístico, social ou cultural; III) servir a programas de regularização

[186] Op. cit., p. 263.

[187] Op. cit., p. 263.

[188] CARVALHO FILHO, José dos Santos. Comentários ao Estatuto da Cidade, p. 271.

fundiária, urbanização de áreas ocupadas por população de baixa renda e habitação de interesse social, conforme previsão do art. 35, incisos I a III.[189]

O instrumento possibilita não somente o exercício do direito de construir em outro território, mas até mesmo sua alienação (transferência gratuita ou onerosa a outrem) do direito de construir. Essa faculdade de transferência também é permitida ao proprietário que doar ao poder público seu imóvel, conforme art. 35, § 1º. Ressalta o douto Celso Antonio Pacheco Fiorillo que *"o aspecto central do instrumento ora comentado está direcionado aos valores apontados nos incisos I, II e III do art. 35, que nada mais são que valores alicerçados no piso vital mínimo (art. 6º da CF), razão de ser constitucional da Lei 10.257/2001. As condições relativas à aplicação da transferência do direito de construir (§ 2º do art. 35), embora devam ser estabelecidos por lei municipal, não poderão se desviar das diretrizes gerais (art. 2º) fixadas pelo Estatuto"*.[190]

Referindo-se ao interesse ambiental, ou cultural, na preservação de um determinado imóvel, ou, ainda, a um imóvel ocupado por uma favela em que sequer urbanificar, desde que haja interesse na implantação de equipamentos públicos, pode ser autorizado o proprietário de tal imóvel, por lei municipal específica, a utilizar em outro imóvel de sua propriedade, ou vender a um terceiro, o potencial construtivo não aproveitado, correspondente à diferença entre o potencial construtivo do lote e a área construída nele existente. Exemplificam Carlos Alberto Dabus Maluf e Adriana Caldas do Rego Freitas Dabus Maluf que situação assim pode ocorrer em um imóvel situado em área de proteção de mananciais, restringindo o direito de construir, por haver um potencial construtivo menor que o definido para outras zonas da cidade. O proprietário, então, poderia utilizar em outro imóvel de sua propriedade o direito de construir, ou mesmo vender o potencial construtivo para outro proprietário.[191]

Também pode ser exemplificada a aplicação do instituto com a situação em uma cidade litorânea, onde haja imóveis de baixo potencial construtivo em razão da limitação da verticalização, gerando impacto ambiental, social e cultural negativo para cidade, mas os proprietários dessas edificações ou lotes poderiam ser autorizados a construir em outra área da cidade, com percentual acima do coeficiente básico.[192]

Caberá à Lei municipal detalhar as condições das transferências, visto que o Estatuto da Cidade nada diz, havendo experiências de sucesso na cidade de São Paulo e Belo Horizonte. Poder-se-á subordinar o direito de construir a uma necessidade social ou ambiental, por meio da transferência do exercício desse direito para outro local, *"coadunando um dos instrumentos mais eficazes de política urbana a serviço da proteção do meio ambiente, principalmente pelo fato de não demandar recursos para aquisição de áreas, mas apenas declaração e autorização de transferência de potencial*

---

[189] Estatuto da Cidade comentado: Lei 10.257/2001, p. 158.

[190] Op. cit., p. 158.

[191] Comentários ao Estatuto da Cidade: Lei 10.257, de 10 de julho de 2001, p. 119.

[192] Comentários ao Estatuto da Cidade: Lei 10.257, de 10 de julho de 2001, p. 119.

construtivo do bem um imóvel, sobre o qual incida o interesse ambiental, por exemplo para outro imóvel.".[193]

Sobre a diferença entre transferência do direito de construir e a outorga onerosa do direito de construir, observa, com propriedade, José dos Santos Carvalho Filho,

> na outorga onerosa, a relação jurídica se estabelece entre o proprietário e o Município, sendo este o destinatário da contrapartida a cargo daquele. Na transferência do direito de construir, porém, a relação jurídica vincula o proprietário ao adquirente do direito, podendo este ser pessoa pública ou privada; quando for privada, nenhuma contrapartida será devida ao Município e, na verdade, este é que, como contrapartida por alguma restrição imposta ao proprietário, autoriza a transferência do direito.[194]

A transferência do direito de construir é de menção indispensável no plano diretor, conforme art. 42, II, do Estatuto da Cidade.

> Portanto, são recíprocas as obrigações previstas: o plano diretor deve conter a referência ao instituto, e este só se legitima se contemplado no plano diretor." A lei municipal, conforme previsto no art. 35 do Estatuto, é que vai disciplinar o instituto da transferência do direito de construir. Assim o é, pois, "o consentimento estatal não pode surgir sozinho na lei, vale dizer, não pode surgir do nada e sem qualquer disciplina. Afinal, trata-se política urbana que, *já se viu à exaustão, constitui matéria de ordem pública e não pode ficar à mercê exclusivo interesse privado.*[195]

Para transferir o direito de construir o proprietário deverá tê-lo no local em que se situa propriedade, deve preencher todas as condições legais destinadas à obtenção da licença para construir. Após, precisa ser verificado se o direito de construir traduz-se em um dos interesses urbanísticos previstos no art. 35, como a colocação de equipamentos urbanos, regularização fundiária, preservação do imóvel. Somente nessas circunstâncias poderá haver autorização legal para transferência do direito de construir. Haverá como que uma compensação: *"o poder público concede direito à transferência, mas, para fins de política urbana, utiliza o imóvel em que seria feita a construção."*[196]

O local para onde for transferido o direito de construir, quando da emissão da licença para construção, poderá ter coeficiente de aproveitamento específico para esse novo local, não tendo que observar o coeficiente normal, desde que haja previsão legal nesse sentido.[197]

Na transferência do direito de construir, alguns cuidados devem ser observados, mesmo que não haja previsão em lei, conforme observa José dos Santos Carvalho Filho. Assim,

---

193 MALUF Carlos Alberto Dabus; MALUF; Adriana Caldas do Rego Freitas Dabus. Comentários ao Estatuto da Cidade: Lei 10.257, de 10 de julho de 2001, p. 119.

194 CARVALHO FILHO, José dos Santos. Comentários ao Estatuto da Cidade, p. 296.

195 Ibidem, p. 296-297.

196 Ibidem, p. 297-298.

197 Ibidem, p. 298.

> [...] ainda que a lei não incluísse semelhante limitação, não pode o município deixar de lado estudos, pesquisas, estatísticas, ações, opiniões da sociedade, tudo, enfim, que possa conduzir ao fim urbanístico do instrumento. Tratando-se de matéria multidisciplinar, há de se exigir a participação de técnicos de diversos setores técnicos, não sendo admissível a tomada verticalizada de posições – conduta ofensiva ao interesse público a que deve destinar-se a administração.[198]

3.2. Regiões Metropolitanas, Aglomerações Urbanas e Microrregiões

3.2.1. Considerações gerais

Na doutrina temos que região metropolitana constitui um conjunto de municípios em que as sedes se unem em certa continuidade urbana. Já as microrregiões são formadas a partir de municípios limítrofes, que apresenta em certa homogeneidade e problemas administrativos comuns, mas sedes não são unidas por continuidade urbana.[199] A legislação, estabelecendo parâmetros conceituais para tais regiões é relativamente recente, razão pela qual as disposições federais e estaduais serão abordadas mais adiante, após as explanações sobre os fundamentos político-administrativas para a gestão integrada das questões públicas de interesse comum (políticas e ações), bem como as razões jurídicas para tal regulamentação.

Sobre as causas do surgimento das regiões metropolitanas, aglomerações urbanas e microrregiões, bem como as demandas específicas que elas apresentam para o planejamento das ações públicas, assim se manifesta José Afonso da Silva:

> O desenvolvimento industrial gerou a grande cidade dos nossos dias, cujo crescimento acelerado amplia a urbanização de áreas próximas, interligando núcleos vizinhos, subordinados às administrações autônomas diversas. Essa continuidade urbana, que abrange vários núcleos subordinados a Municípios diferentes, geram problemas específicos que demandam soluções uniformes e comuns. Mesmo sem essa continuidade urbana surgem situações urbanas contíguas, polarizadas ou não por um núcleo principal, que requerem organização jurídica especial e propicie tratamento adequado ao aperfeiçoamento da qualidade de vida de todo assentamento humano da área.[200]

Atualmente, o Brasil possui 63 regiões metropolitanas. A cidade de São Paulo atualmente é a nona maior do mundo, uma das maiores populações metropolitanas.[201]

É perceptível a importância de um planejamento de funções de interesses comuns de forma integrada, bem como de maneira concatenada entre Estado e Municípios, visando executar as políticas públicas e suas respectivas ações de interesse comuns a esses níveis de governo. Essas atividades de planejamento e execução, como intuitivo, envolve interesses de várias entidades autônomas, ou seja, vários municípios, passando por interesses regionais e de âmbito estadual. Portanto, não é possível desenvolver essas atividades de maneira seccionada, havendo a necessidade de concatenação das

198 Op. cit., p. 303.

199 SILVA, José Afonso da. Direito Urbanístico Brasileiro, p. 156.

200 Op. cit., p. 154.

201 CARMONA, Paulo Afonso Cavichioli. Curso de Direito Urbanístico, p. 139.

mesmas, por meio de uma entidade que congregue em suas decisões e discussões os dois entes federativos (Município e Estado). É nesse contexto que surgem os denominados Conselhos de Desenvolvimento das Regiões Metropolitanas (RM) ou Aglomerações Urbanas (AU), como aconteceu por meio do art. 9º da Lei Complementar Estadual nº 760/94, no Estado de São Paulo, a saber:

> Artigo 9º – Em cada unidade regional funcionará um Conselho de Desenvolvimento, de caráter normativo e deliberativo, composto por um representante de cada Município que a integra e por representantes do Estado nos campos funcionais de interesse comum.

Ressalta, com propriedade, Paulo Afonso Cavichioli Carmona que as regiões metropolitanas formam a mais importante espécie de regionalização no direito brasileiro, pois visam organizar, planejar e executar funções públicas de interesse comum, decorrentes da integração urbano-regional. Em seguida faz a seguinte observação: *"nota-se que, entre as funções de interesse comum, as RMs têm competência para prestação de serviços públicos de saneamento, segurança pública, gestão de recursos hídricos, produção e distribuição de gás canalizado, política habitacional, preservação do meio ambiente, planejamento integrado, uso do solo etc.)"*.[202]

A questão da independência do município em se associar ou não às regiões metropolitanas e aglomerações urbanas é polêmica, tendo rendido diversas discussões, as quais, aparentemente, foram solucionadas pelo Egrégio Supremo Tribunal Federal no âmbito das Ações Diretas de Inconstitucionalidade (ADIs) 1841-RJ e 1842-RJ. Decidiu-se pela compulsoriedade dos Municípios em se submeterem às disposições de lei complementar estadual, definindo o âmbito da região metropolitana ou aglomeração urbana, bem como dispondo sobre questões de interesse comum.[203]

O fenômeno das aglomerações urbanas, regiões metropolitanas e microrregiões, todas instituídas por lei complementar estadual, conforme previsão do art. 25, § 3º, da Constituição Federal, tem origem na expansão urbana, sendo que se constitui em uma realidade fática e sociológica.[204]

Após relatar ser fácil diferenciar regiões metropolitanas de microrregiões, adverte José Afonso da Silva

> mas as dificuldades de extremar as regiões metropolitanas das aglomerações urbanas revelam a inconveniência da previsão constitucional de duas instituições para um fenômeno urbano essencialmente idêntico. Ora, a ideia de 'destacada expressão nacional', 'Elevada densidade demográfica' e 'significativa conurbação' e 'funções urbanas e regionais com alto grau de diversidade' para caracterizar as regiões metropolitanas na Constituição do Estado São Paulo vale para realidade desse Estado, não para os demais.[205]

O conceito formal de regiões metropolitanas não atende às exigências do direito urbanístico, pois não há qualquer conotação específica ou peculiar que as

[202] Curso de Direito Urbanístico, p. 142.

[203] Voltaremos ao assunto mais adiante.

[204] SILVA, José Afonso da. Direito Urbanístico Brasileiro, p. 155.

[205] SILVA, José Afonso da. Direito Urbanístico Brasileiro, p. 157.

distinga das aglomerações urbanas e das microrregiões, cingindo-se ao conjunto de municípios limítrofes. Entretanto, a essência do conceito de *"região metropolitana"* a legitimar sua definição por lei complementar estadual, é *"precisamente o fenômeno da conurbação, ou seja: a existência de núcleos urbanos contíguo, contínuos ou não, subordinados a mais de um Município, sob a influência de um Município-pólo".*[206]

A Constituição, ao mencionar *"regiões constituídas de municípios"*, quer fazer significar áreas urbanizadas que integram a região metropolitana hão de estar subordinadas a mais de um Município, isto é, não haverá região metropolitana sem a participação de mais de um Município, não bastando tratar-se de uma grande cidade, complexa que se estenda pelos subúrbios ou arredores, passando as populações respectivas necessidades comuns e resoluções essenciais à vida ordenada e progressiva da comunidade urbana, se tudo isso estiver no território de um único Município. *"Foi para anotar a essência do fenômeno que definimos, certa vez, a região metropolitana como um conjunto de cidades próximas, polarizadas por uma cidade maior, sem necessidade de verificação de continuidade urbana."*[207]

O conceito de *"cidades"* no direito brasileiro, *"Corresponde ao núcleo urbano, principal, do município, porque é sua sede e lhe dá o nome." Assim, ao falar "em conjunto de cidades"* é envolver um conjunto de Municípios por ser um elemento caracterizador, ao mesmo tempo em que esse explicita verdadeiro elemento estrutural, material, da região metropolitana.[208]

Quanto à natureza e titularidade das funções públicas de interesse comum, ensina-nos José Afonso da Silva que as deformações da Lei Complementar 14/1973, a qual estabeleceu as Regiões Metropolitanas de São Paulo, Belo Horizonte, Porto Alegre, Recife, Salvador, Curitiba, Belém e Fortaleza (a Lei Complementar 20/1974 criou a região Metropolitana do Rio de Janeiro), atribuiu encargos e competências aos Estados-membros indevidamente, o que provocou um sistema de organização administrativa ineficaz, com os Estados tentando suprirem as deficiências com a criação de entidades paralelas (empresa pública, autarquia), cujas resistências políticas geram conflitos e emperram a viabilidade da instituição. Essas deformações perdurarão enquanto os Estados, por meio desta lei complementar, nos termos do art. 25 § 3º da CF, não corrigirem as anomalias.[209]

Alaor Caffé Alves entende que a

> [...] titularidade das funções de interesse comum não pode ser imputada exclusivamente a uma única entidade político-administrativa, pois segundo ele não se reconhece o interesse Metropolitano senão como parcela dos respectivos interesses das unidades político-administrativas envolvidas na promoção e execução dos serviços comuns. Daí a conotação específica incluída na ideia de 'serviço comum' (hoje, funções públicas de interesse comum) em termos de cooperação mútua entre os níveis de governo, con-

[206] Ibidem, p. 159. No mesmo sentido o magistério de Joaquim Castro Aguiar. Direito da cidade, p. 221-222.

[207] SILVA, José Afonso da. Direito Urbanístico Brasileiro, p. 159-160.

[208] Ibidem, p. 160.

[209] SILVA, José Afonso da. Direito Urbanístico Brasileiro. 5ª ed. São Paulo: Malheiros, 2008, p. 161-162.

siderados horizontalmente (entre municípios da mesma região) e verticalmente (entre União, Estados e Municípios).[210]

Para Eros Roberto Grau, "*É da competência intermunicipal o exercício das funções atinentes ao interesse metropolitano*".[211]

Nos termos do art. 5º da Lei Complementar 14/1973, são reportados como de interesse metropolitano os serviços comuns aos municípios que integram a região metropolitana, quais sejam:

> I - planejamento integrado do Desenvolvimento Econômico e Social;
>
> II - saneamento básico, notadamente abastecimento de água e rede de esgoto e serviço de limpeza pública;
>
> III - uso do solo Metropolitano;
>
> IV - transporte e sistema viário;
>
> V - produção e distribuição de gás combustível canalizado;
>
> VI - aproveitamento dos recursos hídricos e controle da poluição ambiental, na forma que dispuser a lei federal;
>
> VII - Outros serviços incluídos na área de competência do Conselho Deliberativo policial.

Como bem anota José Afonso da Silva "*constituída a região metropolitana, esses serviços, no que sejam comuns aos municípios que a integram, perdem a característica de serviços locais de peculiar interesse municipal, para se tornarem de interesse metropolitano*".[212]

A organização, o planejamento e a execução de atividades de interesse comum, de forma conjunta entre Estados e Municípios, tem assento no art. 25, § 3º, da Carta Magna, abaixo transcrito:

> Art. 25. Os Estados organizam-se e regem-se pelas Constituições e leis que adotarem, observados os princípios desta Constituição.
>
> [...]
>
> § 3º. Os Estados poderão, mediante lei complementar, instituir regiões metropolitanas, aglomerações urbanas e microrregiões, constituídas por agrupamentos de municípios limítrofes, para integrar a organização, o planejamento e a execução de funções públicas de interesse comum.

No tocante ao número de habitantes nas regiões metropolitanas, em 31 de dezembro de 2014, a Região Metropolitana de São Paulo era a mais populosa, com 21,1 milhões de habitantes, seguida da Região Metropolitana o Rio de Janeiro (12,3 milhões de habitantes), da Região Metropolitana de Belo Horizonte (5,8 milhões de

---

210 Planejamento Metropolitano e autonomia municipal no direito brasileiro. Dissertação de Mestrado da USP. 1979, f. 164-165. "apud", SILVA, José Afonso da. Direito urbanístico brasileiro, p. 162-163. Observa, com razão, José Afonso da Silva que a referência a competência da União a respeito do assunto hoje já não faz mais sentido, em razão das disposições constitucionais

211 Regiões metropolitanas: uma necessária revisão de concepções. RT 21/30, item 37 das conclusões. "apud" SILVA, José Afonso da. Direito urbanístico brasileiro, p. 163.

212 Op. cit., p. 164.

habitantes), de Porto Alegre (4,3 milhões de habitantes) e da Região Integrada de Desenvolvimento (RIDE) do Distrito Federal e entorno (4,2 milhões de habitantes). *As 26 regiões metropolitanas com população superior a 1 milhão de habitantes somam 93,2 milhões de habitantes, representando 45,6% da população total do país.*[213]

Por fim, conforme anota o próprio IBGE, mais da metade (56,1%) da população vive em 304 municípios, proporção pouca coisa maior que as vivem em regiões metropolitanas. A respeito, confira-se:

> A distribuição da população brasileira em seus 5.570 municípios mostra uma alta concentração em grandes centros urbanos. Os 41 municípios com mais de 500 mil habitantes concentram 29,9% da população do Brasil (61,2 milhões de habitantes) e mais da metade da população brasileira (56,0% ou 114,6 milhões de habitantes) vive em apenas 5,5% dos municípios (304 municípios), que são aqueles com mais de 100 mil habitantes. Por outro lado, apenas 6,3% da população (1,4 milhão) residem em 2.451 municípios brasileiros (44,0% dos municípios) com até 10.000 habitantes.[214]

Os dados acima bem demonstram a importância de se fazer um planejamento, gestão e execução de políticas públicas (políticas públicas e respectivas ações) de forma conjunta e integrada entre Municípios (de grande adensamento populacional) e Estado.

A aglomeração urbana e a função pública de interesse comum mereceram definição legal quando da edição do Estatuto da Metrópole (Lei 13.089/2015), nos seguintes termos:

> Art. 2º. Para os efeitos desta Lei, consideram-se:
>
> I – *aglomeração urbana*: unidade territorial urbana constituída pelo agrupamento de 2 (dois) ou mais Municípios limítrofes, caracterizada por complementaridade funcional e integração das dinâmicas geográficas, ambientais, políticas e socioeconômicas;
>
> II – *função pública de interesse comum*: política pública ou ação nela inserida cuja realização por parte de um Município, isoladamente, seja inviável ou cause impacto em Municípios limítrofes;

Da mesma forma, o art. 2º do Estatuto da Metrópole conceituou *"metrópole"*, *"plano de desenvolvimento urbano integrado"* e *"região metropolitana"*, da seguinte forma:

> V – *metrópole*: espaço urbano com continuidade territorial que, em razão de sua população e relevância política e socioeconômica, tem influência nacional ou sobre uma região que configure, no mínimo, a área de influência de uma capital regional, conforme os critérios adotados pela Fundação Instituto Brasileiro de Geografia e Estatística – IBGE;
>
> VI – plano de desenvolvimento urbano integrado: instrumento que estabelece, com base em processo permanente de planejamento, viabilização econômico-financeira e gestão, as diretrizes para o desenvolvimento territorial estratégico e os projetos estruturantes da região metropolitana e aglomeração urbana; (Redação dada pela Lei nº 13.683, de 2018);

---

213 IBGE divulga as estimativas populacionais dos municípios em 2015. Disponível em <http://saladeimprensa.ibge.gov.br/noticias?view=noticia&id=1&busca=1&idnoticia=2972>. Acesso em 31 ago. 2015.

214 IBGE divulga as estimativas populacionais dos municípios em 2015. Disponível em <http://saladeimprensa.ibge.gov.br/noticias?view=noticia&id=1&busca=1&idnoticia=2972>. Acesso em 31 ago. 2015.

> VII – região metropolitana: unidade regional instituída pelos Estados, mediante lei complementar, constituída por agrupamento de Municípios limítrofes para integrar a organização, o planejamento e a execução de funções públicas de interesse comum; (Redação dada pela Lei nº 13.683, de 2018)

Não há previsão na Lei 13.089/2015, a qual foi alterada pela Lei 13.683, de 19 de junho de 2.018, para a instituição de região metropolitana ou aglomeração urbana no Distrito Federal. Nem poderia ser de outra forma, visto que o art. 32, *"caput"*, da Carta Magna veda a divisão do Distrito Federal em Municípios, sendo essência das regiões metropolitanas e aglomerações urbanas haver pelo menos dois Municípios a compô-las.

Bem observa Joaquim Castro Aguiar que não há possibilidade de regiões metropolitanas em Estados diversos, pois sua criação ocorre por meio de lei complementar estadual e estas não podem ter ingerência no território de outro Estado.[215]

Uma das maiores dificuldades no desempenho das regiões metropolitanas, conforme ressalta Joaquim Castro Aguiar, é o conflito, comumente, ocorrido entre interesses de municípios diversos integrantes da região metropolitana. Muitas vezes, a solução desejada por um é recusada por outro, de maneira a gerar constrangimentos e embaraços de toda a ordem.[216]

Impossível disciplinar as funções de interesse comum da região metropolitana por lei municipal, pois da mesma forma que ocorre de um Estado em relação ao outro, não há como obrigar outro Município por meio de uma lei elaborada pelo ente municipal vizinho.

Os assuntos de interesse eminentemente local não podem ser tratados como de interesse comum, pois não afetará mais de um município, deixando de ser interesse regional ou intermunicipal.[217]

Como serviço de interesse comum para fins de sua configuração nas regiões metropolitanas, entende Joaquim de Castro Aguiar que ele deve necessariamente ser organizado, planejado e executado de forma integrada entre os municípios envolvidos, não podendo ser desenvolvido isoladamente, sob pena de não ser satisfatoriamente executado. Como exemplo, o autor cita o caso da limpeza pública, pois se ela puder ser realizada, de modo satisfatório, por cada município que compõe a região, de maneira isolada, sem sacrifício dos interesses dos demais, será serviço puramente local, na concepção do autor. Entretanto, se a limpeza pública não puder ser realizada por um dos Municípios isoladamente, dependendo de um plano integrado com demais, sob pena de não poder ser satisfatoriamente desempenhada, *"estaremos diante de uma função pública de interesse comum metropolitano, o desempenho leva em conta o conjunto, ou seja, pelo menos mais de um Município. Este planejamento deve ser estadual, embora sua execução continue nas mãos de cada Município envolvido, todos presos às diretrizes estabelecidas pelo estado para a região."*[218]

[215] Direito da Cidade, p. 223.

[216] Op. cit., p. 223-224.

[217] AGUIAR, Joaquim Castro. Direito da cidade, p. 224.

[218] Op. cit., p. 224-225.

Sobre a natureza jurídica das regiões metropolitanas, observa Joaquim Castro Aguiar que elas não são entes federados, não constituem centro político de poder, não tem órgão com função legislativa, inexiste detenção de parcela de competência constitucional, sendo meras autonomias administrativas, porque não integram a Federação, não sendo da essência do regime federativo. Ressalta o autor existirem posicionamentos diversos, no sentido de as regiões metropolitanas constituírem-se um novo poder, o poder Metropolitano, *"com competência constitucionalmente definida, com poderes constituídos, passando a figurar como ente federativo, por força do próprio direito constitucional positivo."* Ressalva, novamente, o Desembargador não ver como essa tese venha a se tornar vitoriosa ou ter grandes avanços no futuro[219], com o que concordamos, por falta de amparo constitucional.

Como dever comum de Estado e Município na zona metropolitana, a Constituição de 1998 previu como tal *"o controle do uso e da ocupação do solo urbano (art. 25, § 3º e 30, VIII) a proteção ao meio ambiente e o combate à poluição em qualquer de suas formas (art. 23, II e IV e 225, § 1º, I)."*[220]

Para João Francisco Moreira Viegas *"embora os poderes instrumentais do Estado – preventivos e repressivos – quanto ao interesse metropolitano, sejam mais modestos e menos explícitos do que os conferidos a cada um dos municípios integrantes dessa região, eles constituem consequência lógica de sua competência na matéria, sendo inerentes ao poder de polícia, prescindem de específica regulamentação"* (princípio acolhido no acórdão da Terceira Câmara Cível do Tribunal de Justiça do Estado de São Paulo, publicado na RJTJESP 133/66, rel. Des. Flavio Pinheiro).[221]

Ainda na seara da questão metropolitana do uso e ocupação do solo, o desembargador João Francisco Moreira Viegas observa que:

> Evidente, pois, a necessidade de fiscalização, sobre as atividades de parcelamento e ocupação do solo, e de imposição, por ambos (Estado e município), das medidas repressivas adequadas, dentre as quais sempre figura, pelo menos, a possibilidade de ordenar a correção das irregularidades (Carlos Ari Sundfeld. Direito Administrativo Ordenador, Malheiros Editor, 1993, pp. 77-78). Salientando que, essa convergência de atuações não ocorre, apenas, com fundamento no interesse metropolitano, havendo outros interesses regionais, relacionados com a saúde e o meio ambiente, a defesa constitui também incumbência do Estado(CF, art. 23, II e VI).[222]

3.2.2. Estatuto da Metrópole

Em 13 de janeiro de 2015 foi publicada a Lei Federal 13.089/2015, posteriormente alterada pela Medida Provisória 808/18, depois convertida na Lei13.683, de 19/06/18 a qual institui o

[219] Op. cit., p. 225.

[220] VIEGAS, João Francisco Moreira. Ação civil por dano urbanístico: questões controvertidas, p. 69.

[221] Ação civil por dano urbanístico: questões controvertidas, p. 66.

[222] Op. cit., p. 67.

"Estatuto da Metrópole, estabelece diretrizes gerais para o planejamento, a gestão e a execução das funções públicas de interesse comum em regiões metropolitanas e em aglomerações urbanas instituídas pelos Estados, normas gerais sobre o plano de desenvolvimento urbano integrado e outros instrumentos de governança interfederativa, e critérios para o apoio da União a ações que envolvam governança interfederativa no campo do desenvolvimento urbano, com base nos incisos XX do art. 21, IX do art. 23 e I do art. 24, no § 3º do art. 25 e no art. 182 da Constituição Federal.

A Lei 13.089/15 será aplicada, no que couber, às microrregiões (art. 1º, § 1º, I), nas funções públicas de interesse comum que tiverem preponderância de características urbanas.

A Lei 13.089, denominada "*Estatuto da Metrópole*" (EM), evidentemente, também visa disciplinar aspectos urbanísticos e ambientais, ficando preceituado que na sua aplicação deverão ser observadas as normas gerais de direito urbanístico estabelecidas (Lei 10.257/00), conforme art. 1º, § 2º.

3.2.3. Da governança interfederativa de regiões metropolitanas e de aglomerações urbanas

A forma de planejamento e gestão das funções públicas de interesse comum nas regiões metropolitanas e aglomeração urbanas não passou despercebida quando da edição da Lei 13.089/2015, que a disciplinou da seguinte maneira:

> Art. 6º. A governança interfederativa das regiões metropolitanas e das aglomerações urbanas respeitará os seguintes princípios:
>
> I – prevalência do interesse comum sobre o local;
>
> II – compartilhamento de responsabilidades e de gestão para a promoção do desenvolvimento urbano integrado (Redação dada pela Lei nº 13.683, de 2018);
>
> III – *autonomia dos entes* da Federação;
>
> IV – observância das peculiaridades regionais e locais;
>
> V – *gestão democrática da cidade*, consoante os arts. 43 a 45 da Lei nº 10.257, de 10 de julho de 2001;
>
> VI – efetividade no uso dos recursos públicos;
>
> VII – busca do *desenvolvimento sustentável*. (grifos nosso)

Dentre as diretrizes para planejamento e execução das funções de interesse comum nas regiões metropolitanas e aglomerações urbanas, vale consignar as disposições da Lei 13.089/2015 sobre as diretrizes da governança interfederativa, que seu artigo 7º preceitua com as seguintes características:

> Art. 7º. Além das diretrizes gerais estabelecidas no art. 2º da Lei nº 10.257, de 10 de julho de 2001, a governança interfederativa das regiões metropolitanas e das aglomerações urbanas observará as seguintes diretrizes específicas:
>
> I – implantação de processo permanente e compartilhado de planejamento e de tomada de decisão quanto ao desenvolvimento urbano e às políticas setoriais afetas às funções públicas de interesse comum;
>
> II – estabelecimento de meios compartilhados de organização administrativa das funções públicas de interesse comum;

III – estabelecimento de sistema integrado de alocação de recursos e de prestação de contas;

IV – execução compartilhada das funções públicas de interesse comum, mediante rateio de custos previamente pactuado no âmbito da estrutura de governança interfederativa;

V – participação de representantes da sociedade civil nos processos de planejamento e de tomada de decisão; (Redação dada pela Lei nº 13.683, de 2018)

VI – compatibilização dos planos plurianuais, leis de diretrizes orçamentárias e orçamentos anuais dos entes envolvidos na governança interfederativa;

VII – compensação por serviços ambientais ou outros serviços prestados pelo Município à unidade territorial urbana, na forma da lei e dos acordos firmados no âmbito da estrutura de governança interfederativa.

Parágrafo único. Na aplicação das diretrizes estabelecidas neste artigo, devem ser consideradas as especificidades dos Municípios integrantes da unidade territorial urbana quanto à população, à renda, ao território e às características ambientais.

Art. 7º-A. No exercício da governança das funções públicas de interesse comum, o Estado e os Municípios da unidade territorial deverão observar as seguintes diretrizes gerais: (Incluído pela Lei nº 13.683, de 2018)

I – compartilhamento da tomada de decisões com vistas à implantação de processo relativo ao planejamento, à elaboração de projetos, à sua estruturação econômico-financeira, à operação e à gestão do serviço ou da atividade; e (Incluído pela Lei nº 13.683, de 2018)

II – compartilhamento de responsabilidades na gestão de ações e projetos relacionados às funções públicas de interesse comum, os quais deverão ser executados mediante a articulação de órgãos e entidades dos entes federados." (Incluído pela Lei nº 13.683, de 2018)

Da estrutura montada para gerir conjuntamente as funções públicas de interesse comum nas regiões metropolitanas e aglomerações urbanas, havia a necessidade de se fixar, como norma geral, a ser seguida por todos os Estados-membros, quando da edição de Lei Complementar Estadual instituindo regiões metropolitanas e aglomerações urbanas, um órgão encarregado de tomar as decisões, determinar e acompanhar sua execução, bem como realizar a necessária prestação de contas de suas ações. Nesse sentido, as disposições do artigo 8º da Lei 13.089/2015, *"in verbis"*:

Art. 8º. A governança interfederativa das regiões metropolitanas e das aglomerações urbanas compreenderá em sua estrutura básica:

I – instância executiva composta pelos representantes do Poder Executivo dos entes federativos integrantes das unidades territoriais urbanas;

II – instância colegiada deliberativa com representação da sociedade civil;

III – organização pública com funções técnico-consultivas; e

IV – sistema integrado de alocação de recursos e de prestação de contas.

3.2.3.1. Dos instrumentos de desenvolvimento urbano integrado

Para efeitos de facilitar a aplicação de diversos institutos jurídicos, políticos e/ou administrativos, no planejamento, execução e gestão das funções públicas de interesse comum no âmbito das regiões metropolitanas e aglomerações urbanas, assim dispôs a Lei 13.089/2015.

Art. 9º. *Sem prejuízo da lista apresentada no art. 4º da Lei nº 10.257*, de 10 de julho 2001, no desenvolvimento urbano integrado de regiões metropolitanas e de aglomerações urbanas serão utilizados, entre outros, os seguintes instrumentos:

I – plano de desenvolvimento urbano integrado;

II – planos setoriais interfederativos;

III – fundos públicos;

IV – operações urbanas consorciadas interfederativas;

V – zonas para aplicação compartilhada dos instrumentos urbanísticos previstos na Lei nº 10.257, de 10 de julho de 2001;

VI – consórcios públicos, observada a Lei nº 11.107, de 6 de abril de 2005;

VII – convênios de cooperação;

VIII – contratos de gestão;

IX – compensação por serviços ambientais ou outros serviços prestados pelo Município à unidade territorial urbana, conforme o inciso VII do caput do art. 7º desta Lei;

X – parcerias público-privadas interfederativas.

Para Paulo Afonso Cavichioli Carmona, no direito atual, há uma alternativa ao enfrentamento dos problemas das regiões metropolitanas, que são os consórcios públicos, disciplinados no art. 241 da Constituição Federal, por meio da Emenda Constitucional 19/98, a qual autorizou a gestão associada de serviços públicos entre entes federados, bem como que haja transferência total ou parcial de encargos, serviços, pessoal e bens essenciais à continuidade de serviços transferidos. Os consórcios públicos foram disciplinados na Lei 11.107/2005, as quais tem natureza jurídica de normas gerais, objetivando contratação de consórcios públicos para realização de objetivos de interesse comum.[223]

Os demais instrumentos previstos no artigo 9º da Lei 13.089/2015, como as operações urbanas consorciadas e as compensações por serviços ambientais prestados pelos Municípios às regiões metropolitanas e aglomerações urbanas, embora bastante úteis, não temos conhecimento de suas utilizações, acreditando que não serão utilizados a curto prazo, pelas dificuldades que apresentam e por serem institutos novos em nosso direito, os quais precisam ser amadurecidos em âmbito local para depois ser utilizados na esfera regional. Os demais podem ser utilizados com êxito, bastando vontade política de implementá-los.

3.2.3.2. Planos de Desenvolvimento nas regiões metropolitanas, aglomeração urbanas e microrregiões

O art. 2º, inciso VI, da Lei 13.089/2015 (Estatuto da Metrópole) conceituou o que deve ser considerado como plano de desenvolvimento urbano integrado, como:

VI – plano de desenvolvimento urbano integrado: instrumento que estabelece, com base em processo permanente de planejamento, viabilização econômico-financeira e gestão, as diretrizes para o desenvolvimento territorial estratégico e os projetos estruturantes da região metropolitana e aglomeração urbana; (Redação dada pela Lei nº 13.683, de 2018);

223 Curso de direito urbanístico, p. 143.

Ao se falar em *"interesse Metropolitano"* e competência para elaboração do Plano Metropolitano, importante ter em mente que regiões metropolitanas não se confundem com microrregiões ou regiões intraestaduais, que são regiões espaciais definidas para fins administrativos, pressupondo agrupamento de municípios limítrofes ou interesses comuns. A região metropolitana é mais que isso, pois a essência não está nesses elementos, mas na comunidade integrada em um espaço fortemente urbanizado, apresentando-se como *"região urbana"*, e não por uma questão puramente territorial. Manifesta-se como uma *"comunidade de interesse urbanístico especial"*. Essas características também se encontram nas aglomerações urbanas, reconhecida pela Constituição como entidades passíveis de organização jurídica.[224]

No planejamento, gestão e execução das funções públicas de interesse comum em regiões metropolitanas e em aglomerações urbanas, além do plano de desenvolvimento urbano integrado, também poderão ser instituídos *"planos setoriais interfederativos para políticas públicas direcionadas à região metropolitana ou à aglomeração urbana"*, consoante o disposto no art. 10, § 1º da Lei 13.089/2015.

Quanto ao planejamento e plano metropolitanos, o entendimento de José Afonso da Silva é que eles não têm mais razão de ser, na forma contemplada pela Lei Complementar 14/1973, a qual disciplinava o planejamento integrado do desenvolvimento econômico e social da região metropolitana. É que a titularidade passou para a lei complementar estadual disciplinar, não podendo desenvolvê-lo, em termos de planejamento do desenvolvimento econômico e social, pois estes não se ligam diretamente com o desenvolvimento urbanístico. Para o autor, o planejamento econômico e social continua sendo atribuição da União e dos Estados, dependendo da competência em regiões metropolitanas.[225]

Como as regiões metropolitanas possuem natureza basicamente urbanística, a conclusão do eminente constitucionalista das arcadas é que o plano metropolitano também tem natureza urbanística, *"plano de ordenação urbana, para melhor caracterizá-lo a fim de afastar uma ideia que sempre se insinua na doutrina, segundo a qual se trata de planejamento e planos regionais – o que o Estatuto da Cidade (art. 4º, inciso II e art. 40) definitivamente resolve, ao conceber como um dos instrumentos da política urbana o planejamento metropolitano (e também das aglomerações urbanas e das regiões metropolitanas)."*[226]

3.2.3.3. Necessidade de compatibilização entre ordenamento territorial de regiões metropolitanas, aglomerações urbanas e microrregionais com os Planos Diretores Municipais

Na questão das regiões metropolitanas ou aglomerações urbanas, de consignar, também, que o Estatuto da Cidade, para dar efetividade às diretrizes previstas em seu art. 2º, também exige planos regionais e estaduais de ordenação do território. O planejamento municipal, com base no plano diretor, no zoneamento ambiental, em

224 SILVA, José Afonso da. **Direito Urbanístico Brasileiro**. 5ª ed. São Paulo: Malheiros, 2008, p. 161.

225 Op. cit., p. 165-166.

226 Ibidem, p. 166.

estudos prévios de impacto ambiental e estudo prévio de impacto de vizinhança, são instrumentos imprescindíveis para tanto, conforme menciona o artigo 4º.

Ainda sobre as salutares disposições do art. 10 da Lei 13.089/2015, no sentido de exigir um planejamento verdadeiramente integrado entre as funções e ações dos entes federativos que compõem as regiões metropolitanas e aglomerações urbanas (Estados e Municípios), vale afirmar a obrigatoriedade prevista em tal disposição para que os Municípios adequem seus Planos Diretores ao Plano de Desenvolvimento Urbano Integrado, conforme se vê das disposições abaixo transcritas:

> Art. 10. As regiões metropolitanas e as aglomerações urbanas deverão contar com plano de desenvolvimento urbano integrado, aprovado mediante lei estadual.
>
> [...]
>
> § 2º. A elaboração do plano previsto no caput deste artigo *não exime o Município integrante da região metropolitana ou aglomeração urbana da formulação do respectivo plano diretor*, nos termos do § 1º do art. 182 da Constituição Federal e da Lei nº 10.257, de 10 de julho de 2001.
>
> § 3º. Nas regiões metropolitanas e nas aglomerações urbanas instituídas mediante lei complementar estadual, o Município deverá *compatibilizar seu plano diretor com o plano de desenvolvimento urbano integrado da unidade territorial urbana.*
>
> § 4º O plano previsto no caput deste artigo será elaborado de forma conjunta e cooperada por representantes do Estado, dos Municípios integrantes da unidade regional e da sociedade civil organizada e será aprovado pela instância colegiada a que se refere o art. 8º desta Lei, antes de seu encaminhamento à apreciação da Assembleia Legislativa. (Redação dada pela Lei nº 13.683, de 2018)

A existência do Plano Diretor de Desenvolvimento Integrado não impede que sejam formulados outros planos interfederativos, por setores relativos às políticas públicas referentes às funções de interesse comum, desde que em consonância com o Plano Diretor de Desenvolvimento Integrado, direcionadas à região metropolitana ou à aglomeração urbana (art. 10, § 1º da Lei 13.089/2015).

O Plano Diretor de Desenvolvimento Integrado deverá ser revisto pelo menos a cada dez anos (art. 11 do Estatuto da Metrópole), nada impedindo que isso ocorra em interregnos menores.

Quanto ao *conteúdo mínimo* do Plano Diretor de Desenvolvimento Integrado, preceitua o artigo 12, § 1º da Lei 13.089/2015 os seguintes pontos, *devendo abranger zona rural e zona urbana*, desde já se frisando que tal conteúdo tem características eminentemente urbanísticas. São eles:

> I – as diretrizes para as funções públicas de interesse comum, incluindo projetos estratégicos e ações prioritárias para investimentos;
>
> II – o macrozoneamento da unidade territorial urbana;
>
> III – as diretrizes quanto à articulação dos Municípios no parcelamento, uso e ocupação no solo urbano;
>
> IV – as diretrizes quanto à articulação intersetorial das políticas públicas afetas à unidade territorial urbana;

V – a delimitação das áreas com restrições à urbanização visando à proteção do patrimônio ambiental ou cultural, bem como das áreas sujeitas a controle especial pelo risco de desastres naturais, se existirem; (Redação dada pela Lei nº 13.683, de 2018)

VI – o sistema de acompanhamento e controle de suas disposições; e (Redação dada pela Lei nº 13.683, de 2018)

VII – as diretrizes mínimas para implementação de efetiva política pública de regularização fundiária urbana, nos termos da Lei nº 13.465, de 11 de julho de 2017. (Incluído pela Lei nº 13.683, de 2018)

3.2.3.4. Do apoio da União à governança interfederativa

Mesmo a conjugação de esforços e de recursos financeiros entre Estados e Municípios, como é curial, na maioria das vezes, não será suficiente para atendimento de todas as demandas decorrentes das funções de interesse comuns de tais entes federativos. Até porque dentre elas estão políticas públicas da maior importância para a concretização do bem-estar e da qualidade de vida das pessoas que residem nas cidades, as quais possuem o direito de usufruir de todas as funções sociais destas, insertas na função social da propriedade urbana, na sustentabilidade urbano-ambiental, no acesso à habitação adequada, bem como em outras políticas públicas não relacionadas com a questão urbanística, mas nem por isso menos importante, tais como as de segurança pública, desenvolvimento econômico, assistência social etc..

Visando legalmente instrumentalizar o apoio financeiro a Estados e Municípios, no planejamento, gestão e execução das ações e políticas públicas que compõem as denominadas funções públicas de interesse comum (art. 2º, II, da Lei 13.089/2015), o Estatuto da Metrópole possibilita que:

> Art. 13. Em suas ações inclusas na política nacional de desenvolvimento urbano, a União apoiará as iniciativas dos Estados e dos Municípios voltadas à governança interfederativa, observados as diretrizes e os objetivos do plano plurianual, as metas e as prioridades fixadas pelas leis de diretrizes orçamentárias e o limite das disponibilidades propiciadas pelas leis orçamentárias anuais.
>
> Art. 14. Para o apoio da União à governança interfederativa em região metropolitana ou em aglomeração urbana, será exigido que a unidade territorial urbana possua gestão plena, nos termos do inciso III do caput do art. 2º desta Lei.
>
> § 1º. Além do disposto no caput deste artigo, o apoio da União à governança interfederativa em região metropolitana impõe a observância do inciso VII do caput do art. 2º desta Lei.
>
> § 2º Admite-se o apoio da União para a elaboração e a revisão do plano de desenvolvimento urbano integrado de que tratam os arts. 10, 11 e 12 desta Lei, dispensado, na primeira hipótese, o cumprimento da exigência constante da alínea c do inciso III do art. 2º desta Lei. (Redação dada pela Lei nº 13.683, de 2018)
>
> § 3º. Serão estabelecidos em regulamento requisitos adicionais para o apoio da União à governança interfederativa, bem como para as microrregiões e cidades referidas no § 1º do art. 1º desta Lei e para os consórcios públicos constituídos para atuação em funções públicas de interesse comum no campo do desenvolvimento urbano.

Uma das condições para que o apoio técnico e/ou financeiro da União aos Municípios e ao Estado, nas regiões metropolitanas e nas aglomerações urbanas, possa se efetivar é que neles haja gestão plena, isto é, *"formalização e delimitação mediante lei complementar estadual"*; estrutura de governança interfederativa própria, nos termos do art. 8º do Estatuto da Metrópole e *"plano de desenvolvimento urbano integrado aprovado mediante lei estadual"* (art. 2º, III). A outra condição, exclusivamente no caso das regiões metropolitanas, é que elas devem se configurar uma *"metrópole"*, isto é, que seja um *"espaço urbano com continuidade territorial que, em razão de sua população e relevância política e socioeconômica, tem influência nacional ou sobre uma região que configure, no mínimo, a área de influência de uma capital regional"*, consoante se observa dos artigos 14 e 2º, incisos V e VII, todos da Lei 13.089/2015.

Na hipótese de a região metropolitana não se enquadrar no conceito legal de metrópole, previsto no art. 2º, V, da Lei 13.089/2015, ela será tratada como aglomeração urbana para fins de recebimento de auxílios da União (art. 15 do mencionado Estatuto).

O apoio da União, seja do ponto de vista financeiro (art. 13), seja do ponto de vista técnico (a depender de regulamentação futura), nos termos do art. 14, §§ 2º e 3º da Lei 13.089/2015, encontra amparo constitucional nas disposições do art. 23, IX[227], art. 24, I[228], da Constituição Federal.

3.2.3.5. Participação popular, Estatuto da Metrópole

Como há dito, a Lei Federal 13.089/2015, ao disciplinar a governança interfederativa das regiões metropolitanas e das aglomerações urbanas, no artigo 6º, inciso V, foi incisiva em prever a necessidade de observância dos princípios do Estatuto da Cidade na gestão democrática da cidade, devendo obedecer ao disposto nos artigos 43 a 45 da Lei 10.257/00, ou seja, durante os atos de governança o órgão central que congregar o planejamento e a gestão das regiões metropolitanas e das aglomerações urbanas terão que atender às seguintes disposições:

> Art. 43. Para garantir a gestão democrática da cidade, deverão ser utilizados, entre outros, os seguintes instrumentos:
>
> I – *órgãos colegiados de política urbana*, nos níveis nacional, estadual e municipal;
>
> II – debates, audiências e consultas públicas;
>
> III – *conferências sobre assuntos de interesse urbano*, nos níveis nacional, estadual e municipal;
>
> IV – iniciativa popular de projeto de lei e de planos, programas e projetos de desenvolvimento urbano;
>
> V – (VETADO)
>
> Art. 44. No âmbito municipal, a gestão orçamentária participativa de que trata a alínea f do inciso III do art. 4º[229] desta Lei incluirá a realização de debates, audiências e consultas públicas sobre as propostas do plano plurianual, da lei de diretrizes orça-

[227] Dentre as competências administrativas comuns à União, Estados e Municípios estão "IX – promover programas de construção de moradias e a melhoria das condições habitacionais e de saneamento básico";

[228] A União poderá editar normas gerais e concorrentes com os Estados e Municípios sobre "I – direito tributário, financeiro, penitenciário, econômico e urbanístico;".

[229] f) gestão orçamentária participativa.

> mentárias e do orçamento anual, como condição obrigatória para sua aprovação pela Câmara Municipal.
>
> Art. 45. Os organismos gestores das regiões metropolitanas e aglomerações urbanas incluirão obrigatória e significativa participação da população e de associações representativas dos vários segmentos da comunidade, de modo a garantir o controle direto de suas atividades e o pleno exercício da cidadania.

Aliás, a participação popular na tomada de decisão quanto às questões de interesse comum das regiões metropolitanas e aglomerações urbanas é uma das diretrizes da governança interfederativa que a Lei 13.089/2015 previu. A respeito, confira-se:

> Art. 7º. Além das diretrizes gerais estabelecidas no art. 2º da Lei nº 10.257, de 10 de julho de 2001, a governança interfederativa das regiões metropolitanas e das aglomerações urbanas observará as seguintes diretrizes específicas:
>
> [...]
>
> V – participação de representantes da sociedade civil nos processos de planejamento e de tomada de decisão; (Redação dada pela Lei nº 13.683, de 2018)

Nessa mesma linha, pode ser destacado no artigo 8º, inciso II, da Lei 13.089/2015, "*in verbis*":

> Art. 8º. A governança interfederativa das regiões metropolitanas e das aglomerações urbanas compreenderá em sua estrutura básica:
>
> [...]
>
> II – instância colegiada deliberativa com representação da sociedade civil;

Quando da elaboração do Plano Diretor de Desenvolvimento Integrado das regiões metropolitanas e aglomerações urbanas, há a necessidade de debates e audiências públicas com a comunidade e com as associações representativas dos vários setores da sociedade, assim como com a população, em todos os Municípios integrantes da região metropolitana (art. 12, § 2º, I, da Lei 13.089/2015).

Os documentos produzidos devem ser disponibilizados integralmente, com a antecedência necessária, tanto fisicamente em local previsto no sumário do aviso a ser publicado nos órgãos de imprensa da região abrangida, bem como em formato eletrônico na rede mundial de computadores (internet). Ainda que todas as providências retrocitadas não constem do artigo 12, § 2º da Lei 13.089/2015, tendo em vista à remissão efetuada ao Estatuto da Cidade e à necessidade de obediência à gestão democrática das cidades assim o exigem, conforme se infere dos art. 6º, V; art. 7º, V e art. 12, § 2º, I, todos da Lei 13.089/2015, combinado com o art. 2º, II; art. 4º, III, "f" e arts. 43/45 da Lei 10.257/00.

3.2.4. *Legislação estadual sobre regiões metropolitanas, aglomerações urbanas e microrregiões*

O artigo 3º da Lei 13.089/2015, em consonância com o disposto no artigo 25, § 3º, da Constituição Federal, reiterou que as regiões metropolitanas e as aglomerações urbanas devem ser instituídas mediante lei complementar e serão "*constituídas por agrupamento de*

Municípios limítrofes, para integrar a organização, o planejamento e a execução de funções públicas de interesse comum.". No parágrafo único de tal dispositivo existe importante definição, no sentido de que *"Estado e Municípios inclusos em região metropolitana ou em aglomeração urbana formalizada e delimitada na forma do caput deste artigo deverão promover a governança interfederativa, sem prejuízo de outras determinações desta Lei."*

Quanto ao conteúdo a ser disciplinado pela Lei Complementar Estadual que instituir as regiões metropolitanas e as aglomerações urbanas, prevê o artigo 5º da Lei Federal 13.089/2015 que:

> Art. 5º. As leis complementares estaduais referidas nos arts. 3º e 4º desta Lei definirão, no mínimo:
>
> I – os Municípios que integram a unidade territorial urbana;
>
> II – os campos funcionais ou funções públicas de interesse comum que justificam a instituição da unidade territorial urbana;
>
> III – a conformação da estrutura de governança interfederativa, incluindo a organização administrativa e o sistema integrado de alocação de recursos e de prestação de contas; e
>
> IV – os meios de controle social da organização, do planejamento e da execução de funções públicas de interesse comum.

No Estado de São Paulo, hoje existem a Região Metropolitana de São Paulo (RMSP – instituída pela Lei Complementar Federal nº 14/1973, disciplinada pela Lei Complementar Estadual nº 94/74 e reorganizada pela Lei Complementar Estadual nº 1.139/2011); a Região Metropolitana de Campinas (Lei Complementar Estadual nº 870/2000), a Região Metropolitana da Baixada Santista (Lei Complementar Estadual nº 815/96), a Região Metropolitana do Vale do Paraíba e Litoral Norte (Lei Complementar Estadual nº 1.166/2012) e a Região Metropolitana de Sorocaba (Lei Complementar Estadual 1.241/14).

Tais normas possuem diversos *dispositivos relacionados com o uso e ocupação do solo nessas regiões metropolitanas, cujas legislações municipais, especialmente os Planos Diretores com elas deverão guardar compatibilização, conforme dispositivos da Constituição Estadual*, em especial os arts. 155; 180; 181, § 3º; 215, III e 216, § 1º.

Com base nos mesmos dispositivos da Constituição do Estado de São Paulo, retrocitados, temos algumas aglomerações urbanas no território paulista, a saber: Aglomeração Urbana de Jundiaí (Lei Complementar Estadual nº 1.146/11) e Aglomeração Urbana de Piracicaba (Lei Complementar Estadual nº 1.178/2012).

Para a disciplina do uso e ocupação do solo em municípios integrantes de aglomerações urbanas, basicamente, valem as mesmas considerações retrocitadas quanto às regiões metropolitanas.

3.2.5. Competências federativas urbano-ambiental em regiões metropolitanas e aglomerações urbanas: Estatuto da Metrópole e o STF

O interesse comum para as políticas públicas de Estados e Municípios e a compulsoriedade da integração dos Municípios às regiões metropolitanas e aglomerações urbanas, a ser eventualmente definida por meio de lei complementar estadual (art.

25, § 3º da CF), se houver interesse e aprovação de lei nesse sentido nos Estados-membros, não são incompatíveis com a autonomia municipal.

O mencionado interesse comum não o é apenas aos municípios envolvidos, mas ao Estado e aos Municípios do agrupamento urbano formados por regiões metropolitanas e aglomerações urbanas. O caráter compulsório da participação deles em regiões metropolitanas, microrregiões e aglomerações urbanas já foi acolhido pelo Pleno do Egrégio Supremo Tribunal Federal[230], cuja ementa do v. acórdão é do seguinte teor:

> REGIÃO METROPOLITANA AGLOMERAÇÃO URBANA OU MICORREGIÃO CRIAÇÃO REQUISITO APROVAÇÃO DA CÂMARA MUNICIPAL. Ao primeiro exame, discrepa do § 3 º do artigo 25 da Constituição Federal norma de Carta de Estado que submete a participação de município em região metropolitana, aglomeração urbana ou microrregião à aprovação prévia da câmara municipal. Liminar deferida para suspender a eficácia do preceito em face do concurso da relevância da argumentação jurídico-constitucional, da conveniência e do risco de manter-se com plena eficácia o preceito, obstaculizada que fica a integração e realização das funções públicas de interesse comum.

A questão foi abordada e decidida pela compulsoriedade de o Município em se submeter às disposições de Lei Complementar Estadual que defina quais os Municípios participarão de regiões metropolitanas (mesma questão jurídico-constitucional aplicável às aglomerações urbanas) e quais serão as funções públicas de interesse comum a serem desempenhadas conjuntamente por ambos e não necessariamente com igual peso de votos na decisão (mas também não fugindo muito da paridade, a depender das circunstâncias de cada caso). Em longa análise com declarações de votos de vários ministros da suprema corte brasileira, prolatado antes da Lei Federal 13.089/2015, ficou decidido no âmbito da Ação Direta de Inconstitucionalidade 1842-RJ, inicialmente relatada pelo eminente Ministro Luiz Fux, cuja redação foi depois transferida para a responsabilidade do Ministro Gilmar Mendes, que a titularidade do saneamento básico em regiões metropolitanas é de responsabilidade conjunta de Estados e Municípios, não podendo haver competência exclusiva de uma das esferas políticas desses entes federativos. Eis o longo teor da emenda de tal julgamento, ainda não transitado em julgado por haver pendência de decisão sobre embargos de declaração a respeito do conteúdo e alcance do decidido:

> Ação direta de inconstitucionalidade. Instituição de região metropolitana e competência para saneamento básico.
>
> Ação direta de inconstitucionalidade contra Lei Complementar nº 87/1997, Lei nº 2.869/1997 e Decreto nº 24.631/1998, todos do Estado do Rio de Janeiro, que instituem a Região Metropolitana do Rio de Janeiro e a Microrregião dos Lagos e transferem a titularidade do poder concedente para prestação de serviços públicos de interesse metropolitano ao Estado do Rio de Janeiro.
>
> **Preliminares de inépcia da inicial e prejuízo.**
>
> Rejeitada a preliminar de inépcia da inicial e acolhido parcialmente o prejuízo em relação aos arts. 1º, *caput* e § 1º; 2º, *caput*; 4º, *caput* e incisos I a VII; 11, *caput* e incisos I a VI; e 12 da LC 87/1997/RJ, porquanto alterados substancialmente.

[230] ADI 1841/RJ, Rel. Min. Carlos Velloso, DJ 20.9.2002; ADI 796/ES, Rel. Min. Néri da Silveira, DJ 17.12.1999.

Autonomia municipal e integração metropolitana.

A Constituição Federal conferiu ênfase à autonomia municipal ao mencionar os municípios como integrantes do sistema federativo (art. 1º da CF/1988) e ao fixá-la junto com os Estados e o Distrito Federal (art. 18 da CF/1988).

A essência da autonomia municipal contém primordialmente (i) *autoadministração*, que implica capacidade decisória quanto aos interesses locais, sem delegação ou aprovação hierárquica; e (ii) *autogoverno*, que determina a eleição do chefe do Poder Executivo e dos representantes no Legislativo.

O interesse comum e a compulsoriedade da integração metropolitana não são incompatíveis com a autonomia municipal. O mencionado interesse comum não é comum apenas aos municípios envolvidos, mas ao Estado e aos municípios do agrupamento urbano. O *caráter compulsório da participação deles em regiões metropolitanas, microrregiões e aglomerações urbanas já foi acolhido pelo Pleno do STF* (ADI 1841/RJ, Rel. Min. Carlos Velloso, DJ 20.9.2002; ADI 796/ES, Rel. Min. Néri da Silveira, DJ 17.12.1999).

O interesse comum inclui funções públicas e serviços que atendam a mais de um município, assim como os que, restritos ao território de um deles, sejam de algum modo dependentes, concorrentes, confluentes ou integrados de funções públicas, bem como serviços supra municipais.

Aglomerações urbanas e saneamento básico.

O art. 23, IX, da Constituição Federal conferiu competência comum à União, aos Estados e aos municípios para promoverem a melhoria das condições de saneamento básico.

Nada obstante a competência municipal do poder concedente do serviço público de saneamento básico, o alto custo e o monopólio natural do serviço, além da existência de várias etapas – como captação, tratamento, adução, reserva, distribuição de água e o recolhimento, condução e disposição final de esgoto – que comumente ultrapassam os limites territoriais de um município, indicam a existência de interesse comum do serviço de saneamento básico.

A função pública do saneamento básico frequentemente extrapola o interesse local e passa a ter natureza de interesse comum no caso de instituição de regiões metropolitanas, aglomerações urbanas e microrregiões, nos termos do art. 25, § 3º, da Constituição Federal.

Para o adequado atendimento do interesse comum, a integração municipal do serviço de saneamento básico pode ocorrer tanto voluntariamente, por meio de gestão associada, empregando convênios de cooperação ou consórcios públicos, consoante o arts. 3º, II, e 24 da Lei Federal 11.445/2007 e o art. 241 da Constituição Federal, como compulsoriamente, nos termos em que prevista na lei complementar estadual que institui as aglomerações urbanas.

A instituição de regiões metropolitanas, aglomerações urbanas ou microrregiões pode vincular a participação de municípios limítrofes, com o objetivo de executar e planejar a função pública do saneamento básico, seja para atender adequadamente às exigências de higiene e saúde pública, seja para dar viabilidade econômica e técnica aos municípios menos favorecidos. Repita-se que este caráter compulsório da integração metropolitana não esvazia a autonomia municipal.

Inconstitucionalidade da transferência ao estado-membro do poder concedente de funções e serviços públicos de interesse comum.

O estabelecimento de região metropolitana não significa simples transferência de competências para o estado.

O interesse comum é muito mais que a soma de cada interesse local envolvido, pois a má condução da função de saneamento básico por apenas um município pode colocar em risco todo o esforço do conjunto, além das consequências para a saúde pública de toda a região.

> O parâmetro para aferição da constitucionalidade reside no respeito à divisão de responsabilidades entre municípios e estado. É necessário evitar que o poder decisório e o poder concedente se concentrem nas mãos de um único ente para preservação do autogoverno e da autoadministração dos municípios.
>
> Reconhecimento do poder concedente e da titularidade do serviço ao colegiado formado pelos municípios e pelo estado federado. A participação dos entes nesse colegiado não necessita de ser paritária, desde que apta a prevenir a concentração do poder decisório no âmbito de um único ente. A participação de cada Município e do Estado deve ser estipulada em cada região metropolitana de acordo com suas particularidades, sem que se permita que um ente tenha predomínio absoluto.
>
> Ação julgada parcialmente procedente para declarar a inconstitucionalidade da expressão 'a ser submetido à Assembleia Legislativa' constante do art. 5º, I; e do § 2º do art. 4º; do parágrafo único do art. 5º; dos incisos I, II, IV e V do art. 6º; do art. 7º; do art. 10; e do § 2º do art. 11 da Lei Complementar nº 87/1997 do Estado do Rio de Janeiro, bem como dos arts. 11 a 21 da Lei nº 2.869/1997 do Estado do Rio de Janeiro.
>
> **Modulação de efeitos da declaração de inconstitucionalidade.**
>
> Em razão da necessidade de continuidade da prestação da função de saneamento básico, há excepcional interesse social para vigência excepcional das leis impugnadas, nos termos do art. 27 da Lei nº 9868/1998, pelo prazo de 24 meses, a contar da data de conclusão do julgamento, lapso temporal razoável *dentro do qual o legislador estadual deverá reapreciar o tema, constituindo modelo de prestação de saneamento básico nas áreas de integração metropolitana, dirigido por órgão colegiado com participação dos municípios pertinentes e do próprio Estado do Rio de Janeiro, sem que haja concentração do poder decisório nas mãos de qualquer ente.* (Grifos nosso)

Portanto, como se percebe, ficou decido haver titularidade conjunta entre Municípios e Estado para decisões administrativas sobre saneamento em regiões metropolitanas e aglomerações urbanas, não precisando haver necessária correlação de forças, mas também ficando vedado predomínio absoluto de um ente sobre o outro, tudo isso para o caso da Região Metropolitana do Rio de Janeiro, a segunda maior do país. De se frisar que tal decisão foi proferida anteriormente à Lei 13.089/2015, mas com ela compatível, pois o Estatuto da Metrópole não destoou das competências constitucionais legislativas e administrativas do Estado e dos Municípios, na forma como reconhecida pela Supremo Tribunal Federal. Ademais, como não poderia deixar de ser, o STF analisou a questão da competência constitucional entre Estados e Municípios, assunto que a Lei 13.089/15 não mudou e nem poderia.

Em posicionamento firmado antes do mencionado acórdão, vale transcrever o entendimento de Ana Carolina Vanderlei Teixeira, sustentando não se constituir em entrave para criação de funcionamento de regiões metropolitanas a autonomia municipal. O raciocínio desenvolvido é o seguinte:

> Autonomia municipal, preceito constitucional, é contingente e dinâmica, não sendo ossatura institucionalizada inflexível, pois sofre adaptações aos tempos da pós-modernidade estatal, na medida em que os Municípios, autônomos nos termos da Constituição (art. 18), tem pela mesma Constituição condicionada e limitada essa mesma autonomia, como se destacado no fenômeno regional. Pode assim o Estado, pelo Poder Legislativo, criar órgãos regionais com funções normativas e executivas, obrigando os municípios, porque, a uma, ele se inclui no espaço e ambiência regional, e, a duas, as regiões metropolitanas, as aglomerações urbanas e as microrregiões integram o título organização

estatal no texto constitucional, respondendo aos anseios da liberdade, da participação e da solidariedade, atributos da cidadania e pressupostos da regionalização.[231]

Entendemos ter ocorrido total acerto na decisão do Supremo Tribunal Federal e concordamos com o posicionamento de Ana Carolina Vanderlei Teixeira, visto que a competência do Estado para regulamentação dos limites da região metropolitana e da aglomeração urbana foi dada pelo art. 25, § 3º da Constituição Federal, não havendo que se falar em inconstitucionalidade dentro da própria Constituição originária. Ademais, questões como a do saneamento básico transcendem ao interesse local, não se podendo falar em violação à autonomia deste ou daquele Município situado na mesma bacia ou sub-bacia hidrográfica, não sendo razoável defender que para uma mesma questão que ultrapasse os limites territoriais de um Município, e que precise de uma decisão uniforme ou ao menos coesa, possa haver várias autonomias distintas, segundo os interesses de cada ente federativo envolvido.

3.2.6. *Anuência prévia dos Estados-membros na aprovação de parcelamentos urbanos: casos em que há a obrigatoriedade – parcelamento de solo em regiões metropolitanas e aglomerações urbanas*

No artigo 13 da Lei 6.766/79 estão algumas exceções à aprovação de loteamento e desmembramentos por Municípios ou pelo Distrito Federal, dentre elas a seguintes circunstâncias:

> Art. 13. Aos Estados caberá disciplinar a aprovação pelos Municípios de loteamentos e desmembramentos nas seguintes condições: (Redação dada pela Lei nº 9.785, de 1999)
>
> [...]
>
> II – quando o loteamento ou desmembramento localizar-se em área limítrofe do município, ou que pertença a mais de um município, nas regiões metropolitanas ou em aglomerações urbanas, definidas em lei estadual ou federal;
>
> [...]
>
> Parágrafo único – No caso de loteamento ou desmembramento localizado em área de município integrante de região metropolitana, o exame e a anuência prévia à aprovação do projeto caberão à autoridade metropolitana.

Portanto, estando o loteamento ou o desmembramento situado em regiões metropolitanas ou aglomerações urbanas, em razão de ser função pública de interesse comum, a questão do uso e do parcelamento do solo, bem como a questão ambiental, a atribuição para análise e aprovação desses empreendimentos imobiliários caberá ao órgão metropolitano. Na Lei 13.089/2015 tal órgão deverá congregar Estados e Municípios, devendo ser criado pela lei complementar estadual que instituir a região metropolitana ou a aglomeração urbana. Ele está previsto no artigo 8º, "*in verbis*":

> Art. 8º. A governança interfederativa das regiões metropolitanas e das aglomerações urbanas compreenderá em sua estrutura básica:

[231] Região metropolitana. Instituição e gestão contemporânea. Dimensão participativa. Belo Horizonte: Fórum. 2005, p. 107. "apud", CARMONA, Paulo Afonso Cavichioli. Curso de Direito Urbanístico, p. 142-143.

I – instância executiva composta pelos representantes do Poder Executivo dos entes federativos integrantes das unidades territoriais urbanas;

II – instância colegiada deliberativa com representação da sociedade civil;

No Estado de São Paulo, entendemos que tal órgão seja o Conselho de Desenvolvimento, nos termos dos artigos arts. 7º, 9º e 13 da Lei Complementar Estadual nº 760/94. A respeito confira-se:

Artigo 7º – Poderão ser considerados de interesse comum das entidades regionais os seguintes campos funcionais;

I – planejamento e uso de solo;

II – transporte e sistema viário regionais;

III – habitação;

IV – saneamento básico;

V – meio ambiente;

VI – desenvolvimento econômico; e

Artigo 9º – Em cada unidade regional funcionará um Conselho de Desenvolvimento, de caráter normativo e deliberativo, composto por um representante de cada Município que a integra e por representantes do Estado nos campos funcionais de interesse comum.

Artigo 13 – O Conselho de Desenvolvimento terá as seguintes atribuições:

I – especificar os serviços públicos de interesse comum do Estado e dos Municípios na unidade regional, compreendidos nos campos funcionais referidos no artigo 7º desta lei complementar, bem como, quando for o caso, as correspondentes etapas ou fases e seus respectivos responsáveis;

II – aprovar objetivos, metas e prioridades de interesse regional, compatibilizando-os com os objetivos do Estado e dos Municípios que o integram;

III – aprovar os termos de referência e o subseqüente plano territorial elaborado para a respectiva região;

IV – apreciar planos, programas e projetos, públicos ou privados, relativos à realização de obras, empreendimentos e atividades que tenham impacto regional;

[...]

IX – deliberar sobre quaisquer matérias de impacto regional.

§ 1º. O Conselho procurará compatibilizar suas deliberações com as diretrizes fixadas pela União e pelo Estado para o desenvolvimento urbano e regional.

§ 2º. As deliberações do Conselho serão comunicadas aos Municípios integrantes da unidade regional e às autoridades estaduais responsáveis pelas funções públicas de interesse comum no prazo de 15 (quinze) dias.

Sobre as razões para que os loteamentos e desmembramentos previstos no artigo 13 da Lei 6.766/79 sejam aprovados pela autoridade metropolitana, assim se manifestam Toshio Mukai, Alaôr Caffé Alves e Paulo José Villela Lomar: "*Justificam-se as hipóteses, isso porque a configuração delas pressupõe a necessidade de se solucionar conflitos de interesse entre os municípios limítrofes, onde a conurbação já é mais ou menos intensa. O Estado seria uma espécie de árbitro administrativo na composição de eventual conflito.*" . Para os referidos autores, em razão da diversidade de critérios de um para outro município em relação aos "*padrões urbanísticos utilizados para os parcelamentos (nivelamentos, cotas, diversidade de uso do solo, largura de vias públicas etc.), bem assim ao fixar suas diretrizes de planejamento urbanístico. Daí a necessidade de uma entidade se manifestar nessas hipóteses, com a busca de soluções supra-municipais.*"[232]

É de se ponderar, ainda, que nos parcelamentos situados em regiões metropolitanas a autoridade metropolitana, a quem compete o exame e a anuência prévia nas hipóteses previstas no parágrafo único do art. 13 da Lei 6.766/79, devem se manifestar, nos casos do inciso I, ou seja, das áreas de interesse especial (como por exemplo as de proteção de mananciais e de patrimônio cultural)[233]. Nesse sentido, exemplificam Toshio Mukai, Alaôr Caffé Alves e Paulo José Villela Lomar com a situação da Região Metropolitana de São Paulo, onde as áreas de proteção aos mananciais tinham seus parcelamentos aprovados pelo Município, com sérios prejuízos aos interessados, sem manifestação prévia da autoridade metropolitana, ocasionando perda de tempo e de materiais.[234]

Caberá ao Conselho Deliberativo da região metropolitana ou da aglomeração urbana, na qualidade de órgão máximo orientador e coordenador da execução do serviços comuns metropolitanos, indicar a autoridade metropolitana que aprovará ou não os empreendimentos imobiliários requeridos.[235]

Referindo-se às aglomerações urbanas, Toshio Mukai, Alaôr Caffé Alves e Paulo José Villela Lomar entendem que se justifica a interferência do Estado na formação do ato de aprovação do parcelamento urbano *"sempre que houver o envolvimento de áreas limítrofes ou que pertençam a mais de um município"*.[236]

4. ESTATUTO DA CIDADE

4.1. Introdução

O Brasil, a partir de 2.001, passa a contar com um instrumento jurídico concretizador da nova ordem constitucional vigente, na busca de efetivas conquistas para a cidadania brasileira, estabelecendo um regramento na ordenação das cidades, com natureza jurídica de normas de ordem pública e interesse social, com caráter de norma geral sobre urbanismo, as quais vão regular o uso da propriedade urbana em prol do bem coletivo, da segurança e do bem-estar dos cidadãos, bem como do equilíbrio ambiental (art. 1º, parágrafo único, da Lei 10.257/01), conhecida como Estatuto da Cidade (EC).

Nesse sentido, partimos do pressuposto de que o Estatuto da Cidade, enquanto referencial normativo à ordenação e ocupação do solo urbano, apresenta-se também como um vetor político e jurídico que informa os objetivos, finalidade e princípios a serem adotados pelos Municípios em busca da tão desejada reforma urbana.[237]

[232] Comentários à Lei de parcelamento do solo urbano: Lei nº 6.766, de 19/12/79. 2ª ed. São Paulo: Saraiva, 1980, p. 64.

[233] Ibidem, p. 64.

[234] Op. cit., p. 65.

[235] Ibidem, p. 64.

[236] Ibidem, p. 65.

[237] LEAL, Rogério Gesta. Direito urbanístico. Condições e Possibilidades da Constituição do Espaço Urbano. Rio de Janeiro: Renovar, 2003, páginas 78/79, "apud" HORN, Daniel Colombo Gentil. O parcelamento do solo urbano em questão: experiências alternativas ao esgotamento de um modelo e perspectivas na nova ordem jurídico-urbanística, p. 16.

O Estatuto da Cidade constitui-se no mais importante instrumento legal para enfrentarmos o caos vividos na maioria dos centros urbano brasileiros, especialmente em decorrência da vertiginosa urbanização ocorrida nos últimos anos, não acompanhada por ações de urbanificação adequadas, conforme já anotado.

Em complemento ao Estatuto da Cidade e com bases em suas diretrizes, houve e continua havendo a necessidade de estabelecer regras, por meio dos planos diretores e, quando este for incompleto, por leis municipais complementares a este plano (leis setoriais), para se combater o colapso do sistema de transporte, os processos erosivos, a impermeabilização do solo, a proliferação de habitações precárias, os caóticos índices de saneamento básico, a redução da *"favelização"* via regularização fundiária, bem como disciplinar os novos parcelamento do solo, nas variadas modalidades. Sempre se levando em conta o efeito sinérgico e cumulativo dos vários e sucessivos parcelamentos em dada zona do município. Para tanto, valer-se-ão de instrumentos como o Estudo de Impacto de Vizinhança (EIV) e, em casos de empreendimentos com maior potencial de causar impactos ambientais, do Estudo de Impacto Ambiental (EIA) e de seu consequente Relatório de Impacto Ambiental (RIMA), sendo que a existência do EIV não dispensa, quando o caso, a realização do EIA (art. 38 do EC).

Não se trata de tarefa fácil, mas as diretrizes do Estatuto da Cidade possuem amparo constitucional e principiológico, inclusive por tratar de *"normas de ordem pública e interesse social que regulam o uso da propriedade urbana em prol do bem coletivo, da segurança e do bem-estar dos cidadãos, bem como do equilíbrio ambiental"*, conforme preceituam o art. 1º, parágrafo único, da Lei nº 10.257/01, tendo o Estatuto amparo no artigo 182 da Constituição Federal.

4.2. Diretrizes e objetivos

A Lei nº 10.257/01, no seu art. 2º, dispõe sobre as diretrizes gerais da política de desenvolvimento urbano de que fala o art. 182, *"caput"*, da Constituição Federal. Trata-se de *"um padrão de comportamento para todos os municípios, na condição de normas diretoras introduzem condicionantes ao direito de propriedade, ao direito de parcelar, usar, edificar e ocupar o solo de qualificação urbana"*.[238]

Para Carlos Ari Sundfeld, *"essas diretrizes têm o 'status' de normas gerais nacionais, sendo, portanto, vinculativas para todos os entes da Federação, especialmente os Municípios"*.[239] A mesma força vinculante das diretrizes é sustentada por Odete Medauar.[240]

Sobre as diretrizes da Lei 10.257/01, pontua José Carlos de Freitas que quanto à premissa de que o urbanismo deva abranger habitação, trabalho, circulação no

[238] FREITAS, José Carlos. Loteamentos fechados: O papel do Ministério Público, p. 29-30.

[239] O Estatuto da Cidade e suas diretrizes gerais. In: DALLARI, Adilson Abreu e FERRAZ, Sérgio (Coord.) O Estatuto da Cidade e suas diretrizes. Estatuto da Cidade – Comentários à Lei Federal 10.257/2001. São Paulo: Malheiros, 2002, p. 53.

[240] MEDAUAR, Odete e MENEZES DE ALMEIDA, Fernando Dias (Org). Estatuto da Cidade – Comentários, RT, 2ª ed., 2004, pp. 20-23, "apud" FREITAS, José Carlos. Loteamentos fechados: O papel do Ministério Público, p. 29-30; "A força vinculante das diretrizes da política urbana", Temas de Direito Urbanístico 4, coedição Ministério Público e Imprensa Oficial do Estado, 2005, pp. 15-23.

espaço urbano e recreação do corpo e do espírito, conforme a Carta de Atenas de 1933, esses elementos vêm agrupados no Estatuto da Cidade, pois:

> Ainda que se conteste a atualidade dessa premissa, cumpre anotar que a Lei 10.257, de 10/07/01, incorporou expressamente as funções moradia, trabalho e lazer ao definir o direito a cidades sustentáveis (art. 2º, I). A circulação, função que se exerce nas vias públicas, praças, parques, áreas verdes e de lazer (no meio circulante), aparece nos dispositivos que tratam das diretrizes da política urbana, quando essa lei faz alusão a infra-estrutura, transporte, equipamentos urbanos e comunitários (art. 2º, I, V, VI, "c" e "d") e aos elementos condicionantes do estudo de impacto de vizinhança (EIV – art. 37, II e V).[241]

Para Mário Augusto Vicente Malaquias, Procurador de Justiça e ex-Promotor de Justiça de Habitação e Urbanismo na capital paulista,

> A Lei 10.257 criou, ou melhor, adaptou instituto jurídicos para atender à realidade brasileira, principalmente a população carente de moradia dos grandes centros urbanos. É do conhecimento público as péssimas condições de habitação, que vem se agravando dia-a-dia com aumento populacional das cidades como São Paulo, Rio de Janeiro, Belo Horizonte o Recife, dentre outras. O elevado déficit habitacional tem entregue a população de baixa renda a sua própria sorte. O reconhecimento da moradia como direito social na Constituição Federal e a aprovação do Estatuto da Cidade vão ao encontro daqueles que aspiram pela "casa própria".[242]

Comentando a importância do Estatuto da Cidade para a ordem urbanística, ressalta Ricardo de Barros Leonel que tal diploma sinalizou, de modo relevante, a importância da atuação do poder público na esfera administrativa e no poder de polícia administrativa, visando adequar a propriedade urbana em prol dos interesses da coletividade. A partir dos parâmetros e institutos previstos no Estatuto, *"é viável extrair repercussões relativas não apenas à tutela administrativa, mas também jurisdicional, da ordem urbanística, que pode beneficiar interesses difusos, coletivos ou mesmo individuais homogêneos"*. Na sequência, exemplificando quais seriam as funções urbanas do Estatuto, observa o culto Promotor de Justiça, atual Diretor-Geral do Ministério Público, do Ministério Público do Estado de São Paulo e Professor de Processo Civil da USP, que:

> O desenvolvimento adequado, planejado e sustentável da cidade; o respeito, pelos empreendedores do ramo imobiliário, as disposições normativas relativas à construção, ao meio ambiente, ao plano diretor, às leis de zoneamento e o uso do solo etc.; o uso adequado das vias e logradouros públicos; a adequada fiscalização do poder público com relação à segurança das edificações e locais onde se realizam eventos públicos; entre inúmeras outras situações, são hipóteses em que o interesse metaindividual relacionado à ordem urbanística estará presente, tomando como ponto de apoio tanto as diretrizes contidas no Estatuto da Cidade como na legislação local.[243]

241 O Estatuto da Cidade e o equilíbrio do espaço urbano, p. 443.

242 Do direito de propriedade ao direito de moradia – novas perspectivas instituídas com a Lei 10.257/2001. "In": FREITAS, José Carlos de (Org.). Temas de direito urbanístico 3. São Paulo: Ministério Público do Estado de São Paulo e Imprensa Oficial do Estado, 2.001, p. 185.

243 Manual do processo civil coletivo. 3ª ed. Rev., atual. e ampl. São Paulo: Revista dos Tribunais, 2013, p. 137,

4.3. Instrumentos tradicionais de intervenção e de limitação da propriedade urbana

4.3.1. Introdução

Conforme previsto no art. 4º, inciso V, do Estatuto da Cidade, entre os instrumentos a serem utilizados, estão os institutos jurídico-políticos a) desapropriação; b) servidão administrativa; c) tombamento de imóveis ou de mobiliário urbano.

Para José Afonso da Silva os instrumentos de intervenção urbanística são divididos em quatro grupos: "*instrumentos de atuação urbanística, de aproveitamento adequado compulsório, de controle urbanístico e de composição dos custos urbanísticos*". Quanto aos instrumentos de limitação urbanística da propriedade, eles são meios e medidas pelo qual o poder público executa atividades urbanísticas, como restrições, servidões e desapropriações. As restrições limitam o caráter absoluto da propriedade, enquanto a servidões o caráter exclusivo e a desapropriação o caráter perpétuo.

A doutrina denomina essas modalidades como de limitações ao direito de propriedade e ao direito de construir, entretanto, sem muita precisão terminológica.[244]

A função social da propriedade não interfere somente com o direito de propriedade, mas o condiciona como um todo. Delimita seu conteúdo, não sendo fundamento de limitações, pois essa se liga mais aos caracteres da propriedade.[245]

A propriedade, como direito subjetivo civil, possui três faculdades básicas: faculdade de uso, faculdade de gozo e faculdade de disposição, conforme previsto no art. 1.228 do Código Civil. Para a doutrina, a propriedade possui três caracteres: é *absoluta*, exclusiva e perpétua; sendo o direito absoluto por haver liberdade de disposição; *exclusivo* porque diz respeito ao proprietário e a mais ninguém; *perpétuo* por não desaparecer com o fim da vida do proprietário, transmitindo-se a seus sucessores.[246]

A propriedade sofre limitações de direito privado e de direito público, neste caso regulada pelo direito constitucional, pelo direito administrativo e pelo direito urbanístico, por ser este instrumento de atuação urbanística, suas funções voltam-se à realização da função urbanística do poder público.[247]

A seguir abordaremos alguns desses institutos.

4.3.2. Restrições ou limitações administrativas à propriedade urbana

As restrições urbanísticas limitam o caráter absoluto da propriedade, afetando o direito de fruição, abrangendo o direito de uso da coisa, o direito de ocupação. A outra restrição é quanto ao direito de modificação (ou transformação) da propriedade, que consiste na faculdade de modificar ou alterar, parcial ou totalmente, ou

---

244 SILVA, José Afonso Da Silva. Direito urbanístico brasileiro, p. 397-399.

245 Ibidem, p. 398.

246 Ibidem, p. 399.

247 Idem, p. 399.

até mesmo destruir a coisa própria. A terceira faculdade relaciona-se com o direito à alienação, ou seja, o proprietário pode alienar sua propriedade, por qualquer dos meios em direito admitidos. Nesse contexto, *"podemos dizer que as restrições urbanísticas são as limitações impostas às faculdades de fruição, de modificação, de alienação da propriedade, no interesse da ordenação do território."*[248]

As condicionantes ao exercício das faculdades do direito de propriedade não extinguem a substância mínima do direito de propriedade, sendo seus caracteres a generalidade, a executoriedade, a razoabilidade, a não-confiscatoriedade. Em razão disso devem ser toleradas.[249]

Hely Lopes Meirelles distingue restrições e limitações ao direito de propriedade, entendendo que as restrições é matéria de Direito Civil, enquanto a limitação é regida pelo Direito Público. Denomina a estas limitações urbanísticas, enquanto José Afonso da Silva a elas se refere como restrições urbanísticas. Estamos com José Afonso da Silva, preferindo a expressão *"restrições"* ao invés de *"limitações"*, razão pela qual será a terminologia utilizada no presente trabalho.

Para Paulo Afonso Cavichioli Carmona, as limitações administrativas, dentre as formas de intervenção do Estado na propriedade, são as mais suaves, embora afetem o caráter absoluto desse direito, ou seja, a possibilidade de usar gozar e dispor da coisa. Elas são baseadas no princípio da supremacia do interesse público sobre o interesse privado, sendo exemplos: a obrigação de adotar medidas técnicas para construção de imóveis, limitação do número de pavimentos dos edifícios; limitação na dimensão percentual do desmatamento de área florestadas ou obrigatoriedade de permissão para que agentes públicos façam vistoria nos imóvel.[250]

Em razão do bem tutelado, as restrições, segundo José Afonso da Silva, classificam-se em: *"(a) restrições de proteção ao domínio público (alinhamento e nivelamento); (b) restrições de proteção à salubridade urbana; (c) restrições de proteção à funcionalidade; (d) restrições de proteção à segurança; (e) restrições de proteção estética, paisagística e monumental."*[251]

No tocante às restrições ao uso da propriedade, elas ocorrem por meio da lei de zoneamento, impondo várias categorias de uso, impedindo que o proprietário dê a destinação do imóvel como bem entender, pois tem que respeitar as imposições de uso previstas para cada zona: a residencial, a de uso comercial, a industrial, a institucional etc.[252]

Quanto à faculdade de fruição da propriedade, ela se revela por meio de uso e ocupação da coisa, de maneira que as restrições referem-se ao uso e a ocupação. Nesse aspecto, do ponto de vista urbanístico, refere-se à edificação dos lotes, não havendo a possibilidade de construir na totalidade do terreno, devendo ser obedecidos índices urbanísticos para cada modelo de assentamento urbano (taxa de ocupação,

248 SILVA, José Afonso da. Direito urbanístico brasileiro, p. 400.

249 Ibidem, p. 400.

250 Curso de Direito Urbanístico, p. 202-203.

251 Op. cit., p. 401.

252 SILVA, José Afonso da. Direito urbanístico brasileiro, p. 401.

coeficiente de aproveitamento, recuos, gabaritos, alinhamento e nivelamento e proibições *non aedificandi*).[253]

Existem restrições à modificação ou transformação da propriedade, limitando a atividade de parcelamento do solo para fins urbanos, por meio de diretrizes referentes ao arruamento, ao loteamento, desmembramento e desdobro de lote, os quais são sujeitos à aprovação da municipalidade, e, às vezes, de autoridades federais e estaduais.[254]

Existem, ainda, as restrições à exploração de florestas de proteção permanente, corte de árvores declaradas imune ao corte, desmatamento de reservas florestais, conforme lembra José Afonso da Silva.[255]

Com relação às restrições à alienabilidade da propriedade, elas têm pouco significação entre nós, restringindo-se ao direito de preferência da União, dos Estados e dos Municípios, em caso de bens de valor histórico artístico, paisagístico, nos termos do art. 22 do Decreto Lei 25/37.[256] Exemplificamos esse rol, com o direito de preempção, previsto no Estatuto da Cidade, nos artigo 25 a 27.

O controle das restrições ao direito de propriedade e ao direito de construir ocorre por meio de aprovações, autorizações, licenças, fiscalizações e inspeções, bem como por sanções, exercendo este um controle repressivo a posterior, conforme anota José Afonso da Silva.[257]

Por se tratar de limitações gerais ao direito de propriedade, não existe ônus ao poder público em se estabelecer tais restrições, não sendo elas, em princípio, indenizáveis, mas se as restrições fugirem à característica da generalidade serão verdadeiras servidões, tornando-se indenizáveis.[258]

As limitações administrativas são distintas das limitações baseadas no direito privado, como a do direito de vizinhança – art. 1.277-1.233 do Código Civil, pois estas tem o objetivo de conciliar interesses privados de vizinhos.[259]

Costuma-se confundir limitação administrativa com servidão administrativa. Para Celso Antônio Bandeira de Melo, a restrição genérica e abstrata ao direito de propriedade pode caracterizar-se como limitação ou servidão administrativa, sendo limitação se houver um dever de abstenção, e servidão se houver a obrigação de suportar uma determinada ação.[260] Posição discordante apresenta Maria Sylvia Zanella Di Pietro, ao lembrar que há servidão onde existe uma obrigação de não fazer (abstenção), como no caso de não poder um prédio ficar acima de determinada

253 Ibidem, p. 401-402.

254 SILVA, José Afonso da. Direito urbanístico, 401-402.

255 Op. cit., p. 402.

256 SILVA, José Afonso da. Direito urbanístico, 403.

257 Op. cit., p. 403.

258 Berçaitz, Miguel Angel. Problemas jurídicos del urbanismo. Buenos Aires: Abeleledo-Perrot, 1972, p. 71, "apud", SILVA, José Afonso da. Direito urbanístico, p. 403.

259 CARMONA, Paulo Afonso Cavichioli. Curso de Direito Urbanístico, p. 203.

260 Revista de Direito Público (RDP) 9/65, "apud" CARMONA, Paulo Afonso Cavichioli. Curso de Direito Urbanístico, p. 203.

altura, ao redor de aeroportos, ou não construir propriedades às margens de estrada de rodagem. Conclui a autora que na limitação a obrigação de não fazer é instituída em favor de um interesse público genérico, mas na servidão existe a obrigação de fazer, imposta em proveito do determinado bem (dominante), o qual é afetado ao fim público. Na servidão o direito é real de uso e gozo, em benefício do poder público, de maneira a afetar a exclusividade do direito de propriedade. Já na limitação administrativa, existe apenas uma imposição genérica e regulamentar de uso, gozo e disposição do direito de propriedade ao bem-estar social.[261]

Quanto à posição jurisprudencial sobre a questão do cabimento ou não de indenização em caso de restrições administrativas no tocante ao direito de propriedade, oportuna trazer à baila a exposição de Raquel Mello Urbano de Carvalho, nos seguintes termos:

> Como base na orientação dos Tribunais Superiores, pode-se assim distinguir a propósito do dever de indenizar em área 'non aedificandi':
>
> a) área rural: limitação 'non aedificandi' impõe-se sem indenização (característica da gratuidade);
>
> b) área urbana:
>
> b.1) Se a rodovia preexistia à inclusão do perímetro urbano, a restrição edilícia continua prevalecendo, sem indenização;
>
> b.2) se a rodovia alcança zona urbana, a indenização terá lugar:
>
> b.2.1) pelo valor total, no caso de aniquilamento integral do domínio do particular (a intervenção desqualifica-se como limitação administrativa, assumindo os contornos de desapropriação indireta);
>
> b.2.2) indenização parcial, pela imposição de uso restrito, permanecendo o domínio com o proprietário.[262]

Para finalizar, com razão, Paulo Afonso Cavichioli Carmona observa que: *"as limitações administrativas podem ser impostas por leis de qualquer ente político, dependendo da competência constitucional para legislar sobre a matéria. Note-se que elas estão sujeitas aos limites da reserva legal, ou seja, não podem ser instituídas por ato administrativo."*[263]

4.3.3. Desapropriação para fins urbanísticos

Para o professor José Afonso da Silva, a desapropriação urbanística, ou desapropriação para fins urbanísticos, ocorre quando ela é utilizada como instrumento de execução de atividade urbanísticas do poder público. Ressalta, o sempre festejado professor da USP, ser equivocado entender que apenas o emprego da desapropriação administrativa clássica, para o fim especial da ordenação urbanística dos espaços

---

[261] Direito administrativo. 17ª edição. São Paulo: Malheiros, 2004, p. 126-127, "apud" CARMONA, Paulo Afonso Cavichioli. Curso de Direito Urbanístico, p. 203.

[262] Curso de Direito administrativo. Salvador: Podivm, 2008, p. 973, "apud" CARMONA, Paulo Afonso Cavichioli. Curso de Direito Urbanístico, p. 204.

[263] Op. cit., p. 204.

habitáveis, caracteriza-se como desapropriação urbanística. Lembra ele que o Estatuto da Cidade prevê a desapropriação como instituto da política urbana, lamentavelmente tendo apenas regulamentado a desapropriação-sansão (art. 8º), deixando de regulamentar a desapropriação para fins urbanísticos, a qual ficou a critério da Lei Geral das Desapropriações. Deixou, o Estatuto, de disciplinar a desapropriação urbanística, visando ajustar o instituto à realidade urbana, de forma a ordenar os espaços habitáveis no sentido de promoção da qualidade de vida da população.[264]

A desapropriação é concebida como sendo um instrumento pelo qual o poder público determina a transferência da propriedade particular (ou pública de entidades menores) para seu patrimônio ou de seus delegados, por utilidade ou necessidade pública, bem como por interesse social, mediante a prévia e justa indenização em dinheiro, havendo a exceção constitucional do pagamento em títulos da dívida pública.[265]

Para José Afonso da Silva:

> a desapropriação urbanística distancia-se desse conceito geral, para caracterizar-se como um instrumento de realização da política do solo urbano em função da execução do planejamento urbanístico. Nesse sentido é que se afirma que ela consubstancia um instrumento de execução da atividade urbanística do poder público, e tem no planejamento seu princípio nuclear. Ora, esse planejamento, ao estabelecer as bases da ordenação da realidade urbana, importa conformar e configurar a propriedade imóvel e o direito de construir, atuando, no plano prático, o princípio constitucional da função social da propriedade. Pois bem, os proprietários de imóveis urbanos nem sempre estarão dispostos a aceitar os condicionamentos estabelecidos nos planos para sua propriedade; por isso, é tarefa da atividade urbanística fazer com que essas propriedades sejam encaminhadas para a utilização neles previstos.[266]

Resume o professor das arcadas que a desapropriação urbanística não é propriamente um instrumento de transferência do imóvel de um proprietário privado ao outro, seja público ou não, mas um instrumento destinado à utilização positiva dos bens, de acordo com normas do plano urbanístico. Mencionando Jossef Wolff[267] explica o professor José Afonso da Silva que a não transferência citada é consequência da disciplina jurídica dos bens, que não se constitui apenas por limitações, mas por normas dirigidas a sua utilização vinculada, pois não seria possível obrigar o proprietário a realizar, no seu imóvel, um uso positivo que não seja de sua eleição, como não se pode impor ao empresário o desenvolvimento de uma atividade oposta à sua vontade.[268] Aliás, nessa linha, quando se tratar da insistência do proprietário de imóvel urbano de área não utilizada, subutilizada ou não edificável, em não dar

---

264 Direito urbanístico brasileiro, p. 414.

265 Op. cit., p. 415.

266 Op. cit., 415.

267 El planeamiento urbanístico del território y las normas que garantizan su efectividad, conforme a la Ley de Ordenación Urbanística". In: La Ley Federal Alemana de Ordenación Urbanística y los Municipios, p. 15, trad. Joaquim Hernández Orozco. Madri, Instituto de Estudios de Administración Local, 1973, "apud" SILVA, José Afonso da. Direito Urbanístico Brasileiro, p. 415.

268 Frederico Spantigatti. Manual de Derecho urbanístico. Milao, Giuffrè Editore, 1969, p. 37, "apud" José Afonso da. Direito Urbanístico Brasileiro, p. 416.

função social à propriedade, situação em que poderá haver desapropriação compulsória ou desapropriação-sanção (art. 182, § 4º, inciso III, da CF).

As desapropriações urbanísticas pressupõem a existência de um plano urbanístico geral, particularizado, parcial, especial ou setorial, o projeto de urbanificação, visando transformar áreas urbanizadas e já edificadas, de maneira a renová-las, dando-lhes nova destinação, quer preparando prédios rústicos com objetivo de convertê-los em solo urbano, destinado à nova edificação, conforme usos previstos na lei do zoneamento.[269]

Explica José Afonso da Silva que a doutrina entende não se caracterizar como urbanística a desapropriação que não trouxer como causa exclusiva, direta e imediata, documento de execução urbanística. Não seria viável a desapropriação urbanística caso não haja planos, ou que estes não estejam devidamente aprovados, ou ainda não executáveis.[270]

A desapropriação-sansão é uma modalidade de desapropriação prevista em países como Itália e Espanha, visando o restabelecimento da legalidade urbanística, para evitar o descumprimento de normas que contenham obrigações dos proprietários. Como exemplo, pode ser citado o artigo 182, § 4º, III, da Carta Magna, relativamente a prédio não-edificado, subutilizado ou não utilizado, quando seu proprietário não cumprir determinação do poder público para fazer a utilização de forma adequada, hipótese em que haverá a sanção da desapropriação, com indenização mediante títulos da dívida pública.[271]

Os fundamentos normativos da desapropriação estão no Decreto-Lei nº 3.365/41, que em seu artigo 5º relaciona os casos de desapropriação que podem ser consideradas para fins urbanísticos, de utilidade pública, abaixo relacionados:

> e) a criação e melhoramento de centros de população, seu abastecimento regular de meios de subsistência;
>
> i) a abertura, conservação e melhoramento de vias ou logradouros públicos; a execução de planos de urbanização; o parcelamento do solo, com ou sem edificação, para sua melhor utilização econômica, higiênica ou estética; a construção ou ampliação de distritos industriais; (Redação dada pela Lei nº 9.785, de 1999);
>
> j) o funcionamento dos meios de transporte coletivo;
>
> k) a preservação e conservação dos monumentos históricos e artísticos, isolados ou integrados em conjuntos urbanos ou rurais, bem como as medidas necessárias a manter-lhes e realçar-lhes os aspectos mais valiosos ou característicos e, ainda, a proteção de paisagens e locais particularmente dotados pela natureza.

Como exemplo de desapropriação urbanística, José Afonso da Silva arrola situações de execução de planos urbanísticos especiais para construção ou ampliação de distritos industriais, renovação de bairros envelhecidos para implantação de núcleos urbanos novos, execução de planos de reparcelamento do solo edificado

---

[269] Op. cit., p. 417.

[270] Op. cit., p. 418.

[271] SILVA, José Afonso da. Direito urbanístico brasileiro, p. 419-420.

ou não, funcionamento de meios de transporte coletivo, preservação e conservação de monumentos históricos, proteção de paisagens e locais dotados pela natureza.[272]

No tocante ao princípio da justa distribuição de benefícios e dos ônus decorrentes da desapropriação urbanística, lembra José Afonso da Silva haver um início de preocupação doutrinária sobre esses fatores, os quais surgem quer no tocante ao pagamento da indenização, quer no aspecto da alienação dos bens expropriados após sua urbanização, realizada conforme plano. Conclui o autor que a indenização deve ocorrer pelo pagamento do justo preço, pelos valores de mercado. Deve-se tomar providência para que terceiros que vierem adquirir imóveis resultantes de execução de planos urbanísticos não se beneficiem às custas dos expropriados, bem como que evitar que os proprietários de imóveis adjacentes à área beneficiada possam obter vantagens dos melhoramentos, sem que compensem a mais-valia dele proveniente. Uma boa alternativa sugerida por José Afonso da Silva é que após a urbanificação prevista no plano os imóveis sejam oferecidos aos expropriados, com prioridade para aquisição dos lotes, prédios, remanescentes da urbanificação, por preço inferior ao da alienação a terceiros, desde que tais adquirentes se comprometam a edificar os terrenos na forma ordenada no plano e dar aos imóveis o uso estabelecido. Ficará dispensada, nesse diapasão, a licitação em razão de que outros adquirentes não teriam área na região, havendo uma situação qualificativamente distinta para tal dispensa.[273]

5. PLANO DIRETOR

5.1. Conceito, características e requisitos gerais:

Em conceito abrangente de plano diretor Caramuru Afonso Francisco, consigna que:

> o plano diretor é o instrumento de que se deverá valer o Poder Público para satisfazer o direito a cidades sustentáveis, este direito múltiplo criado pelo próprio Estatuto da Cidade, que consiste no direito à terra urbana, à moradia, ao saneamento ambiental, à infra-estrutura urbana, ao transporte e aos serviços públicos, ao trabalho e ao lazer, para as presentes e futuras gerações.[274]

Hely Lopes Meirelles conceitua Plano Diretor da seguinte forma: *"é o complexo de normas legais e diretrizes técnicas para o desenvolvimento global e constante do Município, sob os aspectos físico, social, econômico e administrativo, desejado pela comunidade local"*.[275]

---

[272] Op. cit., p. 423-424.

[273] Op. cit., p. 426-426.

[274] Estatuto da Cidade comentado. São Paulo: Juarez de Oliveira, 2001. p. 241, "apud", GASPARINI, Diógenes. Aspectos jurídicos do plano diretor. Temas de direito urbanístico 4. São Paulo: Ministério Público do Estado de São Paulo e Imprensa Oficial do Estado, 2005, p. 80.

[275] Direito municipal brasileiro. 6 ed. atual. por Izabel Camargo Lopes Monteiro e Yara Darcy Police Monteiro. São Paulo: Malheiros, 1993. p. 393.

Para Diógenes Gasparini, o Plano Diretor é *"lei municipal sistematizadora do desenvolvimento físico, econômico, social e administrativo do Município, em função do bem-estar de sua população"*.[276]

Para Daniela Libório, "o *plano urbanístico é um instrumento básico de atuação estatal. Por meio dele, administração pública e a sociedade terá uma base para agir segundo suas próprias finalidades. Traz segurança para a iniciativa privada e responsabilidade para o Poder Público.*"[277]

Discorrendo sobre os requisitos do plano urbanístico, aponta, com propriedade, a ilustre advogada e Professora da Pontifícia Universidade Católica (PUC/SP) que ele *"deve ser precedido de uma dinâmica de planejamento que, pelo levantamento de dados e índices, verificará as carências e necessidades, apontando soluções. Este resultado será traduzido em um documento que será o plano. Este processo de elaboração pode e deve envolver a população para definição de metas realistas."*[278]

A partir da Constituição de 1988, o planejamento passou a ser um instrumento de contornos jurídicos, pois *"deixou de ser mero instrumento técnico, resolvido dentro das administrações"*. O Estado deve exercer uma função de fiscalização, incentivo e planejamento enquanto agente normativo e regulador da atividade econômica.[279]

Ainda sobre os requisitos para um adequado planejamento, é conveniente consignar que:

> Planejamento é procedimento, deve ser permanente e tem cunho técnico, ou seja, deve envolver profissionais capacitados para função. Deve retratar a realidade, por meio de levantamentos sistemáticos e comparativos, com metodologias experimentadas. Diagnosticam o foco pesquisado. É a realidade vista por meio de processo técnico e desapaixonado. Não deve envolver ideologias políticas, sob pena ver os resultados ficarem distorcidos.[280]

Quanto à disciplina urbanística, a legislação edilícia pode ser classificada em dois tipos: *Normas definidoras de controle técnico-funcional das construções e normas definidoras de controle urbanístico da atividade construtiva.* As primeiras compõem os códigos de edificações[281], enquanto as segundas integram leis de parcelamento do solo e de zoneamento, mas também, secundariamente aqueles códigos.[282]

No Direito comparado, existe a autoaplicabilidade das normas do plano diretor, instrumento básico dirigido para os governos locais, como ocorre no direito

[276] Aspectos jurídicos do plano diretor. Temas de direito urbanístico 4. São Paulo: Ministério Público do Estado de São Paulo e Imprensa Oficial do Estado, 2.005p. 81.

[277] Responsabilidade do Estado e o plano urbanístico. In: GUERRA, Alexandre Dartanhan de Melo; PIRES, Luis Manuel Fonseca; BENACCHIO, Marcelo (Coords). Responsabilidade civil do Estado: desafios contemporâneos. São Paulo: Quartier Latin, 2010, p. 964.

[278] Op. cit., p. 964.

[279] Ibidem, p. 965.

[280] Ibidem, p. 964.

[281] Também denominado Código de Obras, por alguns municípios ou doutrinadores.

[282] SILVA, José Afonso da. Direito urbanístico, p. 436.

urbanístico europeu (Itália, Espanha, França e Portugal), que serviu de inspiração ao modelo brasileiro. Lá, o direito de construir de cada terreno corresponde aos índices constantes dos planos urbanísticos.[283]

O plano diretor é condição e norteará a edição de leis municipais de delimitação das áreas em que incidirá o direito de preempção (art. 25, § 1º, do Estatuto da Cidade), onde poderão ocorrer operações consorciadas (art. 32) e de regulamentação da transferência do direito de construir (art. 35). Também será condicionante para imposição do parcelamento e edificação compulsória em imóveis não edificados, subutilizados ou não utilizados, seguindo as diretrizes da norma federal, consoante o previsto no art. 182, § 4º da CF.

Com o objetivo de reduzir ou distribuir os ônus e bônus decorrentes da regularização fundiária, no *"caput"* do art. 15 da Lei 13.465/17, há a permissão para o Município, em possuindo plano diretor e como instrumento da política urbana prevista no Estatuto da Cidade (Lei 10.257/00, art. 2º, IX e XIV), lançar mãos de institutos como: a) Direito de Preempção (arts. 25, 26, I, e demais incisos); b) Outorga Onerosa do Direito de Construir (art. 28 c.c. art. 31); e c) Alteração do Uso do Solo (art. 29 c/c art. 31).

A Constituição, no art. 30, VIII, *"condiciona o exercício da competência municipal na promoção do ordenamento territorial ao planejamento e controle do uso, parcelamento e ocupação do solo urbano. Não basta dispor sobre o solo urbano, fracionando-o em diferentes usos. Deve haver mecanismos que possam controlar e acompanhar o desenvolvimento urbano da cidade por meio de planejamento."*[284]

O planejamento também está disciplinado no art. 2º, IV, do Estatuto da Cidade, o qual prevê que a política urbana deve ser planejada, incluindo distribuição espacial da população e distribuição espacial das atividades econômicas. Assim, não é possível fazer um plano urbanístico sem diagnóstico da ocupação do solo no município, das relações socioeconômicas que nele são desenvolvidas, bem como as eventuais influências que os municípios do entorno exercem sobre a área a ser planejada. Necessário uma visão macroestratégica, para o que há de existir o mapeamento da realidade a ser decidida. Nesse contexto, implicitamente, o art. 42, III, do Estatuto prevê a coleta de informações sobre o impacto e transformação que as ações previstas no plano diretor *"estão trazendo para a realidade municipal"*.[285]

No planejamento municipal, a ser realizado nos termos do art. 4º, III, da Lei 10.257/00, no qual se inclui a dinâmica do Município, deve existir:

> a) o plano diretor (também art. 40, § 1º), b) a disciplina do parcelamento, do uso e da ocupação do solo, c) zoneamento ambiental, d) o plano plurianual, e) as diretrizes orçamentárias e o orçamento anual, f) a gestão orçamentária participativa, g) os planos, programas e projetos setoriais e, h) plano de desenvolvimento econômico e social. Assim, ao estabelecer essa verdadeira tipologia de planos urbanísticos, os instrumentos indicados nas alíneas (acima transcritos) só poderão ser definidos se precedidos do devido

[283] PINTO, Victor Carvalho. Regime jurídico do plano diretor, p. 413.

[284] DI SARNO, Daniela Campos Libório. Responsabilidade do Estado e o Plano Urbanístico, p. 965.

[285] Ibidem, p. 966.

planejamento. O planejamento é condição necessária para sua existência, levando-os à invalidação diante daquela ausência.[286]

Não há unanimidade na doutrina sobre a necessidade de um plano diretor para estruturação de uma política de desenvolvimento urbano, com leis específicas. Como bem ressalta Daniela Campos Libório Di Sarno:

> chega-se à conclusão de que, mesmo a Constituição Federal não tenha deixado clara a vinculação da elaboração de leis urbanas específicas com a existência de um plano diretor, o desenvolvimento urbano adequado e harmônico, compatível com a necessidade dos habitantes locais, só será plenamente atingido se houver um diagnóstico na realidade, aliado à participação popular, que deverá definir as prioridades na cidade. E o resultado das compatibilizações de todos os interesses deverá ser transcrito em um plano urbanístico. Elaborar leis de cunho urbanístico, estando estas dissociadas deste processo, não contribuirá, em nada, para o equilíbrio do desenvolvimento urbano.[287]

5.2. Aspectos fundamentais do Plano Diretor

O Plano Diretor, também conhecido como Plano Diretor Municipal, *"Plano Diretor de Desenvolvimento Urbano"*, *"Plano de Desenvolvimento Local Integrado"*, *"Plano Urbanístico Básico"*, *"Plano Diretor de Desenvolvimento Integrado"* (PDDI)[288] ou outras denominações similares, foi constitucionalmente alçado a instrumento básico da política urbana (art. 182, § 1º c/c art. 40, *"caput"*, da Lei 10.257/00), no tocante à forma de seu desenvolvimento e da expansão urbana, visando ao cumprimento das funções sociais da cidade, de modo a garantir o bem-estar de seus habitantes.

O Estatuto da Cidade foi a primeira lei federal destinada especificamente à regulamentação do Capítulo da Política Urbana da Constituição. Em tal norma, *"o plano diretor é tratado como tema central, ao contrário das leis anteriores, em que ele era assunto periférico, regulado apenas na sua interface com outros temas."*[289]

Caso bem planejado, elaborado e executado por parte do poder público municipal, especialmente pelo Poder Executivo, que tem a prerrogativa exclusiva de proposição legislativa para sua criação e modificação, o Plano Diretor impede a ocorrência de abusos por parte de agentes públicos e de particulares que atuam no denominado *mercado imobiliário*. O plano deve servir de instrumento preventivo para evitar as anomalias no uso e ocupação do solo urbano, bem como de diretriz para a correção dos pretéritos e corriqueiros desmandos no uso e ocupação do solo, por meio da regularização fundiária.

Segundo Victor Carvalho Pinto, o plano diretor também visa impedir abusos dos poderes conferidos ao Município contra o direito de propriedade. Para ele, definir os contornos do regime jurídico do plano diretor *"constitui tarefa fundamental do*

---

286 Ibidem, p. 966.

287 Op. cit., p. 967.

288 Como no caso de Americana/SP (Lei 4.597/98), ora em fase de revisão.

289 PINTO, Victor Carvalho. Regime jurídico do plano diretor, p. 417.

direito urbanístico, caracterizando-se como condição prévia para a própria legitimidade da política urbana".[290]

Dentre os principais objetivos do plano diretor, está o de disciplinar o exercício sobre o direito de propriedade urbana, com as diretrizes nele fixada, ainda que para tanto seja necessária a elaboração de outras leis municipais visando dar concretude às linhas gerais estabelecidas como exigências fundamentais de ordenação do território urbano, em obediência ao mandamento constitucional do art. 182, § 2º da Carta Magna, complementada pelas diretrizes das normas de ordem pública e interesse social previstas no capítulo III do Estatuto da Cidade (Lei 10.257/2001 - arts. 39 a 42-B).

Abaixo um breve rol de dispositivos constantes no Estatuto da Cidade relacionados com o plano diretor, seguidos de uma rápida explanação das regras e/ou princípios abordados. Ei-la:

a) art. 4º, III, "a" - planejamento municipal por meio do plano diretor;
b) art. 5º, § 1º, I - estabelecimento de aproveitamento do solo como critério para considerá-lo subutilizado;
c) art. 25, § 1º - áreas onde será aplicado o instituto do Direito de Preempção;
d) arts. 28 ao 35 - áreas onde o direito de construir poderá ser fixado acima do coeficiente de aproveitamento;
e) art. 29 - fixação de áreas onde a alteração de uso do solo poderá ocorrer mediante contrapartida a ser prestada pelo beneficiário;
f) arts. 32 e 33 - delimitação de áreas e critérios para aplicação de operações urbanas consorciadas;
g) art. 34-A - delimitação de áreas e critérios para aplicação de operações urbanas consorciadas interfederativas, destinadas para regiões metropolitanas e aglomerações urbanas;
h) art. 35 - alterações no uso do solo para fins de implantação de equipamentos urbanos, preservação de imóveis para o meio ambiente natural, artificial e/ou histórico;
i) art. 39 - cumprimento da função social da propriedade urbana, por meio da ordenação da cidade, como exigência fundamental, visando atender às necessidades dos cidadãos e ao desenvolvimento das atividades econômicas, em consonância com todas as diretrizes do artigo 2º da Lei 10.257/00, as quais são abordadas em tópico próprio;
j) art. 40, *"caput"* - instrumento básico da política de desenvolvimento e expansão urbana;
l) art. 40, § 1º - O plano plurianual, as diretrizes orçamentárias e o orçamento anual incorporam as diretrizes e as prioridades previstas no plano diretor, por este fazer parte integrante do processo de planejamento municipal;

[290] Regime jurídico do plano diretor. Temas de direito urbanístico 3. São Paulo: Ministério Público do Estado de São Paulo e Imprensa Oficial do Estado, 2005, p. 411-412.

m) art. 40, § 2º – O plano diretor deve abranger o planejamento de todo o território do município e não apenas a zona urbana, como é o pensamento corrente;

n) art. 40, § 3º – O Plano Diretor deve ser instituído por lei, a qual terá de ser revista a cada 10 (dez) anos;

o) art. 40, § 4º – Devem ser garantidos nos processos de elaboração, implementação e fiscalização do plano diretor a participação popular, promovendo-se audiências e debates, quer no âmbito do Poder Executivo (como fase preparatória do Plano e do Projeto de Lei), quer no âmbito do Poder Legislativo (durante o processo legislativo), antes de votação em plenário, havendo a obrigatoriedade de se conceder publicidade e acesso às informações previstas neste processo;

p) art. 41 – Prevê as hipóteses em que é obrigatória a existência de plano diretor por parte dos municípios. São elas:

I – Municípios com *mais de vinte mil habitantes*[291] (a ser aprovado até 30/06/08, caso inexistente – art. 50);

II – *integrantes de regiões metropolitanas e aglomerações urbanas*;

II – onde o *Poder Público municipal pretenda utilizar os instrumentos da edificação compulsória* (§ 4º do art. 182 da CF), a ser aprovado até 30/06/08, caso inexistente – art. 50[292];

IV – integrantes de áreas de especial interesse turístico;

V – inseridas na *área de influência de empreendimentos ou atividades com significativo impacto ambiental de âmbito regional ou nacional*;

VI – incluídas no cadastro nacional de Municípios com *áreas suscetíveis à ocorrência de deslizamentos de grande impacto, inundações bruscas ou processos geológicos ou hidrológicos correlatos* (com outros requisitos no art. 42-A, os quais devem alterados no Estatuto da Cidade quando de sua revisão – art. 42-A, § 3º –, a ser enviada à Câmara Municipal para aprovação até 10/04/2017, conforme art. 42-A, § 4º);

q) Art. 42 – requisitos mínimos do plano diretor, dentre eles:

I – delimitação das áreas urbanas para fins de parcelamento, edificação ou utilização compulsórios;

II – disposições requeridas pelos arts. 25, 28, 29, 32 e 35 desta Lei;

III – sistema de acompanhamento e controle de execução do plano;

---

291 No Estado de São Paulo, o art. 181, da Constituição, determina: "Lei municipal estabelecerá, em conformidade com as diretrizes do plano diretor, normas sobre zoneamento, loteamento, parcelamento, uso e ocupação do solo, índices urbanísticos, proteção ambiental e demais limitações administrativas pertinentes. § 1º. *Os planos diretores, obrigatórios a todos os Municípios, deverão considerar a totalidade de seu território municipal*". A ADI 826-RS considerou inconstitucional o artigo 195 da Constituição do Estado do Amapá, a qual previa a obrigatoriedade do plano para municípios com mais de cinco habitantes, por entender que ela violou a autonomia municipal.

292 Apesar desta data limite, estabelecida no Estatuto da Cidade, ter expiradao há muito tempo, muitos municípios ainda não possuem plano diretor.

r) art. 42, I – delimitação das áreas urbanas onde poderá ser aplicado o parcelamento, edificação ou utilização compulsórios, com elaboração de projeto específico para tal fim, a menos que já haja previsão no plano diretor (art. 42-B, § 2º);

s) art. 42-A, § 2º – *obrigatoriedade de compatibilidade do plano diretor com o plano de recursos hídricos*, este formulado segundo a Lei 9.433/97;

t) art. 42-B – *requisitos para ampliação do perímetro urbano do município*:

I – demarcação do novo perímetro urbano;

II – delimitação dos trechos com restrições à urbanização e dos trechos sujeitos a controle especial em função de ameaça de desastres naturais;

III – definição de diretrizes específicas e de áreas que serão utilizadas para infraestrutura, sistema viário, equipamentos e instalações públicas, urbanas e sociais;

IV – definição de parâmetros de parcelamento, uso e ocupação do solo, de modo a promover a diversidade de usos e contribuir para a geração de emprego e renda;

V – a previsão de áreas para habitação de interesse social por meio da demarcação de zonas especiais de interesse social e de outros instrumentos de política urbana, quando o uso habitacional for permitido;

VI – definição de diretrizes e instrumentos específicos para proteção ambiental e do patrimônio histórico e cultural;

VII – definição de mecanismos para garantir a justa distribuição dos ônus e benefícios decorrentes do processo de urbanização do território de expansão urbana e a recuperação para a coletividade da valorização imobiliária resultante da ação do poder público.

Além deste rol exemplificativo de dispositivos constantes no Estatuto da Cidade relacionados com o plano diretor, também há na Lei 13.465/17 (Reurb) a previsão de instituição de Zonas Especiais de Interesse Social (ZEIS) destinadas preponderantemente à população de baixa renda, através desta normativa municipal nos seguintes termos:

> Art. 18. O Município e o Distrito Federal poderão instituir como instrumento de planejamento urbano Zonas Especiais de Interesse Social (ZEIS), no âmbito da política municipal de ordenamento de seu território.
>
> § 1º. Para efeitos desta Lei, considera-se ZEIS a parcela de área urbana instituída pelo plano diretor ou definida por outra lei municipal, destinada preponderantemente à população de baixa renda e sujeita a regras específicas de parcelamento, uso e ocupação do solo.

José Carlos de Freitas ressalta que mesmo aqueles municípios desobrigados legalmente de constituírem planos diretores não estão isentos de promover seu planejamento territorial. Baseia-se no artigo 2º Estatuto da Cidade como norma geral, pelo qual a política urbana é dirigida a todos os Municípios, nos termos do art. 182, "*caput*", da Constituição, na condição de normas diretoras, as quais introduzem condicionantes ao direito de propriedade, o direito de parcelar, usar, edificar e ocupar o solo urbano.[293]

Lembra Claudemir Battalini, que a Constituição do Estado de São Paulo *"exige legislação municipal de conformidade com as diretrizes do Plano Diretor, visando regulamentar o zoneamento, loteamentos, parcelamento, ocupação do solo, índices urbanísticos, proteção ambiental e demais limitações administrativas pertinentes"*. Observa o competente Promotor de Justiça de Jundiaí que o Plano Diretor é obrigatório para todos os município paulistas, inclusive a todas as área do território municipal, nos termos do artigo 181, 1º, com observância aos parâmetros urbanístico de interesse regional, fixados em lei, prevalecendo, em caso de conflito, a norma de caráter mais restritivo (181, § 2º, da Constituição Estadual).[294]

As normas conformadoras do direito de propriedade (código de obras, lei de parcelamento do solo, lei de zoneamento, lei de uso e ocupação do solo) são expressas limitações urbanísticas sobre o uso, gozo, fruição e disponibilidade. Nesse contexto, cabe ao Município evitar a utilização inadequada dos imóveis urbanos, as proximidades de usos incompatíveis ou inconvenientes, a edificação ou uso excessivo ou inadequado em relação à infraestrutura urbana, bem como a implementação de empreendimentos ou atividades que possam funcionar como polos geradores de tráfego, quando não houver previsão de infraestrutura correspondente. A retenção especulativa de um imóvel urbano resulta na sua não utilização ou subutilização ou deterioração das áreas urbanizadas, violando o art. 2º inciso IV, alíneas *"a"* a *"f"* do Estatuto da Cidade.[295]

O planejamento urbano ocorre por etapas, sendo elaborado por técnicos, objetivando a construção de uma cidade que obedeça aos princípios e métodos do direito urbanístico. Para cada obra os projetos específicos devem obedecer a planos mais amplos, tendo por objeto a cidade como um todo ou parte dela. Os planos urbanísticos devem obedecer ao princípio da tipicidade: *"só podem ser aprovados os planos previstos em lei que defina seu conteúdo específico"*.[296]

Como se viu, a intervenção na atividade econômica da propriedade somente se justifica se obedecer a um processo de planejamento, integrando as dimensões técnicas e políticas. Foi no direito urbanístico, onde a intervenção do poder público na economia e no planejamento foi mais claramente estabelecida. Nesse contexto, os planos urbanísticos são os instrumentos reservados para a conformação do direito de propriedade.[297]

O princípio da reserva do plano, no sentido de que as intervenções devem ser planejadas, é que permite a articulação entre o ordenamento jurídico e o planejamento.

293 Direito urbanístico. "In": NUNES JÚNIOR, Vidal Serrano. Manual de Direitos Difusos. São Paulo: Editora Verbatim, 2009, p. 414.

294 Ordenamento urbano: desrespeito ao planejamento municipal nas alterações do zoneamento e o uso do solo. In: DISSINGER, Marisa Rocha Teixeira. Temas de Direito Urbanístico 5. São Paulo: Imprensa Oficial do Estado: Ministério Público do Estado de São Paulo, 2007, p. 191-192.

295 FREITAS, José Carlos de. Direito urbanístico, p. 415.

296 Direito urbanístico, p. 211.

297 Direito urbanístico, p. 210-11.

"Este opera não tanto pela imposição de obrigações aos agentes públicos e privados, mas pela proibição de ações não planejadas".[298]

Para Victor Carvalho Pinto:

> O aspecto mais importante a ser salientado para compreensão do plano diretor no sistema de planejamento urbano é o de que ele constitui em pré-requisito para realização de obras públicas e para o parcelamento do solo urbano. O parcelamento só poderá ocorrer nas áreas urbanas e de expansão urbana, segundo os índices definidos pelo plano.[299]

Ainda sobre as leis setoriais, ensina Victor Carvalho Pinto, que o plano diretor:

> Não é apenas mais uma lei entre tantas outras, mas o único instrumento jurídico apto a dispor sobre as matérias caracterizadas como conteúdo obrigatório. Isso não impede que suas normas sejam posteriormente detalhadas por outros instrumentos, como os projetos de loteamentos ou de obras públicas. Esse detalhamento só poderá ocorrer, entretanto, após previsão no plano diretor e respeitada suas disposições[300].

Em caso de descumprimento do princípio da reserva do plano, haverá nulidade do ato ou lei que tenha autorizado obra ou limitação ao direito de propriedade. Sempre deve haver prévio planejamento urbanístico, o seu produto final é o plano diretor.[301]

As matérias reservadas ao plano diretor não podem ser veiculadas por outros instrumentos, pois este tem o caráter reserva de lei em geral (art. 5º, II, da CF), sendo amparado pelo regime da propriedade urbana constitucionalmente atribuído ao plano diretor (art. 182, § 2º). Assim uma lei *"colcha de retalhos"* urbanística não caracterizaria um plano diretor, sendo que as matérias reservadas a esses não podem ser delegadas, direta ou indiretamente, a outros instrumentos. *Há necessidade de o plano diretor atender a um determinado grau de precisão, legalmente atribuído, não se limitando a consagração de diretrizes, princípios e preceitos, estes de atribuição de planos nacionais ou regionais de ordenação do território, efetuado com base no art. 21, inciso IX, da Constituição.* O Plano Diretor é oponível aos particulares, pois consagrado como principal instrumento de conformação do direito de propriedade (art. 182, § 2º, CF).[302]

Para Victor Carvalho Pinto, referindo-se às expressões *"plano diretor"*, *"plano de desenvolvimento local integrado"* e *"plano urbanístico básico"* são expressões "*bastante distintas entre si, abarcando ideias tão díspares quanto o fomento ao desenvolvimento econômico, o planejamento das políticas setoriais (educação, saúde, habitação, etc.), o zoneamento de uso do solo e a regulamentação completa da atividade construtiva (inclusive código de obras).*"[303]

[298] PINTO, Victor Carvalho. Direito urbanístico: plano diretor e direito de propriedade, p. 217.

[299] Op. cit., p. 161.

[300] Direito urbanístico, p. 221.

[301] Op. cit., p. 221.

[302] PINTO, Victor Carvalho, Direito urbanístico: plano diretor e direito de propriedade, p. 223-224.

[303] PINTO, Victor Carvalho. Regime jurídico do plano diretor, p. 412.

5.3. Objetivos, conteúdo e regras do plano diretor

Dentre as funções do plano diretor José Afonso da Silva elenca as de fixarem objetivos gerais e específicos. Quanto aos gerais, entende que deva ele promover o ordenamento dos espaços habitáveis, no sentido de instrumentalizar uma estratégia de mudança, visando à melhoria da qualidade de vida da comunidade local. Dentre os objetivos específicos do plano, estará diretamente relacionado com a realidade que se quer transformar, tal como a reorganização de um bairro, o alargamento de vias públicas, construção de vias expressas, intensificação da industrialização, construção de casas populares, rede de esgoto, saneamento em determinadas áreas, retificação do curso de um rio e urbanização de suas margens, zoneamento, loteamento e arruamento.[304]

Quanto ao conteúdo do plano, no aspecto físico, ele deve referir-se à ordenação do solo municipal, aí estando sua função urbanística essencial. O planejamento territorial deve traduzir o planejamento urbanístico municipal, que objetiva transformar a organização do solo para melhoria da qualidade de vida da população local.[305]

Quanto ao conteúdo social do plano diretor, relevante em termos urbanísticos, deve-se buscar a melhoria da qualidade de vida da população, transformando os espaços habitáveis, de maneira a oferecer serviços de educação, saúde, saneamento básico, habitação, bem-estar social, lazer, esporte e cultura. Será necessário que na ordenação do solo sejam previstos espaços livres, destinados a passeio, áreas destinadas às atividades lúdicas, visando propiciar tempo para o lazer. A ordenação do solo deverá ser pensada em termos de distância da moradia ao trabalho, de maneira a sobrar tempo ao lazer e a recreação, bem como para o sono e a alimentação.[306]

No tocante ao aspecto administrativo e institucional, o plano diretor é fundamental à atuação urbanística do município, devendo ser previstos os meios necessários para a implementação, continuidade e revisão do próprio plano. Será um processo contínuo de aperfeiçoamento. O plano não pode ser um documento rígido, mas um documento-base, apresentando-se sob a forma gráfica (plantas e relatórios) e sob a forma jurídica (leis e regulamentos). O plano deve prever mudanças institucionais, organizatórias e jurídicas necessárias ao seu bom funcionamento, com institucionalização do órgão de planejamento local, preparação de funcionários para elaboração, revisão e implementação das atividades necessárias. José Afonso da Silva ainda critica a possibilidade de que os técnicos responsáveis pela elaboração do Plano sejam de fora do Município.[307]

Para o festejado professor das arcadas, o conteúdo do plano vai depender da realidade a ser transformada. Esse conteúdo se relaciona com os elementos construtivos de qualquer aglomerado urbano, ou seja, os edifícios privados onde habita a população ou onde ela desenvolve suas atividades produtivas, bem como os

304 Direito Urbanístico Brasileiro, p. 140-141.

305 Ibidem, p. 140.

306 SILVA, José Afonso da. Direito Urbanístico Brasileiro, p. 141-142.

307 Op. p. 142-143.

equipamentos públicos, onde são satisfeitas as mais variadas formas de assistência aos indivíduos.[308]

Diógenes Gasparini, na mesma linha de José Afonso da Silva, defende não ser necessário que o plano diretor atenda a todas as exigências do artigo 42[309], argumentando que:

> De sorte que o Plano Diretor pode ter conteúdo menor que o especificado no mencionado art. 42 do Estatuto da Cidade, pois as situações caracterizadoras desse conteúdo mínimo podem não interessar à política municipal de desenvolvimento e expansão urbana. O Município, mais ninguém, deve-se afirmar, é o titular da instituição e execução dessa política, de sorte que nem tudo que foi posto como conteúdo mínimo do Plano Diretor será, necessariamente, do interesse dessa política ou do agrado de sua comunidade. É evidente, então, que outro conteúdo, menor que o indicado, pode ser legalmente tratado pelo Plano Diretor. A imaginar a obrigatoriedade desse mínimo, ter-se-ia que afirmar sua inconstitucionalidade por afrontar a autonomia municipal. A interpretação que lhe damos, salva-o dessa pecha, pois passa a servir como exemplo de conteúdo mínimo do Plano Diretor. Parece-nos, no entanto, que todo Plano Diretor deve instituir e regular algum sistema de acompanhamento e controle de sua execução.[310]

Depois de analisar profundamente as leis federais relacionadas com plano diretor, conclui Victor Carvalho Pinto que este deverá tratar, pelo menos, de três grandes temas, a saber, o uso do solo, sistema viário e equipamentos públicos, abordando os seguintes aspectos:

> - Delimitação das zonas urbanas, de expansão urbana de urbanização específica;
> - Estabelecimento de índices urbanísticos relativos às áreas mínimas e máximas de lotes e coeficientes básicos, máximos e mínimos de aproveitamento;
> - Delimitação das áreas cuja vegetação natural deva ser preservada ou suprimida;
> - Traçado do sistema viário principal da cidade, existente projetado;
> - Bases para utilização do direito de preempção, das operações consorciadas e da transferência do direito de construir.[311]

Para enfrentar e resolver esses problemas relativos ao aspecto físico, os planos deverão conter previsões sobre três sistemas gerais: vias públicas, zoneamento e espaços verdes. Terá o plano de conter norma sobre sistema viário municipal (na zona urbana, urbanização, expansão urbana e zona rural). No sistema de zoneamento terá de ser levado em consideração o estabelecimento de uso do solo e modelos de assentamento urbano (regras para ocupação do solo urbano), bem como a renovação urbana. No sistema de áreas verdes, considerar o sistema de recreação e revitalização,

---

[308] Direito Urbanístico Brasileiro, p. 140-141.

[309] Art. 42. O plano diretor deverá conter no mínimo: I – a delimitação das áreas urbanas onde poderá ser aplicado o parcelamento, edificação ou utilização compulsórios, considerando a existência de infra-estrutura e de demanda para utilização, na forma do art. 5º desta Lei; II – disposições requeridas pelos arts. 25, 28, 29, 32 e 35 desta Lei; III – sistema de acompanhamento e controle.

[310] Aspectos jurídicos do plano diretor, p. 101.

[311] Direito urbanístico, p. 159.

com estabelecimento de áreas verdes, desportivas, de preservação e revitalização de setores históricos, paisagísticos e ambientais.[312]

Os requisitos do artigo 42 do Estado da Cidade, por dicção da própria lei, são os mínimos. Por consequência, evidentemente, pode haver um conteúdo maior dentro dos dispositivos do Plano Diretor. Assim, "outros aspectos poderão, conforme as características da área urbana, as demandas sociais e os objetivos da política de desenvolvimento e expansão urbana a ser implantada, fazer parte desse conteúdo. Em suma: todo e qualquer tema de interesse municipal relativo à política de desenvolvimento e expansão urbana pode ser objeto do Plano Diretor".[313]

O plano diretor deverá enfrentar duas questões básicas: o problema da localização dos equipamentos públicos e o problema da divisão em zonas quanto aos edifícios privados. Na localização dos equipamentos públicos deverão ser criados instrumentos para execução de obras públicas e se aplicar o regime jurídico das desapropriações.[314]

Também as obras públicas devem estar submissas ao planejamento do plano diretor, obedecendo aos parâmetros nele definidos, até porque os beneficiários são todos os moradores da cidade e não apenas do bairro em que as obras públicas são construídas, devendo elas estar previstas no próprio plano diretor, por essa razão. Não faria sentido que um loteamento precisasse se submeter ao planejamento urbano, enquanto uma obra pública, pelo simples fato de ter sido planejada pelo poder público, ficasse de fora.[315]

Exemplificando a importância de a obra pública estar prevista no Plano Diretor, observa Victor Carvalho Pinto o exemplo dos aeroportos, os quais sofrem restrições pelo Código Brasileiro de aeronáutica, quanto ao uso das propriedades vizinhas. Também há impactos de ruído e tráfego, bem como limitações do direito de construir em uma área ampla situada próxima ao aeroporto, visando possibilitar pousos e decolagens de aeronaves, sem risco de choques com edificações. Assim, áreas destinadas a aeroportos devem estar previstas no Plano Diretor vigente, elaborado com base em um consenso entre o órgão setorial para definição da localização ideal para aeroporto, pois a construção de um aeroporto poderá exigir ampla alteração do sistema viário, para adaptação ao novo de tráfego, bem como em restrições as propriedades adjacentes.[316]

Quanto à questão da localização dos edifícios privados, terá que ser levada em conta a função social e as limitações jurídicas da propriedade urbana. Deverão para tanto ser delimitadas áreas onde deverão ser aplicados os institutos do parcelamento, edificação ou utilização compulsórios, segundo a infraestrutura e demanda de uso; direito de preempção; direito de construir acima do coeficiente básico; possibilidade de alteração do uso do solo e operações consorciadas.[317]

312 SILVA, José Afonso da. Direito Urbanístico Brasileiro, p. 141.

313 GASPARINI, Diógenes. Aspectos jurídicos do plano diretor, p. 102.

314 SILVA, José Afonso da. Direito Urbanístico Brasileiro, p. 140-141.

315 PINTO, Victor Carvalho. Direito urbanístico: plano diretor e direito de propriedade, p. 230-231.

316 Direito urbanístico: plano diretor e direito de propriedade, p. 232-233.

317 SILVA, José Afonso da. Direito Urbanístico Brasileiro, p. 141.

Sobre as regras impostas pela Lei Lehmann, alteradas pela Lei 9.785/99, as quais devem ser consideradas objeto do plano diretor, observa Victor Carvalho Pinto:

> [...] profundas foram as alterações introduzidas na Lei de Parcelamento do Solo Urbano (Lei nº 6.766/79) pela Lei nº 9.785/99. São considerados objeto do plano diretor:
>
> – Definição de índices urbanísticos relativos a dimensões de lotes (art. 2º, § 4º);
>
> – Definição das zonas urbanas, de expansão urbana e de urbanização específica (art. 3º);
>
> – Previsão da densidade de ocupação admitida em cada zona (art. 4º, I);
>
> – São ainda feitas outras referências ao planejamento urbano e à legislação municipal, que também devem ser interpretadas como referindo-se ao plano diretor:
>
> – Definição, para todo o território do Município, dos usos permitidos e dos índices urbanísticos de parcelamento e ocupação do solo, que incluirão, obrigatoriamente, as áreas mínimas e máximas de lotes e os coeficientes máximos de aproveitamento (art. 4º, § 1º);
>
> – Vias oficiais, existentes ou projetadas, que compõem o sistema viário da cidade (art. 4º, IV e 7º).[318]

5.3.1. *Conteúdo do Plano Diretor em zonas sujeitas a deslizamentos de grande impacto, inundações bruscas ou processos geológicos ou hidrológicos correlatos*

O art. 42-A, do Estatuto da Cidade, com a modificação introduzida pela Lei 11.608/12, em boa ora, criou a obrigação de os municípios disciplinarem especificamente as formas de uso e ocupação do solo em seu plano diretor e/ou leis complementares, quando se tratarem de áreas passíveis de deslizamento com significativos potenciais de impactos quanto aos deslizamentos, inundações bruscas, processos hidrológicos ou geológicos imediatos, os quais podem causar grandes riscos à integridade física dos moradores da região ou transeuntes e/ou as suas vidas, bem como alta degradação ambiental. Para essas hipóteses, além do conteúdo previsto no art. 42, o plano diretor daqueles Municípios incluídos no cadastro nacional de municípios com áreas suscetíveis à ocorrência de tais eventos, visando tornar as cidades resilientes, deverá conter:

> I – *parâmetros de parcelamento, uso e ocupação do solo*, de modo a promover a diversidade de usos e a contribuir para a geração de emprego e renda;
>
> II – *mapeamento* contendo as áreas suscetíveis à ocorrência de deslizamentos de grande impacto, inundações bruscas ou processos geológicos ou hidrológicos correlatos;
>
> III – planejamento de ações de intervenção preventiva e realocação de população de áreas de risco de desastre;
>
> IV – medidas de drenagem urbana necessárias à prevenção e à mitigação de impactos de desastres;
>
> V – *diretrizes para a regularização fundiária de assentamentos urbanos irregulares*, se houver, observadas a Lei nº 11.977, de 7 de julho de 2009[319], e demais normas federais e estaduais pertinentes, e previsão de áreas para habitação de interesse social por meio da

---

[318] PINTO, Victor Carvalho. Regime jurídico do plano diretor, p. 416-417.

[319] Cujo capítulo III, sobre regularização fundiária, foi revogado pelo art. 109 da Lei 13.465/17.

demarcação de zonas especiais de interesse social e de outros instrumentos de política urbana, onde o uso habitacional for permitido;

VI – identificação e diretrizes para a preservação e ocupação das áreas verdes municipais, quando for o caso, com vistas à redução da impermeabilização das cidades.

§ 1º. A identificação e o mapeamento de áreas de risco levarão em conta as cartas geotécnicas.

§ 2º. O conteúdo do plano diretor deverá ser compatível com as disposições insertas nos planos de recursos hídricos, formulados consoante a Lei nº 9.433, de 8 de janeiro de 1997.

§ 3º. Os Municípios adequarão o plano diretor às disposições deste artigo, por ocasião de sua revisão, observados os prazos legais.

§ 4º. Os Municípios enquadrados no inciso VI do art. 41 desta Lei e que não tenham plano diretor aprovado terão o prazo de 5 (cinco) anos para o seu encaminhamento para aprovação pela Câmara Municipal. (grifo nosso)

5.4. Zoneamento e Plano Diretor

Conforme veremos no decorrer desta exposição, o zoneamento do uso do solo urbano constitui-se em um dos mais importantes instrumentos do direito urbanístico, visando ordenar a dinâmica da cidade, quer do ponto de vista comercial, industrial, ambiental, mas principalmente do ponto de vista dos múltiplos usos pelos seus moradores, isto é, os usuários efetivos da cidade e dos serviços nela prestados, bem como as reais vítimas de suas mazelas, a depender da forma como todos esses fatores são organizados e se interagem. Da organização da dinâmica social e econômica da cidade é que resultará o adequado ou inadequado planejamento e utilização racional dos seus espaços, gerando ou não bem-estar às pessoas e fazendo com que cumpra ou não com sua função social.

Será o zoneamento um importante instrumento na concretização dos direitos fundamentais dos cidadãos citadinos (não se olvidar que no Brasil cerca de 84% das pessoas vivem na zona urbana), pois poderá trazer bem-estar, saúde e dignidade às pessoas, sem lhes descuidar de outros importantes direitos humanos.

Como consequência de um zoneamento mal planejado, visando introduzir o tema de uma maneira didática, vale transcrever as experientes observações de Claudemir Battalini:

> E o meio artificial que acaba interferindo nos recursos naturais não sendo adequadamente respeitado pelo desordenado crescimento urbano, produz uma série de danos à coletividade, entre eles provocando enchentes na época de chuva e falta d'água no período de estiagem. E para tanto basta citar os elevadíssimos custos de canalização decursos d´água e outras obras de arte, que poderiam ser evitados com maior respeito ao meio ambiente, como, por exemplo, respeitando os limites impostos pela legislação (área de preservação permanente), mesmo e principalmente no meio urbano. Também a constante impermeabilização do solo (obra em geral, asfalto, calçamentos) contribuem para o aumento do volume de água nos períodos de chuva (provocando enchentes) e diminuição do lençol freático, levando a escassez de água nos períodos mais seco (sem água subterrânea as nascentes deixam de existir; sem pequenos cursos d'água não há como subsistir os grandes rios).[320]

[320] Ordenamento urbano: desrespeito ao planejamento municipal nas alterações do zoneamento e o uso do solo. In: DISSINGER, Marisa Rocha Teixeira. Temas de Direito Urbanístico 5. São Paulo: Imprensa Oficial do Estado: Ministério Público do Estado

5.4.1. Conceito de zoneamento urbano, finalidades e importância

Segundo Helly Lopes Meirelles, o zoneamento urbano "consiste na repartição da cidade e das áreas urbanizáveis segundo a sua principal destinação de uso e ocupação do solo".[321]

Pelo zoneamento urbano são repartidos os usos e ocupação do solo urbano: as áreas residenciais, comerciais, industriais e institucionais. O zoneamento delimita os locais de utilizações específicas de algumas atividades, como feiras livres, mercados, estacionamento de veículos, dentre outras ocupações espaciais, sejam elas permanentes ou transitórias. O zoneamento dispõe sobre construções e usos permitidos, ordena a circulação, o tráfego no perímetro urbano, o trânsito, atividades coletivas ou individuais, que de alguma maneira afetem a vida da cidade.[322]

Nos termos do art. 2º, § 4º, do Estatuto da Cidade, deve haver planejamento do desenvolvimento das cidades, distribuição espacial da população e das atividades econômicas do município, por toda a área de influência do território, com objetivo de evitar e corrigir distorções no crescimento urbano, bem como os efeitos negativos desse crescimento sobre o meio ambiente.

Ainda preceitua o Estatuto que a ordenação e o controle do solo urbano deverá ser feito como forma de evitar utilização inadequada dos imóveis urbanos, proximidades ou usos incompatíveis ou inconvenientes, instalação de empreendimentos ou atividades que venham a operar como polos geradores de tráfego, quando não houver a infraestrutura correspondente, assim como retenção especulativa do imóvel, deterioração das áreas urbanas, poluição e degradação ambiental (art. 2º, inciso VI, da Lei 10.257/00).

Na elaboração do zoneamento também deverão ser levados em consideração a maior ou menor aptidão da área para determinadas atividades residenciais, institucionais, econômicas e sociais, bem como a viabilidade financeira para instalação no local de equipamentos urbanos e comunitários, serviços de transporte e outros serviços de interesse da população, segundo as características locais (art. 2º, incisos IV e V, do Estatuto da Cidade).

Também será necessário que ao se definir o planejamento seja levada em consideração a maior ou menor viabilidade de implantação de instrumentos de política econômica, tributária e financeira, bem como investimentos no desenvolvimento urbano, de forma a privilegiar investimento geradores de bem-estar geral, com fruição dos produtos/resultados desse planejamento nas diferentes camadas sociais, conforme diretriz do inciso X do art. 2º da Lei 10.257/00.

Na definição do planejamento do desenvolvimento do Município, imprescindível que também sejam levados em significativa conta a proteção, preservação e recuperação do meio ambiente, seja o natural (água, ar, solo, fauna e flora), seja

de São Paulo, 2007, p. 185-207.

321 Direito de construir, p. 106.

322 Ibidem, p. 106.

o artificial (urbano), bem como a proteção e recuperação do patrimônio cultural, histórico, artístico, paisagístico e arqueológico.

Daniel Serra Azul Guimarães, com apoio em Celso Antônio Bandeira de Mello, define *zoneamento* como sendo "disciplina condicionadora do uso da propriedade imobiliária mediante delimitação de áreas categorizada em vista das utilizações urbanas nela admitidas." Em seguida, com Luis Alberto de Mattos Freire de Carvalho, anota que o *zoneamento* é "uma limitação administrativa imposta por normas genéricas e abstratas, com o fito de conformar a propriedade à sua função social e que, por não retirar do bem a sua funcionalidade, não enseja nenhum direito a indenização".[323]

Para Helly Lopes Meirelles, até mesmo as áreas destinadas à urbanização, ainda que localizadas fora do perímetro urbano, visto que irão constituir novas cidades ou ampliação das existentes, deverão ser definidas por meio do zoneamento, uma espécie de regulação do uso e ocupação do solo. Essa ocupação deverá ser urbanisticamente ordenada, desde o nascedouro, para não prejudicar a futura zona urbana. Continua o saudoso jurista:

> Mesmo se tratando de um importante instrumento urbanístico da cidade, o zoneamento deve ser usado com parcimônia e respeito aos direitos adquiridos, visto que a simples mudança na destinação de um bairro ou rua provoca profundas alterações sociais e econômicas, quer valorizando ou desvalorizando propriedades e adjacências, segundo os ônus e vantagens que essas modificações acarretam ao local. Portanto, "As normas edilícias devem evitar o quanto possível essas súbitas e frequentes modificações de uso, que afetam instantaneamente a propriedade e a atividade particulares, gerando instabilidade no mercado imobiliário urbano e intranquilidade na população citadina. Além disso, toda vez que o zoneamento ofende direitos adquiridos expõe o município a demandas e vultosas as indenizações. O município só deve impor ou alterar zoneamento quando essa medida for exigida pelo interesse público, com real vantagem para cidade e seus habitantes".[324]

Para Eurico e Andrade Azevedo, mencionado por Carlos Alberto Amin Filho, o ordenamento urbano dispõe de instrumentos legais traduzidos em instituições e institutos jurídicos de direito urbanístico, relativos à ordenação de uso do solo, em geral, englobado sobre o conceito de zoneamento do solo. Para aquele autor, a expressão é empregada como *"instrumento legal utilizado pelo poder público, para controlar o uso da terra, as densidades de população, a localização, a dimensão, o volume dos edifícios e seus usos específicos, em prol do bem-estar geral"*.[325]

Para José Afonso da Silva, *"o zoneamento pode ser entendido como um procedimento urbanístico destinado a fixar os usos adequados para as diversas áreas do solo municipal. Ou: destinado a fixar as diversas áreas para o exercício das funções urbanas elementares"*. Em seguida, sob a finalidade do loteamento pontifica o autor:

---

323 Aspectos jurídicos do zoneamento, em temas de direito urbanístico 1. In: FIGUEIREDO, Lúcia Valle; DALLARI, Adilson de Abreu. São Paulo: RT, 1987, P. 141, *"apud"* GUIMARAES, Daniel Serra Azul. Zoneamento e a função social da propriedade, p. 507-508.

324 Helly Lopes Meirelles, Direito de construir, p. 107.

325 Uso desconforme com a destinação do bairro. In: Revista de administração municipal, nº 78, IBAM, 1966, p. 349, "apud" AMIN FILHO, Carlos Alberto. Zoneamento em São Paulo: o diagnóstico da desordem e uma proposta de encaminhamento. P. 276-277.

"serve para encontrar um lugar para todos os usos essenciais do solo e os edifícios na comunidade e colocar cada coisa em seu lugar, inclusive as atividades incômodas."[326]

Para Carlos Alberto Amin Filho, com o emprego do poderoso instrumento do *"'zoneamento' evita-se o relacionamento promíscuo entre os diversos usos do solo (residencial, comercial, institucional, serviços, industrial ou especial), de modo a impedir que tal contágio resulte em danos aos padrões urbanos".*[327]

5.4.2. Usos do solo e zonas de uso e a questão do "direito adquirido"

Para Helly Lopes Meirelles

> a divisão da cidade em zonas visa atribuir a cada setor um uso específico, compatível com a sua destinação. Mas, como as cidades nem sempre nascem planejadas, seus bairros são mistos e promíscuos em uso e atividades. Daí o zoneamento superveniente, repartindo a área urbana em zonas residenciais, comerciais, industriais e outras, com a indicação dos usos conformes, desconformes e tolerados.[328]

Os *usos conformes* são todos aqueles permitidos pelas normas legais pertinentes, constituindo-se em direito subjetivo de seus titulares, os quais não podem ser impedidos pelo Município, nem negados os alvarás de licença, quando dependentes dessa finalidade. Haverá a possibilidade de aumentar a atividade, ampliar o estabelecimento, reformar a construção até o limite admitido em lei. *Esses usos, desde que iniciados, geram direito adquirido*, mesmo que o zoneamento venha a ser posteriormente alterado, pois podem continuar na situação em que se encontravam no momento da vigência da nova lei. Ensina Helly Lopes Meirelles: *"Assim, uma edificação, uma indústria ou o comércio conforme em determinada zona, mesmo que venham a ser proibidos pelo zoneamento, podem prosseguir nos moldes da legislação precedente, mas ficam impedidos de alteração ou ampliação daí por diante."*[329]

No tocante aos *usos desconformes*, isto é, aqueles em que a lei considera-os incompatíveis com o local se sobrevierem ao zoneamento, poderão ser impedidos sumariamente sem qualquer indenização. Caso esses usos antecederem à legislação, constituem-se em pré-ocupação, com direito adquirido à permanência e continuidade nas condições originárias, sem possibilidades de ampliação da atividade ou de renovação das construções, instalações ou equipamentos desconformes. Caso a Prefeitura pretenda a imediata cessação de qualquer atividade desconforme, mas com pré-ocupação na zona, deverá indenizar cabalmente o seu exercitante, amigavelmente ou mediante desapropriação.[330]

Explicando sobre os *usos tolerados*, Helly Lopes Meirelles ressalta que:

---

326 Direito urbanístico brasileiro, p. 241.

327 Op. cit., p. 278.

328 Direito de construir, p. 107.

329 Direito de construir, p. 107.

330 Meirelles, Hely Lopes. Direito de construir, p. 108.

> [...] são aqueles que o zoneamento não reconhece como conformes nem repudia como desconformes, mas os admite por liberalidade e precariamente em condições especiais. Tais usos são exercidos mediante simples alvará de autorização (não confundir com licença), dado o caráter precário, que enseja revogação sumária e a qualquer tempo. Por isso mesmo não geram direito subjetivo ao seu exercício nem à sua continuidade, que dependerão sempre do juízo de conveniência exclusivo e discricionário da prefeitura.[331]

Não se deve cogitar *"direito adquirido"* pelo loteador ou adquirente para poder edificar, mesmo tendo ocorrido aprovação do parcelamento em data anterior. Nesse sentido:

> LOTEAMENTO APROVADO E REGISTRADO – obtenção de várias autorizações para desmatamento na área do empreendimento – posterior negativa para novo desmatamento – área situada em local de preservação permanente – alegado direito adquirido ao desmatamento – descabimento – prevalência do interesse público e imediata aplicação da legislação protetora do meio ambiente.[332]
>
> LOTEAMENTO – Licença – Incidência da lei municipal vigente ao tempo do protocolo do pedido de aprovação e não da entrada em vigor quando da solicitação à Municipalidade de diretrizes para tal aprovação – Direito adquirido inexistente – Sentença confirmada.[333]

5.4.3. Categorias de uso

As *zonas residenciais*, destinadas à moradia, devem apresentar requisitos especiais de salubridade, segurança e tranquilidade, visando o bem-estar de seus habitantes. As normas edilícias, por isso, impõem condições favoráveis à habitação, iniciando-se pela localização dos bairros, traçados e arborização, até alguns detalhes adicionais, de caráter funcional, estético das edificações, com o objetivo de garantir a harmonia do conjunto e o conforto das pessoas residentes, individualmente consideradas. Os incômodos, como ruídos e odores da indústria e comércio molestam a vizinhança, devendo o poder público estar atento a essas circunstâncias, dando preferência aos demais usos urbanos.[334]

As *zonas comerciais*

> são as destinadas ao comércio varejista e atacadista, sendo conveniente que aquele permaneça nas proximidades das zonas residenciais ou, mesmo, em determinados setores destas, para abastecimento das moradias e, e este – o atacadista – fora e recuado dos bairros de habitação, pelos inconvenientes que oferece em razão do transporte a granel, do tráfego pesado, constante e ruidoso. Por isso, tais as zonas devem situar-se na periferia da cidade, próximas das rodovias e ferrovias, que favorecem a suas atividades.[335]

As *zonas industriais* são aquelas destinadas às fábricas e atividades correlatas. Também devem estar distantes dos bairros residenciais, em razão dos inconvenientes

---

[331] Direito de construir, p. 108.

[332] Apelação Cível nº 147.488-1/2, TJSP, 4ª Cam. Rel. Lobo Júnior – j.12.09.91.

[333] JTJ – Lex – 157/125.

[334] MEIRELLES, Hely Lopes. Direito de construir, p. 108.

[335] Direito de construir, p. 109.

aos moradores, como ruídos de máquinas, despejos de resíduos, demais consequências do trabalho fabril.[336]

Lembra Helly Lopes Meirelles que foram criados *"distritos industriais"* fora do perímetro da cidade, mas em área urbana, visando concentrar as indústrias locais, segundo a conveniência da comunidade e os interesses de desenvolvimento econômico e social do Município. Essa foi uma solução para aliviar a cidade dos inconvenientes da indústria. Tais núcleos industriais devem estar localizados em área adequada e planejada para receber as fábricas que integram o parque industrial, com infraestrutura específica ao complexo industrial, devendo ser aprovados por lei.[337]

O Município não poderá instituir o *distrito industrial*[338], nem desapropriar áreas para tal fim, quando ausente fundamentação legal, que será o plano de urbanização (Decreto-Lei 3.365/41, art. 5º, inciso I). Também não será lícito ao Município alienar lotes às empresas, sem que a lei tenha autorizado essas transferências, bem como estabelecido imposições urbanísticas para a formação do núcleo, aliado às condições de implantação de cada indústria, com os encargos dos adquirentes de lotes, tais como cláusulas resolutórias para o caso de inadimplência dos beneficiários quanto às contrapartidas. Com essas cautelas podem ser implantadas em núcleos ou polos industriais, atribuindo-se às indústrias interessadas até mesmo alguns encargos da urbanização, como aberturas de ruas, pavimentação, canalização etc. Caso essas cautelas e condicionantes tenham sido fixadas por lei, haverá condições legítimas e amparáveis para a desapropriação e alienação de lotes a particulares, visando à formação de áreas industriais, conforme já decidiu o Egrégio Tribunal de Justiça do Estado de São Paulo (RT 499/97).[339]

Continua Helly Lopes Meirelles, com a autoridade que lhe é peculiar, descrevendo as *zonas institucionais*, onde *"se concentram determinadas instituições públicas, tais como as administrativas (sedes do governo e secretarias), educacionais (escola e campus universitário) e recreacionais (equipamentos de lazer), sociais (creches, abrigos, hospitais), culturais (bibliotecas, pinacotecas, museus) e outras mais que o desenvolvimento da cidade comportar* ".[340]

Como sabido, as prefeituras municipais acabam descuidando-se das zonas institucionais, não as prevendo na divisão da cidade ou retardando em definir sua localização, somente o fazendo após os bairros estarem degradados, com uma utilização mista e indiscriminada[341], tornando essas zonas de difícil reordenação.

As *zonas mistas* são aquelas onde há uma ocupação promíscua (residencial, comercial, industrial e outras), não existindo indicação de utilizações específicas e

[336] Direito de construir, p. 109.

[337] Direito de construir, p. 110.

[338] Para Helly Lopes Meirelles a "expressão 'distritos industriais' usada pelos municípios, é juridicamente imprópria, porque o distrito é uma divisão administrativa para seus serviços civis, policiais e outros. Os municípios deveriam adotar denominação diversa para que suas áreas industriais não se confundam com os distritos administrativos, tais como núcleo industrial, pólo industrial, zona industrial etc. ".

[339] "apud" MEIRELLES, Helly Lopes. Direito de Construir, p. 110.

[340] Direito de construir, p. 110.

[341] Direito de construir, p. 110.

excludentes pelas normas edilícias. Assim, não há uso desconformes, pois todos são admitidos, diante da omissão da lei. A Prefeitura ou o vizinho, caso queira impedir ou fazer cessar as atividades em zona mista, terá de demonstrar a sua nocividade ou prejudicialidade, de maneira anormal ou abusiva, não lhe cabendo invocar a simples desconformidade de uso. Em áreas assim, a pré-ocupação constitui-se em uma agravante dos incômodos, a serem suportados pelos vizinhos.[342]

É conveniente que as zonas residenciais sejam separadas das outras zonas, visando evitar a perturbação ao direito de moradia com qualidade. Normalmente esses problemas surgem em bairros mistos, onde há prévia ocupação de usos prejudiciais à tranquilidade dos habitantes. Entretanto, em razão do direito adquirido, não é possível evitar tais incômodos de maneira sumária, surgindo conflitos de vizinhança, os quais devem ser resolvidos com base no uso normal da propriedade por parte de cada um.[343]

5.4.4. Regime jurídico do zoneamento

No tocante à forma de efetivação do instrumento legal para a alteração ou imposição de zoneamento, há divergências na jurisprudência. Ora se entende que deva ser realizado por meio de lei municipal, ora por meio de decreto do Prefeito Municipal.

Para Helly Lopes Meirelles, o zoneamento, no seu aspecto programático e normativo, é objeto de lei, enquanto na fase executiva, em comprimento às determinações legais, será objeto de decreto, não se admitindo zoneamento exclusivamente por decreto, sem base em norma legislativa, de maneira a impor à cidade a destinação urbanística de cada zona.[344]

Entendemos, com o devido respeito aos que pensam de maneira diferente, estar o saudoso administrativista com toda a razão. É que por impor obrigações de fazer ou não fazer, ainda que de maneira geral e por meio de planos, o zoneamento deverá ter suas diretrizes fixadas em lei, em razão do princípio da legalidade estrita (art. 5º, inciso II, CF). Por outro lado, alguns detalhes operacionais para concretizar as disposições do zoneamento poderão ser instituídos por meio de Decreto, com a natureza de Decreto Regulamentar.

Conforme observa Daniel Serra Azul Guimarães, o zoneamento é assunto de interesse local, cabendo ao município fazer opções, de acordo com suas posições e o plano diretor e demais normas pertinentes ao planejamento urbano. Assim conformará o direito de propriedade dos imóveis situados no perímetro urbano de acordo com a lei local. Para tanto, em apoio a suas observações, o ilustre autor menciona o acórdão proferido na Apelação Cível 167. 315-1, do município de Paulínia, relatado pelo desembargador Toledo César, cuja ementa está lavrada nos seguintes termos:

342 Direito de construir, p. 110.

343 Direito de construir, p. 109.

344 Direito de construir, p. 107.

> Em conformidade, assim, com a construção da República em 1988, possuem os municípios, a competência para legislar sobre assuntos de interesse local e zonear conforme necessidade geográfica da área. Isto é, com a organização político-administrativa regente no país, os Municípios possuem autonomia, agindo discricionária e convenientemente *na elaboração das leis disciplinadoras do zoneamento urbano.*
>
> O Egrégio Tribunal de Justiça já decidiu o que 'a estabelecer a restrição age o Município discricionariamente e não cabe ao Judiciário ingressar no exame da conveniência de se ampliar ou restringir as distâncias entre os estabelecimentos. Aqui apenas se examina se ela está sendo observada quando o poder público, invocando a norma, nega licença para o funcionamento desconforme (RJTJESP, editora LEX, Vol. 123/90, Rel. Alves Braga).[345] (grifo nosso)

Explica Daniel Serra Azul Guimarães, com apoio em acórdão do Egrégio Tribunal de Justiça do Estado de São Paulo, que não se confundem normas referentes ao zoneamento e direito de vizinhança, pois a natureza de direito privado destas relacionam-se, basicamente, com o abuso do direito de propriedade. Já as normas de zoneamento, no entanto, podem até reforçar a pretensão baseada no direito de vizinhança, uma vez que o particular apresentará ao Poder Judiciário a situação em que a lesão à esfera jurídica individual vem acompanhada de violação de norma de direito público.[346]

Na questão do zoneamento e o papel do Ministério Público, informa Carlos Alberto Amin Filho que:

> [...] a missão do Ministério Público: dar efetividade as normas urbanísticas que tutelam o zoneamento, valendo-se, para tanto, de ações civis públicas de cunho indenizatório (onde se busca a reparação dos danos causados quer junto ao ente político, quer junto à pessoa física de seu agente), mandamental (através do qual a vontade do Judiciário sobrepõe-se à do Executivo), ou, mesmo, com fim de aplicar sanções decorrentes da improbidade administrativa praticada pelos agentes investidos de poder de polícia e ao cumprimento de seus deveres se furtaram.[347]

Na questão do zoneamento deve se fazer presente, com agilidade, a questão do poder de autotutela dos atos da administração Pública. Assim, por questões burocráticas, não pode a administração procrastinar adoção das providências necessárias no sentido de evitar ocupações ou usos desconformes ao zoneamento, podendo agir imediatamente para aplicar a sanção, sem prévia defesa por parte dos infratores nos casos urgentes, quando se tratar de infração instantânea, surpreendida em flagrância, comprovada por auto de infração, regularmente lavrado, conforme já se decidiu (RJTJESP 239/157) e já se comentou no presente trabalho.

A omissão dos agentes públicos do poder executivo municipal em adotar as providências cabíveis para atendimento às normas de zoneamento, podem-lhe acarretar consequências jurídicas de toda ordem, como responsabilização administrativa,

---

345 "apud" GUIMARAES, Daniel Serra Azul. Zoneamento e a Função Social da Propriedade. In: FINK, Daniel Roberto. Manual Prático da Promotoria de Justiça de Habitação e Urbanismo. São Paulo/SP: Imprensa Oficial do Estado: Ministério Público do Estado de São Paulo, 2005, p. 504-505.

346 (RJJESP, 199/84), "apud" Zoneamento e a Função Social da Propriedade, p. 507.

347 Zoneamento em São Paulo: o diagnóstico da desordem e uma proposta de encaminhamento. In: Temas de direito urbanístico. São Paulo: Ministério Público do Estado de São Paulo e Imprensa Oficial do Estado, 1999, p. 278.

responsabilização civil e eventualmente até criminal, sem prejuízo de responder por atos de improbidade administrativa. Nesse sentido, pondera Maria Sylvia Zanella Di Pietro que:

> [...] A omissão do poder público no exercício do poder de polícia, além de ensejar a responsabilidade civil da pessoa jurídica (art. 37, § 6º, da Constituição), ainda pode acarretar responsabilidade civil, administrativa e, eventualmente até criminal do agente público que deixou de adotar a medida cabível. Note-se que o artigo 11, inciso II, da Lei nº 8.429/92, define como ato de *improbidade administrativa* a ação ou omissão que viole os deveres de honestidade, imparcialidade, legalidade e lealdade às instituições, notadamente 'retardar ou deixar de praticar, indevidamente, ato de ofício. Isto ocorre exatamente porque o poder de polícia apresenta a característica de poder-dever, irrenunciável pela autoridade, porque conferido para que o exerça no interesse público.[348]

Mencionando Helly Lopes Meirelles, Carlos Alberto Amin Filho, com precisão, observa que as imposições urbanísticas da legislação de uso e ocupação do solo é o gênero, as quais devem prover sobre zoneamento, parcelamento e reurbanização, sendo estes as espécies.[349]

Depois de explanar sobre leis de efeito concreto, como no caso daquelas que fixam limites territoriais, com base nas lições de Helly Lopes Meirelles, referindo-se as leis de zoneamento, Claudemir Battalini, ressalta que *"Por isso as Leis Municipais em questão possuem natureza formal de leis e natureza material de atos administrativos. Desde a publicação de tais leis de efeitos concretos é cabível o controle jurisdicional, incluindo-se como instrumento a ação civil pública para impedir que seus defeitos possam causar danos de ordem difusa e coletiva"*.[350]

5.4.5. Alterações do Zoneamento e consequências

As alterações provocadas no plano diretor, pelas cidades, normalmente ocorrem sem respeito ao planejamento instituído, bem como para com os demais princípios do direito urbanístico. Outras vezes, diante da ausência de Plano Diretor, promovem-se alterações de zonas rurais para urbanas, com inúmeros vícios e consequências nefastas, sem qualquer estudo técnico ou debate com a comunidade, atendendo tão somente aos interesses políticos e/ou do mercado imobiliário. Tais fatos geram dramáticas consequências, algumas somente perceptíveis em longo prazo. A respeito, ressalta o combativo Promotor de Justiça de Jundiaí que o *"Executivo e o Legislativo promovem alterações de zoneamento rural para urbana (ressetorizações), em imóveis determinados, com interesse predominantemente privado, sem estudos técnicos e adequado planejamento, ou seja, sem respeito às normas constitucionais e legais, com prejuízo à legalidade, impessoalidade, moralidade e eficiência administrativa, resultando em danos ao padrão urbanístico e ao meio ambiente"*.[351]

---

348 Poder de polícia em matéria urbanística. In: FREITAS, José Carlos de (Coord). Temas de direito urbanístico. São Paulo: Ministério Público do Estado de São Paulo e Imprensa Oficial do Estado, 1999, p. 38.

349 Op. cit., p. 277.

350 Op. cit., p. 200-201.

351 BATTALINI, Claudemir. Ordenamento urbano: desrespeito ao planejamento municipal nas alterações do zoneamento e o uso do solo, p. 186.

Ao falar sobre a necessidade de o agente público agir de forma moral, com valores éticos, observam os cultos Promotores de Justiça Dênis Fábio Marçola, Beatriz Lopes de Oliveira e Marcos Stefani que *"a moralidade administrativa, que hoje constitui causa autônoma da ação popular constitucional, na Lei 8.429/92 é causa principal. Objetiva a censura de atos contrários aos valores éticos e morais que necessariamente têm de estar presente em todos os atos daqueles que exercem atividade pública, justamente porque, como é cediço, a violação de um princípio é muito mais grave que a transgressão de qualquer norma."*[352] Necessário que a linha de conduta dos gestores públicos e dos membros do Poder Legislativo, ao definirem o zoneamento, seja com base em tais valores e com vistas aos superiores interesses coletivos.

No tocante à transformação do imóvel rural em área urbana, anota Claudemir Battalini: *"o imóvel que antes era classificado como rural, transforma-se por interesses predominantemente privados, em área urbana, permitindo-se vencer o aproveitamento do que antes era vedado, como por exemplo implantação de loteamentos urbanos (residenciais), ou mesmo para permitir atividades industriais ou comerciais, totalmente incompatíveis com área."* Lembra o autor que essas alterações geram crescimento desordenado, provocando a instalação de atividades em áreas predominantemente rurais, não raro de preservação ambiental e hídrica, podendo prejudicar outros Municípios ou regiões. E logo depois emenda o culto Promotor de Justiça: *"o discurso, muitas vezes, é que não havendo plano diretor essas alterações são possíveis sem maiores formalidades. Sem razão, entretanto, posto que esse tipo de alteração de zoneamento para permitir atividades urbanas implica em prévios estudos técnicos e ampla discussão com a sociedade".*[353]

Todas essas técnicas e políticas para a definição ou revisão do zoneamento devem ser feitas incluindo ampla discussão com a sociedade e com seus órgãos representativos, por meio de audiências públicas com todos os segmentos interessados, visando definir quais empreendimentos ou atividades devem ser implantadas por região, bem como as vantagens e desvantagens da vinda desses empreendimentos para o conforto, segurança e dinâmica econômica e social da população dessa região e da cidade como um todo. Somente assim se estará dando cumprimento à diretriz do art. 2º, inciso XIII, do Estatuto da Cidade.

Depois de discorrer detalhadamente sobre a importância do planejamento técnico e da participação social na definição e alterações no zoneamento em todo o território do Município, com toda a propriedade, Claudemir Battalini conclui que:

> Os fundamentos jurídicos dispostos revelam a necessidade de controle das alterações do zoneamento, editada para fins econômicos e privados, ao arrepio do interesse público, considerando-as como leis de efeitos concretos (leis do ponto de vista formal; atos administrativos do ponto de vista material), que padecem de ilegalidade (desconformidade do ato administrativo ou da lei de efeitos concretos com a lei e com o interesse coletivo) e inconstitucionalidade (que pode ser reconhecida incidentalmente).[354].

[352] Apontamentos sobre os atos de improbidade administrativa ambiental. In: Ministério Público do Estado de São Paulo: Centro de Apoio Operacional de Meio Ambiente, Habitação e Urbanismo. Temas de Direito Ambiental. São Paulo: Imprensa Oficial, 2015, p. 402.

[353] Ordenamento urbano: desrespeito ao planejamento municipal nas alterações do zoneamento e o uso do solo, p. 186-187.

[354] Op. cit., p. 205.

Essas áreas modificadas pela lei de zoneamento poderão ser autorizadas a outras atividades (loteamento etc.), "*sobrevindo depois argumentos de irreversibilidade, fundados em altos investimentos, razão da importância de detectar com antecedência a situação e propor as medidas pertinentes, inclusive com pedido de liminar*".[355]

Importante ressaltar que a Lei 13.465/17, para fins de regularização fundiária urbana – Reurb, desconsidera, inadequadamente, o requisito de localização da área a ser regularizada, admitindo-a independentemente de estar ela em zona urbana ou rural ou qualquer outro zoneamento previsto no plano diretor ou em Lei específica. Bastará tratar-se de núcleo urbano informal, conforme previsto no art. 11.[356]

Esta desconsideração do zoneamento termina por perpetuar distorções na vocação do uso e ocupação do solo urbano, podendo gerar a desestruturação do ordenamento territorial, comprometendo a função social das cidades, tal como previsto no art. 182, § 4º, da Constituição Federal *in verbis*:

> Art. 182. A política de desenvolvimento urbano, executada pelo Poder Público municipal, conforme diretrizes gerais fixadas em lei, tem por objetivo ordenar o pleno desenvolvimento das funções sociais da cidade e garantir o bem-estar de seus habitantes.
>
> [...]
>
> § 2º. A propriedade urbana cumpre sua função social quando atende às exigências fundamentais de ordenação da cidade expressas no plano diretor.

Portanto, percebe-se que a Lei 13.465/17 com o louvável intuito de facilitar a regularização dos núcleos urbanos clandestinos ou irregulares traz o sério risco de comprometer, indelevelmente, o tão almejado planejamento urbano, perpetuando desconformidades urbanísticas, ambientais e sociais. Isto porque uma vez aprovado o projeto de regularização fundiária, para o que não se exige a efetiva implementação da estrutura essencial, bastando o compromisso de fazê-la no futuro, tais intervenções urbanas, considerada a tradição brasileira, dificilmente ocorrerão.

5.4.6. Caracterização do solo como rural ou urbano: requisitos, disciplina e consequências

Conforme visto, entendemos que por exclusão ao Estatuto da Terra (art. 4º, I, da Lei 4.504/64), que prevê o solo rural como sendo aquele destinado à exploração extrativista agrícola, pecuária ou agroindustrial, resta o parcelamento de solo para fins urbanos, regido pela Lei 6.766/79, pela Lei 4.591/64 (condomínio em incorporações e incorporações imobiliárias), e agora pelo Código Civil em razão da

---

[355] BATTALINI, Claudemir. Ordenamento urbano: desrespeito ao planejamento municipal nas alterações do zoneamento e o uso do solo, p. 206.

[356] Art. 11. Para fins desta Lei, consideram-se: I – núcleo urbano: assentamento humano, com uso e características urbanas, constituído por unidades imobiliárias de área inferior à fração mínima de parcelamento prevista na Lei nº 5.868, de 12 de dezembro de 1972, independentemente da propriedade do solo, ainda que situado em área qualificada ou inscrita como rural; II – núcleo urbano informal: aquele clandestino, irregular ou no qual não foi possível realizar, por qualquer modo, a titulação de seus ocupantes, ainda que atendida a legislação vigente à época de sua implantação ou regularização;
III – núcleo urbano informal consolidado: aquele de difícil reversão, considerados o tempo da ocupação, a natureza das edificações, a localização das vias de circulação e a presença de equipamentos públicos, entre outras circunstâncias a serem avaliadas pelo Município;

inclusão do artigo 1.358-A, referente à condomínio de lotes. Conforme anotado no item anterior, a Lei 13.465/17 permite a regularização fundiária urbana de núcleos informais preexistentes, independentemente de a área a ser regularizada situar-se em zona urbana ou rural.

Entende Diógenes Gasparini que quando o imóvel situado em zona rural é utilizado para fins urbanos ou de expansão urbana incidem as regras do Plano Diretor:

> O Estatuto da Cidade, no entanto, foi mais além ao tornar o Plano Diretor obrigatório para o Município, na medida em que esse diploma legal, no § 2º, do art. 40, estabelece que 'O Plano Diretor deverá englobar o território do Município como um todo', como se pretendesse dar o mesmo tratamento às zonas urbana e rural. Por isso, afirmam alguns que essa disposição é inconstitucional. Não vemos desse modo, pois o Estatuto da Cidade apenas determinou sua indispensabilidade para os Municípios com mais de vinte mil habitantes e, consequentemente, a submissão de todos os núcleos urbanos nele existentes às suas regras, condições e objetivos. De sorte que, a zona rural, como tal, continua inalcançável pelo Plano Diretor, salvo em termos de diretrizes compatibilizadoras de medidas indispensáveis ao desenvolvimento harmônico dessas zonas, dado que precipuamente voltado para a política de desenvolvimento e expansão urbana. A abrangência do Plano Diretor é, pois, municipal."[357]

Embora a ementa do Decreto-Lei 58, de 10/12/37, consigne que o mesmo *"Dispõe sobre o loteamento e a venda de terrenos para pagamento em prestações"*, seu artigo 1º menciona disciplinar a venda de terras ou de terrenos urbanos. Neste último caso é que nos parece estar se referindo a loteamento, questão que passou a ser inteiramente regulada pela Lei 6.766, a partir de 20/12/79, a qual revogou as disposições em contrário (art. 55) e, por consequência, o mencionado Decreto-Lei referente a esse assunto. Assim, a forma simplificada de parcelamento e registro de solo ali prevista não pode mais, a partir da Lei Lehmann (nº 6.766/79), ser utilizada para o registro ou a regularização fundiária de núcleos urbanos.

Para implantação de um núcleo habitacional para fins de habitação ou lazer em área rural há a prévia necessidade de alteração na categoria do uso do solo (de fim rural para urbano), influindo na questão urbanística e/ou ambiental. Deve essa alteração ser previamente submetida a rigoroso controle e aprovação de órgãos estatais (INCRA, Prefeitura Municipal, órgão metropolitano – quando o caso) e demais órgãos que compõem o Grupo de Análise e Aprovação de Projetos Habitacionais – GRAPROHAB, no caso do Estado de São Paulo[358]. Nesse sentido, prevê o Estatuto da Cidade que:

> Art. 42-B. Os Municípios que pretendam ampliar o seu perímetro urbano após a data de publicação desta Lei deverão elaborar projeto específico que contenha, no mínimo: (Incluído pela Lei nº 12.608, de 2012)
>
> I – demarcação do novo perímetro urbano; (Incluído pela Lei nº 12.608, de 2012)
>
> II – delimitação dos trechos com restrições à urbanização e dos trechos sujeitos a controle especial em função de ameaça de desastres naturais; (Incluído pela Lei nº 12.608, de 2012)

[357] Aspectos jurídicos do plano diretor, p. 97.

[358] Art. 2º do Decreto Estadual nº 52.053/07.

III – definição de diretrizes específicas e de áreas que serão utilizadas para infraestrutura, sistema viário, equipamentos e instalações públicas, urbanas e sociais; (Incluído pela Lei nº 12.608, de 2012)

IV – definição de parâmetros de parcelamento, uso e ocupação do solo, de modo a promover a diversidade de usos e contribuir para a geração de emprego e renda; (Incluído pela Lei nº 12.608, de 2012)

V – a previsão de áreas para habitação de interesse social por meio da demarcação de zonas especiais de interesse social e de outros instrumentos de política urbana, quando o uso habitacional for permitido; (Incluído pela Lei nº 12.608, de 2012)

VI – definição de diretrizes e instrumentos específicos para proteção ambiental e do patrimônio histórico e cultural; e (Incluído pela Lei nº 12.608, de 2012)

VII – definição de mecanismos para garantir a justa distribuição dos ônus e benefícios decorrentes do processo de urbanização do território de expansão urbana e a recuperação para a coletividade da valorização imobiliária resultante da ação do poder público.

§ 1º. O projeto específico de que trata o caput deste artigo deverá ser instituído por lei municipal e atender às diretrizes do plano diretor, quando houver. (Incluído pela Lei nº 12.608, de 2012)

§ 2º. Quando o plano diretor contemplar as exigências estabelecidas no caput, o Município ficará dispensado da elaboração do projeto específico de que trata o caput deste artigo. (Incluído pela Lei nº 12.608, de 2012)

§ 3º. A aprovação de projetos de parcelamento do solo no novo perímetro urbano ficará condicionada à existência do projeto específico e deverá obedecer às suas disposições. (Incluído pela Lei nº 12.608, de 2012)

5.4.6.1. Desmembramento de área rural para fins de loteamento destinado a fim residencial ou recreacional: Autorização do INCRA e Reserva Legal

As normas gerais sobre parcelamento de solo, de competência da União, como já visto, são aplicáveis tanto em zona urbana como na zona rural, quando a finalidade o imóvel rural não for usado para fins de exploração agrícola, mineral ou agroindustrial.

Os "*condomínios de lazer*", também denominados "*chácaras de recreio*", "*sítios de recreio*" ou simplesmente "*ranchos*", têm fins residenciais ou de lazer, contrapondo-se à destinação legal do solo rural, que de conformidade com o artigo 4º do Estatuto da Terra (Lei Federal nº 4.504/64), define Imóvel Rural como sendo "*o prédio rústico, de área contínua, qualquer que seja a sua localização, que se destine à exploração extrativa agrícola, pecuária ou agro-industrial, quer através de planos públicos de valorização, quer através de iniciativa privada*".

Observa o culto Juiz de Direito do Distrito Federal, Paulo Afonso Cavichioli Carmona, que a Lei de Parcelamento do Solo (LPS), ao disciplinar o parcelamento do solo para fins urbanos, tornou irrelevante a localização da área, isto é, se situada na zona urbana ou rural, uma vez que a destinação econômica da propriedade se constitui em elemento caracterizador da área rural, sendo que no caso dos sítios de recreio eles possuem fins urbanos e se submetem à disciplina da Lei 6.766/79.[359]

[359] Curso de Direito Urbanístico, p. 322.

Para que possa haver desmembramento de área rural com finalidade de parcelamento de solo para fins urbanos (utilização residencial e/ou de lazer) a gleba deve estar situada fora da área de risco ou de proteção ambiental e em zona urbana ou de expansão urbana, sendo imperiosa prévia audiência do INCRA e da Prefeitura ou do Distrito Federal (se área for situada no Distrito Federal), nos termos do artigo 3º, caput, e artigo 53, da Lei nº 6.766/79, conforme já tivemos oportunidade de mencionar[360].

Quando da necessária retificação de área junto ao registro de imóveis para fins de desmembramento da área a ser loteada, deverá ser verificado se houve averbação da reserva legal ou seu registro junto ao Cadastro Ambiental Rural (C.A.R.), conforme artigos 18, § 4º, 29 e 30 da Lei Federal 12.651/12 ("*Código*" Florestal), valendo lembrar que para fins de regularização fundiária tais requisitos são dispensados, conforme veremos em capítulo próprio (art. 11, I e § 6º da lei 13.465/17 e art. 3º, § 13º, do Decreto 9.310/18).

Quanto à área remanescente, ela será desmembrada (aquela que passará a ser urbana), depois de cumprida a tramitação prevista na Lei 6.766/79, em especial o art. 53, e ficará dispensada de possuir reserva legal, devendo possuir as áreas institucionais, com área verde etc., bem como aos demais requisitos mínimos previstos no art. 4º da Lei 6.766/79, sem prejuízo de outros requisitos que eventualmente dispuser a lei municipal, para os loteamentos e desmembramentos em geral.

O art. 53 da Lei 6.766/79 prevê a anuência do INCRA na conversão do uso de solo rural para urbano, no tocante ao parcelamento para fins urbanos. Entretanto, o Provimento 44/2015, do Conselho Nacional de Justiça, versando sobre a regularização fundiária, em seu art. 8º previa que:

> Para fins de regularização fundiária, o imóvel considera-se urbano, segundo o previsto nos incisos I e II do art. 47 da Lei nº 11.977[361], de 7 de julho de 2009, ainda que esteja cadastrado como rural junto ao Instituto Nacional de Colonização e Reforma Agrária (INCRA).
>
> Parágrafo único. A regularização fundiária urbana independe de averbação de cancelamento de cadastro do imóvel rural, cabendo ao registrador, após a conclusão dos procedimentos de inscrição, enviar comunicação ao INCRA para os devidos fins.

Atualmente, o art. 44 da Lei 13.465/17[362] dispensa a autorização do INCRA para regularização fundiária de imóvel com destinação urbana situado em zona rural. Caberá posteriormente, ao oficial do cartório de registro de imóveis, notificar o INCRA, o Ministério do Meio Ambiente e a Secretaria da Receita Federal do

---

[360] Manual Prático da Promotoria de Justiça de Habitação e Urbanismo. 1ª ed. São Paulo/SP: Imprensa Oficial, 2005, p. 212.

[361] O dispositivo foi revogado pelo art. 109 da Lei 13.456/17.

[362] Art. 44. Recebida a CRF, cumprirá ao oficial do cartório de registro de imóveis prenotá-la, autuá-la, instaurar o procedimento registral e, no prazo de quinze dias, emitir a respectiva nota de exigência ou praticar os atos tendentes ao registro. [...] § 4º. O registro da CRF aprovado independe de averbação prévia do cancelamento do cadastro de imóvel rural no Instituto Nacional de Colonização e Reforma Agrária (Incra). [...] § 7º. O oficial do cartório de registro de imóveis, após o registro da CRF, notificará o Incra, o Ministério do Meio Ambiente e a Secretaria da Receita Federal do Brasil para que esses órgãos cancelem, parcial ou totalmente, os respectivos registros existentes no Cadastro Ambiental Rural (CAR) e nos demais cadastros relacionados a imóvel rural, relativamente às unidades imobiliárias regularizadas.

Brasil para que esses órgãos cancelem, parcial ou totalmente, os respectivos registros existentes no Cadastro Ambiental Rural (CAR) e nos demais cadastros relacionados a imóvel rural, relativamente às unidades imobiliárias regularizadas, tudo para fins de se dar baixa nos registros da área até então tida como rural.

Conforme anotam Toshio Mukai, Alaôr Caffé Alves e Paulo José Villela Lomar, o parcelamento de solo para fins rurais continua sendo regido pela Lei 4.504/64, regulamentada pelo Decreto 59.428/66, pela Lei 5.866/72, pela Instrução INCRA 17-A, de 1.977 e Decreto-Lei 58/37.[363]

Quando se tratar de parcelamento do solo rural, não localizado em zona urbana ou de expansão urbana (art. 3º, *"caput"*, da Lei 6.766/79) e com conversão do solo rural em urbano ou de expansão urbana autorizada pelo Instituto de Colonização e Reforma Agrária (INCRA), conforme artigo 53 da Lei 6.766/79, há quem defenda continuar em plena vigência o Decreto-Lei nº 58/37, podendo o parcelamento ser efetuado com base em tal disciplina, pois tal norma somente teria sido revogada no tocante ao parcelamento de solo em zona urbana.

Para implantação de um *"condomínio de lazer"*, prática tão utilizada, de maneira ilegal entre 1980 a 2000, especialmente no Estado de São Paulo, há necessidade de alteração na categoria do uso do solo (de fim rural para urbano), influindo na questão urbanística ou ambiental. Deve essa alteração, como já frisado, ser previamente submetida a rigoroso controle e aprovação de órgãos estatais (INCRA[364]) e Prefeitura Municipal. Mas não só, caso se trate de área de preservação permanente ou com outras restrições ambientais, poderá ter que contar com a aprovação de órgão federal como o IBAMA[365] ou estadual, como a CETESB[366] e demais órgãos que compõem o Grupo de Análise e Aprovação de Projetos Habitacionais - GRAPROHAB[367]) se a área estiver situada no Estado de São Paulo. Conforme entendimento dominante na jurisprudência e na doutrina:

> Sítios de Recreio – aplicação das normas gerais sobre direito urbanísticos aos imóveis localizados em zona urbana quanto em zona rural – Inexistência de direito adquirido frente ao poder de polícia do Estado
>
> CONSTITUCIONAL E DIREITO URBANÍSTICO MANDADO DE SEGURANÇA LOTEAMENTO IMÓVEL SITUADO NA ZONA RURAL REGULARIZAÇÃO MATÉRIA DE COMPETÊNCIA DO MUNICÍPIO. 1. As normas gerais sobre direito urbanístico, notadamente as que versem sobre parcelamento do solo, são aplicáveis tanto aos imóveis localizados em zona urbana quanto em zona rural. 2. Compete ao Município promover adequado ordenamento territorial, mediante planejamento e controle do uso, do parcelamento e da ocupação do solo urbano (art. 30, VIII, CF). 3. Inexistência de direito adquirido frente ao poder de

363 Comentários à Lei de parcelamento do solo urbano, Lei nº 6.766, de 19/12/79. 2ª ed. São Paulo: Saraiva, 1980, p. 2.

364 Instituto Nacional de Colonização e Reforma Agrária.

365 Instituto Brasileiro do Meio Ambiente e dos Recursos Naturais Renováveis.

366 Companhia Ambiental do Estado de São Paulo.

367 O Art. 2º do Decreto Estadual nº. 52.053, de 13 de agosto de 2007, estipula ser o GRAPROHAB constituído por representantes dos seguintes órgãos e entidades da Administração Pública estadual: I - Secretaria da Habitação; II-Secretaria do Meio Ambiente; III - Procuradoria Geral do Estado; IV-Companhia de Tecnologia de Saneamento Ambiental - CETESB; V - Companhia de Saneamento Básico do Estado de São Paulo - SABESP; VI-Empresa Paulista de Planejamento Metropolitano S.A. - EMPLASA; VII - Departamento de Águas e Energia Elétrica - DAEE.

polícia do Estado. Ausência de direito líquido e certo. Segurança denegada. Sentença mantida. Recurso desprovido.[368]

5.4.6.2. Instrução Normativa INCRA nº 17-B – "Ranchos ou Chácaras de Recreio"

A respeito do tema *ranchos de lazer*, antes da edição da Lei da Reurb (Lei 13.465/17), tivemos a oportunidade de assim consignar:

> De se ponderar que na grande maioria dos casos não se trata de condomínio porque cada adquirente tem área delimitada dos demais (localização definida), contrariando as disposições dos artigos 1.314, 1331, § 3º, 1332 e 1339 do Código Civil (Lei nº 10.406/02), não havendo as áreas comuns a que se refere o artigo 9º, § 3º, da Lei nº 4.591/64, nem construção já efetuada ou a ser elaborada pelo loteador, conforme previsto no artigo 68 da Lei nº 4.591/64, a qual regula o condomínio em edificações e as incorporações imobiliárias.
>
> Assim, entendemos, na esteira de majoritária corrente jurisprudencial e doutrinária, que os vulgarmente denominados 'Condomínios de Lazer' estão incursos no artigo 3º da Lei nº 6.766/79 (conhecida como Lei Lehmann), a qual revogou a antiga legislação a permitir o loteamento rural, ou seja o Decreto nº 59.428, de 27.10.66. Já a Instrução Normativa nº 17-B, do INCRA, foi ilegalmente aprovada em 09/12/80, sendo ineficaz perante a Lei nº 6.766/79, por contrariá-la, de modo que para se fazer um parcelamento de solo com fim de venda de lotes destinados a sítio ou chácaras de recreio, também denominado 'Condomínios de Lazer' há necessidade de submissão total às normas da Lei nº 6.766/79[369], como se fosse um parcelamento ocorrido na periferia da cidade.[370]

5.5. Plano Diretor e leis setoriais ou complementares

Apesar de ser um plano, ele não impede a edição de normas visando dar-lhe exequibilidade, os denominados planos setoriais, que são leis específicas ou genéricas, as quais visão regular determinadas situações, em áreas indicadas no plano diretor. Apenas se exige que tais normas sejam atreladas ao plano diretor.

Lembra Diógenes Gasparini que a edição de lei específica no plano diretor encontra previsão no art. 5º do Estatuto da Cidade, com objetivo de determinar o parcelamento, edificação ou utilização compulsórios do solo urbano não edificado, subutilizado ou não utilizado. Conclui o autor:

> É induvidoso, portanto, que o plano diretor, lei que diz mais com o espaço físico municipal, especialmente urbano, não veda a existência de sub planos, como os de transporte, saúde e educação, desde que sob estrito liame e subordinação a essa lei. Esses planos setoriais devem observar o mesmo processo de elaboração e instituição do plano diretor.[371]

---

368 (TJSP – APELAÇÃO CÍVEL Nº 9153800 90.2003.8.26.0000 Itatiba – j. 2906/2011 – Relator Décio Notarangeli).

369 Em virtude do disposto no artigo no art. 78 da Lei 13.465/17, no caso de condomínio de lotes, o art. 2º, § 7º, da Lei 6.766/79, foi incluído para constar que: "O lote poderá ser constituído sob a forma de imóvel autônomo ou de unidade imobiliária integrante de condomínio de lotes". Assim, se novos empreendimentos imobiliários podem ser instituídos no formato de condomínio de lotes, nada impede , em tese, que se regularize os anteriores, como condomínio de lotes, inclusive porque modalidade de parcelamento de solo foi criada no âmbito de uma lei cujo objetivo foi a regularização fundiária urbana.

370 Implantação e regularização de "condomínio" de lazer em área de preservação permanente. In: Manual Prático da Promotoria de Justiça do Meio Ambiente. 1ª ed. São Paulo/SP: Imprensa Oficial, 2005, v.1,, p. 1.035-1036.

371 Aspectos jurídicos do plano diretor, p. 93.

Conforme observa com maestria Diógenes Gasparini, não há impedimento que existam normas complementares ao plano diretor, sem, entretanto, contrariá-lo, anotando não ser possível dois planos diretores na mesma base territorial municipal (ainda que um para a zona rural e outro para a zona urbana), conforme já anotamos neste trabalho. Nesse sentido, observa o festejado autor que:

> As características que acabamos de mencionar, não impedem que sejam editados, após a instituição do Plano Diretor, planos setoriais, que lhe dão exeqüibilidade. Os planos setoriais são leis específicas ou genéricas destinadas a regular determinadas situações dentro de áreas indicadas no Plano Diretor. Nesses casos, todas essas leis devem estar devidamente atreladas ao Plano Diretor. Aliás, o art. 5º do Estatuto da Cidade prevê a edição de lei específica para área incluída no Plano Diretor com o fito de determinar o parcelamento, a edificação ou a utilização compulsórios do solo urbano não edificado, subutilizado ou não utilizado.[372]

Esse também é o posicionamento de Caramuru Afonso Francisco, para quem o Estatuto da Cidade não proíbe a existência de planos setoriais, estando ele repleto de disposições nas quais se verifica a permissão para que forma diferenciada de normas sejam utilizadas como instrumentos da política urbana, advertindo que *"todos esses planos setoriais devem estar previstos no próprio plano diretor, devem ali estar inseridos globalmente, ainda que o detalhamento venha em outros diplomas legais, como, aliás, às vezes, necessariamente tem de ocorrer, como nos casos em que o Estatuto exige lei municipal específica"*.[373]

5.5.1. Tipologia dos planos diretores: autoaplicabilidade?

Quanto ao plano diretor, de um modo geral, ficou a ideia do conteúdo eminentemente urbanístico, afastando-se o modelo de plano de desenvolvimento. Quanto à operacionalidade houve duas orientações distintas, pois alguns Estados adotaram conceito do plano autoaplicável, enquanto outros previram sua regulamentação por outras leis municipais. Adotaram o modelo autoaplicável, os Estados de Espírito Santo, Maranhão, Goiás, Mato Grosso, Pará, Pernambuco, Piauí, Paraná, Tocantins e pelo DF. Já o modelo do plano orientador da legislação urbanística foi adotado nos Estados de Ceará, Paraíba, Rio de Janeiro e São Paulo. Nos demais Estados, não houve a adoção clara por um desses modelos.[374]

O Estado de São Paulo adotou o modelo do Plano Diretor orientador. Nesse sentido, conveniente transcrever o artigo 181 da Constituição do Estado São Paulo, com o seguinte teor *"Lei municipal estabelecerá, em conformidade com as diretrizes do Plano Diretor, norma sobre zoneamento, loteamento, parcelamento, uso e ocupação do solo, índices urbanísticos, proteção ambiental e demais limitações administrativas pertinentes"*.

Sobre ser ou não autoaplicáveis as disposições do plano diretor, bem como (in)existir necessidade de sua complementação, Victor Carvalho Pinto, com muita propriedade, observa:

---

[372] Aspectos jurídicos do plano diretor, p. 93.

[373] Op. cit., p. 262, "apud" GASPARINI, Diogenes. Aspectos jurídicos do plano diretor, p. 94.

[374] PINTO, Victor Carvalho. Direito urbanístico: plano diretor e direito de propriedade, p. 146.

> Em algumas unidades da federação, como o Rio Grande do Sul e o Distrito Federal, adota-se o plano diretor autoaplicável, ou seja, dotado de mapas e tabelas onde são estabelecidos os índices urbanísticos de parcelamento, uso e ocupação do solo. Em outros estados, como São Paulo e Minas Gerais, entende-se por 'plano diretor' um documento sem aplicabilidade imediata, que deve ser objeto de regulamentação posterior. Nestes casos, o estabelecimento de índices urbanísticos é feito em outra lei, que pode ser denominada de 'lei de zoneamento', "lei de uso do solo' ou de 'lei de parcelamento, uso e ocupação do solo."[375]

Para as cidades com mais de quinhentos mil habitantes, haverá a necessidade de elaboração e instituição do Plano Diretor de Transporte Urbano, integrado e compatível ou inserido no Plano Diretor (art. 41, § 2º, do Estatuto da Cidade). Será integrado porque *"embora consubstanciado em outra lei, na prática, constituem um só plano, pois se complementam"*.[376]

5.6. Natureza Jurídica do Plano Diretor: obrigatoriedade, vigência, suficiência, limites e alcance

O conceito legal de plano diretor é encontrado no Estatuto da Cidade, o qual preceitua: *"Art. 40. O plano diretor, aprovado por lei municipal, é o instrumento básico da política de desenvolvimento e expansão urbana"*.

O plano diretor, quando obrigatório, é um dos instrumentos condicionantes da legitimidade da política urbana, o qual balizará a forma de fomento ao desenvolvimento econômico sustentável, em políticas setoriais de habitação, meio ambiente, saúde etc..., bem como leis específicas de zoneamento de uso do solo (residencial, comercial, industrial ou misto), estabelecendo balizas mestras para a atividade construtiva, tratando-se, como já visto, de competência exclusivamente municipal, por disposição do art. 30, inciso VIII e artigo 182, § 1º, da Constituição Federal.

Os Municípios enquadrados nas circunstâncias do art. 41 do Estatuto da Cidade, editado em cumprimento ao artigo 182, § 1º da Carta Magna, devem elaborar seus respectivos planos diretores, não podendo haver violação da autonomia municipal para tal mister. A União, quando edita a norma geral (Lei 10.257/01) repete o que já fora previsto no art. 182, §§ 1º e 4º, da Constituição Federal. Esse ato normativo também encontra fulcro em seu poder de expedir normas gerais de Direito Urbanístico (art. 24, § 1º)[377], *"onde está, certamente, o poder para dizer qual Município deve ter Plano Diretor"*.[378] Ainda pode ser acrescido o argumento de caber à União editar normas gerais relativas ao ordenamento urbano nacional, esculpida no art. 21, XX, da CF.[379]

---

375 Regime jurídico do plano diretor, p. 412.

376 GASPARINI, Diógenes. Aspectos jurídicos do plano diretor, p. 94.

377 Conforme observa Victor Carvalho Pinto, "O Rio Grande do Sul é o único estado que regulamentou o plano diretor, fazendo uso de sua competência concorrente com a União para legislar sobre normas gerais de direito urbanístico (CF, art. 24, I). Nos demais estados, o modelo adotado tende a se disseminar espontaneamente a partir da capital", op. cit., p. 412.

378 GASPARINI, Diógenes. Aspectos jurídicos do plano diretor, p. 83.

379 MACRUZ, João Carlos et al. O Estatuto da Cidade e seus Instrumentos Urbanísticos. São Paulo: LTr, 2002, p. 30, "apud" GASPARINI, Diógenes. Aspectos jurídicos do plano diretor, p. 100.

Pondera José Afonso da Silva que: "*O plano diretor será aprovado por lei, tratando-se de uma exigência da legalidade pelo sistema brasileiro, de maneira a não se admitir que se criem obrigações se não em virtude de lei, nos termos do art. 5º, II, da CF, e do art. 40 do Estatuto da Cidade.*" Nos municípios geralmente exige-se aprovação pelo voto qualificado de 2/3 dos membros da Câmara, de maneira a lhe conferir certa rigidez. Os elementos do plano farão parte integrante da lei, transformando-o em normas jurídicas.[380]

No mesmo sentido o posicionamento de Diógenes Gasparini para quem a alteração, "*por força do princípio do paralelismo de forma e hierarquia dos atos jurídicos, há de ser promovida por lei, inclusive quando a modificação incidir sobre plantas e tabelas, por exemplo.* Não se descarta a possibilidade de sua ab-rogação."[381] (grifo nosso).

Ao discutir a natureza jurídica do plano diretor, depois de distinguir a atuação executiva do processo legislativo do plano diretor, Victor Carvalho Pinto, diferenciando legislar sobre direito urbanístico do ato de regular o ordenamento do solo, anota que:

> Considerava-se que o estabelecimento pelo Município de índices urbanísticos, por meio de 'planos diretores', 'leis de uso do solo' ou 'leis de zoneamento' era feito no exercício da competência para dispor de assuntos de seu 'peculiar interesse'. 'Legislar sobre direito urbanístico" significa estabelecer normas gerais e abstratas (lei material), enquanto "promover ordenamento territorial' diz respeito ao estabelecimento concreto de limitações ao direito de propriedade, por meio de índices urbanísticos.
>
> Não se pode confundir o instrumento de aprovação do plano diretor com sua natureza jurídica. O Estatuto da Cidade definiu a lei (formal) como o ato jurídico pelo qual o plano é aprovado (art. 40). Neste aspecto, nada mais fez que consagrar a tradição brasileira. Sua natureza jurídica não é, entretanto, a de lei material, por faltar-lhe as características de generalidade e de abstração.[382]

Seguindo nessa linha de raciocínio, depois de observar a autonomia do direito urbanístico frente ao direito administrativo, Victor Carvalho Pinto entende, com propriedade, que *a natureza jurídica do plano diretor é de um plano urbanístico, tratando-se de uma lei de efeitos concretos*. Observa o douto jurista que:

> Neste sentido, consideramos que a natureza jurídica do plano diretor é a de plano urbanístico, na qual se incluem, por exemplo, o projeto de loteamento (arts. 6º a 17 da Lei 6.766/79) e o plano de operação urbana consorciada (art. 33 do Estatuto da Cidade). A caracterização dos planos urbanísticos como uma modalidade própria de ato jurídico é defendida por Forsthoff[383]. Para este autor, o plano não é lei, uma vez que não é abstrato, mas extremamente concreto e não é ato administrativo, porque não regula a situação do indivíduo, mas impõe uma ordem que ultrapassa o quadro dos interesses individuais.
>
> Para efeito de controle de legalidade, pode-se qualificá-lo como uma 'lei de efeitos concretos', ato jurídico que, a despeito de ser veiculado por lei, não apresenta características generalidade e abstração.[384]

---

380 SILVA, José Afonso da. Direito Urbanístico Brasileiro, p. 143.

381 Aspectos jurídicos do plano diretor, p. 81-82.

382 Regime jurídico do plano diretor, p. 421.

383 Conforme CORREIA, Fernando Alves. O Plano Urbanístico e o Princípio da Igualdade. Coimbra: Almedina, 1989, p. 231-232, "apud" PINTO, Victor Carvalho. Regime jurídico do plano diretor, p. 421-422.

384 Regime jurídico do plano diretor, p. 421-422.

Plano diretor é um documento técnico, apresentado em forma gráfica e por relatório. Compreende relatórios, mapas e quadros, retratando a situação existente quando das projeções de situação futura a ser transformada. Sua formulação será uma tarefa técnica e multidisciplinar, com predominância dos aspectos técnicos, embora se revele um procedimento jurídico, diante das exigências legais para imposição de regras de conduta.[385]

Para concluir o assunto, por concordamos inteiramente com suas observações sobre a natureza *"sui generis"* do plano diretor, transcreveremos, na íntegra as ponderações consistentes de Victor Carvalho Pinto:

> Os planos e projetos de engenharia, arquitetura e urbanismo não se confundem com os atos jurídicos que os aprovam. Eles são documentos técnicos, elaborado por profissionais legalmente habilitados. A competência para aprovar planos e projetos é distinta da competência para elaborá-los. Formalmente, os planos e projetos são anexos dos atos que os aprovam.
>
> O mesmo se pode dizer dos projetos de loteamento ou de edificação. Embora sejam aprovados por ato administrativo (licença), com este não se confundem. Tanto é assim que a autoridade administrativa não pode alterá-los, mas apenas aprová-los ou não. Assim sendo, um projeto de edificação não é uma licença, mas é aprovado por meio de uma licença. Formalmente, o projeto constitui-se em anexo do alvará de aprovação.
>
> Analogamente, o plano diretor não é uma lei, mas é aprovado por lei, assumindo a forma de um anexo.[386]

As normas do plano diretor poderão ter eficácia imediata e se manifestarão de forma vinculante para os órgãos públicos e para os particulares. Entretanto, haverá casos onde serão necessárias leis especiais sobre o uso do solo e edificações. O plano diretor, entretanto, também pode estabelecer as normas fundamentais (diretrizes), remetendo para regulamentação os pormenores de sua aplicação, podendo ou não isso ocorrer em relação ao zoneamento. O plano também pode ser geral, ficando dependente de planos especiais, setoriais e planos executivos.[387]

Nesse diapasão, serão nulas as normas complementares (leis ou decretos) que contrariarem ao plano diretor.[388]

É de ser ponderado que pode ocorrer de o Município atender ao conteúdo mínimo das normas gerais de planejamento do uso do solo urbano e rural, tal qual previsto no Estatuto da Cidade, mas não ter um diploma legal com o nome de Plano Diretor, estando a legislação correlata dispersa em várias leis, com distintas denominações. Nem por isso, haverá irregularidades, podendo ser considerado que essas normas foram recepcionadas pela Constituição Federal e que são compatíveis com o Estatuto da Cidade e com a Lei de Parcelamento de Solo (LSP), a *"Lei Lehmann"*. Nesse sentido, vale transcrever a elucidativa lição:

---

385 SILVA, José Afonso da. Direito Urbanístico Brasileiro, p. 143.

386 Regime jurídico do plano diretor, p. 423.

387 SILVA, José Afonso da. Direito Urbanístico Brasileiro, p. 147.

388 SILVA, José Afonso da. Direito Urbanístico Brasileiro, p. 147-148.

> Assim sendo, os diferentes instrumentos jurídicos de ordenamento territorial, que estabeleçam uso e índices urbanísticos, deverão ser considerados recepcionados pela Constituição como plano diretores, ainda que apresentem denominação diversa, como 'lei de zoneamento´ ou 'lei de uso e ocupação do solo'.[389]

Com a entrada em vigor do plano, as limitações à propriedade privada operam-se de maneira imediata, assim como as obrigações de não fazer, as áreas declaradas não-edificáveis, bem como as obrigações de fazer (como aquelas que, nos termos da lei federal, o proprietário do solo não-edificado, subutilizado ou não utilizado promova o adequado aproveitamento, sob pena de parcelamento ou edificação compulsória, conforme artigo 182, § 4º da CF).[390]

Diante da obrigatoriedade, como regra, da instituição do plano diretor, Diógenes Gasparini tece interessantes considerações sobre a possibilidade de sua ab-rogação (revogação total), diante de sua natureza jurídica de lei. Em resumo, conclui pela inconstitucionalidade em caso de haver obrigatoriedade de sua instituição[391], bem como pela possibilidade caso sua instituição não seja obrigatória.[392].

Não há exigência de que o plano diretor seja veiculado por meio de lei complementar, podendo ser lei ordinária, a não ser que a lei orgânica municipal preveja de forma distinta. Basta seguir as diretrizes da Constituição Federal e do Estatuto da Cidade. A lei orgânica poderá exigir um número específico de audiências.[393]

5.7. Elaboração e aprovação do Plano Diretor: fases, requisitos e consequências de eventuais omissões

A elaboração do Plano será de competência do Poder Executivo Municipal, por meio de órgãos de planejamento da Prefeitura. O plano não é planejamento, sendo que sua elaboração é um momento de processo contínuo. Essa elaboração demandará uma metodologia adequada, tratando-se de um processo lento de preparação. Sua formação pode ser resumida em quatro etapas. São elas:

1ª etapa: *estudos preliminares*: avaliará, de forma sumária, o atual estágio de problema no desenvolvimento do município, estabelecendo características e nível profundidade dos estudos, bem como a política de planejamento municipal;

2ª etapa: *Fase de diagnóstico*: serão pesquisados e analisados com profundidade os problemas de desenvolvimento relacionados na primeira etapa, identificando variáveis a serem consideradas na solução dos mesmos, prevendo perspectivas de evolução. No diagnóstico do plano deverão ser identificados os seguintes aspectos:

a) Problemas existentes na área a ser transformadas, incluindo nível dos objetivos, ou seja, os referentes a bens ou serviços que a entidade pública coloca

389 Pinto, Victor Carvalho. Direito urbanístico: plano diretor e direito de propriedade, p. 162.

390 SILVA, José Afonso da. Direito Urbanístico Brasileiro, p. 148.

391 Art. 41 do Estatuto da Cidade e artigo 181, § 1º da Constituição do Estado de São Paulo.

392 Aspectos jurídicos do plano diretor, p. 90.

393 Ibidem, p. 83.

à disposição da comunidade, assim como os níveis e os meios, ou seja, a estrutura institucional do município e sua adequação orgânico-administrativa para cumprimento dos objetivos;

b) necessidades de atendimento identificadas quando da análise dos problemas existentes, ou indicações das ações a serem empreendidas, numa escala de prioridade;

c) Tipos de atuação a serem desenvolvidas, visando o atendimento das necessidades identificadas, de acordo com os objetivos estabelecidos;

3ª etapa: *Plano de diretrizes*: estabelecer-se-á uma política para solução dos problemas escolhidos, fixando objetivos e diretrizes da organização territorial;

4ª etapa: *instrumentação do plano*: compreende a elaboração dos instrumentos de atuação, de acordo com as diretrizes estabelecidas, com identificação das medidas capazes de atingir aos objetivos escolhidos.[394]

Na formação do plano diretor, dentre os instrumentos integrantes, encontra-se o projeto de lei a ser submetido à Câmara Municipal, cuja iniciativa é do Prefeito Municipal, responsável pela orientação de seu preparo. O processo de elaboração do plano diretor geralmente consta da Lei Orgânica do Município (LOM), mas *deve ser garantida a participação popular e de associações representativas dos diversos segmentos da comunidade*, em cumprimento ao artigo 40, § 4º, do Estatuto da Cidade.[395] No mesmo sentido Diógenes Gasparini.[396].

Sobre a iniciativa exclusiva do Prefeito para envio do Projeto de Lei relativo ao plano diretor à Câmara Municipal já se decidiu:

> Vício de iniciativa – Ocorrência – Norma de iniciativa parlamentar que envolve questão atinente ao uso e ocupação do solo interferindo diretamente no zoneamento e planejamento urbano – Inadmissibilidade – Competência exclusiva do Chefe do Poder Executivo – Violação ao princípio da separação dos poderes – Ofensa aos artigos 5º, 144, 180, inciso II e 181, da Constituição Estadual – Ação procedente.[397]

Para o plano diretor, durante seu processo de elaboração, deverão também ser levadas em conta as disposições do art. 37 do Estatuto da Cidade, relativas ao teor do Estudo de Impacto de Vizinhança (EIV)[398]. Nesse sentido, Victor Carvalho Pinto, para quem essa necessidade de fundamentar o plano diretor em estudos técnicos também encontra amparo implícito na garantia de acesso aos *"documentos e informações"*

394 SILVA, José Afonso da. Direito Urbanístico Brasileiro, p. 144-145.

395 SILVA, José Afonso da. Direito Urbanístico Brasileiro, p. 146.

396 Aspectos jurídicos do plano diretor, p. 88.

397 TJSP, Adin 154.179-0/5-00, Re. Debatin Cardoso, j. 22/10/2008.

398 Art. 37. O EIV será executado de forma a contemplar os efeitos positivos e negativos do empreendimento ou atividade quanto à qualidade de vida da população residente na área e suas proximidades, incluindo a análise, no mínimo, das seguintes questões: I – adensamento populacional; II – equipamentos urbanos e comunitários; III – uso e ocupação do solo; IV – valorização imobiliária; V – geração de tráfego e demanda por transporte público; VI – ventilação e iluminação; VII – paisagem urbana e patrimônio natural e cultural. Parágrafo único. Dar-se-á publicidade aos documentos integrantes do EIV, que ficarão disponíveis para consulta, no órgão competente do Poder Público municipal, por qualquer interessado.

produzidos não apenas no momento da elaboração do plano, mas igualmente na *"fiscalização de sua execução"* (art. 40, § 4º), *"configurando um verdadeiro 'sistema de acompanhamento e controle' (art. 42, III)"*.[399]

Com base no art. 7º do Decreto-Lei 5.194/66, o qual regulamentou as profissões de Engenheiro, Arquiteto e Engenheiro-Agrônomo, referido autor afirma ser o plano diretor um documento técnico, pois decorrente de planejamento de zonas da cidade. Em seguida, valendo-se das lições de Hely Lopes Meirelles[400], lembra a diferença entre projetos e planos:

> Projeto, planta e plano exprimem conceitos técnicos fundamentalmente diferentes, mas geralmente confundidos na linguagem leiga e na redação legislativa.
>
> *Projeto de construção* é o conjunto de estudos, cálculos e desenhos necessários à expressão técnica e artística da obra a ser executada.
>
> *Plano*, em sentido amplo, é toda programação. Com esta amplitude, porém, não é usado na terminologia específica das construções. *Em urbanismo* emprega-se a expressão *'plano' com diversos qualificativos*, para designar a *ordenação físico-espacial* de determinada área, ou a *destinação urbanística do terreno*. Assim, se diz, corretamente, 'Plano Regional', 'Plano Diretor', 'Plano Viário', 'Plano de Zoneamento', 'Plano de Loteamento' etc.[401]

No tocante à definição de *"planta"*, *"escala"*, *"corte"*, *"fachada"* e *"elevação"*, o festejado e saudoso Hely Lopes Meirelles, com a perspicácia e autoridade que possuía, ensina:

> *Planta* é a representação gráfica em escala de um corte ou de uma vista da construção, ou de parte dela. Não há confundir, portanto, as plantas com os demais desenhos que comumente ilustram o projeto. *Escala* é a relação existente entre as dimensões do objeto real e as do desenho que representa. *Corte*, segundo a conceituação da Associação Brasileira de normas técnicas, 'é a projeção, em plano vertical, colocado imediatamente antes da parte a representar, indicando-se as sessões em achurado' (NB-16) convém, ainda, distinguir corte de fachada ou elevação. *Fachada* ou elevação é a projeção em plano vertical, colocado imediatamente antes do conjunto a representar, sem corte de peça. O termo 'fachada' é reservado especificamente para os projetos de edificação, e o vocábulo *'elevação'* é de uso genérico para qualquer projeção de construção.[402]

Se mesmo correndo o risco de punições por crime e por improbidade administrativa, o Prefeito Municipal não enviar o Plano Diretor para apreciação da Câmara Municipal, é de se questionar quais providências adotar. Alguns entendem possível que uma comissão de Vereadores ou um vereador pudesse propor esse plano diretor. Entretanto, trata-se de iniciativa exclusiva do alcaide, razão pela qual não é possível propositura pelo Poder Legislativo. Para solucionar o problema, preconiza Diógenes Gasparini, mesmo reconhecendo a pouca eficácia da medida, a propositura de mandado de injunção, conforme previsto no art. 5º, inciso LXXI, da Constituição Federal.[403]

---

399 Regime jurídico do plano diretor, p. 424.

400 MEIRELLES, Hely Lopes. Direito de Construir. 6ª edição. São Paulo: Revista dos Tribunais, 1994, p. 298-299.

401 Regime jurídico do plano diretor, p. 422-423.

402 O direito de construir, p. 299.

403 Op. cit., p. 106.

No caso de não haver plano diretor, mesmo após cinco anos do Estatuto, José Carlos de Freitas entende ser o caso de propositura de ação de inconstitucionalidade por omissão, nos termos do artigo 103, § 2º, da Constituição Federal, com determinação judicial para que se compra obrigação no prazo de 30 dias. Caso a omissão persista, o Prefeito Municipal poderá incorrer na sanção política de cassação do mandato, conforme preveja a Lei Orgânica Municipal, bem como em sanções penais por crime de responsabilidade, em razão de deixar de cumprir ordem judicial (art. 1º, inciso XIV, do Decreto-Lei 201/77). Na hipótese de inexistência do plano por omissão dos vereadores em votá-lo, poderá haver a declaração judicial de inconstitucionalidade por omissão, mas não haverá como haver outra sanção judicial, cabendo a avaliação política, quando as novas eleições em relação aos vereadores omissos. Entende o autor que os prejudicados pela omissão poderão buscar indenização por responsabilidade civil do Estado, em razão da omissão legislativa.[404]

Conforme previsão do art. 51 do Estatuto da Cidade, o Distrito Federal também deve ter seu plano diretor, encaminhado pelo governador. Tal dispositivo está em consonância com art. 32, § 1º, da Constituição, pois as competências legislativas reservadas aos Estados e Municípios também devem ser cumpridas pelo Distrito Federal. Este deve aplicar as diretrizes do art. 2º da Lei 10.257/00, como no caso dos incisos IV e VII, também se submetendo ao controle social no tocante aos gastos públicos (Art. 4º, § 3º).

Somente possuindo plano diretor, poderá o Distrito Federal utilizar-se dos instrumentos do IPTU progressivo (art. 7º), o parcelamento ou edificação compulsória (arts. 5º e 6º), da desapropriação mediante pagamento de títulos do tesouro (art. 8º), da preempção (art. 25 a 27), da outorga onerosa, do direito de construir (art. 28 a 31), da alteração do uso do solo (art. 29), das operações urbanas consorciadas (art. 32/34), da transferência do direito de construir (art. 35).[405]

Ao ser apresentado o projeto do Plano Diretor à Câmara Municipal, com todos os documentos produzidos, deverá ele ser submetido às comissões competentes, para elaboração de estudos e pareceres. José Afonso da Silva explica não haver proibição a emendas por parte dos vereadores, as quais podem ser rejeitadas. Para o autor, a rejeição só deverá ocorrer em caso de absoluta incompatibilidade técnica ou inexequibilidade, ainda que por inviabilidade econômica, bem como se não houver meios de aperfeiçoar a emenda, evitando-se aquelas que visem à satisfação de interesses pessoais, ou seja, contrárias ao interesse público.[406]

Caramuru Afonso Francisco aponta quatro limitações à disciplina a ser estabelecida pelo plano diretor, a saber:

> 1ª) Não ofenda ao direito de propriedade, garantido constitucionalmente (art. 5º, XXII). A pretexto de instituir e regular a reforma urbana, não poderia impedir o uso, gozo e disposição da propriedade;

404 Direito urbanístico, p. 416.

405 GASPARINI, Diógenes, Aspectos jurídicos do plano diretor, p. 107-108.

406 Direito Urbanístico Brasileiro, p. 147.

> 2ª) A lei do Plano Diretor não pode se afastar das diretrizes instituídas pelo Estatuto da Cidade, nem de normas gerais de conteúdo urbanístico, como é a Lei federal do Parcelamento do Solo Urbano;
>
> 3ª) Necessidade de observância das normas urbanísticas editadas pelo Estado Federado;
>
> 4ª) Devido a ser instituído por lei, o Plano Diretor deve obedecer ao processo legislativo disciplinado na Lei Orgânica do Município (LOM) e no Regimento Interno da Câmara de Vereadores, bem como as exigências do art. 40, § 4º, do Estatuto da Cidade (I – promoção de audiências públicas e debates com a participação da população e de associações representativas dos vários segmentos da comunidade; II - a publicidade quanto aos documentos e informações produzidos; III – o acesso de qualquer interessado aos documentos e informações produzidos.[407]

O conteúdo da lei do plano, em princípio, deve corresponder ao conteúdo do próprio plano. Deverão ser estabelecidas normas ordenadoras e disciplinadoras relativo ao planejamento territorial. Serão definidas áreas urbanas, urbanizáveis e de expansão urbana. Quanto à ordenação do solo, serão estabelecidas regras fundamentais de uso, incluindo o parcelamento, o zoneamento, o sistema de circulação.[408]

Um plano diretor deve ter como principal virtude ser exequível e viável, pois do contrário vai haver geração de custos sem resultados. Sua execução vai depender da aplicabilidade da respectiva lei, podendo exigir expedição de leis especiais, de regulamentos previstos ou necessários, bem como planos executivos, planos especiais e planos parciais.[409]

Quanto à exequibilidade do plano diretor, afirma Caramuru Afonso Francisco que:

> O plano diretor, desse modo, não pode ser concebido como um plano etéreo, meramente programático, uma carta de intenções que se apresente apenas para propaganda ou satisfação meramente formal de imperativos legais, mas deve ser o fruto de uma reflexão e de uma decisão política que se irmane com os demais instrumentos e mecanismos de governo, a fim de que se possa atingir o bem comum, que é o fim de toda a sociedade política.[410]

Depois de consignar, com propriedade, que não há obrigatoriedade de participação do Ministério Público no processo de elaboração e aprovação do plano diretor, por falta de previsão legal, bem como de especificação de quando e em que circunstâncias ela ocorreria, não sendo suficiente o fato de o Estatuto da Cidade veicular normas de ordem pública, de interesses sociais indisponíveis e de participação popular, Diógenes Gasparini, com perspicácia, referindo-se à função do Ministério Público quanto aos controles decorrentes do estatuído no Plano Diretor, observa que:

> Sua função é muito mais nobre e, no caso, cremos que sua manifestação contrária, quando for o caso, deve ocorrer depois da lei posta, já que para isso é dotado de competentes

[407] Estatuto da Cidade comentado. São Paulo: Juarez de Oliveira, 2001. p. 241, "apud", GASPARINI, Diógenes. Aspectos jurídicos do plano diretor. Temas de direito urbanístico 4. São Paulo: Ministério Público do Estado de São Paulo e Imprensa Oficial do Estado, 2005, p. 92-93.

[408] SILVA, José Afonso da. Direito Urbanístico Brasileiro, p. 147.

[409] SILVA, José Afonso da. Direito Urbanístico Brasileiro, p. 148.

[410] Op. cit., p. 245, "apud" GASPARINI, Diogenes. Aspectos jurídicos do plano diretor, p. 95-96

poderes. Nada impede que o Ministério Público da comarca seja convidado a participar das audiências e debates públicos, reservando-se-lhe, por óbvio, um lugar de destaque à mesa diretora dos trabalhos e oportunidade para sua manifestação. Outras autoridades, a exemplo do juiz, do delegado e do comandante da polícia militar, devem ser, a tempo, convidadas e devidamente municiadas com cópia, conforme o caso, do anteprojeto ou do projeto de lei do Plano Diretor, acompanhada dos documentos e informações pertinentes".[411]

5.8. Participação popular na elaboração e revisão do Plano Diretor: Gestão democrática das cidades e improbidade administrativa em caso de descumprimento

A Constituição, ao atribuir a aprovação do plano diretor à Câmara Municipal (art. 182, § 1º), também estipulou a necessidade de *"cooperação das associações representativas no planejamento municipal"* (art. 29, XII). *"Estes dispositivos explicam-se pela necessidade de assegurar a legitimidade política, deste que é o 'instrumento básico da política de desenvolvimento e de expansão urbana'"*.[412]

O Estatuto da Cidade previu a participação democrática como uma das diretrizes da política urbana, por meio da gestão democrática da cidade ou do controle social das políticas públicas correlatas à ordem urbanística, conforme se observa dos artigos 2º, II, XIII; 4º, III, *"f"* e § 3º; 27, § 2º; 33, VII; 40, § 4º; 42, III; 43 a 45; 52, VI.

No Estado de São Paulo, o art. 180 da Constituição, determina a participação popular em planos e projetos relacionados com as funções sociais das cidades e com o bem-estar de seus habitantes, como não poderia deixar de ser, ao enfocar o estabelecimento de diretrizes e normas relativas ao desenvolvimento urbano. É preceituado que Estado e Municípios assegurarão: *"I o pleno desenvolvimento das funções sociais da cidade e a garantia do bem-estar de seus habitantes; II a participação das respectivas entidades comunitárias no estudo, encaminhamento e solução dos problemas, planos, programas e projetos que lhes sejam concernentes"*. Portanto, na elaboração e revisão do Plano Diretor dos Municípios paulistas, há amparo constitucional para a exigência de ampla participação popular em todas as fases de elaboração ou revisão.

Conforme sustenta Luciana Correia Gaspar Souza, a participação popular na política urbana é imperativa, devendo a população ser ouvida no processo de planejamento, vedada ao administrador público a elaboração de planos apenas sobre a consulta técnica especializada em decisões exclusivas do Poder Executivo. Deve haver ampla informação sobre o planejamento, bem como a população deverá participar de sua elaboração. Afirma a autora:

> Ressaltamos que a participação popular pode ser feita de diversas maneiras. Entre elas, de forma direta, por meio de oitiva dos munícipes, ou indiretamente, por meio das associações representativas de moradores ou outros segmentos. Ela deverá ser franqueada nos Poderes Executivo ou Legislativo e não diz respeito apenas a elaboração do Plano Diretor, mas também, à legislação de uso, ocupação e parcelamento do solo.[413]

[411] Op. cit. 95.

[412] PINTO, Victor Carvalho. Regime jurídico do plano diretor, p. 420.

[413] Município e poder normativo na criação de novos instrumentos urbanísticos – o estatuto da cidade como normativa de direito público por uma política urbana. Curitiba: Juruá, 2014, p. 83.

José Carlos de Freitas registra que o plano diretor exige participação popular, conforme previsto no art. 2º, inciso II e XIII; art. 4º, inciso III, "*f*" e § 3º; art. 27, § 2º; artigo 33, inciso VII; artigo art. 40, § 4º; art. 42, § 3º; arts. 43 e 45; bem como art. 52, inciso VI, pois para a gestão das cidades é necessário controle social, sem o que não haveria democracia participativa. Também não haveria concreção às normas do art. 29, inciso XII e art. 182 da Carta Magna. Essas violações poderiam ser supridas por meio de ação civil pública, com base no direito difuso à cidade planejada, com amparo no art. 53 do Estatuto da Cidade, bem como no art. 21 da Lei 7.347/85 e artigos 83 e 117 do Código de Defesa do Consumidor (Lei 8.078/90).[414]

No artigo "*princípio da democracia participativa*" Maricelma Rita Meleiro, discorre sobre planejamento urbano e participação democrática. Ressalta que, conforme previsto no art. 29, inciso XII e art. 1º da Constituição:

> 1. O princípio democrático só é operável com a participação indireta e direta dos cidadãos no processo de formação da vontade estatal;
>
> 2. Por força do princípio da forma normativa da Constituição e sob o ângulo do princípio da unidade hierárquico-normativo da Constituição, o preceito do inciso XII, do art. 29, prescritor da 'cooperação das associações representativas no processo de planejamento' não afasta a participação direta dos cidadãos no processo de planejamento municipal, imperativa pelos preceitos do parágrafo único, do art. primeiro, da Constituição.
>
> 3. A concretização do princípio democrático será atendida por meio da criação e do exercício interventivo de entidades comunitárias, de conselhos distritais, de conselhos de desenvolvimento urbano, inclusive em órgãos de decisão administrativos e pelo maior atendimento da participação popular direta em enquetes em audiências públicas, em todas as etapas do processo de planificação municipal (elaboração, execução e revisão do plano).[415]

Sobre o interesse social das políticas ambientais, aliados à participação popular para sua efetivação, ressaltam Vanessa Vergani e Ailor Carlos Brandelli que:

> Por serem finitos os recursos, sua falta a todos atinge, e os efeitos podem ser nefastos. Falar em preservação de recursos é falar na manutenção e existência da espécie humana. Deve-se promover assim a aplicação do direito ambiental não somente com e pelas forças do Estado, aguardando a atuação constitucional do Ministério público, por exemplo, mas, sim, incluir e envolver as autoridades e comunidades locais, legitimadas por sua existência e costumes até então praticados e que devem sempre ser preservados, caminhando para, em conjunto, agir na preservação desse 'bem maior'.[416]

A Lei 13.465 atropelou a questão da participação popular no ordenamento territorial urbano quando permite a regularização rural ou urbana independentemente da categorização do uso do solo pelo plano diretor. Aliás o próprio processo legislativo que originou a Medida Provisória nº 759/17, depois convertida na Lei 13.465/17, não contou com a participação popular e discussão com a sociedade civil

[414] Direito urbanístico, p. 417.

[415] Princípios da democracia participativa e o plano diretor. In: FREITAS, José Carlos de (Coord). Temas de direito urbanístico. São Paulo: Ministério Público do Estado de São Paulo e Imprensa Oficial do Estado, 1999, p. 101.

[416] A defesa dos limites municipais: aspectos de intervenção entre municípios, licenciamento de obras de impacto ambiental. In: LUNELLI, Carlos Alberto. Direito, Ambiente e políticas públicas. Curitiba: Juruá, 2010, p. 128.

organizada, embora tenha gerado profundas alterações no ordenamento territorial urbano e até mesmo no natural. Tamanha foi a alteração que doze outras leis foram alteradas por ela. Este foi um dos motivos que ensejou a propositura da ADI 5771 pela Procuradoria Geral da República perante o STF, na qual se pede a declaração integral de inconstitucionalidade da lei.

5.9. Direito de Protocolo: iminência de alteração do Plano Diretor e pedido de aprovação de empreendimentos sob à égide da legislação vigente quando do ingresso do pedido junto ao órgão público competente. Direito adquirido (?)

O plano diretor não é e nem pode ser estático, pois a cidade é dinâmica e não pode ser engessada. Por tais razões, o Estatuto da Cidade previu a obrigação de revisão, no mínimo, decenal no art. 40, § 3º, cabendo-nos consignar que *revisão não é o mesmo que atualizações pontuais.*

Discorrendo sobre situações restritivas previstas em lei municipal, quanto a requisitos urbanísticos para aprovação de empreendimentos, em um cenário relacionado com o denominado *"direito de protocolo"*, lembra Daniela Campos Libório Di Sarno que a legislação municipal poderá estabelecer restrições mais específicas e adequadas ao cenário urbano. Ela deve integrar-se ao repertório normativo de planos urbanísticos, diretores, setoriais, regionais, entre outros, de forma a demonstrar que referida exigência encontra respaldo diante da dinâmica urbana local.[417]

Como pontifica Diógenes Gasparini, a revisão é mais profunda que a alteração e deve ocorrer a cada dez anos. *"Por ela permite-se a reformulação das metas, dos objetivos e da própria política de desenvolvimento e expansão urbana. As atualizações são intervenções mais simples e indispensáveis à correção de anomalias verificáveis na implantação do Plano Diretor. Tanto as atualizações, como as revisões periódicas, são obrigatórias".*[418] *Elas podem ocorrer em intervalos menores que dez anos, pois a disposição estatutária supracitada é locada como interregno máximo* para que a revisão deva obrigatoriamente ocorrer.

Caberia indagar como ficaria a hipótese de o Município que já possuía plano diretor quando da edição do Estatuto da Cidade, em 10/07/2001, oportunidade em que adveio o prazo de dez anos para revisão. Esse seria o limite ou a compatibilização do plano com o Estatuto deveria ser efetuada antes. Com Diógenes Gasparini, afirmamos que não há previsão para que a revisão ocorra antes, embora ela possa acontecer a qualquer momento, sendo aconselhável que se faça sempre que se vislumbrar necessário e conveniente, visando o cumprimento da função social das cidades (art. 182 da CF), melhor especificada pelo Estatuto da Cidade, ao qual o plano diretor ficará adstrito nas diretrizes gerais.[419]

---

417 Responsabilidade do Estado e o Plano Urbanístico, p. 975.

418 Aspectos jurídicos do plano diretor, p. 96.

419 Aspectos jurídicos do plano diretor, p. 91-92.

Sobre a necessidade de alterações pontuais ou revisionais (gerais) do plano diretor, entendemos que a cidade não pode, não deve e dificilmente será engessada por razões burocráticas, por falta de competência dos gestores e agentes políticos ou por omissões desses agentes, devendo seguir a dinâmica econômico, social e ambiental apresentada como tendência do cenário em que se encontrar. Quando não houver as adequações exigidas pelos citadinos em suas atividades diárias, surgirão, cada vez em maior número, as irregularidades, as quais serão muito danosas ao urbanismo, exigindo posterior e custosa urbanificação (regularização fundiária sustentável), quer do ponto de vista financeiro, quer sob a ótica social e/ou ambiental.

Há um sério problema quanto ao cumprimento de regras de conduta decorrentes de alterações previstas para serem implementadas após a aprovação do plano, relativas às ações de particulares praticadas na pendência de elaboração ou revisão do plano. No direito brasileiro não há salvaguardas para o interesse público assim ameaçado, pois enquanto não aprovado o plano os particulares têm reconhecido seus atos praticados com base na lei vigente. Na Espanha, Alemanha, Itália e França vêm sendo introduzidas medidas de salvaguarda, de maneira a possibilitar à autoridade pública, que, observado certos requisitos, suspendam autorizações e licenças para construir ou urbanificar enquanto os preceitos do plano estejam em preparação.[420]

Muito se discute sobre o denominado *"Direito de Protocolo"*, ou seja, se na iminência de alteração das leis de uso e ocupação do solo no Município, com tendência a restringir as normas do direito de parcelar ou de construir em prol do bem-estar, saúde ou meio ambiente, seja por meio de alteração ou revisão do plano diretor, lei de zoneamento ou de uso e ocupação do solo, ou por qualquer outra espécie de normatização (seja qual for a denominação ou natureza jurídica da norma). Nessas circunstâncias, poderá ou não o empreendedor imobiliário, comercial ou industrial, ainda que às pressas, protocolizar junto ao órgão competente do Município seu projeto específico e, dessa forma, garantir que oportunamente o mesmo seja analisado com fulcro nos requisitos previstos na legislação vigente na data do requerimento e não na data da decisão administrativa quando a legislação anterior já tiver sido revogada ou ab-rogada, e estará vigente a novel legislação mais restritiva? Nossos tribunais já se manifestaram, com todo o acerto sobre a questão, entendendo não haver direito adquirido nessas circunstâncias.

O Superior Tribunal de Justiça manifestou-se contrariamente ao *"Direito de Protocolo"*, no Recurso em Mandado de Segurança RMS 27.641/ SP, em 14 de outubro de 2008, do qual foi relator o eminente Ministro Humberto Martins, cuja ementa tem o seguinte teor:

> ADMINISTRATIVO – RECURSO ORDINÁRIO EM MANDADO DE SEGURANÇA – REGULARIZAÇÃO DE IMÓVEL URBANO – DIREITO DE PROTOCOLO – ALTERAÇÃO SUPERVENIENTE DA LEGISLAÇÃO – EFEITOS DE AÇÃO CIVIL PÚBLICA – INEXISTÊNCIA DE DIREITO ADQUIRIDO – RECURSO ORDINÁRIO IMPROVIDO.
>
> CONTROVÉRSIA. Sobre a existência de direito adquirido a regime jurídico fundado em lei revogada, quando o suposto titular apresentara mero requerimento administrativo.

420 SILVA, José Afonso da. Direito Urbanístico Brasileiro, p. 148.

DIREITO ADQUIRIDO A REGIME JURÍDICO. O conceito de direito adquirido, instituto sediado na Constituição Federal (art. 5º, inciso XXXVI, CF/1988), encontra densidade discursiva no direito infraconstitucional, especificamente o art. 6º, § 2º, LICC, que assim considera o direito exercitável sem limite por termo pré-fixo ou condição pré-estabelecida inalterável ao arbítrio de outrem.

AUSÊNCIA DOS REQUISITOS DO DIREITO ADQUIRIDO. Observado o critério proposto na obra de Francesco Gabba, o recorrente não tem direito adquirido a regime jurídico, porquanto: a) não possuía, à época do requerimento, todas as condições necessárias para o implemento do direito à regularização imobiliária, porque seu requesto demandava, além de outros aspectos, o placet do órgão administrativo, verdadeiro requisito de eficácia do direito a que almejava; b) a superveniente alteração legislativa esvaziou sua pretensão, antes do preenchimento dos requisitos plenos, necessários à aquisição do direito; c) a nova lei suprimiu a possibilidade de concessão de eficácia ao que pretendia o requerente, na medida em que impediu seu reconhecimento jurídico, o que tornou impossível a constituição do próprio direito.

EFEITOS DO 'DIREITO DE PROTOCOLO' NO CASO CONCRETO. Nesta espécie, não há como se resguardar o "direito de protocolo", ou seja, o direito à aplicação, durante todo o processo administrativo, do regime jurídico existente no momento do protocolo da petição inicial, na forma como deseja o recorrente. Precedente do STF.

ATUAÇÃO DO MINISTÉRIO PÚBLICO. A legislação originária, sob a qual se fundava o protocolo do recorrente, foi escoimada de ilegal e inconstitucional. Esses foram os fundamentos da ação civil pública movida pelo Ministério Público de São Paulo. A severidade dessa increpação foi tamanha que o Município, ora recorrido, não mais deu sequência ao procedimento do recorrente e, momentos depois, revogou os atos normativos impugnados.

Recurso ordinário improvido.

O Supremo Tribunal Federal teve o mesmo entendimento em dois julgados. No Recurso Extraordinário 90.159 – SP, a 1ª Turma, Rel. Min. Rafael Mayer, assentou:

Construção. Alvará (revogação) Direito adquirido. Lei nova. Inexistência de direito adquirido. Aplicação da lei nova aos processos pendentes. Interpretação de Direito Local. Recurso extraordinário não conhecido". No RE 105.634 – PR, a Egrégia 2º Turma, Relator Ministro Francisco Rezek, decidiu-se: "Licença para construir. Revogação. Obra não iniciada. Legislação estadual posterior. 1. Competência do Estado federado para legislar sobre áreas e locais de interesse turístico, visando a proteção do patrimônio paisagístico (CF, art. 180). Inocorrência 'de ofensa ao art. 15 da Constituição Federal. II Antes de iniciada a obra, a licença para construir pode ser revogada por conveniência da administração pública, sem que valha o argumento do direito adquirido. Precedentes do Supremo Tribunal Federal. Recurso extraordinário não conhecido' (RTJ nº 116, p. 347)" (REsp. 103.298/PR, 2ª T., Rei. Min. Ari Pargendler, v.u., j. 17.11.1998, DJU 17.2.1999, p. 138.[421]

Quanto às restrições legais estabelecidas por Município após protocolo de projeto para aprovação de empreendimento comercial, já decidiu o Egrégio Superior Tribunal de Justiça:

ADMINISTRATIVO. MUNICÍPIO DE BELO HORIZONTE. PEDIDO DE LICENÇA DE INSTALAÇÃO DE POSTO DE VENDA DE COMBUSTÍVEIS. SUPERVENIENTE LEI (LEI Nº 6.978/95, ART. 4º, § 1º) EXIGINDO DISTÂNCIA MÍNIMA DE DUZENTOS METROS DE ESTABELECIMENTOS

[421] "apud" sentença proferida pelo MM. Juiz Randolfo Ferraz de Campos, da 14ª Vara da Fazenda Pública – São Paulo /SP, nos autos 1.607/07, de 02/07/08.

COMO ESCOLAS, IGREJAS E SUPERMERCADOS. ALEGADA OFENSA AOS ARTIS. 1º, IV; 5º XIII E XXXVI; 170, IV e V4; 173, § 4º e 182 DA CONSTITUIÇÃO. Incisos XXII e XXIII do art. 5º não prequestionados. Requerimento de licença que gerou mera expectativa de direito, insuscetível - segundo a orientação assentada na jurisprudência do STF - de impedir a incidência de novas exigências instituídas por lei superveniente, inspirada não no propósito de estabelecer reserva de mercado, como sustentável, mas na necessidade de ordenação física e social da ocupação do solo no perímetro urbano e de controle de seu uso em atividade geradora de risco, atribuição que se insere na legítima competência constitucional da Municipalidade. Recurso não conhecido.[422]

No caso do posto de combustível em Minas Gerais (acima mencionado), como bem ressalta Daniela Campos Libório Di Sarno,

> não há como fazer adequações de projeto inserindo compensações urbanísticas para ensejar sua aprovação. É um caso típico em que a nova dinâmica urbana de uma área atinge certas atividades ou empreendimentos impossibilitando sua concretização. Caso a autoridade municipal permitisse a instalação dessa atividade, estaria agendo ilegalmente, deflagrando um atentado à ordem urbanística, e, portanto, caracterizando um dano ao menos à coletividade.[423]

As restrições posteriormente estabelecidas aos requisitos legais anteriormente vigentes, também por lei, visam *"evitar a desordenação urbana, a criação ou o agravamento de condições que prejudiquem a qualidade de vida daqueles que habitam ou vivem na área restringida e cabe, à Municipalidade, o zelo à qualidade de vida urbana, amplamente considerada."*[424].

Finalizando seus estudos sobre a responsabilidade do poder público sobre o parcelamento do solo, Daniela Campos Libório Di Sarno conclui que: *"O Poder Público é responsável pela forma como o solo urbano é ocupado e deve deter, em suas competências, a responsabilidade pela condução do desenvolvimento urbano, de maneira planificada e democrática, corrigindo distorções e atuando firmemente na direção do equilíbrio econômico e social que as cidades representam."*[425]

5.10. Execução do plano diretor e fiscalização

No âmbito da execução do plano, a *licença de obras* e o *habite-se* são instrumentos de controle público de execução do plano muito importante, visto que impedem a construção e o uso de móveis em contrariedade às previsões ou determinações do plano, ainda que com certa abstração. O direito subjetivo e o interesse de particulares constituem os estímulos de controle do particular, por meio de ações de anulação ou de impedimento de ato contrário a essas normas.[426]

[422] RE 235736/MG - Minas Gerais. Rel. Min. Ilmar Galvão, j. 21/03/2000, 1ª Turma, DJ 26 mai. 2000, p. 34.

[423] Responsabilidade do Estado e o Plano Urbanístico, p. 976.

[424] Ibidem, p. 976.

[425] Responsabilidade do Estado e o Plano Urbanístico, p. 977.

[426] SILVA, José Afonso da. Direito Urbanístico Brasileiro, p. 149.

Não é permitido, no Brasil, que o Município venha a ser substituído no exercício de suas atribuições urbanísticas, pois não há competência da União e dos Estados para tanto[427]. Lembramos que atualmente existem as exceções para as regiões metropolitanas e aglomerações urbanas, com governança interfederativas, para questões de interesse comum de Estado e Município.[428]

No tocante à fiscalização do cumprimento das normas do plano diretor, ela é de atribuição do Município, responsável pela elaboração do plano. Para Diógenes Gasparini, podem ser necessárias edições de leis específicas para a implantação do Plano, de regulamento de sua execução, bem como a elaboração de planos executivos. Para ele:

> A fiscalização compreende o exercício do poder de polícia municipal, tendo em vista conformar a atuação das pessoas físicas e jurídicas, estas públicas (União, Estados, Município), governamentais (empresa pública, sociedade de economia mista) e privadas (sociedade mercantis, industriais, prestadoras serviços) aos termos, condições e procedimentos prescritos e regulados pela lei do Plano Diretor e seus regulamentos.[429]

Tendo o Município elaborado o Plano Diretor, bem como o instituído por lei, com maior razão, também lhe competirá a implantação de suas regras. *"A implantação do Plano Diretor não é outra coisa senão a observância e execução de suas disposições, estando em vigor a respectiva lei."*[430]

Administrativamente, importante discutir sobre a amplitude e atribuição para fiscalizar a correta implementação das regras do plano diretor, bem como adotar as medidas cabíveis em caso de descumprimento do estatuído. Trata-se da concretização do denominado *"poder de polícia"* administrativa instituída pelas leis de uso e ocupação do solo, geralmente previstas em linhas gerais na Lei Orgânica do Município e até mesmo no próprio Plano Diretor. Aliás, tal atribuição municipal está inserta no artigo 30, inciso VIII, da Constituição Federal ao prever que: *"promover, no que couber, adequado ordenamento territorial, mediante planejamento e controle do uso, do parcelamento e da ocupação do solo urbano"*.

Cabe registrar que, em havendo interesse difuso ou coletivo (art. 81 da Lei 8.078/90), as entidades legitimadas à propositura da ação civil pública (art. 5º da Lei 7.347/85 e art. 82 da Lei 8.078/90) poderão, por meio de tal instrumento, buscar compelir judicialmente o Município a fiscalizar o cumprimento dos princípios e regras do plano diretor, bem como, quando o caso, a responsabilidade civil e/ou criminal do ente federativo municipal e das autoridades omissas (estas, inclusive, em nível administrativo e/ou por improbidade administrativa).

---

427 SILVA, José Afonso da. Direito Urbanístico Brasileiro, p. 149.

428 Vide Lei 13.089/15 (vide capítulo 3.2.2, deste trabalho).

429 Op. cit., p. 95.

430 GASPARINI, Diógenes. Aspectos jurídicos do plano diretor, 95.

6. LEI Nº 6.766/79 E A DISCIPLINA DO PARCELAMENTO DO SOLO URBANO: REQUISITOS PARA O LOTEAMENTO E DESMEMBRAMENTO (LOTES E ARRUAMENTOS), PARA EQUIPAMENTOS URBANOS E COMUNITÁRIOS

No presente tópico, abordaremos os requisitos técnicos e jurídicos para o parcelamento físico da gleba até sua transformação em lotes para fins urbanos, segundo a Lei nº 6.766/79 (conhecida como *"Lei Lehmann")*, ou seja, o regramento indispensável para a implantação de um empreendimento imobiliário popularmente conhecido como *"loteamento comum"* ou *"loteamento aberto"*. A disciplina do condomínio (sob as várias denominações e disciplinas jurídicas) será abordada no tópico *"Outras formas de parcelamento do solo urbano"*.[431]

Analisaremos as regras do parcelamento de solo para fins residenciais, segundo a modalidade comumente praticada no Brasil, que, isolada ou conjuntamente com outros loteamentos, dá(ão) origem aos bairros das cidades.

Abordaremos questões como dimensões mínimas das áreas dos lotes, áreas públicas ou institucionais (áreas verdes, praças públicas, espaços de uso comum do povo, equipamentos de lazer, arruamentos etc.), bem como as respectivas quantificações e/ou dimensões.

Também enfocaremos quais os equipamentos urbanos mínimos, consistente na infraestrutura do empreendimento imobiliário (sistema de abastecimento público, sistema de esgotamento sanitário, redes de energia elétrica e de telecomunicações) que deverão estar presentes nessas espécies de parcelamento de solo (loteamento ou desmembramento), bem como suas respectivas dimensões e/ou proporções.

Em suma, o objetivo do presente capítulo é abordar, de uma maneira bem prática e simples, tudo o que se deve ser encontrado ou exigido para que um loteamento e/ou desmembramento esteja ou seja regularmente aprovado, conforme as normas de uso e ocupação do solo editadas pelos diversos entes federativos (União, Estados, Distrito Federal e Município).

Desde já, conveniente adiantar não existir rígida padronização a respeito, pois a legislação local poderá estabelecer requisitos diferenciados de um para outro Município, segundo a política urbana prevista no plano diretor e eventuais leis complementares (leis setoriais). Entretanto, nem a lei municipal, nem a lei distrital, poderão violar os requisitos mínimos estabelecidos na Lei Federal 6.766/79 e, quando o caso, em legislação estadual, como nos do art. 13 da Lei Lehmann. Ademais, leis complementares estaduais que estabelecerem as regiões metropolitanas e aglomerações urbanas (art. 25, § 3º da CF), conforme as diretrizes gerais da Lei 13.089/15, também poderão estabelecer índices ou requisitos urbanísticos específicos para o parcelamento de solo destinado a fins urbanos.

Sobre a Lei 9.785/99, que alterou a Lei 6.766/79, ela:

---

431 Vide Capítulo 7 do presente trabalho.

> Definiu ainda os requisitos básicos de infraestrutura que deve atender o terreno para que seja efetuado o parcelamento do solo; ampliou o contingente das zonas *possíveis de parcelamento (zonas de urbanização específica); norteou as regras atinentes à infraestrutura urbana a serem aplicadas aos desmembramento em face da região em que se situa e estabeleceu um limite e uma diretriz para as políticas públicas de regularização de parcelamentos clandestinos ou irregulares (art. 40, § 5º).*[432]

6.1. Objeto da Lei 6.766/79

O objeto da Lei 6.766/79 é o parcelamento de solo para fins urbanos, esteja ele em zona urbana ou de expansão urbana, com destinação residencial ou para fins de lazer, quer na modalidade de loteamento, quer na modalidade de desmembramento.[433]

O parcelamento urbanístico tem por escopo a produção de lotes destinados à edificação para *"moradia, lazer, comércio, indústria ou para fins institucionais, dotados de equipamentos urbanos e comunitários."*[434]

Sobre o alcance ou objeto da Lei 6.766/79, bem como sobre o conceito de parcelamento, conveniente anotar que:

> A lei não conceitua 'parcelamento do solo'. Tem-se assim, técnica e juridicamente, que parcelamento regular do solo é a divisão das terras em unidades juridicamente independentes, dotadas de individualidade própria, para fins de edificação. A expressão 'para fins urbanos', considerando que os conceitos de loteamento e desmembramento inclui a expressão 'para edificação' nos demonstram que a Lei trata de matéria apenas urbanística, excluindo sua incidência em áreas rurais.[435]

Conforme assinala Victor Carvalho Pinto, referindo-se ao objeto da Lei 6.766/79 e suas peculiaridades:

> Evidentemente, a lei não trata dos demais aspectos do planejamento urbano, uma vez que seu objetivo não é regulamentar o conjunto da política de desenvolvimento urbano, mas apenas a operação de parcelamento do solo urbano.[436]

Para Paulo Afonso Cavichioli Carmona, a Lei de Parcelamento do Solo (LPS) é uma norma de interesse público transindividual, ao transcender os direitos subjetivos de proprietários e empreendedores do ramo imobiliário, pois irradia efeitos

[432] LEAL. Rogério Gesta. Direito urbanístico. Rio de Janeiro: Renovar, 200, p. 207-215. "apud, MALUF, Adriana Caldas do Rego Freitas Dabus. Limitações urbanas ao direito de propriedade, p. 223-224.

[433] Conforme já repetido à exaustão no presente trabalho, em nosso ordenamento jurídico o imóvel rural tem a finalidade de "exploração extrativa agrícola, pecuária ou agro-industrial", nos termos do Estatuto da Terra (Lei 4.504/64 – art. 4, I), a qual "regula os direitos e obrigações concernentes aos bens imóveis rurais, para os fins de execução da Reforma Agrária e promoção da Política Agrícola" (art. 1º). Não existe outra espécie de uso do imóvel rural. Ao se utilizar o imóvel para fins de lazer, como nos casos de "sítios" ou "chácaras de recreio" ou "condomínios de lazer" estar-se-á fazendo um uso urbano, devendo a questão ser regulada pela Lei 6.766/79, pois o que importa é a finalidade do uso e não a localização do imóvel.

[434] CARMONA, Paulo Afonso Cavichioli. Curso de Direito Urbanístico, p. 322.

[435] MUKAI, Toshio; ALVES, Alaôr Caffé; LOMAR, Paulo José Villela. Comentários à Lei de parcelamento do solo urbano, Lei nº 6.766, de 19/12/79. 2ª ed. São Paulo: Saraiva, 1980, p. 2-3.

[436] Direito urbanístico: Plano Diretor e Direito de Propriedade. São Paulo: Editora Revista dos Tribunais, 2005, p. 153.

difusos à população, legitimando o Ministério Público, entre outros, para tutela da ordem urbanística, compreendendo normas sanitárias, penais, civis e urbanísticas, com objetivo de disciplinar a ocupação do solo e o desenvolvimento urbano.[437]

Fica claro, também, que o planejamento geral não esgota a competência de ordenação territorial. Ela se completa com o estabelecimento de diretrizes específicas para cada loteamento. Nesse momento o poder público define o traçado do sistema viário principal do loteamento, a localização aproximada dos terrenos destinados a equipamento urbano e comunitário e das áreas livres de uso público, as faixas sanitárias do terreno necessárias ao escoamento das águas pluviais e as faixas não-edificáveis.[438]

6.2. Normas gerais da "Lei Lehmann" e competência complementar estadual, distrital e/ou municipal

A Lei Lehmann, como é conhecida a Lei nº 6.766, de 19 de dezembro de 1979 (LPS), ao lado do Estatuto da Cidade, constitui-se em norma geral que fixa as regras para os parcelamentos de solo destinado a fins urbanos, no país. Ela foi recepcionada pelo art. 24, inciso I, da Constituição Federal. Em tal dispositivo, está previsto que compete à União, aos Estados ao Distrito Federal legislarem, concorrentemente, sobre direito urbanístico.

Como já anotado, os Estados poderão complementar a legislação federal, sem, entretanto, contrariarem os princípios e requisitos mínimos previstos na Lei 6.766/79, podendo ser mais restritivos em matéria de direito urbanístico. A respeito do assunto, ensina o agora Ministro do STF Alexandre de Moraes:

> O art. 24 da Constituição Federal prevê as regras de competência concorrente entre União, Estados, Distrito Federal, estabelecendo quais as matérias que deverão ser regulamentadas de forma geral por aquela e específica por estes. Dessa forma, é possível o estabelecimento de algumas regras definidoras da competência legislativa concorrente. A competência da União é direcionada somente às normas gerais, sendo de flagrante inconstitucionalidade aquilo que delas extrapolar; enquanto a competência do Estado-membro ou do Distrito Federal refere-se às normas específicas, detalhes, minúcias. Assim, uma vez editadas as normas gerais pela União, as normas estaduais deverão ser particularizadas, no sentido de adaptação dos princípios, bases, diretrizes a peculiaridades regionais.[439]

Nesse passo, conveniente perquirir as razões de edições de normas gerais no âmbito da União. Vivemos em um Estado Federado, com mais de uma fonte de poder, além do órgão central (União). Portanto existe descentralização ou repartição de centros de poder, surgindo entidades regionais (Estados e Distrito Federal) e locais (Municípios e Distrito Federal[440]) autônomas. O poder central irá coordenar

[437] Curso de Direito Urbanístico, p. 321.

[438] Abordaremos cada um desses temas nos próximos itens.

[439] Constituição do Brasil Interpretada e legislação constitucional, 9ª ed. São Paulo: Atlas, 2004, p. 689.

[440] Nos termos do art. 32, § 1º, da Carta Magna, o Distrito Federal é um ente peculiar, por exercer as competências legislativas reservadas aos Estados e aos Municípios.

as várias centros de poderes, exercendo uma soberania externa, por representar o território nacional.[441]

A existência de quatro centros de poder político (União, Estados, Distrito Federal e Municípios), sem subordinação entre si, mas com repartição constitucional de competências legislativas e administrativas, com preponderância de fato da União em relação aos demais entes federativos, em razão da insuficiência financeira dos Estados e Municípios, gera dificuldades na aplicação prática desses dispositivos.[442]

O sistema brasileiro estabeleceu o princípio da autonomia municipal, diante das particularidades desse sistema, gerando, de certo modo, uma anomalia, pois o Município não tem no poder central uma representatividade, em razão da existência do sistema bicameral (Câmara dos Deputados – povo – e Senado Federal – Estados – sem representantes dos Municípios). Entretanto a autonomia municipal consta do texto constitucional, conhecido como *"Carta das Competências"*, pelo qual as normas urbanísticas de todos os entes federados dentro dos seus respectivos campos de atuação, nem sempre é fácil de estabelecer.[443]

Nesse diapasão, cabe à União a elaboração de planos nacionais e regionais de ordenação do território e de desenvolvimento econômico e social, diretrizes para o desenvolvimento urbano, especialmente nas áreas de habitação, saneamento e transportes urbanos (art. 21, incisos X e XX).[444]

Ao Estados-membro caberá disciplinar, mediante lei complementar, a criação de regiões metropolitanas, aglomerações urbanas e microrregiões, estas constituídas por agrupamento de municípios limítrofes, visando integrar organização, o planejamento e a execução de funções públicas de interesse comum (art. 25, § 3º, da Carta Magna).

Já ao município, há a competência constitucional de estabelecer políticas de desenvolvimento urbano, visando ordenar o pleno desenvolvimento das funções sociais da cidade, bem como garantir o bem-estar de seus habitantes, nos termos do art. 182, *"caput"*. Também deverá promover o adequado ordenamento do território, mediante planejamento e controle do uso do solo, bem como do parcelamento e da ocupação do solo urbano, consoante o disposto no art. 30, inciso VIII, já explicitado em outras passagens deste trabalho. O papel preponderante dos entes locais (Municípios e Distrito Federal) em matéria de direito urbanístico é da maior importância.

Ainda no âmbito das normas gerais, temos alguns dispositivos constitucionais quanto à competência da União, para qual há atribuições e interesse da política urbana, dentre eles:

1) legislar sobre normas gerais de direito urbanístico (art. 24, I, da CF);
2) legislar sobre normas gerais para cooperação entre União, Estados e DF e Municípios, quanto à política urbana, visando o equilíbrio do desenvolvimento

441 CARMONA, Paulo Afonso C. op. cit., p. 115.

442 Ibidem, p. 117.

443 Ibidem, p. 118.

444 CARMONA, Paulo Afonso Cavichioli. Curso de Direito Urbanístico, p. 118-119.

e do bem-estar em âmbito nacional, conforme artigo 23, parágrafo único da Carta Magna;

3) promoção, por iniciativa própria ou conjuntamente com os Estados, Distrito Federal e Municípios, de programas de construção de moradias e de melhoria das condições habitacionais e de saneamento básico, nos termos do inciso 22, inciso IX;
4) instituição de diretrizes para o desenvolvimento urbano, inclusive no tocante a saneamento básico, habitação e transportes urbanos (art. 21, inciso XX);
5) elaboração e execução de planos nacionais e regionais de ordenação do território e Desenvolvimento Econômico e Social, consoante o previsto no art. 21, inciso IV.[445]

Conforme o ilustre magistrado do Distrito Federal, Paulo Afonso Cavichioli Carmona, *"Uma das grandes dificuldades em matéria de competência legislativa, talvez a mais difícil"*, é estabelecer o que são normas gerais e qual a sua extensão. Como exemplo dessa situação, menciona a execução de planos nacionais e regionais de ordenação territorial e de desenvolvimento econômico e social, instituição de diretrizes para desenvolvimento urbano, saneamento básico e transportes urbanos, os quais apresentam *"certa dificuldade porque o que se prevê acaba por imiscuir-se em competências estaduais (planos regionais) e em competências municipais (art. 30, incisos I, II e VIII)"*.[446] Anotamos que essas dificuldades espraiam-se por outros ramos do direito, como no direito administrativo, direito ambiental, no direito do consumidor, no direito sanitário, dentre outros.

Paulo Afonso Cavichioli Carmona, fazendo um apanhado de fôlego sobre o entendimento de diversos autores na matéria, traz 14 observações sobre as características, alcances e consequências sobre normas gerais em matéria de distribuição de competência legislativa. São elas:

1) principiológicas;
2) são de âmbito nacional;
3) devem ter regras uniformes para situações homogêneas;
4) visam prevenir conflitos de atribuições entre entidades locais em assuntos de competência de entes federados;
5) somente cabem quando preencher lacunas constitucionais ou dispor sobre a área de conflitos;
6) visam uniformizar o essencial, sem cercear o que seria acidental;
7) deve referir-se a questões fundamentais;
8) são limitativas, na medida em que limitam, como princípios, a União, os Estados e os municípios, DF e os particulares;
9) são limitadas, no sentido de não poderem violar a autonomia dos Estados, Distrito Federal e municípios;

[445] Carmona, Paulo A. C., op. cit., p. 119-120.

[446] Op. cit., p. 120.

10) sempre que existir previsão de norma geral existirá competência estadual sobre a matéria;

11) não podem representar instrumento de regulação da atividade de uma pessoa pública para outra também pública;

12) são normas de aplicação direta;

13) são as que cuidam de determinada matéria, de maneira ampla;

14) estabelecem diretrizes sobre o cumprimento de princípios constitucionais expressos e implícitos.[447]

Para esclarecer esse difícil assunto, alguns doutrinadores valem-se do caminho inverso, ou seja, afirmar o que não é norma geral. Para o ex-Governador do Estado de São Paulo, Carlos Alberto Alves de Carvalho Pinto, não são normas gerais:

> 1) as que visem, particularizadamente, a determinadas situações ou instituto jurídicos, ou usam de outros, da mesma condição e espécie;
>
> 2) as que objetivem especialmente uma ou algumas dentre as várias congêneres de direito público, participantes de determinada relação jurídica;
>
> 3) as que se afastem os aspectos fundamentais básicos, descendo a pormenores ou detalhes.[448]

Visando arrematar as considerações sobre normas gerais em matéria de direito constitucional, com Paulo Afonso C. Carmona, podemos citar que elas: *"a) fixam princípios, critérios básicos, diretrizes, fundamentos; b) não podem exaurir o assunto; c) podem ser aplicadas uniformemente em todo o país, pois não produzem desigualdades regionais."*[449]

Por não poder violar as normas gerais de cunho urbanístico, editadas pela União (Lei 10.257/00 e Lei 6.766/79) e Estados (este nas hipóteses do art. 13 da Lei 6.766/79, bem como em regiões metropolitanas e aglomerações urbanas, e eventuais dispositivos da Constituição Estadual), Distrito Federal e Municípios poderão estabelecer tamanhos mínimos de lotes maiores que os previstos na *"Lei Lehmann"*, preverem recuos frontais laterais e posteriores maiores, diminuir coeficientes de ocupação e de aproveitamento dos lotes. Também podem estabelecer vias públicas mais largas, áreas verdes e praças públicas de dimensões maiores, assim como outros requisitos mínimos para os equipamentos urbanos e comunitários de uma maneira geral, com o objetivo de oferecer maior bem-estar e qualidade de vida à população residente, bem como adequarem o parcelamento de solo às peculiaridades regionais e locais (art. 1º, parágrafo único, da Lei 6.766/79).

Entretanto, os Estados, Distrito Federal e Municípios não poderão estabelecer em seus regramentos urbanísticos índices menores do que aqueles previstos na Lei 6.766/79, pois aí estariam contrariando as regras gerais estabelecidas como um piso

[447] CARMONA, Paulo Afonso Cavichioli. Curso de Direito Urbanístico. Salvador: Editora JusPodivm, 2015, p. 124-125.

[448] Normas gerais de direito financeiro: interpretação da letra "b", inciso XV do artigo 5º da Constituição Federal. III Conferência de técnicos em contabilidade pública e assuntos fazendários, ocorrido em Brasília, em agosto de 1949. São Paulo: Prefeitura do Município, 1949, p. 41. "apud", Carmona, Paulo Afonso Cavichioli, p. 125.

[449] Op. cit., p. 125.

mínimo para garantir qualidade de vida, bem-estar e salubridade ao ambiente urbano, onde vive cerca de 84% da população brasileira.

Na jurisprudência, a questão não discrepa das diretrizes acima expostas. Caberá aos Municípios o licenciamento de atividades de impactos locais, nos termos do art. 30 da Constituição Federal, tal como a emissão de alvarás para construção, aprovações de parcelamento de solo, com as ressalvas do art. 13 da Lei 6.766/79, bem como de atividades comerciais, antenas de Estações Radio-Base (ERBs)[450] etc., situações que se relacionam com o Direito Administrativo.

Ainda sobre a competência legislativa, na jurisprudência nem sempre a questão é tranquila, havendo muitas vezes discussões sobre trânsito e transporte, critérios para tipificações de multas, dentre outras. Mais especificamente em matéria urbanística, podemos mencionar o Recurso Extraordinário (RE) 280.795/PR (relator ministro Joaquim Barbosa), de 12/02/2007, bem como o RE 280.867/PR (relator ministro Celso de Mello), de 03/02/2006, pelos quais se entendeu que o Estado não invade a competência municipal ao embargar licenciamento promovido no litoral paranaense, em razão de expedição de alvará de licença para edificação, uma vez que a autonomia municipal na promoção adequada do ordenamento territorial encontra limites nas competências concorrentes da União e dos Estados para legislar sobre direito urbanístico.

Sobre a competência concorrente em matéria de direito urbanístico, observam Toshio Mukai, Alaôr Caffé Alves e Paulo José Villela Lomar *que "a competência está nos três níveis de governo, conforme os tratadistas, sendo que a norma da União afasta a norma estadual, assim como esta afasta a incidência de norma municipal, pois se presume que a norma que abrange maior jurisdição territorial tem interesse público de maior nível."*[451]

Sendo o planejamento urbano a face de maior importância do urbanismo, o plano, que no Brasil tem natureza jurídica de lei formal, não pode obviamente estar fora dessa competência concorrente. Por isso, assim como Estado está adstrito à obediência do planejamento urbano nacional, o Município não pode fugir à obediência das diretrizes do planejamento urbanístico estadual, já que tais diretrizes têm caráter de normas jurídicas de direito urbanístico. Por exemplo, a Constituição do Estado de São Paulo preceitua que devem ser estabelecidas diretrizes para a integração dos planos municipais e regionais no planejamento estadual e nacional, expedindo as normas técnicas convenientes. (arts. 155/156).

[450] AÇÃO CIVIL PÚBLICA. ESTAÇÃO RÁDIOBASE. COMPETÊNCIA DA UNIÃO PARA LEGISLAR SOBRE TELECOMUNICAÇÕES. NÃO CABIMENTO. QUESTÃO AFETA À EXIGÊNCIA DE ATENDIMENTO ÀS POSTURAS MUNICIPAIS. DIREITO URBANÍSTICO. USO E OCUPAÇÃO DO SOLO. COMPETÊNCIA LEGISLATIVA DOS ENTES MUNICIPAIS. ART. 30, VIII, DA CONSTITUIÇÃO FEDERAL. MUNICÍPIO DE SÃO PAULO. LEI Nº 13.756/04. ALVARÁ de aprovação e execução de edificação nova para instalação de estação rádiobase. DOCUMENTO DE QUE NÃO DISPÕE A APELANTE. FUNCIONAMENTO IRREGULAR DA ESTAÇÃO RÁDIOBASE DE SUA PROPRIEDADE. CONDENAÇÃO À OBRIGAÇÃO DE SE ABSTER DE MANTER A ESTAÇÃO EM FUNCIONAMENTO E INSTALADA. SENTENÇA DE PROCEDÊNCIA MANTIDA. APELAÇÃO DESPROVIDA. (TJSP – APELAÇÃO CÍVEL Nº 923130759.2005.8.26.0000 (antigo nºs. 883.712/300 e 992.05.0243372) São Paulo – j. 28/08/2012 – Relator: Amorim Cantuária.

[451] Comentários à Lei de parcelamento do solo urbano, Lei nº 6.766, de 19/12/79, p. 38.

6.2.1. Especificidades da competência do Município ou do Distrito Federal para aprovação dos parcelamentos ou desmembramento do solo urbano. Fixação das diretrizes e exceções

Em regra, são atribuições dos Municípios e do Distrito Federal, este nas atribuições legislativas cabíveis aos Municípios (art. 32, § 1º da CF), elaborarem a legislação que disciplinará o uso e ocupação do solo, bem como a forma de sua fiscalização, consoante o disposto no artigo 30, inciso VIII, obedecidas as normas gerais previstas no artigo 24, inciso I e as normas dos artigos 182/184, todos da Constituição Federal, regulamentada por meio das Leis Federais 10.257/00 (Estatuto da Cidade) e 6.766/79 (*"Lei Lehmann"*).

A Lei 6.766/79 reforça a competência municipal, bem como do Distrito Federal, nos artigos 2º, § 4º; 3º; 4º, § 1º, I; 6º; 7º; 16; 18, V; 21, § 4º; 28; 40; 50, I e 53, tendo sido recepcionada pela Constituição Federal.

As exceções à aprovação de loteamento ou desmembramento pelo Município estão relacionadas nos artigos 13 e 14 da Lei 6.766/79, no qual se prevê caber ao Estado aprová-los nas seguintes circunstâncias:

> I – quando localizados em *áreas de interesse especial*, tais como as de proteção aos *mananciais* ou ao patrimônio cultural, histórico, paisagístico e arqueológico, assim definidas por legislação estadual ou federal;
>
> II – quando o loteamento ou desmembramento localizar-se em área limítrofe do município, ou que pertença a mais de um município, nas regiões metropolitanas ou em aglomerações urbanas, definidas em lei estadual ou federal;
>
> III – quando o loteamento abranger área superior a 1.000.000 m².
>
> Parágrafo único – No caso de loteamento ou desmembramento localizado em área de município integrante de região metropolitana, o exame e a anuência prévia à aprovação do projeto caberão à autoridade metropolitana.
>
> Art. 14. Os Estados definirão, por decreto, as áreas de proteção especial, previstas no inciso I do artigo anterior.

De se registrar, novamente, que nas regiões metropolitanas e aglomerações urbanas lei complementar estadual irá disciplinar a questão, não somente em razão do disposto no art. 13, parágrafo único, da Lei 6.766/79, mas por se tratar de assunto de interesse comum de Estado e Municípios, com previsão de compartilhamento de questões relativas a uso e ocupação do solo urbano nos arts. 1º, § 2º e 12, III, da Lei 13.089/15, o qual está conforme com o art. 25, § 3º da Constituição Federal.

Também poderá haver atribuição concorrente estadual para aprovação de parcelamentos de solo, caso o Estado-membro opte por criar novas áreas de proteção ambiental ou de interesse ao patrimônio histórico, bem como quando se tratar de parcelamentos situados em áreas de preservação permanente (vide art. 14 c.c. art. 13, I da LPS).

6.3. Conceitos e requisitos da Lei 6.766/79: Gleba e lotes, parcelamento (loteamento e desmembramento), arruamento, recuos, infraestrutura mínima (equipamentos urbanos e comunitários), remembramento

6.3.1. Conceito de Gleba e de lote

Para Toshio Mukai, Alaôr Caffé Alves e Paulo José Villela Lomar, a gleba é uma porção de terra que, não tendo sofrido parcelamento anterior, de caráter urbano (loteamento ou desmembramento urbano) é subdividida em porções destinadas à edificação. Já o lote, a par das demais características previstas em doutrina, é toda porção de terra resultante do parcelamento urbano de uma gleba, destinada à edificação.[452]

O loteamento constitui-se na subdivisão da gleba em lotes para edificação urbana. Importante distinção entre a gleba e o lote, para interpretação da legislação aplicável. Ambas não levam em consideração o tamanho da área dividida. Só haverá loteamento se houver subdivisão da gleba em lotes para fins de edificação. Entretanto, se houver subdivisão da gleba em várias outras glebas não destinadas à edificação, com finalidade rural, por exemplo, daí não se resultará na criação de lotes para os efeitos da *"Lei Lehmann"*, mas sim em novas glebas.[453]

Para Victor Carvalho Pinto, após o cumprimento das exigências urbanísticas, o direito de construir incorpora-se ao terreno, passando a ser qualificado de *"lote"*. Este é considerado pela lei o terreno destinado à edificação, em oposição à gleba, a qual é não edificável. As restrições à edificabilidade da gleba consistem na técnica empregada pelo direito urbanístico, visando impedir que se ocupe as áreas ainda não dotadas de infraestrutura. Para se caracterizar um terreno como lote, pressupõe-se que este já esteja apto a ser ocupado, dispondo da infraestrutura adequada, nos termos do art. 2º, § 4º, da Lei de parcelamento do solo.[454]

Sobre o conceito de lote, observa Luiz Manoel Fonseca Pires que *"Por lote deve-se entender o terreno atendido por uma infraestrutura básica cujas dimensões atendam aos índices urbanísticos definidos no plano diretor ou outra lei municipal"*. Na sequência, o autor explica o que se deve entender por *"fins urbanos"*, ou seja, a destinação econômica da propriedade, como elemento caracterizador, não havendo relevância em ser o perímetro urbano ou rural, abrangendo zonas urbanizáveis ou de expansão urbana, ainda que o imóvel caracterize-se como rural (destinado à exploração extrativa, agrícola, pecuária ou agroindustrial).[455]

José Roberto Fernandes Castilho distingue lote de edificação, lembrando que a área mínima do lote não se confunde com a área mínima da edificação, quer do ponto de vista fático, quer do ponto de vista jurídico. Anota que do ponto de vista dos índices urbanísticos vale o tamanho do lote, sendo que a área mínima edificável é controlada pelo direito urbanístico, pelo direito de construir, bem como por outros

452 Comentários à Lei de parcelamento do solo urbano: Lei nº 6.766, de 19/12/79, p. 11.

453 Ibidem, p. 10.

454 Direito urbanístico: Plano Diretor e Direito de Propriedade, p. 299.

455 Loteamentos urbanos: natureza jurídica, p. 45-46.

meios e modos distintos, traduzidos em valores relativos ou absolutos, de acordo com a função social da propriedade a exigir das definições em relação à salubridade pública, especialmente quanto à *"proteção contra a enfermidades transmissíveis"*.[456]

Conforme anota José Carlos de Freitas, a formação de lotes para edificação sempre terá uma finalidade urbana, quer para fins de moradia, lazer, comércio, indústria ou para os fins institucionais. Este processo de loteamento provoca mudanças na individualidade objetiva da gleba, transformando-as em rua, logradouros e lotes, dotados de equipamentos urbanos, tais como rede de água, esgoto, sistema de captação e drenagem de águas pluviais, energia domiciliar, iluminação pública, telefonia etc., bem como equipamentos comunitários, a exemplo de áreas de lazer e recreio, educação, cultura e saúde. Os lotes passam a ter vida autônoma, formando unidades autarquicamente bastante em si mesma, tendo acesso direto às vias de circulação criadas pelo fracionamento da gleba.[457]

Para fins de caracterização do lote será necessário observar a lei municipal que fixar a sua dimensão máxima, pois caso ultrapassado tratar-se-á de uma subdivisão de uma gleba em outra, a caracterizar loteamento ou desmembramento, mas não lote.[458]

Conforme esclarece José Roberto Fernandes Castilho, o lote é a fração elementar do território urbano, o conceito de lote, no direito urbanístico, mostra-se fundamental. O lote relaciona-se com o processo de urbanização genética (parcelamento do solo urbano) e a partir de sua constituição é que se define o destino, no contexto do sistema urbano. Portanto da expressão *"lote"* surge um complexo de normas referente à disciplina urbanística, vinculado aos espaços urbanos públicos e privados. Em resumo, os vínculos urbanísticos incidem sobre lote, em conjugação com espaços públicos de uso comum, especialmente as vias públicas, definem aquilo que se entende por espaços urbanos, com suas formas e fluxos específicos.[459]

O lote não é apenas uma fração real do território, uma terra qualquer com finalidade urbana, sendo um terreno servido de infraestrutura urbana, fazendo parte de um conjunto preparado para receber a futura edificação, aquela que vai ocupar o solo de modo permanente e com fim urbano.[460]

Com a implantação de um loteamento ocorre a transcendência dos direitos subjetivos dos proprietários dos lotes, de maneira a se falar *"na existência de um direito comunitário, de todo povo ao desfrute de novo bairro, como unidade urbanística do todo o que é a cidade. Loteamento, sob essa visão, não é patrimônio de um conjunto de pessoas, mas, sim, núcleo urbano de interesse comum de todos)"*.[461]

---

[456] Disciplina urbanística da propriedade: o lote seu destino, p. 63.

[457] Loteamentos clandestinos e suas modalidades fraudulentas: atuação preventiva dos agentes públicos. In: Manual Prático da Promotoria de Justiça de Habitação e Urbanismo. São Paulo: Imprensa Oficial do estado, 2005, p. 171.

[458] Ibidem, p. 11.

[459] Disciplina urbanística da propriedade: o lote seu destino. 3ª ed. reformulada, São Paulo: Editora Pillares, 2010, p. 39-40.

[460] ibidem, p. 41.

[461] FREITAS, José Carlos de. Da legalidade dos loteamentos fechados. In: RT 750/148-170, "apud" FREITAS, José Carlos de. Loteamentos clandestinos e suas modalidades fraudulentas: atuação preventiva dos agentes públicos, p. 172.

O lote não é dissociável da infraestrutura, a não ser em dois casos: na hipótese de loteamento ilegal, definido como crime no art. 50 da Lei 6.766/79, bem como no período transitório de 4 anos, durante realização das obras de infraestrutura do loteamento, definida no art. 18, V, da Lei 6.766/79.[462]

O lote possui confrontação com via pública, o que tecnicamente se denomina de testada, possuindo confrontações com lotes contíguos, constituindo-se em seus lados e com o que não tem testadas voltadas para o mesmo logradouro público, o que se denomina de fundo.[463]

O lote nunca estará desgarrado ou isolado, pois se apresenta como elemento de uma quadra, entendida esta como uma agregação de lotes, com formas geométricas dependente do traçado das vias públicas. Conforme art. 4º da Lei 6.766/79, o lote deve ter dimensão mínima de 125 m^2 e testada mínima de 5 metros lineares, o que se trata de lote-padrão nacional. É *inadmissível a figura do lote de fundo*, ou seja, aquele com corredor de acesso para a via pública. *Os lotes encravados dentro da quadra não mais são possíveis,* diante dos inconvenientes que trazem para seus moradores, sobretudo no comprometimento da acessibilidade. Portanto, *hoje a testada deve ser de no mínimo 5 metros lineares, cuja extensão pode ser diminuída ou ampliada*[464], caso de trate de habitação de interesse social ou área de especial ocupação, como para fins de proteção ambiental.

Observam Toshio Mukai, Alaôr Caffé Alves e Paulo José Villela Lomar que as distinções entre glebas, lotes e desdobros possuem caráter importante, pois geram consequências jurídicas relacionadas às figuras do desmembramento e do desdobro, com regime jurídico distintos para fins urbanísticos. Anotam os autores que não existe lote isoladamente do conceito de gleba, ao qual se vinculam essencialmente. A gleba caracteriza-se por poder ser dividida em lotes, para fins de edificação. Assim a gleba não pode ser o resultado de parcelamento anterior, pois inclui em sua conotação a ideia de lote, mesmo que em termos negativos.[465]

O lote é a parcela, unidade edilícia, núcleo elementar da cidade, sendo criação do direito urbanístico, em decorrência da disciplina urbanística da propriedade, estando definido no art. 2º, § 4º da *"Lei Lehmann". O lote não é sinônimo de terreno e nem de porção de terreno, pois o lote é um terreno predestinado à ocupação humana.* Formado para o fim específico de recebê-la. *Não se constitui em partes ideais da gleba, pois tal expediente somente ocorre quando há violação à lei* de parcelamento, *sendo redundante dizer 'lote certo e determinado'"*, pois *nada impede que o lote seja objeto de propriedade condominial, onde cada condômino possua uma parte ou fração ideal*, não podendo ser resumido com uma parte indefinida da gleba.[466]

---

[462] ibidem p. 41-42.

[463] CASTILHO, José Roberto Fernandes. Disciplina urbanística da propriedade: o lote seu destino, p. 46.

[464] CASTILHO, José Roberto Fernandes, Op. cit., p. 47.

[465] Op. cit., p. 11.

[466] CASTILHO, José Roberto Fernandes, Op. cit., p 58-59.

Não se pode confundir gleba com lote, pois a gleba pode resultar em vários lotes, mas a recíproca não é verdadeira, visto que o lote nunca poderá ser considerado como uma gleba, pois pela Lei 6.766/69, ou há gleba ou há lote.[467]

6.3.2. Conceito de loteamento, desmembramento, desdobro e remembramento

Considera-se *loteamento* a subdivisão de gleba em lotes destinados à edificação, com abertura de novas vias de circulação, de logradouros públicos ou prolongamento, modificação ou ampliação das vias existentes, conforme artigo 2º, § 1º da Lei nº 6.766/79.

Conforme já assinalado, utilizaremos a expressão *"loteamento comum"* para significar o loteamento realizado com base na Lei 6.766/79 (LPS), conhecida como *"Lei Lehmann"*, com acesso livre ao público, em contraposição às várias formas de loteamento, com regimes jurídicos diferenciados, chegando algumas espécies a serem realizadas sem o devido amparo legal, como adiante se verá.

Para Toshio Mukai, Alaôr Caffé Alves e Paulo José Villela Lomar:

> O loteamento urbano, além de ser uma forma de parcelamento do solo, é, basicamente, um processo de urbanização que envolve aspectos urbanístico-administrativos, civis e penais, tal como encarado pela Lei 6.766/79. Loteamento é um fato social, a par de ser operação de caráter econômico sobre o qual incidem interesses públicos e particulares, que devem ser encarados com o máximo de cautela e respeito.[468]

Já o *desmembramento* foi assim conceituado (art. 2º, § 2º da Lei 6.766/79): *"considera-se desmembramento a subdivisão de gleba em lotes destinados à edificação, com aproveitamento do sistema viário existente, desde que não implique na abertura de novas vias e logradouros públicos, nem no prolongamento, modificação ou ampliação dos já existentes"*.

No tocante ao desmembramento, José Roberto Fernandes Castilho observa que tanto o loteamento quanto o desmembramento formam lotes, mas no primeiro caso se constituirão lotes e vias, enquanto no *desmembramento aproveita-se o sistema viário já existente no local, não sendo destinadas novas áreas ao poder público para o cumprimento de tal finalidade.* Assim as quadras já estão formadas pela trama das vias públicas.[469]

O desmembramento poderá ter suas regras alteradas pelo Município ou Distrito Federal, conforme se vê do art. 11 da Lei de Parcelamento de Solo (LPS – nº 6.766/79), quando os lotes primitivos tiverem dimensões inferiores àquelas previstas no art. 4º, § 1º da LPS *"in verbis"*:

---

[467] MUKAI, Toshio; ALVES, Alaôr Caffé; LOMAR, Paulo José Villela. Comentários à Lei de parcelamento do solo urbano: Lei nº 6.766, de 19/12/79. P. 12.

[468] Comentários à Lei de parcelamento do solo urbano: Lei nº 6.766, de 19/12/79, p. 10.

[469] Disciplina urbanística da propriedade: o lote seu destino, p. 53.

> Art. 11. Aplicam-se ao desmembramento, no que couber, as disposições urbanísticas vigentes para as regiões em que se situem ou, na ausência destas, as disposições urbanísticas para os loteamentos. (Redação dada pela Lei nº 9.785, de 1999)
>
> Parágrafo único – O Município, ou o Distrito Federal quando for o caso, fixará os requisitos exigíveis para a aprovação de desmembramento de lotes decorrentes de loteamento cuja destinação da área pública tenha sido inferior à mínima prevista no § 1º do art. 4º desta Lei.

Nesse sentido, acrescenta o autor supracitado que a *figura do desmembramento é por demais perigosa, sendo usada por muitos loteadores, com anuência dos agentes públicos, de forma criminosa, como maneira de burlar o ônus da doação de áreas ao poder público e de investimentos do loteador no empreendimento,* gerando, por consequência, uma ampliação dos lucros. Promove-se um precário arruamento, constituindo-se as quadras. Logo depois, faz-se o desmembramento, constituindo-se os lotes como se eles não exigissem áreas públicas destinadas aos equipamentos comunitários e nem as obras de infraestrutura. Observa o culto Procurador do Estado, José Roberto Fernandes Castilho, que *a lei de parcelamento é taxativa ao dizer que se aplicam aos desmembramentos as mesmas disposições urbanísticas para os loteamentos,* conforme previsto no artigo 11, com a redação alterada pela Lei 9785/99.[470]

Aliás, no Recurso Especial nº 263.603-SP, o saudoso ministro Domingos Franciulli Neto, do Superior Tribunal de Justiça, assim pontuou:

> O fato de não precisar ser aberta via pública não quer dizer que o desmembrador esteja isento de realizar, sozinho ou solidariamente, as obras de infraestrutura. Sempre foi assim: o incorporador do desmembramento quer alegar que não é o loteador. Isso não o desobriga de providenciar todas as obras de infraestrutura que serão necessárias para o aproveitamento racional da gleba.

Toshio Mukai, Alaôr Caffé Alves e Paulo José Villela Lomar entendem que a figura do desmembramento é de relevo singular na *"Lei Lehmann"*, pois seus efeitos jurídicos foram equiparados ao do loteamento, em razão das consequências urbanísticas significativas na alteração do processo de expansão urbana, com efeitos e inequívocos na ordenação do uso e da ocupação do solo urbano.[471]

O *desdobro* é a subdivisão de lote e não de gleba, sendo este lote caracterizado em conformidade com a Lei 6.766/79, segundo critério dimensional estabelecido em lei municipal, conforme as peculiaridades locais e das zonas urbanas de cada município.[472]

Quanto ao *desdobro*, observa José Afonso da Silva que ele é *"a divisão de áreas do lote para formação de novo ou de novos lotes"*. Ressalta o autor que esses novos lotes devem atender exigências mínimas de dimensionamento e índices urbanísticos para sua edificação, da mesma maneira que ocorre em relação ao plano de loteamento. Se estiver vinculado ao projeto de edificação será aprovado conjuntamente

---

470 Op. cit., p. 54-55.

471 Comentários à Lei de parcelamento do solo urbano: Lei nº 6.766, de 19/12/79, p. 12.

472 MUKAI, Toshio; ALVES, Alaôr Caffé; LOMAR, Paulo José Villela. Op. cit., p. 11.

com este, do contrário terá de ser submetido à aprovação mediante requerimento específico, a ser analisado pela prefeitura, sendo que em caso de deferimento deve ser levado a registro, para a competente averbação.[473]

A figura do *remembramento ou reparcelamento do solo,* anota José Afonso da Silva, é bastante utilizada na Europa, mas praticamente não usada no Brasil, embora se constitua em *"importante instrumento de ordenação urbanística do solo, como peça essencial do plano diretor, especialmente quando envolve a remodelação obrigatória de áreas habitadas ou habitáveis com o fim de corrigir distorções das parcelas existentes."* Ele se caracteriza por uma nova divisão da área parcelada, para: regularizar a configuração das parcelas ou distribuir entre os proprietários, de maneira justa, os benefícios e ônus da ordenação.[474]

6.3.3. Loteamento ou desmembramento clandestino

Designamos de *Loteamento Clandestino* aquele efetuado sem autorização do poder público e/ou sem o **registro do parcelamento** junto ao Serviço de Registro de Imóveis, agindo o empreendedor em desacordo com as determinações da Lei nº 6.766/79. De se anotar que conduta se tipifica como crime, havendo várias modalidades, as quais estão previstas nos artigos 50 a 52 da mencionada lei.

O loteamento clandestino pode ser definido como aquele:

> [...] desconhecido oficialmente pelo poder público, por inexistir solicitação de aprovação. Também é aquele que deriva do indeferimento do respectivo pedido, por não atender às exigências legais. Nas duas hipóteses ele é implantado fisicamente pelo loteador sem a chancela oficial, com abertura de ruas, demarcação de quadras e lotes, venda, ultimando-se com a edificar de casas pelos adquirentes.[475]

Trata-se de *parcelamento de gleba implantado* "de fato", isto é, sem aprovação urbanística, pelo órgão competente, ou seja, o Município ou Distrito Federal, bem como em alguns casos pelo Estado (como nas hipóteses do art. 13 da Lei 6.766/79).

Ocorre que normalmente, por meio de promessas de venda e demarcação de lotes, os parceladores, ilegalmente, dão início a um loteamento para fins urbanos, não aprovado pelos órgãos públicos (Município ou Distrito Federal) e Estado (art. 13 da Lei Lehmann) e, consequentemente, não registrando o parcelamento (doutrinariamente conceituado como *Loteamento Clandestino*) no Serviço de Registro de Imóveis, agindo, desse modo, em desacordo com a Lei nº 6.766/79.[476]

Para Diógenes Gasparini *surge o loteamento clandestino mesmo quando não chega a ocorrer a fragmentação da gleba*, sendo que "*algumas vezes, não são executados,*

---

473 Direito urbanístico brasileiro, p. 346.

474 Direito Urbanístico Brasileiro, p. 346-347.

475 FREITAS, José Carlos de. Loteamentos clandestinos e suas modalidades fraudulentas: atuação preventiva dos agentes públicos, p. 173.

476 CASTANHEIRO, Ivan Carneiro. Parcelamentos Irregulares e Clandestinos e Responsabilidade Civil, p. 213.

embora haja, segundo uma planta o projeto, ocorrendo a venda dos lotes. Assim, são clandestinos os parcelamentos executados como os não executados."[477]

Para fins de regularização fundiária urbana (Reurb), a Lei 13.465/17 não distingue entre loteamentos irregulares e clandestinos, conforme art. 11, inciso II, lavrado nos seguintes termos: *"II – núcleo urbano informal: aquele clandestino, irregular ou no qual não foi possível realizar, por qualquer modo, a titulação de seus ocupantes, ainda que atendida a legislação vigente à época de sua implantação ou regularização"*.

6.3.4. Loteamentos ou desmembramentos irregulares

No loteamento irregular, a implantação acontece com a aprovação dos órgãos competentes, mas com vício de estar:

a) inexecutado;
b) executado em contraste com a legislação;
c) executado em contraste com o ato de aprovação;
d) executado em contraste com o ato de aprovação e com a legislação[478]

Dentre as consequências dos loteamentos clandestinos e irregulares geralmente estão:

a) a ausência de obras de infraestrutura do tipo: serviços de topografia e terraplanagem;
b) não execução dos serviços referentes à drenagem, e escoamento das águas pluviais, guias e sarjetas;
c) não implantação das redes de água potável e esgoto ou implantação em desacordo com as diretrizes legais;
d) não reserva de espaço adequado às áreas públicas;
e) não consta arborização adequada de todas as vias e logradouros públicos;
f) faltam obras de infraestrutura, de modo a se garantir a salubridade desses núcleos habitacionais.[479]

6.3.5. Sistema viário e acesso às vias públicas

Discorrendo sobre o sistema de circulação urbana, José Roberto Fernandes Castilho registra que:

> O sistema viário compreende a rede de vias públicas – base física composta pela pista de rolamento e calçadas ou passeios marginais, que se articulam com lote. Em São Paulo elas somam mais de 16.000 km de extensão, que, no entanto, não têm capacidade para receber os 6,5 milhões de veículos automotores circulantes: calcula-se que se todos os veículos fossem colocados na rua ao mesmo tempo, enfileirados, seria

[477] O município e o parcelamento do solo. Segunda edição. São Paulo: Saraiva, 1988, p. 129-130.

[478] GASPARINI, Diógenes. Regularização de loteamento e desmembramento. São Paulo: Fundação Prefeito Faria Lima – CEPAM, 1983.

[479] CASTANHEIRO, Ivan Carneiro. Regularização Fundiária Urbana: fundamentos, aspectos práticos e propostas. In: Regularização Fundiária NALINI, José Renato; LEVY, Wilson (Coord.). 2ª ed. Rev. Atual. e Ampl. Rio de Janeiro: Forense, 2014, p. 112.

necessário o dobro da extensão das vias. O esgotamento do espaço viário é evidente na maioria das cidades brasileiras.[480]

As vias públicas urbanas, segundo o art. 60 do Código de Trânsito Brasileiro (Lei 9.503/97), são classificadas em: vias de trânsito rápido, vias arteriais, vias coletoras e vias locais. As classificações dessas vias públicas constituem-se em competência do Município. Os *"conceitos e definições"*, constantes do CTB, estão no anexo I, nos seguintes termos:

> VIA – superfície por onde transitam veículos, pessoas e animais, compreendendo a pista, a calçada, o acostamento, ilha e canteiro central.
>
> VIA DE TRÂNSITO RÁPIDO – aquela caracterizada por acessos especiais com trânsito livre, sem interseções em nível, sem acessibilidade direta aos lotes lindeiros e sem travessia de pedestres em nível.
>
> VIA ARTERIAL – aquela caracterizada por interseções em nível, geralmente controlada por semáforo, com acessibilidade aos lotes lindeiros e às vias secundárias e locais, possibilitando o trânsito entre as regiões da cidade.
>
> VIA COLETORA – aquela destinada a coletar e distribuir o trânsito que tenha necessidade de entrar ou sair das vias de trânsito rápido ou arteriais, possibilitando o trânsito dentro das regiões da cidade.
>
> VIA LOCAL – aquela caracterizada por interseções em nível não semaforizadas, destinada apenas ao acesso local ou a áreas restritas.
>
> VIA RURAL – estradas e rodovias.
>
> VIA URBANA – ruas, avenidas, vielas, ou caminhos e similares abertos à circulação pública, situados na área urbana, caracterizados principalmente por possuírem imóveis edificados ao longo de sua extensão.
>
> VIAS E ÁREAS DE PEDESTRES – vias ou conjunto de vias destinadas à circulação prioritária de pedestres.

Muitas vezes, por falta de planejamento do sistema viário, as vias locais desempenham função de via arterial, gerando lentidão permanente no trânsito, uma vez que não foram projetadas para o cumprimento de tal finalidade. Com o objetivo de contornar essas inconveniências, muitas vezes as ruas são propositalmente projetadas de maneira sinuosa.[481]

A Lei 6.766/79 confere ao proprietário liberdade para retalhar o solo de sua propriedade, mas estabelece condições, a serem previstas na legislação administrativa, sendo que essa *"vai conotar todo o perfil do direito de propriedade, encerra os parâmetros do permitido para a divisão do solo em lotes, possibilitando, destarte, ao proprietário que venda, parceladamente, sua gleba de terra."*. Discorrendo sobre o arruamento, observa que *"a divisão do terreno em lote, por viabilizar a formação de novos núcleos habitacionais, deve merecer um mínimo de obras de infra-estrutura, a fim de tornar o novo aglomerado humano passível de ser habitado. As obras de infra--estrutura constituem o arruamento."*[482]

---

[480] Disciplina urbanística da propriedade: o lote seu destino, p. 81

[481] CASTILHO, José Roberto Fernandes. Disciplina urbanística da propriedade: o lote seu destino, p. 85.

[482] FIGUEIREDO, Lúcia Valle. Disciplina urbanística da propriedade. 2ª ed. revista e atualizada. São Paulo: Malheiros, 2005, p. 96-97.

Lúcia Valle Figueiredo entende haver um dever de executar o plano de arruamento traçado, como contrapartida do loteador, o qual se constitui em verdadeiro limite ao direito de propriedade. Observa que o denominado *"alvará de arruamento"* possui o regime jurídico de ato constitutivo do direito obrigacional (direito e dever de executar o arruamento), condicionando à inscrição do loteamento no registro de imóveis. O arruamento está sujeito a espécies normativas de Direito Civil, originada da União, de Direito Administrativo e de Direito Urbanístico (de competência federal, estadual e municipal).[483]

Há diversas terminologias relativas ao sistema viário, as quais são de uso corrente. Assim, importante estudarmos os significados dos termos: *"Rua"*, *"Avenida"*, *"Alameda"*, *"Travessa"*, *"Beco"*, *"Ladeira"*, *"Praça"* e *"Largo"*. Com o mestre José Afonso da Silva, vamos a tais conceitos:

a) *"Rua"*: *"via pública ladeada à direita e à esquerda de casas, paredes ou muros no interior das povoações, ou predisposta a isso. Ruas são linhas de percursos ou deslocamentos dentro dos núcleos urbanos"*. Também pode ser definida como *"via de circulação de uma faixa ou pista de rolamento, sem canteiro central, destituída de ornamentação"*. Mas é também empregado em sentido genérico, quando se fala nas ruas de uma cidade, significando o conjunto de vias urbanas, sem distinção;

b) Quanto ao conceito de *"Avenida"*, trata-se de via direta, larga, ladeada de árvores, especialmente em canteiros centrais, destinando-se a passeios de habitantes. Sua característica é constituir-se de pista de rolamento e canteiros ajardinados, arborizados, nos centros urbanos;

c) No conceito de *"Alameda"*, inicialmente utilizado para designar a rua ornamentada, passou-se a nomear rua orlada de outras árvores. Difere da avenida, em razão de as árvores encontrarem-se nas laterais e não no centro da via. "Alameda" é mais estreita com única faixa de rolamento, sendo via secundária e de caráter local, enquanto a "avenida" é prolongada, arterial e estrutural;

d) A "T*ravessa*" é uma rua estreita e curta, no meio do quarteirão, ligando duas outras vias;

e) Quanto ao *"Beco"*, trata-se de uma rua estreita, sem passeio, sem edificações que abram diretamente a ela, com pouca prestança para a circulação ordinária;

f) Já a *"Ladeira"*, é uma rua com declividade acentuada, inadequada para a circulação ordinária, ligando duas outras vias, para trânsito de pedestres, em quarteirões prolongados, visando evitar longos percursos a pé, sem necessitar passar de uma rua para outra paralela;

g) O conceito de *"Praça"*, em termos urbanísticos, pode-se definir como

> logradouro público constituído de área arredondada, quadrada etc., com arborização e a ajardinamento central, cortada de vias ou alamedas para circulação de pedestres,

[483] Disciplina urbanística da propriedade, p. 99.

contornadas por vias de circulação de veículos geralmente decorrente de prolongamento de ruas, se a praça é quadrada ou retangular, ou destinada a receber a corrente de trânsito e provinda das ruas que acabam nela, quando a praça é redonda ou arredondada.;

h) *"Largo"*: trata-se de uma praça despida de ornamentos ou ajardinamento mais requintado, sendo uma praça aberta, que não se distingue em vias de circulação, não se prestando para lazer e descanso. Usada em encontros de caráter negocial.[484]

As vias públicas urbanas são formadas, em geral, por meio de três processos: *"(a) pela execução de planos de arruamento, mediante o parcelamento do solo em quadras por meio de abertura de vias de circulação; (b) pela abertura de rua isolada em execução de obras de ampliação do sistema viário; (c) pela oficialização de via particular."*[485]

Quanto ao conceito de arruamento, observa José Afonso da Silva que:

> O arruamento como parcelamento do solo em quadras é geralmente executado por particulares, mediante plano de arruamento e loteamento de gleba de terreno, atendidas as diretrizes preestabelecidas pela Municipalidade e sujeito à sua aprovação. Uma vez inscrito o plano no Registro Imobiliário competente, as vias de comunicação (e os espaços livres) dele constantes se tornarão inalienáveis, passando a integrar o domínio público municipal como bens de uso do povo.[486]

Existe um direito geral às ruas, previsto no artigo 99, inciso I, do Código Civil. O uso especial das vias urbanas somente pode acontecer em caráter excepcional, mediante autorização ou permissão, conforme o caso, por parte do poder público, conforme prevê o artigo 103 do Código Civil, sendo de caráter precário. Não são de posse do particular, mas de mera detenção, em razão da precariedade e discricionariedade na permissão.[487]

Quanto à *largura das vias públicas*, ela será fixada por norma municipal, variando segundo sua classificação, mas terá de ter a largura suficiente para circulação de veículos por faixa, segundo previsto no Anexo de Conceitos e Definições do Código de Trânsito Brasileiro (Lei 9.503/97) para as faixas de trânsito.[488]

"As vias de loteamento deverão articular-se com as vias adjacentes oficiais, existentes ou projetadas, e harmonizar-se com a topografia local", conforme regra fixada pelo art. 4º, inciso IV, da Lei 6.766/79. A regra também se aplica aos desmembramentos, pois nessa forma de parcelamento do solo, conforme art. 2º, § 2º da *"Lei Lehmann"*, não pode haver ampliação ou modificação das vias existentes.

Entretanto, na prática, infelizmente, não são poucas as cidades e vias públicas, especialmente em loteamentos surgidos de maneira clandestina ou irregular, que

---

[484] Direito urbanístico brasileiro, p. 202-204.

[485] SILVA, José Afonso da. Direito Urbanístico Brasileiro, p. 205.

[486] Op. cit., p. 205.

[487] SILVA, José Afonso da. Direito Urbanístico Brasileiro, p. 219.

[488] FAIXAS DE TRÂNSITO – qualquer uma das áreas longitudinais em que a pista pode ser subdividida, sinalizada ou não por marcas viárias longitudinais, que tenham uma largura suficiente para permitir a circulação de veículos automotores.

as vias públicas estão desarticuladas (isso ocorre por ocasião de novos bairros ou núcleos residenciais, por ausência de adequada fiscalização e punição por parte do Município), formando um verdadeiro *"ziguezague"* ou labirinto, em prejuízo da fluidez do trânsito, gerando riscos de acidentes, perda de tempo, aumento das emissões de gás carbônico e estresse aos motoristas e passageiros que por ali circulam.

6.3.5.1. O problema da rua particular e de uso particular da rua. Loteamento de acesso controlado

Não se pode admitir a posse dos bens de uso comum por usuário(s) específico(s), que só tem mera detenção física[489], não se afigurando admissível a existência de *ruas particulares*[490] e juridicamente impossível a *instituição de condomínio*, à base da Lei 4.591/64, em *rua* ou *loteamento regular.*[491], conforme ensina José Carlos de Freitas.[492] Ainda sobre esse espinhoso e costumeiro problema, o renomado Procurador de Justiça paulista pondera que:

> É verdade que se tolera a utilização exclusiva da via pública ou com perturbação de seu uso comum pelo povo, mas de forma temporária, mediante autorização do Poder Público, como nas competições desportivas de rua ('corrida de São Silvestre', em São Paulo). Admite-se a utilização com exclusividade, de maneira permanente, embora precária, no uso especial que se permite ou concede sem embaraçar a utilização normal da via pública pelo povo, desde que traga alguma utilidade para a população, como acontece para a instalação de bancas de jornais nos passeios, de feiras-livres nas ruas e dos boxes dos mercados municipais.[493]

É de se advertir, contudo, que essa não pode ser uma prática indiscriminada e generalizada, sob pena de se afetar a circulação de pedestres, com reflexo na mobilidade urbana, sobrepondo-se o interesse particular ao interesse coletivo, numa inversão principiológica do Direito.

As ruas particulares, ou seja, aquelas ainda não aceitas pelo Município, por não terem sido incorporadas ao domínio público de uso comum do povo, tratando-se de vias de propriedade privada, como no caso da Lei 9413/81 (Art. 1º, VIII, *"b"* do município de São Paulo), são vedadas pela Lei 6.766/79. É que as normas de urbanificação (parcelamento do solo, arruamento e loteamento) não admitem as ruas particulares, por se tratarem de exigência de parcelamento de terrenos, porque as ruas são transferidas para o domínio público com a inscrição do parcelamento, o que gera sua inalienabilidade, bem como os demais espaços livres.[494]

---

489 Cretella Júnior, José. Tratado do Domínio Público. São Paulo: Forense, 1984, p. 327; TJMG, RDA 69/231.

490 SILVA, José Afonso da. op. cit., p. 221; MEIRELLES, Hely Lopes. Direito Municipal Brasileiro, p. 389-390.

491 BIASI Ruggiero. Condomínio Fechado – Loteamento Burlado. In: Revista do Advogado nº 18, junho/1985, p. 29; STF, RE 100.467-3, j. em 24/04/84, DJU de 01/06/84, pág. 8.733; Conselho Superior da Magistratura de São Paulo, Acórdão nº 17.628-0/2, Bauru, D.O.J. 26/08/93; RT 587/137, 589/141 e 598/265.

492 Loteamentos fechados: uma realidade na ilegalidade, p. 334.

493 Op. cit., p. 335.

494 SILVA, José Afonso da. Direito Urbanístico Brasileiro, p. 221-222.

O Tribunal de Justiça de São Paulo, na Ação Direta de Inconstitucionalidade de lei municipal, a qual havia autorizado o fechamento de ruas, com voto vencedor do Desembargador Flávio Pinheiro, enfrentando as justificativas baseadas na insegurança e na preservação do meio ambiente, o qual também muito bem serviria para ser utilizado como paradigma no fechamento de praia, tão comum Brasil afora, consignou:

> Dois grandes problemas das cidades grandes e de localidades de veraneio, que são 'a segurança' e a 'preservação do meio ambiente' têm levado moradores a se agruparem para se protegerem e impedirem a deterioração da vegetação, compreendendo a flora e a fauna.
>
> Para tanto fecham ruas, vias de acesso ao bairro, constroem guaritas, instalam cancelas e, por variadas formas, restringem a circulação de 'estranhos' dentro da área que buscam proteger.
>
> Embora louvável esse interesse de preservação, ocorre que esse interesse, que é privado, se coloca acima do interesse público, o que se afigura intolerável.
>
> Irrelevante, portanto, o fato de estarem os moradores ou os municípios imbuídos de boa-fé, do desejo de preservação da integridade física de cada um e do ambiente. Esses interesses perdem significado na medida em que atingem direitos constitucionais de outros de ir e vir.
>
> Se todos são iguais perante a lei, como dispõe o art. 5º da Constituição Federal, não se pode obstar arbitrariamente o direito de locomoção de tantos com o argumento de segurança de outros e poucos cidadãos privilegiados.
>
> Pois a segurança de poucos, nessa situação, importa no sacrifício de outros, que têm a liberdade restringida.
>
> Será inconstitucional qualquer proibição de ingresso do cidadão em determinado bairro, mesmo que se argumente com o direito à segurança.
>
> Se o Estado se omite nesse setor, falhando no aspecto da proteção da integridade física, moral e patrimonial, a solução não está na restrição da liberdade de locomoção de um cidadão, para garantia da segurança de outro.
>
> Em suma, nem ao particular, nem ao município se concede o direito de criar normas restritivas de liberdade de locomoção sobre bens de uso comum do povo.[495]

Apesar dessas lúcidas considerações, inclusive de ordem constitucional, sobre a impossibilidade/injustiça da privatização de espaços públicos com as vias de circulação, a recente Lei 13.465/17, em seu artigo 78, como anotado em outras partes do presente trabalho, instituiu a figura do loteamento de acesso controlado (art. 2º, § 8º, da Lei 7.677/79), *"in verbis"*:

> § 8º. Constitui loteamento de acesso controlado a modalidade de loteamento, definida nos termos do § 1º deste artigo, cujo controle de acesso será regulamentado por ato do poder público Municipal, sendo vedado o impedimento de acesso a pedestres ou a condutores de veículos, não residentes, devidamente identificados ou cadastrados. (NR)

Portanto, como forma de conciliar a segurança dos moradores com o livre acesso da população, passou-se a permitir que se controle o acesso público aos loteamentos com fechamento, mediante prévia identificação e cadastro.

---

[495] ADIn nº 52.027.0/9, Rel. Des. Fonseca Tavares – j. 23/08/2000.

No caso de condomínio de lotes[496], poderá ser impedido que se construa muros e se vede o acesso às vias públicas ou que sejam instituídas servidões de passagem, conforme art. 4º, § 4º, da Lei 6.766/79, instituído pelo art. 78 da Lei 13.465/17, *"in verbis"*.

> § 4º. No caso de lotes integrantes de condomínio de lotes, poderão ser instituídas limitações administrativas e direitos reais sobre coisa alheia em benefício do poder público, da população em geral e da proteção da paisagem urbana, tais como servidões de passagem, usufrutos e restrições à construção de muros. (NR)

6.3.6. *Tamanho do lote, coeficiente de aproveitamento, taxa de ocupação, recuos e outras restrições civis e/ou administrativas*

Dentre os requisitos de um loteamento, prevê o artigo 4º, inciso II, da Lei 6.766/79, as dimensões mínimas para um lote. O lote-padrão terá 125 m^2 de tamanho e testada de 5 metros de largura (frente para a rua), podendo tais dimensões serem maiores, caso haja previsão na lei municipal (art. 4º, § 1º)[497] ou menores na hipótese de habitação de interesse social ou em áreas de urbanização de interesse específico, como as Zonas Especiais de Interesse Social (ZEIS), previstas no Plano Diretor ou na Lei de Zoneamento. Segue transcrito o art. 4º, inciso II, da Lei 6.766/79:

> Art. 4º. Os loteamentos deverão atender, pelo menos, aos seguintes requisitos:
>
> [...]
>
> II – os lotes terão área mínima de 125m^2 (cento e vinte e cinco metros quadrados) e frente mínima de 5 (cinco) metros, salvo quando o loteamento se destinar a urbanização específica ou edificação de conjuntos habitacionais de interesse social, previamente aprovados pelos órgãos públicos competentes;

Portanto, como já dito, na Zona Especial de Interesse Social (ZEIS)[498], o lote pode ser menor que o lote-padrão, conforme previsto no art. 4º, inciso II, da Lei 6.766/79, pois esta dimensão padrão poderá variar segundo a legislação estadual ou municipal determine maiores exigências ou quando loteamento se destinar à urbanização específica ou edificação de conjuntos habitacionais de interesse social, previamente aprovados pelos órgãos públicos competentes.

Nesse diapasão, nada impede a existência de lotes de 60 m^2, ou ainda menores, a depender de se tratar de zona de interesse social, podendo ele ser maior em caso

---

[496] Art. 1.358-A, da Lei 10.406/02. Pode haver, em terrenos, partes designadas de lotes que são propriedade exclusiva e partes que são propriedade comum dos condôminos. § 1º. A fração ideal de cada condômino poderá ser proporcional à área do solo de cada unidade autônoma, ao respectivo potencial construtivo ou a outros critérios indicados no ato de instituição. § 2º. Aplica-se, no que couber, ao condomínio de lotes o disposto sobre condomínio edilício neste Capítulo, respeitada a legislação urbanística. § 3º. Para fins de incorporação imobiliária, a implantação de toda a infraestrutura ficará a cargo do empreendedor."

[497] Art. 4º, § 1º, da Lei 6.766/79: "§ 1º A legislação municipal definirá, para cada zona em que se divida o território do Município, os usos permitidos e os índices urbanísticos de parcelamento e ocupação do solo, que incluirão, obrigatoriamente, as áreas mínimas e máximas de lotes e os coeficientes máximos de aproveitamento." (Redação dada pela Lei nº 9.785, de 1999).

[498] Definida no art. 18 da Lei 13.465/17, nos seguintes termos: "O Município e o Distrito Federal poderão instituir como instrumento de planejamento urbano Zonas Especiais de Interesse Social (ZEIS), no âmbito da política municipal de ordenamento de seu território. § 1º. Para efeitos desta Lei, considera-se ZEIS a parcela de área urbana instituída pelo plano diretor ou definida por outra lei municipal, destinada preponderantemente à população de baixa renda e sujeita a regras específicas de parcelamento, uso e ocupação do solo.

de zoneamento de uso e ocupação do solo prever tamanho distinto daquele previsto para o lote padrão de 125 m^2.

Quanto à questão do tamanho do lote, observa José Roberto Fernandes Castilho que embora haja um lote-padrão-nacional previsto no art. 4º, inciso II, na LPS, como um marco geral, isso não afasta uma certa elasticidade nesta configuração urbana, podendo sua dimensão ser modulada, isto é, ampliada ou diminuída, conforme a zona em que se situa, os *"índices urbanísticos"* de parcelamento. Portanto o tamanho do lote não é rígido e sim elástico e variável considerando *"o mosaico territorial da cidade "*.[499]

Lembra o ilustre Procurador do Estado de São Paulo que os municípios paulistas costumam ampliar o lote padrão nacional, em consonância com a experiência do desenho urbano e com o nível de desenvolvimento econômico e social, para além da condicionante do uso exclusivo a que se destina o lote, mencionando como exemplo a cidade de Presidente Prudente, onde os lotes de esquina possuem testadas específicas, visando evitar o desdobro (8 metros) e lotes com tamanhos mínimos de 160 m^2.[500]

O lote edilício passa por regras limitativas do *gabarito das edificações* (altura), *taxa de ocupação* (percentual da projeção horizontal da área construída em relação à área total do terreno), *coeficiente de aproveitamento* (área edificável em relação ao tamanho ou volume do terreno), *recuos* laterais, frontais e posteriores (áreas *"non aedificandi")*.

O controle da área edificada mínima ocorre pelo coeficiente de aproveitamento mínimo (CA Mínimo), o qual é estabelecido a partir da relação de proporcionalidade com a área do lote, independentemente da destinação da edificação. É controlada pelo índice da quota mínima de lote por unidade habitacional, impedindo proporcionalmente a multiplicação de unidades dentro da área total edificada. Lembra José Roberto Fernandes Castilho que o controle via direito de construção ocorre por meio da delimitação mínima, absoluta, dos compartimentos das edificações nos códigos de obras municipais ou código sanitários. Estes podem ser municipal ou estadual, visto que a saúde é matéria de competência concorrente entre os entes federativos (art. 24, inciso XII, da Carta Magna). Isso atenderá ao princípio constitucional da dignidade da pessoa humana, estabelecendo critérios de áreas mínimas de moradia, em razão da existência de conjuntos habitacionais destinados à população de baixa renda, ou chamada de *"habitação social de área reduzida"*, com isenção de IPTU. Na habitação de interesse social a área máxima é de 60 m^2.[501]

Ainda no tocante à área máxima, existe distinção entre a área do lote e da construção edilícia, como no caso do artigo 183 da Constituição Federal, prevendo a usucapião-moradia somente da área urbana de até 250 m^2, significando claramente a desconsideração da área construída, mesma circunstância do art. 1.240 do Código Civil. Tais parâmetros, segundo José Roberto Fernandes Castilho, também poderiam ser usados nas unidades autônomas de condomínios edilícios, nos casos

---

499 Disciplina urbanística da propriedade: o lote seu destino, p. 60-62.

500 CASTILHO, José Roberto Fernandes. Disciplina urbanística da propriedade: o lote seu destino, p. 61.

501 Ibidem, 63-64.

de apartamentos, que implicam apenas em fração ideal do lote, circunstância que está sendo objeto de apreciação, no recurso extraordinário 305.416/RS[502], o qual tramita perante o Egrégio Supremo Tribunal Federal.[503]

Para Adriana Caldas do Rego Freitas Dabus Maluf, o direito de construir tem por objetivo proteger a intimidade do lar de cada cidadão, em face do interesse da coletividade, respeitando-se direito de vizinhança, de maneira a permitir coexistência pacífica dos vários titulares do domínio, regulados por disposições do Código Civil, de leis especiais, preconizando respeito à segurança, à forma, à salubridade e à estrutura das edificações.[504]

No Código Civil as regras relativas ao direito de construir encontram-se nos artigos 1.299 e seguintes. O primeiro dispositivo dá liberdade ao proprietário para construir, mas ressalva o direito dos vizinhos e os regulamentos administrativos, digam-se, aqueles editados pelo Município, Estado ou União, relacionados com questões relativas à saúde pública, à estrutura das edificações, dentre outros.

Existem duas classes de limitação ao direito de construir: direito de vizinhança e regras administrativas. O primeiro é disciplinado no Código Civil, relativo ao mau uso da propriedade. No tocante às restrições administrativas, oriundas da União (liberdade de construir em áreas de segurança nacional) dos Estados-membros (defesa de suas obras, bens públicos e preocupações com saúde pública) e dos Municípios (ponto de vista ecológico e urbanístico).[505]

No tocante aos recuos, o artigo 1.301[506] do Código Civil regulamenta as distâncias mínimas para abertura de janelas em relação à divisa do lote com o vizinho, no interesse de resguardar a vida íntima das pessoas contra o *"devassamento por parte dos vizinhos, caracterizando abuso de direito o descumprimento dessas restrições, mesmo que o órgão regulador próprio autorize"* (RT 724/352).[507]

No sentido de evitar incômodos aos vizinhos também podem ser conferidos o art. 1.302 do Código Civil (despejos de águas pluviais), o art. 1305 (dimensões e profundidades das paredes limite), e 1.306 (parede-meia), o art. 1.307 (alteamento de paredes divisórias), o art. 1.308 (vedações de encostar parede divisórias chaminés, fogões, fornos), o arts. 1.309/1.310 (vedações de construções que causem reduções ou poluição nas nascentes de água do vizinho), o art. 1.311 (vedações de serviço suscetível de provocar desmoronamento ou deslocamento de terra, ou que

[502] Com vista ao relator, desde 08/05/2015.

[503] Op. cit., p. 65.

[504] Limitações urbanas ao direito de propriedade, p. 150.

[505] Oliveira, Moacyr. Limitações municipais ao uso da propriedade. Revista de direito civil, imobiliário, agrário e empresarial. Ano 1, out./dez. 1.977, p. 67, "apud" MALUF, Adriana Caldas do Rego Freitas Dabus. Limitações urbanas ao direito de propriedade, p. 153.

[506] Art. 1.301. É defeso abrir janelas, ou fazer eirado, terraço ou varanda, a menos de metro e meio do terreno vizinho. § 1º. As janelas cuja visão não incida sobre a linha divisória, bem como as perpendiculares, não poderão ser abertas a menos de setenta e cinco centímetros. § 2º. As disposições deste artigo não abrangem as aberturas para luz ou ventilação, não maiores de dez centímetros de largura sobre vinte de comprimento e construídas a mais de dois metros de altura de cada piso.

[507] "apud" MALUF, Adriana Caldas do Rego Freitas Dabus. Limitações urbanas ao direito de propriedade, p. 151.

comprometa a segurança do prédio vizinho, sem as cautelas necessárias) e o artigo 1.313 (servidão para fins de reparos da construção vizinha).

Ainda neste diapasão, observa Adriana Caldas do Rego Freitas Dabus Maluf que, conforme disposição do artigo 1.312 do Código Civil, as limitações do direito de construir são taxativas, gerando o direito de indenização quando houver infração aos dispositivos retrocitados.[508]

A Lei 6.766/79, ao dispor sobre a participação do poder público na delimitação dos contornos formais do parcelamento do solo urbano, impôs dimensões mínimas a serem respeitados pelos loteadores, visando garantir condições de habitabilidade aos cidadãos, de forma a conferir existência digna e conforto no centro de urbanos.[509]

A Lei 9.785/99 disciplinou o parcelamento do solo urbano, na questão da subdivisão de uma gleba em lotes, dispondo que o terreno deve possuir infraestrutura básica, com dimensões aptas a atenderem a índices urbanísticos definidos no plano diretor ou em lei municipal para a zona em que se situe, conforme já anotado anteriormente.

O art. 4º, inciso III, da Lei 6.766/79, alterado pela Lei 10.932/2004, prevê um recuo (reserva de faixa não edificável – área "*non aedificandi*") "*ao longo das águas correntes e dormentes e das faixas de domínio público das rodovias e ferrovias*", de 15 (quinze) metros de cada lado, salvo maiores exigências da legislação específica. Para as dutovias, caso necessário, a faixa "*non aedificandi*" será prevista no licenciamento ambiental (art. 4º, § 3º). Exigências mais rigorosas podem ser encontradas no Código Florestal, quando às áreas de preservação permanente (art. 4º da Lei 12.651/12).

Também poderá haver faixa "*non aedificandi*" para equipamentos urbanos (equipamentos públicos de abastecimento de água, serviços de esgotos, energia elétrica, coletas de águas pluviais, rede telefônica e gás canalizado), nos termos do art. 5º, parágrafo único, da "*Lei Lehmann*".

Deve-se buscar a segurança nos espaços urbanos construídos, quer os fechados, quer os abertos. Segundo José Carlos de Freitas:

> Nas edificações que compõem o primeiro grupo, utilizadas para uso prolongado (residências), ou para uso provisório, que agrupam grande número de pessoas (prédios comerciais e industriais, escritórios e repartições públicas, centros de lazer ou educacionais, etc.), visa-se garantir a segurança dos ocupantes mediante a edição de normas que assegurem a solidez e a estabilidade das construções, assim como dispositivos para sua proteção, na prevenção e combate a incêndios.
>
> Esse mesmo requisito de segurança se exige no espaço construído aberto, nas vias de circulação e logradouros em geral, para a proteção dos que circulam a pé ou por qualquer meio de transporte.[510]

508 Limitações urbanas ao direito de propriedade, p. 150-151.

509 MALUF, Adriana Caldas do Rego Freitas Dabus. Limitações urbanas ao direito de propriedade, p. 223.

510 O Estatuto da Cidade e o equilíbrio do espaço urbano, p. 444.

6.3.7. *Equipamentos urbanos e infraestrutura básica do loteamento ou desmembramento*

Conforme previsto no art. 2º, § 5º, da Lei 6.766/79, o loteamento ou desmembramento, exceto aqueles situados em zonas habitacionais declaradas por lei como de interesse social (ZHIS), também conhecidas por Zonas Especiais de Interesse Social (ZEIS), deverão ter, pelo menos, os seguintes equipamentos:

> A infra-estrutura básica dos parcelamentos é constituída pelos equipamentos urbanos de escoamento das águas pluviais, iluminação pública, esgotamento sanitário, abastecimento de água potável, energia elétrica pública e domiciliar e vias de circulação. (Redação dada pela Lei nº 11.445, de 2007).

Já para as ZHIS há um grau menor de exigências quanto aos equipamentos urbanos indispensáveis, a partir de 1999, com a entrada em vigor da Lei 9.785, a qual incluiu o dispositivo abaixo no art. 2º, § 6º, da Lei 6.766/79. Ei-los:

> A infra-estrutura básica dos parcelamentos situados nas zonas habitacionais declaradas por lei como de interesse social (ZHIS) consistirá, no mínimo, de:
>
> I - vias de circulação;
>
> II - escoamento das águas pluviais;
>
> III - rede para o abastecimento de água potável; e
>
> IV - soluções para o esgotamento sanitário e para a energia elétrica domiciliar.

Já para fins de regularização fundiária Urbana (Reurb) o art. 36, § 1º, da Lei 13.465/17, previu os seguintes componentes:

> § 1º. Para fins desta Lei, considera-se infraestrutura essencial os seguintes equipamentos:
>
> I - sistema de abastecimento de água potável, coletivo ou individual;
>
> II - sistema de coleta e tratamento do esgotamento sanitário, coletivo ou individual;
>
> III - rede de energia elétrica domiciliar;
>
> IV - soluções de drenagem, quando necessário; e
>
> V - outros equipamentos a serem definidos pelos Municípios em função das necessidades locais e características regionais.

O poder público competente *"poderá complementarmente exigir, em cada loteamento, a reserva de faixa non aedificandi destinada a equipamentos urbanos"* (art. 5º *"caput"*, da Lei 6.766/79).

A salubridade traz a ideia de uma cidade provida de equipamentos urbanos para captar, remover e tratar o efluente doméstico e industrial. Não se pode perder de vista que para haver uma cidade de fato saudável será indispensável a realização de serviços de coleta de lixo, limpeza de bueiros e logradouros, visando evitar sujidades, inundações, contaminações das águas superficiais e subterrâneas, bem como prevenir doenças. Salubre é a urbe planejada em sua distribuição espacial, separando as atividades industriais das comerciais e residenciais, ou conciliando-as, ainda que se reconheça a dificuldades em manter a preponderância de usos.[511] Com tais objetivos foram instituídas a Política Nacional de Recursos Hídricos (Lei 9.433/97), a Lei da Política Nacional de Resíduos Sólidos (12.305/10), bem como as respectivas leis estaduais e municipais.

A Norma Técnica NBR 9284, de 1986, da Associação Brasileira de Normas Técnicas (ABNT), categoriza os equipamentos urbanos, como sendo *"todos os bens públicos ou privados, de utilidade pública, destinado à prestação de serviços necessários ao funcionamento da cidade, implantados mediante autorização do Poder Público, em espaços públicos e privados"*.

Vale observar que os parcelamentos de solo situados fora das zonas habitacionais declaradas como de interesse social (ZHIS), além dos equipamentos urbanos comuns a elas, também devem ter como infraestrutura iluminação pública, energia elétrica e domiciliar, sendo que ao invés de solução para esgotamento sanitário e para energia elétrica deverão ter equipamentos específicos de esgotamento e de energia elétrica, conforme se observa do confronto entre o art. 2º, § 5º e do art. 2º, § 6º da Lei 6.766/79.

As áreas destinadas aos equipamentos comunitários e urbanos devem ser proporcionais à densidade da ocupação prevista, assim como os espaços livres de uso público, conforme previsão de ocupação constante do Plano Diretor ou de Lei Municipal para a zona em que situe o novo loteamento ou desmembramento, consoante art. 4º, inciso I, da Lei 6.766/79, com a redação que lhe deu a Lei 9.785/99.[512]

6.3.8. Equipamentos comunitários: Áreas institucionais (espaços livres, áreas verdes, área de lazer e recreação)

Pelo art. 4º, § 2º, da Lei 6.766/79, consideram-se *comunitários* os equipamentos públicos de educação, cultura, saúde, lazer e similares.

São consideradas como áreas institucionais aqueles destinadas a sistemas de circulação, a implantação de equipamentos urbanos e comunitários, bem como a espaços livres de uso público e as áreas verdes, cuja inalterabilidade está prevista no art. 17 da Lei 6.766/79.

Ao comentar o art. 22 da Lei 6.776/79, observa Luís Manuel Fonseca Pires que "*é inequívoca a intenção da lei de prescrever que com o registro do loteamento as ruas, calçadas, praças, todos os espaços e não se compreendem nos limites dos lotes--propriedades particulares, passem a integrar o patrimônio público da municipalidade.*"[513]

Tecendo considerações sobre o amplo alcance do que se deve entender por "*áreas institucionais*", com razão, pondera Amauri Chaves Arfelli que:

---

[511] FREITAS, José Carlos de. O Estatuto da Cidade e o equilíbrio do espaço urbano, p. 444.

[512] Antes da entrada em vigor da Lei 9.799/85, a soma das "as áreas destinadas a sistema de circulação, a implantação de equipamento urbano e comunitário, bem como a espaços livres de uso público" não podia ser inferior a 35% do total da gleba para loteamentos urbanos. *A regra foi alterada para prever uma proporcionalidade com a densidade da população, devendo os novos índices estarem previstos no Plano Diretor ou na lei municipal de zoneamento.*

[513] Loteamentos urbanos: natureza jurídica, p. 47.

> São áreas que se consagrou chamar a doutrina e jurisprudência de áreas institucionais. Convém no entanto ressaltar que a chamada área institucional não representa apenas a área destinada a implantação de equipamentos urbanos e aos espaços livres de uso comum, constitui-se de todo espaço público de loteamento destinado ao sistema de circulação, à implantação de equipamento urbano e comunitário, áreas verdes, espaços livres de uso público, vias, praças e jardins, e áreas destinadas a edifícios público.[514]
>
> Assim, podemos dizer que o termo área institucional é gênero do qual são espécie as demais áreas citadas, que por força de lei, o loteador deve destinar para o atendimento das necessidades da comunidade e de utilidade pública.[515]

Quanto ao conceito de áreas institucionais, na jurisprudência, o Desembargador Relator, Renan Lotufo, asseverou que:

> As áreas destinadas à implantação de equipamento urbano e comunitário e os espaços livres de uso público são áreas institucionais. Como salienta DIÓGENES GASPARINI em parecer anexado aos autos da Ação Direta de Inconstitucionalidade nº 17.067-0, 'as áreas institucionais são as consagradas, por força de lei, pelo loteador, a fim comunitário e de utilidade pública'.
>
> Como visto, trata-se aqui de área destinada a sistema de lazer, destacada das áreas reservadas ao sistema de circulação, tais como ruas, praças e avenidas. É área reservada para fim específico comunitário e de utilidade pública, como é o lazer.[516]

Para Sérgio A. Frazão do Couto a destinação de áreas públicas pelo loteador é imposição legal para atender às necessidades da comunidade:

> Assim como se exige do empresário o destaque de parte de sua gleba para a implantação de equipamentos urbanos, impõe a Lei, no mesmo dispositivo, a separação de áreas destinadas a equipamentos comunitários, entendidas essas como áreas reservadas a estabelecimentos educacionais, culturais, de saúde, de lazer e similares, cujas considerações mais detalhadas faremos adiante, esclarecendo desde já, no entanto, que mencionados equipamentos desempenharão papel de grande importância para o equilíbrio sócio-político-cultural-psicológico da população e como fator de escape das tensões geradas pela vida em comunidade [...]
>
> Esses equipamentos, como a própria expressão dá a entender, servirão à comunidade que habitará os lotes criados pelo parcelamento urbano e, por isso mesmo, deverão ser proporcionais à densidade de ocupação prevista para a gleba, tendo por fim satisfazer às necessidades assistenciais e hedonísticas da coletividade.[517]
>
> Equipamentos comunitários vêm a ser, portanto, os aprestos do sistema social da comunidade previstos para atender as suas necessidades de educação, cultura, saúde e lazer.[518]

---

514 José Carlos de Freitas. Bens Públicos de Loteamentos e sua proteção legal. Revista de Direito Imobiliário: São Paulo: nº 46 p. 186.

515 Áreas verdes e de lazer – considerações para sua compreensão e definição na atividade urbanística de parcelamentos do solo. Disponível em <http://www.revistajustitia.com.br/artigos/3d0b6b.pdf>. Acesso em 21 fev. 2016.

516 JTJ-LEX 154. p. 269.

517 A respeito, confira-se o disposto no art. 4º, I, da Lei nº 6.766/79, com a redação dada pela Lei nº 9.785/99: "Art. 4º. Os loteamentos deverão atender, pelo menos, aos seguintes requisitos: I – as áreas destinadas a sistema de circulação, a implantação de equipamento urbano e comunitário, bem como a espaços livres de uso público, *serão proporcionais à densidade de ocupação prevista para a gleba*, ressalvado o disposto no § 1º deste artigo." (Grifo nosso)

518 Manual Teórico e Prático do Parcelamento Urbano. Editora Forense, 1981, p. 64-72, "apud" FREITAS, José Carlos. Loteamentos fechados: O papel do Ministério Público, p. 17.

Anota José Carlos de Freitas[519]: "*Desse importante acórdão se extrai, mais, a conclusão de que, por força do sistema legal brasileiro (Decreto-lei 58/37 e Decreto 3.079/38, depois Decreto-lei 271/67 e, finalmente, a Lei 6.766/79), a destinação dada pelo loteador acaba por caracterizar instituição, no sentido que lhe confere DE PLÁCIDO E SILVA.*", ou seja: "*INSTITUIÇÃO. Em sentido estrito, calcado em sua acepção de ato de dispor ou de ação de estabelecer, exprime ainda o sentido de imposição ou deliberação de encargos a respeito de certos bens ou de múnus públicos. Assim se entende a instituição do bem de família ou a instituição de ônus ou encargos sobre os imóveis,...*"[520]

No artigo 76 da Agenda 21, da Conferência das Nações Unidas sobre Meio Ambiente e Desenvolvimento (CNUMAD), em 1992, no Rio de Janeiro/RJ, também conhecida por ECO-92 consta:

> Para garantir uma oferta de terras aproveitáveis, os Governos, em todos os níveis apropriados e de acordo com seus marcos legais, devem: ... (f) Fazer uso integral da infra-estrutura existente nas áreas urbanas, estimulando a melhor densidade de ocupação do solo disponível, de acordo com sua capacidade de absorção, ao mesmo tempo garantindo a provisão adequada de parques, áreas comuns e de recreação e porções de terras para jardinagem doméstica, quando for pertinente.

6.3.8.1. Áreas verdes e espaços livres

Na legislação, a Lei 12.651/12, conhecida como Código Florestal, conceitua as áreas verdes em seu art. 3º, inciso XX, nos seguintes termos:

> XX – área verde urbana: espaços, públicos ou privados, com predomínio de vegetação, preferencialmente nativa, natural ou recuperada, previstos no Plano Diretor, nas Leis de Zoneamento Urbano e Uso do Solo do Município, indisponíveis para construção de moradias, destinados aos propósitos de recreação, lazer, melhoria da qualidade ambiental urbana, proteção dos recursos hídricos, manutenção ou melhoria paisagística, proteção de bens e manifestações culturais;

O conceito de áreas verdes na Constituição do Estado de São Paulo foi delineado na Ação Direta de Inconstitucionalidade nº 16.500-0, julgada em 24/11/93, pelo plenário do Egrégio Tribunal de Justiça do Estado de São Paulo, cujo voto vencedor, do saudoso Desembargador Alves Braga, afirmou que:

> As áreas verdes, não obrigatoriamente matas, podem se destinar à preservação da vegetação já existente ou reservadas ao lazer da população, com a implantação de gramados, bosques ou jardins. Desde que assim instituídas por lei, passam a ser, inequivocadamente, áreas institucionais, complemento do equipamento urbano.[521]

Quanto à disciplina das áreas verdes nos parcelamentos do solo, observa José Afonso da Silva existir uma grande preocupação do direito urbanístico com sua criação

519 Loteamentos fechados: uma realidade na ilegalidade, p. 18.

520 Vocabulário Jurídico, Editora Forense, Vol. II.

521 JTJ-LEX 154/266-275.

e preservação, pois vem se tornando elementos urbanísticos vitais. Elas vão adquirindo um regime jurídico especial, distinguindo-se dos espaços livres e de outras áreas "*non aedificandi*". Admitem certos tipos de construção, de proporção reduzidíssima, sendo que "*o que caracteriza as áreas verdes é a existência de vegetação contínuas, amplamente livre de edificações, ainda que recortada de caminhos, vielas, brinquedos infantis e outros meios de passeio e divertimentos leves, quando tais áreas se destinem ao uso público.*"[522]

A expressão "*espaço livre*" no direito positivo brasileiro nunca foi devidamente definida, embora sempre empregada em sentido restrito (art. 3º do Decreto-lei 58/37; art. 3º do Decreto 3079/38, revogados, bem como o art. 22 da Lei 6.766/79). Por este último dispositivo, com o registro do loteamento, as vias de comunicação, praças e espaços livres passam ao domínio público. Conclui-se que os espaços livres não são as vias de comunicação, nem áreas livres privadas. Seriam eles, "*os espaços abertos ao público ou destinados a integrar o patrimônio público nos loteamentos, fora as vias de comunicação.*"[523]

Tecendo considerações sobre o alcance dos "*espaços livres*" e "*vias de comunicação*", ressalta José Afonso da Silva que estas são apenas as ruas, avenidas, alamedas etc., pois vias que comunicam dois pontos dentro de um núcleo urbano, não se distinguindo, na essência, de "*via de circulação*", conforme termo corrente na legislação de uso do solo. No conceito de espaços livres teremos incluídas as áreas verdes e praças, mas estas estariam fora do conceito de "*vias de comunicação*". Em seguida, anota o autor que no conceito de "*espaços livres*" poderiam entrar as áreas "*non aedificandi*", mas estas têm regime jurídico diverso dos espaços livres e das vias de comunicação, no conceito restrito do Decreto-lei 58/37, substituído pelo artigo 6º da 6.766/79, o qual mantém a distinção. O autor insiste que embora se possa conceber "*áreas verdes*" como tipos de "*espaços livres*", nosso sistema jurídico tratou-as de forma diferente. Doutrinariamente, o conceito de espaços livres poderia ser alargado para abranger também as vias públicas em geral, ou seja,

> *espaço livre seria sinônimo de espaço público urbano não-edificável* – espaço, esse, que viria a integrar o patrimônio público de uso comum do povo, por via da cláusula de inalienabilidade que decorre da inscrição no Registro Público dos arruamentos, por via de desapropriação de áreas privadas ou de afetação de áreas públicas nos demais casos; ressalvada, é claro, a possibilidade de aquisição por via de doação, permuta e outros modos previstos em Direito.[524]

Quanto ao regime jurídico das áreas verdes, ele incide sobre espaços públicos ou privados, com a legislação urbanística impondo aos particulares a obrigação de preservar áreas verdes em seus terrenos, até mesmo impor a formação delas, mesmo que permaneçam sobre o uso dos proprietários. Elas não têm função apenas recreativa, mas "*importam equilíbrio do meio ambiente - finalidade a que tanto se prestam as públicas como as privadas.*"[525]

---

[522] Direito urbanístico brasileiro, p. 278.

[523] Silva, José Afonso da. Direito urbanístico brasileiro, p. 275.

[524] Op. cit., p. 276-277.

[525] Ibidem, p. 278.

Consigna José Afonso da Silva que as legislações municipais têm reservado 10 a 15% da área do terreno para áreas verdes, mas a carência dessas áreas em grandes cidades está determinando a necessidade de desapropriação de superfícies apropriadas à sua ordenação, atendendo recomendação da Carta de Atenas, no sentido de que quarteirões insalubres devem ser demolidos e substituído por superfícies verdes. Acrescentar o autor que:

> [...] nem toda a área urbana arborizada entra no conceito de 'áreas verdes'. Nestas, o verde, a vegetação, destinada, em regra, a recreação e ao lazer, constitui o aspecto básico do conceito – o que significa que onde isso não ocorrer teremos arborização, mas não área verde, como é o caso de uma avenida ou uma alameda arborizada, porque, aqui, a vegetação é acessória, ainda que seja muito importante, visto que também cumpre aquela finalidade de equilíbrio ambiental, além de servir de ornamentação da paisagem urbana e de sombreamento a via pública.[526]

Para Paulo Afonso Leme Machado, a existência de praças passa a ser obrigatória e não facultativa, conforme artigo 9º, § 1º, inciso IV, da Lei 6.766/79.[527]

As áreas verdes na zona urbana ganharam tal proporção que até a legislação florestal previu a possibilidade de que se utilize de operações urbanas específicas para instituí-las (direito de preempção e alteração de uso do solo mediante contrapartida). A respeito, confiram-se as disposições do art. 25 da Lei 12.651/12, nos seguintes termos:

> Art. 25. O poder público municipal contará, para o estabelecimento de áreas verdes urbanas, com os seguintes instrumentos:
>
> I – o exercício do direito de preempção para aquisição de remanescentes florestais relevantes, conforme dispõe a Lei nº 10.257, de 10 de julho de 2001;
>
> II – a transformação das Reservas Legais em áreas verdes nas expansões urbanas;
>
> III – o estabelecimento de exigência de áreas verdes nos loteamentos, empreendimentos comerciais e na implantação de infraestrutura; e
>
> IV – aplicação em áreas verdes de recursos oriundos da compensação ambiental.

Conforme ensina José Carlos de Freitas:

As áreas públicas de um loteamento (espaços livres de uso comum, áreas verdes, vias, praças, áreas destinadas a edifícios públicos e outros equipamentos urbanos), visam a atender às necessidades coletivas urbanas. Algumas estão voltadas à circulação de veículos, pedestres e semoventes (vias urbanas). Outras destinam-se à ornamentação urbana (fim paisagístico e estético), têm função higiênica, de defesa e recuperação do meio ambiente, atendem à circulação, à recreação e ao lazer (praças, jardins, parques, áreas verdes e de lazer).[528]

6.3.8.2. Áreas pública: (im)possibilidade de alteração (desafetação)

A Lei 6.766/79, em seu art. 22, dispôs sobre as áreas ou espaços livres de uso comum, vias públicas, praças, edifícios públicos e outros equipamentos, os quais não

---

526 Op. cit., p. 278-79.

527 Direito ambiental brasileiro, p. 493.

528 Loteamentos fechados: O papel do Ministério Público, p. 17.

podem ter sua destinação alterada pelo loteador, após aprovação do loteamento. Essas áreas deverão constar do projeto de loteamento, sendo *proporcionais ao tamanho da gleba*, razão pela qual *não há mais a exigência de que 35% da área seja destinada a tais espaço.*

No caso do Estado de São Paulo, a inalterabilidade, com impossibilidade de desafetação das áreas verdes e institucionais, encontra-se disciplinada no artigo 180, VII, da Constituição. Mas nele há exceções para alterações da destinação com fins de regularização de loteamentos em áreas consideradas já consolidadas ou de difícil reversão, se núcleos habitacionais de baixa renda; quando ocupada por equipamentos públicos com uso diverso da destinação ou ocupada por entidades religiosas. O art. 89 do Decreto 9.310/18 dispensa a desafetação de áreas pública, para fins de Regularização Fundiária Urbana, bem como avaliação prévia e licitação na modalidade de concorrência para alienação (art. 89, I e II, com a ressalva do disposto no art. 84 da Lei 13.465/18 (venda em caso de Regularização Fundiária de Interesse Específico - Reurb-E).

Tais áreas não poderão ter sua destinação alterada, ante o estatuído no artigo 17 da *"Lei Lehmann"*, pois desde a aprovação do projeto e do memorial descritivo, pela Prefeitura Municipal ou Distrito Federal, passam a integrar o domínio do Município (art. 22), a menos que a aprovação venha a caducar ou haja desistência do empreendedor (arts 23 e 28). Essa incorporação ocorrerá mesmo em se tratando de um loteamento clandestino (parcelamento do solo implantado e não registrado) se o município vier a assim requerer, com base em planta elaborada pelo loteador ou aprovada pelo Município (art. 22, parágrafo único).

Na jurisprudência bandeirante, existem inúmeros julgados no sentido da impossibilidade de desafetação dos bens de uso comum do povo[529], ainda que seja para fins de educação, como a construção de escola pública municipal (JTJ-LEX 152/273), pois são bens inalienáveis a qualquer título (RT 318/285). Considerou-se vedada a concessão de direito real de uso[530], mesmo que não tenham sido implantados os parques, jardins, áreas verdes e afins, porque *"a tutela ecológica se faz não só em relação à situação fática presente, mas também visando a implantação futura dos melhoramentos ambientais".*[531]

O fechamento das vias de circulação, por ato do loteador ou associação de moradores, com ou sem aprovação do Município, como visto em outro item, viola o art. 17 da Lei 6.766/79 e o art. 180, VII,[532] da Carta Paulista, na medida em que,

---

[529] Ap. Cível 205.577-1 - Presidente Venceslau - 3ª Câm. Civil TJSP, Rel. Des. Alfredo Migliore, j. 07/06/94, v.u. In: JTJ/LEX 161/130; ADIN 17.067-0 - São José dos Campos - Sessão Plenária do TJSP, Rel. Des. Bueno Magano, j. 26/05/93, v.u. In: JTJ/LEX 150/270; ADIN 16.500-0 - Quatá - Sessão Plenária do TJSP, Rel. Des. Renan Lotufo, j. 24/11/93, m.v. In: JTJ/LEX 154/266; TJRJ, 1ª Câm. Cível, Rel. Desemb. C.A. Menezes Direito, v.u., j. em 14/09/93, In: RDA, vol. 193, págs. 287-289, jul./set. 1993.

[530] Apelação nº 192.179-1/7 - Birigui - 1ª Câm. Civil, Rel. Des. Alexandre Germano, j. 03/08/93, v.u.; Apelação 201.894-1/8 - Birigui - 6ª Câm. Civil, Rel. Des. Melo Colombi, j. 03/02/94, v.u.; Apelação 223.202-1/2 - Birigui - 1ª Câm. Civil, Rel. Des. Roque Mesquita, j. 28/03/95, v.u.; Apelação nº 270.573-1/3 - Dracena - 1ª Câmara de Direito Público, Rel. Des. Ruy Coppola, j. 05/03/96, v.u.

[531] Ap. Cível 167.320-1/3, 5ª Câm. Civil TJSP, Rel. Des. Marco César, j. 07/05/92, v.u., In: RT 684/79-80 ou RJTJESP-LEX 138/26.

[532] Tal dispositivo, após a Emenda Constitucional nº 26, de 15/12/08, fixo a seguinte redação para o artigo 180, VII, da Constituição do Estado de São Paulo:

subtraindo-as do uso e gozo da população essa categoria de área pública de uso comum do povo, ao lhe alterar a destinação, cuja finalidade é o atendimento geral ao público, sem qualquer distinção.

Consoante o art. 17 da Lei 6.766/79, o loteador não poderá alterar a destinação dos espaços livres de uso comum, as vias e praças, as áreas destinadas a edifícios públicos e outros equipamentos urbanos constantes do projeto e memorial descritivo (art. 9º, § 2º, III e IV), exceto se houver caducidade da licença ou desistência do loteador quanto ao parcelamento, conforme-se se vê do art. 17, combinado com o artigo 23, ambos da Lei 6.766/79. A vedação de alteração vincula o Município, o qual recebe essas áreas quando do registro do loteamento (art. 22), porque os bens públicos adquiridos com a implantação do projeto de loteamento urbano *"guardam consigo, por razão ontológica, afetação específica ao interesse público reconhecido pelo Município ao aprovar o projeto"*.[533]

Afirma José Carlos de Freitas, referindo-se o art. 17 da Lei 6.766/79 e ao art. 180, VII, da Constituição do Estado de São Paulo, ambos no sentido da impossibilidade de desafetação das áreas públicas de um loteamento, que:

> Trata-se de norma cogente, autônoma, autoaplicável, que está conforme o Sistema Constitucional Federal e 'em consonância com a Lei Federal 6.938, de 31.8.81, dispondo sobre a Política Nacional do Meio Ambiente, enunciando princípios, garantindo o equilíbrio ecológico, o meio ambiente, patrimônio público a ser necessariamente assegurado e protegido, tendo em vista o uso coletivo'[534], o qual vincula os Municípios por força do art. 144[535] da Constituição Estadual.[536]

"Artigo180 – [...]

[...]

VII – as áreas definidas em projetos de loteamento como áreas verdes ou institucionais não poderão ter sua destinação, fim e objetivos originariamente alterados, exceto quando a alteração da destinação tiver como finalidade a regularização de: a) loteamentos, cujas áreas verdes ou institucionais estejam total ou parcialmente ocupadas por núcleos habitacionais de interesse social destinados à população de baixa renda, e cuja situação esteja consolidada ou seja de difícil reversão; b) equipamentos públicos implantados com uso diverso da destinação, fim e objetivos originariamente previstos quando da aprovação do loteamento; c) imóveis ocupados por organizações religiosas para suas atividades finalísticas." (NR)

Artigo 2º – Dê-se nova redação ao § 2º do artigo 180 da Constituição do Estado de São Paulo, e acrescente-se o § 3º como segue:

"Artigo 180 – [...]

[...]

§ 1º – [...]

§ 2º – A compensação de que trata o parágrafo anterior poderá ser dispensada, por ato fundamentado da autoridade municipal competente, desde que nas proximidades da área pública cuja destinação será alterada existam outras áreas públicas que atendam às necessidades da população.

§ 3º – A exceção contemplada na alínea 'c' do inciso VII deste artigo será permitida desde que a situação das áreas públicas objeto de alteração da destinação esteja consolidada até dezembro de 2004, e mediante a devida compensação ao Poder Executivo Municipal, conforme diretrizes estabelecidas em lei municipal específica.

533 BARROSO, Roberto. In: RDA, vol. 194, p. 54-62, out./dez. 1993, "apud" FREITAS, José Carlos. Loteamentos fechados: O papel do Ministério Público, p. 15.

534 TJSP, ADIN 17.067-0, j. em 26/05/93, Rel. Des. Bueno Magano, v.u.. In: JTJ vol. 150, p. 272.

535 Art. 144 – Os Municípios, com autonomia política, legislativa, administrativa e financeira se auto-organizarão por Lei Orgânica, atendidos os princípios estabelecidos na Constituição Federal e nesta Constituição.

536 Loteamentos fechados: O papel do Ministério Público, p. 16.

Em razão desse crônico problema da ocupação de áreas públicas e de não provimento, em quantidade suficiente, de moradia para a população de baixa renda, Deputados Estaduais de São Paulo apresentaram Proposta de Emenda Constitucional (PEC) nº 03/2012, propondo a desafetação de áreas institucionais para fins de habitação de interesse social, a qual tramita na Assembleia Legislativa do Estado de São Paulo, estando pronto para ser votado desde o início de 2013.[537] Pelo exposto, não é difícil concluir que tal medida, *data venia*, é equivocada, pois, a pretexto de produzir habitação a baixo custo para a população carente, priva essa mesma população e os demais citadinos de usufruírem das importantíssimas funções que são exercidas por essa espécie de área pública, no cumprimento das funções sociais das cidades para gerar bem-estar às pessoas, havendo, a nosso ver, uma inconstitucionalidade, pela violação ao princípio da proibição do retrocesso.

Essa desafetação fica vedada mesmo para instalações de prédios públicos, independentemente de ser para fins de implantação de serviço municipal, estadual ou federal, sendo o assunto da competência da Justiça Estadual, visto que a atribuição para decidir sobre a desafetação é do município.[538]

Para Diógenes Gasparini, a legislação quis suprimir a vontade do loteador em alterar o projeto já aprovado pelos órgãos públicos competentes, conduta que caracteriza o crime do art. 50, inciso II, da lei de parcelamento do solo. Portanto,

> O loteador não pode alterar a destinação dos espaços livres de uso comum, das vias e praças, das áreas indicados para edifícios públicos e outros equipamentos urbanos, especificada no projeto aprovado. Essa vedação e peremptória e tem início com a aprovação do projeto. Antes da aprovação podem ser feitas, por motivos vários, alterações quando a destinação e localização dessas áreas, desde que atendo às diretrizes de planejamento regional e estadual e seja acolhida pelo órgão competente.[539]

Entende Diógenes Gasparini que nem mesmo o Município poderá alterar o projeto já aprovado, pois a sua execução deverá obedecer ao que foi previamente estipulado e aprovado. Não se quer com isso tornar imutável a destinação do imóvel, pois o interesse público poderá justificar as alterações, segundo o interesse local, por meio de lei municipal. Esta poderá dar destinação diversa da inicial, ou mesmo transferir a área para outro patrimônio, pois nos termos do art. 17 as áreas

---

[537] Pela PEC 03/12, o Art. 180, VIII, da Constituição do Estado de São Paulo passaria a ter a seguinte redação: " A s áreas definidas em loteamentos como "institucionais" poderão ainda ter sua destinação alterada para a implantação de conjuntos habitacionais de interesse social, destinados à população de baixa renda, mediante: a) Identificação de demanda por moradia de interesse social no Plano Local de Habitação de Interesse Social; b) Elaboração de Plano Integrado de Habitação de Interesse Social, demonstrando que a população da região do município onde será implantado o conjunto habitacional é servida dos equipamentos públicos de Saúde, Educação, Lazer."(NR)

[538] PROCESSUAL CIVIL E ADMINISTRATIVO. AÇÃO CIVIL PÚBLICA. PRAÇAS, JARDINS E PARQUES PÚBLICOS. DIREITO À CIDADE SUSTENTÁVEL. ART. 2º, INCISOS I E IV, DA LEI 10.257/01 (ESTATUTO DA CIDADE). DOAÇÃO DE BEM IMÓVEL MUNICIPAL DE USO COMUM À UNIÃO PARA CONSTRUÇÃO DE AGÊNCIA DO INSS. DESAFETAÇÃO. COMPETÊNCIA. INAPLICABILIDADE DA SÚMULA 150/STJ. EXEGESE DE NORMAS LOCAIS (LEI ORGÂNICA DO MUNICÍPIO DE ESTEIO/RS) (...) 2. Praças, jardins, parques e bulevares públicos urbanos constituem uma das mais expressivas manifestações do processo civilizatório, porquanto encarnam o ideal de qualidade de vida da cidade, realidade físicocultural refinada no decorrer de longo processo histórico em que a urbe se viu transformada, de amontoado caótico de pessoas e construções toscas adensadas, em ambiente de convivência que se pretende banhado pelo saudável, belo e aprazível (...) (STJ Recurso Especial nº 1.135.807 – RS Esteio/ RS j. 15/04/2010 – Relator: Min. Herman Benjamin).

[539] O Município e o parcelamento do solo, p. 86.

públicas incorporam-se ao domínio do Município.[540] Lembramos, entretanto, que o artigo 187 da Constituição do Estado São Paulo estabelece vedações à desafetação de áreas públicas, com exceções.

No tocante à desafetação da área pública cujo domínio foi transferido ao Município com o registro do loteamento, a ser efetuada por meio de lei municipal, na doutrina e na jurisprudência encontram-se posicionamentos discrepantes. O Egrégio Tribunal de Justiça do Estado de São Paulo já decidiu contrariamente, em razão de vedação prevista no art. 180, VII, da Constituição do Estado, entendendo não haver ofensa à autonomia municipal, pois o Município somente cabe suplementar a legislação.[541] Posicionamento diferente encontramos no acórdão do Superior Tribunal de Justiça, oportunidade na qual se decidiu que para a desafetação há necessidade de consentimento dos adquirentes, exceto se houver indenização pelos prejuízos decorrentes da dispensa de restrição prevista no art. 28 da Lei 6.766/79.[542]

Entende Luis Manuel Fonseca Pires, Juiz de Direito no Estado de São Paulo, que:

> Parece-nos, realmente, que a razão assiste aos que se oponham à possibilidade da municipalidade livremente dispor sobre estes bens. Não se nega que a competência para dispor sobre os bens deve ser do seu titular, mas isso não significa que o Poder Público não tenha limites em sua atuação. Não se olvide que a Administração Pública atua em nome de terceiros – a coletividade – e só por isso é que dispõe de bens e poderes, isto é, de instrumentos para a realização do único fim a que está legitimamente autorizada a perseguir, o interesse público, isto é, o interesse do terceiro que representa e por quem atua: uma vez mais, a coletividade.[543]

6.3.8.3. Restrições urbanísticas convencionais: posterior alteração legislativa – Direito adquirido/princípio da proibição do retrocesso (?)

A respeito da possibilidade de se estabelecer, quando do loteamento ou desmembramento, cláusulas condicionantes da forma como ocorrerá o posterior uso dos lotes decorrentes da gleba retalhada, instituindo-lhes restrições por ato bilateralmente fixado entre loteador e adquirentes primitivos dos lotes, assim dispõe a *"Lei Lehmann"*:

> Art. 26. Os compromissos de compra e venda, as cessões ou promessas de cessão poderão ser feitos por escritura pública ou por instrumento particular, de acordo com o modelo depositado na forma do inciso VI do art. 18 e conterão, pelo menos, as seguintes indicações:
>
> [...]
>
> VII – declaração das restrições urbanísticas convencionais do loteamento, supletivas da legislação pertinente.

540 Op. cit., p. 87.

541 Adin 18.103-0. Rel. Rebouças de Carvalho, j. 22 jun. 1994. No mesmo sentido: Adin nº 16.500-0, Rel. Renan Lotufo, j. 24/11/93; Adin 13.053-0, Rel. Des. Villa da Costa, j. 15/06/94; Adin 142.820-2, Rel. Eni Zuliani, j. 30/01/13.

542 REsp 95300-SP, 1ª Turma, Re. Min. Humberto Gomes de Barros – DJU 18 nov. 1996.

543 Op. cit., p. 51.

Sobre o tema das restrições convencionais em parcelamento de solo, José Carlos de Freitas afirma que:

> As cláusulas convencionais, que vinculam os adquirentes dos lotes, constam do memorial descritivo do loteamento apresentado à Prefeitura (que aprova o respectivo projeto) e do contrato-padrão, os quais são arquivados no Registro de Imóveis, para a devida publicidade (arts. 9º, § 2º, II, 18, VI, 26, VII da Lei 6.766/79). São aquelas que, por exemplo, proíbem ao proprietário do lote a construção de muros frontais ou as edificações plurifamiliares (prédios de apartamentos), obrigam a construir piscinas, obedecer a recuos maiores, arborizar o passeio, etc.[544]

Para Diógenes Gasparini, o art. 45 da Lei de parcelamento do solo faculta aos vizinhos promoverem as ações destinadas a impedir construção em desacordo com restrições legais ou contratuais, circunstância que também é prevista no art. 6º do Decreto-Lei 271/67. Na visão do autor, trata-se de casos de dever-poder, impedir construções irregulares. O Município e o Estado não devem aprovar tais construções, quando contrariarem as restrições legais e as contratuais. *"Se a obra é ilegal, caberá, no exercício do respectivo poder de polícia, tomar as providências (multar, notificar, embargar), visando obrigar o construtor a regularizá-la. Caso esteja concluída e sendo impossível a regularização, cabe promover as medidas que redundem, afinal, no desfazimento da construção"*.[545]

As restrições contratuais somente são atribuíveis aos adquirentes do loteamento e não adquirente de um loteamento contíguo, sendo direito transmissível ao sucessor do adquirente, segundo entendimento jurisprudencial e doutrinário. Tal direito abrange inclusive ao loteador, mesmo após ter vendido todos os lotes. As restrições convencionais, a exemplo daquelas que veda uma construção de edifício de apartamentos, e estabelecimentos comerciais ou industriais, ou das que definem ou obrigam o adquirente a construir uma certa metragem quadrada mínima, são estabelecidas em contrato-padrão e no memorial descritivo, ambos arquivados no cartório de registro de imóveis competentes, por ocasião do registro do plano. Tais restrições vigoram enquanto a lei não dispuser de modo contrário, segundo entendimento de Diógenes Gasparini, para quem, com a alteração da ordem legal, o parcelador, o adquirente e poder público devem a elas se submeter, quer as restrições sejam maiores, quer sejam menores.[546]

Maria Cristina Marton Corrêa Seifarth de Freitas pondera que com o Estatuto da Cidade e a fixação de princípios de política urbana, de forma a garantir direito às cidades sustentáveis, *"entendido como direito à terra urbana, à moradia, ao saneamento ambiental, à infra-estrutura urbana, aos transportes e aos serviços públicos, ao trabalho e ao lazer, para as presentes e futuras gerações (art. 2º, I) ", a propriedade urbana deve estar aliada à sua função social (art. 182, § 2º, CF)"*. Nesse contexto, entende ela que *"não se pode interpretar as cláusulas convencionais como geradoras de direito adquirido"*. Ressalta que o crescimento contínuo das cidades impõe a necessidade de normas urbanísticas que adequem e façam modificações no direito urbanístico, visando acompanhar essa evolução, corrigindo as distorções e efeitos negativos sobre o meio ambiente. Conclui a culta Promotora de Justiça de Piracicaba/SP: *"ainda que*

544 Loteamentos fechados: O papel do Ministério Público, p. 4.

545 O Município e o parcelamento do solo, p. 164-165.

546 Op. cit., p. 165.

o município tenha anuído às restrições impostas no plano de loteamento, por ocasião de sua aprovação, não pode ficar eternamente vinculado a elas, sob pena de ver-se tolhido no exercício de sua função de ordenar o uso e ocupação do solo urbano." Na sequência, pondera que:

> Aceitar-se incondicionalmente a interpretação de que as restrições particulares se sobrepõem às normas públicas implica em aceitar que o interesse de alguns (os moradores de um bairro) deve prevalecer sobre o interesse público, ou seja, de toda a cidade.
>
> Por não terem efeito retroativo, as normas urbanísticas não alcançam situações já consolidadas, ou seja, não se exige a readequação de construções erigidas sob a égide da lei anterior. Nesta medida, pode-se reconhecer a ocorrência de direito adquirido.
>
> Contudo, para os lotes não edificados, a lei nova deve prevalecer, seja ela restritiva ou liberalizadora...[547]

Entretanto, após externar sua posição genérica sobre o assunto, recusando uma posição peremptória a respeito, Maria Cristina M. C. Seifarth de Freitas, que:

> Não basta, portanto, que o Município edite norma contrária às restrições convencionais para que estas sejam derrogadas. É preciso verificar se a atuação do Poder Público justifica-se dentro de um plano urbanístico, visando o interesse público, ou se é resultado de desvio ou abuso de poder, movido por ingerências políticas e/ou econômicas, hipótese em que a aplicação da lei pode ser questionada judicialmente.[548]

Nessa mesma linha de raciocínio conclui a douta Promotora de Justiça:

> A conclusão a que se chega é de que, longe de se encontrar uma resposta pronta, a prevalência das cláusulas convencionais ou da norma legal deve ser analisada caso a caso, sempre atento aos fins urbanísticos, como única forma de salvaguardar o interesse público. Os operadores do direito, no desempenho da importante tarefa de interpretar a lei, não devem se furtar à obrigação de dar efetividade aos princípios urbanísticos, sobretudo aqueles definidos no art. 2º do Estatuto da Cidade, possibilitando que as cidades cresçam de forma sustentável.[549]

Entretanto, este não foi o entendimento do Egrégio Superior Tribunal de Justiça, no Recurso Especial nº 302.906 – SP (2001/0014094-7), do qual foi relator o culto e festejado Min. Antônio Herman V. Benjamin, quando ficou decidido que mesmo a superveniência de lei em sentido contrário às restrições convencionais não desobriga ao cumprimento destas, inclusive em razão do princípio constitucional da proibição do retrocesso. Eis a longa e esclarecedora ementa do Venerando Acórdão:

> PROCESSUAL CIVIL, ADMINISTRATIVO, AMBIENTAL E URBANÍSTICO. LOTEAMENTO CITY LAPA. AÇÃO CIVIL PÚBLICA. AÇÃO DE NUNCIAÇÃO DE OBRA NOVA. RESTRIÇÕES URBANÍSTICO-AMBIENTAIS CONVENCIONAIS ESTABELECIDAS PELO LOTEADOR. ESTIPULAÇÃO CONTRATUAL EM FAVOR DE TERCEIRO, DE NATUREZA PROPTER REM. DESCUMPRIMENTO. PRÉDIO DE NOVE ANDARES, EM ÁREA ONDE SÓ SE ADMITEM RESIDÊNCIAS

547 As cláusulas convencionais de loteamento e a lei municipal posterior. "In": FREITAS, José Carlos de (Org.). Temas de direito urbanístico 3. São Paulo: Ministério Público do Estado de São Paulo e Imprensa Oficial do Estado, 2.001, p. 149.

548 Op. cit., p. 151.

549 Op. cit., p. 151.

UNIFAMILIARES. PEDIDO DE DEMOLIÇÃO. VÍCIO DE LEGALIDADE E DE LEGITIMIDADE DO ALVARÁ. IUS VARIANDI ATRIBUÍDO AO MUNICÍPIO. INCIDÊNCIA DO PRINCÍPIO DA NÃO-REGRESSÃO (OU DA PROIBIÇÃO DE RETROCESSO) URBANÍSTICO-AMBIENTAL. VIOLAÇÃO AO ART. 26, VII, DA LEI 6.766/79 (LEI LEHMANN), AO ART. 572 DO CÓDIGO CIVIL DE 1916 (ART. 1.299 DO CÓDIGO CIVIL DE 2002) E À LEGISLAÇÃO MUNICIPAL. ART. 334, I, DO CÓDIGO DE PROCESSO CIVIL. VOTO-MÉRITO.

1. As restrições urbanístico-ambientais convencionais, historicamente de pouco uso ou respeito no caos das cidades brasileiras, estão em ascensão, entre nós e no Direito Comparado, como veículo de estímulo a um novo consensualismo solidarista, coletivo e intergeracional, tendo por objetivo primário garantir às gerações presentes e futuras espaços de convivência urbana marcados pela qualidade de vida, valor estético, áreas verdes e proteção contra desastres naturais.

2. Nessa renovada dimensão ética, social e jurídica, as restrições urbanístico-ambientais convencionais conformam genuína índole pública, o que lhes confere caráter privado apenas no nome, porquanto não se deve vê-las, de maneira reducionista, tão-só pela ótica do loteador, dos compradores originais, dos contratantes posteriores e dos que venham a ser lindeiros ou vizinhos.

3. O interesse público nas restrições urbanístico-ambientais em loteamentos decorre do conteúdo dos ônus enumerados, mas igualmente do licenciamento do empreendimento pela própria Administração e da extensão de seus efeitos, que iluminam simultaneamente os vizinhos internos (= coletividade menor) e os externos (= coletividade maior), de hoje como do amanhã.

4. As restrições urbanístico-ambientais, ao denotarem, a um só tempo, interesse público e interesse privado, atrelados simbioticamente, incorporam uma natureza propter rem no que se refere à sua relação com o imóvel e aos seus efeitos sobre os não-contratantes, uma verdadeira estipulação em favor de terceiros (individual e coletivamente falando), sem que os proprietários-sucessores e o próprio empreendedor imobiliário original percam o poder e a legitimidade de fazer respeitá-las. Nelas, a sábia e prudente voz contratual do passado é preservada, em genuíno consenso intergeracional que antecipa os valores urbanístico-ambientais do presente e veicula as expectativas imaginadas das gerações vindouras.

5. A Lei Lehmann (Lei 6.766/1979) contempla, de maneira expressa, as 'restrições urbanísticas convencionais do loteamento, supletivas da legislação pertinente' (art. 26, VII). Do dispositivo legal resulta, assim, que as restrições urbanístico-ambientais legais apresentam-se como normas-piso, sobre as quais e a partir das quais operam e se legitimam as condicionantes contratuais, valendo, em cada área, por isso mesmo, a que for mais restritiva (= regra da maior restrição).

6. Em decorrência do princípio da prevalência da lei sobre o negócio jurídico privado, as restrições urbanístico-ambientais convencionais devem estar em harmonia e ser compatíveis com os valores e exigências da Constituição Federal, da Constituição Estadual e das normas infraconstitucionais que regem o uso e a ocupação do solo urbano.

7. Negar a legalidade ou legitimidade de restrições urbanístico-ambientais convencionais, mais rígidas que as legais, implicaria recusar cumprimento ao art. 26, VII, da Lei Lehmann, o que abriria à especulação imobiliária ilhas verdes solitárias de São Paulo (e de outras cidades brasileiras), como o Jardim Europa, o Jardim América, o Pacaembu, o Alto de Pinheiros e, no caso dos autos, o Alto da Lapa e a Bela Aliança (City Lapa).

8. As cláusulas urbanístico-ambientais convencionais, mais rígidas que as restrições legais, correspondem a inequívoco direito dos moradores de um bairro ou região de optarem por espaços verdes, controle do adensamento e da verticalização, melhoria da estética urbana e sossego.

9. A Administração não fica refém dos acordos 'egoísticos' firmados pelos loteadores, pois reserva para si um ius variandi, sob cuja égide as restrições urbanístico-ambientais podem ser ampliadas ou, excepcionalmente, afrouxadas.

10. O relaxamento, pela via legislativa, das restrições urbanístico-ambientais convencionais, permitido na esteira do *ius variandi* de que é titular o Poder Público, demanda, por ser absolutamente fora do comum, ampla e forte motivação lastreada em clamoroso interesse público, postura incompatível com a submissão do Administrador a necessidades casuísticas de momento, interesses especulativos ou vantagens comerciais dos agentes econômicos.

11. O exercício do *ius variandi*, para flexibilizar restrições urbanístico-ambientais contratuais, haverá de respeitar o ato jurídico perfeito e o licenciamento do empreendimento, pressuposto geral que, no Direito Urbanístico, como no Direito Ambiental, é decorrência da crescente escassez de espaços verdes e dilapidação da qualidade de vida nas cidades. Por isso mesmo, submete-se ao princípio da não-regressão (ou, por outra terminologia, princípio da proibição de retrocesso), garantia de que os avanços urbanístico-ambientais conquistados no passado não serão diluídos, destruídos ou negados pela geração atual ou pelas seguintes.

12. Além do abuso de direito, de ofensa ao interesse público ou inconciliabilidade com a função social da propriedade, outros motivos determinantes, sindicáveis judicialmente, para o afastamento, pela via legislativa, das restrições urbanístico-ambientais podem ser enumerados: a) a transformação do próprio caráter do direito de propriedade em questão (quando o legislador, p. ex., por razões de ordem pública, proíbe certos tipos de restrições), b) a modificação irrefutável, profunda e irreversível do aspecto ou destinação do bairro ou região; c) o obsoletismo valorativo ou técnico (surgimento de novos valores sociais ou de capacidade tecnológica que desconstitui a necessidade e a legitimidade do ônus), e d) a perda do benefício prático ou substantivo da restrição.

13. O ato do servidor responsável pela concessão de licenças de construção não pode, a toda evidência, suplantar a legislação urbanística que prestigia a regra da maior restrição. À luz dos princípios e rédeas prevalentes no Estado Democrático de Direito, impossível admitir que funcionário, ao arrepio da legislação federal (Lei Lehmann), possa revogar, pela porta dos fundos e casuisticamente, conforme a cara do freguês, as convenções particulares firmadas nos registros imobiliários.

14. A regra da maior restrição (ou, para usar a expressão da Lei Lehmann, restrições 'supletivas da legislação pertinente') é de amplo conhecimento do mercado imobiliário, já que, sobretudo no Estado de São Paulo, foi reiteradamente prestigiada em inúmeros precedentes da Corregedoria-Geral de Justiça, em processos administrativos relativos a Cartórios de Imóveis, além de julgados proferidos na jurisdição contenciosa.

15. Irrelevante que as restrições convencionais não constem do contrato de compra e venda firmado entre a incorporadora construtora e o proprietário atual do terreno. No campo imobiliário, para quem quer saber o que precisa saber, ou confirmar o que é de conhecimento público, basta examinar a matrícula do imóvel para aferir as restrições que sobre ele incidem, cautela básica até para que o adquirente verifique a cadeia dominial, assegure-se da validade da alienação e possa, futuramente, alegar sua boa-fé. Ao contrato de compra e venda não se confere a força de eliminar do mundo jurídico as regras convencionais fixadas no momento do loteamento e constantes da matrícula do imóvel ou dos termos do licenciamento urbanístico-ambiental. Aqui, como de resto em todo o Direito, a ninguém é dado transferir o que não tem ou algo de que não dispõe – *nemo dat quod non habet.*

16. Aberrações fáticas ou jurídicas, em qualquer campo da vida em sociedade, de tão notórias e auto-evidentes falam por si mesmas e independem de prova, especializada ou não (Código de Processo Civil, art. 334, I), tanto mais quando o especialista empresá-

rio, com o apoio do Administrador desidioso e, infelizmente, por vezes corrupto, alega ignorância daquilo que é do conhecimento de todos, mesmo dos cidadãos comuns.

17. Condenará a ordem jurídica à desmoralização e ao descrédito o juiz que legitimar o rompimento odioso e desarrazoado do princípio da isonomia, ao admitir que restrições urbanístico-ambientais, legais ou convencionais, valham para todos, à exceção de uns poucos privilegiados ou mais espertos. O descompasso entre o comportamento de milhares de pessoas cumpridoras de seus deveres e responsabilidades sociais e a astúcia especulativa de alguns basta para afastar qualquer pretensão de boa-fé objetiva ou de ação inocente.

18. O Judiciário não desenha, constrói ou administra cidades, o que não quer dizer que nada possa fazer em seu favor. Nenhum juiz, por maior que seja seu interesse, conhecimento ou habilidade nas artes do planejamento urbano, da arquitetura e do paisagismo, reservará para si algo além do que o simples papel de engenheiro do discurso jurídico. E, sabemos, cidades não se erguem, nem evoluem, à custa de palavras. Mas palavras ditas por juízes podem, sim, estimular a destruição ou legitimar a conservação, referendar a especulação ou garantir a qualidade urbanístico-ambiental, consolidar erros do passado, repeti-los no presente, ou viabilizar um futuro sustentável.

19. Recurso Especial não provido.

Portanto, em relação à preponderância das cláusulas convencionais em parcelamento de solo, com a devida vênia aos doutos entendimentos em sentido contrário, pelo menos como regra, devem ser respeitadas as restrições contratualmente fixadas em prol de uma melhor infraestrutura urbana de determinado parcelamento. É que as regras adrede fixadas foram aceitas pelas partes (loteador e adquirentes), assim como examinadas e aceitas pelo poder público municipal, que as aprovou, tornando o ato jurídico perfeito e, em princípio, não passível de ser revisto em prejuízo das partes. A não ser que sobejamente demonstrado a conveniência de sua relativização em prol dos interesses maiores da população residente. Ainda assim, pensamos que eventuais prejuízos aos adquirentes, como desvalorização de imóveis e perda da qualidade de vida, devem merecer a devida apreciação e a correspondente indenização. Da mesma forma, os danos ambientais e/ou urbanísticos, nessa hipótese, devem ser mitigados (minimizados) e/ou compensados pelo empreendedor que tiver sido autorizado a intensificar o coeficiente de aproveitamento da área e/ou a suplantar os demais índices urbanísticos.

6.4. Fases da implantação de um loteamento: Lei 6.766/79

Para o surgimento de um loteamento várias etapas devem ser seguidas, sempre com todo o cuidado no planejamento do crescimento da cidade, para garantir que ela possa continuar a gerar bem-estar e qualidade de vida aos que nela habitam, sem comprometer o equilíbrio do espaço urbano, de maneira a dar suporte às demandas por serviços urbanos (luz, energia elétrica, abastecimento de água potável, esgotamento sanitário e/ou industrial, educação, saúde, segurança, mobilidade urbana etc.).

Para obter ou manter esse equilíbrio do espaço urbano, haverá a necessidade de o poder público municipal, ou o Distrito Federal, manifestar-se em cada uma dessas etapas de aprovação do parcelamento de solo, visando verificar se a proposta do empreendedor, a qual deverá estar devidamente detalhada em projetos dotados de características do parcelamento (nº e tamanho dos lotes; vias públicas com suas dimensões e articulações com as vias pré-existentes, de maneira a evitar a caoticidade do trânsito; infraestrutura com equipamentos urbanos e comunitários previstas, com os respectivos prazos para a implantação das obras, etc.).

Resumidamente, podem ser definidas as seguintes fases de um empreendimento:

1ª) *Prévia aprovação* do projeto de loteamento pela *Prefeitura Municipal ou Distrito Federal* (art. 12 da Lei 6.766/79). Para a elaboração do projeto de loteamento a ser analisado deverá haver a expedição da certidão de diretrizes, pelo Município ou Distrito, órgão responsável pela aprovação (numa fase anterior à aprovação, mas nela de certa forma englobada), como adiante se verá;

2ª) Expedição de licença pelos demais órgãos competentes:

a) No Estado de São Paulo, a Licença de instalação é da atribuição da *CETESB*, sendo necessária para a aprovação, implantação e registro de loteamento ou desmembramento, pois qualquer parcelamento do solo é considerado fonte de poluição, independente do fim a que se destine. Cabe à CETESB, por seu órgão delegado, controlar a qualidade do meio ambiente – água, ar e solo –, em todo o território do Estado de São Paulo, devendo exercer atividade fiscalizadora e repressiva, quanto à instalação e funcionamento das fontes de poluição, conceito em que se inclui qualquer parcelamento do solo (artigos 2º, 3º, 4º e 5º da Lei Estadual nº 997/76; artigos 57, X, 58, I, 76, 77 e 78 do Decreto Estadual nº 8.468/76; e Decreto Estadual nº 5.993, de 16.4.75, art. 2º e 3º). Atualmente, a CETESB compõe o Grupo de Análise e Aprovação de Projetos Habitacionais (*GRAPROHAB)*, nos termos do Decreto Estadual nº 52.053/2007[550], órgão responsável pela análise e aprovação dos projetos de parcelamento de solo;

b) Nessa fase, também deve haver a efetivação do Registro Especial no Serviço de Registro de Imóveis (art. 18, da Lei nº 6.766/79);

c) Ocorre a elaboração de um contrato-padrão, contendo cláusula e condições protestativas ditadas por lei (arts. 25 a 36, da Lei nº 6.766/79);

d) Também deverá ficar comprovado que a gleba está situada fora da área de risco ou de proteção ambiental (art. 3º, parágrafo único, da Lei nº 6.766/79) e em zona urbana ou de expansão urbana, sendo imperiosa prévia audiência do INCRA e da Prefeitura ou do Distrito Federal (área situada no Distrito Federal), quando houver a alteração de uso do solo rural para fins urbanos (arts. 3º, caput, e 53, da Lei nº 6.766/79), conforme já anotado;

e) Deve haver execução de obras de infraestrutura exigidas pela lei municipal, que incluirão, no mínimo, a execução das vias de circulação do

[550] Artigo 2º – O GRAPROHAB será constituído por representantes dos seguintes órgãos e entidades da Administração Pública estadual: I – Secretaria da Habitação; II – Secretaria do Meio Ambiente; III – Procuradoria Geral do Estado; IV – Companhia de Tecnologia de Saneamento Ambiental – CETESB; V – Companhia de Saneamento Básico do Estado de São Paulo – SABESP; VI – Empresa Paulista de Planejamento Metropolitano S.A. – EMPLASA

loteamento, demarcação dos lotes, quadras e logradouros, obras de escoamento das águas pluviais (art. 18, V, da Lei nº 6.766/79).

3ª) *fase registrária*: Ocasião em que o parcelamento ingressa no mundo jurídico, com o registro especial no Cartório de Registro de Imóveis, mediante a apresentação de uma série de documentos, previstos no art. 18, da Lei nº 6.766/79[551], a saber:

I – título de propriedade do imóvel ou certidão da matrícula, ressalvado o disposto nos §§ 4º e 5º; (Redação dada pela Lei nº 9.785, de 1999)

II – histórico dos títulos de propriedade do imóvel, abrangendo os últimos 20 (vintes anos), acompanhados dos respectivos comprovantes;

III – certidões negativas:

a) de tributos federais, estaduais e municipais incidentes sobre o imóvel;

b) de ações reais referentes ao imóvel, pelo período de 10 (dez) anos;

c) de ações penais com respeito ao crime contra o patrimônio e contra a Administração Pública.

IV – certidões:

a) dos cartórios de protestos de títulos, em nome do loteador, pelo período de 10 (dez) anos;

b) de ações pessoais relativas ao loteador, pelo período de 10 (dez) anos;

c) de ônus reais relativos ao imóvel;

d) de ações penais contra o loteador, pelo período de 10 (dez) anos.

V – cópia do ato de aprovação do loteamento e comprovante do termo de verificação pela Prefeitura Municipal ou pelo Distrito Federal, da execução das obras exigidas por legislação municipal, que incluirão, no mínimo, a execução das vias de circulação do loteamento, demarcação dos lotes, quadras e logradouros e das obras de escoamento das águas pluviais ou da *aprovação de um cronograma, com a duração máxima de quatro anos*, acompanhado de competente instrumento de garantia para a execução das obras; (Redação dada pela Lei nº 9.785, de 1999)

VI – exemplar do contrato padrão de promessa de venda, ou de cessão ou de promessa de cessão, do qual constarão obrigatoriamente as indicações previstas no art. 26 desta Lei;

VII – declaração do cônjuge do requerente de que consente no registro do loteamento.

6.4.1. Obtenção de certidão de diretrizes – requisitos para elaboração do projeto de loteamento ou desdobramento e prazo de validade

De início, convém mencionar que as diretrizes nada mais são do que a indicação prévia, por parte do órgão que irá analisar o projeto de parcelamento do solo para fins de aprovação, de quais os requisitos deverão estar presentes no projeto que acompanhará o requerimento. Trata-se da etapa inicial para quem pretender efetuar o retalhamento de uma gleba com o objetivo de produção de lotes para fins residenciais.

551 CASTANHEIRO, Ivan Carneiro. Parcelamentos irregulares e clandestinos e responsabilidade civil, p. 212-213.

Conforme Victor Carvalho Pinto, o parcelamento do solo deve obedecer ao planejamento urbanístico anterior ao conjunto da cidade, no qual conteúdo mínimo seria o seguinte:

- delimitação das zonas urbanas, de expansão urbana e de urbanização específica;
- indicação dos usos permitidos em cada zona e das respectivas densidades de ocupação, expressa nos índices urbanísticos relativos áreas mínimas e máximas de lotes e coeficientes máximos de aproveitamento;
- sistema viário principal, existente e projetado, da cidade.[552]

O planejamento geral não esgota a competência de ordenação territorial, completando-se com o estabelecimento de diretrizes específicas para cada loteamento, momento em que o poder público define o traçado do sistema viário principal do loteamento, a localização aproximada dos terrenos destinados a equipamentos urbanos e comunitários e das áreas livres de uso público, áreas verdes, praças públicas, faixas sanitárias do terreno necessárias ao escoamento das águas pluviais e as faixas não-edificáveis.[553]

Observa Victor Carvalho Pinto que o plano diretor também poderá estabelecer diretamente essas diretrizes de urbanização para algumas áreas, de forma a detalhar a etapa seguinte da programação urbanística. Dá como exemplo os planos de alinhamento, nos quais se define a precisa linha de separação entre logradouro público e os lotes, fixando-se os recuos frontais a serem respeitados pelas futuras edificações. Por fim, anota que esses requisitos integram normalmente projeto de loteamento, mas também podem ser incluídos no plano diretor.[554]

De se lembrar que a Constituição do Estado de São Paulo, ao tratar da questão urbana e ambiental, em seu art. 180, inciso III, versando sobre diretrizes e normas dirigidas ao Estado e aos Municípios, previu a necessidade de preservação, proteção e recuperação do meio ambiente urbano e cultural. No art. 191 determinou: *"O Estado e os Municípios providenciarão, com a participação da coletividade, a preservação, conservação, defesa, recuperação e melhoria do meio ambiente natural, artificial e do trabalho, atendidas as peculiaridades regionais e locais e em harmonia com o desenvolvimento social e econômico"*.

Portanto, nos termos da lei municipal ou distrital, antes mesmo de requerer a Licença Prévia do empreendimento, deverá o interessado em realizar um loteamento ou desmembramento obter junto ao respectivo ente federativo a certidão de diretrizes, na qual constarão os requisitos mínimos necessários para a elaboração do projeto de loteamento na zona urbana pretendida, segundo requisitos previstos no plano diretor municipal e eventual legislação complementar, elaborados com base no Estatuto da Cidade e na "*Lei Lehmann*".

Após a elaboração deste projeto, nos termos das diretrizes fixadas, é que se iniciará o procedimento de aprovação do loteamento ou desmembramento propriamente dito.

552 Direito urbanístico: plano diretor e direito de propriedade. São Paulo: Editora Revista dos Tribunais, 2005, p. 153.

553 Direito urbanístico: plano diretor e direito de propriedade. São Paulo: Editora Revista dos Tribunais, 2005, p. 153.

554 Op. cit., p. 153.

São requisitos mínimos que deverão instruir a solicitação do empreendedor para que o Município proceda à expedição da certidão de diretrizes, segundo o previsto no artigo 6º da Lei 6.766/79, providência prévia à elaboração do projeto de loteamento, como já dito:

> I – as divisas da gleba a ser loteada;
>
> II – as curvas de nível à distância adequada, quando exigidas por lei estadual ou municipal;
>
> III – a localização dos cursos d'água, bosques e construções existentes;
>
> IV – a indicação dos arruamentos contíguos a todo o perímetro, a localização das vias de comunicação, das áreas livres, dos equipamentos urbanos e comunitários existentes no local ou em suas adjacências, com as respectivas distâncias da área a ser loteada;
>
> V – o tipo de uso predominante a que o loteamento se destina;
>
> VI – as características, dimensões e localização das zonas de uso contíguas.

A certidão de diretrizes a ser expedida pelo Município ou Distrito Federal deverá conter, como requisitos mínimos elencados no art. 7º da Lei 6.766/79, os seguintes aspectos:

> I – as ruas ou estradas existentes ou projetada, que compõem o sistema viário da cidade e do município, relacionadas com o loteamento pretendido e a serem respeitadas;
>
> II – o traçado básico do sistema viário principal;
>
> III – a localização aproximada dos terrenos destinados a equipamento urbano e comunitário e das áreas livres de uso público;
>
> IV – as faixas sanitárias do terreno necessárias ao escoamento das águas pluviais e as faixas não edificáveis;
>
> V – a zona ou zonas de uso predominante da área, com indicação dos usos compatíveis.

Quanto à validade da certidão de diretriz, discute-se a constitucionalidade do disposto no art. 7º, parágrafo único, prevendo que ela terá *validade máxima de quatro anos* (art. 8º). Por se tratar de matéria de ordem administrativa, entendem Toshio Mukai, Alaôr Caffé Alves e Paulo José Villela Lomar que cabe ao município fixar um prazo de validade das diretrizes, por ter caráter especificamente local.

Havendo modificação na legislação municipal, não há direito adquirido às condições previstas na certidão de diretrizes, podendo o Município exigir a observância da nova legislação. Caso já tenha havido início da execução do loteamento surgirá o direito adquirido, sendo que a nova legislação não poderá influenciar no licenciamento concedido. Observam que o ato de aprovação do loteamento pela prefeitura é um ato Administrativo de licença, segundo se depreende do art. 50, inciso II, da Lei 6.766/79. Entretanto, o ato de expedição das diretrizes não tem o caráter de licença administrativa, não afastando a possibilidade de alteração dessas diretrizes pelo Município ou Distrito Federal.[555]

---

[555] MUKAI, Toshio; ALVES, Alaôr Caffé; LOMAR, Paulo José Villela. Comentários à Lei de parcelamento do solo urbano: Lei nº 6.766, de 19/12/79, p. 40-41.

Sobre as diretrizes, anota Victor Carvalho Pinto que o direito de construir incorpora-a ao lote, mas não é ilimitado, tanto que as infraestruturas e áreas públicas devem corresponder à densidade prevista para o local, de maneira a pressupor a existência prévia de um plano diretor, que deverá dispor não apenas sobre as normas de parcelamento, mas também aquelas de uso e ocupação do solo. Ao se falar em diretrizes de loteamento, a lei prevê que delas constem os usos permitidos, significando que quando se aprova um loteamento já se sabe de antemão qual será a tipologia das edificações a serem construídas sobre esses lotes. É o conjunto de vontades convergentes entre Município e loteador, em procedimento regulado por lei, em que o poder público irá elaborar as diretrizes a serem obedecidas quando da elaboração do projeto de loteamento, tratando-se de um negócio jurídico não contratual, em que o particular adquire direitos perante o poder público por ter cumprido um conjunto de condições estabelecidas por este.[556]

6.4.2. Projeto de loteamento ou desmembramento: Requisitos urbanísticos do parcelamento

Conforme art. 9º da Lei 6.766/79, os requisitos mínimos do projeto de loteamento são:

> Art. 9º. Orientado pelo traçado e diretrizes oficiais, quando houver, o projeto, contendo desenhos, memorial descritivo e cronograma de execução das obras com *duração máxima de quatro anos*, será apresentado à Prefeitura Municipal, ou ao Distrito Federal, quando for o caso, acompanhado de certidão atualizada da matrícula da gleba, expedida pelo Cartório de Registro de Imóveis competente, de certidão negativa de tributos municipais e do competente instrumento de garantia, ressalvado o disposto no § 4º do art. 18. (Redação dada pela Lei nº 9.785, de 1999)
>
> § 1º. Os desenhos conterão pelo menos:
>
> I – a subdivisão das quadras em lotes, com as respectivas dimensões e numeração;
>
> II – o sistema de vias com a respectiva hierarquia;
>
> III – as dimensões lineares e angulares do projeto, com raios, cordas, arcos, pontos de tangência e ângulos centrais das vias;
>
> IV – os perfis longitudinais e transversais de todas as vias de circulação e praças;
>
> V – a indicação dos marcos de alinhamento e nivelamento localizados nos ângulos de curvas e vias projetadas;
>
> VI – a indicação em planta e perfis de todas as linhas de escoamento das águas pluviais.
>
> § 2º. O memorial descritivo deverá conter, obrigatoriamente, pelo menos:
>
> I – a descrição sucinta do loteamento, com as suas características e a fixação da zona ou zonas de uso predominante;
>
> II – as condições urbanísticas do loteamento e as limitações que incidem sobre os lotes e suas construções, além daquelas constantes das diretrizes fixadas;
>
> III – a indicação das áreas públicas que passarão ao domínio do município no ato de registro do loteamento;
>
> IV – a enumeração dos equipamentos urbanos, comunitários e dos serviços públicos ou de utilidade pública, já existentes no loteamento e adjacências.

[556] Direito urbanístico: plano diretor e direito de propriedade, p. 300-301.

> § 3º. Caso se constate, a qualquer tempo, que a certidão da matrícula apresentada como atual não tem mais correspondência com os registros e averbações cartorárias do tempo da sua apresentação, além das conseqüências penais cabíveis, serão consideradas insubsistentes tanto as diretrizes expedidas anteriormente, quanto as aprovações conseqüentes. (Incluído pela Lei nº 9.785, de 1999)

No caso de projeto de desmembramento, seus requisitos são diversos, os quais estão relacionados no artigo 10 da *"Lei Lehmann"*, a saber:

> Art. 10. Para a aprovação de projeto de desmembramento, o interessado apresentará requerimento à Prefeitura Municipal, ou ao Distrito Federal quando for o caso, acompanhado de certidão atualizada da matrícula da gleba, expedida pelo Cartório de Registro de Imóveis competente, ressalvado o disposto no § 4º do art. 18, e de planta do imóvel a ser desmembrado contendo: (Redação dada pela Lei nº 9.785, de 1999)
>
> I – a indicação das vias existentes e dos loteamentos próximos;
>
> II – a indicação do tipo de uso predominante no local;
>
> III – a indicação da divisão de lotes pretendida na área.

Wagner Rodolfo Faria Nogueira, ao tecer comentários sobre o teor do projeto de loteamento, observa que:

> Deverá constar também no projeto de loteamento a ser aprovado pela Prefeitura, o plano geral do loteamento assinado pelo proprietário e engenheiro constando em planta as curvas de nível, vias de circulação, quadras, áreas verdes, áreas institucionais, recuo e áreas dos lotes, zonas de uso, o número do contribuinte junto a Prefeitura, dimensões das divisas da área, perfis longitudinais, sistema de escoamento de águas pluviais, projeto de guias e sarjetas e pavimentação de vias, projeto de arborização e proteção de áreas sujeitas à erosão, memorial descritivo de cada projeto e cronograma de execução de obras.
>
> Depois de autorizado conforme os requisitos acima (que varia em cada município), e, elaborado o levantamento planialtimétrico, os projetos técnicos e urbanísticos e respectivos memoriais descritivos, inicia-se o projeto de aprovação nos órgãos públicos municipais, estaduais e federais a fim de que o loteamento fique regularizado.
>
> Com a aprovação, será autorizada a execução de obras, seguindo o cronograma de obras e efetuando a garantia, onde o projeto será registrado no Cartório de Registro de Imóveis, para que o loteador possa vender os lotes.[557]

Atualmente *"O fato é que a grande maioria dos Municípios possui capacidade limitada de gestão e não tem uma estrutura normativa específica, o que se reflete na qualidade dos projetos e nos demais passos do processo de elaboração do loteamento, tais como licenciamentos urbanos e ambientais."*[558]

Nos desmembramentos antigos, nos quais os primitivos lotes já não possuam as dimensões mínimas hoje exigidas (125 m² de extensão e 5 metros de frente – testada),

---

[557] O parcelamento de solo. Disponível em <http://jus.uol.com.br/revista/texto/4349/parcelamento-do-solo>. Acesso em 02.set.2015.

[558] GOUVÊA, Denise; RIBEIRO, Sandra. A revisão da Lei Federal nº 6.766/79 – novas regras no "jogo" da cidade? Disponível em: http://www.cinder2005.com.br/cd/Trabalhos/Gouvea.pdf. Acessado em: 28 de agosto de 2008, "apud" HORN, Daniel Colombo Gentil. O parcelamento do solo urbano em questão: experiências alternativas ao esgotamento de um modelo e perspectivas na nova ordem jurídico-urbanística, p. 10.

tais medidas serão fixadas pelo Município ou Distrito Federal (art. 11, parágrafo único, da Lei 6.766/79). Em geral, os requisitos deverão estar de acordo com a lei de zoneamento para aquela porção do território municipal. Caso não haja previsão específica, aplicar-se-ão os mesmos requisitos do loteamento (art. 11, *"caput"*).

A aprovação do projeto de loteamento ou desmembramento será efetuada pelo Município ou Distrito Federal, consoante art. 12 da Lei 6.766/79, devendo haver obediência aos requisitos mínimos presentes na *"Lei Lehmann"*, às disposições do Estatuto da Cidade, do Plano Diretor, da Lei de Zoneamento, bem como das diretrizes referidas nos artigos 6º e 7º da Lei de Parcelamento do Solo (LPS) e suas vedações (art. 3º e 12).

A aprovação será de responsabilidade do Estado (ou do Distrito Federal em alguns casos – art. 32, § 1º da CF) nas hipóteses do art. 13 da Lei 6.766/79. São elas:

> Art. 13. Aos Estados caberá disciplinar a aprovação pelos Municípios de loteamentos e desmembramentos nas seguintes condições: (Redação dada pela Lei nº 9.785, de 1999)
>
> I – quando localizados em áreas de interesse especial, tais como as de proteção aos mananciais ou ao patrimônio cultural, histórico, paisagístico e arqueológico, assim definidas por legislação estadual ou federal;
>
> II – quando o loteamento ou desmembramento localizar-se em área limítrofe do município, ou que pertença a mais de um município, nas regiões metropolitanas ou em aglomerações urbanas, definidas em lei estadual ou federal[559];
>
> III – quando o loteamento abranger área superior a 1.000.000 m^2.

Parágrafo único – No caso de loteamento ou desmembramento localizado em área de município integrante de região metropolitana, o exame e a anuência prévia à aprovação do projeto caberão à autoridade metropolitana.

O prazo de execução do projeto de loteamento ou desmembramento será fixado em legislação municipal, sendo que sua não execução no prazo previsto acarretará a caducidade da aprovação (art. 12, § 1º, da Lei 6.766/79), com necessidade de recomposição da gleba em seu estado anterior, sem prejuízo das medidas previstas nos arts. 17 e 23.

6.5. Restrições e vedações ao parcelamento do solo urbano: hipóteses

As proibições ou restrições ao parcelamento do solo urbano encontram-se previstas no artigo 3º, parágrafo único, e no art. 12, § 2º e 3º, da Lei 6.766/79, consistindo basicamente em:

1) quando o município estiver situado em áreas suscetíveis à ocorrência de deslizamentos com grande impacto, inundações bruscas (art. 3º, parágrafo único, inciso I, da Lei 6.766/79), processos hidrológicos correlatos, hipóteses em que a aprovação do empreendimento dependerá de atendimento aos requisitos da carta geotécnica de aptidão à urbanização, conforme redação dada pela Lei 12.608/12;

559 Neste caso não será o caso de apreciação pelo Distrito Federal, o qual não pode se dividir em Municípios e, consequentemente, também não terá regiões metropolitanas ou aglomerações urbanas.

2) Também haverá vedação à aprovação de projetos de loteamento e desmembramento quando a gleba a ser parcelada estiver em áreas de risco, definidas como não edificáveis, quer no plano diretor ou legislação complementar, nos termos do artigo 12, § 3º, da Lei 6.766/79;
3) Quando a área possuir declividade igual ou superior a 30%, salvo se atendidas as exigências das autoridades competentes (art. 3º, parágrafo único, inciso III, da Lei 6.766/79);
4) Quando situadas em áreas de preservação permanente - art. 3º, parágrafo único, inciso V, da "*Lei Lehmann*";
5) Em terrenos onde as condições geológicas não aconselham a edificação - art. 3º, parágrafo único, inciso IV, da LPS;
6) Em áreas aterradas com material nocivo à saúde pública, sem que sejam previamente saneadas - art. 3º, parágrafo único, inciso II, da Lei 6.766/79.

Essas restrições da "*Lei Lehmann*" vem ao encontro da necessidade de maior proteção da vida e da saúde das pessoas residentes em áreas de risco, esta considerada de uma maneira geral, pois são exatamente essas pessoas mais carentes do ponto de vista financeiro que acabam alojando-se nesses locais, em razão do menor preço da terra e de sua maior disponibilidade, devido à pouca procura pelo mercado imobiliário. Entretanto, não raro, para ocupar essas regiões, há necessidade de longos deslocamentos dos moradores, que ficam distante dos centros urbanos, com grande dispêndio de tempo e dinheiro no trajeto da casa ao trabalho, com custos ambientais decorrentes da queima de combustível durante o transporte, bem como elevado estresse e pouco tempo de descanso, gerando, a longo prazo, problemas de saúde e sobrecarga do sistema público.

No tocante às áreas com restrições, Diógenes Gasparini, ao se referir às áreas de proteção especial previstas no art. 14 da Lei 6.766/79, anota que elas podem ser definidas por decreto do Poder Executivo dos Estados-membros, criticando o fato de o legislador ter se esquecido que se trata de uma limitação ao direito de propriedade, cuja restrição somente poderia ser imposta por lei. São as denominadas áreas de interesse especial, previstas no art. 13, I[560], da Lei de Parcelamento de Solo (LPS). Os parcelamentos nessas áreas são possíveis, havendo proibição relativa, mas deverá ser definido pelo Estado as restrições visando compatibilizar o interesse público ao interesse particular.[561]

Lembra Diógenes Gasparini que no art. 15 a *Lei Lehmann* previu que os projetos de loteamento nessas regiões deverão ser submetidos à aprovação do Estado, não se tratando de uma competência absoluta, pois o Estado também está submisso à lei do parcelamento do solo federal, bem como a atender às exigências urbanísticas do planejamento municipal, não podendo impor, nesse particular, qualquer obrigação aos demais entes federativos.[562]

---

[560] Art. 13. Aos Estados caberá disciplinar a aprovação pelos Municípios de loteamentos e desmembramentos nas seguintes condições: (Redação dada pela Lei nº 9.785, de 1999) I – quando localizados em áreas de interesse especial, tais como as de proteção aos mananciais ou ao patrimônio cultural, histórico, paisagístico e arqueológico, assim definidas por legislação estadual ou federal.

[561] Op. cit., p. 82-83.

[562] Op. cit., p. 83-84.

A Lei 6.766/79 proíbe o parcelamento na zona rural, quer para loteamento ou desmembramento. A vedação não é absoluta e sim relativa, pois quando é possível dotar a área de condições de habitabilidade para o uso adequado, quer para fins comerciais, industriais, de lazer, ecológico, tal como previsto no art. 3º, parágrafo único, inciso V.[563] As vedações ali previstas não são taxativas, mas exemplificativas, citando como exemplo os casos de cemitérios, o depósito subterrâneo de material radioativo, os quais exigem cuidados preliminares para realização de parcelamentos destinados a fins urbanos.[564]

Ao relacionar as hipóteses onde há vedações ao parcelamento para fins de urbanos, busca o legislador propiciar bem-estar aos futuros habitantes de parcelamento, bem como proteger certas áreas destinadas à preservação ecológica, vedar parcelamentos em áreas impróprias, de maneira a indiretamente proteger a saúde da população e resguardar o município contra possíveis pedidos indenizatórios, decorrentes de aprovações indevidas ou descuidadas.[565]

6.5.1. *Áreas de risco, alagadiças e sujeitas a inundações*

A existência de áreas de risco em determinado Município faz surgir para este o dever de diagnosticar, planejar e atuar visando prevenir desastres e a consequente desestruturação de famílias e comunidades. Assim, a omissão dos municípios quanto a tais providências poderá ensejar sua responsabilização, bem como a de seus administradores, quer do ponto de vista civil, administrativo e/ou criminal.

Sobre a forma como a Administração Pública Municipal pode fazer a remoção de habitações em áreas de risco, uma vez mais conveniente lançar mão das sempre atuais lições do renomado administrativista Hely Lopes Meirelles:

> A construção clandestina, por não ter alvará de licença ou de autorização, pode ser embargada e demolida, porque em tal caso o particular está incidindo em manifesto ilícito administrativo, já comprovado pela falta de licenciamento do projeto, ou por sua inteira ausência. Mas mesmo esses embargos e subseqüentes demolição não dispensam o respectivo processo administrativo, com audiência do interessado e oportuna lavratura do auto pertinente, visto que em alguns casos a obra é passível de regularização, e a oportunidade de defesa deve ser concedida a todo particular, sempre que acusado de infração penal ou administrativa, que o conduza a qualquer punição.[566]

Sobre a possibilidade de remoção de moradores de áreas de risco, já se decidiu:

> AÇÃO CIVIL PUBLICA – Remoção de moradores localizados em áreas de risco de escorregamentos de encostas – Nulidade da sentença – Inocorrência — Inépcia da petição inicial afastada – Ausência de interesse de agir e impossibilidade jurídica do pedido afastadas – Omissão da Municipalidade no seu dever-poder de fiscalizar o uso e ocupação do solo urbano – Lei nº 13.430/02 – Assiste aos ocupantes o direito à concessão especial de uso do bem público e fornecimento de alojamento provisório ou

563 A Lei 13.465/17 permite e regularização fundiária de núcleos urbanos erigidos em zona rural (art. 11, I).

564 GASPARINI, Diógenes. O Município e o parcelamento do solo. 2ª ed. São Paulo: Saraiva, 1988, p. 28-29.

565 Ibidem, p. 29.

566 DIREITO MUNICIPAL BRASILEIRO⊠, 17.ª ed., 2.ª tiragem, p. 509/510.

outro local para moradia, em caso de demolição - A condenação da Fazenda Pública não a elide da imposição de multa - Agravos retidos da ré não providos - Recursos da ré não providos e recurso do autor provido. (Apelação Cível nº 735.444.5/9 - Comarca de São Paulo, 3ª Câmara de Direito Público do Tribunal de Justiça do Estado de São Paulo, 09/12/08, Rel. Des. MAGALHÃES COELHO).

As áreas sujeitas à inundações e deslizamentos devem ser mencionadas e reguladas no Plano Diretor, pelo Município, conforme Resolução nº 34/05, do Ministério das Cidades, a qual recomenda a demarcação das áreas sujeitas à inundações e deslizamentos, bem como as áreas que apresentem risco à vida e à saúde de moradores e transeuntes. De se relembrar que no Estado de São Paulo os Planos Diretores são obrigatórios para todos os Municípios, nos termos do artigo 181, § 1º, da Constituição do Estado de São Paulo, e não somente para aqueles com mais de 20.000 habitantes (artigo 182, § 1º, da CF) ou para aquelas hipóteses previstas no artigo 41 do Estatuto da Cidade, o qual teve acrescido os artigos 42-A e 42-B, inciso II, para tal finalidade, pela Lei 12.608/12.

O art. 3º, parágrafo único, inciso I, da Lei 6.766/79 impõe condições para que áreas alagadiças e sujeitas a inundações sejam parceladas, pois primeiro devem ser tomadas providências para assegurar o escoamento das águas. Mais uma vez lembra Diógenes Gasparini que área alagadiça significa áreas lodosas, pantanosas, paludosa, sujeitas a alagar-se. São superfícies cuja presença da água torna a terra úmida, inundável, sujeita a inundação, situados em terrenos baixos, pois mesmo secos ficam alagados com qualquer precipitação ou cheias de rios. Não haverá a vedação caso embora inundáveis, isso somente possa ocorrer por precipitações anormais ou por cheias não mensuráveis dos rios circundantes. Ainda assim a vedação não seria absoluta, pois havendo trabalho do homem que fizesse desaparecerem os riscos desapareceria a vedação, tal quando o loteador realizar obras necessárias ao escoamento das águas, ou intervenções que evitem a inundação, a pedido do Município, quer por iniciativa do loteador, com aprovação da Municipalidade. São exemplos obras de canalizações, substituição ou levantamento do solo, aterros. As obras devem ser fiscalizadas pela Municipalidade ou por órgão técnico, mesmo depois aprovadas.[567]

6.5.2. *Áreas aterradas com material nocivo à saúde pública*

No caso de material radioativo ou nocivo, também há vedação ao parcelamento das áreas com esses materiais ou substâncias enterradas, como no caso de aterros sanitários, ou de depósito de lixo a céu aberto. Observa Diógenes Gasparini que após execução de obras de saneamento nada obsta o parcelamento, devendo elas estarem previstas na fixação de diretrizes ou antes da aprovação do projeto de parcelamento, nas hipóteses em que dispensadas as diretrizes. As obras devem ser acompanhadas pela municipalidade, podendo haver delegação às empresas especializadas, contratadas pelo loteador, caso haja anuência do Município. Nesta última hipótese, deverá haver laudo do órgão municipal encarregado, atestando a suficiência das obras.[568]

[567] Op. cit., p. 29-30.

[568] Op. cit., p. 30.

Em se tratando de áreas contaminadas, deve haver prévia remediação pelo empreendedor, com autorização do órgão ambiental estadual, após analisadas as sondagens realizadas pelos técnicos contratados pelo empreendedor, estas efetuadas conforme as diretrizes previamente aprovadas pela agência ambiental estadual.

6.5.3. Áreas de preservação permanente (APP) e áreas de mananciais

De início, conveniente anotar que as considerações deste item referem-se à necessidade de respeito às áreas de preservação permanente (APP) para intervenções relativamente recentes, visto que a disciplina para regularização fundiária urbana de ocupações realizadas até 22 de dezembro de 2.016 possuem regras próprias (art. 11, § 2º e art. 12, § 2º, ambos da Lei 13.465/17 e arts 64 e 65 da Lei 12.651/12, alterados pelo art. 82 da Lei 13.465/17) e serão abordadas em capítulo específico sobre a regularização fundiária.

Objetivando a efetividade de se ter um meio ambiente ecologicamente equilibrado, bem de uso comum do povo e essencial à sadia qualidade de vida, a Constituição Federal incumbiu ao poder público, a tarefa de *"definir, em todas as unidades da Federação, espaços territoriais e seus componentes a serem especialmente protegidos, sendo a alteração e a supressão permitidas somente através de lei, vedada qualquer utilização que comprometa a integridade dos atributos que justifiquem sua proteção"*, bem como a de *"proteger a fauna e a flora, vedadas, na forma da lei, as práticas que coloquem em risco sua função ecológica, provoquem a extinção de espécies ou submetam os animais crueldade"* (artigo 225, III, da CF).

Para Paulo Afonso Leme Machado:

> Vedado está o parcelamento do solo em áreas de preservação ecológica ou naquelas onde a poluição impeça condições sanitárias suportáveis, até a sua correção. Possibilitou-se a preservação das condições ambientais e houve um claro posicionamento legal forçando a correção da atividade poluidora. As áreas de preservação ecológica podem abranger as áreas chamadas de interesse social (art. 13, I) tais como 'de proteção aos mananciais ao patrimônio cultural, histórico, paisagístico e arqueológico, definidas por legislação estadual ou federal'. Entretanto as áreas de preservação ecológica não se reduzem as mencionadas. As florestas de preservação permanente, os parques nacionais, os estaduais e municipais, as reservas biológicas, as reservas de caça, as estações ecológicas e as áreas de proteção ambiental cujos objetivos transcendem os do artigo 13, I, da Lei 6.766/1979 estão, também, abrangidos pela expressão 'área de preservação ecológica'.[569]

Lembra o festejado Professor da Universidade Metodista de Piracicaba (UNIMEP) que as estações ecológicas e as áreas de proteção ambiental estão previstas na Lei 6.902/81.[570]

As funções ecológicas ou ecossistêmicas das áreas de preservação permanente, grande parte delas (se não a totalidade) também aplicáveis às APPs urbanas, a qual também está disciplinada no *"Código Florestal"* (Lei 12.651/12) podem ser classificadas em:

569 Direito ambiental brasileiro. 23ª edição. São Paulo: Malheiros editores, 2015, p. 476.

570 Direito ambiental brasileiro, p. 476.

a) funções bióticas (relacionadas à preservação da biodiversidade);

b) funções hídricas (relacionadas à preservação e proteção dos recursos hídricos superficiais e subterrâneos);

c) funções edáficas (relacionadas à preservação e proteção do solo);

d) funções de estabilização geológica (relacionadas à manutenção da estabilidade geológica);

e) funções climáticas (relacionadas à mitigação dos efeitos negativos das mudanças do clima);

f) funções sanitárias (relacionadas à asseguração das condições adequadas à sadia qualidade de vida e ao bem-estar físico e psíquico das populações humanas);

g) funções estéticas (relacionadas à preservação da paisagem).[571]

As funções das áreas de preservação permanente, entre outras, *"mostram-se imprescindíveis para manter a quantidade e qualidade das águas, para preservar as interações ecológicas entre os ecossistemas terrestres e aquáticos, para proteção dos solos contra processos erosivos, evitando assoreamentos, garantindo assim os usos múltiplos das águas, previsto na Política Nacional de recursos hídricos."*[572]

Victor Carvalho Pinto relata o histórico protetivo da área de preservação permanente (APP) em relação aos parcelamentos de solo, anotando que:

> Alteração introduzida no Código Florestal (Lei nº 4.771/65) pela Lei nº 7.803/89 determinou a inclusão no plano diretor das áreas de preservação permanente de florestas e demais formas de vegetação natural (Art. 2º, parágrafo único). Posteriormente, a Medida Provisória nº 2166 - 67/2001 exigiu a existência de plano diretor como condição prévia para a supressão da vegetação de preservação permanente (art. 4º, § 2º) e previu que a localização da reserva legal de vegetação para as áreas que não são de preservação permanente observe o disposto no plano diretor (art. 16, § 4º).[573]

É de se anotar, com Daniel Roberto Fink *et. Al.*, que, no meio urbano, a vegetação situada nas áreas de preservação permanente também poderão exercer funções de:

> a) diminuição das enxurradas, pela infiltração das águas pluviais, bem como barramento e controle de vazão dos cursos d'águas no pico da pluviosidade, formando lagos artificiais e possibilitando maior controle sobre as enchentes;
>
> b) Possibilitar a evapotranspiração de vapor d'água, pelas superfícies foliares das áreas com vegetação, permitindo a regulação da umidade relativa do ar;
>
> c) Redução da insolação direta nas superfícies impermeabilizadas, com diminuição do efeito conhecido como 'bolhas de ar'.[574]

---

[571] A Lei 12.651,de 25 de maio de 2012: Relatório do subgrupo de defesa do patrimônio florestal e de combate às práticas rurais antiambientais. Ministério Público do Estado de São Paulo: Grupo de Atuação Especial de Defesa do Meio Ambiente (GAEMA), do qual tivemos a honra de fazer parte, por designação do Procurador-Geral de Justiça do Estado de São Paulo. Disponível em < http://www.mpsp.mp.br/portal/page/portal/cao_criminal/Boas_praticas/Relacao_Projetos/projetoflorestar1/RELATORIO_LEI%2012.651-2012_GAEMA.pdf>. Acesso em 21 fev. 2016.

[572] FREITAS, Cristina Godoy de Araújo. O perfil constitucional das áreas de preservação permanente (cursos d'água e reservatórios artificiais), p. 30.

[573] Regime jurídico do plano diretor, p. 416.

[574] Áreas de Preservação Permanente e sua regulação pelo CONAMA. "In": FINK, Daniel Roberto (Org.). Temas de direito urbanístico 4. São Paulo: Ministério Público do Estado de São Paulo e Imprensa Oficial do Estado, 2005, p. 329.

A questão das áreas de preservação permanente em áreas urbanas, na Lei 6.766/79, está disciplinada da seguinte forma:

> Art. 3º. Somente será admitido o parcelamento do solo para fins urbanos em zonas urbanas, de expansão urbana ou de urbanização específica, assim definidas pelo plano diretor ou aprovadas por lei municipal. (Redação dada pela Lei nº 9.785, de 1999)
>
> Parágrafo único – Não será permitido o parcelamento do solo:
>
> [...]
>
> V – em áreas de preservação ecológica ou naquelas onde a poluição impeça condições sanitárias suportáveis, até a sua correção.
>
> Art. 4º. Os loteamentos deverão atender, pelo menos, aos seguintes requisitos:
>
> [...]
>
> III – ao longo das águas correntes e dormentes e das faixas de domínio público das rodovias e ferrovias, será obrigatória a reserva de uma faixa não-edificável de 15 (quinze) metros de cada lado, salvo maiores exigências da legislação específica; (Redação dada pela Lei nº 10.932, de 2004)
>
> Art. 13. Aos Estados caberá disciplinar a aprovação pelos Municípios de loteamentos e desmembramentos nas seguintes condições: (Redação dada pela Lei nº 9.785, de 1999)
>
> I – quando localizados em áreas de interesse especial, tais como as de proteção aos mananciais ou ao patrimônio cultural, histórico, paisagístico e arqueológico, assim definidas por legislação estadual ou federal;
>
> Art. 15. Os Estados estabelecerão, por decreto, as normas a que deverão submeter-se os projetos de loteamento e desmembramento nas áreas previstas no art. 13, observadas as disposições desta Lei.
>
> Parágrafo único – Na regulamentação das normas previstas neste artigo, o Estado procurará atender às exigências urbanísticas do planejamento municipal.

Na atual legislação florestal, impropriamente denominada de *"Código Florestal"* (Lei 12.651/2012), as áreas de preservação permanente em áreas urbanas foram normatizadas, em relação à diversas interfaces, da seguinte forma:

> Art. 3º. Para os efeitos desta Lei, entende-se por:
>
> [...]
>
> II – Área de Preservação Permanente – APP: área protegida, coberta ou não por vegetação nativa, com a função ambiental de preservar os recursos hídricos, a paisagem, a estabilidade geológica e a biodiversidade, facilitar o fluxo gênico de fauna e flora, proteger o solo e assegurar o bem-estar das populações humanas;
>
> [...]
>
> VIII – utilidade pública:
>
> a) as atividades de segurança nacional e proteção sanitária;
>
> b) as obras de infraestrutura destinadas às concessões e aos serviços públicos de transporte, sistema viário, inclusive aquele necessário aos parcelamentos de solo urbano aprovados pelos Municípios, saneamento, gestão de resíduos, energia, telecomunicações, radiodifusão, instalações necessárias à realização de competições esportivas estaduais, nacionais ou internacionais, bem como mineração, exceto, neste último caso, a extração de areia, argila, saibro e cascalho;
>
> IX – interesse social:
>
> [...]

c) a implantação de infraestrutura pública destinada a esportes, lazer e atividades educacionais e culturais ao ar livre em áreas urbanas e rurais consolidadas, observadas as condições estabelecidas nesta Lei;

[...]

d) a regularização fundiária de assentamentos humanos ocupados predominantemente por população de baixa renda em áreas urbanas consolidadas, observadas as condições estabelecidas na Lei nº 11.977, de 7 de julho de 2009;[575]

Art. 4º. Considera-se Área de Preservação Permanente, em zonas rurais ou urbanas, para os efeitos desta Lei:

I – as faixas marginais de qualquer curso d'água natural perene e intermitente, excluídos os efêmeros, desde a borda da calha do leito regular, em largura mínima de: (Incluído pela Lei nº 12.727, de 2012).

a) 30 (trinta) metros, para os cursos d'água de menos de 10 (dez) metros de largura;

b) 50 (cinquenta) metros, para os cursos d'água que tenham de 10 (dez) a 50 (cinquenta) metros de largura;

c) 100 (cem) metros, para os cursos d'água que tenham de 50 (cinquenta) a 200 (duzentos) metros de largura;

d) 200 (duzentos) metros, para os cursos d'água que tenham de 200 (duzentos) a 600 (seiscentos) metros de largura;

e) 500 (quinhentos) metros, para os cursos d'água que tenham largura superior a 600 (seiscentos) metros;

II – as áreas no entorno dos lagos e lagoas naturais, em faixa com largura mínima de:

a) 100 (cem) metros, em zonas rurais, exceto para o corpo d'água com até 20 (vinte) hectares de superfície, cuja faixa marginal será de 50 (cinquenta) metros;

b) 30 (trinta) metros, em zonas urbanas;

III – as áreas no entorno dos reservatórios d'água artificiais, decorrentes de barramento ou represamento de cursos d'água naturais, na faixa definida na licença ambiental do empreendimento; (Incluído pela Lei nº 12.727, de 2012).

IV – as áreas no entorno das nascentes e dos olhos d'água perenes, qualquer que seja sua situação topográfica, no raio mínimo de 50 (cinquenta) metros; (Redação dada pela Lei nº 12.727, de 2012).

V – as encostas ou partes destas com declividade superior a 45º, equivalente a 100% (cem por cento) na linha de maior declive;

VI – as restingas, como fixadoras de dunas ou estabilizadoras de mangues;

VII – os manguezais, em toda a sua extensão;

VIII – as bordas dos tabuleiros ou chapadas, até a linha de ruptura do relevo, em faixa nunca inferior a 100 (cem) metros em projeções horizontais;

IX – no topo de morros, montes, montanhas e serras, com altura mínima de 100 (cem) metros e inclinação média maior que 25º, as áreas delimitadas a partir da curva de nível correspondente a 2/3 (dois terços) da altura mínima da elevação sempre em relação à base, sendo esta definida pelo plano horizontal determinado por planície ou espelho d'água adjacente ou, nos relevos ondulados, pela cota do ponto de sela mais próximo da elevação;

X – as áreas em altitude superior a 1.800 (mil e oitocentos) metros, qualquer que seja a vegetação;

---

[575] Essas circunstâncias, como já se disse, serão analisadas em tópico próprio do presente trabalho, mas sob a égide da Lei 13.465/17, a qual revogou o capítulo III da Lei 11.977/09 (no tocante à regularização fundiária urbana).

XI – em veredas, a faixa marginal, em projeção horizontal, com largura mínima de 50 (cinquenta) metros, a partir do espaço permanentemente brejoso e encharcado. (Redação dada pela Lei nº 12.727, de 2012).

§ 1º. Não será exigida Área de Preservação Permanente no entorno de reservatórios artificiais de água que não decorram de barramento ou represamento de cursos d'água naturais. (Redação dada pela Lei nº 12.727, de 2012).

§ 4º. Nas acumulações naturais ou artificiais de água com superfície inferior a 1 (um) hectare, fica dispensada a reserva da faixa de proteção prevista nos incisos II e III do caput, vedada nova supressão de áreas de vegetação nativa, salvo autorização do órgão ambiental competente do Sistema Nacional do Meio Ambiente – Sisnama. (Redação dada pela Lei nº 12.727, de 2012).

[...]

Art. 5º. Na implantação de reservatório d'água artificial destinado a geração de energia ou abastecimento público, é obrigatória a aquisição, desapropriação ou instituição de servidão administrativa pelo empreendedor das Áreas de Preservação Permanente criadas em seu entorno, conforme estabelecido no licenciamento ambiental, observando-se a faixa mínima de 30 (trinta) metros e máxima de 100 (cem) metros em área rural, e a faixa mínima de 15 (quinze) metros e máxima de 30 (trinta) metros em área urbana.

Art. 6º. Consideram-se, ainda, de preservação permanente, quando declaradas de interesse social por ato do Chefe do Poder Executivo, as áreas cobertas com florestas ou outras formas de vegetação destinadas a uma ou mais das seguintes finalidades:

I – conter a erosão do solo e mitigar riscos de enchentes e deslizamentos de terra e de rocha;

II – proteger as restingas ou veredas;

III – proteger várzeas;

IV – abrigar exemplares da fauna ou da flora ameaçados de extinção;

V – proteger sítios de excepcional beleza ou de valor científico, cultural ou histórico;

VI – formar faixas de proteção ao longo de rodovias e ferrovias;

VII – assegurar condições de bem-estar público;

VIII – auxiliar a defesa do território nacional, a critério das autoridades militares.

IX – proteger áreas úmidas, especialmente as de importância internacional. (Incluído pela Lei nº 12.727, de 2012).

Art. 8º. A intervenção ou a supressão de vegetação nativa em Área de Preservação Permanente somente ocorrerá nas hipóteses de utilidade pública, de interesse social ou de baixo impacto ambiental previstas nesta Lei.

[...]

§ 2º. A intervenção ou a supressão de vegetação nativa em Área de Preservação Permanente de que tratam os incisos VI e VII do caput do art. 4º poderá ser autorizada, excepcionalmente, em locais onde a função ecológica do manguezal esteja comprometida, para execução de obras habitacionais e de urbanização, inseridas em projetos de regularização fundiária de interesse social, em áreas urbanas consolidadas ocupadas por população de baixa renda.

§ 3º. É dispensada a autorização do órgão ambiental competente para a execução, em caráter de urgência, de atividades de segurança nacional e obras de interesse da defesa civil destinadas à prevenção e mitigação de acidentes em áreas urbanas.

Art. 9º. É permitido o acesso de pessoas e animais às Áreas de Preservação Permanente para obtenção de água e para realização de atividades de baixo impacto ambiental.

Cristina Godoy de Araújo Freitas, ao comentar a disciplina das áreas de preservação permanente em zona urbana, observa que o antigo Código Florestal previa 30 metros para tais áreas, sendo considerada legislação específica em relação art. 3º, parágrafo único, V, da Lei 6.766/79, combinado com o art. 4º, III da Lei 6.766/79, pois este prevê 15 metros para a faixa *"non aedificandi"*, prevalecendo os 30 metros da legislação florestal então vigente (Lei 4.771/65). Assim se manifesta a douta Promotora de Justiça:

> Em 20 de dezembro de 1979, entrou em vigor a Lei 6.766/79, que dispõe 'sobre o Parcelamento do Solo Urbano e dá outras Providências'. Chamada de 'Lei Lehmann', proibiu o parcelamento do solo urbano 'em áreas de preservação ecológica ou naquelas onde a poluição impeça condições sanitárias suportáveis, até a sua correção', além de estabelecer a obrigatoriedade de reserva de uma faixa 'non aedificandi' de 15 metros, de cada lado, ao longo das águas correntes e dormentes e das faixas de domínio público das rodovias, ferrovias e dutos, 'salvo maiores exigências da legislação específica'.
>
> Confrontando tal legislação com a redação do Código Florestal, então em vigor, percebe-se que faixa não edificável, dos corpos d´água de até 30 metros (cf. itens '1' e '2', alínea 'a', do art. 2º)[576] foi fixada em 15 metros, aumentando, pois, a área de preservação permanente nesses casos.[577]

As antigas regras da APP urbana, as quais foram em grande parte mantidas na Lei 12.651/12 (houve mudanças quanto a lagos e a lagoas e diminuídas as dimensões em áreas já consolidadas), segundo entendemos, continuam vigente até o presente momento, pois a Lei 12.651/12, ainda que passível de críticas por alguns quanto a estender muitos de seus dispositivos (não somente sobre APP) à área urbana (visto que editada para abordar questões de meio ambiente natural, visando a preservação, proteção e restauração da flora) constitui-se em *"legislação específica"* para os fins do art. 4º, inciso III, da Lei 6.766/79. Ademais, os artigos 1º-A, IV; art. 3º: VI, VIII, *"b"*, IX, *"c"* e *"d"*, XXVI; art. 4º, *"caput"* e *"b"*; art. 5º, *"caput"*; art. 25, "caput" e II; art. 64, *"caput"* e § 2º, V; art. 65, *"caput"* e § 1º, IX e § 3º e art. 81 não deixou dúvida quanto à correta opção legislativa em disciplinar também aspectos urbanos, inclusive porque meio ambiente natural e meio ambiente urbano, ou, se preferir, meio ambiente e urbanismo, possuem aspectos fáticos e jurídicos muitas vezes inseparáveis e não passíveis de serem disciplinados de maneira independente.

No caso dos lagos e reservatórios artificiais em zonas urbanas, consideramos que o espírito norteador das disposições legais foi o da preservação daqueles reservatórios d'água, que estariam desta forma protegidos pela minimização de processos de assoreamento causados, principalmente, pela erosão em suas áreas marginais,

[576] A legislação revogada (Lei 4.771/65) tinha a seguinte redação, a qual continua semelhante com a atual nesse aspecto: Art. 2º Consideram-se de preservação permanente, pelo só efeito desta Lei, as florestas e demais formas de vegetação natural situadas: a) ao longo dos rios ou de qualquer curso d'água desde o seu nível mais alto em faixa marginal cuja largura mínima será: (Redação dada pela Lei nº 7.803 de 18.7.1989) 1 - de 30 (trinta) metros para os cursos d'água de menos de 10 (dez) metros de largura; (Redação dada pela Lei nº 7.803 de 18.7.1989) 2 - de 50 (cinquenta) metros para os cursos d'água que tenham de 10 (dez) a 50 (cinquenta) metros de largura; (Redação dada pela Lei nº 7.803 de 18.7.1989)

[577] A evolução das APPs e a aplicação do Código Florestal às áreas urbanas. In: BENJAMIN, Antônio Herman; Lecey, Eladio (Coords), Cappelli, Sílvia. Direito ambiental, mudanças climáticas e desastres: impactos nas cidades e no patrimônio cultural. São Paulo: Imprensa Oficial do Estado de São Paulo, 2009, v.1, p. 92

decorrentes de uso desenfreado. Neste caso, a vegetação é considerada de preservação mais pela sua situação geográfica que por suas características fitológicas. De se criticar que em algumas situações tenham sido dispensadas ou deixado a critério do órgão licenciador suas dimensões.

Sobre a importância das áreas de preservação permanente e do seu conceito, visando manter os processos ecológicos essenciais, ou fazer sua reparação integral, assevera a ilustre Promotora de Justiça do Estado de São Paulo, Cristina Godoy de Araújo Freitas que:

> O conceito de Área de Preservação Permanente deve ser aplicado de forma integrada, com ampla diretriz de gestão territorial, o compromisso de preservar as funções ambientais desses espaços territoriais especialmente protegidos, tendo em vista a preservação dos processos ecológicos essenciais, a proteção da integridade de amostras de toda a diversidade de ecossistemas, a proteção ao processo evolutivo das espécies, a preservação e proteção dos recursos naturais.[578]

A autorização para implantação de loteamento em área de preservação permanente, por afronta à lei, torna nulo o ato jurídico-administrativo, podendo haver sua anulação por meio da própria Administração Pública, com base no princípio da autotutela de seus atos administrativos (Súmula 473 do STF), bem como pelo Poder Judiciário. O mesmo pode ocorrer na hipótese de expedição de alvará de construção em lote situado em área de preservação permanente. Situação semelhante a essa foi enfrentada pelo Egrégio Superior Tribunal de Justiça, o qual decidiu que:

> ADMINISTRATIVO – LICENÇA PARA CONSTRUÇÃO. Autorizada a construção sem o prévio cumprimento dos regulamentos administrativos pode ser ela revogada, ou anulada porque deferida ao arrepio da lei, uma vez tratar-se de área considerada como de preservação permanente pela Lei Municipal nº 1.721/79. A concessão do alvará nas condições acima descritas o desqualifica como ato gerador de direito adquirido e afasta a sua presunção de definitividade. Preliminares repelidas. Recursos improvidos.[579]

A proteção das áreas de restinga deve ocorrer não somente junto à orla praiana, mas também nas porções destes ambientes que contornam as áreas de manguezais e se desenvolvem sob a influência das marés, a exemplo do que ocorre nos canais estuarinos, tanto nas áreas urbanas como rurais.[580]

6.5.4. *Espaços não-edificáveis (Faixas "non aedificandi" ao longo de rios, estradas e dutos)*

O Art. 5º da Lei 6.766/79 estabelece que: "*O Poder Público competente poderá complementarmente exigir, em cada loteamento, a reserva de faixa "'non aedificandi' destinada a equipamentos urbanos. Parágrafo único – Consideram-se urbanos os*

[578] O perfil constitucional das áreas de preservação permanente (cursos d´água e reservatórios artificiais), p. 29-30.

[579] Embargos de Declaração, no Recurso Especial no Mandado de Segurança nº 137 – PA (89.0011931-1), 1ª Turma do STJ. Rel. Min. Garcia Vieira – j. 16.05.90.

[580] A Lei 12.651, de 25 de maio de 2012: Relatório do subgrupo de defesa do patrimônio florestal e de combate às práticas rurais antiambientais, p. 42.

equipamentos públicos de abastecimento de água, serviços de esgotos, energia elétrica, coletas de águas pluviais, rede telefônica e gás canalizado."

Paulo Affonso Leme Machado, ao comentar as faixas de proteção denominadas *"non aedificandi"*, explica que elas podem ou não ser obrigatórias. A obrigatória refere-se a 15 metros de cada lado de rodovias, ferrovias e dutos, bem como ao lado de águas correntes de dormentes, isto é, lagos e represas ou açudes. Para o respeitado jurista, as faixas *"non aedificandi"* facultativas, ao lado de equipamentos urbanos, fica a critério do poder público. Já as obrigatórias, vinculam a particulares e a empreendimentos públicos. Em se tratando de florestas de preservação permanente (art. 4º da Lei 12.651/2012), elas serão indenizáveis em caso de terem sido criadas pelo poder público, com base no art. 6º, mas nos demais casos não são indenizáveis.[581]

6.6. Contratos no parcelamento de solo

No presente capítulo, abordaremos as questões contratuais atinentes ao parcelamento de solo disciplinado na Lei 6.766/79 (loteamento e desmembramento) para fins habitacionais. Alguns poucos aspectos contratuais, os quais tiverem mais diretamente relacionados com os registros públicos, serão tratados no próximo capítulo.

6.6.1. Aspectos gerais dos contratos de loteamento e desmembramento

A disciplina dos contratos a serem celebrados entre o loteador e os adquirentes nos contratos de vendas de lotes decorrentes de loteamento e desmembramento está no artigo 25 e seguintes da Lei 6.766/79.

Os compromissos de venda e compra, de cessão e promessa de venda e compra, em relação aos lotes, são irretratáveis, conferindo direito real, inclusive em relação a terceiros, nos termos do art. 25 da LPS, desde que registrados no Ofício de Registro de Imóveis. Eis aí uma das funções do registro público.

As alterações ou cancelamento do loteamento ou desmembramento, ainda que realizados de maneira parcial, dependem de acordo entre loteadores e adquirentes, com aprovação da Prefeitura ou do Distrito Federal, sendo que tal alteração deverá ser averbada no registro de imóveis em complemento ao projeto original, conforme prevê o artigo 28 da lei de parcelamento solo.

Consoante o disposto no art. 29, a morte do loteador ou do adquirente, obriga os sucessores ao comprimento das disposições contratuais, em todas as suas cláusulas, a não ser que o herdeiro renuncie à herança ou legado.

Mesmo a sentença de falência não rescindirá os contratos de compromisso de venda e compra tendo por objeto a venda de lotes ou áreas loteadas para fins residenciais. Caberá ao síndico, caso a falência seja do loteador, dar cumprimento aos contratos. Caso a falência seja do adquirente do lote, seus direitos serão levados à praça pública (Art. 30 da Lei 6.766/79).

581 Direito ambiental brasileiro, p. 482.

No caso de um contrato particular, decorrente de alienação entre o primitivo adquirente e um interessado posterior (2º comprador do lote), esta alienação será lançada no verso do contrato, ou por meio de instrumentos em separado, devendo constar o número do registro do loteamento, o valor da cessão e a qualificação do cessionário, bem como levada a registro. Nessa hipótese, não há necessidade de anuência do loteador em relação à transferência, mas ela deverá lhe ser comunicada por escrito, no prazo de 10 dias, pelo Oficial de Registro (art. 31, § 2º da Lei 6.766/79).

6.6.2. Instrumento de contrato e seu conteúdo mínimo (contrato padrão)

O art. 26 da Lei 6.766/79 possibilita que os lotes sejam alienados por compromisso, cessões ou promessa de cessões, como já consignado, quer por meio de escritura pública ou de instrumento particular, mas deverão atender aos termos de um *contrato padrão*, que contenha pelo menos as indicações previstas em tal dispositivo, a seguir descritas:

> Art. 26. Os compromissos de compra e venda, as cessões ou promessas de cessão poderão ser feitos por escritura pública ou por instrumento particular, de acordo com o modelo depositado na forma do inciso VI[582] do art. 18 e conterão, pelo menos, as seguintes indicações:
>
> I – nome, registro civil, cadastro fiscal no Ministério da Fazenda, nacionalidade, estado civil e residência dos contratantes;
>
> II – denominação e situação do loteamento, número e data da inscrição;
>
> III – descrição do lote ou dos lotes que forem objeto de compromissos, confrontações, área e outras características;
>
> IV – preço, prazo, forma e local de pagamento bem como a importância do sinal;
>
> V – taxa de juros incidentes sobre o débito em aberto e sobre as prestações vencidas e não pagas, bem como a cláusula penal, nunca excedente a 10% (dez por cento) do débito e só exigível nos casos de intervenção judicial ou de mora superior a 3 (três) meses;
>
> VI – indicação sobre a quem incumbe o pagamento dos impostos e taxas incidentes sobre o lote compromissado;
>
> VII – declaração das restrições urbanísticas convencionais do loteamento, supletivas da legislação pertinente.
>
> § 1º. O contrato deverá ser firmado em 3 (três) vias ou extraídas em 3 (três) traslados, sendo um para cada parte e o terceiro para arquivo no registro imobiliário, após o registro e anotações devidas.
>
> § 2º. Quando o contrato houver sido firmado por procurador de qualquer das partes, será obrigatório o arquivamento da procuração no registro imobiliário.
>
> § 3º. Admite-se, nos parcelamentos populares, a cessão da posse em que estiverem provisoriamente imitidas a União, Estados, Distrito Federal, Municípios e suas entidades delegadas, o que poderá ocorrer por instrumento particular, ao qual se atribui, para todos os fins de direito, caráter de escritura pública, não se aplicando a disposição do inciso II do art. 134 do Código Civil. (Incluído pela Lei nº 9.785, de 1999)

---

[582] Art. 18. Aprovado o projeto de loteamento ou de desmembramento, o loteador deverá submetê-lo ao registro imobiliário dentro de 180 (cento e oitenta) dias, sob pena de caducidade da aprovação, acompanhado dos seguintes documentos: [...] VI – exemplar do contrato padrão de promessa de venda, ou de cessão ou de promessa de cessão, do qual constarão obrigatoriamente as indicações previstas no art. 26 desta Lei;

> § 4º. A cessão da posse referida no § 3º, cumpridas as obrigações do cessionário, constitui crédito contra o expropriante, de aceitação obrigatória em garantia de contratos de financiamentos habitacionais. (Incluído pela Lei nº 9.785, de 1999)
>
> § 5º. Com o registro da sentença que, em processo de desapropriação, fixar o valor da indenização, a posse referida no § 3º converter-se-á em propriedade e a sua cessão, em compromisso de compra e venda ou venda e compra, conforme haja obrigações a cumprir ou estejam elas cumpridas, circunstância que, demonstradas ao Registro de Imóveis, serão averbadas na matrícula relativa ao lote. (Incluído pela Lei nº 9.785, de 1999)
>
> § 6º. Os compromissos de compra e venda, as cessões e as promessas de cessão valerão como título para o registro da propriedade do lote adquirido, quando acompanhados da respectiva prova de quitação. (Incluído pela Lei nº 9.785, de 1999) (grifo nosso)

6.6.3. Disciplina da mora do devedor (adquirente)

O inadimplemento das prestações a serem pagas pelo adquirente rescinde o contrato, se no prazo de 30 dias, após a constituição em mora do devedor este não a purgar (pagar as prestações atrasadas). Caberá ao oficial notificar o devedor para satisfazer as prestações vencidas, bem como as que se vencerem até a data do pagamento. Caso efetuado o pagamento o contrato convalescerá. Caso não haja o pagamento das prestações atrasadas, será requerido pelo vendedor ao Oficial de Registro o cancelamento da averbação do contrato (Art. 32, § 2º).

Independentemente da causa de rescisão contratual da venda do lote, o adquirente terá direito à indenização das benfeitorias necessárias e úteis, não havendo qualquer validade jurídica em eventual cláusula em sentido contrário, a qual será tida como leonina, nos termos do art. 35, *"caput"*, da Lei Lehmann. Tal dispositivo está redigido da seguinte forma:

> Art. 35. Ocorrendo o cancelamento do registro por inadimplemento do contrato e tendo havido o pagamento de mais de 1/3 (um terço) do preço ajustado, o Oficial do Registro de Imóveis mencionará este fato no ato do cancelamento e a quantia paga; somente será efetuado novo registro relativo ao mesmo lote, se for comprovada a restituição do valor pago pelo vendedor ao titular do registro cancelado, ou mediante depósito em dinheiro à sua disposição junto ao Registro de Imóveis.

Como se vê, na hipótese de rescisão contratual após o pagamento pelo menos 1/3 do valor contratado, o registro do novo contrato de venda do lote retomado pelo loteador somente poderá ser efetuado caso comprovada a restituição do valor pago ao comprador por parte do vendedor, ou o depósito do valor respectivo junto ao Registro de Imóveis.

Numa primeira interpretação *"a contrário sensu"* do art. 35 da Lei Lehmann, não haveria, por parte do adquirente, direito à restituição, caso o valor pago até o momento da retomada do lote tenha sido inferior a 1/3 do preço ajustado em contrato. Parece-nos não ser essa a intenção da lei, pois dela não consta estar o credor desobrigado à restituição, mas apenas que não fica vedado o registro do contrato de nova venda do mesmo lote a uma terceira pessoa, ainda que o valor não tenha sido restituído, desde que o montante pago seja inferior a um terço. Aliás, conveniente mencionar que a relação entre loteador e adquirente tem a natureza jurídica de consumo, estando regrada pelo Código de Defesa do Consumidor (Lei 8078/90), o qual seu artigo 53, *"caput"*, assim preceitua:

> Art. 53. Nos contratos de compra e venda de móveis ou imóveis mediante pagamento em prestações, bem como nas alienações fiduciárias em garantia, *consideram-se nulas de pleno direito as cláusulas que estabeleçam a perda total das prestações pagas em benefício do credor que, em razão do inadimplemento, pleitear a resolução do contrato e a retomada do produto alienado.*

6.6.4. Disciplina da mora do credor (parcelador/loteador)

Como forma de defesa do adquirente do imóvel, este poderá suspender o pagamento das prestações, caso verifique que o loteamento ou desmembramento não se encontre regularmente registrado ou mesmo executado pela Prefeitura Municipal ou Distrito Federal. Nessa hipótese, os pagamentos restantes serão efetuados junto ao Registro de Imóveis, que os repassará a estabelecimento bancário, em conta com rendimentos de juros e correção monetária. Entretanto, este depósito dependerá de autorização judicial, consoante previsto no art. 38, § 1º, da lei de parcelamento do solo.

Sobre a finalidade do depósito judicial, certa feita comentamos que:

> Lembre-se que o parcelamento ilegal gera, por um lado, afetando o parcelador, a suspensão da exigibilidade das prestações vincendas; mas não libera o compromissário comprador do dever de pagá-las. Daí a necessidade dos depósitos, que terão por fim não apenas o interesse particular dos adquirentes de lotes (quanto à obrigação de pagar as prestações), mas, sobretudo, o interesse público também voltado à garantia econômica da regularização do parcelamento, para fins de eventual indenização.
>
> Estes depósitos, que podem anteceder ao procedimento de regularização do parcelamento do solo e podem perdurar no curso deste, até a regularização final, são realizados em estabelecimentos de crédito, em conta bancária conjunta, em nome do interessado (adquirente do lote) e do cartório de Registro de Imóveis, rendendo juros e correção monetária, movimentadas apenas mediante autorização judicial (item 194 do capítulo XX do Prov. CG 58/89[583] e o art. 38, § 1º, da Lei nº 6.766/79), não havendo, entretanto, em princípio, necessidade de prévia autorização judicial para cada depósito.[584]

Na hipótese de o vendedor se recusar a receber os pagamentos pelo lote, os valores respectivos serão depositados junto ao Ofício de Registro de Imóveis. Então, o oficial notificará o credor para receber as importâncias depositadas, sendo que após 15 dias o pagamento será tido como efetuado, a não ser que haja impugnação ao depósito, com a justificativa de inadimplemento do devedor, para fins de rescisão do contrato, conforme previsão do artigo 32, § 2º, da Lei 6.766/79, já comentado.

Na hipótese de suspensão do pagamento por irregularidade no loteamento, o loteador deverá ser notificado pelo Ministério Público, pelo Município ou pelo Distrito Federal (se situado o parcelamento em seu território), para registro do loteamento ou execução das benfeitorias, nos termos do art. 38, § 2º, da *"Lei Lehmann"*.

---

583 Da Egrégia Corregedoria Geral da Justiça do Estado de São Paulo.

584 CASTANHEIRO, Ivan Carneiro. Parcelamentos Irregulares e Clandestinos e Responsabilidade Civil, p, 215-216.

Após a regularização do loteamento, o loteador poderá promover o levantamento dos valores depositados em cartório, com os acréscimos de correção monetária e juros, mas antes disso deverá haver manifestação da Prefeitura Municipal (Município) ou do Distrito Federal, bem como concordância do Ministério Público. Nessa hipótese, as parcelas restantes poderão ser pagas diretamente pelo adquirente ao loteador, sendo que para tanto o Oficial de Registro de Imóveis fará comunicação aos adquirentes (art. 38, § 4º, da Lei 6.766/79).

Caso a regularização do loteamento não tenha ocorrido antes do prazo para pagamento de todas as prestações, o loteador não poderá exigir o recebimento das prestações depositadas, por óbvio. Tal disciplina está art. 38, § 5º, da Lei 6.766/79. Nessa hipótese, se por ventura a Prefeitura Municipal tiver efetuado a regularização, nos termos do art. 40, caber-lhe-á o levantamento de tais depósitos, consoante o disposto no art. 40, § 3º de tal diploma legal. Será necessário comprovar as despesas com a regularização, "*parecendo-nos mais adequado que o procedimento de levantamento do depósito tenha natureza jurisdicional, ainda que essa forma não seja a mais prática.*"[585]

6.7. Registro público e parcelamento de solo

6.7.1. Aspectos gerais

As questões registrárias em matéria de parcelamento do solo são da maior importância, visando trazer segurança jurídica para os adquirentes, bem como transparência e acesso à informação por parte da sociedade, dos agentes econômicos de uma maneira geral, mercado imobiliário e dos órgãos públicos, em questão tão sensível como são a ordenação do uso e ocupação do solo e o direito de propriedade, da maior seriedade para a segurança jurídica, patrimonial e social de todos.

A base legal para os assuntos relativos aos registros dos parcelamentos de solo no Serviço de Registro de Imóveis é a Lei 6.766/79, a Lei 6015/73 (Lei dos Registros Públicos – LRP), a Lei 13.465/17 (Lei de Regularização Fundiária Urbana – Reurb), bem como Pareceres aprovados pela Corregedor Geral da Justiça, dos quais normalmente se originam a criação ou alteração de Provimentos e/ou alteração das Normas de Serviços das Corregedorias Gerais da Justiça, nos respectivos Estados.

O registro do parcelamento também é decisivo para a caracterização dos parcelamentos clandestinos e irregulares, pois estes tipificam ilícitos penais (art. 50, I; art. 50, parágrafo único, incisos I e II; art. 52 da Lei 6.766/79).

Sobre as características e importância do registro imobiliário brasileiro, anota Sérgio Jacomino:

> O registro imobiliário no Brasil, inspirado desde seu nascedouro por um modelo inteiramente baseado na economia agrária, concebido somente para a proteção do crédito fundiário, na metade deste século vê-se confrontado com o fenômeno da industrialização e urbanização cada vez mais crescentes – o que acabou por impor uma nova pauta na reflexão acerca de sua necessidade e importância atuais. Instaurou-se

[585] CASTANHEIRO, Ivan Carneiro. Parcelamentos Irregulares e Clandestinos e Responsabilidade Civil, p. 217.

então, novo modelo – agora vocacionado à ampla tutela preventiva de conflitos, sofisticado sistema de publicidade fundiária, ocupando um amplo aspecto na galáxia da segurança jurídica.[586]

A situação jurídica do parcelamento do solo, em geral, começa a ser investigada a partir do teor do registro do imóvel.

No tocante às funções do registro imobiliário quanto ao parcelamento de solo, é ele organizado de forma técnica, colocado à disposição da sociedade, com o objetivo de dar autenticidade, publicidade e eficácia aos atos jurídicos, bem como garantir segurança às relações jurídicas entre os indivíduos, conforme preceitua o art. 1º, § 1º, IV, da Lei 6015/73.

Sobre o conceito e importância do Registro Público, anota Paulo Afonso Cavichioli Carmona:

> O registro imobiliário possui função institucional e pode ser conceituado como o ato formal e solene, de natureza oficial e pública, que materializa e estrutura o direito de propriedade imobiliária, dando a este o seu conteúdo específico individual. É considerado ato administrativo, tanto em razão de seu campo de eficácia, como em razão da qualidade do órgão emissor, que atua com delegação estatal e, por isso, ostenta as presunções legais de veracidade, legalidade e legitimidade, aparelhados para declarar e constituir o direito de propriedade.[587]

Quanto aos princípios vigentes e que norteiam toda a atividade registrária, importante relacioná-los, com breves explicações. São eles:

a) *Legalidade* – deve o registrador examinar a legalidade, validade, bem como a eficácia dos títulos apresentados à inscrição imobiliária. Os que apresentarem vícios formais ou materiais devem ser devolvidos ao interessado para as devidas retificações, conforme art. 198 da Lei de Registros Públicos (LRP – Lei 6.015/73). Em não concordando com as exigências do Oficial de Registro, a *"Dúvida"* será dirimida pelo Juiz Corregedor do Registro Imobiliário, uma atividade com natureza administrativa e não jurisdicional do magistrado, nada impedindo que tal decisão venha ser posteriormente discutida em juízo, iniciando-se em primeiro grau de jurisdição (art. 5º, inciso XXXV, da CF e art. 205 da Lei de Registros Públicos);

b) *Especialidade* (ou determinação): para que a inscrição possa ser efetuada, tanto a descrição do imóvel (especialidade objetiva) quanto à do sujeito do direito (especialidade subjetiva) devem guardar perfeita correlação com o registro anterior;

c) *Disponibilidade* – não há como transmitir direitos a quem não uso possui. Portanto, o Oficial de Registro de Imóveis deverá verificar a disponibilidade física, a área disponível do imóvel, assim como a disponibilidade jurídica,

586 Parcelamento de solo urbano, o consumidor e o registro imobiliário. Parcelamento de solo urbano, o consumidor e o registro imobiliário. In: FREITAS, José Carlos de. Temas de direito urbanístico 2. Imprensa Oficial: Ministério Público do Estado de São Paulo, 2000, p. 258.

587 Curso de direito urbanístico, p. 366.

com objetivo de identificar se há situação jurídica legal por parte da pessoa vinculada ao ato de disposição do bem;

d) *Continuidade* - caso o imóvel não esteja matriculado ou registrado em nome do outorgante, deverá ser exigida matrícula prévia e o registro anterior, para manter a continuidade do registro, nos termos do art. 195 da LRP, de maneira a gerar um encadeamento de titularidade dos direitos reais e contribuir para a segurança jurídica;

e) *Publicidade* - a publicidade registrária possui três funções: *transmitir conhecimento* a terceiros interessados ou não interessados quanto ao conteúdo do registro; *sacrificar parcialmente a privacidade* e intimidade das pessoas, fornecendo informações sobre bens e direitos, estabelecido em benefício de garantias do registro; serve para *fins estatísticos*, de acordo com o interesse nacional, bem como para fiscalização pública;

f) *Fé pública* - trata-se de relação jurídica dando fé pública aos direitos reais inscritos, de maneira a restringir novos registros em havendo direitos reais proibindo a disponibilidade;

g) *Presunção* - No sistema registrário brasileiro existe uma presunção relativa quanto à fé pública registral, com base no art. 1.231 do Código Civil, admitindo-se prova em contrário;

h) *Inscrição* - *"a constituição, a transmissão e a extinção de direitos reais sobre imóveis por atos 'inter vivos', ocorre por meio de inscrição no registro"*;

i) *Instância* - Ao oficial somente é permitida a prática de atos em havendo provocação da parte, exceto as hipóteses de retificação *"ex ofício"*;

j) *prioridade* ou preferência - quem apresentar previamente o título terá prioridade *"erga omnes"*, com preferência na efetivação do registro, razão pela qual os títulos são prenotados, recebendo o número de ordem no protocolo (art. 182 e 186 da LRP e artigos 1.246, 1.422 e 1.423 do Código Civil);

l) *Territorialidade* - em razão de determinação legal, o registro somente pode ser efetuado no cartório de situação do imóvel (art. 169/171 da Lei 6015/73).[588]

Anota Paulo Afonso Cavichioli Carmona que a principal crítica aos Registros Públicos, no aspecto imobiliário, é a de que para os atos registrais são cobrados altos valores, no tocante à matrícula, averbações e expedições de certidões. Isso acaba excluindo parcela considerável da população, gerando informalidade urbanística nas cidades, especialmente em relação à população mais pobre. Entretanto, observa o autor, o Estatuto da Cidade, por meio das diretrizes de política urbana, especialmente na regularização fundiária (art. 2º, inciso XIV), bem como na simplificação da legislação de parcelamento, uso e ocupação do solo e das normas edilícias, teve como escopo a redução dos custos e o aumento da oferta de lotes e unidades habitacionais, conforme disposto no art. 2º, inciso XV da Lei 10.257/00.[589]

---

588 CARMONA, Paulo Afonso Cavichioli. Curso de Direito Urbanístico, p. 334-336.

589 Op. cit., p. 336.

Nesse sentido, conveniente anotar a gratuidade no primeiro registro imobiliário de unidades de habitação de habitação de baixa renda (Regularização Fundiária Urbana de Interesse Social - Reurb-S), previsto na Lei 13.465 (arts. 13, § 1º[590] e art. 86)[591], cujos recursos financeiros para compensar as isenções (totais ou parciais) podem ser oriundas do Fundo Nacional de Habitação de Interesse Social - FNHIS, criado pela Lei nº 11.124, de 2005, ou criados por Estados e Distrito Federal, conforme preveem os art. 57 e 90 do Decreto 9.310/18.

A área íntegra antes de seu fracionamento para fins de habitação (gleba) perderá sua individualidade formal com o registro do parcelamento, abrindo-se uma matrícula para cada lote, bem como matrícula para as áreas públicas (vias e praças, os espaços livres e as áreas destinadas a edifícios públicos e outros equipamentos urbanos), nos termos do art. 22 da *"Lei Lehmann"*, encerrando-se a *"matrícula-mãe"*. Mesmo em caso de o loteamento implantado ainda não estar registrado, tais áreas poderão ser transferidas para o domínio do Município, bastando a apresentação de planta do parcelamento, com a indicação das áreas de uso público (art. 22, parágrafo único).

Também na hipótese de burla à forma de parcelamento prevista na Lei 6.766/79, como na venda de partes ou frações ideais de imóveis, de empreendimentos na forma de *"Condomínio Especial"* ou com fraude à Lei 4.591/64, será fundamental para a correta caracterização da conduta dos parceladores investigar a forma como foi apresentado e registrado o fracionamento do imóvel no Registro de Imóveis. Na venda simulada de parte ideal haverá o fracionamento físico da gleba, mas oficialmente todo serão proprietários conjuntos de uma unidade indivisa, sem discriminação registrária dos lotes por adquirente e por matrícula, embora normalmente haja planta informal (não levada a registro) com a situação física resultante do retalhamento da gleba, ou seja, fracionada em unidades (lotes com infraestrutura ou terreno sem infraestrutura), com as específicas e respectivas localizações no todo da área matriculada como se fosse única e não retalhada em partes.

Conforme anota Stela Tinone Kuba:

> cumpre salientar que a regularização dos parcelamentos clandestinos passa não só pelo equacionamento das questões urbanísticas (execução de obras de infraestrutura, destinação de áreas públicas, entre outros), como também as administrativas (aprovação

[590] § 1º Serão isentos de custas e emolumentos, entre outros, os seguintes atos registrais relacionados à Reurb-S: I – o primeiro registro da Reurb-S, o qual confere direitos reais aos seus beneficiários; II – o registro da legitimação fundiária; III – o registro do título de legitimação de posse e a sua conversão em título de propriedade; IV – o registro da CRF e do projeto de regularização fundiária, com abertura de matrícula para cada unidade imobiliária urbana regularizada; V – a primeira averbação de construção residencial, desde que respeitado o limite de até setenta metros quadrados; VI – a aquisição do primeiro direito real sobre unidade imobiliária derivada da Reurb-S; VII – o primeiro registro do direito real de laje no âmbito da Reurb-S; e VIII – o fornecimento de certidões de registro para os atos previstos neste artigo.

[591] Art. 86. As pessoas físicas de baixa renda que, por qualquer título, utilizem regularmente imóvel da União, inclusive imóveis provenientes de entidades federais extintas, para fins de moradia até 22 de dezembro de 2016, e que sejam isentas do pagamento de qualquer valor pela utilização, na forma da legislação patrimonial e dos cadastros da Secretaria do Patrimônio da União (SPU), poderão requerer diretamente ao oficial de registro de imóveis, mediante apresentação da Certidão de Autorização de Transferência (CAT) expedida pela SPU, a transferência gratuita da propriedade do imóvel, desde que preencham os requisitos previstos no § 5º do art. 31 da Lei nº 9.636, de 15 de maio de 1998. § 1º. A transferência gratuita de que trata este artigo somente poderá ser concedida uma vez por beneficiário. § 2º. A avaliação prévia do imóvel e a prévia autorização legislativa específica não configuram condição para a transferência gratuita de que trata este artigo.

dos órgãos públicos competentes) e registrárias. Isto porque somente após o registro do parcelamento é que os lotes passaram a ter existência jurídica.[592]

Dentre as finalidades do registro do parcelamento do solo, está a de instituir a existência jurídica de quadras, lotes, bem como a constituição e direitos reais sobre os lotes, assegurando-se a publicidade destes em relação a terceiros.[593] Haverá, portanto, segurança jurídica na constituição do loteamento e comercialização dos lotes dele derivados, com esses registros. Também ficará garantido, como já se disse, o registro do domínio municipal sobre as áreas institucionais (áreas públicas) e a impossibilidade de sua desafetação (ainda que haja divergências quanto a poder ou não a lei municipal posteriormente lhe desafetar).

A *fase registrária* é, propriamente, a ocasião em que o parcelamento ingressa no mundo jurídico. Até a realização do registro, a gleba dividenda permanece intacta, não se podendo falar na existência de quadras e lotes, cuja constituição só ocorre com a fragmentação do imóvel originário, por ele efetivada.[594] Nessa fase, ainda não é possível a venda ou promessa de venda de lotes (artigo 37 da Lei nº 6.766/79), a qual somente pode ocorrer após o registro[595], sob pena de caracterização de crime (art. 50, parágrafo único, inciso I), como adiante se verá.

A importância do registro do loteamento é tão grande que o art. 39 da Lei 6.766/79, visando incentivá-lo, prevê que mesmo havendo o inadimplemento do adquirente no pagamento das prestações decorrentes da aquisição do lote, não caberá a rescisão do contrato por parte do loteador, caso o parcelamento não esteja devidamente inscrito no registro imobiliário. Nessa mesma linha de raciocínio, prevê o artigo 42 que os lotes de terreno ainda não vendidos ou compromissados, em loteamentos ou desmembramentos não registrados, não serão considerados como loteados ou loteáveis, para fins de indenização, em hipóteses de desapropriações.

Aliás, o artigo 44 *"Lei Lehmann"* prevê a possibilidade de expropriação de áreas urbanas ou de expansão urbana, para fins de loteamento, demolição, reconstrução e incorporação, com a preferência dos expropriados na aquisição de novas unidades. Novamente reforçando a importância do registro público, seu artigo 46 prevê que o loteador não poderá fundamentar qualquer ação judicial, ou defesa e ações propostas na lei mencionada, sem antes apresentar os registros e contratos por ela citados.

6.7.2. Registro como condição prévia para a venda e demais efeitos

Fica vedada qualquer alienação de parcela de loteamento ou de desmembramento, enquanto não houver sido registrado o parcelamento do solo, consoante as disposições do art. 37, da 6.766/79. Eis mais uma das funções o registro de imóveis.

592 Parcelamento do solo – Questões Registrárias. "In": FINK, Daniel Roberto. Manual Prático da Promotoria de Justiça de Habitação e Urbanismo. São Paulo: Imprensa Oficial do Estado: Ministério Público do Estado de São Paulo, 2005, p. 94.

593 Kuba, Stela Tinone, Parcelamento do solo – Questões Registrárias, p. 94.

594 Darcy Bessone, *Da compra e venda: promessa & reserva de domínio*, 3ª ed., São Paulo, Saraiva, 1988, p. 86; Sérgio A. Frazão do Couto, *Manual teórico e prático do parcelamento urbano*, Rio de Janeiro, Ed. Forense, 1981, pág. 175.

595 CASTANHEIRO, Ivan Carneiro. Parcelamentos Irregulares e Clandestinos e Responsabilidade Civil, p. 212-213.

Nos termos do artigo 18 da Lei 6.766/79, após aprovar o parcelamento do solo perante a Prefeitura Municipal, terá o loteador o prazo de 180 dias para registrá-lo no Ofício de Registro de Imóveis, sob pena de caducidade da aprovação pelo Município ou Distrito Federal.

Os documentos necessários ao registro do parcelamento de solo estão previstos no art. 18 da Lei 6.766/79, sendo condição para a venda dos lotes.

O registro do parcelamento do solo para fins de habitação de interesse popular foi facilitado, em razão da alteração do § 4º do artigo 18 da Lei 6.766/79, pela Lei 9.785/99. Agora, não há mais necessidade de apresentação do registro de propriedade quando da entrada do requerimento de registro do parcelamento. O dispositivo refere-se à gleba na qual tenha sido declarada de utilidade pública, para fins de desapropriação, visando habitação popular, bastando a imissão provisória na posse.

Também é de se destacar do dispositivo supracitado que o prazo máximo para a execução completa do cronograma de obras de infraestrutura constante do projeto de loteamento é de quatro anos (art. 18, inciso V, da Lei Lehmann).

A legislação municipal não poderá deixar de exigir, como obras de infraestrutura, a execução das vias de circulação do loteamento, demarcação dos lotes, quadras e logradouros e das obras de escoamento das águas pluviais (art. 18, inciso V, da Lei 6.766/79), as quais deverão constar do projeto, a ser posteriormente registrado no Ofício de Registro de Imóveis. Tratam-se, como menciona o próprio dispositivo, dos requisitos mínimos para aprovação do loteamento, podendo a legislação local fazer outras exigências estruturais, dentro de sua competência legislativa para regular o uso e ocupação do solo, prevista no art. 30, inciso VIII, da Carta Magna.

A venda dos lotes sem registro caracteriza crime (art. 50 da Lei 6.766/79), por ele respondendo todos aqueles que de alguma forma concorrem para a venda, como no caso do corretor imobiliário ou qualquer outra espécie de intermediário/facilitador (art. 51).

6.7.3. Registro do parcelamento de glebas situadas em mais de uma circunscrição imobiliária

Na hipótese de área loteada situar-se em mais de uma circunscrição imobiliária, o registro será efetuado naquela onde estiver a maior porção da gleba, com posterior registro do loteamento nas demais, conforme previsto no art. 21 da Lei de Parcelamento do Solo, ficando vedado que o registro seja feito simultaneamente em mais de uma circunscrição, bem como se tentar efetuar o registro do loteamento em outra circunscrição, caso o primeiro registrador tenha indeferido-o. Portanto, após o registro na circunscrição imobiliária onde estiver a maior parte da gleba, o loteamento deverá ser sucessivamente registrado nas demais circunscrições em que se localizar a gleba.

Não poderá haver vendas de lotes enquanto não efetivado o registro em todas as circunscrições imobiliárias. O indeferimento do registro em uma delas impedirá o parcelamento do solo. Um mesmo lote não poderá situar-se em circunscrições imobiliárias distintas, embora, como visto, inexiste impedimento para que a gleba esteja situada em várias circunscrições imobiliárias.

6.7.4. Da transferência para o domínio público das áreas destinadas ao uso público

Após o registro do parcelamento do solo no Serviço de Registro de Imóveis, as áreas públicas (praças, espaços livres, as ruas e áreas institucionais) passam a integrar o domínio do município, como já foi visto anteriormente, devendo ser aberta uma matrícula para cada uma dessas áreas, nos termos do projeto e memorial descritivo aprovado pelo Município ou Distrito Federal, conforme art. 22 da Lei 6.766/79, *"in verbis"*:

> Art. 22. Desde a data de registro do loteamento, passam a integrar o domínio do Município as vias e praças, os espaços livres e as áreas destinadas a edifícios públicos e outros equipamentos urbanos, constantes do projeto e do memorial descritivo.
>
> Parágrafo único. Na hipótese de parcelamento do solo implantado e não registrado, o Município poderá requerer, por meio da apresentação de planta de parcelamento elaborada pelo loteador ou aprovada pelo Município e de declaração de que o parcelamento se encontra implantado, o registro das áreas destinadas a uso público, que passarão dessa forma a integrar o seu domínio. (Incluído pela Lei nº 12.424, de 2011)

As áreas públicas serão registradas nos termos do art. 20, da Lei 6.766/79, ou seja:

> Art. 20. O registro do loteamento será feito, por extrato, no livro próprio.
>
> Parágrafo único – No Registro de Imóveis far-se-á o registro do loteamento, com uma indicação para cada lote, a averbação das alterações, a abertura de ruas e praças e as áreas destinadas a espaços livres ou a equipamentos urbanos.

6.7.5. Cancelamento do loteamento: hipóteses

Quanto ao cancelamento do registro do parcelamento, nos termos do artigo 23 da Lei 6.766/79, ele somente poderá ocorrer em caso de decisão judicial; ou por requerimento do loteador, desde que haja anuência da Prefeitura Municipal ou do Distrito Federal (caso o loteamento ali se situe – vide art. 32, 1º, da CF, pois caberá ao DF exercer as competências do Estado e dos Municípios) e enquanto nenhum lote houver sido objeto de contrato de venda e compra.

A outra hipótese de cancelamento refere-se a requerimento conjunto do loteador e de todos os adquirentes para o cancelamento do registro. Entretanto, também com o assentimento da Prefeitura Municipal ou Distrito Federal, conforme o caso. A objeção da Prefeitura ao cancelamento poderá ocorrer quando houver comprovado inconveniente ao desenvolvimento urbano ou já tiverem sido realizadas melhorias na área loteada ou adjacência, nos termos do parágrafo primeiro do artigo 23.

6.7.6. O papel do registrador imobiliário no registro de parcelamento de solo e suas consequências

O papel do Oficial de Registro de Imóveis no registro do parcelamento não é e nem pode ser o de simples e formal conferidor da exatidão dos documentos, cabendo-lhe investigar e denunciar eventuais indícios de fraude no parcelamento do solo. Nesse sentido a Apelação Cível 72.365-0/7, pela qual o Conselho Superior da Magistratura paulista assentou que o registro do parcelamento do solo não é uma simples conferência documental. Pode o registrador recusá-lo, na hipótese de evidências de parcelamento irregular do solo, por fraude ou ofensa à legislação vigente. No caso, a hipótese era de fraude ao condomínio tradicional, ou parcelamento do solo em partes ideais, como informa Luis Paulo Aliende Ribeiro, então Juiz Auxiliar da Corregedoria Geral da Justiça do Estado de São Paulo, atual Desembargador do Egrégio Tribunal de Justiça do Estado de São Paulo. Assinala o autor que:

> [...] o Conselho Superior da Magistratura explicitou, no arresto referido, o entendimento administrativo de que a qualificação registrária não é um simples processo mecânico, chancelador dos atos já praticados, mas parte, isso sim, de uma análise lógica, voltada para a perquirição da compatibilidade entre os assentamentos registrários e os títulos causais (judiciais ou extrajudiciais), sempre feita à luz das normas cogentes em vigor, o que autoriza e impõe a recusa do registro sempre que o oficial registrador verifique, em face da análise de elementos registrários, entendido como tais os dados constantes das matrículas que revelem evidência de parcelamento irregular do solo, a existência de fraude e de ofensa a legislação cogente.[596]

Prevê o art. 19 da Lei 6.766/79 que, estando a documentação prevista no art. 18 conforme, o Oficial de Registro publicará, na forma de resumo, o desenho do loteamento pelo prazo de três dias, podendo haver impugnação no prazo de 15 dias, a contar da última publicação. O loteamento será registrado caso não haja impugnações. Em havendo, os autos serão remetidos ao Juiz Corregedor dos Registros Imobiliários, pelo Oficial, para decisão, conforme previsto no art. 19, § 1º. Em juízo, inicialmente haverá manifestação do Promotor de Justiça de Registros Públicos, no prazo de cinco dias (Art. 19, § 2º)[597].

Em havendo registro do parcelamento, de forma ilegal, pelo Registrador Imobiliário, este será multado em 10 vezes o valor dos emolumentos regimentais, nos termos do art. 19, § 4º, da Lei de Parcelamento do Solo, sem prejuízo de, se o caso, responder pelo delito previsto no art. 52, lavrado nos seguintes termos:

> Art. 52. Registrar loteamento ou desmembramento não aprovado pelos órgãos competentes, registrar o compromisso de compra e venda, a cessão ou promessa de cessão de direitos, ou efetuar registro de contrato de venda de loteamento ou desmembramento não registrado.
>
> Pena: Detenção, de 1 (um) a 2 (dois) anos, e multa de 5 (cinco) a 50 (cinquenta) vezes o maior salário mínimo vigente no País, sem prejuízo das sanções administrativas cabíveis.

---

596 A indevida utilização do condomínio tradicional para o parcelamento do solo em parte ideais: fraude à lei impeditiva do registro imobiliário. In: FREITAS, José Carlos de (Org.). Temas de direito urbanístico 3. São Paulo: Ministério Público do Estado de São Paulo e Imprensa Oficial do Estado, 2.001, p. 370.

597 O ideal seria que houve consulta do(a) Promotor(a) de Justiça de Registros Públicos ao Promotor(a) de Justiça de Habitação e Urbanismo, com manifestação conjunta (princípio da unidade do Ministério Público) ou mesmo uma manifestação do último membro ministerial, em caso de discordância e/ou indício de fraude.

De se consignar, ainda, que o Oficial registrador poderá ser chamado a indenizar os prejudicados, em razão de eventuais falhas que cometer nos procedimentos de registro de loteamento, com fulcro no artigo 186 e 187 do Código Civil, combinado com o art. 927, todos do Código Civil (Lei 10.406/02).

Após o registro do loteamento, o Oficial comunicará ao Município ou o Distrito Federal do Registro do loteamento, por meio de certidão (art. 19, § 5º).

Também contribuiu no combate aos parcelamentos clandestinos, decisão da Egrégia Corregedoria Geral da Justiça do Estado de São Paulo, proferida no processo CG nº 2.588/00, em caráter normativo, vedando aos registradores públicos o registro de empreendimento com fraude à lei de parcelamento do solo. Eis o teor da ementa:

> a) aos notários e registradores do Estado São Paulo, sempre que, no exercício de sua atividade, vierem a ter ciência de fundados indícios de efetivação de parcelamento irregular, que promovam a remessa das informações relativas ao fato para o Juiz Corregedor Permanente, para o Ministério Público e para a Prefeitura Municipal; e b) aos tabeliães de notas que se abstenham de lavrar atos notariais que tenham por objeto negócio jurídico de alienação de frações sempre que a análise de elementos objetivos revelem a ocorrência de fraude à legislação cogente disciplinadora do parcelamento do solo, determinando, quando da insistência dos interessados na lavratura do ato notarial, a obrigatória inserção, no instrumento público que formalizar o negócio jurídico, de expressa declaração das partes da ciência de que a transmissão de fração ideal para a formação de condomínio tradicional não implica na alienação de parcelas certa e localizada de terreno

6.7.6.1. Do procedimento de dúvida registrária quanto aos parcelamentos de solo

O artigo 185 e seguintes da Lei de Registros Públicos (Lei 6.015/73) disciplina a apresentação de documentos ao Serviço de Registro de Imóveis. No artigo 198 é previsto que se após conferir a documentação do apresentante e lhe fazer exigências de esclarecimentos, complementação ou correções da documentação apresentada a registro (se isso for necessário), o apresentante, caso não se conforme com a exigência ou não podendo cumpri-la, poderá solicitar que submetida à decisão judicial, para esclarecimento da dúvida surgida. Assim dispõe o mencionado regramento:

> Art. 198. Tomada a nota da apresentação, e conferido o número de ordem, o oficial verificará a legalidade e a validade do título, procedendo ao registro, se o mesmo estiver em conformidade com a lei, no prazo máximo de dez (10) dias úteis, salvo no caso previsto no parágrafo único do artigo 7º do Decreto-Lei nº 549, de 24 de abril de 1969, em que o prazo será de três (3) dias úteis.
>
> § 1º. O oficial fará essa verificação no prazo improrrogável de cinco (5) dias úteis, e poderá exigir que o apresentante ponha o documento em conformidade com a lei, concedendo-lhe, para isso, prazo razoável.
>
> § 2º. O oficial indicará por escrito a exigência cuja satisfação seja necessária ao registro. Não se conformando o apresentante com a exigência do oficial ou não podendo satisfazê-la, será o título a seu requerimento e com a declaração de dúvida, remetido ao juízo competente para dirimi-la.

Se o Juiz julgar procedente a dúvida, estará dando razão ao oficial de registro de imóveis, devendo atender o apresentante às exigências como condição o registro pretendido. Caso a dúvida seja julgada improcedente, deverá haver o registro, sendo que o oficial anotará que assim o procede em razão da determinação judicial. A respeito, vale conferir os dispositivos abaixo, todos da Lei de Registros Públicos:

> Art. 204. Julgada improcedente a dúvida, o interessado apresentará de novo os seus documentos, com o respectivo mandado, e o oficial, procederá, desde logo, ao registro, declarando, na coluna de anotações do protocolo, que a dúvida foi julgada improcedente, arquivando-se o mandado ou a cópia da sentença. Se julgada procedente, expedir-se-á mandado ao oficial que cancelará a prenotação.
>
> Art. 205. A denegação do registro não impedirá o uso do processo contencioso competente.

Explicando a respeito do procedimento quanto à dúvida registrária Toshio Mukai, Alaôr Caffé Alves e Paulo José Villela Lomar ressaltam que na hipótese de o interessado não se conformar com as exigências efetuadas pelo Registrador de Imóveis, ou caso não possa satisfazê-las, poderá suscitar dúvida, nos termos do art. 198 da Lei de Registros Públicos. O oficial, então, cientificará pessoalmente o apresentando dos termos da dúvida, fornecendo-lhe cópia, e notificá-lo-á a impugná-la perante o juiz competente, no prazo de 15 dias. Em não havendo impugnação, preceitua o art. 199 que haverá a sentença, julgando a dúvida. Entretanto, antes disso, haverá oitiva do Ministério Público, no prazo de 10 dias, conforme previsão do artigo 200 da Lei 6.015/73. A decisão será proferida caso não haja diligências, no prazo de 15 dias. Após o trânsito em julgado da decisão, haverá prosseguimento, nos termos do art. 203 da Lei de Registros Públicos.[598]

Sobre o procedimento de dúvida (suscitada pelo registrador ao Juiz Corregedor dos Registros Públicos, a requerimento do interessado) e a denominada "dúvida inversa", solicitada pelo interessado diretamente ao Juiz Corregedor, ensina Ivanildo Figueiredo que:

> Quando o oficial de Registro de Imóveis formula exigência que impeça a averbação ou o registro do título apresentado no cartório, a parte interessada, se não estiver convencida do acerto ou procedência dessa exigência, pode requerer a instauração do procedimento administrativo de suscitação de dúvida.
>
> A suscitação de dúvida é um procedimento administrativo especial, mas que será decidido na esfera judicial, através de uma sentença. Quem deve suscitar a dúvida é o próprio oficial de registro, a pedido do interessado, através de petição devidamente instruída, ao juízo competente, que no caso da Comarca do Recife, é uma das Varas de Sucessões e Registros Públicos.
>
> Antes de enviar o requerimento de suscitação de dúvida ao juiz, o oficial do Cartório de Imóveis "dará ciência dos termos da dúvida ao apresentante, fornecendo-lhe cópia da suscitação e notificando-o para impugná-la, perante o juízo competente, no prazo de 15 dias" (art. 198, III).
>
> Com ou sem impugnação do interessado, o juiz envia o processo ao Ministério Público, para emitir parecer, e, se não forem requeridas diligências, o juiz proferirá sentença (artigos 200 e 201). Na prática registral, existe uma modalidade de processamento administrativo de exigências, que é a dúvida inversa. Nela, quem aciona o juiz da Vara de Registros Públicos é o interessado. Em determinados casos, quando o oficial não remete a tempo o pedido de dúvida ou a parte considera a exigência sem amparo

[598] Comentários à Lei de parcelamento do solo urbano: Lei nº 6.766, de 19/12/79, p. 93.

legal, ela pode suscitar diretamente a dúvida. Na dúvida inversa, recebido o pedido, o juiz mandará comunicar o oficial de registro para que este se pronuncie.

A jurisprudência vem admitindo a suscitação de dúvida inversa como medida de economia processual, como no seguinte acórdão do Conselho Superior da Magistratura de São Paulo: "Cédula rural pignoratícia. Penhor agrícola – prazo. Dúvida inversa. Registro de Imóveis – dúvida inversa que, nada obstante a ausência de previsão normativa, deve ser conhecida por economia procedimental – Ingresso no registro de cédula rural pignoratícia obstado por excesso na previsão de prazo do penhor agrícola, que não pode exceder de 3 anos, prorrogável por mais 3 – Inteligência do artigo 61 do Decreto-Lei 167/67 – Recurso provido para afastar o óbice processual e, no mérito, pelo art. 515, § 3º, do Código de Processo Civil c/c o art. 202 da Lei de Registros Públicos, mantida a negativa de registro." (Apelação Cível nº 529-6/6, Urupês, julgada em 23/03/2006, DOE de 30/06/2006).[599]

7. OUTRAS FORMAS DE PARCELAMENTO DO SOLO URBANO: "LOTEAMENTOS DEITADOS", "LOTEAMENTOS FECHADOS", "CONDOMÍNIO ESPECIAL" E "CONDOMÍNIO DE LOTES"[600]

7.1. Razões e contexto da existência de outras modalidades de parcelamento de solo

Em relação às modalidades de parcelamento de solo para fins residenciais, elas são implantadas em função dos usos predominantemente estabelecidos no Plano Diretor e/ou na Lei de Zoneamento, consideradas as características do empreendimento imobiliário que se pretende e as categorizações do uso do solo, segundo suas vocações e interesses da coletividade, teoricamente com vistas a atender aos superiores interesses da comunidade local.

Além dos loteamentos ou desmembramentos, implantados conforme as regras da *"Lei Lehmann"* (abordado no capítulo anterior - Lei 6.766/79), a seguir, teceremos algumas considerações sobre algumas formas ilegais ou irregulares de parcelar o solo, bem como sobre a normatização e a prática dos parcelamentos genericamente conhecidos *como "condomínios"* ou loteamentos fechados.

No final do milênio, mais precisamente, na última década, houve uma virada histórica, invertendo-se o êxodo, que passou de ser rural a urbano, como já anotamos. *"A violência nas cidades; o custo de vida; a qualidade de vida nas metrópoles passou a ser comprometida, o que compeliu a classe média (alta e baixa) a passar a residir nos condomínios fechados ou loteamentos fechados"*, situados na periferia dos grandes centros e na zona rural, antes chamada suburbana. Essas novas modalidades adveio da capacidade criativa dos técnicos, prestando importante colaboração social, com vantagens para o poder público, que ficou desonerado do trabalho de

---

599 Disponível em <http://www.anoreg.org.br/index.php?option=com_content&view=article&id=13464:imported_13435&catid=32&Itemid=181>. Acesso em 01-dez-2018.

600 Vide capítulo 13.1, onde também abordamos o assunto, ao tratarmos da regularização fundiária (Reurb) desses condomínios. Naquele tópico, enfocamos a disciplina do "condomínio de lotes" tanto do ponto de vista de novos empreendimentos, quanto da regularização dos antigos.

promover e manter o sistema viário, a coleta do lixo, de prover a iluminação pública e a segurança, cujos custos passaram a ser dos condôminos.[601]

Essas vantagens são refutadas por José Carlos de Freitas, para quem se faz necessário lembrar a diretriz contida no artigo 2º, inciso IX, do Estatuto da Cidade, o qual se refere à justa distribuição dos benefícios e ônus decorrentes do processo de urbanização. Para ele:

> Nos loteamentos fechados não há ônus sociais adicionais ao empresário de loteamento (além de entregar um percentual de áreas públicas ao Município e de realizar obras, cujos valores, como se sabe, já estão embutidos nos preços dos lotes, pagos pelos adquirentes...), nem aos proprietários dos lotes (nada retribuem aos demais munícipes pela privatização dos espaços públicos). É uma falácia dizer que o Município não precisa prestar serviços de limpeza e manutenção das áreas públicas internas (que, na prática, raramente acontece...), podendo destinar seus recursos para a prestação de serviços ao resto da população.[602]

Para o renomado membro do Ministério Público de São Paulo, ex-Promotor de Justiça de Habitação e Urbanismo na capital paulista e atual Procurador de Justiça, essas supostas vantagens foram algumas das razões da proliferação de uma modalidade de parcelamento do solo urbano, os *"loteamentos fechados"*, os quais possuem características especiais que os diferem dos convencionais. *Também são conhecidos por "loteamentos especiais" ou "loteamentos em condomínio" ou "condomínios horizontais" ou "condomínios especiais"*.[603]

Conforme João Pedro Lamana Paiva, *no gênero "condomínios edilícios"*, existem várias espécies, a saber: Geral (entre duas ou mais pessoas); Edilício, sendo que este se subdivide em Condomínio de Casas (Lei nº 4.591/64, especialmente o artigo 8º, letra "a" e arts. 1.331 e seguintes do Código Civil); *condomínio de Apartamentos* (Lei nº 4.591/64, especialmente o artigo 8º, letra "b" e arts. 1.331 e seguintes do Código Civil); *condomínios de lotes,*[604] *de livre construção* (artigo 8º da Lei nº 4.591/64 c/c artigo 3º do Decreto-lei nº 271/67).[605]

Em suma: cuidar-se-ia de fórmula inteligente para desonerar o poder público e permitir precioso espaço, à custa de seus usuários, exclusivamente, enxugando o Estado, afirmam Décio Antônio Antônio Erpen; João Pedro Lamana Paiva e Mario Pazutti Mezzari.[606]

Desde já, importante consignar que a Lei 13.465/17, a qual disciplinou vários aspectos do direito urbanístico, dentre eles a regularização fundiária urbana (Reurb).

[601] ERPEN, Décio Antônio; PAIVA, João Pedro Lamana; MEZZARI, Mario Pazutti. Condomínio Horizontal de Lotes: Edificação de Livre Escolha do Condômino. <Disponível em http://registrodeimoveis1zona.com.br/?p=242 – 05-09-15Condomínio. Acesso em 05 set. 2015, p. 2.

[602] Loteamentos fechados: O papel do Ministério Público, p. 30. Disponível em <http://www.mpsp.mp.br/portal/page/portal/cao_urbanismo_e_meio_ambiente/Congressos_eventos/18_congresso_meio_ambiente/18_teses/tese_Dr_%20Freitas.doc>. Acesso em 05 set. 2015, p. 30.

[603] Loteamentos fechados: O papel do Ministério Público, p. 1.

[604] Atualmente previsto no art. 1-358-A do Código Civil, conforme art. 58 da Lei 13.465/17.

[605] Condomínio horizontal de lotes, p. 8.

[606] Condomínio Horizontal de Lotes: Edificação de Livre Escolha do Condômino. Disponível em <http://registrodeimoveis1zona.com.br/?p=242 – 05-09-15Condomínio>. Acesso em 05 set. 2015, p. 2.

Tal lei também permitiu a regularização dos parcelamentos do solo sob as formas de "condomínio" ou *"loteamento fechado"*, introduzindo alterações na Lei 6.766/79, de forma a permitir essas novas modalidades de parcelamento de solo. Tais normas vinham sendo reivindicados pelo mercado imobiliário há muito tempo, estando previstas no Projeto de Lei 3.057, do ano de 2.000.

Entretanto, há inconvenientes para a mobilidade urbana (com o crescimento das cidades, o *"loteamento fechado"* obriga os citadinos a se desviarem de tais núcleos no acesso de um lado a outra da urbe) e para o acesso aos bens públicos, ficando as vantagens quase que somente para os moradores, razões de tantas resistências e controvérsias.

Ainda que os tais *"loteamentos fechados"* estejam situados fora do perímetro urbano, os problemas supracitados não deixarão de existir, pois esses *"loteamentos"* sempre constituirão *"um núcleo urbano com necessidades urbanas e, portanto, manifestação do desenvolvimento urbano, especialmente se construído para residência permanente, o qual, mais cedo ou mais tarde, vai requerer a intervenção municipal, visando suprir deficiências do regime condominial de natureza privada e para corrigir distorções urbanísticas decorrentes do interesse econômico que moveu os organizadores, incorporadores e executores da obra"*.[607]

7.2. Diferenças entre "condomínio", "loteamento fechado" e "condomínios de lotes"

Arnaldo Rizzardo diferencia loteamento de condomínio, com os seguintes dizeres:

> não se confunde este loteamento com o condomínio fechado, mas tem alguma estrutura própria deste. Há, antes de tudo, de se distinguir entre uma e outra espécie de propriedade. Na primeira, os espaços comuns, as vias, as praças, os mais diversos equipamentos são transferidos ao poder público (Município). Já na segunda, tais áreas e beneficiamentos pertencem a todos os condôminos, em frações ideais[608]

No *"condomínio horizontal de lotes"* temos denominações como: *"condomínio de lotes"*; *"Condomínio fechado"*; *"condomínio urbanístico"*; "condomínio sem construção" e *"loteamento em sistema de condomínio"*.

A Lei 4.591/64, a denominada Lei dos Condomínios em edificações e das incorporações imobiliárias, inicialmente foi interpretada como propiciadora da criação das chamadas *vilas ou clubes restritos de moradores*. Mas na verdade seu objetivo foi propiciar forma de *aproveitamento condominial do espaço*, com as características que Caio Mário da Silva Pereira, autor da Lei 4.591/64, delineou tão bem, como sendo:

> A Lei nº 4.591, de 16 de dezembro de 1964, olhou para o assunto (art. 8º) e abraçou na sua disciplina esta modalidade especial de aproveitamento condominial do espaço. Estabeleceu regras específicas para o caso de se levantar mais de uma edificação em terreno aberto, ainda que não ocorra a superposição de unidades. Em tais circunstâncias, em relação às unidades autônomas que se constituírem de casas térreas ou

[607] JOSÉ AFONSO DA SILVA, "Direito Urbanístico Brasileiro", p. 354.

[608] Promessa de compra e venda e parcelamento do solo urbano. 5ª ed. São Paulo: Revista dos Tribunais, 1998, p. 53, "apud" PIRES, Luís Manuel Fonseca, p. 46.

> assobradadas, será discriminada a parte do terreno ocupada pela edificação e também aquela eventualmente reservada como de utilidade exclusiva, e bem assim a fração ideal sobre a totalidade do terreno e partes comuns, correspondente a cada unidade (art. 8º, alínea a). [...]
>
> Diversamente da propriedade horizontal típica, em que a cada unidade se vinculam apenas a quota ideal do terreno e partes comuns, aqui existem uma unidade autônoma, uma parte de terreno edificado, uma parte de terreno reservada como de utilidade exclusiva para jardim ou quintal e ainda a fração ideal sobre o que constitui o condomínio. [...]
>
> O princípio jurídico dominante é o mesmo do edifício urbano, guardadas as peculiaridades especiais. Cada titular é o dono de sua unidade e, como se lhe reserva um terreno à utilização exclusiva, pode cercá-lo ou fechá-lo, observando o tipo de tapume previsto na convenção. Pode aliená-lo com o terreno reservado. Mas não lhe assiste o direito de dissociar a sua unidade do conjunto condominial nem separá-la da fração ideal que lhe corresponde nesse conjunto. E muito menos apropriar-se das partes de uso comum ou embaraçar sua utilização pelos demais.[609]

Para João Pedro Lamana Paiva, o conceito do condomínio horizontal de lotes seria um empreendimento imobiliário, no qual o adquirente possui a propriedade individual do lote (unidade autônoma), constrói a sua casa, constituindo uma unidade, edificada, respeitando a convenção e as limitações existentes nas leis municipais. Também possui a fração ideal que incidirá sobre as áreas comuns, consistentes nas vias internas, guaritas e clubes esportivos. Essa fração ideal é calculada sobre o lote (unidade autônoma) e não sobre área construída.[610]

Para Adriana Caldas do Rego Freitas Dabus Maluf, o condomínio edilício constitui-se em uma modalidade especial de condomínio, existindo várias denominações para essa espécie, tal como, condomínio em plano horizontal, propriedade horizontal, condomínio *sui generis*, condomínio por andares ou edifício de andares ou apartamentos.[611]

O condomínio edilício, segundo doutrina dominante, constitui-se em uma comunidade de direitos, tendo várias pessoas como titulares, a qual incide sobre o mesmo objeto, ou seja, *"na prática, os edifícios de andares ou apartamentos pertencentes a proprietários diversos possuem áreas privativas e áreas comuns"*. Nas áreas comuns estão *"fundações, pilastras, tetos, vestíbulos, escadas, elevadores, corredores, pátios etc."*. Haverá, então, para cada proprietário, uma fração autônoma, a qual dá direito à utilização livre dessas áreas comuns, de maneira a não prejudicar a comunhão de bens. No tocante às áreas privativas, essas correspondem às unidades autônomas, delimitadas por paredes divisórias, onde se dá um direito uno e exclusivo, quase absoluto por parte do proprietário único de uma casa.[612]

A disciplina dos condomínios edilícios é encontrada nos artigos 1.335 e seguintes do Código Civil.

[609] Condomínio e Incorporações. 8ª ed., São Paulo: Forense, 1994. P. 70772, "apud" FREITAS, José Carlos. Loteamentos fechados: O papel do Ministério Público, p. 5.

[610] Condomínio horizontal de lotes, p. 9.

[611] Limitações urbanas ao direito de propriedade, p. 158.

[612] Ibidem, p. 160.

Em obra coletiva do magistrado gaúcho Décio Antônio Erpen e outros, encontramos clara forma de diferenciação entre condomínio horizontal de lotes e o denominado *"loteamento fechado"*, nos seguintes moldes:

> O condomínio horizontal, instituído com o advento da Lei nº 4.591/64, ocorre quando as edificações ou conjunto de edificações, ou ainda, construção de casas etc., de um ou mais pavimentos, construídos sob a forma de unidades isoladas entre si, destinadas a fins residenciais ou não residenciais, possuem todos os serviços, equipamentos, vias de circulação, praça, *play ground* etc., como propriedade privada dos comunheiros. No condomínio horizontal tradicional, as unidades autônomas são as casas, os apartamentos, lojas, salas, boxes etc., que deverão estar construídos para que se institua o regime condominial da propriedade horizontal.
>
> Já há algum tempo passou a existir no Brasil e figura do loteamento fechado, no qual o projeto apresentado ao Município e os documentos levados ao Registro de Imóveis obedecem aos ditames da Lei de Parcelamento do Solo (Lei nº 6.766/79). É tratado, no primeiro momento, como um loteamento comum. Com o registro do loteamento, há a transferência para o Poder Público Municipal, do domínio das áreas destinadas ao sistema viário, praças e demais equipamentos comunitários. Em ato posterior, a Municipalidade autoriza o fechamento das vias de comunicação – daí a expressão loteamento fechado – concedendo o uso de todas as áreas públicas exclusivamente aos moradores do loteamento. No loteamento fechado, deve ser respeitada a norma federal que prevê um mínimo de 35%[613] de áreas públicas (ainda que posteriormente com o uso exclusivo concedido aos moradores).[614]

Eurico de Andrade Azevedo estabeleceu diversas distinções entre o condomínio de casas do art. 8º da Lei 4.591/64 (que ele chamou de *"loteamento fechado ou condominial")* e o loteamento convencional ou comum da Lei 6.766/79, a saber:

> Na verdade, o que difere basicamente o loteamento comum do "loteamento fechado" é que, no primeiro, as vias e logradouros passam a ser do domínio público, podendo ser utilizadas por qualquer do povo, sem nenhuma restrição a não ser aquelas impostas pelo próprio Município. No segundo, as ruas e praças, jardins e áreas livres continuam de propriedade dos condôminos, que delas se utilizarão conforme estabelecerem em convenção. No loteamento comum, cada lote tem acesso direto à via pública; no loteamento condominial, não; os lotes têm acesso ao sistema viário do próprio condomínio, que, por sua vez, alcançará a via pública. No loteamento comum, a gleba loteada perde a sua individualidade, deixa de existir, para dar nascimento aos vários lotes, como unidades autônomas destinadas a edificação. No loteamento condominial a gleba inicial não perde a sua caracterização; ela continua a existir como um todo, pois o seu aproveitamento é feito também como um todo, integrado por lotes de utilização privativa e área de uso comum.[615]

---

613 Deixou de haver a exigência de 35% de áreas institucionais, as quais passam a ser "proporcionais à densidade de ocupação prevista pelo plano diretor ou aprovada por lei municipal para a zona em que se situem" (art. 4, I, da Lei 6.766/79, com redação dada pela Lei nº 9.785, de 1999.

614 ERPEN, Décio Antônio; PAIVA, João Pedro Lamana; MEZZARI, Mario Pazutti. Condomínio Horizontal de Lotes: Edificação de Livre Escolha do Condômino, p. 3.

615 Loteamento Fechado. RDI vol. 11, p. 67, "apud" FREITAS, José Carlos. Loteamentos fechados: O papel do Ministério Público, p. 6.

7.3. (i)legalidade dos "loteamentos fechados" e/ou dos "condomínios de lotes" e a participação popular

Os empreendimentos imobiliários sob a formatação de condomínio horizontal de lotes estariam, até recentemente, fundamentados, sob o prisma de sua validade, no artigo 3º do Decreto-Lei nº 271/1967, em combinação com o artigo 8º da Lei Federal nº 4.591/1964.[616] Ao comentar as diferenças entre um condomínio de lotes e um condomínio convencional, João Pedro Lamana Paiva faz as seguintes observações:

> A única diferença que se tem a acentuar entre a instituição de um loteamento convencional e um condomínio de lotes é o fato de que as vias públicas e outros espaços públicos originados pelo primeiro constituem, no segundo, áreas de uso comum dos condôminos, integrativas do cálculo de suas frações ideais;
>
> 4. Entender-se como razoável o loteamento fechado é muito mais contraditório do que admitir o condomínio de lotes, porque, no primeiro, ou tem-se o fechamento ilegal de uma área pública, ou o fechamento de discutível legalidade de áreas públicas (de uso comum do povo e, como tais, insuscetíveis de concessão de uso pelo Poder Público) para fruição exclusiva por certas e determinadas pessoas – moradores do loteamento;
>
> 5. O condomínio de lotes, assim, representa uma forma de fruição da propriedade privada juridicamente mais adequada à realidade da estruturação urbanística e do parcelamento do solo na atualidade das cidades brasileiras.[617]

Como argumentos adicionais na defesa da legalidade do condomínio horizontal de lotes, os juristas gaúchos já sustentavam que:

> Essa quarta via não constitui-se em loteamento fechado, porque a propriedade do sistema viário e equipamentos comunitários não passa ao Município, ao contrário, permanece como propriedade dos condôminos. A aprovação do projeto e os procedimentos registrários obedecem aos ditames da legislação de condomínios (Lei nº 4.591, de 1964 e, a partir de 10 de janeiro de 2003, do novo Código Civil).
>
> Para o condomínio horizontal de lotes não existe a exigência legal de que 35% da gleba seja destinada a equipamentos públicos. Fica a critério de cada Município definir esse quantum, quase sempre em índices bem inferiores.
>
> O fundamento legal dessa nova modalidade condominial – condomínio de lotes – encontra-se no artigo 8º da Lei nº 4.591/64 e no artigo 3º do DecretoLei nº 271/67. Conforme a Lei nº 4.591/64, somente havendo edificação é que se pode instituir o regime condominial. Mas, por força do artigo 3º do DecretoLei nº 271/67[618], equiparamse as obras de infraestrutura à construção da edificação". Logo, a realização das obras básicas do empreendimento supre a necessidade da prévia construção do prédio (casa/edifício), pois o requisito legal contido na lei de condomínios já estará atendido tão logo a infraestrutura esteja concluída[619]

[616] O art. 58 da Lei 13.465/17 instituiu o art. 1.358-A no Código Civil (Lei 10.4096/02) para instituir a figura do "condomínio de lotes", como se verá em momento próprio.

[617] Condomínio horizontal de lotes, p. 16.

[618] "Art. 3º – Aplicase aos loteamentos a Lei nº 4.591, de 16 de dezembro de 1964, equiparando se o loteador ao incorporador, os compradores de lote aos condôminos e as obras de infraestrutura à construção da edificação.".

[619] ERPEN, Décio Antônio; PAIVA, João Pedro Lamana; MEZZARI, Mario Pazutti. Condomínio Horizontal de Lotes: Edificação de Livre Escolha do Condômino, p. 3-4.

Defendendo a tese de que as novas construções são simples acessões que não alteram o cálculo das áreas públicas e das unidades autônomas, ao contrário do que ocorre com o condomínio comum, sustentam Décio Antônio Erpen, João Pedro Lamana Paiva e Mário Pazutti Mezzari que:

> A unidade autônoma será o lote e não a edificação sobre esse. Admitese a cada proprietário de unidade autônoma a livre utilização e edificação no lote, respeitadas as normas de ordem pública e as prévias estipulações constantes na Convenção de Condomínio. Como acessões que são, as edificações aderirão ao lote, sem, no entanto, alterar a condição jurídica estipulada de que é o lote a unidade autônoma. Na prática, isso tornará desnecessária qualquer alteração nos cálculos, quadros de áreas, projetos, registros e averbações do condomínio, a cada vez que houver construção / demolição / reconstrução. Isso se explica porque, no condomínio horizontal tradicional, os cálculos e registros são feitos com base na área construída e, portanto, sujeitos a alterações a cada modificação na área construída. Já na modalidade do condomínio horizontal de lotes, os cálculos e registros são feitos com base na área do lote e, por consequência, permanecem imutáveis mesmo ante significativas alterações nas edificações".[620]

Esses renomados autores gaúchos sustentavam que a inexistência de lei federal prevendo especificamente o condomínio horizontal de lotes podia ser superada por lei municipal prevendo essa figura. Nesse sentido, confira-se.

> Como não existe regulamentação expressa na lei federal a respeito do condomínio horizontal de lotes – trata-se de construção doutrinária, já acolhida por alguns Tribunais – é preciso, como leciona GILBERTO VALENTE DA SILVA (Consultor Jurídico do IRIB), que "... as normas de direito urbanístico do município contemplem a possibilidade administrativa da aprovação do projeto, para ser implantado segundo as normas condominiais.[621]

Se houver a incorporação imobiliária para a consecução do condomínio de lotes deve ser apresentada a documentação constante do artigo 32, da Lei nº 4.591/64.[622]

Sobre a diferença entre incorporação e instituição de condomínio, de uma maneira bem objetiva, Márcio Silva Fernandes, consigna:

> "A incorporação imobiliária ocorre, em geral, antes da conclusão da obra, ou até mesmo do seu início, quando o empreendedor pretende vender unidades autônomas futuras vinculadas a frações ideais do terreno. Trata-se de uma atividade empresarial, em que o incorporador deve demonstrar, perante o registro de imóveis, possuir idoneidade para realizar o empreendimento, já que serão vendidas unidades ainda não construídas, e os adquirentes necessitam ter segurança ao adquiri-las. A lei, por conseguinte, autoriza a consulta à documentação arquivada em cartório por qualquer interessado.
>
> A instituição do condomínio, por outro lado, ocorre após a edificação do imóvel, e corresponde à operação por meio da qual os proprietários transformam um condomínio tradicional (sobre o terreno) em condomínio edilício, atribuindo unidades autônomas a cada um dos proprietários, individualmente, vinculadas a frações ideais do terreno e das áreas".
>
> [...]

620 Condomínio Horizontal de Lotes: Edificação de Livre Escolha do Condômino, p. 4.

621 Op. cit., p. 4.

622 Op. cit., p. 5.

A diferença entre os aludidos institutos, portanto, está na finalidade de ambos, já que a incorporação tem por finalidade autorizar o incorporador a vender unidades autônomas antes da conclusão das obras de edificação, enquanto a instituição do condomínio[623] visa criar a propriedade horizontal, tendo o imóvel sido totalmente construído, individuando as unidades e as atribuindo a cada um dos condôminos.[624]

Como anteriormente visto, já se sustentava *a legalidade* dos *"condomínios horizontais de lotes"* desde que, sem prejuízo da aplicação da Lei nº 6.766/79, estes sejam aprovados pela legislação municipal, nos termos do Plano Diretor. Essa corrente também argumentava que o morador tem direito à segurança (arts. 5º e 6º da Constituição Federal), assim como o poder público Municipal tem competência constitucional para disciplinar a utilização do solo urbano (art. 30, VIII) e dos bens públicos municipais. No que concerne à matéria urbanística, o papel legislativo da União Federal cingir-se-ia à edição de normas gerais. Caberão aos Estados e ao Distrito Federal disciplinarem normas regionais pertinentes, suplementando aquelas definidas pela União (art. 24, I). Quanto aos Municípios, mesmo que tal competência suplementar não lhes coubesse, como de fato lhes caberia na visão do autor, ainda assim restaria garantido seu poder de legislar sobre a matéria, já que a conjugação dos incisos I e VIII do art. 30 com o art. 182, todas da CF/1988, lhes atribui papel importante na normatização urbanística.[625]

Houve modificação na disciplina prevista na Lei 4.591/64 pelo Novo Código Civil (Lei nº 10.406/02), o qual instituiu um capítulo denominado *"Do Condomínio Edilício"*, nos artigos 1.331 e seguintes. Entretanto, Décio Antônio Erpen, João Pedro Lamana Paiva e Mário Pazutti Mezza continuam a sustentar que o art. 8º, da Lei nº 4.591/64 ainda permanece em vigor, eis que não há previsão em contrário em tal norma.[626]

Recentemente, com o advento da Lei 13.465/17, no art. 58, como já anotado, incluiu-se o art. 1.358-A ao Código Civil, o qual tem a seguinte redação:

> Art. 1.358-A. Pode haver, em terrenos, partes designadas de lotes que são propriedade exclusiva e partes que são propriedade comum dos condôminos
>
> § 1º. A fração ideal de cada condômino poderá ser proporcional à área do solo de cada unidade autônoma, ao respectivo potencial construtivo ou a outros critérios indicados no ato de instituição.
>
> § 2º. Aplica-se, no que couber, ao condomínio de lotes o disposto sobre condomínio edilício neste Capítulo, respeitada a legislação urbanística.

---

623 Sobre a forma de instituição de condomínio na regularização fundiária, conveniente transcrever o artigo 46 do Decreto 9.310/18, "in verbis": Art. 46. O registro da CRF produzirá efeito de instituição e especificação de condomínio, quando for o caso, regido pelas disposições legais específicas, hipótese em que ficará facultada aos condôminos a aprovação de convenção condominial. § 1º. Para que a CRF produza efeito de instituição e especificação de condomínio, dela deverá constar, no mínimo, os cálculos das áreas das unidades autônomas, a sua área privativa, a área de uso exclusivo, se houver, a área de uso comum e a sua fração ideal no terreno. § 2º. O disposto no § 1º não se aplica na hipótese de a documentação referente à instituição e à especificação de condomínio acompanhar a CRF. § 3º. Na Reurb-S, fica dispensada a apresentação dos quadros de área da Norma de Avaliação de custos de construção para incorporação imobiliária e outras disposições para condomínios edilícios da ABNT, NBR 12.721, ou outra que venha a sucedê-la..

624 Incorporação imobiliária e instituição de condomínio. Disponível em <http://www.recantodasletras.com.br/textosjuridicos/2581966>, acesso em 05 set. 2015.

625 WESCHENFELDER, Julio Cesar. In: PAIVA, João Pedro Lamana. Condomínio horizontal de lotes, p. 12.

626 Op. cit., P. 5.

§ 3º. Para fins de incorporação imobiliária, a implantação de toda a infraestrutura ficará a cargo do empreendedor.

Dessa maneira, acreditamos que, doravante, se confirmado pelo Supremo Tribunal Federal o art. 1.358-A do Código Civil, introduzido pelo art. 58 da Lei 13.465/17, ao julgar as ADIs 5.771, 5.787 e 5.883, a questão deverá ser pacificada, no sentido de se permitir o condomínio de lotes (art. 2º, § 7º, da Lei 6.766/79), bem como o loteamento de acesso controlado (art. 2º, § 8º, da Lei 6.766/79), de maneira a se permitir novos *"loteamentos fechados"* e regularização dos anteriormente existentes (art. 2º, § 8º da Lei 6.766/79 e art. 66 do Decreto 9.310/18[627]), instituído pelo artigo 78 da Lei 13.465/17.

Entretanto, como registramos em outra parte do presente trabalho, a lei da Reurb, em tese, ofende a princípios constitucionais, sendo introduzida por meio de medida provisória (sem haver relevância e urgência) e sem debates com a sociedade civil por meio de audiências públicas. Ela alterou outras onze leis, oficializando desconformidades que agravarão ou perpetuarão problemas urbanísticos e ambientais, os quais se esperava fossem corrigidos pelo poder público em algum momento[628].

No sentido de se manter o fechamento de um loteamento, baseado no reconhecimento da figura do "condomínio de fato", equiparando-se ao condomínio horizontal especial previsto no art. 8º da Lei 4.591/64, assim decidiu o Egrégio Tribunal de Justiça do Estado de São Paulo:

> APELAÇÃO CÍVEL. ABERTURA DE MURO EM CONDOMÍNIO DE FATO. 1 – Os imóveis integrantes de um mesmo loteamento fechado, dotados de individualização e autonomia, embora não constituam condomínio legal, que pressupõe co-propriedade pelo menos de solo, caracterizam, todavia, o condomínio de fato, porque ressalvado o aspecto da co-propriedade, no mais equiparam-se ao condomínio. 2 – Diante desta realidade, considerando que a figura do condomínio horizontal especial está prevista no art. 8º, da Lei 4591/64, entendeu-se, de forma majoritária, que o aludido dispositivo deveria ser interpretado em consonância com as necessidades e exigências da vida moderna e do fenômeno jurídico da comunhão de superfície, para alcançar os chamados condomínios de fato. 3 – O fato de não ter sido registrada a convenção no RGI não é suficiente para afastar o direito do Condomínio de vir defender o seu domínio ou posse. 4 – Não socorre aos apelantes a circunstância do Condomínio autor estar situado em área pública para garantir-lhes o direito de abrir o muro para entrada e saída pelo condomínio, haja vista que foi a própria municipalidade quem aprovou o projeto. 5 – Desprovimento do recurso.[629]

Mesmo para quem, antes do advento da Lei 13.465/17, já entendia ser possível a previsão e admissão de loteamentos fechados em legislação municipal, sustentava

---

627 Art. 66. Os núcleos urbanos informais consolidados constituídos na forma de condomínio de lotes poderão ser objeto de Reurb nos termos estabelecidos na Lei nº 13.465, de 2017, e neste Decreto. § 1º A Reurb do condomínio de lotes independerá da regularização das edificações já existentes, que serão regularizadas de forma coletiva ou individual em expediente próprio, a critério do Poder Público municipal ou distrital. § 2º As novas edificações a serem construídas em condomínio de lotes objeto de Reurb observarão as posturas edilícias e urbanísticas vigentes.

628 CASTANHEIRO, Ivan Carneiro: OLIVEIRA, Andreia Mara de. A regularização dos loteamentos fechados e condomínios de lotes pela Lei 13.465/17. Disponível em https://www.conjur.com.br/2018-nov-29/mp-debate-regularizacao-loteamentos-fechados--condominios-lote. Acesso em 19.nov.2018. Vide, também, capítulo 14.

629 5ª Câm. Civ. Ap. nº 149.638.4/3-00,

que ela deveria contar com a participação popular, nos termos do art. 29, XII, da CF, o qual assegura essa participação mediante a cooperação das associações representativas, no planejamento municipal, para a instituição do Plano Diretor. É assegurada pelo Estatuto da Cidade a participação popular, sendo transformada em requisito indispensável para assegurar a legalidade do plano diretor e das leis que fixam diretrizes gerais de ocupação do território nos municípios (inciso II do artigo 2º, c/c o inciso I, § 4º do artigo 40).[630] Tais exigências são reforçadas pela Constituição Paulista, no artigo 180, incisos I e II[631], sendo, a nosso ver, condição de validade dos atos normativos e administrativos nesse sentido.

Esta modalidade do parcelamento do solo urbano vinha sendo combatida com vigor pelo Ministério Público, por meio de ações civis públicas, sob o fundamento de burla às regras cogentes estabelecidas na Lei nº 6.766/79, além de que a concessão de uso de um bem público com base no Decreto-lei nº 271/67 exige licitação, o que não vem ocorrendo no caso de implantação de loteamentos fechados.[632] Com o novo regramento do art. 1.358-A da Lei 10.406/02 (art. 58 da Lei 13.465/17) a situação poderá mudar, ressalvando-se a existência de várias ações diretas de inconstitucionalidade no tocante à referida lei, que promoveu profundas alterações no uso e ocupação do solo urbano, priorizando o interesse particular em relação à supremacia do interesse público, bem como sem a participação popular.

José Afonso da Silva, manifestando-se com a autoridade que lhe é peculiar sobre o tema "*loteamentos fechados*", antes da previsão do acesso controlado aos loteamentos (art. 2º, § 8º, da Lei 6.766/79, dada pelo art. 78 da Lei 13.465/17, sustentava não existir juridicamente esse tipo de parcelamento, pois eles não se apoiam em lei e decorrem da deformação de duas instituições legítimas, surgindo do aproveitamento condominial do espaço e do loteamento (ou desmembramento). Para ele, trata-se de uma "*técnica de especulação imobiliária, sem as limitações, as obrigações e os ônus que o Direito Urbanístico impõe aos arruadores e loteadores do solo*".[633]

Há ilegalidade na constituição dos "*condomínios horizontais de lotes*", em função de que este tipo de empreendimento imobiliário constitui burla à Lei nº 6.766/79, sendo um loteamento disfarçado de condomínio de casas. Também existiria a inconstitucionalidade das leis e normas administrativas municipais que preveem os "*Condomínios Urbanísticos*", por ferirem o princípio da isonomia e da liberdade de ir e vir, agredindo o planejamento urbano que depende da integração do loteamento à cidade.[634] Nesse sentido, de se destacar recente decisão de plenário do Egrégio Supremo Tribunal Federal, em um caso do Distrito Federal, com o seguinte teor:

---

630 PAIVA, João Pedro Lamana. Condomínio horizontal de lotes, p. 7.

631 Artigo 180 No estabelecimento de diretrizes e normas relativas ao desenvolvimento urbano, o Estado e os Municípios assegurarão:

I – o pleno desenvolvimento das funções sociais da cidade e a garantia do bem-estar de seus habitantes;

II – a participação das respectivas entidades comunitárias no estudo, encaminhamento e solução dos problemas, planos, programas e projetos que lhes sejam concernentes;

632 PAIVA, João Pedro Lamana. Condomínio horizontal de lotes, p. 6.

633 Direito Urbanístico Brasileiro, p. 353.

634 PAIVA, João Pedro Lamana. Condomínio horizontal de lotes, p. 13.

AÇÃO DIRETA DE INCONSTITUCIONALIDADE. LEI DISTRITAL Nº 1.713, DE 3 DE SETEMBRO DE 1.997. QUADRAS RESIDENCIAIS DO PLANO PILOTO DA ASA NORTE E DA ASA SUL. ADMINISTRAÇÃO POR PREFEITURAS OU ASSOCIAÇÕES DE MORADORES. TAXA DE MANUTENÇÃO E CONSERVAÇÃO. SUBDIVISÃO DO DISTRITO FEDERAL. FIXAÇÃO DE OBSTÁCULOS QUE DIFICULTEM O TRÂNSITO DE VEÍCULOS E PESSOAS. BEM DE USO COMUM. TOMBAMENTO. COMPETÊNCIA DO PODER EXECUTIVO PARA ESTABELECER AS RESTRIÇÕES DO DIREITO DE PROPRIEDADE. VIOLAÇÃO DO DISPOSTO NOS ARTIGOS 2º, 32 E 37, INCISO XXI, DA CONSTITUIÇÃO DO BRASIL.

1. A Lei nº 1.713 autoriza a divisão do Distrito Federal em unidades relativamente autônomas, em afronta ao texto da Constituição do Brasil - artigo 32 - que proíbe a subdivisão do Distrito Federal em Municípios.

2. Afronta a Constituição do Brasil o preceito que permite que os serviços públicos sejam prestados por particulares, independentemente de licitação [artigo 37, inciso XXI, da CB/88].

3. Ninguém é obrigado a associar-se em "condomínios" não regularmente instituídos.

4. O artigo 4º da lei possibilita a fixação de obstáculos a fim de dificultar a entrada e saída de veículos nos limites externos das quadras ou conjuntos. Violação do direito à circulação, que é a manifestação mais característica do direito de locomoção. A Administração não poderá impedir o trânsito de pessoas no que toca aos bens de uso comum.

5. O tombamento é constituído mediante ato do Poder Executivo que estabelece o alcance da limitação ao direito de propriedade. Incompetência do Poder Legislativo no que toca a essas restrições, pena de violação ao disposto no artigo 2º da Constituição do Brasil.

6. É incabível a delegação da execução de determinados serviços públicos às 'Prefeituras' das quadras, bem como a instituição de taxas remuneratórias, na medida em que essas "Prefeituras" não detêm capacidade tributária.

7. Ação direta julgada procedente para declarar a inconstitucionalidade da Lei nº 1.713/97 do Distrito Federal.[635]

Resumindo, existem inúmeros questionamentos a serem opostos aos loteamentos fechados, tais como: violação ao **direito de locomoção** (ir, vir, parar, estacionar); violação ao **direito à intimidade** (não há lei que obrigue uma pessoa a se identificar a particulares nem declinar seu itinerário); violação ao **direito à igualdade** (todos são iguais perante a lei e não se poderia criar um território privilegiado para residência de alguns, privando as demais pessoas de acesso a essas áreas públicas, sem uma razão plausível para tal discriminação e sem cobrança de imposto sobre a mesma); violação ao **direito social ao lazer** (nas áreas públicas como praças, áreas verdes e de recreio, as quais são segregadas pelo poder público, mediante concessão de uso, na maioria das vezes não remunerada e sem licitação, à associação de moradores do núcleo residencial fechado); violação ao **direito de associação** (ninguém pode ser compelido a se associar ou manter-se associado), dentre outros.[636]

Conforme bem pontua José Carlos de Freitas, nos artigos 2º, II, XIII; 4º, III, *"f"* e § 3º; 27, § 2º; 33, VII; 40, § 4º; 42, III; 43 a 45 e 52, VI o Estatuto da Cidade estabeleceu a participação democrática como diretriz da política urbana, impregnado pelo princípio

[635] ADI 1706 DF. Rel. Min Eros Grau, j. 09 abr. 2008.

[636] Nesse sentido: TJSP, Apelação Cível nº 190.495-1/4, Capivari, 2ª Câm. Civil do TJSP, j. em 08/06/93, v.u., Rel. Des. Silveira Paulilo.

da gestão democrática da cidade ou do controle social das políticas públicas afetas à ordem urbanística). *"Vale dizer que, ainda que se sustente a legalidade dos loteamentos fechados (que não sustentamos), a população deve ser ouvida sobre sua implantação, por serem planos ou projetos de desenvolvimento urbano e por terem efeitos potencialmente negativos sobre o meio ambiente natural e construído (art. 2º, II e XIII)".*[637]

É de se ressaltar que a questão dos condomínios fechados encontrava-se em discussão no Supremo Tribunal Federal, nos autos do Recurso Extraordinário RE nº 607.940/DF, no qual houve reconhecimento da repercussão geral, pelo Ministro Teori Zavaski. Ali se discutia a constitucionalidade da Lei Complementar Distrital nº 710/2005, a qual estabelece a criação dos "condomínios fechados". O Recurso do Ministério Público do Distrito Federal teve negado seu provimento, por maioria de votos, conforme julgamento do dia 29/10/15, quando se confirmou o acordão proferido pelo Egrégio Tribunal de Justiça do Distrito Federal, por maioria de votos (na ADI 20070020064867). No Recurso Extraordinário, *"o MPDFT argumenta que a norma distrital estabelece regras isoladas para o estabelecimento de condomínios fechados, permitindo que sejam criados de forma descontextualizada de estudos globais, bem como sustenta que a matéria somente poderia ser disciplinada pelo plano diretor, nos termos do art. 182, §§ 1 e 2º, da CF/88"*[638]. Consta da página oficial do STF que:

> Decisão: O Tribunal, por maioria e nos termos do voto do Relator, apreciando o tema 348 da repercussão geral, negou provimento ao recurso, vencidos os Ministros Marco Aurélio, Edson Fachin e Ricardo Lewandowski. O Tribunal, também por maioria, vencidos os Ministros Marco Aurélio e Edson Fachin, fixou tese nos seguintes termos: 'Os municípios com mais de vinte mil habitantes e o Distrito Federal podem legislar sobre programas e projetos específicos de ordenamento do espaço urbano por meio de leis que sejam compatíveis com as diretrizes fixadas no plano diretor'. Ausentes, justificadamente, o Ministro Celso de Mello e, nesta assentada, o Ministro Luiz Fux, que proferiu voto em sessão anterior. Presidiu o julgamento o Ministro Ricardo Lewandowski. Plenário, 29.10.2015.[639]

A proliferação dos *"loteamentos em condomínio"* era uma indisfarçável forma de escapar às exigências da Lei nº 6.766/79[640], uma vez que sua instituição não se dá em razão de iniciativa de incorporação imobiliária, regida pela Lei 4.591/64, pois o empreendedor não assume a obrigação de neles edificar as casas, como preceitua o art. 8º desse diploma. As denominadas "áreas de passagem comum desses condomínios fechados *"não podem ser cercadas ou bloqueadas, de modo que impeça o seu uso normal por qualquer pessoa, evitando-se o acesso a quem quer que seja ao 'condomínio'"*, conforme Eros Roberto Grau.[641]

---

637 Loteamentos fechados: O papel do Ministério Público, p. 30.

638 CARMONA, Paulo Afonso Cavichioli. Curso de Direito Urbanístico, p. 347.

639 Disponível em <http://www.stf.jus.br/portal/processo/verProcessoAndamento.asp?incidente=3823627>. Acesso em 20 fev. 2016.

640 Não se olvide que o loteamento de acesso controlado foi instituído pela Lei 13.465/17 (art. 78), introduzindo o § 8º ao art. 2º da Lei 6.766/79.

641 Condomínio Horizontal Edificado. "In: RDP, vol. 79, jul./set. 1986, p. 199, "apud" FREITAS, JOSÉ CARLOS. Loteamentos fechados: O papel do Ministério Público, p. 9.

A controversa questão da legalidade ou ilegalidade dos denominados *"loteamentos fechado"* chegou a Egrégia Corregedoria Geral da Justiça de São Paulo, por meio de Consulta Pública (Processo nº 2014/141294). Em 24 de novembro de 2.015, o então Corregedor Geral, Des. José Carlos Gonçalves Xavier de Aquino, depois de resumir os posicionamentos sobre o assunto, houve por bem arquivar a consulta e deixar a decisão caso a caso, por meio do Conselho Superior da Magistratura. Abaixo, alguns trechos da decisão:

> Processo nº 2014/141294 – São Paulo – Corregedoria Geral da Justiça do Estado de São Paulo
>
> [...]
>
> Efetivamente a questão é reconhecidamente controversa, sendo certo que de um lado, amparado na norma do parágrafo único do art. 28 da Lei nº 4.591, de 16 de dezembro de 1964, a incorporação imobiliária a define, para os fins dessa mesma lei, como 'a atividade exercida com intuito de promover e realizar a construção, para alienação total ou parcial, de edificações ou conjunto de edificações compostas de unidades autônomas'.
>
> Ademais, prescrevem os arts. 29 e 30 da legislação em comento que 'a vinculação entre a alienação das frações do terreno e o negócio de construção', de molde que a extensão do conceito de incorporador aos 'titulares de direitos aquisitivos que contratem a construção de edifícios que se destinem a constituição em condomínio, sempre que iniciarem as alienações antes da conclusão das obras'.
>
> Nesse passo, conquanto o art. 8º da Lei nº 4.591 faça menção a 'terreno onde não houver edificação', não menos se alude ao escopo de pluralidade de edificações, circunstância essa que implicaria a ideia de as correspondentes unidades autônomas se caracterizarem pela edificação, de molde que sempre se apresentaria o liame entre a construção edilícia, o terreno e a fração ideal relativa, pondo-se em evidência a realidade da acessão invertida que se reconheceria presente em todos os tipos de condomínio especial.
>
> Outrossim, a situação dos lotes destinados à construção – em que mais extensa a liberdade do titular de seu domínio – atrairia diversa regência legal, qual a da Lei nº 6.766, de 19 de dezembro de 1979.
>
> A contrário senso, aqueles que defendem a juridicidade atual do 'condomínio de lotes' invocam, no mais das vezes, o disposto no art. 3º do Decreto-lei nº 271 de 28 de fevereiro de 1967, que prevê aplicar-se aos loteamentos do solo urbano a mencionada Lei nº 4.591/64 (confira-se art. 3º). Destarte, para estes, seria possível constituir condomínio de porções imobiliárias sem vinculação construtiva.
>
> De tal sorte que, no condomínio de lotes estes exsurgem como unidades autônomas, sobre elas podendo ou não realizar-se construções. Para tanto, para os seguidores dessa corrente, no fundo cuida-se de uma realidade assemelhada ao chamado loteamento fechado, mas que não se impõe a transferência de áreas ao Município.
>
> Como se vê, o antagonismo dessas posições, sem dúvida nenhuma põe em choque a sobrevivência ou não da norma do art. 3º do Decreto-lei nº 271, de 1967, em virtude da vigência da lei nº 6.766, de 1979.
>
> Em que pese a essa egrégia Corregedoria Geral em casos peculiares, em alguns de seus julgados, já ter sustentado a revogação tácita do art. 3º do Decreto-lei nº 271, e ter editado seu Provimento nº 37 de 26 de novembro de 2013, cujo item 222.2 termina por admitir a vigência do apontado dispositivo do Decreto-lei nº 271, obtemperou na regulativa dessa Corregedoria: 'nas incorporações de condomínios de lotes, a que se refere o art. 3º do Decreto-lei nº 271 de 28 de fevereiro de 1967, a execução das obras

> de infraestrutura equipara-se à construção da edificação, para fins de instituição e especificação do condomínio.'
>
> [...]
>
> De mais a mais, o Augusto Superior Tribunal de Justiça já admitiu, de forma expressa não haver 'burla ao sistema de loteamento previsto na Lei nº 6776/79', quando o incorporador 'tão somente alienar as frações ideais (de um terreno), sem se compromissar com a execução direta da construção do empreendimento incorporado', bastando, para sua correlata juridicidade, a provação municipal do projeto edilício (REsp 709.403 – 4ª Turma, Relator Ministro Raul Araújo, j. em 06.12.2011), acrescente-se que o colendo Supremo Tribunal Federal assentou repercussão geral em lide relativa a 'condomínios fechados', afirmando-se, no r. voto condutor do acórdão, 'que a tese a ser fixada pelo Supremo Tribunal Federal orientará a política de desenvolvimento urbano a ser executada por todos os Munícipios brasileiros' (RE 607.940).
>
> [...]
>
> A solução deve apreciar-se caso a caso, atraindo-se possível processo de dúvida registrária, segundo o prudente critério do registrador competente no exame das situações concretas, de modo a evitar burlas à exigível correção do parcelamento do solo urbano.
>
> Nesse passo, determino o arquivamento da presente Consulta Pública.
>
> Intimem-se.
>
> São Paulo, 24 de novembro de 2015.
>
> (a) JOSÉ CARLOS GONÇALVES XAVIER DE AQUINO
>
> Corregedor Geral da Justiça.

De se consignar que com a posse do novo Corregedor Geral da Justiça do Estado de São Paulo, Desembargador Manoel de Queiroz Pereira Calças, a questão da ilegalidade dos denominados "loteamentos fechados" ou "condomínio de lotes" voltou a ser discutida. Desta feita houve decisão no sentido de se excluir das Normas de Serviço da Egrégia Corregedoria Geral da Justiça a disciplina para registros desses loteamentos, por meio do Provimento CG nº 02/2016, de 15/01/16, por se entender não haver amparo legal para esse tipo de empreendimento, baseado nos argumentos aqui já expostos, não cabendo à Corregedoria criar normas para disciplinar o assunto.

Nesse diapasão, com a criação das novas normas, permissivas de loteamento de acesso controlado (art. 2º, § 8º da Lei 6.766/79) e de condomínio de lotes (art. 2º, § 7º, da Lei 6.766/79), repita-se, em não sendo declarado pelo STF inconstitucionais tais dispositivos (ADIs 5.771, 5.787 e 5.883) deverá ser possível o registro de novos parcelamentos de solo nessas modalidades (art. 1.358-A da Lei 10.406/02), bem como a regularização dos anteriores (art. 66 do Decreto 9.310/18). No último caso, como já vimos, a proibição era bastante controvertida, havendo decisões permissivas de tribunais superiores. De qualquer modo, voltaremos à questão quando abordarmos a questão de regularização fundiária.

7.4. Posterior fechamento de loteamento instituído como "aberto", loteamento de acesso controlado e instituição de "taxa" condominial: legalidade (?)

Como anteriormente demonstrado, já há algum tempo passou a existir no Brasil e figura do loteamento fechado ou condomínio de lotes, no qual o projeto apresentado ao Município e os documentos levados ao Registro de Imóveis obedecem aos ditames da Lei de Parcelamento do Solo (Lei nº 6.766/79). Isto é, um loteamento aberto ao público em geral, só que com desenhos, características e/ou configurações *"in loco"* que facilitem seu posterior fechamento, com simples levantamento de muros ou alterações nas divisas, bem como concessão de uso das áreas comuns pelo Poder Público local. É tratado, no primeiro momento, como um loteamento comum, como já anotado em várias partes do presente trabalho.

Entretanto, o que se vê, na prática, tem sido o fechamento de loteamentos que surgiram como se fossem *"abertos"* e livremente acessíveis ao público. Após a aprovação do projeto do loteamento pelo município e, quando o caso, pelo órgão ambiental, com seu registro no Serviço de Registro de Imóveis, forma-se uma associação de moradores, a qual também costuma ser constituída antes ou durante a aprovação do loteamento, este realizado inicialmente com base na *Lei Lehmann* (nº 6.766/79).

Esta associação de moradores, depois de inscrita no registro civil, requer à Municipalidade a autorização condicionada do fechamento, com concessão de uso gratuita das áreas públicas aos moradores, no máximo com um suposto acesso controlado dos demais citadinos. Entretanto, dificilmente estes poderão acessar tais locais sem uma justificativa, como a de ir visitar algum morador, mesmo assim depois de deste obter expressa autorização para ingresso. As vias e praças públicas internas ao residencial passam a ser mantidas pela associação de moradores, mas esta, geralmente, não paga Imposto Predial e Territorial Urbano (IPTU) sobre a área pública que utiliza em caráter privativo, nem mesmo há licitação para a concessão dessas áreas públicas à associação. A concessão é geralmente efetuada por prazo indeterminado e via Decreto Municipal, este baseado em uma lei genérica que autoriza essas concessões para todos os empreendimentos similares do Município, com menção à possibilidade de revogação em caso de descumprimento de condicionantes, como a obrigação de permitir o ingresso de toda e qualquer pessoa que se identificar na Portaria.

Os fechamentos de loteamentos que eram assim realizados tratavam-se da privatização de um espaço público, com restrição ao direito constitucional de ir e vir, concessão gratuita de uso de ruas e praças de uso comum do povo, com obrigatoriedade do cidadão se identificar para particulares (servidores da Portaria do *"condomínio"*). Esses *"seguranças"*, muitas vezes, utilizam arma de fogo, para fins de supostamente ofertar serviço de segurança aos moradores, não raro sem autorização da Polícia Federal.

Como já dito o art. 78 da Lei 13.465/17, introduziu loteamento de acesso controlado no ordenamento territorial brasileiro, ao incluir o § 8º ao art. 2º da Lei 6.766/79, nos seguintes termos: *"Constitui loteamento de acesso controlado a modalidade de loteamento, definida nos termos do § 1º deste artigo, cujo controle de acesso será regulamentado por ato do poder público Municipal, sendo vedado o impedimento de acesso a pedestres ou a condutores de veículos, não residentes, devidamente identificados ou cadastrados"*.

Assim, embora tenha sido limitado o livre acesso de pedestres nos loteamentos posteriormente fechados, diante da necessidade de prévio cadastramento e identificação, este não poderá ser proibido. Com isso, acreditamos que, embora por vias tortuosas e indesejáveis (via Medida Provisória e sem debates com a sociedade civil) o legislador conseguiu conciliar o interesse de segurança dos habitantes desses empreendimentos com os interesses da sociedade em não ter restrições de acesso às áreas públicas.

Para aperfeiçoar essa cedência recíproca de direitos princípios (segurança dos moradores e acesso público aos parcelamentos de solo com fechamento do loteamento), o legislador previu a possibilidade de vedar o cercamento com muros, ao incluir o § 4º ao art. 4º da Lei 6.766/79 (art. 78 da Lei 13.465/17), nos seguintes termos:

> § 4º. No caso de lotes integrantes de condomínio de lotes, poderão ser instituídas limitações administrativas e direitos reais sobre coisa alheia em benefício do poder público, da população em geral e da proteção da paisagem urbana, tais como servidões de passagem, usufrutos e restrições à construção de muros." (NR)

7.4.1. Cobrança da taxa condominial e sua legalidade

Os adquirentes que compraram inicialmente os lotes e aderiram à associação de moradores, autora do requerimento de fechamento, ou outros moradores que tenham adquirido o lote ou casa construída dos primitivos proprietários, podem eventualmente se arrepender de ter se associado e pretender desistir de continuar pagando uma contribuição mensal, denominada *"taxa condominial"*, a qual chega a valores próximos de um aluguel em bairros abertos, onerando o orçamento doméstico. Tal *taxa condominial* é paga como forma de contraprestação aos serviços de manutenção de áreas comuns do residencial que foi fechado ao acesso público e se tornou intramuros, bem como pelos demais serviços de coleta de resíduos sólidos, segurança interna, portaria, entrega de correspondência, manutenção de praças e jardins, os quais passam a ser executados ou custeados pela associação.

Quando da formação do loteamento, a situação de concordar ou não com o pagamento da taxa condominial à associação, em geral, é facilmente resolvida, pois se houver discordância basta o pretendente não adquirir o lote e deixar de se filiar à associação, escolhendo outro empreendimento imobiliário para comprar e ir morar. O problema surge quando há a pretensão de se desassociar e parar de pagar a *"taxa condominial"* à associação de moradores, quer por parte do primitivo adquirente (por problemas financeiros ou por arrependimento em não achar justa a continuidade do pagamento), quer pelos sucessores do domínio do lote.

Se houver aceitação desse desligamento pela associação, o que dificilmente irá acontecer, o proprietário continuará desfrutando dos benefícios de morar em um residencial silencioso, com suposta segurança e boa prestação de serviços, sem nada pagar por isso (a interrupção desses serviços seria até difícil de ocorrer, em face às dificuldades de divisibilidade dessa prestação entre moradores pagantes e não pagantes da taxa condominial, exceto no caso de entrega de correspondência e recolhimento de lixo, de fácil interrupção individualizada), ou teria de continuar associação contra a sua vontade e pagando por um serviço que não quer receber. Seria uma espécie de "enriquecimento sem causa" (recebimento de prestação de serviços, sem contrapartida financeira). Nesse diapasão, incorreta a expressão *"enriquecimento ilícito"*, pois não é ilegal ou inconstitucional recursar-se a se manter associado.

Nessas circunstâncias, face à previsão constitucional de que ninguém está obrigado a se associar ou manter-se associado (art. 5º, XX, da CF)[642], nossos tribunais, em especial nos últimos tempos, vinha reconhecendo o direito de não se compelir o adquirente a continuar com o pagamento dessa *"taxa condominial"*.[643] Outras decisões antigas ou minoritárias entendiam haver a obrigação de pagamento[644], baseadas no princípio do não enriquecimento sem causa, por entenderem que do contrário o morador receberia pela prestação de serviços sem pagar por ela, onerando os demais condôminos injustamente.[645] A questão teve, em 17 de fevereiro de 2.014, repercussão geral reconhecida pelos Ministros do Supremo Tribunal Federal, no Recurso Extraordinário 695911, o qual anda está pendente de julgamento.

Existe precedente no próprio STF, reconhecendo a inconstitucionalidade da cobrança da taxa condominial contra a vontade dos moradores, nos seguintes termos:

> *ASSOCIAÇÃO DE MORADORES - MENSALIDADE - AUSÊNCIA DE ADESÃO. Por não se confundir a associação de moradores com o condomínio disciplinado pela Lei nº 4.591/64, descabe, a pretexto de evitar vantagem sem causa, impor mensalidade a morador ou a proprietário de imóvel que a ela não tenha aderido. Considerações sobre o princípio da legalidade e da autonomia da manifestação de vontade - artigo 5º, incisos II e XX, da Constituição Federal.*
>
> *No mais, atentem para os parâmetros da controvérsia dirimida pela Décima Oitava Câmara Cível do Tribunal de Justiça do Estado do Rio de Janeiro no julgamento da Apelação Cível nº 2002.001.28930. O recorrente insurgiu-se contra a obrigação de satisfazer valores considerado o fato de haver sido criada, no local em que detém o domínio de dois lotes, a Associação de Moradores Flamboyant - AMF.*
>
> *Juízo e órgão revisor afastaram a procedência da alegação, não vislumbrando ofensa aos incisos II e XX do artigo 5º da Carta da República, que foram referidos no acórdão prolatado. O Tribunal assim o fez a partir da insuficiência do Estado em viabilizar segurança. Então, firme na premissa segundo a qual o recorrente seria beneficiário desta, no que implementada pela Associação, condenou-o a satisfazer mensalidades. É induvidoso, e isto consta do próprio acórdão, não se tratar, na espécie, de condomínio em edificações ou incorporações imobiliárias regidas pela Lei nº 4.591/64.*

---

642 Art. 5º, XX - "ninguém poderá ser compelido a associar-se ou a permanecer associado".

643 "CIVIL. LOTEAMENTO. ASSOCIAÇÃO DE MORADORES. COBRANÇA DE CONTRIBUIÇÃO POR SERVIÇOS PRESTADOS. O proprietário de lote não está obrigado a concorrer para o custeio de serviços prestados por associação de moradores, se não os solicitou. Recurso especial conhecido e provido.". STJ, 3ª Turma, REsp 444931, Rel. Ari PARGENDLER, 28 ago.2003, v.u.

644 Apelação Cível nº 256.210.2/9, São Paulo, 14ª Câm. Civil do TJSP, j. em 04/04/95, v.u., Rel. Des. Ruiter Oliva. In: RT 718/133; no mesmo sentido, admitindo a cobrança e a existência de convenção a respeito da manutenção dos serviços, Apel. Cível nº 11.863/93, 6ª Câm. do TARJ (Cível), j. 16/11/93, Rel. Juiz Nilson de Castro Dião. In: RT 706/161. Apelação Cível nº 7.847/96, Rio de Janeiro, 2ª Câm. Cível, j. em 07/01/97, v.u., Rel. Des. Luiz Odilon Gomes Bandeira. Apelaçãonº315.141, Jundiaí, 4ª Câm., j. em 05/10/83, v.u., Rel. Juiz Paulo Henrique. Tais decisões foram colacionadas no excelente trabalho de José Carlos de Freitas, denominado "Loteamentos fechados: O papel do Ministério Público, p. 23. Disponível em <http://www.mpsp.mp.br/portal/page/portal/cao_urbanismo_e_meio_ambiente/Congressos_eventos/18_congresso_meio_ambiente/18_teses/tese_Dr_%20Freitas.doc>. Acesso em 05 set. 2015.

645 APELAÇÃO. COBRANÇA DE RATEIO DAS DESPESAS EM LOTEAMENTO FECHADO. ASSOCIAÇÃO DE MORADORES. PROPRIETÁRIO DE IMÓVEL NO CONDOMÍNIO. FRUIÇÃO DOS BENEFÍCIOS ORIUNDOS DOS SERVIÇOS PRESTADOS. OBRIGAÇÃO PELO PAGAMENTO. Mesmo que o réu não tenha anuído à associação autora, tem obrigação de pagamento das despesas rateadas pelos moradores relativas à conservação, limpeza, segurança e vigilância do loteamento, eis que se beneficia das melhorias e serviços implementados pela primeira, ressaltando-se que, ao adquirir lotes, estava plenamente ciente da possibilidade de vir a arcar com tais gastos. Seria por demasiado injusto permitir que o proprietário de uma gleba, o qual usufrui de todos os benefícios e serviços administrados pela associação de moradores do local, não arque com a sua cota-parte nos respectivos custos, obtendo uma valorização de seu imóvel sem a devida contraprestação, onerando os demais condôminos sobre os quais, certamente, recairá a dívida que ele se recusa a pagar. TJMG, 17ª Câm. Cív., rel. Des. Eduardo Mariné da Cunha, j. 26.04.2007.

Colho da Constituição Federal que ninguém está compelido a fazer ou a deixar de fazer alguma coisa senão em virtude de lei. Embora o preceito se refira a obrigação de fazer, a concretude que lhe é própria apanha, também, obrigação de dar. Esta, ou bem se submete à manifestação de vontade, ou à previsão em lei.

Mais do que isso, a título de evitar o que se apontou como enriquecimento sem causa, esvaziou-se a regra do inciso XX do artigo 5º do Diploma Maior, a revelar que ninguém poderá ser compelido a associar-se ou a permanecer associado. A garantia constitucional alcança não só a associação sob o ângulo formal como também tudo que resulte desse fenômeno e, iniludivelmente, a satisfação de mensalidades ou de outra parcela, seja qual for a periodicidade, à associação pressupõe a vontade livre e espontânea do cidadão em associar-se. No caso, veio o recorrente a ser condenado a pagamento em contrariedade frontal a sentimento nutrido quanto à Associação e às obrigações que dela decorreriam.

Conheço e provejo este extraordinário para julgar improcedente o pedido formulado na inicial. Inverto os ônus da sucumbência e imponho à Associação, além da responsabilidade pelas custas, os relativos aos honorários advocatícios. Por não se poder cogitar de condenação, fixo-os, atento ao disposto no artigo 20, § 4º, do Código de Processo Civil, em 20% sobre o valor da causa devidamente corrigido.[646].

O Superior Tribunal de Justiça negou provimento a agravo de instrumento contra decisão que indeferiu recurso especial, cujo acórdão do Egrégio Tribunal de Justiça do Estado do Rio de Janeiro, o qual não admite a cobrança de *"taxa condominial"* em loteamento fechado após o seu registro efetuado com base na Lei nº 6.766/79, bem como afirma ter havido revogação do art. 3º do Decreto Lei 271/67. O acórdão era do seguinte teor:

COBRANÇA DE TAXA POR ASSOCIAÇÃO DE PROPRIETÁRIOS DE LOTEAMENTO URBANO. RECUSA DE PAGAMENTO POR QUEM NÃO QUER SER ASSOCIADO. POSSIBILIDADE. Inexistindo condomínio em sua configuração jurídica, admite-se que a associação formada com a instituição do loteamento, possa cobrar dos adquirentes dos lotes, a contribuição relativa aos serviços de segurança e conservação de benfeitorias de uso comum, desde que nas escrituras de aquisição dos imóveis conste a obrigatoriedade da participação na associação. A adesão ocorre com o negócio jurídico da compra e venda, condicionado a essa aceitação. Dessa forma, o adquirente já sabe que tem de suportar esse ônus, e ao comprar o lote, manifesta a sua vontade positivamente, no sentido da participação associativa. Mas se o loteamento já estava de há muito estabelecido, os titulares dos lotes não podem ser constrangidos ao pagamento da taxa, visto ser inconstitucional a participação compulsória em associação, ainda que esta seja destinada a prestar serviços que direta ou indiretamente os beneficiem. No caso dos autos, os próprios estatutos preveem que aqueles que desejem integrar a sociedade, manifestem a sua vontade, mediante termo de adesão. Inexiste lei obrigando ao pagamento dessa contribuição, em face da derrogação do D.L. nº 271/67 pela Lei 6.766/1979, que disciplinou, totalmente, a matéria relativa aos loteamentos urbanos, não sendo assim possível invocar o art. 3º do aludido Dec.-lei nº 271/67, o qual determinava que os loteamentos eram assemelhados aos condomínios, incidindo a Lei nº 4.591/64, já que o loteador era equiparado ao incorporador, e os compradores aos condôminos. E, além disso, esse dispositivo carecia de regulamentação, conforme exigido em seu parágrafo 1º, e ela nunca foi feita. A associação deve ser oriunda de manifestação de vontade, não podendo ser obrigatória, consoante o disposto no inciso XX do art. 5º, da Constituição Federal."[647] (grifo nosso)

646 Recurso Extraordinário nº 432.106 – RJ, Rel. Min. Marco Aurélio, DJe 04.11.11.

647 Agravo de Instrumento nº 64.698-0 – Rio de Janeiro – Registro nº 95/00069326, Relator Ministro Fontes de Alencar, j. 17/06/96, Diário da Justiça de 01/07/96, pág. 24.278.

Para Paulo Afonso Cavichioli Carmona:

> [...] cumpre destacar que os 'loteamentos fechados' não enquadrados no condomínio deitado do art. 8º da Lei nº 4591/64, mas sim como uma espécie de loteamento convencional, regido pela Lei número 6.766/79, não podem ser fechados por ato apenas do loteador ou de uma associação de moradores. Tal situação configura-se absolutamente ilegal, uma vez que impede o livre acesso por qualquer pessoa a bem público de *uso comum do povo* (aquele que, por sua natureza ou determinação legal, são destinados à utilização coletiva, tais como ruas, estradas, praças, praia – art. 99, inc. I, Código Civil).[648]

Mesmo para quem admitia a figura do *"loteamento fechado"* surgindo originalmente da combinação do art. 8º da Lei 4.591/64 como art. 3º do Decreto-Lei 271/67, como diversas vezes destacado, não admitia o fechamento de loteamento que nasceu *"aberto"* e com base na Lei nº 6.766/79. Nesse sentido:

> Loteamento e Condomínio Urbanístico são figuras jurídicas distintas, inconfundíveis, não se admitindo transmudar um loteamento num condomínio pelo simples 'fechamento' do acesso a um local organizado sob a égide da Lei 6.766/1979; tal barreira é prática ilegal, pois importa em vedação de acesso a áreas públicas e em apropriação privada de áreas afetadas ao domínio público; admite-se eventualmente, com base em expressa previsão legal, a concessão de permissão de uso dessas áreas.[649]

Com a propriedade que lhe é peculiar, anotava José Carlos de Freitas que *"Os Municípios não podem autorizar essa forma de 'loteamento condominial'. Lei municipal que preveja ou regule sua implantação contamina o ato de aprovação de flagrante ilegalidade, porque o Município não tem competência legislativa em matéria de condomínio"*. A posição do autor é a mesma de Diógenes Gasparini.[650].

José Carlos de Freitas sustenta não ser viável a utilização do art. 3º do Decreto-Lei 271/67 para justificar o fechamento do loteamento, alinhando, com pertinência e com apoio em autorizada doutrina, os seguintes argumentos:

> O fechamento dos loteamentos convencionais da Lei 6.766/79, operado mediante obstrução das vias internas ao acesso do público, com a colocação de obstáculos, cancelas e guaritas, é sustentado por alguns autores como lícito, sendo frequente o argumento de que o Município pode viabilizá-lo pelo instituto da concessão de direito real de uso das áreas públicas, previsto no art. 7º do Decreto-lei 271, de 28/02/67.
>
> Os partidários dessa tese arrimam-se no art. 3º desse decreto-lei, que equiparava o loteador ao incorporador, os compradores de lote aos condôminos e as obras de infraestrutura à construção da edificação, determinando a aplicação da Lei 4591/64 aos loteamentos. No entanto, 'não se aplicam ao caso as disposições da lei nº 4.591/64, por força do art. 3º do Dec.-lei nº 271/67, não apenas porque ab-rogado pela lei nº 6.766/79, como ainda por não ser auto-aplicável tal dispositivo legal, porquanto a regulamentação determinada em seu parágrafo 1º jamais foi feita'.[651]

---

648 Curso de Direito Urbanístico, p. 347.

649 CHALHUB, Melhim Namem, "apud" PAIVA, João Pedro Lamana. Condomínio horizontal de lotes, p. 4.

650 Loteamento em Condomínio. RDP, vol. 68, out./dez. 1983, p. 319, "apud" FREITAS, JOSÉ CARLOS. Loteamentos fechados: O papel do Ministério Público, p. 9.

651 Apelação Cível nº 7.847/96, Rio de Janeiro, 2ª Câm. Cível, j. em 07/01/97, v.u., Rel. Des. Luiz Odilon Gomes Bandeira – grifos nossos; no mesmo sentido, parecer do Juiz Francisco Eduardo Loureiro no Processo C.G. nº 1536/96, acolhido pela Correge-

De tudo o que foi visto, podemos afirmar não haver interesse coletivo na concessão de ruas, praças e jardins a particulares, como forma de viabilizar o fechamento do loteamento, tratando-se de preponderância do interesse particular sobre o interesse público, o que é vedado pelos princípios do direito administrativo e pelo direito urbanístico. Para bem demonstrar essa situação, novamente lançamos mão das abalizadas lições de José Carlos de Freitas, nos seguintes termos:

> Na concessão de direito real de uso de ruas, praças, espaços livres, áreas verdes e institucionais para a formação dos 'loteamentos fechados', impera o desejo dos moradores na sua utilização privativa, de cunho individual (sossego, segurança e conforto pessoais), contrapondo o interesse privado ao coletivo, porque essas áreas públicas estão vocacionadas ao uso comum do povo.
>
> Logo, essa modalidade de concessão não se presta a ser utilizada para os bens de uso comum, que pressupõem a universalidade, a impessoalidade e a gratuidade de uso, sem contraprestação pecuniária ou indenização ao particular, além do que '... o princípio geral que rege a utilização dos bens de uso comum é o de que o uso de um seja transitório e precário, não impedindo o uso dos demais...'[652]

No âmbito do Ministério Público do Estado de São Paulo, em 2009, o Conselho Superior do Ministério Público, por unanimidade, antes do advento da Lei 13.465/17, adotou posicionamento de que a instituição deveria enfrentar o problema dos *"loteamentos fechados"*. A decisão foi comunicada pelo Procurador-Geral de Justiça do Estado de São Paulo, nos seguintes termos:

> Aviso de 17/12/2009
>
> nº 763/2009 – PGJ
>
> O Procurador-Geral de Justiça, considerando, a decisão do Egrégio Conselho Superior do Ministério Público, no Protocolado nº 84.781/09, a pedido do Centro de Apoio Operacional das Promotorias de Justiça Cíveis e de Tutela Coletiva (Áreas de Habitação e Urbanismo, Consumidor, Patrimônio Público e Cível Geral) e do Centro de Apoio Operacional das Promotorias de Justiça Criminais (CAO Crim.), AVISA que o Conselho recomendou 'atuação conjunta de promotores criminais, do consumidor, habitação e urbanismo; defesa do patrimônio público e fundações, onde detectada a ocorrência' de cobrança de 'taxas condominiais' ou 'taxas de conservação', em todas as comarcas do Estado, nos denominados 'loteamentos fechados' ou 'bolsões residenciais', contra vontade expressa de moradores e proprietários não associados às entidades gestoras ou que delas desejarem desfiliar-se, violando direito de ir e vir com restrições de acesso ao interior dos respectivos núcleos habitacionais e utilização de áreas e bens públicos. Também houve recomendação de investigação sobre as desafetações de áreas e bens públicos em favor de associações de moradores, as quais, eventualmente, podem cometer ilícitos como prática de segurança armada sem autorização legal, cobranças por meio de ameaças ou constrangimento ilegal.[653]

---

doria Geral da Justiça do Estado de São Paulo (D.O.E. – Poder Judiciário, Caderno I, Parte I, pág. 39, de 27/09/96); ADEMAR FIORANELLI e JERSÉ RODRIGUES DA SILVA, "Das Incorporações, Especificação, Instituição e Convenção de Condomínio", pág. 7 (citado no parecer CG nº 1536/96 acima). A respeito, confira-se Loteamentos fechados: O papel do Ministério Público, p. 13.

652 Loteamentos fechados: O papel do Ministério Público, p. 15.

653 Diário Oficial do Estado, de 23 dez. 2009 Poder Executivo I. Disponível em <http://www.mpsp.mp.br/portal/page/portal/diario_oficial/publicacao_diario_oficial/deo_2009/23_12_09.htm.> Acesso em 29 fev. 2015.

A exemplo do que foi feito com o fechamento do loteamento, o legislador, por meio do art. 78 da Lei 13.465/17, introduziu o art. 36-A à Lei 6.766/79, nos seguintes termos:

> Art. 36-A. As atividades desenvolvidas pelas associações de proprietários de imóveis, titulares de direitos ou moradores em loteamentos ou empreendimentos assemelhados, desde que não tenham fins lucrativos, bem como pelas entidades civis organizadas em função da solidariedade de interesses coletivos desse público com o objetivo de administração, conservação, manutenção, disciplina de utilização e convivência, visando à valorização dos imóveis que compõem o empreendimento, tendo em vista a sua natureza jurídica, vinculam-se, por critérios de afinidade, similitude e conexão, à atividade de administração de imóveis.
>
> Parágrafo único. A administração de imóveis na forma do caput deste artigo sujeita seus titulares à normatização e às disciplinas constantes de seus atos constitutivos, cotizando-se na forma desses atos para suportar a consecução dos seus objetivos.'

De se registrar que no tocante à cobrança de *"taxa condominial"* dos loteamentos fechados quanto aos moradores, com a recente alteração legislativa supracitada, tornou-se de discutível validade muitas das oposições à cobrança da taxa condominial acima arroladas, pois buscou equiparar tal atividade à de administração de imóveis, ainda que realizada por *"associações de proprietários de imóveis, titulares de direitos ou moradores em loteamentos ou empreendimentos assemelhados"*. Com isso, buscou-se afastar as discussões em torno da inconstitucionalidade da quase obrigatoriedade do morador manter-se filiado à associação de moradores, circunstância vedada pelo art. 5º, XX da Carta Magna.

Parece-nos possível admitir a hipótese de o morador pagar pelos serviços recebidos e prestados pela associação, para evitar o locupletamento de não dar a contraprestação financeira pelos serviços recebidos, alguns de ordem pública (como os serviços de coleta de resíduos sólidos), a partir do momento em que tal serviço é equiparado ao de administração de imóveis.

Entretanto, como já dito, a prevalência ou não desse regramento dependerá da forma como o Supremo Tribunal Federal irá julgar as Ações Direta de Inconstitucionalidade propostas no tocante à Lei 13.465/17.

8. LICENÇAS E AUTORIZAÇÕES AMBIENTAIS, URBANÍSTICAS E EDILÍCIAS: DIFERENÇAS, DISCIPLINA, PRAZOS DE VALIDADE, FORMAS DE INVALIDAÇÃO E ESTUDOS NECESSÁRIOS (EIA E EIV)

Ainda que geralmente tratadas em separado, no âmbito do sistema de licenciamento da União, dos Estados e dos Municípios, como sabido, as questões ambientais guardam intrínsecas relações com as questões urbanísticas, não podendo ser dissociadas na prática. Mesmo quando se falam nos aspectos administrativos das licenças e autorizações, existe uma teoria geral desses institutos jurídicos que não pode e não deve ser dissociada. Daí porque optamos, no presente trabalho, em trazer à baila, em mesmo título, todos os aspectos e condicionantes de emissões das licenças e autorizações, sejam elas mais diretamente relacionadas com o meio ambiente natural (água, ar, solo, flora e fauna), sejam relacionadas com o meio ambiente artificial (direito construído ou cidades, objeto do Direito Urbanístico).

Abordaremos as finalidades, conceitos e distinções entre licenças e autorizações, seus respectivos regimes jurídicos, prazos de validade, hipóteses de alterações, bem como quando haverá necessidade de prévios estudos técnicos a embasar as correspondentes licenças, com seus conteúdos e disciplina jurídica. Trataremos, nesse diapasão, do Estudo Prévio de Impacto Ambiental (EPIA ou EIA) e do Estado de Impacto de Vizinhança (EIV).

Consigna Celso Antônio Pacheco Fiorillo que quando o legislador constitucional abordou o meio ambiente artificial em capítulo distinto do meio ambiente natural, assim o fez por questões didáticas, visando propiciar maior facilidade ao operador no manejo da matéria, permitindo a utilização facilitada dos instrumentos jurídicos trazidos pelo sistema. Observa o autor que existem dispositivos relacionados com a ordem urbanística situados em outros pontos da Constituição, como no art. 21, inciso XX (o qual dispõe sobre a competência da União na instituição de diretrizes para o desenvolvimento urbano, inclusive nas áreas de habitação, saneamento e transportes urbanos), no art. 5º, inciso XXIII (o qual disciplina que a propriedade deverá atender à função social) bem como e particularmente os artigos 182 e 183, estabelecendo diretrizes gerais da denominada política urbana.[654]

8.1. Considerações gerais sobre licenças ambientais e urbanísticas

No tocante ao financiamento das atividades potencialmente poluidoras, o festejado Professor Paulo Affonso Leme Machado, com base no Decreto Federal nº 99.274/1990, entende que as entidades governamentais de financiamento deverão condicionar a concessão à comprovação do licenciamento. Nesse contexto, pondera o culto jurista que os agentes financiadores, como Banco do Brasil, Caixa Econômica Federal, Banco Nacional de Desenvolvimento Econômico e Social deverão averiguar se houve ou se está sendo realizado o licenciamento, para somente depois efetuar o financiamento. Em havendo irregularidades no licenciamento ou no estudo de impacto ambiental, será passível de ação judicial para que haja anulação da concessão do financiamento ou do incentivo. Lembra o professor que pelo Decreto Federal nº 99. 274/90 os órgãos federais ficam obrigados a comunicar aos órgãos financiadores as infrações à implantação e operação do empreendimento sem licença, sendo que a não comunicação gera responsabilidade funcional, nos termos do art. 19, § 3º.[655]

Existe íntima relação do Direito Ambiental com o Direito Urbanístico, como no caso de potenciais efeitos negativos que uma usina hidrelétrica, licenciada

[654] Estudo prévio de impacto de vizinhança previsto no Estatuto da Cidade (Lei 10.257/01) e sua adequação ao Direito Ambiental constitucional brasileiro. In: DISSINGER, Marisa Rocha Teixeira. Temas de Direito Urbanístico 5. São Paulo: Imprensa Oficial do Estado: Ministério Público do Estado de São Paulo, 2007, p. 73-74.

[655] Direito ambiental brasileiro, p. 265-266.

ambientalmente, os quais poderão impactar fortemente a população urbana, quer por enchentes quando da abertura de comportas para evitar rompimentos do reservatório em épocas de chuvas abundantes, pelo alto índice de vazão afluente; quer pelo fechamento das comportas de maneira excessiva com o objetivo de manter armazenado um volume de água suficiente para a geração de energia. Ademais, essas variações podem afetar o abastecimento público de água potável, quer pela escassez, quer pelo assoreamento, degradando a qualidade da água e aumentando os custos e riscos do tratamento nas Estações de Tratamento de Água (ETA).

Nesse passo, fica evidenciada grande importância que durante o licenciamento ou autorização ambiental, quer de atividade ambiental, quer de atividade essencialmente urbanística, a autoridade responsável por permitir o funcionamento do serviço ou atividade leve em consideração os impactos negativos e os impactos positivos, não somente do entorno ou proximidade do local de instalação, mas também a possibilidade de que as interferências ocorreram num raio maior de amplitude.

Também será indispensável que durante esse processo de análise de consequências positivas e negativas da instalação do novo empreendimento, sejam considerados os riscos e perigos presentes, de médio e de longo prazo.

Sobre o significado e alcance dos riscos e dos perigos que deverão ser levados em consideração nos estudos dos impactos e na decisão do poder público para permitir ou não o funcionamento da atividade ou serviço requerido, conveniente registrar que:

> No campo dos conflitos ecológicos, essa distinção entre risco e perigo se torna bastante útil. Ela permite observar que decisões ecologicamente arriscadas são, ao mesmo tempo, perigosas para todos que podem ser afetados por ela. [...] enquanto risco é algo que deve ser assumido para não se perder oportunidades irreversíveis, o perigo é algo que se está submetido e que, portanto, não apresenta nenhuma oportunidade capaz de justificar essa submissão. [...] Os decisores só enxergam os riscos e suas oportunidades, enquanto os afetados só enxergam os perigos das decisões.[656]

8.2. Das autorizações e das licenças: Conceitos, distinções, alvarás e consequências jurídicas

Anota Paulo Affonso Leme Machado que ao se utilizar a expressão "autorização ambiental" não se está abolindo o termo "licença". Entende o autor que a expressão *"licença"* deve ser empregada somente quando houver um direito constituído e esse direito for vinculante para a administração pública. Se houver possibilidade de apreciação discricionária pela administração, o conceito a ser utilizado é o de *"autorização"*. Lembra o ilustre jurista, com base nas lições de Vladimir Passos de

656 SIMIONI, Rafael Lazzarotto; ROCHA, Leonel Severo. A forma dos conflitos ecológicos na perspectiva de Niklas Luhmann In: Direito ambiental e o biodireito: da modernidade à pós-modernidade. In: PEREIRA, Agostinho O. K; CALGARO; Cleide (Orgs.). Caxias do Sul/RS: Educs, 2008, "apud" VERGANI, Vanessa; BRANDELLI, Ailor Carlos. A defesa dos limites municipais: aspectos de intervenção entre municípios, licenciamento de obras de impacto ambiental, p. 137.

Freitas que "*o termo licença, certamente, não é o mais apropriado, pois pressupõe ato administrativo definitivo e, pelo menos para a licença prévia, o ato é precário.*"[657]

Para o professor de Direito Administrativo da Faculdade de Direito da Universidade do Rio de Janeiro e Desembargador do 2º Tribunal Regional, Joaquim Castro Aguiar, a "*Questão da maior relevância consiste em saber se o parcelamento do solo urbano implica licença ou autorização do poder público. A autoridade administrativa concederá, pois, alvará de licença o alvará de autorização?*". Discorrendo sobre os conceitos licença, autorização e alvará, ressalta que: "*Licença e autorização são conceitos distintos, inconfundíveis. O alvará é o instrumento através do qual a licença e a autorização são concedidas. O alvará poderá ser de licença ou de autorização.*"[658]

Para Toshio Mukai:

> O controle administrativo preventivo das atividades, obras e empreendimentos que possam causar danos ao meio ambiente deve ser efetuado por meio de autorizações, no geral (e não através de licenças, o que ocorre apenas e tão-somente no campo do direito de construir). E, em casos especiais, de utilizações de bens do domínio público (Ex.: recursos hídricos), os instrumentos jurídicos apropriados devem ser a concessão administrativa ou a permissão de uso.[659]

Nessa linha de raciocínio, completa o autor:

> Portanto, quando a Lei nº 6.938/81 prevê que o licenciamento ambiental e a revisão do licenciamento de atividades efetiva ou potencialmente poluidores são instrumentos da Política Nacional do Meio Ambiente, após a Constituição de 1988, por força do seu artigo 225, 'caput', não resta dúvida nenhuma que as expressões devem ser entendidas como sinônimas de autorizações, atos administrativos precários e discricionário.[660]

O mesmo se diga em relação a qualquer legislação de âmbito estadual ou municipal, onde seja empregada a expressão licença (ou licenciamento).[661]

Sílvia Helena Nogueira Nascimento, sobre as diferenças e semelhanças entre licença e autorização, tem visão um pouco destoante da doutrina majoritária. Entende a ilustre Procuradora do Estado de São Paulo que:

> ..., A diferença existente entre licença e autorizações ambientais encontra-se no fato de que o licenciamento é, como regra, o processo efetivado por meio de um procedimento que contempla etapas sequenciais, que culminam com a expedição de licenças prévia, instalação e de operação, para que se complete a anuência do poder público à implantação e operação do empreendimento, enquanto a autorização ambiental se resume a um único ato a ser expedido pelo órgão ambiental.".[662]

---

[657] Direito administrativo e meio ambiente. Freitas, Vladimir Passos de. Curitiba: Juruá, 1993. In: MACHADO, Paulo Affonso Leme. Direito ambiental brasileiro, p.

[658] Direito da cidade. Rio de Janeiro: Editora renovar, 1.996, p. 67.

[659] Direito ambiental sistematizado. 4ª edição revista e atualizada. Rio de Janeiro: Forense Universitária, 2004, p. 89.

[660] Op. cit., p. 90.

[661] Op. cit., p. 90.

[662] Competência para o licenciamento ambiental na Lei Complementar nº 140/2011. São Paulo: Atlas, 2014, p. 50.

Para a ilustre Procuradora do Estado, "*a diferença encontra-se verdadeiramente no rito do procedimento que integra o processo administrativo, e não na natureza dos instrumentos em questão*". Entende a douta jurista que as autorizações ambientais possuem natureza jurídica similar às das licenças ambientas e

> Portanto, devem as autorizações igualmente ser expedidas no âmbito de um processo administrativo formalmente constituído, com observância do procedimento determinado em lei, e estar amparadas em fundamento técnico que leve em conta os impactos ambientais envolvidos, no qual seja assegurada a necessária publicidade. Ao requerente deverá ser garantido o direito ao exercício do contraditório e da ampla defesa objetivando resguardar seus interesses, na hipótese de sua operação, revogação ou mesmo anulação.[663]

Continua a autora apresentando seu entendimento no sentido de que apesar da natureza jurídica similar e do caráter híbrido entre licença e autorizações, ora existe discricionariedade limitada do órgão ambiental, de ordem eminentemente técnica, ora prevalece o caráter vinculante, conforme os termos da lei e se atendidas pelo empreendedor, público ou privado, todas as condicionantes e medidas mitigadoras e compensatórias que permitam a expedição. Em outras situações, entende a jurista que o caráter vinculante pode ser mitigado, por encerrar a mutabilidade tanto das autorizações quando das licenças ambientais, em razão do interesse público voltado à proteção ambiental. Conclui a autora, ser correto afirmar que: "*a autorização ambiental inclui-se na categoria de licença ambiental, que, por sua vez, caracteriza-se como uma licença sui generis, ou de natureza híbrida, uma vez que a ela não se aplicam a imutabilidade e a irrevogabilidade da licença administrativa tradicional.*"[664]

No processo urbanístico, que se constitui em função pública, é deferida ao particular mediante uma autorização específica, com discricionariedade quanto às condições, não se tratando de licença, mas sim de um ato administrativo pelo qual se declara direito subjetivo pré-existente, submetido a certos requisitos, como a licença edilícia. A simples falta de autorização no início do loteamento já caracteriza o delito do art. 50, inciso I, da Lei 6.766/79.[665]

8.3. Requisitos e disciplina das licenças

A Lei Complementar 140/2011, em seu artigo 2º, inciso I, assim define licenciamento ambiental:

> o procedimento administrativo destinado a licenciar atividades ou empreendimentos utilizadores de recursos ambientais, efetiva ou potencialmente poluidores ou capazes, sob qualquer forma, de causar degradação ambiental;

No artigo 20 a Lei Complementar 140/2011, o qual altera o art. 10 da Lei 6.938/81, ao exigir licenciamento ambiental para as seguintes hipóteses:

---

663 Ibidem, p. 50.

664 NASCIMENTO, Sílvia Helena Nogueira. Competência para o licenciamento ambiental na Lei Complementar nº 140/2011, p. 51.

665 CASTILHO, José Roberto Fernandes, Disciplina urbanística da propriedade: o lote seu destino, p. 51-52.

> Art. 10. A construção, instalação, ampliação e funcionamento de estabelecimentos e atividades utilizadores de recursos ambientais, efetiva ou potencialmente poluidores ou capazes, sob qualquer forma, de causar degradação ambiental dependerão de prévio licenciamento ambiental.

No art. 10 da Resolução CONAMA 237/97, encontramos as etapas para se obter apreciação do requerimento de licenciamento ambiental, as quais podem sofrer variações, a depender de procedimentos específicos segundo a natureza, características e peculiaridades da atividade ou empreendimento e, ainda, a compatibilização do procedimento de licenciamento com as etapas de planejamento, implantação e operação (art. 12 da Res. CONAMA 237/97).

O Decreto Federal 99.274, de 06/06/90, previu, em seu artigo 19, as três fases da licença ambiental até se chegar ao deferimento do funcionamento do empreendimento ou atividade potencialmente impactantes aos recursos ambientais, as quais consistem em Licença Prévia (LP), Licença de Instalação (LI) e, finalmente, Licença de Operação (LO). Seguem transcritos os respectivos detalhamentos e características, desde já se observando que nas licenças urbanísticas, as quais são disciplinadas por legislação municipal, geralmente não se seguem essas fases. Ei-las:

> Art. 19. O Poder Público, no exercício de sua competência de controle, expedirá as seguintes licenças:
>
> I – Licença Prévia (LP), na fase preliminar do planejamento de atividade, contendo requisitos básicos a serem atendidos nas fases de localização, instalação e operação, observados os planos municipais, estaduais ou federais de uso do solo;
>
> II – Licença de Instalação (LI), autorizando o início da implantação, de acordo com as especificações constantes do Projeto Executivo aprovado; e
>
> III – Licença de Operação (LO), autorizando, após as verificações necessárias, o início da atividade licenciada e o funcionamento de seus equipamentos de controle de poluição, de acordo com o previsto nas Licenças Prévia e de Instalação.

Pela Resolução CONAMA 01/86:

> Considera-se impacto ambiental qualquer alteração das propriedades físicas, químicas e biológicas do meio ambiente, causada por qualquer forma de matéria ou energia resultante das atividades humanas que, direta ou indiretamente, afetam:
>
> I – a saúde, a segurança e o bem-estar da população;
>
> II – as atividades sociais e econômicas;
>
> III – a biota;
>
> IV – as condições estéticas e sanitárias do meio ambiente;
>
> V – a qualidade dos recursos ambientais.

Conforme bem ressaltam Ailor Carlos Brandelli e Vanessa Vergani, em busca de desenvolvimento e de geração de empregos, bem como arrecadação de tributos, os municípios buscam, por meio de seus gestores, trazer grandes empreendimentos para seu território, como usinas hidrelétricas, frigoríficos, produção de biodiesel, abatedouros, ou ainda explorar áreas vastas com o cultivo de monocultura, de maneira a eternizar a marca de sua efêmera administração. E o pior é que o que se pensava ser progresso acaba transformando-se numa estrutura pesada, não se conseguindo gerar empregos e impostos da forma como prometido. Os municípios acabaram por absorver parcela considerável dos danos ambientais provenientes desses empreendimentos, sejam eles prósperos ou não. Assim, *"a fumaça gerada pela queima de resíduos ou mesmo a modificação das águas do rio para construção de uma usina transcendem os limites municipais, cujos alagamentos podem causar prejuízos imensuráveis, sem que o prejudicado tenha concedido qualquer outorga em favor daquele que teve instalado em sua sede determinado empreendimento"*.[666]

No licenciamento ambiental deve haver cooperação entre os entes federativos, conforme disciplinado no artigo 13, § 2º, da Lei Complementar 140/2011. Para Paulo Affonso Leme Machado, essa cooperação é direcionada a órgãos que não sejam licenciadores na classificação legal e que poderão manifestar-se perante o órgão administrativo. Não se tratando de uma atividade obrigatória, portanto, não haverá caráter vinculante, podendo o órgão licenciador desobedecê-la. Entretanto, a decisão de recusa deve ser motivada, sendo que a ausência da análise das opiniões dos demais entes federativos vicia o procedimento administrativo, devendo ser nulificada a licença pelo próprio Poder Executivo, ou pelo Poder Judiciário.[667]

8.3.1. EIA ou EPIA – Estudo Prévio de Impacto Ambiental

Pela Resolução do Conselho Nacional do Meio Ambiente (CONAMA) nº 01/1986, que foi complementada pela Resolução CONAMA 237/1997, a qual reviu critérios de licenciamento e incorporou aos sistemas de licenciamento instrumentos de gestão ambiental, está regulamentado o licenciamento ambiental, o qual deve ser precedido de um Estudo de Impacto Ambiental (EIA), hoje também denominado Estudo Prévio de Impacto Ambiental (EPIA), pelo artigo 225, § 1º, inciso IV, da Constituição Federal. Este dispositivo constitucional recepcionou a supracitada resolução e sua legislação embasadora de superior nível. Em 2011, a Lei Complementar 140, de 08/12/2011, regulamentou o disposto nos incisos III, VI e VII do *"caput"* e do parágrafo único do art. 23 da Constituição Federal, sendo este o atual arcabouço jurídico de âmbito nacional, sobre o Estudo Prévio de Impacto Ambiental.

Segundo Paulo Affonso Leme Machado, o Estudo Prévio de Impacto Ambiental (EPIA), visa avaliar se uma obra ou atividade causará dano ambiental ao homem e ao meio ambiente, por meio de um procedimento administrativo, que já deveria estar sendo adotado há muito tempo, mas somente surgiu na legislação brasileira em 1980. Para o professor da Universidade Metodista de Piracicaba (UNIMEP), *são fundamentos deste instituto analisar se haverá a possibilidade de ocorrer um dano significativo para o meio ambiente, conforme previsto na Constituição de 1988, não se tratando de mera faculdade.* Caso haja necessidade de uma autorização, licença, do poder público, bem como *"se houver probabilidade de prejuízo significativo de*

[666] A defesa dos limites municipais: aspectos de intervenção entre municípios, licenciamento de obras de impacto ambiental. In: LUNELLI, Carlos Alberto. Direito, Ambiente e políticas públicas. Curitiba: Juruá, 2010, p. 123-124.

[667] Legislação florestal (Lei 12.651/2012) e competência em licenciamento ambiental (Lei Complementar 140/2011). São Paulo: Editora Malheiros, 2012, p. 82.

degradação ambiental será inafastável o Estudo Prévio de Impacto Ambiental – EPIA". Trata-se de um dever para o poder público que licenciar ou autorizar o empreendimento, sob pena de nulidade da autorização ou da licença, pois o poder público, está obrigado a intervir, tendo o dever de buscar a prevenção.[668]

A Resolução 01/86, em seu artigo 2º, relacionou as obras ou atividades em que obrigatoriamente deverá ser realizado o Estudo de Impacto Ambiental (EIA), como condição para análise do requerimento de licenciamento ambiental. *Dentre eles, praticamente todos tem interesse urbanístico*, considerando que parte dele pode estar em zona urbana ou de alguma forma impactar na zona urbana ou de extensão urbana. São eles:

I – Estradas de rodagem com duas ou mais faixas de rolamento;

II – Ferrovias;

III – Portos e terminais de minério, petróleo e produtos químicos;

IV – Aeroportos, conforme definidos pelo inciso I, artigo 48, do Decreto-Lei nº 32, de 18.11.66;

V – Oleodutos, gasodutos, minerodutos, troncos coletores e emissários de esgotos sanitários;

VI – Linhas de transmissão de energia elétrica, acima de 230KV;

VII – Obras hidráulicas para exploração de recursos hídricos, tais como: barragem para fins hidrelétricos, acima de 10MW, de saneamento ou de irrigação, abertura de canais para navegação, drenagem e irrigação, retificação de cursos d'água, abertura de barras e embocaduras, transposição de bacias, diques;

VIII – Extração de combustível fóssil (petróleo, xisto, carvão);

IX – Extração de minério, inclusive os da classe II, definidas no Código de Mineração;

X – Aterros sanitários, processamento e destino final de resíduos tóxicos ou perigosos;

XI – Usinas de geração de eletricidade, qualquer que seja a fonte de energia primária, acima de 10MW;

XII – Complexo e unidades industriais e agro-industriais (petroquímicos, siderúrgicos, cloroquímicos, destilarias de álcool, hulha, extração e cultivo de recursos hídricos);

XIII – Distritos industriais e zonas estritamente industriais – ZEI;

XIV – Exploração econômica de madeira ou de lenha, em áreas acima de 100 hectares ou menores, quando atingir áreas significativas em termos percentuais ou de importância do ponto de vista ambiental;

XV – Projetos urbanísticos, acima de 100ha. ou em áreas consideradas de relevante interesse ambiental a critério da SEMA e dos órgãos municipais e estaduais competentes;

XVI – Qualquer atividade que utilize carvão vegetal, em quantidade superior a dez toneladas por dia.

O anexo 1 da Res. CONAMA 237/97, traz um rol de atividades ou empreendimentos sujeitas ao licenciamento ambiental: São elas:

Obras Civis

- rodovias, ferrovias, hidrovias, metropolitanos
- barragens e diques

[668] Direito ambiental brasileiro, p. 455-456.

- canais para drenagem
- retificação de curso de água
- abertura de barras, embocaduras e canais
- transposição de bacias hidrográficas
- outras obras de arte

Serviços de utilidade
- produção de energia termoelétrica
- transmissão de energia elétrica
- estações de tratamento de água
- interceptores, emissários, estação elevatória e tratamento de esgoto sanitário
- tratamento e destinação de resíduos industriais (líquidos e sólidos)
- tratamento/disposição de resíduos especiais tais como: de agroquímicos e suas embalagens usadas e de serviço de saúde, entre outros
- tratamento e destinação de resíduos sólidos urbanos, inclusive aqueles provenientes de fossas
- dragagem e derrocamentos em corpos d'água
- recuperação de áreas contaminadas ou degradadas

Transporte, terminais e depósitos
- transporte de cargas perigosas
- transporte por dutos
- marinas, portos e aeroportos
- terminais de minério, petróleo e derivados e produtos químicos
- depósitos de produtos químicos e produtos perigosos
- complexos turísticos e de lazer, inclusive parques temáticos e autódromos

Atividades diversas
- **parcelamento do solo** (grifo nosso)
- **distrito e pólo industrial** (grifo nosso)

As análises técnicas que deverão ser realizadas durante os estudos, o qual deverá contar com técnicos de todas as áreas do conhecimento relacionadas com a obra ou atividade (estudos multidisciplinares), remunerado às expensas do empreendedor (art. 11 da Res. 237/97), terão de ser considerados os seguintes aspectos, conforme previsto no art. 6º da Res. CONAMA 01/86, "*in verbis*":

> I – Diagnóstico ambiental da área de influência do projeto completa descrição e análise dos recursos ambientais e suas interações, tal como existem, de modo a caracterizar a situação ambiental da área, antes da implantação do projeto, considerando:
>
> a) o meio físico – o subsolo, as águas, o ar e o clima, destacando os recursos minerais, a topografia, os tipos e aptidões do solo, os corpos d'água, o regime hidrológico, as correntes marinhas, as correntes atmosféricas;
>
> b) o meio biológico e os ecossistemas naturais – a fauna e a flora, destacando as espécies indicadoras da qualidade ambiental, de valor científico e econômico, raras e ameaçadas de extinção e as áreas de preservação permanente;
>
> c) o meio sócio-econômico – o uso e ocupação do solo, os usos da água e a sócio-economia, destacando os sítios e monumentos arqueológicos, históricos e culturais da comunidade, as relações de dependência entre a sociedade local, os recursos ambientais e a potencial utilização futura desses recursos.

II – Análise dos impactos ambientais do projeto e de suas alternativas, através de identificação, previsão da magnitude e interpretação da importância dos prováveis impactos relevantes, discriminando: os impactos positivos e negativos (benéficos e adversos), diretos e indiretos, imediatos e a médio e longo prazos, temporários e permanentes; seu grau de reversibilidade; suas propriedades cumulativas e sinérgicas; a distribuição dos ônus e benefícios sociais.

III – Definição das medidas mitigadoras dos impactos negativos, entre elas os equipamentos de controle e sistemas de tratamento de despejos, avaliando a eficiência de cada uma delas.

IV – Elaboração do programa de acompanhamento e monitoramento dos impactos positivos e negativos, indicando os fatores e parâmetros a serem considerados.

Parágrafo Único – Ao determinar a execução do estudo de impacto ambiental o órgão estadual competente; ou o IBAMA ou quando couber, o Município fornecerá as instruções adicionais que se fizerem necessárias, pelas peculiaridades do projeto e características ambientais da área.

Juntamente om o EIA, deve ser elaborado, em separado, o Relatório de Impacto Ambiental (RIMA), em linguagem leiga para facilitar o entendimento da população (art. 9º, parágrafo único, da Res. 01/86). Deverão constar do RIMA os seguintes elementos, diagnósticos e/ou prognósticos:

I – Os objetivos e justificativas do projeto, sua relação e compatibilidade com as políticas setoriais, planos e programas governamentais;

II – A descrição do projeto e suas alternativas tecnológicas e locacionais, especificando para cada um deles, nas fases de construção e operação a área de influência, as matérias-primas, e mão-de-obra, as fontes de energia, os processos e técnica operacionais, os prováveis efluentes, emissões, resíduos de energia, os empregos diretos e indiretos a serem gerados;

III – A síntese dos resultados dos estudos de diagnósticos ambiental da área de influência do projeto;

IV – A descrição dos prováveis impactos ambientais da implantação e operação da atividade, considerando o projeto, suas alternativas, os horizontes de tempo de incidência dos impactos e indicando os métodos, técnicas e critérios adotados para sua identificação, quantificação e interpretação;

V – A caracterização da qualidade ambiental futura da área de influência, comparando as diferentes situações da adoção do projeto e suas alternativas, bem como com a hipótese de sua não realização;

VI – A descrição do efeito esperado das medidas mitigadoras previstas em relação aos impactos negativos, mencionando aqueles que não puderam ser evitados, e o grau de alteração esperado;

VII – O programa de acompanhamento e monitoramento dos impactos;

VIII – Recomendação quanto à alternativa mais favorável (conclusões e comentários de ordem geral).

Parágrafo único – O RIMA deve ser apresentado de forma objetiva e adequada a sua compreensão. As informações devem ser traduzidas em linguagem acessível, ilustradas por mapas, cartas, quadros, gráficos e demais técnicas de comunicação visual, de modo que se possam entender as vantagens e desvantagens do projeto, bem como todas as consequências ambientais de sua implementação.

Para Paulo Affonso Leme Machado, o Estudo Prévio de Impacto Ambiental é um procedimento público, não sendo possível que tal estudo privado seja efetuado por uma equipe multidisciplinar, sob encomenda do proponente do projeto, pois imprescindível a intervenção inicial do órgão público, conforme art. 5º, parágrafo único, art. 6º, parágrafo único e art. 11, parágrafo único, todos da Resolução 1/86, bem como Resolução 6/86 do CONAMA, modelos um e dois.[669]

8.3.2. EIV – Estudo de Impacto de Vizinhança

Quanto ao conceito de EIV, vale mencionar aquele definido por Rogério Rocco, nos seguintes termos:

> Por impacto de vizinhança podemos entender as diversas alterações de um ambiente especificado, mas dinâmico – que irá variar de dimensão de acordo com o alcance da atividade impactante – e que comprometam não mais apenas os usos das propriedades vizinhas, mas também, e acima de tudo, o direito à cidade sustentável – pensado como um direito transgeracional, que deve ser assegurado na perspectiva da garantia de qualidade de vida para as atuais e futuras gerações.[670]

Sobre as dimensões do que deve se entender por vizinhança, com propriedade, Rogério Rocco acentua que: "*Entretanto, a concepção de vizinhança e, naturalmente de impacto de vizinhança, ainda se encontra, para muitos, limitada aos imóveis lindeiros. Nada incomum, afinal por décadas esse conceito prevaleceu, sendo que na atualidade é de fundamental magnitude que se compreenda os novos paradigmas que envolvem a temática*". Em seguida conclui que para efeitos de EIV os limites físicos podem ser muito extensos, a depender de uma série de variantes do caso concreto.[671]

Depois de observar que o Estatuto da Cidade e a Lei de Parcelamento do Solo Urbano possuem diversos dispositivos relacionados à dimensão técnica dos planos urbanísticos, fazendo uso de conceitos jurídicos indeterminados, os quais podem até parecer vagos para o leigo, mas que são operacionais para os profissionais da engenharia, da arquitetura e do urbanismo, Victor Carvalho Pinto cita como exemplo dessas afirmações as expressões a seguir, ensinando que elas devem ser interpretadas como menções implícitas às normas técnicas e profissionais que regem o setor da construção civil. Ei-las:

> 'usos incompatíveis ou inconvenientes', 'parcelamento do solo, edificação ou uso excessivos ou inadequados em relação à infra-estrutura urbana', 'empreendimentos ou atividades que possam funcionar como pólos geradores de tráfego, sem a previsão da infra-estrutura correspondente', 'padrões de produção e consumo de bens e serviços e de expansão urbana compatíveis com os limites da sustentabilidade ambiental, social e econômica do Município e do território sob sua área de influência', 'proporcionalidade entre a infra-estrutura existente e o aumento de densidade esperado em cada área', 'existência de infra-estrutura e de demanda para utilização' (arts. 2º, VI, VIII; 28, § 3º; 42,I do EC), 'terrenos alagadiços e sujeitos a inundações', 'material nocivo à saúde', 'condições geológicas que não aconselham a edificação', 'condições sanitárias suportáveis', 'áreas destinadas a sistemas de circulação, a implantação de equipamento urbano e

[669] Direito ambiental brasileiro, p. 267.

[670] Estudo de impacto de vizinhança: instrumento de garantia do direito às cidades sustentáveis, p. 114.

[671] Estudo de impacto de vizinhança: instrumento de garantia do direito às cidades sustentáveis, p. 114-15.

comunitário e a espaços livres de uso público proporcionais à densidade de ocupação prevista' e 'vias de loteamento articuladas com as vias adjacentes e harmonizadas com a topografia local' " (art. 3º, Parágrafo único e 4º da Lei 6.766).[672]

Na continuidade de sua linha de raciocínio, Victor Carvalho Pinto entende serem os aspectos técnicos supracitados uma indicação precisa dos pontos que devem ser observados pelo plano diretor, os quais podem ser obtidos a partir do regime previsto para o Estudo de Impacto de Vizinhança (EIV), no art. 37 do Estatuto da Cidade[673], lavrado nos seguintes termos:

> Art. 37. O EIV será executado de forma a contemplar os efeitos positivos e negativos do empreendimento ou atividade quanto à qualidade de vida da população residente na área e suas proximidades, incluindo a análise, no mínimo, das seguintes questões:
>
> I – adensamento populacional;
>
> II – equipamentos urbanos e comunitários;
>
> III – uso e ocupação do solo;
>
> IV – valorização imobiliária;
>
> V – geração de tráfego e demanda por transporte público;
>
> VI – ventilação e iluminação;
>
> VII – paisagem urbana e patrimônio natural e cultural.
>
> Parágrafo único. Dar-se-á publicidade aos documentos integrantes do EIV, que ficarão disponíveis para consulta, no órgão competente do Poder Público municipal, por qualquer interessado.

Para Victor Carvalho Pinto, *"Os princípios do EIV devem ser aplicados por analogia ao próprio plano diretor, uma vez que o impacto agregado causado pelas edificações decorrentes de índices nele fixados poderá ser muito maior que o de qualquer projeto isolado. Neste sentido, o próprio Estatuto já prevê a exigência de que o EIV faça parte do plano de operação urbana consorciada (art. 33, V)."*[674] (grifo nosso)

A Resolução Recomendada nº 126, de 16 de setembro de 2011, dirigida pelo Conselho das Cidades ao Ministério das Cidades, solicita que se façam gestões junto aos órgãos federais competentes para que se estabeleçam procedimentos e medidas que garantam o controle de impactos urbanos em obras e empreendimentos que envolvam recursos oriundos de programas federais voltados ao desenvolvimento urbano. Ela recomenda a inclusão do Estudo de Impacto de Vizinhança – EIV (art. 37 do Estatuto da Cidade) *"como instrumento de mitigação e controle dos impactos urbanos"*, nos programas que envolvam obras e empreendimentos voltados ao desenvolvimento urbano, em especial aqueles referentes ao *"Programa de Aceleração do Crescimento – PAC, como as intervenções previstas na Matriz de Responsabilidade da Copa do Mundo 2014 e Olimpíadas 2016"*, com exceção do Programa Minha Casa Minha Vida.

---

672 Regime jurídico do plano diretor, p. 423-424.

673 Op. cit., p. 424.

674 Op. cit., p. 424.

Ao lado do Direito Constitucional, pelo qual foi previsto um dos mais importantes instrumentos assecuratórios do direito ambiental, previsto no art. 225, § 1º, inciso IV, da Constituição Federal, o Estudo Prévio de Impacto Ambiental (EPIA), para instalação de obra ou atividade potencialmente causadora de significativa degradação do meio ambiente, para o qual deve ser dada publicidade, está o EIV para questões urbanísticas.

Para Celso Antônio Pacheco Fiorillo, *"adaptado evidentemente à função social da cidade"*, o EIV (Estudo de Impacto de Vizinhança), um dos instrumentos da política urbana (art. 4º, inciso VI, do Estatuto da Cidade), o legislador não somente ratificou a necessidade deste instituto, como definiu seus contornos nos arts. 36 e 37. A partir daí, o legislador municipal passa a contar com relevante instrumento. Por meio dele, serão determinados os empreendimentos e atividades privadas ou públicas em área urbana, os quais dependerão de elaboração de Estudo de Impacto de Vizinhança (EIV), visando obter as licenças ou autorizações de construção, ampliação ou funcionamento, a cargo do poder público municipal.[675]

O EIV tem natureza jurídica totalmente diversa da licença administrativa, pois se caracteriza como *licenciamento ambiental*, merecedor de complexas e sofisticadas interpretações, de maneira a contemplar efeitos negativos e positivos do empreendimento ou atividade, no tocante à qualidade de vida da população residente na área ou adjacências.[676]

Para Celso Antônio Pacheco Fiorillo "o *Estudo Prévio de Impacto de Vizinhança (EIV) nada mais é que a licença ambiental fixada em face dos valores maiores do piso vital mínimo.*" Por um lado, ele amplia o espaço de cidadania no controle de empreendimentos do capitalismo, não deixando de propiciar controle efetivo por parte do poder público, este vinculado constitucionalmente a assegurar a efetividade do Direito Ambiental (art. 225, § 1º da Constituição). Também assegura a qualidade de vida aos habitantes das áreas urbanas, por meio de *"controle de construções de estabelecimentos como casas de show, shopping-centers, templos religiosos, estádios de futebol etc. O EIV cumpre a sua função bem delimita aquilo que o saudoso professor Milton Santos chamava de 'dinâmica territorial'"*.[677]

Quando da avaliação do impacto de vizinhança devem ser incluídas avaliações nas bacias ou sub-bacias hidrográficas e aéreas no diagnóstico dos estudos, assim como na análise dos impactos, pois de acordo com a Política Nacional de Recursos Hídricos (Lei 9.433/97) a bacia hidrográfica é considerada unidade de planejamento para as políticas públicas. Assim, deve estar relacionada para análise e avaliação dos impactos de vizinhança, *"pois através dos corpos hídricos o impacto pode alcançar áreas distantes de um conceito limitado de vizinhança"*.[678]

No tocante às atividades que deverão ser objetos do EIV, por não estarem elas discriminadas nas normas do Estatuto da Cidade, pode-se afirmar que tanto

---

675 Op. cit., p. 75.

676 Op. cit., p. 75.

677 Op. cit., p. 76.

678 ROCCO, Rogério. Estudo de impacto de vizinhança: instrumento de garantia do direito às cidades sustentáveis, p. 134.

os empreendimentos públicos e privados sujeitam-se a EIV e deverão ser objetos de definição por lei municipal. A exceção à delegação de atribuição legislativa ao Município, encontra-se no art. 32, § 3º e art. 33, inciso V, pois

> a própria lei 10.257/2001 previu uma hipótese de exigência obrigatória do estudo de impacto de vizinhança, que não poderá, assim, ser desconsiderada pela legislação municipal: a da realização de operações urbanas consorciadas, entendidas como o conjunto de intervenções e medidas coordenadas pelo poder público municipal, com a participação dos proprietários, moradores, usuários permanentes e investidores privados, com objetivo de alcançar em uma área transformações urbanísticas estruturais, melhorias sociais e valorização ambiental.[679]

Quanto ao perfil dos empreendimentos sujeito ao EIV, via de regra, serão aqueles suscetíveis de gerar repercussões negativas à qualidade de vida da população residente na área instalada e adjacências, não se podendo descartar, entretanto, a possibilidade de empreendimentos menores, *"em função de suas características específicas, igualmente comprometerem à sadia qualidade de vida da vizinhança e da própria região."*[680]

Na abalizada opinião de Álvaro Luiz Valery Mirra, não é o gênero comercial que definirá se deverá ou não haver EIV, mas suas características próprias e específicas, razão pela qual a legislação deverá ser exemplificativa e não *"numerus clausus"*. Tal qual já acontece com o EIA.[681] Como exemplo, mencionando Vanêsca Buzelato Prestes[682], o ilustre magistrado paulista traz à baila a hipótese da rede de gêneros alimentícios americana *"McDonald´s"*, muito maior que uma lancheria normal, provocando grande afluxo de veículos e pedestres no entorno, gerando a necessidade de avaliação de estacionamentos, alargamento de ruas, visando adequadamente compor gargalos de fluxos de trânsito e ruídos.

De se ressaltar que o EIV não será exigido somente quando da construção ou funcionamento de atividade ou empreendimento, mas também deverá ser exigido para ampliações, como é o caso de "shopping center", pois os impactos sinérgicos negativos nas adjacências serão maximizados.

Bem recorda Rogério Rocco que a infraestrutura também precisa ser adequadamente dimensionada, não só para atendimento das necessidades atuais da vizinhança, mas também para as demandas futuras, voltada para a infraestrutura da rede urbana. Por isso entende o autor ser de fundamental importância que o estudo preocupe-se em analisar as possibilidades da rede a médio e longo prazo, projetando as limitações impostas aos futuros usuários da cidade. Tal projeção dessas limitações será um dos elementos de avaliação dos impactos de vizinhança, para subsidiar a decisão a ser proferida no licenciamento requerido. O mesmo deve ocorrer quanto aos transportes públicos e não se pode apenas diagnosticar, sem projetar os impactos

---

679 MIRRA, Álvaro Luiz Valery. Estudo de impacto vizinhança no direito brasileiro, p. 263-264.

680 Idem, p. 264.

681 Op. cit., p. 264.

682 Plano Diretor e Estudo de Impacto de Vizinhança. Revista de Direito Ambiental 37/80.

do empreendimento sobre a infraestrutura urbana, não se tratando apenas de um diagnóstico da área.[683]

No tocante ao conteúdo mínimo do EIV, lembra Álvaro Luiz Valery Mirra, que seu objeto primordial deverá ser os efeitos negativos, assim como os positivos, em relação à qualidade de vida da população residente na área e nas proximidades, sendo que os pontos mínimos a serem observados encontram-se no art. 37 do Estatuto da Cidade. O competente magistrado e doutrinador, com perspicácia, ressalta que esse conteúdo obrigatório mínimo, caso não observado quando da análise pelos estudos realizados, acarretará, por consequência, a invalidade do EIV e da licença ou autorização urbanística que nele se fundar.[684]

Anotamos que em se tratando de conteúdo mínimo, o Município poderá incluir outros aspectos a serem analisados quando do EIV.

Quanto ao responsável pela elaboração do EIV, entende Álvaro Luiz Valery Mirra, que se pode admitir fique ele a cargo do próprio empreendedor. Este

> [...] poderá, por sua própria conta, contratar os profissionais competentes para as avaliações exigidas ou, mesmo, servir-se de profissionais da sua estrutura organizacional ou empresarial. Não se pode excluir, todavia, a possibilidade de as leis municipais preverem a necessidade de o EIV ser elaborado por técnicos independentes e totalmente desvinculados do empreendedor, já que inexiste no Estatuto da Cidade vedação a esse respeito.[685]

A equipe responsável pela elaboração do EIV, em virtude da discriminação do conteúdo mínimo obrigatório, deve ser multidisciplinar, com profissionais de diversas áreas técnicas, variando em razão das peculiaridades e características do empreendimento e/ou da vizinhança afetada.[686]

8.3.2.1. *EIV e audiência pública: Exigibilidade (?)*

Comentando sobre as finalidades do EIV, Rogério Rocco ressalta que, por ser ele um instrumento relativamente novo, mais do que mero instrumento burocrático

> [...] proporciona uma alteração da lógica da gestão urbana, promovendo a possibilidade de participação social na avaliação da conveniência e oportunidade do licenciamento de empreendimentos e atividades na cidade – sobre os princípios da função social da propriedade e de uma novel ordem urbanística. Assim, por meio de uma avaliação participativa, pretende-se evitar, mitigar e/ou compensar impactos gerados sobre as cidades brasileiras".[687]

683 Op. cit., p. 121-122.

684 Op. cit., p. 265.

685 Op. cit., p. 265.

686 Ibdem, p. 265.

687 Op. cit., p. 116.

Para Celso Antônio Pacheco Fiorillo o EIV *"terá portanto que se adequar às necessidades dos brasileiros e estrangeiros residentes no país, uma adequação racional sempre vinculada aos fundamentos do estado democrático de direito"*.[688]

De se registrar que o EIV, como visto até agora, por se revestir de tamanha importância para o desenvolvimento harmônico da cidade, segundo o interesse coletivo da cidade como um todo, merece ser discutido com a comunidade, para quem foi concebido. Nessa linha de raciocínio, vale transcrever as seguintes lições:

> Convém explicitar, ainda, um dos principais orientadores da mensuração do impacto de vizinhança: a consulta à população interessada. Afinal, por tratar de matéria de ordem pública, imprescindível a opinião das pessoas em suas vidas e seus direitos subjetivos públicos diretamente afetados pela implementação de determinados empreendimentos em assentamentos humanos.
>
> Nesse passo está a necessidade de realização de audiências públicas, na qualidade de instrumentos indispensável à promoção de discussões e de interesses difusos, os quais deverão cumprir 'o papel de tornar transparente o processo de tomada de decisão, ao promover a publicidade dos objetivos e de medidas previstas nesses experimentos, assegurando o direito dos cidadãos a informação'.[689]

Não há previsão expressa da necessidade de realização de audiências públicas em relação ao EIV, pois o Estatuto da Cidade apenas previu a necessidade de publicidade dos documentos integrantes desses estudos, os quais devem ficar disponíveis para consulta por pessoas interessadas no órgão público municipal competente para sua análise e aprovação (art. 37). Entretanto, é de se ver que entre as diretrizes gerais da política urbana está a gestão democrática das cidades, por meio de participação da população na formulação, execução e acompanhamentos de planos, programas e projetos de desenvolvimento urbano (art. 2º, inciso II) e a audiência pública da população interessada nos processos de implantação de empreendimentos ou atividades com efeito potencialmente negativos sobre o meio ambiente natural ou construído, o conforto ou a segurança de todos (art. 2º, inciso XIII). Portanto, parece-nos evidente que com base um uma interpretação sistemática e principiológica do Estatuto da Cidade é indispensável que o EIV seja debatido em audiência pública com a comunidade, sob pena de nulidade do licenciamento, o qual deverá também se basear no EIV.

Nesse sentido, bem acentua o magistrado Álvaro Luiz Valery Mirra, que tais diretrizes são de observância obrigatória, levando, sem dúvida, à exigibilidade de realização de audiências públicas na discussão dos estudos de impacto de vizinhança. Justifica o ilustre magistrado que o EIV tem natureza e finalidade embasadora de concessão de licença ou autorização urbanística, para garantir que empreendimentos e atividades públicos e privados se desenvolvam de maneira sadia e compatível com a qualidade de vida da população do entorno, assumindo perfil de mecanismo de planejamento municipal para o Desenvolvimento Urbano.[690]

688 Estudo prévio de impacto de vizinhança previsto no Estatuto da Cidade (Lei 10.257/01) e sua adequação ao Direito Ambiental constitucional brasileiro, p. 77.

689 Rocco, Rogério, Op. cit., p. 123.

690 Op. cit., p. 266.

8.3.3. *EIA e EIV: Semelhanças, diferenças e (im)possibilidade de exigência simultânea*

Tecendo considerações sobre o EIA e o EIV, salienta Rogério Rocco

> como instrumento de promoção das cidades sustentáveis e do equilíbrio ambiental, a política urbana utiliza-se do Estudo Prévio de Impacto Ambiental - EIA, e do Estudo Prévio de Impacto de Vizinhança - EIA, haja vista que, diante de seu caráter preventivo, colocam-se como disciplinadores das ações humanas, com vista a assegurar a cidade como um ambiente socialmente justo, economicamente viável e ecologicamente equilibrado.[691]

"*Os impactos ambientais também podem ter impacto de vizinhança*"[692]. Por isso, o Estatuto da Cidade exige o EIV, mas também o EIA, conforme previsto no artigo 38, "in verbis":

> Art. 38. A elaboração do EIV não substitui a elaboração e a aprovação de estudo prévio de impacto ambiental (EIA), requeridas nos termos da legislação ambiental.

Analisando os conceitos de vizinhança e de impacto ambiental, para justificar a necessidade de aplicação do EIV e do EIA simultaneamente, quando o caso, com propriedade discorre Rogério Rocco:

> Então, a grosso modo, teremos que o impacto ambiental é a alteração do equilíbrio do ecossistema natural e que o impacto de vizinhança é a alteração do ecossistema artificial - formador das relações humanas. Nesse caminho, estaremos tratando diferentemente o que pretendemos abordar enquanto impacto de vizinhança daquilo que ficou consagrado como direito de vizinhança, sendo aquele uma evolução desse. Isso porque o conceito de impacto de vizinhança envolve o objeto difuso, indivisível e indisponível, enquanto que tradicionalmente compreende-se o direito de vizinhança como uma prerrogativa individual, privada e disponível.[693]

Ao diferenciar o objeto de estudo do EIA e do EIV, anota Álvaro Luiz Valery Mirra,

> Embora o estudo de impacto de vizinhança seja análogo ao estudo de impacto ambiental, não há dúvida de que com esse não se confunde, cada um tem o seu campo próprio de incidência. De fato, além de ser instrumento de avaliação de impactos acarretados por atividades e empreendimentos realizados no meio urbano, o EIV tem abrangência geográfica em princípio menor, já que a investigação da repercussão dos impactos limitar-se a 'vizinhança' do projeto, no concernente à 'qualidade de vida da população residente na área e suas proximidades' (art. 37, 'caput', da Lei 10.257/2001). Registre-se, porém, que a noção moderna de vizinhança não se restringe à contiguidade de imóveis, ganhando dimensão diversa, para atingir ruas, quadras, bairros e regiões da cidade.[694]

---

691 Estudo de impacto de vizinhança: instrumento de garantia do direito às cidades sustentáveis. Rio de Janeiro: Lumen Juris, 2009, p. 114.

692 Ibidem, p. 125.

693 Op. cit., p. 125-126.

694 Estudo de impacto vizinhança no direito brasileiro. In: MARQUES, Claudia Lima; MEDAUAR, Odete; SILVA, Solange Teles da. O novo Direito Administrativo, Ambiental e Urbanístico: estudos em homenagem a Jacqueline Morand-Deviller. São Paulo:

Insistindo na diferenciação do meio ambiente natural e urbano, novamente de se lançar mão das lições do professor e advogado fluminense, para as seguintes observações:

> O meio ambiente urbano pode e deve possuir estruturas naturais, que estão relacionadas à vida das pessoas, seja com perspectivas objetiva de prestação de serviços ambientais – como a garantia do clima, do ar que respiramos e da água para saciar a sede e nossas necessidades de higiene, assim como nas expectativas subjetivas relacionadas à contemplação da paisagem, ao relacionamento com os animais etc. Entretanto, o meio ambiente urbano envolve conjunto de relações necessárias, se distinguem das relações naturais, pois se reproduzem dentro do universo da materialidade humana.[695]
>
> [...]
>
> [...] impacto de vizinhança pode ser pensado enquanto impacto urbano, ou como já afirmado – impacto urbanístico, visto que este se reproduz necessariamente nas relações de vizinhança, dentro dos ambientes construídos. Abrangência dos impactos de vizinhança, portanto, irá variar de acordo com a atividade impactante e com o ambiente de sua localização, mas deverá ocorrer onde haja relações humanas. O impacto ambiental pode também conter essas relações, mas a partir do momento em que o Estatuto da Cidade determina a exigência do EIV quando haja necessidade do EIA, ele põe a diferenciação entre os campos de avaliação de impactos – separando-os entre espaços naturais e espaços construídos.[696]

Sobre a destinação do EIA e do EIV como condicionante à análise de licenciamentos ou autorizações a serem realizados por órgãos públicos diversos, novamente importantes as lições do eminente Juiz de Direito Álvaro Luiz Valery Mirra, um dos recentes destaques do direito ambiental brasileiro, quando ressalta que:

> Além disso, o EIV é exigido como condição para outorga pelo poder público municipal de licenças e autorizações urbanísticas, tendentes à construção, ampliação e funcionamento de atividades e empreendimentos públicos e privados em área urbana (art. 36 da Lei 10.257/2001). Já o EIA integra o processo de licenciamento ambiental atividades, obras e empreendimentos potencialmente causadores de significativa degradação ambiental nos meios urbano e rural, a cargo, conforme a competência para o ato, do órgão ambiental federal estadual ou municipal.[697]

Em complementação às doutas e convincentes explicações supra, o eminente magistrado paulista afirma que um mesmo empreendimento pode estar simultaneamente sujeito a EIA e a EIV:

> Nesse sentido, dependendo da atividade ou empreendimento em exame, simultaneamente, de licenciamento ambiental e da concessão de licença ou autorização urbanística, é possível sua sujeição, ao mesmo tempo, quanto ao estudo de impacto ambiental quanto ao estudo de impacto de vizinhança. Daí, inclusive, a expressa disposição do art. 38 da Lei 10.257/2001.[698]

Editora Revista dos Tribunais, 2010, p. 263.

695 Estudo de impacto de vizinhança: instrumento de garantia do direito às cidades sustentáveis, p. 129.

696 Op. cit., p. 131-132.

697 MIRRA, Álvaro Luiz Valery. Estudo de impacto vizinhança no direito brasileiro, p. 263.

698 Op. cit., p. 263.

Sobre a influência do EIV e na concessão da licença urbanística, entende Álvaro Luiz Valery Mirra que por estar inserido no processo de licenciamento ou concessão de autorização de natureza urbanística, cujo responsável será o poder público municipal, o estudo *"É, em verdade, condição para a outorga de licença ou autorização urbanística e atividade e empreendimentos suscetíveis de acarretar repercussões negativas importantes sobre a qualidade de vida da população residente na vizinhança e no entorno mais ou menos próximo"*. Entretanto, ressalta o magistrado, a exemplo do que acontece no EIA, as conclusões do EIV não vinculam o órgão administrativo municipal encarregado da outorga da licença ou autorização. Lembra que a finalidade básica do EIV é, também, a exemplo do EIA, informar a administração sobre as consequências negativas e positivas de determinado empreendimento ou atividade que busca licenciar ou autorizar, de maneira a orientar a decisão do poder público nessas circunstâncias. Esta pode ser tomada contrariamente ou em termos diversos daqueles apontados nas conclusões do estudo.[699]

A exemplo do EIA, quando a autoridade municipal decidir diversamente das conclusões do EIV, terá de motivar sua decisão, expondo as razões que levaram a optar por solução diversa, ficando a decisão sujeita a discussão jurisdicional pelo prejudicado.[700]

8.4. Licenças e autorizações urbanísticas e edilícias

O direito de propriedade não pressupõe o direito de lotear. Quando da constituição de um desenho urbano, com abertura de vias e logradouros, esta é uma função exercida pelo poder público. O ato de aprovação de um projeto de loteamento não é uma licença, ao contrário do que ocorre no projeto de edificação, tratando-se de uma simples autorização, ato ordenador ampliativo de direito, conforme entendimento de Carlos Ari Sundfeld.[701]

As licenças urbanísticas, mormente as edilícias, são informadas por alguns princípios gerais, tais como:

> (a) *necessidade*, no sentido de que o interessado é obrigado a requerê-las nos casos em que o exercício da atividade as exija; o sentido de sua indispensabilidade e que são insubstituíveis, valendo dizer que a administração urbanística não poderá dispensá-las nem substituí-las por outra exigência ou compensação; (b) *caráter vinculado*, que se manifesta no momento de outorga, estendendo-se, por isso, que não pode ser legitimamente negadas quando o requerente demonstra ter preenchido todas as exigências e requisitos previstos em lei para o exercício da faculdade licenciável, sem embargo da existência de boa margem de discricionariedade técnica da administração; (c) *transferibilidade*, segundo lição de Helly Lopes Meirelles: 'transmite-se automaticamente aos sucessores com a só alienação do imóvel, não sendo lícito à Prefeitura opor-se à expedição ou a transferência do alvará ao novo proprietário ou compromissário comprador' (d) *autonomia*, no sentido de que não tem efeito relativamente às relações privadas do requerente, pelo que a

[699] Ibidem, p. 267.

[700] MIRRA, Álvaro Luiz Valery. Estudo de impacto vizinhança no direito brasileiro, p. 266-267.

[701] Direito Administrativo Ordenador. 1ª ed., 3ª tir. São Paulo: Malheiros, 2003, p. 38-52, "apud", PINTO, Victor Carvalho. Direito urbanístico: plano diretor e direito de propriedade, p. 301.

administração não pode discutir a propriedade dos terrenos para os quais se solicitar as licenças, afim de não se envolver em questões civis para as quais não é competente; outorga da licença, portanto, não prejulga questões de domínio, nem prejudica direito de terceiros; (e) *definitividade*, dentro, porém, de prazo de vigência a que ficam subordinadas nos termos da lei, e sem embargo da possibilidade de invalidação e de revogação em certas circunstâncias, que veremos. As licenças de localização e de funcionamento de atividades são outorgadas por regra, apenas por um ano.[702] (grifos nosso)

Explica Joaquim Castro Aguiar, com muita felicidade que: "*[...], a autoridade administrativa expedirá licença, sempre que a outorga resulte de direito do requerente. O alvará não lhe criará direito algum. Este preexiste, já assegurado pela lei. A autoridade apenas reconhece o direito. O alvará não será ato constitutivo do direito, mas mero ato declaratório dele.*" Assim será o caso de um adquirente de um lote em um loteamento regular, pois a prefeitura apenas irá verificar se o código de obras ou a legislação de edificações está sendo atendida, para lhe assegurar o direito de construir, não podendo ser negada o alvará de licença nessas circunstâncias.[703]

A questão é distinta quando se trata de autorização, pois não existe prévio direito, o qual é criado com a expedição do alvará. É o caso de uma banca para venda de revista em praça pública, pois não havendo impedimento legal a Administração poderá dar a autorização para construção ou instalação da banca, mas também poderá simplesmente indeferir o pedido, pois não há existência do direito prévio.[704]

Para José Afonso da Silva, o ato de permitir a realização de um loteamento (arruamento e divisão de lotes) é um ato de autorização, portanto precário. Entretanto, explica o autor as divergências doutrinárias e incoerências legislativas, antes de chegar a esta conclusão. Pela precisão e autoridade de seu autor, merecem ser integralmente transcritas essas considerações:

> A doutrina tem sustentado que o loteamento (arruamento e divisão em lotes) depende de licença – partindo, portanto, da ideia de que esse tipo de alteração da propriedade é uma das faculdades dessa e, por conseguinte, o direito subjetivo do proprietário. A lei de parcelamento do solo urbano (Lei 6.766/1979) não empregou o termo 'licença' em momento algum. Usou, atecnicamente, as expressões: 'o parcelamento do solo será admitido' – Como se de admissão se tratasse – e 'o parcelamento do solo não será permitido' – como se de permissão se cuidasse (art. 3º e seu parágrafo único); mas, corretamente, considera crime 'dar início, de qualquer modo, ou efetuar loteamento ou desmembramento do solo para fins urbanos, sem autorização do órgão competente (...)'. Realmente, o consentimento do poder público para parcelar solo para fins urbanos confere ao particular a faculdade de exercer em nome próprio, no interesse próprio e a própria custa e risco, uma atividade que pertence ao poder público municipal – qual seja, a de oferecer condições de habitabilidade à população urbana, como já dissemos; esse é caso típico de autorização, não de licença. Tal transformação da propriedade não integra as faculdades dominiais, porque não constitui uma função privada. Se é certo que o poder público não pode exercê-la em propriedade alheia, pois, se desejar fazê-

[702] SILVA, José Afonso Da Silva. Direito urbanístico brasileiro, p. 441-442.

[703] Direito da cidade. Rio de Janeiro: Editora renovar, 1.996, p. 68.

[704] AGUIAR, Joaquim Castro. Direito da cidade. Rio de Janeiro: Editora renovar, 1.996, p. 69.

-lo por si, terá que adquirir ou desapropriar a gleba, também é certo que não entra no poder de domínio privado.[705]

É também caso de *autorização*, e não de licença – ainda que a lei assim o diga – o consentimento da prefeitura para: "(a) execução de chanframento de guias ou rebaixamento parcial do passeio para acesso de veículos; (b) abertura de gárgulas para escoamento de águas pluviais sobre o passeio; (c) instalação de andaimes e tapumes do alinhamento do logradouro ou sobre o passeio, para execução de trabalhos de construção ou demolição.[706]

Para José Afonso da Silva, dentre os pressupostos objetivos das licenças urbanísticas, os quais se manifestam nas atividades para as quais elas são exigidas, podem ser citados: "*(a) a execução de construções (especialmente edificações, instalações, e construções, reformas e demolições; assim também, por conseguinte, a construção de muros e grades no alinhamento da via pública; (b) a localização e o funcionamento de atividades comerciais, industriais, institucionais e de prestação de serviço.*"[707]

No tocante aos pressupostos objetivos das licenças urbanísticas, relativos ao sujeito passivo, isto é quem requer pretende exercer direitos subordinados ao órgão licenciador, pode-se afirmar que há um dever de obter tal licença tanto às pessoas físicas ou jurídicas, quer as privadas, quer as públicas, que pretendam exercer atividades relacionadas à licença ou outorga.[708]

8.4.1. Espécies de licenças edilícias

Inicialmente, quanto à espécie de licenças edilícias, podem se mencionar as licenças para edificar (ou licença para construir) licenças para reformas, licenças para reconstruções e licenças para demolições, merecendo destaque as licenças para edificar e demolir, por se tratarem de atividades que interferem diretamente com a ordenação urbana, sendo objeto de instrumentos de controle de aplicação das normas de urbanismo.[709]

As licenças para edificar constituem-se em mais que a simples remoção de obstáculos, pois é técnica de intervenção nas faculdades de edificar, reconhecida tantos pelas normas edilícias e urbanísticas. Seu objetivo é controlar e condicionar o exercício das faculdades de edificar, ao cumprimento das normas edilícias e urbanísticas, incluindo-se as determinações dos planos urbanísticos. Nesse sentido, José Afonso da Silva ressalta entender que a licença para edificar, assim como as demais licenças edilícias, não se constituem nem uma autorização, nem uma concessão, mas "*Um ato de controle de um direito predeterminado quanto ao seu conteúdo*", citando entendimento no mesmo sentido de Frederico Spantigatti.[710]

705 Direito Urbanístico Brasileiro, p. 439-440.

706 ibidem, p. 439-440.

707 Op. cit., p. 442.

708 SILVA, José Afonso da. Direito Urbanístico Brasileiro, 442.

709 SILVA, José Afonso da. Direito Urbanístico Brasileiro, 442-443.

710 SILVA, José Afonso da. Direito Urbanístico Brasileiro, 444-444.

8.5. Validade, caducidade, anulação, revogação ou suspensão das licenças

A Licença Prévia (LP) não poderá ter prazo superior a cinco. A Licença de Instalação (LI) não pode superar seis anos de validade. Já a Licença de Operação terá prazo entre quatro e dez anos, nos termos do artigo 18 da Resolução CONAMA 237/97.

De se registrar, entretanto, que no Estado de São Paulo, pelo disposto no art. 5º, § 6º da Lei 997/1976, as licenças terão seu prazo de validade definidos pela administração pública em cada caso concreto. No entanto, para os empreendimentos já licenciados quando da Lei Estadual 9.477, de 30/12/96, a renovação deverá ocorrer a cada cinco anos (art. 5º, § 7º).

Lembra Paulo Affonso Leme Machado que o artigo 9º, inciso IV[711], da Lei 6.938/1981, de forma indireta, indicou não existir prazo indeterminado para a revisão do licenciamento. Isso foi feito em benefício do próprio requerente, o qual fica ciente de que as regras de funcionamento não poderão ser mudadas, a não ser por motivo grave, no espaço temporal da autorização. Pela ótica do órgão ambiental, o poder público não ficará eternamente vinculado às condições de funcionamento de uma atividade inicialmente possível e que se revelou danosa ao meio ambiente, surgindo a possibilidade de correção no momento da nova autorização. Simultaneamente, tal solução, dará oportunidade às empresas, programarem-se, sem sobressaltos, quanto aos investimentos necessários para o controle ambiental.[712]

Explica Paulo Affonso Leme Machado que a previsão de revogação da licença permitirá ao poder público rever a autorização, mesmo dentro do prazo de validade, como no caso de situação de ocorrência de fato grave para a saúde pública ou para o meio ambiente, a motivar tal ato da administração pública.[713]

Na Resolução 237/97 do CONAMA foram previstos os fundamentos da suspensão ou cancelamento da licença expedida, consistindo na violação ou inadequação das condicionantes ou normas legais, bem como na omissão ou falsa descrição de informações relevantes e superveniente de graves riscos para saúde e para o meio ambiente (art. 19).

9. REGULARIZAÇÃO FUNDIÁRIA URBANA (REURB)

9.1. Conceito de regularização fundiária

Quanto ao conceito legal de regularização fundiária, a Lei 11.977/09 (LRF)[714], revogada no tocante à disciplina da regularização fundiária urbana (capítulo III) pelo

---

711 Art. 9º – São instrumentos da Política Nacional do Meio Ambiente:

[...]

IV – o licenciamento e a revisão de atividades efetiva ou potencialmente poluidoras;

712 Legislação florestal (Lei 12.651/2012) e competência em licenciamento ambiental (Lei Complementar 140/2011), p. 93.

713 Op. cit., p. 94.

714 Dispõe sobre o Programa Minha Casa, Minha Vida – PMCMV e a regularização fundiária de assentamentos localizados em áreas urbanas; altera o Decreto-Lei nº 3.365, de 21 de junho de 1941, as Leis nos 4.380, de 21 de agosto de 1964, 6.015, de

artigo 109, IV, da Lei 13.465, de 11/07/17, novo marco da regularização fundiária urbana (Reurb)[715], assim a definia:

> A regularização fundiária consiste no conjunto de *medidas jurídicas, urbanísticas, ambientais e sociais* que visam à regularização de assentamentos irregulares e à titulação de seus ocupantes, de modo a garantir o direito social à moradia, *o pleno desenvolvimento das funções sociais da propriedade urbana* e o *direito ao meio ambiente ecologicamente equilibrado.*

A novel disciplina da regularização fundiária, questionada quanto à sua constitucionalidade[716], segue o conceito acima, mas com algumas modificações. Preceitua o art. 9º da Lei 13.465/17, que:

> Art. 9º. Ficam instituídas no território nacional normas gerais e procedimentos aplicáveis à Regularização Fundiária Urbana (Reurb), a qual abrange medidas jurídicas, urbanísticas, ambientais e sociais destinadas à incorporação dos núcleos urbanos informais ao ordenamento territorial urbano e à titulação de seus ocupantes.
>
> § 1º. Os poderes públicos formularão e desenvolverão no espaço urbano as políticas de suas competências de acordo com os princípios de sustentabilidade econômica, social e ambiental e ordenação territorial, buscando a ocupação do solo de maneira eficiente, combinando seu uso de forma funcional.
>
> § 2º. A Reurb promovida mediante legitimação fundiária somente poderá ser aplicada para os núcleos urbanos informais comprovadamente existentes, na forma desta Lei, até 22 de dezembro de 2016.

Desde já, importante tecer considerações sobre o significado e alcance do conceito de núcleo urbano. Sobre o tema, anotamos que:

> Núcleo urbano informal, segundo artigo 11 da Lei 13.465 de 11 de julho de 2017, é o assentamento clandestino, irregular ou no qual não foi possível fazer, por qualquer modo, a titulação de seus ocupantes, ainda que atendida a legislação vigente à época de sua implantação ou regularização. E núcleo urbano informal consolidado é aquele de difícil reversão, considerados o tempo da ocupação, a natureza das edificações, a localização das vias de circulação e a presença de equipamentos públicos, entre outras circunstâncias a serem avaliadas pelo município. Ambas hipóteses serão passíveis de

---

31 de dezembro de 1973, 8.036, de 11 de maio de 1990, e 10.257, de 10 de julho de 2001, e a Medida Provisória nº 2.197-43, de 24 de agosto de 2001; e dá outras providências.

[715] A Lei 13.465/17 "**Dispõe sobre a regularização fundiária rural e urbana,** sobre a liquidação de créditos concedidos aos assentados da reforma agrária e sobre a regularização fundiária no âmbito da Amazônia Legal; institui mecanismos para aprimorar a eficiência dos procedimentos de alienação de imóveis da União; altera as Leis nos 8.629, de 25 de fevereiro de 1993, 13.001, de 20 de junho de 2014, 11.952, de 25 de junho de 2009, 13.340, de 28 de setembro de 2016, 8.666, de 21 de junho de 1993, 6.015, de 31 de dezembro de 1973, 12.512, de 14 de outubro de 2011, 10.406, de 10 de janeiro de 2002 (Código Civil), 13.105, de 16 de março de 2015 (Código de Processo Civil), 11.977, de 7 de julho de 2009, 9.514, de 20 de novembro de 1997, 11.124, de 16 de junho de 2005, 6.766, de 19 de dezembro de 1979, 10.257, de 10 de julho de 2001, 12.651, de 25 de maio de 2012, 13.240, de 30 de dezembro de 2015, 9.636, de 15 de maio de 1998, 8.036, de 11 de maio de 1990, 13.139, de 26 de junho de 2015, 11.483, de 31 de maio de 2007, e a 12.712, de 30 de agosto de 2012, a Medida Provisória nº 2.220, de 4 de setembro de 2001, e os Decretos-Leis nos 2.398, de 21 de dezembro de 1987, 1.876, de 15 de julho de 1981, 9.760, de 5 de setembro de 1946, e 3.365, de 21 de junho de 1941; revoga dispositivos da Lei Complementar nº 76, de 6 de julho de 1993, e da Lei nº 13.347, de 10 de outubro de 2016; e dá outras providências."

[716] Vide ADI 5.771 (promovida pelo Ministério Público Federal), ADI 5.787 (promovida pelo Partido dos Trabalhadores) e ADI 5.883, proposta pelo Instituto de Arquitetos do Brasil (IAB), em trâmite perante o Egrégio Supremo Tribunal Federal.

regularização, havendo previsão de mitigação e compensações de danos ambientais, a serem verificados por estudos técnicos.[717]

Silvio Figueiredo conceitua regularização fundiária da seguinte forma: *"em termos gerais, é o processo que inclui medidas jurídicas, urbanísticas, ambientais e sociais, com a finalidade de integrar assentamentos irregulares ao contexto legal das cidades."* Para se atingir os objetivos de desenvolvimento integrado de ações voltadas à correção e prevenção de problemas ambientais e sociais, faz-se necessária a *"integração e a compatibilização de programas sociais, políticas públicas e disponibilidade orçamentária, que dependem, como já exposto anteriormente, de vontade política e administrativa."*[718]

Com objetividade e clareza, Paulo Afonso Cavichioli Carmona explica o conceito e a finalidade da regularização fundiária da seguinte forma: *"Regularizar significa pôr em ordem, normalizar. Fundiário é relativo a terrenos o que diz respeito a imóveis. Assim, regularização fundiária, tipo de modo simplista, é uma atividade que consiste colocar terrenos em situação de legalidade."*[719]

Sobre o tema, recentemente, anotamos:

> A regularização fundiária urbana (Reurb) é um conjunto de normas gerais e procedimentais que abrangem medidas jurídicas, urbanísticas, ambientais e sociais, destinadas à incorporação dos núcleos urbanos informais, consolidados ou não, ao ordenamento territorial urbano e à titulação de seus ocupantes. Independentemente desses núcleos estarem localizados em área pública, privada, urbana, de expansão urbana ou rural, não havendo vinculação com o plano diretor ou outras leis municipais de zoneamento.[720]

9.2. Objetivos da Reurb

Pela novel normatização da regularização fundiária urbana, são objetivos da Lei 13.465/17, a serem observados por todos os entes federativos (art. 10) e os respectivos órgãos da administração indireta:

> I – identificar os núcleos urbanos informais que devam ser regularizados, organizá-los e assegurar a prestação de serviços públicos aos seus ocupantes, de modo a melhorar as condições urbanísticas e ambientais em relação à situação de ocupação informal anterior;
>
> II – criar unidades imobiliárias compatíveis com o ordenamento territorial urbano e constituir sobre elas direitos reais em favor dos seus ocupantes;
>
> III – ampliar o acesso à terra urbanizada pela população de baixa renda, de modo a priorizar a permanência dos ocupantes nos próprios núcleos urbanos informais regularizados;
>
> IV – promover a integração social e a geração de emprego e renda;

---

717 CASTANHEIRO, Ivan Carneiro; OLIVEIRA, Andreia Mara. A regularização fundiária de condomínios e ranchos de lazer. Disponível em < https://www.conjur.com.br/2018-jan-15/mp-debate-regularizacao-fundiaria-condominios-ranchos-lazer>. Acesso em 15.jan.2018.

718 Regularização fundiária – avanços e desafios na implementação de políticas públicas. In: Regularização Fundiária, p. 193-194.

719 Curso de direito urbanístico, p. 353.

720 CASTANHEIRO, Ivan Carneiro; OLIVEIRA, Andreia Mara. A regularização fundiária de condomínios e ranchos de lazer. Disponível em < https://www.conjur.com.br/2018-jan-15/mp-debate-regularizacao-fundiaria-condominios-ranchos-lazer>. Acesso em 15.jan.2018.

V – estimular a resolução extrajudicial de conflitos, em reforço à consensualidade e à cooperação entre Estado e sociedade;

VI – garantir o direito social à moradia digna e às condições de vida adequadas;

VII – garantir a efetivação da função social da propriedade;

VIII – ordenar o pleno desenvolvimento das funções sociais da cidade e garantir o bem-estar de seus habitantes;

IX – concretizar o princípio constitucional da eficiência na ocupação e no uso do solo;

X – prevenir e desestimular a formação de novos núcleos urbanos informais;

XI – conceder direitos reais, preferencialmente em nome da mulher;

XII – franquear participação dos interessados nas etapas do processo de regularização fundiária.

Conforme tivemos a oportunidade de anotar em outro trabalho, a regularização fundiária tem como objetivos:

> A finalidade da regularização do loteamento é o *saneamento* (a correção) da situação ilegal (anômala) e esse saneamento é: a) *urbanístico* (correção da situação física existente, isto é, quanto às vias de circulação, infraestrutura, etc., exigindo investimentos do Poder Público); b) *administrativo* (regularização da situação do parcelamento perante os órgãos públicos administrativos); c) *civil* (regularização da situação registrária e do direito real de aquisição ou do domínio dos adquirentes).[721]

Sobre os objetivos e importância da regularização fundiária urbana, juntamente com Andreia Mara de Oliveira, consignamos que:

> Ela objetiva a ampliação do acesso à terra urbanizada pela população de baixa renda (Regularização Fundiária Urbano de Interesse Social – Reurb-S), de modo a priorizar a permanência dos ocupantes nos próprios núcleos urbanos informais regularizados, evitando a gentrificação dessas áreas. Também objetiva a regularização fundiária de áreas outras não ocupadas por população de baixa renda (Regularização Fundiária Urbana de Interesse Específico – Reurb-E).[722]

9.3. Características e consequências comuns aos loteamentos e desmembramentos clandestinos ou irregulares, no contexto da regularização fundiária urbana

A regularização faz-se necessária em casos de ocupação de glebas (muitas vezes denominadas de invasões), as quais terminam retalhadas sem obediência à respectiva legislação de regência. O crescimento desordenado desses núcleos habitacionais, em geral decorrentes da omissão do poder público em sua fiscalização quanto ao adequado uso e ocupação do solo (art. 30, inciso VIII, da Constituição Federal), exigirá providências de ordem social, administrativa e/ou judicial para regularização administrativa, registrária, urbanística e ambiental, denominada Regularização Fundiária Urbana[723]. E,

[721] CASTANHEIRO, Ivan Carneiro. Parcelamentos Irregulares e Clandestinos e Responsabilidade Civil, p. 214.

[722] A regularização fundiária de condomínios e ranchos de lazer. Disponível em < https://www.conjur.com.br/2018-jan-15/mp-debate-regularizacao-fundiaria-condominios-ranchos-lazer>. Acesso em 15.jan.2018.

[723] CASTANHEIRO, Ivan Carneiro. Regularização Fundiária Urbana: fundamentos, aspectos práticos e propostas, p. 108.

atualmente, denominada de REURB pela Lei 13.465/17, tendo reflexos importantes em outros seguimentos, como o social e o da segurança pública. Nesse sentido:

> A dificuldade do acesso à terra, por parte dos mais pobres, ao longo de muitos anos, conforme já mencionado, culminou na proliferação de assentamentos urbanos informais (favelas, mocambos, alagados e loteamentos clandestinos). Isso, aliado a políticas caracterizadas pela insuficiência de investimentos em serviços, equipamentos e infraestrutura urbana na periferia e favelas, resultou em grandes déficits de água, esgoto, lixo, transportes e equipamentos urbanos. Também foram agravados os problemas do subemprego e desemprego e da degradação ambiental.[724]

Haverá necessidade de intervenções regularizadoras em núcleos habitacionais urbanos decorrentes de loteamentos clandestinos (parcelamento não registrado no Serviço de Registro de Imóveis), loteamentos irregulares (não executados ou executados em desacordo com o ato de aprovação e/ou com a legislação).

Caso exista processo criminal, há a possibilidade de se exigir para a suspensão condicional desse processo (art. 89 da Lei 9.099/95) a prévia reparação dos danos – regularização do loteamento à custa do(s) réu(s) – loteador(es)/promovente(s).

A regularização também se fará necessária em casos de ocupação de glebas por parte dos próprios moradores (muitas vezes denominadas de invasões).

Em qualquer desses casos, o crescimento desordenado desses núcleos habitacionais vai exigir providências de ordem social, administrativa e/ou judicial para regularização administrativa, registrária, urbanística e ambiental, denominada de Regularização Fundiária Urbana (REURB), conforme já anotado.

Como causa dos loteamentos clandestinos existem várias razões, podendo ser destacada a combinação de "fatores deletérios a qualquer cidade: as restrições legais ao aproveitamento do solo, os custos e a burocracia para execução de um loteamento, a ganância imobiliária, a falta de planejamento, o crescimento urbano desordenado e a negligência dos agentes públicos".[725]

Conforme relata José Renato Nalini, *a maior megalópole da América Latina é São Paulo, possuindo 994.926 famílias vivendo em situação de risco, terrenos irregulares ou áreas precárias, o que representa 3 ou 4 milhões de pessoas*, população maior que Salvador, Belo Horizonte ou Brasília. Essas pessoas vivem em favelas, cortiços, ou conjuntos desprovidos de condições dignas. A situação afeta a qualidade de vida de todos, *bastando lembrar que 60% das favelas ocupam áreas destinadas a parques públicos, praças e jardins*. Dentre as alternativas de solução para o problema grave, está a regularização fundiária. Outras formas são a construção de novas moradias, reformas de prédios antigos, política de estímulo para que os imigrantes voltem à origem, bem como a reorganização de favelas.[726]

---

[724] Motta, Diana Meirelles. Propostas de legislação federal sobre política urbana e o desafio da gestão das cidades. In: Estatuto da Cidade. Mariana Moreira (Coord.). São Paulo: Fundação Prefeito Faria Lima – CEPAM, 2.001, p. 39-40.

[725] FREITAS, José Carlos de. Loteamentos clandestinos e suas modalidades fraudulentas: atuação preventiva dos agentes públicos, p. 172.

[726] Perspectivas da regularização fundiária, p. 3.

Lembra José Carlos de Freitas que também estimula a formação de parcelamentos pelas vias ordinárias, as limitações urbanísticas relativas ao regime de edificações (recuos, gabarito, taxa de ocupação, coeficiente de aproveitamento, áreas *non aedificandi*, zoneamento), assim como as normas ambientais inibidoras da exploração econômica do imóvel (área de preservação permanente, de proteção as mananciais, vegetação nativa, etc.).[727]

Ainda como fatores causadores de loteamentos clandestinos, com sua peculiar precisão, o culto Procurador de Justiça paulista menciona os gastos com corretagem, após campanha publicitária onerosa com "*faixas, panfletos, anúncios nos mais variados meios de comunicação etc.*"; os custos com a execução de obras de fragmentação e demarcação física do solo, tais como cortes e aterros, aberturas de vias públicas, terraplenagem, cravação de piquetes. Ainda elenca os custos de infraestrutura, a exemplo da implantação de sistemas de drenagem, de águas pluviais, redes de água, rede de esgoto, rede de energia elétrica e pavimentação de ruas. Ademais, após esses gastos ainda há a transferência de parte da gleba para o patrimônio público, de forma gratuita, visando à formação de vias de circulação, espaços livres, áreas verdes e de lazer, além de prédios públicos e praças, dentre outros.[728]

Betânia de Moraes Alfonsín, ao discorrer sobre o alcance da regularização de loteamentos clandestinos ou irregulares, especialmente quanto à previsão de suspensão de pagamentos por parte do adquirente em caso de descumprimento das obrigações do loteador em dotar o loteamento com a infraestrutura mínima, sob a égide da Lei 6.766/79 (mas que também se aplica à regularização pós Lei 13.465/17) anota:

> Parece não haver dúvida, porém, de que essa disposição da Lei 6.766/79 tipifica caso de regularização fundiária, na medida em que não só tem efeitos físicos sobre as áreas loteadas ilegalmente, como efeitos jurídicos, sejam administrativos, sejam registrários, em favor de todos os promitentes compradores de imóveis adquiridos, de boa-fé, mesmo sob as condições adversas do loteamento irregular.[729]

Como parte das consequências da regularização fundiária, podemos mencionar: a) remodelação parcial ou total do conjunto; b) aumento da dimensão e do número de unidades habitacionais, ou de sua diminuição e/ou demolição, ampliação ou redução dos espaços projetados; c) implantação ou remoção de equipamentos urbanos etc.[730]

Pode ser impossível a regularização fundiária de determinado núcleo habitacional, tornando-se necessário o desfazimento (demolição) de unidades do núcleo habitacional, conforme já registramos em outro trabalho. Nesse contexto, as consequências poderão ser:

---

727 Loteamentos clandestinos e suas modalidades fraudulentas: atuação preventiva dos agentes públicos, p. 172-173.

728 FREITAS, José Carlos de. Op. Cit, p. 173.

729 Direito à Moradia: Instrumentos e Experiências de Regularização Fundiária nas Cidades Brasileiras. Rio de Janeiro: IPPUR: FASE, 1997, p. 59, "apud" HORN, Daniel Colombo Gentil. O parcelamento do solo urbano em questão: experiências alternativas ao esgotamento de um modelo e perspectivas na nova ordem jurídico-urbanística, p. 9.

730 CASTANHEIRO, Ivan Carneiro. Regularização Fundiária Urbana: fundamentos, aspectos práticos e propostas, p. 110

a) recomposição da gleba retalhada ao seu estado anterior de indivisão material; restauração da área parcelada; dever de reparar os danos ao meio ambiente natural e urbano; reparação financeira dos adquirentes que edificaram casas nos lotes (execução na forma do art. 95/99, combinado com o art. 117 do Código de Defesa do Consumidor – Lei 8.078/90), pois do contrário estar-se-á prestigiando o enriquecimento ilícito do parcelador inescrupuloso, responsável pelo loteamento ou desmembramento.[731]

O art. 105 do Decreto 9.310/18 prescreve que antes da tomada de decisão pela remoção do núcleo urbano informal consolidado, "*deverão ser realizados estudos técnicos que comprovem que o desfazimento e a remoção do núcleo urbano não causará maiores danos ambientais e sociais do que a sua regularização nos termos da Lei nº 13.465, de 2017, e deste Decreto*", mas tal exigência não se aplica às áreas de riscos.

Parágrafo único. O disposto no caput não se aplica às áreas de risco a serem realocadas conforme o disposto no § 2º do art. 39 da Lei nº 13.465, de 2017.

A regularização fundiária de núcleos habitacionais de origens e formatos diversos não é tarefa somente dos profissionais do Direito, mas essencialmente multidisciplinar, visto que possui dimensões econômicas, sociais, políticas e culturais, ao lado das consequências jurídicas, pois envolvem a questão da ocupação irregular do solo urbano.

O direito à regularização, com a nova ordem jurídica, deixa de ser uma opção política do administrador público, transmudando-se num direito subjetivo de ocupantes de assentamentos informais. O direito à moradia passou a ser parte integrante dos direitos sociais, com *status* constitucional, a partir da inserção de tal direito no artigo 6º da Constituição Federal, pela Emenda Constitucional nº 26/2000. Nesse sentido:

Outro ponto crucial para a compreensão da nova ordem jurídico-urbanística diz respeito à regularização fundiária dos assentamentos informais, especialmente quanto às possibilidades de materialização desse outro direito coletivo reconhecido pela Constituição de 1988 e pelo Estatuto da Cidade. De fato, a Constituição Federal e o Estatuto da Cidade plenamente reconhecem o direito dos moradores em assentamentos informais consolidados em áreas urbanas públicas ou privadas a permanecerem nessas áreas. Em 2000, o direito social de moradia foi acrescentado à Constituição de 1988 por uma emenda constitucional. Desde então, ainda que em um contexto de disputa por hegemonia, uma série de decisões judiciais de natureza progressista tem determinado e ampliado as condições de validação desses princípios e direitos sociais.[732]

Em um contexto de baixo êxito no combate judicial às ocupações urbanas irregulares, a degradação ambiental multiplica-se geometricamente, sendo praticamente impossível uma adequada reversão, relegando-se as ações de regularização para segundo plano, inclusive porque, até o advento da Medida Provisória 459/09, de 25/03/09, depois convertida na Lei 11.977/09, parcialmente revogada pelo artigo

[731] Regularização Fundiária Urbana: fundamentos, aspectos práticos e propostas, p. 110.

[732] OSÓRIO, Letícia Marques. Parcelamento, urbanização e regularização do solo no Rio Grande do Sul. In: ALFONSIN, Betânia; FERNANDES, Edésio. A Lei e a Ilegalidade na Produção do Solo Urbano. Belo Horizonte: Del Rey, 2003, p. 99, "apud" HORN, Daniel Colombo Gentil. O parcelamento do solo urbano em questão: experiências alternativas ao esgotamento de um modelo e perspectivas na nova ordem jurídico-urbanística, p. 23.

109, IV, da Lei 13.465/17 (quanto ao capítulo III), não havia, salvo raras exceções, uma política de regularização fundiária em vigor.

Conforme ressalta Stela Tinone Kuba, somente havia facilitações para aqueles parcelamentos anteriores a Lei Lehmann, em que todos os lotes já tivessem sido alienados ou compromissados[733]. Essa extrema facilidade perdura na atual legislação (art. 69 da Lei 13.465/17), para parcelamentos já implantados e integrados à cidade, bastando o simples registro do parcelamento, sem a necessidade de implantação de qualquer obra de infraestrutura.

Betânia de Moraes Alfonsin destaca a insuficiência dos instrumentos legislativos em nível federal para fazer face aos desafios das cidades brasileiras quanto às dificuldades em combater o desordenado crescimento da urbanização, via disseminação de loteamentos clandestinos e irregulares, por serem eles mais economicamente acessíveis à população. Assim se manifesta a culta jurista:

> No atual período, então, o principal desafio das cidades brasileiras parece ser o de construir a capacidade pública de incidir no mercado imobiliário da cidade no sentido de gerar oferta de lotes regulares a preços acessíveis à população de baixa renda, dado que o 'produto' lote barato é ofertado quase que exclusivamente pelo mercado pirata de loteamentos clandestinos e irregulares e dos assentamentos autoproduzidos. Desta forma, a formulação, aperfeiçoamento e disseminação de políticas alternativas e novos instrumentos para fazer frente ao quadro de impasse vivido pela Política Urbana Brasileira parece central para que possamos avançar em direção à cidades com menores índices de exclusão territorial.[734]

Quanto às consequências do loteamento clandestino ou irregular para os adquirentes, ou seja, os consumidores, conveniente mencionar que:

> Os compradores dos lotes, a falta de aprovação e registro do loteamento de parcelamento, pactuam as vendas sem um contrato-padrão que lhes propicie um mínimo de formalidade e garantias legais traçadas pela lei, inclusive a escritura pública. Sujeitam-se a imposições unilaterais e cláusulas abusivas dos loteadores, forçando os compradores à inadimplência e a retomada do terreno, com a perda do que já pagaram.[735]

Por outro lado, também há prejuízo à própria segurança da edificação, visto que a construção na clandestinidade, por não estar amparada em alvará de construção, normalmente está desprovida de critérios técnicos de solidez e estabilidade, de modo a pôr em risco a integridade física da família que a habita.[736]

Na construção ilegal desses "*terrenos*" situados em loteamentos clandestinos, incluindo as redes de energia e de água, com furtos desses serviços e produtos, acabam ocorrendo riscos aos moradores e transeuntes, também sobrecarregando a rede oficial. O espaço aéreo vira um emaranhado de fios condutores de eletricidade,

---

733 Parcelamento do solo – Questões Registrárias, p. 99.

734 ALFONSIN, Betânia; FERNANDES, Edésio (Org.). Direito à Moradia e Segurança da Posse no Estatuto da Cidade. Diretrizes, Instrumentos e Processos de Gestão. Belo Horizonte: Editora Fórum, 2004, p. 286.

735 FREITAS, José Carlos de. Dos interesses metaindividuais urbanísticos, p. 175.

736 Ibidem, p. 175.

situados próximos às casas e ao leito viário, gerando perigos constantes à integridade dos transeuntes, com riscos de descargas elétricas e incêndios.[737] Também haverá aumento de custos para os usuários formalmente registrados no sistema, pois acabam pagando pelo consumo clandestino.

Nesses loteamentos clandestinos também são comuns as formações de focos de depósito de lixo em locais impróprios, normalmente em terrenos baldios ou em leitos de curso d'água, provocando a proliferação de transmissores de doenças, como roedores, as moscas e urubus. Também é exalado mau cheiro, provocando poluição, com infiltração de chorume no solo, atingindo o lençol freático, de maneira a colocar em risco a saúde dos moradores e da população circunvizinha.[738]

Mais recentemente, essas irregularidades vêm se transformando em importantes focos de reprodução do mosquito *"aedes aegypti"*, transmissor da dengue, zika e Chikungunya. Portanto, a regularização fundiária também é importante em questões de saúde pública, como intuitivo, alcance que não se terá, caso haja apenas uma regularização formal ou *"de papel"*.

Na questão ambiental, as consequências dos loteamentos clandestinos são visíveis, pois acabam ocorrendo ocupações das áreas de preservação permanente, ou áreas de mananciais, áreas de unidades de conservação ou de seu entorno, gerando poluição, assoreamento, bem como outras consequências, tais como a lixiviação e não tratamento de esgoto, com a consequente contaminação hídrica. Tais anomalias resultam em graves consequências aos moradores de nossas urbes, tais como problemas de doenças de veiculação hídrica, encarecimento do custo da água potável em razão do incremento do custo para o tratamento, em geral também insuficiente, agravando problemas de saúde pública.

Até mesmo na questão sucessória, os parcelamentos clandestinos geram consequências, pois com a morte do proprietário/autor da herança (*"de cujus"*) há dificuldade na transmissão do lote aos sucessores. Por muitas vezes são vendidos na forma de frações ideais, os lotes não estão individualizados no registro de imóveis, inexistindo matrículas individualizadas, sem discriminação de tamanhos, localização e da construção, o que causa dificuldades na divisão proporcional entre os herdeiros, inclusive pela diferença de valores nas construções com os demais lotes, decorrentes dos diversos padrões de construções.

De se reforçar que a legalização de ocupações ou loteamentos ilegais ou irregulares, atualmente, exige não só a correção de aspectos dominiais e registrais, mas também urbanísticos e ambientais – fala-se em regularização fundiária sustentável.[739]

De se acrescentar que essas unidades produzidas de maneira clandestina, para baixar seu custo e possibilitar o acesso aos cidadãos imigrantes, acabam vitimando a todos. Especialmente aos próprios adquirentes, em razão da falta de segurança das edificações, do ambiente insalubre que se forma com riscos à saúde, falta de conforto térmico e sonoro, bem como da falta de acesso a serviços públicos

[737] Loteamentos clandestinos e suas modalidades fraudulentas: atuação preventiva dos agentes públicos, p. 175.

[738] Ibidem, p. 175.

[739] CARMONA, Paulo Afonso Cavichioli. Curso de Direito Urbanístico, p. 353.

fundamentais, como socorros em caso de necessidade de atendimento médico de urgência, segurança pública, combate a incêndios etc. Geralmente as vias públicas são estreitas e desarticuladas, inviabilizando o acesso de veículos ou, pelo menos, uma rápida mobilização.

Todas estas dificuldades só fazem aumentar as desigualdades sociais, facilitando o ingresso do crime nessas regiões e do controle informal do núcleo por parte de traficante de drogas, que se substituem ao poder público, oferecendo serviços básicos à população em troca de proteção e/ou do silêncio, bem como introduzindo os menores de idade no crime e os indispondo contra as estruturas oficiais e familiares, de forma desestruturante para a sociedade em geral.

Portanto, por demais caro o preço a se pagar pela falta de ordenação ou reordenação do uso e ocupação do solo urbano, valendo a pena investir em políticas públicas de regularização fundiária urbana sustentável.

Sobre o significado da lei de regularização fundiária, referindo-se à normatização anterior, observa Paulo Afonso Cavichioli Carmona que ela representava um novo marco jurídico para enfrentar o tamanho do problema e possibilitar ações efetivas de regularização, embora já existam alguns diplomas normativos importantes, tais como o Estatuto da Cidade, a Medida Provisória nº 2220/2001 e a Lei 11.481/2007. Com a Lei 11.977, observava o autor que não se ficava mais na pendência de políticas públicas isoladas ou de interpretações oscilantes do Judiciário ou de registradores de imóveis. Na sequência, emenda o autor: "*A regularização fundiária não se resume a um processo de concessão de títulos de propriedade aos ocupantes de áreas informais*". Ela também contempla um aspecto fundamental para a regularização, reafirmando a competência do Distrito Federal e dos Municípios na definição de diretrizes de regularização, conforme previsto no art. 49[740] da Lei 11.977/09.[741]

Sobre a importância da regularização fundiária, afirma o então secretário executivo do Programa "*Cidade Legal*": "*A reorganização da ocupação e ações integradas, de ordem administrativa, técnica e jurídica, visam a transformação local, o resgate da cidadania, a recuperação ou proteção ambiental, e será um estímulo gigantesco à economia, trazendo para o mercado formal milhares de famílias que passam a ser titulares de direitos sobre o imóvel onde residem, podendo usufruir de todos os direitos inerentes à propriedade imobiliária.*". Continua o arquiteto urbanista, "*empréstimos, cauções, garantias e outras modalidades de transações estarão disponíveis para famílias que viviam à margem da sociedade*".[742]

Como consequências da desordenada ocupação do solo urbano, há falta de equipamentos urbanos e comunitários; crescimento caótico das cidades; marginalização dos habitantes, com o incremento das desigualdades sociais; reflexos na segurança da população local e circunvizinha (violência, comércio de drogas, degradação social

[740] Atualmente, a competência do Município pode ser extraída dos arts. 11, IV, e 30/34 da Lei 13.465/167.

[741] Op. cit., p. 353-354.

[742] FIGUEIREDO, Silvio. Regularização fundiária – avanços e desafios na implementação de políticas públicas. In: Regularização Fundiária, p. 198.

de toda ordem etc.); comércio tomando espaço de residências (lojas, escritórios, aumento do tráfego, ruídos, camelôs) e invasões de áreas públicas.[743]

Conforme ressalta Lair Krähenbühl, existe significativa importância na regularização fundiária, vista pelo aspecto registral, pois:

> Não basta ter a posse de uma casa, é preciso que a propriedade seja registrada "no papel". Essa preocupação de estabelecer de quem é a propriedade não só garante a segurança social e jurídica dos seus moradores (pois elimina a indefinição dominial), mas também auxilia os municípios no dimensionamento da arrecadação de impostos e na elaboração de planos diretores. Afinal, imóveis legalizados emitem sinais positivos ao mercado: o efeito multiplicador de cada propriedade regularizada significa, na prática, duas vezes o seu valor monetário. Em resumo, todo mundo ganha com a regularização fundiária.[744]

Como resultado da regularização fundiária espera-se processos mais ágeis e com custos mais baixos, milhões de famílias de baixa renda poderão, finalmente, regularizar a situação jurídica do seu imóvel, garantir seus direitos e abrir novas possibilidades para obtenção de crédito e transmissão da propriedade, entre outros benefícios.[745]

Ainda sobre as vantagens garantidas ao cidadão, por meio da regularização dos núcleos habitacionais, ressalta Silvio Figueiredo:

> - Segurança jurídica-direito ao uso e posse do seu imóvel;
> - Possibilidade de transferência de posse e propriedade estendida aos descendentes;
> - Utilização do imóvel como garantia para obtenção de crédito e financiamentos;
> - Integração do proprietário ao sistema econômico;
> - Melhorias relativas a saneamento básico, infraestrutura e serviços públicos essenciais,
> - Integração urbana da área regularizada à cidade.[746]

A regularização fundiária gera custos ao promovente, em geral ao poder público quando se tratar de regularização fundiária urbana de interesse social (Reurb-S), conforme artigos 33, I, e 37da Lei 13.465/17. Porém, também traz valorização imobiliária, passível de incidência da contribuição de melhoria (artigo 40 Lei 6.766/79) a ser custeada pelos adquirentes e beneficiários da regularização fundiária, bem como de cobrança das despesas em relação ao parcelador (artigo 47 da denominada *"Lei Lehmann"*) ou beneficiários da regularização fundiária urbana de interesse específico (Reurb-E – art. 33, parágrafo único, incisos II, e art. 38, § 1º, ambos da Lei 13.465/17). Aliás, o Estatuto da Cidade exige que os planos diretores criem *"definição de mecanismos para garantir a justa distribuição dos ônus e benefícios decorrentes do processo de urbanização do território de expansão urbana e a recuperação para a coletividade da valorização imobiliária resultante da ação do poder público"*, conforme se observa do art. 42-B, inciso VII.

---

743 CASTANHEIRO, Ivan Carneiro. Regularização Fundiária Urbana: fundamentos, aspectos práticos e propostas, p. 112.

744 Trajetória de um profissional da habitação. São Paulo: Pini, 2011, p. 124.

745 FIGUEIREDO, Silvio. Regularização fundiária – avanços e desafios na implementação de políticas públicas. In: Regularização Fundiária, p. 203.

746 Op. cit., p. 203.

Haverá direito de regresso dos beneficiários contra os responsáveis pela promoção do núcleo habitacional clandestino ou irregular, consoante prevê o arts. 14, § 2º e 33, III da Lei 13.465/17, sem prejuízo das responsabilidades administrativa, civil ou criminal dos promoventes (art. 14, § 3º), conforme reforça o art. 7º, §§ 2º e 3º do Decreto 9.310/18.

9.4. Objeto da regularização fundiária

Constituem-se objetos da Lei 13.465/17 os parcelamentos irregulares, clandestinos ou aqueles nos quais não foi possível realizar, por qualquer modo, a titulação de seus ocupantes, ainda que atendida a legislação vigente à época de sua implantação ou regularização. Os núcleos habitacionais sem registros e desprovidos da infraestrutura urbana básica (art. 2º, § 6º da Lei 6.766/79 c/c art. 33, parágrafo único, da Lei 13.465/17), tais como ocupações, cortiços, favelas e conjuntos habitacionais em condições semelhantes às retrocitadas.

A regularização dos núcleos urbanos informais, considerado um novo instituto jurídico, caracteriza um esforço para garantir moradia digna no País. Inicialmente foi implantado o Programa Minha Casa Minha Vida com vistas a correção do déficit habitacional quantitativo, depois o Programa Cartão Reforma, para correção do déficit habitacional qualitativo e faltava o terceiro suporte do tripé: o reconhecimento formal das ocupações clandestinas e irregulares, conforme explicações e justificativas apresentadas na exposição de motivos da Medida Provisória 759, de 22 de dezembro de 2016, convertida na Lei 13.465/17, onde consta que:

> TÍTULO II – DA REGULARIZAÇÃO FUNDIÁRIA URBANA
>
> 76. O Título II desta proposta de Medida Provisória institui e disciplina normas gerais e procedimentos aplicáveis à Regularização Fundiária Urbana– REURB em todo o território nacional.
>
> 77. A REURB tenciona ampliar o catálogo das ações do Governo Federal orientadas a garantir, aos cidadãos, segurança de moradia, além de condições mínimas para que possam viver com dignidade.
>
> 78. Isto porque referida iniciativa ultrapassa os aspectos meramente jurídicos da titulação daqueles que irregularmente detêm imóveis públicos ou possuem imóveis privados e, assim, contempla medidas urbanísticas, ambientais e sociais, que visam à regularização dos núcleos urbanos informais, instituto jurídico novo, em verdadeiro esforço de reurbanização do País.
>
> 79. Para fins da REURB, adotou-se conceito funcional dos núcleos urbanos que, deste modo, restaram conceituados como adensamentos com usos e características urbanas, ainda que situados em áreas qualificadas como rurais, em imóveis privados, públicos ou em copropriedade ou comunhão com ente público ou privado, destinados predominantemente à moradia dos seus ocupantes.
>
> 80. A informalidade que os qualifica diz respeito, precisamente, à clandestinidade e irregularidade das ocupações, sob a forma de parcelamentos do solo, de conjuntos habitacionais ou condomínios, horizontais, verticais ou mistos, bem como abrange os casos que, atendendo à legislação vigente à época da implantação ou regularização, não foram passíveis de realização da titulação dos seus ocupantes.

81. Por certo, identificados os núcleos urbanos informais, pelo Poder Público, concluída a REURB, estes são juridicamente reconhecidos e, assim, tornam-se alvo de investimentos públicos, orientados, em última análise, à promoção da função social das cidades.

82. Verifica-se, em âmbito habitacional, que as demandas por políticas públicas do Governo Federal, há muito concentraram-se na correção do déficit habitacional quantitativo, alcançado pelo Programa Minha Casa, Minha Vida.

83. Mais recentemente, com o Programa Cartão Reforma, os problemas associados à correção do déficit habitacional qualitativo entraram no foco de atenção do Governo Federal.

84. Faltava, então, robustecer o terceiro suporte do tripé em que se apoia a questão urbana no País: o reconhecimento formal, pelo poder Público, das ocupações clandestinas e irregulares identificadas nas cidades brasileiras – situação fática que não poderia permanecer alheia aos mecanismos jurídicos.[747]

Já tivemos oportunidade de ressaltar que o problema do déficit de moradias não passa apenas pela produção de lotes, mas pela necessidade de instituir a regularização fundiária como uma política pública destinada a suprir tal deficiência. No mesmo sentido, podem ser transcritas as seguintes observações:

> Não foi por acaso que a LRF colocou lado a lado, a produção de 1 milhão de novas moradias e a necessidade de tratar da regularização fundiária como política pública de desenvolvimento urbano e de inclusão social. Afinal grandes parcelas de nossas cidades 'estão inacabadas' e necessitam de ações curativas, a fim de evitar o binômio cidade legal X cidade ilegal. Essas ações têm reflexo na qualidade do meio ambiente urbano, no saneamento, nas condições de habitabilidade, na saúde e educação dos cidadãos e garante direitos efetivos aos moradores das áreas regularizadas.[748]

As normas e procedimentos de Reurb poderão ser aplicados aos processos administrativos de regularização fundiária que já tramitavam anteriormente à Lei nº 13.465, de 2017, mas podem ser regidos pela normatização anterior (art. 288-A ao art. 288-G da Lei nº 6.015, de 1973, e no art. 46 ao art. 71-A da Lei nº 11.977, de 2009), conforme expressamente prevê o art. 92 do Decreto 9.310/18, mesmo para *"regularizações fundiárias urbanas em andamento, situadas total ou parcialmente em unidade de uso sustentável, em área de preservação permanente e das suas áreas de amortecimento, em área de proteção de mananciais e no entorno dos reservatórios de água artificiais"*. Tal possibilidade vale até para fins de registro no Cartório de Registro de Imóveis (art. 92, § 4º). Já nas legitimações de posse, elas continuarão a tramitar pela disciplina da Lei 11.977/09 (art. 92, § 3º do Decreto 9.310/18).

9.5. Sujeitos da Reurb

Basicamente, no seguimento público, são atores ativos na regularização fundiária, a União, os Estados, o Distrito Federal[749] e os Municípios, bem como as pessoas

---

[747] Disponível em < http://www.planalto.gov.br/ccivil_03/_Ato2015-2018/2016/Exm/Exm-MP%20759-16.pdf>. Acesso em 02.dez.2018.

[748] CARMONA, Paulo Afonso Cavichioli. Curso de Direito Urbanístico, p. 354.

[749] De se anotar que, por diversas, a Lei 13.465/17 refere-se somente ao Município como agente ativo da Reurb, omitindo-se quanto ao Distrito Federal, mas esse equívoco foi suprido em diversos dispositivos do Decreto 9.310/18, dando concretude ao art. 32, § 1º, da Constituição Federal, a qual prevê caber ao Distrito Federal as mesmas competências legislativas dos

jurídicas da administração indireta de cada um desses entes federativos, quando criadas para fazer a gestão das múltiplas questões do uso e ocupação do solo urbano (art. 14, inciso I, da Lei 13.465/17).

As atribuições e competências do Distrito Federal em matéria de Reurb vêm expressamente especificadas em alguns dispositivos da Lei 13.465/17, em especial no artigo 68, com o seguinte teor: *"Ao Distrito Federal são atribuídas as competências, os direitos e as responsabilidades reservadas aos Estados e aos Municípios, na forma desta Lei"*. Portanto, sempre que a Lei da Reurb referir-se às competências do Município também deve estar subtendido tratar-se de competência do Distrito Federal, quando o imóvel urbano a ser regularizado estiver situado em Brasília. Essa extensão de competência ao Distrito Federal está amparada no artigo 32, § 1º, da Carta Magna, "in verbis":

> Art. 32. O Distrito Federal, vedada sua divisão em Municípios, reger-se-á por lei orgânica, votada em dois turnos com interstício mínimo de dez dias, e aprovada por dois terços da Câmara Legislativa, que a promulgará, atendidos os princípios estabelecidos nesta Constituição.
>
> § 1º. Ao Distrito Federal são atribuídas as competências legislativas reservadas aos Estados e Municípios.

Também podem atuar diretamente para buscar a regularização fundiária urbana os beneficiários, quer individual, quer coletivamente, seja, *"diretamente ou por meio de cooperativas habitacionais, associações de moradores, fundações, organizações sociais, organizações da sociedade civil de interesse público ou outras associações civis que tenham por finalidade atividades nas áreas de desenvolvimento urbano ou regularização fundiária urbana"*, conforme prevê o art. 14, inciso II, da Lei 13.465/17.

Ainda podem requerer a regularização fundiária urbana: os proprietários de imóveis ou de terrenos, loteadores ou incorporadores; a Defensoria Pública, em nome dos beneficiários hipossuficientes, bem como o Ministério Público (art. 14, III a V, da Lei 13.465/17).

Poderão todos os legitimados supracitados, nos limites de suas respectivas atribuições, promover todos os atos necessários visando efetivar a regularização fundiária e posteriores atos registrários, junto ao Serviço de Registro de Imóveis da comarca.

9.6. Rol normativo federal da Regularização Fundiária: do passado ao presente

Dentre os dispositivos legais que normatizam aspectos gerais e/ou específicos da regularização fundiária, de áreas privadas ou públicas, podemos citar, em ordem cronológica crescente (visando demonstrar a evolução da importância dada pelo legislador ao assunto) aqueles abaixo transcritos (ainda em vigor), os quais serão aprofundados nos tópicos seguintes:

Estados-membros e Municípios. Aliás, a inclusão do Distrito Federal em todas as ações administrativas relacionadas com a Reurb foi expressamente prevista no art. 86 do mencionado Decreto, com a seguinte redação: *"Art. 86. Ao Distrito Federal são atribuídas as competências e as responsabilidades dos Estados e dos Municípios, na forma da Lei nº 13.465, de 2017, e deste Decreto".*

a) Decreto Lei nº 9.760/46: artigos 18-A até 18-F (regularização fundiária de interesse social em imóveis da União); arts. 61-63 (instrumento destinado à regularização de ocupações em imóveis da União); art. 127, "caput" (pagamento anual da taxa de ocupação);

b) Art. 7º do Decreto-Lei 271/67, alterado pela Lei 11.481/07, disciplinando a CDRU (Concessão de Direito Real de Uso);

c) *Lei 6.015/73 – Lei dos Registros Públicos (LRP)*: Arts. 195-A e 195-B, além de outros dispositivos, contendo normas sobre o registro imobiliário da regularização fundiária urbana;

d) *Artigos 37 e seguintes da Lei 6.766/79*: (regularização fundiária pelo Município ou pelo empreendedor;

e) *Lei 9.636/98*: art. 19, inciso VI (cessão gratuita de direitos enfitêuticos, relativos às frações de terrenos cedidos para regularização fundiária ou provisão habitacional de famílias carentes de baixa renda); art. 22-A (concessão de uso especial para fins de moradia – CUEM, alterado pela Lei 11.481/07); art. 31 (Doação com encargo de bens da União, para fins de regularização, mediante autorização do Presidente da República ou ministro da Fazenda); artigos 18/21 (cessão de uso);

f) Lei 9.702/98: Dispõe sobre critérios especiais para alienação de imóveis de propriedade do Instituto Nacional do Seguro Social – INSS e dá outras providências;

g) *Lei 10.257/01 (Estatuto da Cidade)*: art. 2º, XIV (regularização fundiária como diretriz geral da política urbana); art. 4º, V, "g" (CDRU, como instrumento da política urbana); art. 4, III, "q" (regularização fundiária como instrumento de planejamento municipal da política urbana); demarcação urbanística como instrumento jurídico-político da política urbana; art. 26, I (Direito de preempção do poder público em relação às áreas destinadas à regularização fundiária urbana); art. 32, § 2º, II (operações urbanas consorciadas para regularização de construções, reformas ou ampliações executadas em desacordo com a legislação vigente); art. 35, III (alienação do direito de construir para servir a programas de regularização fundiária, urbanização de áreas ocupadas por população de baixa renda e habitação de interesse social); art. 42-A, V (Os municípios com áreas suscetíveis à ocorrência de deslizamentos de grande impacto, inundações bruscas ou processos geológicos ou hidrológicos correlatos, desde que inclusos no cadastro nacional, deverão prever, em seu plano diretor, normas apropriadas para regularização fundiária – demarcação de zonas especiais de interesse social, segundo a legislação federal e estadual pertinente, onde o uso habitacional for permitido);

h) Lei 11.124/05: art. 11, inciso III (Destinação de recursos do Fundo Nacional de Habitação de Interesse Social –FNHIS – para "*urbanização, produção de equipamentos comunitários, regularização fundiária e urbanística de áreas caracterizadas de interesse social*");

i) *Lei 11.481/07:* Regularização Fundiária de interesse social em imóveis da União;

j) *Lei 11.888/08*: Assistência técnica gratuita para fins de facilitar as ações administrativas nos procedimentos destinados à regularização fundiária. *"Assegura às famílias de baixa renda assistência técnica pública e gratuita para o projeto e a construção de habitação de interesse social e altera a Lei nº 11.124, de 16 de junho de 2005"*;

l) Lei 11.952/09: arts. 21 a 30 (Dispõe sobre a regularização fundiária das ocupações incidentes em terras situadas em áreas da União, no âmbito da Amazônia Legal);

m) *Lei 11.977/09, em* parte e subsidiariamente, visto que o capítulo III foi revogado pelo art. 109, IV, da Lei 13.465/17. Tal lei havia sido decorrente da conversão da MP 459/09, cujo texto foi basicamente extraído do título III do Projeto de Lei 3057/00, denominado *"Lei de Responsabilidade Territorial")*: Tal diploma constituiu-se no divisor de águas da regularização fundiária no Brasil, tendo sido alterado pela Lei 12.424/11;

n) Medida Provisória 759, de 22/12/16, a qual *"Dispõe sobre a regularização fundiária rural e urbana, sobre a liquidação de créditos concedidos aos assentados da reforma agrária e sobre a regularização fundiária no âmbito da Amazônia Legal, institui mecanismos para aprimorar a eficiência dos procedimentos de alienação de imóveis da União, e dá outras providências"*;

o) Lei nº 13.465, de 11/07/17, resultado do Projeto de Lei de Conversão da MP 759/16, a qual "***Dispõe sobre a regularização fundiária rural e urbana***, *sobre a liquidação de créditos concedidos aos assentados da reforma agrária e sobre a regularização fundiária no âmbito da Amazônia Legal; institui mecanismos para aprimorar a eficiência dos procedimentos de alienação de imóveis da União; altera as Leis nos 8.629, de 25 de fevereiro de 1993, 13.001, de 20 de junho de 2014, 11.952, de 25 de junho de 2009, 13.340, de 28 de setembro de 2016, 8.666, de 21 de junho de 1993, 6.015, de 31 de dezembro de 1973, 12.512, de 14 de outubro de 2011, 10.406, de 10 de janeiro de 2002 (Código Civil), 13.105, de 16 de março de 2015 (Código de Processo Civil), 11.977, de 7 de julho de 2009, 9.514, de 20 de novembro de 1997, 11.124, de 16 de junho de 2005, 6.766, de 19 de dezembro de 1979, 10.257, de 10 de julho de 2001, 12.651, de 25 de maio de 2012, 13.240, de 30 de dezembro de 2015, 9.636, de 15 de maio de 1998, 8.036, de 11 de maio de 1990, 13.139, de 26 de junho de 2015, 11.483, de 31 de maio de 2007, e a 12.712, de 30 de agosto de 2012, a Medida Provisória nº 2.220, de 4 de setembro de 2001, e os Decretos-Leis nos 2.398, de 21 de dezembro de 1987, 1.876, de 15 de julho de 1981, 9.760, de 5 de setembro de 1946, e 3.365, de 21 de junho de 1941; revoga dispositivos da Lei Complementar nº 76, de 6 de julho de 1993, e da Lei nº 13.347, de 10 de outubro de 2016; e dá outras providências*". A conversão da MP 759 na novel legislação chegou a ser objeto do Mandado de Segurança 34.907 MC – DF, com deferimento da medida cautelar, em 19/06/17, em virtude de vício no processo legislativo, depois sanado;

p) Decreto nº 9.310, de 15 de março de 2018, o qual *"Institui as normas gerais e os procedimentos aplicáveis à Regularização Fundiária Urbana e estabelece os procedimentos para a avaliação e a alienação dos imóveis da União"*.

9.7. Espécies de Reurb na Lei 13.465/17

Conforme art. 13 da Lei 13.465.17, a Regularização Fundiária Urbana (Reurb) compreende duas modalidades:

> I – Reurb de Interesse Social (Reurb-S) – regularização fundiária aplicável aos núcleos urbanos informais ocupados predominantemente por população de baixa renda, assim declarados em ato do Poder Executivo municipal; e
>
> II – Reurb de Interesse Específico (Reurb-E) – regularização fundiária aplicável aos núcleos urbanos informais ocupados por população não qualificada na hipótese de que trata o inciso I deste artigo.

Conforme previsto no § 4º do art. 5º do Decreto 9.310/18, *"No mesmo núcleo urbano informal, poderá haver as duas modalidades de Reurb, desde que a parte seja ocupada predominantemente por população de baixa renda regularizada por meio de Reurb-S e o restante do núcleo por meio de Reurb-E."*

Ainda pode ser incluída como outra espécie de Reurb, a denominada *"Reurb Inominada"*, prevista no artigo 69, para glebas parceladas anteriormente a 19/12/79, para as quais há extrema flexibilização das normas urbanísticas e ambientais visando sua regularização, como adiante se verá.

Em se tratando de regularização de áreas não residenciais, ela deverá seguir o rito da regularização de interesse específico (Reurb E), conforme art. 5º, § 6º, do Decreto 9.310/18, sendo a classificação realizada a critério do Município ou Distrito Federal, como regra (art. 5º, § 7º e art. 6º, do Decreto 9.310/18), e excepcionalmente pelos Estados ou União (art. 5º, § 7º).

Para a classificação da Reurb na modalidade Reurb-S, a composição ou a faixa da renda familiar para definição de população de baixa renda não poderá ser superior ao quíntuplo do salário mínimo vigente no país (art. 6º, parágrafo único).

9.8. Instrumentos e institutos utilizados na Reurb

Além dos institutos especificamente previstos na Lei 13.465/17, a regularização fundiária urbana pode ser alcançada por meio de outras ferramentas jurídicas da legislação esparsa, conforme rol legislativo explicitado no artigo 15. São eles:

> I – a legitimação fundiária e a legitimação de posse, nos termos desta Lei;
>
> II – a usucapião, nos termos dos arts. 1.238 a 1.244 da Lei nº 10.406, de 10 de janeiro de 2002 (Código Civil), dos arts. 9º a 14 da Lei nº 10.257, de 10 de julho de 2001, e do art. 216-A da Lei nº 6.015, de 31 de dezembro de 1973;
>
> III – a desapropriação em favor dos possuidores, nos termos dos §§ 4º e 5º do art. 1.228 da Lei nº 10.406, de 10 de janeiro de 2002 (Código Civil);

IV – a arrecadação de bem vago, nos termos do art. 1.276 da Lei nº 10.406, de 10 de janeiro de 2002 (Código Civil);

V – o consórcio imobiliário, nos termos do art. 46 da Lei nº 10.257, de 10 de julho de 2001;

VI – a desapropriação por interesse social, nos termos do inciso IV do art. 2º da Lei nº 4.132, de 10 de setembro de 1962;

VII – o direito de preempção, nos termos do inciso I do art. 26 da Lei nº 10.257, de 10 de julho de 2001;

VIII – a transferência do direito de construir, nos termos do inciso III do art. 35 da Lei nº 10.257, de 10 de julho de 2001;

IX – a requisição, em caso de perigo público iminente, nos termos do § 3º do art. 1.228 da Lei nº 10.406, de 10 de janeiro de 2002 (Código Civil);

X – a intervenção do poder público em parcelamento clandestino ou irregular, nos termos do art. 40 da Lei nº 6.766, de 19 de dezembro de 1979;

XI – a alienação de imóvel pela administração pública diretamente para seu detentor, nos termos da alínea f do inciso I do art. 17 da Lei nº 8.666, de 21 de junho de 1993;

XII – a concessão de uso especial para fins de moradia;

XIII – a concessão de direito real de uso;

XIV – a doação; e

XV – a compra e venda.

Também poderá o Município (art. 15, "*caput*" da Lei 13.465/17), em possuindo plano diretor e com o objetivo de reduzir ou distribuir os ônus e bônus decorrentes da regularização fundiária, como instrumento da política urbana prevista no Estatuto da Cidade (Lei 10.257/00, art. 2º, IX e XIV), lançar mãos de institutos como:

a) Direito de Preempção (arts. 25, 26, I, e demais incisos);

b) Outorga Onerosa do Direito de Construir (art. 28 c.c. art. 31);

c) Alteração do Uso do Solo (art. 29 c/c art. 31).

Vicente de Abreu Amadei destaca alguns instrumentos de regularização fundiária para fins de titulação, a saber:

a) Usucapião: O qual teve ampliação de suas modalidades, abrangendo a usucapião coletiva e especial (nas figuras clássica ou extraordinária) e extrajudicial;

b) Adjudicação compulsória: art. 41 da Lei 6.766/1979;

c) Desapropriação de interesse social para fins de regularização fundiária: Lei 9785/99, como etapa da regularização fundiária de interesse social;

d) Venda ou doação condicionada de área pública, destinada à regularização de terras da União de interesse social, situadas na Amazônia Legal, por exemplo;

e) Aforamento e enfiteuse: para áreas indígenas e antigos aldeamentos indígenas (Lei 9.636/98);

f) Concessão de uso especial para fins de moradia: Medida Provisória 2220/2011;

g) Concessão de direito real de uso (Lei nº 11.481/2007 e Lei 11.952/2009).[750]

Em regiões metropolitanas e aglomerações urbanas, as diretrizes mínimas para a implementação da política pública de regularização fundiária urbana deverão constar do Plano de Desenvolvimento Urbano Integrado – PDUI, consoante o disposto no art. 12, parágrafo 1º, inc. VII, da Lei 13.089/15 – Estatuto da Metrópole, cujo dispositivo foi incluído pela Lei 13.683/18.

A seguir, veremos, em maiores detalhes, alguns desses instrumentos que podem ser utilizados na regularização fundiária urbana.

9.8.1. Demarcação Urbanística

O procedimento de demarcação urbanística é instrumento para fins de regularização fundiária, a ser elaborado de forma facultativa (art. 19, § 3º), podendo ser utilizado pelo poder público, com base no levantamento da situação da área a ser regularizada e na caracterização do núcleo urbano informal a ser regularizado. Entretanto, de todo conveniente sua elaboração, para a correta descrição e levantamento das condições reais da área, facilitando os passos seguintes da regularização fundiária. Os documentos que deverão instruir o auto de demarcação urbanística são (art. 19, § 1º da Lei 13.465/17):

> I – planta e memorial descritivo da área a ser regularizada, nos quais constem suas medidas perimetrais, área total, confrontantes, coordenadas georreferenciadas dos vértices definidores de seus limites, números das matrículas ou transcrições atingidas, indicação dos proprietários identificados e ocorrência de situações de domínio privado com proprietários não identificados em razão de descrições imprecisas dos registros anteriores;
>
> II – planta de sobreposição do imóvel demarcado com a situação da área constante do registro de imóveis.

No auto de demarcação urbanística poderá estar inclusa parte ou a totalidade da área, também podendo abranger um ou mais imóveis, nas seguintes situações, cumulativas ou individualmente consideradas (art. 19, § 2º da Lei 13.465/17):

> I – domínio privado com proprietários não identificados, em razão de descrições imprecisas dos registros anteriores;
>
> II – domínio privado objeto do devido registro no registro de imóveis competente, ainda que de proprietários distintos; ou
>
> III – domínio público.

No âmbito da demarcação urbanística, caberá ao poder público, ou ao serviço de registro de imóveis se assim pretender o Município (art. 20, § 5º), notificar os titulares de domínio e os confrontantes da área demarcada, pessoalmente ou por via postal, com aviso de recebimento, no endereço que constar da matrícula ou da transcrição. Após a notificação, estes poderão apresentar impugnação à demarcação urbanística, no prazo comum de trinta dias (art. 20 da Lei 13. 465/17), sob pena de

[750] Concessão de uso especial para fins de moradia e concessão de direito real de uso. In: Regularização Fundiária NALINI, José Renato; LEVY, Wilson (Coord.). 2ª ed. Rev. Atual. e Ampl. Rio de Janeiro: Forense, 2014, p. 201-202.

perda de eventual direito sobre o imóvel (art. 19, § 6º). A nosso ver, trata-se de uma temerária forma de perda do direito de propriedade, sem o devido processo legal.

Havendo impugnação parcial à autodemarcação, poderá haver continuidade da regularização em relação à área restante (art. 19, § 4), podendo haver procedimento extrajudicial de composição de conflitos (art. 21), visando à mediação (Lei 13.340/15) ou arbitragem, com eventual alteração do auto de demarcação urbanística em razão do acordo ou para evitar oposição do impugnante.

De forma salutar, prevê o § 2º do art. 21 da Lei 13. 465/17 que se houver impugnação deverá será feito um levantamento de eventuais passivos tributários, ambientais e administrativos associados aos imóveis objeto de impugnação, assim como das posses existentes, objetivando a identificação de casos de prescrição aquisitiva da propriedade. Tal procedimento dificultará que posseiros ou grileiros conteste a regularização de áreas em razão de eventualmente não cumprirem com a função social da propriedade (art. 5º, XXIII e art. 182 da Constituição Federal). Na questão tributária, de se ponderar que com a Reurb surge, para o Município ou Distrito Federal, a possibilidade de efetuar o cadastramento das novas unidades imobiliárias, para fins de lançamento dos tributos municipais e distritais, conforme prevê o art. 3º, § 14º, do Decreto 9.310/18.

Após o decurso do prazo de impugnação, ou caso superada a oposição ao procedimento, o auto de demarcação urbanística será encaminhado ao registro de imóveis e averbado nas matrículas por ele alcançadas, com informações detalhadas sobre a área a ser regularizada (art. 22, § 1º da Lei 13.465/17).

A inexistência de matrícula sobre a área do imóvel não impedirá a regularização, pois será aberta uma matrícula específica, que deverá refletir a situação registrada do imóvel, dispensadas a retificação do memorial descritivo e a apuração de área remanescente (art. 22, § 2º, da Lei 13.465/17; art. 15, § 6º, do Decreto 9.310/18), ainda que a área demarcada supere os limites de matrícula(s) anterior(es), conforme § 5º do mencionado dispositivo. Tudo visando viabilizar a regularização.

9.8.2. Legitimação fundiária

A legitimação fundiária "*constitui forma originária de aquisição do direito real de propriedade conferido por ato do poder público, exclusivamente no âmbito da Reurb, àquele que detiver em área pública ou possuir em área privada, como sua, unidade imobiliária com destinação urbana, integrante de núcleo urbano informal consolidado*[751] *existente em 22 de dezembro de 2016.*" (Art. 23 da Lei 13. 465/17).

Conforme estatuído no art. 23 da Lei 13.465/17, são condições para a legitimação fundiária na Reurb-S:

> I – o beneficiário não seja concessionário, foreiro ou proprietário de imóvel urbano ou rural;

[751] Aquele de difícil reversão, considerados o tempo da ocupação, a natureza das edificações, a localização das vias de circulação e a presença de equipamentos públicos, entre outras circunstâncias a serem avaliadas pelo Município (art. 11, III, da Lei 13.465/17).

> II – o beneficiário não tenha sido contemplado com legitimação de posse ou fundiária de imóvel urbano com a mesma finalidade, ainda que situado em núcleo urbano distinto; e
>
> III – em caso de imóvel urbano com finalidade não residencial, seja reconhecido pelo poder público o interesse público de sua ocupação.

Com a legitimação fundiária desaparecerão quaisquer restrições ou ônus eventualmente existentes sobre a área, tais como: direitos reais, gravames ou inscrições, exceto quando disserem respeito ao próprio legitimado (vide art. 23, § 2º da Lei 13.465/17).

Conforme previsão do art. 24 da Lei da Reurb:

> "Nos casos de regularização fundiária urbana previstos na Lei nº 11.952, de 25 de junho de 2009, os Municípios poderão utilizar a legitimação fundiária e demais instrumentos previstos nesta Lei para conferir propriedade aos ocupantes".

Em se tratando de Reurb-S em imóveis públicos, a União, os Estados, o Distrito Federal e os Municípios, e as suas entidades vinculadas, se titulares do domínio, poderão reconhecer o direito real de propriedade aos ocupantes do núcleo urbano informal regularizado por meio da legitimação fundiária (art. 23, § 4º).

Parece-nos que o instituto da Legitimação Fundiária assemelha-se à usucapião, mas com maior liberalidade e inconveniência, pois não exige a posse, com ânimo de domínio e sem oposição, bem como pelo prazo mínimo de cinco anos de posse, e nem o tamanho máximo de 250 metros quadrados, também sendo possível para imóveis comerciais. As únicas exigências são as posses anteriores a 22/12/2016 e no caso da Reurb-S não ser concessionário, foreiro ou proprietário de outro imóvel; não ter sido beneficiado com outra legitimação fundiária; e o poder público ter reconhecido o interesse público à legitimação em se tratando de imóvel com finalidade não residencial.

Se a Constituição Federal veda a aquisição de imóvel público por usucapião, conforme art. 183, § 3º, não há razão para se admitir a transferência de domínio de imóvel público por meio de legitimação fundiária, ainda mais sem todas as exigências constitucionalmente previstas para a usucapião urbano constitucional.

Melhor convém ao verdadeiro interesse público, independentemente de se reconhecer ou não a inconstitucionalidade da legitimação fundiária tal como prevista no art. 23 da Lei 13.465/17, que ao invés da Legitimação Fundiária para imóveis públicos se continue a utilizar de instrumentos como a Concessão Especial de Uso para fins de Moradia (CUEM), prevista na Lei 11.481/2007 para imóveis da União e na Medida Provisória nº 2.220/2001, no âmbito do imóvel público urbano da União, dos Estados, do Distrito Federal e dos Municípios.

A CUEM também é transferível para terceiros, por ato "inter vivos" ou "causa mortis" (art. 7º da MP 2.220/2001) e pode ser extinta em caso de desvirtuamento no uso do imóvel, instituído para fins de moradia (Art. 8º da MP 2.220/2001) atendendo, de forma proporcional e razoável, ao interesse público e ao do beneficiário. Nesse diapasão, conveniente lembrar que na Legitimação fundiária, a qual é instrumento originário de direito real de propriedade, não há possibilidade de extinção da benesse em caso de desvirtuamento do uso do imóvel, sob pena de limitação ao direito de propriedade e insegurança jurídica ao adquirente.

9.8.3. Legitimação de posse

Pelo art. 25 da Lei nº 13.465/17 a legitimação de posse é *"instrumento de uso exclusivo para fins de regularização fundiária, constitui ato do poder público destinado a conferir título, por meio do qual fica reconhecida a posse de imóvel objeto da Reurb, com a identificação de seus ocupantes, do tempo da ocupação e da natureza da posse, o qual é conversível em direito real de propriedade, na forma desta Lei."*

A legitimação de posse poderá ser transferida por causa mortis ou por ato inter vivos, não se aplicando aos imóveis urbanos situados em área de titularidade do poder público (art. 25, § 2º, da lei 13.465/12).

Expedido o título de legitimação de posse, decorrido o prazo de cinco anos de seu registro, haverá conversão automática dele em título de propriedade, se atendidos os termos e as condições do art. 183 da Constituição Federal (área de até 250 metros, utilizada para fins de moradia do beneficiário ou de família, sendo vedada a conversão se houver a propriedade de outro imóvel), independentemente de prévia provocação ou prática de ato registral (art. 26 da Lei 13.465/17).

Caso não atendidos os termos e condições do art. 183, poderá o interessado requerer a conversão em título de propriedade, uma vez satisfeitos todos os requisitos de outra espécie de usucapião previsto na legislação em vigor, nos termos do § 1º do art. 26.

A legitimação de posse, depois de convertida em propriedade, constitui forma originária de aquisição de direito real, *"de modo que a unidade imobiliária com destinação urbana regularizada restará livre e desembaraçada de quaisquer ônus, direitos reais, gravames ou inscrições, eventualmente existentes em sua matrícula de origem, exceto quando disserem respeito ao próprio beneficiário."*

A posse pode ser demonstrada por qualquer meio de prova (art. 20 do Decreto 9.310/18). Caso tenha havido irregularidades nas condições de sua concessão, o título de legitimação de posse poderá ser cancelado pelo poder público, sem direito a qualquer indenização ao beneficiário do instrumento (art. 27 da Lei 13.465/17), em consonância com a Súmula 473 do STF[752], bem como com o art. 20 do Decreto 9.310/18.

Poderá, para fins do requisito temporal de cinco anos, haver contagem de tempo de posse do antecessor, nos termos do art. 1.243 do Código Civil, como expressamente permite o art. 18, § 3º, do Decreto 9.310/18, para tanto podendo serem usados diversos meios de prova (art. 19, § 3º, do Decreto 9.310/18).

9.8.4. ZEIS – Zonas Especiais de Interesse Social

Conforme previsto no art. 18 da Lei 13.465/2017, o Município e o Distrito Federal poderão instituir como instrumento de planejamento urbano Zonas Especiais de Interesse Social (ZEIS), no âmbito da política municipal de ordenamento de seu território.

---

752 A administração pode anular seus próprios atos, quando eivados de vícios que os tornam ilegais, porque deles não se originam direitos; ou revogá-los, por motivo de conveniência ou oportunidade, respeitados os direitos adquiridos, e ressalvada, em todos os casos, a apreciação judicial.

O conceito legal de ZEIS é definido como *"a parcela de área urbana instituída pelo plano diretor ou definida por outra lei municipal, destinada preponderantemente à população de baixa renda*[753] *e sujeita a regras específicas de parcelamento, uso e ocupação do solo."* (Art. 18, § 1º, da Lei da Reurb).

Entretanto, preceitua o art. 18, § 2º da Lei 13.465/17, que a Reurb não está condicionada à existência de ZEIS.

A ZEIS pode ser definida, também, por lei municipal, muitas vezes com denominação ligeiramente diversa, mas com conteúdo muito semelhante.

A ZEIS coaduna-se com a regularização fundiária, sendo instrumento da política urbana (art. 4º, inciso V, *"f"*, do Estatuto da Cidade), bem como permite que em locais onde instituída seja prestada assistência técnica e jurídica integral para grupos sociais menos favorecidos (art. 4º, V, *"r"* da Lei 10.257/00), assistência jurídica com amparo constitucional, nos termos do art. 5º, inciso LXXIV, também tendo base nos princípios do Estatuto da Cidade (art. 2º, inciso XIV).[754]

Ressalta Paulo Afonso Cavichioli Carmona que vários são os aspectos benéficos de uma ZEIS para a coletividade, enumerando-os:

> a) *Urbanísticos*: por integrar áreas degradadas e marginalizadas da cidade e possibilitar a implantação de infraestrutura nos assentamentos irregulares, como pavimentação, iluminação, saneamento básico, transporte coletivo de qualidade, coleta de lixo e instalação de equipamentos públicos;
>
> b) *ambientais*: por melhorar o ambiente construído para moradores, urbanizando áreas de riscos evitando deslizamento ou enchentes, além de sensível melhora na poluição visual das áreas degradadas;
>
> c) *jurídicos*: por facilitar regularização fundiária dos assentamentos irregulares, facilitando a aplicação de instrumentos de garantia de posse ou propriedade, como usucapião, a concessão do direito real de uso ou a concessão de uso especial para fins de moradia;
>
> d) *políticos*: por romper com políticas clientelistas que envolvem investimentos públicos e implantação de infraestrutura e por reconhecer os direitos de cidadania das populações envolvidas;
>
> e) *sociais*: por enfraquecer o estigma que existe em relação aos assentamentos de baixa renda e fortalecendo a autoestima da população que ali vive, com diminuição dos índices de criminalidade e violência urbana.[755]

---

[753] Art. 6º do Dec. 9.310/18: *"Para a classificação da Reurb na modalidade Reurb-S, a composição ou a faixa da renda familiar para definição de população de baixa renda poderá ser estabelecida em ato do Poder Público municipal ou distrital, consideradas as peculiaridades locais e regionais de cada ente federativo". Em imóveis da União a renda mensal não poderá ser superior à cinco salários mínimos (art. 103, I, do Decreto 9.310/18).*

Parágrafo único. A renda familiar prevista no caput não poderá ser superior ao quíntuplo do salário mínimo vigente no País."

[754] Art. 2º A política urbana tem por objetivo ordenar o pleno desenvolvimento das funções sociais da cidade e da propriedade urbana, mediante as seguintes diretrizes gerais:

[...]

XIV – regularização fundiária e urbanização de áreas ocupadas por população de baixa renda mediante o estabelecimento de normas especiais de urbanização, uso e ocupação do solo e edificação, consideradas a situação socioeconômica da população e as normas ambientais;

[755] Op. cit., p. 383-384.

9.8.5. Usucapião especial urbana

A usucapião constitui-se em uma forma de aquisição de propriedade, em razão da prescrição. São fatores importantes para sua caracterização a posse e o tempo. Algumas modalidades de usucapião exigem outros requisitos. De uma maneira geral, a usucapião pode ser definida como *"um instituto jurídico pela qual o indivíduo adquire o domínio em virtude de posse prolongada."*[756]

Existem, basicamente, três modalidades de usucapião reconhecidas na doutrina:

a) *usucapião extraordinária* (só se exige tempo de posse, dispensado justo título e boa-fé - art. 1.238[757] do Código Civil);

b) *usucapião ordinária*, no qual, além do tempo de posse, são exigidos justo título e conduta de boa-fé (art. 1.242[758] do Código Civil);

c) *usucapião especial*, consistente na posse e na finalidade residencial de uso do bem, relacionado com a função social da propriedade (art. 5º, inciso XXIII), a qual está prevista no artigo 183[759] da Constituição. Aqui, sobressai o caráter social, por meio do qual se concretiza a justiça social, de modo a paulatinamente reduzir as desigualdades entre as camadas da sociedade.[760]

O Estatuto da Cidade previu a usucapião especial urbana, a ser obtida de forma individual ou coletiva, valioso instrumento de regularização fundiária, o qual em muito contribui para a formal regularização de muitos lotes ou ocupações utilizados para fins residenciais, com inscrição da propriedade no registro de imóveis, embora isso não resolva outros problemas de dimensão até maior, quais sejam, a falta de infraestrutura urbanística e suas consequências que concorrem para degradação ambiental e afetam a qualidade de vida dos moradores desses imóveis e daqueles que se situam no entorno. Portanto, antes, durante ou após essa prescrição aquisitiva por sentença será, em boa parte das vezes, necessária a urbanificação.

Nos artigos 9º ao 14 da Lei 10.257/00, encontra-se a regulamentação da usucapião especial urbana, nos seguintes moldes:

> Art. 9º. Aquele que possuir como sua área ou edificação urbana de até duzentos e cinqüenta metros quadrados, por cinco anos, ininterruptamente e sem oposição,

---

756 CARVALHO FILHO, José dos Santos. Comentários ao Estatuto da Cidade, p. 159.

757 Art. 1.238. Aquele que, por quinze anos, sem interrupção, nem oposição, possuir como seu um imóvel, adquire-lhe a propriedade, independentemente de título e boa-fé; podendo requerer ao juiz que assim o declare por sentença, a qual servirá de título para o registro no Cartório de Registro de Imóveis.

Parágrafo único. O prazo estabelecido neste artigo reduzir-se-á a dez anos se o possuidor houver estabelecido no imóvel a sua moradia habitual, ou nele realizado obras ou serviços de caráter produtivo.

758 Art. 1.242. Adquire também a propriedade do imóvel aquele que, contínua e incontestadamente, com justo título e boa-fé, o possuir por dez anos.

Parágrafo único. Será de cinco anos o prazo previsto neste artigo se o imóvel houver sido adquirido, onerosamente, com base no registro constante do respectivo cartório, cancelada posteriormente, desde que os possuidores nele tiverem estabelecido a sua moradia, ou realizado investimentos de interesse social e econômico.

759 Art. 183. Aquele que possuir como sua área urbana de até duzentos e cinquenta metros quadrados, por cinco anos, ininterruptamente e sem oposição, utilizando-a para sua moradia ou de sua família, adquirir-lhe-á o domínio, desde que não seja proprietário de outro imóvel urbano ou rural.

760 Ibidem, p. 160.

utilizando-a para sua moradia ou de sua família, adquirir-lhe-á o domínio, desde que não seja proprietário de outro imóvel urbano ou rural.

§ 1º. O título de domínio será conferido ao homem ou à mulher, ou a ambos, independentemente do estado civil.

§ 2º. O direito de que trata este artigo não será reconhecido ao mesmo possuidor mais de uma vez.

§ 3º. Para os efeitos deste artigo, o herdeiro legítimo continua, de pleno direito, a posse de seu antecessor, desde que já resida no imóvel por ocasião da abertura da sucessão.

Art. 10. Os núcleos urbanos informais existentes sem oposição há mais de cinco anos e cuja área total dividida pelo número de possuidores seja inferior a duzentos e cinquenta metros quadrados por possuidor são suscetíveis de serem usucapidos coletivamente, desde que os possuidores não sejam proprietários de outro imóvel urbano ou rural. (Redação dada pela lei nº 13.465, de 2017)

§ 1º. O possuidor pode, para o fim de contar o prazo exigido por este artigo, acrescentar sua posse à de seu antecessor, contanto que ambas sejam contínuas.

§ 2º. A usucapião especial coletiva de imóvel urbano será declarada pelo juiz, mediante sentença, a qual servirá de título para registro no cartório de registro de imóveis.

§ 3º. Na sentença, o juiz atribuirá igual fração ideal de terreno a cada possuidor, independentemente da dimensão do terreno que cada um ocupe, salvo hipótese de acordo escrito entre os condôminos, estabelecendo frações ideais diferenciadas.

§ 4º. O condomínio especial constituído é indivisível, não sendo passível de extinção, salvo deliberação favorável tomada por, no mínimo, dois terços dos condôminos, no caso de execução de urbanização posterior à constituição do condomínio.

§ 5º. As deliberações relativas à administração do condomínio especial serão tomadas por maioria de votos dos condôminos presentes, obrigando também os demais, discordantes ou ausentes.

Art. 13. A usucapião especial de imóvel urbano poderá ser invocada como matéria de defesa, valendo a sentença que a reconhecer como título para registro no cartório de registro de imóveis.

Art. 14. Na ação judicial de usucapião especial de imóvel urbano, o rito processual a ser observado é o sumário.

A usucapião especial de imóvel urbano é definida por José dos Santos Carvalho Filho, da seguinte forma: "*instrumento jurídico pelo qual o possuidor adquire domínio do imóvel, com dimensão máxima de duzentos e cinquenta metros quadrados, em que resida sozinho ou com a família por cinco anos no mínimo, sem interrupção, sem oposição e sem que seja proprietário de qualquer outro imóvel.*"[761]

Com a finalidade de se dar maior segurança aos moradores "*de extensa área sem regulamentação, conhecida por favela, criou-se a usucapião especial coletiva, por meio da qual uma coletividade adquire a titularidade de uma área, cabendo a cada indivíduo uma fração ideal a exemplo do que acontece com o condomínio.*"[762]

Ao tratar da usucapião especial urbana, Paulo Afonso Cavichioli Carmona, observa que:

---

761 Op. cit., p. 160-161.

762 MALUF Carlos Alberto Dabus; MALUF; Adriana Caldas do Rego Freitas Dabus. Comentários ao Estatuto da Cidade: Lei 10.257, de 10 de julho de 2001, p. 88.

A toda evidência, a uma realidade principal a qual se dirige a usucapião especial coletiva: as favelas e os cortiços urbanos. Como se trata de modalidade originária de aquisição de propriedade, na pendência de ação de usucapião especial urbana, ficarão sobrestadas quaisquer outras ações, petitórias ou possessórias, que venham a ser propostas relativamente ao imóvel usucapiendo (art. 11, EC)."[763]

O prazo inicial de cinco anos para decurso do prazo da prescrição aquisitiva da usucapião especial, previsto no artigo 183 da Constituição Federal, conforme decidido no Recurso Extraordinário 145.004, pelo Supremo Tribunal Federal, e no Recurso Extraordinário 206.659, foi a entrada em vigor da Constituição Federal.[764]

No tocante à família como beneficiária da usucapião especial urbana, ressalta Carlos Alberto Dabus Maluf que: *"no tratamento do que se deve entender por família, esclarece o constituinte que o título de domínio será conferido ao homem ou mulher, ou ambos, independentemente do estado civil (artigo 183, § 3º), engloba a família constituída pelo casamento, a união estável correspondente à entidade familiar, e a comunidade família é formada por qualquer dos pais e seus descendentes"*.[765]

Na usucapião especial urbana coletiva, ainda que a metragem da área ou edificação seja superior a 250m², o destinatário deve ser população de baixa renda, a qual fica presumida, em razão das próprias circunstâncias e condições das moradias, normalmente situadas em periferias e sem padrões urbanísticos regulares, como nos casos de comunidades, favelas, cortiços e outros centros populacionais do gênero, conforme bem anota José dos Santos Carvalho Filho. Na opinião do autor, há uma presunção *"juris tantum"* da condição de baixa renda dessas pessoas, em razão das circunstâncias. A segunda condição é a não possibilidade de individualização dos terrenos, decorrente da agregação de indivíduos à comunidade, sem a observância de pré-requisito a ser exercido em cada uma das áreas, sem prévia definição de metragens. Caso essas identificações possam ser efetuadas, não seria o caso de se utilizar do instrumento da usucapião especial para regularização do imóvel.[766] De se observar, como constou acima, que o art. 10, *"caput"*, do Estatuto da Cidade foi alterado pela Lei 13.465/17, de modo que pode haver usucapião coletiva quando algumas unidades sejam superiores a 250 metros, mas a média de todas as unidades não ultrapassem tal dimensão.

Entretanto, a transferência da propriedade nos moldes previstos na usucapião coletiva

> [...] em nada vai garantir uma qualidade de vida satisfatória aos novos proprietários, pois enquanto não houver a efetiva urbanização da gleba em questão, viabilizando a consecução do objetivo principal da política urbana que é o ordenamento da cidade em prol do bem-estar e da segurança da coletividade, esse objetivo não será atendido, uma vez que, como é sabido por todos, a favela não representa exatamente lugar mais

[763] Curso de Direito Urbanístico, p. 389.

[764] Ibidem, p. 89.

[765] In: BONAVIDES, Paulo; MIRANDA, Jorge; AGRA, Walber de Moura. Comentários à Constituição Federal de 1998. Rio de Janeiro: Forense. 2009, p. 2056.

[766] Op. cit., p. 171-172.

seguro, humano e saudável para o indivíduo se desenvolver. O lar, sim, constitui direito personalíssimo da pessoa humana, intimamente ligado a sua dignidade.[767]

Na usucapião especial urbana o objetivo é regularizar terrenos ocupados ao largo de qualquer regramento jurídico, decorrente de numerosas posses, quando os possuidores não conseguem identificar os terrenos ocupados. A disposição do art. 10 vem ao encontro do disposto no art. 2º, inciso XIV, do Estatuto, resultando em indiscutível economia no procedimento a ser adotado perante o Poder Judiciário, já que a ação é proposta conjuntamente pelos interessados, evitando a multiplicidade de processo. Os moradores têm facilitada a sua representação, por meio de uma associação.[768]

Como ressalta José dos Santos Carvalho Filho, quando a Constituição usou a expressão *"área"* no artigo 183, houve controvérsia sobre seu significado. Entretanto, o Estatuto da Cidade resolveu o problema ao usar a expressão área ou edificação urbana.[769]

Fica assegurado ao herdeiro, nos termos do art. 9º, § 3º, da Lei 10.257/00, em caso de falecimento do possuidor, o direito de continuação do tempo de prescrição aquisitiva.

Poderão propor a ação de usucapião especial urbana todos os legitimados à ação de usucapião, bem como a associação de moradores, desde que regularmente constituída e com personalidade jurídica, devendo esta estar autorizada pelos representados. Haverá necessidade de intervenção do Ministério Público, podendo ser concedido os benefícios da justiça gratuita, inclusive para obtenção do registro.[770]

Poderá a usucapião especial de imóvel urbano ser alegada em contestação, como matéria de defesa, ainda que as ações já estejam em andamento. A questão será suscitada em caráter terminativo, ou oposição frontal ao direito invocado pelo autor da posse, conforme ensina Regis Fernandes de Oliveira.[771]

Enquanto tramitar a ação de usucapião urbana especial, as ações que de alguma forma possam influenciar ou tumultuar o andamento da ação de usucapião ficarão sobrestadas. Após o indeferimento da ação de usucapião especial urbana, ou na hipótese de ser julgada improcedente, as demais ações voltarão a tramitar.

A averbação da sentença declarando a usucapião especial urbana na matrícula será obrigatória, a fim de ser dada publicidade e efeitos *"erga omnes"* à decisão.[772]

[767] MALUF Carlos Alberto Dabus; MALUF; Adriana Caldas do Rego Freitas Dabus. Comentários ao Estatuto da Cidade: Lei 10.257, de 10 de julho de 2001, p. 95.

[768] CARVALHO FILHO, José dos Santos. Comentários ao Estatuto da Cidade, p. 171.

[769] Op. cit., p. 165.

[770] Ibidem, p. 97.

[771] Comentários ao Estatuto da Cidade, segunda edição. São Paulo: revista dos tribunais, 2005, p. 73, "apud" MALUF Carlos Alberto Dabus; MALUF; Adriana Caldas do Rego Freitas Dabus. Comentários ao Estatuto da Cidade: Lei 10.257, de 10 de julho de 2001, p. 97.

[772] MALUF Carlos Alberto Dabus; MALUF; Adriana Caldas do Rego Freitas Dabus. Comentários ao Estatuto da Cidade: Lei 10.257, de 10 de julho de 2001, p. 97.

9.8.6. CDRU – Concessão de direito real de uso

A Concessão de Direito Real de Uso (CDRU) é disciplinada pelo Decreto Lei 271/1967, que dispõe sobre o loteamento urbano, responsabilidade do loteador e concessão de uso do espaço aéreo, na Lei 11.481/2007 e na Lei 11.952/2009, nos seguintes moldes:

> Art. 7º. É instituída a concessão de uso de terrenos públicos ou particulares, remunerada ou gratuita, por tempo certo ou indeterminado, como direito real resolúvel, para fins específicos de regularização fundiária de interesse social, urbanização, industrialização, edificação, cultivo da terra, aproveitamento sustentável das várzeas, preservação das comunidades tradicionais e seus meios de subsistência ou outras modalidades de interesse social em áreas urbanas. (Redação dada pela Lei nº 11.481, de 2007)
>
> § 1º. A concessão de uso poderá ser contratada, por instrumento público ou particular, ou por simples termo administrativo, e será inscrita e cancelada em livro especial.
>
> § 2º. Desde a inscrição da concessão de uso, o concessionário fruirá plenamente do terreno para os fins estabelecidos no contrato e responderá por todos os encargos civis, administrativos e tributários que venham a incidir sobre o imóvel e suas rendas.
>
> § 3º. Resolve-se a concessão antes de seu têrmo, desde que o concessionário dê ao imóvel destinação diversa da estabelecida no contrato ou têrmo, ou descumpra cláusula resolutória do ajuste, perdendo, neste caso, as benfeitorias de qualquer natureza.
>
> § 4º. A concessão de uso, salvo disposição contratual em contrário, transfere-se por ato inter vivos, ou por sucessão legítima ou testamentária, como os demais direitos reais sobre coisas alheias, registrando-se a transferência.
>
> § 5º. Para efeito de aplicação do disposto no caput deste artigo, deverá ser observada a anuência prévia: (Incluído pela Lei nº 11.481, de 2007)
>
> I – do Ministério da Defesa e dos Comandos da Marinha, do Exército ou da Aeronáutica, quando se tratar de imóveis que estejam sob sua administração; e (Incluído pela Lei nº 11.481, de 2007)
>
> II – do Gabinete de Segurança Institucional da Presidência de República, observados os termos do inciso III do § 1º do art. 91 da Constituição Federal. (Incluído pela Lei nº 11.481, de 2007)

A concessão de direito real de uso também se constitui em um dos instrumentos da política urbana, conforme previsto no art. 4º, inciso V, "g" do Estatuto da Cidade, embora ali não disciplinado, por ter sido objetivo de Regulamentação no Decreto-Lei 267/71, alterado pela Lei 11.481/07.

A utilização do instituto da CDRU para fins de regularização fundiária urbana (Reurb), como já visto, está expressamente prevista no artigo 15, XII, da Lei 13.465/2017.

A CDRU, entretanto, tem campo de incidência estrito, fechado em fins expressamente indicados em lei, isto é, para imóvel público urbano ou rural destinados a um dos fins constantes do art. 7º do Decreto-lei 271/1967. Sua aplicabilidade, pois, é diversificada, mas limitada.[773]

Quanto ao conceito doutrinário da Concessão de Direito Real de Uso, Vicente de Abreu Amadei atualiza a definição de Helly Lopes Meirelles, ante a alteração da Lei 11.481/2007 e a disciplina da Lei 11.952/2009, afirmando que:

---

[773] AMADEI, Vicente de Abreu. Concessão de uso especial para fins de moradia e concessão de direito real de uso, p. 210.

é o contrato ou termo administrativo pelo qual a Administração transfere o uso remunerado ou gratuito a particular, como direito real resolúvel, para que dele se utilize em 'fins específicos de regularização fundiária de interesse social, urbanização, industrialização, edificação, cultivo da terra, aproveitamento sustentável das várzeas, preservação das comunidades tradicionais e seus meios de subsistência ou outras modalidades de interesse social em áreas urbana' (art. 7º do Dec.-Lei 271/1967, na redação da Lei 11.481/2007), bem como de regularização fundiária de terras públicas em áreas rurais ou urbanas no âmbito da Amazônia Legal...".[774]

Em relação às principais características da concessão de direito real de uso, observa Vicente de Abreu Amadei:

- *Instrumento jurídico de política urbana*, destinado à titulação de área pública urbana à particular;
- *Instrumento de regularização fundiária* não só de interesse social, mas também de regularização em geral, no âmbito da Amazônia Legal, ou conforme a feição que lhe conferida em lei própria, inclusive as estaduais e municipais, conforme a autonomia do ente público legiferante;
- *Direito real*, com os atributos próprios do direito real (oponibilidade 'erga omnes', aderência, direito de sequela, publicidade etc.);
- *Fim e conteúdo*: uso privado do imóvel público, para o fim especificado no contrato ou no termo administrativo, no quadro maior dos fins possíveis, conforme previsão expressa em lei (Dec. Lei 271/1967, art. 7º);
- *Objeto*: imóvel público desafetado, situado em área urbana ou rural, inclusos os terrenos de marinha e acrescidos;
- *Sujeito* (beneficiário ou titular do direito, chamado de concessionário): particular (pessoa física ou jurídica) ou ente público. Em certos tipos de concessão de direito real de uso a previsão de pressupostos subjetivos específicos (v. g., art. 30 da Lei 11.952/2009);
- *gratuito ou oneroso*: sem ou com remuneração;
- *Tempo certo ou indeterminado*, conforme sua instituição;
- *Resolúvel*: resolve-se no termo final (se houve) ou na ocorrência de condição resolúvel (v.g., perda do fim a que se destina ou descumprimento de cláusula resolutória);
- *Formal*: depende de ato administrativo e registro imobiliário;
- *Transmissível*: 'inter vivos' ou 'causa mortis', salvo disposição em contrário do título;
- *Suscetível de ônus e de desmembramento, para financiamento*: pode ser dado em garantia real (hipoteca) e ser objeto de alienação fiduciária.[775]

Ressalta Paulo Afonso Cavichioli Carmona que *"uma das vantagens da CDRU, também estendida à CUEM e ao direito de superfície, é que ela é considerada uma garantia real de contratos de financiamentos habitacionais, assegurado a sua aceitação pelos agentes financeiros do âmbito do Sistema Financeiro de Habitação – SFH (art. 13, Lei nº 11.481/2007). Tais institutos constituem direito real passíveis de hipoteca pelo prazo estabelecido em contrato de concessão (Código Civil, art. 1473, incisos VIII – X)."*[776]

774 Concessão de uso especial para fins de moradia e concessão de direito real de uso, p. 225.

775 Concessão de uso especial para fins de moradia e concessão de direito real de uso, p. 226-227.

776 Op. cit., p. 386.

Antes mesmo da LRF (Lei 11.977/09) e da atual Lei 13.465/17, já defendia Edésio Fernandes que a regularização de favelas pode ter sucesso com a utilização de instrumentos como a concessão de direito real de uso (CDRU), em grau maior do que a concessão de uso para fins de moradia (CUEM), promovendo condições efetivas de segurança às pessoas pobres, com atribuição de títulos individuais de propriedade, a ser realizada de forma individual ou em condomínio, combinando direito de moradia social e segurança individual da posse, promovendo a integração sócio-espacial. Nesse sentido, *"essa parece ser uma fórmula vitoriosa: um programa de regularização tecnicamente baseado em um quadro político-jurídico consistente; a combinação entre as políticas de legalização e a legislação urbanística mais ampla; e a combinação de ambos ou mecanismos político-institucionais progressistas que permitam a participação das comunidades no processo de gestão das cidades."*[777]

9.8.7. CUEM – Concessão de uso especial para fins de moradia

A legislação aplicável à Concessão de Uso Especial para Fins de Moradia (CUEM) também é a Medida Provisória nº 2.220/2001[778], no âmbito do imóvel público urbano da União, dos Estados e do Distrito Federal, bem como a Lei 11.481/2007, a qual regulamenta a regularização fundiária de interesse social em imóveis da União. A exemplo da CDRU, a CUEM também é prevista na Lei 13.465/2017 como instituto de regularização fundiária urbana (Reurb), conforme se observa do art. 15, inciso XII.

Para Vicente de Abreu Amadei, a concessão de uso especial para fins de moradia pode ser definida como:

> (a) instrumento jurídico de regularização fundiária e de interesse social de imóvel público urbano destinado à moradia própria ou familiar, em forma individual ou coletiva; ou, então, (b) como direito real sobre coisa alheia, instituída por lei, em favor de particular, na forma individual ou coletiva, para moradia própria ou familiar, sobre imóvel público urbano objeto de ocupação consolidada por possuidor ou população de baixa renda.[779]

Existe uma limitação temporal para a concessão da CUEM, ou seja, a *existência de posse até 22 de junho de 2.016, não sendo possível aplicar o instituto para invasões ou ocupações posteriores* (art. 1º da MP 2.220/2001, com a redação dada pelo art. 77 da Lei 13.465/2017). Em todas as hipóteses ela incide sobre imóveis públicos urbanos, sendo mais um dos institutos disponíveis para a regularização fundiária urbana.

A CUEM possui duas espécies, sendo uma coletiva e outra individual.

Na forma individual, trata-se de um direito subjetivo de uso para moradia, do possuidor de imóvel público urbano de até 250 m² (art. 1º da MP 2.220/2001),

---

777 Perspectivas para a regularização fundiária em favelas à luz do Estatuto da Cidade. "In": FREITAS, José Carlos de (Org.). Temas de direito urbanístico 3. São Paulo: Ministério Público do Estado de São Paulo e Imprensa Oficial do Estado, 2.001, p. 212-213.

778 A Medida Provisória nº 2.220/2001 ainda possui eficácia devido a sua edição ter sido anterior à Emenda Constitucional n. 32, de 11 de setembro de 2001, que dispõe em seu Art. 2º: "As medidas provisórias editadas em data anterior à da publicação desta emenda continuam em vigor até que medida provisória ulterior as revogue explicitamente ou até deliberação definitiva do Congresso Nacional."

779 Concessão de uso especial para fins de moradia e concessão de direito real de uso, p. 216-217.

desde que o período de ocupação seja ininterrupto e não tenha havido oposição. A residência deve ser para moradia própria ou da família, com preenchimento dos requisitos legais de aquisição, sendo instituto de natureza real e oponível *"erga omnes"*, mesmo contra a Administração Pública. Trata-se de um instituto gratuito e transmissível (título + registro imobiliário, sob condição resolutiva).[780]

Para Vicente de Abreu Amadei, a *"concessão de uso especial para fins de moradia na forma coletiva é direito subjetivo de uso para moradia, resultante de composse"*[781]. Ela está prevista no art. 2º da MP 2.220/2001, com a seguinte redação:

> Art. 2º. Nos imóveis de que trata o art. 1º, com mais de duzentos e cinquenta metros quadrados, ocupados até 22 de dezembro de 2016, por população de baixa renda para sua moradia, por cinco anos, ininterruptamente e sem oposição, cuja área total dividida pelo número de possuidores seja inferior a duzentos e cinquenta metros quadrados por possuidor, a concessão de uso especial para fins de moradia será conferida de forma coletiva, desde que os possuidores não sejam proprietários ou concessionários, a qualquer título, de outro imóvel urbano ou rural. (Redação dada pela lei nº 13.465, de 2017)
>
> § 1º. O possuidor pode, para o fim de contar o prazo exigido por este artigo, acrescentar sua posse à de seu antecessor, contanto que ambas sejam contínuas.
>
> § 2º. Na concessão de uso especial de que trata este artigo, será atribuída igual fração ideal de terreno a cada possuidor, independentemente da dimensão do terreno que cada um ocupe, salvo hipótese de acordo escrito entre os ocupantes, estabelecendo frações ideais diferenciadas.
>
> § 3º. A fração ideal atribuída a cada possuidor não poderá ser superior a duzentos e cinquenta metros quadrados.

A CUEM coletiva é um instituto similar à usucapião urbana coletiva, prevista no artigo 10 da Lei 10.257/00.

Conforme ressalta Paulo Afonso Cavichioli Carmona, também é possível a aplicação da CUEM para autorização de uso visando finalidades comerciais, porém, aqui com o caráter discricionário, conforme se observa do art. 9º da MP 2220/2001. A exemplo do que ocorre na usucapião especial coletiva, na CUEM coletiva também haverá formação de condomínio, ou fração ideal de terreno a cada possuidor, sem levar em consideração a real dimensão do terreno que cada um ocupa, salvo havendo acordo escrito entre os ocupantes, de maneira a estabelecer frações ideais diferenciadas. De qualquer forma, essas frações não podem ultrapassar a 250 m², conforme limites da merecido no art. 2º, §§ 2º e 3º da MP 2.220/2001.[782]

Em se tratando de imóvel utilizado para fins comerciais, a questão está disciplinada da seguinte forma:

> Art. 9º. É facultado ao poder público competente conceder autorização de uso àquele que, até 22 de dezembro de 2016, possuiu como seu, por cinco anos, ininterruptamente e sem oposição, até duzentos e cinquenta metros quadrados de imóvel público situado

[780] Ibidem, p. 217.

[781] AMADEI, Vicente de Abreu. Concessão de uso especial para fins de moradia e concessão de direito real de uso, p. 217.

[782] Op. cit., p. 386-387.

> em área com características e finalidade urbanas para fins comerciais. (Redação dada pela lei nº 13.465, de 2017)
>
> § 1º. A autorização de uso de que trata este artigo será conferida de forma gratuita.
>
> § 2º. O possuidor pode, para o fim de contar o prazo exigido por este artigo, acrescentar sua posse à de seu antecessor, contanto que ambas sejam contínuas.
>
> § 3º. Aplica-se à autorização de uso prevista no caput deste artigo, no que couber, o disposto nos arts. 4º e 5º desta Medida Provisória.

Se a área regularizável por meio da CUEM for *área de risco*, haverá a obrigatoriedade de o poder público garantir ao possuidor o exercício desse direito em outro local, conforme previsto no art. 4º da MP 2.220/2001. Reforçam tais disposições, em se tratando de área de interesse social, o disposto no art. 39, § 2º, da Lei 13.465/2017, se não houver possibilidade de eliminação, de correção ou de administração de riscos. As exceções relativizando essa obrigação estão no art. 5º da MP 2.220/2001, "in verbis":

> Art. 5º. É facultado ao Poder Público assegurar o exercício do direito de que tratam os arts. 1º e 2º em outro local na hipótese de ocupação de imóvel:
>
> I – de uso comum do povo;
>
> II – destinado a projeto de urbanização;
>
> III – de interesse da defesa nacional, da preservação ambiental e da proteção dos ecossistemas naturais;
>
> IV – reservado à construção de represas e obras congêneres; ou
>
> V – situado em via de comunicação.

A razão das restrições na Reurb-E (faculdade e não obrigatoriedade de realocação das pessoas ocupantes das áreas previstas no art. 5º da MP 2.220/2001) é a maior reprovabilidade de pretérita ocupação de áreas de interesse comum para o bem-estar e saúde da coletiva, algumas vezes não sendo razoável premiar aquele que atentou contra tais interesses, quando poderia ter ocupado áreas que não possuíam finalidades ambientais, urbanísticas ou recreacionais.

Haverá extinção da CUEM em caso de o concessionário dar ao imóvel destinação diversa da moradia para si ou para sua família, bem como quando adquirir propriedade ou obtiver concessão de uso em outro imóvel, conforme previsto no art. 8º da MP 2.220/2001.

A CUEM é um direito real, previsto no art. 1225, inciso XI, do Código Civil.

Com razão, adverte Paulo Afonso Cavichioli Carmona que o instituto da CUEM é passível de indagação quanto a sua constitucionalidade, uma vez que o artigo 183, § 1º, da Carta Magna proíbe a aquisição de imóveis urbanos públicos por usucapião e o referido instituto, desde que preenchidos requisitos legais, têm natureza de direito real, correndo-se o risco de se conceder ao possuidor "usucapião de fato" da área pública. A alternativa para evitar essa eventual inconstitucionalidade, ressalta o autor, é a concessão de outorga da CUEM pelo prazo determinado, por analogia ao previsto no art. 7º do Decreto-lei 271/1967 para a CDRU, opção perfeitamente viável. Nesse sentido, ressalta o culto magistrado do Distrito Federal que a CUEM é um instrumento a serviço da regularização fundiária, sendo o primeiro passo para o processo de reorganização da área. O outro argumento contra a inconstitucionalidade do instrumento, para ele, é que o Poder Público concedente poderá extinguir a CUEM, por ato unilateral, quando pretender viabilizar obras de urbanificação em assentamentos irregulares de baixa renda, conforme previsto no art. 71-A da Lei 11.977/2009, alterada pela Lei 12.424/2011.[783]

9.8.8. Outros instrumentos legais e a regularização de condomínios

Conforme o art. 8º do Decreto 9.310/18, na Reurb ainda poderão ser utilizados os seguintes instrumentos:

- XVI – o condomínio de lotes (capítulo VII);
- XVII – o loteamento de acesso controlado a que se refere o art. 78 da Lei nº 13.465, de 2017; e
- XVIII – o condomínio urbano (Capítulo IX).

Cabe registrar, por fim, que em uma mesma regularização fundiária poderão ser usados distintos instrumentos legais (art. 8º, parágrafo único, do Decreto 9.310/18), bem como poderá haver titulação individual das unidades que não se enquadrem na Reurb-S (art. 10, § 4º), ou mesmo outros instrumentos legais[784], os quais podem ser indicados na Certidão de Regularização Fundiária (CRF), consoante o disposto no art. 42, §§ 2º e 3º, do Decreto 9.310/18.

9.9. Princípios, diretrizes e aspectos gerais da Reurb

As diretrizes gerais e princípios foram previstos no parágrafo primeiro do art. 9º da Lei 13.465/17, nos seguintes moldes: *"Os poderes públicos formularão e desenvolverão no espaço urbano as políticas de suas competências de acordo com os princípios de sustentabilidade econômica, social e ambiental e ordenação territorial, buscando a ocupação do solo de maneira eficiente, combinando seu uso de forma funcional"*.

Como se verá em capítulo próprio, houve retrocesso na proteção ambiental e urbanística, visando facilitar a regularização fundiária urbana, pois não mais se exige expressamente, nos requisitos para efetivação da regularização, a ser aprovada pelo Município, a adequação ambiental e urbanística dos projetos apresentados e nem o pleno desenvolvimento das funções sociais da propriedade urbana e o direito ao meio ambiente ecologicamente equilibrado, embora essas importantes características constem como objetivos da Reurb no artigo 10 da Lei 13.465/17. Entretanto, tais objetivos não são concretizados nas demais disposições da lei, ficando tais princípios sem ressonância nas regras, como adiante se verá.

O marco temporal dos imóveis urbanos passíveis de regularização fundiária foi ampliado, a nosso ver de modo indesejável. A Lei 11.977/09, em seu art. 54, previa tal possibilidade para imóveis ocupados até 31 de dezembro de 2.007, para regularização

---

[783] Op. cit., p. 388. Atualmente a Lei 11.977/09, repita-se, está revogada, no capítulo da regularização fundiária, pelo art. 109, IV, da Lei 13.465/17.

[784] Art. 16, § 8º e art. 17 do Decreto 9.310/18

fundiária de interesse social e situados em áreas de preservação permanente. Com a novel legislação, será possível a regularização, mediante legitimação fundiária, para imóveis comprovadamente ocupados até 22 de dezembro de 2016. Portanto, houve ampliação da data limite para permitir regularizações de núcleos urbanos informais em cerca de 9 anos. Isso é muito ruim, pois passa para os agentes dos mercados imobiliários, grileiros, líderes comunitários e outros que podem continuar a agir ilegalmente em matéria de uso e ocupação do solo urbano para fins de moradia, pois novamente poderá vir uma legislação flexibilizadora.

E esta legislação permitirá a regularização do parcelamento do solo de maneira facilitada e barata, portanto, até certo ponto compensadora, embora não tenha isentado a responsabilidade civil, administrativa e criminal dos promoventes (art. 14, § 3º, da Lei 13.465/17), bem como se estabeleceu como objetivo da Reurb prevenir e desestimular a formação de novos núcleos urbanos informais (art. 10, X). Entretanto, essa prevenção não teve suas formas detalhadas na lei da Reurb, de maneira a indicar que essa importante obrigação, dos Municípios e do Distrito Federal, continuará letra morta na legislação urbano-ambiental brasileira.

Em razão da inobservância da legislação relativa ao uso e parcelamento do solo, quer por ser clandestino o parcelamento, quer porque não obedecidas, quando de sua execução, as disposições legais ou do ato de aprovação do loteamento (loteamento irregular), ou não registrado o parcelamento de solo por qualquer outro motivo, é possível que o Município, se for o promovente da regularização fundiária ou os beneficiários/requerentes da Reurb-E, tenham que proceder alterações no empreendimento. Essa regularização deverá estar em consonância com a legislação federal, estadual e municipal quanto ao direito urbanístico, ambiental, sanitário, registrário etc. Essa conformidade também deverá ser buscada, com a maior efetividade possível (art. 10 da Lei 13.465/17) quer no tocante às edificações já erigidas, quer quanto à conformação do sistema de captação de águas pluviais, rede de esgoto, traçado viário, de dotação de equipamentos urbanos e comunitários às exigências legais, obtemperada pelas flexíveis normas da Lei 13.465/17.

Uma das razões para o fracasso das regularizações registrárias dos loteamentos clandestinos e irregulares, antes da edição da Lei nº 11.977/09, agora substituída pela Lei 13.465/17, foi que para fins de regularização eram basicamente exigidos os mesmos documentos de um registro normal, conforme o artigo 18 da Lei 6.766/79, pelo menos no Estado de São Paulo (os requisitos estavam nos itens 152 e seguintes das Normas de Serviço da Corregedoria Geral da Justiça de São Paulo, subseção II, capítulo XX).

Do ponto de vista do direito à cidade sustentável, conforme ressalta a competente Promotora de Justiça aposentada, Rosangela Staurenghi, deverá haver na regularização fundiária benefícios para a cidade, com atendimento às expectativas da população diretamente beneficiada, de toda a coletividade, não se podendo focar somente na regularidade dominial referente ao direito de propriedade, mas na função social (art. 5º, incisos XXII e XXIII da Constituição Federal) da propriedade urbana. Esta cumprirá com sua função social quando atender às exigências fundamentais de ordenação da cidade expressas no plano diretor (art. 182, parágrafo 2º. da CF). Também se fará necessário o exercício da propriedade em consonância com as suas finalidades econômicas e sociais, preservando-se: a flora, a fauna, as belezas naturais, o equilíbrio ecológico e o patrimônio histórico e artístico, bem como evitada a poluição do ar e das águas, nos termos do Código Civil (art. 1228, § 1º).[785]

Com o escopo de buscar a regularização fundiária urbana, de modo a propiciar que a cidade cumpra com sua função social, o Município também poderá se valer de instrumentos como a Concessão de Direito Real de Uso (CDRU) e a Concessão Uso Especial para fins de Moradia (CUEM), previstos na Medida Provisória 2.220/2001, conforme já assinalado.

A Regularização Fundiária Urbana (Reurb) também está prevista no Estatuto da Cidade como um instrumento jurídico e político da denominada *"política urbana"* (art. 4º, inciso V, *"q"* da Lei 10.257/01), com a finalidade de ordenar o pleno desenvolvimento das funções sociais da cidade e garantir o bem-estar de seus habitantes, tal como previsto no art. 182 "caput" da CF.

Ainda é regrada no Estatuto da Metrópole, como diretriz mínima para a implementação da política pública de regularização fundiária urbana, devendo estar prevista no Plano de Desenvolvimento Urbano Integrado – PDUI – da regiões metropolitanas e aglomerações urbanas, consoante o disposto no art. 12, parágrafo 1º, inc. VII, da Lei 13.089/15 (dispositivo incluído pela Lei nº13.683/18).

10. PROCEDIMENTO ADMINISTRATIVO DA REURB: COMPETÊNCIAS E ATRIBUIÇÕES, INFRAESTRUTURA, PROJETOS E REGISTROS

A regularização fundiária urbana obedecerá às seguintes fases (art. 28 da Lei 13.465/17):

> I – requerimento dos legitimados;
>
> II – processamento administrativo do requerimento, no qual será conferido prazo para manifestação dos titulares de direitos reais sobre o imóvel e dos confrontantes;
>
> III – elaboração do projeto de regularização fundiária;
>
> IV – saneamento do processo administrativo;
>
> V – decisão da autoridade competente, mediante ato formal, ao qual se dará publicidade;
>
> VI – expedição da CRF pelo Município; e
>
> VII – registro da CRF e do projeto de regularização fundiária aprovado[786] perante o oficial do cartório de registro de imóveis em que se situe a unidade imobiliária com destinação urbana regularizada.
>
> Parágrafo único. Não impedirá a Reurb, na forma estabelecida nesta Lei, a inexistência de lei municipal específica que trate de medidas ou posturas de interesse local aplicáveis a projetos de regularização fundiária urbana.

---

785 . Regularização de parcelamentos ilegais. In: FINK, Daniel Roberto. Manual Prático da Promotoria de Justiça de Habitação e Urbanismo. São Paulo/SP: Imprensa Oficial do Estado: Ministério Público do Estado de São Paulo, 2005, p. 192-193.

786 A CRF, na hipótese de Reurb somente para titulação final dos beneficiários de núcleos urbanos informais já registrados junto ao cartório de registro de imóveis, dispensa a apresentação do projeto de regularização fundiária aprovado. (Art. 38, parágrafo único, do Decreto 9.310/18).

Para a efetiva implantação das medidas da Reurb, os entes federativos poderão celebrar convênios ou outros instrumentos congêneres com o Ministério das Cidades, com vistas a cooperar para a fiel execução do disposto nesta Lei (art. 29 da Lei 13.465/17).

A decisão de instauração da Reurb, requerida por um dos legitimados do art. 14, será do Município, o qual, caso indefira o requerimento, deverá indicar as deficiências do pedido, de modo a permitir que o requerente possa reformulá-lo novamente (art. 32 da Lei 13.465/17 e art. 24, § 14, do Decreto 9.310/18).

O requerimento de instauração da Reurb ou, na forma de regulamento, a manifestação de interesse por parte de qualquer dos legitimados garante, perante o poder público, aos ocupantes dos núcleos urbanos informais situados em áreas públicas a serem regularizados, a permanência em suas respectivas unidades imobiliárias, preservando-se as situações de fato já existentes, até o eventual arquivamento definitivo do procedimento (art. 31, § 8º, da Lei 13.465/17).

10.1. Competências e/ou atribuições dos Municípios e Distrito Federal na Reurb: instrumentos à disposição de tais entes federativos

Fundamental, como intuitivo, que o Município/Distrito Federal, na defesa da ordem urbanística e ambiental, bem como em prol de outros interesses ou peculiaridades locais, discipline, complementarmente, vários aspectos da regularização fundiária urbana (Reurb) ou com elas relacionados (especialmente porque a regularização poderá ocorrer por meio de vários instrumentos jurídicos, especialmente aqueles previstos no artigo 15 da Lei 13.465/17, quais sejam:

> Art. 15. Poderão ser empregados, no âmbito da Reurb, sem prejuízo de outros que se apresentem adequados, os seguintes institutos jurídicos:
>
> I – a legitimação fundiária e a legitimação de posse, nos termos desta Lei;
>
> II – a usucapião, nos termos dos arts. 1.238 a 1.244 da Lei nº 10.406, de 10 de janeiro de 2002 (Código Civil), dos arts. 9º a 14 da Lei nº 10.257, de 10 de julho de 2001, e do art. 216-A da Lei nº 6.015, de 31 de dezembro de 1973;
>
> III – a desapropriação em favor dos possuidores, nos termos dos §§ 4º e 5º do art. 1.228 da Lei nº 10.406, de 10 de janeiro de 2002 (Código Civil);
>
> IV – a arrecadação de bem vago, nos termos do art. 1.276 da Lei nº 10.406, de 10 de janeiro de 2002 (Código Civil);
>
> V – o consórcio imobiliário, nos termos do art. 46 da Lei nº 10.257, de 10 de julho de 2001;
>
> VI – a desapropriação por interesse social, nos termos do inciso IV do art. 2º da Lei nº 4.132, de 10 de setembro de 1962;
>
> VII – o direito de preempção, nos termos do inciso I do art. 26 da Lei nº 10.257, de 10 de julho de 2001;
>
> VIII – a transferência do direito de construir, nos termos do inciso III do art. 35 da Lei nº 10.257, de 10 de julho de 2001;
>
> IX – a requisição, em caso de perigo público iminente, nos termos do § 3º do art. 1.228 da Lei nº 10.406, de 10 de janeiro de 2002 (Código Civil);
>
> X – a intervenção do poder público em parcelamento clandestino ou irregular, nos termos do art. 40 da Lei nº 6.766, de 19 de dezembro de 1979;
>
> XI – a alienação de imóvel pela administração pública diretamente para seu detentor, nos termos da alínea f do inciso I do art. 17 da Lei nº 8.666, de 21 de junho de 1993;

XII – a concessão de uso especial para fins de moradia;

XIII – a concessão de direito real de uso;

XIV – a doação; e

XV – a compra e venda.

Caberá ao Município estabelecer parâmetros urbanísticos mínimos (tamanho de lotes, larguras de vias públicas, recuos de edificações em relação à via pública e distância entre prédios), em prol do interesse público dos demais habitantes da urbe.

Na ampla discricionariedade atribuída ao Município quanto a estabelecer as condições da Reurb, não deverá tal ente federativo considerar apenas os interesses dos beneficiários da regularização, pois seria privilegiar o interesse pessoal à supremacia do interesse público.

Caberá ao Município a difícil tarefa de compatibilizar os interesses dos beneficiários diretos da Reurb com os das demais pessoas residentes no Município, com fulcro em diversos dispositivos legais, dentre eles:

a) art. 30, inciso VIII, da Constituição Federal;

b) no art. 1º, parágrafo único, da Lei 6.766/79;

c) art. 2º, IV (Planejamento do desenvolvimento da cidade como diretriz geral da política urbana); art. 4º, III (planejamento municipal como instrumento da política urbana); art. 25, § 1º (direito de preempção); art. 30 (outorga onerosa do direito de construir); art. 32 (operações urbanas consorciadas); art. 35 (transferência do direito de construir); art. 36 (estudo prévio de impacto de vizinhança – EIV); art. 42-A, § 3º (adequação do Plano Diretor em relação ás áreas de risco); art. 42-B (modificação do plano diretor para ampliação do perímetro urbano); art. 46 (Consórcio imobiliário); art. 49 (prazos para expedição de diretrizes de empreendimentos urbanísticos); art. 51 (aplicação ao Distrito Federal das obrigações atribuídas aos Municípios), todos do Estatuto da Cidade (Lei 10.257/00);

d) Quanto às atribuições e/ou competências dos Municípios/Distrito Federal, a Lei 13.465/17 atribui-lhes diversos poderes e/ou deveres, dentre os quais podem ser citados:

d-1) art. 11, III (definição, pelo Município, de núcleo urbano informal consolidado);

d-2) art. 11, IV (município define se haverá ou não demarcação urbanística);

d-3) art. 11, § 1º (dispensar as exigências relativas ao percentual e às dimensões de áreas destinadas ao uso público ou ao tamanho dos lotes regularizados, assim como a outros parâmetros urbanísticos e edilícios);

d-4) artigos 13 e 30 (classificar a modalidade de Reurb e conduzir seu processamento, emitindo, ao final, a Certidão de Regularização Fundiária)[787];

[787] Vide art. 5º, § 7º e art. 6º do Dec. 9.310/18.

d-5) art. 13, § 7º (interligação à equipamentos e infraestrutura para prestação de serviço público de abastecimento de água, coleta de esgoto, distribuição de energia elétrica, ou outros serviços públicos, salvo disposição em contrário da legislação municipal);

d-6) art. 13, § 4º (admitir uso misto, residencial e comercial de atividades, para fins de Reurb);

d-7) arts. 14, I e 32 (figurar como requerente/promovente da Reurb);

d-8) art. 18 (instituir ZEIS - Zona Especial de Interesse Social - como instrumento de planejamento urbano, para população de baixa renda e com regras especiais no uso e ocupação do solo);

d-9) art. 20 (decidir se efetua, diretamente ou por meio do serviço de registro de imóveis, a notificação de titulares e confrontantes para fins de impugnação de demarcação urbanística);

d-10) art. 23, § 4º (reconhecer titulares de domínio na legitimação fundiária);

d-11) art. 34 (faculdade de criar câmaras de prevenção e resolução administrativa de conflitos, ou de mediação de conflitos, para fins de viabilizar a Reurb, ou celebração de convênio, utilizar os Centros Judiciários de Solução de Conflitos e Cidadania ou as câmaras de mediação credenciadas nos Tribunais de Justiça);

d-12) art. 36, IX (definir outros requisitos para projeto urbanístico de regularização);

d-13) art. 36, § 1º, V (definir outros equipamentos de infraestrutura essencial como condição para Reurb);

d-14) art. 36, § 4º (definir requisitos para elaboração do projeto de regularização, no que se refere aos desenhos, ao memorial descritivo e ao cronograma físico de obras e serviços a serem realizados);

d-15) art. 38 (definição dos responsáveis pela implantação da infraestrutura essencial, sistemas viários e melhorias ambientais, na Reurb-E);

d-16) art. 39, § 2º (proceder à realocação dos ocupantes do núcleo urbano informal a ser regularizado, em áreas de riscos que não comportem eliminação, correção ou administração);

d-17) art. 47 (indicação de padrões dos memoriais descritivos, das plantas e das demais representações gráficas, inclusive as escalas adotadas e outros detalhes técnicos, para fins de projetos de Reurb);

d-18) art. 53, parágrafo único (requerer abertura de matrícula das áreas que tenham automaticamente ingressado no domínio público com a regularização - áreas destinadas ao uso comum do povo, prédios públicos e os equipamentos urbanos);

d-19) art. 55 (definir as posturas a serem obedecidas na efetivação do direito de laje - art. 1.510-B da Lei 10.406/02);

d-20) arts. 64/65 (arrecadação de imóveis urbanos privados abandonados para fins de regularização fundiária)[788];

d-21) art. 69 (expedição de atestado de que o parcelamento urbano implantado anteriormente a 19/12/79 encontra-se integrado à cidade);

d-22) art. 78 (regulamentação do controle de acesso ao loteamento de acesso controlado);

d-23) art. 79 (facultar ao particular proprietário de área objeto de Reurb que se utilize do consórcio imobiliário[789] como forma de viabilização financeira do aproveitamento);

d-24) art. 93 (área urbana consolidada incluída no perímetro urbano ou em zona urbana pelo plano diretor ou por lei municipal específica, para efeitos do artigo 16-C, § 2º, I, da Lei 9.636/98, relativa à regularização de imóveis da União);

d-25) art. 98 (venda direta aos ocupantes de suas áreas públicas objeto da Reurb-E, dispensando procedimento licitatório).

Durante o procedimento administrativo da regularização fundiária, podem ser mencionados, basicamente, as seguintes macro etapas (Art. 30 da Lei 13.465/17):

> I – classificar, caso a caso, as modalidades da Reurb;
>
> II – processar, analisar e aprovar os projetos de regularização fundiária; e
>
> III – emitir a CRF.
>
> § 1º. Na Reurb requerida pela União ou pelos Estados, a classificação prevista no inciso I do caput deste artigo será de responsabilidade do ente federativo instaurador.
>
> § 2º. O Município deverá classificar e fixar, no prazo de até cento e oitenta dias, uma das modalidades da Reurb ou indeferir, fundamentadamente, o requerimento.
>
> § 4º. A inércia do Município implica a automática fixação da modalidade de classificação da Reurb indicada pelo legitimado em seu requerimento, bem como o prosseguimento do procedimento administrativo da Reurb, sem prejuízo de futura revisão dessa classificação pelo Município, mediante estudo técnico que a justifique.

O art. 31 da Lei da Reurb, define, em detalhes, os procedimentos a serem adotados pelos Municípios para identificar a matrícula da área a ser regularizada, seu proprietário e confrontantes, notificando-os para manifestarem eventuais discordâncias com a área demarcada para sua regularização.

Caso o imóvel a ser regularizado fique em mais de um município, o procedimento pode ser instaurado de forma conjunta, mas na hipótese de isso não ocorrer, cada projeto de regularização deve abranger somente a área localizada no respectivo município, conforme estatuído no art. 33 do Decreto 9.310/18.

---

788 Regulamentado pelo art. 73 do Decreto 9.310/18.

789 Art. 93, § 1º, do Decreto 9.310/18: Considera-se consórcio imobiliário a forma de viabilização de planos de urbanização, de regularização fundiária ou de reforma, conservação ou construção de edificação por meio da qual o proprietário transfere ao Poder Público municipal ou distrital a propriedade do imóvel e, após a realização das obras, recebe como pagamento unidades imobiliárias urbanizadas ou edificadas e as demais unidades incorporadas ao patrimônio público.

10.2. Infraestrutura necessária para a Reurb e o Projeto de Regularização Fundiária

Pela Lei 13.465/2017, entende-se por infraestrutura essencial os seguintes equipamentos (art. 36, § 1º):

> I – sistema de abastecimento de água potável, coletivo ou individual;
>
> II – sistema de coleta e tratamento do esgotamento sanitário, coletivo ou individual;
>
> III – rede de energia elétrica domiciliar;
>
> IV – soluções de drenagem, quando necessário; e
>
> V – outros equipamentos a serem definidos pelos Municípios em função das necessidades locais e características regionais.

A implantação das obras de infraestrutura pode ser realizada antes, depois ou durante a regularização (art. 36, § 3º da Lei 13.465/17), também podendo ser implantada por etapas (§ 2º)[790], sendo necessária a celebração de termo de compromisso pelo responsável de que irá implantar tal infraestrutura (art. 35, IX e X), previamente prevista no Projeto de Regularização Fundiária e aprovado pelo Município.

A nosso ver, deverá o Município/Distrito Federal, em se tratando de Regularização Fundiária Urbana de Interesse Específico (Reurb-E) requerida pelos beneficiários ou proprietários (art. 14, II e III), exigir, previamente do requerente, garantias financeiras e prévio Termo de Compromisso de Execução de Obras, com força de título executivo extrajudicial, assinado por duas testemunhas (art. 784, III, da Lei 13.105/15)[791], pois do contrário não teria sentido a lei expressamente o exigir. Estas irão propiciar a efetiva implantação da regularização, caso venha a autorizar que as obras de infraestrutura possam ser implantadas durante ou depois da regularização dominial. O Município assim agiria com fulcro analógico no art. 18, V, da Lei 6.766/79, bem como para assegurar o cumprimento dos objetivos previstos no art. 10 da Lei 13.465, esteiando-se no art. 36, IX, ambos da Lei da Reurb.

Cabe ao Município/Distrito Federal, no tocante à normatização do saneamento básico, agir em consonância com o art. 45 da Lei 11.445/2007. Ou seja, em existindo rede de abastecimento de água e/ou de coleta e afastamento de esgoto toda as unidades habitacionais que estiverem sendo regularizadas nela(s) deverão ser interligadas, salvo disposição em contrário da legislação municipal (art. 13, § 7º da Lei 13.465/17). Onde inexistirem tais redes serão admitidas soluções individuais de abastecimento de água e de afastamento e destinação final dos esgotos sanitários, devendo ser observadas as normas editadas pela entidade reguladora e pelos órgãos responsáveis pelas políticas ambiental, sanitária e de recursos hídricos. Assim deve ser, em nome da saúde pública, bem como com base no princípio da prevalência do interesse coletivo (de todos os munícipes) sobre o interesse individual ou somente dos moradores daquele núcleo a ser regularizado.

---

790 Art. 31, § 2º, do Decreto 9.310/18: *"A Reurb poderá ser implementada por etapas, abrangendo e abranger o núcleo urbano informal de forma total ou parcial".*

791 Art. 21, § 1º do Decreto 9.310/18.

A implantação da infraestrutura essencial na Reurb-S será de responsabilidade do ente público promovente (art. 33, parágrafo único, I, da Lei 13.465/17). Pretendeu o legislador concretizar a regularização, pois uma das fortes razões de até hoje não ter ocorrido a regularização foi justamente o alto custo das obras, ao lado da resistência dos beneficiários em regularizarem suas situações e, com isso, passarem a pagar pelo IPTU, conta de luz, conta de água e esgoto e outros encargos.

No tocante à implantação da infraestrutura em núcleos informais de interesse específico (Reurb-E), a regularização fundiária será contratada e custeada por seus potenciais beneficiários ou requerentes privados, nos termos do artigo 33, parágrafo único II, da Lei 13.465/17. Caso o Município venha a fazê-lo, poderá, posteriormente, cobrar do(s) promovente(s) ou beneficiário(s) tais custos (art. 33, parágrafo único, III).

Concretizado o registro da CRF no serviço de registro de imóveis, serão incorporados automaticamente ao patrimônio público as vias públicas, as áreas destinadas ao uso comum do povo, os prédios públicos e os equipamentos urbanos, na forma indicada no projeto de regularização fundiária aprovado. Posteriormente, a requerimento do Município/Distrito Federal, o oficial de registro de imóveis abrirá matrícula para as áreas que tenham ingressado no domínio público (art. 53 da Lei 13.465/17).

Mesmo em se tratando de regularização de interesse social, na qual há flexibilização das regras urbanísticas para facilitar o processo de urbanificação, também não se deve abrir mão de áreas institucionais, que propiciam qualidade de vida e dignidade aos habitantes-beneficiários, tais como praças, áreas verdes e espaços livres, ainda que em proporções menores da exigida para um novo empreendimento.

A falta ou escassez de recursos financeiros para tais áreas públicas pode ser supridas com a utilização de instrumentos do Estatuto da Cidade, como alteração do uso do solo (art. 29) outorga onerosa do direito de construir (art. 28) e transferência do direito de construir (art. 35, I e III). Esses recursos financeiros adicionais necessariamente devem ser utilizados para fins de regularização fundiária, execução de programas e projetos habitacionais de interesse social, implantação de equipamentos urbanos e comunitários e criação de espaços públicos de lazer e áreas verdes (dentre outros nobres fins, como a criação de unidades de conservação e investimentos em patrimônio histórico), conforme expressamente prevê o art. 26, incisos I a VIII, todos da Lei 10.257/01.

Com isso, estará o poder público dividindo os ônus e bônus da regularização fundiária com os empreendedores e beneficiários indiretos dessa regularização (toda a comunidade), consoante diretriz geral do *"processo de urbanização"*, prevista no art. 2º, inciso IX, do Estatuto da Cidade.

10.3. Do Projeto de Regularização Fundiária e da obrigação de sua elaboração e custeio das obras

Os requisitos de infraestrutura essenciais retrocitados e outros, a serem definidos pelo Município/Distrito Federal (art. 36, § 4º, da Lei 13.465/17), deverão constar do Projeto de Regularização Fundiária, cujo conteúdo mínimo consta do art. 35 da Lei 13.465/17. Como conteúdo indispensável está o projeto de regularização urbanístico (inciso V), o qual também possui requisitos mínimos previstos na lei (art. 36). Para ambos os projetos, os quais são obrigatórios durante o processamento administrativo da regularização fundiária (exceto para glebas parceladas anteriormente à 19/12/79 - art. 69, § 2º, bem como núcleos já regularizados com titulação pendente)[792] em suas diversas fases (art. 28, III), poderá o Município/Distrito Federal exigir outros requisitos quando da elaboração das diretrizes, conforme se vê dos arts. 35, IX e 36, IX, combinado com o artigo 35, "caput" e art. 36, IV, todos da Lei 13.465/17. A inexistência de lei municipal prevendo requisitos para o projeto de regularização fundiária não a impedirá (art. 31, § 6º, do Decreto 9.310/18).

O Projeto de Regularização Fundiária deverá ser aprovado pelo Município/Distrito Federal (art. 33, "caput" e art. 40. II) e conter, no mínimo, o seguinte conteúdo (art. 35 da Lei 13.465/17):

> I - levantamento planialtimétrico e cadastral, com georreferenciamento, subscrito por profissional competente, acompanhado de Anotação de Responsabilidade Técnica (ART)[793] ou Registro de Responsabilidade Técnica (RRT), que demonstrará as unidades, as construções, o sistema viário, as áreas públicas, os acidentes geográficos e os demais elementos caracterizadores do núcleo a ser regularizado;
>
> II - planta do perímetro do núcleo urbano informal com demonstração das matrículas ou transcrições atingidas, quando for possível;
>
> III - estudo preliminar das desconformidades e da situação jurídica, urbanística e ambiental;
>
> IV - projeto urbanístico;
>
> V - memoriais descritivos[794];
>
> VI - proposta de soluções para questões ambientais, urbanísticas e de reassentamento dos ocupantes, quando for o caso;
>
> VII - estudo técnico para situação de risco, quando for o caso;
>
> VIII - estudo técnico ambiental, para os fins previstos nesta Lei, quando for o caso;
>
> IX - cronograma físico de serviços e implantação de obras de infraestrutura essencial, compensações urbanísticas, ambientais e outras, quando houver, definidas por ocasião da aprovação do projeto de regularização fundiária; e
>
> X - termo de compromisso a ser assinado pelos responsáveis, públicos ou privados, pelo cumprimento do cronograma físico definido no inciso IX deste artigo.

Esse projeto de regularização também precisa considerar as características da ocupação e da área ocupada, a partir do que se definirão os parâmetros urbanísticos

---

[792] Art. 21, § 2º, do Decreto 9.310/18.

[793] Dispensada quando se tratar de servidor público - art. 21, § 3º, do Decreto. 9.310/18.

[794] Art. 32 do Decreto 9.310/18:

Art. 32. O memorial descritivo do núcleo urbano informal conterá, no mínimo:

I - a descrição do perímetro do núcleo urbano, com indicação resumida de suas características;

II - a descrição técnica das unidades imobiliárias, do sistema viário e das demais áreas públicas que componham o núcleo urbano informal;

III - a enumeração e a descrição dos equipamentos urbanos comunitários e dos prédios públicos existentes no núcleo urbano informal e dos serviços públicos e de utilidade pública que integrarão o domínio público com o registro da regularização; e

IV - quando se tratar de condomínio, as descrições técnicas, os memoriais de incorporação e os demais elementos técnicos previstos na Lei nº 4.591, de 16 de dezembro de 1964.

e ambientais necessários para que a regularização atinja aos objetivos do art. 10 da Lei 13.465/17. Também terá de identificar os lotes, as vias de circulação e as áreas destinadas ao uso público, se o caso (art. 35, parágrafo único, da Lei 13.465/17), bem como as áreas já usucapidas (art. 31, § 8º, do Decreto 9.310/18).

O projeto urbanístico de regularização fundiária (art. 36 da Lei da Reurb e art. 31 do Decreto 9.310/18), com os parâmetros urbanísticos mínimos, deverá ter indicação:

> I – das áreas ocupadas, do sistema viário e das unidades imobiliárias, existentes ou projetadas;
>
> II – das unidades imobiliárias a serem regularizadas, suas características, área, confrontações, localização, nome do logradouro e número de sua designação cadastral, se houver;
>
> III – quando for o caso, das quadras e suas subdivisões em lotes ou as frações ideais vinculadas à unidade regularizada;
>
> IV – dos logradouros, espaços livres, áreas destinadas a edifícios públicos e outros equipamentos urbanos, quando houver;
>
> V – de eventuais áreas já usucapidas;
>
> VI – das medidas de adequação para correção das desconformidades, quando necessárias;
>
> VII – das medidas de adequação da mobilidade, acessibilidade, infraestrutura e relocação de edificações, quando necessárias;
>
> VIII – das obras de infraestrutura essencial, quando necessárias;
>
> IX – de outros requisitos que sejam definidos pelo Município.

O projeto de regularização deve fazer parte da Certidão de Regularização Fundiária (art. 11, V, c/c art. 41, *"caput"*), a qual será submetida a registro no Serviço de Registro de Imóveis (art. 28, VII e art. 42), acompanhada do termo de compromisso de execução do cronograma físico de serviços e implantação de obras de infraestrutura essencial, compensações urbanísticas, ambientais e outras, quando houver (art. 3º, § 2º do Decreto 9.310/18), a serem definidos por ocasião da aprovação do projeto de regularização fundiária (art. 40, I, da Lei 13.465/17).

Em áreas ambientalmente protegidas (área de preservação permanente, área de unidade de conservação de uso sustentável ou áreas de proteção de mananciais), definidas pela União, Estados ou Municípios (art. 11, § 2º), os estudos técnicos devem comprovar a ocorrência de melhorias ambientais em relação à situação de ocupação informal, inclusive por meio de compensações ambientais e serão elaborados por profissional legalmente habilitado, com as medidas neles preconizadas (art. 3º, § 3º do Decreto 9.310/18). Tais estudos devem compatibilizar com o projeto de regularização fundiária e conter, conforme o caso, os elementos constantes dos arts. 64 ou 65 da Lei nº 12.651, de 25 de maio de 2012 ("*Código Florestal*"), como mais adiante se verá.

Na regularização urbana de interesse social (Reurb-S), a elaboração e custeio do projeto do projeto de regularização fundiária ficará a cargo do ente promovente (art. 33, parágrafo único).

Na Reurb-E, o Projeto de Regularização Fundiária será contratado e custeado por seus potenciais beneficiários ou requerentes privados (art. 33, parágrafo único,

II), podendo o Município proceder sua regularização e custeio, se houver interesse público, com posterior cobrança a seus beneficiários (art. 33, parágrafo único, III, da Lei 13.465/17).

Quanto à questão de haver ou não interesse público na regularização de interesse específico, entendemos que em grande parte dos casos haverá, pois o uso e ocupação inadequada do solo, em maior ou menor grau, trará consequências negativas ao ordenamento territorial local. Nesse diapasão, será obrigação do Município, com fulcro nos artigos 23, VI (preservar o meio ambiente e combater a poluição de qualquer forma - parcelamento de solo é sempre causa de poluição), artigo 23, IX (promover a melhoria das condições habitacionais e de saneamento básico) e art. 30, VIII (promover, no que couber, adequado ordenamento territorial, mediante planejamento e controle do uso, do parcelamento e da ocupação do solo urbano), todos da Constituição Federal, de modo evitar os usos e ocupações indevidos (mediante fiscalização prévia) ou saneá-los (via regularização fundiária).

Trata-se de uma obrigação de fazer do Município (restaurar o ordenamento territorial urbano), considerando o dano à ordem ambiental e urbanística provocado por sua omissão (ato ilícito), quando tinha a obrigação de agir para evitar tal dano (art. 30, VIII, da Carta Magna), conforme se depreende do art. 927, combinado com o art. 186, todos do Código Civil (Lei 10.406/2002).

Essa obrigação Municipal também decorre de diversos dispositivos da Lei 6.766/79, atribuindo ao Município o poder-dever de regulamentar o uso e ocupação do solo, nos detalhes de interesse local, fixando parâmetros urbanísticos e aprovando ou não o loteamento. Outro exemplo pode ser encontrado no art. 38, § 2º da Lei 6.766/79, estabelecendo a obrigação de o município notificar o loteador para suprir a falta de registro do loteamento ou desmembramento, ou execução contrária aos autos de aprovação. A possibilidade de regularização do loteamento ou parcelamento, pelo Município, também está disciplinada no artigo 40 da Lei Lehman, e, mesmo antes da Lei 13.465/17, vem sendo entendida pela doutrina e jurisprudência como obrigação e não faculdade.

Salutar o disposto no art. 24, § 3º do Decreto 9.310/18, pelo qual *"O Poder Público municipal ou distrital poderá promover alterações no projeto de regularização fundiária em decorrência do acolhimento, total ou parcial, das impugnações referidas nos § 1º e § 2º"*. Se a impugnação não tiver sido acolhida pelo Município e houver recurso será iniciado o mecanismo de composição extrajudicial de conflitos (§ 7º), ficando facultado ao Município ou ao Distrito Federal proceder com a regularização com em relação à parcela de área não impugnada (§§ 9º, 10 e 11).

10.3.1. Conteúdo vinculante do projeto de regularização fundiária?

Interessante questão a ser enfrentada é o caráter vinculante ou não do projeto de regularização fundiária. Na Reurb-S, dificilmente haverá divergências entre seu teor e os itens dele aprovados, pois será o próprio poder público quem elaborará o projeto, irá aprová-lo e custeará as obras de implantação.

Já na regularização fundiária de interesse específico, cujo projeto será geralmente contratado e executado pelo empreendedor ou beneficiário da Reurb-E (art. 38), entendemos que o tema poderá ser objeto de discussões jurídicas, devendo a questão ser analisada à luz do art. 10 e do artigo 35 da Lei 13.465/17 (objetivos da Reurb e conteúdo mínimo do projeto), ficando o Município vinculado a aprovar o conteúdo mínimo, depois de, se o caso, exigir adequações ou complementações do projeto, ou mesmo indeferir o projeto inicial de regularização (art. 30, II e § 2º), mas de maneira fundamentada, de modo a propiciar a reformulação do pedido e sua reavaliação (art. 39 do Decreto 9.310/18).

Nesse diapasão, para se definir qual infraestrutura essencial deverá ser implantada naquele núcleo informal, o projeto de regularização fundiária deverá caracterizá-la com um conteúdo mínimo (Art. 35, "*caput*") da Lei 13.465/17, do qual fará parte o projeto urbanístico. Caso considere que o projeto não atende ao conteúdo mínimo ou partiu de pressupostos errôneos, a equipe técnica (art. 12, da Lei 13.465/17) deverá elaborar parecer para que a autoridade competente determine sua adequação pelo responsável pela Reurb-E. Essa adequação tanto poderá ser para incluir outros elementos ou requisitos no projeto (art. 36, IX), quer para melhor descrever e/ou analisar as demais características da área, proposições de intervenções urbanísticas, ambientais e necessidade de relocação de alguns ocupantes.

Não se olvide que "*O projeto de regularização fundiária deverá considerar as características da ocupação e da área ocupada para definir parâmetros urbanísticos e ambientais específicos, além de identificar os lotes, as vias de circulação e as áreas destinadas a uso público, quando for o caso.*" (Art. 35, parágrafo único, da Lei 13.465/17).

Portanto, ao contrário do que possa parecer, o ato administrativo de aprovação do projeto de regularização fundiária, pela autoridade municipal competente, é ato vinculado (regrado) e não discricionário. Se houver, no ato de aprovação, dispensa de algum dos requisitos propostos no projeto de regularização fundiária ela deverá estar devidamente fundamentada. Poderá ser tal ato passível de anulação, por eventual ausência de um ou dois dos requisitos de validade, ou seja, do motivo ou da motivação.

Se a necessidade de invalidação do ato de aprovação do projeto de regularização estiver no motivo (parecer da equipe técnica e/ou defeito no conteúdo dos estudos técnicos, por culpa ou dolo, poderá ser caracterizado o crime do artigo 69-A da Lei 9.605/98 c/c art. 12 da Lei 13.465/17, sem prejuízo de eventual ato de improbidade administrativa por parte dos técnicos signatários do parecer). Se o problema estiver na motivação da autoridade deliberativa, além de responder administrativa e civilmente pelo ato ilícito, poderá ela incidir em ato de improbidade administrativa (art. 11, I, da Lei 8.429/92).

Após a conclusão da Reurb, emissão e registro da Certidão de Regularização Fundiária (CRF), com abertura de matrícula, para os atuais "*ocupantes das unidades imobiliárias objeto da Reurb, os compromissos de compra e venda, as cessões e as promessas de cessão valerão como título hábil para a aquisição da propriedade, quando acompanhados da prova de quitação das obrigações do adquirente" (art. 52 da Lei 13.465/17).*

De se consignar que caso o núcleo urbano regularizado abranger imóveis ainda não matriculados, deverá ser aberta matrícula, a qual refletirá a situação da área ocupada pelo núcleo regularizado, *"dispensadas a retificação do memorial descritivo e a apuração de área remanescente"* (art. 42, § 5º, do Decreto 9.310/18).

Aquelas áreas desocupadas e não tenham sido comercializadas, após a Reurb, serão inscritas em matrículas a serem abertas em nome do titular originário do domínio, ou em nome do adquirente (art. 54 da Lei 13.465/17).

10.3.2. Licenciamento e/ou aprovação da Reurb: Natureza jurídica

O licenciamento ambiental e urbanístico da regularização fundiária não está expressamente previsto com esta denominação na nova legislação (Lei 13.465/17), como condição para a regularização, havendo apenas previsão de dispensa para núcleos habitacionais já integrados à cidade e implantados anteriormente a 19 de dezembro de 1.979 (art. 69, § 2º da Lei 13.465/17). Tal condição estava prevista no revogado art. 53 da Lei 11.977/09, com redação dada pela Lei 12.424/11.

Entretanto, a atual lei exige estudo técnico comprovando melhorias ambientais com a regularização (art. 11, § 2º da Lei 13.465/17; art. 3º, § 3º e art. 4º, §§ 5º e 6º do Decreto 9.310/18), o qual deverá constar do projeto de regularização fundiária urbana e com este se compatibilizar. Tais exigências também estão em consonância com o art. 9º e § 1º; art. 10, I, art. 35, III, VI, VIII e seu parágrafo único, todos da Lei 13.465/17. Nesse diapasão, a aprovação do Projeto de Regularização Fundiária pelo Município/Distrito Federal (art. Art. 11, V; art. 40, II e art. 41 da Lei 13.465/17), a nosso ver, corresponde ao licenciamento ambiental (art. 4º, § 1º, c/c art. 30, VIII, do Decreto 9.310/18) e urbanístico, embora seja denominado de aprovação ambiental (art. 12). Caso o Município não tenha equipe técnica multidisciplinar com capacitação técnica destinada à análise dos estudos técnicos que justifiquem as melhorias ambientais nas áreas ambientalmente protegidas (áreas de preservação permanente, unidades de conservação e áreas de proteção de mananciais - art. 12, § 3º) em relação à situação de ocupação informal anterior, inclusive por meio de compensações ambientais (art. 11, § 2º) tal análise deverá ser transferida ao Estado (art. 12, § 4º).

Entendemos que a aprovação do projeto de regularização fundiária tem a natureza jurídica de licenciamento, visto que, para fins ambientais, somente se o Município não tiver órgão ambiental capacitado é que a questão ambiental (e apenas ela) será analisada pelo órgão estadual, conforme previsão do art. 12 da Lei 13.465/17. Aliás, o texto da lei é expresso no sentido de que a aprovação do projeto corresponde à aprovação urbanística e ambiental. Se assim, eventuais fraudes nos estudos técnicos e pareceres tornarão seus agentes responsáveis pelo delito ambiental do art. 69-A da Lei 9.605/98.[795]

[795] Art. 69-A. Elaborar ou apresentar, no licenciamento, concessão florestal ou qualquer outro procedimento administrativo, estudo, laudo ou relatório ambiental total ou parcialmente falso ou enganoso, inclusive por omissão: (Incluído pela Lei nº 11.284, de 2006) Pena - reclusão, de 3 (três) a 6 (seis) anos, e multa. (Incluído pela Lei nº 11.284, de 2006) § 1º. Se o crime é culposo: (Incluído pela Lei nº 11.284, de 2006) Pena - detenção, de 1 (um) a 3 (três) anos. (Incluído pela Lei nº 11.284, de 2006) § 2º. A pena é aumentada de 1/3 (um terço) a 2/3 (dois terços), se há dano significativo ao meio ambiente, em decorrência do uso da informação falsa, incompleta ou enganosa. (Incluído pela Lei nº 11.284, de 2006)

10.3.3. Conclusão da Reurb no âmbito Municipal

Conforme preceitua o art. 40 da Lei 13.465/17, na decisão a ser proferida ao término do processamento administrativo Reurb, deverá a autoridade municipal/ Distrital competente:

> I – indicar as intervenções a serem executadas, se for o caso, conforme o projeto de regularização fundiária aprovado;[796]
>
> II – aprovar o projeto de regularização fundiária resultante do processo de regularização fundiária;[797] e
>
> III – identificar e declarar os ocupantes de cada unidade imobiliária com destinação urbana regularizada, e os respectivos direitos reais.

Com a aprovação da Reurb, deverá ser expedida a Certidão de Regularização Fundiária (CRF), a qual é o ato administrativo de aprovação da regularização. Esta deverá estar acompanhada do projeto de regularização aprovado[798] e deverá conter, no mínimo:

> I – o nome do núcleo urbano regularizado;
>
> II – a localização;
>
> III – a modalidade da regularização;
>
> IV – as responsabilidades das obras e serviços constantes do cronograma;
>
> V – a indicação numérica de cada unidade regularizada, quando houver;
>
> VI – a listagem com nomes dos ocupantes que houverem adquirido a respectiva unidade, por título de legitimação fundiária ou mediante ato único de registro, bem como o estado civil, a profissão, o número de inscrição no cadastro das pessoas físicas do Ministério da Fazenda e do registro geral da cédula de identidade e a filiação.

10.3.4. Do registro da regularização fundiária

O registro da regularização fundiária urbana de interesse social no serviço de registro de imóveis deve ser requerido pelo Município (art. 10 do Decreto 9.310/18), enquanto o registro da regularização fundiária urbana de interesse específico, segundo entendemos com fulcro no artigo 14, § 1º da Lei 13.465/17 poderá ser requerido pelo(s) beneficiado(s) ou demais colegitimados para requerer a legitimação fundiária.

Em se tratando de interesse social, a lista com a qualificação dos beneficiários (art. 10, § 2º do Dec. 9.310/18) poderá ser encaminhada simultânea ou posteriormente ao momento do envio da Certidão de Regularização Fundiária (art. 10, § 5º).

Em se tratando de área ambientalmente protegida (áreas de preservação permanente unidades de conservação de uso sustentável ou áreas de mananciais) poderão ter seu projetos e estudos técnicos (art. 11, § 2º) realizados separadamente, com o consequente registro em separado, procedendo-se a outro projeto de regularização

---

796 Consistindo em obras de implantação da infraestrutura essencial, serviços e compensações (art. 37, § 1º, do Decreto 9.310/18).

797 Art. 37, I, do Decreto 9.310/18.

798 Somente se dispensará o projeto de regularização fundiária aprovado caso a CRF se destine à titulação final dos beneficiários de núcleos urbanos informais já registrados junto ao cartório de registro de imóveis (art. 38, parágrafo único do Decreto 9.310/18).

fundiária e registro distinto quanto à área remanescente (sem proteção ambiental), conforme se observa do art. 12, § 3º, da Lei 13.465/2017.

Visando efetivamente concluir a regularização fundiária urbana, de maneira a culminar com a desejável inscrição do registro da área no serviço de registro de imóveis, o legislador, no artigo 13, § 1º, da Lei 13.465/17, previu a gratuidade do registro público somente para as hipóteses de Reurb-S (não há previsão para a Reurb-E e nem para a Reurb inominada), sob pena de multa aos cartórios (art. 13, § 6º).

Entendemos razoável a não isenção para as hipóteses de regularização fundiária urbana de interesse específico, por serem os interessados pessoas que não possuem baixa renda, devendo arcar com as custas do registro. Entretanto, na regularização fundiária inominada prevista no artigo 69[799], caso se tratem de situações que se enquadrem na Reurb-S, por uma questão de isonomia, não vemos razão para não aplicar a gratuidade, com base no inciso I. As hipóteses de isenção previstas no art. 54 da Lei 13.465/17 são as seguintes:

> I – o primeiro registro da Reurb-S, o qual confere direitos reais aos seus beneficiários;
>
> II – o registro da legitimação fundiária;
>
> III – o registro do título de legitimação de posse e a sua conversão em título de propriedade;
>
> IV – o registro da CRF e do projeto de regularização fundiária, com abertura de matrícula para cada unidade imobiliária urbana regularizada;
>
> V – a primeira averbação de construção residencial, desde que respeitado o limite de até setenta metros quadrados;
>
> VI – a aquisição do primeiro direito real sobre unidade imobiliária derivada da Reurb-S;
>
> VII – o primeiro registro do direito real de laje no âmbito da Reurb-S; e
>
> VIII – o fornecimento de certidões de registro para os atos previstos neste artigo.
>
> IX – a abertura de matrícula para a área objeto da regularização fundiária, quando necessária;
>
> X – a abertura de matrículas individualizadas para as áreas públicas resultantes do projeto de regularização; e
>
> XI – a emissão de certidões necessárias para os atos previstos neste artigo.

Em estando a área pública a ser regularizada *sub judice* quanto à titularidade, tal fato não impedirá o registro da regularização, desde que haja acordo judicial ou extrajudicial, que deverá ser previamente à homologação judicial (art. 16, parágrafo único, da Lei 13.465/17 e art. 9º, parágrafo único do Decreto 9.310/18). Conforme art. 91 do Decreto 9.310/18, a judicialização não impedirá a regularização quanto às *"ocupações que incidam sobre áreas objeto de ação judicial que verse sobre direitos reais de garantia, de constrição, bloqueio ou indisponibilidade judicial, ressalvada a hipótese de decisão judicial que impeça a análise, a aprovação e o registro do projeto de Reurb."*. A razão é que não se estaria discutindo a dominialidade da área, mas questão patrimonial em que tal área entra como garantia financeira de outros direitos, havendo prevalência do coletivo ao individual.

---

799 Art. 69 da Lei 13.465/17. "As glebas parceladas para fins urbanos anteriormente a 19 de dezembro de 1979, que não possuírem registro, poderão ter a sua situação jurídica regularizada mediante o registro do parcelamento, desde que esteja implantado e integrado à cidade, podendo, para tanto, utilizar-se dos instrumentos previstos nesta Lei."

Pode ocorrer de a área a ser regularizada situar-se em mais de uma circunscrição imobiliária. Nessa hipótese, conforme art. 43 da Lei 13.465/17, o Oficial de Registro de Imóveis deverá adotar o seguinte procedimento:

> Art. 43. Na hipótese de a Reurb abranger imóveis situados em mais de uma circunscrição imobiliária, o procedimento será efetuado perante cada um dos oficiais dos cartórios de registro de imóveis.
>
> Parágrafo único. Quando os imóveis regularizados estiverem situados na divisa das circunscrições imobiliárias, as novas matrículas das unidades imobiliárias serão de competência do oficial do cartório de registro de imóveis em cuja circunscrição estiver situada a maior porção da unidade imobiliária regularizada.

Com o requerimento de registro de Reurb, o oficial de registro adotará o seguinte procedimento: "*Art. 44. Recebida a CRF, cumprirá ao oficial do cartório de registro de imóveis prenotá-la, autuá-la, instaurar o procedimento registral e, no prazo de quinze dias, emitir a respectiva nota de exigência ou praticar os atos tendentes ao registro.*"

As consequências do registro de Reurb são as seguintes, conforme art. 44, § 1º, da Lei 13.465/17:

> I – abertura de nova matrícula, quando for o caso;
>
> II – abertura de matrículas individualizadas para os lotes e áreas públicas resultantes do projeto de regularização aprovado; e
>
> III – registro dos direitos reais indicados na CRF junto às matrículas dos respectivos lotes, dispensada a apresentação de título individualizado.

Se o núcleo urbano regularizado abranger mais de uma matrícula, o oficial do registro de imóveis abrirá nova matrícula para a área objeto de regularização, destacando a área abrangida na matrícula de origem, dispensada a apuração de remanescentes (art. 44, § 2º).

O registro da CRF aprovado independe de averbação prévia do cancelamento do cadastro de imóvel rural no Instituto Nacional de Colonização e Reforma Agrária (Incra), conforme art. 44, § 7º da Lei 13.465/17, ficando implicitamente revogado o art. 53-A[800] da Lei 6.766/79. Oficial deverá notificar ao INCRA, Ministério do Meio Ambiente e a Secretaria da Receita Federal do Brasil para que esses órgãos cancelem, parcial ou totalmente, os respectivos registros existentes no Cadastro Ambiental Rural (CAR) e nos demais cadastros relacionados ao imóvel rural, relativamente às unidades imobiliárias regularizadas (art. 44, § 7º).[801]

Aliás, para efeitos de Reurb, considera-se núcleo urbano "*assentamento humano, com uso e características urbanas, constituído por unidades imobiliárias de área inferior à fração mínima de parcelamento prevista na Lei nº 5.868, de 12 de dezembro de 1972, independentemente da propriedade do solo, ainda que situado em área qualificada ou inscrita como rural*".

---

[800] Art. 53. Todas as alterações de uso do solo rural para fins urbanos dependerão de prévia audiência do Instituto Nacional de Colonização e Reforma Agrária – INCRA, do Órgão Metropolitano, se houver, onde se localiza o Município, e da aprovação da Prefeitura municipal, ou do Distrito Federal quando for o caso, segundo as exigências da legislação pertinente.

[801] Para maiores detalhes a respeito, vide item 5.4.6.1.

O não encontro da matrícula da área a ser regularizada, ou mesmo a existência de dúvidas, após as pesquisas a cargo do Município, não impedirá o registro da regularização fundiária urbana, objetivo maior da lei. Para superar tal óbice, o oficial de registro de imóveis deverá proceder da seguinte forma:

> Art. 46. Para atendimento ao princípio da especialidade, o oficial do cartório de registro de imóveis adotará o memorial descritivo da gleba apresentado com o projeto de regularização fundiária e deverá averbá-lo na matrícula existente, anteriormente ao registro do projeto, independentemente de provocação, retificação, notificação, unificação ou apuração de disponibilidade ou remanescente.
>
> § 1º. Se houver dúvida quanto à extensão da gleba matriculada, em razão da precariedade da descrição tabular, o oficial do cartório de registro de imóveis abrirá nova matrícula para a área destacada e averbará o referido destaque na matrícula matriz.
>
> [...]
>
> § 3º. Na hipótese de o projeto de regularização fundiária não envolver a integralidade do imóvel matriculado, o registro será feito com base na planta e no memorial descritivo referentes à área objeto de regularização e o destaque na matrícula da área total deverá ser averbado.

Em se tratando de condomínio, o registro da Certidão de Regularização Fundiária (CRF), "*produzirá efeito de instituição e especificação de condomínio, quando for o caso, regido pelas disposições legais específicas, hipótese em que fica facultada aos condôminos a aprovação de convenção condominial*" (art. 48 da Lei 13.465/17).

Após o registro da CRF, serão abertas as matrículas das respectivas unidades imobiliárias surgidas com a regularização. Nesse sentido o art. 52:

> Art. 52. Registrada a CRF, será aberta matrícula para cada uma das unidades imobiliárias regularizadas.
>
> Parágrafo único. Para os atuais ocupantes das unidades imobiliárias objeto da Reurb, os compromissos de compra e venda, as cessões e as promessas de cessão valerão como título hábil para a aquisição da propriedade, quando acompanhados da prova de quitação das obrigações do adquirente, e serão registrados nas matrículas das unidades imobiliárias correspondentes, resultantes da regularização fundiária.

Após o registro da CRF, as vias públicas, áreas destinadas ao uso comum do povo, prédios públicos e equipamentos urbanos serão incorporados automaticamente ao patrimônio público municipal (art. 53 da Lei 13.465/17). Entretanto, as respectivas matrículas somente serão abertas mediante requerimento do Município (art. 53, parágrafo único).

O registro de unidades regularizadas poderá ser feito individualmente, caso não possível de registro coletivo, conforme art. 10, § 4º do Decreto 9.310/18.

11. DISCIPLINA LEGAL COMUM À REURB-S E REURB-E

A regularização terá que ser pautada nos princípios do direito urbanístico, dos direitos sociais e do direito ambiental, de maneira a ser compatibilizada com as políticas de meio ambiente, de resíduos sólidos, de saneamento em geral, de mobilidade urbana, habitacional, dentre outras. Nesse sentido, os amplos objetivos da regularização, elencados no artigo 10 da Lei 13.465/17, os quais nem sempre encontram ressonâncias nas regras positivadas em tal diploma legal, como consignado neste trabalho.

Na questão da infraestrutura essencial, de fundamental importância será dimensionar adequadamente a infraestrutura do saneamento básico. O saneamento engloba o abastecimento de água, esgotamento sanitário, o manejo de resíduos sólidos, a limpeza pública, a drenagem e o manejo de águas pluviais de transporte, detenção ou retenção para o amortecimento de vazões de cheias, tratamento e disposição final das águas pluviais drenadas nas áreas urbanas (art. 3º, I, da Lei 11.445/07). Seu objetivo principal é diagnosticar a situação, efetuar um planejamento estratégico de atuação e, sobretudo, garantir atendimento essencial à saúde pública, manter a qualidade dos serviços e o respeito ao meio ambiente, bem como aos usuários.[802]

Nesse contexto, não há porque distinguir o serviço de saneamento prestado na cidade originariamente *"formal"* (cujo parcelamento de solo foi regularmente aprovado e executado) e aquele prestado na cidade cuja *"formalização"* veio posteriormente com a regularização fundiária. A saúde pública de ambas as parcelas da população residentes nessas zonas residenciais deve ser igualmente cuidada e preservada, até porque os fatores negativos que a afetam interagem-se. Assim deve ocorrer não somente pela universalização dos serviços de saúde e pelo princípio constitucional da isonomia no tratamento às pessoas, mas também porque a não ser assim pouco êxito haverá no combate às doenças originárias da má qualidade do saneamento básico. Ademais, saúde e saneamento básico, como componentes do meio ambiente, são direitos e deveres de todos.

Visando incentivar e intensificar a efetiva implantação das medidas da Reurb, os entes federativos podem e devem celebrar convênios ou outros instrumentos congêneres com o Ministério das Cidades, com vistas a cooperar para a fiel execução da Reurb, conforme autoriza o art. 20 da Lei 13.465/17.

A instauração do procedimento de regularização fundiária garantirá aos ocupantes a permanência na área até a conclusão do pedido, pelo Município ou Distrito Federal. Nesse sentido o artigo 31, § 8º, da Lei 13.465/17:

> O requerimento de instauração da Reurb ou, na forma de regulamento, a manifestação de interesse, nesse sentido, por parte de qualquer dos legitimados garante perante o poder público aos ocupantes dos núcleos urbanos informais situados em áreas públicas a serem regularizados a permanência em suas respectivas unidades imobiliárias, preservando-se as situações de fato já existentes, até o eventual arquivamento definitivo do procedimento.

No mesmo sentido, o disposto no art. 24, § 14º, do Decreto 9.310/18, "in verbis"

> Art. 24. Instaurada a Reurb, o Município ou o Distrito Federal deverá proceder às buscas necessárias para determinar a titularidade do domínio dos imóveis onde está situado o núcleo urbano informal a ser regularizado.
>
> (...)

[802] MARTINS, Alexandra Faccioli; KISHI, Sandra Akemi Shimada. Informação, participação e controle social dos resíduos sólidos do berço ao túmulo e o papel do Ministério Público, p. 229.

§ 14. O requerimento de instauração da Reurb ou, na forma do regulamento, a manifestação de interesse nesse sentido por parte de quaisquer dos legitimados garante, perante o Poder Público, aos ocupantes dos núcleos urbanos informais situados em áreas públicas a serem regularizados a permanência em suas unidades imobiliárias, preservadas as situações de fato já existentes, até o eventual arquivamento definitivo do procedimento da Reurb.

Os Municípios e o Distrito Federal poderão admitir o uso misto de atividades nas áreas a serem regularizadas, tais como residencial e comercial, como forma de promover a integração social e a geração de emprego e renda no núcleo urbano informal regularizado (art. 13, § 4º, da Lei. 13.465/17).

Em parcelamento do solo, efetuado por meio de conjunto habitacional ou de condomínio informal, empreendidos por particular, a conclusão da Reurb conferirá direito de regresso a aqueles que suportarem os seus custos[803] e obrigações contra os responsáveis pela implantação dos núcleos urbanos informais (art. 927, c/c art. 186, todos do Código Civil - Lei 10.406/2002; art. 40, §§ 2º ao 4º e art. 47, da Lei 6.766/79). De se ponderar que mesmo tendo sido a regularização fundiária requerida pelo promovente do núcleo informal, tal circunstância não o eximirá da responsabilidade civil, criminal e administrativa por seus atos (art. 14, § 3º, da Lei 13.465/17).

Quando a área a ser regularizada tratar-se de áreas de propriedade do poder público, registradas no Registro de Imóveis, em sendo objeto de ação judicial versando sobre a sua titularidade, poderão elas ser objeto da Reurb, mas somente se celebrado acordo judicial ou extrajudicial, na forma desta Lei, homologado pelo juiz (art. 16, parágrafo único, da Lei 13.465/17).

O art. 70 da Lei 13.465/17 excepciona a aplicação da Lei 6.766/79 à Reurb, excluindo a aplicação dos arts. 37, 38, 39, no caput e nos §§ 1º, 2º, 3º e 4º do art. 40 e nos arts. 41, 42, 44, 47, 48, 49, 50, 51 e 52. Portanto, continua proibida a promessa ou venda de loteamento ou desmembramento não registrado, cujas ações continuam a caracterizar-se como condutas delituosas. O adquirente de lotes com tais irregularidades, ainda que em fase de regularização, pode suspender o pagamento e depositar em conta judicial, voltando a pagar as prestações ao empreendedor após a regularização. Caso o Município ou o Distrito Federal efetue a regularização, tal ente federativo poderá levantar os valores depositados até o montante gasto, ou buscar ressarcir-se do restante junto ao empreendedor. Poderá haver expropriação de áreas vizinhas para implantação da infraestrutura essencial (art. 82 do Decreto 9.310/18, com apoio no art. 40, § 1º e art. 44, ambos da Lei 6.766/79), que, se o caso, poderá figurar como compensação ou urbanística, a ser ressarcida pelo responsável pela Reurb-E.

11.1. Regularização em áreas públicas

No tocante à regularização de áreas públicas, a legislação brasileira contém diversas especificidades, com variedade de normas, tais como a concessão de direito real de uso (CDRU) e a concessão especial para fins de moradia (CUEM).[804]

803 Os custos incluem as compensações urbanísticas e ambientais (art. 26, § 3º, do Decreto 9.310/18).

804 Vide subitens 9.8.6 e 9.8.7.

A propriedade pública tem duas características marcantes, a imprescritibilidade e a função social, conforme anota o Desembargador do Egrégio Tribunal de Justiça do Estado de São Paulo, Vicente de Abreu Amadei. Para o autor, pela característica da imprescritibilidade, as terras públicas, aqui inclusas as terras devolutas, consiste na impossibilidade de usucapi-las. Quanto à função social, existem ocupações consolidadas de terras públicas, as quais reclamam, no interesse e na função social, sejam titulados os seus ocupantes. Diante desse binômio, a Constituição Federal prevê o título de domínio e a concessão de uso para essas áreas urbanas (art. 183, § 1º), bem como para áreas rurais (art. 188, §§ 1º e 2º; art. 189, § 1º). A Concessão de Uso Especial para Fins de Moradia (CUEM) veio disciplinada na Medida Provisória (MP) nº 2.220/2011, em seu artigo 6º, § 4º, bem como no art. 22-A, da Lei 9.636/98, aplicável aos terrenos de marinha.[805]

A CUEM comporta, inclusive, hipoteca, conforme artigo 13 da Lei 11.481/07. Também possível a alienação (doação e venda) e a concessão de direito real de uso resolúvel, com dispensa de licitação quando se tratar de regularização de interesse social e para fins de regularização em terras da União, no âmbito da Amazônia Legal (Lei 11.952/2009). Nessa linha principiológica, também servem de instrumentos jurídicos as disposições do Estatuto da Cidade (art. 4º, inciso V, "g" e "h").[806]

Vicente de Abreu Amadei, ao classificar a regularização fundiária, consistente na titulação de áreas públicas, em quatro categorias, no tocante à natureza do direito decorrente dos títulos, a saber: "*1ª* titulação com transmissão de domínio pleno; *2ª* titulação com transmissão de direito real menor; *3ª* titulação com trespasse de uso sem direito real; 4ª mero reconhecimento de posse consentida."

Para o autor, a transmissão de domínio pleno ocorre em relação à legitimação de posse de terras devolutas e alienação (doação ou venda condicionada). No tocante ao direito real menor, menciona o aforamento direcionado à enfiteuse, à concessão de direito real de uso e à concessão de uso especial para fins de moradia. Com relação ao trespasse de uso, sem direito real, cita instrumentos importados do direito civil obrigacional (arrendamento, locação, comodato de uso, cessão de uso e autorização de uso comum especial). Finalmente, quanto ao mero reconhecimento de posse consentida, refere-se à inscrição de ocupação.[807]

Observa o Desembargador paulista que:

> A concessão de direito real de uso e a concessão de uso especial para fins de moradia estão, portanto, quanto à estabilidade decorrente da natureza do direito atribuído aos titulares, em termo médio, pois embora não sejam títulos atributivos de domínio, também não conferem apenas direitos pessoais ou obrigacionais: conferem direito real menor, sobre coisa pública, com os atributos próprios dos direitos reais, embora nos limites peculiares de cada artigo.[808]

---

805 Concessão de uso especial para fins de moradia e concessão de direito real de uso, p. 206.

806 Ibidem, p. 206-207.

807 Op. cit., p. 207-208.

808 Op. cit., p. 208.

Quanto ao uso privado de bens públicos, outros instrumentos de outorga, são mencionados por Vicente de Abreu Amadei, a saber:

a) *autorização de uso comum*: Ato administrativo, unilateral discricionário, precário, sem indenização. Como exemplo de autorização de uso, ressalta os seguintes casos: *"estacionamento; acesso de particular rodovia; fechamento de vias públicas para lazer e evento cultural, segurança dos moradores ou fim similar; autorização de uso para desbastes de açaizais, colheita de frutos ou manejo de outras espécies extrativistas"*;

b) *autorização de uso especial urbanístico-comercial* (art. 9º da MP 2.220/2001): também unilateral, de discricionariedade restrita, pois existe a necessidade de satisfação de requisitos legais específicos, possui natureza definitiva, gratuita e de uso exclusivo de um móvel de até 250 m^2 por particular, desde a posse seja de cinco anos ininterruptos até 30 de junho de 2001, bem como sem oposição, quando para fins comerciais;[809]

c) *permissão de uso*: ato unilateral, discricionário, precário, sem indenização, com ou sem prazo determinado, para uso exclusivo do bem público por particulares. São exemplos de permissão de uso, mencionados pelo autor: *"feira livres, instalação de mesinhas em calçadas lindeira a bar ou restaurante, quiosques em parques e praias, bancas de jornais e revistas, cabines telefônicas, comércio ambulante, de dogueiro motorizado etc.;"*[810]

d) *concessão de uso*: contrato administrativo personalíssimo (*"intuito personae"*), gratuito ou oneroso, com ou sem prazo determinado, em regra concedido mediante autorização legislativa e licitação, com previsão de rescisão, quando houver infração do concessionário, ou por conveniência administrativa (nessa hipótese com indenização). Haverá repasse do bem pela administração ao particular, para fins de uso, desde que o mesmo esteja desafetado para fim determinado;

e) *cessão de uso:* É um instituto jurídico de duplo sentido, consubstanciando transferência de uso de certo bem de um órgão público para outro, visando a utilização, segundo a natureza e finalidade, por tempo certo ou indeterminado. O trespasse de uso de uma entidade política para outra (União, Estado e Município), ou para entidades de administração indireta, efetuado por meio de permissão, autorização ou concessão, mas não por cessão de uso, conforme observa o autor, mencionando Diógenes Gasparini;

f) *ocupação*: posse (mera detenção) de bem público, a qual pode ser irregular ou consentida, sendo que a primeira não gera direito, ao contrário da segunda. Ambas são precárias, não gerando direito à permanência, nisso se diferenciando da concessão de uso. O artigo 7º da Lei 9.636/98, disciplina a inscrição da ocupação;

[809] A data limite da posse é até 22/12/16, conforme redação dada pela Lei 13.465/17.

[810] Op. cit., p. 211.

g) *títulos atributivos de direito real menor*: aforamento para a instituição da enfiteuse pública; concessão especial para fins de moradia e a concessão de direito real de uso.[811]

No tocante à concessão, permissão e autorização de uso, eles têm campo de incidência largo, quanto aos bens públicos em geral, possuem aplicabilidade diversificada, no que se diferenciam do direito real de uso e da concessão especial para fins de moradia.[812]

Com Paulo Afonso Cavichioli Carmona, é de se registrar que o art. 56, § 4º, da Lei 11.977/09, quando disciplinava a regularização fundiária de áreas de domínio da União, previa a aplicação dos artigos 18-A/18-F do Decreto-Lei nº 9.760/46[813], trazendo uma nova disciplina na regularização fundiária de interesse social em imóveis da União. Conforme previsto no art. 6º, § 1º, da Lei 9.636/98, com redação dada pela Lei 11.481/07, as áreas urbanas da União deverão ser cadastradas, sendo que os imóveis construídos por população carente ou de baixa renda, isto é, aquela com rendas de até 5 (cinco) salários mínimos, poderá possuir tais áreas para moradia, em locais onde não seja possível a individualização da posse, mediante a demarcação da área a ser regularizada, cadastrando-se o assentamento, com vistas à posterior outorga de título individual ou coletiva. O amparo legal para o cadastramento dessas concessões pode ser encontrado nos seguintes diplomas normativos:

a) Concessão de direito real de uso resolúvel (art. 18, da Lei 9.636/98; art. 7º do Decreto-lei 271/67)[814];
b) Cessão de uso (artigos 18/21, da Lei 9.636/98)[815];
c) Cessão gratuita de direitos enfitêuticos, relativos às frações de terrenos cedidos para regularização fundiária ou provisão habitacional de famílias carentes de baixa renda (art. 19, inciso VI, da Lei 9636/98);
d) Concessão de uso especial para fins de moradia (art. 22-A, da Lei 9.636/98; MP 2220/01);
e) Doação com encargo, mediante autorização do Presidente da República ou ministro da Fazenda, nos termos do art. 31, da Lei 9.636/98;
f) Venda, em caso projeto social para fins de moradia, com dispensa de licitação (art. 17, inciso I, "*f*", da Lei 8.666/93), segundo critérios de habilitação e renda familiar, com entrada de 5% do valor da avaliação e pagamento do restante em até 300 (trezentas) parcelas mensais, com valor não superior a 30% do salário mínimo vigente, conforme previsto no art. 26 da Lei 9.636/98. As doações poderão ter como beneficiário órgãos da Administração Direta

[811] Concessão de uso especial para fins de moradia e concessão de direito real de uso, p. 208-209.

[812] AMADEI, Vicente de Abreu. Concessão de uso especial para fins de moradia e concessão de direito real de uso, p. 210.

[813] Auto de demarcação urbanística e procedimentos registrário em regularização em imóveis da União, cujas disposições serviram de inspiração para as disposições da Lei 13.465/17.

[814] De imóveis da União para outros entes federativos e às pessoas físicas ou jurídicas, em se tratando de interesse público ou social ou de aproveitamento econômico de interesse nacional.

[815] Com descontos aos beneficiários que fizerem requerimentos até 31/12/18.

ou Indireta dos Estados, Distrito Federal ou Municípios, bem como fundos públicos e programas habitacionais ou de regularização fundiária.[816]

Também pode ser citada a possibilidade de alienação e concessão de direito real de uso, gratuita ou onerosa, de terras públicas rurais da União e do Incra, onde incidam ocupações até o limite de que trata o § 1º do art. 6º da Lei nº 11.952, de 25 de junho de 2009, para fins de regularização fundiária, atendidos os demais requisitos legais, sempre sendo necessário prévia autorização legislativa.

Um dos instrumentos destinado à regularização de imóveis da União é a *"ocupação"*, prevista nos arts. 61 a 63 do Decreto-lei 9760/46. Os ocupantes desses imóveis apresentarão documentos comprobatórios de seus direitos, inscrevendo-se para regularizar a situação. Após aprovação da SPU, a ocupação será declarada legal, devendo haver pagamento de taxa de ocupação (art. 127), mas nos limites do art. 1º do Decreto-lei 2.398/87.[817]

A demarcação de terrenos para fins de regularização fundiária de interesse social pode ser realizada por outros entes políticos (Estados, Distrito Federal e Municípios), em imóveis de suas propriedades, aplicando-se, no que couber, o procedimento de regularização em áreas da União, conforme art. 22 da Lei 11.481/07, combinado com os artigos 18-A/18-F, do Decreto Lei 9760/46, conforme ensina Paulo Afonso Cavichioli Carmona. Lembra o Juiz de Direito do Distrito Federal que *"em diversos centros urbanos é muito comum encontrarmos assentamentos irregulares em áreas públicas da União, da autarquia federal Instituto Nacional de Seguridade social (INSS) e da antiga sociedade de economia mista federal, denominada Rede Ferroviária Federal S/A (RFFSA). São favelas, cortiços, loteamentos ilegais e conjuntos habitacionais. Em áreas litorâneas urbanas, esse fenômeno se repete, desta vez sobre terrenos de marinha e seus associados"*.

Nas áreas do INSS, a regularização acontece nos termos da Lei 9702/98, combinado com art. 24 da Lei 9636/98. Em áreas da RFFSA, a base legal será a Lei 11.483/2007, combinado com a Lei 11.124/2005 e com a Lei 8666/93. No âmbito da Amazônia Legal a Lei 11.952/2009, dedica um capítulo às áreas urbanas ou de expansão urbana (art. 21/30), com regularização através de doação ao Município ou cessão de direito real de uso. Haverá o cancelamento automático de autorizações ou licenças de ocupação, ou outros títulos não definitivos que tenham sido outorgados pelo INCRA ou pelo Ministério do Planejamento (art. 28). Os atingidos pelos efeitos dos cancelamentos passam a ter prioridade na destinação de novas áreas decorrentes da regularização, caso tenham ocupado o imóvel de boa-fé.[818]

Os imóveis recebidos pelo Município na Amazônia Legal não podem ser repassados aos beneficiários da regularização por preço superior a aquele recebido da União. A questão deve ser regulamentada pela Secretaria de Patrimônio da União (SPU), conforme art. 21, § 3º, da Lei 11.952/09, com redação dada pela Lei 13.465/17. A transferência da União para o Município independe de lei municipal (art. 22, § 2º). Em se tratando de

---

[816] Curso de Direito Urbanístico, p. 370.

[817] CARMONA, Paulo Afonso Cavichioli. Curso de Direito Urbanístico, p. 369-370.

[818] Ibidem, 372-373.

área com destinação rural, mas localizada em perímetro urbano, a regularização deve ser efetuada nos termos da Lei 13.465/17 (art. 23, § 4º, c/c art. 30, da Lei 11.952/09).

As áreas públicas a serem objeto de Reurb não precisam ser desafetadas, conforme art. 71 da Lei 13.465/17. No Caso da Reurb-E podem ser alienadas diretamente aos beneficiários da regularização, sem necessidade de licitação, bastando prévia avaliação (arts. 15, XI; 71 e 84, 85 e 98, dentre outros, da Lei 13.465/17), sendo que na Reurb-E deverá levar em consideração os preços de mercado, em se tratando de bem da União (art. 11-C da Lei 9.636/98, conforme redação da Lei 13.465/17). Os procedimentos de alienação de imóveis da União deverão ser regulamentados por ato da Secretaria de Patrimônio da União (SPU), nos termos do art. 83, conforme já afirmado, mediante requerimento a tal órgão (art. 87).

Em se tratando de Reurb-E, poderá Estados, Municípios e ao Distrito Federal *"utilizar a prerrogativa de venda direta aos ocupantes de suas áreas públicas objeto de Reurb-E, dispensados os procedimentos exigidos pela Lei nº 8.666, de 1993, desde que os imóveis se encontrem ocupados até 22 de dezembro de 2016, devendo regulamentar o processo em legislação própria nos moldes do disposto no art. 84 da Lei nº 13.465, de 11 de julho de 2017."* (arts. 89 e 102 do Decreto 9.310/18), igual prerrogativa cabendo à União e à respectiva administração indireta.

Já para fins de Reurb-S, não há necessidade de venda, como no caso da legitimação fundiária (arts. 23, § 4º e 89 da Lei 13.465/17).

Os procedimentos da Reurb deverão tramitar, preferencialmente, pelo meio eletrônico (art. 76, § 1º da Lei 13.465/17 c/c arts. 37 a 41 da Lei 11.977/79).

A União, suas autarquias e fundações, pelo art. 90 da Lei 13.465/17, estão *"autorizadas a transferir aos Estados, aos Municípios e ao Distrito Federal as áreas públicas federais ocupadas por núcleos urbanos informais, para que promovam a Reurb nos termos desta Lei, observado o regulamento quando se tratar de imóveis de titularidade de fundos"*.

Em se tratando de núcleo urbano informal situado, total ou parcialmente, em área de unidade de conservação de uso sustentável (Lei nº 9.985/2000), deverá haver a anuência do órgão gestor da unidade, no prazo de 90 dias, bem como de estudo técnico comprovando que essas intervenções de regularização fundiária impliquem na melhoria das condições ambientais em relação à situação de ocupação informal anterior, conforme se observa do art. 10, § 3º da Lei 13.465, e art. 3º, § 5º, Decreto 9.310/18. Eventual recusa deverá ser devidamente justificada em parecer técnico (art. 3º, § 6º do Decreto 9.310/18).

11.2. Regularização fundiária em áreas de preservação permanente (APP)

Quando o núcleo estiver em área de preservação permanente (APP), conforme art. 11, § 2º haverá requisitos específicos que deverão constar do estudo técnico em caso de Reurb-S (art. 64 da Lei 12.651/12), as quais deverão ser implantadas em paralelo com as medidas de mitigação e compensação ambiental[819], e outros requisi-

[819] Art. 35, III, do Decreto 9.310/18.

tos em se tratando de Reurb-E (art. 65 da Lei 12.651/12), como será visto nos itens seguintes. Caberá aos Municípios ou ao Distrito Federal a aprovação do projeto de regularização fundiária do núcleo urbano informal (art. 3º, § 4º do Decreto 9.310/18).

11.2.1. Natureza jurídica da APP

O conceito legal de área de preservação permanente é encontrado na legislação florestal (art. 3º, inciso II, da Lei 12.651/12), "in verbis":

> Art. 3º. Para os efeitos desta Lei, entende-se por:
>
> [...]
>
> II – Área de Preservação Permanente – APP: área protegida, coberta ou não por vegetação nativa, com a função ambiental de preservar os recursos hídricos, a paisagem, a estabilidade geológica e a biodiversidade, facilitar o fluxo gênico de fauna e flora, proteger o solo e assegurar o bem-estar das populações humanas;

Como bem ressalta Paulo Afonso Cavichioli Carmona, referindo-se à disciplina das áreas de preservação permanente, estabelecida pelo "Código florestal" (Lei 12.651/12):

> O regime de proteção das APPs é bastante rígido pelo Código Florestal: a regra é a intocabilidade (art. 7º), admitida excepcionalmente a supressão da vegetação apenas nos casos de utilidade pública, interesse social, de baixo impacto ambiental, legalmente previsto (art. 8º, 'caput'). A intervenção ou a supressão de vegetação nativa em APP, em restingas, como fixadoras de dunas ou estabilizadoras de mangues, ou em manguezais, em toda a sua extensão, poderá ser autorizada, excepcionalmente, e locais onde a função ecológica do manguezal esteja comprometida, para execução de obras habitacionais e de urbanização, inserida em projetos de regularização fundiária de interesse social, em áreas urbanas consolidadas ocupadas por população de baixa renda (art. 8º, parágrafo segundo). No entanto, tendo ocorrido a supressão de vegetação situada em área de preservação permanente, o proprietário da área, possuidor, ou ocupante a qualquer título é obrigado a promover a recomposição da vegetação, ressalvados os usos autorizados no próprio Código Florestal (art. 7º, § 1º). Tal obrigação prevista tem natureza real e é transmitida ao sucessor no caso de transferência de domínio posse do imóvel rural (art. 7º, § 2º).[820]

Sobre as origens das ocupações em APP, conveniente observar que:

> As cidades, não raro, nasceram e cresceram a partir de rios, por motivos óbvios, quais sejam, além de funcionar como canal de comunicação, os rios dão um suporte aos serviços essenciais, que incluem o abastecimento de água potável e a eliminação dos influentes sanitários e industriais. Ao longo desses cursos d'água, em tese, deveriam ser observadas todas as normas que regulam as APPs. Na prática, todavia, essas e outras APPs têm sido simplesmente ignoradas na maioria de nossos núcleos urbanos, realidade que se associa a graves prejuízos ambientais, como o assoreamento dos corpos d'água, e a eventos que acarretam sérios riscos para as populações urbanas, como as enchentes e os deslizamentos de encostas.[821]

820 Curso de direito urbanístico, p. 360.

821 Araújo, Suely Mara Vaz Guimarães de. As áreas de preservação permanente e a questão urbana. Câmara dos Deputados, ago. 2002, p. 3. Disponível em <http://www.mp.go.gov.br/portalweb/hp/9/docs/doutrinaparcel_01.pdf>. Acesso em 24 fev. 2016.

Sempre houve falhas na normatização e na fiscalização quanto às ocupações de áreas de preservação permanente em zona urbana, sendo que tais fatos contribuíram para que essas normas fossem permanentemente descumpridas, gerando o enorme problema da atualidade, o qual é agravado pela escassez hídrica, pelo não tratamento adequado e universalizado do efluente (esgoto) doméstico (principalmente) e industrial.

O artigo 5º, inciso XXIII, da Constituição Federal, exige que a propriedade atenda a função social e o artigo 186, III, reza que a função social é cumprida quando atende, dentre outros requisitos, a *"utilização adequada dos recursos naturais disponíveis e preservação do meio ambiente"*. Essa função social também está representada pela necessidade de se respeitar a área de preservação permanente, instituída no artigo Art. 3º, II, *"b"*, da Lei nº 12.651/12, com as especificações previstas no art. 4º, abrandadas em caso de áreas consolidadas (ocupadas anteriormente a 22/07/2008 – art. 61-A, cuja área de proteção ciliar será proporcional ao tamanho da propriedade – modulo fiscal – variando entre 5 e 100 metros na zona rural, contados a partir do leito regular da calha do rio).

As áreas de proteção ecológicas, previstas no art. 13, inciso I, da Lei 6.766/79, podem abranger tanto as áreas de interesse especial, como as florestas de preservação permanente, os parques nacionais, estaduais e municipais, como as reservas biológicas, as reservas de caça, bem como as áreas de proteção ambiental.[822]

Para uma melhor compreensão sobre as áreas de preservação permanente em área urbana, remetemos o leitor para o tópico em que tratamos das *"Restrições e vedações ao parcelamento do solo urbano"*, no tocante às normas da Lei 6.766/79.[823]

Sobre a Reurb em áreas ambientalmente protegidas, já observamos que:

> No tocante à questão ambiental, constatada a existência de núcleo urbano informal situado, total ou parcialmente, em área de preservação permanente ou em área de unidade de conservação de uso sustentável ou de proteção de mananciais definidas pela União, estados ou municípios, a Reurb observará, também, o disposto nos artigos 64 e 65 da Lei 12.651/12. Em tais hipóteses, torna-se obrigatória a elaboração de estudos técnicos, no âmbito da Reurb, que justifiquem as melhorias ambientais em relação à situação de ocupação informal anterior[824], inclusive por meio de mitigações e compensações ambientais, quando for o caso.[825]

É de se ponderar que as compensações ambientais e urbanísticas e de outras espécies, quando houver (art. 35, IX), e forem necessárias para soluções de questões ambientais e urbanísticas (art. 35, VI e art. 36, VI), devem constar do termo de compromisso a ser assinado pelos responsáveis pela regularização, sejam eles públicos ou privados (art. 35, X), podendo o Município estabelecer outras formas

822 MACHADO, Paulo Affonso Leme. Direito ambiental brasileiro, p. 476

823 Vide 6.5.3.

824 Art. 5º, § 9º, do Decreto 9.310/18: Os estudos de que trata este artigo deverão ser elaborados por profissional legalmente habilitado e estar compatibilizados com o projeto de regularização fundiária e conter, conforme o caso, os elementos constantes dos art. 64 ou art. 65 da Lei nº 12.651, de 25 de maio de 2012.

825 CASTANHEIRO, Ivan Carneiro; OLIVEIRA, Andreia Mara de. A regularização fundiária de condomínios e ranchos de lazer. Disponível em < https://www.conjur.com.br/2018-jan-15/mp-debate-regularizacao-fundiaria-condominios-ranchos-lazer>. Acesso em 15.jan.2018.

de compensação (art. 36, IX). Essas compensações ambientais, quando necessárias, devem ser exigidas do responsável público ou privado, tanto na Reurb-S como na Reurb-E, pois o art. 35, IX assim o arrola dentro do conteúdo mínimo do projeto de regularização fundiária, aplicável a ambas as espécies de regularização.

11.2.2. Retrocesso na proteção legal da APP em área urbana: do passado ao presente

Do ponto de vista do direito ambiental e urbanístico, conveniente observar que, com o objetivo de agilizar a regularização fundiária urbana, houve retrocesso no grau de proteção urbano-ambiental, pois a anterior Lei 11.977/09 exigia a adequação ambiental e urbanística dos projetos apresentados (art. 3º). Em 2011, a Lei 12.424 incluiu o art. 5º-A II da Lei 11.977/09, para exigir somente a adequação ambiental e infraestrutura básica que incluía vias de acesso, iluminação pública e solução de esgotamento sanitário e de drenagem de águas pluviais. O art. 46 previa a necessidade de se garantir "*o pleno desenvolvimento das funções sociais da propriedade urbana e o direito ao meio ambiente ecologicamente equilibrado*". Entretanto, todo o capítulo da regularização fundiária da Lei 11.977/09 (art. 46 a 71) foi revogado pelo art. 109, IV, da Lei 13.465/17.

Uma das novidades da Lei 11.977/09 era a possibilidade de regularização fundiária em imóveis destinados à moradia, situados em área de preservação permanente, desde que ocupadas até a data de 31 de dezembro de 2007 (art. 54, § 1º), sendo requisito que esta área fosse considerada urbana e consolidada, nos termos do art. 47, inciso dois da Lei 11.977.[826] Entretanto, a atual legislação alargou o tempo limite para o início da ocupação até 22 de dezembro de 2.016 (data de edição da MP 759/16, depois convertida na Lei 13.465/17), permitindo a regularização tanto para as hipóteses de núcleo urbano[827] informal[828], e não somente para núcleo urbano informal consolidado, como anteriormente previsto.

O conceito de área urbana consolidada, para efeitos de regularização fundiária, era consignado, no art. 47, II, da Lei 11.977/09, nos seguintes termos:

> Parcela da área urbana com densidade demográfica superior a 50 (cinquenta) habitantes por hectare e malha viária implantada e que tenha, no mínimo, 2 (dois) dos seguintes equipamentos de infraestrutura urbana implantados:
>
> a) drenagem de águas pluviais urbanas;
>
> b) esgotamento sanitário;
>
> c) abastecimento de água potável;
>
> d) distribuição de energia elétrica; ou
>
> e) limpeza urbana, coleta e manejo de resíduos sólidos.

[826] CARMONA, Paulo Afonso Cavichioli. Curso de Direito Urbanístico, p. 359.

[827] Art. 11, I: assentamento humano, com uso e características urbanas, constituído por unidades imobiliárias de área inferior à fração mínima de parcelamento prevista na Lei nº 5.868, de 12 de dezembro de 1972, independe independentemente da propriedade do solo, ainda que situado em área qualificada ou inscrita como rural.

[828] Art. 11, II: núcleo urbano informal: aquele clandestino, irregular ou no qual não foi possível realizar, por qualquer modo, a titulação de seus ocupantes, ainda que atendida a legislação vigente à época de sua implantação ou regularização;

Atualmente se considera núcleo urbano informal consolidado (art. 11, III, da Lei 13.165/17), aquele que: Art. 11, III: aquele de difícil reversão, considerados o tempo da ocupação, a natureza das edificações, a localização das vias de circulação e a presença de equipamentos públicos, entre outras circunstâncias a serem avaliadas pelo Município".

No tocante à regularização fundiária urbana em área de preservação permanente, o § 1º do artigo 54 da Lei 11.977/09 admitia-a, mas a ocupação precisava ter ocorrido somente até 31 de dezembro de 2.007, devia estar consolidada (conceito mais rigoroso que atualmente) e o estudo técnico teria de ser compatibilizado com o projeto de regularização fundiária (art. 54, § 2º). Também deveria ser comprovado que com a regularização haveria melhorias ambientais em relação à situação de ocupação irregular anterior. Conforme consignamos em outro trabalho: O dispositivo, a nosso ver, é passível de crítica por várias razões, a saber:

> a) Poder-se-á haver deficiência no estudo apontado, visto que não se exige equipe multidisciplinar para sua elaboração, podendo até haver direcionamento do administrador de plantão na escolha do técnico responsável pelo estudo, especialmente se o responsável for ocupante de cargo ou função de confiança;
>
> b) Com a regularização fundiária sempre haverá alguma espécie de melhoria, o que não significa zelar para o cumprimento das principais (se não todas) funções da área de preservação permanente urbana, como combate a ilhas de calor, permeabilização do solo como forma de combate a enchentes e filtro de poluição; fator de estabilização geológica de maneira a evitar deslizamento de terras e tragédias humanas etc.;
>
> c) Deveria ter exigência que para a permanência da ocupação da área de preservação permanente ficasse comprovada a falta de alternativa locacional. *Nesse diapasão, nada impede que a legislação estadual ou municipal faça tal exigência, diante da legitimação legislativa concorrente desses entes federativos, bem como do princípio de que a legislação estadual e/ou municipal pode ser mais rigorosa que a federal, mas não mais branda.*[829]

Atualmente, a questão da regularização fundiária em núcleo urbano situado em área de preservação permanente, quando se tratar de Reurb-S, no art. 64 do Código Florestal (Lei 12.651/12), por força do disposto no art. 11, § 2º, da Lei 12.651/12:

> Art. 64. Na Reurb-S dos núcleos urbanos informais que ocupam Áreas de Preservação Permanente, a regularização fundiária será admitida por meio da aprovação do projeto de regularização fundiária, na forma da lei específica de regularização fundiária urbana. (Redação dada pela Lei nº 13.465, de 2017)
>
> § 1º. O projeto de regularização fundiária de interesse social deverá incluir estudo técnico que demonstre a melhoria das condições ambientais em relação à situação anterior com a adoção das medidas nele preconizadas.
>
> § 2º. O estudo técnico mencionado no § 1º deverá conter, no mínimo, os seguintes elementos:
>
> I – caracterização da situação ambiental da área a ser regularizada;
>
> II – especificação dos sistemas de saneamento básico;
>
> III – proposição de intervenções para a prevenção e o controle de riscos geotécnicos e de inundações;

[829] Regularização Fundiária Urbana: fundamentos, aspectos práticos e propostas, p. 119.

IV – recuperação de áreas degradadas e daquelas não passíveis de regularização;

V – comprovação da melhoria das condições de sustentabilidade urbano-ambiental, considerados o uso adequado dos recursos hídricos, a não ocupação das áreas de risco e a proteção das unidades de conservação, quando for o caso;

VI – comprovação da melhoria da habitabilidade dos moradores propiciada pela regularização proposta; e

VII – garantia de acesso público às praias e aos corpos d'água.

No tocante à Reurb-E, cujos beneficiários diretos possuem melhores condições financeiras, disciplina o art. 65 da Lei 12.651/12, que:

Art. 65. Na Reurb-E dos núcleos urbanos informais que ocupam Áreas de Preservação Permanente não identificadas como áreas de risco, a regularização fundiária será admitida por meio da aprovação do projeto de regularização fundiária, na forma da lei específica de regularização fundiária urbana. (Redação dada pela Lei nº 13.465, de 2017)

§ 1º. O processo de regularização fundiária de interesse específico deverá incluir estudo técnico que demonstre a melhoria das condições ambientais em relação à situação anterior e ser instruído com os seguintes elementos: (Redação dada pela Lei nº 13.465, de 2017)

I – a caracterização físico-ambiental, social, cultural e econômica da área;

II – a identificação dos recursos ambientais, dos passivos e fragilidades ambientais e das restrições e potencialidades da área;

III – a especificação e a avaliação dos sistemas de infraestrutura urbana e de saneamento básico implantados, outros serviços e equipamentos públicos;

IV – a identificação das unidades de conservação e das áreas de proteção de mananciais na área de influência direta da ocupação, sejam elas águas superficiais ou subterrâneas;

V – a especificação da ocupação consolidada existente na área;

VI – a identificação das áreas consideradas de risco de inundações e de movimentos de massa rochosa, tais como deslizamento, queda e rolamento de blocos, corrida de lama e outras definidas como de risco geotécnico;

VII – a indicação das faixas ou áreas em que devem ser resguardadas as características típicas da Área de Preservação Permanente com a devida proposta de recuperação de áreas degradadas e daquelas não passíveis de regularização;

VIII – a avaliação dos riscos ambientais;

IX – a comprovação da melhoria das condições de sustentabilidade urbano-ambiental e de habitabilidade dos moradores a partir da regularização; e

X – a demonstração de garantia de acesso livre e gratuito pela população às praias e aos corpos d'água, quando couber.

§ 2º. Para fins da regularização ambiental prevista no caput, ao longo dos rios ou de qualquer curso d'água, será mantida faixa não edificável com largura mínima de 15 (quinze) metros de cada lado.

§ 3º. Em áreas urbanas tombadas como patrimônio histórico e cultural, a faixa não edificável de que trata o § 2º poderá ser redefinida de maneira a atender aos parâmetros do ato do tombamento.

Conveniente a comparação entre as restrições de ocupação da APP na Reurb-S e na Reurb-E, constantes dos arts. 64 e 65 da Lei 13.465/17, respectivamente. Nesse ponto, é de se ressaltar as maiores exigências estabelecidas para a preservação ambiental em regularização de interesse específico. Observam-se os seguintes tratamentos diferenciados quanto aos estudos técnicos que deverão compor o projeto de regularização fundiária, a seguir resumidos:

a) Exige-se uma caracterização social cultural econômica no caso de interesse específico, não verificada na regularização de interesse social;

b) Também se fará necessário a identificação não só dos recursos ambientais, mas dos passivos e fragilidades ambientais, restrições e potencialidades da área, no caso da Reurb-E;

c) Quanto ao sistema de saneamento básico, será necessária a especificação e avaliação da infraestrutura existente, bem como de outros serviços e equipamentos públicos. Tais exigências não foram detalhadas para a Reurb-S, na qual os estudos somente devem especificar os sistemas de saneamento básico;

d) Haverá necessidade de especificação das ocupações consolidadas na APP, quando se tratar de Reurb-E, exigência não efetuada quanto à Reurb-S;

e) Na regularização de interesse específico haverá necessidade de identificação de faixas ou áreas que devem suas características resguardadas em relação à APP, acompanhadas de propostas de recuperação daquelas não passíveis de regularização, conforme se observa do art. 65, VII. Entretanto, para as áreas de interesse social parece haver maior rigor, uma vez que deverá constar como elemento da regularização aí efetiva recuperação das áreas degradadas e daquelas não passíveis de regularização, tudo indique apenas propostas;

f) O art. 65, prevê a necessidade de faixa não edificável de no mínimo 15 metros ao longo dos rios ou de qualquer outro curso d´água, em se tratando de Reurb-E (§ 2º), bem como necessidade de faixa não edificável na preservação dos bens tombados (§ 3º), não existindo tais proteções em se tratando de Reurb-S;

g) Não será admitida a Reurb-E nas APPs consideradas áreas de risco, conforme art. 82 da Lei 13.465/17, o qual deu nova redação ao art. 65 do Código Florestal. Não há tal restrição na Reurb-S, pois em havendo possibilidade de eliminação, de correção ou de administração de riscos nestas áreas, consoante se extrai do art. 39 da lei 13.465/17, a regularização poderá ser efetivada. Caso o estudo técnico demonstre que os riscos não possam ser eliminados, corrigidos ou administrados, os seus ocupantes deverão ser relocados pelos Municípios.

Já na Reurb no entorno de reservatórios artificiais de água destinados à geração de energia ou ao abastecimento público, a faixa da área de preservação permanente consistirá na distância entre o nível máximo operativo normal e a cota máxima maximorum (art. 11, § 4º, da Lei 13.465/17 c/c art. 3º, § 7º, do Decreto 9.310/18)). Essa situação normalmente é encontrada nos denominados *"ranchos de lazer"*. Em tais unidades imobiliárias, em tese podem ser aplicadas as disposições da Reurb-E, mesmo para aqueles situados em APP, caso prevaleçam as disposições da Lei 13.465/17 (questionada por meio das ADI 5.771, 5.787 e 5.883, no STF).

Os estudos técnicos a serem realizados quanto às regularizações em áreas de APP devem justificar (leia-se comprovar) as melhorias ambientais em relação à situação de ocupação informal anterior, inclusive por meio de compensações ambientais, quando for o caso, conforme estatuído no art. 11, § 2º, da Lei 13.465/17. Tais estudos técnicos comporão o projeto de regularização fundiária (art. 36 da Lei 12.651/12), sendo que para as unidades imobiliárias não constantes de APP, a regularização poderá ser efetuada em separado, por meio de outro projeto de regularização fundiária (art. 12, § 3º, da Lei 13.465/17.

Nos terrenos de marinha, com APP, não será possível a alienação de APP, pela União, para fins de regularização fundiária urbana (art. 16-C, § 1º, I, *"a"*, da Lei 9.636/98, com a redação dada pelo art. 93 da Lei 13.465/17).

Importante consignar que na Reurb-E deverá o Município definir, por ocasião dos projetos de regularização fundiária, os responsáveis pela implementação das medidas de mitigação e compensação urbanística e ambiental, os quais deverão celebrar termo de compromisso com as autoridades competentes (art. 38, III, § 2º da Lei 13.465/17).

11.3. Regularização fundiária, áreas de risco e relocação de pessoas: (im) possibilidade da remoção?

Inicialmente, conveniente registrar que para remoção ou retirada de pessoas em áreas onde não possam permanecer após a regularização fundiária preferimos a expressão *"relocação"* ao invés de *"realocação"*, registrando que a legislação é titubeante, ora usando uma ora usando outra. Para nós, realocam-se coisas e verbas orçamentárias, enquanto relocam-se pessoas. Entretanto, a doutrina, em geral, também usa ambas as expressões com o significado de remoção de pessoas.

Para Silvio Figueiredo, a regularização fundiária de interesse social deve abranger assentamentos precários, cortiços, favelas e outros tipos de ocupação desordenada, ocupadas por população de baixa renda. Com a propriedade de um experiente militante na área, lembra o autor que *"diferentemente dos loteamentos irregulares ou clandestinos, os assentamentos precários caracterizam-se por grande desorganização nas divisões dos lotes, edificações erigidas com uma grande diversidade de materiais, desde madeira, metais, até elementos construtivos convencionais, e são praticamente isentos de qualquer tipo de infraestrutura"*. Em vários desses casos, necessária a remoção de famílias, visando *"adequação urbanística, como alargamento e abertura de vias de acesso, bem como para liberação de áreas destinadas à implantação de equipamentos institucionais mínimos, como aqueles voltados à educação, saúde e lazer, e à implementação de serviços públicos básicos."* No procedimento destinado à liberação de áreas para a implantação de tais equipamentos, bem como para reorganizar traçados de lotes e de vias públicas, necessária a remoção de algumas famílias, o que vem aumentar a demanda por habitações destinadas a reassentamento dessa população, demandando, uma vez mais, planejamento.[830]

[830] Regularização fundiária – avanços e desafios na implementação de políticas públicas. In: Regularização Fundiária, p. 197-198.

Questão de grande relevância para se definir ou não pela viabilidade física, jurídica e/ou política de implementação da regularização fundiária em áreas ambientalmente protegidas ou áreas de risco ocorre quando há necessidade de relocação de pessoas. *A questão estava disciplinada no artigo 3º, § 3º da Lei 11.977/09* nos seguintes termos:

> "§ 3º *Terão prioridade como beneficiários* os moradores de assentamentos irregulares ocupados por *população de baixa renda* que, em razão de *estarem em áreas de risco ou de outros motivos justificados no projeto de regularização fundiária, excepcionalmente tiverem de ser relocados, não se lhes aplicando o sorteio referido no § 2º.*".

Posteriormente, o problema foi enfrentando pelo art. 3º III, o qual estabeleceu *"prioridade de atendimento às famílias residentes em áreas de risco ou insalubres ou que tenham sido desabrigadas"*, conforme redação dada pela Lei nº 12.424/11.

Atualmente, o art. 3º, III, com a redação alterada pela Lei 13.274/16, quanto às famílias residentes em áreas de risco, prevê que para fins de obter benefícios do Programa Minha Casa Minha Vida (PMCMV), terão *"prioridade de atendimento às famílias residentes em áreas de risco, insalubres, que tenham sido desabrigadas ou que perderam a moradia em razão de enchente, alagamento, transbordamento ou em decorrência de qualquer desastre natural do gênero"*. Os parâmetros de priorização serão definidos em ato do Poder Executivo Federal (art. 3º, § 3º, I, da Lei 11.977/09).

Ainda que a priorização seja disciplinada por ato do Poder Executivo Federal, diante do disposto no art. 3º, § 4º da Lei 11.977/09, prevendo que os Estados e Municípios, além dos critérios federais, poderão fixar critérios de seleção de beneficiários do PMCMV, *"previamente aprovados pelos respectivos conselhos locais de habitação, quando existentes, e em conformidade com as respectivas políticas habitacionais e as regras estabelecidas pelo Poder Executivo federal"*, entendemos possível selecionar prioritariamente moradores de áreas de risco. Com isso retira-se dessas pessoas o risco à integridade física e à vida, dando-lhes maior dignidade, bem como se possibilita a efetiva retirada de pessoas de áreas inviáveis para permanência e moradia, viabilizando a implantação de obras de infraestrutura ou áreas verdes.

A respeito, já consignamos, antes da vigência da Lei 13.465/17, que:

> Portanto, entendemos que as famílias que ocupavam área de preservação permanente podiam e podem continuar a gozar de prioridade em projetos habitacionais dos entes federativos, com isso se compatibilizando o direito constitucional à moradia digna (assegurado pelo artigo 58, § 3º, da Lei 11.977/09, com a redação dada pela Lei 12.424/11, em cumprimento ao disposto no art. 6º, combinado com o art. 1º, inciso III, da Carta Magna), bem-estar dos moradores que antes ocupavam áreas frágeis e tiveram de deixá-las com a regularização, o direito ao meio ambiente natural e artificial em condições adequadas (arts. 182 e 225, da CF), bastando seja prevista esta possibilidade na legislação estadual ou municipal. *Entretanto, faz-se necessário que se tenha cautela para não se incentivar novas ocupações urbanas irregulares*, tomando-se o cuidado de se estabelecer limite temporal anterior à edição da norma que atribua prioridade à relocação, *também se observando a data limite de 31/12/07 para a ocupação da área de preservação permanente urbana consolidada* (vide artigo 54, § 1º, da Lei 11.977/09).[831]

[831] Regularização Fundiária Urbana: fundamentos, aspectos práticos e propostas, p. 120-121.

Tal regramento, a nosso ver, é de importância ímpar, deixando clara a necessidade de relocação de pessoas em situações como áreas de risco, bem como quando o projeto indicar a necessidade de remoção por questões urbanísticas ou ambientais, ao mesmo tempo em que institui o direito subjetivo das pessoas ali moradoras de serem enviados a outros locais para fins de serem contemplados com moradia. Essa solução reforça o disposto no art. 3º, acima comentado, estando conforme os direitos sociais do art. 6º da Carta Magna, concretizando a dignidade da pessoa humana (art. 1º, III).

Para promoção de uma regularização fundiária sustentável, como regra, desejável a relocação de pessoas em área de preservação permanente e áreas de risco, com garantia ao direito de moradia digna arts. 6º e 1º, III, da CF), o direito à vida com segurança para a integridade física (art. 5º, *"caput"*, da CF) e preservação das áreas ambientalmente protegidas (art. 225, § 1º, III, da CF), de maneira a se dar efetividade ao princípio do desenvolvimento sustentável (art. 170, *"caput"*, incisos III, V e VI, da CF). A exceção, quando o caso, deve estar devidamente justificada.

Nesse sentido, visando concretizar boa parte das razões supracitadas quanto à forma de tratar as áreas de risco, assim dispôs o art. 39 da Lei 13.465/17:

> Para que seja aprovada a Reurb de núcleos urbanos informais, ou de parcela deles, situados em áreas de riscos geotécnicos, de inundações ou de outros riscos especificados em lei, estudos técnicos deverão ser realizados, a fim de examinar a possibilidade de eliminação, de correção ou de administração de riscos na parcela por eles afetada.
>
> § 1º. Na hipótese do caput deste artigo, é condição indispensável à aprovação da Reurb a implantação das medidas indicadas nos estudos técnicos realizados.
>
> § 2º. Na Reurb-S que envolva áreas de riscos que não comportem eliminação, correção ou administração, os Municípios deverão proceder à realocação dos ocupantes do núcleo urbano informal a ser regularizado.

A respeito dos requisitos indispensáveis para implantação da Reurb em áreas de risco, vale transcrever o art. 36 do Decreto 9.310/18, sendo que grande parte deles já defendíamos há muito, conforme consignamos. São eles:

> Art. 36. Para que seja aprovada a Reurb de área de núcleos urbanos informais, ou de parcela dela, situados em áreas de riscos geotécnicos, de inundações ou de outros riscos especificados em lei, será elaborado o estudo técnico para situação de risco a que se refere o inciso VIII do caput do art. 30, a fim de examinar a possibilidade de eliminação, de correção ou de administração de riscos na parcela afetada.
>
> § 1º. Na hipótese prevista no caput, a implantação das medidas indicadas no estudo técnico realizado será condição indispensável à aprovação da Reurb.
>
> § 2º. O estudo técnico de que trata este artigo será elaborado por profissional legalmente habilitado, dispensada a apresentação da ART, ou de documento equivalente, quando o responsável técnico for servidor ou empregado público.
>
> § 3º. Os estudos técnicos previstos neste artigo aplicam-se somente às parcelas dos núcleos urbanos informais situados nas áreas de risco e a parte do núcleo urbano não inserida na área de risco e não afetada pelo estudo técnico poderá ter o seu projeto de regularização fundiária aprovado e levado a registro separadamente.
>
> § 4º. Na Reurb-S de área de risco que não comporte eliminação, correção ou administração, o Poder Público municipal ou distrital providenciará a realocação dos ocupantes do núcleo urbano informal a ser regularizado.

§ 5º. Na hipótese a que se refere o § 4º, se o risco se der em área privada, o Poder Público municipal ou distrital poderá ser ressarcido dos custos com a realocação pelos responsáveis pela implantação do núcleo urbano informal.

§ 6º. Na Reurb-E de área de risco que não comporte eliminação, correção ou administração, a realocação dos ocupantes do núcleo urbano informal a ser regularizado será providenciada pelo titular de domínio, pelos responsáveis pela implantação do núcleo urbano informal, pelos beneficiários ou pelo legitimado promotor da Reurb.

12. REGULARIZAÇÃO FUNDIÁRIA URBANA DE INTERESSE SOCIAL (REURB-S), REQUISITOS ESPECÍFICOS E CARACTERÍSTICAS

Como visto, o artigo 13, inciso I, da Lei 13.465/17 conceitua regularização fundiária urbana de interesse social como *"regularização fundiária aplicável aos núcleos urbanos informais ocupados predominantemente por população de baixa renda, assim declarados em ato do Poder Executivo municipal"*.

Visando facilitar a Reurb-S, mas especialmente evitar sua posterior exploração pelo mercado imobiliário, mediante compra dos imóveis dos beneficiários, levando-os à novas ocupações irregulares, bem como gerando uma urbanização de alto padrão no local, ocasionando o fenômeno conhecido por gentrificação, o art. 18 da Lei 13.465/17, previu que:

O Município e o Distrito Federal poderão instituir como instrumento de planejamento urbano Zonas Especiais de Interesse Social (ZEIS), no âmbito da política municipal de ordenamento de seu território.

§ 1º. Para efeitos desta Lei, considera-se ZEIS a parcela de área urbana instituída pelo projeto diretor ou definida por outra lei municipal, destinada preponderantemente à população de baixa renda e sujeita a regras específicas de parcelamento, uso e ocupação do solo.

§ 2º. A Reurb não está condicionada à existência de ZEIS.

A elaboração e o custeio do projeto de regularização fundiária e da implantação da infraestrutura, quando se tratar de Reurb-S (art. 33, I, da Lei 13.465/17) caberão ao referido ente público ou ao Município promotor ou ao Distrito Federal a responsabilidade de elaborar o projeto de regularização fundiária, nos termos do ajuste que venha a ser celebrado, bem como a implantação da infraestrutura essencial, quando necessária. Caso a regularização se opere sobre área particular, caberá ao Município/Distrito Federal a responsabilidade de elaborar e custear o projeto de regularização fundiária e a implantação da infraestrutura essencial, quando necessária.

Quanto ao conceito de população de baixa renda, mencionando Carlos Roberto Gonçalves, *"pode-se entender como população de baixa renda aquela parcela da população sem condições de adquirir, por negócio oneroso, o imóvel de moradia. Economistas estudiosos de ciências sociais costumam assim classificar as pessoas que ganham menos de três salários mínimos de renda mensal média. Esse conceito pode entretanto variar de região para região."*[832]

[832] Direito Civil Brasileiro, 3ª ed. São Paulo: Saraiva, 2008, p. 249, "apud" MALUF Carlos Alberto Dabus; MALUF; Adriana Caldas do Rego Freitas Dabus. Comentários ao Estatuto da Cidade: Lei 10.257, de 10 de julho de 2001, p. 94.

A doutrina praticamente nada comenta sobre o conceito de *"baixa renda"*. O conceito de *"classe baixa"*, do ponto de vista financeiro, pode ser um referencial para se aferir o que seja *"baixa renda"*. Ei-lo:

> A classe baixa é uma classe social presente no capitalismo moderno que se convencionou tratar como a que menos possui poder aquisitivo, bem como a que possui um padrão de vida e de consumo baixo em relação às demais camadas da população. Desta forma, supre suas necessidades de sobrevivência com dificuldade e, muitas vezes, é impossibilitada de permitir-se formas variadas de lazer e entretenimento. É composta principalmente pelo proletariado e por desempregados.
>
> A classe baixa é compreendida com valores até R$ 291. Classe baixa "extremamente pobre" (até R$ 81) "pobre mas não extremamente" (até 162) e 'vulnerável' (até R$ 291). [carece de fontes][833]

"Entendemos que justamente por não haver um conceito legal de "baixa renda" (em alguns Estados e Municípios podem haver um referencial normativo a respeito, sendo que na União o critério é de até cinco salários mínimos - art. 103, I, do Decreto 9.310/18) deve haver uma certa elasticidade para fins de admissão dessa espécie de regularização fundiária de interesse social, ocupada predominantemente por população de baixa renda" Nesse sentido e para tal fim devem ser consideradas as características arquitetônicas, estruturais e de materiais de construção utilizadas nas unidades habitacionais presentes na área a ser regularizada, podendo-se presumir a *"baixa renda"* quando essas habitações evidenciarem o baixo poder aquisitivo da maioria da população ali residente.

Criticando a opção do legislador por privilegiar a regularização fundiária de baixa renda, anota Patrícia André de Camargo Ferraz, Registradora em Diadema e ex-Promotora de Justiça do Estado de São Paulo que:

> O legislador, como se vê, expressamente atrela a função social da propriedade urbana ao desenvolvimento das atividades econômicas, razão pela qual concluo que ao administrador público, no Brasil, é defeso adotar política urbana que limite os efeitos dos processos de RF à garantia de acesso da população de baixa renda à moradia. Isso, aliás, seria um fatal equívoco para o desenvolvimento econômico do País, uma vez que perderíamos tempo, energia e dinheiro públicos com processos que não auxiliariam o combate à pobreza, mas que poderiam, ao contrário, perpetuá-la.[834]

Logo depois, ressalta a ilustre Registradora Pública: *"por isso concluímos que, no Brasil, o administrador público deve ter como prioridade a implantação de políticas de RF voltadas para a população de baixa renda, por uma questão de distribuição de justiça social, mas não pode se eximir de estender essa medida também aos cidadãos dos demais estratos sociais, sempre se pautando por critérios de conveniência e oportunidade administrativas."*[835]

Em se tratando de áreas públicas a regularização de interesse social poderá ser efetuada pela União, Estados, o Distrito Federal ou Municípios, por entidades a eles

---

833 Disponível em <https://pt.wikipedia.org/wiki/Classe_baixa>. Acesso em 26 fev. 2016.

834 Regularização fundiária e desenvolvimento econômico sustentável: novos instrumentos jurídicos para regularização de terras urbanas. Alternativas de custeio. In: NALINI, José Renato; LEVY, Wilson (Coords.). Regularização fundiária. 2ª ed. Rev. Atual. e Ampl. Rio de Janeiro: Forense, 2014, p. 132.

835 Op. cit., p. 134.

vinculadas, por meio de legitimação fundiária, transmitindo o direito de propriedade aos ocupantes do núcleo urbano informal (art. 23, § 4º, da Lei 13. 465/17).

Os procedimentos destinados à transferência gratuita do direito real de uso ou do domínio pleno de imóveis da União, no âmbito da Reurb-S, inclusive quanto à comprovação dos requisitos pelos beneficiários, terão de ser regulamentados em ato do Secretário do Patrimônio da União – Ministério do Planejamento, Desenvolvimento e Gestão (art. 100 do Decreto 9.310/18).

12.1. Do Direito Real de Laje – formalização do denominado "puxadinho",

O art. 55 da Lei 13.465/17 instituiu o denominado *"direito de laje"*, com a natureza jurídica de direito real, ao incluí-lo dentre os direitos reais previstos no Código Civil (art. 1.225, XIII, da Lei 10.406/02).

O novo instituto jurídico terá aplicabilidade não somente para fins de regularização, mas também poderá haver novas edificações baseadas nessa normatização. Trata-se da formalização do denominado *"puxadinho"*, em que surgem novas moradias independentes (em geral sobrelevadas), as quais são construídas sobre uma moradia previamente existente (construção-base) ou no subsolo, podendo haver novas acessões de imóveis (desde que haja concordância do titular da construção-base e dos titulares das lajes inferiores), todos com matrículas distintas. Normalmente são acréscimos de construção sobre um mesmo imóvel, destinados a abrigar novas famílias originadas a partir da primeira (filhos que constituem novas famílias) ou mesmo como forma de baratear custos em habitações coletivas, já que os condomínios verticais, por terem maior estrutura, possuem custos de aquisição e manutenção mais elevados.

Conforme ressalta Carlos Eduardo Elias de Oliveira:

> Em primeiro lugar, o nome 'Laje' não foi o mais técnico, pois esse novo direito real retrata um direito real de superfície de graus sucessivos (segundo, terceiro etc.), que também poderia ser chamado de direito real de sobrelevação. Todavia, por força da fama popular granjeada pela expressão, o Parlamento preferiu manter o nome atécnico. Perceba que, apesar de ser nomeado como direito real de laje, esse direito real também pode ser instituído para formalizar a titularidade de um direito real sobre 'andares subterrâneos', de modo que não é apenas a 'laje' que serve de ponto de partida, mas também o solo.[836]

Entretanto, parece-nos tratar de um direito real diferenciado, quase que acessório, pois dependente da construção-base, não havendo total liberdade de uso e gozo por parte do titular do direito de laje. Não há total independência, pois havendo ruína da construção base, em regra, haverá extinção do direito de laje, como adiante se verá. Também não terá direito à parte ideal no imóvel.

Haverá rateio das despesas de manutenção das partes conjuntamente usufruídas e das partes estruturais, de maneira semelhante ao que ocorre nos condomínios (horizontal ou vertical).

O direito de laje passou a ser disciplinado na Lei 10.406/02, da seguinte forma:

---

836 O que é o direito real de laje à luz da lei nº 13.465/2017? (Parte 1. Revista Consultor Jurídico. Disponível em <http://www.conjur.com.br/2017-set-18/direito-civil-atual-direito-real-laje-luz-lei-134652017-parte". Acesso em 19-sete-2017.

Art. 1.510-A. O proprietário de uma construção-base poderá ceder a superfície superior ou inferior de sua construção a fim de que o titular da laje mantenha unidade distinta daquela originalmente construída sobre o solo.

§ 1º. O direito real de laje contempla o espaço aéreo ou o subsolo de terrenos públicos ou privados, tomados em projeção vertical, como unidade imobiliária autônoma, não contemplando as demais áreas edificadas ou não pertencentes ao proprietário da construção-base.

§ 2º. O titular do direito real de laje responderá pelos encargos e tributos que incidirem sobre a sua unidade.

§ 3º. Os titulares da laje, unidade imobiliária autônoma constituída em matrícula própria, poderão dela usar, gozar e dispor.

§ 4º. A instituição do direito real de laje não implica a atribuição de fração ideal de terreno ao titular da laje ou a participação proporcional em áreas já edificadas.

§ 5º. Os Municípios e o Distrito Federal poderão dispor sobre posturas edilícias e urbanísticas associadas ao direito real de laje.

§ 6º. O titular da laje poderá ceder a superfície de sua construção para a instituição de um sucessivo direito real de laje, desde que haja autorização expressa dos titulares da construção-base e das demais lajes, respeitadas as posturas edilícias e urbanísticas vigentes.

Art. 1.510-B. É expressamente vedado ao titular da laje prejudicar com obras novas ou com falta de reparação a segurança, a linha arquitetônica ou o arranjo estético do edifício, observadas as posturas previstas em legislação local.

Art. 1.510-C. Sem prejuízo, no que couber, das normas aplicáveis aos condomínios edilícios, para fins do direito real de laje, as despesas necessárias à conservação e fruição das partes que sirvam a todo o edifício e ao pagamento de serviços de interesse comum serão partilhadas entre o proprietário da construção-base e o titular da laje, na proporção que venha a ser estipulada em contrato.

§ 1º. São partes que servem a todo o edifício:

I – os alicerces, colunas, pilares, paredes-mestras e todas as partes restantes que constituam a estrutura do prédio;

II – o telhado ou os terraços de cobertura, ainda que destinados ao uso exclusivo do titular da laje;

III – as instalações gerais de água, esgoto, eletricidade, aquecimento, ar condicionado, gás, comunicações e semelhantes que sirvam a todo o edifício; e

IV – em geral, as coisas que sejam afetadas ao uso de todo o edifício.

§ 2º. É assegurado, em qualquer caso, o direito de qualquer interessado em promover reparações urgentes na construção na forma do parágrafo único do art. 249 deste Código.

Art. 1.510-D. Em caso de alienação de qualquer das unidades sobrepostas, terão direito de preferência, em igualdade de condições com terceiros, os titulares da construção-base e da laje, nessa ordem, que serão cientificados por escrito para que se manifestem no prazo de trinta dias, salvo se o contrato dispuser de modo diverso.

§ 1º. O titular da construção-base ou da laje a quem não se der conhecimento da alienação poderá, mediante depósito do respectivo preço, haver para si a parte alienada a terceiros, se o requerer no prazo decadencial de cento e oitenta dias, contado da data de alienação.

§ 2º. Se houver mais de uma laje, terá preferência, sucessivamente, o titular das lajes ascendentes e o titular das lajes descendentes, assegurada a prioridade para a laje mais próxima à unidade sobreposta a ser alienada.

Art. 1.510-E. A ruína da construção-base implica extinção do direito real de laje, salvo:

> I – se este tiver sido instituído sobre o subsolo;
>
> II – se a construção-base não for reconstruída no prazo de cinco anos.
>
> Parágrafo único. O disposto neste artigo não afasta o direito a eventual reparação civil contra o culpado pela ruína.

No tocante à parte registrária do direito de laje, reza o art. 176, § 9º, da Lei. 6.015/73 (LRP), com a nova redação dada pelo art. 56 da Lei 13.465/17:

> "A instituição do direito real de laje ocorrerá por meio da abertura de uma matrícula própria no registro de imóveis e por meio da averbação desse fato na matrícula da construção-base e nas matrículas de lajes anteriores, com remissão recíproca".

Quanto à eventuais penhoras em imóveis onde haja a instituição do direito real de laje, o art. 57 da Lei 13.465/17, dando nova redação ao art. 799, X, do Código de Processo Civil (Lei 13.105/2015), previu incumbir ao requerente:

> "X – requerer a intimação do titular da construção-base, bem como, se for o caso, do titular de lajes anteriores, quando a penhora recair sobre o direito real de laje;
>
> XI – requerer a intimação do titular das lajes, quando a penhora recair sobre a construção-base."

Comentando o instituto previsto na Lei 13.465/17, em comparação com a MP 759/16 que lhe deu origem, Paulo Afonso Cavichioli Carmona e Fernanda Loures de Oliveira, ponderam que:

> A citada lei efetuou diversas alterações, especialmente, no Código Civil e na Lei de Registros Públicos, passando a prever: redação mais técnica na definição do direito, embora sua nomenclatura permaneça em linguagem popular, de modo a 'aproximar o Direito do homem comum'; direito de preferência na aquisição; possibilidade de sobrelevações sucessivas; vedação a obras que prejudiquem, bem como obrigação de respeitar a segurança, a linha arquitetônica e o arranjo estético do edifício; dever de contribuir para a conservação e fruição das partes que sirvam a toda a edificação. Ademais, foi suprimida a necessidade de acesso independente[837] e isolamento funcional, bem como foi solucionada a questão da falta de vinculação registral entre a matrícula do solo e da acessão artificial originária e a referente à construção do titular da laje.[838]

Paulo Afonso Cavichioli Carmona e Fernanda Loures de Oliveira, citando Flauzilino Araújo dos Santos, traçam um paralelo entre o direito de laje e o condomínio, nos seguintes moldes:

> Várias são as características que aproximam o condomínio edilício do novo direito real de laje. Por exemplo, em ambos haverá áreas de propriedade exclusiva: as unidades imobiliárias autônomas. Em comentário sobre o tema, Flauzilino Araújo dos Santos conceitua o que se deve compreender como unidade autônoma, para fins de caracterização do condomínio edilício, levantando as seguintes características: 'independência, ou seja, afetação a uso independente; autonomia funcional, isto é, a unidade deve conter 'os

---

837 O Art. 58, § 7º do Decreto 9.310/18 exige acesso independente para que seja admitida essa forma de regularização.

838 Aspectos Urbanísticos, Civis e Registrais do Direito Real de Laje. Revista brasileira de políticas públicas. Regularização fundiária, Volume 7, nº 2, 2017, p. 122-147.

acessórios básicos para seu uso ordinário'; autonomia jurídica, decorrente da inscrição da unidade em matrícula própria; e saída ou acesso à via pública, ou seja, existência de saída ao logradouro público de modo direto ou por passagem comum, ainda que constituída por servidão de passagem, 'sem ter de atravessar parte de outra propriedade exclusiva'.[839] Idênticas considerações podem ser aplicadas no âmbito do direito de laje, tendo em vista os §§ 1º e 3º do art. 1.510-A do Código Civil, que disciplinam a edificação subsequente como unidade imobiliária autônoma e impõem a abertura de matrícula própria.

[...]

Prosseguindo no exame das semelhanças, pode-se verificar que, tanto os condôminos quanto os titulares das lajes possuem direito de usar, fruir e dispor das suas unidades (art. 1.335, inciso I e art. 1.510-A, § 3º); possuem dever de contribuir para a conservação e fruição das partes que sirvam a todo o edifício e ao pagamento de serviços de interesse comum (art. 1.336, inciso I e art. 1.510-C), proporcionalmente e na forma estabelecida na convenção ou contrato (art. 1.334, inciso I e art. 1.510-C, in fine); e não podem realizar obras que comprometam a segurança da edificação e seu arranjo estético (art. 1.336, incisos II e III, e art. 1.510-B). No condomínio edilício, as obras ou reparações necessárias poderão ser realizadas mesmo sem autorização pelo síndico ou, em caso de omissão ou impedimento deste, por qualquer condômino (art. 1.341, § 1º). De modo análogo, qualquer interessado poderá promover reparações urgentes na construção objeto de direito de laje, conforme dispõe o art. 1.510-C, § 2º.

No tocante às diferenças de regramento quanto ao condomínio e ao direito de laje, no primeiro pode haver uma série de destinações diversas para algumas de suas partes ou unidades, como estabelecimentos comerciais, várias unidades por pavimentos, assim como partes de uso comum. Também há um prévio planejamento nesse sentido, por meio de convenção de condomínio e/ou de projetos.

Ainda no campo das diferenças, pode ser citado que no condomínio edilício, em regra, o terraço de cobertura é parte comum, ressalvada a possibilidade de disposição contrária na constituição do condomínio (art. 1.331, § 5º, do Código Civil). *"Já no direito de laje o telhado ou terraços de cobertura presumem-se destinados ao uso exclusivo do titular da laje (art. 1.510-C, § 1º, inciso II), o que decorre até mesmo da previsão da possibilidade de instituição de lajes sucessivas (art. 1.510-A, § 6º)"*[840]

Como ressaltam os ilustres articulistas citados, a maior diferença entre condomínio e direto de laje está no fato de o primeiro permitir parte ideal, enquanto o segundo não. Nesse sentido, confira-se:

> Vários dispositivos do Código Civil estabelecem a necessidade de existência da fração ideal para o condomínio edilício. Nessa linha, o art. 1.331, § 3º, de acordo com o qual a cada unidade caberá, de modo inseparável, uma fração ideal no solo e nas partes comuns, identificada de forma decimal; o art. 1.332, inciso II, que estabelece como cláusula obrigatória do instrumento de constituição e especificação de condomínio a determinação da fração ideal atribuída a cada unidade no terreno e nas partes comuns; o art. 1.336, inciso I, que estabelece a proporção das frações ideais como método de determinação da contribuição dos condôminos nas despesas do condomínio; e o art. 1.331, § 1º, que determina a necessidade de previsão das respectivas frações ideais no solo e nas outras partes comuns na descrição das partes de utilização independente. Em sentido diame-

[839] Condomínios e incorporações no registro de imóveis: teoria e prática. São Paulo: Mirante, 2012. p. 48.

[840] Paulo Afonso Cavichioli Carmona e Fernanda Loures de Oliveira, op. cit.

> tralmente oposto, a instituição do direito real de laje não implica a atribuição de fração ideal de terreno ou a participação proporcional em áreas já edificadas (art. 1.510-A, § 4º).

Outra diferença entre direito de laje e condomínio, é que no primeiro há preferência do titular da construção da laje construção base e da mais próxima, nessa ordem de preferência, ao contrário da regra geral para o condomínio. Sobre o tema, confira-se:

> Por fim, como última e importante distinção a ser apontada, tem-se a questão do direito de preferência. No direito de laje, em caso de alienação de qualquer das unidades sobrepostas ou sotopostas, terão direito de preferência, em igualdade de condições com terceiros, os titulares da construção-base e da laje, nessa ordem, garantida a prioridade para a laje mais próxima (art. 1.510-D). Diferentemente, no condomínio edilício, as unidades autônomas podem ser alienadas 'livremente' (art. 1.331, § 1º), só havendo direito de preferência em favor dos condôminos no caso de aluguel de área para abrigo de veículos (art. 1.338) e no caso de venda do terreno após a destruição do prédio (art. 1.368, § 2º)[841]

Sobre a importância e alcance do direito real de laje, novamente, era preciso garantir o acesso à população em geral, permitindo que os filhos permaneçam próximos e no mesmo endereço que os pais, ou para ali voltem em razão de dificuldades financeiras ou qualquer outro motivo, de maneira legal e digna, com aposentos separados e direito de propriedade sobre eles.

Em geral, a regularização fundiária, via direito real de laje, ocorrerá na forma da Reurb-S e será realizada pelo Poder Público, podendo haver simplificação nas exigências documentais quando do registro. Não será razoável e nem atingirá aos objetivos da lei, fazer-se as mesmas exigências da instituição de um condomínio edilício ou de incorporação imobiliária. Mas é pressuposto para a regularização do pavimento posterior a prévia averbação do direito de laje[842].

Para que possa haver regularização fundiária via direito real de laje, faz-se necessário acesso independente para a unidade a ser regularizada (art. 58, § 7º), estabilidade da unidade imobiliária, a ser verificada ao Município ou Distrito Federal (art. 63, §§ 1º e 2º), dispensando-se a apresentação de habite-se (§ 3º). No caso da Reurb-S ficam dispensadas até mesmo as certidões negativas de débitos tributários e previdenciários (art. 63, § 3º, do Decreto 9.310/18).

12.2. Condomínio Urbano Simples

A figura do condomínio urbano simples, foi assim regulamentada pelo art. 61 da Lei 13.465/17, com aplicação das normas do condomínio edilício (art. 69, § 1º, do Decreto 9.310/18), conforme dispõe a lei da Reurb, "in verbis":

> Art. 61. Quando um mesmo imóvel contiver construções de casas ou cômodos, poderá ser instituído, inclusive para fins de Reurb, condomínio urbano simples, respeitados os parâmetros urbanísticos locais, e serão discriminadas, na matrícula, a parte do terreno ocupada pelas edificações, as partes de utilização exclusiva e as áreas que constituem passagem para as vias públicas ou para as unidades entre si.

841 Ibidem.

842 Paulo Afonso Cavichioli Carmona e Fernanda Loures de Oliveira, op. cit.

> Parágrafo único. O condomínio urbano simples será regido por esta Lei, aplicando-se, no que couber, o disposto na legislação civil, tal como os arts. 1.331 a 1.358 da Lei nº 10.406, de 10 de janeiro de 2002 (Código Civil).

Portanto, será possível que, dentro de um mesmo imóvel, haja matrículas próprias para diversos cômodos (art. 62), ao invés de os ocupantes serem proprietários de parte ideal (sem especificação de cômodos) do mesmo imóvel, conforme vinha sendo feito, ressalvadas as áreas internas ou externas comum ao mesmo imóvel (art. 62, § 1º). Entretanto, esses cômodos ou conjuntos de cômodos terão que ter as frações mínimas previstas em lei municipal.

Esses cômodos ou conjunto de cômodos, denominados de unidades autônomas na lei, podem ser livremente alienados e gravados de ônus (art. 62, § 2º), terão direito ao acesso à via pública (§ 3º), com gestão conjunta de seus ocupantes (§ 4º).

Não constituem condomínio urbano simples (art. 69, § 2º, do Decreto 9.310/18):

> I – as situações contempladas pelo direito real de laje;
>
> II – as edificações ou os conjuntos de edificações, de um ou mais pavimentos, construídos como unidades isoladas entre si, destinadas a fins residenciais ou não residenciais, a que se refere a Lei nº 4.591, de 1964;
>
> III – aqueles condomínios que possuem sistema viário interno para acesso as unidades imobiliárias autônomas; e
>
> IV – aqueles condomínios que possuem unidades imobiliárias autônomas com acessos independentes aos logradouros públicos existentes.

Os requisitos para o registro do condomínio urbano simples estão relacionados no art. 71 do Decreto 9.310/18.

12.3. Conjuntos Habitacionais

Podem ser regularizados como conjuntos habitacionais cujo empreendedor tiver sido público ou privado, desde que as unidades tenham sido alienadas já edificadas.

Não será necessário a apresentação do habite-se, no caso de Reurb-S, nem das respectivas certidões negativas de tributos e contribuições previdenciárias, quando se tratar de regularização de conjuntos habitacionais (art. 60 da Lei 13.465/17), com *"a CRF e a aprovação do projeto de regularização, acompanhado das plantas e dos memoriais técnicos das unidades imobiliárias e edificações e dos demais elementos técnicos que sejam necessários à incorporação e ao registro do núcleo urbano informal"* e art. 68, parágrafo único, do Decreto 9.310/18).

A lei permitiu que os conjuntos habitacionais possam ser constituídos de parcelamento do solo com unidades edificadas isoladas, parcelamento do solo com edificações em condomínio, condomínios horizontais ou verticais, ou ambas as modalidades de parcelamento e condomínio (art. 59, § 1º). Isso permitirá regularizar qualquer das espécies com a natureza jurídica de conjunto habitacional.

Em havendo obrigações pendentes por parte do adquirente de conjunto habitacional, em se tratando de ente público, terá a respectiva unidade atribuída ao ente púbico (art. 59, § 2º da Lei 13.465/17).

13. REGULARIZAÇÃO FUNDIÁRIA URBANA DE INTERESSE ESPECÍFICO (REURB-E), REQUISITOS PRÓPRIOS E CARACTERÍSTICAS

De se frisar que, conforme art. 13, II, da Lei 13.465/17, trata-se de regularização fundiária aplicável aos núcleos urbanos informais ocupados por população não qualificada na hipótese de que trata o inciso I deste artigo. Ou seja, em não se tratando de núcleo urbano informal ocupado por população predominantemente de baixa renda, será Reurb-E, com exceção da hipótese da regularização fundiária urbana inominada do art. 69[843].

Para a Reurb-E, são necessários projetos de regularização fundiária, contemplando, no mínimo (art. 38 da Lei 13.465/17):

> I – implantação dos sistemas viários;
>
> II – implantação da infraestrutura essencial e dos equipamentos públicos ou comunitários, quando for o caso; e
>
> III – implementação das medidas de mitigação e compensação urbanística e ambiental, e dos estudos técnicos, quando for o caso.

Em se tratando de área pública, se houver solução consensual, *"a aquisição de direitos reais pelo particular ficará condicionada ao pagamento do justo valor da unidade imobiliária regularizada, a ser apurado na forma estabelecida em ato do Poder Executivo titular do domínio, sem considerar o valor das acessões e benfeitorias do ocupante e a valorização decorrente da implantação dessas acessões e benfeitorias."* (Art. 16, da Lei 13.465/17).

No caso de promoção da Reurb-E em áreas da União, os procedimentos poderão ser conduzidos no âmbito de acordo de cooperação técnica ou de instrumento congênere, entre a Secretaria do Patrimônio da União, órgão do Ministério do Planejamento, Desenvolvimento e Gestão, e os interessados na promoção da Reurb-E, estes representados por suas associações representativas ou condomínios (art. 96 do Decreto 9.310/18).

Na Reurb-E, caberá ao Distrito Federal ou ao Município definir, por ocasião da aprovação dos projetos de regularização fundiária, nos limites da legislação de regência (art. 38), os responsáveis pela:

> I – implantação dos sistemas viários;
>
> II – implantação da infraestrutura essencial e dos equipamentos públicos ou comunitários, quando for o caso; e
>
> III – implementação das medidas de mitigação e compensação urbanística e ambiental, e dos estudos técnicos, quando for o caso.
>
> § 1º. As responsabilidades de que trata o caput deste artigo poderão ser atribuídas aos beneficiários da Reurb-E.
>
> § 2º. Os responsáveis pela adoção de medidas de mitigação e compensação urbanística e ambiental deverão celebrar termo de compromisso com as autoridades competentes como condição de aprovação da Reurb-E.

843 As glebas parceladas para fins urbanos anteriormente a 19 de dezembro de 1979, que não possuírem registro, poderão ter a sua situação jurídica regularizada mediante o registro do parcelamento, desde que esteja implantado e integrado à cidade, podendo, para tanto, utilizar-se dos instrumentos previstos nesta Lei (art. 87 do Decreto 9.310/18).

Conforme se observa, em havendo necessidade de compensações ambientais e/ou urbanísticas, elas ficarão a cargo dos responsáveis pela regularização, sendo de todo conveniente que fique a cargo do empreendedor, especialmente os custos, conforme dispõem o art. 14, § 2º; o artigo 26, II e § 3º; art. 35, § 2º; art. 36, § 5º; art. 37, § 1º, todos do Decreto 9.310/18. Este lucrou com a venda sem desembolsar as quantias correspondente à implantação da infraestrutura necessária, por meio instituição de áreas livres e outros equipamentos urbanos (art. 36, IV)[844]. Também poderão ficar a cargo dos beneficiários da regularização fundiária.

Se a Reurb-E estiver sendo promovida sobre bem público, havendo solução consensual, a aquisição de direitos reais pelo particular ficará condicionada ao pagamento do justo valor da unidade imobiliária regularizada. Este deverá ser apurado em ato do Poder Executivo titular do domínio. De tal avaliação serão excluídas as acessões e benfeitorias realizadas pelos ocupantes[845], bem como a valorização decorrente da implantação dessas acessões e benfeitorias (art. 16 da Lei 13.465/17).

Na Reurb-E deverá o requerente fornecer as certidões que comprovem a titularidade de domínio da área, providenciando o levantamento topográfico georreferenciado[846], subscrito por profissional competente devidamente registrado no órgão profissional respectivo[847], apresentação do memorial descritivo da área e a planta do perímetro do núcleo urbano informal com demonstração[848], bem como, se possível, as matrículas ou transcrições atingidas (art. 24, § 15, do Decreto 9.310/18).

Considerando que ao Poder Público Municipal (art. 30 da Constituição Federal)/Distrital (art. 32, § 1º, da CF) compete ordenar, planejar e controlar (fiscalizar) o uso e ocupação do solo, acertou o Presidente da República, ao dispor, no art. 76 do Decreto 9.310/18, que o Município notificará os titulares de domínio ou os responsáveis pelos núcleos urbanos informais consolidados, de interesse específico, para protocolizarem, em noventa dias, o projeto de regularização (art. 76). Do contrário, poderá o poder público proceder à regularização (art. 76, § 2º), evidentemente às custas do empreendedor, quando consta que *"sem prejuízo das ações e das penalidades previstas na legislação vigente"*, bem como ante o teor do disposto no art. 83 do Decreto 9.310/18. Tal ressarcimento também encontrará amparo legal no art. 40,

---

[844] Escoamento das águas pluviais, iluminação pública, esgotamento sanitário, abastecimento de água potável, energia elétrica pública e domiciliar e vias de circulação (art. 2º, § 4º, da Lei 6766/79).

[845] Art. 11, VIII, da Lei 13.465/17: aquele que mantém poder de fato sobre lote ou fração ideal de terras públicas ou privadas em núcleos urbanos informais.

[846] Conforme normas técnicas do art. 29 do Decreto 9.310/18.

[847] Art. 30 do Decreto 9.310/18.

[848] Art. 28 do Decreto 9.310/18: Para fins do disposto neste Decreto, considera-se levantamento topográfico georreferenciado o conjunto de:

I – levantamento planialtimétrico e cadastral, com georreferenciamento, de que trata o inciso I do caput do art. 35 da Lei nº 13.465, de 2017;

II – outros levantamentos georreferenciados necessários para a elaboração do projeto de regularização fundiária;

III – planta do perímetro;

IV – memorial descritivo;

V – descrições técnicas das unidades imobiliárias; e

VI – outros documentos em que se registrem os vértices definidores de limites, com o uso de métodos e tecnologias que estiverem à disposição e que se adequarem melhor às necessidades, segundo a economicidade e a eficiência em sua utilização.

§ 2º c.c. art. 47 da Lei 6.766/79, medida que também se encontra amparada pelo art. 79, § 4º do Decreto 9.310/18.

Até para compelir o empreendedor a proceder à regularização, poderá haver suspensão dos pagamentos pendentes por parte do adquirente, mediante procedimento específico (vide art. 77 e seguintes do Decreto 9.310/18 e art. 38 da Lei 6.766/79), podendo o próprio poder público regularizá-lo, caso houver omissão do promovente do loteamento ou desmembramento (art. 79 do Decreto 9.310/18).

13.1. Do Condomínio de Lotes[849]

O Condomínio de Lotes foi instituído pelo art. 58 da Lei 13.465/17, o qual introduziu o art. 1.358-A no Código Civil, com a seguinte redação:

> Pode haver, em terrenos, partes designadas de lotes que são propriedade exclusiva e partes que são propriedade comum dos condôminos.
>
> § 1º. A fração ideal de cada condômino poderá ser proporcional à área do solo de cada unidade autônoma, ao respectivo potencial construtivo ou a outros critérios indicados no ato de instituição.
>
> § 2º. Aplica-se, no que couber, ao condomínio de lotes o disposto sobre condomínio edilício neste Capítulo, respeitada a legislação urbanística.
>
> § 3º. Para fins de incorporação imobiliária, a implantação de toda a infraestrutura ficará a cargo do empreendedor.

Trata-se da instituição, em nível federal, de uma figura que já estava sendo implantada na maior parte dos médios e grandes municípios, sob a denominação de *"condomínios fechados"*, *"condomínio horizontal"*, simplesmente *"condomínio"* ou termo semelhante, burlando a Lei 6.766/79, a normal geral para parcelamento de solo editada com fulcro no art. 24, I, da Constituição Federal.

Recentemente, em coautoria com Andreia Mara de Oliveira, anotamos que:

> O mercado imobiliário, há muito tempo, reivindicava a regularização legal destas situações para permitir essas novas modalidades de parcelamento do solo. Estes parcelamentos, irregulares ou clandestinos, do solo, sob as formas de "condomínio de lotes" ou "loteamento fechado", agora são passíveis de regularização em virtude da Lei 13.465/17, que disciplinou vários aspectos do Direito Urbanístico, introduzindo alterações na Lei 6.766/79 e no Código Civil.[850]

Esta nova forma alternativa de parcelamento do solo criada pela Lei 13.465/17, foi viabilizada pelas seguintes alterações legislativas, conforme clara sintetização realizada por Victor Carvalho Pinto:

---

849 A respeito, confira-se maiores detalhes no Capítulo 7 (Outras formas de parcelamento de solo urbano: "loteamentos deitados", "loteamentos fechados", "condomínio especial" e "condomínio de lotes") onde foram abordadas a disciplina para essas novas modalidades de parcelamentos, bem como efetuadas considerações sobre a maneira de regularizar as situações preexistentes.

850 CASTANHEIRO, Ivan Carneiro; OLIVEIRA, Andreia Mara. A regularização dos loteamentos fechados e condomínios de lotes pela Lei 13.465/17. Disponível em <https://www.conjur.com.br/2018-nov-29/mp-debate-regularizacao-loteamentos-fechados--condominios-lotes>. Acesso em 02.dez.2018.

A Lei 13.465/2017 dispôs sobre o condomínio de lotes nos art. 58 e 78. O primeiro introduz no Código Civil o art. 1.358-A, admitindo a possibilidade de adoção do regime condominial para unidades autônomas constituídas de lotes. O segundo acrescenta à Lei de Parcelamento do Solo Urbano o § 7º ao art. 2º, facultando ao loteador constituir o lote como unidade imobiliária integrante de condomínio de lotes, e o § 4º do art. 4º, autorizando o município a instituir limitações administrativas e direitos reais sobre coisa alheia em benefício do poder público, da população em geral e da proteção da paisagem urbana.[851]

Importante realçar, desde logo, a diferença entre o condomínio de lotes e o condomínio edilício do Código Civil, com base nas precisas observações do respeitado urbanista Victor Carvalho Pinto, para quem:

> Sob a perspectiva do direito civil, o condomínio de lotes nada mais é que um condomínio edilício cujas unidades autônomas são lotes aptos a serem edificados por seus adquirentes, em lugar de edificações prontas. A necessidade de sua positivação advém do fato de que, nos termos do art. 1.331 do Código Civil, o condomínio edilício somente pode ter por suporte edificações ou partes de edificações.[852]

O Código Civil, ao incluir o condomínio de lotes dentro do capítulo do condomínio edilício, tratou-o como uma modalidade de condomínio edilício, mas sem a necessidade de construção total ou parcial de prédios sobre o lote[853], aplicando-se lhes as normas do condomínio edilício (art. 64, § 2º, do Decreto 9.310/18), ficando a infraestrutura a cargo do empreendedor (§ 3º), cujas posturas edilícias e urbanísticas podem (entendemos que devem) ser regulamentadas pelo poder público municipal ou distrital (art. 65 do Decreto 9.310/18).

Victor Carvalho Pinto bem resumiu essa forma de parcelamento de solo, agora retratada na legislação federal.

> O condomínio de lotes incorpora ao direito positivo uma prática comum no mercado, que é a alienação de terrenos não edificados, para posterior construção pelo adquirente, em lugar de edificações prontas, reunidas em condomínio. Com isso, permite que esses terrenos tenham uma identidade registral própria, que não se confunde nem com a projeção vertical da edificação, nem com o terreno inteiro do condomínio. Em lugar de uma "parte do terreno reservada como de utilização exclusiva" dos titulares da edificação, tem-se uma unidade autônoma constituída pelo próprio lote. Sobre este poderá ser constituído, inclusive, um condomínio edilício, que poderá ter áreas de uso comum exclusivas, distintas das áreas de uso comum do condomínio de lotes.[854]

A Lei 13.465/17 introduziu o § 7º no artigo 2º da Lei 6.766/79, com a seguinte redação:

> "O lote poderá ser constituído sob a forma de imóvel autônomo ou de unidade imobiliária integrante de condomínio de lotes".

---

851 O Condomínio de Lotes e a Lei 13.465/2017. Disponível em https://www.linkedin.com/pulse/o-condom%C3%ADnio-de-lotes-e-lei-134652017-victor-carvalho-pinto. Acesso em 24.jul.2017.

852 O Condomínio de Lotes e a Lei 13.465/2017. Disponível em https://www.linkedin.com/pulse/o-condom%C3%ADnio-de-lotes-e-lei-134652017-victor-carvalho-pinto. Acesso em 24.jul.2017.

853 Victor Carvalho Pinto, op. cit.

854 Op. cit.

Comentando a necessidade de haver um parcelamento de solo como forma de originar o terreno, com abertura de vias públicas, áreas públicas e transferências destas ao poder público, leciona Victor Carvalho Santos:

> A rigor, trata-se de uma forma alternativa de organização da quadra, que nada mais é que a porção privada resultante do loteamento depois de transferidos ao município os logradouros públicos e as áreas destinadas à implantação de equipamentos comunitários. As áreas de uso comum dos condôminos não substituem, portanto, as vias públicas e praças a serem transferidas ao município. Quanto a esse aspecto, não se seguiu o modelo adotado em outras proposições, como o PL 3.057/2000, que previa o 'condomínio urbanístico' como forma de parcelamento do solo alternativa ao loteamento e ao desmembramento.[855]

Sobre um dos diferenciais do condomínio de lotes, conveniente consignar que:

> A vantagem do condomínio de lotes sobre o condomínio edilício na modalidade 'conjunto de edificações' reside no fato de que se poderá controlar melhor a localização de cada edificação, que integrará lote próprio, em lugar de compartilhar um mesmo lote com outras edificações. Isso facilita o controle ocupação do solo devido ao fato de que, via de regra, os índices urbanísticos são estabelecidos com a pressuposição de que cada lote será ocupado por apenas uma edificação. Os recuos laterais, por exemplo, visam assegurar um distanciamento entre edificações, mediante a preservação de uma distância entre cada edificação e as divisas do respectivo lote. No caso do conjunto de edificações sobre um mesmo lote, o afastamento entre edificações teria que ser assegurado por meio de índices de outra natureza ou análise discricionária de cada empreendimento. No condomínio de lotes esse problema desaparece, pois cada edificação é construída sobre lote próprio e deve observar os respectivos índices urbanísticos.[856]

O § 4º do art. 4º da Lei 6766/79, conforme redação da Lei 13.465/17, ao dispor sobre as restrições do condomínio de lotes em relação aos interesses da coletividade, previu que:

> No caso de lotes integrantes de condomínio de lotes, poderão ser instituídas limitações administrativas e direitos reais sobre coisa alheia em benefício do poder público, da população em geral e da proteção da paisagem urbana, tais como servidões de passagem, usufrutos e restrições à construção de muros.

Estas disposições inovam criando a figura do "Condomínio de lotes aberto", uma vez que, ao contrário do "Loteamento de acesso controlado", no qual há uso privado de áreas públicas pelos proprietários de terrenos que ficam no interior do loteamento, aqui poderá haver o uso de áreas privadas pela população em geral, no caso do Município instituir servidão de passagem, vedar a construção de muros ou exigir que as áreas institucionais fiquem extramuros.

Ao disciplinar o condomínio de lotes ou loteamento de acesso controlado, entendemos fundamental que o município providencie prévios estudos técnicos sobre as implicações urbanísticas destas modalidades de parcelamento de solo, não se podendo prescindir do debate com toda a população residente no município,

---

855 Op. cit.

856 Op. Cit.

visando a formulação do respectivo projeto de lei. Assim deve ser, diante do princípio da participação popular na disciplina da ordem urbanística, conforme se extrai do disposto no art. 29, inciso XII, da Constituição Federal, bem como do art. 2º, inc. II[857]; art. 4º, inc. IV, alínea "s" e parágrafo 3º; art. 40, parágrafo 4º, inciso I e art. 45, todos do Estatuto da Cidade.[858]

Sobre a vantagem do condomínio de lote com tais restrições, entende Victor Carvalho Santos que:

> Aplicadas sobre conjuntos de lotes, como agora autoriza a Lei 13.465/2017, medidas desse tipo podem viabilizar o oferecimento à cidade em geral de novas áreas de livre circulação, mas administradas e financiadas exclusivamente pelos condôminos. Um exemplo de uso público de lote privado pode ser encontrado na quadra aberta localizada no encontro da Avenida Paulista com a Alameda Ministro Rocha Azevedo, em São Paulo, que é totalmente aberta à circulação de pedestres.
>
> [...]
>
> O condomínio de lotes pode cumprir um papel positivo no desenvolvimento urbano brasileiro. Adotado com as devidas cautelas, propiciará a formação de áreas privadas de acesso público, cuja conservação será feita não pelo poder público, mas pelo condomínio. Esta poderá prover, ainda, serviços de vigilância patrimonial, paisagismo, limpeza e manejo de resíduos sólidos, que beneficiarão não apenas os próprios condôminos, mas também os pedestres que vierem a circular pelo condomínio[859]

Para o caso de regularização dos condomínios de lotes em núcleos urbanos informais, assim dispõe o artigo 66 do Decreto 9.310/18:

> Art. 66. Os núcleos urbanos informais consolidados constituídos na forma de condomínio de lotes poderão ser objeto de Reurb nos termos estabelecidos na Lei nº 13.465, de 2017, e neste Decreto.
>
> § 1º. A Reurb do condomínio de lotes independerá da regularização das edificações já existentes, que serão regularizadas de forma coletiva ou individual em expediente próprio, a critério do Poder Público municipal ou distrital.
>
> § 2º. As novas edificações a serem construídas em condomínio de lotes objeto de Reurb observarão as posturas edilícias e urbanísticas vigentes.

13.2. Regularização de condomínios de lazer

O retalhamento da gleba para fins de lazer, geralmente ao redor de corpos d´água de significativa vazão ou extensão de lâmina dá água (apelo paisagístico), como lagos, lagoas, represas hidrelétricas e represas para abastecimento de água,

---

857 Art. 2º – A política urbana tem por objetivo ordenar o pleno desenvolvimento das funções sociais da cidade e da propriedade urbana, mediante as seguintes diretrizes gerais:I – garantia do direito a cidades sustentáveis, entendido como o direito à terra urbana, à moradia, ao saneamento ambiental, à infraestrutura urbana, ao transporte e aos serviços públicos, ao trabalho e ao lazer, para as presentes e futuras gerações;II – gestão democrática por meio da participação da população e de associações representativas dos vários segmentos da comunidade na formulação, execução e acompanhamento de planos, programas e projetos de desenvolvimento urbano.

858 Sobre o assunto, vide Capitulo 7.3.

859 Op. cit.

fato muito comum nos Municípios do interior do Estado de São Paulo, deveria ter sido efetuado nos termos da Lei 6.766/79, conforme artigo 3º, *"caput"*, o qual, dentre outras hipótese, veda sua ocorrência em áreas de preservação ecológica (parágrafo único, inciso IV), ou seja, o que outros diplomas legais denominam de área de preservação permanente APP. Para a hipótese de se tratar de APP, remetemos o leitor para item *"Regularização fundiária em áreas de preservação permanente (APP)"*.[860]

Exceto na hipótese de o parcelamento de solo ter sido efetuado com fulcro na Lei 4.591/64, com respeito aos requisitos ambientais, nos demais casos ele será clandestino ou irregular, necessitando passar pela regularização fundiária urbana de interesse específico, também devendo ser aplicada a disciplina legal comum à Reurb-S e Reurb-E, todas tratadas em itens próprios deste trabalho.

Vale anotar, por fim, que com a Lei 13.465/17 foram criadas as figuras do *"condomínio de lotes"* (art. 2º, § 7º, da Lei 6.766/79) e o *"loteamento de acesso controlado"* (art. 2, § 8º), da Lei 6.766/79, os quais também foram abordados em tópicos próprios do presente trabalho, aos quais recomendamos consulta. A respeito já escrevemos:

> Nos casos da Reurb-E, em ranchos ou condomínios de lazer (muitos deles devem ser enquadrados nos novos institutos do condomínio de lotes ou loteamento de acesso controlado), cujas ocupações ocorreram às margens de reservatório artificiais de águas destinados à geração de energia ou ao abastecimento público, a faixa da área de preservação permanente consistirá na distância entre o nível máximo operativo normal e a cota máxima *maximorum* (artigo 11, parágrafo 4º), devendo ser obedecidas as demais disposições do artigo 65 do denominado Código Florestal, com a redação da Lei 13.465/17, para que se viabilize a regularização fundiária, com aprovação/licenciamento do município, por meio do Plano de Regularização Fundiária (artigo 12 e 35).[861]

Parece possível a regularização desses condomínios de lazer por tais instrumentos jurídicos (condomínio de lotes e condomínios de acesso controlado), os quais foram instituídos para novos empreendimentos, pois, salvo melhor juízo, violar-se-ia o princípio constitucional da isonomia, dando-se tratamento diferenciado a situações muito semelhante, exceto no momento da constituição do parcelamento. É bem verdade que os condomínios de lazer surgiram na clandestinidade, mas se serão permitidos novos parcelamentos nesses moldes e por essa modalidade, observadas as restrições ambientais e urbanísticas, podendo ser regularizado na forma da Reurb-E, não vemos porque não se regularizar também como base nesses novos instrumentos. Aliás, esses instrumentos foram instituídos justamente no âmbito de uma legislação destinada, em grande parte, à regularização fundiária urbana (Lei 13.465/17), ainda que como se fosse um *"Jabuti"* (disposição tratando de tema relativamente estranho ao contexto da regularização fundiária).

Recentemente, por meio do Provimento 02/2016, originado de Parecer nos autos nº 2014/00141294, (104/2015-E), portanto, antes do advento da Lei 13.465/17, o Excelentíssimo Senhor Corregedor Geral da Justiça, alterou as Normas de Serviço da Corregedoria Geral da Justiça, no tocante ao registro dos chamados *"Condomínios*

---

860 Vide subitens: 6.5.3. e 11.2.1

861 CASTANHEIRO, Ivan Carneiro; OLIVEIRA, Andreia Mara de. A regularização fundiária de condomínios e ranchos de lazer. Disponível em < https://www.conjur.com.br/2018-jan-15/mp-debate-regularizacao-fundiaria-condominios-ranchos-lazer>. Acesso em 15.jan.2018.

de Lotes", deixando de autorizá-los como vinha sendo feito, tendo como principal motivo a falta de norma regulamentadora. Ressalta o referido parecer que os *"denominados condomínios de lote"* possuem as seguintes características:

> [...] segundo Melhim Namem Chalhub, "pela divisão de uma gleba de terra em quinhões autônomos (lotes); os lotes constituem unidades imobiliárias autônomas atribuídas à propriedade individual dos respectivos adquirentes, existindo ainda partes da gleba que pertencem em comum a todos os titulares dos lotes, e essas partes são as vias internas de circulação e outras coisas que, por sua natureza, destinam-se ao uso comum. Essa espécie de condomínio é objeto do art. 3º do Dec.-Lei 271/1967, combinado com o art. 8º da Lei 4.591/1964 e com os arts. 1.331 e seguintes do Código Civil; sua implantação é regulamentada pelos municípios, por força da competência que lhes atribuiu a Constituição em matéria urbanística" (Condomínio de lotes de terreno urbano, in Doutrinas essenciais, direito registral, vol. IV, Registro imobiliário: modificações da propriedade, org. Ricardo Dip e Sérgio Jacomino, São Paulo: RT, 2011, p. 1.235/1.236)
>
> A tese central, para os adeptos da existência jurídica dos 'condomínios de lotes', é a desvinculação do terreno à efetiva construção. Ou seja, a unidade autônoma não seria a casa térrea ou assobradada, que será erigida sobre o lote, junto ao jardim e quintal, mas o lote em si. Ainda de acordo com o autor acima, 'a instituição do condomínio de lotes prescinde da construção de casas por parte do empreendedor. Tal como os apartamentos e as casas, os lotes constituem 'áreas privativas', 'unidades autônomas' correspondentes a porções de terreno individualizadas, localizadas e demarcadas, mas sem construção; nelas, os adquirentes erigirão, eles próprios, as casas por sua conta, se e quando desejarem.' (op. cit., p. 1.254)
>
> Para conferir fundamento legal à existência do condomínio de lotes, os adeptos dessa tese apontam para a vigência do art. 3º do Dec.-Lei 271/1967, que equipara 'o loteador ao incorporador, os compradores de lotes aos condôminos e as obras de infraestrutura à construção da edificação.' Assim, prontas as obras de infraestrutura, equiparadas à construção da edificação, não haveria razão para vincular o terreno – o lote – à efetiva construção da casa.
>
> A tese, a meu ver, não se sustenta. Ao tratar das normas que ainda estariam em vigor mesmo após a edição da Lei nº 6.766/79, Arnaldo Rizzardo aponta o Dec.-Lei 271/67, mas observa que apenas a parte em que não conflita com a Lei de Parcelamento, conforme o art. 2º, § 2º, da Lei de Introdução às Normas do Direito Brasileiro. Menciona, assim, como exemplo do que ainda vigora, somente a distinção entre loteamento e desmembramento e a previsão de que os espaços para edificações e equipamentos públicos e para o sistema viário passem para o domínio do Município.
>
> [...]
>
> Se se deseja estabelecer um condomínio deitado, pode-se fazê-lo, desde que respeitadas as regras do art. 8º da Lei nº 4.591/64, especialmente com vinculação do lote à construção.
>
> Parece claro que não se deve dar ao art. 3º do Dec.-Lei 271/67 a extensão que se pretende. Logo de início já se pode desconstruir o argumento. O art. 3º diz: 'Aplica-se aos loteamentos a Lei nº 4.591, de 16 de dezembro de 1964, equiparando-se o loteador ao incorporador, os compradores de lote aos condôminos e as obras de infra-estrutura à construção da edificação. O Dec.-lei é de 1967, tempo em que ainda não vigia a Lei nº 6.766. Quando, em 1979, foi editada a Lei 6.766, que regrou 'o parcelamento do solo para fins urbanos', a nova leitura do art. 3º do Dec.-Lei 271/67, para quem ainda quisesse lê-lo, só poderia ser: 'Aplica-se aos loteamentos [...] a Lei 6.766/79'. O que mais se poderia aplicar, se uma lei posterior, na dicção da Lei de Introdução às Normas do Direito Brasileiro, regulou inteiramente a matéria que era regulada pelo Decreto-lei 58/37? Em termos claros: a loteamentos, aplica-se a Lei nº 6.766/79; a condomínios, a Lei

nº 4.591/64. Não é possível resgatar um dispositivo absolutamente isolado e revogado para querer equiparar figuras distintas, criando um retalho de loteamento/condomínio, com o claro intuito de aproveitar o que há de mais conveniente nas duas legislações. Parcela-se o solo, em regime de condomínio, mas sem os rigores da lei de parcelamento.

[...]

Nem se diga que o julgamento do Recurso Especial 709.403 – SP, pela 4ª Turma do Superior Tribunal de Justiça, alterou esse quadro. O precedente não admite a existência do condomínio de lotes, mas, apenas, a possibilidade de a incorporadora não executar diretamente a edificação das casas, caso não seja também a construtora, e que o faça, por contratação de uma construtora ou deixe para cada adquirente de lote fazê-lo, mediante contratação de terceiro. Exige-se, contudo, a apresentação do projeto de execução e que esse seja aprovado pela autoridade administrativa competente, o que mostra a necessidade de que a construção seja providenciada e nos exatos moldes do projeto obrigatoriamente apresentado e aprovado.

Sob o ponto de vista legislativo, por outro lado, é preciso ressaltar a inexistência de legislação federal que preveja o condomínio de lotes. Veja-se que sequer a Medida Provisória 656/14 – que, de mais a mais, fazia uma mera menção 'condomínio de lotes de terreno urbano', o que, de certo, não seria suficiente para amparar a existência dessa modalidade – foi convertida, nessa parte, em lei.

[...]

É evidente que condomínio edilício é instituto diferente do 'condomínio de lotes de terreno urbano', figura não prevista em Lei Federal. Com efeito, é da competência da União dispor sobre a legislação civil a respeito do parcelamento do solo, em sentido amplo; e da competência dos Municípios legislar acerca do direito urbanístico, mas sempre de maneira atrelada à legislação civil.

[...]

Sendo patente a necessidade de uma legislação específica, resta saber a quem compete, em nosso direito, a edição de normas sobre condomínio.

Achando-se posicionado na esfera do Direito Civil e, portanto, no seio do Direito Privado, certo afirmar que o instituto em apreço ganhe expressão legislativa através de lei federal. Isso porque, consoante a Carta Política de 1988, compete privativamente à União legislar sobre direito civil (art. 22, I).

[...]

Há que se recordar, por oportuno, que tramita, na Câmara dos Deputados, o Projeto de Lei nº 3.057/2000, que visa a reformular a lei de parcelamento do solo e a criar – aí, sim, por meio de lei – a figura do condomínio urbanístico.

Não obstante a discussão sob o aspecto legislativo e conceitual da existência dos condomínios de lotes, os defensores dessa modalidade costumam apontar algumas vantagens que daí poderiam advir: a regularização de eventuais condomínios que, hoje, estão à margem da lei; a guarida ao anseio de parcela da população de viver num local mais seguro; e, sob o aspecto de política judiciária, colocar fim ao problema da cobrança das taxas de conservação pelas associações em face dos adquirentes de lotes que não se associam; a facilitação da expansão desse tipo de empreendimento, com repercussões econômicas positivas nos Municípios.

São todas razões relevantes, mas que não justificam iniciativa da Corregedoria Geral da Justiça, quanto mais sem lei a ampará-la.

Não se tem uma estimativa, oficial, da quantidade de condomínios deitados que, hoje, são irregulares. Sua regularização, no entanto, dependeria de adequação à lei. Não são as leis ou as Normas de Serviço da Corregedoria que devem ser adaptadas para regularizar parcelamentos ou empreendimentos ilegais, mas o contrário.

[...]

Quando se fala em condomínios de lotes, logo vêm à mente empreendimentos de alto padrão, em locais afastados, sem prejuízos à circulação. No entanto, se permitida a iniciativa, sem lei federal que a ampare, nada impediria que condomínios fossem erguidos em qualquer ponto da cidade, com qualquer padrão, sem a necessária preocupação com os requisitos urbanísticos existentes na Lei nº 6.766/79, como, por exemplo, a articulação das vias do loteamento com as vias adjacentes oficiais, em harmonização com a topografia local.

Isso poderia comprometer o urbanismo das cidades criando um crescimento desordenado. E não se deve simplesmente colocar nas mãos dos Municípios um poder, desvinculado de qualquer legislação federal, possibilitando que interesses econômicos interfiram de maneira casuística.

[...]

A temeridade é realçada por dois expoentes no estudo da matéria, os Magistrados Francisco Eduardo Loureiro e Claudio Luiz Bueno de Godoy. Concordes em afirmar, no projeto jurídico, que o Dec.-Lei 271/67 foi revogado, apontam para os riscos urbanísticos. Diz o primeiro:

'O primeiro risco seria de natureza eminentemente urbanística, de organização e desenvolvimento das cidades. Basta circular por qualquer cidade para constatar que os loteamentos, depois de implantados, desaparecem como empreendimentos autônomos e se inserem na malha urbana. Não se percebe, no mais das vezes, quando se passa de um para outro loteamento, integrados que estão na cidade. Os condomínios de lotes formariam verdadeiros encraves na cidade, impedindo a circulação interna de veículos. Claro que se pode argumentar que tais condomínios somente seriam aprovados em bairros distantes dos grandes centros. Lembre-se, porém, que as cidades crescem rapidamente e alcançam bairros que hoje parecem longínquos. Imagine, por exemplo, se na década de 30 a Cia. City tivesse implantado um condomínio de lotes nos bairros então distantes e nos limites da cidade, como o Jardim Paulista ou o Jardim América, ou o Alto de Pinheiros. Hoje teríamos verdadeiros guetos que inviabilizariam o crescimento organizado da cidade e o acesso aos bairros que se situam além deles.

O segundo risco, ainda mais grave, é o do controle dos requisitos urbanísticos dos loteamentos. Basta uma leitura rápida da L. 6.766/79 para constatar que o parcelamento do solo urbano se encontra sujeito a dezenas de requisitos de natureza cogente, tais como largura mínima de ruas, tamanho mínimo de lotes, obras mínimas de infraestrutura, vedação a implantação em terrenos impróprios (inclinados, alagadiços, contaminados...). Se o empreendedor pode livremente cambiar de regime jurídico e escapar dos rigores da L. 6.766/79 para cair na L. 4.591/64, naturalmente irá fazê-lo, se tal migração importar menores custos.

[...]

Destaco que a aprovação de um loteamento exige aprovação muito mais rigorosa do que a aprovação de um condomínio edifício. A L. 6.766/79 e as próprias Normas de Serviço exigem, para loteamentos, licenças ambientais, procedimento de registro rigoroso, aprovação junto ao GRAPOHAB, que envolve quase uma dezena de secretarias e órgãos. Indago: qual empresário se sujeitaria a tal rigor, se pode aprovar o mesmo empreendimento como condomínio?

O terceiro problema é que o artigo 15 da L. 6. 766/79 transfere para o domínio do Poder Público, no exato momento do registro do empreendimento junto ao RI, as vias públicas e áreas institucionais, destinadas à implantação de parques e equipamentos urbanos, tais como escolas e hospitais, estima-se que cerca de uma 1/3 parte de uma gleba loteável seja transferida gratuitamente ao Poder Público quando do registro do loteamento.

Pergunta-se: qual empresário lançaria o empreendimento como loteamento, se pode fazê-lo como condomínio de lotes, vendendo a totalidade da gleba? Pior. Implantado o condomínio de lotes, haverá a subsequente necessidade de equipamentos públicos para atender os moradores. O Poder Público terá, então, de desapropriar áreas a elevado custo, que deveriam ser suas gratuitamente, segundo a L. 6.766/79. " (fls. 269/271)

[...]

Além de temerário, entendo, salvo melhor juízo de Vossa Excelência, que as Normas de Serviço têm a função de tão somente explicitar o teor da legislação, jamais indo além do que ela prevê. A Corregedoria Geral da Justiça não pode agir como legislador positivo, criando normas cuja base legal não exista. Aliás, na apresentação das Normas de Serviço, o então Corregedor Geral da Justiça, Desembargador Milton Evaristo dos Santos, expõe qual o seu objetivo: racionalizar e disciplinar os serviços cartorários.

Como acertadamente ressaltou Excelentíssimo Desembargador Vicente de Abreu Amadei, 'sem a disciplina normativa desta nova figura condominial em lei federal, não convém à E. Corregedoria Geral da Justiça – que, no âmbito normativo, s.m.j., pode apenas regulamentar ou desenvolver o que já consta expresso em lei (e não inovar ou criar o que ainda carece de previsão legal) – disciplinar os chamados "condomínios de lotes' (fl. 246).

Exatamente por isso, creio que, além de ser equivocado regrar, nas Normas de Serviço, os 'condomínios de lotes', os itens 222.2 e 229, do Capítulo XX, que a eles, direta ou indiretamente, fazem menção, devem ser excluídos; e o item 293 deve ser adaptado.

Não obstante todos os encômios que devem ser dirigidos à iniciativa da Corregedoria Geral da Justiça de atualizar, no biênio passado, as Normas de Serviço, o trabalho, por sua magnitude, pode e deve ser revisto quando se verifiquem equívocos.

Os itens mencionados deixaram de levar em conta que estava sedimentada, havia tempos, posição contrária, do Conselho Superior da Magistratura e da Corregedoria Geral da Justiça, à regularidade do condomínio de lotes.

Além do voto paradigma antes mencionado, da lavra de Francisco Eduardo Loureiro, podem ser citados os seguintes julgamentos: Apelação Cível 2.349-0, Rel. Bruno Affonso de André; Apelações Cíveis 2.002-0, 2.002, 2553, Rel. Des. Bruno de Affonso André; Apelação Cível 2.966-0, Rel. Des. Batalha de Camargo; Apelação Cível 10.807-0, Rel. Des. Onei Raphael; Apelação Cível 20.439-0/0, Re. Des. Alves Braga, E, na Corregedoria, deve-se ainda dar destaque ao parecer da lavra de Kioitsi Chicuta, que, por sua clareza, merece parcial transcrição:

'Cada período histórico apresenta problemas a ele específicos e o jurista é chamado a solucioná-los, dando-lhes as necessárias soluções. Nos dias hodiernos, as necessidades de segurança, decorrentes da violência desenfreadas, de violações indevidas ao patrimônio particular, fazem com que as pessoas se aglomerem em verdadeiras fortalezas nos denominados "condomínios deitados'. E o 'condomínio deitado' não se confunde com o loteamento fechado, o qual, na definição do eminente Elvino Silva Filho, 'consiste na subdivisão de uma 'gleba' em lotes destinados a edificação ou formação de sítios de recreio, com abertura de novas vias de circulação, de logradouros públicos, devendo ser essa gleba cercada ou murada em todo o seu perímetro de modo a manter sob controle o acesso aos lotes' (cf "Loteamento Fechado e Condomínio Deitado", in Revista de Direito Imobiliário 14/12). O loteamento fechado rege-se pela Lei 6, 766/79.

O 'condomínio deitado', por seu lado, é 'aquele que se estabelece na construção de casas térreas ou assobradadas, diferentemente do condomínio que se estabelece nos prédios de apartamentos ou de escritórios, construídos em vários andares, portanto, um 'condomínio vertical', apesar de a maioria da doutrina denominá-lo de 'condomínio em projetos horizontais' ou 'propriedade horizontal' (cf ob. cit., p. 26).

Nosso sistema legal, porém, não permite um tertium genus entre o 'loteamento fechado' e o 'condomínio deitado"' No caso em espécie, como bem anotou o eminente

Procurador da Justiça Álvaro Pinto de Arruda, devem os condôminos decidir qual o estatuto que lhes deve ser aplicado. 'Ao condomínio, aplica-se a lei especifica, assim como, ao parcelamento do solo urbano, aplica-se a respectiva lei. O que não se pode é, ao sabor dos interesses do momento, criar uma figura jurídica de loteamento ou de condomínio, e aplicar, tão-só, parte de cada Lei, ao exclusivo alvedrio dos interessados'.

[...]

Ante o exposto, o parecer que, respeitosamente, em conjunto com os demais integrantes da equipe do extrajudicial, submeto a Vossa Excelência, sugere a exclusão do regramento dos chamados 'condomínio de lotes'; a supressão dos itens 222.2 e 229; e a exclusão da menção ao art. 3º, do Dec.-Lei nº 271/67, no item 293, do Capítulo XX, das Normas de Serviço da Corregedoria Geral da Justiça.

Sub censura.

São Paulo, 07 de abril de 2015.

Swarai Cervone de Oliveira

Juiz Assessor da Corregedoria (Relator)

Ana Luiza Villa Nova

Juíza Assessora da Corregedoria

Gabriel Pires de Campos Sormani

Juiz Assessor da Corregedoria

Gustavo Henrique Bretas Marzagão

Juiz Assessor da Corregedoria

Analisando o substancioso e lúcido Parecer dos Meritíssimos Juízes de Direito Auxiliares, Excelentíssimo Desembargador Manoel de Queiroz Pereira Calças, em 13 de janeiro de 2016, proferiu a seguinte decisão:

> Em complementação à decisão das fls. 315/316, aprovo o parecer dos MM. Juízes Assessores da Corregedoria (fls. 299/313) e, por seus fundamentos, que adoto, determino a exclusão do regramento dos chamados 'condomínio de lotes' e a supressão dos itens 222.2 e 229, do Capítulo XX, das Normas de Serviço da Corregedoria Geral da Justiça.
>
> O item 293, caput, do Capítulo XX, das Normas de Serviço da Corregedoria Geral da Justiça, passa a ter a seguinte redação:
>
> 293. Na hipótese de a irregularidade fundiária consistir na ocupação individualizada de fato, cuja propriedade esteja idealmente fracionada, as novas matrículas serão abertas a requerimento dos titulares das frações ideais ou de seus legítimos sucessores, em conjunto ou individualmente, aplicando-se, conforme o caso concreto, o disposto no art. 1º da Lei nº 4.591/64 ou no art. 2º da Lei nº 6.766/79.

Portanto, pelas razões expostas acima, caso superados os entraves da discutível constitucionalidade da Lei 13.465/17, inclusive pelo aspecto formal de ter sido editada por meio de Medida Provisória (faltando-lhe os requisitos da relevância e urgência), nosso entendimento é no sentido do cabimento da regularização dos condomínios de lazer como condomínios de lotes, com o atendimento dos requisitos de infraestrutura essencial, previsto na Lei 13.465/17 (dentre deles os requisitos ambientais e urbanísticos), o mesmo ocorrendo no tocante aos loteamentos de acesso controlado, sem se olvidar da necessidade de atendimento aos requisitos dos arts. 64 e 65 da Lei 12.651/12.

De se consignar que conforme previsto no artigo 24, § 14, do Decreto 9.310/18:

> "O requerimento de instauração da Reurb ou, na forma do regulamento, a manifestação de interesse nesse sentido por parte de quaisquer dos legitimados **garante**, perante o Poder Público, aos ocupantes dos núcleos urbanos informais situados em áreas públicas a serem regularizados **a permanência em suas unidades** imobiliárias, preservadas as situações de fato já existentes, até o eventual arquivamento definitivo do procedimento da Reurb." (grifo nosso)

Assim, com base no art. 24, § 14, do Decreto 9.310/18, entendemos que uma vez solicitado ou iniciado o procedimento de regularização judiciária urbana junto ao Município, não poderá haver desfazimentos de núcleos habitacionais clandestinos ou irregulares, mesmo que por ordem judicial, até o desfecho administrativos do respectivo procedimento, desde que obedecidos os respectivos prazos de tramitações no âmbito administrativo. Do contrário, em não havendo horizonte de prazo para decisão da Reurb na seara administrativa, poder-se-ia prorrogar ou evitar, indevidamente, a adequação ou readequação de um núcleo habitacional, com potenciais ou reais danos à ordem urbanística e/ou ambiental. De qualquer forma, no caso concreto, parece-nos lícito decisão judicial em contrário ao supracitado dispositivo legal, quando justificada a burla a seu objetivo.

13.3. Regularização de áreas já integradas à cidade (regularização inominada)

A regularização de loteamentos anteriores à Lei 6.766/79, a nosso ver, de maneira totalmente equivocada e sem justificativa técnica, pela Lei 11.977/09, passava a ter características meramente civis ou registrárias, deixando-se de se preocupar com o atendimento mínimo a parâmetros ambientais ou urbanísticos. Os outros requisitos são o parcelamento já estar comprovadamente implantado e integrado à cidade, o que se dará por certidão do Município. A justificativa é fato de não haver tais exigências naquela época. Assim preceituava o dispositivo legal:

> Art. 71. As glebas parceladas para fins urbanos anteriormente a 19 de dezembro de 1979 que não possuírem registro poderão ter sua situação jurídica regularizada, com o registro do parcelamento, desde que o parcelamento esteja implantado e integrado à cidade.
>
> § 1º. A regularização prevista no *caput* pode envolver a totalidade ou parcelas da gleba.
>
> § 2º. O interessado deverá apresentar certificação de que a gleba preenche as condições previstas no *caput*, bem como desenhos e documentos com as informações necessárias para a efetivação do registro do parcelamento.

Essa disposição do art. 71 abria a possibilidade de parcelamento de solo desordenado e desestruturado assim permanecer, privando seus moradores dos equipamentos urbanos e comunitários essenciais para se ter qualidade de vida e bem-estar.

Restava aos governantes locais ter vontade política para levar a infraestrutura urbanística e ambiental ao local, se o caso cobrando dos beneficiários para fins de ressarcimento das despesas, a título de contribuição de melhoria, em razão da valorização do imóvel, ou se utilizando dos instrumentos do Estatuto da Cidade (outorga onerosa, alteração de uso do solo, transferência do direito de construir), mediante cobrança de contrapartidas (art. 31 c.c. art. 26 do EC), as quais poderiam ser utilizadas para proceder à urbanificação desses núcleos (se estes forem de interesse social e não houver condições de buscar a indenização junto a seu empreendedor).

As novas disposições sobre o tema encontram-se no art. 69 da Lei 13.465/17, nos mesmos termos, mas com um detalhamento maior para a documentação a ser apresentada. Eis a redação do citado dispositivo.

> Art. 69. As glebas parceladas para fins urbanos anteriormente a 19 de dezembro de 1979, que não possuírem registro, poderão ter a sua situação jurídica regularizada mediante o registro do parcelamento, desde que esteja implantado e integrado à cidade, podendo, para tanto, utilizar-se dos instrumentos previstos nesta Lei.
>
> § 1º. O interessado requererá ao oficial do cartório de registro de imóveis a efetivação do registro do parcelamento, munido dos seguintes documentos:
>
> I – planta da área em regularização assinada pelo interessado responsável pela regularização e por profissional legalmente habilitado, acompanhada da Anotação de Responsabilidade Técnica (ART) no Conselho Regional de Engenharia e Agronomia (Crea) ou de Registro de Responsabilidade Técnica (RRT) no Conselho de Arquitetura e Urbanismo (CAU), contendo o perímetro da área a ser regularizada e as subdivisões das quadras, lotes e áreas públicas, com as dimensões e numeração dos lotes, logradouros, espaços livres e outras áreas com destinação específica, se for o caso, dispensada a ART ou o RRT quando o responsável técnico for servidor ou empregado público;
>
> II – descrição técnica do perímetro da área a ser regularizada, dos lotes, das áreas públicas e de outras áreas com destinação específica, quando for o caso;
>
> III – documento expedido pelo Município, atestando que o parcelamento foi implantado antes de 19 de dezembro de 1979 e que está integrado à cidade.
>
> § 2º. A apresentação da documentação prevista no § 1º deste artigo dispensa a apresentação do projeto de regularização fundiária, de estudo técnico ambiental, de CRF ou de quaisquer outras manifestações, aprovações, licenças ou alvarás emitidos pelos órgãos públicos.

Portanto, bastará planta assinada por parte do interessado responsável pela regularização (art. 87 do Decreto 9.310/18). Tal planta deverá conter "*... o perímetro da área a ser regularizada, as subdivisões das quadras, dos lotes e das áreas públicas, com as dimensões e a numeração dos lotes, os logradouros, os espaços livres e as outras áreas com destinação específica, se for o caso...*" (art. 87, § 1º, I). Se houver a apresentação da planta, haverá dispensa da "*apresentação do projeto de regularização fundiária, do estudo técnico ambiental, da CRF ou de quaisquer outras manifestações, aprovações, licenças ou alvarás emitidos pelos órgãos públicos*" (art. 87, § 2º, do Decreto 9.310/18), podendo haver regularização por etapas (art. 87, § 3º).

Portanto, nesse diapasão, a atual normatização padece dos mesmos problemas que a anterior, podendo-se dizer que para núcleos urbanos implantados e integrados à cidade simplesmente "*passa-se a régua*", legalizando-os e deixando seus problemas urbanísticos e ambientais como estão, ficando o saneamento das desconformidades ao alvedrio do gestor público e sem prazo para sua efetivação.

14. CONCLUSÕES SOBRE OS RUMOS DA REGULARIZAÇÃO FUNDIÁRIA

Os núcleos habitacionais clandestinos ou irregulares, bem como as ocupações irregulares em suas mais variadas espécies (favelas, cortiços, conjuntos habitacionais etc.) estão hoje espraiados pelo território nacional. O rol de diplomas legais, por meio de instrumentos de regularização fundiária urbana[862], apresentado em item próprio deste trabalho, objetiva minimizar esse grave quadro, cuja resolução do problema é de longo prazo e depende de empenho e firme decisão política dos Governos em nível federal, estadual distrital e municipal, bem como da sociedade, por meio das associações de moradores, organizações sociais e outras entidades especializadas.

Em outro trabalho, elaborado em conjunto com Advogada Andreia Mara de Oliveira, anotamos que:

> O crescimento desordenado dos grandes centros urbanos e a explosão demográfica brasileira em curto espaço de tempo ocasionaram diversos problemas estruturais. A desconformidade entre as normas existentes e a realidade fática impedem a concretização do direito social à moradia e à dignidade humana, produzindo reflexos negativos inaceitáveis em matéria de ordenamento territorial urbano, mobilidade, meio ambiente, saneamento básico, segurança pública e saúde pública. Cerca de 50% dos imóveis estariam irregulares. Tal contexto justificou a flexibilização e simplificação das normas de regularização fundiária desses imóveis, com a edição da Lei 13.465, de 11/7/2017, pela qual se possibilitou regularizar não só os imóveis particulares, mas também os públicos, com transferência de domínio para os beneficiários, em ambos os casos.[863]

A regularização fundiária está intrinsecamente relacionada com a questão da habitação de interesse social, pois se constitui na urbanificação dos locais onde os assentamentos humanos são precários, disponibilizando um maior número de habitações adequadas para propiciar moradia digna, com obediência aos princípios do Direito Urbanístico e do Direito Ambiental, bem como da ordem econômica e social.

Na regularização fundiária de interesse específico (aquela que não puder ser considerada de interesse social), as facilitações, na legislação anterior (Lei 11.977/09), eram mais de caráter procedimental. Não havia flexibilizações nos seus requisitos, mas com o advento da Lei 13.465/17 passou-se a permitir flexibilização dos parâmetros urbanísticos e do grau de proteção ambiental, especialmente da área de preservação permanente.

O cumprimento da função social da cidade e, por consequência da propriedade urbana, passa pela 'urbanificação' da maioria de nossos centros urbanos, especialmente os de médio e grande porte. Nesse sentido, vale transcrever a lição de José Afonso da Silva, nos seguintes termos: '*A urbanização gera enormes problemas. Deteriora o ambiente urbano. Provoca a desorganização social, com carência de habitação, desemprego, problemas de higiene e de saneamento básico. Modifica a utilização do solo e transforma a paisagem urbana*'. Em outro ponto, ressalta o respeitado jurista:

[862] Poderão ser empregados, no âmbito da Reurb, sem prejuízo de outros que se apresentem adequados, os seguintes institutos jurídicos: a legitimação fundiária e a legitimação de posse, a usucapião, a desapropriação em favor dos possuidores e por interesse social, a arrecadação de bem vago, o consórcio imobiliário, o direito de preempção, a transferência do direito de construir, a requisição, em caso de perigo público iminente, a intervenção do poder público em parcelamento clandestino ou irregular, a alienação de imóvel pela administração pública diretamente para seu detentor, a concessão de uso especial para fins de moradia; a concessão de direito real de uso; a doação; e a compra e venda. (CASTANHEIRO, Ivan Carneiro; OLIVEIRA, Andreia Mara de. A regularização fundiária de condomínios e ranchos de lazer. Disponível em < https://www.conjur.com.br/2018-jan-15/mp-debate-regularizacao-fundiaria-condominios-ranchos-lazer>. Acesso em 15.jan.2018.).

[863] A regularização fundiária de condomínios e ranchos de lazer. Disponível em < https://www.conjur.com.br/2018-jan-15/mp-debate-regularizacao-fundiaria-condominios-ranchos-lazer>. Acesso em 15.jan.2018.

'a solução deste problema se obtém e vence pela intervenção do Poder Público, que procura transformar o meio urbano e criar novas formas urbanas. Dá-se, então, a urbanificação, processo deliberado de correção da urbanização, consistente na renovação urbana, que é a reurbanização.'[864]

Interessante transcrever a posição de João Lopes Guimarães Júnior, sobre a política de regularização fundiária, proferida em 1999, mas que continua bastante atual:

> A regularização dos loteamentos clandestinos no Município de São Paulo é, contudo, trabalho de fôlego, que certamente tomará algumas décadas até sua conclusão. Demanda o dispêndio de grandes recursos financeiros. Não nos referimos, certamente, a uma regularização meramente formal e burocrática, consistente na expedição de um alvará, mas sim aquele que resulte em uma autêntica 'Urbanificação', para usar a expressão de José Afonso da Silva. Ou seja, é preciso que os loteamentos sofram intervenção urbanística concreta, que resulta na melhoria da qualidade de vida dos moradores.[865]

Uma regularização fundiária sustentável, para ser digna desse nome, não dispensa que se levem em conta aspectos urbanísticos e ambientais, visando garantir qualidade de vida aos beneficiários e à população residente no entorno. Em matéria de assentamentos humanos, no Capítulo 07 da Agenda 21, da Conferência das Nações Unidas sobre Meio Ambiente e Desenvolvimento (CNUMAD), em 1992, no Rio de Janeiro/RJ, também conhecida por ECO-92, preconizam-se as seguintes providências quanto ao Direito Humano à moradia digna:

a) oferecer a todos habitação adequada;
b) aperfeiçoar o manejo dos assentamentos humanos;
c) promover o planejamento e o manejo sustentáveis do uso da terra;
d) promover a existência integrada de infraestrutura ambiental: água, saneamento, drenagem e manejo de resíduos sólidos;
e) promover sistemas sustentáveis de energia e transporte nos assentamentos humanos;
f) promover o planejamento e o manejo dos assentamentos humanos localizados em áreas sujeitas a desastres;
g) promover atividades sustentáveis na indústria da construção;
h) promover o desenvolvimento dos recursos humanos e da capacitação institucional e técnica para o avanço dos assentamentos humanos.

Reafirmamos não ser jurídico e nem razoável efetuar-se uma regularização puramente dominial (registrária), *"de papel"*, sem levar em consideração aspectos urbanísticos e ambientais. Ao assim agir, estar-se-ia comprometendo ou colocando em risco a qualidade de vida dos residentes e toda a população do entorno, atingindo-os em seus direitos fundamentais.

Portanto, promover a regularização fundiária não é tarefa simplista, exigindo-se profissionalismo e atuação de equipe multidisciplinar, com empenho e vontade

---

[864] Direito urbanístico brasileiro, p. 27.

[865] Op. cit., p. 121.

política do Poder Executivo, especialmente o municipal, incentivado e apoiado técnica e financeiramente pelo Estado e União, quando o caso, bem como com participação da comunidade. Nesse sentido, devem ser promovidas audiências públicas, visando informar aos moradores do teor do projeto de regularização fundiária em esboço, colher sugestões e obter adesões dos mesmos, até para obter a colaboração deles, evitando novas invasões por meio da fiscalização.[866]

Somente assim, em nossa opinião, estar-se-á cumprindo efetivamente uma verdadeira política habitacional, não bastando a oficialização de novas unidades de moradia, mas sim provê-las de uma infraestrutura adequada. Será necessário, isso sim, proceder a *"urbanificação"* (leia-se regularização fundiária) dos núcleos irregulares e clandestinos das mais diversas origens, relocar pessoas da periferia para os centros urbanos, revitalizando estes, de maneira a incentivar o retorno das pessoas a esses locais, onde há melhor estrutura urbana, deixando-se de exercer uma pressão nos arredores, onde existem, ainda, grandes porções de território que podem e devem ser preservados, conservados e/ou recuperados ambientalmente. Assim agindo, estar-se-á oferecendo qualidade de vida e propiciando resiliência às nossas cidades, assim como fornecendo diversos serviços ambientais à população urbana. Em suma, estar-se-á reurbanizando-a, como diz José Afonso da Silva.

A destinação de unidades habitacionais às famílias removidas de áreas de preservação permanente e de áreas de risco deve ser efetuada com prioridade em relação às famílias previamente cadastradas para serem contempladas em novos projetos habitacionais. Do contrário, caso se dê preferência em novos projetos habitacionais às pessoas que fizeram ocupações recentes estar-se-á incentivando novas invasões ao arrepio da lei e se praticando injustiças com os cidadãos cumpridores das normas e respeitadores do interesse coletivo aqui traduzido na sustentabilidade urbano-ambiental.

Entendemos adequada a previsão do § 1º do artigo 3º, da Resolução Conjunta SH/SMA – nº 3, de 9-1-2009, das Secretárias Estaduais de Habitação e de Meio Ambiente do Estado de São Paulo, na qual consta o diagnóstico necessário para uma regularização a ser planejada com o objetivo de ser sustentável:

> Para a regularização de parcelamentos do solo e núcleos habitacionais deverão ser executados levantamentos e estudos técnicos pelos empreendedores, Poder Público Municipal ou equipe técnica de apoio, identificando por meio de vistorias, levantamentos de campo, informações de órgãos específicos, materiais cartográficos, aerofotogramétricos e outros dados disponíveis, os passivos e fragilidades ambientais da sub-bacia que contenha o núcleo a regularizar, quando necessário à infra-estrutura urbana, saneamento básico, coleta e destinação dos resíduos sólidos, os espaços livres de ocupação, os equipamentos comunitários, as áreas consideradas de risco e as demais carências sociais e ambientais.

Esses são, portanto, os requisitos mínimos para se proceder a uma regularização fundiária urbano-ambiental sustentável, que contemple os interesses não somente dos efetivos ou potenciais beneficiários diretos da regularização (moradores/ocupantes), mas de todos os habitantes e frequentadores do entorno e/ou da cidade onde se encontra o núcleo habitacional a ser regularizado.

[866] CASTANHEIRO, Ivan Carneiro. Regularização Fundiária Urbana: fundamentos, aspectos práticos e propostas, p. 111.

Fica evidente da análise de toda a novel normatização ora em comento que a Lei 13.465/17 teve como efetiva diretriz, assumidamente a principal, a titulação dos núcleos urbanos perante o registro de imóveis, independente de efetivas melhorias ambientais ou urbanísticas, ou de perpetuação da degradação ambiental em áreas de ocupação predominantemente residencial consolidada. Contrariou, frontalmente, princípios constitucionais, tais como: o supra princípio da dignidade da pessoa humana (art. 1º, III); direitos sociais como a saúde e moradia digna (art. 6º), ao se descurar dos requisitos do saneamento básico (água e esgoto, principalmente); princípio da função social da propriedade urbana (art. 5º, XXXII c/c art. 182, § 2º); desconsiderou a defesa do meio ambiente na atividade econômica (art. 170, V).

É bem verdade que os retrocitados princípios constitucionais, urbanísticos e ambientais podem ser encontrados nos objetivos da Reurb (art. 10 da Lei 13.465/17). Aliás, entendemos que devem ser exigidos pelos Municípios ou Distrito Federal, ao analisar e aprovar o projeto de regularização fundiária, com o conteúdo mínimo do art. 35 e do projeto urbanístico (art. 36). Entretanto, a prática não nos autoriza a ser otimista, inclusive porque após a titulação (art. 36, § 3º), que pode ser efetuada independentemente da implantação da infraestrutura essencial (art. 36, § 1º), a questão deverá cair no esquecimento dos órgãos públicos.

Não se pode negar que o grande móvel da Reurb é, como se disse, retirar da clandestinidade uma infinidade de imóveis e de pessoas vivendo fora da realidade formal e de suas benesses, em condições nada desejáveis. Nesse sentido, conveniente registrar que:

> A novel lei é audaciosa na flexibilização das regras vigentes e polêmica em seus objetivos e institutos jurídicos criados e/ou modificados. Inegável que traz profundas modificações no sistema de registros públicos, com significativas restrições urbano-ambientais, bem como quanto às formas de aquisição e/ou perda de domínio de imóveis públicos ou privados.[867]

Para evitar que a regularização fundiária fique apenas no papel, a nosso ver, caberá ao Ministério Público, por meio do Promotor de Justiça de Habitação e Urbanismo, instaurar Procedimento Administrativo de Acompanhamento, Inquérito Civil ou procedimento análogo, para acompanhar, em seu município, comarca ou região de atuação, a efetiva implantação das obras de infraestrutura essencial e dos parâmetros urbanísticos e ambientais previstos no projeto de Reurb aprovados. Especialmente no tocante ao "cronograma físico de serviços e implantação de obras de infraestrutura essencial, compensações urbanísticas, ambientais e outras" (art. 35, IX, da Lei 13.465/17), bem como quanto ao termo de compromisso a ser assinado pelos responsáveis, públicos ou privados, pelo cumprimento do cronograma físico definido no inciso IX deste artigo (art. 35, X, da Lei 13.465/17).

Pelas omissões e discrepâncias da Lei da Reurb em relação aos dispositivos e princípios constitucionais, bem como pelo fato de ela ter sido, como já se disse,

[867] CASTANHEIRO, Ivan Carneiro; OLIVEIRA, Andreia Mara de. A regularização fundiária de condomínios e ranchos de lazer. Disponível em < https://www.conjur.com.br/2018-jan-15/mp-debate-regularizacao-fundiaria-condominios-ranchos-lazer>. Acesso em 15.jan.2018.

introduzida por meio de medida provisória sem debates com a sociedade civil por meio de audiências públicas (tema que não tinha a urgência requerida exigida pelo art. 62, da Carta Magna, quando da edição da MP 759/16), tramitam no Supremo Tribunal Federal a ADI 5.771 (promovida pelo Ministério Público Federal), a ADI 5.787 (promovida pelo Partido dos Trabalhadores) e a ADI 5.883, proposta pelo Instituto de Arquitetos do Brasil (IAB) contra a Lei 13.465/17. Esta lei, a pretexto de criar segurança jurídica e estabilidade social, ambiental e urbanística, alterou cerca de uma dezena de outras leis, sem debate e sem participação social, que poderá gerar efeitos contrários, contribuindo para, em alguns casos, diante da oficialização das desconformidades, agravar ou perpetuar problemas urbanísticos e ambientais que se esperava fossem corrigidos pelo poder público em algum momento.

Não há certeza jurídica de que as disposições da Lei 13.465/17 permaneçam, total ou parcialmente, no ordenamento jurídico. Entretanto, "*Caso alcançados os objetivos do artigo 10 da Lei 13.465/17, muitos dos quais não encontram ressonância nas regras positivadas no novo diploma legal, estar-se-ão concretizando os princípios constitucionais da dignidade humana e do desenvolvimento econômico sustentável, tal como previstos nos artigos 1º, inciso III; 170, 182 e 225 da Carta Magna.*"[868]

15. REFERÊNCIAS BIBLIOGRÁFICAS

AGUIAR, Joaquim Castro. **Direito da cidade.** Rio de Janeiro: Editora renovar, 1.996.

A Lei 12.651, de 25 de maio de 2012: **Relatório do subgrupo de defesa do patrimônio florestal e de combate às práticas rurais antiambientais**. Ministério Público do Estado de São Paulo: Grupo de Atuação Especial de Defesa do Meio Ambiente (GAEMA). 2012. Disponível em <http://www.mpsp.mp.br/portal/page/portal/cao_criminal/Boas_praticas/Relacao_Projetos/projetoflorestar1/RELATORIO_LEI%2012.651-2012_GAEMA.pdf>. Acesso em 21 fev. 2016.

ALFONSIN, Betânia; FERNANDES, Edésio (Org.). **Direito à Moradia e Segurança da Posse no Estatuto da Cidade. Diretrizes, Instrumentos e Processos de Gestão.** Belo Horizonte: Editora Fórum, 2004.

AMADEI, Vicente de Abreu. **Concessão de uso especial para fins de moradia e concessão de direito real de uso**. In: NALINI, José Renato; LEVY, Wilson (Coord.). **Regularização Fundiária**. 2ª ed. Rev. Atual. e Ampl. Rio de Janeiro: Forense, 2014, p. 205-230.

AMIN FILHO, Carlos Alberto. **Zoneamento em São Paulo: o diagnóstico da desordem e uma proposta de encaminhamento.** In: FREITAS, José Carlos de (Coord). **Temas de direito urbanístico.** São Paulo: Imprensa Oficial do Estado: Ministério Público do Estado de São Paulo, 1999, p. 259-278.

868 CASTANHEIRO, Ivan Carneiro; OLIVEIRA, Andreia Mara de. A regularização fundiária de condomínios e ranchos de lazer. Disponível em < https://www.conjur.com.br/2018-jan-15/mp-debate-regularizacao-fundiaria-condominios-ranchos-lazer>. Acesso em 15.jan.2018.

ANDRADE, Felippe Augusto Vieira. **O patrimônio cultural e os deveres de proteção e preservação.** "In": FREITAS, José Carlos de (Org.). **Temas de direito urbanístico 3**. São Paulo: Imprensa Oficial do Estado: Ministério Público do Estado de São Paulo, 2.001, p. 387-407.

AKAOUI, Fernando Reverendo Vidal. **O Superior Tribunal de Justiça e os atos decorrentes da Administração Ambiental.** In: SOARES JÚNIOR, Jarbas; ALVARENGA, Luciano José (coords). **Direito Ambiental do STJ**. Belo Horizonte: Del Rey, 2010, p. 81-95.

ARAGÃO, Alexandre Santos de. **O princípio da proporcionalidade no Direito Econômico**. In: Revista de Direito Administrativo, Rio de Janeiro: Renovar, nº 223, p. 199-230, jan./mar. 2001.

ARAUJO, Luiz Alberto David; NUNES JÚNIOR, Vidal Serrano. **Curso de direito constitucional**. 15ª ed. São Paulo: Verbatim, 2011.

ARAÚJO, Suely Mara Vaz Guimarães de. **As áreas de preservação permanente e a questão urbana**. Biblioteca Digital da Câmara dos Deputados - **Centro de Documentação e Informação Coordenação de Biblioteca**. Ago. 2002. Disponível em < http://www.mp.go.gov.br/portalweb/hp/9/docs/doutrinaparcel_01.pdf>. Acesso em 24 fev. 2016.

ARFELLI, Amauri Chaves. **Áreas verdes e de lazer - considerações para sua compreensão e definição na atividade urbanística de parcelamentos do solo.** Disponível em <http://www.revistajustitia.com.br/artigos/3d0b6b.pdf>. Acesso em 21 fev. 2016.

BASTOS, Celso Ribeiro. **Hermenêutica e Interpretação Constitucional**. 2ª ed., São Paulo: Celso Bastos Editor - Instituto Brasileiro de Direito Constitucional, 1999.

BATTALINI, Claudemir. **Ordenamento urbano: desrespeito ao planejamento municipal nas alterações do zoneamento e o uso do solo**. In: DISSINGER, Marisa Rocha Teixeira. **Temas de Direito Urbanístico 5**. São Paulo: Imprensa Oficial do Estado: Ministério Público do Estado de São Paulo, 2007, p. 185-207.

BENJAMIN, Antonio Herman de Vasconcellos. **Introdução ao Direito Ambiental brasileiro**. In: FINK, Daniel Roberto (Coord). **Manual Prático da Promotoria de Justiça do Meio Ambiente.** São Paulo/SP: Imprensa Oficial, 2005, v.1, p. 3-93.

BESSONE, Darcy. **Da compra e venda: promessa & reserva de domínio**. 3ª ed., São Paulo, Saraiva, 1988.

BIASI Ruggiero. **Condomínio Fechado - Loteamento Burlado**. In: Revista do Advogado nº 18, junho/1985, p. 25-30.

CARMONA, Paulo Afonso Cavichioli. **Curso de Direito Urbanístico**. Salvador: Editora JusPodivm, 2015.

CANOTILHO, José Joaquim homens. **Direito constitucional**, 5ª ed., Coimbra: Almedina, 1991.

CARVALHO FILHO, José dos Santos. **Comentários ao Estatuto da Cidade**. São Paulo: Atlas, 2013.

CARVALHO, Paulo de Barros. **Curso de Direito Tributário**, 10ª ed., São Paulo: Saraiva, 1998.

CARVALHO, Thais Daí Ananias de; FERRAZ, Carolina Ananias Junqueira. **Aborto eugênico: uma questão biojurídica**. In: SÁ, Maria de Fátima Freire de (coord.). **Biodireito**. Belo Horizonte: Del Rey, 2002.

CASTANHEIRO, Ivan Carneiro. **Implantação e Regularização de Condomínios de lazer em área de preservação permanente**. In: BENJAMIN, Antônio Herman de Vasconcelos e. (Org.). **Manual Prático das Promotorias de Justiça do Meio Ambiente**, 2ª ed. São Paulo/SP: Imprensa Oficial, 1999, p. 353-364.

______. **Implantação e regularização de "condomínio" de lazer em área de preservação permanente**. In: FINK, Daniel Roberto. **Manual Prático da Promotoria de Justiça do Meio Ambiente.** São Paulo: Imprensa Oficial: Ministério Público do Estado de São Paulo, 2005, v.2, p. 1035-1051.

______. **Parcelamentos irregulares e clandestinos e responsabilidade civil**. In: FINK, Daniel Roberto. **Manual Prático da Promotoria de Justiça de Habitação e Urbanismo**. São Paulo: Imprensa Oficial do Estado: Ministério Público do Estado de São Paulo, 2005, p. 211-226.

______. **Planos de saúde e dignidade da pessoa humana**. Dissertação (Mestrado em Direito das Reações Sociais - Direito Difuso e Coletivo). Pontifícia Universidade Católica de São Paulo, ano 2005, 585f.

______. **Regularização Fundiária Urbana: fundamentos, aspectos práticos e propostas.** In: NALINI, José Renato; LEVY, Wilson (Coord.). **Regularização Fundiária** 2ª ed. Rev. Atual. e Ampl. Rio de Janeiro: Forense, 2014, **p. 107-126.**

CASTANHEIRO, Ivan Carneiro; OLIVEIRA, Andreia Mara. **A regularização fundiária de condomínios e ranchos de lazer**. Disponível em < https://www.conjur.com.br/2018-jan-15/mp-debate-regularizacao-fundiaria-condominios-ranchos-lazer>. Acesso em 15.jan.2018.

______; ______. **A regularização dos loteamentos fechados e condomínios de lotes pela Lei 13.465/17**. Disponível em <https://www.conjur.com.br/2018-nov-29/mp-debate-regularizacao-loteamentos-fechados-condominios-lotes>. Acesso em 02.dez.2018.

CASTILHO, José Roberto Fernandes. **Disciplina urbanística da propriedade: o lote seu destino**. 3ª ed. reformulada, São Paulo: Editora Pillares, 2010.

COMPARATO, Fábio Konder. **A afirmação histórica dos direitos humanos**. 2ª ed. rev. e ampl., São Paulo: Saraiva, 2001.

COSTA, Regina Helena COSTA. **Urbanismo e Meio Ambiente**. Revista da Procuradoria Geral do Estado de São Paulo, dez/1994.

Cretella Júnior, José. **Tratado do Domínio Público**. São Paulo: Forense, 1984.

DALLARI, Adilson Abreu e FERRAZ, Sérgio (Coord.) **O Estatuto da Cidade e suas diretrizes.** In: **Estatuto da Cidade - Comentários à Lei Federal 10.257/2001**. São Paulo: Malheiros, 2002.

DI SARNO, Daniela Campos Libório. **Responsabilidade do Estado e o Plano Urbanístico.** In: GUERRA, Alexandre Dartanhan de Melo; PIRES, Luis Manuel Fonseca; BENACCHIO, Marcelo (Coords). **Responsabilidade civil do Estado: desafios contemporâneos.** São Paulo: Quartier Latin, 2010, p. 963-977.

DIAS, Luiz Carlos. **Campanha da fraternidade ecumênica - 7. O saneamento básico e os resíduos sólidos. O domingo semanário litúrgico-catequético.** Ano LXXXIV - remessa III, de 14 fev. 2016, p. 4.

DI PIETRO, Maria Sylvia Zanella. **Poder de polícia em matéria urbanística.** In: FREITAS, José Carlos de (Coord). **Temas de direito urbanístico.** São Paulo: Imprensa Oficial do Estado: Ministério Público do Estado de São Paulo, 1999, p. 23-38.

ERPEN, Décio Antônio; PAIVA, João Pedro Lamana; MEZZARI, Mario Pazutti. **Condomínio Horizontal de Lotes: Edificação de Livre Escolha do Condômino.** Disponível em <http://registrodeimoveis1zona.com.br/?p=242 - 05-09-15Condomínio>. Acesso em 05 set. 2015.

FERNANDES, Edésio (Org). **Direito Urbanístico e Política Urbana no Brasil.** Belo Horizonte: Del Rey, 2.001.

_______. **Perspectivas para a regularização fundiária em favelas à luz do Estatuto da Cidade.** "In": FREITAS, José Carlos de (Org.). **Temas de direito urbanístico 3.** São Paulo: Imprensa Oficial do Estado: Ministério Público do Estado de São Paulo, 2.001, p. 212-213.

FERRAZ, Patricia de Camargo. **Regularização fundiária e desenvolvimento econômico sustentável: novos instrumentos jurídicos para regularização de terras urbanas.** Alternativas de custeio. In: NALINI, José Renato; LEVY, Wilson (Coords.). **Regularização fundiária.** 2ª ed. Rev. Atual. e Ampl. Rio de Janeiro: Forense, 2014, p. 127-153.

FIGUEIREDO, Ivanildo. Disponível em <http://www.anoreg.org.br/index.php?option=com_content&view=article&id=13464:imported_13435&catid=32&Itemid=181>. Acesso em 01-dez-2018.

FIGUEIREDO, Lúcia Valle. **Disciplina urbanística da propriedade.** 2ª ed. revista e atualizada. São Paulo: Malheiros, 2005.

FIGUEIREDO, Silvio. **Regularização fundiária - avanços e desafios na implementação de políticas públicas.** In: **Regularização Fundiária.** In: NALINI, José Renato; LEVY, Wilson (Coords.). **Regularização fundiária.** 2ª ed. Rev. Atual. e Ampl. Rio de Janeiro: Forense, 2014, p. 185-204.

FINK, Daniel Roberto et al. **Áreas de Preservação Permanente e sua regulamentação pelo CONAMA.** "In": FINK, Daniel Roberto (Org.). **Temas de direito**

urbanístico 4. São Paulo: Ministério Público do Estado de São Paulo e Imprensa Oficial do Estado, 2005, p. 321-346. (FOI REPETIDO 2.005).

FIORILLO, Celso Antônio Pacheco. **Curso de direito ambiental brasileiro.** 10ª edição, revista e atualizada., São Paulo: Saraiva, 2009.

______. **Estatuto da Cidade comentado: Lei 10.257/2001 – Lei do Meio Ambiente Artificial.** 4ª ed. Rev. Atual. Ampl. São Paulo: RT, 2010.

______. **Estudo prévio de impacto de vizinhança previsto no Estatuto da cidade (Lei 10.257/01) e sua adequação ao Direito Ambiental constitucional brasileiro**. In: DISSINGER, Marisa Rocha Teixeira (Coord)**. Temas de Direito Urbanístico 5**. São Paulo: Imprensa Oficial do Estado: Ministério Público do Estado de São Paulo, 2007, p. 73-77.

______. **O direito de antena em face do direito ambiental no Brasil**. São Paulo: Saraiva, 2.001.

FREITAS, Cristina Godoy de Araújo. **A evolução das APPs e a aplicação do Código Florestal às áreas urbanas**. In: BENJAMIN, Antônio Herman; Lecey, Eladio (Coords), Cappelli, Sílvia. **Direito ambiental, mudanças climáticas e desastres: impactos nas cidades e no patrimônio cultural.** São Paulo: Imprensa Oficial do Estado de São Paulo, 2009, v.1.

______. **O perfil constitucional das áreas de preservação permanente (cursos d´água e reservatórios artificiais)**. In: Ministério Público do Estado de São Paulo: Centro de Apoio Operacional de Meio Ambiente, Habitação e Urbanismo. **Temas de Direito Ambiental**. São Paulo: Imprensa Oficial, 2015, p. 13-33.

FREITAS, José Carlos de. **Direito urbanístico**. "In": NUNES JÚNIOR, Vidal Serrano (Coord). **Manual de Direitos Difusos**. São Paulo: Editora Verbatim, 2009, p. 385-430.

______. **Dos interesses metaindividuais urbanísticos, "In": FREITAS, José Carlos de (Org.).** Temas de direito urbanístico. São Paulo: Imprensa Oficial do Estado: Ministério Público do Estado de São Paulo, 1999, p. 281-303, 1.999.

______. **Loteamentos clandestinos e suas modalidades fraudulentas: atuação preventiva dos agentes públicos**. In: FINK, Daniel Roberto (Org). **Manual Prático da Promotoria de Justiça de Habitação e Urbanismo. São Paulo**: Imprensa Oficial do Estado, 2005, p. 171-188.

______. **Loteamentos fechados: uma realidade na ilegalidade.** In: **Manual prático da Promotoria de Justiça de Habitação e Urbanismo**. In: FINK, Daniel Roberto (Org). São Paulo: Imprensa Oficial do Estado: Ministério Público do Estado de São Paulo, 2005, p. 313-352).

______. **Loteamentos fechados: O papel do Ministério Público.** Disponível em <http://www.mpsp.mp.br/portal/page/portal/cao_urbanismo_e_meio_ambiente/Congressos_eventos/18_congresso_meio_ambiente/18_teses/tese_Dr_%20Freitas.doc>. Acesso em 05 set. 2015.

_______. **O Estatuto da Cidade e o equilíbrio do espaço urbano,** "In": FREITAS, José Carlos de (Org.). **Temas de direito urbanístico 3**. São Paulo: Imprensa Oficial do Estado: Ministério Público do Estado de São Paulo, 2.001, p. 441-457.

FREITAS, Maria Cristina Marton Corrêa Seifarth de. **As cláusulas convencionais de loteamento e a lei municipal posterior.** "In": FREITAS, José Carlos de (Org.). **Temas de direito urbanístico 3.** São Paulo: Imprensa Oficial do Estado: Ministério Público do Estado de São Paulo, 2.001, p. 145-151.

GASPARINI, Diógenes. Aspectos jurídicos do plano diretor. In: FINK Daniel Roberto (Coord) **Temas de direito urbanístico 4**. São Paulo: Imprensa Oficial do Estado: Ministério Público do Estado de São Paulo, 2.005, p. 79-108.

_______. **O Município e o parcelamento do solo**. 2ª ed. São Paulo: Saraiva, 1988.

_______. **Regularização de loteamento e desmembramento**. São Paulo: Fundação Prefeito Faria Lima - CEPAM, 1983.

GRECCO Filho, Vicente. **Tutela Constitucional das Liberdades**. São Paulo: Saraiva, 1989, p. 441-457.

GUIMARÃES, Arianna Stagni. **A importância dos princípios jurídicos no processo de interpretação constitucional**. Dissertação (Mestrado em Direito). Pontifícia Universidade Católica de São Paulo, São Paulo,2001, 153 f.

GUIMARÃES, Daniel Serra Azul. **Zoneamento e a Função Social da Propriedade**. In: FINK, Daniel Roberto. **Manual Prático da Promotoria de Justiça de Habitação e Urbanismo**. São Paulo/SP: Imprensa Oficial do Estado: Ministério Público do Estado de São Paulo, 2005, p. 501-532.

GUIMARÃES JÚNIOR, João Lopes. **Direito x urbanismo: a aplicação da lei sobre parcelamento do solo urbano e os aspectos sociais, políticos e econômicos relacionados ao urbanismo ao déficit habitacional.** In: FREITAS, José Carlos de (Coord). **Temas de direito urbanístico.** São Paulo: Imprensa Oficial do Estado: Ministério Público do Estado de São Paulo, 1999, p. 105-121.

HORN, Daniel Colombo Gentil. **O parcelamento do solo urbano em questão: experiências alternativas ao esgotamento de um modelo e perspectivas na nova ordem jurídico-urbanística.** Disponível em <http://www3.pucrs.br/pucrs/files/uni/poa/direito/graduacao/tcc/tcc2/trabalhos2008_2/daniel_colombo.pdf>. Acesso em 03 set. 215.

JACOMINO, Sérgio. **Parcelamento de solo urbano, o consumidor e o registro imobiliário**. In: FREITAS, José Carlos de. **Temas de direito urbanístico 2.** Imprensa Oficial: Ministério Público do Estado de São Paulo, 2000, p. 257-272.

KRÄHENBÜHL, Lair. **Trajetória de um profissional da habitação.** São Paulo: Pini, 2011.

KUBA, Stela Tinone. **Parcelamento do solo - Questões Registrárias.** "In": FINK, Daniel Roberto. **Manual prático da Promotoria de Justiça de Habitação e**

Urbanismo. São Paulo: Imprensa Oficial do Estado: Ministério Público do Estado de São Paulo, 2005, p. 93-170.

LEONEL, Ricardo de Barros. **Manual do processo civil coletivo**. 3ª ed. rev., atual. e ampl. São Paulo: Revista dos Tribunais, 2013.

LYRA, Marcos Mendes. **Parcelamento do solo urbano e o sistema viário**. In: FREITAS, José Carlos de (Coord). **Temas de Direito Urbanístico**. São Paulo: Imprensa Oficial do Estado: Ministério Público do Estado de São Paulo, 1999, P. 223-233.

MACHADO, Paulo Affonso Leme. **Direito ambiental brasileiro**. 23ª edição. São Paulo: Malheiros editores, 2015.

_______. **Legislação florestal (Lei 12.651/2012) e competência em licenciamento ambiental (Lei Complementar 140/2011)**. São Paulo: Editora Malheiros, 2012.

MALAQUIAS, Mário Augusto Vicente. **Do direito de propriedade ao direito de moradia – novas perspectivas instituídas com a Lei 10.257/2001**. "In": FREITAS, José Carlos de (Org.). **Temas de direito urbanístico 3**. São Paulo: Imprensa Oficial do Estado: Ministério Público do Estado de São Paulo, 2.001, p. 173-185.

MALUF, Adriana Caldas do Rego Freitas Dabus. **Limitações urbanas ao direito de propriedade**. São Paulo: Atlas, 2010.

MALUF Carlos Alberto Dabus. In: BONAVIDES, Paulo; MIRANDA, Jorge; AGRA, Walber de Moura Coords). **Comentários à Constituição Federal de 1988**. Rio de Janeiro: Forense. 2009, p. 2025-2058.

MALUF Carlos Alberto Dabus; MALUF; Adriana Caldas do Rego Freitas Dabus. **Comentários ao Estatuto da Cidade**: Lei 10.257, de 10 de julho de 2001. São Paulo: Editora Atlas, 2011.

MARTINS, Alexandra Facciolli. **Audiência Pública sobre as normativas das condições gerais de prestação dos serviços públicos de limpeza urbana e manejo de resíduos sólidos, a ser aplicada no âmbito dos municípios associados à ARES-PCJ**. 18 fev. 2016, em Americana/SP, ofício 130/2015 – GAEMA PCJ-Piracicaba.

MARTINS, Alexandra Facciolli; KISHI, Sandra Akemi Shimada. **Informação, participação e controle social dos resíduos sólidos do berço ao túmulo e o papel do Ministério Público**. In: SILVA, Solange Teles; CUREAU, Sandra; LEUZINGER, Marcia Dieguez. **Resíduos**. São Paulo: Editora Fiuza, 2013 (Coleção direito e desenvolvimento sustentável; v. 3), p. 215-238.

MARTINS, José Renato. **Controle de Constitucionalidade das Leis: uma Visão Geral**. Disponível em <https://www.metodista.br/revistas/revistas-unimep/index.php/direito/article/download/669/232>. Acesso em 28 fev. 2016.

MATTIETTO, Leonardo de Andrade. **A tutela da personalidade humana nas relações de consumo**. Dissertação (Mestrado em Direito Civil), Universidade Estadual do Rio de Janeiro, 1999, 167 f.

MEIRELLES, Hely Lopes. **Direito de Construir**. 6ª ed. São Paulo: Malheiros, 1994.

_______. **Direito Municipal Brasileiro**. 8ª ed. São Paulo: Malheiros, 1996.

MELEIRO, Maricelma Rita. **Princípios da democracia participativa e o plano diretor**. In: FREITAS, José Carlos de (Coord). **Temas de direito urbanístico.** São Paulo: Imprensa Oficial do Estado: Ministério Público do Estado de São Paulo, 1999, p. 85-102.

MINISTÉRIO DAS CIDADES: Secretaria Nacional de Saneamento Ambiental. **Guia para a elaboração de planos municipais de saneamento básico**. 2ª ed., 2011. Disponível em <http://www.mprs.mp.br/areas/ressanear/arquivos/materialtecrs/1guia_para_elaboracao_dos_planos_san_basico_do_minist_cidades.pdf>. Acesso em 15 fev. 2016.

MIRRA, Álvaro Luiz Valery. **Estudo de impacto vizinhança no direito brasileiro**. In: MARQUES, Claudia Lima; MEDAUAR, Odete; SILVA, Solange Teles da. **O novo Direito Administrativo, Ambiental e Urbanístico: estudos em homenagem a Jacqueline Morand-Deviller**. São Paulo: Editora Revista dos Tribunais, 2010, p. 262-267.

MORAES, Alexandre de. **Constituição do Brasil interpretada e legislação constitucional**. 9ª edição. São Paulo: Atlas, 2013.

MOTTA, Diana Meirelles. **Propostas de legislação federal sobre política urbana e o desafio da gestão das cidades**. In: **Estatuto da cidade**. Mariana Moreira (Coord.). São Paulo: Fundação Prefeito Faria Lima - CEPAM, 2.001, p. 15-47.

MUKAI, Toshio. **Direito ambiental sistematizado**. 4ª edição revista e atualizada. Rio de Janeiro: Forense Universitária, 2004.

MUKAI, Toshio; ALVES, Alaôr Caffé; LOMAR, Paulo José Villela. **Comentários à Lei de parcelamento do solo urbano: Lei nº 6.766, de 19/12/79**. 2ª ed. São Paulo: Saraiva, 1980.

NALINI, José Renato. **Perspectivas da regularização fundiária**. In: NALINI, José Renato; LEVY, Wilson (Coords.). **Regularização Fundiária** 2ª ed. Rev. Atual. e Ampl. Rio de Janeiro: Forense, 2014, p. 3-10.

NASCIMENTO, Sílvia Helena Nogueira. **Competência para o licenciamento ambiental na Lei Complementar nº 140/2011**. São Paulo: Atlas, 2014.

NOGUEIRA. Wagner Rodolfo Faria. **O parcelamento de solo**. Disponível em <http://jus.uol.com.br/revista/texto/4349/parcelamento-do-solo>. Acesso em 02.set.2015

NUNES, Luiz Antônio Rizzatto. **O princípio constitucional da dignidade da pessoa humana: doutrina e jurisprudência**. São Paulo: Saraiva, 2002.

PAIVA, João Pedro Lamana. **Condomínio horizontal de lotes.** 6ª Reunião ordinária do CONURB, 9 abr. 2010, Porto Alegre - RS (Ministério Público do Estado do Rio Grande do Sul). Disponível em <https://www.google.com.br/url?sa=t&rct=j&q=&esrc=s&source=web&cd=2&ved=0CCMQFjABahUKEwic08nh6NvHAhWC1YAKHSrMDFw&url=http%3A%2F%2Fwww.mprs.mp.br%2Fareas%2Fu

rbanistico%2Farquivos%2Fcond_hor.doc&usg=AFQjCNE6O2fVBDRNMhSma-yJ2vnqz6Am8g>, acesso em 03 set. 2015.

PAZZAGLINI FILHO, Marino. **Lei de improbidade administrativa comentada: aspectos constitucionais, administrativos, civis, criminais, processuais e de responsabilidade fiscal; legislação e jurisprudência atualizadas.** 6ª ed. São Paulo: Atlas, 2015.

PIMENTEL, José Eduardo de Souza. **O princípio da dignidade da pessoa humana no processo penal**. In: MIRANDA, Jorge; SILVA, Marco Antônio Marques (Coords.). **Tratado luso-brasileiro da dignidade humana.** São Paulo: Quartier Latin, 2008, p. 637-656.

PINTO, Victor Carvalho. **Direito urbanístico: plano diretor e direito de propriedade.** São Paulo: Editora Revista dos Tribunais, 2005.

_______. **Regime jurídico do plano diretor. Temas de direito urbanístico 3**. São Paulo: Imprensa Oficial do Estado: Ministério Público do Estado de São Paulo, 2001, p. 411-425, 2005.

PIRES, Luis Manoel Fonseca Pires. **Loteamentos urbanos: natureza jurídica.** São Paulo: Quartier Latin, 2006.

POZZEBON, Gustavo Roberto Chaim; FRANCO, Guilherme Atayde Ribeiro. **Plano Diretor: um relato sobre os Municípios de Serra Negra, Matão e Dobradinha – práticas adotadas, implicações jurídicas e extras-jurídicas.** "In": FINK, Daniel Roberto. **Manual prático da Promotoria de Justiça de Habitação e Urbanismo**. São Paulo: Imprensa Oficial do Estado: Ministério Público do Estado de São Paulo, 2005, p. 409-445.

RIBEIRO, Luis Paulo Aliende. **A indevida utilização do condomínio tradicional para o parcelamento do solo em parte ideais: fraude à lei impeditiva do registro imobiliário**. In: FREITAS, José Carlos de (Org.). Temas de direito urbanístico 3. São Paulo: Imprensa Oficial do Estado: Ministério Público do Estado de São Paulo, 2.001, p. 367-383.

ROLNIK, Raquel. **Regulação urbanística e exclusão social no Estado de São Paulo: mitos e verdades.** Revista de Direito Imobiliário, São Paulo: RT, vol. 46, p. 126-133.

ROCCO, Rogério. **Estudo de impacto de vizinhança: instrumento de garantia do direito às cidades sustentáveis**. Rio de Janeiro: Lumen Juris, 2009.

ROTHENBURG, Walter Claudius. In: BONAVIDES, Paulo; MIRANDA, Jorge; AGRA, Walber de Moura. **Comentários à Constituição Federal de 1988**. Rio de Janeiro: Forense. 2009, p. 1629-1652.

_______. **Direitos fundamentais.** In: TAVARES, André Ramos; FRANCISCO, José Carlos (Coord). Rio de Janeiro: Forense, São Paulo: Método, 2014 (Carreiras Federais).

SANTANA, Héctor Valverde. **Prescrição e Decadência no Direito das Relações de Consumo**. Dissertado de Mestrado. São Paulo: Pontifícia Universidade Católica de São Paulo, 2001.

SANTOS, Fernando Ferreira dos. **Princípio constitucional da dignidade da pessoa humana.** São Paulo: Celso Bastos Editor: Instituto Brasileiro de Direito Constitucional, 1999.

SANTOS, Marcus Vinicius Monteiro dos. **Loteamentos irregulares clandestinos – a improbidade administrativa decorrente da omissão na atuação dos agentes público**. In: FINK, Daniel Roberto. **Manual Prático da Promotoria de Justiça do Meio Ambiente.** São Paulo/SP: Imprensa Oficial, 2005, v.1, p. 227-245.

SANTOS, Maria Celeste Leite Cordeiro. **O equilíbrio do pêndulo: a bioética e a lei: implicações médico-legais**. São Paulo: Ícone: Editora, 1998.

SARLET, Ingo Wolfgang. **Dignidade da pessoa humana e direitos fundamentais na Constituição Federal de 1.988**. Porto Alegre: Livraria do Advogado, 2001.

_______. **Direitos fundamentais e direito privado: algumas considerações em torno da vinculação dos particulares aos direitos fundamentais. Revista de Direito do Consumidor**, São Paulo, RT, v. 36, p. 54-104, out./dez. 2000.

_______. **Supremo Tribunal Federal, o direito à moradia e a discussão em torno da penhora do imóvel do fiador**. In: FACHIN, Zulmar (coord.). 20 anos de Constituição cidadã. São Paulo: Método, 2008.

SILVA, Márcio Fernandes. **Incorporação imobiliária e instituição de condomínio.** Disponível em <http://www.recantodasletras.com.br/textosjuridicos/2581966>, acesso em 05 set. 2015.

SILVA, José Afonso Da Silva. **Curso de Direito Constitucional Positivo**. 22ª ed. São: Malheiros,2010.

_______. **Direito Urbanístico Brasileiro**. 5ª ed. São Paulo: Malheiros, 2008.

SILVEIRA, Egle Monteiro; MONTEIRO, Yara Darcy Police. **Transferência do direito de construir**. In: FERRAZ, Sérgio; DALLARI, Adilson Abreu (Coords.). **Estatuto da Cidade: (Comentários à Lei Federal 10.258/2001)**. São Paulo: Malheiros, 2003, p. 276-286.

SMANIO, Gianpaolo Poggio. **Tutela penal dos interesses difusos**. São Paulo: Atlas, 2000.

SOUZA, Luciana Correia Gaspar. **Município e poder normativo na criação de novos instrumentos urbanísticos – o estatuto da cidade como normativa de direito público por uma política urbana**. Curitiba: Juruá, 2014.

SOUZA, Paulo Cézar de. **Código de Postura Municipal**. Edição 11.262, de 09/07/05. Diário de Cuiabá. Disponível em <http://www.diariodecuiaba.com.br/detalhe.php?cod=223583>. Acesso em 02 set. 2015.

STAURENGHI, Rosangela. **Regularização de parcelamentos ilegais**. In: FINK, Daniel Roberto. **Manual Prático da Promotoria de Justiça de Habitação e Urbanismo**. São Paulo/SP: Imprensa Oficial do Estado: Ministério Público do Estado de São Paulo, 2005, p. 189-210.

STEFANI, Marcos; MARÇOLA, Dênis Fábio; OLIVEIRA, Beatriz Lopes de. **Apontamentos sobre os atos de improbidade administrativa ambiental**. In: Ministério Público do Estado de São Paulo: Centro de Apoio Operacional de Meio Ambiente, Habitação e Urbanismo. **Temas de Direito Ambiental**. São Paulo: Imprensa Oficial, 2015, p. 395-413.

TAVARES, André Ramos. **Tratado de Argüição de Preceito Fundamental**. São Paulo: Saraiva, 2001.

TAUIL, Roberto. **A importância da fiscalização de posturas municipais**. Consultor Municipal. Niterói/RJ, Janeiro de 2010. Disponível em <http://www.consultormunicipal.adv.br/novo/fizmun/0040.pdf>. Acesso em 02.set.2015.

TOMÉ, Maria Vitória Ferrari *et al*. **A política brasileira de resíduos sólidos: os desafios da teoria e na prática**. In: SILVA, Solange Teles; CUREAL, Sandra; LEUZINGER, Marcia Dieguez. Resíduos. São Paulo: Editora Fiuza, 2013 (Coleção direito e desenvolvimento sustentável; v. 3), p. 13-32.

VALENTE, Gabriela. O Globo, Rio de Janeiro. Disponível em <http://oglobodigital.oglobo.globo.com/epaper/showarticle.aspx?article=281d40ec40eb4e06ª803996e7cfa1fd2&key=ttTDlj43wUrn3VJMtYbkyg%3d%3d&...>. Acesso em 31 ago. 2015

VERGANI, Vanessa; BRANDELLI, Ailor Carlos. **A defesa dos limites municipais: aspectos de intervenção entre municípios, licenciamento de obras de impacto ambiental**. In: LUNELLI, Carlos Alberto. **Direito, Ambiente e políticas públicas**. Curitiba: Juruá, 2010, p. 123-146.

VIEGAS, João Francisco Moreira. **Ação civil por dano urbanístico: questões controvertidas**. In: FREITAS, José Carlos de. **Temas de direito urbanístico 2.** Imprensa Oficial: Ministério Público do Estado de São Paulo, 2000, p. 61-70.

YOSHIDA, Consuelo Yatsuda Moromizato. **Direitos fundamentais e meio ambiente**. In: MIRANDA, Jorge; SILVA, Marco Antônio Marques da (Coords). **Tratado luso-brasileiro da dignidade humana**. São Paulo: Quartier Latin, 2009, p. 1129-1136.

9

A DEFESA JURISDICIONAL DOS DIREITOS DE CRIANÇAS E DOS ADOLESCENTES

Jadir Cirqueira de Souza[1]

Sumário: Introdução – **1**. A doutrina da indiferença – **2**. A doutrina menorista – **3**. A doutrina da proteção integral – **4**. A preponderância administrativa no sistema de proteção integral – **5**. O Ministério Público e a defesa dos interesses e direitos fundamentais de crianças e de adolescentes – **6**. Aspectos históricos do processo coletivo – **7**. Fundamentos da tutela coletiva – **8**. Objeto do processo coletivo – **9**. Bases procedimentais do processo coletivo – Conclusão – Referências bibliográficas.

INTRODUÇÃO

Depois de muitas discussões acadêmicas, doutrinárias e jurisprudenciais, pacificou-se no Brasil, no começo do século XXI, ainda que teoricamente, o fundamento clássico de que a integral e prioritária proteção dos direitos fundamentais de crianças e de adolescentes constitui uma das mais importantes forças impulsionadoras da melhoria da qualidade de vida e desenvolvimento da sociedade brasileira.

Porém, a moderna e promissora visão protetiva dos direitos fundamentais com ganhos consideráveis na saúde, na educação e na qualidade de vida, especialmente a partir da entrada em vigor da Constituição Federal (CF) em 1988, contrasta diretamente com o manancial de problemas que afeta diariamente a qualidade de vida de milhares e milhares de crianças e adolescentes, especialmente pela falta de efetividade das normas internacionais, constitucionais e estatutárias, segundo o UNICEF.[2]

---

[1] Promotor de Justiça em Minas Gerais. Mestre em em Direito do Estado e das Instituições Democráticas pela Universidade de Franca-SP. Professor da Faculdade Pitágoras, em Uberlândia-MG. Professor-convidado do Curso de Especialização da Universidade Federal de Uberlândia.

[2] UNICEF. Fundo das Nações Unidas para a Infância. **Resumo oficial da situação da infância, 2003 a 2016**. Disponíveis em: http//:www.unicef.org.br Acesso em: 10 set. de 2018. Segundo os últimos relatórios, cerca de 2,8 milhões de crianças e adolescentes estão fora das escolas brasileiras; 28 são assassinadas por dia no Brasil; e 43,8 por cento das crianças vivem

Dentre os persistentes problemas, um dos principais e que persiste há séculos, de cunho mais sociológico do que jurídico, a despeito da entrada em vigor do Estatuto da Criança e do Adolescente (ECA) em 1990 reside no fato de que várias instituições públicas e privadas, pelos seus representantes legais, inclusive parte considerável da sociedade ainda não compreenderam a extensão, o rigor e a importância da prioridade absoluta e da proteção integral dos direitos fundamentais de crianças e de adolescentes.

Assim, para demonstrar a pouca efetividade das normas internacionais, constitucionais e estatutárias na proteção integral e prioritária dos novos direitos infantojuvenis, dividiremos o tema central em duas partes que se complementam.

Na primeira, serão destacadas as seculares formas de proteção dos direitos menoristas. Adotando-se o eixo constitucional de formação do Estado brasileiro, passando pela Roda dos Expostos até as constantes tentativas de redução da maioridade penal serão mostrados os problemas vividos pela infância, dentro das fases da indiferença, da menoridade e a da proteção integral, adotando-se a linearidade evolutiva para a compreensão pedagógica dos temas. Enfim, será demonstrado que apesar da evolução jurídica, ainda atua-se no Brasil sob a perspectiva de doutrinas ultrapassadas e vetustas, misturando-as, equivocadamente, com o ideário do ECA e da CF.

Na segunda etapa, de conteúdo prático, serão apontados os caminhos necessários para que os fundamentos constitucionais da proteção integral assumam a dianteira nas ações administrativas, individuais e coletiva de defesa dos novos direitos fundamentais, relegando-se as fases menoristas e da indiferença para o plano histórico, tendo como segundo eixo a força da atuação do Ministério Público que deve primar pela construção de soluções científicas para a proteção dos direitos das crianças e adolescentes, especialmente aquelas que se encontram numa das hipóteses do art. 98 do ECA.

E, por último, serão reforçadas as nuances, características e fundamentos do processo coletivo voltado para a defesa dos direitos ou interesses difusos, coletivos e individuais homogêneos de crianças e de adolescentes, mostrando-se ainda a importância da defesa administrativa promovida, sob o espectro eminentemente preventivo, dentro da moderna e alvissareira proposta de desjudicialização dos litígios.

Enfim, a hipótese central será no sentido de mostrar que o Estado brasileiro ainda não venceu – completamente – as etapas e/ou fases da indiferença e menorista, sendo que a forte atuação protetiva do Ministério Público com a tutela extrajudicial e jurisdicional coletiva, se insuficientes as ações anteriores ao processo jurisdicional, certamente constituirá uma das excelentes formas de atingir-se a proteção integral, prioritária e absoluta dos direitos fundamentais de crianças e de adolescentes.

1. A DOUTRINA DA INDIFERENÇA

No plano científico é contraproducente apontar linhas históricas da proteção e/ou da falta de proteção, como se a realidade de defesa dos direitos fundamentais infantojuvenis fosse a sequência lógica de um movimento orquestrado, contínuo e

com renda inferior a meio salário mínimo. Os dados são estimados anualmente no Brasil e no mundo. Os avanços são consideráveis, porém existem também retrocessos e graves problemas que persistem e violam os direitos da infância.

crescente da sociedade. Efetivamente, não deve ser aplicada a visão linear, gradativa e evolutiva, pois a proteção dos direitos das crianças e adolescentes no Brasil é traduzida como um caminho cercado de avanços e retrocessos clássicos, sendo, na verdade, os retrocessos um dos maiores problemas que decorrem da falta e/ou insuficiência de conhecimentos científicos sobre a importância da defesa mais consistente dos novos direitos.

Os avanços que ocorreram, muitas vezes, a partir de ideias, fundamentos e paradigmas adequados à realidade estudada de cada época histórica e a partir de sólidas bases internacionais, modificam-se gradativamente, tudo dependendo das condições sociais, econômicas e políticas do momento histórico examinado, ou seja, avanços e retrocessos convivem e, muitas vezes se anulam, reciprocamente, na medida em que as ciências e a força dos processos coletivos não assumiram a vanguarda protetiva dos novos direitos.

Nessa linha, o objetivo de trazer os fundamentos históricos - como base pedagógica primária - a despeito das críticas científicas[3] servirá apenas para contextualizar as temáticas que serão examinadas de forma a facilitar o exame dos principais temas estudados, jamais para defender o paradigma de que a defesa dos direitos infantojuvenis encontra-se no caminho da utopia construtiva.

Os fundamentos históricos, no ponto, são necessários, na medida em que um dos objetivos do presente estudo reside exatamente em demonstrar que muitas ações, medidas e políticas públicas ainda são adotadas embasadas em fontes históricas revogadas e/ou em franca decadência, sendo a redução da maioridade penal apenas um dos nefastos exemplos que contribui para impedir o estudo mais equilibrado e profundo dos intrincados problemas vividos pela infância brasileira.

Karyna Batista Sposato divide as etapas evolutivas dos direitos infantojuvenis nas fases da *indiferença, tutelar e garantista*.[4] O domínio das fases evitará decisões judiciais de natureza menorista, o recrudescimento penal em questões de natureza eminentemente protetiva e facilitará a acesso aos concursos públicos, sobretudo pela necessidade de que o país centre forças na colocação em prática da doutrina da proteção integral.

Comparativamente, as fases da proteção infantojuvenil, ao longo do século XX, equiparam-se às fases evolutivas do processo civil em que no início buscava-se apenas proteção patrimonial; em seguida, a defesa dos direitos da personalidade e, finalmente, a luta pela efetivação dos direitos e interesses difusos e coletivos. Do constitucionalismo, que começa com as bases positivistas do século passado, passa pelos aspectos do constitucionalismo europeu do pós-guerra mundial de 1945 e chega ao neoconstitucionalismo. Enfim, com a chegada da proteção integral, atual fase protetiva infantojuvenil, é possível encontrarem-se os idênticos espaços evolutivos, ou seja, a força do moderno processo civil, a defesa dos direitos e interesses

---

3 KUHN, Thomas S. **A estrutura das revoluções científicas**. Tradução de Betriz Vianna Boeira e Nelson Boeira. São Paulo: Perspectiva, 2007. O livro traz críticas à apresentação de pesquisas sociais, a partir da história, como se a evolução fosse sempre estável, permanente e contínua. Apesar das críticas científicas, as fases apresentadas apenas situam a pesquisa, devido aos retrocessos inerentes à proteção infantojuvenil no Brasil.

4 SPOSATO, Karyna Batista. **O direito penal juvenil**. São Paulo: RT, 2006, p. 62.

coletivos e a força do neoconstitucionalismo, adotando-se como referencial teórico os estudos de Luís Roberto Barroso.[5]

De início, nas bases da fase da indiferença protetiva e em seguida, na etapa menorista, observa-se que os menores de dezoito anos de idade receberam a defesa de seus direitos, de acordo com a percepção científica clássica da época histórica versada, como se pode assimilar nas lições de Maria Luíza Marcílio.[6] Assim, eram outros tempos, valores e fundamentos históricos, não se podendo, por isso, afirmar que não existia defesa, porém que era aplicada em bases que se mostraram obsoletas e que apenas reforçaram o estigma dominante de que menores não deverim ter direitos.

A fixação dos aspectos proeminentes da primeira fase – *da indiferença* – objetiva evitar o retorno de erros e/ou equívocos históricos que sempre tisnaram de dor e sofrimento a história da infância brasileira, ressaltando-se muitas vezes a existência de boas ações em cada uma das fases que serão examinadas, conforme a doutrina de Emilio Garcia Mendez, Antônio Carlos Gomes da Costa.[7]Enfim, pode-se adiantar que a fase da indiferença deixou marcas históricas na omissa proteção infantojuvenil sob a responsabilidade do Estado brasileiro.

Abstraindo-se os aspectos ensinados por Philippe Ariés,[8] a história da defesa dos direitos fundamentais de crianças e adolescentes, especialmente por parte do Estado, ainda é recente no Brasil, pois começa com a CF de 1988 e consolida-se com mais força apenas no plano legislativo, com a entrada em vigor do ECA em 1990, ainda que sendo mantidas as políticas menoristas e da indiferença, sendo no comparativo simples, muito mais punitivas do que protetivas, conforme a doutrina de Emílio Garcia Mendez e Antônio Carlos Gomes da Costa.[9]

Assim, a suposta proteção inicial da infância é trágica e aviltante. As crianças portuguesas que embarcaram nas caravelas para o Brasil foram massacradas nas grandes travessias e muitas, depois de mortas, eram lançadas nos mares e oceanos, sendo as sobreviventes utilizadas para a satisfação da lascívia sexual dos marujos portugueses ou para o exercício de penosas atividades penosas e degradantes em alto mar, segundo Mary Del Priore.[10]

---

5 BARROSO, Luís Roberto. **O direito constitucional e a efetividade de suas normas**: Limites e possibilidades da constituição brasileira. 7a ed. Rio de Janeiro: Renovar, 2003. ______. **Interpretação e aplicação da Constituição.** 2ª ed. São Paulo: Saraiva, 1998. ______. **Curso de direito constitucional contemporâneo**: os conceitos fundamentais e a construção do novo modelo. São Paulo: Saraiva, 2009. ______. Neoconstitucionalismo e constitucionalização do direito: o triunfo tardio do direito constitucional no Brasil. **In: Revista de Direito Constitucional e Internacional**. São Paulo: Revista dos Tribunais, v. 58.

6 MARCÍLIO, Maria Luíza. **História social da criança abandonada**. 2ª ed. São Paulo: Hucitec, 2006, *passim*.

7 BELOFF, Mary; MENDEZ, Emílio Garcia. **Infância, lei e democracia na América Latina**: análise crítica do panorama legislativo no marco da convenção internacional sobre os direitos da criança. 1990-1998. Blumenau: Ediurb, 2001. MENDEZ, Emílio Garcia; DA COSTA, Antônio Carlos Gomes. **Das necessidades aos direitos**. São Paulo: Malheiros, 1994. MENDEZ, Emílio Garcia. **Liberdade, respeito, dignidade**. Brasília: Governo do Brasil, 1991. EMILIA, Garcia Mendez;BELOFF, Mary. **Infância, lei e democracia na América Latina**: análise crítica do panorama legislativo no marco da Convenção internacional sobre os direitos da criança 1990-1998. Tradução de Eliete Ávila Wolff. Blumenau: SC: Edifurb, 2001, vol. 1.

8 ARIÉS, Philippe. **História social da criança e da família**. Tradução de Dora Flaksman, Rio de Janeiro: LTC, 1978.

9 MENDEZ, Emílio Garcia; DA COSTA, Antônio Carlos Gomes. **Das necessidades aos direitos**. São Paulo: Malheiros, 1994, *passim*.

10 PRIORE, Mary Del (Org.). **História das crianças no Brasil**. São Paulo: Contexto, 2004, *passim*.

Com os primeiros jesuítas chegando ao país, as crianças indígenas foram catequizadas e receberam as noções iniciais de vida religiosa sob o domínio português. A perspectiva era no sentido de que fossem educadas para o trabalho infantil da época, uma vez que eram considerados meros selvagens, indiferentes para o Direito, sendo que as noções religiosas traziam formas essenciais de domínio da capacidade intelectual portuguesa daquela época, nos termos ensinados por Maria Luíza Marcílio.[11]

Exceto em relação à catequese de resultados insignificantes para a proteção, pouco foi feito no sentido da proteção de direitos, como na atual quadra histórica, uma vez que antes de 1824, data da primeira Constituição, sequer se podia sustentar a existência do Estado na acepção constitucional deflagrada pela Revolução francesa, no século XVIII, quanto mais falar-se em defesa dos direitos da infância brasileira.

No contexto pode-se afirmar que foi com o acesso às primeiras escolas públicas, depois do ensino religioso dos primeiros séculos, que teve início uma das formas mais efetivas de proteção da infância pobre, especialmente, ainda que os métodos pedagógicos tenham sido criticados, sobretudo pela mera transposição das ideias europeias para o Brasil, mediante leis e decretos, segundo Maria Luíza Marcílio.[12]

No âmbito específico do Direito não existia tratamento legislativo diferente dos maiores, exceto na esfera criminal e nos esparsos dispositivos das Ordenações, ou seja, até 1927 não existia lei específica sobre a defesa da infância, circunstância que deixava ao desamparo as crianças pobres, especialmente aquelas que habitavam a zona rural e nas áreas mais pobres das cidades brasileiras.

Ao contrário, o sistema criminal era severo com a juventude, sendo que as primeiras leis criminais fixavam a idade penal mínima de 14 anos, prova inequívoca da secular existência das ações basicamente repressoras contra os menores pobres e abandonados. Na verdade, constata-se que a suposta proteção limitava-se à forte atuação policial de outrora, sem qualquer alusão à proteção da maternidade e infância, ou seja, nos primeiros anos imperiais e republicanos, os menores submetiam-se aos códigos criminais da época.

Já os menores com idade mais avançada trabalhavam nas lavouras, engenhos e domicílios, ao passo que as crianças em tenra idade, sendo a maioria delas rejeitadas pelo acometimento de doenças graves e frutos de relações espúrias, na realidade, eram encaminhadas para as Rodas dos Expostos, ou seja, salvo pelo tratamento diferente outorgado nas Ordenações Afonsinas, Manoelinas e Filipinas, os menores não recebiam proteção jurídica de qualquer espécie por parte do embrionário Estado, conforme ensina Maria Luíza Marcílio.[13]

Entre a fase imperial, a primeira republicana e o primeiro Código de Menores de 1927, o país notabilizou-se pela forte utilização da Roda dos Expostos.[14] Eviden-

11 MARCÍLIO, Maria Luíza. **História da escola em São Paulo e no Brasil.** São Paulo: Instituto Fernand Braudel, 2005, p. 12.

12 MARCÍLIO, Maria Luíza. **História da escola em São Paulo e no Brasil**. p. 127.

13 MARCÍLIO, Maria Luíza. **História da escola em São Paulo e no Brasil,** p. 127.

14 Em linhas gerais, a Roda dos Expostos ficava na entrada dos mosteiros, sendo constituída de um recipiente onde os pais colocavam os filhos indesejados. Em seguida, a criança era recolhida pelas igrejas, internamente, e encaminhadas para as mães de leite. Assemelhava-se a um cilindro com diâmetro para ser ocupado por uma criança em tenra idade, com uma

temente que, com as lentes de hoje, o sistema de proteção daquela fase era imperfeito e segregacionista, uma vez que recebia crianças em tenra idade, e, na verdade, somente não era pior, porque antes das Rodas, as crianças doentes e pobres eram abandonadas nas florestas para serem devoradas pelos animais ferozes, nos termos das lições de Maria Luíza Marcílio.[15]

Na época, de forma diversa da visão europeia, a primeira ideia do Estado Social, especialmente para as primeiras forças policiais, foi interpretada como uma carta de alforria para a retirada forçada dos jovens mais pobres das ruas, dentro de um amplo fenômeno que ainda hoje mantém fortes traços autoritários, inclusive, de tempos em tempos, na justiça da infância e da juventude brasileira: o abrigamento em massa de crianças e adolescentes pobres, inclusive com a utilização do Toque de Recolher.[16]

Comparando-se a fase da indiferença com a da proteção integral, observa-se que ao invés da busca pela punição dos eventuais culpados pela prática de crimes contra crianças e adolescentes, ainda hoje prevalece a visão de que uma das melhores defesas traduz-se na mera institucionalização de crianças pobres em abrigos, asilos, orfanatos, inclusive as vítimas de abusos sexuais, conforme as lições históricas de Maria Luíza Marcílio.[17]

Os resultados da doutrina da indiferença, que ainda vem sendo praticada no Brasil, bastando-se lembrar as precárias condições de trabalho e mesmo a inexistência e/ou insuficiência dos Conselhos Tutelares e dos programas de proteção, demonstra que, enquanto as vítimas de crimes permanecem fechadas e/ou trancadas em abrigos e demais instituições de acolhimento, milhares e milhares de praticantes de crimes contra crianças e adolescentes permanecem livres na sociedade, conforme Irene Rizzini.[18]

Assim, vítimas em tenra idade ficam trancadas em abrigos e orfanatos, muitas vezes vigiadas por assistentes sociais e psicólogos, com regras clássicas e rigorosas que impedem o exercício do direito constitucional de ir e vir, e do outro lado, sem nenhuma contestação mais veemente dos integrantes das redes de proteção infanto-juvenil, criminosos soltos nas ruas, impunemente, traduzem um dos clássicos produtos da indiferença brasileira na proteção dos direitos da infância e da juventude, conforme destacamos em livro de nossa autoria.[19]

corda ou sino que era acionado, sigilosamente, sempre que uma criança era abandonada. Enfim, um recipiente colocado nas portas de muitas igrejas para receber crianças abandonadas.

15 MARCÍLIO, Maria Luíza. **História social da criança abandonada**...p.193.

16 No Brasil sempre foi muito comum o uso do aparato policial para retirar crianças e adolescentes pobres das ruas, especialmente com a utilização da contravenção penal de vadiagem, em que cabia a clara diferenciação pela capacidade econômica dos envolvidos. Menores ricos eram devolvidos aos pais. Menores pobres conduzidos aos abrigos e orfanatos, etc.

17 MARCÍLIO, Maria Luíza. **História social da criança abandonada**...p 208.

18 RIZZINI, Irene. **A institucionalização de crianças no Brasil**: percurso histórico e desafios do presente. 2ª ed. Rio de Janeiro: Ed. PUC-Rio; São Paulo: Loyola, 2004, *passim*.

19 SOUZA, Jadir Cirqueira de. **A convivência familiar e comunitária e o acolhimento institucional**. São Paulo: Pillares, 2014. A obra mostra a necessidade de redução gradativa do número de crianças e adolescentes em abrigos e o reforço das bases familiares e comunitárias.

Para finalizar, constata-se que os fundamentos da doutrina da indiferença ainda são claramente sentidos na atual conjuntura jurídica. Tome-se o exemplo da Lei n. 13.431, promulgada em 4 de abril de 2017. Entrou em vigor depois de um ano, ou seja, no dia 5 de abril de 2018. Simplesmente, os novos fundamentos que objetivam diminuir os efeitos da vitimização secundária, não foram colocados em prática no Brasil, com exceção de poucos estados da federação, sendo o Estado do Rio Grande do Sul, um dos melhores exemplos nacionais de boas práticas protetivas, mesmo antes dos auspícios da nova lei.

A nova Lei, dentre tantas orientações, recomendações, requisições, etc, parte de duas premissas clássicas, mantida a fase da indiferença em várias comarcas. Demonstra que, além da violência primária, ou seja, aquela que é praticada contra crianças e adolescentes nas ruas, escolas, bairros, etc, existe uma segunda forma de violência, denominada secundária ou institucional, que provoca malefícios idênticos, ou seja, o Estado continua descumprindo suas próprias leis. Enfim, crianças e adolescentes são vitimizadas pelas ações e omissões familiares, bem como pela omissão do próprio Estado brasileiro, que não cumpre as regras e princípios da Lei n. 13.431/17, nos moldes expostos em recente livro de nossa autoria.[20]

Portanto, duas características são essenciais para a compreensão da fase da indiferença. A primeira é que, se no começo o *Welfare State* modificou a realidade de muitos países, no Brasil permitiu o recrudescimento das ações punitivas estatais. Ou seja, interpretaram-se direitos fundamentais em sentido oposto à sua atual configuração constitucional. A segunda é que a fase da indiferença, além da forte repressão estatal à infância pobre, que foi reforçada na fase menorista, notabilizou-se pela passiva atuação das famílias, da sociedade e do Estado.

Enfim, mais grave do que a omissão, pode-se afirmar que a fase da indiferença notabilizou-se pelo recrudescimento da violência contra menores, sob as pseudoformas protetivas do abrigamento coletivizado, Roda dos Expostos, etc, inclusive lançando seus tentáculos até a atual proteção infantojuvenil.

2. A DOUTRINA MENORISTA

No começo do século XX, a indiferença protetiva aliada à necessidade punitiva reforçou a necessidade de criação de normas jurídicas que de um lado protegessem as crianças necessitadas e de outro lado punissem aqueles que transgredissem as leis criminais, sendo que a doutrina da indiferença, como visto, não fazia distinção em relação à menoridade carente e aquela que praticava crimes, ou seja, simplesmente, os menores não eram importantes para o plano do Direito.

Em 1927 criou-se a primeira lei de proteção dos direitos dos menores no Brasil. Produto de um histórico movimento protetivo, embora com discurso progressista e higienista, na verdade voltou-se com mais evidência para a repressão contra os menores pobres, posto que aqueles que possuíam família e patrimônio financeiro

20 SOUZA, Jadir Cirqueira de. **O depoimento especial de crianças e adolescentes no sistema de justiça**. São Paulo: Pillares, 2018, conforme o cap. II.

definido eram protegidos pelas normas do Código Civil de 1916 e pela visão societária e excludente da juventude pobre do referido período.[21]

Irene Rizzini sintetiza claramente a história da criança no começo do século XX, *in verbis*:

> A hipótese básica é que se tratava de um projeto essencialmente político. Era preciso proteger a infância como forma de defesa da própria sociedade. O discurso apresentava-se, com frequência, ambíguo, onde a criança deve ser protegida, mas também contida, a fim de que não cause danos à sociedade. Esta ambiguidade na defesa da criança e da sociedade guarda relação com uma certa percepção de infância, claramente expressa nos documentos da época – oram em perigo, ora perigosa. Tais representações não por acaso estavam associadas a determinados estratos sociais, sendo a periculosidade invariavelmente atrelada à infância das classes populares.[22]

Depois de 1927, com o início mais evidente da fase menorista o país abandonou, em termos, a secular indiferença e de outro lado centrou forças na nova doutrina, de natureza claramente punitiva e segregadora, sendo, aliás, conhecido como o século perdido na proteção da infância brasileira, com o Estado, ora indiferente, ora punitivista, segundo Irene Rizzini.[23]

Desse modo, os menores de 18 anos de idade, autores ou vítimas de crimes, não eram titulares de direitos no sistema de justiça, exceto aqueles que possuíssem *patrimônio financeiro* e *família regular*, que eram alcançados pela proteção das leis civis, administrativas e penais. Nesse sentido, os menores herdeiros de fortunas eram protegidos por curadores, tutores, representantes *ad hoc*, ao passo que os menores pobres, denominados em situação irregular, eram tutelados nos juizados de menores, ficando bastante clara a divisão entre a justiça civilista (para menores com patrimônio) e a justiça menorista (para menores sem patrimônio), segundo Ricardo Nery Falbo.[24]

Como não existia a defesa jurisdicional e administrativa dos direitos das crianças pobres e abandonadas, as principais medidas protetivas eram encampadas pelas igrejas, filantropia e as ações sociais de médicos e religiosos, sendo que cabia ao Estado apenas contribuir com quantias financeiras módicas para auxiliar no pagamento das despesas mensais, inclusive com a utilização da Roda dos Expostos e demais instituições de restrição de liberdade da juventude.[25]

---

21 O primeiro Código de Menores foi publicado pelo Decreto n. 17.943-A, de 12 de outubro de 1927.

22 RIZZINI, Irene. **O século perdido**: raízes históricas das políticas públicas para a infância no Brasil. Rio de Janeiro: Amais, 1997, p. 34.

23 RIZZINI, Irene. **O século perdido**...p. 110.

24 FALBO, Ricardo Nery. **Natureza do conhecimento jurídico**: generalidade e especificidade no direito da criança e do adolescente. Porto Alegre: Sergio Antonio Fabris Editor, 2002, p. 118-129. O livro mostra como a doutrina da indiferença ainda permeia a decisões de muitos tribunais. Por exemplo, nas ações de guarda de menores em situação irregular (a expressão foi revogada, porém é muito utilizada) quem julga é o juízo da vara de infância e juventude. Se em situação regular quem julga é o da vara de família. Enfim, para crianças e adolescentes com família, as decisões são da vara de família. Sem família e patrimônio ainda vai para a vara da infância e juventude. Melhor dizendo: menores pobres vão para o Juizado; menores ricos socorrem-se das varas de família.

25 MARCÍLIO, Maria Luíza. **História social da criança abandonada**...p. 199. O art. 15 do Código de Menores de 1927 extinguiu a Roda dos Expostos.

Como uma das marcantes características desta fase, o Código de Menores de 1927 outorgou poderes elásticos, abrangentes e discricionários ao Juizado de Menores que, originário do sistema similar dos tribunais norte-americanos, simplesmente passou a pautar – forçadamente – a vida dos menores no Brasil adotando-se os princípios administrativos da conveniência e oportunidade, como bases fundantes do sistema em curso.

Não se pode negar que já existiam leis que, se empregadas adequadamente, poderia proteger a juventude brasileira, com mais qualidade. No entanto, a visão protetiva era equivocada, na medida em que prevalecia a percepção de que crianças e adolescentes não possuíam direitos fundamentais, embora existisse forte movimento internacional pela fixação da cidadania às crianças e adolescentes, desde a promulgação da Declaração de 1959 e da Convenção de 1989, na forma da doutrina internacional de Gustavo Ferraz de Campos Monaco.[26]

Se é certo que os direitos sociais, na linha do *Welfare State* somente foram incluídos na Constituição Federal de 1937, a partir das constituições mexicana e alemã do início do século XX, observou-se na realidade social que a juventude não recebeu e/ou foi agraciada com o Estado Social de Direito, posto que longe estava do conceito de cidadania social e civil, conforme Emilio Garcia Mendez e Antônio Carlos Gomes da Costa. [27]

Em meados dos anos 50 do século XX, o êxodo rural foi um importante movimento que impactou a vida dos jovens nas cidades, especialmente nas periferias das metrópoles, pois jovens sem estudos, com famílias pobres e desempregadas e com sérias crises financeiras, realmente contribuíram para a eclosão dos crimes praticados pela juventude, além das expressivas taxas de trabalho infantil que existia, circunstâncias que trouxeram a necessidade do Estado ser mais rigoroso no tratamento da juventude que cometia pequenos delitos.

Assim, é óbvio que, ainda que em menor quantidade em relação aos crimes praticados pelos adultos, porém, dada a doutrina menorista, a falta de ações protetivas por parte do Estado transformavam-se em ações punitivas menoristas, ou seja, ao invés de buscar-se a proteção social infantojuvenil para impedir a prática de crimes, simplesmente reforçavam-se os institutos de segregação da liberdade, especialmente dos adolescentes que viviam nas ruas da cidade, sendo conduzidos para espaços comunitários como abrigos, orfanatos, Febens etc.

A situação repressiva agravava-se, na medida em que ocorriam pequenos furtos, vadiagem, etc, muitos deles motivados pela completa omissão da sociedade, das famílias e do Estado. Menores abandonados tornaram-se alvos de estudos e acaloradas discussões e, normalmente, ao lado das ações filantrópicas e higienistas da época, pendia-se quase sempre para o recrudescimento das ações estatais, sendo, efetivamente, os juizados de menores da época, bem como as forças policiais, os canais mais hábeis e legitimados para o reforço sistemático das punições discricionárias.

26 MONACO, Gustavo Ferraz de Campos. **A proteção da criança no cenário internacional**. Belo Horizonte: Del Rey, 2005, p. 127 e p. 130.

27 MENDEZ, Emílio Garcia; DA COSTA, Antônio Carlos Gomes. **Das necessidades aos direitos**. São Paulo: Malheiros, 1994, *passim*.

Dentro do arranjo punitivista de natureza menorista, ainda sem a sedimentação legislativa interna das inovações internacionais promulgadas pela Organização das Nações Unidas em 1948 (Direitos Humanos) e 1959 (Declaração dos direitos da criança), no ano de 1979 entrou em vigor o segundo Código de Menores que, apesar das melhorias legislativas e dos avanços obtidos na esfera social e na educação, com a especificação de vários direitos individuais, naturalmente, pela força dominante, manteve a estrutura básica do código anterior, e, novamente, reforçou-se a figura ímpar do Juiz de Menores.

No âmbito protetivo, um dos avanços mais concretos foi o da política de extinção gradativa da Roda dos Expostos, porém substituídas, sem muito alarde pelos abrigos e orfanatos etc., que continuaram cada vez mais lotados, sendo, enfim, troca pouco significativa, na medida em que a segregação da liberdade dos menores continuou forte no Brasil, segundo Maria Luíza Marcílio.[28]

Como ocorre ainda em milhares de comarcas, os Juizados de Menores ficaram com os trabalhos mais difíceis de serem executados, ou seja, conter os crimes e as demais ilicitudes praticadas pelos menores, sem, no entanto, a contrapartida das ações, medidas e políticas do Estado social de Direito. Assim, a doutrina menorista é marcada pela insuficiência das políticas de responsabilidade do Poder Executivo, que, literalmente, foram compensadas pela repressão judiciária menorista, numa espécie de eufemismo denunciado pela doutrina mais avançada da época, segundo Irene Rizzini.[29]

Os abrigos para menores pobres, órfãos e vítimas de crimes pertenciam às instituições religiosas e, como ainda acontece no Brasil, recebiam parcos recursos orçamentos e/ou financeiros para manterem milhares e milhares de crianças institucionalizadas e com poucas chances de reintegração familiar e comunitária, pois o sistema de colocação em família substituta, especialmente em relação à adoção não funcionava para menores pobres, uma vez que o Código Civil de 1916 trazia uma série significativa de restrições à adoção, tutela e guarda de menores, sobretudo forte consideração em relação ao patrimônio dos envolvidos nos processos.

De forma parecida com o código revogado, o Código de Menores de 1979 dividia os menores em situação *regular* e *irregular*. Os primeiros eram tratados e/ou protegidos pela legislação civil, especialmente o Código Civil e o Código de Processo Civil de 1973, enquanto os menores em situação irregular (abandonados e/ou que cometiam ilícitos penais) eram submetidos às regras dos juizados e sempre com a concreta possibilidade da institucionalização em massa, tudo dentro da secular filosofia da época.[30]

Num comparativo simples, se na doutrina da indiferença era visível a ausência e/ou insuficiência de proteção social, estatal ou comunitária, na doutrina menorista, sob o manto de proteger, simplesmente recrudesceram-se as múltiplas formas de violências institucionais, sendo o abrigamento em massa, apenas um dos históricos problemas, conforme a doutrina examinada.[31]

---

28 MARCÍLIO, Maria Luíza. **História social da criança abandonada**...p. 199.

29 RIZZINI, Irene. **O século perdido**...p. 254.

30 O segundo Código de Menores foi publicado pela Lei n. 6.697, de 10 de outubro de 1979.

31 SOUZA, Jadir Cirqueira de. **A convivência familiar e comunitária e o acolhimento institucional**. São Paulo: Pillares, 2014.

Traçando-se um paralelo simples com o constitucionalismo e reforçando-se a pouca efetividade protetiva, o Brasil viveu sob a égide de constituições federais outorgadas (1824, 1937, 1967) e democráticas (1891, 1934, 1946 e 1988), porém as regras jurídicas menoristas não sofreram mudanças significativas, ou seja, as normas constitucionais não protegiam crianças e adolescentes.

Diferentemente dos Estados Unidos da América do Norte, por excelência de tradição e respeito constitucional, em que as leis e regras governamentais e/ou estatais valem se estiverem em consonância com a Magna Carta, no Brasil, ao contrário, durante o século XX os códigos e as leis não eram adequadamente submetidos à superioridade das normas constitucionais para sua validade formal e material, ou seja, no Brasil, os códigos de leis sempre foram mais respeitados do que as normas constitucionais.

Ao longo da formação do Estado brasileiro, as mudanças constitucionais tiveram pouco reflexo nas leis ordinárias e nas práticas judiciais e administrativas que regulavam a situação jurídica dos menores, especialmente pelo fato de que eram considerados meros objetos de direitos, característica clássica da fase menorista. Enfim, se em relação aos maiores, as constituições federais eram documentos de natureza essencialmente políticos e de pouca relevância aos maiores de dezoito anos, em relação à infância, a situação era ainda muito mais difícil, dado o pouco apreço constitucional brasileiro.

É que a visão do constitucionalismo moderno no Brasil somente passou a ser considerado após a entrada em vigor da CF/88, sendo que nas fases da indiferença e menorista não existia qualquer vontade de cumprir as constituições federais, sobretudo, ainda, pela própria natureza política das normas constitucionais em vigor, segundo as sempre festejadas lições do Ministro do STF, Luiz Roberto Barroso.[32]

Com o término da segunda grande guerra mundial, em 1945 e a abertura democrática em 1985, passo importante para a CF de 1988 e o ECA em 1990, pode-se sintetizar as características centrais do século XX, evidentemente, apesar de alguns avanços, ainda um século perdido na defesa da infância e da juventude brasileira, segundo Irene Rizzini.[33]

A característica preponderante foi no sentido de que menores de 18 anos de idade não eram titulares de direitos subjetivos na ordem jurídica. Se existentes, eram de seus familiares que poderiam adotar as medidas que entendessem cabíveis em todos os aspectos da vida juvenil e sem interferência estatal, exceto em relação às famílias pobres e abandonadas, aqui de forma abrupta e sem obediência formal às regras legais e constitucionais, tudo em nome da pseudoproteção social, sob os auspícios dos juizados menoristas.

A segunda característica pautou-se pela clássica e persistente insuficiência de políticas públicas protetivas, exceto as repressivas que eram aclamadas por parte expressiva dos meios jurídicos e da sociedade brasileira. Como as regras e princípios constitucionais

---

32 ______. Neoconstitucionalismo e constitucionalização do direito: o triunfo tardio do direito constitucional no Brasil. **In: Revista de Direito Constitucional e Internacional**. São Paulo: Revista dos Tribunais, v. 58. Um dos artigos científicos mais interessantes sobre a força do novo constitucionalismo no Brasil.

33 RIZZINI, Irene. **O século perdido**...p. 24.

até o ano de 1988 não traziam as marcas dos direitos subjetivos, ou seja, direitos que podem ser exigidos jurisdicionalmente, os governos, federal, estaduais e municipais passavam ao largo das graves questões juvenis, delegando-se a missão protetiva aos Juizados de Menores que sempre se esmeraram na arte de exigir comportamento dos menores, porém pouco efetivos na proteção de seus direitos sociais básicos.

A terceira característica reside no papel ímpar do Juizado de Menores. Magistrados que não eram especializados nas tradicionais disciplinas jurídicas, eminentemente formais e burocráticas, típicas do Direito Romano, especialmente o Direito Civil e o Direito Penal e o Direito Constitucional, notabilizaram-se pela busca da punição dos menores e/ou meninos de rua, porém com insuficiente efetividade protetiva, posto que, como visto, de um lado eram rigorosos contra os menores, porém pouco exigentes em relação ao próprio Estado.

Assim, nos períodos menoristas, sem as amarras e/ou garantias constitucionais do contraditório, do devido processo legal e da ampla defesa, seguidas portarias judiciais controladoras da juventude foram editadas pelos Juizados de Menores e em clara afronta ao Poder Legislativo e a própria teoria de freios e contra-pesos de Montesquieu. Como o Código estimulava a incisiva atuação judicial, cada cidade brasileira possuía um complexo cipoal de portarias que regulamentavam, desde os horários de permanência nas ruas até comportamentos na esfera íntima das famílias, em detrimento das regras constitucionais e infraconstitucionais, sempre, em nome do bem-estar dos menores de idade, inclusive com claras tentativas de revisitação nos estamentos governamentais brasileiros.

Na linha final, sem os limites constitucionais vigentes, a defesa administrativa era decidida discricionariamente nos Juizados de Menores e normalmente em favor do Estado. As ações civis protetivas eram mínimas, pois os menores pobres estavam em situação irregular, sendo poucas as possibilidades de representação e assistência em Juízo. As ações penais ainda não teriam ganhado foros de legitimidade na defesa dos direitos dos menores-vítimas. Assim, a preponderância das ações menoristas impactava as atividades forenses, dada a condição de meros objetos de direito.

Enfim, a história não nega as relevantes ações das igrejas, da filantropia, dos juizados de menores e de várias autoridades, inclusive de muitos médicos, juristas, professores, psicólogos etc., porém percebe-se que tratar a juventude pobre e abandonada, sob o viés eminentemente punitivo, somente contribuiu para aumentar o fosso social e, de outro lado, também não reforçou a defesa dos conceitos de cidadania e de dignidade da pessoa humana, sendo, assim, séculos perdidos na feliz expressão de Irene Rizzini.[34]

3. A DOUTRINA DA PROTEÇÃO INTEGRAL

A doutrina da proteção integral, trazida pela Declaração Internacional dos Direitos da Criança de 1989, encampada na Constituição Federal de 1988 e regulamentada no Estatuto da Criança e do adolescente, em 1990, melhorada pelas leis n.

34 RIZZINI, Irene. **O século perdido**: raízes históricas das políticas públicas para a infância no Brasil. Rio de Janeiro: Amais, 1997, *passim*.

12.0110/09, n. 12.594/12 e 13.431/17 é formada por conjunto harmonioso e sistêmico de normas aplicáveis às relações jurídicas que envolvem direitos e deveres de crianças e adolescentes, independentemente de quaisquer condições sociais, econômicas e culturais, tendo alçado, como principal característica, crianças e adolescentes à condição de titulares de direitos fundamentais.

Genericamente, o Direito pode ser definido como um sistema harmônico de normas (regras objetivas de conduta humana com sanções pelo descumprimento), subdividido em regras e princípios jurídicos.[35]Sabe-se ainda que é calcado hierarquicamente, a partir da Constituição Federal e suas possíveis alterações (emendas e revisões), além das leis complementares e ordinárias, nos termos enumerados no art. 59 da CF/88.

A partir da CF e fixada em bases jurídicas sólidas, a doutrina da proteção integral representou uma ruptura paradigmática sem precedentes e que ainda não foi assimilada, pois como destacado, vive-se ainda um misto dos sistemas da indiferença e menorista, cumulados com o da proteção integral, ou seja, a entrada em vigor das novas normas protetivas integrais e prioritárias, por si só, ainda não foi suficiente para as mudanças esperadas pelo legislador e pela sociedade.

Enfim, pratica-se, ainda, no Brasil, os fundamentos da doutrina da proteção integral misturados com as principais ideias menoristas e da indiferença, inclusive com vários retrocessos históricos em curso.

É doutrinariamente pacífico que com a entrada em vigor da Convenção dos Direitos da Criança, da Constituição Federal e do Estatuto da Criança e do Adolescente restou sedimentada a doutrina da proteção integral dos direitos fundamentais de crianças e adolescentes. No ponto, restaram fincadas as bases do novo e moderno sistema protetivo, que coloca a sociedade, a família e o Estado na condição de devedores de ações e políticas públicas de proteção integral e prioritária da infância, segundo as lições de Emílio Garcia Mendez e Antônio Carlos Gomes da Costa.[36]

Com a conjugação jurídica do tripé legislativo – penal, civil e administrativo – firmaram-se as várias formas protetivas dos novos direitos infantojuvenis. Por isso, as análises técnicas devem partir da força e da importância dos instrumentos legislativos destacados que revogaram os Códigos de Menores e as seculares e resistentes doutrinas da indiferença e menorista.

Em verdade, as normas internacionais e constitucionais refletiram os novos tempos, pois o país saiu da visão eminentemente protetiva dos interesses do Estado, para a busca da prioritária e integral proteção dos direitos da cidadania civil, política e social, especialmente no plano e/ou perante o Poder Judiciário, sendo a guinada paradigmática decantada na doutrina nacional, segundo as lições de Lenio Streck.[37]

---

35 SOUZA, Jadir Cirqueira de. **A convivência familiar e comunitária e o acolhimento institucional**. São Paulo: Pillares, 2014, cap. I. Além de apresentar os princípios, explica-se como são importantes na busca de soluções jurídicas para a infância brasileira, adotando-se a redução do abrigamento forçado de crianças e adolescentes.

36 MENDEZ, Emílio Garcia; DA COSTA, Antônio Carlos Gomes. **Das necessidades aos direitos**. São Paulo: Malheiros, 1994, *passim*.

37 STRECK, Lenio Luiz. **Verdade e Consenso**: Constituição, hermenêutica e teorias discursivas. 4ª ed. São Paulo: Saraiva, 2011, p. 37.

Diante das mudanças operadas, um dos reflexos mais importantes dos novos paradigmas, ainda não assimilados pela comunidade jurídica nacional e por vários setores da sociedade, foi no sentido de colocar – juridicamente – crianças e adolescentes como sujeitos de direitos, dada a responsabilidade jurídica da família, da sociedade e do Estado na proteção dos seus direitos fundamentais.[38]

Assim, depois de quase um século, no comparativo com a abolição da escravidão, por exemplo, a ordem jurídica nacional tornou crianças e adolescentes titulares de direitos fundamentais à proteção integral, prioritária e respeito de sua peculiar condição de pessoa em desenvolvimento, estando, porém, distante do mínimo ideal, conforme o livro *A efetividade dos direitos da criança e do adolescente.*[39]

Além da baixa densidade constitucional que, inclusive, ainda impera nas demais áreas do Direito e, especialmente no âmbito da defesa dos direitos da infância, a prioridade absoluta não ocorre como deveria na prática forense e nas repartições administrativas federais, estaduais e municipais, bem como nas famílias e na sociedade, por vários fatores que podem ser destacados, todos com respaldo nos seculares fundamentos históricos identificados nas doutrinas da indiferença e menoristas de outrora.

É que além do pouco tempo de amadurecimento e do desinteresse da doutrina e da jurisprudência, no comparativo com outras áreas jurídicas menos relevantes, como por exemplo, as discussões sobre posses imobiliárias rurais, especialmente reintegrações de posse, cédula rural pignoratícia etc, as temáticas infantojuvenis não são ensinadas e/ou sequer discutidas em muitas universidades, dado que tende a tornar os *direitos dos menores*, de *menor importância*, naturalmente, posto que, realmente, ainda não se discute cientificamente a doutrina da proteção integral no Brasil.

O Estado brasileiro, pelos integrantes da Administração Pública e demais agências governamentais, precisa evoluir e incorporar a doutrina da proteção integral na sua prática governamental diária – reconhecendo-se crianças e adolescentes como titulares de direitos fundamentais, abandonando-se as doutrinas da indiferença e menorista, ainda bem vivas no imaginário de muitos juristas brasileiros, conforme ensinado por Martha de Toledo Machado *in verbis*:

> Em resumo, a Constituição brasileira de 1988 rompeu com esse paradigma (menorista), e a ruptura passa necessariamente por duas vertentes: a) pelo reconhecimento e pela configuração de um sistema especial de proteção dos direitos fundamentais distinto daquele configurado para os adultos; b) pela igualdade jurídica entre todas as crianças e adolescentes, independentemente da posição que ocupem no seio da sociedade.[40]

---

38 BELOFF, Mary; MENDEZ, Emílio Garcia. **Infância, lei e democracia na América Latina**: análise crítica do panorama legislativo no marco da convenção internacional sobre os direitos da criança. 1990-1998. Blumenau: Ediurb, 2001. MENDEZ, Emílio Garcia; DA COSTA, Antônio Carlos Gomes. **Das necessidades aos direitos**. São Paulo: Malheiros, 1994. MENDEZ, Emílio Garcia. **Liberdade, respeito, dignidade**. Brasília: Governo do Brasil, 1991. EMILIA, Garcia Mendez;BELOFF, Mary. **Infância, lei e democracia na América Latina**: análise crítica do panorama legislativo no marco da Convenção internacional sobre os direitos da criança 1990-1998. Tradução de Eliete Ávila Wolff. Blumenau: SC: Edifurb, 2001, vol. 1.

39 SOUZA, Jadir Cirqueira de. **A efetividade dos direitos da criança e do adolescente**. São Paulo: Pillares, 2008, *passim*.

40 MACHADO, Martha de Toledo. **A proteção constitucional de crianças e adolescentes e os direitos humanos**. São Paulo: Manole, 2003, p. 152.

No ponto, saber que crianças e adolescentes possuem direitos e deveres na órbita jurídica nacional, inclusive são titulares de direitos fundamentais, como quaisquer pessoas, considerando-se sua peculiar condição de pessoa em desenvolvimento e a necessidade de proteção integral e prioritária, realmente constitui a pedra de toque para a mudança de postura do sistema de justiça, em suas respectivas fases e etapas procedimentais.

Para fins didáticos, as características principais da doutrina da proteção integral são identificadas por João Batista Costa Saraiva, a partir dos estudos de Mary Beloff, e consistem, resumidamente em: revogação da definição ambígua de menor em situação irregular; garantia de proteção integral de direitos fundamentais de crianças e adolescentes, inclusive na esfera preventiva; competências definidas de cada ente da federação no âmbito da proteção administrativa e jurisdicional; descentralização e municipalização do sistema de proteção integral e prioritária, forte na solidariedade civil; desjudicialização dos conflitos, reforçando-se a esfera administrativa de proteção; e a recolocação dos juízes para a decisão típica jurisdicional rompendo-se com a visão do juiz menorista.[41]-[42]

Enfim, assimilados os principais aspectos relativos às fases da indiferença, menorista e da proteção integral, veja-se a divisão adotada na busca da efetividade da doutrina da proteção integral, a partir dos marcos jurídicos definidos abaixo, todos adotados com base na CF e no ECA, inicialmente no plano administrativo e, em seguida, na esfera jurisdicional, individual e coletiva.

4. A PREPONDERÂNCIA ADMINISTRATIVA NO SISTEMA DE PROTEÇÃO INTEGRAL

De início, pode-se destacar que a força maior das ações administrativas constitui a marca relevante para o funcionamento e a operacionalização técnica da doutrina da proteção integral. Ao lado das ações coletivas, seguramente, relevantes atos administrativos podem modificar a realidade de milhões de crianças e adolescentes. Por isso, torna-se importante conhecer os aspectos essenciais do sistema administrativo, adotando-se as lições de Valter Kenji Ishida. [43]

A doutrina possui dois subsistemas protetivos, cada qual com suas regras e/ou especificidades técnicas. Dentro da divisão acima, será iniciada a defesa administrativa, inclusive no âmbito do Ministério Público dentro da linha resolutiva, e, após, a defesa jurisdicional com maior enfoque na tutela coletiva.

Em linhas gerais, pode-se reafirmar desde o início. O sistema de proteção administrativa – principalmente na esfera preventiva – constitui uma das principais apostas do legislador estatutário, outorgando-se a defesa excepcional e subsidiária

41 SARAIVA, João Batista Costa. **Compêndio de direito penal juvenil**: adolescente e ato infracional. 3a ed. Porto Alegre: Livraria do Advogado, 2006, p. 26.

42 BELOFF, Mary; MENDEZ, Emílio Garcia. **Infância, lei e democracia na América Latina**: análise crítica do panorama legislativo no marco da convenção internacional sobre os direitos da criança. 1990-1998. Blumenau: Ediurb, 2001, p. 113-137.

43 ISHIDA, Valter Kenji. **A infração administrativa no Estatuto da criança e do adolescente**. São Paulo: Atlas, 2009, cap. I.

como última *ratio,* aos sistemas, civil e criminal e sempre que demonstrada a omissão e/ou insuficiência do sistema administrativo de proteção integral.

Dentre outros fatores, a importância da prioritária defesa administrativa encontra embasamento na necessidade de maior rapidez, agilidade e eficiência da proteção primária. Ou seja, a proteção administrativa - de natureza preventiva - tem como escopo impedir a possível lesão de direitos fundamentais de forma eficiente e objetiva, sendo a base superior do sistema administrativo: impedir lesões e ameaças aos direitos fundamentais infantojuvenis.

De outro lado, embora a aposta mais certeira da legislação seja a proteção primária, observa-se na prática que o sistema administrativo não é adequadamente organizado e eficiente; não apresenta aplicação efetiva das normas constitucionais e estatutárias e, em milhares de cidades brasileiras, ainda age na base do evidente improviso institucional, uma vez que a doutrina da proteção integral não restou incorporada, ou seja, ainda prepondera a indiferença ou o menorismo e/ou a combinação de ambos, ao invés da proteção dos direitos fundamentais.

Diferentemente do sistema criminal, que possui regras claras e objetivas, embora com sérias discussões sobre o Estado de Direito *versus* o Estado policial ou da esfera civil com as discussões sobre o processo civil individual *versus* o coletivo, o sistema administrativo ainda funciona pela força de muitas medidas individuais heróicas e amadoras, do que na perspectiva de políticas públicas previamente definidas, orquestradas e adotando-se como foco específico a defesa dos direitos fundamentais de crianças e adolescentes, seja pela falta de conhecimentos estatutários ou pela pouca importância outorgada à defesa dos novos direitos.

O ECA possui divisão técnica de fácil assimilação de juristas, psicólogos, assistentes sociais, pedagogos, conselheiros tutelares, policiais, etc, sendo que foi escrito e organizado de forma que possa ser conhecido de todos os profissionais e, evidentemente, cumprido pela família, pela sociedade e pelo Estado. Traduz-se em uma das leis brasileiras de mais fácil entendimento popular, porém de difícil aplicação prática na vida diária da cidadania civil, política e social.

No entanto, não basta a legislação protetiva entrar em vigor, ou a superação formal das fases da indiferença e menorista, pois o conhecimento advém dos estudos mais qualificados, e, principalmente da utilização prática e diária de seus relevantes fundamentos, seguindo-se a clássica processualidade administrativa de Odete Medauar.[44]

No sistema administrativo de proteção integral, seja punitivo ou repressivo, sempre, caberá aos juristas e aos demais integrantes das redes de proteção, cuidarem de conhecer e executar os paradigmas administrativos constitucionais, conforme Alexandre de Moraes.[45] Ou seja, a colocação em prática dos fundamentos da doutrina da proteção integral exige o domínio das mais modernas bases constitucionais e administrativas.

A informalidade, como um dos princípios vetores do sistema, que deve ser a marca registrada na esfera administrativa, deve ser voltada para a proteção dos

[44] MEDAUAR, Odete. **A processualidade no direito administrativo**. 2ª ed. São Paulo: RT, 2008, p. 144.

[45] MORAES, Alexandre. **Direito constitucional administrativo**. 3ª ed. São Paulo: Atlas, 2006, p.1.

superiores interesses da infância, jamais para retirar-lhes direitos fundamentais, ou seja, a informalidade deve ser usada na proteção de direitos, jamais em sua restrição e/ou para favorecer a visão do Estado.

No sentido da processualidade obrigatória nos atos administrativos e nas políticas públicas previstas no ECA, além do seguimento das formalidades intrínsecas de quaisquer medidas da Administração Pública, também devem seguir as normas da Constituição Federal, seja no capítulo que trata dos direitos fundamentais, seja nas regras e princípios que determinam e conduzem a atuação da Administração Pública.

Enfim, de natureza cogente, quaisquer ações, atos e medidas administrativas adotadas pelos juízes, conselheiros tutelares e demais autoridades devem obedecer aos princípios da eficiência, moralidade, impessoalidade, publicidade e legalidade, na forma do *caput* do art. 37 da CF. Significa dizer que eventuais ações punitivas ou protetivas, embora a discussão esteja ainda distante das varas da infância e da juventude e dos conselhos tutelares, somente serão legítimas se guardarem respeito aos princípios constitucionais da Administração Pública, inclusive o respeito ao contraditório, ampla defesa e o devido processo legal, além dos princípios estatutários previstos no art. 101, PU do ECA.[46]

No contexto da proteção administrativa, existem três blocos distintos e conectados pelas normas internacionais, constitucionais e estatutários, sendo o primeiro, o *bloco das políticas públicas globais*. O segundo é o das *políticas públicas setoriais*. E o terceiro *bloco do sistema socioeducativo*, sendo uma das mais aceitas e citadas no país, segundo João Batista Costa Saraiva.[47]

---

[46] Art. 100 do ECA com a redação da Lei n. 12.010/09. Na aplicação das medidas levar-se-ão em conta as necessidades pedagógicas, preferindo-se aquelas que visem ao fortalecimento dos vínculos familiares e comunitários. Parágrafo único. São também **princípios** que regem a aplicação das medidas: I – condição da criança e do adolescente como **sujeitos de direitos**: crianças e adolescentes são os titulares dos direitos previstos nesta e em outras Leis, bem como na Constituição Federal; II – **proteção integral e prioritária**: a interpretação e aplicação de toda e qualquer norma contida nesta Lei deve ser voltada à proteção integral e prioritária dos direitos de que **crianças e adolescentes são titulares**; III – **responsabilidade primária e solidária do poder público**: a plena efetivação dos direitos assegurados a crianças e a adolescentes por esta Lei e pela Constituição Federal, salvo nos casos por esta expressamente ressalvados, é de **responsabilidade primária e solidária das 3 (três) esferas de governo**, sem prejuízo da municipalização do atendimento e da possibilidade da execução de programas por entidades não governamentais; IV – **interesse superior da criança e do adolescente**: a intervenção deve atender prioritariamente aos interesses e direitos da criança e do adolescente, sem prejuízo da consideração que for devida a outros interesses legítimos no âmbito da pluralidade dos interesses presentes no caso concreto; V – **privacidade**: a promoção dos direitos e proteção da criança e do adolescente deve ser efetuada no respeito pela intimidade, direito à imagem e reserva da sua vida privada;VI – intervenção precoce: a intervenção das autoridades competentes deve ser efetuada logo que a situação de perigo seja conhecida; VII – **intervenção mínima**: a intervenção deve ser exercida exclusivamente pelas autoridades e instituições cuja ação seja indispensável à efetiva promoção dos direitos e à proteção da criança e do adolescente; VIII – **proporcionalidade e atualidade**: a intervenção deve ser a necessária e adequada à situação de perigo em que a criança ou o adolescente se encontram no momento em que a decisão é tomada; IX – **responsabilidade parental**: a intervenção deve ser efetuada de modo que os pais assumam os seus deveres para com a criança e o adolescente; X – **prevalência da família**: na promoção de direitos e na proteção da criança e do adolescente deve ser dada prevalência às medidas que os mantenham ou reintegrem na sua família natural ou extensa ou, se isto não for possível, que promovam a sua integração em família substituta; XI – obrigatoriedade da informação: **a criança e o adolescente, respeitado seu estágio de desenvolvimento e capacidade de compreensão, seus pais ou responsável devem ser informados dos seus direitos**, dos motivos que determinaram a intervenção e da forma como esta se processa; XII – **oitiva obrigatória e participação**: a criança e o adolescente, em separado ou na companhia dos pais, de responsável ou de pessoa por si indicada, bem como os seus pais ou responsável, têm direito a ser ouvidos e a participar nos atos e na definição da medida de promoção dos direitos e de proteção, sendo **sua opinião devidamente considerada pela autoridade judiciária** competente, observado o disposto nos §§ 1º e 2º do art. 28 desta Lei. (grifos meus).

[47] SARAIVA, João Batista Costa. **Compêndio de direito penal juvenil**: adolescente e ato infracional. 3a ed. Porto Alegre: Livraria do Advogado, 2006, p. 59.

Obviamente, os três subsistemas que fixam a atuação da Administração Pública devem obedecer aos princípios e regras constitucionais, os estatutários previstos no art. 100 do ECA, com a redação dada pela Lei n. 12.010/09, acoplando-se, ainda, os princípios da Lei n. 12.594/12, na linha paradigmática defendida por Alexandre de Moraes.[48]

Dentro da sistemática adotada, em estrita consonância com a Constituição Federal, o Estatuto da Criança e do Adolescente e as demais leis modificativas fixam as normas jurídicas pertinentes para a efetivação social das políticas públicas globais voltadas para a proteção coletiva dos direitos infantojuvenis, seguindo-se no âmbito das políticas públicas, as lições de Maria Paula Dallari Bucci.[49]

As medidas globais inerentes às políticas públicas, dentro do espectro político e constitucional atingem a sociedade, indistintamente, beneficiando-se crianças e adolescentes, sob quaisquer condições sociais, culturais ou econômicas. Por exemplo, a política pública de proteção do meio ambiente para presentes e futuras gerações, que fixa a obrigatoriedade da colocação de redes de esgotos em todas as residências, dada sua ausência e/ou ineficiência, além dos maiores de 18 anos, claramente prejudica crianças e adolescentes, que são atacadas por moléstias, febres, doenças contagiosas etc.[50]

Ou seja, o sucesso ou o insucesso das políticas públicas globais, organizadas pelos três poderes da República, refletem diretamente na proteção dos direitos fundamentais da infância e da juventude, como por exemplo, ainda, na falta de moradia e de renda familiar. Crises governamentais, corrupção sistêmica, desvios de vultosas verbas públicas, desemprego em massa, etc, são sinais objetivos que prejudicam sensivelmente a vida das crianças e adolescentes que sentem seus imediatos reflexos negativos.

Assim, dada a transcendental necessidade de políticas públicas globais, crianças e adolescentes sem acesso às escolas públicas ou privadas, especialmente na primeira infância; sem direitos elementares aos serviços de saúde; sem moradia digna; e que vivem em morros e favelas submetidas a tiroteios frequentes claramente indicam a falta e/ou a insuficiência de políticas públicas de proteção infantojuvenil.

Dentro do moderno figurino constitucional de repartição de competências legislativas e administrativas, as políticas globais são de responsabilidade da União, Estados e Municípios, pelos poderes Legislativo e Executivo, nas suas respectivas esferas estatais. Nesse sentido, se provocado pelos meios de ações cabíveis constitui um dos deveres do Poder Judiciário exigir o cumprimento da CF, especialmente quando as políticas públicas globais lesarem direitos fundamentais de crianças e adolescentes, segundo Gregório Assagra de Almeida.[51]

48 MORAES, Alexandre de. **Direito constitucional administrativo**. 3ª ed. São Paulo: Atlas, 2006, p. 67-78.

49 BUCCI, Maria Paula Dallari. **Direito administrativo e políticas públicas**. São Paulo: Saraiva, 2006, p. 241.

50 DIAS, Reinaldo; Matos Fernanda. **Políticas públicas**: Princípios, propósitos, processos. São Paulo: Atlas, 2012. O livro mostra como se cria, organiza e executa uma política pública. Pode ser bem utilizado pelos Conselhos de Direitos.

51 ALMEIDA, Gregório Assagra de. **Direito processual coletivo brasileiro**: um novo ramo do direito processual. São Paulo: Saraiva: 2003, p. 460-465.

O sucesso das ações e políticas públicas governamentais, nos termos preconizados pela CF e ECA, efetivamente, devem entrar na pauta da defesa dos direitos da infância brasileira, inclusive cabendo ao Ministério Público, na qualidade de defensor da ordem jurídica e dos interesses sociais e individuais indisponíveis colocar-se na dianteira em relação ao controle, execução e qualidade das políticas públicas, segundo Luiza Cristina Fonseca Frischeisen.[52]

Dentro das bases constitucionais em vigor, as políticas públicas globais exigem ações e medidas claras, concertadas e tendentes à proteção dos direitos fundamentais da infância brasileira, especialmente, na perspectiva da proteção integral, preventiva e prioritária, de modo que as ações de Estado possam constituir-se em importantes mecanismos de redução das mazelas sofridas pela infância no Brasil.

Enfim, dado o rigor legislativo internacional, constitucional e estatutário torna-se premente a necessidade de que as ações, projetos e medidas de defesa dos direitos fundamentais sejam tratados pelos Poderes da República como prioridade absoluta, jamais como ações exclusivamente discricionárias, porém, sob todos os efeitos, atos, ações e medidas administrativas vinculantes para a Administração Pública.

Na sequência, localizadas entre as políticas públicas globais e as socioeducativas, as políticas públicas setoriais constituem a base do sistema administrativo de proteção integral e diretamente sofre os efeitos da ausência e/ou insuficiências das políticas globais e, ao mesmo tempo, os equívocos e omissões do sistema setorial contribuem para o crescimento do uso do sistema socioeducativo.

Abstraindo-se das discussões relativas ao sistema socioeducativo, inclusive sobre o grau e condições de eficiência, ao plano abaixo das políticas públicas globais, especificamente na esfera administrativa, crianças e adolescentes, vítimas da família, sociedade e Estado, nas condições e/ou hipóteses do art. 98 do ECA, devem ser agraciadas – agora – com as políticas setoriais, deliberadas ordinariamente pelos conselhos municipais de direitos das crianças e adolescentes, denominados de CMDCA, existentes em todos os municípios.

Na medida em que as políticas públicas globais sejam ausentes e/ou insuficientes, além dos possíveis questionamentos jurisdicionais coletivos, deve-se partir para a construção das políticas setoriais mediante as deliberações do CMDCA que, formado paritariamente por membros do Poder Público e da sociedade, mediante Resoluções, com a força de Deliberação (ordem), votada e aprovada em assembleia, deve fixar a responsabilidade do Município e demais entes públicos locais, no sentido de proteger determinado segmento de crianças e adolescentes em situação de risco, a partir da construção e execução de políticas públicas específicas, segundo Felício Pontes Jr.[53]

Da mesma forma que o Estado, através dos governos – federal, estadual, distrital e municipal – falha em seus planos específicos de atuação no sentido de construir políticas públicas globais, na esfera mais específica dos conselhos municipais de direitos, a situação é ainda mais dramática, pois, sem o voto popular na escolha e

52 FRISCHEISEN, Luiza Cristina Fonseca. **Políticas públicas**: a responsabilidade do administrador e do Ministério Público. São Paulo: Max Limonad, 2000, p. 59 e 124.

53 PONTES JR., Felício. **Conselho de direitos da criança e do adolescente**. São Paulo: Malheiros, 1993, p. 60.

conhecimento das elementares regras estatutárias, os conselheiros municipais longe estão de executarem o princípio constitucional da democracia participativa e estabelecerem condições básicas para o funcionamento da rede de proteção municipal.[54]

Com base nas regras dos arts. 203 e 214 c/c art. 227 da CF, observa-se que muitos conselheiros municipais de direitos desconhecem a importância de suas relevantes funções e deliberações emanadas de forma colegiada, embora trate-se de órgão público, dividido entre a sociedade e o Poder Público, paritariamente, que deveria repensar seriamente as políticas públicas setoriais, adotando-se como fundamento deliberativo, as hipóteses do art. 98 do ECA, dentro do largo espectro da democracia participativa.

Dito de forma bem direta e objetiva: a totalidade de crianças e adolescentes, vítimas da família, da sociedade e do Estado, nas hipóteses genéricas do art. 98 do ECA exigem a ação deliberativa do CMDCA, de acordo com os princípios e regras estatutárias e constitucionais.

Os conselheiros federais, estaduais e municipais não agem livremente e a partir de suas ideologias e fundamentos partidários, porém sob a direta perspectiva de cumprimento do ECA e da CF. Enfim, não competem com os parlamentares e demais autoridades governamentais, na medida em que devem pautar suas ações nos exatos termos da legislação em vigor.

Não há conflito entre a atuação dos conselhos de direitos e o Poder Legislativo. Enquanto o primeiro trata das políticas globais, o segundo visa efetivar, a partir das regras legais, a política setorial de crianças e adolescentes em situação de risco.

Dito de forma mais direta ainda: não é confortável lembrar que num país em eterno desenvolvimento, se as políticas públicas globais, organizadas pelos poderes Legislativo e Executivo, federal, estaduais e municipais, ainda estão distantes de atingirem o mínimo de proteção possível, as políticas públicas setoriais e específicas, nos mais de cinco mil municípios brasileiros, muitas vezes são omissas e insignificantes, ou seja, objetivamente, os conselheiros de direitos tem se furtado a atuar nas principais questões pertinentes à defesa e proteção da infância brasileira, cabendo, notoriamente ao Poder Judiciário, também fora dos pressupostos processuais das instâncias jurisdicionais, continuar regulamentando muitas políticas públicas de crianças e adolescentes em situação de risco, sendo que existe um verdadeiro cipoal de regras administrativas ditadas pelas varas da infância e da juventude no Brasil.

Assim, no ponto, a ausência de efetividade mínima das deliberações do CMDCA e as próprias fragilidades dos conselheiros, somente reforçam o retorno às práticas menoristas de outrora violando-se a democracia direta e participativa dos conselheiros de direitos, tornando o Poder Judiciário normatizador de diversas questões que transcendem às esferas jurisdicionais típicas, quando o CMDCA representa o povo diretamente na solução das questões infantojuvenis.

As políticas públicas que interessam diretamente à proteção dos direitos fundamentais das crianças e adolescentes, nas hipóteses do art. 98, ou seja, vítimas de

[54] SOUZA, Jadir Cirqueira de. **A efetividade dos direitos da criança e do adolescente**. São Paulo: Pillares, 2008. No capítulo sobre o funcionamento da rede de proteção demonstra-se a necessidade de atuação profícua e eficiente dos CMDCAs.

crimes, ações e omissões da família, sociedade e do Estado, portanto, exigem a direta intervenção dos conselhos municipais de direitos infantojuvenis, que precisam diariamente serem questionados sobre o alcance e a qualidade de suas ações coletivas de natureza protetiva.

Enfim, dada a aposta do legislador estatutário, os conselhos de direitos devem promover debates críticos sobre a eficiência de suas ações e medidas protetivas de natureza coletiva, de forma que crianças e adolescentes sejam prioridade absoluta, que, à toda evidência não podem transformar-se em meros protetores das agências estatais e dos governantes da ocasião, uma vez que as deliberações transcendem às questões político-partidárias.

Na sequência, ultrapassada a defesa coletiva dos direitos fundamentais de crianças e adolescentes, adotando-se uma ou mais das hipóteses previstas no art. 98 do ECA, com o mesmo grau de importância em todos os municípios brasileiros funciona o Conselho Tutelar, órgão público colegiado com a função de proteger – individualmente – os direitos individuais de crianças e adolescentes em situação de risco, violados e/ou ameaçados de violação, devendo, e, depois da apuração administrativa aplicar as medidas de proteção previstas nos arts. 101 e 136 do ECA.

No plano prático diário caberá aos conselheiros tutelares, eleitos e/ou escolhidos pela comunidade local e com direito à formação continuada, iniciarem a atuação na defesa individual de direitos de crianças e adolescentes em situação de risco, especialmente quando o Estado é omisso e/ou concorrente nas violações de direitos fundamentais, aplicando-se as medidas de proteção previstas na legislação estatutária.

O trabalho dos conselheiros tutelares encontra-se protegido penalmente pelo art. 236 do ECA, no sentido de que o impedimento ou o simples embaraço de suas atividades constitui crime, com penas privativas de liberdade, que variam de seis meses a dois anos de prisão, tratando-se, assim, de prova inequívoca da importância atribuída às ações administrativas.

Enfim, crianças e adolescentes-vítimas devem receber a imediata e urgente proteção do Conselho Tutelar que, na sequência, deverá exigir do Município que providencie a proteção requisitada num dos programas municipais específicos, caso existam e funcionem adequadamente, com pessoal qualificado e estrutura física compatível. A proteção de direitos individuais lesados e/ou ameaçados de lesão deve receber a proteção dos conselheiros tutelares, enquanto os direitos coletivos ficam a cargo do conselho de direitos.

Na sequência do funcionamento da rede de proteção integral, novamente, em virtude do princípio da municipalização, o ente público competente deverá ser requisitado para agir três vezes. Primeiro, na elaboração das políticas públicas globais e de sua responsabilidade constitucional, seguindo-se as competências administrativas e legislativas, previstas no art. 30 da CF. Segundo, na criação e execução dos programas municipais de proteção integral de crianças e adolescentes em qualquer das situações de risco, na forma deliberada pelo CMDCA. E terceiro, no obrigatório atendimento às requisições do Conselho Tutelar, conforme as previsões do art. 98 do ECA.

Pode-se resumir a atuação dos municípios brasileiros da seguinte forma: os conselhos tutelares detectam a situação de risco – individual – de crianças e adolescentes e acionam o correspondente programa de proteção municipal. Por exemplo, crianças que foram vítimas de abusos sexuais, independentemente dos processos judiciais e administrativos em curso, imediatamente, devem ser encaminhadas para o programa municipal de tratamento das vítimas de violência, sendo que, naturalmente, as equipes do CT e do Município deverão interagir com as autoridades policiais para que as medidas de proteção sejam adotadas rapidamente.

Todavia, caso o Município não possua o programa específico de proteção, atendimentos, tratamentos das vítimas, imediatamente, o Conselho Tutelar faz um levantamento dos casos individuais e da necessidade do programa municipal e solicita a discussão da temática nas plenárias do CMDCA. Trata-se de programa municipal de obrigatória criação e funcionamento que, à toda evidência exige a interlocução entre o CT e o CMDCA que deverá expedir deliberações específicas para a proteção integral e prioritária.

É, assim, dos municípios brasileiros a responsabilidade constitucional e estatutária pela disponibilização de programas e projeto de proteção, tratamento e acompanhamento das vítimas das violências em quaisquer de suas espécies, a partir da entrada dos casos no Conselho Tutelar, na Delegacia de Polícia e/ou quaisquer outras instâncias, inclusive pela própria vítima que tem o direito de dirigir-se ao Município.

Repita-se, posto que importante, sobretudo para evitar a vitimização primária, caso as situações violadoras de direitos infantojuvenis sejam coletivas, pela repetição dos fatos e/ou acontecimento em determinado bairro, por exemplo, caberá ao Conselho Tutelar, além da proteção individual específica para o caso concreto, também encaminhar cópias das informações e documentos ao CMDCA, para que após as discussões temáticas nas assembleias realizadas, delibere majoritariamente no sentido do Município de criar e/ou executar o respectivo programa de proteção.

De forma exemplificativa, se em determinado bairro e/ou escola existem notícias de sérias violações de direitos, como abusos sexuais, uso de drogas, trabalho infantil, evasão escolar, etc, o colegiado deliberará para que o Município promova a proteção coletiva das vítimas, com a especial vigilância do Ministério Público que, na qualidade de defensor da ordem jurídica, apresenta-se como um dos principais componentes das redes de proteção administrativa e do sistema de justiça.

Enfim, Conselhos Tutelares, Conselhos Municipais de Direitos e Municípios, dentro da clássica processualidade administrativa são as bases do novo sistema de proteção integral e prioritária dos direitos fundamentais de crianças e adolescentes.

Agora na esfera estadual, através das promotorias de justiça da infância e da juventude, o Ministério Público possui o poder-dever de requisitar que o CMDCA promova a discussão e efetivação das políticas públicas setoriais e, ao mesmo tempo, nos casos individuais, também deve requisitar a atuação, inclusive preventiva do Conselho Tutelar, sempre que presente uma das hipóteses do art. 98 do ECA, no sentido de aplicar as medidas de proteção necessárias em cada caso concreto, conforme deixamos expressos em nossos livros.[55]

[55] SOUZA, Jadir Cirqueira de. **A efetividade dos direitos da criança e do adolescente**. São Paulo: Pillares, 2008.______. **Violência escolar**. São Paulo: Pillares, 2012.______. **A convivência familiar e comunitária e o acolhimento institucional**. São Paulo: Pillares, 2014.

Evidentemente, em alguns casos, estando na linha de frente, quando são percebidas as fragilidades institucionais do CMDCA, do CT e do próprio Município, caberá ao membro do Ministério Público exigir, na esfera administrativa e/ou perante o Poder Judiciário, o adequado e efetivo funcionamento da rede de proteção integral, ou, de ofício promover as medidas do art. 201 do ECA para proteger direitos fundamentais lesados e/ou ameaçados de lesão pela família, sociedade e Estado, dentro da ampla gama de ações coletivas.[56]

Diversamente do sistema menorista, em que privilegiava-se a figura ímpar do magistrado menorista, o sistema de proteção integral centra suas forças em promover a defesa eminentemente administrativa municipal, delegando-se ao Poder Judiciário tão-somente as hipóteses remotas de atuação administrativa com expressa e restrita previsão no ECA, reforçando-se a da tutela jurisdicional para as ações judiciais, dentro dos modernos cânones constitucionais e procedimentais.

Enfim, a proteção individual (Conselho Tutelar), coletiva (CMDCA), os programas (Município), a atuação vigilante do MP no plano individual ou como política pública global e/ou setorial traduzem tarefas gigantescas na busca da concretude social e prioritária dos direitos fundamentais de crianças e adolescentes, antes da possível defesa jurisdicional, individual e/ou coletiva.

5. O MINISTÉRIO PÚBLICO E A DEFESA DOS INTERESSES E DIREITOS FUNDAMENTAIS DE CRIANÇAS E DE ADOLESCENTES

A partir da atual conformação constitucional e estatutária, especificamente no tocante à atuação dos membros do Ministério Público, observa-se que a instituição possui um dos mais importantes papéis na construção e/ou aprimoramento das redes sistêmicas de proteção integral dos direitos fundamentais de crianças e adolescentes, na medida em que o poder constituinte originário fixou a regra constitucional relativa ao encargo de defesa da cidadania civil, política e social.

Obviamente que existem outras funções, atividades e responsabilidades federais, trabalhistas, militares, porém o foco mais específico centra-se na proteção dos direitos das crianças e adolescentes dentro de uma atuação eminentemente prática, sem excluir as ações políticas da instituição praticadas pelos demais membros das instituições do Ministério Público.

A natural preponderância focada na defesa da infância decorre, além da notória qualidade técnica de seus membros, do dever constitucional de atuar em diversas frentes convergentes, adotando-se como paradigma clássico a defesa dos direitos

[56] O processo coletivo brasileiro precisa ser mais exercitado pelo Ministério Público, especialmente na defesa dos direitos de crianças e adolescentes. Muitos membros da instituição ainda não se deram conta da necessidade de concentrar esforços na busca da melhor qualidade de vida da população mais jovem. Os crimes, os danos ambientais, as múltiplas violações de direitos praticados pelos adultos são reflexos, ainda, da pouca qualidade dos trabalhos preventivos de todas as instâncias de justiça. Na esfera criminal, é ainda mais grave, pois o sistema somente atua com mais rigor, depois da consumação e/ou execução dos crimes. O sistema de justiça, como repetido é ainda meramente reativo. Os temas ainda foram tratados nos livros de minha autoria *A efetividade dos direitos de crianças e adolescentes* e *Violência Escolar*.

fundamentais da sociedade, pois interessa – como foco central – a defesa da Constituição Federal e seus fundamentos nucleares, segundo as lições de Emerson Garcia.[57]

No plano constitucional, a força institucional advém de dois parâmetros básicos. Na defesa dos direitos sociais, inclusive coletivos, e também como titular das ações penais públicas incondicionadas, ambas com o escopo da proteção dos direitos fundamentais infantojuvenis. Os dois pólos, assim, devem convergir interna e externamente, na medida em que as instâncias devem promover a somatória de forças e ações, em quaisquer de seus movimentos protetivos dos direitos das crianças e adolescentes.

Ao lado da busca pela efetivação da CF e do ECA, o próprio Ministério Público também se encontra em clássico processo de amadurecimento e, naturalmente, apesar dos percalços e obstáculos existentes, que, de tempos em tempos teimam em repetir-se, uma vez que a própria história do país também não é linear e progressiva, resta evidente que muitas conquistas foram obtidas, sobretudo o amplo respaldo da sociedade pela força e a seriedade dos trabalhos desenvolvidos.

A evolução dos serviços prestados pelo Ministério Público acompanha os percalços e os problemas nacionais, sendo necessário que, diferentemente de muitas mazelas públicas que persistem em diversos órgãos públicos, a instituição busque – incondicionalmente – o aprimoramento e a qualidade dos serviços públicos prestados, inclusive submetendo-se às críticas construtivas e, de outro lado, rebatendo com tenacidade e rigor aquelas que teimam em desmerecer e/ou desprestigiar uma das mais interessantes instituições de defesa da sociedade.

No ponto específico, para mostrar a força da atuação resolutiva, apontaremos a evolução do Ministério Público e, em seguida, serão indicados alguns caminhos para a construção da defesa da cidadania civil, política e social que precisa de ações sociais, civis, penais e administrativas, cada vez mais relevantes e necessárias, e que tragam resultados concretos e possíveis de serem medidos cientificamente na proteção integral dos novos direitos infantojuvenis.

Como o constitucionalismo brasileiro – de forma paradigmática – saiu da esfera estritamente política para a proteção dos direitos fundamentais, a evolução do Ministério Público, adotando-se como marco temporal, as revoluções francesa e norte-americana, normalmente é decantada em três fases sucessivas: *parecerista*, *demandista* e *resolutiva*, segundo Marcelo Pedroso Goulart.[58]

A primeira fase é anterior à Constituição Federal de 1988. Caracterizou-se pela defesa dos interesses do Estado, sendo os integrantes do MP subordinados à chefia do Poder Executivo. Eventuais ações judiciais deflagradas contra o Estado recebiam, assim, sua impugnação e defesa. Os membros da instituição possuíam sólida formação processual civil, nos termos ensinados por Cláudio Antônio da Costa Machado.[59] Portanto, no plano prático diário atuava na esfera criminal e civil, sendo

---

[57] GARCIA, Emerson. **Ministério Público**: organização, atribuições e regime jurídico. 6ª ed. São Paulo: Saraiva, 2017, *passim*.

[58] GOULART, Marcelo Pedroso. **Elementos para a teoria geral do Ministério Público**. Belo Horizonte: Arraes, 2013, p. 191-204 e ______. **Ministério Público e democracia**: teoria e práxis. Leme: SP: Editora de Direito, 1998. A pedagógica divisão é trazida pelo autor, membro do Ministério Público, sendo bastante utilizada dentro da própria instituição.

[59] MACHADO, Antônio Cláudio da Costa. **A intervenção do Ministério Público no processo civil brasileiro**. São Paulo: Saraiva, 1989.

os Promotores Públicos mais focados na enfática defesa dos interesses do Estado, em quaisquer processos judiciais em curso.

Além das insuficientes ações individuais e pontuais defesas da sociedade, quando havia coincidência com os interesses do Estado, os direitos das vítimas eram claramente postergados, embora existissem algumas ações judiciais que ocorriam, muito mais pela força e abnegação de muitos promotores públicos, do que pela ideia de defesa institucional, ou seja, os direitos das vítimas de crimes não recebiam a atenção merecida, que, naturalmente, hoje busca-se emprestar.

Na esfera do processo civil, especialmente com base no CPC de 1973, atuava como fiscal da lei, normalmente emitindo pareceres escritos – substanciosos nas causas mais relevantes – direcionados ao convencimento dos magistrados, em suas diversas instâncias decisórias, sendo raras as ações judiciais de natureza individual de iniciativa do MP, embora já existisse significativo rol de possibilidades, segundo as lições de Hugo Nigro Mazzilli.[60]

Obviamente na época não existia a visão de defesa dos direitos coletivos e difusos da sociedade, posto que se atuava na busca da proteção jurídica dos direitos do Estado, sob a perspectiva de que os resultados atingiam ambos, quando, modernamente, sabe-se que os interesses do Estado muitas vezes são diametralmente opostos ou divergentes dos direitos difusos e coletivos da sociedade e, principalmente das crianças e adolescentes.[61]

A mudança de paradigma em curso não foi sem contradições e/ou choques doutrinários. Pode-se afirmar que foi produto da atuação integrada de importantes membros da instituição, que vislumbrando a possibilidade do fortalecimento da defesa dos interesses da sociedade, especialmente em relação aos direitos fundamentais, inclusive contra o próprio Estado, buscaram nos exemplos paradigmáticos internacionais, novas formas de atuação sistêmica trocando-se defesa patrimonial do Estado, pela defesa dos superiores direitos da sociedade.[62]

Assim, a história demonstra que o Ministério Público saiu de uma atuação reativa e condicionada – literalmente – para uma fase com características inerentes à proatividade, na medida em que, de fiscal da lei e parecerista do processo civil, com os trabalhos da assembleia constituinte originária de 1988, apostou-se na moderna configuração, emergindo a denominada – fase *demandista*, produto natural da força do princípio constitucional do acesso amplo e irrestrito à justiça, na esteira das lições de Hugo Nigro Mazzilli.[63]

---

[60] MAZZILLI, Hugo Nigro. **O acesso à justiça e o Ministério Público.** 3ª ed. São Paulo: Saraiva, 1998, *passim*.

[61] MACHADO, Antônio Cláudio da Costa. **A intervenção do Ministério Público no processo civil brasileiro**. São Paulo: Saraiva, 1989. Seguramente, embora desatualizado, em virtude da entrada em vigor do Novo CPC, um dos mais completos livros sobre a atuação do MP no processo civil.

[62] FERRAZ, Antonio Augusto Mello de Camargo (Coord.). **Ministério Público**: instituição e processo. São Paulo: Atlas, 1997. Os co-autores indicam as origens internacionais e os rumos do Ministério Público brasileiro no começo do séc. XXI.

[63] MAZZILLI, Hugo Nigro. **Regime jurídico do Ministério Público**. 5ª ed. São Paulo: Saraiva, 2001.______. **Manual do promotor de justiça**. 2a ed. São Paulo: Saraiva, 2000. ______. **A defesa dos interesses difusos em juízo**: meio ambiente, consumidor, patrimônio cultural, patrimônio público e outros interesses. 19ª ed. São Paulo: Saraiva, 2006. ______**O acesso à justiça e o Ministério Público.** 3ª ed. São Paulo: Saraiva, 1998.

Traçando-se um paralelo com a fase da indiferença, constata-se que até o ano de 1988, a atuação do Ministério Público em relação à infância e juventude era eminentemente passiva e, salvo nas ações menoristas, atuava em processos individuais, seja como legitimado extraordinário ou como parecerista, de modo que longe estava de qualquer ação mais específica voltada para a defesa dos direitos fundamentais de crianças e adolescentes.

Com a entrada em vigor da CF, nos arts. 127 e 129, o Ministério Público recebeu interessantes instrumentos de proteção de direitos e interesses individuais e coletivos indisponíveis, assumindo, naturalmente, a dianteira em várias temáticas jurídicas, com enfoque na especialização das funções de natureza coletiva, adotando-se os fundamentos paradigmáticos do *ombudsman* dos países europeus.

No ponto, se, antes, obedecia apenas aos códigos de leis, posto que as constituições anteriores traziam apenas fundamentos políticos, com a nova ordem constitucional colocou-se a CF no centro das discussões – irradiando-se, consequentemente, direitos subjetivos, sejam individuais ou coletivos para a sociedade – e o Ministério Público recebeu os instrumentos aptos para buscar o cumprimento das normas constitucionais, na esteira das festejadas lições de Gregório Assagra de Almeida.[64]

Com o instrumental teórico e prático disponibilizado, a nova CF mostrou ao Ministério Público a necessidade de trilhar novos caminhos, parafraseando o poeta Tiago de Melo que disse: *não temos um novo caminho, porém um novo modo de caminhar.* A fixação constitucional de que crianças e adolescentes são titulares de direitos e deveres na ordem jurídica exigiu considerável mudança de postura institucional que, naturalmente, precisa ser melhor assimilada e praticada pela instituição pública.

Com o acesso irrestrito ao Poder Judiciário, uma das características centrais da *fase demandista* residiu na numerosa quantidade de ações civis públicas ajuizadas em diferentes partes do país, sobretudo voltadas contra o próprio Estado e na defesa dos direitos fundamentais da sociedade, secularmente lesados pelas ações e/ou omissões estatais. Meio ambiente, consumidor, crianças e adolescentes, idosos, mulheres, negros etc. constituíram grupos que passaram a receber proteção jurisdicional coletiva, fato novo na história jurídica brasileira, ainda presa aos fundamentos clássicos – e individuais italianos – do processo civil de 1973.

Com a força crescente da instituição, se o primeiro modelo esgotou-se, na medida em que a nova CF exigia ações proativas, sendo a ação judicial individual insuficiente, por exemplo, a segunda fase da evolução do MP, denominada *demandista*, também começou a perder força a partir do início do século XXI, na medida em que foram percebidos alguns aspectos que trouxeram profunda reflexão interna, podendo ser citados, dentre outros: demora da tutela jurisdicional, motivada pelo crescente fluxo de milhares e milhares de ações judiciais diárias; os direitos da personalidade não poderiam ser protegidos dentro das regras clássicas do processo civil, em que a forma processual prepondera sobre o conteúdo; a perspectiva de natureza preventiva,

[64] ALMEIDA, Gregório Assagra de. **Codificação do direito processual coletivo brasileiro**. Belo Horizonte: Del Rey, 2007; ______. **Direito processual coletivo brasileiro**: um novo ramo do direito processual. São Paulo: Saraiva: 2003; ______. **Direito material coletivo:** Superação da *summa* diviso direito público e direito privado por uma nova *summa* diviso constitucionalizada. Belo Horizonte: Del Rey, 2008. O autor assimilou literalmente os novos rumos institucionais, sendo um dos nossos exemplos mais incisivos na busca da defesa da sociedade.

especialmente nos ilícitos ambientais, estava sendo trocada pela insuficiente reposição patrimonial; e, por último, com o alvorecer da nova democracia, tornava-se claro que as ações judiciais deveriam ser reservadas para as questões não resolvidas nas esfera preventiva e administrativa, inclusive do MP.

Sem desmerecer e/ou desprestigiar o Poder Judiciário, que sempre esteve pronto e preparado para responder às demandas da sociedade, naturalmente, as novas e intrincadas relações sociais e a complexidade dos problemas, que não mais se encaixavam no figurino da taxatividade processual, bem como na tipicidade das formas procedimentais, reforçaram a convicção da necessidade de mudanças no caminho da resolutividade, nos termos da pós-modernidade decantada por Eduardo C. B. Bittar.[65]

No início do séc. XXI, agora com mais evidência, percebeu-se que a judicialização, salvo nos casos de concessão de liminares, apenas transferia a responsabilidade pela solução dos problemas da esfera do Ministério Público para o Poder Judiciário, levando-se anos para o deslinde de questões que não poderiam esperar a longeva ação do tempo judicial. Por exemplo, a concessão de creches e pré-escolas para crianças de 0 a 6 anos de idade, nos termos do art. 208, VI da CF, não pode esperar a duração de processos judiciais com recursos da primeira à última instância, dada a perda da objetividade temporal das respectivas faixas etárias.

Os fatores destacados fortaleceram a vocação para a solução negociada de conflitos submetidos à análise institucional e que não conseguiam encaixar-se nas regras do processo civil tradicional, modificando-se claramente a dinâmica da atuação do Ministério Público, sendo importante registrar que o Novo CPC, depois de vários anos, buscou exatamente as mesmas formas negociadas de solução de conflitos notadamente interpessoais.[66]

A divisão por fases evolutiva torna-se importante para que fosse possível defender a ideia central no sentido de que a instituição não poderia, jamais, se acomodar apenas com a atuação parecerista, reduzir os efeitos da postura meramente demandista e, ao mesmo tempo, modernamente centrar forças na postura resolutiva, uma vez que não é advogado de particulares, sejam pessoas físicas ou jurídicas e, muito menos deve irmanar-se com os integrantes do Estado, sem, também, exigir-lhes que cumpram seus deveres institucionais, ou seja, deve empenhar-se na resolução pacífica e negociada dos conflitos sociais, sob a perspectiva da defesa intransigente dos direitos fundamentais.

Por todos, Marcelo Pedroso Goulart define o *MP resolutivo* nos seguintes termos:

> O Ministério Público resolutivo é ativo no trabalho de construção da sociedade livre, justa e solidária. Ao assumir a iniciativa e direção das investigações criminais, abre novas perspectivas para a efetividade do sistema de Administração da Justiça Penal, mormente no combate ao crime organizado e à criminalidade difusa. Na área cível assume o papel de agente político que lhe foi confiado pela sociedade, superando a perspectiva meramente processual de suas intervenções. Ao politizar sua atuação, ocupa novos es-

[65] BITTAR, Eduardo C. B. **O direito na pós-modernidade**. Rio de Janeiro: Forense universitária, 2005, *passim*.

[66] Lei federal n. 13.105, de 16 de março de 2015, denominada de Novo CPC. As novas regras e princípios processuais civis em vigor no Brasil, além de prestigiar a solução negociada de conflitos, reforçaram as bases do processo civil constitucionalizado, porém, não avançou no tocante aos paradigmas do processo coletivo.

paços, habilita-se como negociador e indutor de políticas públicas, age integradamente e em rede com os demais sujeitos políticos coletivos nos mais diversos níveis – local, regional intraestatal, estatal, regional supraestatal e global. O Judiciário torna-se espaço excepcional de sua atuação. Esse é o novo caminho que o Ministério Público deve seguir para consolidar o seu papel de agente privilegiado da luta pela democratização das relações sociais e pela globalização dos direitos da cidadania.[67]

Vive-se, assim, dentro do Ministério Público e aos poucos ganhando forte projeção nacional, as perspectivas da resolutividade institucionalizada, sendo o novo marco encampado nos novos instrumentos normativos do CNMP e da CGMP,[68] posto que o poder constituinte confiou-lhe a missão de defender os superiores interesses plúrimos e coletivos da sociedade brasileira, jamais de pautas políticas momentâneas e/ou político-partidárias ou qualquer tipo de indevida subserviência governamental.

A partir do domínio dos fundamentos da resolutividade sustentada em bases científicas e da percepção de que as fases da indiferença e menorista foram superadas pela doutrina da proteção integral e prioritária, abrem-se várias frentes legítimas e imprescindíveis de atuação institucional, sendo fundamental que as ações, medidas e projetos sejam convergentes na proteção integral e prioritária dos direitos fundamentais de crianças e adolescentes.

Numa linha intermediária, pode-se afirmar que os membros do Ministério Público, adotando-se a resolutividade como condição de agir, podem reforçar negocialmente as formas de atuação preventiva e administrativa, inclusive, excepcionalmente, trazendo para a mesa de negociação os integrantes do sistema de proteção, outras vezes agindo de ofício no plano jurisdicional individual e, na última trincheira buscando a proteção jurisdicional coletiva, depois de frustradas as ações resolutivas iniciais.

A primeira frente é de natureza política da Administração Superior do Ministério Público. A manutenção dos atuais instrumentos protetivos de natureza legislativa e governamental devem ser protegidos, como por exemplo, o empenho em qualificar os membros da instituição para a defesa dos direitos infantojuvenis. A qualificada atuação dos membros da instituição, além do conhecimento relativo à infância e juventude, exige instrumentos jurídicos capazes de garantir a proteção integral dos direitos fundamentais.

A segunda é de natureza operacional. Os membros da instituição devem dividir funções, responsabilidades e ações, priorizando-se de forma absoluta, a defesa prática e concreta dos direitos e deveres estatutários. As ações civis, criminais e administrativas devem convergir na busca da proteção integral e prioritária dos novos direitos infantojuvenis, ou seja, a prioridade absoluta deve ser a mais importante marca de atuação institucional.

---

[67] GOULART, Marcelo Pedroso. **Ministério Público e democracia**: teoria e práxis. Leme: SP: Editora de Direito, 1998. ______. **Elementos para a teoria geral do Ministério Público**. Belo Horizonte: Arraes, 2013, p. 202-203. Na mesma direção, por todos, registre-se RODRIGUES, João Gaspar. **Ministério Público resolutivo**: um novo perfil institucional. Porto Alegre: Sergio Antonio Fabris, 2012.

[68] A excelente **Recomendação Geral CGMP n. 1, de 30 de outubro de 2017**, fundamentada na resolutividade do Novo CPC, indica com clareza solar as formas de atuação dos membros do Ministério Público no processo civil. Da mesma forma, o Ato CGMP nº 4, de 4 de setembro de 2018, ao regulamentar o estágio probatório encontra-se orientado nas diretrizes do moderno MP. Os arts. 8º e 14 constituem a base científica da construtividade das ações e projetos do Ministério Público. São instrumentos jurídicos pautados em critérios científicos e que permitem aferir concretamente os resultados das ações dos membros da instituição.

E, por último, no plano prático diário, alguns cuidados, medidas e projetos delineados em cada comarca, seção e/ou divisão de atribuições que possuam a responsabilidade pela direta defesa dos novos direitos, devem primar pela resolutividade, sendo na infância e juventude, diferenciada e sempre urgente, sobretudo pela peculiar condição de pessoa em desenvolvimento, seja pelo público-alvo ou ainda pela necessidade de constante especialização, na medida em que as regras e princípios estatutários trazem normatividade que difere do tradicional sistema jurídico.

Assim, a regra de ouro reside em centrar forças institucionais na resolutividade administrativa dentro do Ministério Público. Nesse sentido, um aspecto merece consideração. A autonomia operacional das redes de proteção e de justiça não prescinde do estreitamento dos laços profissionais entre as diversas instâncias. Ou seja, cabe aos membros da instituição, notadamente na infância e juventude primarem pela clareza e eficiência das funções desenvolvidas em prol dos direitos infantojuvenis.

De ordem prática, pelos fundamentos constitucionais e estatutários em vigor, algumas ações e medidas merecem concretude no plano da resolutividade adotada pelo MP.

Transcreve-se e, ordem crescente de atuação, o núcleo mínimo e básico de atuação resolutiva, antes das ações coletivas, uma vez que as comarcas, cidades e estados da federação possuem estágios de desenvolvimento diferenciados na proteção dos interesses e direitos de crianças e adolescentes em situação de risco.

Primeiro, mediante a instauração de procedimentos administrativos próprios (NF, PP, IC, PA) o membro do MP, especialmente com atuação na defesa dos direitos fundamentais da infância e juventude, deve priorizar a formação, organização e funcionamento do Conselho Tutelar dada a imprescindível necessidade de sua atuação na defesa dos direitos e interesses individuais lesados e/ou ameaçados de lesão.

É possível em algumas hipóteses que direitos individuais indisponíveis sejam defendidos na esfera administrativa e jurisdicional pelo Ministério Público. É, assim, possível, dada a falta e/ou insuficiência da rede de proteção municipal, que a instituição use as ações individuais. Entretanto, a rapidez, a operosidade e a possibilidade de maior efetividade social permitem sustentar que a atuação do Conselho Tutelar é mais eficiente do que as ações jurisdicionais individuais, especialmente pelo tempo naturalmente mais longo dos processos judiciais.

Assim, os integrantes do Ministério Público devem zelar e ao mesmo tempo exigirem melhor qualidade, eficiência e operosidade nas ações e medidas individuais de proteção que são de atribuição dos Conselhos Tutelares, esgotando-se as hipóteses previstas especialmente no art. 136 do ECA.

Segundo, as deliberações dos conselhos de direitos infantojuvenis, nos espaços legislativos permitidos, essencialmente nas hipóteses de violação de direitos coletivos de crianças e adolescentes, constituem a segunda tarefa do Ministério Público na busca da resolutividade operacional da rede municipal de proteção. No mínimo, as ações civis públicas e demais ações coletivas deveriam contar, como força propulsora, embora sem caráter de obrigatoriedade formal, dado o acesso coletivo constitucional à justiça, com as deliberações prévias dos conselhos municipais, estaduais, distritais e federais de direitos fundamentais.

A legislação brasileira fixou a possibilidade de solução coletiva nos casos de violação de direitos de crianças e adolescentes. Por isso, é fundamental que os conselheiros de direitos possuam condições de compreender a magnitude dos problemas infantojuvenis, para, a partir do conhecimento essencial, deliberarem sobre os meios e as condições para o enfrentamento dos seculares problemas. Nesse sentido, a participação do Ministério Público no sentido de reforçar a qualidade das ações dos conselheiros trará sensíveis melhorias às redes de proteção que operam nos municípios brasileiros.

Assim, exige-se a resolutividade na atuação do MP, desde a elaboração das leis que regulam a atuação dos conselhos de direitos até o controle de qualidade de suas ações finalísticas, especialmente no controle efetivo dos aspectos necessários para o exercício das funções de conselheiros municipais, estaduais e federais, especialmente para que se evitem pautas político-partidárias que devem ser discutidas nos Parlamentos.

Terceiro, a participação junto aos municípios brasileiros no sentido de que criem condições para proteger as crianças e adolescentes em situação de risco, seja no plano individual ou coletivo, certamente permitirá que a proteção administrativa seja cada vez mais efetiva e de qualidade técnica. Boas leis municipais e políticas públicas colocadas em prática formam um excelente eixo de atuação resolutiva em suas múltiplas e complexas vertentes.

Enfim, a vinculação que se espera com o Município deve ser operacional, independente, autônoma e didática no sentido de que os direitos fundamentais sejam absolutamente protegidos, especialmente sob o enfoque preventivo e, se necessário, com o manuseio das ações coletivas contra a própria Administração Pública.

E, por último, como exemplo de atuação resolutiva do MP, ainda distante do mínimo ideal, encontra-se na necessidade de colocação em prática e funcionamento da escuta especializada e do depoimento especial, trazidos pela nova Lei n. 13.431/17 que, praticamente, exige a resolutividade em todas as etapas, antes, durante e após as ações protetivas e probatórias, no sentido de evitar e/ou pelo menos diminuir os efeitos da revitimização ou violência institucional.

A nova lei requer inquéritos policiais e ações penais mais qualificadas; ações administrativas protetivas imediatas e reparadoras, além de medidas impeditivas de novas violações de direitos devendo ser orquestrada a harmoniosa articulação entre as instâncias do sistema de proteção integral e o sistema de justiça criminal, civil, família, etc.

O texto da nova lei demonstra claramente que são variadas, difíceis e complexas as situações que não se encaixam no tradicional figurino jurisdicional e que, portanto, caberá aos membros do Ministério Público agirem com mais desenvoltura e resolutividade, como por exemplo, na redução gradativa do acolhimento institucional e familiar e na proteção dos núcleos familiares e comunitários; na diminuição do *bullying* e demais violências nas escolas brasileiras; na erradicação do trabalho de adultos praticados por crianças e adolescentes (trabalho infantil); na qualificação e funcionamento dos sistemas socioeducativos, dentre outros aspectos.

Enfim, ações resolutivas de proteção dos direitos fundamentais de crianças e adolescentes na esfera administrativa especialmente municipal não conflitam com as ações e o processo coletivo brasileiro. Na verdade, tendo como eixo central as medidas resolutivas e jurisdicionais a cargo do Ministério Público, são caminhos similares na busca da efetivação do ECA e da CF.

6. ASPECTOS HISTÓRICOS DO PROCESSO COLETIVO

O Poder Judiciário recebeu a importante missão de promover a proteção individual e coletiva dos direitos fundamentais das crianças e dos adolescentes, além da irrestrita defesa das normas constitucionais, sempre que acionado pelos meios legais disponíveis, respeitando-se o contraditório, a ampla defesa e o devido processo legal, sem a necessidade de agir de ofício ou apenas na esfera administrativa, como no revogado sistema de justiça para menores.

Nessa linha, o processo coletivo assume importância ímpar na medida em que – compreendido e utilizado racionalmente – servirá como instrumento jurídico capaz de suprir, corrigir, reforçar e implantar, através de decisões judiciais de largo e abrangente alcance social, medidas e atividades na defesa global e integral dos direitos fundamentais de crianças e adolescentes, cumprindo-se as metas que lhes foram outorgadas pela CF no sentido de garantir a defesa da sociedade livre, justa e solidária.

Não se quer à toda evidência retornar ao sistema demandista em que o MP limitava-se – mecanicamente – a protocolar ações civis públicas, porém mostrar que na esfera da proteção infantojuvenil, quando ainda se caminha sob as bases das doutrinas menorista e da indiferença, será necessária, mesmo de forma excepcional, a intervenção jurisdicional coletiva.

Foi visto ainda que a força da proteção dos direitos fundamentais – preventivamente – encontra-se na fase extrajudicial com as medidas administrativas desencadeadas pela rede de proteção do Conselho Tutelar, Conselho Municipal de Direitos e Município. No entanto, insuficientes as ações e medidas administrativas e/ou esgotada a resolutividade do MP, exsurge a necessidade, principalmente do processo coletivo para exigir que as políticas públicas infantojuvenis sejam executadas com rigor.

Assim, a conjugação harmoniosa e equilibrada dos fundamentos da proteção integral dos direitos fundamentais de crianças e adolescentes, especialmente na esfera administrativo-preventiva, com as modernas bases da tutela jurisdicional coletiva traduzem os aspectos centrais do presente estudo.

Como sabido, sendo lição clássica do Direito Comparado, cada país ou grupo social possui história particularizada, valores, hábitos, costumes e regras jurídicas diversas e/ou similares à realidade brasileira. Por isso, é possível o aproveitamento de institutos jurídicos alienígenas com as devidas adaptações ao sistema jurídico brasileiro. Por isso, pode-se afirmar que a despeito das diferenças culturais, o processo coletivo em seus aspectos mais estruturantes recebeu forte influência do paradigma norte-americano da atual *Rule 23*, na linha exposta por Antonio Gidi.[69]

---

[69] GIDI, Antonio. **A class action como instrumento de tutela coletiva de direitos**: as ações coletivas em uma perspectiva comparada. São Paulo: Revista dos Tribunais, 2007, p. 40-66. A obra traz o histórico, requisitos e demais aspectos das ações de classe do direito norte-americano.

As ações judiciais coletivas, segundo Márcio Mafra Flávio Leal, já existiam no período medieval, inclusive na práxis anglo-americana. Destaca ainda o autor que, embora não possuíssem as características atuais, inclusive na Inglaterra e nos Estados Unidos da América e com relevantes diferenças em relação à forma de organização e representatividades dos grupos sociais, as bases de sua existência jurídica são seculares.[70]

Na linha histórica, ainda explica a evolução do instituto jurídico-processual a partir do sistema medieval, passando pelo sistema inglês e o norte-americano até sua chegada no Direito brasileiro, por meio da Lei n. 7.347/85.[71] Por todos, destaca que a evolução não ocorreu de maneira regular e uniforme, sendo que ocorreram avanços e retrocessos. Somente no século XX, a partir do surgimento das ações de classe do sistema norte-americano, da necessidade de proteção dos direitos das massas e da notória insuficiência das ações de cunho individual é que as ações de classe passaram foram estudadas com profundidade.[72]

Mauro Cappelletti e Bryant Garth incluem a defesa dos direitos difusos como uma das ondas renovatórias do processo, e, apesar das falhas existentes nas ações de classe do sistema norte-americano, especialmente em virtude da ligação política dos autores coletivos com os entes estatais, dos custos econômicos e das dificuldades doutrinárias no tratamento da matéria, ainda constituem excelentes paradigmas para os demais países, inclusive para o direito coletivo brasileiro.[73]

No tocante à origem, em relação à similar portuguesa denominada de *ação popular*, equivalente à ação civil pública brasileira, ensina António Payan Martins:

> É afirmado pela generalidade da doutrina que as origens da class actions de direito americano se encontram na regra da equity inglesa que admitia, perante hipóteses em que o número de pessoas interessadas na lide fosse tão amplo que tornasse efectivamente impraticável a participação de todos no processo ou quando numerosos sujeitos se encontrassem na mesma situação jurídica perante um adversário comum, a possibilidade que alguns sujeitos participassem no processo como representantes de classe e a extensão do caso julgado a todos os membros dessa classe, mesmo que não tivessem participado de facto no processo(...)[74]

Identificada a origem histórica, apenas como referencial, é preciso examinar algumas nuances e características do sistema jurídico coletivo dos Estados Unidos da América do Norte para melhor compreensão e alcance do direito coletivo voltado para a defesa dos direitos fundamentais das crianças e adolescentes.

Pedro da Silva Dinamarco aponta os seguintes requisitos das três principais ações de classe norte-americanas. Destaca inicialmente que os requisitos legais de

70 LEAL, Márcio Flávio Mafra. **Ações coletivas**: histórica, teoria e prática. Porto Alegre: Sérgio Antônio Fabris, 1998, p 13.

71 A ação popular e a ação civil pública ambiental são mais antigas, claro, porém, no plano organizacional das ações civis públicas, a Lei n. 7.347/85 foi o marco legislativo inaugural do processo coletivo.

72 Ibid., passim.

73 CAPPELLETTI, Mauro; GARTH, Bryant. **Acesso à justiça**. Tradução de Ellen Gracie Northfleet. Porto Alegre: Sérgio Antônio Fabris Editor, 1988. p.60.

74 MARTINS, António Payan. **Class action** em Portugal. Lisboa: Cosmos, 1999. p. 29.

cada ação coletiva são variáveis nos diferentes Estados da federação, porém as bases dos sistemas estaduais foram traçadas seguindo-se o modelo federal em vigor, desde 1966, através da edição da *Rule 23*.

Ensina também que as ações de classe norte-americanas - ajuizadas primeiramente com pedido individual e posteriormente transformadas pelos magistrados em ação coletiva - apresentam os seguintes requisitos jurisprudenciais: existência de classe numerosa de pessoas e impraticabilidade de reunião dos seus membros; questões comuns de fato e de direito nos processos individuais em curso; pedidos idênticos dos integrantes das classes de pessoas envolvidas; presença de representantes adequados das classes, seja no pólo ativo e no pólo passivo das relações juridicamente estabelecidas.[75]

Portanto, em linhas gerais, os principais aspectos jurisprudenciais, doutrinários e legislativos processo coletivo norte-americano inspiraram a formação do processo coletivo brasileiro, ainda que com diferenças e características específicas.

Como esclarecido, no plano legislativo brasileiro, foram a ação popular (1965)[76] e a ação civil pública ambiental (1981)[77] os marcos regulatórios iniciais da existência do processo coletivo, sendo que com a entrada em vigor da LACP (1985) iniciou-se a regulamentação legislativa de suas bases iniciais.

Com a entrada em vigor da CF (1988), do CDC (1990)[78] e do ECA (1990) o processo coletivo recebeu qualificado tratamento legislativo, especialmente pela força decorrente da inclusão das temáticas no texto constitucional , a partir dos arts. 127 e 129 da CF. Assim, as bases operacionais das ações coletivas devem conjugar as normas da CF, LACP, CDC e do ECA, sendo a clássica formação do processo coletivo brasileiro.

Na defesa coletiva dos novos direitos das crianças e adolescentes, conforme a dicção do art. 227 da CF, para a utilização nas ações coletivas, o ECA criou as regras processuais próprias, na forma do art. 208 a 224, adotando-se a subsidiariedade, na falta e/ou omissão legislativa dos demais microssistemas coletivos. Assim, a proteção jurisdicional coletiva dos direitos das crianças e dos adolescentes deve utilizar os mesmos fundamentos doutrinários, legais e jurisprudenciais, acrescidos dos princípios constitucionais da prioridade absoluta e da proteção integral.

Assim, resta perceptível que, em conjugação com a CF e o ECA, o Brasil possui legislação coletiva capaz de, se usada de modo eficiente, reverter as graves mazelas sociais, econômicas e culturais, impostas às crianças e aos adolescentes. Enfim, basta conjugar-se e aplicar - efetivamente - as regras e os princípios da LACP, CF, CDC e do ECA, abandonando-se as fases da indiferença e menorista, bem como a visão patrimonial do sistema processual civil de outrora.

---

75 DINAMARCO, Pedro da Silva. **Ação civil pública**. São Paulo: Saraiva, 2001, p. 125.

76 Lei n. 4.717, de 29 de junho de 1965 (Lei da ação popular).

77 Lei n. 6.938, de 31 de agosto de 1981 (antiga lei de defesa do meio ambiente).

78 Lei n. 8.078, de 11 de setembro de 1990 (Código de Defesa do Consumidor).

7. FUNDAMENTOS DA TUTELA COLETIVA

O processo civil brasileiro possui bases doutrinárias mais sólidas e consequentemente mais estudadas que o processo coletivo, em virtude de sua longeva existência e da facilidade de sua operacionalização técnica, pois trata estritamente dos direitos individuais, embora ainda focado no âmbito patrimonial, mesmo com os notáveis avanços personalistas e conciliatórios do novo CPC.

Porém, dada a visão patrimonialista e individual, ao longo da história mostrou-se claramente insuficiente para reverter os complexos e múltiplos problemas que sempre assolaram a infância brasileira. Na verdade, mesmo empregado corretamente e com eficiência, o processo civil tradicional resolve a lesão de direito de uma ou mais crianças, não contemplando aqueles que não se fizeram representar ou assistir no processo civil.

Por isso, ainda que o processo civil fosse integralmente eficiente, por si só, além das medidas protetivas de natureza administrativa, ainda assim seria necessária a implantação do processo coletivo. A partir dessas perspectivas – insuficiência operacional do processo civil e fragilidade das ações protetivas de natureza administrativa – fundamenta-se a necessidade da busca de cada vez mais efetividade da tutela coletiva dos direitos das crianças e dos adolescentes com a utilização das ações coletivas e particularmente da ação civil pública, dadas as clássicas vantagens do processo coletivo.

Dentre as várias razões existentes para o tratamento coletivizado dos direitos fundamentais, sem excluir e/ou diminuir a força da defesa individual e das redes de proteção na esfera administrativa, as vantagens do uso das ações coletivas no sistema jurídico brasileiro podem ser sintetizadas assim: 1) significativa economia de trabalhos realizados pelos integrantes do sistema de justiça; 2) redução de gastos financeiros inerentes a quaisquer processos judiciais, pois, a princípio, trata-se de processo único; 3) necessidade de tratamento isonômico das partes pelo Poder Judiciário, com decisão única para todos aqueles que se encontrem em posição jurídica idêntica; 4) surgimento dos direitos das massas inerentes à pós-modernidade; 5) facilitação do acesso à justiça; 6) finalmente, o processo coletivo permite que sejam discutidas jurisdicionalmente questões complexas, modernas e de relevante alcance social para crianças e adolescentes.[79]

Um exemplo elucidativo pode ser apontado: numa ação civil pública é possível exigir o fornecimento gratuito de determinado tipo de medicamento para todas as crianças – financeiramente necessitadas – e que dependam de seu uso diário. Hipoteticamente, numa metrópole brasileira com mais de um milhão de habitantes, caso cem mil crianças precisassem de um medicamento e o Estado não colocasse o produto à disposição. Seria necessário o ajuizamento de cem mil ações individuais. Sem a possibilidade da ação civil pública, haveria um verdadeiro congestionamento

[79] ALMEIDA, Gregório Assagra de. **Codificação do direito processual coletivo brasileiro.** Belo Horizonte: Del Rey, 2007; ______. **Direito processual coletivo brasileiro**: um novo ramo do direito processual. São Paulo: Saraiva: 2003; ______. **Direito material coletivo:** Superação da *summa* diviso direito público e direito privado por uma nova *summa* diviso constitucionalizada. Belo Horizonte: Del Rey, 2008. O renomado autor praticamente esgotou as temáticas em suas obras de obrigatória leitura aos profissionais que atuam com o processo coletivo brasileiro.

com o mesmo tipo de pedido ou ação, ou seja, seriam ajuizadas milhares de ações num sistema judicial com sérias dificuldades para solucionar os litígios decorrentes da falta de cumprimento da CF. Assim, ajuizar, ofertar parecer e julgar um processo coletivo é muito mais econômico, lógico e racional do que atuar em 100.000 processos idênticos e/ou meramente repetitivos.

De outro lado, embora a hipótese pareça óbvia, no Brasil, teima-se ainda em buscar medidas para reduzir a força e o alcance da tutela coletiva, a partir de interpretações reducionistas e tautológicas, segundo Edilson Vitorelli.[80]

Além da economia de tempo, pessoal e material - incrivelmente óbvios - permite, ainda, o tratamento igualitário ou homogêneo daqueles que foram lesados em seus direitos ou interesses jurídicos fundamentais. O tratamento igualitário das partes envolvidas reforça o sentido isonômico das relações sociais e, ao mesmo tempo, permite que sejam reduzidas drasticamente as hipóteses de decisões jurisdicionais conflitantes sobre os mesmos fatos ou situações postas à apreciação de juízes diferentes e em instâncias diversas.

Ainda outro exemplo ilustra as evidentes vantagens da tutela coletiva na defesa dos direitos difusos e coletivos de crianças e de adolescentes. Numa cidade, apenas uma ação civil pública seria necessária para conseguir vagas em creches e pré-escolas para crianças de 0 a 6 anos de idade, conforme determina o 208, IV e art. 30, VI da CF. Julgado o pedido procedente, todas as crianças que residem no município teriam o mesmo direito constitucional de frequentar as escolas do ensino infantil.

O desejável, portanto, é o tratamento isonômico das partes e a redução da possibilidade de tratamento jurisdicional diverso para crianças ou adolescentes - sobretudo aquelas mais pobres - na mesma situação jurídica ou fática, uma vez que o processo civil individual favorece apenas aqueles que podem contratar advogados ou o patrocínio da Defensoria Pública.

Em conclusão, os fundamentos do processo coletivo reforçaram-se a partir da insuficiência protetiva infantojuvenil do processo civil individual, além da economia de custos financeiros e de esforços humanos, bem como da homogeneidade das decisões relativas à proteção dos interesses difusos e coletivos das crianças e adolescentes. Enfim, fundamentada a inelutável necessidade do processo coletivo, torna-se pertinente que seja apresentado o objeto da defesa jurisdicional coletivizada.

8. OBJETO DO PROCESSO COLETIVO

Para lograr êxito na sua operacionalização forense, o direito coletivo possui regras e princípios processuais e de direito material. As normas jurídicas de direito material referem-se basicamente aos direitos fundamentais - liberdade, vida, trabalho,

[80] VITORELLI, Edilson. Tipologia dos litígios transindividuais: um novo ponto de partida para a tutela coletiva. In: ZANETI JR, Hermes (Coord.). **Processo coletivo**. Salvador: Juspodivm, 2016, p. 49/108. No artigo o renomado autor tece interessantes críticas sobre a conceituação legal dos direitos transindividuais. Obviamente, não adentraremos nas nuances das belas explicações, uma vez que defendemos no presente trabalho, ainda, o começo mais forte na utilização do processo coletivo na defesa dos novos direitos. A infância e juventude apresenta ainda um longo e tortuoso caminho, obviamente, até que se possa discutir com maior profundidade as bases dogmáticas do processo coletivo.

moradia etc. – na ordem jurídica em vigor, ao passo que as normas processuais coletivas – competência, legitimidade, condições das ações etc. – esclarecem a atuação das partes, do Ministério Público e do Estado-juiz na prestação da tutela jurisdicional coletiva.

Os direitos e interesses materiais coletivos, bases do presente capítulo, encontram-se divididos em difusos, coletivos e individuais homogêneos. Até a entrada em vigor do CDC em 1990, ainda não existia a definição legislativa de cada um dos direitos ou interesses difusos e coletivos. Apesar disso, desde 1985, com o surgimento das primeiras ações coletivas, existia confusão entre as três espécies de direitos ou interesses coletivos. A divisão existente era formulada pela doutrina. A tutela coletiva ainda era fragilizada dada a omissão legislativa, sobretudo em relação à definição legal dos direitos e interesses coletivos.

A partir da entrada em vigor do art. 81, PU do CDC, pela primeira vez, o sistema jurídico coletivo recebeu as definições legislativas dos direitos e interesses difusos, coletivos e individuais homogêneos, porém, dada a complexidade e a novidade dos temas, mesmo com as definições legais, ainda existem sérias discussões acerca dos termos regulamentados na legislação dos direitos do consumidor, efetivamente aplicável na proteção dos direitos fundamentais infantojuvenis.

É que o ECA, da mesma forma que as leis relativas aos direitos dos idosos, mulheres, índios, desempregados etc., também não trouxeram a definição legal dos direitos e interesses transindividuais.[81] Por isso, reforçe-se: os fundamentos conceituais do CDC foram aproveitados, integralmente pela doutrina, jurisprudência pátria e por determinação legal na conceituação e utilização dos direitos ou interesses difusos e coletivos das crianças e adolescentes. [82]

Assim, a partir das novas bases conceituais do CDC – aplicáveis a quaisquer interesses difusos e coletivos – é que serão destacados os aspectos básicos relativos à definição dos direitos e interesses coletivizados especialmente de crianças e de adolescentes, conforme as clássicas lições de Hugo Nigro Mazzilli.[83]

Inicialmente, merecem serem destacados três aspectos doutrinários: o primeiro centra-se no fato de que como são recentes as definições legais, ou seja, possuem menos de trinta anos, ainda não foram discutidas à exaustão pelos tribunais superiores, apesar da forte doutrina já sedimentada. Dois aspectos concorrem para a manutenção da novidade jurisprudencial. A primeira é que os próprios autores coletivos ainda não perceberam a necessidade de narrar – com mais eficiência – a espécie de direito ou interesse coletivo violado. A segunda é que o próprio Poder Judiciário também não cuidou de estabelecer bases precisas na jurisprudência do Supremo Tribunal Federal. Enfim, a insuficiente qualidade na precisão dos conceitos vem dificultando a operosidade e a eficiência do processo coletivo.

---

[81] MAZZILLI, Hugo Nigro. **A defesa dos interesses difusos em juízo.** 13ª ed. São Paulo: Saraiva, 2001. p. 46. Após explicar que a doutrina utiliza as duas expressões, indistintamente, o autor prefere a expressão interesses transindividuais.

[82] Art. 90 do CDC e art. 21 da LACP.

[83] MAZZILLI., op. cit. p.46-55.

A segunda reside no fato de que o art. 208 do ECA limitou-se a oferecer rol exemplificativo de situações e/ou fatos lesivos aos direitos ou interesses coletivos das crianças e dos adolescentes que poderão ser objeto da tutela processual coletiva. A legislação estatutária não trouxe, nos termos destacados, a definição dos direitos ou interesses transindividuais, ou seja, o ECA não definiu os direitos e interesses difusos, coletivos e individuais homogêneos. Ou seja, embora para os operadores do direito do consumidor não exista problema legislativo, na esfera infantojuvenil ainda ocorrem sérias dificuldades operacionais, na medida em que tenta-se a completude legislativa com as normas do processo civil, esquecendo-se que as omissões, lacunas, etc, devem ser supridas com as demais normas do processo coletivo brasileiro.

A terceira é que três características são relevantes para a precisa distinção entre as categorias de direitos coletivos: titularidade do direito ou interesse, qualidade da relação jurídica estabelecida e origem fática ou jurídica das hipóteses submetidas à apreciação jurisdicional. Assim, melhor seria a fixação dos temas no âmbito dos direitos das crianças e adolescentes, trocando-se as hipóteses do art. 208 do ECA pelo art. 81, PU do CDC. De qualquer modo, a despeito do equívoco da legislação é perfeitamente possível utilizar as bases conceituais do CDC nas ações previstas no ECA.

No plano técnico o art. 81, Parágrafo Único, I do CDC define os interesses difusos como *transindividuais, de natureza indivisível, de que sejam titulares pessoas indeterminadas e ligadas por circunstâncias de fato.*

A titularidade é indeterminável e pertence, assim, indistintamente, à coletividade de crianças e de adolescentes (apenas moravam na mesma cidade). Os fatos lesivos ocorrem sem a existência de liame preciso e preexistente entre os envolvidos. Apenas uma ação e/ou omissão viola os direitos de milhões de crianças. Por exemplo, todas as crianças de 0 a 6 anos de idade, residentes em qualquer cidade brasileira têm direito à matrícula em creches e/ou pré-escolas. Sem a educação infantil para todas, resta violado, portanto, o interesse difuso – indisponível e constitucional – à educação.

Outro exemplo ocorre quando o Estado não oferece o serviço público essencial de proteção para as vítimas, nas hipóteses do art. 98 do ECA. Milhares de crianças, vítimas de maus-tratos, abusos sexuais, trabalho infantil, evasão escolar etc. não recebem integral proteção social, psicológica, econômica e jurídica por parte do Poder Público municipal. É que não se consegue precisar quem foi, está sendo e/ou será vítima de maus-tratos e demais ilícitos praticados. Todavia, é imprescindível que os serviços públicos de proteção das vítimas sejam disponibilizados para todos, pois a qualquer tempo as diversificadas formas de violências produzem seus nefastos e deletérios efeitos.

Enfim, não existe relação jurídica anterior entre as vítimas, e ainda indeterminável a titularidade dos interesses eventualmente lesados, exceto a base territorial, como suporte para as ações civis públicas de defesa dos direitos ou interesses difusos.

Já o inciso II do mesmo dispositivo legal define os interesses coletivos como sendo aqueles *transindividuais de natureza indivisível de que seja titular, grupo, categoria ou classe de pessoas ligadas entre si ou com a parte contrária por uma relação jurídica base.*

Aqui existe significativa redução no tamanho do grupo, classe ou categoria de pessoas lesadas, pois é possível a delimitação legal dos eventuais atingidos, a partir da necessidade da existência pretérita da relação jurídica (um contrato educacional, por exemplo). Uma hipótese facilita a assimilação do conteúdo. Alunos de uma escola, representados pelo Ministério Público que promovam ações coletivas contra eventuais aumentos abusivos nos preços das mensalidades. No plano prático existe a classe dos alunos daquela(s) escola(s); a indivisibilidade do direito material, a discussão da licitude do índice de reajustes financeiros nos contratos prejudicará todos na mesma situação; existe, finalmente, a relação jurídica base equivalente à existência prévia do contrato de prestação de serviços educacionais entre os alunos e a escola. Enfim, a relação é juridicamente única para todos os envolvidos na qualidade de lesados, sendo idênticos os resultados dos pedidos coletivos.

E, por último, o inciso III da mesma norma jurídica define os interesses individuais homogêneos como *aqueles decorrentes de origem comum*.

A categoria apresenta titulares dos respectivos direitos ou interesses estritamente individuais. As relações jurídicas são específicas e juridicamente fixadas anteriormente. Apenas decorrem de origem comum. São, na verdade, direitos ou interesses individuais, apenas tratados coletivamente por determinação legal, em virtude das vantagens do tratamento homogêneo numa única ação coletiva. Um exemplo facilita a compreensão da temática. Vários alunos de uma escola buscam judicialmente a devolução de mensalidades escolares pagas, indevidamente. Cada aluno receberá uma, duas, três ou mais prestações de acordo com sua situação específica. Dependerá dos valores, tempo e formas de pagamento e da relação contratual. É possível individualizar o direito ou interesse jurídico de cada um dos alunos, eventualmente lesados, posto que é igual a situação social decorrente de origem comum, com prejuízos financeiros diversos.

São direitos de natureza eminentemente individual e com diferentes consequências, que o legislador, atento aos critérios da economicidade e uniformidade de tratamento processual coletivo, resolveu conceder-lhes tratamento isonômico como forma de prestigiar o acesso coletivo e as decisões isonômicas, pelo menos em relação à causa principal.

Vistas as definições legais, é possível que de um fato social com repercussão coletiva surjam diversos pedidos, dependendo do autor da ação coletiva. Portanto, diferentemente da tutela jurisdicional individual, em que o autor da ação já possui o tipo de pedido e provimento jurisdicional fixados no plano legislativo, ao contrário, em relação aos interesses difusos e coletivos, a hipótese que será discutida em sede jurisdicional sempre dependerá do autor da ação.

O direito indisponível e fundamental à educação pública para todas as crianças e os adolescentes presta-se à confirmação das assertivas, ou seja, pode ser requerido como direito difuso, coletivo, individual homogêneo ou individual indisponível. Vejamos as hipóteses mais comuns e que podem ser utilizadas, servindo-se os exemplos para outras situações correlatas:

Primeiro, se em uma ação civil pública busca-se a matrícula de todas as crianças de 0 a 6 anos nas escolas de educação infantil de uma cidade trata-se da proteção ao interesse ou direito difuso, uma vez que não é possível precisar o número de crianças, antes, durante e após o processo judicial.

Segundo, em outra hipótese, se uma escola infantil exigir o pagamento de mensalidades ou taxas escolares como forma de custeio de pequenas despesas – *voluntariamente* –, sabido que existe vedação legal será possível buscar-se a nulidade da cobrança para beneficiar diretamente os alunos matriculados naquela escola. É o típico caso de defesa de direito coletivo, posto que somente o corpo discente será beneficiado com a decisão coletiva.

E, em terceiro, é possível, ainda, que o pedido na ação civil busque a fixação da responsabilidade civil e a devolução individualizada dos valores pagos e/ou recebidos pelo estabelecimento educacional, como por exemplo, no caso de um sinistro escolar de graves proporções com mortes, sequelas irreversíveis etc. Na última situação trata-se da defesa de direitos ou interesses individuais homogêneos.

Enfim, a ação civil pública e as demais ações coletivas, principalmente aquelas previstas na CF e no ECA, prestam-se à defesa dos direitos e interesses difusos, coletivos e individuais homogêneos das crianças e dos adolescentes, a partir das bases conceituais do CDC, conjugando-as com as hipóteses exemplificativas do art. 208 do ECA.

9. BASES PROCEDIMENTAIS DO PROCESSO COLETIVO

Viu-se que os interesses difusos, coletivos e individuais homogêneos das crianças e dos adolescentes – da mesma forma que o meio ambiente, consumidor, idosos, etc – também são passíveis de proteção jurisdicional coletiva. A tramitação das ações coletivas submete-se à mesma sequência ou número de fases clássicas do processo civil. Os requisitos processuais, prazos, atos praticados pelas partes e demais circunstâncias e/ou ocorrências procedimentais não possuem diferenças relevantes, exceto aquelas que serão discutidas, doravante.

Alguns aspectos procedimentais ainda embrionários e carentes de estudo – bastante discutidos na tramitação dos processos coletivos, do início ao final da relação processual – exigem análise aprofundada. São eles: a legitimidade ativa e passiva, competência jurisdicional, tutela inibitória e os limites objetivos e subjetivos da coisa julgada na defesa dos direitos fundamentais de crianças e adolescentes.

Os temas são complexos e desafiadores e ainda não receberam pacífica fundamentação jurisprudencial, embora exista substancial exame doutrinário. Portanto, somente após mais de vinte anos de vigência da LACP é que o STF e o STJ iniciaram o processo de análise mais minudente das novas regras e paradigmas do processo coletivo, sendo que ainda não existe consolidação jurisprudencial, em situação diversa dos sistema norte-americano das *class actions*.

Um dos grandes desafios decorre do fato de que a tutela judicial coletiva possui fortes raízes originárias nos EUA, sabidamente da família jurídica do *common law*. Logo, os paradigmas das ações de classe usadas como paradigma devem ser adaptados à específica realidade brasileira, como sabido, país que adota essencialmente as bases dogmáticas do *civil law*.

Além das dificuldades de adaptação, cada tipo de ação coletiva mereceria abordagem específica. Entretanto, como a ação civil pública tem sido o paradigma para as demais, o enfoque concentra-se na análise apenas dos aspectos básicos das ações civis públicas voltadas para a proteção infantojuvenil.

No plano concreto, a legitimidade ativa para o ajuizamento da ação civil pública decorre da prévia fixação legislativa, nos termos do art. 210 do ECA. No sistema das *class actions* a escolha discricionária do autor coletivo é do juiz da causa, que guia-se por vários parâmetros jurisprudenciais. Se na *Rule 23*, o juiz norte-americano exerce maior poder fiscalizatório em relação às condições econômicas e representativas das partes, inclusive em relação aos aspectos técnicos e financeiros do autor coletivo, para que possa suportar os altos custos da demanda, no sistema brasileiro, por opção do legislador, o rol de legitimados ativos já vem previsto em lei.

A partir dessa ótica é possível afirmar que independentemente da titularidade dos direitos materiais submetidos à apreciação jurisdicional, por opção do legislador brasileiro, nas respectivas legislações, restou delimitado o número de pessoas jurídicas e/ou instituições, públicas e privadas, que podem proteger os direitos das crianças e dos adolescentes no plano jurisdicional coletivo.

Um aspecto ainda vem chamando a atenção da doutrina brasileira. É a relutância dos operadores do Direito em aceitar a legitimação extraordinária para a propositura das ações coletivas. Tem sido difícil assimilar-se a possibilidade de proteção de direitos próprios, por terceiros legalmente legitimados, ou seja, a discussão de aspectos meramente formais ainda dificulta o avanço dos resultados positivos das ações de classe no Brasil.

A discussão formal e/ou acadêmica sobre o instituto da legitimidade ativa – nas ações coletivas – é um dos grandes entraves à implantação da tutela coletiva. Assim, aceitar a legitimidade coletiva, sem os excessos formais das regras do processo individual constituirá medida de relevante alcance social, pois prestigiará e garantirá o acesso coletivo à justiça das crianças e dos adolescentes.

As decisões dos tribunais superiores centram-se ainda na discussão da legitimidade ativa do Ministério Público. Como a instituição promove mais de noventa (90%) por cento das ações civis públicas em curso o debate fica restrito à condição da ação relativa às partes envolvidas. É preciso, portanto, avançar no sentido de garantir a proteção dos novos direitos sem maior formalismo em relação à possível verificação do legitimado extraordinário, uma vez que os fatos submetidos à tutela jurisdicional devem ser examinados no mérito, sempre que possível.

O ideal seria que a própria sociedade civil organizada, através das associações, dos órgãos governamentais, inclusive a União, Estados-membros, DF e Municípios promovessem as ações coletivas. No entanto, a falta de vocação da sociedade para a proteção de direitos no plano coletivo, especialmente pela falta de conhecimentos clássicos de proteção dos direitos fundamentais, e a frágil atuação do Estado na proteção integral dos novos direitos obriga o contínuo aperfeiçoamento do trabalho do Ministério Público na defesa jurisdicional dos interesses e direitos fundamentais das crianças e dos adolescentes.

Enfim, emerge a necessidade de que o Poder Judiciário perceba que nas ações civis públicas promovidas pelo Ministério Público – sobretudo dos direitos fundamentais das crianças e dos adolescentes – encontra-se em jogo um dos maiores bens jurídicos: a vida, a saúde e a educação de milhares de crianças e de adolescentes.

No tocante à competência jurisdicional coletiva, existe expressa previsão no art. 209 do ECA no sentido de que o Juízo competente é aquele do local onde ocorreu ou deve ocorrer a ação ou omissão, exceto nas causas específicas de competência da justiça federal ou nas relativas à competência recursal dos tribunais superiores.

A despeito da regulamentação legislativa, o enfrentamento da temática é necessário pelo fato de que equívocos na fixação da competência acarretarão a extinção do processo coletivo, sem julgamento do mérito, que por si só, será extremamente prejudicial, sobretudo se recordarmos a necessidade de rapidez para evitar o perecimento dos direitos infantojuvenis, naturalmente motivados pelo avanço inexorável da faixa etária da peculiar condição de pessoa em desenvolvimento.

Outra questão técnica que têm dificultado a eficiência do processo coletivo, reside no tratamento legislativo diferenciado dado à competência em relação aos interesses difusos e coletivos.

A LACP (art. 2º) adota o local do provável ou do dano para definir a competência jurisdicional. Além disso, subdivide os danos em nacionais, regionais e locais. Percebe-se que bastaria a regulamentação da temática – competência – numa lei, especificamente, na LACP, adotando-se o critério da extensão dos prováveis ilícitos ou dos danos em locais, regionais e nacionais, para que fosse possível maior simplicidade no tratamento da temática e que contribuiria para a mais rápida solução das lides coletivas.

A expressão jurídica – local dos fatos – possui difícil trato e precisão do que a do local dos prováveis ilícitos ou dos próprios danos pecuniários. Embora ambos sejam critérios difíceis de elucidação na prática forense, acredita-se ser mais adequada a utilização da expressão jurídica: local dos danos para fixação da competência em relação aos interesses ou direitos transindividuais de quaisquer espécies.

O CDC – diferentemente – trata da matéria no art. 93, regulamentando apenas aspectos inerentes aos interesses individuais homogêneos. Já o ECA explicita que a ação coletiva será processada no Juízo da ação ou da omissão, cuja competência será de natureza absoluta. Percebe-se assim que os interesses e direitos transindividuais relativos ao meio ambiente, consumidor e de crianças e adolescentes possuem tratamento diverso no plano legislativo, fato que, por si só, causa perplexidade e difícil tratamento jurisprudencial.

Para reduzir o alcance e a força das discussões sobre a competência jurisdicional coletiva, alguns passos interpretativos resolveriam a maioria das questões técnicas. Vejamos:

Primeiro, é a partir das competências originárias e recursais, junto aos tribunais superiores (STF, STJ, TSE, STM, TST) que se delimita a busca da competência inicial de quaisquer causas. Negativa a primeira busca, na sequência, verifica-se a existência da regra processual junto aos demais tribunais (TRFs etc). Como terceiro passo, a competência do Juízo deve ser verificada nos incisos do art. 109 da C, que trata da competência dos Juízes Federais.

Segundo, no âmbito estadual, ultrapassada a competência federal, residualmente, a competência será do Juízo especializado da infância e da juventude. Trata-se de competência especial que derroga a regra das competências gerais do tradicional processo civil, exceto se os tribunais estabelecerem regras diversas, seguindo-se o art. 96, I, "a" da CF.

Assim, ainda que o estado-membro figure no pólo passivo das respectivas relações processuais, a competência será da justiça especializada, salvo determinação estadual em sentido oposto.

A moderna tutela inibitória, de outro lado, precisa ser compreendida em seus reais contornos, seguindo-se Luiz Guilherme Marinoni.[84]

O sistema processual brasileiro mesmo com avanços significativos na proteção dos novos direitos, inclusive aqueles relativos à comunidade infantojuvenil, ainda privilegia demasiadamente a tutela jurisdicional conteúdo patrimonial ou ressarcitório. Há claro descompasso entre os novos paradigmas do art. 84 do CDC e art. 213 do ECA, no comparativo com as práticas recorrentes no plano jurisdicional, individual e coletivo.

No sentido de tornar mais eficiente as tutelas jurisdicionais - individuais e coletivas - atentando enfaticamente para a prevenção, Luiz Guilherme Marinoni divide as fases da violação de direitos em quatro etapas sucessivas: provável ilícito, ilícito, provável dano e dano.

A primeira é conhecida como a fase da provável ilicitude. O fato social possivelmente ilícito está prestes a ocorrer. Em tese, poderá causar violação de direito sem, contudo, provocar danos patrimoniais. A mera ilicitude incontida poderá - no futuro - ser transformada em danos e/ou prejuízos patrimoniais. Assim, a partir de sua probabilidade concreta e comprovada, melhor será que seja impedida a expectativa de lesão jurídica, à semelhança do mandado de segurança preventivo.

Por exemplo, uma empresa comercial de bebidas alcoólicas, através de seu diretor/presidente, declara que lançará campanha publicitária incentivando o uso de drogas lícitas sem especificação dos grupos sociais. A simples falta de definição das faixas etárias poderá causa futuros prejuízos à formação da personalidade das crianças e dos adolescentes, pois sem os limites legais mínimos, em tese, restariam violados os direitos à saúde pública. Ora, em virtude da proibição da venda de bebidas alcoólicas para menores de 18 anos, inclusive com previsão de medidas criminais, torna-se possível através de ação inibitória coletiva, sob pena de multa ou qualquer outra medida coercitiva, impedir o lançamento da malsinada campanha publicitária.

A segunda fase é da ilicitude consumada, ou seja, o material informativo já foi disponibilizado ao público, com objetiva e demonstrada violação da legislação civil, penal e administrativa. A discussão restringe-se a verificação de eventual violação dos dispositivos legais definidos na ação judicial. Observa-se que no exemplo ocorreu a violação expressa do dispositivo legal que proíbe a propaganda de bebidas alcoólicas

[84] MARINONI, Luiz Guilherme. **Tutela inibitória**: individual e coletiva. 2ª ed. São Paulo: RT, 2000, p. 24.

para menores de 18 anos, nos termos do art. 257 do ECA, legitimando-se as ações coletivas anulatórias.

Na terceira fase – do provável dano – a empresa já instalou os equipamentos de produção de bebidas alcoólicas, inclusive para entrega aos menores de 18 anos. Nesse caso, já teria ocorrido e/ou consumada a ilicitude, sendo que a empresa iniciou os trabalhos de fixação de máquinas e dos equipamentos. O objeto do pedido coletivo centraria seus esforços na paralisação das atividades executivas e preparatórias, antes que crianças e adolescentes pudessem consumir drogas lícitas, tipicamente com pedidos de obrigação de não fazer.

Na última etapa – fase ressarcitória – a mais recorrente, e, portanto, mais discutida na esfera jurisdicional, os danos físicos ou mentais encontram-se em clara execução/consumação em relação às milhares de crianças e de adolescentes. O uso de bebidas alcoólicas, por si só, provoca o surgimento do dever de indenizar por parte do causador dos danos físicos e mentais. É que o dano já consumou todos os seus efeitos patrimoniais e morais, sendo, assim, possíveis os pedidos de indenização coletiva, inclusive moral.

Invariavelmente, no Brasil, as ações coletivas ainda são pautadas pela busca do mero ressarcimento patrimonial. Todavia, seria positivo que fosse invertida a ótica de atuação no sentido de privilegiar a prevenção, em detrimento da repressão na esfera civil, penal e administrativa. Os efeitos benéficos das ações preventivas são mais visíveis, econômicos, inclusive didáticos para o próprio mercado e o Estado brasileiro. Ou seja, é mais fácil e eficaz permitir que todas as crianças e adolescentes tenham acesso à saúde e educação do que construir, cada vez mais, unidades de apreensão para cumprimento das medidas socioeducativas de internação em decorrência dos atos infracionais ou as futuras prisões e presídios.

Por fim, no tocante à coisa julgada material é preciso destacar que os efeitos são diversos e de acordo com o tipo de interesses transindividual protegido. Sempre é oportuno lembrar que a tutela coletiva não impede o uso das ações civis individuais. Aliás, é possível a pacífica convivência entre ambas. Assimilar o regramento legislativo dos efeitos e/ou limites da coisa julgada coletiva, também traduzirá sensível melhoria na prestação final da tutela jurisdicional.[85]

Nas ações coletivas, os efeitos da coisa julgada projetam seus reflexos de forma diferenciada. O sistema brasileiro adotou a coisa julgada *secundum eventum legis*. Vale dizer: a decisão favorável beneficia a todos que estiverem no mesmo estado jurídico, mesmo sem aderir à demanda, exceto se o autor de eventual ação individual – sobre os mesmos fatos e fundamentos jurídicos – não se habilitar na ação coletiva em curso e resolver continuar sozinho.

Diversamente do sistema das *class actions*, somente os habilitados na ação coletiva receberão os efeitos positivos ou negativos da decisão final, sendo a cientificação de todos os lesados uma obrigação do autor coletivo norte-americano, dado que no Brasil não é obrigatório, exceto a publicação de edital na defesa dos interesses individuais homogêneos.

---

[85] ZANETI JR. Hermes (Coord.) **Processo coletivo**. Salvador: Juspodivm. 2016, vol. 8. Os artigos dos diversos autores tratam das bases do processo coletivo com as novidades do novo CPC.

Algumas regras merecem desdobramento, a partir das determinações legais previstas no CDC e que alcançam a defesa dos direitos infantojuvenis.[86]

Primeiro, o pedido principal julgado improcedente nas ações coletivas, por falta ou deficiência probatória, poderá ser renovado pelos demais autores coletivos, se preenchida a prova deficitária ou insuficiente, conforme o art. 16 da LACP.

Segundo, se o pedido coletivo for julgado improcedente, por outro motivo diferente da matéria probante atrelada aos autos judiciais, somente restarão vinculados aos efeitos impeditivos da renovação do pedido, e, consequentemente, não poderão ajuizar nova ação, os demais autores coletivos, além do próprio autor que sucumbiu na lide coletiva.

Terceiro, se o pedido coletivo for julgado procedente, a decisão beneficiará a todos, inclusive o autor coletivo, os demais co-autores coletivos e as vítimas e seus sucessores.

Finalmente, a execução coletiva e individual do julgado deverá acompanhar as regras e princípios especificados no CDC, no ECA e no CPC, sendo que os eventuais valores financeiros obtidos na decisão jurisdicional transitada em julgado, serão destinados ao Fundo Municipal de Defesa dos Direitos das Crianças e dos Adolescentes, nos termos do art. 214 do ECA.

CONCLUSÃO

Uma das maiores dificuldades no trato da temática relativa à proteção dos direitos fundamentais de crianças e adolescentes, por conta da persistência das doutrinas da indiferença e menorista, encontra-se na percepção dominante de que estes ainda são meros objetos de direitos. O primeiro passo do presente trabalho, assim, consistiu em mostrar os equívocos e os problemas causados à população infantojuvenil por conta da ausência e insuficiência das políticas públicas determinadas na doutrina da proteção integral.

Manutenção do trabalho infantil, excessiva quantidade de crianças e adolescentes em abrigos, evasão escolar, falta de vagas em creches, mortes prematuras são apenas alguns dos graves problemas que assolam a população infantojuvenil e diretamente contribuem para impedir o desenvolvimento do país, uma vez que sem cuidar dos direitos fundamentais de crianças e de adolescentes as políticas governamentais tendem a manter intactas as causas que dificultam a sadia qualidade de vida da sociedade. Enfim, o enfrentamento direto às vulnerabilidades a partir da primeira infância traduz a mais urgente pauta brasileira.

Além da força da participação da sociedade, mostrou-se que a aplicação das normas constitucionais e estatutárias, por excelência na esfera administrativa – nas diversas formas preventivas – possui condições de melhorar rapidamente a qualidade de vida das crianças e adolescentes no Brasil. Assim, mostrou-se que existem momentos clássicos no plano do Direito que, se empregados de forma eficaz e

86 Art. 103 e 104 do CDC.

eficiente poderão erradicar ou, pelo menos, diminuir os seculares obstáculos à sadia qualidade de vida das crianças e dos adolescentes.

Ainda que – genericamente – os próprios juristas e a legislação processual brasileira possuam a clássica tendência no sentido de prestigiar a solução dos conflitos, a partir da necessidade de demonstração dos danos materiais, muitas vezes com a marca da irreversibilidade, foi possível perceber que a Constituição Federal e o Estatuto da Criança e do Adolescente apostam suas forças na prevenção e na contenção da provável ilicitude, a partir da mudança de postura institucional modificando-se gradativamente a proteção meramente patrimonial pela proteção integral dos novos direitos fundamentais.

Assim, a prevenção requer o domínio das fases da indiferença, menorista e proteção integral, posto que exige a percepção de que crianças e adolescentes, atualmente, são titulares e direitos e deveres na ordem jurídica nacional. Defendeu-se, assim, que uma das melhores saídas protetivas, em síntese, centra-se na busca do impedimento à ameaça e/ou lesões de direitos fundamentais infantojuvenis.

Na concretude prática das normas jurídicas constitucionais e estatutárias, com a imprescindível e direta participação da sociedade, apostou-se nas ações, medidas e meios administrativos de impedimento à violação de direitos e, se violados, nas ações do Conselho Tutelar, do Conselho Municipal de Direitos Infantojuvenis e no Município, nas clássicas hipóteses de situações de risco, nos termos do art. 98 do ECA.

Apostou-se ainda, na força da resolutividade dos membros do Ministério Público. Assim, ou a rede municipal funciona adequadamente e cabe a fiscalização sistêmica, jamais a disputa de funções administrativas ou, nos casos de ausência de órgãos e programas de proteção, certamente exige-se atuação mais firme e destemida no sentido de cobrar, especialmente dos municípios brasileiros, o eficiente funcionamento da rede de proteção, tanto para evitar a violência primária, bem como para reduzir os efeitos da violência institucional.

Viu-se que o Ministério Público deve agir em duas frentes.

Na primeira, resolutiva, por exceção, agindo para buscar proteger direitos individuais diretamente nas escolas, hospitais e demais instituições protetivas, sempre que constatada a ausência do Conselho Tutelar e da rede de proteção integral. Em seguida, com mais força, buscando-se reforçar a atuação sistêmica do Conselho Tutelar, do Conselho Municipal de Direitos e do Município, contribuindo para a completa e exaustiva proteção integral.

Na segunda, seja individual ou coletiva jurisdicional com as respectivas ações individuais ou coletivas. As medidas jurisdicionais de natureza individual podem conviver com as ações coletivas, inclusive aquelas patrocinadas pelo Ministério Público, uma vez que os princípios do acesso à justiça, especialmente para a proteção dos novos direitos, merecem ainda ser muito mais prestigiado.

A falta de concretude social do processo coletivo torna clara a existência de débito institucional com a sociedade brasileira, especialmente em relação aos novos direitos fundamentais de crianças e de adolescentes. Além das dificuldades pertinentes à insuficiência de conhecimento das novas regras e princípios coletivos, a teimosa persistência das doutrinas menoristas e da indiferença contribuem no sentido de que as ações civis públicas infantojuvenis ainda estejam no seu nascedouro, sobretudo pela força secular e persistentes das temáticas menoristas.

Assim, malgrados os avanços institucionais do próprio Ministério Público, que são muitos e importantes, a todo custo, inclusive com mais profundo conhecimento das causas infantojuvenis, é preciso inverter a dinâmica institucional com enfoque mais específico na proteção administrativa e jurisdicional coletiva dos direitos fundamentais de crianças e adolescentes.

REFERÊNCIAS BIBLIOGRÁFICAS

ALMEIDA, Gregório Assagra de. **Codificação do direito processual coletivo brasileiro.** Belo Horizonte: Del Rey, 2007.

______. **Direito processual coletivo brasileiro**: um novo ramo do direito processual. São Paulo: Saraiva: 2003.

______. **Direito material coletivo:** Superação da *summa* diviso direito público e direito privado por uma nova *summa* diviso constitucionalizada. Belo Horizonte: Del Rey, 2008.

ALEXY, Robert. **Teoria dos direitos fundamentais.** Tradução de Virgílio Afonso da Silva. São Paulo: Malheiros, 2008.

ARENDT, Hannah. **Origens do totalitarismo**: anti-semitismo, imperialismo e totalitarismo. Tradução de Roberto Raposo. São Paulo: Companhia das Letras, 1989.

ARIÉS, Philippe. **História social da criança e da família.** Tradução de Dora Flaksman, Rio de Janeiro: LTC, 1978.

______DUBY, George. **História da vida privada.** Tradução de Hildegard Feist. São Paulo: Companhia das Letras, 2009, vol. 1-5.

AZAMBUJA, Maria Regina Fay de. **Violência sexual intrafamiliar**: é possível proteger a criança? Porto Alegre: Livraria do Advogado, 2004.

______; FERREIRA, Maria Helena Mariante. Aspectos jurídicos e psíquicos da inquirição da criança vítima. In:______(Org.) **Violência sexual contra crianças e adolescentes.** Porto Alegre: Artmed, 2011, p. 48-66.

BARROSO, Luís Roberto. **O direito constitucional e a efetividade de suas normas**: Limites e possibilidades da constituição brasileira. 7a ed. Rio de Janeiro: Renovar, 2003.

______. **Interpretação e aplicação da Constituição.** 2ª ed. São Paulo: Saraiva, 1998, p. 161.

______. **Curso de direito constitucional contemporâneo**: os conceitos fundamentais e a construção do novo modelo. São Paulo: Saraiva, 2009.

______. Neoconstitucionalismo e constitucionalização do direito: o triunfo tardio do direito constitucional no Brasil. **In: Revista de Direito Constitucional e Internacional.** São Paulo: Revista dos Tribunais, v. 58.

BELOFF, Mary; MENDEZ, Emílio Garcia. **Infância, lei e democracia na América Latina**: análise crítica do panorama legislativo no marco da convenção internacional sobre os direitos da criança. 1990-1998. Blumenau: Ediurb, 2001.

BOBBIO, Norberto. **A era dos direitos**. Tradução de Carlos Nelson Coutinho. Rio de Janeiro: Campus, 1992.

BOBBIO, Norberto. **O positivismo jurídico**: lições de filosofia do direito. Tradução de Márcio Pugliesi, Edson Bini e Carlos E. Rodrigues. São Paulo: Ícone, 2006.

BORNHOLDT, Rodrigo Meyer. **Métodos para resolução do conflito entre direitos fundamentais**. São Paulo: RT, 2005.

BONAVIDES, Paulo. **Do Estado liberal ao Estado social**. 7ª ed. São Paulo: Malheiros, 2001.

BUCCI, Maria Paula Dallari. **Direito administrativo e políticas públicas**. São Paulo: Saraiva, 2006.

CANELA JUNIOR, Osvaldo. **Controle judicial de políticas públicas**. São Paulo: Saraiva, 2011.

CAPPELLETTI, Mauro. **Juízes legisladores?** Tradução de Carlos Alberto Álvaro de Oliveira. Porto Alegre: Sergio Antônio Fabris, 1993.

CARVALHO. José Murilo. **Cidadania no Brasil**: o longo caminho. Rio de Janeiro: Civilização Brasileira, 2003.

COMPARATO, Fábio Konder. **A afirmação histórica dos direitos humanos**. 3ª ed. São Paulo: Saraiva, 2004.

CREVELD, Martin van. **Ascensão e declínio do Estado**. Tradução de Jussara Simões. São Paulo: Martins Fontes, 2004.

CRUET, Jean. **A vida do Direito e a inutilidade das leis**. Revisão de Elizete Silva Pereira Desideri. 2ª ed. Leme:SP: Edijur, 2003.

DALLARI, Dalmo de Abreu. **A constituição na vida dos povos**: da idade média ao século XXI. São Paulo: Saraiva, 2010.

DAVID, René. **Os grandes sistemas do direito contemporâneo**. Tradução de Hermínio A. de Carvalho. São Paulo: Martins Fontes, 1998.

DEL PRIORE, Mary. **História das crianças no Brasil**. In:______. São Paulo: Contexto, 2004. Apresentação. p. 7-17.

DIAS, Reinaldo; Matos Fernanda. **Políticas públicas**: Princípios, propósitos, processos. São Paulo: Atlas, 2012.

DOLINGER, Jacob. **Direito internacional privado**: a criança no Direito internacional. Rio de Janeiro: Renovar, 2003.

DONZELOT, Jaccques. **A polícia das famílias**. Tradução de M. T. da Costa Albuquerque. 3. ed. Rio de Janeiro: Graal, 2001.

DWORKIN, Ronald. **Levando os direitos a sério**. Tradução de Nelson Boeira. 3ª ed. São Paulo: Martins Fontes, 2010.

EARLEY, Pete. **Loucura**. A busca de um pai no insano sistema de saúde. Tradução de Ronaldo Cataldo Costa. Porto Alegre: Artmed, 2009.

FALBO, Ricardo Nery. **Natureza do conhecimento jurídico**: generalidade e especificidade no direito da criança e do adolescente. Porto Alegre: Sergio Antonio Fabris Editor, 2002.

FEIX, Leandro da Fonte; PERGHER, Giovanni Kuckartz. Memória em julgamento: técnicas de entrevista para minimizar falsas memórias. *In* STEIN, Lilian Milnitsky (Org.). **Falsas memórias**: fundamentos científicos e suas aplicações clínicas e jurídicas. Porto Alegre: Artmed, 2010, p. 209-227.

FONSECA, Antonio Cesar Lima da. **Direitos da criança e do adolescente**. São Paulo: Atlas, 2011.

FRISCHEISEN, Luiza Cristina Fonseca. **Políticas públicas**: a responsabilidade do administrador e do Ministério Público. São Paulo: Max Limonad, 2000.

GIDI, Antonio. **A class action como instrumento de tutela coletiva de direitos**: as ações coletivas em uma perspectiva comparada. São Paulo: Revista dos Tribunais, 2007.

FURNISS, Tilman. **Abuso sexual da criança**: uma abordagem multidisciplinar. Tradução de Maria Adriana Veríssimo Veronese. Porto Alegre: Artmed, 1993.

GOULART, Marcelo Pedroso. **Ministério Público e democracia**: teoria e práxis. Leme: SP: Editora de Direito, 1998.

______. **Elementos para a teoria geral do Ministério Público**. Belo Horizonte: Arraes, 2013.

HESSE, Konrad. Tradução de Gilmar Ferreira Mendes. **A força normativa da Constituição**. Porto Alegre: Sergio Antônio Fabris Editor, 1991.

ISHIDA, Valter Kenji. **A infração administrativa no Estatuto da criança e do adolescente**. São Paulo: Atlas, 2009.

KUHN, Thomas S. **A estrutura das revoluções científicas**. Tradução de Betriz Vianna Boeira e Nelson Boeira. São Paulo: Perspectiva, 2007.

LAFER, Celso. **A reconstrução dos direitos humanos**: um diálogo com o pensamento de Hannah Arendt. São Paulo: Companhia das Letras, 1988.

LASSALLE, Ferdinand. Tradução de Walter Stonner. **A essência da Constituição**. 6a ed. Rio de Janeiro: Lumen Juris, 2001.

LEONEL, Ricardo de Barros. **Manual do processo coletivo**. São Paulo: RT, 2002.

LIBERATI, Wilson Donizetti; CYRINO, Público Caio Bessa. **Conselhos e fundos no Estatuto da criança e do adolescente**. 2ª ed. São Paulo: Malheiros, 2003.

______. **Processo penal juvenil**: a garantia da legalidade na execução de medida socioeducativa. São Paulo: Malheiros, 2006.

MACHADO, Antônio Cláudio da Costa. **A intervenção do Ministério Público no processo civil brasileiro**. São Paulo: Saraiva, 1989.

MACHADO, Martha de Toledo. **A proteção constitucional de crianças e adolescentes e os direitos humanos**. São Paulo: Manole, 2003.

______. **Proibições de excesso e proteção insuficiente no direito penal**: a hipótese dos crimes sexuais contra crianças e adolescentes. São Paulo: Verbatim, 2008.

MACEDO JUNIOR, Ronaldo Porto. Evolução institucional do Ministério Público. FERRAZ CAMARGO, Antônio Augusto Mello. *In* **Ministério Público**: Instituição e processo. São Paulo: Atlas, 1997, p. 36-63.

MARINONI, Luiz Guilherme. **Tutela inibitória**: individual e coletiva. 2ª ed. São Paulo: RT, 2000.

______. **Técnica processual e tutela dos direitos**. São Paulo: RT, 2004.

MARCÍLIO, Maria Luíza. **História social da criança abandonada**. 2ª ed. São Paulo: Hucitec, 2006.

______. **História da escola em São Paulo e no Brasil**. São Paulo: Instituto Fernand Braudel, 2005.

MARQUES, Cláudia Lima (Coord.). **O diálogo das fontes como método da nova teoria geral do direito**: um tributo a Erik Jayme. *In*: **Diálogo das fontes**: do conflito à coordenação de normas do direito brasileiro. São Paulo: RT, 2001, p. 17-66.

MARSHALLL, T. A. **Cidadania, classe social e status**. Tradução de Meton Porto Gadelha. Zahar Editores: Rio de Janeiro, 1967.

MAZZILLI, Hugo Nigro. **Regime jurídico do Ministério Público**. 5ª ed. São Paulo: Saraiva, 2001.

______. **Manual do promotor de justiça**. 2a ed. São Paulo: Saraiva, 2000.

______. **A defesa dos interesses difusos em juízo**: meio ambiente, consumidor, patrimônio cultural, patrimônio público e outros interesses. 19ª ed. São Paulo: Saraiva, 2006.

MEDAUAR, Odete. **A processualidade no direito administrativo**. 2ª ed. São Paulo: RT, 2008.

MENDEZ, Emílio Garcia; DA COSTA, Antônio Carlos Gomes. **Das necessidades aos direitos**. São Paulo: Malheiros, 1994.

______. **Liberdade, respeito, dignidade**. Brasília: Governo do Brasil, 1991.

______; BELOFF, Mary. **Infância, lei e democracia na América Latina**: análise crítica do panorama legislativo no marco da Convenção internacional sobre os direitos da criança 1990-1998. Tradução de Eliete Ávila Wolff. Blumenau: SC: Edifurb, 2001, vol. 1.

MOLLER, Max. **Teoria geral do neoconstitucionalismo**: bases teóricas do constitucionalismo contemporâneo. Porto Alegre: Livraria do Advogado, 2011.

MONACO, Gustavo Ferraz de Campos. **A proteção da criança no cenário internacional**. Belo Horizonte: Del Rey, 2005.

MORAIS, José Luis Bolzan. **Do direito social aos interesses transindividuais**: o Estado e o direito na ordem contemporânea. Porto Alegre: Livraria do Advogado, 1996.

MORAES, Alexandre de. **Direito constitucional administrativo**. 3ª ed. São Paulo: Atlas, 2006.

OLIVEIRA, Felipe de Faria. O Ministério Público resolutivo: a tensão entre a atuação preventiva e a autonomia institucional. In: ALMEIDA, Gregório Assagra de; SOARES JÚNIOR, Jarbas (Cors.). Belo Horizonte: Del Rey, 2013, p. 237-256. **Teoria geral do Ministério Público.**

OSÓRIO, Fábio Medina. **Direito administrativo sancionador**. 3ª ed. São Paulo: RT, 2009.

PAPALIA, Diane E.; OLDS, Sally Wendkos; FELDAMAN, Ruth Duskin. **Desenvolvimento humano**. Tradução de Daniel Bueno. Porto Alegre: Artmed, 2006.

PAULA, Paulo Afonso Garrido de. **Direito da criança e do adolescente e tutela jurisdicional diferenciada**. São Paulo: RT, 2002.

PEREIRA, Tânia da Silva. **Direito da criança e do adolescente**: uma proposta interdisciplinar. 2a ed. Rio de Janeiro: Renovar, 2008.

PESTANA, Denis. **Manual do conselheiro tutelar**: da teoria à prática. Curitiba: Juruá, 2007.

PILOTTI, Francisco; Rizzini, Irmã. (Orgs.). **A arte de governar crianças**: A história das políticas sociais, da legislação e da assistência à infância no Brasil. 2. ed. São Paulo: Cortez, 2009.

PRIORE, Mary Del. O cotidiano da criança livre no Brasil entre a colônia e o império. *In*: ______(Org.). **História das crianças no Brasil**. São Paulo: Contexto, 2004. cap. 3, p. 84-106.

PONTES JR., Felício. **Conselho de direitos da criança e do adolescente**. São Paulo: Malheiros, 1993.

RAMOS, Fábio Pestana. A história trágico-marítima das crianças nas embarcações portuguesas do século XVI. *In*: DEL PRIORE, Mary (org.). **História das crianças no Brasil**. São Paulo: Contexto, 2004. cap. 1, p. 19-54.

RIBEIRO, Catarina João Capela. **A criança na justiça**: trajectórias e significados do processo judicial de crianças vítimas de abuso sexual intrafamiliar. Portugal: Coimbra, Almedina, 2009.

RIZZINI, Irene. **O século perdido**: raízes históricas das políticas públicas para a infância no Brasil. Rio de Janeiro: Amais, 1997.

______. **A institucionalização de crianças no Brasil**: percurso histórico e desafios do presente. 2ª ed. Rio de Janeiro: Ed. PUC-Rio; São Paulo: Loyola, 2004.

RIZZINI, Irene (Coord.) *et al.* **Acolhendo crianças e adolescentes**: experiências de programas de direito à convivência familiar e comunitária no Brasil. 2ª Ed. Rio de Janeiro: PUC-RIO, Cortez, 2007.

RODRIGUES, João Gaspar. **Ministério Público resolutivo**: um novo perfil institucional. Porto Alegre: Sergio Antonio Fabris, 2012.

SANCHES, Helen Crystine Corrêa, VERONESE, Josiane Rose Petry. **Justiça da criança e do adolescente**: Da vara de menores à vara da infância e juventude. Rio de Janeiro: Lumen Juris, 2016.

SANTOS, Benedito Rodrigues; VIANA, Vanessa Nascimento; GONÇALVES, Itamar Batista. **Crianças e adolescentes vítimas ou testemunhas de violência sexual**: metodologias para tomada de depoimento especial. Curitiba: Apris, 2017.

SARLET, Ingo Wolgang. **A eficácia dos direitos fundamentais**: uma teoria dos direitos fundamentais na perspectiva constitucional. 10ª ed. Porto Alegre: Livraria do Advogado, 2009

SARAIVA, João Batista Costa. **Compêndio de direito penal juvenil**: adolescente e ato infracional. 3a ed. Porto Alegre: Livraria do Advogado, 2006.

SILVA, Virgílio Afonso da. **Direitos fundamentais**: conteúdo essencial, restrição e eficácia. 2ª Ed. São Paulo: Malheiros, 2010.

SOARES, Guido Fernando Silva. ***Common law***: introdução ao direito dos EUA. 2ª ed. São Paulo: RT, 2000, p. 58-59.

SOUZA, Jadir Cirqueira de. **A efetividade dos direitos da criança e do adolescente**. São Paulo: Pillares, 2008.

______. **Curso de direito constitucional**. São Paulo: Pillares, 2010.

______. **Violência escolar**. São Paulo: Pillares, 2012.

______. **A convivência familiar e comunitária e o acolhimento institucional**. São Paulo: Pillares, 2014.

______. **O depoimento especial de crianças e adolescentes no sistema de justiça**. São Paulo: Pillares, 2018.

SPOSATO, Karyna Batista. **O direito penal juvenil**. São Paulo: RT, 2006.

STRECK, Lenio Luiz. **Verdade e consenso**: Constituição, hermenêutica e teorias discursivas. 4ª ed. São Paulo: Saraiva, 2011.

UNICEF. Fundo das Nações Unidas para a Infância. **Resumo oficial da situação da infância, 2003 a 2016**. Disponíveis em: http//:www.unicef.org.br. Acesso em: 10 set. de 2018.

WINNICOTT, D.W. **Tudo começa em casa**. Tradução de Paulo Sandler. São Paulo: Martins Fontes, 2011.

ZANETI JR. Hermes (Coord.) **Processo coletivo**. Salvador: Juspodivm. 2016, vol. 8.

10

A TUTELA DO DIREITO À EDUCAÇÃO

Sérgio Luiz Pinel Dias[1]

1. COMPREENSÃO DO DIREITO À EDUCAÇÃO

1.1. O direito à educação na constituição da república, atos internacionais e na legislação infraconstitucional

O direito à educação, desde a Constituição da República de 1934, tem assento constitucional, tendo sido objeto de especial atenção do legislador constituinte de 1988, sendo certo que, no artigo 6º, é consagrada como um direito social fundamental:

[1] Bacharel em direito pela Universidade do Estado do Rio de Janeiro – UERJ. Mestre em direito e políticas públicas pela Universidade Federal do Estado do Rio de Janeiro – UNIRIO. Procurador Federal de 2003 a 2005. Procurador da República desde 2005. Integrante da coordenação do projeto Ministério Público pela Educação – MPEduc.

> "Art. 6º. São direitos sociais a educação, a saúde, a alimentação, o trabalho, a moradia, o transporte, o lazer, a segurança, a previdência social, a proteção à maternidade e à infância, a assistência aos desamparados, na forma desta Constituição".

O direito à educação deve ser tido como base para o exercício da cidadania, não havendo um regime democrático e pluralista sem a prestação positiva desse serviço, atribuído especialmente ao Estado. Não por outra razão o artigo 23, V, da Carta Magna, dispõe que é competência comum da União, dos Estados, do Distrito Federal e dos Municípios proporcionar os meios de acesso à educação.

A seção I, do Capítulo III, do Título VIII, da Constituição da República, que trata da ordem social, é integralmente dedicado à educação, o que certifica a relevância desse direito no ordenamento jurídico brasileiro, incluído no rol dos direitos fundamentais, o que lhe confere os atributos da universalidade, imprescritibilidade, irrenunciabilidade e inalienabilidade.

Ademais, o artigo 227, do texto constitucional informa que é dever da família, da sociedade e do Estado assegurar à criança, ao adolescente e ao jovem, com absoluta prioridade, o direito à educação.

O Brasil é signatário de diversos atos internacionais em matéria de educação, o que reforça a importância do tema.

A Declaração Universal dos Direitos Humanos de 1948, ratificada pelo Brasil em 10 de dezembro de 1948, em seu artigo 26º, garante que toda pessoa tem direito à instrução:

> "Art. 26º.
>
> 1. Toda pessoa tem direito à instrução. A instrução será gratuita, pelo menos nos graus elementares e fundamentais. A instrução elementar será obrigatória. A instrução técnico-profissional será acessível a todos, bem como a instrução superior, está baseada no mérito.
>
> 2. A instrução será orientada no sentido do pleno desenvolvimento da personalidade humana e do fortalecimento do respeito pelos direitos humanos e pelas liberdades fundamentais. A instrução promoverá a compreensão, a tolerância e a amizade entre todas as nações e grupos raciais ou religiosos, e coadjuvará as atividades das Nações Unidas em prol da manutenção da paz.
>
> 3. Aos pais pertence a prioridade do direito de escolher o gênero de educação a dar aos filhos".

O art. 12 da Declaração Americana dos Direitos e Deveres do Homem, aprovada pela Resolução XXX, da IX Conferência Internacional Americana, realizada em abril de 1948, na Cidade de Bogotá, Colômbia, consigna que:

> "Toda pessoa tem direito à educação, que deve inspirar-se nos princípios de liberdade, moralidade e solidariedade humana. Tem, outrossim, direito a que, por meio dessa educação, lhe seja proporcionado o preparo para subsistir de uma maneira digna, para melhorar o seu nível de vida e para poder ser útil à sociedade. O direito à educação compreende o de igualdade de oportunidade em todos os casos, de acordo com os dons naturais, os méritos e o desejo de aproveitar os recursos que possam proporcionar a coletividade e o Estado. Toda pessoa tem o direito de que lhe seja ministrada gratuitamente, pelo menos, a instrução primária".

Outrossim, o artigo 7º da Declaração dos Direitos da Criança, aprovada na Assembleia das Nações Unidas de 20 de novembro de 1959, estabelece que: "A criança terá direito a receber educação, que será gratuita e compulsória pelo menos no grau primário. Ser-lhe-á propiciada uma educação capaz de promover a sua cultura geral e capacitá-la a, em condições de iguais oportunidades, desenvolver as suas aptidões, sua capacidade de emitir juízo e seu senso de responsabilidade moral e social, e a tornar-se membro útil da sociedade".

Em 14 de dezembro de 1960, na Conferência Geral da Organização das Nações Unidas para a Educação, foi acordada a Convenção Relativa à Luta Contra a Discriminação no Campo do Ensino, de 14 de dezembro de 1960, que ressalta a necessidade de igualdade de oportunidade, vedando qualquer distinção, exclusão, limitação ou preferência que, por motivo de raça, cor, sexo, língua, religião, opinião pública ou qualquer outra opinião, origem nacional ou social, condição econômica ou nascimento, tenha por objeto ou efeito destruir ou alterar a igualdade de tratamento em matéria de ensino.

O Pacto Internacional de Direitos Econômicos, Sociais e Culturais, aprovado pela Resolução nº 2.200-A, na Assembleia Geral das Nações Unidas de 16 de dezembro de 1966, bem como o Protocolo Adicional ao Pacto de San José da Costa Rica, adotado em 17 de novembro de 1988, no XVIII Período Ordinário de Sessões da Assembleia Geral da Organização dos Estados Americanos - OEA, prescrevem que os Estados Partes reconhecem o direito de toda pessoa à educação, bem como que se deverá proporcionar o acesso à educação por todos os meios apropriados.

A Convenção sobre os Direitos da Criança, aprovada pela Resolução XLIV da Assembleia Geral das Nações Unidas, de 20 de novembro de 1989, consignou em seu art. 28:

> "1. Os Estados Partes reconhecem o direito da criança à educação e, a fim de que ela possa exercer progressivamente e em igualdade de condições esse direito, deverão especialmente: a) tornar o ensino primário obrigatório e disponível gratuitamente para todos; b) estimular o desenvolvimento do ensino secundário em suas diferentes formas, inclusive o ensino geral e profissionalizante, tornando-o disponível e acessível a todas as crianças, e adotar medidas apropriadas tais como a implantação do ensino gratuito e a concessão de assistência financeira em caso de necessidade; c) tornar o ensino superior acessível a todos com base na capacidade e por todos os meios adequados; d) tornar a informação e a orientação educacionais e profissionais disponíveis e accessíveis a todas as crianças; e) adotar medidas para estimular a frequência regular às escolas e a redução do índice de evasão escolar".

Na Declaração e Programa de Ação de Viena, de 1993, da Conferência Mundial sobre Direitos Humanos, a educação é considerada componente fundamental dos direitos humanos, conforme expresso no seu artigo 80:

> "A educação em matéria de Direitos Humanos deverá incluir a paz, a democracia, o desenvolvimento e a justiça social, conforme definidos nos instrumentos internacionais e regionais de Direitos Humanos, a fim de alcançar uma compreensão e uma consciencialização comuns, que permitam reforçar o compromisso universal em favor dos Direitos Humanos".

Diante da impossibilidade de esgotar o tema devem ser, ainda, destacadas a Declaração Mundial de Educação para Todos, de Jomtien, Tailândia, e a Declaração de Salamanca, aprovadas pela UNESCO, respectivamente, em 1990 e 1994, e determinam que, salvo casos bastante específicos, devem ser garantidas a matrícula de todas as crianças.

Na legislação infraconstitucional destacam-se os seguintes diplomas legais: Lei 8.069/90 - Estatuto da Criança e Adolescente; Lei 9.394/96 - Lei de Diretrizes e Bases da Educação Nacional; Lei 9.766/98 - Altera a legislação que rege o salário educação; Lei 10.639/2003 - inclui no currículo oficial da rede de ensino a obrigatoriedade da temática história e cultura afro-brasileira"; Lei 11.494/2007 - Dispõe sobre o Fundo de Manutenção e Desenvolvimento da Educação Básica e de Valorização dos Profissionais da Educação - FUNDEB; Lei 11.645/2008 - inclui no currículo oficial da rede de ensino a obrigatoriedade da temática história e cultura afro-brasileira e indígena; Lei 11.738/2008 - dispõe sobre o piso salarial profissional nacional para os profissionais do magistério público da educação básica; Lei 11.947/2009 - Trata da alimentação escolar e programa dinheiro direto na escola - PDDE; Lei 12.695/2012 - Trata do Plano de Ações Articuladas - PAR; Lei 12.852/2013 - Estatuto da Juventude; Lei 13.005/2014 - Plano Nacional de Educação - PNE; Lei 13.146/2015 - Estatuto da Pessoa com Deficiência.

1.2. A educação e sua natureza jurídica

A educação é um pré-requisito para a percepção dos direitos políticos (HEINTZE, 2009, p. 28) e tem sido reconhecida historicamente como essencial para a expansão dos outros direitos (CARVALHO, 2002, p. 11), possibilitando que o indivíduo compreenda o alcance de suas liberdades, direitos e deveres, sendo imprescindível para o atingimento dos objetivos fundamentais da República, destacados no artigo 3º, da Carta Magna: construção de uma sociedade livre, justa e solidária; garantia do desenvolvimento nacional; erradicação da pobreza e da marginalização, com a redução das desigualdades sociais e regionais; e promoção do bem de todos, sem preconceitos de origem, raça, sexo, cor, idade e quaisquer outras formas de discriminação.

O desenvolvimento e evolução do direito à educação é bem descrito por BOTO:

> "Ao concebermos - como quer Norberto Bobbio - que historicamente os direitos nascem e se desenvolvem, não por nossa disponibilidade pedagógica, mas essencialmente por conjunturas históricas de formações sociais concretamente dadas, poderemos arriscar a tese de que o direito à educação também se teria desenvolvido por patamares postos em três gerações: o ensino torna-se paulatinamente direito público quando todos adquirem a possibilidade de acesso à escola pública; a educação como direito dá um salto quando historicamente passa a contemplar, pouco a pouco, o atendimento a padrões de exigência voltados para a busca de maior qualidade do ensino oferecido e para o reconhecimento de ideais democráticos internos à vida escolar; o direito da educação será consagrado quando a escola adquirir padrões curriculares e orientações políticas que assegurem algum patamar de inversão de prioridades, mediante atendimento que contemple - à guisa de justiça distributiva - grupos sociais reconhecidamente com maior dificuldade para participar desse direito subjetivo universal - que é a escola pública, gratuita, obrigatória e laica. Aqui entram as políticas que favorecem,

por exemplo, a reserva de vagas por cotas destinadas, nas universidades, a minorias étnicas" (BOTO, 2005, p. 779).

Conforme bem destacado por RANIERI, o direito à Educação apresenta características jurídicas que o diferenciam em relação aos demais direitos fundamentais:

"É direito fundamental social, é direito individual e também direito difuso e coletivo, de concepção regida pelo conceito de dignidade humana. É igualmente dever fundamental. Os seus titulares e os seus objetivos passivos são, simultaneamente, uma coisa e outra. Comporta obrigações de fazer e não fazer, por parte de titulares e sujeitos passivos que não se exaurem e exigem diferentes atendimentos, algumas vezes sobre a reserva do possível. Seu regime jurídico, portanto, é complexo: envolve diferentes poderes e capacidades de exercício, com a inerente sujeição ao regime jurídico específico dos direitos fundamentais, mesmo dependendo de prestações materiais e de recursos financeiros" (RANIERI, 2013, p. 55).

O direito à educação é um dos mais relevantes direitos sociais estampados na Constituição, que lhe confere o status de direito público subjetivo, impondo à Administração Pública o encargo de assegurar, com políticas públicas efetivas, o amplo acesso aos estabelecimentos de ensino. Nesse contexto, importante a orientação do Superior Tribunal de Justiça:

"Na ordem jurídica brasileira, a educação não é uma garantia qualquer que esteja em pé de igualdade com outros direitos individuais ou sociais. Ao contrário, trata-se de *absoluta prioridade*, nos termos do art. 227 da Constituição de 1988. A violação do direito à educação de crianças e adolescentes mostra-se, em nosso sistema, tão grave e inadmissível como negar-lhes a vida e a saúde."[2]

Sobre a educação como direito subjetivo, esclarece FERRARI:

"Partindo do art. 205 da CF, quando disciplina que a educação, direito de todos e dever do Estado e da família, será promovida e incentivada com a colaboração da sociedade, visando ao pleno desenvolvimento da pessoa, seu preparo para o exercício da cidadania e sua qualificação para o trabalho, deve-se perguntar se essa norma programática poderá dar origem a um direito subjetivo, se os pais podem acionar o Estado para que seu filho possa estudar. Ora, em face do exemplo formulado, o Judiciário não poderia eximir-se de prolatar a sentença, não podendo negar a prestação jurisdicional, sob a alegação de falta de legislação ou de que o pai não pode exigir a construção de uma escola para abrigar o seu filho, porque a norma constitucional tem somente eficácia negativa. O juiz não poderá, nessa hipótese, entender inaplicável a norma programática por falta de legislação, mas analisar o caso tendo em vista o fim constitucionalmente visado e determinar a matrícula do aluno em escola pública, ou mesmo que o Estado custeie seus estudos em escola privada, pois aqui existe um direito subjetivo na sua versão positiva, direito este fundado na própria Constituição e não derivado de lei, mesmo porque nossa Constituição Federal determina, no § 1º do art. 208, que o acesso ao ensino obrigatório e gratuito, isto é, o acesso à educação básica é direito público subjetivo" (FERRARI, 2001, p. 234).

O direito à educação é indissociável da dignidade da pessoa humana, integrando o denominado mínimo existencial, "não só por suas características intrínsecas, como

[2] REsp 440.502/SP, Rel. Ministro HERMAN BENJAMIN, SEGUNDA TURMA, julgado em 15/12/2009, DJe 24/09/2010. Acessado em março de 2016.

em razão de sua importância para a concreção de outros direitos necessários a uma existência digna" (GARCIA, 2006, p. 96). Na verdade, a educação não é um direito voltado apenas para a qualificação e o desenvolvimento pessoal indivíduo, mas também atinge as esferas social, econômica e política nas quais se insere o cidadão.

Ademais, seguindo as lições de SILVA, a educação por ser atributo da pessoa humana, deve ser elevada à categoria de serviço público essencial, *verbis*:

> "A educação, como processo de reconstrução da experiência, é um atributo da pessoa humana e por isso tem que ser comum a todos. É essa concepção que a Constituição agasalha nos arts. 205 a 214, quando declara que ela é um direito de todos e dever do Estado. Tal concepção importa em elevar a educação à categoria de serviço público essencial, que ao Poder Público impende possibilitar a todos – daí a preferência constitucional pelo ensino público, pelo quê a iniciativa privada, nesse campo, embora livre, é meramente secundária a condicionada (SILVA, 2006, p. 784).

A efetividade do direito à educação depende, principalmente, de ações positivas do Estado, que podem variar de acordo com o desenvolvimento socioeconômico de cada país e também conforme as características, inclusive as culturais, de cada povo (HEINTZE, 2009, p. 32). Em razão dessa diversidade, o Pacto Internacional sobre Direitos Econômicos, Sociais e Culturais, aprovado pela Organização das Nações Unidas, obriga, em seu artigo 2º, a implementação progressiva dos direitos sociais, econômicos e culturais, entre eles o direito à educação, de modo a serem estabelecidos pouco a pouco.

De toda sorte, reconhecendo que a interpretação das normas programáticas não pode transformá-la em promessa constitucional inconsequente, a jurisprudência do Supremo Tribunal Federal é uníssona em afirmar que a omissão do poder público em concretizar o direito à educação traduz inaceitável gesto de desprezo pela Constituição e configura comportamento que revela um incompreensível sentimento de desapreço pela autoridade, pelo valor e pelo alto significado de que se reveste a Constituição da República. Confira-se, nesse sentido, importante precedente em que o Município de São Paulo foi compelido a matricular crianças no ensino infantil em creches próximas ao local de trabalho ou residência dos pais:

> "A educação infantil representa prerrogativa constitucional indisponível, que, deferida às crianças, a estas assegura, para efeito de seu desenvolvimento integral, e como primeira etapa do processo de educação básica, o atendimento em creche e o acesso à pré-escola (CF, art. 208, IV). – Essa prerrogativa jurídica, em consequência, impõe, ao Estado, por efeito da alta significação social de que se reveste a educação infantil, a obrigação constitucional de criar condições objetivas que possibilitem, de maneira concreta, em favor das "crianças até 5 (cinco) anos de idade" (CF, art. 208, IV), o efetivo acesso e atendimento em creches e unidades de pré-escola, sob pena de configurar-se inaceitável omissão governamental, apta a frustrar, injustamente, por inércia, o integral adimplemento, pelo Poder Público, de prestação estatal que lhe impôs o próprio texto da Constituição Federal. – A educação infantil, por qualificar-se como direito fundamental de toda criança, não se expõe, em seu processo de concretização, a avaliações meramente discricionárias da Administração Pública nem se subordina a razões de puro pragmatismo governamental. – Os Municípios – que atuarão, prioritariamente, no ensino fundamental e na educação infantil (CF, art. 211, § 2º) – não poderão demitir-se do mandato constitucional, juridicamente vinculante, que lhes foi outorgado pelo art.

208, IV, da Lei Fundamental da República, e que representa fator de limitação da discricionariedade político-administrativa dos entes municipais, cujas opções, tratando-se do atendimento das crianças em creche (CF, art. 208, IV), não podem ser exercidas de modo a comprometer, com apoio em juízo de simples conveniência ou de mera oportunidade, a eficácia desse direito básico de índole social. – Embora inquestionável que resida, primariamente, nos Poderes Legislativo e Executivo, a prerrogativa de formular e executar políticas públicas, revela-se possível, no entanto, ao Poder Judiciário, ainda que em bases excepcionais, determinar, especialmente nas hipóteses de políticas públicas definidas pela própria Constituição, sejam estas implementadas, sempre que os órgãos estatais competentes, por descumprirem os encargos político – -jurídicos que sobre eles incidem em caráter impositivo, vierem a comprometer, com a sua omissão, a eficácia e a integridade de direitos sociais e culturais impregnados de estatura constitucional. DESCUMPRIMENTO DE POLÍTICAS PÚBLICAS DEFINIDAS EM SEDE CONSTITUCIONAL: HIPÓTESE LEGITIMADORA DE INTERVENÇÃO JURISDICIONAL. – O Poder Público – quando se abstém de cumprir, total ou parcialmente, o dever de implementar políticas públicas definidas no próprio texto constitucional – transgride, com esse comportamento negativo, a própria integridade da Lei Fundamental, estimulando, no âmbito do Estado, o preocupante fenômeno da erosão da consciência constitucional. Precedentes: ADI 1.484/DF, Rel. Min. CELSO DE MELLO, v.g. – A inércia estatal em adimplir as imposições constitucionais traduz inaceitável gesto de desprezo pela autoridade da Constituição e configura, por isso mesmo, comportamento que deve ser evitado. É que nada se revela mais nocivo, perigoso e ilegítimo do que elaborar uma Constituição, sem a vontade de fazê-la cumprir integralmente, ou, então, de apenas executá-la com o propósito subalterno de torná-la aplicável somente nos pontos que se mostrarem ajustados à conveniência e aos desígnios dos governantes, em detrimento dos interesses maiores dos cidadãos. – A intervenção do Poder Judiciário, em tema de implementação de políticas governamentais previstas e determinadas no texto constitucional, notadamente na área da educação infantil (RTJ 199/1219-1220), objetiva neutralizar os efeitos lesivos e perversos, que, provocados pela omissão estatal, nada mais traduzem senão inaceitável insulto a direitos básicos que a própria Constituição da República assegura à generalidade das pessoas. Precedentes. A CONTROVÉRSIA PERTINENTE À "RESERVA DO POSSÍVEL" E A INTANGIBILIDADE DO MÍNIMO EXISTENCIAL: A QUESTÃO DAS "ESCOLHAS TRÁGICAS". – A destinação de recursos públicos, sempre tão dramaticamente escassos, faz instaurar situações de conflito, quer com a execução de políticas públicas definidas no texto constitucional, quer, também, com a própria implementação de direitos sociais assegurados pela Constituição da República, daí resultando contextos de antagonismo que impõem, ao Estado, o encargo de superá-los mediante opções por determinados valores, em detrimento de outros igualmente relevantes, compelindo, o Poder Público, em face dessa relação dilemática, causada pela insuficiência de disponibilidade financeira e orçamentária, a proceder a verdadeiras "escolhas trágicas", em decisão governamental cujo parâmetro, fundado na dignidade da pessoa humana, deverá ter em perspectiva a intangibilidade do mínimo existencial, em ordem a conferir real efetividade às normas programáticas positivadas na própria Lei Fundamental. Magistério da doutrina. – A cláusula da reserva do possível – que não pode ser invocada, pelo Poder Público, com o propósito de fraudar, de frustrar e de inviabilizar a implementação de políticas públicas definidas na própria Constituição – encontra insuperável limitação na garantia constitucional do mínimo existencial, que representa, no contexto de nosso ordenamento positivo, emanação direta do postulado da essencial dignidade da pessoa humana. Doutrina. Precedentes. – A noção de "mínimo existencial", que resulta, por implicitude, de determinados preceitos constitucionais (CF, art. 1º, III, e art. 3º, III), compreende um complexo de prerrogativas cuja concretização revela-se capaz de garantir condições adequadas de existência digna, em ordem a assegurar, à pessoa, acesso efetivo ao direito geral de liberdade e, também, a prestações positivas originárias do Estado, viabilizadoras da plena fruição de direitos sociais básicos, tais como o direito à educação, o direito à proteção integral da criança e do adolescente, o direito à saúde, o direito à assistência social, o direito à moradia, o direito à alimentação e o direito à segurança. Declaração Universal dos Direitos da Pessoa Humana, de 1948 (Artigo XXV). A PROIBIÇÃO DO RETROCESSO SOCIAL COMO OBSTÁCULO CONSTITUCIONAL À FRUSTRAÇÃO E AO INADIMPLEMENTO, PELO PODER PÚBLICO, DE DIREITOS PRESTACIONAIS. – O princípio da proibição do retrocesso impede, em tema de direitos fundamentais de caráter social, que sejam desconstituídas as conquistas já alcançadas pelo cidadão ou pela formação social em que ele vive. – A cláusula que veda o retrocesso em matéria de direitos a prestações positivas do Estado (como o direito à educação, o direito à saúde ou o direito à segurança pública, v.g.) traduz, no processo de efetivação desses direitos fundamentais individuais ou coletivos, obstáculo a que os níveis de concretização de tais prerrogativas, uma vez atingidos, venham a ser ulteriormente reduzidos ou suprimidos pelo Estado. Doutrina. Em consequência desse princípio, o Estado, após haver reconhecido os direitos prestacionais, assume o dever não só de torná-los efetivos, mas, também, se obriga, sob pena de transgressão ao texto constitucional, a preservá-los, abstendo-se de frustrar – mediante supressão total ou parcial – os direitos sociais já concretizados. LEGITIMIDADE JURÍDICA DA IMPOSIÇÃO, AO PODER PÚBLICO, DAS "ASTREINTES". – Inexiste obstáculo jurídico-processual à utilização, contra entidades de direito público, da multa cominatória prevista no § 5º do art. 461 do CPC. A "astreinte" – que se reveste de função coercitiva – tem por finalidade específica compelir, legitimamente, o devedor, mesmo que se cuide do Poder Público, a cumprir o preceito, tal como definido no ato sentencial. Doutrina. Jurisprudência"[3].

A educação é um direito fundamental de natureza social, sendo certo que sua proteção ultrapassa qualquer consideração da existência de interesses meramente individuais. Se de um lado a educação, para o beneficiário do serviço, constitua um bem individual, sendo o alicerce para sua formação cultural. Para a sociedade, ela representa a busca contínua de um modo de vida, caracterizada como um verdadeiro bem comum (DUARTE, 2007, p. 697).

1.3. Os princípios que informam o direito à educação

A seção I, do Capítulo III, do Título VIII, da Constituição da República, que trata da ordem social, é integralmente dedicado à educação. Nos termos do artigo 205, da Carta Magna, a educação, direito de todos e dever do Estado e da família, será promovida e incentivada com a colaboração da sociedade, visando ao pleno desenvolvimento da pessoa, seu preparo para o exercício da cidadania e sua qualificação para o trabalho.

No artigo 206, do texto constitucional, assenta-se que o ensino será ministrado com base nos seguintes princípios: I – igualdade de condições para o acesso e permanência na escola; II – liberdade de aprender, ensinar, pesquisar e divulgar o pensamento, a arte e o saber; III – pluralismo de ideias e de concepções pedagógicas, e coexistência de instituições públicas e privadas de ensino; IV – gratuidade do ensino público em estabelecimentos oficiais; V – valorização dos profissionais da educação escolar, garantidos, na forma da lei, planos de carreira, com ingresso exclusivamente por concurso público de provas e títulos, aos das redes públicas; VI – gestão democrática do ensino público, na forma da lei; VII – garantia de padrão

[3] ARE 639337 AgR, Relator(a): Min. CELSO DE MELLO, Segunda Turma, julgado em 23/08/2011, DJe-177 DIVULG 14-09-2011 PUBLIC 15-09-2011 EMENT VOL-02587-01 PP-00125.

de qualidade; VIII – piso salarial profissional nacional para os profissionais da educação escolar pública, nos termos de lei federal.

Conforme ensina SILVA:

> "Os princípios são ordenações que se irradiam e imantam os sistemas de normas, são como observam Gomes Canotilho e Vital Moreira núcleos de condensações nos quais confluem valores e bens constitucionais. Mas, como disseram os mesmos autores, os princípios, que começam por ser a base de normas jurídicas, podem estar positivamente incorporados, transformando-se em normas-princípio e constituindo preceitos básicos da organização constitucional (SILVA, 2010, p. 92).

Para MELLO:

> "Violar um princípio é muito mais grave que transgredir uma norma qualquer. A desatenção ao princípio implica ofensa não apenas a um específico mandamento obrigatório, mas a todo o sistema de comandos. É a mais grave forma de ilegalidade ou inconstitucionalidade, conforme o escalão do princípio atingido, porque representa insurgência contra todo o sistema, subversão de seus valores fundamentais, contumélia irremissível a seu arcabouço lógico e corrosão de sua estrutura mestra" (MELLO, 1999, p. 630).

Neste diapasão, mostra-se importante a análise dos princípios em que se baseia o ensino no Brasil.

1.3.1. O pluralismo de ideias e concepções pedagógicas e a liberdade de aprender ensinar, pesquisar e divulgar o pensamento, a arte e o saber

Nas palavras do jurista e educador ANÍSIO TEIXEIRA, já em 1956: "Numa sociedade como a nossa, tradicionalmente marcada de profundo espírito de classe e de privilégio, somente a escola pública será verdadeiramente democrática e somente ela poderá ter um programa de formação comum, sem os preconceitos contra certas formas de trabalho essenciais à democracia (TEIXEIRA, 1956, p. 24)[4].

Segundo Celso Ribeiro Bastos e Ives Gandra Martins:

> A liberdade de ensino possibilita e garante um desenvolvimento amplo da ciência e da pesquisa no país. Essa liberdade, frisamos, visa a exterminar qualquer tipo de autoritarismo e de manipulação que a educação possa sofrer. A liberdade de ensino pressupõe, antes de tudo, a ideia de que os professores podem trabalhar segundo suas convicções, não estando obrigados a ensinar o que os outros impõem. (BASTOS e MARTINS, 1998, p. 435)

A liberdade de ensinar expressa no artigo 206 é, de um lado, uma liberdade que divide espaço com a liberdade de aprender dos alunos e, de outro, com as garantias mais amplas de pluralismo de ideias e de abordagens pedagógicas, integrando todas, o direito maior que é o direito à educação. Para RODRIGUES e MAROCCO:

[4] TEIXEIRA, Anísio. A escola pública universal e gratuita. Revista Brasileira de Estudos Pedagógicos, Rio de Janeiro, v. 26, nº 64, out./dez. 1956, p. 3 – 27. *In* http://www.bvanisioteixeira.ufba.br/artigos/gratuita.html.

"Esses princípios constitucionais possuem a finalidade de garantir o pluralismo de ideias e concepções no âmbito do processo de ensino-aprendizagem, em especial o universitário. Também buscam garantir a autonomia didático-científica dos professores, sem desconhecer o direito de aprender dos alunos. Permitem, nesse sentido, que os professores manifestem, com relação ao conteúdo sob sua responsabilidade, seus próprios pontos de vista acadêmicos, quando haja vários reconhecidos na área de conhecimento específica. A liberdade de ensinar também autoriza o professor a utilizar métodos, metodologias, estratégias e instrumentos à sua escolha, dentre aqueles legalmente e pedagogicamente autorizados e reconhecidos (é o pluralismo de concepções pedagógicas presente no bojo do inciso III do artigo 206 da Constituição, anteriormente transcrito). Neste contexto, além das escolhas mais propriamente ligadas à didática – tipo de aula e de atividades, recursos tecnológicos, etc. –, está também incluída a liberdade de escolha de textos e obras, desde que contenham o conteúdo a ser ministrado e, no seu conjunto, permitam o acesso ao pluralismo de ideias presente no campo específico do conhecimento, e que não contenham material que endosse preconceitos e discriminações. De outro lado, a liberdade de ensinar não protege as manifestações valorativas, ideológicas e religiosas que desrespeitem a liberdade de aprender dos alunos e que não possuam correlação com a matéria ensinada, bem como aquelas que professem preconceitos e discriminações vedadas pela nossa ordem constitucional e legal" (RODRIGUES e MAROCCO, 2014, p. 221-222).

1.3.2. A igualdade de condições para o acesso e permanência na escola, a coexistência de instituições públicas e privadas de ensino e a gratuidade do ensino público em estabelecimentos oficiais

O acesso à educação em condições igualitárias é uma das formas de realização concreta do ideal democrático (MELLO FILHO, 1986, p. 533). O regime republicano tem como premissa a igualdade de oportunidades conferida a todos os cidadãos desde o nascimento, constituindo os princípios da igualdade de condições para o acesso e permanência na escola, a coexistência de instituições públicas e privadas de ensino e da gratuidade do ensino em estabelecimentos oficiais instrumentos para tornar efetivos os mais relevantes objetivos da República, determinados no artigo 3º, da Carta Magna.

O art. XXVI, § 1º, da Declaração Universal dos Direitos Humanos, aprovada em 1948 pela ONU, prevê que toda pessoa tem direito à educação, devendo esta ser gratuita, pelo menos a correspondente ao ensino elementar fundamental. Dispõe, ainda, que o ensino elementar é obrigatório, os ensinos técnico e profissional devem ser generalizados, e o acesso aos estudos superiores deve estar aberto a todos em plena igualdade, em função do seu mérito.

Para DALLARI, "se não forem dadas oportunidades iguais para todos, pelo menos desde o instante do nascimento, a proclamação constitucional de igualdade será apenas um formalismo hipócrita, mascarando uma desigualdade de fato" (DALLARI, 2010, p. 28).

Segundo os ensinamentos de SILVA, "compete ao Poder Público, desde a pré-escola, ou até antes, proporcionar, aos alunos carentes, condições de igualização, para que possam concorrer com os abastados em igualdade de situação", sendo certo que a gratuidade do ensino oficial é "velha tradição do sistema educacional brasileiro" (SILVA, 2010, p. 843-844).

Com esteio no princípio da igualdade de condições para o acesso, o Judiciário admitiu a adoção de políticas afirmativas para a educação:

"PROCESSUAL CIVIL. CONSTITUCIONAL. ANTECIPAÇÃO DE TUTELA. SENTENÇA DE IMPROCEDÊNCIA. EXTENSÃO DOS EFEITOS ATÉ TRÂNSITO EM JULGADO. IMPOSSIBILIDADE. PREJUDICIALIDADE DO JUÍZO SUMÁRIO DE VEROSSIMILHANÇA. CONTROLE JUDICIAL DE POLÍTICAS PÚBLICAS. REFORMA AGRÁRIA. LEI 9.394/96 (LEI DAS DIRETRIZES E BASES DA EDUCAÇÃO NACIONAL). AUTONOMIA UNIVERSITÁRIA. POLÍTICAS AFIRMATIVAS.

[...]

5. Como regra geral, descabe ao Judiciário imiscuir-se na formulação ou execução de programas sociais ou econômicos. Entretanto, como tudo no Estado de Direito, as políticas públicas se submetem a controle de constitucionalidade e legalidade. Precedentes do STJ.

6. A autonomia universitária (art. 53 da Lei 9.394/98) é uma das conquistas científico-jurídico-políticas da sociedade contemporânea e, por isso, deve ser prestigiada pelo Judiciário. No seu âmbito, desde que preenchidos os requisitos legais, garante-se às universidades públicas a mais ampla liberdade para a criação de cursos, inclusive por meio da celebração de convênios.

7. Da universidade se espera não só que ofereça a educação escolar convencional, mas também que contribua para o avanço científico-tecnológico do País e seja partícipe do esforço nacional de eliminação ou mitigação, até por políticas afirmativas, das desigualdades que, infelizmente, ainda separam e contrapõem brasileiros.

8. Entre os princípios que vinculam a educação escolar básica e superior no Brasil está a "igualdade de condições para o acesso e permanência na escola" (art. 3º, I, da Lei 9.394/98). A não ser que se pretenda conferir caráter apenas retórico ao princípio de igualdade de condições para o acesso e permanência na escola, deve-se a esta assegurar a possibilidade de buscar formas criativas de propiciar a natureza igualitária do ensino.

9. Políticas afirmativas, quando endereçadas a combater genuínas situações fáticas incompatíveis com os fundamentos e princípios do Estado Social, ou a estes dar consistência e eficácia, em nada lembram privilégios, nem com eles se confundem. Em vez de funcionarem por exclusão de sujeitos de direitos, estampam nos seus objetivos e métodos a marca da valorização da inclusão, sobretudo daqueles aos quais se negam os benefícios mais elementares do patrimônio material e intelectual da Nação. Frequentemente, para privilegiar basta a manutenção do status quo, sob o argumento de autoridade do estrito respeito ao princípio da igualdade.

10. Sob o nome e invocação do mencionado princípio, praticam-se ou justificam-se algumas das piores discriminações, ao transformá-lo em biombo retórico e elegante para enevoar ou disfarçar comportamentos e práticas que negam aos sujeitos vulneráveis direitos básicos outorgados a todos pela Constituição e pelas leis. Em verdade, dessa fonte não jorra o princípio da igualdade, mas uma certa contra igualdade, que nada tem de nobre, pois referenda, pela omissão que prega e espera de administradores e juízes, a perpetuação de vantagens pessoais, originadas de atributos individuais, hereditários ou de casta, associados à riqueza, conhecimento, origem, raça, religião, estado, profissão ou filiação partidária.

11. Recurso Especial provido para determinar a limitação dos efeitos da tutela, antecipada pela Corte de origem, até a sentença de improcedência"[5].

"EMENTA: AÇÕES DIRETAS DE INCONSTITUCIONALIDADE. MEDIDA PROVISÓRIA Nº 213/2004, CONVERTIDA NA LEI Nº 11.096/2005. PROGRAMA UNIVERSIDADE PARA TODOS

[5] REsp 1179115/RS, Rel. Ministro HERMAN BENJAMIN, SEGUNDA TURMA, julgado em 11/05/2010, DJe 12/11/2010, acessado em março de 2016.

– PROUNI. AÇÕES AFIRMATIVAS DO ESTADO. CUMPRIMENTO DO PRINCÍPIO CONSTITUCIONAL DA ISONOMIA. [...] 3. A educação, notadamente a escolar ou formal, é direito social que a todos deve alcançar. Por isso mesmo, dever do Estado e uma de suas políticas públicas de primeiríssima prioridade. 4. A Lei nº 11.096/2005 não laborou no campo material reservado à lei complementar. Tratou, tão-somente, de erigir um critério objetivo de contabilidade compensatória da aplicação financeira em gratuidade por parte das instituições educacionais. Critério que, se atendido, possibilita o gozo integral da isenção quanto aos impostos e contribuições mencionados no art. 8º do texto impugnado. 5. Não há outro modo de concretizar o valor constitucional da igualdade senão pelo decidido combate aos fatores reais de desigualdade. O desvalor da desigualdade a proceder e justificar a imposição do valor da igualdade. A imperiosa luta contra as relações desigualitárias muito raro se dá pela via do descenso ou do rebaixamento puro e simples dos sujeitos favorecidos. Geralmente se verifica é pela ascensão das pessoas até então sob a hegemonia de outras. Que para tal viagem de verticalidade são compensadas com esse ou aquele fator de supremacia formal. Não é toda superioridade juridicamente conferida que implica negação ao princípio da igualdade. 6. O típico da lei é fazer distinções. Diferenciações. Desigualações. E fazer desigualações para contrabater renitentes desigualações. A lei existe para, diante dessa ou daquela desigualação que se revele densamente perturbadora da harmonia ou do equilíbrio social, impor uma outra desigualação compensatória. A lei como instrumento de reequilíbrio social. 7. Toda a axiologia constitucional é tutelar de segmentos sociais brasileiros historicamente desfavorecidos, culturalmente sacrificados e até perseguidos, como, verbi gratia, o segmento dos negros e dos índios. Não por coincidência os que mais se alocam nos patamares patrimonialmente inferiores da pirâmide social. A desigualação em favor dos estudantes que cursaram o ensino médio em escolas públicas e os egressos de escolas privadas que hajam sido contemplados com bolsa integral não ofende a Constituição pátria, porquanto se trata de um descrímen que acompanha a toada da compensação de uma anterior e factual inferioridade ("ciclos cumulativos de desvantagens competitivas"). Com o que se homenageia a insuperável máxima aristotélica de que a verdadeira igualdade consiste em tratar igualmente os iguais e desigualmente os desiguais, máxima que Ruy Barbosa interpretou como o ideal de tratar igualmente os iguais, porém na medida em que se igualem; e tratar desigualmente os desiguais, também na medida em que se desigualem. 8. O PROUNI é um programa de ações afirmativas, que se operacionaliza mediante concessão de bolsas a alunos de baixa renda e diminuto grau de patrimonilização. Mas um programa concebido para operar por ato de adesão ou participação absolutamente voluntária, incompatível, portanto, com qualquer ideia de vinculação forçada. Inexistência de violação aos princípios constitucionais da autonomia universitária (art. 207) e da livre iniciativa (art. 170). 9. O art. 9º da Lei nº 11.096/2005 não desrespeita o inciso XXXIX do art. 5º da Constituição Federal, porque a matéria nele (no art. 9º) versada não é de natureza penal, mas, sim, administrativa. Trata-se das únicas sanções aplicáveis aos casos de descumprimento das obrigações, assumidas pelos estabelecimentos de ensino superior, após a assinatura do termo de adesão ao programa. Sancionamento a cargo do Ministério da Educação, condicionado à abertura de processo administrativo, com total observância das garantias constitucionais do contraditório e da ampla defesa. 10. Ação Direta de Inconstitucionalidade nº 3.379 não conhecida. ADI's 3.314 e 3.330 julgadas improcedentes"[6].

O princípio da igualdade também impede qualquer tipo de restrição para que apenas munícipes de determinado Município possam usufruir do serviço público de educação:

[6] ADI 3330, Relator(a): Min. AYRES BRITTO, Tribunal Pleno, julgado em 03/05/2012, ACÓRDÃO ELETRÔNICO DJe-055 DIVULG 21-03-2013 PUBLIC 22-03-2013 RTJ VOL-00224-01 PP-00207, acessado em março de 2016.

"EMENTA Recurso extraordinário com agravo. Ação direta de inconstitucionalidade. Lei nº 2.600, de 8 de julho de 2009, e Decreto nº 2.716, de 28 de dezembro de 2009, ambos do Município de Guararema, os quais instituíram e regulamentaram o 'Cartão Cidadão' como documento hábil e de porte obrigatório para acesso aos serviços públicos municipais de educação, saúde, esporte, lazer e assistência social. Preliminar. Intempestividade. Aplicabilidade do art. 188 do CPC. Mérito. Programa instituído com intuito excludente e discriminatório. Inconstitucionalidade [...] 2. A Lei nº 2.600, de 8 de julho de 2009, e o Decreto nº 2.716, de 28 de dezembro de 2009, ambos do Município de Guararema, instituíram e regulamentaram o 'Cartão Cidadão' como documento hábil e de porte obrigatório para acesso aos serviços públicos municipais de educação, saúde, esporte, lazer e assistência social. O programa foi instituído com intuito excludente e discriminatório, visando somente aos habitantes do município, impondo, ainda, obstáculos aos próprios munícipes, caso não obtivessem o cartão ou não o detivessem quando do comparecimento perante os órgãos públicos. A política pública em questão trata de maneira uniforme serviços públicos de naturezas distintas, os quais, por isso, deveriam receber tratamento de acordo com as suas especificidades. Ao condicionar o acesso aos serviços públicos de saúde ao porte de um cartão, excluindo do gozo de tais serviços as pessoas que não residiam na localidade ou que, residindo, não detinham o cartão, o Município violou a natureza universal e igualitária que a Constituição conferiu a esses serviços (art. 196, CF/88). O "cartão cidadão" também viola o art. 205, que fixa a educação como direito de todos e dever do Estado, e o art. 206, ambos da Constituição Federal, o qual estabelece, dentre os princípios norteadores do ensino no Brasil, a igualdade de condições para o acesso e a permanência na escola. 3. A Turma não conheceu do agravo interposto pela Câmara Municipal de Guararema e conheceu do agravo do Município de Guararema para admitir o recurso extraordinário, ao qual negou provimento"[7].

No que se refere ao princípio da gratuidade, o artigo 179, XXXII, da Constituição do Império de 1824, já impunha que a instrução primária era gratuita para todos os cidadãos, e o inciso XXXIII estabelecia que os colégios e universidades, que ensinariam os elementos das ciências, Belas Letras e Artes eram uma garantia da Constituição.

O artigo 150, parágrafo único, da Constituição de 1934, por sua vez, instituiu o plano nacional de educação que deveria obedecer às seguintes normas: ensino primário integral gratuito e de frequência obrigatória extensivo aos adultos e tendência à gratuidade do ensino educativo ulterior ao primário, a fim de o tornar mais acessível.

A Constituição de 1937, em que pese estabelecer que o ensino primário era obrigatório e gratuito, dispunha no artigo 130 que a gratuidade não excluía o dever de solidariedade dos menos para com os mais necessitados, de modo que, por ocasião da matrícula, seria exigida aos que não alegarem, ou notoriamente não puderem alegar escassez de recursos, uma contribuição módica e mensal para a caixa escolar.

A Constituição de 1946 dispunha que o ensino primário oficial era obrigatório e gratuito para todos e, na forma do artigo 168, II, o ensino oficial ulterior ao primário seria gratuito para quem provasse falta ou insuficiência de recursos, não havendo previsão de pagamento pelo ensino ministrado em estabelecimentos oficiais.

---

7 ARE 661288, Relator(a): Min. DIAS TOFFOLI, Primeira Turma, julgado em 06/05/2014, ACÓRDÃO ELETRÔNICO DJe-185 DIVULG 23-09-2014 PUBLIC 24-09-2014, acessado em março de 2016.

A Constituição de 1967 previu, no artigo 168, § 3º, que o ensino dos sete aos quatorze anos era obrigatório para todos e gratuito nos estabelecimentos primários oficiais e que o ensino oficial ulterior ao primário seria gratuito para quantos, demonstrando efetivo aproveitamento, provassem falta ou insuficiência de recursos. Contudo, estabeleceu-se que sempre que possível, o Poder Público substituiria o regime de gratuidade pelo de concessão de bolsas de estudo, exigindo-se o posterior reembolso no caso de ensino de grau superior. As referidas disposições foram mantidas em sua essência no artigo 176, § 3º, da Emenda Constitucional nº 1, de 1969.

Na Constituição de 1988, a gratuidade, inicialmente, era imposta como obrigatória e gratuita, apenas, para o ensino fundamental, devendo haver, nos termos do artigo 208, II, progressiva extensão da obrigatoriedade e gratuidade ao ensino médio. Com a Emenda Constitucional nº 59, de 2009, passou a se garantir educação básica obrigatória e gratuita dos 4 (quatro) aos 17 (dezessete) anos de idade, assegurando-se inclusive sua oferta gratuita para todos os que a ela não tiveram acesso na idade própria, sendo certo que esta não constitui mera liberalidade de governantes, mas dever do Estado voltado ao cidadão. De se ressaltar que a Constituição democrática de 1988 restabeleceu, como princípio, a gratuidade nos estabelecimentos oficiais de ensino.

O Plenário do Supremo Tribunal Federal, ao julgar o Recurso Extraordinário 500.171, com repercussão geral reconhecida, afirmou que o princípio da gratuidade do ensino público em estabelecimentos oficiais não discrimina os níveis de ensino, sendo indevida a cobrança de mensalidade para quaisquer níveis, desde a pré-escola até o doutorado. Conforme bem assinalou o relator do acórdão, Ministro Ricardo Lewandowski, os princípios da gratuidade dos estabelecimentos oficiais e da igualdade de condições para o acesso e permanência na escola devem ser conjugados de modo a não comportar exceções:

> "A gratuidade do ensino público em estabelecimentos oficiais, conforme se lê no caput do art. 206, IV, configura um princípio. Um princípio que não encontra qualquer limitação no tocante aos distintos graus de formação acadêmica. A sua exegese, pois, deve amoldar-se ao vetusto brocardo latino *ubi lex non distinguit, nec interpres distinguere debet*, ou seja, onde a lei não distingue, não é dado ao intérprete fazê-lo. Esse princípio, ademais, deve ser conjugado com aquele abrigado no inc. I do mesmo artigo, que expressa a "igualdade de condições para o acesso e permanência na escola"[8].

Em razão dos mencionados princípios constitucionais, o STF editou o enunciado da súmula vinculante nº 12, dispondo que "a cobrança de taxa de matrícula nas universidades públicas viola o disposto no art. 206, IV, da Constituição Federal".

O Procurador-Geral da República ajuizou Ação Direta de Inconstitucionalidade – ADI 5082 – para dar interpretação conforme a Constituição Federal aos artigos 1º e 20, da Lei 9.786/1999, para afastar qualquer interpretação que possibilite a cobrança de contribuição ou pagamento compulsórios dos alunos matriculados em instituições de ensino vinculadas às Forças Armadas.

8 RE 500171, Relator(a): Min. RICARDO LEWANDOWSKI, Tribunal Pleno, julgado em 13/08/2008, REPERCUSSÃO GERAL – MÉRITO DJe-202 DIVULG 23-10-2008 PUBLIC 24-10-2008 EMENT VOL-02338-05 PP-01014 LEXSTF v. 30, nº 360, 2008, p. 174-198, acessado em março de 2016.

Com efeito, o Exército Brasileiro adota o entendimento de que seus Colégios Militares são instituições militares com características próprias, que não integram o sistema federal de ensino. Com este fundamento, o Regulamento dos Colégios Militares, consubstanciado na Portaria 42/2008, editada pelo Comandante do Exército, prevê três tipos de contribuições: doze quotas mensais escolares (QME) destinadas a prover despesas gerais do ensino; uma quota de implantação, no valor de cinquenta por cento da QME, destinada a prover as diversas despesas para inserir o novo aluno; indenização de despesas extraordinárias, realizadas pelos alunos. O artigo 68, parágrafo único, da mencionada portaria, impede a renovação da matrícula dos alunos cujos responsáveis estejam inadimplentes.

O STF, no julgamento da ADI 5082, assentou que os colégios militares, integrantes do Sistema de Ensino do Exército e instituição secular da vida social brasileira, possuem peculiaridades aptas a diferenciá-los dos estabelecimentos oficiais de ensino e qualificá-los como instituições educacionais *sui generis*, por razões éticas, fiscais, legais e institucionais. Com esse fundamento, o Pleno da Suprema Corte brasileira entendeu que a quota mensal escolar nos colégios militares não representa ofensa à regra constitucional de gratuidade do ensino público, uma vez que não há violação concreta ou potencial ao núcleo de intangibilidade do direito fundamental à educação.

No tocante à possibilidade de cobrança de mensalidades em cursos em instituições públicas de ensino superior, o parecer CNE/CES, nº 364/2002 afirma que o ensino de graduação e pós-graduação *stricto sensu* ministrado pelas universidades públicas deve ser gratuito, ao passo que os cursos de especialização e aperfeiçoamento, ou seja, de pós-graduação *lato sensu*, não se configuram como atividade de ensino regular e, por conseguinte, tem-se por correta a cobrança efetuada pelas universidades públicas pelos instrumentos que, no exercício de sua autonomia constitucional, definirem. Conforme restou consignado no parecer:

"A permanência da gratuidade importaria em ônus injustificável aos cofres públicos, caracterizando impertinente uso de recursos que, a rigor, teriam como prioridade a sua destinação para as funções essenciais da universidade, precisamente aquelas que se enquadram nos limites do preceito constitucional da gratuidade. Ignorar esta circunstância e as prioridades sociais a serem contempladas implicaria na transferência de recursos exíguos e, em certo sentido, inelásticos para a sustentação de atividades assessórias, em prejuízo das suas funções mais relevantes, ao contrário do que inspirou a nossa Constituição".

Para CHRISPINO, a conclusão do Conselho Nacional de Educação é equivocada:

> "Como é possível que se permita "vingar a prática de não criar restrições à cobrança de taxas" nas atividades chamadas de extensão se estas são parte integrante da Educação Superior que está protegida pelo manto da gratuidade? Como é possível que o mesmo segmento corporativo que se insurge contra uma possível proposta de cobrança de alunos do curso superior, se permita oferecer um curso de extensão à comunidade sendo este cobrado? Além de ter sua legalidade questionada frente a ótica da gratuidade é, minimamente, incoerente para administradores que o propõem e docentes que o executam na instituição pública oficial.
>
> [...]

Como pretensa conclusão, quer nos parecer que existe uma grande incompatibilidade no meio educacional brasileiro. Temos que as instituições públicas de ensino e seus membros (gestores e docentes) resistem à proposta de discutir a possibilidade de pagamento pelos alunos da educação superior, por meio de pecúnia ou trabalho, em nome da manutenção de conquistas marcadas pela gratuidade do ensino público. Ao mesmo tempo, essas mesmas instituições públicas de ensino e seus membros (gestores e docentes) autorizam e/ou participam da realização de cursos de educação superior com pagamento por parte dos alunos, utilizando-se de vários artifícios e/ou brechas da administração pública, de forma mais específica, das fundações de apoio" (CHRISPINO, 2005, p. 225 e 231).

No entanto, o STF, no julgamento do Recurso Extraordinário 597.854[9], também com repercussão geral reconhecida, entendeu ser possível a cobrança de mensalidade em curso de especialização, porquanto é possível às universidades, no âmbito de sua autonomia didático-científica, regulamentar, em harmonia com a legislação, as atividades destinadas preponderantemente à extensão universitária, sendo-lhes, nessa condição, possível a instituição de tarifa.

1.3.3. Valorização dos profissionais da educação

O artigo 212, da Constituição da República, vinculou à educação parte das receitas provenientes de impostos e transferências nos seguintes termos: "a União aplicará, anualmente, nunca menos de dezoito, e os Estados, o Distrito Federal e os Municípios vinte e cinco por cento, no mínimo, da receita resultante de impostos, compreendida a proveniente de transferências, na manutenção e desenvolvimento do ensino".

O artigo 60, do Ato das Disposições Constitucionais Transitórias – ADCT dispôs sobre o Fundo de Manutenção e Desenvolvimento da Educação Básica e de Valorização dos Profissionais da Educação – FUNDEB, tendo o inciso XII, do mencionado dispositivo, determinado que no mínimo 60% (sessenta por cento) do Fundo deve ser destinado ao pagamento dos profissionais do magistério da educação básica em efetivo exercício.

O FUNDEB sucedeu ao Fundo de Manutenção e Desenvolvimento do Ensino Fundamental e de Valorização do Magistério – FUNDEF, criado pela Emenda Constitucional nº 14/1996 e regulamentada pela Lei 9.424/96.

Após a criação do FUNDEF, alguns Estados questionaram no Supremo Tribunal Federal a constitucionalidade da vinculação, pela União, de receitas dos demais entes federativos. Na ocasião, a Suprema Corte brasileira reconheceu que está dentro da função supletiva e redistributiva da União criar um fundo específico para o desenvolvimento da educação, não havendo ofensa ao princípio federativo:

"EMENTA: CONSTITUCIONAL. EMENDA CONSTITUCIONAL Nº 14/96 E LEI Nº 9.424/96. FUNDO DE MANUTENÇÃO E DESENVOLVIMENTO DO ENSINO FUNDAMENTAL E DE VALORIZAÇÃO DO MAGISTÉRIO. ATRIBUIÇÃO DE NOVA FUNÇÃO À UNIÃO – REDISTRIBUTIVA E

9 RE 597854, Relator(a): Min. EDSON FACHIN, Tribunal Pleno, julgado em 26/04/2017, ACÓRDÃO ELETRÔNICO REPERCUSSÃO GERAL – MÉRITO DJe-214 DIVULG 20-09-2017 PUBLIC 21-09-2017, acessado em dezembro de 2018.

SUPLETIVA DA GARANTIA DE EQUALIZAÇÃO DE OPORTUNIDADES EDUCACIONAIS. ALEGADA OFENSA AO PRINCÍPIO FEDERATIVO. NÃO FERIMENTO À AUTONOMIA ESTADUAL. 'CAUSA PETENDI' ABERTA, QUE PERMITE EXAMINAR A QUESTÃO POR FUNDAMENTO DIVERSO DAQUELE ALEGADO PELO REQUERENTE. DECLARAÇÃO DE INCONSTITUCIONALIDADE QUE NÃO SE MOSTRA POSSÍVEL, PORQUE SE ATACARIA O ACESSÓRIO E NÃO O PRINCIPAL. AÇÃO DIRETA DE INCONSTITUCIONALIDADE NÃO CONHECIDA"[10].

O artigo 211, da Constituição da República, atribuiu à União função supletiva e redistributiva em matéria educacional, de forma a garantir equalização de oportunidades educacionais e padrão mínimo de qualidade do ensino mediante assistência técnica e financeira aos Estados, ao Distrito Federal e aos Municípios. É competência da União dispor sobre normas gerais relativas ao piso de vencimento dos professores da educação básica, de modo a utilizá-lo como mecanismo de fomento ao sistema educacional e de valorização profissional, e não apenas como instrumento de proteção mínima ao trabalhador.

A Lei 11.494/2007 instituiu, no âmbito de cada Estado e do Distrito Federal, um Fundo de Manutenção e Desenvolvimento da Educação Básica e de Valorização dos Profissionais da Educação – FUNDEB, de natureza contábil. Nos termos do artigo 2º, do mencionado diploma legal, os Fundos destinam-se à manutenção e ao desenvolvimento da educação básica pública e à valorização dos trabalhadores em educação, incluindo sua condigna remuneração, observado o disposto na referida Lei.

O Fundo, de natureza contábil, é constituído originariamente por recursos financeiros dos Estados, Distrito Federal e Municípios, com recursos provenientes de diversas fontes e vinculado constitucionalmente ao custeio da educação. Saliente-se que o FUNDEB não constitui a totalidade de recursos da educação básica, sendo certo que os entes federativos devem aplicar os percentuais mínimos definidos no artigo 212, da Constituição da República, relativos a todas as suas receitas de impostos e transferências.

Anualmente é calculado o valor mínimo por aluno, a partir dos dados do Censo Escolar, com as devidas ponderações estabelecidas pela Comissão Intergovernamental de Financiamento para a Educação Básica de Qualidade, e das estimativas do total de recursos que compõem o FUNDEB. No exercício de sua função redistributiva, supletiva e de assistência financeira a União participa do FUNDEB, complementando-o sempre que, no âmbito de cada Estado e no Distrito Federal, o valor médio ponderado por aluno não alcançar o mínimo definido nacionalmente, conforme disposto no artigo 4º, da Lei nº 11.494/2007.

Esses recursos, condicionados a posterior prestação de contas e controle do Tribunal de Contas da União, garantem a equalização de oportunidades educacionais e a manutenção de um padrão mínimo de ensino aos Estados ou Municípios menos aquinhoados.

No caso dos Estados e Municípios que se apresentam, nesse aspecto, com suficiência financeira, o Fundo é composto exclusivamente por recursos oriundos da repartição de suas receitas tributárias e, por essa razão, passam a integrar os

[10] (ADI 1749, Relator(a): Min. OCTAVIO GALLOTTI, Relator(a) p/ Acórdão: Min. NELSON JOBIM, Tribunal Pleno, julgado em 25/11/1999, DJ 15-04-2005 PP-00005 EMENT VOL-02187-01 PP-00094). Acessado em março de 2016.

próprios orçamentos dos Estados e Municípios, nos termos dos arts. 157, 158, 159 e 212, § 1º, da Constituição da República. Sujeitam-se ao controle e prestam contas, portanto, ao correspondente Tribunal de Contas Estadual.

A distribuição de recursos que compõem os Fundos, no âmbito de cada Estado e do Distrito Federal, dar-se-á, entre o governo estadual e os de seus Municípios, na proporção do número de alunos com matrículas efetivas nas respectivas redes de educação básica pública presencial e instituições comunitárias, confessionais ou filantrópicas sem fins lucrativos e conveniadas com o poder público, conforme os dados apurados no censo escolar mais atualizado, realizado anualmente pelo Instituto Nacional de Estudos e Pesquisas Educacionais Anísio Teixeira – INEP, considerando as devidas ponderações.

Os recursos dos Fundos, inclusive aqueles oriundos de complementação da União, serão utilizados pelos Estados, pelo Distrito Federal e pelos Municípios, no exercício financeiro em que lhes forem creditados, em ações consideradas como de manutenção e desenvolvimento do ensino para a educação básica pública, conforme disposto no artigo 70, da Lei 9.394/96.

Em que pese a clareza do mandamento legal não são raros os casos em que o ente federado utiliza recursos do FUNDEB para ações não voltadas para a educação. Nos termos do artigo 70, da Lei 9.394/96, considerar-se-ão como de manutenção e desenvolvimento do ensino as despesas realizadas com vistas à consecução dos objetivos básicos das instituições educacionais de todos os níveis, compreendendo as que se destinam a: I – remuneração e aperfeiçoamento do pessoal docente e demais profissionais da educação; II – aquisição, manutenção, construção e conservação de instalações e equipamentos necessários ao ensino; III – uso e manutenção de bens e serviços vinculados ao ensino; IV – levantamentos estatísticos, estudos e pesquisas visando precipuamente ao aprimoramento da qualidade e à expansão do ensino; V – realização de atividades-meio necessárias ao funcionamento dos sistemas de ensino; VI – concessão de bolsas de estudo a alunos de escolas públicas e privadas; VII – amortização e custeio de operações de crédito destinadas a atender ao disposto nos incisos deste artigo; VIII – aquisição de material didático-escolar e manutenção de programas de transporte escolar.

O rol de ações permitidas é taxativo, sendo que o artigo 71, da Lei 9.394/96 traz um rol exemplificativo das ações que não podem ser custeadas com recursos da educação: I – pesquisa, quando não vinculada às instituições de ensino, ou, quando efetivada fora dos sistemas de ensino, que não vise, precipuamente, ao aprimoramento de sua qualidade ou à sua expansão; II – subvenção a instituições públicas ou privadas de caráter assistencial, desportivo ou cultural; III – formação de quadros especiais para a administração pública, sejam militares ou civis, inclusive diplomáticos; IV – programas suplementares de alimentação, assistência médico-odontológica, farmacêutica e psicológica, e outras formas de assistência social; V – obras de infraestrutura, ainda que realizadas para beneficiar direta ou indiretamente a rede escolar; VI – pessoal docente e demais trabalhadores da educação, quando em desvio de função ou em atividade alheia à manutenção e desenvolvimento do ensino.

Conforme já salientado, no mínimo 60% dos recursos do FUNDEB serão destinados ao pagamento da remuneração dos profissionais do magistério da educação básica em efetivo exercício na rede pública. Nos termos do artigo 22, parágrafo único, inciso III, considera-se efetivo exercício a atuação efetiva no desempenho das atividades de magistério associada à sua regular vinculação contratual, temporária ou estatutária, com o ente governamental que o remunera, não sendo descaracterizado por eventuais afastamentos temporários previstos em lei, com ônus para o empregador, que não impliquem rompimento da relação jurídica existente.

A preocupação do legislador em detalhar alguns conceitos é legítima, tendo em vista que não falta criatividade a alguns gestores para dar finalidade diversa para os recursos da educação. Na verdade, para garantir que os recursos não sejam aplicados de maneira distinta ao determinado pela lei, mostra-se imperioso que seja dada prioridade ao tema pelos órgãos de controle, haja o aperfeiçoamento dos mecanismos de fiscalização, maior transparência nos gastos, e sobretudo, maior interesse da população no controle social, em especial com a participação no Conselho de Acompanhamento e Controle Social do FUNDEB – CACS-FUNDEB.

Em caso de irregularidade na aplicação das verbas do FUNDEB, o STF tem adotado o entendimento de que, na persecução criminal, a atribuição será do Ministério Público Federal, independentemente de repasse de verba federal. Nesse sentido: ACO 852, rel. Min. Carlos Britto, DJ de 10.5.2006; ACO 911, rel. Min. Ricardo Lewandowski; DJ de 1º.2.2007; ACO 1.137, rel. Min. Eros Grau, DJe de 30.6.2009; ACO 1109, Relator(a): Min. ELLEN GRACIE, Relator(a) p/ Acórdão: Min. LUIZ FUX, Tribunal Pleno, julgado em 05/10/2011, ACO 1.313, rel. Min. Joaquim Barbosa, DJe de 30.11.2009; ACO 1.161, rel. Min. Dias Toffoli, DJe de 12.3.2010[11].

Para o STF, assume peculiar relevância o papel da União na manutenção e na fiscalização dos recursos do FUNDEB, por isso o seu interesse moral, político e social em assegurar sua adequada destinação, o que atrai a competência da Justiça Federal, para julgar os crimes praticados em detrimento dessas verbas e a atribuição do Ministério Público Federal para investigar os fatos e propor eventual ação penal.

No tocante à apuração de atos de improbidade administrativa, o STF vem entendendo que a competência da Justiça Federal na esfera cível somente se verifica quando a União tiver legítimo interesse para atuar como autora, ré, assistente ou opoente, conforme disposto no art. 109, inciso I, da Constituição, sendo, portanto, necessário que haja o envolvimento de recursos federais ou a participação de agente público federal para que a atribuição seja do Ministério Público Federal.

Nos casos em que há complementação de recursos pela União, a atribuição para apurar eventual irregularidade será sempre do Ministério Público Federal, tanto em matéria cível quanto criminal.

1.3.4. Gestão democrática do ensino público

A Lei de Diretrizes e Bases dispõe, em seu artigo 14, que as normas de gestão democrática do ensino devem ser definidas contemplando a participação dos profissionais da educação na elaboração do projeto pedagógico da escola e a participação das comunidades escolar e local em conselhos escolares:

11 Em que pese os julgados terem tratado de verbas do FUNDEF, em análise do inteiro teor dos acórdãos pode-se constatar que os debates da Suprema Corte são realizados quando o FUNDEF já havia sido sucedido pelo FUNDEB.

> "Art. 14. Os sistemas de ensino definirão as normas da gestão democrática do ensino público na educação básica, de acordo com as suas peculiaridades e conforme os seguintes princípios:
>
> I – participação dos profissionais da educação na elaboração do projeto pedagógico da escola;
>
> II – participação das comunidades escolar e local em conselhos escolares ou equivalentes".

De outro giro, nos termos da meta 19, do Plano Nacional de Educação, consubstanciado na Lei 13.005/2014, devem ser asseguradas, no prazo de 2 (dois) anos, condições, para a efetivação da gestão democrática da educação, associada a critérios técnicos de mérito e desempenho e à consulta pública à comunidade escolar, no âmbito das escolas públicas.

A gestão democrática do ensino só se faz através da participação da comunidade escolar e da comunidade local, com mecanismos de atuação que permitam efetiva participação nos rumos da escola. Conforme bem anotado no parecer CNE/CEB nº 8/2010, a gestão da educação, seja no nível da escola ou dos sistemas, é um importante fator para promover a qualidade da educação. Assim, "a profissionalização de uma gestão democrática apresenta-se com um pré-requisito chave no processo da gestão da educação", não sendo "aceitável que gestores sejam escolhidos por critérios políticos, sem nenhuma condição de liderança e de formação para gerir uma escola ou um sistema de ensino".

No mencionado parecer compreende-se o Plano de Ações Articuladas – PAR – como instrumento de modernização da gestão escolar, sendo certo que o grande desafio é fazer com que seja criado, nos mesmos moldes do existente para Estados e Municípios um PAR de todas as escolas, para que estas possam fazer seus planejamentos de maneira mais consciente e precisa.

Conforme ensina VALLE:

> "O Campo de gestão democrática da educação comporta diferentes dimensões de atuação. Os aspectos administrativos são apenas uma destas dimensões. As demais são: a dimensão pedagógica, na qual está inserido o projeto político-pedagógico do sistema educacional; a legislativa, pois toda a comunidade deverá conhecer e ser frequentemente atualizada quanto a leis, pareceres, resoluções etc., que afetem direta ou indiretamente o cotidiano escolar; e a dimensão comunitária, na qual o contexto sociogeográfico e cultural em que o município se insere não pode ser ignorado pela população envolvida nos serviços educacionais" (VALLE, 2008, p. 65).

A autora destaca que nos sistemas de ensino que já estão com suas normas e princípios de gestão democrática discutidos e aprovados, os fatores considerados mais importantes pelos envolvidos são: a autonomia pedagógica e administrativa das unidades escolares; a autonomia das escolas na aplicação dos recursos financeiros que lhes sejam legalmente destinados; a transparência dos atos pedagógicos, administrativos e financeiros; a valorização dos profissionais da educação; a efetiva participação da comunidade (pais, lideranças comunitárias e estudantes) nos órgãos colegiados e nos processos decisórios do sistema escolar (VALLE, 2008, p. 64).

A observância do princípio da gestão democrática pressupõe, ainda, o bom funcionamento dos conselhos sociais de controle de políticas públicas de educação. Ao tratar dos conselhos de gestão setoriais das políticas sociais, "a Carta Constitucional estabeleceu o desenho de uma nova institucionalidade envolvendo distintos sujeitos sociopolíticos e culturais nos âmbitos estatal e societal" (GOHN, 2008, p. 97).

Os conselhos gestores de políticas públicas alteraram a configuração dos processos de elaboração e definição de políticas públicas pelo fato de terem incorporado cidadãos e associações civis em novos espaços de participação (BORBA e LÜCHMANN, 2012) e por "exercerem atividades voltadas à criação de novos direitos e limitação do poder discricionário do governante de modo a lhe impor vinculações ético-políticas, quando não propriamente jurídicas" (BERCLAZ, 2013, p. 296). Nesse sentido, devem ter sua composição oriunda de organizações sociais desvinculadas dos partidos políticos e dos mecanismos representativos tradicionais (GONZÁLEZ, 2012).

A ampliação do poder de intervenção da sociedade no controle do poder público impõe maior responsabilidade aos governos. Assim, a institucionalização da participação social, através dos Conselhos Gestores, representa um avanço na democratização das práticas políticas (KLEBA e WENDHAUSEN, 2012). O desafio que se impõe é saber se os conselhos sociais de controle de política pública funcionam adequadamente ou não.

Muitos problemas relacionados ao perfil dos conselheiros são apontados pela doutrina, dentre os quais destacam-se: 1) pouca representatividade social; 2) falta de competência técnica; 3) falta de comprometimento com a *res publica*; 4) proximidade com os gestores locais, sendo muitos deles cabos eleitorais dos prefeitos eleitos. (VALLE, 2008, p. 68).

Para POMPEU (2008, p. 31), "tais conselhos são por vezes inoperantes, desqualificados e até corruptos."

Os problemas não se limitam ao perfil dos conselheiros, mas também se relacionam ao próprio formato jurídico institucional dos conselhos, que padecem das seguintes falhas: 1) existência unicamente formal, para que sejam mantidos os repasses de recursos públicos; 2) nível de exigência de conhecimento técnico que é demandado de seus membros é exacerbado e não compatível com aquilo que se espera dos conselheiros; 3) falta de autonomia dos conselhos; 4) excesso de ingerência do Poder executivo. (GONZÁLEZ, 2012; PINTO, 2008; GOHN, 2011).

De toda sorte, conforme ressalta GOHN (2011), "os conselhos criam condições para um sistema de vigilância sobre a gestão pública e implicam maior cobrança de prestação de contas do Poder Executivo", sendo, portanto, imprescindíveis para a gestão democrática do ensino público.

A atuação dos conselhos sociais exercida com criatividade e firmeza, quando pouco, influencia comportamentos cujos resultados concretos só são perceptíveis após certo decurso de tempo. Há matérias, especialmente as mais caras, em que a transformação social necessariamente é lenta, e os conselhos sociais, como parte de uma grande engrenagem, contribuirão para esse mister.

1.3.5. Garantia de padrão de qualidade

O ensino deve ser ministrado com a garantia de um padrão de qualidade. Para tanto, o artigo 211, § 1º, da Constituição da República, determina que a União exercerá, em matéria educacional, função redistributiva e supletiva, de forma a garantir equalização de oportunidades educacionais e padrão mínimo de qualidade do ensino mediante assistência técnica e financeira aos Estados, ao Distrito Federal e aos Municípios.

A Declaração Mundial de Educação para Todos, de Jomtien, Tailândia, de 1990, estabelece, em seu artigo 3º, que a educação básica deve ser proporcionada a todas as crianças, jovens e adultos, sendo necessário universalizá-la e melhorar sua qualidade, bem como tomar medidas efetivas para reduzir as desigualdades. Ademais, para que a educação básica se torne equitativa, é mister oferecer a todas as crianças, jovens e adultos, a oportunidade de alcançar e manter um padrão mínimo de qualidade da aprendizagem.

O artigo 4º, inciso IX, da Lei 9.394/96, dispõe que o dever do Estado com educação escolar pública será efetivado mediante a garantia de padrões mínimos de qualidade de ensino, definidos como a variedade e quantidade mínimas, por aluno, de insumos indispensáveis ao desenvolvimento do processo de ensino-aprendizagem.

O Plano Nacional de Educação - PNE, aprovado pela Lei 13.005/2014, por sua vez, tem como diretriz a melhoria da qualidade da educação. O termo qualidade aparece em trinta e oito oportunidades distintas no PNE, estando destacado na meta sete, que impõe que seja fomentada a qualidade da educação básica em todas as etapas e modalidades, com melhoria do fluxo escolar e da aprendizagem. Ademais, nas metas onze e doze exige-se que seja assegurada a qualidade na educação profissional técnica de nível médio, bem como no ensino superior.

O Decreto 6.094, de 24 de abril de 2007, em seu artigo 3º, criou o Índice de Desenvolvimento da Educação Básica - IDEB, como sendo o indicador objetivo para verificar se as metas dos compromissos firmados entre Estados e Municípios com a União estão sendo cumpridas:

> Artigo 3º - A qualidade da educação básica será aferida, objetivamente, com base no IDEB, calculado e divulgado periodicamente pelo INEP, a partir dos dados sobre rendimento escolar, combinados com o desempenho dos alunos, constantes do censo escolar e do Sistema de Avaliação da Educação Básica - SAEB, composto pela Avaliação Nacional da Educação Básica - ANEB e a Avaliação Nacional do Rendimento Escolar (Prova Brasil).
>
> Parágrafo único. O IDEB será o indicador objetivo para a verificação do cumprimento de metas fixadas no termo de adesão ao Compromisso.

Não restam dúvidas de que o ordenamento jurídico brasileiro impõe a busca da qualidade da educação. Contudo, conforme ensina MORAES, em que pese a garantia do padrão de qualidade do ensino ser princípio insculpido no art. 206, VII, da Constituição da República do Brasil:

"Desde a promulgação da nova ordem constitucional em nosso País, tem sido buscada, em diversos setores e por variadas formas, a criação de mecanismos aptos tanto à aferição do cumprimento desta garantia quanto à responsabilização pelo seu desatendimento. Ambas as tarefas têm se apresentado de difícil consecução. Isto porque o conceito de qualidade do ensino, que ainda se encontra permeado de subjetivismos, também tem sofrido a complexidade de análises em âmbito nacional em um País com dimensões continentais. As inúmeras e profundas diferenças regionais e locais que persistem em nossa sociedade continuam a afetar diretamente a interpretação sobre o que se entende por qualidade, inclusive no mundo jurídico" (MORAES, 2013, p. 630).

Para DOURADO, OLIVEIRA e SANTOS:

"Estudos, avaliações e pesquisas mostram que a Qualidade da Educação é um fenômeno complexo, abrangente, e que envolve múltiplas dimensões, não podendo ser apreendido apenas por um reconhecimento da variedade e das quantidades mínimas de insumos considerados indispensáveis ao desenvolvimento do processo de ensino-aprendizagem e muito menos sem tais insumos. Estes documentos ressaltam, ainda, a complexidade da Qualidade da Educação e a sua mediação por fatores e dimensões extraescolares e intraescolares.

[...]

A definição da Qualidade da Educação é uma tarefa complexa, porque envolve contextos, atores e situações diversificadas. As pesquisas e estudos, sobretudo qualitativos, indicam como aspectos importantes dessa definição: a estrutura e as características da escola, em especial quanto aos projetos desenvolvidos; o ambiente educativo e/ou clima organizacional; o tipo e as condições de gestão; a gestão da prática pedagógica; os espaços coletivos de decisão; o projeto político-pedagógico da escola; a participação e integração da comunidade escolar; a visão de qualidade dos agentes escolares; a avaliação da aprendizagem e do trabalho escolar realizado; a formação e condições de trabalho dos profissionais da escola; a dimensão do acesso, permanência e sucesso na escola – entre outros. Todos esses aspectos impactam positiva ou negativamente a qualidade da aprendizagem na escola" (DOURADO, OLIVEIRA e SANTOS, 2007, p. 9 e 18).

Em 2007, a partir da publicação do Livro Custo Aluno–Qualidade Inicial: rumo à educação pública de qualidade no Brasil, pela Campanha Nacional pelo Direito à Educação, deu-se forma ao conceito de Custo Aluno-Qualidade Inicial – CAQi, respaldado pelo Parecer CNE/CEB nº 8/2010, e em seguida pelo próprio PNE, na estratégia seis da meta vinte. O CAQi deve ser calculado com base nos insumos indispensáveis ao processo de ensino-aprendizagem, considerando-se o conjunto de padrões mínimos estabelecidos na legislação educacional. Assim, o CAQi é uma estratégia de política pública em que não se pretende atingir, inicialmente, a qualidade ideal para as escolas públicas, mas dar um primeiro passo rumo à qualidade.

Por ser uma primeira etapa de um processo, conforme consignado no parecer CNE/CEB nº 8/2010, é esperado que o valor do CAQi aumente com o passar dos anos, visando melhorar a qualidade da educação e implementar políticas inicialmente não contempladas, como por exemplo a adoção de tempo integral na escola em vez de tempo parcial. De toda sorte, no mencionado parecer consta a relação do mínimo necessário para o oferecimento de um serviço de educação pública de qualidade.

Saliente-se, por fim, que as estratégias sete e oito da meta vinte do PNE estabelecem a necessidade de implementar o Custo Aluno Qualidade – CAQ como parâmetro para o financiamento da educação de todas etapas e modalidades da educação básica, a partir do cálculo e do acompanhamento regular dos indicadores de gastos educacionais com investimentos em qualificação e remuneração do pessoal docente e dos demais profissionais da educação pública, em aquisição, manutenção, construção e conservação de instalações e equipamentos necessários ao ensino e em aquisição de material didático-escolar, alimentação e transporte escolar.

Com efeito, o CAQ deve ser definido no prazo de 3 (três) anos, a contar da promulgação da lei, e deverá ser continuamente ajustado, com base em metodologia formulada pelo Ministério da Educação – MEC, e acompanhado pelo Fórum Nacional de Educação – FNE, pelo Conselho Nacional de Educação – CNE e pelas Comissões de Educação da Câmara dos Deputados e de Educação, Cultura e Esportes do Senado Federal.

1.3.6. Piso salarial nacional para os profissionais da educação escolar pública

A Constituição da República de 1988, na sua redação original, já previa a necessidade de se garantir, na forma da lei, plano de carreira para o magistério público, com piso salarial profissional e ingresso exclusivamente por concurso público de provas e títulos. Contudo, apenas com a emenda constitucional nº 53, de 2006, é que foi criado o piso salarial nacional para os profissionais da educação escolar pública, a ser estabelecido nos termos de lei federal.

O atual Plano Nacional de Educação – PNE, aprovado pela Lei 13.005, de 25 de junho de 2014, estabeleceu, como uma de suas estratégias, a valorização dos profissionais do magistério das redes públicas de educação básica de forma a equiparar seu rendimento médio ao dos demais profissionais com escolaridade equivalente, até o final do ano de 2020, devendo, ainda, ser constituído um fórum permanente, com representação da União, dos Estados, do Distrito Federal, dos Municípios e dos trabalhadores da educação, para fazer o acompanhamento da atualização progressiva do valor do piso salarial nacional para os profissionais do magistério público da educação básica.

A criação de um fórum, composto por representantes dos governos e dos trabalhadores da educação, funcionará, por certo, como mais um mecanismo de controle para a correta aplicação do piso nacional. No entanto, dada a relevância do tema, a sua repercussão na adequada execução das políticas públicas de educação e o evidente desrespeito à Constituição da República pelos entes federados que pagam a seus profissionais da educação básica vencimentos abaixo do piso, mostra-se imprescindível o permanente acompanhamento do Ministério Público para dar concretude às normas constitucionais violadas.

A fixação do piso salarial profissional nacional se deu com a publicação da lei 11.738, de 16 de julho de 2008, que em seu artigo 2º estabeleceu o valor mínimo de R$ 950,00 (novecentos e cinquenta reais)[12] a ser adotado pela União, os Esta-

[12] Nos termos do artigo 5º, da lei 11.738/2008, o valor do piso salarial profissional nacional deve ser atualizado anualmente, tendo o Ministério da Educação, no ano de 2016, fixado o valor de R$ 2.135,64 (dois mil cento e trinta e cinco reais e

dos, o Distrito Federal e os Municípios como vencimento inicial das carreiras do magistério público da educação básica, para a jornada de, no máximo, 40 (quarenta) horas semanais.

O artigo 2º, § 4º, do mencionado diploma legal, estabelece, ainda que na composição da jornada de trabalho do profissional do magistério público, observar-se-á o limite máximo de 2/3 (dois terços) da carga horária para o desempenho das atividades de interação com os educandos. Assim, 1/3 (um terço) da carga horária dos professores devem ser utilizadas para atividades fora da sala de aula, tais como preparação das aulas, correção de provas e outras.

Os governadores dos Estados do Mato Grosso do Sul, Paraná, Santa Catarina, Rio Grande do Sul e Ceará, ajuizaram ação direta de inconstitucionalidade (ADI4167), questionando a constitucionalidade do piso salarial nacional e a forma de cumprimento da jornada de trabalho dos profissionais do magistério público da educação básica, pelos seguintes fundamentos: falta de amparo orçamentário para implementação da medida; violação da reserva de lei de iniciativa do chefe do executivo local, na forma do artigo 61, § 1º, II, da Constituição da República; violação do pacto federativo, na forma dos artigos 1º, *caput*, 25, *caput* e § 1º, e 60, § 4º, I, da Constituição da República; 3) violação do princípio da proporcionalidade, ante o impacto financeiro gerado pela norma impugnada.

Com efeito, houve a insurgência contra dois aspectos da norma impugnada: fixação da jornada de trabalho em, no máximo, quarenta horas semanais; e associação dos conceitos de piso salarial e de vencimento inicial, uma vez que, para os requerentes, o piso deveria ser relacionado ao valor global da remuneração, somando-se, portanto, todas as vantagens e adicionais recebidos pelos profissionais da educação básica, tais como tempo de serviço, gratificações pelo exercício de funções administrativas, pelo trabalho em escolas de difícil acesso e outras.

Inicialmente, o Supremo Tribunal Federal – STF deferiu parcialmente a cautelar na ação direta de inconstitucionalidade, fixando interpretação conforme à constituição ao artigo 2º, da lei 11.738/2008, no sentido de que, até o julgamento final da ação, a referência do piso nacional deveria ser o valor global da remuneração e não apenas o vencimento inicial.

Contudo, em 2011, o STF julgou o mérito da Ação Direta de Inconstitucionalidade, tendo revogado a cautelar deferida, e, por maioria, com sete votos favoráveis[13], considerado constitucional a norma geral federal que fixou o piso salarial dos profissionais da educação básica com base no vencimento inicial, e não na remuneração global[14].

O STF, na ocasião, entendeu pela constitucionalidade da fixação da jornada de trabalho em, no máximo, quarenta horas semanais, uma vez que a ausência de

sessenta e quatro centavos).

13 Votaram pela constitucionalidade da norma os Ministros Joaquim Barbosa, Luiz Fux, Carmen Lúcia, Ellen Gracie, Celso de Mello, Ricardo Lewandowski e Ayres Britto.

14 Inteiro teor do acórdão em http://redir.stf.jus.br/paginadorpub/paginador.jsp?docTP=AC&docID=626497 acessado em março de 2016.

parâmetro de carga horária poderia levar a distorções regionais e potencializar os conflitos judiciais. Conforme restou assentado, caso não houvesse o mencionado parâmetro, os entes federados poderiam ficar tentados a estabelecer jornada de trabalho desproporcional e inexequível apenas para, por vias transversas, obter a redução do valor a ser pago aos profissionais da educação.

Ademais, ficou assente que é competência da União dispor sobre normas gerais relativas ao piso de vencimento dos professores da educação básica, de modo a utilizá-lo como mecanismo de fomento ao sistema educacional e de valorização profissional, e não apenas como instrumento de proteção mínima ao trabalhador.

Restou reconhecido que o piso nacional serviria como poderoso instrumento para a redução das desigualdades regionais, com a melhoria das condições sob as quais são prestados os serviços de educação pública, não cabendo alegar fundamentos relacionados à austeridade fiscal e suposta incapacidade financeira dos entes federados para não cumprir o piso nacional estabelecido por lei federal. Conforme bem fundamentado pelo Ministro Ayres Brito:

> "A Constituição, em tema de educação, sobretudo educação pública básica, consagrou um modelo de federalismo cooperativo, tanto financeira quanto tecnicamente. Ou seja, a Constituição inovou, primou por um modelo peculiar de federação eminentemente cooperativa nos dois citados planos: o plano técnico e o plano financeiro. Basta lembrar que a Constituição contém 56 dispositivos na sua parte permanente sobre educação. Nada menos que 56 dispositivos. Ela se fez praticamente regulamentar, tal cuidado que devotou ao tema da educação.
>
> Essa lei concretiza a Constituição no tema. A Constituição criou um sistema autossustentado financeiramente, criou um sistema de autossustentação financeira; foi previdente; foi cuidadosa, foi provedora, verdadeiro guarda-chuva, aportando explicitamente ou dispondo sobre o aporte explícito de suprimento financeiro da União para os Estados e municípios, dos Estados para os municípios a partir de um fundo financeiro.
>
> Educação exige uma hermenêutica diferenciada no espectro federativo. No espectro federativo, o tema educação exige de todos nós, guardiões da Constituição, uma hermenêutica diferenciada.
>
> E, quando se fala de um piso nacional profissional, no âmbito da educação básica, está-se falando, com apoio na Constituição, de um mínimo existencial. Para os professores, o mínimo existencial é esse piso salarial nacional. E como mínimo existencial supera, suplanta, ultrapassa a cláusula financeira de reserva do possível."

A política de valorização do magistério, por meio de pagamento de remuneração adequada, nas palavras da Ministra Carmen Lúcia, "permite o Brasil se tornar o que não conseguimos ainda ser completamente: uma República".

Para o Ministro Joaquim Barbosa:

> "A Constituição toma a ampliação do acesso à educação como prioridade como se depreende de uma série de dispositivos diversos (artigos 6º, caput, 7º, IV, 23, V, 150, VI,c, e 205). Remunerar adequadamente os professores e demais profissionais envolvidos no ensino é um dos mecanismos úteis à consecução de tal objetivo".

Saliente-se que em face do reconhecimento da constitucionalidade do piso nacional por sete Ministros do STF, tal decisão possui efeito *erga omnes* e vinculante.

Vale dizer, não pode qualquer órgão jurisdicional ou administrativo deixar de dar cumprimento à decisão da Colenda Suprema Corte. No que se refere à forma de cumprimento da carga horária, em que pese o STF ter reconhecido a constitucionalidade do artigo 2º, § 4º, da Lei 11.738/2008, não foi dado o efeito vinculante a tal decisão.

Em que pese a presunção de constitucionalidade das leis e, de no caso concreto, a lei que fixou o piso nacional dos profissionais da educação básica tenha sido declarada constitucional pela mais alta corte brasileira, as recentes decisões do STF sobre a matéria não são animadoras. Em julgamento da segunda turma do tribunal, de 18 de novembro de 2014, no agravo regimental no recurso extraordinário 843.718, o recurso deixou de ser conhecido sob o fundamento de não ser possível o reexame do conjunto probatório dos autos[15].

No caso concreto, narrado no acórdão, professora do Estado de Santa Catarina alegava o descumprimento, pelo Tribunal local, da decisão do STF na ADI 4167, tendo em vista que o seu vencimento era menor que o piso nacional, apesar de sua remuneração global ser superior a este. Nos termos da decisão do Tribunal de Justiça de Santa Catarina:

> "A requerente percebia valor bastante superior ao mínimo fixado nacionalmente. Ora, diferentemente da interpretação que a requerente deu ao teor normativo que rege o plano de carreira e de remuneração dos profissionais do magistério, a Lei Complementar nº 92/2008 não fixou o vencimento dos professores no valor de R$ 750,00, mas sim o salário inicial, sobre o qual incidiriam percentuais de acréscimo na seguinte ordem: 50% para o servidor que possuir licenciatura plena, 10% para o servidor que possuir especialização, 10% para mestrado, e 24% para doutorado. Assim, computando os valores chega-se ao vencimento básico da demandante, que, *in casu*, possui licenciatura plena (acréscimo de 50%) e especialização (acréscimo de mais 10%). Portanto, no ano de 2011, quando a partir do dia 27 de abril passou a vigorar o piso nacional do magistério, o vencimento da servidora, no mês de maio daquele ano, correspondia à seguinte soma: R$ 929, 63 (salário inicial reajustado) + 50% + 10%, que é o mesmo que R$ 929,63 + R$ 464,82 + R$ 139,44 = R$ 1.533,89".

O desrespeito ao que restou decidido na ADI 4167 é evidente. Por ocasião do referido julgamento ficou claro que o cômputo de qualquer tipo de gratificação não pode ser utilizado para mascarar o cumprimento da lei. O STF, por anos, discutiu se a simples obediência à remuneração global paga ao profissional da educação básica seria suficiente, tendo prevalecido o contrário, ou seja, que o piso nacional deve se vincular ao conceito de vencimento inicial.

Outra decisão que também chama a atenção foi a proferida pelo pleno do STF, em 19 de fevereiro de 2014, em agravo regimental na Reclamação 14.156[16]. No referido processo, sindicato dos professores do Estado do Amapá aduziu o descumprimento da decisão proferida na ADI 4167, pelo governador do Estado, que sancionou lei de

15 Inteiro teor do acórdão em http://redir.stf.jus.br/paginadorpub/paginador.jsp?docTP=TP&docID=7343373 acessado em março de 2016.

16 Inteiro teor do acórdão em http://redir.stf.jus.br/paginadorpub/paginador.jsp?docTP=TP&docID=5843988 acessado em março de 2016.

reajuste dos vencimentos dos servidores públicos, supostamente em valores inferiores ao fixado no piso nacional.

O STF deixou de conhecer a reclamação sob o argumento de que não caberia esse instrumento processual quando o que se pretende é questionar o próprio conteúdo de lei estadual. Seguindo a esteira da jurisprudência da corte, o efeito vinculante resultante do julgamento dos processos de fiscalização abstrata de constitucionalidade não se aplica nem se estende à atividade legislativa.

Assim, mais uma vez, o STF deixou de dar concretude à sua decisão e, por consequência, à Constituição. Os anseios da sociedade de valorização dos profissionais da educação básica, com absoluta prioridade para a defesa do direito à educação de qualidade, permanecem sem a devida guarida da suprema corte brasileira, o que reforça a necessidade de acompanhamento do tema pelo Ministério Público.

1.4. Os sistemas federal, estadual e municipal de ensino

O dever do Estado de prestar o serviço de educação exige a colaboração recíproca entre os entes federados, que deverão atuar cada um em sua esfera de atribuição, mas de modo integrado. O sistema educacional brasileiro regula-se por meio de regras gerais unificadas traçadas a partir da Constituição da República, bem como pela Lei de Diretrizes e Bases da Educação – LDB, Lei 9.394, de 20 de dezembro de 1996.

A Constituição da República, ao tratar dos sistemas de ensino, estabelece em seu artigo 211, que:

> "Art. 211. A União, os Estados, o Distrito Federal e os Municípios organizarão em regime de colaboração seus sistemas de ensino.
>
> § 1º. A União organizará o sistema federal de ensino e o dos Territórios, financiará as instituições de ensino públicas federais e exercerá, em matéria educacional, função redistributiva e supletiva, de forma a garantir equalização de oportunidades educacionais e padrão mínimo de qualidade do ensino mediante assistência técnica e financeira aos Estados, ao Distrito Federal e aos Municípios;
>
> § 2º. Os Municípios atuarão prioritariamente no ensino fundamental e na educação infantil; e
>
> § 3º. Os Estados e o Distrito Federal atuarão prioritariamente no ensino fundamental e médio".

A LDB, por sua vez, detalha nos artigos 16 a 18 os sistemas federal, estadual e municipal de ensino:

> "Artigo 16 – O sistema federal de ensino compreende: I – as instituições de ensino mantidas pela União; II – as instituições de educação superior criadas e mantidas pela iniciativa privada; III – os órgãos federais de educação.
>
> Artigo 17 – Os sistemas de ensino dos Estados e do Distrito Federal compreendem: I – as instituições de ensino mantidas, respectivamente, pelo Poder Público estadual e pelo Distrito Federal; II – as instituições de educação superior mantidas pelo Poder Público municipal; III – as instituições de ensino fundamental e médio criadas e mantidas pela iniciativa privada; IV – os órgãos de educação estaduais e do Distrito Federal, respectivamente.

Parágrafo único. No Distrito Federal, as instituições de educação infantil, criadas e mantidas pela iniciativa privada, integram seu sistema de ensino.

Art. 18. Os sistemas municipais de ensino compreendem: I – as instituições do ensino fundamental, médio e de educação infantil mantidas pelo Poder Público municipal; II – as instituições de educação infantil criadas e mantidas pela iniciativa privada; III – os órgãos municipais de educação".

A Lei nº 11.892, de 29 de dezembro de 2008, criou a rede federal de educação profissional, científica e tecnológica, vinculada ao Ministério da Educação - MEC, nos seguintes termos:

"Art. 1º. Fica instituída, no âmbito do sistema federal de ensino, a Rede Federal de Educação Profissional, Científica e Tecnológica, vinculada ao Ministério da Educação e constituída pelas seguintes instituições: I – Institutos federais de Educação, Ciência e Tecnologia – Institutos Federais; II – Universidade Tecnológica Federal do Paraná – UTFPR; III – Centros Federais de Educação Tecnológica Celso Suckow da Fonseca – CEFET-RJ e de Minas Gerais – CEFET-MG; IV – Escolas Técnicas Vinculadas às Universidades Federais; e V – Colégio Pedro II.

Parágrafo único. As instituições mencionadas nos incisos I, II, III e V do caput possuem natureza jurídica de autarquia, detentoras de autonomia administrativa, patrimonial, financeira, didático-pedagógica e disciplinar".

Atualmente, a rede está presente em todos os Estados e Distrito Federal, e são oferecidos cursos de qualificação, ensino médio integrado e cursos superiores de tecnologia e licenciaturas.

1.5. Os níveis escolares

Nos termos do artigo 21, da Lei 9.394/96, Lei de Diretrizes e Bases da Educação - LDB, a educação escolar compõe-se dos seguintes níveis: I - educação básica, formada pela educação infantil, ensino fundamental e ensino médio; II - educação superior.

O artigo 208, I, II e IV, da Constituição da República, determina que o dever do Estado com a educação será efetivado mediante a garantia de educação básica obrigatória e gratuita dos 4 (quatro) aos 17 (dezessete) anos de idade, assegurada inclusive sua oferta gratuita para todos os que a ela não tiveram acesso na idade própria, progressiva universalização do ensino médio gratuito e educação infantil, em creche e pré-escola, às crianças até 5 (cinco) anos de idade.

A educação básica tem por finalidades desenvolver o educando, assegurar-lhe a formação comum indispensável para o exercício da cidadania e fornecer-lhe meios para progredir no trabalho e em estudos posteriores e poderá organizar-se em séries anuais, períodos semestrais, ciclos, alternância regular de períodos de estudos, grupos não-seriados, com base na idade, na competência e em outros critérios, ou por forma diversa de organização, sempre que o interesse do processo de aprendizagem assim o recomendar.

A educação infantil é a primeira etapa da educação básica, e tem como finalidade o desenvolvimento integral da criança de até 5 (cinco) anos, em seus aspectos físico, psicológico, intelectual e social, complementando a ação da família e da comunidade. Com a Emenda Constitucional 53/2006, que inseriu o supracitado inciso IV, no artigo 208, da Carta Magna, a educação infantil não pode ser sequer cogitada como mera faculdade do Estado, tratando-se de verdadeiro direito subjetivo das crianças.

Será ofertada em creches, ou entidades equivalentes, para crianças de até três anos de idade, e em pré-escolas, para as crianças de 4 (quatro) a 5 (cinco) anos de idade. Não há mais espaço para se compreender as creches e pré-escolas apenas como espaço assistencial, de cuidado das crianças enquanto seus pais trabalham. Os primeiros anos de vida da criança são propícios para a construção da inteligência e a aquisição da aprendizagem, sendo de suma importância para o seu desenvolvimento, com reflexos para toda vida.

A jurisprudência dos tribunais está consolidada no sentido de que a educação infantil caracteriza-se como direito público subjetivo da criança, sendo dever do Estado o fornecimento de vaga para os discentes, não podendo prevalecer qualquer tese da reserva do possível, por insuficiência de recursos financeiros, nem tampouco de impossibilidade de intervenção do Judiciário, em face do princípio da separação dos poderes. Neste sentido, tem se posicionado o Supremo Tribunal Federal:

> "EMENTA: RECURSO EXTRAORDINÁRIO – CRIANÇA DE ATÉ SEIS ANOS DE IDADE – ATENDIMENTO EM CRECHE E EM PRÉ-ESCOLA – EDUCAÇÃO INFANTIL – DIREITO ASSEGURADO PELO PRÓPRIO TEXTO CONSTITUCIONAL (CF, ART. 208, IV) – COMPREENSÃO GLOBAL DO DIREITO CONSTITUCIONAL À EDUCAÇÃO – DEVER JURÍDICO CUJA EXECUÇÃO SE IMPÕE AO PODER PÚBLICO, NOTADAMENTE AO MUNICÍPIO (CF, ART. 211, § 2º) – RECURSO IMPROVIDO. – A educação infantil representa prerrogativa constitucional indisponível, que, deferida às crianças, a estas assegura, para efeito de seu desenvolvimento integral, e como primeira etapa do processo de educação básica, o atendimento em creche e o acesso à pré-escola (CF, art. 208, IV). – Essa prerrogativa jurídica, em consequência, impõe, ao Estado, por efeito da alta significação social de que se reveste a educação infantil, a obrigação constitucional de criar condições objetivas que possibilitem, de maneira concreta, em favor das "crianças de zero a seis anos de idade" (CF, art. 208, IV), o efetivo acesso e atendimento em creches e unidades de pré-escola, sob pena de configurar-se inaceitável omissão governamental, apta a frustrar, injustamente, por inércia, o integral adimplemento, pelo Poder Público, de prestação estatal que lhe impôs o próprio texto da Constituição Federal. – A educação infantil, por qualificar-se como direito fundamental de toda criança, não se expõe, em seu processo de concretização, a avaliações meramente discricionárias da Administração Pública, nem se subordina a razões de puro pragmatismo governamental. – Os Municípios – que atuarão, prioritariamente, no ensino fundamental e na educação infantil (CF, art. 211, § 2º) – não poderão demitir-se do mandato constitucional, juridicamente vinculante, que lhes foi outorgado pelo art. 208, IV, da Lei Fundamental da República, e que representa fator de limitação da discricionariedade político-administrativa dos entes municipais, cujas opções, tratando-se do atendimento das crianças em creche (CF, art. 208, IV), não podem ser exercidas de modo a comprometer, com apoio em juízo de simples conveniência ou de mera oportunidade, a eficácia desse direito básico de índole social. – Embora resida, primariamente, nos Poderes Legislativo e Executivo, a prerrogativa de formular e executar políticas públicas, revela-se possível, no entanto, ao Poder Judiciário, determinar, ainda que em bases excepcionais, especialmente nas hipóteses de políticas públicas definidas pela própria Constituição, sejam estas implementadas pelos órgãos estatais inadimplentes, cuja omissão – por importar em descumprimento dos encargos político-jurídicos que sobre eles incidem em caráter mandatório – mostra-se apta a comprometer a eficácia

e a integridade de direitos sociais e culturais impregnados de estatura constitucional. A questão pertinente à "reserva do possível". Doutrina"[17].

No referido julgado, o Ministro Relator, Celso de Mello, analisa o alcance das normas constitucionais sobre educação, reconhecendo-as como garantidoras do chamado mínimo existencial e intimamente ligadas ao valor central do ordenamento jurídico pátrio, que é a dignidade da pessoa humana. Vale consignar trechos do voto do eminente Ministro:

> "Tratando-se de típico direito de prestação positiva, que se subsume ao conceito de liberdade real ou concreta, a educação infantil - que compreende todas as prerrogativas, individuais ou coletivas, referidas na Constituição da República (notadamente em seu art. 208, IV) - tem por fundamento regra constitucional cuja densidade normativa não permite que, em torno da efetiva realização de tal comando, o Poder Público, especialmente o Município (CF, art. 211, § 2º), disponha de um amplo espaço de discricionariedade que lhe enseje maior grau de liberdade de conformação, e de cujo exercício possa resultar, paradoxalmente, com base em simples alegação de mera conveniência e/ou oportunidade, ou, ainda, com apoio em "argumentos de natureza política e econômica" (EDUARDO APPIO, "Controle Judicial das Políticas Públicas no Brasil", p. 233/237, 236, 2005, Juruá), a nulificação mesma dessa prerrogativa essencial, como adverte, em ponderadas reflexões, a ilustre magistrada MARIA CRISTINA DE BRITO LIMA, em obra monográfica dedicada ao tema ora em exame ("A Educação como Direito Fundamental", 2003, Lumen Juris).
>
> [...]
>
> Tenho para mim, desse modo, presente tal contexto, que os Municípios - que atuarão prioritariamente no ensino fundamental e na educação infantil (CF, art. 211, § 2º) - não poderão demitir-se do mandato constitucional, juridicamente vinculante, que lhes foi outorgado pelo art. 208, IV, da Carta Política, e que representa fator de limitação da discricionariedade político-administrativa dos entes municipais, cujas opções, tratando-se de atendimento das crianças em creche (CF, art. 208, IV), não podem ser exercidas de modo a comprometer, com apoio em juízo de simples conveniência ou de mera oportunidade, a eficácia desse direito básico de índole social, mesmo porque, tal como adverte a doutrina (FERNANDO FACURY SCAFF, "Reserva do Possível, Mínimo Existencial e Direitos Humanos", "in" "Interesse Público" nº 32/213-226, 2005), a liberdade de conformação do Estado, em tema de implementação de direitos assegurados pelo próprio texto constitucional, está vinculada ao postulado da supremacia da Constituição".

O ensino fundamental obrigatório, nos termos do artigo 32, da LDB, terá duração de 9 (nove) anos, devendo ser gratuito na escola pública, iniciando-se aos 6 (seis) anos de idade. Terá por objetivo a formação básica do cidadão, mediante: I – o desenvolvimento da capacidade de aprender, tendo como meios básicos o pleno domínio da leitura, da escrita e do cálculo; II – a compreensão do ambiente natural e social, do sistema político, da tecnologia, das artes e dos valores em que se fundamenta a sociedade; III – o desenvolvimento da capacidade de aprendizagem, tendo em vista a aquisição de conhecimentos e habilidades e a formação de atitudes e valores; IV – o fortalecimento dos vínculos de família, dos laços de solidariedade humana e de tolerância recíproca em que se assenta a vida social.

[17] RE 410715 AgR, Relator(a): Min. CELSO DE MELLO, Segunda Turma, julgado em 22/11/2005, DJ 03-02-2006 PP-00076 EMENT VOL-02219-08 PP-01529 RTJ VOL-00199-03 PP-01219 RIP v. 7, nº 35, 2006, p. 291-300 RMP nº 32, 2009, p. 279-290. Acessado em março de 2016.

Uma prática que era muito comum no passado e que ainda se verifica em algumas escolas particulares é a realização de provas, também denominadas de vestibulinhos, para o ingresso no ensino fundamental. As escolas que adotam tal prática normalmente apresentam a justificativa de que possuem uma procura muito maior que sua capacidade de oferta. Contudo, em geral, o que se pretende é selecionar o perfil dos estudantes, que integrarão os seus quadros, com evidente violação psíquica e moral das crianças que ainda não possuem maturidade suficiente para serem submetidas a processos seletivos.

O parecer CNE/CEB nº 26/2003 é expresso no sentido de que:

> "Quando a escola particular tiver uma procura de vagas maior do que a sua capacidade de atendimento, é muito importante que as famílias estejam perfeitamente cientes dos critérios que serão adotados no preenchimento das vagas existentes e, sempre que possível, é recomendável que sejam utilizados sistemas de sorteio, ordem cronológica de inscrição e outros do mesmo tipo, de modo a se evitar que uma criança pequena seja submetida, ainda que com a concordância dos pais, a qualquer forma de ansiedade, pressão ou frustração".

Mostra-se, portanto, fora de qualquer dúvida que a avaliação para acesso à educação infantil e à primeira série do ensino fundamental não pode ter efeito classificatório, não se admitindo a reprovação ou os chamados vestibulinhos.

No que se refere ao ensino médio, o artigo 35, da LDB, dispõe que este constitui a etapa final da educação básica, com duração mínima de três anos, e terá como finalidades: I – a consolidação e o aprofundamento dos conhecimentos adquiridos no ensino fundamental, possibilitando o prosseguimento de estudos; II – a preparação básica para o trabalho e a cidadania do educando, para continuar aprendendo, de modo a ser capaz de se adaptar com flexibilidade a novas condições de ocupação ou aperfeiçoamento posteriores; III – o aprimoramento do educando como pessoa humana, incluindo a formação ética e o desenvolvimento da autonomia intelectual e do pensamento crítico; IV – a compreensão dos fundamentos científico-tecnológicos dos processos produtivos, relacionando a teoria com a prática, no ensino de cada disciplina.

A LDB destaca, em separado, como modalidade de ensino, a educação profissional técnica de nível médio, que visa preparar o estudante para o exercício de profissões técnicas e poderá ser desenvolvida de maneira articulada ao ensino médio ou subsequente a este.

A Resolução nº 4/2010, CNE/CEB, que define as diretrizes curriculares nacionais gerais de educação básica, apresenta as seguintes modalidades diferenciadas para cumprimento das etapas da educação básica: educação de jovens e adultos, educação especial, educação profissional e tecnológica, educação do campo, educação escolar indígena, educação a distância e educação escolar quilombola.

A educação de jovens e adultos é destinada àqueles que não tiveram acesso ou continuidade de estudos no ensino fundamental e médio na idade própria. A estes serão asseguradas oportunidades educacionais apropriadas, consideradas as características do alunado, seus interesses, condições de vida e de trabalho, mediante cursos e exames.

Uma questão frequente que chega ao Judiciário é a situação de jovens, com idade apropriada para dar prosseguimento regular a seus estudos, pretenderem concluir o ensino médio em cursos supletivos e, com isso, ingressar mais cedo no ensino superior. Muitas famílias vêm na educação básica apenas um instrumento para chegar ao ensino superior. Assim, nos casos em que os jovens são aprovados no ENEM enquanto ainda cursam o primeiro ou segundo ano do ensino médio, adiantar essa etapa de ensino, para muitos, parece ser o mais correto a fazer.

Em que pese a lei ser expressa em afirmar, em seu artigo 35, que o ensino médio terá duração mínima de três anos, e, no artigo 37, que a modalidade diferenciada de educação de jovens e adultos é apenas para quem não teve acesso ou continuidade ao ensino básico na idade correta, não é raro o deferimento de liminares para que os estudantes se matriculem no ensino superior, mesmo sem a conclusão do ensino médio.

Anote-se que a jurisprudência consolidada do Superior Tribunal de Justiça é no sentido de não admitir a inscrição nos cursos de graduação sem que haja a conclusão do ensino médio:

> "EMENTA: AGRAVO REGIMENTAL. CERTIFICADO DE CONCLUSÃO DO ENSINO MÉDIO. LIMINAR DEFERIDA. MATRÍCULA EM INSTITUIÇÃO DE ENSINO SUPERIOR. CONCLUSÃO DO ENSINO MÉDIO ANTES DA PROLAÇÃO DA SENTENÇA. DESCONSTITUIÇÃO DA SITUAÇÃO. RAZOABILIDADE. INEXISTÊNCIA DA DANO À INSTITUIÇÃO DE ENSINO. APLICAÇÃO DA TEORIA DO FATO CONSUMADO. 1. **A jurisprudência desta Corte não ignora que a conclusão do Ensino Médio é, nos termos do art. 44, II, da Lei 9.394/96, requisito essencial para que o estudante ingresse no curso de graduação.** Todavia, os autos registram que o decurso do tempo consolidou a situação fática da parte recorrida, que, por meio da concessão de liminar na primeira instância (fl. 51), teve concedido o direito de efetuar a matrícula na universidade em janeiro de 2012, decisão esta confirmada pela sentença (fls. 155/157) e pelo acórdão recorrido (fls. 219/225). 2. A recorrida informou ter concluído o ensino médio em abril de 2012, antes mesmo de ter sido proferida a sentença que concedeu a segurança. Nesse contexto, não se mostra razoável, a esta altura, desconstituir a situação que ora se vislumbra, consolidada há aproximadamente dois anos. 3. Por não se vislumbrar qualquer dano a ser experimentado pela instituição de ensino agravante, excepcionalmente, é de se considerar consolidada a situação de fato, o que atrai a aplicação da teoria do fato consumado, segundo a qual a situação jurídica consolidada com o decurso do tempo deva ser respeitada, sob pena de prejudicar desnecessariamente a parte, causando prejuízos a sua vida estudantil, e afrontar o previsto no art. 462 do CPC. 4. Agravo regimental a que se nega provimento"[18].

Contudo, o referido Tribunal reconhece que as situações consolidadas pelo decurso do tempo não devem ser modificadas, o que acaba por fomentar a busca ao judiciário:

> "EMENTA: ADMINISTRATIVO. PROCESSUAL CIVIL. DIREITO EDUCACIONAL. ENSINO SUPERIOR. MENOR. EXAME SUPLETIVO. INSCRIÇÃO. LIMINAR. APROVAÇÃO EM VESTIBULAR. CASSAÇÃO DA LIMINAR. IDADE JÁ ULTRAPASSADA. CURSO DE GRADUAÇÃO EM BOM ANDAMENTO. CONSOLIDAÇÃO DO FATO CONSUMADO. PRECEDENTES. PEDIDO DE EFEITO SUSPENSIVO. MEDIDA CAUTELAR PROCEDENTE 1. Cuida-se de medida cautelar inominada ajuizada com o objetivo de atribuir efeito suspensivo ao recurso especial interposto contra acórdão no qual se definiu impossível a matrícula de estudante universitário cuja inscrição no vestibular se deu com base em título de aprovação no ensino médio

[18] AGRESP 201401679829, SÉRGIO KUKINA – PRIMEIRA TURMA, DJE DATA: 11/11/2014.DTPB, acessado em março de 2016.

obtido antes dos dezoito anos completos, por força de liminar. 2. Nos presentes autos somente se debate a outorga, ou não, de efeito suspensivo ao recurso especial, cuja possibilidade excepcional de atribuição pode ser postulada pela via processual acessória da medida cautelar, nos termos do art. 288 do RISTJ. 3. **No Superior Tribunal de Justiça tem sido acolhida a tese de que a aprovação do estudante universitário em vestibular – no qual tenha sido inscrito por força de liminar, com a outorga do certificado de conclusão do ensino médio em supletivo, como nos autos –, com a conclusão de parte da graduação, excepcionalmente não pode ser prejudicada em razão da apreciação superveniente e negativa do mérito.** Precedentes: AgRg no AREsp 460.157/PI, Rel. Ministro Mauro Campbell Marques, Segunda Turma, DJe 26.3.2014; REsp 1.394.719/DF, Rel. Ministro Mauro Campbell Marques, Segunda Turma, DJe 18.11.2013; REsp 1.289.424/SE, Rel. Ministra Eliana Calmon, Segunda Turma, DJe 19.6.2013; AgRg no REsp 1.267.594/RS, Rel. Ministro Humberto Martins, Segunda Turma, DJe 21.5.2012; e REsp 1.262.673/SE, Rel. Ministro Castro Meira, Segunda Turma, julgado em 18.8.2011, DJe 30.8.2011. Medida cautelar procedente. Liminar mantida"[19].

Saliente-se que a Portaria MEC nº 10/2012 e Portaria INEP nº 179/2014, autoriza que o participante do ENEM receba o certificado de conclusão do ensino médio ou a declaração parcial de proficiência desde que atenda aos seguintes requisitos: 1) indique a pretensão de utilizar os resultados de desempenho no exame para fins de certificação de conclusão do ensino médio, no ato da inscrição, bem como a instituição certificadora; 2) possua, no mínimo, 18 (dezoito) anos completos na data da primeira prova de cada edição do exame; 3) atinja o mínimo de 450 (quatrocentos e cinquenta) pontos em cada uma das áreas de conhecimento do exame; 4) atinja o mínimo de 500 (quinhentos) pontos na redação.

Mais uma vez deve-se registrar que não é rara a obtenção de decisões judiciais favoráveis para os menores de dezoito anos conseguirem a referida certificação. Em recente decisão monocrática, o Ministro do Supremo Tribunal Federal Edson Fachin autorizou a mitigação do requisito etário, sob o seguinte fundamento:

> "A emissão da certificação de conclusão do ensino médio e a manutenção da aluna na instituição superior de ensino é medida condizente com a prestação da efetiva jurisdição constitucional. Afinal, aplicam-se ao caso os postulados da razoabilidade e da proporcionalidade, os quais orientam o Julgador a exercer a prestação jurisdicional em conformidade com as normas regentes, mas sem olvidar a principiologia constitucional e as peculiaridades do caso concreto"[20].

As decisões judiciais que autorizam a utilização do ENEM como certificação de conclusão do ensino médio independentemente da faixa etária pecam por não enfrentar a questão da suposta inconstitucionalidade do artigo 38, § 1º, II, da Lei 9394/96, que é o dispositivo legal que limita tal possibilidade para os maiores de dezoito anos. Ademais, desconsideram que a LDB, ao dispor sobre os níveis escolares, constrói um sistema orgânico, sequencial e articulado, que se torna capenga ao retirar um de seus vértices sem a devida compensação. A maturidade para ingressar no ensino superior não se obtém com decisão judicial.

---

19 MC 201400586970, HUMBERTO MARTINS – SEGUNDA TURMA, DJE DATA: 13/08/2014.DTPB, acessado em março de 2016.

20 RE 906128, Relator(a): Min. EDSON FACHIN, julgado em 25/02/2016, publicado em PROCESSO ELETRÔNICO DJe-039 DIVULG 01/03/2016 PUBLIC 02/03/2016, acessado em março de 2016.

A educação superior, conforme dispõe o artigo 43, da Lei 9.394/96, tem por finalidade: I – estimular a criação cultural e o desenvolvimento do espírito científico e do pensamento reflexivo; II – formar diplomados nas diferentes áreas de conhecimento, aptos para a inserção em setores profissionais e para a participação no desenvolvimento da sociedade brasileira, e colaborar na sua formação contínua; III – incentivar o trabalho de pesquisa e investigação científica, visando o desenvolvimento da ciência e da tecnologia e da criação e difusão da cultura, e, desse modo, desenvolver o entendimento do homem e do meio em que vive; IV – promover a divulgação de conhecimentos culturais, científicos e técnicos que constituem patrimônio da humanidade e comunicar o saber através do ensino, de publicações ou de outras formas de comunicação; V – suscitar o desejo permanente de aperfeiçoamento cultural e profissional e possibilitar a correspondente concretização, integrando os conhecimentos que vão sendo adquiridos numa estrutura intelectual sistematizadora do conhecimento de cada geração; VI – estimular o conhecimento dos problemas do mundo presente, em particular os nacionais e regionais, prestar serviços especializados à comunidade e estabelecer com esta uma relação de reciprocidade; VII – promover a extensão, aberta à participação da população, visando à difusão das conquistas e benefícios resultantes da criação cultural e da pesquisa científica e tecnológica geradas na instituição; VIII – atuar em favor da universalização e do aprimoramento da educação básica, mediante a formação e a capacitação de profissionais, a realização de pesquisas pedagógicas e o desenvolvimento de atividades de extensão que aproximem os dois níveis escolares.

Nos termos do artigo 44, da LDB, a educação superior abrangerá os seguintes cursos e programas: I – cursos sequenciais por campo de saber, de diferentes níveis de abrangência, abertos a candidatos que atendam aos requisitos estabelecidos pelas instituições de ensino, desde que tenham concluído o ensino médio ou equivalente; II – de graduação, abertos a candidatos que tenham concluído o ensino médio ou equivalente e tenham sido classificados em processo seletivo; III – de pós-graduação, compreendendo programas de mestrado e doutorado, cursos de especialização, aperfeiçoamento e outros, abertos a candidatos diplomados em cursos de graduação e que atendam às exigências das instituições de ensino; IV – de extensão, abertos a candidatos que atendam aos requisitos estabelecidos em cada caso pelas instituições de ensino.

A educação profissional e tecnológica pode integrar-se aos diferentes níveis e modalidades da educação, devendo ser desenvolvida em articulação com o ensino regular ou por diferentes estratégias de educação continuada, em instituições especializadas ou no ambiente de trabalho.

1.6. Educação indígena

Segundo estimativas da Organização das Nações Unidas[21] – ONU, há mais de 370 milhões de pessoas indígenas em cerca de 70 países do mundo. Embora

[21] Disponível em <https://www.unric.org/pt/paises-menos-avancados/28009-os-povos-indigenas-sao-um-terco-dos-mais-pobres--do-mundo-e-sofrem-com-condicoes-alarmantes-em-todos-os-paises>. Acesso em 20 de abril de 2016.

provenham de meios geográficos e culturais muito diversos, partilham problemas comuns: falta de cuidados de saúde básicos, acesso limitado à educação, falta de controle sobre as suas terras, pobreza extrema, deslocação de populações, violações dos direitos humanos e marginalização social e econômica.

O esforço dos povos indígenas para a defesa e legalização de seus direitos não é recente. Este longo processo de afirmação e reconhecimento tem se refletido nas últimas décadas em uma estrutura de direitos que se baseia em dois marcos importantes: 1) a Convenção sobre os Povos Indígenas e Tribais nº 169 de 1989, da Organização Internacional do Trabalho – OIT, que reconhece, pela primeira vez, os direitos coletivos dos índios; 2) a Declaração das Nações Unidas sobre os Direitos dos Povos Indígenas de 2007, que estabelece o direito desses povos à auto-determinação.

Os direitos dos povos indígenas se organizam em cinco dimensões principais: o direito à não-discriminação; o direito ao desenvolvimento e o bem-estar social; o direito à integridade cultural; o direito de possuir, usar e ter o controle de acesso às terras, territórios e recursos naturais; e o direito à participação política.

O incremento da legislação de proteção dos direitos dos povos indígenas é uma realidade. Os povos indígenas, em um processo difícil que continua até hoje, têm conseguido fazer com que as instituições dos Estados reconheçam seus direitos, incluindo-os nas leis. Com efeito, constata-se um enorme progresso na última década em diferentes áreas e com diferentes escopos. No entanto, este processo não está livre de significativas lacunas na implementação dos direitos garantidos pela legislação.

A oferta de programas de educação escolar às comunidades indígenas entre o século XVI até a metade do século XX esteve pautada pela catequização, pela civilização e pela integração forçada dos índios à sociedade nacional. Conforme bem explicado no Parecer CNE/CEB nº 14/99, que tratou das diretrizes curriculares nacionais da educação escolar indígena, posteriormente reguladas pela Resolução CNE/CEB nº 3/99:

> "Até 1988 a legislação era marcada por esse viés integracionista, mas a nova Constituição inovou ao garantir às populações indígenas o direito tanto à cidadania plena, liberando-as da tutela do Estado, quanto ao reconhecimento de sua identidade diferenciada e de sua manutenção, incumbindo o Estado de assegurar e proteger as manifestações culturais das sociedades indígenas".

No mesmo sentido, ensinam OLIVEIRA e NASCIMENTO:

> "Na história das políticas educacionais voltadas para os povos indígenas, as questões das "diferenças" e das "desigualdades" têm motivado diversas ações do Estado. Se, de um lado, podemos dizer que tais políticas tradicionalmente foram orientadas por princípios assimilacionistas em que a educação escolar esteve a serviço da integração dos índios à ordem sócio-histórica, cultural e econômica da sociedade envolvente, de outro, observamos que, na atualidade, a questão da diversidade cultural, como um direito fundamental, vem se constituindo como princípio orientador nos discursos e práticas oficiais. As relações entre o Estado e as populações indígenas, desse modo, no que tange à questão da educação escolar, têm passado por fases que vão da integração, como meta, ao reconhecimento do direito à diferença étnica e cultural dos índios, como princípio de ação política" (OLIVEIRA e NASCIMENTO, 2012, p. 766).

A Constituição da República, em seu artigo 210, estabelece que serão fixados conteúdos mínimos para o ensino fundamental, de maneira a assegurar formação básica comum e respeito aos valores culturais e artísticos, nacionais e regionais, sendo certo que, nos termos do § 2º, do mencionado dispositivo, o ensino fundamental regular será ministrado em língua portuguesa, assegurada às comunidades indígenas também a utilização de suas línguas maternas e processos próprios de aprendizagem.

Outrossim, o artigo 215, do texto constitucional dispõe que:

> "Artigo 215 – O Estado garantirá a todos o pleno exercício dos direitos culturais e acesso às fontes da cultura nacional, e apoiará e incentivará a valorização e a difusão das manifestações culturais.
>
> § 1º. O Estado protegerá as manifestações das culturas populares, indígenas e afro-brasileiras e das de outros grupos participantes do processo civilizatório nacional".

A Constituição, portanto, mudou o paradigma da educação para os povos indígenas. Nesse sentido, LEIVAS, RIOS e SCHÄFER ensinam que:

> "A legislação educacional indigenista no Brasil, desde a colônia até a promulgação da Constituição Federal de 1988, inclusive o Estatuto do Índio, teve o objetivo claro de integração dos indígenas ao modo de vida da sociedade envolvente, com o fim de formar trabalhadores e fiéis cristãos. A intenção era que os indígenas deixassem de ser indígenas. O novo paradigma da diferença e do reconhecimento, estabelecido na Constituição Federal de 1988 e na Convenção nº 169 da Organização Internacional do Trabalho, impõe ao Estado brasileiro uma mudança significativa em suas políticas de educação escolar indígena, que deve ser diferenciada, intercultural, bilíngue e de qualidade [...]
>
> O amplo reconhecimento de direitos dos indígenas pela Constituição Federal de 1988 constitui uma verdadeira mudança de paradigma normativo, que resultou de um amplo debate no âmbito da antropologia nacional, com a adesão à teoria da diversidade cultural e o abandono das teorias evolucionistas, bem como pela pressão do movimento indígena e por forças políticas antes e durante a Assembleia Nacional Constituinte" (LEIVAS, RIOS e SCHÄFER, 204, p. 317-372 e 377).

Por seu turno, a Convenção nº 169, da Organização Internacional do Trabalho – OIT, sobre Povos Indígenas e Tribais, incorporada ao ordenamento jurídico pelo Decreto Legislativo nº 143/2002 e pelo Decreto Executivo nº 5.051/2004, informa que deverão ser adotadas medidas para garantir aos membros dos povos interessados a possibilidade de adquirirem educação em todos os níveis, pelo menos em condições de igualdade com o restante da comunidade nacional.

Nos termos da Convenção deverão ser assegurados aos povos indígenas interessados pelo serviço de educação: 1) que os programas sejam desenvolvidos com sua cooperação, de modo que atenda suas necessidades particulares; 2) que o conteúdo educacional abranja a sua história, seus conhecimentos e técnicas, seus sistemas de valores e todas suas demais aspirações sociais, econômicas e culturais; 3) que haja formação de seus membros, com vistas a transferir progressivamente para esses povos a responsabilidade de realização dos programas educacionais, quando for adequado; 4) o direito desses povos de criarem suas próprias instituições e meios de educação, desde que tais instituições satisfaçam as normas mínimas estabelecidas pela autoridade competente em consulta com esses povos; 5) que sejam ensinados a ler e escrever na sua própria língua indígena ou na língua mais comumente falada no grupo a que pertençam, bem como sejam adotadas medidas adequadas para assegurar que esses povos tenham a oportunidade de chegarem a dominar a língua nacional.

A Declaração das Nações Unidas sobre os Direitos dos Povos Indígenas de 2007 também confere especial atenção ao direito à educação, estabelecendo que os povos indígenas têm o direito de estabelecer e controlar seus sistemas e instituições educativos, que ofereçam educação em seus próprios idiomas, em consonância com seus métodos culturais de ensino e de aprendizagem.

A Lei de Diretrizes e Bases fixa obrigações para a União, no sentido de desenvolver programas de educação bilíngue e intercultural aos povos indígenas, dando o necessário suporte aos sistemas de ensino estaduais e municipais:

> "Artigo 78 – O Sistema de Ensino da União, com a colaboração das agências federais de fomento à cultura e de assistência aos índios, desenvolverá programas integrados de ensino e pesquisas, para oferta de Educação escolar bilíngue e intercultural aos povos indígenas, com os seguintes objetivos: I – proporcionar aos índios, suas comunidades e povos, a recuperação de suas memórias históricas; a reafirmação de suas identidades étnicas; a valorização de suas línguas e ciências; II – garantir aos índios, suas comunidades e povos, o acesso às informações, conhecimentos técnicos e científicos da sociedade nacional e demais sociedades indígenas e não-índias.
>
> Artigo 79 – A União apoiará técnica e financeiramente os sistemas de ensino no provimento da educação intercultural às comunidades indígenas, desenvolvendo programas integrados de ensino e pesquisa.
>
> § 1º. Os programas serão planejados com audiência das comunidades indígenas.
>
> § 2º. Os programas a que se refere este artigo, incluídos nos Planos Nacionais de Educação, terão os seguintes objetivos: I – fortalecer as práticas socioculturais e a língua materna de cada comunidade indígena; II – manter programas de formação de pessoal especializado, destinado à educação escolar nas comunidades indígenas; III – desenvolver currículos e programas específicos, neles incluindo os conteúdos culturais correspondentes às respectivas comunidades; IV – elaborar e publicar sistematicamente material didático específico e diferenciado".

O Decreto nº 6.861/2009 dispõe sobre a educação escolar indígena, definindo sua organização em territórios etnoeducacionais, com a participação dos povos indígenas, observada a sua territorialidade e respeitando suas necessidades e especificidades.

Nos termos do artigo 2º, do decreto, são objetivos da educação escolar indígena: I – valorização das culturas dos povos indígenas e a afirmação e manutenção de sua diversidade étnica; II – fortalecimento das práticas socioculturais e da língua materna de cada comunidade indígena; III – formulação e manutenção de programas de formação de pessoal especializado, destinados à educação escolar nas comunidades indígenas; IV – desenvolvimento de currículos e programas específicos, neles incluindo os conteúdos culturais correspondentes às respectivas comunidades; V – elaboração e publicação sistemática de material didático específico e diferenciado; e VI – afirmação das identidades étnicas e consideração dos projetos societários definidos de forma autônoma por cada povo indígena.

Ademais, ficou estabelecido que a União prestará apoio técnico e financeiro às seguintes ações voltadas à ampliação da oferta da educação escolar às comunidades indígenas: I – construção de escolas; II – formação inicial e continuada de professores indígenas e de outros profissionais da educação; III – produção de material didático; IV – ensino médio integrado à formação profissional; e V – alimentação escolar indígena.

O Plano Nacional de Educação, consolidado na Lei 13.005/2014, prevê diversas estratégias relacionadas à educação dos povos indígenas, dentre as quais destacam-se: 1) fomento para que os planos de educação dos entes federados considerem as necessidades específicas das comunidades indígenas, assegurando a equidade educacional e a diversidade cultural; 2) fomento para que a oferta de educação infantil e os anos iniciais do ensino fundamental seja na própria comunidade indígena, evitando-se o deslocamento das crianças; 3) estímulo para ampliação da oferta dos ensinos fundamental e médio; 4) apoio à alfabetização das crianças e desenvolvimento de instrumentos de acompanhamento do uso da língua materna pelas comunidades indígenas; 5) oferta de educação em tempo integral nas comunidades indígenas; 6) garantir que nos currículos escolares haja conteúdos sobre a história e as culturas afro-brasileira e indígenas; 7) consolidar a educação escolar das comunidades indígenas, garantindo-se a preservação da identidade cultural e a participação da comunidade na definição do modelo de organização pedagógica e de gestão das instituições; 8) desenvolvimento de currículos e propostas pedagógicas específicas para educação escolar para as comunidades indígenas; 9) considerar as especificidades socioculturais das escolas das comunidades indígenas no provimento de seus cargos efetivos.

Em que pese o amparo da legislação pátria para a autonomia da escola indígena, é muito comum que essa em vez de adquirir a condição de escola diferenciada, seja enquadrada como escola rural ou sala de extensão de uma escola para não-índios, desconsiderando-se suas especificidades, bem como a necessidade de se garantir propostas pedagógicas distintas. Conforme bem tratado pelo já citado Parecer CNE/CEB 14/99:

> "A Escola Indígena é uma experiência pedagógica peculiar, e como tal deve ser tratada pelas agências governamentais, promovendo as adequações institucionais e legais necessárias para garantir a implementação de uma política de governo que priorize assegurar às sociedades indígenas uma educação diferenciada, respeitando seu universo sociocultural".

Atualmente as diretrizes curriculares nacionais para a educação escolar indígena estão estabelecidas no parecer CNE/CEB nº 12 e pela Resolução CNE/CEB nº 5/12, fundamentados, entre outros, nas discussões travadas na I Conferência Nacional de Educação Escolar Indígena, realizada em 2009, o que garantiu a efetiva participação dos povos indígenas na sua elaboração.

Nos mencionados diplomas são estabelecidos como princípios da educação escolar indígena: 1) a recuperação de suas memórias históricas; 2) a reafirmação de suas identidades étnicas; 3) a valorização de suas línguas e ciências; 4) o acesso às informações, conhecimentos técnicos, científicos e culturais da sociedade nacional e demais sociedades indígenas e não-indígenas; 5) a construção de relações interétnicas orientadas para a manutenção da pluralidade cultural, pelo reconhecimento de diferentes concepções pedagógicas e pela afirmação dos povos indígenas como sujeitos de direitos.

A escola indígena somente deverá ser criada em atendimento à reivindicação ou por iniciativa da comunidade interessada, ou com a anuência desta, sendo elementos básicos para sua organização e funcionamento: 1) a centralidade do território para o bem viver dos povos indígenas e para seus processos formativos e, portanto, a localização das escolas em terras habitadas por comunidades indígenas, ainda que se estendam por territórios de diversos Estados ou Municípios contíguos; 2) a importância das línguas indígenas e dos registros linguísticos específicos do português para o ensino ministrado nas línguas maternas das comunidades indígenas, como uma das formas de preservação da realidade sociolinguística de cada povo; 3) a organização escolar própria; 4) a exclusividade do atendimento a comunidades indígenas por parte de professores indígenas oriundos da respectiva comunidade.

Conforme anotam OLIVEIRA e NASCIMENTO, deve-se ter especial cautela para o paradoxo entre o avanço das conquistas no plano legal e a sua não efetiva realização na esfera das políticas implementadas. Para os autores, "os avanços verificados no plano legal parecem não alcançar efetivamente as secretarias e conselhos de Educação no plano de suas ações", e "não obstante a gestão do MEC representar avanços no que tange ao reconhecimento dos direitos diferenciados dos povos indígenas, dando mostras de que a relação entre estes e o Estado vem se estabelecendo em novos moldes, há ainda grandes desafios que precisam ser enfrentados" (OLIVEIRA e NASCIMENTO, 2012, p. 777-778).

Com base nos dados do censo de 2014, a 6ª Câmara de Coordenação e Revisão do Ministério Público Federal produziu relatório de diagnóstico sobre as políticas públicas de educação indígena, que concluiu que:

> "A educação escolar indígena segue parâmetros legais que buscam lidar com a especificidade cultural dos diversos grupos étnicos, sendo essencialmente bilíngue e diferenciada. Ocorre, entretanto, que muito pouco foi realizado para a consolidação desta política produzindo uma educação de baixa qualidade e essencialmente irregular. Se a educação básica para não indígenas encontra muitos empecilhos, encontrando-se muito aquém do que estipula os indicadores de qualidade, a situação da educação escolar indígena é sensivelmente, mais grave. Ausência de escolas, professores indígenas, material didático e merenda escolar são problemas comuns, algo decorrente das grandes distâncias enfrentadas, da alteridade cultural ou mesmo de preconceitos por parte dos gestores da educação nos município e estados. Parte desses problemas deriva da ausência de conhecimento dos gestores da realidade indígena, na medida em que o único instrumento utilizado para planejar, executar e avaliar a política é o censo realizado pelo INEP, que apresenta sérias limitações e inconsistências".

A omissão do poder público em concretizar o direito à educação dos povos indígenas traduz inaceitável gesto de desprezo pelos esforços da comunidade internacional e configura comportamento que revela um incompreensível sentimento de desapreço pela autoridade, pelo valor e pelo alto significado de que se reveste a Constituição da República.

1.7. A defesa do direito à educação como prioridade de atuação dos órgãos de controle

Atualmente, está no senso comum da sociedade que o direito à educação de qualidade deve ser garantido de maneira prioritária pelo Estado, por ser fundamental para o progresso da pessoa humana, bem como por ser a única porta de saída da situação de subdesenvolvimento em que o país se encontra. Contudo, na prática, a defesa do direito à educação de qualidade ainda não é tema prioritário para as instituições públicas, em especial as instituições de controle, tais como Ministério Público, Tribunais de Contas, Controladorias e o próprio Judiciário.

Em 2011, o Conselho Nacional do Ministério Público - CNMP - realizou enquete com membros do Ministério Público para que apontassem os temas considerados relevantes e prioritários. Na ocasião, os 1474 membros participantes fizeram uma classificação de 50 temas destacados dos planejamentos estratégicos do Ministério Público, de acordo com sua relevância e prioridade[22].

Após a consolidação dos dados, apurou-se que os 5 temas prioritários apontados pelos membros do Ministério Público seriam: tráfico de drogas, crime organizado, fiscalização das contas públicas, saúde e crimes contra a administração pública. A temática da educação foi apontada, na média, em 6º lugar de prioridade, sendo que nos Estados do Amapá e Rio Grande do Sul ficou em 9º, nos Estados do Ceará, Rio de Janeiro e Distrito Federal em 10º, e no Estado de Roraima em 14º[23].

Constata-se, pois, a premente necessidade de que a temática do direito à educação seja posta na ordem do dia de todos os operadores do direito e dos órgãos de controle.

1.8. Sistema de Informações sobre Orçamentos Públicos em Educação - SIOPE

O Sistema de Informações sobre Orçamentos Públicos em Educação - SIOPE, regulamentado pela Portaria 844/2008, do Ministério da Educação, é um sistema eletrônico, mantido e administrado pelo Fundo Nacional de Desenvolvimento da Educação - FNDE, que visa a coleta, processamento, disseminação e acesso público às informações referentes aos orçamentos de educação da União, dos Estados, do Distrito Federal e dos Municípios.

Os seus objetivos são: I - constituir base de dados nacional detalhada sobre receitas e investimentos públicos em educação de todos os entes federativos; II - estabelecer padrão mínimo de oportunidades educacionais para o ensino, baseado no cálculo do custo mínimo por aluno, visando assegurar ensino de qualidade para todos os brasileiros; III - permitir o planejamento e dimensionamento das ações supletivas da União em educação; IV - subsidiar a elaboração de políticas educacionais em todos os níveis de Governo; V - produzir indicadores de eficiência e eficácia dos investimentos públicos em educação; VI - assegurar transparência e publicidade à gestão dos recursos públicos destinados à educação, incrementando os mecanismos de controle legal e social.

Nos termos do artigo 41, § 4º, da Lei 11.768/2008, as informações constantes no SIOPE poderão ser utilizadas, com fé pública, para fins de controle e aplicação de restrições.

[22] Fonte: Site CNMP - Enquete PEN - Data de Corte: 05/04/2011.

[23] O Estado de Rondônia foi o único que classificou a temática da educação em 1º lugar de prioridade.

Nesse sentido, o SIOPE é uma importante ferramenta para os órgãos de controle, bem como para o controle social, para acompanhar se os entes federados aplicam em educação os mínimos constitucionais. De outro giro, o sistema também é um respeitável instrumento para os gestores educacionais planejarem suas ações, tendo em vista a existência de informações atualizadas sobre as receitas públicas e os correspondentes recursos vinculados à educação.

Os dados inseridos no SIOPE possuem caráter declaratório, de modo que o maior desafio para os órgãos de controle é identificar se as informações fornecidas são fidedignas. Para ARAÚJO, há fragilidade dos indicadores sistematizados pelo SIOPE, sendo necessário reformar o modo de coleta de dados pelo sistema:

> "Os dados municipais que são fornecidos ao Siope não são sistematizados nem inseridos por dirigentes educacionais. Em pequenos municípios, são os escritórios de contabilidade que realizam a tarefa. Em municípios médios e grandes, são as secretarias de finanças que o fazem. Não há preocupação em desagregar os gastos na peça orçamentária e a consequência é a falta de transparência dos dados registrados na contabilidade e depois fornecidos ao Tesouro Nacional e ao Siope" (ARAÚJO, 2012, 1222).

De toda sorte, os indicadores constantes no sistema contribuem para uma maior transparência da gestão educacional. Ademais a existência de uma base nacional de dados sobre a aplicação da receita vinculada à educação permite um melhor planejamento das políticas públicas educacionais, na medida em que torna possível uma análise de seus custos.

2. EDUCAÇÃO ESPECIAL

2.1. O direito à educação inclusiva das pessoas com deficiência

A Constituição da República estabeleceu a educação das pessoas com deficiência como direito fundamental, visto que é imprescindível para sua efetiva integração social e indispensável para seu pleno desenvolvimento. Por esse motivo é que o artigo 208, III, da Carta Magna, determina que o dever do Estado com a educação será efetivado mediante a garantia de atendimento educacional especializado às pessoas com deficiência, preferencialmente na rede regular de ensino.

Comentando o mencionado dispositivo constitucional, BARROSO afirma que:

> "Não parece haver dúvida que a primeira oração do preceito define um direito a ser desfrutado pelo deficiente: atendimento educacional especializado. Com igual clareza se especifica a parte obrigada a entregar a prestação: o dever é do Estado. A parte final do dispositivo, é certo, contém linguagem que lhe dá caráter programático: preferencialmente na rede regular de ensino. Mas atente-se que a inexigibilidade de uma prestação positiva verifica-se apenas quanto ao acesso à rede regular de ensino. Não, porém, quanto à obrigação maior de atendimento educacional especializado, que não é condicional e, pois, subsiste íntegra. Em outras palavras: o portador de deficiência terá sempre acesso à educação especial, que, se não puder ser prestada pela rede regular de ensino, deverá ser prestada em qualquer escola disponível, ainda que privada, às expensas do Estado" (BARROSO, 2003, p. 152/153).

As pessoas com deficiência, por sua própria condição, demandam uma proteção específica que é indispensável para que possam se integrar à sociedade e participar em condições de igualdade. O Brasil é signatário de diversos atos internacionais que reafirmam seu compromisso em promover os direitos das pessoas com deficiência, para que todos os ambientes, sobretudo o educacional, estejam devidamente preparados para atendê-los.

Conforme ensina ROLLA, "assim como o reconhecimento dos direitos humanos em geral é resultado de um processo de afirmação histórica, tal ocorre também os direitos dos grupos vulneráveis" (ROLLA, 2013, p. 180)

A Declaração Mundial de Educação para Todos, de Jomtien, Tailândia, em 1990, ao tratar da universalização do acesso à educação, estabelece que as necessidades básicas de aprendizagem das pessoas com deficiência requerem atenção especial, sendo necessário adotar medidas que garantam a igualdade de acesso à educação para quem tenha qualquer tipo de deficiência, como parte integrante do próprio sistema educativo.

A Declaração de Salamanca, de 1994, decorrente da Conferência Mundial Sobre as Necessidades Educativas Especiais, dentre vários princípios, dispõe que pessoas com deficiência devem receber a mesma educação sem distinção em relação às suas limitações, de modo que salvo casos bastante específicos, devem ser garantidas a matrícula de todas as crianças em escolas regulares.

A primeira convenção interamericana para a eliminação de todas as formas de discriminação contra as pessoas portadoras de deficiência foi realizada na Guatemala em 2001 e incorporada ao ordenamento jurídico pelo Decreto Legislativo nº 198/2001 e pelo Decreto Executivo nº 3.956/2001, tendo introduzido a urgência na adoção e no fomento a projetos para popularização do direito da pessoa com deficiência para que a sociedade possa se capacitar para repulsar a prática de qualquer ato discriminatório.

Por seu turno, a Convenção Internacional sobre os Direitos das Pessoas com Deficiência, ocorrida em 30 de março de 2007 em Nova York, ratificada pelo Brasil em 2008 e incorporada ao ordenamento jurídico pelo Decreto Legislativo nº 186/2008 e pelo Decreto Executivo nº 6.949/2009, equiparada a Emenda Constitucional, nos termos do § 3º, do artigo 5º, da Constituição da República, reconhece, em seu artigo 24, o direito das pessoas com deficiência à educação.

Nos termos da Convenção, para efetivar o direito à educação das pessoas com deficiência, sem discriminação e com base na igualdade de oportunidades, os Estados Partes assegurarão um sistema educacional inclusivo em todos os níveis, bem como o aprendizado ao longo de toda a vida, visando a participação efetiva das pessoas com deficiência em uma sociedade livre. Para tanto, mostra-se imprescindível que: 1) as adaptações razoáveis de acordo com as necessidades individuais sejam providenciadas; 2) as pessoas com deficiência recebam o apoio necessário, no âmbito do sistema educacional geral, com vistas a facilitar sua efetiva educação; 3) medidas de apoio individualizadas e efetivas sejam adotadas em ambientes que maximizem o desenvolvimento acadêmico e social, de acordo com a meta de inclusão plena;

4) sejam empregados professores, inclusive professores com deficiência, habilitados para o ensino da língua de sinais e/ou do braille[24].

Destaque-se que a inclusão dos alunos com deficiência no ensino regular também é de suma importância para a educação dos alunos sem deficiência. Isso porque a falta de contato com alunos que tenham condições de vida distintas torna mais vazia a vida escolar daqueles que permanecem privados de conviver com pessoas com deficiência. Nesse sentido, segundo as lições de ARAÚJO, "conviver com a diferença não é direito dos diferentes apenas; é direito nosso, da maioria, de poder conviver com a minoria; e aprender a desenvolver tolerância e acolhimento" (ARAÚJO, 2015, p. 510).

Conforme explica MACHADO, a educação inclusiva visa estabelecer um novo paradigma de cidadania, e "longe de se tratar de uma 'educação para deficientes' consiste na revolução do sistema educacional, no sentido de garantir um espaço de convívio voltado para a formação cidadã de todas crianças e adolescentes, sem distinções daqueles vulneráveis à exclusão" (MACHADO, 2013, p. 152).

A escola deve ser um espaço aberto e acessível para todos. Conforme ensina SASSAKI, ao comentar o supracitado artigo 24, da Convenção de Nova York:

> "A inclusão escolar é o processo de adequação da escola para que todos os alunos possam receber uma educação de qualidade, cada um a partir da realidade com que ele chega à escola, independentemente de raça, etnia, gênero, situação socioeconômica, deficiências etc. É a escola que deve ser capaz de acolher todo tipo de aluno e de lhe oferecer uma educação de qualidade, ou seja, respostas educativas compatíveis com as suas habilidades, necessidades e expectativas. Por sua vez, a integração escolar é o processo tradicional de adequação do aluno às estruturas física, administrativa, curricular, pedagógica e política da escola. A integração trabalha com o pressuposto de que todos os alunos precisam ser capazes de aprender no nível pré-estabelecido pelo sistema de ensino" (SASSAKI, 2008, p. 84).

O direito à educação da pessoa com deficiência também está bem amparado na legislação infraconstitucional brasileira, que sinaliza a universalização do sistema educacional inclusivo.

A Lei nº 7.853/89, em seu artigo 2º, determina que ao Poder Público e seus órgãos cabe assegurar às pessoas com deficiência o pleno exercício de seus direitos básicos, inclusive do direito à educação. O artigo 8º, I, da Lei, estabelece, inclusive, que constitui crime, punível com reclusão de 2 (dois) a 5 (cinco) anos e multa, recusar, cobrar valores adicionais, suspender, procrastinar, cancelar ou fazer cessar inscrição de aluno em estabelecimento de ensino de qualquer curso ou grau, público ou privado, em razão de sua deficiência.

O Decreto nº 3.298, de 20 de dezembro de 1999, regulamentando a Lei nº 7.853/89, estabeleceu que a educação especial contará com equipe multiprofissional, com a adequada especialização, e dotará orientações pedagógicas individualizadas e que os órgãos e as entidades da administração pública federal direta e indireta responsáveis

[24] No mesmo sentido o artigo 18, da Lei 10.098/2000 estabelece que o poder público implementará a formação de profissionais intérpretes de escrita em braille, linguagem de sinais e de guias-intérpretes, para facilitar qualquer tipo de comunicação direta à pessoa com deficiência sensorial e com dificuldade de comunicação.

pela educação devem viabilizar: 1) a matrícula compulsória em cursos regulares de estabelecimentos públicos e particulares de pessoas com deficiência capazes de se integrar na rede regular de ensino; 2) a inclusão, no sistema educacional, da educação especial como modalidade de educação escolar que permeia transversalmente todos os níveis e as modalidades de ensino; 3) a inserção, no sistema educacional, das escolas ou instituições especializadas públicas e privadas; 4) a oferta, obrigatória e gratuita, da educação especial em estabelecimentos públicos de ensino; 5) o oferecimento obrigatório dos serviços de educação especial ao educando com deficiência em unidades hospitalares e congêneres nas quais esteja internado por prazo igual ou superior a um ano; 6) o acesso de aluno com deficiência aos benefícios conferidos aos demais educandos, inclusive material escolar, transporte, merenda escolar e bolsas de estudo.

De outro giro, a Lei 13.146/2015, Estatuto da Pessoa com Deficiência, dispõe, em seu artigo 8º, que é dever do Estado, da sociedade e da família assegurar à pessoa com deficiência, com prioridade, a efetivação do direito à educação.

No estatuto há espaço para um capítulo tratar exclusivamente do tema, deixando claro, no artigo 27, que a educação constitui direito da pessoa com deficiência, assegurados sistema educacional inclusivo em todos os níveis e aprendizado ao longo de toda a vida, de forma a alcançar o máximo desenvolvimento possível de seus talentos e habilidades físicas, sensoriais, intelectuais e sociais, segundo suas características, interesses e necessidades de aprendizagem.

A Lei 8.069/90, Estatuto da Criança e do Adolescente, no artigo 54, III e § 2º, e no artigo 208, II, impõe o dever de atendimento especializado às crianças e adolescentes com deficiência, preferencialmente na rede regular de ensino, sob pena de responsabilidade da autoridade competente pelo não oferecimento do serviço ou sua oferta irregular.

Da mesma forma, o artigo 7º, § 4º, da Lei 12.852/2013, Estatuto da Juventude, estabelece que é assegurada aos jovens com deficiência a inclusão no ensino regular em todos os níveis e modalidades educacionais, incluindo o atendimento educacional especializado, observada a acessibilidade a edificações, transportes, espaços, mobiliários, equipamentos, sistemas e meios de comunicação e assegurados os recursos de tecnologia assistiva e adaptações necessárias a cada pessoa.

A Lei 9.394/96, Lei de Diretrizes e Bases da Educação, em seu artigo 4º, III, estatui que o dever do Estado com educação escolar pública será efetivado mediante a garantia de atendimento educacional especializado gratuito aos educandos com deficiência em todos os níveis, etapas e modalidades, preferencialmente na rede regular de ensino.

O mencionado diploma legal, ao tratar, em seu título V, dos níveis e modalidades de educação e ensino, dedica integralmente o capítulo V à educação especial, dispondo o artigo 58 que:

> "Art. 58 Entende-se por educação especial, para os efeitos desta Lei, a modalidade de educação escolar oferecida preferencialmente na rede regular de ensino, para educandos com deficiência, transtornos globais do desenvolvimento e altas habilidades ou superdotação.

§ 1º. Haverá, quando necessário, serviços de apoio especializado, na escola regular, para atender às peculiaridades da clientela de educação especial.

§ 2º. O atendimento educacional será feito em classes, escolas ou serviços especializados, sempre que, em função das condições específicas dos alunos, não for possível a sua integração nas classes comuns de ensino regular.

§ 3º. A oferta de educação especial, nos termos do **caput** deste artigo, tem início na educação infantil e estende-se ao longo da vida, observados o inciso III do art. 4º e o parágrafo único do art. 60 desta Lei. (Redação dada pela Lei nº 13.632, de 2018)

A Lei 9.394/96 estabelece, ainda, em seu artigo 59, medidas mínimas para a adaptação dos estudantes com deficiência, destacando-se: adequação dos currículos e métodos educativos, terminalidade específica[25], contratação de professores especializados com a devida capacitação e implantação da educação especial para o trabalho, para efetivar a integração das pessoas com deficiência na vida em sociedade.

O Conselho Nacional de Educação – CNE, por meio da Resolução nº 2/2001, esclareceu que os sistemas de ensino devem matricular todos os alunos, cabendo às escolas organizar-se para o atendimento aos educandos com necessidades educacionais especiais, assegurando as condições necessárias para uma educação de qualidade para todos.

Por sua vez na Resolução nº 04/2009, o CNE instituiu diretrizes operacionais para o Atendimento Educacional Especializado – AEE na educação básica, sendo certo que nos termos do artigo 5º, não é substitutivo do ensino regular e deve ser ofertado no turno inverso da escolarização.

O artigo 10, da Resolução, detalha bem como deve se dar a organização do AEE, que deverá conter: 1) sala de recursos multifuncionais, integrado por espaço físico, mobiliário, materiais didáticos, recursos pedagógicos e de acessibilidade e equipamentos específicos; 2) alunos matriculados no ensino regular da própria escola ou de outra escola; 3) cronograma de atendimento dos alunos; 4) plano do AEE, contendo a identificação das necessidades educacionais específicas dos alunos, definição de recursos necessários e das atividades a serem desenvolvidas; 5) professores para o exercício da docência do AEE; 6) profissionais de educação, tais como tradutor e intérprete de Língua Brasileira de Sinais, guia-intérprete e outros que atuem no apoio, principalmente às atividades de alimentação, higiene e locomoção; 7) redes de apoio no âmbito da atuação profissional, da formação, do desenvolvimento da pesquisa, do acesso a recursos, serviços e equipamentos, entre outros que maximizem o AEE.

O Decreto 7.611, de 17/11/2011, normatiza o AEE e estabelece como diretriz a não exclusão do sistema educacional geral por alegação de deficiência, deixando claro que o serviço de apoio especializado visa eliminar barreiras que impossibilitem

[25] O Artigo 59, II, da Lei 9394/96, dispõe que se deve conferir terminalidade específica para aqueles que não puderem atingir o nível exigido para a conclusão do ensino fundamental, em virtude de suas deficiências, e aceleração para concluir em menor tempo o programa escolar para os superdotados. A Resolução CNE/CEB nº 02/2011 esclarece que terminalidade específica é a certificação de conclusão de escolaridade, fundamentada em avaliação pedagógica, com histórico escolar que apresente de forma descritiva, as habilidades e competências atingidas pelos educandos com dificuldades acentuadas de aprendizagem associadas às condutas típicas. O parecer CNE/CEB nº 2/2013 admite a aplicação do estatuto da terminalidade específica aos alunos dos cursos técnicos de nível médio desenvolvidos nas formas articulada, seja integrada, seja concomitante, bem como subsequente ao Ensino Médio, tanto regularmente oferecido, quando na modalidade de Educação de Jovens e Adultos (EJA).

ou dificultem a escolarização de alunos com deficiência, complementando ou suplementando o ensino regular, mas não o torna dispensável.

Ressalte-se, ainda, que o Plano Nacional de Educação para o decênio 2014-2024, consolidado na Lei 13.005, de 25 de junho de 2014, trata da universalização do sistema educacional inclusivo, ao prever em sua meta 4 universalizar, para a população de 4 (quatro) a 17 (dezessete) anos com deficiência, transtornos globais do desenvolvimento e altas habilidades ou superdotação, o acesso à educação básica e ao atendimento educacional especializado, preferencialmente na rede regular de ensino, com a garantia de sistema educacional inclusivo, de salas de recursos multifuncionais, classes, escolas ou serviços especializados, públicos ou conveniados.

Constata-se, pois, a evidente intenção do legislador em garantir que a educação das pessoas com deficiência se dê, de maneira inclusiva, na rede regular de ensino. Contudo, conforme destacam FERNANDES e HEALY:

> "A inclusão exige mais do que leis. Exige uma atenção adequada. Oferecer materiais, salas de recursos ou equipes especializadas que visitem as escolas eventualmente, são necessários, mas não suficientes. Os problemas surgem no dia a dia, em aula, e transcendem esse âmbito reduzido, atingindo a responsabilidade da equipe docente. Não bastam, também, os prometidos apoios institucionais, sem a participação efetiva do aluno, e principalmente, sem o professor. Na verdade, nós não encontramos professores que afirmem estarem preparados para receber em classe um aluno com necessidades educacionais especiais. Eles reconhecem que a inclusão é um processo que exige aperfeiçoamento constante, no entanto, declaram que não receberam formação para trabalhar com educandos portadores de necessidades educacionais especiais, seja em sua formação inicial ou continuada" (FERNANDES e HEALY, 2007, p. 73).

A consequência de se ter unidades de ensino regular sem os recursos materiais necessários e professores sem a devida qualificação para atender as pessoas com deficiência é o aumento do receio dos alunos e de seus pais de deixarem as instituições de ensino ditas especializadas.

Inúmeros são os casos de pessoas aptas a serem incluídas em instituições de ensino regular que optam, diretamente ou por intermédio de seus representantes legais, a permanecer em escolas especiais, sendo necessário superar o discurso do medo. (MACHADO, 2013, p. 155).

Diante de um caso concreto em que não haja uma opção digna para a instituição especializada, antes de obrigar o aluno e sua família a efetivar a matrícula, contra sua vontade, na rede regular de ensino, deve-se buscar que o Estado cumpra a lei e garanta um espaço adequado para o oferecimento do serviço de educação, em que se leve em consideração a individualidade de cada um e permita o completo desenvolvimento das reais potencialidades da pessoa com deficiência.

2.2. A impossibilidade de cobrança de valores adicionais de alunos com deficiência

A Lei 13.146/2015, Estatuto da Pessoa com Deficiência, em seus artigos 28, § 1º e 30, relaciona os serviços obrigatórios que as instituições privadas de ensino deverão prestar para as pessoas com deficiência, prevendo, expressamente, a vedação de cobrança adicional.

Assim, por força de lei, todas as instituições de ensino estão obrigadas a: 1) garantir condições de acesso, permanência, participação e aprendizagem dos estudantes com deficiência, por meio da oferta de serviços e de recursos de acessibilidade que eliminem as barreiras e promovam a inclusão plena; 2) possuir projeto pedagógico que institucionalize o atendimento educacional especializado; 3) adotar medidas individualizadas e coletivas em ambientes que maximizem o desenvolvimento acadêmico e social dos estudantes com deficiência; 4) permitir a participação dos estudantes com deficiência e de suas famílias nas diversas instâncias de atuação da comunidade escolar; 5) adotar medidas de apoio que favoreçam o desenvolvimento dos aspectos linguísticos, culturais, vocacionais e profissionais, levando-se em conta o talento, a criatividade, as habilidades e os interesses do estudante com deficiência; 6) adotar práticas pedagógicas inclusivas pelos programas de formação inicial e continuada de professores; 7) disponibilizar professores para o atendimento educacional especializado, de tradutores e intérpretes da Libras, de guias intérpretes e de profissionais de apoio; 8) ofertar ensino da Libras, Sistema Braille e recursos de tecnologia assistiva, de forma a ampliar habilidades funcionais dos estudantes; 9) incluir em conteúdos curriculares temas relacionados à pessoa com deficiência; 10) disponibilizar acesso da pessoa com deficiência, em igualdade de condições, a jogos e a atividades recreativas, esportivas e de lazer, no sistema escolar; 11) ofertar profissionais de apoio escolar; 11) disponibilizar atendimento preferencial à pessoa com deficiência nas dependências e nos serviços das Instituições de Ensino Superior; 12) fornecer aos candidatos com deficiência provas para ingresso nas instituições de ensino superior em formatos acessíveis para atendimento às necessidades específicas, bem como recursos de acessibilidade e de tecnologia assistiva adequados; 13) permitir a dilação de tempo, conforme demanda apresentada pelo candidato com deficiência, tanto na realização de exame para seleção quanto nas atividades acadêmicas; 14) adotar critérios de avaliação das provas escritas, discursivas ou de redação que considerem a singularidade linguística da pessoa com deficiência, no domínio da modalidade escrita da língua portuguesa; 15) traduzir em Libras os editais de certames de ingresso nas instituições de ensino superior.

A vedação legal de cobrança adicional pelos serviços prestados aos estudantes com deficiências não é novidade. Nos termos da nota técnica MEC-SEESP/GAB nº 19/2010, o financiamento dos serviços de apoio aos estudantes com deficiência deve integrar os custos gerais com o desenvolvimento do ensino, sendo disponibilizados em qualquer nível, etapa ou modalidade de ensino, no âmbito da educação pública ou privada:

> "Os estabelecimentos de ensino deverão ofertar os recursos específicos necessários para garantir a igualdade de condições no processo educacional, cabendo-lhes a responsabilidade pelo provimento dos profissionais de apoio. Portanto esta obrigação não deverá ser transferida às famílias dos estudantes público alvo da educação especial, por meio da cobrança de taxas ou qualquer outra forma de repasse desta atribuição".

Na nota técnica do MEC-CGPEE/GAB nº 15/2010 restou consignado que não encontra abrigo na legislação a inserção de qualquer cláusula contratual que exima as instituições privadas de ensino, de qualquer nível, etapa ou modalidade, das despesas com a oferta do atendimento educacional especializado e demais recursos e serviços de apoio da educação especial:

> "Configura-se descaso deliberado aos direitos dos alunos o não atendimento as suas necessidades educacionais específicas e, neste caso, o não cumprimento da legislação deve ser encaminhado ao Ministério Público, bem como ao Conselho de Educação o qual, como órgão responsável pela autorização de funcionamento dessas escolas, deverá instruir processo de reorientação ou descredenciá-las".

Outrossim, a jurisprudência dos tribunais pátrios sempre foi no sentido de assegurar o oferecimento de atendimento educacional especializado para as pessoas com deficiência sem a cobrança de qualquer adicional:

> "ADMINISTRAÇÃO. MANDADO DE SEGURANÇA. ENSINO SUPERIOR. ALUNO PORTADOR DE NECESSIDADES ESPECIAIS. CONTRATAÇÃO DE ESPECIALISTA. NECESSIDADE. 1. Na sentença, foi deferida a segurança para que "a impetrada adote, no prazo de 30 (trinta) dias, as providências necessárias para o oferecimento de intérprete da Língua Brasileira de Sinais (LIBRAS), para acompanhamento do Impetrante em todas as atividades acadêmicas, inclusive em sala de aula, independentemente da cobrança de adicional no valor da mensalidade". 2. "Nos termos do art. 208, III, da Constituição Federal, é dever do Estado promover e ofertar educação escolar aos portadores de deficiência, assegurando-lhes, quando necessário, serviços de apoio especializado, observadas as circunstâncias de cada caso (Lei nº 9.394/96, arts. 4º, III, e 58, § 1º), competindo, assim, à instituição de ensino colocar à disposição do seu corpo discente, quando solicitada, o auxílio de profissional especializado, para fins de atendimento especial, na forma disciplinada na Portaria MEC nº 3.284/2003" (TRF – 1ª Região, AC 0007032-91.2006.4.01.3812/MT, Rel. Desembargador Federal Souza Prudente, 6ª Turma, e-DJF1 04/08/2008, p. 527). 3. Remessa oficial a que se nega provimento"[26].

Em que pese a Lei 13.146/2015 não ter inovado no ordenamento jurídico ao prever a obrigatoriedade de oferta de serviços especializados às pessoas com deficiência sem cobrança de adicionais, a Confederação Nacional dos Estabelecimentos de Ensino ajuizou ação direta de inconstitucionalidade – ADI nº 5357 – questionando a constitucionalidade dos artigos 28, § 1º e 30, do Estatuto da Pessoa com Deficiência.

Em síntese, são apontados os seguintes fundamentos para sustentar a inconstitucionalidade dos dispositivos legais: 1) ofensa ao princípio da livre iniciativa consagrado no artigo 209, da Constituição da República; 2) violação à função social da propriedade estabelecido como direito fundamental, nos artigos 5º, XXII e XIII, e 170, II e III, do texto constitucional; 3) ausência de obrigatoriedade das entidades privadas oferecerem o serviço de educação para as pessoas com deficiência, tendo em vista que nos termos dos artigos 208, *caput* e III, e 227, *caput* e § 1º, II, da Carta Magna, tal dever é apenas do Estado; 4) a adoção das medidas estabelecidas em lei implicaria aumento de anuidades e semestralidades escolares e inviabilizaria o funcionamento de escolas, por força dos gastos altos demandados para criação de estrutura e contratação de mão de obra especializada; 5) violação ao princípio da razoabilidade, porquanto estabelecer a obrigatoriedade de serviço sem cobrança de adicional comprometeria: a) a oferta

---

26 AREOMS 00024663220114014101, DESEMBARGADOR FEDERAL JOÃO BATISTA MOREIRA, TRF1 – QUINTA TURMA, e-DJF1 DATA:10/04/2014 PAGINA:142, acessado em março de 2016.

do direito fundamental social à educação a todos que não tenham deficiência; b) o direito de educação da pessoa deficiente em razão de serviço inadequado; c) o direito de quem não está preparado para determinado serviço, obrigado a realizá-lo por força de lei, com sofrimento psíquico aos envolvidos; d) a existência das instituições de ensino particular de ensino regular, por onerosidade excessiva.

A ADI 5357 ainda se encontra pendente de julgamento, tendo, no entanto, sido indeferida a concessão de medida cautelar, por decisão monocrática do Ministro Edson Fachin assim ementada:

> "AÇÃO DIRETA DE INCONSTITUCIONALIDADE. MEDIDA CAUTELAR. LEI 13.146/2015. ESTATUTO DA PESSOA COM DEFICIÊNCIA. ENSINO INCLUSIVO. CONVENÇÃO INTERNACIONAL SOBRE OS DIREITOS DA PESSOA COM DEFICIÊNCIA. INDEFERIMENTO. 1. A Convenção Internacional sobre os Direitos da Pessoa com Deficiência concretiza o princípio da igualdade como fundamento de uma sociedade democrática que respeita a dignidade humana. 2. À luz da Convenção e, por consequência, da própria Constituição da República, o ensino inclusivo em todos os níveis de educação não é realidade estranha ao ordenamento jurídico pátrio, mas sim imperativo que se põe mediante regra explícita. 3. A Lei nº 13.146/2015 indica assumir o compromisso ético de acolhimento e pluralidade democrática adotados pela Constituição ao exigir que não apenas as escolas públicas, mas também as particulares deverão pautar sua atuação educacional a partir de todas as facetas e potencialidades que o direito fundamental à educação possui e que são densificadas em seu Capítulo IV. 4. Medida cautelar indeferida"[27].

De fato, os dispositivos impugnados perante a Corte constitucional brasileira devem ser compreendidos como normas gerais da educação nacional, devendo, portanto, regular temas afetos ao ensino público e privado. A livre iniciativa do ensino privado não retira a necessidade deste ser condicionado ao que dispõe a legislação pátria, que estabelece um rol de obrigações e condicionantes a ser atendido, bem como a necessidade de autorização e avaliação de qualidade pelo Poder Público, na forma da Lei nº 9.394/1996, Lei de Diretrizes e Bases da Educação.

Nesse sentido de que incumbe às entidades educacionais particulares seguir as normas gerais de educação nacional, orienta-se a jurisprudência do Supremo Tribunal Federal:

> "AÇÃO DIRETA DE INCONSTITUCIONALIDADE. LEI Nº 6.584/94 DO ESTADO DA BAHIA. ADOÇÃO DE MATERIAL ESCOLAR E LIVROS DIDÁTICOS PELOS ESTABELECIMENTOS PARTICULARES DE ENSINO. SERVIÇO PÚBLICO. VÍCIO FORMAL. INEXISTÊNCIA. 1. Os serviços de educação, seja os prestados pelo Estado, seja os prestados por particulares, configuram serviço público não privativo, podendo ser prestados pelo setor privado independentemente de concessão, permissão ou autorização. 2. Tratando-se de serviço público, incumbe às entidades educacionais particulares, na sua prestação, rigorosamente acatar as normas gerais de educação nacional e as dispostas pelo Estado-membro, no exercício de competência legislativa suplementar (§ 2º do ar. 24 da Constituição do Brasil). 3. Pedido de declaração de inconstitucionalidade julgado improcedente. AÇÃO DIRETA DE INCONSTITUCIONALIDADE. LEI Nº 10.989/93 DO ESTADO DE PERNAMBUCO. EDUCAÇÃO: SERVIÇO PÚBLICO NÃO PRIVATIVO. MENSALIDADES ESCOLARES. FIXAÇÃO DA DATA DE VENCIMENTO. MATÉRIA DE DIREITO CONTRATUAL. VÍCIO DE INICIATIVA. 1.

[27] ADI 5357, Relator(a): Min. EDSON FACHIN, julgado em 18/02/2016, publicado em PROCESSO ELETRÔNICO DJe-033 DIVULG 22/02/2016 PUBLIC 23/02/2016, acessado em março de 2016.

> Os serviços de educação, seja os prestados pelo Estado, seja os prestados por particulares, configuram serviço público não privativo, podendo ser desenvolvidos pelo setor privado independentemente de concessão, permissão ou autorização. 2. Nos termos do artigo 22, inciso I, da Constituição do Brasil, compete à União legislar sobre direito civil. 3. Pedido de declaração de inconstitucionalidade julgado procedente"[28].

Os serviços de educação, mesmo prestados por entidades privadas, são considerados públicos, sendo obrigatória a observância das normas gerais de educação nacional. Para BARROS:

> "Constituem as instituições privadas de educação em verdadeiras prestadoras de serviços públicos, não obstante tais serviços não sejam exercidos por uma entidade estatal. Assim, encontram-se tais entidades submetidas aos mais diversos princípios e normas regulamentadores da atividade educacional, dentre elas a garantia às pessoas com deficiência do acesso em igualdade de condições (inclusive financeiras) com os demais alunos aos serviços educacionais prestados" (BARROS, 2013, p. 143).

As providências exigidas no Estatuto das Pessoas com Deficiência estão em consonância com o princípio da isonomia, tendo em vista que os espaços privados não podem se converter em locais de exclusão. Tratam-se, na verdade, de medidas que se enquadram no conceito de adaptação razoável.

Nos termos do artigo 2º, da Convenção Internacional sobre os Direitos das Pessoas com Deficiência, entende-se por adaptação razoável, como sendo as "modificações e os ajustes necessários e adequados que não acarretem ônus desproporcional ou indevido, quando requeridos em cada caso, a fim de assegurar que as pessoas com deficiência possam gozar ou exercer, em igualdade de oportunidades com as demais pessoas, todos os direitos humanos e liberdades fundamentais".

A Lei 13.146/2015 parte do conceito de adaptação razoável para estabelecer um mínimo necessário para que os estudantes com deficiência possam desenvolver suas atividades educacionais em igualdade de condições. Conforme ensina MARTEL:

> "Todas as pessoas com deficiência fazem jus à adaptação razoável, desde que possuam as competências, qualificações, títulos, etc., necessários ao cargo, função ou atividade para a qual pleiteiam a adaptação. Por exemplo, uma pessoa cega não poderá – até o momento – exigir adaptação razoável para a função de motorista de ônibus, eis que não detém, justificadamente, habilidades e certificações exigidas. Mas poderia fazê-lo para assumir o cargo de procurador do estado, caso aprovado em concurso e com as devidas qualificações universitárias. No tema, há um cuidado importante. A deficiência por vezes oblitera integralmente o exercício de algumas atividades, inexistindo uma acomodação razoável apta a ofertar alternativas. Porém, há um sem número de hipóteses nas quais é o hábito arraigado e já irrefletido que leva a imaginar que uma pessoa com determinada deficiência não poderá exercer certas atividades. Não se pode esquecer que um dos propósitos da adaptação razoável é justamente a abertura para a revisão de práticas, hábitos, métodos com quais se molda o ambiente" (MARTEL, 2011, p. 105).

Os custos decorrentes das acomodações necessárias serão justificáveis se, de um lado, não gerarem um ônus indevido aos particulares, e, de outro, serem

[28] ADI 1266, Relator(a): Min. EROS GRAU, Tribunal Pleno, julgado em 06/04/2005, DJ 23-09-2005 PP-00006 EMENT VOL-02206-1 PP-00095 LEXSTF v. 27, nº 322, 2005, p. 27-36, acessado em março de 2016.

imprescindíveis para garantir, de maneira plena, o direito à educação dos estudantes com deficiência. A adaptação razoável compete não só ao poder público, mas também aos particulares que prestem serviços de interesse público. Assim, constatando-se que as ações pretendidas não constituem um encargo desmedido e são meios eficazes para atender as necessidades da pessoa com deficiência e evitar o seu estigma, forçoso será reconhecer a sua adequação. Seguindo as lições de MARTEL:

> "Razoável e ônus indevido compõem um binômio, com atuação conjunta. A defesa para a não-acomodação está no ônus indevido, de modo que a análise torna – e facilitada e mais clara no exame dos ônus. Recomenda-se que o termo razoável seja interpretado como o que é eficaz para adaptar o ambiente material e normativo às necessidades da pessoa com deficiência com o mínimo de segregação e estigma possível, com atenção às particularidades que tornam permissível excepcionar ou flexibilizar enunciados e práticas gerais. Eficaz não se restringe apenas a aspectos práticos, pelo contrário, é extensível aos aspectos menos palpáveis, como evitar o estigma, a humilhação, o constrangimento" (MARTEL, 2011, p. 106).

O Ministro Edson Fachin, na decisão monocrática supracitada, bem registrou que:

> "Não é possível sucumbir a argumentos fatalistas que permitam uma captura da Constituição e do mundo jurídico por supostos argumentos econômicos que, em realidade, se circunscrevem ao campo retórico. Sua apresentação desacompanhada de sério e prévio levantamento a dar-lhes sustentáculo, quando cabível, não se coaduna com a nobre legitimidade atribuída para se incoar a atuação desta Corte. Inclusive o olhar voltado ao econômico milita em sentido contrário ao da suspensão da eficácia dos dispositivos impugnados. Como é sabido, as instituições privadas de ensino exercem atividade econômica e, enquanto tal, devem se adaptar para acolher as pessoas com deficiência, prestando serviços educacionais que não enfoquem a questão da deficiência limitada à perspectiva médica, mas também ambiental. Esta última deve ser pensada a partir dos espaços, ambientes e recursos adequados à superação de barreiras – as verdadeiras deficiências de nossa sociedade. Tais requisitos, por mandamento constitucional, aplicam-se a todos os agentes econômicos, de modo que há verdadeiro perigo inverso na concessão da cautelar. Perceba-se: corre-se o risco de se criar às instituições particulares de ensino odioso privilégio do qual não se podem furtar os demais agentes econômicos. Privilégio odioso porque oficializa a discriminação".

A educação inclusiva tem assento na Constituição, bem como em atos internacionais em que o país é signatário, sendo imprescindível que a lei estabeleça os meios para viabilizá-la em todos os estabelecimentos de ensino, públicos ou privados, sendo ilegítima a cobrança de valores adicionais dos estudantes com deficiência.

3. POLÍTICAS PÚBLICAS DE EDUCAÇÃO

3.1. Conceito de políticas públicas

Política pública é "o programa de ação governamental que resulta de um processo ou conjunto de processos juridicamente regulados (processo eleitoral, processo de planejamento, processo de governo, processo orçamentário, processo legislativo, processo administrativo, processo judicial), visando coordenar os meios à disposição do Estado e as atividades privadas, para a realização de objetivos socialmente relevantes e politicamente determinados." (BUCCI, 2013, p. 38).

A tipologia do ciclo da política pública é formada por diversas fases, que interagem entre si: 1) identificação de problemas; 2) conformação da agenda; 3) formulação; 4) implementação e; 5) avaliação da política. Sobre o tema, precisas são as colocações de Serafim e Dias:

> "A materialização de uma política pública passa por alguns momentos de maturação. A modelização do processo de elaboração de uma política é denominada de ciclo da política ("*policy cycle*'). Uma extensa bibliografia (JONES, 1970; MENY; THOENIG, 1992; DYE, 1984; FREY, 2000), com a qual compartilhamos esse entendimento, divide o ciclo em cinco momentos sucessivos, interligados e dinâmicos: 1. identificação de problemas; 2. conformação da agenda; 3. formulação; 4. implementação e; 5. avaliação da política." (SERAFIM e DIAS, 2012, p. 128).

Em face das múltiplas possibilidades existentes, as políticas públicas irão refletir para os atores que participam do jogo político os posicionamentos adotados, na medida em que algumas questões e propostas serão consideradas e trabalhadas, ao passo que outras nunca serão levadas a sério. A melhor maneira de entender o surgimento de alternativas para políticas públicas é vê-lo como um processo de seleção, que pode ser comparado ao processo de seleção natural.

Para Kingdon, as formulações de políticas públicas são um conjunto de processos, que, no mínimo, incluem: 1) a especificação das alternativas que serão consideradas; 2) o estabelecimento de uma agenda; 3) a escolha de uma das alternativas, seja pelo legislativo, seja pelo executivo; 4) a implementação dessa decisão. (KINGDON, 1995, p. 221).

Em matéria de educação devem ser destacados os programas governamentais voltados para a alimentação escolar, transporte escolar, distribuição de livros didáticos e transferência de recursos federais diretamente para as escolas.

Cumpre ressaltar que a jurisprudência pátria vem se posicionando no sentido da possibilidade do controle judicial de políticas públicas essenciais, como é o caso da educação:

> "ADMINISTRATIVO – AÇÃO CIVIL PÚBLICA – CONTROLE JUDICIAL DE POLÍTICAS PÚBLICAS – POSSIBILIDADE EM CASOS EXCEPCIONAIS – DIREITO À SAÚDE – FORNECIMENTO DE EQUIPAMENTOS A HOSPITAL UNIVERSITÁRIO – MANIFESTA NECESSIDADE – OBRIGAÇÃO DO ESTADO – AUSÊNCIA DE VIOLAÇÃO DO PRINCÍPIO DA SEPARAÇÃO DOS PODERES – NÃO-OPONIBILIDADE DA RESERVA DO POSSÍVEL AO MÍNIMO EXISTENCIAL.
>
> 1. Não comporta conhecimento a discussão a respeito da legitimidade do Ministério Público para figurar no polo ativo da presente ação civil pública, em vista de que o Tribunal de origem decidiu a questão unicamente sob o prisma constitucional.
>
> 2. Não há como conhecer de recurso especial fundado em dissídio jurisprudencial ante a não-realização do devido cotejo analítico.
>
> 3. A partir da consolidação constitucional dos direitos sociais, a função estatal foi profundamente modificada, deixando de ser eminentemente legisladora em pró das liberdades públicas, para se tornar mais ativa com a missão de transformar a realidade social. Em decorrência, não só a administração pública recebeu a incumbência de criar e implementar políticas públicas necessárias à satisfação dos fins constitucionalmente

delineados, como também, o Poder Judiciário teve sua margem de atuação ampliada, como forma de fiscalizar e velar pelo fiel cumprimento dos objetivos constitucionais.

4. Seria uma distorção pensar que o princípio da separação dos poderes, originalmente concebido com o escopo de garantia dos direitos fundamentais, pudesse ser utilizado justamente como óbice à realização dos direitos sociais, igualmente fundamentais. Com efeito, a correta interpretação do referido princípio, em matéria de políticas públicas, deve ser a de utilizá-lo apenas para limitar a atuação do judiciário quando a administração pública atua dentro dos limites concedidos pela lei. Em casos excepcionais, quando a administração extrapola os limites da competência que lhe fora atribuída e age sem razão, ou fugindo da finalidade a qual estava vinculada, autorizado se encontra o Poder Judiciário a corrigir tal distorção restaurando a ordem jurídica violada.

5. O indivíduo não pode exigir do estado prestações supérfluas, pois isto escaparia do limite do razoável, não sendo exigível que a sociedade arque com esse ônus. Eis a correta compreensão do princípio da reserva do possível, tal como foi formulado pela jurisprudência germânica. Por outro lado, qualquer pleito que vise a fomentar uma existência minimamente decente não pode ser encarado como sem motivos, pois garantir a dignidade humana é um dos objetivos principais do Estado Democrático de Direito. Por este motivo, o princípio da reserva do possível não pode ser oposto ao princípio do mínimo existencial.

6. Assegurar um mínimo de dignidade humana por meio de serviços públicos essenciais, dentre os quais a educação e a saúde, é escopo da República Federativa do Brasil que não pode ser condicionado à conveniência política do administrador público. A omissão injustificada da administração em efetivar as políticas públicas constitucionalmente definidas e essenciais para a promoção da dignidade humana não deve ser assistida passivamente pelo Poder Judiciário.

Recurso especial parcialmente conhecido e improvido"[29].

"EMENTA: AGRAVO REGIMENTAL EM RECURSO EXTRAORDINÁRIO COM AGRAVO. IMPLEMENTAÇÃO DE POLÍTICAS PÚBLICAS. DETERIORAÇÃO DAS INSTALAÇÕES DE INSTITUIÇÃO PÚBLICA DE ENSINO. CONSTRUÇÃO DE NOVA ESCOLA. POSSIBILIDADE. INEXISTÊNCIA DE VIOLAÇÃO AO PRINCÍPIO DA SEPARAÇÃO DOS PODERES. GARANTIA DO DIREITO À EDUCAÇÃO BÁSICA. PRECEDENTES. As duas Turmas do Supremo Tribunal Federal possuem entendimento de que é possível ao Judiciário, em situações excepcionais, determinar ao Poder Executivo a implementação de políticas públicas para garantir direitos constitucionalmente assegurados, a exemplo do direito ao acesso à educação básica, sem que isso implique ofensa ao princípio da separação dos Poderes. Precedentes. Agravo regimental a que se nega provimento"[30].

"Agravo regimental em recurso extraordinário com agravo. 2. Direito Constitucional. Direito à educação. 3. Centro de educação em condições precárias. Revolvimento do acervo fático-probatório e da legislação infraconstitucional aplicável à espécie. Súmula 279. 4. Dever constitucional do Estado. Possibilidade de intervenção do Poder Judiciário em políticas públicas para efetivação de direitos fundamentais. 5. Ausência de argumentos capazes de infirmar a decisão agravada. 6. Agravo regimental a que se nega provimento"[31].

"EMENTA: AGRAVO REGIMENTAL NO RECURSO EXTRAORDINÁRIO. AÇÃO CIVIL PÚBLICA. CARÊNCIA DE PROFESSORES. UNIDADES DE ENSINO PÚBLICO. OMISSÃO DA ADMINISTRAÇÃO. EDUCAÇÃO. DIREITO FUNDAMENTAL INDISPONÍVEL. DEVER DO ESTADO. ARTS.

29 REsp 1041197/MS, Rel. Ministro HUMBERTO MARTINS, SEGUNDA TURMA, julgado em 25/08/2009, DJe 16/09/2009, acessado em março de 2016.

30 ARE 761127 AgR, Relator(a): Min. ROBERTO BARROSO, Primeira Turma, julgado em 24/06/2014, ACÓRDÃO ELETRÔNICO DJe-158 DIVULG 15-08-2014 PUBLIC 18-08-2014, acessado em março de 2016.

31 ARE 769977 AgR, Relator(a): Min. GILMAR MENDES, Segunda Turma, julgado em 28/10/2014, PROCESSO ELETRÔNICO DJe-228 DIVULG 19-11-2014 PUBLIC 20-11-2014, acessado em março de 2016.

205, 208, IV E 211, PARÁGRAFO 2º, DA CONSTITUIÇÃO DO BRASIL. 1. A educação é um direito fundamental e indisponível dos indivíduos. É dever do Estado propiciar meios que viabilizem o seu exercício. Dever a ele imposto pelo preceito veiculado pelo artigo 205 da Constituição do Brasil. A omissão da Administração importa afronta à Constituição. 2. O Supremo fixou entendimento no sentido de que "[a] educação infantil, por qualificar-se como direito fundamental de toda criança, não se expõe, em seu processo de concretização, a avaliações meramente discricionárias da Administração Pública, nem se subordina a razões de puro pragmatismo governamental[...]. Embora resida, primariamente, nos Poderes Legislativo e Executivo, a prerrogativa de formular e executar políticas públicas, revela-se possível, no entanto, ao Poder Judiciário determinar, ainda que em bases excepcionais, especialmente nas hipóteses de políticas públicas definidas pela própria Constituição, sejam essas implementadas pelos órgãos estatais inadimplentes, cuja omissão – por importar em descumprimento dos encargos políticos-jurídicos que sobre eles incidem em caráter mandatório – mostra-se apta a comprometer a eficácia e a integridade de direitos sociais impregnados de estatura constitucional". Precedentes. Agravo regimental a que se nega provimento"[32].

3.2. Avaliação das políticas públicas de educação

Em razão dos três entes federativos possuírem responsabilidades constitucionais para o oferecimento do serviço público de educação, a União, os Estados e os Municípios desenvolvem diuturnamente políticas públicas voltadas para o tema.

No entanto, a multiplicação das referidas políticas e o incremento de recursos investidos, na prática, não têm sido suficientes para elevar de maneira satisfatória os atuais indicadores educacionais. Com efeito, na avaliação feita pela Organização para Cooperação e Desenvolvimento Econômico – OCDE –, considerando os itens coletados pelo Programa Internacional de Avaliação de Estudantes – Pisa –, o Brasil está em 60º lugar no *ranking* feito com 76 países.

Mostra-se, portanto, imprescindível que se avalie se as políticas públicas idealizadas pelo Poder Executivo e, por vezes, sufragadas pelo Legislativo estão sendo devidamente executadas. A avaliação é importante, inclusive, para que a sociedade possa apreciar a conveniência das referidas políticas serem mantidas ou modificadas.

Nessa toada, o Ministério Público, como guardião dos interesses sociais e individuais indisponíveis, tem o dever de acompanhar e exigir o aperfeiçoamento das avaliações das políticas públicas educacionais.

A avaliação de política pública é "uma análise ponderada e sistemática da operação e/ou dos resultados de uma política ou um programa, em confronto com um conjunto de padrões implícitos ou explícitos, tendo como objetivo contribuir para o aperfeiçoamento desse programa ou política" (WEISS, 1998, p. 4).

Para Costa e Castanhar, a avaliação de política pública pode ser desenvolvida de acordo com os seguintes critérios: eficiência, eficácia, impacto ou efetividade, sustentabilidade, análise custo-efetividade, satisfação do beneficiário e equidade. Os autores assim descrevem os referidos critérios:

[32] RE 594018 AgR, Relator(a): Min. EROS GRAU, Segunda Turma, julgado em 23/06/2009, DJe-148 DIVULG 06-08-2009 PUBLIC 07-08-2009 EMENT VOL-02368-11 PP-02360 RTJ VOL-00211 – PP-00564 RMP nº 43, 2012, p. 217-225, acessado em março de 2016.

> "Eficiência: termo originado nas Ciências Econômicas que significa a menor relação custo/benefício possível para o alcance dos objetivos estabelecidos no programa; Eficácia: medida do grau em que o programa atinge os seus objetivos e metas; Impacto ou efetividade: indica se o projeto tem efeitos positivos no ambiente externo em que ele interveio, em termos técnicos, econômicos, socioculturais, institucionais e ambientais; Sustentabilidade: mede a capacidade de continuidade dos efeitos benéficos alcançados através do programa social em questão, após o seu término; Análise custo-efetividade: similar à ideia de custo de oportunidade e ao conceito de pertinência. É feita a comparação de formas alternativas da ação social para a obtenção de determinados impactos, para ser selecionada aquela atividade/projeto que atenda àqueles objetivos ao menor custo; Satisfação do beneficiário: avalia a atitude do usuário em relação à qualidade do atendimento que está obtendo do programa; Equidade: procura avaliar o grau em que os benefícios de um programa estão sendo distribuídos de maneira justa e compatível com as necessidades do usuário" (COSTA e CASTANHAR, 2003, p. 64).

As classificações de avaliação de política mais utilizadas pela doutrina (COTTA, 2001, p. 91) são: 1) em função do seu *timing*, de modo que a avaliação pode ser antes, durante ou depois da implementação da política ou programa; 2) em função da posição do avaliador em relação ao objeto avaliado, sendo, neste caso, interna, externa ou semi-independente; 3) em razão da natureza do objeto avaliado, podendo ser avaliação de processos ou de impactos.

A avaliação *ex ante*, realizada antes da implementação da política pública, consiste na análise de custo-benefício, custo-efetividade e das taxas de retorno econômico dos investimentos previstos. A avaliação *in itinere*, também chamada de formativa, é realizada ao longo da implementação de um programa, servindo como um processo de aprendizagem, que visa melhorar a gestão do trabalho desenvolvido. Na avaliação *ex post* ou somativas, por sua vez, estuda-se a eficácia e o julgamento do valor geral da política pública (PITTOL TREVISAN e VAN BELLEN, 2008, p. 541).

No que se refere à posição do avaliador em relação ao objeto avaliado, há grande controvérsia em apontar se é preferível que a avaliação seja feita por um avaliador interno, que pertença ao órgão que está implementando o programa, ou externo. A avaliação pode, ainda, ser conduzida por avaliador semi-independente, ou seja, por uma equipe composta por agentes ligados à execução da política pública e por especialistas externos contratados pela administração.

Para Weiss, os fatores que devem ser considerados na escolha do avaliador, independentemente da posição em que ele se encontra são os seguintes: 1) habilidades e conhecimentos da equipe de avaliação; 2) objetividade e neutralidade dos avaliadores em relação à interpretação dos achados; 3) capacidade dos avaliadores em compreender o programa; 4) potencial de uso dos achados no desenvolvimento do programa; e 5) autonomia da equipe de avaliação (WEISS, 1998, p. 37-39).

No tocante à natureza do objeto avaliado, tem-se a avaliação de processos e de impactos.

A avaliação de processos visa a aferição da eficácia da política pública, verificando-se se o programa foi ou está sendo implementado de acordo com as diretrizes estabelecidas para a sua execução e se as metas foram ou serão atingidas. Nesta linha de avaliação, a doutrina destaca os seguintes tipos de pesquisa: a) avaliação de metas ou resultados; b) avaliação de meios-metodologia de implantação; c) avaliação de relação custo/benefício e/ou custo/resultado (FIGUEIREDO e FIGUEIREDO, 1986, p. 112).

A avaliação de impacto busca aferir os efeitos da política pública sobre a população-alvo, de modo a identificar uma relação de causalidade entre o programa e as alterações nas condições sociais.

A avaliação de resultados ou metas é o tipo mais simples e comum, e o mais difundido. O critério de sucesso usado é o da eficácia objetiva, isto é, se as metas atingidas são iguais, superiores ou inferiores às metas propostas. Para aferir o sucesso ou fracasso do programa, adota-se modelo analítico através do qual é medida a diferença entre a meta atingida e a proposta inicial, verificando-se se esta diferença está dentro de limites toleráveis.

Na avaliação de meios com intenção instrumental, o critério de sucesso usado é o da eficácia funcional, onde se busca aferir se os meios e a metodologia do programa estão sendo desenvolvidos conforme definido previamente. Há, ainda, a avaliação de meios com intenção moral, em que são usados os critérios da eficácia administrativa e contábil, adotando-se a auditoria como modelo analítico.

As avaliações da relação custo-benefício e custo-resultado adotam a noção de otimização dos recursos disponíveis, seguindo o critério de eficiência. Saliente-se que nos termos preconizado por Figueiredo e Figueiredo:

> "O conceito de eficiência na esfera pública é bidimensional. Vemos, de um lado, a eficiência instrumental, definida pela relação estrita entre custos econômicos e benefícios que são, em geral, tangíveis e divisíveis; de outro, temos a eficiência política, definida pela relação entre os "custos" sociais ou políticos, e os benefícios deles derivados" (FIGUEIREDO e FIGUEIREDO, 1986, p. 114).

Para a compreensão da avaliação de impacto, importante registrar que os impactos podem ser classificados de três formas, sendo certo que a existência de um não é excludente de outro: 1) objetivos, que geram mudanças quantitativas nas condições da população-alvo; 2) subjetivos, que alteram o "estado de espírito" da população; 3) substantivo, que mudam qualitativamente as condições de vida da população (FIGUEIREDO e FIGUEIREDO, 1986, p. 116).

Conforme o tipo de impacto que se pretende avaliar, será utilizado um critério de sucesso distinto. Haverá, portanto, um critério de aferição da efetividade objetiva, em que será verificada a mudança quantitativa entre o antes e o depois da execução do programa, um da efetividade subjetiva, em que será aferida a percepção da população sobre a adequação dos resultados objetivos dos programas aos seus desejos, aspirações e demandas, e um da efetividade qualitativa, em que se buscará identificar as mudanças qualitativas nas condições sociais de vida da população-alvo.

As pesquisas de avaliação de políticas de impacto se valerão de métodos analíticos experimentais, de modo que os avaliadores devem passar por todos os problemas metodológicos que estes desenhos analíticos têm quando se trata de pesquisa social. Na realidade, nas pesquisas de avaliação de políticas sociais, haverá desenhos quase-experimentais, uma vez que que não é possível controlar todas as variáveis que interferem no experimento.

De todo modo, a escolha do método de avaliação de política não deve se basear pela preferência pessoal do avaliador, na medida em que existe uma conexão lógica entre os objetivos da avaliação, os critérios de avaliação e os modelos analíticos existentes.

A ausência de discricionariedade na escolha do método de avaliação de política pública reforça a condição científica da pesquisa, na medida em que o conhecimento que se pretende obter deve ser livre de valores e transmissível. Vale dizer, o avaliador tem que estar preparado para explicar suas opções, para que não restem dúvidas de que a metodologia utilizada não influiu nos resultados alcançados.

3.3. Programa nacional de alimentação escolar

A alimentação adequada é um direito fundamental do ser humano, reconhecido internacionalmente pela Declaração Universal dos Direitos Humanos, em seu artigo 25, e pelo Pacto Internacional de Direitos Econômicos, Sociais e Culturais – PIDESC, em seu artigo 11, sendo inerente à dignidade da pessoa humana e indispensável à realização dos direitos consagrados na Constituição da República, conforme disciplina a Lei nº 11.346, de 15 de setembro de 2006, que cria o Sistema Nacional de Segurança Alimentar e Nutricional.

O artigo 208, VII, da Constituição da República dispõe que o dever do Estado com a educação será efetivado, entre outras, mediante a garantia de atendimento ao educando, em todas as etapas da educação básica, através de programas suplementares de material didático escolar, transporte, alimentação e assistência à saúde.

A participação da União para a compra de alimento escolar iniciou-se na década de 1950, com o Decreto 37.106/1955, que criou a Campanha de Merenda Escolar. Após seguidas alterações de nomenclatura, em 1979 passa-se a utilizar a denominação de Programa Nacional de Alimentação Escolar – PNAE.

Atualmente, o programa está disciplinado pela Lei 11.947/2009 e visa garantir a segurança alimentar e nutricional dos alunos, contribuindo para sua aprendizagem, rendimento e permanência na escola. O programa assegura, por meio da transferência de recursos financeiros, a alimentação escolar dos alunos matriculados na rede pública e filantrópicas de educação básica.

O PNAE tem caráter suplementar, ou seja, a União apenas complementa os recursos destinados para a alimentação escolar, pois a responsabilidade primária pelo serviço é do ente federativo incumbido por cada rede de ensino. Saliente-se que a alimentação escolar é direito dos alunos da educação básica pública e dever do Estado, não podendo deixar de ser prestada sob a alegação de insuficiência dos recursos repassados pela União.

O artigo 2º, da Lei 11.947/2009, estabelece as seguintes diretrizes para a alimentação escolar: I – o emprego da alimentação saudável e adequada, compreendendo o uso de alimentos variados, seguros, que respeitem a cultura, as tradições e os hábitos alimentares saudáveis, contribuindo para o crescimento e o desenvolvimento dos alunos e para a melhoria do rendimento escolar, em conformidade com a sua faixa etária e seu estado de saúde, inclusive dos que necessitam de atenção específica; II – a inclusão da educação alimentar e nutricional no processo de ensino e aprendizagem, que perpassa pelo currículo escolar, abordando o tema alimentação e nutrição e o desenvolvimento de práticas saudáveis de vida, na perspectiva da segurança alimentar e nutricional; III – a universalidade do atendimento aos alunos matriculados na rede pública de educação básica; IV – a participação da comunidade no controle social, no acompanhamento das ações realizadas pelos Estados, pelo Distrito Federal e pelos Municípios para garantir a oferta da alimentação escolar saudável e adequada; V – o apoio ao desenvolvimento sustentável, com incentivos para a aquisição de gêneros alimentícios diversificados, produzidos em âmbito local e preferencialmente pela agricultura familiar e pelos empreendedores familiares rurais, priorizando as comunidades tradicionais indígenas e de remanescentes de quilombos; VI – o direito à alimentação escolar, visando a garantir segurança alimentar e nutricional dos alunos, com acesso de forma igualitária, respeitando as diferenças biológicas entre idades e condições de saúde dos alunos que necessitem de atenção específica e aqueles que se encontram em vulnerabilidade social.

Para a adequada prestação do serviço de alimentação escolar mostra-se imprescindível verificar, dentre outros quesitos: I) se os cardápios oferecem, pelo menos, três porções de frutas e hortaliças, por semana, nas refeições ofertadas e se foram preparados por nutricionista; II) no caso da alimentação ser preparada na escola, se esta possui cozinha minimamente equipada e local adequado para a estocagem de produtos alimentícios; III) se a escola possui refeitório; IV) se a alimentação oferecida é suficiente para atender adequadamente a todos os alunos da escola; V) se são aplicados testes de aceitabilidade da alimentação com os alunos; VI) se há aquisição de gêneros alimentícios diversificados, produzidos em âmbito local e preferencialmente pela agricultura familiar.

Em muitos Municípios brasileiros os recursos repassados pelo PNAE, em que pese por vezes insuficiente, representa um percentual significativo da receita municipal, o que acaba por atrair a ganância de gestores mal-intencionados. Em recente balanço apresentado pela Controladoria Geral da União, constatou-se que entre os anos de 2003 e 2015 mais de dois bilhões de reais transferidos pela União para a alimentação e transporte escolar foram desviados.

Acompanhar a adequação da prestação do serviço de alimentação escolar é um grande desafio. Neste sentido, a lei estabelece que o Fundo Nacional de Desenvolvimento da Educação – FNDE, que faz os repasses dos recursos, os entes responsáveis pelos sistemas de ensino e os órgãos de controle externo e interno federal, estadual e municipal deverão criar, segundo suas competências próprias ou na forma de rede integrada, mecanismos adequados à fiscalização e ao monitoramento da execução do PNAE.

Ademais, os Estados, Municípios e Distrito Federal, obrigatoriamente, para o recebimento das verbas, deverão instituir o Conselho de Alimentação Escolar – CAE, a quem compete: I – acompanhar e fiscalizar o cumprimento das diretrizes do programa; II – acompanhar e fiscalizar a aplicação dos recursos destinados à alimentação escolar; III – zelar pela qualidade dos alimentos, em especial quanto às condições higiênicas, bem como a aceitabilidade dos cardápios oferecidos; IV

– receber o relatório anual de gestão do PNAE e emitir parecer conclusivo a respeito, aprovando ou reprovando a execução do Programa.

A aprovação ou reprovação da prestação de contas, todavia, será feita pelo FNDE, que poderá suspender os repasses dos recursos quando os entes federados: I – não constituírem o respectivo CAE ou deixarem de efetuar os ajustes necessários, visando ao seu pleno funcionamento; II – não apresentarem a prestação de contas dos recursos anteriormente recebidos para execução do PNAE; III – cometerem irregularidades na execução do PNAE.

A atribuição para a persecução penal e a apuração dos atos de improbidade administrativa decorrentes de desvios de recursos do PNAE será do Ministério Público Federal. O Supremo Tribunal Federal reconheceu que quando o controle e a fiscalização competem, ainda que não exclusivamente, a órgãos e entidades da União, haverá interesse federal que justificará a atribuição do MPF para atuar, independente de se tratar de transferência automática de verbas e da inclusão dos valores recebidos nos orçamentos das unidades respectivas[33].

No tocante à execução do serviço de alimentação escolar, em princípio, a atribuição será do Ministério Público dos Estados e do Distrito Federal para apurar eventual irregularidade, tendo em vista que a responsabilidade pela prestação do mencionado serviço é do ente federativo incumbido por cada rede de ensino. Contudo, nas hipóteses em que a irregularidade implicar em um desvirtuamento do programa que possa, inclusive, ensejar a suspensão do repasse dos recursos pelo FNDE, a atribuição será do Ministério Público Federal, em face do evidente interesse federal de que a política pública seja executada seguindo as diretrizes planejadas.

3.4. Programa de transporte escolar

O artigo 208, VII, da Constituição da República dispõe que o dever do Estado com a educação será efetivado mediante a garantia de atendimento ao educando, em todas as etapas da educação básica, através de, entre outros, programas suplementares de transporte.

A falta do transporte escolar gratuito para os alunos constitui barreira intransponível ao exercício do direito à educação constitucionalmente garantido. A meta 7 do Plano Nacional de Educação – PNE é fomentar a qualidade da educação básica em todas as etapas e modalidades, sendo certo que para esse mister uma das estratégias é justamente ampliar programas e aprofundar ações de atendimento ao aluno, em todas as etapas da educação básica, por meio de programas suplementares de material didático-escolar, transporte, alimentação e assistência à saúde.

Outrossim, os artigos 10, VII, e 11, VI, da Lei 9.394/96, Lei de Diretrizes e Bases da Educação, determinam que Estados, Municípios e o Distrito Federal assumam o transporte escolar dos alunos de suas redes de ensino. Apesar de não haver disposição legal expressa no sentido de que a União é responsável pelo transporte

33 Pet 5073, Relator(a): Min. MARCO AURÉLIO, julgado em 26/08/2013, publicado em PROCESSO ELETRÔNICO DJe-171 DIVULG 30/08/2013 PUBLIC 02/09/2013. Acessado em março de 2016. Em que pese o caso concreto se referir a outros programas do governo federal, os fundamentos da decisão se aplicam integralmente ao PNAE.

escolar gratuito dos alunos da rede federal de ensino básico, esta conclusão é corolário do próprio texto constitucional, que no artigo 208, § 1º, determina que o acesso ao ensino obrigatório e gratuito é direito público subjetivo, e no artigo 211, **§ 1º, esclarece que a União organizará o sistema federal de ensino, financiando as instituições de ensino públicas federais.**

O transporte dos alunos da rede pública deve ser gratuito, podendo o gestor optar em ter uma frota própria de veículos, contratar terceiros para a prestação do serviço ou, no âmbito de sua discricionariedade administrativa, utilizar-se do instrumento da gratuidade no serviço de transporte público. Para cada uma dessas opções haverá a necessidade de acompanhamentos específicos para verificar se a oferta de transporte escolar está adequada.

Inicialmente, deve-se salientar que os artigos 136, 137 e 138, da Lei 9.503/97, o Código de Trânsito Brasileiro, estabelecem uma série de requisitos mínimos a serem observados pelos veículos destinados ao transporte coletivo de escolares, que englobam não só itens obrigatórios de segurança, mas também exigências direcionadas aos seus respectivos condutores.

Assim, os veículos especialmente destinados à condução coletiva de escolares deverão, para circular nas vias com autorização do órgão de trânsito, possuir: I – registro como veículo de passageiros; II – inspeção semestral para verificação dos equipamentos obrigatórios e de segurança; III – pintura de faixa horizontal na cor amarela, com quarenta centímetros de largura, à meia altura, em toda a extensão das partes laterais e traseira da carroçaria, com o dístico ESCOLAR, em preto, sendo que, em caso de veículo de carroçaria pintada na cor amarela, as cores aqui indicadas devem ser invertidas; IV – equipamento registrador instantâneo inalterável de velocidade e tempo; V – lanternas de luz branca, fosca ou amarela dispostas nas extremidades da parte superior dianteira e lanternas de luz vermelha dispostas na extremidade superior da parte traseira; VI – cintos de segurança em número igual à lotação; VII – outros requisitos e equipamentos obrigatórios estabelecidos pelo CONTRAN.

De outro giro, os condutores dos transportes escolares devem: I – ter idade superior a vinte e um anos; II – ser habilitado na categoria D; III – não ter cometido nenhuma infração grave ou gravíssima, ou ser reincidente em infrações médias durante os doze últimos meses; IV – apresentar, previamente, certidão negativa do registro de distribuição criminal relativamente aos crimes de homicídio, roubo, estupro e corrupção de menores, renovável a cada cinco anos, junto ao órgão responsável pela respectiva concessão ou autorização.

Caso seja constatada a inobservância dos requisitos legais supra, não só o gestor responsável pela rede de ensino deve ser convocado para prestar esclarecimentos e proceder as devidas reparações, mas, especialmente, os órgãos de trânsito responsáveis pela fiscalização devem ser compelidos a realizar a inspeção dos veículos escolares e a identificação dos condutores, para, se for o caso, aplicar a multa e a retenção do veículo, na forma do artigo 230, XX, do Código de Trânsito Brasileiro.

Na hipótese do ente federado optar em ter veículos próprios ou contratar terceiros para prestar o serviço, deve-se apurar se a frota disponibilizada é proporcional ao número de alunos que necessitam de transporte escolar na rede pública de ensino. Isto porque, por vezes, em que pese existir o serviço de transporte escolar, este não atende a totalidade dos alunos, o que, necessariamente, deve ser reparado.

Nos casos em que se opta pela gratuidade no serviço de transporte público, deve-se apurar se este atende satisfatoriamente aos locais em que estão as escolas e os alunos, especialmente os que estão situados em lugares mais afastados. Constatando-se a ausência do serviço regular de transporte público o ente federado deverá atender a demanda utilizando veículos escolares próprios ou terceirizados.

O Ministério da Educação executa atualmente dois programas voltados ao transporte escolar: o Caminho da Escola, que visa a aquisição de veículos escolares padronizados; e o Programa Nacional de Apoio ao Transporte do Escolar – Pnate –, que visa atender alunos moradores da zona rural por meio de assistência financeira, em caráter suplementar, aos Estados, Distrito Federal e Municípios.

O Programa Caminho da Escola está disciplinado pelo Decreto nº 6.768/2009, e tem por objetivos renovar a frota de veículos escolares das redes municipal e estadual de educação básica na zona rural, garantir a qualidade e segurança do transporte escolar na zona rural, garantir o acesso e a permanência dos estudantes moradores da zona rural nas escolas da educação básica; reduzir a evasão escolar e reduzir o preço de aquisição dos veículos necessários ao transporte escolar na zona rural.

A aquisição é feita por meio de pregão eletrônico, existindo três formas de participação dos Estados e Municípios: I) aderindo ao pregão, utilizando recursos próprios; II) firmando convênio com o FNDE; ou III) utilizando financiamento do Banco Nacional de Desenvolvimento Econômico e Social – BNDES.

O Pnate foi instituído pela Lei nº 10.880/2004, e consiste na transferência automática de recursos financeiros, sem necessidade de convênio ou outro instrumento, para custear despesas com reforma, seguros, licenciamento, impostos e taxas, pneus, câmaras, serviços de mecânica em freio, suspensão, câmbio, motor, elétrica e funilaria, recuperação de assentos, combustível e lubrificantes do veículo ou da embarcação utilizada para o transporte de alunos da educação básica pública residentes em área rural. Os recursos também podem ser utilizados para o pagamento de serviços contratados junto a terceiros para o transporte escolar.

Uma situação que ocorre com frequência é a utilização de veículos escolares municipais financiados com verbas do Pnate para servir alunos de ensino superior. Até a edição da Lei 12.816/2013 essa prática não era permitida. Contudo, o artigo 5º, do mencionado diploma legal, autorizou a utilização dos veículos, desde que não haja prejuízo às finalidades do apoio concedido pela União.

Deve-se salientar que nos termos do artigo 211, § 2º, da Constituição da República, e do já citado artigo 11, VI da Lei 9.394/96, os Municípios devem atuar, prioritariamente, no ensino fundamental e na educação infantil, sendo seu dever promover o transporte escolar dos alunos da rede municipal de ensino. Nesse sentido, não será possível a utilização do transporte escolar por alunos do ensino superior caso o serviço não seja suficiente e adequado para os alunos do ensino fundamental e da educação infantil.

Ressalte-se que a utilização de veículos escolares para finalidades não relacionadas à educação, em princípio, é vedada, tendo em vista que os recursos da educação são vinculados à área, não devendo ser dispendidos para objetivos diversos.

3.5. Programa de distribuição de material didático escolar

O artigo 208, VII, da Constituição da República dispõe que o dever do Estado com a educação será efetivado mediante a garantia de atendimento ao educando, em todas as etapas da educação básica, através de, entre outros, programas suplementares de material didático-escolar.

Fornecer material didático passa a ter caráter obrigatório com a Constituição de 1988. Conforme ensina Höfling:

> "O Estado deve assumir o compromisso de garantir o ensino fundamental gratuito e obrigatório e, ao mesmo tempo, o atendimento ao educando, através de programas suplementares. Nesses termos, a natureza dos programas de assistência ao estudante se altera: de caráter assistencial, conjuntural, adquirem pelo preceito constitucional, caráter universalizante, obrigatório, destinados e garantidos a todos aqueles que tem, igualmente, direito ao acesso à educação, pelo menos em termos legais. A distribuição gratuita de livro didático tradicionalmente vem sendo entendida como uma das funções do Estado no que se refere ao fornecimento do material didático-pedagógico" (HÖFLING, 2000, p. 160).

Nos termos do artigo 1º, do Decreto 7.084/2010, os programas de material didático executados no âmbito do Ministério da Educação são destinados a prover as escolas de educação básica pública das redes federal, estaduais, municipais e do Distrito Federal de obras didáticas, pedagógicas e literárias, bem como de outros materiais de apoio à prática educativa, de forma sistemática, regular e gratuita.

O Programa Nacional do Livro Didático – PNLD – passou a ter seu formato atual somente em meados da década de noventa, sendo certo que sua sua origem remonta ao ano de 1929, em que foi criado o Instituto Nacional do Livro - INL - que tinha por atribuição regular as políticas do livro didático. Em 1938, foi criada a Comissão Nacional do Livro Didático - CNLD -, responsável pela primeira política nacional de produção, controle e circulação de livros didáticos no país.

Em 1945, com a edição do Decreto-Lei 8.460/45, restou assente que os poderes públicos não poderiam determinar a obrigatoriedade de adoção de um só livro ou de certos e determinados livros para cada grau ou ramo de ensino nem estabelecer preferência entre os livros didáticos de uso autorizado. Trata-se de importante conquista que dá ao professor a escolha do livro a ser utilizado pelos alunos.

Em 1966 foi criada a Comissão do Livro Técnico e Livro Didático - COLTED -, a partir de um acordo entre o Ministério da Educação - MEC - e a Agência Norte-Americana para o Desenvolvimento Internacional - USAID. Para a doutrina, "esse processo não esteve isento de críticas por parte de educadores brasileiros, uma vez que ao MEC e ao Sindicato Nacional de Editores de Livros (SNEL) caberiam apenas as responsabilidades de execução e aos órgãos técnicos da USAID, todo o controle" (DI GIORGI, MILITÃO, MILITÃO, PERBONI, RAMOS, LIMA e LEITE, 2014, p. 1030).

Em 1971, com o término do convênio do MEC com a USAID, o INL passa a desenvolver o Programa do Livro Didático para o Ensino Fundamental – Plidef –, que se efetivou com um sistema de contribuição financeira das unidades federadas para o Fundo do Livro Didático.

Após seguidas alterações no programa, em 1985, com a edição do Decreto nº 91.542/85, o Plidef deu lugar ao Programa Nacional do Livro Didático, que tinha por finalidade distribuir livros escolares aos estudantes matriculados nas escolas públicas de 1º Grau, e tinha por requisito a adoção de livros reutilizáveis.

Atualmente, o programa destina-se a prover as escolas públicas de ensino fundamental e médio, bem como aos alunos da Educação de Jovens e Adultos das redes públicas de ensino, com livros didáticos, dicionários e obras complementares. O PNLD é executado em ciclos trienais alternados, de modo que a cada ano são distribuídos livros para os alunos de cada etapa de ensino: anos iniciais do ensino fundamental, anos finais do ensino fundamental ou ensino médio.

O programa, para ser executado, segue as seguintes etapas: I) abertura de edital pelo MEC e inscrição das editoras, que submetem seus livros para análise; II) avaliação da qualidade técnica da publicação e triagem dos livros por especialistas do MEC e de universidades públicas convidadas; III) confecção do Guia do Livro Didático, que é enviado às escolas cadastradas no censo escolar para que procedam a escolha dos livros; IV) escolha dos livros pela escola, com a indicação de duas obras para cada ano/disciplina; V) aquisição dos livros pelo FNDE, realizada por inexigibilidade de licitação; VI) distribuição dos livros pelas editoras diretamente nas escolas.

Diversos motivos podem fazer com que os livros didáticos não cheguem nas escolas na quantidade suficiente ou no momento oportuno. Os dois principais motivos são os seguintes: I) o repasse do livro se dá com base na informação do censo do ano anterior. Assim, caso haja uma modificação expressiva do número de alunos de uma escola de um ano para o outro, pode haver falta ou excesso de livros; II) os livros, muitas vezes, servem ao aluno por mais de um ano, ressaltando-se que as escolas nem sempre adotam os mesmos títulos, o que poderá acarretar problemas caso os alunos mudem de escola.

Para que esses problemas sejam corrigidos, além de ser possível a utilização de reserva técnica de livros do FNDE, as secretarias de educação devem implantar sistemas efetivos de remanejamento de livros, conforme expressa previsão no regulamento do programa.

Para parte da doutrina, o PNLD deve ser modificado, de modo que se passe a considerar a possibilidade do livro se tornar um produto consumível. Para os autores:

> "O uso do livro didático consumível significa um instrumento metodológico relevante no processo de construção de conhecimento dos alunos da educação básica, contribuindo para uma aprendizagem significativa, visto que possibilita ao professor o desenvolvimento de diversas atividades com os alunos em sala de aula utilizando o livro didático de fato, como recurso didático para: escrever, recortar, colar, manipular, ler, entre outras. Evitando o que ocorre atualmente, que é o excesso de cópias da lousa ou

do próprio livro didático, visto que o mesmo deverá ser usado nos anos subsequentes. Dessa forma, defendemos que, ao término de cada ano letivo, o livro didático possa ser dado aos alunos para futuros estudos, pesquisas, além de auxiliá-los em atividades educativas na continuidade de estudos" DI GIORGI, MILITÃO, MILITÃO, PERBONI, RAMOS, LIMA e LEITE, 2014, p. 1046).

A possibilidade de o aluno ficar com o material didático é utilizada por muitos gestores para justificar a não utilização dos livros didáticos do PNLD e adotar sistema próprio de apostilas. Em que pese não ser possível obrigar uma rede de ensino a deixar de adotar o sistema de apostilas, forçoso reconhecer que caso o gestor opte por esse gasto não poderá alegar falta de recursos para o fornecimento do mínimo existencial para outros serviços relacionados à educação, tais como alimentação e transporte escolar, tendo em vista que a adesão ao PNLD não teria qualquer custo para Municípios e Estados.

Outro programa de distribuição de livros relevante é o Programa Nacional Biblioteca da Escola – PNBE, que, nos termos do artigo 8º, do Decreto 7084/2010 tem como objetivo prover as escolas públicas de acervos formados por obras de referência, de literatura e de pesquisa, bem como de outros materiais de apoio à prática educativa.

Com efeito, conforme disposto na Lei 12.244/2010, no prazo de 10 anos, todas as escolas deverão ter bibliotecas com um acervo de livros de, no mínimo, um título para cada aluno matriculado. Cumpre ressaltar que a lei não exige que os livros sejam em meio físico, sendo possível, portanto, a utilização de livros digitais. O importante é que todas as escolas tenham bibliotecas em que os alunos possam fazer consultas e pesquisas, e tenham espaço para seus estudos e leituras.

3.6. Programa de repasse de recursos federais para as escolas de educação básica

Nos termos do artigo 211, § 1º, da Constituição da República, a União exercerá, em matéria educacional, função redistributiva e supletiva, de forma a garantir equalização de oportunidades educacionais e padrão mínimo de qualidade do ensino mediante assistência técnica e financeira aos Estados, ao Distrito Federal e aos Municípios.

O Programa Dinheiro Direto na Escola - PDDE, foi criado em 1995 e, atualmente, está regulamentado pela lei 11.947/2009, tendo por objetivo prestar assistência financeira, em caráter suplementar, às escolas públicas da educação básica das redes estaduais, municipais e do Distrito Federal, às escolas de educação especial qualificadas como beneficentes de assistência social ou de atendimento direto e gratuito ao público, às escolas mantidas por entidades de tais gêneros e aos polos presenciais do sistema Universidade Aberta do Brasil - UAB que ofertem programas de formação inicial ou continuada a profissionais da educação básica.

Os recursos financeiros repassados para o PDDE serão destinados à cobertura de despesas de custeio, manutenção e de pequenos investimentos, que concorram para a garantia do funcionamento e melhoria da infraestrutura física e pedagógica dos estabelecimentos de ensino, em especial: I – na aquisição de material permanente; II – na realização de pequenos reparos, adequações e serviços necessários à manutenção, conservação e melhoria da estrutura física da unidade escolar; III – na aquisição de material de consumo; IV – na avaliação de aprendizagem; V – na implementação de projeto pedagógico; e VI – no desenvolvimento de atividades educacionais.

Com efeito, a definição das prioridades a serem atendidas com o recurso do PDDE deve se dar com a participação da comunidade, que deverá contribuir no planejamento de como e em quê investir a verba do programa. Trata-se, portanto, de uma política pública que induz a gestão democrática das escolas.

A lei veda a aplicação dos recursos do PDDE em: I – ações que estejam sendo objeto de financiamento por outros programas executados pelo FNDE; II – gastos com pessoal; III – pagamento de agente público da ativa; IV – pagamento de empresas privadas que tenham em seu quadro societário servidor público da ativa, ou empregado de empresa pública ou de sociedade de economia mista; V – despesas com tarifas bancárias; e VI – dispêndios com tributos quando não incidentes sobre os bens adquiridos ou produzidos ou sobre os serviços contratados para a consecução dos objetivos do programa.

Para o repasse de recursos do programa, as escolas com mais de 50 alunos devem constituir uma Unidade Executora Própria, pessoa jurídica de direito privado, sem fins lucrativos, representativa das escolas públicas. Para ADRIÃO e PERONI:

> "Declaradamente, o Programa opta pela criação de UEx de natureza privada como mecanismo para assegurar maior flexibilidade na gestão dos recursos repassados e ampliar a participação da comunidade escolar nessa mesma gestão" (ADRIÃO e PERONI, 2007, p. 258).

A assistência financeira será concedida sem a necessidade de celebração de convênio, acordo, contrato, ajuste ou instrumento congênere, sendo que o valor será definido anualmente tendo como base o número de alunos matriculados na educação básica e na UAB, de acordo, respectivamente, com dados do censo escolar realizado pelo Ministério da Educação e com dados coletados pela Coordenação de Aperfeiçoamento de Pessoal de Ensino Superior – CAPES.

Visando estimular a participação da comunidade escolar, a Uex tem a obrigação de afixar, nas sedes das escolas que representam, em local de fácil acesso e visibilidade, a relação dos seus membros e demonstrativo sintético que evidencie os bens e materiais e os serviços que lhes foram fornecidos e prestados a expensas do PDDE, com a indicação dos valores correspondentes.

Ademais, os recibos, faturas, notas fiscais e quaisquer outros documentos comprobatórios devem ser arquivados na escola, pelo prazo de 5 (cinco) anos, contados da data do julgamento da prestação de contas anual do FNDE pelo TCU, juntamente com os comprovantes de pagamentos efetuados.

As prestações de contas dos recursos recebidos à conta do PDDE serão feitas: I – pelas Uex aos Municípios e às Secretarias de Educação a que estejam vinculadas, que se encarregarão da análise, julgamento, consolidação e encaminhamento ao FNDE; II – pelos Municípios, Secretarias de Educação dos Estados e do Distrito Federal e pelas entidades qualificadas como beneficentes de assistência social ou de atendimento direto e gratuito ao público ao FNDE.

Em face de possíveis dificuldades que as Uex podem ter na aplicação e prestação de contas dos recursos, é obrigação dos Estados e Municípios apoiá-las, técnica e financeiramente, inclusive, se necessário, com a disponibilização de contador. O que é vedado é a ingerência na autonomia de gestão das unidades executoras.

O FNDE deverá suspender o repasse dos recursos do PDDE nas seguintes hipóteses: I – omissão na prestação de contas; II – rejeição da prestação de contas; III – utilização dos recursos em desacordo com os critérios estabelecidos para a execução do PDDE, conforme constatado por análise documental ou de auditoria.

Na hipótese de haver mudança no gestor da Uex e se constatar que o repasse de recursos está suspenso, este poderá ser retomado desde que o gestor sucessor efetue representação ao Ministério Público instruída com, no mínimo, os seguintes elementos: I – qualquer documento disponível referente à transferência dos recursos, inclusive extratos da conta corrente específica do programa; II – relatório sucinto da destinação dada aos recursos transferidos; III – qualificação do ex-gestor, inclusive com o endereço atualizado, se houver; IV – documento que comprove a situação atualizada quanto à inadimplência perante o FNDE.

Após, cópia da representação deve ser encaminhada ao Município ou à Secretaria de Educação a que esteja vinculada a Uex, que a examinará e encaminhará ao FNDE, caso acolha a justificativa apresentada. Em seguida, caso o FNDE também acolha a justificativa, poderão ser retomados os repasses dos recursos.

3.7. Da transparência das informações relacionadas às políticas públicas de educação

A Constituição da República, a Lei Complementar nº 131/2009 e a Lei 12.527/2011 estabeleceram que em se tratando dos atos da administração pública, a publicidade deve ser tida como preceito geral e o sigilo como exceção.

Com efeito, o artigo 5º, XXXIII, da Constituição da República, assegura a todos o direito de buscar informações privadas ou públicas, não podendo sofrer ressalvas ou embaraços por parte do Estado, exceto quanto à matéria sigilosa.

Como bem ressalta GUSTAVO BINENBOJM a publicidade dos atos públicos é requisito do Estado Democrático de Direito:

> "Como se sabe, requisito inerente ao Estado Democrático de Direito é que os atos, despachos, programas e ações do Poder Público sejam conhecidos pela cidadania. Chega a ser um lugar comum afirmar-se que a democracia é o regime do poder visível, em oposição aos regimes totalitários, nos quais a regra é o segredo de Estado e o controle da informação como um dado oficial." (BINENBOJM, 2009).

Nesse contexto, a Constituição de 1988, levando em conta a sua natureza essencialmente republicana e democrática, em seu art. 5º, inciso XXXIII, garante o direito do povo de conseguir a informação referente ao trato dos negócios públicos e as informações a respeito das pessoas investidas de cargos públicos ou sobre as quais exista relevância pública.

No mesmo sentido, o art. 37, caput da Carta Magna traz o princípio da publicidade:

> "Art. 37. A administração pública direta e indireta de qualquer dos Poderes da União, dos Estados, do Distrito Federal e dos Municípios obedecerá aos princípios de legalidade, impessoalidade, moralidade, publicidade e eficiência e, também, ao seguinte: [...]"

A razão principal do referido princípio é impossibilitar que a Administração Pública oculte sua atuação.

A Lei nº 12.527/2011 (Lei de Acesso à Informação) e a Lei Complementar nº 131/2009 (Lei da Transparência) dispõem sobre mecanismos de acesso à informação e controle social da gestão pública, contribuindo para a consolidação do regime democrático e ampliando a participação cidadã, regulamentando, assim, o art. 5º inciso XXXIII e art. 216, parágrafo 2º da CFRB/88 que dispõem:

> "Art. 5º, XXXIII – Todos têm direito a receber dos órgãos públicos informações de seu interesse particular, ou de interesse coletivo ou geral, que serão prestadas no prazo da lei, sob pena de responsabilidade, ressalvadas aquelas cujo sigilo seja imprescindível à segurança da sociedade e do Estado;
>
> Art. 216, § 2º – Cabem à administração pública, na forma da lei, a gestão da documentação governamental e as providências para franquear sua consulta a quantos dela necessitem".

A Lei de Acesso à Informação veio regulamentar, portanto, que entidades e órgãos públicos devem divulgar informações de interesse coletivo, salvo aquelas cuja confidencialidade esteja prevista em texto legal. Consequentemente, isto deveria ser feito através de todos os meios disponíveis e, obrigatoriamente, em sítios da internet.

Já a Lei Complementar nº 131, de 27.05.2009, que acrescentou dispositivos à Lei de Responsabilidade Fiscal (Lei Complementar nº 101, de 04.05.2000), consagrou, por sua vez, o princípio da transparência na gestão fiscal, nos arts. 48 (regulamentado pelo Decreto Federal nº 7.185, de 27.05.2010 e pela Portaria STN nº 548, de 22.11.2010), 48-A e 49, reforçando a ideia da fiscalização dos gastos do dinheiro público.

> Art. 48, Parágrafo único. A transparência será assegurada também mediante:
>
> [...]
>
> II – liberação ao pleno conhecimento e acompanhamento da sociedade, em tempo real, de informações pormenorizadas sobre a execução orçamentária e financeira, em meios eletrônicos de acesso público;
>
> III – adoção de sistema integrado de administração financeira e controle, que atenda a padrão mínimo de qualidade estabelecido pelo Poder Executivo da União e ao disposto no art. 48-A.
>
> Art. 48-A. Para os fins a que se refere o inciso II do parágrafo único do art. 48, os entes da Federação disponibilizarão a qualquer pessoa física ou jurídica o acesso a informações referentes a:
>
> I – quanto à despesa: todos os atos praticados pelas unidades gestoras no decorrer da execução da despesa, no momento de sua realização, com a disponibilização mínima

dos dados referentes ao número do correspondente processo, ao bem fornecido ou ao serviço prestado, à pessoa física ou jurídica beneficiária do pagamento e, quando for o caso, ao procedimento licitatório realizado;

II – quanto à receita: o lançamento e o recebimento de toda a receita das unidades gestoras, inclusive referente a recursos extraordinários.

Art. 49. As contas apresentadas pelo Chefe do Poder Executivo ficarão disponíveis, durante todo o exercício, no respectivo Poder Legislativo e no órgão técnico responsável pela sua elaboração, para consulta e apreciação pelos cidadãos e instituições da sociedade.

O acesso às informações sob a guarda das entidades e órgãos públicos é direito fundamental do cidadão e dever da Administração Pública. As leis supracitadas surgiram nesse contexto para, além de ampliarem os mecanismos de obtenção de informações e documentos, estabelecerem o princípio de que o acesso é a regra e o sigilo, a exceção.

O artigo 7º, VII da Lei 12.527/2011, estabelece que:

Art. 7º. O acesso à informação de que trata esta Lei compreende, entre outros, os direitos de obter:

VII – informação relativa:

a) à implementação, acompanhamento e resultados dos programas, projetos e ações dos órgãos e entidades públicas, bem como metas e indicadores propostos;

b) ao resultado de inspeções, auditorias, prestações e tomadas de contas realizadas pelos órgãos de controle interno e externo, incluindo prestações de contas relativas a exercícios anteriores.

Assim, os dados constantes nos sistemas de monitoramento e prestação de contas, exceto aqueles classificados como sigilosos ou pessoais pelo administrador do sistema, devem ser disponibilizados ao público, sem a necessidade de senha. Saliente-se, que, tendo em vista que a regra é a transparência, a classificação da informação como sendo sigilosa ou pessoal deve ser justificada pelo administrador.

3.8. O controle social de políticas públicas na Constituição da República

O controle social se dá com a participação da sociedade, através de conselhos sociais, no acompanhamento e fiscalização das ações governamentais na execução das políticas públicas, avaliando seus objetivos, processos e, especialmente, seus resultados.

Os conselhos têm como missão reforçar o diálogo entre governo e sociedade no processo de tomada de decisões públicas, sendo certo que o exercício do controle social se configura como ação de utilidade pública, de cidadania e participação popular. São órgãos colegiados, compostos por representantes da sociedade civil organizada e do governo, caracterizando-se por serem espaços pluralistas de discussão e deliberação, que devem influir na forma de prestação dos serviços públicos.

Destacam-se dentre os conselhos de políticas públicas, os que têm atuação nas áreas de saúde, trabalho e emprego, assistência social, desenvolvimento rural, educação, meio ambiente, planejamento e gestão urbana, entorpecentes e os conselhos de direitos da criança e do adolescente, do negro, da mulher, dos portadores de deficiências e do idoso (CÔRTES, 2005, p. 153).

O arcabouço constitucional sobre a participação da sociedade no controle de políticas públicas é extenso, tendo o tema merecido especial atenção do legislador constituinte.

O artigo 37, da Constituição da República, como cediço, trata dos princípios gerais da administração pública, tendo a Emenda Constitucional 19/1998 modificado o § 3º, do mencionado dispositivo, para passar a prever expressamente que a lei deverá disciplinar as formas de participação do usuário na administração pública direta e indireta, regulando especialmente: I – as reclamações relativas à prestação dos serviços públicos em geral; II – o acesso dos usuários a registros administrativos e a informações sobre atos de governo; III – a disciplina da representação contra o exercício negligente ou abusivo de cargo, emprego ou função na administração pública.

Em que pese a utilização do termo usuário, que, de alguma forma, é mais restritivo, sem dúvida o mandamento sobre a necessidade de participação atinge toda a sociedade, que, na realidade, é a destinatária dos serviços públicos, sejam eles prestados pela administração pública direta ou indireta ou por particulares.

O título VIII, da Carta Magna, que dispõe sobre a ordem social possui diversas referências sobre a necessidade de se assegurar a participação popular no controle de políticas públicas.

O artigo 194, VII, da Constituição, com a redação da Emenda Constitucional 20/1998, impõe que a seguridade social deve ter caráter democrático, mediante gestão quadripartite, com participação dos trabalhadores, dos empregadores, dos aposentados e do governo nos órgãos colegiados. Saliente-se que, antes mesmo da Emenda Constitucional 20/1998, a redação original do referido dispositivo já mencionava a necessidade de gestão democrática da seguridade social, com a participação da comunidade.

De outro giro, o artigo 198, III, da Constituição, exige que as ações e serviços públicos de saúde deve ser organizado com a participação da comunidade.

No tocante à saúde, deve-se frisar que o artigo 77, § 3º, do Ato das Disposições Constitucionais Transitórias – ADCT, disciplina que os recursos da União, dos Estados, do Distrito Federal e dos Municípios destinados à área serão aplicados por meio de fundo de saúde, que será acompanhado e fiscalizado por um conselho de saúde.

No que tange à assistência social, o artigo 204, II, da Constituição, dispõe que as ações governamentais na área serão realizadas com a participação da população, por meio de organizações representativas, na formulação das políticas e no controle das ações em todos os níveis.

No que se refere à educação, os artigos 205 e 206, VI, da Constituição, determinam que o mencionado direito social deverá ser promovido e incentivado com a colaboração da sociedade, devendo o ensino ser ministrado com base no princípio da gestão democrática.

Na seara da cultura, as recentes alterações feitas pela Emenda Constitucional 71/2012 criaram, nos termos do artigo 216-A, da Constituição, o Sistema Nacional de

Cultura, que deve ser organizado em regime de colaboração, de forma descentralizada e participativa. Outrossim, por força do § 1º, do mesmo dispositivo, o referido sistema deve reger-se com base no princípio da democratização dos processos decisórios com participação e controle social. Trata-se da primeira vez que a Constituição da República menciona com exatidão a expressão controle social.

Ressalte-se que o § 2º, II, do supracitado artigo 216-A, da Constituição, estipula que os conselhos de política cultural devem integrar a estrutura do Sistema Nacional de Cultura.

Há, ainda, outros dispositivos da Constituição que mencionam a necessidade de participação de representantes da sociedade no desenvolvimento de políticas públicas.

O artigo 10, da Constituição, por exemplo, assegura a participação dos trabalhadores e empregadores nos colegiados dos órgãos públicos em que seus interesses profissionais ou previdenciários sejam objeto de discussão e deliberação.

No artigo 187, do texto constitucional, há expressa determinação de que a política agrícola seja planejada e executada com a participação efetiva do setor de produção, envolvendo produtores e trabalhadores rurais.

Por fim, os artigos 79 e 82, da ADCT, determinam que o fundo de combate e erradicação da pobreza tenha conselho consultivo e de acompanhamento que conte com a participação de representantes da sociedade civil e que os Estados, o Distrito Federal e os Municípios instituam fundos de combate à pobreza geridos por entidades que contem com a participação da sociedade civil.

A participação em conselhos de controle social constitui uma forma efetiva de influir no desenvolvimento das políticas públicas em todas as suas fases, sendo tal possibilidade imprescindível para a democracia. A Constituição brasileira cumpriu bem o seu papel ao sinalizar no sentido de que as políticas públicas devem ser desenvolvidas e executadas com a participação da sociedade.

3.9. Conselho de Alimentação Escolar - CAE

O Conselho de Alimentação Escolar - CAE está regulamentado pela Lei 11.947/2009, bem como pela Resolução 26/2013, do FNDE, cabendo a ele o exercício do controle social, de caráter deliberativo, por meio da participação da comunidade, com a finalidade de garantir o acompanhamento e assessoramento da execução do Programa Nacional de Alimentação Escolar - PNAE.

O CAE é, portanto, órgão colegiado de caráter fiscalizador, permanente, deliberativo e de assessoramento.

O órgão é colegiado, por ser formado por representantes de vários segmentos sociais, devendo suas decisões ser sempre tomadas em conjunto. O seu caráter fiscalizador decorre do fato de estar entre suas atribuições a de fiscalizar a correção da aplicação dos recursos destinados à alimentação escolar, bem como a adequação da prestação do serviço. A sua natureza deliberativa se dá em razão de ter competência específica para decidir, em instância final, sobre determinadas questões. Por fim, o órgão é de assessoramento, por incumbir a ele manter os órgãos de controle informados sobre a execução do PNAE, quando consultado.

Caso o Estado ou Município não constitua o CAE ou deixe de fazer os devidos ajustes para assegurar o seu pleno funcionamento, o FNDE poderá, inclusive, deixar de repassar as verbas do PNAE, na forma do artigo 20,I, da Lei 11.947/2009.

A forma da sua composição, encontra-se especificada no art. 18, da Lei nº 11.947/2009, e 34, da Resolução nº 26/2013, do FNDE, segundo os quais devem integrar o CAE: I - um representante indicado pelo Poder Executivo do respectivo ente federado; II - dois representantes das entidades de trabalhadores da educação e de discentes, indicados pelos respectivos órgãos de representação; III - dois representantes de pais de alunos matriculados na rede de ensino, indicados pelos Conselhos Escolares, Associações de Pais e Mestres ou entidades similares; e IV - dois representantes indicados por entidades civis organizadas, escolhidos em assembleia específica para tal finalidade.

O CAE deve possuir autonomia e não deve se subordinar ao executivo, sendo este o motivo pelo qual a nomeação dos membros do conselho deverá ser feita por decreto ou portaria expedida pelo gestor do Município ou Estado, que são obrigados a acatar todas as indicações dos segmentos representados.

Ademais, conforme determina o artigo 34, § 11 e 12, da Resolução 26/2013, do FNDE, a presidência e a vice-presidência do CAE somente poderão ser exercidas pelos representantes indicados pelas entidades de trabalhadores da educação e de discentes, pelos pais de alunos matriculados na rede de ensino ou por entidades civis organizadas. A impossibilidade de os representantes do governo exercerem tais cargos é mais um fator que confere independência ao conselho.

De outro giro, conforme determina o artigo 36, I, da resolução nº 26/2013, do FNDE, os Estados, o Distrito Federal e os Municípios devem garantir ao CAE a infraestrutura necessária à plena execução das atividades de sua competência, tais como: a) local apropriado com condições adequadas para as reuniões do Conselho; b) disponibilidade de equipamento de informática; c) transporte para deslocamento dos membros aos locais relativos ao exercício de sua competência, inclusive para as reuniões ordinárias e extraordinárias; e d) disponibilidade de recursos humanos e financeiros.

Outrossim, o apoderamento da informação, necessariamente, precede a fiscalização da aplicação dos recursos, por essa razão as secretarias de educação também estão obrigadas a, na forma do disposto no artigo 36, II, da Resolução nº 26/2013, do FNDE, fornecer ao CAE, sempre que solicitado, todos os documentos e informações referentes à execução do PNAE, em todas as etapas, tais como: editais de licitação, extratos bancários, cardápios, notas fiscais de compras e demais documentos necessários ao desempenho das atividades de sua competência.

Com efeito, nos termos do artigo 19, da Lei 11.947/2009, compete ao CAE: acompanhar e fiscalizar o cumprimento das diretrizes da alimentação escolar; II - acompanhar e fiscalizar a aplicação dos recursos destinados à alimentação escolar; III - zelar pela qualidade dos alimentos, em especial quanto às condições higiênicas, bem como a aceitabilidade dos cardápios oferecidos; IV - receber o relatório anual de gestão do PNAE e emitir parecer conclusivo a respeito, aprovando ou reprovando a execução do Programa.

Embora não haja normatização sobre o número de reuniões que o CAE deva realizar, a exceção daquela prevista no artigo 35, VI, da Resolução nº 26/2013 FNDE, específica para apreciação da prestação de contas, é necessário que os membros se reúnam periodicamente a fim de traçar seu plano de ação, bem como trocar ideias e informações para cumprir de maneira satisfatória com as suas atribuições.

3.10. Conselho de acompanhamento e controle social do FUNDEB – CACS-FUNDEB

O Conselho de Acompanhamento e Controle Social do FUNDEB – CACS-FUNDEB está previsto na Lei 11.494/2007, tendo sido regulamentado pela Portaria nº 430, de 10/12/2008, do FNDE.

Nos termos do artigo 24, *caput*, da Lei 11.494/2007, o acompanhamento e o controle social sobre a distribuição, a transferência e a aplicação dos recursos do Fundo de Manutenção e Desenvolvimento da Educação Básica e Valorização dos Profissionais da Educação – FUNDEB serão exercidos, junto aos respectivos governos, no âmbito da União, dos Estados, do Distrito Federal e dos Municípios, por conselho instituído especificamente para esse fim, sendo este o CACS-FUNDEB.

A forma da sua composição também se encontra especificada no artigo 24, da Lei 11.494/2007, sendo que o conselho da União deve ter, no mínimo, 14 membros, os conselhos dos Estados devem ter, no mínimo, 12 membros, e os dos Municípios, no mínimo, 9 membros.

O CACS-FUNDEB deve possuir autonomia e não deve se subordinar ao executivo, por essa razão o artigo 24, § 6º, da Lei nº 11.494/2007, determina que o presidente do conselho seja eleito por seus pares em reunião do colegiado, sendo impedido de ocupar a função o representante do governo gestor dos recursos do fundo no âmbito da União, dos Estados, do Distrito Federal e dos Municípios.

O Artigo 24, *caput,* § 9º e 13, da Lei 11.494/2007, detalha algumas das atribuições do conselho, dentre as quais supervisionar o censo escolar e acompanhar a execução das verbas repassadas através do FUNDEB e do Programa Nacional de Transporte Escolar – PNATE, competindo-lhe, inclusive a análise da prestação de contas.

O Artigo 25, IV, da Lei 11.494/2007, informa que os conselhos poderão realizar visitas e inspetorias *in loco* para verificar: a) o desenvolvimento regular de obras e serviços efetuados nas instituições escolares com recursos do fundo; b) a adequação do serviço de transporte escolar; c) a utilização em benefício do sistema de ensino de bens adquiridos com recursos do fundo.

Para o desempenho de suas atividades, a lei determina que os registros contábeis e os demonstrativos gerenciais mensais, atualizados, relativos aos recursos repassados e recebidos à conta dos fundos assim como os referentes às despesas realizadas ficarão permanentemente à disposição dos conselhos responsáveis

Outrossim, o artigo 25, parágrafo único, III, do mesmo diploma legal, dispõe que o CACS-FUNDEB pode requisitar ao Poder Executivo cópia de documentos referentes a: a) licitação, empenho, liquidação e pagamento de obras e serviços custeados com recursos do Fundo; b) folhas de pagamento dos profissionais da educação, as quais deverão discriminar aqueles em efetivo exercício na educação básica e indicar o respectivo nível, modalidade ou tipo de estabelecimento a que estejam vinculados; c) documentos referentes aos convênios realizados.

O CACS-FUNDEB tem muito a contribuir em todas as fases do ciclo das políticas públicas para a prestação do serviço público de educação básica, em especial na avaliação, tendo em vista sua proximidade com os destinatários do referido serviço, bem como sua vocação para acompanhá-lo e fiscalizá-lo.

No entanto, o excesso e a complexidade das atribuições do CACS-FUNDEB, a pretexto de empoderá-lo, acaba o enfraquecendo. O volume de recursos movimentado no FUNDEB é bastante elevado. Os conselhos sociais, na prática, não têm a mínima condição técnica de proceder a análise contábil e financeira das prestações de contas dos recursos públicos gastos, sendo esta atribuição incompatível com a sua real finalidade, que é acompanhar e fiscalizar a adequada prestação dos serviços públicos.

4. REFERÊNCIAS BIBLIOGRÁFICAS

ADRIÃO, Theresa, PERONI, Vera. Implicações do Programa Dinheiro Direto na Escola para a Gestão da Escola pública. Educação & Sociedade, Abr 2007, Volume 28 Nº 98, p. 253 – 267.

ARAÚJO, Luiz Alberto David. Painel sobre a Proteção das Pessoas com Deficiência no Brasil: A Aparente Insuficiência da Constituição e uma Tentativa de Diagnóstico. In: ROMBOLI, Roberto; ARAÚJO, Marcelo Labanca Corrêa de (Orgs.). Justiça Constitucional e Tutela Jurisdicional dos Direitos Fundamentais. Belo Horizonte: Arraes, 2015.

ARAÚJO, Raimundo Luiz Silva. *Desvendando o perfil dos gastos educacionais dos municípios brasileiros*. Educação & Sociedade, Dez 2012, Volume 33 Nº 121, p. 1215 – 1233.

BARROS, Rodrigo Ferreira de. Educação inclusiva e Código de Defesa do Consumidor. In: *Direitos das pessoas com deficiência e dos idosos*. ALMEIDA, Gregório Assagra de; SOARES JÚNIOR, Jarbas; DICK, Maria Elmira Evangelina do Amaral. Belo Horizonte: Del Rey, 2013.

BARROSO, Luis Roberto. *O Direito Constitucional e a efetividade de suas normas*. São Paulo: Renovar, 2003.

BASTOS, Celso Ribeiro; MARTINS, Ives Gandra. Comentários à Constituição do Brasil. São Paulo: Saraiva, 1998. 8 v.

BERCLAZ, Márcio Soares. A dimensão político-jurídica dos Conselhos Sociais no Brasil: uma leitura a partir da Política da Libertação e do Pluralismo Jurídico. 1. ed. Rio de Janeiro: LUMEN JURIS, 2013.

BINENBOJM, Gustavo. O Princípio da Publicidade Administrativa e a Eficácia da Divulgação de Atos do Poder Público pela INTERNET. Revista Eletrônica de Direito do Estado (REDE), Salvador, Instituto Brasileiro de Direito Público, nº.

19, julho/agosto/setembro, 2009. Disponível na internet: HTTP://www.direitodoEstado.com.br/rede.asp. Acessado em março de 2016.

BORBA, Julian, LÜCHMANN, Ligia Helena Hahn. Ampliando o Debate sobre a Participação e a Representação. In: Águeda Lenita Pereira Wendhausen; Maria Elisabeth Kleba. (Org.). Conselhos gestores e empoderamento: vivências e potenciais da participação social na gestão pública Organizadoras. 1ed.Jundiaí: Paco Editorial, 2012, v. 1, p. 99-117.

BOTO, Carla. *A educação como direito humano de três gerações: identidades e universalismos*. Educação & Sociedade, Out 2005, Volume 26 Nº 92, p. 777 - 798.

BUCCI, Maria Paula Dallari. *Fundamentos para uma teoria jurídica das políticas públicas*. São Paulo: Saraiva, 2013.

CARREIRA, Denise, PINTO, José Marcelino Rezende. Custo Aluno–Qualidade Inicial: rumo à educação pública de qualidade no Brasil. São Paulo: Campanha Nacional pelo Direito à Educação, 2007.

CARVALHO, José Murilo de. Cidadania no Brasil. O longo Caminho. 3ª ed. Rio de Janeiro: Civilização Brasileira, 2002.

CHRISPINO, Alvaro. *Ensino público gratuito: flexibilidades e desvios*. Ensaio: Avaliação e Políticas Públicas em Educação, Jan 2005, Volume 13, nº 47, p. 217–234.

CÔRTES, Soraya M. Vargas. Arcabouço histórico-institucional e a conformação de conselhos municipais de políticas públicas. Educar, Editora UFPR, Curitiba, nº 25, p. 143-174, 2005.

COSTA, Frederico Lustosa da; CASTANHAR, José Cezar. Avaliação de programas públicos: desafios conceituais e metodológicos. Revista de Administração Pública, Rio de Janeiro, v. 37, nº 5, p. 962-969, set./out. 2003.

COTTA, Tereza Cristina. Avaliação educacional e políticas públicas: a experiência do Sistema Nacional de Avaliação da Educação Básica (Saeb). Revista do Serviço Público, Brasília, v. 52, nº 4, p. 89-110, out./dez. 2001.

DALLARI, Dalmo de Abreu. *Constituição e Constituinte*. 4ª ed. São Paulo: Saraiva, 2010.

DI GIORGI, Cristiano Amaral Garboggini; MILITÃO, Silvio Cesar Nunes; MILITÃO, Andréia Nunes; PERBONI, Fabio; RAMOS, Regina Célia; LIMA, Vanda Moreira Machado; LEITE, Yoshie Ussami Ferrari. *Uma proposta de aperfeiçoamento do PNLD como política pública: o livro didático como capital cultural do aluno/família*. Ensaio: Avaliação e Políticas Públicas em Educação, Dez 2014, Volume 22, Nº 85, p. 1027 - 1056.

DOURADO, L.F.; OLIVEIRA, J.F.; SANTOS, C.A. A qualidade da educação: conceitos e definições. Série Documental: Textos para Discussão, Brasília, DF, v. 24, nº 22, p. 5-34, 2007.

DUARTE, Clarice Seixas. *A educação como um direito fundamental de natureza social*. Educação & Sociedade, Out 2007, Volume 28 Nº 100, p. 691 - 713.

DYE, Thomas. Understanding public policy. Englewood Cliffs, New Jersey: Prentice--Hall, 1975.

FERNANDES, S.H.A.A.; HEALY,L. *Ensaio sobre a inclusão na Educação Matemática.* Revista Iberoamericana de Educación Matematica, nº 10, p. 59-76, 2007.

FERRARI, Regina Maria Macedo Nery. *Normas constitucionais programáticas*: Ed. RT, 2001.

FIGUEIREDO, Marcus Faria; FIGUEIREDO, Argelina Maria Cheibub. Avaliação política e avaliação de políticas: um quadro de referência teórica. Análise & Conjuntura, v. 1, nº 3, Belo Horizonte, p. 107-127, set./dez. 1986.

GARCIA, Emerson. O direito à educação e suas perspectivas de efetividade. Revista Forense: Rio de Janeiro, vol. 383, jan./fev. 2006.

GOHN, Maria da Glória. Conselhos Gestores e Participação Sociopolítica. 4ed. São Paulo: Cortez Editora, 2011.

GOHN, Maria da Glória. Sobre os Conselhos Municipais de Acompanhamento e Controle Social: Participação, Cidadania e Descentralização?. In: Donaldo de Souza. (Org.). Conselhos Municipais e Controle Social da Educação: Descentralização, Participação e Cidadania. 1ed. São Paulo: Xamã, 2008, v. 1, p. 90-104.

GONZÁLEZ, Rodrigo Stumpf. Conselhos Gestores de Políticas Públicas e Democracia. In: Águeda Lenita Pereira Wendhausen; Maria Elisabeth Kleba. (Org.). Conselhos gestores e empoderamento: vivências e potenciais da participação social na gestão pública Organizadoras. 1ed.Jundiaí: Paco Editorial, 2012, v. 1, p. 14-37.

HEINTZE, Hans-Joachim. Introdução ao sistema internacional de proteção aos direitos humanos. In: PETERKE, Sven (Org.). Manual prático de direitos humanos internacionais. Brasília: Escola Superior do Ministério Público da União, 2009.

HÖFLING, Eloisa de Mattos. *Notas para discussão quanto à implementação de programas de governo: em foco o Programa Nacional do Livro Didático.* Educação & Sociedade, ano 21, nº 70, abr., 2000, p. 159-170.

KLEBA, Maria Elizabeth, WENDHAUSEN, Agueda Lenita Pereira. Métodos. Empoderamento e participação social na gestão pública. In: Águeda Lenita Pereira Wendhausen; Maria Elisabeth Kleba. (Org.). Conselhos gestores e empoderamento: vivências e potenciais da participação social na gestão pública Organizadoras. 1ed.Jundiaí: Paco Editorial, 2012, v. 1, p. 41-59.

LEIVAS, Paulo Gilberto Cogo; RIOS, Roger Raupp; SCHÄFER, Gilberto. Educação escolar indígena no direito brasileiro: do paradigma integracionista ao paradigma do direito à uma educação diferenciada. Revista da AJURIS, v. 41, p. 371-383, 2014.

MARTEL, Letícia de Campos Velho. Adaptação razoável: O novo conceito sob as lentes de uma gramática constitucional conclusiva. *Revista internacional de direitos humanos.* V. 8, nº 14, jun./2011.

MELLO, Celso Antônio Bandeira de. Curso de Direito Administrativo. 11ª ed. São Paulo: Malheiros Editores, 1998.

MELLO FILHO, José Celso de. Constituição Federal Anotada. 2ª ed. São Paulo, Saraiva, 1986.

MORAES, Bianca Mota de. *Qualidade da Educação Básica: perplexidade* e problemas. In: ABMP, Todos pela Educação. (Org.). Justiça pela Qualidade na Educação. 1 ed. São paulo: Saraiva, 2013, v. 1, p. 55-103.

MACHADO, Eduardo de Paula. Educação inclusiva e o direito à convivência comunitária. In: *Direitos das pessoas com deficiência e dos idosos*. ALMEIDA, Gregório Assagra de; SOARES JÚNIOR, Jarbas; DICK, Maria Elmira Evangelina do Amaral. Belo Horizonte: Del Rey, 2013.

OLIVEIRA, Luiz Antonio de, NASCIMENTO, Rita Gomes do. *Roteiro para uma história da educação escolar indígena: notas sobre a relação entre política indigenista e educacional*. Educ. Soc. [online]. 2012, vol. 33, nº 120, pp. 765-781.

PETTIT, Philip. Democracia e Contestabilidade. Traduzido por Tito Lívio Cruz Romão *in*MERLE e Jean-Christophe, MOREIRA, Luiz (Org.). *Direito e Legitimidade*. São Paulo: Landy, 2003.

PITTOL TREVISAN, Andrei e VAN BELLEN, Hans Michael. Avaliação de Políticas Públicas: uma Revisão Teórica de um Campo em Construção. Revista de Administração Pública – RAP, vol. 42, núm. 3, Rio de Janeiro, p. 529-50, maio/jun. 2008.

POMPEU, Gina Vidal Marcílio. Municipalismo, Controle Social e Controle Estatal: Trabalho Coeso para Garantir a Efetivação do Direito à Educação. In: Donaldo de Souza. (Org.). Conselhos Municipais e Controle Social da Educação: Descentralização, Participação e Cidadania. 1ed. São Paulo: Xamã, 2008, v. 1, p. 31-51.

RANIERI, Nina Beatriz Stocco. *O direito educacional no sistema jurídico brasileiro*. In: ABMP, Todos pela Educação. (Org.). Justiça pela Qualidade na Educação. 1 ed. são paulo: Editora Saraiva, 2013, v. 1, p. 55-103.

RODRIGUES, Horácio Wanderlei; MAROCCO, Andréa de Almeida Leite. Liberdade de cátedra e a Constituição Federal de 1988: alcance e limites da autonomia docentes. In: CAÚLA, Bleine Queiroz et al. Diálogo ambiental, constitucional e internacional. Fortaleza: Premius, 2014. v. 2. p. 213-238.

ROLLA, Gustavo Augusto Pereira de Carvalho. *A Convenção Internacional sobre os Direitos das Pessoas com Deficiência*. In: *Direitos das pessoas com deficiência e dos idosos*. ALMEIDA, Gregório Assagra de; SOARES JÚNIOR, Jarbas; DICK, Maria Elmira Evangelina do Amaral. Belo Horizonte: Del Rey, 2013.

SASSAKI, Romeu Kazumi. Comentário ao artigo 24. In: *A Convenção sobre Direitos das Pessoas com Deficiência comentada*. RESENDE, Ana Paula Crosara; VITAL, Flavia Maria de Paiva. Brasília: Secretaria Especial dos Direitos Humanos, 2008

SERAFIM, M., DIAS, R. Análise de política: uma revisão da literatura.Cadernos Gestão Social, Salvador, v. 3, nº 1, maio, 2012.

SILVA, João Paulo Faustinoni, Corte Etário: Em Defesa da Infância e da Educação Infantil. Publicado em 2012. Em http://www.todospelaeducacao.org.br/biblioteca/1446/corte-etario----em-defesa-da-infancia-e-da-educacao-infantil/, acessado em março de 2016.

SILVA, José Afonso da. *Comentário Contextual à Constituição*. 2. ed. São Paulo: Malheiros, 2006.

SILVA, José Afonso da. Curso de Direito Constitucional positivo. 33. ed. São Paulo: Malheiros, 2010.

SOUZA, Celina. Políticas públicas: uma revisão da literatura. Sociologias, Porto Alegre, ano 8, nº 16, p. 20-45, 2006.

SOUZA, Celina. Estado da arte da pesquisa em políticas públicas, in G. Hochman, M. Arretche e E. Marques (org.), Políticas públicas no Brasil. Rio de Janeiro: Editora Fiocruz, 2007.

TEIXEIRA, Anísio. A escola pública universal e gratuita. Revista Brasileira de Estudos Pedagógicos, Rio de Janeiro, v. 26, nº 64, out./dez. 1956, p. 3-27.

VALLE, Bertha de Borja Reis do. Controle social da educação: aspectos históricos e legais. In: SOUZA, Donaldo Bello (Org.) Conselhos municipais e controle social da educação: descentralização, participação e cidadania. São Paulo: Xamã, 2008.

WEISS, Carol H. *Evaluation: methods for studyng programs and policies*. 2. ed. New Jersey: Prentice-Hall, 1998.

11

TUTELA DO IDOSO E DA PESSOA COM DEFICIÊNCIA

Beatriz Lopes de Oliveira[1]

Sumário: Introdução – **1**. Tutela do idoso: **1.1**. A proteção do idoso: **1.1.1**. Proteção no direito estrangeiro; **1.1.2**. Proteção no direito brasileiro; **1.2**. Princípios aplicáveis à tutela do idoso; **1.2.1**. Princípio da dignidade da pessoa humana; **1.2.2**. Princípio da proteção integral; **1.2.3**. Princípio da prioridade; **1.2.4**. Princípio da solidariedade social; **1.3**. Direitos fundamentais da pessoa idosa: **1.3.1**. Direito à vida; **1.3.2**. Direito à liberdade, à dignidade e ao respeito; **1.3.3**. Direito a alimentos; **1.3.4**. Direito à saúde; **1.3.5**. Direito à educação, cultura, esporte e lazer; **1.3.6**. Direito ao trabalho; **1.3.7**. Direito à convivência familiar e comunitária; **1.3.8**. Direito à previdência e assistência social; **1.3.9**. Direito à habitação; **1.3.10**. Direito ao transporte; **1.4**. Medidas de proteção aplicáveis ao idoso: **1.4.1**. Encaminhamento à família ou curador, mediante termo de responsabilidade; **1.4.2**. Orientação, apoio e acompanhamento temporários; **1.4.3**. Requisição para tratamento de sua saúde, em regime ambulatorial, hospitalar ou domiciliar; **1.4.4**. Inclusão em programa oficial ou comunitário de auxílio, orientação e tratamento a usuários dependentes de drogas lícitas ou ilícitas, ao próprio idoso ou à pessoa de sua convivência que lhe cause perturbação; **1.4.5**. Abrigo em entidade; **1.4.6**. Abrigo temporário; **1.4.7**. Procedimento para aplicação e cumprimento de medidas protetivas: **1.4.7.1**. Ministério Público; **1.4.7.2**. Poder Judiciário; **1.4.7.3**. Conselhos do Idoso; **1.5**. Política de atendimento ao idoso: **1.5.1**. Entidades de atendimento ao idoso; **1.5.1.1**. Princípios específicos; **1.5.1.2**. Requisitos necessários; **1.5.1.3**. Obrigações; **1.5.1.4**. Fiscalização das entidades de atendimento; **1.5.1.5**. Infrações administrativas; **1.5.1.6**. Apuração administrativa de infração às normas de proteção ao idoso; **1.5.1.7**. Apuração judicial de irregularidades em entidades de atendimento; **1.6**. Acesso à Justiça: **1.6.1**. Ministério Público e a tutela do idoso; **1.6.2**. Tutela coletiva e individual indisponível; **1.7**. Infrações penais – **2**. Tutela da pessoa com deficiência: **2.1**. A proteção da pessoa com deficiência: **2.1.1**. Proteção no direito estrangeiro; **2.1.2**. Proteção no direito brasileiro; **2.2**. Princípios aplicáveis à tutela da pessoa com deficiência: **2.2.1**. Princípio da dignidade da pessoa humana; **2.2.2**. Princípio da igualdade; **2.2.3**. Princípio da proteção; **2.2.4**. Princípio da prioridade; **2.3**. Direitos fundamentais da pessoa com deficiência: **2.3.1**. Direito à vida; **2.3.2**. Direito à habilitação e à reabilitação; **2.3.3**. Direito à saúde; **2.3.4**. Direito à educação; **2.3.5**. Direito à moradia; **2.3.6**. Direito ao trabalho; **2.3.7**. Direito a assistência e

---

[1] Promotora de Justiça do Ministério Público do Estado de São Paulo. Mestre em Direito das Relações Sociais pela Pontifícia Universidade Católica de São Paulo. Especialista em Direitos Difusos e Coletivos pela Escola Superior do Ministério Público do Estado de São Paulo. Professora do curso de graduação em Direito da FMU – Faculdades Metropolitanas Unidas.

INTRODUÇÃO

A classificação ético-política-jurídica das pessoas consideradas vulneráveis inclui um subgrupo de sujeitos *hipervulneráveis*, dentre os quais se incluem os idosos e as pessoas com deficiência.

A tutela dos interesses e direitos dessa categoria de pessoas é de inafastável e evidente conteúdo social, encontrando fundamento no pacto jurídico-político social, compreendido em sua amplitude, considerados os bens e valores ético-políticos que o informam e o legitimam.

É fundamental compreender que a proteção do hipervulnerável não apenas o beneficia individualmente, em seus aspectos pessoais, mas, sobretudo, beneficia a própria sociedade, ante a necessidade de observância do pacto coletivo de inclusão social, informado pelos princípios da dignidade da pessoa humana e da solidariedade.

Diante da premente necessidade de proteção jurídica especial a essa categoria de indivíduos, há uma série de obrigações impostas ao Estado e aos particulares, submetidas a indeclinável controle jurisdicional.

Nesse passo, para observância dessas obrigações e salvaguarda de direitos, instrumentos como o inquérito civil e a ação civil pública são previstos pelo ordenamento jurídico, conferindo legitimidade a entes como o Ministério Público, dentre outros, que deverão agir em seu nome e em sua defesa.

Vejamos, portanto, os principais aspectos que envolvem a tutela coletiva e individual indisponível dos direitos do idoso e da pessoa com deficiência.

1. TUTELA DO IDOSO

1.1. A proteção do idoso

O envelhecimento é um dos maiores ganhos da humanidade, pois traz o conhecimento acumulado ao longo da vida e a experiência para enfrentar e lidar com os mais diversos assuntos e problemas cotidianos. Porém, estudos demonstram que a população está envelhecendo de maneira heterogênea nas diversas regiões e países do mundo, o que impõe inúmeros desafios e exige adequação das respostas estatais às mudanças da estrutura etária populacional. De fato, uma transformação demográfica dessa proporção repercute na sociedade atual e nas políticas públicas que, consequentemente, devem ser implementadas. Pode-se sem dúvida afirmar que o envelhecimento aumenta a demanda por um exercício efetivo dos direitos humanos e das liberdades fundamentais em todas as idades.

Para enfrentar os desafios do envelhecimento, alguns países já fizeram grandes avanços, refletidos na criação e implementação de legislações, políticas, programas, planos e serviços voltados a melhorar as condições de vida das pessoas idosas.

A preocupação dos Estados com os direitos do idoso vem crescendo ao longo dos anos, culminando na criação de marcos legais de proteção, embora persistam brechas na implementação desses direitos e muitas pessoas idosas ainda não tenham acesso a benefícios envolvendo seguridade social, assistência à saúde ou serviços sociais.

É indispensável que o envelhecimento da população não se circunscreva às atuais gerações de pessoas idosas, sendo fundamental avançar no sentido da construção de sociedades mais inclusivas, coesas e democráticas, que combatam todas as formas de discriminação, inclusive as relacionadas com a idade, e consolidar os mecanismos de solidariedade entre gerações. É preciso conscientizar a sociedade que o envelhecimento pode gerar deficiências e dependências que exigem serviços orientados para sua atenção integral.

As Nações Unidas e seus organismos especializados atribuíram especial ênfase a este tema e insistiram na ampliação da cobertura e qualidade dos sistemas de proteção social para resguardar as pessoas ante os riscos associados à velhice. Deveras, a titularidade de direitos humanos compreende o efetivo pertencer à sociedade, pois implica que todos os cidadãos e cidadãs estejam incluídos na dinâmica do desenvolvimento e possam usufruir o bem-estar que esse promove.

Importante, nesse sentido, analisar a proteção do idoso no direito estrangeiro e em nosso ordenamento jurídico.

1.1.1. Proteção no direito estrangeiro

A velhice somente passou a constar das pautas políticas de muitos países há poucas décadas, razão pela qual é relevante que se faça um breve escorço histórico da tutela do idoso no âmbito internacional.

A *Declaração Universal dos Direitos Humanos*, proclamada em 1948 pela Assembleia Geral da Nações Unidas, não obstante tenha sido responsável pela concepção contemporânea de direitos humanos, que inspirou nossa atual Carta Constitucional, não trouxe disposição específica relacionada ao idoso.

A partir de 1956, a Organização das Nações Unidas (ONU) colocou a questão da velhice em sua agenda, porém sem lhe dispensar grande atenção.

Em 1982, a ONU promoveu a *I Assembleia Mundial sobre o Envelhecimento*, em Viena, dando ensejo a um fórum global intergovernamental que permitiu a discussão internacional de políticas públicas em favor dos idosos. Nessa Assembleia foi definido o *Plano de Ação Internacional sobre o Envelhecimento*, contendo sessenta e duas recomendações (não vinculativas) sobre ações específicas em questões como saúde e nutrição, proteção dos consumidores idosos, habitação e meio ambiente, família, assistência social, segurança de renda e emprego, educação e coleta e análise de dados provenientes de pesquisas. O plano visava garantir segurança social e econômica, identificando oportunidades para a integração dos idosos no processo de desenvolvimento dos países. Além disso, nesse evento ficou definido o marco de 60 anos para que uma pessoa pudesse ser considerada idosa nos países em desenvolvimento e de 65 anos, nos países desenvolvidos.

No ano de 1988, o *Protocolo Adicional à Convenção Americana sobre Direitos Humanos em Matéria de Direitos Econômicos, Sociais e Culturais*, conhecido como "Protocolo de São Salvador", promulgado no Brasil pelo Decreto nº 3.321, de 30 de dezembro de 1999, previu expressamente a proteção de pessoas idosas, estabelecendo, no artigo 17, que:

> *"Toda pessoa tem direito à proteção especial na velhice. Nesse sentido, os Estados Partes comprometem-se a adotar de maneira progressiva as medidas necessárias a fim de pôr em prática este direito e, especialmente, a: a. Proporcionar instalações adequadas, bem como alimentação e assistência médica especializada, às pessoas de idade avançada que careçam delas e não estejam em condições de provê-las por seus próprios meios; b. Executar programas trabalhistas específicos destinados a dar a pessoas idosas a possibilidade de realizar atividade produtiva adequada às suas capacidades, respeitando sua vocação ou desejos; c. Promover a formação de organizações sociais destinadas a melhorar a qualidade de vida das pessoas idosas."*

Em 1991, os *Princípios das Nações Unidas em Favor das Pessoas Idosas*, adotados pela Resolução nº 46/91 da Assembleia Geral das Nações Unidas, de 16 de dezembro de 1991, encorajou os governos locais as incorporar, em seus programas nacionais relativos ao idoso, sempre que possível, os princípios da independência, da participação, da assistência, da realização pessoal e da dignidade[2].

[2] Nos termos da Resolução, sob o aspecto da *independência*: 1. Os idosos devem ter acesso a alimentação, água, alojamento, vestuário e cuidados de saúde adequados, através da garantia de rendimentos, do apoio familiar e comunitário e da autoajuda. 2. Os idosos devem ter a possibilidade de trabalhar ou de ter acesso a outras fontes de rendimento. 3. Os idosos devem ter a possibilidade de participar na decisão que determina quando e a que ritmo tem lugar a retirada da vida ativa. 4. Os idosos devem ter acesso a programas adequados de educação e formação. 5. Os idosos devem ter a possibilidade de viver em ambientes que sejam seguros e adaptáveis às suas preferências pessoais e capacidades em transformação. 6. Os idosos devem ter a possibilidade de residir no seu domicílio tanto tempo quanto possível. Sob o aspecto da *participação*: 7. Os idosos devem permanecer integrados na sociedade, participar ativamente na formulação e execução de políticas que afetem diretamente o seu bem-estar e partilhar os seus conhecimentos e aptidões com as gerações mais jovens. 8. Os idosos devem ter a possibilidade de procurar e desenvolver oportunidades para prestar serviços à comunidade e para trabalhar como voluntários em tarefas adequadas aos seus interesses e capacidades. 9. Os idosos devem ter a possibilidade de constituir movimentos ou associações de idosos. Sob o aspecto da *assistência*: 10. Os idosos devem beneficiar dos cuidados e da proteção da família e da comunidade em conformidade com o sistema de valores culturais de cada sociedade. 11. Os idosos devem ter acesso a cuidados de saúde que os ajudem a manter ou a readquirir um nível ótimo de bem-estar físico, mental e emocional e que previnam ou atrasem o surgimento de doenças. 12. Os idosos devem ter acesso a serviços sociais e jurídicos que reforcem a respectiva autonomia, proteção e assistência. 13. Os idosos devem ter a possibilidade de utilizar meios adequados de assistência em meio institucional que lhes proporcionem proteção, reabilitação e estimulação social e mental numa atmosfera humana e segura. 14. Os idosos devem ter a possibilidade de gozar os direitos humanos e liberdades fundamentais quando residam em qualquer lar ou instituição de assistência ou tratamento, incluindo a garantia do pleno respeito da sua dignidade, convicções, necessidades e privacidade e do direito de tomar decisões acerca do seu cuidado e da qualidade das suas vidas. Sob o aspecto da *realização pessoal*: 15. Os idosos devem ter a possibilidade de procurar oportunidades com vista ao pleno desenvolvimento do seu potencial. 16. Os idosos devem ter acesso aos recursos educativos, culturais, espirituais e recreativos da sociedade. Sob o aspecto da *dignidade*: 17. Os idosos devem ter a possibilidade de viver com dignidade e segurança, sem serem explorados ou maltratados física ou mentalmente. 18. Os idosos devem ser tratados de forma justa, independentemente da sua idade, gênero, origem racial ou étnica, deficiência ou outra condição, e ser valorizados independentemente da sua contribuição econômica.

Em 1992, teve lugar a Conferência Internacional sobre Envelhecimento, promovida pela ONU, aprovando-se a *Proclamação sobre o Envelhecimento* e o ano de 1999 foi escolhido como Ano Internacional dos Idosos, com o *slogan* "Uma sociedade para todas as idades". Esse conceito invocou a interdependência do ciclo de vida e focalizou o envelhecimento saudável em quatro dimensões: situação diferenciada da população idosa; seu desenvolvimento individual continuado; relações multigeracionais e interrelação entre envelhecimento e desenvolvimento social. Ainda nessa mesma década, o tema passou a ser tratado em outros Fóruns das Nações Unidas, substituindo gradualmente a visão desse grupo social como vulnerável e dependente e ressaltando-o como uma população ativa e atuante na construção de suas sociedades[3].

Já no ano de 2002, a ação internacional sobre o envelhecimento teve continuidade com a *II Assembleia Mundial sobre Envelhecimento*, ocorrida em Madri, que teve escopo e abrangência bem maiores do que a primeira, ocorrida em 1982. O evento contou com a participação de cerca de setecentas instituições não governamentais e com representantes de cento e sessenta países. O mencionado Plano de Ação de Viena foi revisto em virtude da constatação de que a população idosa estava crescendo em ritmo mais acelerado do que previsto, inclusive nos países em desenvolvimento.

Nessa ocasião, foi aprovada a *Declaração Política* e o *Plano de Ação Internacional sobre o Envelhecimento*, os quais embora não tivessem caráter vinculativo, constituíram importantes instrumentos voltados a promover a adoção de políticas e mudança de práticas sobre o envelhecimento a serem aplicadas no século XXI. Foram previstas medidas em três direções prioritárias: pessoas idosas e desenvolvimento; a promoção da saúde e bem-estar na velhice, e garantia de ambientes emancipadores e favoráveis. Em relação aos países em desenvolvimento, foi ressaltado o contexto das extremas desigualdades sociais, reconhecendo-se a importância da inserção do envelhecimento no contexto das estratégias para a erradicação da pobreza.

Também não podemos deixar de citar as políticas internacionais adotadas por meio de instrumentos de âmbito regional, tais como a Estratégia Regional de Implementação para a América Latina e o Caribe do Plano de Ação Internacional de Madri sobre o Envelhecimento (2003), a Declaração de Brasília[4] (2007), o Plano de Ação da Organização Pan-Americana da Saúde sobre a Saúde dos Idosos, Incluindo o Envelhecimento Ativo e Saudável (2009), a Declaração de Compromisso de *Port of Spain* (2009) e a Carta de San José sobre os direitos do idoso da América Latina e do Caribe (2012)[5].

---

3 *In* Manual de enfrentamento à violência contra a pessoa idosa. Brasília, DF: Secretaria de Direitos Humanos da Presidência da República, 2014, p. 09.

4 A Declaração de Brasília prevê que os representantes dos países reunidos na segunda Conferência regional intergovernamental sobre envelhecimento na América Latina e no Caribe, acordam: (item 25) Solicitar aos países membros do Conselho de Direitos Humanos das Nações Unidas que avaliem a possibilidade de designar um relator especial encarregado de velar pela promoção e proteção dos direitos humanos das pessoas idosas; (item 26) Comprometem-se a realizar as consultas pertinentes com os respectivos governos para incentivar a elaboração de uma convenção sobre os direitos humanos das pessoas idosas no seio das Nações Unidas.

5 MAIO, Iadya Gama. **Os Tratados Internacionais e o Estatuto do Idoso: Rumo a uma Convenção Internacional.** In: Estatuto do Idoso – Dignidade humana como foco. Brasília: Secretaria de Direitos Humanos, 2013, p. 32-45.

1.1.2. Proteção no direito brasileiro

No plano nacional, a primeira Carta Constitucional a conter disposição relacionada ao idoso foi a Constituição de 1934, ao instituir a obrigação de previdência social do trabalhador[6], em contexto que abrangia a proteção da velhice.

A Constituição de 1937, também de forma bem limitada, dispôs apenas sobre questão de natureza previdenciária relacionada ao idoso, instituindo os seguros de velhice[7], assim como a Constituição de 1946, que estabeleceu a previdência em favor da velhice[8], disposição essa repetida na Constituição de 1967[9].

Desse modo, ao longo da evolução constitucional do nosso país, nunca se assegurou proteção à pessoa idosa em sentido amplo.

Somente com o advento da Constituição de 1988 é que se estabeleceu, de fato, disposições mais abrangentes quanto a tutela do idoso.

Dentre as disposições constitucionais relacionadas diretamente ao idoso, as mais relevantes são aquelas previstas nos artigos 229 e 230, que assim dispõem:

> *Art. 229. Os pais têm o dever de assistir, criar e educar os filhos menores, e os filhos maiores têm o dever de ajudar e amparar os pais na velhice, carência ou enfermidade.*
>
> *Art. 230. A família, a sociedade e o Estado têm o dever de amparar as pessoas idosas, assegurando sua participação na comunidade, defendendo sua dignidade e bem-estar e garantindo-lhes o direito à vida.*
>
> § 1º. Os programas de amparo aos idosos serão executados preferencialmente em seus lares.
>
> § 2º. Aos maiores de sessenta e cinco anos é garantida a gratuidade dos transportes coletivos urbanos.

A Carta Constitucional de 1988 também dispôs sobre direitos políticos e assistenciais relacionadas ao idoso.

De fato, o artigo 14, § 1º, letra "c", estabeleceu que o voto e o alistamento eleitoral são facultativos para os maiores de setenta anos. Já o artigo 203, inciso V, estabeleceu benefício assistencial de um salário mínimo mensal ao idoso que comprovar não possuir meios de prover a própria manutenção ou de tê-la provida por sua família, conforme dispuser a lei.

---

6 *Art. 121. A lei promoverá o amparo da produção e estabelecerá as condições do trabalho, na cidade e nos campos, tendo em vista a proteção social do trabalhador e os interesses econômicos do País.* § 1º. A legislação do trabalho observará os seguintes preceitos, além de outros que colimem melhorar as condições do trabalhador: *(...) h) assistência médica e sanitária ao trabalhador e à gestante, assegurando a este descanso antes e depois do parto, sem prejuízo do salário e do emprego, e instituição de previdência, mediante contribuição igual da União, do empregador e do empregado, a favor da velhice, da invalidez, da maternidade e nos casos de acidentes de trabalho ou de morte;*

7 *Art. 137. A legislação do trabalho observará, além de outros, os seguintes preceitos: (...) m) a instituição de seguros de velhice, de invalidez, de vida e para os casos de acidentes do trabalho.* O artigo 137 foi suspenso pelo Decreto nº 10.358/42.

8 *Art. 157. A legislação do trabalho e a da previdência social obedecerão nos seguintes preceitos, além de outros que visem a melhoria da condição dos trabalhadores: (...) XVI – previdência, mediante contribuição da União, do empregador e do empregado, em favor da maternidade e contra as consequências da doença, da velhice, da invalidez e da morte.*

9 *Art. 158. A Constituição assegura aos trabalhadores os seguintes direitos, além de outros que, nos termos da lei, visem à melhoria, de sua condição social: (...) XVI – previdência social, mediante contribuição da União, do empregador e do empregado, para seguro-desemprego, proteção da maternidade e, nos casos de doença, velhice, invalidez e morte.*

Porém, a disposição constitucional mais relevante não se encontra em nenhum dos dispositivos citados, mas sim no artigo 1º, inciso III, que estabelece como fundamento da República Federativa a dignidade da pessoa humana. Tão relevante é esse princípio fundamental, que merece análise apartada, como se verá a seguir.

Na sequência de diplomas legais nacionais que cuidam da pessoa idosa, no ano de 1994 foi promulgada a *Lei de Política Nacional do Idoso* (Lei nº 8.842 de 04 de janeiro de 1994), regulamentada pelo Decreto nº 1.948, de 03 de julho de 1996, tendo por objetivo assegurar os direitos sociais do idoso, criando condições para promover sua autonomia, integração e participação efetiva na sociedade. Referida lei foi a primeira a estabelecer um critério etário, considerando como idoso, para seus fins, a pessoa maior de sessenta anos de idade (art. 2º).

Em 2002, o Decreto nº 4.227, atendendo disposição prevista na Lei de Política Nacional, criou o *Conselho Nacional dos Direitos do Idoso - CNDI*, órgão de caráter consultivo, vinculado ao Ministério da Justiça, ao qual compete, dentre outras atribuições, supervisionar e avaliar a Política Nacional do Idoso; elaborar proposições, objetivando aperfeiçoar a legislação pertinente à Política Nacional do Idoso; acompanhar a implementação da política nacional do idoso, no âmbito dos Estados, do Distrito Federal e dos Municípios; etc.

Finalmente, após sete anos de tramitação no Congresso Nacional, em 2003 foi sancionado o Estatuto do Idoso (Lei nº 10.741/03, de 1 de outubro de 2003), trazendo disposições importantíssimas voltadas a promover efetiva tutela dos direitos da pessoa idosa, considerando como tal aquela com idade igual ou superior a sessenta anos[10].

O Estatuto do Idoso objetiva assegurar os direitos consagrados pelas políticas públicas destinadas ao idoso, a partir de uma visão compreensiva de sua diversidade e de uma visão de longo prazo. Suas disposições priorizam o atendimento das necessidades básicas da pessoa idosa e a manutenção de sua autonomia, entendida como conquista dos direitos sociais. O atendimento ao idoso é considerado como direito, assegurando-se prioridade nos serviços de atenção à saúde e assistência social, assim como na concessão de benefícios permanentes e eventuais e nos programas educacionais para o envelhecimento. De outro lado, a manutenção da autonomia contempla a participação da pessoa idosa em todos os âmbitos da sociedade.

Dessa forma, materializando em seus dispositivos a Política Nacional já promulgada, ao estabelecer regras de direito material e substancial aplicáveis à pessoa idosa, o Estatuto do Idoso é considerado verdadeiro marco jurídico e político, sendo um diploma inovador na tutela do idoso, porquanto voltado a instrumentalizar e operacionalizar garantias e direitos desse grupo vulnerável, conforme será explicitado ao longo desse trabalho.

Destaque-se, por fim, que outros atos normativos também tratam de questões referentes ao idoso, tais como a Lei nº 8.742/93, que cuida da organização da

[10] A Lei nº 10.741/03 (Estatuto do Idoso) adotou em seu artigo 1º o critério *cronológico* para definir quando determinada será considerada idosa. Diversamente da Lei de Política Nacional do Idoso (Lei nº 8.842/94), que considera idosa a pessoa *maior* de sessenta anos de idade (art. 2º), o Estatuto do Idoso considera idosa a pessoa com idade *igual* ou *superior* a 60 anos, sendo esse, atualmente, o critério adotado, já que se trata de lei posterior.

Assistência Social[11] e o Decreto Federal nº 9.328/18, que cria a *Estratégia Brasil Amigo da Pessoa Idosa.*

1.2. Princípios aplicáveis à tutela do idoso

Não obstante nossa Constituição Federal e os diplomas internacionais assegurem uma série de princípios aplicáveis aos brasileiros e aos estrangeiros residentes no país, dentre os quais se encontram todos os idosos, alguns princípios são fundamentais para compreensão da tutela dos direitos e garantias dos idosos.

1.2.1. Princípio da dignidade da pessoa humana

A Constituição Federal de 1988 trouxe a dignidade da pessoa humana como fundamento da República Federativa do Brasil (art. 1º, III da CF).

Tratando do tema, Ana Paula de Barcellos assevera que "*por qualquer dos fundamentos possíveis – seja por tratar-se de um direito natural e inato, um elemento construído pela cultura ou o resultado da progressiva luta e conquista dos povos – a dignidade humana é hoje um axioma jusfilosófico e, além disso, no nosso sistema, um comando jurídico dotado de superioridade hierárquica. A saber: as pessoas devem ter condições dignas de existência, aí incluindo-se a liberdade de desenvolverem-se como indivíduos, a possibilidade de participarem das deliberações coletivas, bem como condições materiais que as livre da indignidade (...) não apenas porque isso é desejável, mas porque a Constituição, centro do sistema jurídico, norma fundamental e superior, assim determina*"[12].

A dignidade humana é tratada de forma complexa no nosso sistema constitucional, visto que é assegurada de forma dispersa ao longo do texto da Carta de 1988. A noção de dignidade da pessoa humana é formada por vários conteúdos, dentre os quais estão os chamados direitos individuais e os políticos, além dos direitos sociais, culturais e econômicos. Por isso, é considerada o princípio fundamental da ordem jurídica, consistindo em vetor da interpretação e da ponderação normativa.

Analisando o princípio sob o prisma da pessoa idosa, André Ramos Tavares assevera que podemos "*falar em tutela da situação do idoso como decorrência do princípio da dignidade da pessoa humana, o que, ademais, é reconhecido expressamente pela Constituição de 1988, que em seu art. 230 assegura às pessoas idosas a defesa de sua dignidade, colocando tal defesa como dever do Estado, da sociedade e da família (art. 230, caput, da C.F.). Ora, em decorrência desse posicionamento constitucional está em que os direitos referidos aos idosos não são apenas aqueles indicados expressamente*

---

11 A Lei nº 8.742/93, que dispõe sobre a organização da Assistência Social, estabelece em seu artigo 2º, inciso I, letra "a", que a assistência social tem por objetivos a proteção social, que visa à garantia da vida, à redução de danos e à prevenção da incidência de riscos, especialmente a proteção à família, à maternidade, à infância, à adolescência e à velhice. Na letra "e" do mesmo dispositivo, estabelece a garantia de 1 (um) salário-mínimo de benefício mensal à pessoa com deficiência e ao idoso que comprovem não possuir meios de prover a própria manutenção ou de tê-la provida por sua família.

12 BARCELLOS, Ana Paula de. **A eficácia jurídica dos princípios constitucionais**. Rio de Janeiro: Renovar, 2002, p. 26-27.

pela norma constitucional do art. 230. São todos aqueles que sejam imprescindíveis para garantir dignidade à vida daqueles que se encontrem na condição de "idosos"[13].

Continua o autor, destacando que "*nessa perspectiva, o direito à velhice coloca-se como direito que há de tutelar-se desde o início da vida do indivíduo, pois como muito bem alertou Paulo Roberto Barbosa Ramos, 'a sociedade precisa oferecer esses benefícios desde o início da existência das pessoas, porque se assim não agir estará atentando contra o direito à vida destas, uma vez que se tivessem uma vida com dignidade, desde o princípio, teriam oportunidade de ter uma vida mais longeva'*"[14].

Na lição de Roberto Mendes de Freitas Junior, "*com base no disposto no artigo 1º, inciso III, da Constituição Federal, portanto, todos os direitos da pessoa idosa estão garantidos constitucionalmente, vez que qualquer violação dos direitos fundamentais da pessoa idosa afrontará, invariavelmente, a dignidade da pessoa humana*"[15].

1.2.2. Princípio da proteção integral

A pessoa idosa, assim considerada pela lei quando possua idade igual ou superior a sessenta anos, exige proteção especial em virtude de sua situação de vulnerabilidade comparada ao restante da população.

A ideia de proteção integral é também extraída do artigo 230 da Constituição Federal, que impõe à família, a sociedade e ao Estado o dever de amparar as pessoas idosas, assegurando sua participação na comunidade, defendendo sua dignidade e bem-estar e garantindo-lhes o direito à vida.

A proteção integral funda-se na ideia de que o idoso é sujeito não apenas de direitos comuns a qualquer pessoa, mas também de direitos especiais, que decorrem de sua peculiar condição de pessoa em processo de envelhecimento. O princípio da proteção integral, portanto, deve ser interpretado em favor do direito ao pleno e saudável envelhecimento.

Da mesma forma como aplicável à tutela da criança e do adolescente, a doutrina da proteção integral pressupõe que determinada pessoa seja protegida em razão de se encontrar em uma situação singular - que a distingue substancialmente das demais pelo aspecto da vulnerabilidade –, e uma ou mais pessoas que a protejam.

Ao tratar da proteção integral, Paolo Vercelone afirma que "*o termo proteção pressupõe um ser humano protegido e um ou mais seres humanos que o protegem, isto é, basicamente, um ser humano que tem necessidade de outro ser humano*"[16].

Trazido ao plano da tutela do idoso, devemos entender a proteção integral como o feixe de direitos inerentes aos cidadãos em processo de envelhecimento. Tais direitos, diversamente daqueles tidos como fundamentais e reconhecidos a todas as pessoas, consubstanciam-se em pretensões relacionadas a um comportamento

---

[13] TAVARES, André Ramos. **Curso de Direito Constitucional**. 2ª ed. São Paulo: Saraiva, 2003, p. 410.

[14] Idem.

[15] FREITAS JUNIOR, Roberto Mendes de. **Direitos e Garantias do Idoso**. 3ª ed. São Paulo: Atlas, 2015, p. 04.

[16] VERCELONE, Paulo. **Estatuto da Criança e do Adolescente Comentado**. 10ª ed. São Paulo: Malheiros, p. 37.

negativo (dever de abstenção de sua violação) e comportamentos positivos impostos à autoridade pública e todos os demais cidadãos, os quais deverão assegurar esta proteção especial. Pode-se dizer, assim, que em razão da proteção integral, o idoso tem direito a que os demais cidadãos realizem prestações em seu favor.

1.2.3. Princípio da prioridade

Orientada pelo princípio da dignidade da pessoa humana e pela proteção integral prevista no artigo 230, a legislação infraconstitucional estabeleceu diversas medidas voltadas a garantir o envelhecimento pleno e saudável.

Nesse sentido, o Estatuto do Idoso determina ser obrigação da família, da comunidade, da sociedade e do Poder Público, assegurar ao idoso, com *prioridade absoluta*, a efetivação do direito à vida, à saúde, à alimentação, à educação, à cultura, ao esporte, ao lazer, ao trabalho, à cidadania, à liberdade, à dignidade, ao respeito e à convivência familiar e comunitária (artigo 3º, "caput").

Com efeito, o artigo 3º do Estatuto do Idoso, em seu § 1º, elenca algumas situações que envolvem a garantia da prioridade, tais como o atendimento preferencial imediato e individualizado junto aos órgãos públicos e privados prestadores de serviços à população (inciso I)[17], preferência na formulação e na execução de políticas sociais públicas específicas (inciso II), destinação privilegiada de recursos públicos nas áreas relacionadas com a proteção ao idoso (inciso III) e prioridade no recebimento da restituição do Imposto de Renda (inciso X).A garantia da prioridade também vem assegurada em outros dispositivos da Lei nº 10.741/03, os quais preveem acesso preferencial aos locais de eventos artísticos, culturais, esportivos e de lazer (art. 23); prioridade na aquisição de imóvel para moradia própria, em programas habitacionais, públicos ou subsidiados com recursos públicos, observada a reserva de pelo menos três por cento das unidades habitacionais (art. 38); prioridade no embarque no sistema de transporte coletivo (art. 42); prioridade na tramitação de processos e procedimentos e na execução de atos e diligências judiciais, extensiva à tramitação de processos e procedimentos na Administração Pública, empresas prestadoras de serviços públicos e instituições financeiras (art. 71) e atendimento preferencial junto à Defensoria Pública no que tange aos serviços de assistência judiciária gratuita (art. 71)[18].

É importante mencionar que o § 2º do artigo 3º, introduzido pela Lei nº 13.466, de 12 de julho de 2017, passou a prever uma "prioridade dentro da prioridade", estabelecendo que dentre os idosos, é assegurada prioridade especial aos maiores de 80 (oitenta anos), atendendo-se suas necessidades sempre preferencialmente em relação aos demais idosos.

A mesma lei também modificou o Estatuto do Idoso para garantir que a preferência estabelecida em favor dos maiores de 80 anos em relação aos demais idosos seja observada no que tange ao atendimento à saúde, excetuando-se casos

---

17 Nos termos do artigo 71, § 4º da Lei nº 10.741/03, para o atendimento prioritário será garantido ao idoso o fácil acesso a assentos e caixas, identificados com a destinação a idosos em local visível e caracteres legíveis.

18 PINHEIRO, Naide Maria. **Atendimento Prioritário ao Idoso.** In: Estatuto do Idoso – Dignidade humana como foco. Brasília: Secretaria de Direitos Humanos, 2013, p. 103.

de emergência (art. 15, § 7º) e na tramitação judicial de processos e procedimentos que sejam do seu interesse (art. 71, § 5º).

A prioridade em favor do idoso também vem assegurada no âmbito da tutela penal, porquanto a Lei nº 13.721/18 alterou o Código de Processo Penal para estabelecer que será dada prioridade à realização do exame de corpo de delito quando se tratar de crime que envolva violência contra o idoso e outras pessoas em situação de vulnerabilidade (art. 158, parágrafo único, inciso II).

De qualquer modo, as hipóteses descritas ilustram apenas algumas das situações que envolvem a garantia da prioridade.

1.2.4. Princípio da solidariedade social

Conforme destaca Fabio Konder Comparato, "*a solidariedade prende-se à ideia de responsabilidade de todos pelas carências ou necessidades de qualquer indivíduo ou grupo social. É a transposição, no plano da sociedade política, da* obligatio in solidum *do direito privado romano. O fundamento ético desse princípio encontra-se na ideia de justiça distributiva, entendida como a necessária compensação de bens e vantagens entre as classes sociais, com a socialização dos riscos normais da existência humana. Com base no princípio da solidariedade, passaram a ser reconhecidos como direitos humanos os chamados direitos sociais, que se realizam pela execução de políticas públicas, destinadas a garantir amparo e proteção social aos mais fracos e mais pobres*"[19].

No âmbito da tutela do idoso, o princípio da solidariedade é bem explicitado por Roberto Mendes de Freitas Júnior, que o identifica como a norma de conduta imposta a todo cidadão, de observar os direitos da pessoa idosa e acolher o ancião que se encontrar em risco social, isto é, desamparado, sem família ou sem condições mínimas de subsistência[20].

O princípio em questão estaria consagrado no artigo 36 da Lei nº 10.741/03, ao dispor que o acolhimento de idosos em situação de risco, por adulto ou núcleo familiar, caracteriza a dependência econômica, para os efeitos legais. Assim, ao cidadão solidário a lei oferece a possibilidade de incluir o idoso como seu dependente, com reflexos diretos nos âmbitos tributário e previdenciário.

1.3. Direitos fundamentais da pessoa idosa

Colocadas as premissas a respeito dos princípios da dignidade da pessoa humana, da proteção integral e da prioridade, a Constituição Federal, ao lado da legislação infraconstitucional, especialmente a Lei nº 10.741/03, enumera "direitos fundamentais" da pessoa idosa, que merecem análise nesse trabalho.

Nos ensinamentos de Fabio Konder Comparato, a doutrina germânica faz uma distinção entre direitos humanos e direitos fundamentais (Grundrechte). Esses últimos são os direitos humanos reconhecidos como tais pelas autoridades às quais se

---

19 COMPARATO, Fabio Konder. **A afirmação histórica dos direitos humanos**. 3ª ed. São Paulo: Saraiva, 2004, p. 64.

20 Ob. cit. p. 07.

atribui o poder político de editar normas. São os direitos humanos positivados nas Constituições, nas leis e nos tratados internacionais[21].

1.3.1. Direito à vida

Repetindo o comando previsto no artigo 230 da Constituição Federal, o Estatuto do Idoso impõe como obrigação da família, da comunidade, da sociedade e do Poder Público, assegurar ao idoso, com absoluta prioridade, o direito à vida (art. 9º).

Previsto como o mais fundamental dos direitos, por constituir pressuposto indispensável para a aquisição e exercício de todos os demais, o direito à vida deve ser assegurado pelo Estado em duas acepções: o direito de todo ser humano continuar vivo e o direito de ter uma vida digna. Entende-se que estabelecido como direito fundamental, derivam de sua regulamentação o dever de proteção e respeito.

Nesse sentido:

> *"APELAÇÃO CAUTELAR INOMINADA – TRATAMENTO MÉDICO. Cabimento. Medida necessária para salvaguardar o direito à vida – Direito de todos e dever do Estado. Fornecimento de tratamento cirúrgico de cateterismo cardíaco. Prestação devida que não pode ser obstada pelo princípio da reserva do possível, da separação dos poderes ou previsão orçamentária. Precedentes do c. STJ e desta Corte – RECURSO IMPROVIDO.* (TJSP – Apelação nº 4000047-56.2013.8.26.0322, Lins – Rel. Rodrigues de Aguiar, j. 15.03.16).

De fato, o processo de envelhecimento se inicia no primeiro dia de vida e segue ao longo dela, de forma ininterrupta, trazendo, em determinado momento, para qualquer ser humano, uma série de dificuldades e limitações de ordem física, emocional, psicológica, etc., em maior ou menor grau, decorrentes da senescência.

Logo, o direito ao envelhecimento é positivado como um direito personalíssimo e sua proteção constitui um direito social, sendo obrigação do Estado garantir à pessoa idosa a proteção à vida e à saúde, mediante a efetivação de políticas sociais públicas que permitam um envelhecimento saudável e em condições de dignidade[22].

Conforme destaca Roberto Mendes de Freitas Junior, o "*Estatuto do Idoso eleva o processo natural de envelhecimento em acontecimento jurídico, erigindo-o à categoria de direito personalíssimo*"[23].

Desta forma, o direito à vida, sob o aspecto da tutela do idoso, mais do que assegurar o direito de continuar vivo, consiste em assegurar o envelhecimento digno, que permita a participação ativa na sociedade, com o exercício pleno da cidadania.

1.3.2. Direito à liberdade, à dignidade e ao respeito

O direito à liberdade garante ao idoso a possibilidade de agir conforme sua vontade, tomando as decisões que quiser, de acordo com sua conveniência e objetivos de vida.

---

21 Ob. cit., p. 57.

22 Arts. 8º e 9º da Lei nº 10.741/03 (Estatuto do Idoso).

23 Ob. cit., p. 46.

A Lei nº 10.741/03 prescreve ser obrigação do Estado e da sociedade, assegurar à pessoa idosa a liberdade, o respeito e a dignidade, como pessoa humana e sujeito de direitos civis, políticos, individuais e sociais, garantidos na Constituição Federal e nas leis[24].

O artigo 10, § 1º do Estatuto do Idoso, estabelece que o *direito à liberdade* compreende, dentre outros aspectos: a) a faculdade de ir, vir e estar nos logradouros públicos e espaços comunitários, ressalvadas as restrições legais (liberdade física); b) a opinião e a expressão (liberdade de pensamento); c) a crença e o culto religioso (liberdade de culto e credo); d) a prática de esportes e de diversões; e) a participação na vida familiar e comunitária; f) a participação na vida política (exercício da cidadania), na forma da lei e g) a faculdade de buscar refúgio, auxílio e orientação.

A *liberdade física* consiste na possibilidade de transitar livremente pelo território brasileiro, sem que lhe sejam impostas restrições, salvo aquelas previstas constitucionalmente. Compreende, ainda, os direitos previstos no artigo 5º da Constituição Federal, relacionados à restrição da livre circulação[25].

Já a *liberdade de pensamento* implica na vedação de qualquer tipo de censura, salvo os limites previstos na própria Constituição[26]. De fato, a liberdade de pensamento decorre do princípio democrático que assegura a coexistência de uma gama diversificada de opiniões e ideias, alcançando a possibilidade de adquirir ou ter acesso a quaisquer escritos, livros, noticiários ou qualquer meio de comunicação.

Também é assegurada a *liberdade de culto e credo*, que constitui desdobramento da liberdade de pensamento e manifestação. A liberdade envolve não apenas a crença, mas a moral religiosa, os dogmas, a liturgia e o culto. Abrange, ainda, a direito de não possuir qualquer religião.

O direito à liberdade compreende, por fim, a livre *prática de esportes e diversões*, que nos termos do artigo 217 da Constituição Federal deve ser incentivada pelo Poder Público.

Do mesmo modo, deve ser garantida a *participação na vida familiar e comunitária*. Por essa razão é que o § 1º do artigo 230 da Constituição Federal prevê que os programas de amparo aos idosos serão executados preferencialmente em seus lares, visando com isso preservar a vida familiar. A participação na vida comunitária envolve a possibilidade de se relacionar social e pessoalmente com a comunidade em que vive, bem como relacionar-se comercialmente com empresas privadas ou órgãos públicos. O idoso deve ter assegurada, portanto, a possibilidade de celebrar contratos com terceiros.

A *participação na vida política* consiste na garantia de fazer parte e tomar conhecimento das decisões e atividades desenvolvidas pelo governo, exercendo seus direitos políticos e cumprindo seus deveres cívicos.

É garantido ao idoso, ainda, a possibilidade de buscar *refúgio, auxílio e orientação*, caso deles necessite. A busca de refúgio deverá ser assegurada nas hipóteses

[24] Art. 10, "caput" da Lei nº 10.741/03 (Estatuto do Idoso).

[25] Art. 5º, incisos LXI, LXV, LXVI, LXVII, LXVIII, XLVII, alínea b, LIV.

[26] Nos termos da Constituição Federal, é livre a manifestação de pensamento, sendo vedado o anonimato (art. 5º, IV, CF).

em que o idoso estiver em situação de risco, devendo o Poder Público assegurar sua colocação em local protegido, seja público ou privado. Também cabe ao Poder Público garantir o auxílio e orientação, nas hipóteses em que o idoso deles necessite.

De igual modo, deve ser assegurado ao idoso o *direito ao respeito*, entendido como a inviolabilidade da integridade física, psíquica e moral, abrangendo a preservação da imagem, da identidade, da autonomia, de valores, ideias e crenças, dos espaços e dos objetos pessoais (art. 10, § 2º).

É importante destacar que o processo de envelhecimento deve ser analisado sob o aspecto biológico e psicológico. O envelhecimento *biológico* envolve mudanças de ordem fisiológica, hormonal e química, que são acompanhadas de um evolutivo declínio das capacidades do organismo. Já o envelhecimento *psicológico* consiste em comportamentos pessoais em relação aos outros ou relacionados a si próprio, decorrentes de mudanças de atitude e limitações das capacidades em geral. Referidos comportamentos geram inadaptações, exigem readaptações e reajustes comportamentais, face às exigências da vida.

O idoso merece ser respeitado nesse processo de envelhecimento biológico e psicológico.

Também é dever de todos zelar pela *dignidade* do idoso, colocando-o a salvo de qualquer tratamento desumano, violento, aterrorizante, vexatório ou constrangedor (art. 10, § 3º).

1.3.3. Direito a alimentos

Os alimentos devidos aos idosos deverão ser prestados na forma da lei civil[27], isto é, na forma dos artigos 1694 a 1710 do Código Civil.

A obrigação alimentar prevista no Estatuto do Idoso (art. 11) deriva da segunda parte do artigo 229 da Constituição Federal, segundo o qual "*os pais têm o dever de assistir, criar e educar os filhos menores, e os filhos maiores têm o dever de ajudar e amparar os pais na velhice, carência ou enfermidade*".

Desta forma, o direito à percepção de alimentos pelos idosos é baseado nos artigos 1694 e 1696 do Código Civil de 2002, que estabelecem o dever de reciprocidade da obrigação alimentar entre parentes, prevendo que eles podem pedir alimentos uns aos outros, caso deles necessitem para sua sobrevivência, sendo o direito à prestação recíproco entre pais e filhos e extensivo a todos os ascendentes, recaindo a obrigação nos mais próximos em grau.

Entretanto, o Estatuto do Idoso, promulgado logo após o novo Código Civil, dispôs em seu artigo 12 que a obrigação alimentar é *solidária*, podendo o idoso optar entre os prestadores, o que gerou amplo debate na doutrina e jurisprudência.

Com efeito, na disciplina da lei civil, os alimentos entre parentes devem ser fixados nos termos do binômio necessidades-possibilidades, isto é, de acordo com as necessidades do alimentando e as possibilidades do alimentante (art. 1.694, § 1º). Assim se estabeleceu a fim de permitir que aquele que deva prestar alimentos, o

27 Artigo 11 da Lei nº 10.741/03 (Estatuto do Idoso).

faça sem prejuízo da sua própria subsistência, em rateio com os demais parentes que tenham condições financeiras, caso não a possa suportar sozinho. Assim, no Código Civil, o dever de prestar alimentos recíprocos entre pais e filhos tem natureza conjunta e não solidária.

Ao prever a responsabilidade alimentar solidária, a Lei nº 10.741/03 permitiria que o idoso acionasse qualquer parente, que seria obrigado a prestar a totalidade dos alimentos a ele.

Essa não parece ser a melhor interpretação a ser adotada.

De fato, a norma constitucional estabelece a obrigação dos filhos ampararem os pais, o que deve ser feito, nos termos da lei civil, de acordo com suas possibilidades, mediante rateio se necessário, ante as necessidades daqueles.

Se o idoso optar por acionar apenas um dos filhos, deixando de acionar os demais, a obrigação alimentar deverá ser fixada na medida das possibilidades daquele, e caso as necessidades do idoso ainda assim não possam ser satisfeitas na íntegra, deverão ser acionados os demais filhos, para complementar a obrigação.

Interpretação diversa permitiria que o filho escolhido para arcar com os alimentos, o tivesse que prestar em sua totalidade, gerando situações injustas, ainda mais diante das consequências que podem derivar do inadimplemento da obrigação alimentar.

O Estatuto do Idoso também trouxe importante disposição relacionada aos alimentos, ao estabelecer, no artigo 13, que as transações relativas à matéria poderão ser celebradas perante o Promotor de Justiça[28] ou Defensor Público, que as referendará, assumindo força de título executivo extrajudicial.

Desse modo, é possível que a obrigação alimentar seja negociada pelo Ministério Público ou pela Defensoria Pública, na tutela dos direitos individuais indisponíveis, agilizando, em muito, a fixação das obrigações alimentares entre idosos e seus parentes.

Tanto não bastasse, é possível que o Ministério Público possa não apenas acompanhar, mas também promover ações de alimentos em favor do idoso, nos termos do artigo 74, inciso II da Lei nº 10.741/03.

Por fim, o Estatuto do Idoso impõe a obrigação de o Poder Público prover o sustento do idoso, no âmbito da assistência social, nos casos em que seus familiares não possuam condições econômicas de prover o seu sustento.

Nesse sentido, nos termos do artigo 34 da Lei nº 10.741/03 e no artigo 203, inciso V da Constituição Federal, é previsto um benefício assistencial ao idoso, conhecido como "benefício de prestação continuada", consistente na garantia de um salário mínimo mensal ao cidadão com mais de 65 anos que não possuir renda suficiente para manter a si mesmo e à sua família, conforme os critérios definidos na legislação.

A legislação que trata do tema é a Lei nº 8.742/93, conhecida como Lei Orgânica da Assistência Social (LOAS), que em seu artigo 20 estabelece que para sua percepção, é necessário que a renda por pessoa do grupo familiar seja inferior a 1/4 do salário-mínimo. Esta renda, nos termos do artigo 4º, inciso V do Decreto

---

28 Com fundamento no artigo 74, inciso X da Lei nº 10.741/03 (Estatuto do Idoso).

nº 6.214/07, que regulamenta o artigo 20, será avaliada considerando-se o salário do beneficiário, do esposo(a) ou companheiro(a), dos pais, da madrasta ou do padrasto, dos irmãos solteiros, dos filhos e enteados solteiros e os menores tutelados, desde que residam na mesma casa.

O "benefício de prestação continuada" em favor do idoso tem sido alvo de discussão e tratamento no Supremo Tribunal Federal. No julgamento do RE nº 567.985/MT, no qual se discutia, à luz do art. 203, V, da Constituição Federal, a possibilidade, ou não, de comprovação de miserabilidade do idoso, para fins percepção do benefício de assistência continuada a que alude o referido dispositivo, por outro meio, foi reconhecida repercussão geral, fixando-se a Tese nº 27, segundo a qual "*É inconstitucional o § 3º do artigo 20 da Lei 8.742/1993, que estabelece a renda familiar mensal* per capita *inferior a um quarto do salário mínimo como requisito obrigatório para concessão do benefício assistencial de prestação continuada previsto no artigo 203, V, da Constituição*".

Desse modo, a prova da miserabilidade, para fins de concessão do benefício, não fica subordinada unicamente ao valor familiar *per capta* inferior a um quarto do salário mínimo.

É certo, ainda, que o parágrafo único do artigo 34 da Lei nº 10.741/03 estabelece que o benefício assistencial já concedido a qualquer membro da família não será computado para fins do cálculo da renda familiar *per capita* a que se refere a LOAS.

Referido dispositivo também teve sua inconstitucionalidade reconhecida, por omissão parcial, pelo Supremo Tribunal Federal, no julgamento do RE nº 580.963/PR com repercussão geral (Tese nº 312), porquanto referida norma não exclui os benefícios assistenciais recebidos por deficientes e os benefícios previdenciários, no valor de até um salário mínimo, percebido por idosos. Entendeu-se inexistir justificativa plausível para discriminação dos portadores de deficiência em relação aos idosos, bem como dos idosos beneficiários da assistência social em relação aos idosos titulares de benefícios previdenciários no valor de até um salário mínimo. Por se tratar de um benefício assistencial, não é necessária prévia contribuição ao INSS.

Ao tratarmos das regras atinentes à assistência social, analisaremos com maior profundidade o benefício de prestação continuada.

1.3.4. Direito à saúde

O direito à saúde, como decorrência do direito à vida, vem previsto no artigo 196 da Constituição Federal, que determina ser um direito de todos e um dever do Estado, garantido mediante políticas sociais e econômicas. Independentemente do nível social ou classe econômica do cidadão, o direito à saúde deve ser garantido e prestado a todos indistintamente.

Entretanto, a proteção da saúde da pessoa idosa merece especial atenção, considerando o processo inexorável de envelhecimento biológico e psicológico ao qual ela se submete, bem como em virtude de sua situação de vulnerabilidade.

Por essa razão, o Estatuto disciplina a proteção da saúde do idoso amplamente (Capítulo IV), estabelecendo que "*é assegurada a atenção integral à saúde do idoso, por intermédio do Sistema Único de Saúde – SUS, garantindo-lhe o acesso universal e igualitário, em conjunto articulado e contínuo das ações e serviços, para a prevenção, promoção, proteção e recuperação da saúde, incluindo a atenção especial às doenças que afetam preferencialmente os idosos*" (art. 15, *caput*).

Com efeito, a Lei nº 8.080/90, que dispõe sobre o Sistema Único de Saúde, tem como objetivo promover assistência às pessoas por mediante ações de promoção, proteção e recuperação da saúde, com a realização integrada das ações assistenciais e das atividades preventivas[29]. Inclui, dentro de seu campo de atuação, a execução de ações de *assistência terapêutica integral*, inclusive farmacêutica[30], o que vai além da obrigação de fornecer aos idosos, gratuitamente, medicamentos, próteses, órteses e outros recursos relativos ao tratamento, habilitação ou reabilitação, conforme previsto no artigo 15, § 2º do Estatuto do Idoso.

Nesse sentido, uma série de medidas são impostas ao Poder Público, voltadas a promover a prevenção e a manutenção da saúde do idoso. Veja-se a respeito:

> *"APELAÇÃO AÇÃO ORDINÁRIA TUTELA ANTECIPADA FORNECIMENTO DE FRALDAS DESCARTÁVES CABIMENTO. Em atendimento a preceito constitucional (artigos 5º e 196 CF) é direito do paciente com doença crônica obter o fornecimento de medicamento/insumo prescrito pelo médico, mesmo que não conste da listagem oficial, mas que integra o universo dos medicamentos do mercado. Obrigação dos órgãos públicos de garantir atendimento salutar à saúde da população Paciente idoso. Observância do Estatuto do Idoso (arts. 9º e 15, § 2º) Obrigação dos órgãos públicos de garantir atendimento salutar à saúde dos idosos".* (TJSP – Apelação nº 1045648-36.2014.8.26.0053 – Comarca de São Paulo, Rel Danilo Panizza, j. 15.03.16).

Por Poder Público devem ser entendidas todas as esferas de governo, quais sejam, a União, os Estados, o Distrito Federal e os Municípios, às quais incumbe, solidariamente, a prestação do serviço público de saúde[31]. Nesse sentido:

> *"Ação civil pública. Fornecimento de aparelho CPAP. Legitimidade ativa do Ministério Público. Defesa dos direitos individuais indisponíveis. Art. 127, da CF. Dever do Estado (arts. 5º, caput, 196 e 198 da CF e legislação reguladora do Sistema Único de Saúde – SUS). Solidariedade entre os entes federativos podendo a demanda ser proposta contra qualquer deles: União, Estado ou Município. Ausência de ofensa aos princípios constitucionais da separação e independência dos poderes, da isonomia, da discricionariedade administrativa e da anualidade orçamentária. Comprovadas a existência das doenças e a necessidade do aparelho. Sentença de procedência. Recurso da Fazenda do Estado de São Paulo não provido".* (APELAÇÃO nº 1010429-24.2015.8.26.0506 – Ribeirão Preto, Rel. Carlos Violante, j. 08.03.16).

Na prestação desse serviço, caso o idoso esteja enfermo, é vedado exigir seu comparecimento perante os órgãos públicos, hipótese na qual o agente público promoverá o contato necessário com o idoso em sua residência, quando de interesse do

---

29 Artigo 5º da Lei nº 8.080/90.

30 Artigo 6º, inciso I, letra "d" da Lei nº 8.080/90.

31 Súmula 37 do Tribunal de Justiça do Estado de São Paulo: "A ação para o fornecimento de medicamento e afins pode ser proposta em face de qualquer pessoa jurídica de Direito Público Interno".

Poder Público, ou o idoso se fará representar por procurador legalmente constituído, quando a questão for de seu interesse.

As medidas que devem ser adotadas pelo Poder Público estão elencadas no § 1º do artigo 15 do Estatuto do Idoso. Vejamos cada uma delas.

A primeira medida é o *cadastramento de idosos* por base territorial, voltada a dimensionar o número de idosos, proporcionando estimativa da demanda existente em cada local e da necessidade de recursos a serem investidos em políticas públicas.

O *atendimento geriátrico e gerontológico em ambulatórios* são medidas que devem ser implementadas pelo Poder Público em ambulatórios públicos e exigidos nos estabelecimentos privados. Por atendimento *geriátrico* entende-se aquele que envolve o diagnóstico e tratamento de anomalias e doenças relacionadas às pessoas idosas. Já o atendimento *gerontológico* é voltado ao tratamento dos fenômenos associados ao envelhecimento humano. Com efeito, a gerontologia é ciência que estuda o processo de envelhecimento, formado pelas modificações morfológicas, fisiológicas, psicológicas e sociais consecutivas derivadas da ação do tempo no organismo humano, independentemente de qualquer fenômeno patológico.

O Poder Público também deverá providenciar a *criação de unidades geriátricas de referência*, que possuam *pessoal especializado nas áreas de geriatria e gerontologia social*. A capacitação dos profissionais da saúde que atuem no atendimento a idosos é primordial, impondo-se às instituições de saúde a necessidade de treinamento de seus profissionais[32].

Do mesmo modo, o Poder Público tem o dever de estimular o *atendimento domiciliar* do idoso, tal qual determinado pela Constituição Federal, no artigo 230, § 1º[33]. No âmbito do SUS, a Lei nº 8.080/90 passou a prever não apenas o atendimento médico domiciliar, mas também a internação domiciliar. O artigo 19-I, introduzido pela Lei nº 10.424/02, estabelece que na modalidade de assistência de atendimento e internação domiciliares incluem-se, principalmente, os procedimentos médicos de enfermagem, fisioterapêuticos, psicológicos e de assistência social, entre outros necessários ao cuidado integral dos pacientes em seu domicílio. Referidos atendimentos deverão ser realizados por equipes multidisciplinares, que atuarão nos níveis da medicina preventiva, terapêutica e reabilitadora e só poderão ser realizados por indicação médica, com expressa concordância do paciente e de sua família. Veja-se a respeito:

> "AÇÃO DE OBRIGAÇÃO DE FAZER. FORNECIMENTO DE SERVIÇO DE ATENÇÃO DOMICILIAR NO ÂMBITO DO SUS. "home care". Direito à vida e à saúde e correspondente dever concreto do Estado, cuja incúria não legitima omissão que afronte norma constitucional específica e os princípios do art. 37 da Constituição, em especial da legalidade e da moralidade. Paciente necessitada do serviço idôneo conforme prescrição médica. Direito subjetivo comprovado nos autos. Legitimidade passiva das entidades estatais solidárias. Não há que se discutir a eficácia do serviço ou quais serviços deveriam ser prescritos, se há outra opção ou não, pois foram prescritos por profissional capacitado,

32 Artigo 18 da Lei nº 10.741/03 (Estatuto do Idoso).

33 O referido dispositivo constitucional estabelece que os programas de amparo aos idosos deverão ser executados preferencialmente em seus lares.

presumindo-se conhecimentos técnico-científico para tanto. Ônus estatal que não pode ser obstado por questões orçamentárias. Violação do Princípio da separação dos poderes. Inocorrência. Dever do Poder Judiciário de compelir a Administração Pública a fornecer o medicamento. Ônus estatal que não pode ser obstado por questões orçamentárias e licitatórias. Insurgência que não encontra amparo na jurisprudência dominante deste E. Tribunal. Honorários advocatícios devidos. Observação do princípio da causalidade. Decisão reformada. Recurso voluntário provido." (TJSP – Apelação nº 1036133-57.2014.8.26.0576, São José do Rio Preto, Rel. Leonel Costa, j. 24.02.16).

ADMINISTRATIVO. AGRAVO EM RECURSO ESPECIAL. AÇÃO DE OBRIGAÇÃO DE FAZER. DIREITO A SAÚDE. ATENDIMENTO DOMICILIAR A PACIENTE IDOSA (HOME CARE). SITUAÇÃO DE EXTREMA DEBILIDADE RECONHECIDA PELO PRÓPRIO ACÓRDÃO RECORRIDO, QUE, NO ENTANTO, NEGOU O PEDIDO DE ATENDIMENTO DOMICILIAR. DESNECESSIDADE DE RISCO ABSOLUTO À VIDA, DEVENDO SER OBSERVADA PARA TUTELA JURISDICIONAL A NECESSIDADE CLÍNICA. COMPROVAÇÃO POR LAUDOS E PRONTUÁRIOS RECONHECIDOS PELAS INSTÂNCIAS ORDINÁRIAS. DIREITO DA PESSOA COM DEFICIÊNCIA AO ATENDIMENTO DOMICILIAR, SE PRESENTE A NECESSIDADE. ART. 18, § 4º., III DA LEI 13.146/2015. IGUAL PREVISÃO NO ESTATUTO DO IDOSO (ART. 15, § 1º., IV DA LEI 10.741/2003). O PROCEDIMENTO SE ENCONTRA NA LISTA DE COBERTURAS DO SUS. ART. 19-I DA LEI 8.080/1990 E RESPECTIVA TABELA DE PROCEDIMENTOS, CONFORME LAUDO MÉDICO. AGRAVO CONHECIDO PARA DAR PROVIMENTO AO RECURSO ESPECIAL DO PARTICULAR.

1. O presente Recurso atrai a incidência do Enunciado Administrativo 3 do STJ, segundo o qual, aos recursos interpostos com fundamento no Código Fux (relativos a decisões publicadas a partir de 18 de março de 2016), serão exigidos os requisitos de admissibilidade recursal na forma do novo Código.

2. Preliminarmente, deve-se ressaltar o respeito ao prequestionamento implícito da matéria debatida nessa oportunidade. A controvérsia é o fornecimento, pela Municipalidade, de atendimento médico domiciliar (home care).

3. Consoante o art. 1.042, § 5º. do Código Fux, é possível o julgamento conjunto do Agravo e do próprio Recurso Especial perante o colegiado (AREsp. 851.938/RS, Rel. Min. GURGEL DE FARIA, DJe 9.8.2016).

4. Constata-se nos autos que MARIA DA GRACA OLIVEIRA ingressou com a Ação de Obrigação de Fazer c/c com pedido de Tutela Antecipada em desfavor do MUNICÍPIO DE TRÊS LAGOAS/MS, com pedido de fornecimento de medicamentos, bem como fraudas geriátricas e acompanhamento home care.

5. O acórdão recorrido contraria tanto os princípios da integralidade e da universalidade (art. 2º., § 1º. da Lei 8.080/1990), que regem o funcionamento do SUS, como o direito da pessoa com deficiência (art. 18, § 4º., III da Lei 13.146/2015) e do idoso (art. 15, § 1º., IV da Lei 10.741/2003) ao atendimento médico domiciliar, se presente a necessidade deste.

6. Na concessão de tratamentos médicos pela via jurisdicional, não se exige a existência de risco à vida do postulante. Nem mesmo para o deferimento de medida liminar, cujos requisitos são ainda mais rígidos, é necessária tal demonstração, bastando que haja risco à saúde, conforme o Enunciado 51 da II Jornada do Direito da Saúde do CNJ. O que deve orientar a prestação da Tutela Jurisdicional é a necessidade clínica do paciente, certificada pelos profissionais para tanto competentes.

7. Os cuidados de pessoa idosa, gravemente debilitada e dependente, conforme certificado no próprio acórdão recorrido, são atividades que, além de evidentemente se inserirem no amplo rol dos arts. 11 e 12 da Lei 7.498/1986, consomem a quase totalidade do tempo de quem se dedica a elas. Transferir esse encargo aos familiares da recorrente – que sequer foram especificados no acórdão -, em especial considerando a idade avançada de seu marido, poderia prejudicar o próprio sustento da família e, como decorrência, manutenção da saúde da agravante.

8. Agravo conhecido para dar provimento ao Recurso Especial do particular a fim de determinar à Municipalidade que lhe forneça o atendimento domiciliar (home care) nos termos proferidos na sentença e, diante da inexistência de efeito suspensivo automático nos Recursos eventualmente cabíveis desta decisão (art. 995 do Código Fux), bem como da urgência da medida em razão do risco de dano grave, o MUNICÍPIO DE TRÊS LAGOAS/MG deverá efetivar o fornecimento do tratamento no prazo de 10 dias contados da intimação desta decisão, independentemente da interposição de qualquer outro Recurso em face dela. (AResp n° 1303664/MS, Rel. Min. Napoleão Nunes Maia Filho, 1ª Turma, j. 02.10.18).

O artigo 15, § 6º do Estatuto do Idoso, introduzido pela Lei nº 12.896/13, determina que é assegurado ao idoso enfermo o atendimento domiciliar pela perícia médica do Instituto Nacional do Seguro Social - INSS, pelo serviço público de saúde ou pelo serviço privado de saúde, contratado ou conveniado, que integre o Sistema Único de Saúde - SUS, para expedição do laudo de saúde necessário ao exercício de seus direitos sociais e de isenção tributária.

Muitos estabelecimentos hospitalares, privilegiando a disposição constitucional, vem prestando essa modalidade de atendimento através do sistema de *home care*, que além de manter o paciente em sua própria residência, o põe a salvo de infecções hospitalares e contribui positivamente para a melhoria de seu estado psicológico.

Importante destacar, ainda, que o sistema de atendimento domiciliar é obrigação não apenas do sistema público de saúde, mas também do sistema privado, devendo ser prestado por planos de saúde particulares, ainda que não haja cláusula específica ou exista cláusula que o exclua[34].

Por fim, é obrigação do Poder Público promover a *reabilitação orientada pela geriatria e gerontologia*, para redução das sequelas decorrentes do agravo da saúde.

No que tange à prestação do serviço de saúde privado, o Estatuto do Idoso determina que é vedada a discriminação do idoso nos planos de saúde pela cobrança de valores diferenciados em razão da idade (art. 15, § 3º).

Porém, o Superior Tribunal de Justiça, apreciando a questão na sistemática de recursos repetitivos (Tema n° 952), fixou o entendimento no sentido de que o § 3° do artigo 15 do Estatuto do Idoso apenas inibe o reajuste que consubstanciar discriminação desproporcional ao idoso, isto é, aquele que não apresentar qualquer pertinência com o incremento do risco assistencial acobertado pelo contrato. A tese fixada foi no sentido de que "*O reajuste de mensalidade de plano de saúde individual ou familiar fundado na mudança de faixa etária do beneficiário é válido desde que (i) haja previsão contratual, (ii) sejam observadas as normas expedidas pelos órgãos governamentais reguladores e (iii) não sejam aplicados percentuais desarrazoados ou aleatórios que, concretamente e sem base atuarial idônea, onerem excessivamente o consumidor ou discriminem o idoso*":

"RECURSO ESPECIAL REPETITIVO. NEGATIVA DE PRESTAÇÃO JURISDICIONAL. NÃO OCORRÊNCIA. CIVIL. PLANO DE SAÚDE. MODALIDADE INDIVIDUAL OU FAMILIAR. CLÁU-

34 Súmula 90 do Tribunal de Justiça do Estado de São Paulo: "Havendo expressa indicação médica para a utilização dos serviços de "home care", revela-se abusiva a cláusula de exclusão inserida na avença, que não pode prevalecer".

SULA DE REAJUSTE DE MENSALIDADE POR MUDANÇA DE FAIXA ETÁRIA. LEGALIDADE. ÚLTIMO GRUPO DE RISCO. PERCENTUAL DE REAJUSTE.

DEFINIÇÃO DE PARÂMETROS. ABUSIVIDADE. NÃO CARACTERIZAÇÃO. EQUILÍBRIO FINANCEIRO-ATUARIAL DO CONTRATO.

1. A variação das contraprestações pecuniárias dos planos privados de assistência à saúde em razão da idade do usuário deverá estar prevista no contrato, de forma clara, bem como todos os grupos etários e os percentuais de reajuste correspondentes, sob pena de não ser aplicada (arts. 15, caput, e 16, IV, da Lei nº 9.656/1998).

2. A cláusula de aumento de mensalidade de plano de saúde conforme a mudança de faixa etária do beneficiário encontra fundamento no mutualismo (regime de repartição simples) e na solidariedade intergeracional, além de ser regra atuarial e asseguradora de riscos.

3. Os gastos de tratamento médico-hospitalar de pessoas idosas são geralmente mais altos do que os de pessoas mais jovens, isto é, o risco assistencial varia consideravelmente em função da idade. Com vistas a obter maior equilíbrio financeiro ao plano de saúde, foram estabelecidos preços fracionados em grupos etários a fim de que tanto os jovens quanto os de idade mais avançada paguem um valor compatível com os seus perfis de utilização dos serviços de atenção à saúde.

4. Para que as contraprestações financeiras dos **idosos** não ficassem extremamente dispendiosas, o ordenamento jurídico pátrio acolheu o princípio da solidariedade intergeracional, a forçar que os de mais tenra idade suportassem parte dos custos gerados pelos mais velhos, originando, assim, subsídios cruzados (mecanismo do community rating modificado).

5. As mensalidades dos mais jovens, apesar de proporcionalmente mais caras, não podem ser majoradas demasiadamente, sob pena de o negócio perder a atratividade para eles, o que colocaria em colapso todo o sistema de saúde suplementar em virtude do fenômeno da seleção adversa (ou antisseleção).

6. A norma do art. 15, § 3º, da Lei nº 10.741/2003, que veda "a discriminação do idoso nos planos de saúde pela cobrança de valores diferenciados em razão da idade", apenas inibe o reajuste que consubstanciar discriminação desproporcional ao idoso, ou seja, aquele sem pertinência alguma com o incremento do risco assistencial acobertado pelo contrato.

7. Para evitar abusividades (Súmula nº 469/STJ) nos reajustes das contraprestações pecuniárias dos planos de saúde, alguns parâmetros devem ser observados, tais como (i) a expressa previsão contratual; (ii) não serem aplicados índices de reajuste desarrazoados ou aleatórios, que onerem em demasia o consumidor, em manifesto confronto com a equidade e as cláusulas gerais da boa-fé objetiva e da especial proteção ao idoso, dado que aumentos excessivamente elevados, sobretudo para esta última categoria, poderão, de forma discriminatória, impossibilitar a sua permanência no plano; e (iii) respeito às normas expedidas pelos órgãos governamentais: a) No tocante aos contratos antigos e não adaptados, isto é, aos seguros e planos de saúde firmados antes da entrada em vigor da Lei nº 9.656/1998, deve-se seguir o que consta no contrato, respeitadas, quanto à abusividade dos percentuais de aumento, as normas da legislação consumerista e, quanto à validade formal da cláusula, as diretrizes da Súmula Normativa nº 3/2001 da ANS. b) Em se tratando de contrato (novo) firmado ou adaptado entre 2/1/1999 e 31/12/2003, deverão ser cumpridas as regras constantes na Resolução CONSU nº 6/1998, a qual determina a observância de 7 (sete) faixas etárias e do limite de variação entre a primeira e a última (o reajuste dos maiores de 70 anos não poderá ser superior a 6 (seis) vezes o previsto para os usuários entre 0 e 17 anos), não podendo também a variação de valor na contraprestação atingir o usuário idoso vinculado ao plano ou seguro saúde há mais de 10 (dez) anos. c) Para os contratos (novos) firmados a partir de 1º/1/2004, incidem as regras da RN nº 63/2003 da ANS, que prescreve a observân-

cia (i) de 10 (dez) faixas etárias, a última aos 59 anos; (ii) do valor fixado para a última faixa etária não poder ser superior a 6 (seis) vezes o previsto para a primeira; e (iii) da variação acumulada entre a sétima e décima faixas não poder ser superior à variação cumulada entre a primeira e sétima faixas.

8. A abusividade dos aumentos das mensalidades de plano de saúde por inserção do usuário em nova faixa de risco, sobretudo de participantes idosos, deverá ser aferida em cada caso concreto. Tal reajuste será adequado e razoável sempre que o percentual de majoração for justificado atuarialmente, a permitir a continuidade contratual tanto de jovens quanto de idosos, bem como a sobrevivência do próprio fundo mútuo e da operadora, que visa comumente o lucro, o qual não pode ser predatório, haja vista a natureza da atividade econômica explorada: serviço público impróprio ou atividade privada regulamentada, complementar, no caso, ao Serviço Único de Saúde (SUS), de responsabilidade do Estado.

9. Se for reconhecida a abusividade do aumento praticado pela operadora de plano de saúde em virtude da alteração de faixa etária do usuário, para não haver desequilíbrio contratual, faz-se necessária, nos termos do art. 51, § 2º, do CDC, a apuração de percentual adequado e razoável de majoração da mensalidade em virtude da inserção do consumidor na nova faixa de risco, o que deverá ser feito por meio de cálculos atuariais na fase de cumprimento de sentença.

10. TESE para os fins do art. 1.040 do CPC/2015: O reajuste de mensalidade de plano de saúde individual ou familiar fundado na mudança de faixa etária do beneficiário é válido desde que (i) haja previsão contratual, (ii) sejam observadas as normas expedidas pelos órgãos governamentais reguladores e (iii) não sejam aplicados percentuais desarrazoados ou aleatórios que, concretamente e sem base atuarial idônea, onerem excessivamente o consumidor ou discriminem o idoso.

11. CASO CONCRETO: Não restou configurada nenhuma política de preços desmedidos ou tentativa de formação, pela operadora, de "cláusula de barreira" com o intuito de afastar a usuária quase idosa da relação contratual ou do plano de saúde por impossibilidade financeira. Longe disso, não ficou patente a onerosidade excessiva ou discriminatória, sendo, portanto, idôneos o percentual de reajuste e o aumento da mensalidade fundados na mudança de faixa etária da autora.

12. Recurso especial não provido. (Resp nº 1568244/RJ, Rel. Min. Ricardo Villas Bôas Cueva, 2ª Seção, j. 14..12.16).

Também não se admite cláusula contratual que limite o tempo de internação, nos exatos termos do que dispõe a Súmula 302 do Superior Tribunal de Justiça[35].

Oportuno destacar que a aplicação do Estatuto do Idoso a contrato de plano de saúde firmado anteriormente a sua vigência é objeto de repercussão geral reconhecida pelo Supremo Tribunal Federal, no RE nº 630.852, ainda pendente de julgamento (Tema nº 381).

Desse modo, o atendimento à saúde do idoso deve gozar de prioridade, sendo relevante ressaltar mais uma vez, que nos termos do § 7º do art. 15, introduzido pela Lei nº 13.466, de 12 de julho de 2017, em todo atendimento de saúde, os maiores de 80 (oitenta) anos terão preferência especial sobre os demais idosos, exceto em caso de emergência.

O legislador também se preocupou em assegurar ao idoso que esteja internado, seja na rede pública ou privada, o direito a ter um acompanhante, considerando

[35] Súmula 302 do STJ: "É abusiva a cláusula contratual de plano de saúde que limita no tempo a internação hospitalar do segurado". No mesmo sentido é a Súmula 92 do Tribunal de Justiça do Estado de São Paulo.

sua condição peculiar de pessoa em processo de envelhecimento. A presença do acompanhante se submete ao crivo do profissional de saúde responsável, não sendo obrigatória, nos termos do que determina o artigo 16 do Estatuto do Idoso.

O mesmo diploma também assegura, no artigo 17, o direito do idoso optar pelo tratamento de saúde que lhe seja reputado mais favorável, desde que esteja sob o domínio de suas faculdades mentais. Caso o idoso não esteja em condições de escolher a melhor opção, ela será feita pelo curador, quando o idoso for interditado; pelos familiares, quando o idoso não tiver curador ou este não puder ser contatado em tempo hábil; pelo médico, quando ocorrer iminente risco de vida e não houver tempo hábil para consulta a curador ou familiar ou pelo próprio médico, quando não houver curador ou familiar conhecido, caso em que deverá comunicar o fato ao Ministério Público.

Oportuno, ainda se faz, tratar do tema que envolve a violência praticada contra a pessoa idosa.

Considerando a proteção integral que deve ser prestada à pessoa idosa, o Estatuto do Idoso impõe a obrigação de notificação compulsória aos órgãos públicos dos casos que envolvam suspeita ou confirmação de violência praticada contra idosos, entendendo-se como tal qualquer ação ou omissão praticada em local público ou privado que lhe cause morte, dano ou sofrimento físico ou psicológico (art. 19)[36].

A Organização Mundial de Saúde também define a violência contra a pessoa idosa, identificando-a nas ações ou omissões cometidas uma vez ou muitas vezes, prejudicando a integridade física e emocional do idoso, impedindo o desempenho de seu papel social. A violência advém muitas vezes das pessoas que a cercam, sobretudo dos filhos, dos cônjuges, dos parentes, dos cuidadores, da comunidade e da sociedade em geral.

É importante ressaltar, mais uma vez, o disposto no artigo 10, §§ 2º e 3º do Estatuto do Idoso, que tratam do direito ao respeito, estabelecendo que esse direito consiste na inviolabilidade da integridade física, psíquica e moral, abrangendo a preservação da imagem, da identidade, da autonomia, de valores, ideias e crenças, dos espaços e dos objetos pessoais (§ 2º). É dever de todos zelar pela dignidade do idoso, colocando-o a salvo de qualquer tratamento desumano, violento, aterrorizante, vexatório ou constrangedor (§ 3º).

A violência contra a pessoa idosa pode se revestir de diversas formas e ocorre em situações variadas, sendo praticamente impossível dimensioná-la por inteiro. Em verdade, na prática, a violência é subdiagnosticada e subnotificada às autoridades responsáveis.

Conforme levantamento realizado pela Secretaria de Direitos Humanos da Presidência da República, podem ser citados como exemplos de violência os maus tratos físicos, psicológicos, o abuso sexual, o abandono, a negligência, os abusos financeiros e a autonegligência. Tais ações ou omissões podem provocar graves lesões físicas e emocionais.

---

[36] O artigo 19 do Estatuto do Idoso determina que os casos de violência contra idosos serão comunicados a um dos seguintes órgãos: à autoridade policial, Ministério Público, Conselho Municipal do Idoso, Conselho Estadual do Idoso ou Conselho Nacional do Idoso.

A forma de violência mais comum consiste nos maus tratos físicos contra o idoso, que costumeiramente ocorrem dentro da sua própria casa ou na casa de sua família, seguido do abuso físico dentro das instituições que prestam serviços de saúde e residências de longa permanência.

Por vezes, o abuso físico gera lesões e traumas que acabam por levar o idoso à internação hospitalar. Em outros casos, os maus tratos físicos são permanentes e não deixam marcas perceptíveis, a não ser para aqueles que têm maior atenção e por profissionais que costumam tratar o idoso. É muito comum, ainda, que o idoso, às vezes por medo ou vergonha, se cale a respeito dos abusos dos quais é vítima, isolando-se, o que pode prejudicar sua saúde mental, sua qualidade de vida e culminar em sua morte[37].

O abuso psicológico, por sua vez, ocorre por meio de palavras e atitudes, carregadas de preconceito, desprezo e discriminação, produzindo no idoso sentimentos negativos de isolamento, solidão, tristeza e depressão. Os maus tratos psicológicos acabam tendo maior incidência junto aos idosos que são acometidos de enfermidades, já que muitas vezes eles não estão mais no domínio de suas capacidades físicas e mentais. Do mesmo modo, os idosos que não possuem capacidade financeira, não tendo condições de se sustentar, acabam sendo vítimas de maus tratos dessa ordem, já que acabam sendo considerados um "peso" para a família, que os enxerga como um verdadeiro estorvo[38].

Também são constatados caso de violência sexual, sendo comum que ocorra em instituições de longa permanência. A maioria dos casos envolve mulheres com problemas em pelo menos dois de três domínios cognitivos (tempo, espaço, e nível pessoal), que vivem em instituições de longa permanência e são agredidas, com mais frequência, por outros residentes. É certo, ainda, que as mulheres com maior dificuldade de andar são ainda mais vulneráveis.

De outro lado, o abandono se apresenta como outra forma comum de violência contra o idoso. De acordo com a Secretaria Nacional de Direitos Humanos, as formas mais comuns de abandono, identificadas por cuidadores e órgãos públicos, consistem na retirada do idoso da sua casa contra sua vontade; na troca do lugar na residência a favor dos mais jovens, como por exemplo, seu alojamento em um quarto nos fundos da casa, privando-o do convívio com outros membros da família e das relações familiares; na condução a uma instituição de longa permanência contra a sua vontade, para se livrar da sua presença na casa, deixando a essas entidades o domínio sobre sua vida, sua vontade, sua saúde e seu direito de ir e vir; na privação da assistência quando dela necessita, permitindo que passe fome, se desidrate e seja

37 Segundo dados estatísticos, cerca de 10% dos idosos brasileiros morrem vítimas de homicídio. A incidência comprovada no mundo inteiro é que de 5% a 10% dos idosos sofrem violência física visível ou invisível e que pode ou não provocar a morte. Das denúncias recebidas pelo "Módulo Disque Idoso" do "Disque 100 Direitos Humanos" as agressões físicas correspondem a 34% do total das queixas, vindo em quarto lugar, depois das negligências, dos maus tratos psicológicos e dos abusos econômico, financeiros e patrimoniais (SDH, 2013) (*in* Manual de Enfrentamento à Violência Contra a Pessoa Idosa. É possível prevenir. É necessário superar. Secretaria de Direitos Humanos da Presidência da República. 2014, p. 40).

38 No "Módulo Disque Idoso" do "Disque 100 Direitos Humanos", da Secretaria de Direitos Humanos, de 2010 a 2012 a segunda causa de violência mais denunciada foi o abuso psicológico (59,3%) vindo depois apenas das negligências (69,7%) (SDH, 2013) (*in* Manual de Enfrentamento à Violência Contra a Pessoa Idosa, ob. cit., p. 40).

privado de medicamentos e outras necessidades básicas, antecipando sua imobilidade, aniquilando sua personalidade ou promovendo seu lento adoecimento e morte.

A negligência também é outra forma comum de violência contra a pessoa idosa. Pensemos na omissão do Poder Público na área da saúde, o desleixo e a inoperância dos órgãos de vigilância sanitária em relação a abrigos e clínicas. Não obstante existam normas e padrões para seu funcionamento, não há fiscalização suficiente, permitindo que situações de violência institucional se instalem e se perpetuem.

Muitos idosos também são alvos de abuso econômico-financeiro e patrimonial, sendo comum disputas de familiares pela posse dos bens ou ações delituosas cometidas por órgãos públicos e privados em relação às pensões, aposentadorias e outros bens da pessoa idosa[39]. Esse tipo de agressão é cometida, especialmente, por familiares que buscam forçar a outorga de procurações para tutelar a pessoa idosa, para retirar seu acesso aos bens patrimoniais e para vender seus bens e imóveis sem o seu consentimento.

O abuso também ocorre na tramitação de aposentadorias e pensões, bem como na demora envolvendo a concessão ou correção de benefícios devidos pelo INSS, não obstante a garantia da prioridade no atendimento assegurada pela Lei nº 8.842/94. É certo que nas delegacias de atenção e proteção e nos núcleos de atendimento do Ministério Público, uma das solicitações mais comuns envolve problemas com aposentadorias e pensões.

Por fim, há que se destacar o crescente número de violência autoinfligida e autonegligência. Estudos da Secretaria Nacional de Direitos Humanos ressaltam que a violência pode conduzir à morte lenta de uma pessoa idosa em casos em que ela própria se autonegligencia, ou manifestar-se como ideações, tentativas de suicídio e suicídio consumado. Um dos primeiros sinais de autonegligência é a atitude de se isolar, de não sair de casa e de se recusar a tomar banho, de não se alimentar a contento e de não tomar os medicamentos, manifestando clara ou indiretamente a vontade de morrer[40].

1.3.5. Direito à educação, cultura, esporte e lazer

O artigo 20 do Estatuto do Idoso, repetindo em parte o artigo 6º da Constituição Federal, estabelece como direitos sociais dos idosos o direito à educação,

[39] Pesquisas mostram que no mundo inteiro os idosos são vítimas de abusos financeiros. No Brasil, diferentes estudos mostram que mais de 60% das queixas desse grupo às delegacias de polícia ou ao Ministério Público tiveram essa causa. O "Módulo Disque Idoso" do "Disque 100 Direitos Humanos" mostra que entre 2010 a 2012 esse tipo de violência foi responsável por 40,1% das denúncias, vindo atrás apenas das negligências e dos abusos psicológicos (SDH) (*in* Manual de Enfrentamento à Violência Contra a Pessoa Idosa, ob. cit., p. 41).

[40] Estudos mostram aumento de suicídios particularmente entre homens idosos; e de tentativas de suicídio e ideações em pessoas de ambos os sexos. Embora as taxas sejam relativamente baixas, observou-se um crescimento persistente desse fenômeno nas faixas etárias acima de 60 anos. Os índices de ocorrência já são o dobro da média nacional e se associam ao abandono familiar, à solidão, ao sofrimento insuportável provocando doenças degenerativas, ao medo de tornar-se dependente, à perda do gosto pela vida, a processos depressivos de maior ou menor gravidade. Essas situações se manifestam frequentemente de forma combinada.A depressão nessa faixa de idade deve ser considerada uma enfermidade mental que tem vários níveis de gravidade e que, portanto, deve ser diag – nosticada por um especialista (Cavalcante et al, 2013) (*in* Manual de Enfrentamento à Violência Contra a Pessoa Idosa, ob. cit., p. 4).

cultura, esporte, lazer, diversões, espetáculos, produtos e serviços que respeitem sua peculiar condição de idade.

O *direito à educação* implica na garantia à instrução, impondo ao Poder Público a obrigação de criar oportunidades de acesso aos idosos em estabelecimentos de ensino em todos os níveis (ensino fundamental a universitário).

Nesse sentido, já de se decidiu:

> *"APELAÇÃO CIVIL. Mandado de Segurança. Transporte escolar para idosa matriculada no EJA (Ensino de Jovens e Adultos). Direito líquido e certo demonstrado. Garantia constitucional da universalização do ensino. Inteligência dos artigos 6º, 205 e 208, VII, da Constituição Federal e do artigo 2º, do Estatuto do Idoso. Recurso provido"* (TJSP – Apelação Cível nº 0001249-75.2014.8.26.0137 – Cerquilho – j. 18.11.15).

A fim de propiciar instrução adequada aos idosos, o Poder Público deverá adaptar currículos, incluindo técnicas de comunicação, computação e demais avanços tecnológicos, para sua integração à vida moderna, adotar metodologias e providenciar material didático aos programas educacionais a ele destinados (art. 21, "caput" e § 1º do Estatuto do Idoso)[41].

Também é imposto ao Poder Público o apoio à criação de universidades abertas para as pessoas idosas, as denominadas Universidades da Terceira Idade, e o incentivo à publicação de livros e periódicos, de conteúdo e padrão editorial adequados ao idoso, que facilitem a leitura, considerada a natural redução da capacidade visual (art. 25).

Voltada a incentivar o aprimoramento acadêmico dos idosos, a Lei nº 13.535, de 15 de dezembro de 2017, deu nova reação ao artigo 25 do Estatuto do Idosos,

[41] A Lei de Política Nacional do Idoso (Lei nº 8.842/94), estabelece, em seu art. 10, que na implementação da política nacional do idoso, são competências dos órgãos e entidades públicos:

Art. 10:

(...)

III – na área de educação:

a) adequar currículos, metodologias e material didático aos programas educacionais destinados ao idoso;

b) inserir nos currículos mínimos, nos diversos níveis do ensino formal, conteúdos voltados para o processo de envelhecimento, de forma a eliminar preconceitos e a produzir conhecimentos sobre o assunto;

c) incluir a Gerontologia e a Geriatria como disciplinas curriculares nos cursos superiores;

d) desenvolver programas educativos, especialmente nos meios de comunicação, a fim de informar a população sobre o processo de envelhecimento;

e) desenvolver programas que adotem modalidades de ensino à distância, adequados às condições do idoso;

f) apoiar a criação de universidade aberta para a terceira idade, como meio de universalizar o acesso às diferentes formas do saber.

Já o Decreto Federal nº 1.948/96, que a regulamente, dispõe em seu artigo 10, que ao Ministério da Educação e do Desporto, em articulação com órgãos federais, estaduais e municipais de educação, compete:

Art. 10. (...)

I – viabilizar a implantação de programa educacional voltado para o idoso, de modo a atender o inciso III do art. 10 da Lei nº 8.842/94;

II – incentivar a inclusão nos programas educacionais de conteúdos sobre o processo de envelhecimento;

III – estimular e apoiar a admissão do idoso na universidade, propiciando a integração intergeracional;

IV – incentivar o desenvolvimento de programas educativos voltados para a comunidade, ao idoso e sua família, mediante os meios de comunicação de massa;

V – incentivar a inclusão de disciplinas de Gerontologia e Geriatria nos currículos dos cursos superiores.

passando a estabelecer que as instituições de educação superior deverão ofertar às pessoas idosas, na perspectiva da educação ao longo da vida, cursos e programas de extensão, presenciais ou a distância, constituídos por atividades formais e não formais. Trata-se de medida que sem dúvida alguma contribui para sua qualidade de vida e bem-estar.

Além de garantir a instrução aos idosos, o Estatuto do Idoso impõe ao Poder Público a adoção, nos diversos níveis de ensino, de conteúdos voltados ao conhecimento do processo de envelhecimento.

Com efeito, o artigo 22 determina que nos currículos mínimos do ensino formal sejam inseridos conteúdos voltados a propiciar aos estudantes mais jovens, ensinamentos acerca do processo de envelhecimento, ao respeito e à valorização do idoso, de forma a eliminar o preconceito e a produzir conhecimentos sobre a matéria.

A ideia de integração também vem assegurada no *direito à cultura*, traduzido na previsão de que os idosos participem das comemorações de caráter cívico ou cultural, para transmissão de conhecimentos e vivências às demais gerações, no sentido da preservação da memória e da identidade culturais (art. 21, § 2º).

Como forma de incentivar a participação cultural e o lazer à pessoa idosa, foi estabelecido por lei o desconto de cinquenta por cento na aquisição de ingressos para eventos artísticos, culturais, esportivos e de lazer, bem como o acesso preferencial aos respectivos locais (art. 23).

Por fim, os meios de comunicação, isto é, o rádio, a televisão e a mídia impressa, deverão manter espaços ou horários especiais voltados aos idosos, com finalidade informativa, educativa, artística e cultural, e ao público sobre o processo de envelhecimento.

De fato, é muito importante propiciar à sociedade o pleno conhecimento dos direitos dos idosos, o que pode ser feito através de campanhas educativas, anunciadas em mídia eletrônica, outdoors etc.

1.3.6. Direito ao trabalho

É assegurado ao idoso o direito de exercer qualquer atividade profissional de sua escolha, devendo ser respeitadas suas condições físicas, psíquicas e intelectuais (art. 26).

Desse modo, considerando ser pessoa em processo de envelhecimento, o idoso deve ter suas características pessoais levadas em consideração no ambiente de trabalho, de modo que qualquer limitação ou dificuldade física ou psíquica não possa ser usada como critério de diferença salarial ou tratamento social.

Por essa razão é absolutamente vedada qualquer forma de discriminação na admissão do idoso em qualquer trabalho ou emprego, sendo proibida a fixação de limite máximo de idade, inclusive para concursos, com exceção dos casos em que a natureza do cargo o exigir (art. 27), sob pena de configuração do crime previsto no artigo 100, incisos I e II da Lei nº 10.741/03.

Com efeito, não é plausível a limitação de idade para acesso ao cargo público, a não ser nos casos em que o desempenho da função a ele referente o exija, por razões que normalmente são de ordem física, analisadas caso a caso.

A esse respeito e em observância ao comando constitucional, o Supremo Tribunal Federal editou a Súmula 683, pela qual "*o limite de idade para a inscrição em concurso público só se legitima em face do artigo 7º, XXX, da CF, quando possa ser justificado pela natureza das atribuições do cargo a ser preenchido*".

Dentro dessa linha de entendimento, haveria, ainda, a necessidade de que a limitação etária estivesse prevista em lei infraconstitucional à qual o órgão público responsável pelo concurso se subordine.

É claro que essa proibição de limitação etária não conflita com a previsão constitucional da aposentadoria compulsória, que nos termos do artigo 40, § 1º, se dá quando o servidor público completa setenta anos de idade. O que a lei quer vedar é que haja restrição de acesso ao cargo público de forma injustificada.

Por outro lado, o Estatuto do Idoso determina que o primeiro critério de desempate em concurso público no qual o idoso esteja concorrendo, será a idade, dando-se preferência ao candidato de idade mais elevada (art. 27, parágrafo único).

É importante consignar, conforme já mencionado, que aquele que impede o acesso do idoso a qualquer cargo público ou que, em razão da idade, lhe nega emprego ou trabalho, comete o crime previsto no artigo 100, incisos I e II do Estatuto do Idoso.

Visando incrementar o acesso do idoso ao mercado de trabalho, o Poder Público deverá criar e estimular programas que envolvam a profissionalização especializada dos idosos, aproveitando seu conhecimento de vida, seus potenciais e suas habilidades naturais para atividades regulares e remuneradas[42].

Deverá, também, promover programas que estejam voltados a preparar os idosos na ativa para a futura aposentadoria, com antecedência mínima de 1 (um) ano, fazendo-os através do estímulo a novos projetos sociais, conforme seus interesses, bem como esclarecendo-os sobre os direitos sociais e de cidadania.

Por fim, o Poder Público deverá criar programas de estímulo ao setor privado, de forma a incentivar que as empresas privadas admitam idosos em seus quadros funcionais.

1.3.7. Direito à convivência familiar e comunitária

O artigo 3º do Estatuto do Idoso assegura a todos os anciãos o direito à convivência familiar e comunitária.

A convivência familiar está diretamente ligada à dignidade do idoso, nos termos do que determina o artigo 10, § 1º, inciso V da Lei nº 10.741/03. Com efeito, a participação no cotidiano familiar, entre parentes que respeitem e garantam a inclusão do idoso, sem dúvida alguma lhe traz grande suporte emocional e psicológico, contribuindo para seu bem-estar. Por isso essa convivência é assegurada como princípio da Lei nº 10.741/03 e também pela própria Constituição Federal, que em seu artigo 230 determina que a família, a sociedade e o Estado têm o dever de amparar as pessoas idosas, assegurando sua participação na comunidade, defendendo sua dignidade e bem-estar.

42 Artigo 28 da Lei nº 10.741/03 (Estatuto do Idoso).

Ressalte-se que muito embora o ideal seja que o idoso esteja ao lado de sua família, na hipótese dele assim não o desejar, sua vontade deverá prevalecer. De fato, muitas vezes o idoso, não obstante possua família bem estruturada, que possa lhe proporcionar bem-estar físico e mental, prefere viver sozinho, de forma independente e autônoma.

Nesses casos, caso esteja apto para tanto, física e psicologicamente, seu desejo deverá ser respeitado.

Caso o idoso tenha sido declarado incapaz, essa decisão ficará a cargo do seu curador ou de seus familiares.

1.3.8. Direito à previdência e assistência social

O Estatuto do Idoso trouxe importantes regras relativas à Seguridade Social, que nos termos do artigo 194 da Constituição Federal, compreende o conjunto de ações de iniciativa do Poder Público e da sociedade com o fim de assegurar direitos relativos à previdência, assistência social e saúde.

Conforme já mencionado, o artigo 15, § 5º do Estatuto do Idoso, introduzido pela Lei nº 12.896/13, trouxe importante inovação ao vedar que órgãos públicos, como o INSS, que é responsável pela administração de benefícios sociais, exija o comparecimento do idoso enfermo para tratar de questões relativas a aposentadoria, pensões, seguros, etc.

De fato, inúmeros eram os casos de idosos que precisavam enfrentar filas enormes junto ao INSS para tratar de seus interesses previdenciários ou assistenciais, o que os expunha a situações muitas vezes vexatórias, quando o único objetivo, muitas vezes, era apenas comprovar que estavam vivos.

Bem por isso, o novo § 6º, acrescentado ao artigo 15, determina que é assegurado ao idoso enfermo o atendimento domiciliar pela perícia médica do Instituto Nacional do Seguro Social – INSS, pelo serviço público de saúde ou pelo serviço privado de saúde, contratado ou conveniado, que integre o Sistema Único de Saúde – SUS, para expedição do laudo de saúde necessário ao exercício de seus direitos sociais e de isenção tributária.

No que tange à *previdência social*, serão beneficiados os idosos que tiverem contribuído ao longo do tempo, de acordo com as regras específicas que tratam do assunto.

O benefício previdenciário deve observar a regra contida no artigo 201, § 2º da Constituição Federal, não podendo ser inferior a um salário mínimo e será pago de acordo com o regime geral ou regime próprio de Previdência Social, a depender do trabalho ter sido prestado na iniciativa privada ou na Administração Pública.

O Estatuto do Idoso trouxe regras relativas ao Regime Geral, visando assegurar o poder aquisitivo da pessoa idosa aposentada, estabelecendo que os benefícios de aposentadoria e pensão observarão, para fins de concessão, critérios de cálculo que preservem o valor real dos salários sobre os quais incidiram contribuição, nos termos da legislação vigente (art. 29).

Além disso, os valores dos benefícios deverão ser reajustados na mesma data de reajuste do salário-mínimo, *pro rata*, de acordo com os critérios estabelecidos pela Lei nº 8.213/91, que trata dos Planos de Previdência Social.

A Lei nº 10.741/03 ainda trata da perda da condição de segurado, estabelecendo que ela não será considerada para a concessão da aposentadoria por idade, desde que o idoso conte com o tempo de contribuição correspondente ao exigido para efeito de carência na data de requerimento do benefício (art. 30).

Por fim, o artigo 31 determina que o pagamento atrasado de parcelas dos benefícios será atualizado pelo mesmo índice utilizado para os reajustamentos dos benefícios do Regime Geral de Previdência Social, verificado no período compreendido entre o mês que deveria ter sido pago e o mês do efetivo pagamento.

Já no que diz respeito à *assistência social*, a Lei nº 10.741/03 determina que será prestada aos idosos de maneira articulada, de acordo com os princípios e diretrizes previstos na Lei Orgânica da Assistência Social, na Política Nacional do Idoso, no Sistema Único de Saúde e demais normas pertinentes.

Diversamente da previdência social, os benefícios assistenciais não dependem de prévia contribuição do idoso para pagamento, porquanto são voltados a socorrer aqueles que se encontrem em situação de penúria ou miséria. Tais benefícios são voltados a garantir um valor mínimo para a sobrevivência do indivíduo, que deverá preencher determinados requisitos previstos na lei.

Dessa forma, seguindo o comando insculpido no artigo 203, inciso V da Constituição Federal, o artigo 34 da Lei nº 10.741/03 prevê o pagamento do benefício de prestação continuada, já analisado no item 1.3.3. deste trabalho, o qual será pago de acordo com o artigo 20 da LOAS e do Decreto nº 6.214/07, que o regulamenta.

Como visto, o benefício consiste na garantia de um salário mínimo mensal ao idoso com mais de 65 anos que não possuir renda suficiente para manter a si mesmo e à sua família. Na letra da lei, para sua percepção, é necessário que a renda por pessoa do grupo familiar seja inferior a 1/4 do salário-mínimo, renda essa que será calculada considerando-se o salário do beneficiário, do esposo(a) ou companheiro(a), dos pais, da madrasta ou do padrasto, dos irmãos solteiros, dos filhos e enteados solteiros e os menores tutelados, desde que residam na mesma casa.

Não obstante o Supremo Tribunal Federal já tenha firmado entendimento de que o cálculo da renda familiar do idoso deva ser feita por meio de seus demonstrativos de rendimentos mensais, bem como dos membros de sua família, admite-se que a prova da miserabilidade possa ser feita de outras formas para fins de concessão do benefício.

A esse respeito, Roberto Mendes de Freitas Junior destaca que a jurisprudência tem admitido que o estado de necessidade possa ser comprovado por todos os meios em direito admitidos, autorizando o julgador a fazer uso de outros fatores idôneos a comprovar a condição de penúria do idoso. Nesses casos, defende-se que o cálculo da renda *per capita* da família não deve incluir o valor de até um salário mínimo que decorra de renda auferida por outro membro da família do idoso, independentemente de sua origem, podendo até decorrer de remuneração por atividade laborativa[43].

A questão foi objeto de recurso especial repetitivo no Superior Tribunal de Justiça:

> *"RECURSO ESPECIAL REPETITIVO. ART. 105, III, ALÍNEA C DA CF. DIREITO PREVIDENCIÁRIO. BENEFÍCIO ASSISTENCIAL. POSSIBILIDADE DE DEMONSTRAÇÃO DA CONDIÇÃO DE MISERABILIDADE DO BENEFICIÁRIO POR OUTROS MEIOS DE PROVA, QUANDO A RENDA PER CAPITA DO NÚCLEO FAMILIAR FOR SUPERIOR A 1/4 DO SALÁRIO MÍNIMO. RECURSO ESPECIAL PROVIDO. 1. A CF/88 prevê em seu art. 203, caput e inciso V a garantia de um salário mínimo de benefício mensal, independente de contribuição à Seguridade Social, à pessoa portadora de deficiência e ao idoso que comprovem não possuir meios de prover à própria manutenção ou de tê-la provida por sua família, conforme dispuser a lei. 2. Regulamentando o comando constitucional, a Lei 8.742/93, alterada pela Lei 9.720/98, dispõe que será devida a concessão de benefício assistencial aos idosos e às pessoas portadoras de deficiência que não possuam meios de prover à própria manutenção, ou cuja família possua renda mensal per capita inferior a 1/4 (um quarto) do salário mínimo. 3. O egrégio Supremo Tribunal Federal, já declarou, por maioria de votos, a constitucionalidade dessa limitação legal relativa ao requisito econômico, no julgamento da ADI 1.232/DF (Rel. para o acórdão Min. NELSON JOBIM, DJU 1.6.2001). 4. Entretanto, diante do compromisso constitucional com a dignidade da pessoa humana, especialmente no que se refere à garantia das condições básicas de subsistência física, esse dispositivo deve ser interpretado de modo a amparar irrestritamente a o cidadão social e economicamente vulnerável. 5. A limitação do valor da renda per capita familiar não deve ser considerada a única forma de se comprovar que a pessoa não possui outros meios para prover a própria manutenção ou de tê-la provida por sua família, pois é apenas um elemento objetivo para se aferir a necessidade, ou seja, presume-se absolutamente a miserabilidade quando comprovada a renda per capita inferior a 1/4 do salário mínimo. 6. Além disso, em âmbito judicial vige o princípio do livre convencimento motivado do Juiz (art. 131 do CPC) e não o sistema de tarifação legal de provas, motivo pelo qual essa delimitação do valor da renda familiar per capita não deve ser tida como único meio de prova da condição de miserabilidade do beneficiado. De fato, não se pode admitir a vinculação do Magistrado a determinado elemento probatório, sob pena de cercear o seu direito de julgar. 7. Recurso Especial provido"* (STJ – Resp 115527/MG – Rel. Napoleão Nunes Maia Filho – j. 28.10.09).

Parecia que esse entendimento era o mais acertado, sobretudo em virtude do disposto no parágrafo único do artigo 34 da Lei nº 10.741/03, que prevê que o benefício já concedido a qualquer membro da família nos termos do *caput* não será computado para os fins do cálculo da renda familiar *per capita* a que se refere a LOAS.

O Supremo Tribunal Federal tratou recentemente da questão no julgamento do RE nº 567.985/MT, no qual se discutia, à luz do art. 203, V, da Constituição Federal, a possibilidade, ou não, de comprovação de miserabilidade do idoso, para fins percepção do benefício de assistência continuada a que alude o referido dispositivo, por outro meio.

Em referido julgamento foi reconhecida repercussão geral, fixando-se a Tese nº 27, segundo a qual "*É inconstitucional o § 3º do artigo 20 da Lei 8.742/1993, que estabelece a renda familiar mensal* per capita *inferior a um quarto do salário mínimo como requisito obrigatório para concessão do benefício assistencial de prestação continuada previsto no artigo 203, V, da Constituição*".

---

[43] Ob. cit., p. 118-119. O autor faz referência o acórdão proferido na AC nº 2003.04.01.034592-0/SC – TRF – 4º Região, 6ª Turma, Rel. Des. João Batista Pinto Silveira, 12.09.2007.

Assim, a prova da miserabilidade, para fins de concessão do benefício, não fica subordinada unicamente ao valor familiar *per capta* inferior a um quarto do salário mínimo.

Cabe observar, ainda, que o parágrafo único do artigo 34 da Lei n° 10.741/03 estabelece que o benefício assistencial já concedido a qualquer membro da família não será computado para fins do cálculo da renda familiar *per capita* a que se refere a LOAS.

Porém, referido dispositivo também teve sua inconstitucionalidade reconhecida, por omissão parcial, pelo Supremo Tribunal Federal, no julgamento do RE n° 580.963/PR com repercussão geral (Tese n° 312), porquanto referida norma não exclui os benefícios assistenciais recebidos por deficientes e os benefícios previdenciários, no valor de até um salário mínimo, percebido por idosos. Entendeu-se inexistir justificativa plausível para discriminação dos portadores de deficiência em relação aos idosos, bem como dos idosos beneficiários da assistência social em relação aos idosos titulares de benefícios previdenciários no valor de até um salário mínimo.

Também são estabelecidas regras quanto à participação do idoso no custeio da entidade de longa permanência ou casa-lar filantrópica em que porventura vier a ser abrigado, em montante definido pelo Conselho Municipal do Idoso ou de Assistência Social, não podendo em qualquer caso exceder a 70% (setenta por cento) de qualquer benefício previdenciário ou de assistência social por ele percebido (art. 35, § 1º e 2º).

1.3.9. Direito à habitação

O direito à moradia, previsto na Constituição Federal como direito social de todos (art. 6º), é também assegurado pela Lei nº 10.741/03 (art. 37), ao determinar que o idoso tem direito à moradia digna, seja no seio da família natural ou substituta, seja na hipótese de ter optado por viver sozinho ou desacompanhado de sua família e, ainda, nos casos em que residir em entidade pública ou privada.

a) Moradia junto à família natural

Conforme já visto, o Estatuto do Idoso privilegia o atendimento do idoso por sua própria família em detrimento do atendimento asilar, porquanto é preferível que como pessoa em processo de envelhecimento, ele viva junto a sua família natural, isto é, em companhia de seus familiares com os quais possui vínculo sanguíneo, quais sejam, filhos, netos, bisnetos.

Sem dúvida alguma, a vivência em meio à família natural reforça vínculos afetivos e assegura benefícios psicológicos ao idoso. Por conta disso, o direito à convivência familiar vem assegurado pelo artigo 3º, inciso V da Lei nº 10.741/03, como manifestação da garantia da prioridade.

b) Moradia independente

Nos casos em que a convivência com a família natural não se mostra possível ou recomendada, seja porque não há unidade familiar estruturada, seja porque o idoso simplesmente não deseja, por motivos pessoais, conviver com seus parentes, ele poderá legitimamente optar por residir sozinho.

É comum que muitos identifiquem no idoso que reside sozinho uma pessoa solitária e isolada do convívio social. Porém, atualmente, no mundo globalizado em que vivemos, a opção por viver só vem sendo adotada por muitas pessoas maiores de sessenta anos, as quais, possuindo condições de saúde e condições financeiras, preferem viver longe da ingerência dos filhos e netos, ou preferem preservar seu livre arbítrio e resguardar a tomada de suas próprias decisões.

c) Moradia em família substituta

De outro lado, nos casos em que não existe família natural estruturada ou nas hipóteses em que o idoso não apresenta condições de residir sozinho, é possível que ele passe a residir em família substituta, que é aquela formada por pessoa ou núcleo familiar com os quais ele não possui vínculos sanguíneos.

Como regra, o idoso é colocado em família substituta nas hipóteses em que esteja sob situação de risco social. A família substituta possui as mesmas responsabilidades para com o idoso que a família natural possuiria, de modo que o artigo 36 do Estatuto do Idoso determina que o acolhimento do idoso nesses casos caracteriza dependência econômica, para os efeitos legais.

d) Moradia em instituição pública ou privada

Por fim, nos casos em que não haja possibilidade de convivência em família natural ou substituta ou o idoso não tenha condições de residir sozinho, terá lugar a moradia em comunidade institucional, pública ou privada, na qual lhe será prestada assistência integral.

O artigo 37, § 1º do Estatuto do Idoso prevê que a convivência em comunidade institucional é reservada às hipóteses em que não exista grupo familiar ou casa-lar apta a receber o idoso, bem como nos casos de abandono ou carência de recursos financeiros próprios ou da família.

Não há dúvidas de que a institucionalização, isto é, a moradia em entidade de longa permanência, somente deve ser adotada nos casos em que se mostre inviável a permanência junto à família natural ou a inserção em família substituta.

Nessas hipóteses, o idoso residirá em instituição voltada ao cuidado de pessoas de sua faixa etária e ao atendimento de suas necessidades.

As instituições destinadas à permanência de idosos devem ser adaptadas fisicamente e contar com pessoal especializado no cuidado e atendimento às pessoas em processo de envelhecimento, propiciando-lhes uma vida digna. Devem, ainda, prover o idoso da alimentação e cuidados higiênicos necessários, bem como manter identificação externa visível, sob pena de interdição (art. 37, §§ 2º e 3º).

Com o fim de resguardar o idoso institucionalizado ou que esteja residindo em casa-lar, é obrigatória a celebração de contrato de prestação de serviços com ele ou com seu representante (art. 35, *caput* e § 3º).

A celebração do contrato é forma de garantir ao idoso e à entidade que o acolhe o pleno conhecimento de seus direitos e deveres.

No caso de o idoso residir em casa-lar ou em entidade filantrópica, conforme anteriormente mencionado, é possível a cobrança de sua participação no custeio das despesas, em forma e valor que devem ser definidas pelo Conselho Municipal do Idoso ou da Assistência Social e que não poderá exceder a 70% (setenta por cento) de qualquer benefício previdenciário ou de assistência social por ele percebido (artigo 35, §§ 1º e 2º).

Por fim, o Estatuto do Idoso estabeleceu regras que devem ser observadas na adoção de programas habitacionais financiados ou subsidiados com recursos públicos, determinando que o idoso goza de prioridade na aquisição de imóvel para moradia própria, razão pela qual deverão ser reservadas unidades habitacionais (ao menos três por cento), as quais deverão se situar preferencialmente no pavimento térreo (art. 38). Para a aquisição desses imóveis, deverão ser adotados critérios de financiamento compatíveis com os rendimentos de aposentadoria e pensão.

Além disso, os programas também deverão contar com implantação de equipamentos urbanos comunitários e com eliminação de quaisquer barreiras arquitetônicas e urbanísticas, para garantia de acessibilidade do idoso.

1.3.10. Direito ao transporte

O direito ao transporte, previsto como direito social de todos, nos termos do artigo 6º da Constituição Federal, possui tratamento diferenciado com relação ao idoso. A depender do tipo de transporte, o benefício pode alcançar a gratuidade total, a reserva de alguns lugares (assentos) ou o desconto na aquisição de passagens.

Entretanto, seja qual for a modalidade de transporte, devem ser asseguradas a prioridade e a segurança da pessoa idosa no embarque e desembarque de veículos de transporte coletivo (art. 42 da Lei nº 10.741/03), sendo-lhe garantido o fácil acesso aos assentos mediante identificação com a destinação a idosos em local visível e caracteres legíveis (art. 70, § 4º).

Também deve ser assegurada a reserva de vagas de estacionamento. Vejamos as diversas hipóteses:

a) Transporte coletivo urbano

O direito dos maiores de sessenta e cinco anos ao transporte coletivo urbano gratuito está previsto no artigo 230, § 2º da Constituição Federal.

O Estatuto do Idoso repetiu a norma constitucional, determinado que ao idoso maior de 65 (sessenta e cinco) anos é assegurado o transporte coletivo urbano e semi-urbano de forma gratuita, mediante apresentação de documento pessoal comprobatório da idade.

Destaque-se que a gratuidade envolve não apenas o transporte urbano, mas também o semi-urbano, isto é, aquele prestado nas zonas metropolitanas, ultrapassando, portanto, a limitação geográfica do município. Abrange, ainda, o transporte que alcance a zona rural.

Entretanto, o artigo 39 da Lei nº 10.741/03, em sua parte final, excepciona a gratuidade com relação aos serviços seletivos e especiais nas hipóteses em que forem prestados paralelamente aos serviços regulares[44].

Para os idosos que possuam entre 60 (sessenta) e 65 (sessenta e cinco) anos de idade, fica a critério da lei municipal dispor sobre gratuidade do transporte público urbano (art. 39, § 3º). Deste modo, a lei local poderá estabelecer critério etário menor do que aquele previsto na Constituição Federal e no Estatuto do Idoso.

A fim de priorizar o atendimento aos idosos, os veículos de transporte coletivo devem reservar dez por cento de seus assentos a eles, sinalizando-os com indicação de reserva preferencial.

b) Transporte coletivo interestadual

Quanto ao transporte coletivo interestadual, entendido como aquele que transpõe o limite do Estado ou do Distrito Federal, algumas regras também foram estabelecidas pelo artigo 40 do Estatuto do Idoso, regulamentado pelo Decreto nº 5.934/06.

Desse modo, deverão ser reservados dois lugares (assentos) gratuitamente aos idosos com renda igual ou inferior a 2 (dois) salários-mínimos, por veículo. Também será dado desconto de 50% (cinquenta por cento), no mínimo, no valor das passagens, para os idosos que excederem as vagas gratuitas, com renda igual ou inferior a 2 (dois) salários-mínimos.

Observe-se que a reserva de vagas ou lugares gratuitos e o desconto na passagem, nesses casos, abrange tanto empresas públicas quanto privadas que promovam o transporte coletivo interestadual, nos modais rodoviário, ferroviário e aquaviário.

O transporte aéreo não foi disciplinado no Estatuto do Idoso, embora existam diversos projetos de lei que pretendem estender a gratuidade ao idoso nesses casos[45].

c) Transporte coletivo intermunicipal

A Lei nº 10.741/03 nada estabeleceu a respeito do transporte intermunicipal, gerando grandes críticas na doutrina. De fato, formou-se panorama absolutamente incongruente, de modo que pela letra da lei, se o idoso viajasse de um Estado a outro teria direito a gratuidade, mas se viajasse de uma cidade a outra, dentro do mesmo Estado, não teria qualquer benefício.

Por conta disso, a jurisprudência vinha aplicando ao transporte intermunicipal, por analogia, a regra da gratuidade estabelecida ao transporte coletivo urbano:

[44] Cabe observar que a Procuradoria-Geral da República propôs Ação Direta de Inconstitucionalidade (ADI nº 3096) contra a expressão "exceto nos serviços seletivos e quando prestados paralelamente aos serviços regulares", do caput do art. 39, ao fundamento de afronta ao art. 230, § 2º da Constituição Federal. Porém, o Supremo Tribunal Federal não conheceu da Ação Direta de Inconstitucionalidade, já que no julgamento da ADI nº 3768 foi julgado constitucional o artigo 39 da Lei nº 10.741/03.

[45] Vide projeto de lei do Senado nº 259, de 2012, que altera a Lei nº 10.048, de 8 de novembro de 2000, que dá prioridade de atendimento às pessoas que especifica, para instituir a prioridade na ocupação de assentos em aeronaves em favor das pessoas que especifica e projeto de lei do Senado nº 482, de 2011, que altera a Lei nº 10.741, de 1º de outubro de 2003, que dispõe sobre o Estatuto do Idoso e dá outras providências, para determinar a abrangência dos benefícios relativos ao transporte coletivo.

"Transporte Coletivo. Idoso. Ação Civil Pública. Aplicação dos artigos 39 e 40 do Estatuto do Idoso e 230, § 2º, da CF. Procedência para condenar a ré a efetuar o transporte gratuito em suas linhas de pessoas maiores de 65 anos, sob pena de multa. Condenação, inclusive, a indenização por danos morais difusos. Recurso improvido". (TJSP – Apelação Cível nº 0004911-78.2009.8.26.0539, Rel. Luiz Burza Neto, j. 25.05.2011).

No mesmo sentido, decidiu-se que:

"A omissão legislativa da expressão "transporte coletivo intermunicipal" trouxe a enganosa ilusão de que as linhas de transporte público intermunicipal estariam excluídas da gratuidade. Todavia, ainda que não esteja expressa no texto legal a palavra transporte intermunicipal não há como ser excluída esta modalidade deste transporte no sistema legal de gratuidade que é assegurada ao idoso no sistema geral" (TJSP – Apelação cível nº 0002911-59.2012.8.26.0294, Rel. Maria Laura Tavares, j. 01.09.2014).

A fim de sanar esse quadro, alguns Estados da Federação como o Estado de São Paulo, disciplinaram a questão. Assim é que a Lei Estadual nº 15.179/13 passou a garantir ao idoso maior de sessenta anos, a gratuidade no serviço intermunicipal de transporte coletivo, até o limite de dois assentos por veículo. O Decreto nº 60.085/14, que regulamenta a lei estadual, disciplina a gratuidade de forma semelhante ao previsto no artigo 40 do Estatuto do Idoso.

d) Vagas em estacionamento

A Lei nº 10.741/03 também garante acesso aos estacionamentos públicos e privados, assegurando aos idosos 5% (cinco por cento) das vagas, que deverão ser posicionadas de forma a garantir a melhor comodidade, nos termos da lei local, isto é, da lei municipal (art. 41).

A Resolução nº 303/2008 do CONTRAN – Conselho Nacional de Trânsito, dispõe sobre as vagas de estacionamento público destinadas exclusivamente às pessoas idosas, estabelecendo a necessidade de uso de credencial pelo interessado, a qual deverá ser emitida pela autoridade de trânsito do município no qual o idoso esteja domiciliado.

1.4. Medidas de proteção aplicáveis ao idoso

O processo de envelhecimento expõe o ser humano à perda evolutiva e contínua de suas capacidades físicas e mentais. De fato, a senescência traz ao homem a diminuição gradativa de sua capacidade mental e habilidades motoras, expondo-o, com o passar do tempo, a uma série de riscos de ordem física e psíquica. A depender das circunstâncias em que o idoso viva, a diminuição das capacidades é tratada e compensada com cuidados que lhe asseguram uma vida digna. Assim, se o idoso tem assegurada a convivência familiar e/ou possui condições econômicas que possam lhe proporcionar conforto emocional, tratamento adequado a doenças, etc, sem dúvida alguma terá um processo de envelhecimento digno.

Porém, nos casos em que o idoso não possui suporte familiar ou não tem condições financeiras de custear suas necessidades, poderá se ver em situação que coloque em risco a dignidade de sua condição de vida, o que exige a tomada de providências voltadas a garantir seus direitos e interesses.

Nesse sentido, foram estabelecidas medidas de proteção, isto é, medidas destinadas a dar efetividade aos princípios da proteção integral e da prioridade.

As medidas de proteção deverão ser aplicadas toda vez que os direitos e garantias assegurados à pessoa idosa forem ameaçados ou violados: I – por ação ou omissão da sociedade ou do Estado; II – por falta, omissão ou abuso da família, curador ou entidade de atendimento; III – em razão de sua condição pessoal.

De fato, o estudo dos princípios e dos direitos fundamentais da pessoa idosa, analisados nos itens precedentes, permitem vislumbrar o número imenso de situações nas quais a pessoa idosa pode ser colocada em risco.

Os filhos que não acolhem o pai que não tem onde morar; o Estado que não proporciona tratamento de saúde adequado ao idoso que dele necessita; os parentes que submetem o idoso a situações vexatórias, são apenas alguns exemplos de situações que colocam o idoso em risco e ferem sua dignidade, exigindo a tomada de providências.

Essas providências deverão ser requisitadas pelo Ministério Público, que tem por atribuição a defesa dos direitos do idoso e serão determinadas pelo Poder Judiciário, por requerimento daquele.

Destaque-se que o Ministério Público poderá ser provocado por Conselho de Direitos, ONG's, etc.

Observamos que o Ministério Público, nesses casos, atua como substituto processual do idoso que esteja em situação de risco (art. 74, inciso III da Lei nº 10.741/03).

Também é possível que, excepcionalmente, os Conselhos de Direitos possam aplicar medidas protetivas, como será adiante explicitado.

Desse modo, o Estatuto do Idoso estabeleceu medidas de proteção ao idoso que poderão ser aplicadas, isolada ou cumulativamente, e levarão em conta os fins sociais a que se destinam, sempre buscando o fortalecimento dos vínculos familiares e comunitários (art. 44).

Essas medidas protetivas estão elencadas em rol meramente exemplificativo, de modo que outras poderão ser adotadas a depender do caso concreto[46].

Vejamos cada uma delas.

1.4.1. Encaminhamento à família ou curador, mediante termo de responsabilidade

Trata-se de medida protetiva aplicável às situações em que o idoso se encontrar afastado da família ou da pessoa que detém sua curatela, e, por qualquer motivo, se veja inserido em situação de risco.

46 Roberto Mendes de Freitas Junior cita, como exemplos, a realização de visitas domiciliares por psicólogos e assistentes sociais, a inserção do idoso em programa de reabilitação alimentar e atividades físicas bem como as medidas protetivas previstas na Lei nº 11.340/06, conhecida como Lei Maria da Penha. Ob. cit. p. 174.

Identificado que o idoso está em situação de vulnerabilidade, a medida poderá ser tomada por provocação dos Conselhos Municipais de Políticas Públicas, tais como o Conselho do Idoso ou da Assistência Social; por assistentes sociais ou psicólogos do Município ou do Estado; por ONG's que atuem na prevenção de violações aos direitos dos idosos ou por vizinhos ou membros da comunidade que estejam presenciando a situação violadora de direitos.

Comum são os casos em que se constata que o idoso reside afastado da família e, em virtude de ver diminuída suas capacidades financeiras, começa a passar necessidades de ordem alimentar, sem que seus familiares tenham conhecimento. Não raras vezes, o idoso desenvolve algum vício (álcool ou medicamentos) que não mais permite que viva de maneira isolada, sem riscos à saúde física ou mental.

Nesses casos, poderá ocorrer o encaminhamento do idoso à família, isto é, aos parentes de sangue ou afinidade, em virtude do postulado que privilegia a manutenção dos vínculos familiares. É claro que a entrega à família deverá ocorrer nas hipóteses em que ela possua condições de receber o idoso e não conflita diretamente com seus interesses, caso em que o ancião poderá ser entregue ao curador judicialmente nomeado.

Seja em uma ou outra hipótese, o encaminhamento deverá ser feito mediante termo de responsabilidade, através do qual aquele que recebeu o idoso assumirá a responsabilidade de lhe dispensar os cuidados necessários.

É importante destacar que a medida de proteção em questão normalmente é utilizada nos casos em que o idoso, muito embora se veja inserido em situação de risco sem o conhecimento de sua família ou de seu responsável, com eles mantém em boa relação. Porém, a medida também poderá ser aplicada nos casos em que haja negligência ou abandono por parte dos próprios familiares ou resistência do próprio idoso.

Citemos como exemplo o ocorrido no Estado do Rio Grande do Sul, onde o Ministério Público ajuizou medida protetiva em favor do idoso contra seus filhos, a partir de informações da ex-companheira de que o ancião era dependente químico de álcool e que os filhos demandados residiam no Estado vizinho do Paraná, não tendo contato com o pai, que estava em situação de abandono. A sentença de primeiro grau, considerando a afirmação do idoso de que não pretendia ver os filhos, entendeu que não caberia ao Judiciário se imiscuir nos motivos pelos quais os filhos se afastaram do pai, não sendo adequado forçar, tanto ao idoso quanto aos filhos, a convivência familiar indesejada e a formação de vínculos de afeto não solidificados, razão pela qual o feito foi extinto sem julgamento do mérito. Entretanto, a sentença foi reformada em grau de apelação, porquanto o Tribunal de Justiça local entendeu que as manifestações do idoso deveriam ser relativizadas, havendo necessidade de analisar com profundidade o contexto social no qual ele vivia para esclarecimento da situação de risco, sendo essa a única maneira de se promover sua efetiva proteção, mesmo que fosse para apurar, com segurança, a desnecessidade de aplicação de qualquer medida. Entendeu-se que o fato do idoso ter manifestado que não desejava a ajuda dos filhos em nada afastava a necessidade de análise dos fatos, tendo em vista que tal comportamento é compatível com pessoas dependentes de drogas, mesmo que lícitas[47].

1.4.2. Orientação, apoio e acompanhamento temporários

Essa medida de proteção é comumente aplicada ao idoso que precisa de assistência psicológica, social ou psiquiátrica, em situação concreta cuja gravidade ainda não justifica a tomada de medida mais gravosa.

Não raras vezes, ao se ver diminuído em suas capacidades ao fim da vida (financeira, física e psicológica), a pessoa idosa passa a ter dificuldades em enfrentar problemas de saúde física ou mental, que demandam orientação, apoio ou acompanhamento por determinado período de tempo.

Não raras vezes o idoso se vê em processo de depressão ou estado de desânimo que justificam um acompanhamento psicológico ou psiquiátrico. Em outras situações, passa a apresentar desleixo com as condições de higiene e salubridade em sua própria residência, o que justifica aconselhamento de ordem social.

Por isso, é recomendável que o acompanhamento ou direcionamento do idoso sejam realizados por profissionais especializados na área, porquanto o assistente social, o psicólogo ou o psiquiatra, por possuírem formação técnica, têm melhores condições de auxiliá-lo.

Muito embora comumente se pense na orientação ou apoio psicológico e social como exemplos de aplicação da medida, ela também poderá ter lugar nos casos em que o idoso necessite de algum acompanhamento ou aconselhamento de natureza nutricional, fisioterápica ou psicomotora.

É importante destacar que a medida ora analisada costuma ser empregada como forma de prevenir medidas protetivas mais graves, como o abrigo em entidade ou o abrigo temporário.

De fato, detectada a situação de risco derivada de algum distúrbio de ordem mental ou psíquica, muitas vezes a orientação adequada funciona como forma de prevenir seu agravamento, que futuramente poderia ensejar abrigamento ou internação hospitalar, por exemplo.

Por isso, logo que identificado o problema que acomete o idoso, é importante que o Ministério Público ou o Poder Judiciário sejam acionados, para que a medida protetiva tenha lugar.

---

47 "RECURSO DE apelação. Medida de proteção ao idoso. Extinção sem apreciação de mérito, por falta de interesse de agir. Descabimento. Caso em que é incorreta a extinção do processo sem resolução do mérito, porquanto necessário que se oportunize a vinda de relatórios do CAPS e a realização de estudo social para, somente após a produção de um lastro probatório mais seguro, enfim decidir se é descabida a aplicação de medida protetiva ou qual a medida é mais adequada. DERAM PROVIMENTO" (Tribunal de Justiça do Rio Grande do Sul – Apelação nº 70053160891 – CNJ: 0040714-41.2013.8.21.7000.

1.4.3. Requisição para tratamento de sua saúde, em regime ambulatorial, hospitalar ou domiciliar

A medida protetiva tem lugar quando houver necessidade de promover tratamento ambulatorial ou internação do idoso por motivo de saúde, a ser prestado pelo Poder Público, em todas as esferas de governo. Caso não exista estabelecimento de saúde público, o Poder Público deverá custear o tratamento ou internação em estabelecimento particular.

Em qualquer caso, há sempre que se preferir o atendimento ou internação domiciliar, conforme preconizado pela Constituição Federal, no artigo 230, § 1º, que dispõe que os programas de amparo aos idosos serão executados preferencialmente em seus lares.

Conforme visto no item 1.3.4., no âmbito do SUS, a Lei nº 8.080/90 prevê não apenas o atendimento médico domiciliar, mas também a internação domiciliar. Introduzido pela Lei nº 10.424, de 15 de abril de 2002, o artigo 19-I estabelece que na modalidade de assistência de atendimento e internação domiciliares incluem-se, principalmente, os procedimentos médicos, de enfermagem, fisioterapêuticos, psicológicos e de assistência social, entre outros necessários ao cuidado integral dos pacientes em seu domicílio.

Tais atendimentos deverão ser realizados por equipes multidisciplinares, que atuarão nos níveis da medicina preventiva, terapêutica e reabilitadora e só poderão ser realizados por indicação médica, com expressa concordância do paciente e de sua família. Essa modalidade de atendimento através do sistema denominado *home care,* sem dúvida alguma é mais benéfica ao idoso, posto que além de manter o paciente em sua própria residência, o põe a salvo de infecções hospitalares e contribui positivamente para a melhora de seu estado psicológico.

Importante destacar que a medida protetiva em questão deriva de requisição judicial ou ministerial, de modo que não poderá de forma alguma ser recusada pelo órgão de saúde. A recusa, retardamento ou dificuldade na prestação do atendimento, bem como a omissão de prestar assistência à saúde, sem justa causa, a pessoa idosa, configura o crime previsto no artigo 100, inciso III do Estatuto do Idoso.

É imprescindível, ainda, que a submissão ao tratamento ou internação tenha a concordância do idoso, com exceção dos casos que envolvam internação involuntária ou compulsória por doença psiquiátrica, na forma da legislação pertinente[48].

De fato, não se pode obrigar o idoso a se submeter a tratamento, caso essa não seja sua vontade, ainda mais nos casos que envolvam internação em hospital ou casa de saúde, nas quais muitas vezes o idoso acaba sendo abandonado por sua família.

Por essa razão é que o artigo 98 do Estatuto do Idoso tipifica como crime a conduta de abandonar idoso em hospitais, casas de saúde de longa permanência ou congêneres.

---

[48] Nos termos da Lei nº 10.216/01, art. 6º, a internação psiquiátrica somente será realizada mediante laudo médico circunstanciado que caracterize os seus motivos. São considerados como modalidades de internação psiquiátrica: I – internação voluntária: aquela que se dá com o consentimento do usuário; II – internação involuntária: aquela que se dá sem o consentimento do usuário e a pedido de terceiro; e III – internação compulsória: aquela determinada pela Justiça.

1.4.4. Inclusão em programa oficial ou comunitário de auxílio, orientação e tratamento a usuários dependentes de drogas lícitas ou ilícitas, ao próprio idoso ou à pessoa de sua convivência que lhe cause perturbação

Trata-se de medida protetiva aplicável ao idoso ou a pessoa com a qual ele conviva, por conta da utilização de substâncias entorpecentes ou drogas afins, que os exponha a situação de risco.

Com efeito, o idoso que abusa da utilização de álcool ou substâncias psicotrópicas, trazendo riscos a sua pessoa ou à vida de seus familiares, poderá ser encaminhado a programa voltado ao aconselhamento ou tratamento do vício.

Da mesma forma, a pessoa próxima ao idoso, seja parente ou não, desde que seja de seu convívio e possa, de qualquer forma, expô-lo a risco em virtude do uso de drogas, também poderá ser alvo da medida protetiva.

Os programas previstos na medida são aqueles promovidos pelo Poder Público, diretamente através de seus órgãos da administração direta ou indireta ou através de entidades privadas conveniadas ou subvencionadas.

Do mesmo modo que a medida protetiva analisada no item anterior, haverá necessidade de que a submissão ao tratamento tenha a prévia concordância do idoso ou da pessoa de seu convívio a ser internada, sob pena de configuração de crime de constrangimento ilegal ou do artigo 98 da Lei nº 10.741/03.

1.4.5. Abrigo em entidade

Dentre os desafios do envelhecimento saudável e com qualidade de vida está a garantia da convivência familiar, assim como a integração do idoso na comunidade. A manutenção do idoso junto à família, nos termos do comando previsto no artigo 230 da Constituição Federal, deve ser preservada sempre que possível e estimulada por toda a família. Por esse motivo é que o artigo 3º do Estatuto do Idoso determina que a garantia da prioridade compreende o atendimento do idoso por sua própria família, em detrimento do atendimento asilar, salvo para os que não possuam ou careçam de condições de manutenção da própria sobrevivência.

Entretanto, o processo de envelhecimento é uma realidade árdua e difícil para muitas pessoas, e nos casos em que o convívio familiar não seja possível ou recomendado ou até mesmo desejado pelo próprio idoso que se encontre em situação de risco, a opção pelo abrigo em entidade de longa permanência pode se tornar uma necessidade, sendo a única alternativa a tomar.

Trata-se, porém, de medida protetiva extrema, que deve ser aplicada em último caso, na hipótese de as medidas de proteção precedentes não terem obtido sucesso ou não puderem ser adotadas.

Sempre observando os princípios da brevidade e excepcionalidade, o abrigamento será determinado para salvaguardar o idoso e resguardar seus direitos.

Os abrigos ou instituições de longa permanência são locais de acolhimento em regime integral, previstas na proteção social especial de alta complexidade, para atender idosos em situação de abandono ou negligência, em caso de suspensão temporária ou quebra de vínculo familiar e comunitário.

Caberá ao Poder Público custear o abrigamento, caso o idoso ou sua família não possa fazê-lo com recursos próprios.

Nos casos em que o idoso possuir parentes com condições financeiras, esses poderão ser obrigados a prestar auxílio material, sendo possível, ainda, no caso de entidades filantrópicas ou casa-lar, a cobrança de participação do idoso no custeio da entidade[49].

Importante consignar a necessidade de prévia concordância do idoso com o abrigamento, caso ele seja capaz, ou autorização de seu curador, caso incapaz, sob pena de configuração de crime de constrangimento ilegal ou cárcere privado.

1.4.6. Abrigo temporário

Aplica-se ao abrigo temporário as mesmas premissas para o abrigamento em entidade, devendo ser medida excepcional, ante o princípio de manutenção dos vínculos familiares preconizado pela Constituição Federal.

O abrigo temporário poderá ocorrer em casa-lar, residência de parentes ou terceiros capacitados a receber idosos temporariamente.

De qualquer modo, o acolhimento do idoso por adulto ou núcleo familiar, em situação de risco social, configura dependência econômica, para efeitos legais, nos termos do disposto no artigo 36 do Estatuto do Idoso.

Também é imprescindível a prévia concordância do idoso com o abrigamento, caso ele seja capaz, ou a autorização de seu curador, caso incapaz, sob pena da prática de crime.

1.4.7. Procedimento para aplicação e cumprimento de medidas protetivas

Nos termos do que determina o artigo 44, *caput* do Estatuto do Idoso, as medidas de proteção poderão ser aplicadas por requisição do Ministério Público, ou pelo Poder Judiciário, a requerimento do primeiro, ou, ainda, através dos Conselhos do Idoso, em determinados casos.

1.4.7.1. Ministério Público

Conforme será visto mais a frente nesse trabalho (item 1.6.1.), dentre as atribuições cabíveis ao Ministério Público na defesa da pessoa idosa se encontram a defesa em casos individuais, quando houver situação de risco e a defesa dos idosos institucionalizados.

Assim, nos termos do artigo 74 da Lei nº 10.741/03, cabe ao Ministério Público a defesa do idoso que esteja em situação de vulnerabilidade, em decorrência da violação de direito individual indisponível, que o coloca em situação de risco, ou em virtude de sua situação de acolhimento institucional.

49 Art. 35, § 1º da Lei nº 10.741/03 (Estatuto do Idoso).

Desse modo, tomando conhecimento da violação a direito individual do idoso ou da existência de situação que o coloque em risco, o Ministério Público poderá instaurar procedimento administrativo[50], no âmbito da Promotoria de Justiça, com o fim de instrumentalizar as medidas protetivas administrativas e de internação[51], ou então, a depender da gravidade dos fatos que cheguem a seu conhecimento, poderá provocar a ação do Poder Judiciário diretamente no juízo competente, a fim de ver aplicada judicialmente a medida de proteção.

Caso a medida de proteção a ser aplicada seja de natureza *administrativa*, quais sejam, encaminhamento à família; orientação, apoio e acompanhamento temporários; requisição para tratamento de saúde ou inclusão em programa para tratamento de drogadição (art. 45, incisos I, II, III e IV da Lei nº 10.741/03), o Ministério Público tem legitimidade para requisitá-las diretamente, isto é, sem que seja necessário se valer do Poder Judiciário.

Porém, caso a medida protetiva a ser aplicada seja daquelas que envolva *restrição da liberdade*, como o abrigo em entidade ou abrigo temporário (art. 45, incisos V e VI da Lei nº 10.741/03), entendemos que sua decretação dependerá de ordem judicial, a não ser que exista concordância do idoso e/ou de seus responsáveis. Explica-se.

As medidas que importam em institucionalização, por envolverem a restrição do livre direito de ir e vir, implicando na colocação do idoso em ambiente que o priva de sua liberdade, muitas vezes desconhecido, estranho a seus hábitos, distante de seus familiares, estão a exigir apreciação do Poder Judiciário nas hipóteses em que haja resistência de sua parte ou de sua família.

Entende-se que nesses casos é importante que a questão seja judicializada, como forma de garantir todos os direitos do idoso que, não obstante aos olhos do Ministério Público se encontre em uma situação de risco – derivada das condições de habitação, abandono ou higiene, por exemplo –, prefere assim viver, não enxergando nessas situações qualquer circunstância que afete sua dignidade. Assim, se há discordância do idoso com a institucionalização, pois prefere viver nas condições apontadas como prejudiciais a sua saúde e dignidade, é importante que a questão seja analisada pelo Poder Judiciário, que terá condições de se valer de técnicos e pessoas especializadas para avaliar se a pretensão ministerial de abrigamento comporta deferimento.

De outro lado, nos casos em que a institucionalização tem a concordância do idoso e de seus familiares, caso esses existam, entende-se que a medida restritiva poderá ser determinada diretamente pelo Ministério Público, posto que nesse caso não há divergência de vontades.

Observe-se que em se tratando de idoso incapaz, a internação sempre deverá passar pelo crivo judicial.

---

50 Vide artigo 74 da Lei nº 10.741/03 (Estatuto do Idoso).

51 No âmbito do Ministério Público do Estado de São Paulo, o Ato Normativo nº 857/14-PGJ-CGMP, de 27 de novembro de 2014, disciplina a atuação do Promotor de Justiça na defesa de idosos em situação de risco, na proteção dos interesses difusos, coletivos e individuais homogêneos de idosos, e na fiscalização das entidades de acolhimento.

As medidas de proteção de ordem administrativa deverão ser cumpridas pelos Conselhos de Idosos, Secretarias de Saúde e Assistência Social e equipe técnica judicial, a depender do caso.

1.4.7.2. Poder Judiciário

O Poder Judiciário, após provocação do Ministério Público, em procedimento instaurado por referido órgão ou por meio de notícia de violação a direito ou interesse do idoso, feita pelo Conselho do Idoso, Secretarias de Governo etc., poderá determinar a aplicação de qualquer medida protetiva prevista no artigo 45 do Estatuto do Idoso ou qualquer outra cabível, já que, como mencionado, o dispositivo legal citado elenca rol meramente exemplificativo.

Destaque-se que a depender da situação, especialmente nos casos que possam envolver internação do idoso em entidade, o juiz deverá contar com o auxílio de equipe multidisciplinar, formada por psicólogos, assistentes sociais, terapeutas de saúde, a fim de reunir as melhores condições para aferir as medidas de proteção que deverão ser aplicadas.

1.4.7.3. Conselhos do Idoso

A leitura do artigo 44 do Estatuto do Idoso leva à conclusão, à primeira leitura, de que as medidas de proteção somente podem ser aplicadas pelo Ministério Público ou pelo Poder Judiciário, a pedido daquele. Não há, de fato, qualquer previsão expressa de aplicação de medidas pelos Conselhos dos Idosos, tal qual ocorre no Estatuto da Criança e do Adolescente, com os Conselhos Tutelares.

Entretanto, nos casos em que se o idoso se encontre em situação de risco, o Conselho poderá aplicar medidas protetivas que não impliquem em restrição da liberdade.

De fato, na situação de o idoso se encontrar em risco e essa circunstância chegar ao conhecimento do Conselho, antes do Ministério Público ou do Poder Judiciário, exigindo a imediata tomada de providências, referido órgão poderá, por exemplo, encaminhá-lo a sua família, mediante termo de responsabilidade.

1.5. Política de atendimento ao idoso

O artigo 230 da Constituição Federal contém disposição categórica quanto à necessidade de comprometimento simultâneo da família, da sociedade e do Estado no desenvolvimento de ações voltadas à garantia da dignidade da pessoa idosa.

Conforme destaca Paulo Roberto Barbosa Ramos, "em não tendo uma dessas instituições condições de sozinha garantir os direitos das pessoas idosas, as outras devem agir disponibilizando os recursos que estão sob seu alcance para atender as necessidades reais das pessoas idosa"[52].

[52] RAMOS, Paulo Roberto Barbosa. **A Velhice no Século XXI**. In: Estatuto do Idoso, Dignidade Humana como Foco. Brasília: Secretaria de Direitos Humanos, 2013. p. 20.

De fato, a política de atendimento é concebida com o fim de assegurar aos idosos os direitos sociais, criando condições para promover sua autonomia, integração e participação efetiva na sociedade.

Nos termos do artigo 46 do Estatuto do Idoso, essa política de atendimento decorre da implementação articulada de ações governamentais e não-governamentais de todas as esferas de Poder (União, Estados, Distrito Federal e Municípios), possuindo como linhas mestras: I – as políticas sociais básicas, previstas na Lei nº 8.842/94; II – políticas e programas de assistência social, em caráter supletivo, para aqueles que necessitarem; III – serviços especiais de prevenção e atendimento às vítimas de negligência, maus-tratos, exploração, abuso, crueldade e opressão; IV – serviço de identificação e localização de parentes ou responsáveis por idosos abandonados em hospitais e instituições de longa permanência; V – proteção jurídico-social por entidades de defesa dos direitos dos idosos; VI – mobilização da opinião pública no sentido da participação dos diversos segmentos da sociedade no atendimento do idoso.

Aplica-se, como linha de ação para a política de atendimento, a Lei de Política Nacional do Idoso (Lei nº 8.842/94, regulamentada pelo Decreto nº 1.948/96) e as diversas portarias e regulamentos que estabelecem normas de funcionamento de serviços de atenção ao idoso no Brasil, definindo normas e padrões de funcionamento de programas e serviços voltados a essa população[53].

1.5.1. Entidades de atendimento ao idoso

As entidades de atendimento à pessoa idosa, orientadas por princípios específicos, devem observar uma série de requisitos e cumprir determinadas obrigações previstas nos artigos 48, 49 e 50 do Estatuto do Idoso, estando submetidas à fiscalizacão do Ministério Público, dos Conselhos do Idoso, da Vigilância Sanitária e outros órgãos. O descumprimento sujeita a entidade a uma série de penalidades, previstas na lei.

Por entidade de atendimento entende-se todo e qualquer entidade, governamental ou não, que esteja voltada a prestar assistência ao idoso e na qual ele venha a residir, em caráter permanente ou temporário.

O gênero entidade de atendimento abrange o *asilo*, que nos termos do artigo 3º do Decreto nº 1.948/96, presta atendimento, em regime de internato, ao idoso sem vínculo familiar ou sem condições de prover à própria subsistência de modo a satisfazer as suas necessidades de moradia, alimentação, saúde e convivência social. A modalidade asilar é adotada, por regra, no caso da inexistência do grupo familiar, abandono, carência de recursos financeiros próprios ou da própria família.

Abrange também, a *casa-lar*, entendida como a residência, em sistema participativo, cedida por instituições públicas ou privadas, destinada a idosos detentores de renda insuficiente para sua manutenção e sem família (art. 4º, inciso III do Decreto nº 1.948/96).

Conforme bem destaca Roberto Mendes de Freitas Junior, pouco importa o nome que se dê às entidades de abrigo aos idosos: casa-lar, asilos, casas de repouso,

[53] Vide a esse respeito, a Portaria SEAS – Secretaria de Assistência Social nº 73, de 10 de maio de 2001.

clínicas geriátricas, pensionato, hospedagem, abrigos, etc. O Estatuto do Idoso não diferencia qualquer delas e se refere de forma genérica a todas, utilizando as expressões "entidades de atendimento", "entidades de longa permanência", ou "entidades de assistência ao idoso"[54].

O legislador, preocupado com o funcionamento de referidas entidades, dedicou capítulo específico voltado a disciplinar sua formalização, seu funcionamento e sua fiscalização.

1.5.1.1. Princípios específicos

As entidades de longa permanência devem adotar princípios específicos no desenvolvimento de seus programas de institucionalização. Assim, devem sempre buscar a *preservação dos vínculos familiares.* Sem dúvida alguma, o acolhimento institucional é a última opção a ser tomada, de modo que é de grande importância que o idoso abrigado mantenha contato com sua família natural, a fim de reforçar seus laços sanguíneos, visando um futuro e breve desabrigamento.

A entidade também deverá promover o *atendimento personalizado e em pequenos grupos.* Por sua condição peculiar de pessoa em processo de envelhecimento, é importante que o abrigamento leve em conta as necessidades de cada idoso, que pode demandar cuidados específicos. Também é recomendado que o abrigamento seja realizado em local que não possua número grande de idosos, a fim de prestar atendimento de maior qualidade.

Uma vez abrigado, é imperiosa a *manutenção do idoso na mesma instituição*, salvo em caso de força maior. O abrigamento já constitui medida restritiva que muitas vezes traz dificuldades de adaptação, posto que implica em mudanças de hábitos e convivência forçada do idoso com outras pessoas que não conhece. Desse modo, uma vez institucionalizado, o idoso deve permanecer na mesma entidade de atendimento, evitando-se a mudança de local de abrigamento, como forma de lhe assegurar tranquilidade e segurança. É claro que se por qualquer motivo a permanência do idoso não se mostrar adequada ou recomendável na entidade que o acolheu, a mudança de entidade deverá ocorrer em seu benefício.

A entidade de atendimento também deverá estimular a *participação do idoso nas atividades comunitárias*, sejam de caráter interno e externo. O envolvimento na vida comunitária é fundamental para que o idoso não se sinta alijado da vida cotidiana e se veja fazendo parte da comunidade em que vive. Por essa razão, deve ser fomentado seu envolvimento em atividades como eventos festivos, ações comunitárias, etc.

Por fim, a entidade deve *observar os direitos e garantias dos idosos e preservar sua identidade, oferecendo ambiente de respeito e dignidade.*

Caso haja violação a esses direitos, a entidade poderá se sujeitar a penalidades previstas em lei, que serão analisadas mais adiante e o dirigente de instituição prestadora de atendimento ao idoso responderá civil e criminalmente pelos atos que

[54] Ob. cit. p. 188.

praticar em detrimento do idoso, sem prejuízo das sanções administrativas (art. 49, parágrafo único).

1.5.1.2. Requisitos necessários

O Estatuto do Idoso estabelece que as entidades de atendimento devem atender as normas de planejamento e execução estabelecidas pelos órgãos responsáveis pela política de atendimento ao idoso (art. 48 da Lei nº 10.741/03).

Assim, tanto as entidades governamentais como não-governamentais de assistência ao idoso devem *inscrever seus programas* nos Conselhos de Políticas Públicas do Idoso (Conselho Municipal, e, em na sua falta, Conselho Estadual ou Nacional), bem como no órgão da Vigilância Sanitária, permitindo, dessa forma, a verificação de seu objeto e acompanhamento de suas atividades. Devem também apresentar *objetivos estatutários* e *plano de trabalho* compatíveis com os princípios do Estatuto do Idoso Lei (incisos I e II do art. 48).

Destaque-se que a inscrição é condição para o funcionamento da entidade, de modo que o Conselho Municipal e o órgão da Vigilância devem avaliá-las, a fim de aferir se seus projetos se encontram dentre aqueles voltados à tutela e cuidado do idoso. Nos casos em que o município ainda não conte com um Conselho do Idoso, a inscrição dever ser feita no Conselho Estadual.

Importante, ainda, verificar se a proteção integral dos idosos é objetivo estatutário da entidade, bem como avaliar o plano de trabalho, que deverá estabelecer a forma de funcionamento (horários, atividades, equipe de atendimento, número e categoria de funcionários, visitas etc.).

No que tange ao espaço físico que ocupam, tais entidades são obrigadas a *oferecer instalações em condições adequadas* de habitabilidade, higiene, salubridade e segurança ao idoso (inciso III do art. 48). Atualmente, a RDC nº 283, de 26 de setembro de 2005, da ANVISA – Agência Nacional de Vigilância Sanitária, define normas de funcionamento para instituições de longa permanência para idosos, ditando regras de acessibilidade, sinalização, segurança etc.

Por fim, no que pertine à regularidade formal, as entidades devem estar *regularmente constituídas* e demonstrar a *idoneidade de seus dirigentes* (inciso IV do art. 48). A regularidade formal exige o registro da entidade no órgão competente. A idoneidade dos dirigentes, por sua vez, deve ser demonstrada por meio de certidões criminais negativas ou folhas de antecedentes.

1.5.1.3. Obrigações

Nos termos do artigo 50 do Estatuto do Idoso, as entidades de atendimento deverão cumprir algumas regras quando se destinarem ao abrigamento ou acolhimento de idosos:

a) a primeira obrigação consiste na *celebração de contrato escrito* de prestação de serviços, no qual deverá ser especificado o tipo de atendimento prestado ao idoso, as obrigações da entidade e o valor que deverá ser pago, quando for o caso. No caso de a entidade ser filantrópica ou se apresentar sob a forma de casa-lar, é possível a cobrança de participação do idoso no custeio, em valor que não poderá ultrapassar 70% de qualquer benefício previdenciário ou de assistência social por ele recebido, nos termos do disposto no artigo 35 da Lei nº 10.741/03;

b) a entidade também deverá *observar os direitos e as garantias* de que são titulares os idosos;

c) deverá fornecer *vestuário adequado*, se for pública, e *alimentação suficiente*;

d) também deverá oferecer *instalações físicas* em condições adequadas de habitabilidade e atendimento personalizado;

e) a entidade deverá sempre *diligenciar* no sentido da preservação dos vínculos familiares;

f) deverá oferecer acomodações apropriadas para *recebimento de visitas*;

g) também deverá proporcionar *cuidados à saúde*, conforme a necessidade do idoso e promover *atividades educacionais, esportivas, culturais e de lazer*;

h) deverá propiciar *assistência religiosa* àqueles que desejarem, de acordo com suas crenças;

i) a entidade também deve proceder a *estudo social* e pessoal de cada caso;

j) deverá comunicar à autoridade competente de saúde toda ocorrência de idoso portador de *doenças infecto-contagiosas*;

k) deverá providenciar ou solicitar que o Ministério Público requisite os *documentos necessários ao exercício da cidadania* àqueles que não os tiverem, na forma da lei;

l) fornecer *comprovante de depósito dos bens móveis* que receberem dos idosos;

m) manter *arquivo de anotações* onde constem data e circunstâncias do atendimento, nome do idoso, responsável, parentes, endereços, cidade, relação de seus pertences, bem como o valor de contribuições, e suas alterações, se houver, e demais dados que possibilitem sua identificação e a individualização do atendimento;

n) *comunicar* ao Ministério Público, para as providências cabíveis, a situação de *abandono* moral ou material por parte dos familiares; e

o) manter no quadro de pessoal *profissionais com formação específica.*

Não obstante sejam impostas diversas obrigações, caso a entidade seja filantrópica ou sem fins lucrativos e preste serviço ao idoso, terá direito à assistência judiciária gratuita (art. 51).

O descumprimento das obrigações mencionadas configura infração administrativa, sujeitando a entidade ao pagamento de multa, se o fato não for caracterizado como crime, podendo haver a interdição do estabelecimento até que sejam cumpridas as exigências legais (art. 56 da Lei nº 10.741/03)[55].

[55] No caso de interdição do estabelecimento de longa permanência, os idosos abrigados serão transferidos para outra instituição, às expensas do estabelecimento interditado, enquanto durar a interdição.

1.5.1.4. Fiscalização das entidades de atendimento

A fiscalização das entidades de atendimento, sejam elas governamentais ou não, deve ser feita pelo Ministério Público, nos termos do artigo 52 da Lei nº 10.741/03, o qual, no exercício de seu dever fiscalizatório, poderá instaurar inquérito civil para apurar o descumprimento das exigências legais ou normativas pela entidade de atendimento, acompanhando as medidas administrativas decorrentes do poder de polícia, ou adotando as medidas judiciais necessárias para a remoção das irregularidades verificadas, conforme se verá mais adiante nesse trabalho.

A fiscalização é feita através de visitas regulares do Promotor de Justiça, definidas de acordo com a realidade e necessidade locais.

Da mesma forma, à Vigilância Sanitária e ao Conselho Municipal do Idoso também incumbe a fiscalização das entidades.

Assim, essas visitas devem ser realizadas, sempre que possível, através de ações articuladas e contínuas entre referidos órgãos e outros organismos responsáveis pela tutela do idoso no município.

Deverão ser elaborados autos de vistorias e relatórios técnicos pelos órgãos fiscalizadores, a fim de formar a convicção a respeito da adequação das entidades às exigências legais e normativas que envolvem a prestação de serviços aos idosos.

Caberá, assim, aos órgãos de fiscalização, realizar as seguintes diligências[56], dentre outras:

a) apurar se a entidade possui: inscrição junto ao Conselho Municipal do Idoso ou em caso de inexistência, supletivamente junto ao Conselho Estadual do Idoso; licença sanitária expedida pela Vigilância Sanitária e Alvará de Vistoria do Corpo de Bombeiros, dentre outros documentos necessários ao exercício do serviço de atendimento a que se propõe;

b) apurar se o programa da entidade, com o respectivo regime de atendimento a idosos, quando da inscrição junto ao Conselho do Idoso e à Vigilância Sanitária, está em conformidade com os requisitos, princípios e as obrigações impostas pelos artigos 48, 49 e 50 da Lei nº 10.741/03;

c) promover a análise da regularidade formal de constituição da pessoa jurídica e a conformidade dos objetivos estatutários ou sociais ao programa de atendimento ao idoso em execução por ela e, no caso das associações sem fins lucrativos, observar se há regularidade formal da eleição dos dirigentes;

d) verificar se o contrato de prestação de serviços firmado entre a entidade <u>sem</u> fins lucrativos e o idoso, ou o idoso e o responsável financeiro, ou ainda o curador, atende as exigências legais, nos termos do artigo 50 da Lei nº 10.741/03 e, no caso de o idoso também participar do custeio da entidade, nos termos do artigo 35 da mesma lei e das disposições do Código de Defesa do Consumidor;

---

56 Providências elencadas no Ato Normativo nº 857/14 – PGJ – CGMP de 27 de novembro de 2014, do Ministério Público do Estado de São Paulo.

e) verificar se o contrato de prestação de serviços firmado entre a entidade, com fins lucrativos, e o idoso, ou o idoso e o seu responsável financeiro, ou ainda o curador, atende as exigências legais, nos termos do artigo 50 da Lei nº 10.741/03 e das disposições do Código de Defesa do Consumidor;
f) apurar se a cobrança feita pela entidade sem fins lucrativos ao idoso não excede o limite estabelecido pelo Conselho Municipal do Idoso, ou na sua omissão, o percentual legal máximo de 70% (setenta por cento) do benefício previdenciário ou de assistência social percebida pelo idoso;
g) diligenciar junto à entidade acolhedora para obtenção de informação sobre a existência de abuso financeiro dos familiares ou apropriação de bens do idoso, para as providências cabíveis.

O processo de fiscalização das entidades de atendimento comporta o acompanhamento da prestação de contas e da publicidade exigida por lei, referente aos repasses públicos efetuados, as doações recebidas e os valores captados pela participação do idoso no custeio.

Assim, a entidade deve priorizar a transparência de seus atos e especialmente de suas contas, a fim de permitir que os órgãos responsáveis possam exercer sua atividade fiscalizatória.

Caso a entidade não cumpra essa regra, bem como todas as demais obrigações previstas em lei, poderá estar sujeita a diversas penalidades, sem prejuízo da responsabilidade pessoal de seus dirigentes na órbita civil e penal.

Desse modo, após regular procedimento, a entidade governamental poderá sofrer advertência, afastamento provisório ou definitivo de seus dirigentes e até mesmo o fechamento da unidade ou interdição do programa (art. 55, inciso I da Lei nº 10.741/03).

Já a entidade não-governamental poderá sofrer advertência, multa, suspensão parcial ou total do repasse de verbas públicas, interdição de unidade ou suspensão de programa e proibição de atendimento a idosos a bem do interesse público (art. 55, inciso II da Lei nº 10.741/03).

A *advertência* e a *multa* serão impostas ao dirigente da entidade ou ao responsável pelo programa de atendimento[57].

O *afastamento provisório de dirigentes*, a *interdição da unidade* e a *suspensão do programa* terão lugar quando houver danos aos idosos abrigados ou prática de ato fraudulento relacionado ao programa.

A *suspensão de repasse de verbas públicas* poderá ocorrer quando se verificar, no caso concreto, má aplicação ou desvio de finalidade dos recursos.

Importante consignar que caso constatada a ocorrência de infração praticada pela entidade, que coloque em risco os direitos dos idosos, o Ministério Público tomará providências de ofício, ou mediante comunicação de qualquer outro órgão de fiscalização, podendo promover a *suspensão das atividades* ou *dissolução da entidade*,

57 Artigo 68, § 4º da Lei nº 10.741/03 (Estatuto do Idoso).

com a *proibição de atendimento a idosos a bem do interesse público*, sem prejuízo das providências a serem tomadas pela Vigilância Sanitária.

De qualquer forma, na aplicação das penalidades, serão consideradas a natureza e a gravidade da infração cometida, os danos que dela provierem para o idoso, as circunstâncias agravantes ou atenuantes e os antecedentes da entidade.

Nesse sentido já se decidiu:

> *"Agravo de Instrumento – Mandado de Segurança com pedido liminar – Clínica de repouso – Auto de Inspeção da Municipalidade que determinou o encerramento das atividades do estabelecimento – Decisão que indeferiu a liminar e determinou que o município, no prazo de 48 horas, providencie a remoção dos idosos que não tem família e/ou não tem aonde serem levados – Cabimento à vista dos bens jurídicos tutelados: a vida e a dignidade da pessoa humana – Exegese do artigo 230 da Constituição da República e artigo 10 do Estatuto do Idoso – Decisão mantida – Recurso improvido".* (TJSP – AGRAVO DE INSTRUMENTO nº 2184072-06.2014.8.26.0000 – Praia Grande – j. 04.11.14).

> *"APELAÇÃO CÍVEL. Ação civil pública. Entidade de atendimento a idosos. Ausência de licença junto à Vigilância Sanitária e Alvará de funcionamento. Falta de condições mínimas para o desempenho das funções. Pedido de interdição. Possibilidade. Aplicação do Estatuto do Idoso. Recurso desprovido".* (TJSP – Apelação nº 0014799-90.2010.8.26.0198 – Franco da Rocha – j. 15.10.14).

1.5.1.5. Infrações administrativas

O Estatuto do Idoso, tipifica, nos artigos 56 a 58, infrações administrativas que, praticadas por entidades de atendimento, por profissionais da área da saúde responsáveis por estabelecimento de saúde ou por entidade de longa permanência e por pessoas físicas em geral, poderão sujeitá-los às sanções de interdição (entidades) ou ao pagamento de multa.

As multas serão destinadas ao Fundo do Idoso, onde houver, ou na falta deste, ao Fundo Municipal de Assistência Social, ficando vinculados ao atendimento ao idoso (art. 84 da Lei nº 10.741/03).

As infrações administrativas são as seguintes:

a) Inobservância das obrigações previstas no artigo 50 da Lei nº 10.741/03 – art. 56

A entidade que não lavrar contrato escrito de prestação de serviços; que não promover vestuário adequado, alimentação, cuidados à saúde e assistência religiosa; que não cuidar de possuir instalações físicas e acomodações para visitas; enfim, que descumprir as obrigações estabelecidas no artigo 50 da Lei nº 10.741/03, estará sujeita à aplicação de *multa* no valor de R$ 500,00 (quinhentos reais) a R$ 3.000,00 (três mil reais), se o fato não for caracterizado como crime.

Caso a irregularidade seja grave, poderá haver a *interdição* do estabelecimento até que sejam cumpridas as exigências legais. Na hipótese de se tratar de entidade de longa permanência, como asilos, os idosos abrigados deverão ser transferidos para outra instituição, às custas do estabelecimento interditado, enquanto durar a interdição.

b) Ausência de comunicação da prática de crime contra o idoso – art. 57

O artigo 57 prevê infração administrativa consistente na omissão do profissional de saúde ou do responsável por estabelecimento de saúde ou instituição de longa permanência, em comunicar autoridade competente a respeito da prática de crimes contra idoso que tiver conhecimento.

Por autoridade competente entende-se o Delegado de Polícia, o Ministério Público ou o Juiz de Direito.

A lei prevê a aplicação de multa de R$ 500,00 (quinhentos reais) a R$ 3.000,00 (três mil reais), aplicada em dobro no caso de reincidência.

c) Omissão na prioridade de atendimento ao idoso – art. 58

Por fim, o artigo 58 pune qualquer pessoa que deixar de cumprir as regras estabelecidas no Estatuto do Idoso a respeito da prioridade que deve dispensada no seu atendimento.

Relembramos, aqui, que nos termos do art. 3º da Lei nº 10.741/03, a garantia da prioridade envolve o atendimento preferencial imediato e individualizado junto aos órgãos públicos e privados prestadores de serviços à população, preferência na formulação e na execução de políticas sociais públicas específicas, destinação privilegiada de recursos públicos nas áreas relacionadas com a proteção ao idoso e prioridade no recebimento da restituição do Imposto de Renda.

Abrange, ainda, acesso preferencial aos locais de eventos artísticos, culturais, esportivos e de lazer (art. 23); prioridade na aquisição de imóvel, para moradia própria, em programas habitacionais, públicos ou subsidiados com recursos públicos, observada a reserva de, pelo menos três por cento das unidades habitacionais (art. 38); prioridade no embarque no sistema de transporte coletivo (art. 42); prioridade na tramitação de processos e procedimentos e na execução de atos e diligências judiciais, extensiva à tramitação de processos e procedimentos na Administração Pública, empresas prestadoras de serviços públicos e instituições financeiras (art. 71) e atendimento preferencial junto à Defensoria Pública no que tange aos serviços de assistência judiciária gratuita (art. 71).

O montante da multa varia de R$ 500,00 (quinhentos reais) a R$ 1.000,00 (um mil reais), além de multa civil a ser estipulada pelo juiz, conforme o dano sofrido pelo idoso.

1.5.1.6. Apuração administrativa de infração às normas de proteção ao idoso

Para a aplicação de penalidades correspondentes às infrações administrativas previstas nos artigos 56 a 58 do Estatuto do Idoso, deve ser instaurado procedimento administrativo, que poderá ser iniciado mediante requisição do Ministério Público ou por meio da lavratura de auto de infração. As diretrizes de tramitação do procedimento estão elencadas nos artigos 60 a 63 do mesmo diploma legal.

A lei disciplina a lavratura, forma e conteúdo do auto de infração, que deve ser confeccionado em formulário impresso, por servidor efetivo e subscrito por duas testemunhas. Deverá ser lavrado logo após a verificação da irregularidade, contendo sua natureza e suas circunstâncias, ou no prazo de 24 horas, justificadamente.

Na sequência, em observância ao princípio do contraditório, o autuado terá o prazo de dez dias para resposta, contado da data da intimação feita pelo autuante ou por via postal.

Em qualquer caso, a autoridade competente aplicará à entidade de atendimento as sanções regulamentares, sem prejuízo da iniciativa e das providências que vierem a ser adotadas pelo Ministério Público ou pelas demais instituições legitimadas para a fiscalização, tais como a Vigilância Sanitária.

Não obstante o Estatuto do Idoso tenha disciplinado o trâmite administrativo para aplicação das sanções previstas nos artigos 56 a 58, o legislador omitiu-se em estabelecer quem seria a autoridade competente para aplicá-las.

De fato, não se estabelece se a autoridade competente seria aquela pertencente ao Poder Executivo local ou ao Poder Judiciário.

No entendimento de Roberto Mendes de Freitas Junior, as infrações administrativas em questão devem ser apuradas por meio de procedimento administrativo instaurado pelo Poder Executivo Municipal, do local da infração[58]. Sustenta seu posicionamento no fato de o procedimento administrativo ter sido disciplinado em capítulo diverso e antecedente àquele que disciplina o procedimento judicial, além de ser instaurado mediante requisição ministerial. Tratando-se de requisição, entende que se trata de ordem destinada à autoridade administrativa, que não poderia recusá-la. Se fosse destinada à autoridade judiciária, trataria de representação e não requisição.

De outro lado, para Oswaldo Peregrina Rodrigues[59], a competência seria judicial, quando se tratar de infração perpetrada em entidade de atendimento de pessoas idosas. Assim, se a irregularidade possuir vínculo direto ou indireto com entidade de atendimento, a competência será jurisdicional, independente da possibilidade de outro procedimento administrativo tramitar perante órgão com atribuições na fiscalização da entidade, como a Vigilância Sanitária, por exemplo, quando constatada falta de higiene no local.

O autor continua, asseverando, existirem situações típicas de infrações administrativas sem vínculo, mesmo indireto, com entidade de atendimento, como o caso do funcionário do banco que descumpre o atendimento preferencial à pessoa idosa. Também nesses casos, entende que a instauração do procedimento administrativo para apuração das infrações será judicial, uma vez que seria o órgão em condições de receber a representação ministerial ou o auto de infração, para apurar os fatos, e, se o caso, aplicar a respectiva sanção.

58 Ob. cit., p. 202.

59 RODRIGUES, Oswaldo Peregrina. **Direitos do idoso**. In: Manual de Direitos Difusos. 2ª ed. São Paulo: Verbatim, 2012, p. 512-513.

Da mesma forma, nada obstará que seja instaurado procedimento administrativo perante a instituição que tenha poderes disciplinares e éticos em relação aos sujeitos passivos das infrações ou pessoas jurídicas às quais eles estejam vinculados ou subordinados, mesmo que não possuam qualquer relação com programas de atendimento a idosos.

Entendemos que esse último posicionamento é o mais acertado.

Com efeito, não há como negar ao Poder Judiciário a possibilidade de aplicar as sanções administrativas previstas nos artigos 56 a 58 da Lei nº 10.741/03. Da mesma forma, nada impede que essas penalidades sejam aplicadas por outros órgãos responsáveis pela fiscalização da entidade ou que tenham poder correicional sobre o autor de referidas infrações.

Assim ocorreu na representação ofertada pelo Ministério Público do Estado do Paraná contra estabelecimento bancário por violação ao disposto no artigo 3º, inciso I e artigo 58 da Lei nº 10.7410/3. No caso concreto, uma idosa compareceu a uma agência do referido banco, entrando na fila do atendimento prioritário. Porém, após esperar por quarenta minutos, passou para a fila de atendimento geral, sendo somente então atendida. A interessada realizou reclamação na agência, sem que providências fossem tomadas. Foi requerido em procedimento judicial o reconhecimento da desobediência ao artigo 3º, parágrafo único, inciso I, da Lei nº 10.741/2003, que impõe a necessidade de atendimento preferencial imediato e individualizado de idosos junto aos órgãos públicos e privados prestadores de serviços à população, bem como a aplicação da multa sancionatória descrita no artigo 58 da mesma lei (deixar de cumprir as determinações da referida lei acerca de prioridade no atendimento ao idoso). A sentença, confirmada em segundo grau, julgou procedente o pedido contido na inicial e condenou o banco ao pagamento de multa no valor de R$ 1.000,00 (mil reais), nos termos dos artigos 3º, inciso I, 58, 59 e 84 do Estatuto do Idoso, a ser revertido ao Fundo do Idoso do Município, bem como ao pagamento dos ônus sucumbenciais[60].

1.5.1.7. Apuração judicial de irregularidades em entidades de atendimento

O procedimento para apuração das irregularidades em entidades de atendimento ao idoso, visando a aplicação das penalidades previstas no artigo 55 da Lei. 10.741/03, seja a entidade governamental ou privada, terá início por petição de qualquer pessoa interessada ou por iniciativa do Ministério Público e tramitará junto ao Poder Judiciário.

Desse modo, havendo representação do interessado, narrando a existência de irregularidade em entidade de atendimento, deverá ser instaurado procedimento para sua apuração, que muito embora tenha caráter administrativo, deverá tramitar no Poder Judiciário, tratando-se, assim, de procedimento judicial *sui generis*.

De outro lado, o Ministério Público também poderá dar causa a procedimento judicial, que será precedido de inquérito civil, voltado a apurar o descumprimento

[60] Tribunal de Justiça do Paraná, Apelação Cível nº 1.377.343-6, da Comarca de Apucarana, Relatora Des. Maria Aparecida Blanco de Lima, j. 22.09.2015.

das exigências legais ou normativas pela entidade de atendimento, tendo por objetivo a aplicação das penalidades prescritas no artigo 55 da Lei nº 10.741/03.

Conforme expressa disposição do artigo 64 do Estatuto do Idoso, ao procedimento judicial se aplicam as regras referentes ao procedimento para apuração de infrações sanitárias (Lei nº 6.437/77) e ao procedimento administrativo no âmbito da Administração Pública federal (Lei nº 9.784/99).

Havendo necessidade e visando prevenir lesão ao idoso, poderão ser decretadas medidas cautelares, como o afastamento provisório do dirigente.

O procedimento deverá observar o contraditório, de modo que o dirigente da entidade deverá ser citado no prazo de dez dias, sendo-lhe oportunizada apresentação de defesa, juntada de documentos e indicação de provas a produzir.

Na sequência, o juiz deverá proceder à instrução, nos termos do procedimento sumário previsto no Código de Processo Civil[61], designando audiência de instrução e julgamento, se necessário e decidindo sobre a produção de provas.

Seguem-se alegações finais, no prazo de cinco dias, devendo o juiz decidir em igual prazo.

É importante consignar que a depender do caso, o juiz poderá fixar prazo para resolução das irregularidades verificadas, as quais, uma vez solucionadas, implicarão na extinção do procedimento, sem julgamento do mérito.

Por outro lado, caso a infração seja grave, de modo a implicar no afastamento provisório ou definitivo de dirigente de entidade governamental, o juiz deverá oficiar à autoridade administrativa imediatamente superior ao afastado, para que no prazo de vinte e quatro horas promova a substituição.

É importante destacar que não obstante possa ser instaurado procedimento por petição fundamentada da pessoa interessada, a grande maioria dos processos instaurados contra entidades de atendimento resultam em ações civis públicas propostas pelo Ministério Público, voltadas à aplicação das penalidades previstas no artigo 55 da Lei nº 10.741/03, observando o rito sumário e as peculiaridades procedimentais do artigo 68 da mesma lei.

1.6. Acesso à Justiça

A Lei nº 10.741/03 estabelece o procedimento sumário, previsto no Código de Processo Civil, como o procedimento adequado para o processamento de suas causas, assegurando ao idoso a prioridade na tramitação dos processos e procedimentos, bem como na execução dos atos e diligências em que seja parte ou interveniente (art. 71).

A prioridade abrange os processos e procedimentos na Administração Pública, empresas prestadoras de serviços públicos e instituições financeiras, atendimento preferencial junto à Defensoria Pública da União, dos Estados e do Distrito Federal em relação aos Serviços de Assistência Judiciária.

[61] Art. 68 e 69 da Lei nº 10.741/03 (Estatuto do Idoso).

Essa prioridade não cessará sequer com a morte do idoso, sendo transferida ao cônjuge supérstite, companheiro ou companheira, com união estável, maior de 60 (sessenta) anos.

A autoridade judiciária responsável deverá determinar a anotação dessa circunstância em local visível nos autos do processo.

Visando assegurar tutela efetiva, o Poder Público deverá criar varas especializadas e exclusivas do idoso.

1.6.1. Ministério Público e a tutela do idoso

Nos termos do disposto no artigo 127 da Constituição Federal, o Ministério Público é instituição permanente, essencial à função jurisdicional do Estado, incumbindo-lhe a defesa da ordem jurídica, do regime democrático e dos interesses sociais e individuais indisponíveis.

A Lei Orgânica Nacional, assim como as Leis Orgânicas Estaduais do Ministério Público, atribuem à Instituição a prestação da assistência e proteção ao idoso[62].

Da mesma forma, o Decreto nº 1.948/96, que regulamentou a Política Nacional do Idoso (Lei nº 8842/94), estabelece em seu artigo 13 que incumbe ao Ministério Público, concorrentemente, a defesa dos direitos dos idosos perante o Poder Judiciário.

A Lei nº 10.741/03, que institui o Estatuto do Idoso, ao tratar do acesso à justiça, dedica o Capítulo II inteiramente a referida Instituição.

Desse modo, cabe ao Ministério Público a defesa do idoso em três frentes diversas: a defesa em casos individuais quando houver situação de risco, a defesa dos idosos institucionalizados e a defesa no âmbito coletivo.

Com efeito, incumbe-lhe a tutela da pessoa idosa em situação de vulnerabilidade, seja em decorrência da violação de direito individual indisponível ou em razão de acolhimento institucional que a coloca em situação de risco. Incumbe-lhe, também, a tutela dos direitos e interesses difusos *lato sensu*, isto é, os interesses difusos, coletivos ou individuais homogêneos.

O Estatuto do Idoso é o diploma legal que trata com maior detalhamento das atribuições do *Parquet*, a quem incumbe zelar pelo efetivo respeito aos direitos e garantias legais assegurados aos idosos, promovendo as medidas judiciais e extrajudiciais cabíveis (art. 74, inciso VII).

Nesses termos, compete-lhe instaurar o inquérito civil e a correspondente ação civil pública para a tutela dos direitos difusos *lato sensu* e individuais indisponíveis dos idosos (inciso I do art. 74).

Os direitos difusos *lato sensu* serão buscados mediante aplicação das regras estabelecidas na Lei nº 10.741/03 e na Lei nº 7.347/85, assim como na legislação ordinária que compõe o microssistema de proteção dos direitos metaindividuais.O Estatuto do Idoso também assegura no inciso II do artigo 74, no que tange à tutela dos direitos individuais indisponíveis, que cabe ao Ministério Público promover e

62 Artigo 25, IV, alínea "a" e VI e artigo 26, I, alínea "c" e VI, da Lei federal nº 8.625/93 e artigo 103, I, VII, alínea "d" e IX da Lei Complementar estadual nº 734/93 do Estado de São Paulo.

acompanhar as ações de alimentos, de interdição total ou parcial, de designação de curador especial, em circunstâncias que justifiquem a medida e oficiar em todos os feitos em que se discutam os direitos de idosos em condições de risco.

O Superior Tribunal de Justiça também fixou a Tese nº 766, em sistema de recursos repetitivos, pela qual "*O Ministério Público é parte legítima para pleitear tratamento médico ou entrega de medicamentos nas demandas de saúde propostas contra os entes federativos, mesmo quando se tratar de feitos contendo beneficiários individualizados, porque se refere a direitos individuais indisponíveis, na forma do art. 1º da Lei n. 8.625/1993 (Lei Orgânica Nacional do Ministério Público)*".

Deverá atuar como substituto processual do idoso em situação de risco, conforme o disposto no artigo 43 do Estatuto do Idoso (inciso III do art. 74), ajuizando ação civil pública para tutela individual, com pedido de aplicação de medidas de proteção, zelando pelo seu direito à convivência familiar e comunitária e respeitada a sua liberdade de escolha, sempre que tiver condições mentais de expressão e opinião.

Destaque-se não haver espaço para qualquer discussão quanto à legitimidade do Ministério Público na tomada de medidas protetivas ao idoso.

> *"Reexame necessário – Ação civil pública – Idoso em situação de total e absoluto abandono, vivendo em condições insalubres de moradia, necessitando de cuidados médicos, ante problemas físicos e psiquiátricos apresentados – Dever da Municipalidade de proteção da pessoa idosa, com o provimento de suas necessidades, dada a notória fragilidade da situação e consequente necessidade de cuidados médicos – Arts. 3º, VIII, 15, § 2º, 43 e 45 da Lei Federal nº 10.741/2003 (Estatuto do Idoso) e art. 230 da Constituição Federal – Precedentes desta Corte. Recurso não provido.*
>
> *Trata-se de reexame necessário tirado contra a sentença de fls. 114/116, que, em autos de ação civil pública proposta pelo Ministério Público do Estado de São Paulo em face do Município de Bebedouro, julgou procedente a pretensão veiculada, condenando o requerido a providenciar e manter o idoso Antônio Pires Santana em instituição adequada, julgando extinto o feito com resolução do mérito, nos termos do art. 269, I, do Código de Processo Civil.*
>
> *(...)*
>
> *Primeiramente, a alegada falta de legitimidade ativa do Ministério Público para a propositura da presente ação deve ser rechaçada. Os direitos sociais dos idosos devem ser amparados pelo Poder Público em todas suas esferas, caso lhes faltem condições dignas que lhe comprometam a vida, saúde e bem-estar. Diante disso, e dos relatórios do órgão assistencial e médico, agiu o Ministério Público com a franquia do art. 127, parte final, da Constituição Federal, para a defesa de interesses individuais indisponíveis, que assim dispõe:*
>
> *O Ministério Público é instituição permanente, essencial à função jurisdicional do Estado, incumbindo-lhe a defesa da ordem jurídica, do regime democrático e dos interesses sociais e individuais indisponíveis.*
>
> *E o art. 129, II, do mesmo Texto maior também especifica que compete ao órgão ministerial o dever de zelar pelo efetivo respeito dos Poderes Públicos e dos serviços de relevância pública aos direitos assegurados na Carta Magna, promovendo as medidas necessárias à sua garantia, bem como manejar ação civil pública para a proteção de interesses difusos e coletivos, o que ocorre, efetivamente, no vertente caso, funcionando, desta forma, como efetivo custos societatis.*
>
> *José Adércio Leite Sampaio (Canotilho, J.J. e outros (coord.), Comentários à Constituição do Brasil. Saraiva-Almedina, São Paulo, 2013, comentários ao art. 129, pág. 1532), explica que "a função do Ministério Público nesse domínio matiza seu caráter de órgão estatal, para situá-lo em uma zona de comunicação entre o sistema do Estado e o sistema social. É*

visto, assim, numa relação conflitual, ora em relação à sociedade, na realização de valores objetivos; ora em relação ao Estado, em face de omissões e de ações que violem direitos constitucionais e legais".

Ou seja, ainda que nem todo interesse individual homogêneo habilite, em tese, a legitimidade ativa do Parquet, forçoso afigura-se admitir que o Ministério Público pode atuar, sim, na defesa de interesses individuais indisponíveis, quando evidente a repercussão social do direito tutelado e desde que o faça em nome de quem se ache na condição de hipossuficiente". (TJSP – Reexame Necessário nº 3002381-54.2013.8.26.0072 – Bebedouro, j. 16.06.15).

Visando proteger o idoso, o inciso IV do art. 74 determina que o órgão ministerial poderá promover a revogação de instrumento procuratório do idoso, nas hipóteses previstas no já citado artigo 43, quando necessário ou o interesse público justificar. Dessa forma, promoverá a revogação judicial do mandato outorgado pelo idoso quando, existindo situação de risco, com a mudança de estado que inabilite o idoso a conferir poderes, a medida se mostrar necessária para a proteção do seu patrimônio ou o interesse público justificá-la.

Por fim, cabe ao Ministério Público, nos termos do inciso V do artigo 74, instaurar procedimento administrativo, sendo certo que para instruí-lo poderá: a) expedir notificações, colher depoimentos ou esclarecimentos e, em caso de não comparecimento injustificado da pessoa notificada, requisitar condução coercitiva, inclusive pela Polícia Civil ou Militar; b) requisitar informações, exames, perícias e documentos de autoridades municipais, estaduais e federais, da administração direta e indireta, bem como promover inspeções e diligências investigatórias, e c) requisitar informações e documentos particulares de instituições privadas.

Também se encontra dentro de suas atribuições instaurar sindicâncias, requisitar diligências investigatórias e a instauração de inquérito policial, para a apuração de ilícitos ou infrações às normas de proteção ao idoso (inciso VI do art. 74).

Com relação às entidades de atendimento, cabe ao Ministério Público inspecioná-las, sejam públicas ou privadas, avaliando os programas voltados aos idosos, devendo adotar as medidas administrativas ou judiciais que sejam porventura necessárias para correção das irregularidades que tenham sido constatadas (inciso VIII do art. 74), sendo-lhe assegurado livre acesso, nos termos do § 3º do artigo 74 do Estatuto do Idoso.

Caso seja necessário, a fim de assegurar o desempenho de suas funções, poderá requisitar força policial, bem como a colaboração dos serviços de saúde, educacionais e de assistência social, públicos (inciso IX do art. 74).

De fato, a fim de garantir a execução das decisões que envolvam a tutela de idosos, o Ministério Público pode se valer do Poder Público:

"Processual civil. Ação civil pública. Ajuizamento pelo Ministério Público em face de particulares. Entidade de abrigo a idosos. Suspensão das atividades e remanejamento dos internos. Fase de execução. Determinação à municipalidade para cumprimento de parte da decisão. Pertinência, malgrado não tenha sido parte no processo. Alcance da coisa julgada em situações como esta, excepcionadas pela Constituição Federal, pela Constituição do Estado e pelo Estatuto do Idoso. Recurso desprovido" (TJSP – Agravo de Instrumento nº 2222205-20.2014.8.26.0000-Guarulhos, j. 12.08.15).

Por fim, o Ministério Público poderá referendar transações envolvendo interesses e direitos dos idosos (inciso X do art. 74), especialmente nos casos que envolvam alimentos, entre o idoso e seu curador ou familiar devedor.

Entendemos extremamente salutar a expedição de atos normativos internos voltados a promover melhor detalhamento das atribuições do Ministério Público na tutela do idoso, sendo digno de nota o Ato Normativo nº 857/14 expedido pela Procuradoria-Geral de Justiça de São Paulo e Corregedoria do Ministério Público, que disciplina a atuação do Promotor de Justiça na defesa de idosos em situação de risco, na proteção dos interesses metaindividuais e na fiscalização das entidades de atendimento.

Importante observar que o artigo 75 do Estatuto do Idoso estabelece que se não for parte, o Ministério Público atuará obrigatoriamente como fiscal da lei, na tutela dos direitos e interesses do idoso, hipóteses em que terá vista dos autos depois das partes, podendo juntar documentos, requerer diligências e as produzir, sendo certo que a falta de sua intervenção acarretará nulidade do feito, que será declarada de ofício pelo juiz ou a requerimento de qualquer interessado (art. 77).

A leitura apressada do dispositivo pode gerar confusão, especialmente quando comparada com o artigo 74, levando à errônea interpretação de que o Ministério Público deveria intervir em qualquer ação que tenha um idoso como interessado.

Em verdade, o artigo 75 está a se referir a uma outra categoria de ações e estas, pela interpretação sistemática da norma, somente podem ser aquelas referidas no art. 81 do Estatuto, quais sejam, as ações cíveis fundadas em interesses difusos, coletivos, individuais indisponíveis ou homogêneos.

Esse entendimento é confirmado quando se verifica que o Estatuto, em seu artigo 81, § 1º, ao tratar da possibilidade de litisconsórcio ativo entre os Ministérios Públicos Federal e Estadual nesse tipo de ações, emprega a mesma expressão do artigo 75 "*na defesa dos direitos e interesses de que cuida esta Lei*".

1.6.2. Tutela coletiva e individual indisponível

Visando garantir os interesses dos idosos, o Estatuto do Idoso reservou um capítulo inteiro (arts. 78 a 92) a disciplinar a proteção judicial dos direitos individuais indisponíveis e dos direitos coletivos *lato sensu* das pessoas idosas, sem prejuízo, nesse último caso, da aplicação subsidiária da Lei de Ação Civil Pública (Lei nº 7.347/85), nos termos do que dispõe o artigo 93.

A lei enumerou, no artigo 79, exemplificativamente, alguns dos direitos que, uma vez violados, poderão ser objeto de ações de responsabilidade, dentre eles a omissão ou oferecimento insatisfatório de: I – acesso às ações e serviços de saúde; II – atendimento especializado ao idoso portador de deficiência ou com limitação incapacitante; III – atendimento especializado ao idoso portador de doença infecto-contagiosa e IV – serviço de assistência social visando ao amparo do idoso.

Trata-se, repita-se, de rol meramente exemplificativo, pois por óbvio que os direitos dos idosos passíveis de proteção não se esgotam nas situações mencionadas, sendo até mesmo despiciendo o conteúdo do parágrafo único, no sentido de que as hipóteses previstas no artigo não excluem da proteção judicial outros interesses difusos, coletivos, individuais indisponíveis ou homogêneos, próprios do idoso, protegidos em lei.

Com relação à competência, as ações deverão ser propostas no foro do domicílio do idoso, cujo juízo terá competência absoluta para processar a causa, ressalvadas as competências da Justiça Federal e a competência originária dos Tribunais Superiores (art. 80).

Após estabelecer a possibilidade de ajuizamento de quaisquer ações voltadas a tutela dos direitos e interesses dos idosos, os artigos 82 e 83 do Estatuto do Idoso disciplinam a ação mandamental e as ações de obrigações de fazer e não-fazer, com disposições semelhantes àquelas que cuidam no tema no Código de Processo Civil e Lei de Ação Civil Pública (art. 11).

São enumerados como legitimados ativos concorrentes para as ações que envolvam a tutela de direitos difusos *lato sensu* ou individuais indisponíveis dos idosos: I – o Ministério Público, admitindo-se litisconsórcio facultativo entre os Ministérios Públicos da União e dos Estados; II – a União, os Estados, o Distrito Federal e os Municípios; III – a Ordem dos Advogados do Brasil e IV – as associações legalmente constituídas há pelo menos 1 (um) ano e que incluam entre os fins institucionais a defesa dos interesses e direitos da pessoa idosa, dispensada a autorização da assembleia, se houver prévia autorização estatutária (art. 81). Na hipótese de desistência ou abandono da ação por associação legitimada, o Ministério Público deverá assumir a titularidade ativa.

Sem dúvida alguma, o Ministério Público é um dos legitimados ativos mais atuantes na tutela do idoso. Por essa razão é que o Estatuto do Idoso contém dispositivos garantindo a possibilidade de qualquer pessoa provocar sua atuação, fornecendo-lhe informações sobre fatos que potencialmente possam ser objeto de ações civis públicas (art. 89).

Aliás, com o fim de instruir a petição inicial, o artigo 91 assegura que o interessado poderá requerer às autoridades competentes as certidões e informações que julgar necessárias, que serão fornecidas no prazo de 10 (dez) dias.

A lei também impõe aos agentes públicos e membros do Poder Judiciário que comuniquem o Ministério Público, caso venham a ter notícia de fatos que possam configurar crimes contra o idoso ou ensejar ações para sua defesa (art. 90).

O artigo 92 do Estatuto do Idoso disciplina o inquérito civil a ser instaurado pelo Ministério Público, estabelecendo a possibilidade de realização de diligências (requisição de documentos) e arquivamento, caso não haja fundamento para a ação civil pública, mediante homologação pelo Conselho Superior de referida instituição.

Visando evitar dano irreparável à parte, o artigo 85 assegura ao juiz a possibilidade de conferir efeito suspensivo aos recursos.

Considerando que em muitos casos o legitimado passivo será o Poder Público, no caso de eventual sentença judicial lhe impor condenação, o Poder Judiciário deverá remeter cópias à autoridade competente para apuração de responsabilidade civil e administrativa do agente a que se atribua a ação ou omissão (art. 86).

Caso não haja execução pelo legitimado ativo, no prazo de sessenta dias contados do trânsito em julgado de sentença condenatória favorável ao idoso, o Ministério Público deverá fazê-lo, facultando-se igual iniciativa aos demais legitimados ativos (art. 87).

Por fim, nas ações disciplinadas no Estatuto do Idoso não haverá adiantamento de custas, emolumentos, honorários periciais ou quaisquer outras despesas, não se impondo sucumbência ao Ministério Público (art. 88).

1.7. Infrações penais

Não obstante não seja objeto desse trabalho discorrer sobre a tutela penal dos direitos do idoso, é importante registrar que o Estatuto do Idoso destina um título inteiro ao assunto, tipificando diversas infrações penais e modificando os tipos penais do Código Penal e de Leis Penais Especiais.

Os crimes previstos nos artigos 96 a 109 são de ação penal pública incondicionada, o que se mostra extremamente positivo no sentido de garantir eficácia na repressão aos delitos perpetrados contra os idosos.

Com efeito, tratando-se de pessoas em situação de vulnerabilidade, eventual condicionamento da ação penal ao oferecimento de representação da vítima (ação penal pública condicionada) ou a sua exclusiva vontade (ação penal privada), certamente enfraqueceria a persecução das infrações penais.

São inúmeros os casos de idosos que sofrem violação em seus direitos por familiares ou pessoas das quais dependem, de modo que uma vez vítimas de delitos praticados por aqueles, tem receio de sofrer represálias ou ter suas situações pioradas. A titularidade da ação penal nas mãos do Ministério Público garante a investigação e o processamento dos infratores, assegurando efetiva repressão a esses ilícitos.

Na época da edição da Lei nº 10.741/03, a redação do artigo 94 trouxe grande polêmica no meio doutrinário, por assim dispor:

> *"Art. 94. Aos crimes previstos nesta Lei, cuja pena máxima privativa de liberdade não ultrapasse 4 (quatro) anos, aplica-se o procedimento previsto na Lei nº 9.099, de 26 de setembro de 1995, e, subsidiariamente, no que couber, as disposições do Código Penal e do Código de Processo Penal".*

Diversas correntes de pensamento se formaram: uma entendendo pela ampliação do conceito de infração de menor potencial ofensivo para qualquer crime cuja pena máxima não ultrapassasse quatro anos; outra entendendo pela aplicação, aos delitos com pena até quatro anos, somente dos institutos despenalizadores previstos na Lei que regulamenta o JECRIM, tais como transação penal e suspensão condicional do processo e, por fim, uma terceira, entendendo aplicável aos delitos previstos no Estatuto do Idoso com pena máxima até quatro anos tão somente o procedimento sumaríssimo previsto na lei citada, o que não incluiria transação penal ou suspensão condicional do processo.

A questão foi resolvida pelo Supremo Tribunal Federal, que no julgamento da Ação Direta de Inconstitucionalidade nº 3096 do Distrito Federal, proposta pelo

Procurador Geral da República, promoveu interpretação conforme a Constituição Federal, com redução de texto, nos seguintes termos:

> "ADI 3096 / DF – DISTRITO FEDERAL – AÇÃO DIRETA DE INCONSTITUCIONALIDADE Relator(a): Min. CÁRMEN LÚCIA Julgamento: 16/06/2010 – Órgão Julgador: Tribunal Pleno. EMENTA: AÇÃO DIRETA DE INCONSTITUCIONALIDADE. ARTIGOS 39 E 94 DA LEI 10.741/2003 (ESTATUTO DO IDOSO). RESTRIÇÃO À GRATUIDADE DO TRANSPORTE COLETIVO. SERVIÇOS DE TRANSPORTE SELETIVOS E ESPECIAIS. APLICABILIDADE DOS PROCEDIMENTOS PREVISTOS NA LEI 9.099/1995 AOS CRIMES COMETIDOS CONTRA IDOSOS. 1. No julgamento da Ação Direta de Inconstitucionalidade 3.768/DF, o Supremo Tribunal Federal julgou constitucional o art. 39 da Lei 10.741/2003. Não conhecimento da ação direta de inconstitucionalidade nessa parte. 2. *Art. 94 da Lei nº 10.741/2003: interpretação conforme à Constituição do Brasil, com redução de texto, para suprimir a expressão "do Código Penal e". Aplicação apenas do procedimento sumaríssimo previsto na Lei nº 9.099/95: benefício do idoso com a celeridade processual. Impossibilidade de aplicação de quaisquer medidas despenalizadoras e de interpretação benéfica ao autor do crime.* 3. Ação direta de inconstitucionalidade julgada parcialmente procedente para dar interpretação conforme à Constituição do Brasil, com redução de texto, ao art. 94 da Lei nº 10.741/2003. (grifo nosso)".

Dessa forma, aos delitos previstos no Estatuto do Idoso com pena máxima de até quatro anos (art. 98, 99, § 1º e 2º, 102, 105, 106, 107 e 108), aplica-se tão somente a celeridade processual prevista no rito sumaríssimo da Lei nº 9.099/95, sendo absolutamente vedada a transação penal ou suspensão condicional do processo.

Por outro lado, observa-se que aos crimes que tenham pena máxima abstratamente cominada de até dois anos, caso dos artigos 96, 97, 99, caput, 100, 101, 103, 104 e 109, aplica-se plenamente a Lei nº 9.099/95, isto é, não apenas o procedimento sumaríssimo mas também todos os institutos despenalizadores.

Oportuno, ainda, registrar que nos últimos anos vem sendo dada maior atenção aos crimes cometidos contra idoso, introduzindo-se no Código Penal e no Código de Processo Penal, disposições voltadas a agravar sanções, permitir custódia cautelar do autor do crime e agilizar a colheita da prova.

Podem ser citadas como exemplo a criação de causas de aumento de pena envolvendo o estelionato contra idoso (art. 171, § 4º do Código Penal), a prioridade na realização de exame de corpo de delito e a possibilidade de decretação de prisão preventiva quando o crime envolver violência doméstica contra idoso, para garantir a execução de medidas protetivas de urgência (art. 158, parágrafo único, inciso II e art. 312, inciso III do Código de Processo Penal).

2. TUTELA DA PESSOA COM DEFICIÊNCIA

2.1. A proteção da pessoa com deficiência

Durante muito tempo, a proteção legal da pessoa com deficiência decorreu do fato dela apresentar algum tipo de incapacidade física ou mental, nas mais diversas acepções, isto é, incapacidade para se locomover sozinha, incapacidade para praticar qualquer ato da vida civil, incapacidade para trabalhar, para prover o próprio sustento, etc.

Esse pensamento pode ser extraído dos termos e expressões utilizados pela lei, no decorrer das últimas décadas, para designar as pessoas que possuem alguma deficiência.

Com efeito, no plano constitucional, a Emenda nº 01 de 1969, utilizava a expressão "excepcional", que trazia conotação intimamente ligada à deficiência mental[63]. Porém, muito embora fosse do senso comum identificar as pessoas que possuem doença mental como "excepcionais", o termo não alcançava as deficiências físicas ou as deficiências do metabolismo, de modo que não se prestava a designar todas as pessoas que possuíssem algum tipo de deficiência.

A partir de 1978, com a Emenda nº 12 à Constituição de 1967, passou-se a usar o termo "deficiente"[64], que também não se mostrava satisfatório, porquanto de certa forma pejorativo, levando a crer que o indivíduo que possui qualquer tipo de deficiência seria imperfeito, defeituoso, errado ou fraco, sinônimos do adjetivo "deficiente". Porém, é certo que a falha ou a falta de um sentido, membro ou função não se situa no indivíduo, mas sim em seu relacionamento com a sociedade.

Objetivando extirpar esse senso pejorativo, adotou-se, na sequência, a expressão "pessoa portadora de deficiência", utilizada na Constituição de 1988 e adotada em inúmeros diplomas legais. A expressão tinha o fim de enaltecer o conceito de pessoa, diminuindo o estigma da deficiência, que surgia como aspecto qualificativo.

Hodiernamente, a expressão utilizada, muito melhor que as demais, passou a ser "pessoa com deficiência", vez que a ideia de "portar" ou "conduzir" deixou de ser adequada, notadamente em virtude da Convenção Internacional sobre Direitos das Pessoas com Deficiência, que ingressou no sistema constitucional brasileiro por força do Decreto-Legislativo nº 186 de 09 de julho de 2008 e do Decreto de Promulgação nº 6.949, de 25 de agosto de 2009.

Na expressão "pessoa com deficiência", a pessoa continua sendo o núcleo central da expressão, apontando-se, no entanto, que ela tem uma deficiência (e não a porta). Assim, a pessoa com deficiência é definida não pela falta de um membro ou de algum sentido, como visão ou audição, mas sim pela dificuldade que tem de se relacionar, de se integrar na sociedade, isto é, de se ver incluída socialmente. A definição de quem é ou não pessoa com deficiência se mede por esse grau de dificuldade para a inclusão social.

Diante da aprovação da Convenção, que tem força de norma constitucional, em razão do § 3º, do artigo 5º, da Constituição Federal, a nova expressão revogou a

---

[63] O texto constitucional, no art. 175, ao cuidar da família, estabeleceu, no § 4º, verbis:

(...)

§ 4º. Lei especial disporá sôbre a assistência à maternidade, à infância e à adolescência e sôbre a educação de excepcionais.

[64] A emenda constitucional trazia artigo único, *verbis*:

Artigo único – É assegurado aos deficientes a melhoria de sua condição social e econômica especialmente mediante:

I – educação especial e gratuita;

II – assistência, reabilitação e reinserção na vida econômica e social do país;

III – proibição de discriminação, inclusive quanto à admissão ao trabalho ou ao serviço público e a salarios;

IV – possibilidade de acesso a edifícios e logradouros públicos.

antiga. Logo, apesar de o texto constitucional ainda trazer o termo "pessoa portadora de deficiência", ele deve ser lido como "pessoa com deficiência".

Conforme destaca o professor Luiz Alberto David Araújo, o grupo de pessoas com deficiência não se caracteriza por qualquer grau de deficiência. Há que se atentar para o grau que envolve essa dificuldade de inclusão social. A proteção trazida pela Convenção Internacional e, agora, pelo Estatuto da Pessoa com Deficiência (Lei nº 13.146/15) não se restringe apenas às pessoas que apresentam um grau acentuado de dificuldade. A verificação da existência e do grau de dificuldade deverá ser feito em cada caso concreto.

Destaca o autor, que "*a questão, assim, não se resolve sob o ângulo da deficiência, mas, sim sob o prisma da inclusão social. Há pessoas com deficiência que não encontram qualquer problema de adaptação social. Dentro de uma comunidade de doentes, isolados por qualquer motivo, a pessoa com deficiência não encontra qualquer outro problema de inclusão, pois todos têm o mesmo tipo de dificuldade*"[65].

Nesse sentido, o Artigo 1 da Convenção, determina que "*pessoas com deficiência são aquelas que têm impedimentos de natureza física, intelectual ou sensorial, os quais, em interação com diversas barreiras, podem obstruir sua participação plena e efetiva na sociedade em igualdades de condições com as demais pessoas*".

Desse modo, não é suficiente a existência de um impedimento, mas sim que exista um impedimento aliado a uma dificuldade (ou barreira, como afirma o instrumento internacional internalizado).

Para o enquadramento da pessoa com deficiência também é fundamental a análise do meio social em que ela vive. Conforme explica o citado professor, "*o meio social complexo, especialmente em relação ao portador de deficiência mental, será mais rigoroso com o indivíduo, exigindo-se mais na adaptação social. Por outro lado, a vida em sociedades mais simples, como nas pequenas comunidades agrícolas, o indivíduo poderá se integrar com maior facilidade. Por sua vez, o portador de deficiência renal crônica só se poderá adaptar em uma sociedade complexa, na qual se encontrem meios para seu tratamento, a exemplo da hemodiálise periódica*".

A fim de bem situar a questão da deficiência, cita a lição de W. Telford e James Sawrey, para os quais "*a lesão objetivamente definida de uma estrutura ou função é uma incapacidade. A perda da visão de um olho ou da audição de um ouvido, por exemplo, é uma incapacidade, mas pode não constituir uma inferioridade (...) A inferioridade resulta dos efeitos cumulativos da incapacidade e das conseqüências pessoais e sociais que influem perniciosamente no nível funcional do individuo* (WRIGHT, 1960)" (...) "*devemos definir a inferioridade em função da situação. Um cego não está inferiorizado no escuro nem na execução de trabalhos que não requerem visão. A pessoa confinada a uma cadeira de rodas não esta inferiorizada num trabalho de cadeira, que não exija locomoção*". E, por fim: "*Incapacidade consiste na diminuição objetivamente definida de uma estrutura ou função: inferioridade é a soma total das*

[65] ARAÚJO, Luiz Alberto David. **A proteção constitucional das pessoas portadoras de deficiência.** Brasília: Coordenadoria Nacional para Integração da Pessoa Portadora de Deficiência – CORDE, 4ª. ed., 2011.

limitações pessoais e sociais decorrentes de uma incapacidade. Não existe relação de um e para um entre incapacidade e inferioridade"[66].

Desse modo, o meio social, o grau de dificuldade de determinado indivíduo, deve ser levado em consideração, não se podendo aceitar a relação estanque entre deficiência e incapacidade.

2.1.1. Proteção no direito estrangeiro

No plano internacional, logo após a Segunda Grande Guerra, a população mundial sofreu os duros impactos das violentas batalhas ocorridas no continente europeu. Milhares de vítimas de guerra, muitas mutiladas ou com sentidos como visão e audição prejudicados, fizeram com que a questão da deficiência fosso colocada em foco. Diante da necessidade de integrar referidas pessoas a uma sociedade já fragilizada, o Estado passou a ser apontado como o responsável por promover a inclusão das pessoas com deficiência, sendo-lhe impostas prestações positivas.

Desse modo, no decorrer dos anos que se seguiram, a *inclusão* da pessoa com deficiência foi se tornando cada vez mais uma necessidade, sendo certo que na década de 1980, o movimento tomou força, corporificando ações afirmativas, como a designação de cotas para pessoas com deficiência para cargos públicos e políticas destinadas a amparo assistencial às pessoas que não podiam se adaptar em qualquer trabalho ou profissão.

Nessa época, houve uma mudança de paradigma, de modo que a sociedade passou a ser responsável pelo acolhimento e adaptação das necessidades das pessoas. Por conta disso, a Organização das Nações Unidas consagrou o ano de 1981 como o ano internacional da pessoa com deficiência.

Posteriormente, a meta de promover a inclusão deixou de ser a única a ser buscada, passando a ser necessária a adoção de um sistema que promovesse verdadeira *emancipação* da pessoa com deficiência. Passou-se a incentivar, portanto, a participação da pessoa com deficiência na sociedade, assegurando-lhe acesso à saúde, educação, trabalho, transporte, acessibilidade, etc.

Nesse contexto sobreveio a Convenção Internacional sobre os Direitos da Pessoa com Deficiência e seu Protocolo Facultativo, assinados em Nova York, em 20 de março de 2007. A Convenção representa um verdadeiro marco na tutela da pessoa com deficiência e foi a primeira aprovada nos termos do § 3º do artigo 5º da Constituição Federal, sendo ratificada por meio do Decreto Legislativo nº 186, de 9 de julho de 2008. Posteriormente, a Convenção foi promulgada pelo Decreto Presidencial nº 6.949, de 25 de agosto de 2009.

Deste modo, a Convenção foi inserida no sistema brasileiro com *status* de emenda constitucional, provocando, por consequência, modificações importantíssimas no sistema jurídico interno.

---

[66] TELFOR. E. Charles & SAWREY, James. **O indivíduo excepcional**, trad. Álvaro Cabral. Rio de Janeiro: Zahar, 1974, p. 54 e 76, *apud* ARAUJO, Luiz Alberto David, ob. cit.

A primeira modificação foi o alargamento dos limites até então estabelecidos aos "direitos e garantias individuais". A Convenção não só alargou o rol de direitos, mas também o petrificou, dado seu nível de norma constitucional.

Conforme explica mais uma vez Luiz Alberto David Araújo, "*ao ingressar no sistema na forma prevista pelo § 3º, do artigo 5º, a norma passa a compor o núcleo imodificável do sistema, incorporando tais direitos e petrificando-os, submetendo-os à imutabilidade constitucional*"[67]. Assim, a Convenção ingressou em nosso sistema como cláusula pétrea, de modo que não se admite norma posterior que venha reduzir o conteúdo dos direitos nela previstos.

Aprovada na qualidade de emenda constitucional, a Convenção tem posição hierárquica superior à legislação ordinária, de modo que teve o efeito de revogar todas as disposições legais que lhe eram contrárias. Seu texto traz normas de eficácia plena e normas de conteúdo programático, que deverão ser implementadas pelo Estado.

2.1.2. Proteção no direito brasileiro

No âmbito constitucional brasileiro, as Cartas de 1824 e de 1891 nada disciplinaram acerca da proteção da pessoa com deficiência. A Constituição de 1934 foi a primeira a trazer uma normativa mínima e genérica em seu favor, estabelecendo obrigação de amparo aos desvalidos (art. 138).

A Carta Constitucional de 1937, por sua vez, nada dispôs a respeito.

A Constituição de 1946 tratou brevemente do tema, disciplinando o direito à previdência para o trabalhador que se tornasse inválido (artigo 157, inciso XVI), o que foi repetido na Constituição de 1967 (artigo 158, inciso XVI).

A primeira menção específica à proteção das pessoas com deficiência veio com a Emenda nº 1 à Constituição de 1967, promulgada em 17 de outubro de 1969, ao dispor, no artigo 175, § 4º, a necessidade de "*lei especial sobre a assistência à maternidade, infância e à adolescência e sobre a educação de excepcionais*".

A Emenda nº 12 à Carta de 1967, promulgada em 17 de outubro de 1978, foi bem mais específica, estabelecendo:

> *"Artigo único – É assegurado aos deficientes a melhoria de sua condição social e econômica especialmente mediante:*
>
> *I – educação especial e gratuita;*
>
> *II – assistência, reabilitação e reinserção na vida econômica e social do país;*
>
> *III – proibição de discriminação, inclusive quanto à admissão ao trabalho ou ao serviço público e a salarios;*
>
> *IV – possibilidade de acesso a edifícios e logradouros públicos".*

Desse modo, a Emenda nº 12 constituiu verdadeiro avanço na tutela das pessoas com deficiência, não obstante seja passível de crítica, já que não foi incorporada ao texto da Constituição de 1967, sendo mantida ao final, o que revela o espírito

[67] ARAUJO, Luiz Alberto David. *Proteção das Pessoas com Deficiência, in* **Manual de Direitos Difusos**. 2ª ed. São Paulo: Verbatim, 2012, p. 717.

que vigorava à época, que considerava inoportuno misturar a proteção das pessoas com deficiência junto com outros temas constitucionais. Curiosamente, a ideia era proteger, mas sem incluir.

A tutela específica dos direitos das pessoas com deficiência somente foi consagrada, em definitivo, após a efetivação dos direitos sociais nas cartas constitucionais das últimas décadas. Conforme já mencionado, a necessidade de "prestações positivas do Estado", especialmente após a Segunda Guerra Mundial, impôs a necessidade de proteger a pessoa com deficiência.

Nesse contexto, a Constituição Federal de 1988 disciplinou a proteção à pessoa com deficiência em diversos dispositivos, que serão estudados ao longo desse trabalho.

Na sequência, sobrevieram inúmeros diplomas infraconstitucionais protetivos.

Porém, antes do advento da Convenção Internacional, não havia diploma legal brasileiro que definisse pessoa com deficiência.

De fato, a Lei nº 7.853 de 24 de outubro de 1989, que cuida do apoio à pessoa com deficiência e da tutela coletiva *lato sensu*, não trouxe conceitos nesse sentido. Para regulamentação da referida norma foi editado o Decreto nº 3.298, de 20 de dezembro de 1999, que acabou servindo de fonte normativa, elencando, em seu artigo 4º, quem poderia ser considerada pessoa com deficiência. Não obstante um decreto não possa criar direitos e obrigações, certo é que no referido caso o ato normativo servia à Administração Pública com o fim de promover o enquadramento dos casos concretos, nos quais a deficiência era evidente. Nas hipóteses nebulosas, diante do não enquadramento no artigo 4º, a inclusão era negada pela Administração, trazendo situações muitas vezes injustas.

A questão restou superada pelo advento da Convenção Internacional, que em seu Artigo 1 definiu as pessoas com deficiência como "*aquelas que têm impedimentos de natureza física, intelectual ou sensorial, os quais, em interação com diversas barreiras, podem obstruir sua participação plena e efetiva na sociedade com as demais pessoas*".

Como se vê, o conceito não estabelece causas, tendo conteúdo amplo, ligado à relação da pessoa com a deficiência que a acomete.

Desse modo, o Decreto nº 3.298/99 só poderá ser adotado se for para beneficiar a inclusão e não para promover exclusão. Se sua utilização causar qualquer empecilho à implementação do conceito fixado pela Convenção, será tido como inconstitucional. Assim, caso determinada pessoa não se encaixe em qualquer das causas elencadas no decreto, não poderá de imediato ser desconsiderada como pessoa com deficiência, já que ela poderá se encaixar no conceito amplo da Convenção. O decreto, portanto, continua podendo ser utilizado, e é importante que o seja, especialmente para resolver questões que envolvem participação em concursos públicos e deferimento de benefícios assistenciais. Porém, não poderá ser adotado caso traga prejuízo para a pessoa com deficiência.

Na sequência sobrevieram a Lei de Prioridades de Atendimento (Lei nº 10.048, de 08 de novembro de 2000) e a Lei de Acessibilidade (Lei nº 10.098 de 19 de dezembro de 2000), ambas regulamentadas, somente quatro anos depois, pelo Decreto nº 5.296, de 02 de dezembro de 2004, que estabeleceu diversos prazos para cumprimento das prestações positivas que estabelecia.

Finalmente, em 06 de julho de 2015 foi promulgada a Lei nº 13.146, que institui a Lei Brasileira de Inclusão da Pessoa com Deficiência (LBI), denominado pelo próprio texto legal como Estatuto da Pessoa com Deficiência (EPD), estabelecendo, em seu artigo 2º, que "*considera-se pessoa com deficiência aquela que tem impedimento de longo prazo de natureza física, mental, intelectual ou sensorial, o qual, em interação com uma ou mais barreiras, pode obstruir sua participação plena e efetiva na sociedade em igualdade de condições com as demais pessoas*".

A lei é considerada um dos diplomas mais completos no tratamento da matéria, e tem como base a Convenção sobre Direitos das Pessoas com Deficiência e seu Protocolo Facultativo, ratificados pelos Congresso Nacional através do Decreto Legislativo nº 186/08, nos termos do artigo 5º, § 3º da Constituição Federal e promulgados pelo Decreto nº 6.949/09.

Importante destacar que o artigo 120 da Lei nº 13.146/15 preocupou-se com a efetividade no cumprimento das regras protetivas das pessoas com deficiência, estabelecendo que cabe aos órgãos competentes, em cada esfera de governo, a elaboração de relatórios circunstanciados sobre o cumprimento dos prazos estabelecidos por força das Leis nº 10.048, de 8 de novembro de 2000 e 10.098, de 19 de dezembro de 2000, bem como o seu encaminhamento ao Ministério Público e aos órgãos de regulação para adoção das providências cabíveis.

Cabe, ainda, uma última observação quanto à divisão de competências para tratar do tema. Tratando-se de competência *legislativa*, é certo que compete à União estabelecer normas gerais de proteção da pessoa com deficiência, cabendo aos Estados a elaboração de leis que atendam suas peculiaridades. Os Estados têm competência suplementar, de modo que existindo lacuna na norma geral, poderão disciplinar o assunto.

Já no que tange às competências de *execução*, lei complementar cuidará da cooperação entre as pessoas políticas responsáveis pela consecução da proteção e garantias das pessoas com deficiência. Tratando-se de competência comum, há verdadeira responsabilidade solidária entre União, Estados, Distrito Federal e Municípios no que toca às prestações necessárias para efetivação e proteção das pessoas com deficiência.

2.2. Princípios aplicáveis à tutela da pessoa com deficiência

Os princípios constitucionais são pilastras de sustentação do ordenamento jurídico, constituindo vetores condutores dos valores sacramentados na Constituição Federal, de maneira a lhes imprimir sentido próprio. No ensinamento de José Afonso da Silva, são "*ordenações que se irradiam e imantam os sistemas de normas, são núcleos de condensação, nos quais confluem valores e bens constitucionais*"[68].

[68] SILVA, José Afonso da. **Curso de Direito Constitucional Positivo.** 16ª ed., São Paulo: Malheiros Editora, 1999, p. 96.

A proteção da pessoa com deficiência é informada, especialmente, pelo princípio da dignidade da pessoa humana, pelo princípio da igualdade, pelo princípio da proteção e pelo princípio da prioridade.

2.2.1. Princípio da dignidade da pessoa humana

A dignidade da pessoa humana é fundamento da República Federativa Brasileira (art. 1º, inciso III da Constituição Federal), sendo considerada princípio fundamental da ordem jurídica e vetor de interpretação e ponderação normativa (*vide* Capítulo 01, item 1.2.1.).

Sob o prisma da pessoa com deficiência, podemos falar na existência de uma tutela da situação da pessoa com deficiência como decorrência do princípio da dignidade da pessoa humana, o que é reconhecido em nível constitucional pelo Artigo 1 da Convenção Internacional sobre os Direitos das Pessoas com Deficiência, que tem *status* de norma constitucional (art. 5º, § 3º da Constituição Federal).

Com efeito, a citada norma estabelece que o propósito da Convenção é "*promover, proteger e assegurar o desfrute pleno e equitativo de todos os direitos humanos e liberdades fundamentais por parte de todas as pessoas com deficiência e promover o respeito pela sua dignidade inerente*."

Tomada como princípio geral pela Convenção (Artigo 3, letra "a") e imposta como obrigação ao Estado (Artigo 4, item 1), a proteção da dignidade da pessoa humana implica na proteção de todos os direitos das pessoas com deficiência.

É dizer, a sociedade deve propiciar meios para que as pessoas com deficiência tenham uma vida digna e nela possam ser incluídas, incentivando-se sua emancipação e assegurando-lhe acesso à saúde, educação, trabalho, transporte, acessibilidade, etc.

O princípio da dignidade da pessoa humana foi repetido no artigo 1º do Estatuto da Pessoa com Deficiência (Lei nº 13.146/15), que tem como base a Convenção mencionada:

> *"Art. 1. É instituída a Lei Brasileira de Inclusão da Pessoa com Deficiência (Estatuto da Pessoa com Deficiência), destinada a assegurar e a promover, em condições de igualdade, o exercício dos direitos e das liberdades fundamentais por pessoa com deficiência, visando à sua inclusão social e cidadania".*

A jurisprudência pátria vem se mostrando sensível ao tema:

> *"APELAÇÃO CÍVEL – DEFICIÊNCIA FÍSICA E MENTAL COMPROVADA – AQUISIÇÃO DE VEÍCULO AUTOMOTOR – ISENÇÃO DE ICMS – VEÍCULO A SER GUIADO POR TERCEIRO – POSSIBILIDADE – PRINCÍPIO DA ISONOMIA E DA DIGNIDADE DA PESSOA HUMANA. RECURSO DESPROVIDO. – A isenção de ICMS deve ser interpretada à luz do princípio da isonomia e da dignidade da pessoa humana, diante de comprovada incapacidade física e mental. – Recurso desprovido".* (TJ-MG – AC: 10145120509107001 MG, Relator: Eduardo Andrade, Data de Julgamento: 03/12/2013, Câmaras Cíveis/1ª CÂMARA CÍVEL, Data de Publicação: 12/12/2013).
>
> *"PROCESSUAL CIVIL. VIOLAÇÃO DO ART. 535 DO CPC. DEFICIÊNCIA NA FUNDAMENTAÇÃO. SÚMULA 284/STF. AUSÊNCIA DE PREQUESTIONAMENTO. SÚMULA 211/STJ. VEÍCULO ADAPTADO A PORTADOR DE DEFICIÊNCIA FÍSICA. IMPENHORABILIDADE. DIGNIDADE DA PESSOA HUMANA. FUNDAMENTO INATACADO. MATÉRIA CONSTITUCIONAL. AUSÊNCIA DE INTERPOSIÇÃO DE*

RECURSO EXTRAORDINÁRIO. 1. Não se conhece do Recurso Especial em relação à ofensa ao art. 535 do CPC quando a parte não aponta, de forma clara, o vício em que teria incorrido o acórdão impugnado. Aplicação, por analogia, da Súmula 284/STF. 2. É inadmissível Recurso Especial quanto à questão (art. 333 do CPC) que, a despeito da oposição de Embargos Declaratórios, não foi apreciada pelo Tribunal de origem. Incidência da Súmula 211/STJ. 3. A Corte a quo consignou que o recorrido é portador de deficiência física, necessitando de automóvel adaptado à sua condição, e que a impenhorabilidade, no caso, é medida destinada a manter a sua dignidade, enquanto "pessoa integrada ao meio social e profissional, porquanto lhe permite plena liberdade de locomoção, cediço que a situação do transporte público no nosso país não corresponde à necessidade real da população" (fls. 106-107, e-STJ). 4. A composição da lide, portanto, deu-se mediante interpretação do art. 649, V, do CPC à luz de valores e princípios constitucionais, o que inviabiliza a sua discussão no âmbito do Recurso Especial, até mesmo porque a recorrente não impugnou especificamente a ratio decidendi (Súmula 283/STF), nem tampouco interpôs Recurso Extraordinário (Súmula 126/STJ). 5. Recurso Especial não conhecido." (STJ – REsp: 1475852 SC 2014/0120589-2, Relator: Ministro HERMAN BENJAMIN, Data de Julgamento: 04/11/2014, T2 – SEGUNDA TURMA, Data de Publicação: DJe 27/11/2014).

"REEXAME NECESSÁRIO E APELAÇÃO. MANDADO DE SEGURANÇA. PRETENSÃO DE RECEBIMENTO DE FRALDAS GERIÁTRICAS. AUTOR PORTADOR DE DEFICIÊNCIA FÍSICA. ADMISSIBILIDADE. ARTIGO 196 DA CONSTITUIÇÃO FEDERAL. PRINCÍPIO DA DIGNIDADE DA PESSOA HUMANA, QUE SE SOBREPÕE À ALEGAÇÃO DE AUSÊNCIA DE DOTAÇÃO ORÇAMENTÁRIA OU FALTA DE PADRONIZAÇÃO. SENTENÇA QUE CONCEDEU A SEGURANÇA. MANUTENÇÃO. 1. O art. 196 da Constituição Federal é norma de eficácia imediata, independendo de qualquer normatização infraconstitucional para legitimar o respeito ao direito subjetivo material à saúde, nele compreendido o fornecimento de medicamentos ou insumos. 2. A pretensão ao fornecimento de remédio ou de insumos, bem como à realização de determinado exame necessários ao tratamento da saúde pode ser dirigida à União, ao Estado ou Município, porque a indisponibilidade do direito à saúde já foi reconhecida pelo Colendo Superior Tribunal de Justiça (REsp 662.033/RS). 3. Prevalece nesta Câmara o entendimento de que a negativa ao fornecimento de medicamentos fere o direito subjetivo material à saúde, direito individual do direito fundamental à vida. RECURSOS DESPROVIDOS" (TJ-SP – REEX: 10011038420158260071-SP, Relator: Amorim Cantuária, Data de Julgamento: 08/09/2015, 3ª Câmara de Direito Público, Data de Publicação: 08/09/2015).

2.2.2. *Princípio da igualdade*

É possível afirmar que a efetiva tutela das pessoas com deficiência reside no cumprimento do princípio da igualdade, quer sob o prisma da igualdade formal, isto é, a regra isonômica de tomar todos iguais perante a lei, proibindo-se qualquer forma de discriminação, quer sob o prisma da igualdade material ou igualdade na lei, enquadrando-as em situação de privilégio frente aos demais membros da sociedade, o que se mostra admissível pela dificuldade de inclusão social de referida categoria de pessoas.

Desse modo, a igualdade é a via condutora para efetivação do direito à inclusão. A igualdade formal perante a lei deve ser excepcionada nos casos permitidos pela própria lei. Vale dizer, a pessoa com deficiência possui, ante sua própria condição, direito à quebra da igualdade nas hipóteses nas quais concorra ou participe com pessoas sem deficiência[69].

[69] Tratando do tema, Luiz Alberto David Araújo afirma que "a igualdade será tratada sob seu enfoque duplo. Do principio da igualdade constante do artigo quinto verifica-se uma preocupação do constituinte de tratar as pessoas igualmente,

Nesse sentido, o Supremo Tribunal Federal sinaliza:

> *"CONCURSO PÚBLICO – PESSOA PORTADORA DE DEFICIÊNCIA – RESERVA PERCENTUAL DE CARGOS E EMPREGOS PÚBLICOS (CF, ART. 37, VIII) – OCORRÊNCIA, NA ESPÉCIE, DOS REQUISITOS NECESSÁRIOS AO RECONHECIMENTO DO DIREITO VINDICADO PELA PESSOA PORTADORA DE DEFICIÊNCIA – ATENDIMENTO, NO CASO, DA EXIGÊNCIA DE COMPATIBILIDADE ENTRE O ESTADO DE DEFICIÊNCIA E O CONTEÚDO OCUPACIONAL OU FUNCIONAL DO CARGO PÚBLICO DISPUTADO, INDEPENDENTEMENTE DE A DEFICIÊNCIA PRODUZIR DIFICULDADE PARA O EXERCÍCIO DA ATIVIDADE FUNCIONAL – INADMISSIBILIDADE DA EXIGÊNCIA ADICIONAL DE A SITUAÇÃO DE DEFICIÊNCIA TAMBÉM PRODUZIR "DIFICULDADES PARA O DESEMPENHO DAS FUNÇÕES DO CARGO" – PARECER FAVORÁVEL DA PROCURADORIA-GERAL DA REPÚBLICA – RECURSO DE AGRAVO IMPROVIDO. PROTEÇÃO JURÍDICO-CONSTITUCIONAL E INTERNACIONAL ÀS PESSOAS VULNERÁVEIS. LEGITIMIDADE DOS MECANISMOS COMPENSATÓRIOS QUE, INSPIRADOS PELO PRINCÍPIO FUNDAMENTAL DA DIGNIDADE PESSOAL (CF, ART. 1º, III), RECOMPÕEM, PELO RESPEITO À ALTERIDADE, À DIVERSIDADE HUMANA E À IGUALDADE DE OPORTUNIDADES, O PRÓPRIO SENTIDO DE ISONOMIA INERENTE ÀS INSTITUIÇÕES REPUBLICANAS.*
>
> *• O tratamento diferenciado em favor de pessoas portadoras de deficiência, tratando-se, especificamente, de acesso ao serviço público, tem suporte legitimador no próprio texto constitucional (CF, art. 37, VIII), cuja razão de ser, nesse tema, objetiva compensar, mediante ações de conteúdo afirmativo, os desníveis e as dificuldades que afetam os indivíduos que compõem esse grupo vulnerável. Doutrina.*
>
> *• A vigente Constituição da República, ao proclamar e assegurar a reserva de vagas em concursos públicos para os portadores de deficiência, consagrou cláusula de proteção viabilizadora de ações afirmativas em favor de tais pessoas, o que veio a ser concretizado com a edição de atos legislativos, como as Leis nº 7.853/89 e nº 8.112/90 (art. 5º, § 2º), e com a celebração da Convenção Internacional das Nações Unidas sobre os Direitos das Pessoas com Deficiência (2007), já formalmente incorporada, com força, hierarquia e eficácia constitucionais (CF, art. 5º, § 3º), ao plano do ordenamento positivo interno do Estado brasileiro.*
>
> *• Essa Convenção das Nações Unidas, que atribui maior densidade normativa à cláusula fundada no inciso VIII do art. 37 da Constituição da República, legitima a instituição e a implementação, pelo Poder Público, de mecanismos compensatórios destinados a corrigir as profundas desvantagens sociais que afetam as pessoas vulneráveis, em ordem a propiciar-lhes maior grau de inclusão e a viabilizar a sua efetiva participação, em condições equânimes e mais justas, na vida econômica, social e cultural do País HERMENÊUTICA E DIREITOS HUMANOS: O PRINCÍPIO DA NORMA MAIS FAVORÁVEL COMO CRITÉRIO QUE DEVE REGER A INTERPRETAÇÃO DO PODER JUDICIÁRIO.*
>
> *• O Poder Judiciário, no exercício de sua atividade interpretativa, deve prestigiar, nesse processo hermenêutico, o critério da norma mais favorável (que tanto pode ser aquela prevista no tratado internacional de direitos humanos como a que se acha positivada no próprio direito interno do Estado), extraindo, em função desse postulado básico, a máxima eficácia das declarações internacionais e das proclamações constitucionais de direitos, como forma de viabilizar o acesso dos indivíduos e dos grupos sociais, notadamente os mais vulneráveis, a sistemas institucionalizados de proteção aos direitos fundamentais da pessoa humana. Precedentes: HC 93.280/SC, Rel. Min. CELSO DE MELLO, v.g.* (Ag.Reg. no Recurso Ord. em

---

sem qualquer distinção. A regra isonômica não admite qualquer privilégio, tratando igualmente as pessoas. Isto é o que se denomina igualdade formal ou igualdade perante a lei. Ao mesmo tempo, a Lei Maior cuida de realçar certos valores, direitos de pessoas ou grupos, que necessitam de proteção especial, especificando ou distinguindo tais situações (tal discrimen, no entanto, é perfeitamente aceito, já que tem perfeita adequação à realidade vivida por tais grupos). Além disso, tratando-se de poder constituinte originário, não se cogitaria de limitação alguma. Tem-se, no caso, a igualdade material ou igualdade na lei. Isto significa que, conforme o modelo adotado pelo constituinte, estaríamos diante de uma autorização para desigualar na lei" (ob. cit).

Mandado de Segurança nº 32.732 – Distrito Federal, Data do julgamento: 03/06/2014, Data da publicação: 01/08/2014)".

O princípio da igualdade, insculpido na Constituição Federal (art. 5º, *caput*), vem assegurado na Convenção Internacional sobre os Direitos das Pessoas com Deficiência (Artigo 5), que reconhecendo a igualdade formal de todos perante a lei, proíbe qualquer discriminação por motivo de deficiência. A Convenção estabelece, ainda, que quaisquer medidas específicas que forem necessárias para acelerar ou alcançar a efetiva igualdade (material) das pessoas com deficiência não deverão ser consideradas discriminatórias.

Nesse sentido:

> *"AÇÕES AFIRMATIVAS. PESSOAS COM DEFICIÊNCIA. GARANTIA DE EMPREGO. O arcabouço normativo que visa estabelecer mecanismos que assegurem às pessoas com deficiência a inserção no mercado de trabalho está consignado na Constituição Federal, em Tratados e Convenções Internacionais ratificadas pelo Congresso Nacional e, portanto, com densidade normativa constitucional, bem como em diversas normas legais e infralegais. O objetivo de tais normas é promover a equidade entre as pessoas, por meio de ações de inclusão social e de tratamento diferenciado, com a finalidade última de se conferir concreção ao princípio da igualdade substancial sufragada no artigo 5º, da Constituição Federal de 1988* (TRT-2 – RO nº 00005850420135020006-SP, Relator: ÁLVARO ALVES NÔGA, Data de Julgamento: 12/03/2015, 17ª TURMA, Data de Publicação: 20/03/2015).

> *"APELAÇÃO. MANDADO DE SEGURANÇA. IPVA e ICMS. ISENÇÃO DO PAGAMENTO. Impetrante que, por ser pessoa com deficiência física, depende inteiramente do auxílio do filho. Aquisição de veículo em nome da impetrante, mas que será conduzido por terceira pessoa. Aplicação do princípio da igualdade e da integração social das pessoas portadoras de deficiência. Interpretação teleológica e sistemática das normas que isentam tributos em favor de deficientes físicos, associada à prevalência do princípio constitucional da isonomia, à luz da CF/88 e da Convenção Internacional sobre os Direitos das Pessoas com Deficiência. Sentença de improcedência reformada. Recurso provido."* (TJ-SP – APL: 00172601420128260344-SP, Relator: José Maria Câmara Junior, Data de Julgamento: 20/03/2013, 9ª Câmara de Direito Público, Data de Publicação: 21/03/2013).

A igualdade, também estabelecida como direito em outros diplomas legais[70], vem reforçada pelo artigo 4º do Estatuto da Pessoa com Deficiência (Lei nº 13.146/15), que dispõe que toda pessoa com deficiência tem direito à igualdade de oportunidades com as demais pessoas e não sofrerá nenhuma espécie de discriminação.

A preocupação do legislador em reafirmar a ideia de igualdade foi tão grande, que se tratou de definir em que consiste a discriminação em razão da deficiência.

Assim, de acordo com o § 1º do artigo 4º do Estatuto, considera-se discriminação toda forma de distinção, restrição ou exclusão, por ação ou omissão, que tenha o propósito ou o efeito de prejudicar, impedir ou anular o reconhecimento

[70] Vide a respeito o Decreto nº 3.956, de 08 de outubro de 2001, que promulga a Convenção Interamericana para a Eliminação de Todas as Formas de Discriminação contra as Pessoas Portadoras de Deficiência, Decreto Legislativo nº 198, de 13 de junho de 2001, que aprova o texto da Convenção Interamericana para a Eliminação de Todas as Formas de Discriminação contra as Pessoas Portadoras de Deficiência, concluída em 07 de junho de 1999, por ocasião do XXIX Período Ordinário de Sessões da Assembleia Geral da Organização dos Estados Americanos, realizado no período de 6 a 8 de junho de 1999, na cidade de Guatemala.

ou o exercício dos direitos e das liberdades fundamentais de pessoa com deficiência, incluindo a recusa de adaptações razoáveis e de fornecimento de tecnologias assistivas.

Também é oportuno destacar que a Convenção bem como o Estatuto da Pessoa com Deficiência (art. 6º) buscam desatrelar a pessoa com deficiência da ideia de pessoa incapaz. Ao contrário, a consideram uma pessoa igual às demais, que possui capacidade para: I – casar-se e constituir união estável; II – exercer direitos sexuais e reprodutivos; III – exercer o direito de decidir sobre o número de filhos e de ter acesso a informações adequadas sobre reprodução e planejamento familiar; IV – conservar sua fertilidade, sendo vedada a esterilização compulsória; V – exercer o direito à família e à convivência familiar e comunitária; e VI – exercer o direito à guarda, à tutela, à curatela e à adoção, como adotante ou adotando, em igualdade de oportunidades com as demais pessoas.

Nítido, portanto, o avanço dos diplomas legais mencionados para inclusão e emancipação da pessoa com deficiência.

2.2.3. Princípio da proteção

A pessoa com deficiência exige *proteção* especial, em decorrência da condição de vulnerabilidade na qual se encontra em comparação com o restante da população.

A doutrina da *proteção integral*, também aplicável à criança, ao adolescente e ao idoso por expressa disposição legal, traz consigo a ideia de que determinada pessoa deve ser protegida em virtude de se encontrar em situação singular (que a diferencia substancialmente dos demais membros da sociedade pelo aspecto da vulnerabilidade) e uma ou mais pessoas que a protejam.

Desse modo, a pessoa com deficiência é tida não apenas como pessoa sujeita de direitos comuns a todos os membros da sociedade, mas também de direitos especiais, derivados de sua peculiar condição pessoal. Nesse sentido, o princípio da proteção à pessoa com deficiência é adotado em favor do direito à inclusão social e acessibilidade plena.

A Lei nº 13.146/15 consagrou o princípio da proteção no artigo 5º, ao estabelecer que "*a pessoa com deficiência será protegida de toda forma de negligência, discriminação, exploração, violência, tortura, crueldade, opressão e tratamento desumano ou degradante*". O parágrafo único do dispositivo legal ainda destaca como "especialmente vulneráveis", para os fins da proteção mencionada, a criança, o adolescente, a mulher e o idoso que possuam deficiência.

2.2.4. Princípio da prioridade

A Constituição Federal consagra o atendimento prioritário à criança, ao adolescente e ao jovem no artigo 227, impondo ao Estado, no que tange à deficiência, a criação de programas de prevenção e atendimento especializado para as pessoas portadoras de deficiência física, sensorial ou mental, bem como de integração social do adolescente e do jovem portador de deficiência, mediante o treinamento para o trabalho e a convivência, e a facilitação do acesso aos bens e serviços coletivos, com a eliminação de obstáculos arquitetônicos e de todas as formas de discriminação.

Com o advento da Lei nº 10.048, de 8 de novembro de 2000 e da Lei nº 10.098, de 19 de dezembro de 2000, regulamentadas pelo Decreto nº 5.296, de 2 de dezembro de 2004, as pessoas com deficiência ou com mobilidade reduzida passaram a gozar de *atendimento prioritário* por parte dos órgãos da administração pública direta, indireta e fundacional, das empresas prestadoras de serviços públicos e das instituições financeiras, compreendendo-se por atendimento prioritário o *tratamento diferenciado* (art. 6º, § 1º) e o *atendimento imediato* (art. 6º, § 2º).

Destaque-se que o atendimento prioritário ao idoso precede ao da pessoa com deficiência ou com mobilidade reduzida por expressa disposição legal (art. 5º, § 2º e art. 6º, § 2º) e o atendimento à criança e ao adolescente precede aos dois primeiros, por expressa determinação constitucional.

O Estatuto da Pessoa com Deficiência (Lei nº 13.146/15), por sua vez, veio estabelecer em seu artigo 8º, que constitui dever do Estado, da sociedade e da família assegurar à pessoa com deficiência, com absoluta *prioridade*, a efetivação dos seguintes direitos: vida, saúde, sexualidade, paternidade, maternidade, alimentação, habitação, educação, profissionalização, trabalho, previdência social, habilitação e reabilitação, transporte, acessibilidade, cultura, desporto, turismo, lazer, informação, comunicação, avanços científicos e tecnológicos, dignidade, respeito, liberdade, convivência familiar e comunitária.

Nesse sentido;

> *"ADMINISTRATIVO. AÇÃO ORDINÁRIA. INCLUSÃO DE INFORMAÇÃO EM CADASTRO DE PROGRAMA HABITACIONAL DO DISTRITO FEDERAL. FILHO PORTADOR DE NECESSIDADES ESPECIAIS. PRIORIDADE DE ATENDIMENTO. PROTEÇÃO CONSTITUCIONAL. DEFERIMENTO. RECURSO NÃO PROVIDO. 1. A Constituição Federal, ao consagrar o princípio fundamental da igualdade em seu artigo 5º caput e elencar como um dos objetivos fundamentais da República Federativa do Brasil a redução das desigualdades sociais e regionais (artigo 3º, inciso III), estabeleceu tratamento diferenciado às pessoas portadoras de necessidades especiais, de modo a lhes assegurar maior acesso às políticas públicas. 2. A inexistência de previsão legal de retificação de dados em cadastro de programa habitacional não pode obstar a proteção constitucional conferida ao portador de necessidades especiais, que lhe garante prioridade no atendimento, causando-lhe situação de desvantagem. 3. Recurso não provido".* (TJDFT – Apelação nº 20120111458278APC, 4ª Turma Cível, j. 23.07.2014).

Sem prejuízo dos direitos acima mencionados, a garantia da prioridade se estende a outros direitos derivados da Carta Magna, da Convenção e de outras leis ou normas que garantam seu bem-estar pessoal, social e econômico.

O atendimento prioritário abrangerá, necessariamente (art. 9º) a: I – proteção e socorro em quaisquer circunstâncias, desde que observados os protocolos de atendimento público (§ 2º); II – atendimento em todas as instituições e serviços de atendimento ao público; III – disponibilização de recursos, tanto humanos quanto tecnológicos, que garantam atendimento em igualdade de condições com as demais pessoas; IV – disponibilização de pontos de parada, estações e terminais acessíveis de transporte coletivo de passageiros e garantia de segurança no embarque e no desembarque; V – acesso a informações e disponibilização de recursos de comunicação acessíveis; VI – recebimento de restituição de imposto de renda e VII – tramitação processual e procedimentos judiciais e administrativos em que for parte ou interessada, em todos os atos e diligências.

A garantia da prioridade se estenderá, por força de lei, ao acompanhante da pessoa com deficiência ou ao seu atendente pessoal, exceto quanto à restituição de imposto de renda (inciso VI) e à tramitação processual (inciso VII), conforme artigo 9º, § 1º.

2.3. Direitos fundamentais da pessoa com deficiência

Podemos afirmar que as liberdades públicas abrangem, além dos direitos individuais (liberdades negativas), o direito a uma prestação do Estado (liberdades positivas).

Na tutela da pessoa com deficiência, com exceção do direito à igualdade, todos os instrumentos necessários a promover o direito à inclusão estão albergados na esfera das liberdades positivas, isto é, envolvem prestações estatais, ações que deverão ser desenvolvidas pelo Estado.

Assim, o direito à educação inclusiva gera a obrigação de o Estado adaptar escolas, fornecer tecnologia assistiva e fiscalizar o ensino. Do mesmo modo, o direito ao transporte e mobilidade impõe ao Estado a obrigação de adaptar as frotas de veículos, reservar vagas em vias públicas e fiscalizar sua operação/utilização.

Os direitos a seguir estudados somente poderão ser concretizados com a participação positiva do Poder Público. A efetivação da igualdade exige intervenção do Estado, exige atuação positiva e não um comportamento omisso ou sua abstenção, ideia comum à ideia primária de liberdade.

2.3.1. Direito à vida

Trata-se do mais fundamental dos direitos, porquanto condiciona o gozo e fruição de todos os demais. Por isso, o direito à vida é tomado sob dois aspectos fundamentais, que devem ser garantidos pelo Estado, quais sejam, o direito de continuar vivo e o direito de gozar uma vida digna.

Desse modo, sob o aspecto da tutela da pessoa com deficiência, o Poder Público deverá garanti-lhe, sobretudo, uma vida digna durante toda a sua existência, permitindo sua participação na sociedade e o gozo pleno da cidadania (art. 10 do EPD e Artigo 10 da Convenção Internacional).

Tomado como um direito fundamental, cabe ao Estado oferecer proteção e respeito à pessoa com deficiência, colocando-a a salvo de qualquer situação que coloque em risco sua liberdade e sua integridade física, em hipóteses nas quais o objetivo não seja exclusivamente sua proteção.

Por essa razão é absolutamente vedada qualquer intervenção clínica ou cirúrgica, bem como qualquer tratamento ou institucionalização que não conte com o seu consentimento, o qual poderá ser suprido apenas no caso em que a pessoa com deficiência esteja sob curatela (art. 11 do EPD).

A Lei nº 13.146/15 (EPD) cuidou do consentimento da pessoa com deficiência nos artigos 12 e 13.

No artigo 12 dispôs sobre a *indispensabilidade do consentimento* prévio, livre e esclarecido para a submissão a qualquer tratamento, procedimento, hospitalização ou pesquisa científica. Caso a pessoa com deficiência esteja sob curatela, deverá ser assegurada sua participação no maior grau possível, a fim de obter seu consentimento. O § 2º do dispositivo legal citado disciplina as hipóteses que tratam de pesquisa científica envolvendo pessoa com deficiência em situação de tutela ou de curatela, a qual deve ser realizada, em caráter excepcional, somente quando houver indícios de benefício direto para sua saúde ou para a saúde de outras pessoas com deficiência e desde que não haja outra opção de pesquisa de eficácia comparável com participantes não tutelados ou curatelados.

O artigo 13, por sua vez, disciplinou as hipóteses em que o *consentimento prévio é dispensável*, quais sejam, as situações que envolvam risco de morte e de emergência em saúde, com a ressalva de que sejam resguardados seus interesses[71].

Desse modo, a proteção é a mais ampla possível, de maneira que em situações que envolvam risco, emergência ou calamidade pública, a pessoa com deficiência será tomada como vulnerável, devendo o Poder Público adotar todas as medidas necessárias para sua segurança e proteção (art. 10, parágrafo único).

2.3.2. Direito à habilitação e à reabilitação

Por muito tempo a pessoa com deficiência foi vista e tratada como uma pessoa incapaz, doente, inútil e até mesmo isenta de deveres. Essa percepção decorria de a uma concepção organicista da deficiência, considerada na maioria dos casos como uma patologia, o que implicava em verdadeira segregação da pessoa com deficiência.

Posteriormente, adotando-se o conceito de integração social como pressuposto da cidadania, a pessoa com deficiência passou a ser vista como alguém que possui determinada doença ou limitação e que deveria ser estimulada, por meio do processo de habilitação, a desenvolver esforços no sentido de se adaptar à sociedade, tal qual ela se apresenta, visando o exercício da cidadania.

Desse modo, a ideia de integração social envolvia uma ação unilateral, consistindo na premissa de que a pessoa portadora de deficiência deveria se esforçar para se adaptar à sociedade e superar as barreiras nela existentes. Existia uma centralização na pessoa com deficiência, esperando-se que a após o processo de habilitação, a pessoa estivesse pronta para assumir seu lugar na sociedade.

A integração social estava baseada nos princípios de vida independente, equiparação de oportunidades, participação plena e escolha de decisões.

[71] Em situação de colisão ou conflitos de direitos (liberdade x vida) a questão exige ponderação, com base no princípio da proporcionalidade. Desse modo, caso a pessoa com deficiência esteja sob risco iminente de vida e necessite ser submetida a uma determinada cirurgia, sua recusa deve ser sopesada no caso concreto, considerando o direito à vida, previsto na Constituição e que pode preponderar sobre a liberdade de não se submeter a tratamento médico, a depender do caso concreto.

Entretanto, da necessidade de construir uma sociedade que respeitasse a diversidade, sobreveio a ideia de inclusão social, pelo qual os esforços devem ser voltados não mais a adaptar as pessoas à sociedade e sim adaptar a sociedade às pessoas.

Por isso é que nas Normas de Equiparação para Oportunidades para Pessoas com Deficiência das Nações Unidas, estabeleceu-se que "*pessoas com deficiência são membros da sociedade e tem o direito de permanecer em suas comunidades locais. Elas devem receber o apoio de que necessitam dentro das estruturas comuns de educação, saúde, emprego e serviços sociais*"[72].

A ideia de inclusão social, portanto, exalta o papel da sociedade na busca de alternativas para atender a diversidade das pessoas que a compõem.

Daí a necessidade de entender o conceito de habilitação e reabilitação. No âmbito da legislação interna, o Decreto nº 3.298/99 definiu a reabilitação como o processo de duração limitada e com objetivo definido, destinado a permitir que a pessoa com deficiência alcance o nível físico, mental ou social funcional ótimo, proporcionando-lhe os meios de modificar sua própria vida, podendo compreender medidas visando a compensar a perda de uma função ou uma limitação funcional e facilitar ajustes ou reajustes sociais, sendo aplicável "*a pessoa que apresenta deficiência, qualquer que seja sua natureza, agente causal ou grau de severidade*" (§ 1º e *caput* do art. 17)[73].

A Convenção Internacional sobre os Direitos das Pessoas com Deficiência, por sua vez, tratou da habilitação e reabilitação no Artigo 26, dispondo a respeito de programas e serviços (item 01), capacitação de profissionais (item 02), equipes e utilização de tecnologias assistivas (item 03).

O item 01 impõe ao Estado a adoção de medidas voltadas a possibilitar que as pessoas com deficiência conquistem e conservem o máximo de autonomia e plena capacidade física, intelectual, social e profissional, bem como plena inclusão e participação em todos os aspectos da vida. Para tanto, o Poder Público deverá organizar, fortalecer e estender serviços e programas completos de habilitação e reabilitação, particularmente nas áreas de saúde, emprego, educação e serviços sociais. Estes serviços e programas deverão ser baseados em avaliação multidisciplinar das necessidades e pontos fortes de cada pessoa e deverão apoiar a participação e a inclusão na comunidade e em todos os aspectos da sociedade. Também deverão ser oferecidos voluntariamente e estar disponíveis às pessoas com deficiência o mais próximo possível de suas comunidades, inclusive na zona rural.

---

72 Normas para Equiparação de Oportunidades para Pessoas com Deficiência da ONU nº 48/96, 20 de Dezembro de 1993, adotadas pela Assembleia Geral das Nações Unidas na sua Resolução 48/96, de 20 de Dezembro de 1993, parágrafo 26.

73 Nos termos do Decreto nº 3.289/99, qualquer pessoa que apresente algum tipo de redução funcional devidamente diagnosticada por equipe multiprofissional poderá fazer uso dos processos de reabilitação necessários para corrigir ou modificar seu estado físico, mental ou sensorial, quando constitua obstáculo para sua integração (sic) educativa, laboral e social (idem, § 2º). Nos processos de reabilitação se inclui a concessão de órteses, próteses, bolsas coletoras e materiais auxiliares, dado que esses equipamentos complementam o atendimento, aumentando as possibilidades de independência e inclusão da pessoa com deficiência. Ainda nos termos do citado decreto, integram o processo de reabilitação *a concessão de medicamentos* que favoreçam a estabilidade clínica e funcional e que auxiliem na limitação da incapacidade, na reeducação funcional e no controle das lesões que geram incapacidades e *o tratamento e a orientação psicológica*, que serão prestados durante as distintas fases do processo, destinados a contribuir para que a pessoa que possui deficiência atinja o mais pleno desenvolvimento de sua personalidade. Importante consignar que como espécie do gênero processo de reabilitação, inclui-se a *reabilitação profissional*, na qual se insere qualquer pessoa com deficiência, independentemente da natureza, sendo beneficiária ou não do Regime Geral de Previdência Social.

O item 2 determina que o Estado deverá promover o desenvolvimento da capacitação inicial e continuada de profissionais e de equipes que atuam nos serviços de habilitação e reabilitação.

Por fim, o item 03 estabelece que o Estado deverá promover a disponibilidade, o conhecimento e o uso de dispositivos e tecnologias assistivas, projetados para pessoas com deficiência e relacionados com a habilitação e a reabilitação.

De outro lado, a Lei Orgânica da Assistência Social, com fundamento no artigo 203, inciso IV da Constituição Federal, traz como um de seus objetivos a "*habilitação e reabilitação das pessoas com deficiência e a promoção de sua integração a vida comunitária*" (art. 2º, inciso VI da Lei nº 8.742/93).

Já a Lei nº 10.708/03 instituiu o auxílio-reabilitação psicossocial para pacientes acometidos de transtornos mentais egressos de internações. O benefício é voltado para promover a assistência, acompanhamento e integração social, fora da unidade hospitalar, de pessoas acometidas de transtornos mentais, com história de longa internação psiquiátrica. Nesse sentido, o programa "De Volta Para Casa", criado pelo citado diploma legal, atende ao disposto na Lei nº 10.216/01, que determina que os pacientes há longo tempo hospitalizados, ou para os quais se caracterize situação de grave dependência institucional, sejam objeto de política específica de alta planejada e reabilitação psicossocial assistida[74].

Assim, o processo de habilitação e reabilitação consiste no processo de atendimento que utiliza recursos e procedimentos das áreas de saúde, educação, trabalho, assistência social e outras áreas, com vistas à redução das incapacidades, desenvolvimento de potencialidades e habilidades para o trabalho, à inclusão social e à melhoria da qualidade de vida das pessoas com deficiência.

Trata-se de processo centrado no indivíduo, que leva em conta suas características e demandas individuais, possuindo natureza contínua, isto é, que ocorre ao longo da vida da pessoa com deficiência, sem prazo certo para terminar.

A Lei nº 13.146/15, sintetizando todas as precedentes disposições legais, estabelece que o processo de habilitação e reabilitação é um *direito* da pessoa com deficiência, consistindo no desenvolvimento de potencialidades, talentos, habilidades e aptidões físicas, cognitivas, sensoriais, psicossociais, atitudinais, profissionais e artísticas que contribuam para a conquista da autonomia da pessoa com deficiência e de sua participação social em igualdade de condições e oportunidades com as demais pessoas (art. 14).

Esse processo de habilitação e reabilitação é construído com base em uma avaliação multidisciplinar das necessidades, habilidades e potencialidades da pessoa, com observação das seguintes diretrizes, a saber (art. 15): I – diagnóstico e intervenção

[74] A desinstitucionalização e efetiva reintegração de doentes mentais graves na comunidade é uma tarefa a que o SUS vem se dedicando com especial empenho nos últimos anos. Juntamente com os programas "De Volta Para Casa" e Programa de Reestruturação dos Hospitais Psiquiátricos, o Serviço Residencial Terapêutico (SRT) vem concretizando as diretrizes de superação do modelo de atenção centrado no hospital psiquiátrico. As residências terapêuticas constituem-se como alternativas de moradia para um grande contingente de pessoas que estão internadas há anos em hospitais psiquiátricos por não contarem com suporte adequado na comunidade. Além disso, essas residências podem servir de apoio a usuários de outros serviços de saúde mental, que não contem com suporte familiar e social suficientes para garantir espaço adequado de moradia.

precoces; II – adoção de medidas para compensar perda ou limitação funcional, buscando o desenvolvimento de aptidões; III – atuação permanente, integrada e articulada de políticas públicas que possibilitem a plena participação social da pessoa com deficiência; IV – oferta de rede de serviços articulados, com atuação intersetorial, nos diferentes níveis de complexidade, para atender às necessidades específicas da pessoa com deficiência e V – prestação de serviços próximo ao domicílio da pessoa com deficiência, inclusive na zona rural, respeitadas a organização das Redes de Atenção à Saúde (RAS) nos territórios locais e as normas do Sistema Único de Saúde (SUS).

O artigo 16 da Lei nº 13.146/15 também assegura que nos referidos programas deverão ser garantidos: I – organização, serviços, métodos, técnicas e recursos para atender às características de cada pessoa com deficiência; II – acessibilidade em todos os ambientes e serviços; III – tecnologia assistiva, tecnologia de reabilitação, materiais e equipamentos adequados e apoio técnico profissional, de acordo com as especificidades de cada pessoa com deficiência e IV – capacitação continuada de todos os profissionais que participem dos programas e serviços.

Porém, devemos destacar que um processo de habilitação ou reabilitação não terá qualquer eficácia se a pessoa com deficiência ou seus familiares não souberem como acessar as políticas públicas disponíveis e que estejam voltadas a fomentar sua participação social, razão pela qual os serviços do SUS e do Suas devem promover ações articuladas nesse sentido, abrangendo as áreas de saúde, de educação, de cultura, de esporte, de lazer, de transporte, de previdência social, de assistência social, de habitação, de trabalho, de empreendedorismo, de acesso ao crédito, de promoção, proteção e defesa de direitos e nas demais áreas que possibilitem à pessoa com deficiência exercer sua cidadania (art. 17 do EPD).

Desse modo, o processo de reabilitação é fundamental para a inclusão social das pessoas com deficiência, competindo aos órgãos e às entidades públicas de todas as esferas de poder prover os meios necessários para garanti-lo, vez que é de competência comum a proteção dessa categoria de indivíduos.

2.3.3. Direito à saúde

Previsto no artigo 196 da Constituição Federal, o direito à saúde, entendido como desdobramento do direito à vida, é um direito de todos e um dever do Estado. Com efeito, a saúde deve ser garantida a todas as pessoas indistintamente, independentemente do nível social ou classe econômica, através de políticas sociais e econômicas.

A Convenção Internacional dos Direitos das Pessoas com Deficiência, por sua vez, estabelece no Artigo 25, que as pessoas com deficiência têm o direito de usufruir o padrão mais elevado possível de saúde, sem discriminação baseada na deficiência, cabendo ao Estado a tomada de medidas apropriadas para assegurar o acesso a serviços de saúde sensíveis às questões do gênero, incluindo a reabilitação relacionada à saúde.

Não obstante tenhamos diversas normas[75] a tratar do tema, o Estatuto da Pessoa com Deficiência dedicou um capítulo inteiro à tutela da saúde da pessoa com

[75] Vide Lei nº 8.069, de 13.7.1990, art. 11, §§ 1º e 2º (Estatuto da Criança e do Adolescente); Lei nº 9.797, de 6.5.1999 (dispõe sobre a obrigatoriedade da cirurgia plástica reparadora da mama pela rede de unidades integrantes do Sistema Único

deficiência. Assim, o artigo 18 da Lei nº 13.146/15 determina que "é assegurada atenção integral à saúde da pessoa com deficiência em todos os níveis de complexidade, por intermédio do SUS, garantido acesso universal e igualitário".

Com efeito, como já visto, a Lei nº 8.080/90, que dispõe sobre o Sistema Único de Saúde, tem como objetivo promover assistência às pessoas por meio de ações de promoção, proteção e recuperação da saúde, com a realização integrada das ações assistenciais e das atividades preventivas[76]. O SUS inclui, dentro de seu campo de atuação, a execução de ações de *assistência terapêutica integral*, o que vai além da obrigação de fornecer à pessoa com deficiência, gratuitamente, medicamentos, próteses, órteses e outros recursos relativos ao tratamento, habilitação ou reabilitação, conforme previsto no artigo 18, inciso XI da Lei nº 13.146/15.

De fato, a saúde da pessoa portadora de deficiência exige proteção especial, considerando especialmente sua situação de vulnerabilidade.

Por essa razão, há normas específicas impostas ao Poder Público, envolvendo ações e serviços, destinados a prevenir e manter sua saúde, inclusive destinadas à prevenção de deficiências por causas evitáveis. A preocupação o legislador assegurou a participação da pessoa com deficiência na elaboração das políticas públicas de saúde a ela destinadas (art. 18, § 1º).

Lembremos que por Poder Público devem ser entendidas todas as esferas de governo, quais sejam, a União, os Estados, o Distrito Federal e os Municípios, aos quais incumbe, solidariamente, a prestação do serviço público de saúde[77]. Destaque-se, ainda, que as diretrizes estabelecidas no Estatuto da Pessoa com Deficiência aplicam-se não apenas ao Poder Público, mas também às instituições privadas que participem de forma complementar do SUS ou que recebam recursos públicos para sua manutenção (art. 18, § 5º).

Assim, a Lei nº 13.146/15 determina que no atendimento da pessoa com deficiência devem ser observadas normas éticas e técnicas, as quais deverão regulamentar a atuação dos profissionais de saúde, que deverão ser capacitados continuamente, especialmente no que pertinente aos direitos e especificidades da pessoa com deficiência (art. 18, §§ 2º e 3º).

As ações e serviços de saúde deverão assegurar, nos termos do artigo 18, § 4º: I – diagnóstico e intervenção precoces, realizados por equipe multidisciplinar; II – serviços de habilitação e de reabilitação sempre que necessários, para qualquer tipo de deficiência, inclusive para a manutenção da melhor condição de saúde e qualidade

---

de Saúde – SUS nos casos de mutilação decorrentes de tratamento de câncer); Lei nº 10.216, de 6.4.2001 (dispõe sobre a proteção e os direitos das pessoas portadoras de transtornos mentais e redireciona o modelo assistencial em saúde mental); Lei nº 10.223, de 15.5.2001 (dispõe sobre cirurgia plástica reparadora); Lei nº 10.424, de 15.4.2002 (regulamenta a assistência domiciliar no SUS); Lei nº 10.516, de 11.7.2002 (Carteira Nacional da Mulher); Lei nº 10.708, de 31.7.2003 (institui o auxílio-reabilitação psicossocial para pacientes acometidos de transtornos mentais egressos de internações), Lei nº 10.741, de 1.10.2003, art. 15, § 4º (Estatuto do Idoso) e Leis nº 11.664, de 29.04.08 e nº 13.362, de 23.11.16, que dispõem sobre a efetivação de ações de saúde que assegurem a prevenção, detecção, tratamento e seguimento dos cânceres do colo uterino, no âmbito do SUS, para assegurar o atendimento às mulheres com deficiência.

[76] Artigo 5º da Lei nº 8.080/90.

[77] Súmula 37 do Tribunal de Justiça do Estado de São Paulo: "A ação para o fornecimento de medicamento e afins pode ser proposta em face de qualquer pessoa jurídica de Direito Público Interno".

de vida; III – atendimento domiciliar multidisciplinar, tratamento ambulatorial e internação; IV – campanhas de vacinação; V – atendimento psicológico, inclusive para seus familiares e atendentes pessoais; VI – respeito à especificidade, à identidade de gênero e à orientação sexual da pessoa com deficiência; VII – atenção sexual e reprodutiva, incluindo o direito à fertilização assistida; VIII – informação adequada e acessível à pessoa com deficiência e a seus familiares sobre sua condição de saúde; IX – serviços projetados para prevenir a ocorrência e o desenvolvimento de deficiências e agravos adicionais; X – promoção de estratégias de capacitação permanente das equipes que atuam no SUS, em todos os níveis de atenção, no atendimento à pessoa com deficiência, bem como orientação a seus atendentes pessoais e XI – oferta de órteses, próteses, meios auxiliares de locomoção, medicamentos, insumos e fórmulas nutricionais, conforme as normas vigentes do Ministério da Saúde.

Destaque-se que a omissão do Poder Público ensejará a tomada de providências pelos entes legitimados à tutela da pessoa com deficiência.

Nessa linha, foi proposta, com êxito, ação civil pública voltada a obrigar o Poder Público a custear tratamento de *home care*, envolvendo suporte multidisciplinar, medicamentos, dieta enteral e leito adaptado a pessoa portadora de deficiência. Nesse sentido:

> *"APELAÇÃO. AÇÃO CIVIL PÚBLICA. DEFICIENTE FÍSICO. Síndrome de Wernig Hoffman. Home care. Suporte multidisciplinar, medicamentos, dieta enteral e leito adaptado. Possibilidade. Documentos juntados com a inicial suficientes à comprovação da necessidade dos medicamentos. Perícia médica judicial. Favorável à remoção. Relatório médico que atesta a nocividade da permanência no hospital. Direito à saúde. Ordem amparada no artigo 196 da Constituição Federal. Inexistência de infração às normas e princípios que informam a Administração e, em especial, o SUS. Sentença de procedência mantida. Recurso de apelação e reexame necessário não providos, com observação".* (TJSP – Apelação nº 0001351-88.2013.8.26.0604 – 10ª Câmara – j. 15.02.16).

O Superior Tribunal de Justiça tem ratificado esse entendimento:

> *ADMINISTRATIVO. AGRAVO EM RECURSO ESPECIAL. AÇÃO DE OBRIGAÇÃO DE FAZER. DIREITO A SAÚDE. ATENDIMENTO DOMICILIAR A PACIENTE IDOSA (HOME CARE). SITUAÇÃO DE EXTREMA DEBILIDADE RECONHECIDA PELO PRÓPRIO ACÓRDÃO RECORRIDO, QUE, NO ENTANTO, NEGOU O PEDIDO DE ATENDIMENTO DOMICILIAR. DESNECESSIDADE DE RISCO ABSOLUTO À VIDA, DEVENDO SER OBSERVADA PARA TUTELA JURISDICIONAL A NECESSIDADE CLÍNICA. COMPROVAÇÃO POR LAUDOS E PRONTUÁRIOS RECONHECIDOS PELAS INSTÂNCIAS ORDINÁRIAS. DIREITO DA **PESSOA COM DEFICIÊNCIA** AO ATENDIMENTO DOMICILIAR, SE PRESENTE A NECESSIDADE. ART. 18, § 4º., III DA LEI 13.146/2015. IGUAL PREVISÃO NO ESTATUTO DO IDOSO (ART. 15, § 1º., IV DA LEI 10.741/2003). O PROCEDIMENTO SE ENCONTRA NA LISTA DE COBERTURAS DO SUS. ART. 19-I DA LEI 8.080/1990 E RESPECTIVA TABELA DE PROCEDIMENTOS, CONFORME LAUDO MÉDICO. AGRAVO CONHECIDO PARA DAR PROVIMENTO AO RECURSO ESPECIAL DO PARTICULAR (AResp nº 1303664-MS, Rel. Min. Napoleão Nunes Maia Filho, j. 02.10.18).*

OSUS deverá, ainda, desenvolver ações destinadas à prevenção de deficiências por causas evitáveis, o que deverá ser feito através de: I – acompanhamento da gravidez, do parto e do puerpério, com garantia de parto humanizado e seguro; II – promoção de práticas alimentares adequadas e saudáveis, vigilância alimentar e nutricional, prevenção e cuidado integral dos agravos relacionados à alimentação e nutrição da mulher e da criança; III – aprimoramento e expansão dos programas de imunização e de triagem neonatal e IV – identificação e controle da gestante de alto risco (art. 19 do EPD).

A regra é que a pessoa com deficiência possa ser atendida na rede que abrange a sua residência. Porém, caso não exista essa possibilidade, quer em virtude das peculiaridades do caso concreto, quer porque o sistema não comporta atendimento no local de residência, o atendimento para fins de diagnóstico e tratamento será prestado fora de domicílio, devendo ser garantido o transporte e a acomodação da pessoa com deficiência e de seu acompanhante (art. 21 do EPD).

O legislador foi muito feliz ao instituir essa regra porquanto são inúmeros os casos em que a pessoa que possui deficiência se vê tolhida em seu direito de atendimento pela inexistência de sistema de saúde adequado no local de sua residência.

Da mesma forma, fundamental a regra segundo a qual qualquer pessoa com deficiência que esteja internada ou em observação, pode se valer de um acompanhante ou atendente pessoal, o que deve ser garantido pelo órgão ou instituição de saúde em tempo integral, sendo imposto ao estabelecimento de saúde a providência de meios que assegurem sua permanência no local pelo tempo que for necessário (art. 22 do EPD).

A possibilidade de permanência do acompanhante ou atendente é tão importante que caso o local não comporte meio de acomodá-lo, o profissional de saúde deve justificar por escrito as razões da impossibilidade e o estabelecimento deve tomar providências destinadas a suprir sua ausência.

Já quanto ao sistema privado de saúde, as operadoras de planos e seguros privados de saúde são obrigadas a garantir à pessoa com deficiência, no mínimo, todos os serviços e produtos ofertados aos demais clientes, sendo vedadas todas as formas de discriminação, inclusive por meio de cobrança de valores diferenciados, em razão de sua condição (arts. 20 e 23 do EPD).

No que tange aos espaços dos estabelecimentos de saúde, é certo que todos devem contar com acessibilidade necessária, mediante a remoção de barreiras, por meio de projetos arquitetônicos, de ambientação de interior e de comunicação que atendam às especificidades das pessoas com deficiência física, sensorial, intelectual e mental (art. 25 do EPD).

Nos termos do artigo 24 da Lei nº 13.146/15, é assegurado à pessoa com deficiência o acesso aos serviços de saúde, tanto públicos como privados, e às informações prestadas e recebidas, por meio de recursos de tecnologia assistiva e de todas as formas de comunicação previstas no inciso V do artigo 3º.

Por fim, impõe-se aos órgãos de saúde públicos e privados a comunicação ao Ministério Público ou aos Conselhos de Direitos a respeito de qualquer caso de suspeita ou confirmação de violência praticada contra a pessoa com deficiência (art. 26 do EPD). Para tanto, considera-se violência contra a pessoa com deficiência qualquer ação ou omissão, praticada em local público ou privado, que lhe cause morte ou dano ou sofrimento físico ou psicológico.

2.3.4. Direito à educação

A Constituição Federal estabelece que a educação é um direito de todos e um dever do Estado, dispondo que será promovida e incentivada com a colaboração da sociedade, visando o pleno desenvolvimento da pessoa, seu preparo para o exercício da cidadania e sua qualificação para o trabalho (art. 205).

Para cumprimento desse dever, o Estado deverá observar as regras previstas no artigo 208 da Carta Constitucional, especialmente, para fins do presente estudo, aquela prevista no inciso III, que impõe o atendimento educacional especializado aos portadores de deficiência, preferencialmente na rede regular de ensino.

Desse modo, aliado ao comando constitucional que impõe ao Estado a obrigação de promover a inclusão das pessoas com deficiência na vida comunitária (inciso IV do art. 203), a educação deve ser feita na rede regular de ensino, preferencialmente.

De fato, ao estabelecer que o ensino especializado seja preferencialmente ministrado na rede regular de ensino, a Constituição Federal objetiva promover a integração social da pessoa com deficiência, colocando-a a salvo de discriminações.

Após a promulgação da Constituição de 1988, durante certo período de tempo, o termo "preferencialmente" foi interpretado restritivamente por diversos estudiosos, adotando-se o entendimento que seria melhor manter as crianças com deficiência em escolas especiais, nas quais elas só conviveriam com outras crianças com deficiência. Vigorava o pensamento de que era melhor manter as crianças com deficiência convivendo apenas com outras crianças com deficiência, como forma de protegê-las em maior grau.

Porém, essa ideia restou ultrapassada, de forma que hoje a interpretação moderna a ser dada é que a criança com deficiência deve ser incluída, isto é, inserida na rede regular de ensino, passando a conviver com crianças que não possuem deficiência.

Esse entendimento foi reforçado pela Convenção Internacional dos Direitos da Pessoa com Deficiência, que contendo força de emenda constitucional, estabeleceu no Artigo 24, que para realizar o direito à educação, o Estado deverá assegurar um sistema educacional inclusivo em todos os níveis.

O Estatuto da Pessoa com Deficiência (Lei nº 13.146/15), seguindo na mesma linha, proclama que a pessoa com deficiência tem direito à educação, sendo dever do Estado, da família, da comunidade escolar e da sociedade, assegurar-lhe qualidade de ensinou e resguardá-la de qualquer forma de violência, negligência e discriminação (art. 27, *caput* e parágrafo único).

Assegura-se à pessoa com deficiência sistema educacional inclusivo em todos os níveis de aprendizado, de maneira a fomentar seu desenvolvimento pessoal máximo no que tange a seus talentos e habilidades físicas, sensoriais, intelectuais e sociais, de acordo com suas características pessoais, interesses e necessidades.

Para tanto, nos termos do artigo 28 do Estatuto da Pessoa com Deficiência, impõe-se ao Poder Público a obrigação de assegurar, criar, desenvolver, implementar, incentivar, acompanhar e avaliar: I – sistema educacional inclusivo em todos os níveis e modalidades, bem como o aprendizado ao longo de toda a vida; II – aprimoramento dos sistemas educacionais, visando a garantir condições de acesso, permanência, participação e aprendizagem, por meio da oferta de serviços e de recursos de acessibilidade que eliminem as barreiras e promovam a inclusão plena; III – projeto pedagógico que institucionalize o atendimento educacional especializado, assim como os demais serviços e adaptações razoáveis, para atender às características dos estudantes com deficiência e garantir o seu pleno acesso ao currículo em condições de igualdade, promovendo a conquista e o exercício de sua autonomia; IV – oferta de educação bilíngue, em Libras como primeira língua e na modalidade escrita da língua portuguesa como segunda língua, em escolas e classes bilíngues e em escolas inclusivas; V – adoção de medidas individualizadas e coletivas em ambientes que maximizem o desenvolvimento acadêmico e social dos estudantes com deficiência, favorecendo o acesso, a permanência, a participação e a aprendizagem em instituições de ensino; VI – pesquisas voltadas para o desenvolvimento de novos métodos e técnicas pedagógicas, de materiais didáticos, de equipamentos e de recursos de tecnologia assistiva; VII – planejamento de estudo de caso, de elaboração de plano de atendimento educacional especializado, de organização de recursos e serviços de acessibilidade e de disponibilização e usabilidade pedagógica de recursos de tecnologia assistiva; VIII – participação dos estudantes com deficiência e de suas famílias nas diversas instâncias de atuação da comunidade escolar; IX – adoção de medidas de apoio que favoreçam o desenvolvimento dos aspectos linguísticos, culturais, vocacionais e profissionais, levando-se em conta o talento, a criatividade, as habilidades e os interesses do estudante com deficiência; X – adoção de práticas pedagógicas inclusivas pelos programas de formação inicial e continuada de professores e oferta de formação continuada para o atendimento educacional especializado; XI – formação e disponibilização de professores para o atendimento educacional especializado, de tradutores e intérpretes da Libras, de guias intérpretes e de profissionais de apoio; XII – oferta de ensino da Libras, do Sistema Braille e de uso de recursos de tecnologia assistiva, de forma a ampliar habilidades funcionais dos estudantes, promovendo sua autonomia e participação; XIII – acesso à educação superior e à educação profissional e tecnológica em igualdade de oportunidades e condições com as demais pessoas; XIV – inclusão em conteúdos curriculares, em cursos de nível superior e de educação profissional técnica e tecnológica, de temas relacionados à pessoa com deficiência nos respectivos campos de conhecimento; XV – acesso da pessoa com deficiência, em igualdade de condições, a jogos e a atividades recreativas, esportivas e de lazer, no sistema escolar; XVI – acessibilidade para todos os estudantes, trabalhadores da educação e demais integrantes da comunidade escolar às edificações, aos ambientes e às atividades concernentes a todas as modalidades, etapas e níveis de ensino e XVII – oferta de profissionais de apoio escolar e XVIII – articulação intersetorial na implementação de políticas públicas.

Destaque-se que parte dessas obrigações, isto é, aquelas previstas nos incisos I, II, III, V, VII, VIII, IX, X, XI, XII, XIII, XIV, XV, XVI, XVII e XVIII, se aplicam às instituições privadas de ensino, de qualquer nível ou modalidade, sendo absolutamente vedada a cobrança de qualquer valor adicional em mensalidade, anuidade e matrícula (art. 28, § 1º).

Desse modo, não há espaço para questionar a obrigatoriedade do ensino inclusivo, tomando-se como regra a colocação da criança com deficiência na rede regular de ensino, ao lado de crianças que não possuem qualquer tipo de deficiência.

É importante destacar que essa convivência é extremamente benéfica para todos, pois as crianças sem deficiência, ao conhecerem as dificuldades dos colegas que as têm, aprenderão a ser tolerantes e desenvolverão espírito de solidariedade, preparando-se e contribuindo para o futuro, no qual viverão em uma sociedade verdadeiramente inclusiva. Os alunos com deficiência, por outro lado, ao conviverem com colegas que não as possuem, terão desenvolvimento individual a partir de critérios próprios, escolhidos pelos professores, que deverão saber avaliar o estudante dentro de sua situação individual.

Ressalte-se que a obrigatoriedade do ensino inclusivo envolve tanto a rede pública como a rede privada.

Nesse sentido, no julgamento da medida cautelar postulada na Ação Direta de Inconstitucionalidade nº 5357-DF, proposta pela Confederação Nacional dos Estabelecimentos de Ensino – CONFENEN, Rel. Ministro Edson Fachin, na qual se questionam os arts. 28, § 1º e art. 30, o Supremo Tribunal Federal assim decidiu:

> *"À luz da Convenção Internacional sobre os Direitos da Pessoa com Deficiência, e, por consequência, da própria Constituição da República, o ensino inclusivo em todos os níveis de educação não é realidade estranha ao ordenamento jurídico pátrio. Ao contrário, é imperativo que se põe mediante regra explícita.*
>
> *Mais do que isso, dispositivos de status constitucional estabelecem a meta de inclusão plena, ao mesmo tempo em que se veda a exclusão das pessoas com deficiência do sistema educacional geral sob o pretexto de sua deficiência.*
>
> *Se é certo que se prevê como dever do Estado facilitar às pessoas com deficiência sua plena e igual participação no sistema de ensino e na vida em comunidade, bem como, de outro lado, a necessária disponibilização do ensino primário gratuito e compulsório, é igualmente certo inexistir qualquer limitação da educação das pessoas com deficiência a estabelecimentos públicos ou privados que prestem o serviço público educacional.*
>
> *A Lei nº 13.146/2015 estabelece a obrigatoriedade de as escolas privadas promoverem a inserção das pessoas com deficiência no ensino regular e prover as medidas de adaptação necessárias sem que o ônus financeiro seja repassado às mensalidades, anuidades e matrículas.*
>
> *(...)*
>
> *Frise-se o ponto: o ensino privado não deve privar os estudantes – com e sem deficiência – da construção diária de uma sociedade inclusiva e acolhedora, transmudando-se em verdadeiro local de exclusão, ao arrepio da ordem constitucional vigente".*

A referida ação direta de inconstitucionalidade foi julgada improcedente, sendo certo que não podemos mais questionar a obrigatoriedade do ensino inclusivo.

Necessário colacionar a ementa do julgamento promovido pelo Supremo Tribunal Federal, que constitui um marco na tutela da pessoa com deficiência:

> *EMENTA: AÇÃO DIRETA DE INCONSTITUCIONALIDADE. MEDIDA CAUTELAR. LEI 13.146/2015. ESTATUTO DA PESSOA COM DEFICIÊNCIA. ENSINO INCLUSIVO. CONVENÇÃO INTERNACIONAL SOBRE OS DIREITOS DA PESSOA COM DEFICIÊNCIA. INDEFERIMENTO DA MEDIDA CAUTELAR. CONSTITUCIONALIDADE DA LEI 13.146/2015 (arts. 28, § 1º e 30, caput, da Lei nº 13.146/2015). 1. A Convenção Internacional sobre os Direitos da Pessoa com Deficiência concretiza o princípio da igualdade como fundamento de uma sociedade democrática que respeita a dignidade humana. 2. À luz da Convenção e, por consequência, da própria Constituição da República, o ensino inclusivo em todos os níveis de educação não é realidade estranha ao ordenamento jurídico*

> *pátrio, mas sim imperativo que se põe mediante regra explícita. 3. Nessa toada, a Constituição da República prevê em diversos dispositivos a proteção da pessoa com deficiência, conforme se verifica nos artigos 7º, XXXI, 23, II, 24, XIV, 37, VIII, 40, § 4º, I, 201, § 1º, 203, IV e V, 208, III, 227, § 1º, II, e § 2º, e 244. 4. Pluralidade e igualdade são duas faces da mesma moeda. O respeito à pluralidade não prescinde do respeito ao princípio da igualdade. E na atual quadra histórica, uma leitura focada tão somente em seu aspecto formal não satisfaz a completude que exige o princípio. Assim, a igualdade não se esgota com a previsão normativa de acesso igualitário a bens jurídicos, mas engloba também a previsão normativa de medidas que efetivamente possibilitem tal acesso e sua efetivação concreta. 5. O enclausuramento em face do diferente furta o colorido da vivência cotidiana, privando-nos da estupefação diante do que se coloca como novo, como diferente. 6. É somente com o convívio com a diferença e com o seu necessário acolhimento que pode haver a construção de uma sociedade livre, justa e solidária, em que o bem de todos seja promovido sem preconceitos de origem, raça, sexo, cor, idade e quaisquer outras formas de discriminação (Art. 3º, I e IV, CRFB). 7. A Lei nº 13.146/2015 indica assumir o compromisso ético de acolhimento e pluralidade democrática adotados pela Constituição ao exigir que não apenas as escolas públicas, mas também as particulares deverão pautar sua atuação educacional a partir de todas as facetas e potencialidades que o direito fundamental à educação possui e que são densificadas em seu Capítulo IV. 8. Medida cautelar indeferida. 9. Conversão do julgamento do referendo do indeferimento da cautelar, por unanimidade, em julgamento definitivo de mérito, julgando, por maioria e nos termos do Voto do Min. Relator Edson Fachin, improcedente a presente ação direta de inconstitucionalidade.*

No que tange ao ensino superior e educação profissional e tecnológica, também é obrigatório que os processos seletivos dos cursos oferecidos pelas instituições de ensino do sistema público e privado adotem medidas como (art. 30 do EPD): I – atendimento preferencial à pessoa com deficiência nas dependências das Instituições de Ensino Superior (IES) e nos serviços; II – disponibilização de formulário de inscrição de exames com campos específicos para que o candidato com deficiência informe os recursos de acessibilidade e de tecnologia assistiva necessários para sua participação; III – disponibilização de provas em formatos acessíveis para atendimento às necessidades específicas do candidato com deficiência; IV – disponibilização de recursos de acessibilidade e de tecnologia assistiva adequados, previamente solicitados e escolhidos pelo candidato com deficiência; V – dilação de tempo, conforme demanda apresentada pelo candidato com deficiência, tanto na realização de exame para seleção quanto nas atividades acadêmicas, mediante prévia solicitação e comprovação da necessidade; VI – adoção de critérios de avaliação das provas escritas, discursivas ou de redação que considerem a singularidade linguística da pessoa com deficiência, no domínio da modalidade escrita da língua portuguesa e VII – tradução completa do edital e de suas retificações em Libra.

Por fim, cabe destacar que a Lei federal nº 12.711, de 29 de agosto de 2012, alterada pela Lei nº 13.409, de 28 de dezembro de 2016, dispõem sobre a reserva de vagas para pessoas com deficiência nos cursos técnico de nível médio e superior das instituições federais de ensino.

2.3.5. *Direito à moradia*

Previsto na Constituição Federal como direito social de todos (art. 6º), o direito à moradia vem assegurado pela Lei nº 13.146/15 (art. 31), ao determinar que a pessoa com deficiência tem direito à moradia digna, seja no seio da família natural ou família substituta, seja com seu cônjuge ou companheiro ou então desacompanhada, seja em moradia para a vida independente, ou, ainda, em residência inclusiva.

A ideia de vida independente e inserção na comunidade já vinha preconizada pelo Artigo 19 da Convenção Internacional dos Direitos da Pessoa com Deficiência, segundo o qual deve ser assegurado que "*as pessoas com deficiência possam escolher seu local de residência e onde e com quem querem morar, em igualdade de oportunidades com as demais pessoas, e que não sejam obrigadas a morar em determinada habitação*"[78]. Vejamos as diversas hipóteses previstas na lei.

a) Moradia junto à família natural

A convivência junto à família natural vem assegurada pelo Estatuto da Pessoa com Deficiência, porquanto a relação com os familiares com os quais possui vínculo sanguíneo, como pais, irmãos, tios, avós, filhos e netos reforça vínculos afetivos e assegura inúmeros benefícios psicológicos.

De fato, vivendo no seio de família, a pessoa com deficiência encontra maior suporte emocional e, em regra, meios propícios para seu desenvolvimento pessoal.

Por conta disso, o direito à convivência familiar vem assegurado pelo artigo 8º da Lei nº 13.146/15, como manifestação da garantia da prioridade.

b) Moradia em família substituta

Nas hipóteses em que não existe família natural estruturada ou nas hipóteses em que a pessoa com deficiência não apresente condições de residir sozinha, será possível que a convivência se dê em família substituta, que é aquela formada por pessoa ou núcleo familiar com os quais ela não possui vínculos sanguíneos.

A inserção em família substituta normalmente ocorre nos casos em que a pessoa com deficiência se encontre em situação de risco social.

c) Moradia com o cônjuge ou companheiro

O artigo 6º, inciso I da Lei nº 13.146/15 determina que a deficiência não afeta a plena capacidade civil da pessoa, inclusive para casar-se e constituir união estável.

O Estatuto da Pessoa com Deficiência foi muito feliz em assegurar a plena capacidade civil para o casamento, buscando com isso promover a emancipação da pessoa com deficiência, estimulando sua inclusão social e a constituição da família.

Desse modo, o artigo 31 do citado diploma legal expressamente assegura a moradia da pessoa com deficiência juntamente com seu cônjuge ou companheiro.

[78] Ainda de acordo com o art. 19 da Convenção Internacional, deve ser assegurado que as pessoas com deficiência tenham acesso a uma variedade de serviços de apoio em domicílio ou em instituições residenciais ou a outros serviços comunitários de apoio, inclusive os serviços de atendentes pessoais que forem necessários como apoio para viverem e serem incluídas na comunidade e para evitarem ficar isoladas ou segregadas da comunidade.

d) Moradia independente

Nas situações nas quais a convivência com a família natural não se mostra possível ou recomendada, seja porque não há unidade familiar estruturada, seja porque a pessoa com deficiência simplesmente não deseja conviver com seus parentes, é possível que ela opte por residir sozinha, desde que possua condições pessoais para tanto.

Lembremos que a lei preserva as liberdades fundamentais da pessoa com deficiência, visando sua inclusão social e cidadania, de modo que se ela optar por residir sozinha, tal desejo deve ser respeitado, desde que ela tenha capacidade para a vida independente.

e) Moradia em residência inclusiva

Nos casos em que não haja possibilidade de convivência em família natural ou substituta ou a pessoa com deficiência apresente algum tipo de dependência que não lhe permita residir sozinha, poderá ter lugar a moradia em residência inclusiva, na qual lhe será prestada assistência integral.

As *residências inclusivas* consistem em unidades de oferta do Serviço de Acolhimento do Sistema Único de Assistência Social (Suas) localizadas em áreas residenciais da comunidade, com estruturas adequadas, que possam contar com apoio psicossocial para o atendimento das necessidades da pessoa acolhida, destinadas a jovens e adultos com deficiência, em situação de dependência, que não dispõem de condições de autossustentabilidade e com vínculos familiares fragilizados ou rompidos (art. 3º, inciso X e art. 31, § 2º da Lei nº 13.146/15).

Essa modalidade de residência tem o propósito de romper com a prática do isolamento, promovendo uma mudança do paradigma de estruturação de serviços de acolhimento para pessoas com deficiência em áreas afastadas ou que não favoreçam o convívio com a comunidade.

São constituídas por residências adaptadas, contando com estrutura física adequada, situadas em áreas residenciais nas comunidades.

As residências inclusivas devem contar com equipe especializada e metodologia adequada voltada a prestar atendimento personalizado e qualificado, proporcionando cuidado e atenção às necessidades individuais e coletivas.

O objetivo das residências inclusivas é permitir a construção progressiva da autonomia, incentivando o protagonismo da pessoa com deficiência no desenvolvimento das atividades da vida diária, a participação social e comunitária, fortalecendo vínculos familiares, de modo a permitir uma futura integração e convivência.

f) Moradia para a vida independente da pessoa com deficiência

Trata-se de moradia com estruturas adequadas capazes de proporcionar serviços de apoio coletivos e individualizados que respeitem e ampliem o grau de autonomia de jovens e adultos com deficiência (art. 3º, inciso XI).

Nos termos do artigo 31, § 1º, o Poder Público adotará programas e ações estratégicas para apoiar a criação e a manutenção de moradia para a vida independente da pessoa com deficiência.

g) Programas habitacionais

Por fim, o Estatuto da Pessoa com Deficiência estabeleceu regras que devem ser observadas na adoção de programas habitacionais financiados ou subsidiados com recursos públicos, determinando que a pessoa com deficiência ou seu responsável goza de prioridade na aquisição de imóvel para moradia própria, razão pela qual lhe deverão ser reservadas unidades habitacionais (ao menos três por cento) (art. 32 da Lei nº 13.146/15).

É certo que esse direito à prioridade será reconhecido à pessoa com deficiência beneficiária apenas uma vez (§ 1º).

Os programas também deverão contar com a garantia de acessibilidade nas áreas de uso comum e nas unidades habitacionais no piso térreo e de acessibilidade ou de adaptação razoável nos demais pisos, em casos de unidades multifamiliares, bem como equipamentos urbanos comunitários acessíveis. Também deverão observar especificações técnicas no projeto que permitam a instalação de elevadores.

Os critérios de financiamento devem ser compatíveis com os rendimentos da pessoa com deficiência ou de sua família.

h) Moradia em residência terapêutica

Não obstante já abordada no item 2.3.2., que cuida do direito à habilitação e reabilitação, é oportuno tecer algumas considerações a respeito da residência terapêutica, considerando a necessidade de diferenciá-la da residência inclusiva.

As residências terapêuticas são alternativas de moradia para um grande número de pessoas que estão internadas há anos em hospitais psiquiátricos por não contarem com suporte adequado na comunidade ou na família.

Referidas residências também podem servir de apoio a usuários de outros serviços de saúde mental, que não possuam suporte familiar e social suficientes para garantir espaço adequado de moradia.

É importante destacar que a desinstitucionalização e efetiva reintegração de doentes mentais graves na comunidade constitui missão abraçada pelo SUS nos últimos anos. Ao lado dos programas "De Volta Para Casa" e "Programa de Reestruturação dos Hospitais Psiquiátricos", o Serviço Residencial Terapêutico (SRT) vem concretizando as diretrizes de superação do modelo de atenção centrado no hospital psiquiátrico.

O Serviço Residencial Terapêutico (SRT) – também denominado residência terapêutica ou simplesmente "moradia" – é constituído por casas localizadas no espaço urbano, concebidas para responder às necessidades de moradia de pessoas portadoras de transtornos mentais graves, institucionalizadas ou não.

O número de usuários varia de apenas um indivíduo até um pequeno grupo de no máximo oito pessoas, que deverão contar sempre com suporte profissional sensível às demandas e necessidades de cada um.

O suporte de caráter interdisciplinar (seja o CAPS de referência, seja uma equipe da atenção básica, sejam outros profissionais) deverá considerar a singularidade de cada um dos moradores, e não apenas projetos e ações baseadas no coletivo de moradores. O acompanhamento a um morador deve prosseguir, mesmo que ele mude de endereço ou eventualmente seja hospitalizado. O processo de reabilitação psicossocial deve buscar de modo especial a inserção do usuário na rede de serviços, organizações e relações sociais da comunidade. Ou seja, a inserção em um SRT é o início de longo processo de reabilitação que deverá buscar a progressiva inclusão social do morador[79].

2.3.6. *Direito ao trabalho*

Nos termos do que prevê a Constituição Federal de 1988, o direito ao trabalho é um direito social (art. 6º), sendo proibida qualquer discriminação no tocante a salário e critérios de admissão do trabalhador portador de deficiência (art. 7º, inciso XXXI).

De acordo com a Convenção Internacional, a pessoa com deficiência tem direito ao trabalho em igualdade de oportunidades, abrangendo o direito de se manter com um trabalho de sua livre escolha e ser aceita no mercado laboral em ambiente de trabalho aberto, inclusivo e acessível (Artigo 27).

A Lei nº 13.146/15, seguindo as regras mencionadas, tratou de disciplinar extensamente o direito ao trabalho nos artigos 34 a 38.

Com fundamento no artigo 5º, XIII da Constituição Federal e no Artigo 27 da Convenção Internacional, o Estatuto da Pessoa com Deficiência enuncia, no artigo 34, que a pessoa com deficiência tem direito ao trabalho de sua livre escolha e aceitação, em ambiente acessível e inclusivo, em igualdade de oportunidades com as demais pessoas, o que inclui condições de trabalho e igualdade de remuneração.

A igualdade de oportunidades no mercado de trabalho obriga as pessoas jurídicas, sejam públicas ou privadas, a oferecer ambientes de trabalho acessíveis e inclusivos[80].

Desse modo, é absolutamente vedada qualquer restrição ao trabalho ou qualquer forma de discriminação em razão da deficiência, seja para fins de admissão (recrutamento, seleção, contratação, exame admissional) seja para fins de permanência no emprego, ascensão profissional ou reabilitação profissional[81].

A lei é clara em determinar que a pessoa com deficiência tem direito à participação e acesso a cursos, treinamentos, educação continuada, planos de carreira, promoções, bonificações e incentivos profissionais oferecidos pelo empregador, em igualdade de oportunidades com os demais empregados.

As políticas públicas de trabalho e emprego deverão promover e garantir condições de acesso e de permanência da pessoa com deficiência no campo de trabalho, de modo que os programas de estímulo ao empreendedorismo e ao trabalho autônomo[82], incluídos o cooperativismo e o associativismo, devem prever a

79 Residências terapêuticas: o que são, para que servem / Ministério da Saúde, Secretaria de Atenção à Saúde, Departamento de Ações Programáticas Estratégicas. – Brasília: Ministério da Saúde, 2004.

80 Vide Artigo 27, letra "i" da Convenção Internacional.

81 Vide Artigo 27, letra "a" da Convenção Internacional.

82 Vide Artigo 27, letra "f" da Convenção Internacional.

participação da pessoa com deficiência e a disponibilização de linhas de crédito, quando necessárias (art. 35 do EPD).

O Estatuto da Pessoa com Deficiência, como já mencionado, também cuidou da habilitação e reabilitação profissional[83] do trabalhador com deficiência, entendida como o "*processo destinado a propiciar à pessoa com deficiência aquisição de conhecimentos, habilidades e aptidões para exercício de profissão ou de ocupação, permitindo nível suficiente de desenvolvimento profissional para ingresso no campo de trabalho*" (art. 36, § 2º).

O objetivo da lei é que a pessoa com deficiência possa ingressar, continuar ou retornar ao campo do trabalho, respeitados sua livre escolha, sua vocação e seu interesse. Para tanto, é previsto que equipe multidisciplinar indicará o melhor programa de habilitação ou reabilitação a ser adotado, o qual deve ocorrer de forma articulada com as redes públicas e privadas, especialmente nas áreas de saúde, de ensino e de assistência social, em todos os níveis e modalidades, em entidades de formação profissional ou diretamente com o empregador.

Esse processo de habilitação profissional poderá "*ocorrer em empresas por meio de prévia formalização do contrato de emprego da pessoa com deficiência, que será considerada para o cumprimento da reserva de vagas prevista em lei, desde que por tempo determinado e concomitante com a inclusão profissional na empresa, observado o disposto em regulamento*".

A Lei nº 13.146/15 também enuncia disposições a respeito da inclusão da pessoa com deficiência no trabalho mediante colocação competitiva, em igualdade de oportunidades com as demais pessoas de acordo com a legislação trabalhista e previdenciária, atendidas as regras de acessibilidade, o fornecimento de recursos de tecnologia assistiva e a adaptação razoável no ambiente de trabalho.

São estabelecidas as seguintes diretrizes para a colocação competitiva através de trabalho com apoio: I – prioridade no atendimento à pessoa com deficiência com maior dificuldade de inserção no campo de trabalho; II – provisão de suportes individualizados que atendam a necessidades específicas da pessoa com deficiência, inclusive a disponibilização de recursos de tecnologia assistiva, de agente facilitador e de apoio no ambiente de trabalho; III – respeito ao perfil vocacional e ao interesse da pessoa com deficiência apoiada; IV – oferta de aconselhamento e de apoio aos empregadores, com vistas à definição de estratégias de inclusão e de superação de barreiras, inclusive atitudinais; V – realização de avaliações periódicas; VI – articulação intersetorial das políticas públicas e VII – possibilidade de participação de organizações da sociedade civil.

Não se pode olvidar, por fim, da regra constitucional insculpida no artigo 37, inciso VIII, segundo a qual a lei reservará percentual dos cargos e empregos públicos para as pessoas portadoras de deficiência e definirá os critérios de sua admissão[84].

---

[83] De acordo com o Artigo 27, letra "k" da Convenção Internacional, o Estado deve promover reabilitação profissional, retenção de emprego e programas de retorno ao trabalho para pessoas com deficiência.

[84] O Superior Tribunal de Justiça considerou a pessoa como visão monocular como sendo pessoa com deficiência para efeito de prestar concurso para vagas reservadas (Súmula 377 do Superior Tribunal de Justiça).

2.3.7. Direito a assistência e previdência social

A Constituição Federal estabelece, no artigo 203, inciso IV, que a assistência social será prestada a quem dela necessitar, independentemente de contribuição à seguridade social, e tem por objetivos: (...) IV – a habilitação e reabilitação das pessoas portadoras de deficiência e a promoção de sua integração à vida comunitária; V – a garantia de um salário mínimo de benefício mensal à pessoa portadora de deficiência e ao idoso que comprovem não possuir meios de prover à própria manutenção ou de tê-la provida por sua família, conforme dispuser a lei.

Com fundamento na disposição constitucional, a Lei nº 13.146/15 determina que a *assistência social* será prestada às pessoas com deficiência de maneira articulada, de acordo com os princípios e diretrizes previstos na Lei Orgânica da Assistência Social, no Sistema Único de Saúde, no âmbito da Proteção Social Básica e da Proteção Social Especial, ofertados pelo Suas, para a garantia de seguranças fundamentais no enfrentamento de situações de vulnerabilidade e de risco, por fragilização de vínculos e ameaça ou violação de direitos.

Oportuno recordar que de modo diverso da previdência social, os benefícios assistenciais não dependem de prévia contribuição da pessoa com deficiência para pagamento, porquanto são voltados a socorrer aqueles que se encontrem em situação de penúria ou miséria. Tais benefícios são voltados a garantir um valor mínimo para a sobrevivência do indivíduo, que deverá preencher determinados requisitos previstos na lei.

De fato, o artigo 39 do Estatuto da Pessoa com Deficiência destaca que os serviços, os programas, os projetos e os benefícios no âmbito da política pública de assistência social à pessoa com deficiência e sua família têm como objetivo a garantia da segurança de renda, da acolhida, da habilitação e da reabilitação, do desenvolvimento da autonomia e da convivência familiar e comunitária, para a promoção do acesso a direitos e da plena participação social, devendo sempre contar com cuidadores sociais destinados a lhes prestar cuidados básicos e instrumentais.

Nesse sentido, de acordo com o determinado no artigo 203, inciso V da Constituição Federal, o artigo 40 da Lei nº 13.146/15 estabelece o pagamento do *benefício de prestação continuada*, o qual será pago de acordo com o artigo 20 da LOAS[85] (Lei 8.742/93) e do Decreto nº 6.214/07, que o regulamenta.

No capítulo anterior já discorremos a respeito do *benefício de prestação continuada*, sua natureza e requisitos necessários para concessão, razão pela qual remetemos à leitura dos itens 1.3.3. e 1.3.8.

---

85 Nos termos do art. 20, o benefício de prestação continuada é a garantia de um salário-mínimo mensal à pessoa com deficiência e ao idoso com 65 (sessenta e cinco) anos ou mais que comprovem não possuir meios de prover a própria manutenção nem de tê-la provida por sua família. Para efeitos de concessão do benefício, considera-se pessoa com deficiência aquela que tem impedimento de longo prazo de natureza física, mental, intelectual ou sensorial, o qual, em interação com uma ou mais barreiras, pode obstruir sua participação plena e efetiva na sociedade em igualdade de condições com as demais pessoas. Considera-se incapaz de prover a manutenção da pessoa com deficiência ou idosa a família cuja renda mensal *per capita* seja inferior a 1/4 (um quarto) do salário-mínimo. O benefício em questão não pode ser acumulado pelo beneficiário com qualquer outro no âmbito da seguridade social ou de outro regime, salvo os da assistência médica e da pensão especial de natureza indenizatória. A condição de acolhimento em instituições de longa permanência não prejudica o direito da pessoa com deficiência ao benefício de prestação continuada. Para concessão do benefício de que trata o *caput* deste artigo, poderão ser utilizados outros elementos probatórios da condição de miserabilidade do grupo familiar e da situação de vulnerabilidade, conforme regulamento.

Porém, importante consignar que em julgamento de recurso especial, no qual se discutia se o benefício previdenciário, recebido por idoso, no valor de um salário mínimo, deve compor a renda familiar para fins de concessão ou não do benefício de prestação mensal continuada a pessoa deficiente, o Superior Tribunal de Justiça, no sistema de julgamentos repetitivos, fixou o Tema n° 640, pelo qual "*Aplica-se o parágrafo único do artigo 34 do Estatuto do Idoso (Lei n. 10.741/03), por analogia, a pedido de benefício assistencial feito por pessoa com deficiência a fim de que benefício previdenciário recebido por idoso, no valor de um salário mínimo, não seja computado no cálculo da renda per capita prevista no artigo 20, § 3º, da Lei n. 8.742/93*".Além disso, no que pertine ao valor per capita fixado pela lei, o Superior Tribunal de Justiça também fixou o Tema n° 185, entendendo ser cabível a concessão de benefício previdenciário assistencial a portador de deficiência que não pode prover a própria subsistência, ainda que a renda familiar per capita seja superior a um quarto do salário mínimo, pois o critério de aferição da renda mensal previsto no artigo 20, §3º, da Lei 8.742/1993 deve ser tido como um limite mínimo, uma quantia considerada insatisfatória à manutenção da pessoa portadora de deficiência, não impedindo, contudo, que o julgador faça uso de outros meios de prova, desde que aptos a comprovar a condição de miserabilidade da parte e de sua família (Resp n° 1112557-MG).

O artigo 94 da Lei nº 13.146/13, por sua vez, dispõe a respeito do *auxílio-inclusão*, que será prestado à pessoa com deficiência moderada ou grave que: a) receba o benefício de prestação continuada previsto no artigo 20 da Lei nº 8.742/93 e que passe a exercer atividade remunerada que a enquadre como segurado obrigatório do RGPS; e b) tenha recebido, nos últimos 5 (cinco) anos, o benefício de prestação continuada previsto no artigo 20 da Lei nº 8.742/93, e que exerça atividade remunerada que a enquadre como segurado obrigatório do RGPS.

Também no que tange à *previdência social*, é certo que a pessoa com deficiência segurada do Regime Geral de Previdência Social (RGPS) tem direito à aposentadoria nos termos da Lei Complementar nº 142, de 8 de maio de 2013 (art. 41 do EPD).

Importante consignar que é absolutamente vedado, nos termos do artigo 95 da Lei nº 13.146/15, exigir o comparecimento de pessoa com deficiência perante os órgãos públicos quando seu deslocamento lhe imponha ônus desproporcional e indevido, em razão de sua limitação funcional e de condições de acessibilidade.

Nesses casos, quando a questão for de interesse do Poder Público, o agente promoverá o contato necessário com a pessoa com deficiência em sua residência. De outro lado, quando a questão for de interesse da pessoa com deficiência, ela apresentará solicitação de atendimento domiciliar ou fará representar-se por procurador constituído para essa finalidade.

Também é assegurado à pessoa com deficiência atendimento domiciliar pela perícia médica e social do Instituto Nacional do Seguro Social (INSS), pelo serviço público de saúde ou pelo serviço privado de saúde, contratado ou conveniado, que integre o SUS e pelas entidades da rede socioassistencial integrantes do Suas, quando seu deslocamento, em razão de sua limitação funcional e de condições de acessibilidade, imponha-lhe ônus desproporcional e indevido (art. 95, parágrafo único do EPD).

2.3.8. Direito à cultura, esporte, turismo e lazer

O direito ao lazer é previsto na Constituição Federal de 1988 com um direito social. A Convenção Internacional dos Direitos das Pessoas com Deficiência, que como já destacado, foi recepcionada como emenda constitucional, estabelece no Artigo 30, item 1, que caberá ao Poder Público assegurar que a pessoa com deficiência tenha acesso a bens culturais, a programas de televisão, cinema, teatro e outras atividades culturais, em formatos acessíveis, bem como a locais que ofereçam serviços ou eventos culturais, tais como museus, bibliotecas, serviços turísticos, monumentos e locais de importância cultural nacional.

Seguindo as diretrizes constitucionais mencionadas, o Estatuto da Pessoa com Deficiência (Lei nº 13.146/15) traçou regras a respeito do acesso e fruição, pela pessoa com deficiência, a bens, locais, eventos e atividades culturais e esportivas, bem como a programas televisivos, cinemas e teatros, que deverão se mostrar acessíveis (art. 42).

Desse modo, caberá ao Poder Público promover a eliminação ou superação de quaisquer barreiras que impeçam acesso ao patrimônio cultural, respeitadas, é claro, as regras ambientais e que protejam o patrimônio histórico e artístico nacional.

Destaque-se que a eliminação de barreiras é tão importante, que o artigo 42, § 1º do EPD estabelece ser vedada a recusa de oferta de obra intelectual em formato acessível à pessoa com deficiência, sob qualquer argumento, inclusive sob a alegação de proteção dos direitos de propriedade intelectual[86].

Também são previstas diversas medidas impostas ao Poder Público, destinadas a promover a participação da pessoa com deficiência em atividades artísticas, intelectuais, culturais, esportivas e recreativas, com vistas ao seu protagonismo (art. 43 do EPD)[87].

A pessoa com deficiência e pelo menos um acompanhante tem garantidos espaços livres e assentos em teatros, cinemas, auditórios, estádios, ginásios de esporte, locais de espetáculos e de conferências e similares, observada a capacidade de lotação da edificação (art. 44 do EPD). Tais espaços e assentos devem estar situados em locais diferentes, espalhados, com boa visibilidade e próximos a corredores de saída. Somente no caso de não existir comprovada procura pelos assentos reservados, esses podem, excepcionalmente, ser ocupados por pessoas sem deficiência ou que não tenham mobilidade reduzida.

Os cinemas, por sua vez, também devem oferecer, em todas as sessões, recursos de acessibilidade para a pessoa com deficiência[88].

Os hotéis, pousadas e similares devem ser construídos observando-se os princípios do desenho universal, além de adotar todos os meios de acessibilidade, conforme legislação em vigor (art. 45 do EPD), devendo disponibilizar ao menos dez por cento de seus dormitórios acessíveis, em rotas também acessíveis[89].

86 Vide art. 30, item 3 da Convenção Internacional.

87 Vide art. 30, item 2 e 5 da Convenção Internacional.

88 Vigência no prazo de 48 meses a partir da publicação da Lei nº 13.146/15.

89 Vigência no prazo de 24 meses a partir da publicação da Lei nº 13.146/15.

No âmbito federal, a Lei nº 12.933, de 26 de dezembro de 2013, dispõe sobre o benefício de pagamento de meia-entrada para pessoas com deficiência em espetáculos artísticos-culturais e esportivos.

Já a Lei nº 10.098, de 19 de dezembro de 2000, alterada pela Lei nº 13.443, de 11 de maio de 2017, estabelece a obrigatoriedade da oferta, em espaços de uso público, de brinquedos e equipamentos de lazer adaptados para utilização por pessoas com deficiência, inclusive visual, ou com mobilidade reduzida.

2.3.9. Direito ao transporte e à mobilidade

O direito ao transporte, elencado na Constituição Federal como direito social (art. 6º), é garantido à pessoa com deficiência, devendo ser prestado de forma acessível, como forma de lhe assegurar que possa viver de forma independente e participar plenamente de todos os atos da vida cotidiana.

Logo, de acordo com o disposto no Artigo 9 da Convenção Internacional dos Direitos das Pessoas com Deficiência, o Poder Público deve tomar medidas apropriadas para assegurar-lhes o acesso, em igualdade de oportunidades com as demais pessoas, ao transporte, dentre outros direitos.

A Lei nº 10.048/00, que cuida da prioridade de atendimento, estabeleceu, no artigo 3º, que as empresas públicas de transporte e as concessionárias de transporte coletivo reservarão assentos, devidamente identificados, às pessoas portadoras de deficiência e demais pessoas em condição e vulnerabilidade. Estabeleceu, ainda, no art. 5º, que os veículos de transporte coletivo a serem produzidos após doze meses da publicação da referida lei, deveriam ser planejados de forma a facilitar o acesso a seu interior das pessoas com deficiência e que os proprietários de veículos em utilização teriam o prazo de cento e oitenta dias, contados da regulamentação da lei, para proceder às adaptações necessárias[90].

A regulamentação da Lei nº 10.048/00 só veio quatro anos depois, por meio do Decreto nº 5.296, de 02 de dezembro de 2004, que tratou extensamente do tema, especialmente no Capítulo IV, que trata da acessibilidade aos serviços de transporte coletivo. Visando a implementação das regras de acessibilidade, o Decreto fixou prazos específicos para o atendimento das regras que envolvem acessibilidade, a maioria deles inclusive já superados[91].

O Estatuto da Pessoa com Deficiência (Lei nº 13.146/15), por sua vez, também tratou extensamente da questão, nos artigos 46 a 52, estabelecendo, em alguns casos, outros prazos para atendimento das regras de acessibilidade.

Reafirmando o princípio da igualdade, dispõe que o direito ao transporte e à mobilidade daquele que possui deficiência ou que tenha mobilidade reduzida deve ser prestado em igualdade de oportunidades com as demais pessoas, através de sinalização adequada e remoção de obstáculos e barreiras (art. 46 do EPD).

---

[90] A infração ao disposto na Lei sujeita as empresas concessionárias de serviço público a multa que varia de quinhentos e dois mil e quinhentos reais por veículos sem as condições de acessibilidade necessárias.

[91] O art. 38, § 3º, por exemplo, fixou o prazo de 120 meses da publicação do decreto para que a frota de veículos de transporte coletivo rodoviário e a infra-estrutura dos serviços deste transporte se tornassem totalmente acessíveis.

Nesse sentido, dispõe que os serviços de *transporte coletivo*, sejam públicos ou privados, terrestres, aéreos ou aquaviários, devem ser acessíveis e apresentar identificação correlata. A obrigação de acessibilidade alcança não apenas os veículos e meios de transporte, mas também os terminais, estações, pontos de parada, o sistema viário e a própria prestação do serviço (art. 48 do EPD).

Quanto aos veículos, deve inclusive haver sinalização acessível a respeito dos pontos de itinerário, assegurando-se procedimentos de segurança no embarque e desembarque. Destaque-se que a inserção do símbolo internacional de acesso nos veículos de transporte coletivo depende de certificação de acessibilidade, a ser emitida pelo gestor público responsável pela prestação do serviço.

As empresas de transporte de fretamento e de turismo, na renovação de suas frotas, são obrigadas ao cumprimento das regras mencionadas[92].

Quanto aos serviços de *táxi*, as frotas devem reservar dez por cento de veículos acessíveis à pessoa com deficiência, sendo vedada qualquer cobrança diferenciada de tarifa (art. 51 do EPD) e o Poder Público é autorizado a instituir incentivos fiscais com vistas a possibilitar a acessibilidade dos táxis[93].

Do mesmo modo, as empresas *locadoras de veículos* também devem oferecer ao menos um veículo adaptado de sua frota para uso de pessoa com deficiência, a cada conjunto de 20 (vinte) automóveis de sua frota. O veículo adaptado deverá contar, no mínimo, com câmbio automático, direção hidráulica, vidros elétricos e comandos manuais de freio e de embreagem.

À pessoa com deficiência visual (cegueira e baixa visão), acompanhada de cão-guia, é assegurado o direito de ingressar e de permanecer com o animal em todos os meios de transporte, desde que observadas as condições impostas na Lei nº 11.126/05.

Também deverão ser reservadas *vagas em estacionamentos, públicos ou privados de uso coletivo* às pessoas com deficiência ou mobilidade reduzida, assim como em *vias públicas* (art. 47 da Lei nº 13.146/15 e art. 7º da Lei nº 10.098/00). As vagas deverão estar situadas próximas a acessos de circulação de pedestres, apresentando sinalização adequada. Nos estacionamentos, as vagas devem corresponder a dois por cento do total, sendo garantida ao menos uma vaga sinalizada nos termos das normas técnicas vigentes.

Para uso das vagas reservadas, os veículos devem exibir a credencial de beneficiário fornecida pelo órgão de trânsito, válida em todo o território nacional, sob as penas da lei. A utilização indevida das vagas destinadas às pessoas com deficiência sujeita o infrator à aplicação de multa grave (art. 181, inciso XX da Lei nº 9.503/97).

---

[92] Vigência no prazo de 48 meses da publicação da Lei nº 13.146/15.

[93] A acessibilidade é garantida não apenas ao usuário do taxi, mas também na outorga de exploração de serviço de táxi. O Estatuto da Pessoa com Deficiência incluiu o art. 12-B na Lei nº 12.587/12, estabelecendo que na outorga de exploração de serviço de taxi, deverão ser reservadas dez por cento das vagas para condutores com deficiência, desde que o veículo a ser utilizado seja de sua propriedade e por ele conduzido e desde que esteja adaptado às suas necessidades.

2.3.10. *Direito à participação na vida pública e política*

Não obstante as disposições previstas na Constituição Federal de 1988[94], a participação da pessoa com deficiência na vida política e pública vem bem disciplinada pelo artigo 29 da Convenção Internacional dos Direitos das Pessoas com Deficiência, segundo o qual o Estado deverá garantir-lhes direitos políticos e oportunidade de exercê-los em condições de igualdade com as demais pessoas.

Para tanto, o Estado deverá assegurar que as pessoas com deficiência possam participar da vida política e pública diretamente ou através de representantes livremente escolhidos, incluindo o direito e a oportunidade de votarem e serem votadas. Também deverá promover ativamente um ambiente em que as pessoas com deficiência possam participar efetiva e plenamente na condução das questões públicas, sem discriminação e em igualdade de oportunidades com os demais membros da sociedade, e encorajar sua participação nas questões públicas[95].

O Estatuto da Pessoa com Deficiência (Lei nº 13.146/15), fortemente inspirado na Convenção Internacional, determina que o Poder Público deve garantir à pessoa com deficiência todos os direitos políticos e a oportunidade de exercê-los em igualdade de condições com os demais (art. 76).

Para tanto, é previsto que o exercício do direito de voto contará com medidas que garantam que os procedimentos, as instalações, os materiais e os equipamentos para votação sejam apropriados, acessíveis a todas as pessoas e de fácil compreensão e uso, sendo vedada a instalação de seções eleitorais exclusivas para a pessoa com deficiência[96]. Além disso, sempre que necessário e a seu pedido, será permitido que a pessoa com deficiência seja auxiliada na votação por pessoa de sua escolha (art. 76, § 1º, incisos I e IV).

De outro lado, a pessoa com deficiência que quiser se candidatar ao desempenho de quaisquer funções públicas, deverá ser incentivada, sendo-lhe garantido o uso de tecnologias assistivas, quando apropriado (inciso II).

A propaganda eleitoral obrigatória, os pronunciamentos oficiais e eventuais debates transmitidos por emissoras de televisão deverão contar com os recursos de tecnologia assistiva previstos no artigo 67 do Estatuto da Inclusão, quais sejam,

---

[94] Vide art. 14 e seguintes da Constituição Federal de 1988.

[95] Para que a participação na vida política e pública possam ser alcançadas pela pessoa com deficiência, o Artigo 29 da Convenção Internacional impõe ao Estado as seguintes obrigações: *Art. 29. a) (...) i) Garantia de que os procedimentos, instalações e materiais e equipamentos para votação serão apropriados, acessíveis e de fácil compreensão e uso; ii) Proteção do direito das pessoas com deficiência ao voto secreto em eleições e plebiscitos, sem intimidação, e a candidatar-se nas eleições, efetivamente ocupar cargos eletivos e desempenhar quaisquer funções públicas em todos os níveis de governo, usando novas tecnologias assistivas, quando apropriado; iii) Garantia da livre expressão de vontade das pessoas com deficiência como eleitores e, para tanto, sempre que necessário e a seu pedido, permissão para que elas sejam auxiliadas na votação por uma pessoa de sua escolha; b) (...) i) Participação em organizações não-governamentais relacionadas com a vida pública e política do país, bem como em atividades e administração de partidos políticos; ii) Formação de organizações para representar pessoas com deficiência em níveis internacional, regional, nacional e local, bem como a filiação de pessoas com deficiência a tais organizações.*

[96] O Estatuto da Pessoa com Deficiência introduziu o § 6º-A no artigo 135 da Lei nº 4.737/65 (Código Eleitoral), prevendo que os Tribunais Regionais Eleitorais deverão, a cada eleição, expedir instruções aos Juízes Eleitorais para orientá-los na escolha dos locais de votação, de maneira a garantir acessibilidade para o eleitor com deficiência ou com mobilidade reduzida, inclusive em seu entorno e nos sistemas de transporte que lhe dão acesso.

subtitulação por meio de legenda oculta, janela com intérprete da Libras e audiodescrição (inciso III).

A participação da pessoa com deficiência na vida pública também deve incentivada, mesmo nos casos em que ela estiver institucionalizada, seja por meio da participação em organizações não governamentais ligadas à vida pública e política e em partidos políticos; seja por meio de formação de organizações que representem as pessoas com deficiência em todos os níveis; seja pela participação da própria pessoa com deficiência em organizações que a representem (art. 76, § 2º).

2.4. Acessibilidade

2.4.1. Conceito e abrangência

A acessibilidade, tão importante à pessoa com deficiência como forma de promover sua inclusão e incentivar sua emancipação, está prevista na Constituição Federal de 1988, no artigo 227 § 2º, segundo o qual "*a lei disporá sobre normas de construção dos logradouros e dos edifícios de uso público e de fabricação de veículos de transporte coletivo, a fim de garantir acesso adequado às pessoas portadoras de deficiência*".

A Convenção Internacional dos Direitos das Pessoas com Deficiência também disciplina a questão no Artigo 9[97].

De fato, um dos temas mais importantes quando se trata da proteção da pessoa com deficiência é, sem dúvida alguma, a acessibilidade, voltada a lhe conferir autonomia e possibilidade da participação plena em todos os aspectos da vida.

O tema é tão importante, que a Lei nº 13.146/15 estabeleceu que a acessibilidade é um *direito* que garante à pessoa com deficiência ou com mobilidade reduzida viver de forma independente e exercer seus direitos de cidadania e de participação social (art. 53). Tornar o meio físico, o transporte, a informação, os equipamentos e instrumentos tecnológicos acessíveis significa promover a inclusão da pessoa com deficiência.

---

[97] O Artigo 9 da Convenção Internacional estabelece que: "*1. A fim de possibilitar às pessoas com deficiência viver de forma independente e participar plenamente de todos os aspectos da vida, os Estados Partes tomarão as medidas apropriadas para assegurar às pessoas com deficiência o acesso, em igualdade de oportunidades com as demais pessoas, ao meio físico, ao transporte, à informação e comunicação, inclusive aos sistemas e tecnologias da informação e comunicação, bem como a outros serviços e instalações abertos ao público ou de uso público, tanto na zona urbana como na rural*". Tais medidas, que englobarão a identificação e eliminação de barreiras, deverão ser aplicadas a edifícios, meios de transporte, rodovias, escolas, instalações médicas, locais de trabalho e outras instalações internas e externas. A acessibilidade envolve, ainda, os serviços de informação, serviços eletrônicos e serviços de emergência. O item 2 do Artigo 9 também impõe ao Estado a tomada de medidas apropriadas para: "*a) Desenvolver, promulgar e monitorar a implementação de normas e diretrizes mínimas para a acessibilidade das instalações e dos serviços abertos ao público ou de uso público; b) Assegurar que as entidades privadas que oferecem instalações e serviços abertos ao público ou de uso público levem em consideração todos os aspectos relativos à acessibilidade para pessoas com deficiência; c) Proporcionar, a todos os atores envolvidos, formação em relação às questões de acessibilidade com as quais as pessoas com deficiência se confrontam; d) Dotar os edifícios e outras instalações abertas ao público ou de uso público de sinalização em braille e em formatos de fácil leitura e compreensão; e) Oferecer formas de assistência humana ou animal e serviços de mediadores, incluindo guias, ledores e intérpretes profissionais da língua de sinais, para facilitar o acesso aos edifícios e outras instalações abertas ao público ou de uso público; f) Promover outras formas apropriadas de assistência e apoio a pessoas com deficiência, a fim de assegurar a essas pessoas o acesso a informações; g) Promover o acesso de pessoas com deficiência a novos sistemas e tecnologias da informação e comunicação, inclusive à Internet; h) Promover, desde a fase inicial, a concepção, o desenvolvimento, a produção e a disseminação de sistemas e tecnologias de informação e comunicação, a fim de que esses sistemas e tecnologias se tornem acessíveis a custo mínimo.*

Por isso, a acessibilidade é definida como a possibilidade e condição de alcance para utilização, com segurança e autonomia, de espaços, mobiliários, equipamentos urbanos, edificações, transportes, informação e comunicação, inclusive seus sistemas e tecnologias, bem como de outros serviços e instalações abertos ao público, de uso público ou privados de uso coletivo, tanto na zona urbana como na rural, por pessoa com deficiência ou com mobilidade reduzida[98].

Diversas são as normativas que cuidam do assunto[99], podendo ser destacada dentre elas a já mencionada Lei nº 10.098/00, que estabelece normas gerais e critérios básicos para a promoção da acessibilidade de pessoas com deficiência ou com mobilidade reduzida. Referido texto legal, regulamentado quatro anos depois pelo Decreto nº 5.296/04, após trazer conceitos a respeito do tema, dispõe sobre elementos de urbanização; desenho e localização de mobiliário urbano; acessibilidade em edifícios públicos, de uso coletivo e de uso privado; em veículos de transporte coletivo e em sistemas de comunicação e sinalização.

Do mesmo modo, o Estatuto da Pessoa com Deficiência (Lei nº 13.146/15) também reservou um Título inteiro ao tema da acessibilidade (arts. 53 a 78). O artigo 54 estabelece que as regras de acessibilidade devem ser observadas em qualquer matéria que envolva aprovação de projetos arquitetônicos, urbanísticos, de comunicação e de informação; na fabricação de veículos de transporte coletivo e na respectiva prestação do serviço; na execução de qualquer tipo de obra, quando tenham destinação pública ou coletiva; nos casos que envolvam outorga ou a renovação de concessão, permissão, autorização ou habilitação de qualquer natureza; na aprovação de financiamento de projeto com utilização de recursos públicos, por meio de renúncia ou de incentivo fiscal, contrato, convênio ou instrumento congênere, assim como a concessão de aval da União para obtenção de empréstimo e de financiamento internacionais por entes públicos ou privados.

Buscando dar maior abrangência à acessibilidade, o artigo 60 do mesmo diploma legal estabelece que as regras de acessibilidade previstas em legislação e em normas técnicas, observado o disposto na Lei nº 10.098/00, nº 10.257/01, e nº 12.587/12, deverão orientar, naquilo que for cabível, os planos diretores municipais, planos diretores de transporte e trânsito, planos de mobilidade urbana e de preservação de sítios históricos elaborados ou atualizados a partir de sua edição, assim como código de obras e de posturas, leis de uso e ocupação do solo, leis do sistema viários, estudos prévios de impacto de vizinhança, normas referentes à prevenção e combate à incêndio e atividades que envolvam fiscalização e imposição de sanções pelo Poder Público. A concessão e a renovação de alvará de funcionamento para qualquer atividade, bem como a emissão de "habite-se" ou de habilitação equivalente e sua renovação, também se submetem à observação e à certificação das regras de acessibilidade.

---

[98] Art. 2º, inciso I da Lei nº 10.098/00 e art. 3º, inciso I da Lei nº 13.146/15.

[99] Vide Convenção Internacional sobre os Direitos das Pessoas com Deficiência, aprovada pelo Decreto Legislativo nº 186/08, nos artigos 9; Lei nº 8.160, de 08 de janeiro de 1991, que dispõe sobre a caracterização de símbolo que permita a identificação de pessoas com deficiência auditiva e Lei nº 7.405, de 12 de novembro de 1985, que torna obrigatória a colocação do "Símbolo Internacional de Acesso" em todos os locais e serviços que permitam sua utilização por pessoas com deficiência.

A ideia, portanto, é que a acessibilidade seja garantida amplamente, permitindo à pessoa com deficiência plena mobilidade e autonomia.

Para que as ações envolvendo acessibilidade tenham aplicação, o artigo 61 do Estatuto da Pessoa com Deficiência determina que sua formulação, implementação e manutenção atenderão duas premissas: a eleição de prioridades, mediante elaboração de cronograma e reserva de recursos e o planejamento contínuo e articulado entre os setores envolvidos.

Sem dúvida alguma, é preciso que o ente governamental eleja, dentre os serviços, espaços públicos etc., aqueles que terão prioridade para fins de implementação de acessibilidade, o que deve ser feito com participação popular. Porém não basta eleger prioridades, devendo o Poder Público fixar cronograma e, antecipadamente, promover reserva orçamentária suficiente para sua implementação, juntamente com a sociedade, iniciativa privada e os outros entes responsáveis.

Importante consignar que o Supremo Tribunal Federal, em julgamento de Recurso Extraordinário que discutia a obrigatoriedade do Poder Público assegurar acessibilidade a prédios públicos aos portadores de necessidade especiais, assim decidiu:

> *"PRÉDIO PÚBLICO – PORTADOR DE NECESSIDADE ESPECIAL – ACESSO. A Constituição de 1988, a Convenção Internacional sobre Direitos das Pessoas com Deficiência e as Leis nº 7.853/89 – federal –, nº 5.500/86 e nº 9.086/95 – estas duas do Estado de São Paulo – asseguram o direito dos portadores de necessidades especiais ao acesso a prédios públicos, devendo a Administração adotar providências que o viabilizem.*
>
> *(...)*
>
> *A questão que se coloca é saber se, diante da inércia legislativa, há preceitos sem eficácia. A resposta é desenganadamente negativa. Ao remeter à lei a disciplina da matéria, a Carta da República não obstaculiza a atuação do Judiciário. Existem razões para assim concluir. A primeira delas está no rol dos fundamentos e objetivos da República Federativa do Brasil, surgindo o envolvimento da dignidade da pessoa humana e da busca de uma sociedade justa e solidária– artigos 1º, inciso III, e 3º, inciso I, do Diploma Maior.*
>
> *A segunda a ser levada em conta diz respeito ao fato de as normas definidoras dos direitos e garantias fundamentais terem aplicação imediata, sendo que os direitos e garantias expressos na Carta de 1988 não excluem outros decorrentes do regime e dos princípios por ela adotados ou dos tratados internacionais em que a República Federativa do Brasil seja parte – § 1º e § 2º do artigo 5º.*
>
> *Há uma terceira premissa. O acesso ao Judiciário para reclamar contra lesão ou ameaça de lesão a direito é cláusula pétrea.*
>
> *Assentada a natureza constitucional da política pública de acessibilidade, necessariamente a ser implementada pelos demais Poderes Públicos, decorre do conjunto normativo a existência do direito subjetivo público de adequação dos edifícios e áreas públicas visando possibilitar a livre locomoção de portadores de necessidades especiais. É ele qualificado, quando se trata de escola pública, cujo acesso surge primordial ao pleno desenvolvimento da pessoa, consoante proclama o artigo 205 da Carta Federal. O artigo 206, inciso I, dela constante assegura a igualdade de condições para a permanência na escola. Barreiras arquitetônicas que impeçam a locomoção de pessoas acarretam inobservância a regra constitucional, colocando cidadãos em desvantagem no tocante à coletividade.*
>
> *A imposição quanto à acessibilidade aos prédios públicos é reforçada pelo direito à cidadania, ao qual tem jus os portadores de necessidades especiais. A noção de república pressupõe que a gestão pública seja efetuada por delegação e no interesse da sociedade e, nesta, aqueles estão integrados. Obstaculizar-lhes a entrada em hospitais, escolas, biblioté-*

cas, museus, estádios, em suma, edifícios de uso públicos e áreas destinadas ao uso comum do povo, implica tratá-los como cidadãos de segunda classe, ferindo de morte o direito à igualdade e à cidadania.

A doutrina chama a atenção para o fato, muitas vezes despercebido, de ser despiciendo evocar princípios constitucionais – como separação de Poderes ou democracia – quando o direito à prestação positiva vem expressamente estampado na legislação ordinária. É a situação de que Ingo Wolfgang Sarlet denominou "direitos derivados a prestações" (A eficácia dos direitos fundamentais, 2005, p. 302). Como afirmado, o direito buscado neste processo decorre diretamente dos princípios e regras constitucionais, o que é, até mesmo, requisito para o acesso ao Supremo na afunilada via do recurso extraordinário. Ainda que assim não fosse, há lei a dar respaldo à pretensão inicial.

Passo à última etapa do raciocínio desenvolvido: saber se existe justificativa razoável para a mora administrativa. Já adianto que a resposta é negativa. O recorrido – Estado de São Paulo –, em momento algum, apontou políticas públicas alternativas à satisfação do encargo constitucional. Arguiu, simplesmente, poder discricionário, o qual certamente não se estende a ponto de permitir ao administrador público escolher qual preceito da Lei Maior deseja observar.

A simples ausência de portadores de necessidades especiais matriculados na escola estadual não consubstancia desculpa cabível. O quadro pode resultar da própria ausência de opções de acessibilidade. A lógica é circular: o Estado não as fornece, nenhum portador de necessidades especiais consegue frequentar o edifício público, logo, o Estado afirma que não tem o dever de criar formas de acesso porque não há matriculados. Descura do fato de que a escola pública não atende apenas aos estudantes nela matriculados, mas a toda a comunidade" (Recurso Extraordinário nº 440.028 – São Paulo, Rel. Min. Marco Aurélio, j. 20.10.13).

2.4.2. Desenho universal

Dentro do tema acessibilidade, um dos elementos essenciais é o *desenho universal*, que envolve a concepção de produtos, ambientes, programas e serviços que possam ser usados por qualquer pessoa, sem necessidade de adaptação ou de projeto específico, incluindo os recursos de tecnologia assistiva[100].

Os princípios do desenho universal, tendo por referência as regras de acessibilidade, devem ser atendidos na concepção e a implantação de projetos que tratem do meio físico, de transporte, de informação e comunicação, inclusive de sistemas e tecnologias da informação e comunicação, e de outros serviços, equipamentos e instalações abertos ao público, de uso público ou privado de uso coletivo, tanto na zona urbana como na rural (art. 55 da Lei nº 13.146/15).

A utilização do desenho universal é fundamental para que se estabeleça um padrão de comunicação e sinalização voltadas a atender a pessoa com deficiência ou com mobilidade reduzida. Por isso, é tomado como regra de caráter geral, de modo que apenas no caso em que não possa ser empreendido, admitir-se-á adaptação.

O desenho universal é tão importante, que as políticas públicas devem considerar sua adoção e seu conceito. Além disso, temas relacionados ao desenho universal deverão ser incluídos nas diretrizes curriculares da educação profissional e tecnológica, bem como do ensino superior e na formação das carreiras do Estado.

[100] Vide art. 2º, inciso X da Lei nº 10.098/00 e art. 3º, inciso II da Lei nº 13.146/15.

Vejamos, a seguir, com maior detalhamento, o âmbito de aplicação das regras de acessibilidade.

2.4.3. Elementos de urbanização

As regras de acessibilidade devem ser observadas no planejamento e na urbanização de vias públicas, parques e espaços de uso públicos, nos termos do disposto nos artigos 3º a 7º da Lei nº 10.098/00, alterada pela Lei nº 13.443, de 11 de maio de 2017.

As ruas, avenidas e espaços públicos em geral, bem como as instalações de serviços que possuam e os respectivos mobiliários urbanos deverão ser adaptados, mediante ordem de prioridade do Poder Público, voltada a lhes imprimir maior eficiência, no sentido de conferir maior acessibilidade às pessoas com deficiência.

A regra incide, inclusive, sobre parques de diversões, que devem adaptar pelo menos cinco por cento dos brinquedos e equipamentos, identificando-os como acessíveis.

Os itinerários e passagens de pedestres, assim como percursos de entrada e saída de veículos, escadas, rampas e demais projetos e traçados de elementos de urbanização públicos e privados de uso comunitário, devem observar parâmetros estabelecidos pelas normas técnicas de acessibilidade da ABNT.

Do mesmo modo, os banheiros de uso públicos de parques, praças, jardins e espaços livres públicos deverão dispor de equipamentos que atendam as regras de acessibilidade.

2.4.4. Desenho e localização do mobiliário urbano

As regras de acessibilidade também devem ser adotadas no sistema de sinalização de tráfego, semáforos, postes de iluminação e qualquer elemento vertical de sinalização instalados em itinerário ou espaço de acesso para pedestres, de modo que não prejudiquem a livre circulação, nos termos do disposto no artigo 8º da Lei nº 10.098/00.

Ao pedestre com deficiência visual, a Lei nº 13.146/15, alterando o artigo 9º da Lei nº 10.098/00, garantiu a instalação de semáforos que emitam sinal sonoro ou mecanismo alternativo que sirva de guia e orientação para a travessia, em vias de grande fluxo de veículos e que apresentem periculosidade.

Os elementos do mobiliário urbano deverão ser projetados e dispostos em locais que permitam seu uso por pessoas com deficiência ou com mobilidade reduzida. Caso sejam instalados em local de circulação comum para pedestre e ofereçam qualquer tipo de risco à pessoa com deficiência, deverá haver indicação mediante sinalização tátil de alerta no piso (art. 10 da Lei nº 10.098/00).

Destaque-se que o conceito de mobiliário urbano envolve além de semáforos, postes de sinalização e similares, quaisquer objetos existentes nas vias e nos espaços públicos, superpostos ou adicionados aos elementos de urbanização ou de edificação, de forma que sua modificação ou seu traslado não provoque alterações substanciais nesses elementos, tais como terminais e pontos de acesso coletivo às telecomunicações, fontes de água, lixeiras, toldos, marquises, bancos, quiosques e quaisquer outros de natureza análoga (art. 3º, inciso VIII da Lei nº 13.146/15 e art. 2º, inciso VII da Lei nº 10.098/00).

2.4.5. *Obras e edifícios públicos e privados de uso coletivo*

A construção, a reforma, a ampliação ou a mudança de uso de edificações abertas ao público, de uso público ou privadas de uso coletivo deverão ser executadas de modo que sejam acessíveis às pessoas com deficiência, nos termos dos artigos 11 e 12 da Lei nº 10.098/00 e artigos 56 a 58 da Lei nº 13.146/15.

A declaração de atendimento das regras de acessibilidade deve ser exigida pelos órgãos de fiscalização dos profissionais de engenharia e arquitetura (ARTs), sendo requisito para aprovação, licenciamento ou emissão de certificado de projeto executivo e certificado de conclusão de obra ou serviço (art. 56). Após a verificação da acessibilidade da edificação ou do serviço, o Poder Público determinará a colocação do símbolo internacional de acesso.

O projeto e a construção de edificação de uso privado multifamiliar devem atender às regras de acessibilidade, observado o percentual mínimo previsto na Lei nº 13.146/15, sendo vedada a cobrança de qualquer valor adicional para sua aquisição (art. 58 do EPD).

A acessibilidade também deve observada em qualquer obra ou serviço, inclusive naqueles promovidos pelo Poder Público e suas concessionárias, quando da intervenção em vias e espaços públicos, garantindo a fluidez do trânsito e a livre circulação e acessibilidade das pessoas, durante e após sua execução (art. 59 do EPD).

Do mesmo modo, os locais que comportem espetáculos, conferências e aulas deverão dispor de espaços reservados para pessoas que utilizam cadeira de rodas, e de lugares específicos para pessoas com deficiência auditiva e visual, inclusive acompanhante, nos termos das regras da ABNT, de modo a facilitar-lhes as condições de acesso, circulação e comunicação (art. 12 da Lei nº 10.098/00).

Já os centros comerciais, como shoppings centers e estabelecimentos congêneres, deverão fornecer carros e cadeiras de rodas, motorizados ou não, para o atendimento da pessoa com deficiência ou com mobilidade reduzida (art. 12-A da Lei nº 10.098/00).

Quanto aos edifícios já existentes, sejam públicos ou privados de uso coletivo, é certo que deverão ser adaptados para atender às regras de acessibilidade (art. 57 do EPD).

2.4.6. *Veículos de transporte coletivo*

Como já explicitado (item 2.3.9), os veículos de transporte coletivo deverão cumprir as regras de acessibilidade (art. 16 da Lei nº 10.098/00 e art. 54, inciso I da Lei nº 13.146/15).

2.4.7. Contas, boletos, recibos, extratos e cobrança de tributos

O artigo 62 do Estatuto da Pessoa com Deficiência determina, ainda, que a pessoa com deficiência poderá, mediante prévio requerimento, receber contas, boletos, recibos, extratos e cobranças de tributos em formato acessíveis.

A disposição é extremamente salutar, na medida em que visa promover a emancipação da pessoa com deficiência, permitindo-lhe gerir com maior facilidade sua vida financeira e compromissos fiscais e tributários.

2.4.8. Acesso à informação e comunicação

A acessibilidade no campo da informação e da comunicação é outro desafio que deve ser enfrentado.

Com efeito, em um mundo globalizado, no qual grande parte das informações é disponibilizada via *internet* e a comunicação é realizada por meio digital (telefones celulares, e-mails, aplicativos de mensagens instantâneas), tornar a comunicação acessível é uma necessidade, cabendo ao Poder Público a eliminação de barreiras e a implementação de mecanismos que tornem acessíveis os sistemas de comunicação, como forma de garantir o direito de acesso à informação, à comunicação, ao trabalho, à educação, ao transporte, à cultura, ao esporte e ao lazer[101].

A lei nº 10.098/00, em seu artigo 18, impôs ao Poder Público a "*formação de profissionais intérpretes de escrita em braile, linguagem de sinais e de guias-intérpretes*", com o fim de facilitar a comunicação direta à pessoa com deficiência. O artigo 73 da Lei nº 13.146/15 também trata do tema, estabelecendo a obrigação de formação não apenas a tradutores e intérpretes de Libras, guias intérpretes e profissionais habilitados em Braille, mas também a profissionais especializados em audiodescrição, estenotipia e legendagem.

A Lei nº 13.146/15 também disciplinou a acessibilidade na *internet* e nos sistemas de telecomunicações.

Assim, de acordo com o artigo 63, os sítios de *internet* públicos e privados, mantidos por empresas que tenham sede ou representação no país, deverão ser acessíveis à pessoa com deficiência, contendo símbolo de acessibilidade em destaque. O funcionamento de telecentros comunitários subsidiados com recursos públicos federais e casas de aluguel de serviços de *internet* (*lan houses*), devem possuir pelo menos dez por cento de seus equipamentos acessíveis, bem como instalações adequadas à pessoa com deficiência. Importante destacar que a acessibilidade nos sítios de internet é obrigatória para obtenção do financiamento a que se refere o inciso III do artigo 54 da referida Lei.

No que tange aos serviços de telecomunicações, o artigo 65 da Lei nº 13.146/15 determina que deverão garantir acessibilidade na forma da regulamentação pertinente, devendo o Poder Público incentivar a oferta de aparelhos de telefonia que sejam acessíveis e que possuam tecnologia assistiva, tais como possibilidade de ampliação sonora (art. 66 do EPD).

---

[101] Vide art. 17 da Lei nº 10.098/00.

Já os serviços de radiodifusão de sons e imagens, deverão oferecer à pessoa com deficiência os recursos de subtitulação por meio de legenda oculta, janela com intérprete da Libras e audiodescrição (art. 67 do EPD).

Quanto à produção literária impressa, o Poder Público deve incentivar não apenas a produção e edição, mas também a distribuição e comercialização de livros em formatos acessíveis, notadamente em publicações oriundas dos órgãos públicos e financiadas com recursos públicos (art. 68 do EPD).

A acessibilidade é tão importante, que nos termos do artigo 68, § 1º, a produção em formato acessível passa a ser requisito de habilitação das empresas nas licitações voltadas a compra de livros. A definição de formato acessível é dada pelo § 2º, consistindo em arquivos digitais que possam ser reconhecidos e acessados por *softwares* leitores de telas ou outras tecnologias assistivas que vierem a substituí-los, permitindo leitura com voz sintetizada, ampliação de caracteres, diferentes contrastes e impressão em Braille. Verifica-se que o legislador quis impor ao Poder Público a adoção de políticas públicas voltadas à acessibilidade nos meios de comunicação, tanto que dispõe que deverão ser estimuladas a adaptação e a produção de artigos científicos em formato acessível, inclusive em Libras (§ 3º).

A Lei nº 13.146/15 enuncia, ainda, disposições relacionadas ao consumidor com deficiência. No artigo 69 determina que os produtos e serviços oferecidos por meios de comunicação de qualquer natureza, tragam informações corretas e claras quanto a quantidade, qualidade, características, composição e preço, e alertas quanto a eventuais riscos à saúde e à segurança do consumidor com deficiência, sem prejuízo do disposto nos artigos 30 a 41 do Código de Defesa do Consumidor. Do mesmo modo, assegura-se ao consumidor com deficiência acessibilidade por meio de subtitulação por legenda oculta, janela com intérprete de libras e audiodiscrição em anúncios publicitários veiculados na imprensa escrita, internet, rádio, televisão e demais veículos de comunicação, conforme a compatibilidade do meio, sem prejuízo das regras referentes à publicidade previstas no Código de Defesa do Consumidor. O fornecedor ainda deverá oferecer, em caso de solicitação, bulas, prospectos, textos e outros materiais de divulgação em formato acessível.

Os recursos de tecnologia assistiva previstos no artigo 67 do Estatuto da Pessoa com Deficiência (subtitulação por meio de legenda oculta, janela com intérprete da Libras e audiodescrição), também devem ser oferecidos pelas instituições que promovam congressos, seminários, oficinas e demais eventos de natureza científico-cultural (art. 70 do EPD). Quando tais eventos forem promovidos ou financiados pelo Poder Público, os recursos de tecnologia assistiva e condições de acessibilidade são obrigatórios (art. 71 do EPD).

2.4.9. Tecnologia assistiva

Vivendo em um mundo globalizado, no qual todos fazem uso de telefone celular, *internet*, aparelhos domésticos, veículos automatizados, etc, é fundamental que os bens e produtos dos quais fazemos uso diário possuam *tecnologia assistiva*, garantindo à pessoa com deficiência o acesso a produtos, recursos, estratégias, práticas, processos, métodos e serviços de tecnologia que maximizem sua autonomia, mobilidade pessoal e qualidade de vida (art. 74 da Lei nº 13.146/15).

A tecnologia assistiva, assim, envolve o desenvolvimento de produtos, instrumentos, estratégias, serviços ou práticas destinadas a garantir integração da pessoa com deficiência na sociedade.

Podemos citar como exemplos o sistema Braille, os softwares para leitura de tela de computadores para deficientes visuais; os aparelhos de audição para deficientes auditivos; os telefones para surdos (TS); os Sistemas de Comunicação Alternativos (SAS), muito usados por quem tem paralisia cerebral e as próteses e órteses para deficientes físicos.

Oportuno destacar, por relevante, que as tecnologias não envolvem apenas objetos, produtos ou instrumentos, englobando todos os aspectos referentes a organização de determinado assunto relevante à pessoa com deficiência.

Desse modo, falar sobre tecnologia assistiva em transporte, não envolve apenas rampas ou sistemas de rebaixamento em ônibus coletivo, mas também controle de tráfego, circulação em calçadas, formação de profissionais, etc.

O tema tem tamanha importância, que o Estatuto da Pessoa com Deficiência estabeleceu que o Poder Público deve desenvolver um plano de tecnologia assistiva que contemple medidas voltadas a: I – facilitar o acesso a crédito especializado, inclusive com oferta de linhas de crédito subsidiadas, específicas para aquisição de tecnologia assistiva; II – agilizar, simplificar e priorizar procedimentos de importação de tecnologia assistiva, especialmente as questões atinentes a procedimentos alfandegários e sanitários; III – criar mecanismos de fomento à pesquisa e à produção nacional de tecnologia assistiva, inclusive por meio de concessão de linhas de crédito subsidiado e de parcerias com institutos de pesquisa oficiais; IV – eliminar ou reduzir a tributação da cadeia produtiva e de importação de tecnologia assistiva e V – facilitar e agilizar o processo de inclusão de novos recursos de tecnologia assistiva no rol de produtos distribuídos no âmbito do SUS e por outros órgãos governamentais. Referido plano deverá ser renovado a cada quatro anos e seus procedimentos devem ser avaliados a cada dois anos, pelo menos (art. 75 da Lei nº 13.146/15).

A tecnologia assistiva também deve ser adotada no exercício dos direitos políticos, conforme já analisado no item 3.10.

A tecnologia assistiva é tão importante que deve ser tema dos programas, linhas de pesquisa e projetos desenvolvidos com o apoio de agências de financiamento e de órgãos e entidades integrantes da administração pública, que atuem no auxílio à pesquisa (art. 72 do EPD).

2.5. Ciência e tecnologia

O Estatuto da Pessoa com Deficiência (Lei nº 13.146/15) não apenas se preocupou em tecer regras sobre acessibilidade, nas mais variadas vertentes, como também reservou um Título para tratar de ciência e tecnologia a favor da pessoa com deficiência.

De fato, o Título IV cuida do fomento ao desenvolvimento científico destinado a melhorar a qualidade de vida e de trabalho da pessoa com deficiência, facilitando sua inclusão social.

Para tanto, de acordo como artigo 77, o Poder Público deve estimular a pesquisa, a inovação e a capacidade tecnológica, priorizando a geração de conhecimentos e técnicas destinadas à prevenção e ao tratamento de deficiências, bem como o desenvolvimento de tecnologias assistiva e social.

A fim de que os conceitos e instrumentos que envolvem acessibilidade e tecnologia assistiva e social sejam difundidos e atinjam o maior número possível de interessados, deverão ser criados cursos de pós-graduação sobre o tema. Além disso, a temática deverá ser incluída nas diretrizes de áreas do conhecimento. Do mesmo modo, as instituições públicas e privadas devem ter sua capacitação tecnológica fomentada para o desenvolvimento de novas tecnologias assistivas e sociais, com o fim de melhorar a participação social da pessoa com deficiência.

As tecnologias que envolvam informação, comunicação e as tecnologias sociais também devem ter sua pesquisa, desenvolvimento, inovação e difusão estimuladas pelo Poder Público (art. 78), especialmente as que: a) possam ser empregadas como instrumento de superação de limitações funcionais e de barreiras à comunicação, à informação, à educação e ao entretenimento da pessoa com deficiência, e b) permitam a adoção de soluções e a difusão de normas destinadas a ampliar a acessibilidade da pessoa com deficiência à computação e aos sítios da internet, em especial aos serviços de governo eletrônico.

2.6. Capacidade da pessoa com deficiência

O Artigo 12 da Convenção Internacional dos Direitos das Pessoas com Deficiência disciplina o chamado "reconhecimento igual perante a lei", estabelecendo que esses indivíduos têm o direito de ser reconhecidos em qualquer lugar como pessoas perante a lei e que gozam de capacidade legal em igualdade de condições com as demais pessoas em todos os aspectos da vida.

De fato, é importante recordar que a tutela da pessoa com deficiência visa promover não apenas sua inclusão social, mas também sua emancipação social.

Por conta disso, o citado Artigo 12 determina que o Estado deve tomar medidas apropriadas para prover o acesso de pessoas com deficiência ao apoio que necessitarem no exercício de sua capacidade legal. Para o exercício dessa capacidade, devem ser asseguradas medidas que incluam salvaguardas apropriadas e efetivas com o fim de prevenir abusos, pois é imprescindível proteger a pessoa com deficiência de qualquer violação de seus direitos mais caros.

Essas salvaguardas devem garantir que as medidas relativas ao exercício da capacidade legal respeitem os direitos, vontades e preferências da pessoa com deficiência e que sejam proporcionais e apropriadas às circunstâncias da pessoa. Tais salvaguardas também deverão ser isentas de conflito de interesses e de influência indevida, devendo durar o menor tempo possível, sendo submetidas à revisão regular por autoridade ou órgão judiciário competente, independente e imparcial.

Por fim, a Convenção Internacional determina que o Estado tome as medidas apropriadas e efetivas para assegurar às pessoas com deficiência o igual direito de possuir ou herdar bens, de controlar as próprias finanças e de ter igual acesso a empréstimos bancários, hipotecas e outras formas de crédito financeiro, assegurando-lhes que não sejam arbitrariamente destituídas de seus bens.

O Estatuto da Pessoa com Deficiência, seguindo a Convenção Internacional, tratou do "reconhecimento igual perante a Lei" no Título que trata do acesso à justiça, disciplinando regras a respeito da capacidade da pessoa com deficiência, promovendo grandes mudanças[102] no cenário brasileiro, especialmente com relação à pessoa que tenha deficiência mental.

Com efeito, antes considerada como pessoa absolutamente incapaz por força do antigo artigo 3º, inciso II do Código Civil, hoje a pessoa com deficiência mental ou com qualquer outro tipo de deficiência (paralisia cerebral, por exemplo), será considerada relativamente incapaz apenas e tão somente se não conseguir exprimir sua vontade:

> *Art. 4º. São incapazes, relativamente a certos atos ou à maneira de os exercer: (Redação dada pela Lei nº 13.146, de 2015)*
>
> *(...)*
>
> *III – aqueles que, por causa transitória ou permanente, não puderem exprimir sua vontade; (Redação dada pela Lei nº 13.146, de 2015).*

Conclui-se, portanto, que a deficiência ou o transtorno mental, por si, não afastam a capacidade civil da pessoa, mas apenas se, em decorrência delas, tais pessoas não puderem exprimir sua vontade.

Cabe aqui destacar o disposto no artigo 6º da Lei nº 13.146/2015, pelo qual a deficiência não afeta a plena capacidade civil da pessoa, inclusive para: a) casar-se e constituir união estável; b) exercer direitos sexuais e reprodutivos; c) exercer o direito de decidir sobre o número de filhos e de ter acesso a informações adequadas sobre reprodução e planejamento familiar; d) conservar sua fertilidade, sendo vedada a esterilização compulsória; e) exercer o direito à família e à convivência familiar e comunitária; e f) exercer o direito à guarda, à tutela, à curatela e à adoção, como adotante ou adotando, em igualdade de oportunidades com as demais pessoas.

Essa capacidade é reafirmada pelo artigo 84 da Lei nº 13.146/15, que estabelece que a pessoa com deficiência tem assegurado o direito ao exercício de sua capacidade legal em igualdade de condições com as demais pessoas e somente quando necessário, será submetida à curatela, conforme a lei.

Assim, o instituto da curatela assume caráter excepcional, sendo considerado medida protetiva extraordinária, que deve ser empregada proporcionalmente às

[102] É certo, ainda, que o Estatuto da Pessoa com Deficiência promoveu outras alterações relevantes no que tange à capacidade da pessoa com deficiência. Com efeito, o antigo art. 1.548, inciso I do Código Civil foi revogado, não havendo mais que se falar em nulidade do casamento das pessoas ali previstas (enfermo mental, sem o necessário discernimento para a prática dos atos da vida civil). Já o art. 1.550 do Código Civil, que dispõe sobre a nulidade relativa do casamento, ganhou um novo parágrafo, prevendo que a pessoa com deficiência mental ou intelectual em idade núbil pode contrair matrimônio, expressando sua vontade diretamente ou por meio de seu responsável ou curador.

necessidades e circunstâncias do caso concreto, durante o menor tempo possível. A medida, repita-se, é excepcional, de modo que da sentença devem constar as razões e motivações de sua definição, preservados os interesses do curatelado (art. 84, § 2º da Lei nº 13.146/15 e art. 1772 do Código Civil).

Nesse sentido, revogados os incisos I, II e IV, do artigo 1.767, do Código Civil, em que se dispunha que os portadores de transtorno mental estariam sujeitos à curatela.

Ressalte-se que o artigo 2º da Lei nº 13.146/15 altera os critérios para avaliação da deficiência, estabelecendo que quando necessária, será biopsicossocial, realizada por equipe multiprofissional e interdisciplinar e considerará: I – os impedimentos nas funções e nas estruturas do corpo; II – os fatores socioambientais, psicológicos e pessoais; III – a limitação no desempenho de atividades; e IV – a restrição de participação, cabendo ao Poder Executivo criar instrumentos para avaliação da deficiência.

Assim, nos casos de interdição, que serão sempre excepcionais e ensejarão a declaração de incapacidade relativa, deverá obrigatoriamente haver uma perícia elaborada por equipe multidisciplinar (art. 1771 do Código Civil).

Não basta, portanto, laudo médico indicando patologia específica. Há necessidade de avaliação da pessoa por outros profissionais da saúde, isto é, no mínimo por uma equipe formada por psicólogos e assistentes sociais.

É certo, ainda, que a curatela afeta apenas os atos relacionados a direito de natureza patrimonial e negocial (art. 85), não abrangendo o direito ao próprio corpo, à sexualidade, ao matrimônio, à privacidade, à educação, à saúde, ao trabalho e ao voto (§ 1º).

Caso a pessoa com deficiência esteja institucionalizada, a nomeação de curador deve recair preferencialmente sobre pessoa que tenha vínculo de natureza familiar, afetiva ou comunitária com o curatelado (§ 3º). Os curadores permanecem com a obrigação de prestar contas judiciais de sua administração anualmente.

A decretação judicial da curatela provisória será cabível, de ofício ou a requerimento do interessado, nos casos de relevância e urgência, com o fim de proteger os interesses da pessoa com deficiência, ouvido o Ministério Público (art. 87).

Para emissão de documentos oficiais, não será exigida a situação de curatela da pessoa com deficiência (art. 86).

A Lei nº 13.146/15, na busca da emancipação da pessoa com deficiência, introduziu um novo instituto jurídico, qual seja, o processo de *tomada de decisão apoiada*, previsto no § 2º do artigo 84 e disciplinado pelo artigo 1783-A, introduzido no Código Civil.

Nos termos da lei, a tomada de decisão apoiada é o processo pelo qual a pessoa com deficiência elege pelo menos 2 (duas) pessoas idôneas, com as quais mantenha vínculos e que gozem de sua confiança, para prestar-lhe apoio na tomada de decisão sobre atos da vida civil, fornecendo-lhes os elementos e informações necessários para que possa exercer sua capacidade[103].

---

[103] Para formular o pedido de tomada de decisão apoiada, o artigo 1783-A do Código Civil estabelece que a pessoa com deficiência e os apoiadores devem apresentar um termo no qual estejam estabelecidos os limites do apoio a ser oferecido e os compromissos dos apoiadores, bem como o prazo de vigência do acordo e o respeito à vontade, aos direitos e aos

Trata-se de instituto voltado a dar maior autonomia e garantias à pessoa portadora de deficiência, sendo indicado para casos no quais a família inicialmente pede interdição, mas não há indícios de doença mental grave que sustentem a declaração da incapacidade civil, ainda que relativa.

2.7. Acesso à justiça

A tutela da pessoa com deficiência, como visto nos itens precedentes, abarca uma série de direitos que envolvem educação, saúde, transporte, moradia, trabalho, assistência e previdência social, etc. Não obstante esse leque de direitos seja previsto em disposições constitucionais e infraconstitucionais, sua efetivação no plano concreto é assegurada pelo acesso à justiça.

O artigo 5º da Constituição Federal, estabelece no inciso XXXV, que "*a lei não excluirá da apreciação do Poder Judiciário lesão ou ameaça a direito*".

O Artigo 13 da Convenção Internacional dos Direitos das Pessoas com Deficiência, por sua vez, estabelece que o Estado assegurará o efetivo acesso das pessoas com deficiência à justiça, em igualdade de condições com as demais pessoas, inclusive mediante a provisão de adaptações processuais adequadas à idade, a fim de facilitar o efetivo papel das pessoas com deficiência como participantes diretos ou indiretos, inclusive como testemunhas, em todos os procedimentos jurídicos, tais como investigações e outras etapas preliminares.

A fim de assegurar às pessoas com deficiência o efetivo acesso à justiça, a Convenção estabelece que o Estado deverá promover a capacitação apropriada daqueles que trabalham na área de administração da justiça, inclusive a polícia e os funcionários do sistema penitenciário.

O Estatuto da Pessoa com Deficiência, repetindo os comandos da Convenção Internacional, estabelece que a pessoa com deficiência deve ter garantido pleno acesso à justiça, em igualdade de condições com as demais pessoas, sendo-lhe assegurado, sempre que requerido, recursos de tecnologia assistiva e adaptações que lhe sejam convenientes (art. 79).

Com a finalidade de garantir o acesso à justiça inclusiva, o Poder Público deverá capacitar membros e servidores do Poder Judiciário, do Ministério Público, da Defensoria Pública, dos órgãos de segurança pública o do sistema penitenciário,

---

interesses da pessoa que devem apoiar. O juiz será assistido por equipe multidisciplinar e, após ouvir o Ministério Público, ouvirá pessoalmente o requerente e as pessoas indicadas a lhe prestar apoio. A decisão tomada por pessoa apoiada terá validade e efeitos sobre terceiros, sem restrições, desde que esteja inserida nos limites do apoio acordado. É possível que o terceiro, com o qual a pessoa apoiada mantém relação negocial, solicite que os apoiadores contra-assinem o acordo ou o contrato, atestando por escrito suas funções com relação à pessoa apoiada. Caso o negócio jurídico possa trazer risco ou prejuízo relevante, havendo divergência de opiniões entre a pessoa apoiada e um dos apoiadores, deverá o juiz, ouvido o Ministério Público, decidir sobre a questão. Caso o apoiador aja com negligência, exerça pressão indevida ou não quite as obrigações assumidas, poderá a pessoa apoiada ou qualquer pessoa apresentar denúncia ao Ministério Público ou ao juiz. Na hipótese de a denúncia ser procedente, o juiz destituirá o apoiador e nomeará, ouvida a pessoa apoiada e se for de seu interesse, outra pessoa para prestação de apoio. A pessoa apoiada pode, a qualquer tempo, solicitar o término de acordo firmado em processo de tomada de decisão apoiada. De outro lado, o apoiador pode solicitar ao juiz a exclusão de sua participação do processo de tomada de decisão apoiada, sendo seu desligamento condicionado à manifestação do juiz sobre a matéria.

sendo certo que nesse último caso, a pessoa com deficiência que esteja sob medida restritiva de liberdade terá garantida a acessibilidade.

Deste modo, quer atue como parte ou terceiro interessado, quer quando a pessoa com deficiência seja um dos operadores do direito (juiz, promotor de justiça, defensor público, advogado etc.), sempre lhe será garantido acesso a todos os recursos de tecnologia assistiva (art. 80 do EPD).

Por fim, é vedado aos serviços notariais e de registro negar ou criar óbices ou condições diferenciadas à prestação de seus serviços em razão de deficiência do solicitante, devendo reconhecer sua capacidade legal plena, garantida a acessibilidade, sendo certo que sua inobservância constitui discriminação em razão de deficiência (art. 83 do EPD).

Estabelecidas essas regras, que asseguram o acesso à justiça "inclusiva", indaga-se: quais são as formas e meios necessários para a efetivação dos direitos inerentes às pessoas com deficiência e como esses direitos podem ser impostos àqueles que os desrespeitarem ou forem omissos em sua observação??

Nesse sentido, impõe-se a análise da proteção jurisdicional das pessoas com deficiência, que pode ser prestada pela via da tutela individual e da tutela coletiva.

2.7.1. *Ministério Público e a tutela da pessoa com deficiência*

O artigo 127 da Constituição Federal estabelece que o Ministério Público é instituição permanente, essencial à função jurisdicional do Estado, incumbindo-lhe a defesa da ordem jurídica, do regime democrático e dos interesses sociais e individuais indisponíveis.

A proteção à pessoa com deficiência pelo Ministério Público, vem estabelecida na Lei Orgânica Nacional, assim como nas Leis Orgânicas Estaduais[104].

A Lei nº 7.853/89 dispôs sobre o apoio às pessoas com deficiência, sua integração social, instituindo a tutela jurisdicional de interesses coletivos ou difusos dessas pessoas, disciplinando a atuação do Ministério Público na tutela coletiva *lato sensu*.

O art. 5º, do citado diploma legal, estabelece que "*o Ministério Público intervirá obrigatoriamente nas ações públicas, coletivas ou individuais, em que se discutam interesses relacionados à deficiência da pessoa*".

Tratando do tema, Hugo Nigro Mazzili[105] assevera:

> *"Coube à Lei nº 7.853/89 disciplinar a proteção e a integração social das pessoas portadoras de deficiência. Pela primeira vez, a lei aludiu expressamente à atuação do Ministério Público nessa área. Conferiu, ainda, ao Ministério Público e a outros colegitimados ativos, a incumbência da defesa de interesses difusos, coletivos e individuais homogêneos das pessoas portadoras de deficiência, defesa essa a ser empreendida por meio da ação civil pública.*
>
> *Na verdade, o Ministério Público não atua apenas em ações que versem interesses individuais homogêneos, coletivos ou difusos relacionados com a proteção das pessoas*

---

[104] Artigo 25, IV, alínea "a" e VI e artigo 26, I, alínea "a", da Lei federal nº 8.625/93 e artigo 103, I, VIII e X da Lei Complementar estadual nº 734/93 do Estado de São Paulo.

[105] MAZZILLI, Hugo Nigro. **A Defesa dos Interesses Difusos em Juízo**, 22ª ed. São Paulo, Saraiva, 2009, p. 73.

portadoras de deficiência. Seu papel interventivo ocorrerá em qualquer ação em que seja parte uma pessoa nessas condições, que se trate de limitação física ou mental, posto que não se verifique a incapacidade para os fins do Código Civil, desde que o objeto da ação esteja relacionado com dita deficiência.

(...)

Deve ainda o Ministério Público zelar para que os Poderes Públicos e os serviços de relevância pública observem os direitos e os princípios constitucionais de proteção às pessoas portadoras de deficiência, como o acesso a edifícios públicos e a edifícios privados destinados a uso público, ou preenchimento de empregos públicos. Por meio da ação civil pública, podem ainda ser ajuizadas medidas judiciais relacionadas com educação, saúde, transportes, edificações, bem como com a área ocupacional ou de recursos humanos. Para tanto, o Ministério Público dispõe de vários instrumentos, como inquérito civil, compromissos de ajustamento, audiências públicas, expedição de recomendações, ação civil pública, ação penal pública"

O Estatuto da Pessoa com Deficiência (Lei nº 13.146/15) também atribuiu ao Ministério Público (e à Defensoria Pública) a incumbência de garantir todos os direitos das pessoas com deficiência, elencados na lei (art. 79, § 3º).

Desse modo, cabe ao Ministério Público a defesa da pessoa com deficiência em frentes diversas: a intervenção como fiscal da lei; a defesa da pessoa com deficiência em causas que envolvem direitos individuais indisponíveis e a defesa no âmbito coletivo *lato sensu*, isto é, a tutela dos direitos e interesses difusos, coletivos ou individuais homogêneos, promovendo as medidas judiciais e extrajudiciais cabíveis.

A intervenção do Ministério Público nas ações individuais que envolvam pessoas com deficiência deve ser orientada pela presença de discussão que envolva a deficiência, já que a só qualidade da parte não é suficiente para ensejar sua intervenção. Nesse sentido, é importante destacar que a falta de autodeterminação torna o direito do interessado indisponível, legitimando a intervenção do Ministério Público na causa.

Na previsão do novo Código de Processo Civil, o Ministério Público intervirá como fiscal da ordem jurídica nas hipóteses previstas em lei ou na Carta Federal, e nos processos que envolvam interesse público ou social ou interesse de incapaz (artigo 178).

Seguindo essa linha, os artigos 1768 e 1769 do Código Civil, alterados pela Estatuto da Pessoa com Deficiência, tornam o Ministério Público legitimado para a ação que define os termos da curatela, nos casos de deficiência mental ou intelectual e na ausência ou omissão de outro colegitimado, ou quando esses forem menores ou incapazes. É certo, ainda, que nos termos do artigo 1770, quando a ação for promovida por quaisquer dos demais legitimados, o Ministério Público será o defensor do interditando.

De outro lado, o Ministério Público possui legitimidade para a defesa dos direitos individuais indisponíveis da pessoa com deficiência, *mesmo quando a ação vise à tutela de pessoa individualmente considerada*.

Importante trazer à colação o ensinamento do Min. Herman Benjamin no julgamento do Recurso Especial nº 931.513-RS pelo Superior Tribunal de Justiça, envolvendo *ação civil pública movida* pelo Ministério Público de São Paulo para obtenção de prótese auricular para uma única pessoa com deficiência:

"Na Ação Civil Pública, em caso de dúvida sobre a legitimação para agir de sujeito intermediário – Ministério Público, Defensoria Pública e associações, p. ex. –, sobretudo se estiver em jogo a dignidade da pessoa humana, o juiz deve optar por reconhecê-la e, assim, abrir as portas para a solução judicial de litígios que, a ser diferente, jamais veriam seu dia na Corte.

A categoria ético-política, e também jurídica, dos sujeitos vulneráveis inclui um subgrupo de *sujeitos hipervulneráveis*, entre os quais se destacam, por razões óbvias, as pessoas com deficiência física, sensorial ou mental.

Por força da norma de extensão ("outros interesses difusos e coletivos", consoante o art. 129, III, da Constituição de 1988; "qualquer outro interesse difuso ou coletivo", nos termos do art. 110 do Código de Defesa do Consumidor; e "outros interesses difusos, coletivos e individuais indisponíveis e homogêneos", na fórmula do art. 25, IV, alínea "a", da Lei Orgânica Nacional do Ministério Público), cabe ao Judiciário, para fins de legitimação *ad causam* na Ação Civil Pública, incorporar ao rol legal – em *numerus apertus*, importa lembrar – novos direitos e interesses, em processo de atualização permanente da legislação.

A tutela dos interesses e direitos dos hipervulneráveis é de inafastável e evidente conteúdo social, mesmo quando a Ação Civil Pública, no seu resultado imediato, aparenta tutelar apenas *uma única pessoa*. É que, nesses casos, a Ação é *pública*, não por referência à quantidade dos sujeitos afetados ou beneficiados, em linha direta, pela providência judicial (= critério quantitativo dos beneficiários imediatos), mas em decorrência da própria natureza da *relação jurídica-base de inclusão social imperativa*. Esta última perspectiva – que se apóia no pacto jurídico-político da sociedade, apreendido em sua globalidade e nos bens e valores ético-políticos que o abrigam e o legitimam – realça a necessidade e a indeclinabilidade de proteção jurídica especial a toda uma categoria de indivíduos (= critério qualitativo dos beneficiários diretos), acomodando um feixe de obrigações vocalizadas como *jus cogens*.

Ao se proteger o hipervulnerável, a rigor quem verdadeiramente acaba beneficiada é a própria sociedade, porquanto espera o respeito ao *pacto coletivo de inclusão social imperativa*, que lhe é caro, não por sua faceta patrimonial, mas precisamente por abraçar a dimensão intangível e humanista dos princípios da *dignidade da pessoa humana* e da *solidariedade*. Assegurar a *inclusão judicial* (isto é, reconhecer a legitimação para agir) dessas pessoas hipervulneráveis, inclusive dos sujeitos intermediários a quem incumbe representá-las, corresponde a não deixar nenhuma ao relento da Justiça por falta de porta-voz de seus direitos ofendidos.

Maior razão ainda para garantir a legitimação do *Parquet* quando o que está sob ameaça é a saúde do indivíduo com deficiência, pois aí se interpenetram a ordem de superação da *solidão judicial do hipervulnerável* com a garantia da ordem pública dos bens e valores fundamentais – *in casu* não só a existência digna, mas a própria vida e a integridade físico-psíquica em si mesmas, como fenômeno natural.

A possibilidade, retórica ou real, de gestão individualizada desses direitos (até o extremo dramático de o sujeito, *in concreto*, nada reclamar) não os transforma de indisponíveis (porque juridicamente irrenunciáveis *in abstracto*) em disponíveis e de indivisíveis em divisíveis, com nome e sobrenome. Será um equívoco pretender lê-los a partir da cartilha da autonomia privada ou do *ius dispositivum*, pois a ninguém é dado abrir mão da sua dignidade como ser humano, o que equivaleria, por presunção absoluta, a maltratar a dignidade de todos, indistintamente".

Assim, o Ministério Público está legitimado a pleitear judicialmente, em favor da pessoa com deficiência, a obtenção de órteses, próteses, cadeiras de rodas, aparelhos de tecnologia assistiva, quando referidas pessoas se encontrem em situação de vulnerabilidade.

A tutela dos direitos coletivos *lato sensu* também será buscada mediante aplicação das regras estabelecidas na Lei nº 7.853/89 e na Lei nº 7.347/85, assim como na legislação ordinária que compõe o microssistema de proteção dos direitos metaindividuais.

Caberá, portanto, ao Ministério Público, a instauração do inquérito civil e a correspondente ação civil pública, podendo para tanto requisitar, de qualquer pessoa física ou jurídica, pública ou particular, certidões, informações, exame ou perícias, no prazo que assinalar, não inferior a dez dias úteis (art. 6º da Lei nº 7.853/89). Esgotadas as diligências, caso se convença da inexistência de elementos para a propositura da ação civil, promoverá fundamentadamente seu arquivamento, remetendo-as para reexame, no prazo de três dias, ao Conselho Superior do Ministério Público.

Dentre as medidas extrajudiciais a serem tomadas na tutela da pessoa com deficiência, podem ser elencadas o fomento à criação ou aperfeiçoamento dos Conselhos Municipais das Pessoas com Deficiência; a busca por soluções, junto ao Conselho e a outras entidades, voltadas a incrementar a política de bem-estar da pessoa com deficiência; a fiscalização de estabelecimentos que prestam serviços às pessoas com deficiência; a instauração de procedimentos, requisição de diligências investigatórias e a instauração de inquérito policial, para a apuração de ilícitos ou infrações às normas de proteção à pessoa com deficiência

O Ministério Público, ainda de acordo com a Lei nº 13.146/15, é o destinatário de qualquer comunicação que envolva ameaça ou violação aos direitos da pessoa com deficiência (art. 7º e 26).

Consigne-se, por fim, que o Ministério Público deverá receber, dos órgãos competentes, os relatórios circunstanciados a respeito dos cumprimentos dos prazos impostos nas Lei nº 10.048/00, 10.098/00, para adoção das providências cabíveis (art. 120).

2.7.2. Tutela coletiva e individual indisponível

A tutela jurisdicional dos interesses coletivos, difusos e individuais homogêneos da pessoa com deficiência, como visto, é regida pela Lei nº 7.853/89, regulamentada pelo Decreto nº 3.298/99, contando com aplicação subsidiária da Lei nº 7.347/85 (Lei da Ação Civil Pública).

Quando da promulgação da Lei nº 7.853/89, os legitimados ativos para as medidas judiciais coletivas *lato sensu* eram o Ministério Púbico; a União, Estados, Municípios e Distrito Federal; as associações constituídas há mais de um ano, nos termos da lei, bem como a autarquia, empresa pública, fundação ou sociedade de economia mista que incluísse, entre suas finalidade institucionais, a proteção das pessoas portadoras de deficiência (art. 3º).

Entretanto, com o advento da Lei nº 13.146/15 (Estatuto da Pessoa com Deficiência), o referido art. 3º da Lei nº 7.853/89 teve a redação de seu *caput* alterada, passando a prever que "*as medidas judiciais destinadas à proteção de interesses coletivos, difusos, individuais homogêneos e individuais indisponíveis da pessoa com deficiência poderão ser propostas pelo Ministério Público, pela Defensoria Pública, pela União, pelos Estados, pelos Municípios, pelo Distrito Federal, por associação constituída há mais de 1 (um) ano, nos termos da lei civil, por autarquia, por empresa pública e por fundação ou sociedade de economia mista que inclua, entre suas finalidades institucionais, a proteção dos interesses e a promoção de direitos da pessoa com deficiência".*

Como se vê, incluiu-se a Defensoria Pública como legitimada ativa, como não poderia deixar de ser, ante a alteração da Lei de Ação Civil Pública (art. 5º, inciso II).

Porém, atribui-se ao extenso rol de legitimados ativos concorrentes a defesa não apenas dos direitos coletivos *lato sensu*, mas também, agora, dos direitos individuais *indisponíveis* da pessoa com deficiência.

Quando pensamos na Defensoria Pública ou no Ministério Público, não há qualquer ressalva a fazer, posto que lhes é inerente a tutela de direitos individuais indisponíveis por força constitucional.

Porém, conferir legitimidade ativa às pessoas jurídicas de direito público da Administração direta e indireta para a tutela de direitos individuais indisponíveis das pessoas com deficiência nos parece de difícil consecução no caso concreto.

Colocadas essas premissas, analisemos a tutela coletiva em sentido amplo, observando que esse trabalho não tem por escopo analisar com profundidade o sistema processual de tutela coletiva.

O mencionado art. 3º da Lei 7.853/89, em seus §§ 1º e 2º, determina que para instrução da inicial, é assegurado ao interessando o requerimento de certidões e informações necessárias junto às autoridades competentes.

Tais certidões e informações lhe deverão ser entregues no prazo de quinze dias, mediante recibo, e somente poderão ser usadas para instrução da ação civil.

Caso as informações sejam sigilosas, e, por conta disso, as informações ou certidões sejam negadas, a ação poderá ser proposta sem referidos documentos, cabendo ao juiz apreciar eventual requisição, com consequente decretação de segredo de justiça, o qual cessará com o trânsito em julgado da sentença.

Ainda no que tange ao pólo ativo da ação, qualquer legitimado poderá se habilitar como litisconsorte nas ações propostas por qualquer um deles (§ 5º) e em caso de abandono ou desistência, qualquer dos colegitimados poderá assumir a legitimidade ativa (§ 6º).

Nos termos do artigo 4º, a sentença terá eficácia *erga omnes*, com exceção dos casos em que a ação houver sido julgada improcedente por deficiência de provas, caso em que qualquer legitimado poderá ingressar com outra ação idêntica, valendo-se de nova prova.

Eventual sentença que seja pela carência ou improcedência da ação estará sujeita ao duplo grau de jurisdição, não produzindo qualquer efeito senão depois de confirmada pelo Tribunal. Por fim, das sentenças e decisões proferidas contra o autor e suscetíveis de recursos, poderá recorrer qualquer colegitimado.

O artigo 6º, conforme já mencionado, enuncia regras a respeito do inquérito civil a ser instaurado pelo Ministério Público, sua instrução e seu arquivamento.

Destaque-se, por fim, que sem prejuízo dessas regras específicas à tutela coletiva da pessoa com deficiência previstas na Lei nº 7.853/89, a teor do disposto no artigo 7º, aplica-se, no que couber, os dispositivos da Lei nº 7.347/85 (Lei de Ação Civil Pública).

2.8. Infrações penais e infrações administrativas

Não obstante estejamos a tratar da tutela coletiva da pessoa com deficiência, é importante apontar que o Estatuto da Pessoa com Deficiência tipificou infrações penais e infrações administrativas decorrentes da violação a direitos da pessoa com deficiência.

Desse modo, o artigo 88 criminaliza a discriminação contra a pessoa com deficiência, determinando que a prática, induzimento ou incitação à discriminação de pessoa em razão de sua deficiência é crime punível com reclusão, de um a três anos, aumentando-se a pena de um terço se a vítima se encontrar sob cuidado e responsabilidade do sujeito ativo. O crime será qualificado, com pena de dois a cinco anos, se a conduta for cometida por intermédio de meios de comunicação social ou publicação de qualquer natureza, prevendo-se a possibilidade de busca e apreensão dos exemplares do material discriminatório e interdição das mensagens e páginas da internet. Também se previu, para a figura qualificada, a destruição do material apreendido como efeito da condenação.

O artigo 89, por sua vez, tipifica a apropriação indébita ou desvio de bens, proventos, pensão, benefícios, remuneração ou qualquer outro rendimento de pessoa com deficiência, prevendo aplicação de pena de reclusão, de um a quatro anos, e multa. A pena é aumentada de um terço se a infração penal for cometida por tutor, curador, síndico, liquidatário, inventariante, testamenteiro ou depositário judicial ou por aquele que se apropriou em razão de ofício ou de profissão.

O abandono de pessoa com deficiência também foi tipificado como crime no artigo 90, que pune com reclusão de seis meses a três anos a conduta daquele que abandonar pessoa com deficiência em hospitais, casas de saúde, entidades de abrigamento ou congêneres. Incorre na mesma pena aquele que não prover as necessidades básicas de pessoa com deficiência quando obrigado por lei ou mandado.

O artigo 91, por sua vez, prevê como crime de menor potencial ofensivo a conduta daquele que retiver ou utilizar cartão magnético, qualquer meio eletrônico ou documento de pessoa com deficiência destinados ao recebimento de benefícios, proventos, pensões ou remuneração ou à realização de operações financeiras, com o fim de obter vantagem indevida para si ou para outrem, prevendo pena de detenção de seis meses a dois anos e multa. Haverá aumento da pena em um terço se o crime for cometido por tutor ou curador.

Também é importante destacar que o Estatuto da Inclusão alterou a redação do artigo 8º da Lei nº 7.853/89 (tutela jurisdicional de interesse coletivos *lato sensu* da pessoa com deficiência) o qual estabelece consistir crime punível com reclusão de dois a cinco anos e multa as seguintes condutas: I – recusar, cobrar valores adicionais, suspender, procrastinar, cancelar ou fazer cessar inscrição de aluno em estabelecimento de ensino de qualquer curso ou grau, público ou privado, em razão de sua deficiência; II – obstar inscrição em concurso público ou acesso de alguém a qualquer cargo ou emprego público, em razão de sua deficiência; III – negar ou obstar emprego, trabalho ou promoção à pessoa em razão de sua deficiência; IV – recusar, retardar ou dificultar internação ou deixar de prestar assistência médico-hospitalar e ambulatorial à pessoa com deficiência; V – deixar de cumprir, retardar ou frustrar execução de ordem judicial expedida na ação civil a que alude a Lei nº 7853/89 e VI – recusar, retardar ou omitir dados técnicos indispensáveis à propositura da ação civil pública objeto da Lei nº 7.853/89, quando requisitados. Incorre nas mesmas penas quem impedir ou dificultar o ingresso de pessoa com deficiência em planos privados de assistência à saúde, inclusive com cobrança de valores diferenciados.

O artigo 8º da Lei nº 7.853/89 prevê causa de aumento de pena em um terço se o crime for praticado contra pessoa com deficiência menor de 18 (dezoito) anos e se o crime for praticado em atendimento de urgência e emergência (§§ 1º e 4º). O § 2º estabelece, por fim, que a pena pela adoção deliberada de critérios subjetivos para indeferimento de inscrição, de aprovação e de cumprimento de estágio probatório em concursos públicos não exclui a responsabilidade patrimonial pessoal do administrador público pelos danos causados.

Por fim, a Lei nº 13.721/18 alterou o Código de Processo Penal para estabelecer que será dada prioridade à realização do exame de corpo de delito quando se tratar de crime que envolva violência contra pessoa com deficiência e outros indivíduos em situação de vulnerabilidade (art. 158, parágrafo único, inciso II).

2.9. Cadastro Nacional de Inclusão da Pessoa com Deficiência (Cadastro-Inclusão)

O Estatuto da Pessoa com Deficiência criou, no âmbito do Poder Executivo Federal, importante ferramenta a ser usada na proteção das pessoas com deficiência.

Trata-se do Cadastro-Inclusão, consistente em um registro eletrônico destinado a coletar, processar, sistematizar e disseminar informações georreferenciadas que possam promover a identificação e a caracterização socioeconômica da pessoa com deficiência, bem como das barreiras que impedem a realização de seus direitos (art. 92).

Os dados do Cadastro-Inclusão serão obtidos mediante a reunião de dados dos sistemas de informação e da base de dados dos órgãos responsáveis pelas políticas públicas concernentes às pessoas com deficiência, além de informações oriundas de pesquisas e censos nacionais, nos termos fixados pela Convenção Internacional sobre a pessoa com deficiência, devendo ser disseminadas em formatos acessíveis

A lei estabelece, no § 5º do artigo 92, que o Cadastro-Inclusão poderá ser usado para os fins de: a) formulação, gestão, monitoramento e avaliação das políticas públicas para a pessoa com deficiência e para identificação de barreiras que impeçam a realização de seus direitos e b) realização de estudos e pesquisas.

3. CONCLUSÕES

Conforme visto, o idoso e a pessoa com deficiência, por comporem a categoria de sujeitos hipervulneráveis, gozam de sólido arcabouço legislativo protetivo em nosso ordenamento jurídico, construído paulatinamente nas últimas décadas, notadamente em virtude do convencimento de que a tutela de seus direitos e interesses é de inevitável conteúdo social, calcado no pacto jurídico político social, do qual todos fazemos parte.

Porém, podemos afirmar que o grande desafio consiste em tornar esse sistema protetivo verdadeiramente eficaz, extirpando a "invisibilidade" social que acomete essa categoria de indivíduos, assim como seus familiares, que rotineiramente vivenciam inúmeras situações nas quais seus direitos são sistematicamente desrespeitados, sem maiores consequências.

É preciso, portanto, transformar a cultura vigente no país, conscientizando o Poder Público e a sociedade de que o respeito aos direitos do idoso e da pessoa com deficiência ultrapassa o interesse meramente individual desses, trazendo benefícios a todos, que poderão viver em uma comunidade mais justa e solidária.

Nesse mister, o Ministério Público tem papel de destaque, sendo importante agente modificador social.

Valendo-se dos instrumentos colocados à consecução do seu mister, sem dúvida alguma o Ministério Público vem alcançando conquistas significativas na efetiva proteção desse grupo social, seja por meio de ações preventivas, seja através de medidas repressivas, colaborando significativamente para a realização material do princípio da igualdade e da dignidade da pessoa humana.

12

O FUTURO DA TUTELA COLETIVA: OS LITÍGIOS COLETIVOS E A BUSCA PELA EFETIVAÇÃO DE DIREITOS NA VIA JURISDICIONAL

Edilson Vitorelli[1]

Sumário: ***PARTE 1*** *– TIPOLOGIA DOS LITÍGIOS TRANSINDIVIDUAIS: UM NOVO PONTO DE PARTIDA PARA A TUTELA COLETIVA* – **1**. A história de um problema – **2**. Insuficiência conceitual relativa aos direitos transindividuais – **3**. Proposta para um conceito sociologicamente orientado de direitos transindividuais – **4**. Conceito de sociedade – **5**. Titularidade dos direitos transindividuais e o dogma da indivisibilidade – **6**. A conflituosidade – **7**. Um novo conceito de direitos transindividuais: **7.1**. Premissas para uma nova conceituação: dos direitos aos litígios transindividuais; **7.2**. A incerteza e os litígios transindividuais; **7.3**. Litígios transindividuais de difusão global; **7.4**. Litígios transindividuais de difusão local; **7.5**. Litígios transindividuais de difusão irradiada – **8**. Conclusão parcial – **9**. Sobre o coletivo e o individual: o fim dos direitos individuais homogêneos como categoria autônoma – **10**. Conclusão: alguns efeitos esperados da reconceituação – Referências – ***PARTE 2*** *– PROCESSO ESTRUTURAL E PROCESSO DE INTERESSE PÚBLICO: ESCLARECIMENTOS CONCEITUAIS* – **1**. Proposta – **2**. Conceito de litígio coletivo – **3**. Processo coletivo – **4**. Litígios estruturais – **5**. Processos estruturais (structural litigation) – **6**. Execução estrutural – **7**. Processo Civil de Interesse Público (public interest litigation ou public law litigation) – **8**. Processos estratégicos – **9**. Conclusão – Referências – ***PARTE 3*** **–** *LITÍGIOS ESTRUTURAIS: DECISÃO E IMPLEMENTAÇÃO DE MUDANÇAS SOCIALMENTE RELEVANTES PELA VIA PROCESSUAL* **–** **1**. Proposta – **2**. Conceito de litígio estrutural – **3**. Os litígios estruturais no contexto da teoria dos litígios coletivos – **4**. Origem do processo coletivo estrutural nos Estados Unidos – **5**. Dificuldades empíricas do processo estrutural – **6**. Dificuldades relativas à tomada de decisão: heurísticas e vieses cognitivos: **6.1**. Heurística de disponibilidade; **6.2**. Heurística de representatividade; **6.3**. Heurística de ancoragem-ajustamento – **7**. As heurísticas e sua influência na decisão judicial: **7.1**. A influência da heurística de disponibilidade na

[1] Procurador da República. Doutor em Direito pela Universidade Federal do Paraná, mestre pela Universidade Federal de Minas Gerais. Visiting scholar na Stanford Law School e visiting researcher na Harvard Law School. Pesquisador visitante no Max Planck Institute for Procedural Law. Professor da Universidade Presbiteriana Mackenzie e da Escola Superior do Ministério Público da União.

decisão judicial; **7.2**. A influência da heurística de representatividade na decisão judicial; **7.3**. A influência da heurística de ancoragem-ajustamento na decisão judicial – **8**. Soluções para os problemas heurísticos no contexto da decisão judicial: **8.1**. Consciência acerca dos problemas heurísticos; **8.2**. Percepção dos limites das reformas passíveis de implementação: o caso de uma prisão em Santa Catarina; **8.3**. Expectativas temporais realistas; **8.4**. O método dialógico de construção da decisão: o processo como town meeting; **8.5**. Conhecimento do objeto da reforma; **8.6**. Necessidade de fazer reforma estrutural, não pontual – **9**. Implementação de medidas estruturais: os problemas – **10**. Soluções para os problemas da execução: **10.1**. Conhecimento do grupo e participação adequada; **10.2**. Superação da cisão entre conhecimento e execução: a mutabilidade do contexto; **10.3**. A participação como ferramenta de controle social da execução; **10.4**. Solução de problemas imprevistos na fase de conhecimento: o modelo "lata de lixo"; **10.5**. Os múltiplos focos da execução: reforma estrutural e medidas difusas de reparação – **11**. Encaminhamento: é possível produzir mudanças sociais significativas por intermédio do processo? – **12**. Contraponto: a accountability judicial e a contrarreforma estrutural – **13**. Conclusão – Referências.

A proposta deste capítulo é um pouco diferente da apresentada nos anteriores. Em vez de fazer um percurso completo sobre os institutos do processo coletivo que servem para implementar os direitos materiais coletivos que foram estudados até aqui, optei por olhar para o futuro da tutela coletiva.

Para tanto, reuni três trabalhos que foram, originalmente, escritos em separado, mas que têm em comum dois fios condutores.

O primeiro é a teoria dos litígios coletivos. Essa é a teoria que desenvolvi durante minha pesquisa de doutorado e publiquei em um livro cuja edição se esgotou rapidamente[2]. A parte da ideia contida nesta obra que é apresentada abaixo é a que tem mais impacto sobre tudo o que foi exposto até aqui: a tipologia dos litígios coletivos propõe que os conceitos de direitos difusos, coletivos e individuais homogêneos estão superados. Ainda que tenham sido importantes um dia, esses conceitos não dão conta da realidade dos conflitos que envolvem direitos que interessam a uma sociedade. A proposta, por isso, é afastá-los e substituí-los por outros.

O segundo fio condutor é o problema de como direcionar o processo para produzir resultados sociais relevantes. Esse é o problema daquilo que vem sendo denominado por vários autores como processo estrutural. É o processo que não quer resolver um conflito pretérito, mas alterar o comportamento de uma instituição para que a violação, já verificada, não volte a ocorrer no futuro.

O processo estrutural é, talvez, o maior desafio do processo coletivo. É aqui que se debatem todos os problemas relacionados à intervenção jurisdicional em políticas públicas, à criação e implementação de novos direitos, aos benefícios e limites de se trazer para o direito questões que, originalmente, eram afetas apenas à esfera política e ao poder executivo.

Esse tema é tratado em dois textos, um dedicado a elaborar esclarecimentos conceituais do que seriam processos estruturais e o segundo, sobre a decisão das pretensões nele apresentadas e sua respectiva implementação.

---

2 VITORELLI, Edilson. O devido processo legal coletivo: dos direitos aos litígios coletivos. São Paulo: RT, 2016.

Como se pode perceber, trata-se de uma discussão sobre o futuro da tutela coletiva, não apenas sobre o que ela foi até aqui. A rigor, todos os direitos materiais coletivos estudados ao longo deste livro só serão efetivos se for possível, pelo menos em alguma medida, realizá-los para além do papel. Embora essa tarefa não seja apenas (e nem precipuamente) do Poder Judiciário, é inegável que ele exerce um papel fundamental no desenvolvimento desses direitos. E, para tanto, é igualmente inegável que o processo civil precisa oferecer ferramentas à altura do desafio.

PARTE 1

TIPOLOGIA DOS LITÍGIOS TRANSINDIVIDUAIS: UM NOVO PONTO DE PARTIDA PARA A TUTELA COLETIVA

Edilson Vitorelli[3]

1. A HISTÓRIA DE UM PROBLEMA

Entre 1977 e 1981, José Carlos Barbosa Moreira escreveu quatro artigos que estavam destinados a se tornar a certidão de nascimento dos debates do processo coletivo brasileiro[4]. Barbosa Moreira lamentava a pouca utilização da ação popular, cuja lei data de 1965, e antevia o crescimento incessante de situações "em que se acham envolvidas coletividades mais ou menos amplas de pessoas"[5]. Embasado em doutrina italiana, o autor estabeleceu os contornos dos direitos chamados coletivos e difusos, preocupando-se sobretudo com estes, uma vez que "o interesse que se quer tutelar não é função dele [do vínculo entre os titulares], mas antes se prende a dados de fato, muitas vezes acidentais e mutáveis"[6]. Paralelamente, Ada Pellegrini Grinover e Waldemar Mariz de Oliveira Júnior publicaram textos com preocupações e debates similares[7], atentando para o avanço da vida social, não acompanhado pelo direito. Como afirmou Waldemar Mariz de Oliveira Júnior, "trata-se, na realidade, de assunto dos mais graves e preocupantes surgidos no campo do direito"[8].

A atenção dedicada ao tema por esses autores fez com que, ao longo da década de 1980, o assunto ganhasse destaque, transformando-se em tema de debates acadêmicos, seminários de pós-graduação, ciclos de palestras e projetos de lei. Tudo

[3] Procurador da República. Mestre em direito pela Universidade Federal de Minas Gerais, doutorando pela Universidade Federal do Paraná. Visiting Scholar na Stanford Law School (EUA) e Visiting Researcher na Harvard Law School (EUA). Professor da Universidade Presbiteriana Mackenzie e da Escola Superior do Ministério Público da União.

[4] São eles: A ação popular do direito brasileiro como instrumento de tutela dos chamados "interesses difusos", in BARBOSA MOREIRA, José Carlos. *Temas de Direito Processual Civil*: primeira série. 2. ed. São Paulo: Editora Saraiva, 1988, p. 110 a 123. O artigo referido é, originalmente, de 1977, ano da primeira edição da obra. Posteriormente, em BARBOSA MOREIRA, José Carlos. Temas de Direito Processual Civil: terceira série. São Paulo: Editora Saraiva, 1984, foram recolhidos três artigos: A proteção jurídica dos interesses coletivos, p. 173 a 181, escrito em 1980, A legitimação para a defesa dos "interesses difusos" no direito brasileiro, p. 183 a 192, redigido em 1981 e Tutela jurisdicional dos interesses coletivos ou difusos, p. 193 a 221, datado de 1982.

[5] BARBOSA MOREIRA, José Carlos. *Temas de Direito Processual Civil*: primeira série, cit., p. 110.

[6] Idem, p. 112.

[7] São eles: GRINOVER, Ada Pellegrini. A tutela dos Interesses difusos. *Revista da Procuradoria Geral do Estado de São Paulo*, n. 12, 1979 e OLIVEIRA JÚNIOR, Waldemar Mariz de. Tutela Jurisdicional dos interesses coletivos. In Estudos sobre o Amanhã: ano 2000. Caderno 2. São Paulo, 1978. Ambos os textos são retomados por seus respectivos autores em GRINOVER, Ada Pellegrini, coord. A tutela dos interesses difusos: doutrina, jurisprudência e trabalhos forenses. São Paulo: Max Limonad, 1984.

[8] OLIVEIRA JÚNIOR, Waldemar Mariz de. Tutela Jurisdicional dos interesses coletivos. In GRINOVER, Ada Pellegrini, coord. A tutela dos interesses difusos: doutrina, jurisprudência e trabalhos forenses. São Paulo: Max Limonad, 1984, p. 9. Esta obra reúne os textos das conferências proferidas no "Seminário sobre a tutela dos interesses coletivos", realizado na Faculdade de Direito da Universidade de São Paulo, em dezembro de 1982.

isso redundaria na aprovação, entre meados da década de 1980 e início da década de 1990, de um expressivo arcabouço legislativo que constitui, até hoje, a base do sistema de tutela de direitos difusos, coletivos e individuais homogêneos no Brasil[9].

Passados mais de trinta anos desses debates, a tutela dos direitos de grupo é uma realidade consolidada no Brasil, seja em termos doutrinários, acadêmicos, legislativos ou jurisprudenciais. A análise do direito comparado permite considerar o Brasil como detentor de um sistema pleno de tutela coletiva[10], ao mesmo tempo em que a maior parte dos cursos de graduação em direito tem uma cadeira dedicada ao processo coletivo em suas grades curriculares e os processos coletivos são realidade corriqueira em todos os níveis do sistema judiciário brasileiro.

Pode parecer pouco útil, então, retomar essas discussões embrionárias, anteriores à aprovação da Lei da Ação Civil Pública. Assim, contudo, não o é. Havia, naquele momento, uma discussão não condicionada pela norma posta, que permitiu que a doutrina travasse debates mais livres sobre como o ordenamento jurídico deveria responder à perplexidade da necessidade de tutela dos "novos direitos". Por outro lado, à medida que o debate avançou, vislumbrando-se a possibilidade de aprovação de uma lei que desse o ansiado tratamento ao problema, simplificações se fizeram necessárias e alguns temas complexos, inicialmente abordados, foram relegados à periferia das discussões. Afinal, a polêmica já era muita e os opositores, ferrenhos. Problematizar a norma ainda não aprovada poderia significar seu abandono.

Hoje, com um sistema de processo coletivo consolidado, parece ser o momento de retomar precisamente esses pontos de desconforto, os quais estão na base de algumas dificuldades que, apesar de toda evolução, ainda não foram solucionadas, nem no campo teórico, nem na aplicação prática das demandas coletivas. Não se trata, portanto, de desconstruir o processo coletivo, mas de confiar que seu estágio atual de desenvolvimento permite a realização de discussões complexas e o questionamento de alguns dos dogmas fundantes desse instrumento.

2. INSUFICIÊNCIA CONCEITUAL RELATIVA AOS DIREITOS TRANSINDIVIDUAIS

A primeira impressão que se tem a partir da leitura dos artigos que inauguraram os debates acerca do processo coletivo no Brasil é a sensação generalizada de perplexidade. Kazuo Watanabe demonstra bem esse sentimento[11]:

---

9 É curioso notar que a Lei da Ação Civil Pública foi aprovada em 1985, a Lei 7.913, que protege os investidores no mercado financeiro, é de 1989, a lei de política nacional do meio ambiente, lei 6.938, é de 1981, com consideráveis alterações promovidas pela lei 7.804/89 e, por fim, o Código de Defesa do Consumidor é de 1990. Somando-se a isso o fato da Constituição federal ser de 1988, se verifica que os diplomas fundamentais de tutela coletiva no Brasil são da década de 1980 e, quando foram alterados posteriormente, tais alterações se fizeram no sentido de restringir e não de ampliar a tutela coletiva.

10 Cf. CAMPOS, Santiago Pereira. Los recaudos para aprobar un acuerdo, la cosa juzgada y la liquidación y execución de sentencia en los procesos colectivos/class actions en America. In: *I Conferencia Internacional y XXIII Jornadas Iberoamericanas de derecho procesal*: procesos colectivos class actions. Buenos Aires: International Association of Procedural Law y Instituto Iberoamericano de derecho procesal, 2012, p. 203-245.

11 WATANABE, Kazuo. Tutela jurisdicional dos interesses difusos: a legitimação para agir. In GRINOVER, Ada Pellegrini (coord.). *A tutela dos interesses difusos*: doutrina, jurisprudência e trabalhos forenses. São Paulo: Max Limonad, 1984, p. 85.

> Devo confessar, inicialmente, que vim para a palestra de hoje com a apreensão de um jogador de xadrez que vai a uma disputa levando o equipamento sem saber se está com as peças completas.
>
> O tema realmente reclama meditação profunda e o estudo a que procedi não me dá, ainda, a segurança de estar com os elementos completos.

O desconforto de Watanabe era compartilhado por todos naquele momento. Barbosa Moreira[12], ao iniciar sua obra primeira sobre o assunto, busca distinguir um primeiro grupo de casos em que há mais de um titular ativo ou passivo da obrigação, situação para a qual o processo individual tradicional encontra soluções, de dois outros grupos, mais problemáticos. O primeiro deles é a situação em que existe uma relação jurídica base que une titulares de um determinado direito, mas o interesse de cada um deles nasce de um interesse derivado dessa relação e não propriamente de seu conteúdo. Como o direito objeto da relação é indivisível, a situação demandará solução uniforme para todos os titulares, independentemente de quem seja o demandante.

A segunda situação é a que provoca maiores desconfortos. É aquela em que não existe sequer relação jurídica base. Os titulares de um determinado direito se vinculam apenas por circunstâncias de fato "muitas vezes acidentais e mutáveis", de modo que é impensável "a decomposição do interesse comum a tais pessoas num feixe de interesses individuais que se justapusessem como entidades análogas, mas distintas". Barbosa Moreira reiterará que "o conjunto dos interessados apresenta contornos fluidos, móveis, esbatidos, a tornar impossível, ou quando menos superlativamente difícil, a individualização exata de todos os componentes"[13]. Em seguida, o autor afirma: "deixaremos de lado a própria questão fundamental nessa perspectiva: se se trata de posições jurídicas verdadeiramente identificáveis como *direitos* dos membros da coletividade ou de meros *interesses reflexamente protegidos*"[14]. Para a perspectiva de Barbosa Moreira, essa é uma questão menor, como o autor esclarece em seguida:

> O problema, aliás, muito relevante em nível teórico, já o é menos ao ângulo prático: desde que se esteja persuadido – e o consenso, a tal respeito, vai-se tornando universal – da necessidade de assegurar aos titulares proteção jurisdicional eficaz, não importará tanto, basicamente, saber a que título se lhes há de dispensar tal proteção. Afinal de contas, inexiste princípio a priori segundo o qual toda situação jurídica que se candidate à tutela estatal por meio do processo deva obrigatoriamente exibir carta de cidadania entre os direitos, no sentido rigoroso da palavra.

Aí está a primeira das simplificações do debate a que se aludiu anteriormente. É certo que os direitos difusos e coletivos, sobretudo os difusos, não se enquadram no sistema tradicional de classificação dos direitos, em uma estrutura relacional em que se verifique um credor, uma prestação e um devedor. Mas também é certo que, até aquele momento, ninguém havia desenvolvido outra classificação que pudesse dar conta da titularidade desses direitos. A saída encontrada por Barbosa Moreira foi

---

[12] BARBOSA MOREIRA, José Carlos. *Temas de Direito Processual Civil*: primeira série. 2. ed. São Paulo: Editora Saraiva, 1988, p. 111.

[13] Idem, p. 112-113.

[14] Idem, p. 113.

afastar a discussão acerca da natureza ou titularidade desses direitos ou interesses, desde que eles tivessem tutela adequada. Se o processualista carioca considerava que a resposta a essa questão estava fora dos limites do trabalho a que se propunha naquele momento, o fato é que ela permanece sem resposta até a atualidade. Ada Pellegrini Grinover, por exemplo, considerou que essa categoria de interesses sequer poderia ser denominada de "direitos", já que tal denominação demandaria uma total reformulação do conceito clássico de direito subjetivo[15].

A dúvida permaneceu no debate da década de 1980[16], com seu reflexo mais visível na redação do art. 81 do Código de Defesa do Consumidor, cujo anteprojeto foi elaborado pelo mesmo grupo de autores que protagonizavam as discussões do processo coletivo. Optou-se, contrariamente ao que se costuma considerar boa técnica legislativa, por conceituar os direitos "ou interesses" difusos, coletivos e individuais homogêneos e, ainda, por estabelecer conceitos abrangentes o bastante para eliminar quaisquer interpretações que sustentassem a impossibilidade de tutela jurídica desses direitos. A preocupação do art. 81 do CDC foi caracteristicamente de natureza processual: evitar que os direitos difusos fossem vistos como meros interesses e, nesse aspecto, não passíveis de tutela jurisdicional[17]. A missão foi perfeitamente cumprida. Quando o Estado pretendeu excluir de tutela algumas espécies de direitos de grupo, se viu obrigado a fazê-lo por alteração legislativa[18].

A pergunta, então, permaneceu sem resposta: o que são e de quem são os interesses ou direitos transindividuais? Apesar de existir uma conceituação legal, ela toma como pressuposto a necessidade de tutela desses direitos e não a definição de sua natureza. É claro que não há objeção preliminar à adoção de um conceito pragmático, ou mesmo a não se adotar conceito algum. Contudo, conforme se demonstrará, o pragmatismo fez com que determinados problemas, já identificados na década de 1980, ficassem sem solução. O principal deles, que aqui se pretende abordar, refere-se à titularidade dos direitos transindividuais. O conceito legal não definiu exatamente quem são os titulares dos direitos transindividuais. Sem essa definição, não existe referencial concreto para que se avalie a adequação da pretensão posta em juízo pelo legitimado coletivo, bem como o conteúdo da tutela jurisdicionalmente outorgada.

---

[15] GRINOVER, Ada Pellegrini. *Novas tendências do direito processual*. Rio de Janeiro: Forense Universitária, 1990, p. 150.

[16] Waldemar Mariz de Oliveira Júnior, cit., p. 9 e ss., utiliza as locuções direitos e interesses ora de modo alternativo, ora cumulativamente, mas não esclarece se atribui sentido distinto às expressões.

[17] Kazuo Watanabe (In, GRINOVER, Ada Pellegrini; WATANABE, Kazuo; NERY JR, Nelson. Código de Defesa do Consumidor: comentado pelos autores do anteprojeto. 10. ed, vol II. Rio de Janeiro: Forense, 2011, p. 70), afirma: "A necessidade de estar o direito subjetivo sempre referido a um titular determinado ou ao menos determinável impediu por muito tempo que os 'interesses' pertinentes, a um tempo, a toda uma coletividade e a cada um dos membros dessa mesma coletividade (...) pudessem ser havidos como juridicamente passíveis de proteção. Era a estreiteza da concepção tradicional do direito subjetivo, marcada profundamente pelo liberalismo individualista, que obstava essa tutela jurídica. Com o tempo, a distinção doutrinária entre interesses simples e interesses legítimos permitiu um pequeno avanço, com a outorga de proteção da tutela jurídica a estes últimos. Hoje, com a concepção mais larga do direito subjetivo, abrangente também do que outrora se tinha como mero interesse na ótica individualista então predominante, ampliou-se o espectro da tutela jurídica e jurisdicional".

[18] Trata-se da Medida Provisória 2.180-35/2001, que, sendo resultante de sucessivas reedições da Medida Provisória 1.798/1999, permanece em vigor em razão do disposto no art. 2º da Emenda Constitucional 32/2001. O texto foi incluído no parágrafo único do art. 1º da LACP a partir da Medida Provisória 1984-19/2000, em vigor a partir de 30.06.2000, dispondo que "Não será cabível ação civil pública para veicular pretensões que envolvam tributos, contribuições previdenciárias, o Fundo de Garantia do Tempo de Serviço – FGTS ou outros fundos de natureza institucional cujos beneficiários podem ser individualmente determinados".

A doutrina costuma referir que cabe ao legitimado coletivo pleitear a tutela do direito violado. Em inúmeros casos, essa definição não é problemática. Há litígios coletivos em que a pretensão é unívoca e de fácil apreensão pelo legitimado coletivo, acarretando uma decisão fácil para o juiz. São litígios coletivos simples. Mas há outros litígios coletivos, que serão aqui denominados complexos, em que nem a pretensão, nem a tutela jurisdicional a ser prestada, podem ser definidas de modo unívoco pelos envolvidos[19]. Por exemplo, se um grupo de consumidores adquire um pacote de produto que deveria conter um quilograma, mas contém apenas novecentos gramas, há um litígio coletivo simples. Nessa situação, não é preciso grande esforço investigativo para definir que a pretensão do grupo lesado será a compensação pelos cem gramas faltantes. Ela assumirá, também de modo evidente, uma das três hipóteses de reparação alternativamente previstas no art. 18, § 1º, do Código de Defesa do Consumidor. Por via de consequência, a definição da tutela jurisdicional a ser prestada também se reveste de considerável simplicidade, variando apenas de acordo a comprovação ou não dos fatos que compõem a causa de pedir.

Muito diferente é a situação com a qual se defrontam os legitimados coletivos em casos atinentes, por exemplo, a conflitos socioambientais. Se uma coletividade é lesada pela construção de usina hidrelétrica que desloca pessoas, alaga terras de comunidades tradicionais, altera o curso do rio, interfere nas relações interpessoais dos moradores, abala a dinâmica socioeconômica da região, diminui a ictiofauna, modifica o trajeto das estradas, extingue espécies animais endêmicas, impede a realização de determinadas atividades produtivas e piora as condições de saneamento, está-se diante de uma miríade de pretensões coletivas que dificilmente serão unívocas e dificilmente serão de fácil apreensão pelo legitimado coletivo e pelo juiz[20]. Conforme se observa, quando se trata de litígios coletivos simples, não é problemático que o legitimado coletivo e o juiz definam a extensão e os contornos da pretensão e da tutela jurisdicional. Todavia, se a situação versar sobre um litígio coletivo complexo[21], haverá possibilidade de que essa tutela se revista de múltiplas formas e nunca será claro, *ex ante*, qual, dentre as possibilidades, é a mais eficaz

---

19 Essa distinção é inspirada no pensamento de HART, H. L. A. O Conceito de Direito. 3. ed. Lisboa: Fundação Calouste Gulbekian, 2001, p. 166. Hart demonstra, ao longo de sua obra, uma considerável preocupação com a diferenciação entre hipóteses jurídicas que permitem a aplicação imediata das regras e outras que exigem interpretação do juiz. Seu objetivo é demonstrar que ambas as situações convivem no ordenamento jurídico, de modo que não podem ser tratadas uniformemente. Afirma o autor: "À primeira vista, o espetáculo parece paradoxal: os tribunais estão aqui a exercer poderes criadores que estabelecem critérios os últimos, pelos quais a validade das próprias leis que lhes atribuem jurisdição como juízes deve ela própria ser testada. Como pode uma constituição atribuir autoridade para dizer o que é a constituição? Mas o paradoxo desaparece, se nos lembrarmos que embora cada regra possa ser de teor duvidoso em alguns pontos, é, na verdade, uma condição necessária de um sistema jurídico existente que nem toda a regra esteja sujeita a dúvidas em todos os pontos. A possibilidade de os tribunais disporem de autoridade em certo tempo dado para decidir estas questões de limite respeitantes aos critérios últimos de validade, depende apenas do facto de que, nesse tempo, a aplicação de tais critérios a uma vasta zona do direito, incluindo as regras que atribuem autoridade, não suscita dúvida, embora o respectivo alcance e âmbito preciso suscitem. (...) Os tribunais têm jurisdição para os resolver [os casos nebulosos] através da escolha entre as alternativas que a lei deixa em aberto, mesmo se preferirem disfarçar essa escolha apresentando-a como uma descoberta".

20 Também percebeu essa característica, embora sem fazer a distinção aqui explicitada, MANCUSO, Rodolfo de Camargo. Interesses difusos: conceito e legitimação para agir. 3. ed. São Paulo: Editora Revista dos Tribunais, 1994, p. 80. A análise de sua posição será retomada adiante.

21 A terminologia dialoga com a utilizada nos Estados Unidos, embora tenha um sentido diferente. Naquele país, as class actions estão inseridas no gênero "complex litigation".

para a reparação ou prevenção da lesão ao bem jurídico. Também não restará claro qual a pretensão desejada pela coletividade lesada.

A pergunta que se coloca, nesse contexto, se refere à extensão da legitimidade atribuída aos entes intermediários: tal legitimidade permite que eles definam, livremente, a extensão e a modalidade de tutela jurisdicional a ser pleiteada em relação ao conflito coletivo? É possível se pressupor que, concedida a tutela jurisdicional demandada, será atendido, de modo automático, o interesse da coletividade? Se as formas de tutelar esses direitos e de solucionar os conflitos coletivos complexos são, não raramente, equívocas entre os próprios legitimados coletivos[22], com muito mais razão o serão entre os membros do grupo titular do direito. Assim, se a atuação dos legitimados coletivos não for autônoma em relação aos titulares do direito, ela deveria, de algum modo, dar conta dessa pluralidade.

Esse problema existe tanto em relação aos direitos atualmente classificados como difusos e coletivos, ou genericamente, transindividuais, quanto aos direitos qualificados como individuais homogêneos. Em nenhuma dessas espécies o ordenamento jurídico brasileiro especifica requisitos para a delimitação da pretensão coletiva. Se há várias maneiras possíveis de tutelar um determinado direito de grupo e cada uma delas conta com defensores tanto entre legitimados coletivos, quanto entre pessoas não legitimadas, que fazem parte do grupo social, qual critério poderá orientar a definição da tutela jurisdicional a ser prestada? O problema se agrava em relação aos direitos transindividuais, em razão da maior extensão da coisa julgada coletiva e da indefinição da titularidade dos direitos. Waldemar Mariz de Oliveira Júnior[23] afirma que os direitos coletivos pertencem "ao mesmo tempo, a todos e a ninguém". Essa frase, ainda repetida e parafraseada atualmente, faz com que esses direitos sejam mais de ninguém do que de todos, uma vez que não se reconhece aos membros da coletividade o direito de intervir na formação da pretensão coletiva relacionada aos direitos transindividuais, nem na respectiva decisão judicial. Mesmo nos direitos individuais homogêneos, hoje quase unanimemente considerados individuais por natureza, não existem deveres claros dos legitimados coletivos em relação aos titulares do direito e a intervenção individual no processo é desestimulada pela lei, a qual lhe atribui consequências negativas[24].

3. PROPOSTA PARA UM CONCEITO SOCIOLOGICAMENTE ORIENTADO DE DIREITOS TRANSINDIVIDUAIS

No Brasil, as discussões originárias acerca da titularidade dos direitos de grupo, transindividuais, ou como quer que se prefira denominá-los, foi abandonada, ainda que fosse originalmente reputada relevante, em favor de uma abordagem pragmática,

[22] Na doutrina que estuda os efeitos do Compromisso de Ajustamento de Conduta, é comum o debate acerca da discordância entre os legitimados coletivos sobre o conteúdo do compromisso a ser celebrado. Sobre essa questão, ver, por exemplo, NERY, Ana Luiza de Andrade. Compromisso de ajustamento de conduta: teoria e análise de casos práticos. São Paulo: Editora Revista dos Tribunais, 2010, p. 230 e ss. RODRIGUES, Geisa de Assis. Ação civil pública e termo de ajustamento de conduta: teoria e prática. 2. Ed. Rio de Janeiro: Editora Forense, 2006, p. 206.

[23] OLIVEIRA JÚNIOR, Waldemar Mariz de. Tutela jurisdicional dos interesses coletivos. In GRINOVER, Ada Pellegrini, coord. A tutela dos interesses difusos. São Paulo: Editora Max Limonad, 1984, p. 13.

[24] Cf. art. 103, § 2º, do Código de Defesa do Consumidor.

que garantisse tutela a esses direitos, independentemente da exata delimitação de seu conceito. Aceitou-se que os direitos são de todos, da sociedade ou do grupo, sem que se tenha percebido que tais categorias demandam uma explicação quanto a sua abrangência. É preciso definir quem são todos, o que se entende por grupo ou por sociedade. A tautologia fundante da tutela coletiva brasileira é a de que os direitos transindividuais são de todos e, ao mesmo tempo, de ninguém.

Em 1988, pela primeira vez, uma Constituição brasileira afirmou a existência de direitos coletivos. O Capítulo I do Título II da Constituição foi denominado "Dos direitos individuais e coletivos". O segmento equivalente na Constituição de 1967 se intitulava "Dos direitos e garantias individuais" (Capítulo IV do Título II), mesma denominação utilizada pela Constituição de 1946 (Capítulo II do Título IV). A doutrina viu nisso uma grande revolução. Basta citar, por todos, Gregório Assagra de Almeida, que sustenta que essa denominação constitucional expressa uma nova *summa divisio* no direito brasileiro, substituindo a tradicional classificação dos direitos em públicos ou privados por individuais ou coletivos[25].

É verdade, todavia, que o próprio Constituinte não deixou no texto muitas pistas sobre o que estava chamando de "direitos coletivos". No Capítulo I do Título II, a palavra "coletivo", ou alguma derivação, somente é utilizada em mais três oportunidades, nenhuma delas para atribuir a um determinado direito a condição de coletivo. Nenhum dos direitos elencados nesse capítulo é expressamente caracterizado como coletivo, do mesmo modo que nenhum deles é caracterizado expressamente como individual. A Constituição garante, por exemplo, a liberdade, a igualdade e a segurança, sem as definir como liberdade individual ou liberdade coletiva, igualdade individual ou igualdade coletiva, segurança individual ou segurança coletiva[26]. Na sequência do texto constitucional, há muitas referências a direitos coletivos nos dispositivos que tratam da questão trabalhista, reflexo da tradição dessa matéria, em que o tratamento coletivo das questões é debatido desde a edição da Consolidação das Leis do Trabalho (CLT), senão mesmo antes[27]. Todavia, fora a questão trabalhista, a Constituição só voltará a fazer referência a interesses (não mais direitos) coletivos, no art. 129, ao afirmar como função institucional do Ministério Público a promoção do "inquérito civil e a ação civil pública, para a proteção do patrimônio público e social, do meio ambiente e de outros interesses difusos e coletivos".

---

[25] ALMEIDA, Gregório Assagra de. Direito material coletivo – superação da *summa divisio* direito público e direito privado por uma nova *summa divisio* constitucionalizada. Belo Horizonte: Del Rey, 2008, p. 22-57. No mesmo sentido, também do autor, *O Ministério Público no neoconstitucionalismo*: perfil constitucional e alguns fatores de ampliação de sua legitimação social. Disponível em <http://www.unifafibe.com.br/revistasonline/arquivos/ revistajuridicafafibe/sumario/5/14042010170607.pdf>. Acesso em 6.3.14. O autor afirma textualmente que a *summa divisio* entre direito público e direito privado não foi recepcionada pela Constituição.

[26] Essa dúvida tem efeitos mais significativos do que possa parecer em um primeiro momento. Fernando Facury Scaff, por exemplo, sustenta que a solução para a questão da intensa litigiosidade do direito à saúde, que atinge os tribunais brasileiros nos últimos tempos, com as demandas individuais por medicamentos e tratamento médico, é a se perceber que a Constituição garante o direito à saúde não como direito individual, mas como direito coletivo, de modo que sua fruição apenas é dada ao cidadão em igualdade de condições com todos os demais. Ver NUNES, António José Avelãs; SCAFF, Fernando Facury. Os tribunais e o direito à saúde. Porto Alegre: Livraria do Advogado Editora, 2011.

[27] Para uma interessante e alternativa história do direito do trabalho, ver RAMOS FILHO, Wilson. Direito Capitalista do Trabalho. São Paulo: Editora LTR, 2012.

Essa é, de fato, a única pista deixada na Constituição sobre o que seriam os "direitos coletivos", que batizaram o Capítulo I do Título II, e isso supondo que o uso equívoco das expressões "direitos" e "interesses" seja irrelevante. Esse uso equívoco foi consagrado pelo Código de Defesa do Consumidor, dois anos depois, com a intenção confessa de seus autores[28], de evitar que direitos pudessem ficar sem tutela em razão do debate acerca de sua natureza. Fosse qual fosse a relevância da questão[29], seja em âmbito teórico ou prático, o CDC a eliminou e, desde então, a doutrina que se dedica ao tema apenas ressalta que não há diferença entre direitos e interesses difusos, coletivos ou individuais homogêneos. Ainda que possa ser relevante na Itália, essa é uma distinção que nasceu irrelevante no Brasil[30].

A questão da titularidade do direito passa a ser vista, com o CDC, como um entrave ligado à "estreiteza da concepção tradicional do direito subjetivo, marcada profundamente pelo liberalismo individualista"[31]. Esse argumento generalizou concepções tautológicas, do tipo das que afirmam que os direitos de grupo são os pertencentes "a um só tempo, a toda uma coletividade e a cada um dos membros dessa coletividade"[32] o que, conforme se percebe, é uma paráfrase do conceito de Waldemar Mariz de Oliveira Júnior, expresso ainda em 1984. Mesmo mais recentemente, autores que escreveram especificamente na tentativa de definir a

---

[28] Kazuo Watanabe, In GRINOVER, Ada Pellegrini; WATANABE, Kazuo; NERY JR, Nelson. *Código de Defesa do Consumidor*: comentado pelos autores do anteprojeto. 10. ed, vol II. Rio de Janeiro: Forense, 2011, p. 70: "Os termos 'interesses' e 'direitos' foram utilizados como sinônimos, certo é que, a partir do momento em que passam a ser amparados pelo direito, os 'interesses' assumem o mesmo status de 'direitos' desaparecendo qualquer razão prática, e mesmo teórica, para a busca de uma diferenciação ontológica entre eles".

[29] Barbosa Moreira, como mencionado, a havia considerado relevante no plano teórico, embora não tanto na prática. BARBOSA MOREIRA, José Carlos. *Temas de Direito Processual Civil*: primeira série. 2. ed. São Paulo: Editora Saraiva, 1988, p. 111.

[30] Essa discussão, que se encontra em quase todas as obras de processo coletivo no Brasil, parece decorrer da grande – talvez excessiva – influência exercida pela doutrina italiana sobre a doutrina processual brasileira. Essa influência é difícil de ser explicada por outra razão que não a afinidade pessoal entre os processualistas brasileiros e os italianos. O sistema de processo coletivo italiano não é, nem remotamente, exemplo a se seguir para o processo brasileiro, bastando para tanto recordar que, até o presente, a Itália não tem um sistema compreensivo e abrangente de tutela coletiva. Ver e.g., PRINCIPE, Giulia. *Italian class actions*: an update. Disponível em <http://globalclassactions.stanford.edu/>. Acesso em 10.3.14. Mais lógico teria sido que o apoio da doutrina brasileira se desse no pensamento norte-americano, o qual, ainda que afastado pelas diferenças da Common Law, editou a primeira versão da Rule 23 das Federal Rules of Civil Procedure em 1938, seguindo-se intensa produção acadêmica a partir de então. Também cabe notar que, mesmo atualmente, a distinção entre direitos subjetivos e interesses legítimos perdeu relevância mesmo na Itália. Até 1999, apenas aquelas pretensões ajuizadas em desfavor da administração pública que fossem classificadas como direitos subjetivos eram passíveis de condenação ressarcitória em favor do cidadão. Após a sentença 500/1999, da Corte de Cassação, a ação ressarcitória passou a ser admissível inclusive em razão da lesão a interesses legítimos. A Legge 21 luglio 2000, n. 205 reformou o art. 35 do decreto legislativo 31 marzo 1998, n. 80 e revogou o art. 13 da legge 19 febbraio 1992, n. 142, positivando o entendimento da Corte e assegurando que a jurisdição administrativa tivesse competência também para tratar das pretensões ressarcitórias. Para uma reconstrução histórica do problema (ainda que anterior à sentença 500/1999, ver IRELLI, Vincenzo Cerulli. *Corso di diritto amministrativo*. Torino: Giappichelli Editore, 1997. Por fim, cabe observar que esse tipo de distinção entre direitos e outras categorias é recorrente em diversos sistemas jurídicos no mundo, tendo sido superada na maioria deles. Nos Estados Unidos, por exemplo, havia a diferenciação entre *rights* e *privileges*, já afastada tanto pela doutrina quanto pela jurisprudência. Ver. VAN ALSTYNE, William W. The Demise of the Right-Privilege Distinction in Constitutional Law. In Harvard Law Review, vol. 81, 1968, p. 1439-1464; VAN ALSTYNE, William W. Cracks In "The New Property": Adjudicative Due Process. In The Administrative State. In Cornell Law Review, vol. 62, 1977, p. 445-493.

[31] Kazuo Watanabe, In GRINOVER, Ada Pellegrini; WATANABE, Kazuo; NERY JR, Nelson. *Código de Defesa do Consumidor*: comentado pelos autores do anteprojeto. 10. ed, vol II. Rio de Janeiro: Forense, 2011, p. 70.

[32] Idem, ibidem.

titularidade desses direitos, não lograram êxito em avançar mais do que se fez na década de 1980[33].

A doutrina jurídica, se valeu, ao longo de seu desenvolvimento, das expressões "grupo", "coletividade", "classe" e "sociedade", na tentativa de explicar a titularidade dos direitos transindividuais, sem, entretanto, conceituar esses termos[34]. Alguns os definiram a partir de seu significado ordinário em língua portuguesa[35]. Essa não parece ser uma opção correta. É certo que o exercício de conceituação formal dos direitos transindividuais e de sua titularidade não é essencial para a estruturação de um sistema que pretenda tutelá-los, como demonstra a experiência norte-americana após 1966[36]. Entretanto, caso se opte por fazê-lo, utilizando expressões que provêm de outra ciência, a Sociologia, é preciso recorrer ao sentido científico dessas expressões, e não ao dicionário.

Assim, a tarefa do presente trabalho é a reconstrução do conceito de direitos transindividuais, com ênfase em sua titularidade, a partir de um marco teórico sociológico.

4. CONCEITO DE SOCIEDADE

O primeiro problema com o qual se defrontará o jurista que pretenda atribuir à "sociedade" a titularidade dos direitos transindividuais é o de que os próprios sociólogos, após séculos de debate, ainda não a conseguiram definir[37]. Conforme anota Raymond Boudon[38], as tradições sociológicas, tanto clássicas quanto contemporâneas, são múltiplas e variadas, procurando explicar a sociedade sob pontos de vista bastante diferentes. O autor ainda reporta que todas as tentativas de unificar a Sociologia sob uma única perspectiva podem ser consideradas falhas. Fica claro, assim, que qualquer jurista que pretenda atribuir à "sociedade" a titularidade de direitos deverá esclarecer qual, entre as múltiplas versões desse conceito, adota para tanto.

O conceito de sociedade é, na expressão de Bauman[39], performativo, pois cria a entidade que nomeia. Cada sociólogo, ao longo dos mais de duzentos anos com

33 É o caso de Richard Pae Kim, que escreveu um artigo especificamente voltado à tentativa de esclarecer a titularidade dos direitos difusos e coletivos. Após discutir a questão, o autor chega à conclusão de sua irrelevância, afirmando que "a existência de técnicas processuais de tutela dos direitos sociais torna desnecessária a própria discussão acerca da ideia de titularidade destes direitos", concluindo, de modo pouco decisivo, que esses direitos seriam da sociedade, dos cidadãos ou de uma coletividade. PAE KIM, Richard. Titularidade dos direitos fundamentais difusos e coletivos. In PAE KIM, Richard; BARROS, Sérgio Resende de; KOSAKA, Fausto Kozo Matsumoto. Direitos fundamentais coletivos e difusos: questões sobre a fundamentalidade. São Paulo: editora Verbatim, 2012, p. 11 a 24.

34 É o caso, por exemplo, de MANCUSO, Rodolfo de Camargo. *Jurisdição Coletiva e Coisa Julgada*: teoria geral das ações coletivas. São Paulo: Revista dos Tribunais, 2006, p. 85.

35 Assim o faz MACHADO, Paulo Affonso Leme. Direito Ambiental Brasileiro. 21. ed. São Paulo: Malheiros, 2013, p. 157, que ao conceituar coletividade, vale-se do Dicionário Eletrônico Houaiss da Língua Portuguesa. MANCUSO, Rodolfo Camargo. *Interesses difusos*: conceito e legitimação para agir. 8. ed. São Paulo: Editora Revista dos Tribunais, 2013, p. 31 se vale do Dicionário Aurélio para conceituar o termo "social".

36 Em 1966, a *Rule 23* das *Federal Rules of Civil Procedure* foi alterada para excluir a conceituação dos direitos tuteláveis

37 Ver, nesse sentido, ELLIOTT, Anthony; TURNER, Bryan. *On society*. Cambridge: Polity Press, 2012.

38 BOUDON, Raymond (coord.). Tratado de Sociologia. Tradução de Teresa Curvelo. Rio de Janeiro: Jorge Zahar Ed., 1995.

39 BAUMAN, Zygmunt. Between us, the generations. In: LAROSSA, Jorge (org.). *On generations*: on the coexistence between generations. Barcelona: Fundació Viure i Conviure, 2007, pp. 365-376.

os quais conta a disciplina, criou sua própria sociedade. O nascimento da Sociologia enquanto ciência é atribuído a Auguste Comte, que cunhou o termo no contexto do surgimento do positivismo científico, focando sua investigação na busca de leis que regeriam o fenômeno social, permitindo o desenvolvimento da ordem[40]. Comte rejeita a concepção contratualista da sociedade, afirmando a inexistência do homem e sustentando a importância apenas da humanidade, uma vez que o desenvolvimento do homem depende da sociedade[41]. A sociedade transcende, portanto, em larga medida, a simples agregação de indivíduos, sendo uma realidade independente deles[42]. Assim como Comte, Durkheim separa os fatos sociais dos indivíduos, em busca do caráter positivo da ciência social. Apenas um fato social, objetivamente considerado, pode explicar outro fato social, não as inclinações do indivíduo[43].

Entretanto, essas teorias que consideram a sociedade ou o grupo como algo diferenciado de seus indivíduos não representam a totalidade do pensamento sociológico clássico sobre o tema. Ainda no século XIX, autores como Gabriel Tarde lançaram severas críticas ao pensamento de Durkheim, propondo concepções da sociedade mais atentas ao papel do indivíduo. Tarde afirma: "o que é a sociedade? Poderíamos defini-la de nosso ponto de vista: a possessão recíproca, sob formas extremamente variadas, de todos por cada um"[44]. Para o autor francês, qualquer associação é uma sociedade, qualquer fenômeno ou fato social praticado por uma de bilhões de pessoas, essencialmente egoístas e essencialmente diferentes[45]. Elementos singulares (mônadas, na expressão de Tarde) se ligam a outros elementos singulares para formar uma sociedade[46]. O principal erro de Durkheim, para Tarde, é não perceber que a sociedade não é a causa, mas a consequência dos atos das pessoas que as compõem, sendo incabível distinguir as leis sociais dos agentes que atuam segundo tais leis. Na concepção de Tarde, não há leis sociais que sejam distintas das

---

40 QUINTANEIRO, Tania; BARBOSA, Maria Lígia de Oliveira; OLIVEIRA, Márcia Gardênia de. Um toque de clássicos: Marx, Durkheim e Weber. 2. ed., rev. amp. Belo Horizonte: Editora UFMG, 2002, p. 19.

41 COMTE, Auguste. Discurso preliminar sobre o conjunto do positivismo. In: COMTE, Auguste. *Comte*. São Paulo: Abril Cultural, 1980.

42 BARNES, Harry Elmer; BECKER, Howard. Historia del Pensamiento Social. Vol II. Tradicción de Tomás Muñoz Molina. Ciudad de Mexico: Fondo de Cultura Económica: 1960, p. 38.

43 BARNES, op. Cit., p. 43.

44 TARDE, Gabriel. Monadologia e Sociologia. Petrópolis: Vozes, 2003, p. 112.

45 Cf. DEBIASE, Didier. The Dynamics of Possession. In SKRIBNA, D., (ed.), *Mind that Abides*: Panpsychism in the new millenium. Amsterdam: John Benjamins, 2008.

46 Explica LATOUR, Bruno. Gabriel Tarde and the End of the Social. In JOYCE, Patrick, (ed.). *The Social in Question*: New Bearings in History and the Social Sciences. London: Routledge, 2002, p. 117-132: "In the same way as Tarde refuses to take society as a higher, more complex, order than the individual monad, he refuses to take the individual human agent as the real stuff out of which society is made: a brain, a mind, a soul, a body is itself composed of myriad's of 'little persons', or agencies, each of them endowed with faith and desire, and actively promoting one's total version of the world. Agency plus influence and imitation, is exactly what has been called, albeit with different words, an actor-network. The link of the two ideas is essential to understand his theory: it is because he is a reductionist —even of a strange sort— that he does not respect any border between nature and society, and because he does not stop at the border between physics, biology and sociology that he does not believe in explaining the lower levels by the higher levels. Such is the key difficulty: human societies are not specific in the sense that they would be symbolic, or made of individual, or due to the existence of a macro organizations. They seem specific to us for no other reasons that, first, we see them from the inside and, second, that they are composed of few elements compared to any of the other societies we grasp only from the outside". (citação p. 120).

mônadas que compõem a sociedade[47]. Marco António Antunes resume muito bem a polêmica entre Tarde e Durkheim[48]:

> No que se refere ao debate entre Tarde e Durkheim, para Durkheim a sociedade é uma unidade colectiva que submete os indivíduos através dos factos sociais. "(...) É facto social toda a maneira de fazer, fixada ou não, susceptível de exercer uma coerção exterior; ou ainda que é geral na extensão de uma sociedade dada, tendo ao mesmo tempo uma existência própria [o todo social], independentemente das suas manifestações individuais" (Durkheim, 1983:14). Logo, não podemos falar de subjectividade nem de intersubjectividade em Durkheim. Para Tarde, a realidade social advém dos indivíduos [subjectividade] e das relações intermentais entre eles [intersubjectividade]. Tarde situa-se na linha de pensamento de autores como Spencer, Quetelet e Condorcet, os quais salientam a continuidade entre o indivíduo e a sociedade (colectivo). Deste modo, os factos sociais não são coisas exteriores coercivas independentes das manifestações individuais (como Durkheim defendia), mas laços sociais formados entre os indivíduos. A sociedade constituía, assim, um conjunto de relações interpsicológicas, em que cada indivíduo exercia uma acção inventiva, imitativa e de oposição. Tarde valoriza, num primeiro grau de importância, as invenções do génio individual. Só secundariamente as invenções surgem como resultado do meio ambiente. "T. N. Clark e, mais recentemente, I. Lubek distinguiram bem aquilo que torna as teses de Tarde discordantes em relação àquelas que dominavam na sua época (...). [Tarde] pertence a uma tradição que colocando o acento na subjectividade, credita as condutas individuais de uma real espontaneidade face aos quadros institucionais e relaciona a existência de valores colectivos à iniciativa e à invenção pessoais.

Essa grande cisma da Sociologia, que, conforme demonstra Marco António Antunes, conta com sucessores e herdeiros intelectuais de ambos os lados, demonstra a impossibilidade de se atribuir a titularidade de determinados direitos à "sociedade", sem que faça um detalhado escrutínio acerca do sentido que se atribui a tal conceito.

Nessa mesma linha de distinção, Anthony Elliott e Bryan Turner se dedicaram à elaboração de uma obra específica sobre o conceito de sociedade[49]. A palavra "sociedade", conforme demonstram os autores, "não denota qualquer qualidade identificável ou definível através da história da Sociologia. Em verdade, o conceito há muito tem representado (e continua representando) um profundo desafio para fazer o trabalho da Sociologia inteligível"[50]. Sociedade, para Elliott e Turner, é um dos termos mais opacos e desconcertantes, desde a Sociologia clássica até a atualidade[51], especialmente porque o mundo não é mais o mesmo de quando foram elaboradas as concepções fundantes da Sociologia, com Durkheim, Simmel, Weber e Marx. Há, inclusive, quem proponha que, em um mundo marcado pela globalização e pela revolução nas telecomunicações, não há sentido em buscar uma concepção de

---

47 Nesse sentido, DEBIASE, cit., p. 127.

48 ANTUNES, Marco António. Público, Subjectividade e intersubjectividade em Gabriel Tarde. Disponível em <http://www.bocc.ubi.pt/pag/antunes-marco-gabriel-tarde.html>. Acesso em 9.4.2014.

49 ELLIOTT, Anthony; TURNER, Bryan S. *On Society*. Cambridge: Polity Press, 2012. As referências a tal obra, feitas daqui por diante, se baseiam na sua versão eletrônica, de modo que a referência de páginas pode variar em relação à edição física.

50 Idem, p. 1.

51 Idem, p. 2.

sociedade, uma vez que ela se referirá apenas a uma cooperação provisória, feita de arranjos e rearranjos[52].

Definir sociedade, portanto, não é uma tarefa fácil, nem para o sociólogo. Trata-se de uma "categoria zumbi", na expressão de Ulrich Beck[53]. Na tentativa de reconstruir o conceito, Anthony Elliott e Bryan Turner sustentam que as diversas concepções de sociedade, encontradas no pensamento de variados sociólogos, podem ser classificadas em três grupos, a saber: a) sociedade como estrutura; b) sociedade como solidariedade ou comunidades de cuidado, atenção e consenso e, c) sociedade como processo criativo ou as dimensões imaginárias da comunicação e sociabilidade[54].

A sociedade como estrutura é o conjunto de concepções que veem a sociedade como um discurso de ordem social, normas e estrutura, com prioridade para o conjunto em detrimento do indivíduo. É uma linha que surge ainda com a Sociologia clássica de Durkheim[55] e Marx. Nesse período, apenas em Weber se encontra uma discussão mais proeminente sobre o indivíduo, na tentativa de libertar a sociedade de conceitos coletivos. Apesar disso, mesmo em Weber há constantes debates acerca do poder e da autoridade. A preeminência dessa concepção na sociologia clássica decorre do pano de fundo de violência e insegurança que cercava a Europa desde o final do século XVIII, com a revolução francesa, até o início do século XX, com as guerras mundiais. A insegurança precipita uma linha de estudos especialmente voltada para a ordem e a coesão social, um dos temas mais presentes na obra de Durkheim. Elliott e Turner assim resumem essa corrente de pensamento[56]:

> A sociedade, ou o estado político, ou comunidade, é vista nesse grupo de referências como um elemento supra-coletivo, exercendo autoridade legislativa e fazendo pronunciamentos judiciais em nome da humanidade universal. No aspecto mais positivo, a sociedade como estrutura expressa uma inflexão realista, ancorada no contexto social e na segurança, e preocupada sobretudo com a prosperidade econômica ou a ordem social. No aspecto mais negativo, a sociedade como estrutura é conformista, utilitarista, superficial e desapaixonada. A noção de Weber de sociedade como uma jaula de ferro capta esse senso de estandartização e racionalização no seu momento mais pessimista.

---

52 Idem, p. 6. Os autores chamam atenção para o fato de que essa crítica acerca da inutilidade ou impossibilidade da elaboração de um conceito de sociedade, tão presente atualmente, pode ser encontrada em um artigo de 1912, escrito por Albion W. Small, de modo que a perplexidade acerca do conceito é bem mais antiga do que parece.

53 "Zombie categories are 'living dead' categories which govern our thinking but are not really able to capture the contemporary milieu". SLATER, Don; RITZER, George. Interview with Ulrich Beck. In *Journal of Consumer Culture*, n. 1, 2001, p. 261-277. Citação p. 261.

54 Op. Cit., p. 20.

55 ELLIOTT, Anthony; TURNER, Bryan S, op. Cit., p. 35. Essa interpretação não é unânime entre os sociólogos. Pedro Bodê de Moraes, por exemplo, afirma que "diferentemente do que se afirma a respeito da inexistência ou desimportância do indivíduo na teoria durkheimiana, acreditamos que a noção de indivíduo é exatamente um dos principais pontos de inflexão e tensão do texto do sociólogo francês (...). MORAES, Pedro Rodolfo Bodê de. Émile Durkheim: para uma Sociologia do mundo contemporâneo. In: CODATO, Adriano Nervo (Org.). *Tecendo o presente* – oito autores para pensar o século XX. Curitiba: Sesc/PR, 2006.

56 Op. Cit., p. 41.

Essa noção se aproxima do argumento de Rousseau, segundo o qual existe uma vontade geral que é distinta da simples agregação das vontades de todos[57]. Essa concepção, tão polêmica e debatida[58], é refletida no pensamento jurídico corrente[59], ainda que de modo inconsciente: há uma crença de que é possível entender a vontade do povo a partir da compreensão de uma vontade geral, que vai além da soma das vontades individuais. O problema, como bem observa Cláudio Araújo Reis, é como identificar essa "voz do povo" nas decisões coletivas[60].

A sociedade como estrutura tem uma forte interseção com a teoria do Estado, que é a sua manifestação mais evidente. Para que o Estado efetivamente subordine os indivíduos, é necessário que os cidadãos sejam socializados em algum tipo de identidade cultural, que permita que os conflitos egoístas possam ser superados. Suprime-se a diversidade para criar uma comunidade imaginária de iguais. O Estado, afirmam Elliott e Turner, com base em Hegel, representa formas de universalidade que não existem na sociedade civil, em virtude de sua pluralidade[61]. Uma das principais figuras do discurso da sociedade como estrutura é Durkheim, conforme já mencionado, em razão da prevalência que concede ao social sobre o individual, que é a dimensão principal da interpretação da sociedade como estrutura. A sociedade, em Durkheim é um todo orgânico e não uma agregação de indivíduos, o que o identifica como fundador do funcionalismo estrutural. O Estado provê a orientação geral da sociedade[62]. Os direitos individuais somente podem florescer sob a proteção da autoridade do Estado que, por isso, intrinsecamente representa os interesses dos governados[63].

Em síntese, a sociedade como estrutura é uma visão compatível com o fortalecimento do Estado-nação, no século XIX, e sua ideologia nacionalista, que vincula os direitos de cidadania à nacionalidade. Um Estado forte é necessário para fazer frente ao desafio da urbanização moderna, que exige que pessoas estranhas convivam entre si em grandes cidades, nas quais os vínculos identitários se dissolveram quase

---

57 ROUSSEAU, Jean Jaques. *Do contrato social*. São Paulo: Martin Claret, 2000, p. 93.

58 REIS, Cláudio Araújo. Vontade geral e decisão coletiva em Rousseau. Revista *Trans/Form/Ação*. Vol.33, no.2, Marília, 2010, p. 11-34. Afirma o autor (p. 12), que "Reconhecidamente, o conceito de vontade geral é ao mesmo tempo um dos conceitos mais importantes da filosofia política do Cidadão de Genebra e uma de suas ideias mais fugidias".

59 Rodolfo de Camargo Mancuso recorre a Rousseau, de modo expresso, na construção de sua diferenciação entre interesses coletivos e individuais. Ver MANCUSO, Rodolfo de Camargo. Interesses difusos: conceito e legitimação para agir. 8. ed. São Paulo: Editora Revista dos Tribunais, 2013, p. 55.

60 Op. cit., p. 12. Esse assunto ainda será retomado posteriormente. Em seu ciclo de palestras radiofônicas na década de 1950, intitulado Freedom and Its Betrayal: Six Enemies of Human Liberty, Isaiah Berlin incluiu Rousseau entre os traidores da liberdade, justamente por essa concepção coletivista da sociedade. As palestras foram gravadas e atualmente estão disponíveis em <https://www.youtube.com/watch?v=lF_f_ziNH_I&list=PL9_RBbbRxrYxQZ75n_jtcvQ-3OXfRiy8f>. Acesso em 22.05.2014.

61 ELLIOTT, Anthony; TURNER, Bryan S, op. Cit., p. 42.

62 Idem, p. 50. Ver, de modo geral, DURKHEIM, Émile. *Da divisão do trabalho social*. 2. ed. Tradução de Eduardo Brandão. São Paulo: Editora Martins Fontes, 1999.

63 GIDDENS, Anthony. *A contemporary critique of historical materialism*: the Nation-State and violence. University of California Press, 1985, p. 18: "But Durkheim goes on to suppose that the state thereby inevitably represents the interests of those it rules, save in certain excepcional and 'pathological' circumstances".

completamente. Construir a cidadania era construir a nação[64]. O exemplo da sociedade como estrutura, em tempos de globalização, para Elliott e Turner, é a política norte-americana de garantia e imposição global do capitalismo e do neoliberalismo, mesmo à custa de guerras e invasões. Essa ideologia vem dando ensejo ao surgimento de normas jurídicas de exceção, que reforçam os poderes do Estado contra o cidadão, em nome da proteção da liberdade e do país. Nesse sentido, citam o *Patriotic Act* norte americano, assim como o *Anti-Social Behaviour Act* inglês. Este, de 2003, tem o objetivo de proibir determinados comportamentos considerados antissociais, nem um pouco estranhos ao contexto jurídico brasileiro, como a vadiagem, a pichação e a mendicância, facilitando o despejo de pessoas, exigindo que os pais controlem a conduta de seus filhos e autorizando a polícia a dispersar aglomerações de duas ou mais pessoas em qualquer lugar público se sua presença "ocasiona ou pode ocasionar intimidação, alarme ou assédio à população". A sociedade como estrutura, portanto, é a sociedade da ordem e do controle[65].

O segundo viés de análise é o da sociedade como solidariedade. Aqui se encontram os autores com uma preocupação com as ideias de comunidade e de solidariedade social, unidos por um discurso que busca a realização de um ideal de cuidado, sentimento, afeição e simpatia, capaz de criar uma comunidade de sentimento. Elliott e Turner agregam nesse grupo autores como Ferdinand Tönies, Hegel e Habermas[66], sugerindo que essa linha de pensamento ganhou força no período posterior à Segunda Guerra Mundial, com as políticas keynesianas que introduziram, no continente europeu, a ideia de que o Estado deveria arcar com provisões que permitissem o bem-estar dos cidadãos. A sociedade como solidariedade é uma "sticky society", uma sociedade em que se valoriza a lealdade do membro para com o grupo, na qual é difícil entrar - o que implica restrições à migração - e da qual é difícil sair - o abandono é caracterizado, frequentemente, como deslealdade ou até mesmo traição[67]. As teorias da sociedade como solidariedade supõem que a afeição natural e o diálogo existentes nas comunidades são a base para a democracia. Os códigos morais são espontaneamente compartilhados entre os diversos grupos de indivíduos.

Elliott e Turner imputam a origem da perspectiva da sociedade como solidariedade a Ferdinand Tönnies e seus trabalhos sobre o conceito de comunidade, definida como um grupo social fortemente unido, baseado em uma vizinhança local, com fortes sentimentos de pertencimento e ausência de individualismo[68]. Tönnies diferencia a comunidade da sociedade, estabelecendo que a primeira é "a vida de conjunto, íntima, interior e exclusiva", enquanto a segunda é "o público, é o mundo"[69]. As comunidades,

[64] ELLIOTT, Anthony; TURNER, Bryan S, op. Cit., 60. Os autores também ressaltam que o problema da convivência entre estranhos nas cidades era importante tanto para Weber quanto para Simmel.

[65] Sobre essa questão, ver BURNEY, Elizabeth. *Making People Behave*: Anti-social Behaviour, Politics and Policy. Cullompton: Willian Publishing, 2009.

[66] ELLIOTT, Anthony; TURNER, Bryan S, op. cit., p. 74.

[67] Idem, ibidem.

[68] ELLIOTT, Anthony; TURNER, Bryan S, op. Cit., p. 79.

[69] TÖNNIES, Ferdinand. *Comunidad y Sociedad*. Buenos Aires: Losada, 1947, p. 19.

portanto, são mais características da pré-modernidade e de pequenos grupos, marcados por laços de consanguinidade, coabitação territorial, afinidade emocional/espiritual e consenso, enquanto a sociedade é a vida nas metrópoles. Afirma Tönnies[70]:

> A teoria da sociedade constrói um círculo de homens que, como na comunidade, convivem pacificamente, mas não estão essencialmente unidos, mas sim essencialmente separados e enquanto na comunidade permanecem unidos apesar de todas as separações, na sociedade permanecem separados apesar de todas as uniões.

Os conceitos de sociedade e comunidade são, contudo, entrelaçados, havendo padrões, ainda que mais restritos, de sociabilidade comunitária na sociedade urbana e capitalista[71], uma vez que a ideia de um grupo social baseado em sentimentos de fraternidade e caridade perpassa boa parte do pensamento cristão, presente na modernidade[72]. O problema da sociedade contemporânea, no diagnóstico de Alasdair MacIntyre, é o fracasso do projeto iluminista, que pretendia substituir parâmetros comunitários, considerados tradicionais e supersticiosos, por um tipo de moralidade secular, que seria acessível racionalmente a qualquer pessoa[73]. Para MacIntyre, esse projeto nunca deveria ter sido empreendido, eis que fadado ao fracasso, dada a inviabilidade de seu pressuposto fundamental, que é o relativismo das virtudes. É essencial que as virtudes sejam definidas a partir do pertencimento a uma comunidade e uma identidade cultural, e não a partir de um modelo abstrato de ser humano, como pretende, por exemplo, a teoria da justiça de Rawls[74].

Essa vertente da sociedade como solidariedade é, na visão de Elliott e Turner, compartilhada por Habermas, especialmente em sua discussão acerca de um projeto de comunidade global. Em seu conjunto de ensaios "The postnational constellation", Habermas se preocupa exatamente com as condições de possibilidade de um projeto de uma esfera pública pan-europeia, que considere uma sociedade civil não baseada em múltiplas identidades territoriais, mas simplesmente europeia, como uma forma de solidariedade entre estranhos[75]. Afirma Habermas que, se a consciência nacional surgiu de um processo artificial e historicamente determinado, não haveria razão para que esse movimento não pudesse prosseguir para a criação de uma sociedade global e aberta[76].

---

70 Idem, p. 65.

71 Para uma sintética, porém interessante, abordagem sobre o pensamento de Tönnies, ver BRANCALEONE, Cássio. Comunidade, sociedade e sociabilidade: revisitando Ferdinand Tönnies. In Revista de Ciências Sociais. Fortaleza, v. 39, n. 1, 2008, p. 98-104.

72 ELLIOTT, Anthony; TURNER, Bryan S, op. cit., p. 83.

73 MACINTYRE, Alasdair. *After Virtue*: A Study in Moral Theory. 3. ed. Notre Dame: University, of Notre Dame Press, 2007, p. 70. Ver tb. ELLIOTT, Anthony; TURNER, Bryan S, op. Cit., p. 87. Ver ainda HARNISH, Brandon. Alasdair MacIntyre and F. A. Hayek on the Abuse of Reason. In *The Independent Review*, v. 15, n. 2, 2010, p. 179–199.

74 Para uma análise da crítica de MacIntyre a Rawls, ver VICENTE, José João Neves Barbosa. A crítica de MacIntyre à teoria da justiça de Rawls. Revista Trilhas filosóficas. Ano III, n. 2, jul-dez 2010, p. 102 a 112.

75 ELLIOTT, Anthony; TURNER, Bryan S, op. cit., p. 89.

76 HABERMAS, Jürgen. *The postnational constellation*: political essays. Cambridge: The MIT Press, 2001, p. 102, afirma: "But precisely the artificial conditions in which national consciousness arose argue against the defeatist assumption that a form of civic solidarity among strangers can only be generated within the confines of the nation. If this form of collective identity

Outro autor fundamental para a compreensão do conceito de sociedade enquanto solidariedade é Jeffrey Alexander. Em sua obra "The Public Sphere", o autor defende que é necessária a existência de uma esfera civil na sociedade, como espaço de integração democrática. Essa esfera é composta de valores e instituições particularistas e setoriais - não universais - caracterizados por sentimentos, instituições e relações civis que visam a restauração da justiça contra as forças capitalistas contemporâneas. O autor exemplifica essa esfera com as associações civis e movimentos sociais de defesa dos interesses de minorias[77]. Ainda que a esfera pública esteja atualmente fragmentada, Alexander insiste na possibilidade de que o multiculturalismo possa gerar uma esfera pública de caráter amplo, em um processo de celebração da diversidade. O problema, como afirma Roland Robertson, é identificar até que ponto as visões comunitaristas são apenas uma ilusão nostálgica de uma comunidade que não existe mais em tempos de globalização, ou podem efetivamente gerar um critério de análise e uma pauta de comportamentos[78]. Em síntese, as concepções de sociedade como solidariedade, de acordo com Elliott e Turner[79]:

> Enfatizam relações sociais que são intrincadamente interpessoais, dialógicas e baseadas no entendimento mútuo ou consenso. Em termos sociológicos, não há aqui conflito trágico entre o indivíduo e a sociedade, como há na visão de mundo ultra racionalista, cientificista e totalizante visão da sociedade como estrutura. Ao contrário, os valores da solidariedade estão entrincheirados nas relações sociais como uma tendência natural em direção à unidade.

Finalmente, Elliott e Turner elaboram o elenco das teorias que tratam a sociedade como criação. A tentativa aqui é ir além da abstração da sociedade como estrutura, que ignora a singularidade do indivíduo e da nostalgia e sentimentalismo da sociedade como solidariedade. O ponto central, para essas teorias, é a criatividade social, a abertura à inovação. Há um substrato imaginativo no coração das relações sociais. A sociedade, tal como vista nessas concepções, é uma sociedade "elástica". Explicam Elliott e Turner[80]:

> A metáfora da elasticidade social nos provê uma ferramenta valiosa para a análise das sociedades modernas, que estão atualmente muito afastadas do mundo fixo e estruturado das sociedades tradicionais (...). Enquanto as sociedades tradicionais eram tipicamente vinculadas ao território, as pessoas as pessoas agora vivem em sistemas sociais que são apenas indiretamente conectados ao espaço físico. Enquanto as sociedades tradicionais eram ligadas pelo sangue e pelo solo, muitas relações sociais contemporâneas acontecem online. Nós nos propomos a pensar essas sociedades em termos de 'elasticidades' porque as relações sociais são esticadas no tempo e no espaço.

---

was due to a highly abstractive leap from the local and dynastic to national and then to democratic consciousness, why shouldn't this learning process be able to continue?".

[77] Ver ALEXANDER, Jeffrey. *The civil sphere.* Oxford: Oxford University Press, 2006. Ver tb. ELLIOTT, Anthony; TURNER, Bryan S, op. cit., p. 92.

[78] ROBERTSON, Roland. Valores e Globalização: comunitarismo e globalidade. In: SOARES, Luís Eduardo, org. *Pluralismo cultural, identidade e globalização.* Rio de Janeiro: Unesco e Universidade Cândido Mendes, 1007, p. 76-102.

[79] Op. Cit., p. 102.

[80] ELLIOTT, Anthony; TURNER, Bryan S, op. cit., p. 109.

Assim, na visão dos autores, não se pode mais compreender a sociedade como se as relações sociais existissem apenas nas formas da Sociologia clássica do século XIX. Por exemplo, não se pode mais ignorar ou pretender descartar as relações sociais conduzidas no mundo virtual, com o simples argumento de que são fragmentadas e não duradouras, o que as tornaria irrelevantes. Foram essas relações que catalisaram, em grande medida, os movimentos políticos no norte e leste da África em 2011, permitindo a ação coordenada de indivíduos totalmente desconectados entre si, quando se considera apenas o espaço físico[81], com severas consequências sobre o chamado "mundo real". O mundo virtual, inexistente nas origens do pensamento sociológico, vem afirmando, especialmente nos últimos anos, seu potencial para alterar o "mundo real".

Na sociedade como criatividade, as relações sociais estão em constante mutação, o que a torna radicalmente descentralizada, indeterminada e fluida[82]. A melhor referência, entre os sociólogos clássicos, para esse tipo de concepção, seria Georg Simmel. Enquanto os outros pais da Sociologia concebem a sociedade como uma totalidade, Simmel a reputa um fenômeno secundário. O principal, para o autor, é o que ele denomina "sociação", que são as interações, desde as mais efêmeras até as mais duradouras, que ao mesmo tempo aproximam e afastam as pessoas. Nas palavras de Elliott e Turner, "Simmel descreve a sociedade como uma teia de interações entre os indivíduos, composta de fios invisíveis de sociabilidade"[83]. Simmel afirma que, em sentido amplo, "a sociedade existe onde quer que vários indivíduos entram em interação"[84]. Assim, "unidade em sentido empírico, nada mais é do que interação de elementos. (...) Um Estado é uma unidade porque entre seus cidadãos existe a correspondente relação de ações mútuas"[85]. Nesse contexto,

> ... o que faz com que 'a sociedade', em qualquer dos sentidos válidos da palavra, seja sociedade são evidentemente as diversas maneiras de interação a que nos referimos. Um aglomerado de homens não constitui uma sociedade só porque exista em cada um deles em separado um conteúdo vital objetivamente determinado ou que o mova subjetivamente. Somente quando a vida desses conteúdos adquire a forma de influência recíproca, só quando se produz a ação de uns sobre os outros – imediatamente ou por intermédio de um terceiro – é que a nova coexistência social, ou também a sucessão no tempo, dos homens, se converte em uma sociedade.[86]

Logo, se a sociedade não é nada além das relações entre indivíduos, é preciso abrir mão, afirmam Elliott e Turner, dos fundamentos metafísicos tradicionais que

---

[81] Idem, p. 110. No momento em que se elaborava este trabalho, a sociedade brasileira também sentia a força dessa nova elasticidade social, que permite a organização imediata de pessoas sem qualquer vínculo anterior. Antes da internet, os movimentos sociais necessitavam de prévia organização e institucionalização, por intermédio de sindicatos e associações, o que influenciou grandemente nossa Lei da Ação Civil Pública. A coletividade organizada é legitimada a demandar. Agora, a organização surge juntamente com a causa e se desfaz tão rapidamente quando surgiu, se a causa desaparece. Essa mudança sem precedentes na história da humanidade, que dispensa a institucionalização prévia das massas reivindicantes, ainda é um fenômeno que desafia a análise sociológica e não chegou ao pensamento jurídico.

[82] ELLIOTT, Anthony; TURNER, Bryan S, op. cit., p. 113.

[83] Op. cit., p. 114.

[84] SIMMEL, Georg. *Sociologia*. Organização de Evaristo de Moraes Filho. São Paulo: Ática, 1983, p. 59.

[85] Idem, p. 60.

[86] Idem, p. 61.

procuravam fundamentá-la. É impossível tratar a sociedade como um objeto estático. Ela é algo que acontece, que está acontecendo. Não há sociedade feita. Há o fazer sociedade, um processo que está sempre em andamento[87]. Nessa linha, o ponto fulcral da análise de Simmel é o indivíduo, não as instituições ou estruturas por ele criadas, uma vez que "todos esses grandes sistemas e organizações supra-individuais, que habitualmente nos vêm ao espírito, quando pensamos em sociedade, nada mais são que cristalizações (...) de interações diretas entre os indivíduos de forma permanente"[88]. Para o autor alemão, portanto, sociedade "é somente o nome para círculos de indivíduos vinculados entre si por esses tipos de relações recíprocas"[89]. A sociedade não é algo feito, mas algo que os indivíduos fazem ao agir e ao suportar a ação dos outros.

Modernamente, Elliott e Turner enquadram Anthony Giddens e sua teoria da estruturação na categoria de pensadores que reputam a sociedade como criação. Em "A constituição da Sociedade", Giddens procura reconciliar a ação individual com a estrutura social. Toda ação humana acontece no contexto de uma estrutura pré-existente, de modo que é pelo menos parcialmente determinada por ela. Entretanto, essa estrutura não é imutável, o que faz com que possa ser modificada pela ação[90]. Há, portanto, uma explícita tentativa de reconciliação entre conceitos geralmente tidos como opostos, tais como indivíduo e sociedade[91], que se condicionam e se recondicionam reciprocamente.

Em seus estudos, Giddens demonstra uma especial preocupação com o conceito de sociedade[92]. Para ele, todas as sociedades são sistemas sociais constituídos, ao mesmo tempo, pela interseção de múltiplos sistemas sociais. Assim, sociedades são sistemas que "se destacam, em baixo-relevo, de um fundo constituído por toda uma série de outras relações sistêmicas, nas quais elas estão inseridas"[93]. Esse destaque decorre de princípios estruturais que permitem a formação de um aglomerado de instituições. Também são apontadas como características da sociedade a associação entre o sistema social e um local ou território específico, que não precisa ser fixo, a presença de elementos normativos que envolvem a pretensão legítima de ocupação do local e a preponderância, entre os membros da sociedade, de sentimentos que revelam alguma identidade comum, embora não pressuponham um consenso de valor[94].

87 MACEDO, Evaristo de. Prefácio a SIMMEL, Georg. *Sociologia*. Organização de Evaristo de Moraes Filho. São Paulo: Ática, 1983, p. 21.

88 Idem, p. 83.

89 Idem, ibidem.

90 GIDDENS, Anthony. A Constituição da Sociedade. 2. ed. São Paulo: Martins Fontes, 2003.

91 Afirma o próprio Giddens, em A Constituição da Sociedade, cit., p. 191: "Na teoria da estruturação, uma série de dualismos ou oposições fundamentais para outras escolas de pensamento social são reconceituados como dualidades. O dualismo 'indivíduo' e 'sociedade', em particular, é reconceituado como a dualidade agência e estrutura".

92 Cf. op. cit., p. 192 e ss.

93 Idem, p. 194.

94 Embora Elliott e Turner não o façam, parece possível incluir também Niklas Luhmann entre os autores que sustentam uma concepção de sociedade como criação. Para Luhmann, a sociedade é um sistema social que compreende todas as comunicações. Ela não alberga os indivíduos ou as relações entre elas, mas apenas as comunicações. Os limites da sociedade, portanto, não são os limites do território, mas sim os limites da comunicação. Cf. LUHMANN, Niklas. Social Systems. Tradução

Não é coincidência que os autores dessa última tendência, que relaciona a sociedade à criação, tenham especial preocupação com o conceito de sociedade na perspectiva da globalização. Não é possível conceituar a sociedade como se o mundo fosse o mesmo do século XIX, em que o Estado-nação era capaz de abarcar senão todas, pelo menos a maioria das interações sociais dos indivíduos. Se esse avanço técnico desperta admiração, também causa apreensão em razão do avanço do capitalismo global[95] e da homogeneização da cultura, que, sustentam alguns, favorece um clima de hostilidade contra as minorias[96]. Como sintetizam Elliott e Turner, "o conflito político em erupção entre as sociedades digitais e a sociedade territorial é crescentemente evidente aos olhos de todos"[97]. Esse é um fenômeno ainda em desenvolvimento e, portanto, de consequências controversas[98].

5. TITULARIDADE DOS DIREITOS TRANSINDIVIDUAIS E O DOGMA DA INDIVISIBILIDADE

Outro obstáculo da década de 1980, a ser ultrapassado para se alcançar uma correta definição acerca da titularidade dos direitos transindividuais, é o dogma da indivisibilidade. Sempre se afirmou que a principal característica de tais direitos é serem absolutamente indivisíveis, uma vez que não podem ser separados em "cotas" destinadas a cada titular. Por essa razão, a satisfação de um dos titulares "implica de modo necessário a satisfação de todos e, reciprocamente, a lesão de um só constitui, *ipso facto*, lesão da inteira coletividade"[99]. Desde Barbosa Moreira, essa característica vem sendo repetida por quase toda a doutrina brasileira[100] e acabou positivada no conceito legal adotado pelo CDC, em seu art. 81, parágrafo único, I e II.

de John Bednarz Jr. e Dirk Baecker. Stanford University Press, 1995; CORSI, Giancarlo; ESPOSITO, Elena; BARALDI, Claudio. Glosario sobre la teoria social de Niklas Luhmann. Tradução de Miguel Romero Perez e Carlos Viillajohos, coordenada por Javier Torres Nafarrate. Ciudad de Mexico: Universidad Iberoamericana, 1996.

95 Ver, por exemplo, GIDDENS, Anthony. *Runaway World*: How Globalization is Reshaping Our Lives. London: Profile, 1999. Para uma descrição dos movimentos contraditórios da globalização, ver SANTOS, Boaventura de Souza. *La Globalizacion Del Derecho*: los nuevos Caminos de La regulacion y la emancipacion. Bogotá: ILSA, 1998.

96 Ver, por exemplo, KRISTEVA, Julia. *Crisis of the European Subject*. New York: Other Press, 2000.

97 Op. Cit., p. 140.

98 Daniel Drache, por exemplo, tem uma visão altamente positiva das possibilidades de criação dessa nova sociedade virtual, crendo na possibilidade de que as comunicações favoreçam o surgimento de um público desafiador, adepto do dissenso e da transgressão, que possa fazer frente ao avanço das forças capitalistas. Afirma o autor: "Dissent has become na essential counterpoint to the mainstream discourse of law, security, markets and private accumulation". DRACHE, Daniel. *Defiant Publics*: The npreceded Reach of the Global Citizen, London: Polity Press, 2008.

99 BARBOSA MOREIRA, José Carlos. *Temas de Direito Processual Civil*: terceira série. São Paulo: Editora Saraiva, 1984, p. 174. Como o próprio autor ressalta, trata-se de uma construção baseada na doutrina de Andrea Proto Pisani.

100 GIDI, Antonio. *Coisa julgada e litispendência em ações coletivas*. São Paulo: Editora Saraiva, 1995, p. 27; GRINOVER, Ada Pellegrini. Significado social, político e jurídico da tutela dos interesses difusos. In *A marcha do processo*. Rio de Janeiro: Editora Forense Universitária, 2000, p. 20: "No ordenamento jurídico brasileiro, por definição legislativa (art. 81 do Código de Defesa do Consumidor), os interesses difusos e coletivos apresentam, em comum, a transindividualidade e a indivisibilidade do objeto. Isso significa que a fruição do bem, por parte de um membro da coletividade, implica necessariamente sua fruição por parte de todos, assim como sua negação para um representa a negação para todos. A solução do conflito é, por natureza, a mesma para todo o grupo, podendo afirmar-se que, se houvesse litisconsórcio entre os membros, se trataria de litisconsórcio unitário"; DONIZETTI, Elpídio; CERQUEIRA, Marcelo Malheiros. *Curso de processo coletivo*. São Paulo: Editora Atlas, 2010, p. 45, afirmando que essa indivisibilidade "significa que necessariamente a ofensa do bem atinge a todos os

É inegável o valor histórico dessa definição. Antes da Constituição de 1988, antes da Lei da Ação Civil Pública, Barbosa Moreira, Ada Pellegrini Grinover e outros autores já mencionados construíram um conceito que permitia a tutela de um direito a meio caminho entre o público e o privado. Não é que, antes de 1988, não existisse tutela do meio ambiente, por exemplo. A Constituição de 1934 já estabelecia a competência da União para legislar sobre as florestas[101] e a Constituição de 1946, mais específica, afirmava ficarem "sob a proteção do Poder Público", as "obras, monumentos e documentos de valor histórico e artístico, bem como os monumentos naturais, as paisagens e os locais dotados de particular beleza"[102]. É certo, portanto, que esses chamados "novos direitos" não são assim tão novos[103]. A inovação é que, até pelo menos a década de 1970, sua proteção se dava na condição de patrimônio público, pertencente ao Estado, e não a uma "sociedade" ou "grupo" distinto da pessoa jurídica de direito público política. Ainda em 1981, é possível encontrar aresto do Supremo Tribunal Federal, tratando do "interesse comum" da União e dos estados-membros na preservação das florestas[104], denotando que a preocupação com direitos difusos estava amalgamada ao interesse estatal.

Tanto é assim que o § 1º do art. 1º da Lei da Ação Popular, tanto em sua redação original, quanto na versão atual, modificada em 1977, estabelece a possibilidade de ajuizamento da mencionada ação para a proteção dos "bens e direitos de valor econômico, artístico, estético, histórico ou turístico" por expressa equiparação dos mesmos ao patrimônio público. Não se trata, ainda, de se conceber uma titularidade coletiva desses bens, mas de protegê-los porque são valiosos para o Estado, compondo, assim, um conceito ampliado de patrimônio público, mesmo que pertençam efetivamente a particulares[105]. A novidade na concepção dos direitos difusos, por parte da doutrina brasileira, na década de 1980, é permitir que eles sejam

membros integrantes da coletividade"; SILVA, Sandra Lengruber da. *Elementos das ações coletivas*. São Paulo: Editora Método, 2004, p. 42, asseverando que "a natureza indivisível refere-se ao objeto destes direitos, pertencentes a todos os titulares e ao mesmo tempo a nenhum especificamente, do que decorre que tanto a lesão como a satisfação de um interessado implica obrigatoriamente na lesão ou satisfação de todos"; MANCUSO, Rodolfo de Camargo. *Interesses difusos*: conceito e legitimação para agir. 3. ed. São Paulo: Editora Revista dos Tribunais, 1994, p. 73.

[101] Art. 5º, XIX, j e § 3º.

[102] Art. 175. Texto similar está no art. 172, parágrafo único, da Constituição de 1967: "Ficam sob a proteção especial do Poder Público os documentos, as obras e os locais de valor histórico ou artístico, os monumentos e as paisagens naturais notáveis, bem como as jazidas arqueológicas".

[103] "Interesses difusos, coletivos e individuais homogêneos sempre existiram; não são novidade de algumas poucas décadas. Nos últimos anos, apenas se acentuou a preocupação doutrinária e legislativa em identificá-los e protegê-los jurisdicionalmente, agora sob o processo coletivo. A razão consiste em que a defesa judicial de interesses transindividuais de origem comum tem peculiaridades: não só esses interesses são intrinsecamente transindividuais, como também sua defesa judicial deve ser coletiva, seja em benefício dos lesados, seja ainda em proveito da ordem jurídica. Dessa forma, o legislador estipulou regras próprias sobre a matéria, especialmente para solucionar problemas atinentes à economia processual, à legitimação ativa, à destinação do produto da indenização e aos efeitos de imutabilidade da coisa julgada". MAZZILLI, Hugo Nigro. *A Defesa dos Interesses Difusos em Juízo*, 20. ed. São Paulo: Editora Saraiva, 2007, p.58.

[104] STF, Rp 1008, Relator Min. Djaci Falcão, DJ 23-10-1981.

[105] Cf. PRADE, Péricles. *Ação Popular*. São Paulo: Editora Saraiva, 1986, p. 11. No mesmo sentido, FAGUNDES, José Miguel Seabra. O controle dos atos administrativos pelo Poder Judiciário. 5, ed. Rio de Janeiro: Editora Forense, 1979. É verdade, entretanto, que Seabra Fagundes já adianta, em certa medida, a concepção contemporânea tratada no texto, uma vez que se refere a essa extensão do conceito de patrimônio público, para abranger outros bens não pertencentes ao patrimônio estatal, como justificada pela característica desses bens, que são "espiritualmente valiosos para a coletividade". Ainda assim, é certo que a coletividade, em Seabra Fagundes, não é titular desses bens. Eles continuam tendo sua propriedade resolvida

tutelados independentemente de pertencerem ou serem equiparáveis ao patrimônio público. São direitos "de todos". E, sendo de todos, a lesão a esses direitos lesa a todos, da mesma forma que sua reparação repara a todos. Trata-se de um avanço marcante, que abre um campo de proteção inaudito, que repercutirá na redação da Constituição de 1988, primeira a afirmar que "todos têm direito ao meio ambiente ecologicamente equilibrado".

Para além de uma mudança teórica, afirmar que os direitos, especialmente difusos, não se confundem com o patrimônio do Estado, acarreta importantes consequências práticas. Restringe-se, por exemplo, as prerrogativas do ente público em dispor desses direitos. Esse é um dos debates do caso *Chevron v. Ecuador*, provavelmente um dos mais complexos litígios coletivos de todos os tempos, ainda em andamento no momento em que estas linhas eram escritas. Em um dos processos que compõem o caso, a empresa alega que recebeu uma quitação do governo equatoriano, em relação aos danos ambientais que provocou, o que inviabilizaria o processamento da ação coletiva, da qual resultou uma condenação de US$ 9,5 bilhões. Os autores, todavia, afirmam que a quitação passada pelo Equador impede apenas o ajuizamento de ação pelo ente público, mas não pelos cidadãos, que também são titulares do patrimônio lesado[106]. Não há dúvidas, portanto, de que essa concepção tem um valor inestimável para o avanço do processo coletivo brasileiro, tanto que se cristalizou, como demonstrado, em todo o pensamento acadêmico brasileiro e até mesmo no site oficial do Ministério da Justiça, o qual afirma, textualmente:

> Assim, por exemplo, os direitos ligados à área do meio ambiente têm reflexo sobre toda a população, pois se ocorrer qualquer dano ou mesmo um benefício ao meio ambiente, este afetará, direta ou indiretamente, a qualidade de vida de toda a população[107].

Logo, a indivisibilidade dos interesses difusos, no Brasil, ultrapassa os limites de uma teoria, para alcançar contornos de verdade tão expressivos que permitem que seja exposta em um website governamental, sem referência bibliográfica. Entretanto, com todo o valor que tenha e com todo o mérito dos autores que a sustentam, essa concepção, cristalizada no pensamento jurídico brasileiro, não é correta. Além disso, ela é, em certas situações, deletéria para a condução do processo coletivo relacionado a direitos difusos e, em menor grau, direitos coletivos.

Afirmar que o meio ambiente é de todos é um truísmo. Trata-se de definição que fará sentido apenas se se definir quem são "todos". Cláudia Werneck, por exemplo, lançou uma obra destinada especificamente a discutir, no contexto da sociedade

---

pelos conceitos estritos do direito civil. Há apenas um interesse público que se superpõe ao direito de propriedade, para determinar a proteção.

[106] Há muita bibliografia, produzida por ambas as partes, sobre o litígio ambiental e a multiplicidade de fatores envolvidos impede que o caso seja descrito aqui com maiores detalhes. O Brasil deverá, brevemente, tomar partido na controvérsia, uma vez que, como a Chevron não tem patrimônio no Equador, os autores estão buscando a execução da condenação bilionária em diversos países. Por essa razão, pende, no Superior Tribunal de Justiça, a SEC 8542, rel. Min. Félix Fischer, a qual ainda se encontrava em fase de instrução, no momento em o presente trabalho foi finalizado.

[107] A citação está disponível em <http://portal.mj.gov.br/main.asp?View={2148E3F3-D6D1-4D6 C-B253--633229A61EC0}&BrowserType=IE&LangID=pt-br&params=itemID%3D%7B575E5C75 -D40F-4448-AC91-23499DD55104%7D%3B&UI PartUID=%7B2 868BA3C-1C72-4347-BE11-A2 6F70F4CB26%7D>. Acesso em 19.05.2014.

inclusiva, o conceito de "todos"[108]. A indefinição acerca do âmbito de abrangência de "todos" significa, para retornar à expressão de Waldemar Mariz, que "todos" é sinônimo de "ninguém". Afirmar, por exemplo, que o meio ambiente é de todos, sem se definir o significado dessa expressão, esvazia o conceito, uma vez que, como afirma Wittgenstein, "os limites da minha linguagem denotam os limites do meu mundo"[109]. Essa formulação implica o risco de abrir caminho para que o avanço pretendido originalmente se perca, e o patrimônio de "todos" continue, na falta de solução melhor, a ser tutelado como se fosse do Estado[110].

A afirmação da indivisibilidade dos direitos transindividuais atua para mascarar a deficiência na formulação conceitual de sua titularidade. Como não se sabe de quem é o meio ambiente, passa a ser essencial que se afirme que todas as lesões que lhe são causadas interessam a todas as pessoas na mesma medida, lesam a todas as pessoas, na mesma medida e, ao serem reparadas, reparam todas as pessoas, igualmente na mesma medida[111]. Sem essa abstrata igualdade, o conceito inicial desmorona, já que, para definir formas distintas pelas quais pessoas diferentes sofrem lesões ambientais, seria preciso especificar quem são todos, ou de que modo o grupo ou sociedade titular dos direitos transindividuais se manifesta. A indivisibilidade permite que a ideia de que o meio ambiente é de todos sobreviva sem questionamentos.

Contudo, a realidade desmente que, em todas as situações, todos os indivíduos ou toda a sociedade experimente, na mesma intensidade, e com o mesmo interesse, lesões a direitos transindividuais. Por exemplo, não parece difícil refutar a ideia de que a poluição do ar, causada pela queima da palha da cana-de-açúcar no município de Piracicaba/SP[112], interesse, na mesma medida, aos habitantes de Piracicaba e aos habitantes de Cruzeiro do Sul/AC. Também parece pouco razoável pretender que a redução da vazão do Rio Doce, no município de Aimorés/MG, decorrente da

---

[108] WERNECK, Cláudia. *Sociedade Inclusiva*: Quem Cabe no seu Todos? Rio de Janeiro: WVA Editora, 1999.

[109] WITTGENSTEIN, Ludwig. *Tractus Logico-Philosophicus*. Tradução de José Arthur Giannotti. São Paulo: Companhia Editorial Nacional, 1968, p. 111.

[110] O simples fato da tutela dos direitos transindividuais poder ser demandada por entidades privadas não evitaria o retrocesso descrito no texto. O patrimônio publico não deixou de pertencer ao Estado quando a lei passou a autorizar que sua tutela fosse demandada por particulares, por intermédio da Lei da Ação Popular, em 1965. Do mesmo modo, o simples fato da lei autorizar que a tutela do meio ambiente seja demandada por particulares, também por intermédio da lei da ação popular, assim como por outras entidades privadas, por meio da Ação Civil Pública, em nada contribuiria para a conclusão de que ele é protegido sob a perspectiva de se tratar de um direito difuso, titularizado por alguém distinto do Estado.

[111] Vários dos conceitos já mencionados denotam essa vinculação entre a definição da titularidade e a indivisibilidade. Assim, por exemplo, YOSHIDA, Consuelo Y. M. Tutela dos interesses difusos e coletivos. São Paulo: Juarez de Oliveira, 2006, p. 5 afirma que a indivisibilidade é de importância central na dogmática, uma vez que "o que se pretende tutelar é um bem jurídico de toda a coletividade. (...) O pedido de cessação da lesão ou da ameaça (...) beneficiará e proporcionará a satisfação de todos contemporaneamente".

[112] O Ministério Público Federal tratou da questão da queima da palha da cana-de-açúcar em Piracicaba nos autos da Ação Civil Pública 0002693-21.2012.4.03.6109, que tramitou perante a 2ª Vara Federal de Piracicaba. A petição inicial, bem como outros materiais relacionados ao caso, estão disponíveis em <http://noticias.pgr.mpf.mp.br/noticias/noticias-do-site/copy_of_meio-ambiente-e-patrimonio-cultural/12-04-12-2013-mpf-quer-suspensao-imediata-da-queima-da-palha-da-cana--na-regiao-de-piracicaba>. Até o momento em que este trabalho foi finalizado, todas as decisões na ação, antecipatórias e finais, em primeiro e segundo graus, eram favoráveis à pretensão do autor, determinado que a queima da palha seja realizada apenas se precedida de licenciamento ambiental com EIA/RIMA.

construção de uma usina hidrelétrica[113], interesse igualmente aos habitantes da referida localidade e aos munícipes de Passo Fundo/RS. Argumentar que existe um interesse de todos na proteção do ecossistema planetário significaria trazer para o Direito os postulados da teoria do caos[114], pretendendo que a mais mínima alteração ambiental interessa a todos os habitantes do planeta, em razão dos efeitos imprevisíveis ou cumulativos que pode acarretar. Essa proposição não se coaduna com a realidade, na qual se observa que um grande número de lesões ambientais só tem relevância do ponto de vista local, não interessando a indivíduos ou sociedades geograficamente distanciadas. Por essa razão, não parece se confirmar empiricamente a afirmação de que, em relação aos direitos difusos, "instaura-se uma união tão firme, que a satisfação de um só implica de modo necessário a satisfação de todos e, reciprocamente, a lesão a um só constitui, *ipso facto*, lesão da inteira coletividade"[115].

Outra obscuridade no debate atual quanto à titularidade dos direitos transindividuais é se a referência a todos ou à sociedade se dirige a todos os habitantes (ou à sociedade) do Brasil, e de cada Estado reconhecido pela ordem jurídica internacional, ou se existe uma titularidade transnacional desses bens. Em outras palavras, o meio ambiente brasileiro é de todos os brasileiros ou de todos os habitantes do planeta? Essa informação fica usualmente oculta por trás do caráter "indeterminado e indeterminável" do grupo ou dos indivíduos titulares do direito[116]. No entanto, esse dado é crucial. Pretender que um direito difuso pertence apenas à população ou à sociedade brasileira soa como fundar o conceito em uma visão nacionalista do século XIX, em um mundo global, caracterizado fundamentalmente pela transnacionalização da regulação do Estado-nação e pela progressiva irrelevância das fronteiras políticas[117]. A recorrência de conflitos coletivos transnacionais demonstra o anacronismo dessa pretensão. Ricardo Luis Lorenzetti nota que, com o surgimento da sociedade de massa e da economia global, regidas pela evolução tecnológica, criam-se inúmeros riscos que têm o potencial de se expandir para além das fronteiras nacionais[118]. Também Michele Taruffo atenta para o problema, observando que "no atual mundo globalizado, a administração da justiça e a proteção de direitos não

---

113 O Ministério Público Federal tratou dessa questão nos autos da Ação Civil Pública 001.38.00.043567-4, que inicialmente tramitou perante 15ª Vara Federal de Belo Horizonte e, posteriormente, perante a 1ª Vara Federal de Governador Valadares. Há inúmeras outras ações envolvendo aspectos variados dessa questão.

114 Postulado físico que afirma que, em sistemas dinâmicos complexos, os resultados finais são sensíveis às menores variações nas condições iniciais. A formulação de Edward Lorenz, em 1963, ficou conhecida como "efeito borboleta".

115 BARBOSA MOREIRA, José Carlos. Temas de Direito Processual Civil: terceira série. São Paulo: Editora Saraiva, 1984, p. 174.

116 Gidi, ao contrário da maioria, observa, em nota de rodapé, que seu uso de comunidade não se refere à comunidade brasileira como um todo, mas uma comunidade "fluida e mais ou menos ampla, a depender do direito material em questão". Apesar disso, o autor não soluciona o problema aqui debatido porque insiste que essa comunidade é formada de pessoas indeterminadas e indetermináveis, bem como que a questão da determinabilidade dessas pessoas é "questão absolutamente irrelevante e dispensável para a sua proteção em juízo". GIDI, Antonio. *Coisa julgada e litispendência em ações coletivas*. São Paulo: Saraiva, 1995, p. 22. O que se pretende demonstrar aqui, no sentido oposto ao defendido pelo ilustre autor, é que essa questão não é nem irrelevante nem dispensável para a adequada proteção desses direitos em juízo.

117 Ver, nesse sentido, SANTOS, Boaventura se Souza. *La Globalizacion Del Derecho*: los nuevos Caminos de La regulacion y la emancipacion. Bogotá: ILSA, 1998, p. 74 e ss.

118 LORENZETTI, Ricardo Luis. *Justicia colectiva*. Santa Fe: Rubinzal-Culzoni, 2010, p. 13.

podem ser consideradas - como tem sido até agora - como questões pertencentes apenas à soberania pós-wesphaliana de estados-nação"[119].

Por outro lado, poucos parecem confortáveis em sustentar que um direito transindividual pertence, em igual medida, a todos os cidadãos do planeta. Isso significaria admitir ou, pelo menos, abrir caminho para a possibilidade de que a jurisdição de um país tutele o meio ambiente localizado em outro país, já que ele pertence, igualmente, a todos os habitantes do planeta. Assim, por exemplo, um cidadão norte-americano poderia ingressar com uma ação coletiva, perante o Poder Judiciário norte-americano e de acordo com as regras daquele país, questionando os efeitos da construção da Usina Hidrelétrica de Belo Monte[120] para o ecossistema global. Do mesmo modo, seria necessário admitir que uma associação ambiental brasileira pudesse ajuizar uma ação civil pública, no Brasil, questionando a construção da usina hidrelétrica de Três Gargantas, na China, alegando, pura e simplesmente, a ocorrência de um dano ao meio ambiente, que é direito de todos os habitantes do planeta. Ainda que essa talvez pudesse ser, na visão de um ambientalista mais radical, a situação ideal, ela é completamente utópica. Nada indica a possibilidade de mobilização do aparato estatal para condenar, transnacionalmente, um empreendimento realizado por outro país, em razão da lesão que provoca no ecossistema global. É fácil perceber que o interesse transnacional na preservação do meio ambiente planetário não pode ser, e efetivamente não é, reputado igualmente acentuado em relação ao interesse das pessoas que residem no local em que o dano se manifesta. Apenas em questões efetivamente mundiais, como o aquecimento global, que não podem ser resolvidas localmente, se poderia afirmar um interesse mundial uniforme. Todavia, pelo menos até agora, essa questão tem avançado internacionalmente apenas por vias diplomáticas, não havendo indícios de que possa ser tutelada jurisdicionalmente[121].

Remo Caponi também percebeu a insuficiência da classificação dos direitos transindividuais como indivisíveis, e pressentiu a necessidade de uma subclassificação, embora adotando perspectiva diversa da aqui defendida. Para o autor, é necessário diferenciar os direitos transindividuais que também têm uma dimensão individual, como, por exemplo, a proteção do mercado concorrencial, dos direitos transindividuais que têm apenas uma dimensão transindividual, como seria o caso da publicidade enganosa[122]. Ainda que se possa divergir, tanto dos exemplos, quanto da proposta do

---

119 TARUFFO, Michele. Notes on the collective protection of rights. In I Conferencia Internacional y XXIII Jornadas Iberoamericanas de derecho procesal: procesos colectivos class actions. Buenos Aires: International Association of Procedural Law y Instituto Iberoamericano de derecho procesal, 2012, p. 23-30. A citação está na p. 27.

120 A Usina Hidrelétrica de Belo Monte, no Pará, é um caso emblemático para a questão dos impactos ambientais provocados por barragens no Brasil. O Ministério Público Federal ajuizou nada menos que treze ações civis públicas demandando a paralisação das obras, sem obter sucesso em qualquer delas. Ainda no momento da redação, a usina se encontrava em construção e os impactos sociais e ambientais já eram tão grandes que o jornal Folha de São Paulo publicou um livro eletrônico com uma série de reportagens sobre a usina. A obra está disponível em <http://www1.folha.uol.com.br/especial/2013/belomonte/>. Acesso em 19.05.2014.

121 Em 14 de dezembro de 2014, diplomatas de 196 países, reunidos em Lima, no Peru, chegaram ao primeiro acordo global para a redução de emissão de gases resultantes da queima de combustíveis fósseis, mais de duas décadas depois da Rio 92, a primeira reunião paradigmática sobre o assunto.

122 CAPONI, Remo. Tutela collettiva: interessi proteti e modelli processuale. IN BELLELLI, Alessandra (org.). *Dall'azione inibitoria all'azione risarcitoria collettiva*. Padova: CEDAM, 2009, p. 129-142. Os exemplos do autor são, de fato, questionáveis, mas estão condicionados por peculiaridades de atribuição de legitimidade do ordenamento jurídico italiano e pelos objetivos

autor, o que é relevante notar, no momento, é que o dogma da indivisibilidade deve ser questionado, porque não corresponde à realidade[123]. Trata-se de uma ferramenta utilizada para complementar e, talvez, mascarar, uma inadequada formulação anterior, que é a titularidade indeterminada e indeterminável dos bens transindividuais. A indeterminação só é aceitável se a lesão for indivisível, uma vez que, nesse caso, é irrelevante saber quem foi lesado. Entretanto, como demonstrado, essa formulação é incompatível com a realidade dos conflitos transindividuais e, se fosse aplicada em toda a sua extensão, acarretaria consequências práticas inaceitáveis.

6. A CONFLITUOSIDADE

Amalgamada à caracterização dos direitos transindividuais como indivisíveis está a noção de que eles são caracterizados por sua "conflituosidade"[124]. Rodolfo de Camargo Mancuso foi quem mais eloquentemente atentou para o problema, com o seguinte exemplo:[125].

> (...) a marcante conflituosidade deriva basicamente da circunstância de que todas essas pretensões metaindividuais não têm por base um vínculo jurídico definido, mas derivam de situações de fato, contingentes, por vezes até ocasionais. Não se cuidando de direitos violados ou ameaçados, mas de interesses (conquanto relevantes), tem-se que nesse nível, todas as posições, por mais contrastantes, parecem sustentáveis. É que nesses casos de interesses difusos não há um parâmetro jurídico que permita um julgamento axiológico preliminar sobre a posição "certa" e a "errada". Exemplo sugestivo ocorreu no Rio de Janeiro, quando da construção do chamado "sambódromo", o qual gerou conflitos metaindividuais entre os interesses ligados à indústria do turismo versus os interesses dos cidadãos e associações, contrários à construção de um local permanente para os desfiles das escolas de samba.

que ele propõe no seu estudo, que são distintos dos propostos aqui. Caponi distingue a cessação de uma conduta lesiva à concorrência da cessação relativa à publicidade enganosa. No primeiro caso, haveria lesão a interesses individuais em conjunto com os transindividuais e no segundo, não. Essa distinção só parece relevante quando se imagina uma publicidade que, efetivamente, não enganou a qualquer pessoa, ainda que tivesse potencial para tanto, bem como uma conduta concorrencial que não permaneceu apenas no âmbito da combinação entre os agentes econômicos – que já é punível, no direito brasileiro – mas que efetivamente atingiu o objetivo de lesar os concorrentes ou os consumidores. O problema é que fazer essa diferenciação inviabiliza a comparação, pois se compara uma conduta de potencial lesivo não concretizado com outra de potencial lesivo concretizado.

123 Mesmo quando a doutrina tradicional questiona a indivisibilidade, ela o faz apenas para ressaltar que é possível a ocorrência de lesões a direitos individuais, esses sim, divisíveis, no mesmo contexto de lesões transindividuais, indivisíveis. Cf. GRINOVER, Ada Pellegrini. *Novas tendências do direito processual de acordo com a Constituição de 1988*. São Paulo: Editora Forense Universitária, 1990, p. 51. Curiosamente, na conclusão do referido texto, Ada Pellegrini Grinover afirma que, para a tutela de direitos difusos divisíveis, deveria haver "efetiva informação e possibilidade de intervenção asseguradas concretamente aos interessados". Todavia, o que a autora chama de direitos difusos divisíveis, conforme mencionado, seriam direitos individuais lesados no contexto de uma lesão difusa, o que, para a doutrina atual, seriam direitos individuais homogêneos, categoria ainda inexistente por ocasião da publicação do artigo. O que se sustenta aqui é a divisibilidade das lesões transindividuais propriamente ditas, uma vez que, ainda que o bem jurídico seja indivisível, os efeitos da lesão são sentidos de modo distinto pelos atingidos.

124 PRADE, Péricles. *Conceito de interesses difusos*. 2. ed. São Paulo: Editora Revista dos Tribunais, 1987, p. 50, atribui a Ada Pellegrini Grinover a adoção do termo no direito brasileiro, a partir da tradução do termo "conflittualità", utilizado por Massimo Villone. CAPPELLETTI, Mauro. Formazioni sociali e interessi di gruppo davanti alla giustizia civile. Rivista di Diritto Processuale, n. 30, 1975, p. 361-402, também faz referência à "conflittualità di massa" que caracteriza a sociedade contemporânea.

125 MANCUSO, Rodolfo de Camargo. *Interesses difusos*: conceito e legitimação para agir. 6ª ed. rev. atual. e ampl. São Paulo: Editora Revista dos Tribunais, 2004, p.93 e ss., no sentido de que os direitos difusos são caracterizados pela indeterminação dos sujeitos, a indivisibilidade do objeto, a intensa conflituosidade e a duração efêmera. O trecho citado está na p. 103.

É certo que, na realidade concreta, muitas vezes se encontram interesses contrapostos, afirmados a partir da mesma situação subjacente, sem que se possa imaginar, de imediato, que uma posição esteja certa e outra, errada. A queima da palha da cana-de-açúcar, por exemplo, por mais repreensível que seja do ponto de vista ambiental, viabiliza a colheita manual do produto, de forma que a sua proibição poderá acarretar a elevação acentuada do desemprego em certas localidades, causando, assim, lesão a essas municipalidades e seus habitantes. Logo, o combate a uma conduta ambientalmente lesiva pode causar prejuízos a outros integrantes da mesma comunidade, que se beneficiaria imediatamente da sua eliminação.

Essa percepção de que uma mesma situação concreta contém em si interesses conflitantes já representa um avanço em relação às formulações originais relativas ao processo coletivo, ainda na década de 1980. Barbosa Moreira, em passagem muito citada, indagava-se acerca da irreparabilidade das lesões difusas, nos seguintes termos[126]:

> Quem será o lesado quando se deixa ruir um exemplar precioso da nossa arquitetura barroca, ou quando se autoriza a instalação de indústria poluente junto a uma praia onde o povo costuma banhar-se, ou quando se sonegam ao público informações sobre circunstâncias que aconselham a adoção, por todos, de cautelas especiais para a defesa da saúde? (...)
>
> Como recuperar a obra de arte destruída? Quem trará de volta os pássaros afugentados pelo desmatamento, os peixes mortos pelos detritos lançados à água (...)

Esses exemplos não se resolvem com a aparente simplicidade com a qual são postos. A autorização para a instalação de uma indústria poluente pode ter levado em conta outros fatores, como um juízo administrativo entre a quantidade de frequentadores da praia e o avanço social passível de ser proporcionado por sua instalação. Via de regra, a conduta humana é poluente, encarregando-se a legislação ambiental de sopesar o impacto da poluição e o benefício da atividade. A sonegação de informações acerca de cautelas para a defesa da saúde pode ter sido fundada em dúvida científica acerca de sua eficácia, e assim por diante. Enfim, o que o processo coletivo vem demonstrando, no dia-a-dia, nesses quase trinta anos de aplicação no Brasil, é que existem mais situações em que a solução para uma demanda coletiva é incerta e conflituosa, como exemplifica Mancuso, do que situações em que a solução é evidente e seria alcançada pela simples não realização da conduta. Adotando uma terminologia comum entre os administrativistas, a zona de penumbra[127] em relação aos conflitos coletivos é muito maior que a zona de certeza[128].

Todavia, ainda que a percepção acerca da conflituosidade inerente aos direitos transindividuais seja correta, a doutrina não conseguiu desenvolver uma solução para

[126] BARBOSA MOREIRA, José Carlos. Temas de Direito processual Civil: 3ª. Série. São Paulo: Editora Saraiva, 1984, p. 178.

[127] HECK, Philipp. *El problema de la creación del derecho*. Traducción de Manuel Enteriza. Barcelona: Ediciones Ariel, 1961, p. 76.

[128] Também é acertada a percepção de ZAPATER, Thiago Cardoso. Interesses difusos na teoria jurídica: conflituosidade e jurisdicionalização da política. Dissertação de mestrado apresentada ao Programa de Pós-Graduação da Pontifícia Universidade Católica de São Paulo. Orientadora: Professora Doutora Consuelo Yatsuda Moromizato Yoshida. São Paulo, 2007, p. 90, ao afirmar: "As indústrias poluidoras estão no meio ambiente. As pessoas vitimadas pela poluição (dentre as quais se incluem os donos das indústrias) são consumidoras das indústrias. Armamentistas e não-armamentistas são legitimamente interessados na paz, que pode ser atingida pela intimidação das armas ou pelo desarmamento total".

além dela. Se existe o conflito, qual deve ser a conduta do juiz? Mancuso não explica exatamente os detalhes do conflito relacionado ao sambódromo do Rio de Janeiro, nem se ele chegou ao Judiciário, mas, supondo que chegasse, bastaria ao juiz avaliar a situação abstratamente, de acordo com suas convicções e sua percepção do direito, para permitir ou não a construção? Não responder a essa questão implica tratar a conflituosidade como um elemento exótico, mas inútil, do conceito de direitos difusos.

O oferecimento de uma solução implica a necessidade de encarar a conflituosidade de modo diverso da apreciação que essa característica usualmente recebe. A conflituosidade não é um complemento da indivisibilidade dos direitos difusos, mas uma mitigação dela. Se há diferentes interesses no seio do mesmo conflito coletivo, isso significa que uma decisão não vai dar a todas as pessoas a mesma tutela. Se o conflito acerca da construção do sambódromo opõe interesses turísticos e outros interesses de igual relevo social, isso significa que diferentes pessoas, que participam desse conflito, terão seus interesses tutelados de modo diverso, de acordo com sua posição em relação ao objeto jurídico do conflito. Apenas a decisão de permitir, impedir ou condicionar a realização do empreendimento é indivisível, não o impacto que acarreta sobre as pessoas envolvidas. Não é correto afirmar que essa decisão, seja qual for, atenda ou desatenda, na mesma medida, os interesses de todos os integrantes da coletividade[129].

O caráter conflituoso dos direitos transindividuais, quando devidamente elaborado, é mais um indício do equívoco na forma como foi definida sua titularidade. A percepção de que um direito, que seria "de todos", quando lesado e tutelado, satisfaz de modo diferente cada um desses "todos", demonstra que a relação dessas pessoas com o direito que titularizam não pode ser idêntica, como até aqui os estudiosos pressupuseram ou expressamente afirmaram. Se três pessoas são titulares do mesmo meio ambiente, mas uma teria seus interesses fortemente atingidos em razão de uma providência decorrente da procedência de uma demanda, enquanto a segunda teria algo a perder com o julgamento de improcedência da mesma ação e a terceira seria indiferente a ambos os resultados, é difícil enxergar como as três podem ser, de modo idêntico, titulares desse direito. Em caráter análogo à demonstração anterior, entende-se que essa incompatibilidade entre a teoria e a realidade decorre da incompleta definição do grupo afetado pela decisão e do significado sociológico do caráter conflituoso das relações entre seus integrantes.

Na Sociologia clássica, a discussão acerca do conflito girava primordialmente em torno da sua inevitabilidade nas formações sociais, ou antes delas. Hobbes[130] é o primeiro autor a se preocupar com a questão, ainda no campo da política, que depois será tratada, no âmbito sociológico, por Durkheim, Marx, Comte e Tönies[131]. Na perspectiva originária de Hobbes, a sociedade era o remédio para o conflito

[129] DINAMARCO, Pedro da Silva. *Ação Civil Pública*. São Paulo: Editora Saraiva, 2001, p. 53, afirma a concepção aqui criticada, nos seguintes termos: "nos interesses difusos, o objeto (ou o bem jurídico) é indivisível, na medida em que não é possível proteger um indivíduo sem que essa tutela não atinja automaticamente aos demais membros da comunidade que se encontram na mesma situação. Ou atinge todos, ou não atinge ninguém"

[130] HOBBES, Thomas. *Leviatã* ou matéria, forma e poder de um estado eclesiástico e civil. Tradução de João Paulo Monteiro e Maria Beatriz Nizza da Silva. São Paulo: Editora Martin Claret, 2001.

[131] BIRNBAUM, Pierre. Conflitos. In BOUDON, Raymond (org.) *Tratado de Sociologia*. Tradução de Tereza Curvelo. Rio de Janeiro: Jorge Zahar Editor, 1995, p. 247-282.

inerente ao estado de natureza. "A ordem seria portanto incompatível com a expressão dos desacordo"[132]. Não leva muito tempo para que Marx e Tönnies invertam esse raciocínio, embora com conclusões distintas, para demonstrar que a sociedade natural é onde reina a harmonia da concórdia e da solidariedade orgânica. A sociedade, ao isolar os homens, é o espaço dos conflitos. Em uma ou em outra perspectiva, o problema, conforme aponta Birbaum, é que não há espaço para a expressão dos conflitos. Eles se fazem presentes em uma situação transitória, intermediária, que deve, inevitavelmente, ceder espaço à ordem e à pacificação. O conflito é "tão 'patológico' em Marx como em Durkheim"[133], embora para o primeiro decorra das relações de produção[134] e, para o segundo, da divisão do trabalho[135]. É por isso que nenhum dos dois permite que se construa uma teoria do conflito.

Com Weber, a luta se transforma em um elemento de toda relação social, que não pode ser eliminado na realidade[136]. É impossível eliminar a luta de qualquer vida cultural, dirá Weber, de modo que não se concebe que o conflito possa vir a acabar algum dia. Posteriormente, seguindo essa linha, Simmel elaborará aquela que é reputada a primeira teoria do conflito[137], afirmando que este tem a missão de atuar sobre os fatores de dissociação, reconstruindo uma certa unidade no grupo social. Por isso, ele nada tem de patológico, mas é "plenamente normal e esta é uma maneira de ser vital para o funcionamento da sociedade"[138]. "Um grupo absolutamente centrípeto e harmonioso, uma união pura, não só é empiricamente irreal, como não poderia mostrar um processo de vida real"[139]. A sociedade, para alcançar sua configuração, precisa tanto de harmonia quanto de desarmonia, de associação e competição, de tendências favoráveis e desfavoráveis. Assim, se a sociedade é o resultado de ambas as categorias de interação, elas devem ser positivas. Não é certo que a concordância constrói e a discordância destrói. Ambas compõem a síntese total de um grupo de pessoas, de forma que do desaparecimento de forças de repulsão não resulta, necessariamente, uma vida social melhor[140].

Contemporaneamente, um dos principais teóricos do conflito é Lewis Coser[141], o qual, na mesma linha de Simmel, ressalta o papel construtivo dessa categoria na sociedade.

---

132 BIRBAUM, cit., p. 250.

133 Idem, p. 253.

134 MARX, Karl. ENGELS, Friederich. *Manifesto comunista*. Tradução de Álvaro Pina. São Paulo: Boitempo Editorial, 2005.

135 DURKHEIM, Émile. *Da divisão social do trabalho*. Tradução de Eduardo Brandão. 2. ed. São Paulo: Editora Martins Fontes, 1999.

136 Cf. WEBER, Max. Economia e sociedade: fundamentos da Sociologia compreensiva. Vol. 1. Tradução de Regis Barbosa e Karen E. Barbosa. São Paulo: Imprensa Oficial e Editora UNB, 2004. Ver também BIRBAUM, cit., p. 256 e COHN, Gabriel. Introdução. In. WEBER, Max. Sociologia. 7. ed. São Paulo: Editora Ática, 2003, p. 16, afirmando que a ideia de luta "desempenha um papel fundamental no esquema weberiano".

137 O texto principal consultado sobre o assunto é "A natureza sociológica do conflito" e está em SIMMEL, Georg. Sociologia, cit., p. 122 a 134.

138 BIRBAUM, cit., p. 257.

139 SIMMEL, Georg. Sociologia, cit., p. 124.

140 SIMMEL, Georg. *Sociologia*, cit., p. 126.

141 COSER, Lewis. *The functions of social conflict*: an examination of the concept of social conflict and its use in empirical sociological research. New York: The Free Press, 1964.

Ele é um elemento essencial para a formação e persistência dos grupos, tão essencial quanto a cooperação. Ao contrário do que se imagina, afirma Coser, uma sociedade sem conflito não seria mais estável. A estabilidade será tão maior quanto mais os conflitos internos puderem se manifestar[142]. O conflito "previne a ossificação do sistema social por exercer pressão em favor da inovação e da criatividade"[143]. No mesmo sentido, Kriesberg ressalta que os conflitos muitas vezes são mecanismos para incrementar a justiça[144].

Remo Entelman busca transpor essa categoria sociológica para o campo jurídico. Segundo o autor, a prevalência das teorias positivistas na modernidade gerou a crença de que, conhecendo o inventário de sanções, seria possível saber, de antemão, quais seriam as obrigações e direitos de cada indivíduo. Entretanto, uma observação da vida demonstra que as pessoas não percebem, cotidianamente, a diferença entre uma pretensão juridicamente fundada e outra infundada. Há, ainda, conflitos que surgem de comportamentos antagônicos que, entretanto, não são proibidos[145]. Nesses termos, o fato dos direitos transindividuais serem conflituosos não significa que essa característica não exista em outros campos do direito, mesmo de titularidade individual, embora de modo mais sutil. O que varia é a intensidade do conflito, e não a sua presença na sociedade.

A variação da intensidade do conflito é essencial para a correta compreensão dos direitos transindividuais. Em algumas situações, o conflito será indistinguível do próprio direito afirmado em juízo, de modo que o processo não será um "meio de solução de conflitos metaindividuais"[146]. Ele tratará desses conflitos, atribuindo-lhes soluções parciais, que decorrem de seu próprio escopo finito no tempo – todo processo tem fim – mas o direito, após o processo, poderá ser tão ou mais conflituoso do que era antes dele. O processo coletivo realiza a ideia de Carnelutti, para quem o processo talvez consiga apenas "fazer que cesse a contenda, o que não quer dizer fazer que cesse o conflito, que é imanente"[147].

---

142 Ao contrário do que se afirma no texto, BIRBAUM, cit., p. 260, entende que Coser acaba se afastando de Simmel e, no final de sua teoria, vai ao encontro de uma perspectiva integradora na linha de Parsons.

143 COSER, Lewis. Social conflict and the theory of social change. In *The British Journal of Sociology*. Vol. 8, No. 3. (Sep., 1957), pp. 197-207. A citação está na p. 197.

144 KRIESBERG, Louis. Constructive conflicts. In YOUNG, Neil J. (org.). The Oxford international encyclopedia of peace. Vol. 1. Oxford: Oxford University Press, 2010, p. 476.

145 ENTELMAN. Remo F. *Teoría de conflictos*: hacia un nuevo paradigma. Barcelona: Gedisa, 2005, p. 26-27. O autor esclarece, mais adiante, que o ordenamento jurídico seleciona condutas que são classificadas como ilícitas, e isso gera um inevitável raciocínio segundo o qual, sempre que em uma relação social há pretensões incompatíveis, se pergunta quem é o titular do direito e quem está obrigado. Embora isso seja verdadeiro em alguns casos, o autor afirma que, na maioria das hipóteses, não estará proibido a nenhuma das partes ter a pretensão que têm. Assim, o conflito entre eles é juridicamente lícito e nenhum deles tem o apoio ou proteção do direito para obter seu objetivo. O direito não privilegiou a pretensão nem de um nem de outro, embora elas sejam incompatíveis entre si (p. 54). São os conflitos permitidos. Isso não significa, ao contrário do que se costuma pensar, que não haja conflito. Em razão da norma de fechamento do sistema (tudo o que não é proibido é permitido), o direito se desatentou para o problema do conflito, pois se induz o raciocínio de que só pode haver conflito quando alguém pratica um ilícito (p. 55). Há, por essa razão, um "número infinito de conflitos que o direito desdenha porque se dão entre pretensões incompatíveis, mas igualmente permitidas ou não sancionadas" (p. 58).

146 GRINOVER, Ada Pellegrini. Novas tendências da tutela jurisdicional dos interesses difusos. In GRINOVER, Ada Pellegrini. *Novas tendências do direito processual de acordo com a Constituição de 1988*. São Paulo: Editora Forense Universitária, 1990, p. 9.

147 CARNELUTTI, Francesco. *Instituições do Processo Civil*. Vol. 1. Tradução de Adrián Sotero de Witt Batista. São Paulo: Classic Book, 2000.

7. UM NOVO CONCEITO DE DIREITOS TRANSINDIVIDUAIS

A correta conceituação dos direitos transindividuais depende de uma reaproximação com a Sociologia[148]. A teoria brasileira se valeu de conceitos sociológicos, tais como sociedade, grupo, comunidade, coletividade, sem, entretanto, buscar o conteúdo desses conceitos em sua ciência de origem, o que a aprisionou em formulações incompletas e tautológicas. A leitura dos trabalhos originais da década de 1980, que ainda são os pilares dessa conceituação, demonstra que os autores, quando falavam em "sociedade", se referiam, inconscientemente, à linha sociológica da sociedade como estrutura. Imaginava-se uma sociedade orgânica, existente independentemente dos indivíduos que a compõem e, por isso, com um interesse que poderia ser investigado não com base nos fatos, mas com base em abstrações.

O único modo de aplicar esse conceito de sociedade, organicamente considerada, ao processo coletivo, é se entender que a sociedade coincide com o Estado, eis que a única entidade que pode efetivamente pretender representar todas as pessoas que habitam o território de um país, pelo menos na atualidade, é o Estado. Contudo, já se esclareceu que essa atribuição é indesejável, porque transformaria o Estado nacional em depositário exclusivo de todos os direitos da sociedade, permitindo, tal como se discute no caso *Chevron v. Ecuador*, que ele autorize soberanamente sua lesão. Essa atribuição também é incompleta, porque desconsidera o mundo pós-globalização, a superação do paradigma do Estado-nação e a existência de relações sociais virtuais e transfronteiriças.

O conceito de direitos transindividuais existe exatamente porque a proteção dos bens transindividuais enquanto propriedade ou interesse estatal, que vigorava na primeira metade do século XX, foi julgada insuficiente pelos juristas. Essa insuficiência é retratada pela constatação de que o Estado é, em um considerável número de demandas, o responsável pela própria violação dos direitos difusos[149]. Se o Estado titulariza esses interesses, e se eles não têm um conteúdo pré-definido, seria difícil caracterizar uma violação. Por exemplo, não há, nem na lei, nem na Constituição, uma definição concreta do que seja "meio ambiente ecologicamente equilibrado"[150]. Assim,

---

[148] Conforme já se demonstrou, a doutrina brasileira do processo coletivo é avessa a buscar na Sociologia os fundamentos de seu estudo, valendo-se, de modo geral, de definições de dicionário para os conceitos relativos a essa ciência. Hermes Zaneti Jr. e Fredie Didier Jr., por exemplo, abrem um tópico em sua obra para tratar dos "fundamentos sociológicos e políticos da ação coletiva". Apesar do título, nenhuma das referências do tópico é de sociólogos. Cf. DIDIER JR., Fredie; ZANETI JR., Hermes. *Curso de Direito Processual Civil*: processo coletivo. 3. ed. Salvador: Editora Juspodivm, 2008, p. 36-39. O mesmo defeito pode ser imputado ao trabalho de Kazuo Watanabe, quando alude a um "conceito sociológico" de interesses ou direitos difusos, coletivos e individuais homogêneos, sem se valer de qualquer referência sociológica. Ver GRINOVER, Ada Pellegrini; WATANABE, Kazuo; NERY JR, Nelson. Código de Defesa do Consumidor: comentado pelos autores do anteprojeto. 10. ed, vol II. Rio de Janeiro: Forense, 2011, p. 80.

[149] Ainda que as pesquisas quantitativas acerca dos direitos difusos sejam reduzidas, Luís Werneck Vianna constatou, ao analisar as ações civis públicas ajuizadas pelo Ministério Público Estadual no Rio de Janeiro, de 1997 a 2001, que o Estado era réu em 29,2% dos casos relacionados ao meio ambiente. VIANNA, Luís Werneck. Revolução processual do direito e democracia progressiva. In VIANNA, Luís Werneck (org.) A democracia e os três poderes no Brasil. Belo Horizonte: Editora UFMG, Rio de Janeiro: IUPERJ/FAPERJ, 2002, p. 466.

[150] Paulo de Bessa Antunes, por exemplo, atenta para o fato de que o consumo de recursos naturais está profundamente vinculado ao padrão de desenvolvimento adotado por cada país. ANTUNES, Paulo de Bessa. Direito Ambiental. 12. ed. Rio de Janeiro: Editora Lumen Juris, 2010, p. 75. Assim, o conceito de meio ambiente ecologicamente equilibrado varia no espaço e no tempo.

o Estado, ao aprovar, no exercício de sua atividade administrativa, o licenciamento ambiental de uma obra, estaria apenas concretizando o conceito aberto de equilíbrio ambiental. Adotar uma visão organicista de sociedade significa regredir a proteção dos direitos transindividuais ao que já existia antes de todo o avanço conceitual da segunda metade do século XX. Em síntese, um conceito de titularidade de direitos transindividuais que trate a sociedade com sinônimo de Estado nacional territorial não é desejável nem compatível com a realidade atual.

7.1. Premissas para uma nova conceituação: dos direitos aos litígios transindividuais

Resta saber, portanto, de que modo é possível avançar na definição da titularidade dos direitos transindividuais. A proposta que se apresenta é no sentido de que há necessidade de que os direitos transindividuais, em decorrência de seu variado perfil, sejam cindidos em três categorias, de acordo com a sociedade que os titulariza, sob a perspectiva da lesão ou ameaça de lesão que é afirmada no processo e que sustenta a pretensão de tutela. A compreensão dessas três categorias, contudo, demanda o estabelecimento de duas premissas teóricas, a primeira, relacionada ao objeto conceituado e, a segunda, relativa aos conceitos de conflituosidade e complexidade.

Primeiramente, a titularidade dos direitos transindividuais só pode ser definida, com algum sentido, quando se está tratando de sua violação, ou seja, no contexto de um litígio coletivo. Não importa de quem é o meio ambiente de uma ilha virgem e deserta, que se localize no meio do Oceano Pacífico. Pelo menos não até que ele seja lesado ou, pelo menos, ameaçado. Discutir a titularidade dos direitos transindividuais, enquanto permanecem íntegros, é um exercício que, para os propósitos da operação do sistema processual, carece de utilidade. Da mesma forma que, para Bauman[151], a sociedade é um conceito performativo, que cria a entidade que nomeia, a titularidade dos direitos transindividuais somente pode ser definida a partir da sua violação ou ameaça de violação, ou seja, do litígio coletivo[152]. Trata-se de um exercício análogo ao de Savigny, que buscou o conceito de ação a partir da violação do direito, capaz de alterar o seu estado[153].

Os direitos transindividuais, enquanto íntegros, não compõem o patrimônio de pessoas específicas, não têm valor econômico, não podem ser transacionados ou apreendidos individualmente, nem usufruídos em cotas. Mas isso não significa

[151] BAUMAN, Zygmunt. Between us, the generations. In LAROSSA, Jorge (org.). *On generations*: On the coexistence between generations. Barcelona: Fundació Viure i Conviure, 2007, pp. 365-376.

[152] Por brevidade, se deixará de repetir a expressão "ou ameaça de violação" daqui por diante, ficando entendido que, sempre que se trata de violação, não se está pressupondo um apenas ato ilícito já consumado, mas também a ameaça de lesão, que ensejaria a tutela inibitória. Sobre isso, ver ARENHART, Sérgio Cruz. *Perfis da tutela inibitória coletiva*. São Paulo: Editora Revista dos Tribunais, 2003, especialmente p. 184 e ss e também MARINONI, Luiz Guilherme. Técnica processual e tutela dos direitos. 4. ed. São Paulo: Editora Revista dos Tribunais, 2013, especialmente p. 199 e ss.

[153] "Cuando examinamos un derecho bajo la relación especial de su violación, nos aparece en un estado nuevo, el estado de defensa: y así la violación, de igual manera que las instituciones establecidas para combatirla, reobran sobre el contenido y la esencia del derecho mismo". SAVIGNY, M.F. C. *Sistema del derecho romano actual*. Tomo IV. Traduzido por M. CH. Guenoux. Madrid: F. Góngora Y Compañía, editores, 1879, p. 8. Sobre Savigny e o coneito de ação, ver MARINONI, Luiz Guilherme. *Teoria Geral do Processo*. 2. ed. São Paulo: Editora Revista dos Tribunais, 2007, p. 163.

que os litígios transindividuais necessariamente atinjam ou interessem, da mesma forma, todas as pessoas, conforme já foi exemplificado anteriormente. O dogma da indivisibilidade visualizou os direitos transindividuais em situação de integridade, o que inviabilizou a percepção de que que a intensidade com a qual os indivíduos são atingidos por sua lesão é variável. Essa variação é pressuposto da conceituação que se pretende elaborar, a qual enfocará os litígios transindividuais[154], de modo a ressaltar que o ponto de partida é a sua lesão.

Em segundo lugar, cabe um esclarecimento do sentido que se atribui aos conceitos de complexidade e conflituosidade. Complexidade é um elemento que deriva das múltiplas possibilidades de tutela de um direito. Um litígio coletivo será complexo quando se puder conceber variadas formas de tutela jurídica da violação, as quais não são necessariamente equivalentes em termos fáticos, mas são igualmente possíveis juridicamente. Assim, por exemplo, um litígio coletivo sobre a despoluição de um rio é complexo, porque há inúmeras formas pelas quais o resultado prático desejado pode ser obtido, sem que se possa dizer, *a priori*, que uma delas seja a correta. Quanto mais variados forem os aspectos da lesão e as possibilidades de tutela, maior será o grau de complexidade do litígio.

A conflituosidade, por sua vez, é um elemento que deve ser avaliado a partir da uniformidade das posições dos integrantes da sociedade em relação ao litígio. Quanto mais variado for o modo como foram atingidos pela lesão, maior será a conflituosidade, uma vez que o impacto da tutela não será uniforme em relação a todos os indivíduos, gerando diversidade de interesses e de posições entre os lesados. Como as pessoas tendem a preferir soluções que favoreçam a suas próprias situações, quando essas situações são diferentes, pessoas que compõe a mesma sociedade passarão a divergir entre si acerca de qual a solução desejável para o litígio. Conflituosidade é, portanto, uma característica endógena ao grupo titular, enquanto a complexidade lhe é exógena.

Complexidade e conflituosidade são elementos variáveis nos litígios transindividuais[155]. Empiricamente, eles estão relacionados, embora não sejam codependentes. Ambos tendem a aumentar, quanto maiores forem os interesses individuais no litígio, uma vez que, via de regra, lesões graves atingem os indivíduos de modos variados, acarretando potencial de conflito entre os envolvidos. Se as pessoas são atingidas de formas diferentes, cresce a possibilidade de se sustentar mecanismos de tutela diversos para a mesma lesão, dependendo de qual valor se pretende favorecer. Essa tendência, contudo, não implica uma relação necessária ou dependente entre complexidade e conflituosidade. Muitos conflitos ambientais são complexos, admitindo várias possibilidades de tutela, mesmo que não sejam conflituosos, já que o dano provocado aos indivíduos que compõem a sociedade é uniforme[156].

---

[154] Para os fins do presente trabalho, as expressões litígios transindividuais ou litígios coletivos, ou ainda, litígios de grupo, são tratadas como sinônimas.

[155] Ao contrário do que afirma, por exemplo, Rodolfo de Camargo Mancuso. Apesar da interessante análise do caráter conflituoso desses direitos, elaborada pelo autor, ele parece sustentar que essa característica é constante em todos os direitos transindividuais. Cf. MANCUSO, Rodolfo de Camargo. *Interesses difusos*: conceito e legitimação para agir. 3. ed. São Paulo: Editora Revista dos Tribunais, 1994, p. 80.

[156] Vicenzo Vigoriti procurou diferenciar o grau de conflituosidade entre os interesses existentes na sociedade: La gamma delle relazioni possibili vede ai due estremi, da un lato, l'indifferenza fra gli interessi (per cui il soddisfacimento di una aspirazione

7.2. A incerteza e os litígios transindividuais

A proposta que ora se apresenta, com base nas premissas supra apresentadas, é a de que, quando vistos sob o prisma do litígio, os direitos transindividuais pertencem não "à sociedade", ou "a todos", mas a acepções distintas de sociedade, definidas a partir de parâmetros sociológicos. Trata-se de analogia com uma premissa da mecânica quântica. De acordo com o princípio da incerteza de Heisenberg, o ato de medir a posição de uma partícula subatômica só é possível pela interação da partícula com um instrumento de medição. Todavia, essa interação acarreta alteração de sua posição, o que faz com que a medição só seja válida para o momento em que ocorre, sendo impossível, em razão dela, determinar a posição da partícula em qualquer outro momento, anterior ou posterior à sua realização[157]. Da mesma forma que o universo quântico não se comporta de acordo com a mecânica newtoniana, os direitos transindividuais não se comportam como os demais direitos. Eles existem na sociedade em um estado de indeterminação, não sendo possível precisar a quem pertencem ou qual o seu exato conteúdo. Entretanto, a violação interfere nesse estado e faz com que os direitos transindividuais possam ser definidos e sua titularidade delimitada, pelo menos em alguma medida, de acordo com cada conflito. Isso não significa que, em outro conflito, anterior ou posterior, essa definição seja aplicável. Cada violação interage com o direito transindividual para fixar-lhe um conteúdo único e irrepetível, que constituirá o ponto de partida para sua análise. Por exemplo, cada vez que o meio ambiente é violado, se produz um novo conceito de meio ambiente, cujos titulares serão definidos a partir das características da violação e com o objetivo de se tratar o litígio dela decorrente, oferecendo-lhe, se for o caso, tutela jurisdicional. Assim, cada litígio coletivo apresenta um direito transindividual único e específico, decorrente da interação entre o direito íntegro e a violação, que pode ser enquadrado em categorias, de acordo com as diferentes situações de violação. Propõe-se, da mesma forma que Elliott e Turner dividiram os diferentes conceitos de sociedade em três categorias, fixar três categorias de litígios transindividuais, às quais correspondem distintas atribuições de titularidades, de acordo com a natureza da lesão.

7.3. Litígios transindividuais de difusão global

A primeira categoria de direitos transindividuais é dada pelas situações nas quais a lesão não atinge diretamente os interesses de qualquer pessoa. Um vazamento de óleo, em quantidade relativamente pequena, em uma perfuração profunda, no meio

non tocca né pregiudica il soddisfacimento dell'altra) e, dall'altro, il conflitto tra gli interessi (per cui il soddisfacimento di una aspirazione impedisce e pregiudica il soddisfacimento dell'altra). Fra questi due estremi, le combinazioni sono le piú varie. VIGORITI, Vicenzo. *Interessi collettivi e processo*: la legittimazione ad agire. Milano: Giuffrè, 1979, p. 18.

157 Para uma referência na área da física, ver GREENE, Brian. O tecido do cosmo. Tradução de José Viegas Filho. São Paulo: Companhia das Letras, 1995 e também LOPES, José Leite. A estrutura quântica da matéria: do átomo pré-socrático às partículas elementares. 3. ed. Rio de Janeiro: Editora UFRJ, 2005. Para outras analogias entre a física e o direito, embora não exatamente no sentido do texto, ver TELLES JÚNIOR, Goffredo. *O Direito Quântico*: ensaio sobre o fundamento da ordem jurídica. 6. ed. São Paulo: Max Limonad, 1985.

do oceano[158], não atinge diretamente qualquer pessoa. Fora o interesse compartilhado de todo ser humano em relação ao ambiente planetário, ninguém é especialmente prejudicado pelo dano decorrente desse tipo de lesão. Nessa situação em que a violação a um direito transindividual não atinge, de modo especial, a qualquer pessoa, sua titularidade deve ser imputada à sociedade entendida como estrutura. Essa é a categoria que se aproxima das formulações atuais do processo coletivo, que veem a sociedade como um ente supra-coletivo, despersonificado, que defende seus interesses pela aplicação do ordenamento jurídico, interpretado por pessoas autorizadas a tanto[159]. Aqui não se trata de proteger o direito difuso porque sua lesão interessa especificamente a alguém, mas porque interessa genericamente a todos.

Essa sociedade como estrutura, que titulariza os direitos transindividuais globais, se subdivide em subgrupos correspondentes à sociedade que integra cada Estado nacional. Não que o Estado seja o titular desses direitos, mas a inexistência de um sistema transnacional de tutela coletiva ainda exige que cada Estado, de acordo com o seu direito interno, atue na proteção desses valores[160]. Nesse tipo de situação, como nenhuma pessoa é lesada de modo especial, nenhuma opinião interessa de modo especial. O Estado, por intermédio de seus órgãos administrativos, responsáveis pela tutela daquele bem, deverá atuar contra o causador da violação. Caso a atuação seja deficiente ou ilícita, o sistema de controle do mesmo Estado, por intermédio do processo coletivo, será chamado a exercer o papel de reforço de legalidade, oferecendo tutela jurisdicional ao direito violado. Isso não significa excluir a sociedade titular do direito do processo. A legislação estatal pode atribuir a ela o papel de fazer movimentar a máquina judiciária que atuará no reforço de legalidade. Uma associação de defesa dos oceanos poderá, no Brasil, ajuizar ação civil pública decorrente do vazamento supra narrado, mas apenas porque a legislação brasileira assim a autoriza, não porque essa associação ou as pessoas que a compõem tenham uma especial relação de titularidade com o bem jurídico lesado, mais intensa que a dos demais integrantes da sociedade global.

Essa é a situação verificada, por exemplo, pelo Tribunal Regional Federal da 3ª Região, ao julgar uma série de casos envolvendo o derramamento de pequenas quantidades de produtos químicos na baía do porto de Santos. Em razão dos altos níveis de poluição já existentes no local, argumentava-se que o derramamento de pequenas quantidades de poluentes não ensejaria hipótese de reparação ambiental. O Tribunal afastou a tese, ao argumento de que não existe dano ambiental insignificante, nem ecossistema que, mesmo degradado, não possa ser prejudicado por novas

[158] Em 1º de dezembro de 2012, o Ministério Público Federal em São José dos Campos instaurou inquérito civil público para investigar um vazamento de quantidade equivalente a 160 barris de petróleo em um dos campos de perfuração do pré-sal. A referência ao caso pode ser encontrada em <http://www.prsp.mpf.gov.br/sala-de-imprensa/noticias_prsp/01-02-12-2013-mpf--em-sao-jose-dos-campos-abre-inquerito-civil-publico-para-apurar-vazamento-de-petroleo-em-campo-do-pre-sal>. Acesso em 28.05.2014.

[159] Ver supra, item 2.1. Ver também ELLIOTT e TURNER, op. Cit., p. 41. Agradeço a Hermes Zaneti Jr. pelos comentários que propiciaram o melhor esclarecimento deste tópico.

[160] Sobre o problema da atuação do Estado no contexto global, ver HELD, David. *La democracia y el orden global*: del estado moderno al gobierno cosmopolita. Barcelona: Paidós, 1997.

lesões[161]. Há um interesse humano, não apenas dos brasileiros, nem dos habitantes do município de Santos, de que as águas não continuem a ser poluídas. Mesmo que essa poluição não atinja diretamente a ninguém, dado que o atual estado da baía de Santos não será alterado pelo derramamento de mais alguns litros de óleo, esse direito da sociedade deve ser tutelado[162]. Remo Caponi cogita se situações nesses moldes não deveriam ser reputadas como simples atuação do direito objetivo, uma vez que não há como se identificar interesses individuais especificamente lesados. O autor, todavia, afasta essa conclusão, afirmando ser preferível caracterizá-la como de direitos subjetivos, uma vez que "existem não apenas interesses, mas também direitos subjetivos a bens não suscetíveis de apropriação individual, podendo apenas ser titular uma coletividade mais ou menos determinada de sujeitos"[163].

Nesse sentido, é possível concluir que os direitos transindividuais cuja lesão não atinja especificamente, ou de modo mais grave, a uma pessoa ou grupo de pessoas, pertencem à sociedade, entendida como o conjunto de habitantes do planeta, que se estrutura no interior de um Estado nacional, cujo aparato jurídico seja responsável, de acordo com as normas internas e internacionais de atribuição de jurisdição, pelo processamento da violação. Esses direitos serão aqui denominados direitos transindividuais de difusão global ou direitos transindividuais globais, ou ainda, da perspectiva do litígio, litígios transindividuais globais.

Esse conceito deixa claro que as lesões aos direitos transindividuais, se não atingem diretamente a qualquer cidadão, interessam, na mesma medida, aos habitantes do Brasil e a todos os demais cidadãos do mundo. É apenas pela ausência de um sistema transnacional de proteção ao patrimônio transindividual da humanidade que caberá a um determinado Estado brasileiro, no exercício de sua soberania, tutelar os interesses de todos os membros dessa sociedade global. É isso que justifica o fato de um cidadão chinês, mesmo sendo legítimo interessado na integridade do meio ambiente planetário, tanto quanto um cidadão brasileiro, não poder questionar, perante o Poder Judiciário chinês, a tutela oferecida pelo Brasil a uma lesão ambiental ocorrida no país. Ainda que a titularidade desse direito seja de todos os habitantes do globo terrestre, a sociedade internacional não houve por bem criar

161 No sentido do texto, ver os seguintes julgados, todos do Tribunal Regional Federal da 3ª Região: AC 00063841519994036104, rel. Des. Salette Nacimento, DJ 4.4.11; AC 02037252519944036104, res. Des. Alda Basto, DJ 5.8.10; AC 02044817319904036104, rel. Juiz Rubens Calixto, DJ 5.9.07, afirmando: "É irrelevante que a apelante tenha pago multa pelos atos praticados, visto que ela tem caráter punitivo e natureza administrativa, enquanto a reparação de danos tem natureza constitucional-civil, sendo devida independentemente das sanções de caráter penal e administrativo, nos termos do art. 225, 3º, da Constituição Federal"; AC 00020514920014036104, rel. Des. Johnsom di Salvo, DJ 16.5.14, condenando empresa a pagamento superior a R$ 250.000,00, a título de reparação pelo derramamento de 50 litros de produtos químicos na baía de Santos. Em sentido oposto, aplicando uma ideia de insignificância, ver AC 02085028719934036104, rel. Des. Fábio Prieto, DJ 5.5.11.

162 Esclareça-se que, aqui, os habitantes de Santos não podem reivindicar uma titularidade específica do bem jurídico lesado porque a atual situação de degradação, decorrente de anos de violações ambientais, impede que uma única lesão, de pequenas proporções, acarrete efeitos significativos para os habitantes santistas. Se, entretanto, se cogitasse em um processo coletivo cujo objetivo fosse a despoluição total da baía, demandando o encerramento de diversas atividades econômicas lá desempenhadas, a comunidade santista, agora diretamente atingida, seria a titular do direito, o qual passaria a ser classificado na terceira conceituação de direitos transindividuais, infra abordada. Como se observa, a definição da titularidade, como já mencionado, apenas se viabiliza a partir da consideração da lesão ocorrida, como ponto de partida e da tutela pretendida, como ponto de chegada.

163 CAPONI, Remo. Tutela collettiva: interessi proteti e modelli processuale. IN BELLELLI, Alessandra (org.). Dall`azione inibitoria all`azione risarcitoria collettiva. Padova: CEDAM, 2009, p. 129-142. A citação está na p. 137.

um sistema transnacional para sua tutela. Se tal sistema vier a existir, como vêm advogando alguns autores[164], a situação poderá ser diferente.

Essa proposta é ilustrada pela classificação realizada pela UNESCO, quando atribui a determinados bens de elevado valor histórico e cultural a condição de patrimônio da humanidade. Tais bens são patrimônio de toda a humanidade, não de uma sociedade nacional, contingentemente delimitada por suas fronteiras políticas, mesmo que exista fisicamente apenas em um país. Na falta de um órgão internacional de proteção do patrimônio da humanidade, ou de um tribunal internacional habilitado a julgar suas violações, cabe a cada Estado nacional a tutela da parcela desse patrimônio que se encontrar em seu território. Se falhar nessa missão, o Estado viola os direitos não apenas da sociedade que o forma, mas de toda a humanidade[165].

O único agente excluído da sociedade mundial que titulariza os direitos transindividuais globais é o próprio causador da violação. A sociedade que é relevante para o processo coletivo, porque titulariza o direito material subjacente, nasce com a violação. A inexistência da segunda implica o desaparecimento da primeira. Como o interesse do causador do dano é provar a licitude de sua conduta, ele não pode ser parte de uma sociedade que afirma não existir. Logo, o suposto paradoxo de que, quando se trata de direitos transindividuais, o réu também é titular do direito demandado – o poluidor também é titular do meio ambiente – é apenas aparente. Quando se assume que a titularidade dos direitos transindividuais é definida apenas a partir da lesão, o réu não pode ser considerado vítima do dano que provocou.

Nesse sentido, nos litígios transindividuais de difusão global, o grau de conflituosidade da sociedade titular do direito é muito baixo, pois os indivíduos que a compõem são atingidos de modo uniforme pela lesão e praticamente não há interesse pessoal no conflito. Todos se beneficiam igualmente quando o meio-ambiente do alto-mar é tutelado e todos são lesados igualmente caso se permita que o poluidor não repare o dano e, assim, incorpore ao seu patrimônio os custos nos quais teria que incorrer para essa finalidade. A complexidade, embora possa variar, tende a ser baixa. É possível que esses litígios sejam simples, por exemplo, quando a reparação ambiental consistir em uma providência óbvia ou em indenização, em razão da impossibilidade de recuperação *in natura*. Por outro lado, pode haver casos de divergência científica legítima acerca da melhor forma de se tutelar o bem jurídico lesado, o que ensejará maior complexidade, mas, ainda assim, inferior às hipóteses subsequentes.

7.4. Litígios transindividuais de difusão local

A segunda categoria de litígios a ser analisada, e que demanda um conceito diferente de titularidade dos direitos transindividuais, é a das lesões que atingem, de modo específico e grave, comunidades, no sentido que essa expressão tem para

[164] Ver TARUFFO, Michele. Notes on the collective protection of rights. Anais da I Conferencia Internacional y XXIII Jornadas Iberoamericanas de Derecho Procesal. Buenos Aires, 2012, p. 23-30.

[165] Agradeço ao Procurador da República Aureo Marcus Makiyama Lopes pela referência a essa situação.

Ferdinand Tönnies[166], ou seja, grupos de reduzidas dimensões e fortes laços de afinidade social, emocional e territorial, traduzidos em um alto grau de consenso interno. É o caso das comunidades indígenas, quilombolas e demais grupos tradicionais minoritários, referidos pela Convenção 169 da Organização Internacional do Trabalho. Esses grupos constituem, na expressão de Elliott e Turner, "*sticky societies*"[167], sociedades com grande consciência de identidade própria e cuja lealdade do membro para com o grupo é essencial.

As lesões a direitos transindividuais que atingem esses grupos causam efeitos tão sérios sobre eles, abalando suas estruturas de modo especialmente grave, que é justificável considerar que, nessa hipótese, eles são os titulares dos direitos transindividuais lesados. Mesmo que se possa admitir que outras pessoas tenham relação com o meio ambiente lesado no interior de uma comunidade tradicional, é impensável que essa sociedade, diretamente atingida pela lesão, seja tão relevante para a tutela do direito quanto pessoas que estão a milhares de quilômetros do local, apenas porque "todos têm direito a um meio ambiente ecologicamente equilibrado".

A diferença em relação à primeira categoria é marcante. O dano ambiental ocorrido no interior do território tradicional de uma comunidade indígena causa a essa comunidade efeitos tão mais pronunciados que em todo o restante da sociedade mundial que a única solução compatível com a realidade é atribuir a essa comunidade a titularidade do direito violado. Não é admissível imaginar que o dano ambiental provocado pela extração mineral ilícita em território indígena interesse aos índios na mesma medida em que interesse aos demais habitantes do Brasil ou do mundo. O vínculo cultural existente entre o índio e o território, que vai além de um simples vínculo de propriedade[168], faz a relação do grupo indígena com o dano tão mais acentuada que torna insignificante, por comparação, sua relevância para os indivíduos que lhe são exteriores. Em razão desse peculiar caráter, esses direitos serão denominados direitos transindividuais de difusão local ou, resumidamente, direitos transindividuais locais.

Um exemplo norte-americano ilustra essa situação. Por volta de 1868, uma grande quantidade de ouro foi descoberto em um local chamado Black Hills, que pertencia à terra dos índios Sioux. O governo norte-americano entrou em negociação com os índios para a cessão do local para mineração e, por uma série de circunstâncias, o acordo não chegou a ser celebrado e a mina foi tomada dos índios, em troca de uma compensação irrisória. Em 1980, a Suprema Corte reconheceu que os índios foram expulsos indevidamente e condenou os Estados Unidos a pagar-lhes US$ 17 milhões, em valores de 1868, os quais, devidamente atualizados, perfaziam US$ 106 milhões em 1980[169]. Os Sioux eram, naquele momento, um dos grupos

---

[166] TÖNNIES, Ferdinand. *Comunidad y Sociedad*. Buenos Aires: Losada, 1947, p. 19. Do mesmo modo, no presente trabalho, a expressão "comunidade" será utilizada apenas nesse sentido, evitando-se o seu uso como sinônimo de grupo ou de coletividade, como comumente se verifica na literatura jurídica.

[167] ELLIOTT, Anthony; TURNER, Bryan S, op. cit., p. 74.

[168] Sobre essa questão, ver VITORELLI, Edilson. *Estatuto do Índio*. 2. ed. Salvador: Editora Juspodivm, 2013 e também VITORELLI, Edilson. *Estatuto da Igualdade Racial e comunidades quilombolas*. Salvador: Editora Juspodivm, 2012.

[169] United States v. Sioux Nation, 448 U.S. 371 (1980).

indígenas mais pobres do país, e, ainda assim, duas semanas depois da decisão, se recusaram a receber o dinheiro, afirmando que as Black Hills, por eles denominadas Paha Sapa, tinham um papel sagrado em sua cultura e aceitar dinheiro em troca delas representaria uma rejeição de suas tradições[170]. Até a data em que estas linhas eram escritas, o valor da indenização, que continuou acumulando juros ao longo do tempo, se aproximava de US$ 1 bilhão e permanecia sendo rejeitado pelos índios[171], mesmo em face da pobreza que ainda se abate sobre eles. Isso demonstra claramente como o vínculo de determinadas comunidades com alguns direitos transindividuais é significativamente mais forte que o do restante da sociedade que as envolve.

A conflituosidade, nessa hipótese, é média. Por um lado, a comunidade envolvida é altamente coesa, o que lhe atribui a mesma perspectiva em relação ao litígio[172], e um certo fator de homogeneidade em relação ao resultado do processo. Por outro lado, a visão estereotípica de que uma comunidade indígena, pelo simples fato de pertencer à mesma etnia, tem interesses e opiniões uniforme, é equivocada. Esses grupos também têm dissidências internas, das quais resultam maiorias e minorias. No caso dos Sioux, em 2009, 19 índios propuseram uma *class action* contra os líderes tribais, buscando a determinação de que o dinheiro recebido pelas Black Hills fosse distribuído[173]. Isso demonstra concretamente como a identidade de perspectiva social não implica, necessariamente, identidade de interesses, de modo que é possível, dependendo das circunstâncias do caso, que membros ou segmentos da comunidade sejam atingidos de modo diverso pelo resultado do litígio, bem como tenham opiniões e interesses divergentes acerca do resultado desejado do litígio. Como o interesse da comunidade nesse resultado é elevado, essas divergências internas tendem a se exacerbar, o que eleva à conflituosidade. Por outro lado, a comunidade retém sua força de agregação, de coerência interna, que limita a conflituosidade em comparação com situações em que essa identidade entre os titulares do direito não existe, conforme será analisado subsequentemente.

Com um pouco mais de esforço, é possível enquadrar nesse grupo, os litígios decorrentes de direitos transindividuais pertencentes a outras minorias, se existe uma perspectiva social compartilhada por seus integrantes, mesmo que seu vínculo subjetivo seja mais tênue. Assim, por exemplo, não parece difícil sustentar que os direitos transindividuais das mulheres, relativos, por exemplo, à igualdade

---

[170] O ouro antes existente no local foi completamente extraído, de modo que não se deve imaginar que os índios rejeitam a soma descrita no texto na expectativa de que das terras possa resultar lucro superior. Para um relato completo dos fatos, ver LAZARUS, Edward. *Black Hills/White Justice*: The Sioux Nation versus the United States, 1775 to the Present. Omaha: University of Nebraska Press, 1999.

[171] A questão ainda não foi resolvida, nem judicial, nem politicamente, chegando a render promessas de intervenção do próprio presidente dos Estados Unidos. Ver ANDERSON, Robert T. et. al. American Indian Law: cases and commentary. 2nd ed. St. Paul: West, 2010.

[172] A expressão perspectiva é aqui utilizada no sentido atribuído por Iris Marion Young. Sinteticamente, a perspectiva social deriva da posição de um indivíduo na sociedade, que influencia o seu modo de ver o mundo, embora, não necessariamente, seus interesses ou suas opiniões. Ver YOUNG, Iris Marion. Representação política, identidade e minorias. Tradução de Alexandre Morales. In: Revista Lua Nova, vol. 67, 2006, p. 139-190. Ver também YOUNG, Iris Marion. Inclusion and democracy. New York: Oxford University Press, 2000.

[173] A ação foi proposta no juízo federal de Sioux Falls, havendo referências em https://nativeamericanews.wordpress.com/2009/05/18/some-sioux-sue-to-receive-funding-for-black-hills/. Acesso em 15.01.15.

de gênero, pertencem às mulheres. Ainda que homens se interessem em viver em uma sociedade em que não haja desigualdade de gênero, o interesse feminino nos conflitos transindividuais a ela relacionados é tão mais pronunciado que torna o masculino irrelevante. O mesmo se poderia dizer de outras minorias, tais como minorias raciais ou de orientação sexual, quando o direito transindividual litigioso se relacione à perspectiva social que perpassa e identifica o próprio grupo, mesmo que, entre seus membros, possa haver divergências sobre como lidar com a violação e qual o melhor resultado esperado.

Esse segundo círculo da categoria dos direitos transindividuais locais se aplica também aos direitos transindividuais do trabalho. Os trabalhadores não compõem uma comunidade, mas têm um inegável posicionamento social comum em cada uma das categorias profissionais, que lhes atribui uma perspectiva social comum, da qual decorre uma certa identidade de reivindicações, e um peculiar modo de ver a relação laboral[174]. As condições trabalhistas na indústria metalúrgica interessam exponencialmente mais aos empregados nessa atividade do que aos advogados, mesmo que estes se interessem, em atenção a outros valores pessoais, em viver em uma sociedade na qual os metalúrgicos têm boas condições de trabalho. Por essa razão, ainda que existam controvérsias na doutrina trabalhista, é possível afirmar que os direitos transindividuais trabalhistas pertencem à comunidade de trabalhadores atingidos por sua lesão ou ameaça de lesão[175]. A própria forma como a representação coletiva trabalhista é usualmente exercida, por intermédio de sindicatos, confirma a atribuição de titularidade aqui pretendida. A direção desse ente é escolhida pelos próprios trabalhadores, o que faz com que eles, pelo menos em tese, estejam habilitados a definir seus rumos de atuação. Ainda que haja quem sustente que o sindicato, ao agir coletivamente, o faz como personificação da categoria, e não em representação desta[176] – o que parece inadequado, dadas as discussões sociológicas supramencionadas – essa proposição é de pouca relevância concreta, uma vez que os trabalhadores sempre poderão substituir a diretoria sindical, caso estejam insatisfeitos com sua atuação. É exatamente porque a titularidade dos direitos transindividuais trabalhistas é mais definida que a lei autoriza sua transação, de modo substancialmente

---

174 A posição do texto é coerente com MANCUSO, Rodolfo de Camargo. Direitos difusos: conceito e legitimação para agir. 8. ed. São Paulo: Editora Revista dos Tribunais, 2013, p. 110, anotando o menor grau de conflituosidade existente nos direitos coletivos, em relação aos difusos.

175 Existe entre os autores de direito coletivo do trabalho a mesma indecisão acima registrada, relativamente a um paradigma individualista, coletivista ou intermediário da titularidade dos direitos transindividuais trabalhistas. Há uma considerável – e desnecessária – dosagem de sociedade como estrutura no pensamento trabalhista. Ver, nesse sentido, SANTORO-PASSARELLI, Francesco. *Noções de direito do trabalho*. Tradução de Mozart Russomano e Carlos Alberto Chiarelli. São Paulo, Editora Revista dos Tribunais, 1973, p. 11, referindo-se a interesses "de uma pluralidade de pessoas (...). Mas não é a soma dos interesses individuais, mas a sua combinação"; SANTOS, Ronaldo Lima. *Teoria das Normas coletivas*. 2. ed. São Paulo: Editora LTR, 2009, p. 147, aludindo a "uma síntese dos interesses de sujeitos determinados ou determináveis que formam um grupo, uma coletividade ou uma categoria organizada e coesa".

176 Há divergências na doutrina trabalhista, no que se refere ao papel que o sindicato desempenha no processo coletivo. Há quem defenda que o sindicato é a própria categoria organizada, de modo que atuaria como legitimado ordinário nas negociações coletivas. Cf. MARTINS, Sérgio Pinto. *Direito processual do trabalho*. 30. ed. São Paulo: Saraiva, 2010, p. 203. Outros asseveram que o sindicato age como legitimado extraordinário, representando os direitos do grupo. Cf. ALMEIDA, Cléber Lúcio de. *Direito processual do trabalho*. Belo Horizonte: Del Rey, 2006, p. 334-335. É difícil justificar essa resistência da doutrina trabalhista em atribuir a titularidade dos direitos coletivos do trabalho aos próprios trabalhadores. Há um viés tutelar/autoritário que o direito do trabalho brasileiro se recusa a abandonar.

mais amplo que em relação aos demais direitos transindividuais, materializando a "autonomia privada coletiva"[177]. Os advogados, enquanto categoria profissional, não podem se opor a uma concessão de direitos feita pelos metalúrgicos, no contexto de uma negociação coletiva, por dela discordarem ou mesmo por acreditarem que dela possa decorrer um precedente negativo, com potencial para prejudicá-los indiretamente. Os direitos transindividuais trabalhistas dos metalúrgicos são deles para serem transacionados, nos limites legais.

7.5. Litígios transindividuais de difusão irradiada

A última categoria de direitos transindividuais que se pretende formular é a que se relaciona ao que Rodolfo de Camargo Mancuso denominou mega-conflitos. Trata-se daquelas situações em que o litígio decorrente da lesão afeta diretamente os interesses de diversas pessoas ou segmentos sociais, mas essas pessoas não compõem uma comunidade, não têm a mesma perspectiva social e não serão atingidas, na mesma medida, pelo resultado do litígio, o que faz com que suas visões acerca de seu resultado desejável sejam divergentes e, não raramente, antagônicas[178]. Essas situações dão ensejo a conflitos mutáveis[179], multipolares[180], opondo o grupo titular do direito não apenas ao réu, mas a si próprio. Exemplifique-se com os conflitos decorrentes da instalação de uma usina hidrelétrica. Se, no início do processo de licenciamento, são discutidos os impactos prospectivos da instalação do empreendimento, em seu aspecto social e ambiental, a fase de obras já muda o cenário da localidade, com a vinda de grandes contingentes de trabalhadores que alteram a dinâmica social. Os problemas passam a ser outros, muitas vezes, imprevistos, e os grupos atingidos já não são os mesmos que eram no primeiro momento, em que se decidiam os contornos do projeto. Na seara ambiental, altera-se o curso ou o fluxo das águas do rio, bloqueando-se estradas e separando comunidades antes vizinhas. Pessoas são deslocadas. No meio ambiente natural, a fauna e a flora sofrem impactos expressivos. Com o fim das obras, toda a dinâmica se altera novamente. Muitos trabalhadores que vieram, se vão. Outros permanecem. As pessoas deslocadas formam novos bairros e povoações, que exigem a implementação de novos serviços públicos. Apenas em razão da realização de uma obra, o meio ambiente natural e a dinâmica

---

177 SANTOS, Ronaldo Lima. *Teoria das Normas coletivas*. 2. ed. São Paulo: Editora LTR, 2009, p. 149.

178 Conforme notou MAZZILLI, Hugo Nigro. *A defesa dos interesses difusos em juízo*. 20. ed. São Paulo: Editora Saraiva, 2007, p. 49.

179 A mutabilidade desses conflitos é ressaltada por MANCUSO, Rodolfo de Camargo. *Direitos difusos*: conceito e legitimação para agir. 8. ed. São Paulo: Editora Revista dos Tribunais, 2013, p. 110-114.

180 A multipolaridade é utilizada aqui para referir à existência, pelo menos potencial, de um grande número de opiniões concorrentes quanto ao conflito. Cabe observar que há uma importante vertente do estudo dos conflitos que nega a existência de conflitos multipolares, afirmando que eles sempre redundarão em bipolaridade. Cf. ENTELMAN. Remo F. *Teoría de conflictos*: hacia un nuevo paradigma. Barcelona: Gedisa, 2005, p. 86. O autor assevera que, embora existam conflitos com atores múltiplos, como a segunda guerra mundial ou um conflito ambiental (ele exemplifica: um ator contaminante, um grupo de vizinhos desse ator, o grupo de empregados que trabalha na empresa poluidora, o município, que deve defender o meio ambienta, mas também quer arrecadas os impostos e que representa tanto os vizinhos quanto os trabalhadores), há que se insistir na bipolaridade do conflito. Em situações de conflitos com múltiplos atores, dentro de cada campo, seus integrantes estarão unidos contra o adversário por determinados objetivos. Os conflitos que possam existir entre eles são rápida e previamente resolvidos ou postergados. É o que Entelman chama de magnetismo conflitual.

social se alteram de tal maneira que a sociedade que existia naquele local adquire feições totalmente distintas da que existia originalmente[181].

Nem por todos esses impactos, todavia, a construção de usinas hidrelétricas é ilegal no Brasil[182]. Pelo contrário, o país se orgulha de ter uma das matrizes energéticas mais limpa do mundo. De acordo com o Anuário Estatístico de Energia Elétrica de 2013, o Brasil tinha, em 2012, capacidade instalada para produzir 120.973 Megawatts de energia elétrica, 66% dos quais oriundos de usinas hidrelétricas. Quando se analisa a energia efetivamente gerada, esse percentual sobe para 75,2%[183]. O conflito, portanto, não pode ser encarado como se a solução fosse, simplesmente, a proibição de construção desse tipo de empreendimento. Não se trata de uma situação em que se opõe um comportamento lícito a outro ilícito, mas sim de um conflito gerado no interior dos limites de legalidade estabelecidos pelo ordenamento jurídico. Há utilidade social na realização desse tipo de empreendimento, mas, ainda que sejam tomadas as cautelas exigíveis, haverá impactos sociais e ambientais sobre a população local.

Há inúmeros outros exemplos desse tipo de conflito, como a situação, exposta por Mancuso, da construção do sambódromo no Rio de Janeiro[184], alguns conflitos fundiários de grandes proporções, a transposição das águas do rio São Francisco[185], dentre outros. Em 2014, o Estado de São Paulo experimentou um conflito coletivo particularmente complexo quando, em razão da falta de chuvas, o poder público decidiu utilizar o chamado "volume morto" das represas que compõem o sistema de abastecimento de água da capital, opondo os interesses dos habitantes da cidade, que não queriam experimentar um racionamento de água, aos interesses ambientais de conservação dos mananciais[186]. Houve, ainda, um conflito interestadual, quando foi aventada a possibilidade de transposição do rio Paraíba do Sul, do Estado do Rio de Janeiro, para prover água a São Paulo. O Ministério Público Federal ajuizou ação civil pública para obstá-la, em defesa do meio ambiente. Conflitos desse tipo se repetem em outros países. A Índia enfrentou e vem enfrentando sérios problemas nas ações para a despoluição do rio Ganges, em razão da objeção apresentada pelos

---

181 Para um interessante estudo de caso sobre os impactos aqui delineados, ver LAMONTAGNE, Annie. Impactos discursivos: conflitos socioambientais e o licenciamento da UHE Estreito. Curitiba: Editora CRV, 2012. MANCUSO, Rodolfo de Camargo. Direitos difusos: conceito e legitimação para agir. 8. ed. São Paulo: Editora Revista dos Tribunais, 2013, p. 106 expõe vários outros exemplos, como a proteção de recursos florestais que conflita com os interesses da indústria madeireira e de seus empregados, a interdição na construção de um aeroporto internacional, que atende aos interesses dos habitantes do local, mas conflita com os interesses turísticos etc. As circunstâncias litigiosas mencionadas no texto são empiricamente verificáveis na generalidade dos empreendimentos hidrelétricos, inclusive nos dois casos já mencionados, das Usinas Hidrelétricas de Aimorés, em Minas Gerais, e de Belo Monte, no Pará. Sobre esta, ver <http://www1.folha.uol.com.br/especial/2013/belomonte/>. Acesso em 19.05.2014.

182 Conforme bem observou FREITAS, Vladimir Passos de. O Magistrado e o Meio Ambiente. In *Revista dos Tribunais*. São Paulo, v. 659, p. 29-35, 1990.

183 BRASIL. Anuário Estatístico de Energia Elétrica 2013. Rio de Janeiro, Empresa de Pesquisa Energética, 2013, p. 62.

184 MANCUSO, Rodolfo de Camargo. Interesses difusos: conceito e legitimação para agir. 8. ed. São Paulo: Editora Revista dos Tribunais, 2013, p.107.

185 MANCUSO, Rodolfo de Camargo. Transposição das águas do rio São Francisco: uma abordagem jurídica da controvérsia. In *Revista de Direito Ambiental*, vol. 10, n. 37, p. 28-79.

186 Tanto o Ministério Público Federal quanto o Estadual de São Paulo trataram da questão, por intermédio de inquéritos civis. O racionamento de água não é um mero aborrecimento, uma vez que acarreta consideráveis consequências sociais e econômicas, dado o uso de água em diversos segmentos da produção industrial. O risco ambiental decorre da possibilidade de não recuperação de nascentes e das próprias represas, caso o nível da água caísse demasiadamente.

religiosos hindus, para os quais o rio representaria a deusa Gangã e sua pureza e santidade combateriam os efeitos negativos da poluição[187].

Essas são situações de alta conflituosidade e complexidade, nas quais há múltiplos resultados possíveis para o litígio e a sociedade titular dos direitos em questão têm interesses marcadamente variados e antagônicos quanto a seu resultado. Como se extrai dos exemplos expostos, as circunstâncias são diversas das duas categorias anteriores. O litígio não é de difusão global, porque é possível identificar pessoas que sofrerão danos em grau mais intenso que outras, que estão distantes dos seus efeitos. Também não é de difusão local, porque não existe identidade de perspectivas entre os envolvidos. Eles são pessoas com perspectivas sociais variadas em relação ao litígio. Nem mesmo a lei, conforme ressalta Mancuso, contém solução pré-definida para esse tipo de conflito, o que lhe atribui fortes elementos sócio-político-econômicos[188].

O conceito mais adequado de sociedade para identificar as pessoas que titularizam esses direitos é o da sociedade enquanto criação. Nessa linha de pensamento, a sociedade é elástica, descentralizada e fluida. Utilizando a terminologia de Simmel, o que importa é a sociação, o fazer sociedade e não a concepção estática da sociedade, como algo dado e acabado. A teia de interações sociais entre os indivíduos é a própria sociedade. Suas estruturas são apenas a cristalização dessas interações sociais[189]. Entretanto, como diz Simmel, "deve-se conceber ainda que a existência humana só se realiza em indivíduos, sem com isso sacrificar a validade do conceito de sociedade"[190]. Por essa razão, é preciso buscar uma forma de identificar ou, pelo menos, de delimitar o grupo de indivíduos titulares dos direitos transindividuais que se enquadram nessa categoria. A dificuldade e fluidez dessa categoria não deve encaminhar o intérprete para soluções tautológicas, como a atribuição dos direitos transindividuais a "todos", ou a "pessoas indeterminadas", convertendo a indeterminação em ferramenta para a despersonificação dos indivíduos.

Desse modo, a tentativa de resolver o problema dessa categoria com a atribuição dos direitos transindividuais a todos, ou a pessoas indeterminadas, apenas para afastar a dificuldade de identificação que decorre da complexidade do conflito, deve ser repudiada. A melhor determinação da titularidade dos direitos difusos não só é possível, como importante para evidenciar a mitigação da indivisibilidade dos direitos transindividuais, quando encarados da perspectiva da lesão. Mesmo que os titulares desses direitos não possam ser perfeitamente individualizados, não se pode avançar para a

---

187 A referência a esse interessantíssimo conflito foi inicialmente encontrada em MOREIRA, Carlos Roberto Barbosa. Os direitos difusos nas grandes concentrações demográficas. In *Revista de Processo*, n. 70. São Paulo: Editora Revista dos Tribunais, 1993, p. 146. O autor, ao que parece, não tinha acesso a fontes bibliográficas sobre a questão, provavelmente em razão da época em que o artigo foi escrito. Para um aprofundamento do debate relativo a esse conflito, ver NAGARAJAN, Vijaya Rettakudi. The Earth as goddess Bhu Devi: toward a theory of "embedded ecologies" in folk Hinduism. In NELSON, Lance E (ed.). *Purifying the Earthly Body of God*: religion and ecology in Hindu India. New York: State University of New York Press, 1998, p. 269-296. A questão referida está nas p. 276-277.

188 MANCUSO, Rodolfo de Camargo. *Jurisdição coletiva e coisa julgada*: teoria geral das ações coletivas. São Paulo: Editora Revista dos Tribunais, 2006, p. 205. No mesmo sentido, SALOMÃO FILHO, Calixto. *Direito concorrencial*: as condutas. São Paulo: Editora Revista dos Tribunais, 2003, p. 73, afirmando que "A proteção dos interesses difusos tem, de resto, uma conotação política muito profunda".

189 Simmel, op. cit., p. 83.

190 Simmel, op. cit., p. 82.

conclusão de que os impactos ocasionados pela lesão a um direito transindividual vão ser sentidos, na mesma proporção e intensidade, por todas as pessoas do mundo, do país ou mesmo das futuras e incertas gerações de seres humanos que talvez venham a ocupar este planeta. A dificuldade de identificação não deve autorizar o tratamento dos indivíduos como uma massa amorfa, irrelevante para a condução do litígio, como se ele não fosse surtir, nas vidas de uma parte deles, impacto concreto e imediato, que não ocorrerá nas vidas das outras pessoas que não compõem aquela sociedade.

A adoção irrefletida do binômio indivisibilidade dos direitos – indeterminação dos titulares têm implicado o tratamento dos litígios coletivos que se enquadram nessa terceira categoria como se fossem litígios transindividuais globais, ou seja, como se não impactassem diretamente na vida de qualquer pessoa. Isso permite que a vontade do legitimado coletivo, acatada ou não pelo juiz, se converta na vontade da coletividade, a ser recoberta, futuramente, pelo pesado manto de imutabilidade da coisa julgada. Indivisibilidade – indeterminação tem sido uma fórmula de eliminação da complexidade social no âmbito do processo, o que, ainda que pareça vantajoso, é, em verdade, prejudicial à qualidade de seu resultado, já que reduz as informações disponíveis para orientar a atuação dos sujeitos processuais, no sentido da obtenção de uma solução adequada, à luz da complexidade dos fatos. Em outras palavras, não é vantajoso simplificar um processo se o conflito que ele se propõe a resolver não é simples. Além disso, a despersonificação do litígio contribui para a subtração do processo da crítica pública, pois reduz o peso das objeções de pessoas efetivamente afetadas pelas consequências negativas da lesão ao direito transindividual subjacente, às quais não se atribui especial relevância, eis que não se permite que elas se afirmem titulares do direito violado. Obscurece-se, dessa forma, o fato de que, se todos perdem com a poluição de um rio, perdem muito mais as pessoas que habitam ao seu redor e que dele retiram o seu sustento.

A superação desse problema exige que se estabeleça que a sociedade titular dos direitos transindividuais cuja lesão atinja de modo específico a indivíduos determinados, mas de formas e com efeitos variados, sem que essas pessoas compartilhem da mesma perspectiva social, é a sociedade formada pelas pessoas atingidas em razão de sua violação. Não é uma sociedade dada, estática, tal como uma comunidade, mas uma sociedade elástica, que não depende necessariamente de relações jurídicas, dimensões geográficas ou fronteiras nacionais, mas apenas da circunstância fática de terem todas sofrido a mesma lesão, ainda que em diferentes intensidades. Os integrantes dessa sociedade não titularizam o direito transindividual em idêntica medida, mas em proporção à gravidade da lesão que experimentam. Graficamente, a lesão é como uma pedra atirada em um lago, causando ondas de intensidade decrescente, que se irradiam a partir de um centro. Quanto mais afetado alguém é por aquela violação, mais próximo está desse ponto central e, por essa razão, integra, com maior intensidade, essa sociedade elástica, que é a sociedade das pessoas atingidas pelo prejuízo e, por essa razão, titulares do direito violado[191].

As pessoas que sofrem os efeitos da lesão ao direito transindividual em menor intensidade se posicionam em pontos mais afastados desse centro, mas, nem por

[191] A imagem mental proposta também pode ser representada pela explosão de uma bomba.

isso, deixam de integrar aquela sociedade. Fora dela estarão as pessoas que, mesmo tendo algum interesse abstrato ou ideológico na questão litigiosa, não são por ela afetadas. Suas vidas seguirão da mesma maneira, independentemente da ocorrência da violação ou da forma como ela for tutelada. Com essa proposição, não interessa de quem é "o" meio ambiente, ou "o" mercado consumidor, mas sim a quem atinge, e em que grau atinge, a lesão àquele meio ambiente ou àquela relação de consumo, especificamente considerados a partir de seus efeitos concretos.

Esse círculo hipotético não termina em uma linha precisa, tal como as ondas causadas em um lago não terminam em um ponto perfeitamente determinado, mas em um *ralentando* de situações jurídicas. As pessoas da periferia do círculo são afetadas de modo progressivamente menor, até que não se possa mais definir uma lesão pessoalmente atribuível a alguém, o que marca o limite externo da sociedade. Uma lesão transindividual é irrelevante para a vida da maior parte dos habitantes do planeta, por mais grave que seja para as pessoas que com ela convivem. Isso não significa que alguém distante não possa sentir empatia pelo sofrimento alheio, ou se mobilizar para a proteção do meio ambiente, mas tais atitudes não o colocam na mesma posição das pessoas que efetivamente experimentam os efeitos da conduta. A poluição de um rio, que reduz a atividade pesqueira, viola um direito titularizado pelos pescadores daquele rio, não pelo Greenpeace ou por qualquer outra organização de defesa do meio ambiente, por maior que seja a sua relevância. O pescador está no centro dessa sociedade, o Greenpeace está do lado de fora. Nas posições periféricas interiores estão as outras pessoas impactadas pela redução da pesca, como, por exemplo, o restante da cadeia econômica formada a partir dela. Assim, mesmo que exista um grau de indeterminação nas fronteiras da sociedade que titulariza os direitos transindividuais nessa terceira categoria, é possível definir as posições de diferentes indivíduos nela, de acordo com a intensidade da lesão experimentada. Essa definição pode ser feita em termos absolutos, considerando as pessoas que sofrem mais como ocupantes de uma posição central, as que sofrem menos, de uma posição periférica, e as que não são afetadas, de uma posição exterior, mas também pode ser feita de modo relativo, comparando-se os efeitos sofridos por duas pessoas, para definir se a primeira ocupa uma posição mais ou menos central nessa sociedade, em relação à segunda.

A distribuição de indivíduos nessa sociedade hipotética varia de acordo com os contornos fáticos da lesão. Quando se analisa a intensidade do dano, há lesões que têm caráter centrípeto, ou seja, as pessoas que se encontram próximas ao centro da sociedade sofrem efeitos muito intensos em decorrência do dano, mas esses efeitos declinam rapidamente quando o foco se afasta do centro. O círculo dessa sociedade tende a ser reduzido, já que os efeitos da lesão estão desproporcionalmente distribuídos entre os membros da sociedade que a titularizam. Em outra vertente, há lesões de caráter centrífugo, cujos efeitos são distribuídos de modo mais uniforme na sociedade, reduzindo-se gradualmente quando se dirige a observação para a periferia, tendendo, por essa razão, à criação de um círculo social maior[192]. Ainda é possível classificar as lesões que compõem essa terceira categoria em nucleadas, quando a maior concentração

---

192 Embora não sejam idênticas, as lesões de caráter centrípeto guardam alguma semelhança com os direitos transindividuais locais, uma vez que a intensidade com a qual os indivíduos no centro da sociedade experimentam o dano propicia condições para nasçam, entre eles, formas de organização e solidariedade. Já as lesões de caráter centrífugo se aproximam mais dos

de indivíduos está próxima ao centro da sociedade, ou não-nucleadas, quando há poucos indivíduos no centro e a maioria está distribuída na periferia.

Em conclusão, essa terceira categoria, atinente aos litígios coletivos que atingem pessoas determinadas, mas o fazem de formas e intensidades distintas e variadas, sem que entre elas exista qualquer tipo de perspectiva uniforme em relação ao conflito, dá lugar a um outro conceito de direitos transindividuais, que são aqueles pertencentes a uma sociedade elástica, composta pelas pessoas que efetivamente experimentaram os efeitos concretos da violação, as quais o titularizam na proporção em que foram atingidas. Esses direitos serão aqui denominados direitos transindividuais de difusão irradiada ou direitos transindividuais irradiados. Nessa terceira categoria, rompe-se com a indivisibilidade dos direitos transindividuais, quando analisados sob a perspectiva do litígio. É possível e desejável que o direito transindividual violado pertença mais a uma pessoa que sofreu uma lesão mais grave, menos a outra, que sofreu uma lesão menos grave, e não pertença a quem não foi lesado de forma alguma. A ruptura da indivisibilidade permite que se enxergue as diferenças entre os indivíduos atingidos pela violação do direito transindividual que deu origem à sociedade, atribuindo-se maior relevância às posições dos que sofrem mais.

A aplicação desse conceito pode ser exemplificada com a situação, já mencionada, do conflito concernente à queima da palha da cana-de-açúcar em Piracicaba/SP. A ocorrência desse evento forma uma sociedade elástica de indivíduos atingidos pela lesão ao meio ambiente, que é a poluição do ar. Esses indivíduos serão tão mais importantes, enquanto titulares do direito, quanto mais atingidos forem. Assim, no centro do círculo hipotético de titularidade encontram-se as pessoas mais propensas a serem prejudicadas pela piora da qualidade do ar decorrente da queima realizada, como os idosos, as crianças, os portadores de males respiratórios etc. Em uma posição um pouco mais afastada do centro se encontrarão as demais pessoas que residem na região afetada pela poluição. Mas a sociedade também é composta por pessoas com interesses antagônicos e conflitantes com essas. Não há como deixar de considerar central a posição dos trabalhadores rurais que, apesar de afetados pela poluição, restarão desempregados pela cessação dessa técnica de colheita[193]. Entre esses trabalhadores, quando se consideram as posições relativas, estão mais próximos do centro aqueles que têm menos condições de se empregar em outras atividades, enquanto os que podem encontrar outros empregos com mais facilidade ocupam posição mais periférica. Essas pessoas provavelmente terão interesse de que a tutela jurídica seja realizada de modo distinto do pretendido por aqueles que se interessam pela qualidade do ar. Por exemplo, podem pretender que o prazo para a cessação da prática seja maior, permitindo sua recolocação profissional, ou que ela seja acompanhada de programas públicos de requalificação profissional. Também podem pretender que o meio ambiente não seja tutelado, julgando que o direito ao trabalho deve superar o direito ao equilíbrio ecológico. Nada disso implica que essas pessoas deixam de fazer parte da mesma sociedade titular do direito transindividual

---

direitos transindividuais globais, uma vez que a distribuição mais uniforme de seus efeitos na sociedade tende a favorecer um grau maior de despersonificação.

193 A não realização da queima da palha inviabiliza a colheita manual da cana-de-açúcar, exigindo sua mecanização.

litigioso, uma vez que elas não são causadoras da lesão[194] e são afetadas por ela e pela forma como for tutelada.

É possível, ainda, pensar em outros integrantes dessa sociedade titular do direito, que estarão em posições mais periféricas no conflito, por serem atingidos indiretamente pela decisão, como os proprietários de comércio local que não residam no município, os fornecedores de alimentação aos trabalhadores, dentre outros. São pessoas que titularizam parcela muito reduzida do direito lesado, mas que ainda compõem essa sociedade. Por fim, as pessoas que nunca estiveram na região ou que apenas têm com ela vínculo episódico, não fazem parte da sociedade de titulares do direito. Não porque não tenham, abstratamente, direito a um meio ambiente livre de poluição, mas sim porque não sofrem lesão em razão dessa conduta especificamente considerada. A intensidade das relações dos demais integrantes da sociedade com os direitos lesados torna irrelevantes as posições dessas pessoas, para a definição da tutela jurídica aplicável ao caso. Mais uma vez, portanto, a definição da titularidade não se faz de modo absoluto ou abstrato, mas relativo e concreto, tendo como referência a lesão que se pretende tutelar.

A conflituosidade, nos direitos transindividuais irradiados, é alta. A ausência de identidade de perspectivas entre os membros da sociedade, combinada com o fato de que os impactos da conduta são distribuídos entre eles desigualmente, sendo que uma parcela desses indivíduos pode ter sofrido impactos de grande relevância, com potencial para provocar significativas alterações em suas vidas, e ainda a gama de possibilidades de tutela do direito violado, decorrente da complexidade do conflito, que impede uma análise dual lícito-ilícito, fazem com que haja múltiplas polaridades na controvérsia e múltiplos interesses em jogo. Alguns membros da sociedade se interessam pela cessação total da conduta e restituição das coisas ao *status quo ante*, avaliando que os custos do impacto não justificam os benefícios[195]. Outros podem ter sua situação melhor tutelada se receberem compensação *in natura* pelos prejuízos[196]. Outros, ainda, podem avaliar que a compensação pecuniária é a melhor

---

[194] Recorde-se que, anteriormente, se afastou a possibilidade de que o causador da lesão integre a sociedade titular do direito, uma vez que, na perspectiva aqui sustentada, a titularidade é vista a partir da lesão, ou seja,

[195] No caso de usinas hidrelétricas, essa pretensão pode se manifestar a partir do argumento de que as alternativas locacionais não foram seriamente consideradas, o que acarretou impactos desnecessariamente maiores que os que seriam possíveis para a obtenção do benefício. Assim, por exemplo, uma usina pode ter sido construída nas proximidades de uma aglomeração urbana, com o objetivo de reduzir seus custos ou de obter ganho no potencial de geração, mas causando impactos de maiores dimensões aos habitantes. Isso ocorreu no caso da Usina Hidrelétrica de Aimorés, em Minas Gerais, mencionado anteriormente. Também é possível argumentar que não foi dada devida atenção à alternativa zero, ou seja, à não implantação do empreendimento. Esse é um ponto de embate recorrente entre ambientalistas e órgãos ambientais. O Manual para Elaboração de Estudos para o Licenciamento com Avaliação de Impacto Ambiental, produzido pela Companhia Ambiental do Estado de São Paulo, cujo objetivo é orientar os empreendedores que apresentarão projetos para serem licenciados, descreve a alternativa zero em apenas uma oração: "Apresentar um prognóstico sucinto para a situação de não implantação do empreendimento". Ver COMPANHIA AMBIENTAL DO ESTADO DE SÃO PAULO. Manual para Elaboração de Estudos para o Licenciamento com Avaliação de Impacto Ambiental. Disponível em: http://www.cetesb.sp.gov.br/userfiles/file/dd/Manual-DD-217-14.pdf. Acesso em 16.01.15.

[196] Esse é, recorrentemente, o interesse dos produtores rurais. A mudança de dinâmica econômica da região, após a implementação de empreendimentos hidrelétricos em área rural, faz com que o valor da indenização seja, não raro, insuficiente para a aquisição de terras na mesma quantidade e qualidade que as alagadas, de modo que a compensação financeira não viabiliza a continuidade de suas atividades.

alternativa[197]. Nenhuma dessas pretensões é, a princípio, ilícita, mas algumas delas podem ser, no contexto fático, auto excludentes. Por essa razão, há um conflito entre a sociedade e o causador do dano, mas também há uma série de conflitos internos, mais ou menos graves, entre seus próprios integrantes, sem que se possa definir, *ex ante*, que alguma dessas variadas pretensões seja superior às demais.

8. CONCLUSÃO PARCIAL

O conceito legal de direitos transindividuais, presente no Código de Defesa do Consumidor, assim como o conceito atualmente esposado, de modo geral, pelos estudos jurídicos acerca da matéria, é insuficiente para refletir com precisão todos os litígios relacionados a esses direitos. Essa insuficiência decorre do fato de se ignorar que os litígios coletivos têm graus variados de complexidade e de conflituosidade, que impedem que todos eles sejam tratados da mesma forma, sob pena de se dedicar recursos desnecessários a casos simples e se simplificar indevidamente casos complexos, ou de se suprimir indevidamente divergências sociais legítimas. Embora esse problema seja verificável também em relação aos direitos individuais homogêneos, quando tutelados coletivamente, o presente capítulo se dedicou aos direitos transindividuais, em decorrência da percepção de que, nestes, há necessidade de se superar a formulação conceitual que dissocia sua titularidade dos indivíduos. Essa dissociação, que faz com que tais direitos sejam "de todos, mas ao mesmo tempo, de ninguém", retira do processo o referencial humano em relação ao qual ele deveria se orientar, bem como suprime indevidamente as posições sociais que divergem da esposada pelo legitimado coletivo, autor da ação, e ainda contribui para calar a crítica pública, por parte das pessoas cujas vidas são efetivamente transformadas pelo litígio e por seu resultado.

A solução proposta é a conceituação dos direitos transindividuais em três categorias, a partir das premissas teóricas sociológicas de Elliott e Turner, atribuindo sua titularidade a uma sociedade que é constituída sob o prisma do litígio transindividual, com o objetivo de proporcionar parâmetros para sua tutela jurídica. Assim, temos:

1) Litígios transindividuais globais: existem no contexto de violações que não atinjam, de modo particular, a qualquer indivíduo. Os direitos transindividuais subjacentes a tais litígios pertencentes à sociedade humana, representada pelo Estado nacional titular do território em que ocorreu a lesão;
2) Litígios transindividuais locais: têm lugar no contexto de violações que atinjam, de modo específico, a pessoas que integram uma sociedade altamente coesa, unida por laços identitários de solidariedade social, emocional e territorial. Os direitos transindividuais subjacentes a essa categoria de litígios pertencem aos indivíduos integrantes dessa sociedade, uma vez que os efeitos da lesão sobre ela são tão mais graves que sobre as pessoas que lhe são externas, que tornam o vínculo destas com a lesão irrelevante para

[197] Ainda no exemplo das hidrelétricas, a compensação pecuniária pode parecer alternativa mais adequada para alguns produtores rurais, se aceitarem o prognóstico de que, em razão da mudança da dinâmica econômica regional, provocada pelo empreendimento, a atividade agrícola não será suficientemente rentável.

fins de tutela jurídica. Essa categoria inclui, em um segundo círculo, as situações em que, mesmo não havendo uma identidade tão forte entre os indivíduos, eles compartilham perspectivas sociais uniformes, pelo menos no que se refere à tutela do direito lesado;

3) Litígios transindividuais irradiados: são litígios que envolvem a lesão a direitos transindividuais que interessam, de modo desigual e variável, a distintos segmentos sociais, em alto grau de conflituosidade. O direito material subjacente deve ser considerado, nesse caso, titularizado pela sociedade elástica composta pelas pessoas que são atingidas pela lesão. A titularidade do direito material subjacente é atribuída em graus variados aos indivíduos que compõem a sociedade, de modo diretamente proporcional à gravidade da lesão experimentada.

Com essa conceituação, perde relevância a distinção entre direitos difusos e coletivos[198]. Tanto uns quanto outros poderão ser enquadrados em quaisquer das três categorias, de acordo com a forma com a qual a lesão se apresenta e o tipo de sociedade à qual o direito lesado pode ser atribuído. É certo, entretanto, que as situações tradicionalmente enquadradas como de direitos coletivos serão, na maioria dos casos, relativas a direitos transindividuais locais, uma vez que envolverão um grupo mais definido de pessoas, que compartilharão perspectivas sobre a lesão. Os trabalhadores de uma categoria profissional, os pais de alunos atingidos por um aumento indevido nas mensalidades e os consumidores de um serviço de telefonia deficiente podem ser muito diferentes entre si, mas, em relação à lesão sofrida, sofrem seus efeitos de forma consideravelmente uniforme e compartilham de uma perspectiva social sobre ela. Os direitos difusos, por outro lado, podem se enquadrar em qualquer das três categorias, dependendo da forma como sua lesão atinge a sociedade.

A tipologia apresentada, ao se basear nas características concretas do litígio, não na tentativa de classificação abstrata dos direitos, tem potencial para embasar a revisão dos demais institutos do processo coletivo, de modo especial, os limites da atividade representativa do legitimado e sua relação com os interesses, as vontades e as perspectivas dos ausentes, titulares dos direitos materiais, que serão obrigados a conviver com a decisão. É preciso buscar um conceito de devido processo legal coletivo que tenha como foco a obtenção de tutelas adequadas não da perspectiva da análise abstrata do caso, mas das pessoas que estão concretamente envolvidas no litígio e sofrerão, por vezes, de modo drástico, os efeitos da decisão em suas vidas. Acredita-se que as premissas teóricas apresentadas têm potencial para chegar a esse resultado.

9. SOBRE O COLETIVO E O INDIVIDUAL: O FIM DOS DIREITOS INDIVIDUAIS HOMOGÊNEOS COMO CATEGORIA AUTÔNOMA

A conclusão apresentada, no que tange aos direitos transindividuais, exige revisão também em relação aos direitos individuais homogêneos. Hoje é praticamente

[198] Essa é uma tendência da doutrina mais moderna, conforme já mencionado. Cf. GIDI, Antonio. *Rumo a um Código de Processo Civil Coletivo*. Rio de Janeiro: Editora Forense, 2008, p. 219.

unânime a ideia de que os direitos individuais homogêneos podem ser tutelados coletivamente apenas por conveniência processual, permanecendo, em essência, individuais[199]. Mesmo Antonio Gidi que, inicialmente, defendeu que o titular dos direitos individuais homogêneos seria "um conjunto de vítimas indivisivelmente considerado"[200], mudou de opinião para aderir, ainda que de modo um pouco reticente, ao pensamento majoritário, aceitando a permanência da distinção entre direitos transindividuais e individuais homogêneos[201]. Minoritariamente, há ainda quem relacione os direitos individuais homogêneos à pretensão de acolhimento de uma tese jurídica geral, a ser posteriormente aproveitada em processos individuais. Durante a fase de conhecimento, os direitos individuais homogêneos seriam indivisíveis e indisponíveis, voltando a ser divisíveis para a liquidação e execução[202].

A linha de pensamento aqui exposta, embora não se filie rigorosamente ao pensamento minoritário, comunga de sua visão no sentido de que as diferenças entre os direitos transindividuais e individuais homogêneos não são tão marcantes quanto parecem. É certo que, no fundo, os direitos individuais homogêneos pertencem a pessoas identificáveis, com maior ou menor dificuldade. Todavia, isso é insuficiente para diferenciá-los dos direitos transindividuais, eis que a sociedade que titulariza essa modalidade de direitos, em qualquer das três acepções aqui propostas, também é composta de pessoas, mais ou menos individualizáveis. Logo, quando se reconceitua a titularidade dos direitos transindividuais, deixa de existir essa característica diferenciadora.

A indivisibilidade da pretensão, outra característica que distinguiria os direitos transindividuais dos individuais homogêneos, nem sempre é claramente verificável. A segurança do trabalho, por exemplo, é usualmente reputada um direito coletivo[203]. Entretanto, as prestações que tutelam esse direito são, não raramente, divisíveis, o que permitiria que, relativamente ao mesmo litígio, a pretensão fosse qualificada como transindividual ou individual homogênea, dependendo do modo como é posta em juízo[204]. Nos mesmos termos, se uma pretensão é dirigida contra o Estado, pleiteando a adoção de uma providência geral para a contenção de epidemia de determinada doença, tal como a restrição à circulação de pessoas, a doutrina brasileira tenderia a classificá-la como transindividual. Já a pretensão de que fossem fornecidas vacinas a um grupo populacional seria qualificável como individual homogênea[205]. Assim,

---

199 V. supra, item 2.3, para referências ao pensamento que, ao longo da década de 1990, sustentou a indivisibilidade dos direitos individuais homogêneos.

200 GIDI, Antonio. *Coisa julgada e litispendência em ações coletivas*. São Paulo: Saraiva, 1995, p. 23.

201 GIDI, Antonio. *Rumo a um Código de Processo Civil Coletivo*. Rio de Janeiro: Editora Forense, 2008, p. 210.

202 Nesse sentido, DIDIER JR., Fredie; ZANETI JR., Hermes. *Curso de Direito Processual Civil*: Processo Coletivo. 9. ed. Salvador: Editora Juspodivm, 2014, p. 80-81. Em razão dessa visão, os autores sustentam que "os direitos individuais homogêneos são indivisíveis e indisponíveis até o momento de sua liquidação e execução, voltando a ser indivisíveis se não ocorrer a tutela integral do ilícito". Agradeço a Fredie Didier Jr. pelos comentários que levaram à melhor estruturação deste tópico.

203 Por exemplo, ver SANTOS, Elvécio Moura dos; GURGEL, Maria Aparecida. *O Ministério Público e as questões de segurança e saúde no trabalho*. Disponível em <http://www.pgt.mpt.gov.br/publicacoes/seguranca/mpt_questoes_seg_saude.pdf>. Acesso em 8.4.15.

204 Como o fez o Tribunal Regional do Trabalho da 9ª Região, nos autos do Recurso Ordinário 02672-2013-025-09-00-0, j. 13.8.14.

205 O exemplo da saúde pública é lembrado por ARENHART, Sérgio Cruz. *A tutela coletiva de interesses individuais*: para além da proteção dos interesses individuais homogêneos. São Paulo: Editora Revista dos Tribunais, 2013, p. 305, fazendo referência

por mais que o pensamento jurídico procure traçar regras e delinear características que diferenciem direitos individuais homogêneos de transindividuais, enquanto categorias abstratas, a realidade insiste em não se amoldar a elas, esmaecendo as linhas distintivas teoricamente traçadas.

Quando se abandona o plano da diferenciação teórica, é perceptível que o caráter tênue da diferenciação entre direitos individuais homogêneos e transindividuais se reflete no idêntico tratamento processual que recebem, em variados aspectos. Por exemplo, a doutrina já se consolidou no sentido de que, dadas as inúmeras vantagens da tutela coletiva de direitos similarmente situados[206], tanto para seus titulares, quanto para o sistema Judiciário, a legitimação coletiva deve abranger a maior extensão possível de direitos, sejam individuais ou transindividuais[207]. Do mesmo modo, quando se analisam os 22 princípios da tutela jurisdicional coletiva, explícitos na última versão do Anteprojeto de Código Brasileiro de Processos Coletivos, cuja redação foi coordenada por Ada Pellegrini Grinover, verifica-se que todos se aplicam, indistintamente, à tutela jurisdicional de direitos transindividuais ou individuais homogêneos[208]. Antonio Gidi, em seu Anteprojeto de Código de Processo Civil Coletivo, exigiu apenas a existência de questão comum de fato ou de direito para permitir a tutela, indiscriminadamente, de ambas as categorias[209]. Quando se escrutinam processos relativos a direitos difusos, coletivos ou individuais homogêneos, o que se encontra são litígios entre pessoas, mais ou menos determinadas. Aceitando-se que os direitos transindividuais não são direitos sem titular, nem ensejam, em todos os casos, pretensões indivisíveis, não há qualquer característica capaz de distingui-los claramente dos individuais homogêneos. Insistir na categorização significa apenas dar margem a dúvidas interpretativas que não têm utilidade, ou melhor, não deveriam ter utilidade, mas são recorrentemente utilizadas para restringir as possibilidades de tutela coletiva.

à crise da "gripe suína", que assolou o Brasil há alguns Antonio Gidi aponta exemplo semelhante, quando afirma que a publicidade enganosa pode ser atacada tanto por uma ação individual da empresa concorrente, quanto por uma ação coletiva, o que demonstra que a pretensão não caracteriza, necessariamente, a natureza do direito violado. GIDI, Antonio. *Coisa julgada e litispendência em ações coletivas*. São Paulo: Editora Saraiva, 1995, p. 21.

206 Cabe citar, pelo menos, redução de custos, equilíbrio de forças entre as partes, redução de tempo para a obtenção da tutela, redução de ônus para o Poder Judiciário, obtenção de pacificação social, evitando-se decisões contraditórias. Ver, por exemplo, SHIMURA, Sérgio. *Tutela coletiva e sua efetividade*. São Paulo: Editora Método, 2006, p. 48.

207 Ver, por exemplo, ALMEIDA, Gregório Assagra de. *Codificação do Direito Processual Coletivo Brasileiro*: análise crítica das propostas existentes e diretrizes para uma nova proposta de codificação. Belo Horizonte: Editora Del Rey, 2007, p. 65.

208 São eles: "Art. 2º São princípios da tutela jurisdicional coletiva:a. acesso à justiça e à ordem jurídica justa;b. universalidade da jurisdição;c. participação pelo processo e no processo;d. tutela coletiva adequada;e. boa-fé e cooperação das partes e de seus procuradores;f. cooperação dos órgãos públicos na produção da prova;g. economia processual;h. instrumentalidade das formas;i. ativismo judicial;j. flexibilização da técnica processual;k. dinâmica do ônus da prova;l. representatividade adequada;m. intervenção do Ministério Público em casos de relevante interesse social;n. não taxatividade da ação coletiva;o. ampla divulgação da demanda e dos atos processuais;p. indisponibilidade temperada da ação coletiva;q. continuidade da ação coletiva;r. obrigatoriedade do cumprimento e da execução da sentença;s. extensão subjetiva da coisa julgada, coisa julgada secundum eventum litis e secundum probationem;t. reparação dos danos materiais e morais;u. aplicação residual do Código de Processo Civil;v. proporcionalidade e razoabilidade.

209 Art. 3º, I, do Anteprojeto. Em obra mais recente, Gidi parece não mais disposto a levar seu pensamento às últimas consequências, postulando a manutenção da diferenciação entre direitos transindividuais e individuais homogêneos. Ver GIDI, Antonio. *Rumo a um Código de Processo Civil Coletivo*. Rio de Janeiro: Editora Forense, 2008, p. 210-215.

Percebe-se, com isso, o quão artificial é a tentativa de diferenciar direitos coletivos de individuais. O indivíduo não existe fora do coletivo e a sociedade não existe sem indivíduos. Um litígio coletivo atinge uma sociedade, o que significa que também atinge os indivíduos que a compõem. Do mesmo modo, lesões causadas a indivíduos, coletivamente, e não singularmente, também afetarão, em alguma medida, a sociedade à qual eles pertencem. Há uma circularidade na relação entre indivíduos e sociedade que não pode ser desfeita no âmbito do processo. Fora de exemplos acadêmicos e caricaturais, indivíduos e sociedade sempre estarão reciprocamente implicados.

A ausência de distinção pode ser mais facilmente percebida quando se analisa um litígio de dimensão local. Em 2011, o Ministério Público Federal realizou uma audiência pública no município de Salto da Divisa-MG, com o objetivo de avaliar impactos da construção de uma usina hidrelétrica construída no rio Jequitinhonha. Entre os problemas constatados em razão da alteração das características do rio, estava a impossibilidade do exercício profissional das lavadeiras de roupas, que se valiam do rio para o desempenho de sua atividade[210]. Na sistemática atual, esse mesmo litígio poderia ser objeto tanto de tutela transindividual, quanto de tutela de direitos individuais homogêneos. Seria possível conceber as lavadeiras como uma categoria profissional, cuja tutela seria realizada mediante provimento indivisível, por exemplo, com a construção de uma lavandaria coletiva, onde continuariam a trabalhar, ensejando uma noção de direito coletivo. Por outro lado, seria possível visualizar a existência de direitos individuais homogêneos, pretendendo-se a reparação individual de cada lavadeira, de acordo com a renda que auferia antes da alteração do meio ambiente.

O problema da situação exposta é que o litígio que existe na realidade é rigorosamente o mesmo: pessoas cujos direitos foram lesados pela atuação de alguém pretendem tutela de seu direito, no caso, do direito fundamental ao trabalho. Essa tutela é buscada pela via do processo coletivo, com a atuação processual de um terceiro, legitimado pela lei. Entretanto, na sistemática do Código de Defesa do Consumidor, o mero fato da pretensão ser apresentada sob roupagem coletiva ou individual homogênea é suficiente para alterar as consequências do processo, por exemplo, relativamente à coisa julgada, e possibilitar questionamentos acerca da legitimidade do autor da ação, com o objetivo de limitá-la. É possível que o Ministério

---

[210] A audiência foi divulgada em <http://www.prmg.mpf.mp.br> e reproduzida em <http://mpf.jusbrasil.com.br/noticias/2271723/audiencia-publica-discute-impactos-ambientais-da-usina-de-itapebi-mg>. Acesso em 14.04.15. A nota à imprensa descreveu da seguinte forma a situação das lavadeiras: "Estiveram presentes na audiência membros e representantes de trabalhadores especialmente atingidos pela usina: as lavadeiras do Rio Jequitinhonha, pescadores, extratores de pedras e pedreiros. Em seus relatos, o testemunho de quem perdeu seu meio de trabalho e única fonte de renda, que eram intrinsecamente ligados e dependentes do rio.Nessa condição, ressalta-se a situação das lavadeiras do Jequitinhonha, conhecidas em todo o país pelas cantigas que entoavam enquanto lavavam as roupas no rio. Por isso, mais do que o drama pessoal, foi também o fim de uma instituição cultural. A construção da usina resultou na poluição das águas e as cerca de 30 lavadeiras perderam sua fonte de sustento, embora a empresa tivesse prometido que elas poderiam continuar a exercer seu ofício. Nos acordos celebrados àquela época, foi prevista a construção de uma lavanderia, o que realmente foi feito, mas com pias tão pequenas, que impedem a sua utilização, além de se cobrar pelo uso da água e da energia. Resultado: a lavanderia está abandonada.Nenhuma lavadeira recebeu indenização do empreendedor pelo fim da sua profissão. Hoje, não é mais possível lavar roupa no rio, nem há clientela que entregue suas roupas para serem lavadas em águas poluídas. Estão todas desempregadas, com idade avançada, sem perspectiva de assumir uma nova profissão". A audiência pública foi conduzida pelo autor destas linhas, em conjunto com o Procurador da República Fernando Zelada, e constitui a origem remota das indagações que redundaram neste trabalho.

Público fosse considerado legítimo a apresentar a pretensão coletiva, mas não as individuais homogêneas[211].

Quando a análise parte do litígio e não da conceituação abstrata dos direitos, não parece haver fundamento para atribuir consequências jurídicas distintas a situações que são, concretamente, indiferenciadas. Como afirmou Antonio Gidi, tais definições "colocadas à prova da realidade dos fatos (...) se mostraram menos precisas e adequadas do que pareciam ser à primeira vista"[212]. A classificação abstrata dos direitos coletivos é "de escassa utilidade, sendo, em verdade, extremamente perigos[a]"[213], eis que utilizada para justificar limitações artificiais à atuação dos legitimados coletivos. No exemplo mencionado, o litígio das lavadeiras é de caráter local, envolvendo pessoas que compartilham características identitárias, que lhes atribuem um razoável grau de coesão em relação ao litígio. É dessa constatação, que se ampara no perfil concreto da lesão, que devem ser extraídas consequências para o processo.

Teori Zavascki afirma que "na origem das principais controvérsias em matéria de processo coletivo, está a falta de adequada distinção entre direitos coletivos (transindividuais) e direitos individuais tutelados coletivamente"[214]. O autor entende que é indispensável que a lei atribua disciplina diferenciada para direitos transindividuais e individuais homogêneos porque, da perspectiva do direito material, os primeiros não têm titular determinado e são materialmente indivisíveis, características ausentes nos individuais homogêneos, que são direitos individuais, passíveis de tutela coletiva ou individual. Após expor as peculiaridades processuais do sistema atual de tutela, conclui que, dadas as características naturais de cada espécie, "qualquer que seja o modelo processual que se queira adotar, qualquer que seja o nível de reforma que se venha a promover no modelo existente (...) é impossível negar-lhes tratamento processual especial em vários aspectos importantes"[215]. Entre esses aspectos, o autor afirma que, nos direitos transindividuais, é essencial que a legitimidade ativa se dê por substituição processual e a execução jamais se faça em benefício individual, enquanto nos individuais homogêneos, o cumprimento da sentença obedece ao esquema individual de legitimidade e se faz em benefício do titular do direito. Os direitos transindividuais permitem que a controvérsia seja totalmente dirimida no procedimento comum, enquanto nos individuais homogêneos, é essencial que a sentença seja genérica e, posteriormente, liquidada em favor dos indivíduos. O objeto de

211 O dissenso está bem representado no julgamento do Resp 974.489/PE, Rel. Ministro Luiz Fux, julgado em 25/11/2008, DJe 21/05/2009, no qual se debateu a legitimidade ativa do Ministério Público Federal para ajuizamento de ação em defesa dos direitos individuais homogêneos dos consumidores de energia elétrica. Mais recentemente, o Superior Tribunal de Justiça atenuou seus entendimentos de ilegitimidade ativa coletiva, especialmente em relação ao Ministério Público, embora ainda exija a demonstração de existência de interesse social para autorizar-lhe o ajuizamento de ação para tutela de direitos individuais homogêneos. Ver AgRg no REsp 1.038.389/MS, Rel. Ministro Antonio Carlos Ferreira, julgado em 25/11/2014, DJe 02/12/2014.

212 GIDI, Antonio. *Rumo a um Código de Processo Civil Coletivo*. Rio de Janeiro: Editora Forense, 2008, p. 210.

213 Idem, ibidem.

214 ZAVASCKI, Teori Albino. Reforma do processo coletivo: indispensabilidade de disciplina diferenciada para direitos individuais homogêneos e para direitos transindividuais. In: GRINOVER, Ada Pellegrini; MENDES, Aluísio Gonçalves de Castro; WATANABE, Kazuo. *Direito Processual Coletivo e o anteprojeto de Código Brasileiro de Processos Coletivos*. São Paulo: Editora Revista dos Tribunais, 2007, p. 33-38. Citação p. 33.

215 Idem, p. 35

uma ação relativa a direitos individuais homogêneos é o mesmo das ações individuais, ao passo que a ação individual jamais terá como objeto um direito transindividual.

Contudo, ao final de seu trabalho, o próprio Zavascki reconhece que, na prática, as diferenças teóricas por ele apontadas podem não ser verificáveis, mas afasta o problema, afirmando que "a existência de situações que fogem dos padrões conceituais rígidos de modo algum infirma a necessidade de empreender, no plano da instrumentalização processual, as devidas distinções e diferenciações"[216]. Esse posicionamento parece insatisfatório. Os dilemas na condução do processo coletivo não decorrem da dificuldade teórica de distinguir direitos transindividuais de individuais homogêneos, mas da constatação de que, na prática, há casos que se amoldam mal ao modelo teórico. De fato, no exemplo das lavadeiras de Salto da Divisa, da segurança do trabalho, da tutela da saúde pública e tantos outros, é tênue a linha distintiva entre pretensões individuais homogêneos e transindividuais, que podem estar misturadas no mesmo processo[217]. O que interessa é que, seja qual for a pretensão, o que se quer é dar tutela jurisdicional adequada aos direitos de uma sociedade, cuja identidade dos membros é mais ou menos definida e cuja tutela pode ser buscada tanto de modo indivisível, quanto divisível.

Nesses termos, mesmo autores que postulam a indispensabilidade da distinção entre direitos individuais homogêneos e transindividuais reconhecem sua inconsistência com a realidade, o que é claro indício de que melhores resultados poderiam ser obtidos com a sua eliminação. Não há como justificar a insistência em uma classificação recorrentemente incompatível com os problemas postos pela prática. A resistência a se associar direitos transindividuais e individuais homogêneos é sustentada na noção de que os primeiros não têm titular determinado, o que, conforme demonstrado, não é verdadeiro. Da perspectiva do litígio, é sempre possível identificar uma sociedade titular do direito, composta de pessoas mais ou menos atingidas pela violação, cujos interesses podem ser tomados como referência para a concretização da tutela. Se a lesão atinge, de modo específico, pessoas definidas, é natural que o cumprimento da sentença seja feito em benefício desses indivíduos. O direito de uma comunidade indígena, alcançada pelo alagamento de suas terras decorrente do barramento de um rio, ser realocada, incide sobre os indivíduos indígenas concretamente existentes, embora se trate de direito transindividual, usufruído em caráter de grupo. Pelo contrário, por mais identificados que sejam os titulares dos direitos, o cumprimento de sentença relativa a direitos individuais homogêneos será realizado coletivamente, sem qualquer consideração a suas particularidades, quando for conduzido em favor do fundo, nos termos do art. 100 do CDC. Nessa situação, os direitos individuais homogêneos pouco se diferenciam dos transindividuais, revertendo o resultado do litígio em favor da sociedade como um todo e cumprindo, por isso, um papel mais amplo que o da tutela dos direitos individuais lesados[218].

---

216 Idem, p. 38.

217 Essa é uma situação muito comum. Basta que se pleiteie reparação individual em conjunto com providências de índole transindividual, como a construção de uma nova lavanderia e o pagamento de indenizações individuais.

218 No sentido do texto, DIDIER JR., Fredie; ZANETI JR., Hermes. *Curso de Direito Processual Civil*: Processo Coletivo. 9. ed. Salvador: Editora Juspodivm, 2014, p. 85: "...pelo que pudemos perceber até aqui, a tutela desses direitos não se restringe aos direitos individuais das vítimas. Vai além, tutelando a coletividade mesmo quando os titulares dos direitos individuais não

Fenômeno similar se verifica nas situações em que o cumprimento de sentença é conduzido em favor dos indivíduos concretamente lesados, mas com a atribuição de eficácia mandamental à sentença condenatória, determinando-se que o réu adote providências para reparar cada um dos lesados, independentemente de atuação pessoal dos mesmos em uma segunda fase processual, conforme já permitiu o Superior Tribunal de Justiça[219]. Assim, a divisão do processo atinente a direitos individuais homogêneos em duas fases, apontada por Zavascki, é apenas acidental e não estrutural do sistema[220].

Mais recentemente, quem melhor se atentou para a insuficiência da conceituação dos direitos individuais homogêneos foi Sérgio Cruz Arenhart, que observa que o Superior Tribunal de Justiça, em ocasiões distintas, adotou concepções variadas desses direitos, ora vinculando-os à origem fática comum, ora à identidade das causas de pedir das pretensões individuais, ou à presença de aspectos que digam respeito a todos os indivíduos envolvidos[221]. Para o autor, "não há elemento de direito material que torne especial essa categoria de interesses", que seriam apenas uma especial nuance da tutela dos direitos individuais. O problema, ainda pendente de definição, seria a determinação do conceito de origem comum, estabelecido laconicamente pelo CDC. Arenhart colaciona definições vinculadas à preponderância das questões comuns sobre as individuais, à quantidade de sujeitos envolvidos, à viabilização do acesso à Justiça e à homogeneidade da tutela. Ao final, propõe que a tutela dos direitos individuais homogêneos deve ser oportunizada nas situações em que, por um critério de proporcionalidade pan-processual, se visualizar utilidade no tratamento coletivo de interesses individuais, para o Judiciário e para as partes, mas esteja inviabilizada a formação do litisconsórcio, tudo com o objetivo de "distribuir de forma mais racional os recursos jurisdicionais entre os casos submetidos à apreciação judicial"[222]. Por outro lado, a coletivização não será admissível se for impossível preservar a representação adequada dos indivíduos ou seu direito de exclusão do processo coletivo, ou ainda, se houver desproporção entre a aglutinação realizada e o resultado obtido[223].

Embora a preocupação de Sérgio Arenhart esteja focada apenas nos direitos individuais homogêneos, os critérios por ele desenvolvidos demonstram o quão próximos esses direitos, quando tutelados coletivamente, estão dos direitos transindividuais.

---

se habilitarem em número compatível com a gravidade do dano, com a reversão dos valores ao FDD. Assim, não se pode continuar afirnando serem esses direitos estruturalmente direitos individuais, sua função é notavelmente mais ampla".

219 REsp 767.741-PR, rel. Min. Sidnei Beneti, DJ 24.08.10: "Na peculiar situação de defesa coletiva de direitos individuais homogêneos (diferenças devidas aos poupadores em decorrência dos planos econômicos passados), é possível se conferir eficácia mandamental à sentença, sem que se verifique qualquer prejuízo processual ou de ordem material aos envolvidos.No caso, a aplicação de tradicional procedimento executório, pelos indivíduos beneficiados pela sentença, causaria insuperáveis transtornos ao Judiciário, traria desnecessário ônus aos titulares de direito e, posteriormente ao próprio devedor, razão pela qual admite-se a moderna aplicação do direito, para se atingir a finalidade social de lei".

220 Cabe observar que o texto de Zavascki é anterior ao julgado.

221 ARENHART, Sérgio Cruz. *A tutela coletiva de interesses individuais*: para além da proteção dos interesses individuais homogêneos. São Paulo: Editora Revista dos Tribunais, 2013, p. 48-49.

222 Idem, p. 145-156.

223 Idem, p. 217-219.

Lesões transindividuais também derivam de um evento que atinge a uma sociedade, criando algum tipo de vínculo, mais ou menos tênue, entre seus integrantes, que torna útil que a lesão seja tutelada para todos eles, não apenas para alguns. Essa utilidade é ainda mais manifesta em razão da ausência de legitimação legal, em favor dos indivíduos ou do grupo, para demandar a tutela de direitos transindividuais[224]. A proximidade entre as duas categorias se torna mais evidente quando Arenhart demonstra, com razão, que o direito de se excluir da decisão coletiva não deve existir, mesmo nos direitos individuais homogêneos, se for incompatível com a própria essência da coletivização, ou se contrariar o interesse público do Poder Judiciário na solução conjunta das causas[225]. Assim, mesmo o direito do indivíduo se excluir da demanda coletiva, uma das bases da diferenciação entre direitos individuais homogêneos e transindividuais, deve ceder, se outros valores forem concretamente preponderantes.

Fica claro que a evolução do pensamento processual coletivo vem demonstrando, ainda que de modo implícito, que não há utilidade em se buscar caracterizações ou diferenciações abstratas entre os direitos materiais tutelados pela via coletiva, nem mesmo em razão de sua natureza individual ou transindividual. Essas distinções só têm gerado "enormes dificuldades de interpretação e grandes confusões na aplicação dos instrumentos processuais para a respectiva tutela jurisdicional"[226]. O que existe, em qualquer situação, reitere-se, é uma sociedade de pessoas, que sofrem mais ou menos com a violação de seus direitos, para a qual o processo busca mecanismos para entregar a tutela jurisdicional mais adequada possível. É provável que, em casos complexos, nem o próprio legitimado coletivo saiba se está demandando direitos individuais homogêneos ou transindividuais, porque, para os fins de sua atuação, essa distinção não faz qualquer diferença.

Isso posto, o problema é definir, dada a irrelevância processual de uma distinção que funda o processo coletivo brasileiro, o que deve substituí-la. O presente trabalho sustenta que o processo coletivo deve tomar como ponto de partida as características do litígio, a intensidade com a qual ele atinge pessoas determinadas e a distribuição dos ônus de sua ocorrência entre os membros que integram a sociedade que se cria a partir da lesão, a qual é designada como titular dos direitos especificamente violados em cada caso. Logo, a classificação dos litígios individuais homogêneos deve seguir as mesmas categorias propostas para os direitos transindividuais, quais sejam, litígios de difusão global, local ou irradiada.

Litígios individuais homogêneos globais são aqueles em que a lesão individual dos titulares do direito é diminuta, de modo a não interessar pessoalmente a qualquer

[224] Ressalvada apenas a situação dos índios. O art. 232 da Constituição dispõe que "Os índios, suas comunidades e organizações são partes legítimas para ingressar em juízo em defesa de seus direitos e interesses, intervindo o Ministério Público em todos os atos do processo". Assim, por exceção constitucional, as comunidades indígenas, mesmo que despersonificadas, têm legitimidade para demandar direitos individuais homogêneos ou transindividuais que lhes concernam.

[225] ARENHART, Sérgio Cruz. *A tutela coletiva de interesses individuais*: para além da proteção dos interesses individuais homogêneos. São Paulo: Editora Revista dos Tribunais, 2013, p. 220.

[226] ZAVASCKI, Teori Albino. Reforma do processo coletivo: indispensabilidade de disciplina diferenciada para direitos individuais homogêneos e para direitos transindividuais. In: GRINOVER, Ada Pellegrini; MENDES, Aluísio Gonçalves de Castro; WATANABE, Kazuo. *Direito Processual Coletivo e o anteprojeto de Código Brasileiro de Processos Coletivos*. São Paulo: Editora Revista dos Tribunais, 2007, p. 33-38. Citação p. 33.

deles. As pequenas lesões aos consumidores são o exemplo mais rotineiro. A tutela, nesse caso, tem como foco evitar que o causador da lesão se aproprie do lucro com ela auferido. Esse objetivo interessa, indistintamente, à sociedade globalmente considerada, não apenas aos indivíduos que tiveram seu patrimônio reduzido de modo insignificante. Proporcionar a cada lesado a reparação de sua perda patrimonial é um objetivo secundário. Tanto é assim que o próprio Código de Defesa do Consumidor permite, no art. 100, após o exíguo prazo de um ano, que os valores decorrentes da condenação sejam revertidos a um fundo de reparação, denotando pouca preocupação com os indivíduos que seriam titulares daquele direito. Não se exigiu, com razão, qualquer esforço do legitimado coletivo para identificar essas pessoas, dado que o procedimento de identificação poderia ser mais dispendioso que a cota destinada a cada um deles. O litígio individual homogêneo global poderá ser simples, se a identificação da tutela adequada a ser requerida não acarretar dificuldades, como poderá ser, em alguns casos mais incomuns, complexo. A conflituosidade do grupo titular, todavia, será sempre baixa, dado o desinteresse dos indivíduos no objeto da lesão[227].

Os direitos individuais homogêneos locais são lesões causadas a um grupo de pessoas mais definido que o grupo das lesões globais, com severa gravidade no patrimônio de cada uma delas, tais como a perda patrimonial substancial, o adoecimento ou mesmo a morte. É o exemplo dos *mass torts*, nos Estados Unidos[228]. Embora essas pessoas não tenham, via de regra, um laço identitário que as permitisse figurar no que foi denominado primeiro círculo dos direitos transindividuais locais, a lesão faz com que, não raramente, criem entre si um laço de solidariedade, compartilhando perspectivas comuns acerca do evento que as afetou. Esse fenômeno pode ser verificado pela proliferação das associações de vítimas de eventos lesivos[229]. Em situações desse tipo, a preocupação da tutela dos direitos, quando realizada coletivamente, não é evitar o enriquecimento do causador do dano, mas sim a recomposição, da melhor forma possível, do patrimônio das vítimas. Nessa categoria, portanto, os interesses dos indivíduos ausentes no processo são substancialmente mais relevantes que na primeira e o foco da ação coletiva será, por isso, bastante diferente[230]. A conflituosidade, assim como exposto em relação aos direitos transindividuais locais, é média.

---

227 HENSLER, Deborah et. al. *Class Action Dilemmas*: Pursuing Public Goals for Private Gain. Santa Monica: RAND, 2000, relatam um caso em que o arredondamento das frações inferiores a um centavo, nas apólices de seguro elaboradas pela empresa Heilig-Meyers, foi feito de modo indevido, acarretando ganho para o segurador. Embora apenas o valor das despesas e honorários advocatícios tenha sido acordado em US$ 580 mil, as lesões individuais foram estimadas em US$ 3,83. O caso foi Inman v. Heilig-Meyers.

228 Para alguns exemplos, tais como as contaminações provocados pela inalação de amianto ou pelo contaminante *agent orange*, ver SCHUCK, Peter H. *Agent Orange on Trial*: Mass Toxic Disasters in the Courts. Enlarged Edition. Cambridge: Harvard University Press, 1987; WEINSTEIN, Jack B. *Individual justice in mass tort litigation*. Evanston: Nothwestern University Press, 1995; ROSENBERG, David. Class Actions for Mass Torts: Doing Individual Justice By Collective Means. In: *Indiana Law Journal*, vol. 62, 1987, p. 561-596. Um dos casos analisados por Hensler et. al., relativo a contaminação ambiental com significativas perdas patrimoniais também exemplificaria um caso de mass tort. Ver HENSLER, Deborah et. al. *Class Action Dilemmas*: Pursuing Public Goals for Private Gain. Santa Monica: RAND, 2000.

229 Por exemplo, Associação dos Familiares de Vítimas e Sobreviventes da Tragédia de Santa Maria, Associação das Vítimas de Acidentes do Trabalho, Associação dos Familiares e Amigos das Vítimas do Voo TAM JJ3054, Associação Brasileira de Familiares de Vítimas do Vôo Air France 447, Associação dos Anjos de Realengo, Associação de Vítimas de Erros Médicos, dentre muitas outras.

230 Essas ações são raras no Brasil. Na maioria das vezes, as situações que seriam equivalentes aos *mass torts* norte-americanos são tuteladas apenas na via individual.

Os diversos lesados têm um liame que os agrega, que os impele à ação conjunta, mas também podem ter visões distintas sobre a melhor forma de conduzir seus interesses.

Finalmente, litígios individuais homogêneos irradiados são aqueles em que há feixes de interesses individuais homogêneos emaranhados em uma mesma situação. Esses interesses, ainda que tenham "origem comum", como requer a lei, são, por assim dizer, pouco homogêneos em outros aspectos, como a dimensão da lesão individual, as possibilidades de tutela do direito lesado, a diferenciação de perspectivas dos titulares do direito e a mutabilidade das características do litígio. São litígios de alta complexidade e conflituosidade, em relação aos quais haverá incerteza acerca do melhor modo de se obter a tutela jurisdicional coletiva e de quais são os interesses dos titulares do direito, ausentes do processo. Essa situação pode ser exemplificada com os impactos individuais provocados pela construção de grandes barragens em rios, exemplo que também ilustrou o problema dos direitos transindividuais irradiados. Sob o prisma individual, tal lesão acarreta distintos impactos, de diversas magnitudes, sobre os patrimônios individuais de variadas categorias de pessoas. Todos esses danos têm "origem comum", o que os qualifica como individuais homogêneos, mas a forma como cada indivíduo é atingido e suas pretensões em relação às possibilidades de tutela são distintas.

Nesse contexto, se é verdadeiro que tudo o que é sólido desmancha no ar[231], é chegado o momento de desmanchar a diferenciação entre direitos transindividuais e direitos individuais homogêneos. Cabe reconhecer-lhe o valor e a primazia histórica, que garantiram a implementação da tutela coletiva no Brasil[232]. Todavia, diversos autores já se atentaram para o fato de que a mesma situação pode acarretar lesões a direitos difusos, coletivos e individuais homogêneos[233], importando que apenas a pretensão pode definir a natureza dos direitos tutelados[234], ou seja, que a diferença existe apenas no plano processual, do mesmo modo que a diferença entre direitos individuais "puros" e individuais homogêneos. Não obstante, como demonstrado, mesmo no plano processual, essa tentativa de diferenciação é artificial e até mesmo perigosa para a tutela adequada e efetiva dos direitos, já que passou a ser utilizada com a única finalidade de restringir o rol de direitos tuteláveis coletivamente.

Não existem características de direitos que, *a priori*, os tornem mais ou menos aptos à tutela coletiva. O que interessa verdadeiramente para o processo e para a atuação dos atores processuais não é a categorização abstrata dos direitos, mas as

---

231 BERMAN, Marshall. *Tudo o que é sólido desmancha no ar*. Tradução de Carlos Felipe Moisés e Ana Maria Ioriatti. São Paulo: Companhia das Letras, 2001. A frase que dá título ao livro é uma referência ao manifesto comunista. Berman produz uma narrativa da modernidade na qual ressalta a dissolução de conceitos em um mundo em perpétua desintegração, agitação e agústia.

232 Todavia, como diz Gidi, as normas jurídicas envelhecem muito rápido. GIDI, Antonio. *Rumo a um Código de Processo Civil Coletivo*. Rio de Janeiro: Editora Forense, 2008, p. 207. O autor também afirma a importância histórica e pedagógica das normas de definição das espécies de direitos coletivos, asseverando, todavia, que sua utilidade já se exauriu. Idem, p. 210.

233 A referência mais mencinada é NERY JR., Nelson. *Princípios do Processo Civil na Constituição Federal*. 8. ed. São Paulo: Editora Revista dos Tribunais, 2004, p. 160, relativo ao naufrágio do "Bateau Mouche IV", do qual poderia redundar lesões tanto a direitos difusos, quanto coletivos ou individuais homogêneos. Cabe ressaltar que, apesar de embasado em hipótese concreta, o exemplo do autor é fictício. Não existiram as ações coletivas que ele vislumbra a partir da situação.

234 Nesse sentido, a posição de Kazuo Watanabe, in: GRINOVER, Ada Pellegrini; WATANABE, Kazuo; NERY JR, Nelson. *Código de Defesa do Consumidor*: comentado pelos autores do anteprojeto. 10. ed, vol II. Rio de Janeiro: Forense, 2011, p. 77-80.

características do litígio coletivo. Essa é a premissa a partir da qual se deve reconstruir o processo coletivo e seus elementos, inclusive, de modo especial, a atuação do legitimado, que deve ser vantajosa para os interessados excluídos do processo. O cerne do problema está nos limites da representação, seja de direitos pertencentes a uma sociedade composta de indivíduos mais ou menos determinados, seja de direitos concernentes a cada um desses indivíduos. A decisão sobre viabilizar ou não que a tutela jurídica seja perseguida por alguém que não é o titular do direito independe de se definir categorias abstratas que admitem ou inadmitem, *a priori*, a atuação de um representante[235]. As questões centrais para a reconstrução da ideia de atuação processual representativa são a) saber qual a probabilidade de se obter, mediante um processo representativo, tutela adequada do direito material violado e, b) até que ponto a ordem jurídico-constitucional vigente admite que o legislador opte por esse sistema.

É perceptível que as características dos litígios individuais homogêneos são idênticas, nos aspectos aqui reputados relevantes, às dos litígios transindividuais, motivo pelo as categorias serão reunidas, daqui por diante, sob as expressões litígios coletivos globais, locais ou irradiados. Elas serão utilizadas para fazer referência a situações litigiosas com características globais, locais ou irradiadas, independentemente da classificação dos direitos ou das pretensões que delas decorrem em transindividuais ou individuais homogêneas.

10. CONCLUSÃO: ALGUNS EFEITOS ESPERADOS DA RECONCEITUAÇÃO

O conceito tripartite formulado acima é, reconhece-se, bastante mais complexo que o atualmente existente nos estudos do processo coletivo. Entretanto, se um conceito mais complexo puder dar conta da realidade dos litígios coletivos com mais precisão, ele terá valido o esforço.

As premissas adotadas permitem reconstruir as categorias do processo coletivo, tomando como ponto de partida o litígio concretamente verificado, ao invés da classificação abstrata de direitos ou de pretensões. Quando se parte do litígio coletivo, é possível orientar as categorias processuais coletivas – ação, competência, intervenção de terceiros, sentença, coisa julgada e sua efetivação – em sentidos distintos dos atualmente prevalentes, mais aderentes à realidade do conflito existente. Dois pontos centrais, que serão abordados com mais detalhes, nos capítulos seguintes, merecem ser enunciados em razão do impacto que as novas premissas lhes acarretarão: a relação entre representação e participação da sociedade titular do direito no processo coletivo e os seus eventuais conflitos internos. Como deve ser delineada a garantia do devido processo legal no contexto coletivo, não no âmbito intraprocessual, entre o legitimado coletivo e seu adversário, mas no âmbito extraprocessual? Em outras palavras, que tipo de processo é devido aos titulares do direito, representados judicialmente pelo

[235] Embora esteja claro pelo contexto, não é exagerado ressaltar, para evitar dúvidas, que o termo representação, neste trabalho, é utilizado para designar a atuação de alguém em lugar de outrem, não no sentido técnico do processo individual, relativo a alguém que pleiteia, em nome alheio, direito alheio. É a mesma acepção normalmente utilizada na doutrina do processo coletivo, quando trata de adequação da representação ou representatividade adequada.

legitimado coletivo? Em segundo lugar, conforme se demonstrou, é possível que a sociedade titular do direito divirja acerca da solução pretendida para o conflito, em razão de sua elevada complexidade e conflituosidade. Nessa situação, qual deve ser a postura do legitimado coletivo? Como será possível propiciar adequada tutela ao direito material violado, se nem mesmo aqueles que sofreram a violação estão de acordo sobre qual seria essa tutela adequada?

Atualmente, essas duas questões se respondem de modo bastante simples: a coletividade é indeterminada, mesmo que seja determinável, logo, ela não participa do processo. Além disso, no caso dos direitos transindividuais, a lesão ao bem jurídico é reputada indivisível, de modo que todos são atingidos por ela igualmente e, assim, receberão reparação uniforme quando a tutela for efetivada. O legitimado coletivo atua por disposição de lei, o que o isentaria de prestar contas à sociedade representada, até mesmo porque, ainda que pretendesse fazê-lo, não saberia a quem se dirigir, dada a indeterminação da titularidade dos direitos. Por essa razão, ao legitimado caberia delimitar, independentemente de quaisquer conflitos sociais, a pretensão a ser posta em juízo, no exercício da competência que lhe foi atribuída pela lei, de acordo com sua própria interpretação do ordenamento jurídico. Curiosamente, a doutrina atual é tímida na especificação das obrigações do legitimado para com os ausentes[236] também em relação aos direitos individuais homogêneos, nos quais haveria determinação da titularidade e divisibilidade do direito, ou seja, na ausência das justificativas que sustentam essa omissão para os transindividuais. Nesse aspecto, a proposta aqui apresentada, que afirma a inutilidade da diferenciação entre direitos individuais homogêneos e transindividuais, já vigora há muito no pensamento brasileiro, dado que, em ambas as situações, inexistem condicionantes para a atuação do legitimado coletivo. A atribuição legal de legitimidade bastaria para que esses entes estivessem autorizados a atuar no processo de acordo com suas próprias concepções acerca dos interesses da sociedade e da interpretação das normas jurídicas aplicáveis ao caso.

Assim, a primeira hipótese a ser verificada é a de que a garantia do devido processo legal demanda, especialmente nas situações relacionadas a litígios locais ou irradiados, que as posições das pessoas concretamente envolvidas no conflito sejam consideradas ao longo do processo, e, no caso dos litígios irradiados, com tanto maior cuidado quanto maior for a sua proximidade do epicentro da lesão. É preciso afastar o tratamento da sociedade, no âmbito do processo coletivo, como um ente amorfo, indeterminado. Ao fazê-lo, o processo coletivo manobra para renegar seu nascimento: os direitos difusos nascem, na construção teórica, como "de todos", mas como "todos" são indeterminados, na realidade concreta do processo, ninguém tem direito de dele participar. Por outro lado, os indivíduos cujos interesses no litígio são apenas ideológicos ou de pequena monta, devem ser considerados apenas perifericamente, e na medida em que não atrapalhem a obtenção de uma tutela efetiva. Inadmitir que um ambientalista do Rio Grande do Sul participe de uma ação relativa à construção

[236] Há posições doutrinárias no sentido de que o juiz poderia analisar a representatividade adequada do legitimado coletivo. Cf. GIDI, Antônio. A representação adequada nas ações coletivas brasileiras: uma proposta. In: *Revista de Processo*. São Paulo: Editora Revista dos Tribunais, n. 108, out/dez 2002, p. 61-70. DIDIER JR., Fredie; ZANETI JR., Hermes. *Curso de Direito Processual Civil*: processo coletivo. 9. ed. Editora Juspodivm, 2014, p. 215.

de um porto na região do encontro das águas do Rio Amazonas poderá indigná-lo, mas em nada alterará a sua vida cotidiana. Desconsiderar a posição das pessoas que vivem do turismo na região é cometer uma potencial injustiça, que pode redundar em graves consequências para a sobrevivência de sua atividade econômica[237].

Outra decorrência do pensamento atualmente predominante, que se pretende afastar, é a inexistência de um debate acerca da responsabilidade do legitimado coletivo perante a sociedade titular do direito. Não é nova, na doutrina norte-americana, a discussão acerca da responsabilidade – ou *accountability*[238] – do autor da ação coletiva perante a classe. Como o sistema americano permite que o representante se eleja para tal condição[239], a análise concernente aos limites de sua atuação e aos modos de possibilitar que a classe a controle repercutiu intensamente estre os estudiosos. Conforme afirma Bryant Garth, a decisão de ajuizar ou não uma ação coletiva acerca de uma questão que tenha um considerável impacto sobre os indivíduos é grave e implica custos, o que demanda alguma medida de responsabilidade perante os "supostos beneficiários"[240]. Apesar da diferença entre os sistemas brasileiro e norte-americano, não há motivo para se imaginar que essa discussão seja alheia ao Brasil. Afinal, é consenso praticamente absoluto na doutrina que o legitimado coletivo não demanda direito próprio[241], mas sim direito alheio. Entretanto, como não há preocupação de se definir quem são os donos do alheio, as possibilidades de *accountability* do legitimado coletivo ou da decisão adotada se reduzem, fazendo com que não haja referencial para se verificar o quão adequada é a tutela ao direito material violado.

Hoje é sabido que o direito de ação não é apenas o direito de provocar a jurisdição, mas o direito de obter a tutela adequada, efetiva e tempestiva do direito

---

[237] O Ministério Público Federal tratou dessa situação no âmbito da Ação Civil Pública 10007-40.2010.4.01.3200, em tramitação perante a 7ª Vara Federal da Seção Judiciária do Amazonas. A construção do Porto das Lages foi obstada por liminar concedida na ação. Posteriormente, foi reconhecido conflito federativo nos autos da Reclamação 12.957/AM e a ação foi remetida ao Supremo Tribunal Federal, encontrando-se ainda pendente quando da elaboração deste estudo, com ordem de proibição da realização da obra. Esse é um interessante exemplo de litígio irradiado de alta complexidade, que envolve interesses econômicos tanto na construção do porto, que poderia trazer desenvolvimento industrial e logístico para a região, quanto na não construção, que privilegiaria as atividades relacionadas ao turismo.

[238] Conforme ressalta Antonio Gidi, a tradução de expressões técnicas estrangeiras é ingrata. *Accountability* não significa propriamente responsabilidade, no sentido que lhe atribuiria um civilista, mas sim no sentido de ser responsável perante alguém, ter que prestar contas a outra pessoa.

[239] Ou é eleito pela parte contrária, no caso das ações coletivas passivas.

[240] GARTH, Bryant G. Conflict and dissent in class actions: a suggested perspective. In: *Northwestern University Law Review*, vol. 77, n. 4, 1982, p. 492-535. O trecho referido está na p. 494.

[241] Em sentido contrário, a corrente inaugurada por WATANABE, Kazuo. *Tutela jurisdicional dos interesses difusos*: a legitimação para agir. In: GRINOVER, Ada Pellegrini, coord. *A tutela dos interesses difusos*: doutrina, jurisprudência e trabalhos forenses. São Paulo: Max Limonad, 1984. É preciso ressaltar, todavia, que embora essa corrente ainda encontre adeptos, o próprio Kazuo Watanabe mudou de posição posteriormente, esclarecendo que o objetivo dessa construção, ainda nos primórdios do processo coletivo no Brasil, era apenas viabilizar a tutela dos direitos, em um contexto de incertezas. Ver WATANABE, Kazuo. Processo civil de interesse público: introdução. In: SALLES, Carlos Alberto de (org.). *Processo Civil e Interesse Público*: o Processo como Instrumento de Defesa Social. São Paulo: Editora Revista dos Tribunais, 2003, p. 15-21. Na p. 17-18, o autor afirma: "Num trabalho que publicamos antes da Lei da Ação Civil Pública, procuramos defender a legitimação ordinária das associações civis para a tutela jurisdicional dos interesses difusos e coletivos stricto sensu, sustentando tratar-se, não de legitimação extraordinária, e sim de legitimação ordinária. Porém, logo em seguida veio a Lei 7.347/85, permitindo esse tipo de legitimação para agir em juízo, o que tornou desnecessária uma construção doutrinária a respeito do tema".

material violado[242]. Essa adequação da tutela não deve ser verificada de um ponto de vista geral e abstrato, ou do ponto de vista da interpretação que o legitimado coletivo faz do ordenamento jurídico, mas da perspectiva do titular do direito material em litígio[243]. Se esse titular é "indefinido" ou, ainda que seja uma entidade definida – o grupo – seus integrantes são indefinidos, tal análise restará consideravelmente prejudicada. Desse modo, verifica-se que a proposta apresentada não tem o objetivo de construir um novo conceito para somar-se aos diversos já existentes em sede doutrinária, mas o de construir um conceito que embase uma nova forma de operação do sistema de tutela coletiva, personificando os titulares do direito e, com isso, mudando a forma de condução do processo. O centro da análise, portanto, é a atividade processual representativa, suas hipóteses, limites e controles.

REFERÊNCIAS

ALEXANDER, Jeffrey. *The civil sphere*. Oxford: Oxford University Press, 2006.

ALMEIDA, Gregório Assagra de. Direito material coletivo – superação da *summa divisio* direito público e direito privado por uma nova *summa divisio* constitucionalizada. Belo Horizonte: Del Rey, 2008.

ALMEIDA, Gregório Assagra de. *O Ministério Público no neoconstitucionalismo*: perfil constitucional e alguns fatores de ampliação de sua legitimação social. Disponível em <http://www.unifafibe.com.br/revistasonline/arquivos/.

ALMEIDA, Cléber Lúcio de. *Direito processual do trabalho*. Belo Horizonte: Del Rey, 2006.

ANDERSON, Robert T. et. al. American Indian Law: cases and commentary. 2nd ed. St. Paul: West, 2010.

ANTUNES, Marco António. Público, Subjectividade e intersubjectividade em Gabriel Tarde. Disponível em <http://www.bocc.ubi.pt/pag/antunes-marco-gabriel-tarde.html>.

ANTUNES, Paulo de Bessa. Direito Ambiental. 12. ed. Rio de Janeiro: Editora Lumen Juris, 2010.

ARENHART, Sérgio Cruz. *Perfis da tutela inibitória coletiva*. São Paulo: Editora Revista dos Tribunais, 2003.

BARBOSA MOREIRA, José Carlos. A ação popular do direito brasileiro como instrumento de tutela dos chamados "interesses difusos", in BARBOSA MOREIRA,

[242] Essa concepção é muito bem desenvolvida por Luiz Guilherme Marinoni. Ver MARINONI, Luiz Guilherme. *Teoria Geral do Processo*. 2.ed. São Paulo: Editora Revista dos Tribunais, 2007, especialmente p. 218 e ss.

[243] Ver dentre outros, LEONEL, Ricardo de Barros. Tutela jurisdicional diferenciada no Projeto de novo Código de Processo Civil. *Revista de Informação Legislativa*. Brasília ano 48 n. 190 abr./jun. 2011, p. 179 a 190. O autor afirma (p. 181) que "Se o litigante se sagra vencedor, mas a sentença não se concretiza do ponto de vista prático (com a entrega do bem, o pagamento do valor devido, a abstenção da conduta vedada pela decisão etc.), o que se tem é uma tutela jurisdicional incompleta".

José Carlos. *Temas de Direito Processual Civil*: primeira série. 2. ed. São Paulo: Editora Saraiva, 1988, p. 110 a 123.

BARBOSA MOREIRA, José Carlos. Temas de Direito Processual Civil: terceira série. São Paulo: Editora Saraiva, 1984.

BARNES, Harry Elmer; BECKER, Howard. Historia del Pensamiento Social. Vol II. Tradicción de Tomás Muñoz Molina. Ciudad de Mexico: Fondo de Cultura Económica: 1960.

BAUMAN, Zygmunt. Between us, the generations. In: LAROSSA, Jorge (org.). *On generations*: on the coexistence between generations. Barcelona: Fundació Viure i Conviure, 2007, pp. 365-376.BOUDON, Raymond (coord.). Tratado de Sociologia. Tradução de Teresa Curvelo. Rio de Janeiro: Jorge Zahar Ed., 1995.

BELIN, Isaiah. Freedom and Its Betrayal: Six Enemies of Human Liberty. Disponível em: [https://www.youtube.com/watch?vlf_ziNHst=PL9_RBbbRxrYxQZ75n_jtcvQ-3OXfRiy8f].

BIRNBAUM, Pierre. Conflitos. In BOUDON, Raymond (org.) *Tratado de Sociologia*. Tradução de Tereza Curvelo. Rio de Janeiro: Jorge Zahar Editor, 1995.

BURNEY, Elizabeth. *Making People Behave*: Anti-social Behaviour, Politics and Policy. Cullompton: Willian Publishing, 2009.

BRANCALEONE, Cássio. Comunidade, sociedade e sociabilidade: revisitando Ferdinand Tönnies. In Revista de Ciências Sociais. Fortaleza, v. 39, n. 1, 2008, p. 98-104.

BRASIL. Anuário Estatístico de Energia Elétrica 2013. Rio de Janeiro, Empresa de Pesquisa Energética, 2013.

CAMPOS, Santiago Pereira. Los recaudos para aprobar un acuerdo, la cosa juzgada y la liquidación y execución de sentencia en los procesos colectivos/class actions en America. In: *I Conferencia Internacional y XXIII Jornadas Iberoamericanas de derecho procesal*: procesos colectivos class actions. Buenos Aires: International Association of Procedural Law y Instituto Iberoamericano de derecho procesal, 2012, p. 203-245.

CAPONI, Remo. Tutela collettiva: interessi proteti e modelli processuale. IN BELLELLI, Alessandra (org.). *Dall`azione inibitoria all`azione risarcitoria collettiva.* Padova: CEDAM, 2009, p. 129-142.

CAPPELLETTI, Mauro. Formazioni sociali e interessi di gruppo davanti alla giustizia civile. Rivista di Diritto Processuale, n. 30, 1975, p. 361-402.

CARNELUTTI, Francesco. *Instituições do Processo Civil.* Vol. 1. Tradução de Adrián Sotero de Witt Batista. São Paulo: Classic Book, 2000.

COHN, Gabriel. Introdução. In. WEBER, Max. Sociologia. 7. ed. São Paulo: Editora Ática, 2003.

COMPANHIA AMBIENTAL DO ESTADO DE SÃO PAULO. Manual para Elaboração de Estudos para o Licenciamento com Avaliação de Impacto Ambiental. Disponível em: [http://www.cetesb.sp.gov.br/userfiles/file/dd/Manual-DD-217-14.pdf].

COMTE, Auguste. Discurso preliminar sobre o conjunto do positivismo. In: COMTE, Auguste. *Comte*. São Paulo: Abril Cultural, 1980.

CORSI, Giancarlo; ESPOSITO, Elena; BARALDI, Claudio. Glosario sobre la teoria social de Niklas Luhmann. Tradução de Miguel Romero Perez e Carlos Viillajohos, coordenada por Javier Torres Nafarrate. Ciudad de Mexico: Universidad Iberoamericana, 1996.

COSER, Lewis. *The functions of social conflict*: an examination of the concept of social conflict and its use in empirical sociological research. New York: The Free Press, 1964.

COSER, Lewis. Social conflict and the theory of social change. In *The British Journal of Sociology*. Vol. 8, No. 3. (Sep., 1957), pp. 197-207.

DEBIASE, Didier. The Dynamics of Possession. In SKRIBNA, D., (ed.), M*ind that Abides*: Panpsychism in the new millenium. Amsterdam: John Benjamins, 2008.

DINAMARCO, Pedro da Silva. *Ação Civil Pública*. São Paulo: Editora Saraiva, 2001.

DIDIER JR., Fredie; ZANETI JR., Hermes. *Curso de Direito Processual Civil*: processo coletivo. 3. ed. Salvador: Editora Juspodivm, 2008.

DONIZETTI, Elpídio; CERQUEIRA, Marcelo Malheiros. *Curso de processo coletivo*. São Paulo: Editora Atlas, 2010

DRACHE, Daniel. *Defiant Publics*: The nprecedented Reach of the Global Citizen, London: Polity Press, 2008.

DURKHEIM, Émile. *Da divisão do trabalho social*. 2. ed. Tradução de Eduardo Brandão. São Paulo: Editora Martins Fontes, 1999.

ELLIOTT, Anthony; TURNER, Bryan. *On society*. Cambridge: Polity Press, 2012.

ENTELMAN. Remo F. *Teoría de conflictos*: hacia un nuevo paradigma. Barcelona: Gedisa, 2005.

FAGUNDES, José Miguel Seabra. O controle dos atos administrativos pelo Poder Judiciário. 5, ed. Rio de Janeiro: Editora Forense, 1979.

FREITAS, Vladimir Passos de. O Magistrado e o Meio Ambiente. In *Revista dos Tribunais*. São Paulo, v. 659, p. 29-35, 1990.

GIDDENS, Anthony. *A contemporary critique of historical materialism*: the Nation--State and violence. University of California Press, 1985.

GIDDENS, Anthony. A Constituição da Sociedade. 2. ed. São Paulo: Martins Fontes, 2003.

GIDDENS, Anthony. *Runaway World*: How Globalization is Reshaping Our Lives. London: Profile, 1999.

GIDI, Antonio. *Coisa julgada e litispendência em ações coletivas*. São Paulo: Editora Saraiva, 1995.

GIDI, Antonio. *Rumo a um Código de Processo Civil Coletivo*. Rio de Janeiro: Editora Forense, 2008.

GREENE, Brian. O tecido do cosmo. Tradução de José Viegas Filho. São Paulo: Companhia das Letras, 1995.

GRINOVER, Ada Pellegrini. Significado social, político e jurídico da tutela dos interesses difusos. In *A marcha do processo*. Rio de Janeiro: Editora Forense Universitária, 2000.

GRINOVER, Ada Pellegrini. A tutela dos Interesses difusos. *Revista da Procuradoria Geral do Estado de São Paulo*, n. 12, 1979.

GRINOVER, Ada Pellegrini, coord. A tutela dos interesses difusos: doutrina, jurisprudência e trabalhos forenses. São Paulo: Max Limonad, 1984.

GRINOVER, Ada Pellegrini. *Novas tendências do direito processual*. Rio de Janeiro: Forense Universitária, 1990.

GRINOVER, Ada Pellegrini; WATANABE, Kazuo; NERY JR, Nelson. Código de Defesa do Consumidor: comentado pelos autores do anteprojeto. 10. ed, vol II. Rio de Janeiro: Forense, 2011.

HART, H. L. A. O Conceito de Direito. 3. ed. Lisboa: Fundação Calouste Gulbekian, 2001.

HARNISH, Brandon. Alasdair MacIntyre and F. A. Hayek on the Abuse of Reason. In *The Independent Review*, v. 15, n. 2, 2010, p. 179-199.

HABERMAS, Jürgen. *The postnational constellation*: political essays. Cambridge: The MIT Press, 2001.

HECK, Philipp. *El problema de la creación del derecho*. Traducción de Manuel Enteriza. Barcelona: Ediciones Ariel, 1961.

HELD, David. *La democracia y el orden global*: del estado moderno al gobierno cosmopolita. Barcelona: Paidós, 1997.

HOBBES, Thomas. *Leviatã* ou matéria, forma e poder de um estado eclesiástico e civil. Tradução de João Paulo Monteiro e Maria Beatriz Nizza da Silva. São Paulo: Editora Martin Claret, 2001.

IRELLI, Vincenzo CerullI. *Corso di diritto amministrativo*. Torino: Giappichelli Editore, 1997.

KRIESBERG, Louis. Constructive conflicts. In YOUNG, Neil J. (org.). The Oxford international encyclopedia of peace. Vol. 1. Oxford: Oxford University Press, 2010.

KRISTEVA, Julia. *Crisis of the European Subject*. New York: Other Press, 2000.

LAMONTAGNE, Annie. Impactos discursivos: conflitos socioambientais e o licenciamento da UHE Estreito. Curitiba: Editora CRV, 2012.

LATOUR, Bruno. Gabriel Tarde and the End of the Social. In JOYCE, Patrick, (ed.). *The Social in Question*: New Bearings in History and the Social Sciences. London: Routledge, 2002.

LAZARUS, Edward. *Black Hills/White Justice*: The Sioux Nation versus the United States, 1775 to the Present. Omaha: University of Nebraska Press, 1999.

LORENZETTI, Ricardo Luis. *Justicia colectiva*. Santa Fe: Rubinzal-Culzoni, 2010.

LOPES, José Leite. A estrutura quântica da matéria: do átomo pré-socrático às partículas elementares. 3. ed. Rio de Janeiro: Editora UFRJ, 2005.

LUHMANN, Niklas. Social Systems. Tradução de John Bednarz Jr. e Dirk Baecker. Stanford University Press, 1995.

MACEDO, Evaristo de. Prefácio a SIMMEL, Georg. *Sociologia*. Organização de Evaristo de Moraes Filho. São Paulo: Ática, 1983.

MACHADO, Paulo Affonso Leme. Direito Ambiental Brasileiro. 21. ed. São Paulo: Malheiros, 2013.

MACINTYRE, Alasdair. *After Virtue*: A Study in Moral Theory. 3. ed. Notre Dame: University, of Notre Dame Press, 2007.

MANCUSO, Rodolfo Camargo. *Interesses difusos*: conceito e legitimação para agir. 8. ed. São Paulo: Editora Revista dos Tribunais, 2013.

MANCUSO, Rodolfo de Camargo. *Jurisdição Coletiva e Coisa Julgada*: teoria geral das ações coletivas. São Paulo: Revista dos Tribunais, 2006.

MANCUSO, Rodolfo de Camargo. Transposição das águas do rio São Francisco: uma abordagem jurídica da controvérsia. In *Revista de Direito Ambiental*, vol. 10, n. 37, p. 28-79.

MARINONI, Luiz Guilherme. Técnica processual e tutela dos direitos. 4. ed. São Paulo: Editora Revista dos Tribunais, 2013.

MARINONI, Luiz Guilherme. *Teoria Geral do Processo*. 2. ed. São Paulo: Editora Revista dos Tribunais, 2007.

MARTINS, Sérgio Pinto. *Direito processual do trabalho*. 30. ed. São Paulo: Saraiva, 2010.

MARX, Karl. ENGELS, Friederich. *Manifesto comunista*. Tradução de Álvaro Pina. São Paulo: Boitempo Editorial, 2005.

MAZZILLI, Hugo Nigro. *A Defesa dos Interesses Difusos em Juízo*, 20. ed. São Paulo: Editora Saraiva, 2007.

MORAES, Pedro Rodolfo Bodê de. Émile Durkheim: para uma Sociologia do mundo contemporâneo. In: CODATO, Adriano Nervo (Org.). *Tecendo o presente* – oito autores para pensar o século XX. Curitiba: Sesc/PR, 2006.

MOREIRA, Carlos Roberto Barbosa. Os direitos difusos nas grandes concentrações demográficas. In *Revista de Processo*, n. 70. São Paulo: Editora Revista dos Tribunais, 1993.

NAGARAJAN, Vijaya Rettakudi. The Earth as goddess Bhu Devi: toward a theory of "embedded ecologies" in folk Hinduism. In NELSON, Lance E (ed.). *Purifying the Earthly Body of God*: religion and ecology in Hindu India. New York: State University of New York Press, 1998, p. 269-296.

NERY, Ana Luiza de Andrade. Compromisso de ajustamento de conduta: teoria e análise de casos práticos. São Paulo: Editora Revista dos Tribunais, 2010.

NUNES, António José Avelãs; SCAFF, Fernando Facury. Os tribunais e o direito à saúde. Porto Alegre: Livraria do Advogado Editora, 2011.

OLIVEIRA JÚNIOR, Waldemar Mariz de. Tutela Jurisdicional dos interesses coletivos. In Estudos sobre o Amanhã: ano 2000. Caderno 2. São Paulo, 1978.

OLIVEIRA JÚNIOR, Waldemar Mariz de. Tutela Jurisdicional dos interesses coletivos. In GRINOVER, Ada Pellegrini, coord. A tutela dos interesses difusos: doutrina, jurisprudência e trabalhos forenses. São Paulo: Max Limonad, 1984.

PAE KIM, Richard. Titularidade dos direitos fundamentais difusos e coletivos. In PAE KIM, Richard; BARROS, Sérgio Resende de; KOSAKA, Fausto Kozo Matsumoto. Direitos fundamentais coletivos e difusos: questões sobre a fundamentalidade. São Paulo: editora Verbatim, 2012, p. 11 a 24.

PRADE, Péricles. *Ação Popular*. São Paulo: Editora Saraiva, 1986.

PRADE, Péricles. *Conceito de interesses difusos*. 2. ed. São Paulo: Editora Revista dos Tribunais, 1987.

PRINCIPE, Giulia. *Italian class actions*: an update. Disponível em <http://globalclassactions.stanford.edu/>.

QUINTANEIRO, Tania; BARBOSA, Maria Lígia de Oliveira; OLIVEIRA, Márcia Gardênia de. Um toque de clássicos: Marx, Durkheim e Weber. 2. ed., rev. amp. Belo Horizonte: Editora UFMG, 2002.

RAMOS FILHO, Wilson. Direito Capitalista do Trabalho. São Paulo: Editora LTR, 2012.

REIS, Cláudio Araújo. Vontade geral e decisão coletiva em Rousseau. Revista *Trans/Form/Ação*. Vol.33, no.2, Marília, 2010, p. 11-34.

ROBERTSON, Roland. Valores e Globalização: comunitarismo e globalidade. In: SOARES, Luís Eduardo, org. *Pluralismo cultural, identidade e globalização*. Rio de Janeiro: Unesco e Universidade Cândido Mendes, 1007, p. 76-102.

RODRIGUES, Geisa de Assis. Ação civil pública e termo de ajustamento de conduta: teoria e prática. 2. Ed. Rio de Janeiro: Editora Forense, 2006.

ROUSSEAU, Jean Jaques. *Do contrato social*. São Paulo: Martin Claret, 2000.

SALOMÃO FILHO, Calixto. *Direito concorrencial*: as condutas. São Paulo: Editora Revista dos Tribunais, 2003.

SANTOS, Boaventura de Souza. *La Globalizacion Del Derecho*: los nuevos Caminos de La regulacion y la emancipacion. Bogotá: ILSA, 1998.

SANTOS, Ronaldo Lima. *Teoria das Normas coletivas*. 2. ed. São Paulo: Editora LTR, 2009.

SANTORO-PASSARELLI, Francesco. *Noções de direito do trabalho*. Tradução de Mozart Russomano e Carlos Alberto Chiarelli. São Paulo, Editora Revista dos Tribunais, 1973.

SAVIGNY, M.F. C. *Sistema del derecho romano actual*. Tomo IV. Traduzido por M. CH. Guenoux. Madrid: F. Góngora Y Compañia, editores, 1879.

SLATER, Don; RITZER, George. Interview with Ulrich Beck. In *Journal of Consumer Culture*, n. 1, 2001, p. 261-277.

SILVA, Sandra Lengruber da. *Elementos das ações coletivas*. São Paulo: Editora Método, 2004.

SIMMEL, Georg. *Sociologia*. Organização de Evaristo de Moraes Filho. São Paulo: Ática, 1983.

TARDE, Gabriel. Monadologia e Sociologia. Petrópolis: Vozes, 2003.

TARUFFO, Michele. Notes on the collective protection of rights. In I Conferencia Internacional y XXIII Jornadas Iberoamericanas de derecho procesal: procesos colectivos class actions. Buenos Aires: International Association of Procedural Law y Instituto Iberoamericano de derecho procesal, 2012, p. 23-30.

TELLES JÚNIOR, Goffredo. *O Direito Quântico*: ensaio sobre o fundamento da ordem jurídica. 6. ed. São Paulo: Max Limonad, 1985.

TÖNNIES, Ferdinand. *Comunidad y Sociedad*. Buenos Aires: Losada, 1947.

VAN ALSTYNE, William W. The Demise of the Right-Privilege Distinction in Constitutional Law. In Harvard Law Review, vol. 81, 1968, p. 1439-1464.

VAN ALSTYNE, William W. Cracks. In "The New Property": Adjudicative Due Process. In The Administrative State. In Cornell Law Review, vol. 62, 1977, p. 445-493.

VIANNA, Luís Werneck. Revolução processual do direito e democracia progressiva. In VIANNA, Luís Werneck (org.) A democracia e os três poderes no Brasil. Belo Horizonte: Editora UFMG, Rio de Janeiro: IUPERJ/FAPERJ, 2002.

VICENTE, José João Neves Barbosa. A crítica de MacIntyre à teoria da justiça de Rawls. Revista Trilhas filosóficas. Ano III, n. 2, jul-dez 2010, p. 102 a 112.

VITORELLI, Edilson. *Estatuto do Índio*. 2. ed. Salvador: Editora Juspodivm, 2013.

VITORELLI, Edilson. *Estatuto da Igualdade Racial e comunidades quilombolas*. Salvador: Editora Juspodivm, 2012.

YOSHIDA, Consuelo Y. M. Tutela dos interesses difusos e coletivos. São Paulo: Juarez de Oliveira, 2006.

VIGORITI, Vicenzo. *Interessi collettivi e processo*: la legittimazione ad agire. Milano: Giuffrè, 1979.

WATANABE, Kazuo. Tutela jurisdicional dos interesses difusos: a legitimação para agir. In GRINOVER, Ada Pellegrini (coord.). *A tutela dos interesses difusos*: doutrina, jurisprudência e trabalhos forenses. São Paulo: Max Limonad, 1984.

WEBER, Max. Economia e sociedade: fundamentos da Sociologia compreensiva. Vol. 1. Tradução de Regis Barbosa e Karen E. Barbosa. São Paulo: Imprensa Oficial e Editora UNB, 2004.

WERNECK, Cláudia. *Sociedade Inclusiva*: Quem Cabe no seu Todos? Rio de Janeiro: WVA Editora, 1999.

WITTGENSTEIN, Ludwig. *Tractus Logico-Philosophicus*. Tradução de José Arthur Giannotti. São Paulo: Companhia Editorial Nacional, 1968.

ZAPATER, Thiago Cardoso. Interesses difusos na teoria jurídica: conflituosidade e jurisdicionalização da política. Dissertação de mestrado apresentada ao Programa de Pós-Graduação da Pontifícia Universidade Católica de São Paulo. Orientadora: Professora Doutora Consuelo Yatsuda Moromizato Yoshida. São Paulo, 2007.

PARTE 2

PROCESSO ESTRUTURAL E PROCESSO DE INTERESSE PÚBLICO: ESCLARECIMENTOS CONCEITUAIS

1. PROPOSTA

Nos últimos tempos, diversos processualistas vêm direcionando seus esforços para o estudo e a elaboração de propostas para regular o chamado processo coletivo estrutural ou, de modo sintético, processo estrutural[244]. O resultado mais palpável desse interesse talvez seja a apresentação do Projeto de Lei 8.058/2014, atualmente em tramitação na Câmara dos Deputados, o qual se destina a regular "o controle e intervenção em políticas públicas pelo Poder Judiciário" e dispõe, já em seu art. 2º, parágrafo único, que o processo, nesse caso, terá características "estruturais, a fim de facilitar o diálogo institucional entre os Poderes".

Todavia, o que significa dizer que um processo é estrutural? Todo processo que pretende interferir em políticas públicas é um processo estrutural? E todo processo estrutural é um processo coletivo? Tratam-se de conceitos superpostos? Por outro lado, alguns autores se referem a "processos de interesse público". Essa expressão também seria equivalente às anteriores? Como esses conceitos se relacionam com os conceitos de litígios coletivos e de processos coletivos que já estão sedimentados na doutrina brasileira? E o que seriam "processos estratégicos"? O objetivo do presente artigo é propor um marco teórico conceitual para solucionar essas dúvidas.

A análise enfocará, primariamente, os conceitos estabelecidos pela doutrina norte-americana, de onde se originaram. Apesar disso, cabe mencionar que, mesmo nos Estados Unidos, esses conceitos não são unívocos. Há autores que tratam as expressões como sinônimas ou que não se preocupam em firmar definições. Antes de pretender um engessamento linguístico, a proposta deste artigo é consolidar as concepções para permitir que o conhecimento do objeto ao qual se referem se faça de modo mais proveitoso.

---

[244] Ver, por exemplo, GRINOVER, Ada Pellegini; WATANABE, Kazuo; COSTA, Suzana Henriques. O processo para solução de conflitos de interesse público. Salvador: Editora Juspodivm, 2017; ARENHART, Sérgio Cruz; JOBIM, Marco Félix, Processos Estruturais. Salvador; Editora Juspodivm, 2017. Essas duas obras são coletâneas de artigos relacionados ao tema. ARENHART, Sérgio Cruz, Processos estruturais no direito brasileiro: reflexões a partir do caso da ACP do carvão. In: Revista de processo comparado, vol. 2, 2015, edição eletrônica; ARENHART, Sérgio Cruz. Decisões estruturais no direito processual civil brasileiro. In: Revista de Processo, vol. 225, 2013, edição eletrônica; VIOLIN, Jordão. Protagonismo judiciário e processo coletivo estrutural. Salvador: Editora Juspodivm, 2013; DIDIER JR., Fredie; ZANETI JR., Hermes; OLIVEIRA, Raphael Alexandria. Notas sobre as decisões estruturais. In: Civil Procedure Review, vol. 8, n. 1, 2017, p. 46-64. Nos Estados Unidos, além dos trabalhos mencionados ao longo do texto, ver FISS, Owen. The Supreme Court 1978 Term – Foreword: Forms of Justice. In: Harvard Law Review, vol. 93, 1979, p. 1-58; CUMMINGS, Scott L.; EAGLY, Ingrid V. A Critical Reflection on Law and Organizing. In: UCLA Law Review, vol. 48, 2001, p. 443-517; RUSHIN, Stephen. Competing Case Studies of Structural Reform Litigation in American Police Departments. In: Ohio State Law Journal of Criminal Law, vol. 14, 2016, p. 113-141; BERTELLI, Anthony M.; FELDMAN, Sven E. Structural reform litigation: remedial bargaining and bureaucratic draft. In: Journal of Theoretical Politics, vol. 18, n. 2, 2006, p. 159-183; GOLDSTEIN, Brandt. Storming the court: how a band of Yale law students sued the president – and won. New York: Scribner, 2005; RATNER, Michael. How We Closed the Guantanamo HIV Camp: The Intersection of Politics and Litigation. In: Harvard Human Rights Journal, vol. 11, 1998, p. 187-220.

2. CONCEITO DE LITÍGIO COLETIVO

O primeiro conceito que demanda esclarecimento é o de litígio coletivo. Litígio coletivo é o conflito, existente na realidade, que envolve uma multiplicidade de sujeitos, os quais compõem um grupo, uma sociedade.

Em obra anterior[245], demonstrou-se que o conceito de sociedade admite, para os estudiosos da Sociologia, múltiplas acepções. Naquela ocasião, definiu-se a sociedade como estrutura, a sociedade como solidariedade e a sociedade como criação[246]. Transpondo esses conceitos para o campo do Direito, sustentou-se que a sociedade que titulariza os direitos coletivos também pode ser referida a partir de distintas acepções.

Assim, a sociedade como estrutura é a que titulariza os direitos lesados de modo pouco significativo do ponto de vista de cada um dos indivíduos que a compõem, ainda que, do ponto de vista global, a lesão seja juridicamente relevante. Em regra, pode ser difícil identificar com precisão quem são os membros do grupo e, mesmo que não seja, essa identificação é, em regra, pouco relevante, já que seu interesse individual em jogo é baixo. Como eles são pouco afetados, não estão suficientemente interessados em intervir nos rumos de um eventual processo, por isso se diz que tal litígio tem baixa conflituosidade entre os membros do grupo. Os litígios que apresentam essas características são denominados litígios coletivos globais.

Em oposição a esse primeiro conceito está o de litígio coletivo local, que é aquele em que o litígio, embora coletivo, atinge pessoas determinadas, em intensidade significativa, capaz de alterar aspectos relevantes de suas vidas. Essas pessoas, todavia, compartilham algum tipo de laço de solidariedade social (sociedade como solidariedade), que as faz pertencentes a uma comunidade que se diferencia dos demais segmentos sociais. É o caso de lesões graves, causadas a direitos de grupos indígenas, minorias étnicas, trabalhadores de determinada empresa etc. No litígio local, a conflituosidade é moderada, uma vez que, ao mesmo tempo em que as pessoas querem opinar sobre os destinos da tutela, interessando-se pelas atividades que são desenvolvidas ao longo de um eventual processo, a identidade de perspectivas sociais, dada pelo pertencimento à mesma comunidade, fornece um elemento de união, que impede que as divergências entre essas pessoas, embora existentes - nenhum grupo social é uniforme - sejam elevadas o bastante para ofuscar o objetivo comum.

Finalmente, o terceiro tipo se refere aos litígios coletivos irradiados. Essa categoria representa a situação em que as lesões são relevantes para a sociedade envolvida, mas ela atinge, de modo diverso e variado, diferentes subgrupos que estão envolvidos no litígio, sendo que entre elas não há uma perspectiva social comum, como no caso dos litígios locais. A sociedade que titulariza esses direitos é fluida, mutável e de difícil delimitação, motivo pela qual se identifica com a sociedade como criação. Por exemplo, o litígio decorrente da implantação de uma usina hidrelétrica afeta

245 VITORELLI, Edilson. O devido processo legal coletivo: dos direitos aos litígios coletivos. São Paulo: RT, 2016, capítulo 2.

246 Esses três conceitos são de ELLIOTT, Anthony; TURNER, Bryan S. *On Society*. Cambridge: Polity Press, 2012.

diferentes subgrupos de pessoas, de modos e em intensidades distintas, sendo que não há uniformidade de opiniões, entre elas, acerca da tutela pretendida.

O litígio decorrente do desastre ambiental de Mariana, ocorrido em 5 de novembro de 2015, é o exemplo prototípico de um litígio coletivo irradiado. Nesses casos, a conflituosidade é elevada, uma vez que as pessoas sofrem lesões significativas o bastante para querer terem suas vozes ouvidas, mas essas lesões são distintas em modo e intensidade, o que potencializa as diferenças em suas pretensões, naturalmente existentes em razão da falta de perspectiva social comum. Embora o desastre de Mariana seja posterior à criação do conceito de litígio irradiado, os estudos empíricos do caso demonstram a presença das características previstas pela teoria. Os subgrupos sociais atingidos pela tragédia divergiram frontalmente acerca do modo como a tutela jurisdicional para o caso deveria ser buscada, rompendo com a ideia, tradicionalmente defendida, de que os direitos coletivos são indivisíveis e de que a satisfação de um significa, automaticamente, a satisfação de todos.

É importante mencionar que, além da conflituosidade, outro indicador que varia entre os diferentes litígios coletivos é a complexidade. São denominados litígios coletivos simples aqueles em que a providência reparatória, que provê tutela ao direito material violado, é de fácil definição, de modo a não despertar maiores dúvidas. Por exemplo, se consumidores foram lesados por uma cobrança a maior, o litígio é simples. A tutela jurisdicional pode ser obtida pela restituição do valor. Por outro lado, o modo de tutelar a lesão ao meio ambiente decorrente do desastre de Mariana é altamente complexo. Há inúmeras possibilidades, todas com relações variáveis de custo-benefício. A análise, no caso dos litígios complexos, se afasta significativamente do binômio lícito-ilícito e se aproxima, inevitavelmente, de considerações que dependem de inputs políticos, econômicos e de outras áreas do conhecimento. Os problemas são policêntricos e sua solução não está preestabelecida na lei, o que acarreta grandes dificuldades para a atuação jurisdicional[247].

Os litígios irradiados sempre são complexos, uma vez que as características não-uniformes da lesão implicam elevadas dificuldades para apreender o modo como a sua reparação pode ser realizada. Litígios locais e globais podem ser simples ou complexos, dependendo das circunstâncias. Por exemplo, um litígio global relacionado ao aquecimento global é complexo, enquanto aquele relacionado a pequenas lesões ao mercado consumidor é simples. A complexidade é um importante indicador que condiciona o modo de exercício da representação da sociedade no processo coletivo, caso ele venha a existir[248].

Em conclusão, litígios coletivos são aqueles que existem no contexto de uma relação jurídica titularizada por uma sociedade, não por indivíduos isoladamente

[247] FLETCHER, William. The discretionary Constitution: institutional remedies and judicial legitimacy. In: The *Yale Law Journal*, vol. 91, n. 4, 1982, p. 635-697. Na p. 649, o autor aponta que um dos defeitos da atuação do Judiciário em problemas policêntricos é que "courts have no institutional authority to assess normatively the ends of possible solutions to non-legal polycentric problems. The formulation of the remedial decree thus depends to an extraordinary extent on the moral and political intuitions of one person acting not only without effective external control over his or her actions, but also without even the internal control of legal norms". Ver também VITORELLI, Edilson. O devido processo legal coletivo: dos direitos aos litígios coletivos. São Paulo: RT, 2016, capítulo 6.

[248] VITORELLI, Edilson. O devido processo legal coletivo: dos direitos aos litígios coletivos. São Paulo: RT, 2016, capítulo 2.

considerados. Essa sociedade é vista como estrutura, quando é altamente homogênea, como solidariedade, quando tem laços marcantes de solidariedade entre seus membros, e como criação, quando é fluida e mutável. Os litígios coletivos podem ser globais, locais ou irradiados, de acordo com as características da lesão que os ocasiona.

3. PROCESSO COLETIVO

Em um mundo globalizado e massificado, a ocorrência de litígios coletivos é inevitável. Qualquer país viverá situações em que a sociedade que o integra se verá envolvida em litígios que não derivam de relações jurídicas individualizadas, mas coletivas. Mais que isso, como observa Michele Taruffo, "no atual mundo globalizado, a administração da justiça e a proteção de direitos não podem ser consideradas - como tem sido até agora - como questões pertencentes apenas à soberania pós-wesphaliana de estados-nação"[249]. Nesse sentido, os litígios coletivos podem ser e, em muitos casos, efetivamente são, transnacionais. Basta pensar no aquecimento global, que talvez seja o mais importante litígio coletivo ambiental da atualidade, que não está afeto ao sistema jurídico de nenhum país, especificamente. As tentativas que têm sido feitas para tratar o problema estão na esfera do direito internacional.

Se os litígios coletivos são necessários, o processo coletivo, por outro lado, é contingente. A existência de processos coletivos depende do ordenamento jurídico de cada país. Diversos países europeus não contam com sistemas processuais coletivos ou, quanto o têm, ele se limita a algumas áreas do Direito. Assim, por exemplo, tanto na Itália quanto na Espanha, a regulamentação do processo coletivo se limita, basicamente, a um dispositivo legal, vinculado apenas ao direito do consumidor. Na Itália, trata-se do art. 140-bis, do Código de Consumo[250] e, na Espanha, do art. 11 do Código de Processo Civil[251].

Isso não significa, por óbvio, que os litígios coletivos, nesses países, só existam em matéria de consumo. Significa apenas que o ordenamento jurídico não colocou à disposição das partes instrumentos processuais civis para obter a tutela coletiva em outras searas. Litígios coletivos em matéria de saúde ou de educação, por exemplo, serão resolvidos pelo Direito Administrativo, com a atuação de órgãos e entidades governamentais, ou pelo processo individual. Litígios ambientais estarão afetos ao Direito Penal e assim por diante.

Nesse quadro, os conceitos de processo coletivo e de litígio coletivo não são sinônimos, nem se relacionam, necessariamente. O processo coletivo é a técnica processual colocada à disposição dos legitimados coletivos, pelo ordenamento, para permitir a tutela jurisdicional dos direitos afetados pelos litígios coletivos. Se essa técnica não existir, os litígios coletivos serão tratados por outras técnicas processuais, de acordo com o sistema de cada país.

---

249 TARUFFO, Michele. Notes on the collective protection of rights. In: *I Conferencia Internacional y XXIII Jornadas Iberoamericanas de derecho procesal*: procesos colectivos class actions. Buenos Aires: International Association of Procedural Law y Instituto Iberoamericano de derecho procesal, 2012, p. 23-30. A citação está na p. 27.

250 Decreto legislativo 206/2005, Art. 140-bis Azione di classe.

251 Ley de Enjuiciamiento Civil, Artículo 11. Legitimación para la defensa de derechos e intereses de consumidores y usuarios.

No Brasil, os litígios coletivos podem ser processados coletivamente, na forma das disposições que compõem o microssistema processual coletivo, principalmente a Lei da Ação Civil Pública e a parte processual (arts. 81 a 104) do Código de Defesa do Consumidor. É de se recordar também a existência de disposições quanto ao processo coletivo na Consolidação das Leis do Trabalho, na Lei do Mandado de Segurança, na Lei da Ação Popular, na Lei de Improbidade Administrativa, no Estatuto da Criança e do Adolescente, no Estatuto do Idoso, dentre outros.

Observe-se que, mesmo que exista no ordenamento jurídico a possibilidade de ajuizamento de ações coletivas, elas podem vir a não existir e o litígio, embora coletivo, ser tratado em processos individuais. Isso ocorre no Brasil, em diversas situações, mas a mais emblemática é a do litígio decorrente dos limites das prestações devidas pelo Sistema Único de Saúde. Embora esse litígio seja claramente coletivo, uma vez que a saúde pública é um serviço oferecido a todos, em igualdade de condições, a interpretação que se produziu do princípio da inafastabilidade da jurisdição permitiu que fossem ajuizadas milhões de ações requerendo, individualmente, medicamentos ou tratamentos médicos[252]. Como o processo coletivo não é compulsório, o litígio coletivo pode vir a ser tratado em processos individuais. Tanto é assim que o sistema de precedentes obrigatórios, estabelecido pelo Código de Processo Civil de 2015, prevê, em diversas disposições, que os precedentes, ainda que formados em processos individuais, se aplicam também aos processos coletivos[253].

Outra característica do processo coletivo é que ele é sempre representativo. A parte na ação não é o titular do direito material litigioso, atuando por autorização legal, em nome dos verdadeiros titulares, que auferirão os benefícios da tutela, caso o legitimado seja vencedor. No caso brasileiro, essa estrutura se expressa como legitimação extraordinária, que permite que alguém pleiteie, em nome próprio, direito alheio, quando o ordenamento jurídico assim o autorize. A autorização, no caso, é o art. 5º, da Lei da Ação Civil Pública.

Também é preciso perceber que, embora o litígio coletivo usualmente decorra de a sociedade ter sofrido uma lesão, é possível, em alguns casos, que ela seja a causadora da lesão. É o que ocorre, por exemplo, quando um grupo de trabalhadores organizados causa danos ao seu empregador, ou quando um grupo social, organizado pela internet, realiza manifestações violentas, que lesam o direito de indivíduos. Nesses casos, o litígio é coletivo, embora a sociedade não seja a vítima, mas sim, a causadora da lesão a um indivíduo.

---

[252] O mesmo fenômeno ocorre com a pretensão de obtenção de vagas para crianças em creches públicas. Embora o litígio seja coletivo (faltam vagas em um serviço público), há milhares de processos judiciais individuais solicitando, cada um, vaga para uma criança.

[253] Art. 982. Admitido o incidente, o relator:I – suspenderá os processos pendentes, individuais ou coletivos, que tramitam no Estado ou na região, conforme o caso; (...)§ 3º Visando à garantia da segurança jurídica, qualquer legitimado mencionado no art. 977, incisos II e III, poderá requerer, ao tribunal competente para conhecer do recurso extraordinário ou especial, a suspensão de todos os processos individuais ou coletivos em curso no território nacional que versem sobre a questão objeto do incidente já instaurado.Art. 985. Julgado o incidente, a tese jurídica será aplicada:I – a todos os processos individuais ou coletivos que versem sobre idêntica questão de direito e que tramitem na área de jurisdição do respectivo tribunal, inclusive àqueles que tramitem nos juizados especiais do respectivo Estado ou região;Art. 987. Do julgamento do mérito do incidente caberá recurso extraordinário ou especial, conforme o caso.§ 2º Apreciado o mérito do recurso, a tese jurídica adotada pelo Supremo Tribunal Federal ou pelo Superior Tribunal de Justiça será aplicada no território nacional a todos os processos individuais ou coletivos que versem sobre idêntica questão de direito.

Em alguns países, como é o caso dos Estados Unidos, o ordenamento jurídico fornece à vítima uma ferramenta para processar a sociedade, que é a ação coletiva passiva (*defendant class action*). Um representante adequado é apontado pelo autor, para assumir a defesa do grupo e, caso ele seja derrotado, as consequências poderão ser impostas aos ausentes.

Apesar de alguns autores entenderem que essa possibilidade existe também no Brasil, já se demonstrou, em outro estudo, que não há condições, de acordo com o ordenamento vigente, para que um representante possa ser processado e, caso seja derrotado, o vencedor imponha a condenação aos ausentes, que não puderam participar do processo. A interpretação que se faz, presentemente, dos limites subjetivos da coisa julgada e da cláusula constitucional do devido processo legal impedem esse resultado[254]. É bom mencionar que, mesmo nos Estados Unidos, a atenção e entusiasmo da doutrina com a modalidade passiva das *class actions* são consideravelmente reduzidos[255].

Em síntese, o processo coletivo é a técnica que o ordenamento jurídico coloca à disposição da sociedade para obter tutela dos direitos materiais violados no contexto de litígios coletivos. Esse processo se desenvolve por intermédio da atividade de um representante, que figura como parte, mas litiga em nome dos verdadeiros titulares do direito. Embora o processo coletivo seja a melhor forma de se prestar tutela jurisdicional para os litígios coletivos, ele pode não ser a única, ou pode mesmo não estar disponível, dependendo do ordenamento jurídico de cada país. Da indisponibilidade de um sistema processual coletivo não se pode extrair a inexistência de litígios coletivos, que são inerentes à organização social moderna. Eles serão resolvidos por outras vias, jurisidicionais ou não.

No Brasil, embora o processo coletivo esteja disponível, é comum que litígios coletivos sejam tratados por múltiplos processos individuais. Apesar de lícita, essa alternativa prejudica a qualidade e economicidade da prestação jurisdicional, propicia julgamentos contraditórios, em prejuízo ao princípio da isonomia e impede que o problema seja solucionado como um todo, a partir da consideração completa de seus elementos.

4. LITÍGIOS ESTRUTURAIS

Conforme foi possível notar pela explanação anterior, a realidade dos litígios coletivos e, consequentemente, do processo coletivo, é multifacetada, admitindo diversos perfis. Há, contudo, uma situação que chamou a atenção dos estudiosos norte-americanos, a partir de meados do século passado, que são os litígios denominados estruturais.

Litígios estruturais são litígios coletivos decorrentes do modo como uma estrutura burocrática, usualmente, de natureza pública, opera. O funcionamento da

254 Nesse sentido, ver VITORELLI, Edilson. Ações coletivas passivas: por que elas não existem nem deveriam existir. Artigo no prelo da Revista de Processo.

255 Francis Shen conduziu uma pesquisa quantitativa que apontou que, desde 1972, são propostas em juízos federais norte-americanos mais de 1000 ações coletivas ativas por ano, chegando, em 2006, a aproximadamente 5000. Em todo esse período, as ações coletivas passivas nunca atingiram a marca de 100 processos em um ano. SHEN, Francis X. The overlooked utility of the defendant class action. In: *Denver University Law Review*, vol. 88, n. 1, 2010, p. 73-181.

estrutura é que causa, permite ou perpetua a violação que dá origem ao litígio coletivo. Assim, se a violação for apenas removida, o problema poderá ser resolvido de modo aparente, sem resultados empiricamente significativos, ou momentaneamente, voltando a se repetir no futuro.

Alguns qualificativos devem ser agregados a esse conceito. É mais comum que os litígios estruturais envolvam estruturas públicas, porque estas afetam a vida de um número considerável de pessoas e seu funcionamento não pode ser simplesmente eliminado, como ocorre com uma estrutura privada, submetida à lógica de mercado. Todavia, litígios estruturais podem visar a mudança de comportamento de estruturas privadas de interesse público, como aquelas que operam uma função complementar ou associada à função estatal. É o caso dos prestadores de serviços públicos ou de utilidade pública. Em terceiro lugar, é possível que esse litígio seja verificado em relação a estruturas integralmente privadas, mas que são essenciais para o mercado e a sociedade que a circundam, não podendo ser apenas eliminadas e substituídas por outras, segundo as regras do livre mercado[256]. Brandon Garreth analisa casos de acordos estruturais envolvendo empresas privadas tais como a AIG, American Online, Bristol-Myers Squibb Co., Computer Associates, HealthSouth, KPMG, MCI, Merrill Lynch & Co, Monsanto, e a Time Warner[257].

Nesse quadro, é um equívoco associar a reforma estrutural apenas a instituições públicas. Apesar de elas serem os réus mais comuns, instituições privadas podem perfeitamente demandar alterações estruturais para que resultados sociais desejáveis sejam produzidos. No mundo contemporâneo, estruturas particulares são tão ou mais importantes para a vida dos cidadãos que os próprios Estados nacionais e, por isso, podem representar ameaças ainda maiores às liberdades dos cidadãos.

Ainda que nem todo litígio coletivo irradiado seja estrutural, todo litígio estrutural é um litígio coletivo irradiado. Isso porque o litígio estrutural tem lugar no contexto de uma violação que atinge subgrupos sociais diversos, com intensidades e de formas diferentes, afetando os interesses desses subgrupos de modos distintos, sem que haja, entre eles, qualquer perspectiva social compartilhada. Pode ser que parte do grupo seja até mesmo beneficiada pela manutenção do status posterior à violação e se volte contra a pretensão da classe.

É por isso que os litígios estruturais são policêntricos e não se enquadram adequadamente na estrutura processual tradicional. Para William Fletcher, é "característica de problemas complexos, com inúmeros 'centros' problemáticos subsidiários, cada um dos quais se relacionando com os demais, de modo que a solução de cada um depende da solução de todos os outros"[258]. O autor se vale da metáfora de uma teia de aranha, cuja tensão dos vários fios é determinada pela relação entre todas as partes da teia, de maneira que a intervenção em apenas um fio acarreta a redistribuição de tensão em toda a estrutura, implicando sua total reconfiguração.

[256] No sentido do texto, apontando a existência de reforma estrutural em organizações privadas, ver GARRETT, Brandon L. Structural Reform Prosecution. In: *Virgina Law Review*, vol. 93, 2007, p. 853-957.

[257] GARRETT, Brandon L. Structural Reform Prosecution. In: *Virgina Law Review*, vol. 93, 2007, p. 853-957.

[258] FLETCHER, William. The discretionary Constitution: institutional remedies and judicial legitimacy. In: The *Yale Law Journal*, vol. 91, n. 4, 1982, p. 635-697. Citação p. 645.

Os problemas policêntricos perpassam toda a sociedade e são, via de regra, pouco passíveis de resolução exclusivamente governamental[259]. O policentrismo legal se caracteriza pela presença simultânea de vários centros de interesses juridicamente protegidos no mesmo conflito. Conforme percebeu Lon Fuller, esse tipo de problema não pode ser adequadamente resolvido por técnicas tradicionais de julgamento[260]. Nesse contexto, os interesses dos diversos subgrupos não podem ser enquadrados nas singelas categorias de autor e réu. Há zonas de interesses[261] que se sobrepõem parcialmente, mas também se opõem em determinados contextos.

É em virtude dessas características que surge a necessidade de alteração do funcionamento da estrutura. A complexidade do problema e o modo como suas frações interagem é que exigem que a dinâmica social em que ele ocorre seja alterada. Se não for, o problema não será resolvido, ou será apenas aparentemente resolvido, sem resultados concretos, ou será momentaneamente resolvido e surgirá novamente no futuro, colocando a perder todo o esforço despendido.

Por outro lado, pode ser que o litígio irradiado ocorra em um contexto não relacionado ao funcionamento de instituições. O litígio decorrente da queima da palha da cana-de-açúcar para viabilizar sua colheita é um litígio irradiado, eis que impacta vários grupos sociais (pessoas afetadas pela fumaça, trabalhadores, municípios) mas não é um litígio estrutural, já que não envolve a reestruturação de quaisquer organizações. Reitere-se: nem todo litígio irradiado é um litígio estrutural, embora todo litígio estrutural seja um litígio irradiado.

Em resumo, o litígio estrutural é um litígio irradiado no qual a violação surge em decorrência do funcionamento de uma estrutura burocrática, pública ou privada e, em virtude das características contextuais em que ocorre, sua solução exige a reestruturação do funcionamento da estrutura. Embora essa reestruturação possa ser feita de diversos modos e, mais frequentemente, não dependerá da atuação do Poder Judiciário, ocorrendo pela atuação privada ou com a condução do Poder Executivo, se a alteração for buscada pela via do processo judicial, esse processo poderá ser caracterizado como processo estrutural.

5. PROCESSOS ESTRUTURAIS (*STRUCTURAL LITIGATION*)

O processo estrutural é um processo coletivo no qual se pretende, pela atuação jurisdicional, a reorganização de uma estrutura burocrática, pública ou privada, que causa, fomenta ou viabiliza a ocorrência de uma violação pelo modo como funciona, originando um litígio estrutural. Essencialmente, o processo estrutural tem como desafios: 1) a apreensão das características do litígio, em toda a sua complexidade e conflituosidade, permitindo que os diferentes grupos de interesses sejam ouvidos; 2) a elaboração de um plano de alteração do funcionamento da instituição, cujo objetivo é fazer com que

259 Idem, p. 646.

260 FULLER, Lon L. The Forms and Limits of Adjudication. In: *Harvard Law Review*, vol. 92, n. 2, 1978, p. 398.

261 A expressão foi utilizada por CABRAL, Antonio do Passo. Despolarização do processo e zonas de interesse: sobre a migração entre pólos da demanda. In: *Revista Forense*, vol. 404, 2009, p. 29-34.

ela deixe de se comportar da maneira reputada indesejável; 3) a implementação desse plano, de modo compulsório ou negociado e, 4) a fiscalização dos resultados da implementação, de forma a garantir o resultado social pretendido no início do processo, que é a correção da violação e a obtenção de condições que impeçam sua reiteração futura.

Do mesmo modo que a existência de um litígio coletivo pode não implicar o ajuizamento de uma ação coletiva, a existência de um litígio estrutural pode não acarretar a propositura de um processo estrutural. Em realidade, lamentavelmente, é raro que litígios estruturais sejam resolvidos por processos estruturais. Processos estruturais são longos, difíceis, demandam uma estrutura representativa intrincada e, por esse motivo, são evitados por juízes e legitimados coletivos. Há notícia, por exemplo, de que a Defensoria Pública de São Paulo, embora detenha legitimidade para o processo coletivo, propôs, de 2014 a maio de 2017, aproximadamente 61 mil ações individuais pleiteando vagas para crianças em creches (média de quase 20 mil por ano)[262]. O motivo dessa proliferação de ações individuais é simples e foi explicado por um defensor público: "Nós sempre conseguimos. Nunca perdemos uma ação"[263].

O equívoco desse tratamento não estrutural do litígio é que ele acarreta apenas uma ilusão de solução, mas não produz resultados sociais significativos, eis que as causas do problema permanecem. Enfocam-se apenas as suas consequências presentes mais evidentes, "a conta-gotas", em processos individuais, ou mesmo em processos coletivos, mas que abordam apenas parte da situação. Em determinadas situações, esse comportamento do legitimado coletivo e do Poder Judiciário aprofunda as desigualdades e a desorganização do serviço público que se pretendia melhorar. Com palavras simples, uma mãe de aluno, entrevistada em busca de vaga em creches, relatou a situação[264]:

> Já Taíza Azevedo decidiu procurar a defensoria por orientação da própria diretora da creche em que busca uma vaga. "Tem dois anos que estou esperando uma vaga", relata. Taíza se surpreendeu: seu filho estava em quinto lugar na fila de espera, mas ao acessar o endereço online da Prefeitura, o garoto tinha caído para a 27ª posição.
>
> "A diretora da creche falou para mim que eu tinha que estar vindo aqui (na defensoria pública), porque as mães que vêm aqui, os filhos vão para a frente da fila, então estou aqui, na luta."

Fica claro que as milhares de ações individuais estão servindo apenas para substituir as crianças que ingressariam nas creches pelo critério administrativo regular, por outras, que não obedecem a critério algum. Quando problemas estruturais são tratados em processos individuais, quaisquer critérios de prioridade colapsam em um "quem chega primeiro". Quem busca a jurisdição primeiro será atendido. Há, portanto, apenas uma ilusão de vitória. Só se ganha no processo, não na solução do problema.

---

262 Ver a notícia disponível em http://www.cartaeducacao.com.br/reportagens/por-dia-70-familias-recorrem-a-justica-para-conseguir-vaga-em-creches/. Acesso em 6 de fevereiro de 2018.

263 A frase é do defensor público Rafael de Souza Miranda, da DPSP, lotado em Mogi das Cruzes, que ajuizou 430 ações relativas a vagas em creches apenas em 2014. Disponível em http://g1.globo.com/sp/mogi-das-cruzes-suzano/noticia/2015/02/defensoria-de-mogi-faz-mais-de-mil-acoes-por-vaga-em-creches-em-5-anos.html. Acesso em 6 de fevereiro de 2018.

264 Disponível em http://jovempan.uol.com.br/noticias/pais-recorrem-justica-para-colocar-filhos-na-creche-predio-da-defensoria-ja-separa-area-para-criancas.html. Acesso em 6 de fevereiro de 2018.

A mesma distorção é verificada em relação ao litígio relacionado aos limites das prestações de saúde pública. Definir quais tratamentos ou medicamentos devem ser fornecidos pelo Sistema Único de Saúde é um problema estrutural. Demandaria alterações em toda a dinâmica do sistema, nas alocações orçamentárias, nos critérios científicos que orientam a incorporação de novas tecnologias etc. Mas nenhuma ação, individual ou coletiva, pretende fazer isso. Os milhares de ações relativas a esse caso requerem tratamentos ou medicamentos específicos, para uma pessoa ou para todas as que estiverem naquela situação, sem se importar, por exemplo, com o impacto orçamentário cumulativo das condenações que, hoje, atinge cifras bilionárias.

Em um estudo comparativo com dados de processos relacionados a prestações de saúde pública, que envolveu cinco países (Índia, Brasil, África do Sul, Indonésia e Nigéria), Brinks e Gauri[265] concluíram que, fora a Nigéria, o Poder Judiciário brasileiro foi o que obteve os piores resultados concretos, no que tange aos impactos sociais das suas decisões. A Índia, a África do Sul e a Indonésia conseguiram, com um número de julgamentos consideravelmente inferior, alterar a vida de um número significativamente maior de pessoas, porque enfocaram aspectos estruturais do problema, como falhas regulatórias ou deficiências prestacionais que impactavam toda a população, não apenas aos demandantes. Asseveram os autores[266]:

> Em resumo, mesmo quando os tribunais estejam dispostos a impor ao Estado novas obrigações prestacionais, podem responder de outras maneiras aos pleitos que indicam que uma política pública (ou a sua ausência) prejudica de forma indevida os interesses juridicamente protegidos de um grupo. Isso implica adotar uma atitude muito diferente de simplesmente exigir que o Estado preste um serviço ou entregue um medicamento a uma pessoa em particular.

Em síntese, um processo estrutural é aquele que busca resolver, por intermédio da atuação da jurisdição, um litígio estrutural pela reformulação de uma estrutura burocrática que é a causadora ou, de alguma forma, a responsável pela existência da violação que origina o litígio. Essa reestruturação se dará por intermédio da elaboração de um plano aprovado pelo juiz e sua posterior implementação, geralmente ao longo de um considerável período de tempo. Ela implicará, dentre outras providências, a reavaliação dos impactos diretos e indiretos do comportamento institucional, os recursos necessários e suas fontes e os efeitos colaterais da mudança sobre os demais atores sociais que interagem com a instituição.

6. EXECUÇÃO ESTRUTURAL

A implementação de uma decisão estrutural será propulsionada por ordens judiciais que imporão obrigações de fazer aos indivíduos responsáveis pela instituição

265 BRINKS, Daniel; GAURI, Varun. Sobre triángulos y diálogos: nuevos paradigmas em la intervención judicial sobre el derecho a la salud. In: GARGARELLA, Roberto (org.). *Por una justicia dialógica*: El poder Judicial como promotor de la deliberación democrática. Buenos Aires: Siglo XXI Editores, 2014, ebook.

266 BRINKS, Daniel; GAURI, Varun. Sobre triángulos y diálogos: nuevos paradigmas em la intervención judicial sobre el derecho a la salud. In: GARGARELLA, Roberto (org.). *Por una justicia dialógica*: El poder Judicial como promotor de la deliberación democrática. Buenos Aires: Siglo XXI Editores, 2014, ebook.

que se quer remodelar. Nos Estados Unidos, Owen Fiss denominou essas ordens de *structural injunctions* que são, em suas palavras, "o instrumento formal por intermédio do qual o Judiciário busca reorganizar instituições burocráticas para que funcionem de acordo com a Constituição"[267].

A fase de implementação é, frequentemente, a mais complexa de um litígio estrutural, eis que muitos caminhos podem ser utilizados para a satisfação do direito material reconhecido na fase anterior, sem que nenhum deles esteja predeterminado em lei. O processo judicial não foi talhado para a finalidade de projetar o modo de agir de uma organização, em que a alteração de algumas partes gera a reorganização do todo, com resultados recorrentemente imprevisíveis. Assim, é natural que se busque fazer a execução de forma negociada, com a participação e colaboração do réu[268]. Também é recorrente que a execução envolva a participação de muitos atores, alguns dos quais sequer integraram a fase de conhecimento. Isso porque a efetividade das mudanças pode estar ligada ao comportamento de pessoas que, conquanto não sejam destinatárias da ordem, são colateralmente atingidas por ela ou ocupam posições capazes de bloquear, total ou parcialmente, os resultados esperados.

Por essa razão, também é recorrente e importante que a execução estrutural seja dividida em fases, de modo a viabilizar o gradual cumprimento das determinações judiciais e a avaliação de seus efeitos, não apenas da perspectiva do juiz e das partes, mas dos demais sujeitos impactados. A reavaliação dos resultados das etapas cumpridas permite o planejamento mais adequado das subsequentes, evitando custos desnecessários e efeitos colaterais indesejáveis. O mais salutar, aliás, é que esse compromisso dialógico venha desde a fase de conhecimento.

A comunidade de comunicação que se deve criar em um processo estrutural, tanto na fase de decisão, quanto na de implementação, é a razão pela qual Yeazell comparou esses processos a um "town meeting". A atividade jurisdicional passa a se assemelhar mais com os debates comuns em órgãos administrativos e legislativos do que com aquilo que tradicionalmente ocorre em um processo judicial. Isso ajuda a contornar o problema do grande número de pessoas que serão impactadas pelo processo e a diversidade de situações fáticas nas quais elas se encontram, o que "torna desejável que o juiz ouça pelo menos alguns grupos afetados, até mesmo (ou especialmente) aqueles que estão descontentes com medida que será aplicada"[269]. Os eventos podem servir para registrar insatisfações, verificar se a solução pretendida é razoavelmente factível, apontar falhas nas propostas ou indicar alternativas. Além disso, o modelo também permite que os fatos sejam constantemente reanalisados, já que os contextos dos litígios estruturais são, por natureza, mutáveis. "O juiz usa sua posição central no processo para lançar influência muito além dos limites imediatos

---

[267] "the formal medium through which the judiciary seeks to reorganize ongoing bureaucratic organizations so as to bring them into conformity with the Constitution". FISS, Owen. The Allure of Individualism. In: *Iowa Law Review*, vol. 78, n. 5, 1993, p. 965.

[268] COSTA, Eduardo José da Fonseca. A "execução negociada" de políticas públicas em juízo. In: Revista de processo, vol. 212, 2012, edição eletrônica.

[269] YEAZELL, Stephen C. Intervention and the idea of litigation: a commentary on the Los Angeles school case. In: *UCLA Law Review*, vol. 25, 1977, p. 244-260.

do caso que está diante dele, avaliando o impacto dos resultados de dentro do tribunal na distribuição de influência fora dele"[270].

Não se pode, contudo, tomar o acidental por essencial. O fato de uma execução ser complexa, dividida em fases, demandar a cooperação do executado ou a participação de diversos atores não basta para transformá-la em um processo estrutural. Uma execução é estrutural quando busca reordenar uma instituição pela via da jurisdição.

As demais características são frequentes, mas não essenciais. É perfeitamente possível que uma execução tenha todas essas características e não seja estrutural, porque quer implementar uma obrigação que não depende de reordenações institucionais. É o caso de atividades complexas de recuperação ambiental. Elas são frequentemente desenvolvidas por etapas, de comum acordo com o réu e sob a supervisão judicial, mas não é possível chamá-las de estrutural sem expandir o conceito a limites que comprometem o seu valor científico. Qualquer execução complexa se tornaria estrutural[271].

Também é possível, embora com potencial para maus resultados, que uma execução seja estrutural e não seja negociada, nem dialogada, nem dividida em fases. Empiricamente, ainda que não seja recomendável, isso ocorre com frequência. O juiz determina que a instituição se reorganize para cumprir a decisão, estabelece apenas um prazo final e aguarda o relatório de cumprimento, sob pena de multa cominatória. Essa execução, embora longe de ser ideal, objetiva reorganizar a instituição e, portanto, pode ser chamada de estrutural, mesmo que não seja dialogada, dividida em fases etc.

7. PROCESSO CIVIL DE INTERESSE PÚBLICO (*PUBLIC INTEREST LITIGATION* OU *PUBLIC LAW LITIGATION*)

Uma parte da doutrina brasileira vem utilizando as expressões "processo civil de interesse público" ou "litígios de interesse público", como sinônimas de processos ou litígios estruturais. Embora as fronteiras entre os dois conceitos sejam, em alguns momentos, sutis, e haja autores norte-americanos que não os diferenciem, investir na distinção pode auxiliar na compreensão dos institutos.

---

[270] DIVER, Colin S. The Judge as Political Powerbroker: Superintending Structural Change in Public Institutions. In: Virginia Law Review, vol. 65, n. 1, 1979, p. 43-106.

[271] Sérgio Cruz Arenhart expõe como exemplo de processo estrutural a implementação de uma decisão de recuperação ambiental em Criciúma. A execução foi dividida em fases, envolveu atividades negociadas e muito complexas. Nesse contexto, Arenhart afirma: "esse único exemplo de ação estrutural, com seus vários desdobramentos, é capaz de oferecer algumas importantes linhas para que se tenha um processo desse tipo com chances de funcionar realmente". Nos conceitos aqui desenvolvidos, não é possível enquadrar esse caso como processo estrutural, porque nada se reestruturou. Apenas se cumpriu uma decisão. Também não é possível chamá-lo de processo de interesse público, uma vez que ele não versa sobre uma política pública, mas sobre a reparação de uma conduta privada. Ainda que haja interesse público na proteção do meio ambiente, não houve, em razão da ACP do carvão, qualquer alteração na política pública de exploração do mineral, seu licenciamento ou fiscalização. Ver ARENHART, Sérgio Cruz. Processos estruturais no Brasil: reflexões a partir do caso da ACP do Carvão. In: GRINOVER, Ada Pellegini; WATANABE, Kazuo; COSTA, Suzana Henriques. O processo para solução de conflitos de interesse público. Salvador: Editora Juspodivm, 2017, p. 475-492. A citação está na p. 487.

Inicialmente, as expressões têm origens acadêmicas distintas. Conforme já anotado, a ideia de *structural litigation* deriva do pensamento de Owen Fiss[272], a partir de 1979, enquanto *Public Law Litigation* é uma expressão cunhada por Abram Chayes[273], em 1976, para descrever um fenômeno que, na sua visão, não vem desde Brown, mas do século XIX: o aumento do número de leis destinadas não a resolver um conflito pretérito, bilateral, existente entre particulares, mas a regular e modificar arranjos sociais e econômicos, para o futuro. Em outras palavras, a decisão judicial deixa de pretender remediar o ilícito pretérito para buscar ajustar o comportamento futuro do réu. Isso gera a necessidade de um regime de execução prolongado, em vez de uma transferência instantânea de patrimônio. O processo se afasta, com isso, de seu perfil clássico. Além disso, litígios de interesse público, na visão de Chayes, incidem sobre "uma lesão relativa à operação de uma política pública"[274].

Assim, processos de interesse público são demandas nas quais se pretende efetivar um direito que está sendo negado pelo Estado, não apenas para a parte que está no processo, mas para toda a sociedade de potenciais destinatários daquela prestação. Pretende-se uma ruptura com o comportamento até então adotado, por intermédio de um reforço de legalidade, oriundo da autoridade jurisdicional. É comum que processos de interesse público contenham pedidos que poderiam ser descritos como pouco mais que "cumpra-se constituição" ou "cumpra-se a lei".

Embora haja perceptíveis semelhanças entre um processo de interesse público e um processo estrutural, existem três marcantes diferenças. Primeiramente, um processo de interesse público não implica, necessariamente, reestruturação de uma organização. Ele visa a implementação de um direito, já garantido, mas não efetivado. Pode ser que a estrutura estatal esteja suficientemente aparelhada para tanto, mas não o tenha realizado em decorrência de um "ponto cego" ou de uma "carga de inércia" da administração[275]. Nessa situação, o reforço de legalidade

---

272 FISS, Owen. The Supreme Court 1978 term: Foreword: the forms of justice. In: Harvard Law Review, vol. 93, n. 1, 1979, p. 1-58.

273 CHAYES, Abraham. The role of the judge in public law litigation. In: Harvard Law Review, vol. 89, n. 7, 1976, p. 1281-1316. É bom observar que as visões conceituais dos dois autores são, em alguns pontos, superpostas, de modo que o esclarecimento conceitual pretendido neste trabalho não pode ser extraído diretamente, de modo exclusivo, das obras de Chayes e Fiss.

274 O conjunto das características descritas pelo autor para o modelo de *pubic law litigation* está em CHAYES, Abraham. The role of the judge in public law litigation. In: Harvard Law Review, vol. 89, n. 7, 1976, p. 1302:"The public law litigation model portrayed in this paper reverses many of the crucial characteristics and assumptions of the traditional concept of adjudication: (l) The scope of the lawsuit is not exogenously given but is shaped primarily by the court and parties.(2) The party structure is not rigidly bilateral but sprawling and amorphous.(3) The fact inquiry is not historical and adjudicative but predictive and legislative.(4) Relief is not conceived as compensation for past wrong in a form logically derived from the substantive liability and confined in its impact to the immediate parties; instead, it is forward looking, fashioned ad hoc on flexible and broadly remedial lines, often having important consequences for many persons including absentees.(5) The remedy is not imposed but negotiated.(6) The decree does not terminate judicial involvement in the affair: its administration requires the continuing participation of the court.(7) The judge is not passive, his function limited to analysis and statement of governing legal rules; he is active, with responsibility not only for credible fact evaluation but fororganizing and shaping the litigation to ensure a just and viable outcome.(8) The subject matter of the lawsuit is not a dispute between private individuals about private rights, but a grievance about the operation of public policy".

275 DIXON, Rosalind. Para fomentar el diálogo sobre los derechos socioeconómicos: uma nueva mirada acerca de las diferencias entre revisiones judiciales fuertes y débiles. In: GARGARELLA, Roberto (org.) *Por una justicia dialógica*: El poder Judicial como promotor de la deliberación democrática. Buenos Aires: Siglo XXI Editores, 2014, ebook. A autora se refere às cargas de inércia e pontos cegos como problemas do processo legislativo e não da atividade administrativa, mas o conceito parece

judicial é suficiente para solucionar o problema. Aliás, como percebeu Rosenberg, o contexto em que já existem agentes administrativos interessados em cumprir uma decisão favorece a efetividade das mudanças sociais pela via jurisdicional[276]. Logo, embora processos de interesse público possam ser estruturais, nem todos o serão, necessariamente.

Em segundo lugar, é possível que processos de interesse público sejam conduzidos por outras vias, diferentes do processo coletivo, o que não acontece com o processo estrutural. A reestruturação de uma instituição demanda a alteração concreta do comportamento de vários segmentos de agentes públicos ou privados, o que exige que ela se desenvolva em um processo coletivo. Isso não se verifica nos processos de interesse público. Litígios de interesse público podem ser resolvidos na via do processo individual, mediante criação de um precedente obrigatório, na via do controle abstrato de constitucionalidade ou por intermédio de processos coletivos, estruturais ou não. Assim, enquanto todo processo estrutural é um processo coletivo, qualquer processo pode ser de interesse público, desde que se busque, por seu intermédio, a implementação de direitos que estão sob responsabilidade do Estado, não apenas para as partes, mas para todos os indivíduos que integram a sociedade.

Os exemplos avultam, tanto no Brasil, quanto nos Estados Unidos. *Roe v. Wade*, o paradigmático caso em que a Suprema Corte considerou inconstitucional a proibição do aborto em leis estaduais, foi uma ação individual, que garantiu o direito ao aborto a todas as mulheres, em decorrência da criação de um precedente vinculante. Embora o litígio seja, claramente, de interesse público, eis que trata de uma questão de saúde pública, ele não é estrutural, dado que não se propunha a alterar quaisquer estruturas públicas. O processo respectivo também não teve características estruturais. Não se buscava determinar aos estados, por exemplo, que fornecessem a interrupção da gravidez como serviço público. Apenas que se abstivessem de proibi-la[277].

No Brasil, o direito de que pessoas do mesmo sexo se casem foi obtido pela via do controle abstrato de constitucionalidade, no julgamento da ADI 4277 e da ADPF 132, cujos resultados foram, posteriormente, impostos aos serviços notariais

---

perfeitamente extensível. Os pontos cegos podem decorrer da não cogitação de uma situação durante o processo de formulação de uma norma (ponto cego de aplicação), da ausência de previsão de algum efeito concretos de uma medida, quando ela foi aprovada (ponto cego de perspectiva) ou da insuficiente cogitação de seus custos de implementação (pontos cegos de acomodação). Cargas de inércia decorrem significam a não adoção de providências para a proteção de direitos. As atividades legislativas (e administrativas) consomem tempo e recursos e isso faz com que prioridades sejam estabelecidas, o que significa que outras pretensões serão deixadas de lado (carga de inércia por prioridade). Também pode ser que a inatividade decorra da ausência de acordo sobre o modo de tutelar o direito (carga de inércia por coesão) ou, especificamente no que tange à implementação das providências previstas em lei, podem surgir cargas de inércia burocráticas "por meio das quais a possibilidade de se chegar a um compromisso de direitos se vê ameaçada por uma combinação de demora administrativa e falta de uma adequada supervisão legislativa sobre a ação administrativa".

276 ROSENBERG, Gerald N. *The Hollow Hope*: Can Courts Bring About Social Change? 2. ed. Chicago: The University of Chicago Press, 2008. A contribuição de Rosenberg foi amplamente tratada em VITORELLI, Edilson. Litígios estruturais: decisão e implementação de mudanças socialmente relevantes pela via processual. In: ARENHART, Sérgio Cruz; JOBIM, Marco Félix, Processos Estruturais. Salvador; Editora Juspodivm, 2017, p. 369-422.

277 Roe v. Wade, 410 U.S. 113 (1973): "To summarize and to repeat: 1. A state criminal abortion statute of the current Texas type, that excepts from criminality only a lifesaving procedure on behalf of the mother, without regard to pregnancy stage and without recognition of the other interests involved, is violative of the Due Process Clause of the Fourteenth Amendment".

pela Resolução 175/2013, do Conselho Nacional de Justiça. Embora parte da doutrina classifique o controle de constitucionalidade como processo coletivo especial[278], ele seguramente não é processo coletivo na acepção utilizada neste trabalho, nem é um processo de natureza estrutural. Por outro lado, parece adequado qualificá-lo como um processo de interesse público, eis que se buscou garantir um direito para todos os cidadãos, pela alteração de normas estatais.

A terceira característica que distingue os processos de interesse público dos processos estruturais é que os primeiros se voltam apenas contra o Estado, enquanto estes, conforme já demonstrado, podem enfocar também entes privados. A noção de interesse público que adjetiva essa denominação, na visão de Chayes, se relaciona com a implementação de direitos sonegados pelos entes públicos[279].

Essa restrição não se aplica aos processos estruturais. Felipe Vieira Batista sustenta a ideia de que a recuperação judicial de empresas é um processo estrutural, uma vez que envolve interesses policêntricos, de classes diferentes de credores (trabalhadores, fornecedores, o fisco, credores com garantia real e quirografários), do devedor e da sociedade como um todo, relativamente à preservação da atividade empresarial e ao pagamento das suas dívidas. O processo se desenvolve com o objetivo de reestruturar a empresa, por intermédio da negociação das dívidas, consubstanciado em um plano, cujo objetivo é permitir que ela cumpra seus compromissos e continue existindo[280].

Apesar do caráter estrutural, seria difícil denominar esse processo de interesse público, sem adulterar consideravelmente os elementos do conceito original. Uma recuperação judicial se volta à reorganização de uma esfera de interesses predominantemente privados, ainda que, perifericamente, públicos. Limitar o conceito de processo de interesse público aos processos que se voltam contra o Estado, na busca de implementação de um direito ou política pública, é importante. Se se adotar um sentido muito amplo de interesse público, todo processo poderá ser assim caracterizado e isso tornaria o conceito inútil. Afinal de contas, até mesmo a solução de uma prosaica briga entre vizinhos, à luz, exclusivamente, das disposições do Código Civil, atende o interesse público da convivência pacífica entre os confinantes.

Um processo de interesse público, portanto, se volta para transformação da esfera público-governamental: criação de direito novo ou de conduta estatal nova, pela via dos precedentes obrigatórios, do controle de constitucionalidade ou do processo coletivo, em favor de toda a sociedade.

---

278 Ver, por exemplo, ALMEIDA, Gregório Assagra de. *Direito material coletivo* – superação da summa divisio direito público e direito privado por uma nova summa divisio constitucionalizada. Belo Horizonte: Del Rey, 2008. A inclusão do controle de constitucionalidade como processo coletivo parece equivocada, por várias razões, mas sobretudo pela evidente disparidade de métodos e de finalidades. O desenvolvimento desse argumento, contudo, ultrapassa os limites deste trabalho.

279 CHAYES, Abraham. The role of the judge in public law litigation. In: Harvard Law Review, vol. 89, n. 7, 1976, p. 1302: "The subject matter of the lawsuit is not a dispute between private individuals about private rights, but a grievance about the operation of public policy".

280 BATISTA, Felipe Vieira. A recuperação judicial como processo coletivo. Dissertação (Mestrado em Direito). Orientador: Fredie Didier Jr. Universidade Federal da Bahia, 2018.

8. PROCESSOS ESTRATÉGICOS

Embora se encontre em algumas publicações nacionais a expressão "litígio estratégico", ela, a rigor, não faz sentido. O litígio nunca é estratégico, uma vez que ele surge na realidade, em decorrência do antagonismo entre os interesses das partes ou do descompasso entre o seu comportamento e o ordenamento jurídico. E isso nada tem a ver com estratégia. O que pode ser estratégico é o processo para resolver um litígio[281].

Processo estratégico é um processo que pretende estabelecer um novo entendimento jurídico sobre um determinado assunto. Em regra, um processo existe para resolver o litígio entre as partes. O foco de um processo estratégico, pelo contrário, está no precedente, na formação de uma nova compreensão sobre o direito. As partes são instrumentais a esse objetivo. O processo estratégico não é exclusivo do direito público. Temas de privado também podem ser tratados estrategicamente.

A característica estratégica do processo se verifica pelo modo como a controvérsia é abordada. Em vez de se desenvolver de acordo com o interesse das partes, o processo estratégico é orientado da melhor forma para a fixação da tese[282]. Isso significa não deixar os fatores do julgamento ao acaso. A escolha das partes e do caso paradigma é pensada para refletir a controvérsia da melhor maneira possível. A causa de pedir e o pedido são redigidos de modo a obter a melhor decisão possível para a tese. Há um planejamento prévio acerca das provas necessárias e do modo como seu custo será suportado. Buscam-se advogados especialistas para conduzir o caso e produzir pareceres. A via processual potencialmente mais fecunda é debatida e eleita, o que, no Brasil, pode significar a escolha também do tribunal que apreciará a controvérsia, em virtude das causas de competência originária dos tribunais. A mesma questão, se relacionada, por exemplo, ao comportamento do Presidente da República, pode ser abordada em uma ação civil pública, perante o juiz da comarca, ou diretamente no Supremo Tribunal Federal, em um mandado de segurança.

Assim, por exemplo, um processo estratégico sobre moradia adequada pode ser desenvolvido a) em processos individuais; b) em processos coletivos; c) em processos de controle de constitucionalidade; d) pela atuação de *amici curiae*, em casos já em andamento; e) pela impetração de mandados de segurança, diretamente em tribunais,

---

281 Talvez a expressão litígio estratégico derive de uma tradução equivocada de *strategic litigation* que significa processo estratégico. Em inglês, litígio estratégico se traduziria por *strategic dispute*, mas não é possível encontrar essa expressão na literatura que trata do tema.

282 Evorah Cardoso expõe conceito semelhante: "Litígio estratégico", "litígio de impacto", "litígio paradigmático", "litígio de caso-teste" são expressões correlatas, que surgiram de uma prática diferenciada de litígio, não necessariamente relacionada ao histórico da advocacia em direitos humanos. O litígio estratégico busca, por meio do uso do judiciário e de casos paradigmáticos, alcançar mudanças sociais. Os casos são escolhidos como ferramentas para transformação da jurisprudência dos tribunais e formação de precedentes, para provocar mudanças legislativas ou de políticas públicas. Trata-se de um método, uma técnica que pode ser utilizada para diferentes fins/temas.O objetivo de quem litiga não se limita à solução do caso concreto (justiça individual), como a reparação da vítima. É possível contrapor uma advocacia *client-oriented* a um novo tipo de advocacia, issue-oriented ou *policy-oriented*. Basicamente a primeira vale-se do direito para atender às demandas e aos interesses do cliente. A segunda busca o impacto social que o caso pode trazer, como o avanço jurídico em um determinado tema, aplicando o método de litígio estratégico. CARDOSO, Evorah. Ciclo de vida do litígio estratégico no sistema interamericano de direitos humanos: dificuldades e oportunidades para atores não estatais. In: Revista Electrónica del Instituto de Investigaciones "Ambrosio L. Gioja", ano V, 2011, p. 363-378.

dependendo de quem seja a autoridade coatora. Pode-se pretender que as pessoas tenham direito a moradia a) pela criação de programas públicos de aquisição a baixo custo, nos moldes do "Programa Minha Casa Minha Vida"; b) pela construção de moradias pelo poder público e posterior arrendamento, nos moldes do "Programa de Arrendamento Residencial"; c) pela disponibilização de valores para o custeio de alugueis, nos moldes dos programas de "aluguel social"; d) pela limitação dos juros aos contratos bancários de financiamento etc.

Se uma pessoa quer moradia, ela, em conjunto com o seu advogado, buscará o que é melhor para si, naquele caso. Se o processo é estratégico, a condução será feita pensando no coletivo, em como essa tese, caso vitoriosa, poderá ser aproveitada pelo conjunto de pessoas que está na mesma situação. Geralmente, isso será feito por um órgão que tem a capacidade de realizar a articulação estratégica, como uma associação, sindicato, o Ministério Público[283] ou mesmo a advocacia pública.

Observe-se, entretanto, que o tratamento estratégico do processo não é exclusividade dos órgãos ou entidades que pretendem realizar o interesse público. Pelo contrário, talvez o segmento empresarial seja o que mais frequentemente se vale dessa atuação, congregado por federações empresariais ou sindicatos patronais. É comum que essas entidades proponham ações de controle de constitucionalidade ou a instauração de incidentes para a formação de precedentes obrigatórios, intervenham, como *amici curiae*, em ações já em andamento, relacionadas aos seus interesses e assim por diante. A Federação das Indústrias do Estado de São Paulo, por exemplo, atua recorrentemente como *amicus curiae* em processos tributários pendentes no Supremo Tribunal Federal[284]. Assim, não só processos estruturais e processos de interesse público podem ser estratégicos, mas também processos individuais, do interesse de representantes dos agentes econômicos privados.

Um bom exemplo de processo estratégico é *Brown v. Board of Education*. Como relata Mark Tushnet, toda a estratégia processual do caso foi cuidadosamente desenvolvida pela *National Association for the Advancement of Colored People – NAACP*, em conjunto com outros ativistas e movimentos de direitos humanos. Não eram, como pode parecer, apenas treze pais de alunos que se cansaram do tratamento racista recebido por seus filhos. Tratava-se de um movimento nacional estratégico contra a segregação racial. Os autores da ação foram recrutados para essa função, a estratégia e as teses que seriam alegadas foram longamente discutidas. Até mesmo a escolha de Oliver Brown para nomear a ação foi debatida[285].

---

283 O Ministério Público tem uma dificuldade em conduzir estrategicamente processos, que é a independência funcional de seus membros. Esse problema foi tratado por SILVA, Dicken William Lemes. Litígio Estratégico de Interesse Público e Ministério Público: Reflexões sobre a Natureza Instrumental da Independência Funcional. In: Revista do Ministério Público do Distrito Federal e Territórios, vol. 7, 2013, p. 73-108.

284 Para citar apenas um exemplo recente: a FIESP requereu o ingresso como amicus curiae no julgameno do Recurso Extraordinário 955.227, em que se pretende definir os limites da coisa julgada em processos tributários.

285 Como diz Mark Tushnet, "Brown came to exemplify the possibility that lawyers could structure and execute a litigation strategy designed to produce substantial changes in the law". TUSHNET, Mark. Some Legacies of Brown v. Board of Education. In: *Virgina Law Review*, vol. 90, 204, p. 1693-1720, citação p. 1693. O autor abordou o mesmo assunto mais longamente em TUSHNET, Mark. *The NAACP's Legal Strategy against Segregated Education*, 1925-1950. Chapel Hill: The University of North Carolina Press, 2005.

Em realidade, o caso da segregação não se restringe a Brown, seu produto mais conhecido. A NAACP coordenou uma estratégia nacional entre os advogados engajados na luta contra a segregação, durante quase uma década, para que os casos que chegassem à Suprema Corte, individuais[286] ou coletivos, tivessem os fatos certos e os argumentos certos, evitando a geração de precedentes contrários à causa[287]. Isso foi feito por meio da criação de uma rede de contatos entre os advogados, incluindo conferências e reuniões em várias cidades do país.

Tanta coordenação, contudo, constitui excepcionalidade e nem sempre os resultados são exatamente os esperados. Ocorre que cada advogado é livre para perseguir os interesses de seus clientes como bem entender, da mesma forma que cada legitimado também é livre para ajuizar a ação que considerar cabível, satisfeitos os requisitos legais. Por isso, apesar dos esforços da NAACP, um dos primeiros relativos ao regime de segregação racial a chegar à Suprema Corte, em 1947, *Shelley v. Kraemer*[288], relativo à nulidade de cláusulas contratuais de proibição de vendas de imóveis a negros, não era o que a entidade havia planejado[289]. Apesar disso, a tese antissegregacionista prevaleceu.

Essa dificuldade de tratar estrategicamente um processo também é relatada por Rubenstein, que narra as profundas divisões entre os homossexuais e as organizações de defesa dos seus direitos, acerca da tomada de posição sobre a demanda pelo direito ao casamento, enquanto caminho adequado na busca pela igualdade. Em 1989, um dos principais jornais dirigidos ao público homossexual, nos Estados Unidos, publicou uma matéria com pontos de vista opostos, defendidos, de um lado, pelo diretor executivo e, de outro, pela procuradora-geral da principal associação para os direitos dos gays naquele momento[290]. Não havia acordo, portanto, nem entre os diretores da associação, o que reflete a divisão do grupo, tanto em relação aos seus objetivos, quanto à estratégia a ser adotada, se fosse o caso de ajuizar uma ação.

A publicação foi o primeiro passo da associação na busca de tomar conhecimento das opiniões de seus membros. Os autores dos artigos viajaram por todo o país, repetindo publicamente o debate que haviam protagonizado por escrito, na intenção

---

[286] Nos Estados Unidos, em razão do princípio do *stare decisis*, essa discussão é altamente relevante, característica que vem sendo transposta para o Brasil, em virtude da ampliação do sistema de precedentes vinculantes. Um processo individual, que gere um mal precedente, pode decidir o destino de todo o grupo. Ver RUBENSTEIN, William. Divided We Litigate: Addressing Disputes among Group Members and Lawyers in Civil Rights Campaigns. In: *Yale Law Journal*, Vol. 106, n. 6, 1997, p. 1628-1630. Sobre as dificuldades de alteração de um entendimento firmado, ver NELSON, Caleb. Stare Decisis and Demonstrably Erroneous Precedents. In: *Virginia Law Review*, Vol. 87, n. 1, 2001, p. 1-84.

[287] TUSHNET, Mark. *Making Civil Rights Law*: Thurgood Marshall and the Supreme Court, 1956-1961. New York: Oxford University Press, 1996. Ver também TUSHNET, Mark. *The NAACP's Legal Strategy against Segregated Education*: 1925-1950. Chapel Hill: The University of North Carolina Press, 2005.

[288] *Shelley v. Kraemer*, 334 U.S. 1 (1948). Era questionada a constitucionalidade de acordos imobiliários de restrição de venda de imóveis a negros. Apesar das ressalvas iniciais de Thurgood Marshall, a NAACP atuou decididamente, em conjunto com o advogado responsável pelo processo e, com o auxílio de um memorial favorável do *Solicitor General*, a decisão foi unanimemente favorável, embora três juízes tenham se abstido de votar.

[289] RUBENSTEIN, William. Divided We Litigate: Addressing Disputes among Group Members and Lawyers in Civil Rights Campaigns. In: *Yale Law Journal*, Vol. 106, n. 6, 1997, p. 1631.

[290] RUBENSTEIN, William. Divided We Litigate: Addressing Disputes among Group Members and Lawyers in Civil Rights Campaigns. In: *Yale Law Journal*, Vol. 106, n. 6, 1997, p. 1635. Os artigos se intitulavam "Why Gay People Should Seek the Right to Marry" e "Since When Is Marriage a Path to Liberation?".

de que alguma solução emergisse da discussão comunitária. No Havaí, a American Civil Liberties Union (ACLU), defrontando-se com o mesmo dilema, conduziu uma pesquisa informal de opinião entre os seus associados, por intermédio do envio de cartas[291]. No fim, a coordenação do movimento não conseguiu conter iniciativas individuais. Ações isoladas foram ajuizadas, buscando o direito ao casamento ou ao reconhecimento de uniões já celebradas e a ACLU se viu sem alternativa a não ser apoiá-las. Como se sabe hoje, a estratégia acabou sendo vitoriosa, depois de muitas dificuldades, com o reconhecimento do direito ao casamento entre pessoas do mesmo sexo em *Obergefell v. Hodges*[292].

Em resumo, processo estratégico é aquele em que o verdadeiro objetivo dos seus articuladores não é obter uma vitória para a parte, no caso concreto, mas para a tese jurídica por ela sustentada, que terá reflexos mais profundos e duradouros sobre o sistema jurídico e a sociedade como um todo. O qualificativo "estratégico" decorre de uma calculada antecipação e planejamento das etapas do processo e do modo como ele deve ser conduzido em juízo, para permitir a vitória da tese. Processos estruturais e processos de interesse público podem ou não ser estratégicos, assim como processos tributários e do interesse de grandes empresas ou corporações.

9. CONCLUSÃO

Conforme se procurou demonstrar, há muitas dúvidas que perpassam a discussão desse ainda novo sub-ramo do processo coletivo, que é o processo estrutural. É importante que o desenvolvimento desse tema tão caro à teoria do processo e à sociedade como um todo se faça de modo conceitualmente seguro, que iniba discussões e retrocessos teóricos pouco úteis. O melhor conhecimento dos conceitos, acredita-se, contribui para o maior desenvolvimento da ciência.

O propósito deste artigo foi proporcionar esse esclarecimento conceitual, com base, primordialmente, nas fontes originais, norte-americanas e também em conceitos desenvolvidos na doutrina nacional. É possível sumariar a exposição da seguinte forma:

1) Litígio coletivo é o conflito existente na realidade, que envolve uma multiplicidade de sujeitos, os quais compõem um grupo, uma sociedade. Esse litígio pode ser global, local ou irradiado, de acordo com as variações de complexidade e conflituosidade a ele inerentes;

2) Processo coletivo é o mecanismo que a ordem jurídica de um determinado país disponibiliza para resolver litígios coletivos, por intermédio do ajuizamento de uma demanda civil por um legitimado coletivo, em defesa dos interesses da sociedade;

3) Litígios estruturais são litígios coletivos irradiados decorrentes do modo como uma estrutura burocrática, usualmente, pública, mas, excepcionalmente, privada, opera. O funcionamento da estrutura é a causa do litígio e da sua alteração depende a solução. Tratar apenas os efeitos pode trazer resultados aparentes e de curso prazo, mas que não serão duradouros nem significativos.

291 Idem, p. 1638.

292 576 U.S. ___ (2015)

4) Processos estruturais são demandas judiciais nas quais se busca reestruturar uma instituição pública ou privada cujo comportamento causa, fomenta ou viabiliza um litígio estrutural. Essa reestruturação envolve a elaboração de um plano de longo prazo para alteração do funcionamento da instituição e sua implementação, mediante providências sucessivas e incrementais, que garantam que os resultados visados sejam alcançados, sem provocar efeitos colaterais indesejados. A implementação dessa decisão se dá por intermédio de uma execução estrutural, na qual as etapas do plano são cumpridas e avaliadas.

5) Processo civil de interesse público é o processo no qual se pretende a transformação da esfera público-governamental, para obter o reconhecimento de um direito ou a adoção de uma conduta estatal, em favor não apenas das partes, mas de toda a sociedade. Processos coletivos e processos estruturais podem ser de interesse público, assim como ações de controle de constitucionalidade ou mesmo ações individuais, quando utilizadas para a formação de precedentes vinculantes gerais. Todavia, nenhuma dessas modalidades pode ser associada, em todos os casos, ao conceito de processo de interesse público;

6) Processos estratégicos são processos cujo objetivo não, primordialmente, a resolução do litígio que existe entre as partes, mas o estabelecimento de uma nova compreensão do direito, para que ela seja sedimentada e aplicada a outros casos. As partes são instrumentais a esse objetivo e há uma articulação entre os operadores do direito envolvidos no caso, a fim de que ele seja conduzido do modo mais propício para a obtenção do resultado jurídico esperado. O caráter estratégico está no modo de condução do processo, não no seu objeto, de modo que processos relativos a interesses privados também podem ser conduzidos estrategicamente.

REFERÊNCIAS

ALMEIDA, Gregório Assagra de. *Direito material coletivo* – superação da summa divisio direito público e direito privado por uma nova summa divisio constitucionalizada. Belo Horizonte: Del Rey, 2008.

ARENHART, Sérgio Cruz; JOBIM, Marco Félix, Processos Estruturais. Salvador; Editora Juspodivm, 2017.

ARENHART, Sérgio Cruz, Processos estruturais no direito brasileiro: reflexões a partir do caso da ACP do carvão. In: Revista de processo comparado, vol. 2, 2015, edição eletrônica.

ARENHART, Sérgio Cruz. Decisões estruturais no direito processual civil brasileiro. In: Revista de Processo, vol. 225, 2013, edição eletrônica.

ARENHART, Sérgio Cruz. Processos estruturais no Brasil: reflexões a partir do caso da ACP do Carvão. In: GRINOVER, Ada Pellegini; WATANABE, Kazuo; COSTA, Suzana Henriques. O processo para solução de conflitos de interesse público. Salvador: Editora Juspodivm, 2017, p. 475-492.

BATISTA, Felipe Vieira. A recuperação judicial como processo coletivo. Dissertação (Mestrado em Direito). Orientador: Fredie Didier Jr. Universidade Federal da Bahia, 2018.

BERTELLI, Anthony M.; FELDMAN, Sven E. Structural reform litigation: remedial bargaining and bureaucratic draft. In: Journal of Theoretical Politics, vol. 18, n. 2, 2006, p. 159-183.

BRINKS, Daniel; GAURI, Varun. Sobre triángulos y diálogos: nuevos paradigmas em la intervención judicial sobre el derecho a la salud. In: GARGARELLA, Roberto (org.). *Por una justicia dialógica*: El poder Judicial como promotor de la deliberación democrática. Buenos Aires: Siglo XXI Editores, 2014, ebook.

CABRAL, Antonio do Passo. Despolarização do processo e zonas de interesse: sobre a migração entre pólos da demanda. In: *Revista Forense*, vol. 404, 2009, p. 29-34.

CHAYES, Abraham. The role of the judge in public law litigation. In: Harvard Law Review, vol. 89, n. 7, 1976, p. 1281-1316.

CARDOSO, Evorah. Ciclo de vida do litígio estratégico no sistema interamericano de direitos humanos: dificuldades e oportunidades para atores não estatais. In: Revista Electrónica del Instituto de Investigaciones "Ambrosio L. Gioja", ano V, 2011, p. 363-378.

COSTA, Eduardo José da Fonseca. A "execução negociada" de políticas públicas em juízo. In: Revista de processo, vol. 212, 2012, edição eletrônica.

CUMMINGS, Scott L.; EAGLY, Ingrid V. A Critical Reflection on Law and Organizing. In: UCLA Law Review, vol. 48, 2001, p. 443-517.

DIVER, Colin S. The Judge as Political Powerbroker: Superintending Structural Change in Public Institutions. In: Virginia Law Review, vol. 65, n. 1, 1979, p. 43-106.

DIXON, Rosalind. Para fomentar el diálogo sobre los derechos socioeconómicos: uma nueva mirada acerca de las diferencias entre revisiones judiciales fuertes y débiles. In: GARGARELLA, Roberto (org.). *Por una justicia dialógica*: El poder Judicial como promotor de la deliberación democrática. Buenos Aires: Siglo XXI Editores, 2014, ebook.

DIDIER JR., Fredie; ZANETI JR., Hermes; OLIVEIRA, Raphael Alexandria. Notas sobre as decisões estruturais. In: Civil Procedure Review, vol. 8, n. 1, 2017, p. 46-64.

ELLIOTT, Anthony; TURNER, Bryan S. *On Society*. Cambridge: Polity Press, 2012.

FISS, Owen. The Supreme Court 1978 Term – Foreword: Forms of Justice. In: Harvard Law Review, vol. 93, 1979, p. 1-58.

FLETCHER, William. The discretionary Constitution: institutional remedies and judicial legitimacy. In: The *Yale Law Journal*, vol. 91, n. 4, 1982, p. 635-697.

FULLER, Lon L. The Forms and Limits of Adjudication. In: *Harvard Law Review*, vol. 92, n. 2, 1978, p. 353-409.

GARRETT, Brandon L. Structural Reform Prosecution. In: *Virgina Law Review*, vol. 93, 2007, p. 853-957.

GRINOVER, Ada Pellegini; WATANABE, Kazuo; COSTA, Suzana Henriques. O processo para solução de conflitos de interesse público. Salvador: Editora Juspodivm, 2017.

GOLDSTEIN, Brandt. Storming the court: how a band of Yale law students sued the president - and won. New York: Scribner, 2005.

NELSON, Caleb. Stare Decisis and Demonstrably Erroneous Precedents. In: *Virginia Law Review*, Vol. 87, n. 1, 2001, p. 1-84.

RATNER, Michael. How We Closed the Guantanamo HIV Camp: The Intersection of Politics and Litigation. In: Harvard Human Rights Journal, vol. 11, 1998, p. 187-220.

ROSENBERG, Gerald N. *The Hollow Hope*: Can Courts Bring About Social Change? 2. ed. Chicago: The University of Chicago Press, 2008.

RUBENSTEIN, William. Divided We Litigate: Addressing Disputes among Group Members and Lawyers in Civil Rights Campaigns. In: *Yale Law Journal*, Vol. 106, n. 6, 1997, p. 1628-1630.

RUSHIN, Stephen. Competing Case Studies of Structural Reform Litigation in American Police Departments. In: Ohio State Law Journal of Criminal Law, vol. 14, 2016, p. 113-141.

SHEN, Francis X. The overlooked utility of the defendant class action. In: *Denver University Law Review*, vol. 88, n. 1, 2010, p. 73-181.

SILVA, Dicken William Lemes. Litígio Estratégico de Interesse Público e Ministério Público: Reflexões sobre a Natureza Instrumental da Independência Funcional. In: Revista do Ministério Público do Distrito Federal e Territórios, vol. 7, 2013, p. 73-108.

TARUFFO, Michele. Notes on the collective protection of rights. In: *I Conferencia Internacional y XXIII Jornadas Iberoamericanas de derecho procesal*: procesos colectivos class actions. Buenos Aires: International Association of Procedural Law y Instituto Iberoamericano de derecho procesal, 2012, p. 23-30.

TUSHNET, Mark. *The NAACP's Legal Strategy against Segregated Education*, 1925-1950. Chapel Hill: The University of North Carolina Press, 2005.

TUSHNET, Mark. *Making Civil Rights Law*: Thurgood Marshall and the Supreme Court, 1956-1961. New York: Oxford University Press, 1996

VIOLIN, Jordão. Protagonismo judiciário e processo coletivo estrutural. Salvador: Editora Juspodivm, 2013.

VITORELLI, Edilson. O devido processo legal coletivo: dos direitos aos litígios coletivos. São Paulo: RT, 2016.

VITORELLI, Edilson. Ações coletivas passivas: por que elas não existem nem deveriam existir. Artigo no prelo da Revista de Processo.

VITORELLI, Edilson. Litígios estruturais: decisão e implementação de mudanças socialmente relevantes pela via processual. In: ARENHART, Sérgio Cruz; JOBIM, Marco Félix, Processos Estruturais. Salvador; Editora Juspodivm, 2017, p. 369-422.

YEAZELL, Stephen C. Intervention and the idea of litigation: a commentary on the Los Angeles school case. In: *UCLA Law Review*, vol. 25, 1977, p. 244-260.

PARTE 3

LITÍGIOS ESTRUTURAIS: DECISÃO E IMPLEMENTAÇÃO DE MUDANÇAS SOCIALMENTE RELEVANTES PELA VIA PROCESSUAL

1. PROPOSTA

Nunca os litígios estruturais estiveram tão em voga no Brasil. Uma confluência de fatores contribui para tanto. Dentre eles, é possível mencionar o avanço na conscientização da luta pela implementação de direitos, decorrente tanto da amplitude do texto constitucional de 1988, quanto das inovações tecnológicas de comunicação que estendem sua divulgação, o crescimento expressivo do número de profissionais do direito, dispostos a litigar essa espécie de causas e o deslocamento do eixo de poder em favor do Judiciário. Garantida sua autonomia e elevado ao papel de guardião do texto constitucional, era previsível que o Judiciário expandisse sua atuação para searas antes inauditas.

Curiosamente, essa é uma revolução silenciosa, pelo menos do ponto de vista prático: ressalvados casos específicos, boa parte dos operadores envolvidos em um processo relativo a um litígio estrutural sequer percebe, conscientemente, sua posição. A teoria brasileira sobre o assunto, desenvolvida pelos estudiosos, apesar de existente, ainda não se pode dizer disseminada.

O objetivo do presente trabalho é debruçar-se sobre dois aspectos específicos dos litígios estruturais: a decisão tomada pelo julgador e a sua posterior implementação. De modo direto: o que habilita o juiz a decidir bem um litígio estrutural? Quem garante que atribuir ao juiz a última palavra em questões de elevada complexidade implicará resultados sociais satisfatórios?

Um passo adiante, tomada a decisão, o que fazer para implementá-la? Se a situação é complexa ao ponto de não ser sido resolvida em outros setores do Estado ou da sociedade, é crível que o juiz será, potencialmente, um agente capaz de vencer as resistências que trouxeram a situação ao Poder Judiciário?

2. CONCEITO DE LITÍGIO ESTRUTURAL

Embora o assunto dos litígios estruturais não seja exatamente novo ou inédito no Brasil[293], a conceituação da sua natureza nem sempre é unívoca, de modo que não é inútil deixar claro o entendimento aqui esposado.

[293] No entanto, não são muitos os autores que se dedicaram ao sistemático dos litígios estruturais. Ver, entretanto, o interessante trabalho de ARENHART, Sérgio Cruz. *Decisões estruturais no direito processual civil brasileiro*. Disponível em <https://www.academia.edu/913 2570/Decisões_estruturais_no_direito_processual_civil_brasileiro>. Acesso em 6.6.15. Ver também VIOLIN, Jordão. *Protagonismo judiciário e processo coletivo estrutural*. Salvador: Editora Juspodivm, 2013; JOBIM, Marco Félix.

A caracterização de um litígio estrutural envolve a superposição de algumas características. Primeiro, trata-se de um conflito de elevada complexidade, que envolve múltiplos polos de interesse, os quais se apresentam em oposições e alianças parciais. Essa característica não é exclusiva dos litígios estruturais. Tanto na esfera pública, quanto no âmbito do Direito Privado, a ideia tradicional de bipolaridade dos conflitos (autor-réu) é insuficiente para explicar diversas situações.

Segundo, o litígio estrutural implica a implementação, pela via jurisdicional, de valores públicos reputados juridicamente relevantes, mas que não foram bem-sucedidos espontaneamente, na sociedade. Nos Estados Unidos, o esforço para se impor judicialmente a realização de valores públicos, talvez o mais ambicioso exercício de poder jurisdicional, ficou conhecido como *public law litigation*, ou ações de interesse público. Esse movimento surge em meados da década de 1950, com os esforços para o combate à segregação escolar, sendo rapidamente expandido para o racismo e a discriminação em outros setores, a reforma de prisões, hospitais, combate a comportamentos ambientalmente lesivos, dentre outras formas de realização de direitos fundamentais (*civil rights*).

Desde o início, o movimento foi confrontado com o fato de que, para se realizar o intento buscado no processo, havia necessidade de se romper com a estrutura tradicional direito-obrigação-violação-reparação. Indenizar aqueles que sofreram com o ilícito é ineficaz para se atingir o objetivo de realizar o interesse público, porque não se impede que as violações continuem ocorrendo. É preciso tomar a violação como ponto de partida para encontrar formas de cessar o comportamento que a origina ou o contexto estrutural que a favorece.

Em terceiro lugar, o litígio estrutural se diferencia pela necessidade de reforma de uma instituição, pública ou privada[294], para permitir a promoção do valor público visado. Essa instituição pode ser a protagonista da violação do direito material litigioso ou pode obstaculizar a sua promoção. De todo modo, no contexto de um litígio estrutural, a tutela jurisdicional efetiva e duradoura é condicionada à alteração do comportamento institucional. Sem ele, eventuais efeitos das decisões serão minorados ou transitórios. A violação pode ser remediada por um período, mas será pouco efetiva e demandará constante supervisão judicial, o que é inviável. A reestruturação da instituição é que permite a auto sustentabilidade do valor promovido pela demanda. Há, portanto, litígios complexos e multipolares que não são de interesse público, bem como há litígios de interesse público que não são estruturais.

Em resumo, litígios estruturais, para os efeitos do presente estudo, são aqueles que envolvem conflitos multipolares, de elevada complexidade, cujo objetivo é promover valores públicos pela via jurisdicional, mediante transformação de uma instituição pública ou privada. Há necessidade de reorganização de toda uma instituição, com a alteração de seus processos internos, de sua estrutura burocrática e

---

Medidas estruturantes: da Suprema Corte estadunidense ao Supremo Tribunal Federal. Porto Alegre: Livraria do Advogado, 2013.

294 É um equívoco associar a reforma estrutural apenas a instituições públicas. Apesar delas serem os réus mais comuns nesses casos, instituições privadas podem perfeitamente demandar alterações estruturais para que resultados sociais sejam produzidos. No mundo contemporâneo, os particulares representam ameaça tão grande ou maior que a do Estado para as liberdades públicas.

da mentalidade de seus agentes, para que ela passe a cumprir sua função de acordo com o valor afirmado pela decisão[295].

O caso paradigmático de litígio estrutural, nos Estados Unidos, é a dessegregação racial das escolas públicas, iniciada com o julgamento de *Bown v. Board of Education*. Ações com o objetivo de mudar o funcionamento de instituições estatais complexas, como o sistema de saúde[296], o funcionamento de escolas e creches[297] ou o sistema prisional[298] também estão nessa categoria.

3. OS LITÍGIOS ESTRUTURAIS NO CONTEXTO DA TEORIA DOS LITÍGIOS COLETIVOS

Em 2016, o autor destas linhas propôs uma teoria para a compreensão do processo coletivo que prescindisse da necessidade de classificação dos direitos (ou das pretensões) em abstrato, como usualmente faz o sistema brasileiro, na esteira do art. 81 do Código de Defesa do Consumidor. A justificativa para esse exercício é que a classificação abstrata de direitos é, em diversas situações, incompatível com a realidade, e impõe a adoção de técnicas que são impróprias para a tutela do direito material litigioso[299].

Dessa forma, a partir de um marco teórico sociológico, foi desenvolvida a ideia de que a tutela coletiva deve partir da classificação do litígio empiricamente verificado, quer dizer, da análise do direito em situação de litígio, não de integridade. Essa construção é orientada por dois indicadores: a complexidade e a conflituosidade.

Complexidade é a variável que indica as possibilidades de tutela adequada de um direito. Ela representa a percepção de que a solução dos litígios pode ser de fácil delimitação (por exemplo, a restituição do valor subtraído ao grupo), mas também pode ser altamente variável, em contextos de divergências científicas ou sociais justificáveis. Por exemplo, tutelar o meio ambiente pelo tratamento dos esgotos sanitários é um objetivo que pode ser alcançado por um grande número de técnicas cientificamente válidas, bem como avaliado sob diversas perspectivas, como é o caso de qual tipo de contaminante se pretende enfocar na despoluição. Os litígios coletivos não são, portanto, igualmente complexos.

[295] FISS, Owen. The Allure of Individualism. In: *Iowa Law Review*, vol. 78, n. 5, 1993, p. 965-980. Ver também FISS, Owen. *The civil rights injunction*. Bloomington: Indiana University Press, 1978. Para uma exposição do papel positivo do processo no combate ao regime do apartheid, na África do Sul, ABEL, Richard L. *Politics by other means*: law struggle against apartheid, 1980-1994. New York: Routledge, 1995.

[296] Ver, dentre outros, NUNES, António José Avelãs; SCAFF, Fernando Facury. *Os tribunais e o direito à saúde*. Porto Alegre: Livraria do Advogado Editora, 2011.

[297] José Maria Tesheiner e Cátia Aida Silva mencionam a ocorrência do mesmo problema, em dois estados diferentes, São Paulo e Rio Grande do Sul: ações destinadas a obrigar o Estado a aceitar matrículas de crianças em idade inferior à definida administrativamente. Ver TESHEINER, José Maria. Jurisdição e Direito objetivo. In: *Justiça do Trabalho*, vol. 28, 2011, p. 28-37; SILVA, Cátia Aida. *Justiça em jogo*: novas facetas da atuação dos Promotores de Justiça. São Paulo: Editora da Universidade de São Paulo, 2001.

[298] STURM, Susan. Legacy and Future of Corrections Litigation. In: *University of Pennsylvania Law Review*, vol. 142, n. 2, 1993, p. 639-738.

[299] VITORELLI, Edilson. *O devido processo legal coletivo*: dos direitos aos litígios coletivos. São Paulo: RT, 2016.

Conflituosidade é o indicador que dá conta do grau de dissenso existente entre os integrantes da sociedade titular do direito litigioso. Muitas vezes, supõe-se que todas as pessoas que integram a sociedade lesada pelo litígio desejam a mesma forma de tutela jurisdicional do direito. A realidade não se apresenta desse modo, em todos os casos. Como não existe uma tutela abstratamente adequada para todos os direitos (em virtude da complexidade) é normal que pessoas razoáveis discordem razoavelmente sobre qual caminho seguir, sobretudo quando o impacto do litígio coletivo sobre os interesses dos indivíduos é significativo. Assim, dentro do grupo social titular do direito podem existir subgrupos que apresentem pretensões total ou parcialmente antagônicas para a tutela do mesmo direito violado.

Esses dois indicadores permitem a classificação dos litígios coletivos em três distintas categorias. Litígios globais são aqueles que atingem a sociedade como um todo, mas nenhum de seus integrantes, em particular. É o caso de um dano ambiental em região desabitada ou de pequenas lesões ao público consumidor. Como o interesse individual no litígio é reduzido, a conflituosidade é baixa, embora a complexidade possa ser alta ou baixa, dependendo das características da lesão, já que pode haver, por exemplo, dissenso cinetífico sobre a melhor forma de restaurar o meio ambiente.

A categoria oposta aos litígios globais é a dos litígios locais. Eles representam as violações que atingem, de modo específico, a pessoas que integram uma sociedade altamente coesa, unida por laços identitários de solidariedade social, emocional e territorial. É o caso de litígios ambientais relacionados a terras indígenas, ou de lesões graves a consumidores, que causem elevados prejuízos financeiros, ferimentos ou mesmo a morte. Nesse contexto, os efeitos do litígio coletivo sobre os indivíduos são tão pronunciados que o grupo tem interesse de se envolver pessoalmente nas decisões relacionadas a sua reparação. A conflituosidade, com isso, se eleva, mas não aumenta em demasiado, porque os laços de identidade existentes entre os membros do grupo atribuem algum grau de uniformidade a suas pretensões.

Finalmente, nos litígios irradiados, a lesão afeta, de modo desigual e variável, tanto em intensidade, quanto em natureza, uma sociedade que se subdivide em vários subgrupos. Essas pessoas não têm laços de identidade entre si, não compartilham dos mesmos interesses e, por isso, compõem uma sociedade que é a decorrência da superposição de interesses apenas parcialmente coincidentes e, em alguns casos, antagônicos. No extremo, para algumas pessoas, o melhor resultado do litígio pode ser a inexistência de tutela, o que poderia prejudicar os demais, mas, nem por isso, seria um pleito descartável *ex-ante*. Essa situação é bem exemplificada pela construção de uma usina hidrelétrica, que gere impacto sobre uma cidade. Grupos de pessoas diferentes são atingidos de modos diferentes, com maior ou menor intensidade, o que gera pretensões de tutela distintas e variadas, possivelmente antagônicas, total ou parcialmente.

Os litígios estruturais fazem parte dessa terceira categoria. Quando há necessidade de se alterar o funcionamento de grandes instituições, públicas ou privadas, para a promoção de valores públicos relevantes, invariavelmente haverá impactos graves sobre grupos distintos de pessoas, com interesses não alinhados, os quais pretenderão promover seus próprios interesses. O conflito, nessa situação, não existe apenas entre autor e réu, mas também entre os membros do grupo.

O restante deste trabalho tratará o litígio estrutural como um litígio irradiado. A análise da experiência nacional e internacional demonstra, com clareza, a impossibilidade de se pretender classificar, abstratamente, o litígio estrutural como atinente a direitos difusos, coletivos ou individuais homogêneos. Essa classificação, proposta pelo Código de Defesa do Consumidor, há quase trinta anos, é de inestimável valor histórico, mas incapaz de descrever a realidade complexa e conflituosa de um litígio estrutural.

Um exemplo concreto, que será retomado na sequência, ajuda a demonstrar essa afirmação. Considere-se um litígio relativo ao fechamento de um hospital psiquiátrico e fornecimento de tratamento ambulatorial para seus pacientes, em virtude de maus tratos praticados contra eles. Esse litígio envolve direitos dos internos, de seus parentes, dos funcionários, providências a cargo do Estado, complexos cronogramas de implementação de medidas, no cenário de uma situação mutável na qual, provavelmente, as pretensões de diversos subgrupos de indivíduos que compõem cada uma dessas subclasses serão antagônicas entre si, em relação ao réu, mas também em relação ao autor. Alguns podem querer que o Estado pague indenização pelos maus-tratos, outros, que o enfoque seja para as providências futuras. Alguns podem esperar o fechamento total do hospital, outros pretenderão que ele se mantenha aberto, total ou parcialmente. Os funcionários terão pretensões de permanecer como estão, ou serem realocados, ou indenizados pelas más condições de trabalho. Alguns parentes podem ter interesse e condições de receber os internos, enquanto outros insistem na manutenção da internação ou na necessidade de outras formas de apoio estatal.

Enfim, conforme se sustentou no desenvolvimento da teoria dos litígios coletivos, é chegada a hora da doutrina brasileira deixar de se deter sobre o exercício, tão interessante quanto inútil, de tentar classificar as pretensões coletivas em três categorias abstratas que não são capazes de explicar a realidade. Em uma ampla guinada metodológica, é preciso partir do litígio, analisar suas características e a elas dar consequências jurídicas. Essa é a proposta que orienta a análise subsequente.

4. ORIGEM DO PROCESSO COLETIVO ESTRUTURAL NOS ESTADOS UNIDOS

O processo coletivo estrutural nasceu de uma necessidade eminentemente prática, quando as luzes se apagaram em *Bown v. Board of Education*. O *Chief Justice* Warren, responsável pela decisão, adotou a posição de que ela deveria expressar um consenso da Corte, pois a mudança de entendimento que se pretendia realizar seria enfraquecida pela existência de votos vencidos. O preço a pagar foi o grau de detalhamento do voto publicado. Basicamente, *Brown* diz apenas que a segregação é ilegal. Quando chega o momento de determinar o que fazer para resolvê-la, a Corte afirma[300]:

300 *Brown v. Board of Education of Topeka*, 347 U.S. 483 (1954).

> Porque essas são ações coletivas e por causa da ampla aplicabilidade dessa decisão, e em razão da grande variedade de condições locais, a formulação de ordens nesses casos apresenta problemas de considerável complexidade. (...) De modo que nós tenhamos a total assistência das partes para formular essas ordens, os casos serão devolvidos aos juízos e as partes são convidadas a apresentar novos argumentos...

Fica claro que a Suprema Corte disse "o que", mas não disse "como". Esse segundo momento, que ficou conhecido, embora não tanto quanto o primeiro, como *Brown II*[301], confirmou a impressão de que a Suprema Corte iria se abster de responder às perguntas difíceis remanescentes. A Corte devolveu os casos pendentes aos juízos de origem para "adotar providências compatíveis com esse julgamento, expedindo as ordens para tanto necessárias, de modo a fazer com que as partes ingressem em escolas públicas não segregadas com base em raça, com a máxima urgência". Não foi fixado qualquer parâmetro concreto, de modo ou de tempo, para que se produzisse ou avaliasse uma alteração que significava, na prática, mudar todo o sistema educacional de diversos estados, afetando milhares de crianças e pais, além das instituições administrativas responsáveis pela gestão das escolas.

Assim, os juízes inferiores começaram a criar, por conta prórpia, modos de implementar essa decisão, voltando-se para o uso de *injunctions*, ordens judiciais que estabelecem obrigações de fazer ou não fazer. Embora já existissem há muito tempo no sistema americano, sendo originárias das cortes de *Equity*, as *injunctions* foram pouco utilizadas na primeira metade do século XX, em razão dos entendimentos jurisprudenciais restritivos então vigentes. Na era pós-*Brown*, elas se tornariam o principal instrumento para determinar que os servidores públicos encarregados da organização escolar adotassem comportamentos tendentes à dessegregação[302], em meio à forte resistência política e popular em algumas localidades[303]. As *injunctions* emitidas nesse contexto de afirmação de direitos fundamentais (*civil rights*), ou seja, de direito público (*public law litigation*), foram denominadas por Owen Fiss *civil rights injunctions*[304].

Logo, de acordo com a doutrina norte-americana, há uma categoria de ações judiciais de interesse público (*public law litigation*), que se valem de ordens judicias que impõem obrigações de fazer ou não fazer (*injunctions*) para a realização de direitos fundamentais (*civil rights injunctions*)[305]. Quando há necessidade de, para atingir o objetivo de tutela de um direito fundamental, reformar instituições inteiras,

---

301 *Brown v. Board of Education of Topeka*, 349 U.S. 294 (1955).

302 FISS, Owen. The Allure of Individualism. In: *Iowa Law Review*, vol. 78, n. 5, 1993, p. 965-980.

303 Basta exemplificar com o *Southern Manifesto*, documento assinado, em 1956, por 101 políticos de vários estados do sul do país, no qual se lia: "We regard the decisions of the Supreme Court in the school cases as a clear abuse of judicial power. It climaxes a trend in the Federal Judiciary undertaking to legislate, in derogation of the authority of Congress, and to encroach upon the reserved rights of the States and the people. (...) This unwarranted exercise of power by the Court, contrary to the Constitution, is creating chaos and confusion in the States principally affected. It is destroying the amicable relations between the white and Negro races that have been created through 90 years of patient effort by the good people of both races. It has planted hatred and suspicion where there has been heretofore friendship and understanding".

304 FISS, Owen. *The civil rights injunction*. Bloomington: Indiana University Press, 1978.

305 Via de regra, as instituições reformadas são públicas, mas há quem aponte a ocorrência de reformas estruturais, pela via processual, em grandes empresas privadas. Ver GARRETT, Brandon L. Structural Reform Prosecution. In: *Virgina Law Review*, vol. 93, 2007, p. 853-957.

as ordens judiciais respectivas ficaram conhecidas como *structural injunctions*[306]. Assim, a referência ao processo coletivo estrutural (*structural litigation*) é aplicável aos casos em que a pretensão coletiva não é apenas de imposição de um comportamento, mas a realização de uma alteração estrutural em uma organização, com o objetivo de potencializar o comportamento desejado no futuro.

5. DIFICULDADES EMPÍRICAS DO PROCESSO ESTRUTURAL

Do ponto de vista prático, as principais críticas em relação ao processo coletivo estrutural são de que ele viola a teoria da separação de poderes e atribui aos juízes competências que são executivas, as quais eles têm pouca aptidão para desempenhar. Além disso, o processo recorrentemente não consegue cumprir o papel a que se propõe, dadas as limitações que lhe são inerentes. Nesse contexto, ele desvia os esforços e o foco social do debate político para os tribunais, desmobilizando os grupos que pretende proteger. Dito de outro modo, se não houvesse possibilidade de buscar mudança social pela via jurisdicional, os grupos sociais mobilizar-se-iam para consegui-la politicamente.

Apesar dessas críticas, a doutrina mais progressista considera o processo coletivo, ainda que imperfeito, indispensável como estratégia de mudança social[307]. O seu sucesso motivou uma reação conservadora nos Estados Unidos, com entendimentos restritivos à aplicação das *structural injunctions*, a partir da presidência do Juiz Burger na Suprema Corte[308]. Mesmo assim, como apontam Brinks e Gauri, "de uma perspectiva pragmática, é tarde para questionar se os tribunais *deveriam* intervir para assegurar direitos, porque já o fazem diariamente; a pergunta mais importante agora é como devem fazê-lo"[309].

Além das implicações políticas, alguns estudos lançaram dúvidas pertinentes sobre a eficácia dos esforços para se produzir mudança social por intermédio de processos judiciais. Joel Handler analisou trinta e cinco casos no Judiciário federal americano, encontrando tanto experiências de sucesso como de fracasso, este geralmente relacionado não à definição dos novos parâmetros desejados, mas aos

306 Afirma Owen Fiss que *structural injunction* é "the formal medium through which the judiciary seeks to reorganize ongoing bureaucratic organizations so as to bring them into conformity with the Constitution". FISS, Owen. The Allure of Individualism. In: *Iowa Law Review*, vol. 78, n. 5, 1993, p. 965.

307 CUMMINGS, Scott L. e RHODE, Deborah L. Public interest litigation: insights from theory and practice. In: *Fordham Urban Law Journal*, vol. 36, n. 4, 2009, p. 603-652.

308 Susan Sturm aponta as seguintes características do processo coletivo estrutural:"1. Because the relevant liability norms consist of generally articulated, aspirational norms to be implemented in differentiated contexts, they do not dictate the content of the remedy in particular cases;2. The type of fact-finding needed to devise remedial judgments is predictive and aimed at problem solving rather than at determining truth and responsibility;3. The targets of remedial activity tend to be organizations and systems involving participants with differing perspectives on, and interests in, the remedy; and4. Participation in the formulation of a remedy serves an independent value because of the importance of cooperation and respect for the authority of public entities in achieving compliance". STURM, Susan. A Normative Theory of Public Law Remedies. In: *Georgetown Law Journal*, vol. 79, n. 5, 1991, p. 1377.

309 BRINKS, Daniel; GAURI, Varun. Sobre triángulos y diálogos: nuevos paradigmas em la intervención judicial sobre el derecho a la salud. In: GARGARELLA, Roberto (org.) *Por una justicia dialógica*: El poder Judicial como promotor de la deliberación democrática. Buenos Aires: Siglo XXI Editores, 2014, ebook.

obstáculos concretos para a sua implementação. Quando muitas modificações são necessárias, em toda a dimensão da estrutura burocrática da instituição, existe maior risco de que a decisão seja ineficaz[310]. Gerald Rosenberg sustenta que a eficácia da mudança social por intermédio dos tribunais depende da presença de pelo menos uma entre quatro condições que delineia e da superação de três limitações inerentes à atividade jurisdicional. Analisando grande quantidade de dados empíricos, Rosenberg não considera que a dessegregação racial efetiva tenha decorrido, direta ou indiretamente, da decisão de *Brown*, ou de quaisquer outras decisões judiciais que a seguiram, mas sim dos movimentos em prol dos direitos humanos da década de 1960[311]. Por outro lado, no caso do aborto, *Roe v. Wade*[312] conseguiu obter, pelo menos parcialmente, os resultados que se esperava, porque a expansão de clínicas privadas, especializadas em realizar o procedimento, permitiu que o mercado fornecesse as condições necessárias, independentemente das instituições públicas.

Há autores que advogam visões mais otimistas. Cummings e Rhode apontam que o processo pode trazer benefícios indiretos para a melhoria institucional, como o aumento de visibilidade de uma causa, auxiliando a colocar em movimento outras forças sociais que permaneceriam alheias ao problema[313]. Também relembram que a avaliação dos ganhos decorrentes de um processo deve ser feita de acordo com as alternativas existentes. A afirmação de que o resultado do processo coletivo é insatisfatório não deveria ser feita sem que se apontasse qual instrumento poderia ter gerado o efeito esperado. Na maioria dos casos, a alternativa ao processo é a manutenção do *status quo*, porque nenhuma outra ferramenta de mudança social se apresenta com potencial concreto para fazer a alteração que se pretende.

Isso não significa endossar um raciocínio de que cabe ao Judiciário o papel de guardião de todas as esperanças do povo. Quer dizer apenas que, dentre outros vários elementos, se deve considerar, na crítica ao processo coletivo, a aptidão dos outros canais de poder para promover as mudanças pretendidas pelo grupo social. "As limitações do processo não podem ser avaliadas no vácuo[314]", mas apenas à luz das alternativas existentes.

---

310 HANDLER, Joel F. *Social Movements and the Legal System*: Theory of Law Reform and Social Change. New York: Academic Press, 1979.

311 ROSENBERG, Gerald N. *The Hollow Hope*: Can Courts Bring About Social Change? 2. ed. Chicago: The University of Chicago Press, 2008.

312 410 U.S. 113 (1973)

313 CUMMINGS, Scott L. e RHODE, Deborah L. Public interest litigation: insights from theory and practice. In: *Fordham Urban Law Journal*, vol. 36, n. 4, 2009, p. 610. É bem verdade que Gerald Rosenberg também analisa esse efeito indireto de visibilidade da causa, a partir de dados empíricos tais como o número de publicações sobre o assunto em jornais, e não encontra correlação do mesmo com os processos judiciais. Ver ROSENBERG, Gerald N. *The Hollow Hope*: Can Courts Bring About Social Change? 2. ed. Chicago: The University of Chicago Press, 2008.

314 CUMMINGS, Scott L. e RHODE, Deborah L. Public interest litigation: insights from theory and practice. In: *Fordham Urban Law Journal*, vol. 36, n. 4, 2009, p. 612.

6. DIFICULDADES RELATIVAS À TOMADA DE DECISÃO: HEURÍSTICAS E VIESES COGNITIVOS

Decidir uma causa que tem potencial para afetar milhares ou milhões de pessoas é, seguramente, uma tarefa difícil. Quando a função judicial ganhou, em tempos antigos, a feição de terceiro imparcial ao qual as partes atribuem a solução do conflito, o arquétipo da atividade foi concebido como alguém que reconstrói o passado para determinar qual teria sido a conduta devida, se a lei tivesse sido obedecida. Nem de longe o juiz de um processo estrutural realiza essa função. O que ele faz, ao verificar que o comportamento institucional não se amolda ao ordenamento jurídico, é estabelecer essa constatação como ponto de partida de uma atividade futura, que, sem uma metodologia predefinida, procurará atingir o resultado desejável.

Ocorre que todos esses conceitos - ilegalidade, resultado desejável, atividade futura - só são claros do ponto de vista abstrato. Concretamente, quando o juiz se defronta com litígios complexos - litígios nos quais existem múltiplas possibilidades de tutela, sem que se possa definir, de modo unívoco, qual é a adequada - o campo da análise se estenderá consideravelmente. Para muitos, isso suscita a preocupação com a chamada discricionariedade judicial[315]. Apesar de relevante, não é esse o problema que se pretende tratar aqui, mas sim uma questão pragmática: o juiz tem condições de tomar uma boa decisão, em um cenário de elevada complexidade? Ou, melhor ainda, quais são os obstáculos para que a decisão, seja qual for, dê conta da complexidade fática do mundo.

O primeiro problema está não na falta de boas intenções, mas a presença delas. As pessoas que se dedicam aos litígios de interesse público tendem a combinar, na visão de Margulies, modos de cognição e decisão afetivos e instrumentais. Eles tendem a se apegar emocionalmente às causas cujas injustiças pretendem remediar e orientam suas atitudes instrumentalmente ao alcance do objetivo final que elegeram. Com isso, adicionam a esperança de que o futuro pode ser melhor à crença de que sua própria expertise pode ajudar a moldá-lo. Essas características são, ao mesmo tempo, a força e a fraqueza do sistema. Por um lado, as pessoas que se envolvem com os litígios de interesse público são altamente comprometidas e motivadas na obtenção dos resultados que visualizam. Por outro, seu apego emocional a certas causas as faz míopes a outras, criando "zonas de indiferença" que fazem com que a mudança social ocorra apenas em segmentos específicos, aumentando o risco de injustiça temporal, decorrente das consequências futuras do processo[316].

Esse é a questão das heurísticas, que Margulies abordou em outro trabalho[317]. Heurísticas são regras que as pessoas frequentemente usam para conhecer uma

[315] Ver, por exemplo, CAPELLETTI, Mauro. *Juízes legisladores*? Porto Alegre: Sérgio Antônio Fabris Editor, 1993 e ABBOUD, Georges. *Discricionariedade Administrativa e Judicial*. São Paulo: RT, 2014.

[316] MARGULIES, Peter. The new class action jurisprudence and public interest law. In: *New York University Review of Law and Social Change*, vol. XXV, 1999, p. 500.

[317] MARGULIES, Peter. Who Are You to Tell Me That: Attorney-Client Deliberation Regarding Nonlegal Issues and the Interests of Nonclients. In: *North Carolina Law Review*, vol. 68, n. 2, 1990, p. 213-252. O aspecto psicológico referido pelo autor é tratado em KAHNEMAN, Daniel; SLOVIC, Paul; TVERSKY, Amos (eds.) *Judgment under uncertainty*: heuristics and biases. Cambridge: Cambridge University Press, 1999.

situação e tomar decisões. São uma espécie de atalho mental que viabiliza a redução da complexidade do mundo, para permitir que a decisão enfoque um número menor de variáveis. Em certo sentido, pode-se dizer que o processo é, em si, uma forma de heurística. Seria impossível decidir qualquer caso se fosse necessário levar em conta todos os detalhes que contribuíram para a sua ocorrência. Ao separar fatos juridicamente relevantes ou irrelevantes, o ordenamento jurídico realiza um processo heurístico.

Embora funcione bem na maioria dos casos, é possível e, até mesmo, comum, a ocorrência de desvios nesse processo, resultando em decisões que se afastam do que seria o resultado mais adequado para o caso. Os erros resultantes desses desvios são chamados vieses cognitivos e podem ter uma série de perfis e ocorrer em todo tipo de circunstância. A pesquisa seminal sobre a questão foi realizada na década de 1970, por Amos Tversky e Daniel Kahneman[318], originando uma profícua linha de estudos nas décadas subsequentes.

Três heurísticas foram propostas pelos autores, relacionadas à representatividade, disponibilidade e ancoragem-ajustamento. Outras foram determinadas posteriormente. Em linhas gerais, elas demonstram que existem falhas no processo de extrair inferências de determinadas circunstâncias, que são inerentes às limitações cognitivas do ser humano.

6.1. Heurística de disponibilidade

A heurística de disponibilidade se refere ao problema de que eventos que podem ser recordados com facilidade, ainda que raros, são percebidos como se fossem mais comuns do que efetivamente são. Assim, as pessoas tendem, por exemplo, a superestimar os riscos associados ao terrorismo em virtude do choque e do caráter extremo associado ao evento. Por outro lado, eventos comuns tendem a ser subestimados. Em um curioso experimento, Carrol demonstrou que pessoas que eram solicitadas a imaginar a vitória de um candidato nas eleições presidenciais tendiam a considerar, em entrevista posterior, que aquele candidato teria mais chances de vencer[319]. O simples fato de alguém imaginar um evento é suficiente para incrementar a expectativa de que ele ocorra.

Em termos processuais, isso faz com que o juiz seja mais propenso a conceder direitos que sejam fundados em histórias individuais dramáticas, como ocorre em demandas individuais relacionadas a tratamentos médicos, do que pretensões embasadas em dados estatísticos sólidos. Também faz com que os efeitos previstos, imaginados ou discutidos de uma decisão sejam considerados mais prováveis do que efeitos não previstos, ainda que haja elementos científicos que indiquem o contrário. Há, ainda, indicações de influências temporais sobre a disponibilidade: eventos mais recentes são vistos como mais prováveis do que os que ocorreram há mais tempo. Raciocínios de correlação igualmente sofrem desse efeito[320]. Eventos tendem a ser

[318] TVERSKY, Amos; KAHNEMAN, Daniel. Availability: A heuristic for judging frequency and probability. In: *Cognitive Psychology*, n. 5, vol. 2, 1973, p. 207-232.

[319] CARROLL, J. S. The Effect of Imagining an Event on Expectations for the Event: An Interpretation in Terms of the Availability Heuristic. In: *Journal of Experimental Social Psychology*, vol. 14, n. 1, 1978, p. 88-96: "The results of these studies demonstrate that instructions to imagine an event are sufficient to increase expectations for that event".

[320] SRULL, Thomas; WYER, Robert. The Role of Category Accessibility in the Interpretation of Information About Persons: Some Determinants and Implications. In: *Journal of Personality and Social Psychology*, vol. 37, n. 10, 1979, p. 1660-1672: "...once a

vistos como correlatos se for fácil recordar-se deles ocorrendo ao mesmo tempo, ainda que isso não passe de coincidência.

6.2. Heurística de representatividade

A heurística de representatividade se apresenta na situação de enquadramento de elementos em categorias. Um elemento é considerado representativo quando tem as características prototípicas associadas à categoria. O problema é que as pessoas tendem a se focar em determinadas características dos elementos, sem perceber o quão comum essas características de fato são nos outros. Isso faz com que propriedades muito raras tendam a ter sua ocorrência superestimada, por serem muito representativas da categoria, enquanto características comuns são subestimadas. Com isso, cria-se a propensão de tomar decisões que contrariam as probabilidades reais de incidência dos eventos.

Tversky e Kahneman demonstraram experimentalmente que mesmo regras básicas de probabilidade, como a de que a ocorrência conjunta de X e Y nunca pode ser mais provável que a ocorrência isolada de cada elemento, pode ser ignorada pelas pessoas se Y for um evento muito representativo do conjunto analisado e X não for (a chamada falácia da conjunção)[321]. Essa violação de regras de probabilidade também se apresenta por intermédio da ignorância dos dados de base (pela qual as pessoas julgam probabilidades com base em casos específicos, ignorando as informações gerais disponíveis sobre o campo), da desconsideração do tamanho da amostra (violação da regra estatística segundo a qual as oscilações tendem a ser maiores quanto menores forem as amostras), do efeito de diluição (informações irrelevantes tendem a enfraquecer informações relevantes) e pela má representação da aleatoriedade (tendência a considerar eventos isolados e aleatórios como se fossem relacionados), dentre outros[322].

A heurística de representatividade se refere, ainda, ao fato de que as pessoas tendem a perceber semelhanças entre indivíduos, condições e eventos, extraindo inferências de causalidade a partir da similaridade entre situações repetidas, o que inibe a habilidade de considerar o espectro completo de informações. Eventos similares tendem a ser vistos como causalmente relacionados, enquanto eventos muito distintos são percebidos como não relacionados, ainda que o sejam[323].

trait concept or schema is made more accessible by previous cognitive activity, the likelihood that the same schema will be used to encode new information is increased. The accessibility of these concepts, and therefore the likelihood that they are subsequently used, increases with the number of times that instances of them have been activated in the past".

321 TVERSKY, Amos; KAHNEMAN, Daniel. Extensional versus intuitive reasoning: The conjunction fallacy in probability judgment. In: *Psychological Review*, vol. 90, n. 4, 1983, p. 293-315.

322 Cada um desses efeitos foi testado por pesquisadores e retratado em artigos espeíficos. Ver, por exemplo, NISBET, Richard E.; ROSS, Lee. *Human inference*: strategies and shortcomings of social judgment. Englewood Cliffs, NJ: Prentice-Hall, 1980; POUNDSTONE, William. *Priceless*: the myth of fair value. New York: Hill and Wang, 2010. De modo geral, ver ALTMAN, Morris (org.). *Real-World Decision Making*: An Encyclopedia of Behavioral Economics. Santa Barbara: Greenwood, 2015; KAHNEMAN, Daniel; SLOVIC, Paul; TVERSKY, Amos (eds.). *Judgment under uncertainty*: heuristics and biases. Cambridge: Cambridge University Press, 1982; POHL, Rüdiger F. *Cognitive Illusions*: A Handbook on Fallacies and Biases in Thinking, Judgement and Memory, Hove: Psychology Press, 2004.

323 Ver NISBETT, Richard; ROSS, Lee. *Human inference*: strategies and shortcomings of social judgment. Englewood Cliffs: Prentice-Hall, 1980.

6.3. Heurística de ancoragem-ajustamento

Em terceiro lugar, a heurística de ancoragem-ajustamento reflete a tendência dos indivíduos em tomar decisões que permaneçam próximas aos dados iniciais, já disponíveis. Por exemplo, quando participantes de um experimento recebem um número inicial e são convidados a supor um número subsequente que pareça plausível, eles tendem a permanecer mais próximos do número inicial do que seria adequado. A âncora contamina a estimativa, ainda que esteja errada ou seja irrelevante. Esse problema heurístico se relaciona também com o viés de confirmação, que é a tendência de procurar, perceber e interpretar informações de forma a confirmar as próprias preconcepções do sujeito[324].

Nesse sentido, as pessoas tendem a tomar decisões que as mantenham próximas dos dados conhecidos ou de sua zona de conforto. Por isso, quanto mais radical for a mudança pretendida, mais improvável que ela seja adotada, ainda que todos os dados científicos indiquem sua necessidade.

7. AS HEURÍSTICAS E SUA INFLUÊNCIA NA DECISÃO JUDICIAL

A breve incursão psicológica realizada no item anterior tem claros impactos sobre a atividade judicial em geral e sobre o processo coletivo, em particular. O primeiro aspecto a ser destacado é a quase total ausência de bibliografia e de interesse sobre o assunto no meio jurídico. A atividade jurídica envolve, cotidianamente, a tomada de decisões, não apenas para o juiz, mas para todos os sujeitos. Advogados precisam decidir sobre as estratégias processuais, sobre o modo de aconselhar seus clientes ao acordo ou ao ajuizamento de ações e, se for este o caso, decidir sobre as teses fáticas e jurídicas, a estratégia de produção de provas etc. Membros do Ministério Público precisam decidir sobre o melhor modo de representar os interesses da coletividade e assim por diante.

Apesar disso, não há, no Brasil, estudos consolidados sobre os processos mentais de tomada de decisão na área jurídica, campo que é fértil e tradicional nos Estados Unidos[325]. Mesmo estudos sobre aspectos psicológicos da imparcialidade judicial são raros na doutrina nacional, que se limita a comentar as hipóteses de impedimento e suspeição previstas no CPC[326]. Pior, mais que ignorância, parece haver uma percepção velada de que esse aspecto é irrelevante. Os estudos sobre a produção de provas de ofício pelo juiz, que sustentam a previsão do art. 370 do CPC ("Caberá ao juiz, de

[324] KAHNEMAN, Daniel; SLOVIC, Paul; TVERSKY, Amos (eds.). *Judgment under uncertainty*: heuristics and biases. Cambridge: Cambridge University Press, 1982, p. 23 e ss.

[325] Ver, por exemplo, HOLLANDER-BLUMOFF, Rebecca. The Psychology of Procedural Justice in the Federal Courts. In: *Hastings Law Journal*, vol. 63, 2011, p. 127-178; THIBAUT, John; WALKER, Laurens. *Procedural justice*: a psychological analysis. Hillsdale: Lawrence Erlbaum Associates, Publishers: 1975; TYLER, Tom R. The psychology of procedural justice: A test of the group-value model. In: *Journal of Personality and Social Psychology*, vol. 5, n. 5, 1996, p. 830-838; KLEIN, David; MITCHELL, Gregory (org.) *The psychology of judicial decision making*. New York: Oxford University Press, 2010, p. 103-120;

[326] Exceção feita ao trabalho de COSTA, Eduardo José da Fonseca. *Levando a imparcialidade a sério*: proposta de um modelo interseccional entre direito processual, economia e psicologia. Tese de doutorado apresentada à Faculdade de Direito da Pontifícia Universidade Católica de São Paulo. São Paulo, 2016. Ver também FREITAS, Juarez. A hermenêutica jurídica e a ciência do cérebro: como lidar com os automatismos mentais. Revista da AJURIS. v. 40. n. 13, 2013, p. 223-244.

ofício ou a requerimento da parte, determinar as provas necessárias ao julgamento do mérito") embasaram-se decisivamente na análise objetiva da conduta do juiz: ao determinar a prova, o juiz não tem como prever seu resultado, conservando, por isso, sua imparcialidade. Mas não se analisou o processo psicológico por intermédio do qual o juiz decide determinar a produção de provas não requeridas pelas partes. Até que ponto ela decorre não de uma "busca da verdade", mas de uma pré-representação do resultado do processo, da decisão de antemão considerada "justa", que não foi, até aquele momento, refletida na prova dos autos?[327]

No processo coletivo estrutural, que não atua no modelo tradicional de decisão, a situação é sobremaneira mais complexa. Ao adotar uma decisão estrutural, o juiz não se limita a analisar fatos passados e determinar a sua modificação no presente. Ele projeta para o futuro sua própria visão de como a instituição destinatária da ordem deve se organizar e se comportar. Em outras palavras, a atividade do juiz se torna mais parecida com a do legislador, que analisa o passado para moldar o futuro, não com o perfil clássico da jurisdição, que analisa o passado para remediá-lo. Essa característica é ainda mais visível quando o juiz dispõe, para embasar a decisão, apenas de princípios jurídicos de baixa densidade normativa e/ou de forte carga valorativa, que lhe atribuem elevado grau de liberdade interpretativa, que resvala em elementos metajurídicos.

Nesse tipo de cenário, o juiz está mais exposto à contaminação de seus processos heurísticos por vieses cognitivos, que merecem estudos mais detidos.

7.1. A influência da heurística de disponibilidade na decisão judicial

No campo da heurística de disponibilidade, as partes buscarão apresentar, e o julgador estará mais propenso a acolher, pretensões construídas e sustentadas a partir de histórias individuais dramáticas. Os dados estatísticos sólidos, que representem a totalidade do contexto da reforma que se pretende desenvolver, tenderão a ter menos peso.

Marguiles exemplifica essa situação a partir das ações relacionadas à desinstitucionalização psiquiátrica, recorrentemente verificadas nos Estados Unidos, na década de 1980 e, mais recentemente, no Brasil. Tais demandas foram, invariavelmente, instruídas com imagens de pessoas maltratadas, que inspiram reações emocionais em favor da tese, mesmo que não houvesse qualquer dado estatístico sobre qual percentual de internos maltratados, no sistema como um todo[328]. Assim, a decisão de fechamento de hospitais foi transformada em uma necessidade humanitária urgente, ainda que não houvesse dados relativos à totalidade do sistema.

Viéses cognitivos no contexto da heurística de disponibilidade também fazem com que os efeitos previstos, imaginados ou discutidos de uma decisão sejam considerados mais prováveis do que efeitos não previstos, mesmo que haja elementos científicos que indiquem o contrário. Esse problema também se relaciona com o viés

---

[327] Há, é claro, autores que levantaram objeções similares. Ver, por exemplo, os textos apresentados em DIDIER, Fredie et. al. (org.). *Ativismo judicial e garantismo processual*. Salvador: Editora Juspodivm, 2013, com argumentos favoráveis e contrários.

[328] MARGULIES, Peter. Who Are You to Tell Me That: Attorney-Client Deliberation Regarding Nonlegal Issues and the Interests of Nonclients. In: *North Carolina Law Review*, vol. 68, n. 2, 1990, p. 213-252.

de confirmação, da heurística de ancoragem-ajustamento. Partes e juízes tendem a se envolver em um duradouro debate sobre o objeto litigioso, ao longo da instrução processual. Isso os torna propensos a considerar que os aspectos do caso que foram debatidos são os mais relevantes. Por essa razão, perspectivas paralelas, que surjam posteriormente, serão objeto de resistência, mesmo que sejam mais importantes do que as que já foram consideradas. A regra da estabilização da demanda (art. 329 do CPC) contribui para essa distorção.

Ao longo do processo de dessegregação racial, o enquadramento dos latinos constituiu situação ilustrativa de como questões surgidas em momentos inoportunos tendem a ser desconsideradas, ainda que sejam importantes. Na década de 1970, quando diversos casos, na linha de *Brown*, questionavam aspectos da segregação racial em variadas localidades, alguns pais de alunos hispânicos tentaram intervir nos processos de dessegregação, afirmando que a distribuição dos estudantes latinos por diversas escolas colocaria em risco a educação bilíngue dos alunos e, em última análise, prejudicaria a manutenção de sua identidade cultural[329]. O pedido foi negado e os processos prosseguiram sem a representação dessa subclasse[330].

Em *Mendoza II v. United States*[331], situação similar foi verificada. Os pais de alunos latinos recorreram contra o plano de dessegregação das escolas de Tucson, Arizona, ao argumento de que deveria ter sido criada uma subclasse para tratar das especificidades de sua situação, mais precisamente de sua pretensão de manter abertas algumas escolas que o plano aprovado tencionava fechar. O pedido foi negado pelo 9º Circuito, ao argumento de que, na certificação da classe, o juízo tem um certo grau de discricionariedade para aceitar subclasses, a partir da consideração de seu potencial para melhorar a apresentação de todas as circunstâncias relevantes. Além disso, considerou que a subclasse era definida de modo vago e não havia clareza sobre a opinião de seus membros acerca do acordo como um todo, para além do pleito de evitar o fechamento de escolas específicas[332]. Parece claro, todavia, que a

---

[329] A educação bilíngue para alunos de grupos minoritários desperta polêmica nos Estados Unidos, em razão dos custos que representa para o sistema público. Para um debate desse ponto, ver MARGULIES, Peter. Bilingual Education, Remedial Language Instruction, Title VI, and Proof of Discriminatory Purpose: A Suggested Approach. In: *Columbia Journal of Law and Social Problems*, vol. 17, n.1, 1981, p. 99-162. No contexto da dessegregação escolar, o assunto foi abordado em COMMENT. Bilingual Education and Desegregation. In: *University of Pennsylvania Law Review*, vol. 127, n. 6, 1979, p. 1564-1606. Em 1998, os eleitores californianos aprovaram a *Proposition 227*, que mudava as normas de ensino do inglês para alunos que não o tinham como língua nativa. Os resultados são até hoje polêmicos. Há quem diga que a norma contribuiu para a elevação das notas dos estudantes hispânicos em inglês, enquanto outros sustentam que ela foi uma forma disfarçada de eliminar a educação bilíngue nas escolas. Ver JOHNSON, Kevin R.; MARTINEZ, George A. Discrimination by Proxy: The Case of Proposition 227 and the Ban on Bilingual Education. In: *U.C. Davis Law Review*, Vol. 33, n. 4, 2000, p. 1227-1276.

[330] *Bradley v. Milliken*, 620 F.2d 1141 (6th Cir. 1980). O caso ainda tem outro episódio lamentável. Ele foi o segundo caso de dessegregação a chegar à Suprema Corte, depois de *Brown*, quebrando, junto com *Swann v. Charlotte-Mecklenburg Board of Education*, 402 U.S. 1 (1971), um silêncio de mais de uma década, durante a qual a Corte apenas assistiu passivamente aos inúmeros embates que decorreram de sua decisão originária. Mas, em *Milliken v. Bradley*, 418 U.S. 717 (1974), a Corte decidiu que a segregação de fato não atrai os mesmos efeitos da segregação de direito e que, se não puder ser provado que havia intento segregacionista na atuação do Estado, não se poderia impugnar sua ação, mesmo que o resultado fosse, faticamente, o de segregar. Isso fez com que a segregação em Detroit permanecesse, em grande medida, uma realidade. Ver FARLEY, Reynolds; DANZIGER, Sheldon e HOLZER, Harry J. *Detroit Divided*. New York: The Russell Sage Foundation, 2002.

[331] 623 F. 2d 1338 (9th Cir., 1980).

[332] "The foreclosure of this issue from the settlement strikes at the heart of the subclassification motion. The need for the subclass was premised upon the desire to prevent the schools from being closed, a desire apparently shared by a significant number of parents whose children attended those schools. However, it is not at all clear where the proposed subclass stood

não certificação da subclasse contribuiu para que o interesse de seus membros se tornasse ainda mais difícil de definir e de representar no processo[333].

Yeazell[334] aponta problema similar em *Johnson v. San Francisco Unified School District*[335], processo no qual os pais de alunos de ascendência chinesa buscaram interferir no processo de dessegregação escolar, ajuizado pelos pais de alunos negros, ao argumento de que a realocação dos alunos inviabilizaria a frequência a escolas que oferecessem não apenas o estudo do idioma, mas também da arte, cultura e história do país de origem. Como nota Yeazell, pensada da perspectiva tradicional, essa intervenção não se justificaria, pois não há propriamente uma violação a direitos subjetivos do grupo[336]. Todavia, os alunos chineses não pretendiam permanecer separados por motivos racistas, mas por fundamentos culturais, em princípio, justificáveis e desvinculados das causas que levaram às ordens de dessegregação.

Em resumo, o processo de dessegregação arrastou os latinos, chineses e outras minorias, com pretensões distintas dos negros, que foram desconsideradas em um momento inicial. Com o processo avançado, essas pretensões paralelas, ainda que fundadas, tendem a ser vistas como obstáculos à efetividade do comando inicial.

7.2. A influência da heurística de representatividade na decisão judicial

A heurística de representatividade, no âmbito da reforma estrutural, se relaciona com o problema da causalidade. O legitimado coletivo apresenta o aspecto que pretende reformar na instituição como causa da violação a direitos que relata. O raciocínio implícito é o de que se tais instituições, por exemplo, psiquiátricas, são ruins para as pessoas em tratamento no presente, provavelmente serão ruins para as que vierem a ser tratados no futuro e, portanto, são más para a sociedade como um todo. Logo, o esquema causal que se desenrola é que uma ordem judicial, determinando o estabelecimento de uma reforma estrutural que propicie um ambiente mais humanizado, seria um ganho social.

O problema é que mudar instituições é mais complexo do que essa percepção faz parecer. O gestor do hospital pode cumprir a ordem judicial para melhorá-lo valendo-se de outros mecanismos não imaginados pelo autor da ação, que prejudicarão os membros futuros da classe. Por exemplo, ele pode admitir menos pacientes, facilitando sua tarefa de gerir o ambiente hospitalar, mas, ao mesmo tempo, piorando a oferta de tratamento para a sociedade. Uma possibilidade dessa natureza

on the overall fairness of the settlement, given as irrevocable the decision to close the schools under the District's plan. Nor is it clear that their views on this question differ from the interests of the class as a whole. Finally, it does not appear that the District Court was deprived of any material viewpoints, objections, or information for want of a subclass at the settlement hearing".

333 Em outro caso, os pais de alunos mexicanos conseguiram obter representação distinta dos alunos negros. Ver United States v. Texas Educ. Agency, 467 F.2d 848 (5th Cir. 1972).

334 YEAZELL, Stephen C. Intervention and the idea of litigation: a commentary on the Los Angeles school case. In: *UCLA Law Review*, vol. 25, 1977, p. 244-260.

335 500 F.2d 349 (9th Cir., 1974)

336 Ou, como diria o jurista brasileiro, não há direito adquirido a regime jurídico, de modo que as crianças não podem alegar que têm direito adquirido a uma determinada forma de organização administrativa do ensino público.

dificilmente será percebida antecipadamente pelos atores processuais, tanto em razão do cenário emocionalmente carregado que precede o ajuizamento da ação, quanto porque essa consequência não está na linha de desdobramento causal da demanda ajuizada, exigindo um pensamento diagnóstico que tem pouca probabilidade de ser realizado nesse contexto[337]. Isso provavelmente fará com que uma nova ação tenha que ser ajuizada para corrigir o problema gerado pela primeira, buscando novas alterações institucionais, e assim sucessivamente.

É claro que isso não significa que essas demandas devem ser abandonadas, mas que há necessidade de uma vigilância constante, na busca de mecanismos que promovam o incremento das condições de justiça, levando em consideração que

> class actions de interesse público geralmente começam com algum tipo de reação afetiva à injustiça. Esse senso de injustiça pode vir de experiência pessoal ou alheia. (...) Os advogados de class actions e os juízes que certificam as classes não têm virtualmente qualquer conexão com a grande massa de indivíduos que compõem a classe. Muitos membros da classe e/ou seus aliados e guardiões também não têm ideia do que está sendo feito em seu favor, ou sentem que os trabalhos institucionais da ação de interesse público ignoram, marginalizam ou suprimem suas preocupações. Mesmo os representantes nomeados em uma class action podem ser limitados em sua prerrogativa de negociar com a parte contrária sem o consentimento do advogado. Preocupações judiciais com eficiência em encerrar processos enfraquecem as salvaguardas institucionais contra a falta de conexão, consistentes no requisito de que as soluções sejam judicialmente homologadas[338].

Nesse quadro, os problemas de representatividade fazem com que legitimados coletivos e juízes identifiquem falsas relações de causalidade para o problema que querem resolver e projetem soluções que lhes parecem ideais para a readequação do cenário sobre o qual o processo se debruça aos valores promovidos, sem considerar os efeitos colaterais decorrentes das soluções.

7.3. A influência da heurística de ancoragem-ajustamento na decisão judicial

Finalmente, a heurística de ancoragem também tem um profundo impacto sobre o processo civil em virtude do papel passivo que o sistema jurídico condiciona o juiz a desempenhar. Agir como administrador ou como legislador não é algo que seja rotineiramente visto como atraente pelos julgadores. A tarefa não é encarada como simples ou agradável, mas como necessária e, muitas vezes, frustrante, porque o tamanho das organizações já constitui um óbice à mudança, independentemente da boa vontade das partes, que nem sempre existe. Isso ainda é piorado nas instituições governamentais, cujas atividades são sempre vinculadas a outros órgãos públicos, a organismos privados, como sindicatos de servidores e a restrições legais e orçamentárias. Assim, o mais provável é que o juiz resista a iniciar a reforma

---

337 MARGULIES, Peter. Who Are You to Tell Me That: Attorney-Client Deliberation Regarding Nonlegal Issues and the Interests of Nonclients. In: *North Carolina Law Review*, vol. 68, n. 2, 1990, p. 213-252.

338 MARGULIES, Peter. The new class action jurisprudence and public interest law. In: *New York University Review of Law and Social Change*, vol. XXV, 1999, p. 502.

estrutural, permanecendo fiel ao modelo tradicional de decisão, a menos que sua necessidade seja patente.

Outro aspecto que favorece a ancoragem é a necessidade, comum a praticamente todos os juízes no mundo, de lidar com a quantidade de processos ou, como dizem os americanos, "*to clean the docket*". Um processo de reforma estrutural raramente se resolve em menos que alguns anos, que com facilidade se transformam em muitos anos. Logo, se houver alternativa à opção da reforma, o juiz tenderá a prestigiá-la, ainda que não seja a melhor. A possibilidade de se chegar a uma decisão coletiva subótima, ou mesmo ruim, cresce com a complexidade da causa e com o grau de empenho que ela demanda do juiz.

A ancoragem também favorece o privilégio de soluções "à conta-gotas", em vez de soluções estruturais. É mais fácil obter decisões que beneficiem poucas pessoas do que decisões de reforma estrutural, que exijam do juiz o desempenho de uma atividade complexa, ao longo de vários anos. Cátia Aida Silva demonstrou empiricamente esse problema ao analisar as ações judiciais contrárias à reforma educacional promovida pelo governo do estado de São Paulo, na década de 1990. Enquanto todos os mandados de segurança individuais foram julgados procedentes para determinar a matrícula de estudantes em escolas públicas, as ações civis públicas ajuizadas com o mesmo objetivo, mas em caráter coletivo, foram consideradas improcedentes[339].

8. SOLUÇÕES PARA OS PROBLEMAS HEURÍSTICOS NO CONTEXTO DA DECISÃO JUDICIAL.

É, seguramente, impossível apresentar fórmulas acabadas para combater os problemas heurísticos no contexto das decisões judiciais relativas a litígios estruturais. Se mesmo as decisões tomadas na vida cotidiana exigem algum grau de simplificação da realidade, o processo o exige em maior medida, uma vez que se trata de uma intervenção desenhada para ter começo e fim. A vida não se desenrolará no seio de um processo. Algumas estratégias, todavia, podem ser mapeadas para fornecer aos juízes ferramentas para avançar na construção de boas decisões.

8.1. Consciência acerca dos problemas heurísticos

Primeiramente, a consciência dos problemas heurísticos é essencial. O juiz precisa saber que está sujeito a todos os vieses cognitivos descritos anteriormente para ter chances de lutar contra eles. Ao compreender as limitações do processo cognitivo que o orienta à decisão, poderá traçar estratégias para compensá-los. O ideal, recentemente cultivado pela doutrina brasileira e estrangeira, do juiz imparcial, mas não necessariamente neutro, que sabe separar suas crenças e preconceitos da fria análise da prova dos autos, e que distingue entre imparcialidade positiva e imparcialidade negativa, é fugidio e, provavelmente, enganoso quando aplicado ao mundo real. O

339 SILVA, Cátia Aida. *Justiça em jogo*: novas facetas da atuação dos Promotores de Justiça. São Paulo: Editora da Universidade de São Paulo, 2001. Problema similar é mencionado por TESHEINER, José Maria. Jurisdição e Direito objetivo. In: *Justiça do Trabalho*, vol. 28, 2011, p. 28-37.

juiz que parte do pressuposto de que sua análise dos autos é totalmente racional, terá grande possibilidade de decidir apenas de acordo com seus vieses cognitivos[340].

8.2. Percepção dos limites das reformas passíveis de implementação: o caso de uma prisão em Santa Catarina

Segundo, é preciso ter uma representação realista da dificuldade da questão litigiosa e do quanto é possível avançar a curto, médio e longo prazo. É frequente que a reforma estrutural seja protagonizada por partes e juízes verdadeiramente comprometidos com os resultados sociais que pretendem promover. Se assim não fosse, a parte não teria proposto a ação e o juiz teria optado por uma modalidade tradicional de decisão. O problema é que quando se alimentam expectativas irreais sobre os resultados possíveis, esse empenho rapidamente se transforma em frustração. Os sujeitos processuais se desinteressam e terminam tentados por algum tipo de "saída fácil", como a conversão da obrigação em multa pecuniária ou a aceitação de resultados piores do que aqueles que poderiam ser obtidos com mais paciência. Por exemplo, quem pretender promover a reforma estrutural das prisões pela via processual deve estar consciente de que os sucessos serão pequenos e lentos. Nesse contexto, o discurso dos direitos deve ser compatibilizado com a realidade. A reforma estrutural mostra que os absolutos precisam ser "equipados com limites elásticos"[341], ou serão simplesmente inexequíveis. Assim, noções binárias de lícito/ilícito são pouco compatíveis com a reforma estrutural.

O próprio Judiciário brasileiro vem percebendo essa realidade, em algumas circunstâncias. No Agravo regimental 38.966/SC[342], o Superior Tribunal de Justiça discutia uma ordem judicial que limitava o número de presos em uma unidade carcerária do estado de Santa Catarina. Não se determinava, na decisão recorrida, a remoção dos presos já reclusos, mas apenas o não encarceramento de outros no local. Curiosamente, contudo, o limite estabelecido pelo juízo estadual, para a gestão futura do estabelecimento prisional pelo estado foi o equivalente a aproximadamente o dobro da capacidade máxima do cárcere. Segundo a decisão, ficou vedado o ingresso de novos presos no local até o alcance do limite de 150 detentos, ainda que extrapolando a capacidade máxima originária de 72 homens e de 15 mulheres.

[340] Sobre o conceito de imparcialidade positiva e negativa, ver SOUZA, Arthur César. A parcialidade positiva do juiz (justiça parcial) como critério de realização no processo jurisdicional das promessas do constitucionalismo social. In: *Revista dos Tribunais*, vol. 857, 2007 p. 29 – 53. Afirma o autor: "A "parcialidade positiva" do juiz tem por finalidade a efetivação material dos princípios fundamentais previstos na Constituição Federal e desabrochados pelo constitucionalismo social, os quais direcionam a aplicação da "parcialidade positiva" segundo os valores e os fins consignados no texto constitucional, prescrevendo, ainda, que o magistrado leve em consideração em sua atividade jurisdicional os aspectos sociais, econômicos e culturais das partes envolvidas no processo. (...) A feição positiva do princípio da imparcialidade é resultado dessa síntese axiológica de um determinado complexo normativo "principiológico" previsto na Constituição Federal, em outras palavras, o princípio da imparcialidade não é um fim em si mesmo, mas é estruturado apoiando-se mutuamente nos outros princípios consagrados pelos textos constitucionais, entre eles, aqueles que estabelecem os objetivos fundamentais da República Federativa do Brasil como sendo a construção de uma sociedade livre, justa e solidária, e a erradicação da pobreza, marginalização, reduzindo as desigualdades sociais e regionais". Apesar da qualidade da fundamentação teórica do texto, ele não apresenta evidências práticas de que a separação entre imparcialidade positiva e negativa seja factível sem, com isso, comprometer a qualidade da percepção do juiz.

[341] A expressão é de KARST, Kenneth. Legislative Facts in Constitutional Litigation. In: *Supreme Court Review*, Vol. 1960, p. 79.

[342] AgRg no RMS 38.966/SC, Rel. Ministro Jorge Mussi, julgado em 09/09/2014, DJe 17/09/2014.

Não existe norma jurídica, no ordenamento brasileiro, que autorize o entendimento de que é lícita a ocupação de uma unidade prisional além de sua capacidade máxima, seja qual for o fator de multiplicação aplicado. Se assim fosse, aliás, essa capacidade não seria máxima. Então, rigorosamente falando, se o juiz pretendesse apenas aplicar a lei ao caso concreto, deveria ter estabelecido o limite de ocupação em número equivalente ao da capacidade máxima da prisão em questão. Mas ele não o fez e, mesmo assim, a decisão foi confirmada pelo Superior Tribunal de Justiça, por unanimidade, ao argumento de que "estabelecida como núcleo dos direitos fundamentais, atributo que é próprio da pessoa humana, a dignidade (art. 1º, III, da CF) é respaldada pela essência que aflora da liberdade, da igualdade, do respeito à vida e da observância de outros tantos direitos humanos assegurados seja pela Carta Magna de 1988...". Em relação à quantidade de detentos permitida pela decisão recorrida, o Tribunal se limitou a afirmar que ela se mostrava "razoável e proporcional, mormente porque, quando da limitação, o referido ergástulo já acolhia um total de 201 detentos".

A motivação da pequena reforma estrutural pretendida pela decisão foi a constatação, pelo serviço de vigilância sanitária, da "inadequação física e sanitária de habitabilidade" da cadeia. Entretanto, o Judiciário não realiza a dignidade como determinou o legislador, pelo respeito à capacidade máxima do estabelecimento. Rigorosamente, o caso seria de simples subsunção. O art. 85 da Lei de Execução Penal afirma que compete ao Conselho Penitenciário – e não ao juiz – fixar a capacidade máxima de uma unidade prisional. Assim, bastaria ao juiz determinar que houvesse transferência imediata de um número de presos suficiente para retornar o local a sua capacidade máxima. Contudo, não é esse o resultado da lide. Olhando para a realidade, o juiz percebe que essa ordem seria inexequível. Simplesmente não há local para onde se transferir tantos presos. Então ele fixa uma nova capacidade máxima, equivalente a quase o dobro da antiga, e não determina que ela seja atingida de imediato, mas mediante a vedação de ingresso de novos reclusos. Gradualmente, com a transferência ou soltura dos anteriores, esse limite seria atingido. O juiz, portanto, labora por um raciocínio tipicamente legislativo, que responde às circunstâncias fáticas e não à norma abstrata. O juiz analisa a realidade para verificar quanta dignidade é possível realizar, com as condições materiais que estão disponíveis[343].

Em *Bibb v. Navajo Freight Lines, Inc.*[344], ainda em meados do século passado e fora do contexto de reforma estrutural, a Suprema Corte dos Estados Unidos percebeu a necessidade de realizar esse tipo de balanceamento da legalidade com a realidade. O estado de Illinois aprovou uma norma exigindo, por razões de segurança, a instalação de um novo tipo de para-lamas nos caminhões que circulavam em suas autoestradas. Essa alteração custaria US$ 30 por caminhão e não era exigida pelos demais estados. Era certo que cabia aos estados a atribuição de legislar sobre

[343] Apesar de tudo, a reforma estrutural pretendida pelo acórdão é criticável, não por seu caráter *contra legem*, mas pela falta de elementos concretos para subsidiá-la. O limite de 150 presos parece ter sido estabelecido de modo completamente aleatório pelo juiz. Não há qualquer indício fático que sustente a conclusão de que a dignidade dos presos ou a salubridade do local seriam restaurados pela ocupação de 150 presos, quando a capacidade máxima havia sido definida em 72 homens e 15 mulheres.

[344] 359 U.S. 520 (1959).

requisitos de segurança nas estradas de seu território. Assim, a rigor, se o novo para-lamas tornaria os veículos mais seguros, o estado não estaria agindo para além dos limites de suas competências constitucionais. Contudo, a Corte analisou o caso sob a perspectiva do comércio interestadual, verificando a necessidade de se determinar o quão mais seguros os caminhões ficariam, para justificar o custo de sua adaptação. Como expressamente considerou o juiz Douglas, "nós estamos lidando não com absolutos, mas com questões de grau". Em razão das provas demonstrarem que o ganho de segurança era pequeno, a Corte julgou a norma inconstitucional[345].

Kenneth Karst percebe, nesse contexto, algo familiar à realidade brasileira: os mesmos juízes que afirmam que os direitos fundamentais são absolutos, decidem rotineiramente pela restrição desses direitos[346]. No julgado mencionado, por muito que o STJ ressalte o valor da dignidade humana, o resultado concreto é o de que uma prisão pode ser ocupada no dobro de sua capacidade e mesmo a restrição a esse limite alargado não precisa ser realizada imediatamente. Não se sabia quanto tempo seria necessário para que a natural flutuação da população carcerária fizesse a lotação cair de 201 para 150 detentos e, mesmo assim, a decisão não fixou qualquer prazo para que o resultado fosse verificado.

Em síntese, a reforma estrutural mostra a necessidade de se encarar três duras realidades: a primeira, de que os juízes emitem mais juízos de índole legislativa do que gostariam de admitir e do que a teoria da separação de poderes gostaria de permitir. A segunda, de que todos os valores constitucionais estão concretamente sujeitos a limitações e, por mais que retoricamente sejam reputados importantes, os juízes estão dispostos a admitir resultados que contradizem seu próprio discurso. A terceira, de que, por mais desconfortáveis que as duas primeiras constatações pareçam, não há outra forma de agir quando as circunstâncias fáticas se impõem. A reforma estrutural mostra que os absolutos precisam ser "equipados com limites elásticos"[347], ou serão simplesmente inexequíveis.

Seria mais produtivo, nesses termos, que a jurisprudência e a doutrina se debruçassem sobre as condições para que a reforma estrutural se realize, ao invés de negar que ela esteja ocorrendo, ou afirmar que se trata de mera interpretação ou concretização da Constituição ou das leis. O principal defeito da decisão do Superior Tribunal de Justiça é sua falta de fundamentos fáticos. Afirma-se que o limite de 150 detentos é "razoável e proporcional", sem dizer por qual razão. Não se sabe de onde deriva a informação de que a capacidade máxima pode ser superada em 63 presos, sem que haja comprometimento do mesmo valor que motivou a adoção da decisão, qual seja, a garantia da dignidade dos reclusos. Também não se especificam os benefícios esperados da remoção dos detentos excedentes, nem onde eles serão

345 "But the present showing -- balanced against the clear burden on commerce -- is far too inconclusive to make this mudguard meet that test. We deal not with absolutes, but with questions of degree. The state legislatures plainly have great leeway in providing safety regulations for all vehicles -- interstate as well as local. Our decisions so hold. Yet the heavy burden which the Illinois mudguard law places on the interstate movement of trucks and trailers seems to us to pass the permissible limits even for safety regulations". O caso é comentado em KARST, Kenneth. Legislative Facts in Constitutional Litigation. In: *Supreme Court Review*, Vol. 1960, p. 78.

346 Idem, p. 79.

347 Idem, ibidem.

realocados. Além disso, a questão é saber quanta dignidade é possível satisfazer no sistema carcerário estadual como um todo, não em uma cadeia específica, na qual um juiz ou membro do Ministério Público mais cioso de suas funções tenha resolvido adotar providências.

8.3. Expectativas temporais realistas

Terceiro, é necessário ter expectativas temporais realistas. O juiz que espera concluir um processo de reforma estrutural em pouco tempo será rapidamente tentado pela "saída fácil" antes mencionada. Em uma vara sobrecarregada, na qual o processo estrutural precise dividir atenções com uma série de outras causas, metas temporais de encerramento de feitos, como as que recentemente vêm sendo aprovadas pelo Conselho Nacional de Justiça, precisam ser flexibilizadas. O tempo da reforma dificilmente será o tempo do processo e abandoná-la no meio pode implicar o desperdício de todo o esforço despendido. A reforma estrutural para a dessegregação racial nos Estados Unidos durou décadas e há evidências de que, cinquenta anos depois, não esteja totalmente concluída[348]. O litígio estrutural pela reforma do sistema prisional na Califórnia data, pelo menos, no início da década de 1990, com o caso *Madrid v. Gomez*[349] e ainda parece longe do fim[350]. Mais do que produzir uma decisão impactante, o que se exige do processo estrutural é a entrega de resultados sociais relevantes, os quais só podem ser moldados com o tempo.

8.4. O método dialógico de construção da decisão: o processo como *town meeting*

Em quarto lugar, é essencial investir em um método dialógico de condução do processo, a que Stephen Yeazell chamou, com rara felicidade, de *town meeting*[351]. O juiz, nesse modelo, toma a frente da direção do processo, delimitando as questões relevantes e conduzindo a produção de provas[352], para fomentar ocasiões de diálogo ampliado com a sociedade impactada, nos moldes da atuação de órgãos administrativos ou legislativos. Realizam-se audiências e eventos públicos para permitir a

---

348 Ver RHODE, Deborah L. (ed.). *Brown @ 50*: the unfinished legacy. Chicago: American Bar Association, 2004.

349 889 F. Supp. 1146 (N.D. Cal. 1995).

350 Ver MAYNARD, James D. *The need for an independent federal judiciary*: prison reform litigation spurs structural change – the california penal crisis. Disponível em http://law.bepress.com/cgi/viewcontent.cgi?article=3081&context=expresso. Acesso em 14.3.2017; SCHLANGER, Margo. Plata v. Brown and Realignment: Jails, Prisons, Courts, and Politics. In: *Harvard Civil Rights-Civil Liberties Law Review*, vol. 48, 2013, p. 165-215. Para uma cronologia das structural injunctions em relação às prisões, ver SCHLANGER, Margo. Civil Rights Injunctions Over Time: a Case Study of Jail and Prison Court Orders. In: *New York University Law Review*, vol. 81, 2006, p. 550-630.

351 YEAZELL, Stephen C. Intervention and the idea of litigation: a commentary on the Los Angeles school case. In: *UCLA Law Review*, vol. 25, 1977, p. 244-260.

352 Esse perfil foi descrito por Judith Resnik como *managerial judge*, um juiz coordenador do processo. Em sede de conhecimento, essa ideia não é tão nova para um leitor desvinculado do sistema adversarial prevalente nos Estados Unidos. Na execução, todavia, o juiz brasileiro é tão afastado da direção do processo quanto o americano. Ver RESNICK, Judith. Managerial Judges. In: *Harvard Law Review*, vol. 96, 1982, p. 376-448.

participação direta e informal de uma ampla gama de interessados[353]. Isso ajuda a contornar o problema do grande número de pessoas que serão impactadas pelo processo e a diversidade de situações fáticas nas quais elas se encontram, o que "torna desejável que o juiz ouça pelo menos alguns grupos afetados, até mesmo (ou especialmente) aqueles que estão descontentes com medida que será aplicada"[354]. Os eventos podem servir para registrar insatisfações, verificar se a solução pretendida é razoavelmente factível, apontar falhas nas propostas ou indicar alternativas. Além disso, o modelo também permite que os fatos sejam constantemente reanalisados, já que os contextos dos litígios estruturais são, por natureza, mutáveis. "O juiz usa sua posição central no processo para lançar influência muito além dos limites imediatos do caso que está diante dele, avaliando o impacto dos resultados de dentro do tribunal na distribuição de influência fora dele"[355]. A participação de *amici curiae*, expandida pelo Código de Processo Civil, também é desejável no âmbito de processos estruturais, assim como a condução de audiências públicas e outros mecanismos participativos[356]. Sobre o método dialógico, aponta Berizonce[357]:

> El método dialogal impulsado por el tribunal en un marco de mayor publicidad y transparencia del procedimiento en general, que "expone" a las partes y las compromete en la búsqueda de soluciones consensuadas al diferendo y, por otro, reserva a aquel la función arbitradora entre los intereses en conflicto. El diálogo público entre las partes, se alienta con la esperanza que sea fructífero, especialmente por la participación habitual de organismos administrativos o grandes corporaciones públicas o privadas; y se enriquece con la intervención de terceros, amicus curiae, que expresan sus aportes con mira a la salvaguarda del interés general de la comunidad. Se trata –como se ha señalado – de un modelo normativo basado en la institucionalización de procedimientos democráticos, un verdadero paradigma cooperativo de administración de justicia.

O estudo de Paola Bergallo[358] sobre o caso "Mendoza", relativo à contaminação ambiental na Argentina, demonstra o potencial da condução dialógica de um processo. No caso, a Suprema Corte argentina, ao considerar que a poluição do *Riachuello* causava danos ilícitos ao meio ambiente e à população, instaurou um procedimento dialógico que envolveu a *Defensoría del Pueblo*, diversas organizações da sociedade civil, mais de 3.500 fábricas que operavam na região, diversas universidades e cientistas, promovendo um sistema de *accountability* vertical e horizontal com o propósito de fazer mais que impor uma decisão.

---

353 STURM, Susan. A Normative Theory of Public Law Remedies. In: *Georgetown Law Journal*, vol. 79, n. 5, 1991, p. 1370.

354 Idem, ibidem.

355 DIVER, Colin S. The Judge as Political Powerbroker: Superintending Structural Change in Public Institutions. In: *Virginia Law Review*, vol. 65, n. 1, 1979, p. 43-106.

356 Para uma análise detalhada desses mecanismos e sua adequação aos diferentes tipos de litígio, ver VITORELLI, Edilson. *O devido processo legal coletivo*: dos direitos aos litígios coletivos. São Paulo: RT, 2016.

357 BERIZONCE, Roberto Omar. Los conflictos de interés público. In: *Revista Iberoamericana de Derecho Procesal*, vol. 1, 2015, p 161-188.

358 BERGALLO, Paola. La causa "Mendoza": una experiencia de judicialización cooperativa sobre el derecho a la salud. In: GARGARELLA, Roberto (org.). *Por una justicia dialógica*: El poder Judicial como promotor de la deliberación democrática. Buenos Aires: Siglo XXI Editores, 2014, ebook.

A sentença, de 2008, foi apenas o ponto de partida para um processo que incluía a criação de um plano de ordenamento territorial, o controle de atividades perigosas ou prejudiciais, estudos de impacto ambiental, atividades de educação ambiental e programas de difusão de informações ambientais. Ainda que o resultado do litígio desperte polêmicas doutrinárias, inclusive no que tange à efetividade da decisão e dos mecanismos dialógicos por ela propugnados, é certo que a sua abertura nesse sentido a fez melhor do que teria sido caso tivesse se limitado a afirmar que o Estado deveria garantir aos demandantes um meio ambiente limpo, sem acompanhar os mecanismos de implementação desse comando. Ou, pior ainda, se tivesse se restringido a condenar o Estado a indenizar os lesados.

Bergallo aponta que a decisão acelerou a elaboração de planos para as políticas ambientais da região, permitiu a coordenação entre entidades públicas que não atuavam em conjunto, ampliou a informação disponível sobre a saúde, elevou o orçamento público destinado à conservação ambiental do local, fomentando a melhoria de sua infraestrutura sanitária, fomentou a participação da sociedade nas atividades da Administração e chamou a atenção da imprensa para o problema. Ainda que os habitantes da *cuenca* não desfrutem de um meio ambiente ideal, os impactos sociais da decisão não são desprezíveis e decorrem, em considerável medida, de uma técnica de decisão comprometida com o diálogo[359].

Na questão prisional tratada pelo STJ, antes referida, um modelo de *town meeting* proporcionaria ao juiz melhores condições para atuar. Não se trata apenas de ouvir os presos, ou conhecer a realidade da cadeia, nem de receber os relatórios de vigilância sanitária, quanto a irregularidade da situação. Seria necessário ouvir todos os atores não apenas em relação ao ilícito, mas também à solução a ser adotada. O limite de 150 presos tornará o local habitável, do ponto de vista sanitário? Isso significa que as capacidades máximas estabelecidas pelo Conselho Penitenciário estão subdimensionadas? Elas são capacidades máximas ou capacidades ideais? Qual metodologia foi usada para defini-las? Onde serão realocados os presos removidos? Quais são os planos das autoridades estaduais para a construção de novas unidades? As autoridades de segurança pública, de vigilância sanitária, o conselho penitenciário, os gestores da unidade em questão e os próprios presos deveriam ter feito parte desse *town meeting*, a partir do qual o juiz proferiria uma decisão que leva em consideração todos os fatores que serão impactados pela decisão. Afirma Yeazell, discutindo a reforma estrutural nas escolas[360]:

> Quando se compreende que a Corte está tomando o lugar da administração, não apenas para elaboração das medidas de cumprimento, mas também como o fórum

[359] Sobre a polêmica mencionada no texto, comparar as análises de PUGA, M. ¿A dónde va la Corte en las causas Vertbisky y Riachuelo? "Ni uñas ni dientes": intervenciones experimentalistas." In: *Revista del Colegio de Abogados de La Plata*, ano L, vol. 69, 2008, p. 151-166 e STAVELAND-SAETER, Kristi. *Litigating the right to a healthy environment*: assessing the policy impact of the Mendoza case. Bergen: CMI, 2010. De modo geral, avaliar resultados sociais de um processo judicial não é simples, uma vez que fatos sociais se desenrolam simultaneamente ao processo e a definição da causalidade é dificultosa. De modo geral, ver ROSENBERG, Gerald N. *The Hollow Hope*: Can Courts Bring About Social Change? 2.ed. Chicago: The University of Chicago Press, 2008.

[360] YEAZELL, Stephen C. Intervention and the idea of litigation: a commentary on the Los Angeles school case. In: *UCLA Law Review*, vol. 25, 1977, p. 259.

> inicial para a expressão de novas visões, o caráter ocasionalmente parecido com um circo dessas audiências se torna mais explicável, senão mesmo mais ordenado. Ela não se parece muito com uma audiência judicial, como ressaltou um juiz, por uma boa razão: ela realmente não é. Ela é o estágio de consulta em um processo legislativo ou administrativo.

As ideias tradicionais de restrição da intervenção de terceiros no processo civil, que exigem do interveniente a demonstração de algum tipo de interesse jurídico na lide[361], pretendem evitar que se perca o foco da discussão inicial. Todavia, quando a intenção do processo não é apenas subsumir o caso ao ordenamento jurídico, mas realizar mudança social, essa ampliação de perspectivas é mais que necessária, é essencial. Embora os juízes brasileiros estejam proferindo decisões que implicam reforma estrutural, ainda não existe a consciência de que os impactos concretos da ordem precisam ser avaliados de uma perspectiva sistêmica, desapegada de noções estáticas de elementos da ação, estabilização da demanda ou mesmo de coisa julgada. Determinar a redução da população carcerária de uma unidade prisional pode significar nada além da transferência desses mesmos presos a outra cadeia, em condições iguais ou piores. As experiências de reforma prisional pela via judicial, nos Estados Unidos, demonstram que decisões pontuais não alcançarão modificações sociais significativas e que, mesmo após décadas de minucioso acompanhamento, os problemas continuam sem solução[362].

Em síntese, "apenas estendendo ou ignorando a doutrina tradicional de intervenção no processo as cortes podem ter esperança de lidar com problemas cujos termos transcendem os de um conflito tradicional"[363]. Mais que isso, "como a questão de saber se o Judiciário vai se envolver em fazer mudança social não parece estar mais em aberto (...) é melhor considerar os meios pelos quais ele pode fazê-lo de modo efetivo"[364]. Transformar audiências judiciais em *town meetings* não é apenas uma ideia voltada para se obter legitimidade da decisão, ou a adesão, talvez vazia, à noção participação como elemento essencial, e não instrumental, do devido processo legal. É uma necessidade decorrente do perfil do conflito a ser decidido. "Se os tribunais precisam agir como legisladores, é certo que eles devem fazê-lo de modo efetivo"[365]. Assim, ainda que a reforma possa ter no juiz um agente importante, ele

361 Ressalvada apenas a assistência anômala prevista na Lei 9.469/97, art. 5º que, como se aplica apenas à União, não altera o argumento do texto.

362 O caso *Brown v. Plata*, 131 S. Ct. 1910 (2011), decidido pela Suprema Corte, há poucos anos, no qual se determinou ao estado da Califórnia a imediata redução de sua população carcerária, evidencia a dificuldade. Desde o fim da década de 1970, com *Hutto v. Finney*, 437 U.S. 678 (1978) e *Costello v. Wainwright*, 430 U.S. 325 (1977), a Corte vem proferindo decisões de reforma estrutural em prisões, sem alcançar a solução desejável para os problemas enfrentados. Ver SCHLANGER, Margo. Plata v. Brown and Realignment: Jails, Prisons, Courts, and Politics. In: *Harvard Civil Rights-Civil Liberties Law Review*, vol. 48, 2013, p. 165-215. Para uma análise mais recente dos efeitos das decisões de redução da população carcerária na Califórnia, ver PETERSILIA, Joan; CULLEN, Francis T. Liberal but not stupid: meeting the promise of downsizing prisons. In: *Stanford Journal of Ciminal Law and Policy*, vol. 2, 2015, p. 1-43; PETERSILIA, Joan. California prison downsizing and its impact on local criminal justice systems. In: *Harvard Law ans Policy Review*, vol. 8, 2014, p. 327-357.

363 YEAZELL, Stephen C. Intervention and the idea of litigation: a commentary on the Los Angeles school case. In: *UCLA Law Review*, vol. 25, 1977, p. 260.

364 Idem, ibidem.

365 Idem, ibidem.

não basta para que a mudança social que se espera aconteça. O sucesso da empreitada depende de se agregar, por intermédio do processo, as ações e os recursos de vários grupos e de vários atores sociais[366].

8.5. Conhecimento do objeto da reforma

Em quinto, é necessário que o juiz e a parte que postula a reforma se aprofundem no conhecimento da instituição, de seu funcionamento, seus problemas, limites e possibilidades. Ninguém pode bem reformar prisões sem entender de prisões, nem definir como será o sistema de saúde sem entender de saúde pública. O que recorrentemente ocorre em reformas estruturais é que o juiz, conquanto seja o condutor do processo, é quem menos entende do objeto do debate. Isso decorre tanto dos aspectos técnicos implicados, que costumam ser complexos, quanto do pouco tempo de dedicação investido, em virtude das demais atribuições judiciais. O juiz se encastela em sua autoridade e se contenta em proferir ordens. Ainda que bem-intencionadas, é provável que essas ordens acabem impondo resultados inatingíveis ou que não podem ser avaliados concretamente pelo julgador. Enquanto o réu for o único sujeito processual que entende da atividade que se pretende reformar, ele terá instrumentos para frustrar a implementação de mudanças.

A falta de conhecimentos técnicos relativos à situação litigiosa, combinada com o viés de ancoragem, pode gerar um resultado inusitado. É sabido que nenhum juiz quer ver suas ordens descumpridas e que os juízes tendem, ao menos idealmente, a impor punições severas sobre aqueles que se afastam do seu comando. Mas isso é apenas um lado do problema. O desapreço do juiz com a desobediência o torna propenso, em uma situação complexa, a ignorar sua ocorrência, como um mecanismo de defesa. É mais confortável para o juiz enxergar que sua ordem foi cumprida do que se envolver no esforço necessário para confrontar a parte destinatária da decisão e lhe impor outra conduta.

Quando a situação envolve sutilezas técnicas, muitas vezes alheias aos conhecimentos do juiz, aumenta a sua propensão a enxergar o cenário ambicionado, qual seja, o cumprimento da ordem, em vez do cenário indesejável, de descumprimento. O juiz se torna prisioneiro da ancoragem que o faz acreditar que as suas ordens são, usualmente, respeitadas pelas partes. Esse viés pode colocar a perder todo o resultado social que poderia ser obtido pela decisão, fazendo com que o juiz se conforme com providências mais limitadas do que as que seriam necessárias para obter tal resultado. No mundo real, a diferença entre cumprir e descumprir uma ordem judicial pode não ser tão evidente quanto teoricamente aparenta. O juiz deve estar preparado para o fato de que o réu tem estímulos racionais para adotar as medidas menos onerosas disponíveis, que sejam aptas a demonstrar cumprimento da decisão, ainda que signifiquem resultados concretos meramente cosméticos ou perecíveis no longo prazo.

366 SCHLANGER, Margo. Beyond the hero judge: institutional reform litigation as litigation. In: *Michigan Law Review*, vol. 97, 1999, p. 1994-2036.

8.6. Necessidade de fazer reforma estrutural, não pontual

Finalmente, é preciso que os juízes resistam à tentação de fazer reforma estrutural "a conta-gotas", julgando inúmeros e repetidos casos individuais, na crença de que, a partir dessas decisões, o sistema poderá ser reformado. Em um estudo comparativo com dados de litígios relacionados a prestações de saúde pública, que envolveu cinco países (Índia, Brasil, África do Sul, Indonésia e Nigéria), Brinks e Gauri[367] concluíram que, fora a Nigéria, o Poder Judiciário brasileiro foi o que obteve os piores resultados concretos, no que tange aos impactos concretos das decisões. Tal constatação é preocupante, considerando que o Poder Judiciário brasileiro julgou, nos últimos anos, milhões de processos envolvendo esse direito. A Índia, a África do Sul e a Indonésia conseguiram, com um número de julgamentos consideravelmente inferior, alterar a vida de um número significativamente maior de pessoas, porque enfocaram aspectos gerais do problema, como falhas regulatórias ou deficiências prestacionais que impactavam toda a população, não apenas aos demandantes. Asseveram os autores[368]:

> En resumen, aun cuando los tribunales estén dispuestos a imponer al Estado nuevas obligaciones de provisión, pueden responder de outras maneras a los reclamos que indicam que una politica pública (o su ausência) perjudica de forma indebida los intereses jurídicamente protegidos de un grupo. Eso implica adoptar una actitud muy diferente a la de simplemente exigirle o no al Estado que binde un servicio o entregue un medicamento a una persona particular.

Essas soluções incluem a transferência do custo das prestações a terceiro, pela imposição de medidas regulatórias, a proteção da qualidade do serviço público, sem a imposição de novas obrigações, o controle da conduta prejudicial de agentes não estatais, como é o caso dos controles de contaminação ambiental prejudicial à saúde, dentre outras.

9. IMPLEMENTAÇÃO DE MEDIDAS ESTRUTURAIS: OS PROBLEMAS

Se decidir uma causa levando em conta todos os aspectos envolvidos em um litígio altamente complexo já é desafiador, a implementação da decisão é ainda mais difícil. Ela demandará a alteração de uma realidade multifacetada, que envolve interesses superpostos e autoexcludentes, não facilmente identificáveis, titularizados por atores que sofrem o impacto do litígio em diferentes graus, os quais não são proporcionais a sua mobilização para atuar. Em outras palavras, o juiz pode conduzir mal o cumprimento da decisão por confiar nos grupos mais mobilizados, que comparecem às audiências e apresentam manifestações, se o grau de participação não for proporcional ao grau de importância dos valores impactados defendidos por esses participantes. Aspectos periféricos podem "roubar a cena" na execução,

---

367 BRINKS, Daniel; GAURI, Varun. Sobre triángulos y diálogos: nuevos paradigmas em la intervención judicial sobre el derecho a la salud. In: GARGARELLA, Roberto (org.) *Por una justicia dialógica*: El poder Judicial como promotor de la deliberación democrática. Buenos Aires: Siglo XXI Editores, 2014, ebook.

368 Idem, ibidem.

consumindo recursos desnecessariamente ou mesmo bloqueando a tutela de questões mais importantes.

A segunda dificuldade é que a execução se protrai no tempo e, pelo menos no Brasil, costuma ser iniciada anos depois da adoção da decisão, em decorrência das delongas do sistema recursal. Assim, quando a execução se inicia, a realidade que encontra é diferente da que foi levada em conta na decisão. Em alguns casos, por exemplo, em razão do avanço tecnológico, é possível que a decisão originária contenha uma providência já tida como ultrapassada no momento da implementação. Mesmo a simples passagem do tempo pode ter levado à reconfiguração da realidade, tornando ineficazes ou desnecessários os remédios pleiteados e obtidos em um primeiro momento.

Em terceiro lugar, a própria atuação do Judiciário sobre a realidade acarreta alterações que vão se materializando no curso da decisão, nem sempre para melhorá-la. O gestor da instituição que sofre a intervenção pode disfarçar a realidade com providências cosméticas ou alterações superficiais, de mais fácil implementação, que reduzam o poder dos argumentos favoráveis à decisão, sem alcançar o resultado social esperado.

Em quarto, o desenvolvimento das providências executivas materializa os efeitos colaterais da decisão que não foram previstos na fase cognitiva. Os problemas heurísticos que impedem que o juiz se dê conta de determinados aspectos do problema no momento de estabelecer o comando contido na sentença, faz com que este se amolde inadequadamente à realidade, dificultando cada vez mais a obtenção dos resultados desejados. Como, também em virtude de vieses cognitivos, os juízes tendem a se ancorar na percepção de que suas decisões são respeitadas, eles terão a tendência a forçar menos o executado e aceitar resultados subótimos, que demandam menos esforço.

Essa dificuldade se amplia pela circunstância de que a execução é, tradicionalmente, uma fase processual em que os limites cognitivos são estreitos. Implementa-se a decisão já adotada. Se, na tentativa de abarcar todos os aspectos possivelmente relevantes, o juízo do processo de conhecimento profere uma decisão minuciosa, é provável que as atividades executivas demonstrem outros aspectos que, por não se encontrar na linha de desdobramento causal esperada, não estejam cobertos pelo provimento. Por outro lado, se, como recomendam muitos autores, o juiz se limita a estabelecer uma meta final, deixando para o réu a definição das providências para alcançá-la, é possível que os métodos adotados não sejam nem os melhores, nem os mais rápidos, nem os que fornecem resultados mais duradouros. Em ambos os cenários, seja a decisão minudente ou a decisão genérica, a fase de execução pode ser obstaculizada pelo argumento de que a providência determinada não está contida no título judicial exequendo.

Por último, a execução coletiva se faz, em princípio, em benefício da sociedade lesada. Isso significa que, pelo menos nos litígios locais e irradiados, será necessário identificar, em algum momento, quem são os indivíduos que compõem essa sociedade, para que a tutela incida sobre eles. Essa tarefa inclui dificuldades tão severas que a própria legislação abre espaço para que ela seja simplesmente abandonada, destinando-se o produto do litígio a fundos de reparação (art. 100, CDC).

10. SOLUÇÕES PARA OS PROBLEMAS DA EXECUÇÃO

Se sugerir soluções para os problemas decisórios não é tarefa fácil, a solução de problemas executivos é ainda mais delicada. A efetividade da execução, no Brasil, é muito baixa, mesmo para o credor individual, que não precisa lidar com as complexidades inerentes à representação da coletividade[369]. Quando o objetivo do processo é interferir em uma realidade complexa e multifacetada, alterando a vida de um vasto grupo de indivíduos, a partir de um título executivo formado anos antes, o potencial para resultados sociais significativos se torna ainda menor.

10.1. Conhecimento do grupo e participação adequada

O correto tratamento de uma execução coletiva relativa a um litígio de elevada complexidade se inicia com a necessidade de que o exequente e o juiz conheçam e reconheçam o grupo beneficiário da decisão e os subgrupos que o compõem, para evitar que o procedimento seja "sequestrado" por aspectos periféricos, porém advogados por grupos mobilizados. Esse conhecimento só pode ser obtido pela aplicação dos métodos dialógicos, já descritos em relação à fase de conhecimento, na execução. A realização de reuniões, audiências públicas, inspeções in loco, pesquisas quantitativas e qualitativas com os integrantes da sociedade, busca de apoio dos órgãos públicos e entidades da sociedade civil são técnicas que podem permitir o adequado equacionamento das pretensões dos subgrupos.

Tratando do licenciamento ambiental, Luis Enrique Sánchez expõe o espectro de participação pública elaborado pela *International Association for Public Participation*, que explicita etapas crescentes de participação social, em tudo adaptáveis ao processo coletivo nos litígios irradiados. O nível mais básico de participação é a informação, cujo objetivo é auxiliar o público a entender o problema, suas alternativas, oportunidades e soluções. Nessa etapa, a participação pode ser implementada mediante distribuição de impressos resumidos, reuniões abertas e disponibilização de dados em *websites.*

O segundo nível do espectro é a consulta, que consiste em obter retorno do público em relação à informação disponibilizada, reconhecendo suas preocupações e aspirações. As técnicas adequadas a esse nível são a recepção de comentários públicos, a realização de pesquisas de opinião e de *foci groups* e a promoção de reuniões públicas com segmentos específicos da sociedade interessada.

---

369 O IPEA, estudando execuções fiscais, chegou a uma lamentável conclusão, que é representativa do cenário de inefetividade da implementação de direitos pela via jurisdicional: "O processamento da execução fiscal é um ritual ao qual poucas ações sobrevivem. Apenas três quintos dos processos de execução fiscal vencem a etapa de citação (sendo que em 36,9% dos casos não há citação válida, e em 43,5% o devedor não é encontrado). Destes, a penhora de bens ocorre em apenas um quarto dos casos (ou seja, 15% do total), mas somente uma sexta parte das penhoras resulta em leilão. Contudo, dos 2,6% do total de processos que chega a leilão, em apenas 0,2% o resultado satisfaz o crédito. A adjudicação extingue a ação em 0,3% dos casos. A defesa é pouco utilizada e é baixo seu acolhimento: a objeção de preexecutividade ocorre em 4,4% dos casos e os embargos à execução em 6,4%, sendo seu índice de acolhimento, respectivamente, de 7,4% e 20,2%. Observe-se que, do total de processos da amostra deste estudo, a procedência destes mecanismos de defesa foi reconhecida em apenas 1,3% dos casos". Tais conclusões decorrem da análise de 1510 processos baixados na Justiça federal em 2009, escolhidos aleatoriamente em um universo de 176.122 feitos. INSTITUTO DE PESQUISA ECONÔMICA APLICADA. *Custo Unitário do Processo de Execução Fiscal na Justiça Federal*: Relatório de Pesquisa. Brasília: IPEA, 2011, p. 33.

No terceiro nível, o objetivo da participação é envolver a população destinatária do processo, fazendo com que ela trabalhe em conjunto com o representante na investigação e formulação da pretensão, o que garante que suas preocupações serão compreendidas, consideradas e refletidas no resultado final. Como essa etapa já envolve um maior grau de detalhamento, os eventos participativos precisam ter dimensões menores, que viabilizem um diálogo mais qualificado. Sánchez sugere a realização de oficinas de trabalho, com a participação de alguns líderes do grupo social, bem como de consultas deliberativas.

No quarto nível, o envolvimento evolui para a colaboração. Busca-se estabelecer parcerias com o público para cada aspecto das decisões que deverão ser adotadas em razão do processo, incluindo a proposição de alternativas e a identificação da solução preferida, entre as possibilidades construídas nos níveis anteriores. As técnicas de composição de comitês consultivos de cidadãos, a tomada de decisões participativas e a construção de consenso são adequadas nesse nível.

Finalmente, o último grau do espectro participativo, que é o objetivo final da participação pública, é o empoderamento, na qual se coloca a decisão final nas mãos do público, implementando-se aquilo que ele decidir. As técnicas aqui são a delegação das decisões aos membros da comunidade e as votações[370].

10.2. Superação da cisão entre conhecimento e execução: a mutabilidade do contexto

É igualmente relevante perceber a possibilidade de que as prestações determinadas no título executivo sejam incompatíveis entre si, total ou parcialmente. Tal ocorrência se torna tão mais provável quanto mais aberto for o título. A técnica de produzir sentenças abertas, que indiquem apenas um objetivo final, sem se fixar em pontos instrumentais, costuma ser indicada pela doutrina como uma forma de facilitar a cognição e permitir que o ativismo judicial não substitua a atuação das partes, sobretudo quando se trata do Estado. Em considerável medida, essa é uma solução que simplifica a atividade cognitiva e alivia a sensação de que o Poder Judiciário está invadindo competências alheias.

A dificuldade é que o sistema brasileiro cinde completamente cognição e execução e não tem tradição de mecanismos efetivos para a imposição de ordens judiciais. Assim, a adoção de ordens abertas, técnica que funciona bem nos Estados Unidos, tende a fracassar no processo nacional. Ela significará apenas o adiamento do problema para um momento subsequente, no qual o réu resistente poderá sempre alegar que a providência específica demandada para atingir o objetivo final não está contemplada no título judicial formado. Isso acarretará aumento da litigiosidade na fase de cumprimento e a possível conclusão no sentido da impossibilidade de sua implementação em virtude do caráter lacônico do título.

Em alguma medida, a solução desse problema passa pela revisão das bases metodológicas da execução e a possibilidade de que atividade cognitiva e executiva

---

370 SÁNCHEZ, Luis Enrique. *Avaliação de impacto ambiental*: conceitos e métodos. 2. ed. São Paulo: Oficina de Textos, 2013, cap. 16.

convivam em um mesmo momento processual. A definição de questões litigiosas pelas partes é sempre parcial, porque centrada apenas em alguns aspectos da realidade que será impactada pelo processo e, por isso mesmo, sujeita às modificações decorrentes da passagem do tempo.

Assim, o cenário do processo não se expressa como uma fotografia estática, mas como um filme em permanente movimento. A sentença deve refletir essa característica, ou incidirá sobre fatos que já deixaram de existir. Quando se inicia sua implementação, que se protrai no tempo, as atividades executivas geram novas alterações na realidade, não necessariamente no sentido inicialmente desejado pela decisão e, possivelmente, em segmentos sociais não imaginados durante o processo. Finalmente, a circunstância de se obter a efetivação do comando judicial em um momento específico não significa que essa situação será mantida com o passar do tempo.

Nesse contexto, é preciso que a implementação se inicie tão logo seja adotada a decisão e que as respectivas providências sejam revistas periodicamente, avaliando-se de que modo contribuíram para que se avançasse no rumo do resultado desejado. A regulação minudente do regime da tutela provisória no Código de Processo Civil de 2015, bem como a possibilidade de julgamento parcial de mérito (art. 356), submetido a recurso destituído de efeito suspensivo imediato, passível, portanto, de execução provisória imediata, podem constituir interessantes alternativas para fazer com que parcelas da execução ocorram ainda no curso da atividade cognitiva, o que permitirá a adaptação desta à nova realidade.

A ampliação da tutela provisória e do julgamento parcial também podem auxiliar na resolução do óbice relacionado ao tempo que usualmente transcorre entre a decisão e sua implementação. Além do início da atividade executiva antes do fim da cognição, é preciso levar em conta a necessidade de releitura das normas de coisa julgada, quando se busca implementar reforma estrutural. As instituições são organismos mutáveis, avessos ao congelamento propugnado pela teoria tradicional da coisa julgada, particularmente no que se refere aos seus limites temporais.

A dificuldade, aqui, não está nas relações jurídicas de trato sucessivo, naturalmente excluídas dos limites da coisa julgada material, mas nas mudanças contextuais que demandem uma releitura da situação material, ainda que sem alteração fática. Por exemplo, a coisa julgada pode se mostrar defasada em relação a outras opções que se tornem disponíveis posteriormente, em virtude do avanço tecnológico. Ou pode se tornar indesejável, em decorrência de avanços da sociedade na qual ela se insere.

Um interessante exemplo pode ilustrar a questão: Em 1971, o médico Roberto Farina foi denunciado criminalmente e condenado a dois anos de reclusão, por lesão corporal grave, em razão de ter realizado uma cirurgia de ablação dos órgãos genitais (mudança de sexo) em um paciente transexual, com seu consentimento. A sentença acabou reformada, por maioria, pela 5ª Turma do Tribunal de Alçada Criminal de São Paulo, mas o caso ganhou notoriedade na comunidade jurídica, especialmente em razão da produção de um parecer por Heleno Claudio Fragoso[371].

[371] FRAGOSO, Heleno Claudio. Transexualismo – Cirurgia. Lesão Corporal. In: *Revista de Direito Penal*, n. 25, 1979, p. 25-34.

Imagine-se que fosse possível, à época, o ajuizamento de ação civil pública para proibir a prática da referida intervenção cirúrgica no país, em nome da garantia da incolumidade pública. Apesar da absolvição criminal do médico, é provável que tal pedido fosse julgado procedente e transitasse em julgado. Com isso, tornar-se-ia imutável a vedação de uma intervenção cirúrgica que, quarenta anos depois, não só é realizada cotidianamente, mas custeada pelo Sistema Único de Saúde[372].

Independentemente da profundidade da cognição ou do cuidado adotado pelo julgador e pelas partes, a resolução coletiva de conflitos que envolvem questões cientificamente controversas pode originar decisões cuja imutabilidade, com o passar do tempo, as coloque em total descompasso com as crenças e práticas da sociedade, descompasso este que será resguardado até mesmo contra emendas constitucionais, a teor do art. 5º, XXXVI, da Constituição. O Brasil ter-se-ia visto, em razão dessa hipotética, mas plausível, decisão, preso inescapavelmente a uma construção hoje majoritariamente considerada retrógrada e inaceitável, por mais correta que parecesse àqueles que, à época, a subscreveram[373].

Nesse quadro, quanto mais complexo for o litígio, mais dúctil deve ser a coisa julgada. Em processos relativos a reformas estruturais, é inconcebível que uma decisão judicial possa reger o comportamento institucional para sempre. A sociedade e as instituições precisam mudar. Assim, por exemplo, uma grande reforma estrutural, realizada no Brasil e nos Estados Unidos, se debruçou sobre a desinstitucionalização psiquiátrica[374], determinando que a forma adequada de tratamento de transtornos mentais seria a ambulatorial. A decisão de fechamento das instituições de internação foi tomada tendo como base esse consenso científico. Se, no futuro, for comprovado que a internação é o modo mais adequado de tratamento dessas doenças - e o consenso científico nunca foi e, até hoje não é, total - não se pode pretender superpor a autoridade da coisa julgada aos avanços sociais e científicos. A implementação da reforma estrutural submete-se a uma cláusula *rebus sic standibus* que vai além das alterações fáticas típicas de uma relação de trato sucessivo.

---

372 Já na década de 1990, com todo o avanço social de 20 anos, as causas em favor dos transexuais ainda sofriam derrotas recorrentes no Poder Judiciário brasileiro. Em 1997, o Tribunal de Justiça do Rio de Janeiro negou à atriz Roberta Close, que já havia se submetido à cirurgia para alteração dos órgãos sexuais, o direito de alterar seu nome de batismo. Houve recurso ao Supremo Tribunal Federal e a Procuradoria-Geral da República, então chefiada pelo Procurador-Geral da República Geraldo Brindeiro, emitiu parecer, subscrito pelo Subprocurador-Geral da República Flávio Giron, contrário à possibilidade de alteração do nome de Roberta, entendimento que foi acatado pela 1ª Turma do Supremo Tribunal Federal, sob a relatoria do Ministro Sydney Sanches. Referência disponível em <http://www1.folha.uol.com.br/fsp/1997/2/22/cotidiano/16.html> e também em <http://www1.folha.uol.com.br/fsp/cotidian/ff200228.htm>. Acesso em 10 jun. 2015.

373 O SUS começou a pagar pela cirurgia em 2008. Em 2014, o sistema custeou 243 cirurgias e 6.724 procedimentos ambulatoriais destinados a realizar modificações corporais do sexo. Ver <http://www.brasil.gov.br/cidadania-e-justica/2015/03/cirurgias-de-mudanca-de-sexo-sao-realizadas-pelo-sus-desde-2008>.

374 Para uma análise minudente da reforma psiquiátrica, especificamente, ver VITORELLI, Edilson. O devido processo legal coletivo: dos direitos aos litígios coletivos. São Paulo: RT, 2016, cap. 5. Ver, na jurisprudência norte-americana, *Pennhurst State School v. Halderman*, 465 U.S. 89 (1984), [1] *Halderman v. Pennhurst State Sch. & Hosp.*, 9 F.Supp.2d 544 (E.D. Pa. 1998), *New York State Ass'n for Retarded Children, Inc. v. Rockefeller*, 357 F. Supp. 752 (E.D.N.Y. 1973), *New York State Association for Retarded Children Inc v. L Carey*, 596 F.2d 27 (2nd Cir., 1979) e, na doutrina, ROTHMAN, Sheila M. e ROTHMAN, David J. *The Willowbrook Wars*: Bringing the Mentally Disabled into the Community. New Jersey: The Transaction Publishers, 2005.

10.3. A participação como ferramenta de controle social da execução

A terceira situação de dificuldade da execução de medidas estruturais são as alterações que o destinatário da ordem pode imprimir na realidade, com o objetivo de disfarçá-la e, com isso impedir que ela atinja seu objetivo final, reduzindo a força dos argumentos a seu favor e bloqueando o resultado social que se esperava. O processo coletivo estrutural se desenvolve em um contexto de profunda assimetria de informação, que faz com que o réu entenda a realidade mais que os outros sujeitos processuais e atue diretamente sobre ela com mais frequência, o que lhe permite adotar medidas que, conquanto pareçam adequadas, não contribuam efetivamente para o resultado esperado.

Essa situação pode ser contornada a partir da introdução, na execução, do caráter dialógico que deve orientar o processo de conhecimento (ver supra, item 8). Conforme observou Paola Bergallo[375], um dos pontos positivos da gestão do caso "Mendoza" foi o envolvimento de uma série de organizações governamentais e não-governamentais que produziram informações paralelas às que eram geradas pelos canais oficiais, permitindo o conhecimento mais amplo do objeto litigioso. Ao mesmo tempo em que o processo judicial gerou mobilização social na região do litígio, a sua tramitação foi constantemente observada, estudada e impulsionada por vários atores sociais, em uma sinergia virtuosa.

Susan Sturm acrescenta que o modelo tradicional de participação no processo é insuficiente não apenas por se restringir às partes, mas por exigir a intermediação de advogados. Esse padrão indireto e formal de diálogo, de um lado, impede a comunicação efetiva do juízo com os interessados e, de outro, obsta a identificação destes com o resultado da lide[376]. É amplamente reconhecida a tendência de que esses problemas levem a uma escalada na gravidade do conflito entre as partes e, ao final, à alienação dos perdedores[377]. Assim, o direcionamento da ação coletiva estrutural para a adoção de mecanismos participativos diretos e informais pode ser um instrumento para contribuir com a organização da comunidade, criando um fórum para a produção de novos conhecimentos, mobilização política e busca de apoio público[378], em vez da entrega do destino do grupo a um representante paternalista, que decidirá por ele o que é melhor[379].

Estudos empíricos demonstraram que o processo coletivo pode acarretar o efeito benéfico de contribuir para o empoderamento da comunidade, sobretudo se forem

[375] BERGALLO, Paola. La causa "Mendoza": una experiencia de judicialización cooperativa sobre el derecho a la salud. In: GARGARELLA, Roberto (org.). *Por una justicia dialógica*: El poder Judicial como promotor de la deliberación democrática. Buenos Aires: Siglo XXI Editores, 2014, ebook.

[376] STURM, Susan. A Normative Theory of Public Law Remedies. In: *Georgetown Law Journal*, vol. 79, n. 5, 1991, p. 1394.

[377] Sobre essas dificuldades, ver EISENBERG, Melvin Aron. Private Ordering through Negotiation: Dispute-Settlement and Rulemaking. In: *Harvard Law Review*, vol. 89, n. 4, 1976, p. 637-681; FELSTINER, William L. F. Influences of Social Organization on Dispute Processing. In: *Law & Society Review*, vol. 9, n. 1, 1974, p. 63-94.

[378] BELL JR., Derrick A. Serving Two Masters: Integration Ideals and Client Interests in School Desegregation Litigation. In: *Yale Law Journal*, vol. 85, n. 4, 1976, p. 513.

[379] O paternalismo é um vício notado e combatido inclusive nas relações entre clientes individuais e advogados. Ver SIMON, William H. The Dark Secret of Progressive Lawyering: A Comment on Poverty Law Scholarship in the Post-Modern, Post--Reagan Era. In: *University of Miami Law Review*, vol. 48, n. 5, 1994, p. 1099-1114.

observadas algumas estratégias. Inicialmente, a sociedade precisa fazer com que seus diversos subgrupos trabalhem em conjunto, para evitar que o litígio fique associado apenas a pessoas ou organizações específicas, o que pode desmerecê-lo publicamente. Também se faz necessário que o grupo considere e discuta as possíveis implicações de longo prazo do processo, tanto positivas quanto negativas, atentando, à medida que a tramitação avança, para suas consequências imprevistas. Finalmente, deve ser definida uma estratégia de comunicação, por meios formais e informais, para relatar à sociedade o andamento do caso, as perspectivas temporais de seu avanço e seus efeitos, tanto concretos quanto projetados. De modo geral, o empoderamento da sociedade será potencializado se a mudança social emergir de coalizões populares, ao invés do grupo dominante, embora isso nem sempre seja possível. É preciso, pelo menos, encorajar a participação e o engajamento daqueles que possivelmente serão atingidos pela mudança, de modo a viabilizar a mobilização em favor das medidas legislativas e executivas eventualmente necessárias para a implementação da decisão[380].

Outros autores identificaram problema similar, afirmando que, no longo prazo, o não envolvimento da comunidade tem potencial para minar os resultados obtidos no processo. Leroy Clark exemplifica com o combate à discriminação no ambiente de trabalho. Não basta que um autor coletivo vença uma ação que a proíba. Os membros da classe devem saber como fazer para apresentar uma reclamação, os riscos que correm se tomarem essa medida e os fatos que precisam ser registrados para que sua situação pessoal seja passível de tutela jurisdicional. Portanto, não se deve superestimar o impacto das decisões judiciais, especialmente aquelas que pretendem produzir mudanças sociais duradouras, se não houver engajamento dos agentes por ela afetados. "*Class actions* destinadas a afetar os direitos de um grande número de pessoas podem ser erodidas no processo de implementação, se não existir mecanismo para informar a comunidade em geral dos seus novos direitos"[381].

10.4. Solução de problemas imprevistos na fase de conhecimento: o modelo "lata de lixo"

A quarta dificuldade diz respeito aos problemas não previstos na fase cognitiva, que se tornam visíveis apenas na execução. O processo judicial, quando visualizado friamente, é um meio estruturado de forma bastante imprópria para produzir um resultado social significativo. Isso porque ele exige que o autor, ao elaborar a petição inicial, exponha causas de pedir e pedidos que antecipem as alterações que pretende produzir na realidade, o que, em muitas situações, não é factível. O processo é pensado a partir de uma premissa cognitiva segundo a qual os problemas precedem as soluções. Por isso, se alguém pleiteia a atuação jurisdicional para resolver um problema, é porque este já está suficientemente diagnosticado e o pedido da inicial refletirá a solução.

---

[380] BANACH, Mary; HAMILTON, Daborah; PERRI, Penelope M. Class action lawsuits and community empowerment. In: *Journal of Community Practice*, vol. 11, n. 4, 2003, p. 81-99.

[381] CLARK, Leroy D. The Lawyer in the Civil Rights Movement – Catalytic Agent or Counter-Revolutionary. In: *University of Kansas Law Review*, vol. 19, n. 3, 1971, pp. 459-474. Citação p. 470.

Não é assim, todavia, que a realidade se comporta, sobretudo em contextos complexos. A partir do momento que surge, no próprio Direito ou em outro ramo do conhecimento, uma solução, sua existência influencia a própria visualização do problema[382]. Como dizem James March e Johan Olsen, em políticas públicas, a solução é uma resposta ativamente procurando por uma pergunta[383]. Desse modo, os autores defendem que contextos complexos precisam ser encarados por intermédio de um modelo "lata de lixo".

Tradicionalmente, se imagina que existe uma ordenação lógica e temporal entre problemas, soluções, decisões e oportunidades de escolha. O modelo "lata de lixo" afirma o contrário. Todos esses elementos são correntes independentes e exógenas, que fluem através de um sistema. Os problemas e as soluções se formam de modo totalmente autônomo. "Apesar do ditado de que você não pode encontrar uma resposta até formular a pergunta certa, na verdade você não sabe qual é a pergunta de política pública até que você saiba a resposta"[384].

Dessa maneira, o mais provável é que os problemas e as soluções sejam relidos e redescobertos ao longo do processo, à medida que os fatos sejam esclarecidos. Por isso é essencial que regras como a estabilização da demanda (art. 329 do CPC) sejam afastadas do processo estrutural, permitindo-se que o pedido e a decisão sejam progressivamente adequados às modificações da realidade, resguardado, é claro, o contraditório.

A flexibilidade também deve funcionar como uma técnica de abertura para que os participantes do processo possam levar em consideração outras possibilidades de tutela do direito litigioso, diferentes da inicialmente pleiteada. A estabilização rigorosa da demanda potencializa o risco que Timur Kuran e Cass Sustein[385] apontam da ocorrência de uma cascata de disponibilidade, problema ligado a heurística de disponibilidade. Segundo esse raciocínio, quanto mais presente estiver uma proposta no discurso público, mais ela parecerá plausível[386]. Assim, se o discurso processual passa a enfocar uma única proposta, em detrimento de outras que pareciam, inicialmente, viáveis, é provável que, em virtude do problema heurístico, aquela solução que ocupa o debate pareça cada vez melhor, mesmo que não seja.

---

[382] MARGULIES, Peter. The new class action jurisprudence and public interest law. In: *New York University Review of Law and Social Change*, vol. XXV, 1999, p. 504.

[383] MARCH, James G.; OLSEN, Johan P. *Rediscovering institutions*: the organizational basis of politics. New York: The Free Press, 1989, p. 12-13.

[384] Idem, p. 13.

[385] KURAN, Timur; SUSTEIN, Cass. Availability cascades and risk regulation. In: *Stanford Law Review*, vol. 51, 1999, p. 683-768.

[386] Ressalte-se que cascata de disponibilidade é um viés cognitivo relacionado à heurística de disponibilidade, mas ambas não são sinônimas. A heurística de disponibilidade é um modo de raciocínio que relaciona a percepção de maior probabilidade de adequação de uma solução ou correção de um postulado com a disponibilidade destes na sociedade, ou seja, em função do quão "normais" pareçam aos indivíduos. A cascata de disponibilidade é o processo de auto-reforço de uma crença coletiva, decorrente de sua repetição no discurso público. A cascata pode ou não derivar de uma heurística de disponibilidade ou levar a ela. Esses dois conceitos também não devem ser confundidos com a heurística de representatividade, já referida anteriormente, que é um modo de raciocínio que simplifica as características do objeto de conhecimento, ressaltando semelhanças entre situações, indivíduos, condições ou eventos, o que inibe a habilidade do sujeito considerar o espectro completo de informações. As três formulações fazem parte da análise dos processos cognitivos. Ver TVERSKY, Amos; KAHNEMAN, Daniel. Judgment under uncertainty: heuristics and biases. In: *Science*, vol. 185, n. 4157, 1974, p. 1124-1131.

A desinstitucionalização psiquiátrica é um interessante exemplo da teoria. O discurso científico de sua defesa, tanto na área médica, quanto nas ciências humanas, só repercutiu efetivamente a partir do surgimento das drogas calmantes que substituíram a constrição física de pacientes violentos pela constrição química[387]. A disponibilidade da solução foi aliada ao discurso médico e sociológico, criando uma cascata que fez com que a extinção das instituições psiquiátricas de internação fosse vista como a única solução possível, e transformando a institucionalização em um comportamento indefensável, uma barbárie a ser combatida a todo custo.

O modelo "lata de lixo", as limitações cognitivas inerentes ao processo, as heurísticas e as cascatas de disponibilidade contribuem para que nuances do problema, que não se enquadram na solução percebida, tendam a ser progressivamente ignoradas. Assim, características salientes entre membros do grupo passam a ser ressaltadas, atribuindo-lhe caráter cada vez mais homogêneo. Quanto mais se avança para uma solução, maior a possibilidade de que ela se afaste dos fatos subjacentes, tornando-se apenas uma percepção que se retroalimenta. Ela ainda pode estar certa, mas também pode estar cada vez mais errada. O mais provável, na maioria dos casos, é que a solução proposta esteja apenas parcialmente correta, compatível com alguns elementos da realidade, mas incompatível com outros, que ficaram ocultos naquilo que foi classificado como nuance, não necessariamente por ser menos importante, mas por estar menos perceptível, menos disponível ou por ser menos solucionável. Esse processo está presente também na elaboração de leis e normas administrativas[388], mas juízes e os demais atores, em um processo coletivo, estão a ele igualmente sujeitos[389].

O abandono das nuances se dá, via de regra, por priorização ou agregação. Ou uma característica do grupo é considerada mais importante que outra, como, por exemplo, o fato de ser portador de deficiência se sobressai em relação ao fato de se tratar de uma criança, e não de um adulto, ou eles são agregados, em uma formulação do tipo "se as coisas são ruins para mulheres, elas devem ser ainda piores para mulheres negras"[390]. Assim, algumas narrativas dentro das nuances da classe, geralmente as mais dramáticas, mas não necessariamente as mais representativas, tendem a ser prestigiadas sobre outras, enquanto as diferenças entre os membros são obscurecidas.

Em determinado momento, a força da cascata de disponibilidade da solução apresentada se torna tão grande que as vozes divergentes, no interior da classe,

---

387 O Chlorpromazine, principal calmante utilizado no tratamento psiquiátrico ao longo do século XX, foi sintetizado em 1950. O Haloperidol (Haldol), conforme já mencionado, em 1957. Stefan Priebe afirma "Since the 1950s, deinstitutionalisation has dominated mental healthcare reforms throughout western Europe". PRIEBE, Stefan. Reinstitutionalisation in mental health care: comparison of data on service provision from six European countries. In: *BMJ*, vol. 330, 2005, p. 123-126.

388 "Availability cascades that spread empirically baseless information create formidable political pressures in support of wasteful and counterproductive regulations". KURAN, Timur; SUSTEIN, Cass. Availability cascades and risk regulation. In: *Stanford Law Review*, vol. 51, 1999, p. 761.

389 "Availability cascades are relevant not only to routine legislative struggles but also to the making and exercise of constitutional law. (...) The courts are not immune to the social mechanisms examined in this article. Judges are subject to the availability heuristic, vulnerable to informational biases, and responsive to reputational incentives. All this leaves them open to the influences of availability cascades". Idem, p. 765.

390 MARGULIES, Peter. The new class action jurisprudence and public interest law. In: *New York University Review of Law and Social Change*, vol. XXV, 1999, p. 520.

passam a ser tratadas como "apenas vozes divergentes", usualmente desqualificadas pela afirmação de que não compreendem o problema ou têm agendas paralelas que as levam a rejeitar a proposta majoritária. São, portanto, ignorantes ou mal-intencionadas. Kuran e Sustein apontam como exemplo dessa situação, no âmbito Judiciário, a impossibilidade de se criticar, hoje, a decisão de *Brown v. Board of Education*, mesmo que ela tenha sido altamente controversa na época em que foi proferida. O mesmo vale para a desinstitucionalização psiquiátrica, vista como solução mundial para os problemas psiquiátricos, mas ignorando as deficiências e efeitos colaterais do modelo[391].

Gradualmente, os fenômenos descritos transformam a realidade de um conflito altamente complexo em um grupo uniformemente oprimido que, tal como os escravos hebreus no Egito, quer apenas escapar à injustiça que o aflige, mas não reúne condições para tanto, em razão das limitações das vias legislativas ou administrativas. A solução processual, liberta de comprometimentos espúrios, se apresenta como o único caminho a seguir, mesmo que à revelia dos próprios interessados. A transformação social, que originalmente se intentava fazer em benefício de um grupo, agora passa a ser perseguida apesar dele. Esse talvez seja o óbice mais delicado a ser resolvido na implementação de uma decisão estrutural e depende de uma combinação dos fatores já apontados anteriormente: ampliação da participação, flexibilização do procedimento e atenção aos efeitos colaterais das providências adotadas.

10.5. Os múltiplos focos da execução: reforma estrutural e medidas difusas de reparação

Finalmente, o último capítulo da solução está em fazer com que a instituição reformada efetivamente beneficie a população que era inicialmente prejudicada pela sua atividade vista como ilícita. Em litígios complexos, é comum que se pense em soluções difusas, que não atendam exatamente às mesmas pessoas que foram atingidas pela lesão. Essas soluções são usualmente referidas, no Brasil, como *fluid recovery*, embora a doutrina mais especializada alerte para o caráter equívoco dessa expressão[392]. Mais adequada é a referência a *cy-près*, que é uma teoria derivada das cortes de *Equity* do direito inglês. A expressão, derivada do francês, significa "tão perto quanto possível". A doutrina *cy-près* se divide em dois ramos. O primeiro são as soluções difusas, denominadas *price-rollback cy-près*, relativas à adoção de providências reparatórias fluidas, que são indiretamente benéficas à sociedade[393]. O exemplo mais conhecido é o da cobrança indevida de tarifas de táxi em São Francisco. A reparação determinada foi a cobrança a menor, por um período determinado.

---

[391] A de Saul Feldman, pelo menos, merece ser anotada: "Thousands of people (no one knows how many) who once were patientsin state mental hospitals now live on the streets of our large cities. Some of them become ill or die because they have no place to keep warm. Such deaths are uncommon but they do occur, especially in places where the winter is cold and the social welfare system no less so. When the deaths are reported by the media, there is a collective clucking of tongues, some remedial action, and then business as usual". FELDMAN, Saul. Out of the Hospital, onto the Streets: The Overselling of Benevolence. In: *The Hastings Center Report*, vol. 13, n. 3, 1983, p. 5-7.

[392] CONTE, A.; NEWBERG, H.; *Newberg on Class Actions*. Vol. 3. 4. ed. St. Paul: Thomson West, 2002, vol 3, § 10.17 p. 519, referindo-se a *fluid recovery* como "an imprecise and misleading phrase".

[393] MULHERON, Rachel. The modern cy-près doctrine. London: Routledge-Cavendish, 2006.

Embora seja impossível saber se as pessoas beneficiadas são as mesmas que foram lesadas, a classe de usuários de táxi é beneficiada de modo fluido[394].

Em segundo lugar, o *Organisational-distribution cy-près* é a destinação de recursos a fundos de reparação, públicos ou privados, para serem aplicados no financiamento de projetos de interesse da sociedade[395]. Aqui o vínculo com a lesão original é ainda menor, uma vez que os projetos financiados podem, efetivamente, não ter qualquer relação direta com a lesão. Essa solução não é exclusiva do processo coletivo, sendo adotada pelo Código Civil, na hipótese de dissolução de fundações (art. 69), "incorporando-se o seu patrimônio, salvo disposição em contrário no ato constitutivo, ou no estatuto, em outra fundação, designada pelo juiz, que se proponha a fim igual ou semelhante", ou seja, tão próximo quanto possível do objetivo original. Na origem inglesa, o instituto se aplicava também aos legados que se mostrassem impossíveis ou ilegais no momento da abertura da sucessão.

A experiência demonstra que providências do tipo *cy-près* devem ser limitadas ao mínimo, quando se tem em conta a realidade brasileira. O *cy-près* no estilo "*price-rollback*" é o que melhor se adequa aos litígios de reforma estrutural e, em muitas situações, pode ser a única alternativa. Se a instituição passa a funcionar bem, ela atenderá seus usuários futuros, o que representa uma reparação à classe, genericamente considerada (observe que a denominação "estilo redução de preços" aqui significa uma providência fluida voltada para a atividade desempenhada pela instituição, sem, necessariamente, ser uma referência literal a redução de preços).

O problema é deixar as condutas passadas sem reparação, pelo menos em princípio, excluindo esse objetivo da reforma. Por um lado, visar aos dois objetivos – reparação e reforma – pode impossibilitar a implementação da decisão. Analisando o caso "Mendoza", Bergallo conclui que o provimento se voltou, quase exclusivamente, para a adoção de providências futuras, deixando sem solução os danos pretéritos[396] e não parece haver grande repulsa a essa opção.

Apesar da aparência, essa não é uma boa solução porque o litígio coletivo no qual ocorre a reforma estrutural é sempre irradiado, o que implica a existência de subgrupos de pessoas que suportaram danos individuais elevados. Nesse cenário,

---

394 Exemplifica Janet Alexander: "In the case of the taxi company that tampered with its odometers to overcharge customers, the court rejected the approach of trying to find all the individual customers in the past and mail them checks for a dollar or so. That task would have been impossible, and the attempt would have squandered the class recovery.Instead, the defendant reduced its fares by a certain amount for a specified period. The administrative costs of such a settlement are practically zero, and the class of "taxicab customers" gets the full benefit of the settlement. Some courts, however, have refused to permit fluid recovery, because there is no necessary relationship between the people who were victimized by the defendant's past behavior and the people who received the compensation for the past wrongs. These courts have held that they had no authority to order defendants to pay people they had not injured, or to trade the interests of those who were actually harmed for payments to future customers. (...)In cases where individual damages are too small for individual compensation to be economically feasible, the court should be able to order prospective recovery directed to the class as a whole rather than to the particular individuals who were harmed in the past. ALEXANDER, Janet Cooper. *An Introduction to Class Action Procedure in the United States*: Remarks at Debates Over Group Litigation in Comparative Perspective. Disponível em http://www.law.duke.edu/grouplit/papers/classactionalexander.pdf. Acesso em 23/09/16.

395 MULHERON, Rachel. The modern cy-près doctrine. London: Routledge-Cavendish, 2006.

396 BERGALLO, Paola. La causa "Mendoza": una experiencia de judicialización cooperativa sobre el derecho a la salud. In: GARGARELLA, Roberto (org.) *Por una justicia dialógica*: El poder Judicial como promotor de la deliberación democrática. Buenos Aires: Siglo XXI Editores, 2014, ebook.

a reparação não pode ser substituída por um simples aceno de que o futuro será diferente, sob pena de grave injustiça. A preocupação com a reparação desses subgrupos deve permanecer em primeiro plano, juntamente com a reestruturação da instituição. Também não é adequado simplesmente redirecionar a reparação dessas pessoas para o processo individual, já que isso significaria dar menos importância ao grupo que titulariza a parcela mais importante do direito litigioso, em benefício de pessoas que foram menos atingidas.

Por outro lado, o *cy-près* do tipo organizacional distributivo, que é o referido no art. 100 do CDC, com a destinação dos recursos arrecadados com a condenação a um fundo, tem tido resultados muito ruins no Brasil. Esse assunto já foi tratado em outra oportunidade, sendo demonstrado que os recursos arrecadados são recorrentemente apropriados pelo ente público gestor do fundo, que não os aplica em qualquer finalidade pública ou o faz de modo inadequado. Dados disponibilizados pelo Fundo Federal de Direitos Difusos, vinculado ao Ministério da Justiça, demonstram que menos de 5% do total arrecado pelo fundo na última década foi efetivamente aplicado[397]. Em diversas situações, as ações aprovadas para utilização dos recursos são de aparelhamento da própria Administração Pública ou de pequeno potencial de benefício concreto para a sociedade[398].

Em síntese, os fundos de reparação brasileiros ainda não demonstram, empiricamente, potencial para atender às finalidades para as quais foram concebidos, de modo que a implementação de reformas estruturais deve se focar em reorientar a atuação da instituição para atender ao mesmo público que foi lesado ou, pelo menos, para garantir que os clientes futuros não sofram os mesmos danos que foram causados no passado. Quando a solução for o pagamento de indenização, seu produto deve ser destinado a pessoas que sofreram a lesão ou deve ser direcionado, diretamente pelo juiz, a finalidades públicas diretamente relacionados a elas.

11. ENCAMINHAMENTO: É POSSÍVEL PRODUZIR MUDANÇAS SOCIAIS SIGNIFICATIVAS POR INTERMÉDIO DO PROCESSO?

A proposta do presente artigo foi apresentar um diagnóstico dos principais problemas da decisão e implementação de medidas estruturais e propor algumas soluções que possam mitigar essas dificuldades. Em resumo, o que se constata é que, antes de existir uma fórmula pronta e acabada, há necessidade de paciência, sensibilidade e atenção a diversos aspectos que não são usuais no contexto de um processo judicial. Todavia, a pergunta final, que não poderia deixar de ser feita, é se, depois de tanto esforço, é razoável esperar que resultados sociais significativos decorram do processo. Em outras palavras, é possível mudar o mundo – ou, pelo menos, uma parcela dele – no processo coletivo?

397 http://www.justica.gov.br/seus-direitos/consumidor/direitos-difusos/Arrecadacao. Acesso em 4.4.2015.

398 Para uma análise completa, ver VITORELLI, Edilson. *Execução coletiva pecuniária*: uma análise da (não) reparação da coletividade no Brasil. Dissertação de mestrado apresentada ao Programa de Pós-Graduação da Faculdade de Direito da Universidade Federal de Minas Gerais. Orientadora. Professora Dra. Tereza Cristina Sorice Baracho Thibau. Belo Horizonte, 2011.

Essa pergunta já foi feita por diversos doutrinadores e recebeu as mais variadas abordagens. A resposta mais ponderada talvez seja a de Gerald Rosenberg, decorrente de uma ampla pesquisa empírica e análise de dados, que afirma que a possibilidade de se produzir bons resultados depende do caso e das circunstâncias em que ele ocorre. De acordo com o autor, é ingênuo imaginar que o Judiciário seja capaz de resolver problemas políticos e econômicos que os outros poderes não solucionaram, mas também é inegável que, em algumas situações, os tribunais foram capazes de atuar na promoção de mudanças sociais significativas. Rosenberg apresenta três obstáculos (*constraints*) que precisam ser superados para que um bom resultado seja possível:

I) a natureza vinculada e limitada da atividade jurisdicional, que se embasa em um discurso de direitos/deveres ou lícito/ilícito, impede que os juízes se envolvam na solução de diversos problemas sociais, que exige uma discussão sobre conceitos de bem, de prioridades, que são inerentemente políticos. A superação desse obstáculo envolve a realização de reformas graduais, que fixem precedentes progressivamente mais avançados, sobre os quais a mudança possa ser construída passo a passo;

II) a falta de independência efetiva do Poder Judiciário em relação aos demais poderes, em virtude do modo como são escolhidos os juízes dos órgãos de cúpula, da possibilidade de alterações legislativas que contornem suas decisões e da verificação empírica de que o Estado costuma ser altamente bem sucedido nas causas que litiga. Superar esse obstáculo demanda a existência de indícios de que alguns setores do Executivo e do Legislativo apoiam a reforma, fomentando o interesse dos juízes em realizá-la;

III) a falta de controle do Poder Judiciário sobre o orçamento público ou sobre as forças coercitivas do Estado para impor suas decisões, caso haja forte oposição a elas, bem como a impossibilidade de estabelecer um esforço coordenado de mudança social coerente, uma vez que o direito de acesso à jurisdição pode fazer com que outros demandantes e outros juízes coloquem os planos de reforma a perder. Esse obstáculo será superado caso haja apoio popular suficiente para a reforma, que possa influir sobre as posições das autoridades controladoras das atividades necessárias à implementação.

O autor propõe que, superados esses obstáculos, mudanças sociais significativas podem ser alcançadas se estiverem presentes alguma(s) das seguintes condições:

I) a existência de atores externos que oferecem incentivos positivos para induzir o cumprimento das decisões. Implementar a reforma pode ser financeiramente lucrativo para alguém e isso certamente significará um grande impulso. Além do dinheiro, tanto o setor público quanto o privado podem ver benefícios na implementação da reforma, por exemplo, na perspectiva da melhoria das condições para o desenvolvimento de projetos futuros. Assim, quanto mais profundas forem as mudanças propostas pela reforma, mais importante se torna que elas sejam apoiadas não apenas pelos atores processuais, mas por outros atores sociais. Organizações governamentais e não governamentais, a imprensa e a população em geral devem enxergar o benefício da mudança para que ela possa ocorrer e se sustentar no longo prazo;

II) a existência de atores externos que impõem custos para quem deixar de fazer a reforma. Esse é o outro lado dos incentivos, que também depende de apoio externo, sobretudo de natureza política. O Estatuto das Cidades, por exemplo, prevê uma série de medidas que podem ser adotadas para a reforma fundiária urbana. Um processo coletivo que se debruçasse sobre esse litígio teria que contar com a participação dos agentes públicos municipais para impor esses custos aos particulares ou às instituições resistentes;

III) o desenvolvimento de um mercado privado que possa implementar a decisão judicial, independentemente da atividade estatal. No caso das alterações regulatórias em matéria de saúde, por exemplo, a implementação da reforma estrutural, após a decisão, depende mais da postura do mercado do que dos agentes públicos. Nos Estados Unidos, Rosenberg atribui o sucesso de *Roe v. Wade*, decisão que consagrou o direito ao aborto, à criação de clínicas privadas que passaram a prestar o serviço;

IV) a presença de pessoas ou entidades essenciais para a realização da reforma estrutural, que já tinham interesse em implementá-la, independentemente da decisão, e que podem utilizar a determinação judicial como uma vantagem, um escudo ou um argumento a mais para romper as resistências que até então encontravam. Essa é uma situação bastante comum em questões politicamente sensíveis. São conhecidos casos em que autoridades do Poder Executivo, sobretudo servidores que ocupam cargos de índole técnica, enxergam a pretensão reformadora como valiosa, mas não conseguiam adotar as medidas necessárias à obtenção do resultado em virtude de bloqueios externos. A decisão, nessa situação, se torna o impulso que faltava para permitir a atuação dessas pessoas.

Em síntese, mesmo que todos cuidados decisórios e executivos apontados ao longo deste trabalho sejam tomados, é pouco provável que o processo coletivo possa produzir resultados sociais significativos se estiver lidando com situações nas quais seja limitada a possibilidade de embasar as providências de reforma estrutural em normas jurídicas, não em debates políticos, nas quais seja necessário o comprometimento do orçamento público e a participação de autoridades que não estão dispostas a colaborar e que não haja apoio social suficiente em favor da causa.

Por outro lado, se houver a cooperação de atores externos dispostos a impor custos para o descumprimento da ordem, ou oferecer benefícios para o seu cumprimento – cooperação esta que pode e deve ser desenvolvida ao longo do processo – se as providências de implementação da decisão puderem ser deixadas a cargo do mercado, sem a necessidade de atuação direta dos controladores da entidade reformada ou se houver autoridades de boa vontade, que entendam o valor da reforma e utilizem a decisão como um catalisador para realizá-la, as evidências empíricas demonstram claramente a possibilidade de se alterar, e muito, a realidade, por intermédio do processo, tanto em países desenvolvidos, quanto em países em desenvolvimento. A questão é que é difícil antever se essas condições estarão ou não presentes, em cada litígio. O melhor é que os atores processuais busquem desenvolver o processo no sentido de criá-las ao longo do tempo.

12. CONTRAPONTO: A *ACCOUNTABILITY* JUDICIAL E A CONTRARREFORMA ESTRUTURAL

Apesar do que foi estabelecido acima, um contraponto precisa ser feito: a ideia de reforma estrutural pela via jurisdicional parte do pressuposto de que as estruturas estabelecidas estão corroídas e o Poder Judiciário é a saída para seus problemas. Esse ponto de partida oculta o problema de que, eventualmente, a reforma pode estar acontecendo em outro fórum e o Judiciário, empoderado com as prerrogativas que lhe foram atribuídas a partir da ideia de atuar como reformador, se converta no arauto da contrarreforma, agindo para bloqueá-la.

Em abril de 2017, o Tribunale Ordinario di Roma decidiu proibir os serviços da empresa Uber na Itália, atendendo ao argumento de diversas associações de taxistas no sentido de que a empresa praticaria concorrência desleal contra os serviços tradicionais. Como é notório, a Uber vem promovendo, pela via do livre mercado, uma significativa mudança no cenário do serviço de transporte individual de passageiros, tradicionalmente dependente de concessões públicas pouco justificáveis do ponto de vista do consumidor. O serviço, mais barato e de melhor qualidade, é um sucesso mundial de público[399].

A decisão soa como uma verdadeira contrarreforma estrutural. As corporações prejudicadas por um novo modelo de contratação, de concorrência mais livre e potencialmente menos lucrativa que o controle estatal anterior, se valem do Poder Judiciário para impedir que a mudança progrida. Isso revela uma dificuldade da atuação jurisdicional como método de implementação de políticas públicas: em grande medida, os argumentos a seu favor são *ex-post*: considera-se que o Poder Judiciário deve se envolver nessa atividade porque os resultados obtidos são vistos, depois de alcançados, como valiosos. Quando ocorre o contrário, percebe-se que não existem formas estruturais eficientes de *accountability*, que previnam, *ex-ante*, a possibilidade de más decisões.

O problema da *accountability* judicial é intrincado e extravasa os limites deste trabalho[400]. O ponto que se pretende ressaltar aqui é que a realização de reformas estruturais pela via jurisdicional não é, por si mesma, predestinada ao sucesso ou a realizar apenas as mudanças que a sociedade titular dos direitos litigiosos considere valiosas. Pelo contrário, é certo que o juiz, ao atuar nesse tipo de processo, se afasta dos argumentos de legalidade estrita, na direção de plataformas principiológicas

[399] Notícia disponível em http://www.ansa.it/sito/notizie/tecnologia/tlc/2017/04/07/giudici-stop-a-servizio-app-uber-black_eb29d3ce-18aa-4612-ab41-38e19f7699f4.html. Acesso em 8.4.2017.

[400] Dentre vários outros, ver COUTINHO, Luís Pereira; LA TORRE, Massimo; SMITH, Steven (orgs.). *Judicial Activism*: an interdisciplinary approach to American and European experience. London: Springer, 2015; BAMFORTH, Nicholas; LEYLAND, Peter (orgs.). *Accountability in the Contemporary Constitution*. London: Oxford, 2014; GEYH, Charles. Judicial Independence, Judicial Accountability, and the Role of Constitutional Norms in Congressional Regulation of the Courts. In: *Indiana Law Journal*, vol. 78, n. 1, 2003, p. 154-221; VOIGT, Stefan. The economic effects of judicial accountability: cross-country evidence. In: *European Journal of Law and Economics*, vol. 25, n. 2, 2008, p. 95-123.

bastante similares aos discursos de bem público que são mais típicos da política. Mas não é certo que isso aumente sua responsividade aos anseios populares. Ao ser confrontado com um mau resultado, o juiz sempre poderá escudar-se no argumento de que decidiu de acordo com o direito e que, se o resultado é ruim, não lhe cabe qualquer culpa.

Em outras palavras, é pouco provável que se consiga demonstrar, em abstrato, que os juízes estão em posição melhor que os agentes políticos para perceber e responder aos anseios da comunidade. Sua legitimidade para produzir mudança social repousa apenas sobre o resultado da atividade e, se o resultado for pior que o esperado, a sociedade dispõe de poucos instrumentos para responsabilizar o juiz ou alterar a decisão, dada a formação da coisa julgada.

Essa preocupação se reforça pela constatação de que o perfil dos magistrados brasileiros é altamente uniforme, reduzindo seu potencial para a percepção de anseios que fogem às suas próprias perspectivas, sobretudos os relacionados a minorias sociais: de acordo com o Conselho Nacional de Justiça, os juízes têm, em média, 40 anos de idade, 64% são homens, 80% são brancos 99,2% não têm qualquer tipo de deficiência, 98,9% são heterossexuais e 75% têm filhos[401]. Embora não exista estimativa relativamente aos membros do Ministério Público, é provável que os resultados sejam similares.

Isso não significa que a reforma estrutural pela via processual não deve existir. Significa apenas que ela representa um risco, do qual todos os envolvidos devem estar cientes. Quem defende a reforma estrutural usualmente pressupõe que seu resultado será sempre tornar melhor algo que antes era pior, mas pode ser que ocorra exatamente o contrário. Os métodos de incremento da participação, sugeridos neste estudo, também podem contribuir para a remediação, pelo menos parcial, desse problema. Mas é preciso entender que as garantias são limitadas.

13. CONCLUSÃO

O presente artigo teve como objetivo elencar as dificuldades de realização de reformas estruturais por intermédio do processo civil, com ênfase nos aspectos relacionados à decisão da pretensão de reforma e sua posterior implementação.

A experiência nacional e comparada em litígios estruturais demonstra a relevância de se realizar sua análise no contexto da teoria dos litígios coletivos, evitando a caracterização dos mesmos como atinentes a direitos difusos, coletivos ou individuais homogêneos. A classificação prevista pelo CDC, há quase trinta anos, é inadequada para permitir o tratamento de situações de elevada complexidade, em que não se pode, em abstrato, identificar os direitos litigiosos, nem seus titulares ou suas posições quanto a solução pretendida pelo autor coletivo. O primeiro passo para a reforma estrutural é a adoção de um novo modelo de pensamento do processo coletivo, para o qual a teoria exposta parece responder adequadamente.

401 BRASIL. Conselho Nacional de Justiça. *Censo do Poder Judiciário*. Brasília: Conselho Nacional de Justiça, 2014.

Em relação ao cerne do problema abordado, os vieses cognitivos detectados pela psicologia nos processos heurísticos, desde a década de 1970, constituem um ponto que deveria merecer mais atenção de estudiosos e juristas. Não há, no Brasil, estudos aprofundados e empíricos que analisem o papel das heurísticas no raciocínio e na decisão judicial. Em contextos particularmente complexos, como o dos litígios estruturais, a importância desse estudo não pode ser menosprezada. O presente trabalho, embora proponha algumas soluções para a prevenção de tais distorções, não pode deixar de ressaltar a necessidade de maior aprofundamento e interesse, por parte da doutrina nacional, em trabalhos interdisciplinares que possam ampliar as bases científicas relativas aos aspectos psicológicos da decisão judicial. Embora a pesquisa norte-americana possa constituir um ponto de partida razoável, as diferenças entre os sistemas processuais recomendam sua recontextualização para a realidade nacional.

Quanto à execução, a atividade de implementação das decisões, individuais ou coletivas, há muito carece de estudos e de alterações normativas que favoreçam sua efetividade. Conquanto seja recorrente o diagnóstico de inefetividade da execução, a aprovação do Código de Processo Civil de 2015 quase nada significou para o regime de implementação de direitos. O gosto do jurista brasileiro por temas mais filosóficos também não contribui para os avanços nesse campo, que demanda pesquisas empíricas de grande envergadura.

No contexto de litígios de reforma estrutural, a necessidade de se romper com princípios básicos e consagrados da atividade executiva desperta resistências e bloqueia resultados que poderiam ser relevantes. A rígida separação entre conhecimento e execução, a vinculação ao título executivo e a restrição do procedimento às partes, com restrição à participação dos titulares do direito, tendem a transformar os resultados processuais em "*paper victories*", expressão de Valerie Bradley e Gary Clarke, ou seja, em decisões inexequíveis ou parcialmente exequíveis, que não atinjam os objetivos projetados.

Em conclusão, o que se espera de um jurista que se envereda em um processo judicial de reforma estrutural é uma atitude mental em alguma medida paradoxal: é preciso manter as esperanças em um nível modesto, para evitar frustrações, mas, ao mesmo tempo, acreditar na possibilidade de implementar mudanças sociais pela via do processo. Acreditar ao ponto de ignorar todos os indícios de que o resultado buscado é inalcançável. Por mais absurdo que esse diagnóstico pareça, a história nos fornece alguns exemplos (embora não muitos) em que boa técnica processual, aliada a algum idealismo, produziu resultados que levariam décadas para ocorrer pelos caminhos tradicionais. A reforma estrutural não precisa ser sempre bem-sucedida para legitimar a tentativa.

REFERÊNCIAS

ABBOUD, Georges. *Discricionariedade Administrativa e Judicial*. São Paulo: RT, 2014.

ABEL, Richard L. *Politics by other means*: law struggle against apartheid, 1980-1994. New York: Routledge, 1995.

ALEXANDER, Janet Cooper. *An Introduction to Class Action Procedure in the United States*: Remarks at Debates Over Group Litigation in Comparative Perspective. Disponível em http://www.law.duke.edu/grouplit/papers/classactionalexander.pdf. Acesso em 23/09/16.

ALTMAN, Morris (org.). *Real-World Decision Making*: An Encyclopedia of Behavioral Economics. Santa Barbara: Greenwood, 2015.

ARENHART, Sérgio Cruz. *Decisões estruturais no direito processual civil brasileiro*. Disponível em <https://www.academia.edu/913 2570/Decisões_estruturais_no_direito_processual_civil_brasileiro>.

BAMFORTH, Nicholas; LEYLAND, Peter (orgs.). *Accountability in the Contemporary Constitution*. London: Oxford, 2014.

BANACH, Mary; HAMILTON, Daborah; PERRI, Penelope M. Class action lawsuits and community empowerment. In: *Journal of Community Practice*, vol. 11, n. 4, 2003, p. 81-99.

BELL JR., Derrick A. Serving Two Masters: Integration Ideals and Client Interests in School Desegregation Litigation. In: *Yale Law Journal*, vol. 85, n. 4, 1976, p. 513.

BERGALLO, Paola. La causa "Mendoza": una experiencia de judicialización cooperativa sobre el derecho a la salud. In: GARGARELLA, Roberto (org.) *Por una justicia dialógica*: El poder Judicial como promotor de la deliberación democrática. Buenos Aires: Siglo XXI Editores, 2014, ebook.

BERIZONCE, Roberto Omar. Los conflictos de interés público. In: *Revista Iberoamericana de Derecho Procesal*, vol. 1, 2015, p 161-188.

BRASIL. Conselho Nacional de Justiça. *Censo do Poder Judiciário*. Brasília: Conselho Nacional de Justiça, 2014.

BRINKS, Daniel; GAURI, Varun. Sobre triángulos y diálogos: nuevos paradigmas em la intervención judicial sobre el derecho a la salud. In: GARGARELLA, Roberto (org.) *Por una justicia dialógica*: El poder Judicial como promotor de la deliberación democrática. Buenos Aires: Siglo XXI Editores, 2014, ebook.

CAPELLETTI, Mauro. *Juízes legisladores*? Porto Alegre: Sérgio Antônio Fabris Editor, 1993.

CARROLL, J. S. The Effect of Imagining an Event on Expectations for the Event: An Interpretation in Terms of the Availability Heuristic. In: *Journal of Experimental Social Psychology*, vol. 14, n. 1, 1978, p. 88–96.

CLARK, Leroy D. The Lawyer in the Civil Rights Movement – Catalytic Agent or Counter-Revolutionary. In: *University of Kansas Law Review*, vol. 19, n. 3, 1971, pp. 459-474.

COMMENT. Bilingual Education and Desegregation. In: *University of Pennsylvania Law Review*, vol. 127, n. 6, 1979, p. 1564-1606.

CONTE, A.; NEWBERG, H.; *Newberg on Class Actions*. Vol. 3. 4. ed. St. Paul: Thomson West, 2002.

COSTA, Eduardo José da Fonseca. *Levando a imparcialidade a sério*: proposta de um modelo interseccional entre direito processual, economia e psicologia. Tese de doutorado apresentada à Faculdade de Direito da Pontifícia Universidade Católica de São Paulo. São Paulo, 2016.

COUTINHO, Luís Pereira; LA TORRE, Massimo; SMITH, Steven (orgs.). *Judicial Activism*: an interdisciplinary approach to American and European experience. London: Springer, 2015.

CUMMINGS, Scott L. e RHODE, Deborah L. Public interest litigation: insights from theory and practice. In: *Fordham Urban Law Journal*, vol. 36, n. 4, 2009, p. 603-652.

DIDIER, Fredie et. al. (org.). *Ativismo judicial e garantismo processual*. Salvador: Editora Juspodivm, 2013.

DIVER, Colin S. The Judge as Political Powerbroker: Superintending Structural Change in Public Institutions. In: *Virginia Law Review*, vol. 65, n. 1, 1979, p. 43-106.

EISENBERG, Melvin Aron. Private Ordering through Negotiation: Dispute--Settlement and Rulemaking. In: *Harvard Law Review*, vol. 89, n. 4, 1976, p. 637-681.

FELDMAN, Saul. Out of the Hospital, onto the Streets: The Overselling of Benevolence. In: *The Hastings Center Report*, vol. 13, n. 3, 1983, p. 5-7.

FELSTINER, William L. F. Influences of Social Organization on Dispute Processing. In: *Law & Society Review*, vol. 9, n. 1, 1974, p. 63-94.

FARLEY, Reynolds; DANZIGER, Sheldon e HOLZER, Harry J. *Detroit Divided*. New York: The Russell Sage Foundation, 2002.

FISS, Owen. The Allure of Individualism. In: *Iowa Law Review*, vol. 78, n. 5, 1993, p. 965-980.

FISS, Owen. *The civil rights injunction*. Bloomington: Indiana University Press, 1978.

FRAGOSO, Heleno Claudio. Transexualismo – Cirurgia. Lesão Corporal. In: *Revista de Direito Penal*, n. 25, 1979, p. 25-34.

FREITAS, Juarez. A hermenêutica jurídica e a ciência do cérebro: como lidar com os automatismos mentais. Revista da AJURIS. v. 40. n. 13, 2013, p. 223-244.

GARRETT, Brandon L. Structural Reform Prosecution. In: *Virgina Law Review*, vol. 93, 2007, p. 853-957.

GEYH, Charles. Judicial Independence, Judicial Accountability, and the Role of Constitutional Norms in Congressional Regulation of the Courts. In: *Indiana Law Journal*, vol. 78, n. 1, 2003, p. 154-221.

HANDLER, Joel F. *Social Movements and the Legal System*: Theory of Law Reform and Social Change. New York: Academic Press, 1979.

HOLLANDER-BLUMOFF, Rebecca. The Psychology of Procedural Justice in the Federal Courts. In: *Hastings Law Journal*, vol. 63, 2011, p. 127-178.

INSTITUTO DE PESQUISA ECONÔMICA APLICADA. *Custo Unitário do Processo de Execução Fiscal na Justiça Federal*: Relatório de Pesquisa. Brasília: IPEA, 2011.

JOBIM, Marco Félix. *Medidas estruturantes*: da Suprema Corte estadunidense ao Supremo Tribunal Federal. Porto Alegre: Livraria do Advogado, 2013.

JOHNSON, Kevin R.; MARTINEZ, George A. Discrimination by Proxy: The Case of Proposition 227 and the Ban on Bilingual Education. In: *U.C. Davis Law Review*, Vol. 33, n. 4, 2000, p. 1227-1276.

KAHNEMAN, Daniel; SLOVIC, Paul; TVERSKY, Amos (eds.) *Judgment under uncertainty*: heuristics and biases. Cambridge: Cambridge University Press, 1999.

KARST, Kenneth. Legislative Facts in Constitutional Litigation. In: *Supreme Court Review*, Vol. 1960, p. 79.

KLEIN, David; MITCHELL, Gregory (org.) *The psychology of judicial decision making*. New York: Oxford University Press, 2010, p. 103-120.

KURAN, Timur; SUSTEIN, Cass. Availability cascades and risk regulation. In: *Stanford Law Review*, vol. 51, 1999, p. 683-768.

MARCH, James G.; OLSEN, Johan P. *Rediscovering institutions*: the organizational basis of politics. New York: The Free Press, 1989, p. 12-13.

MARGULIES, Peter. The new class action jurisprudence and public interest law. In: *New York University Review of Law and Social Change*, vol. XXV, 1999, p. 500.

MARGULIES, Peter. Who Are You to Tell Me That: Attorney-Client Deliberation Regarding Nonlegal Issues and the Interests of Nonclients. In: *North Carolina Law Review*, vol. 68, n. 2, 1990, p. 213-252.

MARGULIES, Peter. Bilingual Education, Remedial Language Instruction, Title VI, and Proof of Discriminatory Purpose: A Suggested Approach. In: *Columbia Journal of Law and Social Problems*, vol. 17, n.1, 1981, p. 99-162.

MAYNARD, James D. *The need for an independent federal judiciary*: prison reform litigation spurs structural change – the california penal crisis. Disponível em: [http://law.bepress.com/cgi/viewcontent.cgi?article=3081&context=expresso].

MULHERON, Rachel. The modern cy-près doctrine. London: Routledge-Cavendish, 2006.

NISBET, Richard E.; ROSS, Lee. *Human inference*: strategies and shortcomings of social judgment. Englewood Cliffs, NJ: Prentice-Hall, 1980.

NUNES, António José Avelãs; SCAFF, Fernando Facury. *Os tribunais e o direito à saúde*. Porto Alegre: Livraria do Advogado Editora, 2011.

PETERSILIA, Joan; CULLEN, Francis T. Liberal but not stupid: meeting the promise of downsizing prisons. In: *Stanford Journal of Ciminal Law and Policy*, vol. 2, 2015, p. 1-43.

PETERSILIA, Joan. California prison downsizing and its impact on local criminal justice systems. In: *Harvard Law ans Policy Review*, vol. 8, 2014, p. 327-357.

POHL, Rüdiger F. *Cognitive Illusions*: A Handbook on Fallacies and Biases in Thinking, Judgement and Memory, Hove: Psychology Press, 2004.

POUNDSTONE, William. *Priceless*: the myth of fair value. New York: Hill and Wang, 2010.

PRIEBE, Stefan. Reinstitutionalisation in mental health care: comparison of data on service provision from six European countries. In: *BMJ*, vol. 330, 2005, p. 123-126.

PUGA, M. ¿A dónde va la Corte en las causas Vertbisky y Riachuelo? "Ni uñas ni dientes": intervenciones experimentalistas." In: *Revista del Colegio de Abogados de La Plata*, ano L, vol. 69, 2008, p. 151-166.

RESNICK, Judith. Managerial Judges. In: *Harvard Law Review*, vol. 96, 1982, p. 376-448.

RHODE, Deborah L. (ed.). *Brown @ 50*: the unfinished legacy. Chicago: American Bar Association, 2004.

ROSENBERG, Gerald N. *The Hollow Hope*: Can Courts Bring About Social Change? 2. ed. Chicago: The University of Chicago Press, 2008.

ROTHMAN, Sheila M. e ROTHMAN, David J. *The Willowbrook Wars*: Bringing the Mentally Disabled into the Community. New Jersey: The Transaction Publishers, 2005.

SÁNCHEZ, Luis Enrique. *Avaliação de impacto ambiental*: conceitos e métodos. 2. ed. São Paulo: Oficina de Textos, 2013.

SCHLANGER, Margo. Plata v. Brown and Realignment: Jails, Prisons, Courts, and Politics. In: *Harvard Civil Rights-Civil Liberties Law Review*, vol. 48, 2013, p. 165-215.

SCHLANGER, Margo. Civil Rights Injunctions Over Time: a Case Study of Jail and Prison Court Orders. In: *New York University Law Review*, vol. 81, 2006, p. 550-630.

SCHLANGER, Margo. Beyond the hero judge: institutional reform litigation as litigation. In: *Michigan Law Review*, vol. 97, 1999, p. 1994-2036.

SILVA, Cátia Aida. *Justiça em jogo*: novas facetas da atuação dos Promotores de Justiça. São Paulo: Editora da Universidade de São Paulo, 2001.

SIMON, William H. The Dark Secret of Progressive Lawyering: A Comment on Poverty Law Scholarship in the Post-Modern, Post-Reagan Era. In: *University of Miami Law Review*, vol. 48, n. 5, 1994, p. 1099-1114.

SOUZA, Arthur César. A parcialidade positiva do juiz (justiça parcial) como critério de realização no processo jurisdicional das promessas do constitucionalismo social. In: *Revista dos Tribunais*, vol. 857, 2007 p. 29 - 53.

SRULL, Thomas; WYER, Robert. The Role of Category Accessibility in the Interpretation of Information About Persons: Some Determinants and Implications. In: *Journal of Personality and Social Psychology*, vol. 37, n. 10, 1979, p. 1660–1672.

STAVELAND-SAETER, Kristi. *Litigating the right to a healthy environment*: assessing the policy impact of the Mendoza case. Bergen: CMI, 2010.

STURM, Susan. Legacy and Future of Corrections Litigation. In: *University of Pennsylvania Law Review*, vol. 142, n. 2, 1993, p. 639-738.

STURM, Susan. A Normative Theory of Public Law Remedies. In: *Georgetown Law Journal*, vol. 79, n. 5, 1991, p. 1377.

TESHEINER, José Maria. Jurisdição e Direito objetivo. In: *Justiça do Trabalho*, vol. 28, 2011, p. 28-37.

THIBAUT, John; WALKER, Laurens. *Procedural justice*: a psychological analysis. Hillsdale: Lawrence Erlbaum Associates, Publishers: 1975.

TYLER, Tom R. The psychology of procedural justice: A test of the group-value model. In: *Journal of Personality and Social Psychology*, vol. 5, n. 5, 1996, p. 830-838.

TVERSKY, Amos; KAHNEMAN, Daniel. Availability: A heuristic for judging frequency and probability. In: *Cognitive Psychology*, n. 5, vol. 2, 1973, p. 207–232.

TVERSKY, Amos; KAHNEMAN, Daniel. Extensional versus intuitive reasoning: The conjunction fallacy in probability judgment. In: *Psychological Review*, vol. 90, n. 4, 1983, p. 293–315.

TVERSKY, Amos; KAHNEMAN, Daniel. Judgment under uncertainty: heuristics and biases. In: *Science*, vol. 185, n. 4157, 1974, p. 1124-1131.

VIOLIN, Jordão. *Protagonismo judiciário e processo coletivo estrutural*. Salvador: Editora Juspodivm, 2013.

VITORELLI, Edilson. *Execução coletiva pecuniária*: uma análise da (não) reparação da coletividade no Brasil. Dissertação de mestrado apresentada ao Programa de Pós-Graduação da Faculdade de Direito da Universidade Federal de Minas Gerais. Orientadora. Professora Dra. Tereza Cristina Sorice Baracho Thibau. Belo Horizonte, 2011.

VITORELLI, Edilson. *O devido processo legal coletivo*: dos direitos aos litígios coletivos. São Paulo: RT, 2016.

VOIGT, Stefan. The economic effects of judicial accountability: cross-country evidence. In: *European Journal of Law and Economics*, vol. 25, n. 2, 2008, p. 95-123.

YEAZELL, Stephen C. Intervention and the idea of litigation: a commentary on the Los Angeles school case. In: *UCLA Law Review*, vol. 25, 1977, p. 244-260.

EDITORA *Jus*PODIVM
www.editorajuspodivm.com.br

Pré-impressão, impressão e acabamento
GRÁFICA SANTUÁRIO

grafica@editorasantuario.com.br
www.graficasantuario.com.br
Aparecida-SP